1. 2004 年 9 月 10 日，中共中央总书记、国家主席胡锦涛等党和国家领导人在人民大会堂亲切会见出席庆祝第 20 个教师节暨全国优秀教师表彰大会的代表

新华社供稿

2. 2004 年 9 月 8 日，国务院总理温家宝看望北京第二实验小学退休教师霍懋征

新华社供稿

3. 2004年4月29日，中共中央政治局常委李长春到教育部就贯彻落实《中共中央国务院关于进一步加强和改进未成年人思想道德建设的若干意见》进行调研

鲍效农 摄

4. 2004 年 4 月，国务委员陈至立在云南省宁蒗县考察西部“两基”攻坚工作

单丽洁 供稿

5. 2005 年 4 月 26 日，教育部党组书记、部长周济在出席全国民办中等职业教育工作经验交流会期间，到江西省中山电子计算机中等专业学校服装专业实训车间参观考察

鲍效农 摄

6. 教育部党组副书记、副部长张保庆做客“人民网”，回答资助高校困难学生的有关问题

董军 供稿

7. 教育部副部长袁贵仁在中国教育报刊社考察

《中国教育报》供稿

8. 2004年12月，教育部副部长章新胜在广州大学考察

杜柯伟 供稿

9. 2004 年 1 月 14 日，教育部副部长赵沁平看望中央美术学院教授曾竹韶

张学军 摄

10. 2004 年 7 月，教育部副部长吴启迪在青岛职业技术学院海尔家电学院考察

林晓青 供稿

11. 教育部副部长陈小娅在甘肃省张掖市民乐县考察基础教育

周为 供稿

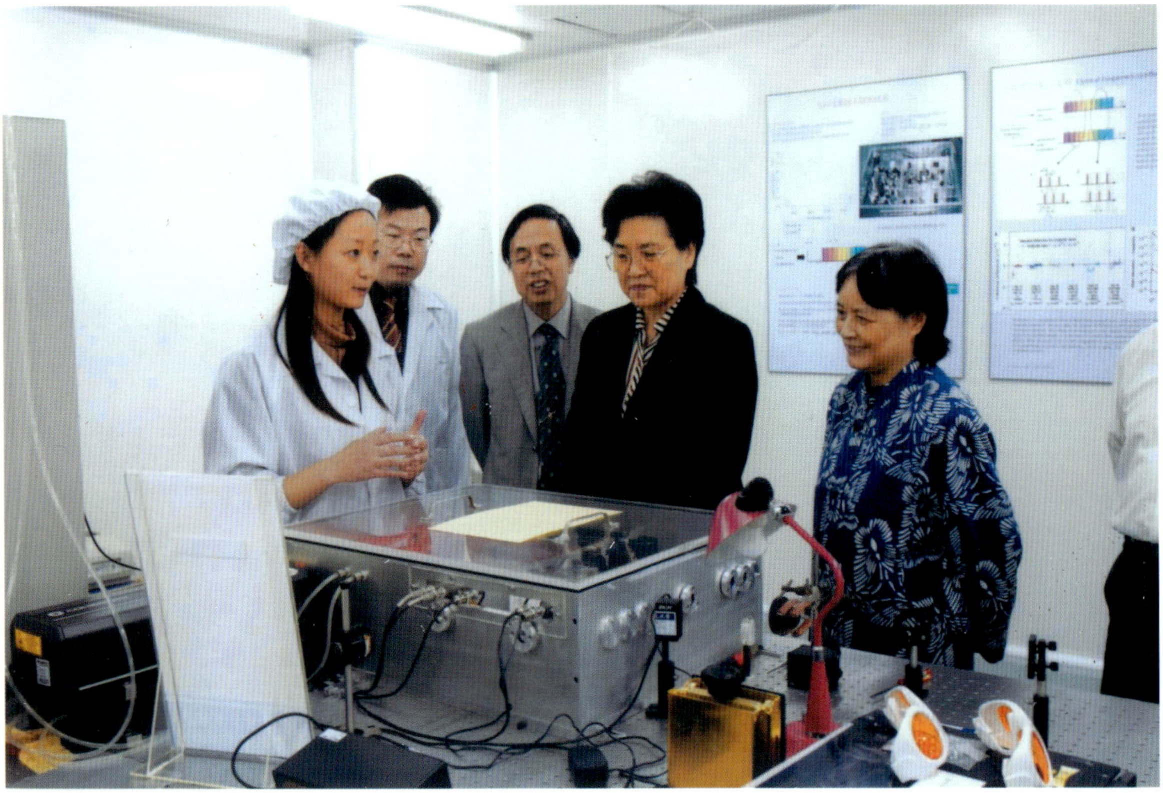

12. 教育部党组成员、中纪委驻教育部纪检组组长田淑兰在华东师范大学调研

赵晖 供稿

13. 2004年2月26日，国家西部地区“两基”攻坚工作会议在北京召开

鲍效农 摄

14. 2004年3月28日，教育部召开学习贯彻《中共中央国务院关于进一步加强和改进未成年人思想道德建设的若干意见》座谈会

鲍效农 摄

15. 2004年6月17日至19日，全国职业教育工作会议在江苏召开，会议期间，代表们在南京、镇江、常州、无锡、苏州等地参观了部分职业技术教育学校。图为代表们考察江苏农林职业技术学院的彩叶苗木基地

鲍效农 摄

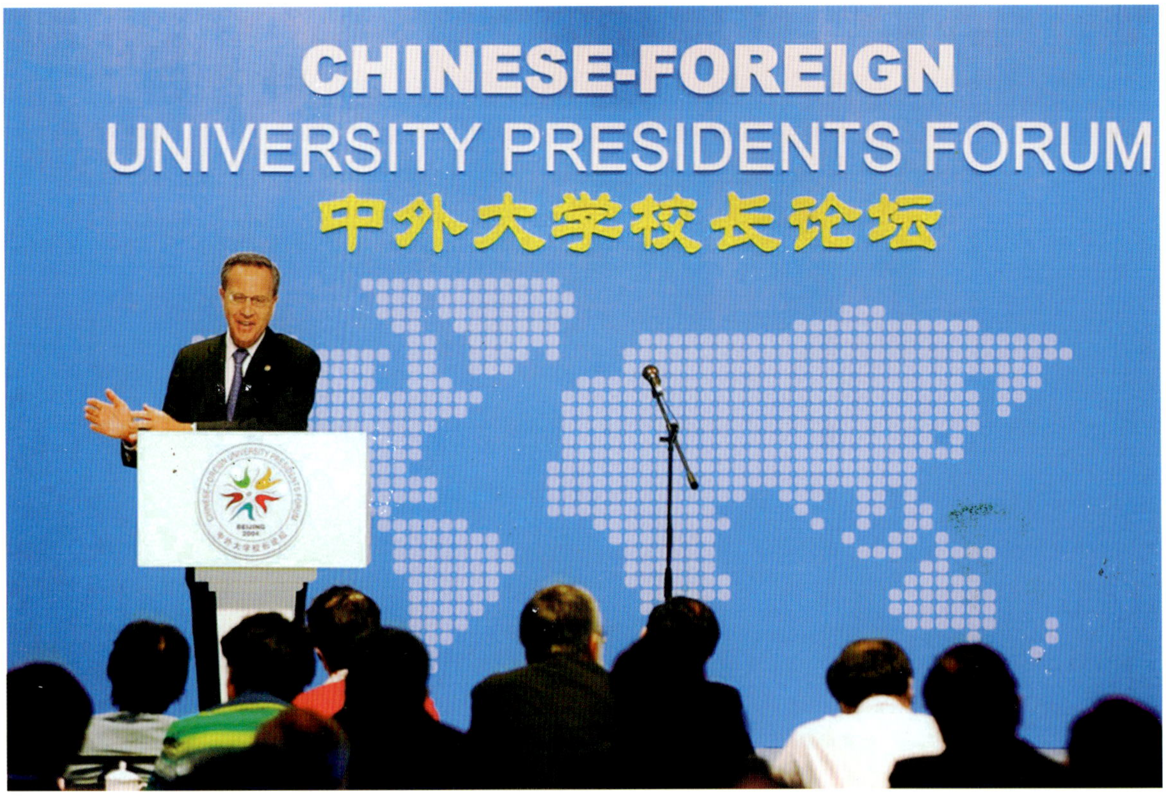

16. 2004年8月4日，第二届中外大学校长论坛在北京开幕

修伯明 摄

17. 北京市推广普及《新童谣》，丰富学生的文化生活

樊世钢 摄

18.《中共中央国务院关于进一步加强和改进未成年人思想道德建设的若干意见》出台后，各地精心设计和组织儿童道德建设实践活动。图为少先队辅导员带领学生在校园开展德育教育活动

《中国教育报》供稿

19. 向学生普及防火、灭火知识

《中国教育报》供稿

20. 从小做起，推广和使用普通话

《中国教育报》供稿

21. 云南省景东彝族自治县中小学开展以种植和养殖为重点的勤工俭学活动

修伯明 摄

22. 技工学校的学生在进行电工维修项目比赛

《中国教育报》供稿

23. 农业技术学校的教师在指导学生培育蝴蝶兰

高海涛 摄

24. 上海市交通学校的学生在上专业课

樊世钢 摄

25. 首都高校掀起学习贯彻《中共中央国务院关于进一步加强和改进大学生思想政治教育的意见》的热潮

王鹰 摄

26. 高校毕业生踊跃报名参加大学生志愿服务西部计划

张学军 摄

27. 新生入学报到现场，为贫困生专门设立了“绿色通道”
《中国教育报》供稿

28. 2004 年 8 月 28 日，第七届全国大学生运动会在上海开幕
修伯明 摄

29. 全国大学生校园文艺演出
修伯明 摄

中国教育年鉴

（2005）

《中国教育年鉴》编辑部

人民教育出版社
·北京·

图书在版编目(CIP)数据

中国教育年鉴.2005卷/《中国教育年鉴》编辑部编.
北京:人民教育出版社,2005
ISBN 7-107-19007-5

Ⅰ.中...
Ⅱ.中...
Ⅲ.教育事业—中国—2005—年鉴
Ⅳ.G52-54

中国版本图书馆CIP数据核字(2005)第097928号

人民教育出版社出版发行
(北京市海淀区中关村南大街17号院1号楼　邮编:100081)
网址: http://www.pep.com.cn
山东新华印刷厂德州厂印装　全国新华书店经销
2005年12月第1版　2005年12月第1次印刷
开本:890毫米×1240毫米　1/16　印张:76.25　插页:38
字数:2000千字　印数:0001~2000册
定价: 220.00元

编 辑 说 明

一、《中国教育年鉴》是中华人民共和国教育部组织编纂的逐年反映全国教育改革和发展情况的资料性工具书。它是各级教育行政部门、各级各类学校执行党和国家的教育法律法规与方针政策，做好教育工作的经验总结，是中国教育事业发展进程的真实记录。编纂本书是为教育管理决策、教育科研提供参考；为教育战线沟通信息、交流经验开辟园地；为宣传中国教育改革与发展成就设立窗口；并为热心关注和研究中国教育的读者提供信息资料。

二、年鉴的基本栏目有：党和国家有关教育工作的重要文献，党和国家领导人有关教育工作的重要讲话，国家教育行政部门负责人的讲话或专文，全国教育工作会议和年度工作要点，教育发展统计，教育综合管理，重要教育活动，基础教育，职业教育与成人教育，高等教育，师范教育，民族教育，民办教育，学校体育、卫生、艺术与国防教育，教育信息化建设与远程教育，教育考试，教育人事管理，先进人物和先进集体，教育财务与审计，国际及与港、澳、台教育合作交流，语言文字工作，教材建设、出版管理与教学仪器研究，教育科研、学术活动，教育新闻宣传，各省、自治区、直辖市教育（按行政区划顺序排列），香港、澳门特别行政区和台湾地区教育情况简介，文件选编，资料汇编，教育大事记。

三、按目前国际国内通例，当年的年鉴反映上一年教育工作的基本情况，某些多年才能完成的工作任务，主要记述当年此项工作的进展情况。

四、年鉴的全国性统计数据，由教育统计部门提供，引用应以此为准。某些条目中的数据，因统计口径不一，可能有不尽一致之处，望读者使用时注意。

五、年鉴的全国性统计数据均不包括香港、澳门特别行政区和台湾地区。

六、在年鉴编纂过程中，虽力求做到内容全面系统，资料准确无误，文字简明精炼，但由于我们水平所限，仍有需要改进之处，欢迎读者批评指正。

《中国教育年鉴》编辑部

2005年6月

目　录

全党全社会共同做好未成年人思想道德建设工作　大力培育中国特色社会主义事业建设者和接班人
——在全国加强和改进未成年人思想道德建设工作会议上的讲话（节选）
（2004年5月10日）…………胡锦涛（1）
进一步加强和改进大学生思想政治教育工作　大力培养造就社会主义事业建设者和接班人
——在全国加强和改进大学生思想政治教育工作会议上的讲话（节选）
（2005年1月17日）…………胡锦涛（3）
政府工作报告（节选）
——二〇〇五年三月五日在第十届全国人民代表大会第三次会议上…………温家宝（5）
积极行动起来 扎扎实实工作 为实现西部地区“两基”攻坚目标而努力奋斗
——在国家西部地区“两基”攻坚工作会议上的讲话
（2004年2月26日）…………陈至立（8）
用科学发展观统领教育工作全局
——在教育部2005年度工作会议上的讲话
（2004年12月19日）…………周　济（15）
努力做好高校贫困家庭学生资助工作…………张保庆（31）
大力推进科研管理创新　全面提升高校哲学社会科学研究能力…………袁贵仁（35）
保护世界遗产　促进共同发展…………章新胜（41）
精英教育：高水平研究型大学的人才培养理念…………赵沁平（45）
大力发展以就业为导向的高职教育…………吴启迪（50）
认真实践“三个代表”重要思想　推动基础教育全面协调可持续发展…………陈小娅（53）
用“三个代表”重要思想统领教育纪检监察工作　为办好让人民满意的教育提供政治保证
（2004年2月2日）…………田淑兰（57）
综　　述…………（66）
教育事业改革与发展取得新进展…………（66）
胡锦涛等考察北京市教育…………（68）
胡锦涛等会见全国优秀教师代表…………（69）
温家宝等看望部分教师…………（70）
李长春等视察教育部…………（71）
何勇等到教育部调研…………（72）
贯彻落实中央8号文件精神　进一步加强和改进未成年人思想道德建设…………（73）

贯彻落实中央16号文件精神 进一步加强和改进大学生思想政治教育……………………（75）
庆祝第20个教师节暨全国优秀教师表彰大会……………………………………………（77）
第二届中外大学校长论坛 ……………………………………………………………（78）
开展专项整治行动 切实加强中小学幼儿园及少年儿童安全管理工作 ………………（80）
贯彻落实2004年全国职业教育工作会议精神 大力推动职业教育持续健康发展………（82）
全国高校贫困家庭学生资助工作电视电话会议 ………………………………………（84）
实施“农村劳动力转移培训计划” …………………………………………………（85）
教育政务信息化建设与政务公开 ………………………………………………………（86）
学习型机关建设 …………………………………………………………………………（87）
教育部2004年度教育工作会议……………………………………………………………（88）

教育部2004年工作要点 ……………………………………………………………（89）

教育发展统计……………………………………………………………………………（94）
二〇〇四年全国教育事业发展统计公报 教育部（2005年4月）………………………（94）
2004年各类教育发展基本情况…………………………………………………………（97）
2003年教育经费基本情况 ……………………………………………………………（128）
2004年教育基本建设投资完成情况 …………………………………………………（130）
2004年科研活动基本情况 ……………………………………………………………（132）

教育综合管理……………………………………………………………………………（138）
教育法制建设………………………………………………………………………………（138）
教育立法 贯彻行政许可法，改革行政审批制度
全国人大代表、政协委员议案承办工作………………………………………………（140）
教育纪检监察………………………………………………………………………………（140）
全国教育纪检监察工作会议 教育系统党风廉政建设 2004年全国治理教育乱收费工作电视电话会议 全国治理教育乱收费工作
教育督导……………………………………………………………………………………（144）
“两基”新进展 （附一 全国第十一批基本普及九年义务教育、基本扫除青壮年文盲县（市、区）名单 附二 全国第八批基本普及初等义务教育县名单） 幼儿教育工作专项督导检查 进城务工就业农民子女义务教育工作专项督导检查 职业教育工作专项督导检查 建立对县级人民政府教育工作进行督导评估的制度 全国中小学校督导评估工作研讨会 2004年国家督学会议 督导机构与队伍建设
教育信访工作………………………………………………………………………………（149）
来信来访受理情况 群众信访反映的主要问题 信访处理
关心下一代工作……………………………………………………………………………（151）
教育部关心下一代工作委员会调整充实 学习贯彻中央两个文件，加强和改进关心下一代工作 加强理论研究工作 全国教育系统关工委宣传工作会议 开展主题教育活动
教育社团管理工作…………………………………………………………………………（154）
综述 规范管理
热点关注……………………………………………………………………………………（154）

切实解决好新形势下教育信访工作中的突出矛盾和问题　12 省市治理教育乱收费工作专项督查情况扫描

基础教育 ……………………………………………………………… (163)

管理工作……………………………………………………………… (163)

未成年人思想道德建设　弘扬和培育民族精神教育活动　第一个弘扬和培育民族精神月活动　《中小学生守则》等重新修订颁布　农村义务教育管理体制改革　农村寄宿制学校建设工程　农村中小学现代远程教育工程试点工作　面向义务教育阶段贫困家庭学生的“两免一补”工作　“两基”巩固提高工作　进城务工就业农民子女义务教育工作　减轻学生课业负担　中小学幼儿园安全工作　幼儿教育工作研讨会

教学与课程改革……………………………………………………… (167)

基础教育课程改革电视电话会议　义务教育课程标准修订　基础教育课程改革调研　初中毕业考试与普通高中招生制度改革　普通高中新课程开始实验

热点关注……………………………………………………………… (169)

2004 年基础教育全景扫描　国家西部地区“两基”攻坚大事记　国家西部地区“两基”攻坚计划责任书有关指标汇总表　探索解决农村教育的深层次问题

职业教育与成人教育 ……………………………………………… (178)

全国职业教育工作会议　实施技能型紧缺人才培养培训工程　建立职业教育工作部际联席会议制度　职业教育实训基地建设项目和职业教育发展专项建设计划启动　调整认定国家级重点中等职业学校　（附一 首批国家级重点中等职业学校名单　附二 第二批国家级重点中等职业学校名单）　中等职业教育招生规模创历史新高　在职业学校逐步推行学分制　中等职业学校骨干教师和校长培训　中等职业学校德育工作　职业教育教材建设　农民实用技术培训　农村劳动力转移培训　推动社区教育工作　行业企业职工教育

热点关注……………………………………………………………… (204)

2004 年职业教育与成人教育大事记

高等教育 ……………………………………………………………… (208)

高等学校发展改革…………………………………………………… (208)

2004 年高校审批和变动情况　（附一 2004 年教育部批准设置和调整的普通高校名单　附二 2004 年省、自治区、直辖市人民政府自行审批设立的高等职业学校名单　附三 2004 年管理体制调整的普通高校）　高校后勤社会化改革　教育支持西部及东北老工业基地振兴的政策措施　省（区、兵团）部共建地方高校工作　“211 工程”建设　“985 工程”建设

教育教学管理………………………………………………………… (224)

第二次全国普通高校本科教学工作会议　独立学院本科专业清理备案工作　高等学校教学质量与教学改革工程　精品课程建设　（附 2004 年度国家精品课程名单）　大学英语教学改革　试办八年制医学教育　国家工科基础课程教学基地建设　国家理科基础科学研究和教学人才培养基地建设　现代远程教育（网络教育）规范管理和质量管理情况　以就业为导向，深化高等职业教育教学改革　中国高等教育文献保障体系“十五”建设项目正式

启动“对口支援西部地区高等学校计划”执行情况 “一村一名大学生计划”实施情况 颁布高职高专指导性专业目录

教育部直属高校工作……(241)

教育部直属高校工作咨询委员会第十四次全体会议 2004年高校领导赴海外培训项目 教育部与美国耶鲁大学联合举办大学领导高级研讨班 兰州医学院并入兰州大学

高校思想政治工作与社会科学研究……(244)

第十三次全国高校党的建设工作会议暨高等学校领导班子思想政治建设座谈会 高校师生思想政治状况滚动调查 大学生思想政治教育调研 高校思想政治理论课调研 学习贯彻落实《中共中央国务院关于进一步加强和改进大学生思想政治教育的意见》 大学生心理健康教育 校园文化建设和社会实践 高校“形势与政策”教育 开通“中国大学生在线”，推进高校网络思想政治教育工作 高校校园网络管理 发展高校哲学社会科学 教育部高校哲学社会科学学报名栏建设（第一批）开始启动 第五届“全国优秀教育音像制品奖”

高校学生工作……(252)

2004年普通高校招生情况 国家教育统一考试环境综合整治工作电视电话会议 2004年普通高校毕业生就业情况 2004年全国普通高校毕业生就业工作电视电话会议 研究生招生情况

学位工作与研究生教育……(256)

设立教育部学位管理与研究生教育司 学位与研究生教育 专业学位教育 研究生教育创新计划 研究生院建设 博士学位论文评选 （附2004年全国优秀博士学位论文名单） 授予名誉博士学位情况 合作办学项目 学位证书互认情况

高校科技及产业……(263)

高校科技工作主要数据 “985工程”科技创新平台 高校重点实验室建设与发展 工程（技术）研究中心 “863”计划 国家自然科学基金 教育部科学技术研究项目 大学科技园、国家技术转移中心 高新技术产业化 创新团队和新世纪优秀人才 高等学校中长期科学和技术发展规划纲要 教育部科学技术委员会学部委员换届 高校科技企业管理 高校校办产业统计 科技成果推广 高等学校博士学科点专项科研基金 专利工作与科技成果管理 高校科技奖励工作 中国科技论文在线 教育信息化宣传 中国教育和科研计算机网建设

热点关注……(272)

质量是当前大陆高等教育的最大挑战 以创新引领研究生教育质量的提升 加快体制改革和制度建设 积极推进高校科技创新上水平 第二届中外大学校长论坛综述 就业：在困难中坚定前行 从战略角度思考大学生思想政治教育

师范教育……(292)

概况 首届全国师德论坛 中宣部、教育部联合举办全国优秀教师师德报告团活动 加快推进全国教师教育网络联盟计划，全面启动新一轮中小学教师全员培训 实施“农村中学教育硕士师资培养计划” 开展高等学校教师教育管理者国家级研修项目 加强基础教育新课程师资培训 发布《中小学教师教育技术能力标准（试行）》 教师资格制度全面实施

民族教育 ……………………………………………………………………………………………… (297)

概况　民族团结教育　民族地区寄宿制学校管理工作　民族、贫困地区中小学教师综合素质培训　中小学少数民族文字教材审查　少数民族高层次骨干人才培养工作　少数民族预科班、民族班　教育援藏　内地新疆高中班

热点关注 ……………………………………………………………………………………………… (300)

大力加强民族寄宿制学校管理工作 为促进民族地区实现“两基”目标做贡献

民办教育 ……………………………………………………………………………………………… (303)

2004 年民办教育情况

热点关注 ……………………………………………………………………………………………… (304)

民办教育的 2004 年

学校体育、卫生、艺术与国防教育 ……………………………………………………………… (306)

全国高等学校体育工作座谈会　第七届全国大学生运动会　推进实施体育新课程标准　中小学生课外文体活动工程　农村学校卫生工作　学校食品卫生管理工作　预防艾滋病教育　血防教育　印发《普通中小学校和中等职业学校贯彻〈学校艺术教育工作规程〉评估方案（试行）》　学校艺术教育课程建设　艺术教师队伍建设　《李岚清音乐笔谈》首发式暨交响音乐会　农村学校艺术教育　全国理工科院校校长艺术教育论坛　高等学校军事理论课　学生军训工作　国防教育活动

教育信息化建设与远程教育 ……………………………………………………………………… (311)

教育信息化建设 ……………………………………………………………………………………… (311)

开通全球规模最大的下一代互联网　中国教育和科研计算机网 CERNET 建设　中国教育科研网格计划 ChinaGrid　大学数字博物馆建设工程

中央广播电视大学远程教育 ………………………………………………………………………… (312)

综述　实施“一村一名大学生计划”　部队士官学历教育　残疾人远程教育　教学检查与总结性评估　中等专业教育　非学历教育及培训工作　对外合作与交流　启动“西部地区百所县级电大援助计划”　公共服务体系建设

中央电化教育馆远程教育 …………………………………………………………………………… (314)

教育部基础教育资源中心成立　农村中小学现代远程教育工程项目的培训与资源建设　面向农村中小学的各类远程教育项目　举办中国—东盟现代远程教育培训班　第八届中国远程教育、电教多媒体技术应用、设备与软件博览会　第八届全国多媒体教育软件大奖赛

热点关注 ……………………………………………………………………………………………… (317)

奇迹，究竟是如何创造的？

教育考试 ……………………………………………………………………………………………… (322)

考务管理 ……………………………………………………………………………………………… (322)

《国家教育考试违规处理办法》颁布　《国家教育考试考务安全保密工作规定》颁布　2004 年国家教育统一考试安全保密工作　考试业务管理系统运行　中国教育考试网建立

高校入学考试……………………………………………………………………………………………(323)

高考命题工作

自学考试………………………………………………………………………………………………(324)

《高等教育自学考试暂行条例》修订　组织、协调专业委员会工作　自学考试宣传工作　专业建设与管理工作　自学考试教材　自考命题　劳动和社会保障岗位资格证书开考　中国机械工程师资格认证考试开考　调查分析师证书考试开考　中国物流职业经理资格证书开考　自学考试示范助学组织评选　社会助学组织登记　华夏大地自考奖励金　自学考试分会成立

非学历教育证书考试…………………………………………………………………………………(326)

非学历考试考务管理　PETS 考试　NCRE 情况　全国外语翻译证书考试（NAETI）　全国外语水平考试（WSK）　剑桥少儿英语学习系统　全国计算机应用技术证书考试　全国计算机应用技术职业技能考试　全国少儿计算机考试　剑桥办公管理国际证书考试

海外考试………………………………………………………………………………………………(329)

TOEFL（托福考试）　GRE（研究生院入学考试）　GMAT（工商管理研究生院入学考试）　LSAT（美国法学院入学考试）　CGFNS（美国外国护士学校毕业生委员会证书考试）　BEC（剑桥商务英语证书考试）　MSE（剑桥英语主体考试）　IELTS 考试（国际英语语言测试系统）　LCCIEB（伦敦工商会考试局职业资格证书考试）　日本语能力测试　TestDaf（德福考试）　韩国语水平考试

热点关注………………………………………………………………………………………………(330)

高考公平：需要脚踏实地去做

教育人事管理……………………………………………………………………………………(333)

教师管理和教师培训…………………………………………………………………………………(333)

教师队伍状况分析　中小学人事制度改革　“博士服务团”和“西部之光”计划

高层次人才培养………………………………………………………………………………………(336)

“高层次创造性人才计划”启动实施　长江学者项目实施进展　2004 年度长江学者特聘教授、讲座教授名单

教育管理干部培训……………………………………………………………………………………(345)

概述　高校领导干部培训　全国地市县（市）教育局长培训　专题培训　涉外培训　教学科研工作

热点关注………………………………………………………………………………………………(347)

以科学发展观为指导 深化中小学人事制度改革

先进人物和先进集体……………………………………………………………………………(349)

2004 年教育部党组表彰的先进人物及其先进事迹　2004 年教育部党组表彰的先进集体及其先进事迹　第 20 个教师节期间表彰教师情况　（附一 2004 年全国模范教师名单　附二 2004 年全国教育系统先进工作者名单　附三 2004 年全国优秀教师名单　附四 2004 年全国优秀教育工作者名单　附五 2004 年全国中小学优秀班主任名单　附六 2004 年全国优秀中小学德育课教师名单　附七 2004 年全国中小学德育先进工作者名单）

教育财务与审计 …………………………………………………………………………………………(443)

教育财务…………………………………………………………………………………………………(443)

教育部 国家统计局 财政部关于2003年全国教育经费执行情况统计公告（2004年12月30日） （附2003年全国教育经费执行情况统计表） 在全国义务教育阶段学校推行“一费制”收费办法 农村义务教育阶段贫困家庭学生资助工作 农村中小学危房改造工程进展情况 国家助学贷款出台新政策 全国高校贫困家庭学生资助工作 设立专项资金支持职业教育实训基地建设 中、初等学校校办产业情况

教育审计…………………………………………………………………………………………………(456)

教育部指导内审工作情况 教育战线审计工作情况 中国教育审计学会活动

热点关注…………………………………………………………………………………………………(459)

教育投入，去年学者说了些什么

国际及与港、澳、台教育合作交流 ……………………………………………………………(463)

留学工作…………………………………………………………………………………………………(463)

出国留学工作 来华留学工作 国家留学基金委工作 进一步加强教育涉外监管

对外合作与交流………………………………………………………………………………………(468)

对外合作与交流 对外汉语教学 聘请外籍教师 中外合作办学

与香港、澳门特别行政区和台湾地区的合作交流……………………………………………(472)

与香港的合作交流 与澳门的合作交流 与台湾的合作交流 招收港澳台地区和华侨学生 爱国人士教育基金项目工作

中国教科文组织活动…………………………………………………………………………………(473)

举办联合国教科文组织第28届世界遗产委员会会议 出席联合国教科文组织第四次全民教育高层论坛 出席联合国教科文组织科技伦理委员会会议 举办第一届世界地质公园大会 出席联合国教科文组织国际教育局第47届国际教育大会 举办首届世界工程师大会 出席联合国教科文组织执行局第169和170届会议 教育、科学、文化和传播领域的活动 教科文组织奖项 教科文俱乐部活动

热点关注…………………………………………………………………………………………………(476)

出国留学教育决策的战略性调整与政策取向 整体谋划教育开放政策，时不我待 留学：理性时代正在到来 国际教育，引领你走向全球

语言文字工作 ……………………………………………………………………………………………(486)

2004年度语言文字工作会议 国家语委咨询委员会第四次会议 宣传贯彻《国家通用语言文字法》 第七届全国推广普通话宣传周活动 普通话水平测试管理工作会议 举办少数民族汉语教师普通话培训班 召开中国语言文字使用情况调查总结表彰会 城市语言文字工作评估 “规范外文使用，维护祖国语言健康发展”宣传座谈会 《规范汉字表》研制工作 全国语言文字标准化工作 民族语文规范标准建设和信息化工作 语言文字应用“十五”科研项目 “国家语言资源监测与研究中心”成立 语言文字工作系统政务信息化工作 中国语言文字国际标准化工作 第二届两岸四地中文数字化合作论坛（CDF） 第二代居民身份证姓名住址生僻字专家研讨会

教材建设与教学仪器研究 ……………………………………………………………………… (494)
人民教育出版社……………………………………………………………………………………… (494)
综述　普通高中新课标教材的立项和编写　加强新课程标准实验教材的售后服务工作
2004 年度部分获奖品种目录
高等教育出版社 ……………………………………………………………………………………… (496)
概况　深化体制机制改革　强化经营管理　创建学习型组织，形成积极向上的企业文化
教学仪器研究………………………………………………………………………………………… (498)
教学仪器标准化　教学仪器研究　与联合国儿童基金会合作项目

教育科研、学术活动 …………………………………………………………………………… (499)
中央教育科学研究所………………………………………………………………………………… (499)
与"两会"代表、委员座谈教育热点问题　《对策与建议》出版　第四届全国教育科学研究所（院）长工作联席会议　建立博士后科研工作站
国家教育发展研究中心……………………………………………………………………………… (500)
高等教育发展与财政政策国际研讨会　联合国教科文组织国际教育大会第 47 届会议　APEC 第三次教育部长会议
高等学校社会科学发展研究中心…………………………………………………………………… (502)
教育部邓小平理论和"三个代表"重要思想研究中心工作　哲学社会科学各学科学术研究活动　《高校理论战线》办刊情况
中国教育学会………………………………………………………………………………………… (503)
开展群众性教育学术活动　教改实验区工作稳步、健康发展　"十五"科研课题研究及科研培训工作　关注和支持西部教育　加强自身建设，促进学会发展　分支机构和省市学会工作情况
中国高等教育学会…………………………………………………………………………………… (506)
综述　科学发展观与中国高等教育论坛　加强高等教育研究机构建设工作研讨会　高等教育学优秀博士学位论文评选　2004 年高等教育国际论坛　学术研讨活动　科研工作　《中国高教研究》办刊情况　全国高教仪器设备展示会　培训工作

教育新闻宣传……………………………………………………………………………………… (509)
综述　（附 2004 年教育部新闻发布会情况统计表）
中国教育报…………………………………………………………………………………………… (512)
综述　营造未成年人和青年大学生健康成长的良好舆论氛围　关注农村教育　宣传高校人才强校工程　宣传新一轮教育振兴行动计划　树立教师良好形象，弘扬教师精神　三周刊探索专业化服务
《人民教育》杂志 …………………………………………………………………………………… (515)
注重选题策划，增强刊物的影响力　强化德育宣传　关注前沿动态　推出典型报道，推广新鲜经验　关注新课程，引领课改实践　深入普法，维护教师权益　聚焦名师，为教师成长引路　加强言论，增强思想含量
《中国高等教育》杂志 ……………………………………………………………………………… (517)
综述　探讨高教重点和热点问题

《神州学人》杂志及网站…………………………………………………………………………………（518）
综述　围绕教育部中心工作宣传报道　关注热点　网站建设
中国教师报……………………………………………………………………………………………（519）
综述　关注教师生存状态，维护教师合法权益　庆祝第20个教师节特刊　关注热点　以活动提升报纸的影响力
中国教育电视台………………………………………………………………………………………（520）
综述　一套节目改版　农村党员干部现代远程教育卫星数字专用频道试开播　中国教育卫星宽带传输网上行站换站　开展思想道德建设宣传　第28届世界遗产大会的宣传报道　中外大学校长论坛的宣传报道　与中央电视台联合推出《西部教育》栏目　《"两基"攻坚西部行——现状篇》系列报道　《李岚清的音乐情怀》专题节目　"青春中国"五一主题节目周　《家长俱乐部》播出　举办"青春万岁——庆祝新中国成立55周年暨迎接复旦大学百年校庆文艺晚会"　"金色十月"特别节目　《校园奥运》栏目直播高校"大超联赛"　福利彩票双色球摇奖现场直播
热点关注………………………………………………………………………………………………（523）
引导网上舆论 为构建和谐社会服务

北京市教育……………………………………………………………………………………（527）
概况……………………………………………………………………………………………………（527）
基本情况　全市教育大会　教育督导　依法治教　德育工作　学生管理　对外交流与合作　教师管理　民办教育　安全工作　语言文字工作
基础教育………………………………………………………………………………………………（532）
综述　学校建设　学前教育　义务教育　教学改革
职业教育与成人教育…………………………………………………………………………………（534）
综述　学校调整与专业建设　教学管理　职业培训　成人教育　学习型城市建设
高等教育………………………………………………………………………………………………（535）
综述　教学、教材和专业建设　资源共享　科技竞赛活动　教学质量评估　实验室建设与科研管理　学位与研究生教育　助学贷款　大学生公寓和高教园区建设

天津市教育……………………………………………………………………………………（537）
概况……………………………………………………………………………………………………（537）
基本情况　年度教育工作方针　学校布局调整与基本建设　教师队伍建设　未成年人思想道德建设　语言文字工作　教育对口支援　调整民办学校审批管理权限
基础教育………………………………………………………………………………………………（543）
综述　基础教育资源体系建设　全面推行"一费制"收费办法　对义务教育阶段残疾学生实行免费教育　检查验收中小学规范化学校建设　启动农村地区义务教育"教学装备建设工程"　中小学幼儿园安全管理专项整治
职业教育与成人教育…………………………………………………………………………………（545）
综述　举办职业技能教育与培训国际研讨会　国家级技能型紧缺人才培养基地建设　启动农村劳动力"351"培训工程　四级老年人教育网络初步形成
高等教育………………………………………………………………………………………………（546）

综述　学位管理与研究生教育　“985工程”二期建设立项工作启动　成立3所高等职业学院　重点学科建设　普通高考首次自主命题　大学生思想政治教育　多种形式资助贫困生　大学生参加体育赛事成绩优异　数学家陈省身逝世

河北省教育……………………………………………………………………………（551）

概况……………………………………………………………………………………（551）

基本情况　学校党建、德育和稳定工作　资助贫困生工作　农民工子女入学　扶贫助校　制定预防和处理学生伤害事故实施细则　教育对外交流与合作

基础教育………………………………………………………………………………（555）

综述　中小学德育工作　农村中小学危房改造和布局结构调整　改革办学体制　治理教育乱收费　启动农村中小学现代远程教育试点工程　课程改革　教育、教学管理　推进中小学评价与考试制度改革　视力健康干预工程

职业教育与成人教育…………………………………………………………………（557）

综述　农村劳动力转移培训工程　实施“技能型紧缺人才培养工程”　示范校建设　办学体制和教育教学改革　高职高专人才培养工作　中等职业学校建设　合作办学　就业工作

高等教育………………………………………………………………………………（559）

综述　贫困生救助　大学生社会实践活动　多导师制　高校后勤社会化改革　高校“双重工程”建设　学位与研究生教育　高校科技创新　人才培养质量评估和保障体系

山西省教育……………………………………………………………………………（562）

概况……………………………………………………………………………………（562）

基本情况　教育经费收入与支出　体育、卫生、国防和艺术教育　学校安全工作　教育交流与合作　教师队伍管理　教育法制建设　语言文字工作　民办教育

基础教育………………………………………………………………………………（567）

幼儿教育　义务教育　基础教育课程改革　高中教育　教育督导　普及实验教学　中小学教师继续教育　中小学德育教育　义务教育阶段“一费制”

职业教育与成人教育…………………………………………………………………（569）

重点学校建设　高等职业教育　“科教兴乡、兴县工程”　成人高等教育　劳动力转移培训　社区教育和计算机应用能力培训考核工作

高等教育………………………………………………………………………………（570）

“高等教育强校工程”　高校结构调整　研究生教育　毕业生就业工作　资助高校贫困家庭学生

内蒙古自治区教育……………………………………………………………………（573）

概况……………………………………………………………………………………（573）

基本情况　年度工作方针　党风廉政建设　行风建设和治理教育乱收费　教育法制建设　师资队伍建设　人事制度改革　教育对口支援工作　民办教育　电子政务建设　普通话培训测试工作　信访、提案建议办理、督查督办工作

基础教育………………………………………………………………………………（577）

“两基”攻坚和巩固提高工作　各项重大工程建设　进城务工就业农民子女义务教育　高

中教育、幼儿教育和特殊教育　课程改革和中小学思想道德建设
职业教育与成人教育……………………………………………………………………………（579）
综述　重点学校和专业建设　成人教育和职业培训
高等教育…………………………………………………………………………………………（579）
高等教育发展　教育教学改革　高校党建和思想政治工作　国家助学贷款工作　招生、就业工作　高校科研和对外交流与合作
民族教育…………………………………………………………………………………………（581）
学校建设　民族师资培养和教材建设　招生工作

辽宁省教育 …………………………………………………………………………………（582）
概况………………………………………………………………………………………………（582）
基本情况　推进素质教育　教育扶贫助困　教育国际交流与合作　教育行风建设　语言文字工作　民办教育
基础教育…………………………………………………………………………………………（586）
加强未成年人思想道德建设　实施“两类新三片”“普九”规划　农村中小学布局调整和危房改造　中小学校长和教师队伍建设　加强中小学安全教育与管理　中小学远程教育　学前教育和民族教育　普通高中教育
职业教育与成人教育……………………………………………………………………………（587）
深化高等职业教育改革　中等职业教育结构布局调整　标准化职教中心建设　中等职业学校招生工作　示范性中等职业学校和示范专业建设　农村劳动力转移培训和“9＋1”职业培训　中等职业学校校长和教师培训
高等教育…………………………………………………………………………………………（589）
加强大学生思想政治教育　教育教学工作　科技工作　改善高校办学条件　招生和毕业生就业工作　重点学科建设　党建工作　师资队伍建设
大连市教育………………………………………………………………………………………（591）
基本情况　基础教育　职业教育与成人教育　高等教育

吉林省教育 …………………………………………………………………………………（598）
概况………………………………………………………………………………………………（598）
基本情况　教育经费投入与支出　师资队伍建设　学校体育、卫生与艺术教育　交流与合作　法制建设与教育督导　治理中小学乱收费　各类考试工作
基础教育…………………………………………………………………………………………（603）
召开全省农村教育工作会议　全面启动农村中小学现代远程教育工程　基础教育课程改革　发展高中教育　幼儿教育与特殊教育　适应农村税费改革，确保农村教育经费到位　改善农村中小学办学条件　“一费制”试点工作　中小学思想道德建设　民族教育
职业教育与成人教育……………………………………………………………………………（604）
骨干示范学校建设工程　探索新的运行机制和办学模式　技能型紧缺人才培养培训工程　谋划农村职业教育发展　自学考试
高等教育…………………………………………………………………………………………（605）
高校为振兴吉林老工业基地服务　高职高专教育改革与发展　提高高校办学水平和教学质

量 高校毕业生就业工作 高校党建和思想政治工作 高校安全保卫和政治稳定工作

黑龙江省教育 ……………………………………………………………… (608)

概况 ……………………………………………………………………… (608)

基本情况 农村教育暨农村教育工作会议 建立对县级政府教育工作督导评估制度 加快发展民族教育 面向社会人员认定教师资格

基础教育 ………………………………………………………………… (612)

综述 完善义务教育投入保障机制 幼儿教育 课程改革实验工作 发展高中教育 落实助学行动计划 "双高"普九和"两基"巩固提高工作 加强未成年人思想教育 体育、卫生、艺术教育 中小学人事制度改革 中小学危房改造

职业教育与成人教育 ……………………………………………………… (615)

综述 举办全省职业院校职业技能大赛 颁布《黑龙江省民办中等职业学校设置标准》 农村劳动力转移培训 农科教结合示范基地建设 职工岗位培训 社区教育

高等教育 ………………………………………………………………… (617)

综述 高校布局结构调整 加强政治思想及道德教育 毕业生就业工作 教师队伍建设 教学质量管理和教改工作 学科、专业与课程建设 科研工作管理 为老工业基地振兴服务 教育国际交流

上海市教育 ………………………………………………………………… (621)

概况 ……………………………………………………………………… (621)

基本情况 教育投入与支出 教育工作会议 德育工作 教育法制建设 特殊教育、民族教育与对口支援 体育、卫生、艺术、科普、安全教育 校长与教师队伍建设 招生与就业制度改革 "长三角"地区教育合作 教育国际交流 教育审计 语言文字工作

基础教育 ………………………………………………………………… (627)

幼儿教育 义务教育阶段"一费制"收费办法出台 减轻中小学生过重课业负担 推进义务教育均衡发展 进城务工就业农民子女学校实行清理、登记 小学起始年级实行二期课改新课程新教材 试行《上海市中小学学生成长记录册》 试行应届优秀初中毕业生免试推荐入学 教学设施改善与寄宿制高中建设 28所创建上海市实验性示范性高中学校进行公示

职业教育与成人教育 ……………………………………………………… (630)

百所中等职业学校重点建设工程基本完成 中等职业学校完成百个重点专业建设 中等职业学校公共实训中心建设 扩大外省市招生数 加强双师型教师队伍建设 郊区成人教育 老年教育

高等教育 ………………………………………………………………… (631)

高校布局结构调整 教育教学改革 助学贷款 高校产学研结合 研究生教育 知识创新体系建设工程

江苏省教育 ………………………………………………………………… (634)

概况 ……………………………………………………………………… (634)

基本情况 庆祝第20个教师节 学习贯彻《行政许可法》 庆祝新中国建国55周年国防教育系列活动 中外合作办学 教育审计工作 实施扶贫助学工程 教师队伍建设 学校

体育、卫生与艺术教育工作 语言文字工作 学校党建工作
基础教育……(638)
综述 幼儿教育 特殊教育 全面完成中小学布局调整任务 全面完成农村中小学“三新一亮”工程 推进农村初中教育均衡发展 加强义务教育阶段学籍管理 星级高中评估 高中课程改革准备工作 普通高中招生改革 中小学公用经费和控辍工作督查
职业教育与成人教育……(640)
综述 全国职业教育工作会议 开展农村劳动力转移培训 推进示范专业建设 加快师资培养培训 组织第二届长三角社区教育论坛
高等教育……(641)
综述 高等学校布局结构调整 组织实施“青蓝工程” 高校基本建设 高校毕业生就业工作 高等教育教学改革 推进教育资源建设与共享 研究生培养创新工程 高校学生学籍学历管理 高校哲学社会科学研究 高校科技创新与基地建设 高校科技服务

浙江省教育……(645)
概况……(645)
基本情况 农村教育工作会议 教育法制建设 扶困助学 教师队伍建设
基础教育……(648)
综述 未成年人思想道德教育 流动儿童少年教育 基本普及15年教育 课程改革 学籍管理 教育信息化 教育强县
职业教育与成人教育……(650)
综述 重点职业学校建设 专业建设 农民培训工程 社区教育
高等教育……(651)
综述 高等学校升格与更名 规范独立学院管理 高考自主命题
宁波市教育……(653)
基本情况 综述 基础教育 职业教育与成人教育 高等教育

安徽省教育……(659)
概况……(659)
基本情况 年度教育工作方针 教育投入与支出 学校人事制度改革 体育、卫生、艺术教育和国防教育 语言文字工作
基础教育……(664)
综述 中小学危房改造 “以县为主”农村义务教育管理体制 中小学信息技术教育 农村寄宿制学校建设 “两基”督导评估 治理中小学乱收费
职业教育与成人教育……(666)
综述 全省职业教育工作会议 职教工作调研 职业教育招生改革 职业学校“三重”建设 农村劳动力转移培训 职教师资队伍建设和教育教学改革 中等师范教育 成人高等教育 自学及其他考试 成人中专教育
高等教育……(668)
综述 学位与研究生教育 教学改革与管理工作 毕业生就业 贫困学生资助 教师队伍建设 高校思想政治工作 高校党建工作和领导班子建设 科研工作 中国科学院 教

育部　安徽省继续重点共建中国科技大学

福建省教育……………………………………………………………………………………（671）
概况……………………………………………………………………………………………（671）
基本情况　全省教育工作会议　教育投入和扶困助学　民办教育　教师队伍建设　教育合作与交流　国家助学贷款　学校党建和思想政治工作　治理教育乱收费
基础教育………………………………………………………………………………………（676）
综述　义务教育　高中教育　幼儿教育　特殊教育　少数民族教育　信息技术教育　课程改革　农民工子女义务教育　农村中小学危房改造
职业教育与成人教育…………………………………………………………………………（678）
综述　推进中职事业发展　重点专业建设　职业教育服务“三农”
高等教育………………………………………………………………………………………（679）
综述　三所本科高校正式组建　重点建设高校　高校新校区建设　高校教学　学位与研究生教育　高校科技　教育教学评估
厦门市教育……………………………………………………………………………………（681）
基本情况　教育经费增长　农村教育　基础教育　为未成年人办10件实事　优质高中扩建扩招　人事分配制度改革　职业教育　高等教育

江西省教育……………………………………………………………………………………（687）
概况……………………………………………………………………………………………（687）
基本情况　年度教育工作方针　教育经费投入　人才兴教战略　治理教育乱收费　民办教育　毕业生就业指导工作　国际合作与交流
基础教育………………………………………………………………………………………（692）
综述　义务教育　特殊教育和民族教育　幼儿教育　高中教育　德育工作　基础教育七大工程
职业教育与成人教育…………………………………………………………………………（695）
招生制度改革　重点学校和实训基地建设　职业指导和就业服务工作　农村劳动力转移培训阳光工程　职业学校技能竞赛　社区教育实验
高等教育………………………………………………………………………………………（696）
管理体制改革与布局结构调整　改善办学条件　教学改革　师资队伍建设　高校科技

山东省教育……………………………………………………………………………………（698）
概况……………………………………………………………………………………………（698）
基本情况　建设人才强省，优先发展教育　采用“教育券”形式扶贫助学　大力宣传弘扬先进模范人物　督导评估　教育科研和教学研究　治理教育乱收费　对外教育交流与合作　民办教育及管理　大力弘扬尊师重教良好社会风尚　教师资格认定工作　学校人事制度改革　专业技术职务评审　“华夏园丁大联欢——2004 山东之旅”活动
基础教育………………………………………………………………………………………（704）
综述　规范化学校创建工作　信息技术教育　中小学危房改造　中小学安全工作　课程改革和教材管理　开展“弘扬和培育民族精神月”活动　学前教育专项督导检查　成立基础

教育评估中心　中小学教师继续教育　中小学校长培训　民族教育
职业教育与成人教育……（706）
综述　职业教育管理　职业教育东西部、城乡联合办学　人才培养水平评估工作　职教师资队伍建设
高等教育……（707）
综述　专业建设与调整　招生计划　学位与研究生教育管理　“泰山学者”建设工程　高校教师培训工作　高校科研　高校党建工作　生源地国家助学贷款　高校实验室建设　固定资产管理　研究生招考
青岛市教育……（710）
基本情况　综述　基础教育　职业教育与成人教育　民办教育　高等教育

河南省教育……（716）
概况……（716）
基本情况　年度教育工作方针　教育投入与支出　教师队伍建设　廉政建设　民办教育　体育、卫生与艺术教育　教育合作与交流　信息化建设　资助经济困难学生　依法治教
基础教育……（721）
综述　中小学德育工作　农村中小学危房改造　中小学课程改革　幼儿教育　特殊教育和农民工子女教育
职业教育与成人教育……（723）
城乡职业学校联合招生合作办学　教育教学改革　招生改革　毕业生就业　“双百工程”和组建职教集团　农村劳动力转移培训和再就业培训
高等教育……（724）
综述　全省高等教育工作会议　高校党建　郑州大学实现省部共建　重点学科、实验室和人文社科重点研究基地建设　高校质量工程　高校科研　毕业生就业　高校扩容建设工程

湖北省教育……（727）
概况……（727）
基本情况　综述　经济困难学生资助　启动“农村教师资助行动计划”　民办教育　教育国际合作与交流
基础教育……（732）
综述　全省农村教育工作会议　全省中小学全面试行“一费制”　义务教育年经费投入首次突破100亿元　巩固提高“普九”成果　农村中小学危房改造　进城务工就业农民子女义务教育工作　实施农村基础教育课改工程　加强和改进未成年人思想道德建设　实施农村中小学现代远程教育工程　建立中小学教职工工资发放核查制度　创建全国中小学生课外文体活动工程示范区
职业教育与成人教育……（736）
综述　高等职业教育　中等职业教育　农村职业教育培训　举办计算机、数控技能大赛　“十五”职教科研成果　“双特色”学校
高等教育……（738）
综述　实施“湖北省高等学校人才培养质量与创新工程”　开展精品课程建设工作　独立

学院迅速发展 加强高校图书馆工作 继续推进学科创新工程 全省高校学科建设工作会议 首次开展研究生培养条件评估 加强学位管理 高校招生考试工作 感动中国的桂希恩、徐本禹

湖南省教育 ……(742)
概况……(742)
基本情况 全省农村教育工作会议 教育法制建设 教师队伍建设 民办教育 教育信息化建设 民族教育和教育援藏工作 语言文字工作 体育、卫生与艺术工作 教育对外合作与交流 治理教育乱收费
基础教育……(747)
普通高中教育 学前教育 基础教育课程改革 中小学办学行为 "一费制"收费办法 贫困学生资助 教育督导工作 改善教育教学条件
职业教育与成人教育……(748)
改革职业教育办学机制 高等职业教育 中等职业教育 职业技术培训
高等教育……(749)
教育教学改革 大学生思想政治教育 高校布局结构调整 毕业生就业 研究生教育与学位工作 资助高校贫困生 重点学科建设 高校科技和社科工作

广东省教育 ……(752)
概况……(752)
基本情况 年度工作指导思想 《广东教育现代化建设纲要》 教育投入与支出 语言文字工作 实施扶贫助学工程 教育收费管理
基础教育……(756)
综述 高中教育 信息技术教育 课程改革 教育强镇、强县、强市建设 德育工作 教师继续教育
职业教育与成人教育……(757)
中等职业教育 成人高等教育教学质量管理 社区教育
高等教育……(758)
综述 高校招生考试工作 重点高校建设 优化高等教育层次结构 民办高等教育 教师队伍建设 科技工作 毕业生就业 教学管理 专业建设 思想政治工作 高等职业教育
深圳市教育……(760)
基本情况 综述 全面完成由农村教育向城市教育的转变 未成年人思想道德建设和大学生思想政治教育 基础教育扩大优质学位 师德师风建设年 《深圳市学校安全管理条例》 加快推进深圳教育现代化 广东省首个教育强市 职业教育与成人教育稳步发展 高等教育

广西壮族自治区教育 ……(764)
概况……(764)
基本情况 教育经费 教育系统基本建设工作 教育国际交流与合作 体育、卫生与艺术教育 学校安全工作 教育对口支援

基础教育……………………………………………………………………………………………………(767)
义务教育　幼儿学前教育　普通高中教育　基础教育课程改革实验　德育工作　现代远程教育项目　教师和校长培训　农村寄宿制学校建设和中小学危房改造　“两免一补”工作　第二期“国家贫困地区义务教育”工程　世行贷款项目
职业教育与成人教育……………………………………………………………………………………(769)
综述　中等职业教育联合招生合作办学　农村劳动力转移培训工作　重点学校和示范性专业建设
高等教育……………………………………………………………………………………………………(770)
高校布局结构调整工作　教学水平评估工作　教学改革工作　学位与研究生教育工作　高校毕业生就业工作　思想政治教育　资助高校贫困家庭学生和高校国家助学贷款

海南省教育……………………………………………………………………………………………(773)
概况……(773)
基本情况　全省农村教育工作会议　教育投入与支出　“两基”工作　教育法制建设　教育督导　学校安全稳定工作　民族教育　教育国际交流与合作　教育信息化建设　校务公开　语言文字工作　民办教育　资助贫困学生　体育、卫生、艺术与国防教育
基础教育……………………………………………………………………………………………………(779)
综述　德育工作　课程改革　普通高中教育　幼儿与特殊教育　师资队伍建设　勤工俭学　治理乱收费　危房改造　寄宿制学校建设
职业教育与成人教育……………………………………………………………………………………(781)
中等职业教育　中等职业学校布局调整　科技扶贫　成人高校招生　自学考试和社会考试
高等教育……………………………………………………………………………………………………(782)
综述　党建与思想政治工作　高校布局调整　调整高校学科设置　科研工作　研究生教育　国家助学贷款　图书馆建设　普通高校招生

重庆市教育……………………………………………………………………………………………(784)
概况……(784)
基本情况　全市教育工作会议　教育管理体制　教育投入　教育优惠政策　民办教育　教育合作与交流　语言文字工作　素质教育　干部队伍建设　师德师风建设　师资培训工作　人事制度改革　教师队伍管理　行风建设　教育法治建设　教育经费管理　教育援助工作　安全稳定工作　教育行政管理　体育、卫生、艺术与国防教育　民族教育　教育信息化　校办产业
基础教育……………………………………………………………………………………………………(792)
综述　“两基”工作　幼儿教育和特殊教育　普通高中教育
职业教育与成人教育……………………………………………………………………………………(793)
综述　推进职教改革　扩大中职招生规模　职教基地建设　中澳职教重庆项目　成人高等教育　成人技术培训
高等教育……………………………………………………………………………………………………(794)
综述　高校“三重”建设　学位与研究生教育　高校布局结构调整　高校科技工作　高校后勤改革　重庆市大学城建设　党建与思想政治工作

四川省教育……………………………………………………………………………………………（797）
概况……………………………………………………………………………………………（797）
基本情况　年度工作方针　教育投入与支出　实施《2003—2007年教育振兴行动计划》　资助贫困生工作　治理教育乱收费　教师队伍建设　学校安全工作　教育法治工作　教育督导　教育技术装备　语言文字工作　对外交流与合作
基础教育………………………………………………………………………………………（803）
综述　“两基”攻坚工作　高中教育　幼儿教育与特殊教育　素质教育　中小学德育工作
职业教育与成人教育……………………………………………………………………………（804）
综述　职教体制改革　中等职业学校建设　人才培养模式和办学模式改革　农村劳动力转移培训　民办职业教育
高等教育………………………………………………………………………………………（805）
招生工作　结构调整　高校党建工作　大学生思想政治工作　教学工作　学位与研究生教育　科技工作　毕业生就业工作　后勤社会化改革

贵州省教育……………………………………………………………………………………………（807）
概况……………………………………………………………………………………………（807）
基本情况　教育经费支出情况　教育事业投资完成情况　教师工作　学校体育、卫生、艺术与国防教育
基础教育………………………………………………………………………………………（811）
综述　“两基”工作　“义务教育工程”实施情况　启动农村寄宿制学校建设工程　对贫困学生实施“两免一补”　基础教育课程改革　教师队伍建设　加强未成年人思想道德建设
职业教育与成人教育……………………………………………………………………………（814）
综述　提高办学质量　高等职业院校评估　实施紧缺人才培养工程　自学考试和社会考试　农村劳动力转移培训
高等教育………………………………………………………………………………………（815）
综述　学位工作与研究生教育　精品课程建设　高校“两课”建设评估　科研工作　高校人文社科研究基地建设　国家助学贷款工作　招生与毕业生就业工作　高校管理干部培训
民族教育………………………………………………………………………………………（818）
综述　民族寄宿制学校建设　教育对口支援

云南省教育……………………………………………………………………………………………（819）
概况……………………………………………………………………………………………（819）
基本情况　教育经费收入与支出　教育改革试点工作　农村教育　学生心理健康教育　民办教育　教育信息化建设　依法治教　民族教育　治理教育乱收费工作　教师专业技术职务评审
基础教育………………………………………………………………………………………（824）
普及九年义务教育　农村寄宿制学校建设工程　中小学布局结构调整　中小学危房改造　“一费制”收费　中小学教学用书采购招投标制　普通高中教育　基础教育课程改革　中小学人事制度改革

职业教育与成人教育……………………………………………………………………………………(825)
中职学校招生政策改革 普通中专招生工作 农村成人教育 成人教育招生工作 成人研究生考试和学位授予工作
高等教育 ……………………………………………………………………………………………(827)
综述 招生工作 国家助学贷款 研究生学历电子注册 毕业生就业工程 资助高校贫困生工作 省级重点学科建设 高校科技创新 省院省校教育合作 为周边国家留学生设立奖学金

西藏自治区教育 ……………………………………………………………………………………(829)
概况…………………………………………………………………………………………………(829)
基本情况 综述 "两基"攻坚取得阶段性成果 思想政治工作 内地办学工作 教师队伍建设 教育投入与支出 学校安全工作
基础教育……………………………………………………………………………………………(834)
综述 现代远程教育 教育督导
职业教育与成人教育………………………………………………………………………………(835)
综述 成人教育
高等教育……………………………………………………………………………………………(836)
综述 招生工作

陕西省教育 …………………………………………………………………………………………(837)
概况…………………………………………………………………………………………………(837)
基本情况 年度工作方针 资金管理 社会力量办学
基础教育……………………………………………………………………………………………(841)
"两基"攻坚 思想道德建设 普通高中教育 课程改革 减轻中小学生课业负担 流动儿童少年就学工作 教育督导 中小学现代远程教育 幼儿教育 特殊教育
职业教育与成人教育………………………………………………………………………………(843)
"一网两工程"实施工作 技能人才培养培训 中等职业教育招生 就业工作 骨干体系建设
高等教育……………………………………………………………………………………………(844)
高校思想政治工作 独立学院建设 优化高教资源配置 高等学校招生 高校基本建设 教学管理体制改革与学制改革 推动校企"两个结合" 高校科技工作 助学贷款 研究生培养和高层次学科带头人的选拔 毕业生就业 优质教育资源建设

甘肃省教育 …………………………………………………………………………………………(848)
概况…………………………………………………………………………………………………(848)
基本情况 教育投入与支出 教育项目建设 农村教育 依法治教 治理教育乱收费 教育审计 民族教育 教育信息化建设 体育、卫生与国防教育 教育督导评估 教育交流与合作 语言文字工作
基础教育……………………………………………………………………………………………(854)
综述 未成年人思想道德建设 "两基"工作 高中教育 幼儿教育和特殊教育 安全工

作　教师队伍建设　管理体制改革　基础教育课程改革

职业教育与成人教育……………………………………………………………………………（856）

综述　全省职业教育工作会议　重点学校和骨干专业建设　教育教学改革　职教师资培训　农村劳动力转移培训

高等教育……………………………………………………………………………………（857）

综述　高校党建和大学生思想政治工作　专业学科建设　质量评估　教育教学改革　学校结构调整　高校后勤社会化改革　学生工作

青海省教育 ………………………………………………………………………………（859）

概况…………………………………………………………………………………………（859）

基本情况　综述　教育经费　未成年人思想道德建设和大学生思想政治工作　全省地方教育事业发展目标责任制　治理教育乱收费　教师培训和师德建设　学校人事分配制度改革　体育、卫生与艺术教育　教育政务信息化建设

基础教育……………………………………………………………………………………（864）

全省"两基"攻坚动员会　扫盲教育　实施"两基"攻坚联点制度　"两基"复查和督导评估　中小学信息化建设　基础教育课程改革　资助贫困学生

职业教育与成人教育……………………………………………………………………………（866）

示范性职业院校和重点专业建设　农民工培训"阳光工程"　职业教育联合办学　双师型教师队伍建设

高等教育……………………………………………………………………………………（866）

成立中共青海省委教育工委　全省高等教育工作会议　组建新的青海大学　重点实验室和重点专业建设　学生就业和招生工作　资助贫困大学生

民族教育……………………………………………………………………………………（868）

加强寄宿制中小学规范化管理　双语教学　教育对口支援

宁夏回族自治区教育 …………………………………………………………………………（869）

概况…………………………………………………………………………………………（869）

基本情况　义务教育工程　远程教育项目　校园网建设　3133工程　未成年人思想道德建设　治理教育乱收费　教师培训　教育交流与合作　支援和帮扶工作　语言文字和普通话测试　学校体育、卫生与艺术教育　民办教育

基础教育……………………………………………………………………………………（874）

课程改革　"两基"工作　农民工子女义务教育工作　高中阶段教育　学前教育　特殊教育

职业教育与成人教育……………………………………………………………………………（875）

办学水平评估　招生工作　师资培训　毕业生资格审核和就业指导工作　职业培训　农村职业教育

高等教育……………………………………………………………………………………（876）

共建宁夏大学　学位与研究生教育评估　硕士论文评选　《宁夏高等学校科研项目管理办法》　科研项目评审立项　高等学校哲学人文社会科学重点建设基地　对外合作与交流　党建工作

民族教育……………………………………………………………………………………………(877)
百所回民中小学标准化建设工程 招生工作

新疆维吾尔自治区教育 ………………………………………………………………………(879)
概况………………………………………………………………………………………………(879)
基本情况 加强和改进未成年人思想道德建设 “两基”攻坚规划工作会议 教育基建投入 电化教育 教育交流与合作 干部培训与教师队伍建设
基础教育…………………………………………………………………………………………(883)
综述 中小学校点布局规划 “两基”攻坚 开办区内初中班
职业教育与成人教育……………………………………………………………………………(884)
综述 召开自治区职成教工作会议 农村学生实施“职教分流” 自学考试 社区教育 职业院校“直通车”试点
高等教育…………………………………………………………………………………………(885)
综述 学位工作 普通高校招生 资助高校贫困生 高校对口帮扶农村发展经济 高校毕业生就业优惠政策 新疆自治区与教育部共建新疆大学
新疆生产建设兵团教育…………………………………………………………………………(887)
基本情况 基础教育 职业教育与成人教育 高等教育

香港特别行政区教育情况简介 ………………………………………………………………(893)

澳门特别行政区教育情况简介 ………………………………………………………………(894)

台湾地区教育情况简介 ………………………………………………………………………(895)

文件选编 …………………………………………………………………………………………(897)
中共中央 国务院关于进一步加强和改进未成年人思想道德建设的若干意见
(2004 年 2 月 26 日) ………………………………………………………………(897)
中共中央 国务院关于进一步加强和改进大学生思想政治教育的意见（节选）
(2004 年 8 月 6 日) …………………………………………………………………(903)
国务院办公厅关于转发教育部等部门《国家西部地区“两基”攻坚计划（2004—2007 年）》的通知
(2004 年 2 月 16 日) ………………………………………………………………(906)
国务院办公厅转发教育部 财政部 人民银行 银监会关于进一步完善国家助学贷款工作若干意见的通知
(2004 年 6 月 12 日) ………………………………………………………………(910)
教育部 国家发展改革委 财政部关于印发《西部地区农村寄宿制学校建设工程实施方案》的通知
(2004 年 2 月 19 日) ………………………………………………………………(913)
教育部 国家发展改革委 财政部关于在全国义务教育阶段学校推行“一费制”收费办法的意见
(2004 年 3 月 17 日) ………………………………………………………………(917)

中宣部 教育部关于印发《中小学开展弘扬和培育民族精神教育实施纲要》的通知
(2004年3月30日) …… (918)
教育部 财政部关于推进职业教育若干工作的意见
(2004年4月30日) …… (922)
教育部 中宣部 公安部 监察部 信息产业部 国家保密局 武警总部关于全面加强教育考试环境综合整治工作的通知
(2004年5月17日) …… (925)
教育部等七部门关于进一步加强职业教育工作的若干意见
(2004年9月14日) …… (927)
教育部 国务院西部开发办关于印发《2004—2010年西部地区教育事业发展规划》的通知
(2004年9月23日) …… (931)
教育系统内部审计工作规定
(2004年4月13日　教育部令第17号发布) …… (938)
国家教育考试违规处理办法
(2004年5月19日　教育部令第18号发布) …… (941)
中华人民共和国中外合作办学条例实施办法
(2004年6月2日　教育部令第20号发布) …… (945)
汉语作为外语教学能力认定办法
(2004年8月23日　教育部令第19号发布) …… (950)
教育部关于印发《农村劳动力转移培训计划》的通知
(2004年3月24日) …… (953)
教育部关于发布《中小学生守则》、《小学生日常行为规范(修订)》和《中学生日常行为规范(修订)》的通知
(2004年3月25日) …… (955)
教育部关于学习贯彻《中共中央　国务院关于进一步加强和改进未成年人思想道德建设的若干意见》的实施意见
(2004年6月1日) …… (958)
教育部关于印发《高等学校"高层次创造性人才计划"实施方案》和有关实施办法的通知
(2004年6月10日) …… (963)
教育部关于进一步加强幼儿园安全工作的紧急通知
(2004年8月16日) …… (973)
教育部关于进一步做好资助贫困家庭学生工作的通知
(2004年9月9日) …… (974)
教育部关于印发《教育信访工作规定》的通知
(2004年10月26日) …… (976)
教育部关于印发《高等学校中长期科学和技术发展规划纲要》的通知
(2004年11月15日) …… (979)
教育部办公厅关于印发国务院决定取消的教育部第三批行政审批项目目录的通知
(2004年6月9日) …… (986)

教育部办公厅关于做好独立学院本科专业清理备案工作的通知
（2004年9月22日） …… (988)

资料汇编 …… (990)

2004年全国十大教育新闻 …… (990)
2004年“中国高校十大科技进展” …… (991)
2005年具有普通高等学历教育招生资格的高等学校名单（普通本科院校，普通高职院校，独立学院，分校办学点） …… (995)
全国成人高校名单（截至2005年5月24日） …… (1012)
1990年以来高校合并情况（截至2005年5月26日） …… (1033)
具有教授或者副教授职务评审权的高等学校名单（截至2004年12月） …… (1059)
2004年度高校获国家技术发明奖项目（可公布项目） …… (1061)
2004年度高校获国家科学技术进步奖项目（可公布项目） …… (1062)
2004年度高校获国家自然科学奖项目 …… (1070)
教育部予以资格认定的自费出国留学中介机构名录（截至2005年4月28日） …… (1071)
爱国主义教育“三个一百”名单 …… (1076)
考试资讯 …… (1083)
2005年高校自主招生范围扩大到42所　如何填报高考志愿　独立学院招生录取的特点　北京大学2005年招生的七点变化　英语四六级考试的新变化　全国成人高校招生时间调整　2005年研究生招生报考的三个特点　2005年研究生招生的四个特点　2005年全国硕士研究生入学考试考生进入复试分数基本要求
就业资讯 …… (1092)
2005高校毕业生就业形势分析　研究生就业的新特点　哈佛如何开展职业指导
留学资讯 …… (1096)
2004年我国各类出国留学人员总数11万4千人　2005年公派出国留学人员7 245名　2005年雅思考试解答　自费留学是我国学生出国求学的主要方式　德国、英国、澳大利亚高校预科开设情况　美国留学签证政策稍稍“松绑”　美国高校欢迎中国留学生　国（境）外学历学位认证的适用范围与申请办法
政策解读 …… (1107)
“一费制”收费办法解答　财政部 教育部有关负责人就免费提供教科书工作有关问题答问　国家西部地区“两基”攻坚知识问答　公办高中招收择校生实行“三限”政策解答　贫困家庭学生如何办理国家助学贷款　高中课程改革问题解答　农村中小学现代远程教育工程情况介绍　普通高中课程改革的整体走向

2004年教育大事记 …… (1142)

Contents

Speech made at National Conference on Promoting Moral Education among Minors (Excerpts)
(May 10, 2004) ………… *Hu Jintao* (1)
Speech made at National Conference on Promoting Ideological Education among College Students (Excerpts)
(January 17, 2005) ………… *Hu Jintao* (3)
Report on Government Work (Excerpts)
(In 3rd plenary session, 10th National People's Congress, March 5, 2005) ………… *Wen Jiabao* (5)
Speech made at the Conference of Endeavoring for Strategic Breakthrough towards "Two Basics" in Western China
(February 26, 2004) ………… *Chen Zhili* (8)
Speech made at Annual Conference on Educational Work for 2005
(December 19, 2004) ………… *Zhou Ji* (15)
Making great efforts of providing financial support for needy students in HEIs …… *Zhang Baoqing* (31)
Pushing forward innovations for research administration and enhancing research capability in philosophy and social science of HEIs ………… *Yuan Guiren* (35)
Protecting world heritage and promoting common development ………… *Zhang Xinsheng* (41)
Excellence in education: the talents training concept in high-quality research universities ………… *Zhao Qinping* (45)
Devoting major efforts to develop employment-oriented tertiary vocational education …… *Wu Qidi* (50)
Conscientiously implementing important thought of "Three Represents" and promoting all-round, coordinated and sustainable development of basic education ………… *Chen Xiaoya* (53)
Guiding work of discipline inspection and supervision in education sector with important thought of "Three Represents", and ensuring politically education meets with satisfaction of the people ………… *Tian Shulan* (57)

An Overview ………… (66)
New progress made in educational reform and development ………… (66)
President Hu Jintao inspects educational development in Beijing ………… (68)
President Hu Jintao meets with representatives of laureates of "National Outstanding Teachers' Award" ………… (69)
Premier Wen Jiabao visits some teachers ………… (70)

Li Changchun inspects Ministry of Education (MOE) ········ (71)
He Yong investigates MOE ········ (72)
Efforts made for promoting moral education among minors ········ (73)
Efforts made for promoting ideological education among college students ········ (75)
Celebrating 20th Teachers' Day and commending meeting of representatives of laureates of National Outstanding Teachers' Award ········ (77)
2nd Sino-foreign University Presidents Forum ········ (78)
Specific actions taken to strengthen security of kindergartens, and primary and secondary schools as well as safety of school kids ········ (80)
Implementing gist of 2004 National Conference of Vocational Education, and promoting sustainable and healthy development of vocational education ········ (82)
National video conference on providing financial support to students from low-income families ········ (84)
Implementing Project of Training for Transferring Rural Labors ········ (85)
Development of online administration and publicizing government affairs in education sector ········ (86)
Devepolment of learning-oriented organ for MOE ········ (87)
MOE's Annual Conference on Education in 2004 ········ (88)

Salient Features of Work of MOE in 2004 ········ (89)

Statistical Information on Educational Development ········ (94)
Statistical bulletin for national educational development in 2004 ········ (94)
Basic data on development in various sectors of education for 2004 ········ (97)
Basic data on educational finance for 2003 ········ (128)
Information on completion of infrastructure investment in the education sector for 2004 ········ (130)
Basic data on research & development activities for 2004 ········ (132)

Educational Administration and Management Matters of General Concern ········ (138)
Educational Legislation Development ········ (138)
Educational legislation. Implementing Administrative Licensing Law, and reforming administrative examining and approving system.
Follow-up Work on Handling Recommendations and Proposals Submitted by NPC Deputies and CPPCC Members. ········ (140)
Discipline Inspection and Supervision in Education Sector ········ (140)
National Conference on Discipline Inspection and Supervision in Edu cation Sector.
Work on rectifying working style of the Party and building an honest and clean government in education sector. 2004 National Video conference on controlling unreasonable charges in education sector. Information about work on controlling unreasonable charges in education sector.
Educational Inspection ········ (144)
Latest Progress in "Two Basics" (Appendix 1: List of 11th batch of counties (cities, districts) that have realized goal of "basically universalizing nine-year compulsory education; basically

eradicating illiteracy among young and middle-aged adults". Appendix 2: List of 8th batch of counties that have basically universalized primary compulsory education). Specific inspection and supervision of preschool education. Specific inspection and supervision of compulsory education for children of migrant workers. Specific inspection and supervision of vocational education. Establishing mechanism for inspection and evaluation of educational performance of county governments. Seminar on inspection and evaluation work of all primary and secondary schools. 2004 Meeting of National Inspectors of Education. Development of inspection organs and workforce.

Work of the Ombudsman's Office ······ (149)

Follow-up work on dealing with letters of complaints.

Information on features and main problems reflected. Handling of complaints made by citizens.

Work about Caring for Next Generation ······ (151)

Member changes in MOE's Working Committee for Caring for Next Generation.

Study and implement two documents by CPC Central Committee and State Council, strengthen and improve work of caring for next generation.

Making more efforts in research activities.

National Conference on Publicising Work of Caring for Next Generation in Education Sector.

Carry out activities on the top of education.

Information on Administration of Civil Societies in Education Sector ······ (154)

An overview. Standardised management.

Hot Issues Arousing General Concern ······ (154)

Making sincere efforts to solve problems raised in letters of complaints to Ombudsman's Office.

Closer look into work of controlling unreasonable charges in education sector of 12 provinces.

Basic Education ······ (163)

Administration and Management ······ (163)

Moral education among minors. Educational activities for Promoting and cultivating Chinese ethos among students. Activities from 1st Month for Promoting and Cultivating Chinese Ethos among Students. Amendments to Rules for Primary and Secondary School Students. Reform in managing mechanism for compulsory education in rural areas. Project of Developing Boarding Schools in Rural Areas. Pilot projects of Modern Distance Education Program for Primary and Secondary Schools in Rural Areas. Information on "two exemptions and one subsidy" for students from low-income families. Consolidating and improving work of "Two Basics". Compulsory education for children of migrant workers. Lightening study burden of students. Safety work in kindergartens, and primary and secondary schools. Workshop on Preschool Education.

Teaching and Curricular Reforms ······ (167)

Videoconference on Curricular Reform in Basic Education. Curricular standards for compulsory education revised. Research on curricular reform in basic education. Reforms in graduation exam of junior middle schools and recruitment policy of senior middle schools. Experiment of new curricula in high schools.

Hot Issues Arousing General Concern ······ (169)

A panoramic view of basic education in 2004. Memorabilia in strategic breakthrough in "Two Basics" in Western China. Table of collection of relevant guidelines in the agreement of strategic working plan for "Two Basics" in Western China. Probing into problems of deeper levels in educational development of rural areas.

Vocational and Adult Education …… (178)

National Conference on Vocational Education. Implementing "Program for Training Direly Needed Skilled Workers". Establishing mechanism of inter-ministry meetings on vocational education. "Program for building vocational education training bases" and "special program for development of vocational education" launched. Adjustment of national key secondary vocational schools (Appendix 1: List of 1st batch of national key secondary vocational schools. Appendix 2: List of 2nd batch of national key secondary vocational schools). Recruitment scale of secondary vocational schools reaches record level. Carrying out credit system in vocational schools. Training of backbone teachers and principals of secondary vocational schools. Moral education in secondary vocational schools. Textbook development of vocational education. Training of applicable techniques for peasants. Training of transferring rural labors. Efforts made in promoting community-based education. Training for workers in different trades or industries.

Hot Issues Arousing General Concern …… (204)

Memorabilia of development of vocational education and adult education.

Higher Education …… (208)

Development and Reform of Higher Education Institutions (HEIs) …… (208)

Information on review, approval and adjustment of HEIs in 2004 (Appendix 1: List of regular HEIs established or adjusted with approval of MOE in 2004. Appendix 2: List of tertiary vocational schools established with approval of authorities of provinces, autonomous regions and municipalities in 2004. Appendix 3: List of regular HEIs with managing system adjusted in 2004). Information on reforming logistic service in HEIs. Main policies and measures in supporting western China and old industrial bases of Northeastern China through education. Information on developing selected HEIs with joint efforts by MOE and relevant provincial, municipal authorities and ministries. Progress of 211 Project. Progress of 985 Project.

Management of Education, Teaching and Learning …… (224)

2nd National Conference on Undergraduate Education in Regular HEIs. Strengthening management of independent colleges. Information on "Project of Teaching Quality and Teaching Reforms in HEIs". Development of outstanding college courses (Appendix: List of nationwide outstanding college courses). Teaching reform in college English. Pilot program of 8-year university medical education. Development of national teaching bases for fundamental courses in engineering. Development of national bases for fundamental science research and training teaching personnel. Standard and quality control of modern distance education (internet education). Deepening teaching and learning reforms of employment-oriented tertiary vocational education. Protection of literature in higher education as part of "Tenth Five Year Plan". Information on implementing "Project of supporting HEIs in western areas through partnership with developed areas".

Implementation of "Program of One College Student from Each Village". Issuing guiding contents of Specialities for tertiary vocational and technical colleges.

Work in HEIs Directly Affiliated to MOE ………………………………………………………………… (241)

14th Plenary Session of Consulting Committee for HEIs directly affiliated to MOE. Overseas training program for university leaders in 2004. Senior workshop for university leadership jointly organized by MOE and Yale University. Lanzhou Medical College merged into Lanzhou University.

Ideological Education and Social Science Research in HEIs ……………………………………… (244)

13th National Conference on Party Building in HEIs and Symposium on Ideological Education among University Leaders jointly held. Survey on college teachers' and students' political status. Research on ideological education among college students. Research on theoretical courses of ideology and politics in HEIs. Studying and implementing *Suggestions on Further Strengthening and Promoting Ideological Education among College Students Jointly Proposed by CPC Central Committee and State Council*. Education in psychological health of college students. Development of campus culture and social practice for students. "Situation and Policy" Briefing in HEIs. Website of "Chinese College Students Online" launched in an effort to promote ideological education through internet. Management of campus network. Development of philosophy and social sciences in HEIs. Launching Program of developing "famous column" in academic journels of HEIs regarding philosophy and social sciences (first round). 5th Awards for National Outstanding Educational Video & Audio Productions.

Work Related to College Students ……………………………………………………………………… (252)

Recruitment of new students in regular HEIs in 2004. Videoconference on Rectifying Environment for National Exams. Information on employment of regular HEI graduates. National videoconference on employment of HEI graduates. Recruitment of postgraduate students.

Degree Work and Postgraduate Education ……………………………………………………………… (256)

Department of Academic Degree Management and Postgraduate Education set up in MOE. Academic degree and postgraduate education. Work on postgraduate education related to professional degrees. Information on "Postgraduate Education Innovation Project". Development of Postgraduate Schools. Nationwide appraisal and selection of outstanding doctoral dissertations conducted. (Appendix: List of selected outstanding doctoral dissertations in 2004). Information on awarding honorary doctoral degrees. Collaborative postgraduate programs jointly provided by Chinese and foreign HEIs. Information about agreements on mutual recognition of credentials of academic degrees singed between China and other countries.

Science & Technology (S&T) in HEIs and S&T-based Enterprises Affiliated to HEIs ……………… (263)

Essential data on S&T in HEIs. New platform for S&T innovation provided by 985 Project. Development of key labs in HEIs. Engineering (Technical) Research Center. 863 Project. National Natural Science Foundation. S&T research programs sponsored by MOE. University S&T Parks and National Incubator for Technology. Industrialization of new high-tech. Innovative Corps and Distinguished Talents of new century. Outline of program for HEI's mid-and long-term S&T development. Change of members for MOE's S&T Committee at expiration of office terms. Management of HEI-affiliated S&T-based enterprises. Statistics on HEI- run enterprises.

Dissemination of S&T results. Special research funds for designated doctoral programs in HEIs. Information on patent and management of S&T results. Awarding HEI-produced S&T achievements. Information on website for "China S&T Dissertations Online". Publicizing educartional informalization. Development of CERNET.

Hot Issues Arousing General Concern …………………………………………………………… (272)

Quality: biggest challenge for mainland HEIs. Promoting quality of postgraduate education with innovation. Speeding up reform and development relating to systems. Enhancing capability of HEIs in S&T innovation. Overview of Second Sino-foreign University Presidents Forum. Employment of college graduates. Importance of ideological education among college students from a strategic point of view.

Teacher Education …………………………………………………………………………… (292)

Survey. 1st National Teachers' Ethics Forum. Lectures on teachers' ethics jointly organized by Department of Public Information of CPC Central Committee and MOE. Pushing forward National Network Union of Teacher Education Project. Implementing Program of Training Master's Degree Holders in Education for Rural Middle Schools. National-level training courses for teacher administrators in HEIs. Strengthening teacher traning for new curricula in basic education. *Standards for Capability of Primary and Secondary School Teachers in Educational Technology* (*pilot version*) issued. Fully implementing teachers' certificate system.

Ethnic Minority Education …………………………………………………………………… (297)

Survey. Education for solidarity of different nationalities. Management of boarding schools in ethnic minority areas. Quality training for primary and secondary school teachers from ethnic minority areas and impoverished areas. Evaluation of primary and secondary school textbooks in ethnic languages. Training of high-level backbone talents of ethnic minorities. College-preparatory classes/special classes for ethnic minority students in regular HEIs. Aiding Tibet through education. Xinjiang classes in inland high schools.

Hot Issues Arousing General Concern …………………………………………………………… (300)

Strengthening management of boarding schools in ethnic minority areas for realisation of "Two basics" in ethnic minority areas.

Non-state/Private Education ………………………………………………………………… (303)

Information on non-state/private education in 2004.

Hot Issues Arousing General Concern …………………………………………………………… (304)

2004 for non-state/private education.

Physical Education, Health Education, Art Education and National Defense Education in Schools ……………………………………………………………………………… (306)

National Workshop on Physical Education in HEIs. 7th National Sports Meet for College Students. Promoting new "Standards on Physical Health of Students". Program for promoting extra-curricular activities for primary and secondary school students. Information on hygiene in rural schools. Food safety in schools. AIDS prevention education. Health education for blood transfusion. Regulations for evaluation of art education in primary and secondary schools as well as secondary vocational schools. Setting up art courses in schools. Teacher development for art education. Premiere publication of *Li Lanqing's Essays on Music* and ceremonial orchestral concert. Art education in rural schools. National Forum on Art Education of Presidents from Science- and Engineering-based HEIs. Military theoretical courses in HEIs. Military training of students. Activities for promoting national defense education.

Informatization in Education Sector and Distance Education ········ (311)

Informatization in Education Sector ········ (311)

Next generation internet. Development of CERNET. China Grid Plan. Project for developing e-museums in universities.

Distance Education of Central Radio and Television University (CRTVU) ········ (312)

An overview. Project of One College Student from Each Village. Formal schooling for army officers. Distance education for the disabled. Inspection and evaluation of teaching and learning. Secondary professional training. Non-formal education and training. International cooperation and exchanges. Project for Supporting 100 County-level Radio and Television Universities in Western China. Development of Public Services System.

Distance Education of National Center for Educational Technology (NCET) ········ (314)

MOE's Resource Center for Basic Education established. Training and resource development for Project of Modern Distance Education for Primary and Secondary Schools in Rural Areas. Various distance education projects for primary and secondary schools in rural areas. China-ASEAN training class for modern distance education held. 8th Fair on Application, Equipment and Software of Distance Education and Multi-media Technology. 8th National Competition for Multi-media Education Software.

Hot Issues Arousing General Concern ········ (317)

How miracles have been made?

Examinations in Education Sector ········ (322)

Management of Examination Affairs ········ (322)

Punishing Measures for Cheating or Other Violations during National Education Exams issued. *Regulations on Secrecy of National Educational Exams* issued. Secrecy work concerning nationwide uniform exams. Managing system for exam affairs in use. Website of "China Educational Exams Online" established.

College Entrance Examinations ········ (323)

Setting examination papers for college entrance examinations.

State-administered Examinations for Self-directed Learners (SAEFSDL) ········ (324)

Temporary Regulations on SAEfSDL revised. Organizing and coordinating work of National Council of SAEFSDL. Publicizing SAEfSDL. Development and Management of specialities. Textbooks for SAEFSDL. Setting examination papers for SAEfSDL. Exam for Credentials of Labor and Social Protection Position started. Exam for Mechanical Engineers Certificate started. Exam for Research Analyst Certificate started. Exam for Logistics Manager Credential started.

Selection and appraisal of model organizations supporting SAEfSDL. Registration for organizations supporting SAEfSDL. Huaxia Dadi Scholarship for SAEfSDL. SAEFSDL branches of Higher Education Society established.

Examinations for Non-formal Qualifications ………………………………………………… (326)

Management of non-formal qualification exams. PETS. NCRE. NAETI. WSK. Learning system for Cambridge Young Learners English. National Examination for Computer Application Certificate. National Computer Examination for Children. Cambridge International Certificate for Business Management.

Overseas Examinations ………………………………………………………………… (329)

TOEFL. GRE. GMAT. LSAT. CGFNS. BEC. MSE. IELTS. LCCIEB. Japanese Language Test. TestDaF. Korean Language Test.

Hot Issues Arousing General Concern ……………………………………………………… (330)

Step by step in achieving equity in college entrance exam.

Personnel Management in Education Sector ……………………………………………… (333)

Management and Training of Teachers ……………………………………………………… (333)

Analysis on teaching cohort. Reform in personnel management in primary and secondary schools. Programs of "PhD Corps Serving the West" and "Light in the West".

Training of Topnotch Talents ……………………………………………………………… (336)

Implementation of "Topnotch Creative Talents Program". Information of Cheung Kong Scholar Incentive Program. List of Specially Invited Professors and Lecture Professors for the Cheung Kong Scholar Incentive Program in 2004.

Training of Education Administrators ……………………………………………………… (345)

An overview. Training of HEI leaders. Training of education bureau chiefs at the district/county/city level. Training on specific topics. Training abroad. Teaching and learning and research information.

Hot Issues Arousing General Concern ……………………………………………………… (347)

Bearing in mind scientific concept of development, deepening reform in personnel management in primary and secondary schools.

Advanced Individuals and Collectives …………………………………………………… (349)

Advanced individuals and their achievements commended by MOE's Communist Party branch in 2004. Advanced collectives and their achievements commended by MOE's Communist Party branch in 2004. Information on individuals commended during 20th National Teachers' Day.

Educational Finance and Auditing ………………………………………………………… (443)

Educational Finance ……………………………………………………………………… (443)

Statistical Bulletin of Educational Finance for 2003 jointly released by MOE, State Statistics Bureau, and Ministry of Finance on December 30, 2004. (Appendix: Statistical table on educational expenditures in 2003). Implementing "Single Fee" in compulsory education nationwide. Subsidizing students from low-income families for rural compulsory education.

Information on implementation of "Program for Renovating or Reconstructing Dilapidated School Buildings". New policy for state loans to needy students. Financial aid for needy students in HEIs nationwide. Special funds for supporting construction of training bases of vocational education. School-run enterprises affiliated to primary and secondary schools.

Auditing in Education Sector ………………………………………………………… (456)

MOE strengthens guidance to auditing in education sector. Information on auditing in education sector. Activities of China Educational Audit Society.

Hot Issues Arousing General Concern ………………………………………………… (459)

What have been said by scholars about (financial) input to education in the past year?

International Cooperation and Exchanges in Education and Similar Activities Conducted with Hong Kong, Macao and Taiwan ………………………………………………… (463)

Work Concerning Chinese Students Studying Abroad and International Students Studying in China … (463)

Chinese students studying abroad. Foreign students studying in China. Work of China Scholarship Council. Strengthening supervision of international educational activities.

International Cooperation and Exchanges ………………………………………………… (468)

Bilateral and multilateral cooperation and exchange programs. Teaching Chinese as a foreign language. Inviting foreign teachers. Information on cooperative educational programs jointly provided by Chinese and foreign institutions.

Educational Exchanges with Institutions in Hong Kong, Macao and Taiwan ……………… (472)

Cooperation and exchanges with Hong Kong. Cooperation and exchanges with Macao. Cooperation and exchanges with Taiwan. Recruiting students from Hong Kong, Macao, Taiwan and overseas (Chinese). Educational donations provided by patriotic personages and foundations.

Activities of National Commission for UNESCO of China ………………………………… (473)

28th Session of UNESCO World Heritage Committee. 4th High-Level Forum on Education for All. Attending UNESCO Commission on Ethics of Scientific Knowledge and Technology. Holding 1st International Conference on Geoparks. Attending 47th Session of International Conference on Education. Holding 1st World Engineers' Convention 2004. Attending 169th and 170th Executive Board of UNESCO. Activities in education, science, culture and communications. Awards and prize of UNESCO. Activities of UNESCO Clubs and Associations.

Hot Issues Arousing General Concern ………………………………………………… (476)

Strategic adjustment and policy trend for students studying abroad. Seeking overall policy for open-up and reform in education. More sensible attitude towards studying abroad. International education leads you to global success.

Language Work ……………………………………………………………………… (486)

Annual Conference on Language Work for 2004. 4th session of advisory committee of National Commission of Language Work held. Publicizing and implementing *Law of Nationwide Commonly Used Language*. 7th national publicity week for popularizing *Putonghua*. Workshop on Management of *Putonghua* Test. Organizing *Putonghua* training courses for backbone teachers teaching Chinese in ethnic minority schools. Holding commending meeting on survey and summary of using Chinese.

Evaluation of language work in cities. Workshop on regulating use of foreign languages and supporting healthy development of Chinese language. Development of "Table of Standard Chinese Characters". Information on nationwide standardization of Chinese language. Development of standardization and informatization of ethnic minority languages. Research projects on languages during 10th Five Year Plan period. National Center for Inspection and Research of Language Resources set up. Development of online system of handling governmental functions in field of language work. International standardization of China's languages. 2nd Chinese Digital Forum among Mainland, Hong Kong, Macao and Taiwan. Seminar on Rarely Used Characters in Second-generation ID Cards.

Development of Teaching Materials and R&D Concerning Instruments and Apparatus for Instruction ······ (494)

People's Education Press ······ (494)

An overview. Textbook development for new curriculum standards in regular high schools. Improving after service for experimental textbooks under new curriculum . List of some award-winning books and audiovisual materials published in 2004.

Higher Education Press ······ (496)

Survey. Deepening institutional reform. Improving business management. Establishing learning-oriented organization and up-and-coming corporation culture.

R&D Concerning Instruments and Apparatus for Instruction ······ (498)

Standardization of teaching instruments. R&D in teaching instruments and apparatus. Projects with UNICEF.

Educational Research and Academic Activities ······ (499)

National Research Institute of Educational Sciences ······ (499)

Discussion on hot issues in education with NPC deputies and CPPCC members. *Countermeasures and Suggestions* published. 4th Joint Meeting of Presidents (Directors) of Institutes (Academies) of Educational Sciences convened. Establishing postdoctoral workstation for research.

National Center for Educational Development and Research ······ (500)

International Conference on Higher Education Development and Financial Policy. 47th Session of International Conference on Education of UNESCO. 3rd APEC Educational Ministerial Meeting.

Center for HEI-based Social Sciences Development and Research ······ (502)

Work of MOE's Research Center of Deng Xiaoping Theory. Research and academic activities conducted in various fields of philosophical and social sciences. Information on magazine "HEI Theory Front".

Chinese Society of Education ······ (503)

Conducting mass educational academic activities. Work in experimental zones for teaching reform developed steadily. Progress in research projects and relevant training for 10th Five Year Plan. Supporting education in Western China. Promoting self improvement by developing local branches of society of education. Information on provincial and municipal branches of Chinese Society of Education.

Chinese Society of Higher Education …… (506)

An overview. Forum on Scientific Concept of Development and Chinese Higher Education. Workshop on Strengthening Development of Research Institutions for Higher Education. Selection and appraisal of outstanding doctoral dissertations in higher education studies. 2004 International Forum on Higher Education. Academic activities. Research work. Information on journal *Chinese Higher Education Research*. National exhibition on teaching apparatus and equipment for higher education. Training work.

Press in Education Sector …… (509)

An overview. (Appendix: Statistics on Press Conferences by MOE in 2004)

China Education Daily …… (512)

An overview. Building good atmosphere for healthy development of minors and college students. Focusing on rural education. Publicizing Project of Developing HEIs through Talents. Publicizing 2003-2007 Action Plan for Invigorating Education. Publicizing outstanding teachers and their teaching ethics. More professional service with three weekly magazines.

People's Education …… (515)

Selecting important topics that help make the magazine more influential. Strengthening Publicizing of moral education. Reporting with forward-looking mind. Reporting typical cases and valuable experiences of model figures. Focusing on new curricular reform and practice. Promoting legal knowledge among teachers and safeguarding their rights. Interviews with prominent teachers and leading the way to upgrading of teachers. Strengthening the magazine's influence in public opinion.

China Higher Education …… (517)

An overview. Going further into major concerns and hot issues in higher education.

Chinese Scholars Abroad and Website …… (518)

An overview. Reporting around central tasks of MOE. Focusing on hot issues. Improve electronic edition of *Chinese Scholars Abroad*.

Chinese Teachers Weekly …… (519)

An overview. Helping to protect lawful interests of teachers. Special edition in celebration of 20th Teachers' Day. Focusing on hot issues. Promoting the weekly's influence through series of activities.

China Education Television …… (520)

An overview. Channel 1 remodeled. Special channel started for modern distance education to cadres in rura areas. China Education Broadband satellitenet (CEBat) earth station transition changed. Publicizing and reporting development of moral education. Reporting 28th World Heritage Conference. Reporting Sino-foreign University Presidents Forum. Starting new program called "Education in West" in joint efforts with CCTV. Series of reports on "Two Basics" in Western China. Special feature on "Li Lanqing's Feelings for Music." Special feature on "Youth China". *Parents Club* broadcast. Special feature on 100th anniversary celebration of Fudan University. Special feature of "Golden October". CUBA live on CETV. Lottery Games live on CETV.

Hot Issues Arousing General Concerns …… (523)

Leading public opinion on internet and contributing to establishment of harmonious society.

Education in Beijing Municipality ……………………………………………………………… (527)

Survey ……………………………………………………………………………………………… (527)

Essential information. Municipal Meeting on Education. Educational inspection. Administering education in accordance with rule of law. Moral education. Students management. International exchanges and cooperation. Administration of teachers. Non-state education. School safety work. Language work.

Basic Education ……………………………………………………………………………………… (532)

An overview. School development. Preschool education. Compulsory education. Teaching and learning reforms.

Vocational Education and Adult Education ………………………………………………………… (534)

An overview. School adjustment and speciality development. Management of teaching and learning. Vocational training. Aduly education. Development of learning-oriented city.

Higher Education …………………………………………………………………………………… (535)

An overview. Development of teaching, learning, teaching materials and specialities. Resources sharing. S&T competition activities. Assessing quality of teaching and learning. Development of labs and management of scientific research. Academic degrees and postgraduate education. Financial assistance to poor students. Development of student dormitories flats and Higher Education Parks.

Education in Tianjin Municipality ……………………………………………………………… (537)

Survey ……………………………………………………………………………………………… (537)

Essential information. Annual policies and plans for education. School adjustment and infrastructure development. Development of teaching cohort. Moral education of minors. Language work. Providing support to other provinces through partnership. Adjustment of licensing purview of non-state/private schools.

Basic Education ……………………………………………………………………………………… (543)

An overview. Development of resource database for basic education. Fully implementing "Single Fee". Free education for disabled students at compulsory education period. Check and acceptance of Standard Primary and Middle Schools. Inception of "Instructional Equipment Buildup Project" for compulsory education in rural areas. Campaign to ensure safety in kindergartens, and primary and secondary schools.

Vocational Education and Adult Education ………………………………………………………… (545)

An overview, International Workshop on Vocational-Technical Education and Training held. Development of national base for direly needed skilled workers. Inception of "351 Project" for training of rural labors. Four-tiered education network for senior citizens.

Higher Education …………………………………………………………………………………… (546)

An overview. Management of academic degrees and postgraduate education. Second phase of "985 Project". Three tertiary vocational colleges established. Development of key disciplines. Independent test paper for college entrance exam for the first time. Ideological education for college students. Multi-form assistance to poor students. Remarkable achievements made by college students in various sports competitions. Mathematician Prof Chen Shingshen (Shiing-shen Chern) passed away.

Education in Hebei Province ············ (551)

Survey ············ (551)

Essential information. Party building, moral education and stability in schools. Financial assistance to students from low-income families. Children of migrant workers enter school. Study-work program. Detailed rules for preventing and managing accidents injuring students. International exchanges and cooperation in education.

Basic Education ············ (555)

An overview. Moral education in schools. Reconstruction of dilapidated school buildings and adjustment of school structure in rural areas. Reforming systems of running schools. Controlling unreasonable charges. Pilot Project for Modern Distance Education in rural areas. Curricular reform. Management of teaching and learning. Reform of assessment and testing system in primary and secondary schools. Project of Preserving Good Eyesight for students.

Vocational Education and Adult Education ············ (557)

An overview. Training program for transferring rural labors. Project for Training Direly Needed Skilled Workers. Development of Model Schools. Reform in school management, and teaching and learning. Training work in vocational-technical schools and tertiary vocational colleges. Development of secondary vocational schools. Joint operation of schools. Employment of graduates.

Higher Education ············ (559)

An overview. Aid to poor students. College students' internship into community. Multi-supervisor program for college students. Reform in logistics service in HEIs. Double Importance Project. Academic degrees and postgraduate education. S&T innovations in HEIs. Quality assurance and assessment system.

Education in Shanxi Province ············ (562)

Survey ············ (562)

Essential information. Information on educational input and expenditure. Physical, health, art and national defense education. School safety issue. Educational exchanges and cooperation. Administration of teachers. Development of legal system in edcuation. Language work. Non-state/Private education.

Basic Education ············ (567)

Preschool edcuation. Compulsory education. Curricular reform in basic education. High school education. Educational inspection. Popularizing experimental teaching. Continuing education of primary and secondary school teachers. Moral education in primary and secondary schools. "Single Fee" in compulsory education.

Vocational Education and Adult Education ············ (569)

Development of key schools. Tertiary vocational education. Project of "Developing counties and touns through science and education". Adult higher education. Training for transferring labors.

Community-based education and computer skills training and assessment.

Higher Education …… (570)

Project for developing excellent universities. Structure adjustment for HEIs. Postgraduate education. Employment of college graduates. Financial assistance to students from low-income families.

Education in Inner Mongolia Autonomous Region …… (573)

Survey …… (573)

Essential information. Annual policies and plans for education. Developing a clean Party and Correcting ill practices. Controlling unreasonable charges in schools. Development of legal system in education. Establishing teaching cohort. Reform in personnel management. Educational aid through partnership. Non-state/Private education. Development of e-administration. Training and testing of *Putonghua*. Follow-up work of letters of complaint and proposals from NPC/CPPCC.

Basic Education …… (577)

Information on "Two Basics". Development of key projects. Compulsory education for children of migrant workers. High school, preschool and special education. Curricular reform and moral education in primary and secondary schools.

Vocational Education and Adult Education …… (579)

An overview. Development of key schools and specialities. Adult education and vocational training.

Higher Education …… (579)

Development of higher education. Educational and teaching and learning reform. Party building and ideological and political work in HEIs. State scholarship for poor students. Recruitment of new students and employment of college graduates. Scientific research and international cooperation and exchanges in HEIs.

Ethnic Minority Education …… (581)

School development. Minority teacher training and teaching material development. Recruitment work.

Education in Liaoning Province …… (582)

Survey …… (582)

Essential information. Promoting "quality-oriented education". State loans to poor students. International cooperation and exchanges in education. Building of clean education sector. Language work. Non-state/Private edcuation.

Basic Education …… (586)

Strengthening moral education among minors. Planning for universalizing nine-year compulsory education. Layout adjustment and school building reconstruction for primary and secondary schools in rural areas. Establishing strong team of principals and teachers for primary and secondary schools. Safety education management in primary and secondary schools. Distance education in primary and secondary schools. Preschool education and ethnic minority education. Regular high school education.

Vocational Education and Adult Education …… (587)

Reform in tertiary vocational education. Structural adjustment for secondary vocational education.

Development of standard vocational education center. Recruitment work of secondary vocational schools. Development of model secondary vocational schools and specialities. Training transferring rural labors and "9+1" vocational training. Training of secondary vocational school principals and teachers.

Higher Education ………… (589)

Strengthening ideological education among college students. Information about education and teaching and learning work. S&T development. Improving conditions for running HEIs. Recruitment of new students and employment of graduates in HEIs. Development of key disciplines. Party building in HEIs. Establishing teaching cohort.

Education in City of Dalian ………… (591)

An overview. Basic education. Vocational education and adult education. Higher education.

Education in Jilin Province ………… (598)

Survey ………… (598)

Essential information. Educational input and expenditure. Establishing teaching cohort. Physical, health and art education in schools. International Cooperation and exchanges. Legal system development and educational inspection. Controlling unreasonable charges in primary and secondary schools. Various examinations.

Basic Education ………… (603)

Provincial Conference on Rural Education. Inception of "Project of Modern Distance Education for Primary and Secondary Schools in Rural Areas". Curricular reform in basic education. Development of high school education. Preschool education and special education. Ensuring financial input into rural education. Improving conditions for running rural primary and secondary schools. Pilot projects for "Single Fee". Moral education in primary and secondary schools. Ethnic minority education.

Vocational Education and Adult Education ………… (604)

Development of Backbone and Model Schools. Exploration of new managing mechanism for schools. Project of training direly needed skilled workers. Planning for development of vocational education in rural areas. State-administered examinations for self-directed learners.

Higher Education ………… (605)

HEIs' role in invigorating old industrial bases of Jilin Province. Reform and development of tertiary vocational schools. Improving management and teaching quality of HEIs. Employment of graduates of HEIs. Party buliding and ideological education in HEIs. Maintaining safety and stability in HEIs.

Education in Heilongjiang Province ………… (608)

Survey ………… (608)

Essential information. Provincial Conference on Rural Education. Establishing system of county authority's role in educational inspection and evaluation. Speeding up ethnic minority education. Teacher certificate opened to society.

Basic Education ………… (612)

An overview. Improving financial input mechanism for compulsory education. Preschool education. Curricular reform. Developing high school education. Fulfilling action plan for supporting poor students. Information about "Two basics". Strengthening moral education among minors. Physical, health and art education. Reform in personnel systems of primary and secondary schools. Reconstructing dilapidated school buildings in primary and secondary schools.

Vocational Education and Adult Education …… (615)

An overview. Provincial Skills Competition among vocational schools. Issuing the "Criteria for Setting up Non-state/Private Secondary Vocational Schools in Heilongjiang Province". Training of transferring rural labors. Development of model bases for combination of agriculture, science and education. In-service training for staff and workers. Community-based education.

Higher Education …… (617)

An overview. Structural adjustment for HEIs. Strengthening ideological, political and moral education among students. Employment of graduates. Establishing teaching cohort. Management of teaching quality and reform in teaching. Development of disciplines, specialities and curricula. Management of scientific research. HEIs' role in invigorating old industrial bases. International exchanges in education.

Education in Shanghai Municipality …… (621)

Survey …… (621)

Essential information. Educational input and expenditure. Municipal Conference on Education. Moral education in schools. Development of legal system in education. Special education, ethnic minority education and providing aid through partnership. Physical, health, art, science popularization and national defense education. Establishing leading and teaching cohort. Reform in mechanisms of recruitment of new students and employment of graduates. Educational cooperation within Yangtze River Delta. International exchanges in education. Auditing in education sector. Language work.

Basic Education …… (627)

Preschool education. Guidelines for implementing "Single Fee" for compulsory education. Lightening study burden of primary and secondary school students. Promoting coordinated development of compulsory education. Strengthened management of schools for children of migrant workers. New curricula and textbooks for 1st year pupils of primary schools. Pilot use of "Growth Diary for Primary and Secondary School Students in Shanghai". Pilot project for exam-free admission to high schools for excellent junior middle school students. Improvement of teaching infrastructure and development of boarding high schools. Publicizing 28 experimental model high schools in Shanghai.

Vocational Education and Adult Education …… (630)

Completion of "Project for Developing 100 Key Secondary Vocational Schools. Completion of Project for Offering 100 Key Specialities in Secondary Vocational Schools". Development of public training center for secondary vocational schools. More entrants from other provinces. Establishing teaching cohort. Adult education in suburban areas. Education for senior citizens.

Higher Edcuation …… (631)

Structural adjustment for HEIs. Educational and teaching and learning reforms. Student loans. Combination of production, learning and research in HEIs. Postgraduate education. Project for developing knowledge innovation system.

Education in Jiangsu Province …… (634)

Survey …… (634)

Essential information. Celebrating 20th Teachers' Day. Studying and implementing "Administrative Licensing Law". Series of activities for national defense education in celebration of 55th anniversary of founding of People's Republic of China. Sino-foreign joint operation of schools. Auditing in education sector. Subsidizing students from low-income families. Establishing teaching cohort. Physical, health and art education in schools. Language work. Party building in educational institutions.

Basic Education …… (638)

An overview. Preschool education. Special education. Completion of province-wide structural adjustment of primary and secondary schools. Completion of "Three New and One Highlight" project in rural schools. Promoting coordinated development of junior middle schools in rural areas. Strengthening registration management during compulsory education period. Evaluation of "Star High School". Preparation for curricular reform in high schools. Reform in recruiting policies for regular high schools. Inspection for public expenditure and drop-out control in primary and secondary schools.

Vocational Education and Adult Education …… (640)

An overview. National Conference on Vocational Education. Training for transferring rural labors. Promoting development of model specialities. Speeding up training of teachers. 2nd Yangtze River Delta Forum on Community-based Education.

Higher Education …… (641)

An overview. Layout adjustment for HEIs. Implementing "Qinglan Project". Infrastructure development in HEIs. Employment of HEI graduates. Educational and teaching and learning reforms in HEIs. Promoting development and sharing of education resources. Project of training innovative postgraduates. Registration and students' record management in HEIs. Philosophy and social sciences research in HEIs. S&T innovation and incubator development. S&T service in HEIs.

Education in Zhejiang Province …… (645)

Survey …… (645)

Essential information. Provincial Conference on Rural Education. Development of educational laws and regulations. Providing support to poor students. Building teaching cohort.

Basic Education …… (648)

An overview. Moral education among minors. Education for children of migrant workers. Basically universalizing 15-year education. Curricular reform. Registration management. Informatization in education sector. Developing counties through education.

Vocational Education and Adult Education …… (650)

An overview. Development of key vocational schools. Discipline development. Project of Training Rural Labors. Community-based education.

Higher Education …… (651)

An overview. Upgrading and name-changing of some HEIs. Strengthening management of independent colleges. Independent college entrance examination.

Education in City of Ningbo …… (653)

Essential information. An overview. Basic education. Vocational education and adult education. Higher education.

Education in Anhui Province …… (659)

Survey …… (659)

Essential information. Annual policies and plans for education. Educational input and expenditure. Reform in personnel management in schools. Physical, health, art and national defense education. Language work.

Basic Education …… (664)

An overview. Reconstruction of dilapidated buildings of primary and secondary schools. County-centered management mechanism for compulsory education in rural areas. IT education in primary and secondary schools. Construction and development of boarding schools in rural areas. Inspection and evaluation of implementation of "Two Basics". Controlling unreasonable charges in primary and secondary schools.

Vocaitonal Educaiton and Adult Education …… (666)

An overview. Provincial Conference on Vocational Education. Field work in vocational education. Reform in recruitment in vocational education. Development of "Three Keys" in vocational education. Training for transferring rural labors. Establishing vocational teaching cohort and teaching reforms. Secondary normal education. Higher education for adults. SAEFSDL and other examinations. Secondary vocational education for adults.

Higher Education …… (668)

An overview. Academic degrees and postgraduate education. Teaching and learning reforms and management. Employment of graduates. Subsidizing poor students. Establishing teaching cohort. Ideological and political work in HEIs. Party building and leadership development in HEIs. Scientific research development. Joint efforts continued by MOE and chinese Academy of Sciences for development of China University of Science and Technology.

Education in Fujian Province …… (671)

Survey …… (671)

Essential information. Provincial Conference on Education. Educational input and subsidizing poor students. Non-state/Private education. Development of teaching cohort. Educational cooperation and exchanges. State loans to students. Party building and ideological and political work in schools. Controlling unreasonable charges in education sector.

Basic Education …… (676)

An overview. Compulsory education. High school education. Preschool education. Special education. Ethnic minority education. IT education. Curricular reform. Compulsory education for children of migrant workers. Reconstruction of dilapidated school buildings in rural primary and secondary schools.

Vocational Education and Adult Education ······ (678)

An overview. Promoting development of secondary vocational education. Development of key specialities. Role of vocational education in serving agriculture, villages and farmers.

Higher Education ······ (679)

An overview. Three new universities established. Development of key HEIs. Development of new campuses of HEIs. Teaching and learning in HEIs. Academic degrees and postgraduate education. S&T development. Evaluation of teaching and learning in HEIs.

Education in City of Xiamen ······ (681)

Essential information. Increase in educational funds. Rural education. Basic education. Accomplishing 10 tasks for benefits of minors. Expansion of good high schools. Reform in personnel management. Vocational education. Higher education.

Education in Jiangxi Province ······ (687)

Survey ······ (687)

Essential information. Annual policies and plans for education. Financial input for education. Developing education through talents. Controlling unreasonable charges in education sector. Non-state/Private education. Guidance to employment of graduates. International cooperation and exchanges.

Basic Education ······ (692)

An overview. Compulsory education. Special education and ethnic minority education. Preschool education. High school education. Moral education. Seven Key Projects for basic education.

Vocational Education and Adult Education ······ (695)

Reform in recruiting policies. Development of key schools and bases for internship. Providing guidance and service for employment of graduates. Sunshine Project for training of transferring rural labors. Skills Competition among vocational school students. Experimental community-based education.

Higher Education ······ (696)

Management reforms and structural adjustment. Improving conditions for running HEIs. Teaching and learning reforms. Establishing teaching cohort. S&T in HEIs.

Education in Shandong Province ······ (698)

Survey ······ (698)

Essential information. Priority given to development of education for a talents-rich province. Supporting poor students in form of "education vouchers". Publicizing deeds of advanced people. Educational inspection and evaluation. Scientific research in education and teaching and learning research. Controlling unreasonable charges in education sector. International cooperation and exchanges in education. Management of non-state/private education. Promoting good practices of respecting teachers and attaching great importance to education. Teachers' qualifications and certificates. Reform in personnel management. Examining and approval of technical posts. Activities of "Get-together of Teachers from all over China 2004—Trip to Shandong Province."

Basic Education …… (704)

An overview. Development of standardized schools. IT education. Reconstruction of dilapidated school buildings in primary and secondary schools. Safety issue in primary and secondary schools. Curricular reform and teaching materials management. Activities in "Month for Dissemination and Cultivation of National Spirit". Inspection of preschool education. Evaluation Center of Basic Education established. Continuing education for primary and secondary school teachers. Training of primary and secondary school principals. Ethnic minority education.

Vocational Education and Adult Education …… (706)

An overview. Management of vocational education. Joint operation of vocational schools between eastern and western, urban and rural areas. Quality assessment of vocational schools. Development of teaching cohort for vocational education.

Higher Education …… (707)

An overview. Specialities development and adjustment. Recruiting Plans. Work related to academic degree and postgraduate education. Implementing Project of "Mount Tai Scholars". Training of HEI teachers. Scientific research in HEIs. Party building in HEIs. State loans to students. Development of labs in HEIs. Administration of fixed assets. Entrance exam for postgraduate schools.

Education in City of Qingdao …… (710)

Essential information. An overview. Basic education. Vocational education and adult education. Non-state/Private education. Higher education.

Education in Henan Province …… (716)

Survey …… (716)

Essential information. Annual policies and plans for education. Input and expenditure for education. Establishing teaching cohort. Efforts towards building a clean education sector. Non-state/ Private education. Physical, health and art education. Educational exchanges and cooperation. Informatization in education. Subsidizing poor students. Promoting rule of law in education sector.

Basic Education …… (721)

An overview. Moral education in primary and secondary schools. Reconstruction of dilapidated buildings in rural primary and secondary schools. Curricular reform in schools. Preschool education. Special education.

Vocational Education and Adult Education …… (723)

Joint recruitment and cooperation of urban and rural vocational schools. Teaching and learning reforms. Reform in recruiting policies. Employment of graduates. Project of Double Hundred and development of Vocational Education Consortium. Training for transferring rural labors and laid-off workers.

Higher Education …… (724)

An overview. Provincial Conference on Higher Education. Party building in HEIs. MOE and

Henan Province's join hands in developing Zhengzhou University. Development of key disciplines, labs and research bases for humanity studies and social sciences. Quality assurance in HEIs. Scientific research in HEIs. Employment of graduates. Expansion of HEI campuses.

Education in Hubei Province …… (727)

Survey …… (727)

Essential information. An overview. Providing aid to poor students. Inception of "Action Plan for Supporting Teachers in Rural Areas". Non-state/Private education. International cooperation and exchanges in education.

Basic Education …… (732)

An overview. Provincial Conference on Rural Education. Fully implementing "Single Fee" province-wide. Financial input for compulsory education reaches 10 billion RME (for the) first time. Consolidating achievements (made) in universalizing 9-year compulsory education. Reconstruction of dilapidated school buildings in rural primary and secondary schools. Compulsory education for children of migrant workers. Curricular reform in basic education in rural areas. Moral education among minors. Implementation of Project of Modern Distance Education for Primary and Secondary Schools in Rural Areas. Establishing payoff inspection mechanism for teachers and staff in primary and secondary schools. Establishing Model District of (Extracurricular) After-class Recreational and Sports Activities for Primary and Secondary School Students.

Vocational Education and Adult Education …… (736)

An overview. Tertiary vocational education. Secondary vocational education. Vocational training in rural areas. Computer and Numerical Control Competition held. Research outputs of vocational education during "Tenth Five Year Plan" period. Schools with "Two Features".

Higher Education …… (738)

An overview. Implementation of "Quality Assurance and Innovation Project in HEIs of Hubei Province". Development of outstanding courses. Rapid growth of independent colleges. Strengthening management of libraties in HEIs. Continuing "Discipline Innovation Program". Provincial Workshop on Development of Disciplines in HEIs. Conducting assessment of requirements for postgraduate education (for the) first time. Strengthening management of academic degress. Information about HEI recruitment and exams. People who moved China: Mr Gui Xi'en and Mr Xu Benyu.

Education in Hunan Province …… (742)

Survey …… (742)

Essential information. Provincial Conference on Rural Education. Development of educational laws and regulations. Establishing teaching cohort. Non-state/Private education. Informatization in education. Ethnic minority education and aiding Tibet through education. Language work. Physical, health and art education. International exchanges in education. Controlling unreasonable charges in education sector.

Basic Education …… (747)

Regular high school education. Preschool education. Curricular reform in basic education. Management of primary and secondary schools. Implementary guidelines for "Single Fee" Subsidizing poor students. Educational inspection. Improving teaching and learning conditions.

Vocational Education and Adult Education ………… (748)

Reform in managing mechanism of vocational education. Tertiary vocational education. Secondary vocational education. Vocational-technical training.

Higher Education ………… (749)

Teaching and learning reforms. Ideological education for college students. Structural adjustment of HEIs. Employment of college graduates. Postgraduate education and academic degrees. Supporting poor students. Development of key disciplines. S&T and social science development in HEIs.

Education in Guangdong Province ………… (752)

Survey ………… (752)

Essential information. Annual policies and guidelines. "Outlines for Educational Modernization in Guangdong Province". Educational input and expenditure. Language work. Providing aid to poor students. Management of educational charges.

Basic Education ………… (756)

An overview. High school education. IT education. Curricular reform. Developing towns, counties and cities through education. Moral education. Continuing education for teachers.

Vocational Education and Adult Education ………… (757)

Secondary vocational education. Management of teaching quality of adult higher education. Community-based education

Higher Education ………… (758)

An overview. Entrance exams and recruitment of new students to HEIs. Development of key HEIs. Optimizing structure of higher education. Non-state Private higher education. Establishing teaching cohort. S&T development. Employment of graduates. Management of teaching affairs. Development of specialities. Ideological education in HEIs. Tertiary vocational education.

Education in City of Shenzhen ………… (760)

Essential information. An overview. Complete conversion from rural education to urban education. Moral education among minors and ideological education among college students. Improved quality of basic education. Year of Developing Teachers' Ethics. "Regulations on School Safety in Shenzhen". Promoting educational modernization of Shenzhen. Listed as first City of Better Education in Guangdong Province. Sound progress made in vocational education and adult education. higher education.

Education in Guangxi Zhuang Autonomous Region ………… (764)

Survey ………… (764)

Essential information. Educational input and expenditure. Infrastructure and key projects construction. International cooperation and exchanges in education. Physical, health and art education. Safety in schools. Educational aids through partnership.

Basic Education ······ (767)

Compulsory education. Preschool education. Regular high school education. Pilot curricular reforms in basic education. Moral education in schools. Modern distance education project. Training of principals and teachers. Construction of boarding schools and reconstruction of dilapidated school buildings in rural areas. Progress in "Two exemptions and one subsidy". Second phase of "National Project for Compulsory Education in Poor Areas". World Bank loan project.

Vocational Education and Adult Education ······ (769)

An overview. Joint recruitment and cooperation of secondary vocational schools. Training for transferring rural labors. Development of key schools and model specialities.

Higher Education ······ (770)

Structural adjustment in HEIs. Teaching quality assessment in HEIs. Teaching and learning reforms. Academic degrees and postgraduate education. Employment of college graduates. Ideological and political education in HEIs. Subsidizing poor students and state loans in HEIs.

Education in Hainan Province ······ (773)

Survey ······ (773)

Essential information. Provincial Conference on Rural Education. Input and expenditure in education. Information about "Two Basics". Development of legal system in education. Educational inspection. Stability and safety issues in schools. Ethnic minority education. International cooperation and exchanges in education. Informatization in education. School affairs open to public. Language work. Non-state/Private education. Subsidizing poor students. Physical, health, art and national defense education.

Basic Education ······ (779)

An overview. Moral education. Curricular reform. Regular high school education. Preschool education and special education. Establishing teaching cohort. Work-study program in schools. Controlling unreasonable charges in education sector. Reconstruction of dilapidated buildings in schools. Development of boarding schools.

Vocational Education and Adult Education ······ (781)

Secondary vocational education. Structural adjustment for secondary vocational schools. Poverty alleviation through S&T. Recruitment of Adult HEIs. SAEFSDL and other social exams.

Higher Education ······ (782)

An overview. Party buliding & ideological and political work. Structural adjustment for HEIs. Adjustment of disciplines in HEIs. Scientific research work. Postgraduate education. State loans for students. Development of libraries. Recruitment of regular HEIs.

Education in Chongqing Municipality ······ (784)

Survey ······ (784)

Essential information. Municipal Conference on Education. Management system of education. Educational input. Favorable policies for education. Non-state/Private education. Educational cooperation and exchanges. Language work. Quality-oriented education. Leadership buildup. Teachers' ethics. Teacher training. Reform in personnel management. Administration of teachers. Building a clean education sector. Rule of law in education. Management of educational funds. Alleviating poverty through education. Safety and security issues. Educational administration. Physical, health, art and national defense education. Ethnic minority education. Informatization in education. School-based estates.

Basic Education …… (792)

An overview. Progress in "Two Basics". Preschool education and special education. Regular high school education.

Vocational Education and Adult Education …… (793)

An overview. Promoting reform of vocational education. Enlarging enrollment of secondary vocational schools. Development of vocational education bases. Sino-Australian Project for Vocational Education in Chongqing. Adult higher education. Technical training for adults.

Higher Education …… (794)

An overview. Development of "Three Keys" in HEIs. Work related to academic degrees and postgraduate education. Structural adjustment of HEIs. S&T development in HEIs. Reform in logistical service of HEIs. Development of University Town in Chongqing. Party building and ideological and political work .

Education in Sichuan Province …… (797)

Survey …… (797)

Essential information. Annual policies and plans for education. Input and expenditure in education. Implementing "2003-2007 Action Plan for Invigorating Education". Subsidizing poor students. Controlling unreasonable charges in education sector. Establishing teaching cohort. School safety issue. Rule of law in education. Educational inspection. Technical equipment for education. Language work. International exchanges and cooperation.

Basic Education …… (803)

An overview. Progress in "Two Basics". High school education. Preschool education and special education. Quality-oriented education. Moral education in primary and secondary schools.

Vocational Education and Adult Education …… (804)

An overview. Reform of mechanism in vocational education. Development of secondary vocational schools. Reform in training model and management model. Training of transferring rural labors. Non-state/Private vocational education.

Higher Education …… (805)

Recruitment information. Structural adjustment. Party building in HEIs. Ideological education for students in HEIs. Teaching work. Work related to academic degrees and postgraduate education. S&T development in HEIs. Employment of graduates. Reform in logistical sector of HEIs.

Education in Guizhou Province …… (807)

Survey …… (807)

Essential information. Information on educational expenditure. Information on fulfilment of investment in education sector. Information about teachers. Physical, health, art and national defense education.

Basic Education …… (811)

An overview. Information on "Two Basics". Implementation of "Compulsory Education Project". Inception of rural boarding school construction. Implementation of "two exemptions and one subsidy" for poor students. Curricular reform in basic education. Development of teaching cohort. Improving moral education among minors.

Vocational Education and Adult Education …… (814)

An overview. Improving quality of vocational education. Quality assessment of tertiary vocational colleges. Project of Training Direly Needed Skilled Workers. Information on SAEFSDL and other examinations. Training of transferring rural labors.

Higher Education …… (815)

An overview. Work related to academic degrees and postgraduate education. Development of outstanding curricula in HEIs. Evaluation of "Two Courses". Scientific research in HEIs. Development of bases for humanities and social sciences research in HEIs. State loans for students. Recruitment of new students and employment of graduates. Training of HEI administrative cadres.

Ethnic Minority Education …… (818)

An overview. Development of boarding schools for minority children. Educational support through partnership.

Education in Yunnan Province …… (819)

An Overview …… (819)

Essential information. Input and expenditure in education. Pilot projects for educational reforms. Rural education. Psychological education for students. Non-state/Private education. Informatization in education. Rule of law in education. Ethnic minority education Controlling unreasonable charges in education sector. Evaluation and appraisal of technical titles for teachers.

Basic Education …… (824)

Efforts towards universalizing nine-year compulsory education. Construction of boarding schools in rural areas. Layout adjustment for primary and secondary schools. Reconstruction of dilapidated buildings in primary and secondary schools. Implementation of "Single Fee". Bidding mechanism for selecting textbooks for primary and secondary schools. Regular high school education. Curricular reforms in basic education. Reform in personnel management in primary and secondary schools.

Vocational Education and Adult Education …… (825)

Reform in recruiting policies for secondary vocational schools. Recruitment of secondary technical shcools. Adult education in rural areas. Recruitment of Adult HEIs. Postgraduate school entrance exam and degree conferment on adults.

Higher Education …… (827)

An overview. Recruitment of new students in regular HEIs. State loans to students. E-registration for master's degree holders. Employment of graduates. Subsidizing poor students in HEIs. Development of provincial key disciplines. S&T innovations in HEIs. Cooperation among HEIs within the province. Scholarship for students from neighboring countries.

Educational in Tibet Autonomous Region ······ (829)

Survey ······ (829)

Essential information. Achievements in "Two Basics". Ideological and political work. Tibetan Classes in inland provinces. Establishing teaching cohort. Input and expenditure in education. Safety issue in schools.

Basic Education ······ (834)

An overview. Modern distance education. Education inspection.

Vocational Education and Adult Education ······ (835)

An overview. Adult education.

Higher Education ······ (836)

An overview. Recruitment of new students in HEIs.

Education in Shaanxi Province ······ (837)

Survey ······ (837)

Essential information. Annual policies and plans. Management of educational finances. Non-state/Pivate education.

Basic Education ······ (841)

Progress in "Two Basics". Moral education. Regular high school education. Curricular reform. Lightening study burden of primary and secondary school students. Education for children of migrant workers. Educational inspection. Modern distance education for primary and secondary schools. Preschool education. Special education.

Vocational Education and Adult Education ······ (843)

Implementation of "one network and two projects" program. Training for skilled workers. Recruitment of secondary vocational schools. Employment of graduates. Development of network of backbones.

Higher Education ······ (844)

Ideological and political work in HEIs. Development of independent colleges. Optimizing allocation of higher education resources. Recruitment of HEIs. Infrastructure development in HEIs. Reforms in management of teaching and length of schooling. Promoting cooperation between HEIs and enterprises. S&T development. State loans to needy students. Postgraduate education and selection of high-level leading scholars in certain disciplines. Employment of college graduates. Development of high-quality educational resources.

Education in Gansu Province ······ (848)

Survey ······ (848)

Essential information. Input and expenditure in education. Development of educational projects. Rural education. Rule of law in education. Controlling unreasonable charges in education sector. Auditing in education sector. Ethnic minority education. Informatization in education. Physical, health and national defense education. Educational inspection and evaluation. Educational cooperation and exchanges. Language work.

Basic Education …… (854)

An overview. Moral education among minors. Progress in "Two Basics". High school education. Preschool education and special education. Safety issues. Establishing teaching cohort. Reform in education management system. Curricular reforms in basic education.

Vocational Education and Adult Education …… (856)

An overview. Provincial Conference on Vocational Education. Development of key vocational schools and disciplines. Educational and teaching and learning reforms. Establishing teaching cohort for vocational education. Training for transferring rural labors.

Higher Education …… (857)

An overview. Party building and ideological and political work for students in HEIs. Development of disciplines. Quality assessment. Educational and teaching and learning reforms. Structural adjustment in HEIs. Reform in logistical service in HEIs. Information about work for students.

Education in Qinghai Province …… (859)

Survey …… (859)

Essential information. An overview. Input of educational funds. Moral education among minors and ideological and political work for HEI students. Province-wide mechanism of accountability for development of education. Controlling unreasonable charges in education sector. Training of teachers and development of teacher ethics. Reform in personnel management. Physical, health and art education. Development of online administration in education sector.

Basic Education …… (864)

Mobilization Workshop on Achieving Goals of "Two Basics". Illiteracy elimination. Networking mechanism for achieving goals of "Two Basics". Educational inspection and evaluation for "Two Basics". Informatization in primary and secondary schools. Curricular reforms in basic education. Subsidizing poor students.

Vocational Education and Adult Education …… (866)

Development of model vocational schools and key specialities. "Sunshine Project" for migrant rural labors. Joint operation of vocational schools. Establishing teaching cohort.

Higher Education …… (866)

Setting up Working Committee on Education under Qinghai Provincial Committee of Communist Party of China. Provincial Conference on Higher Education. Restructuring Qinghai University. Development of key labs and specialities. Employment of graduates and recruitment of new students. Subsidizing needy students.

Ethnic Minority Education …… (868)

Strengthening management of boarding shcools. Bilingual teaching. Educational support through partnership.

Education in Ningxia Hui Autonomous Region …… (869)

Survey …… (869)

Essential information. Projects on compulsory education. Projects on distance education. Development of school network. Project 3133. Moral education among minors. Controlling unreasonable charges in education sector. Training of teachers. Educational cooperation and exchanges. Developing education through partnership among different provinces. Language work and *Putonghua* test. Physical, health, and art education in schools. Non-state/ Private education.

Basic Education ························ (874)

Curricular reforms. Information about "Two Basics". Compulsory education for children of migrant workers. High school education. Preshcool education. Special education.

Vocational Education and Adult Education ························ (875)

Quality assessment for vocational schools. Recruitment information. Training teachers for vocational education. Information about employment of graduates. Vocational training. Vocational education in rural areas.

Higher Education ························ (876)

Joint efforts for developing Ningxia University with MOE. Evaluation work related to academic degrees and postgraduate education. Selection and appraisal of dissertations of master's degree candidates. "Regulations for Scientific Researth Programs in HEIs of Ningxia". Selection and appraisal of Scientific Research programs. Development of HEI bases for philosophy, humanities and social sciences. International cooperation and exchanges. Party building.

Ethnic Minority Education ························ (877)

Project for developing 100 standardized secondary shcools for Hui minority. Recruitment information.

Education in Xinjiang Uigur Autonomous Region ························ (879)

Survey ························ (879)

Essential information. Moral education among minors. Workshop on "Two Basics". Educational input for infrastructure development. ICT-assisted education. Educational cooperation and exchanges. Training of administrators and development of teaching cohort.

Basic Education ························ (883)

An overview. Planning for location of primary and secondary schools. Information on "Two Basics". "Xinjiang Junior Classes" within the region.

Vocational Education and Adult Education ························ (884)

An overview. Provincial Conference on Vocational Education and Adult Education. Rural students and vocational education. SAEFSDL. Community-based education. Pilot program for "Expressway for vocational schools".

Higher Education ························ (885)

An overview. Work related to academic degrees. Recruitment in HEIs. Subsidizing needy students. HEI's active role in helping develop rural economy. Favorable policy for employment of college graduates. Joint efforts of Regional government and MOE for developing Xinjiang University.

Education in Xinjiang Production and Construction Corps ························ (887)

An overview. Basic education. Vocational education and adult education. Higher education.

Information on Education in Hong Kong SAR ······ (893)

Information on Education in Macao SAR ······ (894)

Information on Education in Taiwan Province ······ (895)

Selected Documents ······ (897)

Suggestions on Further Promoting Moral Education among Minors by Central Committee of CPC and the State Council.
(February 26, 2004) ······ (897)

Suggestions on Further Strengthening and Improving Ideological Education among College Students by Central Committee of CPC and the State Council. (Excerpts)
(August 6, 2004) ······ (903)

Notice on 2003-2007 Plan for Making Strategic Breakthrough in "Two Basics" in Western China by MOE and other relevant ministries.
(February 16, 2003, Notice transmitted by the General Office of the State Council) ······ (906)

Notice on Suggestions on Further Improving Work of State Loans to Needy Students jointly proposed by MOE, Ministry of Finance, People's Bank of China, China Banking Regulatory Commission.
(June 12, 2004, Notice transmitted by General Office of State Council) ······ (910)

Notice on Implementing Measures for Project of Boarding School Development in Rural Areas of Western China jointly issued by MOE, State Development and Reform Commission (SDRC) and Ministry of Finance (MOF).
(February 19, 2004) ······ (913)

Suggestions on Measures for Implementing "Single Fee" in Compulsory Education Nationwide jointly proposed by MOE, SDRC and MOF.
(March 17, 2004) ······ (917)

Dept of Public Information of CPC Central Committee and MOE's Notice on distributing *Outline of Displaying and Cultivating National Ethos among Primary and Secondary School Students*.
(March 30, 2004) ······ (918)

Suggestions on Promoting Vocational Education jointly proposed by MOE and MOF.
(April 30, 2004) ······ (922)

Notice on Fully Rectifying Environment for Educational Exams jointly issued by MOE, Dept of Public Information of CPC Central Committee, Ministry of Public Security, Ministry of Inspection and Supervision, Ministry of Information Industry, State Secrecy Bureau and General Dept of Armed Police.
(May 17, 2004) ······ (925)

Suggestions on Further Promoting Vocational Education jointly proposed by MOE and other six relevant ministries.
(September 14, 2004) ······ (927)

Notice on Distributing 2004-2010 Plan for Educational Development in Western China issued by MOE and Office for Western Development under State Council.
(September 23, 2004) .... (931)
Regulations on Auditing Work in Education Sector
(April 13, 2004, No 17 Decree of MOE) .... (938)
Punishing Measures for Cheating or other Violations in National Educational Exams
(May 19, 2004, No 18 Decree of MOE) .... (941)
Implementing Measures for Regulations on Sino-foreign Joint Operation of Schools
(June 2, 2004, No 20 Decree of MOE) .... (945)
Assessing Measures for Qualification of Teaching Chinese as a Foreign Language
(August 23, 2004, No 19 Decree of MOE) .... (950)
MOE's Notice on Distributing *Plan for Training of Transferring Rural Labors.*
(March 24, 2004) .... (953)
MOE's Notice on Issuing *Rules for Primary and Secondary School Students, Regulations for Daily Behaviors of Primary School students (revised) and Regulations for Daily Behaviors of Secondary School Students (revised)*
(March 25, 2004) .... (955)
MOE's Suggestions on Studying and Implementing *Suggestions on Further Promoting Moral Education among Minors by Central Committee of CPC and State Council*
(June 1, 2004) .... (958)
MOE's Notice on Distributing *Topnotch Creative Talents Program of HEIs* and Relevant Implementing Measures
(June 10, 2004) .... (963)
MOE's Urgent Notice on Further Strengthening Work of Kindergarten Security
(August 16, 2004) .... (973)
MOE's Notice on Further Improving Work of Providing Financial Support to Students from Low-income families
(September 9, 2004) .... (974)
MOE's Notice on Distributing *Regulations on Work of Ombudsman's Office in Education Sector*
(October 26, 2004) .... (976)
MOE's Notice on Distributing *the Outline for Mid-and Long-term S&T Development in HEIs*
(November 15, 2004) .... (979)
MOE General Office's Notice on *List of MOE's Third Batch of Abolished Projects through Administrative Licensing Procedures approved by State Council*
(June 9, 2004) .... (986)
MOE General Office's Notice on Liquidation and Registration of Undergraduate Level Specialities in Independent Colleges
(September 22, 2004) .... (988)

Selected Information Sources .... (990)
Top 10 national educational news in 2004 .... (990)

Top 10 S&T Breakthroughs in Chinese HEIs in 2004 ...... (991)
List of HEIs qualified for recruiting students for formal higher education in 2005 (regular undergraduate-level HEIs, regular tertiary vocational colleges, independent colleges and HEI sub-campuses) ...... (995)
List of adult HEIs in China (as of May 24, 2005) ...... (1012)
Information on HEI amalgamations since 1990 (as of May 26, 2005) ...... (1033)
List of HEIs qualified to select and appraise professors or associate professors (as of December 2004) ...... (1059)
List of award-winning HEI-based items for National Award for Technological Invention in 2004 (only publishable ones) ...... (1061)
List of award-winning HEI-based items for National S&T Development Award in 2004 (only publishable ones) ...... (1062)
List of award-winning HEI-based items for National Natural Science Award in 2004 ...... (1070)
List of certified intermediary agencies providing service for self-supported students intent on studying abroad (as of April 28, 2005) ...... (1071)
List of "Three One-hundred" for patriotic education ...... (1076)
Information on examinations ...... (1083)

MOE released list of 42 HEIs nationwide authorized to autonomously admit new students. Tips on filling in application form for colleges. Recruiting features of independent colleges. Seven changes concerning recruitment of Beijing University. Changes in CET 4 and CET 6. Timing adjustment for entrance exams of adult HEIs. Three main features of applying for postgraduate schools in 2005. Four main features of recruitment of postgraduate schools in 2005. Score requirements for postgraduate school interview in 2005.

Information on employment of college graduates ...... (1092)

Analysis on situation of employment of college students in 2005. New features for employment of postgraduates. How Harvard University provides guidance for employment of graduates.

Information on studying abroad ...... (1096)

Around 114 000 people went for overseas study in 2004. 7 245 people will study abroad on government-supported programs in 2005. Q&A about IELTS in 2005. The majority of students go for overseas studies on a self-supported basis. College-preparatory classes for German, British and Australian HEIs. US policy for issuing students visa loosened a little bit. US HEIs welcoming Chinese students. Information on accreditation of overseas academic degrees and diplomas.

Interpretation on policies ...... (1107)

Q&A about "Single Fee". Q&A about free provision of textbooks. Ministry of Finance Q&A about making strategic breakthrough in "Two Basics" in Western China. Interpretation on policy of "three limitations" for school-selecting students in public schools. Guidance to students from low-income families for applying for state loan. Q&A about curricular reform in high schools. Introduction to Project of Modern Distance Education in Primary and Secondary Schools in Rural Areas. General trend for curricular reform in regular high schools.

Chronology of Major Educational Events in 2004 ...... (1142)

全党全社会共同做好未成年人思想道德建设工作 大力培育中国特色社会主义事业建设者和接班人

——在全国加强和改进未成年人思想道德建设工作会议上的讲话（节选）

2004 年 5 月 10 日

胡 锦 涛

进一步加强和改进未成年人思想道德建设，是中央从推进新世纪新阶段党和国家事业发展、实现党和国家长治久安出发作出的一项重大决策，对于确保我国在激烈的国际竞争中始终立于不败之地，确保实现全面建设小康社会、进而实现现代化的宏伟目标，确保中国特色社会主义事业兴旺发达、后继有人，确保实现中华民族的伟大复兴，具有重大而深远的战略意义。

……

加强和改进未成年人思想道德建设，要坚持以马克思列宁主义、毛泽东思想、邓小平理论和“三个代表”重要思想为指导，以进行理想信念教育为核心，以树立正确的世界观、人生观、价值观为重点，以养成高尚的思想品质和良好的道德情操为基础，紧密结合全面建设小康社会的实际，遵循未成年人思想道德建设的规律，坚持以人为本，促进未成年人的全面发展，努力培育面向现代化、面向世界、面向未来，有理想、有道德、有文化、有纪律，德、智、体、美全面发展的中国特色社会主义事业建设者和接班人。

……

加强和改进未成年人思想道德建设，是推动党和国家事业不断发展的必然要求，是提高全民族素质、促进人的全面发展的必然要求，是增强我国发展后劲和国际竞争力的必然要求，是坚持立党为公、执政为民的必然要求。现在，我国 18 岁以下的未成年人约有 3.67 亿，他们是党和国家的希望，是中华民族的希望。要使广大未成年人成长为中国特色社会主义事业的合格建设者和可靠接班人，不仅要大力提高他们的科学文化素质，而且更要大力提高他们的思想道德素质，使他们从小就形成良好的精神和品德，树立起热爱祖国、决心为祖国的繁荣富强贡献自己全部力量的坚定信念，树立起自强不息、不怕任何艰难险阻、勇往直前的奋斗精神，树立起与时俱进、昂扬向上、勇于创新的开拓意识，努力成为祖国现代化事业发展的强大后备军。关心未成年人的成长，为他们身心健康发展创造良好的条件和社会环境，是党和国家义不容辞的职责，是开创国家和民族更加美好的未来的战略工程，也是实现亿万家庭的最大希望和切身利益的民心工程。全党同志要以对党和国家前途命运高度负责的态度，充分认识新形势下进一步加强和改进未成年人思想道德建设的重要性、紧迫性，增强做好未成年人思想道德建设各项工作的自觉性、坚定性。

……

为推进未成年人思想道德建设，我们党制定了一系列重要方针政策，采取了一系列行之有效的措施，进行了不懈努力，积累了重要经验：第一，坚持把马克思主义作为根本指针，始终保持未成年人思想道德建设工作的正确方向；第二，坚持把培养有理想、有道德、有文化、有纪律的公民作为根本目标，不断培育社会主义事业的合格建设者和可靠接班人；第三，坚持把树立正确的世界观、人生观、价值观作为根本任务，不断促进未成年人形成正确的思想道德观念；第四，坚持把教育与社会实践相结合作为根本途径，不断提高未成年人思想道德建设的成效；第五，坚持把全党重视、全社会共同参与作为根本举措，不断增强推进未成年人思想道德建设的合力。这些经验对于我们进一步加强和改进未成年人思想道德建设具有重要指导意义，必须长期坚持。同时，要根据时代发展的要求，坚持与时俱进、开拓创新，在实践中不断开创未成年人思想道德建设的新局面。

……

进一步加强和改进未成年人思想道德建设，当前在工作中要重视解决好以下几个问题。

第一，全面落实思想道德建设的主要任务。要从增强爱国情感做起，从确立远大志向做起，从规范行为习惯做起，从提高基本素质做起，弘扬和培育以爱国主义为核心的团结统一、爱好和平、勤劳勇敢、自强不息的伟大民族精神，树立和培育正确的理想信念，着力培养良好的道德品质和文明行为，努力培育劳动意识、创造意识、效率意识、环境意识和进取精神、科学精神、团队精神以及民主法制观念、诚信观念，形成朝气蓬勃、昂扬向上的精神状态，使未成年人的思想道德素质、科学文化素质和健康素质不断得到提高，成为全面发展的社会主义新人。

第二，大力推动思想道德建设的改进创新。重点在充分体现时代性、准确把握规律性、大力增强实效性三个方面狠下功夫。要坚持求真务实，努力增强未成年人思想道德建设的时代感，认真研究未成年人思想道德建设中的新情况新问题，不断探索和把握未成年人成长的规律，针对未成年人思想道德建设方面存在的突出问题，开展有针对性的教育和引导活动。

第三，积极创造未成年人健康成长的良好社会环境。要增强大众传媒的社会责任感，为未成年人思想道德建设创造良好的舆论环境。要实施精品战略，为未成年人提供更多更好的文化产品和文化服务。要加大综合治理的力度，为未成年人思想道德建设创造良好的文化环境。要严厉打击危害未成年人身心健康的违法犯罪活动。要切实加强保护未成年人权益方面的立法和执法工作，为未成年人思想道德建设创造良好的法制环境。要形成尊重未成年人、关心未成年人、帮助未成年人的社会氛围，促进他们健康成长、发展成才。

……

加强和改进未成年人思想道德建设，是全党全社会必须共同承担的重大任务。各级党委和政府都要把思想统一到中央精神上来，切实担负起政治责任，进一步加强和改善对未成年人思想道德建设的领导。要把加强和改进未成年人思想道德建设摆在更加突出的位置，作为精神文明建设的重中之重，纳入经济社会发展总体规划，列入重要议事日程。要经常分析未成年人思想道德的状况，认真研究解决重大问题。要增加对未成年人思想道德建设的投入，针对未成年人思想道德建设中存在的突出问题，着力办好几件作用大、影响大的实事，取得人民群众看得见、摸得着的实实在在的成效。要建立健全党委统一领导、党政群齐抓共管、文明委组织协调、有关部门各负其责、全社会积极参与的领导体制和工作机制，采取有力措施，加强督促检查，保证各项任务的落实。

进一步加强和改进大学生思想政治教育工作 大力培养造就社会主义事业建设者和接班人

——在全国加强和改进大学生思想政治教育工作会议上的讲话（节选）

（2005 年 1 月 17 日）

胡锦涛

……

切实加强和改进大学生思想政治教育工作，培养造就千千万万具有高尚思想品质和良好道德修养、掌握现代化建设所需要的丰富知识和扎实本领的优秀人才，使大学生们能够与时代同步伐、与祖国共命运、与人民齐奋斗，这对于确保实现全面建设小康社会、进而实现现代化的宏伟目标，确保实现中华民族的伟大复兴，具有重大而深远的战略意义。

……

培养什么人、如何培养人，是我国社会主义教育事业发展中必须解决好的根本问题。大学生是国家宝贵的人才资源，是民族的希望、祖国的未来。要使大学生成长为中国特色社会主义事业的合格建设者和可靠接班人，不仅要大力提高他们的科学文化素质，更要大力提高他们的思想政治素质。只有真正把这项工作做好了，才能确保党和人民的事业代代相传、长治久安。各级党委和政府都要充分认识新形势下进一步加强和改进大学生思想政治教育工作的重要性和紧迫性，增强历史责任感和使命感，坚定信心，狠抓落实，切实把大学生思想政治教育工作提高到一个新的水平。

……

加强和改进大学生思想政治工作，要在全面做好各项工作的基础上深入进行以下几个方面的教育。一是要以理想信念教育为核心，深入进行正确的世界观、人生观、价值观教育，使所有大学生都明白，党和人民对当代大学生寄予殷切期望，全面建设小康社会和实现社会主义现代化需要大学生去建设，中华民族的伟大复兴需要大学生去奋斗，青春只有在为祖国和人民的真诚奉献中才能更加绚丽多彩，人生只有融入国家和民族的伟大事业才能闪闪发光。二是要以爱国主义教育为重点，深入进行民族精神教育，引导大学生增强民族自尊心、自信心、自豪感，做到以热爱祖国、贡献全部力量建设社会主义祖国为最大光荣，以损害社会主义祖国利益、尊严和荣誉为最大耻辱。三是要以基本道德规范为基础，深入进行公民道德教育，引导大学生自觉遵守爱国守法、明礼诚信、团结友善、勤俭自强、敬业奉献的基本道德规范，养成良好的道德品质和文明行为。四是要以大学生全面发展为目标，深入进行素质教育，促进大学生思想道德素质、科学文化素质和健康素质协调发展。

……

高校是培养人才的重要基地，必须把培养中国特色社会主义事业的建设者和接班人作为根本任务。办好高校，首先要解决好培养什么人、如何培养人这个根本问题。全国高校都要始终不渝地全面贯彻党的教育方针，坚持学校教育、育人为本，德智体美、德育为先，充分发挥大学生思想政治教育主阵地、主课堂、主渠道的作用，全方位推进大学生思想政治教育，多方面促进大学生全面发展。要坚持教育与自我教育相结合，既充分发挥学校的教育引导作用，又充分调动大学生的积极性、主动性。要坚持政治理论教育与社会实践相结合，既搞好课堂教育，又注重引导大学生深入社会、了解社会、服务社会。要坚持解决思想问题与解决实际问题相结合，既以理服人又以情感人，增强思想政治教育的实际效果。要坚持教育与管理相结合，把思想政治教育融入学校管理之中，建立自律与他律、激励与约束有机结合的长效工作机制。要坚持继承优良传统与改进创新相结合，坚持党的思想政治工作的优良传统，积极探索新形势下大学生思想政治教育工作的新途径新办法。

……

各级党委和政府要从贯彻落实邓小平理论和“三个代表”重要思想的高度，把加强和改进大学生思想政治教育工作作为提高党的执政能力、巩固党的执政地位的一项重要工作，摆在更加突出的位置，切实担负起政治责任。要把社会各方面的力量动员起来，把社会各方面的资源整合起来，使它们充分发挥作用、密切配合，积极营造大学生健康成长的良好社会环境。

……

进一步加强和改进大学生思想政治教育工作，既要认真坚持我们党在长期实践中积累起来的宝贵经验和被实践证明是正确的行之有效的重要原则，又要解放思想、实事求是、与时俱进，根据时代发展的要求，不断在观念、内容、方法和体制机制等方面改进创新，不断总结和创造新经验。

政府工作报告（节选）

——二〇〇五年三月五日在第十届全国人民代表大会第三次会议上

温 家 宝

一、过去一年工作回顾

2004年，全国各族人民在中国共产党领导下，高举邓小平理论和“三个代表”重要思想伟大旗帜，团结奋进，锐意创新，社会主义现代化事业取得令人鼓舞的重大成就。

……

一年来，我们主要做了以下几方面工作。

……

（四）加大政策支持和财政投入，促进各项社会事业发展。各级政府加大对科技、教育、文化、卫生、体育事业的支持，中央财政用于这些方面的支出987亿元，投入国债资金147亿元。

国家创新体系、基础研究、科技基础设施建设和基层科技工作进一步加强。一批重大科技项目和高新技术产业化取得新进展。围绕制定国家中长期科学和技术发展规划，组织2 000多位专家对若干战略问题进行研究论证。

新一轮教育振兴行动计划进展顺利。西部地区“两基”攻坚计划开始实施。加大对贫困地区农村义务教育的支持，继续实施农村中小学危房改造。为中西部地区农村义务教育阶段2 400多万贫困家庭学生免费提供教科书。职业教育加快发展。高等教育注重提高质量。高校贫困家庭学生资助体系进一步完善。

以建设全国疾病预防控制体系和突发公共卫生事件医疗救治体系为重点，加快公共卫生事业发展。1 410个县级和250个省、市（地）级疾病预防控制中心基本建成，290所紧急救援中心陆续开工。加强对重大疾病的防治工作。重视农村卫生设施建设，稳步进行新型农村合作医疗制度试点。采取果断措施，及时遏制高致病性禽流感疫情蔓延。

推进文化体制改革和文化事业发展，加强文化市场管理。中央财政安排专项资金支持533个县级图书馆、文化馆和4万个村广播电视设施建设。国家重大文化项目建设和自然历史文化遗产地保护得到加强。对外文化交流更加活跃。群众性体育活动蓬勃开展。我国运动员在第28届奥运会、第12届残疾人奥运会上取得优异成绩。

加强国土资源、环境保护和生态建设工作。加大了耕地保护力度。重点流域和区域污染防治取得新进展。农村计划生育工作进行了新的探索，并取得积极成果。

……

（六）加强民主法制建设，全力维护社会稳定。积极推进基层民主建设，进一步健全村务公开和村民自治制度，继续完善城市社区居民自治和基层管理体制。高度重视政府法制工作。国务院制定了《全面推进依法行政实施纲要》，明确了建设法治政府的目标和任务；提出了《公司法》、《传染病防治法》修订草案和《公务员法》草案等7部法律议案，制定了32件行政法规。各级政府认真实施《行政许可法》，取消和调整了一大批行政审批项目。强化执法监督，审计、监察等部门做了大量卓有成效的工作。我们组织制定了国家突发公共事件总体应急预案，以及应对自然灾害、事故灾难、公共卫生和社会安全等方面105个专项和部门应急预案；各省（区、市）也完成了省级总体应急预案的编制工作。建设法治政府，全面履行政府职能，取得突破性进展。

以解决损害群众利益的突出问题为重点，深入开展廉政建设和反腐败斗争。加强社会治安综合治理，推进治安防控体系建设。依法严厉打击各种刑事犯罪活动，初步遏制了严重刑事案件上升势头。加强和改进信访工作，积极化解各类矛盾。

……

过去一年，我们不仅大步推进各项事业，而且在丰富的实践中思想认识得到升华。各级政府增强了贯彻中央决策和部署的自觉性，提高了用好重要战略机遇期、更好推动发展的认识和能力。我们的主要体会是：

——必须坚持树立和落实科学发展观。科学发展观是中国共产党对社会主义现代化建设指导思想的新发展。它进一步明确了发展是硬道理，要以经济建设为中心，注重提高经济增长质量和效益；要以人为本，注重“五个统筹”，实现经济社会全面协调可持续发展。无论是解决当前经济运行中的突出矛盾和问题，还是全面建设小康社会，都必须以科学发展观为指导。要把科学发展观贯彻到改革开放和现代化建设的全过程。

……

总结一年来的工作，我们清醒地看到，经济社会发展中还存在不少问题和困难：一是经济运行中的突出矛盾虽有所缓解，但尚未根本解决。农业基础薄弱的状况没有明显改变，保持粮食增产和农民增收的难度增加；固定资产投资还有可能反弹；煤电油运仍相当紧张；物价上涨的压力较大。二是社会发展中的问题突出。一些地方特别是广大农村教育、卫生、文化等社会事业需要解决的问题较多；城乡之间、地区之间发展差距和部分社会成员之间收入差距过大；部分低收入群众生活比较困难；影响社会稳定的因素不少。三是经济社会发展中的一些长期性问题和深层次矛盾依然存在。主要是就业压力巨大；经济结构不合理，产业技术水平低，第三产业发展滞后；投资率持续偏高，消费率偏低；经济增长方式粗放，资源约束和环境压力加大。特别是制约经济社会健康发展的体制性机制性问题仍很突出。

……

二、2005年工作总体部署

今年，是全面完成“十五”任务、为“十一五”发展打好基础的关键一年。政府工作的基本思路是：以邓小平理论和“三个代表”重要思想为指导，认真贯彻党的十六大和十六届三中、四中全会精神，坚持用科学发展观统领经济社会发展全局，加强和改善宏观调控，以改革开放为动力推进各项工作，构建社会主义和谐社会，推动社会主义物质文明、政治文明和精神文明共同进步。

综合考虑国内外各种因素，今年经济社会发展主要预期目标是：国内生产总值增长8%左右；城镇新增就业900万人，城镇登记失业率控制在4.6%；居民消费价格总水平涨幅控制在4%；国际收支保持基本平衡。

保持经济平稳较快发展，是政府工作必须把握好的重大问题。我国正处于重要战略机遇期，经济应有较快发展，但增长速度也要适当。经济大起或大落，都不利于经济发展，不利于改革开放，不利于社会稳定。中央提出今年经济增长预期目标为8%左右，是为了使预期目标符合实际情况，既考虑需要，也考虑可能，兼顾了就业、物价等其他预期目标的要求。在社会主义市场经济条件下，经济社会发展预期目标是指导性的，可以根据经济运行的变化进行调整。各地区应当从实际出发，实事求是地提出本地区经济社会发展的预期目标，切实把工作重点放在提高经济增长质量和效益上，不要盲目攀比经济增长速度。

全面完成今年经济社会发展的各项任务，在工作指导和部署上，要突出抓好三个方面：一是着力搞好宏观调控。进一步消除经济运行中不稳定不健康因素，推进经济结构调整和增长方式转变，保持经济平稳较快发展，保持价格总水平基本稳定。二是着力推进改革开放。坚持以改革推动各项工作，把深化改革同落实科学发展观、加强和改善宏观调控结合起来，注重用改革的办法解决影响发展的体制问题。全面提高对外开放水平，更好地利用国内国际两个市场、两种资源。三是着力建设和谐社会。建设民主法治、公平正义、诚信友爱、充满活力、安定有序、人与自然和谐相处的社会主义和谐社会，要广泛团结一切可以团结的力量，充分调动一切积极因素，激发全社会的创造活力；要妥善处理各方面利益关系，让全体人民共享改革和建设的成果；要正确处理改革发展稳定的关系，努力为经济社会持续发展创造有利条件和良好环境。

……

五、积极发展社会事业和建设和谐社会

贯彻落实科学发展观，必须大力实施科教兴国战略、人才强国战略和可持续发展战略，加快社会事业发展；着力解决与人民群众切身利益相关的突出问题，维护社会稳定，努力构建社会主义和谐社会。

（一）大力发展科技、教育、文化、卫生、体育事业，加强精神文明建设。加快科技改革和发展。今年要发布国家中长期科学和技术发展规划纲要。继续推进国家创新体系建设。加强基础研究、战略高技术研究和重要公益性技术研究。继续实施一批重大科技专项，加大关键技术攻关力度。加强重大科技基础设施和国家重点科研基地建设。深化科技体制改革，加快建立与社会主义市场经济体制相适应的科技管理体制、创新机制和现代院所制度。充分发挥企业在技术创新中的主体作用。加强产学研结合，促进科技成果产业化。坚持社会科学和自然科学并重，进一步繁荣和发展哲学社会科学。

切实把教育放在优先发展的战略地位。重点加强农村义务教育，完善以政府投入为主的经费保障机制。继续实施西部地区“两基”攻坚计划。从今年起，免除国家扶贫开发工作重点县农村义务教育阶段贫困家庭学生的书本费、杂费，并补助寄宿学生生活费；到2007年在全国农村普遍实行这一政策，使贫困家庭的孩子都能上学读书，完成义务教育。认真解决好进城务工农民子女上学的问题。着力提高高等教育质量。大力发展各类职业教育。认真贯彻党的教育方针，加强德育工作，推进素质教育，促进学生全面发展。加快教学内容和方法的改革与创新，切实减轻学生负担。加快现代远程教育工程建设。继续促进民办教育健康发展。严格规范各类学校招生和收费制度，加强学校财务管理和监督。

……

大力发展社会主义先进文化。加强思想道德建设，弘扬以爱国主义为核心的民族精神和以改革创新为核心的时代精神，弘扬集体主义、社会主义思想。加强和改进未成年人思想道德建设和大学生思想政治教育。推动文化体制改革和机制创新，加快文化事业和文化产业发展。坚持一手抓繁荣、一手抓管理。发展文学艺术、新闻出版和广播影视业。加强互联网建设和管理。加快农村基层文化建设，提高广播电视“村村通”水平。深入开展群众性精神文明创建活动。坚持不懈地进行“扫黄”“打非”斗争。广泛开展全民健身运动。继续做好2008年北京奥运会和2010年上海世界博览会的筹办工作。

加强各类型、多层次人才队伍建设。特别要培养、吸引、用好高层次和高技能人才，促进人才合理流动，加强人才市场法制建设。

……

积极行动起来　扎扎实实工作
为实现西部地区“两基”攻坚目标而努力奋斗

——在国家西部地区“两基”攻坚工作会议上的讲话

（2004 年 2 月 26 日）

陈　至　立

今天召开的国家西部地区“两基”攻坚工作会议是经国务院批准的。会议的主要任务是：以邓小平理论和“三个代表”重要思想为指导，认真贯彻落实党的十六大和全国农村教育工作会议精神，全面部署西部地区“两基”攻坚工作，动员各方面力量，为实现西部地区“两基”攻坚目标而努力奋斗。

到 2007 年在西部地区实现“两基”，是本届政府提出的重大目标，是必须完成的一项硬任务，也是贯彻落实全国农村教育工作会议精神的重要内容。国务院常务会议讨论这件事时，大家一致赞成。温家宝总理十分重视，亲自提出要求和部署，要求如同抓“八七”扶贫攻坚那样，把“两基”攻坚作为推动西部大开发的一项重要任务，切实抓紧抓好。

去年全国农村教育工作会议召开以后，国务院即着手研究部署西部地区“两基”攻坚的有关工作。教育部、发展改革委、财政部和西部开发办等四个部门在深入调查研究的基础上，制定了《国家西部地区“两基”攻坚计划》（以下简称《计划》）。温家宝总理主持国家科教领导小组第二次会议审议并原则通过了这个《计划》，现已由国务院办公厅转发。为了推动西部地区“两基”攻坚，国务院决定专门召开这次会议进行部署。下面，我讲几点意见。

一、统一思想，提高认识，切实把“两基”攻坚作为西部地区各级政府的一项重要任务

到 2007 年，在我国西部地区基本普及九年义务教育、基本扫除青壮年文盲，这是国务院着眼于贯彻党的十六大精神，着眼于全面建设小康社会和实施西部大开发，着眼于广大人民群众的根本利益而确立的一项重大战略目标。

近些年来，在党中央、国务院的关心和支持下，经过西部地区各级政府和人民群众的不懈努力，大部分地区已经普及了九年义务教育，为今后的发展奠定了良好基础。同时，我们必须清醒地看到，西部地区实施“两基”已经进入了攻坚阶段。截止到 2002 年，西部地区仍有 372 个县没有实现“两基”，涉及 345 万平方公里国土和8 300多万人口。这些地区主要集中在高原山区，交通不便，人口居住分散，经济发展缓慢，群众收入不高，教育基础薄弱，完成“两基”攻坚任务非常艰巨，时间非常紧迫。温家宝总理多次强调，这是一个硬指标、硬任务，要采取切实有力的措施，确保如期完成。因此，无论攻坚任务多么艰巨，时间多么紧迫，也要下决心在今后四年里打赢这场攻坚战，啃下这块硬骨头。国务院之所以下这样大的决心，是因为这件事意义重大。

第一，实施“两基”攻坚是实践“三个代表”重要思想，坚持执政为民的重要体现。胡锦涛总书记指出，“三个代表”重要思想的本质是立党为公，执政为民，学习贯彻“三个代表”重要思想，必须以最广大人民群众的根本利益作为出发点和落脚点。执政为民，就要时刻想着广大群众，切实把人民群众的根本利益维护好、实现好、发展好。推动西部地区“两基”攻坚，加快西部地区教育事业的发展，保障西部地区特别是西部农村的孩子接受义务教育的权利，这是西部地区广大人民群众最根本的利益所在。目前，西部人民群众求知识、求富裕、求文明、求进步的愿望空前强烈，“治穷先治愚”，“要奔小康、先上学堂”的思想观念正日益深入人心。但西部地区教育事业的发展还难以满足人民群众的这种要求，西部地区还有大量的孩子在十分艰苦的条件下求学，一些学校不具备基本的办学条件和学生生活条件，甚至还有一些孩子没有就学机会。各级政府、各有关部门要做到执政为民，就必须以对人民群众的根本利益高度负责的态度，尽快改变这种状况，把解决好西部老百姓孩子上学的问题时刻放在心上。尤其是我国已经提出全面建设小康社会的奋斗目标，综合国力达到了一个新的历史水平，如果政府还不能解决好这些问题，保障西部地区孩子们接受义务教育的权利，就没有履行好应尽的职责，就会愧对历史和人民的重托。因此，必须把“两基”攻坚作为政府执政为民的一件大事，作为维护和发展人民群众根本利益的民心工程，切实抓紧抓好。

第二，实施“两基”攻坚是树立和落实新的科学发展观的必然要求。党的十六届三中全会提出了坚持以人为本和全面、协调、可持续发展的新的科学发展观。树立和落实新的科学发展观，必须坚持“五个统筹”。这是20多年来我国改革开放实践的经验总结，也是今后各级政府必须遵循的指导思想。当前，要统筹好城乡发展，就要大力发展农村教育，着力提高农村劳动者素质；统筹好区域发展，就要加大对西部地区教育发展的支持力度，逐步缩小东西部之间教育发展的差距；统筹好经济社会发展，就要把教育作为政府一项最重要的工作，把教育普及水平和人均受教育程度作为重要指标；统筹好人与自然的和谐发展，就必须把可持续发展的理念贯穿于整个国民教育之中，增强学生尤其是广大西部地区学生爱护环境、改善生态、珍惜资源的意识；统筹好国内发展与对外开放，也离不开教育提供的智力支持和人力资源保证。所有这些要求，都需要把西部地区“两基”攻坚摆在更加重要的位置。可以说，实施西部地区“两基”攻坚，是贯彻新的科学发展观的重要内容，是落实“五个统筹”的集中体现，是促进区域之间、城乡之间经济社会全面协调发展的根本途径，是促进人的全面发展、努力满足人民群众日益增长的受教育需求的重要保证。

目前，我国经济和社会发展“一条腿长、一条腿短”的矛盾没有得到根本解决。在西部地区，这种矛盾尤为突出。西部地区农村经济落后，社会发展程度低，城乡差别大，一些地区自然条件很差，教育发展基础极为薄弱。有关资料显示，西部地区人均受教育年限仅有6.7年，比全国平均水平低1.3年；“两基”人口覆盖率比全国平均水平低14个百分点；15岁及以上文盲半文盲人口占总人口的比重比全国平均水平高2.3个百分点。这已严重影响到了西部地区经济和社会发展，与当前树立和落实新的科学发展观的要求不相适应，必须采取有力措施加以解决。

第三，实施“两基”攻坚是西部大开发的奠基性工程和全面建设小康社会的重要内容。实现党的十六大提出的全面建设小康社会的奋斗目标，必须进一步实施西部大开发战略，加快西部地区的发展。没有西部地区的小康，就没有全国的小康；没有西部地区的迅速发展，就难以实现全国的现代化。西部地区全面建设小康社会的困难远远大于东、中部，除了经济发展水平滞后、历史欠账较多之外，人口文化素质较低是一个重要的制约因素。推进西部地区“两基”攻坚，是全面建设小康社会和实施西部大开发战略不可缺少的重要内容，不仅关系到西部地区劳动力整体素质的提高，将人口压力转化为人力资源优势，也关系到西部地区农村劳动力的转移和农民群众的脱贫致富，关系到西部地区实现全面小康。西部相当多的地区是少数民族聚居地区，发展少数民族教育事业，也有利于增强各民族群众的凝聚力和向心力，增进民族团结，维护边疆稳定，实现国家的长治久安。

各地区、各部门要充分认识西部地区"两基"攻坚的重要性，要带着对西部地区广大人民群众的深厚感情，以对党对人民高度负责的精神，把思想统一到国务院的部署上来，进一步增强做好这项工作的责任感和紧迫感。不仅要把西部地区"两基"攻坚作为教育工作的重中之重，而且要作为政府一项必须完成的重要工作目标；不仅教育系统要攻坚，更重要的是各级政府要攻坚；不仅西部地区要攻坚，而且中央各有关部门和全国各地都要大力支持攻坚。

近些年来，中央财政加大了对西部教育发展的支持力度，国家实施的"贫困地区义务教育工程"、"农村中小学危房改造工程"等，其中大部分资金投向了西部地区，这对西部地区义务教育的发展起到了有力的推动作用。这次西部地区"两基"攻坚，国家又投入大量的资金予以支持。同时，我们还要看到，经过"八七"扶贫攻坚和全国"两基"工作十多年来的丰富实践，我们积累了许多行之有效的成功经验。党政机关、发达地区及社会各界参与和支持贫困地区教育发展的积极性也越来越高。应该说，实施西部地区"两基"攻坚的基本条件已经具备，时机已经成熟，经过努力是完全可以做到的，关键在于决心，在于工作，在于落实。只要我们坚定信心，锐意进取，求真务实，苦干四年，就一定能够夺取西部地区"两基"攻坚的胜利。

二、全面部署，统筹规划，扎实推进西部地区"两基"攻坚工作

西部地区"两基"攻坚，是一个复杂的系统工程。要根据西部地区"两基"攻坚的总体要求，进一步明确目标，落实任务，统筹规划，突出重点。

（一）分省负责，落实到县，进一步明确各级政府在实施"两基"攻坚工作中的目标和任务。

《国务院关于进一步加强农村教育工作的决定》提出，力争用五年时间完成西部地区"两基"攻坚任务。《计划》将这一目标明确规定为：到2007年，西部地区整体上实现基本普及九年义务教育和基本扫除青壮年文盲目标，"两基"人口覆盖率达到85%以上，初中毛入学率达到90%以上，扫除600万文盲，青壮年文盲率下降到5%以下。这是对西部地区提出的总体要求，也是本届政府必须实现的基本目标。这一目标充分考虑了西部各省区教育事业发展的实际和不平衡性，也体现了积极进取、实事求是的精神。

为实现这一总体目标，还需要将"两基"攻坚任务分解到地方各级政府。建立以省（自治区、直辖市）为单位的工作推进机制，并把任务具体落实到各个攻坚县。为此，《计划》除提出总体目标外，还提出了省和县两个层次的目标。

西部各省（自治区、直辖市）及新疆生产建设兵团要根据本地实际情况，分别制定和实现到2007年各自"两基"人口覆盖率的目标。各省"两基"人口覆盖率不限于85%的最低目标，而应根据本地区的实际情况，按照现有水平及各方面的条件，努力达到更高的标准，有条件的省（自治区、直辖市）要力争在2007年全面实现"两基"目标。

实施西部地区"两基"攻坚，省级人民政府要负总责，要建立健全省级人民政府及各有关部门实施"两基"攻坚的工作责任制。省级人民政府要在制定实施计划、统筹经费投入、建立保障机制、落实工作进度、帮扶贫困地区、加强监督检查等方面进行统一领导和组织协调。中央主要是对"两基"攻坚的重点项目给予支持，省级人民政府必须对本地"两基"攻坚目标的实现切实负起责任。

实施"两基"攻坚工作必须落实到县。截至2002年尚未实现"两基"的372个县，是这次"两基"攻坚的重点地区。这些县的工作努力程度和教育发展水平，直接决定着"两基"攻坚整体目标能否如期实现。《计划》明确要求，到2007年，这些县绝大部分要达到国家"两基"验收标准，极少数特别困难的县也要达到国家"普六"验收标准。国家重点支持的各项资金主要用在这些县。中央和省的各项工作要求，最终要靠县一级政府来具体落实和实施，因此各攻坚县必须更好地履行对本地教育发展规划、经费安排使用、布局结构调整、校长和教师的人事安排等方面进行统筹管理的责任。要结合中央、省级“两基”攻坚目标，制定出县域内分年度、分项目的具体发展目标。承担攻坚任务的县级政府要坚定信心，不等不靠，发动群众苦干实干，认真组织实施，把各项工作落在实处。

中部地区在“两基”工作中曾付出艰苦努力，克服重重困难，取得很大成绩。考虑到中部地区实际情况，这次中央“两基”攻坚专项资金中有一部分将要安排到中部各省，重点支持尚未“普九”的县进行攻坚，同时对部分已经“普九”但困难较大的县给予必要补助，帮助做好巩固提高工作。

（二）积极进取，实事求是，抓紧制订各地“两基”攻坚实施计划。

各地要根据国家关于西部地区“两基”攻坚的总体目标和新的要求，结合本地区经济社会发展的总体规划，抓紧调整和完善“两基”攻坚实施计划，尽快落实本省区域发展目标和实施步骤，提出相应的政策措施和工作要求。

制订实施计划要加强调查研究和科学论证，根据各地“两基”现有水平和发展目标，综合考虑各方面的资金来源以及当地经济水平、自然条件、历史文化背景等多方面因素，将项目建设与事业发展规划、学校布局调整紧密结合起来，注意从长远考虑提高实施计划的科学性和预见性，避免造成浪费。既要反对不思进取、畏惧困难、消极依赖的思想，又要反对不切实际、片面追求速度的倾向。要坚持科学民主决策，求真务实，防止主观臆断和形式主义。

各地的实施计划一定要以县为基本单位、以项目学校为基础。要按照“两基”攻坚的总体要求，统一规划，统一部署，统一要求，因地制宜，分步实施。要将省里的“两基”目标，具体分解到各个攻坚县、各个实施年度、各个项目学校，逐一落实建设内容、实施措施和资金额度，明确“两基”攻坚工作的年度要求。地（市）、县、学校也要作出具体的计划，并逐县、逐校、逐项目层层分解和落实。

制订“两基”攻坚实施计划要加强统筹协调，整体设计。要整合西部攻坚各个工程项目的建设规划，提高资金使用效益，避免重复建设。既要按照要求搞好校舍建设与硬件配置，各地又要切实保证学校的正常运转和教育质量；既要让学生“进得来”，也要让学生“留得住，学得好”。在重点做好攻坚县工作的同时，还要高度重视已经实现“两基”目标地区的巩固提高工作，确保“两基”攻坚整体目标的实现。

各省级政府要切实负起责任，抓紧做好实施计划的制订工作，加强对攻坚县计划制订的指导。今年5月1日前，国家西部地区“两基”攻坚领导小组将视各地工作情况，分别与各省签订责任书，并依此最终确定有关项目的资金分配方案。

（三）抓住关键，突出重点，推动“两基”攻坚的全面实施。

推进西部地区“两基”攻坚工作，必须抓住关键环节，突出重点领域。为了保障“两基”攻坚县扩大义务教育规模的需要，解决当前制约西部农村地区普及义务教育的“瓶颈”问题，在过去已有的工作基础上，中央和省级政府共同组织实施了“农村中小学现代远程教育工程”，并着手启动实施“农村寄宿制学校建设工程”。实施好这两项工程，对于西部地区“两基”攻坚工作至关重要。

为了切实做好寄宿制学校的新建、改扩建工作，这次会议前，教育部、发展改革委、财政部联合研究制定了《西部地区农村寄宿制学校建设工程实施方案》，明确了工程建设的目标、要求和中央专项资金的分配原则。在这次会议上，三部委还将就此与西部各省（自治区、直辖市）进行沟通。据测算，到2007年西部地区实现“两基”攻坚目标时，将在现有基础上新增130万初中生和20万小学生，其中80%左右的初中生和50%左右的小学生需要寄宿。办好寄宿制学校，是实现西部“两基”攻坚目标的一项关键性措施。实践证明，办好寄宿制学校，西部地区扩大义务教育就有了基本保证。因此，做好这项工作意义深远，责任重大。

寄宿制学校建设工程资金量大，投入相对集中，各地要以高度的责任感精心部署，认真组织实施，一定要把这件利国利民的好事办好。一要科学规划，合理布局。新建和大面积改扩建学校，要充分考虑农村城镇化建设、人口增长与流动、移民建镇等因素，要充分利用现有教育资源，并尽可能建在人口相对集中的城镇和乡镇，使之既能适应当前普及义务教育的现实需要，又能适应当地基础教育未来发展的长远需要。二要精心组织，落实责任。寄宿制学校建设工程全部由中央专项资金投入，不要求地方配套资金。但工程完成后，地方各级政府必须切实负起保证寄宿制学校正常运转的责任。三要全面指导，认真培训。要认真总结现有寄宿制学校办学经验，形成寄宿制学校建设和管理的指导性意见，对西部地区新建寄宿制学校的办学人员特别是主要负责人进行培训，确保寄宿制学校的建设和运转正常进行。各有关部门要加强对寄宿制学校安全工作的管理、检查和指导。寄宿制学校要建立健全安全管理制度，增强防范意识，切实承担起学生生命安全、饮食卫生等方面的责任。

大力推进农村中小学现代远程教育，是实施西部地区“两基”攻坚的新举措，是时代发展对普及义务教育所提出的新要求。依靠发展现代远程教育，运用信息化的手段和方式，有利于解决西部广大农村地区教育教学资源匮乏、教育质量不高的问题，可以将优质教育资源输送到边疆、山区和牧区，促进西部农村中小学师资队伍建设，提高教育教学质量。

从2003年开始，中央从本级财政和国债资金中安排了13.44亿元用于中西部农村中小学现代远程教育试点工作，采取地方负责、所需经费由中央根据不同区域经济社会发展情况予以适当补助的办法。尤其是西部试点地区以中央投入为主，地方投入为辅，中央专项资金占到了试点地区总经费的三分之二。各地要加强组织领导和部门协调，实事求是地制定试点工作方案，要确保工程建设配套资金的落实。在西部农村地区，全面探索现代远程教育的建设、应用和运行机制，尽快发挥现代远程教育在促进西部地区教育跨越式发展中的重要作用。

（四）加大投入，落实资金，建立健全“两基”攻坚的经费保障机制。

近年来，中央各有关部门采取多种措施，启动多个项目，加大了对西部义务教育的扶持力度。这次中央又拿出100亿元，作为寄宿制学校专项资金。加上已开始实施和即将实施的其他用于西部教育的项目，中央资金总计达300多亿元，充分体现了本届政府实施西部地区“两基”攻坚的决心，体现了对西部地区的关心和支持。

中央这次对西部地区“两基”攻坚的投入力度，是建国以来前所未有的。但相对“两基”攻坚的经费需求而言，仍然是不够的。因此，西部地区各级政府要切实负起责任，进一步加大投入，要按照教育经费“三个增长”和中央提出的今后新增教育经费应主要用于农村教育的要求，不断提高预算内义务教育支出占地方财政支出的比重。在政府义务教育经费方面，要防止出现中央增加投入而地方减少支出的“挤出效应”。要继续巩固和完善“以县为主”的农村义务教育管理体制，进一步规范农村中小学“保工资、保安全、保运转”的机制。

省级财政要在“两基”攻坚承担起更多的投入责任。目前还没有实现“两基”的县都是经济基础相对薄弱的县，很多县是“吃饭财政”，仅靠自身财力无法按期完成“两基”任务。因此，西部各省级政府要下大力气调整本级财政支出结构，安排“两基”攻坚专项，逐县核定并综合平衡本行政区域内各县财力，加大对财政困难县的转移支付，确保攻坚资金及时到位。地（市）级政府也要负起相应的责任，千方百计加大对攻坚县的资金扶持力度。

中央资金主要是支持学校建设，地方各级财政要切实负起确保教师工资、保障公用经费、资助家庭经济困难学生等方面的责任。在资助家庭经济困难学生方面，中央财政将进一步扩大发放免费教科书的范围，西部各级政府也要建立健全资助家庭经济困难学生的各项制度，逐步免除家庭经济困难学生的杂费，为家庭经济困难学生寄宿提供必要的生活补助。学校所在地、县、乡政府还要因地制宜地为学校开展勤工俭学活动提供条件，帮助改善学生生活。

（五）深化改革，提高质量，保质保量地完成“两基”攻坚任务。

推进西部地区“两基”攻坚，在抓好工程建设的同时，还必须注重教育质量的提高。提高西部地区教师队伍的整体素质，是“两基”攻坚工作的一项重要内容，也是西部地区义务教育事业发展的一项长期任务。要切实加强农村中小学教师的培训，在“教师网络教育联盟”中设立专门项目，不断提高教师水平。各地要结合农村寄宿制学校工程的建设，进一步调整和优化教师队伍，为项目学校配好班子，选好校长。通过采取教育对口支援、实行城镇教师乡村服务期制度、鼓励大中专毕业生和志愿者到项目学校任教等多种方式，配备和补充合格教师。项目学校不仅在硬件建设上，而且在教师队伍素质和教育质量提高上都要起到示范作用。要严格编制管理，严格教师准入制度，防止不合格人员进入教师队伍。

西部地区学校要紧密联系当地实际，因地制宜地实施素质教育，生动活泼地开展爱国主义教育、民族团结教育和国防教育，加强社会实践，重视体育、艺术教育和劳动技能教育。积极推进中小学课程和教学改革，加强新形势下农村基础教育、职业教育和成人教育的统筹。农村初中要增加职业教育的内容，农村学校应成为农村党员培训基地、农民文化和科技教育活动的基地。

（六）社会参与，对口支援，共同支持西部地区“两基”攻坚工作。

推进西部地区“两基”攻坚，必须充分发挥社会各方面的积极性。要坚持把动员全社会支援西部地区“两基”攻坚作为一项重要措施。

一是要在继续做好原有学校对口支援的基础上，启动“县对县”的教育对口支援工作。从今年开始，选择一批东部地区经济发展较快的县与西部“两基”攻坚县分别建立教育对口支援关系。西部地区各省（自治区、直辖市）也要普遍建立对本地区“两基”攻坚县的“县对县”教育对口支援关系。

二是进一步完善中央、国家机关和省级党政机关对西部地区“两基”攻坚县的教育对口帮扶制度。已经与“两基”攻坚县建立对口支援关系的，要进一步加大援助力度。还没有建立对口支援关系的，要采取资助家庭经济困难学生就学、捐赠图书和计算机等多种方式，支持西部地区“两基”攻坚。有关部门要制定具体办法，认真组织实施。

三是充分发挥各社会团体、企事业单位和个人在捐资助学中的积极性。鼓励各种助学工程在资助家庭经济困难学生就学方面发挥作用。教育部门要做好相应的协调服务工作，税收部门要制定优惠政策，鼓励社会各界以各种形式向农村义务教育捐赠。要针对西部地区“两基”攻坚专门组织一次捐资助学。

三、加强领导，求真务实，把西部地区“两基”攻坚工作落到实处

这次会议既是全面动员的会议，也是工作部署的会议，更是狠抓落实的会议。为了实施西部地区“两基”攻坚，中央投入了前所未有的巨额资金，体现了党中央、国务院对于西部地区各族人民群众的亲切关怀和对西部地区经济社会发展的高度重视。国务院各有关部门和西部地区各级政府，要从实践“三个代表”重要思想的高度，按照胡锦涛总书记关于“大力弘扬求真务实精神，大兴求真务实之风”的要求，精心部署，真抓实干，确保西部地区“两基”攻坚任务的完成。

（一）加强领导，确保“两基”目标的如期实现。

“两基”攻坚是一项关系西部地区经济社会发展全局的工作，各级政府必须把这项工作作为贯彻“三个代表”重要思想和落实科学发展观的重要任务列入政府工作的重要议事日程，认真抓紧做好。

为了完成这项重大的历史性任务，国务院专门成立了国家西部地区“两基”攻坚领导小组，组建了领导小组办公室，设在教育部。西部各级政府也要尽快建立或完善相应的组织机构，加强对本地区“两基”工作的统一领导和组织协调。

“两基”攻坚工作实行各级政府一把手负责制，政府主要领导一定要亲自抓，负总责。分管领导一定要把主要精力用到抓好“两基”攻坚工作上，要亲自深入基层调查研究，掌握实际进展情况，确保“两基”攻坚如期完成。各有关职能部门的负责同志也要建立工作联系点，实地了解“两基”攻坚工作的进展状况，帮助基层研究解决实际问题，更加有效地指导工作。对于攻坚的重点地区、困难地区，领导同志要亲自抓，重点攻坚，重点突破，推动“两基”攻坚工作的全面开展。建立健全各级政府“两基”攻坚目标责任制，根据已经确定的目标层层分解责任。

要切实加强政府的统筹领导，充分发挥各部门的积极性。教育、发展和改革、财政、西部开发办等有关部门要履行好各自的职责，在分工负责的基础上，加强协作，共同做好工作。各级教育部门要重点做好“两基”攻坚的规划工作，承担日常的协调、管理和服务工作，组织实施好本地区“两基”攻坚的具体工作；各级发展与改革部门要将“两基”攻坚纳入国民经济和社会发展的规划，安排必要的建设资金用于“两基”攻坚；各级财政部门要充分发挥公共财政的保障职能，落实各项教育投入；各级农业、科技、扶贫等部门都要从各自的工作范围为实施西部地区“两基”攻坚提供支持。

（二）加强经费管理，确保资金合理使用。

对于中央投入的西部地区“两基”攻坚专项资金，各地要像对待“八七”扶贫攻坚专项资金一样，严格加以管理。一要做到专款专用，封闭运行。防止出现“吃教育”以及“教育吃教育”的现象。严禁挤占、挪用，一经发现，要一查到底，严肃处理，决不姑息。二要坚持统一政策和统一要求。“两基”攻坚资金不分来源，都要按统一规划布局、统一建设目标、统一质量标准进行建设。所有“两基”攻坚工程都要严格按照项目管理的要求统一组织实施。三要提高资金使用效率。无论是中央专项资金，还是地方配套资金，都要厉行节约，精打细算，讲究效益，坚决反对铺张浪费。审计、财政等部门都要对“两基”攻坚项目经费进行严格审计和监督。

（三）加强项目管理，确保工程质量。

百年大计，质量第一。“两基”攻坚各项工程的质量，是政府部门必须管好的头等大事，不能有丝毫疏忽。工程建设要按照项目法人责任制、招投标制和工程监理制等建设管理的法律法规进行严格项目管理，建立质量目标责任制。杜绝工程实施中的腐败行为，绝不能出现“豆腐渣”工程。尤其是农村中小学校舍的建设要本着“牢固、实用、够用、方便学生学习和生活”的原则，使新建和改扩建后的校舍最低使用寿命必须在50年以上，坚决杜绝新建和改扩建学校出现重大安全事故和工程质量问题。

（四）加强监督检查，确保“两基”攻坚各项任务的落实。

“两基”攻坚的目标任务已经确定，关键要通过加强监督检查狠抓落实。温家宝总理要求，实施“两基”攻坚，每年都要检查一次，要保质保量地完成任务。国务院办公厅将每年组织教育、发展和改革、财政、纪检、监察、审计、建设等部门组成联合检查组，对各省（自治区、直辖市）的“两基”攻坚工作进行检查。省级人民政府也要每年组织对各县“两基”攻坚工作进行检查。国家西部地区“两基”攻坚领导小组及其办公室将视各地工作情况，开展检查，加强对攻坚工作的指导。检查结果要予以通报，并与中央专项资金的拨付挂钩。对积极进取、工作扎实、成绩显著的地方，要给予支持和奖励；对消极等待、工作不力、进展迟缓的地方，要缓拨或扣减中央资金；对挪用、挤占、套取中央专项资金的，对造成严重浪费和弄虚作假的，要停止拨付，并严肃追究有关领导和当事人的责任。

西部地区农村寄宿制学校建设工程要全部在报纸上公布，同时，从国家西部地区“两基”攻坚领导小组办公室到各级政府相应的办事机构都要公布举报电话，让全社会都来监督这项工程的实施。

（五）加强舆论宣传，形成良好的舆论环境。

各级政府要充分利用报纸、电视、广播、互联网等各种媒体，大力宣传西部地区“两基”攻坚对全面建设小康社会的重要意义，大力宣传“两基”攻坚的方针、政策和措施，动员全社会关心和支持“两基”攻坚；大力宣传西部地区“两基”攻坚中的成功经验和先进典型，特别要宣传那些长期在基层第一线艰苦奋斗，埋头苦干的优秀干部和教师的模范事迹，激发西部地区各级领导和广大干部群众振奋精神，以饱满的热情积极投入到“两基”攻坚中去，调动社会各界的力量，努力营造良好的、积极向上的社会舆论氛围。

同志们，西部地区“两基”攻坚，意义重大、影响重大、任务重大、责任重大。完成这一历史性任务，是一项泽被后世、造福子孙、非常光荣的事业，必须组织好、规划好、布局好、培训好、实施好、落实好。我们要在以胡锦涛同志为总书记的党中央领导下，牢固树立求真务实的作风，保持奋发有为的精神状态，动员一切可以动员的力量，齐心协力，扎实工作，开好局，起好步，为实现西部地区“两基”攻坚目标而努力奋斗。

用科学发展观统领教育工作全局

——在教育部2005年度工作会议上的讲话

(2004年12月19日)

周　济

一、关于2004年的教育工作

2004年，在党中央、国务院的领导下，教育系统以邓小平理论和“三个代表”重要思想为指导，围绕贯彻落实《2003－2007年教育振兴行动计划》，巩固成果，深化改革，提高质量，持续发展。年初确定的各项重点工作有序推进，同时根据形势的发展变化，适时地调整了一些工作部署，各个方面的工作都取得了较好的成绩，教育改革和发展事业取得了新的进展。

1. *重点加强农村义务教育，西部地区“两基”攻坚工作开局良好。*

——建国以来第一次全国农村教育工作会议和《国务院关于进一步加强农村教育工作的决定》，对农村教育特别是农村义务教育产生了巨大的推动作用。各级教育行政部门进一步统一思想，积极调整工作重心，坚决把农村义务教育作为整个教育工作的重中之重，作为实施新一轮教育振兴行动计划的战略重点，集中主要精力和财力，切实推进农村义务教育的各项工作。

——“农村寄宿制学校建设工程”、“农村中小学现代远程教育工程”开局良好，进展顺利。在国务院领导亲自推动下，今年2月，国务院办公厅召开了西部“两基”攻坚工作会议，国家发改委、财政部、教育部密切配合，建立健全工作机制，出台相关配套政策。与西部12个省（区、市）人民政府及新疆生产建设兵团签订了“两基”攻坚责任书，正式审定和批复了“农村寄宿制学校建设工程”的四年规划和2004年实施计划。规划共覆盖955个县，拟建设项目学校7 730所，可增加寄宿学生203万人。中央财政和国债资金今年各安排了15亿元，建设资金已经下达，工程进入实质性实施阶段。很多省没有等到这笔资金的下达，就已经先期贷款开始工作，2 364个项目学校已启动建设，可解决65万学生的寄宿条件。这些学生明年将进入崭新明亮的教室和安全舒适的宿舍学习、住宿，再也不用为上学每天翻山越岭、长途跋涉。“农村中小学现代远程教育工程”国家已投入13.64亿元，地方配套9.1亿元，在西部地区12个省（区、市）、中部6个省以及山东省和新疆生产建设兵团的一部分农村地区进行了集中连片试点，同时覆盖了中央确定的9个全国农村党员干部现代远程教育试点地（市、州）、县，试点工作十分成功。国务院办公厅已正式批复了教育部、国家发改委、财政部共同制定的总体实施方案，计划投入50个亿，工程进入全面启动和实施阶段。此外，二期“国家贫困地区义务教育工程”和“农村中小学危房改造工程”继续实施。通过重点投入，为贫困地区和少数民族地区建成了一批设施齐全的学校。大批危房得到了改造，因房屋倒塌造成学生伤亡的事故明显减少。贫困家庭学生和进城务工就业农民子女就学问题引起高度关注，“同在蓝天下，共同进步成长”正在逐步成为现实。全面推进农村中小学课程改革和教师队伍建设，努力提高农村义务教育质量和管理水平。继续贯彻《国务院关于改革和发展民族教育的决定》，推动民族地区教育的发展。教育对口支援工作取得新的进展。

——中央提出的新增教育经费主要用于农村的政策得到落实，对农村义务教育的投入大大增加。2004 年，除一般性（工资）转移支付、税费改革转移支付中用于教职工工资的资金外，中央财政安排用于农村义务教育的各类专项资金达到 100 亿元，比 2003 年的 58 亿元增长 72%。各省（区、市）也不同程度地加大了对农村义务教育的经费投入，安排了农村义务教育专款，大部分已制定了财政预算内生均公用经费的拨款标准。江西省生均公用经费拨款比去年翻了一番，明年准备再翻一番，全部由省财政承担。

——“以县为主”的管理体制不断完善，各地在实践中创造出成功的经验。农村税费改革为农村义务教育长远保障体制的建立提供了重要契机。教育部会同相关部门加大工作力度，地方各级政府积极采取措施，加快工作进度。截至目前，绝大部分省份已基本完成将农村中小学教职工工资管理和人事管理上收到县的工作。以政府为主的投入体制已基本确立，公共财政支撑农村义务教育发展的机制正在形成。到 2003 年，全国财政预算内对农村义务教育的拨款达到了1 094亿元，比 1999 年的 533 亿元增加了一倍多，占当年农村义务教育经费总投入的 80%，2004 年的情况还会更好一些。教育督导工作得到加强，推动建立对县级人民政府教育工作进行督导评估的制度，针对教育热点问题开展了专项督导。

2. *抢抓机遇，乘势而上，切实加强和改进中小学生思想道德建设和大学生思想政治教育*。

——今年上半年和下半年，中央先后颁发了两个具有重大现实意义和深远历史意义的重要文件，一个是《中共中央国务院关于加强和改进未成年人思想道德建设的若干意见》，即中央 8 号文件；一个是《中共中央国务院关于进一步加强和改进大学生思想政治教育的意见》，即中央 16 号文件。中央还召开了全国加强和改进未成年人思想道德建设工作会议。以党中央、国务院的名义颁发加强和改进未成年人思想道德建设、大学生思想政治教育的文件，在党和国家的历史上是第一次，得到了全国人民的衷心拥护和大力支持。教育系统高度重视，认真学习，及时研究贯彻落实的方案，通过召开座谈会、下发通知、举办研讨班等方式，对战线的学习贯彻工作进行了全面的部署。广大干部教师通过深入学习和开展教育思想大讨论，进一步统一了思想，提高了认识，牢固树立“育人为本、德育为首”的观念，及时调整工作部署，切实把加强和改进中小学生思想道德建设、大学生思想政治教育摆在突出位置，抢抓机遇，狠抓落实。

——充分发挥学校在未成年人思想道德建设中的主渠道、主阵地、主课堂作用。在全国广泛开展了第一个中小学弘扬和培育民族精神月活动。及时修订了中小学生守则和日常行为规范。全面实施素质教育，深化教育改革，把青少年学生思想道德建设贯穿于教育工作的全过程。深化德育课程改革，加强时事政策和法制教育、心理健康教育、青春期教育以及远离毒品教育。全面部署并加快基础教育课程改革，义务教育阶段课程改革全面展开，广东、山东、海南、宁夏四省区开展了高中教育阶段新课程实验。进一步深化评价与考试制度改革，采取有效措施切实减轻学生课业负担。中等职业学校德育工作进一步加强，颁布了德育大纲，开展了一系列很有成效的活动。加强学校体育卫生和艺术教育工作，举办了第七届全国大学生运动会和第一届全国中小学生文艺展演。

——贯彻胡锦涛等中央领导同志多次关于加强大学生思想政治教育工作的重要批示精神，会同中宣部、团中央组织开展了全国高校思想政治教育专项调研和思想政治理论课专项调研。参与中央 16 号文件的起草。认真研究贯彻落实中央 16 号文件精神的意见和措施。加强和改进高校思想政治理论课，改进教学方法，加强课程和教材建设，积极开展形势政策教育。开展邓小平同志诞辰 100 周年纪念活动。大力加强网络思想政治教育工作，开通了“中国大学生在线”网站。深入开展大中专学生暑期文化科技“三下乡”活动。积极推动校园文化建设。为了切实推进16号文件的贯彻落实，中央定于明年元月17、18日召开全国加强和改进大学生思想政治教育工作会议，专门研究讨论加强和改进大学生思想政治教育工作。我们正在会同有关部门认真地做好会议筹备的各项工作，一系列相关配套文件正在积极研究制定之中。

3. 高等教育事业健康稳步发展，高水平大学建设得到推进。

——高等教育规模继续扩大。年初计划，今年普通高校本专科招生410万人，比去年增加8%；研究生招生约32.7万人，比去年增加5.8万人。执行结果，研究生和本科层次招生把握住了年初确定的目标，但高职层次招生没有按计划控制住规模，超招了30余万人。目前全国各类高等教育在学人数超过2 000万人，高等教育毛入学率预计约19%。

——高等教育教学质量工作得到加强。启动了“高等学校教学质量与教学改革工程”；成立了高校教学质量评估中心，开始了五年一次的高校教学评估工作；以大力加强教学工作、切实提高教学质量为主题，召开了第二次全国普通高校本科教学工作会议。各地和高校出台了许多加强教学工作、提高教育质量的措施。全面实施研究生教育创新计划，提高了研究生培养质量。

——一流大学和高水平大学建设得到推进，以科技创新平台建设和哲学社会科学研究基地建设为重点，会同财政部启动了“985工程”二期建设。有关学校认真研究制订学校的“985工程”二期建设规划。继续推进“211工程”建设，“十五”期间的“211工程”建设项目可行性研究报告全部批复。

——继续深化高校管理体制、布局结构调整和高校后勤社会化等各项改革。为支持中西部高等教育快速健康发展，教育部决定与中西部地区没有直属高校的12个省（区）及新疆生产建设兵团各共建一所地方所属大学，目前与多数省（区）的共建协议已经签订。完成了军需大学等四所军队院校划转地方管理的移交工作。

——贯彻《中共中央关于进一步繁荣发展哲学社会科学的意见》，积极参与“马克思主义理论研究和建设工程”。成立了教育部社会科学委员会。切实推进哲学社会科学重点研究基地的科学研究、人才培养、咨询服务、信息资料建设和科研体制改革。在经费比较困难的情况下，投入5 000万元用于支持高校哲学社会科学研究工作。加强高校哲学社会科学研究学术规范建设，发布了建国以来第一部《高等学校哲学社会科学研究学术规范（试行）》，得到了各方面的良好评价。

——高校科技创新、高新技术产业化等工作得到推进。制定了“高等学校中长期科技发展规划纲要”。推动基础研究基地的建设与发展，推进工程研究（技术）中心建设。加强对高校承担“973”、“863”以及自然科学基金等国家重大科研项目的培育和引导，通过协调与集成，增强高校承担国家重大科研任务的竞争力。进一步加强产学研结合，推动高校科技成果转化和产业化，积极服务国家和地方的经济建设与社会发展。推进教育信息化建设，“西部大学校园计算机网络建设工程”、“中国网上教育平台试点工程”取得实质性进展，“中国网格计划”等一批重大应用与示范项目快速推进。

——高度重视高校安全，继续保持高校稳定。重视把握意识形态领域信息舆情和师生的思想动态，进一步加强网络和信息安全工作，切实加强校园和周边整治工作，及时处置各类事端，切实维护高校稳定。

4. 以就业为导向，进一步推进了职业教育的改革和发展。

——国务院成立了由教育部、国家发改委、财政部、劳动和社会保障部等7部委组成的职业教育工作部际联席会议。7部委联合召开了全国职业教育工作会议，印发了《关于进一步加强职业教育工作的若干意见》，明确了“以服务为宗旨，以就业为导向，推进职业教育改革与发展”的思路。推进实施“制造业与现代服务业技能型紧缺人才培养计划”和“农村劳动力转移培训计划”，启动职业教育实训基地建设。在成都召开了农村劳动力转移培训工作经验交流会，提出教育要全力为农村劳动力转移作贡献。在无锡召开了技能型紧缺人才培养培训现场会和第三次高等职业教育产学研经验交流会，推动加快培养生产服务一线需要的技能型人才。

——以就业为导向，面向社会和市场需求，进一步深化职业教育教学改革。推动各地和职业院校进一步加强专业建设，根据经济结构调整和市场的需要，不断调整专业结构，加快发展新兴产业和现代服务业等相关专业。加大了教学管理制度改革和试验的力度，进一步推进职业教育管理和办学体制改革。各地积极扩大各类职业教育招生规模。前几年，中职招生人数一直在下滑，从去年开始，下滑的势头得到遏制，出现上升的趋势，今年中等职业教育招生人数达到了550万人，在校生人数突破1 370万；高等职业教育在校生人数预计可达580万人，比上年增加近百万人。

5. 贯彻党的十六届四中全会精神，切实加强教育系统领导班子建设和教师队伍建设。

——会同中组部、中宣部召开了第十三次全国高校党的建设工作会议，对高校领导班子思想政治建设作了全面部署，会议取得了圆满成功，产生了积极的影响，目前各地和高校正在认真贯彻落实。努力创新高校学生党员发展工作的内容、方法和途径，积极推进“低年级有党员、高年级有党支部”的“支部建在班上”的学生党建工作新格局。

——切实加强人才队伍建设。贯彻落实全国人才工作会议精神，以人才工作为主题召开了教育部直属高校第十四次咨询工作会。大力推进“人才强校”战略，进一步发挥高校培养和集聚人才的重要作用。启动实施“高层次创造性人才计划”，结合创新团队建设，加强高层次拔尖人才的培养。积极做好引进海外杰出人才的工作。

——教师队伍建设得到加强。围绕庆祝第20个教师节，组织开展了一系列活动。胡锦涛等党和国家领导人9月10日在人民大会堂亲切会见了出席庆祝第20个教师节暨全国优秀教师表彰大会的代表。大力加强教师职业道德建设，举办以“光荣的人民教师”为主题的师德论坛，组织开展了全国优秀教师师德巡回报告团活动。深化教师人事制度改革，积极推进教师教育创新和教师队伍建设，大力推进“全国教师教育网络联盟计划”。

6. 以人为本，认真解决人民群众关注的难点问题。

——高度重视并切实做好高校毕业生就业工作。认真落实国务院关于高校毕业生就业工作的各项政策措施，有关部门、各地方和高校共同努力，今年全国高校毕业生就业工作进展顺利。在毕业生总量比去年增加68万、社会需求没有明显增加的情况下，到9月初，全国普通高校毕业生平均就业率达到73%，比上年同期提高3个百分点；实现就业人数204万，比去年同期增加56万人，圆满完成了国务院年初确定的目标任务。高校毕业生就业工作的政策框架和制度体系进一步建立和完善。为及早安排明年的工作，会同人事部、劳动保障部，代表高校毕业生就业工作部际联席会议十个部门，召开了2005年全国普通高校毕业生就业工作会议，对相关工作进行了部署。中等职业学校毕业生保持较高的就业率，为下一阶段中等职业教育的发展奠定了良好基础。

——高度重视并努力解决贫困家庭学生的学习和生活问题。贯彻国务院召开的全国高校贫困家庭学生资助工作电视电话会议的要求，进一步加大了资助工作力度。会同财政部、人民银行、银监会，对国家助学贷款的有关政策和实施机制作出了重大调整，有关工作正在逐步推进。为品学兼优的贫困家庭学生发放国家奖学金，研究提出了关于建立国家助学奖学金的方案。大多数高校都按要求，提取了学费收入的10%用于对贫困家庭学生进行资助。义务教育方面，今年秋季，中央财政在原来已经安排3亿元的基础上又新增8.7亿元资金，提前三年使中西部地区所有2 400万贫困家庭学生获得免费教科书。从明年起，中央财政将每年投入20亿元以上为贫困家庭学生提供免费教科书。地方各级政府也根据实际情况采取多种途径和措施，对贫困家庭学生实行“两免一补”。

——大力开展中小学和幼儿园安全整治工作。会同公安部联合召开全国中小学和幼儿园安全工作电视电话会议，部署开展中小学和幼儿园安全专项整治行动，集中整治了校园周边环境，排查了校园内的各种安全隐患。

——全面推行“一费制”，认真治理教育乱收费和查处招生违纪行为。截至目前，全国已有30个省份在义务教育阶段学校推行了“一费制”收费办法，进一步规范了教育收费，切实减轻了农民的经济负担。进一步实行公办普通高中招收择校生的“三限”政策。严格规范高校收费行为。对招生、考试等工作中出现的违规违纪行为进行了严肃查处。

一年以来，我们在抓好以上重点工作的同时，还全面推进了教育改革发展的各项工作。

——依法治教、依法行政工作得到推进。《〈民办教育促进法〉实施条例》、《〈中外合作办学条例〉实施细则》发布实施。按照“五修四立”的立法规划，已将修改后的《义务教育法》送审稿报送国务院；《学位法》、《教育法》、《教师法》的起草和修订工作正在进行之中。抓住作为《行政许可法》试点单位的契机，加大行政审批制度改革力度，进一步减少行政许可项目数量，努力提高依法行政意识和水平，全面推进依法行政。

——民办教育进一步发展。积极宣传贯彻《民办教育促进法》及其实施条例，多渠道、多形式吸引社会资源和资金，民办教育持续发展。目前全国共有各级各类民办学校（教育机构）7万余所，在校生1 400多万人，另有培训机构1万多个。按照“积极发展、规范管理、改革创新”的方针，加强了对独立学院的规范和管理。2004年全国普通高校试办的独立学院已达249所，在校生人数约68万人，成为我国民办高等教育的重要资源。

——语言文字工作得到加强。推进语言文字的规范和管理工作，推动城市语言文字工作评估，加强语言文字规范标准建设，重视语言基础资源的建设，组织、指导、协调第七届推广普通话宣传周活动。

——教育国际交流与合作取得新的成果。在双边和多边教育合作与交流的框架下，积极推动教育合作与交流的全面发展，进一步推动建立和完善我国与有关国家教育高层的交流及工作磋商机制。积极引进欧洲国家优质教育资源，促进我国高校与欧洲强校在职业教育、海洋研究等领域的合作与交流。参与承办的第28届世界遗产委员会会议获得圆满成功，在世界文化遗产申报工作中取得重大胜利。“汉语桥工程”已获国务院批准。孔子学院建设取得实质性进展，11月21日，中国第一所海外孔子学院在韩国汉城举行挂牌仪式。积极组织出国留学人员通过多种方式为国家做贡献。完善来华留学工作制度，优化来华留学环境。以留学中介治理为突破口，继续加强教育涉外监管。进一步研究和加强了与港澳台地区的教育合作与交流。举办第二届中外大学校长论坛、中日著名大学校长论坛。

——积极推动学习型机关建设，切实转变工作作风。兴学习之风、调研之风、实干之风，鼓实劲、求实效，不务虚名、不务虚功。进一步推进了教育政务信息化，切实做好政务公开工作，推动机关工作职能、工作方式、工作作风的转变。加大新闻宣传的力度，努力为教育改革和发展营造良好氛围。

——以科学发展观为指导，进一步谋划发展、规划未来。开始教育事业“十一五”规划的编制工作。研究制订教育支持西部及东北等老工业基地振兴的政策措施。着手《2020年中国教育发展纲要》的制订，研究从现在起到2020年我国教育事业改革和发展的目标、任务和战略措施。

教育改革和发展事业成就的取得，是党中央、国务院正确领导的结果，是教育系统广大师生员工克服重重困难，扎实工作、奋发进取、不懈努力的结果。今天在座的同志们为我国教育改革和发展事业辛勤工作，付出了心血，作出了贡献。借此机会，我代表教育部党组向你们，并通过你们向全国广大的教育工作者表示衷心的感谢和诚挚的问候。

在充分肯定成绩的同时，我们也要清醒地看到当前教育工作存在的许多困难、问题和挑战。就教育自身而言，教育发展的总体水平与现代化建设和人民群众的需求仍然有很大差距；区域、城乡、各类教育之间发展不平衡的问题仍然非常突出；教育观念转变、体制改革、结构调整、质量提高的任务仍然十分繁重。就教育发展的外部条件和环境而言，教育投入与教育发展的客观需要相比仍然严重不足，财政性教育经费占国内生产总值的比重亟待提高；校园安全问题十分突出；教育的舆论环境有待进一步改善，等等。

二、以科学发展观统领教育工作全局

科学发展观是我们党以邓小平理论和“三个代表”重要思想为指导，对长期发展实践的经验总结和理论升华，是全面建设小康社会和推进现代化建设始终要坚持的重要指导思想。我们要按照中央的要求，全面准确地把握科学发展观的内涵，以科学发展观统领教育工作全局，坚决贯彻“巩固、深化、提高、发展”的方针，使科学发展观落实到教育改革和发展的各个方面。

1. 坚持教育工作的“八字方针”，全面落实科学发展观。

第一，紧紧抓住新的发展机遇。

21世纪前二十年是我们国家加快社会主义现代化建设进程的重要战略机遇期。一个国家的发展道路是漫长的，但紧要处往往只有几步。今后二十年就是这样的一个关键的机遇期。如果能在连续二十多年高速增长的基础上，再保持二十年的增长，这将是在世界上少有先例的，将为中华民族的伟大复兴打下坚实的基础。那么，靠什么来再干一个二十年？根本的一条，就是要坚定不移地树立和落实科学发展观，以人为本，实现全面协调可持续发展。

全面落实科学发展观，必须坚定不移地实施科教兴国战略和人才强国战略，切实把科教兴国和人才强国摆在更加突出的战略位置。教育要抓住机遇，乘势而上，在贯彻和服务于全面落实科学发展观的过程中实现更大更好的发展。

加快经济增长方式的转变，更加紧迫地要求增强教育优先发展的战略地位。一方面，在我国经济快速发展的同时，人口、资源、环境的承载力趋向极限。面对这一挑战，只有走新型工业化道路，走出一条科技含量高、经济效益好、资源消耗低、环境污染少、人力资源优势得到充分发挥的发展新路子。另一方面，加入世界贸易组织三年来，我国国民经济快速发展，对外贸易高速增长，但在日趋激烈的国际竞争中，科技创新能力弱、缺乏自主知识产权、创造性人才匮乏已经成为突出的薄弱环节。去年以来，经济发展和宏观调控的现实，使我们更加清醒地认识到，加快经济增长方式的转变迫在眉睫。中央提出了经济结构调整、实现贸易增长方式的转变、发展循环经济、建设节约型社会等重大战略举措。这些战略举措，从根本上来讲，都要求尽快地把经济增长方式转移到依靠科技进步和提高劳动者素质上来。

推进经济社会全面协调可持续发展，必须依赖人才这个根本和教育这个基础。物质文明、政治文明和精神文明的共同进步，经济社会的协调发展，基础是人的全面发展，是人民群众的思想道德素质、科学文化素质和劳动技能水平的全面发展。教育是经济社会协调发展和建设社会主义和谐社会的基础工程，作为一个有13亿人口的发展中国家，无论是经济增长方式的转变，还是经济社会的协调发展，关键是要提高整个中华民族的素质，这是我们的基本国情决定的。13亿人口，如果素质很低，那是沉重的人口负担；素质较高，那就是丰富的人才资源。从沉重的人口负担到巨大的人力财富，有一个矛盾转化的条件，就是教育。

落实科学发展观，是教育改革与发展一次新的历史机遇。抢抓机遇，乘势而上，这是我们的一个重要经验。我们一定要从科学发展观的战略高度，来认识当前的形势和机遇。而要紧紧抓住这个新的历史机遇，教育系统的全体同志一定要学习科学发展观、运用科学发展观、落实科学发展观。同时，要坚持以服务求支持、以贡献求发展，按照全党全社会落实科学发展观的要求，更加主动地促进教育更好地为现代化建设服务，推动教育与科技创新和经济发展，与文化繁荣和社会进步的紧密结合。

第二，深刻认识大好发展形势。

经过多年的努力，经过世纪之交的历史性跨越，中国教育事业已经站在一个崭新的发展起点上，在现代化建设中的地位和作用得到了空前提高。我们的人均受教育年限达到了8年左右，在近94%的人口地区普及了九年义务教育，高等教育在保持质量的基础上规模达到世界第一。在过去短短的六年当中，高等教育规模翻了两番，科研经费是过去的五倍，但是投入和教师人数并没有很大的增加。可以说，我们用较少的投入办了规模最大、质量较高的教育，取得了跨越式的发展。世界各国都感受到了中国教育的迅速崛起，认为在这么短的时间内，发展实现巨大的跨越，改革取得重大的进展，是非常了不起的成就。近年以来，我们在农村教育、德育工作等方面又取得了新的突破。

这些成就的取得，是由于我们在党中央、国务院的领导下始终不渝地抓住机遇加快发展；是教育系统干部职工艰苦奋斗和全国人民倾力支持的结晶。这些成就的取得，为未来中国现代化建设的突飞猛进奠定了坚实基础。当今世界，国际竞争日趋激烈，最终的竞争还是人才的竞争。放眼未来现代化建设的十几年直至更长的一个时期，我们就能够更加清楚地看到，今天我国教育所取得的伟大的历史性跨越，将能为中华民族的伟大复兴发挥怎样巨大的效益，这是中华民族复兴史上的奠基工程，将会极大提高我国的人才素质与国际竞争力。我们作为这一不平凡历程的亲历者、实践者，完全可以为此而感到十分自豪。我们要把这些向媒体解释、向社会宣传，这是教育的主流，成绩非常巨大，而且影响极其深远。站在科学发展观的战略高度，我们可以更加深刻地认识大好的发展形势，更加深刻地总结宝贵的历史经验，更加深刻地分析严峻的挑战、问题和困难。

教育发展面临着严峻挑战、困难和问题。从教育外部来看，突出表现在科教兴国战略还没有得到根本落实，特别是一些地方还没有真正树立起科学发展观和正确的政绩观，教育实际上没有放在优先发展的战略地位，教育的投入总是不能到位。从内部来看，前一个时期教育的大发展、大改革，不可避免会使旧的矛盾进一步激化、新的问题不断产生。教育事业在短时间内实现如此巨大的历史性跨越，一定会伴随很多问题，特别是一些深层次的矛盾会逐步暴露出来。这是符合历史唯物论的。从未来的发展看，教育还要面对严峻的挑战，必须进一步改革教育观念、教育体制、教育结构和人才培养模式，才能适应全面落实科学发展观的要求，支持经济增长方式的转变和经济社会全面协调可持续发展。因此，一方面，我们要增强发展的信心、抓住发展的机遇；另一方面，我们也要认真思考，在新的历史条件下如何更好地实现教育的全面发展、协调发展、可持续发展。这就要更加坚定信心，坚决贯彻教育工作的“八字方针”。

第三，坚定不移地贯彻“巩固、深化、提高、发展”的方针。

科学发展观是发展的辩证法。我们要坚持发展这个主题。同时，要用更大的精力来思考如何以科学发展观为指导，从实际出发，实现教育事业的科学发展。三年前，教育部党组就提出了“巩固、深化、提高、发展”的“八字方针”，并且写进新的行动计划。实践证明，这是符合科学发展观要求的，必须加以贯彻和落实。

“巩固、深化、提高、发展”的方针，是教育系统全面落实科学发展观的教育工作指导方针。一是持续发展，坚持发展是硬道理，聚精会神搞建设，一心一意谋发展；二是提高质量，坚决把工作重点转移到提高教育质量上来；三是巩固成果、深化改革，不断提高教育体制的生机活力；四是从严治教、强化管理，保证教育事业的健康发展。这四个方面，归结起来，就是要以人为本，促进教育事业全面协调可持续发展。我们一定要把指导教育工作的思路，统一到这个方针上来，把握好教育改革与发展的节奏，调整好教育工作的战略重点，促进好教育与经济社会科技的紧密结合。这实际上也是加强和改进教育领域宏观调控的方针。

2. 坚持教育工作的“两个为本”，办好让人民满意的教育。

以人为本、促进人的全面发展是科学发展观的本质和核心，是教育工作全面落实科学发展观的核心任务。教育以育人为本，以学生为主体；办学以人才为本，以教师为主体。我们要在教育工作的每一个环节贯彻以人为本的方针，办好让人民满意的教育。

第一，教育以育人为本，以学生为主体。

促进人的全面发展，必须全面贯彻教育方针，全面推进素质教育。要坚持育人为本。育人为本就是要以培养人才作为学校的根本任务，以学生为主体，促进学生的全面发展。要坚持一切为了学生的发展，一切为了学生的成人成才，一切都着眼于调动和依靠学生内在的积极性。要围绕育人目标，培养有理想、有道德、有文化、有纪律的全面发展的社会主义事业的建设者和接班人。这是中国特色社会主义事业兴旺发达、后继有人和实现中华民族的伟大复兴的根本所在。各项教育工作都要始终围绕育人这个中心，教师要热爱学生、无私奉献，学校党政部门要增强为教师和学生服务的意识，教育行政部门要增强为学校、为基层服务的意识。

要坚持德育为首。今年，中共中央、国务院相继颁发了德育的两个文件，召开了未成年人思想道德建设工作会议，2005年初还将召开全国大学生思想政治教育工作会议。中央从农村教育和德育工作入手推动教育事业的发展，充分体现了科学发展观的思想，既高明又富有远见。德育工作关系社会主义的前途命运，关系党的执政基础的巩固，关系社会主义和谐社会的建设。我们要以高度的责任感和使命感，充分认识新形势下进一步加强和改进德育的重要性、紧迫性，增强德育工作的自觉性、坚定性。

要促进学生全面发展。今天，世界各国都面临着一个艰巨的挑战，就是培养的人如何能真正适应21世纪的要求。要回应这一历史性的挑战，必须高举全面推进素质教育的旗帜，使德智体美等方面有机统一在教育的各个环节，使学生生动活泼积极主动地发展，强化创新精神和实践能力的培养，实现受教育者德智体美诸方面的全面发展。

落实育人为本、德育为首、全面发展的要求，必须努力营造有利于青少年儿童健康成长的良好环境。要通过各个部门的通力协作和全社会的共同努力，为学生营造一个安全的环境，一个健康的环境，一个发展的环境。生命不保，何谈教育？安全第一，健康第一，责任重于泰山。要切实改进学校管理，加强学校校园安全工作，推动各部门、社会各方面和学生家庭的共同努力，营造学生健康发展的环境。

第二，办学以人才为本，以教师为主体。

教育大计，教师为本，办学要以教师为主体。教育质量的高低乃至整个教育事业的成败，从根本上讲，都取决于教师队伍的素质。人才是第一资源，这个论断在教育系统体现得最为明显，最为彻底。我们必须全心全意依靠人民教师这支队伍，必须坚定不移建设人民教师这支队伍。

建设一支高素质教师队伍，集聚一批高素质创造性人才，是当前乃至于永恒的一项根本性任务。教师队伍建设要以提高教师素质为中心，高度重视加强师德教育和不断提高教师的地位待遇。经过多年的努力，应该说，教师的社会地位和待遇都已经有了很大的提高，教师正在成为令人羡慕的职业。在教师队伍中涌现出大批优秀人才，许多模范教师的事迹十分感人。这是一支党和人民可以信赖的队伍，是将教育事业不断推向前进的可靠力量。在新的形势下，一定要进一步倡导尊师重教的风尚，维护好教师的形象、教育的形象。同时，继续提高教师的待遇和社会地位，特别是要切实保障农村中小学教师的工资。

要依靠改革调动教师的内在积极性，大力实施人才强校战略。要不断推进教育人事制度改革，进一步明确教师的主体地位，完善用人的激励机制和约束机制；不断推进学术自由，鼓励学术创新，深化教学改革；改革和完善教师教育体系，进一步提高教师的素质和能力；采取超常规措施培养高层次人才，加大吸引优秀海外留学人才、引进国外智力资源的步伐。总之，要在教育系统内率先营造有利于人才辈出、人尽其才的用人环境。

第三，努力办好让人民满意的教育。

教育部党组提出，要办好让人民满意的教育。这是“三个代表”重要思想的根本体现，也是落实以人为本的科学发展观的必然要求。教育系统要按照十六届三中、四中全会的要求，不断提高领导教育改革与发展的能力，使教育事业的发展惠及更广大的人民群众。

办好让人民满意的教育，必须努力地引导和满足新时期人民群众对教育的需求。社会对劳动者素质的要求不断提高，就业竞争日趋激烈，独生和少生子女时代的到来，使教育成为关系群众利益的头等大事。一方面，我们要始终把人民群众对教育的需求看作是推动教育发展的重要动力。有学上、有好学上就是最大的满意，我们要千方百计地满足人民群众的要求。另一方面，由于资源是有限的，满意也只能是相对的。教育的发展不能只凭主观愿望，脱离客观现实。我们要从社会主义初级阶段的实际出发，根据现实的情况，科学地配置教育资源，引导群众更好地认识教育的国情和社会的现实需求，把群众的需要与教育的实际供给能力有机统一起来。

办好让人民满意的教育，要努力促进教育的公平公正。中央反复强调，要坚持以人为本，做好关系人民群众利益的各项工作，努力构建社会主义和谐社会；要加快社会事业发展，维护群众利益，促进社会公平。教育公平是社会公平的起点和核心环节，胡锦涛总书记、温家宝总理多次强调，没有教育机会的均等，就谈不上社会公平。要构建社会主义和谐社会，教育公平问题就更加重要，更为人民群众所关注。促进教育的公平公正，要始终作为我们努力和奋斗的方向。当前比较突出的，是要解决好困难群众的教育问题。中央把加强农村教育放在这么突出的地位，下了这么大的决心为农村家庭贫困学生提供免费教科书，花了这么大的力气推进对高等教育贫困家庭学生的资助体系建设，这么关注进城务工农民子女义务教育，都是从落实科学发展观和坚持教育的社会主义本质的高度出发，促进教育公平的重要举措。

3. 坚持教育工作的“四个统筹”，促进教育事业全面协调可持续发展。

落实科学发展观，要按照教育发展规律的要求，切实加强和改进教育领域的宏观管理和调控，促进教育事业全面协调可持续发展。要努力统筹好四个方面的关系。

第一，统筹教育规模、质量、结构、效益的协调发展。

教育的科学发展，必须是规模、质量、结构和效益辩证统一的发展。这四者的统一，是有条件的。又要马儿跑、又要马儿不吃草，是不现实的，也是不科学的，要通过我们的工作，创造条件做到这四者的辩证统一。当然，这个统一，决不意味着四个方面齐步走、平均用力，而要在不同发展阶段，研究主要矛盾和矛盾的主要方面，解决主要问题，以一个方面的突破带动其他方面的进步。也就是说，在不同的发展时期，根据教育发展的实际情况，要有不同的战略重点。我们要在前一个时期规模快速发展的基础上，将工作重心转移到更加注重提高质量上来。全国教育系统的同志们要学习和贯彻科学发展观，提高认识，统一思想，坚决实现工作重点的转移。

要科学地、辩证地认识教育发展中数量和质量的关系。数量和质量始终是一对矛盾，它们是互相对立的，但它们也是互相依存的。一方面，没有一定的数量，就没有基本的质量；另一方面，没有质量的数量，本质上是没有意义的。所以，人们一直都在追求数量和质量的辩证统一。扩大规模是发展，提高质量也是发展，是一个问题的两个方面，缺一不可。要从根本上满足现代化建设需要，满足人民群众的强烈需求，教育规模还要进一步发展，但同时也要求是一个高质量的发展。今后一个时期，提高质量成为了工作的重心。这个工作重心的转移，既是时代的必然要求，也是教育发展的内在需要，是我们贯彻落实科学发展观的必然选择。工作重点的转移不是否定前一阶段的工作重点，前一阶段的工作重点是正确的，如果没有过去几年跨越式的规模发展，就没有今天的大好形势，也没有今后良好的发展基础。

要把提高高等教育质量摆在突出的战略位置。在这个问题上，我们要牢固树立四个基本认识。第一，必须充分肯定前一阶段高等教育规模发展的巨大成就，必须正视问题、解决问题，但决不能因为问题的存在而一叶障目、不见泰山；第二，今后高等教育的规模还要持续发展，但是要把握好发展的节奏；第三，在过去六年快速发展的过程中，高等教育的办学质量总体上是好的，是有保证的；第四，在经过连续多年的大发展后，影响高等教育质量的一些深层次矛盾正在逐步激化，而经济增长方式的转变和国际竞争的需要又十分紧迫地要求我们提高人才培养质量。这就要求我们必须实现这样一个工作重点的转移。在最近召开的第二次全国普通高等学校本科教学工作会议上，大家对提高质量的重要性取得了共识。从 2005 年开始，各地必须严格做到按计划招生，尤其是要坚决控制住专科层次的招生规模。不顾办学条件、师资力量和社会需求的过快发展，是不可持续的，是与科学发展观背道而驰的。在这个问题上是不是坚决，就看我们是不是真心实意地落实科学发展观。中央和省两级教育行政部门要采取有力措施，把好招生计划、教育投入两个重要关口，形成高等教育科学发展的良性机制。

切实提高基础教育和职业教育的质量。当前，基础教育特别是义务教育面临艰巨的巩固提高任务。一些地方和学校，对实施素质教育的认识不到位、措施不坚决，对改造薄弱学校决心不够、力度不大，影响到基础教育整体水平的提高。前几年，普通高中的规模扩张很快，现在更要集中精力来抓质量、抓管理。提高职业教育的质量，关键是职业学校要坚决做到以就业为导向进行培养模式、学制、课程、教材和教学方法的改革，把用人单位满意不满意、学生满意不满意、学生家庭满意不满意作为衡量质量的最终标准。

第二，统筹各级各类教育的协调发展。

加快构建中国特色社会主义现代化教育体系，必须把握好各级各类教育的发展重点、节奏。教育事业的全面健康发展，既要促进基础教育、职业教育、高等教育和继续教育的协调发展，又要促进各类教育内部的协调发展；既要根据发展阶段的不同突出战略重点，又要兼顾全面带动整个教育事业的发展。当前，要着力巩固九年义务教育，加强中等职业教育等薄弱环节，稳步发展高中教育和高等教育，重视幼儿教育和特殊教育，不断完善和加强国民教育体系。同时，大力发展继续教育，为全体社会成员创造更多终身学习的机会。加快发展民办教育，尽快形成以政府办学为主体，公办学校和民办学校共同发展的新格局。

要正确处理普通教育和职业教育的关系，尤其是高中阶段普通高中和中等职业学校的关系。普通教育是提高民族科学文化素质的基础，但是，要培养数以亿计的高素质劳动者和数以千万计的高技能专门人才，必须强化职业教育和培训。只有普通教育和职业教育相互协调、相互配合，才能构成完整的教育体系，才能进一步转化为现实生产力。纵观社会发展的趋势，工业化、城镇化程度越高，对职业教育的需求越是迫切。在近几年农村劳动力转移中，已经出现了从过去“读完初中，出外打工”向“要打工、读职中”转变的趋势。随着九年义务教育的普及，高中阶段教育还要有大的发展，其中，处理好中等职业教育与普通高中教育的关系至关重要。2004年中等职业学校招生虽然保持增长的势头，但无论是与普通高中招生人数相比，还是同实际的社会需求相比，仍然是需要大力加强、加快发展的方面。即使到2020年，高等教育的毛入学率达到40％左右，仍有60％以上的学生需要接受中等职业教育和培训，中职教育规模必须在今后几年内成百万地加快发展。当前，要把加快发展中等职业教育作为教育规模发展的重点，这是高中阶段教育协调发展直至整个中等教育与高等教育协调发展的关键所在。

要正确处理基础教育和高等教育发展的关系。基础教育是国民教育的基石，也是高等教育发展的基础；高等教育是整个教育的火车头，它与基础教育的协调发展，对巩固提高基础教育也是至关重要的。一方面，我们要始终把办好义务教育作为首要的教育责任，忽略了基础教育特别是义务教育，不可能把整个教育搞上去，不可能支持国家长期快速发展；另一方面，在经济全球化和知识经济时代，高等教育居于越来越重要的地位，对经济社会的发展具有决定性的推动作用。

在高等教育发展中，又要处理好高水平大学建设和整个高等教育的关系。中央提出重点建设若干所世界一流大学和一批高水平大学，这是关系国家整体利益和21世纪中华民族前途命运的重大决策。高水平大学是培养高层次拔尖创新人才的主要基地，是科技创新的生力军，也是哲学社会科学研究的重要方面军，在国家创新体系和现代化建设中的作用越来越突出。在世界科技、经济竞争的大格局中，我们必须适当集中资源，建设这样一支国家队；同时，通过重点突破带动全局发展，形成“一马当先、万马奔腾”的高等教育发展格局。

第三，统筹城乡教育和区域教育的协调发展。

统筹城乡教育。一是要坚持农村教育重中之重的地位不动摇，这是教育系统落实科学发展观的根本措施。胡锦涛同志指出，在工业化初期，农业支持工业，是一个普遍的趋向；在工业化达到相当程度后，工业反哺农业、城市支持农村，也是一个普遍的趋向。我国农村教育本来就比较薄弱，在推进农村教育税费改革中，一些长期积累的矛盾和问题暴露出来了。只有长期地坚持加强农村教育，才能实现城乡教育的协调发展，也才能为从根本上解决“三农”问题作出贡献。二是要促进城乡教育发展和城镇化进程协调。加强农村教育决不是割裂城乡教育，而是要努力在城镇化进程中，把城市和农村教育的发展规划、学校建设、教师配置统筹起来。三是要切实保障进城农民工子女教育权，同时关心好农村“留守子女”，这也是统筹城乡教育的重要内容。

统筹区域教育。根据国家的区域发展战略，要重点加快西部地区“两基”攻坚步伐，落实教育支持西部大开发的各项政策。同时，积极推动东北等老工业基地的教育振兴，促进中部教育崛起，加快东部发达地区率先实现教育现代化的步伐。要切实加强对中西部地区教育的支持，教育部和西部每个省区重点共建一所大学；支持每一个地级市建设一所高职院校；大力推进东部对西部、城市对农村的教育对口支援以及职业教育的对口协作，努力缩短东、中、西部的教育差距。

促进区域内部教育的均衡发展。首先是基础教育特别是义务教育的均衡发展。在普及义务教育初期，集中力量建设一批重点学校，有利于快出人才、出好人才。现在，工作重点要有一个转移，就是要大力改造薄弱学校，促进义务教育均衡发展。按照国务院领导同志指示精神，教育部决定从明年开始实施薄弱学校改造工程，有利于为人民群众提供公平的义务教育机会，也有利于逐步解决义务教育阶段的择校问题。区域特别是城市内部教育的均衡发展水平，今后应当成为衡量教育工作成效和教育现代化水平的关键指标。

第四，统筹教育事业的改革、发展和稳定。

改革是教育发展的根本动力。我们仍然并且将长期处在社会主义初级阶段，教育发展的资源有限，必须坚定不移地依靠深化改革，加强管理。2005年，我们即将迎来《中共中央关于教育体制改革的决定》颁布二十周年。教育改革走过了波澜壮阔的二十年，其中的基本经验，就是坚持解放思想、实事求是、与时俱进，不断推进教育的改革创新，尊重群众的首创精神。高等教育的跨越式发展是以高等教育管理体制、布局结构和后勤社会化改革为动力的。要切实巩固前一个时期改革的成果，同时，根据国家经济、科技和政治体制改革的要求深化教育改革，把农村教育改革、教育教学改革、人事制度改革、民办教育发展作为当前改革的突出重点。

坚持从严治教，促进教育事业规范发展。发展需要规范，规范为了发展。前一个时期，对规范独立学院、治理教育乱收费、加强留学中介的监管等，曾经存在这样那样的争议，现在看来，这些举措都促进了教育事业的健康发展。今后，我们还要不断地加大从严治教的力度，采取强有力的措施，规范网络学院、异地办学、专升本等办学行为；要加强教育行业党风廉政建设，坚决治理行业不正之风；要大力加强学校领导的治校能力，提高各级各类学校的管理水平。

要始终把维护教育稳定摆在重要位置。稳定压倒一切，教育系统稳定工作的任务尤其繁重。随着改革的深化，会更多地触及到各方利益结构的调整，这就要求我们在教育工作中进一步把握好改革的力度、发展的速度和群众可承受的程度之间的关系。十几年来，教育稳定为社会稳定作出了巨大的贡献，得到中央的充分肯定。当前，对教育领域仍然潜伏着一些突出的矛盾和问题，我们必须认真关注、及时化解。我们要进一步落实稳定工作责任制，各级领导干部亲自抓，要建立维护稳定的长效机制，加快完善应对突发事件的应急处置机制，把教育稳定工作做好，让党和人民放心。

三、关于2005年教育重点工作

2005年的教育工作指导思想是：以邓小平理论和“三个代表”重要思想为指导，深入学习贯彻党的十六大和十六届三中、四中全会精神，牢固树立和全面落实科学发展观，坚持“巩固、深化、提高、发展”的方针，推进《2003－2007年教育振兴行动计划》的实施，促进各级各类教育全面、协调、可持续发展，努力办好让人民满意的教育。

《教育部2005年工作要点》（讨论稿），已征求过各省（区、市）教育行政部门的意见，在这次会上继续征求大家的意见。教育工作千头万绪，各项工作都很重要，都要认真抓好。下面，我讲八个方面的重点工作：

第一，认真学习贯彻党的十六届四中全会精神。

大力加强执政能力建设，是关系中国特色社会主义事业兴衰成败、关系中华民族前途命运、关系党的生死存亡和国家长治久安的重大战略课题，是执政党的一项根本建设。教育系统学习贯彻党的十六届四中全会精神，必须大力推进“三个代表”重要思想和科学发展观的学习，开展保持党员先进性教育，切实提高各级领导班子领导教育改革与发展的能力。主要是做好两个方面的工作：

一是以科学发展观为指导，研究制定《2020年中国教育发展纲要》。《纲要》将全面规划从现在起到2020年教育事业发展，勾画中国特色社会主义现代化教育体系蓝图。这项工作已经从2004年开始启动，务必在2005年内完成。在此基础上，筹备召开第四次全国教育工作会议。要通过多种形式，动员教育系统和社会各界积极参与《纲要》的制定，使制定《纲要》成为落实科学发展观和谋划教育改革发展的过程。抓紧完成全国教育事业发展“十一五”规划编制工作，明确今后五年教育改革和发展的基本思路和政策措施。

二是坚持科学执政、民主执政、依法执政，切实加强教育系统各级领导班子的能力建设。要贯彻落实国务院《全面推进依法行政实施纲要》，大力推动决策民主化、科学化，切实提高领导教育、管理教育的能力。要加快推进教育法治建设，努力推动修订后的《义务教育法》等尽快出台，全面推进依法治校工作。要认真贯彻第十三次全国高校党建工作会议精神，切实加强高等学校领导班子思想政治建设，贯彻民主集中制，完善党委领导下的校长负责制，为高等教育的健康发展提供强有力的组织保证。

第二，坚持“育人为本、德育为首”，全面推进素质教育。

加强和改进中小学思想道德建设和大学生思想政治教育，是2005年教育工作的重点。要加快建立和完善大中小学相衔接的德育工作体系和学校、家庭、社会相配合的德育工作机制，更加全面深入地推进素质教育。

首先，要把中央8号文件、16号文件切实落到实处。教育系统要进一步统一思想，继续组织学好文件精神，落实配套措施。要总结好第一线的成功经验，进一步研究加强和改进德育工作的实招、高招和硬招。要在制度建设上真正做到“德育为首”的四个落实：一是在教育行政部门议事日程中落实，每年必议德育工作，首议德育工作，及时解决德育工作中遇到的困难，各级领导干部要深入学生中间，带头做好德育工作。二是在学校各项工作中落实，党政一把手要把更多的精力投入德育工作，完善德育工作机制，落实德育工作队伍，保证德育工作经费。三是在教师队伍中落实，使做好德育工作成为全体教师的自觉行动。我要强调指出的是，要加强中小学班主任和高校辅导员队伍建设，建立规范的管理制度和有效的激励机制。四是在课程和教材建设中落实，集中力量编写好一批高质量的思想政治课教材。

同时，要继续推进素质教育，着力推进基础教育新课程的实施。目前，新课程已在义务教育阶段开始全面推行，一批富有时代气息的新教材相继面世，标志着素质教育的实施进入了一个新阶段。今后，我们还要不断扩大成果，在政策和经费两方面保障新课程的推进，并稳步推进高中课程改革实验。要认真研究新旧课程的平稳过渡以及新课程与中考和高考的衔接。为更好地推进基础教育教学改革，教育部将设立全国基础教育教学指导委员会。教材工作要坚持质量第一的原则，同时，要严格控制价格并配套开发教学资源。改进和完善教材编写、审定和选用制度。要切实做好中小学生“减负”工作，防止片面追求升学率的一些做法回潮。坚持健康第一的方针，全面推进以“每天锻炼一小时”为内容的青春健身活动，使数以亿计的青少年养成锻炼身体的习惯，提高中华民族的身体素质。要继续加强美育，推动心理健康教育，广泛开展预防艾滋病和毒品预防教育，促进青少年健康成长。要按照实施素质教育的要求，逐步建立起基础教育质量监控和评估制度。

第三，继续把农村教育放在“重中之重”的位置。

加强农村教育是一项长期艰巨的历史任务，要继续下大力气加快农村教育的改革和发展，并坚持把新增加的教育经费主要用于农村。在2004年工作的基础上，2005年要在以下三个方面继续推进：

一是加大西部攻坚力度，促进中部地区农村义务教育的巩固提高。要确保“国家西部地区‘两基’攻坚计划”制定的各项措施的落实，确保寄宿制学校建设工程等各项工程资金的落实和规范使用，并切实加强督查。国务院已正式批准实施农村中小学现代远程教育工程，要在总结试点经验的基础上，认真规划好后续项目的安排，大力加强优质教学资源开发和共享，真正让远程教育在教学实践中用起来。逐步建立较为完善的农村中小学校现代远程教育体系。同时，从2005年开始，要加大对中部地区农村义务教育巩固提高的支持力度。随着农村税费改革的推进，中部地区特别是粮食主产区的义务教育发展面临较大困难，一些地区农村初中辍学率还比较高。要采取"以奖代补"等措施加大对中部地区义务教育工作的支持，中部各省也要切实加大对农村义务教育的投入。

二是深化"以县为主"的农村义务教育管理体制改革。农村税费改革的全面推进，对于进一步完善农村义务教育管理体制提出了更加迫切的要求。下一步的目标任务是：落实县级政府对本地教育发展规划、经费安排使用、中小学校长和教师的管理责任；健全和规范财政转移支付办法，确保国务院确定的农村义务教育经费保障机制落实到位；推动各级政府共同努力，巩固和完善以政府投入为主的农村义务教育经费保障机制，全面落实"保工资、保运转、保安全"的要求。同时要加快农村教育综合改革的步伐，推进"三教统筹"和农科教结合，促进农村教育更好地为"三农"服务。

三是切实加强农村教师队伍建设，推进相关人事制度改革。要采取有力措施，力争在几年内使农村教师队伍的素质有较大提高。一是要落实教师编制，用好教师编制，各地不得以教育经费紧张为由，以代课教师替代补充编内教师，影响整个教师队伍稳定和素质提高。二是要完善农村学校教师的考核、聘任制度，坚决清退不合格教师。三是要加强对教师的统筹管理和资源的统一调控，促进教师流动，安排城镇教师到农村任教。四是要构建更加开放灵活和多样化的教师教育体系，推进"全国教师教育网络联盟计划"，把新课程改革、教师资格认证、教师继续教育和中小学远程教育紧密结合起来。要继续组织好全国优秀教师师德报告团的活动，通过多种形式大力宣传优秀教师的先进事迹。

第四，全面快速推进职业教育改革和发展。

当前，国民经济正在进入一个新的快速增长周期，对技能型人才提出很大的需求。要进一步落实全国职业教育工作会议精神，坚持以服务为宗旨，以就业为导向，推进职业教育的改革和发展。2005年，职业教育要抓住机遇，争取有新的较大发展。

一是推动职业教育的快速发展。要采取强有力的措施，力争2005年中等职业学校招生数在2004年的基础上增长100万，达到650万人的规模，并且再经过若干年的努力，逐步实现中职和普通高中规模大体相当的协调发展。这是今后几年全国教育工作的一个重点，是一项硬任务，需要各方面动员起来，真抓实干，务求实现这个重要而艰巨的任务。要实施好"两个计划"，即制造业和现代服务业技能型紧缺人才培养培训计划和农村劳动力转移培训计划，提高职业教育对经济社会的适应能力；要切实加强"一个基础"，推进职业教育实训基地的建设，使技能型、操作型人才的培养真正落到实处；大力完善"一个网络"，依托面向农村的职业和成人教育网络，促进农业技术推广和农村劳动力转移，发挥其在解决"三农"问题中的作用。

二是坚持以就业为导向加快职业教育改革创新。职业教育的出路在改革。要加快"三个转变"，即大力推进职业教育办学思想的转变，以就业为导向进一步明确职业院校的定位和方向；大力推进职业教育办学模式的转变，按照订单式培养的要求使职业院校更好地适应经济社会发展的需要；大力推进职业教育办学机制的转变，采取开放、灵活多样的学习形式，如1＋2、2＋1、1＋1＋1等多种学制模式，大力提倡"工学结合"、"半工半读"等培养模式。同时，大力加强职业道德教育和职业技能培训这两个重点，特别是要加紧建立和完善校内实训和企业实习制度。落实两个对接，即职业教育和培训与劳动力市场对接，促进产学结合、教育培训与劳务中介结合，劳动力输出地和劳动力输入地对接。鼓励城市学校到农村招生，东部学校到西部招生，促进双向协作和联合办学。

三是切实落实发展职业教育的若干重要政策。为明确职业教育定位，加快职业教育的改革和发展，必须要有一些重大的战略和策略举措，譬如，公办中等职业学校、高等职业学校不升格；高等职业教育主要实行两年制；大力拓展优质职业教育资源，支持每个县重点办好一所职业教育中心；鼓励发展民办职业学校和培训机构；推进学分制，加快建立职业教育"学分银行"；中等职业教育招生工作的统筹协调、集中管理等。相信这些政策措施的落实将对发展职业教育起到积极的推动作用。

第五，提高高等教育的人才培养质量、科技创新能力和社会服务水平。

2005年，高等教育要坚持以服务求支持、以贡献求发展，推进改革创新和结构调整。继续稳步发展高等教育，2005年确定的普通高校本专科招生计划475万人，比2004年实际招生增长8%左右；研究生招生37万人，其中硕士研究生招生31.6万人，比2004年增长15%左右；博士研究生招生5.4万人，增长2%左右。继续实施"985工程"和"211工程"，促进高等学校整体发展，提高人才培养、科技创新和社会服务的贡献力度。要着重抓好以下四个方面的工作：

一是深入推进"高等学校教学质量与教学改革工程"，大力加强教学工作，切实提高教育质量。强化教育教学工作制度，切实落实教授、副教授为本科学生上课的要求。大力推进优质教学资源建设与共享，在已经建成300门精品课程的基础上，再建设300门国家精品课程。加强高校教学工作评估，继续落实对高校实行五年评估一次的措施，加大教学投入，强化教学管理，深化教学改革，更加重视能力培养，健全教学质量监控与保障体系，促进教育质量的提高。做好第五届国家级优秀教学成果奖评选和表彰工作。

二是深入推进"高等学校科技创新计划"和"高等学校哲学社会科学繁荣计划"，切实抓好科技创新平台和哲学社会科学重点研究基地的建设。加强产学研合作，进一步推进高等教育与经济建设和科技创新紧密结合、与文化繁荣和社会进步紧密结合。进一步加强高校科技资源优化配置，积极争取国家重大科研任务，积极参与地方经济建设和社会发展。继续加强国家实验室、国家重点实验室和国家工程（技术）研究中心建设。紧密结合"马克思主义理论研究和建设工程"，建设充分反映当代中国马克思主义最新理论成果的具有中国特色、中国风格、中国气派的哲学社会科学学科体系、教材体系和高素质的教师队伍。调整和改革高校基层学术组织，为增强科技创新能力提供坚实的组织基础。

三是大力推进人才强校战略和高层次创造性人才计划的实施。积极探索学科带头人加创新团队人才组织新模式，深化教师聘任制改革。切实落实好三个层次的人才培养计划：即"长江学者"和"创新团队"计划，"新世纪优秀人才支持计划"和"青年骨干教师培养计划"。通过改革和这些计划的实施，带动不同层次的人才梯队成长，鼓励和支持优秀留学人才回国工作和为国服务，形成青年拔尖人才发展的绿色通道。要引导和支持重点高校与国外高水平大学建立长期、有效的合作模式和机制，坚持科技合作与人才培养相结合，加快缩短与发达国家高水平大学的差距。

四是进一步实施"研究生教育创新计划"，推进研究生教育改革。改革和创新研究生教育体制，完善研究生培养导师资助制和负责制，推行助研、助教和助管岗位制，推进研究生培养成本分担制度改革，深化研究生招生和选拔制度改革，调整和完善研究生学制。着力提高研究生的教育质量和科技创新能力，支持研究生参加科研团队、参与科研创新。

第六，进一步加快教育改革开放步伐。

要根据国家经济科技改革、对外开放的进程和教育发展的实际需要，抓住重点，进一步深化教育改革、扩大教育开放。

关于深化教育改革，2005年的重点是：加快农村教育改革；推进办学体制改革，特别是要促进民办教育的积极发展和规范管理；继续推进完善高等教育管理体制，并适时推进高等教育布局结构新的调整；继续推进高校后勤社会化；深化招生、收费和高考改革；继续加快教师教育制度和教育人事制度改革；大力推进依法治校和学校内部管理体制改革等等。

关于扩大教育开放，2005年的重点是：推进教育合作交流，扩大学历学位互认，促进"强强合作"；加强和改进对中外合作办学和自费留学中介的管理，引导自费留学健康发展，中外合作办学有序规范；切实加强对外汉语工作，加强海外孔子学院建设，大力推广"乘风汉语"和"长城汉语"，推动HSK考试工作和对外汉语教师队伍建设；扩大公派出国留学规模，提高派出层次和质量，尤其是扩大公派出国攻读博士学位和从事博士后研究人员的数量；做好承办联合国教科文组织第五次全民教育高层会议的各项准备工作。认真贯彻刚刚召开的港澳台工作会议精神，切实加强与港澳台地区的教育合作与交流。

第七，完善教育投入机制，提高教育投资效益。

教育财政工作要坚持两手抓，既要推动各级政府不断增加教育投入，又要不断提高教育经费的使用效益。2005 年着重抓三个方面的工作：

一是坚持以政府投入为主，切实保证教育经费“三个增长”。最近几年来，教育经费保持了快速增长的势头，但仍然不能满足教育事业提高质量和持续发展两个方面的需求。当前，我国财政性教育经费占 GDP 的比例仍然偏低，极大地制约了科教兴国战略和人才强国战略的实施。据统计，2003 年国家财政性教育经费占 GDP 的比例为 3.28％，比 2002 年的 3.32％下降了 0.04 个百分点，这种下降是 1995 年以来的第一次，必须引起我们高度关注。保证教育投入，关键是要依法保证教育经费的“三个增长”，特别是真正保证按决算数据做到“三个增长”。要抓住当前财政收入增长较快和逐步建立公共财政体制的有利时机，从多方面做工作，推动政府职能转移到经济调节、市场监管、社会管理和公共服务上来，切实增加教育投入。

二是促进健全和规范财政用于教育的转移支付办法。当前困扰农村义务教育的核心问题之一，是用于教育的转移支付落实不到位，在相当地区存在严重的对教育经费挤占、挪用现象。要积极配合有关部门，在继续加大对农村义务教育转移支付力度的同时，健全和规范财政转移支付办法，加强监管，确保对于农村的转移支付资金按规定比例划拨用于教育。

三是加强教育经费管理，提高经费使用效益。要调控教育投资方向，注意促进教育均衡发展；要坚持勤俭办教育事业，在学校各项建设中严禁浮夸和浪费行为；合理利用贷款等金融手段，注重投资风险，严格控制高负债新建、改建学校；完善学校尤其是高等学校的财务制度，加强内部审计；提高学校决策的科学化、民主化水平，提高经费的管理水平。

第八，努力促进教育公平，更好地解决教育的难点问题。

党中央、国务院高度重视解决好人民群众和广大青少年学生关心的教育问题。我们将以高度的责任感和使命感，把好事办实，把实事办好。2005 年，我们将主要做好四个方面的工作：

一是切实落实对家庭贫困学生的资助和扶持政策。到 2007 年，基本实现对中西部农村2 400万家庭贫困学生实行“两免一补”的目标，2005 年是关键一年。2005 年，中央财政全面实现向2 400万家庭贫困学生免费提供教科书。同时，督促地方政府逐步落实“一免一补”的责任，中央财政将对中西部困难地区予以帮助。继续推动各地中小学开展勤工俭学活动。大力推进高校按新机制和新政策全面落实国家助学贷款工作，千方百计确保占学生总数 20％的贫困家庭学生（约 240 万人）能够得到国家助学贷款，认真研究解决在运行中存在的困难和问题。主要的措施：一是进一步加大工作的督办力度，对尚未按新机制、新政策落实国家助学贷款工作的省（区），现场检查、督办，一个省一个省地研究、解决问题；二是对一些确有困难的省（区），协调财政部在贴息资金和风险补偿资金方面给予一定的支持；三是明确要求高校与银行开展全面的银校合作，进一步调动银行开展国家助学贷款业务的积极性；四是建立毕业生到基层、到艰苦地区工作的国家助学贷款代偿机制。积极推动生源地助学贷款业务。完善国家助学奖学金管理办法，确保占学生总数 5％的特别困难的贫困家庭学生得到每人每月 150 元的助学奖学金。研究提出确保高校学费收入 10％用于资助贫困家庭学生的政策措施。完善勤工助学、特殊困难补助、学费减免政策，使高校贫困家庭学生资助政策体系更加完善。随着这项工作的进展，要对欠缴的学费进行认真清理和妥善处置。

二是切实加强校园安全工作，为青少年营造健康发展的环境。这是 2005 年的一项极为重要的工作。要巩固 2004 年下半年专项整治成果，总结经验，积极探索建立维护校园安全新机制。同时，要采取积极措施，净化校园周边和网络等青少年的成长空间。

三是进一步做好高校毕业生就业工作。2005年全国普通高校毕业生人数预计将达到338万人，增幅达20.71%，高校毕业生就业工作形势仍然严峻。高校毕业生就业工作要常抓不懈。一是巩固体制，完善在国务院领导下各部门分工负责的领导体制和“市场导向、政府调控、学校推荐、学生与用人单位双向选择”的就业机制。二是落实政策，逐条落实国家和地方制定的扶持毕业生就业的政策。同时，进一步拓宽毕业生到基层、到西部就业的渠道；完善大学生到民营企业、中小企业就业的相关政策，落实鼓励毕业生自主创业扶持政策，落实好高等职业学校毕业生的“双证书”政策。三是完善服务体系，大力培育和规范毕业生就业市场，提高就业指导和服务信息化及专业化水平，在全国各地和所有的高校开通“全国高校毕业生就业服务信息网”。

四是加大治理教育乱收费的力度，加强教育系统的党风廉政建设。坚持和完善制度、教育、监督以及加大教育投入、规范合理收费、治理乱收费两个“三管齐下”的惩治和预防乱收费的长效机制。要认真落实义务教育阶段学校全面推行“一费制”的收费办法，进一步规范高中招收择校生的“三限”政策，要继续稳定高校收费标准、规范高校收费行为。2005年要实施高校招生的“阳光工程”，让招生录取工作全程公开、信息透明，接受群众的监督、舆论的监督。要继续综合整治国家教育考试环境。同时，还要加强对学校基本建设和大宗物资设备采购、教材及教辅材料编写、征订等环节的监督和管理，制止和纠正挪用、截留、侵占教育经费的行为，认真清理教育领域的各种不正之风。

努力做好高校贫困家庭学生资助工作

张 保 庆

党中央、国务院历来高度重视和关心高校中贫困家庭学生的学业和成长问题。改革开放以来，根据变化了的情况，中央领导同志对这项工作先后作过一系列重要指示。党的十六大之后，以胡锦涛同志为总书记的党中央要求从“立党为公、执政为民”、“群众利益无小事”的高度，以求真务实的作风，进一步采取措施，改进并加强这方面的工作。经过各方面的共同努力，高校贫困家庭学生资助工作正在健康地全面推进，取得了日益显著的成效。

一、贫困家庭学生数量增加缘于多种因素

改革开放以来，特别是自1999年以来，我国高等教育的发展速度明显加快，总体规模实现了历史性突破。到2004年底，全国各级各类高等教育在学人数已超过2 000多万，其中普通高校在校生人数达到1 350万。随着高等教育总体规模的快速发展，高校中贫困家庭学生的数量也相应增加。据调查，截止到2004年底，全国普通高校在校生（包括全日制本、专科学生和研究生）中，贫困家庭学生约占20%，即270万人左右；特困生占5%到10%，人数在70万到135万之间。

贫困家庭学生数量之所以增加，缘于多种因素。从宏观上看，主要是因为我国的经济总体发展水平还较低，人均收入不高，经济与社会发展的不平衡性较为突出。从微观上分析，则主要缘于以下几个因素：一是我国普通高校的学生有近一半来自农村以及偏远的山区、牧区、少数民族地区或其他自然环境恶劣的地区，这些地区经济发展缓慢，学生家庭收入普遍偏低；二是少数学生虽来自城镇，由于产业结构调整、企事业人员下岗分流等原因，致使父母一方或双方不能就业，降低了家庭收入；三是有些学生家庭遭遇某些特殊变故，影响了家庭收入；四是一些学生来自于负担较重的多子女家庭。另外，高校实行收费政策后，上学费用提高，客观上也加重了学生与家长的负担。

家庭困难大学生的增加，既是高等教育发展过程中面临的一个重大问题，也是一种短期内难以消除的社会现象。在我们这个高等教育规模庞大、经济正在发展中、财政能力有限的国家，要做好高校贫困家庭学生资助工作，是一项十分重要、急迫、复杂的任务，也是一个庞大的系统工程，需要各方面坚持不懈的努力。

二、经过多年工作，国家已经初步形成了一套资助政策与措施

在党中央、国务院的高度重视和关心下，多年来教育部、财政部及其他有关部门，与各地密切配合，一直致力于从政策和机制上解决好高校贫困家庭学生的资助问题。到目前为止，已初步形成了一套相对完整的政策与措施体系。这些政策和措施主要包括：1. 建立了分别由政府、学校以及社会上的一些单位或个人设立的各种形式的奖（助）学金。2. 积极推行学生贷款制度。主要有三种形式：国家助学贷款，高校调剂出部分资金对少数困难学生办理定期借款（亦称学校贷款），由学生家长出面向所在地金融机构申办一般性商业贷款。3. 实施勤工助学制度。4. 开展特殊困难补助。1994年至2001年，中央每年均动用总理预备金，先后共拨款近 12 亿元，专项用于补助中央部门所属高校中有特殊困难的学生（从 2002 年起，这项经费不再以补助形式发放，改设为国家奖学金）。与此同时，许多地方人民政府也拨出专款或设立专门基金用于补助贫困家庭学生。2003 年末和 2004 年初，部分地区粮油副食品价格有较大幅度上涨，对高校贫困家庭学生生活产生了一定的影响。为消化这种影响，根据国务院领导的指示，由中央和地方财政分别拨出专款对普通高校中 5％的特别困难的学生给予每人每天 4 元的伙食补助（补助时间暂定为 1 年）。5. 对普通高校中部分家庭特别困难的学生，实行学费减免制度。6. 建立“绿色通道”制度。近几年，教育部规定各普通高校都必须设立“绿色通道”，即对新被录取、经济特别困难的学生，一律先办理入学手续，然后再根据核实后的情况，分别采取相应资助措施。7. 规定高校从所收学费中提取一定比例，用于资助家庭困难学生。教育部和财政部于 1999 年发出通知，要求所有普通高校，每年必须从本校所收学费中提取 10％的经费，通过二次分配，以各种方式对贫困家庭学生进行资助。另外，为解决新生到学校报到所急需的路费等问题，中国人民银行、银监会还专门下发通知，要求各金融机构积极为这些学生提供生源地小额贷款，以解决他们的路费问题。

上述政策与措施在解决贫困家庭大学生的困难方面发挥了巨大作用，但尚存在一个明显的缺陷，即资助覆盖面小，难以完全解决高校中贫困家庭大学生的问题，也难以完全适应今后高等教育规模进一步发展的需要。为此，从 1999 年起，在国务院领导的亲自推动、支持下，中国人民银行、教育部、财政部等部门，借鉴国际上的经验，根据中国的具体国情，开始在我国高校中探索、推行国家助学贷款制度。国家助学贷款制度，是在社会主义市场经济条件下，运用金融手段，进一步加大解决高校贫困家庭学生问题力度的一项新政策。其主要特点是由政府倡导并贴息，由银行操作，高校参与，对象为高校中贫困家庭的学生。2003 年，教育部、财政部、中国人民银行、银监会四部门密切合作，认真总结了近几年在推行国家助学贷款制度过程中所取得的经验与成绩，深入分析了存在的有关问题与矛盾。在此基础上，对原来的有关政策与操作机制进行了调整和完善，形成了《关于进一步完善国家助学贷款工作的若干意见》（以下简称《意见》）。《意见》在政策方面，改变了原来在学生整个贷款合同期内，政府对其贷款利息均给予 50％补贴的做法，实行贷款学生在校期间利息全部由政府财政补贴，毕业后利息全部由学生自付的做法。还贷年限由毕业后 4 年改为 6 年。在操作、实施机制方面，改变原来由金融机构单一操作的做法，由高校和金融机构共同合作操作。经办银行也由原来政府指定改为通过公开招标确定。同时，按照“风险分担”的原则，建立了补偿机制，由政府和高校共同对贷款风险进行合理分担。此外，还进一步改进并加强了对此项工作的领导、统筹，健全了各地、各高校的实施、协调机构。2004 年 6 月，此《意见》经国务院批准，已转发各地各高校实行。之后，教育部、财政部、中国人民银行和银监会根据《意见》所确定的原则，又制定了便于操作的相关配套文件。目前，全国各地、各高校正在按调整、完善后的国家助学贷款制度，抓紧推进，狠抓落实。

从上述情况可以看出，我国现行资助高校贫困家庭学生的政策与措施，在近些年的实践中不断丰富、充实，并日臻完善。其内容符合中国国情，因而是切实可行的。只要能得到认真全面的贯彻落实，完全可以较好解决高校贫困家庭学生的生活、学习困难。

当前，在这方面存在的主要问题是，少数地方和高校领导对此项工作重视不够，工作不到位，有些政策和措施没有得到认真全面落实，从而使一些确有困难的学生不能及时得到资助。例如，勤工助学工作在一些高校没有认真开展；国家助学贷款进展不理想，其发放规模远未达到政策设计的预期目标；一些高校没有按规定在每年学费收入中足额提取 10％的贫困生资助经费；有关宣传工作没跟上，一些政策和措施没能做到家喻户晓，家住偏远地区特别是刚被高校录取的新生及其家长遇到困难后不清楚通过什么渠道去解决；有些政策尚需进一步完善、整合，以进一步突出重点，提高使用效益；少数地方政府对高校贫困家庭学生资助工作的经费投入力度需进一步加强，等等。

三、提高认识，狠抓落实，努力做好高校贫困家庭学生的资助工作

让更多的人能进入大学、让更多的人上得起大学、让已进入大学的学生能顺利完成学业，这是党和政府孜孜以求的目标。做好贫困家庭学生的资助工作，是保证实现上述目标的一项重大措施。为此，各地和各高校都应该从实践“三个代表”重要思想的高度，千方百计把这项工作做得更好。

1. 要进一步统一思想，提高认识。做好这项工作，事关党和政府的形象，事关广大学生和家长的切身利益，事关高校乃至社会稳定的大局，事关党的教育方针的贯彻落实。保证通过考试遴选进入大学的学生不因家庭经济困难而废止学业，是体现社会公平的内在要求。世界上许多国家都很重视这项工作。我们是社会主义国家，理应做得更好。各地和各高校的领导，一定要带着感情，千方百计把这件大事抓好。

2. 全力以赴，狠抓落实。国家已出台的各项资助高校贫困家庭大学生的政策与措施，在有些地方和高校得不到全面、认真的贯彻落实，是当前一个最为突出的问题。为此，今后一个时期的工作重点，就是狠抓落实。各级政府对属地内高校的这项工作一定要切实加强领导和协调，及时研究解决有关问题和矛盾，真正做到财政投入到位，统筹协调到位，督促检查到位，同时还要严肃查处各种有令不行和违反政策的行为。各省、自治区、直辖市教育行政部门，作为同级政府的职能部门，要尽快健全工作机制和班子，尽心尽力推动各项政策与措施在本地区高校的全面执行。各高校要把这项工作作为学校党委和学生工作部门的一项责无旁贷的政治任务，高校党委书记、校长要把这项工作作为自己必须认真履行好的职责。每所高校都要设立专门的工作机构，认真配备工作人员，通过做好此项工作把党和政府的关心带给每位有困难的学生。对属于高校自身要办的事情，如勤工助学、困难补助、开展国家助学贷款及足额提取10％贫困生资助经费等政策与措施，各高校必须百分之百地自觉做到。各高校还应进一步端正办学思想，严格控制办学成本，规范收费行为，坚决制止各种乱收费行为，最大限度地减轻学生的经济负担。另外，学校还要通过做好“资助”工作，教育并鼓励学生勤奋学习、诚实守信，学成后努力报效祖国和人民。承担国家助学贷款工作的各金融机构及相关部门，要改进服务、转变作风、提高效率、降低风险，及时、足额为贫困家庭学生提供贷款。当前，各地各高校尤其要全力以赴推动国家助学贷款制度按调整后的政策与机制运行。关于这项工作，教育部、财政部、中国人民银行、银监会已按国务院的要求，制订了工作计划表，要求全国所有地方、所有高校在2005年春季开学前必须全部落实到位。否则，要追究有关领导者的责任。

3. 各地和各高校要进一步加大对资助贫困家庭学生的经费投入力度。经国务院批准，财政部、教育部从2004年秋季开学起，已将中央财政原来用于设立高校贫困家庭学生奖学金的经费投入额度由2003年的2.4亿元增至每年10亿元。希望各省、自治区、直辖市也要进一步加大对这项工作的经费支持。今后，高校本专科生和研究生的招生计划，要与各地对贫困家庭大学生资助工作的经费投入力度挂钩，凡不到位的，要减少招生计划。各高校要坚决贯彻“以人为本”的思想，进一步调整内部经费支出结构，尽可能将更多的经费用于支持这项工作。同时，还要通过进一步开辟社会捐资助学渠道、提倡师生互助等方式，加大对贫困家庭学生资助的覆盖面和力度。

4. 进一步改革、调整相关资助政策。对现有的资助手段、经费要进一步加以整合，重点是支持家庭特别困难、品学兼优的学生。要改革国家奖学金制度。一是改“国家奖学金”为“国家助学金”；二是改革发放办法。国务院已决定，从2004年9月开始，由中央财政和地方财政共同拨款，对高校中5％家庭特别困难且遵纪守法、勤奋学习的学生一律按每人每月150元、每年按10个月发给助学金。同时，鼓励、支持各地各高校也设立相应的奖（助）学金。教育部、财政部正在采取措施，确保各高校从学费收入中足额提取10％的资金资助贫困家庭学生，并对这项资金的使用范围与办法做出明确的规定。对毕业后自愿到国家需要的艰苦地方、艰苦行业就业、创业的普通高校学生，如其在校期间通过国家助学贷款制度向银行贷了款，原则上经申请批准后，可以免除贷款。具体实施办法财政部、教育部正在抓紧制订。对西部推行国家助学贷款工作有困难的地区，中央财政将以奖励的办法，给予适当的经费支持。

5. 进一步做好宣传工作。今后，为使国家制定的各项相关政策和措施真正做到家喻户晓，深入人心，在每一新学年开学前，教育部和各地教育行政部门，都要组织各新闻媒体进行广泛深入的宣传。教育部将继续坚持以往的做法，把已出台的各项政策、措施印成小册子，发到各级教育行政部门、各高校及中学的高中毕业班。高中毕业生在参加高考前，由所在中学安排组织学习。各高校每年发出的招生简章和录取通知书，均要详细写明本校的相关资助措施和国家的有关政策。

我们国家正处在发展之中，人民还不富裕，国家财力还不够雄厚，但在以胡锦涛同志为总书记的党中央领导下，党和政府完全有能力、有办法解决高校中贫困家庭学生的生活、学习困难。通过各地、各高校的努力和全社会的大力支持，我们一定能够实现中央提出的要求，保证已考入普通高校的贫困家庭学生顺利完成学业。

（原载 2005 年第 2 期《求是》杂志）

大力推进科研管理创新
全面提升高校哲学社会科学研究能力

袁贵仁

我国哲学社会科学的发展从来没有像今天这样受到高度重视，从来没有像今天这样具有难得的发展机遇和发展空间。经过长期的努力，高校哲学社会科学已经形成了较强的学科优势和研究实力。面对大好形势，高校必须抓住机遇，乘势而上，确立新的目标，建立新的平台，大力推进科研管理创新，把高校哲学社会科学研究推向一个新阶段。

一、大力推进哲学社会科学管理创新的重要性和迫切性

（一）哲学社会科学管理创新是进一步繁荣发展哲学社会科学的现实需要

1. 管理创新是繁荣发展哲学社会科学的重要内容。中共中央《关于进一步繁荣发展哲学社会科学的意见》，全面阐述了繁荣发展哲学社会科学的重要意义、指导方针、发展目标、战略任务和政策措施，并明确提出要“积极推进哲学社会科学管理体制改革”。理论创新、方法创新与机制创新、管理创新是相辅相成的，管理体制要与哲学社会科学发展的要求相适应。在哲学社会科学管理上，多年来虽有改进，但是力度还不够大，成效还不够显著。我们现在的管理方式，还带有计划经济的色彩。要适应国家经济社会发展的需要，以国际眼光，先进理念，时代要求，大力推进高校哲学社会科学的管理创新。这既是哲学社会科学繁荣发展的重要内容，也是进一步繁荣发展哲学社会科学的重要突破口。

2. 管理创新是繁荣发展哲学社会科学的重要保障。管理是建立秩序、激活力量、提高效率的手段。管理的最终目标是解放和发展生产力。当前繁荣发展高校哲学社会科学的关键是制度创新、管理创新，难点也是制度创新、管理创新。管理产生的问题，最终要从管理上来解决，光靠热情，光靠干劲，不能根本解决问题。制度创新、管理创新是具有根本性、全局性、战略性和长远性的问题。与繁荣发展哲学社会科学的时代要求相比，目前的高校哲学社会科学管理体制还相对滞后，哲学社会科学管理体制需要进一步改革，研究环境需要进一步改善，成果转化机制需要进一步健全。尽快建立科学、规范、高效的科研管理体制和运行机制，是管理创新的核心内容。

3. 管理创新是繁荣发展哲学社会科学的有力引导。我们正处在一个伟大的时代。伟大的时代、伟大的实践，呼唤伟大的理论，呼唤大师的涌现。在新世纪头20年的战略机遇期里，随着全面建设小康社会的深入推进，我们将面临着大量的新情况、新问题，迫切需要哲学社会科学作出回答。时代要求我们用当代中国马克思主义的世界观和方法论解决现代化建设中的重大理论问题和现实问题，在研究科学前沿问题和解决重大社会问题的过程中提高创新能力，积极推进学术理论创新、学科体系创新和科研方法创新。在这个过程中，管理创新具有引导高校哲学社会科学发展的重要作用。我们要以改革为动力，以体制改革、机制变革为重点，转变管理方式，整合优化资源，增强活力和壮大力

量，增强创新能力和自我发展能力，引领高校哲学社会科学全面、健康、快速发展。

（二）以更新观念为先导，大力提升哲学社会科学管理水平

哲学社会科学管理创新要以邓小平理论和“三个代表”重要思想为指导，坚持科学发展观，抓住本世纪头20年的重要战略机遇期，瞄准世界社会科学管理先进水平，通过体制改革，吸引优秀人才，优化哲学社会科学的资源配置，进一步完善研究人员聘任制，加大内部分配制度改革的力度，积极推进研究机构开放和研究人员流动，形成内外联合、竞争创新、“产学研”一体化的运行机制；完善哲学社会科学人才培养选拔和管理机制，加大人事制度改革的力度，建立既能体现哲学社会科学特点，又能发挥市场作用的新的人才管理体制；积极探索以社会资金为主的哲学社会科学研究基金制度的建立，通过面向社会开展研究咨询服务，广开研究经费渠道；引进公平竞争机制，建立科学公正的评审制度和评价体系。为提高我国哲学社会科学的综合创新能力和国际学术竞争力，产出一批具有世界一流水平的科研成果，培养一批在国内外有影响的拔尖人才，建成一批世界一流学科奠定制度基础。

实现哲学社会科学管理创新，首先要在管理理念上有新的认识，有新的突破。

确立以人为本的管理观念。哲学社会科学管理好坏的根本标准是能否解放和发展生产力，科研管理的根本任务是激发科研人员的积极性和创造性，为研究人员能够释放出更大的潜能，能够更好地进行科研活动，实现科研目标，创造条件、提供服务。管理就是服务，科研管理要尽可能地为科研活动提供便利和保证。

确立质量第一的观念。科研管理的根本目标是出精品力作，出高质量的科研成果。科研管理工作要从制定规划、组织管理、基金资助、评价标准、激励机制等方面，确保管理目标的实现，促进更多的精品力作问世。“九五”期间，高校科研管理在这些方面做了很多有益的尝试，也积累了很多有益的经验。对这些经验，要认真加以总结，使我们在“十五”期间和“985工程”二期的实施过程中，探索和积累更多的成功经验。

确立协同攻关的观念。科研管理在某种意义上说就是将个体的、分散的科研力量集合为一个有机的整体，进行有组织的科研，加强重大理论问题和现实问题的研究。要改变哲学社会科学就是单兵作战，就是闭门写书、写论文的观念。要高度重视数据采集、实证调查、跟踪研究，注重基础性建设。哲学社会科学研究，需要充分尊重学者的个人劳动，但在社会越来越发达、越来越复杂的今天，许多重大问题的解决需要哲学社会科学工作者长期集体攻关、协同作战，少数个体是无法完成的。即便是个人的活动，相互之间的交流与协作也同样是不可缺少的。

确立国际竞争观念。我们讲一流学校、一流水平，在经济全球化的今天，不能关起门来自定标准，要把学术研究与国际上学术难点和热点问题相联系，瞄准世界水平，立足于说明世界，以是否科学地说明和解决重大理论和现实问题来衡量研究成果。我们要“请进来”，还要“走出去”，通过国际交流促进学术水平的提高，并对全人类的文明进步做出贡献。哲学社会科学具有科学性和价值性。只有坚持科学性才有说服力，只有坚持价值性才有战斗力。强调哲学社会科学的国际竞争意识，不但不应该削弱哲学社会科学的意识形态特征，而且应该理直气壮地坚持和宣传我们的马克思主义意识形态和社会主义价值信仰。

二、战略设计，宏观规划，通过管理制度创新提高哲学社会科学研究水平

要切实发挥哲学社会科学“认识世界、传承文明、创新理论、资政育人、服务社会”的重要作用，哲学社会科学管理要具备战略眼光、做好宏观规划，通过管理制度创新把我国哲学社会科学研究水平提高到一个新高度。

（一）通过管理创新推动哲学社会科学的理论创新

创新是科学研究的本质，没有创新就没有真正的科学研究。在世界变化日益迅速的情况下，在全面建设小康社会的伟大进程中，我们没有现成的经验可资借鉴，也没有现成的本本可供参照。只有以创新的精神和创新的胆识，才能贡献出无愧于时代

的理论成果来。

理论创新首先要坚持以马克思列宁主义、毛泽东思想、邓小平理论和“三个代表”重要思想为指导。马克思主义为我们提供了理论创新的典范和方法论的指导。马克思主义的理论品质就是与时俱进、不断创新。理论创新与管理创新是同步的，或者说，它们是整个创新体系中不可缺少的基本要素，是相互支撑的。理论创新必然呼唤管理创新；管理创新又需要有新的创新理论为指导。

现代社会和学术发展的一个共同特征是综合性不断加强。学科渗透、学科交叉、学科重叠，文理互动成为学术发展的主流。近年来诺贝尔奖的获奖者几乎都是在学科交叉、学科重叠的地方，或综合运用文科和理科的知识与方法进行研究而获奖的。哲学社会科学研究的新内容、新形式需要新的学科观念和新的科研载体。如果以传统的学科观念和研究载体来评价或规定科研的新内容或新形式，就可能限制学术的发展，扼杀其创造性。传统的学科观点以单一学科为主，研究以二级学科为基础，而现代研究越来越需要综合不同学科领域、不同人才，出现了研究中心、创新基地这样的新载体。如果不能采用新方式，调整评价方法，找到新的评价机制和新的连接点，就可能削足适履。要善于发现现实问题背后的学术问题，推动学术增长和对策贡献，促进理论创新。

评价成熟学科的标准、方法和要求往往并不适用于评价新兴学科、新的学术增长点。所以，建立鼓励新兴学科、边缘学科、新的学术增长点发展的机制和评价标准，为新兴学科、边缘学科、新的学术增长点发展创设合理的空间，是哲学社会科学发展的现实需要。

理论创新的大敌是心浮气躁、急功近利。现在讲创新大家都同意，但怎样创新，怎样才能创新，却考虑的较少。积沙成塔、聚木成林，创新成果并非一日之功，重大的成果更需要很多人长时间的共同努力。现在学术界有一种倾向，过于注重研究的功利目的，其结果是著述不少，新意不多，而我们的一些评价机制又在有意无意地鼓励这种倾向。建立怎样一种机制，形成追求研究的高质量、厌弃粗制滥造的良好风气，是科研管理创新的迫切课题。

教育部连续出台人文社会科学重点研究基地、哲学社会科学重大研究项目、支持与鼓励与国际规范相应的引文评价系统（CSSCI）以及即将出台的“985工程”国家社科创新基地等政策和措施，都是促进哲学社会科学精品的有力措施。但这是不够的。我们还要有更多的措施、更多的办法，实现哲学社会科学研究精品的不断涌现。

（二）积极组织引导，努力对全局性、战略性、前瞻性的重大问题作出科学回答

在全面建设小康社会的历史进程中，有许多重大课题需要进一步探索和研究，有大量的新情况、新问题需要哲学社会科学家做出回答。如何引导和组织广大哲学社会科学工作者深入到改革开放和现代化建设的伟大实践中去，努力对全局性、战略性、前瞻性的重大课题作出科学的及时的理论回答；如何鼓励社会科学工作者不仅要熟悉本学科，而且要既能“入乎其内”，又能“出乎其外”，把握学科发展的新趋势，适应学科综合、学科交叉的新特征，善于整体看世界，综合看社会，加强综合性研究；如何创造条件为造就一批专业精通、视野开阔、善于将科学与人文、科学与技术、社会与人生综合思考的哲学社会科学方面的战略科学家，是现在和今后一个时期的工作重点。对管理一个小课题，管理分散的、独立的课题，我们比较熟悉，比较有经验；对于管理重大项目，管理联合项目，就不是很熟悉。如果把重大课题、联合攻关课题简单地分解为小课题管理，那就削弱了重大课题的意义，甚至把重大课题肢解了。理论研究要与时俱进，科研管理也要与时俱进。

（三）促进哲学社会科学研究人员关注国家利益，关注社会现实，关注人民生活，切实发挥哲学社会科学研究的社会效益

哲学社会科学是科学和价值的统一，哲学社会科学研究的一个重要任务是为人们提供正确的世界观、人生观和价值观。随着经济全球化的不断深入，世界文化的相互激荡，西方敌对势力加紧对我实施文化价值观的渗透和侵略，叫嚷“为价值观而战”，打一场没有硝烟的战争。国家要独立，不仅政治上、经济上要独立，思想文化上也要独立。我们不仅要有政治安全、经济安全、国防安全，也要

强调文化安全。哲学社会科学的研究、教育和宣传对思想文化的安全有着不可替代的重要意义。哲学社会科学的方向正确与否，内容先进与否，关乎人民的思想意识和道德风尚，关乎经济建设和社会的发展与稳定。经济、科技落后就要挨打，哲学社会科学落后，没有正确的理想信念，就会不战而败。所以哲学社会科学的科研管理，从方向把握、课题设计、内容安排、学术交流等各个方面，都需要加强政治意识，自觉地把哲学社会科学研究和管理与国家利益、民族命运结合起来，从国家长治久安的高度认识和从事哲学社会科学研究，认识和加强哲学社会科学管理。

马克思主义的一个鲜明特点是它的实践性和革命性。马克思主义从它产生的那一天起就非常关注社会现实问题，不断对社会的重大问题做出回答；马克思主义的每一次重大发展都是对社会重大变化的反应。今天，没有对社会现实问题的关注和回答就没有马克思主义的战斗力、影响力和号召力。我们要从舆论和制度两个方面，促进哲学社会科学研究人员想人民群众之所想，急人民群众之所急，为社会主义现代化服务，为人民服务，为党和政府决策服务，切实研究和回答社会现实问题，在回答现实问题中推进理论创新，形成对中国特色社会主义改革发展稳定真正有用的成果。

（四）要深化基础研究、加强应用研究、强化对策研究，积极培育新兴交叉学科，积极推进理论向技术、理论向政策的转化

哲学社会科学的繁荣发展既要强调它对社会进步的实际功效，又要重视哲学社会科学自身的发展。国家、学校、个人都有一个如何合理安排和布局，处理好基础研究、应用研究和对策研究的关系的问题。

蔡元培先生把学术分为“学理”和“术用”两个方面，认为“学必借术以应用”，“术必以学为基本”，简练地阐明了基础研究与应用研究相辅相成的关系。没有深厚的理论就没有应用技术的可持续开发；没有应用价值，理论也就暗淡无光。在这方面，马克思主义经典作家同样为我们树立了榜样。马克思主义在理论上博大精深，深刻严密；在改造社会、建设社会实践上又极具操作性。它既经得起严格的理论推敲，又能够为文化水平不高的人民大众所理解，进而付诸行动。马克思曾经说过，最深刻的理论可以还原为最具体的实践。伟大的理论一定是最能反映社会需要的。一切强调理论的抽象性而忽视理论的实践性的辩解，都是站不住脚的。当然，强调理论的实践性并不是可以不重视基础研究，恰恰相反，原创性主要是基础理论的创新，基础研究是应用研究和技术开发的先导和源泉，是核心竞争力和学术制高点。但是，基础理论的价值、基础理论是否正确最终要靠实践的检验。基础理论转化为技术、转化为政策、转化为方案，它的竞争力、先导性才能表现出来。

加强应用研究和对策研究是繁荣发展哲学社会科学的重要内容。哲学社会科学发展最深厚的源泉和最强大的动力是人民群众的实践。我们说当代中国所处的时代，是出哲学社会科学大成果、大专家的时代，最根本的一条就是我们有建设中国特色社会主义的伟大实践。因此，科研管理不仅仅是填表格、组织申报材料、组织总结材料，我们应该把推进理论成果的转化作为我们的一项重要工作。哲学社会科学管理的一个重要任务就是要引导哲学社会科学应用对策研究，以应用对策研究促进基础研究，以基础研究带动应用对策研究，真正把哲学社会科学的优秀成果应用于整个现代化建设的实际中，不断提高解决国家经济社会发展重大问题的能力，充分发挥“思想库”和“智囊团”的作用，在解决实际问题和为社会服务的过程中不断推动理论和学科的发展。

科研管理还需要根据不同学科、不同研究的目标分类，制定相应的评价标准和评价方法。比如，人文科学与社会科学虽属同一大部类，具有许多共性，但它们之间还有不少不同之处，它们的特性、功用、成果显现形式，都不能用一个尺度、标准来衡量。再比如，基础性研究，主要以新理论、新概念、新方法等原创性的成果为目标；应用性的研究主要以反映经济建设和社会发展需要、产生切实的社会效益的技术、方法、措施为目标；对策性研究主要以有针对性解决现实问题、为制定或完善政策起咨询作用为目标。对不同目标、不同特性的研究就不能简单地使用同一尺度、标准进行评价。因此

需要我们进一步研究制定相应的更有针对性的评价标准和评价方法。

三、狠抓落实，完善机制，努力营造繁荣发展哲学社会科学的制度环境

江泽民同志提出了哲学社会科学与自然科学的“四个同等重要”，提出了“五个高度重视”，胡锦涛同志强调哲学社会科学的发展水平体现着一个国家和民族的思维能力、精神状态和文明素质。这使我们对哲学社会科学意义和地位的认识提到了前所未有的高度，为哲学社会科学的繁荣发展开辟了广阔的前景。提高认识是繁荣发展哲学社会科学的前提，但知难行更难，关键在于落实。

中共中央《关于进一步繁荣发展哲学社会科学的意见》要求：“要建立健全党委统一领导、各部门分工负责的哲学社会科学管理体制。形成既能把握正确方向，又有利于激发哲学社会科学发展活力的引导机制；形成既能有效整合资源，又能充分发挥各方面积极性的调控机制。要深化哲学社会科学各单位的内部改革，转变管理方式，增强活力，壮大实力，形成创新能力和自我发展能力强的运行机制。”改革和完善哲学社会科学研究的管理体制和机制是繁荣哲学社会科学的重要一环。我们要以改革的姿态、务实的态度、创新的精神，不断探索，不断完善哲学社会科学管理的相关机制。

（一）要建立确保哲学社会科学重要地位的管理体制，从制度上避免说起来重要，做起来次要的情况

要切实落实哲学社会科学的重要地位，就要把哲学社会科学和自然科学放在一起进行全局规划、全程规划、全面规划，整体把握，总体决策，确保哲学社会科学的重要地位落实到师资建设、学科建设、经费投入、氛围营造的各个环节。同时又分工负责，做到职责、权利分明，保证哲学社会科学发展的各项工作有目标、有规划、有要求、有条件，有措施；保证哲学社会科学的研究队伍不断壮大，经费不断增长，水平不断提高；保证“四个同等重要”在高校各项工作中得到切实体现。

（二）要以科学发展观为指导，正确认识和处理学校发展过程中的一些基本矛盾关系，促进科研与学科建设、科研与培养人才的共同发展

在科研与学科建设的关系方面，科研的方向和成果是学科建设的主要标志，学科建设特别是研究方向要以科研的需要而不断调整。科学研究经过长期发展，会形成若干个学科和研究方向。这些学科和研究方向向纵深发展，又会与其他学科和研究方向的区别更加明显，形成较稳定的学科和研究方向。这是学科通过分化不断深化的一种形式；通过综合是深化学科的另一种形式。对一个复杂现象的多学科交叉研究、联合攻关中，形成新的学科和研究方向。后一种形式更值得我们重视。要坚持以科研为龙头，整合、提升传统优势学科，培育新兴、交叉、边缘学科，尤其要大力推动哲学社会科学之间、哲学社会科学与自然科学的相互渗透、相互结合、相互融合，努力构建具有中国特色的哲学社会科学学科体系。

在科研与培养人才关系方面，要坚持科研与人才培养相互促进，反对科研与教学两张皮的现象。高等学校肩负着教学和科研的双重任务。要重视科研成果向教学的转化，在教学中及时反映科研新成果，使科研成为教学改革的动力，促进教学内容和教学方法的更新，不断提高教学质量。科研管理人员不仅是对科研本身的管理，还要对整个学校的发展，对人才培养通盘考虑，建言献策。

（三）要正确认识和处理数量与质量的关系、个人与团队等关系，促进科研水平与人才素质的共同提高

科学研究，数量是基础，质量是生命。没有一定的数量不可能有高质量，没有质量的提高数量也就失去了意义。目前我国哲学社会科学研究的主要问题是低水平的重复多，高质量的精品少。我们要建立起保证数量、引导和强调质量的评价标准和评价机制。

在个人与团队的关系方面，要充分发挥学科带头人、学术骨干的作用，充分发挥他们把握方向、战略设计、宏观规划、全面协调的作用，改变个体分散、零敲碎打的局面，形成人才梯队、学术团队，形成科研联合攻关的能力。要尊重科研人员独立研究、自由研究的特点，有总有分，有分有合。要加速高校哲学社会科学创新团队建设和学术带头人培养工作，努力造就一批用马克思主义武装起来、立足中国、面向世界、学贯中西的思想家和理

论家，造就一批理论功底扎实、勇于开拓创新的学科带头人，造就一批年富力强、政治和业务素质良好、锐意进取的青年理论骨干。

（四）要形成有效机制，处理好竞争与合作的关系

哲学社会科学管理本身就是一门科学。我们要通过改进创新，努力在全国高校营造一种既能统一规划，又能保证科研主体有充分的自主空间；既能促进良性竞争，保证优秀的人才、优秀的成果能脱颖而出，造成能者上、庸者出的良好气氛，又能形成合作团结、互通有无的健康环境；既能全面关注哲学社会科学的发展，又能有自己的特点、优势、强项，有所为有所不为，促进学校和学科的可持续发展，促进高校哲学社会科学的繁荣发展。

（原载《中国高等教育》2004 年第 17 期）

保护世界遗产　促进共同发展

章　新　胜

2004年6月28日至7月7日，联合国教科文组织第28届世界遗产会议在江苏省苏州市召开。在这一刻，全世界都关注着中国，瞩目苏州，瞩目世界遗产保护这一功在当代、利在千秋的事业。作为文明古国，我国重视对自然与文化遗产的保护，对本次会议给予了高度重视。胡锦涛同志给会议发来了贺词，指出了保护世界遗产是历史赋予我们的崇高责任，是实现人类文明延续和可持续发展的必然要求，是造福人类的千秋伟业。这一重要论断，为我们以科学发展观为指导，保护好祖国的文化与自然遗产指明了方向。陈至立国务委员出席会议，在讲话中指出了保护世界遗产对于保护环境与生物多样性，学习和继承优秀的民族传统文化以及促进发展的重要意义，强调了保护世界遗产是各国共同的责任，重申了我国倡导尊重世界文明与文化多样性的一贯主张。在我国政府的全力支持下，在全体与会国家代表的努力下，会议取得了圆满的成功。

世界遗产——人类的共同财富

世界遗产概念的提出，标志着人们对人类自然和文化财富的新认识。它使我们的视野超越了“文物”、“风景名胜区”、“自然保护区”等传统概念，更深刻地认识到这些不可复制的文化和自然资产是人类文明历史的见证和大自然赋予的瑰丽神奇的景观，是人类可持续发展的宝贵资源，是世界人民的共同财富。1972年通过的《保护世界文化和自然遗产公约》（以下简称《公约》）所指的遗产，包括文化遗产和自然遗产。文化遗产是指具有历史学、美学、考古学、科学、民族学和人类学价值的纪念地、建筑群和遗址；自然遗产是指有突出价值的自然的地质学和生物学形态、濒危动植物物种栖息地，以及具有科学、美学和保护价值的地区，同时具有上述两个特点的称为双重遗产。总的来说，世界遗产是被联合国教科文组织和世界遗产委员会确认的具有普遍突出价值、人类罕见、无法替代的文化和自然财富。

世界遗产的这些含义决定了它的基本特性，即世界性、杰出性、独特性和多样性。所谓世界性，是指世界遗产不仅属于它所在地区、所在国家，还属于全世界；不仅属于它所在国家和地区的人民，还属于全人类。人类只有一个地球，保护不论属于哪国人民的这类罕见且无法替代的财产，对全世界人民都很重要，而正因为它属于全人类，保护世界遗产就成了全人类的共同事业。在其之下，还有水准属于区域性或国家级的自然和文化遗产，这些遗产也要得到相应的保护。所谓杰出性，是指这些自然和文化遗产已经达到了足以代表世界水平的程度，换言之，世界遗产不仅是最好的，而且是最具有代表性的，或是“好”中的最好，或是“好”中的最佳代表。所谓独特性，是指世界遗产性质上的唯一，具体体现为它在世界、国家和地区范围内独一无二、无可替代的特性。所谓多样性，是指世界遗产内容上的丰富多样，具体体现在其包容类型几乎涵盖地球上所有自然造物和人类造物的精华。

今天，世界遗产保护已经成为世界性的运动和潮流。保护世界遗产就是保存人类文明发展的最重要的历史记忆，就是保护人类生存和发展的共同家园，也就是保护人类可持续发展的共同物质和文化基础。

拥有世界遗产可以表明一个国家的历史和文明在世界文明的长河中被世人所公认的贡献和影响，或表明其自然景观等生物资源在全球生态系统中的重要地位，能够彰显自己国家的民族身份和自然景观特色。它强调了所在国、所在地区的特征和文化身份，突出了其核心的文化价值及其对世界的贡献。正如人们一提及长城就想到中国，一提及金字塔就想到埃及，一提及丝绸之路就想到古代亚欧文明间的纽带，世界遗产已经成为一个国家、一个区域重要的文化或自然品牌。保护世界遗产的独特性和多样性，还有助于促进世界文化的多样化和不同文明间的对话，这在经济全球化快速发展的今天更有重要意义。保护世界遗产也有利于促进保护与之相关的景观等生物多样性，促进人与自然、人与生物圈的和谐发展。

遗产保护事业在相当程度上展示了一个国家文明进步的程度和教育科技文化发展的水平。被列入世界遗产名录的文化和自然遗产能够提高一个国家、一个地区和一个城市在世界范围内的知名度，甚至使一些原本默默无闻的地方一夜知名。特别值得一提的是，开展遗产保护教育有助于青年学生乃至全体国民增强对本民族文化的认同感、自豪感，树立民族的自尊心、自信心，同时也使他们学会在世界多样文化的背景下与其他文化共处，热爱大自然，增强环保和可持续发展意识，这对维护世界和平、促进共同发展有着不可替代的作用。

中国是具有五千年历史的文明古国。中华民族创造的灿烂文化，对世界文明进程曾经产生过重要而深刻的影响。中国拥有众多光辉的文化遗存，中华文明更是世界四大古老文明中唯一未曾中断过的文明，在人类文明中占有特殊重要的地位。在中国辽阔的土地上，拥有典型性的地质地貌形态、多样生态环境类型、丰富的生物物种资源、瑰丽神奇的自然景观以及重要的濒危物种栖息地，这些自然遗产具有全球性的重要意义。中华民族自古就有“天人合一”的文化传统，四千年前的夏朝，就规定春不伐木，夏不捕鱼，不准捕杀幼兽和获取鸟蛋；三千年前的周朝，就根据气候节令，规定农作时间，中华文明为世界展现了自然与文化和谐共存发展的诸多奇观。作为《公约》的缔约国，我国对本国世界遗产的认定、发掘、保护、科研、教育、宣传和传承负有神圣的责任；在推动保护世界遗产的事业中，中国也将向全世界展示中华文明的伟大和持久生命力，促进遗产地的经济发展、精神文明建设和社会进步。

世界遗产保护的国际机制

自1972年联合国教科文组织在巴黎通过《公约》至2003年底，《公约》已经拥有177个缔约国，是影响最大、参与国家最多的国际公约之一。目前，已进入世界遗产清单的自然遗产达149个，文化遗产达582个，文化和自然双重遗产23个，分布在129个国家。我国1972年恢复在联合国教科文组织的合法席位后，开始积极参与其中的各项活动，1986年成为《公约》的第89个缔约国。

世界遗产委员会是联合国教科文组织根据《公约》建立的一个政府间委员会，由缔约国大会选举出的21个国家组成，作为负责实施公约的决策机构。其最重要的作用之一是根据专家咨询机构的建议，批准世界遗产登录名单，确定和解除濒危世界遗产名单。正因为如此，世界遗产项目和政府间海洋学计划被公认为联合国教科文组织系统内两个最重要的旗舰项目。世界遗产委员会有两个专家咨询机构，即国际古迹遗址理事会和国际自然及自然资源保护联盟，它们负责有关世界遗产保护和申报中的科学评估等专业问题。总部设在巴黎的国际古迹遗址理事会负责文化遗产的科学评估，总部设在瑞士的国际自然及自然资源保护联盟负责自然遗产的科学评估。对于同时涉及文化和自然两方面的遗产，则由两个机构共同完成申报评估并向委员会提出咨询报告。此外，委员会还有一个教育培训和科研机构，即总部设在罗马的国际文物保护与修复研究中心。

在每一次世界遗产大会期间，世界遗产登录名单的审定总是为全球瞩目，特别是受到申报国的高度重视，往往有部长级高官督阵。因为列入清单，就意味着该遗产已经成为世界遗产。世界遗产委员会还负责监督各国履行《公约》的情况，修订世界遗产保护的相关规则和操作指南，审议发展战略和行动规划，审议遗产保护方面的检查报告及纠正措施，审批预算以及检查项目执行情况，促进国际交流与合作以及争取其他国际组织的援助等。世界遗产委员会会议每年举办一届，会议的内容和形式都须严格按照《世界遗产公约》、《世界遗产委员会议事规则》和操作指南的规定进行。

我国世界遗产保护的成就和面临的挑战

近 20 年来，在党中央、国务院的高度重视下，在各相关国家部委和各级地方党政部门的共同努力下，中国世界遗产的申报和保护工作取得了辉煌的成就。目前共有 30 项文化和自然遗产被列入《世界遗产名录》，其中文化遗产 22 处，自然遗产 4 处，文化和自然双重遗产 4 处，名列世界第三。此外，在遗产预备清单中还有 100 多个项目，居世界首位。中国已经成为世界遗产大国。

申报世界遗产的最终目的是为了更好地保护世界遗产的真实性和完整性。我国政府历来高度重视遗产的保护和管理工作。改革开放以来，我国制定了一系列的法律法规，如《文物法》、《环境保护法》、《自然保护区条例》以及地方性的法规，如《四川省世界遗产保护条例》、《黄山风景名胜区保护管理条例》、《湖南省武陵源世界自然遗产保护条例》等。与此同时，我国政府还积极扩大保护世界遗产的国际交流与合作，妥善处理保护世界遗产和发展经济的关系，重视与世界遗产相关的科研和教育工作，政府对保护世界遗产的投入力度逐年加大。黄山的保护经验曾被世界遗产委员会评价为“有许多做法都是实际工作中的创举，应推广到全世界其他遗产地学习和借鉴”，长城、苏州园林、安徽西递村、泰山、峨眉山、武夷山等地的保护工作也受到世界遗产专家的好评。现在各地申报世界遗产的积极性很高，形成了一股申报世界遗产的热潮。这些工作都得到国际社会的普遍承认，得到联合国教科文组织和世界遗产委员会的高度认可。第 28 届世界遗产大会在中国召开，这本身就是对中国有关世界遗产工作的充分肯定。

当然，我们还要清醒地认识到，我国保护世界遗产工作有待与时俱进地得到加强和改进。目前，仍有一些地方和部门对保护世界遗产的意义和作用认识不足，宏观、中观与微观监管体制和利益格局有待进一步理顺。少数地方不同程度地存在着重申报轻保护、重开发轻管理的倾向和超容量利用及过度开发等问题，相关学科专业建设、人才培养和队伍建设以及宣传普及等工作还有待深入。认真解决这些问题是我国世界遗产事业可持续发展的重要保证。我们要站在发展社会主义先进文化的高度，站在谋中华民族子孙万代长远利益的高度，站在中华民族为世界文明作出更大贡献的高度，正确处理好保护与开发、经济效益与社会效益、当前利益与永续利用的关系。一是加强保护世界遗产的法制建设，明确各级各有关方面的责任，加大对世界遗产保护的投入，进一步调动中央和地方两方面的积极性，强化科学民主管理的现代遗产管理体制和运行机制。二是加强世界遗产的科学研究、队伍建设和教育宣传。三是借鉴保护世界遗产的国际经验。四是进一步加深与联合国教科文组织及有关世界遗产组织的合作，并在其中充分发挥我们的作用。

回顾第 28 届世界遗产会议

第 28 届世界遗产会议是本年度世界遗产保护领域最为重大的事件，是中国自 1972 年恢复在联合国教科文组织合法席位后首次承办的规模最大的一次会议，是历届以来会期时间最长、议题最多的一次会议，也是在我国举办的为数不多的国际公约组织履约机构具有约束制衡权和决策权的会议。经过各方的积极努力，我们实现了中央领导同志对这次会议提出的要求，把这届大会办成一次“令人难忘、载入史册”的盛会，办成具有国际一流水准和中国特色的盛会。

这次会议对世界遗产保护运动产生广泛而深远的影响。会议的主要工作成果有四个方面：

一是审批新的世界遗产。向这次会议申报的项目共 50 项，是自“凯恩斯决定”以来历届最多的一次。位于我国吉林和辽宁省境内的高句丽王城、王陵及贵族墓葬也正式被批准列入世界遗产名录。

二是讨论了世界遗产的全球战略。该战略简称为"4C"战略，即增强世界遗产名单的信誉度（Credibility），确保有效地保护（Conservation）世界遗产，促进在缔约国开展有效的能力建设（Capacity-building），通过宣传和沟通（Communication）提高对世界遗产的共识、参与和支持。其中主要对试行期已满的"凯恩斯决定"（其中包括一年一国只能申报一项的政策）进行评估。经过激烈辩论，审议修改的必要性和可行性。由于历史和其他原因，已登录的世界遗产多分布在欧洲（尤其是西欧）以及北美，且多为文化遗产，但有许多国家（主要是发展中国家和中小国家）尚无一处遗产，这成为各国关注和辩论的焦点，也是难点。经过激烈辩论，各国达成协商一致，通过了凯恩斯/苏州决定，将申报数额修改为一国一年可以申报两项世界遗产（一项文化和一项自然遗产）。这一修改从客观上对我国今后的申报工作十分有利。

三是评估各国遗产地的保护与管理。今年重点审议拉美地区遗产保护状况。评估的结果认为，各国在保护方面有很大的进步，但是管理工作尚需做出更大的努力。目前最突出的问题是保护工作发展不平衡，一些发展中国家的遗产因为资金和专业人才不足的原因而面临严重问题，个别非洲国家的一半世界遗产处于濒危的状况。因此，会议呼吁各国加大投入，以有效地保护好各国的世界遗产。

四是进一步推进国际交流与合作。会议要求各国家加强合作，对发展中国家在保护、人才培养和监测方面提供帮助。会议通过了在我国建立世界遗产研究与培训中心的决定。这意味着我国今后将在遗产保护与管理方面为世界承担起更多和更重要的责任。

会议期间，我国与世界遗产中心合作举办了世界遗产展览，回顾了世界遗产保护的历程，展示全世界遗产的风采和中国在遗产保护领域取得的成就。

我国为承办这次会议付出了巨大的努力。为确保会议的成功召开，中央专门成立了由国务委员陈至立同志任组长的会议筹备领导小组，在外交部、国家发改委、教育部、文化部、国家文物局、建设部、财政部、国务院新闻办、公安部、中国联合国教科文组织全国委员会、上海市政府、江苏省政府、辽宁省政府、吉林省政府、苏州市政府等各单位和地方的共同努力下，会议得以顺利、隆重地召开。我国政府的重视和热情款待、彬彬有礼和平等待人、周到的服务和出色的组织工作，为会议营造了和谐与合作的良好氛围，包括化解了一些因意见不同而产生矛盾和对立的情绪，各国代表在中国苏州度过了一段愉快和美好的时光。教科文官员指出，本次会议是最成功的一次，今后解决难题要到中国开会。

保护世界遗产对于贯彻科学发展观，促进经济社会协调发展、人与自然环境和谐发展，具有重要意义。保护中华民族独有的自然和文化遗产，是彰显民族光荣与尊严、实现中华民族伟大复兴的必然要求；积极推动世界遗产事业，是促进人类和平发展的重要内容。让我们在党中央的领导下，借会议的东风，共同努力，把中国的遗产保护事业推向一个新阶段，为世界遗产保护事业作出应有的贡献。

（作者系中国联合国教科文组织全国委员会主任，第28届世界遗产委员会主席）

精英教育：高水平研究型大学的人才培养理念

赵沁平

一个国家对其人才的需求是多方面、多样化的。党的十六大报告要求“努力造就数以亿计的高素质劳动者、数以千万计的专门人才和一大批拔尖创新人才”。为了适应国家发展对人才的需求和满足人民群众接受高等教育的愿望，“九五”期间我国加快了高等教育的发展步伐，使我国进入了大众化高等教育的发展阶段，现在我国已经成为世界上高等教育规模最大的国家。大众化的高等教育需要符合我国国情的现代化的高等教育体系，需要适应大众化高等教育的大学结构、管理体制和运行机制。多种类型、多种层次的高等院校是现代化高等教育体系的主体，它们互相不能取代，也都不可或缺。充满活力、能够不断适应社会需要的现代高等教育体系应当在办学目标、办学模式以及人才培养目标、模式、手段等方面都是多样化的。

精英人才是我国宏大人才队伍中的核心人才、骨干人才，是各条战线上的领军人才。中央在关于进一步加强人才工作的决定中明确提出人才强国战略，同时指明“坚持三支人才队伍建设一起抓。党政人才、企业经营管理人才和专业技术人才是我国人才队伍的主体，必须分类指导，整体推进。着重培养造就大批适应改革开放和社会主义现代化建设的高层次和高技能人才，带动整个人才队伍建设”。这就要求我们在实行大众化高等教育的同时更加重视精英人才的培养，大众化高等教育和精英教育是现代高等教育的两个方面。从发达国家精英教育的情况来看，精英教育至少有两大板快：一是研究生教育，特别是博士研究生教育，研究生教育就是要培养高层次和高技能人才；二是高水平研究型大学应当培养精英人才，也即应当实施精英教育。

真正的精英人才决不是单靠学校就能培养出来的，学校培育的仅仅是毛坯，要进入社会遇骇浪、经风雨，磨练意志、积累经验，才能百炼成钢。但是在一些高水平大学树立精英教育的人才培养理念，依据高层次人才成长规律，从各个方面、各个环节尽最大可能营造具有各自文化特点和大学精神的培育精英人才的环境，无疑将有利于精英人才的成长。实施精英教育首先必须具有精英教育的办学理念，特别是精英教育的人才培养理念。本文主要就我国高水平研究型大学的本科人才培养的某些方面谈几点看法。

一、百里挑一，宁缺勿滥

我与美国一所高水平研究型大学的校长交谈时曾问他如何保证学校的人才培养质量，他毫不犹豫地说要有一流的教师和一流的学生。这真是办成一流大学、培养精英人才的真谛。

美国高校的招生由大学自主决定，社会专门机构提供学习能力和学术水平测试（SAT）方面的全国性考试服务。不同类型的大学采取不同的招生录取办法。社区大学面向所有申请者，开放式录取；一般性大学根据情况进行最低限度的筛选；高水平研究型大学和一些水平比较高的授予博士学位的大学则采取竞争性或选择性招生的办法。一般要通过考察申请者三方面的材料后择优录取：一是

SAT成绩，二是高中的学习成绩、论文写作和社会实践等情况，三是有关人士的推荐信和面试情况。这些学校，特别是一百多所高水平研究型大学的竞争性是相当强的，可谓百里挑一，而且这些学校的学费普遍较高。

我国的高校招生录取基本上是依据唯一的全国统一考试成绩（有若干只涉及极少数申请者的免试和加分政策）。近年来主要围绕考试课程和内容进行了一些改革，但由于涉及广大人民群众的切身利益，而且我国中学数量众多、情况复杂，因此唯一依据一年一度全国统一考试成绩的录取体系没有改变。但是从科学的人才评价角度来看，这种单一考试成绩指标不可能对人的全面素质和能力作出评价，而且不利于对学生大学前的教育进行良好的引导。从这个意义上讲，突破单一指标的录取体系是必然的趋势。

我们不妨先从少数高水平大学开始，变一维录取指标为多维录取指标，起码可以考虑申请者高中阶段的整体学习、社会实践等情况，尽可能对申请者的全面素质进行考察评价。这虽然有相当难度和工作量，但为了能够真正公正、科学地选拔出优秀人才，对于高水平研究型大学来说也是值得的。我国研究生的招生录取也应该进行同样的改革，由于研究生的招生录取已经有面试环节，因此进一步的改革相比较要容易一些。我们有很多可用于较全面评价学生的信息，如本科期间所学课程及学习成绩、科技活动和社会实践的情况等。这些信息的获得难度不是很大，要充分利用这些信息，否则非常可惜。总之，要百里挑一，宁缺勿滥，这是高水平研究型大学实施精英教育的第一个重要环节。

这里不可避免地要涉及学校在校学生的规模问题，这是学校发展目标、发展战略和发展规划中的重大问题。学校要根据国家和地区发展需要、学校办学目标、办学历史、办学条件，以及师资队伍、科学研究等综合因素来合理地确定自己的学生规模。实际上对于高水平研究型大学来说更本质的是确定自己的生师比，要在保证提供高质量教育服务和进行高水平科学研究的前提下确定合理的生师比以及管理人员的比例，然后根据自己拥有的师资数量确定学生规模。另外作为高水平研究型大学还必须考虑本科生、研究生和国外留学生的比例。美国高水平研究型大学的学生多在2万人左右，超过3万人的很少。我国情况不同，发展阶段不同，但从精英教育的理念和规律来说，学生的规模不能太大。

二、自选专业，有个性发展空间

由于历史的和条件方面的种种原因，我国大学一直是按具体专业进行招收录取工作，而且学生必须在入学之前选择确定所学专业。由于年龄小、无阅历、不可能对各种专业有较深的了解，因此学生所选专业绝大多数是家长的意愿和中学老师们的意见。这种一次考试、一次他人的意愿决定人生最为重要的一次专业选择的办法无疑是非常不合理的。经过多年的重点建设，我国的一些高水平大学开始具备了一定的条件，因此可以适时地进行不定专业录取，或者按大门类录取的招生改革。学生进校学习一年左右再根据学校的情况，由学生和各院系双向选择确定学习专业。这一改革涉及课程系列设置、学分制、学生学籍管理、信息服务等，是有一定难度的教育教学改革系统工程。

作为社会主义国家的大学，把学生培养为德智体美全面发展的社会主义事业的接班人是自己的天职，因此毫无疑问对学生有培育的义务、塑造的责任，特别是精英人才共有的一些特质。同时也要给学生留有个性发展的空间，鼓励学生良好个性的发展，这是培养拔尖创新人才所必须的。有人说新世纪的教育就是要把对“所有人”的教育变成为对“每一个人”的教育，其核心也是这个意思。可以说自选专业就是这方面的重要措施之一。当然在整个培养过程中还有许多环节可以改革，可以更有利于学生良好个性的发展。

三、更多地接触教师，与教师进行交流

我国连续多年快速扩大高等教育规模，2003年高等教育总规模已达到1 900多万人，普通高校本专科在校生1 000多万，其中本科生620余万，研究生60余万。现在高校的基础课堂，一般都在二、三百人，专业课堂也有一、二百人。而且几乎所有大学，无论是高水平研究型大学还是教学型大学，教学模式都是同样的大堂灌输、课后放任、期末考试式。任课教师难以认真批改作业、难以举行课堂讨论、难以布置撰写读书报告、难以与学生个别交流，真可谓批量“授业”、微量“解惑”、没有“传道”。从这个意义上讲，除了师资的质量水平以外，我国的一些高水平大学并没有给自己的本科生提供更优质的教育服务。这种状况直接影响了培养质量，更有悖于精英教育的人才培养理念和人才培养模式。美国的大学评估机构对其研究型大学的评估指标体系中有一条 30 人以下课堂所占的比例，是很有道理的。我国的一些高水平大学应当尽快改变上述状况。

要改变上述状况，要增加教师和学生交流的机会，要进行与精英教育理念相适应的一系列教育教学改革，就必须保持合适的生师比例（不同类型高校应当有不同的生师比）。就我国一些高水平大学目前的改革与发展阶段来说，当务之急是重建大学的助教队伍。当然不能简单地恢复过去的助教制度，不能简单地增加专任助教，而要与时俱进，这就是推行国际上高水平研究型大学的通行办法，即聘任博士生兼职助教。我国一些科技实力较强的大学已有相当数量的在校博士生，应当有条件按 30～50 名本科生，20～30 名硕士生设置一个博士生助教岗位来配备教授/助教课程教学团队。博士生兼助教以后不但可以增加老师和学生交流的机会，进行一些目前难以实现的教育教学改革，还可以加强实验课和实验室管理。另一方面，通过助教、助管等工作经受初步的教学、管理实践锻炼，也可以成为学校对博士研究生这一部分精英人才的一个培养环节，使其成为在各方面都具备条件的高校教师后备队伍，同时还能使他们得到一定的生活补贴。

还有一个问题，这就是管理人员队伍。现在学校谈人才建设很少谈管理队伍，而实际上管理队伍是学校人才队伍的重要组成部分。提供优质教育服务的责任不仅仅是教师，教师主要提供知识传授，大量的教育教学管理和服务是由各种管理人员提供的。因此实施精英教育也需要有足够数量的、高水平的、尽责敬业的各级各类管理人员，组织管理学校的与精英教育相适应的教育教学活动，并为学生及时提供所需的各种信息、生活、心理咨询等服务。

四、更多地接触实际、接触科研，注重能力，特别是创新能力的培养

学校的人才培养目标决定了学校人才培养工作的重点和人才培养模式。中央关于进一步加强人才工作的决定指出“人才资源能力建设是人才培养的核心。……重点培养人的学习能力、实践能力，着力提高人的创新能力”。能力培养应当是高水平研究型大学人才培养的一个重心。对于本科生来说，除了要使他们获得现代化的专业知识以外，更主要的也是提高他们的能力，使他们逐步具备良好的学习能力、实践能力、发现分析解决问题的能力、表达撰写能力、与人交往合作的能力和创新能力等。

能力的培养单靠课堂教学是不行的，古人说“行万里路，破万卷书”，能力的培养需要大量的训练和实践，特别是对那些必须以意志力、执著精神和良好心理素质为载体的能力，就更需要磨练甚至经受挫折的锻炼了。学生在高水平研究型大学可以经受长期历史积淀和建设所形成的良好学术氛围、独特校园文化和大学精神的熏陶，获得更多的高水平教师的指导，这对学生的成长来说是非常重要的，同时也是其他学校难以比拟的。但是对于精英人才的能力培养来说只有这些是远远不够的，还必须创造有利于各种能力培养的培养模式、培养条件和评价激励机制。由于现在的社会和学校状况与过去相比都有了巨大变化，因此这方面的改革空间相当大，比如可以丰富学生社团活动，使学生有更多的机会参与学校的社会活动；为学生提供足够的时间进入实验室、开展课外科技活动或比较早地接触科研，参与老师的科研工作；通过产学研结合建立产学研基地，开辟学生创新创业园地；对于文科类学生来说安排一定时间走出校门到社会上进行调查研究等等。这些都是提高能力，特别是创新能力的有效途径。

五、更多地了解我国国情、文化和历史

作为国家和民族的精英人才，理所当然地要把自己的聪明才智和毕生精力贡献给祖国复兴、民族振兴，要凝聚和引领各条战线的队伍在激烈的国际竞争中，使中华民族雄居世界东方，傲立民族之林。因此贯穿精英教育始终的就是要培育学生的爱国心、责任心和使命感。必须要让学生了解我国国情，特别是中西部农村；了解我国文化，特别是传统文化；了解我国历史，特别是近现代历史。要创造条件、建立特殊的机制，让学生深刻了解我国的过去、现在，以及如何从过去走到现在，从而把我们高水平研究型大学的学生都培养成为具有“本土”精神的国家栋梁、民族精英。

经过多年的高等教育改革和建设，我们的一些大学已经具有相当的条件和办学自主权，完全可以在这方面进行各种探索，办出自己的特色，培养出具有自己大学精神和文化特点的精英人才。可以通过各种方式，包括参观学习、实地考察调研，增加学生的感性认识；对于研究生，特别是一些文科类研究生来说，可以考虑到中西部乡镇、少数民族地区挂职一、二年，使其真正了解国情、了解人民、经受实际工作的锻炼。同时可以提高当地的干部素质，加强所在地区的改革开放；国家有关部门、中西部地方政府和有关高校可以根据中西部地区的经济、社会和科技发展需要面向中西部设立专门的科研项目，让研究生带着任务深入到实际中，在培养的过程中经受锻炼、作出贡献。在此期间国家给予学生应有的经济待遇，还可以使学生积累进一步学习深造的费用。这与现在一些学生到社会某些行业打工进行勤工俭学相比，对国家、对精英人才培养、对人才自身的成长无疑都更加有利。

再强调一点，我国是一个多民族国家，了解兄弟民族的人民和文化是了解我国国情的重要内容，因此各民族的学生都要了解其他兄弟民族。我们的大学，特别是那些条件比较好的大学都有义务制定适当的倾斜政策，积极招收录取少数民族学生，既为国家和兄弟民族培养了精英人才，又可以营造具有多民族文化的校园环境。不同民族学生之间的相处交往，有利于各民族学生对国情和不同文化的了解，也有利于民族团结。

六、更多地接触外国师生、了解世界文化

当今世界，一个国家闭关自守、游离于国际社会不但得不到发展，而且会走向消亡。只有走向世界，在激烈的国际竞争中不断占领制高点、不断赢得胜利才能屹立于世界民族之林。因此必须有源源不断、前赴后继的足够数量的精英人才队伍，而且这支队伍必须了解世界其他文化、了解国际竞争规则、善于国际交往、能够与国际同行打交道并在竞争中处于不败之地。这就需要我们的一些高水平研究型大学在人才培养和大学建设两方面都面向国际，采取更加开放的“国际化”的模式和机制。

在人才培养方面使学生熟练使用外国语言，特别是英语是极其重要的。我国在国际组织中的工作人员很少，英语水平是一个重要原因；我国软件行业承接国外订单和出口额远低于印度，除了管理、开发等方面的原因以外，与我国软件企业英语水平普遍偏低，且缺少与外商打交道的国际市场人才有很大关系。因此有条件的高水平大学一定要把提高学生运用英语的能力作为一个重要方面，要尽可能提高用双语或用英语授课的比例。要更多地开设世界文化、世界历史、世界经济、国际关系、国际政治和国际法等方面的课程和讲座。

学校在制定发展规划和进行建设时应加强加快“国际化”方面的建设。现在发达国家的大学都非常重视“国际化”观念的树立和“国际化”建设。他们一方面从全世界聘任高水平专家学者任教，一方面鼓励自己的教授成为“国际教授（International Professor)”，即被国外知名大学聘请为客座教授、担任国际学术会议程序委员、会议、分会主持人、被邀做特邀报告等。他们不但重视教师的学术水平，还非常重视本校教师的学缘结构，通过各种有效措施，包括不能直接留本校毕业生任教等，确保教师队伍的多样化。

发达国家高水平大学“国际化”努力的另一个重要方面就是保持较高比例的国际学生的数量。德国有关部门在对其大学进行评估时把欧盟国家以外的国际学生所占比例作为重要指标之一，10%为基本要求，高于10%加分，低于10%就要扣分。对于本国的学生，他们则制定办法、采取措施鼓励、资助学生到国外进行一段时间的实习考察、撰写论文，以此加强对世界的了解。另外他们还有许多国际合作的科研项目，学生通过参与这些科研项目也可以增加对异国文化、科技和国情的了解。通过这些“国际化”方面努力，世界知名的高水平研究型大学都具有“国际化”的育人环境，学生在学校就可以较多地接触不同国家的文化，与来自不同国家的教师、学生交往相处。这些大学“国际化”建设的努力大幅度提高了他们的国际竞争力和国际地位，因而也就稳居于世界一流大学的行列。

我国的大学一般还不具备上述条件，但对于一些水平较高的大学来说，无论从精英教育的角度还是从建设世界一流或世界知名高水平研究型大学的角度，都应当加强“国际化”建设的力度，加快“国际化”建设的步伐。要逐步增加从国际上聘请高水平教师的数量，也可以聘请若干具有国际高水平研究型大学管理经验的教育管理专家参与学校的有关管理工作；积极提高外国留学生占在校生总数的比例，争取逐步达到10%～15%；更多更积极地参与大型国际合作科学研究项目，最大限度地利用国际科技资源；尽可能创造条件让学生在学习期间就有一定时间到国外学习、考察。通过种种努力逐步营造“国际化”育人环境，提高国际竞争力，最终建成为世界知名的高水平研究型大学。

未来二十年是我国发展难得的历史机遇期，教育界担负着实现科教兴国战略、人才强国战略和可持续发展战略的至关重要的基础性责任。我们要构建并完善现代国民教育体系和终身教育体系，还要对国家创新体系的建设作出贡献；要培养造就数以亿计的高素质劳动者、数以千万计的专门人才和一大批拔尖创新人才，还要对科技创新、国家信息化和新型工业化作出贡献。这就需要我们在高等教育系统内建立完善两种人才培养的体制与机制，即大众化高等教育的体制与机制和精英教育的体制与机制。我们的一些高水平研究型大学应当把精英教育作为自己的人才培养理念，下大力气通过各方面的改革和建设，把学生真正培养成为具有中华民族精神、能为中华民族腾飞献身的“国际化”精英人才。

（原载《中国高等教育》2004年第8期）

大力发展以就业为导向的高职教育

吴启迪

从1999年实施扩招政策以来，中国高等教育迅速实现了从精英阶段到大众化阶段的跨越式发展，取得了举世瞩目的成绩。其中高等职业教育异军突起，成效显著，对中国实现高等教育大众化的历史性跨越做出了至关重要的贡献。

具有中国特色和充满生机活力的高等职业教育体系初步形成

《全国教育事业第十个五年计划》提出“十五”期间在“发展高等职业技术教育方面实现重大突破”。经过几年的努力，高等职业教育已经成为中国高等教育体系的一个重要组成部分。

1. 从规模上看，高等职业教育已经成为中国高等教育的“半壁江山”。从1998年到2003年，我国高等职业教育招生数从54万人增长到200万人，在校生数从117万人增长到480万人，短短5年内，高等职业教育的招生数和在校生数分别增长3.7倍和3.1倍，分别占全国普通高校招生数的52.24％和在校生数的43.24％。

2. 从布局上看，与地方经济发展紧密相连的高等职业教育格局基本形成。目前，全国共有独立设置的普通高等职业学校908所，数目占全国普通高校总数的58.5％，基本形成了每个市（地）至少设置一所高等职业学校的格局。

3. 从指导思想上看，高等职业教育的发展定位更加明确，改革思路日益清晰。近年来，高等职业学校转变教育思想观念，以提高就业能力和创业能力为目标，培养了大批“下得去、用得上、留得住”的实用人才，毕业生就业率逐年上升。

4. 从管理体制上看，由中央和地方两级管理的格局已经形成，办学主体多元化趋势明显。高等职业教育已经形成以省级政府统筹管理为主，国家进行宏观调控和质量监控的两级管理格局。同时，高等职业教育积极进行办学体制改革，呈现办学主体多元化、经费来源多样化的发展趋势。

树立科学发展观，保持高等职业教育的健康和可持续发展

经过多年的探索和实践，“以服务为宗旨，以就业为导向，走产学结合的改革发展之路”的高等职业教育科学发展观日益明确，并逐渐形成共识。

1. 为社会经济发展和人民群众利益服务，是高等职业教育发展的目标。

美国、德国、日本等许多发达国家的发展规律表明，在工业化快速发展和经济结构迅速转型的阶段，必须积极发展短期的、应用性、技能型的高等教育，为快速扩充和升级的市场提供适应其发展的高素质劳动力。

当前，我国正处在全面建设小康社会和加速推进社会主义现代化建设的新的历史时期，需要数以亿计的高素质劳动者、数以千万计的专门人才和一大批拔尖创新人才。在高等教育大众化阶段，高等教育类型多元化，不同类型的高校具有不同的培养目标和社会功能，高等职业教育与其他普通高等教育相比，更突出应用性、技能型人才的培养，更强调为地方经济和社会发展提供“零距离”服务。

2．以就业为导向，是高等职业教育健康发展的方向。

高等教育在大众化阶段面临的一个重要问题是就业问题。就业是民生之本，事关人民群众的切身利益。坚持以就业为导向，是我们全面实践“三个代表”重要思想、深入贯彻党的十六大精神的重要体现，对中国高等职业教育的健康发展具有深远的意义。

首先，以就业为导向，有利于准确把握学校的发展观和质量观。当前还存在两种模糊认识：一是认为办学层次越高，水平也就越高，盲目追求学校升格，不安心于高等职业教育；二是在人才培养中片面强调学科教学，认为基础理论越扎实，学生的水平越高。这两种认识说到底是质量观和发展观问题。发展高等职业教育，一要明确办学方向，二要树立正确的质量观，三要找准自己的定位和发展空间。不同类型、不同层次的学校都能办出一流的教育。所谓一流的教育主要体现在先进的办学理念、先进的管理和服务、优质的办学条件和培养高质量人才上，最根本的标准是要培养出国家建设需要和受社会欢迎的人才。如果高职40％到50％学生都以“专升本”为目标，高职的发展方向都以办普通本科教育为定位，国家就没必要再办高等职业教育。

其次，以就业为导向，有利于促进职业教育面向经济建设的主战场，加强与企业的合作。当前高等职业教育中存在一个重要问题是教育与市场的脱节。当学校将学生就业问题作为关系学校生死存亡的重大问题来抓时，学校就会主动适应市场，了解市场对人才类型和规格的需求，加强与企业之间的合作。

第三，以就业为导向，有利于推动高职院校的教育教学和管理制度改革。随着与企业的紧密结合，学校为了适应不断变化的市场需求，提高毕业生就业率，就需要对专业设置、课程内容和教学方法进行改革，强化学生的就业指导和创业教育，使越来越多的大学生成为创业者，为社会开创更多的就业机会。

3．产学研结合，是高等职业教育发展的必由之路。

当前中国高等职业教育的发展面临着三个瓶颈问题，即办学条件，育人模式和就业水平。国外高等职业教育发展的经验和中国的实践证明，产学结合是解决高等职业教育发展瓶颈问题的一方“良药”。教育与生产劳动相结合，是我党一贯的教育方针政策。特别是在市场经济发展不断深入的今天，产学结合基于互惠互利、双向选择的市场化原则，不但实现了学校和企业的“双赢”，同时也减轻了政府的负担，培养了一大批动手能力、创新能力和就业竞争力强的高技能人才。

积极推进教育制度创新，
办好让人民满意的高等职业教育

坚持“以服务为宗旨，以就业为导向，走产学结合的改革发展之路”的高等职业教育科学发展观，必须进行制度层面的教育创新，进一步完善高等职业教育体系，提高高等职业教育质量，满足社会经济发展和人民渴望接受高等教育的需求。

1．以就业为导向，健全高等职业教育评估体系。

当前，我国高等教育正在由规模扩张走向以结构调整和质量提升为主要任务的发展阶段，因此，完善质量评估和监督体系是高等职业教育可持续发展的一个重要保障。今后，所有高等职业院校每五年都要接受一次教学工作评估，其中一个重要指标就是毕业生就业率，它直接反映了学校人才培养的质量和社会声誉。我们必须把毕业生的就业水平和就业质量与当地院校设置和招生计划挂钩，进一步加强地方政府和学校对毕业生就业问题的重视。

2．深化学习制度改革，加快人才培养步伐。

市场经济对人才类型、规格的需求是不断变化的。因此，传统的整齐划一的教学计划和课程设置已经无法适应以就业为导向的高等职业教育，必须进行学习制度改革。首先要建立弹性学习制度，允许学生自主选择专业、课程、学习方式和学习时间，为高等职业教育的学生创造工学交替、半工半读、分阶段完成学业的制度环境。其次要对高等职业教育学制进行改革，把三年制高职过渡为二年制。这不是一个单纯的学制问题，实际上是一个导

向和机制问题。通过学制改革，将进一步推动课程体系和教学内容改革，突出职业教育的灵活、快捷和适应性强的特点，满足紧缺人才的需求，同时减轻学生负担，符合广大人民群众的利益。三是要研究将高等职业教育与职业资格准入挂钩的机制，以提高高等职业教育的社会地位，满足高等职业教育发展的需要。

3. 努力改善教师的知识和能力结构，加强“双师型”教师队伍建设。

党中央在全国人才工作会议上指出，人才资源是第一资源。当前高等职业院校教师队伍的知识结构不尽合理，专业知识老化，实践能力较弱，无法承担大批量的高技能人才培养任务，需要通过多种渠道充实和提高“双师型”教师队伍。一是要建立专业教师定期轮训制度，支持教师到企业和其他用人单位进行工作实践，重点提高教师的专业能力和实践环节教学能力。二是完善教师聘用制度，从企业引进一批生产和服务第一线的高级技术人才充实教师队伍。三是示范性高等职业学校和职业教育实训基地，也要承担“双师型”教师的培养和培训任务。

4. 积极推进产学结合，创建高技能人才培养的良好环境。

高等职业院校要充分考虑和积极适应社会和经济发展的需要，灵活设置和调整专业，并主动与企业合作，建立校内外实训基地，引进“双师型”教师，实施“双证书”制度，大力推广“订单式”人才培养和其他类型的合作教育模式。

大力发展高等职业教育，培养大批高技能人才，是今天经济社会发展的需要，是走新型工业化道路、农村城镇化道路的需要，也是满足广大人民群众对高等教育愿望的需要。我们应当在已经形成的良好局面基础上，积极进取，锐意改革，办好让人民满意的高等职业教育。

（原载 2004 年 4 月 1 日《光明日报》）

认真实践“三个代表”重要思想 推动基础教育全面协调可持续发展

陈小娅

当前，在深入贯彻党的十六大和十六届三中全会精神、兴起学习贯彻“三个代表”重要思想新高潮的形势下，我国基础教育改革与发展正处在一个关键阶段。党中央、国务院高度重视基础教育工作，近几年来相继就基础教育的改革与发展作出了一系列的重大决策。2001年国务院召开的全国基础教育工作会议和《国务院关于基础教育改革与发展的决定》，确立了农村义务教育“以县为主”的管理体制，全面部署了实施素质教育的各项任务。去年国务院又召开了全国农村教育工作会议，并作出《关于进一步加强农村教育工作的决定》，进一步明确了农村教育在全面建设小康社会中的重要地位，把农村教育放到了教育工作的重中之重。这些重大决策，为基础教育创造了更为良好的体制环境和发展机遇，也对新时期基础教育工作提出了新的更高的要求。2004年，我们必须以“三个代表”重要思想为指导，抓住机遇，乘势而上，努力开创基础教育工作的新局面。

一、贯彻党的十六大和十六届三中全会精神，深刻认识新时期新阶段对基础教育工作提出的新要求

党的十六大提出要全面建设惠及十几亿人口的小康社会的宏伟目标，十六届三中全会和《中共中央关于完善社会主义市场经济体制若干问题的决定》，对建成完善的社会主义市场经济体制和更具活力、更加开放的经济体系作出了全面部署，要求树立新的科学发展观，实现经济社会和人的全面发展。这些大政方针的确定，体现了新时期经济社会全面协调发展的要求，同时和教育改革与发展全局息息相关，也比以往任何时候更加突出了基础教育在改革开放和现代化建设中的重要地位。在新的形势下，要进一步学习领会党的十六大和十六届三中全会精神，在经济和社会全面协调发展的全局中来认识基础教育工作所面临的新任务和新要求。

（一）紧紧围绕全面建设小康社会的宏伟目标，坚持“以人为本”，努力满足人民群众享有接受良好教育的愿望

全面建设小康社会，要求我们推进各项工作，都要坚持“以人为本”，把努力满足人民群众的需要和促进人的全面发展作为根本出发点和落脚点。基础教育事业涉及到千家万户，在各级各类教育中对人民群众根本利益的影响面最广。办好基础教育，是直接关系教育工作贯彻“三个代表”重要思想，履行为人民服务宗旨，办让人民满意教育的关键。这要求我们推动基础教育的各项工作，必须时时刻刻都要坚持“以人为本”，努力为人民群众提供良好的受教育机会，促进学生在德智体美等方面的全面发展，使人民群众充分分享教育改革与发展的成果。

形成比较完善的现代国民教育体系，继续普及九年义务教育，基本普及高中阶段教育，消除文盲，形成学习型社会，促进人的全面发展，这是十六大提出的全面建设小康社会的重大战略任务。我们要紧紧围绕这一战略任务，加强统筹协调和宏观

指导，扎实推进基础教育全面、协调、可持续发展。一是要全面普及九年义务教育。这是将巨大的人口压力转换为人力资源优势的最根本的前提，也是广大农村劳动力转移的重要基础。当前西部农村“普九”任务艰巨，要加快推进西部“两基”攻坚。已经实现“两基”目标的地区，要巩固成果，提高质量，力争2010年在全国实现全面普及九年义务教育和全面提高义务教育质量的目标。二是要基本普及高中阶段教育。这是提高国民受教育程度的决定因素，也是造就数以亿计的高素质劳动者、培养高层次专门人才和创新人才的重要前提。我们要采取多种方式和途径，积极发展高质量的高中教育。三是要加快推进基础教育改革。要按照全面实施素质教育的要求，深化基础教育课程体系、教学内容、教学方法以及考试评价制度的改革，进一步加强宏观指导，推动改革向纵深发展。

（二）树立全面、协调、可持续发展的科学发展观，切实把农村教育作为新时期教育工作的重中之重

十六届三中全会提出，完善社会主义市场经济体制，要坚持统筹城乡发展、统筹区域发展、统筹经济社会发展、统筹人与自然和谐发展、统筹国内发展和对外开放，树立全面、协调和可持续的发展观。基础教育工作同样也必须坚持“五个统筹”，切实树立全面、协调和可持续发展的观念。全面普及九年义务教育，不断促进基础教育的全面协调发展，关键在农村、在西部，这是缩小城乡差别、区域差别的重要基础，是促进西部地区、农村地区经济社会发展最重要的保证，已越来越被人们所共识。要统筹城乡教育发展，把农村教育作为教育工作的重中之重；统筹区域发展，要进一步加大对西部地区教育发展的支持力度；统筹经济社会发展，要把基础教育特别是义务教育，作为各级政府履行公共管理和社会发展职能的最基本、最重要的内容，把人均受教育程度作为经济社会协调发展的重要指标；统筹人与自然的和谐发展，人口资源环境和可持续发展的科学教育要从娃娃抓起；统筹国内发展与对外开放，要求基础教育结合新时期的新情况，继续坚持教育“三个面向”的要求，积极借鉴世界上先进的教学方法、办学经验和管理经验。

（三）适应信息化时代发展对基础教育提出的新要求，大力推进基础教育创新

信息社会的到来和信息技术的迅猛发展，对教育产生了巨大的影响。网络化、数字化以及经济全球化，不仅改变着社会的经济增长方式，使生产方式发生根本变化，而且也改变着人们的生活方式、交往方式、思维方式。我们必须看到，新一代的少年儿童是在与以前完全不同的经济、社会、文化环境下成长和生活，相应的学习环境、学习方式和学习要求都发生了革命性的变化，势必要求加快教育创新，不断探索教育模式、教学方式的改革，提高教育质量。我们一方面要积极推进教育教学改革，树立新的教育质量观，以教育创新推动学习的革命；另一方面要大力发展现代远程教育，加快教育信息化基础设施和信息资源的建设，以教育信息化带动教育现代化。

（四）应对基础教育规模迅速扩大的新挑战，促进基础教育外延和内涵的全面发展

全面普及九年义务教育、基本普及高中阶段教育、加快学前教育发展，等等，使基础教育的规模迅速扩大、受教育的层次普遍提高，使基础教育的普及程度正从量的积累向质的跨越方面迈进。我们既要满足西部农村等不发达地区的基本教育需求，也要鼓励东部等发达地区高质量高水平地发展基础教育，努力扩大优质的教育资源，提高教育教学质量。促进同一地区之间、不同地区之间教育的多样化和均衡发展，是新阶段基础教育发展的重要任务。

做好新时期的基础教育工作，要更好地抓住机遇、珍惜机遇，加快发展；努力地扩大优质教育资源，提高质量，持续发展；不断地适应变化的新情况、与时俱进，追求新的发展。

二、做好新时期的基础教育工作，要不断研究新情况，解决新问题，努力推进教育创新，形成同经济社会发展要求相适应的教育体制

基础教育量大面广，而且处在快速发展的过程中，各类新情况、新问题层出不穷。城乡之间、不同地区之间差别很大，发展的不平衡问题突出。不同的经济社会发展的环境和水平，也决定了基础教育发展的模式和方式等在客观上存在较大的差异

性，这给我们的工作提出了许多新的挑战。

一是义务教育阶段要确保政府行为到位，进一步巩固完善以县级政府管理为主的农村义务教育管理体制。近几年来，中央财政通过实施“中小学危房改造工程”、“贫困地区义务教育工程”、保教师工资等政策措施，大幅度地增加了中央财政对农村义务教育的投入。但基础教育的管理体制和国家财政体制决定了地方各级政府对义务教育负有直接的责任，地方各级政府保障义务教育的行为一定要到位，因此，必须进一步巩固和完善以县为主的管理体制。要把办好义务教育作为各级政府最重要的一项职责。去年召开的全国农村教育工作会议，作出了加快西部地区“两基”攻坚的重大决策，中央将进一步对欠发达地区特别是西部地区普及义务教育在政策和资金上给予大力支持，但广大中西部农村义务教育普及、攻坚及巩固提高，必须依靠地方各级政府履行好公共管理和社会发展的职能，通过以县为主管理体制的巩固和完善，才能从根本上解决问题。必须充分发挥中央和地方的共同作用，才能在“两基”攻坚和巩固提高中做到职责明确，责任到位，防止“压下葫芦起了瓢”的情况出现。明确各级政府职责，确保政府行为的不缺位，是基础教育可持续发展的基本保证。

二是着眼于不断扩大优质教育资源，坚持教育公益性原则，进一步改革和完善基础教育办学体制。目前，一些地区在基础教育改革与发展的实践中对办学体制进行了多种形式的探索，这些改革实践尚处于探索阶段，社会各界看法不尽一致，人民群众的接受程度也不尽相同，也给基础教育管理工作带来了诸多新情况新问题。要正确把握改革的方向，既要通过改革有效扩大教育资源特别是优质教育资源，同时又要考虑人民群众的承受能力，还要确保政府负有的对教育特别是义务教育的责任，不断加大政府投入，增强义务教育的投入保障能力。在完善社会主义市场经济体制的大背景下，必须进一步强化政府管理社会公共事业的职能，坚持教育的公益性，探索既有利于教育事业发展，又适应逐步完善的社会主义市场经济体制要求的教育体制。

三是加快基础教育的均衡发展，坚持义务教育以政府为主的同时，积极探索教育投资的多元化，尊重和满足人民群众对优质教育的需求。我国社会主义初级阶段的发展环境，决定了优质教育资源的短缺将会在较长时期内存在。如何满足人民群众日益增长的对优质教育的需求，是一个需要加以认真思考、探索和实践的问题。解决这一问题，需要政府加大对薄弱校的改造力度，加强对教师的岗位培训和继续教育，提高校长和教师队伍整体素质，强化优质教育资源带动教育质量提高的辐射作用，满足绝大多数人民群众的需求，从制度建设上制止由“择校”引发高收费、乱收费的现象，维护教育的公平、公正、公益性。各级政府在加快基础教育全面协调发展的同时，还要大力鼓励民办教育发展，给需要选择教育的人以一定的选择权，按照“积极发展、规范管理、改革创新”的要求，集合各方面资源、调动各方面力量发展优质教育资源。

三、努力做好关系全局发展的重点工作，确保本届政府提出的重要教育目标的实现

基础教育工作千头万绪，面临的任务十分艰巨，许多突出问题亟待解决。但有限的时间、有限的政策和资金资源，不可能毕其功于一役。因此，必须在统筹兼顾全局发展的基础上，进一步突出重点。只有突出重点，才能集中力量办大事。当前，要紧紧围绕国务院确定的西部地区“两基”攻坚、农村中小学现代远程教育工程这两个关系全国义务教育发展全局的重点，抓住关键，抓出实效，带动基础教育的全面协调和可持续发展。

全力以赴，确保西部地区“两基”攻坚目标的实现。西部地区“两基”攻坚，是国务院领导同志高度重视和直接指导的一项重点工作。西部地区现有1 074个县中，还有 372 个县尚未实现“普九”，40 个县尚未“普初”；西部地区有国贫县 375 个，占全国 592 个的 63.3％；372 个未“普九”县中少数民族地区县占 83.2％。制定和实施《国家西部地区“两基”攻坚计划》，是贯彻落实全国农村教育工作会议精神，全面推进新时期基础教育，特别是义务教育发展的重大举措，是“五个统筹”要求在教育工作中的具体体现。教育部门，尤其是基础教育工作部门肩负着重大的责任，必须制定切实可行的规划，协调多方力量认真贯彻落实，全力以赴组织实施，一定要将这项关系全局发展的基础性工作抓紧、抓实，确保在西部地区基本普及九年义务教育的重要目标如期实现。

精心操作，完成农村中小学远程教育试点。经过近些年来各方面的努力和实践，我国农村地区中小学信息化工作已经积累了一定的经验。经国务院批准，教育部、国家改革和发展委员会、财政部决定在中西部19个省（自治区）进行农村中小学实施现代远程教育工程试点，推行远程教育的“三种模式”，即教学点配置教学光盘系统，村完小配置卫星教学收视系统，农村初中配置计算机教室，形成农村中小学远程教育网络系统。国务院及有关部门对这项工程给予了高度重视。西部地区的远程教育工程建设以国家投入为主；对中部地区的农村，国家也给予一定的补助。这对我国基础教育全面协调发展将起到积极的推动作用，充分体现了国务院和有关部门对中西部地区义务教育的关心和支持。同时，信息化本身是一项系统性、专业性、技术性、应用性很强的工作，工程面对的是贫穷落后的西部农村地区，对我们的职能运作、工作水平、工作方式提出了很高的要求。各级教育行政部门要与当地的发展改革部门、财政部门密切配合，以对国家和人民群众高度负责的态度，精心组织好工程的实施工作，使现代远程教育能够真正惠及广大农村中小学生，并在农村的经济社会全面进步中发挥出积极作用。

这项工程的启动和实施，将促使我国农村地区中小学教育教学质量出现一个大的飞跃、质的变化，是新时期基础教育的重大突破。从长远看，不仅促进优质教育资源共享，促进教育全面协调发展，缓解农村师资不足、水平不高等诸多现实困难，而且对于促进人的全面发展，使未来劳动者掌握未来社会生存的基本技能，适应经济社会发展同样有着极为重要的意义。

此外，基础教育事关全局的工作还有很多，我们要着力抓好中小学德育工作、积极发展高中教育、推进新课程改革实验、新形势下教师继续教育、确保中小学校园安全、提高学校管理水平等各项工作，努力推进基础教育工作在新的一年中再上新的台阶。

总之，我们要按照胡锦涛同志所要求的那样，在实际工作中，把“三个代表”重要思想学习好、贯彻好、落实好，在武装思想、指导实践、推动工作上取得新的突破。要不断学习新知识、研究新情况、解决新问题，努力在实际工作中体现时代性，把握规律性，富于创造性。加强宏观战略性思考，在今年的工作中开展系统的调查研究，在此基础上提出解决问题的建议和办法；坚持着眼于基本国情，一切从实际出发，因地制宜，把改革力度、发展速度和社会可承受的程度统一起来，及时发现问题，化解矛盾，保持基础教育全面、协调、可持续发展。

用"三个代表"重要思想统领教育纪检监察工作为办好让人民满意的教育提供政治保证

（2004年2月2日）

田淑兰

同志们：

部党组召开这次全国教育纪检监察工作会议，主要任务是：以邓小平理论和"三个代表"重要思想为指导，深入学习贯彻胡锦涛同志在中央纪委第三次全会上的重要讲话和中央纪委第三次全会、教育部2004年度工作会议精神；进一步统一思想，不断深化新形势下做好教育纪检监察工作重要性的认识；总结2003年的工作，表彰全国教育纪检监察系统涌现出来的先进集体和先进个人，分析当前教育系统党风廉政建设和反腐败斗争形势，研究部署2004年的任务。昨天李至伦同志和周济同志分别代表中央纪委和部党组做了重要讲话，对进一步加强教育系统的党风廉政建设工作提出了明确要求，我们要认真学习领会，回去以后要认真传达贯彻。

下面，我再谈三个问题。

一、2003年工作的回顾

2003年是我们党和国家发展史上极其不寻常的一年。全党和全国人民以"三个代表"重要思想为指导，认真贯彻落实党的十六大精神，积极应对突如其来的非典疫情等严峻挑战和困难，万众一心，努力拼搏，各项工作克服了意想不到的困难，取得了意想不到的成绩，改革开放和社会主义现代化建设事业取得新成就。在过去的一年里，以胡锦涛同志为总书记的新一届中央领导集体高度重视党风廉政建设和反腐败工作，领导坚强有力，率先垂范，为深入开展新世纪新阶段的反腐倡廉工作提供了强大动力和坚强的政治保证。党中央还十分关心教育系统的党风廉政建设。吴官正、何勇同志亲临教育部进行工作调研，发表重要讲话，并看望驻部纪检组、监察局的全体同志，这是对广大教育纪检监察干部的鼓舞和鞭策，有力地推动了教育系统反腐倡廉工作的深入开展。

在过去的一年里，经过广大党员干部和群众的共同努力，教育事业持续健康发展，教育改革继续深化，教育系统党风廉政建设和反腐败工作取得了新的明显成效。

（一）党风廉政建设责任制逐步得到落实。各级教育行政部门和高等学校采取多种措施，狠抓党风廉政建设责任制的落实，不断完善反腐败领导体制和工作机制，增强反腐倡廉整体合力。各级党委、行政坚持两手抓，更加重视反腐倡廉工作，加强了领导；各业务部门履行党风廉政建设职责更加自觉，把业务工作与反腐败治本工作紧密结合；各级纪委组织协调能力不断提高，积极做好任务分解，开展监督检查，有的还进行责任追究。教育部党风廉政建设领导小组对部直属机关31个单位执行党风廉政建设责任制的情况进行了检查，直接听取主要领导的汇报，提高了领导干部做好廉政建设工作的责任意识；有的省级教育行政部门对高校落实责任制情况进行了巡视，取得了宝贵的经验；还有一些高校坚持领导干部对执行责任制情况进行年终报告的做法，也取得了良好效果。

（二）领导干部廉洁自律意识不断增强。各级教育行政部门和高校广泛深入开展了“三个代表”重要思想和党的十六大精神的学习宣传活动，运用多种形式，加强对党员干部的思想政治教育和党的纪律教育，提高领导干部廉洁从政的自觉性。廉政谈话制度得到进一步落实，取得一定成效。驻部纪检组、监察局与有关部门配合对部直属机关新提任的司局级干部进行集体廉政谈话，并签定了廉政承诺书。

各地各校针对领导干部在廉洁从政方面存在的突出问题，认真组织自查自纠，开展了公务用车、领导干部配偶和子女从业、领导干部在企业兼职等专项清理，狠刹奢侈浪费之风，解决了一些领导干部不廉洁的问题。一些地方和高校还从本地本单位的实际出发，制订或完善了领导干部廉洁自律的具体规定，增强了针对性和有效性，使廉洁自律工作真正落到实处。

（三）查办案件工作取得新的突破。2003 年全国教育纪检监察系统共立案9 261件，结案8 120件，其中移送司法机关查处 728 件；共处分党员干部8 000余人，其中县（处）级干部 132 人，厅（局）级干部 5 人；挽回经济损失 1.5 亿元。

在查办案件工作中，各级教育纪检监察机关和高校纪检监察部门克服各种困难和阻力，旗帜鲜明，坚持原则，严格执纪，坚决惩处腐败分子。同时，认真履行保护职能，及时澄清反映失实的问题，保护了一批受到错告诬告的干部。在查办案件工作中，注意把握政策和策略，不断改进工作方式方法，提高了办案效率和水平。加强了案件审理工作，严把案件质量关。信访举报工作得到进一步加强，全国教育纪检监察系统共处理信访举报105 881件（次），为查办案件提供了重要线索。

（四）治理教育乱收费工作取得阶段性明显成效。根据中央的统一部署和要求，各级教育行政部门将治理教育乱收费作为纠正教育行业不正之风的一项重点工作，采取坚决有力措施，加大了工作力度。2003 年教育乱收费蔓延的势头初步得到遏制，治理工作取得阶段性明显成效。一是年初确立的两项重点工作取得实质性进展。在国家扶贫开发工作重点县的所有 22 个省份农村中小学全部实行了“一费制”。据测算，仅此一项可减轻学生家长负担17 亿多元。与此同时，全国 31 个省（区、市）对公办高中招收择校生全部作出了“三限”规定，并正在得到较好落实。二是违规乱收费行为得到查处和纠正。2003 年全国共查处违规收费问题9 550件，查出违规金额 8.53 亿元，清退 6.39 亿元，处理有关责任人员2 488人，其中 395 名校长被撤职。三是教育收费规范化、制度化水平有新的提高。2003 年全国中小学收费公示面达到 90%，高校达到 95%。另外，在加大经费投入、改造薄弱学校、实现教育均衡化发展等治本方面，也取得新的进展。治理工作得到越来越多群众的肯定。上海、天津、福建、贵州、重庆、宁夏、青海等省（区、市）教育部门在当地行风评议中群众满意率均达到80%以上，有的达到 92%。北京市、吉林省群众在对政府工作部门评议中，对教育部门满意率较去年有大幅度提升。

需要强调的是，各级教育纪检监察机关在各地党委、政府和各级教育行政部门党组（党委）的领导下，把治理教育乱收费工作摆在重要位置，努力当好参谋助手，积极提建议、出主意，充分发挥了组织协调的作用，加强监督检查，狠抓各项任务的落实，付出了艰苦的努力。对此，中央纪委和部党组给予充分的肯定。

（五）招生执法监察工作力度进一步加大。2003 年是高校招生考试提前举行并且全面实行网上远程录取的第一年，同时面临着非典疫情带来的不利影响。各级教育行政部门和高等学校进一步加大了招生执法监察工作力度。教育部先后制定下发了《教育部关于普通高等学校招生录取工作监督办法》、《教育部关于做好 2003 年普通高等学校招生执法监察工作的通知》和《教育部关于 2003 年普通高等学校招生录取期间开展督查工作的通知》等文件，从制度上进一步规范招生录取工作。招生考试和录取期间，教育部共派出 4 个执法督察组，对

13个省（区、市）招生考试录取情况进行了执法检查。各地方、各高校教育纪检监察部门深入招生考试录取现场，参与全过程的监督检查，及时处理群众信访，查处违纪案件，推进了国家招生政策法规的贯彻执行和招生改革的顺利进行。

（六）源头治理工作继续深化。各级教育行政部门和高等学校着力于体制机制制度创新，不断推进行政审批制度、预算外资金收缴管理制度和干部选拔任用制度三项改革。教育部向社会公布取消了行政审批项目 25 项，另有 5 项改变了管理方式，加强了对行政审批权力的管理和监督；推行政府采购制度，规范了教育部系统政府采购行为；积极推进政务公开，继续深化校务公开，拓宽了群众民主监督的渠道。

《教育部关于从源头上预防和治理腐败的意见》逐步得到落实。各地和各高校在执行“收支两条线”规定、实行基建工程和大宗物资设备采购招投标、实施会计委派、健全经济责任制、推行经济责任审计制等方面不断加大了工作力度。一些地方和高校还把“三重一大”集体决策制度的要求向院系延伸，进一步加大了对权力监督的范围和力度。

（七）调查研究和制度建设取得新成果。根据中央纪委和监察部的统一部署，在教育系统中广泛开展了以“三个代表”重要思想指导教育纪检监察工作新的实践理论研讨活动，完成了一批具有较高质量的研究成果，深化了对以“三个代表”重要思想统领教育纪检监察工作重要意义、指导思想、方针原则等重大问题的认识，推动了各项工作任务的落实。一些地方和高校围绕中心工作和群众关注的“热点”问题，积极开展调查研究，为领导决策、指导工作提供了依据。

各级教育纪检监察机关和高校纪检监察部门积极推进制度建设，结合本地区本单位实际，制订反腐倡廉规章制度，提高了党风廉政建设和反腐败工作制度化、法制化水平。在中央纪委直接指导下起草的《关于高等学校党的纪律检查工作暂行规定》，已进入最后审定。

（八）教育纪检监察队伍建设得到加强。一是干部结构不断优化，人员素质不断提高，一批素质较好、年轻有为的同志加入到了教育纪检监察队伍中。据统计，2003 年全国省级和教育部直属高校专职纪检监察干部 668 人，具有大专以上学历的占 94%，其中研究生以上学历达到 13%；干部中，45 岁以下的占 26%。二是干部培训的领域不断拓展，层次不断提升。2003 年驻部纪检组、监察局先后组织教育系统纪检监察干部开展国外考察和跨境培训，开阔了视野，增长了见识，拓宽了工作思路。三是开展了表彰先进活动，进一步振奋了精神。

同志们，2003 年是难忘的一年。各级教育纪检监察机关和高校纪检监察部门一手抓抗非典，一手抓反腐倡廉，创造性地开展宣传教育，认真进行专项检查，严肃查处失职渎职和一切干扰、妨碍抗非典工作的案件，为防治非典各项决策和措施的顺利实施提供了有利保证。

2003 年也是教育系统党风廉政建设和反腐败工作任务极其艰巨繁重的一年。党中央、国务院高度重视治理教育乱收费工作，国务院七部委和教育部先后三次召开全国治理教育乱收费工作电视电话会议或网络视频会议，三次召开治理工作汇报会，多次派人深入各地督促检查；驻部纪检组、监察局首次召开直属高校纪检监察工作视频会，多次组织各种形式的工作研讨和交流，开展干部培训等。繁重的任务和巨大的压力对我们教育纪检监察队伍是一次大练兵、大检阅。广大教育纪检监察干部顾全大局，埋头苦干，在困难和压力面前，始终保持昂扬向上的精神状态。实践证明我们这支队伍是一支信得过、打得赢的队伍，是一支关键时刻冲得上，能打硬仗的队伍。在此，我向同志们表示衷心感谢！

同志们，2003 年我们取得了可喜的成绩。但是，也要清醒地看到，新形势下的党风廉政建设工作还面临许多问题和挑战。

一是当前教育系统党风廉政建设和反腐败工作形势依然严峻。从总体上看，教育系统党员干部的主流是好的，广大教职员工爱岗敬业，开拓进取，多年来为教育的改革发展作出了重要贡献，有腐败行为的只是极少数。但是我们还必须看到近年来教育系统在党风廉政建设方面仍然存在许多令人忧虑的现象和问题。比如，近年来高校违法违纪案件一直居高不下，重大经济案件时有发生。已经揭露出的吴世明（原同济大学常务副校长）受贿案、尚荣多（原成都理工大学副校长）贪污案、李良晨（原西北农林科技大学副校长）受贿案等一批重大案件，在教育系统内外造成了不良影响。再比如，在教育系统仍然不同程度存在着一些不正之风，特别是在教育收费、招生考试、录取工作以及学术活动中暴露出的一些问题，引起了社会的关注，群众反映强烈。不久前，胡锦涛同志就曾针对成人高考中发生的舞弊问题明确批示："要坚决刹住这股歪风。绝不允许搞'考场腐败'"；温家宝同志对某市教育系统涉嫌私分中小学图书资料回扣款的问题也做出严肃批示；陈至立同志最近还亲自召集有关部委，专门研究了综合整治考试环境问题。对于这些问题，我们一定要给予高度重视。

二是教育事业的跨越式发展，一方面为教育系统党风廉政建设创造了良好的体制环境和有利条件，同时也带来前所未有的挑战和考验。在我国社会主义的初级阶段，人民群众对优质教育需求的日益增长与社会供给不足之间的矛盾将在相当长的一个时期内存在。优质教育资源的短缺，再加上我国社会主义市场经济体制还正处在不断完善的时期，教育系统也会不可避免地存在着这样或那样的滋生腐败的条件，因此，加强教育系统行风建设将是一项长期的任务。从学校内部来看，随着教育事业快速发展特别是高校办学规模不断扩大，教育资金投入越来越多，基建规模和物资采购量越来越大，学校参与经济活动越来越频繁，学校与社会交往情况就更加密切和复杂，这些都对从严治教、强化管理提出了迫切要求和新的任务。

三是人才强国战略的实施对教育系统党风廉政建设和反腐败工作提出了更高的要求。实施人才强国战略，教育是基础。学校是培养人才的重要基地，是精神文明建设的重要场所，特别是高等学校还是培养造就和汇聚高层次人才的重要基地。加强高校党风廉政建设，努力为实施人才强国战略营造一个健康的良好政治环境，是各级教育纪检监察机关和高校纪检监察部门肩负的重大历史使命，也是时代赋予新时期高校党风廉政建设工作的重大任务。

总之，严峻的形势和挑战、崇高的使命和任务要求我们必须保持清醒的头脑，进一步增强忧患意识和责任意识，紧紧抓住机遇，迎接挑战，以只争朝夕的精神状态和求真务实的工作态度，扎实而有效地把教育系统反腐倡廉工作不断向前推进。

二、坚持以"三个代表"重要思想统领教育纪检监察工作

"三个代表"重要思想是我们党一切工作的根本指针，指明了新世纪新阶段党风廉政建设工作的总方向。吴官正同志在中央纪委第三次全会上提出，坚持用"三个代表"重要思想指导党风廉政建设和反腐败工作新的实践，要做到六个"必须坚持"。这是新时期开展党风廉政建设和反腐败工作的重要指导原则，是教育纪检监察工作必须遵循的指导思想。

教育工作要实现党的十六大提出的为人民服务的宗旨和构建体系、培养人才、知识贡献三大任务的总要求，最根本的是要努力办好让人民满意的教育。教育系统党风廉政建设和反腐败工作要为实现这个总要求，为努力办好让人民满意的教育提供坚强的政治保证。这是教育纪检监察工作的总目标和永恒的主题。结合教育系统的实际，坚持以"三个代表"重要思想统领教育纪检监察工作，必须不断创新工作思路，完善工作机制。当前我们必须在以下八个方面不断深化认识，提高工作水平：

第一，坚持"两个服务"。即教育系统的党风廉政建设必须坚持为教育事业健康发展服务，为人才健康成长服务。这是由教育工作在实施科教兴国战略和人才强国战略中所处的基础性、先导性、全局性的战略地位，以及肩负的重大历史使命所决定的，是由党风廉政建设必须服从服务于发展这一党执政兴国的第一要务所要求的。做好"两个服务"是我们一切工作的出发点和落脚点，是检验我们工作成效的根本标准。我们要紧紧围绕教育事业健康发展这个大局、人才健康成长这个中心，通过惩治腐败和抓党风带行风，推动教育事业健康发展和人才健康成长。要积极探索建立教育纪检监察工作与教育事业健康发展和人才健康成长相互融合、相互促进的有效的工作制度和运行机制。

第二，构筑"两道防线"。即在教育系统的党员领导干部中坚持构筑思想道德防线和党纪国法防线。首先要立足于教育，做到关口前移，防微杜渐，通过示范教育和警示教育，把对领导干部廉洁从政的要求内化为领导干部的信念和道德约束，筑牢思想道德防线，使其自觉做到廉洁自律。同时，在当前反腐败斗争形势依然严峻的情况下，还要强化党的纪律、国家法律和部门规章制度的约束，严格执行纪律，严惩腐败分子，筑牢党纪国法防线。两道防线互为作用，相互促进。

第三，完善“两个机制”。即在教育事业发展中，各类高校要强化自我发展和自我约束两个机制。在改革发展的重点领域、热点部位、关键环节往往容易滋生和蔓延腐败现象，因此在当前教育大发展的机遇期，要牢固树立自我约束的思想，自觉将防治腐败寓于教育系统各项重要决策和管理措施之中，贯穿于教育发展的全过程。要建立健全自我约束机制，通过构筑严密的权力监督制约体系，使干部少犯和不犯错误，最大限度地保证权为民所用。

第四，做好“两治结合”。即在反腐倡廉工作中坚持治标与治本相结合，既要坚决惩治腐败，更要关口前移，预防腐败，坚持标本兼治，综合治理，从根本上预防和解决腐败问题。在新的历史时期，教育系统党风廉政建设和反腐败工作的重点和关键，是要积极探索建立健全与中国特色的现代教育发展相适应的教育、制度、监督并重的惩治和预防腐败的体系。因此，要通过加强教育，树立正确的权力观、利益观、价值观，减少腐败动机，使其不想腐败；健全制度，减少腐败机会和条件，使其不能腐败；强化监督，提高腐败成本，使其不敢腐败。要把教育、制度、监督贯穿于教育系统反腐倡廉工作的各个环节，发挥惩防结合、综合治理的整体效能。

第五，落实“两手抓”。即领导干部必须坚持“一岗双责”的原则，一手抓好业务建设，一手抓好反腐倡廉工作，既要管好自己，又要带好队伍，确保党风廉政建设责任制的落实。领导干部在自己的职责范围内，既是党风廉政建设的具体执行者，也是领导者，因此不仅自己要以身作则，清正廉洁，还要敢抓敢管，把党风廉政建设与本单位本部门的业务工作紧密结合，做到一起部署、一起落实，一起检查，一起考核。领导班子的正职是党风廉政建设的第一责任人，要对职责范围内的党风廉政建设和反腐败工作负总责，重大问题要亲自过问；领导班子其他成员根据分工，对职责范围内的党风廉政建设负直接领导责任，也要各负其责，抓好分管部门和单位的反腐倡廉工作。

第六，突出“两个围绕”。即党风廉政建设工作必须紧紧围绕党中央的统一要求和部署，紧紧围绕教育系统的实际情况来开展。要以求真务实的精神抓好党风廉政建设工作各项任务的落实，必须吃透“两头”。一是认真学习了解党中央的部署要求，领会精神，把握实质，吃透“上情”，牢固树立政治意识和大局观念，增强在大局下行动的自觉性，坚决不搞“上有政策，下有对策”；二是要认真分析教育系统的特点和规律，了解本地区本单位的实际情况，准确把握群众反映强烈的热点问题、工作中的难点问题，吃透“下情”，坚持把党中央反腐倡廉的决策和部署同本地区本部门的实际相结合，创造性地开展工作。

第七，推动“两个创新”。即要大力推动党风廉政建设工作的理论创新和实践创新。坚持以“三个代表”重要思想为指导，关键在于坚持与时俱进。要适应国际、国内形势的发展变化以及党的中心工作任务，并根据教育改革发展情况的不断变化，解放思想，实事求是，努力做到思想观念和思想方法、工作思路和工作方法的与时俱进和不断创新。各地和各高校教育纪检监察部门要用“三个代表”重要思想指导反腐倡廉新的实践；要结合本地区本单位的实际，大胆探索，在创新中不断提高工作水平。同时要加强教育纪检监察理论研究，不断总结实践中的新鲜经验；要充分发挥教育系统特别是高等学校人才济济的资源优势，深入探讨新形势下教育系统开展反腐倡廉工作的特点和规律，增强理论指导实践的自觉性。

第八，强化“两项职能”。即认真履行党的纪律检查和行政（高校内部）监察两项职能。要加强对党的路线方针政策和国家法律法规，以及教育法令、规章和重大决定执行情况的监督检查，坚决纠正有法不依，执法不严，有令不行，有禁不止的行为，促进依法行政，保证政令畅通。要重视并善于运用执法监察的手段，围绕本地本单位的中心工作，深入腐败现象易发多发的领域和部位，加强廉政监察，同时也要针对本地本单位重大决策的落实情况和工作中的难点问题开展效能监察，促进行政机关和部门及其工作人员勤政高效。

三、求真务实，认真抓好2004年工作任务的落实

胡锦涛同志在中央纪委第三次全会上，从实现全面建设小康社会宏伟目标的战略高度，深刻阐述了大力弘扬求真务实精神的极端重要性，要求在全党大力弘扬求真务实精神，大兴求真务实之风。胡锦涛同志的讲话立意高远，论述深刻，内容丰富，是加强和改进党的作风，深入开展反腐倡廉工作的纲领性文件。我们要认真学习贯彻，提高认识，指导实践。2004年是教育系统全面实施《2003—2007年教育振兴行动计划》的重要开局之年。今年教育纪检监察工作总的任务和要求是：以邓小平理论和“三个代表”重要思想为指导，认真贯彻落实中央纪委三次全会和教育部2004年度教育工作会议的部署，坚持标本兼治、综合治理、惩防并举、注重预防的方针，建立健全教育、制度、监督并重的惩治和预防腐败的体系，在继承中发展，在改革中创新，深入推进教育系统党风廉政建设和反腐败斗争，为办好让人民满意的教育提供政治保证。

（一）加强思想道德和纪律教育，促进领导干部廉洁自律。要加强思想道德教育和纪律教育，筑牢拒腐防变的思想防线，不断提高领导干部求真务实和廉洁从政的自觉性。从长远讲，这是加强党风廉政建设的一项重要的基础性工作。今年要结合在全党开展的保持共产党员先进性教育活动，在教育系统中继续深入学习“三个代表”重要思想，认真组织开展《中国共产党章程》、《江泽民论党风廉政建设和反腐败斗争》、《中国共产党党内监督条例（试行）》和《中国共产党纪律处分条例》等学习宣传活动，加强对领导干部的理想信念教育和纪律教育，引导领导干部树立马克思主义的世界观、人生观、价值观和正确的权力观、利益观、地位观；要认真学习胡锦涛同志重要讲话，对照“十个问题”找出差距，树立科学的发展观和正确的政绩观。通过教育，增强领导干部道德约束力和纪律观念，筑牢思想道德防线，发扬艰苦奋斗、廉洁奉公的作风，更好地做到立党为公、执政为民。

坚持和完善教育系统反腐倡廉“大宣教”的工作格局，采取综合措施，整合各种资源，发挥整体效能。各级教育纪检监察机关和高校纪检监察部门要把思想教育贯穿于工作的各个环节；要充分运用自身优势，积极开展优秀共产党员的示范教育和典型案例警示教育，增强教育的针对性和有效性；要特别重视加强正面宣传教育，结合今年第20个教师节的纪念活动，宣传新风，弘扬正气，引导广大教师真正做到学为人师，行为世范。要把教育和完善纪律规范、严格管理相结合，真正起到预防的作用。

教育系统各级党员领导干部必须认真执行领导干部廉洁自律的各项规定，严格遵守中央纪委第三次全会提出的四大纪律八项要求，即领导干部在党风廉政建设方面要严格遵守党的政治纪律、组织纪律、经济工作纪律和群众工作纪律，尤其要严格遵守以下要求：（1）要同党中央保持高度一致，不允许阳奉阴违、自行其是；（2）要遵守民主集中制，不独断专行、软弱放任；（3）要依法行使权力，不滥用职权、玩忽职守；（4）要廉洁奉公，不接受任何影响公正执行公务的利益；（5）要管好配偶、子女和身边工作人员，不允许他们利用本人的影响谋取私利；（6）要公道正派用人，不任人唯亲、营私舞弊；（7）要艰苦奋斗，不奢侈浪费、贪图享受；（8）要务实为民，不弄虚作假、与民争利。同时还要继续严格执行教育部党组提出的教育系统党员领导干部廉洁自律的有关规定。

各地各高校要从实际出发，针对领导干部在廉洁自律方面存在的突出问题，认真开展专项清理工作。坚决纠正以各种名义公款大吃大喝和高消费娱乐的歪风，进一步落实领导干部不准收受现金、有价证券、支付凭证的有关规定和领导干部配偶、子女从业的有关规定。认真实施领导干部年终述职述廉制度，继续完善领导干部任职谈话制度和戒勉谈话制度，推行新任领导干部签定廉政承诺书制度。

各级教育行政部门特别是高等学校，在规范领导干部从政行为工作中，既要着力抓好“不廉洁”的问题，也要着力抓好“不作为”的问题。要针对群众反映的突出问题，加强效能监察，促进领导干部既勤政又廉政。

（二）严肃查处违法违纪案件，坚决惩处腐败分子。查办案件是惩治腐败最直接而有效的手段，是群众评价反腐败成效的一个重要标志。要继续保持查办案件的强劲势头，不断加大查办案件工作力度。要着力查办侵害群众切身利益、严重影响教育形象、危害教育改革发展的案件，尤其是基建工程、物资采购、财务管理、校办企业等领域中的违纪违法案件。重点查办处级以上领导干部违纪违法案件，特别是违反政治纪律和贪污、受贿、挪用公款以及严重失职渎职的案件。

各省（区、市）教育纪工委要加强对办案工作的领导，不断完善组织协调机制。根据需要，各地可以采取高校联合办案、交叉办案、集中审理等各种行之有效的方式，推动重大、复杂案件的查处。认真执行教育部《关于报告重大事项的规定》，重要案件必须及时报告驻部纪检组、监察局。实行办案责任制，对办案不力的单位要加强督促，限期整改。不断改进办案方式方法，正确运用政策和策略，宽严相济，区别对待，提高办案水平，注重办案综合效果。严格依纪依法办案，严肃办案纪律，严格办案程序，加强案件审理，严把办案质量。坚持惩治腐败与保护党员干部合法权益并重，对反映党员干部的不实之词要及时予以澄清。发挥办案的治本作用，总结教训，完善制度，改进管理。

进一步加强信访举报工作。认真受理、及时核查群众举报的问题，严肃处理打击报复举报人的行为。加强与信访等有关职能部门的配合，整合信访资源，建立有效的信访举报处理机制，及时解决群众反映的问题。

（三）加强教育行风建设，深入推进纠风专项治理工作。一是继续治理教育乱收费，对重点工作务求取得新的成效。吴官正同志在中央纪委第三次全会讲话中，对深入推进纠风专项治理工作明确提出“继续治理教育乱收费。全面推进义务教育阶段‘一费制’收费办法，严格执行公办高中招收择校生‘三限’政策。全面推行收费的听证、审计、公示、督导和责任追究等制度。严肃查处义务教育阶段与招生挂钩的各种乱收费行为”。昨天，李至伦同志和周济同志对治理教育乱收费都进行了深入分析，情真意切，语重心长，对今年的治理工作作出了具体部署，提出了明确要求，我们要认真学习，抓好落实。今年突出抓好以下三个方面工作：

第一，抓巩固。继续落实已有的各项行之有效的治理措施，坚持和健全联席会议制度，完善政府领导，教育、纠风牵头，监察、财政、物价等部门共同参与的治理工作领导体制和工作机制；建立和完善相关制度和法规，与有关部门配合，尽快制定出台收费听证、收费巡查和责任追究制度，完善收费公示、收费审计和校务公开制度；加强正面宣传和政策解读；加强监督检查，提高监督检查的效率，把问题解决在萌芽之中，要加强协调，防止多头重复检查，干扰学校正常工作。

第二，抓重点。(1) 要继续坚持和完善国家扶贫开发工作重点县农村义务教育学校“一费制”收费办法；进一步完善公办高中招收择校生“三限”政策，加强学校招生、收费的规范化管理。(2) 积极稳妥地在全国义务教育阶段推行“一费制”收费办法。既要态度坚决，又要实事求是。各省级人民政府制定收费标准要充分考虑教育的基本需求，考虑当地经济发展水平和群众实际的承受能力，要通过收费听证制度，加强与群众的沟通。(3) 进一步规范高等学校收费管理，严格规范高等学校收费行为。(4) 禁止基层政府有关部门或单位通过学校向学生搭车收取任何费用；禁止基层政府有关部门挤占、平调、截留、挪用学校的收费收入。

第三，抓治本。一是要积极争取地方党政领导的重视，千方百计增加教育投入，进一步落实党中央、国务院关于加强基础教育的治本之策，完善各级政府教育投入保障机制，努力实现“三个确保”。加强政策研究，区分合理收费和乱收费的政策界限，探索建立规范教育收费行为的政策法规体系和监督制约机制，依法规范各级各类教育办学行为和收费行为，加强学校收费管理。通过开展教师职业道德教育、组织教育行风评议等各种方式，加强教育行风建设，重点树立和表彰一批依法办学、师德高尚、收费规范的正面典型。二是继续纠正招生考试、录取中的各种不正之风，坚持依法治招、从严治考，综合整治招生考试环境。要切实加强招生考试纪律，严格考场、考试、阅卷等环节的管理，特别要加强对成人高考的管理。要针对易出问题的关键环节，采取严厉措施，加强综合治理，狠刹考试舞弊之风。各级教育纪检监察机关和高校纪检监察部门要积极发挥监督检查职能，继续加大对普通高校和成人高校招生的执法监察工作力度；要研究探索对研究生招生开展执法监察的工作路子。今年教育部将召开招生执法监察工作研讨会，认真总结经验，推动工作深入。三是各高校要高度重视学术道德建设。通过加强教育、完善制度、有效监督，严格规范学术行为，认真纠正学术活动中的不正之风。此外，各高校的附属医院还要继续纠正医药购销和医疗服务中的不正之风。

（四）强化制度建设，深入推进反腐败源头治理工作。各地各高校要进一步落实《教育部关于加强从源头上预防和治理腐败的意见》，结合本地区、本单位实际，细化要求、提出规范，建立和完善相关制度。今年重点抓好以下工作：(1) 认真贯彻执行《中华人民共和国行政许可法》。教育部已被国务院确定为贯彻实施《行政许可法》工作试点单位。各级教育行政部门都要把贯彻实施《行政许可法》作为今年的一项重要工作，认真清理行政审批项目，规范管理，依法行政。教育纪检监察机关要积极参与，加强监督。(2) 继续深化财务管理改革，加强学校财务管理和监督。加强科研经费尤其是横向科研经费的管理和监督。要采取有效措施，确保学校资金安全。今年开始启动的“国家西部地区‘两基’攻坚计划”，到2007年中央将总计投入100亿元，要切实加强对资金使用的管理和监督。(3) 严格执行基建工程、大宗物资设备采购招投标和政府采购等制度。加强对招投标过程的监督，坚决纠正干预招标、虚假投标、串标等问题，建立和完善参与监督的有效机制和制度。加大教育内审工作力度。(4) 进一步深化和规范校务公开工作。继续完善“党委统一领导，学校行政主持，业务部门各负其责，纪检监察和工会监督，教职工积极参与”的领导体制和工作机制，以规范化和制度建设为重点，不断向院系二级单位推进，促进依法治校。(5) 进一步深化干部人事制度改革，建立健全干部选拔任用和管理监督机制，不断推进和规范干部公开选拔、竞争上岗制度。继续推行和深化干部经济责任审计制度。

加强廉政法制建设，形成用制度规范行为、按制度办事、靠制度管人的机制。要从实际出发，积极推动建章立制工作，使反腐倡廉制度寓于各项工作之中。今年争取颁布实施《关于高等学校党的纪律检查工作暂行规定》，加快制定《关于直属高校监察工作暂行规定》等制度。

（五）认真贯彻党内监督条例，完善对领导干部监督制约的有效机制。《中国共产党党内监督条例（试行）》正式颁布实施，是新时期深入推进反腐倡廉工作的重大举措，对于发扬党内民主、加强党内监督、严明党的纪律，具有十分重要的意义。教育系统各级领导干部特别是主要领导干部要深刻领会严格监督与严格要求和关心爱护的关系，自觉增强接受监督的意识，做自觉接受监督的表率；我们要把学习、宣传、贯彻《条例》作为今年一项重要的政治任务，抓紧抓实抓好，要研究制定本地本校贯彻《条例》的具体办法；各级纪委要加强对《条例》执行情况的监督检查。

认真执行《条例》规定的各项制度，以领导机关、领导干部特别是领导班子主要负责人为重点，抓住易生腐败的重点部位和重点环节，完善监督制约机制。要把党内监督与群众监督紧密结合，同时综合运用其他监督形式，促进党内监督的开展；要充分发扬党内民主，大力开展批评和自我批评，发现问题，及早提醒，及早纠正，使党内监督真正有效。

要特别重视加强对高校领导班子和领导干部的监督。驻部纪检组、监察局将进一步完善与部人事部门的工作联席会议制度，探索建立与直属高校主要领导干部的联系制度和对直属高校的巡视制度；继续推进“三重一大”集体决策制度的落实；认真实施特邀监察员制度，充分发挥特邀监察员的作用。

（六）狠抓党风廉政建设责任制落实，努力加强组织协调工作。党风廉政建设责任制是抓好反腐倡廉工作的重要制度保障。落实责任制，关键要抓好三个环节：一是抓好任务分解，明确责任主体，使反腐倡廉各项任务落到实处；二是抓好责任考核，做到功过分明，把考核结果作为领导干部业绩评定、奖励惩处和选拔任用的重要依据；三是抓好责任追究，严格执行纪律，对那些领导不力、甚至不抓不管，导致不正之风长期得不到解决、屡屡发生重大腐败问题的单位，要运用组织处理和纪律处分的手段追究主要领导的责任。

落实党风廉政建设责任制，党委统一领导是核心，党政齐抓共管是关键，纪委组织协调是保证。各级党委、行政和领导干部要强化责任意识，切实负起领导责任。各级纪委要积极开展组织协调，充分调动各职能部门积极性，推动部门各负其责，并加强部门之间的协调，形成反腐倡廉的合力。要妥善处理与各职能部门的关系，在实际工作中明确定位，做到到位不缺位，到位不越位，尽职尽责不“包办”，组织协调不“代替”。要建立和完善组织协调工作机制，制定组织协调的具体规定，提高组织协调工作的规范化、制度化水平。

总结推广执行党风廉政建设责任制的有效做法和经验。部党组今年将召开部分直属高校党委书记、校长座谈会，检查党风廉政建设责任制执行情况，促进高校领导班子和领导干部党风廉政建设。

（七）适应形势的需要，进一步加强教育纪检监察干部队伍建设。教育纪检监察干部队伍是一支战斗力强、能够经受住困难和考验、为党和人民所信赖的队伍。但是，新的形势和任务要求我们必须进一步加强队伍的思想政治建设、能力建设、作风建设和法制建设。要不断调整和优化干部队伍结构，选拔一批德才素质好、有开拓创新意识的优秀年轻干部充实到教育纪检监察队伍中来。加强干部培训，不断提高干部工作能力和水平。大兴调查研究之风，围绕教育系统反腐倡廉工作面临的新情况、新问题开展调查研究。

要重视加强教育纪检监察干部队伍自身的党风廉政建设，要严格教育，严格内部管理，严格工作纪律，特别是办案纪律，强化监督制约机制，自觉接受来自各方面的监督。我们要清醒地认识到，随着反腐败斗争的不断深入，腐蚀与反腐蚀的斗争日趋激烈，纪检监察干部队伍建设面临着严峻考验。我们一定要充分认识新形势下加强纪检监察干部队伍建设的极端重要性，以高度的责任感和使命感，把教育纪检监察队伍建设抓紧抓好。同时要切实关心和爱护纪检监察干部，重视提高纪检监察干部的政治、工作、生活待遇。要大力开展教育纪检监察先进集体和优秀个人先进事迹的宣传和学习活动，努力营造人人想干事、能干事、干成事的氛围。教育纪检监察干部要继续保持积极向上、团结奋进的精神状态，努力做到知大局、懂教育、讲原则、善协调、关心人、有作为，经受住各种诱惑和考验，树立可亲、可信、可敬的良好形象，切实履行好职责。

同志们，在教育事业跨越式大发展的机遇期，教育系统党风廉政建设工作任务艰巨而光荣。让我们紧密团结在以胡锦涛同志为总书记的党中央周围，坚持以“三个代表”重要思想统领全局，增强责任感和使命感，抢抓机遇，开拓进取，围绕确定的任务精心部署，严密组织，以求真务实的精神狠抓落实，努力使我们的工作不断有新的创造、新的发展、新的成绩，为教育事业持续健康协调快速发展、为办好让人民满意的教育做出新的贡献。

（本文系作者在2004年全国教育纪检监察工作会议上的工作报告）

综　述

教育事业改革与发展取得新进展

2004年，是中国教育事业持续健康快速发展的一年。一年来，教育系统以邓小平理论和“三个代表”重要思想为指导，深入学习贯彻党的十六大和十六届三中、四中全会精神，巩固成果、深化改革、提高质量、持续发展，全面推进《2003—2007年教育振兴行动计划》，努力办好让人民满意的教育，教育事业改革和发展迈出新步伐、取得新进展。

——重点加强农村义务教育，西部地区“两基”攻坚计划扎实推进。贯彻落实《国务院关于进一步加强农村教育工作的决定》，各级政府和教育行政部门坚决把农村义务教育作为整个教育工作的重中之重，作为实施新一轮教育振兴行动计划的战略重点，认真落实中央关于新增教育经费主要用于农村教育的要求，集中主要精力和更多财力推动农村义务教育发展。中央有关部门研究出台了一系列支持农村教育发展的重大政策措施，进一步完善“以县为主”的农村义务教育管理体制，进一步加大对农村义务教育投入力度。2004年，中央财政投入农村义务教育各类专项资金达到100亿元，比2003年增长了72%。地方各级政府和教育行政部门统筹协调，扎实推进农村义务教育各项工作。

2004年2月，国务院办公厅召开国家西部地区“两基”攻坚工作会议，国家发展与改革委员会、财政部、教育部密切配合，建立健全西部攻坚工作机制。2004年7月，中央与西部12省（自治区、直辖市）人民政府及新疆生产建设兵团签订了“两基”攻坚责任书，同时启动了“农村寄宿制学校建设工程”。中央财政为此将投入100亿元建设资金，用四年的时间，在全国955个县（主要集中在西部地区和贫困地区），建设7 730所寄宿制学校，解决203万名学生寄宿问题。

“农村中小学现代远程教育工程”由试点阶段进入全面实施阶段。中央财政为此将投入50亿元，重点补助中西部农村地区，构建覆盖全国的农村中小学的现代远程教育体系。“工程”的实施将以面向学生应用为主要目标，使农村初中基本具备计算机教室，农村小学基本具备卫星教学收视点，农村小学教学点具备教学光盘播放设备和成套教学光盘，为农村中小学生提供优质教育资源，为农民文化、科技和卫生知识培训服务。

此外，第二期“国家贫困地区义务教育工程”和“中小学危房改造工程”继续实施，为贫困地区和少数民族地区建成了一批设施齐全的中小学，促进了贫困地区教育相对落后面貌的改变。

——青少年思想道德建设进一步加强。《中共中央国务院关于进一步加强和改进未成年人思想道德建设的若干意见》和《中共中央国务院关于进一步加强和改进大学生思想政治教育的意见》发布后，全国教育系统干部教师开展了教育思想大讨论，广泛开展了中小学弘扬和培育民族精神月活动，及时修订了中小学生守则和日常行为规范，充分发挥学校在未成年人思想道德建设中的主渠道、主阵地、主课堂作用。为促进青少年学生健康成长和全面贯彻党的教育方针，各地认真落实新形势下减轻学生过重课业负担的五项要求，全力做好义务教育阶段新课程试验工作，扎实推进素质教育，促进学生德智体美等方面全面发展。全国 90%以上的县（区）义务教育阶段起始年级，已经开始试验新课程。2005 年 1 月，中央召开了全国加强和改进大学生思想政治教育工作会议，对进一步加强和改进大学生思想政治教育工作进行了全面部署，高等学校全面加强了大学生思想政治教育。

——高等学校教学质量稳步提高，高水平大学、重点学科建设和高层次人才培养工作继续推进，高等教育事业继续健康稳步发展。2004 年，全国普通高校本专科招生 447.3 万人，比 2003 年增长 17.05%；研究生招生 32.6 万人，比 2003 年增加 5.7 万人。全国各类高等教育在学人数超过2 000万人，高等教育毛入学率达到 19%。与此同时，高等学校毕业生就业工作平稳推进，截至 2004 年 9 月 1 日，全国普通高校毕业生就业率达到 73%，比 2003 年同期提高 3 个百分点。

——职业教育事业在改革中加速发展，为经济建设和社会发展服务能力显著增强。各地和各级职业院校坚持以服务为宗旨、以就业为导向，大力实施“制造业与现代服务业技能型紧缺人才培养培训计划”和“农村劳动力转移培训计划”，密切与企业与人才、劳务市场的合作，进一步优化资源配置和布局结构，深化管理体制和办学体制改革，事业发展势头良好。2004 年，全国中等职业教育招生人数达到 548 万人，在校生人数达到1 368万人；普通高等职业教育在校生人数达到 595.7 万人，比 2003 年增加 100 多万人。

——高度重视解决贫困家庭学生学习和生活问题和群众关心的教育难点问题。2004 年秋季，中央财政安排出专项资金，为中西部地区义务教育阶段2 400万贫困家庭学生免费提供教科书，地方各级政府采取多种措施实行“两免一补”政策，让更多的孩子们切实感受到党和政府的阳光雨露和社会主义大家庭的温暖。贯彻国务院召开的“全国高校贫困家庭学生资助工作电视电话会议”精神，进一步完善了国家助学贷款政策体系和运行机制，为品学兼优的贫困家庭学生发放国家奖学金，落实高校学费收入 10%用于贫困家庭学生资助政策，确保高校学生不因家庭经济困难而失学。为巩固和发展治理教育乱收费成果，2004 年秋季新学年开始，在全国义务教育阶段积极推行“一费制”，严格规范学校收费管理，切实减轻群众尤其是农民教育负担，落实政府对义务教育投入责任，促进义务教育持续健康发展。与此同时，开展了中小学和幼儿园安全专项整治行动，认真排查校园内各种安全隐患，进一步净化校园周边和网络环境，为青少年学生健康成长创造良好的条件。

撰稿　廖舒力

审稿　孙霄兵

胡锦涛等考察北京市教育

2004年9月10日，中共中央总书记、国家主席胡锦涛到北京市考察教育工作，亲切看望广大师生，实地了解办学情况。他强调，各级党委和政府一定要把帮助困难家庭孩子上学作为关心群众切身利益的一项重要工作来抓，努力使困难家庭孩子都能有学上、有书读，让他们感受到党和政府的关怀，感受到社会主义大家庭的温暖。

上午9时许，胡锦涛在中共中央政治局委员、北京市委书记刘淇，中共中央政治局候补委员、书记处书记王刚，国务委员陈至立等陪同下，来到北京宏志中学。胡锦涛等走进学校教学楼，参观了宏志中学的校史展，并听取学校办学情况的介绍。在高二年级组教师办公室，胡锦涛与在场的8位教师亲切交谈，一一了解他们的工作和生活情况。在宏志班高一（2）班教室，胡锦涛就学生们正在学的语文课内容同大家进行交流。在计算机教室，胡锦涛察看同学们在电脑上设计的文字动画效果。在生物实验室，胡锦涛详细询问宏志生的家庭状况和在校学习、生活情况。考察结束时，胡锦涛说，宏志中学开办几年来，在北京市、东城区的关怀和支持下，经过全校师生的共同努力，取得了很大成绩。一批困难家庭的孩子在这里受到了良好教育，在德、智、体、美等方面得到了全面发展。宏志中学的创办，是一个很有意义的创举。他希望大家认真总结经验，不断开拓进取，努力把宏志中学办得更好。胡锦涛勉励广大同学尤其是困难家庭的同学，要发扬自强不息、顽强拼搏的精神，珍惜来之不易的学习机会，努力学习知识，加强品德修养，全面提高自身素质，立志长大以后报效国家，报效社会。他最后祝愿宏志中学的老师和同学们奋发努力，不断取得新的成绩。

随后，胡锦涛一行先后来到和平里第四小学美术教师胡明亮和北京师范大学第一附属中学退休教师朱正威家中看望，给他们送上花篮，向他们祝贺节日。胡锦涛关切地询问胡明亮母亲的身体状况，祝她健康长寿。胡锦涛还同胡明亮讨论起学校的美育问题，他说，美育不仅能陶冶情操、提高素养，而且有助于开发智力，对于促进学生全面发展具有不可替代的作用。我们要适应推进素质教育的要求，将美育真正融入到学校教育的全过程。要通过美育，使学生提高文化艺术素养，激发创新意识和创造能力，促进学生全面发展。在朱正威家中，胡锦涛仔细听取他对当前教育发展的意见和建议，并同他就实施素质教育、加强教师队伍建设等问题进行了探讨。胡锦涛在交谈时指出，民族振兴的希望在教育，教育振兴的关键在教师。有了高素质的教师队伍，才能培养出全面发展的合格人才。教师的一言一行，对学生发挥着教育引导作用，甚至影响一个人的一生。教师要注重言教，更要注重身教，以自己的模范行动影响和带动学生，以自己的学术造诣和优秀品格赢得学生的尊重和热爱。

撰稿　孙海波

审稿　曹国永

胡锦涛等会见全国优秀教师代表

2004年9月10日下午，中共中央总书记、国家主席胡锦涛等党和国家领导人在人民大会堂亲切会见了出席庆祝第20个教师节暨全国优秀教师表彰大会代表，向受到表彰的模范教师和先进教育工作者表示热烈的祝贺，向全国广大教师和教育工作者表示节日的问候和深深的敬意。中共中央政治局常委、国务院总理温家宝，中共中央政治局常委、国家副主席曾庆红参加了会见。

下午3时，胡锦涛等党和国家领导人到达人民大会堂西大厅，与全国优秀教师代表亲切握手，并同大家合影留念。胡锦涛发表了重要讲话。他说，人民教师是无尚光荣的神圣职业。长期以来，广大教师和教育工作者在教书育人的岗位上，呕心沥血，默默耕耘，为我国社会主义教育事业的发展作出了重要贡献，赢得了全社会的普遍尊重。这次受到表彰的同志，是广大教师和教育工作者的优秀代表，是大家的学习榜样。胡锦涛希望受到表彰的同志珍惜荣誉，再接再厉，为党和国家培养更多的优秀人才。胡锦涛指出，教育对提高一个国家的综合国力具有基础性、先导性、全局性的作用。我们必须坚持科学发展观，认真实施科教兴国战略，把教育放在优先发展的战略地位，全面贯彻党的教育方针，推进教育创新，深化教育改革，不断强化素质教育，为全面建设小康社会提供强有力的智力支撑和人才保证。胡锦涛强调，广大教师和教育工作者要时刻不忘党和人民的重托，把培养优秀人才作为自己的重大责任；要自觉加强思想道德修养，孜孜不倦地钻研业务，不断提高教书育人水平；要率先垂范，为人师表，真正成为学生健康成长的引路人。胡锦涛要求各级党委和政府，要满腔热情地为广大教师和教育工作者办实事、办好事，关心他们的成长进步，解决他们的实际困难，努力在全社会营造尊师重教的良好风气。

刘淇、贺国强、王刚、路甬祥、华建敏、陈至立、徐匡迪等也参加了会见。会见由陈至立同志主持。

撰稿　孙海波

审稿　曹国永

温家宝等看望部分教师

2004年9月5日，中共中央政治局常委、国务院总理温家宝看望在京的几位教师，就如何发展教育事业问题与他们促膝谈心，听取他们的意见和建议，并代表党中央、国务院向全国一千多万辛勤耕耘的教师和教育工作者表示节日的祝贺。

上午9时许，温家宝在国务委员陈至立的陪同下，来到北京第二实验小学退休教师霍懋征家中，亲切看望了这位83岁的老教育工作者，并向她送上鲜花，致以节日的祝贺。霍懋征之前曾给总理写信，建议加强基础教育，提高师资质量。温家宝说，国家要用5年时间基本扫除文盲，基本普及义务教育。但当前实现"两基"攻坚计划，任务仍很艰巨。政府将在加强基础教育工作上办好三件事：第一，保证孩子们上学，是各级政府的首要任务，只有人人接受教育，才能体现社会公平，才能提高国民素质；第二，政府要拨出专款，千方百计改善中小学特别是农村学校的办学条件；第三，进一步建立和完善适应我国教育发展需要的、开放灵活的教师教育体系，努力造就一支高水平的教师队伍。

随后，温家宝又来到舞蹈艺术家戴爱莲的家中，看望了戴爱莲、贾作光、白淑湘、陈爱莲、赵汝衡、赵青、许定中、贺燕云等长期从事舞蹈艺术教学的艺术家。戴爱莲谈到艺术要健康全面发展，才能确保旺盛的生命力。温家宝说，艺术不能脱离人民，脱离生活，否则就是无本之木，无源之水。一个国家在经济、社会发展的同时，也应当在文化领域产生巨人。艺术各个门类要发展，就要做到百花齐放，推陈出新，对外开放，吸收借鉴。各级政府都要更多地关心艺术事业和艺术教育事业的发展，为艺术家们创作更多的时代精品创造条件。温家宝还与艺术家们探讨了舞蹈艺术的起源并听取了大家关于发展艺术和艺术教育的建议，祝愿他们永葆艺术青春并创作出更多无愧于时代的艺术精品。

最后，温家宝来到清华园看望清华大学教授姚期智博士，并认真征求姚期智有关办好高等教育、发展国家信息科学的意见和建议。温家宝关切地询问起姚期智的工作和生活情况。他说，国家对人才的需求如饥似渴。高层次的人才是国家最稀缺、最宝贵的资源。我们在抓好基础教育的同时，也要下大力气抓好高等教育，为国家广泛培养高层次优秀人才；在重点科研机构和重要科研领域，要实行杰出人才的全球招聘制度；要为杰出人才的脱颖而出和充分发挥作用创造良好的条件。

教育部部长周济以及北京市有关负责人陪同看望。

撰稿　孙海波

审稿　曹国永

李长春等视察教育部

2004年4月29日下午，中共中央政治局常委李长春来到教育部，就贯彻落实《中共中央国务院关于进一步加强和改进未成年人思想道德建设的若干意见》进行调研，对教育战线积极贯彻落实中央要求，进一步加强和改进未成年人思想道德建设给予肯定。他强调，学校是对未成年人进行思想道德教育的主课堂、主阵地、主渠道，在加强和改进未成年人思想道德建设方面起着至关重要的作用。教育战线要抢抓机遇，乘势而上，从对党的事业、国家前途和民族命运极端负责的高度，进一步增强责任感和使命感，弘扬求真务实精神，采取切实有效的措施，不断推进未成年人思想道德建设。中共中央政治局委员、书记处书记、中宣部部长刘云山，国务委员陈至立一同参加调研。

李长春指出，德育是学校教育的根本性教育，是加强未成年人思想道德建设的重要途径，在党的教育事业中具有特殊重要的地位。要全面贯彻党的教育方针，克服重智育轻德育的倾向，把德育贯穿于教育教学的各个环节，实现教书育人的目标。要加强爱国主义教育、理想信念教育、基本道德规范教育和基本素质教育，引导学生树立正确的世界观、人生观、价值观，培养有理想、有道德、有文化、有纪律的中国特色社会主义事业的建设者和接班人。

李长春强调，要以求真务实的精神推进中小学生思想道德建设。要准确把握新形势下青少年学生道德观念出现的新情况，科学判断青少年学生在社会发展进程中道德观念的新变化，深入探索加强青少年学生思想道德建设的新规律。要适应青少年学生的身心特点和接受能力，贴近青少年学生思想实际、贴近青少年学生生活现实、贴近青少年学生群体。要切实减轻学生过重负担，为中小学生全面发展提供必要条件。要改进中小学思想品德、思想政治课的教学，丰富学生思想道德教育的内容和形式，努力增强德育工作的吸引力和感染力。要认真落实中小学生守则和日常行为规范，完善班主任制度，健全校外辅导员制度，建立中小学生思想道德行为综合考评制度，探索学生参加社会实践、社区服务的有效机制，保证学校思想道德教育经常化、制度化、规范化。

李长春强调，加强和改进未成年人思想道德建设，是全党全社会的共同任务。各有关部门和社会各方面都要认真履行担负的职责，加强领导，统筹协调，形成党委统一领导、党政群齐抓共管、文明委组织协调、有关部门各负其责、全社会积极参与的领导体制和工作机制。共青团、工会、妇联等群众团体，要把加强未成年人思想道德建设作为重要任务，抓紧抓好。要充分发挥城市社区、农村乡镇以及其他基层组织的作用，把教育引导未成年人的工作落实到基层。要动员和组织社会各方面力量，关心和支持学校的思想道德教育工作，实现学校教育、家庭教育和社会教育的有机结合，形成有利于未成年人健康成长的良好环境。

撰稿　孙海波

审稿　曹国永

何勇等到教育部调研

2004年9月27日，中央书记处书记、中央纪委副书记何勇来到教育部，就在全国义务教育阶段推行“一费制”进展情况和全国普通高校招生工作情况进行调研，并与教育部党组成员及有关部门负责人、中央纪委驻教育部纪检组有关同志进行了座谈。何勇强调，要认真学习、领会、贯彻十六届四中全会精神，抓紧建立健全符合教育系统特点的教育、制度、监督并重的惩治和预防腐败体系。各部门、各系统都要发挥积极的作用，推动这个体系更好、更快地建立健全起来。

何勇充分肯定了近年来我国教育事业的发展，充分肯定了教育部党组和驻教育部纪检组、监察局以及各级教育部门和广大教育工作者为教育事业发展所作的积极努力。他要求，各级教育部门和广大教育工作者要把学习贯彻十六届四中全会精神与贯彻执行党和国家教育工作的方针政策紧密结合起来，落实到教育系统党员干部的思想和行动中去，落实到教育系统的反腐倡廉工作中去，落实到治理教育乱收费工作中去，以高度的政治责任感和使命感，全力办好让人民满意的教育，不断提高全民族的科学文化素质，为现代化建设提供强大的精神动力和智力支持，为提高我们党的执政能力作出应有的贡献。

何勇指出，坚持标本兼治、综合治理，惩防并举、注重预防，抓紧建立健全与社会主义市场经济体制相适应的教育、制度、监督并重的惩治和预防腐败体系，这是我们党对社会主义市场经济条件下深入开展党风廉政建设和反腐败斗争提出的新要求，是加大从源头上防治腐败的根本举措，也是加强党的执政能力建设的重要内容。教育系统各级党组织，一方面要从实际出发，抓紧建立健全符合教育系统特点的教育、制度、监督并重的惩治和预防腐败体系，把从严治党的要求与从严治教、规范管理结合起来，促进教育事业的健康发展，为国家培养优秀的建设人才；另一方面，要在加强廉政文化教育方面发挥积极的作用。要在学校广泛宣传廉政文化，传播廉政知识，弘扬廉政精神，推动廉政文化进校园的深入开展，营造良好的廉政氛围，让健康向上的廉政文化充实学生的精神世界。

中央纪委副书记、监察部部长李至伦，中央纪委常委、秘书长干以胜一同参加调研。教育部党组书记、部长周济作了专题汇报。

撰稿　孙海波

审稿　曹国永

贯彻落实中央8号文件精神
进一步加强和改进未成年人思想道德建设

《中共中央国务院关于进一步加强和改进未成年人思想道德建设的若干意见》(以下简称中央8号文件)下发后，教育部党组及时对贯彻落实工作进行了部署，印发了《关于学习贯彻〈中共中央国务院关于进一步加强和改进未成年人思想道德建设的若干意见〉的实施意见》，召开了视频会、座谈会，举办了厅局长研修班、德育处长研修班等，动员广大干部教师以积极的态度投入到学习贯彻落实文件精神上来。教育部还与中宣部联合印发了《中小学开展弘扬和培育民族精神教育实施纲要》，并把每年9月定为“中小学弘扬和培育民族精神月”；修订下发了《中小学生守则》和《小学生日常行为规范》、《中学生日常行为规范》，下发了《关于进一步加强中小学诚信教育的通知》等一系列文件。

各地教育行政部门和广大中小学校按照教育部党组要求，认真学习贯彻落实中央8号文件，初步形成了加强和改进中小学生思想道德建设的热潮。(1)领导重视，及时部署学习中央8号文件，统一思想认识，努力实现教育思想大转变。各地主要领导同志高度重视中央8号文件的学习贯彻工作，北京、上海、浙江、四川等省(市)委书记对贯彻落实工作作出重要批示，广东、湖南、湖北、四川、安徽、陕西等省教育厅对学习贯彻中央8号文件也作了及时安排，提出了明确要求。2004年8月，根据教育部关于开展教育思想大讨论的要求，各地教育行政部门和学校纷纷再次掀起学习高潮。通过讨论学习，教育系统广大干部教师统一了思想认识，加深了对中央8号文件的理解，增强了对未成年人思想道德建设工作的责任感。(2)整体规划贯彻落实中央8号文件精神，精心部署未成年人思想道德建设工作。各地及时组织教育系统干部、专家、校长、教师深入研究，结合本地实际提出切实可行措施。北京、上海、广东、山西、浙江等地先后召开专门会议，部署未成年人思想道德建设工作，重点对进一步加强和改进中小学班集体建设，加强对少先队和共青团工作的指导，发挥学生集体在思想道德教育中的作用，树立以德治校、以德育人、以德修身的理念等进行研究。四川、湖南、湖北、安徽等省教育行政部门组织座谈会，专题研究贯彻中央8号文件工作，并根据教育部党组通知要求制定本地实施意见。重庆市提出中小学生思想道德建设要做到德育课程建设与德育评价改革、课堂教学与课外活动、德育课程与学科课程、学生思想道德建设与德育骨干队伍建设、学校教育与家庭教育、校园文化建设与周边环境整治“六结合”。各地还坚持贴近学生生活、贴近学生学习、贴近学生群体的原则，积极开展喜闻乐见的活动。海南省海口市创建了少年消防学校、少年交通警察学校、少年军校、青少年急救自救体验教育基地、青少年禁毒教育馆、青少年税法学校等活动基地，开展未成年人道德实践活动；山西开办了全国首家未成年人思想道德建设专题网站——未成年人思想道德建设网，开设了《网上德育基地》、《心理保健》、《家长网校》、《班主任手记》、《师生心语》等50余个基本栏目；陕西省在延安举行弘扬和培育民族精神、“发扬延安精神，争做合格接班人”教育活动启动仪式，河北开展了“革命圣火火炬接力”活动，北京开展了“迎奥运”主题系列活动；广东、黑龙江、福建等地利用“6.26国际禁毒日”举办了学生禁毒宣誓签名活动；江苏、广西结合新学年开学和新生入学教育，开展了“《守则》我遵守，《规范》我践行”活动。(3) 加强宣传教育，努力营造良好的未成年人健康成长的氛围。上海市教育党委、市教委和市法宣办联合召开了上海市青少年学生法制宣传教育工作交流会。市委宣传部、市教育党委、市教委、团市委拟开展“百万青少年巡访爱国主义教育基地活动”和“走好人生每一步”仪式教育活动。四川省教育厅直属的教育电视台、报刊社、《教育导报》及时对中小学学习领会中央 8 号文件精神作了采访和报道。安徽省教育厅要求各地通过领导宣讲、培训班、研讨会等形式，深入学习宣传中央 8 号文件。

撰稿　谭方正

审稿　王旭明

贯彻落实中央16号文件精神 进一步加强和改进大学生思想政治教育

《中共中央国务院关于进一步加强和改进大学生思想政治教育的意见》即中央16号文件下发后，教育系统迅速行动起来，积极采取有效措施贯彻落实中央的要求和部署。

一、精心组织，周密部署，认真抓好教育系统学习中央16号文件精神工作。中央16号文件下发和中央工作会议召开后，教育部党组一是及时召开专题学习会议，学习中央16号文件和中央工作会议精神。二是向全国教育系统发出通知，要求各地教育部门和高校要把学习贯彻落实中央16号文件和中央工作会议精神作为当前教育工作的头等大事抓紧抓好。三是多次召开座谈会、专题调研会，听取各方面意见，了解基层学习贯彻落实情况。四是党组成员深入部分省市和高校实地调研，指导检查工作。

为深入推动教育系统学习中央16号文件和中央工作会议精神，教育部组织编写了《〈中共中央国务院关于进一步加强和改进大学生思想政治教育的意见〉学习辅导读本》、《〈中共中央国务院关于进一步加强和改进大学生思想政治教育的意见〉学习辅导百问》等学习资料，教育部举办了直属高校主管学生思想政治教育工作领导干部培训班，部党组书记、部长周济为培训班作动员报告。教育部还将分专题举办各个层次的培训班。

各地教育部门和高校按照部党组的要求，纷纷制定学习计划，通过中心组学习、座谈会和专题研讨等多种形式，组织广大党员干部和师生员工分阶段、分层次、有重点地开展学习贯彻活动。许多地方的党政主要领导深入高校为广大师生作辅导报告，进一步提高了高校师生对文件和会议精神的认识。不少高校运用报刊、电视、广播、网络等宣传媒体开辟专栏、专题、专版，就培养什么人、如何培养人及加强和改进大学生思想政治教育的途径和方法等问题开展了大讨论。

二、深入调研，制定措施，全面贯彻中央16号文件和中央工作会议精神。一是制定《贯彻落实〈中共中央国务院关于进一步加强和改进大学生思想政治教育的意见〉的目标任务分工》。二是在开展面上调研的基础上，教育部会同有关部门，就进一步加强和改进高校思想政治理论课教育教学、形势与政策教育、哲学社会科学学科教材体系建设、哲学社会科学教学科研骨干研修、大学生社会实践、大学生党员发展和基层党组织建设、校园文化建设、学生社团工作、辅导员和班主任队伍建设、师德建设、校园网络建设与管理、心理健康教育、学生管理、整体规划大中小学德育等方面的工作，进行了深入的专题研究，分别组织起草了相关配套文件，提出了具体的政策、措施和工作要求。

各地各高校在深入学习中央16号文件和中央工作会议精神的基础上，结合各自实际就如何贯彻落实文件精神开展了深入的调查研究，摸清情况，找准问题，对加强和改进大学生思想政治教育作出了规划部署和具体安排。

三、加强领导，狠抓落实，加快形成推进大学生思想政治教育的有效体制机制。一是教育部将成立学生思想道德建设工作领导小组，各省（自治区、直辖市）教育工委也将建立由主要负责人主抓大学生思想政治教育的责任制，高校将建立和完善党委统一领导、党政齐抓共管、专兼职队伍相结合、全校紧密配合、学生自我教育的领导体制和工作机制。二是将进一步完善教育系统监督检查制度，逐项检查落实各项规定，把教育行政部门、高校、教师和学生等方面的积极性、创造性都调动起来，真正形成“全员育人、全过程育人、全方位育人”的工作格局；坚持改革创新，不断总结推广新鲜经验，及时把群众在实践中创造的成功做法上升为政策，提高思想政治教育的针对性和实效性；坚持常抓不懈，形成大学生思想政治教育的长效机制。

撰稿　谭方正
审稿　王旭明

庆祝第 20 个教师节暨全国优秀教师表彰大会

2004 年 9 月 10 日下午，庆祝第 20 个教师节暨全国优秀教师表彰大会在北京人民大会堂举行。会前，中共中央总书记、国家主席胡锦涛等党和国家领导人亲切会见了受表彰的模范教师和先进教育工作者代表。

国务委员陈至立在庆祝表彰大会上讲话。陈至立强调，要深入学习胡锦涛总书记会见全国优秀教师代表时的重要讲话精神，从践行“三个代表”重要思想和落实科学发展观的高度，弘扬尊师重教传统，加强教师队伍建设，以更加务实的作风和扎实的工作，努力开创教育工作新局面。陈至立指出，改革开放以来，我国教育事业持续健康发展，取得了丰硕成果和历史性跨越。广大教师立足本职、辛勤耕耘，为教育事业的改革发展作出了突出贡献。要学习先进模范教师忠于党和人民教育事业的崇高思想，为人师表无私奉献的高尚品德，勇于探索开拓创新的进取精神，进一步推进我国教育事业的发展。陈至立强调，全面建设小康社会对教育事业提出了新的任务，需要培养造就一支宏大的高素质的教师队伍。一是必须把师德建设放在突出位置，全面提高教师的师德水平。二是必须加强和改革教师教育，不断提高教师队伍整体素质。三是必须加快教育人事制度改革步伐，进一步激发教师队伍的活力。四是必须把加强农村中小学教师队伍建设摆在更加突出的地位，促进农村教育发展。陈至立希望广大教师要以人为本、关爱学生，教书育人、为人师表，终身学习、锐意创新。全社会要大力弘扬尊师重教的优良传统，进一步关心和支持教育事业，为教师教书育人创造更好的环境和条件。

庆祝表彰大会由教育部、人事部和北京市政府联合举办。全国模范教师和先进教育工作者代表、“全国师德论坛”代表和首都师生代表参加了庆祝表彰大会。

教育部党组书记、部长周济主持庆祝表彰大会。人事部、教育部、北京市负责同志向受表彰的教师代表颁奖，全国模范教师代表、全国中小学优秀班主任、全国教育系统先进工作者代表在会上发言。

撰稿　孙海波

审稿　曹国永

第二届中外大学校长论坛

为满足经济社会全面、协调和可持续发展对高等教育的要求，全面落实科教兴国和人才强国战略，进一步加快我国高水平大学建设步伐，提高高等教育质量，拓展中国大学校长的国际视野，交流、分享国内外大学领导和管理的成功经验，2004年8月4日—10日，以“大学发展战略”和“科学研究及成果转化”为主题的第二届中外大学校长论坛在北京钓鱼台国宾馆举行。

参加论坛的中方校长共129位，分别为教育部直属高校、进入“211工程”的其他高校、中部地区重点建设的高校、国家重点支持的西部地区高校的现任正职校长。耶鲁大学、剑桥大学、早稻田大学、哥伦比亚大学、国立莫斯科大学、牛津大学、斯坦福大学、伦敦经济学院、柏林工业大学、巴黎十一大学、奥斯汀大学、华威大学12所国外著名大学校长和专家，香港大学校长应邀出席论坛并作高水平报告。北京大学、清华大学、中山大学、四川大学和中国科技大学5位中方大学校长作精彩演讲。本次大会安排两次小组讨论，分别围绕“面对挑战，不同类型的大学如何选择发展战略，有哪些实现该战略目标的重大行动和举措”和“大学如何有效开发科研资源，提高大学核心竞争力”进行讨论。国务委员陈至立出席论坛开幕式并致辞，教育部党组书记、部长周济主持开幕式，副部长章新胜、赵沁平、吴启迪和党组成员田淑兰、郑树山、李卫红等同志出席开幕式并参加论坛相关活动。

除论坛期间的大会交流外，中方大学校长还就学科建设，人力资源管理，大学的管理架构与运行机制，不同类型大学的发展战略及其与社会的契合，科学研究的组织与促进，科技成果的转化机制、大学与企业的紧密联系等6个专题，分组进行了比较深入的研究。

关于学科建设，校长们认为，学科建设是高等学校建设的核心，包括学术队伍建设、科学研究与人才培养活动、学科活动的环境与条件等三个方面。以科学发展观为指导，处理好学科建设与学校定位、学科布局与学科体系、学校优势与特色、重点建设与全面发展、学术带头人与学术梯队的关系非常重要。要抓好新兴学科、交叉学科建设，加强基层学术组织建设。

关于人力资源管理，校长们认为，改革与完善教师聘任制势在必行，要准确把握教师聘任制的丰富内涵，处理好高校办学目标与教师自身价值，拔尖人才培养和学术梯队建设，拉开收入差距与保证分配公平，队伍稳定与人员流动，管理重心下移和宏观指导监督，统一思想、统一政策与因校制宜、分类指导以及改革、发展与稳定的关系。

关于大学的管理架构与运行机制，校长们认为，要正确协调现代大学的学术权力与行政权力。明确界定学术权力与行政权力的作用领域是协调二者关系的前提，强化学术民主制度建设，是协调行政权力与学术权力关系的关键，健全管理运行机制，是协调行政权力与学术权力关系的保障。

关于不同类型大学的发展战略及其与社会的契合，校长们认为，在制定和落实大学的发展战略时，必须牢固树立质量意识、人本意识、开放意识、进取意识和法制意识。必须遵循严守大学外部规律、坚持科学发展观、寻求自身特色、坚持以人为本、坚持综合集成等原则。要潜心构建我国高等教育的类型体系，落实高校办学自主权，继续加大经费投入，以政策为导向吸引拔尖优秀人才到大学任职，建立科学的评估指标体系，充分发挥评估的反馈引导作用。

关于科学研究的组织与促进，校长们认为，要积极创新与改革高校科研组织，积极探索高校与科研院所的分工协作机制，妥善处理学术自由与国家目标及区域发展的关系，妥善处理教学与科研的关系。要深化高校科研拨款体制改革，创建弹性的项目制人事管理体制，改革高校科研激励机制和成果评价制度，建设全国性高校科研信息平台。

关于科技成果的转化机制、大学与企业的紧密联系，校长们认为，当前存在的主要问题是大学发展理念落后、企业创新意识薄弱和支撑体系不健全。要建立大学科技成果转化的内在动力机制，推行大学科技成果转化的公司制运行机制，完善大学科技成果转化的投资机制。

第二届中外大学校长论坛按照“启迪领导智慧，憧憬大学未来”的宗旨，为我国高等教育管理者更加深入了解国际高等教育改革发展的基本趋势和成功经验，深刻认识我国高等教育发展的形势与任务，广泛建立国内高校与国际著名高校之间的联系成功地搭建了交流平台。论坛促进了社会公众对高等教育改革和发展的了解，也增进了国际高教界对我国高等教育改革发展巨大成就的认知，进一步扩大了中国高等教育的国际影响。

撰稿　张爱龙

审稿　李志军　陈维嘉

开展专项整治行动 切实加强中小学幼儿园及少年儿童安全管理工作

2004 年以来，针对一些地方连续发生的伤害中小学生和幼儿园儿童的恶性案件和安全事故，根据中央领导同志指示精神及《国务院办公厅关于切实加强中小学幼儿园及少年儿童安全管理工作和开展专项整治行动的意见》的统一部署，2004 年 10 月至 12 月，教育部会同公安部、司法部、建设部、文化部、卫生部、国家工商总局、新闻出版总署等部门联合在全国范围内开展了中小学幼儿园及少年儿童安全管理专项整治行动。

10 月 11 日，教育部、公安部联合在京召开全国中小学和幼儿园安全工作电视电话会议，就加强中小学幼儿园安全管理工作和在全国开展为期三个月的中小学幼儿园和少年儿童安全管理专项整治行动进行全面部署。会后，教育部会同公安部等部门立即下发了《全国中小学幼儿园及少年儿童安全管理专项整治行动实施方案》，并成立了全国中小学幼儿园及少年儿童安全管理工作专项整治行动联合工作办公室，督促指导各地做好整治工作。此次专项整治工作由各地政府统一领导，教育、公安等相关部门参加，重点是：开展校园周边环境治理行动；对校园安全隐患进行全面排查；全面清理整顿不合格办学机构和从业人员；严肃查处一批重大案件。

2004 年 12 月底至 2005 年 1 月初，教育部、公安部、司法部、卫生部、文化部、建设部、国家工商总局、新闻出版总署八部门组成联合督查组对京、津、晋、吉、黑、苏、鲁、湘、鄂、粤、琼、川、陕、青 14 省、直辖市开展专项整治行动工作情况进行了检查。检查表明，各地政府都成立了专项整治工作领导小组和办公室，制定了《实施方案》，教育、公安等部门密切配合，积极行动，认真组织开展专项整治工作，取得了明显效果。通过开展专项整治工作，各级政府和有关部门对中小学安全工作普遍更加重视，中小学、幼儿园内部设施安全隐患明显减少；学校及周边环境安全状况明显改善；恶性刑事案件和校园重大责任安全事故多发势头得到有效遏制；学生和少年儿童意外伤害死亡人数明显下降；师生安全意识和防范能力明显增强；全社会对少年儿童的安全保护程度明显提高。

据统计，专项整治行动中，全国共清除校园周边违章建筑16 560处，取缔非法网吧12 575家、违章经营小卖部29 453家、非法歌舞厅2 861家、非法游戏厅6 200家、非法录像厅3 434家，非法流动饮食摊点131 481个。各级公安机关在校园周边新设治安岗亭、报警点 30 321 处，新增交通信号灯12 089组，新增交通设施49 483个。与此同时，各中小学、幼儿园普遍对校园安全情况进行了自查，并积极配合有关部门，认真做好校园内部安全管理工作。各级教育行政部门逐级对中小学幼儿园的宿舍、食堂、教室和消防设施以及涉及安全的其他重要场所进行了严格的检查。据统计，全国各级教育行政部门会同公安等部门共检查中小学校 34 万多所、幼儿园 12 万所，查出各种事故隐患 23 万余处，整改 20 万处。各级教育行政部门依照有关规定和政策清查了 22 026 所民办中小学和 69 663所幼儿园的办学资质，限期整改不合格办学的民办中小学近3 994所、幼儿园16 124所，依法取缔、关闭不具备办学办园条件及未办理有关办学办园手续的中小学2 000多所、幼儿园 1 万余所。

审查中小学教职工、聘用人员、临时工的准入资格385万余人，调离、辞退不合格人员2万余名；审查幼儿园教职工、聘用人员、临时工的准入资格63万余人，调离、辞退不合格人员7 000多名。各级公安机关始终把打击发生在校园的各类案件作为专项整治行动的重点来抓。专项整治行动以来，共破获侵害学校和师生安全的刑事案件5 926起，查处治安案件13 032起，抓获各类违法犯罪嫌疑人20 000多名。

撰稿　谭方正

审稿　王旭明

贯彻落实2004年全国职业教育工作会议精神 大力推动职业教育持续健康发展

2004年6月，经国务院批准，教育部、国家发改委、财政部、人事部、劳动保障部、农业部和国务院扶贫办七部门在江苏召开全国职业教育工作会议。会后印发了《教育部等七部门关于进一步加强职业教育工作的若干意见》。在教育部推动下，各地各部门认真贯彻落实会议精神和《若干意见》，切实推进职业教育发展，取得了可喜成绩。

教育部推动会议精神贯彻落实的措施有：(1) 2004年11月，国家教育督导团组织了对河北、辽宁、江西、广东、四川、陕西6个省职业教育工作的专项督导检查。(2) 国家发展改革委、财政部等部门与教育部先后组织实施了职业教育实训基地建设项目、国债中等职业教育发展项目等重大项目，共计投入6亿多元（其中发改委投入5亿元、财政部投入1亿多元），支持和引导职业教育的改革与发展。(3) 大力推进“职业院校制造业和现代服务业技能型紧缺人才培养培训工程”，工程的专业领域已达5个，有700多所职业院校和1 400多家企业参与了工程。(4) 大力推进“农村劳动力转移培训计划”。全年累计培训3 146万多人。(5) 印发了《关于在职业学校逐步推进学分制的意见》，积极推进灵活学习和工学交替。(6) 印发了《中等职业学校德育大纲》，加强职业学校德育工作。(7) 加强就业服务工作，印发了《关于做好中等职业学校毕业生就业服务工作的通知》。(8) 下发了《关于以就业为导向，深化高等职业教育改革的若干意见》，进一步明确了高等职业院校“以服务为宗旨，以就业为导向，走产学研结合的发展道路”的办学方向。(9) 印发《普通高等学校高职高专教育指导性专业目录（试行）》和《普通高等学校高职高专教育专业设置管理办法（试行）》，遵循“专业大类原则不变，专业类相对稳定，专业基本开放”的原则，指导高校科学合理地调整和设置高职高专教育专业，逐步完善与经济社会发展相适应的现代职业教育体系。(10) 下发《关于全面开展高职高专院校人才培养工作水平评估的通知》，在2003年度对26所高职高专院校人才培养工作试点评估基础上，重新修订了评估方案，并全面启动了五年一轮的全国高职高专院校人才培养水平评估。(11) 在北京联合大学师范学院等137所职业院校积极推进实施职业资格证书制度国家级试点工作，计划取得经验后逐步扩大试点范围。

各地结合贯彻2002年国务院召开的全国职业教育工作会议精神和《国务院关于进一步推进职业教育改革与发展的决定》，认真落实七部门会议和《若干意见》的要求，纷纷加大力度，努力推进职业教育的新发展。据了解，自2002年下半年以来，各省（自治区、直辖市）政府都已召开了职业教育工作会议。河北、辽宁、山东、安徽、甘肃、浙江、福建、广西、宁夏、西藏等10省（自治区）政府还制定了贯彻落实七部门《若干意见》的相关配套文件。上海、江西、山东、安徽、福建、贵州、湖北、四川、广东、陕西等10省（直辖市）相继建立了职业教育部门联席会议制度。各地还加大了职业教育投入，出台了许多促进职业教育改革与发展的政策措施。

通过上述一系列工作，2004年职业教育继续保持良好的发展势头。全国中等职业学校招生数达到550万，创历史最高，比上年增长约9%。高等职业教育在校生人数预计可达580万人，比上年增加近百万人。各级各类培训持续发展。以服务为宗旨、以就业为导向改革与发展职业教育的观念更加深入人心，“职业教育和培训创新工程”稳步推进，“制造业与现代服务业技能型紧缺人才培养计划”和“农村劳动力转移培训计划”取得阶段性成果，职业教育管理办学体制改革、教学管理制度改革和试验的力度进一步加大，职业教育迎来了新的发展局面。

撰稿　谭方正
审稿　王旭明

全国高校贫困家庭学生资助工作电视电话会议

2004 年 9 月 6 日，国务院召开全国高校贫困家庭学生资助工作电视电话会议。中共中央政治局常委、国务院副总理黄菊出席会议并作重要讲话。黄菊强调，要从践行“三个代表”重要思想和落实科学发展观的高度，加强领导，狠抓落实，把解决高校贫困家庭学生困难这件大事抓紧办好。国务委员陈至立出席并主持会议。

黄菊指出，党中央、国务院高度重视解决好高校贫困家庭学生困难的问题。胡锦涛总书记、温家宝总理等中央领导同志多次批示，要求进一步采取措施，切实解决好这个问题。他指出，各地区、各有关部门和单位、各高校都要把思想认识统一到党中央、国务院的要求上来，深刻认识做好这项工作的重要性和紧迫性。

黄菊强调，《国务院办公厅关于切实解决高校贫困家庭学生困难问题的通知》提出的六项措施，是在总结前一段助学工作经验基础上提出来的。新的助学工作机制，体现了解决实际困难与资助品学兼优相结合，助学贷款的政策性与可持续性相结合，完善工作机制与强化诚信观念相结合。各级政府要切实负起责任，同时，金融机构、高等学校和广大师生要同心协力、紧密配合，确保新的助学工作机制有效运行。国家助学贷款的中标银行要积极行动起来，按照合作协议的约定，改进服务、提高效率、克服困难、降低风险，及时、足额为贫困家庭学生提供贷款。各高校要把解决好贫困家庭学生的困难问题摆在更加突出的位置，实行主要领导工作责任制；要端正办学思想，调整支出结构，增加面向学生特别是为贫困家庭学生提供服务的开支；要严格控制办学成本，规范收费行为，坚决治理各种乱收费现象，最大限度地减轻学生的经济负担。广大青年学生一定不要辜负党和政府的殷切期望，自强自立、勤工俭学，好学上进、团结互助，诚实守信、模范履约，学成后努力报效祖国和人民。

黄菊在谈到加强领导时强调指出，目前还有大批地方高校的国家助学贷款工作需要由地方政府去组织落实。地方政府应做到思想认识到位、财政投入到位、组织动员到位、督促检查到位，尽快落实有关工作。在积极推动这项工作中，对地方财政状况确有困难的中西部地区，中央财政将采取奖励的方式给予适当补助。各省、自治区、直辖市政府必须按国办《通知》精神，足额安排国家助学贷款的贴息和风险补偿资金；结合本地区实际，设立面向品学兼优家庭贫困学生的政府助学奖学金。

教育部、中国银行、山东省、长安大学的负责同志在会上作了发言。中央和国家机关有关部门负责同志，各省、自治区、直辖市政府及有关部门负责同志和各地高校的负责同志出席了会议。

撰稿　孙海波

审稿　曹国永

实施“农村劳动力转移培训计划”

推进“农村劳动力转移培训计划”的实施，是《2003—2007年教育振兴行动计划》中“职业教育与培训创新工程”的重要内容，也是2004年教育部的工作重点之一。不仅对我国职业教育与成人教育的改革与发展具有重要意义，而且对于解决“三农”问题、促进我国的城镇化进程也具有十分重要的意义和作用。2004年2月，教育部在四川省成都市召开了“全国农村劳动力转移培训经验交流会”，就教育系统服务“三农”、积极开展农村劳动力转移培训工作做出部署。会后印发了农村劳动力转移培训计划，并成立了由周济部长任组长的“教育部农村劳动力转移培训工作领导小组”，全面指导各地开展工作。

根据教育部的部署和要求，各地教育行政部门都成立了由主要负责同志任组长的培训工作领导机构，制定了规划，明确了目标，采取了许多切实措施，积极推进农村劳动力转移培训计划的实施。如，陕西省实施了“一网两工程”（即职业教育和成人教育为县域经济发展服务网络体系，实施职成教育强县富民工程和促进农村劳动力转移培训工程）；四川省开展了“千万农民培训”工程；浙江省开展了“千万农村劳动力素质培训工程”；江苏省开展了“两后双百”工程（农村初高中毕业未升学的学生百分之百培训、百分之百转移就业）等。据对北京、辽宁、上海、浙江、河南、湖北、湖南、广东、广西、重庆、西藏、新疆生产建设兵团等12个省（自治区、直辖市）教育系统农村劳动力转移培训数量的统计，全年共培训1 021万人，其中，引导性培训740万，技能性培训281万，转移就业培训292万人。各地职业学校和成人学校在中央六部门共同实施的农村劳动力转移培训“阳光工程”中发挥了重要作用，在培训基地和培训人数上都占到了30%以上。

撰稿　谭方正

审稿　王旭明

教育政务信息化建设与政务公开

推行政务公开，是我们党在新形势下坚持和完善社会主义民主制度、发展社会主义民主政治、建设社会主义政治文明的重要措施，也是教育部门开展民主管理、实施民主监督的一个重要方面。做好政务公开工作必须有强有力的载体和平台。政务信息化是新形势下政务公开工作最权威、最广泛、最快捷的方式和手段。

2004年8月，教育部成立了教育政务信息化领导小组办公室，统一领导和整合各类资源，进一步加快了教育政务信息化步伐，为全面推进政务公开工作搭建平台。

围绕教育部党组中心工作和群众关心的热点难点问题，教育部已重点建设了“高校毕业生就业网”、“学历认证网”、“留学信息网”、“全国教师教育网络联盟”、“农业科技院校网络联盟”和“中国教育信息网”等二级品牌专业网站，做好信息服务，为进一步畅通政务公开渠道创造了良好的条件。2003年6月13日开通的“中国高校毕业生就业服务信息网”，先后成功举办了多次大型网上招聘活动，网站平均日点击量98.47万次，最高日点击量达823万次，自开通以来累计点击量超过5亿次。现拥有毕业生数据313万人，注册各类用人单位4 959家，提供有效需求岗位6 852个，招聘人数约11.5万人，有力地促进了高校毕业生就业工作。其他如高等教育学历认证系统，为社会提供了国家承认的学历证书的确认服务；全国教师教育网络联盟充分利用现代教育技术，在优化资源配置、促进教师教育优质课程共建共享，实现教师教育模式、方法和机制的更新与发展方面发挥了重要作用；高校农业科技与教育联盟已成为我国农业科技信息教育培训和农业科技成果转化与推广的重要信息平台。

在建设重点网站的同时，教育部党组对部分司局所办工作网站的内容进行系统的资源整合，下大力气建设教育部政府门户网站，全方位开放教育信息。2004年10月1日，新改版的网站投入运行。新网站围绕政务公开、在线办事和信息服务等，新设了“政务公开”、“行政审批”、“服务项目”、“考试指南”四个栏目，包括“教育部政务”、“名单公布”、“教育部公告”、“国际交流与合作”等近70个子栏目，增加了“新闻发布会”专题，并进行新闻发布会的网上现场直播，增加了报道教育部重大会议的专题栏目，设置了“政策法规咨询”栏目，将所有关于教育的法律法规在网站上进行公布并及时进行更新。教育部历史发文库面向社会网上免费查询，并将适于公开的非涉密文件网上同步发布。教育部党组还要求各司局分别设立咨询信箱，指定专人负责答复网上有关的咨询，初步达到了信息透明、服务便捷、监督有力的目的。

撰稿　孙海波

审稿　曹国永

学习型机关建设

为贯彻落实党的十六大和十六届四中全会精神，切实加强干部能力建设，教育部在中央国家机关中率先提出要建设学习型机关。2003年5月，教育部部长周济在听取人事司工作汇报时首次提出了建设学习型机关的设想。2003年12月9日，周济同志主持召开部长专题办公会，就学习型机关建设工作进行了专题研究。会议提出，在新形势下，要紧紧围绕开展建设学习型机关的目标，切实加强和改进部机关干部培训工作，统筹规划干部的日常学习和脱产学习、理论培训和业务培训、学历教育和非学历教育、出国学习和实践锻炼，全面加强部机关干部能力建设。2004年4月5日，教育部党组印发了《中共教育部党组关于建设学习型机关的意见》(以下简称"《意见》")。《意见》提出建设学习型机关要坚持"以人为本、全员参与"、"在职学习为主、脱产学习为辅"、"学用一致、训用结合"、"追求实效、鼓励创新"等基本原则和六项主要措施：1. 制定《教育部建设学习型机关实施方案》和《2004—2008年干部培养培训规划》。2. 研究制订教育部机关干部能力素质标准。3. 开展多形式、多层次的学习培训。4. 加大中青年干部培养锻炼。5. 建立和完善各项学习制度。6. 加强经费保障和学习培训设施建设。

2004年，人事司牵头会同机关党委、办公厅等部内有关司局，在部党组的统一领导下，按照《意见》的部署，制定了《教育部建设学习型机关实施方案》和《2004—2008年干部培养培训规划》；开发建设了教育部机关干部网络学习培训中心，为干部提供内容丰富、形式多样、选择自主的"超市式"学习培训服务；委托中国人民大学公共管理学院开展了《教育部机关司局长胜任能力模型及评价指标体系》研究，进一步为干部明确学习目标以及干部选拔任用、考察考核提供科学依据；开展了多形式、多层次的学习培训，2004年共培训干部717人次，并分别举办了教育部司局级新闻发言人培训班、依法行政轮训班、公文写作培训班、初任公务员培训班等，选派干部参加中央党校和国家行政学院的培训，选派了13名干部出国学习进修，积极鼓励干部在职参加学历教育；加大了中青年干部锻炼培养力度，选派2名司局级干部到西藏和新疆挂职教育厅副厅长，11名青年干部到基层锻炼，17名新录用公务员分组到云南、贵州、甘肃等西部地区支教。

撰稿　张相国

审稿　许　涛

教育部2004年度教育工作会议

2003年12月26日—27日，教育部在北京召开年度教育工作会议。会议的主要任务是：以邓小平理论和“三个代表”重要思想为指导，大力实施科教兴国战略和人才强国战略，总结2003年的教育工作，全面部署2004年和今后五年教育的改革与发展，推动教育事业持续健康协调快速发展，努力办好让人民满意的教育。教育部党组成员张保庆、王湛、章新胜、赵沁平、吴启迪、田淑兰、郑树山、李卫红、陈小娅出席会议。各省、自治区、直辖市教育厅（教委）和新疆生产建设兵团教育局及计划单列市教育行政部门主要领导出席了会议。教育部各司局和部分直属单位主要负责人参加了会议。

教育部党组书记、部长周济作了重要讲话。讲话在回顾了2003年教育工作取得的新进展和教育系统抗击“非典”斗争取得的重大胜利后，强调指出贯彻落实《2003—2007年教育振兴行动计划》是今后一个时期教育战线的中心工作。要按照“巩固成果，深化改革，提高质量，持续发展”的方针，突出农村教育和高水平大学建设两大战略重点，实施好六大重点工程，即：新世纪素质教育工程、以就业为导向的职业教育与培训工程、高等学校教学质量与教学改革工程、高校和职业院校毕业生就业工程、教育信息化建设工程和高素质教师队伍和管理队伍建设工程。为做好2004年教育工作，周济重点强调了六个问题：（一）进一步贯彻落实“三个代表”重要思想和党的十六大、十六届三中全会和全国人才工作会议精神。（二）切实落实全国农村教育工作会议的各项政策措施。（三）促进高等教育、职业教育与经济社会发展的紧密结合。（四）加强教育战线的人才队伍建设。（五）促进教育事业深化改革、扩大开放、协调发展。（六）推进依法治教、依法行政，大力纠正行业不正之风。

教育部党组副书记、副部长张保庆作了总结讲话，强调要认真学习贯彻党的十六大和十六届三中全会精神，紧紧围绕新一轮教育振兴行动计划确定的工作思路和目标任务，进一步认清形势、统一思想、提高认识，贯彻落实好2004年度教育工作会议精神，继续振奋精神，求真务实、开拓进取，坚定不移地再创教育工作的新局面。

会上，来自各地教育行政部门和教育部有关司局、部分直属单位负责同志对教育部2004年工作要点进行了深入讨论。

撰稿　廖舒力

审稿　孙霄兵

教育部 2004 年工作要点

2004 年教育工作的指导思想是：以邓小平理论和“三个代表”重要思想为指导，坚持“巩固、深化、提高、发展”的方针，巩固成果，深化改革，提高质量，持续发展，以农村教育和高水平大学建设为重点，促进各级各类教育持续快速协调健康发展，努力办好让人民满意的教育。

一、不断兴起学习“三个代表”重要思想的新高潮，开创教育工作新局面

1. 按照武装头脑、指导实践、推动工作的要求，把学习贯彻“三个代表”重要思想的新高潮不断引向深入，认真贯彻落实党的十六大和十六届三中全会精神，认真组织实施《2003－2007 年教育振兴行动计划》。

2. 立足全面建设小康社会的宏伟目标，实施科教兴国和人才强国战略，研究制定《2020 年教育发展纲要》。根据党的十六大的总体要求，加强宏观思考和战略研究，勾画中国特色社会主义现代化教育体系蓝图，努力做到发展要有新思路，改革要有新突破，开放要有新局面，各项工作要有新举措。

3. 以科学的发展观为指导，切实把握好各项教育事业的发展节奏。促进各级各类学校准确定位，科学制定发展目标和战略措施。做好教育事业“十一五”规划编制的前期工作。研究制定教育支持东北等老工业基地振兴的政策措施。

4. 大力弘扬和培育民族精神，加强和改进学校德育工作。全面落实中小学德育大纲，制定《中小学弘扬和培育民族精神实施纲要》，广泛开展以爱国主义为核心的民族精神教育。继续贯彻《公民道德建设实施纲要》，加强诚信教育，进一步加强青少年思想道德建设。加强法制教育和国防教育。促进学校教育、社会教育和家庭教育有机结合。做好校园及周边环境综合治理工作，创建安全文明校园。

5. 启动实施“高校‘两课’建设计划”，加强高校思想政治工作。进一步推进邓小平理论和“三个代表”重要思想进教材、进课堂、进学生头脑。推进高校“两课”课程体系、教学内容和教学方法的改革。强化对学生课外活动和生活的引导与管理，推进思想政治教育进公寓、进社团、进网络。加强校园文化建设，提高大学生人文、科学和艺术素养。深入开展大学生社会实践活动。健全突发事件应急处置机制，维护高校稳定。

6. 认真落实《关于进一步加强和改进在高校学生中发展党员工作的意见》。以积极而慎重的态度，加大发展工作力度，提高发展工作质量，把大批优秀青年学生凝聚到党的队伍和事业中来。加强和改进学生基层党组织建设，努力实现高年级学生“支部建在班上”的目标。

7. 加强高校领导班子和干部队伍建设。加大思想、组织和作风建设力度，深化领导干部选拔任用制度改革，把高校领导班子建设成为坚强领导集体。积极开展高校领导干部和管理骨干培训，提高理论素养和管理水平。以加强高校领导班子建设为主题，召开“第十三次全国高校党建工作会议”。

8. 坚持正确的舆论导向，进一步加强宣传思想工作。大力宣传教育事业改革发展的巨大成就，全面准确地宣传教育工作的方针政策、工作思路和重大部署，营造全社会关心支持教育的良好氛围，引导和激励教育战线干部群众抓住机遇加快发展。认真做好第 20 个教师节纪念活动和宣传工作，在全国范围内表彰优秀教师，促进全社会进一步形成尊师重教的风气。

二、落实农村教育在教育工作中的重中之重地位，推进基础教育改革发展

9. 贯彻落实《国务院关于进一步加强农村教育工作的决定》。启动并实施“国家西部地区‘两基’攻坚计划”，以农村寄宿制学校建设为突破口，加强西部地区农村中小学建设。切实抓好中部农村地区的“两基”巩固提高工作。积极推进经济发达的农村地区高水平、高质量“普九”。认真做好西部地区、少数民族地区和妇女扫盲教育工作。

10. 巩固和完善“以县为主”的农村义务教育管理体制。全面落实县级政府对教育的统筹管理责任。积极配合做好核定县级财力工作，落实中央、省、地（市）财政转移支付政策，增强财政困难县义务教育经费保障能力。完善农村中小学“保工资、保安全、保运转”的投入保障机制，确保农村中小学教职工工资按时足额发放。继续实施“国家贫困地区义务教育工程”和“农村中小学危房改造工程”，确保校舍安全。推动各地制定义务教育阶段学校公用经费标准并落实相应的保障措施，确保学校正常运转。进一步扩大免费发放教科书范围，推动各地健全资助农村家庭经济困难学生接受义务教育助学制度。

11. 深化农村教育改革，大力推进“三教统筹”。积极推进农村中小学课程和教学改革，在实现国家基础教育基本要求时，紧密结合农村实际，适当增加职业教育内容。继续开展“绿色证书”教育。实行灵活的教学和学籍管理制度，大力发展农村职业教育和成人教育。积极实施“农村劳动力转移培训计划”，大力开展进城务工农民的职业技能培训。全面实施“高校农业科技教育网络联盟计划”，充分发挥高校在推进“农科教结合”中的重要作用。

12. 组织实施农村中小学现代远程教育计划。着力抓好中西部地区试点工作，加强指导和协调，大力推进农村学校三种模式现代远程教育的建设。加强教育教学资源开发和建设，促进优质教育教学资源来源多样化。积极配合开展农村党员干部现代远程教育。

13. 继续推动高中阶段教育快速发展。认真做好高中阶段教育事业发展规划，促进普通教育与职业教育协调发展。推动中西部农村地区县中建设，多种形式地扩大优质教育资源。积极发展幼儿教育。继续发展特殊教育。

14. 全面贯彻教育方针，扎实推进素质教育。继续深入开展义务教育阶段新课程实验工作并逐步推广，启动普通高中新课程实验工作。切实加强围绕新课程的校本教研制度建设。加强国家和省级新课程教学的监测和评估工作。加大中小学实验教学改革和技术课程实践基地建设力度。健全中小学教材审定制度和教材选用制度。坚持并完善小学升初中就近免试入学制度，研究制定解决义务教育阶段择校问题的政策措施。积极探索高中阶段教育招生录取新办法。

15. 坚持健康第一，大力开展群众性体育活动。推广《学生体质健康标准》，健全学生体质健康监测网络，提高体育课和课外活动的质量。健全学校卫生安全责任制和监测机制，做好饮食卫生管理和防疫工作。加强学生心理健康教育和青春期教育。加强预防艾滋病教育和反毒品教育。继续提高艺术教育课程开课率及教学质量。

16. 加快推进中小学人事制度改革。做好编制核定工作，严格编制管理，建立编制报告和定期调整制度。全面推行教师聘任制，实行“资格准入、竞争上岗、全员聘用、合同管理”。严格掌握校长任职条件，积极推行校长聘任制。建立城镇中小学教师到乡村学校服务期制度，引导和鼓励具备教师资格的人员到乡村任教，加大教师交流力度。

17. 全面实施“全国教师教育网络联盟计划”，加强中小学教师和校长的继续教育和全员培训。提高在职教师的学历、学位层次。以新理念、新课程、新知识、新技术为重点，开展新一轮教师培训。组织优秀教师高层次研修，加强骨干教师国家级培训。进一步加大农村中小学校长培训力度。

18. 切实做好教育对口支援工作。继续推进东部对西部、城市对农村教育支援工作，建立“县对县”、“校对校”教育对口支援制度。扩大城市和东部地区职业学校面向农村和西部地区的合作办学、

联合招生的规模。认真做好进城务工农民子女接受义务教育工作。

19. 进一步加强教育督导工作。落实国务院“每年检查一次”的要求，组织对西部“两基”攻坚的督导检查。坚持督政与督学相结合，加强对不同类型地区教育分类的督导和评估。建立对县级人民政府教育工作进行督导评估的机制。以全面实施素质教育为中心，推动中小学校评估工作。加强督导机构建设和队伍培训，完善督导和监测手段。

三、加强高水平大学建设，推动高等教育快速健康发展

20. 大力加强高水平大学和重点学科建设。启动“985工程”二期建设，紧密结合国家创新体系建设，创建一批科技创新平台，努力建设若干所世界一流大学和一批国际知名的高水平研究型大学。加强“211工程”二期建设，在全国范围内逐步形成布局合理、各具特色与优势的重点学科体系，促进一批重点学科尽快达到国际先进水平。

21. 牢固树立人才资源是第一资源的观念，大力推进“人才强校”战略。抓住吸引、培养和使用三个环节，建立健全高校人才工作的体制和机制，鼓励和支持优秀人才和优秀群体脱颖而出。以“长江学者奖励计划”和“高校创新团队计划”为重点，大力实施“高层次创造性人才计划”。认真做好创新拔尖人才培养、开发和引进工作，大力加强学科带头人和创新团队建设，带动整个高校人才和教师队伍建设。

22. 实施“高等学校科技创新计划”。按照国家创新体系的总体布局，面向科技前沿和现代化建设需要，规划和加强高水平科技创新平台建设。兴建若干具有世界一流水平的国家实验室和国家技术中心，加强和创建一批国家重点实验室和国家工程研究中心。加强高校科研组织工作，积极争取国家重大科研任务，积极参加国防科技创新。

23. 坚持“发展高科技、实现产业化”的方针，进一步促进产学研结合，加速科技成果向现实生产力的转化。加强知识产权保护，鼓励专利申请和转化。加强高新技术产业化基地和大学科技园建设。完善大学科技园孵化功能及其支撑和服务体系。积极发展并规范管理高校科技产业，推进高校产业的现代企业制度和现代产权制度建设。

24. 实施“高等学校哲学社会科学繁荣计划”。大力加强哲学社会科学学术带头人和学术新人的扶持培养。继续加强人文社会科学重点研究基地建设。重点建设一批哲学社会科学实验室，积极培育学术精品和名刊。完善哲学社会科学研究管理，加强学术规范和学术道德建设。做好2004年度教育部哲学社会科学重大课题攻关项目招标评审立项工作。

25. 推进“研究生教育创新计划”。改革研究生招生与选拔制度，推进学分制并调整修业年限。推行研究生培养导师负责制和助研、助教、助管岗位制。继续做好培养成本分担制度改革试点工作。采取评选优秀学位论文、举办学术论坛等措施，鼓励和支持研究生参加科研，提高培养质量。进一步加强研究生院建设。

26. 继续实施“高等学校教学质量与教学改革工程”。进一步深化高校培养模式、课程体系、教学内容和教学方法改革。改善高校基础课程教学，鼓励名师讲授基础课。建设精品课程，加强基础课程教学实验室建设。继续改革大学公共英语教学。深化高等医学教育和农林教育改革。完善教学质量评估机制，健全质量保障体系。以五年为一周期，对全国高校进行教学质量评估。

27. 进一步推动国内外高水平大学的强强合作和强项合作。继续发展与发达国家的教育合作关系，建立、完善和利用好与有关国家的工作磋商机制，加强科学家团队建设、科学研究与高层次人才培养的实质性合作。积极推进与有关国家联合设立科研基金工作和联合培养研究生工作。举办第二届中外大学校长论坛。

28. 认真安排并严格执行全国研究生、普通和成人高等教育的年度招生计划。推进高考制度改革，深化高考内容改革。严格招生考试纪律，加强考试保密工作，从严治考，确保高考安全。健全和完善高校招生网上远程录取和网上阅卷系统，建设招生信息化管理与服务平台。

29. 继续推进高校收费改革。加强对困难学生的资助，大力做好助学贷款工作，建立和健全以国家助学贷款为主体的国家助学体系。推动各地进一步落实和完善资助家庭经济困难学生的各项政策措施。

30．深化毕业生就业制度改革，做好2004年度高校毕业生就业工作。完善有利于毕业生就业和创业的管理体制、运行机制和政策体系，进一步拓宽就业渠道。加强就业创业教育，鼓励和引导毕业生到西部、基层和国家重点建设单位就业，到中小企业就业，鼓励和支持毕业生自主创业。推进毕业生就业市场的统一、开放和规范化建设，加强毕业生就业服务体系建设。全力建设和用好“全国高校毕业生就业服务信息网”。加强对毕业生就业状况的监测，健全毕业生就业率、待业率公布制度。

31．巩固高等教育管理体制改革成果。继续发挥中央和省级两级政府的积极性，加强高等学校共建工作，促进学科深度融合和优化发展。进一步完善和落实相关政策，继续推进高校后勤社会化改革。改进并严格设置普通高校的审批工作。深化高校内部管理体制改革，加快推进教师聘任制改革，扩大职员制改革试点。加强学校制度建设，推进依法治校。

四、深化改革，扩大开放，推进教育事业全面协调可持续发展

32．继续贯彻《国务院关于大力推进职业教育改革与发展的决定》。进一步完善职业教育管理体制，强化地（市）级政府的统筹责任，鼓励行业、企业发展职业教育。实行国务院领导下职业教育工作部际联席会议制度。积极实施职业准入制度和职业资格证书制度。

33．实施“职业教育与培训创新工程”。面向就业、面向市场，进一步转变职业技术教育办学指导思想。大力实施“制造业和现代服务业技能型紧缺人才培训计划”，加快培养大批现代化建设急需的实用人才。大力推广“订单”式培养模式，进一步促进产学研结合。加强与行业、企业和用人单位的合作，实行灵活、多样、开放的职业教育模式。

34．充分利用现有资源，推进终身教育体系建设。统筹各种教育与社会资源，充分发挥普通高校和广播电视大学的作用，建设终身学习公共资源平台。积极推进建立非全日制教育培训学分认证与积累制度，促进各级各类教育的衔接与沟通。加强自学考试管理。大力发展现代远程教育，探索开放式继续教育新模式。

35．积极发展成人教育，推动学习型企业、学习型组织和学习型城市建设。积极发展多样化的继续教育。大力开展农村劳动力转移前引导性培训和工作岗位职业技能培训，广泛开展企业职工在职业余学习。

36．继续贯彻《国务院深化改革和加快发展民族教育的决定》，进一步加强民族教育工作。加强维护国家统一和民族团结的教育。继续加大“双语”教学和改革力度，实施少数民族高层次骨干人才培养计划。积极鼓励和引导高层次人才向西部高校流动，做好教育援藏、援疆项目工作，继续办好内地西藏中学（班）和新疆班。支持西部各省（自治区、直辖市）重点办好一所较高水平的大学，支持高等院校扩大定向招收少数民族学生和建设民族预科教育基地。

37．贯彻落实《国家通用语言文字法》，加强语言文字规范化工作。加快语言文字规范标准建设，重视语言基础资源的建设。做好语言文字生活监测和社会咨询服务。加强评估、培训、测试和宣传工作，推进语言文字应用规范化。加大推广普通话工作力度。搭建高水平的语言文字平台，优化国家通用语言文字的应用环境。

38．推进教师教育改革。建设以师范大学和一批高水平大学为先导，专科、本科、研究生三个层次协调发展，职前培养与职后培训相互沟通的现代教师教育体系。推动教师培养模式创新，加强教育学科建设。研究制定教师教育机构资格认证标准和课程与质量评估标准。大力加强中小学教师职业道德建设。召开全国教师教育工作会议，推进教师培养和在职教师继续教育改革。

39．实施“教育信息化建设工程”。加快中国教育与科研计算机网和中国教育卫星宽带传输网的升级扩容工程建设，积极推进下一代互联网的研究与建设，促进建立国家教育资源服务体系。全面实施高等学校校园网建设工程，积极推进国家级教育信息化应用支撑平台建设。推动示范性网络学院、数字化校园、数字图书馆和数字博物馆建设。研究开发数字化实验和虚拟实验系统，创建网上开放实验系统。大力加强信息技术应用人才培养。

40．大力促进民办教育健康持续发展。认真贯彻落实《民办教育促进法》，推动《〈民办教育促进法〉实施条例》尽快颁布。按照“积极发展、规范管理、改革创新”的原则，进一步促进独立学院健康发展。依法保障民办学校权益，认真落实土地、税收等优惠政策。大力推进体制与机制创新，支持和鼓励发展多种形式的民办教育，促进形成公办学校与民办学校共同发展的格局。

41．进一步改革和完善教育投入体制。推动建立与公共财政体制相适应的教育财政制度，依法落实教育财政拨款“三个增长”政策，保持教育经费持续稳定增长。认真做好部门预算工作，努力争取和落实重点建设项目经费。进一步拓宽经费筹措渠道，建立社会投资和捐资教育的有效激励机制。鼓励学校开展勤工俭学、发展校办企业。严格教育经费管理，提高教育经费使用效益。

42．进一步扩大教育对外开放，加强全方位、高层次的教育国际合作与交流。加大吸引和支持优秀留学人才回国和为国服务工作力度。深化国家公派出国留学改革，加大高层次人才选派力度。继续完善来华留学生管理制度，扩大和提高来华留学生的规模与层次。加快实施“汉语桥工程”，启动境外“孔子中文学院”建设，积极推进中美网络语言教学合作项目，改革和完善汉语水平考试管理办法。贯彻落实《中外合作办学条例》，促进《〈中外合作办学条例〉实施细则》尽快颁布，积极引进高等教育和职业教育优质资源。继续加大教育涉外工作监管力度。进一步密切与港澳台地区的教育合作与交流。继续加强与联合国教科文等国际组织的合作，做好第28届世界遗产委员会议组织筹备和召开工作。

五、坚持依法治教，转变政府职能，不断提高教育工作管理水平

43．完善中国特色教育法律法规体系。全力做好《义务教育法》修订工作，组织专门力量，尽快完成修订草案并上报国务院，力争尽早通过。全面启动《教育法》、《教师法》、《高等教育法》和《学位条例》修改工作，开展起草《学校法》、《终身学习法》、《教育投入法》和《教育考试法》的可行性研究。积极推动各地制定配套性的教育法规和规章。

44．贯彻落实《行政许可法》，加快政府职能转变。改革教育行政审批制度，清理教育行政许可项目，建设相关配套制度。坚持依法行政、依法治教，规范教育行政部门在政策制定、宏观调控和监督指导方面的职能。完善教育行政执法责任制度，加强行政执法力度，进一步做好教育普法工作。加强科学民主决策。积极推进政务公开，实施教育电子政务示范工程，提高决策的透明度和公共参与度。

45．加强教育系统党风廉政建设和行风建设。全面贯彻党风廉政建设责任制，进一步提高领导干部廉洁自律的自觉性。坚决查处违法违纪案件，坚决纠正招生、考试等工作中的不正之风。继续加大治理教育乱收费工作力度，在全国义务教育阶段推行“一费制”，在城镇高中严格执行招收择校生的“三限”政策，进一步规范高等教育收费行为。加强对各项教育工程和项目的监督与审计。

46．进一步加强教育部机关的思想建设、作风建设和队伍建设，增强服务意识，提高管理水平。牢固树立为人民服务的宗旨，兴学习之风、实干之风和团结之风，建设学习型机关。进一步加强和完善工作责任制，健全机关干部考核评价制度。深化直属机关干部人事工作改革，加强干部尤其是青年干部的培养培训。继续做好老干部工作和关心下一代工作。进一步改善机关工作条件和职工生活。

教育发展统计

二〇〇四年全国教育事业发展统计公报

教 育 部

(2005 年 4 月)

2004 年教育战线以邓小平理论和“三个代表”重要思想为指导，深入学习贯彻党的十六大和十六届三中、四中全会精神，全面落实科学发展观，坚定不移地贯彻教育工作“巩固成果，深化改革，提高质量，持续发展”的方针，大力实施《2003—2007 年教育振兴行动计划》，教育事业的改革和发展取得了新的进展。

义 务 教 育

全国实现“两基”的地区人口覆盖率进一步提高，达到 93.6%。到 2004 年年底，通过“两基”验收的县（市、区）总数达到 2 774 个（含其他县级行政区划单位 199 个）。

由于小学学龄人口的逐年减少，小学校数、招生数和在校生数继续减少。2004 年全国共有小学 39.42 万所，比上年减少 3.17 万所；招生 1 747.01万人，比上年减少 82.38 万人；在校生 11 246.23万人，比上年减少 443.51 万人；小学学龄儿童入学率达到 98.95%，其中男女童入学率分别为 98.97%和 98.93%，男女入学性别差为 0.04 个百分点。小学辍学率为 0.59%，其中女童 0.6%。小学毕业生升学率为 98.10%，比上年提高 0.2 个百分点。

小学教职工和专任教师略有减少，专任教师学历合格率继续提高。全国小学教职工 617.14 万人，比上年减少 8.48 万人；其中专任教师 562.89 万人，比上年减少 7.39 万人。小学专任教师学历合格率 98.31%，比上年提高 0.46 个百分点，小学生师比 19.98∶1，比上年的 20.5∶1 略有降低。

随着“普九”目标的实现和学龄人口的逐渐减少，初中校数、招生数和在校生数略有减少，但毕业生数有所增加。全国共有初中学校 63 757（其中职业初中 697 所）所，比上年减少 973 所。招生 2 094.64万人，比上年减少 125.49 万人；在校生 6 527.51万人，比上年减少 163.32 万人；毕业生 2 087.30万人，比上年增加 68.84 万人。初中阶段毛入学率 94.1%，比上年提高 1.4 个百分点。初中阶段辍学率为 2.49%，其中女生 2.19%。初中毕业生升学率 63.8%，比上年提高 4.2 个百分点。

全国初中专任教师 350.05 万人，比上年增加 0.03 万人。初中专任教师学历合格率 93.75%，比上年增长 1.77 个百分点。生师比 18.65∶1，比上年的 19.13∶1 略有降低。

普通中小学校办学条件进一步改善。全国普通中小学校舍建筑面积 123 284.12 万平方米，比上年增加 4 733.60 万平方米。小学体育运动场（馆）面积达标率 51.38%、音乐器械配备达标率

40.08%、美术器械配备达标率 38.17%、数学自然实验仪器达标率 50.91%；普通初中体育运动场（馆）面积达标率 66.38%、音乐器械配备达标率 55.20%、美术器械配备达标率 53.72%、理科实验仪器达标率 70.57%。各项指标均比上年有所提高。

学前教育与特殊教育

学前教育有所进展。幼儿园园数、在园幼儿数及幼儿园园长和教师均有增加。2004 年全国共有幼儿园 11.79 万所，比上年增加 0.15 万所，在园幼儿（包括学前班）2 089.40 万人，比上年增加 85.49 万人。幼儿园园长和教师共 75.96 万人，比上年增加 5.05 万人。

特殊教育学校数、招收残疾儿童数及在校残疾儿童数均有增加。2004 年全国共有特殊教育学校 1 560所，比上年增加 9 所；招收残疾儿童 5.08 万人，比上年增加 0.19 万人；在校残疾儿童 37.18 万人，比上年增加 0.71 万人。其中在盲人学校就读的学生 4.17 万人，在聋人学校就读的学生 11.28 万人，在弱智学校及辅读班就读的学生 21.73 万人。在普通学校随班就读和附设特教班就读的残疾儿童招生数和在校生数分别占特殊教育招生总数和在校生总数的 62.02%和 65.35%。残疾儿童毕业人数 4.67 万人，比上年增加 0.22 万人。

高中阶段教育

全国高中阶段教育（包括普通高中、职业高中、普通中等专业学校、技工学校、成人高中、成人中等专业学校）发展较快。高中阶段教育共有学校 31 407 所，比上年减少 476 所；招生 1 387.71 万人，比上年增加 119.83 万人；在校学生 3 648.98万人，比上年增加 405.58 万人。高中阶段毛入学率 48.1%。

全国普通高中 15 998 所，比上年增加 219 所；招生 821.51 万人，比上年增加 69.38 万人，增长 9.22%；在校生 2 220.37 万人，比上年增加 255.54 万人，增长 13.01%；毕业生 546.94 万人，比上年增加 88.82 万人，增长 19.39%。

普通高中专任教师 119.07 万人，比上年增加 12.01 万人。生师比 18.65∶1，比上年的18.35∶1 有所提高。专任教师学历合格率 79.59%，比上年增长 3.88 个百分点；普通高中体育运动场（馆）面积达标率为 74.63%；体育器材配备达标率 75.21%；音乐器材配备达标率 68%；美术器材配备达标率 67.89%；理科实验仪器达标率 79.70%；建立校园网的学校占普通高中学校总数的比例为 52.29%。各项办学条件均比上年有所改善。

全国成人高中 955 所，比上年减少 362 所；在校生 19.37 万人，比上年减少 2.48 万人；毕业生 13.86 万人，比上年减少 2.62 万人。

全国中等职业教育（包括普通中专、职业高中、技工学校和成人中专）共有学校 14 454 所，比上年减少 228 所。招生 566.2 万人，比上年增加 50.45 万人；在校生 1 409.24 万人，比上年增加 152.51 万人。

全国普通中等专业学校 3 047 所，比上年减少 18 所；招生 203.84 万人，比上年增加 19.96 万人；在校生 554.47 万人，比上年增加 52.1 万人；毕业生 140.58 万人，比上年减少 7.87 万人。教职工 33.28 万人，比上年减少 1.42 万人。专任教师 19.71 万人，比上年减少 0.15 万人。

全国职业高中 5 781 所，比上年减少 43 所；招生 212.66 万人，比上年增加 15.4 万人；在校生 516.92 万人，比上年增加 61.16 万人；毕业生 125.56 万人，比上年增加 12.89 万人。职业高中教职工 37.72 万人，比上年增加 1.39 万人；专任教师 27.06 万人，比上年增加 1.27 万人。职业高中专任教师学历合格率 63.77%，比上年增长 4.38 个百分点。

全国技工学校 2 884 所，比上年减少 86 所；招生数 109.7 万人，比上年增加 18.06 万人；在校生 234.5 万人，比上年增加 41.36 万人；毕业生 53.5 万人，比上年增加 8.24 万人。技工学校教职工 20.5 万人，其中专任教师 16.5 万人。

全国成人中等专业学校 2 742 所，比上年减少 81 所；招生 40 万人，比上年减少 2.98 万人；在校生 103.35 万人，比上年减少 2.1 万人；毕业生

39.55 万人，比上年减少 0.48 万人。

高 等 教 育

2004 年全国共有普通高等学校和成人高等学校 2 236 所，比上年增加 126 所。普通高等学校 1 731所，比上年增加 179 所，其中本科院校 684 所，高职（专科）院校 1 047 所。成人高等学校 505 所，比上年减少 53 所。全国共有培养研究生单位 769 个，其中高等学校 454 个，科研机构 315 个。

高等教育的招生和在校生规模持续增加。2004 年全国各类高等教育总规模达到 2 000 多万人，高等教育毛入学率达到 19%。全国招收研究生 32.63 万人，比上年增加 5.74 万人；其中博士生 5.33 万人，硕士生 27.30 万人。在学研究生 81.99 万人，比上年增加 16.86 万人；其中博士生 16.56 万人，硕士生 65.43 万人。毕业研究生 15.08 万人，比上年增加 3.97 万人；其中博士生 2.35 万人，硕士生 12.73 万人。

普通高等教育共招生 447.34 万人，其中本科 209.91 万人，高职（专科）237.43 万人；在校生 1 333.50 万人，其中本科 737.85 万人，高职（专科）595.65 万人；毕业生 239.12 万人，其中本科 119.63 万人，高职（专科）119.49 万人。成人高等教育共招生 221.16 万人，在校生 419.80 万人，毕业生 189.62 万人。

普通高等学校校均规模有较大提高。普通高等学校全日制本、高职（专科）在校生平均规模由上年的 7 143 人提高到 7 704 人；对研究生、留学生、进修生和夜大生、函授生、成人脱产班等各类学生，按国家规定折合为本、高职（专科）学生计算，生师比为 16.22：1，比上年的 17.0：1 有所降低。

普通高等学校教职工 161.07 万人，比上年增加 15.81 万人；专任教师 85.84 万人，比上年增加 13.37 万人。成人高等学校教职工 15.50 万人，比上年增加 0.15 万人；专任教师 8.61 万人，比上年增加 0.1 万人。教育机构 1 187 所，注册学生 105.33 万人。民办普通高中 2 953 所，在校生 184.73 万人；民办中等职业学校 1 633 所，在校生 109.94 万人。民办普通初中 4 219 所，在校生 315.68 万人；民办职业初中 24 所，在校生 1.49 万人。民办普通小学 6 047 所，在校生 328.32 万人。民办幼儿园 6.22 万所，在校生 584.11 万人。

2004 年各类教育发展基本情况

2004 年全国各级各类学校校数、教职工、专任教师情况

	学校数(所)	教职工数(人)	专任教师数(人)
一、高等教育			
(一) 研究生培养机构（不计校数）	(769)		
1. 普通高校	(454)		
2. 科研机构	(315)		
(二) 普通高等学校	1 731	1 610 658	858 393
1. 本科院校	684	1 137 005	575 334
2. 专科院校	1 047	403 616	237 654
其中：职业技术学院	872	327 536	193 432
3. 其他机构（点）（不计校数）	(364)	70 037	45 405
其中：独立学院	(249)	53 211	35 448
(三) 成人高等学校	505	154 986	86 065
(四) 民办的其他高等教育机构	1 187	54 941	26 048
二、中等教育	97 144	6 753 421	5 438 391
(一) 高中阶段教育	31 407	6 716 633	1 932 934
1. 高中	16 953	5 632 941	1 196 897
普通高中	15 998	5 623 981	1 190 681
成人高中	955	8 960	6 216
2. 中等职业教育	14 454	1 083 692	736 037
普通中专	3 047	332 770	197 084
成人中专	2 742	125 266	75 758
职业高中	5 781	377 221	270 612
技工学校	2 884	205 000	165 000
其他机构（教学点）（不计校数）	(2 295)	43 435	27 583
(二) 初中阶段教育	65 737	36 788	3 505 457
1. 普通初中	63 060		3 476 784
2. 职业初中	697	27 997	23 680
3. 成人初中	1 980	8 791	4 993
三、初等教育	463 635	6 311 639	5 672 189
(一) 普通小学	394 183	6 171 358	5 628 860
(二) 成人小学	69 452	140 281	43 329
其中：扫盲班	47 239	108 409	28 941
四、工读学校	76	2 539	1 533
五、特殊教育	1 560	41 384	31 058
六、学前教育	117 899	1 047 323	656 083

注：1. 普通高中的教职工数中包含普通初中的教职工数。
2. 技工学校数据为 2003 年数据。
3. “（ ）”内数据均不计校数。

2004年全国各级各类学历教育学生情况

	毕业生数(人)	招生数(人)	在校生数(人)
一、高等教育			
(一) 研究生	150 777	326 286	819 896
博　士	23 446	53 284	165 610
硕　士	127 331	273 002	654 286
(二) 普通本专科	2 391 152	4 473 422	13 334 969
本　科	1 196 290	2 099 151	7 378 436
专　科	1 194 862	2 374 271	5 956 533
(三) 成人本专科	1 896 152	2 211 580	4 197 956
本　科	540 356	759 434	1 415 954
专　科	1 355 796	1 452 146	2 782 002
(四) 其他各类高等学历教育			
1. 在职人员攻读博士、硕士学位		78 171	201 448
2. 网络本专科生	393 715	839 325	2 365 908
本　科	211 728	427 811	1 270 458
专　科	181 987	411 514	1 095 450
3. 学历文凭考试	110 559	129 805	353 532
4. 自学考试			
5. 其他	43 738		61 937
二、中等教育	30 668 039	34 642 948	101 839 220
(一) 高中阶段教育	9 117 419	13 696 504	36 076 284
1. 高中	5 607 914	8 215 096	22 397 394
普通高中	5 469 351	8 215 096	22 203 701
成人高中	138 563		193 693
2. 中等职业教育	3 509 505	5 481 408	13 678 890
普通中专	1 405 817	2 038 445	5 544 733
成人中专	395 513	400 017	1 033 488
职业高中	1 255 609	2 126 583	5 169 246
技工学校	452 566	916 363	1 931 423
(二) 初中阶段教育	21 550 620	20 946 444	65 762 936
1. 普通初中	20 703 868	20 782 272	64 750 006
2. 职业初中	169 130	164 172	525 134
3. 成人初中	677 622		487 796
三、初等教育	24 947 962	17 470 128	116 304 169
(一) 普通小学	21 351 726	17 470 128	112 462 256
(二) 成人小学	3 596 236		3 841 913
其中：扫盲班	2 045 819		2 425 446
四、工读学校	3 507	3 121	7 975
五、特殊教育	46 727	50 771	371 813
六、学前教育	10 597 227	13 503 007	20 894 002

注：特殊教育学生数中包括普通中小学随班就读的学生。

各级普通学校毕业生升学率

地区	小学升初中（%）	初中升高级中学（%）	高中升高等教育（%）
总 计	98.10	62.91	81.79
北 京	100.35	90.50	216.80
天 津	97.99	83.65	173.37
河 北	98.99	47.59	74.75
山 西	99.86	53.49	65.84
内蒙古	99.90	68.14	59.64
辽 宁	99.33	66.81	108.51
吉 林	99.74	58.10	109.94
黑龙江	99.22	47.36	107.42
上 海	102.88	96.83	141.38
江 苏	98.78	75.07	88.81
浙 江	102.79	84.05	84.79
安 徽	100.00	52.18	72.04
福 建	98.34	65.32	75.30
江 西	100.05	59.66	94.53
山 东	99.70	61.24	68.67
河 南	96.45	46.37	60.59
湖 北	99.78	61.15	91.58
湖 南	99.46	62.45	71.35
广 东	97.41	56.45	83.14
广 西	95.69	47.38	62.74
海 南	94.67	47.61	73.66
重 庆	95.87	73.92	97.55
四 川	98.86	63.91	77.00
贵 州	95.98	38.92	63.81
云 南	88.85	42.36	75.50
西 藏	92.47	52.98	88.85
陕 西	95.76	65.23	88.97
甘 肃	96.37	61.09	58.90
青 海	96.98	62.59	45.75
宁 夏	99.50	65.57	42.19
新 疆	99.89	47.51	59.06

注：数据包括技工学校数据，分省数据不包括技工学校数据。

各级普通学校毕业生升学率

年 份	小学升初中（%）	初中升高级中学（%）	高中升高等教育（%）
1990	74.6	40.6	27.3
1991	77.7	42.6	28.7
1992	79.7	43.6	34.9
1993	81.8	44.1	43.3
1994	86.6	47.8	46.7
1995	90.8	50.3	49.9
1996	92.6	49.8	51.0
1997	93.7	51.5	48.6
1998	94.3	50.7	46.1
1999	94.4	50.0	63.8
2000	94.9	51.2	73.2
2001	95.5	52.9	78.8
2002	97.0	58.3	83.5
2003	97.9	59.6	83.4
2004	98.1	62.9	82.5

注：高中升学率为普通高校招生数（含电大普通班）与普通高中毕业生数之比。

2004 年全国各级各类非学历教育学生情况

	结业生数（人）	注册生数（人）
一、高等教育	3 184 011	2 427 394
（一）研究生课程进修班	83 868	100 708
（二）自考助学班	218 623	739 247
（三）普通预科生		29 954
（四）进修及培训	2 881 520	1 557 485
其中：资格证书培训	598 737	246 775
岗位证书培训	638 334	343 068
二、中等职业教育	69 573 448	61 983 457
其中：资格证书培训	5 410 587	4 258 794
岗位证书培训	7 010 397	4 663 836
（一）中等职业学校	7 803 545	4 502 075
其中：资格证书培训	1 748 718	1 116 670
岗位证书培训	1 564 132	729 416
（二）职业技术培训机构	61 769 903	57 481 382
其中：资格证书培训	3 661 869	3 142 124
岗位证书培训	5 446 265	3 934 420

2004年全国各级民办教育基本情况

	学校数（所）	毕（结）业生数（人）	招生数（人）	在校生（注册）数（人）	教职工数（人）	专任教师数（人）
一、高等教育						
（一）普通高等教育		118 961	624 626	1 396 295	134 862	81 521
1. 普通高校	226	87 963	317 749	709 636	81 651	46 073
本科学生		3 266	20 477	76 420		
专科学生		84 697	297 272	633 216		
2. 独立学院	(249)	30 998	306 877	686 659	53 211	35 448
（二）成人高校	2	824	570	1 220	240	131
（三）民办的其他高等教育机构	1 187	698 347		1 053 259	54 941	26 048
二、中等教育机构						
（一）高中阶段教育	4 586	575 569	1 299 601	2 946 764	423 286	290 242
其中：普通高中	2 953	333 220	785 088	1 847 315	345 419	243 819
中等职业学校	1 633	242 349	514 513	1 099 449	77 867	46 423
（二）初中阶段教育	4 243	718 879	1 151 749	3 171 786	834	634
其中：普通初中	4 219	714 917	1 146 372	3 156 837		
职业初中	24	3 962	5 377	14 949	834	634
（三）职业技术培训机构	19 424	6 295 595		6 790 535	182 896	96 291
三、普通小学	6047	434 241	564 595	3 283 213	192 704	139 432
四、幼儿园	62 167	2 089 228	3 200 860	5 841 073	466 024	276 221

注：“（ ）”内数据不计校数。

各级普通学校女学生数

单位：万人

	总计	男	女学生	
			人数	占学生总数的比重（%）
一、高等教育				
（一）研究生	81.99	47.91	34.08	41.57
博　士	16.56	11.37	5.19	31.37
硕　士	65.43	36.54	28.89	44.15
（二）普通本专科	1 333.50	724.81	608.68	45.65
本　科	737.84	414.01	323.84	43.89
专　科	595.65	310.81	284.85	47.82
（三）成人本专科	419.80	210.11	209.69	49.95
本　科	141.60	70.77	70.82	50.02
专　科	278.20	139.33	138.87	49.92
（四）其他各类高等学历教育				
1. 在职人员攻读博士、硕士学位	20.14	14.87	5.27	26.17
2. 网络本专科生	236.59	120.29	116.30	49.16
本　科	127.05	65.09	61.96	48.77
专　科	109.55	55.20	54.35	49.61
3. 学历文凭考试	35.35	18.18	17.17	48.57
4. 自学考试				
5. 其他	6.19	3.03	3.17	51.13
二、中等教育				
（一）高中阶段教育				
1. 高中				
普通高中	2 220.37	1 203.29	1 017.08	45.81
成人高中	19.37	10.90	8.47	43.72
2. 中等职业教育				
普通中专	554.47	249.29	305.19	55.04
成人中专	103.35	52.98	50.37	48.74
职业高中	516.92	267.85	249.07	48.18
技工学校				
（二）初中阶段教育				
1. 普通初中	6 475.00	3 407.77	3 067.23	47.37
2. 职业初中	52.51	28.11	24.41	46.48
3. 成人初中	48.78	29.30	19.48	39.93
三、初等教育				
（一）普通小学	11 246.23	5 965.07	5 281.15	46.96
（二）成人小学	384.19	179.20	204.99	53.36
其中：扫盲班	242.54	108.97	133.58	55.07
四、工读学校	0.80	0.72	0.08	9.81
五、特殊教育	37.18	24.16	13.02	35.02
六、学前教育	2 089.40	1145.60	943.80	45.17

各级普通学校少数民族学生数

单位：万人

	总计	少数民族学生	
		人数	占学生总数的比重(%)
一、高等教育			
(一) 研究生	81.99	3.30	4.02
博　士	16.56	0.65	3.95
硕　士	65.43	2.64	4.04
(二) 普通本专科	1 333.50	77.43	5.81
本　科	737.84	46.32	6.28
专　科	595.65	31.11	5.22
(三) 成人本专科	419.80	29.26	6.97
本　科	141.60	9.50	6.71
专　科	278.20	19.76	7.10
(四) 其他各类高等学历教育			
1. 在职人员攻读博士、硕士学位	20.14		
2. 网络本专科生	236.59	8.97	3.79
本　科	127.05		
专　科	109.55		
3. 学历文凭考试	35.35	0.98	2.78
4. 自学考试			
5. 其他	6.19	0.38	6.09
二、中等教育			
(一) 高中阶段教育			
1. 高中			
普通高中	2 220.37	145.39	6.55
成人高中			
2. 中等职业教育			
普通中专	554.47	33.14	5.98
成人中专	103.35	4.94	4.78
职业高中	516.92	18.75	3.63
技工学校			
(二) 初中阶段教育			
1. 普通初中	6 475.00	530.72	8.20
2. 职业初中	52.51	8.95	17.05
3. 成人初中			
三、初等教育			
(一) 普通小学	11 246.23	1 097.15	9.76
(二) 成人小学	384.19	47.87	12.46
其中：扫盲班			
四、工读学校			
五、特殊教育	37.18	2.64	7.10
六、学前教育	2 089.40	125.26	5.99

小学学龄儿童入学率

单位：万人

年份	学龄儿童入学率		
	全国学龄儿童数	已入学学龄儿童数	入学率（%）
1965	11 603.2	9 829.1	84.7
1980	12 219.6	11 478.2	93.0
1985	10 362.3	9 942.8	95.9
1990	9 740.7	9 529.7	97.8
1999	12 991.4	12 872.8	99.1
2000	12 445.3	12 333.9	99.1
2001	11 766.4	11 561.2	99.1
2002	11 310.4	11 150.0	98.6
2003	10 908.3	10 761.6	98.7
2004	10 548.1	10 437.1	98.9

注：1991 年以前的入学率是按 7－11 周岁统一计算的。从 1991 年起入学率是按各地不同入学年龄和学制分别计算的。

高等教育学校（机构）数

单位：所

	计	中央部委			地方部门			民办
		计	教育部	其他部委	计	教育部门	非教育部门	
1. 研究生培养机构	(769)	369	73	296	400	332	68	
普通高校	(454)	97	73	24	357	332	25	
科研机构	(315)	272		272	43		43	
2. 普通高校	1 731	111	73	38	1 394	799	595	226
本科院校	684	104	73	31	571	500	71	9
专科院校	1 047	7		7	823	299	524	217
其中：高等职业学校	872	2		2	662	220	442	208
3. 成人高等学校	505	19	1	18	484	201	283	2
4. 民办的其他高等教育机构	1 187							1 187

小学净入学率分省情况

	男女合计			其中：女儿童		
	人口总数	人口总数	入学率（%）	人口总数	人口总数	入学率（%）
总 计	105 480 865	104 370 925	98.95	49 621 231	49 088 999	98.93
北 京	504 491	504 107	99.92	244 791	244 636	99.94
天 津	496 898	496 746	99.97	236 461	236 403	99.98
河 北	5 146 736	5 137 740	99.83	2 467 767	2 463 568	99.83
山 西	3 505 630	3 454 917	98.55	1 685 468	1 661 007	98.55
内蒙古	1 558 705	1 547 638	99.29	742 523	737 065	99.26
辽 宁	2 549 359	2 542 281	99.72	1 212 259	1 208 933	99.73
吉 林	1 627 691	1 617 388	99.37	775 804	770 917	99.37
黑龙江	2 222 828	2 178 177	97.99	1 073 920	1 052 844	98.04
上 海	522 627	522 616	100.00	247 130	247 126	100.00
江 苏	4 948 214	4 932 965	99.69	2 288 075	2 282 165	99.74
浙 江	3 214 974	3 214 712	99.99	1 498 694	1 498 601	99.99
安 徽	5 843 444	5 816 542	99.54	2 746 669	2 734 497	99.56
福 建	2 713 068	2 705 503	99.72	1 239 997	1 236 835	99.74
江 西	3 491 877	3 458 443	99.04	1 605 758	1 591 292	99.10
山 东	5 833 051	5 828 907	99.93	2 760 815	2 758 947	99.93
河 南	9 395 611	9 378 170	99.81	4 430 036	4 423 224	99.85
湖 北	4 400 275	4 386 624	99.69	2 013 484	2 006 716	99.66
湖 南	4 090 462	4 027 024	98.45	1 928 338	1 898 581	98.46
广 东	10 100 839	10 066 311	99.66	4 711 635	4 695 296	99.65
广 西	4 564 247	4 490 893	98.39	2 099 016	2 065 670	98.41
海 南	949 269	942 814	99.32	434 314	431 321	99.31
重 庆	2 472 241	2 469 808	99.90	1 181 351	1 179 191	99.82
四 川	6 989 455	6 716 130	96.09	3 327 117	3 189 522	95.86
贵 州	4 275 278	4 179 658	97.76	2 012 589	1 973 798	98.07
云 南	4 160 578	4 000 240	96.15	1 958 339	1 879 933	96.00
西 藏	316 730	301 193	95.09	148 722	141 204	94.94
陕 西	3 520 114	3 486 798	99.05	1 640 570	1 623 900	98.98
甘 肃	2 924 576	2 873 975	98.27	1 397 847	1 370 687	98.06
青 海	468 705	453 838	96.83	224 466	215 219	95.88
宁 夏	609 682	600 509	98.50	292 475	287 458	98.28
新 疆	2 063 210	2 038 258	98.79	994 801	982 443	98.76

普通高等学校（机构）学生数

单位：人

	毕(结)业生数	授予学位数	招生数 计	其中 应届生	其中 春季招生	在校学生数	预计毕业生数
研究生	**150 777**	**147 218**	**326 286**	**173 775**		**819 896**	**222 952**
博　士	23 446	22 427	53 284	20 528		165 610	56 590
硕　士	127 331	124 791	273 002	153 247		654 286	166 362
普通本科、专科生	**2 391 152**	**1 050 952**	**4 473 422**	**4 106 131**	**30 104**	**13 334 969**	**3 150 760**
本　科	1 196 290	1 050 952	2 099 151	1 873 699	9 439	7 378 436	1 509 518
专　科	1 194 862		2 374 271	2 232 432	20 665	5 956 533	1 641 242
成人本科、专科生	**1 896 152**	**79 459**	**2 211 580**	**377 222**		**4 197 956**	**1 735 862**
本　科	540 356	79 459	759 434	121 367		1 415 954	567 820
专　科	1 355 796		1 452 146	255 855		2 782 002	1 168 042
网络本科、专科生	**393 715**	**10 728**	**839 325**	**121 067**	**368 170**	**2 365 908**	
本　科	211 728	10 728	427 811	41 632	197 188	1 270 458	
专　科	181 987		411 514	79 435	170 982	1 095 450	
在职人员攻读博士硕士学位		31 465	78 171			201 448	
学历文凭考试	110 559		129 805			353 532	
电大注册视听生	43 738					61 937	
自考助学班	218 623		290 953			739 247	
研究生课程进修班	83 868					100 708	
普通预科生						29 954	
进修及培训	2 881 520					1 557 485	
留学生	36 454	3 030	50 603		15 589	64 107	

分学科研究生数(总计)

单位:人

	毕业生数			招生数			在校学生数			预计毕业生数		
	计	博士	硕士	计	博士	硕士	计	博士	硕士	计	博士	硕士
总计	**150 777**	**23 446**	**127 331**	**326 286**	**53 284**	**273 002**	**819 896**	**165 610**	**654 286**	**222 952**	**56 590**	**166 362**
其中:女	57 041	6 707	50 334	141 913	18 579	123 334	340 825	51 945	288 880	83 070	15 911	67 159
哲学	1 854	392	1 462	3 882	684	3 198	9 666	2 143	7 523	2 768	845	1 923
经济学	8 098	1 309	6 789	17 007	2 720	14 287	42 425	8 564	33 861	12 215	3 013	9 202
法学	11 097	1 022	10 075	22 979	2 233	20 746	55 575	6 515	49 060	15 038	2 138	12 900
教育学	4 276	410	3 866	10 053	963	9 090	22 812	2 510	20 302	5 297	735	4 562
文学	10 483	1 033	9 450	24 783	2 301	22 482	57 589	6 434	51 155	14 176	1 987	12 189
历史学	2 407	473	1 934	4 572	926	3 646	11 319	2 771	8 548	3 189	994	2 195
理学	17 540	4 518	13 022	41 067	10 083	30 984	102 381	28 769	73 612	27 623	9 379	18 244
工学	56 074	8 054	48 020	120 750	20 271	100 479	318 063	69 315	248 748	90 166	25 473	64 693
农学	5 165	977	4 188	12 110	2 169	9 941	28 930	6 112	22 818	7 052	1 853	5 199
医学	16 128	3 700	12 428	33 012	6 450	26 562	81 859	17 771	64 088	20 958	5 056	15 902
军事学	59	13	46	174	31	143	427	109	318	129	40	89
管理学	17 596	1 545	16 051	35 897	4 453	31 444	88 850	14 597	74 253	24 341	5 077	19 264

分学科研究生数(普通高校)

单位:人

	毕业生数			招生数			在校学生数			预计毕业生数		
	计	博士	硕士	计	博士	硕士	计	博士	硕士	计	博士	硕士
总计	**143 813**	**20 607**	**123 206**	**310 672**	**47 502**	**263 170**	**779 408**	**148 561**	**630 847**	**211 710**	**50 746**	**160 964**
其中:女	54 999	5 939	49 060	136 654	16 692	119 962	327 890	46 895	280 995	79 778	14 337	65 441
哲学	1 782	365	1 417	3 762	649	3 113	9 327	2 036	7 291	2 678	808	1 870
经济学	7 786	1 188	6 598	16 519	2 513	14 006	40 983	7 922	33 061	11 759	2 789	8 970
法学	10 797	922	9 875	22 407	2 125	20 282	54 299	6 166	48 133	14 689	2 014	12 675
教育学	4 243	392	3 851	9 999	935	9 064	22 664	2 433	20 231	5 254	710	4 544
文学	10 385	1 000	9 385	24 584	2 239	22 345	57 105	6 279	50 826	14 059	1 945	12 114
历史学	2 355	454	1 901	4 490	907	3 583	11 121	2 714	8 407	3 137	982	2 155
理学	14 916	3 001	11 915	34 706	7 029	27 677	85 643	19 921	65 722	22 922	6 318	16 604
工学	53 297	7 262	46 035	114 834	18 501	96 333	302 296	63 768	238 528	85 686	23 496	62 190
农学	5 009	910	4 099	11 577	1 971	9 606	27 772	5 617	22 155	6 794	1 715	5 079
医学	15 727	3 601	12 126	32 242	6 276	25 966	79 932	17 302	62 630	20 464	4 922	15 542
军事学	59	13	46	173	31	142	421	109	312	126	40	86
管理学	17 457	1 499	15 958	35 379	4 326	31 053	87 845	14 294	73 551	24 142	5 007	19 135

分学科研究生数(科研机构)

单位:人

	毕业生数			招生数			在校学生数			预计毕业生数		
	计	博士	硕士	计	博士	硕士	计	博士	硕士	计	博士	硕士
总计	**6 964**	**2 839**	**4 125**	**15 614**	**5 782**	**9 832**	**40 488**	**17 049**	**23 439**	**11 242**	**5 844**	**5 398**
其中:女	2 042	768	1 274	5 259	1 887	3 372	12 935	5 050	7 885	3 292	1 574	1 718
哲学	72	27	45	120	35	85	339	107	232	90	37	53
经济学	312	121	191	488	207	281	1 442	642	800	456	224	232
法学	300	100	200	572	108	464	1 276	349	927	349	124	225
教育学	33	18	15	54	28	26	148	77	71	43	25	18
文学	98	33	65	199	62	137	484	155	329	117	42	75
历史学	52	19	33	82	19	63	198	57	141	52	12	40
理学	2 624	1 517	1 107	6 361	3 054	3 307	16 738	8 848	7 890	4 701	3 061	1 640
工学	2 777	792	1 985	5 916	1 770	4 146	15 767	5 547	10 220	4 480	1 977	2 503
农学	156	67	89	533	198	335	1 158	495	663	258	138	120
医学	401	99	302	770	174	596	1 927	469	1 458	494	134	360
军事学				1		1	6		6	3		3
管理学	139	46	93	518	127	391	1 005	303	702	199	70	129

普通本、专科按性质类别划分的学生数

单位：人

	毕业生数			招生数			在校学生数			毕业班学生数		
	合计	本科	专科	合计	本科	专科	合计	本科	专科	合计	本科	专科
总计	**2 391 152**	**1 196 290**	**1 194 862**	**4 473 422**	**2 099 151**	**2 374 271**	**13 334 969**	**7 378 436**	**5 956 533**	**3 150 760**	**1 509 518**	**1 641 242**
其中：女	1 077 005	510 931	566 074	2 123 791	982 224	1 141 567	6 086 836	3 238 371	2 848 465	1 327 457	594 930	732 527
一、普通高等学校	**2 277 455**	**1 193 829**	**1 083 626**	**4 280 750**	**2 093 714**	**2 187 036**	**12 845 873**	**7 362 854**	**5 483 019**	**3 013 680**	**1 506 390**	**1 507 290**
本科院校	1 705 415	1 169 804	535 611	2 457 441	1 834 086	623 355	8 588 778	6 732 009	1 856 769	2 066 893	1 440 679	626 214
专科院校	514 818	333	514 485	1 446 846	1 564	1 445 282	3 359 485	2 904	3 356 581	821 225	212	821 013
其中：高等职业学校	370 812	60	370 752	1 184 266	413	1 183 853	2 682 776	413	2 682 363	630 153		630 153
其他	57 222	23 692	33 530	376 463	258 064	118 399	897 610	627 941	269 669	125 562	65 499	60 063
其中：独立学院	30 998	19 172	11 826	306 877	240 947	65 930	686 659	555 266	131 393	81 038	56 394	24 644
综合大学	561 530	315 356	246 174	1 016 251	508 394	507 857	3 104 510	1 843 484	1 261 026	741 479	393 916	347 563
理工院校	807 813	403 091	404 722	1 602 942	706 975	895 967	4 651 507	2 456 198	2 195 309	1 079 031	509 022	570 009
农业院校	106 183	66 419	39 764	199 899	120 248	79 651	628 145	424 769	203 376	144 701	87 350	57 351
林业院校	14 576	12 070	2 506	31 522	22 269	9 253	98 981	78 012	20 969	21 566	16 571	4 995
医药院校	105 104	60 953	44 151	225 353	116 728	108 625	721 447	463 292	258 155	139 968	74 153	65 815
师范院校	384 740	194 019	190 721	592 535	338 442	254 093	1 907 810	1 187 514	720 296	481 382	245 881	235 501
语文院校	25 610	12 629	12 981	55 161	27 005	28 156	146 883	79 437	67 446	34 247	14 385	19 862
财经院校	176 501	78 194	98 307	361 370	149 570	211 800	1 023 588	488 383	535 205	242 157	100 940	141 217
政法院校	44 448	12 785	31 663	80 275	23 579	56 696	221 458	72 257	149 201	60 158	13 611	46 547
体育院校	13 210	10 411	2 799	22 976	18 184	4 792	73 960	64 515	9 445	16 428	12 742	3 686
艺术院校	18 326	11 435	6 891	55 327	30 144	25 183	144 707	94 715	49 992	27 425	16 195	11 230
民族院校	19 414	16 467	2 947	37 139	32 176	4 963	122 877	110 278	12 599	25 138	21 624	3 514
二、成人高等学校	**113 697**	**2 461**	**111 236**	**192 672**	**5 437**	**187 235**	**489 096**	**15 582**	**473 514**	**137 080**	**3 128**	**133 952**

普通本、专科分学科学生数

单位:人

	毕业生数			招生数			在校学生数			预计毕业生数		
	合计	本科	专科	合计	本科	专科	合计	本科	专科	合计	本科	专科
总计	**2 391 152**	**1 196 290**	**1 194 862**	**4 473 422**	**2 099 151**	**2 374 271**	**13 334 969**	**7 378 436**	**5 956 533**	**3 150 760**	**1 509 518**	**1 641 242**
其中：女	1 077 005	510 931	566 074	2 123 791	982 224	1 141 567	6 086 836	3 238 371	2 848 465	1 327 457	594 930	732 527
哲学	1 331	1 239	92	4 067	1 695	2 372	9 980	5 886	4 094	1 627	1 298	329
经济学	113 687	61 758	51 929	240 100	131 913	108 187	731 263	443 792	287 471	164 446	83 650	80 796
法学	133 364	63 334	70 030	195 638	102 663	92 975	629 549	366 541	263 008	161 326	77 251	84 075
教育学	146 685	40 164	106 521	264 251	79 374	184 877	724 416	265 726	458 690	191 024	51 419	139 605
文学	367 133	168 738	198 395	724 402	361 894	362 508	2 118 209	1 191 886	926 323	490 603	229 566	261 037
其中:外语	155 771	63 423	92 348	302 534	127 023	175 511	894 431	432 217	462 214	216 437	84 810	131 627
其中:艺术	101 731	48 478	53 253	236 900	133 382	103 518	651 666	407 603	244 063	134 566	70 089	64 477
历史学	14 502	10 176	4 326	17 128	12 164	4 964	60 071	45 299	14 772	15 733	10 821	4 912
理学	207 490	134 164	73 326	357 070	247 995	109 075	1 156 113	845 784	310 329	265 055	169 453	95 602
工学	812 148	442 463	369 685	1 466 459	669 745	796 714	4 376 167	2 424 903	1 951 264	1 055 556	539 287	516 269
农学	59 564	34 078	25 486	88 281	44 379	43 902	280 212	164 514	115 698	71 766	37 499	34 267
医学	154 187	81 098	73 089	299 314	131 218	168 096	976 261	558 369	417 892	206 227	96 680	109 547
管理学	381 061	159 078	221 983	816 712	316 111	500 601	2 272 728	1 065 736	1 206 992	527 397	212 594	314 803
总计中:师范生	386 531	185 868	200 663	506 819	254 094	252 725	1 701 846	974 260	727 586	471 307	227 520	243 787

成人本、专科分性质类别学生数

单位:人

	毕业生数			招生数			在校学生数			预计毕业生数		
	合计	本科	专科	合计	本科	专科	合计	本科	专科	合计	本科	专科
总计	**1 896 152**	**540 356**	**1 355 796**	**2 211 580**	**759 434**	**1 452 146**	**4 197 956**	**1 415 954**	**2 782 002**	**1 735 862**	**567 820**	**1 168 042**
其中:女	940 460	270 032	670 428	1 095 845	377 067	718 778	2 096 898	708 211	1 388 687	774 792	253 568	521 224
一、成人高等学校	**423 342**	**54 446**	**368 896**	**428 840**	**61 985**	**366 855**	**741 070**	**106 320**	**634 750**	**298 928**	**47 929**	**250 999**
其中:全脱产	217 414	13 304	204 110	238 231	18 905	219 326	327 849	20 332	307 517	96 374	5 839	90 535
职工高等学校	115 130	1 859	113 271	128 843	2 394	126 449	228 087	2 673	225 414	86 866	589	86 277
农民高等学校	474		474	2 053		2 053	2 136		2 136	62		62
管理干部学院	53 900	5 326	48 574	57 140	7 256	49 884	93 302	10 488	82 814	35 660	4 276	31 384
教育学院	111 672	46 382	65 290	114 831	51 214	63 617	193 841	90 863	102 978	86 165	41 889	44 276
独立函授学院	4 484		4 484	3 666		3 666	3 666		3 666			
广播电视大学	134 488	651	133 837	118 233	1 121	117 112	213 971	2 003	211 968	88 115	882	87 233
其他机构	3 194	228	2 966	4 074		4 074	6 067	293	5 774	2 060	293	1 767
二、普通高等学校办	**1 472 810**	**485 910**	**986 900**	**1 782 740**	**697 449**	**1 085 291**	**3 456 886**	**1 309 634**	**2 147 252**	**1 436 934**	**519 891**	**917 043**
函授	808 616	300 403	508 213	984 755	426 118	558 637	2 014 165	828 422	1 185 743	915 426	362 041	553 385
业余	265 711	81 686	184 025	386 246	132 513	253 733	809 474	245 788	563 686	331 286	97 430	233 856
脱产	398 483	103 821	294 662	411 739	138 818	272 921	633 247	235 424	397 823	190 222	60 420	129 802

成人本、专科分学科学生数

单位:人

	毕业生数			招生数			在校学生数			预计毕业生数		
	合计	本科	专科	合计	本科	专科	合计	本科	专科	合计	本科	专科
总计	**1 896 152**	**540 356**	**1 355 796**	**2 211 580**	**759 434**	**1 452 146**	**4 197 956**	**1 415 954**	**2 782 002**	**1 735 862**	**567 820**	**1 168 042**
其中:女	940 460	270 032	670 428	1 095 845	377 067	718 778	2 096 898	708 211	1 388 687	774 792	253 568	521 224
成人高等学校	**423 342**	**54 446**	**368 896**	**428 840**	**61 985**	**366 855**	**741 070**	**106 320**	**634 750**	**298 928**	**47 929**	**250 999**
哲学	9		9	3		3	16		16	13		13
经济学	29 678	1 110	28 568	27 002	757	26 245	42 162	1 486	40 676	14 750	612	14 138
法学	35 490	4 571	30 919	34 661	6 508	28 153	49 848	9 458	40 390	17 722	4 975	12 747
教育学	38 213	7 419	30 794	35 947	8 600	27 347	62 725	15 215	47 510	26 343	6 676	19 667
文学	89 507	21 668	67 839	89 804	27 129	62 675	146 564	46 477	100 087	59 726	20 812	38 914
其中:外语	21 107	7 978	13 129	27 155	11 182	15 973	42 172	18 155	24 017	16 525	7 691	8 834
其中:艺术	17 286	2 812	14 474	14 241	3 422	10 819	22 770	5 550	17 220	9 046	2 336	6 710
历史学	1 874	1 225	649	1 718	1 102	616	2 876	2 089	787	1 260	999	261
理学	17 618	11 820	5 798	18 268	10 720	7 548	31 917	20 398	11 519	14 348	10 122	4 226
工学	54 314	1 792	52 522	62 665	2 512	60 153	122 154	3 905	118 249	50 080	1 443	48 637
农学	990		990	1 869	42	1 827	2 266	42	2 224	394		394
医学	38 093	1 441	36 652	36 223	1 884	34 339	83 973	1 965	82 008	42 119	478	41 641
管理学	117 556	3 400	114 156	120 680	2 731	117 949	196 569	5 285	191 284	72 173	1 812	70 361
总计中:师范	101 812	44 345	57 467	105 144	49 654	55 490	175 813	86 376	89 437	76 958	40 106	36 852
普通高等学校办	**1 472 810**	**485 910**	**986 900**	**1 782 740**	**697 449**	**1 085 291**	**3 456 886**	**1 309 634**	**2 147 252**	**1 436 934**	**519 891**	**917 043**
哲学	24	24					30	30		30	30	
经济学	91 627	25 710	65 917	97 455	32 733	64 722	182 149	64 656	117 493	78 279	25 392	52 887
法学	98 150	46 682	51 468	118 444	68 101	50 343	218 139	130 313	87 826	92 450	55 503	36 947
教育学	109 415	21 414	88 001	107 089	37 376	69 713	212 433	67 015	145 418	101 473	27 569	73 904
文学	308 423	118 815	189 608	328 658	161 867	166 791	610 346	291 935	318 411	268 316	118 973	149 343
其中:外语	73 699	41 576	32 123	109 504	59 771	49 733	179 828	103 879	75 949	67 198	40 718	26 480
其中:艺术	77 016	24 539	52 477	70 574	35 202	35 372	126 774	60 545	66 229	51 500	21 948	29 552
历史学	6 656	4 991	1 665	7 644	5 047	2 597	14 227	9 924	4 303	6 393	4 769	1 624
理学	70 495	48 684	21 811	81 286	59 184	22 102	152 718	110 352	42 366	69 699	50 531	19 168
工学	270 520	86 469	184 051	348 060	123 360	224 700	719 740	255 206	464 534	281 147	97 671	183 476
农学	21 449	3 093	18 356	38 583	10 311	28 272	66 633	17 238	49 395	26 405	5 264	21 141
医学	163 696	50 773	112 923	209 250	70 408	138 842	489 328	126 185	363 143	190 608	44 893	145 715
管理学	332 355	79 255	253 100	446 271	129 062	317 209	791 143	236 780	554 363	322 134	89 296	232 838
总计中:师范	365 158	152 872	212 286	359 855	194 463	165 392	706 150	358 351	347 799	339 274	159 455	179 819

网络本、专科分学科学生数

单位：人

	毕业生数			招生数			在校学生数		
	合计	本科	专科	合计	本科	专科	合计	本科	专科
总计	**393 715**	**211 728**	**181 987**	**839 325**	**427 811**	**411 514**	**2 365 908**	**1 270 458**	**1 095 450**
其中：女									
哲学				90	90		128	128	
经济学	61 783	32 477	29 306	43 414	27 152	16 262	194 620	116 291	78 329
法学	91 044	60 374	30 670	161 545	84 801	76 744	453 979	264 894	189 085
教育学	42 976	900	42 076	45 706	12 654	33 052	144 503	26 268	118 235
文学	38 275	32 192	6 083	101 512	83 817	17 695	279 029	225 325	53 704
其中：外语	15 211	12 497	2 714	29 788	19 161	10 627	94 465	64 429	30 036
历史学				157	157		274	274	
理学	3 597	3 327	270	9 460	9 268	192	27 917	27 570	347
工学	35 610	20 056	15 554	72 809	41 229	31 580	251 668	145 338	106 330
农学	6 388	457	5 931	6 763	950	5 813	27 109	2 508	24 601
医学	8 932	3 612	5 320	23 205	5 157	18 048	81 189	22 428	58 761
管理学	105 110	58 333	46 777	374 664	162 536	212 128	905 492	439 434	466 058
总计中：师范生	12 490	10 824	1 666	33 816	31 256	2 560	84 864	79 250	5 614

普通高中校数、班数

	学校数(所)			班数(个)
	合计	高级中学	完全中学	
总计	**15 998**	**6 161**	**9 837**	**381 113**
教育部门和集体办	11 944	4 943	7 001	327 131
社会力量办	2 953	991	1 962	36 083
其他部门办	1 101	227	874	17 899
城市	**6 375**	**2 248**	**4 127**	**146 751**
教育部门和集体办	4 057	1 536	2 521	115 019
社会力量办	1 640	570	1 070	18 523
其他部门办	678	142	536	13 209
县镇	**7 169**	**3 149**	**4 020**	**191 050**
教育部门和集体办	5 909	2 750	3 159	173 834
社会力量办	1 049	353	696	14 656
其他部门办	211	46	165	2 560
农村		**764**	**1 690**	**43 312**
教育部门和集体办	1 978	657	1 321	38 278
社会力量办	264	68	196	2 904
其他部门办	212	39	173	2 130
总计中：其他学校附设初中班				6 258
独立设置少数民族学校	2 323			7 468

普通初中校数、班数

	学校数(所)			班数(个)				
	合计	初级中学	九年一贯制	计	一年级	二年级	三年级	四年级
总计	**63 060**	**53 887**	**9 173**	**1 144 002**	**372 044**	**378 070**	**369 483**	**24 405**
教育部门和集体办	56 275	50 000	6 275	1 044 098	337 991	346 100	339 203	20 804
社会力量办	4 219	2 595	1 624	62 680	22 761	20 492	18 395	1 032
其他部门办	2 566	1 292	1 274	37 224	11 292	11 478	11 885	2 569
城市	**8 747**	**6 578**	**2 169**	**219 058**	**68 883**	**70 224**	**70 882**	**9 069**
教育部门和集体办	6 010	5 200	810	169 887	52 858	54 539	55 636	6 854
社会力量办	1 443	747	696	26 875	9 368	8 721	8 024	762
其他部门办	1 294	631	663	22 296	6 657	6 964	7 222	1 453
县镇	**16 218**	**14 596**	**1 622**	**377 580**	**123 849**	**124 748**	**121 613**	**7 370**
教育部门和集体办	14 415	13 450	965	348 655	113 351	115 489	113 047	6 768
社会力量办	1 384	914	470	23 527	8 858	7 649	6 826	194
其他部门办	419	232	187	5 398	1 640	1 610	1 740	408
农村	**38 095**	**32 713**	**5 382**	**547 364**	**179 312**	**183 098**	**176 988**	**7 966**
教育部门和集体办	35 850	31 350	4 500	525 556	171 782	176 072	170 520	7 182
社会力量办	1 392	934	458	12 278	4 535	4 122	3 545	76
其他部门办	853	429	424	9 530	2 995	2 904	2 923	708
总计中:四年制初中				76 554	14 760	16 988	21 111	23 695
其他学校附设初中班				23 332	7 717	7 894	7 506	215
独立设置少数民族学校				28 974	9 783	9 772	9 093	326

中等职业学校机构数

单位:所

	计	中央部门	地方部门			民办
			计	教育部门	非教育部门	
中等职业学校	11 570	100	9 837	6 720	3 117	1 633
其中:普通中等专业学校	3 047	61	2 754	1 277	1 477	232
成人中等专业学校	2 742	24	2 550	1 731	819	168
职业高中学校	5 781	15	4 533	3 712	821	1 233
其他机构(教学点)(不计校数)	2 295	28	2 056	1 380	676	211

注:中等职业学校未含技工学校数据(以下各表均同)。

小学校数、教学点数及班数

	学校数(所)	教学点数(个)	班数(个)
总计	**394 183**	**101 508**	**3 203 047**
教育部门和集体办	383 622	99 258	3 042 694
社会力量办	6 047	1 870	86 345
其他部门办	4 514	380	74 008
城市	**23 445**	**771**	**400 798**
教育部门和集体办	19 833	734	325 737
社会力量办	1 751	19	36 598
其他部门办	1 861	18	38 463
县镇	**33 420**	**2 641**	**451 455**
教育部门和集体办	31 599	2 578	422 463
社会力量办	1 137	44	18 898
其他部门办	684	19	10 094
农村	**337 318**	**98 096**	**2 350 794**
教育部门和集体办	332 190	95 946	2 294 494
社会力量办	3 159	1 807	30 849
其他部门办	1 969	343	25 451
总计中:六年制			3 034 486
一贯制学校小学部			106 231
其他学校附设			11 233
独立设置的少数民族学校	13 336		83 741

幼儿园园数、班数

	园数（所）		班数（个）	
	计	其中：少数民族幼儿园	计	其中：学前班
总计	**117 899**	**588**	**757 414**	**321 633**
教育部门和集体办	47 575	384	475 019	277 691
社会力量办	62 167	188	227 298	34 897
其他部门办	8 157	16	55 097	9 045
城市	**32 938**	**110**	**194 544**	**32 860**
教育部门和集体办	8 201	69	65 947	17 813
社会力量办	19 005	33	87 690	10 482
其他部门办	5 732	8	40 907	4 565
县镇	**30 701**	**261**	**170 961**	**45 739**
教育部门和集体办	10 424	159	90 825	33 933
社会力量办	19 033	98	72 547	10 324
其他部门办	1 244	4	7 589	1 482
农村	**54 260**	**217**	**391 909**	**243 034**
教育部门和集体办	28 950	156	318 247	225 945
社会力量办	24 129	57	67 061	14 091
其他部门办	1 181	4	6 601	2 998
总计中：独立设置幼儿园、小学附设幼儿园、独立设置学前班			463 199	68 931
小学附设幼儿班、学前班			294 215	252 702

普通高中学生数

单位:人

	毕业生数	招生数	在校学生数				
			计	其中:女	一年级	二年级	三年级
总计	**5 469 351**	**8 215 096**	**22 203 701**	**10 170 790**	**8 223 771**	**7 247 149**	**6 732 781**
其中:女	2 425 129	3 804 214	10 170 790		3 806 702	3 333 660	3 030 428
教育部门和集体办	4 929 504	7 131 787	19 533 817	8 957 292	7 138 772	6 388 739	6 006 306
社会力量办	333 220	785 088	1 847 315	806 310	786 562	588 232	472 521
其他部门办	206 627	298 221	822 569	407 188	298 437	270 178	253 954
城市	**1 972 368**	**2 917 762**	**7 982 201**	**3 816 315**	**2 919 814**	**2 629 914**	**2 432 473**
教育部门和集体办	1 648 130	2 346 737	6 508 977	3 128 392	2 348 117	2 147 484	2 013 376
社会力量办	176 759	361 699	890 097	398 362	362 253	288 816	239 028
其他部门办	147 479	209 326	583 127	289 561	209 444	193 614	180 069
县镇	**2 875 761**	**4 337 612**	**11 670 174**	**5 217 803**	**4 343 190**	**3 792 022**	**3 534 962**
教育部门和集体办	2 707 145	3 925 487	10 716 281	4 801 674	3 930 105	3 491 181	3 294 995
社会力量办	135 590	360 772	818 244	349 798	361 657	258 065	198 522
其他部门办	33 026	51 353	135 649	66 331	51 428	42 776	41 445
农村	**621 222**	**959 722**	**2 551 326**	**1 136 672**	**960 767**	**825 213**	**765 346**
教育部门和集体办	574 229	859 563	2 308 559	1 027 226	860 550	750 074	697 935
社会力量办	20 871	62 617	138 974	58 150	62 652	41 351	34 971
其他部门办	26 122	37 542	103 793	51 296	37 565	33 788	32 440
总计中:其他学校附设初中班	69 761	136 311	329 076	158 387	136 431	105 737	86 908
重读生			185 718	72 424	8 675	6 436	170 607
重读中:女			72 424		2 488	2 192	67 744
少数民族学生	351 029	555 007	1 453 882	600 883	556 816	469 260	427 806
独立设置少数民族学校	95 912	142 925	385 304	199 192	143 047	126 823	115 434

普通初中学生数

单位：人

	毕业生数	招生数	在校学生数						毕业班学生数
			合计	其中：女	一年级	二年级	三年级	四年级	
总计	**20 703 868**	**20 782 272**	**64 750 006**	**30 672 272**	**20 843 167**	**21 593 028**	**21 059 054**	**1 254 757**	**21 228 099**
其中：女	9 890 907	9 808 548	30 672 272		9 830 435	10 198 971	10 032 211	610 655	10 034 877
教育部门和集体办	19 476 292	19 137 126	59 957 544	28 580 466	19 193 835	20 051 191	19 617 874	1 094 644	19 782 068
社会力量办	714 917	1 146 372	3 156 837	1 312 385	1 150 133	1 036 681	923 633	46 390	923 606
其他部门办	512 659	498 774	1 635 625	779 421	499 199	505 156	517 547	113 723	522 425
城市	**3 616 176**	**3 474 648**	**11 196 865**	**5 312 928**	**3 479 586**	**3 612 255**	**3 666 126**	**438 898**	**3 703 643**
教育部门和集体办	3 010 424	2 750 646	8 989 180	4 318 485	2 754 612	2 909 103	2 988 708	336 757	3 024 122
社会力量办	300 478	434 775	1 244 870	533 832	435 654	402 814	370 808	35 594	369 599
其他部门办	305 274	289 227	962 815	460 611	289 320	300 338	306 610	66 547	309 922
县镇	**6 935 778**	**7 064 699**	**21 870 482**	**10 298 686**	**7 091 327**	**7 292 170**	**7 101 349**	**385 636**	**7 163 982**
教育部门和集体办	6 580 237	6 516 607	20 358 628	9 668 955	6 540 737	6 803 325	6 653 430	361 136	6 715 171
社会力量办	274 985	471 053	1 261 853	511 849	473 466	413 197	367 662	7 528	368 206
其他部门办	80 556	77 039	250 001	117 882	77 124	75 648	80 257	16 972	80 605
农村	**10 151 914**	**10 242 925**	**31 682 659**	**15 060 658**	**10 272 254**	**10 688 603**	**10 291 579**	**430 223**	**10 360 474**
教育部门和集体办	9 885 631	9 869 873	30 609 736	14 593 026	9 898 486	10 338 763	9 975 736	396 751	10 042 775
社会力量办	139 454	240 544	650 114	266 704	241 013	220 670	185 163	3 268	185 801
其他部门办	126 829	132 508	422 809	200 928	132 755	129 170	130 680	30 204	131 898
总计中：四年制			3 845 974	1 767 583	687 850	820 150	1 085 750	1 252 224	1 248 995
九年一贯制学校	973 909	1 147 280	3 438 162	1 588 256	1 151 237	1 152 236	1 048 741	85 948	1 057 859
其他学校附设初中班	437 269	418 327	1 268 076	590 115	419 186	435 648	403 841	9 401	405 011
重读生			110 323	41 219	60 895	20 029	28 638	761	
重读中：女			41 219		21 887	7 120	11 927	285	
少数民族学生	1 563 356	1 812 940	5 307 179	2 236 031	1 821 256	1 800 444	1 636 714	48 765	1 617 562
独立设置少数民族学校	413 713	468 132	1 393 209	677 966	469 090	473 769	437 109	13 241	436 816

职业初中学生数

单位:人

	毕业生数	招生数	在校学生数						毕业班学生数
			合计	其中:女	一年级	二年级	三年级	四年级	
总计	**169 130**	**164 172**	**525 134**	**244 069**	**164 499**	**174 847**	**170 639**	**15 149**	**172 841**
其中:女	79 471	75 411	244 069		75 550	81 293	79 783	7 443	80 059
教育部门和集体办	164 855	158 062	508 891	238 637	158 389	169 514	166 000	14 988	168 266
社会力量办	3 962	5 377	14 949	4 872	5 377	5 058	4 353	161	4 289
其他部门办	313	733	1 294	560	733	275	286		286
城市	**5 778**	**4 191**	**15 782**	**6 966**	**4 191**	**5 680**	**5 626**	**285**	**5 751**
教育部门和集体办	4 960	3 525	13 654	6 451	3 525	4 905	4 939	285	5 064
社会力量办	540	457	1 393	218	457	500	436		436
其他部门办	278	209	735	297	209	275	251		251
县镇	**48 262**	**42 593**	**139 208**	**64 404**	**42 609**	**49 169**	**45 817**	**1 613**	**46 153**
教育部门和集体办	45 981	39 312	130 667	61 768	39 328	46 314	43 412	1 613	43 748
社会力量办	2 246	3 281	8 541	2 636	3 281	2 855	2 405		2 405
其他部门办	35								
农村	**115 090**	**117 388**	**370 144**	**172 699**	**117 699**	**119 998**	**119 196**	**13 251**	**120 937**
教育部门和集体办	113 914	115 225	364 570	170 418	115 536	118 295	117 649	13 090	119 454
社会力量办	1 176	1 639	5 015	2 018	1 639	1 703	1 512	161	1 448
其他部门办		524	559	263	524		35		35
总计中:四年制			43 045	20 648	7 238	7 966	12 947	14 894	14 695
普通中学附设班	25 197	22 466	72 338	32 307	22 478	20 262	25 341	4 257	28 251
其他单位(学校)办班	20 231	19 598	63 046	28 563	19 598	21 357	21 371	720	21 629
重读生			1 304	519	327	518	459		
重读中:女			519		139	204	176		
少数民族学生	25 075	35 250	89 526	38 268	35 164	25 216	28 151	995	27 828
独立设置少数民族学校	2 633	1 837	6 148	2 933	1 837	2 121	1 962	228	1 943

小学学生数

单位：人

	毕业生数	招生数		在校学生数								毕业班学生数
		计	其中受过学前教育	合计	其中：女	一年级	二年级	三年级	四年级	五年级	六年级	
总计	**21 351 726**	**17 470 128**	**14 487 564**	**112 462 256**	**52 811 549**	**17 747 491**	**18 226 389**	**19 604 088**	**19 754 067**	**20 087 610**	**17 042 611**	**20 203 171**
其中：女	10 096 689	8 149 966	6 678 151	52 811 549		8 268 283	8 531 715	9 197 103	9 300 962	9 482 985	8 030 501	9 490 455
教育部门和集体办	20 416 787	16 429 376	13 597 108	106 295 624	50 087 428	16 703 433	17 211 574	18 529 601	18 662 710	19 006 169	16 182 137	19 153 882
社会力量办	434 241	564 595	459 830	3 283 213	1 363 203	566 595	541 502	571 639	579 221	568 410	455 846	543 052
其他部门办	500 698	476 157	430 626	2 883 419	1 360 918	477 463	473 313	502 848	512 136	513 031	404 628	506 237
城市	**3 028 051**	**2 996 128**	**2 770 481**	**18 314 007**	**8 539 921**	**2 999 329**	**2 991 119**	**3 175 267**	**3 231 347**	**3 238 233**	**2 678 712**	**3 122 887**
教育部门和集体办	2 570 562	2 453 352	2 290 801	15 248 552	7 165 533	2 456 281	2 480 214	2 641 651	2 695 224	2 710 058	2 265 124	2 622 926
社会力量办	176 027	264 966	222 209	1 410 005	591 967	265 035	239 144	245 472	240 911	228 966	190 477	209 530
其他部门办	281 462	277 810	257 471	1 655 450	782 421	278 013	271 761	288 144	295 212	299 209	223 111	290 431
县镇	**3 762 044**	**3 171 362**	**2 858 484**	**20 362 265**	**9 448 885**	**3 202 631**	**3 218 531**	**3 509 244**	**3 588 815**	**3 694 971**	**3 148 073**	**3 728 356**
教育部门和集体办	3 589 434	2 996 678	2 702 057	19 258 956	8 984 112	3 027 451	3 045 265	3 320 885	3 392 241	3 490 654	2 982 460	3 525 971
社会力量办	107 491	114 045	99 684	726 399	283 944	114 460	111 179	122 649	130 049	136 778	111 284	136 415
其他部门办	65 119	60 639	56 743	376 910	180 829	60 720	62 087	65 710	66 525	67 539	54 329	65 970
农村	**14 561 631**	**11 302 638**	**8 858 599**	**73 785 984**	**34 822 743**	**11 545 531**	**12 016 739**	**12 919 577**	**12 933 905**	**13 154 406**	**11 215 826**	**13 351 928**
教育部门和集体办	14 256 786	10 979 346	8 604 250	71 788 116	33 937 786	11 219 701	11 686 095	12 567 065	12 575 245	12 805 457	10 934 553	13 004 985
社会力量办	150 728	185 584	137 937	1 146 809	487 289	187 100	191 179	203 518	208 261	202 666	154 085	197 107
其他部门办	154 117	137 708	116 412	851 059	397 668	138 730	139 465	148 994	150 399	146 283	127 188	149 836
总计中：六年制	20 188 445	16 445 079	13 646 911	106 939 483	50 185 037	16 692 830	17 172 284	18 467 723	18 620 375	18 959 291	17 026 980	19 108 280
一贯制学校小学部	809 844	664 480	565 841	4 372 433	1 990 743	669 598	661 632	728 639	766 607	815 889	730 068	850 661
其他学校附设	139 186	61 907	51 002	427 408	182 755	62 074	61 021	64 931	70 085	80 673	88 624	100 184
少数民族	1 870 265	1 856 783	977 421	10 971 548	4 964 343	1 925 430	1 870 365	1 884 796	1 827 562	1 801 615	1 661 780	1 749 156
重读生				362 177	150 850	277 363	31 502	24 976	16 055	10 041	2 240	
重读中：女				150 850		118 317	12 324	9 667	6 085	3 742	715	
小学教学点	493 041	1 108 390	706 899	4 499 758	2 124 569	1 138 001	1 105 745	905 512	628 612	425 957	295 931	337 717
复式班	12	291 929	148 175	1 390 943	638 679	367 067	425 726	297 221	193 595	76 438	30 896	40 806

中等职业学校(机构)学生分科类情况(总计)

单位:人

	毕业生数		招生数			在校学生数	预计毕业生数
	计	其中:获得职业资格证书	计	其中:初中毕业			
				计	应届毕业生		
总计	**3 056 939**	**1 513 555**	**4 565 045**	**4 254 365**	**4 000 699**	**11 747 467**	**3 482 414**
其中:女	1 603 028	765 835	2 302 752	2 152 325	2 032 022	6 046 331	1 779 635
农林类	171 887	77 490	192 852	170 614	148 488	532 252	185 009
资源与环境类	16 621	8 356	23 052	20 216	17 648	58 078	16 308
能源类	19 753	7 150	38 153	32 355	28 208	86 655	24 169
土木水利工程类	73 515	37 081	112 971	103 095	95 568	288 588	79 748
加工制造类	338 482	202 310	847 118	806 219	765 260	1 830 489	437 826
交通运输类	72 169	40 958	134 203	120 498	114 164	324 914	90 724
信息技术类	766 995	436 071	1 156 166	1 099 220	1 050 502	2 961 554	882 349
医药卫生类	340 554	90 176	388 142	361 267	329 496	1 108 831	340 101
商贸与旅游类	282 711	160 223	407 027	390 663	374 535	1 121 544	344 213
财经类	240 408	128 966	299 863	275 604	260 839	800 119	254 659
文化艺术与体育类	196 444	87 859	255 653	230 860	216 643	734 127	221 049
社会公共事物类	142 736	60 652	154 672	137 016	123 366	406 996	140 109
师范类	231 815	101 845	246 001	215 155	201 950	733 462	250 427
其他	162 849	74 418	309 172	291 583	274 032	759 858	215 723

工读学校基本情况

单位:人

	学校数(所)	班数(个)	离校人数	入校人数	在校生数	教职工数	
						计	其中专任教师
合计	76	391	3 507	3 121	7 975	2 539	1 533
其中:女			295	394	782	779	468

中等职业学校（机构）各类学生数

单位：人

	毕业生数		招生数			在校学生数					预计毕业生数
	计	其中：获得职业资格证书	计	其中：初中毕业		计	一年级	二年级	三年级	四年级及以上	
				计	应届毕业生						
合计	**3 056 939**	**1 513 555**	**4 565 045**	**4 254 365**	**4 000 699**	**11 747 467**	**4 588 818**	**3 921 944**	**3 084 958**	**151 747**	**3 482 414**
其中：中职全日制学生	2 901 766	1 455 803	4 451 558	4 214 000	3 988 661	11 439 665	4 460 384	3 807 384	3 021 042	150 855	3 329 323
中职非全日制学生	155 173	57 752	113 487	40 365	12 038	307 802	128 434	114 560	63 916	892	153 091
1. 普通中专学生	1 405 817	606 141	2 038 445	1 954 634	1 848 800	5 544 733	2 044 904	1 801 987	1 557 300	140 542	1 564 540
2. 成人中专学生	395 513	160 178	400 017	289 127	237 496	1 033 488	415 509	376 378	239 322	2 279	399 771
3. 职业高中学生	1 255 609	747 236	2 126 583	2 010 604	1 914 403	5 169 246	2 128 405	1 743 579	1 288 336	8 926	1 518 103
培训学生	**7 803 545**					**4 502 075**					
外国留学生	**1 222**					**697**					

职业技术培训机构基本情况

单位：人次

	学校数（所）	教学班（点）（个）	结业生数		注册学生数		教职工数		聘请校外教师
			计	其中：女	计	其中：女	计	其中：专任教师	
总计	**217 143**	**769 984**	**61 769 903**	**27 048 197**	**57 481 382**	**25 594 562**	**514 534**	**234 330**	**452 198**
职工技术培训学校（机构）	**4 301**	**26 865**	**2 480 275**	**1 110 439**	**1 852 344**	**828 414**	**34 699**	**20 975**	**17 649**
教育部门和集体办	1 583	14 215	1 389 329	674 807	986 729	471 035	17 116	10 810	6 942
其他部门办	2 079	9 795	905 512	352 083	688 206	276 167	12 161	6 360	8 982
民办	639	2 855	185 434	83 549	177 409	81 212	5 422	3 805	1 725
农村成人文化技术培训学校（机构）	**191 704**	**612 584**	**51 271 952**	**22 564 464**	**46 842 345**	**20 962 844**	**270 515**	**106 385**	**323 894**
教育部门和集体办	184 770	585 990	49 212 599	21 628 300	44 682 395	19 967 814	260 128	100 124	308 438
其中：县办	1 694	154 358	2 101 910	945 549	8 375 640	3 655 745	11 790	7 177	9 363
乡办	27 096	149 742	20 454 879	8 698 347	15 852 490	6 890 285	85 514	39 728	105 303
村办	155 980	281 890	26 655 810	11 984 404	20 454 265	9 421 784	162 824	53 219	193 772
其他部门办	6 042	25 545	1 975 456	895 224	2 042 556	939 328	6 979	3 623	14 969
民办	892	1 049	83 897	40 940	117 394	55 702	3 408	2 638	487
其他培训机构（含社会培训机构）	**21 138**	**130 535**	**8 017 676**	**3 373 294**	**8 786 693**	**3 803 304**	**209 320**	**106 970**	**110 655**
教育部门和集体办	1 185	12 092	719 832	332 276	821 187	359 311	13 954	7 206	6 144
其他部门办	2 060	13 601	1 271 580	510 528	1 469 774	631 292	21 300	9 916	12 913
民办	17 893	104 842	6 026 264	2 530 490	6 495 732	2 812 701	174 066	89 848	91 598
总计中：少数民族	2 850	7 110	3 652 427	1 523 708	2 803 742	1 198 918	13 869	2 918	16 358
培训时间：一周至一个月以下			42 133 556	18 279 637	34 274 801	15 042 932			
一个月至半年以下			14 183 900	6 326 308	17 721 793	8 057 212			
半年以上			5 452 447	2 442 252	5 484 788	2 494 418			
培训形式：资格证书培训			3 661 869	1 460 516	3 142 124	1 334 331			
岗位证书培训			5 446 265	2 339 778	3 934 420	1 722 345			
培训科目：外语			1 360 992	586 320	1 428 679	649 081			
会计			793 386	444 267	622 003	384 264			
计算机			1 916 812	922 017	1 652 206	810 622			
农业技术			30 534 327	12 995 277	23 468 986	10 267 992			

特殊教育基本情况

单位：人

	学校数（所）	班数（个）	毕业生数	招生数	在校学生数										
					合计	一年级	二年级	三年级	四年级	五年级	六年级	七年级	八年级	九年级	十年级
总计	**1 560**	**13 368**	**46 727**	**50 771**	**371 813**	**46 397**	**47 798**	**50 421**	**51 623**	**49 876**	**43 987**	**25 424**	**25 631**	**23 950**	**6 706**
其中：女			16 604	18 018	130 222	16 350	16 753	17 380	17 828	17 175	15 248	9 131	9 257	8 513	2 587
盲人学校	33	833			41 713	4 120	4 305	4 985	4 870	4 607	4 076	5 132	4 247	4 165	1 206
聋人学校	668	8 334			112 833	16 219	14 174	14 510	14 457	12 839	11 585	9 086	9 676	7 132	3 155
弱智学校	369	4 201			217 267	26 058	29 319	30 926	32 296	32 430	28 326	11 206	11 708	12 653	2 345
其他学校	490														
特殊教育学校		**12 675**	**11 853**	**19 282**	**128 843**	**20 653**	**16 870**	**15 956**	**15 520**	**13 393**	**12 408**	**10 531**	**9 803**	**8 448**	**5 261**
盲人学校		827			7 529	1 157	920	1 003	753	638	501	526	434	401	1 196
聋人学校		8 241			85 154	12 794	10 344	10 396	10 526	9 214	8 774	7 481	6 908	5 582	3 135
弱智学校		3 607			36 160	6 702	5 606	4 557	4 241	3 541	3 133	2 524	2 461	2 465	930
小学附设特教班		**678**	**650**	**771**	**4 830**	**876**	**675**	**981**	**804**	**819**	**661**	**14**			
盲人学校		6			99	38	11	18	21	4	7				
聋人学校		93			614	180	97	130	90	59	58				
弱智学校		579			4 117	658	567	833	693	756	596	14			
小学随班就读			**21 460**	**17 427**	**190 486**	**24 868**	**30 253**	**33 484**	**35 299**	**35 664**	**30 918**				
盲人学校					21 892	2 925	3 374	3 964	4 096	3 965	3 568				
聋人学校					21 122	3 245	3 733	3 984	3 841	3 566	2 753				
弱智学校					147 472	18 698	23 146	25 536	27 362	28 133	24 597				
普通（职业）初中附设特教		**15**	**35**	**64**	**195**							**44**	**20**	**36**	**95**
盲人学校					3							2	1		
聋人学校					5							1	2	2	
弱智学校		15			187							41	17	34	95
普通（职业）初中随班就读			**12 729**	**13 227**	**47 459**							**14 835**	**15 808**	**15 466**	**1 350**
盲人学校					12 190							4 604	3 812	3 764	10
聋人学校					5 938							1 604	2 766	1 548	20
弱智学校					29 331							8 627	9 230	10 154	1 320
总计中：															
城市	710	7 321	13 444	14 364	106 009	13 044	11 903	12 122	12 640	12 304	11 654	8 825	8 808	8 769	5 940
县镇	771	5 463	12 914	15 538	98 911	13 402	12 463	12 967	12 976	12 138	10 568	8 316	8 282	7 205	594
农村	79	584	20 369	20 869	166 893	19 951	23 432	25 332	26 007	25 434	21 765	8 283	8 541	7 976	172

每十万人口各级学校平均在校生数

单位:人

地区	高等学校	高中阶段	初中阶段	小学	幼儿园
全　国	1 420	2 824	5 058	8 725	1 617
北　京	6 204	3 812	2 670	3 573	1 412
天　津	3 845	3 900	3 968	5 508	1 964
河　北	1 373	2 956	6 004	8 095	1 603
山　西	1 427	3 096	5 899	10 851	1 935
内蒙古	1 141	2 821	4 943	6 978	1 245
辽　宁	1 855	2 752	3 990	6 651	1 599
吉　林	1 898	2 387	4 404	6 455	1 072
黑龙江	1 657	2 220	4 920	6 082	1 109
上　海	3 694	3 487	3 094	3 201	1 566
江　苏	1 768	3 356	4 974	7 167	1 768
浙　江	1 651	3 549	3 856	7 379	2 732
安　徽	985	2 538	5 777	9 754	1 130
福　建	1 186	3 232	5 360	8 312	2 145
江　西	1 412	3 023	5 134	9 117	1 547
山　东	1 361	3 456	4 821	6 892	1 602
河　南	944	2 877	6 121	10 506	1 542
湖　北	1 999	2 932	5 590	7 924	980
湖　南	1 267	2 913	5 312	6 505	977
广　东	1 285	2 777	5 658	13 223	2 680
广　西	909	2 170	4 978	9 717	1 828
海　南	977	1 999	5 417	12 371	1 440
重　庆	1 277	2 617	4 022	8 726	1 740
四　川	1 006	2 263	4 165	8 483	1 756
贵　州	745	1 602	5 396	12 419	1 698
云　南	799	1 649	4 469	10 105	1 722
西　藏	550	1 344	4 046	12 119	304
陕　西	2 114	3 573	5 955	10 071	1 291
甘　肃	1 089	2 640	5 175	12 149	1 347
青　海	891	2 123	4 223	9 637	1 452
宁　夏	1 163	2 996	4 708	11 707	1 873
新　疆	1 307	2 455	6 223	11 477	1 358

注:1.高等学校包括普通高等学校和成人高等学校。

2.高中阶段合计数据包括普通高中、成人高中、普通中专、职业高中、技工学校和成人中专,分省数据不含技工学校。

3.初中阶段包括普通初中和职业初中。

各级普通学校生师比

单位:%

地区	小学	初中	普通高中	职业高中	普通中专	普通高校		
						全国	本科院校	专科院校
总 计	19.98	18.65	18.65	19.10	28.13	16.22	17.44	13.15
北 京	10.58	11.91	14.72	12.39	30.04	17.13	18.10	8.85
天 津	13.17	14.16	15.15	14.91	20.59	16.89	17.45	15.59
河 北	16.84	18.12	19.16	17.15	32.97	16.81	18.16	13.93
山 西	18.79	16.55	17.50	14.26	35.98	13.90	15.87	9.67
内蒙古	13.34	15.99	19.26	13.32	23.74	14.22	17.16	9.07
辽 宁	16.71	15.38	19.25	14.48	24.62	15.47	16.71	10.51
吉 林	12.36	16.46	20.25	13.47	20.74	16.39	17.16	11.74
黑龙江	13.21	16.01	16.75	11.85	35.54	15.93	17.24	11.56
上 海	14.25	15.34	17.60	20.00	26.64	17.54	17.64	17.03
江 苏	19.94	19.41	16.58	16.68	46.24	17.15	18.27	14.63
浙 江	21.51	16.43	16.15	24.43	34.63	16.92	17.21	16.24
安 徽	23.76	24.57	23.01	32.32	25.27	16.54	17.82	14.22
福 建	16.78	18.72	16.44	22.68	15.36	16.38	12.71	
江 西	19.87	18.70	18.33	22.22	46.27	15.16	17.87	11.34
山 东	16.57	15.87	18.49	18.52	28.66	15.76	17.47	12.25
河 南	21.19	20.41	22.22	20.40	38.40	16.07	17.26	14.02
湖 北	21.42	19.63	19.85	22.30	25.66	16.86	17.67	14.72
湖 南	17.42	17.77	19.09	20.44	45.84	16.97	18.36	14.74
广 东	26.47	21.04	17.43	17.69	21.13	16.24	16.66	15.31
广 西	23.46	20.79	19.91	19.93	22.66	16.06	16.06	16.05
海 南	19.99	21.08	18.30	9.69	33.16	16.00	18.71	12.43
重 庆	23.85	18.45	18.81	23.05	37.93	17.01	18.12	11.72
四 川	23.92	19.34	19.49	20.61	28.53	17.39	18.65	13.03
贵 州	26.52	21.94	19.75	12.94	26.38	14.39	16.18	10.99
云 南	20.12	19.49	16.74	16.10	24.02	15.97	18.45	10.36
西 藏	24.02	19.24	15.79		12.52	12.51	12.58	11.42
陕 西	19.73	19.31	20.45	24.32	19.08	15.55	17.55	10.93
甘 肃	24.51	19.90	19.62	11.76	17.74	15.43	16.24	13.10
青 海	18.42	16.64	15.60	12.99	9.50	10.79	11.04	9.94
宁 夏	19.99	17.64	18.05	19.79	36.98	12.42	15.36	8.27
新 疆	16.44	16.69	15.75	9.72	12.98	13.84	15.26	10.04

注:普通高校生师比中专任教师数包括聘请校外教师。

2003 年教育经费基本情况

2003 年各类学校教育经费情况

单位:万元

学校类别	合计	国家财政性教育经费	其中:预算内教育经费	社会团体和公民个人办学经费	社会捐资和集资办学经费	学费和杂费	其他教育经费
全国总计	**62 082 653.0**	**38 506 236.6**	**34 538 582.6**	**2 590 147.8**	**1 045 926.9**	**11 214 984.7**	**8 725 357.0**
中央	7 221 217.8	3 903 741.2	3 350 809.7		151 515.5	1 113 770.3	2 052 190.8
地方	54 861 435.2	34 602 495.4	31 187 772.9	2 590 147.8	894 411.4	10 101 214.4	6 673 166.2
按学校类别分组							
高等学校	18 736 787.6	8 768 736.5	8 389 002.3	776 276.1	257 366.4	5 487 493.1	3 446 915.5
普通高等学校	17 543 468.0	8 405 779.1	8 074 147.8	603 015.2	256 375.0	5 057 306.5	3 220 992.2
成人高等学校	1 193 319.6	362 957.4	314 854.5	173 260.9	991.4	430 186.6	225 923.3
中等专业学校	2 592 065.4	1 395 181.7	1 304 068.7	30 844.5	6 433.0	857 516.7	302 089.5
中等技术学校	1 849 131.8	997 193.5	934 878.5	12 561.7	3 938.2	648 761.8	186 676.6
中等师范学校	329 182.3	169 110.5	159 800.6		1 590.2	122 248.7	36 232.9
成人中专学校	413 751.3	228 877.7	209 389.6	18 282.8	904.6	86 506.2	79 180.0
技工学校	425 408.1	228 395.4	164 876.3		951.3	96 549.4	99 512.0
中学	19 147 185.4	11 922 063.3	10 225 505.0	1 257 479.1	485 117.1	2 926 106.9	2 556 419.0
普通中学	19 120 716.4	11 909 021.6	10 216 959.1	1 255 492.7	485 058.1	2 921 566.7	2 549 577.3
高级中学	4 304 896.1	2 003 792.9	1 671 386.9	214 122.7	134 370.3	1 104 819.7	847 790.5
完全中学	5 174 841.1	2 741 683.8	2 216 046.6	572 327.5	183 058.7	844 460.4	833 310.7
初级中学	9 640 979.2	7 163 544.9	6 329 525.6	469 042.5	167 629.1	972 286.6	868 476.1
其中:农村	4 686 137.6	3 764 239.7	3 568 147.1		63 411.1	537 684.7	320 802.1
成人中学	26 469.0	13 041.7	8 545.9	1 986.4	59.0	4 540.2	6 841.7
职业中学	1 727 891.7	996 813.8	848 456.4	99 161.5	13 467.3	439 523.2	178 925.9
小学	15 754 519.1	12 686 976.9	11 566 847.3	426 386.6	254 164.2	1 283 907.2	1 103 084.2
普通小学	15 742 418.3	12 680 740.4	11 563 329.3	425 400.4	254 160.7	1 283 797.1	1 098 319.7
其中:农村	8 966 437.5	7 664 065.8	7 374 990.0		119 638.5	804 892.2	377 841.0
成人小学	12 100.8	6 236.5	3 518.0	986.2	3.5	110.1	4 764.5
特殊教育学校	167 411.1	147 470.8	129 882.2		2 454.8	4 172.2	13 313.3
幼儿园	742 577.3	462 390.0	441 207.8		12 487.8	119 716.0	147 983.5
其他	2 788 807.3	1 898 208.2	1 468 736.6		13 485.0		877 114.1

2003 年各地区教育经费情况

单位:万元

年份 地区	合计	国家财政性教育经费	其中:预算内教育经费	社会团体和公民个人办学经费	社会捐资和集资办学经费	学费和杂费	其他教育经费
1992	8 670 490.5	7 287 505.8	5 387 381.7		696 285.2	439 319.3	247 380.2
1993	10 599 374.4	8 677 618.3	6 443 914.0	33 322.7	701 856.1	871 476.9	315 100.4
1994	14 887 812.6	11 747 395.6	8 839 794.7	107 795.2	974 487.1	1 469 228.1	588 906.6
1995	18 779 501.1	14 115 233.3	10 283 930.0	203 671.5	1 628 414.0	2 012 422.5	819 759.8
1996	22 623 393.5	16 717 045.5	12 119 133.6	261 998.9	1 884 189.5	2 610 391.2	1 149 798.4
1997	25 317 325.7	18 625 416.3	13 577 262.1	301 746.4	1 706 587.6	3 260 792.0	1 422 783.4
1998	29 490 592.0	20 324 526.0	15 655 917.0	480 314.0	1 418 537.0	3 697 474.0	3 569 741.0
1999	33 490 416.4	22 871 756.1	18 157 597.3	628 957.1	1 258 694.2	4 636 107.9	4 094 901.1
2000	38 490 805.8	25 626 055.7	20 856 792.0	858 537.2	1 139 556.9	5 948 304.3	4 918 351.7
2001	46 376 626.2	30 570 099.5	25 823 761.9	1 280 895.2	1 128 851.8	7 456 013.5	5 940 766.2
2002	54 800 277.6	34 914 047.5	31 142 383.3	1 725 548.7	1 272 791.0	9 227 791.7	7 660 098.7
2003	62 082 653.0	38 506 236.6	34 538 582.6	2 590 147.8	1 045 926.9	11 214 984.7	8 725 357.0
北　京	3 928 773.6	2 523 392.4	2 319 631.6	62 414.5	52 207.0	468 168.5	822 591.2
天　津	1 118 576.5	691 054.9	604 289.3	47 722.5	2 117.8	174 744.1	202 937.2
河　北	2 320 027.8	1 481 519.2	1 350 020.3	77 882.2	26 245.9	504 783.2	229 597.3
山　西	1 304 752.0	849 910.2	743 811.3	50 490.0	26 707.8	258 019.9	119 624.1
内蒙古	935 814.5	707 598.6	636 218.6	8 057.3	1 647.5	152 796.1	65 715.0
辽　宁	2 256 444.1	1 443 058.6	1 293 260.5	53 847.6	6 569.1	443 861.0	309 107.8
吉　林	1 329 890.6	885 322.0	786 851.5	14 163.7	25 109.8	207 333.4	197 961.7
黑龙江	1 882 420.1	1 227 114.3	992 137.5	56 612.8	16 040.8	328 270.4	254 381.8
上　海	3 070 202.2	1 925 679.2	1 690 253.6	131 565.4	49 125.3	502 115.4	461 716.9
江　苏	4 653 849.6	2 607 027.0	2 271 204.8	220 429.0	229 606.0	798 516.7	798 270.9
浙　江	4 115 764.3	2 320 312.0	1 875 090.9	347 709.8	138 558.4	587 758.1	721 426.0
安　徽	1 834 929.8	1 150 903.7	1 081 197.5	45 298.9	24 176.3	405 068.6	209 482.3
福　建	1 965 773.3	1 241 810.9	1 164 045.4	176 289.7	37 900.5	302 450.9	207 321.3
江　西	1 349 864.8	733 139.5	685 835.7	100 021.1	8 947.5	313 908.0	193 848.7
山　东	3 740 855.1	2 289 913.1	2 015 068.2	162 674.7	57 582.6	771 652.5	459 032.2
河　南	2 544 931.9	1 699 490.0	1 582 775.7	69 855.3	21 565.5	489 993.7	264 027.4
湖　北	2 527 725.0	1 357 803.6	1 237 342.2	36 439.1	31 703.3	622 607.5	479 171.5
湖　南	2 354 582.9	1 221 033.7	1 124 481.0	125 730.9	25 909.8	617 745.6	364 162.9
广　东	6 222 727.2	3 800 234.9	3 485 442.4	405 892.6	97 029.6	1 278 988.1	640 582.0
广　西	1 437 796.0	959 254.5	871 282.3	25 097.0	9 738.6	266 799.4	176 906.5
海　南	329 190.1	208 048.7	173 969.3	16 894.2	7 072.8	60 473.3	36 701.1
重　庆	1 207 817.6	695 287.5	638 962.6	34 376.8	53 129.5	185 473.9	239 549.9
四　川	2 662 491.1	1 614 052.1	1 474 876.7	57 712.5	44 659.3	455 123.9	490 943.3
贵　州	954 017.5	692 410.9	636 651.5	15 043.6	5 830.3	154 699.0	86 033.7
云　南	1 448 459.5	1 155 358.0	1 081 578.6	35 914.5	12 826.5	135 888.2	108 472.3
西　藏	187 466.8	176 969.4	173 700.1	0.0	2 124.3	5 971.9	2 401.2
陕　西	1 859 410.8	1 026 279.5	948 219.6	174 532.6	21 979.7	391 076.0	245 543.0
甘　肃	914 335.8	652 145.8	582 180.8	18 684.6	5 685.6	156 052.7	81 767.1
青　海	199 568.3	168 022.9	162 434.6	780.1	338.1	21 269.5	9 157.7
宁　夏	244 761.7	182 463.6	170 016.1	336.4	987.9	33 881.9	27 091.9
新　疆	1 179 432.5	819 625.9	685 752.4	17 678.4	2 803.8	119 493.3	219 831.1

2004 年教育基本建设投资完成情况

2004 年教育基本建设投资完成情况

学校类别	投资合计（万元）	本年完成投资按资金来源分（万元）							本年竣工建筑面积（平方米）			
		国家预算内			自筹资金			其他				
		计	中央	省级	计	其中			合　计	教学及辅助用房	行政办公用房	其他用房
						学校自筹	个人集资					
总计	**16 194 307**	**2 633 314**	**1 160 486**	**1 472 827**	**10 490 575**	**7 754 895**	**490 647**	**3 070 418**	**116 454 793**	**84 622 852**	**4 110 351**	**27 721 590**
普通高等学校	8 896 537	920 046	510 959	409 087	5 742 660	5 393 993	201 179	2 233 831	39 097 161	23 797 218	1 271 536	14 028 407
中等师范学校	37 859	2 518	566	1 952	29 566	16 532	5 887	5 775	297 142	174 324	1 532	121 286
普通中学	4 690 463	1 004 204	371 967	632 237	3 074 811	1 684 380	182 147	611 448	47 494 377	35 832 547	1 741 259	9 920 571
职业中学	280 060	42 841	8 106	34 735	208 161	121 669	14 160	29 058	2 577 106	1 886 501	68 071	622 534
小学	1 918 074	611 569	257 408	354 160	1 167 421	424 028	61 716	139 084	24 385 132	21 227 799	858 807	2 298 526
特殊教育学校	18 941	5 178	1 186	3 992	12 393	1 522	1 566	1 370	176 268	135 919	7 216	33 133
幼儿园	119 709	4 735	150	4 585	88 241	24 386	7 236	26 733	816 891	663 476	37 846	115 569
其他	232 664	42 223	10 144	32 079	167 322	88 385	16 756	23 119	1 610 716	905 068	124 084	581 564

2004 年地方所属各级学校基本建设投资分省情况

学校类别	投资合计（万元）	本年完成投资按资金来源分（万元）							本年竣工建筑面积（平方米）			
		国家预算内			自筹资金			其他				
		计	中央	省级	计	其中：学校自筹	其中：个人集资		合计	教学及辅助用房	行政办公用房	其他用房
合计	**14 336 821**	**2 216 995**	**744 167**	**1 472 827**	**9 049 408**	**6 313 728**	**490 647**	**3 070 418**	**112 172 369**	**82 804 481**	**3 905 307**	**25 462 581**
北京	174 679	47 383	2 950	44 433	125 043	75 431	0	2 253	403 981	309 274	9 058	85 649
天津	254 215	6 544	2 200	4 344	201 216	180 828	0	46 455	690 339	611 379	926	78 034
河北	653 743	85 603	24 864	60 739	512 208	421 864	44 168	55 932	5 612 812	4 557 638	162 688	892 486
山西	164 776	13 576	7 537	6 039	140 391	112 507	2 330	10 809	1 506 299	1 051 468	108 530	346 301
内蒙古	185 351	59 041	34 238	24 804	116 638	81 971	7 021	9 672	1 834 987	1 609 410	32 452	193 125
辽宁	389 982	25 442	7 833	17 609	326 706	272 955	11 949	37 834	2 598 693	1 790 518	53 328	754 847
大连	86 664	29 543	0	29 543	57 121	17 037	1 200	0	789 659	737 853	31 201	20 605
吉林	269 828	19 175	11 440	7 735	213 434	160 691	22 575	37 219	1 865 610	1 353 198	29 895	482 517
黑龙江	315 790	10 848	4 699	6 149	265 060	233 508	9 908	39 882	2 855 893	2 323 232	109 482	423 179
上海	369 457	16 257	200	16 057	252 950	102 592	0	100 250	1 428 931	1 051 083	149 333	228 515
江苏	1 441 886	26 771	4 648	22 124	1 075 210	732 815	19 128	339 905	9 304 320	6 931 034	291 261	2 082 025
浙江	1 147 636	111 734	2 781	108 953	766 755	475 943	25 217	269 147	6 264 338	4 775 351	274 237	1 214 750
宁波	111 960	14 515	0	14 515	96 578	12 469	325	867	830 860	596 590	67 130	167 140
安徽	430 525	56 618	20 706	35 913	328 729	281 545	10 683	45 178	3 659 755	2 402 181	183 579	1 073 995
福建	223 824	40 388	3 236	37 152	163 250	100 327	3 956	20 186	2 222 620	1 495 823	22 455	704 342
厦门	79 204	33 795	534	33 261	16 464	10 214	0	28 945	164 832	113 677	14 343	36 812
江西	515 001	47 781	25 205	22 575	246 345	193 258	5 686	220 875	4 637 269	3 295 061	55 073	1 287 135
山东	905 996	43 653	6 642	37 011	752 513	570 407	90 833	109 830	7 702 626	5 217 780	532 556	1 952 290
青岛	55 038	100	100	0	54 938	30 536	230	0	541 291	438 129	27 746	75 416
河南	734 094	93 929	34 404	59 525	566 719	456 330	42 433	73 446	8 606 954	5 914 709	430 699	2 261 546
湖北	609 341	39 567	19 028	20 539	439 955	365 538	30 507	129 819	4 387 391	2 709 280	103 361	1 574 750
湖南	524 610	48 540	19 640	28 900	354 302	259 100	20 486	121 768	4 775 479	3 338 628	155 597	1 281 254
广东	1 995 844	502 364	3 072	499 292	618 062	362 486	19 616	875 418	11 327 762	9 884 252	322 151	1 121 359
深圳	130 513	113 986	0	113 986	10 946	63	0	5 581	659 955	508 343	40 229	111 383
广西	195 705	52 611	24 028	28 582	110 612	73 236	11 670	32 482	2 143 342	1 256 601	27 002	859 739
海南	69 549	15 295	10 295	5 000	36 599	18 677	3 764	17 655	544 581	474 951	0	69 630
重庆	307 618	40 409	25 742	14 667	191 381	121 511	22 272	75 828	2 744 710	1 489 521	61 579	1 193 610
四川	445 850	71 951	43 447	28 503	244 716	158 578	23 512	129 183	6 668 408	4 591 380	198 756	1 878 272
贵州	193 472	66 864	53 886	12 978	121 582	35 833	6 947	5 026	2 933 235	2 252 017	34 207	647 011
云南	322 555	132 641	63 106	69 534	135 770	75 584	10 905	54 144	2 978 591	2 485 367	29 967	463 257
西藏	90 706	80 152	75 152	5 000	7 020	1 248	10	3 534	759 476	499 601	35 800	224 075
陕西	367 706	43 613	22 468	21 145	235 669	189 492	14 409	88 424	3 343 011	2 490 275	118 079	734 657
甘肃	274 661	100 343	90 642	9 701	129 626	81 840	16 079	44 692	2 938 787	2 310 185	107 295	521 307
青海	31 531	18 853	13 901	4 952	9 315	7 694	517	3 363	299 983	288 880	900	10 203
宁夏	55 281	13 757	11 760	1 997	31 037	6 306	225	10 487	435 044	416 382	0	18 662
新疆	165 131	60 603	42 029	18 574	80 198	28 385	11 886	24 330	1 468 614	1 066 961	79 946	321 707
新疆生产建设兵团	47 099	32 750	31 754	996	14 350	4 929	200	−1	241 931	166 469	4 466	70 996

2004 年科研活动基本情况

2004 年全国普通高等学校科技经费情况

单位：千元

	拨入				支出			
	合计	政府资金	企事业单位委托	其他	合计	劳务费	业务费	转拨外单位经费	其他
合计：	**34 439 699**	**17 252 081**	**14 402 930**	**2 784 688**	**29 515 048**	**5 116 799**	**13 808 926**	**1 845 328**	**8 743 995**
按学校规格分									
重点院校	22 868 332	11 617 877	9 932 420	1 318 035	19 029 796	2 977 566	9 336 878	1 459 923	5 255 429
一般院校	11 342 285	5 520 073	4 434 876	1 387 336	10 287 519	2 089 884	4 425 776	380 734	3 391 125
高等专科学校	229 082	114 131	35 634	79 317	197 733	49 349	46 272	4 671	97 441
按学校隶属分									
部委院校	4 622 151	2 560 272	1 912 340	149 539	3 826 374	399 025	2 018 654	217 523	1 191 172
教育部直属院校	18 167 111	9 017 132	7 991 803	1 158 176	15 149 552	2 567 835	7 182 352	1 237 647	4 161 718
地方院校	11 650 437	5 674 677	4 498 787	1 476 973	10 539 122	2 149 939	4 607 920	390 158	3 391 105
按学校类型分									
综合大学	8 982 697	5 124 520	3 358 817	499 360	7 595 724	1 320 242	3 424 745	383 390	2 467 347
工科院校	20 111 761	8 460 095	10 277 314	1 374 352	17 342 005	2 796 654	8 571 216	1 207 832	4 766 303
农林院校	1 874 632	1 394 999	239 745	239 888	1 571 388	259 355	718 063	132 629	461 341
医药院校	1 617 888	1 104 996	226 780	286 112	1 424 009	407 391	565 521	50 491	400 606
师范院校	1 583 018	1 030 113	254 597	298 308	1 346 132	291 750	464 582	65 854	523 946
其他院校	269 703	137 358	45 677	86 668	235 790	41 407	64 799	5 132	124 452

2004 年全国普通高等学校科技人力情况

单位:人

	教学与科研人员		研究与发展人员		研究与发展全时人员		R&D 成果应用及科技服务人员		R&D 成果应用及科技服务全时人员	
	合计	其中:科学家和工程师	合计	其中:科学家和工程师	合计	其中:科学家和工程师	合计	其中:科学家和工程师	合计	其中:科学家和工程师
合计:	**645 949**	**606 194**	**240 175**	**232 144**	**144 055**	**139 227**	**43 798**	**41 892**	**26 263**	**25 128**
按学校规格分										
重点院校	195 497	183 056	98 972	95 128	59 381	57 075	19 739	18 505	11 838	11 101
一般院校	411 931	387 162	136 139	132 105	81 643	79 213	23 558	22 894	14 125	13 733
高等专科学校	38 521	35 976	5 064	4 911	3 031	2 939	501	493	300	294
按学校隶属分										
部委院校	27 014	25 197	13 763	13 370	8 257	8 021	2 811	2 677	1 686	1 607
教育部直属院校	173 511	162 301	84 448	80 860	50 668	48 514	16 339	15 337	9 800	9 200
地方院校	445 424	418 696	141 964	137 914	85 130	82 692	24 648	23 878	14 777	14 321
按学校类型分										
综合大学	161 271	152 479	68 627	65 678	41 166	39 398	8 425	8 102	5 046	4 858
工科院校	215 617	203 136	86 246	84 126	51 737	50 463	28 762	27 475	17 253	16 481
农林院校	35 212	31 832	17 916	17 097	10 749	10 255	3 116	2 941	1 870	1 768
医药院校	153 901	143 313	43 701	42 231	26 210	25 324	1 566	1 512	939	907
师范院校	54 303	51 542	19 191	18 720	11 500	11 215	1 410	1 352	845	810
其他院校	25 645	23 892	4 494	4 292	2 693	2 572	519	510	310	304

2004年全国普通高等学校研究与发展课题、成果情况

单位：千元

	科技课题			出版科技专著(部)	发表学术论文(篇)	成果获奖		技术转让		知识产权授权数	专利出售	
	课题数(项)	投入人数	实际支出			合计	其中：国家奖	合同数	收入		项数	实现金额
合计：	**191 744**	**189 991**	**19 397 679**	**8 619**	**428 229**	**4 102**	**190**	**9 188**	**1 355 338**	**6 399**	**731**	**277 585**
按学校规格分												
重点院校	93 520	79 930	13 395 119	2 711	182 316	1 867	136	5 334	908 640	4 429	389	167 933
一般院校	95 187	106 371	5 935 584	4 997	232 175	2 193	51	3 834	446 101	1 897	341	109 647
高等专科学校	3 037	3 690	66 976	911	13 738	42	3	20	597	73	1	5
按学校隶属分												
部委院校	14 350	11 049	2 472 537	356	24 780	282	17	1 272	188 224	288	36	8 312
教育部直属院校	77 773	67 979	10 752 767	2 441	157 021	1 538	119	4 411	719 110	4 048	354	151 021
地方院校	99 621	110 964	6 172 375	5 822	246 428	2 282	54	3 505	448 004	2 063	341	118 252
按学校类型分												
综合大学	50 367	51 343	4 774 787	1 775	112 084	996	61	2 125	267 565	1 843	155	63 623
工科院校	89 225	77 437	12 481 513	3 368	181 694	1 788	92	5 533	944 683	3 747	524	164 899
农林院校	14 424	14 016	1 008 932	663	22 450	293	15	515	46 773	272	15	26 113
医药院校	21 276	30 153	544 627	1 440	61 213	794	18	815	61 863	207	11	10 810
师范院校	13 221	13 711	509 128	718	40 229	187	3	153	29 474	257	22	11 955
其他院校	3 231	3 331	78 692	655	10 559	44	1	47	4 980	73	4	185

2004年全国普通高等学校人文、社会科学研究与发展经费情况

单位：百元

		拨入											支出									转拨给外单位经费
		拨入合计	科研事业费	科研基建费	国家社科规划、基金项目经费	中央其他部门社科专项经费	省市自治区社科专项经费	企事业单位委托项目经费	金融机构贷款	自筹经费	国外资金	其他收入	支出合计	内部支出								
														支出小计	科研人员费	业务费	科研基建费	仪器设备费	图书资料费	管理费	其他	
按学校隶属关系分	教育部直属院校	9 631 101.1	2 910 118	0	1 390 326.2	744 872	712 514.05	2 674 930.7	0	885 521.16	371 611.6	991 610.3	7 531 848.63	7 438 757.7	1 711 773	3 619 857	0	615 639.5	532 631.3	222 633	736 225	93 090.9
	其他部委院校	1 407 614.5	739 292	200	278 061	191 361	83 318.5	187 531	0	98 040	6 760	49 271	1 199 093.83	1 169 463.8	307 322	410 796.9	0	58 630.02	277 198.2	23 881.1	91 635.7	29 630
	地方院校	13 304 528.41	7 226 409.2	105 700	3 970 655.3	321 562.1	1 383 832.6	1 729 376.8	37 400	1 603 557.87	238 223.6	273 796.3	12 409 223.3	12 274 342	5 088 140	3 408 358	121 432	1 390 604	1 253 483	239 001	773 324	134 881
按学校类型分	综合大学	8 779 750.99	3 714 723.9	0	1 875 817.2	518 875	742 945.43	1 916 346.9	5 900	801 556.47	257 821.8	462 432.1	7 210 711.82	7 135 803.3	2 345 053	2 562 000	2 800	750 890.6	701 445.2	195 760	577 854	74 908.5
	全国重点理工农医院校	5 624 415.78	2 101 523.7	4 080	1 291 200.2	393 929	731 093.2	1 319 751.8	0	423 602.83	448 435.7	360 268.4	4 814 088.44	4 695 734.4	1 577 939	1 736 663	8 363	376 683.7	578 792.9	151 373	265 920	118 354
	高等师范院校	5 109 781.37	2 637 033	81 500	1 306 175.9	156 180.6	351 165.2	807 563.99	31 500	691 612.92	546 826.9	93 102.4	4 782 288.33	4 742 035	1 596 872	1 642 490	83 600	543 853.9	435 457.1	66 985.9	372 777	40 253.3
	语言院校	646 580.87	225 345.47	0	156 233.4	7 003	17 896	32 528.4	0	168 227	549 866.9	185 849	611 158.34	611 158.34	218 778.4	161 361.6	0	33 620.12	37 716.41	5 364.94	154 317	0
	财经院校	2 442 463.12	1 240 844.7	3 800	550 614.5	86 040.5	206 841.87	440 476.89	0	254 635.03	564 198.2	111 092.8	2 158 579.76	2 140 539.8	812 178.9	792 445.4	14 300	148 971.3	193 501.9	43 070.4	136 072	18 040
	政法院校	650 233.21	373 547.38	1 480	154 986.38	35 235	30 781	19 028	0	74 732.83	608 967.2	48 740	527 433.05	525 747.05	186 690.4	157 512.9	2 640	80 795.03	36 625.56	7 771.5	53 711.7	1 686
	体育院校	364 636	177 410.4	15 040	116 770.4	39 345	36 501.6	13 624	0	31 747	608 967.2	32 870	338 857.87	336 197.87	133 976.4	121 769.2	9 300	32 551.9	16 045.19	7 817.67	14 737.5	2 660
	艺术院校	423 538.27	245 737.47	0	114 188.47	550	44 096	27 274.45	0	88 172.35	609 437.2	14 854	390 530.8	389 530.8	140 521.5	153 052.8	429.35	52 328.66	28 831.05	3 509.82	10 857.6	1 000
	民族院校	301 844.4	159 653	0	73 056	20 637	18 344.8	15 244	0	52 832.6	616 595.2	5 469	306 517.3	305 817.3	95 225	111 716.3	0	45 178.6	34 897.05	3 861.2	14 939.2	700

2004年全国普通高等学校人文、社会科学人力情况

		学校数（所）	社科活动人员（人）					研究与发展人员（人）					研究与发展全时人员（人年）				
			合计	高级	中级	初级	辅助人员	合计	高级	中级	初级	辅助人员	合计	高级	中级	初级	辅助人员
按学校隶属关系分	教育部直属院校	73	55 176	26 293	19 342	8 543	998	23 398	15 710	6 149	1 485	54	9 912.7	7 000.7	2 357.2	532.9	21.9
	其他部委院校	29	10 890	4 313	3 895	2 445	237	4 327	2 442	1 425	448	12	1 732	1 083.8	501.5	139.3	7.4
	地方院校	675	254 002	81 741	92 338	74 025	5 898	84 540	41 905	29 069	13 141	425	31 847.1	17 647.1	10 121.1	3 958.3	120.6
按学校类型分	综合大学	137	86 249	33 632	30 801	20 143	1 673	33 173	19 811	9 780	3 428	154	14 026.8	9 054	3 788.7	1 134.8	49.3
	全国重点理工农医院校	312	87 476	27 051	32 013	26 008	2 404	26 282	12 465	9 262	4 450	105	9 876.6	5 121.4	3 276.4	1 439.4	39.4
	高等师范院校	168	76 549	26 221	27 451	21 371	1 506	27 771	14 424	9 442	3 830	75	10 906.6	6 291.1	3 401.6	118 5	28.9
	语言院校	14	7 900	2 721	3 082	1 983	114	3 326	1 652	1 190	463	21	913.7	572.1	255.8	79	6.8
	财经院校	60	32 628	12 141	11 941	7 891	655	12 989	6 969	4 101	1 802	117	4 385.2	2 603.4	1 307.6	454.6	19.6
	政法院校	30	9 944	3 667	3 693	2 395	189	3 391	1 678	1 275	435	3	1 184.9	668	396.5	120.1	0.3
	体育院校	15	5 053	1 802	1 765	1 329	157	1 785	978	559	241	7	761	447.5	224	88	1.5
	艺术院校	29	8 701	3 102	2 817	2 464	318	1 551	930	409	206	6	769.5	517.4	172.4	77.2	2.5
	民族院校	12	5 568	2 010	2 012	1 429	117	1 997	1 150	625	219	3	667.5	456.7	156.8	52.4	1.6

2004 年全国普通高等学校人文、社会科学研究与发展课题、完成情况

		课题数（项）	当年投入人数(人年)		当年拨入经费（百元）	当年支出经费（百元）	出版专著（部）	发表论文（篇）				应用成果（项）	
				其中：研究生				合计	国内学术刊物		国外学术刊物	提交有关部门数	鉴定成果数
									国内外公开发行	国内公开发行			
按学校隶属关系分	教育部直属院校	25 101	13 162.1	3 524.8	6 473 694.96	4 345 673	3 350	57 611	32 248	23 922	1 441	7 910	1 195
	其他部委院校	2 780	2 017	520.4	675 449.5	545 531.3	445	10 036	4 765	5 034	237	717	21
	地方院校	51 950	32 500.7	3 843.9	5 182 886.61	3 786 345	5 579	172 644	103 967	67 094	1 583	11 510	1 682
按学校类型分	综合大学	28 343	16 310.2	3 200	5 071 345.15	3 369 775	3 500	78 057	47 984	28 733	1 340	7 211	1 296
	全国重点理工农医院校	17 321	10 967	2 066.5	3 430 387.65	2 439 258	1 497	55 118	28 477	25 843	798	4 936	651
	高等师范院校	18 603	11 586.7	1 686.2	1 981 143.21	1 613 099	2 303	58 213	35 263	22 447	503	3 037	199
	语言院校	1 643	886.9	66.3	156 685.4	112 098.9	250	3 952	2 607	1 258	87	240	9
	财经院校	8 763	4 407.5	383.5	1 098 237.46	742 584.2	835	27 232	18 397	8 548	287	3 334	538
	政法院校	1 990	1 135	29	198 217	123 133.9	321	8 104	4 037	3 952	115	893	98
	体育院校	934	800.3	132.4	120 600.6	92 905.87	34	2 451	747	1 641	63	183	73
	艺术院校	998	930.8	221	143 388.8	77 575.84	356	2 503	1 032	1 451	20	98	18
	民族院校	1 236	655.4	104.2	132 025.8	107 118.5	278	4 661	2 436	2 177	48	205	16

教育综合管理

教育法制建设

〔**教育立法**〕　教育立法是推进依法治教的基础和前提。健全的教育法律体系是教育深化改革与规范发展的重要保障。2004 年，教育部一方面根据全面构建现代国民教育体系和终身教育体系的需要，按照法制统一的原则和法定的立法权限，进一步推动教育法律法规体系的完善；另一方面适应社会主义现代化建设的需要和社会主义市场经济对教育提出的要求，针对教育改革和发展实践中出现的新情况、新问题，及时组织清理和修改、制定相应的部门规章和规范性文件。

一是国务院颁布民办教育促进法实施条例。2004 年 3 月 5 日，国务院总理温家宝签署第 399 号国务院令，颁布《中华人民共和国民办教育促进法实施条例》，自 2004 年 4 月 1 日起施行。民办教育促进法实施条例细化了民办教育促进法的有关规定，主要解决了以下问题：进一步将民办学校与公办学校具有同等法律地位的规定具体化；明确了民办学校依法享有的扶持与奖励政策；规定了民办学校出资人取得合理回报的程序和办法；规定了公办学校参与举办民办学校的条件和程序，明确规定实施义务教育的公办学校不得转为民办学校；规定民办学校的举办者不得向学生、学生家长筹集资金举办民办学校，不得向社会公开筹集资金举办民办学校等等。为宣传贯彻民办教育促进法实施条例，3 月 25 日，教育部、国务院法制办举办《民办教育促进法实施条例》新闻发布会，教育部部长周济同志做了重要讲话并回答了记者提问，教育部有关司局举办了两期教育行政管理干部和民办学校负责人参加的民办教育促进法实施条例培训班。

二是《义务教育法》修订工作取得重大进展。作为 2004 年教育部重点工作之一的《义务教育法》修订工作，受到了全国人大代表和社会各界的广泛关注。教育部认真贯彻国务院领导同志的指示精神，充分听取教育行政部门、有关专家意见，经过艰苦工作，在较短的时间内研究出修订草案，于 2004 年 6 月初及时报送国务院并协助国务院法制办征求各地、各部委意见，参加全国人大教科文卫委员会召开相关研究会议，积极与财政部等有关部门协调、研究义务教育的相关政策。《义务教育法》的修订工作正顺利展开。

三是积极推动新的各项教育立法计划的实施。根据教育改革与发展的需要，2004 年 3 月国务院批转教育部《2003—2007 年教育振兴行动计划》提出加强和改善教育立法工作，修订《义务教育法》、《教育法》、《教师法》、《高等教育法》和《学位条例》，适时起草《学校法》、《教育考试法》、《教育投入法》和《终身学习法》。按照上述“五修四立”立法规划，教育部有关部门抓紧开展《教育法》修订草案的起草工作，通过一系列的座谈会、课题研究和专家咨询，起草了《教育法》修订草案，并印发各地征求意见。与此同时，《学位条例》、《教师法》、《高等教育法》的修订工作和《终身学习法》、《学校法》、《教育考试法》、《教育投入法》等法律草案的起草或前期调研工作都相继展开。截至 2004 年底，《学位条例》的修订草案和《教育考试法》草案已形成初稿，其他各项法律制定和修订工作也已全面展开。

四是不断加快教育部规章的制定和修改工作。规章是教育法律体系的重要组成部分。2004年，教育部发布《教育系统内部审计工作规定》、《国家教育考试违规处理办法》、《汉语作为外语教学能力认定办法》、《中华人民共和国中外合作办学条例实施办法》等规章，同时有关司局进一步修改《普通高等学校学生管理规定》、《自费出国留学中介服务管理规定》等规章。

五是加大教育部规章和规范性文件的清理力度。规章和规范性文件是教育系统依法行政的重要依据。但是长期以来，特别是原国家教委时期，重文件轻规章的现象比较普遍，一些重要政策应当以规章发布而被文件替代，给基层教育行政部门执法工作带来不少困难。按照依法行政和贯彻行政许可法的要求，教育部法制办公室协调有关司局开展规章和规范性文件的清理工作。经确认，教育部75件规章以《教育法律法规规章汇编》的形式进行公布；废止规章和规范性文件24件，以教育部文件形式公布。

〔**贯彻行政许可法，改革行政审批制度**〕《中华人民共和国行政许可法》实施以来，教育部全面贯彻党的十六大和十六届三中全会精神，坚决贯彻落实行政许可法的要求，紧密结合教育规律与特点，加大行政审批项目改革力度，加强行政许可配套制度建设，在转变政府职能，推进依法行政方面取得了积极成效。主要情况如下：

一是狠抓贯彻行政许可法的动员、宣传和培训工作。作为国务院贯彻实施行政许可法的试点单位，教育部党组高度重视行政许可法的贯彻实施工作，成立了教育部行政审批制度改革领导小组，召开了贯彻实施行政许可法的动员大会。2004年1月6日，部党组书记、部长周济代表教育部在国务院贯彻实施行政许可法大会上做了发言，介绍教育部的主要做法和经验。组织了三期处级以上领导干部行政许可法培训班，对教育部机关所有处级以上领导干部进行了行政许可法的集中脱产轮训；对处级以下干部进行行政许可法考核和知识竞赛活动。通过学习，教育部机关干部对贯彻实施行政许可法进一步统一了思想，法律素质和依法行政的能力有了一定的提高。

二是加大行政审批项目改革力度，完成了项目清理工作。按照国务院总体部署和要求，在第一、二批调整和取消审批项目的基础上，2004年5月再次取消15项教育类行政审批项目。同时，依法保留一些教育改革与发展所必须的行政审批项目，其中保留行政许可项目22项（以法律、行政法规为依据设定的行政许可项目14项，以国务院决定方式公布保留的行政许可项目8项），保留非行政许可审批项目8项。

三是完成了行政许可实施机关的清理工作。根据行政许可法和国务院决定的要求，教育部作为国务院组成部门，国务院学位委员会作为法律、法规授权组织，被确认为行政许可的实施机关。

四是全面清理教育规章和规范性文件。取消规章和规范性文件24件，所废止的规章和规范性文件今后不得作为教育管理和执法活动的依据。

五是规范行政许可实施程序。制定教育部实施行政许可统一文书，启用教育部行政许可专用印章，起草了《实施教育行政许可若干规定》，规范行政许可项目的实施程序。落实了取消审批项目的监管措施。

六是召开教育系统实施行政许可法经验交流会。2004年8月19日—20日，在长春召开教育部贯彻行政许可法和《全面推进依法行政实施纲要》座谈会，交流各地实施行政许可法的做法，座谈实施行政许可法中存在的问题，并探讨相关的解决办法。

贯彻实施行政许可法，推进行政审批制度改革是调整和转变政府职能的一项重要举措，有利于依法理顺教育行政部门与学校的关系，改革长期以来权力高度集中的教育行政管理体制，进一步落实了高等学校办学自主权；有利于消除社会资金流向教育领域的障碍，促进公办学校与民办学校共同发展；有利于促进教育在更高层次、更广领域扩大对外开放；有利于促进制度创新，转变政府职能，办好让人民满意的教育。

撰稿　黄兴胜
审稿　孙霄兵

全国人大代表、政协委员议案承办工作

2004年“两会”结束后，教育部共收到全国人大代表建议660件（其中议案32件），比2003年（448件）增长47.32%；全国政协委员提案503件，比2003年（440件）增长14.32%。建议、提案涉及的主要问题有：全面推进素质教育，加大农村义务教育投入力度，确保西部农村义务教育的实施，建立民族地区贫困学生救助长效机制；改善职业教育现状，落实职业技术教育在我国经济发展过程中应有的地位和作用，推进职业教育健康发展；改革我国的考试制度，高度重视高校招生、就业与学位管理问题，制定完善相应的管理措施和法律法规；建立健全教师教学评价体系和师资培训制度；加强对民办教育机构的管理，启动民办高校教学水平评估，促进民办教育的可持续发展等。

教育部党组高度重视建议、提案的办理工作，召开了由承办司局主要领导同志参加的“两会”建议、提案承办工作动员会，教育部党组书记、部长周济在会上讲话。周济指出：要从贯彻落实“三个代表”重要思想和办好让人民满意的教育的高度出发，切实重视建议、提案的办理工作。要把建议、提案的办理工作同年终考核结合起来，作为年终考核的重要内容。各承办单位要加强沟通，相互配合，通力合作，切实在办复质量上下功夫。

教育部各司局和直属单位按照《教育部关于建议、提案工作暂行规定》的要求，结合本单位工作的实际，认真研究建议、提案，并选择有丰富经验的同志具体办理，司局长严格把关。教育部办公厅一方面严把质量关，对答复质量不高的复文，坚决退回重办，办复质量有了明显提高；另一方面将办理进程及时上网公布，促进了承办司局的办理工作，有效提高了工作效率。

由于领导重视，措施得力，在任务重、时限紧的情况下，比较圆满地完成了2004年的建议、提案承办工作。办理工作结束后，教育部办公厅组织各有关单位对2004年建议、提案的办理工作进行了认真总结，并组织评选出82件优秀建议、提案和18个优秀承办单位。从全国人大代表、全国政协委员的反馈意见看，代表、委员对教育部高度重视建议、提案办理工作和较高质量的复文表示满意，满意率达95%以上。

撰稿 王进保

审稿 高聚慧

教育纪检监察

〔全国教育纪检监察工作会议〕 2004年2月1日—3日，教育部党组在北京召开2004年全国教育纪检监察工作会议。中纪委副书记、监察部部长李至伦，教育部党组书记、部长周济出席会议并讲话。教育部党组成员、中纪委驻教育部纪检组组长田淑兰作了工作报告。

李至伦指出，教育系统各级纪检监察机关要紧紧围绕“办好让人民满意的教育”这个主题，突出治理教育乱收费这个重点，全面推进建立健全教育、制度、监督并重的惩治和预防腐败体系，实现反腐倡廉与教育改革发展的良性互动，进一步促进教育事业持续健康发展。

周济强调，要建立和完善治理教育乱收费长效机制，抓好两个“三管齐下”。第一个“三管齐下”就是要坚持治标与治本相结合。首先是各级政府要用更多的精力、更大的财力发展教育，进一步落实教育优先发展的战略地位。其次是要加强治理教育乱收费相关政策的研究，注意处理好治理乱收费、规范收费和教育发展之间的关系。再次是要坚决纠正学校自身乱收费。第二个“三管齐下”就是要坚持教育、制度、监督并重，建立健全惩治与预防教育乱收费体系。

田淑兰总结了 2003 年教育系统党风廉政建设和反腐败工作，强调 2004 年教育系统纪检监察工作要重点抓好六个方面的工作：一是严格执行领导干部廉洁自律各项规定。二是继续严肃查处违纪违法案件。三是继续深入推进纠正行业不正之风和执法监察工作，要积极稳妥地在全国义务教育阶段推行“一费制”收费办法。四是加大从源头上治理和预防腐败的力度。深化财务管理改革，加强对学校财务尤其是横向科研经费的管理和监督，严格执行基建工程、大宗物资采购招投标和政府采购等制度，进一步深化干部人事制度改革，推进校务公开工作。五是认真贯彻党内监督条例。六是加强纪检监察干部队伍建设。

〔**教育系统党风廉政建设**〕 一、落实党风廉政建设责任制工作稳步推进。2004 年，先后召开全国教育纪检监察工作会议、直属高校党风廉政建设视频会议和教育系统预防职务犯罪会议，及时部署安排教育系统反腐倡廉工作；两次召开机关司局级干部大会，加强机关党风廉政建设；修订《教育部执行党风廉政建设责任制实施办法》，制定《关于落实部党组成员党风廉政建设岗位责任的意见》，进一步完善了反腐倡廉组织协调工作机制，明确了党组成员在党风廉政建设中各自应负的责任。

二、领导干部廉洁自律工作不断深化。各地区、各高校采取多种形式开展党风廉政教育活动，一些高校领导班子及主要负责人公开作出廉政承诺，带头廉洁自律，主动接受监督。按照中央纪委的部署，坚决治理领导干部违反规定收送现金、有价证券和支付凭证等歪风，认真清理领导干部兼职以及领导干部的配偶、子女违反规定经商办企业等问题。教育部党组对直属高校领导干部廉洁自律明确提出“六不准”规定，进一步规范了高校领导干部从政行为。

三、治理教育乱收费工作取得明显成效。

四、查办违纪违法案件取得新进展。2004 年，教育系统共处理信访81 781件（次），立案8 971件，结案8 313件，给予党政纪处分7 561人，其中县（处）级干部 138 人，厅（局）级干部 9 人，挽回经济损失9 695.4万元，417 人被移送司法机关处理，一批腐败分子受到了严惩。

五、源头治理工作不断深入。教育部以《行政许可法》试点单位为契机，进一步取消和调整了一批行政许可项目，制定了实施行政许可的相关制度；进一步完善财务管理制度，规范了直属高校投资行为和资金管理；部署开展了对经济往来中违规收受回扣行为的专项清理，取得初步成效。各地各校进一步贯彻落实《党政领导干部选拔任用条例》，不断完善干部竞争上岗和任前公示制度，强化了对干部选拔任用工作的监督；进一步健全建设工程招投标、大宗物资采购等制度，加大了对重大工程项目等的监督检查力度；不断深化和规范校务公开工作，拓展了广大师生员工民主参与监督的渠道。

六、招生执法监察工作进一步规范和深化。教育部召开全国招生执法监察工作座谈会，总结交流经验，进一步提升工作规范化水平。纪检监察、招生、考试等部门加强配合，开展考风考纪巡视大检查，推动建章立制，规范考场建设，加强诚信考试教育和宣传，综合整治高校招生环境工作取得明显成效。各级教育纪检监察部门积极履行职能，坚持“全程参与，重点监督”，认真及时处理信访举报，严肃查处了招生考试录取中的一些严重违规违纪案件，确保了招生考试安全及录取工作的公平、公正。

七、党内监督工作有了新开拓。各地区、各高校认真学习贯彻《党内监督条例（试行）》和《纪律处分条例》，认真落实廉政谈话、诫勉谈话、述职述廉等各项党内监督制度，并加强监督检查，维护党的纪律。适应中央纪委、监察部对派驻机构实行统一管理的新要求，教育部及所属系统反腐倡廉工作机制进一步完善。教育部党组和驻部纪检组共同对2003年以来新任或转任的直属高校28名校长和46名党委书记以及2004年新任的20名机关司局级干部分别进行了集体廉政谈话，签订了廉政承诺书。各地各高校积极探索对党员干部特别是主要领导监督的有效机制，部分省市对高校开展的巡视试点工作取得了经验。

八、调查研究工作取得可喜成果。认真落实中央领导同志批示精神，教育部与中央纪委联合开展了教育系统职务犯罪情况调研，向中央提出了加强预防工作的报告和建议。结合推进重点工作，驻部纪检组、监察局牵头组织专门班子，推动地方和高校广泛开展了如何建立健全具有教育系统特点的惩治和预防腐败体系的专题调查研究，举办了教育系统惩防体系专题研讨班，初步形成了教育系统贯彻落实中央关于《建立健全教育、制度、监督并重的惩治和预防腐败体系实施纲要》的《实施意见》。充分发挥教育系统特别是高校人才资源优势，组织直属高校开展教育纪检监察重点、难点问题专题研究，完成了一批具有较高质量的调研报告；委托专门研究机构承担的《教育监察学》、《教育系统党风廉政评估预警机制》和治理教育乱收费的对策研究也取得阶段性成果。

〔**2004年全国治理教育乱收费工作电视电话会议**〕 2004年3月1日，教育部、国务院纠风办、监察部、国家发展改革委、财政部、审计署、新闻出版总署七部门联合召开了治理教育乱收费工作电视电话会议，国务委员陈至立出席会议并讲话。中央纪委副书记、监察部部长、国务院纠风办主任李至伦主持会议，教育部部长周济、国家发展改革委副主任李盛霖、财政部副部长肖捷、审计署副审计长董大胜、新闻出版总署副署长于永湛在会上对本系统治理教育乱收费工作进行了部署。

陈至立指出，进一步加大治理教育乱收费力度是党和政府坚持立党为公，执政为民，解决好损害群众利益突出问题的重要体现，是新世纪新阶段反腐倡廉工作的重要要求，是贯彻新的科学发展观的要求，是抓住机遇加快发展教育事业的一项重要工作。对于下一步治理工作，一要做到坚持求真务实，切实履行好政府对教育发展和改革的责任。二要坚持依法行政，加强制度建设，建立和完善治理教育乱收费的长效机制。三要坚持齐抓共管，进一步强化部门协作的工作机制。四要坚持勤俭办教育，努力提高办学效益。五要完善监督检查机制，加大监督检查力度。

周济强调，2004年教育部要集中精力抓好抓实两项重点工作：一是在义务教育阶段全面推行“一费制”收费办法。二是要严格规范高等学校的收费行为，进一步加强高校收费管理。

〔**全国治理教育乱收费工作**〕 2004年，按照中央统一部署，教育部、国务院纠风办等部际联席会议成员单位，继续把治理教育乱收费作为一项重要工作来抓，经过各地党委、政府及有关部门共同努力，治理工作取得了新的成效。据统计，各地受理群众投诉46 646件（次），与2003年同比减少13 438件次，降低幅度为23.26%。

一、主要工作情况及成效

（一）及时部署，精心组织实施。

2004年3月初，部际联席会议组织召开全国治理教育乱收费工作电视电话会议。同月，经国务院批准，七部委联合下发了《关于2004年治理教育乱收费工作的实施意见》。4月，对相关部委所承担的治理工作任务进行分解，做到分工明确，责任到人。7月中旬，部际联席会议分片组织召开了全国治理工作情况汇报会。10月，部际联席会议组成6个督查组对北京、山东、海南等12个省（直辖市）的教育收费情况进行重点抽查，并向社会公布了督查结果。国家发改委组织了对部分省份教育收费情况的交叉检查。

（二）齐抓共管，治理工作合力得到加强。

部际联席会议成员单位按照任务分工，各司其职，加强协作，积极主动开展工作。3月，经国务院批准，教育部会同国家发改委、财政部联合下发了《关于在全国义务教育阶段学校推行“一费制”收费办法的意见》（以下简称“一费制”），进一步规范义务教育阶段公办学校收费行为；财政部、国家发改委分别下发了关于规范收费管理，促进农民增加收入的通知，明确规定城市中的农民工子女就学收费与当地学生一视同仁。4月和5月，国家发改委会同新闻出版总署、教育部对部分省份中小学教材价格执行情况进行了督查。6月，国家发改委会同教育部、国务院纠风办对湖北、重庆等地学校收费公示情况进行了抽查。8月至9月，新闻出版总署会同国务院纠风办、教育部联合组织在全国开展打击盗版教材教辅专项整治行动；国家审计署还对50个县的基础教育经费投入及使用情况和18所部属高校的收费及使用情况进行审计调查。

教育部、国务院纠风办作为治理教育乱收费工作的牵头部门，一年来，针对全国治理工作中的重大问题，适时进行研究分析。4月，国务院纠风办召开了全国纠风工作会议，教育部先后三次召开部党组和部长办公会议，专题研究治理工作，召开了全国教育系统纪检监察工作会议，8月下旬，教育部召开直属高校视频会议，再次对规范高校收费行为提出要求。

（三）狠抓落实，重点工作稳步推进。

一是“一费制”工作全面启动、积极推进。5月，教育部组织召开全国“一费制”工作座谈会，对秋季在全国推行“一费制”提出了明确要求。6月，教育部又针对个别省份在制定“一费制”实施方案中存在的问题，及时下发了《关于认真组织推行“一费制”有关工作的紧急通知》，有效地指导全国工作的开展。各地根据文件要求，组织相关职能部门，广泛开展调研，认真测算杂费标准、生均公用经费基本标准和预算内生均公用经费拨款标准，举行听证会，广泛听取社会各界的意见。截至2004年底，31个省份均已正式下发了“一费制”实施办法。除安徽、江西、陕西、吉林、青海5个省选择部分地区进行试点外，其他26个省份均为全面推行。

二是公办高中招收择校生执行“三限”政策进一步得到规范。各地巩固和完善公办高中招收择校生“限人数、限分数、限钱数”的“三限”政策，社会反映较好，群众举报明显减少。据统计，绝大多数省份的“三限”政策基本稳定，少数省份对招收择校生比例、录取分数线和收费标准作了个别调整，使得“三限”政策更趋完善。福建省将一级达标学校择校费每生最高限额从2003年的21 000元降低为18 000元；安徽省将择校比例从40%降到30%以下，并规定逐年降低比例。

三是继续稳定高校收费标准，严格规范高校收费行为。经国务院批准，自2001年起到2004年，教育部都及时会同相关部委联合发文，重申高校收费标准要稳定在2000年的水平上，一律不准出台新的收费项目。2004年8月，针对个别地方和高校在招生录取过程中出现的违规问题，教育部发出紧急通知，严禁任何单位在招生录取过程中向考生收取任何费用。同时，各地采取有力措施，对院校的招生录取、教育教学、后勤服务、毕业就业等收费环节提出明确要求。

（四）规范管理，逐步建立长效机制。

各地继续抓好收费公示、收费审计、校务公开制度的贯彻落实工作。同时，部际联席会议各成员单位按照《2004年治理教育乱收费任务分解》的分工，对已出台的有关规章制度，督促各地认真执行；对负责制定的有关制度，集中精力，加紧工作步骤，基本上完成了任务。其中，国家发改委承担制定的《关于建立和完善教育收费决策听证制度的通知》已印发各地执行；国务院纠风办承担制定的《关于在治理教育乱收费工作中实行责任追究的具体办法》、新闻出版总署和国家发改委承担制定的《关于严禁在中小学教材出版发行环节收取费用的通知》将在2005年上半年下发。

（五）落实责任，教育投入不断加大。

2004年，各级政府和相关部门，不断加大教育投入的力度，积极落实政府责任。天津市拨出21亿元，促进教育均衡化发展；浙江省教育事业支出预算为185亿元，增长速度高于全省财政收入、支出预算增长比例0.8%和3.3%，省本级财政支出中教育经费所占比例继续提高1.2%；海南省决定从2005年到2007年每年拨付1.5亿元为140万农村中小学生免除杂费；四川省自

2003年拿出1.3亿元用于中小学危房改造，以后逐年增加1亿元；北京市投入9亿元解决郊区县师资培训；吉林、湖南、广西、贵州、青海、新疆等地也都积极采取措施，解决义务教育工作中的实际困难。

（六）加大力度，严肃查处乱收费行为。

为了保障国家有关教育收费政策的贯彻落实，部际联席会议加大了监督检查工作力度。9月，国家发改委会同相关部委印发了《关于开展全国治理教育乱收费专项检查的通知》，对全国专项检查工作提出了要求。据统计，2004年各级政府和有关部门共派出检查组1.7万个，检查学校27.8万所；查处违规收费案件6 339件，给予4 180名责任者党政纪处分。针对新闻媒体曝光的北京航空航天大学等个别高校违规收费问题，教育部会同相关单位进行了严肃查处。

（七）积极探索，不断创造好做法。

2004年，部际联席会议提出治理工作要思路创新，注重源头治理，建立长效机制。对此，各地在实践中探索出一些好的做法。黑龙江省制定了《义务教育学校经费监督管理及责任追究暂行办法》，规定对不按标准落实学校公用经费的市县，追究政府主要领导的责任。另外，江苏、辽宁、广东、吉林、湖南、内蒙古、四川、福建等省份也先后出台了关于对中小学乱收费行为的处罚办法或处分规定，做到处理工作有法可依，有章可循。上海市实行“严惩重奖”办法，一方面对违规收费问题严肃查处，另一方面对收费规范的区县给予重奖。2004年，受表彰奖励的区县已超过50%。湖北省在全省教育系统以“办好让人民满意的教育”为主题，开展“人民满意的教育县”和“无乱收费行为、无不良教师言行、无重大安全事故”学校的创建活动。辽宁省研制开发了教育收费软件系统，对1 900所大中小学校收费实行微机联网，取消了收费项目200个、学校收费过渡账户3 670个。广东、青海、安徽、河北等省份建立了教育收费结算中心。陕西、山西、甘肃、宁夏、新疆、西藏等地也均采取可行的办法，有效地避免了截留、挪用、挤占、平调教育收费收入问题的发生。

二、**存在的主要问题**

（一）一些地方的基层政府、教育行政部门和学校的主要领导，对治理工作的重要性和紧迫性认识不足。

（二）各地制订的“一费制”实施方案需要进一步完善。

（三）高校违规收费现象时有发生。

（四）一些学校滥订教辅资料的现象较为普遍。

（五）挪用、截留教育经费和学校收费收入的问题未得到有效制止。

（六）教育收费公示制度工作需要加大动态管理力度。

撰稿　张其华　曲吉山
李海亮　徐　琨

教育督导

〔**“两基”新进展**〕　2004年，各级教育督导部门坚持标准，严格程序，加大督导力度，推动西部地区“两基”攻坚工作取得新进展。国家教育督导团组织国家督学对贵州、新疆、宁夏、内蒙古、西藏和新疆建设兵团“两基”攻坚工作进行督导检查。检查结果表明：(1)由于中央对西部“两基”攻坚工作的大力支持，西部各省、自治区都积极贯彻西部地区“两基”攻坚工作会议精神，认真落实《国家西部地区“两基”攻坚计划》，“两基”攻坚工作正按规划有条不紊地实施。(2)中央财政的支持，使西部地区义务教育学校的硬件建设有了基本保障，由于贫困家庭较多，必须进一步扩大“两免一补”范围，使一些家庭经济困难的适龄儿童少年接受义务教育。(3) 在国家支持下实现了“两基”的县，巩固提高的工作十分艰巨，仅靠西部地区自身力量难以完成，仍需要中央大力支持。

2004年底，全国共有15个省（自治区）和新疆生产建设兵团报送了经省级评估验收达到“两基”和“普初”标准的县（市、区）材料。经教育部审查认定，有115个县（市、区、含其他县级行政区划单位18个）基本达到现阶段“两基”工作的各项指标要求，被列入第十一批实现“两基”县（市、区）名单予以公布，其中，有7个省的28个县在某些方面还存在着薄弱环节，需要复查；有4个县基本达到现阶段“普初”工作的各项指标要求，被列入第八批实现“普初”县（市、区）名单予以公布。

截至2004年底，在全国2 860个县（市、区）中，有2 576个县（市、区）实现“两基”，占全国县（市、区）总数的90.1%。西部1 077个县（市、区）中，有831个实现“两基”，占西部县（市、区）总数的77.2%。此外，新疆生产建设兵团所辖团（场）及有关省辖其他县级行政区划单位共有199个实现“两基”。全国实现“两基”地区人口覆盖率达到93.6%。

撰稿　崔立双　陈卫军

附一

全国第十一批基本普及九年义务教育、基本扫除青壮年文盲县（市、区）名单

（115个）

山西省　4

右玉县、大宁县、永和县、方山县

内蒙古自治区　10

喀喇沁旗、库伦旗、科尔沁左翼后旗、新巴尔虎右旗、新巴尔虎左旗、突泉县、正镶白旗、凉城县、察哈尔右翼中旗、察哈尔右翼后旗

黑龙江省　2

绥滨县、杜尔伯特蒙古族自治县

江西省　4

都昌县、寻乌县、横峰县、金溪县

湖南省　3

辰溪县、泸溪县、张家界市永定区

广西壮族自治区　15

上林县、阳朔县、临桂县、灌阳县、恭城瑶族自治县、融安县、藤县、蒙山县、东兴市、崇左市江州区、宁明县、田阳县、平果县、罗城仫佬族自治县、富川瑶族自治县

四川省　6

马边彝族自治县、马尔康县、九寨沟县、炉霍县、乡城县、会东县

贵州省　15

盘县、正安县、习水县、关岭布依族苗族自治县、镇宁布依族苗族自治县、织金县、纳雍县、剑河县、台江县、黎平县、雷山县、平塘县、惠水县、普安县、晴隆县

云南省　5

墨江哈尼族自治县、孟连傣族拉祜族佤族自治县、云县、绿春县、金平苗族瑶族傣族自治县

西藏自治区　14

当雄县、墨竹工卡县、洛隆县、工布江达县、米林县、波密县、贡嘎县、桑日县、曲松县、隆子县、拉孜县、仁布县、康马县、岗巴县

陕西省　10

延川县、子长县、富县、定边县、绥德县、汉阴县、白河县、镇安县、柞水县、延长县

甘肃省　3

清水县、天祝藏族自治县、永靖县

青海省　2

共和县、都兰县

宁夏回族自治区　1

盐池县

新疆维吾尔自治区　3

且末县、裕民县、青河县

新疆生产建设兵团　18

11团、且末支队、东风农场、红旗农场、托云农场、叶城二牧场、51团、78团、79团、拜什墩农场、108团、110团、151团、165团、青河农场、红星二牧场、一牧场、皮山农场

其中需要复查的县名单

（28个）

江西省　2

都昌县、寻乌县

四川省　2

马边彝族自治县、会东县

贵州省　7

盘县、关岭布依族苗族自治县、镇宁布依族苗族自治县、织金县、台江县、黎平县、惠水县

云南省　4

墨江哈尼族自治县、云县、绿春县、金平苗族瑶族傣族自治县

西藏自治区　7

贡嘎县、桑日县、曲松县、隆子县、拉孜县、仁布县、岗巴县

陕西省　4

定边县、绥德县、镇安县、延长县

青海省　2

共和县、都兰县

附二

全国第八批基本普及初等义务教育县名单

（4个）

西藏自治区　4

丁青县、贡觉县、八宿县、措勤县

撰稿　易东平

〔**幼儿教育工作专项督导检查**〕　2004年10月—11月，国家教育督导团组织国家督学对北京、河南、山东、江苏、吉林、湖南等六省（市）的幼儿教育工作进行了专项督导检查。

这次督导检查的主要任务是：检查各地贯彻落实《意见》和幼儿园安全管理情况，对幼儿教育改革与发展中存在的困难和问题进行调研。这次督导是建国以来国家首次对幼儿教育进行专项督导检查。

从督导检查情况看，一是六省（市）能根据文件精神结合当地实际，制定本省的实施意见，在制定幼教发展规划、加强领导、落实管理力量、培训教师等方面，都有一定的政策和措施；二是各地都比较重视幼儿教育的地方性法规和规章建设；三是各地加快示范性幼儿园和乡镇中心幼儿园的建设，特别是扩大优质教育资源，发挥其对其他幼儿园的骨干、示范和指导作用；四是在教育部印发《关于进一步加强幼儿园安全工作的紧急通知》和教育部、公安部召开关于开展中小学、幼儿园安全专项整治活动电视电话会议后，各地高度重视幼儿园安全工作，进行了一系列的专项整治活动。

督导发现幼教改革与发展存在的主要问题是：

(1) 城市企事业分离改制，幼儿园作为后勤部门与原单位剥离，造成幼儿园数量减少、幼儿入园率下降。(2) 农村幼儿园完全靠自收自支，生存发展面临危机。(3) 民办幼儿园发展迅速，管理滞后。(4) 农村幼儿园教师工资低、福利差，影响队伍的素质和稳定。(5) 幼教事业经费匮乏，六省（市）在地方教育经费总支出中幼教经费所占比例很低，很多地方没有幼教专项经费。(6) 幼教管理力量不足，管理网络不健全，各部门缺乏协调配合。国家教育督导团根据六省（市）在幼教发展和管理工作中存在的问题，分别印发了整改意见书，要求六省（市）认真研究整改方案，采取措施，切实解决存在的问题。

撰稿　姜　瑾

〔进城务工就业农民子女义务教育工作专项督导检查〕 2004 年 11 月，国家教育督导团组织国家督学对湖北、天津、浙江和福建进行了进城务工就业农民子女义务教育工作的专项督导检查，共检查了 7 市，实地考察了 19 所学校。

督导检查结果显示：(1) 各省（市）政府高度重视进城务工就业农民子女义务教育工作，制定了实施办法、意见和细则。(2) 以公办中小学为主接受进城务工就业农民子女就学的格局基本建立。(3) 加大经费投入力度，建立保障进城务工就业农民子女就学的经费投入机制。(4) 严格收费管理，采取多种形式资助，减轻进城务工就业农民家庭负担。(5) 加强教育教学管理，积极探索进城务工就业农民子女的教育教学规律，使进城务工就业农民子女受到良好的教育。(6) 积极扶持、强化管理，促进民办民工子弟学校的健康发展。

检查组对四省（直辖市）工作存在的问题提出如下意见和建议：(1) 建议各级政府进一步加大统筹力度，建立年度例会制度，协调各相关部门，形成分工合作、共同做好进城务工就业农民子女义务教育工作的长效工作机制。(2) 加强整体规划。增加指定免收借读费招收进城务工就业农民子女的公办学校的数量，进一步减轻进城务工就业农民的教育负担。(3) 省（直辖市）、市两级财政要设立进城务工就业农民子女义务教育工作专项经费，支持财政困难的县（市、区）做好进城务工就业农民子女义务教育工作，并对接收进城务工就业农民子女较多的公办学校给予补助。(4) 省、市教育行政部门和教科研部门要加强进城务工就业农民子女义务教育教学的专题研究，形成学校、社会、家庭“三结合”教育网络，促进进城务工就业农民子女的健康成长。(5) 各级政府和相关部门要进一步加强对民办民工子弟学校安全、卫生工作的检查，督促其及时消除安全、卫生隐患，确保师生安全。

〔职业教育工作专项督导检查〕 2004 年 11 月，国家教育督导团组织国家督学对河北、辽宁、江西、广东、四川、陕西等六省的职业教育工作进行了专项督导检查。

本次督导检查的主要内容：一是地方各级政府在统筹职业教育工作、切实发挥政府在发展职业教育中的主导作用、多渠道筹集职业教育经费等方面的情况及相关政策措施。二是地方各级政府进行职业教育办学体制创新、大力发展民办职业教育、积极推动行业企业参与发展职业教育等方面的情况及相关政策措施。三是推动职业学校转变办学思想、办学模式和运行机制；以就业为导向，加快培养技能型紧缺人才；实施职业资格证书制度；扩大职业学校招生规模、促进职业学校毕业生就业等方面的情况及取得的成果。四是在推动中等职业教育为“三农”服务方面采取的有关政策、措施及存在的主要问题，特别是 2004 年教育部召开全国农村劳动力转移培训工作会议以来，农村劳动力转移培训规划的制定和实施情况。

从督导检查情况看，六省省委、省政府高度重视全国职业教育工作会议精神和《决定》、《若干意见》的贯彻落实，制订并下发了一系列有关大力发展职业教育的政策文件。各地将发展职业教育列入各级政府的议事日程和地方经济社会发展规划，职业教育的改革和发展取得了新的重大成就，呈现出良好的发展态势。职业教育的办学方向和改革思路日益明晰，特色日趋鲜明，经费投入不断增加，职业教育事业发展规模出现可喜的回升现象，各种形式的职业培训蓬勃开展，以中等职业教育为主体，学历教育与职业培训相互促进，与其他教育相互沟通的职业教育体系框架日趋完善，以就业为导向的职业教育越来越得到社会的认可和欢迎。

督导检查中发现六省职业教育改革与发展存在的主要问题是：各级政府对大力发展职业教育的认识还有待进一步提高，职业教育的管理体制不顺，高中阶段教育普职比例失衡现象突出，经费投入不足，推进职业教育市（地）统筹和体制改革力度不大，民办职业教育发展缓慢等。

这次督导检查是改革开放以来国家首次对职业教育进行专项督导检查。

撰稿 郁 洁

〔**建立对县级人民政府教育工作进行督导评估的制度**〕 2004年1月17日，国务院办公厅转发了《教育部关于建立对县级人民政府教育工作进行督导评估制度的意见》（以下简称《意见》）。《意见》明确了对县级人民政府教育工作督导评估的内容、工作原则、程序及县以上各级人民政府实施此项工作的责任和相关部门的职责。《意见》下发以后，各省（自治区、直辖市）人民政府结合本地实际积极贯彻执行。截至2004年底，已有20个省（自治区、直辖市）转发了《意见》。有16个省（自治区、直辖市、兵团）印发了关于建立县级人民政府教育工作督导评估制度的相关文件（其中，安徽、湖南、山西、广东等省由省委组织部、省教育厅、省人民政府督导团联合下发了《关于建立县级党政领导干部教育工作督导考核制度》的文件）。已有七省开展了对县级人民政府教育工作督导评估工作。其余各省也在积极地起草制定相关文件。

撰稿 崔立双

〔**全国中小学校督导评估工作研讨会**〕 2004年10月12日—14日，国家教育督导团办公室在辽宁省沈阳市召开了全国中小学校督导评估工作研讨会。各省、自治区、直辖市人民政府教育督导室主任，国家教育督导团确定的“构建督导评估机制，推进实施素质教育”联系县（市、区）的政府领导和督导室主任，以及部分国家督学共60余人参加了会议。

会上，沈阳市和平区人民政府作了经验介绍。和平区作为“构建督导评估机制，推进实施素质教育”的十个联系县（市、区）之一，多年来十分重视教育督导工作，在学校督导评估方面，将过程性督导与终结性评估相结合，构建了自律和激励机制，以开放的、互动的模式，发动教师、学生、家长、社区都参与对学校的评价，区政府还将督导结果作为对学校办学经费调拨、教改项目立项、领导责任追究、职务任免以及单位评优评先等的重要依据，使督导评估成为政府管理教育工作的重要抓手，为和平区高水平高质量普及九年义务教育、全面实施素质教育做出了贡献。吉林、湖北、湖南和上海嘉定区、重庆沙坪坝区的教育督导部门也在会上介绍了本地区开展中小学校督导评估工作的经验。

会议讨论了国家教育督导团起草的《关于加强和改进中小学校督导评估工作的意见（讨论稿）》，对2005年和今后两三年教育督导工作思路和主要工作提出了建议。会议期间，代表们实地考察了沈阳市和平区6所中小学校。

撰稿 马书义

〔**2004年国家督学会议**〕 2004年国家督学会议于11月11日—14日在四川省成都市召开。教育部副部长陈小娅到会并就当前基础教育改革与发展的形势和教育督导面临的形势与任务讲话。

陈小娅提出，今后一段时期教育督导工作的基本思路和主要任务是：要督促地方各级政府对义务教育的管理责任和投入责任落实到位；要全面推进学校督导评估工作，建立定期评估制度，促进素质教育全面实施；要推动督导立法，健全督导各项规章制度，使教育督导工作法制化、规范化；要建立一支专职和兼职相结合、以专职为主、专业化的教育督导队伍，在推进教育改革和发展中担负起更加重要的职责和使命。

会议就中小学人事制度改革、职业教育情况、中小学教师培训情况、新课程改革情况以及新一轮教育振兴行动计划的有关问题，邀请教育部有关司局和部门的负责同志作了专题讲座。督导办主任郑富芝就下阶段教育督导工作作了发言。会议由国家教育督导团副总督学钱一呈主持。

撰稿　程锦慧

〔**督导机构与队伍建设**〕　近两年来，各地教育督导机构建设不断得到加强。云南、河南省政府在原政府教育督导室的基础上组建了人民政府教育督导团。四川省人民政府也根据教育形势需要成立人民政府教育督导团，至此，全国31个省（自治区、直辖市）全部成立了人民政府教育督导团（室）。98.5%的地（市）建立了教育督导机构，其中91.1%是人民政府教育督导机构。全国共有2 716个县建立督导室，其中人民政府称谓的占82.7%，比以前有很大提高。

督导队伍也逐渐年轻化、专业化，年龄结构和人员素质有了很大变化。截至2004年底，全国共有专（兼）职教育督导人员46 245人，其中专职督导人员19 984人（含专职督学9 033人），兼职督学26 261人（含特约教育督导人员5 116人）。

撰稿　廖　洁

审稿　刘占山　于　芳

教育信访工作

〔**来信来访受理情况**〕　2004年1—12月份，教育部信访办公室共受理人民群众来信来访来电34 321件。其中处理群众来信18 841件，与2003年同期基本持平；接待群众来访7 780人，比2003年同期（5 518人）增长40.99%，其中接待集体访241批、3 030人，集体访批次、人数分别比2003年同期（131批、1 631人）增长83.97%和85.78%。

2004年1—12月份，教育部信访办就教育热点、难点问题编发信访简报18期、信访摘报23期；“两会”期间，编写人大代表、政协委员就教育问题的发言摘要5期；对重要信访问题发公函67件；处理缠访、闹访及异常上访问题40多起；接待地方有关部门来京处理信访问题60多次。

〔**群众信访反映的主要问题**〕　1. 民办教师问题，约占信访总量的11%。虽然全国范围内的民师问题早已结束，但仍有部分省市的民师就转正和待遇问题不断来信来访。反映此类问题较突出的是湖北、湖南、江苏、河南、辽宁、浙江、内蒙古等省、自治区。

2. 企业学校退休教师待遇问题，约占信访总量的9.1%。主要反映：地方政府不贯彻落实国办发9号文件精神，未解决他们的待遇问题；有的上访教师认为，9号文件不够完善，应出台一个补充文件；企业办其他类型学校（如中专、技校、职工大学、幼儿园等）的教师也不断来信来访，要求按照《教师法》，把他们也纳入到9号文件中去，解决其待遇问题。

3. 教育乱收费问题，约占信访总量的8.8%。主要反映：义务教育阶段违反一费制收费标准，多次收取费用；高中违反“三限”（限人数、限钱数、限分数）政策，高额收费；高校违反招生政策，向学生收取高额赞助费、捐资费等。

4. 伤害学生及事故纠纷问题。对于师德问题，教育部十分重视，多次下发通知并提出要求，但教师殴打学生致伤、致残问题仍屡屡发生。学生中毒、校舍倒塌等事故纠纷也是上访人多次反映的问题，此类问题大都经过司法部门处理，因上访人对处理结果不满意，又多次到教育主管部门上访。

5. 大中专毕业生就业问题。主要是并轨前统分统招及委培、定向大中专学生毕业的安置问题等。

此外，拖欠工资、社会力量办学、招生、检举揭发等也是群众反映较多的问题。

〔**信访处理**〕 （一）认真贯彻落实中央处理信访突出问题及群体性事件联席会议精神，切实解决教育信访突出问题。党中央、国务院高度重视信访工作，对信访工作曾做出一系列重要批示。2004年5月，中办、国办召开了全国信访工作座谈会，对做好当前和今后一个时期的信访工作，提出了明确要求；2004年8月，中央政治局专门召开常委会议，研究信访工作，并决定建立中央处理信访突出问题及群体性事件联席会议制度。中办、国办为此还召开了全国电视电话会议，部署工作。教育部对此高度重视，认真贯彻落实中央领导同志批示和中办、国办会议精神，成立了以教育部党组成员、部长助理郑树山为组长、教育部办公厅副主任高聚慧为副组长、有关司局负责同志为成员的教育部处理信访突出问题及群体性事件领导小组，并积极开展了相关工作；教育部信访办针对来京上访人员和存在的不稳定因素进行了排查摸底，并将排查摸底情况造表登记后分别报中央处理信访突出问题及群体性事件联席会议办公室和国家信访局；协助地方有关部门处理好涉及教育部的长期在京滞留上访人员的劝返工作。按照"人要回去、事要解决"的原则，对信访突出问题，教育部信访办采取有效措施，加大了督查督办的工作力度，落实督查工作责任制，妥善处理了一批教育信访突出问题。如协助吉林省解决了该省一些地方拖欠教师工资问题；协助江苏省教育厅、广东省教育厅、广西壮族自治区教育厅查处了数起教育乱收费问题；协助重庆市教委查处了一些学校在教师师德师风方面存在的问题，对违纪违规的有关人员做了严肃处理；河南省教育厅的领导对教育信访突出问题实行"领导包案"责任制，妥善处理了多起信访突出问题；山西省教育厅采取有效措施，积极做上访老户工作，稳定了一批上访老户；黑龙江省教育厅、北京语言大学、哈尔滨师范大学密切配合，共同协作，妥善处理了一起高校网络学院学生群体上访问题；江西省教育厅、湖北省教育厅妥善处理了多起民师上访问题；辽宁省教育厅妥善处理了数起企业退休教师上访问题。（二）召开全国教育系统信访工作会议。2004年8月，教育部在大连理工大学召开了全国教育系统信访工作会议，贯彻中央领导同志批示和中办、国办会议精神，通报工作情况，研究教育系统中存在的信访突出问题，布置下一阶段信访工作。教育部部长周济对会议的召开做了重要指示，教育部党组成员、部长助理郑树山在会上做了重要讲话，教育部办公厅副主任高聚慧做了工作报告。与会代表对郑树山同志的讲话、高聚慧同志的报告进行了充分的讨论，部分代表在大会上做了发言。大家普遍认为，这是一次十分重要的会议，既交流了信访工作经验，又明确了工作思路，对今后一个时期教育信访工作具有重要的指导意义。（三）进一步完善信访工作制度。为进一步使教育信访工作走上制度化、法制化、规范化的轨道，推进依法行政，2004年，教育部信访办着重加强了制度建设，进一步完善了各项信访工作制度，起草了《教育信访工作规定》，在广泛征求教育部有关司局、各省级教育行政部门和部属高校的意见后，以教育部名义印发；根据中央部署，为妥善处理好群体上访和突发信访事件，制定并印发了《教育部办公厅关于处置群体性上访、重大突发信访事件应急工作预案》；为构建上下配合协调的大信访工作机制，进一步加强部内司局和直属单位的信访工作，印发了《教育部办公厅关于进一步加强部内司局和直属单位信访工作的意见》，并于2004年12月13日召开了教育部直属机关信访工作会议，对部内司局和直属单位的信访工作提出了明确要求。

撰稿　王进保
审稿　高聚慧

关心下一代工作

〔**教育部关心下一代工作委员会调整充实**〕教育部关工委（原国家教委关工委）于1991年4月正式成立。十几年来，全国教育系统关心下一代工作在各级教育行政部门和各级各类学校的大力支持下，通过各级关工委的共同努力，工作有了较大发展并取得显著成效。为了进一步完善加强关工委组织机构，更好地适应工作发展的实际需要，经反复酝酿，多方协商，并报请教育部党组同意，2004年对教育部关心下一代工作委员会委员进行了调整。新一届委员会委员共计26人，由六个方面人员组成：一、教育部关工委领导；二、教育部有关司局（社政司、基础司、职成司、体卫艺司、离退休干部局）负责同志；三、教育部机关离退休老干部代表；四、教育部关工委所属四个中心（培训中心、社区教育中心、家庭教育中心、理论中心）负责同志；五、四个直辖市教育系统关工委的负责同志；六、全国六大行政区教育系统关工委负责同志代表。六大区域委员实行轮值制，即分别由每年承办区域工作会的省、自治区、直辖市教育系统关工委负责同志担任部关工委委员。2004年轮值的省、直辖市为：辽宁、北京、山东、广东、四川、甘肃。

调整后的新一届委员会领导成员：主任邹时炎，常务副主任朱新均，副主任郑树山、李蒙恩。教育部关心下一代工作委员会秘书处为教育部关工委常设办事机构，负责处理日常工作。秘书处行政编制3人，秘书长原永堂（副司级），副秘书长郭春开。2004年2月18日，新一届委员会第一次全体会议在京召开。

〔**学习贯彻中央两个文件，加强和改进关心下一代工作**〕 2004年中共中央国务院发布了《关于进一步加强和改进未成年人思想道德建设的若干意见》（以下简称中央8号文件）和《关于进一步加强和改进大学生思想政治教育的意见》（以下简称中央16号文件）。中央8号文件中明确提出："要重视关心下一代工作委员会的工作，支持他们为加强和改进未成年人思想道德建设贡献力量。"这是党中央、国务院对关工委工作的充分肯定和提出的更高要求。为了抓住机遇，乘势而上，进一步发挥关工委在加强和改进未成年人思想道德建设和大学生思想政治教育中的作用，全国教育系统各级关工委把学习贯彻两个文件精神作为首要任务，在学习贯彻过程中紧密联系实际，深入开展调研，认真对本地、本校青少年学生思想道德现状进行分析，提出加强和改进关工委工作新的思路和措施。

1. 加强宣传。教育部关工委及时印发了《关于认真学习贯彻〈中共中央 国务院关于进一步加强和改进未成年人思想道德建设的若干意见〉的通知》，要求各地认真学习领会文件精神，加强关工委组织建设，充分发挥关工委和"五老"队伍的优势和作用，以求真务实的精神重点抓好几个方面的工作：一是开展弘扬和培育民族精神教育，二是大力加强文明行为习惯的养成教育，三是加强诚信教育，四是做好青年教师的培训工作，五是努力构建学校教育、家庭教育、社会教育三结合教育网络。此外，还运用报刊和简报加强学习贯彻两个文件的宣传工作。

2. 学习研讨。教育部关工委于2004年4月和10月在安徽、北京举办两期培训班。全国29个省、自治区、直辖市各级教育行政部门的领导、关工委负责同志和部分大、中、小学校从事德育工作的教师及领导，共计700余人参加了培训班的学习。培训班以学习贯彻中央8号文件为主题，精心安排了10个相关专题讲座；上海市宝山中学关工委等20多个单位提供了书面经验材料，学员们进行了广泛交流；组织学员参观考察了北京回民学校和北京小学的德育工作。学员们普遍反映，通过培训，进一步提高了认识，明确了方向，拓展了工作新思路。教育部关工委社区教育中心和家庭教育中心分别于2004年暑期在新疆和重庆举办了研修班。按照2004年工作要点的要求和每年的惯例，东北、西北、华东、西南、中南和华北六大行政区教育系统关心下一代工作协作会，在辽宁、甘肃、山东、四川、广东和北京等省市教育厅（教委）的大力支持下如期召开。各地在协作会期间，相互交流了学习贯彻中央8号文件的体会和经验，继续以学习贯彻中央8号文件，加强改进关工委工作为主题进行了比较深入的研讨。

3. 加强改进工作。按照中央8号文件的精神和要求，各地求真务实，采取有效措施，在以下几个方面加强改进了工作。(1) 重视加强领导。辽宁省教育厅于6月印发了《关于检查全省教育系统关工委组织建设情况的通知》，提出对市、县教育局关工委领导班子的配备情况，高校、城镇中小学和农村中学、中心小学关工委组织建设现状，离退休老同志参加关工委活动的情况，关工委学习、办公条件、经费及常年坚持参加关工委工作老同志的生活补贴等情况进行检查。在各市自查的基础上，省教育厅于9月—12月逐市作了检查。这一举措，使全省教育系统关心下一代工作切实得到了加强。重庆市南岸区教育局学习贯彻8号文件，采取"六个纳入"的有力措施，切实加强关工委的领导和建设。"六个纳入"：一是纳入党工委和教委的议事日程，定期研究，党工委研究德育工作会议请关工委的同志参加；二是纳入党委工作计划，落实工作目标；三是纳入干训内容，校长、书记、教师培训要有关工委的相关内容；四是纳入党工委宣传工作、老干部工作内容；五是纳入对基层学校工作考核内容；六是纳入教委经费预算。(2) 加强组织、队伍建设。贯彻中央8号文件，推动关工委工作上新台阶，组织、队伍建设是基础和保证。各地因地制宜，采取不同措施加强关工委组织、队伍建设。上海市教育系统关工委以加强基层组织建设为重点，全市1 350多个中小学校成立了关心下一代工作小组，占全市中小学校总数的89%以上，其中58%的学校关心下一代工作小组经常开展活动，很好地发挥了老同志的作用。山西省教育厅关工委印发《关于高等学校调整充实关工委人员的通知》和《关于组建和完善关工委机构的通知》，分别对加强全省高教和普教系统各级关工委组织建设提出具体要求，并检查落实情况。北京市教育系统关工委为进一步发挥老专家、老教授、老教师的作用，成立了"五老"报告团，面向全市青少年，通过不同专题报告，有针对性地开展教育活动。河北省教育厅关工委根据形势任务的要求，对《河北省教育系统关心下一代工作章程》进行了修改，使工作进一步规范、科学。同时，还成立了全省高校关心下一代工作研究小组，针对高校大学生思想政治教育工作中的重点、难点和热点问题开展调查研究。辽宁、山东、安徽、宁夏、青海等省自治区和部分高校适时调整充实了关心下一代工作委员会，将身体好、热情高、有威望的低龄老同志及时吸收到关工委队伍中，增强关工委的活力。(3) 拓展工作领域。湖北省教育厅关工委根据中央8号文件提出的"重视和发展家庭教育"的精神，为了办好全省的家长学校，组织有关专家、学者、科研人员和实际工作者编写了《幼儿家长读本》、《小学生家长读本》和《初中生家长读本》。这套教材经省中小学教材审定委员会审定通过，供全省幼儿园、中小学家长学校选用。同时被列入"湖北省2004年秋季义务教育地方课程实验教材目录"，对全省家长学校向科学化、规范化和制度化方向发展，对全省教育系统家庭教育工作都起到了积极的促进作用。西南科技大学制定三年规划，实施"十百工程"，从以下十个方面拓展推动关工委工作：一是发动百名老同志参与关工委工作；二是关工委老同志与百名大学生党员开展"心连心"活动；三是扩大"忘年交"活动的规模，引导和帮助百名后进生进步；四是组织老同志与一百个团支部建立长期联系，指导团支部开展好团的工作；五是组织老同志为大学生作百场专题教育报告，对大学生进行系统的理想信念、爱国主义、革命传统和诚信教育；六是老教师指导帮助百名青年教师，通过传、帮、带使青年教师尽快成长；七是通过院校关工委网站，与百名大学生建立网友关系，帮助学生解决学习问题、思想疑难、心理困惑，引导大学生进行健康的网上活动；八是老同志与百名学生家长建立长期联系，以实现学校、社会、家庭教育的有机结合；九是帮助百名贫困大学生顺利完成学业；十是组织发动百名老同志担任兼职导师或班主任，充实学生思想政治工作队伍。

〔**加强理论研究工作**〕 关工委工作的进一步深化，亟待加强对关工委工作客观规律的研讨。这是实现关工委工作可持续发展的基础。因此，教育部关工委把加强理论研究作为 2004 年工作重点之一。主要做了三个方面的工作：

1. 结合纪念邓小平诞辰 100 周年，在北京召开了邓小平同志关心下一代理论座谈会，近 30 人参加。教育部副部长陈小娅代表党组看望与会同志并讲话，对关心下一代工作委员会在青少年教育工作中所发挥的作用给予充分肯定。同时提出要按照《中共中央 国务院关于进一步加强和改进未成年人思想道德建设的若干意见》和中央会议的要求进一步发挥“五老”队伍和关工委的作用。希望老同志们以邓小平理论为指导，继续做好关心下一代工作。福建省教育系统关工委主任郭荣辉、四川省教育厅关工委副主任张凤山、清华大学高校德育研究中心主任刘书林、北京景山学校校长范禄燕等 15 位同志分别在座谈会上发言。大家在发言中重温邓小平的教育思想，深切感到，邓小平教育关心下一代理论是邓小平理论的重要组成部分，是新时期中国教育事业的指导思想。他关于教育的诸多论述，对我国教育事业产生了深远而重大影响。

2. 印发了《关于加强关心下一代工作理论研讨的意见》。进一步明确了理论研讨的指导思想和重点内容。对开展理论研究提出具体要求：第一，在认真总结经验的基础上，制定出今后 3—5 年的理论研究工作计划；第二，加强理论工作队伍建设；第三，注重围绕青少年教育工作中的重点、难点和热点问题开展研讨，着眼于发展创新；第四，从各地实际出发，进行分类指导，从基础做起，逐步提高，讲求实效；第五，重视理论研究成果的交流、推广。《教育部关工委理论研究五年规划》和《教育部关工委理论研究课题指南》作为文件附件同时下发。这两个附件对理论研究的总目标、指导思想、研究内容、课题研究的组织与管理、研究经费的筹措等，都提出了明确的意见；共拟订出 96 个研究课题，供各地研究选题参考。

3. 以教育部关工委理论中心为依托，组织开展重点课题研究。2004 年开始研究的重点课题主要是：“教育系统关工委理论研究五年规划和课题指南”、“教育系统关工委工作概论”、“党和国家主要领导人及名家论关心下一代工作”、“教育系统关工委简史”、“现代家庭教育实验”、“社区教育和中小学教育相衔接的途径与方式研究”等。

〔**全国教育系统关工委宣传工作会议**〕 教育部关工委于 2004 年 10 月 26 日—28 日在福建师范大学召开了全国教育系统关工委宣传工作会议。各省、自治区、直辖市、教育厅（教委），计划单列市教育局关工委负责同志及部分高校和基层代表，共计 100 余人出席会议。教育部关工委主任邹时炎、常务副主任朱新均分别在会上讲话。教育部关工委副主任李蒙恩在会上作了题为《加强教育系统关工委的宣传工作，推动工作深入发展》的工作报告。会议以邓小平理论和“三个代表”重要思想为指导，全面回顾总结了 1991 年以来教育系统关工委宣传工作的情况和经验，交流展示了各地宣传工作的成果。福建、福建师大、北京、天津、河北、江苏、湖北、广东、重庆等 10 个单位在大会上介绍了经验。会议特邀辽宁省铁岭市西丰县退休教师袁希贤和河南省偃师市退休教师段臣文两位老同志介绍了立足基层，坚持数年开展宣传工作的先进事迹。代表们参观考察了福建师大关工委工作。通过学习、交流和研讨，与会同志进一步明确了关工委宣传工作的指导思想、任务、方针、地位和作用。

〔**开展主题教育活动**〕 教育部关工委牵头，主办了“我是五好小公民——珍爱生命拒绝毒品”、“中小学生信息技术创新与实践”、全国第四届校园春节联欢晚会等主题活动。参与了中国关心下一代工作委员会和全国妇联等单位举办的“中华魂”等一系列主题教育活动。全国约2 500多万青少年参加了教育部关工委主办或参与主办的主题教育活动。

撰稿 郭春开

审稿 原永堂

教育社团管理工作

〔综述〕 教育部主管的全国性教育类社团有145个，分别挂靠在75个单位，数量大、种类多、层次高、分布广，占1 736个全国性社团总数的8.4%，是管理社团数量最多的国家部委之一。

2004年，教育部社团管理工作加强了与民政部的联系，密切了与挂靠单位之间的关系，编制了《教育部主管的社会团体通讯手册》，实现了通过“电子信箱”发送公文的工作目标。

1. 编发《教育部主管的社会团体通讯手册》。2004年8月，教育部社团管理工作办公室编辑完成了《教育部主管的社会团体通讯手册》。手册共收集信息2 270多条。手册的编发，加强了工作联系，便利了工作，保证了通讯和信息畅通。

2. 从2004年8月起，教育部社团管理工作办公室对原来通过邮寄形式发送公文的工作方式进行了改革，利用互联网，通过电子信箱发送公文。11月，测试工作圆满结束。从2005年1月1日起，公文将通过电子信箱发送。

〔规范管理〕 结合社团工作实际，建立和完善了145个社团的档案材料，加强了社团工作宣传，编发了两期《教育部社团工作通讯》。

10月，教育部社团管理工作办公室在北京组织召开了社团工作座谈会，15个社团的秘书长出席了会议。会议传达了中联部有关社团工作的会议精神，介绍了当前教育部社团工作的有关情况，各社团秘书长就社团工作交流了经验。

2004年，经初审，批准成立了5个新社团：中国对外汉语教学学会、中国教育发展战略学会、中国诊断与安全工程学会、中国大学科技园协会、宝钢教育基金会。批准了18个分支机构和52项社团变更事项。开展了建国以来首次“评选全国先进社团”工作。组织了“社团参加国际非政府组织及其活动情况”的调查工作。组织11家社团参加“全国性行业协会成就汇报展览会”活动，教育部被评为“协作先进单位”。对143个社团进行了党建工作抽样调查、2003年年检初审、2003年年度财务审计、社团法人登记证书的核发工作。协助民政部组织开展了社团管理培训和社团会计培训工作。完成了对北京大学教育基金会、清华大学教育基金会换发登记证书的审核工作。

撰稿　孔祥彬
审稿　王庆林

热点关注

切实解决好新形势下教育信访工作中的突出矛盾和问题

一、正确认识当前教育信访工作的形势，切实增强做好教育信访工作的责任感和紧迫感

第一，做好新形势下的信访工作，正确处理人民内部矛盾，是改革发展关键时期的一项重大任务。党

的十六大提出我国新世纪实施社会主义现代化建设第三步战略目标，在头20年重要战略机遇期内我国将全面建设小康社会。要顺利实现这一宏伟目标，必须有一个长期稳定的政治环境和和谐的社会环境。而信访工作在妥善处理人民内部矛盾，维护稳定和谐的社会政治环境方面担负着重要责任。当前，在以胡锦涛同志为总书记的党中央领导下，我国国民经济较快增长，各项社会事业全面发展，综合国力提升，国际地位提高，社会政治稳定，民主法制进程加快，党的执政能力提高，人民群众安居乐业。但同时也应该看到，在国际形势发生深刻而复杂的变化，国内发展处在重要时期，改革处在攻坚阶段的新形势下，由于社会转型和经济转轨，影响社会稳定的因素大量存在，经济社会发展带来的各种矛盾交织碰撞，都给信访工作带来了新的压力和挑战，使群众信访活动出现许多新情况、新问题。这些新情况、新问题，既是深化改革、扩大开放，加大利益格局调整过程中的必然现象，也是因为一些单位的工作没有按照科学发展观的要求，脱离实际、脱离群众造成的。我们教育信访工作者对此必须保持清醒头脑，居安思危，胸怀大局，从全面建设小康社会、建设社会主义政治文明、确保国家长治久安的时代背景下去思考、谋划、推进教育信访工作。

第二，做好新形势下的教育信访工作，是维护教育系统稳定、促进教育事业改革发展的重要保障。当前，教育系统在党中央、国务院的正确领导下，坚持以邓小平理论和“三个代表”重要思想为指导，大力实施科教兴国战略和人才强国战略，积极实施《2003—2007年教育振兴行动计划》，努力推动教育事业持续健康协调快速发展，教育改革、发展与稳定的总体形势是好的。通过各级教育行政部门和直属高校的共同努力，我们教育信访工作在积极化解矛盾、为上访群众排忧解难、维护教育系统稳定和群众切身利益，促进教育改革与发展方面做出了积极的贡献，较好地发挥了党和政府密切联系群众的桥梁作用。但同时我们也要清醒地看到，由于各地教育发展不平衡，教育战线面广人多，教育事业涉及千家万户，与人民群众切身利益息息相关，人民群众对教育的需求和诉求正日益增长。随着教育改革的不断深入，一些新情况、新矛盾、新问题会不断出现，而多年积累的一些深层次矛盾从根本上解决又还需要一个过程，这些新老矛盾和问题，也必然会通过信访渠道反映出来。使教育信访工作面临着许多严峻的挑战，教育信访部门将承担较为繁重的任务，教育信访工作者发挥的作用将更加突显。对此，我们必须进一步提高认识，统一思想，发扬求真务实作风，把群众反映的问题处理好、解决好。

第三，做好新形势下的教育信访工作，是贯彻“三个代表”重要思想的具体体现，也是落实党中央国务院领导同志重要指示精神的必然要求。新一届中央领导集体十分重视群众反映的信访问题，胡锦涛总书记、温家宝总理等中央领导同志对信访工作多次作出重要批示。胡锦涛总书记强调指出：妥善处理好人民群众信访问题，既是保持社会稳定大局的需要，也是贯彻落实“三个代表”重要思想的体现。各级党委、政府和领导干部，要带着深厚的感情开展信访工作，把处理群众来信来访的过程，变成密切联系群众的过程，变成疏导群众情绪的过程，变成为群众排忧解难的过程。各级信访部门，要以对党和人民极端负责的态度做好工作，热情对待群众来信来访，及时提出解决问题的建议，督查督办有关问题的处理，努力使群众来信来访反映的问题件件有着落，事事有回音。中央领导同志的重要指示精神，为我们做好新形势下的教育信访工作指明了方向，也对我们进一步做好教育信访工作提出了新的更高的要求。教育部党组认真贯彻党中央、国务院关于加强信访工作的重要指示精神，高度重视信访工作，把做好教育信访工作作为实践“三个代表”重要思想最直接、最具体的体现。部党组书记、部长周济，部党组副书记、副部长张保庆等部领导对信访工作多次作出批示和指示，要求信访部门坚持全心全意为人民服务的宗旨，把来信来访的处理作为民主监督的主要方式之一，加强信访工作研究和制度化建设，为办好让人民满意的教育做出贡献。

总之，教育信访渠道是否畅通，信访工作做得好不好，直接关系到教育在人民群众中的形象。各级教育行政部门和直属高校，要从实践“三个代表”重要思想，坚持立党为公、执政为民的高度，从促进教育改革与发展，维护教育系统稳定的高度，充分认识做好教育信访工作的极端重要性，进一步增强责任感、紧迫感和自觉性，把教育信访这一事关大局的重要工作，切实抓紧抓实抓好。

二、深入研究解决新形势下教育信访工作出现的突出矛盾和问题，努力维护教育事业稳定、持续、健康发展的良好局面

当前，我国教育改革和发展正在稳步向前推进。但随着改革的深入和利益关系的调整，教育信访工作也出现了不少新情况、新矛盾、新问题。通过认真总结近几年来教育信访工作的实践，特别是通过深入分析研究一系列典型的信访案例，并探求其发生的原因、发展的过程、解决的办法及规律性，使我们深感下列若干重要的信访问题仍值得仔细研究、探讨和下气力加以解决：

一是关于一些地区的民办教师上访问题。民办教师是我国特定历史时期的产物。党中央、国务院高度重视民办教师问题，在1994年全国教育工作会议上，提出了"争取到本世纪末基本解决民办教师问题"的目标。1997年9月，国务院办公厅发出了《关于解决民办教师问题的通知》，提出了国家关于解决民办教师问题的工作方针和目标。同年10月，原国家教委办公厅下发了《关于认真贯彻落实国务院办公厅〈关于解决民办教师问题的通知〉的意见》，对各地妥善解决民办教师问题提出了指导性意见。国务院有关部门也加大了"民转公"工作力度，连续多年下达"民转公"专项指标，有效推动了"民转公"工作。从总体情况来看，全国大部分地区都能认真贯彻执行国家有关民师问题的政策，基本解决了民师问题。但也有少部分地区在执行政策上出现了偏差，致使部分民师不断来信来访。根据对民师信访问题的分析看，主要原因是：一些地方政府未能很好地执行民师"关、招、转、辞、退"五字方针，民师队伍管理不规范，执行国家规定不严格、有偏差；有的是工作不到位；部分退养的老民师待遇过低，有后顾之忧；还有的在民师转正过程中有不正之风及违纪行为，将不够条件的人员转了正；有些则是辞退了老民师，增加了新代课教师，等等。对于民师们反映的这些问题，国家和地方有关部门都给予了高度重视，并采取多种措施，力图妥善予以处理。

二是关于一些企业学校退休教师要求提高待遇的上访问题。近年来，企业学校退休教师为解决待遇问题频繁到教育部门上访。这些退休教师说，他们为教育事业贡献了毕生精力，企业学校划归地方管理后，他们却被留在了企业，被企业当作一般职工对待，待遇同地方同类教师相比差距很大。他们强烈要求有关部门按照《教师法》解决他们的待遇问题。这一问题引起国务院领导的高度重视。在教育部等有关部委的推动下，国务院办公厅于年初出台了关于妥善解决国有企业办中小学退休教师待遇问题的9号文件，有效缓解了企业退休教师上访的势头，但仍有一些企业教师上访不止。当前企业学校退休教师上访的焦点问题是：一是地方政府没有按要求落实国办9号文件的规定，留在企业的退休教师待遇至今还没有落实；二是各地和企业在贯彻实施9号文件过程中，由于相关的配套条件和政策不到位，许多政策难以落实。企业退休教师反映的这些情况和问题，有关方面正在积极研究。

三是关于群众反映的教育乱收费问题。去年初，中纪委第二次全体会议把治理教育乱收费作为纠正行业不正之风的重点之一。为加强这一工作，专门成立了七部委治理教育乱收费部际联席会议办公室。教育部对此高度重视，自去年以来，和有关部门一起连续召开了一系列会议，落实治理乱收费的各项政策措施。部际联席会议成员单位也组织了专项检查，查处了一批违规收费的单位与个人，取得了明显成效，群众反映良好。但由于受利益驱动，一些地方和学校未能认真执行上级有关政策和规定，仍存在较为严重的乱收费现象。群众信访反映主要有：义务教育阶段违反省级政府规定超标准收费；中小学乱收费项目多而繁杂；高中招生违反"三限"政策乱收费等。教育部在2004年的工作要点中，继续把治理教育乱收费作为重点工作来抓，力争抓出成效。

四是关于反映多年的拖欠教师工资问题。近几年，党中央国务院和教育部采取了多种措施，不断加大解决教师工资拖欠问题工作。2002年4月，以国务院办公厅的名义下发了关于完善农村义务教育管理体制的通知，明确要求地方政府要确保农村中小学教职工工资按时足额发放。但至今仍有一些地方存在拖欠教师工资问题。主要反映是：旧的拖欠问题至今没有得到解决，新的拖欠仍有发生；一些贫困地区因经济状况不好，无力支付教师工资；有的地方违规挪用用于发放教师工资的上级财政转移支付资金，搞政绩工程、形象工程；有的地方领导尊师重教观念淡薄，解决教师工资拖欠问题只是停留在口头上，上级有关政策没有真正落实；有的地方只是名义上解决了教师工资拖欠问题，实际上降低了教师工资发放标准。教师们对此意见很大。

五是关于群众密切关注的高考招生问题。教育部一贯高度重视高考招生工作，每年都对招生工作精心安排、周密部署。今年高考前，又针对招生中可能出现的问题，制订了工作预案；教育部等七部委下发了《关于全面加强教育考试环境综合整治工作的通知》，出台了《教育考试违规违纪处理办法》，并与考生签定了诚信考试承诺书；考试期间和录取期间，派出督查组赴部分省市督查；为方便群众反映问题，还开通了招生考试举报电话等。各地对招生工作也非常重视，做了大量卓有成效的工作。总体来看，群众对今年高校招生工作还是比较满意的，但仍有少部分考生和家长反映招生中有违纪问题。群众信访反映的问题主要有：考前弄虚作假。主要是一些人利用职权将不具备保送条件的学生保送到重点大学去学习；有些人为使子女高考能加分，不择手段办理各种虚假证明等；考试过程中采取一些手段作弊。还有高考移民问题，这也是近几年群众反映的一个热门话题。一些家长为使子女顺利考上大学，利用高考录取分数的地区差异，钻国家招生政策的空子，将子女户口迁移到高考录取线较低的省市参加高考，群众对此反映十分强烈。已经移民的考生因高考志愿填报受到地方政府的限制，也纷纷要求解除报考录取的限制。

六是关于社会力量办学管理不规范引发的上访问题。为加强对社会力量办学的管理，原国家教委于1997年颁布了《社会力量办学条例》；在教育部等有关部门的推动下，2002年12月，九届全国人大常委会第31次会议审议通过了《中华人民共和国民办教育促进法》；今年3月，国务院颁布了《中华人民共和国民办教育促进法实施条例》。所有这些举措，都有力地促进了民办教育的健康发展。但由于我国民办教育发展历史较短，发展过程中尚存在一些不规范的问题。群众反映的主要问题有：民办学校欺骗性招生问题严重，招生简章与实际情况不符；教学管理混乱，师资短缺，办学条件简陋；教育主管部门审批、把关不严，疏于管理或管理不规范等。去年曾发生多起私立学校举办者携款潜逃的事件，受害学生家长反映十分强烈。

七是关于中小学校改制中群众反映的问题。党中央、国务院领导同志高度重视中小学办学体制改革方面出现的问题，温家宝、陈至立同志曾对此多次做出重要批示，要求加强研究，制订规范性文件。教育部认真贯彻落实中央领导同志的批示精神，自2003年9月起，先后多次派出调研组赴各地调研和广泛征求意见。在此基础上提出了《关于规范义务教育阶段办学体制改革有关问题的意见》，要求各级政府进一步规范义务教育阶段公办学校办学行为，坚决制止各种“卖校风”的蔓延。目前，对这一问题群众仍有较多反映。主要反映是：一些地方政府以改革教育管理体制为名，将一些办学历史悠久、设施齐全、声誉较好的中小学廉价出售给个人或企业，造成国有教育资产的流失；改制后的学校对学生实行高收费，给学生上学带来了困难。群众呼吁尽快制止这种做法。

八是关于一些地方在中小学人事制度改革中出现涉及教师利益的上访问题。为进一步完善基础教育管理体制，转换学校运行机制，提高教育质量和管理水平，2003年9月，人事部、教育部联合印发了《关于深化中小学人事制度改革的实施意见》。目前，各地都在按文件精神积极推进中小学人事制度改革。但在改革过程中，因一些地方政府部门工作不细致和政策不到位，致使一些下岗或变动工作岗位的教师因生活困难而上访。还有一些地方在教育人事制度改革中存在政府与职能部门违规操作等问题，严重违背了公平、公正、公开的原则，侵犯了一些教师的合法权益，引起部分教师不满。

九是关于一些独立学院因招生和毕业证书发放而引发的上访问题。近几年，由于高教改革力度加大，部分高校举办了独立学院。为进一步规范独立学院的办学行为，2003年4月，教育部印发了《关于规范并加强普通高校以新的机制和模式试办独立学院管理的若干意见》的通知（教发［2003］8号）。按照通知要求，高校独立学院应具有独立的校园和基本教学设施，实施相对独立的教学组织和管理，独立进行招生，独立颁发学历证书，独立进行财务核算，应具有独立法人资格，独立承担民事责任。但由于一些独立学院没有严格执行教育部有关规定，毕业证书的发放与招生时的承诺不相符，导致学生及家长不满，也引发了不少上访事件。还有，部分高校毕业生因欠缴学费，被学校扣发了毕业证书，引发他们不断上访。

十是关于因校园事故纠纷等引发的上访问题。为进一步加强对校园周边环境的治理，中央综合治理委员会成立了学校周边环境综合治理部际协调小组，办公室设在教育部；为加强学校安全工作，今年2月，教育部下发了《关于进一步加强学校安全工作的紧急通知》；针对不断出现的伤害学生问题，教育部出台了《学生伤害事故处理办法》。但学校安全问题事故和学生伤害事故仍时有发生。还有一些教师因不遵守师德，任意体罚、辱骂或殴打学生，给学生的身心健康造成严重伤害，也导致学生和家长到处上访告状，而且在社会上造成极坏影响。

此外，研究生招生、职称评定、学籍学历管理等方面出现的问题也是来信来访反映较多的问题。

群众信访反映的上述突出矛盾和问题，产生的原因是多方面的，有些还是很复杂的。归纳起来主要有几个方面：一是政策方面的原因。主要是：有些地方没能正确领会和贯彻国家政策精神，执行中有偏差；现有的政策规定不够完善，使群众反映合理的问题得不到解决，从而引发群众上访。二是工作不落实、不到位。主要是一些地方和部门对群众反映的问题不关心、不重视，解决问题的措施不力；有个别地方和部门的领导官僚主义严重，对群众反映的信访问题不认真处理，方法简单，敷衍塞责，推诿扯皮，致使小事情拖成大纠纷，引发了上访行为。三是没有妥善处理好教育改革与发展过程中出现的矛盾和问题。改革必然会涉及到利益关系的调整，在教育改革过程中，一些利益受到影响的人，心理产生不平衡，于是就产生信访行为。四是上访人员法制观念淡薄，不依法上访；少数上访人员要求过高，有的甚至提出无理要求，因得不到满足，就反复上访。

从上述原因分析看，教育系统的群众信访问题大多属于人民内部矛盾处理不当而引发的。因此，做好新形势下的教育信访工作，妥善处理好人民内部矛盾，是维护教育系统稳定、保障教育事业持续、健康发展的一项重要任务。在实际工作中，我们要坚持以下原则：一是坚持稳定压倒一切的原则。各级教育行政部门和部属高校要进一步增强政治意识、大局意识和责任意识，从巩固党的执政地位和维护社会稳定的高度，妥善处理信访工作中遇到的各种矛盾和问题。二是坚持以人为本的原则。在处理群众信访问题时，要从关心群众、爱护群众、帮助群众出发，把群众的呼声作为第一信号，把群众的需要作为第一选择，把群众的利益作为第一考虑，把群众的满意作为第一标准，切实帮助群众解决实际困难和问题。三是坚持具体问题具体分析的原则。要加强工作的针对性和实效性，对群众反映的符合政策规定的问题，要想方设法帮助解决；对有的群众提出的不合理要求，也要正确加以引导，耐心细致地做好疏导及解释工作，切忌工作简单化。

根据上述原则精神，我认为，要切实解决好新形势下教育信访工作中的突出矛盾和问题，需着力抓好以下几个方面的工作：

1. 要带着深厚的感情做教育信访工作。

各级教育行政部门和部属高校领导要时刻牢记“群众利益无小事”，满腔热情地处理好群众反映的教育信访问题。要从民情民意中捕捉科学决策依据，使权为民所用、情为民所系、利为民所谋真正落到实处。要认真处理好每一封群众来信，热情接待好每一起群众来访，力争做到接待来访要热心，听取反映要诚心，了解情况要细心，思想疏导要贴心，解释政策要耐心，解决问题要真心。以实际行动贯彻落实中央领导同志提出的“件件有着落、事事有回音”的要求，把党和政府对人民群众的关怀体现在我们的具体工作之中。

2. 抓基层、打基础，从源头上解决好教育信访问题。

据教育部信访办统计，来部反映的信访问题大多发生在基层，而其中绝大多数信访问题是应该在基层能够得到解决的。因此，解决群众信访问题主要靠基层。目前，教育系统一些基层单位的工作与形势和任务的要求还不够适应。各级教育行政部门和部属高校一定要把信访工作的重心下移、关口前移，充分发挥督查督办的职能，督促有关部门、单位妥善处理好群众信访问题，增强基层就地化解矛盾和问题的能力。基层部门和单位要切实担负起责任，认真处理好群众初信初访，把信访问题解决在基层，从源头上遏制群众上访特别是集体越级上访增多的势头。

3. 要依靠法律和政策做好群众信访工作。

解决群众信访问题，必须坚持按法律和政策办事。对法律和政策有明确规定的，要认真加以落实；对群众要求合理，但没有明确法律和政策规定的，要积极向上级及有关部门反映；对按政策不能解决的信访问题，要向信访群众做好解释说服工作。同时，要依法规范群众的信访行为，积极引导群众依法逐级上访。要加强对上访群众的法制教育，引导他们运用法律手段维护自己的正当权益。要针对有些上访群众中存在的“只有到北京才能解决问题”和“大闹大解决，小闹小解决，不闹不解决”的错误想法，有的放矢地做好教育和引导工作。对个别利用上访寻衅闹事者，要依法处置。

4. 切实加强督查督办，积极推动信访问题的解决与落实。

督查督办是保证信访工作任务落实的重要环节，是解决信访问题的重要手段。希望各级教育行政部门和部属高校要积极主动地做好本地区、本部门、本单位的督查督办工作，要建立健全督查机制，完善督查督办制度。对信访量大、信访问题多的重点地区、部门，要组织专门力量，进行具体督促和检查，要集中解决一批久拖不决而导致群众多次上访的信访积案，特别是涉及群众切身利益的问题要着力督促解决；对上级和领导交办的重要信访案件，要重点督办，限期办结；对越级上访、重复上访和集体上访案件，要超常规督办，促使问题尽快解决。黑龙江、河北、山东省教育厅、天津市教委及一些高校，几年来认真加强督查督办工作，处理了许多信访问题，他们的经验值得学习借鉴。

我们希望通过上述几个方面的工作，经过大家共同努力，使教育系统群众信访反映的突出矛盾和问题逐步得以妥善解决，切实维护教育系统的稳定。

三、要进一步加强对教育信访工作的领导

1. 要落实信访工作领导责任制。

各级教育行政部门和部属高校领导要把信访工作列入重要议事日程，定期分析教育信访工作形势，研究解决教育信访工作中的重大问题。要认真落实信访工作领导责任制，要按照“分级负责、归口办理”和“谁主管、谁负责”的原则，一级抓一级，层层抓落实。责任部门和责任单位要认真负责地处理好本地区、本部门、本单位的信访问题，不能将矛盾和问题推向上级部门，推向社会。在这方面，吉林省、辽宁省、重庆市教育行政部门积累总结了一些好的作法，他们建立了领导包案制度，落实了领导责任制，推动了疑难信访问题的解决与落实。

2. 要切实转变工作作风。

各级教育行政部门和部属高校领导要进一步完善领导接待日制度，领导干部要亲自阅批群众来信，亲自接待群众来访，直接听取群众意见。要亲自部署信访工作，亲自督办重要信访案件，亲自抓好信访工作的落实。要变群众上访为领导机关下访，主动深入到问题多、矛盾突出、信访工作薄弱的基层去，加强调查研究，指导基层工作，帮助解决群众反映的教育疑难信访问题。在这方面，浙江省教育厅、陕西省教育厅等单位建立了领导下访制度，直接与信访群众对话，拉近了与群众的距离，促进了信访问题的妥善解决，受到群众欢迎。

3. 要逐步构建教育系统大信访工作格局。

一是要加强有关方面的工作沟通与联系。要加强部门与部门之间、部门与地方之间、地方与地方之间的沟通与联系，搞好配合与协作。具体来说就是教育部要加强与国家信访局、省级教育行政部门和部属高校的沟通与联系，省级教育行政部门要加强与地市教育行政部门的沟通与联系，部属高校要加强校际之间、本校院系部处之间的沟通与联系。实践证明，建立上述工作联系机制，有利于信访问题的解决和工作的开展。

二是要建立教育信访工作网络。省级教育行政部门要建立省、地（市）、县三级信访工作网络；高校要建立由校领导、校办（党办）、院系部处组成的信访工作网络；教育部要建立由教育部、省级教育行政部门、部属高校组成的信访工作网络，从而形成左右联动、上下配合的教育信访工作网络系统。

三是要开展好教育信访协作工作。目前，我们已经有了北方十六省市教育信访工作协作会，并且开展了许多工作，取得很好的成效。今后，还要建立和加强高校信访部门之间的沟通与联系，定期组织一些活动，交流信访工作经验，为高校开展信访工作交流研讨活动、提高工作水平提供一个平台。

四是要整合力量，做好信访工作。从教育部信访工作的实践看，信访工作不仅信访办的同志专职在做，部领导和部内各司局也都非常重视并积极参与信访工作。我们要求省级教育行政部门和部属高校的各处室、各院系也要积极参与到教育信访工作中来，从而最大限度地整合力量，完善相关措施，综合治理，解决信访工作中的难点问题。

要构建教育系统大信访工作格局，还有很多工作要做。希望各级教育行政部门和部属高校要积极探索，勇于实践，不断建立和完善内部沟通协调，相互衔接补台，主动配合协助的机制，为教育系统逐步形成各部门齐抓共管的信访工作格局而不懈努力。

4．要完善信访工作机构，加强队伍建设。

各级教育行政部门和部属高校要健全信访工作机构，要配备一定数量的作风正派、有较强工作能力的干部到信访工作队伍中来，做到机构健全、人员到位、处理信访问题及时。要迅速改变有些地方和高校存在的信访工作机构不健全、人员配备不适应工作需要的状况。在这方面上海市教委、吉林大学和浙江大学的经验和作法很好。上海市教委专门成立了公共服务处，进一步加强了信访工作力量；吉林大学成立了正处级的信访办公室，进一步健全了信访工作机构；浙江大学由一位党办领导任信访办主任，有效地推动了学校信访工作。

各级教育行政部门和部直属高校的领导要注重信访干部队伍整体素质的提高，要在政治上、业务上更多地关心信访干部的成长，多给他们提供一些学习、培训和考察调研的机会；要在工作上严格要求，大胆使用年轻干部，鼓励他们进行工作创新；要从生活上帮助他们解决后顾之忧，在职级、待遇等方面给予关心，进一步调动他们做好信访工作的积极性、主动性和创造性。同时，教育系统信访干部也要加强自身学习，提高政治业务素质，以更好地担负起应尽的岗位职责。

（本文系教育部党组成员、部长助理郑树山 2004 年 8 月 15 日在全国教育系统信访工作会议上的讲话摘要）

12 省市治理教育乱收费工作专项督查情况扫描

2004 年 10 月，一项深入全国部分省、直辖市的治理教育乱收费检查工作细致展开。由全国治理教育乱收费部际联席会议组织的 6 个督查组，对北京、云南、安徽等 12 个省、直辖市治理教育乱收费工作的情况进行了督查。在 20 天的时间里，督查组共听取各类汇报 186 次，涉及 54 个市、县（区），检查和调研了 21 所大学、62 所中学、60 所小学，召开教师座谈会 28 次、学生家长和学生座谈会 55 次，调阅了各地有关治理工作和教育收费文件，抽查了一些学校的收费账簿。督查组成员以认真和审慎的目光，为我们勾勒出一幅 2004 年全国治理教育乱收费工作的全景画面。

扫瞄一：治理力度不断加大

调研发现，各地普遍采取了全面自查和重点抽查方式开展检查清理工作，清理查处力度不断加大。从总体上看，义务教育阶段学校“一费制”稳步推进，公办高中招收择校生“三限”政策得到较好落实，高校收费管理工作总体比较稳定，治理教育乱收费的重点工作稳步推进。

义务教育阶段学校积极推行“一费制”收费办法。2004 年秋季，在被督查的 12 个省份中，有 8 个省份义务教育阶段学校已经全面实行“一费制”。在制定“一费制”方案期间，各省份充分考虑本地区经济发展水平、群众经济承受能力、城乡经济差别等实际情况，认真测算各类标准，积极稳妥地推进了“一费制”工作。“一费制”的实施同时促进了各地政府对于教育投入责任的落实，12 个省份中除广东省外，其他各省份都已经出台预算内生均公用经费拨款标准。

对于群众关心的公办高中招收择校生“三限”政策，绝大多数学校认真执行。在被督查的 12 个省份中，大多数省份执行的是 2003 年限分数、限人数、限钱数的“三限”政策，一些省作了一些调整，执行情况较好，如安徽省将择校生比例从 40％降到 30％以下，并规定今后还要逐步降低。在规范高校收费管理方面，各地采取有力措施，将严格规范收费行为作为重点工作来抓，对院校的招生录取、教育教学、后勤服务、毕业生就业等可能出现的收费环节及财务票据管理提出了明确要求，对违规设立的收费项目坚决取缔，对违规收费行为严肃查处。如陕西、甘肃两省对个别高校出现的违规收费行为进行了严肃查处，并清退了向学生多收取的费用。目前，各地标本兼治的制度和措施正在积极落实，各地相继出台文件，防止、纠正、惩戒侵蚀教育经费的行为，同时逐步增加对教育的投入。尤其是海南省决定，从2005年起，由省财政拿出1.5亿元，为全省140万名中小学生免除杂费，受到农民群众的普遍欢迎。

点评：在2004年治理教育乱收费工作中，被督查的12省、直辖市有个共同的特点，就是政府高度重视。各省、直辖市将治理教育乱收费工作作为纠正损害群众切身利益的不正之风，密切党群、干群关系的一项重要任务来抓，精心部署，狠抓落实，通过各类媒体宣传教育收费政策，并公布举报电话，解答群众咨询，受理投诉。各级各类学校普遍实行了教育收费公示和校务公开制度，主动接受社会和广大群众的监督。事实证明，在中央和各级政府有关部门，尤其是教育战线广大教职工的共同努力下，治理工作力度持续加大，教育乱收费现象正逐步得到有效遏制，取得了阶段性明显成效，人民群众满意度不断提高。（监察部驻教育部监察局局长刘金平）

扫瞄二：教育收费须进一步规范

调研情况显示，“一费制”在推行过程中也存在着一些问题，一些地方的义务教育阶段学校仍然存在向学生收取校服费、教辅资料费、体检费、防疫费、保险费等现象，依然没有严格规范，缺乏有效的监管。

贫困地区教育最大的问题是地方财政对学校支持的能力有限，教育经费严重不足成为困扰众多学校的一个大问题。在被督查的12个省、直辖市中，除北京、黑龙江、云南等3个省、直辖市预算内生均拨款标准高于杂费标准外，其他9个省、直辖市的预算内生均拨款标准都低于杂费标准。大部分省、直辖市存在预算内公用经费标准过低的问题。另外，有一些省、直辖市虽然制定了公用经费拨款标准，但并没有落实到位。在甘肃、陕西两省的调查中发现，绝大部分中小学几乎没有公用经费，学校正常运转很困难，有的小学因交不起电费，不得不取消信息化教学。还有的学校不得不把教师的粉笔、墨水、纸张等办公用品都计算着用。虽然甘肃、陕西两省都没有出现新的工资拖欠，但公用经费不足和专项资金短缺，如危房改造资金的短缺极大地影响了学校的正常运转，制约了这些地区教育的发展。不仅是基础教育，一些省属院校也同样存在着教育经费投入不足的问题。

调查中，一些学校反映学生课本费价格偏高。从今年秋季开始实行的“一费制”政策，其收费标准是根据中小学课程改革前的课本定价制定的。课改后，教科书价格上涨，课本费价格偏高势必造成“一费制”收费总体偏高，从而加重学生家长的经济负担。另外，教辅资料、代办费、服务性收费有待进一步规范；个别高中也存在对择校生录取分数线过低、择校比例过大的问题；高校收费仍须严格规范；一些省、直辖市搭车收费、摊派收费的现象还未彻底制止，挪用教育经费的现象在有些地方还很严重。

点评：提高各级领导干部和学校领导及教师对治理教育乱收费的认识是深化治理工作的前提。部分学校出现乱收费现象的原因是多方面的，有认识问题，有学校发展不平衡问题，也有各级政府投入不足的问题，这一点在经济欠发达的地区更加突出。治理教育乱收费的一条根本性和关键性措施，就是一定要解决好教育经费严重不足的问题。这个问题不解决，治理成果就难以巩固，治理工作就难以取得实质性进展。为此，必须在加大“治标”的同时，不断加大“治本”的力度，既要治理教育乱收费，又要优化教育发展环境。同时，要健全规章制度，不断制定和完善各项治理乱收费工作的相关政策、规定，并将其贯彻落实到位，从制度上遏制教育乱收费现象的产生。（教育部财务司副司长田祖荫）

扫瞄三：形成治理长效机制

对于被督查的省、直辖市存在的问题，督查组均明确提出了整改意见。2005年的治理工作重点将放在全面实行义务教育阶段学校“一费制”收费办法、继续巩固完善公办高中招收择校生“三限”政策、进一步规范高等学校收费行为等方面。

督查组建议，要继续坚持治理教育乱收费联席会议制度，并不断加以完善。在规章制度方面加强建设，抓紧制定并尽早出台对列入计划的教育收费规章制度；对已出台的政策规定，继续抓好落实工作。要进一步研究制定有关规范高校收费的制度政策，严格规范高校的收费行为。督促各级政府和有关部门落实责任，依法增加对教育的投入，努力确保“三个增长”。督促各级政府加强薄弱学校的改造，缩小校际之间的办学差距。各省、自治区、直辖市教育督导部门也要组织力量，就本行政域内义务教育阶段学校预算内生均公用经费落实情况进行督导检查，并向社会公布督察结果。继续加大监督检查和处罚力度，以推动相关政策的贯彻落实，同时要组织力量，集中时间，对于挪用、截留挤占、平调教育经费和学校收费收入的行为，滥印滥发教辅资料问题，搭车收费和各种形式摊派等重点问题有计划地开展专项检查。有重点地对一些学校教育收费进行专项审计。对违规违纪乱收费的典型案件，一经发现，严肃查处，并按照有关规定严厉追究当事人和有关领导的责任。

点评：治理教育乱收费必须坚持和完善"加大教育投入、规范合理收费、治理乱收费"和教育、制度、监督并重的两个"三管齐下"的要求，努力构建惩治和预防乱收费的长效机制。强化监督检查是深入治理教育乱收费的重要保障，也是对学校收费管理和资金使用情况进行监督的有效措施。对顶风违纪乱收费的案件一定要从严查处，绝不姑息迁就；对典型的乱收费事件，并在社会上造成恶劣影响的，一经发现，就必须坚决查处，不仅要追究有关责任者的责任，还要按照党风廉政建设的规定，追究上级主管领导的责任。只有坚持依法办学，依法收费，从严治教，规范管理，逐步走上依法治费的轨道，才能有效遏制乱收费行为，从根本上解决乱收费问题。(全国治理教育乱收费部际联席会议办公室副主任温孝杰)

原载 2005 年 1 月 11 日《中国教育报》　范绪锋　叶莎莎　文

基础教育

管理工作

〔**未成年人思想道德建设**〕 2004年2月26日，中共中央、国务院下发了《中共中央 国务院关于进一步加强和改进未成年人思想道德建设的若干意见》（以下简称中央8号文件），5月召开了全国加强和改进未成年人思想道德建设工作会议，对新时期全面加强和改进未成年人思想道德建设工作进行了全面部署。教育部党组及时调整工作部署，把加强未成年人思想道德建设作为2004年教育部的工作重点，抢抓机遇，乘势而上，采取一系列措施，积极推进中小学德育工作。

一是制定教育系统《关于学习贯彻〈中共中央 国务院关于进一步加强和改进未成年人思想道德建设的若干意见〉的实施意见》。二是在全国中小学广泛开展民族精神月活动。三是为推动教育系统牢固树立育人为本、德育为首、注重实效的观念，组织开展教育思想大讨论。四是及时修订并颁发《中小学生守则》、《中学生日常行为规范》和《小学生日常行为规范》，加强基础道德和文明行为习惯养成教育。五是深化德育课程改革。六是认真做好大中小学德育工作衔接，对学校德育体系进行整体规划，探索德育工作相互衔接的途径和方法，建立和完善德育工作评价体系。七是加快基础教育课程改革，切实减轻中小学生课业负担。八是大力加强师德建设，提高教师教书育人水平，并把加强班主任队伍建设作为教师队伍建设的一个重要方面。

撰稿　王立浩

〔**弘扬和培育民族精神教育活动**〕 为落实党的十六大提出的“必须把弘扬和培育民族精神作为文化建设极为重要的任务，纳入国民教育全过程”的要求，2004年3月30日，中宣部、教育部联合印发了《中小学开展弘扬和培育民族精神教育实施纲要》，把弘扬和培育民族精神教育作为当前和今后一个时期青少年学生思想道德建设和德育工作的一项重要而紧迫的任务。

《纲要》提出，中小学开展弘扬和培育民族精神教育要遵循以学生为主体，重在实践的原则；突出重点、体现特色的原则；学校、家庭、社会相结合的原则；与时俱进、开拓创新的原则。《纲要》明确提出了中小学开展弘扬和培育民族精神教育的保障措施：（1）切实加强开展弘扬和培育民族精神教育工作的领导。（2）建立“中小学弘扬和培育民族精神月”制度。（3）把弘扬和培育民族精神纳入教育教学计划。（4）进一步加强爱国主义教育基地和青少年学生校外活动场所建设和管理。（5）积极营造有利于开展弘扬和培育民族精神教育的社会环境。（6）开展弘扬和培育民族精神教育是学生思想道德建设的重要组成部分。（7）加强督导评估，建立表彰奖励机制。

《纲要》颁布后，各地开展了大量主题鲜明、形式多样、生动活泼的宣传教育活动。

撰稿　战洪丽

〔**第一个弘扬和培育民族精神月活动**〕　中宣部、教育部印发的《中小学开展弘扬和培育民族精神教育实施纲要》，把每年的9月确定为“中小学弘扬和培育民族精神月”。

2004年9月1日，中宣部、教育部、北京市人民政府在人民大会堂隆重举行了第一个“中小学弘扬和培育民族精神月”启动仪式，国务委员陈至立出席并讲话。在活动仪式上，北京市中小学生代表向全国的小伙伴们发出了“弘扬民族精神，立志报效祖国”的倡议。随后，20多个省、自治区、直辖市在省会城市或革命圣地也举行了形式多样的启动仪式。

北京、重庆、湖南、河北等地以弘扬革命精神和革命传统为主题开展了革命传统教育；海南、辽宁省大连市等地以弘扬传统美德为主题开展了中华传统美德教育；江西、江苏、安徽等地以弘扬中华文化为主题开展了民族传统文化教育。教育部还组织人民教育出版社印制了10万套弘扬和培育民族精神挂图，免费赠送给中小学校，在“中小学弘扬和培育民族精神月”期间张贴，营造活动氛围。

整个活动月期间，全国近2亿中小学生受到了一次很好的教育，广大师生的民族自尊心、自信心和自豪感得以明显增强。

撰稿　王立浩

〔**《中小学生守则》等重新修订颁布**〕　为适应社会的发展变化，有针对性地解决中小学生思想道德建设面临的新情况和新问题，教育部对1981年颁布的《小学生守则》、1991年颁布的《中学生守则》和《小学生日常行为规范》、1994年颁布的《中学生日常行为规范》进行了修订，将《小学生守则》和《中学生守则》合并为《中小学生守则》（以下简称《守则》），对《小学生日常行为规范》、《中学生日常行为规范》的内容进行了必要的调整和补充，形成新的《小学生日常行为规范（修订）》、《中学生日常行为规范（修订）》（以下简称《规范》）。2004年3月25日，教育部颁布了新的守则和规范。

修订后的《守则》仍为十条，在保留原《守则》有关要求的基础上，增加了诚实守信、爱护环境、加强实践等方面的内容。修订后的两个《规范》仍分别为二十条和四十条，调整增加了许多新内容，如安全自护、合作意识、创新意识、网络文明、远离毒品等。

撰稿　战洪丽

〔**农村义务教育管理体制改革**〕　经过三年来的努力，“在国务院领导下，由地方政府负责、分级管理、以县为主”的农村义务教育管理体制基本确立，在不断完善的过程中平稳运行。全国已经基本将农村中小学教职工工资和农村中小学校长、教师人事管理权限上收到县，已有23个省、自治区、直辖市将教师核编到县，实现了农村义务教育经费由农民较多承担向以政府为主承担、农村义务教育管理由以乡镇为主向以县为主的根本转变。各地在实践中还创造出一些成功经验：如安徽、浙江等地积极探索建立县级教育经费结算分中心和教师人事管理中心等模式，不断推进“以县为主”的管理体制的深化。大部分地区撤消了乡教办，强化了县域内教育发展的统筹规划和管理。按照“小学就近入学，初中相对集中”的原则合理调整农村中小学布局结构，从2001年到2003年，全国初中共减少了1 812所，其中农村初中减少了1 475所；全国小学共减少了65 427所，其中农村小学减少了55 832所。进一步精简教师队伍，统一调配教育资源，从2000年到2003年，全国县及县以下地区，小学教职工数量减少20万人，中小学代课教师减少13万人。湖南等地采取教师连片走教的方式，提高了教师资源使用效益，促进了薄弱学校教育质量的提高。

〔**农村寄宿制学校建设工程**〕　2004年国务院批准实施西部地区“两基”攻坚计划，并成立了国家西部地区“两基”攻坚领导小组。2004年2月，国务院办公厅专门召开会议对西部地区“两基”攻坚工作进行了部署。7月初，由国务院办公厅主持，教育部、国家发展改革委和财政部与“两基”攻坚相关省、区、市签署了“两基”攻坚责任书。8月初，三部委联合下达了2004年“农村寄宿制学校建设工程”资金控制额度30亿元。10月，三部委对各省2004—2007年“农村寄宿制学校建设工程”项目规划和2004年的年度实施计划进行了批复。“工程”规划共覆盖955个县，拟建设项目学校7 730所，可增加寄宿学生203万人。2004年已有2 364个项目学校启动建设，届时将可改善65万学生的寄宿条件。

〔**农村中小学现代远程教育工程试点工作**〕截至2004年底，国家对“农村中小学现代远程教育工程”试点投入了13.64亿元，地方配套9.1亿元，在西部地区12个省（区、市）、中部6个省以及山东省和新疆生产建设兵团的一部分农村地区进行了集中连片试点，同时覆盖了中央确定的9个全国农村党员干部现代远程教育试点地（市、州）、县，试点工作十分成功。通过试点工程的建设，已建成2万多个教学光盘播放点、4.8万多个卫星教学接受点、7 000多个计算机教室，覆盖了西部地区25%左右、中部六省21%左右的农村中小学。与此同时还加大了远程教育资源开发工作。

〔**面向义务教育阶段贫困家庭学生的“两免一补”工作**〕 中央财政用于提供免费教科书的资金逐年增加，到2004年，已经增加到18亿元，享受免费教科书的学生达到2 400万。同时，地方各级财政还积极对贫困家庭学生免收杂费，对需要寄宿的学生补助生活费。

〔**“两基”巩固提高工作**〕 2004年，教育部和财政部联合印发了《关于进一步加强农村地区“两基”巩固提高工作的意见》。《意见》要求各地进一步提高认识，增强做好“两基”巩固提高工作的紧迫性和责任感。要以加强农村初中建设为重点，改善农村中小学办学条件；要加大控制初中辍学的力度，提高义务教育普及程度；进一步巩固扫盲成果，提高扫盲工作质量；加快课程改革，提高中小学教育质量；切实加强农村中小学教师队伍建设，大力推进中小学信息技术教育，切实保障弱势群体接受义务教育的权利，进一步提高中小学管理水平。《意见》还对农村地区“两基”巩固提高工作的领导和督导评估提出了明确意见。

〔**进城务工就业农民子女义务教育工作**〕 教育部根据中央8号文件的要求，认真分析当前进城务工就业农民的总体形势及其子女接受义务教育的现状，研究贯彻落实国务院办公厅转发的《关于进一步做好进城务工就业农民子女义务教育工作的意见》的工作措施。成立了“进城务工就业农民子女义务教育工作领导小组”。完善有关进城务工就业农民子女义务教育工作的政策法规，要求各地对进城务工就业农民子女的教育收费与当地学生一视同仁，督促各地将涉及农民工子女教育的有关费用，纳入正常的财政预算支出范围。年内，教育部督导团组织开展了进城务工就业农民子女义务教育专项督导工作。在上报国务院的《义务教育法》修订送审稿中提出了加强进城务工就业农民子女义务教育工作的建议。同时加强对农村“留守儿童”教育问题的政策研究。

〔**减轻学生课业负担**〕 教育部把减轻学生过重课业负担作为落实中央8号文件的一个重要基础和前提，研究并部署切实减轻学生过重课业负担的总体思路和具体措施，为促进学生全面发展创造必要的条件。

教育部《关于学习贯彻〈中共中央 国务院关于进一步加强和改进未成年人思想道德建设的若干意见〉的实施意见》，明确提出了新形势下减轻学生负担的五项要求和两项工作重点。五项要求是：要坚持正确的政绩观和科学的评价观，不准把升学率作为衡量学校办学水平的唯一指标；坚持义务教育阶段公办学校一律实行免试就近入学，不准小学、初中招生举行选拔考试；坚持认真执行国家课程计划，不准随意增减课程门类、难度和课时；坚持开展丰富多彩的课外活动，不准占用学生休息时间组织集体补课；坚持全面评价学生的发展，不准按考试成绩排队。两个工作重点是：重点对大中城市学生过重负担情况进行专项督查。要求各级教育行政部门和督导部门在近期对辖区内大中城市中小学生学习时间过长、家庭作业过多、休息时间不足、书包越背越重等情况进行专项督查，发现问题，及时整改。重点检查义务教育阶段学校执行国家课程计划和学生课业负担情况。要求每学期检查1至2次，对违反规定的要立即整改，并将检查结果在媒体上公布，对社会反映强烈、屡禁不止的地区和学校，要追究有关领导的责任。

6月4日，教育部下发了《关于对中小学教材进行检查的通知》，特别强调要对内容充斥"繁难偏旧"、进行"题海"训练的教辅资料予以坚决清理。6月25日下发了《关于加强中小学生法制教育，远离不良文化，过好安全文明假期的通知》，要求各地要认真安排中小学生暑期工作，切实减轻学生负担。9月26日，教育部基础教育司召开了"减轻学生课业负担工作座谈会"。

同时，研究制定和实施减轻学生负担过重的治本策略和措施。12月8日—10日，教育部基础教育司与北京市教委联合召开"贯彻中央8号文件精神，深化基础教育课程改革、减轻学生课业负担全国教学经验交流与工作研讨会"。会议主要通过观摩北京市中小学现场和展示全国课程改革实验区优秀课例光盘，展开研讨和交流。

撰稿　乔玉全

〔**中小学幼儿园安全工作**〕　组织开展第九个全国中小学生安全教育日宣传教育活动。全国中小学生安全教育日制度创立于1996年，时间为每年3月份的最后一周的星期一。2004年3月29日是第九个全国中小学生安全教育日，活动的主题是"预防校园侵害，提高青少年儿童自我保护能力"。教育部、公安部、全国妇联、中国残联、团中央办公厅和全国少工委办公室发出了《关于做好2004年全国中小学生"安全教育日"活动的通知》，并联合在北京育才学校举行了2004年全国中小学生安全教育日主题宣传教育活动。

为深入贯彻落实中央领导同志关于加强中小学幼儿园安全工作的指示精神和《国务院办公厅关于切实加强中小学幼儿园及少年儿童安全管理工作和开展专项整治行动的意见》，10月11日，教育部、公安部联合召开全国中小学和幼儿园安全工作电视电话会议。国务委员陈至立出席会议并讲话。教育部部长周济、公安部副部长白景富分别就教育系统和公安机关开展专项整治行动进行了全面部署。

认真开展中小学幼儿园及少年儿童安全管理专项整治行动。10—12月，按照国务院统一部署，教育部与公安部等八部门首次在全国范围内组织开展了中小学幼儿园及少年儿童安全管理专项整治行动。在整治行动中，各级政府和有关部门，采取有力措施，加大工作力度，普遍对辖区中小学、幼儿园周边，特别是对群众和师生家长反映强烈，学校又无力解决的治安难点问题加大工作措施和整治力度，治理、清除和取缔了大量影响学校周边环境的治安、交通、违章建筑、各类摊点和文化市场等。各级公安机关在校园周边新设治安岗亭、报警点，新增交通信号灯及其他交通设施。与此同时，各中小学、幼儿园普遍对校园安全情况进行了自查。各级教育行政部门逐级对中小学幼儿园的宿舍、食堂、教学和消防设施以及涉及安全的其他重要场所进行了严格的检查。各级教育行政部门依照有关规定和政策清查了22 026所民办中小学和69 663所幼儿园的办学资质，限期整改不合格办学的民办中小学3 994所、幼儿园16 124所，依法取缔、关闭不具备办学办园条件及未办理有关办学办园手续的中小学2 000多所、幼儿园1万余所。审查中小学幼儿园教职工、聘用人员、临时工的准入资格385万余人，调离、辞退不合格人员2万余名；审查幼儿园教职工、聘用人员、临时工的准入资格63万余人，调离、辞退不合格人员7 000多名。各级公安机关始终把打击发生在校园的各类案件作为专项整治行动的重点来抓。专项整治行动以来，共破获侵害学校和师生安全的刑事案件5 926起，查处治安案件13 032起，抓获各类违法犯罪嫌疑人20 000多名。

2004年8月，教育部下发了《关于进一步加强幼儿园安全工作的紧急通知》。《通知》针对北京、河南两地接连发生的幼儿意外伤亡事故，对各地幼儿园安全工作做了紧急部署。

撰稿　马嘉宾

〔**幼儿教育工作研讨会**〕 为了贯彻落实国务院《关于幼儿教育改革与发展的指导意见》（下称《意见》），为2005年召开全国幼儿教育工作会议做准备，2004年12月教育部基础教育司在浙江省杭州市召开了全国幼儿教育工作研讨会，各省、（自治区、直辖市）教育厅（教委）部队的幼儿教育管理干部、以及教育部与联合国儿基会合作的“早期儿童养育与发展（ECCD）项目”24个项目县的负责人80余人参加了会议。

会议总结交流了各地贯彻落实《意见》的经验。河北、贵州、山东、福建、上海、辽宁等6省（市）教育厅（教委），浙江省绍兴市、杭州市下城区、天津市河西区和蓟县、北京市顺义区、湖南省湘阴县等地教育局做了经验介绍。这些经验主要包括以下几方面：一是政府把幼儿教育作为国民教育的重要组成部分，在完成“普九”任务后，把发展幼儿教育放到与发展高中教育同等地位，将普及学前三年的教育目标纳入政府整体规划中，作为政府政绩考核的内容，如浙江、河北已提出普及15年教育目标；二是统筹协调，建立了以教育部门为主管，卫生等部门协同参与的跨部门合作机制，整合资源，形成合力；三是发挥乡镇政府的统筹管理作用，建立与农村相适应的幼教管理机制，加强乡镇中心幼儿园的建设管理，充分发挥对农村幼教的示范、指导作用；四是利用农村中小学布局调整后的资源举办多种形式的幼儿园，采取镇村联办、租用土地、银行贷款等方式多渠道筹措幼教经费，加大对幼教事业的投入；五是充分利用社区资源，建立以社区为依托的早期教育网络，为0～6岁儿童和家长，特别是流动人口和低收入家庭，提供多种形式的早期教育服务。

会议强调要继续认真贯彻《意见》，落实各级政府对幼教的职责，加强幼教管理力量，协调各有关部门积极开发幼儿教育的政策。开拓经费渠道，加大政府的经费投入。加强师资队伍管理，提高农村幼儿教师的社会和经济待遇。发挥示范性优质幼儿园的作用，扩大幼儿园的社会服务功能。贯彻《幼儿园教育指导纲要》，努力提高各类幼儿园的教育质量。建立健全幼儿教育督导制度，积极促进幼教立法，逐步建立适应社会主义市场经济的幼儿教育体系，以保障幼儿教育的健康发展。

撰稿 姜 瑾

教学与课程改革

〔**基础教育课程改革电视电话会议**〕 2004年6月16日，教育部召开了“2004年全国基础教育课程改革工作电视电话会议”，全面部署并加快推进基础教育课程改革。会上，教育部部长周济作了《抢抓机遇，乘势而上，全面深入推进基础教育课程改革》的讲话。他指出，中央8号文件的发布，对课程改革提出了新的和更高的要求，同时也为课程改革提供了难得的机遇。他要求各地在深入推进课程改革时，一是要坚定基础教育课程改革的决心和信心，进一步增强责任意识和机遇意识。二是要进一步深化基础教育课程改革工作，切实减轻学生课业负担，切实提高教育质量。继续推动课程体系和内容的改革创新，促进学生素质全面发展。进一步促进学习方式和教学方式的改革。大力推进评价与考试制度改革，全力推进义务教育均衡发展。三是要求真务实，扎实工作，认真做好基础教育新课程推广工作。要提高认识，统一思想，进一步把课程改革推向深入。要抓住关键，切实提高中小学教师水平。要加强管理，严格规范教材选用行为。分类指导，加大对农村地区课程改革的支持。加强领导，进一步完善新课程推广机制。

〔**义务教育课程标准修订**〕　2003年下半年开始，教育部基础教育司组织了义务教育阶段各科课程标准的修订工作。要求在各科课程标准的修订过程中落实中央8号文件的要求：进一步突出强调爱国主义、集体主义、社会主义教育，中华民族的优秀传统和革命传统教育以及民主法制教育；进一步加强社会实践环节，开好综合实践活动课程，培养学生创新精神和实践能力；进一步强化基础知识和基本技能，切实改变繁、难、偏、旧和过于注重书本知识的现状，使教学内容更加贴近学生生活与社会实际。

为全面体现中央8号文件对学校作为对未成年人进行思想道德建设的主课堂、主渠道、主阵地的精神，教育部组织专家编制了一系列专题教育大纲，包括可持续发展和环境教育、毒品预防教育、预防艾滋病教育、反邪教和宗教渗透教育、廉政和反腐败教育、安全教育等。

〔**基础教育课程改革调研**〕　为了解基础教育课程改革实验进展情况，9月，教育部基础教育司在全国分6片召开了由地方教育行政人员、教研人员、中小学校长和教师参加的座谈会，分别听取了基层基础教育工作者关于义务教育新课程实施以来所取得的成效、存在的突出问题和进一步深化基础教育课程改革的建议。11月，组织由大学校长或省教育厅厅长、国家督学、大学基础教育课程中心负责人和专家、基础教育教材审查委员会审查专家代表和地方教育部门代表组成的七个评估组，对辽宁、重庆、山西、河南、江西、安徽、湖北等七省(直辖市)贯彻落实中央8号文件，推进基础教育课程改革的情况，进行调研和评估。

〔**初中毕业考试与普通高中招生制度改革**〕　教育部印发《国家基础教育课程改革实验区2004年初中毕业考试与普通高中招生制度改革的指导意见》，要求改变以升学考试科目分数简单相加作为唯一录取标准的做法，力求在初中毕业生学业考试、综合素质评价、高中招生录取三方面予以突破。学业考试要减少考试科目，学业考试的命题应根据学科课程标准制定，要加强试题与社会实际和学生生活的联系，注重考查学生对知识与技能的掌握情况，特别是在具体情境中综合运用所学知识分析和解决问题的能力，杜绝设置偏题、怪题。学业考试的方式要多样化。综合素质评价应以道德品质、公民素养、学习能力、交流与合作、运动与健康、审美与表现等六个方面的基础性发展目标为基本依据。普通高中招生要坚持综合评价、择优录取的原则。学业考试成绩和综合素质的评价结果应成为普通高中招生的主要依据。积极探索招生名额分配、优秀初中毕业生推荐等多样化的高中招生办法。

教育部"初中毕业考试与普通高中招生制度改革项目工作组"，组织了17个实验区及所在省、地(市)的各学科命题人员、教育行政人员、负责中考招生人员的研修班。9月，召开了经验交流会和全国2005年中考改革工作推进会。

〔**普通高中新课程开始实验**〕　按照基础教育课程改革的总体部署，在有关省市自愿申请的基础上，教育部决定2004年秋季，《普通高中课程方案(实验)》和各科课程标准(实验)在广东、山东、宁夏和海南四省(自治区)普通高中起始年级开始实验。参加实验的学生达127万人，约占全国普通高中当年招生人数的15.5%。为顺利推进新课程实验，教育部组织开发了培训教材，面向实验省各级教育行政主管领导、骨干校长和教师开展了国家级研修和培训，组织编写并审查通过了14个学科274册教材供实验区学校选用。

撰稿　乔玉全

审稿　朱慕菊　杨　进　郑增仪

热点关注

2004 年基础教育全景扫描

2004 中国教育，激情飞扬。

2004 中国基础教育，在感动中前进。

均衡：农村教育得到前所未有的重视

当你看到城市中的孩子能在漂亮、现代化的学校里上课，你会感叹，目前的孩子真幸福；但如果你见到边远贫困地区的农村孩子在经过无数人的努力后，能够在规范整洁的寄宿制学校读书，再也不用天天翻山越岭、长途跋涉去上学时，心存的就是一种感动了。

最近，云南丽江实验学校的一些学生在网上为自己的老师制作了新年贺卡，这些腼腆的山里娃用最朴素的语言表达着自己对老师的感谢："是学校老师教会我们上网，得到更多的知识。祝老师们节日快乐。"看着农村的孩子们也学会了"时尚"，受感动的岂止是他们的老师呢？

去年 2 月份正式启动的国家西部地区"两基"攻坚计划，给千百万农村孩子带来了福祉，带来了一生的希望。毫无疑问，这是党中央国务院着眼于最广大人民群众的根本利益，从根本上解决西部地区农业、农村和农民问题的重大战略举措。

中央将以前所未有的力度投入 100 个亿，专项用于农村寄宿制学校建设，首先解决农村孩子上学"进得来"的问题；中央还计划用 5 年时间，每年投入 10 个亿建设农村中小学现代远程教育工程，要求地方也要给予相应的配套资金，这样可以让走进校门的农村学生"学得好"；与此同时，中央通过建立和完善资助困难学生的制度，加大"两免一补"力度，以解决让农村学生"留得住"的问题。2004 年，中央财政安排用于农村义务教育的各项资金达到了 100 亿，比 2003 年增长了 72%。中央提出的新增教育经费主要用于农村的政策得到了落实。

2004 年，我们的感动不仅仅停留在农村，还来自全社会对那些"流动的花朵"的加倍关注上。各地遵照"以流入地为主，以公办中小学为主"的原则，采取各种措施，让进城务工人员的子女也一样沐浴到了温暖的阳光。去年 9 月，北京对 20 万义务教育阶段的进城务工人员子女免收借读费。天津、上海、浙江等地也通过一系列实实在在的举措，让更多的进城务工人员子女走入了城市的学校。与此同时，那些留守在农村老家的"留守儿童少年"在 2004 年也得到了社会和有关部门的更多关注。

我们看到，教育对弱势群体的关注在 2004 年得到了更多的体现。在城市化进程中，尽管我们面临着诸多的矛盾和重重困难，但是各级政府在努力着，从中央领导到基层干部和广大教师，许许多多的人在努力着。因为我们知道，教育公平是社会公平的起点和核心环节。正如温家宝总理所说，没有教育机会的均等，就谈不上社会公平。

务实：未成年人思想道德建设不只是承诺

江苏扬州梅岭中学的蔡燕前不久和同学一起到电信局开展体验活动，本以为是帮工作人员接接电话什么的，可没想到却是拧螺丝。看似简单的活儿做起来却很复杂，手忙脚乱不说，还光累不出活儿。而且更让他们吃惊的是，拧 100 个螺丝才赚 5 分钱！这就意味着在麦当劳喝杯咖啡需要拧9 000个螺丝才能换来！这次活动，让孩子们知道了什么是辛苦，明白了赚钱的不易，也懂得了不能乱花钱的道理。

这样的体验教育是加强中小学生思想道德建设的有效途径。2004 年，中央对未成年人思想道德建设给予了高度重视，从 3 月出台的《中共中央 国务院关于进一步加强和改进未成年人思想道德建设的若干意见》到 5 月中央召开的会议，都昭示着中央对抓好这项工作的坚强决心。

长期以来，其实我们并不缺乏对德育工作重要性的认识，缺的是做好德育工作的一种踏踏实实的作风。德育工作不只是一句承诺，需要的是稳定可靠的德育载体和行之有效的德育方法，需要的是实实在在的效果。2004年，各地中小学本着求真务实的原则，不断创新德育手段和方式，学校德育工作正在扎扎实实地推进。

2004年9月，第一个中小学弘扬和培育民族精神月正式启动，更以学生为本、更贴近学生的中小学生新守则和新规范也开始实施。更为可喜的是，为了全国3.67亿未成年人的健康成长，在2004年，社会各界对未成年人思想道德建设初步形成了齐抓共管的态势，而且各项举措重在务实，这让我们看到了德育工作进一步取得实效的希望。

责任：把爱献给教育的人是天下最幸福的人

“太阳山上适龄儿童的入学率、巩固率和合格率都达到100%，太阳山上没有出现一个新文盲，这就是我——一个普通山村教师最大的满足!”扎根深山30载的邹有云老师以这样的胸怀感动着许许多多的人。目前，全国优秀教师师德巡回报告团报告会正在各地举行，霍懋征、黄静华、邹有云、盘振玉和林崇德等优秀教师以他们崇高的师德为广大教师树立了榜样，也让更多的教师从他们身上明白了如何当一名好教师。

2004年，适逢第二十个教师节，大批优秀教师受到了表彰，一些优秀代表还受到了党和国家领导人的接见。广大教师的职业幸福感和自豪感得到不断提升。

要想把教育做好，教师是关键，而教师素质中最重要的是师德。在2004年，师德这个词出现的频率非常高。以“光荣的人民教师”为主题的全国师德论坛在北京举行，各地通过深入开展师德教育活动，掀起了崇尚师德和弘扬师德的热潮。

在这一年，除了这些优秀教师，我们还被那些更多的普普通通的教师所感动着。随着教育事业的飞速发展，随着新课改的不断深入，随着人事制度改革的不断推进，对教师的要求越来越高，教师的压力不断增大。为了适应新形势的要求，为了获得专业化成长，老师们从不敢放慢自己前进的脚步。更可贵的是那些生活在农村地区的教师，在艰苦的条件下，面临着时代的新要求，他们从未放弃努力，他们以最质朴的方式学习着、摸索着，他们希望从理论到实践不断充实自己，好让自己的学生受到更好的教育。

胡锦涛总书记在教师节接见优秀教师代表时说：“广大教师和教育工作者要时刻不忘党和人民的重托，把培养优秀人才作为自己的重大责任。”为了这个重托，为了这份责任，千千万万个教师在始终不渝地努力着。

突破：新课程改革为全面推进素质教育助力

“书包最重的人是我，作业最多的人是我，起得最早、睡得最晚的是我，是我，是我，还是我……”——这样的儿歌让人心痛！

如何寻求“减负”的有效途径？治本之策就是推进课程改革，在课堂教学的主渠道上寻求突破，促进教学方式和学习方式的变革。

2004年9月，全国义务教育阶段新课程改革由试点进入推广阶段，高中课程改革在4个省区率先启动。

新一轮课程改革着眼“一切为了学生的发展”，倡导“民主、平等、和谐”的教育理念。用孩子们的话来说，实施新课改后，“我们的教室变‘大’了，活动、学习的天地更广阔了；我们的课堂变‘乱’了，大家的思维更活跃更自由了；我们的讲台变‘矮’了，老师离我们更近了……”

如今，基础教育课程改革正在稳步推进，多年来倡导的素质教育理念进一步落到实处。新课程改善了学生学习与教师教学的生态环境，师生关系变得更和谐、更平等了；课堂教学氛围变得更灵活、更民主了；新的学校、教师和学生的评价体系正在逐步建立之中；全国17个实验区进行的中考改革也有了明显突破。

在新课程改革预期效果逐步呈现的同时，我们也看到，面对新的理念、新的教材、新的方法，并不是所有的教师都能很好地掌握；在广大的农村学校，不少教师对新课程改革还处于“水土不服”阶段。许多新问题、新矛盾在推广过程中不断暴露出来，如何面对，如何寻求解决的途径？各地正在积极地探索。

以人为本，促进人的全面发展是科学发展观的本质和核心，更是教育事业所追求的崇高目标。2004年，科学的发展观成为统领整个教育工作的指导方针。

原载2005年1月3日《中国教育报》 续梅 文

国家西部地区“两基”攻坚大事记

1. 2003年12月30日，温家宝总理主持召开国家科教领导小组会议，审议通过了教育部、国家发改委、财政部、国务院西部开发办制定的《国家西部地区“两基”攻坚计划（2004—2007年）》。同时决定成立国家西部地区“两基”攻坚领导小组，陈至立国务委员任组长，教育部、国家发改委、财政部、科技部、农业部、国家扶贫办、国家西开办等有关部门的领导任成员。领导小组下设办公室，办公室设在教育部。

2. 2004年2月6日，国务院办公厅转发教育部、国家发改委、财政部、国务院西部开发办制定的《国家西部地区“两基”攻坚计划（2004—2007年）》。

3. 2004年2月25日，教育部、国家发改委、财政部印发《西部地区农村寄宿制学校建设工程实施方案》。

4. 2004年2月26日，国家西部地区“两基”攻坚工作会议在北京召开。国务委员、国家西部地区“两基”攻坚领导小组组长陈至立出席并作了重要讲话。

5. 2004年3月11日，教育部、国家发改委、财政部印发《关于布置编制“两基”攻坚（2004—2007年）实施规划的通知》。

6. 2004年3月17—19日，教育部、国家发改委、财政部在西安举办“两基”攻坚规划编制培训班。西部地区12省、自治区、直辖市和新疆生产建设兵团及中部部分地区的教育、发展改革（计划）、财政部门的相关处室负责人参加了培训。

7. 2004年3月中旬，国家西部地区“两基”攻坚领导小组办公室主任、教育部副部长陈小娅同志先后到甘肃临夏回族自治州和广西崇左市、百色市等地的“两基”攻坚县调研。

8. 2004年3月24日，国家西部地区“两基”攻坚领导小组办公室印章正式启用。办公室主任由教育部副部长陈小娅担任，副主任由国家发改委社会发展司司长李守信、财政部科教文司副司长赵路、教育部财务司副司长陈伟光担任，成员由有关部委同志组成。

9. 2004年4月6日，教育部召开西部地区省级教育行政部门“两基”攻坚工作视频会议，部署西部地区教育系统实施“两基”攻坚计划的有关工作。周济部长作重要讲话，明确要求把“两基”攻坚作为西部地区教育改革与发展的头等大事来抓。广西、四川、陕西3省（自治区）教育厅汇报了国家西部地区“两基”攻坚工作会议精神落实情况和本省（自治区）制定“两基”攻坚规划的经验和做法。

10. 2004年4月，西部各省、自治区、直辖市“两基”攻坚领导小组及办公室等工作机构相继成立。

11. 截至2004年5月10日，西部各省、自治区、直辖市和新疆生产建设兵团向国家“两基”攻坚办报送了本地“两基”攻坚实施规划。

12. 2004年5月中下旬，教育部、国家发改委、财政部和国家“两基”攻坚办组织对各地报送的“两基”攻坚实施规划进行初步审核。

13. 2004年5月24日，国家西部地区“两基”攻坚领导小组办公室主任、教育部副部长陈小娅主持召开西部地区“两基”攻坚实施规划审核会议。会议对西部各省（自治区、直辖市）报送的“两基”攻坚实施规划进行了集中审核，同时提出了进一步完善“两基”攻坚实施规划的意见和要求。

14. 2004年5月30日，国家“两基”攻坚办印发《关于建立西部地区“两基”攻坚工作简报制度的通知》。

15. 2004年6月2日，国家“两基”攻坚办召开“农村寄宿制学校建设工程”规划审核指标专家咨询会，重点就“农村寄宿制学校建设工程”规划审核指标的设定问题征求专家意见。上海、甘肃、重庆、贵州、内蒙古、河南、黑龙江、云南8省、自治区、直辖市教育厅（教委）基建、财务、设计、项目办等部门的10余位专家参加了会议。专家们结合本地正在制定的“农村寄宿制学校建设工程”实施规划，对规划审核指标进行了热烈讨论，对具体指标的设定和完善提出了有价值的建议和意见。

16. 2004年6月3日，国家“两基”攻坚办印发《关于进一步完善和细化“两基”攻坚实施规划的通知》。

17. 2004年6月上旬，国家“两基”攻坚办制定并印发了《县级“两基”攻坚实施规划参考文本》。要求各地“两基”攻坚办在做好省（自治区、直辖市）级“两基”攻坚实施规划的基础上，要切实加强对县（区、旗、团场）级实施规划的指导，将各攻坚县的实施规划做细、做实，严禁弄虚作假。

18. 2004年6月23日，国家“两基”攻坚办在京召开了西部地区“两基”攻坚办主任工作会议。会议通报了各地“两基”攻坚实施规划的审核情况，交流了“寄宿制工程”项目规划编制工作进展、存在问题和有关建议，讨论了《农村寄宿制学校建设工程专项资金管理暂行办法》和《农村寄宿制学校建设工程土建项目管理暂行办法》草稿，并对即将签署的“两基”攻坚责任书的内容再次进行了核对确认。国家“两基”攻坚办成员单位教育部、国家发展改革委、财政部有关司负责同志及西部地区12省（自治区、直辖市）和新疆生产建设兵团“两基”攻坚办主任出席了会议。

19. 2004年7月5日，国家西部地区“两基”攻坚领导小组在北京国谊宾馆举行国家西部地区“两基”攻坚责任书签署仪式。教育部、国家发改委、财政部分别与西部12个省、自治区、直辖市和新疆生产建设兵团郑重签署责任书。国务委员、国家西部地区“两基”攻坚领导小组组长陈至立出席并作了重要讲话。

20. 2004年8月3日，教育部办公厅、国家发改委办公厅、财政部办公厅下达2004年“西部地区农村寄宿制学校建设工程”中央专项资金额度30亿元。

21. 2004年8月7日，国家“两基”攻坚办印发《西部地区农村寄宿制学校建设工程专项资金管理暂行办法》。

22. 2004年8月8日，国家“两基”攻坚办印发《关于认真做好农村寄宿制学校建设工程项目学校建筑设计工作的通知》。

23. 2004年8月9日，国家“两基”攻坚办印发《关于设立和公布农村寄宿制学校建设工程监督举报电话的通知》。

24. 2004年9月2日，国家“两基”攻坚办编写的《国家西部地区“两基”攻坚知识问答》一书由人民教育出版社出版。此书免费发放到各地“两基”攻坚办、各项目学校以及各相关部门，供各地学习和培训使用。《中国教育报》自10月17日至11月13日对其中主要内容进行了连载。

25. 2004年10月10日，国家“两基”攻坚办印发《西部地区农村寄宿制学校建设工程土建项目管理暂行办法》。

26. 2004年10月25日，教育部、国家发改委、财政部批复河北、山西、内蒙古、吉林、黑龙江、安徽、江西、河南、湖北、湖南、广西、海南、重庆、四川、贵州、云南、陕西、甘肃、宁夏、青海省（自治区、直辖市）和新疆生产建设兵团“2004—2007年农村寄宿制学校建设工程”项目规划（教财[2004] 39号）。

27. 2004年11月3日，国家发展和改革委员会下达西部普及九年义务教育（初中）2004年中央预算内专项资金（国债）第一批投资计划。

28. 2004年11月10日，财政部下达河北、山西、内蒙古、吉林、黑龙江、安徽、江西、河南、湖北、湖南、广西、海南、重庆、四川、贵州、云南、陕西、甘肃、宁夏、青海省（自治区、直辖市）和新疆生产建设兵团2004年农村寄宿制学校建设工程中央专项资金（财政）项目预算。

29. 2004年11月17日，国家发展和改革委员会下达西部普及九年义务教育（初中）2004年中央预算内专项资金（国债）第二批投资计划。

30. 2004年11月18日，“两基”攻坚办主任工作会议在京召开。国家“两基”攻坚办主任、教育部副部长陈小娅出席并作重要讲话。会议通报了“两基”攻坚工作和“农村寄宿制学校建设工程”规划有关情况；交流了“两基”攻坚工作的进展情况、存在问题和有关建议；安排部署了下一阶段的工作。陕西、内蒙古、重庆、安徽、宁夏等省、自治区、直辖市作了大会发言。

31. 2004年11月24日，教育部、国家发改委、财政部批复新疆、西藏“2004—2007年农村寄宿制学校建设工程”项目规划。

32. 2004年11月30日—12月10日，国家“两基”攻坚办有关人员分三组对安徽、广西、贵州、湖南、湖北、重庆6省（自治区、直辖市）“两基”攻坚工作进展情况和“农村寄宿制学校建设工程”项目实施情况进行了检查。实地察看了6省（自治区、直辖市）13个县的43所项目学校，通过听取汇报、察看教室、学生宿舍和学生食堂，与学校校长、师生交谈，走访当地群众等方式，基本摸清了6省（自治区、直辖市）“两基”攻坚工作和有关项目县实施“工程”的进展情况。

33. 2004年12月15日，国家“两基”攻坚办召开检查组工作汇报会。教育部副部长、国家“两基”攻坚办主任陈小娅同志听取了国家“两基”攻坚办三个检查组对安徽、广西、贵州、湖南、湖北、重庆6省（自治区、直辖市）“两基”攻坚工作进展情况和“农村寄宿制学校建设工程”项目实施情况检查的汇报并作了重要讲话。

34. 2004年12月20日，财政部下达新疆、西藏2004年农村寄宿制学校建设工程中央专项资金（财政）项目预算。

国家西部地区“两基”攻坚计划责任书有关指标汇总表

序号	省份	2007年“两基”人口覆盖率(%)	2007年初中毛入学率(%)	2007年青壮年文盲率(%)	2003—2007年拟实现“两基”达标的县数(个)	中央专款(亿元)	省级专款(亿元)	省级预算内教育经费支出占财政支出的比例(%)	“两免一补”受益比例(%)	小学教师学历合格率(%)	初中教师学历合格率(%)	备注
1	内蒙古	100.00	98.59	1.83	27	5.2	0.80	18.97	98.00	99.82	94.53	2006年实现“两基”
2	广西	100.00	95.00	3.00	41	6.0	3.00	12.70	43.00	95.00	90.00	
3	重庆	100.00	99.50	1.76	5	3.0	0.00	25.29	37.60	99.50	97.00	
4	四川	99.30	93.50	2.00	37	6.0	10亿以上	11.85	93.10	98.50	93.00	
5	贵州	100.00	98.00	5.00	45	9.0	4.29	10.00	100.00	97.00	95.00	
6	云南	90.00	95.00	4.00	26	9.0	3.95	19.30	未标明数字	96.50	94.00	
7	西藏	90.20	90.70	5.00	54	6.5	2.45	15.00		98.00	95.00	
8	陕西	100.00	108.26	1.00	21	4.0	0.50	17.00	71.30	96.96	96.54	2006年实现“两基”
9	甘肃	94.79	90.00	4.69	20	8.0	0.60	20.50	100.00	95.77	89.10	
10	青海	93.50	92.50	5.00	18	4.5	1.328	16.00	90.93	100.00	95.00	
11	宁夏	100.00	98.00	5.00	8	3.5	0.54	17.63	85.71	99.10	95.40	
12	新疆	100.00	96.10	1.20	28	6.8	1.584	17.92	70.49	98.80	97.00	
13	新疆生产建设兵团	100.00	95.00	2.00	38	3.0			100.00	98.00	98.00	2005年实现“两基”

据2004年12月教育部网

探索解决农村教育的深层次问题

——访安徽省教育厅副厅长胡平平

问：安徽省作为一个农业大省，结合全国农村教育工作会议精神，请您谈谈为什么说农村教育在全面建设小康社会中具有基础性、先导性和全局性的作用？

答：安徽省总人口6 300万，居全国第8位，全省总人口的70%～75%在农村，农村人口约4 500万，占相当大的比重，因而安徽是一个农业大省和资源大省，又是人口大省。安徽省发展基础教育的重点和难点应该都在农村。这是因为，一方面农村劳动力素质是提高农业生产力和加快产业结构调整的决定性因素，另一方面我国经济和社会的发展特别是加入WTO后，国家将发展的目标定位在世界制造业大国，这就需要大量的有文化、有技术的工人来完成这一任务。随着城市化和农村城镇化进程的加快，大量农村剩余劳动力向城镇转移，农村青壮年农民要进城、进工厂，并将形成城市新兴的产业工人阶层。如果他们素质不高，没有文化，没有技术是不行的，也与现代城市文明不合拍，是很难适应社会经济发展需要的。因而农民的教育问题必须提到首位，如果农村教育搞不好的话，就不能适应我国整个社会和经济发展的需求，其他问题也都谈不上。十六大提出了全面建设小康社会的目标，可农村实现起来却有困难，主要还是农民科学文化素质不高。对于安徽这个农业大省来说，农村教育更是处于重中之重的地位，安徽省只有把农村教育搞上去了，才能把巨大的农村人口压力转化为人力资源优势。从这一点来看，农村教育在全面建设小康社会中的基础性和全局性的作用都是无庸置疑的。

问：当前农村教育的主要问题或矛盾是什么？

答：主要有三大问题或矛盾。

一是投入问题。一方面现在农村教育的投入不稳定，还没有建立起长期和稳定的机制保证对农村教育特别是对农村义务教育的政策性投入，目前主要还是靠层层转移支付，这是很不稳定的，随机性也很大；另一方面对农村教育的投入也是不足的，保了工资就保不了运转和发展，保了运转就保不了工资和发展，保了校舍建设，就又保不了运转和工资。我们现在首先是要保工资，安徽省及全国的税费改革省主要是先保国标工资。农业大县保工资的经费主要靠农业税和上级的一般性转移支付。根据安徽所有农业大县统计，这两项经费比几乎是1∶1。减免农业税后，看来农业县的所有工资性支付只有靠中央财政补足补齐了。现在比较困难的是保运转，运转主要还是靠杂费，财政中可用于公用经费的几乎没有；还有就是学校建设和发展资金也很困难，学校基本建设主要是中央和省的危改资金及县的配套，实际上县里的配套很困难，现有的资金都用于发工资了，没有什么钱可拿来配套，资金很困难，不能满足农村基础教育发展的需要。

二是农村基础教育的管理体制不顺。中央要求实行“以县为主”管理体制后，大部分地区只是将工资上收到县，而人、财、物、事还没有全面收到县统筹管理。一方面是县与乡之间的关系没有理顺，县教育行政部门管不了教师的任命、调配和整合。另一方面是部门之间也没有理顺关系，财权由财政部门管，人权由人事和组织部门或宣传部掌管，教育行政部门干着教育的事却无法管理教育的财和人。例如学校乱收费的问题，教育局没有权力去处理校长，因为校长不是教育局任命的。从教育经费的管理和使用来看也不够规范，有些教育经费从省里下到县里，明文说是给学校的建设或运转经费，但钱却是从计划部门到计划部门一层层地下达，从财政部门到财政部门一级一级地划拨，或绕过教育主管部门直接下至学校，或上下财政指标结算无法到达学校。教育部门不知道钱的去向和用途，没权去过问。乡以下的中小学校长大部分均由乡镇长任命，乡镇需要用钱，从学校杂费中调用几万元，校长敢说“不”字吗？这叫县教育局如何去统筹资源，如何去监督？因而造成了无人去整合教育资源，行政的运行成本很高，部门之间、县乡之间没有理顺关系是一个大问题。

三是农村教育的培养目标和教育模式问题，也就是为谁服务的问题。目前农村还没有从过去应试教育的模式中走出来，一个农村学校，一个乡镇以什么为荣呢？是以初中有多少学生考上重点高中和示范高中为荣，是以普通高中能考上多少大学生为荣。对于其他的升不了学的学生就管不了，考不上就回家务农吧，因而农村教育抓住少数丢了大多数，引发了不少学生厌学这一问题，值得我们好好反思。这是农村教育培养目标的问题。农村教育到底是为谁服务呢？农村教育的培养目标和教育理念还没有根本转变过来，没有把农村教育真正放在为当地经济和社会发展服务的位置上来。农村教育问题很多，这里当然也涉及课程教材、教育内容、方法和评价体系问题，但这是我们教育办学理念的问题。

以上是农村教育三大问题或矛盾。

当然农村教育问题中还有教师的素质问题和编制问题。但这个问题的根子还是投入问题。在农村越是经济困难的县，越是偏远的学校，越是缺教师，一方面是正规大专师范生进不了学校，另一方面是贫困地区学校缺少合格的教师。即使有编制，也因财力薄弱供养不起，农村学校缺教师无法开课，只有用很低的一百多元的月工资请一个高中或初中毕业生去代课，这些钱也是学校从杂费中开支，县乡都无补贴。农村教师的结构性缺编问题很严重，越是偏远的地方缺编问题越突出，大部分农村学校仅开设语文和数学课，音、体、美、外语教师严重缺乏，这些课根本开不齐。过去计划经济条件下进来的教师特别是民师转正后，很多教师是初中或高中毕业生，甚至小学毕业生，文化水平低、知识老化，不能适应现代教育教学改革和发展的需要，严重地影响了农村教育教学质量的提高。但由于体制原因，一方面这部分教师一旦进入了教师队伍就很难出去，他们出去后怎么办？我们国家的社会保障机制又不健全，搞不好的话的就会造成新的社会矛盾的产生。另一方面适合现代教育教学发展需要的合格教师又进不来，这是事业单位人事制度改革问题中必须亟待解决的问题。所以国家必须加快事业单位人事制度改革，将用人制度这个瓶颈问题解决好，否则教育人事制度改革就盘不活，就没有了竞争和激励机制，整个教育事业和教育教学质量就不会有更大的突破、发展和提高。

问：安徽是全国第一个税费改革试点省，作为改革中出现的新事物，在推行过程中都遇到了哪些困难和阻力？

答：税费改革后，农民负担减轻了，这一政策是非常正确和高瞻远瞩的。但税费改革后又出现了新的问题，使过去农村的深层次问题浮现出来了，农村教育投入不足的矛盾凸显出来了。1986 年以后我们国家的农村教育主要是乡镇办，农村办，农民办，经费的主要来源是教育费附加和农民集资，农村教育费附加和教育集资占教育投入的比例一般在 50～70％之间，这一比例在整个农村教育投入中是相当高的。税费改革后，不能集资了，教育费附加取消了，这一政策刚调整时，政府没有做好准备，显得有些措手不及。首先政府就没有足够的钱拿来发工资，农村教育显得异常困难，好多地方工资发不出了，运转不下去了，校舍危改资金也没有着落了。因此在 2000 年 7 月开始税费改革后，到 2001 年 3 月份全国人代会时，安徽代表团就向中央及时反映了这一新问题和困难，认为这一深层次矛盾必须尽快得到解决。那么税费改革以前为什么这个矛盾没有凸显出来呢？矛盾肯定是存在的，只是以前是教育越没钱就越收钱，农民的口袋就是教育的口袋，靠收费来堵缺口，拆东墙补西墙，把矛盾和问题掩盖了。其实这一矛盾早就很突出了。税费改革前，安徽省拖欠工资就有十几个亿。当时教师没有工资，学校就靠收费发点所谓“开口子”工资，把这一矛盾掩盖了。税费改革后，不能乱收了，不能集资了，使得过去政府对教育投入不足的深层次矛盾浮露出了水面。我认为这是个好事，我们在改革试点中碰到了，也是正常的。矛盾的凸现让省里各方面的领导和社会各方面的人士达成了共识：即农村教育的单到底应该由谁来买，必须由政府来买，由财政来买，不能再靠农民集资和教育费附加了。

问：税费改革后，取消了教育费附加，农村教育经费的筹措一定遇到了意想不到的困难，安徽省是如何应对这些困难和问题的？

答：及时向中央反映实情，建议加大对农村义务教育的转移支付力度。同时我们积极进取，克服困难，比如说教师的工资，主要是国标工资，我们从 2001 年 5 月试点，10 月份就将工资全部上收到县管，国标工资基本没有拖欠了。2002 年底，省财政向银行和财政部借了 7 个亿，补发了 93 年以来拖欠的国标工资。2003 年 7 月 1 日后，开始实行一个县一个工资标准，因为从 2001 年教师工资收到县管县发后，一般只能发国标工资，省里津贴大多数乡镇没有发，有钱的乡镇就发，没有钱的就少发或不发，因此在一个县就有几个标准，城乡之间、贫富乡镇之间工资标准也都不同，经过一两年的试点后，2003 年 7 月以后省里从政策上要求一县一制的工资标准。

在危改方面我们的力度比较大，几年来我们拿出了 10 多个亿，国家危改专项资金 1.6 个亿，从 2001 年到 2003 年，省里一共投入 12 个亿，解决省里 438 万平方米 D 类危房。加上县配套共计 21 亿，到 2003 年 11 月份已提前完成了 458 万平方米的 D 类危房改造任务。

目前我省的学校运转主要靠收取杂费。各级政府转移支付中的运转经费即生均公用经费补助兑现不了，只能收取杂费。安徽省的杂费标准还是 97 年定的。这些年来，我们采取一系列措施制止中小学的乱收费。

目前还有几个问题，就是安徽省在实施“两基”过程中各地的债务大约有 20.3 个亿，现在归还起来很困难。另外就是还没有建立一个运转和校舍建设的稳定投入的机制。

问：安徽省是如何建立和健全“以县为主”的管理体制的？对人、财、物、事等是如何理顺和统筹的？都有哪些新思路和新举措？

答：根据国务院“以县为主”的管理体制改革思路，2001 至 2002 年，我们基本做到了“以县为主”的教师工资管理，把过去由乡镇管理工资上收到县教育行政部门，县管县发。但如何才能做到“以县为主”的人、财、物、事统统上收到县进行统筹管理呢？我们主要处理好了两个关系：一是明确县乡之间的职责。县教育局是领导和管理中小学的，乡一级是支持、监督和指导属地的教育工作的，乡镇从此以后没有领导和管理学校的职能了。二是理顺了部门之间的关系。对教育部门、财政部门、人事部门进行统筹。我们现在把人、财、物、事统筹归口县教育局进行管理，有关部门如财政、计划、审计等进行监督，建立了监督制约机制。

总的思路是人权、财权和事权做到“以县为主”，县对农村中小学负有直接的领导和管理职责；乡镇对农村教育负有支持、监督和指导的责任；村民自治组织对农村教育有支持和监督的责任。

具体做法和措施是：

首先是撤销了乡镇教委（教办），建立了以中心学校为学区的管理网络。这样的学区和乡镇是什么关系呢？中心学校可以分别设在小学、初中，分别管理辖区内的小学、初中；中心学校设在小学的，只管理辖区内的小学，初中由县教育行政部门直接管理。一个大乡可能有几个学区，或几个小乡建立一个中心学校，形成学区。学区的建立是根据教育教学规律建立的，教育行政部门直接领导管理中心学校。此外我们建立了由乡镇领导出面牵头的，由学校、人大代表、村干部、家长等组成的学校“支持监督指导委员会”，对中心学校进行监督制约，这就相当于城市社区的参与与监督。为什么要建立这样的监督机制呢？因为一个县几十万至上百万人口，县教育行政部门不可能时时刻刻去盯着学区吧，只有当地的村委会、乡干部和群众才能就近有效地监督中心学区。这样形成两条线，一条是领导管理，一条是监督支持，一条通往县政府，一条通往县教育行政部门。

其次我们在县里成立了“教育结算分中心”。把过去由乡镇或学校收取或管理的杂费统到教育结算分中心，乡中心学校在银行设立收入代结账户，把收到的钱直接打入教育结算分中心，然后在中心学校设立支出账户，根据学区内各学校的实际需要由结算分中心定期划到乡中心学校支配。这样收支两条线，规范了收和支，教育和财政皆大欢喜，同时扼制了乡干部的平调和挪用。经费由教育行政部门管理使用，财政部门监督，其监督形式是多样的，有的是财政部门派出总会计师，有的由审计部门定期审计，这样还有效地监督了教育部门的权力过大或不规范的问题。

再次是在原县教育局人事股的基础上成立了“教育人才管理中心”。在全县范围内进行教师资源的整合，在全县调配校长和教师，均衡发展全县教育。

上述三种改革，我们称之为“一破三立”，即一破乡镇教办，立中心学校、立教育结算分中心、立教育人才管理中心。

在撤销乡镇教办时还有一个意想不到的结果，部分县理清了“两基”遗留下来的债务。我们发现“两基”中的债务五花八门，形式多样，到底哪些是实在的，哪些是有水分的，哪些是需要归还的，哪些是已还掉的。在撤销乡镇教办时，成立了由县四大班子牵头的，由教育、纪检、财政、审计等组成的工作组，一个乡一个乡地清理，一笔一笔地算，把过去许多糊涂账都理清了。这样校长和乡镇再也不敢乱借了，谁借谁就去还。不像过去那样本届乡长借了留给下届去还。

目前安徽省有二期“普九”的味道，13个指导县“以县为主”试行的人、财、事、物统筹工作已全面铺开了，效果是很明显的。这一改革是和我们国家的财税体制和机构改革方向是完全一致的，减少了中间环节，降低了行政运行成本，使得政令畅通，快速地到达基层，我们认为这是一种扁平式领导体制。不仅这样，有的县借此不但解决了教师工资，还解决了教师的养老保险和医疗保险，教师欢欣鼓舞，非常支持这一改革。

由于指导县在项目和资金上都会得到省里的倾斜，全省各县都非常积极主动，目前又有16个县政府打报告要求进入重点指导县的行列，这样我们已经有了29个指导县。指导县工作是政府行为，不是教育部门一家的事。

问：如何看待费改税前的农村办学体制呢？

答：我们不能说过去的体制都是错的，在过去的特定环境下，农村义务教育的管理体制是县、乡两级办学，县、乡、村三级管理，这对推动农村义务教育的普及和农村教育的发展发挥了极为重要的作用，农民集资办学的功劳是不可磨灭的。

总之目前农村教育的困难和问题还是很多的，主要困难还是投入问题。现在我们把体制建立起来了，但同时也把过去乡里的缺口和矛盾上升到县里了，如果不加大投入的话，新的体制运行将是很困难的。再者就是农村教师素质不高、农村教育教学质量低，教师难进难出的体制以及培养目标、模式等问题也急需解决。

我们需要建立的是一种“以县为主”的基础教育管理体制，同时也要建立以中央、省、市、县四级政府合理的财政投入分担机制。我们不能认为“以县为主”的管理就是“以县为主”的投入，这是不符合中国国情的，也是不合理的。

原载2004年第5期《基础教育参考》 陈海东 宋军生 甘璐 文

职业教育与成人教育

〔全国职业教育工作会议〕 2004年6月17—19日，经国务院批准，教育部、国家发展改革委、财政部、人事部、劳动保障部、农业部、国务院扶贫办七部门在江苏省联合召开全国职业教育工作会议。国务委员陈至立出席会议并讲话。教育部部长周济作工作报告，国家发展改革委、财政部、人事部、劳动保障部、农业部和国务院扶贫办六部门的负责同志分别发言。江苏等六个省市的负责同志作了大会经验交流发言。会议期间，代表们还参观考察了南京、镇江、常州、无锡、苏州等地的职业教育。

这次会议是继2002年国务院召开全国职业教育工作会议以来，推动职业教育改革与发展的又一次重要会议。会议强调，在走新型工业化道路和推进城镇化进程中，职业教育大有可为；解决“三农”问题，推进农业现代化，呼唤职业教育大发展；提高劳动者素质，增强产业竞争力，必须以职业教育为基础；促进就业和再就业，必须依靠职业教育；发展职业教育是实践“三个代表”重要思想和全面落实科学发展观的重要体现，也是形成全民学习、终身学习的学习型社会的重要实践。

会议指出，教育工作必须坚持科学发展观，职业教育与普通教育是教育体系的两个支柱，必须协调发展，不能一条腿长、一条腿短。要改变“重普通教育、轻职业教育”、“重文化知识、轻技能培养”的倾向，确保职业教育和普通教育之间的协调发展。职业教育在办学指导思想上应当完成三个转变：一是从计划培养向市场驱动转变，二是从政府直接管理向宏观引导转变，三是从专业学科为本位向职业岗位和就业为本位转变。要推动职业院校根据市场和社会需要设置专业、培养人才，市场和社会需要什么人才就培养什么人才。要推动职业教育教学与生产实践、社会服务和技术推广的紧密结合，特别要加强实践操作技能的培养训练，突出实验、实训和动手操作能力的培养。

会议要求，职业教育在办学机制上要坚持机制创新，形成多元办学的格局。大力发展职业教育，必须把政府主导与充分调动社会各个方面的积极性紧密结合。一是要积极推进公办职业学校的办学体制和运行机制改革，推动公办职业学校重组和整合，鼓励公办职业学校引进民办运行机制，探索与企事业单位、其他教育机构、社会团体及个人合作，形成多元的办学格局。二是要支持行业企业办学和民办职业院校的发展，对民办职业学校给予与公办职业学校同等的待遇，促进公办、民办职业教育的共同发展。三是要把职业教育作为民办教育和中外合作办学的优先领域。

会议明确提出，要多渠道筹措和增加办学经费，为促进职业教育的可持续发展提供坚实的条件保障。发展职业教育，政府必须投入。如果没有这笔启动资金，职业教育是很难发展壮大的。会议要求各级政府要按照《职业教育法》的要求，切实承担起发展职业教育的主要责任。努力增加用于发展职业教育的财政拨款，有计划地支持职业院校更新实习设备、改善教学实验设施，特别是加强职业院校共享平台的建设，促进职业院校教育教学质量和办学效益的提高。同时，要把为家庭经济困难群体及其子女支付职业教育和培训经费，为他们提供职业教育培训机会，作为扶贫解困的重要举措，帮助他们脱贫致富。

会议指出，必须在实践中不断巩固和完善“在国务院领导下，分级管理、地方为主、政府统筹、社会参与”的职业教育管理体制。发展职业教育，培养实用技能型人才和促进就业，主要受益在地方，同样，发展职业教育的主要责任也在地方。地方各级政府一定要切实加强对职业教育工作的领导，认真制订发展规划，出台必要的政策措施，切实把大力发展职业教育工作作为地方政府的一件大事来抓。地方各级政府的领导同志要经常深入职业院校和各类培训中心，督促检查和指导各项工作落实情况，及时协调解决职业院校办学中遇到的困难和问题。

会议要求建立政府有关部门齐抓共管、共同促进职业教育发展的联合工作机制。各有关部门要进一步明确职责，加强配合，共同做好职业教育工作。地方要参照国务院部际联席会议制度的做法，成立类似的机构，推动当地的职业教育工作。要切实做到认识到位，工作责任到位，资金投入到位，政策措施到位，基地建设到位。会议还要求各地加强舆论宣传工作，为职业教育改革与发展营造良好的外部环境和氛围。

会后，教育部等七部门印发了《关于进一步加强职业教育工作的若干意见》。

来自各省、自治区、直辖市、计划单列市人民政府的副省长（副主席、副市长）、教育部门负责人，职业教育工作联席会议成员单位系统的部分省市部门负责人，国务院有关部委负责职业教育工作的同志，部分职业院校的代表，共计二百余人出席了会议。

撰稿　刘建同

〔**实施技能型紧缺人才培养培训工程**〕一、认真组织实施“职业院校制造业和现代服务业技能型紧缺人才培养培训工程”（以下简称“工程”），缓解劳动力市场上相关专业领域技能人才紧缺状况。2003 年 12 月，教育部、劳动保障部、国防科工委、信息产业部、交通部、卫生部联合发出《关于实施“职业院校制造业和现代服务业技能型紧缺人才培养培训工程”的通知》，教育部积极与有关部门协作，制定数控技术应用、计算机应用与软件技术、汽车运用与维修、护理四个专业领域教学指导方案。从 2004 年 1 月至 4 月底，教育部相继举办了这 4 个专业领域的国家级培训班。据统计，共有来自全国各省、自治区、直辖市、新疆生产建设兵团和计划单列市的 568 所职业院校的1 361名校长、专业科（系）主任及骨干教师、职教行政与教研部门的负责同志接受了培训。

二、以“工程”实施为契机，逐步形成职业教育教学改革的新机制，推动产教结合、校企合作的进展。教育部邀请行业、企业专家按照工作流程和岗位需要共同开发的“核心课程与训练项目”，替代了传统的教学大纲和教材，彻底改变了职业教育闭门造车的办学模式，更大程度地体现了行业、企业技术发展与进步，从满足用人单位的需要，为学生提供更多的“做中学”的机会，得到了行业、企业的认可，赢得了企业的普遍认同和支持。中国机械工业联合会、西门子公司、微软、Autodesk、ATA、高等教育出版社、北大青鸟等一大批企业积极参与“工程”实施，为相关院校提供师资培训、教学软件和设备支持。一汽丰田公司已与教育部签订协议，从 2004 年至 2010 年，连续出资对职业院校进行捐助，2004 年已经捐赠价值 500 多万元的教具与实训设备；美国 Autodesk 公司提供了 50 个节点的 AUTOCAD 软件实验室 100 个，并提供免费的师资培训；珠海市欧亚汽车有限公司向 28 所院校捐赠汽车维修软件，并投资 200 多万元与珠海第三职业中学共建汽修实训基地。

三、举办专业技能大赛，检验技能型人才培训成果，提高职业学校毕业生就业质量。2004 年，劳动保障部、教育部、国防科工委等六部委联合举办全国数控技能大赛，推动职业院校深化教育改革，加快技能型人才培养。浙江、吉林、河南、广东、黑龙江、湖北、江苏等地纷纷组织地方的数控技能大赛。黑龙江省已将大赛的专业领域拓展到电子技术、烹饪、旅游、钳工等十个专业（工种）。浙江已经几次联合浙江卫视举办了烹饪、服装设计与工艺、服装表演的技能大赛。上海市举办“星光杯”职业学校学生技能大赛，涉及三十多个专业。技能大赛的举办，让更多的企业、用人单位了解到职业学校教学和毕业生的情况，已逐步成为各地职业教育管理部门和职业学校检查、评价职业教育的重要手段之一。

四、“工程”实施带动了全国中等职业学校的专业建设。“工程”实施过程中得到了各地教育行政部门的高度认可和支持。北京、上海、天津、辽宁、内蒙古等20个省、自治区、直辖市教育厅（局）与相关部门联合转发了相关文件，还结合当地的实际情况，在4个专业领域之外增加了本地区技能型紧缺人才的其他专业领域：北京增加了物流、机电技术、电子信息技术等专业；天津增加了旅游管理专业；新疆增加了棉花、石油化工、餐饮等专业。各地结合实际提出了更加明确的要求，制定了更加具体的目标和措施：河南提出三年内提供10万职业学校毕业生，短训30万人次；江苏、四川、山东、辽宁都提出要停止通过简单组织文化课统考来评价职业学校教学质量的做法；四川明确提出从2005年起，技能紧缺专业要全部采用体现以就业为导向、以实践技能为核心的新的课程体系和教材。

五、按照“工程”理念，与行业部委合作开发新的专业。“工程”的顺利实施，引起相关行业部委和行业协会的高度关注。交通部专门召开全国交通职业教育工作会议，并与教育部联合印发《关于进一步推进交通职业教育改革与发展的若干意见》，提出了一系列支持交通行业职业教育的政策措施。建设部与教育部联合开发出建设领域的技能型紧缺人才培养培训方案，涉及建筑施工、建筑装饰、建筑设备和建筑智能化等四个专业领域，共有165所职业院校和702个企业参与实施工程。

撰稿　刘　杰

〔**建立职业教育工作部际联席会议制度**〕 国务院于2004年6月批准建立职业教育工作部际联席会议制度。职业教育工作部际联席会议由教育部、国家发展改革委、财政部、人事部、劳动保障部、农业部和国务院扶贫办共七个部门和单位组成，教育部为牵头单位。教育部部长周济任联席会议召集人。联席会议的职能是，统筹协调全国职业教育工作，及时研究解决职业教育工作中的有关问题。联席会议按照加强业务指导、协调各方力量、交流情况经验、研究发展措施、督促政策落实的要求，由各成员单位负责督促、检查、指导本部门职责范围内的有关职业教育工作政策措施的落实。联席会议在教育部职业教育与成人教育司设立办公室，负责日常工作。

撰稿　谢　俐

〔**职业教育实训基地建设项目和职业教育发展专项建设计划启动**〕 2004年4月30日教育部、财政部制定了《关于推进职业教育若干工作的意见》，决定实施“职业教育实训基地建设项目”，提出“采用中央财政资金引导的方式，推动各地职业教育实训基地建设，促进职业教育改革不断深入”。计划从2004年到2007年，用四年左右的时间，在全国分期分批建设一批条件较好、适应技能型人才培养培训需要的职业教育实训基地。主要涉及的专业领域有数控技术、汽车维修技术、计算机应用与软件技术、电工电子技术、建筑技术等。文件印发后，教育部和财政部认真组织实施，到2004年底，初步落实资金1亿多元，支持江苏、上海、浙江、江西、湖北、四川、辽宁、吉林、黑龙江等九省市51个职业教育实训基地建设。

在积极推进职业教育实训基地建设项目的同时，教育部与国家发展改革委密切配合，提出以加强县级职教中心建设为重点，搞好骨干示范性职业学校建设，改善办学条件，优化资源配置，切实做大做强职业教育。经过多次协商反复论证，2004年9月28日，国家发展改革委、教育部、劳动保障部联合印发《关于组织制订推进职业教育发展专项建设计划的指导意见》，提出：“专项建设的目标是，用4年左右时间，经过中央和地方的共同努力，加强1 000所左右市、县级骨干中等职业学校的建设，形成一批设施、设备条件基本满足技能型人才培养要求和基本满足农村劳动力转移培训要求的职业教育基地。”在各地的积极支持下，经过国家发展改革委和教育部的共同努力，到 2004 年底，初步确定了第一批专项建设项目学校 255 所。

撰稿　刘建同

〔调整认定国家级重点中等职业学校〕为全面贯彻落实全国职业教育工作会议和《国务院关于大力推进职业教育改革与发展的决定》精神，从加强骨干示范性中等职业学校建设入手，充分发挥优质教育资源的骨干示范作用，推动中等职业教育发展，教育部从 2003 年开始分两批开展了国家级重点中等职业学校的调整认定工作，共公布了国家级重点中等职业学校1 504所。

附一

首批国家级重点中等职业学校名单

（2004 年 3 月公布　共 1 076 所）

北京市（30 所）

北京商贸学校

北京市建筑材料工业学校

北京铁路电气化学校

北京市交通学校

北京市化工学校

北京二轻工业学校

北京市八一农业机械化学校

北京市什刹海体育运动学校

中央音乐学院附属中等音乐学校

北京舞蹈学院附属中等舞蹈学校

北京市信息管理学校

北京市海淀区外语电子职业高中

北京市财经学校

北京市东城区职业教育中心学校

北京市外事服务职业高中

北京市实用美术职业学校

北京市宣武区第一职业学校

北京市宣武区第二职业学校

北京市求实职业学校

北京市劲松职业高中

北京市丰台区职业教育中心学校

北京现代职业学校

北京市黄庄职业高中

北京市大兴区第一职业学校

北京市昌平职业学校

北京市计算机工业学校

北京市电子工业学校

北京市商业学校

北京市供销学校

延庆县第一职业学校

天津市（37 所）

天津市铁路工程学校

天津市城市经济与管理学校

天津市工业学校

天津市南开职业中等专业学校

天津市经济贸易学校

天津市红星职业中等专业学校

天津市电子计算机职业中等专业学校

天津市第一轻工业学校

天津市第一商业学校

天津市劳动经济学校

天津市中华职业中等专业学校

天津市塘沽区第一职业中等专业学校

天津市东丽区职业教育中心学校

天津市大港第一职业中等专业学校

天津市统计职业中等专业学校

蓟县职业中等专业学校

静海县成人与职业教育中心

天津市立达职业中等专业学校
天津市武清区职业中等专业学校
天津市渤海职业中等专业学校
天津市宝坻区第一职业中等专业学校
天津市体育运动学校
天津市艺术学校
天津市宝坻中等专业学校
天津市劳动保护学校
蓟县中等专业学校
天津市港口管理中等专业学校
天津市司法警官学校
天津市建筑工程学校
天津市南洋职业技术学校
天津市汉沽区中等专业学校
天津市育英职业中等专业学校
天津市雍阳中等专业学校
天津市西青中等专业学校
天津市北辰区职业中等专业学校
天津市慧翔职业中等专业学校
天津市北洋职业中等专业学校

河北省（67 所）

石家庄铁路运输学校
石油物探学校
鹿泉市职业教育中心
迁安市职业技术教育中心
南宫市职业技术教育中心
青县职业技术教育中心
东光县职业技术教育中心
石家庄市职业技术教育中心
唐山市职业教育中心
涿州市职业技术教育中心
丰宁满族自治县职业技术教育中心
武安市综合职业技术教育中心
涉县职业技术教育中心
青龙满族自治县职业技术教育中心
邢台市职业技术教育中心
唐山市丰南区职业技术教育中心
冀州市职业技术教育中心
安国市职业技术教育中心
清苑县职业技术教育中心
临城县职业技术教育中心
河北省体育运动学校
永年县职业技术教育中心
隆化县职教中心
乐亭县综合职业技术教育中心
玉田县职业技术教育中心
藁城市职业技术教育中心
滦县职业技术教育中心
河北商贸学校
河北城乡建设学校
定州市职业技术教育中心
深州市职业技术教育中心
张家口市宣化区职业教育中心
抚宁县职业技术教育中心
故城县综合职业技术学校
蠡县启发职业技术教育中心
宁晋县职业技术教育中心
晋州市职业技术教育中心
沧县职业技术教育中心
大厂回族自治县职业技术教育中心
任丘市职业技术教育中心
新乐市职业技术教育中心
石家庄工程技术学校
张家口市职业技术教育中心
廊坊市电子信息工程学校
承德卫生学校
保定市职业技术教育中心
遵化市职业技术教育中心
三河市职业技术教育中心
香河县职业技术教育中心
石家庄卫生学校
邢台市财贸学校
河北银行学校
承德工业学校
北方机电工业学校
衡水卫生学校
河北经济管理学校
张家口市卫生学校
衡水市职业技术教育中心
邯郸县综合职业技术教育中心
徐水县职业技术教育中心

阜平县职业技术教育中心
保定市女子职业中专学校
石家庄美术职业学校
石家庄冀联医学中等专业学校
河北省农业工程学校
内邱县职业技术教育中心
石家庄旅游学校

山西省（33所）

太原铁路机械学校
山西省供销学校
华北机电学校
山西省贸易学校
山西省农业机械化学校
平遥县职业学校
太原市商贸经济职业中专学校
侯马市职业中专学校
晋城市第一职业中学校
太原市财政金融职业中专学校
朔州市朔城区神头职业中学校
阳泉市职业中专学校
阳泉市交通职业中专学校
昔阳县高级职业中学校
大同市第一高级职业中学校
吕梁地区职业中等专业学校
霍州市职业中专学校
永济市职业中专学校
阳城县职业高级中学校
晋中市榆次区第一职业中专学校
长治市太行职业中专学校
运城市盐湖区第一职业中专学校
左云县综合技术学校
长治卫生学校
山西省建筑材料工业学校
山西省雁北煤炭工业学校
太原农业学校
临汾人民警察学校
山西省司法学校
太原旅游学校
原平市职业高级中学
长治县职业高级中学校

芮城县第一职业学校

内蒙古自治区（13所）

包头铁路工程学校
内蒙古电力学校
包头市第四职业高级中学
临河市第一职业中等专业学校
扎兰屯农牧学校
内蒙古经贸学校
包头市昆仑职业中专学校
乌兰浩特市第一职业中等专业学校
呼和浩特市第二职业中等专业学校
包头市育才职业中专学校
赤峰市第一职业中等专业学校
赤峰市华夏职业学校
乌拉特前旗职业中等专业学校

辽宁省（50所）

沈阳铁路机械学校
锦州铁路运输学校
大连市轻工业学校
大连电子学校
大连经济技术开发区中等职业技术专业学校
沈阳市体育运动学校
朝阳市体育运动学校
营口市中等专业学校
沈阳市计算机学校
辽阳市第一中等职业技术专业学校
沈阳市外事服务学校
沈阳市金融学校
鞍山市第一中等职业技术专业学校
瓦房店市职业教育中心
抚顺市第一中等职业技术专业学校
沈阳市电力学校
阜新市第一中等职业技术专业学校
大连市女子中等职业技术专业学校
锦州市第一中等职业技术专业学校
铁岭市信息工程学校
营口市经济技术学校
沈阳市商贸学校
桓仁满族自治县职业教育中心

辽宁省城市建设学校
辽宁省农业经济学校
辽宁省机电工程学校
辽宁省农业机械化学校
沈阳医学院附属卫生学校
沈阳中医药学校
沈阳市装备制造工程学校
朝阳市财经学校
本溪市电子工业学校
本溪市卫生学校
营口市农业工程学校
辽宁省体育学校
朝阳市农业学校
辽宁省新闻出版学校
鞍山师范学院附属卫生学校
锦州市财经学校
辽宁省劳动经济学校
大连综合中等专业学校
本溪市化工学校
东北有色金属工业学校
抚顺市农业特产学校
铁岭市卫生学校
抚顺市建筑工业学校
沈阳市汽车工程学校
阜新市卫生学校
沈阳市旅游学校
鞍山市广播电视学校

吉林省（21所）

吉林铁路经济学校
长春高级职业技术学校
吉林航空工程学校
吉林机电工程学校
四平卫生学校
吉林省石油学校
吉林市女子职业高级中学
吉林信息工程学校
长春市财政学校
通化市职业教育中心
长春艺术学校
吉林市财经学校
吉林市经济贸易学校
四平市职业技术教育中心
双辽市职业中专
白山市职教中心
延边财经学校
延边林业学校
延吉市职业高级中学
辽源市第一职业高中
公主岭市职业教育中心

黑龙江省（26所）

齐齐哈尔铁路工程学校
黑龙江省商务学校
齐齐哈尔市职业教育中心学校
五常市职业技术教育中心学校
哈尔滨市第一职业高级中学
大庆蒙妮坦职业高级中学
佳木斯市职业技术教育中心学校
齐齐哈尔林业学校
牡丹江市职业教育中心学校
双鸭山市职业技术教育中心学校
尚志市职业技术教育中心学校
呼兰县职教中心
哈尔滨市香坊区职业技术教育中心学校
龙江县职业技术教育中心学校
讷河市职业技术教育中心学校
黑龙江省粮食学校
大庆外事服务职业高级中学
黑龙江省卫生学校
黑龙江省贸易经济学校
大庆石油工程职业学校
大庆石油管理局卫生学校
哈尔滨市财经学校
黑龙江省林业卫生学校
黑龙江农垦机械化学校
伊春林业学校
哈尔滨铁路中等职业技术学校

上海市（32所）

上海信息技术学校
上海市东辉职业技术学校

上海石化工业学校
上海第二医科大学附属卫生学校
上海市现代职业技术学校
上海市南湖职业学校
上海市商业学校
民航上海中等专业学校
上海市逸夫职业技术学校
上海市徐汇职业高级中学
上海港湾学校
上海海运学校
上海市旅游服务职业技术学校
上海市杨浦职业技术学校
上海市城市建设工程学校
上海市大江职业技术学校
上海市商业会计学校
上海市群益职业技术学校
上海市建筑工程学校
上海工商信息学校
上海市竖河职业技术学校
上海市商业职业技术学校
上海市工艺美术学校
上海市奉贤中等专业学校
上海市体育运动学校
上海戏曲学院附属戏曲学校
上海戏曲学院附属舞蹈学校
上海音乐学院附属中等音乐专科学校
上海市卫生学校
上海市交通学校
上海市公用事业学校
上海市大众工业学校

江苏省（73所）

常州市刘国钧职业教育中心
江阴职业技术教育中心校
无锡职业教育中心校
镇江职业教育中心校
苏州职业教育中心校
张家港职业高级中学
盐城第一职业高级中学
溧阳市职业教育中心
宜兴职业教育中心校
昆山第一职业高级中学
南通供销学校
南京职业教育中心
吴中职业高级中学
太仓职业高级中学
常州铁路机械学校
苏州铁路机械学校
通州职业高级中学
盐城第二职业高级中学
江苏省城镇建设学校
惠山职业教育中心学校
铜山张集职业高级中学
常熟农副职业高级中学
徐州经贸学校
武进职业高级中学
海安双楼职业高级中学
无锡立信职业教育中心校
常州会计学校
常熟工业职业高级中学
宜兴丁蜀职业高级中学
南京市江宁职业技术教育中心
南京市莫愁职业高级中学
金坛市职业教育中心
仪征工业学校
吴江职业高级中学
溧水职业教育中心校
徐州生物工程学校
徐州财经学校
盐都盐南职业高级中学
江阴华姿职业学校
淮海工业贸易学校
南京中华职业教育中心
丹阳职业高级中学
泰州职业教育中心校
武进西林职业高级中学
邗江工业职业高级中学
靖江职业教育中心校
宝应职业技术教育中心校
泰兴职业高级中学
江浦职业教育中心校
海安农业工程学校

高淳职业高级中学
如东第一职业高级中学
宜兴轻工业学校
淮阴财经学校
江苏省戏剧学校
淮阴农业学校
连云港财经学校
金湖职业高级中学
常州旅游学校
楚州职业高级中学
海门职业教育中心学校
盐城农业学校
射阳职业高级中学
大丰市职业高级中学
南京市体育运动学校
涟水职业高级中学
铜山县职业教育中心
六合职业高级中学
连云港市职业技术教育中心
沛县职业高级中学
铜山县工业职业高级中学
启东职业高级中学
连云港大港职业高级中学

浙江省（60所）

绍兴市职业教育中心
浙江信息工程学校
宁海县高级职业技术中心学校
临海市中等职业技术学校
上虞市职业中等专业学校
慈溪职业高级中学
浙江科技工程学校
新昌职业技术学校
义乌市城镇职业技术学校
宁波市职业技术教育中心学校
绍兴县职业教育中心
诸暨市实验职业中学
浙江贸易学校
杭州市中策职业学校
浙江艺术学校
宁波市鄞州职业高级中学
金华市婺城区职业中等专业学校
杭州市陈经纶体育学校
杭州市旅游职业学校
杭州市临平职业高级中学
余姚市职成教中心学校
金华市第一中等职业学校
东阳市技术学校
浙江省体育运动学校
宁波市镇海区职业教育中心学校
杭州市萧山区第一中等职业学校
奉化市大桥职业技术学校
平阳县职业教育中心
温州职业中等专业学校
海宁市职业高级中学
湖州交通学校
缙云县职业中等专业学校
苍南县职业中等专业学校
瑞安市职业中等专业学校
嘉善县职业中等专业学校
象山县职业高级中学
宁波市鄞州职业教育中心学校
金华铁路司机学校
永康市职业技术学校
三门县职业中等专业学校
黄岩职业中等专业学校
杭州市桐江职业技术学校
台州市椒江区职业中等专业学校
台州市路桥中等职业技术学校
浙江水利水电学校
桐乡市职业教育中心
湖州艺术与设计学校
长兴县职业技术教育中心学校
嵊州市中等职业技术学校
舟山航海职业学校
绍兴市农业学校
德清县职业中等专业学校
玉环县中等职业技术学校
诸暨市轻工技术学校
富阳市职业高级中学
温州市瓯海区职业中等专业学校
舟山职业技术学校

衢州中等专业学校
江山市职业中等专业学校
安吉职业技术学校

安徽省（34所）

合肥铁路工程学校
宁国市职业高级中学
合肥市职业教育中心
泾县高级职业中学
马鞍山职业教育中心
亳州市第二职业高级中学
霍邱县陈埠职业高级中学
安徽省行知中学
滁州市第一职业高级中学
宿州市第一职业高级中学
宿州市第二职业高级中学
芜湖市职业教育中心
黄山中华职业学校
蒙城县高级职业中学
阜阳市第一高级职业中学
安徽省物资学校
淮南市职业教育中心
淮北市第二高级职业中学
蚌埠职业教育中心
安庆商业学校
安徽化工学校
芜湖工业学校
合肥林业学校
安徽经济技术学校
霍山县高级职业中学
宿州工业学校
桐城望溪高级职业技术学校
蒙城县庄周高级职业中学
黄山旅游职业学校
铜陵县职业和成人教育中心
太和县第二职业高级中学
肥西金桥高级职业中学
阜阳市宁老庄高级职业中学
安徽省第一轻工业学校

福建省（32所）

福建工业学校
福建省侨兴轻工学校
集美轻工业学校
福清龙华职业中专学校
泉州华侨职业中专学校
龙岩华侨职业中专学校
晋江职业中专学校
漳州第一职业中专学校
福州财政金融职业中专学校
宁德职业中专学校
南平职业中专学校
漳州第二职业中专学校
永安农业职业中专学校
福州建筑工程职业中专学校
福建理工学校
南平市农业学校
三明林业学校
三明市农业学校
福建化工学校
福州电子职业中专学校
永安职业中专学校
福建龙岩财经学校
南安职业中专学校
宁德财经学校
福建建材工业学校
龙岩市农业学校
龙岩卫生学校
长汀职业中专学校
南平市武夷旅游商贸学校
福建工贸学校
建瓯职业中专学校
福州交通职业中专学校

江西省（13所）

南昌铁路机械学校
南昌铁路卫生学校
江西省卫生学校
南昌城市建设学校
新余市职业教育中心
九江市职业中等专业学校

景德镇市陶瓷职业中等专业学校
萍乡市职业中等专业学校
南昌市第一职业中等专业学校
南康市职业中等专业学校
奉新县冶城职业中专
崇义县职业中等专业学校
泰和职业中等专业学校

山东省（137所）

山东省电子工业学校
山东省卫生学校
山东省城市建设学校
山东省电力学校
胜利石油学校
安丘市职业中等专业学校
日照市工业学校
临沂卫生学校
潍坊艺术学校
山东省中医药学校
济南信息工程学校
荣成市职业中等专业学校
寿光市第二职业中等专业学校
诸城市职业中等专业学校
新泰市职业中等专业学校
济南工程学校
烟台第二职业中等专业学校
聊城贸易学校
胶州市职业中等专业学校
莱西市职业中等专业学校
临沂市职业中等专业学校
平度职业中等专业学校
山东省商务科技学校
青州市职业教育中心
潍坊商业学校
临沭县职业中等专业学校
日照市农业学校
潍坊第一职业中等专业学校
济宁农业学校
无棣县职业中专学校
山东省法律学校
莱州市高级职业学校
济南铁路机械学校
费县职业中专学校
胶南市职业中等专业学校
烟台汽车工业学校
沂源县职业教育中心学校
山东省丝绸工业学校
青岛市城阳区职业教育中心
泰安机械电子工程学校
烟台农业学校
博兴职业技术学校
广饶县中等专业学校
山东省机电学校
莱阳卫生学校
枣庄经济学校
曲阜市职业中等专业学校
济宁商业学校
昌邑市职业中等专业学校
龙口市高级职业学校
山东省轻工工程学校
济宁贸易学校
即墨市第二职业中等专业学校
海阳市高级职业学校
莒南县职业教育中心
烟台市第一职业中等专业学校
淄博市淄川区第三职业中专
招远市高级职业学校
济南市历城职业中等专业学校
威海市交通学校
嘉祥县职业中等专业学校
章丘市第一职业中等专业学校
即墨市第一职业中等专业学校
蓬莱市高级职业学校
平邑县职业中等专业学校
栖霞市高级职业学校
兖州市职业中等专业学校
青岛电子学校
肥城市第一职业中等专业学校
沂南县职业教育学校
滕州市高级职业学校
沂水县职业教育中心
莱阳市高级职业学校

青岛华夏职业教育中心
临沂市第一职业中等专业学校
青岛旅游学校
济南电子机械工程学校
烟台艺术学校
山东省农机职业中等专业学校
聊城市第二职业中专学校
德州卫生学校
山东省民族中等专业学校
济南卫生学校
枣庄市第二卫生学校
山东省医药学校
益都卫生学校
宁阳县职业教育中心
山东煤炭卫生学校
龙口市南山职业中等专业学校
泰安贸易学校
德州经济学校
德州财贸经济学校
德州粮食学校
泰安卫生学校
荣成市第四职业中等专业学校
齐河县职业中等专业学校
菏泽信息工程学校
枣庄矿业（集团）有限责任公司职业中等专业学校
菏泽卫生学校
曲阜中医药学校
邹城市职业教育中心
山东省特殊教育中等专业学校
威海市卫生学校
青岛卫生学校
青岛经济技术开发区职业中等专业学校
诸城市成人中专学校
高唐县职业教育中心
山东省体育学校
山东省对外经济贸易职业中专学校
烟台信息工程学校
菏泽交通职业中等专业学校
青岛外事服务学校
邹平职业中等专业学校
烟台商业学校
莱西市职业教育中心
定陶县职业教育中心
莘县职业中等专业学校
诸城市经贸职业中专学校
金乡县职业中等专业学校
泰安艺术学校
青岛市城阳区职业中等专业学校
枣庄工业学校
济宁市财政学校
莱州市第二职业中等专业学校
阳谷县职业中等专业学校
临沂商业学校
济宁卫生学校
邹城市职业中等专业学校
临沂艺术学校
枣庄市卫生学校
烟台护士学校
德州农业学校
临沂经贸学校
台儿庄区职业中专
高青县职业教育中心
山东省轻工美术学校
青岛经济技术开发区黄海职业学校

河南省（49所）

河南省交通学校
河南省农业学校
河南省经济贸易学校
河南省商业学校
河南省计划统计学校
河南省化工学校
河南省林业学校
河南省工程技术学校
河南省经济管理学校
河南省轻工业学校
河南省建筑工程学校
河南省工商行政管理学校
河南信息工程学校
河南机电学校
河南省理工中等专业学校

河南省水利水电学校
郑州水利学校
郑州工业贸易学校
郑州测绘学校
郑州市卫生学校
郑州市财税学校
郑州市机电学校
安阳卫生学校
鹤壁中等专业学校
信阳卫生学校
南阳卫生学校
南阳农业学校
南阳中医药学校
郑州市第四中等专业学校
登封市中等专业学校
新密市职教中心
巩义市第一中等专业学校
荥阳市职业中等专业学校
开封市第二职业中等专业学校
平顶山市经济管理学校
平顶山市工业贸易学校
新乡市信息工程学校
博爱县农业中学
安阳县第一农职业高级中学
安阳市第一职业中等专业学校
濮阳县职业技术学校
灵宝市职业中等专业学校
漯河市第二职业高中
商丘市财经学校
项城市中等职业学校
新县职业高级中学
信阳市第一职业高中
南阳市第四职业中等专业学校
内乡县职业中等专业学校

湖北省（58所）

黄冈工业学校
宜昌市机电工程学校
武汉市财政学校
宜昌卫生学校
钟祥市职业高级中学
罗田理工中等专业学校
湖北省科技商贸学校
武汉市第二职业教育中心学校
武汉市东西湖职业技术学校
谷城县中等职业教育中心学校
郧县职教中心
湖北航天工业学校
随州市第一职业中学
武汉市第二轻工业学校
荆门市职业中等专业学校
武汉市农业学校
宜都市职业教育中心
襄樊市襄城区职业高级中学
孝感市工业学校
湖北省国土资源工程学校
赤壁市职业技术教育中心
武汉市第一职业教育中心
枝江市职业教育中心
宜昌市夷陵区职业高级中学
湖北省邮电学校
湖北省艺术学校
荆州市职业教育中心
麻城理工中等专业学校
浠水理工中等专业学校
襄樊市职业技术教育中心
安陆市中等职业技术学校
利川市民族中等职业技术学校
十堰市第一职业高级中学
咸宁财税会计学校
武汉市财贸学校
石首市职业高级中学
恩施市中等职业技术学校
鄂州中等专业学校
黄州理工中等专业学校
武汉铁路桥梁学校
湖北省机械工业学校
黄石中等专业学校
黄石电子科技学校
咸宁卫生学校
宜昌城市建设学校
十堰市财贸学校

湖北省自动化工程学校
十堰市工业科技学校
武汉市第一轻工业学校
荆州工业学校
公安县职业技术教育中心学校
老河口职业技术教育中心
武汉市建设学校
大悟县中等职业技术学校
湖北省医药学校
武汉钢铁（集团）公司中等职业技术学校
英山理工中等专业学校
鹤峰县职业技术学校

湖南省（48所）

衡阳铁路工程学校
株洲铁路机械学校
长沙县职业中专学校
汨罗市职业中专学校
株洲市工业中等专业学校
长沙市财经职业中专学校
澧县职业中专学校
常德工业学校
长沙市电子工业学校
郴州综合职业中专学校
岳阳县职业中等专业学校
湖南省财会学校
安化县职业中专学校
邵东县职业中专学校
攸县职业中专学校
湘阴县第一职业中等专业学校
湖南省艺术学校
沅江市职业中等专业学校
湖南省湘北职业中专学校
芷江民族职业中专学校
慈利职业中等专业学校
宁乡县职业中专学校
永州市工商职业中等专业学校
溆浦县职业中专学校
南县职业中等专业学校
常德市职业中等专业学校
望城县雷锋职业中专学校
龙山县第一职业中学
怀化铁路运输职业中专学校
涟源市工贸职业中等专业学校
长沙市卫生学校
张家界旅游职业学校
湖南省医药中等专业学校
娄底市机电工程学校
常德旅游学校
衡阳市卫生学校
怀化商业学校
中南工业学校
湖南省物资学校
湖南省劳动人事学校
株洲县职业中等专业学校
长沙市信息职业技术学校
邵阳工业学校
湖南化工机械学校
隆回县职业中等专业学校
吉首市职业中专学校
常德财经中等专业学校
衡阳市财政会计学校

广东省（65所）

佛山市顺德区梁銶琚中学
东莞理工学校
肇庆卫生学校
江门市第一职业高级中学
佛山市华材职业高级中学
广州市交通运输中等专业学校
广州市建筑工程学校
中山市中等专业学校
东莞市威远职业高级中学
新兴中药学校
广东省财政学校
广州市旅游职业高级中学
广东省林业学校
广州市土地房产管理学校
珠海市第一中等职业学校
江门市新会区机电成人中等专业学校
高州农业学校
湛江卫生学校

广州市天河职业高级中学
湛江财贸中等专业学校
深圳市电子技术学校
广东省水产学校
广东省对外贸易学校
东莞市厚街专业技术学校
东莞市东城区职业中学
鹤山市职业技术高级中学
台山市培英职业高级中学
梅州农业学校
珠海市第三中等职业学校
佛山市顺德区胡锦超职业技术学校
深圳市行知职业技术学校
乐昌市职业高级中学
肇庆职业学校
揭阳捷和工业中学
新兴理工学校
惠州市博罗中等专业学校
普宁职业技术学校
江门市新会冈州中学
韶关市职业高级中学
茂名市职业高级中学
中山市沙溪理工学校
开平市吴汉良理工学校
广州市番禺区成人中等专业技术学校
广州市番禺区新造职业中等专业学校
清远市清城区职业中学
广州市电子信息学校
梅州市梅江区城西职业中学
东莞市经济贸易学校
广州市花都区成人中等专业技术学校
江门市荷塘职业技术学校
肇庆市工业贸易学校
佛山市顺德区中等专业学校
广州市机电中等专业学校
惠州商业学校
深圳市福田区华强职业技术学校
广州市轻工业中等专业学校
广东舞蹈学校
惠州农业学校
广东农工商中等专业学校
广州市经济贸易中等专业学校
清远市第一职业中学
曲江县职业高级中学
佛山市顺德区北滘职业技术学校
东莞市塘厦理工学校
增城市职业中等专业学校

广西壮族自治区（15所）

柳州铁路运输学校
广西航运学校
广西贸易经济学校
柳州市第一职业中等专业学校
广西银行学校
广西机电工程学校
南宁电力学校
广西体育运动学校
广西商业学校
桂林市旅游职业中等专业学校
南宁市第一中等职业学校
梧州市第二职业中等专业学校
浦北县第一职业中等专业学校
柳州市第二职业中等专业学校
柳州市交通学校

重庆市（18所）

重庆市药剂学校
重庆市旅游学校
重庆市女子职业高级中学
重庆市龙门浩集团职业高级中学
石柱土家族自治县第一职业中学校
重庆工商学校
南川隆化职业中学校
永川松既职业高级中学
重庆市工业学校
重庆市渝北职业教育中心
重庆市第三卫生学校
重庆市万州区职业教育中心
重庆教育管理学校
重庆第二财贸学校
荣昌县职业教育中心
重庆市机电工程学校

重庆市巴南职业高级中学
垫江县职业教育中心

四川省（35所）

内江铁路机械学校
科学城职业中专学校
四川省信息工程学校
绵阳财经学校
成都铁路运输学校
四川省卫生学校
成都市工业学校
成都卫生学校
四川省医药学校
四川省财政学校
绵阳医科学校
四川省水产学校
四川省商业学校
成都市财贸职业高级中学
成都市礼仪职业学校
宜宾卫生学校
都江堰市职业中学
四川机电技术学校
简阳市高级职业中学
自贡市釜溪职业高级中学
剑阁职业高级中学校
凉山卫生学校
崇州市职业中专学校
邻水县职业中学
四川省舞蹈学校
四川省川剧学校
宜宾市商业职业中专学校
郫县友爱职业技术学校
成都铁路卫生学校
四川省工业贸易学校
四川省蚕丝学校
苍溪县职业高级中学
三台县刘营职业高级中学校
绵阳农业学校
四川省商贸学校

贵州省（10所）

遵义卫生学校
贵阳市经济贸易中等专业学校
贵阳市女子职业学校
贵州省商业学校
贵州省水利电力学校
贵州省电子工业学校
贵州省经济学校
贵阳市财经学校
贵州省建筑材料工业学校
凯里市第一中等职业技术学校

云南省（41所）

云南省旅游学校
云南省财经学校
昆明铁路机械学校
昆明市财经商贸学校
云南省建筑工程学校
楚雄民族中等专业学校
楚雄卫生学校
昆明市第二职业中专学校
云南省贸易经济学校
安宁市职业高级中学
曲靖市麒麟区职业高级中学
云南省艺术学校
云南省林业学校
红河哈尼族彝族自治州卫生学校
云南省建筑材料工业学校
玉溪第二职业高级中学
蒙自县职业高级中学
石屏县职业高级中学
宣威市第一职业高级中学
思茅市职业教育中心
云南省机械工业学校
保山卫生学校
玉溪工业财贸学校
曲靖财经学校
云南省民族中等专业学校
楚雄农业学校
玉溪体育运动学校
云南商务信息工程学校

红河哈尼族彝族自治州财经学校
云南建设学校
昆明市农业学校
云南省国防工业学校
大理卫生学校
大理农业学校
昆明市卫生学校
云南省经济管理学校
曲靖农业学校
思茅卫生学校
广南县民族职业高级中学
祥云县职业高级中学
景洪市职业高级中学

西藏自治区（3所）

山南地区中等专业学校
西藏自治区财经学校
日喀则地区中等专业学校

陕西省（21所）

咸阳纺织工业学校
安康卫生学校
安康农业学校
西安市卫生学校
陕西省中医学校
神木县职业技术教育中心
横山县职业技术教育中心
眉县职业教育中心
汉中市第一职业中等专业学校
韩城市职业中等专业学校
渭南职业中等专业学校
陕西省机电工程学校
陕西省邮电学校
蒲城县职业教育中心
城固县职业技术教育中心
澄城县职业中等专业学校
西安职业中等专业学校
白水县职业中等专业学校
安康职业中等专业学校
西安综合职业中等专业学校
泾阳职业中等专业学校

甘肃省（28所）

兰州铁路机械学校
培黎石油学校
甘肃省机械工业学校
兰州气象学校
长庆石油学校
甘肃省卫生学校
兰州市文科职业学校
定西地区临洮农业学校
高台县职业中等专业学校
兰州市女子职业学校
张掖市职业技术教育中心
甘肃煤炭工业学校
定西地区卫生学校
静宁县职教中心
庆阳市西峰区陇东职业中等专业学校
平凉职业中等专业学校
甘肃省商业学校
庆阳职业中等专业学校
天水职业中等专业学校
西峰职业中等专业学校
兰州电力学校
天水农业学校
武威卫生学校
甘肃省水利水电学校
甘肃省中医学校
庆阳林业学校
甘肃省财政学校
陇南地区农业技术学校

青海省（5所）

西宁市第一职业学校
青海省工业学校
湟中县职业中学
中国水利水电第四工程局职工中等专业学校
青海省重工业职工中等专业学校

宁夏回族自治区（10所）

银川第一职业高级中学
宁夏农业学校
西北外事中专学校

固原市职业高级中学
宁夏商业学校
宁夏交通学校
宁夏机电工程学校
石嘴山市第一职业中专学校
青铜峡市职教中心
隆德县职业中学

新疆维吾尔自治区（9所）

乌鲁木齐铁路运输学校
新疆交通学校
新疆化工学校
昌吉回族自治州卫生学校
新疆水利水电学校
阜康市职业中专学校
乌鲁木齐市中等专业学校
新疆竞技体育运动学校
克拉玛依市职业中专学校

新疆生产建设兵团（3所）

新疆农垦中专学校
石河子卫生学校
石河子大学护士学校

附二

第二批国家级重点中等职业学校名单

（2004年12月公布　共428所）

北京市

北京水利水电学校
北京城市建设学校

天津市

天津市国际商务学校
天津市化学工业学校
天津市药科中等专业学校
天津市旅游育才职业技术学校
天津市塘沽区中等专业学校
天津市中山志成中等专业学校
天津市民族职业中等专业学校

河北省

栾城县职业技术教育中心
石家庄市第三职业中专学校
唐山市丰润区综合职业技术教育中心
沧州市职业技术教育中心
衡水科技学校
卢龙县职业技术教育中心

山西省

晋中市卫生学校
临猗县第一职业中学
太原市财贸学校
山西潞安矿业（集团）有限责任公司职业高中
介休市职业中学校
大同市体育运动学校
临汾市文化艺术学校

内蒙古自治区

鄂尔多斯市农牧学校
内蒙古纺织工业学校
赤峰农牧学校
内蒙古扎兰屯林业学校
内蒙古自治区农业学校
包头财经学校
内蒙古自治区警官学校
赤峰市松山区职业技术教育中心
呼伦贝尔市海拉尔区第一职业学校

辽宁省

辽河石油学校

大连铁路卫生学校
沈阳师范大学附属艺术学校
鞍山市第三中等职业技术专业学校
本溪市商贸服务学校
盘锦市经济技术学校
沈阳市浑南科技学校
沈阳市服装艺术学校
朝阳市卫生学校
锦州市卫生学校
大连市模特艺术学校
大连商业学校
沈阳交通工程学校
营口市卫生学校
丹东市民族中等职业技术专业学校
锦州市机电工程学校

吉林省

吉林省体育运动学校
白城市第一职业高中
长春市农业学校
长春市机械工业学校
长春物业管理学校
长春实用美术学校
集安市职业教育中心
长春市公共关系学校
中铁十三局集团有限公司职业技术学校

黑龙江省

哈尔滨市第二职业中学校
密山市职业技术教育中心学校
桦南县职业技术教育中心学校
集贤县职业技术教育中心学校
绥化市职业技术教育中心学校
宝清县综合职业技术中心学校
黑河市职业技术教育中心学校
穆棱市职业技术教育中心学校
依安县职业技术教育中心学校
黑龙江农垦工业学校
哈尔滨铁路卫生学校
黑龙江省体育运动学校
哈尔滨轻工业学校
鹤岗卫生学校
海伦农业机械化学校
桦川县中等职业技术学校
哈尔滨市第二十六职业高级中学校
汤原县职业技术学校
鸡西市职业教育中心
黑龙江东亚学团高级职业中学校

上海市

上海工商外国语学校
上海市振华外经职业技术学校
上海市宝山职业技术学校
上海市医药学校
上海科技管理学校
宝钢工业技术学校
上海电子工业学校
上海市工业技术学校
上海市材料工程学校
上海市贸易学校
上海市曹杨职业技术学校
中华职业学校
上海市物资学校
上海市环境学校
上海市董恒甫职业技术学校
上海市临港科技学校
上海市行政管理学校
上海电力工业学校

江苏省

无锡交通高等职业学校
徐州医药高等职业学校
南通市中等专业学校
淮阴卫生学校
连云港中医药高等职业技术学校
淮安体育运动学校
徐州机电工程高等职业学校
扬州市职业教育中心
徐州市职业教育中心
扬中职业教育中心
如皋职业教育中心校
无锡卫生学校

淮安市职业技术教育中心
句容市职业技术教育中心
建湖县职业技术教育中心
东台市职业教育中心校
无锡旅游商贸职业学校
泰兴市职业教育中心校
张家港工贸职业高级中学
江都职业教育中心校
兴化职业教育中心校
睢宁县职业教育中心
丰县职业技术教育中心
南京工程高等职业学校
镇江市丹徒区职业技术教育中心
南通体臣卫生学校
吴江第二职业中学
昆山第二职业中学
张家港第二职业中学
宿迁职业高级中学
阜宁县职业技术教育中心
新沂市职业技术教育中心
连云港工贸学校
高港职业教育中心校
通州市农业综合技术学校
东海职业教育中心校
南京卫生学校
金陵职业教育中心
射阳县职业教育中心校
如皋第一职业高级中学
泗阳职业高级中学
南京市玄武中等专业学校
淮阴商业学校
滨海县职业教育中心校
盐城南洋职业高级中学
泗洪职业高级中学
南京旅游营养职业教育中心
宿豫职业高级中学
南京下关区职业教育中心
南京新港职业学校
张家港市第三职业高级中学

浙江省

平湖市职业中等专业学校
海盐县职业教育成人教育中心
温岭市职业技术学校
宁波行知中等职业学校
临安市中等职业技术学校
金华市婺城区九峰职业学校
天台县职业中等专业学校

安徽省

安庆卫生学校
六安卫生学校
安徽电子工程学校
安徽电气工程学校
淮北工贸学校
广德县横山高级职业中学
安徽能源技术学校
马鞍山工业学校
芜湖铁路机电学校
安徽省汽车工业学校
铜陵市工业学校
淮南工业学校
太湖县职业教育中心
淮北工业学校
明光市职业高级中学
淮北卫生学校
东至县职业技术教育中心
合肥经济管理学校
天长市职业教育中心
阜阳工业经济学校
安徽机械工业学校
安徽机电工程学校
巢湖市第一高级职业中学

福建省

福建经济学校
厦门电子职业中专学校
福州旅游职业中专学校
厦门旅游职业中专学校
安溪华侨职业中专学校
建阳农业工程学校

闽东卫生学校

江西省

赣州卫生学校
江西省医药学校
江西省电子信息工程学校
吉安市职业中等专业学校
临川现代教育学校

山东省

淄博市淄川第二职业中专学校
淄博市工业学校
淄博市张店第一职业中等专业学校
菏泽职业技术中等专业学校
章丘第二职业中等专业学校
聊城建设学校
肥城市职业中等专业学校
宁津县职业中等专业学校
邹平县成人中等专业学校
陵县职业中等专业学校
桓台县职业中等专业学校
枣庄市薛城区职业中专
单县职业中等专业学校
烟台经济技术开发区高级职业技术学校
济南市历城第二职业中等专业学校
淄博市淄川区职业中等专业学校
济南市交通职工中等专业学校
章丘市第三职业中等专业学校
寿光工贸职业中等专业学校
文登市高级职业学校
烟台市劳动局职业中等专业学校
胶南市电子学校
阳信县职业中专
青岛艺术学校
中国冶金地质勘查工程总局职工中等专业学校
平度市电子职业中等专业学校
莱芜市职业中等专业学校

河南省

河南省工业学校
河南省工业设计学校
河南省工艺美术学校
河南省财经学校
河南省医药学校
洛阳铁路信息工程学校
郑州旅游学校
河南煤炭卫生学校
焦作卫生学校
洛阳市卫生学校
开封市卫生学校
驻马店财经学校
南阳文化艺术学校
平顶山市卫生学校
许昌卫生学校
安阳市电子信息学校
驻马店市艺术职业中等专业学校
濮阳市卫生学校
信阳林业学校
开封人民警察学校
新乡工业贸易学校
河南省农业经济学校
河南科技学院附属职业中等专业学校
济源市第一职业高中
河南省交通职业中等专业学校
新郑市中等专业学校
河南省商务中等职业学校
孟州市职业中等专业学校
林州市职业中等专业学校
新安县职业高级中学
许昌市职业中等专业学校
周口卫生学校
遂平县职业教育中心
潢川县职业中等专业学校
西峡县职业中等专业学校
信阳工业学校
罗山县中等职业学校
焦作市职业技术教育中心
三门峡中等专业学校
许昌技术经济学校
镇平工艺美术职业中等专业学校
卢氏县职业中等专业学校
长垣县职业中等专业学校

商丘中等专业学校
睢县职业技术教育培训中心
平顶山市工业学校
郾城县第一职业技术高级中学
许昌中等职业技术学校
鹤壁工贸学校
通许县中等职业学校
南阳信息工程学校
邓州市第一职业高级中学
中牟县职业中等专业学校
周口市海燕职业中等专业学校
郑州市国防科技学校

湖北省

黄冈卫生学校
葛洲坝水利水电学校
襄樊市体育运动学校
武汉市石牌岭职业高级中学
武汉市新洲区第二高级职业中学
襄樊市机电工程学校

湖南省

道县职业中专学校
祁阳县职业中等专业学校
祁东县职业中等专业学校
临湘市职业中等专业学校
华容县职业中等专业学校
衡阳市职业中等专业学校
冷水江工业中等专业学校
浏阳市职业中等专业学校
株洲市第三职业中等专业学校
湘潭县第二职业中等专业学校
衡阳县职业中等专业学校
湖南省江南工业学校
桃源县职业中等专业学校
常德信息科技学校
望城县职业中等专业学校
湘西民族财会学校
平江县职业技术学校
岳阳市财经中等专业学校
湘潭生物科技学校
中国烟草总公司湘潭中等专业学校
湘潭市工业贸易中等专业学校
娄底市工贸职业中专学校
安乡县职业中专学校
桃江县职业中专学校
洞口县职业中专学校
新邵县工业职业中等专业学校
临澧县职业中专学校
长沙环球职业中专学校

广东省

阳江市第一职业高级中学
广东省商业学校
湛江机电学校
广东省潮州卫生学校
广州卫生学校
广东省化学工业学校
广州市无线电中等专业学校
广州市第一商业中等专业学校
广州市理工中等专业学校
大埔县田家炳高级职业学校
汕头市林百欣科学技术中等专业学校
深圳市龙岗职业技术学校
广州市纺织中等专业学校
湛江中医学校
佛山市顺德区李伟强职业技术学校
东莞市长安职业高级中学
惠州卫生学校
珠海市卫生学校
广州市司法学校
肇庆市农业学校
茂名卫生学校
兴宁市职业高级中学
广东省供销学校
广东省轻工业学校
佛山市顺德区陈村职业技术学校
佛山市顺德区陈登职业技术学校
梅县第一职业学校
湛江艺术学校
江门中医药学校
惠东县惠东职业中学

高州市石鼓职业高级中学
中山市东凤镇理工学校
珠海市斗门区第三中等职业学校

广西壮族自治区

北海市中等职业技术学校
南宁市第六中等职业学校
来宾市职业中等专业学校
博白县职业中等专业学校
横县中等职业技术学校
北海市合浦卫生学校
广西建筑材料工业学校
广西壮族自治区机电工业学校
广西壮族自治区物资学校
广西第一工业学校
南宁地区卫生学校
钦州农业学校
玉林市机电工程学校
桂林市卫生学校
广西华侨学校
广西艺术学院附属中等艺术学校

海南省

海南省工业中等专业学校
海口旅游职业学校
海南省农业学校
海南省卫生学校
海南省商业学校

重庆市

开县职业教育中心
重庆市三峡水利电力学校
重庆市立信职业高级中学
重庆市渝中区职业教育中心
重庆市第二农业学校
重庆科能中等专业学校
重庆市梁平职业教育中心
重庆市农业学校

四川省

射洪县职业中专学校
泸州市江阳职业高级中学校
达州市职业高级中学
泸州市树风职业高级中学校
什邡市职业中专学校
德阳市黄许职业中专学校
乐山市第一职业高级中学
绵阳职业技术学校
南溪县职业高级中学校
成都市新都职业技术学校
绵阳水利电力学校
绵竹市职业中专学校
自贡卫生学校
成都铁路工程学校
四川省水利电力机械工程学校
达县职业高级中学
渠县职业中专学校
四川省轻工工程学校（四川省盐业学校）
宜宾县柳加职业中学校
双流县中和职业中学
四川省商业服务学校

贵州省

贵州省贸易经济学校
贵阳市卫生学校
贵州省林业学校
道真仡佬族苗族自治县职业教育培训中心
黔东南苗族侗族自治州卫生学校
贵州省财政学校
六盘水市民族职业技术学校
遵义中医学校
贵州省内贸学校
遵义市职业技术学校
贵州省旅游学校
贵州省畜牧兽医学校
毕节卫生学校
遵义市体育运动学校
兴仁县民族职业高级中学

云南省

云南省红河州农业学校

陕西省

陕西省经贸学校
渭南工业学校
陕西省体育运动学校
陕西省榆林农业学校
陕西省理工学校
陕西省电子信息学校
西安航天工业学校
陕西省石油化工学校
咸阳市卫生学校
陕西省商业学校
咸阳市秦都区职业教育中心
铜川市职业中等专业学校
陕西科技卫生学校
岐山县职业技术教育中心
彬县职业教育中心

甘肃省

成县职业中等专业学校

新疆维吾尔自治区

伊宁卫生学校
新疆维吾尔自治区电力学校
新疆维吾尔自治区工业经济学校
喀什地区卫生学校
新疆钢铁学校
喀什财贸学校
巴音郭楞蒙古自治州卫生学校
精河县职业中等专业学校
伊犁哈萨克自治区州财贸学校

〔**中等职业教育招生规模创历史新高**〕2004年全国中职学校招生总数约550万人，比2003年增加约34.25万人，增长幅度约为6.6%，创中职招生规模历史新高。绝大多数省份比去年均有不同程度的提高，其中山西、吉林、黑龙江、江苏、安徽、江西、西藏、青海、新疆等省、自治区增幅均在20%以上。

撰稿　陈　光

〔**在职业学校逐步推行学分制**〕在职业学校实行学分制试点的基础上，2004年8月，教育部印发了《关于在职业学校逐步推行学分制的若干意见》，要求根据当地经济、教育发展状况，确定学分制的试点和推行进度，逐步建立和完善职业学校学分制；增强职业学校的培训功能，促进具备条件的职业学校面向进城务工人员、下岗失业人员和在职职工开办夜校或周末学校，提供灵活多样的教育培训服务并承认相应学分；加大职业教育专业课程改革的力度，调整文化基础课程教学目标，实施有针对性的个性化教学，逐步建立与实行学分制相适应的职业教育课程体系，为学习者自主选课并顺利完成所选定的课程目标创造条件；探索和建立职业学校学分累积与转换信息系统（“学分银行”），为学习者转换学分、取得学历、终身学习和就业提供服务。

文件要求各级职业教育管理部门进一步更新观念，增强服务意识，改进和加强对实行学分制的职业学校的教学安排和教学质量的检查与评估，加强对职业学校教学过程的科学管理，避免简单化地组织和安排文化基础课程的统一考试，逐步建立学分制条件下的职业学校教育教学质量评价和监控体系；会同物价管理部门，制定职业学校按照学分收取学费的办法；进一步扩大和落实职业学校招生注册、学籍管理、考试考核、转专业、转校、毕业和培训证书发放等方面的自主权。

撰稿　刘　杰

〔**中等职业学校骨干教师和校长培训**〕一是进一步扩大中等职业学校教师在职攻读硕士学位规模，加快专业带头人培养步伐。培养学校由原来的22所扩大到29所，专业覆盖面达40多个，年度招生计划由原来的1 560人增加到2 240人。二是根据中德双方签署的职教师资合作协议，开始实施“中德职教师资进修项目”。2004年项目进展顺利，共派出数控技术应用等6个专业的321名教师赴德国进修。7月上旬，教育部国际合作与交流司、职业教育与成人教育司和德国国际继续教育和发展协会联合召开了中德职教师资队伍建设研讨会，总结交流“中德职教师资进修项目”合作经验，研究进一步拓展中德职教师资合作的途径和措施。三是加强职业学校骨干校长培训工作，启动了职业学校骨干校长高级研修计划，由教育部职成教司委托部分全国重点建设职教师资培训基地举办了14期中职骨干校长高级研修班，累计培训近300人。高研班采取理论学习与国（境）内外考察相结合的形式进行，培训效果显著。

撰稿 王兰英

〔**中等职业学校德育工作**〕 为贯彻落实《中共中央国务院关于进一步加强和改进未成年人思想道德建设的若干意见》，进一步加强和改进中等职业学校德育工作，2004年，教育部分别于7月、10月印发了《中等职业学校学生心理健康教育指导纲要》和《中等职业学校德育大纲》；于5月至8月组织举办了以“弘扬民族精神 树立职业理想”为主题的首届全国中等职业学校“文明风采”竞赛活动。

2004年10月，教育部组织召开学习贯彻《中等职业学校德育大纲》座谈会。《中等职业学校德育大纲》由总则、德育目标、德育内容、德育途径、德育评价、德育的领导与管理六部分组成，规定了国家对中等职业学校德育工作和学生德育的基本要求，是中等职业学校开展德育工作的基本规范，是各级教育行政部门对学校德育工作实行科学管理和督导评估的基本标准，也是社会和家庭紧密配合学校对学生进行教育的基本依据，有利于中等职业学校德育工作的规范化、制度化，有利于推动中等职业学校德育工作的整体构建。

撰稿 王扬南

〔**职业教育教材建设**〕 根据《2003—2007年教育振兴行动计划》总体要求，全国40多家出版单位和20多所职业学校申报教材选题2 000多种，涉及100个专业（门类），经有关专家评审，其中1 500种被列入《2004—2007年职业教育教材开发编写计划》。今后几年，教育部将组织力量大力开发编写制造业和现代服务业技能型紧缺人才培养培训工程和农村劳动力转移培训工程需要的教材；积极开发编写物流、电子商务、会展等新兴专业课程教材和教改试验教材；着力开发编写风景园林工程、模具设计与制造、护理、口腔工艺技术、中药制药与检验、旅游服务与管理、幼儿师范、艺术表演等五年制高职教育教材；鼓励开发编写各类实训教材、案例教材及引进适合我国国情的境外优质职业教育专业教材等。

2004年4—9月，全国中等职业教育教材审定委员会依据教育部颁布的中等职业学校《语文》和《数学》教学大纲，同时参照已出版的国家规划教材，对北京、上海、天津、江苏、湖南、湖北、广东送审的7种《语文》和6种《数学》教材进行了审查。审查工作坚持客观、公平、公正的原则，采取同时聘请三位以上专家匿名评审的方式进行。

建立健全公开、透明、由广大教师和专家共同参与的职教教材评价机制，是教材工作的一项基本建设，也是保证教材建设良性发展的关键。2004年5月，教育部职业教育与成人教育司以课题形式，正式启动了职教教材评价指标体系及系统软件开发项目。

撰稿 葛维威

〔**农民实用技术培训**〕 2004年农民实用技术培训达到5 127万人次，向广大农村劳动力传授了大量农业生产与经营的新知识、新技术，有力地促进了农业增效、农民增收和农村发展。据不完全统计，2004年农民实用技术培训人次超过300万的省份有云南、江苏、河南、四川、浙江、山东、河北等。云南省教育厅与州、市签订目标责任书，并在年终进行考核，全年培训农民494万人次，超计划培训45万人次。河南农村成人培训458万多人次，其中有12.1万人已成为乡镇企业职工，58.2万人成为专业户、示范户，年增收500元以上的有145万多户，经济效益和社会效益十分明显。

〔**农村劳动力转移培训**〕 2004年2月，教育部在成都召开全国农村劳动力转移培训经验交流会，随后印发了《教育部农村劳动力转移培训计划》。会后，教育部成立了农村劳动力转移培训领导小组。2004 年 3 月，教育部与农业部等六部门联合启动了农村劳动力转移培训“阳光工程”，印发《关于组织农村劳动力转移培训“阳光工程”的通知》。

为了贯彻落实全国农村劳动力转移培训经验交流会精神，28 个省、自治区、直辖市教育行政部门制定了规划，明确了目标，采取切实措施，推动落实《教育部农村劳动力转移培训计划》。据统计，2004 年全国教育系统实施的农村劳动力转移培训规模达3 146万人，比 2003 年增加了2 000多万人，河南、山东、四川、河北、陕西、江苏、云南、广东、浙江、山西、湖南等 11 个省培训规模超过 100 万人。

撰稿　陈　光

〔**推动社区教育工作**〕 2004 年 12 月，教育部印发《关于进一步推进社区教育工作的意见》，提出开展社区教育工作的指导思想、工作目标和相关的政策措施。教育部办公厅印发《关于推荐全国社区教育示范区的通知》，推动各地积极开展社区教育示范区创建工作。

各地社区教育工作持续发展。黑龙江、新疆等省（区）召开社区教育工作会议，黑龙江省确定了 20 个省级社区教育实验区。浙江、江苏、上海三省市于 2004 年 11 月联合召开了第二届长江三角洲地区社区教育论坛，一批全国社区教育实验区也相继召开社区教育相关会议。

各实验区积极开展对社区内进城务工人员的培训。根据对 39 个全国社区教育实验区的统计，2004 年共培训进城务工人员达到 200 多万人次，占辖区农民工总数的 73%。

各实验区积极开展社区居民的各类教育培训活动，丰富社区居民业余文化生活，提高社区居民的综合素质。根据对 39 个全国社区教育实验区的统计，2004 年培训各类人员达1 460万人次，实验区居民全员培训率达 56%，使人人皆学的学习型社会初见端倪，为营造和谐的社会环境做出了重大贡献。

以学习型家庭为主体，以社区内的企事业单位为主要对象的学习型组织创建活动取得新的成果。2004 年，39 个全国社区教育实验区共创建学习型组织 102 万个，其中学习型家庭达到 100 万个。

社区教育自身基本建设有了长足发展。39 个全国社区教育实验区 2004 年全年经费总投入达到 3.66 亿元，其中日常活动经费达到9 214万元。社区学校有很大发展，区一级社区教育中心（学院）达到了 110 个，街道（乡镇）社区教育中心达到 711 所。社区教育队伍继续壮大，社区教育专职人员达到10 806人，兼职人员达到38 164人。

〔**行业企业职工教育**〕 继续推进新时期企业职工教育工作、城市教育综合改革工作。教育部与全国总工会等八部门共同组织实施了“创建学习型组织，争做知识型职工”活动，与行业、地方教育部门共同确定了上海宝钢、四川长虹等 114 个企业为“创建学习型企业成绩突出单位”，召开全国创建学习型企业实践高级研讨会。交通、电力、水利、铁路、电子、冶金、建设、化工等部门、行业高度重视职工教育，如铁路系统大力推进学习型企业建设，促进行业职工培训工作，2004 年培训规模达到 102 万人，培训率超过 50%，有效地提高了职工队伍素质，为铁路发展提供了人力资源保证。

撰稿　张志坤

审稿　黄　尧　刘占山

王继平　张昭文

热点关注

2004年职业教育与成人教育大事记

2004年，《2003—2007年教育振兴行动计划》提出的“职业教育与培训创新工程”，阐述了我国职业教育、成人教育领域改革和发展的重大方略；

2004年，全国职业教育工作会议提出，把改革和发展职业教育放在整个教育工作的突出位置，努力实现职业教育的快速健康持续发展；

2004年，《教育部等七部门关于进一步加强职业教育工作的若干意见》，进一步明确了“以服务为宗旨，以就业为导向，推进职业教育改革和发展”的思路。

——预计2004年中等职业教育招生人数将达550万人，在校生人数将突破1 370万人；

——据有关部门对全国十省百校的抽样调查显示，2004年全国中等职业学校毕业生就业率达95%以上；

——2004年，我国高等职业教育的院校数、招生数、毕业生数都已占普通高校的50%以上，高等职业教育在校生人数预计可达580万人，比上年增加近百万人；

——统计数据表明，在比2003年增加了40万毕业生的情况下，2004年全国高职毕业生9月初的就业率为61%，比去年同期提高了6个百分点。

2004年，注定要在改革开放以来我国职业教育、成人教育发展历程中留下浓重的一笔。

大事1 全面推进中等职业学校产教结合

2004年2月13日，教育部在江苏省无锡市召开全国中等职业学校产教结合经验交流会。教育部副部长吴启迪说，实行产教结合是职业教育全面贯彻党的教育方针的需要，是职业教育适应经济结构调整、走新型工业化道路，加快培养技能型人才的需要，是坚持以就业为导向，大力推进职业教育改革与发展的需要。吴启迪要求，要推进制度创新，充分调动行业企业参与职业教育的积极性；要建立在市场经济条件下校企合作开展人才培养的新机制；推进技能型人才培养模式创新，提高职业教育质量与效益；要造就适应推进产教结合需要的“双师型”师资队伍；要加大经费投入，建设专业实训基地。

大事2 教育部等推出“制造业和现代服务业技能型紧缺人才培养培训工程”

2004年2月23日，教育部举行新闻发布会宣布，教育部、劳动保障部、国防科工委、信息产业部、交通部、卫生部六部门联合推出“制造业和现代服务业技能型紧缺人才培养培训工程”。据介绍，国家将优先在数控技术应用、计算机应用与软件技术、汽车运用与维修、护理等四个专业领域实施该工程。工程计划在全国选定500多所职业院校作为技能型紧缺人才示范性培养培训基地；全国各地1 400多个企事业单位将与学校合作，进行人才培养新模式的探索；2007年前，要向相关专业领域输送100万名毕业生，在相关专业领域提供短期技能提高培训300万人次。

大事3 全力实施“农村劳动力转移培训计划”

2004年2月24日，教育部在四川省成都市召开全国农村劳动力转移培训经验交流会。教育部部长周济强调，教育战线要抓住机遇，勇挑重担，急政府之所急，想农民之所想，做好农村劳动力转移培训工作，千方百计为解决好“三农”问题和走新型工业化道路做贡献。周济要求，要以就业为导向，大力推动农村劳动力转移培训的制度创新，包括职业和成人学校办学指导思想、办学模式、办学机制、办学体制的转变和创新。要认真实施好“农村劳动力转移培训计划”，兴起教育为农村劳动力转移培训服务的新高潮。

大事4 办好让人民满意的高等职业教育

2004年2月28日，教育部在江苏省无锡市召开全国高等职业教育第三次产学研结合经验交流会。教育部部长周济说，办好让人民满意的高等职业教育，要立足大局，认清形势；把握机遇，明确任务；科学定位，理清发展思路。周济提出，用3至5年的时间，在全国兴建一批起示范作用的国家级职业教育实训基地；力争在5年内，培养100万名具备较强职业技能的高技能人才。

大事5 实施“职业教育与培训创新工程”

2004年3月，国务院批转教育部《2003—2007年教育振兴行动计划》提出实施“职业教育与培训创新工程”。作为《2003—2007年教育振兴行动计划》提出的六大工程之一的“职业教育与培训创新工程”，阐述了2003—2007年我国职业教育和成人教育领域发展与改革的重大方略，对今后一个时期职业教育和成人教育发展蓝图的施工起着重大指导作用。

大事6 农业部等六部门联合启动“农村劳动力转移培训阳光工程”

2004年4月7日，农业部、财政部、劳动保障部、教育部、科技部、建设部共同组织实施的“农村劳动力转移培训阳光工程”正式启动。工程由政府公共财政支持，以粮食主产区、劳动力主要输出地区、贫困地区和革命老区为重点，以市场需求为导向、以受训农民转移培训为目标，开展农村劳动力转移前的职业技能培训。工程将分三个阶段实施，到2010年将转移培训3 500万农村劳动力。

大事7 千方百计做好高职毕业生就业工作

2004年4月8日，教育部召开2004年全国高职院校就业工作网络视频会议。教育部部长周济强调，各级教育行政部门和各高职院校要进一步提高认识、统一思想，增强做好高职院校就业工作的责任感和紧迫感，采取有力措施，千方百计地帮助高职毕业生实现就业，千方百计地提高毕业生的职业技能，千方百计地做好毕业生的思想工作，力争圆满完成2004年高职毕业生就业工作任务，不断开创高等职业教育工作的新局面。

大事8 教育部发出通知要求做好中职毕业生就业工作

2004年5月，教育部就做好中等职业学校毕业生就业服务工作发出通知。通知要求，各地教育行政部门要把中等职业学校毕业生就业服务工作放在与高等学校毕业生就业工作同等重要的位置，指定专人负责统筹、协调和指导。各中等职业学校要建立党政“一把手”负总责、亲自抓，学校职业指导部门组织实施，全体教职工共同关心支持的工作机制。

大事9 教育部财政部联手推动职业教育实训基地建设

2004年6月14日，教育部举行新闻发布会宣布，教育部与财政部决定采用中央财政资金引导的方式，加快推动各地职业教育实训基地建设。据介绍，中央财政将重点扶持建设数控技术、汽车维修技术、计算机应用与软件技术、电工电子技术、建筑技术以及与各地支柱产业相关专业领域的实训基地。第一批纳入中央专项资金扶持范围的30个职业教育实训基地将首先在浙江、江苏、上海、四川、湖北、江西6省市进行建设。

大事10 全国职业教育工作会议召开

2004年6月17日至19日，由教育部、国家发展改革委、财政部、人事部、劳动保障部、农业部、国务院扶贫办联合召开的全国职业教育工作会议在江苏举行。会议的主要任务是以“三个代表”重要思想为指导，总结交流职业教育改革与发展的经验，巩固成果，深化改革，提高质量，持续发展，努力办好让人民群众满意的职业教育。国务委员陈至立出席会议并作重要讲话。教育部部长周济作工作报告和总结讲话。

会议提出，我国职业教育正在迎来一个前所未有的发展机遇，要坚定不移地贯彻落实中央关于大力推进职业教育改革与发展的方针，抢抓机遇，乘势而上，实现职业教育的新发展，为全面建设小康社会作出新贡献。要把对发展职业教育的认识提高到一个新高度，把职业教育工作提高到一个新水平，努力开拓职业教育工作新局面。要坚持科学的发展观，以服务为宗旨，以就业为导向，转变办学思想，进一步明确职业学校的定位和方向；转变办学模式，按照“订单培养”的要求推动职业学校运行机制的改革；转变办学机制，按照市场经济的要求促进职业教育的开放性和多样化。加强职业道德教育，职业学校要始终把德育放在首位；加强职业技能培训，大力加强实践性环节的教学。

大事 11　职业教育工作部际联席会议制度正式建立

2004 年 6 月，国务院正式批准建立职业教育工作部际联席会议制度。职业教育工作部际联席会议的职能是，统筹协调全国职业教育工作，及时研究解决职业教育工作中的有关问题。联席会议将按照加强业务指导、协调各方力量、交流情况经验、研究发展措施、督促政策落实的要求，由各成员单位负责督促、检查、指导本部门职责范围内的有关职业教育工作政策措施的落实。

职业教育工作部际联席会议由教育部、国家发展改革委、财政部、人事部、劳动保障部、农业部、国务院扶贫办等七个部门和单位组成，教育部为牵头单位。

大事 12　教育部印发中职学生心理健康教育指导纲要

教育部制定并出台《中等职业学校学生心理健康教育指导纲要》（以下简称《纲要》）。《纲要》要求，各级教育行政部门要切实加强对中等职业学校心理健康教育的领导和管理，积极组织学校开展心理健康教育工作，帮助解决学校在心理健康教育工作中遇到的问题和困难。学校要把心理健康教育纳入德育工作体系，逐步建立起分管校长负责，德育工作教师为主体，班主任和专兼职心理健康教育教师为骨干，全体教师共同参与的心理健康教育工作体制。《纲要》由心理健康教育的指导思想和基本原则、心理健康教育的目标和主要内容、心理健康教育的途径与方法、心理健康教育的组织与实施四部分组成，共 18 条。

大事 13　《教育部等七部门关于进一步加强职业教育工作的若干意见》印发

2004 年 9 月，经国务院同意，教育部、国家发展改革委、财政部、人事部、劳动保障部、农业部和国务院扶贫办等七部门联合印发《教育部等七部门关于进一步加强职业教育工作的若干意见》（以下简称《意见》）。

《意见》提出，要认真实践“三个代表”重要思想，坚持科学发展观，大力推进职业教育快速持续健康发展；坚持以就业为导向，增强职业教育主动服务经济社会发展的能力；切实加快技能人才培养，为新型工业化提供人力资源支持；大力加强农村职业教育，为解决“三农”问题提供服务；深化办学体制改革，促进多元办学格局的形成；完善就业准入制度和职业资格证书制度，积极推进职业院校学生职业资格认证工作；加快职业教育实训基地建设，切实提高学生职业技能；深化职业院校人事制度改革，加强“双师型”教师队伍建设；多渠道增加投入，为职业教育的改革与发展提供坚实的条件保障；加强领导，营造发展职业教育的良好社会氛围。

大事 14　教育部制定《中等职业学校德育大纲》

2004 年 10 月，为了贯彻《中共中央国务院关于进一步加强和改进未成年人思想道德建设的若干意见》，进一步加强和改进中等职业学校德育工作，教育部制定并颁发《中等职业学校德育大纲》（以下简称《大纲》）。《大纲》规定了国家对中等职业学校德育工作和学生德育的基本要求，是中等职业学校开展德育工作的基本规范，是各级教育行政部门对学校德育工作实行科学管理和督导评估的基本标准，也是社会和家庭紧密配合学校对学生进行教育的基本依据。《大纲》由总则、德育目标、德育内容、德育途径、德育评价、德育的领导与管理六部分组成。

大事 15　教育部出台《关于推进社区教育工作的若干意见》

2004 年 12 月，教育部出台《关于推进社区教育工作的若干意见》（以下简称《意见》），就推进社区教育工作的指导思想、原则和目标以及主要任务等提出明确要求。《意见》要求，各地教育行政部门要把进一步推进社区教育工作，作为全面建设小康社会，形成全民学习、终身学习的学习型社会的重要举措，提高认识，增强搞好社区教育工作的责任感和紧迫感，加大工作力度，努力把全国社区教育工作推进到一个新的发展阶段。教育部决定在全国评估、确定一批社区教育示范区。

大事 16 《普通高等学校高职高专教育专业设置管理办法（试行）》颁布

2004年12月10日，教育部举行新闻发布会宣布，为引导我国高职高专教育持续健康发展，扩大高等学校办学自主权，尽快形成高职高专教育专业管理的科学运行机制，教育部制定和颁布了《普通高等学校高职高专教育指导性专业目录（试行）》（以下简称《目录》）和《普通高等学校高职高专教育专业设置管理办法（试行）》。这是我国第一次在专科层次制定和颁布全面系统的专业目录，填补了我国缺少高职高专教育专业目录的空白。《目录》分设19个大类，下设78个二级类，共532种专业，体现了以服务为宗旨、以就业为导向的原则，突出反映高职高专教育的特色，促进高等职业教育与就业创业教育的紧密结合。

原载2004年12月30日《中国教育报》 马思援 文

高等教育

高等学校发展改革

〔**2004年高校审批和变动情况**〕

一、高校审批情况

2004年共批准设置和调整普通高校269所，其中教育部批准设置和调整的普通高校97所（名单详见附一），省、自治区、直辖市人民政府自行审批设立的高等职业学校172所（名单详见附二）。

在教育部批准设立和调整的97所学校中，新设学校53所（其中由中专学校升格和成人高校改制的高等专科学校16所，由专科学校升格的本科院校37所）；合并调整学校44所，其中更名学校31所（其中本科“学院”单独更名为“大学”20所，同层次更名的普通高校11所），合并的高校13所（其中合并改称“大学”2所，合并升为本科院校5所，合并后不更改学校名称的6所）；撤销本科院校建制1所。

在上述269所学校中，本科学校72所，专科学校197所。公办高校213所，其中：本科72所，专科141所；民办高校56所。

二、高校变动情况

2004年共批准设置和调整以及管理体制调整的普通高校273所，其中教育部批准设置和调整的普通高校97所（名单详见附一），省、自治区、直辖市人民政府自行审批设立的高等职业学校172所（名单详见附二），管理体制调整的普通高校4所（名单详见附三）。

在教育部批准设立和调整的97所学校中，新增设高校53所，合并调整高校44所。撤销本科院校建制1所。

在管理体制调整的4所学校中，由中央军委管理的军需大学划转教育部管理后并入吉林大学，第四军医大学吉林军医学院划转吉林省管理后更名为吉林医药学院，第一军医大学划转广东省管理后更名为南方医科大学，第三军医大学划转四川省管理后更名为成都医学院。

在上述273所学校中，公办高校217所，其中：本科76所、专科141所；民办高校56所。

撰稿　杨　青

附一

2004年教育部批准设置和调整的普通高校名单

序号	学 校 名 称	主 管 部 门	建校基础名称
一、新设置的普通高等学校（53所）			
1. 高等专科学校（16所）			
1	沧州医学高等专科学校	河北省	沧州卫生学校
2	白城医学高等专科学校	吉林省	白城卫生学校
3	浙江医学高等专科学校	浙江省	浙江卫生学校
4	马鞍山师范高等专科学校	安徽省	马鞍山市师范学校
5	泉州医学高等专科学校	福建省	泉州卫生学校
6	南昌师范高等专科学校	江西省	南昌师范学校
7	江西中医药高等专科学校	江西省	江西省中医药学校
8	山东中医药高等专科学校	山东省	山东省中医药学校
9	淄博师范高等专科学校	山东省	淄博师范学校
10	商丘医学高等专科学校	河南省	商丘卫生学校
11	南阳医学高等专科学校	河南省	南阳卫生学校
12	漯河医学高等专科学校	河南省	漯河卫生学校
13	邵阳医学高等专科学校	湖南省	邵阳市卫生学校
14	湖南中医药高等专科学校	湖南省	湖南省中医药学校
15	肇庆医学高等专科学校	广东省	肇庆卫生学校
16	琼台师范高等专科学校	海南省	海南琼台师范学校 临高师范学校
2. 本科院校（37所）			
1	石家庄学院	河北省	石家庄师范专科学校
2	衡水学院	河北省	衡水师范专科学校
3	邯郸学院	河北省	邯郸师范专科学校
4	北华航天工业学院	河北省	华北航天工业学院
5	晋中学院	山西省	晋中师范高等专科学校
6	长治学院	山西省	晋东南师范专科学校
7	辽宁科技学院	辽宁省	本溪冶金高等专科学校
8	吉林农业科技学院	吉林省	吉林特产高等专科学校
9	绥化学院	黑龙江省	绥化师范专科学校
10	大庆师范学院	黑龙江省	大庆高等专科学校
11	黑河学院	黑龙江省	齐齐哈尔大学黑河分校
12	上海商学院	上海市	上海商业职业技术学院
13	上海电机学院	上海市	上海电机技术高等专科学校

续表

序号	学 校 名 称	主 管 部 门	建校基础名称
14	上海政法学院	上海市	上海市政法管理干部学院
15	常熟理工学院	江苏省	常熟高等专科学校
16	丽水学院	浙江省	丽水师范专科学校
17	浙江传媒学院	浙江省	浙江广播电视高等专科学校
18	宁波工程学院	浙江省	宁波高等专科学校
19	宿州学院	安徽省	宿州师范专科学校
20	滁州学院	安徽省	滁州师范专科学校
21	三明学院	福建省	三明高等专科学校
22	厦门理工学院	福建省	鹭江职业大学（专科）
23	龙岩学院	福建省	龙岩师范高等专科学校
24	南昌工程学院	江西省	南昌水利水电高等专科学校
25	枣庄学院	山东省	枣庄师范专科学校
26	山东警察学院	山东省	山东公安专科学校
27	滨州学院	山东省	滨州师范专科学校
28	菏泽学院	山东省	菏泽师范专科学校
29	平顶山学院	河南省	平顶山高等专科学校
30	安阳工学院	河南省	安阳大学
31	河南科技学院	河南省	河南职业技术师范学院
32	南阳理工学院	河南省	南阳理工学院（专科）
33	黄石理工学院	湖北省	黄石高等专科学校 黄石教育学院
34	湖南人文科技学院	湖南省	娄底师范高等专科学校
35	长沙学院	湖南省	长沙大学（专科）
36	广东警官学院	广东省	广东公安高等专科学校
37	广东金融学院	广东省	广州金融高等专科学校
二、合并调整的普通高校（44 所）			
1．更名高校（31 所）			
1	中国传媒大学	北京市	北京广播学院
2	北京电子科技职业学院	北京市	北京轻工职业技术学院 北京邮电工业学校
3	天津工程师范学院	天津市	天津职业技术师范学院
4	天津理工大学	天津市	天津理工学院
5	天津财经大学	天津市	天津财经学院
6	石家庄科技信息职业学院	河北省教育厅	石家庄华安职业学院
7	承德职业学院	河北省	承德民族职业技术学院

续表

序号	学校名称	主管部门	建校基础名称
8	河北理工大学	河北省	河北理工学院
9	太原科技大学	山西省	太原重型机械学院
10	中北大学	山西省	华北工学院
11	沈阳理工大学	辽宁省	沈阳工业学院
12	大连交通大学	辽宁省	大连铁道学院
13	沈阳建筑大学	辽宁省	沈阳建筑工程学院
14	黑龙江生物科技职业学院	黑龙江省	黑龙江农牧水产职业学院
15	上海海事大学	上海市	上海海运学院
16	南京信息工程大学	江苏省	南京气象学院
17	江苏科技大学	江苏省	华东船舶工业学院
18	浙江工商大学	浙江省	杭州商学院
19	浙江理工大学	浙江省	浙江工程学院
20	杭州电子科技大学	浙江省	杭州电子工业学院
21	安徽财经大学	安徽省	安徽财贸学院
22	闽西职业技术学院	福建省	闽西职业大学 龙岩市工业学校
23	江西科技职业学院	江西省教育厅	江西科技职业技术学院
24	江西理工大学	江西省	南方冶金学院
25	青岛理工大学	山东省	青岛建筑工程学院
26	山东医学高等专科学校	山东省	临沂医学专科学校
27	河南理工大学	河南省	焦作工学院
28	湖北工业大学	湖北省	湖北工学院
29	湖北三峡职业技术学院	湖北省	宜昌职业技术学院
30	湖南科技学院	湖南省	零陵学院
31	塔里木大学	新疆维吾尔自治区	塔里木农垦大学
2. 合并高校（13所）			
1	黑龙江大学	黑龙江省	黑龙江大学 黑龙江水利专科学校
2	南通大学	江苏省	南通医学院 南通工学院 南通师范学院
3	江西科技师范学院	江西省	江西科技师范学院 南昌高等专科学校
4	河南工业大学	河南省	郑州工程学院 郑州工业高等专科学校
5	黄淮学院	河南省	驻马店师范高等专科学校 民办中原职业技术学院

续表

序号	学校名称	主管部门	建校基础名称
6	武汉软件职业学院	湖北省	汉口职业技术学院 武汉市广播电视大学
7	武汉商业服务学院	湖北省	武汉商业服务学院 武汉市经济管理干部学院 武汉职工财经学院 武汉市职工大学
8	广西财经学院	广西壮族自治区	广西财政高等专科学校 广西商业高等专科学校
9	重庆科技学院	重庆市	重庆工业高等专科学校 重庆石油高等专科学校
10	贵阳学院	贵州省	贵阳师范高等专科学校 贵阳金筑大学
11	贵州大学	贵州省	贵州大学 贵州工业大学
12	兰州大学	教育部	兰州大学 兰州医学院
13	青海大学	青海省	青海大学 青海医学院
三、撤销建制高校（1所）			
1	撤销建制	江西省	南昌科技学院

附二

2004年省、自治区、直辖市人民政府自行审批设立的高等职业学校名单

序号	学校名称	主管部门	建校基础名称
1	北京科技职业学院	北京市教委	新建
2	燕京华侨职业学院	北京市教委	燕京华侨大学（资源）
3	北京培黎职业学院	北京市教委	北京培黎职业大学（资源）
4	北京电子科技职业学院	北京市	北京轻工职业技术学院 北京邮电工业学校
5	北京锡华国际经贸职业学院	北京市教委	新建
6	天津河北职业学院	天津市	天津市河北区职工大学 天津市渤海职业中等专业学校
7	天津石油职业技术学院	天津市	华北石油学校

续表

序号	学 校 名 称	主 管 部 门	建校基础名称
8	天津冶金职业技术学院	天津市	天津市职工冶金学院 天津市工业学校 天津市冶金干部中专学校
9	石家庄科技信息职业学院	河北省教育厅	石家庄华安职业学院
10	承德职业学院	河北省	承德民族职业技术学院
11	河北司法警官职业学院	河北省	河北司法学校 河北警官学校 河北政法函授大学（资源）
12	河北女子职业技术学院	河北省	河北省妇女干部学校
13	河北通信职业技术学院	河北省	河北省邮电学校
14	山西管理职业学院	山西省	山西省行政管理学校
15	山西旅游职业学院	山西省	山西省计划统计学校
16	潞安职业技术学院	山西省	山西煤炭职工联合大学潞安分校（资源）
17	山西警官职业学院	山西省	山西省第二人民警察学校
18	山西国际商务职业学院	山西省	山西省国际商务学校
19	太原旅游职业学院	山西省	太原旅游学校
20	山西体育职业学院	山西省	山西省体育运动学校
21	山西工商职业学院	山西省教育厅	山西工商专修学院（资源）
22	忻州职业技术学院	山西省	山西省忻州商校 忻州市卫生学校 忻州市文化艺术学校 忻州市农业机械化学校
23	山西电力职业技术学院	山西省	太原电力学校
24	山西同文外语职业学院	山西省教育厅	新建
25	乌兰察布职业学院	内蒙古自治区	乌盟财贸粮食工业学校 乌盟农牧学校
26	通辽职业学院	内蒙古自治区	通辽教育学院 通辽卫生学校 内蒙古电大通辽分校（资源）
27	科尔沁艺术职业学院	内蒙古自治区	通辽艺术学校
28	内蒙古交通职业技术学院	内蒙古自治区政府	内蒙古交通高级技工学校
29	锦州商务职业学院	辽宁省教育厅	锦州东开专修学院（资源）
30	黑龙江北开职业技术学院	黑龙江省教育厅	黑龙江北开大学（资源）
31	黑龙江生物科技职业学院	黑龙江省	黑龙江农牧水产职业学院
32	黑龙江生态工程职业学院	黑龙江省	黑龙江省森林工业管理干部学院
33	黑龙江三江美术职业学院	黑龙江省教育厅	佳木斯三江美术专修学院（资源）
34	黑龙江旅游职业技术学院	黑龙江省	黑龙江省旅游学校 黑龙江省二轻职工大学

续表

序号	学校名称	主管部门	建校基础名称
35	黑龙江煤炭职业技术学院	黑龙江省	双鸭山矿务局职工工学院 双鸭山矿务局师范学校 双鸭山矿务局职工中等专业学校
36	上海电影艺术职业学院	上海市教委	新建
37	江苏联合职业技术学院	江苏省	新建
38	江南影视艺术职业学院	江苏省教育厅	新建
39	江苏海事职业技术学院	江苏省	南京海运学校 南京航运学校
40	苏州工业职业技术学院	江苏省	苏州高级工业学校 苏州市机械学校 苏州市虎丘中等专业学校
41	扬州环境资源职业技术学院	江苏省	扬州农业学校
42	南通农业职业技术学院	江苏省	南通农业学校
43	无锡科技职业学院	江苏省	新建
44	应天职业技术学院	江苏省教育厅	江苏省幼儿师范学校
45	苏州托普信息职业技术学院	江苏省教育厅	新建
46	建东职业技术学院	江苏省教育厅	新建
47	苏州经贸职业技术学院	江苏省	江苏省丝绸学校 苏州商业学校
48	南京铁道职业技术学院	江苏省	南京铁路运输学校
49	无锡城市职业技术学院	江苏省	无锡市职工大学 无锡市城建职工大学
50	无锡工艺职业技术学院	江苏省	宜兴轻工业学校 江苏广播电视大学宜兴学院（资源）
51	健雄职业技术学院	江苏省	太仓市广播电视大学（资源） 太仓师范学校 太仓工业学校
52	江苏财经职业技术学院	江苏省	淮阴财经学校 淮海工业贸易学校
53	扬州工业职业技术学院	江苏省	扬州化工学校 扬州建筑工程学校
54	江西航空职业技术学院	江西省	南昌飞机制造公司职工工学院
55	江海职业技术学院	江苏省教育厅	新建
56	金山职业技术学院	江苏省教育厅	新建
57	盐城纺织职业技术学院	江苏省	盐城纺织工业学校 盐城轻工业学校
58	浙江长征职业技术学院	浙江省	浙江长征财经专修学院（资源）
59	宁波天一职业技术学院	浙江省	新建

续表

序号	学校名称	主管部门	建校基础名称
60	亳州职业技术学院	安徽省	合肥工业大学亳州教学点（资源） 安徽教育学院亳州教学点 亳州工业学校
61	安徽邮电职业技术学院	安徽省	安徽省邮电学校
62	安徽国际商务职业学院	安徽省	安徽省对外经济贸易学校
63	安徽财贸职业学院	安徽省	安徽省贸易学校
64	安徽林业职业技术学院	安徽省	安徽省合肥林业学校
65	安徽审计职业学院	安徽省	安徽审计学校
66	安徽新闻出版职业技术学院	安徽省	安徽新闻出版学校
67	安徽工业职业技术学院	安徽省	铜陵职业技术学院西校区（资源）
68	闽北职业技术学院	福建省	南平业余大学
69	福建对外经济贸易职业技术学院	福建省	福建对外贸易学校
70	湄洲湾职业技术学院	福建省	湄洲湾工业学校
71	泉州经贸职业技术学院	福建省	泉州商贸学校
72	厦门华天涉外职业技术学院	福建省教育厅	新建
73	泉州信息职业技术学院	福建省教育厅	新建
74	福州外语外贸职业技术学院	福建省教育厅	新建
75	福州海峡职业技术学院	福建省教育厅	新建
76	福州科技职业技术学院	福建省教育厅	新建
77	闽西职业技术学院	福建省	闽西职业大学 龙岩市工业学校
78	福建金融职业技术学院	福建省	福建金融管理干部学院
79	福州黎明职业技术学院	福建省教育厅	新建
80	厦门演艺职业学院	福建省教育厅	新建
81	福建警官职业学院	福建省	福建警官学校
82	江西科技职业学院	江西省教育厅	江西科技职业技术学院
83	江西先锋软件职业技术学院	江西省教育厅	新建
84	赣西科技职业学院	江西省教育厅	江西赣西专修学院（资源）
85	江西农业工程职业学院	江西省	江西省樟树农业学校
86	江西轻工职业技术学院	江西省	江西省轻工业学校
87	上饶职业技术学院	江西省	上饶工业中等专业学校 上饶市农业中等专业学校 江西省文艺学校上饶分校
88	江西工程职业学院	江西省	新建
89	江西经济管理职业学院	江西省	新建
90	江西青年职业学院	江西省	江西省团校

续表

序号	学 校 名 称	主 管 部 门	建校基础名称
91	江西制造职业技术学院	江西省	江西省机械职工大学
92	山东华宇职业技术学院	山东省教育厅	德州华宇学校
93	山东协和职业技术学院	山东省教育厅	山东协和专修学院（资源）
94	山东外事翻译职业学院	山东省教育厅	中外合作山东外事翻译职业学院（资源）
95	山东旅游职业学院	山东省	山东省旅游学校
96	山东电子职业技术学院	山东省	山东省电子工业学校
97	山东铝业职业学院	山东省	山东铝业公司职工大学
98	山东杏林科技职业学院	山东省教育厅	山东杏林专修学院（资源）
99	泰山职业技术学院	山东省	泰安机械电子工程学校 山东省泰安农业学校
100	济南工程职业技术学院	山东省	济南市建筑工程学校 济南纺织工业学校
101	济南职业学院	山东省	济南教育学院 济南机械职工大学 济南职工科技大学
102	嵩山少林武术职业学院	河南省教育厅	少林寺武术专修学院（资源）
103	郑州电子信息职业技术学院	河南省教育厅	郑州电子信息专修学院（资源）
104	郑州工业安全职业学院	河南省	郑州煤炭高级技工学校 郑州矿务局职工大学
105	永城职业学院	河南省	永城职业学校
106	河南交通职业技术学院	河南省	河南省交通学校
107	河南经贸职业学院	河南省	河南省商业学校
108	信阳职业技术学院	河南省	信阳教育学院 信阳卫生学校
109	河南农业职业学院	河南省	河南省农业学校
110	郑州旅游职业学院	河南省	郑州旅游学校
111	郑州职业技术学院	河南省	郑州市机电学校
112	武汉软件职业学院	湖北省	汉口职业技术学院 武汉市广播电视大学
113	湖北国土资源职业学院	湖北省	湖北省地质职工大学 湖北省国土资源工程学校
114	楚天欧亚职业学院	湖北省教育厅	黄冈市公安中等专业学校
115	湖北生态工程职业技术学院	湖北省	原湖北生物生态职业技术学院江夏校区（资源）
116	湖北财税职业学院	湖北省	湖北省税务学校
117	湖北生物科技职业学院	湖北省	原湖北生物生态职业技术学院南湖校区（资源）
118	鄂东职业技术学院	湖北省	黄冈工业学校
119	江汉艺术职业学院	湖北省	湖北省潜江艺术师范学校

续表

序号	学校名称	主管部门	建校基础名称
120	武汉民政职业学院	湖北省	武汉涉外旅游学校
121	武汉工业职业技术学院	湖北省	中国第一冶金建设职工大学
122	湖北黄石机电职业技术学院	湖北省	湖北黄石电子科技学校
123	湖北三峡职业技术学院	湖北省	宜昌职业技术学院
124	武汉铁路职业技术学院	湖北省	武汉铁路运输学校
125	湖南民族职业学院	湖南省	岳阳师范学校
126	衡阳财经工业职业技术学院	湖南省	衡阳市财会学校 衡阳技术学院
127	湖南儿童工程职业学院	湖南省	长沙师范学校
128	益阳职业技术学院	湖南省	益阳农业学校 益阳工业贸易学校
129	湖南同德职业学院	湖南省教育厅	湖南常德电脑专修大学（资源）
130	湘西民族职业技术学院	湖南省	湘西自治州农业学校 吉首经济贸易学校
131	广州科技职业技术学院	广东省教育厅	广东南大专修学院（资源）
132	茂名职业技术学院	广东省	茂名市建设中等专业学校
133	广州工程技术职业学院	广东省	广州市职工大学
134	珠海城市职业技术学院	广东省	珠海教育学院 珠海市工业学校 珠海市财贸学校
135	惠州经济职业技术学院	广东省教育厅	新建
136	肇庆工商职业技术学院	广东省教育厅	肇庆工商专修学院（资源）
137	肇庆科技职业技术学院	广东省教育厅	肇庆成人科技学校
138	东莞南博职业技术学院	广东省教育厅	新建
139	广州工商职业技术学院	广东省教育厅	广东商学院花都学院（资源）
140	广州南洋理工职业学院	广东省教育厅	广州南洋科技专修学院（资源）
141	江门职业技术学院	广东省	江门教育学院 江门市工业中专学校 江门财贸学校
142	广东涉外经济职业技术学院	广东省教育厅	广州维城科技专修学院（资源）
143	广州体育职业技术学院	广东省	广州市（伟伦）体育运动学校
144	广东文艺职业学院	广东省	华南文艺成人学院
145	中山火炬职业技术学院	广东省	新建
146	广东省外语艺术职业学院	广东省	广东外国语师范学校
147	广西演艺职业学院	广西壮族自治区教育厅	广西艺术学校

续表

序号	学校名称	主管部门	建校基础名称
148	广西电力职业技术学院	广西壮族自治区	南宁电力学校
149	广西东方外语职业学院	广西壮族自治区教育厅	新建
150	广西经贸职业技术学院	广西壮族自治区	广西区直机关干部业余大学 广西供销学校
151	广西工贸职业技术学院	广西壮族自治区	广西贸易经济学校
152	海南万和信息职业技术学院	海南省教育厅	海南现代信息工程学校
153	海南经贸职业技术学院	海南省	海南省对外贸易学校
154	重庆水利电力职业技术学院	重庆市	重庆水利电力学校
155	重庆城市职业学院	重庆市	重庆市职工大学 重庆市工会干部学校
156	四川司法警官职业学院	四川省	四川省警官学校
157	四川警安职业学院	四川省教育厅	四川绵竹剑南学校
158	四川信息职业技术学院	四川省	四川省电子工业学校
159	广安职业技术学院	四川省	岳池师范学校
160	四川商务职业学院	四川省	四川省商业学校 四川省对外经济贸易学校
161	贵州轻工职业技术学院	贵州省	贵州省第一轻工业学校 贵州省第二轻工业学校
162	黔西南民族职业技术学院	贵州省	黔西南州农业学校 黔西南州水利电力学校 黔西南州农机化学校 黔西南州卫生学校 黔西南州财贸学校
163	云南经济管理职业学院	云南省教育厅	民办云南经济管理学校
164	云南体育运动职业技术学院	云南省	云南省体育运动学校
165	云南文化艺术职业学院	云南省	云南省文化厅职工大学 云南省艺术学校
166	云南国防工业职业技术学院	云南省	云南兵器工业职工大学 云南省国防工业学校 云南省国防技工学校
167	云南热带作物职业学院	云南省	云南省热带农业工程学校
168	云南林业职业技术学院	云南省	云南省林业学校
169	云南机电职业技术学院	云南省	云南省机械工业学校
170	云南北美职业学院	云南省教育厅	昆明计算机职业学校
171	昆明扬帆职业技术学院	云南省教育厅	新建
172	陕西警官职业学院	陕西省	陕西省政法管理干部学校 西北大学公安学院（陕西省人民警察学校） 陕西省司法学校 陕西省警官学校

续表

序号	学校名称	主管部门	建校基础名称
173	西安东方亚太职业技术学院	陕西省教育厅	西安东方亚太培训学院（资源）
174	西安汽车科技职业学院	陕西省教育厅	西安汽车科技专修学院（资源）
175	西安海棠职业学院	陕西省教育厅	西安海棠专修学院（资源）
176	陕西邮电职业技术学院	陕西省	陕西邮电学校
177	银川科技职业学院	宁夏回族自治区教育厅	新建
178	新疆现代职业技术学院	新疆维吾尔自治区政府	新建
179	新疆天山职业技术学院	新疆维吾尔自治区政府	新疆天山高等教育专修学校（资源）

附三

2004年管理体制调整的普通高校

序号	学校名称	主管部门	建校基础名称	备注
1	吉林大学	教育部	吉林大学 军需大学	由中央军委划转教育部后与吉林大学合并
2	吉林医药学院	吉林省	第四军医大学吉林军医学院	由中央军委划转吉林省
3	南方医科大学	广东省	第一军医大学	由中央军委划转广东省
4	成都医学院	四川省	第三军医大学成都军医学院	由中央军委划转四川省

供稿　王雪涛　杨　青

〔**高校后勤社会化改革**〕　2004年，各级教育行政部门和高等学校以邓小平理论和“三个代表”重要思想为指导，贯彻落实党的十六大和十六届三中、四中全会精神，按照科学发展观要求，针对高校后勤社会化改革中存在的诸多矛盾和问题，组织开展了一系列扎扎实实的工作，有效促进了改革的深入发展。

2004年一季度，由于市场粮油价格上涨等因素的影响，给高校后勤服务工作带来了较大困难。针对此情况，国务院办公厅及时发出《关于加强学生食堂管理维护高校稳定的紧急通知》，其后，教育部、财政部、国家发展改革委、国家税务总局、国家粮食局联合印发了《关于支持高等学校进一步做好学生食堂工作的若干意见》，对学生食堂工作提出要求，明确了一系列政策措施，主要包括：给予特困生伙食补助；对学生食堂实行免税；给予学生生活用水、用电、用气享受居民价格；对高校学生食堂的建设、维修和大型设备更新给予适当支持；推动助学贷款工作；对学生食堂的粮油供应实行定点直供或集中采购等。这两个文件的出台，对缓解粮油等价格上涨对学生生活的影响，以及维护高校稳定起到了积极的作用。

针对改革中存在的问题和推进改革工作的需要，教育部有关部门在近两年时间内，组织力量先后开展了“新型高校后勤保障体系的构建与设想”、“高校后勤人事制度改革”、“高校后勤产权制度改革”、“高校学生食堂服务市场监督管理体系规范化建设”、“高校学生食堂行业标准”、“新型高校学生公寓管理体制与运营机制”、“高校后勤财务制度改革”、“基于师生满意度的高校后勤模糊综合评判”、“高校后勤社会化改革评估体系”、“高校后勤改革发展现状与趋势”等专项课题研究。11月，“新型高校后勤保障体系的构建与设想”课题组在上海外国语大学举办了“构建新型高校后勤保障体系论坛”，一百多所高校主管后勤工作的领导参加了会议。会议一致认为，这个课题的论证，符合国家整体经济体制改革方向，符合国务院以往确定的高校后勤社会化改革方向，思路明晰，对深化改革具有重要指导意义。

各有关方面通过多种渠道，发现、挖掘了一大批高校后勤改革先进典型和先进经验，并通过教育部信息、高校后勤网站、刊物等渠道进行宣传，推荐全国学习，不但对促进改革起到了很好的效果，也鼓励了先进典型继续深化改革。

中国高等教育学会高校后勤管理分会坚持开展培训工作，培训涵盖与高校后勤改革和管理相关的多方面内容，全年举办培训活动十次，参加培训人员超过2 000人次。各专业部也利用年会时机开展了宣传培训活动。培训活动有效促进了全国高校后勤领导和管理层思想观念的转变和相关素质的提高，促进了全国高校的后勤改革和管理工作。

为进一步加强信息服务工作，2004 年 3 月《高校后勤研究》由内部刊物转为正式公开出版刊物。《中国院校后勤信息网》扩大了通讯员队伍，2004 年 12 月重新改版，进一步丰富了网上信息。一批省、自治区、直辖市也建立了高校后勤信息网站。

2004 年 8 月，教育部有关部门在呼和浩特市召开各省、自治区、直辖市教育厅（教委）后勤处长座谈会，研讨高校后勤社会化改革的基本思路，并重点就各地教育厅（教委）下一步如何深入细致地做好推进改革的工作进行了研讨，提出了具体建议。会后，部分地区开始尝试其中一些做法，取得了较好的效果。

加强基础工作，2004 年高校后勤社会化改革继续稳步深入：一是部分省、自治区、直辖市开始探索行业管理的路子，推进改革和管理的工作开始向系统化方向发展；二是越来越多的高校后勤实体注册为独立企业法人，进行了股份制改造，取得了很好的效果；三是高校后勤社会化程度提高，市场机制在后勤资源配置中的作用逐步增强；四是新校区后勤服务社会化的优越性已在越来越多的高校中得到了证实，一些高校开始将此办法推广到老校区；五是越来越多的高校后勤实体通过了国际质量管理体系认证、推行了数字化管理，管理水平和服务质量明显提高；六是高校后勤设施建设继续以较快速度进展。

撰稿　朱宝铜

审稿　宋德民

〔教育支持西部及东北老工业基地振兴的政策措施〕　一、不断加大工作力度，推进西部教育开发

2004 年，教育部按照党中央、国务院关于西部大开发的战略部署和十六届四中全会精神，认真贯彻国务院西部地区开发领导小组第二次全体会议和 2004 年西部开发工作会议的精神；按照《国务院关于进一步推进西部大开发的若干意见》的要求，积极采取了一系列政策措施，有力地推动了西部地区各级各类教育进一步发展。

（一）加强对西部地区教育发展的规划与政策研究。2004 年，教育部与国务院西部开发办联合发布了《2004—2010 年西部地区教育事业发展规划》，总结了西部大开发政策实施以来西部地区各级各类教育事业所取得的成绩，并提出了到 2010 年各级各类教育的发展思路、目标以及保障措施。此外，教育部还与国家发展改革委、财政部、国务院西部开发办共同制定了《国家西部地区“两基”攻坚计划》，并由国务院办公厅转发，明确 2004 年要启动西部地区“两基”攻坚计划，到 2007 年使西部地区基本普及九年义务教育，基本扫除青壮年文盲，中央财政将为此投入 100 亿元。

（二）加大对西部地区教育的政策性支持。继续增加西部地区高等学校的招生数量，在招生计划和教育部所属高等学校的生源计划安排上重点向西

部地区进行了倾斜；支持西部地区高层次人才培养工作；为解决农村教师匮乏和学历偏低问题，2004年教育部实施“农村中学教育硕士师资培养计划”，通过保送生的形式为国家扶贫开发工作重点县中学培养一批教育硕士；积极鼓励和引导高校毕业生到西部地区建功立业，2004年教育部与团中央等部门继续实施了“大学生志愿服务西部计划”，新招募志愿者6 212人，使在西部基层从事志愿者服务的高校毕业生达到10 193人，比上年增加4 000多人；加强了对西部地区高校人才建设工作的宏观指导，在“高层次创造性人才计划”有关人才计划项目的限额分配和专家评审中，同等条件下，对西部高校给予适当倾斜，促进西部高校高层次人才队伍建设；支持西部地区发展民族教育，经与国家民委等部委协商，起草并印发了《教育部 国家民委 国家发展改革委 财政部 人事部等五部门关于大力培养少数民族高层次骨干人才的意见》；加强西部地区“两基”督导检查工作，国家教育督导团于2004年6月15日印发《关于加强西部地区“两基”攻坚督导评估工作的意见》，对“两基”督导工作作出了明确的部署。

（三）不断加大对西部地区教育发展的资金支持力度。2004年8月初，教育部、国家发展改革委、财政部三部委联合下达了2004年“农村寄宿制学校建设工程”资金控制额度30亿元；继续实施了第二期“国家贫困地区义务教育工程”和“农村中小学危房改造工程”，集中解决西部地区农村中小学的危房问题，加快了西部地区义务教育的发展；实施“农村中小学现代远程教育工程”，在2002—2003年中央已经投入经费13.64亿元的基础上，中央和地方政府还将投入数十亿元予以支持；继续实施“国家义务教育贫困学生助学金”专款，用于西部贫困地区和革命老区的中小学生杂费减免和生活费补助；继续对全国部分农村地区家庭经济困难的中小学生免费提供教科书，免费教科书发放的实际受益面扩大到中西部地区全部农村贫困学生，约2 400万人。

（四）加强领导协调，加大工作力度，教育对口支援工作取得新进展。2004年12月，教育部召开“对口支援西部地区高等学校计划”汇报会，全面总结了计划实施以来的各项工作，对下一步工作作出了全面部署；2004年7月，在西南科技大学举办了“第三次高等学校对口支援工作管理人员培训班”，交流了“对口支援西部地区高等学校计划”实施以来的经验；将吉首大学列入了对口支援西部地区高等学校计划，确定中山大学对口支援吉首大学，使对口支援的高等学校增加到18对。

（五）吸引留学回国人员，争取国际合作项目，支持西部地区教育事业的发展。利用教育部“春晖计划”，组织和吸引留学人员回国工作或以适当方式为国服务；吸引和指导留学人员回国到西部任职或挂职，为西部发展提供人才和知识支持。2004年西部有关省（自治区、直辖市）为海外优秀留学人员提供部分回国挂（任）职服务岗位，教育部对应聘的在外留学人员择优进行了推荐，已有13位留学人员到西部有关省区挂职服务。利用“春晖计划”，为西部地区科研项目提供科研经费；继续实施联合国儿童基金会2001—2005年为中国西部教育资助1 400万美元的计划，在教育规划与监测、教师与管理队伍培训、课程改革、幼儿教育、远程教育等方面对西部教育发展给予了大力支持。

二、积极做好教育支持东北地区等老工业基地振兴工作

在中央作出振兴东北等老工业基地的战略部署后，教育部党组立即组织了“教育支持东北老工业基地振兴”调研组，于2003年底赴东北三省进行调研，先后与当地政府有关部门、学校、企业等进行座谈，走访了部分学校、厂矿、企业，掌握了大量第一手材料。在此基础上，经过认真研究、深入分析，总结出目前东北老工业基地的振兴对教育提出的三大迫切需求，和东北三省在人力资源结构、人才培养、技术培训、科技服务以及人才使用的机制和环境等方面，仍存在的亟需解决的五大主要矛盾。三大需求是：重振东北经济，需要培养和造就大批技能型人才和一批科技、管理领军人才；发展经济、扩大就业，促进社会稳定，需要提升劳动大军的整体素质；企业升级改造、接续产业和新型产业发展，迫切需要高校和各类研发机构提供智力服务。五大主要矛盾是：一是人才总量相对充足，而结构性短缺问题突出；二是技能型劳动力紧缺，而

中等职业教育举步维艰；三是培训市场需求巨大，而职业学校资源闲置；四是产业发展急需科技支持，而高校科研成果难以转化；五是渴求人才兴业，而人才严重流失。

面对东北老工业基地振兴对教育的需求，教育支持东北老工业基地振兴的主要任务是：一是培养和造就紧缺人才，包括一大批中、高技能型人才、一批科技创新与经营管理领军人才和一支高素质的党政干部队伍。二是提升劳动者素质，使在岗职工、转岗与下岗职工、新型农民和农村转移劳动力等掌握必需的职业技能和实用技术。三是做好科技创新服务，充分发挥高校科技创新优势，为老工业基地的产业技术升级改造与结构调整、新兴产业的培育、重大决策提供科技支撑与咨询服务。四是全面提升当地教育发展水平，走科教兴国和人才强国之路，为老工业基地的全面振兴奠定坚实的人才与人力资源基础。

在此基础上，提出了教育支持东北老工业基地的五方面政策建议。一是加强体制和机制创新，充分发挥政府的统筹协调作用，调动企业和学校的积极性，振兴东北职业教育。二是调整人才培养结构，加快培养紧缺的高技能人才和高层次领军人才。三是要加快推进产学研融合，促进高校科技成果转化。四是全面加快教育发展，为实现东北经济振兴和可持续发展奠定基础。五是深化相关制度改革，创造用好人才、留住人才的良好环境。

同时，教育部已在以下几个方面采取了具体措施，积极支持东北老工业基地的振兴：一是采取倾斜政策，加快东北三省高层次人才培养和高校科技创新的步伐。加强东北三省“211 工程”和“985 工程”高校建设，在学科点和博士点评审方面对东北三省进行倾斜；研究生招生计划安排对东北三省以高于全国平均增幅的比例进行了倾斜；广泛号召、积极动员毕业生参与老工业基地振兴的项目，积极协调以争取有关方面出台振兴老工业基地项目在吸纳毕业生方面的政策。二是在相关资金安排上向东北三省倾斜，支持老工业基地教育发展。由教育部、国家发展改革委和财政部组织实施的“农村寄宿制学校建设工程”、“农村中小学危房改造工程”和第二期“农村穷困地区义务教育工程”在项目安排和资金分配上，对东北三省进行倾斜，共投入 6.8 亿元；“改善边境基础教育办学条件”、“寄宿制学校改造”、“中小学布局调整”等中央专项资金，2003 年为东北三省共计安排 2.6 亿元；此外，2004 年中央职业教育专项资金支持东北三省建立若干个职业教育实训基地，培养急需的实用型技术人才。三是积极争取国内外的广泛支持。号召高等学校特别是教育部直属高校积极为老工业基地振兴培养急需人才，加快科技成果转化，在振兴项目上进行合作科研攻关等。同时，积极争取国际合作项目，与世界银行就相关领域进行合作。

撰稿　于　洋　晁桂明
审稿　季　平

〔**省（区、兵团）部共建地方高校工作**〕　改革开放以来，特别是近几年，中国高等教育取得了举世瞩目的巨大成就，在发展上实现了历史性的跨越，改革上得到突破性的进展，形成了中央和省级政府两级管理，以省级政府统筹管理为主的新的高等教育管理体制。在这样的背景之下，为扶持中西部高等教育发展，逐步缩小地区间发展差异，从而实现全国高等教育全面协调可持续地发展，教育部 2004 年启动实施了省（区、兵团）部共建地方高校工作，与无教育部直属高校的省、自治区及新疆生产建设兵团各共建一所地方高校，旨在通过加强与地方政府的合作，促进高等教育的合理布局和协调发展，更好地为区域经济建设和社会发展服务，是一项全面实施科教兴国战略、人才强国战略和西部大开发战略，树立和落实科学发展观的重大举措。

截至 2004 年 12 月底，教育部与河南、新疆、云南、广西、内蒙古、西藏、江西、宁夏、贵州、青海共 10 个省、自治区及新疆生产建设兵团签署了分别共建郑州大学、新疆大学、云南大学、广西大学、内蒙古大学、西藏大学、南昌大学、宁夏大学、贵州大学、青海大学、石河子大学 11 所地方高校的协议。共建协议中具体明确了教育部与各地方政府所应承担的责任，主要从有利于加快学校各项事业的改革发展出发给予学校更多的关注和支持，分别体现在政策、经费、规划指导、信息沟通、师资队伍及行政管理人员培训等方面。

这项工作从一开始就引起了社会各界舆论以及中央和地方新闻媒体的高度关注，中央电视台曾对在北京举行的共建西藏大学及青海大学的协议签字仪式进行过专门报道。相关省区的干部群众、社会舆论对这项举措反响热烈，给予了高度评价，有关共建高校的广大师生员工由此得到了直接的鼓舞和激励，对学校进一步加快发展、提高水平更加充满信心。

撰稿 黄 磊
审稿 陈维嘉

〔**“211 工程”建设**〕 2004 年，国家发展改革委员会在 2003 年批复北京大学等 44 所高等学校“十五”“211 工程”建设项目可行性研究报告的基础上，完成了其他 51 所高等学校和 3 个公共服务体系“十五”“211 工程”建设项目可行性研究报告的批复。所有“十五”“211 工程”建设项目都已开工建设。“十五”期间，国家共安排了 777 个“211 工程”重点学科建设项目，建设资金总量为 184 亿元，其中中央专项资金 60 亿元，由部门、地方政府和学校自筹安排的配套资金为 124 亿元。

为确保“十五”“211 工程”建设的顺利完成，“211 工程”部际协调小组办公室下发了《关于开展“十五”“211 工程”中期检查工作的通知》、《关于做好国家重点建设项目“211 工程”信息报送及档案管理工作的通知》，部署先期批复建设的 44 校进行“十五”“211 工程”中期检查。中期检查的重点是项目进展情况及年度计划执行情况；主要建设成效和可能形成的标志性成果分析及具体支持措施；资金到位和执行情况的分析；项目管理运行的机制和效果；以及建设中存在的主要问题及改进措施。中期检查工作由各有关主管部门或地方政府负责组织实施，以学校自查为主的方式进行。

撰稿 赵玉霞 徐维清
审稿 杨 卫 王亚杰 李 军 郭新立

〔**“985 工程”建设**〕 2004 年，根据国务院批准的教育部《2003－2007 年教育振兴行动计划》中关于“继续实施‘985 工程’，努力建设若干所世界一流大学和一批国际知名的高水平研究型大学”的决定，教育部、财政部下发了《教育部、财政部关于继续实施“985 工程”建设项目的意见》，并于 2004 年 6 月 8 日在北京联合召开了“985 工程”二期建设工作会议。教育部部长周济、副部长赵沁平和吴启迪、财政部部长助理张少春出席了会议。会议部署了有关高等学校“985 工程”建设工作，标志着“985 工程”二期建设正式启动。周济在讲话中强调，建设若干所世界一流大学和一批高水平研究型大学，是崇高而艰巨的奋斗目标。要以国家创新体系建设为主要载体，精心谋划，认真组织，确保“985 工程”二期建设进展顺利。张少春强调，要加强领导，规范管理，充分发挥“985 工程”专项资金的使用效益，确保目标的实现。吴启迪就“985 工程”二期建设工作进行了部署。

7 月 21 日—23 日，教育部、财政部“985 工程”办公室组织召开了国家中长期科学与技术发展规划战略研究专题报告会，会后，下发了《关于做好“985 工程”二期建设规划和编制“985 工程”建设可行性研究报告的通知》。会议的目的是加强“985 工程”科技创新平台建设与国家目标的紧密结合，强化平台的顶层设计。

根据“985 工程”二期建设的整体部署和“985 工程”二期建设项目可行性研究报告的编制要求，有关学校对其“985 工程”建设进行了规划，编制了学校“985 工程”二期建设项目可行性研究报告。教育部、财政部“985 工程”办公室于 2004 年 8 月 31 日至 9 月 2 日组织专家对学校上报的“985 工程”科技创新平台和“985 工程”哲学社会科学创新基地进行了审核。在此基础上，教育部、财政部于 2004 年 11 月 10 日至 12 日在北京召开了“985 工程”建设项目整体审核会议，组织专家对学校“985 工程”二期建设项目可行性研究报告进行了审核。2004 年，根据立项审批程序，教育部、财政部完成了对有关学校“985 工程”二期建设项目的立项审批，并下拨了“985 工程”二期 2004 年度建设资金。工程建设正在按计划顺利进行。

为保证“985工程”建设的顺利实施，提高投资效益，确保工程建设实现预期目标，财政部、教育部印发了《“985工程”专项资金管理办法》，教育部、财政部“985工程”办公室印发了《“985工程”建设实施管理办法》，进一步明确了各级管理部门的职责和权利，指导并督促有关主管部门和项目学校严格执行国家有关工程建设的规定，建立项目建设检查验收制度。

撰稿　赵玉霞　徐维清
审稿　杨　卫　王亚杰　李　军
郭新立

教育教学管理

〔**第二次全国普通高校本科教学工作会议**〕2004年12月2日—7日，教育部召开了第二次全国普通高等学校本科教学工作会议。会议全面总结了1998年第一次教学工作会议以来高等学校教学工作取得的成就和经验，贯彻“巩固、深化、提高、发展”八字方针，落实“高等学校教学质量与教学改革工程”，研讨了今后一段时间大力加强高等学校教学工作，切实提高教学质量的思路和举措。

教育部党组书记、部长周济在开幕式上作了《大力加强教学工作，切实提高教学质量》的主报告。教育部副部长吴启迪在闭幕式上作了会议总结。

会议强调，高等教育必须实现工作重心的转移，即由重视规模发展，向更加注重质量提高的方向转移，要以更多的精力、更大的财力进一步加强本科教学工作，加大教学投入，强化教学管理，深化教学改革，开创本科教学工作新局面。会议广泛听取了各地、各高校对会议主文件《关于进一步加强高等学校本科教学工作的若干意见（征求意见稿）》的意见和建议，并决定于2005年年初正式印发。

会议采取网络视频会与座谈会相结合的形式召开。据不完全统计，12月2日的开幕式和12月7日的闭幕式各设分会场108个，两次会议的参会人员均超过5 000人，是一次直接面向基层，提高会议效率的成功尝试。在北京参加座谈会的有各省、自治区、直辖市教育厅（教委），新疆生产建设兵团教育局主管高教的领导同志，国务院有关部门（单位）教育（人事）司（局）主管高教的负责同志，有关高等学校的校领导等110多名代表。

撰稿　江　河　宋　毅

〔**独立学院本科专业清理备案工作**〕根据《中华人民共和国民办教育促进法》及教育部《关于规范加强普通高校以新的机制和模式试办独立学院管理的若干意见》等文件精神，按照“积极发展、规范管理、改革创新”的原则，为确保独立学院稳定、健康发展，教育部决定将独立学院作为单独的专业设置单位，并对已招生的本科专业进行清理和备案工作。

清理和备案工作的范围是经教育部批准和确认的独立学院在2004年及以前举办的本科专业。工作程序是独立学院将已招生的本科专业，按照《高等学校本科专业设置规定》的有关要求，填报《高等学校增设本科专业申请表》，经申请举办独立学院的普通高校（以下简称申请者）同意后，报独立学院所在地的省级教育行政部门。省级教育行政部门对独立学院上报的本科专业进行审核后，报教育部备案。

为做好独立学院本科专业的清理备案工作，教育部提出了具体工作要求：(1) 独立学院要重视本科专业的清理备案工作，要按照教育部有关文件精神和要求，主动争取独立学院申请者的帮助、指导，认真做好专业备案工作。(2) 独立学院的申请者要对独立学院的教学和管理工作负责，加强对独立学院专业设置工作的管理和指导，采取切实措施解决独立学院在本科专业清理备案工作中存在的困难和问题。(3) 对已招生但办学条件尚需完备的专业，独立学院应提出专业建设规划，力争在短期内达到本科专业的开办条件。(4) 各省级教育行政部门应在规定的时间内将属地内所有独立学院本科专业设置情况，参照《高等学校本科专业设置规定》中的本科专业设置备案表的格式式样填写备案表，连同批准设置独立学院的文件（复印件）报教育部备案。

教育部还明确规定，从 2004 年开始，独立学院增设、调整本科专业一律以独立学院为单位独立申报。独立学院凡新增、调整本科专业，需先报申请者审核，按《高等学校本科专业设置规定》中的有关要求，将申请者的审核意见，连同其他专业申报材料报送独立学院所在地的省级教育行政部门。申请者应当组织校学术委员会对独立学院新设、调整本科专业的申请进行评议，并提出评审意见。

从 2005 年开始，教育部将组织专家分期分批对独立学院的教学工作进行评估，独立学院的专业设置、办学条件和教学质量是专家考察评估的重点之一。对经过评估教学工作未达合格的学院，将责令其限期整顿。

撰稿　张庆国　宋　毅

〔**高等学校教学质量与教学改革工程**〕“高等学校教学质量与教学改革工程”（简称“质量工程”）是教育部正在实施的《2003—2007 年教育振兴行动计划》的重要组成部分。2004 年，教育部全面实施“高等学校教学质量和教学改革工程”，并在以下几个方面取得新进展。

一、继续推进国家精品课程建设。检查了 2003 年度国家精品课程支持网站的联通情况，并在工作网页上公布了检查结果。在认真总结 2003 年度国家精品课程评审工作的基础上，修订了国家精品课程评审指标体系和申报表格，进一步完善国家精品课程网上申报评审系统和评审工作程序，评出 2004 年度国家精品课程 300 门。

二、大学英语教学改革取得初步成效。依据《大学英语课程教学要求》，教育部委托高等教育出版社、清华大学出版社、外语教学与研究出版社、上海外语教育出版社，分别开发了大学体验英语、新时代交互英语、新视野大学英语、新理念大学英语 4 种基于网络的大学英语教学系统。从 2004 年 2 月起，全国有 180 所高校开始依据新的《大学英语课程教学要求》，采用上述教学软件进行大学英语教学改革试点。

启动大学英语四、六级考试改革工作，提出了改革的初步方案；积极开展大学英语教学改革扩展项目的立项和研究工作，推动大学英语教学改革向纵深发展。完成了大学英语四、六级考试委员会的换届工作。

三、全面开展高等学校教学工作评估。教育部高等教育教学评估中心组建成立。公布了 2003 年 42 所高校本科教学评估结论。完成了 55 所高校的本科教学评估工作。完成本科教学评估方案的修订工作，发出了《教育部办公厅关于进一步加强教学评估工作纪律的通知》，制定了《专家行为规范》。加快普通高等学校本科教学基本状态数据库课题的研究，组织了三个课题组分别进行“普通高等学校本科教学基本状态数据库研究”、“大学毕业生信息追踪系统研究”、“国外高教评估的理论和实践研究”，已取得部分研究成果，为采集和公布数据，做好今后的评估工作打下了基础。开展了“独立学院教学工作评估指标体系研究”，为进行独立学院教学工作专项检查奠定了基础。

全面启动高职高专院校人才培养工作水平评估。发出《关于全面开展高职高专院校人才培养工作水平评估的通知》，要求各省启动高职高专院校评估工作，着手制定指导各省开展评估工作的文件。举办了两次为期一个月的全国高职高专评估专家理论研修班，对 270 多位高职教育评估专家进行了系统培训，为顺利推动评估工作奠定了组织基础。同时，推进了“示范性职业技术学院”指标体系的研制。

加强医学教育医学类专业评估工作。与卫生部科技教育司合作，对青海省青海职业技术学院等五所申办医学类专业的职业技术学院进行了试点性评估。在有关高等学校进行了《会计学、财务管理本科专业教学合格评估工作合格评估方案》、《管理科学与工程类本科专业教学工作水平评估方案》的测试。

撰稿　江　河　宋　毅

〔**精品课程建设**〕　精品课程建设项目是质量工程的一项重要内容和先期启动的四个项目之一。2004年是该项目执行的第二年，全国共有30个省、自治区、直辖市和47个教学指导委员会及专家组织推荐了381所高校的848门课程参加年度国家精品课程评审。

评审阶段，共有来自全国30个省份的700余名专家参加了网上初评。有30个省份179所高校的390门课程通过初评参加终审。经过终审专家评议，产生年度国家精品课程300门。

2004年度300门国家精品课程覆盖了29个省份的132所高等学校。其中，云南、广西、贵州、青海、新疆、甘肃、海南、江西均首次有课程入围。这300门课程中有73所地方高校的课程89门；有高职课程51门，占总数的17%，较2003年有较大程度的提高。其中，本科249门课程分布于13个一级学科（含文化素质和“两课”）的52个二级学科之中。

附

2004年度国家精品课程名单

省　份	课　程　名　称	负责人	所　属　学　校	层　次
北　京	病理生理学	吴立玲	北京大学	本科
北　京	哲学导论	张世英	北京大学	本科
北　京	法理学	朱苏力	北京大学	本科
北　京	世界近代史	高　毅	北京大学	本科
北　京	政治学原理	王浦劬	北京大学	本科
北　京	弹性力学	王敏中	北京大学	本科
北　京	高等代数	赵春来	北京大学	本科
北　京	数学物理方法	吴崇试	北京大学	本科
北　京	普通和无机化学	姚光庆	北京大学	本科
北　京	动物生物学	许崇任	北京大学	本科
北　京	实验心理学	朱　滢	北京大学	本科
北　京	病理学	顾　江	北京大学	本科
北　京	近代国际关系史	袁　明	北京大学	本科
北　京	艺术概论	彭吉象	北京大学	本科
北　京	电影摄影创作	穆德远	北京电影学院	本科
北　京	广告学概论	丁俊杰	中国传媒大学	本科
北　京	航空航天概论	杨　超	北京航空航天大学	本科
北　京	理论力学	王　琪	北京航空航天大学	本科

续表

省份	课程名称	负责人	所属学校	层次
北京	过程设备设计	钱才富	北京化工大学	本科
北京	高分子物理	励杭泉	北京化工大学	本科
北京	电子商务	张润彤	北京交通大学	本科
北京	物流学	汝宜红	北京交通大学	本科
北京	大学计算机基础	王移芝	北京交通大学	本科
北京	机械原理	于晓红	北京科技大学	本科
北京	信息系统与安全对抗导论	王越	北京理工大学	本科
北京	工程制图	焦永和	北京理工大学	本科
北京	观赏植物学	张启翔	北京林业大学	本科
北京	分子生物学实验	魏群	北京师范大学	本科
北京	文学概论	王一川	北京师范大学	本科
北京	数学分析	王昆扬	北京师范大学	本科
北京	普通动物学	郑光美	北京师范大学	本科
北京	计算机组成原理	白中英	北京邮电大学	本科
北京	中药学	钟赣生	北京中医药大学	本科
北京	国际贸易实务	王健	对外经济贸易大学	本科
北京	计量经济学	李子奈	清华大学	本科
北京	新闻采访与写作	李希光	清华大学	本科
北京	大学英语综合课程	罗立胜	清华大学	本科
北京	弹性力学	杨卫	清华大学	本科
北京	理论力学	李俊峰	清华大学	本科
北京	建筑环境学	朱颖心	清华大学	本科
北京	计算机组成原理	王诚	清华大学	本科
北京	机械制造实习	傅水根	清华大学	本科
北京	思想道德修养	刘书林	清华大学	本科
北京	马克思主义政治经济学原理	刘美珣	清华大学	本科
北京	大学体育	张威	清华大学	本科
北京	大气污染控制工程	郝吉明	清华大学	本科
北京	机械原理	申永胜	清华大学	本科
北京	钢琴	黄珺莹	首都师范大学	本科
北京	篮球	孙民治	首都体育学院	本科
北京	动物系统解剖学	陈耀星	中国农业大学	本科
北京	普通遗传学	刘庆昌	中国农业大学	本科
北京	货币银行学	沈伟基	中国人民大学	本科

续表

省　份	课 程 名 称	负责人	所 属 学 校	层次
北　京	中国宪法学	韩大元	中国人民大学	本科
北　京	当代世界经济与政治	李景治	中国人民大学	本科
北　京	新闻编辑	蔡　雯	中国人民大学	本科
北　京	会计学	耿建新	中国人民大学	本科
北　京	市场营销学	吕一林	中国人民大学	本科
北　京	中国传统器乐	袁静芳	中央音乐学院	本科
天　津	高等代数与解析几何	孟道骥	南开大学	本科
天　津	当代中国政府与政治	朱光磊	南开大学	本科
天　津	政治经济学	王述英	南开大学	本科
天　津	国际经济学	佟家栋	南开大学	本科
天　津	世界上古中古史	哈全安	南开大学	本科
天　津	化学概论	车云霞	南开大学	本科
天　津	材料力学	亢一澜	天津大学	本科
天　津	反应工程	辛　峰	天津大学	本科
天　津	工程光学	郁道银	天津大学	本科
天　津	测控电路	张国雄	天津大学	本科
天　津	多媒体画面艺术基础	游泽清	天津师范大学	本科
天　津	眼镜材料与工艺学	高雅萍	天津职业大学	高职
天　津	数控机床维修	钱逸秋	天津中德职业技术学院	高职
天　津	可编程控制技术	吕景泉	天津中德职业技术学院	高职
河　北	隧道工程	朱永全	石家庄铁道学院	本科
河　北	机械制图	王　冰	承德石油高等专科学校	高职
河　北	高等数学	侯风波	承德石油高等专科学校	高职
河　北	机械加工基础	陈　明	华北航天工业学院	高职
河　北	汽车故障诊断与检测技术	李贤彬	邢台职业技术学院	高职
山　西	会计学基础	赵丽生	山西财政税务专科学校	高职
内蒙古	统计热力学	梁希侠	内蒙古大学	本科
辽　宁	轮机自动化	张均东	大连海事大学	本科
辽　宁	分析化学及实验	刘志广	大连理工大学	本科
辽　宁	高级俄语综合课	孙玉华	大连外国语学院	本科
辽　宁	国民经济统计学	邱　东	东北财经大学	本科
辽　宁	财务分析	张先治	东北财经大学	本科
辽　宁	中级财务会计	刘永泽	东北财经大学	本科
辽　宁	行政管理学	娄成武	东北大学	本科

续表

省　份	课 程 名 称	负责人	所 属 学 校	层　次
辽　宁	药剂学	崔福德	沈阳药科大学	本科
辽　宁	生物化学	于秉治	中国医科大学	本科
辽　宁	人体解剖学	柏树令	中国医科大学	本科
辽　宁	基础会计	王　觉	东北财经大学	高职
辽　宁	高聚物生产技术	侯文顺	辽宁石化职业技术学院	高职
辽　宁	热工过程控制仪表	杨庆柏	沈阳工程学院	高职
辽　宁	粮油品质检验	于　雷	沈阳师范大学职业技术学院	高职
吉　林	汽车运用工程	许洪国	吉林大学	本科
吉　林	田野考古学	赵宾福	吉林大学	本科
吉　林	高等代数	牛凤文	吉林大学	本科
吉　林	高等数学	李辉来	吉林大学	本科
吉　林	物理化学	杨永华	吉林大学	本科
吉　林	离散数学	孙吉贵	吉林大学	本科
吉　林	动物微生物学	钱爱东	吉林农业大学	本科
吉　林	朝鲜—韩国当代文学	蔡美花	延边大学	本科
吉　林	国际贸易实务	刘文广	吉林省经济管理干部学院	高职
黑龙江	野生动物管理学	马建章	东北林业大学	本科
黑龙江	大学化学	强亮生	哈尔滨工业大学	本科
黑龙江	理论力学	程　靳	哈尔滨工业大学	本科
黑龙江	机械原理	陈　明	哈尔滨工业大学	本科
黑龙江	医学遗传学	李　璞	哈尔滨医科大学	本科
黑龙江	神经病学	王维治	哈尔滨医科大学	本科
黑龙江	卫生法学	樊立华	哈尔滨医科大学	本科
黑龙江	营养与食品卫生学	吴　坤	哈尔滨医科大学	本科
黑龙江	中药化学	匡海学	黑龙江中医药大学	本科
黑龙江	烹调技术	郑昌江	哈尔滨商业大学	高职
上　海	宏观经济学	袁志刚	复旦大学	本科
上　海	中国古代文学史	骆玉明	复旦大学	本科
上　海	量子力学	苏汝铿	复旦大学	本科
上　海	谱学导论	范康年	复旦大学	本科
上　海	遗传学	乔守怡	复旦大学	本科
上　海	医学遗传学	左　伋	复旦大学	本科
上　海	化工原理	齐鸣斋	华东理工大学	本科
上　海	数学分析	庞学诚	华东师范大学	本科

续表

省 份	课 程 名 称	负责人	所 属 学 校	层 次
上 海	交响音乐鉴赏	胡企平	上海交通大学	本科
上 海	数学实验	乐经良	上海交通大学	本科
上 海	大学物理	高 景	上海交通大学	本科
上 海	生物医学图像处理	庄天戈	上海交通大学	本科
上 海	检测技术基础	施文康	上海交通大学	本科
上 海	大学体育	孙麒麟	上海交通大学	本科
上 海	高级英语	何兆熊	上海外国语大学	本科
上 海	针灸学	徐 平	上海中医药大学	本科
上 海	图形创意	林家阳	同济大学	本科
上 海	大学物理	顾 牡	同济大学	本科
上 海	数控机床故障诊断与维修	何亚飞	上海第二工业大学	高职
上 海	金融概论	贺 瑛	上海金融高等专科学校	高职
上 海	物流基础	宋文官	上海商业职业技术学院	高职
江 苏	信号与系统	孟 桥	东南大学	本科
江 苏	大学英语	李霄翔	东南大学	本科
江 苏	大学语文	王步高	东南大学	本科
江 苏	大学物理（工科）	叶善专	东南大学	本科
江 苏	工程结构设计原理	蒋永生	东南大学	本科
江 苏	微机系统与接口	戴先中	东南大学	本科
江 苏	电工电子实践课程	黄正瑾	东南大学	本科
江 苏	交通规划	王 炜	东南大学	本科
江 苏	机械设计	钱瑞明	东南大学	本科
江 苏	微观经济学	刘 东	南京大学	本科
江 苏	社会心理学	周晓虹	南京大学	本科
江 苏	大学数学	苏维宜	南京大学	本科
江 苏	大学化学实验	吴琴媛	南京大学	本科
江 苏	现代天气学原理	伍荣生	南京大学	本科
江 苏	地球科学概论	徐士进	南京大学	本科
江 苏	普通生物学	陈建秀	南京大学	本科
江 苏	电子线路	王成华	南京航空航天大学	本科
江 苏	控制工程基础	吴晓蓓	南京理工大学	本科
江 苏	植物营养学	沈其荣	南京农业大学	本科
江 苏	地理信息系统	汤国安	南京师范大学	本科
江 苏	现代自然地理学	王 建	南京师范大学	本科

续表

省 份	课 程 名 称	负责人	所 属 学 校	层 次
江 苏	中医儿科学	汪受传	南京中医药大学	本科
江 苏	通信电子电路	于洪珍	中国矿业大学	本科
江 苏	采矿学	杜计平	中国矿业大学	本科
江 苏	药物化学	尤启冬	中国药科大学	本科
江 苏	动画运动规律	袁晓黎	金陵科技学院	高职
江 苏	电子技术基础	耿苏燕	南京工程学院	高职
江 苏	汽车电器与电子控制技术	冯 渊	无锡职业技术学院	高职
江 苏	画法几何及机械制图	邢邦圣	徐州师范大学	高职
浙 江	植物生理学	蒋德安	浙江大学	本科
浙 江	行政法学	胡建淼	浙江大学	本科
浙 江	中国现当代文学史	吴秀明	浙江大学	本科
浙 江	物理学与人类文明	叶高翔	浙江大学	本科
浙 江	概率论	林正炎	浙江大学	本科
浙 江	环境化学	朱利中	浙江大学	本科
浙 江	C程序设计基础及实验	何钦铭	浙江大学	本科
浙 江	工程流体力学	张土乔	浙江大学	本科
浙 江	工程热力学	胡亚才	浙江大学	本科
浙 江	大学英语	何莲珍	浙江大学	本科
浙 江	现代教育技术	张剑平	浙江师范大学	本科
安 徽	企业会计学	赵惠芳	合肥工业大学	本科
安 徽	管理信息学	杨善林	合肥工业大学	本科
安 徽	微积分	程 艺	中国科学技术大学	本科
安 徽	线性代数	李尚志	中国科学技术大学	本科
安 徽	生理学	徐耀忠	中国科学技术大学	本科
福 建	普通植物病理学	谢联辉	福建农林大学	本科
福 建	国际经济法学	曾华群	厦门大学	本科
福 建	审计学	陈汉文	厦门大学	本科
福 建	财政学	张 馨	厦门大学	本科
福 建	结构化学	林梦海	厦门大学	本科
福 建	分析化学	郭祥群	厦门大学	本科
福 建	政策科学	陈振明	厦门大学	本科
福 建	刑事侦查学	李双其	福建公安高等专科学校	高职
江 西	现代汉语	刘纶鑫	南昌大学	本科
山 东	物理学	张承琚	山东大学	本科

续表

省份	课程名称	负责人	所属学校	层次
山东	世界近代史	王玮	山东师范大学	本科
山东	海洋化学	张正斌	中国海洋大学	本科
山东	食品化学	汪东风	中国海洋大学	本科
山东	海洋学	冯士筰	中国海洋大学	本科
山东	机械设计基础	张建中	山东科技大学	高职
山东	植物与植物生理	王衍安	山东农业大学	高职
河南	水利工程制图	曾令宜	黄河水利职业技术学院	高职
河南	制茶工艺	郭桂义	信阳农业高等专科学校	高职
河南	鱼类学	李林春	信阳农业高等专科学校	高职
河南	生物化学	李巧枝	郑州牧业工程高等专科学校	高职
湖北	画法几何及机械制图	常明	华中科技大学	本科
湖北	病理生理学	王建枝	华中科技大学	本科
湖北	人体寄生虫学	李雍龙	华中科技大学	本科
湖北	耳鼻咽喉科学	孔维佳	华中科技大学	本科
湖北	工程测试技术基础	何岭松	华中科技大学	本科
湖北	动物生理学	杨秀平	华中农业大学	本科
湖北	园艺植物栽培学	彭抒昂	华中农业大学	本科
湖北	植物生理学	曾汉来	华中农业大学	本科
湖北	微生物学	赵斌	华中农业大学	本科
湖北	现代汉语	邢福义	华中师范大学	本科
湖北	中国现当代文学史	黄曼君	华中师范大学	本科
湖北	数学物理方法	姚端正	武汉大学	本科
湖北	目录学概论	彭斐章	武汉大学	本科
湖北	马克思主义哲学原理	石云霞	武汉大学	本科
湖北	动物生物学	黄诗笺	武汉大学	本科
湖北	数字图像处理	贾永红	武汉大学	本科
湖北	市场营销学	万后芬	中南财经政法大学	本科
湖北	财政学	刘京焕	中南财经政法大学	本科
湖北	广告创意	张勇	湖北职业技术学院	高职
湖北	船舶内燃机使用及维修	熊仕涛	武汉船舶职业技术学院	高职
湖南	国际金融学	杨胜刚	湖南大学	本科
湖南	高等数学	黄立宏	湖南大学	本科
湖南	分析化学及实验	王玉枝	湖南大学	本科
湖南	混凝土结构设计原理	沈蒲生	湖南大学	本科

续表

省 份	课 程 名 称	负责人	所 属 学 校	层 次
湖 南	毛泽东思想概论	柳礼泉	湖南大学	本科
湖 南	中国现代文学史	谭桂林	湖 南师范大学	本科
湖 南	内科学	廖二元	中南大学	本科
湖 南	计算机网络	高 阳	中南大学	本科
湖 南	诊断学	张桂英	中南大学	本科
湖 南	儿科学	易著文	中南大学	本科
湖 南	药理学	周宏灏	中南大学	本科
湖 南	民政工作原理	金双秋	长沙民政职业技术学院	高职
湖 南	电工基础	杨利军	湖南铁道职业技术学院	高职
湖 南	数控加工技术	明兴祖	湖南冶金职业技术学院	高职
湖 南	护理基本技术	刘平娥	永州职业技术学院	高职
广 东	禽病学	辛朝安	华南农业大学	本科
广 东	教学设计原理与方法	谢幼如	华南师范大学	本科
广 东	运动生理学	邓树勋	华南师范大学	本科
广 东	植物学	叶创兴	中山大学	本科
广 东	有机化学	古练权	中山大学	本科
广 东	国际金融	陈 平	中山大学	本科
广 东	生理学	王庭槐	中山大学	本科
广 东	中国古代文学	吴承学	中山大学	本科
广 东	细胞生物学	王金发	中山大学	本科
广 东	人体寄生虫学	詹希美	中山大学	本科
广 东	玩具制图与 Auto CAD	何友义	番禺职业技术学院	高职
广 东	电脑平面设计	关俊良	番禺职业技术学院	高职
广 东	创业教育	张 涛	广东纺织职业技术学院	高职
广 东	应用写作	杨文丰	广东科学技术职业学院	高职
广 东	C 语言程序设计	温希东	深圳职业技术学院	高职
广 东	电工及电气测量技术	徐 茜	深圳职业技术学院	高职
广 西	居室空间设计	黄春波	南宁职业技术学院	高职
海 南	民事诉讼法学	谭 兵	海南大学	本科
重 庆	刑事诉讼法	徐静村	西南政法大学	本科
重 庆	工程项目管理	任 宏	重庆大学	本科
重 庆	房屋建筑学	李必瑜	重庆大学	本科
重 庆	机械原理	黄茂林	重庆大学	本科
四 川	工程地质分析原理	黄润秋	成都理工大学	本科

续表

省份	课程名称	负责人	所属学校	层次
四川	线性代数与空间解析几何	黄廷祝	电子科技大学	本科
四川	电子测量原理	王厚军	电子科技大学	本科
四川	口腔修复学	巢永烈	四川大学	本科
四川	材料科学与工程基础	顾宜	四川大学	本科
四川	细胞生物学	王喜忠	四川大学	本科
四川	诊断学	欧阳钦	四川大学	本科
四川	水力学	李克锋	四川大学	本科
四川	财务管理	赵德武	西南财经大学	本科
四川	土木工程制图	卢传贤	西南交通大学	本科
四川	钻井与完井工程	施太和	西南石油学院	本科
四川	冲压模具设计与制造	刘建超	成都航空职业技术学院	高职
四川	数控机床与操作	熊熙	成都航空职业技术学院	高职
四川	审讯学	陈真	四川警官高等专科学校	高职
四川	理论力学	江晓仑	西南交通大学	高职
贵州	公文写作	喻莉娟	贵州警官职业学院	高职
云南	公共事业管理概论	崔运武	云南大学	本科
陕西	模拟电子线路基础	傅丰林	西安电子科技大学	本科
陕西	数字电路及系统设计	赵曙光	西安电子科技大学	本科
陕西	信号与系统	郭宝龙	西安电子科技大学	本科
陕西	电工学	杨振坤	西安交通大学	本科
陕西	计算机网络	冯博琴	西安交通大学	本科
陕西	电路	罗先觉	西安交通大学	本科
陕西	工程电磁场	马西奎	西安交通大学	本科
陕西	工程热力学	何雅玲	西安交通大学	本科
陕西	生理学	樊小力	西安交通大学	本科
陕西	中级无机化学	唐宗薰	西北大学	本科
陕西	鄂尔多斯盆地—秦岭造山带野外地质教学	周鼎武	西北大学	本科
陕西	理论力学	支希哲	西北工业大学	本科
陕西	材料的力学性能	乔生儒	西北工业大学	本科
陕西	材料科学基础	陈铮	西北工业大学	本科
陕西	电路基础	段哲民	西北工业大学	本科
陕西	工程制图	孙根正	西北工业大学	本科
陕西	灌溉排水工程学	汪志农	西北农林科技大学	本科

续表

省 份	课 程 名 称	负责人	所 属 学 校	层 次
陕 西	普通昆虫学	花保祯	西北农林科技大学	本科
陕 西	高等数学	王金金	西安电子科技大学	高职
陕 西	计算机网络应用基础	张水平	西北工业大学	高职
陕 西	现代通信系统原理	张会生	西北工业大学	高职
陕 西	计算机应用基础	李书琴	西北农林科技大学	高职
甘 肃	自然地理学	王乃昂	兰州大学	本科
甘 肃	结构化学	李炳瑞	兰州大学	本科
甘 肃	量子力学	钱伯初	兰州大学	本科
甘 肃	机械设计基础	郑增铭	兰州工业高等专科学校	高职
青 海	藏族古典文学	李建本	青海民族学院	本科
新 疆	新疆地方史	王 茜	新疆大学	本科

撰稿 林 宇

〔**大学英语教学改革**〕 大学英语教学改革的基本思路主要包括三个方面：一是修改原有教学大纲，制订新的《大学英语课程教学要求》，将原来的以阅读理解为主转变到以听说为主、全面提高综合应用能力上来；二是改革现在的教学模式，将单纯依靠课本、粉笔、黑板，老师讲、学生听的模式改变为计算机（网络）、教学软件、课堂教学三位一体、综合运用的个性化、主动式学习模式上来；三是改革大学英语四、六级考试等大学英语教学检测和评价系统，建立适应时代要求的大学英语教学评价体系。

为推动这项改革，2003 年 2 月教育部成立了“大学英语课程教学要求”项目组。经过专家近一年的辛勤工作，完成了《大学英语课程教学要求（试行）》，并于 2004 年 1 月正式出版发行。与此同时，教育部委托高等教育出版社、清华大学出版社、外语教学与研究出版社和上海外语教育出版社开发了四套基于网络和多媒体技术的大学英语教学软件系统。2004 年 2 月，新的《大学英语课程教学要求》以及与之相配合的四套教学软件，在 180 所高等学校进行大学英语教学改革试点。7 月，为一线教师设立了 200 多个大学英语教学改革扩展研究项目。

作为大学英语教学改革的重要组成部分，教育部于 2004 年 3 月正式启动了大学英语四、六级考试改革项目，于 2004 年年底制定了《全国大学英语四、六级考试改革方案（试行）》。从三个方面着手改革：一是按照《大学英语课程教学要求》修订考试大纲，突出加强对学生英语综合应用能力特别是听说能力的测试；二是全面改革分数报道方式，逐步将考生范围限制在校内，突出考试为教学服务的功能；三是改革考试管理体制，进一步加强考务管理。截至 2004 年底，教育部为大学英语教学改革投入经费2 300多万元。

撰稿 刘向虹 刘剑青

〔**试办八年制医学教育**〕 2004 年 5 月，教育部、国务院学位委员会发出《关于增加八年制医学教育（医学博士学位）试办学校的通知》，批准复旦大学、四川大学、中山大学、华中科技大学、中南大学 5 所学校为八年制医学教育（医学博士学位）试办学校，并自 2004 年起开始招生。

随着我国经济社会的快速发展，卫生服务体系和服务模式发生了深刻变革，对医学教育产生了深刻的影响，高等医学教育的国际化问题也愈显突出。对教育思想与观念、教育模式与管理等方面进行深层次医学教育的改革，提升中国医学教育水平以及国际合作与竞争能力，成为医学教育学制改革的必然要求。教育部重大研究课题“中国医学教育管理体制和学制改革研究”初步研究意见提出，医学教育应在经济社会发展的现行条件下建立多种学制的医学教育体系，培养适合建设社会主义和谐社会的各类高素质医学卫生人才。研究提出设立八年制医学教育，是一种动态的调整思路、前瞻性思考。教育部要求试办八年制学校注意“整体优化，强化基础，培养能力，提高素质”的原则，从各校的实际情况出发，办出特色。

试办八年制医学教育，是继教育部、卫生部联合颁发《关于举办高等医学教育的若干意见》，停止自学考试、各类高等学校的远程教育（广播电视教育、函授教育、网络教育等）举办医学类专业学历教育；教育部、卫生部联合颁发《中等医学教育结构调整的指导意见》，原则上停止中等教育医学类专业培养，对医学人才培养教育模式、办学层次进行规范调整后的又一项医学教育改革措施。研究认为，八年制医学教育的培养目标，应突出如下要求，即：有正确的职业价值观和较高的综合素质，有较高的人文和自然科学素养，有较强的临床医学专业实践技能和社会适应性，有较高的临床医学科研素质和创新能力，有较大的发展潜力和后劲，有较强的自我发展能力和与他人（包括国际）交流、协作能力。八年制医学教育将我国为培养高水平的临床医生和医学科研人才进行有益的实践探索。

撰稿　*石鹏建*

〔**国家工科基础课程教学基地建设**〕　教育部开展了对国家工科基础课程教学基地和国家工科基础课程教学基地（备案）的验收评估工作。45 个国家工科基础课程教学基地点全部通过了此次验收评估，其中 29 个基地点评估结论为“优秀”，16 个基地点评估结论为“合格”；13 个国家工科基础课程教学基地点（备案）中，12 个评估结果为“合格”，纳入到国家工科基础课程教学基地进行管理，1 个基地点暂缓通过，作为备案基地继续建设。

经过八年的改革与建设，工科基础课程教学基地构建了高等工程教育的基础平台，创建了科学合理、内容新颖的基础课程教学新体系，形成了以能力培养为核心的实验教学新体系，探索了方法手段结合的教学新模式，探索了基础课程师资队伍建设的多元化新途径，建立和完善了教学基地建设与运行新模式，形成了基础课程教学质量保障机制，发挥了良好的示范辐射作用。

从基地的评估检查看：参与基地建设的教师总数达2 800余人，具有正高职称的教师为 650 余人，副高职称的教师为1 000余人，其中绝大部分为博士生导师或硕士生导师；基地教师共承担科研项目数千项，累计完成科研经费 6.5 亿元，发表教学研究论文3 133篇，科学研究论文15 000余篇，编辑出版了高质量教材 964 套，科研专著 145 本。工科基础课程教学基地在 2003 和 2004 年度国家精品课程评选中，精品课程总数达到 55 门，占所有工科类精品课程的 48%，占全部本科类精品课程总数 451 门的 12.2%。

〔**国家理科基础科学研究和教学人才培养基地建设**〕　2004 年，教育部联合国家自然科学基金委，对第一批 15 个基地点进行了检查评估，对第二、三、四批基地点及试办基地点进行了验收检查。评估、检查工作按照“以评促建、评建结合、重在改革与建设”的指导思想，聘请了一批高水平的专家对基地点进行了实地考察。评估、验收工作促进了基地的改革与建设，交流了基地建设的经验，进一步理清了基地建设的思路和基地建设中存在的问题，起到了“诊断、促进、交流、提高”的作用，有力地推动了基地的建设进程。第一、二、三、四批基地共计 83 个基地点全部通过了此次检查评估，15 个试办基地点中有 8 个基地点通过了评估，转为正式理科基地点，其余基地点作为试办基地继续建设。

从基地的评估、检查看：经过几年的改革与建设，基础科学的人才培养工作呈现出了勃勃生机。广大教师办学的积极性明显提高，办学条件有了较大的改善，生源质量有所提高，各项建设和改革工作取得了较大的进展，积累了许多宝贵的经验。一批人才培养模式和改革方案得到高教界的认同，一批优秀人才脱颖而出，为其他学科的改革与发展起到了示范和辐射作用。

由1999年至2004年，国家理科基地设备总资产翻了一番，从7 530万元增加到15 000万元；基地点学校先后改建实验室741间，新建683间，实验室总数由1 159间增加到1 842间；培养本科毕业生17 300人，其中2004年理科基地（班）毕业本科生4 680人，继续深造攻读研究生者3 630人，基地（班）毕业生读研率高达78%，部分基地学校读研比例最高达90%以上；我国在《Nature》和《Science》上分别累计发表的120篇和122篇论文中，基地点单位发表49篇和47篇，占总数的41%和39%。

撰稿　马　杰

〔**现代远程教育（网络教育）规范管理和质量管理情况**〕　自教育部批准68所高校开展现代远程教育试点工作以来，网络高等学历教育取得了长足进步。至2004年初，试点高校开设了158种专业、覆盖10大学科门类，网络教育共注册学生230万人，其中“中央广播电视大学人才培养模式改革与开放教育试点项目”招生150万人，其他普通试点高校招生80万人。

为促进现代远程教育健康、有序的发展，确保现代远程教育质量，教育部在积极推进现代远程教育发展、改革与创新的同时，加大了对试点工作的规范管理和质量管理力度，引导试点高校规范办学，加强教学工作，提高教育质量。2004年教育部对现代远程教育（网络教育）采取如下管理措施。

一、全面加强了对现代远程教育校外学习中心（简称校外学习中心）规范管理。2004年，教育部高等教育司印发《关于上报规范现有现代远程教育校外学习中心（点）管理工作情况的通知》和《关于加快对现有现代远程教育校外学习中心（点）清理整顿工作的通知》，要求各省级教育行政部门和试点高校采取有效措施，对现有现代远程教育校外学习中心进行规范管理，尤其是对已招生但未经审批的校外学习中心进行全面清理。截至2004年10月底，省级教育行政部门对分布在全国31个省、自治区、直辖市（除港澳台外）的3 308个校外学习中心进行全面审批和清理，其中，有2 853个校外学习中心获得被审批合格，其他的校外学习中心被审批为暂停招生或停止招生或撤销。

二、明确了网络教育学生的毕业文凭及就业工作政策。2004年发出了《教育部办公厅关于现代远程教育试点学校网络毕业生就业工作有关问题的意见》，提出了对普通试点学校2002年12月31日（含12月31日）之前录取的网络全日制高中起点普通本专科毕业生和2004年7月1日之前录取的网络教育全日制普通专科升本科毕业生签发就业报到证问题的实施意见，各省级教育行政部门按教育部文件精神妥善地做好了2004年网络教育毕业生工作。

三、加强了现代远程教育（网络教育）招生工作管理。2004年发出了《教育部办公厅关于做好2004年现代远程教育试点高校网络教育招生工作的通知》，停止招收各类全日制高等学历教育学生，同时对2004年试点高校网络教育招生资格、招生对象、招生管理、招生宣传等工作作了明确规定，并公布了可以进行网络教育招生的63所试点高校名单。

四、开展对高等学校网络教育年报年检和抽查。结合网络教育学院年报年检工作，2004年8月，教育部组织4个专家组会同当地网络教育专家组重点对上海市、浙江省、广东省、湖南省、湖北省、河南省、四川省、重庆市的现代远程教育校外学习中心进行抽查。在2003年度网络教育学院年报年检中，教育部对部分试点高校的违规办学行为进行了处理和通报。

五、启动了网络教育部分公共基础课全国统一考试（简称统考）的有关工作。为提高网络教育的社会声誉，确保网络教育人才培养的质量，2004年印发《教育部办公厅关于对现代远程教育试点高校网络教育学生部分公共课实行全国统一考试的通知》、《教育部关于成立第一届全国高校网络教育考试委员会的通知》、《教育部关于开展现代远程教育试点高校网络教育部分公共基础课全国统一考试试点工作的实施意见》等文件，成立全国高校网络教育考试委员会并召开了第一次全体委员会议，研究考试大纲、实施意见和管理办法等配套规章制度。网络教育统考试点工作将于2005年按照全国统一大纲、统一试题、统一标准在全国展开，2004年3月1日以后入学注册网络教育学生的统考合格成绩作为教育部高等教育学历证书电子注册资格条件之一。

六、研究并启动了现代远程教育教学工作评估。2004年8月发出了《教育部办公厅关于开展"中央广播电视大学人才培养模式改革和开放教育试点"项目总结性评估工作的通知》，全面启动省级及以下电大系统的评估工作，同时也启动了对现代远程教育试点普通高校网络教育评估指标体系的研究工作。普通高校试点工作评估将于2005—2006年间开展。

七、开始对网络教育进行信息化管理。教育部在试点高校网络教育学院2003年度年报年检工作中启用了网络教育质量监管系统网络平台，并通过平台对试点高校网络教育的部分工作进行动态管理。

撰稿 刘 英

〔以就业为导向，深化高等职业教育教学改革〕 高等职业教育为地方和国家经济建设提供了强有力的高技能人才支持，高等职业教育发展迈上了新台阶。2004年9月，高职毕业生就业率为61%，比去年同期提高了6个百分点。

发布《教育部关于以就业为导向 深化高等职业教育改革的若干意见》，进一步明确了高等职业教育以服务为宗旨，以就业为导向，走产学研结合的发展道路的指导思想。

全面启动五年一轮的高职高专院校人才培养工作水平评估。按照"以评促建，以评促改，以评促管，评建结合，重在建设"的原则全面促进高等职业院校的改革发展。

教育部等七部门联合召开了全国职业教育工作会议，出台了《关于进一步加强职业教育工作的若干意见》，明确了今后一个时期高等职业教育的发展方向。

发布《普通高等学校高职高专教育指导性专业目录（试行）》（以下简称《目录》）和《普通高等学校高职高专教育专业设置管理办法（试行）》，为高等学校扩大办学自主权和强化地方政府管理高等职业教育的权利与责任提供了依据。《目录》按照"以职业岗位群为主兼顾学科分类"的原则制定，包含19个专业大类，78个二级类和532种专业，实行"专业大类原则不变、专业类相对稳定、专业相对放开"的管理方式。《目录》提供了"专业简介"和"本专科专业对应表"等配套文件。这是我国第一次制定和发布全面系统的高职高专教育专业目录。

高等职业教育实训基地建设取得重大进展。先后确定了两批共32个高等职业教育实训基地建设单位，中央财政投入近8 000万元，极大地改善了高等职业院校的实习实训条件。继续推进实施制造业和现代服务业技能型紧缺人才培养培训工程、高职毕业生职业资格培训工程和示范性软件职业技术学院建设工作。

旨在宣传职业教育，营造尊重劳动、尊重知识、尊重人才、尊重创造的良好社会氛围的第一届全国数控技能大赛成功举办。高等职业院校学生在比赛中取得了优异成绩，进一步推动了我国数控技术专业领域高技能人才队伍的建设。

撰稿 李津石

〔中国高等教育文献保障体系"十五"建设项目正式启动〕 "中国高等教育文献保障体系——中国高等教育数字化图书馆"（China Academic Digital Library & Information System，简称CADLIS）是"211工程"三大公共服务体系之一，经国家发展和改革委员会2004年8月批复，正式启动建设。CADLIS"十五"建设项目由两个专题组成：（1）中国高等教育文献保障系统二期工程（CALIS）；（2）中英文图书数字化国际合作计划（CADAL）。

综合上述两个专题项目，CADLIS在“十五”期间的建设目标是：以系统化数字化学术信息资源为基础，以先进的数字图书馆技术为手段，以中国教育和科研计算机网（CERNET）为依托，大力推进理论创新、制度创新、科技创新和教育创新，力争到2005年底，初步建成具有国际先进水平的开放式中国高等教育数字化图书馆的框架，使之成为国家重要的信息基础设施之一。以此推进高校文献资源的合理配置，实现信息资源共建、共知、共享，深化资源的有效开发和利用，提高图书文献保障水平，为实现“211工程”总体建设目标，大力推动教育信息化，促进教育现代化奠定坚实基础。

CADLIS在“十五”期间主要进行4个方面的建设。

1. *数字图书馆标准与规范建设*。在数字资源加工与存储、数字对象分类与描述、元数据标准与互操作、系统模式与互操作、服务模式与规范等涉及数字图书馆建设的基础性工作方面，建立符合国际主流、与未来的国家标准保持同步衔接的CADLIS标准规范体系，为建设开放性的中国高等教育数字图书馆提供保障。

2. *数字资源建设*。重点建设中外文图书、电子期刊、学位论文、经典著作、教学参考用书和其他重要文献等全文数据库，联合书目、现刊目次、重点学科导航等二次文献数据库，中国工程技术史料、敦煌学等学科专题特色数据库，以及部分工具性数据库，形成以数字化图书期刊为主、覆盖所有重点学科的学术文献资源体系。数字资源总量达到120T字节。

3. *数字化技术支撑环境建设*。加强数字对象加工、数字对象管理、应用系统与工具、数字图书馆门户、综合服务管理等应用软件系统建设，形成具有国际先进水平的数字资源制作、管理、组织、存储、访问、服务的分布式数字图书馆技术支持环境。

4. *服务体系建设*。在CALIS原有的三级保障体系基础上，进一步加强服务支撑体系的软硬件建设，提高服务和协调能力，形成“集中资源、分工合作、均衡负载、用藏结合”的、高效的CADLIS服务体系。

北京大学、浙江大学、清华大学等二十多家大学图书馆承担了CADLIS的建设任务，一百多家大学图书馆参与了CADLIS的子项目建设。

撰稿　李晓明

〔**“对口支援西部地区高等学校计划”执行情况**〕　2004年，“对口支援西部地区高等学校计划”取得了良好成绩和效果。7月底，在西南科技大学举办了第三次高等学校对口支援工作管理人员培训班，交流了“对口支援西部地区高等学校计划”实施以来的经验和实效，使对口支援工作不断深入。各支援和受援学校均认真执行了双方签署的协议。教育部认真采纳了全国人大十届二次会议张苹英等24位代表提出的第2749号建议，将吉首大学列入对口支援西部地区高等学校计划，确定中山大学对口支援吉首大学，使对口支援的高校增加到18对。“对口支援西部地区高等学校计划”在社会上取得良好反映，《中国教育报》分别于7月19日头版头条以《助力西部高校驶入快车道——从李建保事迹看对口支援西部高校计划实施》，和8月27日的专版《对口支援：东西部高校心手相牵》两次作了相关报道。为支持西部地区高校的发展，在部领导的关心下，教育部高教司与甲骨文公司签署了合作备忘录，甲骨文公司向西部50所大学赠送总价值约为1亿多美元的用于教学的软件产品、软件许可证和甲骨文公司相关技术书籍，同时为西部50所大学的50名教师进行了为期数月的专题培训。2004年12月6日，教育部在京召开了“对口支援西部地区高等学校计划”汇报会，吴启迪副部长到会讲话。

撰稿　康　凯

〔**“一村一名大学生计划”实施情况**〕　为贯彻落实党的十六大和中央农村工作会议精神，落实《国务院关于进一步加强农村教育工作的决定》，教育部于2004年2月20日举行新闻发布会，宣布正式启动“一村一名大学生计划”。该计划利用现代远程教育技术，依托全国广播电视大学系统，集成全国农业高校和相关高校优质教育资源及实用技术课件，通过广播、电视、卫星、互联网等现代远程教育技术手段，利用全国已建成和正在建设的中小学信息技术教育站（点），将高等教育输送到县和中心乡镇的学习点，在农村以中央广播电视大学的高职教育为主，每年每村招收一名大学生，培养高等职业技术教育层次的农村实用科技人才和管理人才，为农村培养一批“留得住、用得上”的人才。

针对农村成人学习的特点，“一村一名大学生计划”的招生计划单列，注册入学，不转户口，就地上学，自主学习，累计学分，修满规定的学分可颁发国家承认的学历文凭。招收对象主要面向具有高中（含职高、中专）毕业或具有同等学力的农村青年，鼓励复员退伍军人、农业科技示范户、村干部，以及乡镇企业从业人员参加学习。

在课程设置上，按照课程开放的理念，以课程平台作为构建专业的基础，实行学分制管理，学历教育与非学历教育结合；在教学资源建设上，在已有课程资源的基础上，突出教学内容的适用性，精心制作价格低廉、方便实用、利于学生自主学习的课程学习包（含课程学习指南、文字教材、课程辅导光盘、课程考核说明及形成性考核册）；在教学组织及教学模式上，采取以学生自主学习、小组讨论和集中辅导等多种形式相结合的方式，学生可以利用学习包中提供的多种教学媒体教材进行自学，也可以在乡镇学习点开展学习小组活动，互帮互学、互教互助，县级电大定期送教下乡，指导学生学习，并利用农闲安排学生到县级电大教学点进行集中辅导。课程教学包按注册名册由中央电大直接配送试点县，直接发放到每个新生手中，新生入学要集中进行10—14天的入学教育和信息技术应用培训。

由于专业和课程设置符合农村经济发展需要，课程学习包价廉，内容简练，方便实用，而且学前集中培训、农闲集中辅导、小组协作学习等教学方式特别适应农村实际，与开放教育试点收费标准相比，学生的负担平均降低了三分之一。

2004年7月，“一村一名大学生计划”在全国首次招生，参与试点的有24所省级电大及其所属的64所县级电大，共招生4 963人，开设了10个具有职业教育特色的种植类、养殖类和管理类专业，教学工作进展顺利。

撰稿 刘 英

〔**颁布高职高专指导性专业目录**〕 为引导我国高职高专教育持续健康发展，扩大高等学校办学自主权，尽快形成高职高专教育专业管理的科学运行机制，教育部制定和颁布了《普通高等学校高职高专教育指导性专业目录（试行）》（以下简称《目录》）和《普通高等学校高职高专教育专业设置管理办法（试行）》。这是我国第一次在专科层次制定和颁布全面系统的专业目录。

近年来我国高等职业教育获得了快速发展，目前高等职业教育的院校数、招生数、毕业生数都已占普通高校的50%以上。而与此同时，高职高专院校的专业设置简单地套用本科甚至研究生学科（专业）目录，不仅学科专业名称差异较大，而且学科专业代码大多数不一致，造成了专业设置的混乱，很大程度上影响了学校的人才定位、教学管理、招生以及就业等工作的科学性与规范性。根据有关部门的初步统计，目前全国至少有1 500多个高职高专教育专业名称。此次制定的《目录》分设农林牧渔、交通运输、生化与药品、资源开发与测绘、材料与能源、土建、水利、制造、电子信息、环保气象与安全、轻纺食品、财经、医药卫生、旅游、公共事业、文化教育、艺术设计传媒、公安、法律19个大类，下设78个二级类，共532种专业，体现了以服务为宗旨，以就业为导向的原则，突出反映高职高专教育的特色，促进高等职业教育与就业创业教育的紧密结合。

从2005年起，高职高专院校按照该《目录》开展招生、就业等相关工作。现高职高专教育在校生仍按原专业培养至毕业。对于卫生类、公安类等国家控制专业的设置，按国家有关规定的程序办理。

撰稿 边 际
审稿 张尧学 葛道凯
杨志坚 鲍 朗

教育部直属高校工作

〔**教育部直属高校工作咨询委员会第十四次全体会议**〕 教育部直属高校工作咨询委员会第十四次全体会议于2004年1月7日—9日在重庆召开。国务委员陈至立，国务院副秘书长陈进玉，教育部领导周济、袁贵仁、赵沁平、吴启迪、田淑兰、郑树山、李卫红，部内有关司局负责同志，咨询委员会全体委员出席会议。中国科技大学、哈尔滨工业大学等有关部委所属高校，内蒙古大学等中西部地区实行省部共建的高校领导列席会议。重庆市委书记黄镇东、市长王鸿举、市委副书记邢元敏等领导同志分别出席有关会议和活动。驻渝直属高校副职领导、重庆市属高校主要领导旁听了大会。

本次会议以邓小平理论和"三个代表"重要思想为指导，认真贯彻落实党的十六大和十六届三中全会精神，深入思考新时期高校发展战略规划的有关深层次问题，以实施人才强国战略、加强高校人才队伍建设，进一步推进高校的改革和发展为主题，并结合工作中的热点问题，开展交流、咨询和研讨。

陈至立在听取了部分咨询委员的大会发言后，就贯彻落实人才强国战略，进一步推进我国高等教育事业的改革和发展发表讲话。陈至立强调，教育是人才资源能力建设的基础。高等学校必须着眼于经济社会发展和国家战略的需要，深化改革，大力提升高校人才资源建设能力。一要坚持全面、协调、可持续的发展观，制订好高等学校人才资源能力建设的中长期规划。二要以培养和提高人的学习能力、实践能力及创新能力，造就高层次人才队伍建设基地和平台及加强思想道德教育为重点，做好人力资源建设的各项工作，在培养高级专门人才队伍中发挥基础性的作用。三是利用自身优势，主动为社会人才建设提供服务。四是高校要成为人才高地和人才辐射地。高等学校一定要坚持深化改革，不断激发人才的潜力和活力，要调整人才培养结构，提高教学质量，为社会主义现代化事业输送更多的合格人才。

周济在讲话中指出，当前全国高校要创新人才工作思路，大力加强教师队伍建设。一要以高层次人才和创新团队建设为战略抓手，带动整个教师和人才队伍建设；二要在事业发展中培养人才，在学校建设中造就人才；三要尊重人才、关心人才、爱护人才，真正做到感情留人；四要创新人才工作机制与制度，建立和完善激励与约束机制；五要加大引进海外智力的工作力度，进一步推进强强合作和强项合作。周济要求，高等学校要进一步加强对人才工作的领导，坚决贯彻落实"党管人才"原则，以超常规的热情、超常规的精力、超常规的举措，努力开创高等学校人才工作的新局面。

12位咨询委员就高校如何贯彻落实全国人才工作会议精神，实施人才强国战略加强高校人才队伍建设等问题进行了大会交流。会议还进行了分组讨论和司局工作咨询，委员们就《教育部关于进一步加强高等学校教师队伍建设的若干意见》、《高等学校"高层次创造性人才计划"总体框架》两个文件的征求意见稿以及"长江学者"、创新团队两个实施办法等文件提出了意见和建议。

根据咨询委员会章程，会议完成了咨询会执行主席的换届工作。新一届执行主席由顾秉林、单平、秦绍德、赫冀成、顾海良、祝家麟、李发伸等组成。

撰稿 张爱龙 董会泽

〔**2004年高校领导赴海外培训项目**〕 根据教育部、国家外国专家局关于高校领导赴海外培训项目的三年总体规划，经过周密的设计和精心的组

织，高校领导赴海外培训2004年项目顺利实施。本年度共组织五期海外培训，来自教育部直属高校、其他部委高校和部分省部共建高校的共99位高校领导分赴美国、英国、澳大利亚、新西兰等国家的有关高校，进行了为期一个月的培训、研讨和交流。本项目由国家教育行政学院和中国国际人才交流基金会分别承办。各培训团经过前期准备和国内预培训，于10月上旬起陆续分赴美国哥伦比亚大学、宾夕法尼亚大学、斯坦福大学，英国剑桥大学，澳大利亚国立大学等世界著名大学，就当代高等教育改革发展和现代大学的组织管理等问题进行研修学习，与国际同行就高等教育的热点和难点问题进行讨论和交流。11月上旬回国后，进行了总结和交流。教育部副部长吴启迪、国家外国专家局副局长李兵分别参加了开班动员和总结大会。

本年度高校领导赴海外培训项目，采用多种培训方式，激发学员学习的积极性和创造性；通过完善培训环节，增强培训的系统性；认真开发培训成果，提高培训的综合效益。

针对参加培训的高校领导理论思维能力强、管理经验丰富的特点，培训采用点面结合方式进行。在全面了解有关国家高等教育发展一般特点的基础上，重点剖析一所著名大学的办学思想与实践模式，同时结合学习研修主题，考察有关大学、政府机构和学术团体。学习过程中，5个培训团共听取主题明确、重点突出、理论与实际紧密结合的专题报告177场，多次参加反映现代高等教育发展和高等学校管理重点、热点问题的专题研讨或专题论坛，举办各种类型的座谈会，实地考察著名大学、政府教育管理机构和高等教育中介团体。这些工作的开展，确保了对培训主题和重点关注问题的深入研究，促使学员在更广泛视野中思考和认识高等教育相关问题。

本期海外培训立足于中国高等教育改革发展实际，以全面贯彻落实新一轮教育振兴行动计划中提出的高校建设目标为着眼点，以提高中国大学校长的理论水平和综合素质、开阔国际视野、提升战略思维能力为目的。培训紧密围绕我国高等教育改革发展的热点问题设计培训主题，重点了解和把握发达国家高等教育的发展趋势与高等学校管理的成功经验。培训内容基本涵盖大学战略规划，大学的定位、组织架构与运行机制，大学校长的角色与定位，大学教学质量的保障与提高，师资队伍建设，经费的筹措与配置，科研开发与成果转化，高等学校学生管理等高等教育的主要领域。通过学习，学员们了解了发达国家高等教育主要领域的情况，汲取了解决相关问题的成功经验。整个培训取得了显著的成效。

同时，各高校还充分利用海外培训时机，积极搭建平台，推动了高等教育的国际交流与合作。如北京师范大学与英国曼彻斯特大学、里丁大学等高校就联合培养教育学博士、举办教育硕士班等合作项目进行了磋商；赴澳大利亚、新西兰培训团组同澳大利亚的有关方面在教师教育改革、对外汉语教学、教师培训等方面达成合作意向。

赴海外培训的高校领导人还利用各种机会介绍我国高等教育的有关情况，宣传中国高等教育发展所取得的成绩，交流我们正在思考的重要问题，扩大我国高等教育的国际影响。

参加培训的高校领导普遍认为，该项目实施对推动我国高等教育事业的改革与发展具有重要意义，项目目的明确，管理科学规范，取得了多方面的综合效益。通过对若干世界一流大学的学习与考察，进一步增进了对世界高等教育的发展趋势和成功经验的了解，深化了对我国高等教育发展规律的认识，对凝练具有中国特色社会主义的办学理念，提高我国高校管理水平具有重要意义。而且进一步提升和扩大了中国高等教育的国际地位和国际影响，增进了高等教育的国际交流。

撰稿 刘晶玉

〔教育部与美国耶鲁大学联合举办大学领导高级研讨班〕 2004年8月14日—26日，教育部与美国耶鲁大学联合举办的大学领导高级研讨班在美国康涅迪格州纽黑文市耶鲁大学举行。北京大学、清华大学、复旦大学、上海交通大学、南京大学、东南大学、浙江大学、厦门大学、重庆大学、西安交通大学10所内地著名高校27位领导及香港大学、香港中文大学的5位校长、副校长参加了研讨班，教育部副部长吴启迪出席了研讨班的开班仪式，并参加了部分研讨活动。行前，教育部部长周济等领导同志出席了耶鲁班的开班准备会，并对全体参加研讨班的同志提出了希望和要求。

此项目是2003年11月国务委员陈至立与耶鲁大学校长莱温先生会谈时提议进行的。耶鲁大学是具有世界先进水平的著名大学。耶鲁大学精心准备的这个研讨班内容丰富、形式多样、生动活泼、富有创意。演讲、提问、小组讨论、实地考察、现场模拟穿插进行。耶鲁大学校长理查德·莱温全程参加了研讨班。

中国一批著名高校领导集中赴海外培训，对一所世界一流大学进行全面系统的考察，并就一流大学和高水平大学建设的若干重大问题进行交流、探讨，在我国高等教育界尚属首次。研讨班的举办对于中国校长们了解国际高等教育的最新进展，研究和分析国际著名大学的管理体制、运行机制及其管理理念，对比中国大学的现状，借鉴一些适合中国国情的先进经验和提升领导能力等方面都具有重要意义。同时，对于增进耶鲁大学与中国重要高校的了解、交流和合作也具有重要意义。

撰稿　张爱龙

〔**兰州医学院并入兰州大学**〕　2004年11月9日，教育部发出《关于同意兰州医学院并入兰州大学的通知》，同意兰州医学院整体并入兰州大学，同时撤销原兰州医学院建制。11月18日，举行了兰州医学院并入兰州大学组建新的兰州大学大会，教育部副部长吴启迪和甘肃省、兰州市的主要负责同志出席大会并讲话。

兰州医学院并入兰州大学经过了较长时间的酝酿和准备。1998年，甘肃省政府在《甘肃高等教育管理体制和布局结构调整规划方案》中首先提出这一设想。教育部和甘肃省为两校合并做了大量的协调和准备工作，首先实施了两校的紧密合作办学，并对两校的发展给予积极支持。2001年教育部与甘肃省签订协议，决定重点共建兰州大学，支持兰州大学发展成为多学科协调发展的综合性大学。2004年2月，甘肃省政府再次致函教育部，申请将兰州医学院并入兰州大学。

兰州大学是我国一所历史悠久、基础坚实、在国内外具有良好声誉和重要影响的重点综合性高等学府。在长期的办学实践中，坚持“立足西部，面向全国，走向世界”的办学方针，确立了“做西部文章，创一流大学”的办学理念。建校以来，学校造就和汇集了一批知名的专家和学者，培养了一大批德才兼备的高级专门人才，取得了一大批高水平的科技成果，成为我国尤其是西部地区高层次人才培养和科学研究的重要基地。特别值得一提的是一些科学研究成果立足西北，独具特色，为地区自然和人文资源的发掘和利用，为区域经济和社会发展起到了重要的促进作用。兰州医学院是一所有着70多年历史的高等医药院校，有着自己的办学特色和学科优势，是我国西部地区医药卫生人才培养和科学研究的重要基地之一。多年来，为西部地区尤其是甘肃省的医疗卫生事业和各民族人民的身体健康做出了重要贡献。长期以来，兰州大学和兰州医学院扎根祖国西部，经过历届党政领导班子和广大教职员工共同努力，克服各种困难，培养了数以万计的高层次人才，取得了大量很有价值的科研成果，为国家，为西部地区，为甘肃省的经济发展、文化繁荣和社会进步等各项事业付出了辛勤的汗水，为民族团结和国家长治久安做出了积极贡献。

兰州医学院并入兰州大学，是教育部和甘肃省委、省政府贯彻党的十六大和十六届三中、四中全会精神，树立和落实科学发展观，实施西部大开发和科教兴国战略，深化高等教育管理体制改革，优化教育资源配置的一项重要举措。为将兰州大学建设成为学科更为综合、人才培养质量更高、整体办学实力更强的高水平综合性大学奠定了新的基础。也必将对提高甘肃省高等教育的整体水平，促进高等教育的全面、协调、可持续发展和构建社会主义和谐社会产生积极作用。

撰稿　张爱龙

审稿　李志军　陈维嘉

高校思想政治工作与社会科学研究

〔**第十三次全国高校党的建设工作会议暨高等学校领导班子思想政治建设座谈会**〕　由中共中央组织部、中共中央宣传部和中共教育部党组联合召开的第十三次全国高等学校党的建设工作会议暨高等学校领导班子思想政治建设座谈会于2004年10月14日—16日在北京举行。中共中央政治局常委、国家副主席曾庆红出席并作了重要讲话。中共中央政治局委员、书记处书记、中组部部长贺国强主持座谈会。国务委员陈至立出席。贺国强还出席了10月14日下午举行的开幕式，并作了《认真学习贯彻十六届四中全会精神，切实加强高校领导班子思想政治建设》的重要讲话。陈至立主持开幕式。

曾庆红在讲话中，围绕学习贯彻落实党的十六届四中全会精神，进一步推进高等教育事业发展和高校党建工作，从六个方面作了论述。第一，要深刻领会四中全会精神，充分认识高校在加强党的执政能力建设中肩负的重大责任，以高度的使命感和求真务实的作风把全会精神贯彻落实到高校党的建设和其他工作中去。第二，要把学习贯彻四中全会精神同高校完成好培养社会主义建设者和接班人这一根本任务紧密结合起来，为我们党坚持实践执政为民宗旨、实现执政兴国使命培养和造就更多的高素质人才。第三，要把学习贯彻四中全会精神同高校落实科教兴国战略、推进学校科研事业发展紧密结合起来，为国家经济社会发展提供更多的科研成果和更大的智力支持。第四，要把学习贯彻四中全会精神同推进高校马克思主义理论研究和理论武装工作紧密结合起来，在传播和建设社会主义先进文化中更好地发挥重要阵地的作用。第五，要把学习贯彻四中全会精神同切实加强和改进高校基层党组织建设紧密结合起来，努力把学校党组织建设成为贯彻“三个代表”重要思想的组织者、推动者、实践者。第六，要把学习贯彻四中全会精神同提高高校领导干部的执政意识和领导素质紧密结合起来，按照政治坚定、求真务实、开拓创新、勤政廉政、团结协调的要求，把高校领导班子建设成为坚持社会主义办学方向、积极推进学校改革与发展的坚强领导集体。

贺国强在讲话中强调：一要深刻认识加强高校领导班子思想政治建设的重要性，切实增强责任感和紧迫感；二要坚持用“三个代表”重要思想武装头脑，不断提高高校领导干部的思想理论水平；三要牢固树立和认真落实科学的发展观，进一步推进高校各项事业持续健康发展；四要切实加强高校领导班子能力建设，不断提高驾驭高校改革发展的能力和水平；五要认真贯彻执行民主集中制，坚持和完善党委领导下的校长负责制，增强班子的创造力、凝聚力和战斗力；六要坚持为民、务实、清廉，切实改进高校领导班子作风；七要加强领导，努力开创高校领导班子思想政治建设工作的新局面。

教育部党组书记、部长周济在座谈会上汇报了第十三次全国高校党建会暨高校领导班子思想政治建设座谈会的筹备工作和会议的有关情况。北京市委副书记杜德印、江苏省委副书记任彦申、北京大学党委书记闵维方、清华大学党委书记陈希、西北工业大学党委书记叶金福、中山大学党委书记李延保等同志就加强高校领导班子思想政治建设作了经验交流发言。上海市委、新疆自治区党委、吉林省高校工委、中国人民大学、电子科技大学、郑州大学等六个单位在全体大会上进行了交流。会议还提供了32份书面经验交流材料。来自中央国家机关有关部门（单位）负责同志，全国31个省、自治区、直辖市和新疆建设兵团党委分管党建工作的负责同志、组织部主管负责同志、教育（高校）工委书记，列入中央管理的31所高校党委书记和校长、部分高校党委书记，共250余人参加了会议。

为开好这次会议，中组部、中宣部、教育部作了认真周密细致的筹备工作，联合下发了通知，决定在全国开展高校领导班子思想政治建设专题调研。要求通过调研，提高认识，总结经验，发现问题，提出建议，推进工作。各地对此十分重视，省委主要负责同志亲自过问，分管领导直接抓。省委组织部、宣传部和高校（教育）工委共同研究，统一安排，具体落实，组织力量分赴各类型高等学校进行了深入调研。据统计，各地共召开高校领导班子成员座谈会268个，中层干部、教师代表、离退休老同志、民主党派代表座谈会309个，参加座谈人员13 651人次，个别访谈3 557人次，发放调查问卷24 094份，收回23 345份。全国31个省区市还报送调研报告31份和经验材料118份。在各地开展调研的同时，中组部、中宣部、教育部还组成联合调研组，先后到北京、陕西、四川、新疆等地和清华大学、北京大学、中国人民大学等校进行调研。中组部专门到教育部和中国科学院、国防科工委等单位进行调研。中组部、教育部还结合新增10所中管高校党委书记、校长确认考察工作进行了一系列调研。共召开高校领导班子成员座谈会16个，其他座谈会19个，参加座谈424人，个别访谈119人。

撰稿 郑保国 贯德永

审稿 谢志敏

〔**高校师生思想政治状况滚动调查**〕 2004年是高校师生思想政治状况滚动调查的第13年，调查工作继续在京、津、沪、鄂、粤、陕、苏、赣等8省市进行。本次调查采取问卷调查与座谈、访谈相结合的方式展开，74所高校2.4万余名教师、学生参加了调查，5 400余名教师、学生参加了座谈、访谈。

调查表明，当前大学生的思想主流继续呈现出积极、健康、向上的良好态势。拥护中国共产党的领导和“三个代表”重要思想，高度认同以人为本和全面协调可持续的科学发展观；对以胡锦涛同志为总书记的中央领导集体更加信任，对党和政府一年来领导人民进行改革和建设取得的成绩高度肯定；关注国际国内经济政治形势，对我国保持政治稳定、经济持续快速健康发展和全面建设小康社会充满信心；关注和支持高等教育的改革和发展，对加强高校学生管理、提高教育教学质量、加快教育改革步伐等寄予较高的期望；人生观、价值观主流积极向上、务实进取，爱国热情很高，竞争意识和维权意识明显增强，成才愿望非常强烈。整体心态平和，能够比较客观、理智地观察分析问题。

调查表明，大学生越来越重视并积极参加各种类型的社会实践活动。他们深入到工厂、农村和街道宣传“三个代表”重要思想，推动兴起学习贯彻“三个代表”重要思想新高潮；积极参加大学生志愿者科技文化卫生“三下乡”、“大学生志愿服务西部计划”等活动，在实践中受教育、长才干、作贡献。

调查表明，许多大学生对腐败问题、区域发展不平衡、个人收入差距拉大的问题、就业和再就业的严峻形势问题、“三农”问题表现出高度的关切和忧虑。部分学生对一些深层次的重大政治理论问题存在模糊认识；价值选择趋于务实和多元；多数学生的就业压力大、学习压力大、心理压力大；部分学生表示经济压力大，缺乏学习动力。

撰稿 荆 辉

审稿 冯 刚

〔**大学生思想政治教育调研**〕 2004年2月18日，胡锦涛、李长春、刘云山、陈至立等领导同志就加强和改进大学生思想政治教育作出重要批示。为贯彻落实中央领导同志批示精神，教育部会同中宣部、团中央制订了《贯彻落实中央领导同志重要批示精神，开展大学生思想教育工作调查研究的工作方案》，报送中央宣传思想工作领导小组。召开了大学生思想教育工作研讨会，并成立了大学生思想政治教育调研工作领导小组。调研工作于4月正式开始，在全国31个省（自治区、直辖市）教育部门及72所教育部直属高校进行，中宣部、教育部、共青团中央直接组成调研组到北京、广东、陕西进行为期半个月的重点调研。调研组在三地分别召开了省（市）有关部门负责人，高校有关部门负责人，专兼职大学生思想教育干部，大学生代表，政法系统、新闻单位、产业部门及科研机关用人单位负责人，近几年毕业大学生代表等不同类型座谈会174场。陈至立同志四次深入高校，参加调研。教育部、中宣部和共青团中央的有关领导也多次参加调研，直接听取意见。中宣部、教育部、共青团中央共同草拟了报送中央的《大学生思想政治教育调研报告》和《关于进一步加强和改进大学生思想政治教育的意见（草稿）》。6月下旬分赴北京、天津、辽宁、四川、广东、湖南、湖北等地征求意见，并于8月11日形成送审稿报中央宣传思想工作领导小组审议。8月26日，中共中央国务院印发了《关于进一步加强和改进大学生思想政治教育的意见》。

撰稿　荆　辉

审稿　冯　刚

〔**高校思想政治理论课调研**〕　2004年3月18日，中央领导同志对进一步加强和改进高校思想政治理论课作出重要批示。为贯彻落实中央领导的重要批示精神，中宣部、教育部成立了由教育部部长周济任组长，中宣部副部长雒树刚、教育部副部长袁贵仁任副组长的高校思想政治理论课调研工作领导小组，组织开展了历时9个月的调研工作。调研工作在三个层面上进行。一是组织全国31个省（自治区、直辖市）和新疆生产建设兵团以及72所教育部直属高校，就新形势下高校思想政治理论课面临的新情况新问题、进一步加强和改进的新思路新举措开展调研，收到调研报告100多份。二是中宣部、教育部共同组织部分专家、教师组成三个重点调研组，分别在高校相对集中且具有代表性的北京、广东、陕西三省市，进行重点调研。三是委托复旦大学、中国人民大学、电子科技大学和武汉大学分别牵头开展专题调研。在调研工作的基础上，形成《全国普通高等学校思想政治理论课调研报告》和《关于进一步加强和改进高等学校思想政治理论课的意见》（以下简称《意见》）。《意见》经中央政治局常委会审议并原则通过后，以中宣部、教育部的名义印发。

《意见》是贯彻落实中央16号文件的配套文件之一，提出了加强和改进高校思想政治理论课的指导思想和总体要求，对加强和改进高校思想政治理论课作出全面部署。《意见》提出六个方面具体任务。一是大力推进高校思想政治理论课的学科建设。二是完善高校思想政治理论课的课程体系。三是抓紧组织编写高校思想政治理论课教材。四是要切实改进高校思想政治理论课教育教学的方式和方法。五是努力造就一支高素质的高校思想政治理论课教师队伍。六是要切实加强和改进党对高校思想政治理论课的领导。

撰稿　陈　矛　陈　睿

审稿　徐维凡

〔**学习贯彻落实《中共中央国务院关于进一步加强和改进大学生思想政治教育的意见》**〕　《中共中央国务院关于进一步加强和改进大学生思想政治教育的意见》（中发〔2004〕16号）下发后，教育系统积极行动，采取有效措施贯彻落实中央的要求和部署。

一是精心组织，周密部署，认真抓好教育系统学习16号文件精神工作。16号文件下发后，教育部向教育系统发出《中共教育部党组关于学习〈贯彻落实中共中央国务院关于进一步加强和改进大学生思想政治教育的意见〉的通知》，要求各地教育部门和高校要把学习贯彻落实16号文件精神作为当前教育工作的头等大事抓紧抓好。教育部党组召开专题学习会议，带头学习文件精神，多次召开座谈会、专题调研会，听取各方面意见，了解基层学习贯彻落实情况。教育部党组成员还深入部分省市和高校实地调研，指导检查工作。新华社于10月15日播发了《中共中央国务院发出〈关于进一步加强和改进大学生思想政治教育的意见〉》的新闻通稿，《人民日报》等中央主要新闻媒体予以转发，并配发社论或评论员文章；同时刊发了中宣部、教育部、团中央负责同志就学习贯彻落实中共中央国务院16号文件的答记者问。10月17日组织召开了教育部学习贯彻16号文件座谈会，交流学习贯彻16号文件的体会和经验，研究部署深入学习贯彻16号文件有关工作。教育部部长周济参加座谈会并作了总结讲话。11月25日，教育部、新华网联合举办了网上加强和改进大学生思想政治教育座谈会。教育部、中宣部、共青团中央组织编写了《〈中共中央国务院关于进一步加强和改进大学生思想政治教育的意见〉学习辅导读本》、《〈中共中央国务院关于进一步加强和改进大学生思想政治教育的意见〉学习辅导百问》等学习资料。各地各高校纷纷制定学习计划，通过中心组学习、座谈会和专题研讨等多种形式，组织广大党员干部和师生员工分阶段、分层次、有重点地开展学习贯彻活动。

二是深入调研，制定措施，全面贯彻16号文件精神。教育部会同有关部门，就进一步加强和改进高校思想政治理论课教育教学、形势与政策教育、哲学社会科学学科教材体系建设、哲学社会科学教学科研骨干研修、大学生社会实践、大学生党员发展和基层党组织建设、校园文化建设、学生社团工作、辅导员和班主任队伍建设、师德建设、校园网络建设与管理、心理健康教育、学生管理等方面的工作，进行了深入的专题研究，分别组织起草了相关配套文件17份，提出了具体的政策、措施和工作要求。制定了《贯彻落实〈中共中央、国务院关于进一步加强和改进大学生思想政治教育的意见〉的目标任务分工》。各地各高校结合各自实际，对加强和改进大学生思想政治教育作出了规划部署和具体安排。

三是加强领导，狠抓落实，加快形成推进大学生思想政治教育的有效体制机制。教育部成立学生思想道德建设工作领导小组，各省（自治区、直辖市）教育部门建立由主要负责人主抓大学生思想政治教育的责任制，高校建立和完善党委统一领导、党政齐抓共管、专兼职队伍相结合、全校紧密配合、学生自我教育的领导体制和工作机制。

撰稿　荆　辉
审稿　冯　刚

〔**大学生心理健康教育**〕 2004年，组织专家编写并出版了8本大学生心理健康教育读本，举办了第7、8期高校心理健康教育骨干教师培训班。6月下旬召开了教育部直属高校大学生心理健康教育工作会议，总结交流了近年来各地各高校开展大学生心理健康教育工作的做法和经验，通报了工作思路和重点。组织召开了大学生心理健康量表初测结果统计分析工作会议、量表初测工作会议、量表课题组工作会议、量表效标测试工作会议等，初步完成了量表的研制工作。9月中旬在北京召开了大学生心理健康测评工作主试培训会，对大学生心理健康教育和心理咨询工作进行了部署。与有关单位联合开展了“心理阳光工程”活动。

撰稿　荆　辉
审稿　冯　刚

〔**校园文化建设和社会实践**〕 2004年，举办了系列报告会和大学生专场演出，对大学生进行形势政策教育、爱国主义教育和文化素质教育。参与组织了第4届“五月的鲜花”——全国大学生大型校园文艺演出活动。与中央宣传部、北京市委教育工委等单位先后举办了首都大学生国际形势报告会、黄勇烈士先进事迹报告会、第28届奥运体育代表团首都大学生专场报告会、话剧《托起明天的太阳》首都大学生专场演出、交响乐剧诗《梅兰芳》首都大学生专场演出等活动，受到了广大同学的欢迎。组织部署了教育部在京直属高校2万余名学生参观“世纪伟人邓小平——纪念邓小平同志诞辰100周年展览”，利用“中国大学生在线”举办了全国大学生纪念邓小平诞辰100周年网上交流活动。国庆期间，组织首都20余所高校千余名师生参观了“红旗渠精神展”。向全国1 683所普通高等学校发放了形势教育材料，加强高校师生形势政策教育。围绕学习贯彻16号文件精神，10月下旬在武汉召开了高校校园文化建设工作研讨会。11月下发了《教育部共青团中央关于加强全国高等学校校园文化建设的意见》。

组织大学生开展青年志愿者、社会公益劳动、勤工助学等活动，增强大学生的社会责任感。会同中宣部、团中央组织开展了大中专学生寒暑假文化科技卫生“三下乡”活动。

撰稿　荆　辉
审稿　冯　刚

〔**高校“形势与政策”教育**〕　为深入贯彻落实《中共中央国务院关于进一步加强和改进大学生思想政治教育工作的意见》，2004年11月，中宣部、教育部起草下发《关于进一步加强高等学校学生形势与政策教育的通知》（以下简称《通知》），对做好高校学生形势与政策教育工作作出了全面部署。《通知》总结了上个世纪80年代中期高校开设形势与政策课以来的成绩和经验，提出了当前和今后一个时期形势与政策教育的目标和任务。（1）定期编写形势与政策教育宣讲提纲，建立形势与政策教育资源库。（2）以规范化制度化建设为重点，加强形势与政策课教学的管理。（3）积极探索新形势下开展形势与政策教育的新方式和新途径。（4）建设一支以精干的专职教师为骨干，以思想政治教育工作队伍为主体，专兼结合的教师队伍。（5）建立健全形势与政策教育领导体制、工作机制以及保障机制。（6）加强高等学校形势与政策教育研究工作。《通知》的出台对新形势下进一步加强高校形势与政策教育提出了新的要求。

撰稿　陈　矛　黄小华
审稿　徐维凡

〔**开通“中国大学生在线”，推进高校网络思想政治教育工作**〕　各地各高校主动占领网络新阵地，牢牢把握网络思想政治教育主动权，建设了思想政治教育专题网站和融思想性、知识性、趣味性、服务性于一体的校园主网站，为大学生学习生活提供了全面、优质、高效服务，使高校校园网络成为广泛吸引大学生、为大学生喜爱、受大学生关注的重要媒体，成为大学生获得信息、学习知识和交流思想的主流网络平台。同时，组建一支政治可靠、知识丰富、数量充足并熟悉网络语言特点和规律的网上评论员队伍。召开了全国部分高校网上宣传及舆论引导工作研讨培训会议，对加强网络思想政治教育工作和舆论引导工作进行了部署，提出了明确要求。

举办了两期全国高校思想政治教育示范网站建设技术人员培训班，召开了示范网站开通筹备工作网络视频会议。2004年5月，全国高校思想教育示范网站——“中国大学生在线”开通。国务委员陈至立出席开通仪式，点击开通了网站。该网站是由教育部主办，委托上海交通大学牵头承办，全国近百所高校共建，全国大学生广泛参与，东方网、新浪网全面支持的服务全国大学生的公益性大型综合门户网站。

撰稿　荆　辉
审稿　冯　刚

〔**高校校园网络管理**〕　为贯彻落实《中共中央国务院关于进一步加强和改进大学生思想政治教育的意见》，2004年12月31日，教育部、共青团中央联合下发了《关于进一步加强高等学校校园网络管理工作的意见》，提出了加强高校校园网络管理工作的措施和要求：（1）综合运用技术、行政和法律手段，全面加强高校校园网络管理，构建网络技术防控体系。切实加强对学校所属网络资源、卫星网传送教育电视节目和远程教育信息信号的监控与管理。（2）加强领导，建立健全高校校园网络管理长效工作机制。坚持属地化归口管理和“谁主管、谁负责，谁主办、谁负责”的原则。组织实施“绿色校园网络”计划，努力把高校校园网建设成为系统安全、制度完备、管理规范、内容丰富、信息健康的“绿色网络”。深入进行网络与信息安全技术研究，为“绿色校园网络”建设提供支持，推动高校校园网络持续、健康、快速发展。

撰稿　余先亭
审稿　迟刚毅

〔**发展高校哲学社会科学**〕　2004年初，中共中央印发《关于进一步繁荣发展哲学社会科学的意见》。3月25日，由中宣部牵头，教育部会同中国社会科学院、中央党校联合召开“首都理论界学习贯彻《中共中央关于进一步繁荣发展哲学社会科学的意见》座谈会”。教育部部长周济代表教育部发表讲话，中国人民大学陈先达教授代表高校教师发言。

3月29日，教育部在北京召开“学习贯彻《中共中央关于进一步繁荣发展哲学社会科学的意见》座谈会”，教育部副部长袁贵仁主持会议，教育部部长周济发表重要讲话。高校专家学者代表就有关专题作了发言。3月30日，教育部党组下发《中共教育部党组关于学习贯彻〈中共中央关于进一步繁荣发展哲学社会科学的意见〉的通知》（以下简称《通知》）。《通知》要求各地教育部门和高校，一要积极参与马克思主义理论研究和建设工程；二要加强哲学社会科学的学科建设；三要加强哲学社会科学基础研究和应用对策研究；四要造就一支高水平的哲学社会科学队伍；五要积极推进哲学社会科学管理体制改革；六要加强领导，真抓实干，做到组织落实、投入落实、行动落实，为繁荣发展高校哲学社会科学创造有利条件。

为保证“繁荣计划”的顺利实施，教育部采取了如下措施：(1) 不断加大经费投入力度，高度重视哲学社会科学研究和人才培养条件的改善；(2) 深化高校科研管理体制改革，建立科学的学术规范，加强学风建设；(3) 结合《2003—2007年教育振兴行动计划》的制订，将实施“繁荣计划”作为其中的一个重要工程，积极落实“繁荣计划”提出的各项建设任务。

2004年主要抓了以下几方面工作。

一、成立教育部社会科学委员会

6月18日，印发《教育部关于成立教育部社会科学委员会的通知》。教育部社科委是指导全国高等学校哲学社会科学工作的高级咨询机构，它担负着研究高校哲学社会科学如何贯彻落实中央的方针政策，研究高校哲学社会科学繁荣发展的重大问题，对高校哲学社会科学研究的发展规划和发展战略、管理举措和体制改革提出建议和咨询意见等一系列重要任务。首届教育部社会科学委员会成员由99位委员组成，聘期四年。秘书处设在教育部社会科学研究与思想政治工作司。

6月21日—6月22日，教育部社会科学委员会成立大会暨第一次工作会议在北京召开。会议审议通过《教育部社会科学委员会章程（草案）》、《教育部2004年度哲学社会科学重大课题攻关项目招标课题》和《重大攻关项目招投标及评审工作方案（草案）》、《高等学校人文社会科学研究学术规范（试行）（草案）》；讨论审议《“985工程”哲学社会科学创新基地建设意见（草案）》。

二、继续实施教育部人文社会科学重点研究基地建设计划

2004年的主要任务是老基地的评估和新基地的评审。

①5月11日—9月21日，组织专家对第二、三批88个重点研究基地进行了实地评估。根据专家组打分、投票及评估决议，被评估为优秀的15个，合格66个，整改一年的3个，不合格4个。

②组织了第五批重点研究基地申报机构通讯评审和实地考察工作。经过网上通讯评审和专家实地考察，27个申报机构通过了专家评审，列入教育部人文社会科学重点研究基地建设计划。

③重点研究基地2004年度重大项目招投标和评审立项工作。按照基地建设计划，通过合格评估的93个重点研究基地2004年度186个重大项目招标课题，经各基地学术委员会讨论通过，于11月10日面向全国高校公开招标。

④省属高校人文社会科学重点研究基地建设。11月，社会科学研究与思想政治工作司组织专家对“湘潭大学毛泽东思想研究中心”、“重庆工商大学长江上游经济研究中心”、“浙江工商大学现代商贸研究中心”进行了实地考察评审，连同“郑州大学公民教育研究中心”，共评审通过了4个新的省属高校人文社会科学重点研究基地。

三、2004年度哲学社会科学重大攻关项目招投标和评审立项工作

2004年2月，社会科学研究与思想政治工作司向全国高校发出《关于征集2004年度“教育部哲学社会科学研究重大课题攻关项目”选题的函》，面向全国高校征集选题。至截止日期，共收到75所高校报送的310项合格选题，提交教育部社会科学委员会第一次全体会议讨论遴选。根据教育部社会科学委员会讨论通过的《教育部2004年度哲学

社会科学重大课题攻关项目招标课题》（40项），社会科学研究与思想政治工作司于7月30日向全国高校发出《关于教育部哲学社会科学研究重大课题攻关项目2004年度招标工作有关事项的通知》，并刊登招标公告。截至9月20日，共收到全国76所高校的投标书198项，经资格审查，合格投标书共193项。

10月20日—11月10日，社会科学研究与思想政治工作司在北京召开重大项目专家评审会，通过答辩确定了中标者。11月下旬向中标者反馈专家组课题修改建议并与其签订计划合同书。

四、实施哲学社会科学基础设施和信息化建设计划

①"中国高校人文社会科学信息网"已成为全国高校人文社会科学研究服务的专业性门户网站和国内外学术交流的重要窗口。

②社会科学研究与思想政治工作司于10月22日对103个重点研究基地网站的运行情况进行了检查，检查结果有13个基地网站不能阅读浏览，24个基地没有英文版网页。10月23日印发《关于对教育部人文社会科学重点研究基地网站（页）运行情况检查的通报》，要求上述基地采取切实措施，加强网站建设，保证浏览畅通。

③为使南京大学中国社会科学研究评价中心及"中文社会科学引文索引"CSSCI咨询委员会的工作更加规范化、制度化，社会科学研究与思想政治工作司于9月29日在南京大学召开了中心CSSCI咨询委员会第四次全体会议。会议的主题是研讨《中国社会科学研究评价中心CSSCI咨询委员会工作章程（草案）》、《CSSCI来源期刊选用规则（草案）》和《中国社会科学研究评价中心工作规则（草案）》。

④社会科学研究与思想政治工作司于3月15日启动了中国高校人文社会科学文献中心（CASHL）。北京大学和复旦大学是CASHL全国中心。10月14日，武汉大学、吉林大学、中山大学、南京大学、四川大学5个CASHL区域中心也正式启动，进一步丰富了CASHL的文献资源，扩大了服务范围。CASHL已发展了62家成员馆，为全国上千名用户提供文献传递服务6 000余件。

⑤完成了全国普通高等学校人文社会科学2003年度统计年报的数据采集和汇总工作，并按时向国家统计局报送了数据。

五、学术规范建设

2004年6月22日，教育部首届社会科学委员会第一次全体会议一致审议通过《高等学校哲学社会科学研究学术规范（试行）》（以下简称《规范》）。《规范》分总则、基本规范、学术引文规范、学术成果规范、学术评价规范、学术批评规范和附则七个部分。《规范》的制订和实施，对加强学风建设和学术道德建设，改进高校学术素质教育，维护高校学术共同体的国内国际形象，推进学术对话、学术合作与学术创新起到了积极作用。社会科学研究与思想政治工作司于9月10日在《光明日报》、《文汇报》、《中国教育报》等6家全国性报纸刊登"全国高校学术规范与学风建设论坛"征文公告，经过专家匿名评审遴选出40位征文代表，20位特约发言代表参加会议。论坛于11月4日—5日在杭州举办。北京大学、中国人民大学等高校的领导以及部分著名学者应邀参加会议并作特约发言。与会人员围绕"学术规范与学风建设"、"学术规范与学术创新"、"学术规范与人才培养"、"学术规范与学术评价"和"学术规范实施细则与学术不端行为惩处办法"等主题进行研讨。

六、组织编写《中国高校哲学社会科学发展报告》

2004年8月，开始研讨组织编写《中国高校哲学社会科学发展报告》（蓝皮书）。以全景式框架在各层面凸现"繁荣发展"这一主题，深度报道改革开放以来中国高等学校哲学社会科学的历程、成就、机遇和挑战，体现当代中国高校哲学社会科学发展的巨大进展、社会贡献、历史成就、发展机遇和现实挑战。

七、加强和改进科研管理

①召开人文社会科学研究工作会议暨高校社科科研管理研究会会员代表大会。7月29日—30日，教育部人文社会科学研究工作会议暨高校社科科研管理研究会会员代表大会在山东烟台召开。会议印发了教育部副部长袁贵仁关于《大力推进科研管理创新，进一步发挥高校繁荣发展哲学社会科学的主

力军作用》的书面讲话。选举产生了新的一届理事会。各省、自治区、直辖市教育厅（教委）负责人文社会科学研究工作的科技（社政）处长、有关高校社科（科研）处长及高校社科科研管理研究会会员代表共 180 多人参加了会议。

②制定相关规章制度。为全面贯彻落实《教育部关于进一步发展繁荣高校哲学社会科学的若干意见》提出的各项工作任务，在深入调研和广泛征求高校意见的基础上制定了系列配套管理文件。

③做好教育部社会科学委员会秘书处工作。为切实发挥教育部社会科学委员会（以下简称社科委）的咨询作用，加强和改进哲学社会科学研究管理工作，社会科学研究与思想政治工作司于 8 月发出通知，决定建立社科委秘书处办公室，办公地点设在高等教育出版社。社科委秘书处的工作职能包括：开展社科委日常工作；组织年度全体会议；组织 10 个学科组年度会议；向社科委委员通报教育部有关工作情况、通报社科委的有关活动情况；编印《教育部社科委工作简讯》。

④教育部人文社会科学研究评价中心建设。为加强和改进哲学社会科学研究管理工作，社会科学研究与思想政治工作司 8 月发出通知，决定在高等教育出版社成立高校社会科学研究评价中心。高校社会科学研究评价中心是教育部社政司工作延伸的社会中介服务机构，由社会科学研究与思想政治工作司和高等教育出版社共建，社会科学研究与思想政治工作司负责安排中心的主要工作任务，高等教育出版社负责中心的日常运转和深度业务开发。

撰稿　魏贻恒
审稿　袁振国

〔**教育部高校哲学社会科学学报名栏建设（第一批）开始启动**〕　为推进高校社科学报名栏建设，提高我国高校社科学报专业化水平，教育部高校哲学社会科学名栏建设（以下简称名栏建设）启动。

名栏建设的总体目标是在教育部哲学社会科学名刊工程建设的基础上，通过政府有关主管部门和学报所在高校的支持，在 3—5 年时间内建设 30 个左右代表我国高校学术水平、在国内外学术界享有较高学术声誉、为解决改革开放和社会主义现代化建设中的重大理论和现实问题、为文化的积累和传承、为学科建设发挥重要作用的高校学报品牌栏目。

经专家评审和社会公示，教育部高校哲学社会科学名栏建设（第一批）共评出名栏 16 家，名单如下：

武汉大学《武汉大学学报（人文科学版）》“哲学”

黑龙江大学《求是学刊》“文化哲学研究”

华东师范大学《华东师范大学学报（哲社版）》“世界史研究”

东北财经大学《财经问题研究》“理论研究”

北京外国语大学《外语教学与研究》“外语教育”

海南师范学院《海南师范学院学报（人文社科版）》“20 世纪中国文学研究”

西南财经大学《经济学家》“面向 21 世纪的中国经济学”

西安交通大学《西安交通大学学报（社会科学版）》“经济与管理研究”

中国人民大学《教学与研究》“当代中国社会发展研究”

中国青年政治学院《中国青年政治学院学报》“青少年研究”

西北师范大学《西北师大学报（社会科学版）》“教育学、心理学”

湖南大学《湖南大学学报（社科版）》“岳麓书院与传统文化”

延边大学《东疆学刊》“东北亚文化研究”

广西民族学院《广西民族学院学报（哲学社会科学版）》“人类学研究”

内蒙古大学《内蒙古大学学报（人文社会科学版）》“蒙古学研究”

中央音乐学院《中央音乐学院学报》“民族音乐研究”

撰稿　田敬诚
审稿　徐维凡

〔**第五届"全国优秀教育音像制品奖"**〕　国家新闻出版总署和教育部于2004年联合举办了第五届"全国优秀教育音像制品奖"评奖活动。共有95家音像出版单位申报了368种音像制品。本届参评单位和参评制品数量均超过了前四届，涵盖了基础教育、高等教育、职业教育、成人教育和社会教育。经过评奖委员会评审，共评出获奖制品166种，其中一等奖15种，二等奖51种，三等奖88种，优秀选题奖12种。

撰稿　林　丽
审稿　徐维凡

高校学生工作

〔**2004年普通高校招生情况**〕　2004年全国普通高校招生考试报名人数723万，实际入学人数447万，总体上全国高考秩序良好，考试安全保密明显加强，考风考纪显著改善，招生录取更加严格规范。具体有如下特点。

一是齐抓共管，大力整治考试环境取得显著成效。经国务院同意，建立了由教育部、中央宣传部、公安部、监察部、信息产业部、国家保密局、武警总部、最高人民法院八部门参加的国家教育统一考试工作部际联席会议制度。5月，国务院召开了国家教育统一考试环境综合整治工作电视电话会议，陈至立国务委员提出"四整治"、"六加强"的工作目标和工作任务。有关部门大力配合、积极支持，采取了一系列有效措施为综合整治考试环境提供了坚实的保障。特别是公安机关在保证试题命制、运送、保管等环节的安全，维护考场治安、交通和打击泄密、群体舞弊等违法犯罪行为，宣传部门在加强正面宣传和舆论引导等方面，做了大量富有成效的工作。许多地方党政一把手亲自抓高考，建立层层责任制，逐级签订责任状，有的地方对往年舞弊多发地区的党政一把手进行了诫勉谈话。安全保密建设取得重大进展，全国试卷安全保密建设实现了基本达标；规范化考场建设大大提速，一些地方如重庆市已实现全部考场电子化；全国许多省市如四川等省对涉考工作人员进行了直到县一级的普遍纪律教育和业务培训，地方各级教育考试部门在试卷印制、运输、保管等环节没有发现一起失、泄密问题或其他责任事故。

二是深化招生制度改革，扩大统一考试分省命题改革取得初步成功。2004年，天津、辽宁、江苏、浙江、福建、湖北、湖南、广东、重庆9省市，继上海、北京之后启动高考自主命题工作。这是在国务院领导高度重视、直接领导和指导下，普通高校招生考试制度的一项重大改革。有关省市在遵循国家统一考试大纲基础上，按照有利于推进素质教育、有利于适当体现地方特色的原则进行命题，在时间非常紧、任务非常重的情况下，通过有关省市教育行政部门、招生考试机构和命题专家大量艰苦扎实、富有成效的工作，自主命题工作取得成功，赢得了考生及社会的好评。

三是依法治招，招生考试规章制度系统化建设取得重大进展。教育部与有关部门先后联合或单独下发了《关于全面加强教育考试环境综合整治工作的通知》、《国家教育考试考务安全保密工作规定》、《国家教育考试违规处理办法》以及《2004年普通高等学校招生工作规定》、《2004年高等学校招生全国统一考试考务工作规定》等重要的基础性文件。文件印发后，各地迅速制定了配套文件和实施细则，并对有关项目内容进行清理，规范统一到了国家政策上来。

四是深入开展诚信考试宣传教育初见成效。从2004年起，在国家教育考试前，每名考生都要签订诚信考试承诺书，不仅对防止考试作弊发挥了积极作用，而且对考生进行了一次普遍的诚信教育。宣传部门积极配合，加大了对诚信、守规、守纪、守法考试的宣传力度。2004 年全国高考违规人数为3 099人，违规率万分之四点五，是 1995 年以来十年间最低的一年。

五是从严治招，严格管理，招生违纪违规大大少于往年。教育部在 2004 年全国招生工作会议以及纪检监察会议上明确提出了严禁招生乱收费，遏制违规“点招”和坚决打击招生中介的要求。各地招生管理工作普遍加强，如河南、广东等省本科招生没在政策外特批一人。高校普遍实行了招生过程纪检监察部门全程参与、重大问题集体议事制度，教育部直属高校基本杜绝了招生乱收费问题。各地对招生、考试中出现的违纪行为及违规乱收费进行了严肃查处，并对重大舞弊和招生违规处理情况通过新闻媒体进行了集中曝光。2004 年高校招生违规信访总量和遗留问题明显少于往年，多数省份社会举报投诉减少 30%～50%。

〔国家教育统一考试环境综合整治工作电视电话会议〕 2004 年 5 月 17 日，国务院召开了国家教育统一考试环境综合整治工作电视电话会议，陈至立国务委员出席会议并讲话，教育部、中央宣传部、公安部、监察部、信息产业部、国家保密局、武警总部、最高人民法院等国家教育统一考试工作部际联席会议成员单位负责同志出席会议。

陈至立国务委员在讲话中指出，国家教育考试在选拔专门人才方面发挥了重要作用，但也存在一些问题，综合整治国家教育考试环境已成为一项重要而紧迫的任务。她强调要以对广大考生和人民群众高度负责的精神，齐抓共管，综合治理，营造良好、公正、公平的国家教育统一考试环境。当前，要突出抓好四项“整治”。一是整治考场秩序，重点治理利用现代通讯工具作弊、代考替考；失职、渎职纵容考试作弊；扰乱考场秩序等问题。二是整治失密、泄密、窃密问题，重点治理工作薄弱导致失密；工作人员内外勾结，故意泄密；不法人员盗窃、出售、传播试题等问题。三是整治有组织的违纪、舞弊行为，重点治理涉考工作人员组织群体性考试违纪舞弊和其他有组织的考试作弊。四是整治借考试之名进行诈骗活动，重点治理诈骗、制造传播虚假信息等问题。

陈至立国务委员要求各地区、各部门要加强组织领导，统筹协调，狠抓各项整治措施的落实，确保高考的权威性、公正性和严肃性。一要加强安全保密工作，二要加强考场管理工作，三要加强涉考工作人员管理，四要加强技术防范，五要加强宣传教育和舆论引导，六要加强依法治考。

撰稿 苟人民
审稿 姜 钢

〔2004 年普通高校毕业生就业情况〕 2004 年全国普通高校毕业生人数大规模增加，达到 280 万人，比 2003 年增加 68 万人，增幅 32%，其中，毕业研究生 16 万人，本科毕业生 124 万人，高职高专毕业生 140 万人。在党中央、国务院的高度重视和正确领导下，通过有关部门、各地方、各高校的共同努力，毕业生就业状况好于 2003 年同期。截至 9 月 1 日，全国普通高校毕业生平均就业率 73%，比 2003 年同期增加 3 个百分点；实现就业人数 204 万，比 2003 年同期增加 56 万人。其中研究生就业率为 93%，本科生就业率 84%，高职（专科）生就业率 61%。2004 年全国普通高校毕业生就业情况呈现出以下五个特点。

1. 高职毕业生就业率比 2003 年有较大幅度提高。2004 年毕业研究生就业率与 2003 年持平，本科生就业率同比增加 1 个百分点，但高职高专毕业生就业率增加 6 个百分点，就业绝对人数增加 26 万人。

2. 自主创业和灵活就业人数增多。在已就业的毕业生中，自主创业的毕业生有 0.87 万人，占毕业生总数的 0.31%。灵活就业的有 33.6 万人，占毕业生总数的 12%。

3. 到民营三资企业就业的毕业生人数增多。2004 年毕业生中，到机关工作的占 2.02%，到事业单位工作的占 15.73%，到国有企业工作的占 8.65%，而到民营、三资企业工作的上升到 23.14%。其中教育部直属高校毕业生到民营三资企业就业的比例由去年的19.04%上升到25.52%。

4. 到西部地区、到东北等老工业基地就业的毕业生数量增多。在已就业的毕业生中，有55.6%到东部地区就业；24.6%到中部地区就业；19.8%到西部地区就业。到东北等老工业基地就业的占已就业毕业生总数的10%。

5. 工程技术类和行业特点明显的专业毕业生就业率高。本科毕业生就业率最高的十个专业是：石油工程、资源勘查工程、勘查技术与工程、飞行器设计与工程、刑事科学技术、港口航道与海岸工程、油气储运工程、小学教育（英语）、航海技术、光信息科学与技术。高职（高专）生就业率最高的十个专业是：海洋船舶驾驶、纺织工程、印刷技术、汽车工艺与维修、船舶技术、土木工程施工技术及管理、机械工程及自动化、道路与桥梁、水利水电建筑工程、机床数控技术。这些专业的毕业生就业率都在90%以上。

另外，2004年开始在全国高校实行了待就业毕业生登记制度。到9月初，全国登记待就业毕业生66.6万人，占毕业生总数的23.8%。

在就业形势较为严峻的情况下，经过各方面的艰苦努力，高校毕业生就业工作初步形成了完整有效的政策框架和制度体系，唱响了毕业生到西部、到基层就业的主旋律，确立了以就业和社会需求为导向的改革思路，2004年毕业生就业工作圆满完成了国务院年初确定的目标任务，为促进国家和地方经济发展、社会稳定，为全面建设小康社会，构建和谐社会，做出了积极贡献。

〔**2004年全国普通高校毕业生就业工作电视电话会议**〕 2004年4月21日，国务院召开了2004年全国普通高校毕业生就业工作电视电话会议，总结2003年高校毕业生就业工作经验，分析2004年就业形势，全面部署2004年全国高校毕业生就业工作。这是国务院连续第二年召开高校毕业生就业工作会议。

会议由国务委员陈至立主持，中共中央政治局常委、国务院副总理黄菊，国务委员、国务院秘书长华建敏出席会议，黄菊副总理代表党中央、国务院作了重要讲话。黄菊副总理在讲话中强调，要充分认识做好高校毕业生就业工作的重要性和紧迫性，鼓励高校毕业生到西部、到基层、到祖国最需要的地方建功立业，进一步完善高校毕业生就业的市场机制和政策措施，努力健全高校毕业生就业的工作机制，不断深化高等教育改革，全面提高学生的综合素质和就业能力，要加强高校毕业生就业的宣传工作，形成强有力的正确舆论导向，全力以赴做好高校毕业生就业工作。

教育部部长周济、人事部部长张柏林、劳动和社会保障部副部长张小建、共青团中央书记处第一书记周强分别讲话，对高校毕业生就业工作作出相关部署。周济在讲话中指出，为进一步促进毕业生就业，教育战线要着重抓好以下几方面工作。1. 实施“一把手”工程，确保实现2004年就业工作目标。2. 抓好就业服务，千方百计帮助毕业生找到工作岗位。3. 弘扬主旋律，积极开辟毕业生到基层和西部就业的渠道。4. 紧密围绕当前毕业生就业工作，抓紧推进教育教学改革。5. 做好深入细致的思想教育工作。

安徽省副省长田唯谦、甘肃省副省长徐守盛、辽宁省副省长鲁昕分别介绍了安徽省健全体制、完善机制、加强督查、努力促进高校毕业生充分就业，甘肃省加大统筹力度优化毕业生人才配置，辽宁省推进政策创新、营造良好的高校毕业生就业创业环境等先进经验。

会前，国务院办公厅发出《关于进一步做好2004年普通高等学校毕业生就业工作的通知》，文件要求要继续认真落实国务院办公厅《关于做好2003年普通高等学校毕业生就业工作的通知》的规定和要求；实行中央和地方两级管理，以地方管理为主的工作体制；加大支持力度，引导毕业生到西部、到基层、到祖国最需要的地方建功立业；培育和建设更加完善的毕业生就业市场；继续加大对毕业生就业工作的政策支持力度；深化人事制度和劳动用工制度改革，完善并严格执行职业资格准入制度；深化教育改革，全面提高学生综合素质和就业、创业能力；构建更加完善的毕业生就业工作服务体系；加强高校毕业生就业教育和宣传工作；建立完善的高校毕业生就业情况报告、公布、督察和评估制度。

此次会议为做好 2004 年高校毕业生就业工作指明了方向，明确了目标，提出了要求，有力地推动和促进了全国高校毕业生就业工作的顺利进行。

撰稿　冯　佳

审稿　刘大为

〔**研究生招生情况**〕 2004 年全国共有 460 所普通高等学校、300 个科研机构、中央党校及 14 所地方党校招收硕士研究生；共有 237 所普通高校、119 个科研机构及中共中央党校招收博士研究生。

2004 年全国报考攻读硕士学位研究生915 269人，比 2003 年增长 18.84％。其中应届本科毕业生 462 055 人，占当年应届本科毕业生总数的 37.26％，占报考总数的 50.48％。全国报考攻读博士学位研究生119 075人，比 2003 年增长 19％。

全国共录取硕士研究生和博士研究生326 678人（不含军队院校录取数和录取香港、澳门、台湾考生数），比 2003 年实际录取人数增长 21.13％。其中：录取硕士研究生273 330人，比 2003 年增长 23.79％；录取博士研究生53 348人，比 2003 年增长 9.10％。

2004 年录取的273 330名硕士生中，应届本科毕业生为159 394人，占 58.32％，在职或其他人员为113 936人，占 41.68％。录取的新生按学科门类分，哲学 3 219 人，经济学 13 900 人，法学 20 775人，教育学9 049人，文学22 505人，历史学 3 643人，理学 31 107 人，工学 101 250 人，农学 10 034人，医学25 662人，军事学 144 人，管理学 32 042人。

2004 年香港、澳门特别行政区及台湾省人士报考内地（祖国大陆）高校研究生的考生共1 838人，录取1 047人。

2004 年研究生招生工作的特点如下。

1. 首次改变往年确定考生进入复试分数线的划线规则，应届本科毕业生与非应届毕业生按同样的分数线进入复试。目的有二，一是更科学地按学科门类选拔优秀考生，二是增加应届毕业生进入复试的机会，提高录取应届本科毕业生的比例，缓解就业压力。

2. 体现统筹兼顾、协调发展的原则。在制订 2004 年硕士生考生进入复试分数要求和调整招生计划时，认真分析了各学科生源情况，对国家急需而又报考人数相对不充足的学科，比如理学、工学门类等给予积极支持。继续贯彻扶持西部研究生教育的政策。维持东西部地区的分数差，既保护报考西部考生的积极性，又有利于促进东部优秀生源向西部流动。

3. 加强规范管理，严格工作程序。在录取工作过程中，要求各级招生部门和招生单位严格依法按规操作，增强公开性，提高透明度。

4. 进一步推进加强复试工作。为保证新生质量，全面考查考生的创新意识、综合素质和潜在能力，无论是博士生招生，还是硕士生招生，在全面实行差额复试的基础上，重点强调提高复试的规范性、科学性和有效性。

5. 深化自主确定复试分数线试点改革，巩固改革成效。对自主划线的北京大学等 34 所高校，在总结 2003 年试点工作的基础上，进一步统一认识，规范工作程序，注重录取质量。

6. 进一步推动招生单位自命试题的改革。将自命试题逐步合并、拓宽，过渡到按一级学科命题。这样既有利于选拔综合能力和高素质的人才，也会大大减少工作量。

7. 在全国部分省市进行了硕士生网上报名试点工作，为在全国范围内全面实现网上报名积累了经验。网上报名采集信息使研究生招生信息更为统一和规范，不但提高了工作效率，而且方便了考生。

撰稿　陈瑞武

审稿　韩建华

学位工作与研究生教育

〔**设立教育部学位管理与研究生教育司**〕 为进一步加强学位与研究生教育工作的管理，提高研究生教育质量，根据中央机构编制委员会办公室《关于在国务院学位委员会办公室加挂学位管理与研究生教育司牌子的批复》，2004 年 1 月 12 日，教育部下发了《教育部关于设立学位管理与研究生教育司的通知》。

学位管理与研究生教育司负责组织实施《中华人民共和国学位条例》；统筹规范并归口管理全国的学位与研究生教育工作；负责“211 工程”的实施和协调。与国务院学位委员会办公室合署办公，履行教育部学位与研究生教育行政管理职责。

撰稿　李葆珊

〔**学位与研究生教育**〕 2004 年，国务院学位委员会办公室根据陈至立同志关于对我国学位与研究生教育工作进行总结、对未来 15 年进行规划的指示，成立了总结工作和发展规划两个项目课题组进行专题研究。课题组由政府机关、高等学校和科学研究机构的多位专家学者组成。课题组成立以来做了大量的工作，取得了阶段性研究成果，完成了《中国学位与研究生教育发展报告（1978—2003）》（讨论稿 第五稿）和《中国学位与研究生教育发展规划战略研究总报告（2005—2020）》及 14 个专题报告（讨论稿），并提交国务院学位委员会第二十一次会议审议。

《中国学位与研究生教育发展报告（1978—2003）》（讨论稿 第五稿）分为四部分：改革开放以来中国学位与研究生教育的发展历程；中国学位与研究生教育发展的成就；中国学位与研究生教育的特色与经验；中国学位与研究生教育发展中存在的主要问题。

《中国学位与研究生教育发展规划战略研究总报告（2005—2020）》（讨论稿）分为五部分：学位与研究生教育的战略地位和作用；学位与研究生教育面临的战略机遇和挑战；学位与研究生教育战略指导方针、目标和步骤；学位与研究生教育发展战略重点；学位与研究生教育发展战略措施。总报告在分析国际国内形势和我国研究生教育发展趋势的基础上，提出了“优化机制、协调发展、注重创新、跻身先进”的十六字指导方针；提出了建立与全面小康社会目标相适应的充满生机和活力的学位与研究生教育运行机制，使我国步入国际学位与研究生教育先进国家行列的战略目标，明确了 2005—2010 年与 2010—2020 年分两步走的战略步骤和不同步骤期间的战略任务。为了确保学位与研究生教育发展战略的顺利实施，总报告指出了学位与研究生教育发展战略的重点是建立充满生机和活力的学位与研究生教育运行机制，包括政府部门的决策、服务、监督机制；学位授予单位的自主、自律、自强办学机制；社会的评估、合作、投入的参与机制。同时提出了十二条战略措施。

撰稿　梁国雄　徐维清

〔**专业学位教育**〕 根据全国专业学位教育工作会议关于积极发展专业学位的精神，2004 年专业学位教育工作有了新的发展。

新设置了会计硕士专业学位。至此，我国已设置 13 种专业学位。同时，会同文化部、国家广电总局、国家体育总局、国家林业局等部门成立了体育硕士、艺术硕士、风景园林硕士专业学位专家论证小组。

在已有培养单位基础上，新批准 132 所高校为专业学位研究生培养单位，其中包括 MBA、

MPA、法律硕士、会计硕士、教育硕士、工程硕士、临床医学硕士等专业学位。

在工程硕士、农业推广、兽医专业学位入学考试中试行“硕士专业学位研究生入学资格考试”(英文名称为：Graduate Candidate Test，简称GCT)，主要测试考生的综合素质。

为实现学校自主自律办学、政府宏观指导、专家评估监督有效结合的机制，工程硕士、农业推广和兽医专业学位均设立了质量分析与跟踪调研小组，设立了38个工程硕士研究生教育工程领域培养指导小组，并在38个工程领域均成立了教育协作组。公共管理硕士（MPA)、法律硕士、教育硕士等专业学位教育指导委员会积极研究专业学位评估指标体系和评估方案，为开展专业学位教育质量评估做准备。

〔**研究生教育创新计划**〕 2004年，教育部再次投入资金1 000万元，实施研究生教育创新计划(原名称为“研究生教育创新工程”)。承担项目学校共有20所，其中8所承办全国博士生学术论坛，11所建设研究生创新中心。另外还有其他项目3项、6所高校举办研究生暑期学校。

举办全国博士生学术论坛的8所高校分别是北京大学、中国人民大学、武汉大学、华东师范大学、哈尔滨工业大学、电子科技大学、河海大学、国防科技大学。

研究生创新中心建设继续取得好的进展，11所高校在这方面做了大量工作。重庆大学在已取得成效的基础上，进一步加大投入，改善条件，制定研究生培养各个阶段、环节的自主创新支持政策、措施和良好氛围。西北工业大学建设的“研究生实验创新中心”，实行零编制，全部由研究生助管进行管理，提供研究生“自行设计、自由探索、自己动手、自主创新”的条件。河海大学结合社会需要，吸引社会资源，与长江水利委员会、黄河水利委员会签署协议，联合建设长江、黄河研究生培养基地。清华大学在研究生教育创新计划支持下，实施研究生国际联合培养计划，包括：研究生的中外合作培养、资助博士生参加国际学术会议、海外学者短期讲学计划、国际博士生学术论坛等。北京大学完成了“应用数学与科学计算”、“定量遥感”、“高分子前沿专题”、“中国现当代文学研究”、“全国化学研究生暑期学校”五个研究生精品课程系列。南京大学的研究生课程体系改革，在调查国内外80所高校近4 000门课程的基础上，分析存在的问题，制订改革方案，包括引进一批海外人才建设一批核心课程，取得较好效果。

研究生教育创新计划的实施，较好推动了各级主管部门的参与，如国防科工委向所属高校共投入资金5 700万元，支持系统内高校实施研究生教育创新计划。

2004年3月，研究生教育创新计划列入由国务院批准的教育部《2003—2007年教育振兴行动计划》，将以更大的力度在更大的范围内开展。

2004年11月30日至12月1日，国务院学位委员会办公室、教育部学位管理与研究生教育司在北京召开了研究生教育创新计划研讨会，两年来承担研究生教育创新计划项目的27所高校研究生院的主要负责同志参加了会议，北京、上海两市学位委员会办公室，以及其他一些高校也派主管领导参加了这次会议。

撰稿　黄宝印

〔**研究生院建设**〕 2004年，根据《研究生院设置暂行规定》，教育部组织对试办研究生院进行了评估，批准了22所高等学校正式建立研究生院。

2004年10月22日至23日，“中国研究生院院长联席会2004年年会”在湖北武汉市召开。国务院学位委员会办公室主任杨卫在大会上作了题为“树立研究型大学的品牌”的报告。会议通报了“中国研究生院建设的研究”课题的研究及进展情况，并对课题中关于“研究生院评估”及“加强研究生院建设的若干意见的建议”等作了说明，会议分组对上述问题进行了深入讨论。

撰稿　赵玉霞　徐维清

〔**博士学位论文评选**〕 经学位授予单位推荐、省级初选、同行专家通讯评议、专家会复审对外公布征询异议后，2004年9月22日，教育部和国务院学位委员会批准了2004年全国优秀博士学位论文名单97篇（详见附表）和提名论文名单139篇。这是迄今为止的第六次评选，也是《2003—2007年教育振兴行动计划》的一项重要内容。

撰稿　吴　一

附

2004年全国优秀博士学位论文名单

论文题目	作者	指导教师	学位授予单位
王龙溪与中晚明阳明学的展开	彭高翔	陈　来	北京大学
"新诗集"与新诗的发生研究	姜　涛	温儒敏	北京大学
双稳态系统、单稳态系统、耦合振子系和混沌系统的随机共振现象	张雪娟	钱　敏	北京大学
离散非交换微分几何及其上的场论构造	戴　東	宋行长	北京大学
铽配合物光学微腔及双发色团苉唑盐分子的光电功能研究	黄岩谊	黄春辉	北京大学
云南曲靖下泥盆统徐家冲组植物研究	王德明	郝守刚	北京大学
籼稻基因组工作框架图	王　俊	吴才宏	北京大学
新型自对准背栅、双栅MOS晶体管和三维CMOS技术研究	张盛东	韩汝琦	北京大学
同型半胱氨酸促进人单核细胞表达和分泌趋化因子MCP-1和IL-8及其机制	曾晓坤	王　宪	北京大学
企业家的企业理论	杨其静	杨瑞龙	中国人民大学
刑法理性论	张智辉	高铭暄	中国人民大学
魂系历史主义——西方档案学两大支柱理论发展研究	黄霄羽	冯惠玲	中国人民大学
若干低维小体系中的量子特性研究	胡　辉	熊家炯	清华大学
人工冻结粘土力学特性研究及冻土地基离心模型实验	陈湘生	濮家骝	清华大学
应变梯度塑性理论断裂和大变形的研究	姜汉卿	黄克智	清华大学
建筑与城市的地区性——一种人居环境理念的地区建筑学研究	单　军	吴良镛	清华大学
定向生长碳纳米管薄膜的研究	曹安源	吴德海	清华大学
电流变机理及应用研究	田　煜	温诗铸	清华大学
接入系统中复用技术若干问题的研究	秦晓懿	曾烈光	清华大学
参数化时频信号表示研究	邹红星	李衍达	清华大学
高比压等离子体中的微观漂移不稳定性	高　喆	刘广均	清华大学
分布式检测、跟踪及异类传感器数据关联与引导研究	王国宏	毛士艺	北京航空航天大学
证券组合投资的风险决策模型及其应用研究	刘善存	邱菀华	北京航空航天大学
苹果果实糖代谢的酶学研究：着重于酸性转化酶和淀粉酶的细胞生理学机制	王永章	张大鹏	中国农业大学
遗传性乳光牙本质致病基因的鉴定和DSPP基因敲除小鼠的建立	张晓海	沈　岩	中国协和医科大学
教师职务绩效——结构及其影响因素研究	蔡永红	林崇德	北京师范大学
单位球面Sd-1上实光滑函数的逼近	戴　峰	王昆扬	北京师范大学
弱非线性水波和海流在非平整海底上的传播及其混沌动力学	黄　虎	周锡礽	天津大学
电力系统小扰动稳定域的研究	贾宏杰	余贻鑫	天津大学
丹酚酸B预适应的心脏细胞保护作用及机制研究	郭利平	张伯礼	天津中医学院
哲学对话的新平台——科学语用学的元理论研究	殷　杰	郭贵春	山西大学

二十世纪古文献新证研究	冯胜君	吴振武	吉林大学
李德懋文学研究——兼与中国文学相比较	徐东日	金柄珉	延边大学
镜漫反射下多层吸收散射性介质内的瞬态耦合换热	罗剑峰	谈和平	哈尔滨工业大学
复杂晶体化学键介电理论及其在材料科学中的应用	高发明	李东春	燕山大学
中心制造船模式的研究与应用	陈　强	黄　胜	哈尔滨工程大学
新型木材阻燃剂 FRW	王清文	李　坚	东北林业大学
工资、就业的议价对经济效率的影响	陆　铭	袁志刚	复旦大学
正义之善——论乌托邦的政治意义	陈周旺	林尚立	复旦大学
粗几何上的指标问题的局部化方法	王　勤	陈晓漫	复旦大学
低强度脉冲裂变中子探测技术研究	欧阳晓平	霍裕昆	复旦大学
嵌段共聚物导向下新型介孔分子筛材料的合成与表征	余承忠	赵东元	复旦大学
转移性人肝癌细胞模型的优化及转移机理探讨	李　雁	汤钊猷	复旦大学
水下复杂目标回声特性研究	范　军	汤渭霖	上海交通大学
脑电信号的非广度熵分析及其在心脏停搏脑损伤监测中的应用研究	童善保	朱贻盛	上海交通大学
多孔丝素膜的制备及结构、性能研究	李明忠	严灏景	东华大学
转录组技术平台建立及在树突状细胞和肝癌研究中的应用	许相儒	陈　竺	上海第二医科大学
关怀生命——当代中国学校教育价值的新取向	李家成	叶　澜	华东师范大学
抗战前后中英关于西藏问题交涉之研究(1935—1947)	陈谦平	张宪文	南京大学
金属纳米线奇异结构和物理性质的理论研究	王保林	王广厚	南京大学
伽玛射线暴及其余辉的研究——环境效应、辐射过程和能源机制	王祥玉	陆　埮	南京大学
逐步简化的扫描工程图矢量化模型及图形识别方法的研究	宋继强	蔡士杰	南京大学
血栓性疾病及抗栓基因工程抗体的分子生物学研究	戴克胜	阮长耿	苏州大学
高维时滞动力系统的稳定性分析	王在华	胡海岩	南京航空航天大学
煤中伴生元素的地质地球化学习性与富集模式	代世峰	任德贻	中国矿业大学
炉内高温燃烧两段脱硫的机理研究	程　军	曹欣玉	浙江大学
气体激光动力学研究及大功率激光器优化设计	程　成	何赛灵	浙江大学
两个遗传性白内障致病基因的定位与克隆	步　磊	刘　兢	中国科学技术大学
离散竞争动力系统的一般性质及反应扩散方程解的收敛性	王　毅	蒋继发	中国科学技术大学
分子、团簇和凝聚体系中相互作用的计算研究	袁岚峰	朱清时	中国科学技术大学
神木方言研究	邢向东	钱曾怡	山东大学
粉末表面涂层陶瓷的硬质合金刀具材料的研制和性能研究	陈元春	艾　兴	山东大学
天气尺度波强迫包络 Rossby 孤立子理论与阻塞机理	罗德海	秦曾灏	中国海洋大学
水合物法分离气体混合物相关基础研究	孙长宇	郭天民	石油大学
电子商务的国际私法问题	何其生	黄　进	武汉大学
村治变迁中的权威与秩序——20世纪川东双村的表达	吴　毅	徐　勇	华中师范大学
可视化集成采矿 CAD 系统研究	陈建宏	古德生	中南大学
预适应对大鼠心脏的保护作用及机制研究	彭军	李元建	中南大学
中国古代戏剧服饰研究	宋俊华	黄天骥	中山大学
系列含氮氧配体的功能配(聚)合物的水热合成、结构、性质和机理研究	张献明	陈小明	中山大学
我国证券市场交易成本制度研究——关于中国证券市场的 SCP 分析框架	王　聪	黄德鸿	暨南大学
2-D离散动力系统混沌控制与同步	刘树堂	刘永清	华南理工大学
黄杜鹃花杀虫成分、作用机制及构效关系研究	钟国华	赵善欢	华南农业大学

山羊草物种高分子量麦谷蛋白基因的分子克隆	颜泽洪	郑有良	四川农业大学
分置式斯特林制冷机及脉管制冷机性能改进的理论与实验研究	何雅玲	陈钟颀	西安交通大学
无束腰的磁浸没电子透镜和微分代数用于电子光学系统像差分析中的研究	程　敏	唐天同	西安交通大学
一个统一混沌系统及其研究	吕金虎	张锁春	中国科学院数学与系统科学研究院
X射线星系团动力学性质及其宇宙学应用	薛艳杰	武向平	中科院国家天文台
叶立德环丙烷化和环氧化反应的立体化学控制	叶　松	戴立信	中国科学院上海有机化学研究所
等离子喷涂生物活性硅灰石涂层研究	刘宣勇	丁传贤	中国科学院上海硅酸盐研究所
膜萃取和流动注射在线样品前处理技术研究	刘景富	江桂斌	中国科学院生态环境研究中心
新型含氮、硫、氧配体及其超分子化合物的设计合成	赵颖隽	洪茂椿	中国科学院福建物质结构研究所
基于GPS的电离层监测及延迟改正理论与方法的研究	袁运斌	欧吉坤	中国科学院测量与地球物理研究所
流体地球化学：成因、流动与流体－岩石相互作用及塔里木盆地实例分析	蔡春芳	汪集旸	中科院地质与地球物理研究所
青藏高原古里雅冰芯中太阳活动记录研究	王宁练	姚檀栋	中科院寒区旱区环境与工程研究所
Cdc42和RhoA可介导细胞外因子对轴突的吸引及排斥作用	袁小兵	蒲慕明	中科院上海生命科学研究院
山姜属植物花柱卷曲性异交机制的研究	李庆军	许再富	中科院昆明植物研究所
基于光学参量啁啾脉冲放大的台式化超强超短激光的研究与发展	杨晓东	徐至展	中科院上海光学精密机械研究所
低维结构铁电材料光电性能和铁电薄膜红外焦平面列阵器件物理研究	于　剑	汤定元	中科院上海技术物理研究所
舰船非接触水下爆炸动力学的理论与应用	刘建湖	吴有生	中国舰船研究院
战役谋略研究	李麒	张兴业	国防大学
液体火箭发动机燃烧稳定性理论、数值模拟和实验研究	黄玉辉	王振国	国防科技大学
转子碰摩非线性行为与故障辨识的研究	胡茑庆	温熙森	国防科技大学
人树突状细胞来源的新分子Siglec-10和人骨髓基质细胞来源的新分子PHDP的克隆与功能研究	李　楠	曹雪涛	第二军医大学
极低频电磁场对细胞基因突变和基因表达的影响	丁桂荣	郭鹞	第四军医大学
遗传性耳聋家系的收集、保存及基因定位研究	王秋菊	杨伟炎	军医进修学院
雷电电磁脉冲场理论计算及对电引信的辐照效应实验	陈亚洲	刘尚合	军械工程学院

〔**授予名誉博士学位情况**〕 2004年，国务院学位委员会批准部分高校授予15位国外和香港特别行政区人士名誉博士学位。

授名誉博士人员名单	国别或地区及职业	授予学校
艾哈迈德·泽维尔	美国（埃及）化学家和物理学家	北京大学
徐旺志	美国医学教育家和免疫学家	中国协和医科大学
达图·马哈蒂尔·宾·穆罕默德	马来西亚前总理	清华大学
约翰·亨尼斯	美国电子工程学家和计算机科学家	北京大学
特霍夫特	荷兰物理学家	中国科技大学
玛丽·苏·柯尔曼	美国生物化学和化学专家	上海交通大学
李·鲍林格	美国法律教育家和社会活动家	北京大学
爱莉森·理查德	英国剑桥大学校长	北京大学
内斯托尔·卡洛斯·基什内尔	阿根廷总统	复旦大学
查济民	香港特别行政区实业家	浙江大学
冯必乐	德国企业家	同济大学
梁爱诗	香港特别行政区政府律政司司长	中国政法大学
伍沾德	香港特别行政区实业家	中山大学
白井克彦	日本声学研究专家	上海大学
G·韦恩·克劳夫	美国地学技术和地震工程领域专家	上海交通大学

撰稿　朱渌涛

〔**合作办学项目**〕 2004年7月1日起，根据《中外合作办学条例》及其实施办法，授予国外和香港特别行政区学位的合作办学项目统一由教育部审批，国务院学位委员会办公室不再单独审批项目。

截至6月30日，国务院学位委员会办公室批准的45个授予国外和香港特别行政区学位的合作办学项目如下：

1. 北京大学与澳大利亚拉筹伯大学合作培养卫生事业管理硕士（共招生5期）；

2. 北京航空航天大学与美国佛罗里达国际大学、威盛电子股份有限公司合作培养计算机科学硕士（集成电路设计方向）（2004—2006年招生）；

3. 北京林业大学与美国密西根州立大学合作实施草坪管理学士学位教育（共招生3期）

4. 北京体育大学与美国俄亥俄大学合作培养体育管理硕士（2004—2008年招生）；

5. 中国科学院研究生院与香港理工大学合作培养软件科学理学硕士（2004—2007年招生）；

6. 中国科学院研究生院与香港科技大学合作培养资讯科技管理硕士（2004—2006年招生）；

7. 南开大学与澳大利亚弗林德斯大学合作培养医院管理硕士（2004—2006年招生）；

8. 中国疾病预防控制中心与澳大利亚格里菲斯大学合作培养公共卫生硕士（2004—2006年招生）；

9. 天津财经大学与美国俄克拉荷马市大学合作培养工商管理硕士（2004—2006年招生）；

10. 中国民用航空学院与法国国立民航大学、法国航空工业大学合作培养航空安全管理（适航、维修）硕士（2004—2006年招生）；

11. 天津理工大学与加拿大魁北克大学席库提米分校合作培养项目管理硕士（2004—2007年招生）

12. 天津商学院与美国佛罗里达国际大学合作实施酒店管理与旅游管理学士学位教育（2004—2008年招生）；

13. 东北大学与美国圣地亚哥州立大学合作培

养国际会计、国际金融硕士（2004—2006 年招生）；

14. 沈阳建筑工程学院与美国班尼迪克大学合作培养计算机应用技术硕士（2004—2007 年招生）；

15. 大连海事大学与世界海事大学合作培养海上安全与环境管理硕士（2004—2009 年招生）；

16. 辽宁师范大学与美国西南密苏里州立大学合作实施工商管理商学士学位教育（2004—2007 年招生）；

17. 哈尔滨商业大学与澳大利亚维多利亚理工大学合作培养商业经济学硕士、计算机科学硕士（2004—2006 年招生）；

18. 哈尔滨师范大学与澳大利亚堪培拉大学合作培养英语教学、教育学硕士（2004—2006 年招生）；

19. 哈尔滨理工大学与加拿大开普雷诺学院合作实施工商管理学士学位教育（共招生 3 期）；

20. 河北医科大学与美国库克学院合作实施护理学学士学位教育（共招生 2 期）；

21. 上海大学与法国巴黎第二大学合作培养欧盟法和法国法法学硕士（2004—2006 年招生）；

22. 上海大学与加拿大布鲁克大学合作培养会计学硕士（2004—2006 年招生）；

23. 复旦大学与挪威管理学院合作培养工商管理硕士（含：信息通信管理）（2004—2007 年招生）；

24. 复旦大学与澳大利亚悉尼大学合作培养英语语言教学教育学硕士（2004—2008 年招生）；

25. 复旦大学与爱尔兰都柏林大学学院合作实施计算机软件理学士学位教育（2003—2005 年招生）；

26. 上海交通大学与香港科技大学合作培养技术管理硕士（2004—2006 年招生）；

27. 上海交通大学与新加坡南洋理工大学合作培养高级管理人员工商管理硕士（2004—2007 年招生）；

28. 华东理工大学与澳大利亚堪培拉大学合作培养工商管理硕士（2004—2007 年招生）；

29. 上海海事大学与世界海事大学合作培养国际运输与物流硕士（2004—2009 年招生）；

30. 上海海事大学与荷兰马斯特里赫特管理学院合作培养工商管理硕士（2004—2005 年招生）；

31. 上海对外贸易学院与澳大利亚皇家墨尔本理工大学合作培养物流管理硕士（2004—2005 年招生）；

32. 中国矿业大学与加拿大魁北克大学合作培养工商管理硕士（2004—2005 年招生）；

33. 华东船舶工业学院与法国巴黎高等计算机学院合作实施计算机科学学士学位教育（2004—2006 年招生）；

34. 华东船舶工业学院与澳大利亚拉筹伯大学合作实施工商管理学士学位教育（2004—2005 年招生）；

35. 福州大学与英国赫特福德大学合作实施计算机科学与技术、通讯工程、财务管理学士学位教育（2004—2005 年招生）；

36. 南昌大学与法国普瓦提埃大学合作培养企业管理硕士（DESS－CAAE）（2004—2006 年招生）；

37. 南昌大学与法国普瓦提埃大学合作培养企业管理硕士（DESS－CAAE，医院管理方向）（2004—2005 年招生）；

38. 南昌大学与英国阿伯泰·邓迪大学合作培养信息技术与软件工程硕士（2005—2007 年招生）；

39. 南昌大学与新西兰国立理工学院合作实施建筑学学士学位教育（2004—2008 年招生）；

40. 华东交通大学与加拿大新布伦瑞克大学合作培养电气工程硕士（2004—2006 年招生）；

41. 中山大学与美国明尼苏达大学卡尔森管理学院合作培养工商管理硕士（2004—2006 年招生）；

42. 广州大学、华南理工大学与澳大利亚詹姆斯·库克大学合作培养会计硕士（2004—2007 年招生）；

43. 广东技术师范学院与英国哈德斯费尔德大学合作实施教育管理与发展学士学位教育（专升本）（2004—2005 年招生）；

44. 云南财贸学院与英国格林威治大学合作培

养理学硕士（房地产、项目管理）（2004—2007年招生）；

45. 贵州大学与加拿大魁北克大学席库提米分校合作培养项目管理硕士（2004—2007年招生）。

撰稿 卢晓斌

〔**学位证书互认情况**〕 截至2004年底，中国与外国签订中外学历学位互认协议的国家已有19个，分别是：斯里兰卡、俄罗斯、阿尔及利亚、秘鲁、毛里求斯、乌兹别克斯坦、喀麦隆、罗马尼亚、埃及、匈牙利、乌克兰、蒙古、白俄罗斯、德国、英国、法国、澳大利亚、新西兰及奥地利。协议的签订促进了我国和签约国之间人员往来的便利。

另外，教育部与香港特别行政区教育统筹局为简化内地与香港的高等学校（包括内地经批准承担研究生教育任务的科学研究机构）依法颁发给学生的学位证书相互承认，进一步加强内地和香港在教育领域的合作，推动两地学生的交流，根据“一国两制”的方针，就相互承认高等教育学位证书签署了“内地与香港关于相互承认高等教育学位证书的备忘录”。

中国也是《亚洲和太平洋地区承认高等教育学历、文凭和学位公约》（以下简称《公约》）的签署国，该地区公约签署国每两年召开一次会议，2005年将在我国举行。在积极履行《公约》规定的责任和义务的基础上，我国在积极发展与亚洲和太平洋地区各国的多边和双边合作。

撰稿 徐伯良

审稿 杨 卫 王亚杰

李 军 郭新立

高校科技及产业

〔**高校科技工作主要数据**〕 2004年全国高校理工农医学科领域科技工作主要数据指标如下。

（1）科技人力

全国高校从事科技活动人数为24.2万，其中科学家和工程师22.5万人，占93%。

（2）科技经费

2004年全国高校通过各种渠道共获得科技经费344.4亿元，比上年增长27%。经费主要来自国家自然科学基金、973计划、863计划、国家科技攻关计划以及地方、部门和企事业单位委托项目等。

（3）研究与发展机构

2004年全国高校有上级主管部门批准的研究与发展机构2 008个。

（4）科技课题

2004年全国高校共承担各类科技课题19.2万项，其中研究与发展课题15.8万项，非研究与发展课题3.4万项。当年投入课题经费252.7亿元。研究与发展经费中用于基础研究的占22%，应用研究的占58.6%，试验发展研究的占19.4%。

（5）国际科技交流

2004年有5.7万人次出席国际学术会议，交流学术论文4万篇；有4万人次出席在国内召开的国际学术会议，交流论文2.7万篇。当年派遣进修访问学者2万人次，接受进修访问学者2.2万人次。

（6）科技成果及技术转让

2004年全国高校获国家自然科学奖18项、国家技术发明奖12项、国家科技进步奖102项，分别占全国公布获奖总数的64.3%、60%、55.1%。

2004年全国高校共出版科技专著2 700部，在国外学术刊物上发表学术论文42.8万篇，鉴定科技成果7 300项，签订技术转让合同9 200项，当年实际收入13.6亿元。

2004年高校申请专利1.5万件，比上年增长38.2%；获得专利授权6 400件，比上年增长62%，其中获国外专利授权38项。截至2004年底，高校拥有专利2.2万件，其中发明专利1.2万件。

〔**“985工程”科技创新平台**〕 实施“985工程”，建设若干所世界一流大学和一批国际知名高水平研究型大学，是党中央在世纪之交作出的重大决策，是从根本上提高我国高等教育质量和水平的重大举措。从推进国家创新体系建设、提高高校科技创新能力和学术竞争力以及推进高校人才培养、科技体制和运行机制创新的需要出发，教育部党组作出重大决策，以科技创新平台建设和哲学社会科学创新基地建设为主要载体，实施“985工程”二期建设。

（1）制度建设与战略规划

贯彻落实《2003—2007年教育振兴行动计划》，深入调研，加强高校科技创新平台建设工作的政策研究和宏观指导，形成关于“985工程”科技创新平台建设的指导性意见，于2004年6月印发了《教育部、财政部关于继续“985工程”建设项目的意见》。

为加强“985工程”科技创新平台与国家创新体系的紧密结合。科技部、教育部两部主要领导先后于2004年3月2日和8月6日两次进行了高层研讨。

为加强“985工程”科技创新平台建设与国家重大科技目标的紧密结合，组织召开了国家中长期科学和技术发展规划战略研究专题学习报告会，会议对做好高校“985工程”科技创新平台规划和顶层设计起了非常重要的指导作用。

（2）“985工程”科技创新平台规划制定工作

2004年3月底组织有关高校在北京集中报告了各校“985工程”科技创新平台建设初步方案，与科技部基础研究司共同听取了报告。进一步理清了高校“985工程”二期建设思路，明确了方向。

为充分发挥教育部科学技术委员会在“985工程”科技创新平台规划建设中的重要作用，组织科技委专家对北京大学、清华大学两校“985工程”科技创新平台初步建设方案进行研讨，在此基础上，5月召开了高校科技创新平台建设规划研讨会。研讨会对“985工程”科技创新平台的建设方向、目标等进行了充分论证，提出了10大领域的重点建设方向，对协调指导高校开展“985工程”科技创新平台规划起到了积极的指导作用。

6月，在专家论证的基础上，结合国家中长期科学和技术发展规划战略研究报告和学校申报的初步建设方案，拟订了高校科技创新平台建设方向的参考建议，作为《关于做好“985工程”二期建设规划和编制“985工程”二期建设项目可行性研究报告的通知》的重要内容之一。

〔**高校重点实验室建设与发展**〕

一、国家实验室

（1）战略研究

科技部徐冠华部长先后于2004年3月2日和8月6日两次来教育部，与周济部长和赵沁平、吴启迪副部长商讨国家创新体系建设，并结合“985工程”二期建设，重点研讨加强高校国家实验室等科技创新平台建设的有效途径。教育部积极配合科技部，就国家实验室定位、建设模式、管理体制改革与运行机制创新等进行了深入研究，并形成了“关于国家实验室建设工作的汇报”呈报国务院，于2004年8月向陈至立国务委员作了专题汇报。

（2）建设管理

加强对试点建设的高校国家实验室协调、督促和推进，大力开展国家实验室管理体制和运行机制探索与创新。组建了依托北京大学、中国科学院化学所的北京分子科学国家实验室理事会；徐冠华部长、周济部长等于2004年12月初亲临清华大学，检查指导清华信息科学与技术国家实验室筹建工作；武汉光电国家实验室大楼已于年底封顶，聘任了国家实验室主任，建设工作进入实质性阶段。

（3）规划发展

紧紧围绕学科前沿和国家现代化建设重大需

求，结合“985工程”二期建设，组织教育部科学技术委员会专家、部分973顾问组专家和参与国家中长期科学和技术发展规划研究制定的专家，瞄准国家中长期科技发展规划纲要明确的国家重大科技发展目标，认真研讨高校国家实验室建设规划。在组织协调、规划论证的基础上，向科技部推荐了高校国家实验室规划建设清单，同时协调相关高校，积极开展前期工作。

在相关部门推荐的基础上，2004年度科技部共遴选了21个国家实验室建设方案，推动并聘请973顾问专家组开展前期研究和论证。有12个高校国家实验室规划建设情况接受了973顾问专家组的现场考察，并参加了专家集中论证。

二、国家重点实验室

(1) 新建国家重点实验室

教育部结合“985工程”二期建设，组织高校专题研究加强高校国家重点实验室建设，强化重点实验室管理的有效途径和措施，并密切与科技部的联系沟通。向科技部推荐了一批候选国家重点实验室。在关注高校传统优势学科方向的同时，特别加强了对原行业高校优势学科方向的组织与协调，取得良好成效。2004年，教育部推荐的10个学科方向纳入国家重点实验室建设指南，并均通过了科技部组织的专家评审，纳入国家重点实验室建设计划，占科技部批复立项总数近一半，高校国家重点实验室建设工作得到明显加强。高校新建国家重点实验室名单如下：

序　号	实验室暂用名	依托单位
1	病毒学	武汉大学、中科院武汉病毒所
2	生物治疗	四川大学
3	华南肿瘤生物学	中山大学
4	认知神经科学与学习	北京师范大学
5	生物电子学	东南大学
6	深海地学	同济大学
7	海洋环境科学	厦门大学
8	能源清洁利用与高效转换	浙江大学
9	固体矿产资源	中国地质大学
10	水文水资源与水利工程科学	河海大学、南京水利水电科学院

(2) 高校国家重点实验室评估

协助组织并完成对依托高校的12个化学学科国家重点实验室和3个教育部重点实验室的评估工作，2个高校国家重点实验室被评为优秀，12个高校重点实验室评为良好。

(3) 高校国家重点实验室仪器设备更新改造

为改善重点实验室工作条件，科技部从2001年启动实施《国家重点实验室建设和设备更新计划》，每年使用国家发展和改革委员会预算内基本建设投资1.5亿元，作为专项经费。

2004年，32个高校国家重点实验室获得资助，资助总经费近1.2亿元。教育部政府采购中心会同中国教学仪器设备总公司遵照《政府采购法》实施并完成招标采购任务。

2004年，高校93个国家重点实验室和15个教育部重点实验室获国家重点实验室及野外台站运行补助，资助总经费6 570万元；31个高校国家重点实验室及2个野外台站获国家科技基础条件平台运行补贴，资助总经费3 290万元。

(4) 国家重点实验室建设二十周年总结

为推动国家重点实验室改革与发展，科技部会同有关部门联合召开了国家重点实验室建设二十周年纪念表彰大会。大会于2004年12月底召开，高校获表彰的国家重点实验室先进集体20个，先进个人44人。

三、教育部重点实验室

在研究颁发《高等学校重点实验室建设与管理暂行办法》（以下简称《暂行办法》）的基础上，教育部印发了《教育部重点实验室评估规则》（以下简称《评估规则》），组织了对2003年立项建设的教育部重点实验室建设计划论证，组织并完成了对数理、地学领域共26个教育部重点实验室的评估工作。其中大陆动力学等5个教育部重点实验室为优秀类实验室，水土保持与荒漠化防治等19个教育部重点实验室为良好类实验室，其他2个为较差类实验室。根据《暂行办法》和《评估规则》，较差类实验室不再列入教育部重点实验室序列。

〔**工程（技术）研究中心**〕 2004年，北京林业大学的园林花卉、华中科技大学的安全防伪2个国家工程技术研究中心，暨南大学的基因工程药物、河海大学的水资源高效利用2个国家工程研究中心分别通过科技部和国家发展改革委组织的专家评审。南开大学“农药国家工程研究中心（天津）”等5个国家工程（技术）研究中心完成了验收工作。

为加强教育部工程研究中心的建设和管理，教育部制定发布了《教育部工程研究中心建设和管理暂行办法》。2004年8月—11月间，组织专家对2001年批准建设的教育部工程研究中心进行了验收，有43个教育部工程研究中心完成了预期建设目标，通过了验收。43个中心共计吸引社会建设资金和学校投入87 655万元，形成建筑面积201 081平方米，固定资产50 258万元；用于开发、成果转化的仪器设备8 735台套，中心人员4 116人。中心建设期间，累计实现销售收入109 895万元，实现利润16 601万元；承担国家各类项目2 020项，拨款104 665万元；申请专利和软件登记569项，其中发明专利433项；获得专利授权283项，其中发明专利187项；获得省部级奖励178项，国家级奖励27项；转让科研成果239项，转让所得24 006万元。

〔**“863”计划**〕 2004年度，在“863”计划中高校为主承担课题270项，占项目总数的32.6%；国拨经费4.34亿元，占总数的24.4%。共有89所高校承担了年度“863”计划项目，其中教育部直属高校40所，获得23.9%的课题和17.7%的经费；其他高校（包括军队院校）49所，获得8.7%的课题和6.6%的经费。项目国拨经费超过500万元的高校有23所，其中教育部直属高校17所。北京大学、清华大学、浙江大学和东南大学获得国拨经费超过2 000万元。

在2004年度“863”专家换届后，共计有37所高校的82位专家受聘为“863”专家，占总数的46.6%。6个领域中有3个领域的领域委员会主任为高校专家，在信息技术领域、生物与现代农业技术领域、新材料技术领域和先进制造与自动化技术领域4个领域中，高校受聘的主题专家组专家超过50%。

〔**国家自然科学基金**〕 2004年国家自然科学基金面上项目立项7 711项，高等学校承担6 044项，占总数的78%；重点项目立项224项，高等学校146项，占总数的65%；重大研究计划项目215项，其中高等学校145项，占总数的67%。评出国家杰出青年科学基金获得者157人，其中高等学校99人，占总数的63%；创新研究群体科学基金20项，其中高等学校11项，占总数的55%。

〔**教育部科学技术研究项目**〕 2004年教育部科学技术研究重大项目共资助24所高校的25个项目，占参加答辩项目的34.7%；研究内容具有创新性，属重要发展方向，但前期研究基础还薄弱的项目由重大转为重点项目支持的30项，占参加答辩项目的41.7%。2004年教育部科学技术研究重点项目共资助373项。其中部属高校190项，资助率近57%，平均支持强度为12万元；地方高校191项，资助率为72%，经费以地方支持为主。2004年教育部积极组织高校科技力量开展SARS科技攻关工作，确定了18个项目作为2004年抗SARS科技攻关项目，共资助经费360万元。

为鼓励高等学校的原始性创新，培育一批具有创新能力和发展潜力的科技创新团队和学术骨干，教育部从2004年起设立高等学校科技创新工程重大项目培育资金项目。今后4年每年从《2003—

2007 教育振兴行动计划》“985 二期”建设经费中拿出2 000万元设立培育资金。培育资金项目采取专家推荐的全新组织形式。2004 年培育资金项目共资助 36 所高校的 44 个项目。

为配合国家基础条件平台建设，大力加强高等学校的科技基础条件平台建设，2004 年教育部启动实施了“科技基础条件平台”建设项目，在大学数字博物馆、植物种质资源、动物种质资源、微生物资源等领域启动建立了17 个平台，名单如下：

序号	科技基础条件平台名称	牵头单位	参加单位	负责人
1	畜禽种质资源标准化整理、整合及共享	中国农业大学	南京农业大学、华中农业大学、西北农林科技大学	吴常信
2	林木和花卉种质资源标准化整理、整合及共享	北京林业大学	东北林业大学、南京林业大学	张志翔
3	海洋地质环境数据整合及共享信息平台	同济大学	南京大学、中国地质大学（北京）	蒯知滑
4	中国大学数字博物馆共享平台与规范标准	南京大学	北京航空航天大学、中山大学、复旦大学、中国地质大学（武汉）、北京大学	徐士进
5	农作物特种遗传资源标准化整理、整合及共享	南京农业大学	华中农业大学、中国农业大学、浙江大学	盖均镒 张天真
6	工业微生物资源标准化整理、整合及共享信息平台	江南大学	山东大学	王正祥
7	濒危野生动物基因资源库教育部共享平台	浙江大学	西北大学、东北林业大学	方盛国
8	海洋数据信息共享平台	中国海洋大学	中山大学、厦门大学、南京大学	吴德星
9	高校微生物资源标准化整理、整合与信息共享平台	武汉大学	山东大学、南开大学、中国农业大学、云南大学	郑从义
10	人类遗传基因信息数据整合及共享信息平台	华中科技大学	西安交通大学、复旦大学、东南大学、西北大学	骆清铭
11	中国高校地学创新基础条件平台	中国地质大学（武汉）	中国地质大学（北京）、中国矿业大学（北京）、北京大学、南京大学、西北大学	张锦高
12	中国人类遗传相关疾病资源库及共享信息平台	中南大学	西安交通大学、复旦大学	夏家辉
13	生物标本整理、整合及共享信息平台	中山大学	四川大学、兰州大学、内蒙古农业大学、东北师范大学、南京大学	李鸣光
14	中国妇女儿童疾病监控系统及生物资源平台	四川大学	山东大学	毛　萌
15	中华民族群体遗传资源数据整合	西安交通大学	复旦大学、中山大学、哈尔滨医科大学、四川大学、兰州大学、新疆医科大学、西藏大学等	李生斌
16	西部地区特色植物种质资源数据平台	兰州大学	西北农林科技大学、青海大学、内蒙古农业大学、宁夏大学、新疆大学、西藏大学	安黎哲
17	全国高校科技成果推广转化信息平台	科技发展中心		贾一伟

〔**大学科技园、国家技术转移中心**〕 为了进一步完善大学科技园的政策环境建设，科技部、教育部联合发布了《关于进一步推进国家大学科技园建设与发展的意见》。

根据《国家大学科技园“十五”发展规划纲要》和《国家大学科技园管理试行办法》，2004年，全国大学科技园工作指导委员会组织专家对大连理工大学—七贤岭大学科技园、南昌大学大学科技园、北京化工大学大学科技园、兰州大学大学科技园、重庆市北碚大学科技园、河南省大学科技园进行了验收，并于12月发布了认定第三批国家大学科技园的通知。至此，经认定的国家大学科技园已达到42个。

为展示高校科技工作成绩和大学科技园建设业绩，组织32个大学科技园参加了10月间在深圳举办的第六届高交会。“国家大学科技园专题展”推介了大学科技园在孵高新技术企业一百余家、新技术新产品三百余项，重点展示了近几年大学科技园在孵化创新企业、培养创新创业人才、促进高校科技成果转化和产业化、为国家和区域经济发展服务等方面所取得的成绩。会议期间，还举办了“著名大学校长论坛”。

2004年，大连理工大学国家技术转移中心通过了国家批复，至此，高校国家技术转移中心达到7家。

〔**高新技术产业化**〕 2004年，教育部会同国家知识产权局联合发布了《关于进一步加强高等学校知识产权工作的若干意见》。

2004年，组织高校申报自动化、软件等国家高技术产业化专项。东北大学选矿过程综合自动化、清华大学新型辐射成像技术、基于ASP模式的行业应用平台软件等高技术产业化项目得到国家立项支持。完成了生物技术、材料等专项中4个国家高技术产业化项目的中期评估和高性能钕铁氮产业化项目的验收。

为加强行业高校科技工作，2004年7月7日，在沈阳组织召开了“部分原行业重点高校科技工作研讨会”。会议总结交流了原行业重点高校开展行业共性关键技术研究，开展行业技术服务的成功经验，研讨新形势下如何发挥原行业重点高校行业科技工作的特色和优势，加强行业共性关键技术的研究开发，为推动我国产业结构调整和行业技术进步，提高行业企业技术创新能力，提升产业国际竞争力作贡献的新思路、新举措和政策建议。参加会议的有19所原行业重点高校的主管校长和科技处长共51位代表。

〔**创新团队和新世纪优秀人才**〕 2004年6月教育部印发了《高等学校“高层次创造性人才计划”实施方案及其有关实施办法》，启动新的高层次创造性人才计划，目标是构建定位明确、层次清晰、紧密衔接、促进优秀人才可持续发展的培养和支持体系。

按照支持对象不同，高层次创造性人才计划分为三个层次。第一层次是“长江学者和创新团队发展计划”，该计划包括长江学者和创新团队两个项目，其中创新团队项目每年遴选支持60个左右的团队。第二层次是“新世纪优秀人才支持计划”。这个计划由过去的“高校青年教师奖”“跨世纪优秀人才培养计划”“优秀青年教师资助计划”和“高等学校骨干教师资助计划”等人才计划整合产生，每年遴选支持1 000名左右自然科学和人文社会科学领域的优秀青年学术带头人。

2004年是新的“高层次创造性人才计划”实施的第一年。经同行专家会议评审和现场考察，共遴选出59个团队给予资助。资助期三年，资助金额为300万元。

2004年“新世纪优秀人才支持计划”，经会议评审遴选出891位入选者，加上因人才计划整合并入的第五届高校青年教师奖的118人，总资助人数为1 009，共涉及208所高校。“新世纪优秀人才支持计划”的资助期限为3年，资助经费自然科学类50万元，人文社会科学类20万元。

〔**高等学校中长期科学和技术发展规划纲要**〕 在教育部有关司局的共同努力和科技委专家的直接参与下，《高等学校中长期科学和技术发展规划》已编制完成，并由清华大学出版社于2004年12月正式出版，全书共34万字，内容包括“高等学校中长期科学和技术发展规划纲要”和17个专题规划报告。规划纲要着眼于未来十五年我国国民经济和社会发展的战略需求，概括阐述了高等学校科技发展的目标、基本原则、发展战略、重点领域和重大科技任务，为未来高等学校科技工作的发展提出了指导性意见。17个专题研究报告作为对纲要的补充说明，更为详细地阐明了各领域的战略目标、发展重点和支撑措施等。

〔**教育部科学技术委员会学部委员换届**〕 教育部科学技术委员会（以下简称科技委）是教育部指导高等学校科学技术工作的高级咨询机构，自1987年成立以来，已经历四届。根据科技委章程规定“每届任期三年”，第四届科技委及其学部委员的任期已过，为此，教育部分别于2002年和2004年聘任第五届教育部科学技术委员会委员及第五届教育部科学技术委员会学部委员，组建了第五届科技委。

第五届科技委共设10个学部：数理学部、化学化工学部、资源环境与地球科学部、生命科学一部、生命科学二部、信息学部、材料学部、工程技术一部、工程技术二部、管理科学部。学部委员共330名，分别来自102所高校和解放军总装备部。

撰稿 张建华 朱小萍 米永强
雷忠良 李 楠 周 薇
黄应刚 杨雪琴 舒 华
邹 晖
审稿 谢焕忠 雷朝滋 武贵龙
高润生

〔**高校科技企业管理**〕 由教育部组织实施的北京大学、清华大学规范校办企业管理体制试点（简称两校试点）工作，经过三年的时间，在清产核资、资产评估、资产划转、清理整顿学校二级单位办企业、全资企业的改制、妥善安排事业编制在企业工作的人员、成立国有独资的资产经营有限公司（两校的资产经营有限公司分别为“北大资产经营有限公司”和“清华控股有限公司”）等方面取得了进展，试点工作已基本结束。通过试点，两校理顺了校办企业管理体制，建立了“防火墙”；实现了经营性资产和非经营性资产分开管理；明确了投资主体和各自的责、权、利；完善了产业管理体制、规范了企业的经营决策行为；推进了全资企业的公司制改造步伐；高校投资的企业，除个别研发部门外，将逐步迁出校区，净化校园教学、科研环境。

根据两校试点文件精神和经验，教育部科技发展中心在部分高校推广两校试点模式，推进高校产业规范化建设，促进高校产业健康快速发展。2004年哈尔滨工业大学、西南交通大学、南京大学等相继成立了国有独资的资产经营有限公司，将学校所有经营性资产划转到资产经营有限公司，由资产经营有限公司代表学校统一持有学校对企业投资的股权，承担学校所投入资产的保值和增值责任，并负责管理和监督所属企业。吉林大学、中山大学等许多高校正在探索做这方面的工作。

〔**高校校办产业统计**〕 2003年度全国高校校办产业收入总额826.67亿元，比上年增加106.59亿元，增长率为14.80%；其中科技型企业收入总额668.07亿元，占全国高校校办产业收入总额的80.81%，收入超过亿元的高校有92所，收入超过亿元的企业有86个。2003年度全国高校校办产业实现利润总额42.98亿元，其中科技型企业实现利润总额27.61亿元。2003年度全国高校校办产业对学校回报18亿元，向国家缴纳税费38.69亿元。2003年末，高校校办企业的注册资金总额为334.46亿元，资产总额1 463.77亿元，比上年增加229.42亿元，负债842.82亿元，比上年减少175.7亿元，所有者权益620.95亿元，比上年增加53.72亿元。

〔**科技成果推广**〕 2004年全国高校入选国家级星火计划129项，占其总数的7.6%，经费支持708万元；入选国家级科技成果重点推广计划63项，占其总数的18.5%，经费支持430万元；入选国家级重点新产品计划37项，占其总数的2.3%，经费支持330万元。

为推动高校创新型、实用型科技成果的有效转化，教育部科技发展中心启动建设了“全国高校科技成果推广信息平台”。该平台以“门户网站一专业频道/子网一数据库”为三级平台结构，通过合理规划的整体布局和精心设计的组织流程，建成覆盖面积广、信息量大、功能完善、扩展性强的分布式全国高校科技成果推广信息服务网络平台，并按照“底层数据标准化、核心栏目统一化、主要功能一致化”的原则，积极探索高校开放式子网的建设，不断拓展平台的深度和广度。该平台已列入“教育部科技基础条件平台建设计划”中。

组织高校参加国内大型科技成果交易会。2004年5月，组织28所高校参加“2004·江西井冈山科技项目对接洽谈会”，受科技部和江西省吉安市政府委托，从10所重点高校中选派了10位知名专家作为吉安市政府科技顾问，为当地的社会与经济发展出谋划策。10月，组织32家大学科技园、8个重大科技成果和27所重点高校参加第六届中国国际高新技术成果交易会。本届高交会教育部参展项目六百余项，项目成交额达五十多亿元。

组织12所沪外高校参加11月4日在上海召开的国际工业博览会。在这次“工博会”高校展区中，沪外高校展位40个，参展项目共获得两个银奖，一个铜奖，一个创新奖，成交金额近两千万元。其中重庆大学的HG-DZJ型电气设备绝缘在线检测系统和中国石油大学的两段提升管催化裂化工艺及设备分别获得上海国际工业博览会的银奖，这是全国高校参展历届工博会以来获得的最高奖项。

教育部科技发展中心参与组织了第七届北京科技产业博览会（简称北京科博会），仅北京地区就有36所高校参加北京科博会。

〔**高等学校博士学科点专项科研基金**〕 2004年度高等学校博士学科点专项科研基金理工口183所高校共申报课题3 095项，比上年增加865项。

在申报课题中，基础性研究课题3 087项，占99.7%，其他性质研究课题9项，占0.3%；博士导师申请2 908项，占94%；重点学科、重点实验室申请1 099项，占35.5%；66岁以上申请者130人，占4.2%；46岁至65岁1 510人，占48.8%；45岁以下1 455人，占47%；其中重点学科、重点实验室45岁以下非博士导师申请者187人，占6%。

经过专家通讯评审和会议评审，2004年博士点基金理工口共资助了169所高校的807项课题（其中与地方政府联合资助70项），比上年增加170项，资助率为26.1%；资助经费4 363.4万元，比上年增加经费622.8万元。

在资助课题中，基础研究课题332项，占41.2%；应用基础研究课题474项，占58.7%；其他性质研究课题1项，占0.1%；博士导师777人，占资助总数的96.3%，最大年龄80岁，最小年龄32岁；非博士导师30人，占3.7%（均为重点学科、重点实验室中的年轻教师）；重点学科、重点实验室319项，占39.5%；受资助者中66岁以上56人，占6.9%；46岁至65岁369人，占45.7%；45岁以下382人，占47.4%。

〔**专利工作与科技成果管理**〕 2004年高校专利申请量为12 676件，比上年增加2 460件，增长24.1%；专利获授权量为5 381件，比上年增加1 992件，增长58.8%。

2004年教育部批准科技成果鉴定申请223项，主要集中在国家自然基金项目（24项）、军工项目（26项）、教育部计划项目（13项）、攻关项目（8项）、863计划项目（23项）、973计划项目（18项）和自选项目（101项）等。

经过三级专家评审，教育部批准14所直属高校为教育部部级科技查新工作站（第二批），其中理工类12所，农学类1所，医学类1所。对第一批教育部部级科技查新工作站进行年检。

〔**高校科技奖励工作**〕 2004年度教育部提名国家科学技术奖经专家评审和奖励委员会审核，教育部批准授奖项目250项，其中一等奖96项，二等奖154项。在拟授奖项目中，自然科学奖为99项（一等奖43项，二等奖56项），技术发明奖为17项（一等奖11项，二等奖6项），科技进步奖为134项（一等奖42项，二等奖92项）。

2004年度全国共评出国家自然科学奖28项，其中高校18项，占授奖总数的64.3%；国家技术发明奖 20 项，其中高校 12 项，占授奖总数的 60%；国家科技进步奖 185 项，其中高校 102 项，占授奖总数的 55.10%（以上统计中国家技术发明奖、国家科技进步奖不包含国防专用项目）。

〔**中国科技论文在线**〕 中国科技论文在线经一年左右的策划和试运行，已基本完成网站的初建工作：成立了由 35 名两院院士组成的中国科技论文在线顾问委员会，负责网站的学术指导；建立了最新发表论文、优秀学者及主要论著、获奖项目及主要论著、在线推荐论文等多个栏目，提供了高水平专业学术论文库；用户可以使用基本检索、高级检索和按学科分类检索三种方式很方便地检索到所需论文；建立了网站的英文版，规范了写作模版、使用指南、常见问题等，提供了有特色的、方便管理个人论文和信息的个人工具箱；建立了规范的数据库维护，以及论文审阅、筛选、编辑、发表、退稿、刊载证明打印程序；设计了论文评价指标，并定期组织专家对论文进行评审。

中国科技论文在线的创建为科研人员提供了基于网络的高效学术交流平台，提高了学术交流的效率和时效性。科研人员通过中国科技论文在线尽快发表自己的成果和见解，一方面可以在行业内保持及时的信息交流，避免重复性的研究，同时也能作为学者本人“首先发现”的证明。中国科技论文在线的访问量大，用户面广，检索方便，对学术不端行为便于发现，从而有利于学术监督，有效防止论文抄袭等不良行为。

〔**教育信息化宣传**〕 2004 年，由教育部科技发展中心发起并主办的“教育信息化烽火行动”，在九省市教育厅（教委）的支持下，分别在成都、重庆、兰州、西安、太原、武汉、长沙、南宁、广州等地举办了“中西部教育信息化系列论坛”和“华中华南教育信息化系列论坛”等活动。2 700多家重点大中小学用户以及部分 IT 企业，参加了会议。

为充分发挥 CERNET 的信息资源、人才资源及技术资源优势，支持教育网络的建设与发展，宣传教育信息化，2004 年 6 月，国家新闻出版总署、科技部批准教育部科技发展中心创办《中国教育网络》杂志，国内统一刊号为：CN11-5287/TN。该杂志主管部门为教育部，主办单位为教育部科技发展中心，月刊，铜板彩色印刷，80 页。杂志已于 2004 年 10 月正式创刊，并向国内外公开发行。

经教育部批准，由教育部科技发展中心、教育部教育信息化领导小组办公室主办的“2004 中国国际教育科技博览会暨中国教育信息化论坛”（简称教博会）于 2004 年 3 月 19 日—21 日在北京国际会议中心举办。周济、赵沁平、吴启迪等参观了展览展示。赵沁平在开幕式及中国教育信息化论坛上发表了讲话。本届教博会参展、参会人数2 500余人，参展、参会机构 300 多家，参展、交流、观摩人数逾万人次。

〔**中国教育和科研计算机网建设**〕 到 2004 年底，中国教育和科研计算机网（CERNET）传输网建成主干线光纤超过27 000公里，实际安装设备 15 200公里，机站 162 个，传输设备 197 套。形成了以 16×2.5G 密集波分复用（DWDM）为基础，SDH 自愈环网为业务承载平台的网络结构。CERNET IP 地址数为9 228 800个，EDU. CN 域名数为2 226，CERNET 网络国际和地区带宽 2.9G，CERNET 国内与其他运营商互联带宽 9G，CERNET 主干网传输速率达到 2.5～5Gbps，地区网传输速率达到 155M～2.5Gbps，覆盖全国 31 个省、市 200 多座城市，联网的大学、教育机构和科研单位超过1 300个，用户超过1 800万人，CERNET 已成为世界上最大国家级公益性计算机互联网。

撰稿　李淑萍　初庆春
刘红斌　贾一伟
周　静　杨健安
审稿　李志民

热点关注

质量是当前大陆高等教育的最大挑战

经过20多年的改革和发展，特别是经过世纪之交这10年左右的改革和发展，内地高等教育在改革方面取得了突破性进展，在发展方面取得了跨越式成就。由此，内地高等教育进入了一个巩固成果、优化结构、提升水平、增强国际性的新的关键时期，或者说新的阶段。在这个关键时期，最重要的是做强大陆的高等教育。质量问题就是其中的核心问题。做强高等教育是当前内地高等教育的最大挑战，而质量问题又是做强内地高等教育的最大挑战，是最大挑战中的最大挑战。也就是说，要以质量问题作为切入点，来做强内地的高等教育。我的看法是，如果在这样的关键时期，我们能够做强高等教育的话，内地高等教育将跃上一个新的台阶，能够站在世界的前列。如果由于种种原因做不强，我们很可能制造出一个庞大的、低水平的高等教育体系。这是我们不愿意看到的。如果对最近10年来内地高等教育的成绩简单归纳的话，我想集中体现在以下五个方面。

1. 高等教育的体制改革，包括办学体制、管理体制、经费筹措体制、内部管理体制、招生和就业体制发生了广泛而深刻的变革。变革的深度和广度在中国高等教育史上是从来没有过的。

2. 内地高等教育的教育教学体系、教育教学制度、教育教学内容、教育教学方法发生了广泛而深刻的变革。这种变化无处不在。

3. 教育思想、教育理念以及与此相关的社会思想和理念发生了广泛而深刻的变革，这些变革是潜移默化的。比如大学生就业问题，使得大学生、家长和社会对大学生就业的观念都随着变革发生了改变。

4. 适应新时期需要的高等教育的布局结构已基本形成。我们经常讲到的几个“三”：比如研究型大学、教学型大学和高等职业技术学院三种类型的高等学校同时并存；综合性大学、多科性大学和单科性大学同时并存；大、中、小规模的高校同时并存。这样的布局结构初步形成，而且高等教育结构的重心适当下移也基本得到实现。重心下移是指原来的高校集中在几所大城市、省会城市，而中等城市、地级市拥有的高等学校是很少的，现在基本上普遍了。也就是用了10年左右的时间，高等教育的结构更加和谐，更加适应新形势的需要。

5. 高等教育规模已经跃居世界第一位。正是基于上述四个方面广泛而深刻的变革和高等教育布局结构的调整，才带来了高等教育的大发展。从规模上跃居世界第一位大致是这么几个时间：1996年，内地本专科的毕业生数量位居世界第一，是187万人。美国是171.2万人，这是其授予学士学位和准学士学位的人数。但是当时美国注册大学生是1 400多万，而内地才700多万，只有美国的一半。到了2002年，内地大学生在学人数已经达到1 600万，据了解，总规模超过了美国。到了2004年，内地本科毕业生是148万，据了解，也超过了美国授予学士学位的人数。所以，无论是总规模，还是本科毕业生的规模，都超过了美国。只有研究生的规模比美国少。从总规模上来讲，内地已经达到世界第一。从台湾来的朋友们可能了解，1949年内地高等学校有205所，在校大学生是11.6万人。2004年底，内地的高校总数是2 236所，包括成人高校505所，在校大学生人数超过2 000万人，其中普通本专科在校生人数1 333.5万人，成人本专科在校生419.8万人，在校研究生82万人。可见内地高等教育的规模非常庞大。

正是在这样的情况下，在广泛而深刻的变革、布局结构调整、规模迅速扩大的情况下，出现了新的问题。大家都说质量是高等教育的生命线，我们也认为质量是高等教育永恒的主题。说到永恒的主题，我们可以从时代发展的角度来认识，科技的进步、经济的发展、社会制度的变迁、人民生活水平的提高，等等，都会对高等教育的质量问题提出新的要求。所以，质量问题永远都存在。

在内地，对于高等教育大发展之后究竟存不存在质量问题是有不同看法的。在2000年的时候，我对扩招发表了一些观点。我认为，扩招过程中对质量问题提出了新要求，出现了新情况，对高等教育自身的发展提出了新的质量问题。

质量问题从宏观上看主要有以下几个方面。

第一，由于高等教育规模迅速扩大，招生数量大幅度上升，招生的规模远远超过生源增长的速度，所以生源质量下降。在内地，很长一段时间，每年高考的录取率大概只有30%左右。1998年是36%，基本上是三个录取一个。到了1999年，录取率骤然上升到49%，2000年达到57.5%。2001年以后全部在60%以上，很多省市达到70%，甚至80%以上。生源的文化素质下降了，这是一个客观事实。当然这样的情况对于像人大、北大、清华这样的学校没有影响。因为长期以来都只有最拔尖的学生才能进这些学校，而且这些学校扩大的规模不大。因此，扩招对这些名牌大学、重点大学的生源质量没什么影响。而大批的学校，包括一些知名学校，生源质量实际上大幅度下降，是指学生的文化素质下降。

第二，从学校办学能力来看，有两个新情况：一是大批新的高校诞生了。根据正式公布的统计数字，2000年大陆普通高等学校是1 041所，长期以来基本上是1 000所左右。到2004年，仅仅4年的时间，就达到了1 731所，增加了66%。这1 731所学校中有五分之二是新学校，基本上是中专升格、“戴帽”产生的。这些学校一开始就大规模招生，从思想到组织，从物质设施到其他各种办学条件准备都不充分。二是老学校的规模大幅攀升。在20世纪90年代初，内地平均每所本科院校在校大学生规模只有2 000多人，1992年只有2 676人，1998年全国本科院校平均规模4 418人，但是到2003年，则达到11 660多人。5年时间，600多所本科院校平均规模达到1.1万多人了，办学条件、办学能力都存在问题。虽然说大发展是好事情，内地一举由“精英教育”发展成了“大众化教育”，大家都很高兴。在扩招的过程中，政府、社会和学校千方百计筹措经费，挖掘潜力，但是跟不上发展速度的需要。生均占有土地面积、生均占有教学行政用房面积、生均图书资料、生均教学仪器设备等都有不同程度的下降。虽然下降的幅度并不是很大，但是在扩招之前，内地高等教育的办学条件就已经是紧运行状态，扩招以后没有得到改善，还进一步加紧了。所以，设施紧运行、管理难到位、教学过程粗放的现象比较普遍，特别是一些新学校，人才培养的模式、专业设置、教学方案设计、教学环境设计等等，都不能完全适应过来，出现了这样那样的问题。

教育质量存在不存在问题呢？我认为存在问题。仅从以上几方面浅层次的分析，大家就能看到，不承认是不行的。所以教育部前两年提出了新的教育工作方针：“巩固、深化、提高、发展”。这个方针的提出，实际上是把工作重心转向提高质量上来。

说到深层次的原因，我们觉得，应该引起我们思考的是：大众化高等教育阶段的质量标准和精英教育阶段的质量标准是不是一回事。这就是我们面临的问题。究竟怎么看待？事实上，内地的高等学校已经进行了分类，大量的高等学校承担着大众化高等教育的任务，少数学校还承担着精英教育的任务，主要是学术型、理论型人才的培养。不同类型的学校应该有不同的质量标准，这是一个客观的要求。但在实际生活中又与之相悖。所有高等学校都自称要办成一流大学，所有高等学校都向精英教育模式靠拢，所以内地过去有种说法“成人不成、电大不电、夜大不夜”，都向普通高等学校靠拢。大陆这几年那么多升格的学校，中专升为大专，大专升为本科，办了本科要办硕士，办了硕士要办博士，办了博士还要办博士后，都要搞大而全，盲目攀比。高等教育结构的趋同化、目标的趋同化，与多样化的质量标准是背离的，形成了一种矛盾。在这样深层次的矛盾当中，内地高等教育的质量问题更加引人注目，因此，需要研讨，需要统一思想、统一认识，需要把诸多大学校长、教授们的思想统一起来。不认真分析质量问题，笼统地说我们的质量没有下降，这是不行的，是不能做强高等教育的。

怎样才能以质量为切入点做强高等教育，把质量问题解决好？由于今天时间有限，我只能提纲挈领地谈一谈。

第一，要以适当控制规模的扩大为主导，处理好数量和质量的关系。当前首当其冲要做的一件事情，就是再不能搞连续若干年的扩大招生了。但是，还需要保持一定的发展速度，因为经济在发展，每年以7%—9%的速度增长，人才资源要适应，社会在进步，社会组织结构在发生深刻的变化。比如城市化进程，内地城市化进程大幅度加快，1952年城镇化的人口只有12%左右，到1978年改革开放前也只有19%，可是到2003年，则达到了39.1%。在20多年的改革期间，基本上每年增加0.8～0.9个百分点。到了20世纪90年代后期以后基本上每年增加1.4个百分点。增长太快也有问题。人们预测，未来若干年城镇化依然是一个不可阻挡的趋势。现在设想，到2010年可能达到46%。这是1997年的世界平均水平。人口城镇化率的提高，对高等教育需求就增大了。有专家调查，城镇对高等教育的需求是农村的18倍。对此我们必须做好准备。恩格尔系数在继续下降，城市2003年下降至37.7%，农村是46%，还在继续下降。大家都了解，恩格尔系数的下降意味着对教育需求的增加，也意味着对教育支持能力的增加。这都表明应该继续发展高等教育。

还有一个特殊情况，就是大陆的大学适龄人口在持续增加，高峰是2008年。据统计预测，2008年大学适龄人口将近12 500万，现在才10 600多万。即使保持现在的毛入学率19%，到2008年，每年在校生规模也得扩大100万。现在的在校生是2 100万，还有4年时间，到2008年达到2 500万。这几年是大陆高等教育发展非常矛盾的时期。既要抓质量，规模发展也要保持一定的速度。所以比较难。我认为，现在只能提毛入学率要保持在19%，而不要再追求提高毛入学率。2008年之后，大陆的大学适龄人口将逐年下降，到2020年只剩8 000多万了。到那时，大学生在校规模即使保持2 500万不变，到2020年大陆的毛入学率也会上升到33.6%，因此不需要再扩大规模了，因为适龄人口减少了，未来的发展战略应当是，高等教育在校人数达到2 500万以后，重点应完全放在提高质量上，不要再追求扩大规模。毛入学率达到33.6%，是符合大陆国情的。

第二，要加大政府投入。我始终认为，经费筹措体制改革，不管怎么说，政府投入应该是主要的，其他是辅助性的，尽管很重要，但不是主要的。为什么呢？因为大陆到现在为止，整个教育经费的财政性支出占GDP的比重很低。2002年达到过3.32%；2003年是3.28%，是1995年以来出现的唯一一次下降。如果按照原来定的2000年达到4%的话，那么到现在累计少投入了4 000亿人民币。政府投入是非常重要的，要加大政府投入。现在高等教育的增量部分主要让老百姓掏腰包，政府基本不拿钱或少拿钱，靠这条路发展高等教育是走不通的。

第三，大力提高师资队伍水平。目前，师资队伍的问题很多。普通高校的师资由原来的40万增加到现在的70多万，但是在校大学生中，本科生增加了220%多，研究生增加了27%多，而教师只增加了78%。生师比已经从1978年的11.2：1升到2003年的19：1。这与世界其他国家相比已经很高了。结构性的师资矛盾更加突出。现在有研究生学历的教师，在全国的比例都是很低的，不适应需要。全国所有高校，有研究生学历的教师占的比例很可怜，只有32%，有博士学位的只有7%多一点。当然教育部、国防科工委和中科院直属的80所学校的水平比较高，但是研究生学历的教师也只占60%多，有博士学位的也只占20%多。人大、清华、北大还可以。我校有研究生学历的占80%多，有博士学位的占50%以上。最好的学校也只是这种情况。至于学术品格、敬业精神等，当前也亟待大力加强。因此大力加强师资队伍建设非常重要。

第四，认真研究高等教育体系，建立不同的高等教育质量体系。比如说，普通高等学校和高等职业院校应有不同的质量体系，有不同的质量标准。研究型大学和教学型大学应该有不同的质量标准。只有多元化的质量标准，才能够把当今内地高等教育的质量问题解决好。当然，质量应当是客观与主观的统一，不能只讲主观。质量是实实在在存在的，不以人的意志和感情而转移。

第五，真正以人为本，促进学生和谐全面发展。记得爱因斯坦曾讲过这样的话，“让学生离开学校的时候，他应该是个和谐的人，而不是一个专家。”这种教育理念非常值得我们深思，他强调学生毕业的时候应该是个和谐的人，并不是一个专家。德智体美怎样和谐发展，知识、能力和社会责任感怎样高度统一，按照这样的要求思考质量问题，这是深层次的问题。我们的路还很长，要有这样的质量观念。这里就不详细讲了。

第六，要坚决彻底地根除教育产业化、市场化的恶劣影响。教育产业化、市场化曾经在大陆大行其道。我从1992年开始反对教育产业化、市场化。教育产业化搞乱了人的思想，造成许多急功近利的现象，把教育当成赚钱的事业，还谈什么质量。有些地方政府正好借助这个理论来甩教育投入的包袱，“增量部分你们找市场去吧”，不投入、不增加经费。

如果能从这些方面全方位地开展工作，我们就能把质量问题解决好，就能做强大陆的高等教育。为了增强大家的印象，使之更加深刻，我最后总结一下：过去我们在改革中发展，进步喜人，成绩喜人，今后要贯彻科学发展观，就会前景喜人。要争取这样的前景，有四条警示：教育投入问题是做强大陆高等教育的最大瓶颈；高等教育质量问题是做强大陆高等教育的最大挑战；教育趋同化是做强大陆高等教育的最恶俗现象；教育产业化是做强大陆高等教育的最大理论误区。

原载《中国高教研究》2005年5期，作者纪宝成系中国人民大学校长，该文系作者在海峡两岸高等教育学术研讨会上的报告。

以创新引领研究生教育质量的提升

——国务院学位办主任杨卫院士畅谈研究生教育改革走向

25年前，我们尚处于世界高等教育的边缘。25年后，如果有人说我国已经是研究生教育大国，不会有谁置疑；但如果有人问我国离研究生教育强国还有多大差距，会有很多不同的说法。其中最为大家所认同的是培养质量的差距。研究生培养质量差在何处？国务院学位委员会办公室主任、教育部学位与研究生司司长杨卫院士的回答是：知识传授尚可但科学创新不足。研究生教育发展涉及规模、结构、效益、质量等，质量放在最后，是因为质量最重要。提高质量是研究生教育发展中的永恒主题，也是需要在发展中解决的问题。分析这样一个宏大的问题，要算历史账，更要算经济账。从自己多年在研究生教育一线工作的经验，也从目前学位办工作思路的角度，他为我们细细地算了一大笔“经济账”，最后“结账”的方式是：以创新引领研究生教育质量的提升。

硕士生培养质量之所以还不算差，主要是因为我们多投入了1年的时间

记者：您作为一位治学严谨的科学家、一位优秀的研究生导师早已为我们所熟知，现在您作为一位主管研究生教育的政府官员，怎样评价我国研究生教育的质量？

杨卫：我认为，与国际先进水平相比，我国研究生教育质量的差距主要在博士生培养阶段，在硕士生培养质量上差距并不是很大。所以得出这样的结论，是因为我国的硕士生培养比别人多投入了大约1年的时间。我国硕士生教育的培养要求、培养年限同国际惯例有所不同。在培养要求上我们的硕士生必须具备两个能力：一个是要有坚实的理论基础和系统的专业知识，主要指研究生阶段的课程学习要求；另一个要求是有做科学研究的能力。在这两种要求下，我国硕士生培养年限的期望值为2至3年。这意味着硕士学位对绝大多数硕士生是一种“终极性”的学位。而很多国家只是把硕士学位作为一种“过渡性”学位，所以对硕士生只要求具有其中一个能力，需要1至2年的时间培养。现在我国一些高校已经开始缩短硕士生学制的改革，如哈尔滨工业大学、中国人民大学等，都在硕士生两年学制培养上取得初步的成功。我国目前的博士生培养模式介于美国模式和欧洲模式之间，偏重于对科研能力的要求，有课程要求，但课程并不多，明显少于美国的一流大学。美国在博士生培养过程中，对课程学习要求非常严格，学分很多，每门课程负担重，一个学期尽全力也只能修4门课左右，压力却非常大。如果完全学习的话，往往需要2至3年才能把博士生要求的课程念完。从以上分析看，我们

硕士生和博士生的学制年限和要求偏于平均分配，在博士生阶段没有体现由于创新的高度要求而需要的较长孕育时间。

记者：影响我国研究生教育整体培养质量的深层次原因还有哪些？

杨卫：我认为，原因主要有四个。其一，我国社会、经济和科技发展水平与世界强国相比有很大差距，特别是与人均GDP达几万美元的国家相比，在研究经费投入上有很大的缺口。其二，导师队伍水平参差不齐，教授的遴选标准与遴选机制与国际上较好大学有较大的差距。其三，我国基础教育和本科教育的水平主要高在知识传授方面，而对创新能力的培养与先进国家仍有差距，延伸成为研究生创新能力的一个先天不足。其四，研究生教育的理念和实践还需要进一步创新和提升。

双规制不是科学的成本分担，改革的目的也不是单纯的成本分担，而是推进研究生教育培养机制的全面创新

记者：您认为研究生教育理念还需要进一步创新和提升，主要是指哪些？

杨卫：十几年前，国家教育投入更多地倾向于高等教育，而对于普教更多的是“人民教育人民办”。近几年，国家、地方对义务教育的投入在逐渐加大，目前已经占整个教育投入的63%以上，基本普及了九年制义务教育。与此同时，对高教投入的百分比则回落到23%左右。这说明我国国民教育的整体理念已经发生了转变。首先，在政府的投入上，体现了从高教拉动向普教推动的逐步过渡，照顾了广大人民的根本利益。其次，义务教育是公益性的，应该更多地由国家投入；而高等教育是准公共产品，实行成本分担是必然的。对研究生教育来讲，其成本也应该由国家、学校、导师和研究生四方共同分担。国家分担主要有两种形式，一是为按照国家急需目标定向的研究生，比如国防生、艰苦行业的研究生提供奖学金；另一种是对未来工作单位尚未确定的研究生，通过对研究生培养单位的投入来进行支持。第三，要确立教育公平的理念。目前，许多学校的研究生实行的是事实上的双轨制，而自费生的比例正在不断攀升，已占40%以上。划分公费和自费的标准多看研究生入学的考试成绩，并没有考虑学生入学后的表现以及对研究工作的参与程度，“一卷定终身”。因此，双轨制不是科学的成本分担。只要入学考试成绩好，费用就由国家、学校、导师承担，这有失教育公平，仍旧是高考制度的一种延续，使应试教育上推到研究生教育阶段。

记者：社会上一谈起研究生教育成本分担，双轨变为单轨，往往就认为成本分担就是收费。对此，我们应该如何正确理解呢？

杨卫：我们改革的目的，并不在于单纯的成本分担，而在于推进研究生教育培养机制的全面创新。通过双轨制改单轨制，通过成本分担比例，将研究生在学期间的学术研究投入和产出挂钩，有利于调动研究生导师的积极性，有利于调动研究生从事科学研究的积极性，更好地体现国家、学校、导师和研究生本人的受益特征，并逐渐实现研究生教育规模的动态平衡。

实行导师负责和资助制，就是更加强调导师责、权、利的结合

记者：改革培养体制，关键在于调动研究生及其导师的积极性。在您看来，应怎样改革现行的研究生教师指导制度？

杨卫：我体会，导师制应当包括导师负责制和导师资助制两层含义，即导师负责和资助制，更加强调导师责、权、利的结合。导师不仅要对学生思想、业务等负责，还应提供一定比例的费用资助研究生完成学业，使研究生能力的培养和导师所能做的科学研究紧密地结合在一起，促进导师对研究生的培养有更大的投入。更大的投入也会激发导师更强的责任心。现在导师只需要负责学生生活费的增量部分，而国家负担基本的部分，导师的投入在成本分担中仅占一小部分。如果导师的投入在成本分担中占比较重要的部分，就会督促导师投入更多的精力加强对研究生的指导，使其早出成果出好成果，提高研究生教育质量。国外导师科研经费的大部分是用来支持研究生的学费、生活费、暑期工资以及进行科研所需的水电费、运输费、管理费等等的。他们所对应的成本分担实际上是全面的分担，如果研究生不很好地参与科研，就有失去资助的可能，导师的科研任务也会受到影响。

全面推行“三助”制度，建立研究生培养基金，研究生的招生规模要从按比例增长改为按资助力度控制

记者：现在学校对于研究生在学期间提供助研、助教、助管“三助”岗位，实施导师负责和资助制后，“三助”制度怎样改革？这种改革的意义何在？

杨卫：与导师负责和资助制相匹配的就是全面推行三助制度，其中，助研占很大一部分。助教和助管的岗位是有限的，是由学校的规模、管理需要决定的。而助研直接同导师的科研经费挂钩，导师的科研项目、科研经费越多，可以支持的助研岗位就越多。研究生有切实利益在里面，就可以激发其更好地投入到研究中。研究生获得助研岗位的情况应随着参与科研的努力程度有所改变。如果学生没有做好助研工作，导师就可能不再提供助研岗位。这种制度是与国际接轨的。国家对研究生教育的投入，也就不用平摊给导师，主要用于在学校建立研究生培养基金，由导师向学校申请。通过这种基金的机制还可以协调不同学科之间的研究经费均值的不相等。要使学校提供“三助”岗位的最低比例成为进行宏观调控的一条杠杆。这可以通过三项措施来保证。一是先期保障措施，确定学位授予单位“三助”岗位的最低比例。对奖助学金的比例也要有一个控制，以区别不同的力度，如全奖，单项奖，部分奖等。二是过程反馈措施。对研究生培养的过程应反馈，每年公布高校“三助”岗位实际的百分数，接受政府及各方面的监督。这对研究生报考录取会起到一定的引导作用。高校“三助”岗位的比例同样也可以作为研究型大学的一项测度指标。三是后期修正措施。对“三助”岗位百分比偏小的大学，国家就可以在今后下达研究生指标时减少它的招生名额。我们现在研究生招生规模基本上采取按比例增加制度，即在培养单位前一年的基数上按照平均增长率加以分配。这种方法使招生基数大的学校，永远多招，而一些新增的培养单位因为基数小，永远处于劣势。我认为，研究生的招生规模要从按比例增加改为按资助力度控制。这个修正措施会产生一种连带效应，对不能提供助研岗位的导师的大量招生会产生很大影响。

研究生教育规模的快速扩张在目前已经没有意义，应在规模渐进、小幅增量的调控下实现结构的调整

记者：自1999年以来，我国研究生招生规模以年均30.2%的速度快速增长，2005年增长势头有所回落。您怎样看待我们研究生教育规模的扩张？

杨卫：我们以前讨论规模，往往单纯谈发展速度，将来要达到多大规模，是一个几乎不受任何限制的规模概念。按照科学发展观的要求，我们必须从经济、社会发展水平出发来确定研究生教育可能达到的规模。按现在我国经济发展规划，我国人均GDP预计到2020年将达到3 000美元。在这种经济发展水平下，中国研究生发展的最佳规模到底多大呢？这是一个战略问题，许多同志曾作过很好的预测。我想从另一角度来分析这个问题。首先，目前我国的教育规模分布，2004年初中生规模是2 300万，高中程度段（包括中职）的规模是1 380万，是初中生规模的60%。其中，820万普通高中生进入高校的有447万，超过一半。这447万大约一半是本科生。今年研究生招生规模是37万（其中博士生是5.4万），占本科大学生的15～20%左右。其次，我们再来看人口出生规模。2004年的出生人口是1 700万，比当前的初中生教育规模少600万，说明初中教育的能力已经大于出生人口。综合这两方面的数据，就可以作出一个基本的预测。2004年新出生的人口到2020年正好进入高中阶段，即2020年上高中和中职的最多可能的人数也就是1 700万。因此，预期到2020年，高中和中职规模达到一比一的话，各占850万，我们就能普及12年义务教育。也就是说，高中规模在这16年里只需要增加30万，中职规模可能需要增加近300万。这样，到2020年，高中规模有850万，假如有60%上大学，约510万左右，只需比现在447万再增加63万，而如果每年增加5%，16年就要增加将近一倍，高中生100%都招进来也不够。事实上我国大学经过前一阶段的扩招后，规模上基本是一步到位了。到2020年，500万上大学的人中250万本科生。研究生和本科生的一个比较合理的需求结构是1∶5，如果20%的学生上研究生，也就是每年约50万左右上研究生。今年的规模大约有30万，到2020年肯定能达到50万。这50万研究生里又分为学术型学位和

专业型学位研究生。随着专业型学位的增加和学术型学位的减少，可能会达到20万学术型的，30万专业型的研究生。如果20万年学术型学位研究生中30—50%念博士，到2020年，博士生招生规模会达到每年6—10万，而我国目前的规模是5.4万。所以，研究生教育规模的快速扩张在目前已经没有意义，而应该在低于GDP增长的水平下，进行规模的渐进，并在小幅增量的调控下实现结构的调整。

学科结构调整主要通过调整学科专业目录来解决，由指令性向指导性过渡，弱化刚性而增强柔性

记者：研究生教育由规模扩张转向结构调整，主要涉及哪些方面？怎样实现研究生教育结构的调整？

杨卫：研究生教育的结构问题主要涉及三个方面：类型结构、学科结构和管理结构。类型结构主要是指学士学位和专业学位之间的比值。我个人认为，对学术学位的重点是稳定规模，提高质量；同时要提高专业学位的比值。在美国，博士学位中学术型学位与专业型学位的比值大约是1∶2，硕士学位授予中，专业学位所占的比值约占86%，学术型学位占14%。这种结构和我国研究生教育结构有很大的差距。造成现在这种结构的主要原因是，前一段我们研究生教育的主要任务是补充各个学校的师资力量，为科研机构补充研究人员。随着规模的不断扩大和科研单位人员需求的饱和，以后的发展可能会着重提高专业型学位的比值。同时也要着力研究发挥专业学位特色、提高专业学位授予质量、增加其中全日制部分百分比等问题。学科结构主要通过调整学科专业目录来解决。我们目前的学科专业目录是1997年确定的，国务院第21次学位委员会上把调整学科专业目录提到了议事日程上，今年准备启动。学科专业目录的调整要体现几个原则。一是学科专业目录由指令性向指导性过渡，弱化刚性而增强柔性。可以先柔化末端，使得二级学科先变得不那么刚性，利于跨学科的连接和交叉。现在已经允许一些学位培养单位在一级学科里自主地设置二级学科。二是保持学科的可持续发展。这体现了科学发展观的要求。目录对学科领域的覆盖要全面，但要留够出口以利于今后的进一步发展，为将来的发展留有余地。三是在保持特色的前提下与国际接轨。四是和本科生的专业目录相衔接。两者当然不完全一样，但可以画出一个路线图：即本科生学科目录中的几个专业怎样转到研究生学科目录中的一个专业上来，或者本科生学科目录中一个专业怎样转到研究生学科目录中几个专业，或者有一一对应的关系，这也体现高等教育的连贯性。五是实现不同的学科、门类的均衡。六是统筹学术型学位和专业型学位。

今后研究生院的数目可适度增加，但要建立更加科学的标准和遴选机制，建立监督体系，体现政府的作为

记者：在研究生教育规模仍以一定的速度增长的情况下，管理模式应该怎样来改革呢？

杨卫：管理结构主要涉及学术权力和行政权力的平衡问题。目前，研究生教育主要有两种管理方式：一种是集约式管理模式，即研究生院模式；一种是松散式管理模式。研究生院管理模式的行政管理更强一些。分散式管理以导师、院系管理为主，学术权力更强一些。国际上的有关研究均指出一个共同的特点，即研究生教育规模的上升必然会导致行政权力的增加，使集约式管理成为主要的管理方式。一个学校研究生教育规模达到一定程度，就需要研究生院这种管理模式。目前我们集中在有研究生院学校的研究生占60%以上，到2020年在校研究生将达到150万到180万人（也有预测说是220万到260万），也就是说大约要有100万以上的研究生接受这种集约式管理。但每个研究生院的规模不可能太大，有一个隐形的上限在起作用。如果一所学校的研究生规模过大，如超过1.5～2万人，导师的指导能力就不能承担，就会贫化导师的培养能力。有数据显示，现在研究生院导师人均指导博士生5.6人，指导硕士生5.7人。这在世界上都是一个非常高的数字。所以有研究生院的学校在研究生规模到1万多人后也就不会再扩招了，但将来要有100万研究生集中在有研究生院的大学，可能需要有80～100所有研究生院的大学。现在有56所研究生院，院均规模大概是7 000～8 000人，这个平均数还在增加。未来十几年里，研究生院的数目也可适度增加，每5年可以增加10所左右。研究生院的审批是一个行政许可项目，行政许可项目要有一个公布的标准，不能暗箱操作，还要有透明的遴选机制。今年我们将在这方面制定科学的标准和遴选机制。同时还必须建立一个监督体系，体现政府的作为。

研究生学到300个知识点，不如创造0.01个知识点，研究生的质量工程就是教育创新工程和知识创新工程

记者：从规模的快速扩张转向结构的调整，最根本的动因是质量，您觉得应怎样来抓研究生教育的质量？

杨卫：教育部提出的八字方针：巩固、深化、提高、发展，很大程度上也是针对培养质量的。抓本科生教育质量和抓研究生教育质量是两个不同的概念。本科生教育的主要特点是传授知识，抓本科生教育质量主要是抓知识传授的质量。高教管理部门要理出某一个学科内有几个知识面，每个知识面有几条知识线，每条知识线上有几个知识点，学校必须确保把这些面、线、点有效地传授给学生。通过教学评估我们可以检查传授质量。这些知识面、线、点仅限于现有的知识。此外，本科生教育还要求素质能力，这可以通过各种竞赛、课外活动，把这些知识点能够融会贯通，加强知识点之间的联系。研究生教育也传授知识，同时在此基础上要指导研究生在现有知识基础上创造新的知识，后者是关键。传授与创造的关系非常独特。其一，对于研究生来讲，他学到了300个知识点，不如创造0.01个知识点。我们现在一个知识点大概是一门课里的一章，我们能创造出0.01个知识点，已经是很大的贡献了。其二，怎样才能创造知识点？我们不能凭空创造，还必须在现有的知识点上创造，所以研究生还必须接受现有的知识点，走到前沿，然后才能创造。这两者是相辅相成的。研究生的质量工程就是教育创新的工程、知识创新的工程。

研究生创新要围绕进入学科最前沿，形成创新意识、激励环境，高激发状态，专注性思维等八大要素进行

记者：研究生教育创新计划是遵循怎样的思路来制订的？研究生教育创新需要哪些要素？

杨卫：研究生教育发展形势促使我们应该有所作为，除了导师面对面的、手把手的指导外，我们应当充分发挥、激发研究生培养中所有环节的活力，形成一系列更有利于研究生创新的培养方式和培养体系，从而全方位、立体化地营造研究生教育的创新环境。电脑有一个硬盘，类似人脑。但是电脑读取硬盘的数据和我们读取大脑里的知识有很大的不同：计算机读取数据，存的是什么，读取的就是什么；人类从大脑里“读取”数据，每一次都有所不同，都牵涉到潜移默化的创造，一个重新组合创新的过程。所以说，创新是无时不有、无处不在的。现在有很多认知科学，如脑科学、神经科学的学者都在研究创新的过程。我想，有八个要素与研究生的创新有联系，也正是围绕这八个要素制订了研究生教育创新计划。第一，要创新就必须进入学科最前沿，并且还要善于发现问题、加强和其他学科交流。因此我们采取了四项帮助研究生尽快进入前沿的措施：从暑期学校中得到名师的指点、研究生精品课程建设、访学计划、信息文献计划。第二，要掌握研究方法，特别是分析方法。如组织一些提高研究生分析能力的竞赛活动，这些竞赛应该和本科生的数学建模等竞赛活动不同，不强调技巧，而是强调思路和创新，是无答案的，但可以有专家组来评判其优劣。第三，要形成创新意识。研究生自己必须有创新的冲动和创新意识，要有原始创新意识、步入式创新意识和借鉴式创新意识，特别是要有跨学科进行创新的意识。第四，要形成一个激励的环境。现在的创新环境还仅限于技术层面，或者是一些重大工程项目上，缺乏促进原始性创新的环境。创新计划在努力营造这样一个环境，我们已经批准了多个研究生创新中心和多学科的创新基地，使得来自不同专业的学生能够进行跨学科的交流，搞一些风险比较大的、有挑战性的、适合年轻人特点的项目，如学校建设一批创新实验室，组建学生创新团队等。要想让研究生创新，还应该有一个到晚上都能够灯火通明的氛围，让所有的研究生晚上都愿意在实验室里非常高兴地、非常投入地进行工作。第五，要使研究生处于高激发态。一般来讲，我们思考一个线性的问题，路径是比较确定的，如果思考达到一种高度非线性状态，这时候意识上就会出现一种混沌，然后许多问题在头脑里就会涌现新的联络、新的思想，浮想联翩，创新思路可能就此产生。怎样让研究生处于高激发状态呢？这是一个非常关键的问题。首先要有明确目标，不能泛泛而谈。其次还要有激烈的讨论，形成围绕目标天马行空的思维。所以，我们资助了全国博士生学术论坛，按照不同的学科门类、新的生长点来进行组织的。已经进行了两年的实践，逐步摸索出了规律。一开始学科过宽，大家做做报告就行了，没有引起讨论。以后要更多地引发博士生之间的热烈讨论。第六，要进行专注性的思维，实现核心式的突破。轰轰烈烈一阵子之后，必须有一段静思的时间。一般人想问题可能持续10—20分钟就想不下去了，转念就想别的去了。像爱因斯坦这样的大师可以想几个钟头。只有这样专注性的思考，才能深入到一个问题里去，才能找出在哪些方面可以产生突破，使自己的思维境界有所提高。第七，要演绎推广，交流切磋，然后是跨学科推广。第八，把创造结果和发明排序、清晰表达、总结和升华。还要有对知识产权的尊重意识，也就是要对研究生进行学术道德方面的教育。

记者：研究生创新计划的实施已经有两年多了，今后如何推进或有着怎样的定位？

杨卫：创新计划起步规模的并不是很大，每年支持的经费大概是2 000万左右，总规模仅相当于两个“973”项目。但教育部非常重视，带动了许多学校、学科的发展，其投入、产出是比较高效的。对于今后实施创新计划，我们的基本定位如下。第一，要把创新计划做成一个品牌，不能搞砸质量。形成品牌的一个标志就是各个学校的自愿积极配套。所幸各个学校对此事非常支持，有许多项目是1∶10的配套。第二，要做成系列。第三，要把这些项目做成汇聚人才的高地，形成凝聚力。例如重庆大学落实创新计划后，报考的人数迅速增加，还专门建了一个创新大楼，里面是人气很旺。第四，要进一步规范创新项目申报和管理，形成一套可持续发展的程序，我们已经成立了有关的专家组。第五，通过项目申报，各个研究院之间可以形成开展良性竞争的氛围。第六，要辐射到非研究生院的研究生创新工作。在一定时期，可以找一些非研究生院的学校参与此事。第七，吸引其他部门和社会对研究生教育创新计划的支持。第八，要吸引舆论的正面报道。明年我们拟召开研究生教育工作大会，我们希望研究生教育创新计划能成为这个会议的亮点。

原载2005年第9期《中国高等教育》　马海泉　吕东伟　文

加快体制改革和制度建设　积极推进高校科技创新上水平

2004年既是我国高等教育事业蓬勃发展的一年，同时又是高校科技创新工作取得重要进展的一年。高校科技工作在发展战略研究、加强科技创新能力建设和承担国家重大科技任务等方面取得了新的重要进展，涌现出了一大批杰出人才、优秀创新团队和重大科技创新成果。尤其引人注目的是，在最近召开的2004年度中国国家科学技术奖颁奖大会上，连续空缺6年的国家技术发明奖一等奖分别被中南大学黄伯云院士和西北工业大学张立同院士带领的课题组所摘取，足见高校的科技创新能力已在逐步持续增强。

目前，高校科技工作面临着大好的发展机遇，国家创新体系建设为高校科技发展指明了方向；科学发展观的提出和新型工业化的道路，强化了科技工作的支撑作用；当今科学技术发展的新趋势，凸显了高校科技创新的优势；国防现代化和国家安全要求高校科技工作作出新的贡献；科教兴国战略的进一步落实，国家振兴科技、教育的一系列重大举措为高校科技工作提供了新机遇。但是，在高校科技工作快速发展的同时，依然存在很多困难，甚至有一些将长期存在并更加突出的问题。

一是高等教育与科学研究体制上的分离仍然是制约高校科技发展的首要问题。建国以后，我国建立了庞大的独立于高等教育和企业之外的研究院所系统，造成了科技与经济的脱节，科学研究与人才培养的分离。高校长期没有得到国家财政科学事业经费专门的支持，科技创新水平的提高受到了严重的抑制，明显影响了师资水平的提高和高等教育的发展，制约了高校特色的形成，造成了我国拔尖创新人才的匮乏和难以聚集的局面。体制问题是带有根本性的问题，也是阻碍我国科技、高等教育快速发展的最大障碍。

二是高校科研组织模式和运行机制需要创新。尽管目前我国高校科技工作的组织模式发生了明显变化，在基地建设方面，国家重点实验室、省部重点实验室、国家及省部的工程（技术）研究中心等初步形成了体系，但是由于学科面过窄，科技创新链没有很好形成，承担重大科技任务能力弱，明显不能适应经济社会发展的需求。另外，在分配制度、激励机制以及科技评价体系和管理队伍建设方面也存在着与现代科技发展不相适应的问题。这些都影响了重大科技目标的实现和重大科技成果的产生。如果我们能够适应当今世界经济、科技和教育结合日趋紧密的发展趋势，大胆地进行高校科技体制的改革和科技资源整合，就有可能在这一领域形成相对的体制性、结构性优势，不仅能有力地促进高校科技创新能力的提高，而且为吸引人才、培养人才、稳定人才营造良好的环境。

三是拔尖创新人才不足。人才集中原本是高校突出的优势之一，但在当前科技全球化以及国内科技、教育体制改革的大背景下，从高校科技人才状况与国际人才竞争态势上看，人才问题仍然是高校科技发展面临的最为严峻的挑战。近年来我们通过各种人才计划培养、引进了一大批优秀的青年人才，但是顶尖人才的匮乏仍然没有从根本上得到解决，在国际上有影响力的中青年学术带头人更是紧缺。高校、独立科研机构和企业之间将形成激烈的人才竞争态势。如果高校内部管理体制滞后于经济、科技体制的改革，也必然影响高校高层次人才的吸引和稳定。

四是科研经费投入严重不足。缺乏自主的科研经费导致了高校科研工作的趋同，进而在一些领域形成恶性竞争。在科技投入方面，高校目前最大的问题是缺乏自主的科学事业费。自1985年党中央国务院关于科技体制改革的决定出台，我国的科学技术在改革中得到迅猛发展，特别是高校的科技工作取得了很大的成就。但是，我国科技拨款制度的改革，使得国家对高校科技工作的支持全部改为竞争性拨款。这种状况实际上导致了几乎所有开展科技工作的高校不得不围绕着国家科技经费的投入导向转，奔向国家科技经费投资的领域和科研方向，必然形成科研工作的趋同。趋同则难以形成自己的特色。除高校与研究院所的竞争之外，高校之间越是趋同，相互间的竞争也就愈加激烈，很容易陷入恶性循环，对发展非常不利。

要解决以上存在的问题，关键在于坚持科学发展观，认真落实“2003—2007年教育振兴行动计划”，以构建高校科技创新体系、提高高等学校科技创新能力为核心，大力加强科技创新平台和创新团队建设，整合科技力量，优化资源配置，建设创新文化，推动高水平研究型大学的形成，努力实现科技创新、高层次拔尖人才培养、国防科技和高新技术产业化的新突破，为我国科技进步、经济建设、社会发展和国家安全作出新贡献，以服务求支持，以贡献求发展。

1. 深化高等学校科技体制改革，推动机制创新。进一步创新运行机制、完善管理制度，逐步形成同经济社会发展相适应并具有各自优势特色的科技体制。保障多学科队伍的凝聚、多学科综合问题的研究，基础研究、应用研究和技术开发与集成的有效链接，从而更好地解决重大综合性科技问题。针对不同类型的高等学校实行分类指导，确立不同的评价标准，营造良好的科技创新环境。高等学校的改革创新要抓好“一个重点”和“三个突破”，即要以服务求支持、以贡献求发展为重点，实现人才制度和政策的创新、基层学术组织的结构性变革、研究生教育的改革的“三突破”，其实都与科技工作密切相关。从目前国家中长期科技发展规划的情况看，今后相当长的一个时期，国家对科技的投入仍将以重大项目、重大专项、重大工程以及重大战略性产品为主，因此，必须推动科技工作组织形式和运行机制的改革，进一步提升高校承担这些重大任务的能力。通过资源整合，有重点、有选择地形成一批科技创新平台，在这些地方采取特殊政策，以新的机制，吸引和凝聚一批高水平学术带头人及其团队，以承担国家重大项目为目标，以创新的机制为动力，不断产生重大科技成果。

2. 统筹规划、突出重点，推动高校科技创新体系建设。根据国家创新体系建设的要求，建设以基础研究和战略高技术研究为主要目标的研发平台，以行业共性技术、产品开发和技术转移为主要目标的技术创新与成果转化基地，以公共服务和科技资源共享为主要目标的公共服务体系，形成知识创新、技术创新与成果转化和公共服务三类平台为主体的高等学校创新平台体系。积极推进高校国家实验室试点，组织协调国家实验室培育基地的建设。加大国家实验室建设与产业界合作的力度，加强未建设国家重点实验室的高校、特别是原行业高校重点实验室的组织推荐。启动新建教育部重点实验室工作，加强地方高校教育部重点实验室建设。积极与有关部门沟通协商，建设、筹建、培育一批国家工程（技术）研究中心，同时建设一批教育部工程研究中心。强化体制和机制创新，重视创新文化建设，整合存量资源，完善创新平台体系。

3. 实施人才强校战略，加强对高等学校拔尖人才和高水平创新团队的培养和支持。继续实施创新团队项目和新世纪优秀人才支持计划，力争培养和汇聚一批具有国际领先水平的学科带头人、一大批具有创新能力和发展潜力的青年学术骨干，带动高校教师队伍的整体素质的提升；积极探索以创新平台、重点科研基地、重点学科为依托，以学科带头人为核心，以重大项目牵引、凝聚学术队伍的组织模式，形成一批优秀创新团队，促进学科的交叉融合和集成。在教育部创新团队项目支持的基础上，做好国家自然科学基金委员会优秀创新群体推荐工作，同时积极争取有关方面对高校研究群体的支持，争取实现创新研究群体的新突破。

4. 加强战略研究、培育高校竞争优势，争取承担国家重大科技任务。以国家和高校的中长期科学和技术发展规划为依据，进一步加强科技发展战略研究。深入研讨新时期如何进一步发挥原行业院校的特色和优势，承担更多的国家科技任务，为国民经济和社会发展多作贡献。加强科技资源的整合集成，引导和培育一批提升国家未来竞争力和国家综合实力的重大项目。通过科技创新工程引导资金，每年遴选资助一批有望成为国家“973”项目或国家重大科技专项的课题，跨校合作的重大课题以及国际合作项目。推动学科交叉创新，提高高校承担重大科研任务的竞争力。希望三五年以后，能够有所成效，逐步使高校成为实现国家目标和开展国际科技合作研究的重要基地。

5. 促进产学研结合，为经济建设和社会发展作出新贡献。坚持以服务求支持，以贡献求发展，面向国民经济建设主战场，通过联合、共建、融合等方式，加强与企业和科研院所之间多种形式的合作，广泛开展人员交流，合作研发，合办科技创新机构、人员培训机构等，形成产学研结合的有效机制，积极建立与企业、科研机构之间有效的联系渠道，积极参与建设以企业为核心、高等学校和科研机构共同参与的技术创新体系。会同科技部争取对大学科技园的支持；积极探索，改革创新，不断推动高校科技企业的健康发展。

6. 完善服务体系，继续推进教育信息化进程。抓住信息化建设的发展机遇，以信息化带动教育、科技工作现代化，并以此为基础搭建教育科研公共服务平台。进一步加强计算机网络基础设施建设，以及科技成果信息、科技期刊信息、图书馆和博物馆为主体的数字化科研信息资源平台，大型仪器设备共享平台和成果转化综合服务平台的建设。推动教育信息技术标准化工作，继续实施中国教育科研网格计划（ChinaGrid），促进其持续、健康、快速的发展；完成中国下一代互联网示范工程（CNGI）CERNET2 的建设。启动 CNGI 驻地网建设，为接入用户和示范工程项目提供基本网络服务。组织高校参与 CNGI 中关键技术攻关、重大应用示范等项目的竞争。建设若干有特色的中国大学数字博物馆，并按学科门类整合资源，为搭建系统性、先进性、可持续性的中国大学数字博物馆奠定基础。完成 CERNET“十五”“211”公共服务体系建设，推动 CERNET 升级扩容，建设与完善主干网安全保障体系、重点学科信息服务体系。推动教育信息技术和现代远程教育国家标准的制定。

7. 健全高校国防科研管理机构，推动高校国防科技工作。在国防科技管理部门的指导下，探索国防科研的组织结构、管理方式，逐步在有条件的高校建立国防科技研究机构，加强基地建设、完善政策环境，提高承担国防科研任务的竞争力，是今后高等学校军工科研发展的一个方向。争取国防科工委和总装备部的进一步支持，联合培育一批国防科技重点实验室。对目前已具备条件的，将通过共建方式先期启动部分国防科技重点实验室。同时，根据各高校承担军工科研生产任务的实际情况，支持以多种方式建立一批军工科研生产基地。今年将全面推动高等学校军工科研生产过程中的质量保证体系的审核与认证、武器装备科研生产保密资质的审查和武器装备科研生产许可证的审核与认证工作。

8. 积极推动地方高校的科技工作，充分发挥其在区域创新体系建设中的重要作用。地方高校，特别是中西部地区的地方高校，是当地开展科技创新的中心。要深入实际调查研究地方高校科技创新体系建设和拔尖人才培养状况，认真听取地方政府、地方高校和广大科技工作者的意见，结合地方经济社会和高等教育事业发展需要，研究出台《教育部关于加强地方高校科技工作若干意见》。多方面争取对地方高校的支持，尽可能地为地方高校发展多做实事。由于我国财政体制的关系，一些由中央财政支持的计划、项目，如博士点基金等长期未向地方高校开放。在财政部的支持下，从去年开始，博士点基金向地方高校开放并将逐年增加力度。同时还通过部省共建的方式进一步增加地方高校教育部重点实验室的数量；在教育部工程研究中心建设、高层次创造性人才计划以及教育部科技创新项目方面要进一步加大对地方高校的支持。此外，要积极扩大对外开放，扩大国际科技交流与合作；继续推动高校科技管理队伍的建设。

原载《中国高等教育》2005 年 9 期，作者谢焕忠系教育部科学技术司司长

第二届中外大学校长论坛综述

经过一年多的精心准备，教育部主办的第二届中外大学校长论坛于 2004 年 8 月 4 日—10 日在北京成功举办。国务委员陈至立代表中国政府出席了论坛开幕式并致辞。教育部直属高校，国防科工委、中国科学院所属院校，进入“211 工程”的地方高校和国家重点支持建设的西部和中部地区的部分高校，以及香港特别行政区有关高校的 129 位校长参加了论坛。13 位来自美国、英国、法国、德国、日本、俄罗斯等国家知名大学的校长和专家应邀出席了论坛。本届论坛的举办，是适应经济全球化和知识经济浪潮以及全面建设小康社会需要，全面贯彻落实科教兴国战略和人才强国战略，进一步加快我国高水平大学建设步伐，提高高等教育质量的重要举措，受到了中外大学校长的高度重视，引起了社会各界的广泛关注，取得了积极的成果。

本届论坛是继 2002 年教育部成功举办首届中外大学校长论坛后又一次国际高等教育学术交流盛会。教育部党组高度重视本次论坛，成立了论坛筹备工作领导小组，从 2003 年 3 月开始筹备工作。领导小组组长、教育部党组书记、部长周济在第二届论坛筹备工作启动会议上根据新形势下我国高等教育发展实际，高等学校亟待解决的现实问题，确定了“大学发展战略规划”和“大学科研与科研成果转化”为本届论坛的两大主题。为了把这一届论坛办得质量更好，水平更高，使大家更加满意，更有收获，教育部多次组织京津地区的部分大学校长举行座谈会，征询他们对论坛举办方式和研讨主题的意见。论坛筹备领导小组，组织教育部有关司局以及国家教育行政学院、北京大学、清华大学等单位精心做了大量准备工作。

本届论坛始终贯穿“启迪领导智慧，憧憬大学未来”宗旨，与上届论坛相比上了一个新台阶。一是论坛主题更加明确凝练，更具针对性，中外大学校长紧紧围绕大学发展战略规划和大学科研与科研成果转化这两个主题，交流、研讨各国高校的经验和做法，提出了很多具有价值的观点。二是邀请的国外大学更有特点，中方参加论坛的大学类别、层次更加多样化，因此中外大学校长的演讲和交流所涉及的内容更丰富，更有针对性，更具学习借鉴意义。三是中外大学

校长之间、中方大学校长之间的对话和交流的形式更加多样，探讨的内容更加广泛和深入。

论坛活动形式以大会演讲为主，同时在演讲前后组织各种形式的小组研讨交流活动，并安排了讲坛对话等活动。中外大学校长大会演讲及小组研讨交流的内容主要有以下几个方面。

大学如何应对经济全球化和知识经济浪潮。经济全球化趋势及知识经济浪潮使包括人才在内的资源竞争更加激烈，对现代大学提出新的使命，大学面临着严峻的挑战。高水平大学建设要站在全球化高度，把握机遇，谋划发展，深化改革，优化资源配置，增强创新能力，提高大学的竞争力，保持大学的可持续发展，等等。

大学发展战略的选择。主要内容有：大学发展战略不能脱离国家发展战略和区域经济社会发展要求，大学与国家、社会及人的发展关系，不同类型大学发展战略选择，实现战略目标的重大行动和举措，大学如何制定发展战略，等等。

大学科研管理体制和运行机制的创新。主要内容有：大学科研战略布局，科研资源的有效组织模式，科研资源的有效开发，大学科研创新在国家知识创新体系中的作用，国家加强科研资源统筹管理的政策建议，大学科研与社会资源的有机结合，充分发挥高校科研主力军、生力军、方面军作用，等等。

大学学科建设及人力资源开发。主要内容有：学科建设是高水平大学发展的关键，交叉学科的融合与创新，学术组织的构建与创新，如何坚持有所为有所不为，选择学科建设重点，面向世界吸引高水平教师与开发校内人力资源，深化大学人事制度改革、内部管理制度改革，等等。

大学与区域经济和社会发展的关系。主要内容有：统筹协调大学职能，充分发挥大学的优势，加强与工业企业界的合作，创办科技园区，通过科技成果转化，服务当地经济和社会发展，以良好的服务求得地方政府及企业界的支持，等等。

为了充分发挥论坛的聚集效应和协同效应，深入研究我国高等教育改革发展特别是在建设世界高水平大学过程中面临的重大现实问题，在广泛调研的基础上，围绕论坛的主题，论坛筹备工作领导小组设计了6个专题研究课题。在论坛期间，中方校长相应分成6个小组，将论坛研讨主题与6个专题研究课题紧密结合起来，与外方校长展开了多种形式的交流与研讨，形成了初步的研究成果。论坛结束以后，专题研究工作将继续进行，计划2004年年底完成6份研究报告。

举办中外校长论坛是加强国际交流与合作的重要平台和学习研讨的有效形式，是一个高规格、高水平、高效益的研修班。参加论坛的许多国外著名大学校长给予了很高的评价。他们深有感触地说，通过参加论坛，对中国高等教育改革发展的实践探索有了更加清晰的了解，留下了深刻的印象，受到很大启发。

牛津大学副校长麦克米伦说，论坛研讨的开放性和教育部为中国大学发展殚精竭虑的程度给我们留下了极其深刻的印象。中国大学的超速发展很大程度上要归功于政府和大学领导人的紧密合作。我相信有今天所奠定的基础，在未来几十年内就会有中国大学名列在世界前20位。

美国哥伦比亚大学校长伯林格在留言中写到，十分感谢有机会更多地了解这个独特的国家及其高等教育的积极变化。

英国华威大学校长范得莱德教授说，参加中外大学校长论坛是一次美好的经历，学到了许多东西，也结识了许多新朋友，对中国高等教育领域所展示的活力和取得的进步留下了深刻的印象。

通过这次论坛，许多国外大学校长表达了加强与中国大学交流与合作的愿望。如，法国巴黎十一大学校长贝塞里尼教授和前校长夏皮萨教授认为，中国拥有许多非常优秀的大学，其中也不乏在世界范围内有竞争力的大学，并且这些大学建设得越来越好，我们希望法国大学与中国大学建立长期合作关系。

参加论坛的中方校长对论坛举办给予了充分的肯定。有的校长说，中外大学校长论坛是中外大学之间的一种高层次交流，不同于一般的参观访问，它提供了中外校长相互学习交流、深入探讨、相互启发的机会。

有的校长说，参加论坛可以说是经历了一种前所未有的高峰体验。在短短的几天中，各种类型的世界一流大学校长进行了不同内容的演讲，从中得到了很多收获。

有的校长说，这么多中外大学校长聚集在一起，集中探讨学校管理中的重大问题，既有治校经验的交流，又有办学思想的碰撞，对提升大学校长的办学理念是一次非常好的机会。

有的校长说，举办这样的论坛非常必要和及时，为大学校长向国内外同行学习交流提供了一个很好的平台，对我们贯彻实施新一轮教育振兴行动计划，切实制定好学校的发展规划具有积极的推动和促进作用。

参加论坛的中外大学校长一致认为，通过中外大学校长的交流，感受到了时代跳动的脉搏和世界高等教育发展的气息，汲取了丰富的营养。一是经济全球化和知识经济浪潮对高等教育发展提出了新的要求，大学必须迎接挑战，抓住机遇，以更广阔的国际视野来思考和制定学校发展战略，扩大高等教育规模，提高高等教育质量，为经济社会发展作出更大贡献。二是大学发展战略的制定离不开各国历史、文化、社会背景等国情，必须适应国家发展战略，围绕社会发展的新要求追求卓越，打造品牌。三是适应知识经济和高等教育大众化趋势，大学必须科学定位，合理谋划，以学科建设为龙头，强化优势学科，创新交叉学科，重视科研和师资队伍建设，以特色和优势取胜。四是大学必须以服务求支持，以质量求发展，把服务区域社会经济发展作为重要的职责。五是大学必须适应高等教育国际化趋势，进一步开展广泛的国际交流与合作，吸纳优质教育资源，不断提高国际竞争力。

基于上述认识，参加论坛的中方大学校长们对我国高等教育改革发展之路以及建设世界高水平大学所面临的问题进行了深入思考，提高了认识，增强了共识。

1. 社会发展对人才的需求是多样化的，人的发展对教育的需求也是多样化的。各个国家的高等教育体系都是分层次、多类型的，不同的大学要有不同的目标定位。从国家利益看，必须要创建若干所世界一流大学，这是我国高等教育参与国际高等教育竞争与合作的需要。但对大多数大学而言，需要根据自身的历史背景、环境特点、学科特色、资源结构等实际情况，制定本校的发展战略规划，不能盲目地追求“大而全”。

2. 建设世界一流和高水平大学的关键是学科建设。世界高水平大学建设的经验证明，每个学校都应该立足自身的实际，扬长避短，有所为，有所不为，有所少为，整合学科资源，博采众长，创新交叉学科，突出社会急需的新学科建设，形成各个学校的办学特色。各个学校都要重视学校人文环境的建设和学生人文素质的培养。

3. 加快高质量教师队伍建设步伐，深化教师管理体制改革。高等学校的发展要注意处理好“大楼”和“大师”的关系，把超常规引进高水平人才作为学校发展战略的重中之重，这是各国有作为的大学校长的共同经验。当前我国高校必须深化人事制度改革，真正形成能进能出、能上能下有效调动各方面积极性的，具有激励作用的科学管理机制，加大教师培养力度，既要重视人才的引进，也要重视校内人才的培养工作，力争培养出大师级人才，形成一支高质量的教师队伍。

4. 要积极推进大学科研管理体制和运行机制的改革与创新，加强制度建设。这是高校科研工作进一步提高的核心。许多发达国家的经验证明，高水平大学要保持领先，后起之秀大学要实现跨越式发展，都要正确处理教学和科研的关系。政策导向和评估体系要更加注重鼓励原创性的科研成果，加强团队建设，注重培养研究生以及本科生科研能力。大学的环境与制度建设要有利于尖端科研成果的研发和转让，有利于领军人物的成长，有利于团队的形成。通过政策与制度，引导大学在知识创新与技术发展方面对国家作出更大的贡献。

5. 要重视统筹协调，充分发挥大学职能。面对新世纪的挑战，世界上很多著名大学都在重新思考大学的职能。大学具有人才培养、知识创新、社会服务等职能，各项职能之间有着密切的联系，在发挥大学职能时，要系统思考，精心谋划，全面统筹。我国的实践证明，高水平大学应加强与地方和企业的科技合作，利用其优质资源为社会提供高水平的服务。以贡献求支持，以服务求发展。

6. 大学要通过有效的途径积极开展科技成果转化工作。不少国家的经验证明，高校创办科技园区和高科技企业是促进科技成果产业化，推动区域经济发展的有效途径。但是，要根据各国的国情，采取不同的模式。当前我国的企业自身研发能力比较低，这给高校科技研发和创办高科技企业以难得的历史机遇。清华大学等高校的经验证明，依靠高校的科技研发优势，可以将高校科技企业办成科技研发平台、孵化平台、创业平台和人才培养基地。关键是要加强领导，明晰产权，规范管理，形成高校随时可以从企业“退出”的机制，形成孵化与放飞相结合的机制。

与会的中方校长在总结论坛收获体会时，许多同志认为，通过这次论坛，我们对世界高等教育的发展趋势有了更多的了解，对国外高等教育理论及管理经验有了更多的认识。全面总结这些成果，结合我国高等教育改革发展的实践，进行高等教育的理论创新和制度创新，就一定能在国际高等教育改革潮流中形成中国特色的高等教育发展模式并形成独特优势。

钟毅摘自中国人民大学出版社 2004 年 9 月出版的《中外大学校长论坛文集（第二辑）》

就业：在困难中坚定前行

“到 9 月份，全国普通高校毕业生平均就业率为 73%，圆满完成了国务院年初确定的目标任务。”在日前召开的 2005 年全国普通高校毕业生就业工作会上，教育部部长周济的发言让很多人舒了一口气。在去年差不多这个时候，在 2004 年全国高校毕业生就业工作会上，当周部长传达国务院“达到或高于 2003 年同期水平”的任务时，与会代表们坦言压力太大，一些同志甚至认为这是“不可能完成的任务”。

这项指标要求的背后有什么重要意义？

一位高校就业指导中心负责人一语道破：如果 2004 年能实现“软着陆”，我们心里就有底了！因为这一两年来大力推进毕业生就业的政策体系和工作机制改革，新政策、新机制能不能发挥良好作用，2004 年是一个检验，同时在毕业生如此大幅增加的情况下，如果能实现不低于 2003 年的就业率，未来的各种困难有什么不能克服呢？

如今，2004 届毕业生就业工作已经落下帷幕，2005 届毕业生就业正在紧锣密鼓地进行。2004 年就业工作不仅完成了量化的预定目标，还在建立毕业生就业长效机制等方面出现了诸多可喜的变化。

回首过去展望未来，正是：两岸猿声啼不住，轻舟已过万重山。

就业率：来之不易的 3% 的超越

尽管人们对于目前就业率的统计是否准确和科学存在争议，但是在目前情况下，就业率毫无疑问是衡量就业状况的一个最重要的指标。

2004 年全国共有普通高校毕业生 280 万人，较 2003 年增加 68 万人，增幅达 32%。截至 9 月 1 日，全国普通高校毕业生平均就业率为 73%，比 2003 年同期增加 3 个百分点，实现就业人数 204 万人，比 2003 年同期增加 56 万人。其中研究生就业率为 93%，本科生 84%，高职（专科）生 61%，高职高专毕业生就业率比 2003 年同期增加了 6 个百分点。这个被一些人视为“不可能完成的任务”变成了现实。

在社会需求没有太大增长，农村富余劳动力、城镇下岗职工、高校毕业生“三峰叠加”，毕业生总量净增 68 万的情况下，取得这样的成绩，靠的是什么？

在众多的原因当中，强有力的组织领导工作和新政策、新机制作用的发挥是最重要的。国务院、教育部为一个年度的就业工作开了两次全国性会议，这样的重视程度前所未有。“加强领导、统筹协调、破除障碍、拓宽渠道”的指导思想切切实实落到了实处。全国有 30 个省（自治区、直辖市）建立健全了省级高校毕业生就业工作领导协调机制，其中有 19 个省建立了地市级领导协调机制，28 个省市建立了就业工作定期报告制度和毕业生就业率公布制度。

高校在促进毕业生就业方面发挥了重要的基础性作用，2004 年普遍实施了“一把手”工程，一级抓一级，层层抓落实，就业工作动员早、部署早、落实早，为毕业生双选活动提供了充分的时间和良好的服务。

部际联席会议：众人划桨开大船

高校毕业生就业工作是一项系统工程，需要全社会的支持，需要各个相关部门的配合与支持。2004年，国务院批准成立了部际联席会议，教育部、国家发改委、财政部、公安部、人事部、劳动保障部、民政部、国家工商总局、中国人民银行、共青团中央等10个部门按照部际联席会议的分工和各自职责，在构建政策体系、培育市场、提供就业服务等方面通力合作，形成了一股合力。

2004年6月在中国人民大学举办的“大学生就业论坛”上，劳动和社会保障部副部长张小建指出，劳动和社会保障部为推进大学生就业采取了7条具体措施，如在高职院校以及部分本科高校毕业生中开展职业资格培训工作；专门收集适合高校毕业生的就业需求信息，组织召开供需见面会；选派优秀的职业指导师，协助高校开展职业指导工作；在大中城市的劳动市场开辟针对高校毕业生和技术技能人才的服务窗口，提供职业介绍、求职指导等系列服务；为高校毕业生自主创业提供创业培训、项目开发、小额贷款、税费减免、跟踪服务等一条龙服务；开展青年职业见习试点工作；为进行失业登记的毕业生提供免费服务等。

人事部拥有较大的人才市场网络，针对2004届毕业生，人事部组织举办了高校毕业生就业服务周活动，通过现场招聘会和“中国国家人才网”等网站为供需双方提供服务。人事部组织召开的“全国人才交流大会”，专门收集了大量针对应届毕业生的信息，并向几乎所有高校发布了宣传材料。

12月上旬，针对2005届毕业生，人事部组织举办了“全国人才市场第二届高校毕业生就业服务周”活动，在全国各地共举办93场现场招聘会，参会招聘的单位超过1.36万家，招聘人数达25.8万人；全国共有132家人才网站参加“服务周”网络招聘大会，为6 300多家用人单位发布了招聘信息，提供职位数28 533个，招聘人数14.3万人。人事部还于12月1日开通了人才市场公共信息网，免费为高校毕业生、军转干部及部分公派留学生求职提供市场需求信息等服务。

共青团中央在组织选拔西部志愿者、组织青年进行创业培训方面与教育部密切合作，工作卓有成效。不同部门的齐心协力，大大疏通了信息沟通的渠道，也创造了全社会关心大学生就业的良好氛围。

高职：就业推动深层次改革

目前高校毕业生就业难，突出表现在高职毕业生就业难。高职（专科）毕业生就业上不去，总体就业率就不可能有大的提高。教育部部长周济多次表达过这样的观点。为促进高职专科毕业生就业，4月8日教育部专门召开了“全国高职院校毕业生就业工作网络视频会议”。

2004年高职毕业生达147万人，比2003年增加51万人，增幅达53.1%。在此情况下，就业率达到61%，比2003年增长了6个百分点。这样的成绩是来之不易的。比就业率更为重要的是，越来越多的高职院校开始进行办学方向和专业设置的调整，创新就业思路，取得了宝贵的经验。如四川建筑职业技术学院紧紧围绕建筑市场一线工地，培养应用技能型人才，引导毕业生眼睛向下，到2004年5月，实现了毕业生100%就业；湖南交通职业技术学院推行“订单式”培养，连年就业率达95%以上；上海交通职业技术学院建立模块式教学平台，实行“双证书”制度，该校汽车专业98%的毕业生取得高级工证书；桂林航天工业高等专科学校自2004年开始，每个系建立两个以上的就业基地，就业基地成为稳定的需求源；西安外事职业学院配备47名专职人员来作就业工作，在沿海一带还聘请一批兼职人员来帮助学生找工作，在学生毕业的最后一学期，每周组织一次大型招聘会。

这些积极推进教学和人才培养模式改革、加大就业工作投入力度的高职院校，都取得较高的就业率。高职院校毕业生就业工作成绩突出的广西壮族自治区，就业率高于90%的高职院校就有13所。他们用实际行动和成绩证明：只要路子走对了，高职毕业生就业并不难。

西部：唱响音韵和谐的主旋律

西部大开发需要人才，西部有更多的就业机会。这样的观念开始深入人心，到西部就业，从高校的就业教育宣传开始变为毕业生发自内心的自觉选择。

清华大学的毕业生就业无疑是有很强市场竞争力的。2004年清华大学到西部地区和国家重点行业就业的毕业生约占就业人数的33.8%。同时，研究生中，到西部地区和国防军工单位、大型骨干企业、科研院所就业的人数占毕业研究生总数的43.6%，均创新高。其中到西部地区就业的毕业生为94人，一半是共产党员。有些重点单位，如酒泉卫星发射中心，数年来没有吸收到清华的毕业生，2004年通过双向选择引进了4名毕业生。清华大学热能系博士生黄河，谢绝日本东京一家大公司的邀请，签约了四川巴蜀电力开发公司，他说："西部给了我大展身手的舞台，有这一点就足够了。"许多毕业生正是像黄河一样，看中了西部广阔的发展舞台。

说到西部就业，就不得不说西部志愿者。2004年，在共青团中央和教育部的组织下，两次共选派西部志愿者6 212人，到祖国最需要的地方去的主旋律由此唱响。

2004年，吸引和号召毕业生投身西部志愿服务的各项优惠政策逐步落实，教育部出台政策规定，凡参加"大学生志愿服务西部计划"并完成服务期、考核合格的志愿者，符合报考条件，在服务期满后3年内报考硕士研究生，可享受初试总分加10分的政策；在同等条件下招生单位应优先录取。重庆、黑龙江、云南、辽宁等省市都出台具有较强操作性的优惠政策支持和鼓励毕业生投身西部服务计划。

西部服务计划的顺利进行不仅表现在有越来越多的毕业生报名奔赴西部，而且表现在服务期满的去向方面。据统计，2004年有1 700多名一年期志愿者服务期满，其中有200多人自愿留在西部就业或自主创业。西部的广阔需求和多样化、市场化的人才资源配置手段为毕业生扎根西部提供了条件。回到东部和中部就业的毕业生，绝大部分找到了较为理想的就业岗位。志愿服务的经历使他们获得一定的社会经验，培养锻炼了他们吃苦耐劳、积极进取的精神，2004年仅苏宁电器集团就招聘了500名西部志愿者，并承诺在2004年到2008年间，提供5 000个就业岗位，专门招收西部志愿服务计划期满的大学生志愿者。

网上招聘：开辟双向沟通的无形市场

2004年，毕业生招聘活动的形式进一步多样化、立体化，以校园招聘会为主体、以大中型双选会和校际联办双选会为辅，现场招聘和网上招聘相结合的招聘格局初步形成。网络招聘因其信息量大、效率高、成本低而受到青睐，发展迅速。

3月25日至4月25日，由教育部教育管理信息中心负责的"中国高校毕业生就业服务信息网"与国家发展与改革委员会联合举办了"全国中小企业网上招聘月"活动，仅3月25日一天的点击量就达到220.18万次；共有799家企业参加招聘会，招聘人数8 889人。

在前几次成功举办的基础上，11月22日至28日，教育部与国有资产管理委员会再次主办"全国大中型企业和2005年应届高校毕业生网上双选周"。有关统计数据显示，"双选周"期间平均日点击量达675万次，注册企业7 415个，招聘岗位23 276个，共计招聘约10万人，其中国资委所属企业招聘2.7万人。统计数据显示，毕业生求职行为更加理性，教师职业受到青睐，而片面追求京沪等大城市的倾向在逐步减弱。

除了此次双选周外，教育部还与信息产业部、建设部分别联合主办信息产业和建设行业毕业生网上"双选周"活动。北京市今年取消了连续多年举办的5场分学科专场招聘会，改为举办"网上双选周"以及多场次的小型分类招聘会。网上招聘会，正为毕业生就业搭建起一个看不见的高效率平台。

就业服务：驶入信息化时代的快车道

2004年，高校的毕业生就业服务水平也有了很大提高，其中最大的变化就是个性化指导理念的实践，以及信息化服务手段的应用。

到2004年底，30个省（自治区、直辖市）已建网，90%以上的本科院校已经开通就业网。就业信息网在建立与用人单位的联系、发布需求信息和招聘会信息方面起到极为重要的作用。网络之外的信息化手段也开始被使用，如电子科技大学在校内安装了大屏幕电子显示屏，实时向毕业生播放各种就业信息和用人单位资料；东北师范大学在全国高校中首家推出手机定制服务，将各种需求信息以及招聘会信息通过短信"零时差"地传递给毕业生，极大地提高了信息的时效性。

在今后较长一段时期，毕业生就业都将面临困难局面，这是必须面对的现实。2005年全国高校毕业生总量达到338万人，比2004年增加58万人，增幅达20.71%。高校毕业生就业工作部际联席会议确定的2005年目标是不低于2004年同期水平。对此目标，正如周济部长所说："既非轻而易举，也不是高不可攀，是实事求是的，也是需要经过艰苦努力和不懈奋斗方能实现的。"

原载2004年12月15日《中国教育报》 汪瑞林 文

从战略角度思考大学生思想政治教育

观点快递

站在战略角度思考，加强和改进大学生思想政治教育，应生动体现贯彻落实科学发展观、充分考虑铸就民族复兴的基础，为深化大学生思想政治教育提供理论指南，开创大学生思想政治教育工作新思路。这是《关于进一步加强和改进大学生思想政治教育的意见》和胡锦涛同志在全国加强和改进大学生思想政治教育工作会议上的重要讲话体现的纲领性所在。

中央颁发的《关于进一步加强和改进大学生思想政治教育的意见》（以下简称《意见》）和胡锦涛同志在全国加强和改进大学生思想政治教育工作会议上的重要讲话（以下简称“讲话”），深刻阐述了加强和改进大学生思想政治教育的重大意义，全面论述了加强和改进大学生思想政治教育的指导思想、基本原则、主要任务，是新世纪新阶段指导大学生思想政治教育工作的纲领性文献。

贯彻落实科学发展观的生动体现

《意见》和“讲话”的显著特色就是坚持以科学发展观为指导，以实践科学发展观为宗旨，系统阐明了大学生思想政治教育为什么要加强和改进、如何加强和改进等一系列重要问题，对新时期新阶段大学生思想政治教育工作作出全面部署。

加强和改进大学生思想政治教育，既是科学发展观的根本要求，也是实践科学发展观的重要基础。科学发展观的实质，就是要实现经济社会的全面发展、实现人的全面发展。发展的主体是人，离开人这一生产力中最活跃的因素和社会进步中最重要的主体力量，发展就无从谈起。改革开放以来，我们党在高度关注经济社会发展时，同样高度关注人的思想道德素质和科学文化素质、健康素质的全面提升。邓小平同志曾经指出：“中国的事情能不能办好，社会主义和改革开放能不能坚持，经济能不能快一点发展起来，国家能不能长治久安，从一定意义上说，关键在人。”在新的社会历史条件下，江泽民同志反复强调，人才是社会的各种资源中最宝贵、最重要的资源，“开发人才资源，加强人力资源能力建设，已成为关系当今各国发展的重大问题”。在“讲话”中，胡锦涛同志强调：“大学生是国家宝贵的人才资源，是民族的希望，是祖国的未来。”因此，加强和改进大学思想政治教育，提高他们的思想道德素质，并努力促进他们的全面发展，是对最根本的社会发展动力的激发，是对最关键的社会发展主体的塑造，构成推动我国经济社会全面发展的基本要素，成为实现科学发展观的内在要求。

加强和改进大学生思想政治教育，是以人为本理念的生动体现，也是实践科学发展观的根本举措。《意见》和“讲话”把以人为本作为加强和改进大学生思想政治教育的新理念提出来，要求以大学生全面发展为思想政治教育的目标，要求以教育人、引导人、关心人、帮助人为思想政治教育的新理念等等，生动地体现了我们是在以人为本的新的基点上推进大学生思想政治教育新发展的。这一新的理念的形成是科学发展观的实际落实。

《意见》和“讲话”凸显加强和改进大学生思想政治教育中全面、协调与可持续发展的新观念和新方法。《意见》和“讲话”坚持大学生思想道德素质、科学文化素质和健康素质的有机统一和协调发展；坚持思想政治素质在人的素质构成中的重要性，强调学校教育要育人为本、德育为先，把思想政治教育摆在首要位置；坚持实践在人的思想政治素质发展中具有根本性作用，强调深入开展社会实践、探索实践育人的长效机制；坚持思想政治素质内在构成的多样性、层次性与整体性，强调以理想信念教育为核心、以爱国主义教育为重点、以基本道德规范为基础、以全面发展为目标开展大学生思想政治教育。《意见》和“讲话”中的这些重要思想，是对大学生思想政治素质发展、教育与培养规律的深刻把握，是对实现大学生思想政治教育全面、协调、可持续发展的不懈探索。

铸就民族复兴基础的战略思考

《意见》和“讲话”的重要精神之一就是要求我们从战略高度深刻理解加强和改进大学生思想政治教育的意义和地位。

加强和改进大学生思想政治教育是确保我国在激烈的国际竞争中始终立于不败之地的需要。当今各国间的竞争，就是人才的竞争。这里说的人才，是思想道德素质、科学文化素质和健康素质全面发展的人才。加强和改进大学生思想政治教育，不断造就大批具有创新能力的高素质人才，不断培养大批中国特色社会主义事业的建设者和接班人，是我们能够在激烈的综合国力竞争中站稳脚根、实现中华民族伟大复兴的必然要求。

加强和改进大学生思想政治教育是确保实现全面建设小康社会、加快实现社会主义现代化宏伟目标的需要。努力实现全民族思想道德素质、科学文化素质和健康素质的明显提高，是全面建设小康社会宏伟目标中的重要内容。大学生是最富有生机、最富有活力、代表着国家和民族未来和希望的社会群体之一，大学生思想道德素质的明显提高，在全民族思想道德素质的明显提高中具有示范作用、辐射作用、推动作用，是全民族思想道德素质明显提高的重要方面，是全民族整体素质明显提高的重要基础。

加强和改进大学生思想政治教育，是确保中国特色社会主义事业兴旺发达、后继有人的需要。党的十六届四中全会作出的《关于加强党的执政能力建设的决定》，明确将“坚持马克思主义在意识形态领域中的指导地位，不断提高建设社会主义先进文化的能力”，作为加强党和执政能力建设的重要方面，并对“努力探索新方式新方法，加强和改进思想政治工作”、“全面贯彻党的教育方针，培养德智体美全面发展的社会主义建设者和接班人”等提出了具体要求。加强和改进大学生思想政治教育，对于加强党的执政能力建设，确保中国特色社会主义事业兴旺发达、后继有人，有着重要的战略意义。

深化大学生思想政治教育的理论指南

《意见》和“讲话”更多地立足于时代发展的新特点，着眼于社会发展的新要求，对当前大学生思想政治教育面临的新情况、必须回答的新课题，作了科学的探讨，为做好大学生思想政治教育形成了新的理论指南。

这些新的课题如：在国际敌对势力与我争夺下一代的斗争更加尖锐复杂的条件下，如何更有效地用马克思主义理论武装大学生的头脑，引导大学生树立正确的世界观、人生观和价值观。冷战结束以后，国际敌对势力更是进一步将“西化”、“分化”的目标锁定在中国。同时，发达资本主义国家在生产力、科学技术等方面还有新的很大的发展；从经济、科技发展和物质文化生活水平来看，发达资本主义国家比我们这样发展中的社会主义国家还要高得多。在这种情况下，大学生思想政治教育如何坚持用马克思主义的科学原理和科学精神为指导，引导他们深刻认识人类社会发展的客观规律和必然趋势，引导他们自觉地用发展着的马克思主义武装自己，逐步树立正确的世界观、人生观和价值观，就成为思想政治教育的根本任务。

这些新课题再如：在信息技术迅猛发展、社会信息化程度不断提高、世界范围内不同思想文化相互激荡的条件下，如何引导大学生既积极学习和正确吸收人类优秀文明成果，又自觉鉴别和抵御各种腐朽落后的思想文化，努力成长为社会主义先进文化的继承者、弘扬者、实践者和创造者。信息技术的迅猛发展、社会信息化程度的不断提高，进一步加剧了世界范围内不同思想文化的相互激荡，也引起当代大学生思想信息接受方式和内涵的深刻变化。同时，随着社会信息化程度的不断提高，各种思想文化，包括外来的和本土的、进步的和落后的、积极的和颓废的思想文化纷至沓来、相互激荡。保持和发展中华民族文化的优良传统，大力弘扬民族精神，积极吸取世界其他民族的优秀文化成果，实现思想文化的与时俱进，就成为大学生思想政治教育的重大课题。

这些新的课题还如：在大学生群体发生明显变化的条件下，如何准确把握教育对象的新变化，改进思想政治教育工作的方式、方法和手段，增强针对性、实效性和吸引力、感染力，切实把思想政治教育工作做到大学生心坎上。当代大学生的群体构成日益呈现规模扩大、来源多样、组织多型等特点。在心理发展方面，他们明显地表现出心理矛盾增多、压力加大、心理问题多发等特点。在大学生思想政治教育中，必须根据大学生心理变化的实际，及时拓展教育内容体系，关注学生的心理发展，构建富有针对性的高校学生心理教育模式。在思想方式方面，影响当代大学生思想活动的因素日趋多样，思想的关注点日趋宽泛和分散，思想文化需求日趋多样。在大学生思想活动影响因素变化的情况下，必须坚持并强化学校教育的主导作用，坚持并强化学校思想政治教育在学生思想发展中的主导作用。在价值取向变化的情况下，必须切实有效地加强对大学生的马克思主义理论教育，增强他们对马克思主义的信仰、对社会主义的信念，提高他们对先进文化、主流文化接收与接受的主动性、自觉性；必须引导当代大学生确立积极的人生态度、高扬远大的理想风帆、形成昂扬向上的精神状态等等。所有这些问题，都成为现阶段加强和改进大学生思想政治教育的新的要求。

开创大学生思想政治工作的新思路

《意见》和“讲话”为新时期新阶段加强和改进大学生思想政治教育工作确立了科学的理论定位和实践准则。在我国高等教育的加速发展中，有些地方、部门和高校的领导，对大学生思想政治教育工作不够重视，甚至认为大学生思想政治教育可有可无；在高等教育的改革进程中，没有把加强和改进大学生思想政治教育摆在学校工作的重要位置；不能始终坚持把引导大学生具有坚定正确的政治方向放在首位，或者盲目挤压大学生思想政治教育的工作空间。《意见》和“讲话”根据科学发展观的要求和当代中国全面建设小康社会的实际、大学生思想政治状况的实际和特点，提出了大学生思想政治教育的总体要求，给加强和改进大学生思想政治教育以科学的理论定位，从教书与育人、教育与自我教育、政治理论教育与社会实践、解决思想问题与解决实际问题、教育与管理、继承优良传统与改进创新等基本原则的高度，明确了加强和改进大学生思想政治教育的实践准则和基本方法。

《意见》和“讲话”对大学生思想政治教育任务的系统论述，使得大学生思想政治教育的方向更明确、重点更突出、任务更具体。在我国高等教育实际发展中，大学生思想政治教育的主渠道建设还比较薄弱，思想政治理论课的实效性和吸引力还有待进一步增强；思想政治教育在贴近生活、贴近实际、贴近学生方面还有许多工作要做，适合大学生思想实际的教育内容和任务还不明确，围绕大学生思想政治教育内容实施的方式方法上的创新成效还不显著。《意见》和“讲话”根据当前大学生思想政治教育的新形势、新情况和新课题，精辟、集中地概括了加强和改进大学生思想政治教育的主要任务，明确要求加强和改进大学生思想政治教育要以理想信念教育为核心、以爱国主义教育为重点、以基本道德规范为基础、以大学生全面发展为目标的主要任务。对大学生思想政治教育四项任务的明确阐述，将使大学生思想政治教育整体工作全面推进。

《意见》对加强和改进大学生思想政治教育主要环节和措施的部署，构成大学生思想政治教育工作的新体制，形成大学生思想政治教育工作运作的新机制。当前高校思想政治教育体制发展中的主要缺憾是，大学生思想政治教育工作队伍建设不够健全，政治强、业务精、作风正、纪律严的思想政治工作队伍亟待加强；大学生思想政治教育的阵地建设力度还不够；大学生思想政治教育经费投入还没有体制上的保障；思想政治教育的学科建设和理论研究还缺乏支持。在学校的教育教学过程中，大学生思想政治教育工作队伍孤军奋战的状况还没有彻底改变，所有教师、所有管理人员、所有教育环节、所有课程都担负着育人重任的责任意识还没有形成；全社会关心支持大学生思想政治教育的合力还没有真正形成。《意见》和“讲话”根据多年来大学生思想政治教育实践中形成的有益经验和有效做法，充分吸收大学生思想政治教育理论研究的有益成果，针对高校思想政治教育工作的实际，从课堂教学、社会实践、条件创设、内容拓展、队伍建设、工作机制、环境营造、组织领导等过程和环节，构架了大学生思想政治教育体制和运行机制的主要方面和实践路径，形成了建立健全大学生思想政治教育体制和运行机制的新思路。

原载2005年2月22日《中国教育报》，作者顾海良系武汉大学党委书记、博士生导师

师范教育

〔概况〕

学校类别	学校数(所)	在校生人数(人)	招 生 数(人)	毕业生人数(人)
普通高等师范院校	195	1 826 252	564 972	378 240
举办师范专业的非师范院校	315	476 719	147 768	103 137
中等师范、幼师	282	278 971	82 574	85 086
教育学院	83	193 841	114 831	111 672

2004 年，小学、初中、高中教师学历合格率分别为 98.31%、93.78%、79.6%。比 2003 年分别提高 0.46、1.74、3.89 个百分点。

其中具有大专以上学历的小学教师占小学教师总数的 48.76%，具有本科以上学历的初中教师占初中教师总数的 29.13%，分别比 2003 年提高 8.24、5.3 个百分点。

撰稿　徐文渊

〔首届全国师德论坛〕 为促进师德建设，2004 年 9 月 9 日—10 日，教育部举办了首届全国师德论坛。论坛的主题是“光荣的人民教师”。

举办全国师德论坛是第 20 个教师节主题教育活动的重要内容，目的是探讨新形势下师德建设的规律与特点，交流各地师德建设的新鲜经验，展示全国优秀教师的良好形象，研究全面加强和改进师德建设的新思路和新举措。

论坛在全国范围采取总分结合的方式进行。总论坛在北京举办，各省、自治区、直辖市教育厅（教委）和新疆生产建设兵团教育局举办分论坛。9 月 9 日上午，全国师德论坛在北京人民大会堂隆重开幕。教育部部长周济出席开幕式并讲话。教育部副部长吴启迪主持开幕式。教育部党组成员田淑兰、北京市委副书记龙新民以及各省、自治区、直辖市教育厅（教委）有关负责同志和地方教育行政部门负责人代表，全国模范教师、优秀教师和师德标兵代表，部分高校领导同志，部分专家学者，中国—联合国儿童基金会教育合作项目县教师代表，首都教育界师生代表共 700 多人参加了开幕式。

周济在讲话中强调了新时期师德建设的极端重要性和紧迫性，对当前和今后一段时期师德建设工作的指导思想、工作重点和重要举措提出了明确要求。

河南省副省长贾连朝、南京市市长蒋宏坤、北京师范大学党委书记陈文博、中央教育科学研究所所长朱小蔓、中国教科文卫体工会主席张宏遵、中国教育学会会长顾明远和大中小学模范教师、师德标兵等 26 位代表在开幕式及论坛交流时作了主题发言。

按照全国师德论坛的工作部署，北京、天津、辽宁、吉林、黑龙江、江苏、安徽、福建、江西、山东、河南、湖南、广东、广西、四川、陕西、青海、宁夏等省（自治区、直辖市）结合当地实际先后成功举办了分论坛。

论坛引起了社会舆论的广泛关注。全国各大新闻媒体对论坛作了大量宣传报道。

撰稿　赵建军　万迪欣

〔**中宣部、教育部联合举办全国优秀教师师德报告团活动**〕 2004 年 12 月中下旬，中宣部、教育部联合组织了全国优秀教师师德典型重点宣传和报告团巡回报告活动。这次活动的主题是“爱的教育：爱祖国、爱人民、爱教育、爱学生”。

12 月 14 日，中宣部、教育部、中共北京市委在北京人民大会堂联合举办师德报告团首场报告会。报告会前，国务委员陈至立会见报告团成员并讲话。陈至立指出，加强师德建设是全面贯彻党和国家教育方针，全面提高教育质量，培养造就社会主义事业建设者和接班人的根本要求，也是贯彻落实党中央和国务院关于进一步加强和改进未成年人思想道德建设和大学生思想政治教育工作部署的迫切要求。陈至立强调，教书育人，德育为先；教师队伍建设，师德为先。各级党委和政府、各级各类学校要充分认识师德建设的特殊意义，将师德建设放在更加突出的位置，大力推进教师队伍建设。

报告会上，北京第二实验小学霍懋征老师以“没有爱就没有教育”为题，江西永修县柘林镇黄岭小学太阳山教学点邹有云老师以“让教育的阳光照亮深山”为题，上海尚文中学黄静华老师以“用心去爱每一个学生”为题，湖南郴州市塘溪乡五马垅小学盘振玉老师以“一切为了大瑶山的孩子”为题，北京师范大学林崇德教授以“严慈相济甘为人梯”为题先后作了精彩的报告。报告会由中宣部副部长高俊良主持。教育部党组书记、部长周济出席报告会并讲话。教育部副部长陈小娅，北京市委常委、市委教育工委书记朱善璐和首都3 200多名师生代表一起聆听了五位优秀教师的事迹报告。

周济在讲话中指出，师德是教师最重要的素质，加强师德建设是教师队伍建设的永恒主题和重点。全国教育战线要广泛深入开展向优秀教师学习活动，掀起师德宣传教育的新高潮。通过学习教育活动，不断增强教书育人、以身立教的使命感和责任感，做为人民服务的教师，做让人民满意的教师。

12 月 16 日—28 日，全国优秀教师师德报告团先后赴上海、四川、湖南、江西四省（直辖市）作巡回报告，还参加了网上师德论坛、电视访谈和接受媒体专访等活动。报告团成员的事迹报告，感人至深，催人奋进。他们崇高的人生追求、高尚的师德情操、无私的奉献精神，使广大听众受到了一次心灵的震撼，受到了一次生动而深刻的师德教育。

撰稿　张文斌　赵建军

〔**加快推进全国教师教育网络联盟计划，全面启动新一轮中小学教师全员培训**〕 2003 年 9 月，教育部启动实施了“全国教师教育网络联盟计划”（以下简称“教师网联”）。2004 年，“教师网联”8 所师范大学首次联合考试招生，共招收远程教育学生150 746名，比网联成立前招生人数增加 40%左右。中央电大 2004 年新招教育类学生163 618人。“教师网联”院校新增师范类专业数和资源量显著增加，截至 2004 年底，8 所师范大学共开设师范专业 71 个，新增师范专业 13 个，增幅达 22.4%；8 所师范大学现有网络课程1 357门，新增网络课程资源 341 门，增幅达 33.6%；中央电大新增课程资源 160 门，高等教育出版社新增资源 100 种；中央电教馆新增资源 80G，约合教学条目 3 万条。平台建设取得一定进展，“教师网联”门户网站投入试运行。“教师网联”与各地教师培训工作联系更加紧密。

9 月 7 日，教育部发出《关于加快推进全国教师教育网络联盟计划组织实施新一轮中小学教师全员培训的意见》（以下简称“意见”）和《2003—2007 年中小学教师全员培训计划》，对加快推进全国教师网联计划，开展新一轮中小学教师培训的指导思想、工作原则、工作目标、工作任务、工作要求及保障措施等提出了明确的指导意见和工作部署。“意见”提出，要加快推进实施全国教师网联计划，努力促进教师教育体系和卫星电视网、计算机互联网及其他教育资源优化整合，有效运用现代远程教育手段，充分发挥相关高校的优势，按照教师网联计划“三步走”的发展方针，争取用五年左右时间，构建以师范院校、其他举办教师教育的高校和教育机构为主体，以高水平大学为先导和核心，区域教师学习与资源中心为支撑，中小学校本研修为基础，职前职后教育一体化，学历教育非学历教育相沟通，覆盖全国城乡、开放高效的教师教育网络体系，共享优质教育资源，提高教师培训的质量水平。以加快推进教师网联计划为依托，实施新一轮中小学教师全员培训的目标是要按照“面向全员、突出骨干、倾斜农村”的方针，组织实施以“新理念、新课程、新技术”和师德教育为重点的新一轮中小学教师全员培训，组织优秀教师高层次研修和骨干教师培训，提高广大中小学教师的学历、学位层次和实施素质教育的能力水平，促进教师队伍整体素质显著提高。

按照《2003—2007 年中小学教师全员培训计划》，2007 年底前，新一轮教师全员培训工作要在加快推进教师网联计划的总体框架下，努力完成以下三项主要任务：一是实施1 000万名中小学教师新一轮全员培训；二是实施 200 万名中小学教师学历学位提高培训；三是实施 100 万名骨干教师培训，形成中小学骨干教师梯队。

撰稿　曹叠峰　唐京伟

〔**实施“农村中学教育硕士师资培养计划”**〕根据《2003—2007 年教育振兴行动计划》“高素质教师和管理队伍建设工程”的总体规划，为了提高农村教师队伍整体素质，解决农村教师匮乏问题，加快农村教育发展，教育部于 2004 年启动实施“农村中学教育硕士师资培养计划”。该计划主要是在具有推荐免试研究生资格的大学中，选拔部分优秀应届本科毕业生，为中西部地区国家扶贫开发工作重点县高中培养教育硕士师资。该计划具体实施办法是：在中西部地区 19 个省份的部分具有推荐免试研究生资格的大学中，选拔一批获得学士学位，政治思想素质好，热爱教育工作，修学相应课程，取得教师资格，志愿到国家扶贫开发工作重点县高中任教的优秀应届本科毕业生，确定为“农村教育硕士生”。第一年，由省级教育行政部门安排农村教育硕士生到指定的国家扶贫开发工作重点县高中任教；第二年，农村教育硕士生到培养学校注册研究生学籍，以在职教师身份脱产学习教育硕士专业学位研究生课程；第三年，农村教育硕士生在任教学校工作岗位上，边工作、边学习，通过现代远程教育等方式继续学习部分课程，并撰写学位论文，通过论文答辩后，获硕士研究生学历证书和教育硕士专业学位证书。招生计划在国家计划中单列，培养经费由培养学校主管部门按照教育部下达的研究生招生计划国家计划安排。国家和地方政府要采取有效措施，鼓励他们长期从事农村教育工作。

2004 年教育部“农村中学教育硕士师资培养计划”启动试行，在各方共同努力下，仅用短短 2 个月的时间，完成报名、推荐、复试、公示、签约等全部工作。共有 32 所大学（师范大学 14 所、综合大学 17 所、农业大学 1 所）为农村中学教育硕士推荐单位，19 所师范大学和 2 所综合大学为培养单位，616 名应届本科生招收为首批农村教育硕士生，奔赴 291 个国家扶贫开发工作重点县，支援农村教育事业。“农村中学教育硕士师资培养计划”的实施得到了各级教育行政部门、高等学校、农村高中等各方面的积极响应和大力支持。

撰稿　于兴国

〔**开展高等学校教师教育管理者国家级研修项目**〕　为推进教师教育改革与发展，进一步提高教师教育管理者的能力和水平，适应基础教育新课程改革需要，培养高素质专业化的中小学教师，教育部于 2004 年开展教师教育管理者国家级研修项目。该研修项目采取举办研修班的方式，分别对全国 31 个省（自治区、直辖市）教育厅（教委）师范（师资）处处长和 351 所高等学校负责教师教育工作的2 500名校长、教务处长、教育学院（系）领导，以及文科、理科、英语、计算机、教育技术等院系领导进行了培训。

研修的重点是：使学员了解国内外教育尤其是教师教育改革发展现状及趋势，探讨教师教育发展共同规律，深化对全面实施素质教育的理解，推进教师专业化进程；使学员掌握有关政策法规和教育管理知识，提高政策理论水平、教育管理能力、教育科研能力和实践创新能力；使学员能够根据当地经济和社会发展的实际需要，研讨教师教育改革发展思路，尤其是课程体系、教学内容和人才培养模式改革；使学员了解基础教育改革发展，掌握我国新一轮基础教育课程改革精神，熟悉基础教育新课程标准的内容及其对教师素质提出的新要求。研修的特点是：理论联系实际，体现先进性、科学性、实践性、针对性和实效性。研修形式灵活多样，采取培训与研讨相结合、报告与交流相结合、教学与考察相结合，使学员结合各自岗位特点，对当前教育的热点、难点等问题进行深入研究思考，充分调动并激发他们参与的积极性和主动性。

教师教育管理者国家级研修项目由教育部师范教育司负责组织领导，此项工作采取了招投标的方式，确定研修任务由国家教育行政学院、北京师范大学、首都师范大学、天津师范大学、东北师范大学、华东师范大学、华中师范大学、湖南师范大学、西北师范大学九个单位共同承担。此研修项目聘请了国内外教育领域内具有较高水平的行政领导、理论专家和有深厚学术造诣的教育管理实践者作为授课教师，体现了国家级的水平和质量。

撰稿　李桂兰

〔**加强基础教育新课程师资培训**〕　2004年2月，教育部印发了《关于进一步加强基础教育新课程师资培训工作的指导意见》。进一步明确了当前和今后一个时期全国各地开展新课程培训工作的总体思路，提出了开展新课程师资培训工作的总体目标、任务、内容、资源建设及保障体系等；进一步强调“先培训，后上岗；不培训，不上岗”的新课程师资培训原则，并明确提出：“各级教育行政部门必须进一步提高对新课程师资培训工作重要性和紧迫性的认识”，“要认真总结前两年新课程师资培训的经验，针对存在问题，采取有力措施，不断加强和改进新课程师资培训，力求保质保量完成新课程师资培训任务”。“各地要按照‘边实验、边培训、边总结、边提高’的原则，…… 统筹规划、分区推进、分步实施，分阶段、滚动式地展开新课程师资培训”。“对拟进入新课程的教师，采取多种行之有效的途径和方式，进行不低于40学时的新课程岗前培训，未经新课程岗前培训的教师不能实施新课程”的要求，进一步强化了新课程培训的规范化与制度化。截至2004年底，全国已有2 576个区县进入义务教育阶段新课程，近80%的小学和初中生进入新课程，有近500万左右的小学和初中教师接受了新课程岗前培训。在2005年秋季开学之前，各地将基本完成对义务教育阶段起始年级教师新课程岗前培训的任务。

2004年，教育部决定在广东、山东、宁夏、海南四省率先实施高中新课程改革试点工作。教育部师范教育司为此印发了《普通高中新课程骨干培训者国家级培训指导意见》，制订了普通高中新课程骨干培训者国家级研修工作方案。教育部师范教育司会同基础教育司组织了四个高中新课程实验省国家级骨干培训者培训，共培训省地级管理者250人、县级管理者250人、高中校长500人、学科骨干教师1 600人。同时，还组织专家研究开发出普通高中教师新课程通识研修手册8册，学科教师研修手册16册，培训光盘15张，保证了优质资源在教师培训中的及时应用与推广。

撰稿　唐京伟　周　新

〔**发布《中小学教师教育技术能力标准（试行）》**〕　2004年12月25日，教育部印发了《中小学教师教育技术能力标准（试行）》（以下简称《标准》）。这是我国发布的第一个中小学教师专业能力标准，是推进我国教师专业发展和教师教育信息化的一项重要举措。《标准》明确了中小学教师在教育技术方面的专业要求，为进一步开展中小学教师教育技术培养培训，促进教师专业发展提供了重要依据。

《标准》的制定依据社会需求，遵循教育技术理论及其应用的客观规律，采取了实事求是的科学态度。《标准》结合我国的具体国情，力求从全局考虑，不受具体条件的影响，努力做到现实性与前瞻性相结合，在强调统一性的同时，也为各地具体实施留有适度的调整空间，使各地在贯彻实施过程中能够根据本地教师的实际情况，分区分类，因地制宜，不搞一刀切。在对象上，主要面向中小学教学人员、管理人员和技术人员等三类人员，就他们在教学活动中所发挥的作用提出相应的能力要求。在内容上，主要体现教师在意识与态度、知识与技能、应用与创新和社会责任四个维度的能力素质表现上，并把引导中小学教师获取以及不断提高这四个方面的素质作为中国中小学教师教育技术能力建设的总体目标。

撰稿　鹿旭忠

〔**教师资格制度全面实施**〕　2000 年 9 月，教育部令第 10 号正式发布《〈教师资格条例〉实施办法》，2001 年 1 月在北京召开全国教师资格制度实施工作会议，正式全面启动教师资格制度实施工作。

到 2004 年底，全国所有省（自治区、直辖市）均完成了面向学校在编正式教师的首次认定工作；除西藏自治区外，其他省份都开展了首次面向社会认定教师资格工作。大多数省份的教师资格认定工作已经正常化。据不完全统计，2001—2004 年全国 31 个省（自治区、直辖市）和新疆生产建设兵团共认定在职教师和社会人员 608 万人。

教师资格制度的全面实施对促进优化教师队伍结构，提高教师队伍的整体素质，拓宽教师来源渠道，严把教师队伍的“入口关”，提高教师社会地位，推动教师管理的科学化、规范化和法制化等方面，都具有重大作用。但教师资格制度在实施范围、有效期、通融性以及学历标准等方面还存在一些问题。

撰稿　于兴国
审稿　管培俊

民族教育

〔**概况**〕 2004年，民族教育工作认真贯彻《国务院关于深化改革加快发展民族教育的决定》和第五次全国民族教育工作会议精神，加大对民族教育的投入，民族教育事业稳步、健康发展，实现了思路、改革、投入和政策措施上的四个突破。为配合"寄宿制学校建设工程"的顺利推进，召开了全国民族地区寄宿制学校管理工作现场研讨会，研究民族地区寄宿制学校管理工作中的突出问题。针对新时期我国民族关系的新情况和国际民族、宗教的新趋势，大力推进全国中小学民族团结教育工作，以确保民族团结教育活动在中小学继续深入广泛地开展。进一步加强了少数民族双语教学工作及少数民族文字教材的开发应用和管理工作。为加快提高民族、贫困地区中小学教师队伍素质，启动了新一轮民族、贫困地区中小学教师综合素质培训项目暨新课程师资培训计划（2004—2008年）。继续加大了对西藏、新疆的教育对口支援力度，进一步加强了高校民族预科班、民族班招生管理工作。为改变民族地区少数民族高层次骨干人才匮乏的状况，教育部、国家发展改革委等五部委联合印发了《关于大力培养少数民族高层次骨干人才的意见》，并起草了实施方案，该计划将于2005年启动。制定了《中小学少数民族文字教材编写审定管理暂行办法》。

截至2004年底，全国各级各类学校中少数民族在校学生总数为2 135.13万人，比上年增长4.54%。其中，普通高等学校的少数民族在校生数为80.73万人，占学生总数的比重5.70%，比上年增长15.73%；普通中学的少数民族在校生数为676.11万人，占学生总数的比重7.78%，比上年增长10.19%；普通小学少数民族在校生数为1 097.15万人，占学生总数的比重9.76%，比上年减少2.10%。全国各级各类学校中少数民族专任教师数已达102.57万人，比上年略有上升。民族地区"两基"攻坚取得新进展，实现"两基"的民族地区县已经由2003年的405个，增加到474个，占民族地区县总数的67.8%，提高了近10个百分点。全国699个民族地区县中，尚有225个未实现"两基"。

撰稿　田晓勤

〔**民族团结教育**〕 让公民从小接受民族团结教育，是贯彻党的十六届四中全会提出的构建和谐社会的重要内容之一。2004年，教育部办公厅、国家民委办公厅发出了《关于在全国中小学进一步大力推进民族团结教育工作的通知》，进一步阐明了在中小学加强民族团结教育对于增强民族团结、维护祖国统一、保持国家的长远稳定所具有的极为重要的现实意义和历史意义，要求全国各地要进一步提高认识，统一思想，根据党和国家关于此项工作的有关精神，毫不动摇地把中小学民族团结教育工作进一步抓好、抓实、抓出成效来。12月，两部委在江西召开了全国中小学民族团结教育经验交流会，对新时期在全国中小学深入开展民族团结教育工作提出了明确的要求。按照会议要求及两部委文件精神，各地已逐步把在中小学开展民族团结教育纳入课程，并按规定的课时组织实施。民族团结教育活动的开展，极大地丰富了中小学爱国主义教育、国情教育和素质教育的内容，促进了56个民族优秀文化传统的相互交流、继承和发扬，增进了学生对我国各民族共同缔造社会主义伟大祖国历史的认识，增强了各民族学生自觉维护民族团结、维护国家统一、反对民族分裂的思想意识，在各界引起了积极的社会反响，取得了良好的教育和社会效果。

〔民族地区寄宿制学校管理工作〕 在民族地区举办寄宿制学校是新中国成立后党和国家根据少数民族地区、边远山区以及经济不发达地区居住分散、交通不便和教育比较落后的特点，为帮助这些地区发展教育，提高各民族的文化素质，促进脱贫致富而举办的一类专门性学校，是我国发展民族教育所采取的一种重要的办学形式。2004年，国家实施《西部地区"两基"攻坚计划（2004—2007）》，并制定了"西部地区农村寄宿制学校建设工程实施方案"。10月，教育部、国家民委在四川省召开了民族地区寄宿制学校管理工作现场研讨会，总结、交流了各民族地区寄宿制学校办学经验，进一步研讨了民族地区农村寄宿制学校管理工作，讨论、修改了《关于进一步做好民族地区寄宿制中小学管理工作若干问题的意见》。

撰稿 谭玉林

〔民族、贫困地区中小学教师综合素质培训〕 2004年3月28日，教育部在湖南省湘西土家族苗族自治州召开了新一轮民族、贫困地区中小学教师综合素质培训项目暨新课程师资培训工作启动大会。会议既是对第一轮实施2000—2003年"教育部民族、贫困地区中小学教师综合素质培训项目"四年工作与成果的总结和交流，也是对新一轮五年培训工作的总体部署。参与新一轮培训项目的有20个省、自治区和直辖市的近100万名中小学教师，他们担负着对全国1 000多万中小学生的教育任务。

新一轮民族、贫困地区中小学教师综合素质培训项目是贯彻全国农村教育工作会议和第五次全国民族教育工作会议精神，落实《教育振兴行动计划》，加强民族、贫困地区中小学教师培训工作，加快提高民族、贫困地区中小学教师队伍素质，推动和巩固民族、贫困地区"普九"工作的一项重大举措，对于改变我国民族、贫困地区教育落后状况，提高民族、贫困地区中小学教师的综合素质，带动经济和社会发展，具有重大的战略意义和现实意义。项目正在顺利实施中。

撰稿 马少云

〔中小学少数民族文字教材审查〕 少数民族文字教材审查是国家在基础教育阶段实行的一项基本制度，也是加强民族文字教材建设、提高教材编译质量的重要举措。2004年全国藏文教材委员会共审查了16个学科的40种教材，其中九年义务教育课程改革课程标准15种，义务教育新课标教材13种，中等师范教材10种，名词术语共4万余条。全国蒙古文教材审查委员会召开了7次审查会议，共审查147种教材和学生用工具书，其中自编教材40种，翻译教材106种，学生用工具书1种。全国朝鲜文教材审查委员会召开了7次教材审查会议，共审查文字教材76种，其中自编教材30种，翻译教材46种，音像教材15种。

撰稿 沙玛加甲

〔少数民族高层次骨干人才培养工作〕 为认真贯彻落实《国务院关于深化改革加快发展民族教育的决定》精神，2004年3月1日至29日，采取调研和分片召开座谈会等形式，对西部的西藏、新疆、内蒙古、宁夏、广西、四川、贵州、云南、甘肃、青海等省、自治区，湖北省的恩施自治州、湖南省的湘西自治州及老工业基地东三省和少数民族人口在一百万以上的河南、河北等省的少数民族高层次骨干人才基本情况进行了调研。7月8日，教育部、国家发展改革委、国家民委、财政部、人事部印发了《关于大力培养少数民族高层次骨干人才的意见》（以下简称《意见》）。《意见》确定国家按照“定向招生、定向培养、定向就业”的要求，采取“统一考试、适当降分”等特殊政策措施，培养少数民族高层次骨干人才。计划从2006年开始招生，到2007年达到年招生5 000人的规模，其中博士生1 000人，硕士生4 000人。在校生总规模为1.5万人。通过相当一个时期的努力，逐步缓解和根本扭转少数民族地区少数民族高层次骨干人才匮乏的现状，改善人才层次结构，逐步形成一支涵盖少数民族地区经济和社会发展各重点领域的少数民族高层次骨干人才队伍。

〔少数民族预科班、民族班〕 根据《国务院关于深化改革加快发展民族教育的决定》关于“做好高校民族班和民族预科班的招生工作，以上学年招生规模为基数，并按上学年全国普通高等学校本科招生平均增长比例，确定当年国家部委及东中部地区所属高等学校民族班和民族预科班的招生规模”精神，确定了2004年4 933名预科生招生计划。各有关高等学校按教育部有关招生管理规定圆满完成了招生任务。

为加强预科班、民族班的管理工作，2004年3月、10月，分别在南昌、贵阳召开了全国普通高等学校少数民族预科教育教学管理工作研讨会。会议总结了预科班办学的成功经验及存在的问题，对预科办学提出了新的要求：高等学校少数民族预科办学要向规范化、规模化、科学化、现代化发展，从2005年起全国高校本、专科预科培养实行相对集中办学。会上还就拟出台的《普通高等学校少数民族预科班、民族班管理办法（试行）》广泛征求了与会代表的意见。

〔教育援藏〕 继续做好教育援藏工作。根据《国务院办公厅转发教育部等部门关于进一步做好教育援藏工作意见的通知》精神，承担内地西藏班办学任务的省、市政府提高了内地西藏班学生的学习、生活和医疗等生均财政性经费标准，达到年生均6 000元以上。河南省等部分省、市还按要求放宽了西藏班教职工编制配备标准，达到1∶8。继续由中国农业大学等13所高校，每年招收500名内地应届高中毕业生，定向为西藏培养人才，中央财政核拨了学生的学费、住宿费等补助经费。内地高校对口支援西藏自治区高等学校工作已全部启动。支援学校与受援学校全部签订了支援协议书。通过对口支援，加强了受援学校院（系）的学科建设、教师队伍建设、教学科研和管理工作以及援助教学设备，改善办学条件等。

继续做好内地西藏班招生工作。2004年内地西藏班（校）共招收初中生1 805人，1 700名高中、师范生，有1 000余名内地西藏班高中毕业生被择优录取到部委及地方所属院校继续深造。

进一步提高内地西藏班教学质量。结合西藏班的实际，印发了《内地西藏班初中预科教学计划（试行）的通知》，规定内地西藏班初中一年预科阶段重点学习和补习小学阶段的汉语、数学、英语、思想品德、信息技术课程，不断提高学生基础文化素质，以达到内地小学毕业水平；教材统一使用教育部组织编写的预科教材；学生完成一年初中预科，进入初中阶段学习，除藏语课外，其他课程要与当地初中教育接轨，统一教学计划，统一使用当地教材。

加强内地西藏班的德育工作。2004年3月，在成都召开了内地西藏班思想政治和德育工作培训班，培训了承担援藏办学任务的19个省市教育行政部门负责人和相关学校校长、中层干部等，共计100余人。培训班通过专家讲座和分组讨论的形式，使培训人员了解全国德育工作会议精神、掌握国际国内民族问题以及西藏反分裂斗争的形势，统一了思想，提高了认识。

〔内地新疆高中班〕 2004年4月，教育部办公厅发出通知，下达2004年内地新疆高中班招生计划，确定了内地新疆高中班计划招生1 540名，其中新疆生产建设兵团招收70名。

2004年，首届1 000名内地新疆高中班学生毕业，经过参加学生学习所在地的全国高校招生统一考试，有950余人被择优录取到100余所部委及地方所属院校继续深造。

根据《中共中央国务院关于进一步加强和改进

未成年人思想道德建设的若干意见》，结合内地新疆高中班的实际，为加强内地新疆高中班德育工作，在北京举办了内地新疆高中班政治思想和德育工作培训班，承担办学任务的内地12个城市教育行政部门负责人和15所内地新疆高中班学校校长及中层干部等，共计40余人参加了培训，培训班邀请了有关专家就国际、国内的民族问题、新疆的历史发展状况及形势等作了专题讲座。

撰稿 次仁多布杰 李 彬

审稿 夏 铸 阿布都 达来

热点关注

大力加强民族寄宿制学校管理工作 为促进民族地区实现“两基”目标做贡献

目前，全国民族地区已建成民族寄宿制学校近10万所，有在校寄宿学生472.9万余人。实践证明，在经济文化不太发达，居住分散，山高谷深，交通困难和常年游牧的牧区、山区和边疆地区举办寄宿制中小学已经成为改善和提升这些地区家庭经济困难学生学习、生活条件的一项德政工程，成为民族地区实现“两基”的一项重要措施；对于繁荣和发展各民族的经济文化，增强民族团结，巩固边疆，也有重大的战略意义。随着民族地区寄宿制学校的大力建设和办学条件的不断改善，现在和今后一个时期，摆在我们面前最重要的问题，就是如何进一步抓好寄宿制学校的管理，提高办学质量和效益。

一、高度重视民族寄宿制学校规范化办学工作

举办民族寄宿制学校是在条件相当艰苦的情况下起步的，在各级党委、政府的高度重视下，民族寄宿制办学工作得到了长足的发展。近几年来，特别是下发《国务院关于深化改革加快发展民族教育的决定》和第五次全国民族教育工作会议召开后，各地相继召开了省级民族教育工作会议，出台了加强民族教育工作的一系列政策措施，并把民族寄宿制学校办学工作作为各省民族教育工作的重要组成部分，特别是民族地区“两基”工作的突破口优先发展。部分地方还相继制定并出台了寄宿制学校相应的管理办法，如四川省凉山州以州政府令的形式发布了《凉山州民族寄宿制中小学校管理办法》；青海省也下发了《青海省民族寄宿制中小学管理规程》等等。

同时我们还了解到，随着西部地区农村寄宿制学校建设工程的逐步实施，在极少部分地区还存在着“重建设、轻管理”、“重硬件、轻软件”的做法。房子盖起来了，仪器设备、图书配备齐了，孩子也坐进课堂了，可是还是有相当一部分适龄孩子流失了，甚至有些孩子根本就没进到学校来。这说明我们寄宿制学校的管理工作还没有跟上，相应的政策措施还没有完全到位。

西部民族地区，特别是地域广大的高原、高寒、边远和边疆民族地区“两基”工作是最难啃的一块硬骨头，各级民族教育行政部门要进一步重视起来，积极主动地争取地方党委、政府的支持。根据实际，制定适合本地民族寄宿制学校发展的措施和办法。抓管理、重质量、讲效益，促进民族寄宿制学校办学工作的规范化、制度化、科学化发展，办好学生安心、家长放心，让人民满意的寄宿制学校。

二、切实加强西部地区民族寄宿制学校建设工程的实施和管理工作

中央在继续实施“国家贫困地区义务教育工程（二期）”和“中小学危房改造工程”的基础上，集中在短短的四年时间内投入100亿实施西部地区寄宿制学校建设工程，重点补助“两基”攻坚县农村寄宿制

学校建设，是为了解决当前制约西部农村地区，特别是高原、高寒、边远、边疆民族地区普及义务教育这一“瓶颈”问题的重大举措。各地要以高度的政治责任感，按照中央的总体安排和部署精心组织，精心规划，精心管理。要严格建立“工程”管理责任制和责任追究制，特别是首先要把建设工程安全责任制建立起来，做到生命安全，责任重于泰山；要加强工程项目管理，确保工程质量，坚决杜绝新建和改扩建学校“一年建、二年用、三年危”的现象发生。

三、认真抓好民族寄宿制学校教师和管理人员“两支队伍”建设

民族寄宿制学校和其他普通中小学相比，既有其共性，更具有其显著的特色。一是民族寄宿制学校学生主要来自贫困民族地区，相当一部分学生家庭经济困难，教育程度偏低，学校教育教学管理难度相对较大，要求较高；二是民族寄宿制学校学生主要来自居住分散，山高谷深，交通困难和常年游牧的牧区、山区和边疆地区，远离家庭、远离父母，学生很容易产生自卑感、寂寞感和失落感，不合群现象甚至独自出走的现象时有发生，对学生日常行为的管理难度大，责任重；三是寄宿制学校学生（包括教师）一般是吃、住、学、玩都在学校，学校既是个大集体，又是“大家庭”，后勤管理工作任务繁重。

办好民族寄宿制学校，最关键的是配备好校领导班子，建设好“两支队伍”。各地要牢牢把握实施“西部地区农村寄宿制学校建设工程”的大好机遇，充分认识建设好民族寄宿制学校教师和管理人员“两支队伍”的重要性，下大力气认真抓好。

在学校领导班子的配备中，要在广泛民主的基础上，把对民族教育事业的责任感、事业心、创新意识、奉献精神和群众公认作为基本出发点，对班子成员的德、能、勤、绩实行责任制量化管理。选拔那些对民族教育事业有深厚感情，事业心强、政治和业务素质过硬的干部教师充实到学校领导班子中来，建立起庸者退、能者上的校长选拔任用机制。

严格编制管理，严格教师准入制度，通过“县对县”教育对口支援、聘用新的大专院校毕业生、鼓励和引导优秀教师和志愿者到民族寄宿制学校任教等多种形式，进一步调整、充实和优化教师队伍，防止不合格人员进入教师队伍；进一步加强教师继续教育工作，积极开展新一轮民族地区中小学教师综合素质培训，通过建立教师学习型组织，选送教师到内地发达城市中小学交流学习、聘请内地教师专家到学校讲课和利用现代远程教育手段培训等多种途径，着力建设一支数量适应需要，质量符合要求，以当地少数民族教师为主体的“双语型”教师队伍。坚决清退不合格教师和管理人员。在解决教师后顾之忧方面，地方各主管部门和社会各界要继续坚持多为民族寄宿制学校办实事，努力改善民族寄宿制学校教师的工作、生活条件，尤其是住房条件；在评优、职称评定、待遇等方面给予民族寄宿制学校教师适当倾斜，让他们能安心工作。我们在调研中了解到，凡在当地群众中口碑较好的民族寄宿制中小学，就一定有一个热爱民族教育事业、团结协作、真抓实干、具有较高素质的领导班子，就一定有一支责任心强、爱岗敬业、为人师表、无私奉献的教职工队伍。

四、建立和健全民族寄宿制学校常规管理制度

建立和健全常规管理制度是学校生命力之所在。民族寄宿制学校的管理工作有着与其他普通学校不同的特点，更要充分体现“以人为本”、以学生为主体的教育教学思想。坚持“爱、严、细”的管理原则，从细微之处着眼，从小事着手，对学生的饮食、住宿、交通、学习和活动每一个环节都不能有丝毫的松懈，要严格制定和完善寄宿制学校教育教学和后勤常规管理办法和细则；要建立民族寄宿制学校管理工作的评价体系和制度，周期性地对学校管理工作进行全方位的评估，逐步引入竞争机制。

一要抓好课堂教学管理。民族寄宿制学校要坚持以教学为中心，以管理为手段，紧密联系当地实际，因地制宜地实施素质教育。加强劳动技术教育和民族传统文化教育，积极推进课程和教学改革；要根据当地语言环境，实施双语教学和三语教学，切实提高学校教育教学质量。

二是加强校园、食堂和宿舍管理。民族寄宿制学校要牢固树立学生安全第一的思想观念，建立健全管理人员责任制和责任追究制。强化安全管理，严格门卫、巡逻值班制度、宿舍管理制度、卫生保健制度和紧急事故预警制度，坚决抵制黄、赌、毒对校园的侵蚀，确保学生的生命安全、饮食卫生和正常学习生活秩序。要知道宿舍、食堂与课堂同等重要，甚至重于课堂。

三是加强课外活动的组织管理。民族寄宿制学校要针对相当一部分学校校址较偏，学生生活单调的实际，充分利用学生食宿在校的有利条件，积极开展生动活泼、具有民族特色的文体活动、科技活动和社会实践；要根据当地实际和利用学校牧场、耕地，大力开展勤工俭学活动，增强学生劳动技能，改善学校办学条件和补助寄宿学生生活费用。

四是建立健全民族寄宿制学生生活补助经费管理制度。配合国家“两免一补”政策，在地方财政的支持下，采取国家资助一点、家长负担一点和勤工俭学补助一点的办法，切实解决好必须寄宿的家庭经济困难学生的学习生活费用问题，让学生进得来、留得住、学得好，决不能因家庭经济困难而失学。这里需要强调一点，必须严格补助措施，正确区分寄宿制学生与走读生、家庭经济困难寄宿制学生与非困难寄宿制学生。

五、加强德育工作，积极开展民族团结教育

我国是多民族的社会主义国家，民族地区的寄宿制中小学校是加强爱国主义教育和民族团结教育的重要阵地。各级教育和民族工作部门要认真贯彻《中共中央国务院关于进一步加强和改进未成年人思想道德建设的若干意见》、《中共中央关于进一步加强和改进学校德育工作若干意见》和《国务院关于深化改革加快发展民族教育的决定》精神，督促和指导民族寄宿制学校有重点、分层次、有针对性地对中小学生开展爱国主义教育、国防教育、法制教育和民族团结教育以及行为规范教育。民族寄宿制学校要把德育工作贯穿于整个教育教学过程，德育工作，说到底就是如何做人的教育。要把对学生开展形式多样、生动活泼的民族团结教育列入学校教学日程，使各民族师生进一步增强“汉族离不开少数民族、少数民族离不开汉族、各少数民族之间也相互离不开”的观念，牢固树立自觉维护祖国统一、反对民族歧视、反对民族分裂的思想意识。

六、加强信息化建设，不断提高教学和管理水平

近年来，在国家和地方各级政府的支持下，由于历史和自然条件等原因造成的民族地区信息闭塞的状况已经在逐步发生改变。一批民族地区寄宿制学校，特别是地处县、市的民族寄宿制学校已经建成了能与互联网联通的信息化网络教育和远程教育接收站，一些有条件的学校还建成了校园网。现代化信息技术的提高，有效地弥补了民族地区信息闭塞的不足，促进了民族寄宿制学校与内地学校管理及教育资源的共享，提高了学校的整体教学和管理水平。地方各主管部门要进一步提高对民族寄宿制学校信息化建设的认识，配合“农村中小学现代远程教育工程”，对民族寄宿制学校给予必要的政策和资金支持，切实提高民族寄宿制学校现代化管理水平，促进民族地区教育事业的跨越式发展。

民族寄宿制学校的管理是一项长期性工作，只有通过长期努力，让民族寄宿制学校每一位师生员工都清醒地认识到：“学校是大家的学校、事业是共同的事业，校兴则我兴，校荣我更荣”；让每一所民族寄宿制学校都能在创新、和谐的管理中健康有序地发展；让每一个民族地区的儿童少年都能在我们人性化的管理中享受党的民族政策的阳光雨露，这样，我们才算真正办出了让人民满意的教育。展望民族教育发展的美好前景，对于做好民族寄宿制学校的管理工作，我们信心百倍。让我们在邓小平理论和“三个代表”重要思想指引下，进一步贯彻落实第五次全国民族教育工作会议和《国务院关于深化改革加快发展民族教育的决定》精神，求真务实，开拓进取，向管理要质量，向管理要效益，真正把民族寄宿制学校建设好、管理好，为促进民族地区“两基”目标的实现和经济社会协调发展作出新的重大贡献。

原载2004年6期《中国民族教育》，作者夏铸系教育部民族教育司司长

民办教育

〔**2004 年民办教育情况**〕 2004 年民办教育在“积极鼓励、大力支持、正确引导、依法管理”方针的指导下，在各级政府的支持下，得到快速发展。有效地拓宽了人才培养渠道，适应了人民群众对教育多样化的需求，对深化办学体制改革起到了积极作用，成为教育事业的组成部分。

一、落实《民办教育促进法》，营造民办学校发展的良好政策环境

按照《民办教育促进法》的原则和精神，《民办教育促进法实施条例》修改、制定工作完成，《民办教育促进法实施条例》于 2004 年 3 月发布。为落实《民办教育促进法》及其实施条例的有关规定，教育部下发了《关于启用〈民办学校办学许可证〉有关问题的通知》，明确要求各级教育行政部门要依法行政，要制定、完善有关的规章和制度，并对各级教育行政部门实施规范管理提出了具体要求。为推动民办高等教育持续健康发展，2004 年教育部对民办本科院校的设置给予了扶持，组织全国高校设置评议委员会的专家对一批新设置的民办本科院校进行了考察。同时，在民办高校本、专（高职）科招生计划的安排等方面也予以了倾斜。2004 年，全国共有各级各类民办学校（教育机构）7 万余所，在校生1 769万人。其中：幼儿园62 167所，在园儿童 584.1 万人；小学6 047所，在校生 328.3 万人；普通初中4 219所，在校生 315.7 万人；职业初中 24 所，在校生 1.5 万人；普通高中2 953所，在校生 184.7 万人；中等职业学校1 633所，在校生 109.9 万人；具有独立颁发毕业证书的民办高校 228 所，在校生 71.1 万人；民办高等教育机构1 187所，注册学生 105.3 万人。

二、规范并加强对独立学院的管理，促进独立学院持续健康发展

按照“积极发展、规范管理、改革创新”的原则，教育部重视并关注独立学院的发展，一方面积极支持、正确引导，另一方面深入调研、及时发现解决问题，促进独立学院持续健康发展。2004 年，全国共有独立学院 249 所，在校生 68 万余人（其中本科生 55 万余人）。为了解和解决独立学院试办过程中出现的新情况、新问题，教育部在京召开了“进一步做好独立学院试办工作座谈会”，张保庆副部长出席会议并讲话。会议充分讨论和分析了当前独立学院发展中的问题和矛盾，提出了下一步的工作思路，从而进一步统一了思想，提高了认识。为规范独立学院的办学行为、改善办学条件，教育部组织专家于 2004 年底至 2005 年初，对全国独立学院进行了“办学条件和教学工作专项检查”，督促独立学院规范办学行为，提高教育质量。

撰稿 金平一

热点关注

民办教育的2004年

《民办教育促进法实施条例》颁行：中国民办教育步入法制化轨道

“《民办教育促进法》及其实施条例以法律的形式确定了民办教育的法律地位，明确了国家促进民办教育的方针和原则。”在2004年3月25日教育部召开的贯彻落实《民办教育促进法实施条例》新闻发布会上，教育部部长周济特别强调该部法律对进一步落实科教兴国战略，对促进我国民办教育持续健康发展所起的重要作用。

伴随着民办教育不断发展壮大的脚步，我国的民办教育立法也经历了一个适应民办教育事业发展需要，从无到有，不断完善的过程。发展需要规范，规范促进发展。为推动民办教育进一步发展，构建以政府办学为主体，公办教育和民办教育共同发展的格局，中国民办教育逐步加快了立法进程。在《民办教育促进法》于2003年9月1日起施行半年之后，《民办教育促进法实施条例》（以下简称《实施条例》）自2004年4月1日起施行，这标志着中国民办教育的法律体系基本建立。

《实施条例》的施行，对促进与规范前进中的民办教育有什么重要意义？

它对法律规定的原则和措施作了细化、补充。在8章54条中，规定了对民办学校的优惠与扶持政策，有利于提高办学者的办学积极性，有利于依法保障民办学校及其举办者的合法权益。同时，它通过规范对民办学校的管理与监督，引导民办教育持续健康发展。

正像一位民办教育工作者所说：《实施条例》体现了“保障”与“规范”相结合的原则，这才是“促进”的完整内涵。

在加大对《民办教育促进法》及其实施条例的宣传贯彻中，民办教育持续发展。目前全国共有各级各类民办学校（教育机构）7万余所，在校生1 400余万人，另有培训机构1万多个。

地方配套法规加紧制定：加快区域民办教育发展步伐

《民办教育促进法》及其实施条例颁布施行后，在教育主管部门的推动下，全国各省、自治区、直辖市都在根据各地民办教育发展的实际情况，按照国家的法律精神，着手制定地方性的民办教育配套法规。

应该说，这是使国家的法律得以在全国各地具体贯彻落实的重要步骤。一位参与《实施条例》制定工作的有关人员，在谈到条例制定的指导原则时曾说：“考虑到我国民办教育发展很不平衡，东、中、西部的差异很大，对有些问题，条例不搞一刀切，而是给地方出台有关规定留下足够的空间。”

2004年12月2日，陕西省人大常委会审议通过了《陕西省民办教育促进条例》，这是迄今为止出台的第一个地方性《民办教育促进法实施条例》配套法规。31条促进条例，结合该省民办教育的特点，在促进和规范民办教育发展上有一系列创新点，主要体现在：要求根据工作实际需要，完善管理机构，充实管理力量；明确了各级教育行政部门的具体职责；对未明确出资额的民办学校实际举办者取得合理回报问题，作出了给予一次性奖励，具体办法由省人民政府制定的规定；强调民办学校应当完善法人治理结构；具有招生自主权；细化了对民办学校学生在入学考试及其他方面的优惠政策；多项条款体现出具有地方特色的扶持政策。陕西省教育厅厅长胡致本在作有关条例起草的说明时，讲到了立法的原则：兼容性、继承性、体现地方特色与制度创新，其最大的特点在于贯彻落实“促进”的核心内容。

当前，《江西省实施〈民办教育促进法〉办法》（草案）已八易其稿。北京市、四川省乃至全国更多的地方，都在细致调研、反复讨论的基础上加紧配套法规的制定，相信为期不远，会有多部地方配套法规出台，将对加快区域民办教育发展起到促进作用。

取消高等教育学历文凭考试：一项重要的教育政策调整

2004年6月底，教育部发出通知，结束高等教育学历文凭考试试点工作，取消文凭考试。自2005年始，所有进行文凭考试试点的民办高等教育机构，一律终止招收文凭考试学生。这项重要政策的调整，引起社会各界特别的关注。民办教育的管理者，民办学校的举办者、办学者、受教育者，渴望知晓教育政策调整背后基于哪些考虑？

“学历文凭考试是国家对尚不具备颁发学历文凭资格的民办高校学生组织的学历认定考试。”从1993年开始在北京最先进行试点，后来在全国18个省、自治区、直辖市开展试点工作，总共有400多所民办高等教育机构取得了试点资格。

作为一项教育试点政策，学历文凭考试是一定时期教育发展需求的产物，它对我国的高等教育发展作出了历史性的贡献。在新形势下取消学历文凭考试，是保证高等教育健康发展的现实选择。国家权威教育科研部门在对此课题进行深入研究的基础上，提出如上见解。他们认为，当前高等学校的多样化发展、高校招生规模的持续扩大以及民办高校的快速发展等因素，使一些民办学历文凭考试试点机构陷入生源不足和质量难保的困境，面临生存危机。

政策调整以后，这400多所民办高等教育机构何去何从？

教育专家们分析说：这些民办机构转型发展的路径选择必须面向市场。有条件的可争取成为具有颁发学历文凭资格的民办高校。有的可整合到其他民办高校，也可以办自学考试助考，或依靠普通高校办函授教育，还可以转化为培训性质的非学历教育机构。

遵照教育部有关通知中的要求，各地教育行政部门也在为“继续利用好这一资源，充分发挥其积极作用，引导其采取其他教育形式，为发展教育事业作贡献”在动脑筋想办法。北京市针对取消学历文凭考试后，不少民办学校面临转型的情况，引导他们根据社会需求和学校实际条件，选择申报职业学院或其他多种形式的培训。

继续开展独立学院试办工作：要求做到“优”、“独”、“民”

今后对独立学院要继续保持“积极支持、规范管理、改革创新”原则和“优”、“独”、“民”三条要求。在教育部前不久召开的关于进一步做好独立学院试办工作座谈会上，教育部副部长张保庆强调今后一个时期的主要任务，是认真全面地落实教育部《关于规范并加强普通高校以新的机制和模式试办独立学院管理的若干意见》的精神，切实保证独立学院的办学质量，严格规范办学行为。

普通本科高校以新机制、新模式试办独立学院开端于1999年，是对高等教育办学体制改革的一种大胆探索。独立学院以其特有的兼具公、民办的优势，开辟了扩大高等本科教育资源和利用民间资金办学的新渠道。为解决办学中出现的新情况、新问题，教育部作出了规范管理独立学院办学行为的一系列规定，突出强调了要求优质、独立、民办的特点。

目前，全国共有独立学院249所，在校生人数约68万人。

从总体上看，独立学院的发展是健康的，得到了各方面的肯定。因为是新生事物，其在发展过程中会有一个逐步完善和成熟的过程。针对办学中的有关问题与矛盾，教育部要求省级教育行政部门、申办高校和投资合作单位，都应严肃履行好各自的职责。当前特别要注意依法依规办学。

原载2004年12月31日《中国教育报》　赵一枫　文

学校体育、卫生、艺术与国防教育

〔**全国高等学校体育工作座谈会**〕 为全面推进高校体育事业改革与发展，教育部于 2004 年 8 月在上海召开了全国高等学校体育工作座谈会，教育部部长周济作了重要讲话，并代表教育部向广大青少年学生提出了“每天锻炼一小时，健康工作 50 年，幸福生活一辈子”的口号，副部长赵沁平作了题为“大力加强高等学校体育工作，为培养社会主义现代化建设的高素质人才而奋斗”的报告，各省、自治区、直辖市教育行政部门和全国七十余所高校的主管领导参加了会议。会议研究制定了“教育部关于进一步加强高等学校体育工作意见”和“教育部关于进一步加强高校高水平运动队建设的意见”。

〔**第七届全国大学生运动会**〕 2004 年 8 月，教育部、国家体育总局、共青团中央共同举办了第七届全国大学生运动会，本届大运会由上海市人民政府承办，是有史以来规模最大的一次。运动会共设有田径、游泳、篮球、排球、足球、健美操、乒乓球、武术、定向越野九个比赛项目和桥牌表演项目，参赛大学生运动员达到3 400多名，31 个省、自治区、直辖市和香港、澳门特别行政区都组了团参赛。大运会期间还举行了第七届全国大运会体育科学论文报告会，会上共收到全国各地报送的论文 2 000余篇，内容涉及学校体育学、体育社会学、体育经济学、运动训练学等诸多领域，是对四年来我国高校体育科研成果的集中展示。

〔**推进实施体育新课程标准**〕 为保证九年义务教育阶段《体育与健康课程标准》的贯彻实施和体育课程改革的顺利进行，教育部制定下发了《教育部关于保证中小学体育课程课时问题的通知》，要求各地在制订体育课程实施计划时，应明确小学体育和初中体育与健康课的周课时要求，即 1～2 年级体育课相当于每周 4 课时，3～6 年级体育课和 7～9 年级体育与健康课相当于每周 3 课时，确保中小学校开足体育课。同时，为进一步深化中小学体育教学改革，交流各地开展体育教学工作的经验，教育部体育卫生与艺术教育司与中国教育学会体育专业委员会，在广东省肇庆市联合召开了全国中小学体育教学观摩展示活动，现场展示了从全国评选出的 30 节优秀中小学体育课。展示活动较好地反映了新一轮体育课程教学改革所取得的成果。

〔**中小学生课外文体活动工程**〕 在对天津市河西区等 10 个地区开展中小学生课外文体活动工作进行考察的基础上，教育部、国家体育总局、共青团中央、全国少工委共同命名了天津市河西区、河北省唐山市、内蒙古自治区赤峰市、辽宁省营口市、湖北省襄樊市、四川省双流县、贵州省贵阳市云岩区、重庆市沙坪坝区、江西省宜春市袁州区、新疆生产建设兵团农八师一二一团等为“全国中小学生课外文体活动工程示范区”。为将“全国中小学生课外文体活动工程”引向深入，教育部制定下发了《体育、艺术“2＋1项目”实施方案（试行）》，确定在全国 15 个课外文体活动工程示范区进行“体育、艺术‘2

+1项目'”实施工作的试验，即通过学校组织的课内外体育和艺术教育活动，让每个学生在九年义务教育阶段能够掌握两项体育运动技能和一项艺术特长。

撰稿 卢 逊

〔**农村学校卫生工作**〕 2004年7月，教育部会同财政部联合印发了《财政部、教育部关于下达农村学校食堂和饮水设施改造中央补助专款的通知》，决定由中央财政安排一亿元专项补助经费，各地安排配套资金对东北三省及西部地区的农村学校食堂与饮水设施进行改造。在中央财政补贴的推动下，各级政府积极筹措经费，安排配套资金，加大学校食堂与饮水设施改造力度，使相当一部分农村学校食堂设施条件得到改善或达到国家规定的卫生标准。

2004年10月，教育部会同卫生部、全国爱卫会印发了《教育部办公厅、卫生部办公厅、全国爱卫会办公室关于农村学校卫生厕所建造的指导意见》，对农村学校卫生厕所建设和改造的原则、选址与厕所数量、地下粪池部分设计、地上部分设计等进行了规定，并推荐了三种卫生厕所类型。

〔**学校食品卫生管理工作**〕 2004年10月—11月上旬，教育部会同卫生部组成4个联合检查组对浙江、福建、湖北、山西、陕西、内蒙古和黑龙江7省（自治区）学校食品卫生管理情况开展专项督查活动。本次共抽查了包括城市和农村的大、中、小学校和托幼机构等58所。抽查结果显示：近年来，各级卫生和教育行政部门密切配合，结合当地的具体情况，完善法制和工作机制，落实各项措施，学校食品卫生工作取得明显进展，从卫生部统计的数据来看，与2003年相比，报告的学校食物中毒事件总数下降了17.56%，中毒人数下降了25.52%。

〔**预防艾滋病教育**〕 2004年6月，制定下发了《教育部关于贯彻落实〈国务院关于切实加强艾滋病防治工作的通知〉的意见》，进一步明确了工作目标和具体要求，即省级教育行政部门要切实按照《中学生预防艾滋病专题教育大纲》要求，在普通中学的地方课时中安排预防艾滋病专题教育课时（初中6课时、高中4课时）；中等职业学校要参照《中学生预防艾滋病专题教育大纲》要求，安排4～6课时的预防艾滋病专题教育时间；普通高等学校每学年必须安排不少于1课时的专题讲座；高中阶段以上的各级各类学校必须向每一位入学新生发放“预防艾滋病教育处方”，到2005年，发放率应达到100%；学校图书馆或阅览室应根据师生人数配备相应数量的预防艾滋病、远离毒品、无偿献血等相关知识的科普读物，到2005年，学校相关科普读物的配置率达到80%以上，到2008年，达到100%；学校校园宣传栏中应设有相对固定的艾滋病防治宣传园地，到2005年，宣传园地的设置率应达到70%以上，到2008年，达到80%以上；建有校园网络的大、中学校校园网中应设置艾滋病防治宣传栏目，到2005年，宣传栏目设置率应达到70%以上，到2008年，达到80%以上；在2005年底前，各地要对大、中学校承担预防艾滋病健康教育的师资和校医进行一次轮训；师范院校要将预防艾滋病健康教育知识纳入相关课程；各地教育行政部门和学校应与卫生、民政等部门密切配合，切实解决艾滋病患者遗孤免费义务教育问题；各级教育行政部门应将预防艾滋病健康教育落实情况纳入教育督导评估及有关专项工作检查内容，定期对学校进行检查与督促等。

2004年11月29日，教育部在北京市第二中学举行了“预防艾滋病宣传活动暨向部分地区农村学校赠送预防艾滋病教育系列教学资料仪式”，教育部副部长陈小娅出席赠送仪式并讲话。卫生部副部长王陇德、联合国儿童基金会驻华代表出席活动并讲话。在本次活动上，教育部还向云南、广西、河南、安徽等20个省（自治区）的农村学校赠送价值近70万元的预防艾滋病专题教育教学资料。北京等14个省、自治区、直辖市教育行政部门的代表、有关专家以及在京的新闻媒体代表和青少年学生代表约400人参加了本次活动。在本次活动中，与会代表不仅集体观看了《预防艾滋病教育专题教育教学片》，而且还现场观摩了北京二中初二年级的一堂生动的预防艾滋病专题教育课，举行了“预防艾滋病、青少年责无旁贷”的主题签名活动。

〔**血防教育**〕 2004年1月，教育部与卫生部联合制定下发了《卫生部、教育部关于加强学校预防控制血吸虫病健康教育工作的通知》。2004年6月，又制定下发了《教育部关于贯彻落实〈国务院关于进一步加强血吸虫病防治工作的通知〉的意见》，明确要求血吸虫病流行区各级教育行政部门和中小学校将血防健康教育纳入中小学校教学计划，按照“学校预防控制血吸虫病健康教育基本要求”，根据血吸虫病发病特点和流行的季节性、规律性，有计划、有重点的安排教学内容和教学时间，通过上一堂血防健康教育课、看一次血防健康教育录像或听一次血防专题讲座、开展一次血防健康教育的课外活动、结合语文课教学内容写一篇与血防健康教育相关的作文、每所学校利用黑板报或墙报办一期血防健康教育专栏等形式，对学生普遍进行血防健康教育。血吸虫病流行区各级教育行政部门要有计划地对所辖学校开展血防健康教育工作情况进行检查督促，并将血防健康教育工作作为学校目标管理和考核的重要内容等。

撰稿　柴海鹰

〔**印发《普通中小学校和中等职业学校贯彻〈学校艺术教育工作规程〉评估方案（试行）》**〕 为进一步落实《学校艺术教育工作规程》（教育部令第13号），加强对全国中小学校艺术教育工作的督导检查，2004年教育部研究制订了《普通中小学校和中等职业学校贯彻〈学校艺术教育工作规程〉评估方案（试行）》（以下简称《评估方案》）。《评估方案》的下发试行，对于各地提高贯彻《学校艺术教育工作规程》的自觉性，进一步明确学校艺术教育的指导思想，改善艺术教育的办学条件，加强艺术教育的基本建设，强化艺术教育教学管理，推动学校艺术教育发展，促进学生全面发展，具有重要作用。

〔**学校艺术教育课程建设**〕 根据《基础教育课程改革纲要》的要求，教育部在研制完成九年义务教育阶段音乐、美术和艺术课程标准的基础上，完成了高中艺术课程新课标的研制和修订工作。为进一步推进普通高校艺术教育，提高大学生的艺术素养，教育部研制了《普通高校公共艺术课程设置方案》。义务教育课程改革、高中艺术类课程的开设与普通高等学校艺术教育课程建设的发展，为我国学校艺术教育教学体系的逐步确立和完善打下了坚实的基础。

〔**艺术教师队伍建设**〕 为适应教师教育的开放性与教师专业化的发展趋势，2004年教育部研制了《全国普通高等学校音乐学、美术学（教师教育）本科专业课程设置指导方案》。

针对普通高等学校公共艺术教师整体数量严重不足、质量不高的实际情况，2004年继续招收普通高等学校公共艺术教师在职攻读硕士学位班，为高校培养合格艺术教师。

2004年分别在昆明、西安举办了“全国中小学音乐、美术课评比活动”、第三届“珠江钢琴”全国高校音乐教育专业大学生基本功比赛。这两项活动为广大教师，特别是青年教师，以及未来艺术教师的成长，提供了一个展示、学习的平台。

截至2004年，全国高等师范学校艺术教育专业点已达700多个，硕士点30余个，年培养学生万余人；全国中小学专职艺术教师已达36万余人，其中，小学音乐教师近12万人、美术教师10万人，初中音乐教师6.7万人、美术教师6.4万人，普通高中音乐教师6 024人，美术教师6 105人。小学音乐、美术教师学历合格率分别为71%和73%，比五年前平均提高了5%左右。初中音乐、美术教师学历合格率为72%和75%，比五年前分别提高了17%左右。

〔**《李岚清音乐笔谈》首发式暨交响音乐会**〕 2004年高等教育出版社出版了由前国务院副总理李岚清撰写的《李岚清音乐笔谈》一书。为充分发挥该书的教育价值，进一步推动高雅艺术进校园，教育部艺术教育委员会和中国艺术教育促进会联合组织策划了《李岚清音乐笔谈》签名赠书仪式、首发式暨交响音乐会和专家座谈会。国务委员陈至立、中央有关部委的领导同志、来自有关省（市）教育厅（教委）的代表、文化艺术教育界的专家和首都各大中学校师生2 000余人，出席参加了9月9日晚在北京大学百周年纪念讲堂举行的签名赠书仪式和首发式暨交响音乐会。来自全国有关省（市）教育厅（教委）的负责人，大中学校的校长代表，教育界、艺术界、出版界的专家、学者，参加了9月10日召开的《李岚清音乐笔谈》专题座谈会，对《李岚清音乐笔谈》一书的价值予以充分肯定，对如何加强艺术教育、促进青少年学生健康成长，提出了积极的建议。

〔**农村学校艺术教育**〕 为进一步深化全国农村学校艺术教育实验工作，《在全面建设小康社会背景下全国农村艺术教育改革与发展研究》被列为全国教育科学“十五”规划教育部重点课题。

通过该课题研究及成果推广，要使我国农村学校艺术教育形成如下的新局面：(1) 艺术教育适应各地农村社会经济教育发展，实现农科教统筹发展；(2) 艺术教育与其他教育相互渗透、融合；(3) 农村学校开齐、上足、教好艺术学科课程，开展丰富多采的课外艺术活动；(4) 改革教学内容、教育方法和手段，开发当地艺术教育资源，因地制宜开展美育活动；(5) 小学、初中、高中阶段艺术教育相互衔接，整体优化。

为了使农村学校艺术教师确立新课程理念，提高农村学校艺术教育教学质量，举办了“全国农村艺术教育实验县（市）艺术教育教学案例及教学设计评选活动”、“全国农村艺术教育实验县（市）青年教师优秀录像课评比活动”以及“全国农村艺术教育实验县（市）行政管理人员和骨干教师培训班”，为促进农村学校艺术教育的改革与发展，实现教育的均衡发展做了铺垫性的工作。

〔**全国理工科院校校长艺术教育论坛**〕 为了推进理工科院校艺术教育的改革与发展，11月12日—15日，教育部体育卫生与艺术教育司和艺术教育委员会在合肥中国科技大学举办了全国理工科院校校长艺术教育论坛。

这是改革开放以来首次举办的高校校长艺术教育论坛。来自全国20多所理工科院校的校长（书记）出席了论坛，围绕本次论坛的主题“艺术教育与人的发展”展开讨论，在许多问题上达成了共识。

大家一致认为，艺术教育是美育最重要的组成部分，具有不可替代的育人功能和作用。对于理工科院校来说，培养学生的健全人格，提高学生的综合素质，特别是激励学生的创新精神，艺术教育都能够发挥特有的教育价值。普通高校艺术教育要坚持以育人为本的宗旨，坚持艺术教育的公平性，让每一个学生都得到艺术的熏陶，获得全面和谐的发展。

撰稿 万丽君

〔**高等学校军事理论课**〕 高等学校军事理论课教学工作是高等学校教学工作的重要组成部分，是学生的必修课程。为加强高等学校军事课教学工作，教育部办公厅2004年1月下发了《关于加强普通高等学校军事理论课教学工作的意见》。要求高等学校要建立和健全军事理论课教学机构，加强对军事理论课教学和军事技能训练的组织和领导，设立军事教学机构（军事教研室），并确定一位校级领导负责。要大力加强普通高等学校军事教师队伍建设，建设一支政治强、业务精、素质高的专兼结合的军事教师队伍。学校要把军事教师队伍建设，纳入学校师资队伍建设的总体规划，根据军事理论课教学和军事技能训练的工作量配备军事教师。选聘专职军事教师要注重综合素质、专业水平和学历层次，应具备高等学校教师资格和任职条件。高等学校专职军事教师的职务评聘纳入高校教师职务评聘工作的管理渠道，实行规范化管理。要加强高等学校军事教师的在职培训工作，鼓励和支持中青年教师在职攻读学位，提高学位层次和综合素质。文件强调要大力推进军事课课程建设，严格按照《普通高等学校军事课教学大纲》实施教学，保证教学内容和学时的落实，积极探索军事课教学的新规律、新特点，努力构建与21世纪我国现代化建设、国防建设和教育改革与发展相适应的高等学校军事课课程体系。要不断提高军事教师的研究能力和科研素质，推动军事课教学研究工作的开展。要加强高等学校军事理论课教材建设，选用优秀教材。要不断改善教学条件，充分运用现代化教学手段，研制开发军事课教学软件，实施多媒体教学增强教学效果。要充分利用校园网络系统，拓宽军事课教学途径，增强军事课教学的辐射力和感染力。

〔**学生军训工作**〕 为进一步贯彻落实《国务院办公厅、中央军委办公厅转发教育部总参谋部总政治部关于在普通高等学校和高级中学开展学生军事训练工作的意见的通知》精神，总结 2001 年以来的学生军训工作经验，教育部、总参谋部、总政治部组成联合工作组，于 2004 年 4 月下旬开始，用 20 天时间，对 20 个省（自治区、直辖市，以下统称为省）的学生军训工作主管部门和 58 所普通高等学校、19 所高级中学、7 所军队院校、5 个学生军训基地进行了检查。结果表明，各地在推进学生军训工作中深入贯彻落实“国办发［2001］48 号文件”精神，措施有力，工作落实，学生军训工作已进入深入发展阶段，呈现出良好势头。根据检查的情况，教育部、总参谋部、总政治部向国务院、中央军委上报了《关于全国学生军训工作检查情况的报告》，下发了《关于全国学生军训检查情况的通报》。通报在总结前一阶段工作的基础上，对今后学生军训工作提出了要求。

为防止学生军训工作中各类事故的发生，确保学生军训期间人员、武器等其他方面的安全。教育部办公厅下发了《关于加强学生军训安全工作的通知》。要求各级教育行政部门和学校要搞好安全教育，完善各项制度，加强枪支、弹药及实弹射击的管理，严防枪支、弹药丢失及伤亡事故发生。加强卫生防疫措施，防止各种传染病、食物中毒及其他安全事故的发生。要建立健全意外事故报告制度，学校在军训中发生各类安全事故后，应及时向所在地教育行政部门、军事部门及相关部门报告。

〔**国防教育活动**〕 为贯彻落实《中华人民共和国国防法》、《中华人民共和国国防教育法》的有关规定，增强青少年的国防观念和国家安全意识，扩大国防的宣传和影响，教育部与国家国防教育办公室、中宣部、团中央等部门共同组织了“爱中华、奔小康、强国防”国防教育系列活动，活动包括知识问答、讲演比赛、有奖征文活动等，活动的开展得到了各级各类学校学生的广泛响应和参与，收到了良好效果。

撰稿 谭 钢

审稿 杨贵仁 廖文科

教育信息化建设与远程教育

教育信息化建设

〔开通全球规模最大的下一代互联网〕 中国下一代互联网示范工程CNGI是我国下一代互联网发展战略的起步工程，对我国科技、产业、经济发展乃至增强国家未来综合竞争力都具有重要的战略意义。

2003年8月，CERNET网络中心以综合评定第一名中标建设CNGI中规模最大、也是唯一的学术网CERNET2和北京国际/国内互联中心。2004年3月19日，连接北京、上海、广州三地速率为2.5G的CERNET2试验网开通，正式向用户提供IPv6服务，为高校接入做好了准备。CERNET2建设规模为20个核心节点，并在北京和上海建设分布式节点，首批接入100所高校。

2004年12月25日，在北京国际会议中心举行的“中国下一代互联网示范工程CNGI示范网络核心网CERNET2开通与CERNET建设十周年庆祝大会”上，国家发展改革委、教育部、信息产业部、科技部等8部委联合宣布，我国第一个下一代互联网CERNET2主干网正式开通。CERNET2以2.5G—10G的速率连接分布在全国20个主要城市的25个核心节点，为全国高校和科研单位提供1G—10G的IPv6接入服务，并通过中国下一代互联网交换中心，高速连接国际下一代互联网。

CERNET2大量采用具有我国自主知识产权的核心网络技术及产品，成为我国研究下一代互联网技术、开发基于下一代互联网的重大应用、推动下一代互联网产业发展的关键性基础设施。它的开通标志着我国在下一代互联网建设领域已跻身世界前列，向实现我国下一代互联网发展战略描绘的宏伟蓝图迈进了重要一步。

〔中国教育和科研计算机网CERNET建设〕 中国教育和科研计算机网CERNET是由国家投资建设，教育部负责管理，清华大学等高等学校承担建设和管理运行的全国性学术计算机互联网络。

CERNET始建于1994年，是全国第一个IPv4主干网。目前已拥有光纤干线3万多公里，DWDM高速传输网2万多公里，主干网总容量40G，初步建成速率为2.5G—10G的高速主干网和速率为155M的中高速地区网，通达全国31个省（自治区、直辖市）的200多个城市；拥有一个国家网络中心、10个地区网络中心、38个地区网主节点；联网单位1 500多个，其中高校1 000多所；连网主机数超过500万，用户1 800多万；IP地址数量超过800万。拥有28条国际和地区性信道，与美国、加拿大、英国、德国、日本和香港特别行政区联网，国际出口带宽超过3G，与国内其他互联网连接带宽超过10G。

CERNET已成为有相当国际知名度的国家级学术互联网络，是世界最大的教育科研网，世界三大学术网之一，中国第二大互联网，其主干网带宽和路由技术达到国际先进水平。

CERNET是国际下一代互联网技术的积极推动者，也是中国下一代互联网技术研究先驱和主要建设者，更是我国下一代互联网技术的重要研究和试验基地。1998年，CERNET建设了中国最早的

IPv6试验床。2000年，中国下一代高速互联网交换中心DRAGONTAP在CERNET网络中心建成。近年来，先后承担了中国高速互联研究试验网NSFCNET，863－IPv6综合实验环境，CERNET－IPv6试验网，中日IPv6合作研究等一批下一代互联网试验和研究项目。2004年3月，CERNET2试验网开通，这是中国第一个IPv6主干网，也是世界上规模最大的纯IPv6网，标志着中国下一代互联网建设拉开了序幕。

CERNET的建设与发展，是整合高校优势力量，多单位联合承担国家重大科技项目的成功范例。其建设与发展经验，对我国教育信息化建设、对我国重大科技工程和科技基础条件平台的建设都具有重要的借鉴意义。

〔**中国教育科研网格计划** ChinaGrid〕 ChinaGrid从2002年9月开始筹备，旨在基于CERNET的网络传输基础，利用高校丰富的计算资源和信息资源，实现资源有效共享，形成高水平、低成本的、服务于国家教育科研的大平台，并争取在网格计算的基础研究和应用研究方面走在世界前列。在相关部门大力支持下，ChinaGrid被列入“十五”211公共服务体系建设内容、清华大学信息技术国家实验室重要研究方向、科技部863计划高性能计算重大专项典型应用，并同HP、Intel、IBM、Microsoft、Sun、Oracle、曙光等国内外著名IT公司开展了广泛交流合作。

基于网格支撑平台，ChinaGrid共开发了图像处理网格、生物信息学网格、大学课程在线网格、计算流体力学网格、海量信息处理网格五大专业网格典型应用示范，影响日益增大。

2004年7月，ChinaGrid成功研发国际上第一个遵循国际OGSA架构，参照WSRF规范实现的网格中间件——中国教育科研网格公共支撑平台CGSP，在国际网格界产生了巨大反响。CGSP的成功开发，进一步增强了ChinaGrid专家在国际标准制定领域的地位和影响。ChinaGrid专家已成为中国网格标准的主要制定者。

〔**大学数字博物馆建设工程**〕 “大学数字博物馆建设工程”是《面向21世纪教育振兴行动计划》“现代远程教育工程”2001年设立的资源建设项目，一期共建设了地球科学、生命科学、人文科学和工程技术四大类18家大学数字博物馆，于2003年通过验收，为二期工程奠定了坚实基础。为在标准规范、系统平台、共享服务、关键技术等方面进一步完善，将大学数字博物馆建设持续深入开展，2004年5月份开始进行二期建设的调研工作。

2004年12月25日，中国大学数字博物馆门户网站（http：//dmcu.nju.edu.cn/）正式开通，包括南北两个地区中心站点，提供了基于集成数字化资源的信息服务。已开展数字博物馆藏品的存取控制和版权保护技术、图像明水印实时加载处理、跨馆协同全文检索机制、3D藏品的获取、建模、在线逼真绘制等关键技术研究及工具软件开发，部分成果已经应用到信息服务中去。

撰稿　冯吉兵

审稿　谢焕忠

中央广播电视大学远程教育

〔**综述**〕 截至2004年秋，经过25年的发展，全国陆续成立了44所省级电大、961所地（市）级电大分校及省校直接管理的工作站、2 075个县级工作站、26 698个教学点。各级电大具有不同的职能和任务，组成了一个统筹规划、分级办学、分级管理的现代远程开放教育教学系统。全国电大有各类学历教育在校生278万人，其中高等专科、本科258万人，中专20万人，试点注册学生累计210.9万人，毕业学生38.1万人。中国的广播电视大学被列为世界上10所巨型开放大学之首，是目前全球最大的远程开放教育教学系统。

2004年开设金融学、法学、小学教育、英语等15个专科起点本科专业和金融、法学、计算机应用、电子信息技术等25个专科专业，春秋两季招生622 458人，其中专科专业招生366 505人，专科起点本科专业招生255 953人。至2004年底，试点累计注册学生210.9万人，毕业42.9万人。

在新闻出版总署和教育部联合举办的第五届“全国优秀教育音像制品奖”评选中，中央电大9种音像教材获奖，其中一等奖1个、二等奖4个、三等奖4个。

中央电大共有7个项目获“2004年北京高等教育教学成果奖”，其中“现代远程教育环境下人才培养模式的构建”获北京市高教教学成果一等奖，并推荐参加国家级教学成果一等奖评审；一项获市级二等奖，并推荐参加国家级教学成果二等奖评审；另外五项获得市级二等奖。

〔**实施“一村一名大学生计划”**〕　2004年2月，教育部“一村一名大学生计划”正式启动，该计划由中央广播电视大学组织实施，每年每村招收一名大学生，培养高等职业技术教育层次的农村实用科技人才和管理人才。招收对象主要为具有高中（含职高、中专）毕业或具有同等学力的农村青年，鼓励复员退伍军人、农业科技示范户、村干部，以及乡镇企业从业人员参加学习。

2004年，“一村一名大学生计划”开设了具有职业教育特色的种植类、养殖类和管理类等10个专业。24所省级电大及其所属的64所县级电大招生4 963人。

〔**部队士官学历教育**〕　中央广播电视大学八一学院、总参学院在部队系统内部设立教学站点367个，分布在全国的26个省、自治区、直辖市内。开设了法学、行政管理2个本科专业和法学、行政管理、计算机应用、工商管理等4个专科专业，累计招收学员31 385名，毕业学生11 000人。

〔**残疾人远程教育**〕　2月16日，中央广播电视大学残疾人教育学院在深圳正式揭牌，并在深圳学习中心启动试点招生，首次招收学员50名，4月30日举行首期开学典礼。年内设立学习中心1个（深圳）、教学点18个，开设数字媒体设计与制作、英语（商务方向）、会计学（财务会计方向）三个高等专科学历教育专业，年内在校生203人。

〔**教学检查与总结性评估**〕　2004年8月，教育部下发“中央广播电视大学人才培养模式改革和开放教育试点”项目总结性评估指标体系（省级及以下电大用）。从2004年下半年到2005年上半年，将由省级教育行政部门开展对省级以下电大的评估。中央电大通过半年一次的教学检查与网上教学检查、自查相结合的方式，启动总结性评估的自评工作。全国44所省级电大顺利完成项目年报年检工作。

〔**中等专业教育**〕　中央广播大学中等专业学校与中信国安集团所属企业联合开展面向贫困地区困难家庭子女的“以工助学”教育培训项目，年内在读学生360人。为即将刑满释放人员举行就业指导培训和执业资格证书培训，首批培训80人次。为教育部机关和电教大楼保安队员开展在职中专教育，设计算机应用专业，在读学生28人。

〔**非学历教育及培训工作**〕　中央电大在各地方电大设立的继续教育基地累计52个。年内培训非学历2万人次。11月1日，北京市总工会和中央电大正式签署合作协议，在北京市联合组织“创建学习型组织、争做知识型员工”暨“首都职工素质教育工程”培训项目。

〔**对外合作与交流**〕　中央电大是亚洲开放大学协会（AAOU）和国际远程开放教育理事会（ICDE）的成员。中央电大校长张尧学当选为第19届亚洲开放大学协会（AAOU）主席，任期从2004年到2007年。中央电大对外合作与交流处处长李亚婉被提名为秘书长，秘书处设在中央电大。

〔启动“西部地区百所县级电大援助计划”〕 中央电大决定从2004年至2006年，在内蒙古、广西、四川、重庆、贵州、云南、陕西、甘肃、青海、宁夏、新疆、西藏12个省、自治区、直辖市和湖南湘西、湖北恩施、吉林延边3个地区开展“西部地区百所县级电大援助计划”，将遴选100所县级电大，投资1 000万元人民币进行援助，提升其教学现代化水平，推动电大远程开放教育向下延伸，为基层培养更多的应用型人才。年内首批援助20所县级电大。

〔公共服务体系建设〕 中央电大现代远程教育公共服务体系已与15所学校开展合作，合作开设专业60个，在校生累计1.5万人。

撰稿　徐建新
审稿　于云秀

中央电化教育馆远程教育

〔教育部基础教育资源中心成立〕 根据中央机构编制委员会办公室《关于中央电化教育馆加挂教育部基础教育资源中心牌子的批复》，教育部决定成立教育部基础教育资源中心，并于2004年12月22日下发《关于成立教育部基础教育资源中心的通知》。教育部基础教育资源中心（以下简称资源中心）和中央电化教育馆合署办公，一个机构，两块牌子。为加强基础教育资源的建设，决定整合现有基础教育资源，将教育部基础教育课程教材发展中心涉及基础教育信息化及多媒体教育资源建设的职能划转到中央电化教育馆。

资源中心实行主任负责制。教育部对资源中心实行目标和任务管理。政策和业务方面资源中心接受基础教育司的指导。资源中心的主要职责为：1. 承担基础教育资源建设的规划和协调工作；2. 收集、发布基础教育资源需求信息；3. 组织基础教育资源征集、引进、开发和整合工作；4. 建立基于中国教育卫星宽带多媒体传输网的专项资源管理和服务平台，负责基础教育资源发送、技术支持、用户管理和反馈信息收集；5. 承担国家基础教育资源库及资源服务网站的管理工作；6. 组织基础教育资源的研究、评价、推荐和交流工作；7. 开展教育部授权和委托的其他有关工作。资源中心内设规划、项目、评价三个处。

撰稿　郭忠民

〔农村中小学现代远程教育工程项目的培训与资源建设〕 为保证农村中小学现代远程教育工程项目的顺利实施，中央电化教育馆于2004年3月分别举办了西南、中南地区和西北、华北地区现代远程教育工程试点示范项目国家级培训班；9月份，在北京举办了农村中小学现代远程教育试点项目省级骨干教师和管理人员培训班；11月份，组织召开了农村中小学现代远程教育“三种模式”应用教学计划研讨会，并部署了项目试点县“三种模式”教学应用的培训工作；12月份，中央电化教育馆又分别在广西、四川、陕西、甘肃、河北等地举办了12期项目试点县“三种模式”教学应用培训班。

为落实教育部关于农村中小学现代远程教育设备和资源要面向学生、走进课堂、用于教学的精神，推动农村中小学现代远程教育工程的深化和拓展，2004年4月和7月，中央电化教育馆在山东、云南、内蒙古、湖南等地分别举办了“信息技术与课程整合”培训班，共培训全国三十余个省（市）的中小学校长、教师及电教部门的有关人员一千四百多名；12月份，在广东举办了省、地市级电教馆馆长高级研修班。截止到目前，半数以上地（市）级电教馆馆长参加了较系统的培训，业务水平和工作管理能力得到提高。

随着农村中小学现代远程教育工程的不断推进，教育资源建设已经摆到重要的工作日程。受教育部委托，中央电化教育馆开展了基础教育资源建设状况调研，提出了《基础教育资源建设概况》，加强了农村中小学现代远程教育资源建设规划的研究，并提出了《农村中小学现代远程教育工程资源建设规划》。10月20日，教育部部长周济主持召开部长专题办公会议，研究农村中小学现代远程教育资源建设工作，原则通过了《农村中小学现代远程教育工程资源建设规划》（以下简称《规划》）。按照《规划》的要求，中央电化教育馆主要做了以下几方面工作。按照“够用、好用、实用”的原则，做好为农村中小学现代远程教育各项工程提供资源的服务工作。通过开发、采集、整合等多种途径，集成了国内外优质教育资源，为西部农村中小学免费提供了优质教育资源，资源的内容不断丰富，质量进一步提高。2004年完成了教育部下达的现代远程教育工程试点示范项目教育资源征集、审查、评选、采购、整合和发送等工作。对58个单位选送的2 000余种教育资源进行了技术性、科学性和政治性审查；与18家企业签订了采购合同，数据采集和整理工作正在进行。现以平均每周12G（小学版、初中版）、全年408G（每年2个学期、每学期17个教学周）的数量，通过卫星IP广播向全国农村中小学及教育部、李嘉诚基金会“西部中小学现代远程教育项目”的10 000所项目学校免费提供教学资源，内容包括时事动态、课程资源、学习指导、专题教育、教师发展、少年文化、为农服务等方面。

努力开发符合基础教育课程改革要求的数字化教学资源，实施精品战略。由电化教育音像出版社出版的《身边的科学》（VCD）荣获第三届国家音像制品奖；《身边的科学（1—8集）》（VCD）荣获第五届“全国优秀教育音像制品奖”社会教育一等奖；《预防青少年犯罪》、《可持续发展教育系列片》（VCD）获第五届“全国优秀教育音像制品奖”基础教育二等奖；《初中化学学生实验》、《告诉我为什么》（VCD）分获基础教育三等奖、优秀选题奖。

撰稿 黄旭光 韩杏祥 郭忠民

〔**面向农村中小学的各类远程教育项目**〕 2004年完成了“农村中小学现代远程教育工程试点项目”设备的测试工作，向通过测试的101个厂家、230套设备发放了合格证书。开展了“教育部现代远程教育扶贫示范工程”和“李嘉诚基金会西部中小学现代远程教育项目”10 000个教学示范点的后续支持服务工作。5—10月份，组织专家对实施上述项目的广西、宁夏、陕西、内蒙古、湖北、重庆、四川等省、自治区、直辖市的再培训工作和资源应用进行了监测、检查和指导。针对发现的问题，组织编写了《农村中小学现代远程教育项目实用技术800问》。下发了二期项目设备维护基金，有力地促进了项目的持续发展。继续推动中加合作的“加强中国西部基础教育能力建设”项目的实施，开展了“以学生为中心教学法”的教师、校长培训，“教学设计和媒体制作”的国外培训活动和后续支持服务。出版了《基础教育中以学生为中心的教学法》一书，同时组织了该书远程教材的开发工作。2004年12月，中央电教馆与联合国儿童基金会合作开展的“姊妹学校”——远程合作学习项目正式启动。此项目将为上海、广东、安徽、广西、重庆的项目学校建立“手拉手”关系，通过信息技术开展基于网络的远程合作学习活动，促进东部和西部学校的合作学习和沟通，加快新课程环境下课堂教学中师生关系的变革，并最终实现从以教师为中心的教学方式向以学生为中心的教学方式的转变，为教师和学生提供更为广阔的教与学的空间。项目为期3年，已遴选了15所试点学校，覆盖上万名学生。此项目由美国花旗集团资助，由中央电教馆和有关省级电教馆负责实施。

撰稿 李 贺 郭忠民

〔**举办中国—东盟现代远程教育培训班**〕 2004年7月，由教育部主办、中央电化教育馆承办的“中国—东盟现代远程教育培训班”在北京和西安举办。来自新加坡、马来西亚、印度尼西亚、越南、老挝、柬埔寨、缅甸七个国家的教育部、外交部官员，大学校长和远程教育专家等参加了培训交流活动。培训班期间，中方专家为学员作了专题学术讲座。中外专家围绕着双方共同关心的“中国教育体制与发展策略”、“信息通信技术的教育、应用和远程教育的资源建设”、“远程教育中的教师专业发展”、“东盟各国远程教育开展的情况”、“世界远程教育发展的趋势”五大主题展开研讨和交流。东盟学员还实地参观、访问了中央电教馆资源中心、中央电大在线、中国教育电视台、清华大学网络学院和继续教育学院、清华永新公司、清华同方公司、西北工业大学网络学院、陕西的2所农村中小学远程教育项目学校，了解、考察中国远程教育实施情况和中国现代远程教育工程项目实施进展状况。通过本次培训交流活动，东盟学员了解了中国信息技术的教育应用情况和在远程教育领域的经验；广泛交流了东盟各国远程教育开展的情况，分享了不同东盟国家关于信息技术应用的实践经验和成功策略，并共同研讨了世界远程教育的发展趋势和东盟各国在远程教育领域面向未来的创新与合作。

撰稿 郭忠民

〔**第八届中国远程教育、电教多媒体技术应用、设备与软件博览会**〕 为配合农村中小学现代远程教育工程的实施，2004年7月13日，由中央电化教育馆、教育部教育政府采购中心和重庆市教委联合主办的第八届中国远程教育、电教多媒体技术应用、设备与软件博览会在重庆举办。教育部、重庆市等有关部门负责同志出席了开幕式。

本届博览会的特点是，紧密配合农村中小学现代远程教育工程项目的实施，围绕工程项目配置的设备和资源，以现代远程教育三种技术模式的形式，展示最新技术、最新产品的应用与推广，展示基于教育卫星宽带多媒体传输平台和计算机网络的教育软件资源的建设与发展。此次博览会共有101个厂家参展，充分展示了以“三种模式”为主体的有关设备和教育资源。在3天的展期中共有2 000多名代表参观、座谈。

〔**第八届全国多媒体教育软件大奖赛**〕 2004年12月8日，由中央电化教育馆和教育部基础教育课程教材发展中心联合举办的第八届全国多媒体教育软件大奖赛（以下简称“大奖赛”）颁奖大会在京隆重举行。教育部副部长、“大奖赛”组委会名誉主任陈小娅以及有关方面的负责同志出席大会。部分省市电教馆馆长、各省市大中小学的有关领导和获奖作者、首都主要教育新闻媒体的记者等共三百多人参加大会。

陈小娅在讲话中指出，积极推进中西部和农村地区教育信息化事业的发展，是各地教育部门在今后相当长一段时间内的一项重要的政治任务和社会责任。加强教育资源建设和促进现代信息技术在教学全过程中的广泛应用，是教育信息化工作的重点。教育信息化资源建设，是一项宏大的系统工程，是一个不断积累、持续发展的过程，需要教育战线的同志和社会各界的共同努力。她希望，“大奖赛”能够持续开展下去，更健康地发展。希望各地的教育部门和各级各类学校的老师，把这项活动作为推进本地区教育资源建设的平台，能够更好地推动教育资源的应用，为促进我国教育资源、尤其是基础教育资源的整体建设和应用水平作出贡献。“大奖赛”复赛阶段共收到来自全国30个省市电教馆、高等学校、职业技术学校、解放军总参军训部、武警部队等单位报送的1 440件作品。基础教育组的作品内容涉及所有学科；高教职教组作品内容涉及领域广泛。经过初赛、复赛和决赛程序，评选出获奖作品共509件，其中：特等奖1件，一等奖25件，二等奖57件，三等奖124件，优秀奖302件。

撰稿 董爱平
审稿 陈志龙

热点关注

奇迹，究竟是如何创造的？

——中国教育和科研计算机网建设10年启示录

从建设我国第一个全国性计算机互联网到开通我国首个下一代互联网，中国教育和科研计算机网如今整整走过了十年的历程。这是见证我国互联网从无到有、从小到大的十年，也是见证我国互联网从引进、跟踪到日渐领先的十年。

建设：从无到有，从小到大，从弱到强

李志民博士坐在电脑前，熟练地移动鼠标，“中国科技论文在线”网页便显现在他面前。

“这是我们为科研人员进行成果交流、转化开发搭建的一个平台。”李志民说，“有了它，新成果可以得到及时推广，科研创新思想也能得到及时交流。”

李志民现在是中国教育和科研计算机网（简称CERNET）管委会副主任。看得出来，他对“中国科技论文在线”很满意，因为10年前，当他刚刚留学回国的时候，科研交流完全是另外一个样子。

“那时候要了解国外科技动态，一般是采取到图书馆查阅书籍，接收、发送传真等方式，效率非常低。”他说，实际上，当时美国的互联网已经得到普及，科研中有什么问题发个电子邮件就可以了。

不过，让李志民高兴的是，从1994年回国开始，他就开始参与我国第一个全国性互联网——中国教育和科研计算机网的建设。

说起互联网，美国可称是其“发源地”。上世纪60年代末，美国出于军事目的开始研究互联网，随后转为民用。

20世纪90年代初，互联网在发达国家兴起，并开始逐步成为国家信息基础设施的重要组成部分和拉动经济发展的强大引擎。

互联网给美国带来了巨大的利益。从光纤到PC机（芯片），从路由器到操作系统，所有的一切都是美国制造，甚至全世界的网络都在为美国支付带宽费用。有人因此说，全世界几乎都在为美国打工。

面对这一形势，我国积极寻求对策，追赶网络大潮。1993年3月2日，我国接入互联网的第一根专线——中科院高能物理研究所租用ATT公司的国际卫星接入美国斯坦福线性加速器中心的64K专线正式开通。

1994年，我国互联网发展迎来了关键的一年。

教育部科技委原秘书长袁成琛至今还清楚记得那一天，1994年1月8日，当时的国家计委科技司负责人找到原国家教委副主任韦钰，提出请高校建立一个科研网。

1994年3月底，清华大学、北京大学、上海交通大学、西安交通大学、华南理工大学、东南大学6所高等学校通过原国家教委向原国家计委提交了“中国教育和科研计算机网CERNET项目建议书”。

建议书8 000字，申请的项目经费是8 000万，当初起草该建议书的CERNET网络中心副主任李星教授印象颇深。原国家计委同志开玩笑说：“你们这是字字万金啊！”

7月初，由清华大学等6所高校建设的“中国教育和科研计算机网CERNET”试验网开通，该网络采用IP/x.25技术，连接北京、上海、广州、南京、西安5个城市，并通过NCFC的国际出口与Internet互联，成为中国第一个运行TCP/IP协议的全国性计算机互联网络。

8月，原国家计委正式批复“中国教育和科研计算机网CERNET项目建议书”。11月2日，原国家计委正式批准“中国教育和科研计算机网CERNET示范工程可行性研究报告”。该项目由原国家教委主持，清华大学、北京大学、上海交通大学、西安交通大学、东南大学、华南理工大学、东北大学、北京邮电大学、华中科技大学、电子科技大学10所高校承担建设。

我国互联网研究与建设由此全面拉开了序幕。

10年后的今天，CERNET已覆盖全国31个省（自治区、直辖市），接入单位超过1 500个，其中以100～1 000Mbps速率接入的高校达300所以上，用户数量增长到1 800万，成为世界上规模最大的学术性计算机网络。

更让CERNET人自豪的是，在世界范围研究下一代互联网的今天，CERNET代表中国与美国、欧盟、日本一起走在了第一方阵。

从中国大陆第一个全国性计算机互联网到下一代互联网，CERNET如今整整走过了10年的历程。这是见证我国互联网从无到有、从小到大的10年，也是见证我国互联网从引进、跟踪到日渐领先的10年。

作为"天地合一"的教育信息化基础平台之一，CERNET始终把支持教育信息化发展作为自己的头等大事。在直接为教育及科研提供互联网服务的同时，CERNET积极投身于各种基础信息服务平台、教育资源建设、政务信息化等领域的建设工作，为教育信息化的发展作出了重要贡献。

科研人员对CERNET最初的认识是方便、快捷。

北京大学和清华大学相距只有数百米，但是过去一校的教师到另一校去借阅资料，却要花很长时间。清华大学化学系吴国是教授说，过去要查北大图书馆的资料，先要到清华图书馆登记排队，时间都耗在准备工作上了。而现在他坐在家里，就可以方便地访问国内外学术机构的最新信息。

这是依托CERNET建设的中国高等教育文献保障系统（CALIS）的功劳。作为"211工程""九五"和"十五"总体规划中三个公共服务体系之一，CALIS将建设以中国高等教育数字图书馆为核心的教育文献联合保障体系，实现信息资源共建、共知、共享，以发挥最大的社会效益和经济效益。

CERNET不仅为高校科研上水平提供了一个新的基础平台，也给教育本身带来了新的变革空间。在众多的应用中，网上高招录取很值得一提。

从1999年起，CERNET开始支持网上高招录取的试点工作。从2002年起，网上高招录取工作依托CERNET全面实施，全国所有高校依托CERNET完成每年的网上录取工作。迄今为止，这是世界上规模最大的网上招生录取应用。每年多达数百万的考生的各种资料通过CERNET交换到各高校，在充分保障录取工作公正的同时，也极大地提高了工作效率及经济效益，节约了学校大量经费。据不完全统计，截至目前，已经有超过1 200万名大学生通过网上录取方式进入大学学习。从2003年开始，成人高考也开始试行网上录取，并获得成功。

2003年4月，"非典"打乱了人们正常的生活、工作秩序，在教育部的要求下，CERNET紧急启动建设了网上招生咨询服务系统。从6月到7月，先后有411万人次考生和家长访问网站，提交问题超过25万条，全国700多所高校及各省市招办负责人亲自上网回答考生问题，赢得了社会各界高度称赞。

在CERNET建设完成之前，全国仅有清华、北大等少数几个校园网，但在1995年CERNET建成验收时，联网学校已发展到了108所，目前全国已有90%以上的高校建立了自己的校园网。

CERNET支撑下的庞大校园网，为高校学子创造了良好的信息化环境，从入学注册到交费，从选课到提交作业，网络已经渗透到了他们的日常学习和生活中。学子们在网络环境熏陶中成长，在应用中学习。

据不完全统计，仅CERNET38个节点学校网络中心就直接培养了上万名硕士、博士。在过去的10年间，CERNET的互联网用户累积超过了4 000万，占到了现有我国互联网用户的一半以上。可以说，我国最早的互联网用户差不多都是CERNET培养出来的。

教育部副部长赵沁平指出，CERNET2主干网的成功建设，CERNET 10年建设的辉煌成就，是党和国家高度重视，国家发改委等部委和社会各界大力支持、共同建设的结果；是众多科学家、工程技术人员和管理人员勇攀高峰、刻苦研发、团结进取、不断创新的结晶。CERNET建设和发展的经验对我国教育信息化建设、对我国重大科技工程和科技基础条件平台的建设都具有重要的借鉴意义。

启示1：国家重视，各方支持：成功发展的根本

回顾CERNET建设的10年历史，CERNET专家委员会主任、清华大学教授吴建平感到最难忘的是

国家给予的巨大支持。

“互联网有实验物理学的特点，没有互联网这个试验环境，很多东西是没有办法进行研究并试验的。如果说CERNET对我国互联网建设和普及起到了重要推动作用，那么国家的决策则起到了至关重要的作用。”

吴建平深有感触地说：“应该说，由于在一个关键的时期，国家作出了关键决策，我国互联网的发展步伐才得以加快。”

不了解互联网发展的人，也许不明白这句话的含义。

20世纪60年末，美国人率先开始了互联网的研究。1986年，美国人建起了第一个全国学术性主干网。1994年，第一代互联网技术全面成熟，开始转入商业化。此时，克林顿政府第一次提出了信息高速公路工程。

我国政府审时度势，及时作出战略性决策，建设全国性计算机互联网络。

为适应国家战略需求，1994年，经原国家计委批复，原国家教委组织清华大学、北京大学等10所高校联合建设CERNET示范工程，拉开了我国互联网建设的序幕。CERNET成为我国第一个全国性互联网络。

CERNET第一届管委会主任、清华大学原常务副校长梁猷能教授在总结CERNET建设10年的“得意”之处时感慨地说，当时建设CERNET主要是从加快教学科研的角度做的，但现在回过头来看，当时的决策绝对称得上是富有远见。

“政府对CERNET的定位很准确，在支持建设一个试验环境的同时，支持我们做了大量互联网关键技术及应用研究。”

在原国家计委的支持下，从1996年开始，CERNET承担了国家“九五”科技攻关项目“计算机网络及其应用关键技术研究”。在网络管理、网络安全、搜索引擎、重大仪器共享、路由器等关键设备方面展开了研究，填补了我国在这一领域的空白。当初的一些研究成果，至今仍在应用。

随着互联网用户的迅猛增长，到1996年底，CERNET遇到了最为艰难的时期：主干网64K的带宽已远远不能满足需求。

吴建平回忆说：“当时我们想了很多办法，但都不能解决问题。”

此时，原国家计委支持的“CERNET主干网升级工程”解了燃眉之急。CERNET卫星传输网建设使CERNET主干网带宽达到2M。

1998年，“211工程”正式启动，用于公共基础设施建设的投入使CERNET又增加了28个省级节点，从而通达到31个省（自治区、直辖市），完成了CERNET全国网络的构架。但长期困扰CERNET发展的通信线路问题迟迟没有解决。随着CERNET的逐渐壮大，这一问题便更加突出。

CERNET发展遇到的这一瓶颈问题如何解决？

1999年，《面向21世纪教育振兴行动计划》启动，教育部决定在远程教育项目上，拿出一半的资金支持CERNET高速主干网建设。CERNET与相关部门合作，采用密集波分复用技术，使CERNET主干网带宽迅速升级到2.5G，有效解决了限制CERNET发展的线路传输问题，30 000多公里的光纤建设为CERNET的长远发展奠定了基础。

梁猷能教授说，如果没有这自建的光纤，CERNET可能早就没有了。

本世纪初，国际下一代互联网研究飞速发展，各国加紧争夺在下一代互联网领域的制高点和主动权。为此，我国积极应对。2003年，经国务院批复，由国家发改委主持，教育部等8部委联合启动了中国下一代互联网示范工程CNGI，CERNET承担建设CNGI核心网CERNET2，翻开了中国教育和科研计算机网建设的新篇章。

启示2：坚持团结，合作攻关：快速发展的保证

“没有全国高校的联合，就没有中国教育和科研计算机网的今天。”梁猷能这样说。

当初为了建设CERNET，清华大学、北京大学、上海交通大学、西安交通大学、东南大学、华南理工大学、东北大学、北京邮电大学、华中科技大学、电子科技大学等10所高校走到了一起。

因为这些高校都是颇具实力的学校，而且相互之间又没有隶属关系，所以有人说，CERNET是把10只老虎关在一个笼子里，结果可想而知。

然而，10年过去了，这10只老虎却更加生龙活虎，而且数量越来越多。

1994年12月，第一届CERNET学术年会在北

京召开，有50多所重点高校的代表出席了会议。在年会上，会员单位的专家就相关问题进行研讨交流，了解世界最前沿的先进技术，在获取知识的同时，也增强了团结。如今，这一学术活动已经举办了11届，会议规模也从当初的50多所高校，不足100人参加，发展到今天的1 000多所学校，1 500多人出席。

"我们不是老虎相互斗，而是兄弟相互帮！"曾担任了8年CERNET西北网络中心主任的西安交大教授张德运说。

不争名，不争利，大家用宽容与大度，用各自的奉献，筑就了CERNET的10年辉煌。

吴建平回顾说，在发展过程中，没有矛盾是不可能，但在关键的时候，大家都能以大局为重，不计小利，不计得失，CERNET正是在这种氛围下发展壮大的。吴建平动情地说："我们应该永远记住这些人，这些学校。"

梁猷能教授特别强调了高校团结在CERNET建设过程中的作用：互联网本身就是大联合的成果，就是各种各样的网互联互通。各个学校一定要真心实意联合在一起才能建成CERNET，不是哪个单位可以包打天下的。

吴建平算了一笔账：我们国家只用了不到3亿元的投入就建成了世界上第一大校园网，是相同规模互联网建设成本的九牛之一毛，可以说是世界互联网建设史上的一个奇迹。能取得这样的成绩，除了把国家的钱与设备用到极致之外，相关学校的支持是至关重要的一个因素。

为了建设CERNET，"相关学校提供人，提供办公场地，甚至直接投入建设资金。如果没有这些配套的支持，是不可能用这么少的钱，办这么大的事情的。"陪伴CERNET建设走过10年的袁成琛深有感触。

启示3：健全体制，创新机制：健康发展的关键

1995年11月，在CERNET开始建设之初，经原国家教委批准，构建了中国教育和科研计算机网领导小组、管理委员会和专家委员会三级管理机制。

领导小组由教育部各司局领导组成，负责宏观协调指导。管委会作为实际工作的决策机构，由参加高校校长及相关领导组成。专家委员会则作为该项目具体实施层面的负责机构，由各高校专家组成。三个不同层面的管理机构，各司其职，有机配合，为CERNET的高效建设和稳定运行奠定了基础。

1997年初，随着项目的验收完成，CERNET的维护成为一大问题。此时，在教育部的支持下，本着"建设靠国家，运行靠自己"的指导思想，管委会作出了会员单位"分摊通讯费用"的决定，由受惠的联网单位共同承担维护运行费用，初步解决了公益性互联网长期运行的基本问题。

2000年，CERNET联网单位达到了700多个，用户超过800万人，网络服务压力越来越大。为建立长期运营机制，教育部党组决定支持组建赛尔网络有限公司，负责CERNET的日常运营及服务，在提高CERNET服务质量的同时，开发增值服务，用企业化管理机制解决CERNET在发展上的瓶颈问题，同时保持CERNET原有的科研体制，继续承担国家大型科研项目。

2000年12月，清华大学等10所高校出资组建了赛尔网络有限公司。赛尔公司的组建保证了CERNET的可持续发展。

赛尔公司组建4年来，CERNET服务质量不断提高，用户规模不断扩大，网络服务推陈出新。

与此同时，赛尔公司还利用自己的经营收入，支持CERNET科研工作，弥补运营经费的不足。

李星教授说，没有赛尔的光纤资源支持，是不会有CERNET2的。

赛尔公司的组建还把CERNET的科研人员从繁琐的服务工作中解放了出来，让他们投入更多精力，跟进并关注世界互联网发展步伐，建设我国第一个下一代互联网CERNET2。

启示4：瞄准前沿，追求领先：持续发展的动力

从成立的那一天开始，CERNET就承担起了开拓中国互联网技术研究与建设的历史重任。CERNET是完全由我国技术人员独立自主设计、建设和管理的计算机互联网。

1995年11月，CERNET提前一年建成了第一个全国性并有独立国际出口的TCP/IP计算机互联网，通过了原国家计委主持的鉴定验收，联网单位达到108个。

CERNET专家委员会副主任、华南理工大学校长助理张凌教授强调说，当时我国没有其他互联网可

以提供服务，仅此一家。

鉴定验收委员会对 CERNET 的建设成功给予了高度评价：CERNET 示范工程的成功对最终建成 CERNET、促成我国教育和科研事业的发展、人才的培养和推动我国的信息化建设起到了重要的作用。它是一个符合我国国情的、先进的、覆盖全国的计算机网络。其技术已经达到 20 世纪 90 年代的国际先进水平。如此规模宏大、技术先进的大型项目，在如此短的时间内，高质量、高速度地提前一年完成了设计和建设任务，为其他大型项目的协作攻关，提供了宝贵的经验。

这一项目，最后荣获“国家教委科技进步一等奖”。

这个结论至今让 CERNET 人感到自豪。

1996 年 2 月，国务院颁布《中华人民共和国计算机互联网络国际联网管理暂行规定》，认定中国教育和科研计算机网 CERNET 为中国大陆具有独立国际出口的全国四大计算机互联网络之一。

同月，第八届全国人民代表大会第四次会议批准的《中华人民共和国经济和社会发展“九五”计划和 2010 年远景目标纲要》中，第一次出现了 CERNET 的名字：“国家对重点基础性研究的重大项目给予支持，逐步充实重点基础科研设施，建设好教育和科研计算机示范网络。”

CERNET 这艘大船已经扬帆启航，并相继创造出我国互联网发展史上众多的第一。

1994 年 6 月建成我国第一个全国性计算机互联试验网络；

1995 年 1 月我国大陆第一个电子刊物《神州学人》在 CERNET 上出版；

1995 年 7 月建成我国第一个全国性计算机互联网；

1995 年 8 月我国大陆第一个 BBS 站点水木清华在 CERNET 上开通；

1995 年建设了第一批中国网络信息服务资源和站点；

1996 年 3 月提出我国大陆的第一个 Internet 标准 RFC1922；

1996 年 11 月开通我国第一个连接欧洲的互联网线路；

1998 年 4 月建成采用遂道技术的我国第一个 IPv6 试验网；

2001 年建成我国第一个下一代互联网试验网络 NSFCNET；

2004 年建成我国第一个 IPv6 主干网 CERNET2。

吴建平教授自豪地说，如果说在第一代互联网的建设上，我们还只是跟踪学习别人，那么在下一代互联网建设上，我们可以说已经处于世界前列，或者是比较接近的距离了。

原载《中国教育报》2005 年 1 月 3 日　陈文　文

教育考试

考务管理

〔《国家教育考试违规处理办法》颁布〕 2004年5月19日，教育部以部长令的形式颁布了《国家教育考试违规处理办法》。针对国家教育考试出现的新情况，尤其是考试实施环境日渐复杂、通讯手段的发展以及考生法律意识逐步增强的特点，1997年，教育部考试中心在教育部政策法规司的支持下，开始着手起草《国家教育考试违规处理办法》。在原有处罚办法的基础上，修订工作以“总结经验，适应形势；规范处罚，利于操作；明确程序，严格管理”为原则，经反复修改并多次征求省级教育行政部门、考试机构和法律专家的意见，形成了广泛的共识。

《办法》适用范围为高考、成人高考、硕士学位研究生入学考试、高等教育自学考试等各类国家教育考试，明确违规行为认定与处理工作的实施主体是省级教育考试机构，省级教育行政部门负责管理与监督。

撰稿　马炳勋

〔《国家教育考试考务安全保密工作规定》颁布〕 按照国务院关于加强国家教育考试环境综合整治的要求，针对国家教育考试安全保密工作面临的新形势、新情况，2004年4月6日，教育部、中宣部、公安部和国家保密局联合颁布了《国家教育考试考务安全保密工作规定》（以下简称《规定》），对高考、成人高考、硕士学位研究生入学考试、高等教育自学考试等考试的安全保密工作提出了严格要求，明确国家教育考试安全保密工作实行“分级管理、逐级负责”的原则。

《规定》对国家教育考试的各个环节的安全保密工作都提出了详细的要求，整个保密工作分为：试卷印刷环节的安全保密，试卷运送环节的安全保密，试卷保密室的安全保密，评卷期间答卷保管室的安全保密，评卷、考试成绩的安全保密，新闻宣传环节的安全保密。

撰稿　刘关领　高建军

〔2004年国家教育统一考试安全保密工作〕 2004年国家教育考试环境整治取得明显成效，考试管理更加规范，考风考纪进一步好转。

1. 党中央、国务院高度重视。中央领导多次听取汇报并专门作出批示，要求加强考试管理，整治考场腐败现象。2004年5月17日，国务院召开了国家教育统一考试环境综合整治工作电视电话会议，就确保考试安全顺利进行提出了明确要求。

2. 有关部门齐抓共管。经国务院批准，成立了由教育部、中宣部、最高人民法院、公安部、监察部、信息产业部、国家保密局、武警总部组成的国家教育统一考试部际联系会议（考试类突发事件应急处置工作组），并联合下发了《关于全面加强教育考试环境综合整治工作的通知》。

3. 出台了多项规定。2004 年，教育部出台了一系列加强考试管理、确保考试顺利进行的文件，如《国家教育考试违规处理办法》、《国家教育考试考务安全保密工作规定》等。

4. 建立了严格的值班、报告制度，加强信息沟通。2004 年，继续执行国家教育考试实施期间一日两报的规定，同时规定，各省级考试机构自接收到试卷（或试卷清样）后，必须实行 24 小时值班，印刷、运送、保管、评卷期间随时报告有关情况。

5. 加大检查力度。由教育部考试中心领导班子带队，对 26 个省区市的安全保密工作特别是试卷保密室、印刷厂进行了抽查。对 9 个省市高等教育自学考试考务考籍管理工作进行了质量评审。

6. 加强诚信教育。采取了考生考前签订诚信考试承诺书的做法，加大正面宣传力度，努力营造考生“诚信考试光荣、违纪作弊可耻”的考试理念和良好的考试氛围。

撰稿　王　伟　蔡武越

〔**考试业务管理系统运行**〕 为了加强自学考试的管理，在全国范围内推广使用了统一的自学考试考务管理信息系统。托福、雅思等海外考试项目实现了网上报名。自主开发了普通高考、成人高考、研究生考试、自学考试和计算机等级考试等考试的网上指挥平台，通过该平台下发了 46 个文件，各省上报信息 335 条，考务部回复 331 条，为考务信息快速的上传下达提供了先进的技术手段，确保各项考试安全顺利的实施。开发了统计直报、试卷申报、助学组织网上申报等一批基于网络的业务应用系统。

〔**中国教育考试网建立**〕 为了办好人民满意的教育考试，教育部考试中心对原教育部考试中心外网和自考外网进行了合并改版，建成了中国教育考试网。该网站设有考试新闻、图片新闻、考试项目介绍、考生论坛、成绩查询、证书查询、全文检索、自考社区、考试研究、网上调查和考生留言等约 180 多个栏目。该网站采用了跨平台的 Java 技术开发，开发了较强的后台管理功能，信息上网审批基于网上运行，基于角色的用户管理可以灵活地进行栏目权限分配和管理。

撰稿　褚庆军

审稿　鲁欣正

高校入学考试

〔**高考命题工作**〕 根据教育部 2004 年 2 月推进普通高校招生考试改革工作会议精神，2004 年开始在全国实施“统一高考，分省命题”的组织和管理方式。除北京、上海已经实行自行命题外，又增加了天津、辽宁、江苏、浙江、重庆、湖南、湖北、广东、福建 9 个省市，分省命题的省市达到了 11 个。其中，北京、上海、天津、江苏四省市所有学科自行命题；其他省市自行命制语文、数学、英语三个学科，其他学科使用教育部考试中心命制的试题。

分省命题工作由教育部统筹管理，教育部考试中心成立了由中心主任牵头、副主任协助，有关命题处室参与的普通高考命题工作协调小组，负责对实行分省命题的省、自治区、直辖市的命题工作进行业务培训、指导、监督和评价。

分省命题遵循《普通高等学校招生全国统一考试大纲》，按照有助于高等学校选拔人才、有助于中学实施素质教育和有助于扩大高校办学自主权的原则实施。考试后，教育部考试中心及时调集了分省命题的试卷，组织学科专家进行评估，召开了全国分省命题总结会，进行了交流，形成了《2004年普通高考分省命题工作总结报告》和《2004年普通高考分省命题评价报告》。

其他20个省、自治区使用教育部考试中心命制的试题。

撰稿　李　勇

审稿　韩家勋

自学考试

〔《高等教育自学考试暂行条例》修订〕　1988年国务院《高等教育自学考试暂行条例》（以下简称《条例》）的颁布，以国家法律的形式确立了自学考试制度的地位。2004年初，全国考办开始进行《条例》的修订工作。在广泛征求全国考委各专业委员会（专家组）、教育部有关司局、自学考试战线及社会有关方面意见的基础上，8月，在天津召开了《高等教育自学考试暂行条例》修订工作专题研讨会，会议确定了这次修改以“小改”为原则，以“以人为本”为基本理念，集中修改三个方面：一是与现行法律、法规尤其是教育法、高等教育法明显冲突或相违背的条款；二是现行工作有重大变化而实践证明现行做法是正确的相关条款；三是《条例》自身有明显疏漏、需要补充的条款。经过修改，形成了《条例》修改稿及修改说明报教育部法制办。

〔组织、协调专业委员会工作〕　2004年全国考委各专业委员会按照年初颁布的《全国考委各专业委员会2004年工作任务》开展工作。共有9个专业委员会组织论证专业13个，印发6个专业考试计划；审批专业205个。教育类、医药类、公共政治组、农科类等委员会对各自负责的专业计划及开考情况进行了调研并提交了调研报告。

成立了以清华大学副校长王明旨为主任的全国考委艺术类专业委员会；同时，对电子电工类、外语类个别委员进行了调整。

〔自学考试宣传工作〕　全国考办组织了考风考纪、面向农村等主题宣传，开展了优秀自考报刊评选及“自立、自强、自信——我与自考的故事”大型征文活动；浙、鲁、赣、川、粤、甘、黑、闽等省自学考试管理机构针对本省自考开考20周年，举行了纪念或表彰大会、宣传或纪念册、自考生才艺表演等，并对优秀自考生事迹给予大力宣传。

〔专业建设与管理工作〕　2004年，教育部办公厅印发了《关于加强和改进高等教育自学考试专业建设的若干意见》，为改进并完善自学考试专业管理体制和工作机制，逐步建立和完善以主干课程为主体内容，体现地方特色，与其他教育形式及非学历证书教育相互衔接的、开放的自学考试专业和课程体系奠定基础。

〔自学考试教材〕　2004年，全国高等教育自学考试指导委员会办公室共组织79门课程自学考试大纲、教材编写工作。其中劳动和社会保障专业、计算机图形图像应用技术证书考试、物流管理专业等新编大纲、教材36门，修订或重编教材43门。组织了45门课程教材审定，出版了35门自学考试教材。

2004年，组织研究并提出自学考试精品教材试点工作意见、方案。通过科研立项形式，组织法学类专业委员会进行了“自学考试教材法律专业精品教材评估项目”研究，经过对九个省市的调研活动和召开五次研讨会等，完成了调研报告、建设精品教材的建议方案、法学类自学考试教材质量评估指标体系等。农科类专业委员会也提出了“农科类教材评估方案”。

2004年，继续推广浙江省自学考试教材实验区的经验，鼓励各地自考办积极探索适合本地情况的教材供应方法，组织由法学方面的专家和省自考办对自学考试教材供应工作进行理论研讨，目前，坚持并进一步完善主渠道教材供应的制度是必要的，也是切实可行的。

积极开展打击盗版自学考试教材工作。2004年新闻出版总署、教育部等六部委下发的《关于开展2004年秋季盗版教材、教辅读物专项治理行动的通知》，第一次将盗版自考教材作为打击的重点工作并要求清查自学考试助学学校。全国考办下发了《关于开展自学考试助学机构教材使用情况专项检查工作的通知》，并联系、督促各地进行检查，取得较明显的实效。

撰稿　王建民
审稿　刘长占

〔**自考命题**〕 2004年高等教育自学考试开考全国统一命题课程686门，其中全国考办负责命题课程191门，全国考委北京、沈阳、上海、南京、武汉、成都、西安命题中心和高等教育自学考试广州、杭州、哈尔滨、重庆、天津、长春、济南、福州命题中心等15个命题单位负责命题课程495门。为加强命题中心的管理，全国考办组织制定《高等教育自学考试命题中心综合评估办法》及命题中心管理工作和全国统考课程命题质量评估实施方案，计划从2004年起，用3年时间对15个高等教育自学考试命题中心进行综合评估。2004年9月—11月，全国考办组织专家对重庆、天津、成都、福州和杭州5个命题中心的命题管理工作进行了评估，并于11月上旬在浙江省召开了2004年命题中心综合评估工作总结会。

撰稿　柳　博
审稿　余仁胜

〔**劳动和社会保障岗位资格证书开考**〕 劳动和社会保障岗位资格证书（LSSEP）是由劳动和社会保障部人事教育司、教育培训中心与教育部自考办共同推出并组织实施的岗位资格考试。2004年1月，劳动和社会保障部人事教育司与教育部自考办联合印发了《关于合作开考劳动和社会保障岗位资格证书及劳动和社会保障专业的通知》。为保证考试的顺利开展，3月双方召开了“劳动和社会保障岗位资格证书及劳动和社会保障专业开考协调会”。2004年10月，该证书首次面向社会开考。

〔**中国机械工程师资格认证考试开考**〕 中国机械工程师资格认证考试是由中国机械工程学会与教育部考试中心联合开展的机械工程师资格认证项目。双方于2004年3月联合印发了《关于开展机械工程师资格认证考试的通知》。中国机械工程学会主要负责机械工程师技术资格认证。受其委托，教育部考试中心将通过考试的方式对行业培训成果和学员学习水平给予考核和认定，旨在为资格认证工作提供科学、可靠的依据。2004年10月，该项目首次面向社会开考。

〔**调查分析师证书考试开考**〕 调查分析师证书考试是国家统计局与全国考委合作开发和联合实施的考试与培训项目。该证书分为初级、中级和高级三个层次。2004年5月，双方联合印发了《关于合作开考高等教育自学考试调查与分析专业、调查与分析师证书考试和组织统计干部学习的通知》。2004年10月，该项目首次面向社会开考。

〔**中国物流职业经理资格证书开考**〕 中国物流职业经理资格证书（CPLM）是中国交通运输协会和全国考委合作开发的、面向社会推出的一种资格认证项目，旨在为社会提供物流从业人员的资格能力标准。该证书分为初级、中级和高级三个层次。2004年12月，双方联合印发了《关于合作开考中国物流职业经理资格证书和高等教育自学考试物流管理专业（专科、独立本科段）的通知》。该证书考试将于2005年10月首次举行。

〔**自学考试示范助学组织评选**〕　为更好地服务社会、服务考生，2004年面向社会推出一批质量有保证的自学考试助学组织。经过助学组织自荐、自学考试机构实地考察，全国考办最终确定64个助学组织为“全国高等教育自学考试示范助学组织”，并在2004年6月举行的全国自学考试助学工作会议上宣读了表彰决定，颁发了牌匾。随后又组织开展了系列宣传活动。

〔**社会助学组织登记**〕　为准确、及时地掌握全国自学考试社会助学信息，全国考办决定开发基于网络的高等教育自学考试社会助学组织信息管理系统。2004年5月，自学考试社会助学组织在线登记管理系统编写完成。为保证登记工作顺利进行，全国考办编写印发了《全国自学考试社会助学组织信息管理系统用户使用手册》并举办了使用该管理系统的培训班。利用该系统，全国考办完成了2004年度的助学组织登记工作。有20个省（自治区、直辖市）自考办报送了1 016个助学组织情况。

〔**华夏大地自考奖励金**〕　2004年，全国考办组织开展了华夏大地自考奖励金先进工作者评选活动，表彰了先进工作者91人，并颁发了荣誉证书和奖金。华夏大地自考奖励金是全国考办和北京华夏大地远程教育网络服务有限公司于2001年合作设立的，用来奖励优秀自考生和自考先进工作者。

〔**自学考试分会成立**〕　2003年9月8日，民政部批准中国高等教育学会自学考试分会进行社会团体分支机构登记，同意自考分会作为中国高等教育学会的一个分会。2004年5月13日，中国高等教育学会自学考试分会成立会在江西南昌召开。会议通过了《中国高等教育学会自学考试分会章程》和第一届组织机构选举办法及会费标准，选举产生了理事会和常务理事会。第一届常务理事会第一次会议选举产生了自学考试分会的副理事长和理事长，并通过了由理事长提名的秘书长和副秘书长人选。

撰稿　王　燕
审稿　刘粤平

非学历教育证书考试

〔**非学历考试考务管理**〕　1. 建立、健全管理制度。制订了相关的应急处理预案，进一步完善了“考务管理信息平台”，建立值班、报告制度和工作通报制度；重新修订了《考务规则》和《考务手册》等有关规定。

2. 全国统一使用计算机管理系统，集中处理成绩并打印合格证书。

3. 针对2005年新大纲科目调整，制订了相关的文件、规定，并安排两次新大纲试点考试。

4. 完成了全国所有NCRE（全国计算机等级考试）考点的重新认证、审批、备案工作。

5. 加强队伍人员素质建设。

为进一步推进教育考试事业的健康发展，满足社会各行业以及人民群众的需要，教育部考试中心（自考办）先后与中国烹饪协会、劳动和社会保障部、国家统计局、中国机械工程学会等部门合作，开设了多项非学历证书考试项目。为了确保各个考试环节的顺利实施，专门制订下发了《非学历证书考试考务管理工作规定》（以下简称《规定》）及操作流程。

《规定》强调：（1）非学历证书考试全国统一命题、统一制卷，在统一时间内按照统一操作规程进行考试。（2）各级非学历证书考试承办机构加强安全保密意识，确保相关考试材料不得发生任何问题。（3）健全值班制度，保证随时处理各种突发事件。（4）对考生违规行为的处理参照《国家教育考试违规处理办法》进行。

2004年，餐饮职业经理人资格证书考试全国共有20个省（区、市）开考，劳动和社会保障岗位资格证书考试有5个省（区、市）开考，调查分析师证书考试有9个省（区、市）开考，机械工程师资格证书考试有15个省（区、市）开考。

撰稿　刘江平　朱　洁
审稿　张为舟

〔**PETS考试**〕 全国英语等级考试（Public English Test System，简称PETS），共有5个级别（其中1级下设一个附属级PETS－1B）。每个级别都包含笔试和口试，单项合格者获得单项成绩合格证，两项均合格者获得教育部考试中心颁发的相应级别的合格证书。2004年，PETS已在30个省（自治区、直辖市）开考，全年考生人数近70万。截至2004年底，逐年累计考生人数已超过189万，累计获证人数约74万。

教育部考试中心于2004年发文，决定自2006年起，将PETS－4级考试时间从每年3月第二个周六、日调整至每年9月第二个周六、日。

撰稿　李　英

〔**NCRE情况**〕 全国计算机等级考试（National Computer Rank Examination，简称NCRE），包括四个等级，每个等级又包含多个科目或类别。NCRE在全国31个省（自治区、直辖市）共设置考点一千四百多个，每年开考两次，成绩合格者由教育部考试中心颁发考试合格证书。2004年的考生人数超过了310万（比上年度增长24%）。截至2004年底，逐年累计考生人数超过1 350万，累计获证人数达450万。

2004年教育部考试中心继续对NCRE进行调整，包括停考了二级中的FoxBASE、QBASIC两个科目，试点开考一级WPS Office、二级Java、二级C＋＋、二级Access四个科目，新科目的上机考试均采用Windows2000网络操作平台，一级的三个科目均统一采取无纸化考试形式。

2004年是NCRE开考十周年，教育部考试中心先后举办了包括NCRE全国软件人员编程大赛、研究论文征集、纪念大会等系列纪念活动。

撰稿　黄啸波

〔**全国外语翻译证书考试（NAETI）**〕 2004年度共举办了两次全国外语翻译证书考试，考生人数合计近4 699人。其中，5月28日—29日举行了初级、中级和高级三个级别的口译和笔译考试；10月22日—23日举行了初级和中级两个级别的口译和笔译考试。

2004年教育部考试中心对NAETI进行了调整：将原来的初级证书考试、中级证书考试、高级证书考试分别更名为三级证书考试、二级证书考试、一级证书考试；将原来的A、B、C、D计分方式改为百分制计分方式，总分达到70分（含70分）以上，且各部分得分均达到该部分分数的60%（含60%）以上者为合格。调整后的NAETI考试于2005年5月正式实施。

另外，教育部考试中心决定于2005年在NAETI中增加日语科目考试。

〔**全国外语水平考试（WSK）**〕 2004年共举办了两次WSK考试。其中，6月26日至27日举行了英语、德语和法语的考试，12月18日—19日举行了英语、日语、俄语的考试。考生人数13 185人。

撰稿　孙玉荣
审稿　李光明

〔**剑桥少儿英语学习系统**〕 剑桥少儿英语学习系统是英国剑桥大学考试委员会为非英语母语国家6～12岁少年儿童提高英语能力而设计的。自1996年由教育部考试中心中英教育测量学术交流中心（以下简称“中英中心”）引进至2004年，累计开考15次，参加考试人数已达87万。2004年参加考试人数为25万，比去年增长了14%。

自2004年秋季开始，中英中心调整剑桥少儿英语考试顺序，从以前的先考听力、后考读写改为先考读写、后考听力。

为增强剑桥少儿英语学习者之间的联系与交流，于2004年12月开始创办《剑桥少儿英语专刊》（以下简称“专刊”）。专刊为半月刊，一年24期，3月、9月考试另外增加一份考试专刊。

撰稿　韩　雁

〔**全国计算机应用技术证书考试**〕 全国计算机应用技术证书考试（简称NIT）创办于1996年。经过9年的发展，至2004年，在全国28个省、自治区、直辖市以及国家税务总局等系统建立了承办机构，培训机构和考试点达到1 800多个。2004年NIT开考了《计算机应用基础（Windows 98环境）》等19个模块，考试人次达到37万，比去年增长约20%。

2004年对现有9个模块的相关软件版本进行替换升级，经反复测试后在北京、上海等省市进行了正式考试，取得了显著的效果，得到了各省市承办机构、考点的良好评价，对其他新旧考试模块的更新打下了良好的基础。

〔**全国计算机应用技术职业技能考试**〕 全国计算机应用技术职业技能考试，简称NIT－Pro，是根据信息技术培训市场的需求推出的全新职业技能类考试。目前在全国10个省、自治区、直辖市建立了33个直属培训点和考点。

NIT－Pro延续并发展了以建构主义为主体的先进的现代教育思想，紧密结合了企业对高端IT人才市场的需求，根据IT业的行业发展趋势，制定了一系列社会急需的职业课程培训项目，建立了完备的培训、考试、就业体系，其认证逐渐为更多的企业所接受和采用，成为IT职业技能评测方面的重要标准。现已推出软件工程师、网络工程师和电脑美术设计师三个考试模块。

2004年首次引入了以企业实际项目为蓝本的“案例考试”模式。考试分为两个部分，第一部分通过应试者对标准化试题的作答情况，考核应试者掌握专业基础知识的水平，方式以上机考试为主；第二部分是以企业实际项目为命题手段、以团队结合完成任务为测试方式的“案例考试”，主要考核应试者实践应用技术的能力和团队协作的能力，考试方式以组为单位。

〔**全国少儿计算机考试**〕 2004年全国少儿计算机考试主要完成了内部建设和新体系推广工作。全国少儿计算机考试（简称少儿NIT），是教育部考试中心组织全国计算机专家、计算机教育专家、教育心理学专家，针对5～16岁少年儿童的认知能力和心理特点研究设计的计算机应用能力培训与考试系统。2004年度完成了新模块体系在承办机构的推广、开考，新教材、培训考试大纲、少儿NIT手册正式出版发行，管理软件更新、命制试题等工作。

撰稿　赵英华

〔**剑桥办公管理国际证书考试**〕 2004年度剑桥办公管理国际证书考试共举办了两次：上半年考试于4月24日开考，开考模块是《办公室管理》、《文字处理》与《沟通和项目管理》三个模块（每个模块分3个级别），全国共有18个省（直辖市）组织考生（共计615人次）参加了此次考试。本次考试是剑桥办公管理国际证书考试举办以来的第二次考试。

下半年考试于11月20日开考，开考模块是《办公室管理》、《文字处理》、《沟通和项目管理》、《组织会议和活动》、《客户服务》、《人际商务技巧》六个模块，全国共有20个省（直辖市）组织考生（共计861人次）参加了此次考试。

撰稿　王连晓
审稿　潘　阳

海外考试

〔**TOEFL（托福考试）**〕 2004年仍然维持纸笔考试，全年考试人数为70 775人，相比2003年略有下降。同时，已经开始为基于互联网的计算机化新托福考试进行筹备。计划2006年开始实施新托福考试。

〔**GRE（研究生院入学考试）**〕 2004年参加GRE考试的考生为14 811人。考试形式为双模式考试，即计算机化的作文考试和纸笔形式的词汇和数学考试。

〔**GMAT（工商管理研究生院入学考试）**〕 2004年全年参加GMAT考试人数为3 155人。考试形式为计算机化考试。2004年，GMAT的主办方美国工商管理研究生招生委员会（Graduate Management Admission Council）宣布从2006年开始GMAT考试停止委托美国教育考试服务处（ETS）和美国Thomson Prometric公司命题和实施考试，改为委托Pearson VUE公司负责计算机化考试的实施并由美国大学考试处（ACT）负责命题。

〔**LSAT（美国法学院入学考试）**〕 2004年考试人数为289人。

〔**CGFNS（美国外国护士学校毕业生委员会证书考试）**〕 2004年CGFNS考试共在北京举行了3次，共有来自全国的400名考生参加。

〔**BEC（剑桥商务英语证书考试）**〕 2004年举行了两次剑桥商务英语证书BEC考试，全年各级别考生人数为39 075人，比2003年的32 064人增加了21.9%；从2004年下半年开始未通过BEC初级考试的部分考生可获得水平较低的A2级商务英语证书。

〔**MSE（剑桥英语主体考试）**〕 2004年举行了两次MSE考试，考生总人数为4 656人，比2003年的3 270人增加42.4%。

〔**IELTS考试（国际英语语言测试系统）**〕 该考试由英国文化协会（在中国以英国大使馆文化教育处的名称运作）、英国剑桥大学考试委员会和澳大利亚教育国际开发署共同拥有。在中国始办于1987年，最初仅在教育部所属五个出国培训部举行。随着该考试的迅速发展，现在全国总共设有26个考试中心。IELTS考试作为考核有志留学和移民国外人士英语水平的标准英语测试，逐渐发展成为使馆、学校，专业机构和公司，以及广大考生熟知的一项对英语能力进行全面测试的考试。教育部考试中心与英国文化协会于2004年2月23日正式签署了在中国合作举办IELTS考试的协议，协议规定，教育部考试中心主要负责IETLS考试的网上报名、考生咨询和考点的管理工作；英国文化协会将继续代表IELTS考试在中国负责IELTS考试资料的提供和考试的实施。教育部考试中心与英国文化协会于2004年10月20日在北京长城饭店联合举行“IELTS网上报名开通新闻发布会”，从即日起，中国考生可在教育部考试中心的IELTS考试报名网站上报考2005年的IELTS考试，这标志着中外合作举办IETLS考试正式开始。该考试每年举行36次。

〔**LCCIEB（伦敦工商会考试局职业资格证书**

考试)〕 2004年教育部考试中心正式实施该项考试。全年共举行了3期考试(4月、6月、11月),3次即期考试(即为集体或个别考生进行的不定期单科考试)。3期考试全国共有1 253名考生参加了1 542科次的考试。3次即期考试共有417名考生参加了2个科次的考试。

〔**日本语能力测试**〕 日本语能力测试2004年继续实行全国网上报名,并改善了网上报名系统的性能。全国报名参加考试人数为103 515人,比去年的87 132人增加了18.8%。在年底,教育部考试中心又同日方考试主办单位进行了会晤,商议解决考试名额限制的问题。

〔**TestDaf(德福考试)**〕 2004年德福考试仍在5个考点举行。二次考试报名注册总人数为635人。

〔**韩国语水平考试**〕 该考试2004年报考人数为2 432人,相比2003年的845人增加187.8%。

撰稿 陈 可
审稿 张 进

热点关注

高考公平:需要脚踏实地去做

实现高考公平,是一个比较长的过程,不可能一朝一夕做到。很多方案目的、思路是好的,但操作起来不行,甚至会造成更大的不公平。没有一个能彻底解决问题的方案,要承认差别,要面对现实。教育部考试中心副主任应书增说——高考公平:需要脚踏实地去做。

随着高考临近,高考录取公平问题成为社会热议话题,"两会"代表委员、学者、教育界师生家长、网友及各界关注的焦点是:高考录取怎样做到公平,录取指标怎样分配才合理?人们从不同的立场和角度提出不同的,甚至截然对立的看法。针对当前高考招生的现实状况和各种议论,应该采取怎样一种务实和解决问题的态度?

能不能取消分省指标

记者:在北京单独命题之前,高考总分550分的北京考生可能考上清华、北大,而在同样试卷上得到同样分数的山东、湖北考生可能连重点院校都进不了。虽然后来北京实行单独命题了,但是这种强烈的不公平并没有消除。这种情况损害了考试的第一公平——程序公平,即对所有参考者都一视同仁,用统一的尺度检验考生,使所有的考生都受到相同的对待。所以,最近有人强烈呼吁取消分省划定指标,实行全国统一试题、统一阅卷,统一评分,统一大排名,消除地域歧视,让最有能力者获得最优质高等教育资源。你怎样看待这个问题?

应书增:诚然如这种观点所称,程序公平是绝对公平,所有人都应该受到相同的标准和尺度检验。但就目前来说,程序公平或绝对公平是一种理想状态,在现实中是很难完全实行的。比如说取消了分省指标,就要实行全国统一试题、统一阅卷,统一评分,统一大排名。统一命题、统一考试可以做到,但是统一阅卷、统一评分怎能办得到?以2004年为例,全国700万人报考,平均每人考4门,近3 000万份试卷,如果这些试卷都运到北京来阅评,北京哪有那么多的人力、物力和设施?而且在时间上也不能完成阅评,由北京来阅卷根本不现实。再者考生答卷需要高度保密,如果各省考生答卷都往北京运,尤其那些边远地区、少数民族地区的答卷千里迢迢运往北京，安全保密的难度简直不能想象，时间也难以得到保证。

如果由各省组织阅卷评分，那么在如今社会诚信度的情况下，不给你划定指标，显然哪个省得高分越多，该省进入全国重点大学的名额越多。这种情况就会驱使阅卷评分者放松阅卷评分标准，谁越严格谁越吃亏。

地区差异要不要区别对待

记者：还有一种意见认为，西部地区、边远地区和少数民族地区先天不足，社会、经济、教育条件差，在国家投入方面也没有其他地区投入大，如果不对这些地区实行高考倾斜政策，就会加深二者的天然鸿沟，拉大二者差距。实际上，将连粉笔、墨水、纸张都保证不了、在危校上课的学生与在现代化电教、计算机和因特网环境下的学生用一个标准和尺度衡量，是不公平的。不仅要机会均等，所有人都平等接受优质教育资源，而且还要考虑考生在教育条件方面也能受到相同的对待，如果这种条件由于外在原因存在巨大差异，那么就应该对此进行倾斜或补偿。大的区域范围是这样，小的具体到个人也是一样，对于一个在艰苦环境下靠业余自学和一个在优越环境中接受特殊辅导的学生来说，相同的分数其含金量是绝对不同的。

这种意见强调的是考试的第二公平——条件公平，即除了追求能力与机会平等外，还主张教育条件的平等。这种观点显然是有道理的，但是为什么分省指标并没有解决这个问题，反而朝着相反方向发展，加剧了地区间的不平衡呢？

应书增：有人一提分省划定指标，就全盘否定，把不公平归结到这方面来。其实分省划定指标是历史形成的，这种历史形成的状况我们是改变不了的，比如高校布局尤其是全国重点院校布局不平衡，有的地方多，有的地方少，有的地方如河南省那么一个人口大省，可能还没有一所全国重点大学，你要求按人口平均分配招生指标，是很难做到的。而这些历史状况的形成，有它特定的历史原因，现在也很难改变。分省划定指标也不是一无是处，有它一定的合理性。当然全国重点大学用的是国家财政，但是所在地地方政府也有投资，与国家共建。除了投资外，这些重点大学还要占用当地城市公共资源，如用地、用电、用水、交通、信息和生活设施等。按照谁投资、谁受益的原则，一个地方对高等教育资源投资越多，也应该获得越多的利益。

记者：从“以人为本”的角度来说，不论城乡、东西部、家庭贫穷和富有，所有的考生都具有平等分享优质教育资源的权利，因为其他外在因素剥夺或削弱了这种权利是不公正、也不公平的。优质教育资源有限，通过高考却把有限的优质教育资源提供给强者而不是弱者，使强者更强，弱者更弱。这种“马太效应”自然会扩大社会的不平等，加速社会的两极分化。

应书增：高考是一种选拔机制，其特点就是“优胜劣汰”。不仅高考，所有考试都是这样，面对数百上千的求职者，用人单位只能通过考试选取其中的最优者。考试选拔遵循“效率优先”的原则，而你说的这种“事实公平”往往损害了效率。在公平与效率之间，究竟怎样把握才能既体现了公平，又不牺牲效率，无论在政策或技术层面都需要长期的探索。

录取能否完全市场化

记者：有学者提出，高考指标分配难题源自政府职能错位。在非义务教育中，高考指标不属于“公共品”性质，不应该由政府以传统的计划经济方式配置，这个领域有效资源配置，要交给通过自然形成的市场来完成。要通过立法程序赋予学校进行教育经营管理的市场主体地位，在制度安排上保证学校管理者在招生考试、录取、课程设置、专业布局、毕业文凭认定、学位颁发等方面拥有自主决策权。

应书增：高招体制的改革正在平稳有序地进行，如分省命题的自主空间进一步扩大，高校在一定范围内自主招生等等。高考是一项事关全社会重大利害的事情，这种改革必须慎之又慎，一步一步稳妥进行，不能哪一天来个突变，没有这种突变的基础和条件。完全由高校自主招生在现实中能否行得通，我是存有疑问的。举一个例子，去年全国报考北大、清华的有数百万考生，一所高校有没有能力在全国各地设考点，如何命制试题，配备考试工作人员，试卷运送安全如何保证，如何阅卷评分等等，将牵涉到大量的人力、物力和技术设备等。如果各个高校都来这样一遍的话，将付出多么大的社会成本？

从考生角度来讲，你报考北大、清华假如没有录取，你就要准备再考北师大、人大等，假如这些学校仍然没有录取，你还要再继续准备考其他学校。这样一年多次参加高考，一个高中学生就会整年奔波在考试中，他可能同时被数所学校录取，也可能一所学校也没有考上，数次报名参考花很多的钱，考生负担大，家庭经济负担大，社会紧张度大。假如自主招生的高校不是到各地设考点，那么许多边远省区的学生如云南、贵州、新疆和西藏等地的考生就要奔赴北京参加高考，那简直是不可能的。有人以上世纪三四十年代高校招生来说今天的事，实际上两个时代的情况是完全不同的，不能抽去前提条件盲目比附。即使科举时代，也不是所有考生都到北京来考的，是先参加了乡试（省级考试）中了举人才有资格参加礼部（教育部）会试的。

实现公平要循序渐进

记者：高考公平是教育公平很重要的部分，是教育公平的起点和关键。对于考生来说，能否上大学，能否上重点大学，将是他人生重要的分水岭，决定他日后的社会分层和社会地位。这既是一个教育问题，也是一个社会问题。我们看到，目前在高考公平中最为关注的高招指标和录取方式问题，仁者见仁智者见智，对此你有什么看法？

应书增：当前对高考招生的不同看法，出于不同的立场和角度，反映了不同群体的利益诉求。这些意见和呼声，都反映了某一角度的公平性，可以引起社会和教育主管部门对不同诉求的关注，使高考招生政策的制定和实施更趋于公平。我个人观点，绝对公平是一种理想状态，是社会努力的目标，要一下子完全实现是不可能的。由于立场和角度不同，人们对公平的内涵理解就不同，提出的观点虽然各有道理，但放到一起却相互矛盾。全国统一排名有全国统一排名的道理，分省划定有分省划定的道理，统一录取有统一录取的道理，高校自主录取有自主录取的道理。很多方案目的、思路是好的，但没有可操作性，甚至会造成更大的不公平，还没有一个能彻底解决问题的方案。

那么，是不是就说没有作为了呢？不是的，实际上要做的工作很多，比如说关于指标的划定，就要顾及各方面的利益，达到公平和效率的相对平衡，尤其对一些大城市过度倾斜的现象，可以在指标数量上作一些调整。关于高考市场化和高校录取自主也可以作一些尝试，高校自主录取已经迈开了一些步子，尽管还不够大。总之，我认为应该面对历史和现实，在此基础上脚踏实地一步一步努力去做，要循序渐进，任何一种变动都应该慎之又慎，不能搞突变，搞突变会引起较大的负面影响。

原载 2005 年 4 月 6 日《中国教育报》　于建坤　文

教育人事管理

教师管理和教师培训

〔**教师队伍状况分析**〕 一、2003年，全国教师队伍除小学教师继续减少外，普通初中、普通高中和普通高校的教师数量都有不同程度的增长，其中普通高中和普通高校教师呈大幅度增长，增长速度达到两位数。

2003年小学教师总数为570.3万人，比2002年减少7.6万人，减少幅度为1.3%。这是小学教师数量自2000年以来连续第四年平缓下降。2000年至2003年，4年间共减少了16万人。

2003年普通初中教师总数为346.7万人，比2002年增加3.6万人，增长幅度为1.1%。从1994年到2003年的10年间，普通初中教师一直逐年持续增长，规模从1994年的268.7万人增加到2003年的346.7万人，共增加了78万人。

2003年普通高中教师总数为107.1万人，比2002年增加12.5万人，增长幅度为13.2%，净增数量为各级各类学校之最。虽然普通高中教师增长很快，但教师增长仍然滞后于学生增长速度，生师比由2002年的17.8∶1进一步上升至18.4∶1。

2003年普通高校教师总数为72.5万人，比2002年增加10.6万人，增量史无前例；增长速度为17.7%，增速为各级各类学校之最。1995年至1998年，普通高校教师的年增长速度一直低于1.1%，1999年起开始高速增长，至2003年，教师规模总量增加了31.8万人。

二、教师队伍的学历状况不断改善，但仍有很大提升空间。小学教师学历合格率在2002年97.4%的水平上继续提升，达到97.9%，其中，具有专科及以上学历的教师达到40.5%，比2002年的33.1%提高了7.4个百分点。普通初中教师的学历合格率为92%，比2002年提高了1.6个百分点，其中，具有本科及以上学历的教师达到23.8%，比2002年的19.7 %提高了4.1个百分点。普通高中教师的学历合格率为75.7%，比2002年提高了2.8个百分点。普通高校教师学历水平有整体的提高，本科以上学历达到95.9%，其中，研究生学历达到32.6%，比2002年的31.2%提高了1.4个百分点。

但普通高中教师的学历合格率仍然较低，不合格学历高达24.3%。小学、普通初中和普通高校教师高学历教师所占比重偏小。小学具有专科及以上学历的教师还不到41%，初中具有本科及以上学历的教师还不到24%，普通高校具有研究生学历的教师仅占32.6%，其中博士仅占7.4%。

三、教师队伍的专业技术职务重心有升有降。

1. 小学、普通初中中、高级职务教师的比重同时上升

2003年小学教师中具有小学高级职务教师的比例为35.7%，中学高级职务为0.3%，分别比2002年增加了3.1和0.1个百分点。从1995年到2003年，小学高级和中学高级教师的比重均连续九年持续增长，分别从1995年的17.6%和0.1%增长到2003年的35.7%和0.3%。

2003年普通初中教师中具有中学一级和中学高级职务的教师比例分别为32.3%和4.9%，分别比2002年增加了1.9和0.6个百分点。从1995年

到 2003 年，中学一级和中学高级教师的比重均连续九年持续增长，中学一级和中学高级分别增长了 11.2 和 2.9 个百分点。

2. 普通高中中级职务教师比重下降，高级职务教师比重上升

2003 年普通高中教师中学一级和中学高级职务的教师比例分别为 35.2%和 17.9%，中学一级比 2002 年减少了 0.9 个百分点，中学高级增加了 0.4 个百分点。

3. 普通高校年轻教师的大量补充，使中、高级职务教师比重同时下降

2003 年普通高校正、副高级和中级职务教师的比重分别为 9.7%、29.8%和 33.2%，分别比 2002 年减少了 0.1、0.3 和 0.9 个百分点，但其绝对人数却分别增加了9 853、29 868和29 563人。

从 1994 年到 2003 年的十年间，普通高校教师专业技术职务结构重心的提高十分明显。正、副高级职务教师的比重已提升到 40%左右，其中正高级职务教师的比例由 7.1%提高到 9.7%；副高级职务教师的比例由 25.8%提高到 29.8%。

四、普通中学、普通高校教师队伍年轻化特征十分突出。

1. 小学教师年龄分布相对比较均衡

25 岁及以下至 51—55 岁各年龄段教师所占比重在 10%～17%之间，分布十分平均。35 岁及以下教师占 46.8%，与 2002 年几乎完全一致。

2. 普通中学教师年轻化特征十分突出，40 岁前后教师比例差别很大

与小学不同，普通中学教师的年轻化特征十分明显。普通初中、普通高中 40 岁以下教师所占比重分别高达 78.9%和 80.7%，41 岁以上教师分别仅占 21.1%和 19.3%。以 40 岁为界，其前后年龄段的教师所占比例差别很大：普通初、高中 40 岁以下各年龄段教师所占比重基本上都在 15%以上，41 岁以上各年龄段比重均低于 8%。

3. 普通高校教师的年轻化程度较高

30 岁及以下年龄段教师比重最大，占 28.4%；40 岁以下教师所占比重达到 68%，超过普通高校教师总数的三分之二。1998 年到 2003 年五年间，普通高校教师总量增长了 77.9%，其中，30 岁及以下年龄段教师增长了 75.6%；36—40 岁的教师增长了 109.9%；51 岁以上增幅不大。从专业技术职务来看，正高级职务教师在 36—65 岁之间分布比较均匀，46—50 岁比重最大，占 21.4%；副高级职务教师则明显趋于年轻，40 岁以下所占比重达 42.1%。

五、农村教师队伍生师比较高、班师比较低，与城市、县镇有明显差距。

1. 农村中小学生师比较高、班师比较低，教师队伍相对紧张

2003 年全国农村小学教师大幅减少，共减少了 7.2 万人。农村小学生师比为 21.1：1，明显高于城市、县镇的 19.3：1 和 19.6：1。农村小学班师比为 1.5，明显低于城市、县镇的 2.3 和 2.2。

2003 年农村普通初中教师增加了 3.7 万人。农村普通初中生师比为 20：1，高于城市、县镇的 16.6：1 和 19.3：1；班师比为 2.9：1，低于城市、县镇的 3.1 和 3.0。

2. 农村教师与城市、县镇教师的学历水平差距明显

一是学历达标率普遍低于城市、县镇。城市、县镇、农村的小学学历达标率分别为 99.2%、98.8%、97.2%；普通初中学历达标率分别为 97.1%、93.5%、88.7%；普通高中学历达标率分别为 86.7%、71.0%、59.5%，城市和农村相差 17 个百分点。二是高学历教师比重明显低于城市、县镇。城市、县镇、农村小学教师中专科及以上学历教师比例分别为 64.4%、49.1%、31.8%，农村比城市低近 33 个百分点；普通初中本科及以上学历教师比例分别为 48.7%、22.1%、14.3%，农村比城市低 34.4 个百分点。

3. 农村中、高级职务教师的比重明显低于城市和县镇

农村小学教师中，小学高级以上职务教师的比重为 32.7%，分别比城市的 44.3%、县镇的 39.8%少 11.6 和 7.1 个百分点。普通初中中学高级职务教师城市为 12.4%，县镇为 3.9%，农村仅为 2.3%；中学一级教师城市为 41.1%，县镇为 33.0%，农村为 27.9%；中、高级教师合计农村比城市、县镇分别少 23.3 和 6.7 个百分点。农村

普通高中中学高级职务教师为 9.7%，分别比城市、县镇少 15.4 和 4.6 个百分点；中学一级教师为 31.9%，分别比城市、县镇少 4 和 3.5 个百分点。小学、普通初中和普通高中农村教师中初级和无职务教师所占比重均明显高于城市和县镇。

撰稿　赵　江

〔**中小学人事制度改革**〕　2004 年，各地中小学人事制度改革进一步深化，中小学教师资格准入制度已经初步形成。全国 30 个省（自治区、直辖市）已完成学校在编教师资格认定工作，23 个省（自治区、直辖市）已开始面向社会认定教师资格。中小学教职工编制核定工作取得重要进展。19 个省（自治区、直辖市）完成了核编到县工作，5 个省份已有 70%以上的县完成核定任务。中小学教师聘任制改革不断推进。许多省（自治区、直辖市）推行了中小学教职工全员聘用制改革，较大范围地开展教职工竞争上岗，积极稳妥地推进富余人员分流安置、城乡教师交流等工作。

中小学人事制度改革对调整教师队伍结构，提高教师队伍素质，促进基础教育事业持续健康发展起到了积极作用。2000 年—2004 年，全国小学教职工数量持续减少；全国普通中学在学生数量增长 16.5%的情况下，教职工只增加了 11.9%。中小学教师学历合格率进一步提高。一些地方初步建立了“职务能上能下、待遇能高能低、人员能进能出”的中小学人事制度，资格准入、竞争上岗、科学考核、择优聘任的观念已深入人心。

2004 年 12 月，教育部召开了中小学人事制度改革工作座谈会，确立了分类指导、重点突破的工作思路，定编、定岗、定员等工作都基本到位的地区，要继续积极探索，逐步建立科学化、规范化的中小学人事制度；编制核定的任务基本完成的地区，要重点做好教职工竞争上岗、城乡教师交流、富余人员分流等工作；正在进行编制核定工作的地区要加快进度，尽快将教职工编制核定到县、到校。

撰稿　杨　鸿　赵丹龄
审稿　谢志敏

〔**“博士服务团”和“西部之光”计划**〕　为加强西部地区人才队伍建设，教育部积极配合中组部和团中央，从高校选派优秀青年教师参加“博士服务团”，为西部地区的经济、社会发展和科技进步输送高素质的专业人才。“博士服务团”工作于 1999 年开始实施，每期为一年，教育部共选派 70 人，占选派总数的 18.9%。几年来，“博士服务团”在支持西部大开发建设中，积极发挥人才支持和智力支持作用，有力地促进了西部地区的经济、社会发展和科技进步。通过参与社会实践，“博士服务团”成员得到了多方面的锻炼，加深了对国情、民情的了解，提高了组织管理才能和分析问题、解决问题的能力。同时，也加强了高校与社会的联系，加速了高校科技成果的转化，促进了高校更好地为经济社会服务。

教育部与中组部等部委从 2003 年底共同实施了“西部之光”访问学者计划，首批接收了 63 名来自西部基层的科研骨干在教育部直属高校完成一年的学习、研修任务。“西部之光”访问学者通过学习，参与科研项目，开阔了眼界，更新了理论知识，加深了对本学科的前沿和国内外动态的了解，提高了科研能力。2004 年教育部直属高校又接收了 70 名“西部之光”访问学者，为西部地区培养高级急需人才，为推进西部大开发，促进区域经济协调发展作出努力。

撰稿　赵　江　唐　筠
审稿　谢志敏

高层次人才培养

〔“高层次创造性人才计划”启动实施〕 为贯彻全国人才工作会议精神，推动高校实施人才强校战略，2004年6月，教育部在对原有十余个人才计划项目统筹规划、集成整合、继承创新的基础上，启动实施了“高层次创造性人才计划”。通过实施“高层次创造性人才计划”，努力实现以下总体目标：构建定位明确、层次清晰、紧密衔接、促进优秀人才可持续发展的培养和支持体系；培养和会聚一批具有国际领先水平的学科带头人、一大批具有创新能力和发展潜力的青年学术带头人和学术骨干，带动高等学校教师队伍整体素质的提升；积极探索以重点学科、创新平台、重点科研基地为依托，以学科带头人为核心，围绕重大项目凝聚学术队伍的人才组织模式，形成一批优秀创新团队，促进学科交叉融合和集成发展；支持优秀人才在关键领域取得重大标志性成果，提高高等学校的人才培养质量、创新能力和核心竞争力，为全面建设小康社会提供强大的人才支持和重要的知识贡献。

“高层次创造性人才计划”是一个系统工程，包括定位明确、层次清晰、衔接紧密、促进优秀人才可持续发展的培养和支持体系。第一层次“长江学者和创新团队发展计划”，包括长江学者和创新团队两个项目，主要着眼于吸引、遴选和造就一批具有国际领先水平的学科带头人，形成一批优秀创新团队，每年遴选聘任长江学者特聘教授、讲座教授各100名，遴选支持60个创新团队。第二层次是“新世纪优秀人才支持计划”，主要着眼于培养、支持一大批学术基础扎实、具有突出的创新能力和发展潜力的优秀学术带头人，每年遴选支持1 000名左右自然科学和人文社会科学领域的优秀青年学术带头人。第三层次是“青年骨干教师培养计划”，主要着眼于培养数以万计的青年骨干教师，带动教师队伍整体素质的提升，这一计划主要靠高等学校实施。为推动高等学校实施“青年骨干教师培养计划”，教育部将实施“高等学校青年骨干教师在职学位提升项目”、“高等学校全国优秀博士学位论文作者资助项目”、“留学回国人员科研启动基金项目”、“高等学校青年骨干教师出国研修项目”、“高等学校青年骨干教师国内访问学者项目”、“高等学校青年骨干教师高级研修班”六个项目，每年重点支持培养10 000名以上的青年骨干教师。

为了保证“高层次创造性人才计划”的有效实施，教育部还提出了八项配套措施。一是统筹规划，整合资源。“高层次创造性人才计划”与“985工程”“211工程”“高等学校科技创新计划”“高等学校哲学社会科学繁荣计划”“研究生教育创新计划”密切配合，整体实施，充分发挥人才、基地、项目、资金和政策的综合效益。二是加大人才投入力度。教育部设立人才工作专项资金，用于支持有关人才计划的实施。在重大建设项目经费中，明确要求划出相当份额用于人才开发，如要求“985工程”建设经费要将对人才工作的投入作为重要组成部分，“211”工程的配套经费必须有一定比例用于人才队伍建设。三是创新人才组织模式。积极改革教学科研组织形式，打破人才组织上的体制性障碍，充分发挥多学科优势，通过凝炼学科方向、汇聚学科队伍，构筑学科基地，组建一批多学科集成的创新团队和创新群体，努力实现长江学者、创新团队与平台建设的紧密结合，探索出一条符合中国特色的高层次人才建设新模式。四是改革人才遴选评价机制。进一步强化高等学校在人才遴选中的主体作用，注重发挥同行专家在评审中的作用，严把人才遴选质量。坚持“德才兼备”的原则，注重思想政治素质、学风和科学精神、学术水平和科技创新能力、团结协作精神等方面素质。改革和完善人才评价标准，实施人才分类评价，对基础学科、应用学科、人文社会学科等不同类型的学科应有不同的评价标准，建立以业绩为核心，由品德、知识、能力等要素构成的人才评价的科学体系。五是完善人才激励与约束机制。继续深化人事分配制度改革，更加重视支持人才成长和事业发展，鼓励优秀人才脱颖而出。按照“按需设岗、公开招聘、择优聘任、合同管理”的原则，加快推进以教师聘任制为核心的高校全员聘任制改革，逐步形成人员能出能进、职务能上能下、待遇能高能低的局面。六是创新留学工作机制。紧密结合高等学校人才队伍建设，多方筹措留学资金，并积极推动高校与国外著名大学强强合作或联合培养，进一步扩大高校教师出国留学规模，进一步加大学术带头人和学术骨干的选派力度，选择一大批有较大发展潜力的优秀青年教师赴国外高水平大学从事博士后研究或攻读博士学位。要建立国外高水平大学、优势学科和著名教授资源库，增强选派的针对性。对入选“高层次创造性人才计划”的优秀人才要优先选派出国进修或合作研究。七是大力吸引优秀留学人才回国工作或为国服务。继续实施“春晖计划”。进一步创新人才引进机制，大力做好出国招聘留学人才工作，积极探索团队引进、核心人才带动引进、创业引进、智力引进等灵活多样的形式。建立优秀留学人才库，通过多种途径加强高等学校与优秀留学人才的联系，制定并实施留学人才回归计划，重点引进高新技术和基础研究等方面紧缺的高层次人才。八是加强组织领导。教育部成立了以周济部长为组长，相关部领导为副组长，有关司局和部门负责人为成员的人才工作协调小组，负责研究制定高层次人才队伍建设发展战略和规划，促进人才队伍建设的有关政策、重大人才计划项目的实施方案，做好宏观指导和统筹协调工作。同时还成立了教育部人才发展办公室，作为协调小组的办公室。

2004 年，“高层次创造性人才计划”三个层次的各个项目进展顺利，聘任长江学者 190 名，其中特聘教授 111 名，讲座教授 79 名，资助创新团队 59 个，支持学术带头人1 007名。第三层次的“青年骨干教师培养计划”分为六个子项目，其中学位提升项目计划录取10 000多名；拟资助高校优秀博士论文获得者 100 篇；回国人员科研启动项目资助高校人员约1 130人；出国研修项目录取高校教师3 148人，另外有 83 所高校提出与国家留学基金委配套支持的派出方案；国内访问学者项目培养教师1 100人；高级研修班项目培训教师5 023人次。高校反映，“高层次创造性人才计划”作为贯彻落实人才强国战略的重大举措，推进高水平大学和重点学科建设的关键环节，对推动高校实施人才强校战略起到了重要的示范和带动作用。

撰稿　王　磊

审稿　谢志敏

〔**长江学者项目实施进展**〕“长江学者奖励计划”是由中华人民共和国教育部和香港李嘉诚基金会于 1998 年共同筹资、合作实施的专项优秀人才计划。该计划自 1998 年实施以来，在中央领导同志的亲切关心下，在国家有关部门和香港李嘉诚基金会的大力支持下，在高等学校和社会各界的共同努力下，成效显著、成果丰硕，在国内外产生了广泛影响，已成为知名的人才品牌。

经过世界范围的公开招聘和严格遴选，“长江学者奖励计划”有效地吸引、稳定了一批高层次人才到高校从事科研、教学工作。1998 年至 2003 年共有 74 所高校分五批聘任了 494 位特聘教授、43 位讲座教授。6 位优秀学者先后荣获“长江学者成就奖”。

在“长江学者奖励计划”的支持和激励下，一批长江学者已经成长为领军人物，一些长江学者取得了突破性科技成果。据初步统计，有 12 位长江学者当选为中国科学院、中国工程院院士；有 31 位长江学者担任“973”计划首席科学家，有 27 位长江学者担任了“十五”“863”计划专家；有 33 位长江学者及其科研集体受到了国家自然科学基金委员会“创新研究群体科学基金”项目资助；有 34 位长江学者担任了国家重点实验室、国家工程（技术）研究中心主任职务；还有许多长江学者主持承担了大量“863”项目、国家科技攻关计划项目以及国家自然科学基金重大项目等。有 18 位长江学者的 21 项重大突破性成果分别入选“中国十大科技进展新闻”“中国基础研究十大新闻”以及“中国高校十大科技进展”等；有67项由长江学者主持或作为主要完成人参加的科研成果获得了国家三大科技奖；有9位长江学者在国际一流学术刊物《Nature》《Science》上共发表论文16篇，占高校发表总量的三分之二左右；有32位长江学者指导的39位博士研究生获得了“全国百篇优秀博士论文奖”。

为全面贯彻党的十六大精神和全国人才工作会议精神，大力实施科教兴国和人才强国战略，教育部在统筹规划、整合资源、继承创新的基础上，进一步加大了实施“高层次创造性人才计划”的力度，推动高等学校大力实施人才强校战略。“高层次创造性人才计划”第一层次是“长江学者和创新团队发展计划”，其中的长江学者项目即为原来“长江学者奖励计划”的延续。“长江学者奖励计划”作为“高层次创造性人才计划”的核心项目和领军内容，在总结以往经验的基础上，也进行了改革和完善：一是将实施范围扩大到人文社会学科领域；二是增加了讲座教授招聘数量，从原来的每年10人扩大到100人；三是更加重视发挥高校在长江学者招聘中的作用，进一步强化长江学者招聘与国家创新平台和重点研究基地建设、与创新团队建设的紧密结合，积极探索“学科带头人＋创新团队”的人才组织新模式，体现设岗、选人、做事的高度统一，促进长江学者在人才培养和科学研究中取得突出的成绩。

按照《长江学者聘任办法》的规定，2004年共有113所高校向教育部推荐了382位长江学者候选人。教育部邀请了87位院士和人文社会科学领域的著名专家对候选人认真进行了同行专家评审和遴选，在此基础上，由杨振宁、姚期智等著名专家组成的长江学者聘任顾问组进行了审核，共遴选出111位特聘教授、79位讲座教授，并与有关高校签订了聘任合同。在190位新受聘的长江学者中，自然科学领域163人，人文社会科学领域27人；平均年龄43.7岁；具有博士学位的186人；具有在海外留学或工作经历的181人；特聘教授中直接从海外应聘或近两年从国外全职回国工作的40人；79位讲座教授全部从海外应聘，绝大部分为国外知名大学教授或副教授，其中包括两名诺贝尔经济学奖获得者。

2005年3月28日下午，教育部在人民大会堂隆重举行了2004年度长江学者特聘教授、讲座教授受聘仪式及长江学者座谈会。国务委员陈至立同志出席受聘仪式及座谈会并讲话。

陈至立强调，加强高校高层次人才队伍建设意义重大。要加快建设一支富有创新能力的高校高层次人才队伍。一要以实施“高层次创造性人才计划”为抓手，努力吸引、培养和造就一批具有国际水平的科学家和学科带头人。二要大力建设创新平台，加强创新团队建设。三要培养和造就一批哲学社会科学家和优秀群体。四要抓紧培养和造就一批具有创新能力和发展潜力的中青年学术带头人和学术骨干，形成可持续发展的优秀人才梯队。各级政府要进一步加强对高校高层次人才队伍建设的领导，要进一步完善机制、体制和政策，形成完整的创新链，使高层次人才更好地发挥作用；高校要将高层次人才队伍建设摆在学校工作的重要位置，充分发挥高校知名专家、长江学者等领军人物的作用。她希望长江学者和全国高校教师坚持自主创新，勇于开拓，勇攀高峰；发扬“两弹一星”精神和“载人航天”精神，团结协作，群策群力，拼搏奉献；做言传身教、率先垂范、教书育人的模范。

教育部部长周济同志主持了受聘仪式。中组部、国务院办公厅、教育部、人事部、科技部、财政部、国家自然科学基金委等部门的领导、著名物理学家杨振宁先生以及部分高校领导出席了大会。中山大学校长黄达人、同济大学特聘教授杨志刚分别代表大学校长和长江学者发言。10位长江学者在座谈会上发言。

撰稿　王　磊

审稿　谢志敏

〔**2004年度长江学者特聘教授、讲座教授名单**〕

根据《长江学者聘任办法》，在高等学校科学设岗、公开招聘、严格遴选的基础上，经教育部认真组织同行专家评审，长江学者聘任顾问组审核以及公示等程序，确定了2004年度长江学者特聘教授111人、讲座教授79人，名单如下（排名不分先后）：

特聘教授

北京大学	应用数学	葛力明
北京大学	理论物理	何小刚
北京大学	凝聚态物理	沈　波
北京大学	分析化学	邵元华
北京大学	病理生理学	管又飞
北京大学	神经生物学	王克威
北京大学	细胞生物学	张传茂
北京大学	刑法	陈兴良
北京大学	人口学	郑晓瑛
北京大学	英语语言文学	申　丹
北京工业大学	材料学	张久兴
北京航空航天大学	计算机数学	王东明
北京航空航天大学	控制理论与控制工程	贾英民
北京航空航天大学	飞行器设计	武　哲
北京科技大学	材料学	杨　槐
北京理工大学	电磁场与微波技术	盛新庆
大连理工大学	工程力学	张洪武
大连理工大学	材料设计及载能束合成	董　闯
第四军医大学	内科学（消化系病）	吴开春
电子科技大学	物理电子学	刘濮鲲
电子科技大学	电子材料与元器件	李言荣
电子科技大学	物理电子学	谢　康
东北大学	采矿工程	吴立新
东北大学	机械设计及理论	张义民
东北林业大学	木材科学与技术	王清文
东南大学	微电子学与固体电子学	黄庆安
东南大学	交通运输规划与管理	王　炜

复旦大学	生物有机化学	钟国富
复旦大学	分子心脏病学	邹云增
复旦大学	微电子学与固体电子学	刘　冉
复旦大学	信息材料（有机电子学）	黄　维
复旦大学	外国哲学—国外马克思主义	俞吾金
复旦大学	金融学	姜波克
复旦大学	中国现当代文学	陈思和
国防科技大学	光学工程	于起峰
哈尔滨工业大学	飞行器设计	曹喜滨
河海大学	水文学及水资源	余钟波
湖南大学	环境工程	曾光明
湖南师范大学	随机过程和生物信息	冯建峰
华东理工大学	化学工程	刘洪来
华东理工大学	应用化学	施　敏
华南理工大学	制糖工程	陈　峰
华中科技大学	病理生理学	王建枝
华中科技大学	武汉光电国家实验室	周治平
华中科技大学	机械制造及自动化	刘　胜
华中师范大学	政治学（中国农村问题研究）	徐　勇
吉林大学	生物化学与分子生物学	赵志壮
吉林大学	材料加工工程	郑伟涛
兰州大学	有机化学	涂永强
兰州大学	自然地理学	陈发虎
兰州大学	多肽科学	王　锐
辽宁大学	国民经济学	黄泰岩
南京大学	基础数学	秦厚荣
南京大学	凝聚态物理	于　扬
南京大学	无机化学	熊仁根
南京大学	生物化学与分子生物学	张辰宇
南京大学	材料物理与化学	刘俊明
南京大学	经济学	刘志彪
南京师范大学	地理学	汪永进
南开大学	无机化学	卜显和

南开大学	环境科学	周启星
南开大学	企业管理	李维安
清华大学	材料物理	薛其坤
清华大学	化学	李　隽
清华大学	遗传学	李　蓬
清华大学	物理电子学	黄翊东
清华大学	材料物理与化学	张政军
清华大学	动力机械及工程	欧阳明高
清华大学	经济学	李稻葵
山东大学	金融数学	陈增敬
山东大学	环境科学	闫　兵
汕头大学	工业微生物	陈国强
上海大学	力学	钱跃竑
上海交通大学	应用化学	车顺爱
上海交通大学	生物技术	唐克轩
上海交通大学	农业微生物学	邓子新
上海交通大学	集成电路设计	陈　进
苏州大学	放射医学	樊赛军
天津大学	化学工艺	刘昌俊
天津大学	光电信息	姚晓天
天津大学	电力系统及其自动化	王成山
同济大学	生物化学和分子生物学	陈义汉
同济大学	车辆工程	杨志刚
同济大学	电路与系统	林　涛
武汉大学	大地测量学与测量工程	李建成
西安交通大学	固体力学	王铁军
西安交通大学	微电子学与固体电子学	任　巍
西安交通大学	动力机械及工程	黄佐华
西北农林科技大学	植物病理学	康振生
西南交通大学	材料科学与工程	赵　勇
西南交通大学	载运工具运用工程	张卫华
厦门大学	化学	吴　玮
燕山大学	亚稳材料科学	刘日平

浙江大学	凝聚态物理	许祝安
浙江大学	生物物理学	华跃进
浙江大学	计算机应用	鲍虎军
浙江大学	高分子材料加工工程（流变学）	郑　强
中国海洋大学	材料学	尹衍升
中国科学技术大学	物理	卢建新
中国矿业大学	安全技术及工程	徐精彩
中国农业大学	生物化学与分子生物学	叶　德
中国农业大学	植物学	巩志忠
中国协和医科大学	药物化学	刘　刚
中国协和医科大学	遗传学	吴冠青
中国协和医科大学	药理学	胡卓伟
中国药科大学	生药学	李　萍
中山大学	高分子化学与物理	章明秋
中山大学	医学病毒学与肿瘤学	黎孟枫
中山大学	眼科学	杨培增
中山大学	中国近现代史	桑　兵
重庆大学	机电传动及系统	秦大同

讲座教授

北京大学	固体力学	曲建民
北京大学	概率论与数理统计	郁　彬
北京大学	理论物理	季向东
北京大学	口腔医学	王存玉
北京大学	动物发育生物学	林　硕
北京大学	经济学	约翰·施特劳斯
北京大学	经济学	詹姆斯·赫克曼
北京大学	世界史	王　希
北京航空航天大学	航空宇航推进理论与工程	杨威迦
北京科技大学	材料物理与化学	陈龙庆
北京师范大学	基础数学	李岩岩
北京师范大学	生物化学	贾宗超
北京语言大学	语言学与对外汉语教学	冯胜利

大连理工大学	生物化工	崔占峰
第四军医大学	生理学	马新亮
东南大学	结构工程	吴智深
复旦大学	应用数学	陈贵强
复旦大学	分析化学—蛋白质组学	陈　先
复旦大学	分子医学	施　扬
复旦大学	发育生物学	许　田
复旦大学	神经生物学	卓　敏
哈尔滨工程大学	控制理论与控制工程	郭书祥
哈尔滨工业大学	控制理论与控制工程	周克敏
合肥工业大学	机械制造及其自动化	张洪潮
合肥工业大学	管理科学与工程	储诚斌
湖南大学	生物化学与分子生物学	林辰涛
华中科技大学	劳动卫生与环境卫生学	胡丙长
华中科技大学	机械设计及理论	顾佩华
华中科技大学	机械制造及其自动化	王　煜
华中科技大学	数量经济学	艾春荣
华中农业大学	作物遗传育种	彭少兵
南方医科大学	人体解剖与组织胚胎学	梅　林
南京大学	理论物理	汪子丹
南京大学	无机化学	薛子陵
南京大学	地图学与地理信息系统	陈镜明
南京大学	植物学	Bergelson J
南京大学	材料学	叶金花
南开大学	基础数学	黄劲松
南开大学	高分子化学与物理	朱晓夏
清华大学	力学	黄永刚
清华大学	理论物理	韩　涛
清华大学	纳米科学、多尺度与 DFT 理论	杨伟涛
清华大学	理论物理	尤　力
清华大学	生物信息学	张奇伟
清华大学	计算机应用技术	李　明
清华大学	纳米科学与技术	戴宏杰

山西大学	光学	肖　敏
上海财经大学	经济学	田国强
上海交通大学	机械设计及理论	李　杰
上海交通大学	船舶与海洋工程	杨　驰
四川大学	绿色化学	蒲　林
四川大学	生物医学工程	张曙光
四川农业大学	动物生产	雷新根
天津大学	化学工程	杨志民
同济大学	摄影测量与遥感	李荣兴
武汉大学	有机化学	张绪穆
武汉大学	生物化学与分子生物学	付向东
武汉大学	数理经济与数理金融	邹恒甫
西安交通大学	应用数学	吴建宏
西北大学	基础数学	辛周平
西北工业大学	流体力学	刘　锋
厦门大学	寄生虫分子生物学	苏新专
厦门大学	经济学	洪永淼
厦门大学	会计学	徐林倩丽
浙江大学	基础数学	罗　锋
浙江大学	化学工程	朱世平
浙江大学	分子流行病学	吴息凤
中国地质大学	构造地质学	尹　安
中国海洋大学	海洋药物	段存明
中国科学技术大学	计算机科学与技术	姚　新
中国农业大学	植物学	朱建康
中国人民大学	法学	克里斯蒂安·路易特
中国人民大学	金融学	罗伯特·蒙代尔
中国人民大学	统计学 精算学	朱力行
中南大学	肿瘤细胞生物学	袁志民
中山大学	计算数学	许跃生
中山大学	生物化学与分子生物学	吴仲义
中央财经大学	精算学	陈建成
中央民族大学	语言学	罗仁地

教育管理干部培训

〔**概述**〕 2004年，国家教育行政学院积极开展各级各类教育干部培训工作，全面完成了教育部干训规划任务。学院根据教育形势发展需要，及时调整教学计划，更新培训内容，优化培训结构，创新办班类型，改进培训方式，加强规范化管理，整合多种优势资源，加强培训教材及专题培训资料建设，开展研究性培训，重视学员研究性学习，推动培训成果开发等。下半年，重点组织学员学习党的十六届四中全会文献和《中共中央国务院关于进一步加强和改进大学生思想政治教育的意见》，贯彻落实第十三次全国高校党建工作会议精神，收到了良好的效果，培训质量有了进一步的提高。2004年，全年共举办各类培训班（项目）35个，培训人数达4 337人。

〔**高校领导干部培训**〕 根据中共中央《2001—2005年全国干部教育培训规划》和中共教育部党组《全国教育干部培训“十五”规划》精神，为进一步加强高校领导干部队伍建设，提高思想政治素质、教育理论水平和教育管理能力，2004年，国家教育行政学院分别举办了第二十四、二十五期高校领导干部进修班和第二十一、二十二期高校中青年干部培训班。教育部党组书记、部长兼国家教育行政学院院长周济出席第二十四期高校领导干部进修班开学典礼并作了题为“大兴学习之风，落实新一轮教育振兴行动计划”的重要报告，教育部领导袁贵仁、吴启迪、田淑兰、李卫红等同志分别为进修班和培训班作了报告。

在培训过程中，高校校级领导和中青年干部以十六大精神和“三个代表”重要思想为指导，深入学习贯彻十六届三中、四中全会精神，树立和落实科学的发展观；以切实加强高校领导班子思想政治建设和提高领导能力为重点，全面了解高等教育事业发展所面临的形势和任务，以贯彻实施新一轮教育振兴行动计划为基本线索，研讨重要战略机遇期高等教育改革与发展所面临的问题与对策。在学习和掌握高等教育基本理论、政策法规和基本经验及国际高等教育改革动态的基础上，树立现代教育理念，全面提升了高校领导干部的理论修养、政策水平与领导管理能力，增强了推进高等教育事业持续健康发展的信心和决心。

〔**全国地市县（市）教育局长培训**〕 为加强地市、县（市）两级教育行政干部队伍建设，提高其思想政治素质、教育理论水平和行政管理能力，深入贯彻落实《中共中央 国务院关于进一步加强和改进未成年人思想道德建设的若干意见》（以下简称中央“8号文件”）和《2003—2007年教育振兴行动计划》（以下简称“教育振兴行动计划”），根据教育部“十五”干训规划，国家教育行政学院于2004年4月和9月先后举办了第十五、十六期全国地市教育局长研修班和第七期、八期全国县（市）教育局长培训班，共有591位地市县（市）教育行政部门领导参加了为期三周的研修学习。

通过学习研讨，教育局长们对中央“8号文件”和教育部“教育振兴行动计划”的基本精神有了更加全面深入的了解，更深切地感受到这两个重要文献的思想高度与长远的战略性思考。学习中，教育局长们还交流了全国各地在贯彻落实中央“8号文件”和新一轮“教育振兴行动计划”的过程中，针对本地青少年思想道德建设和教育改革发展的实际，提出的适合本地特点的工作思路和举措，以及一些具有推广价值的区域特色经验。各地教育局长们对我国基础教育改革发展中的一些难点热点问题，比如，“一费制”的实施及其标准制定、农村中小学教师人事制度改革、农村义务教育普九欠款、新课程的实施、初中生辍学和流动人口子女入学等问题也进行了深入的研讨和交流，并提出了具有建设性的对策和建议。

2004 年，围绕基础教育改革发展的热点与动态，为满足地方教育改革发展的需要，通过有效策划运作，利用、整合各种培训资源，国家教育行政学院先后成功举办了 7 期基础教育改革动态专题研修班，参训者达2 017人，从培训内容、培训方式等方面为地方培训教育干部起到了一定的示范带动作用。

〔**专题培训**〕 2004 年，国家教育行政学院根据教育部党组统一部署，为贯彻落实《2003—2007年教育振兴行动计划》，配合教育部有关部门成功举办了由各省教育厅厅长和教育部相关司局和直属单位主要负责人参加的“学习贯彻《2003—2007年教育振兴行动计划》高级研修班”；为贯彻落实《中共中央国务院关于进一步加强和改进未成年人思想道德建设的若干意见》，国家教育行政学院相继举办了以各省教育厅副厅长（含教育部部分司局及直属单位负责人）为对象的“加强和改进未成年人思想道德建设专题研修班”和以各省教育厅德育处长为主要对象的“加强和改进未成年人思想道德建设专题培训班”。学院圆满完成了由教育部主办的第二届中外大学校长论坛的筹备、教学组织以及成果开发工作。

同时，积极配合教育部相关司局有关专项工作开展教育干部培训活动，推动教育事业的改革与发展。2004 年，相继举办了第 14、15 期驻外后备干部岗前培训班、第 19、20 期教育部机关党校党员干部理论进修班、第 1、2 期教育部高职高专评估专家理论进修班、第 2 期教育部初任公务员培训班。这些培训项目的开展有效地配合支持了教育部有关司局的工作，进一步增强了教育行政管理干部把握形势发展变化的客观要求，以及对教育管理工作的宏观思考和战略规划的能力，及时了解了教育改革发展的前沿动态，增强了执行党和国家教育方针、政策的自觉性和使命感。

〔**涉外培训**〕 2004 年，国家教育行政学院继续组织实施“教育部、国家外国专家局高校领导赴海外培训”项目，圆满完成了高校领导赴法德研修项目（大学定位与发展战略规划、大学科研开发与成果转化）、美国宾夕法尼亚大学培训项目（大学经费的筹集以及科研开发和技术转让）、美国哥伦比亚大学培训项目（大学学科建设与教学质量保障体系）的研修考察筹备、组织工作。通过学术讲座、参观考察、访问和座谈等形式，学员圆满完成了为期五周的海外培训任务。

2004 年，国家教育行政学院在完成“高校领导赴海外培训项目”的同时，坚持开放办学，积极开展各类涉外培训。在前两年与菲律宾华文教育研究中心在马尼拉联合举办“菲律宾华文学校管理人员初级、中级培训班的基础上”，2004 年4、5 月间在国家教育行政学院举办了“菲律宾华文学校管理人员高级培训班”；与美国德克萨斯州 A&M 大学合作举办了“美国德州中学教师中国历史与文化研修班”和“质的研究方法”高级研讨班。

〔**教学科研工作**〕 2004 年，国家教育行政学院科研工作呈现培训带动科研，科研促进教学的新局面。为适应教育改革发展的需要，根据培训对象的不同层次类型，深入开展研究性培训、研究性学习，充分利用学员的资源开展科研工作，与学员一起开展专题研究，推出了更多更好的具有学院培训特色的研究成果，形成了多篇调研报告和研究论文，并在国家教育行政学院《学报》、《中国教育报》、《教育研究》、《中国教育信息化》等国内一些有影响的报刊发表，有的被人大复印报刊资料转载，产生了积极的反响。其中，地市县（市）两级教育行政管理干部的培训成果开发项目《区域教育探索》（第三辑）、高教类成果开发项目《大学之治》已正式出版发行。学院党委理论学习中心组撰写的论文《邓小平理论与马克思主义中国化》入选中宣部等部门组织的全国纪念邓小平同志诞辰 100 周年学术研讨会。另外，2004 年学院教学科研人员共发表学术论文 93 篇，出版学术著作 12 部，科研成果数量和质量有了进一步的提高。

国家教育行政学院与北京大学和美国宾夕法尼

亚大学合作开展的教育与经济管理专业高级教育行政管理研究方向博士培养项目顺利开展，为学院形成具有教育管理干部培训特色的学科建设带来了新的契机，也是探索新形势下教育管理高级人才培养模式的有益尝试。

撰稿　冯文宇　王治军

审稿　俞家庆

热点关注

以科学发展观为指导　深化中小学人事制度改革

中小学人事制度改革在当前基础教育改革和发展中起着重要的作用。科学发展观是统领中小学人事制度改革的重要指导思想。

教育部党组高度重视中小学人事制度改革工作。2001年《国务院关于基础教育改革与发展的决定》下发以来，教育部已经连续三次召开中小学人事制度改革方面的会议。近几年来，各地做了大量卓有成效的工作，对调整教师队伍结构，提高教师队伍素质，促进基础教育事业持续健康发展起到了积极作用。目前，全国已有16个省（区、市）完成了中小学教职工编制核定到县的任务，7个省（区、市）70%的县完成了编制核定任务。2000年以来，全国小学教职工数量持续减少；全国普通中学在校生数量增长16.5%的情况下，教职工只增加了11.9%。中小学教师学历合格率进一步提高。一些地方初步建立了“职务能上能下、待遇能高能低、人员能进能出”的中小学人事运行机制，资格准入、竞争上岗、科学考核、择优聘任的观念已深入人心。

当前，我国基础教育正处于重要发展时期，“两基”工作进入攻坚阶段。“两基”攻坚计划能否获得圆满实施，一定程度上还要取决于教师队伍的质量和素质。加强农村教育，实施“农村寄宿制学校建设工程”、“农村中小学现代远程教育工程”和“新课程改革”等重大举措，以及建设终身学习、全民学习的学习型社会，对中小学教师队伍的素质，特别是农村教师队伍素质提出了更新、更高的要求，中小学人事制度改革的任务也更加紧迫。

党中央提出的科学发展观为继续深化中小学人事制度改革指明了方向。胡锦涛总书记指出，牢固确立和认真落实以人为本，全面、协调、可持续的发展观，既是我国经济工作必须长期坚持的重要指导思想，也是解决当前经济社会发展中诸多矛盾必须遵循的基本原则。

科学发展观的根本要求是统筹兼顾。科学发展观的本质和核心是坚持以人为本。在中小学人事制度改革工作中做到统筹兼顾，就是要加强推进改革的大局观、全局观；坚持城市和农村的教师队伍协调发展；更加注重宏观调控，更加注重规划协调，更加注重改革创新。就是要切实弘扬“求真务实”的精神，坚决克服主观主义、形式主义和官僚主义，根据既定的方针和政策，注意在实践中形成新思路，在群众中寻求新办法，在典型中寻求新措施，重实际、说实话、办实事、求实效，使国家的大政方针能够落实到教育部门和学校的具体工作中去。

在中小学人事制度改革工作中坚持以人为本，一是要牢记“群众利益无小事”这个道理，自觉增强为教师服务的意识。我们要带着对教师的感情做好工作，要始终关注怎么代表教师的利益，为教师服好务，着力解决学校人事工作中的突出矛盾，解决关系教师和学生切身利益的突出问题。二是要合理地配置人力资源，努力使每名教师都能“发光发热”，人尽其才，各得其所。

以科学发展观为指导推进中小学人事制度改革，一要紧紧抓住发展这个要务不动摇，改革不合时宜的人事制度，促进教育事业持续健康发展，促进广大教师职业的发展。二要坚持理论和实际相结合，因地制宜、因时制宜，充分考虑地区之间的发展差异和不同情况，坚持一切从实际出发，根据实际条件和发展需要有重点、有步骤地采取措施，不能强求一律，搞齐步走、一刀切。三要正确处理改革发展稳定的关系，妥善处理教师队伍根本利益和具体利益、长远利益和眼前利益的关系，有重点、有步骤地推进改革。坚持统筹兼顾，协调好改革进程中的各种利益关系。切实关心教师切身利益，完善中小学人事制度改革中的保障措施。四要进一步丰富、创新中小学人事制度的理论、观念和制度，坚持以人为本，树立全面、协调、可持续的发展观，创造教师充分发展、充分发挥聪明才智的制度环境。要用研究工作、用调研工作来带动经常性的工作，只有这样我们的工作才能够把握规律性、富有时代性，具有创新和突破。

在科学发展观的指导下，下一步中小学人事制度改革的工作思路是分类指导、重点突破。分类指导的思路体现了科学发展观统筹兼顾的要求，是在正确判断国情和教育发展实际情况基础上的重要结论，发展的不平衡是社会主义初级阶段我国最基本的国情，我们的政策、措施一定要针对这个问题，做到因地制宜、区别对待。同时，不同的政策、措施之间又有着很强的内在联系，尽管在当前阶段实施的进度、工作的重点不太一样，但所有的政策都应该紧紧围绕促进基础教育协调、持续发展这个目标。分类指导的目的，就是用不同的办法、按照不同的进度，最终实现同样的目标。从各地中小学人事制度改革的进展看，大体上分为三类情况，一是定编、定岗、定员等工作都基本到位，这类地区要继续积极探索，逐步建立科学化、规范化的中小学人事制度；二是编制核定的任务已经基本完成，正在抓紧完成定岗定员的工作，这类地区要重点做好教职工竞争上岗、城乡教师交流等工作；三是正在进行编制核定工作，这类地区要加快进度，尽快将教职工编制核定到县、到校。

重点突破，就是要认真分析当前的形势和任务，进一步找准政策重点，找准切入点，一个问题一个问题地突破。这些政策和措施成熟一个出台一个，最终形成规范的中小学人事制度体系。在统筹规划、突出重点的基础上，最后还要把握时机，推陈出新，重点突破，全面推进。我们分析，就全国而言，当前中小学人事制度改革的重点和突破口主要应该是两方面，一是加快推进教师交流，解决教师队伍结构性矛盾；二是严格把住教师和校长的入口关，解决进口不严的问题。

农村教师工作是教育部2005年工作的一个重点。我国县及县以下地区中小学教师占教师总数的80%；乡镇以下地区教师占教师总数的52%。农村教师队伍的素质，直接关系农村基础教育事业的质量和发展，也在很大程度上决定着我国基础教育事业的发展。为农村基础教育发展服务，为实现当前农村教育的目标提供有力的人力资源保障，是当前深化中小学人事制度改革的重点。要采取一些切实有效的办法，吸引一批优秀人才到农村任教。

党中央提出的科学发展观为深化中小学人事制度改革指明了方向，我们一定要认真学习、贯彻和落实科学发展观，坚定决心，增强信心，开拓创新，积极进取，以科学发展观为指导推进改革工作，以推进改革促进基础教育事业的持续健康发展！

原载2005年1月10日《中国教育报》　作者李卫红系教育部党组成员、人事司司长

先进人物和先进集体

〔**2004年教育部党组表彰的先进人物及其先进事迹**〕 为深入贯彻落实《中共中央 国务院关于进一步加强和改进未成年人思想道德建设的若干意见》和《中共中央 国务院关于进一步加强和改进大学生思想政治教育的意见》精神，进一步弘扬我国教育系统先进模范人物的优秀品质和无私奉献精神，表彰一批忠于职守，无私奉献，开拓创新，在教育事业的改革和发展中取得了显著成绩的先进模范人物，教育部于2004年9月、11月先后下发了《中共教育部党组关于向吴玲、马祖光、陈学求同志学习的决定》、《中共教育部党组关于向霍懋征、邹有云、黄静华、盘振玉、林崇德五位模范教师学习的决定》，表彰了吴玲、马祖光、陈学求和霍懋征、邹有云、黄静华、盘振玉、林崇德8位模范教师，他们的先进事迹如下。

1. 吴玲同志生前是河南省郑州市第22中学高级教师。她自1977年参加教育工作至2004年7月因病逝世，数十年如一日，呕心沥血，勤奋工作，将毕生精力献给了党和人民的教育事业。在长期的教育工作中，她始终怀着“要为祖国和人民炼一炉好钢，一粒钢渣都不能剩下”的信念，给予每名学生平等的教育和关爱，尽心尽力把每名学生都培养成才；她对学生有着深厚的感情和炽热的爱心，将全部心血都献给了学生；她一心扑在教育教学事业上，从不追求个人名利，从不计较个人得失，直到生命最后一刻，仍念念不忘自己的学生；她刻苦钻研教学业务，不畏艰难，积极进取，勇挑重担，在平凡的岗位上创造了不平凡的业绩；她严于律己，乐于助人，模范地实践了共产党员全心全意为人民服务的根本宗旨。

2. 马祖光同志生前是哈尔滨工业大学教授，中国科学院院士，全国五一劳动奖章获得者，黑龙江省特等劳动模范，优秀共产党员。他自1950年参加教育工作至2003年7月因病逝世，为我国的教育科研事业殚精竭虑，贡献了自己毕生的力量。他信念坚定，立志报国，为国家培养了一大批优秀人才；他德高望重，治学严谨，学识渊博，教书育人，不仅教授科学知识，而且注重教育学生树立科学精神和奉献祖国的高尚情操；他孜孜不倦，勇于探索，在科研难题面前从不退缩，取得了一系列处于国际领先水平的重大科研成果，为我国国防科技事业做出了突出贡献；他克己奉公，淡泊名利，谦逊质朴，始终践行自己“共产党员贡献要处处走在前面，利益面前不能伸手”的诺言。

3. 陈学求同志生前是吉林农业大学研究员。他自1959年参加教育工作至2004年2月因病逝世，献身农业教育科研事业，夜以继日，辛勤工作，直至生命最后一刻。他于20世纪50年代冲破重重阻力从马来西亚回国，后来多次放弃到国外定居的机会，始终心系祖国，奉献人民；他长期奋斗在农业教学和科研第一线，勇于承担培养人才、科学研究的重任，兢兢业业，无私奉献；他坚持面向社会，深入基层，艰苦创业，不懈探索，创建了大量高粱、玉米育种材料，选育出多个高粱新品种，为农业增产增收做出了突出贡献；他热情关心农民群众的生产生活，常年工作在田间地头，指导农民学习先进农业技术，有31个春节在育种基地度过，未能与家人团聚。陈学求同志逝世后，被追授全国五一劳动奖章。

4. 霍懋征，原北京第二实验小学教师、副校长，全国首批特级教师。她自1943年参加工作，矢志不渝献身小学教育事业，辛勤耕耘61载，德高望重，教艺精湛，堪称师表。她是“爱的教育”的早期倡导者和实践者，坚持“没有爱就没有教育”这一座右铭，热爱学生，尊重学生，关心学生，以爱执教。她积极倡导“文道统一”的教学原则，刻苦钻研教学业务，不畏艰难，积极进取，勇于创新，做出了突出贡献。

5. 邹有云，江西省永修县拓林镇黄岭村小学太阳山教学点教师，全国模范教师，全国中小学德育先进工作者。他自1974年主动到位于大山深处、条件艰苦的太阳山教学点任教，30年如一日，安贫乐教，艰苦创业，为农村教育事业默默耕耘、无私奉献。他爱生如子，为照顾、帮助贫困学生，节衣缩食，任劳任怨。他坚持不懈地开展升国旗、主题队会、庆“六一”等形式多样的思想教育活动，把一个山沟里的教学点办得生动活泼，深受山民喜爱。他谦逊质朴，积极探索复式教学新方法，教育教学质量在当地名列前茅，群众赞扬他是一位“站在太阳山上托起太阳的人”。

6. 黄静华，上海市尚文初级中学特级教师，全国先进工作者，全国师德标兵。在33年的教育教学和班主任工作生涯中，以高尚的师德、精湛的育人艺术和无私奉献的精神，对学生倾注了全部的爱心，模范履行了教师教书育人的神圣职责和光荣使命。她面向全体学生，全面实施素质教育，用辛勤的汗水为国家培育了一批又一批的合格人才。她在长期班级德育工作实践中，创造性地探索富有时代气息、适应学生身心特点的德育新内容、新途径和新方法，取得了突出成绩，积累了丰富的经验。她撰写的几十万字的班主任笔记，受到了专家的高度评价和社会的广泛赞誉。

7. 盘振玉，湖南省郴州市塘溪乡五马垅小学教师，瑶族，全国模范教师，全国师德标兵。她22年如一日，扎根边远贫困的大瑶山区，为培育山村瑶族幼苗，呕心沥血，默默耕耘，无怨无悔。为尽早修复被山洪冲毁的学校，借钱盖学校。为改善办学条件，她和家人自己动手制作教具，将教室旁的土丘开成平地做操场。她无微不至关怀学生，为住校生洗衣做饭、开荒种菜、治病防病。她坚守一人一校岗位，进行瑶语和普通话“双语”教学，将全部的爱都献给了山村的学校和学生，2003年被湖南省政府授予“农村教师突出贡献奖”。

8. 林崇德，北京师范大学教授，全国先进工作者，全国师德标兵。他自1965年参加教育工作，积极投身发展心理学研究，学术造诣高深。他积极探索，执着追求，将教育理论与实践相结合，坚持知与行的统一。他爱岗敬业，治学严谨，潜心教书育人，学而不厌，诲人不倦，注重教育学生树立科学精神和奉献祖国的高尚情操，处处以身作则，为人师表，以高尚的人格和品德影响学生，他的教育理念和教育实践具有广泛的社会影响。

教育部党组号召全国广大教师和教育工作者向吴玲、马祖光、陈学求和霍懋征、邹有云、黄静华、盘振玉、林崇德八位模范教师学习。学习他们热爱祖国、热爱人民，忠诚于人民教育事业的崇高思想；学习他们教书育人、爱生如子、为人师表、无私奉献的高尚师德；学习他们艰苦奋斗、孜孜不倦、勇于探索、开拓创新的敬业精神。希望广大教师和教育工作者以他们为榜样，学习贯彻《中共中央 国务院关于进一步加强和改进未成年人思想道德建设的若干意见》和《中共中央 国务院关于进一步加强和改进大学生思想政治教育的意见》精神，在邓小平理论和“三个代表”重要思想指引下，坚持育人为本，以德立教，爱岗敬业，为人师表，不断提高思想政治水平和业务素质，以高尚的情操引导学生德、智、体、美全面发展，做为人民服务的教师，做让人民满意的教师，为办好让人民满意的教育，实现中华民族的伟大复兴而努力奋斗。

撰稿 张 杨 黄 伟

审稿 谢志敏

〔**2004年教育部党组表彰的先进集体及其先进事迹**〕 为进一步学习宣传重庆市开县抢险救灾、保护学生优秀教师群体的先进模范事迹，弘扬新时期人民教师的高尚师德和奉献精神，教育部党组于2004年11月下发了《中共教育部党组关于向重庆市开县抢险救灾、保护学生优秀教师群体学习的决定》。

2003年12月23日，地处重庆市开县高桥镇小阳村境内的中国石油西南油气田分公司川东北气矿罗家16号气井突发特大井喷事故，富含硫化氢的有毒气体大量泄漏，离气井较近的4个乡镇的广大师生和人民群众面临重大生命危险，迫切需要紧急疏散转移。“12·23”井喷事故发生当晚，在上级主管部门的统一指挥下，按照“一个不能丢、一个不能伤、一个不能饿、一个不能病、一个不能亡”的“五个一”要求，灾区学校的500多名教师经过艰苦努力和长途跋涉，克服重重困难，精心组织带领灾区内9所中小学的3 420名寄宿学生，成功地实现了紧急疏散和安全转移。

2004年9月4日，重庆市开县境内小江流域发生特大暴雨，形成开县历史上罕见的200年不遇特大洪灾。全县受灾人口高达83万多人，造成60多人遇难，12人下落不明。全县教育系统受灾单位和学校高达168个，受灾师生2.1万多名。其中，被洪水围困的师生达9 479人，直接经济损失高达7 700多万元。为救出如处孤岛的被困学生，学校的老师们竭尽全力，团结奋战，舍生忘死，历尽艰险，成功保卫了学生的生命安全。开县中学、汉丰中学、复兴中学等受灾学校的被困师生全部安全脱险。

在2003年“12.23开县井喷”事故和2004年“9.4开县特大洪灾”面前，开县教育系统的广大教师，在上级主管部门的正确领导下，身处危急关头，恪尽职守，团结奋战，舍生忘死，公而忘私，坚决保卫学生生命和国家财产安全，克服重重困难，出色地完成了抢险救灾任务，两次成功地实现了受灾学校在校师生全部安全转移，是一个师德高尚、组织纪律严明、特别能战斗的优秀教师群体。他们的事迹在当地人民群众中产生重大社会反响，赢得了广泛高度赞誉。

教育部党组号召全国广大教师和教育工作者向重庆市开县抢险救灾、保护学生优秀教师群体学习，学习他们站在时代的前列，践履笃行，为人民服务的精神；学习他们爱祖国、爱人民，忠诚于人民的教育事业的崇高思想；学习他们关爱学生、临危不惧、舍生忘死、奋不顾身、无私奉献的高尚师德。希望广大教师和教育工作者以重庆市开县抢险救灾、保护学生优秀教师群体为榜样，勤奋工作，积极进取，教书育人，为人师表，以高尚的情操引导学生德、智、体、美全面发展，做为人民服务的教师，做让人民满意的教师，为办好让人民满意的教育，实现中华民族的伟大复兴而努力奋斗。

撰稿 张 杨 黄 伟

审稿 谢志敏

〔**第20个教师节期间表彰教师情况**〕 2004年9月10日是我国第20个教师节。为深入贯彻党的十六大和全国人才工作会议精神，大力实施科教兴国战略和人才强国战略，大力倡导尊重劳动、尊重知识、尊重人才、尊重创造的社会风气，进一步激励教育系统广大教师和教育工作者献身教育事业，不断推进教育事业的改革和发展，教师节期间全国性的教师和教育工作者表彰奖励工作分为两个层次：

一是人事部、教育部联合下发了《人事部 教育部关于认真做好2004年“全国模范教师”、“全国教育系统先进工作者”评选表彰工作的通知》和《关于表彰全国模范教师和全国教育系统先进工作者的决定》，表彰了全国模范教师721人，全国教育系统先进工作者78人，并追授吴玲、马祖光、陈学求3人为全国模范教师。

二是教育部下发了《教育部关于认真做好2004年“全国优秀教师”、“全国优秀教育工作者”评选表彰工作的通知》和《教育部关于表彰全国优秀教师和全国优秀教育工作者的决定》，表彰了全国优秀教师1 803人，全国优秀教育工作者194人。

2004年共评选表彰全国模范教师、全国教育系统先进工作者、全国优秀教师、全国优秀教育工作者2 799人。其中：中共党员2 078人，共青团员11人，民主党派98人；女性1 043人，少数民族250人。受表彰人选在各级各类教育机构的分布情况是：幼儿园47人，小学495人，普通中学1 499人，中等职业学校147人，成人学校26人，高等学校463人（含高等职业技术学院43人），特殊教育学校7人，其他教育机构27人，教育行政部门78人。以上含民办学校19人。

为贯彻《中共中央 国务院关于进一步加强和改进未成年人思想道德建设的若干意见》文件精神，加强和改进青少年学生思想道德建设，进一步激发广大德育工作者的积极性、创造性，教育部从以上受表彰的人选中，评选表彰了一批在中小学德育工作中做出突出贡献的先进人物，下发了《教育部关于表彰“全国中小学优秀班主任”“全国优秀中小学德育课教师”“全国中小学德育先进工作者”的决定》，表彰了200位全国中小学优秀班主任、100名全国优秀中小学德育课教师、100名全国中小学德育先进工作者。

撰稿　张　杨　黄　伟
审稿　谢志敏

附一

2004年全国模范教师名单

北京市

袁　驷		清华大学
赵振江		北京大学
刘大椿		中国人民大学
童庆炳		北京师范大学
周贤宾		北京航空航天大学
郭淑珍	（女）	中央音乐学院
石生明	（回族）	首都师范大学
王大堃		北京市第十三中学
张思明		北京大学附属中学
张增甫		北京教育学院丰台分院
何乃忠		北京市昌平区第一中学
商晓芹	（女）	北京市怀柔第一中学
李瑞国		北京市密云县太师庄中学
吴正宪	（女，蒙古族）	北京教育科学研究院
韩　联	（女）	北京市东城区财经学校
付　雁	（女）	北京市宣武区长椿街幼儿园
曲莉梅	（女）	北京第二实验小学

天津市

龙以明		南开大学
王建华		天津医科大学
王　静	（女）	天津市静海县第一中学
魏芙蓉	（女）	天津海河中学
郇学青	（女）	天津市南开区育红中学
刘福颖	（女）	天津市东堤头中学
李庆忠		天津市大港第一中学
张延江		天津市新华中学

孙凤桐		天津市蓟县下营镇初级中学
张国新	（满族）	天津工程师范学院附属高级技校

河北省

刘宇枝	（女）	河北省唐县都亭乡中心小学
凌雅丽	（女）	河北省容城县南张镇李茂小学
高彦群		河北省蠡县中学
刘建德		河北省博野县博野中学
王国英	（女）	河北省保定师范专科学校
毛素霞	（女）	河北省肃宁县第三中学
孙秀华	（女）	河北省沧州市新华区车站小学
姜　成	（满族）	河北省滦平县第一中学
张宝童		河北省承德第一中学
肖军良		河北省邯郸市武安市第一中学
项　荣	（女）	河北省邯郸市第二十五中学
张洪涛		河北省邯郸市第三中学
马勇钦		河北省武强县街关中学
郗会锁		河北省衡水中学
刘艳平	（女，回族）	河北省永清县第三小学
胡友永		河北省廊坊市第一中学
谭书超	（满族）	河北省秦皇岛市青龙县第一中学
白象忠		燕山大学
王冬梅	（女）	河北农业大学
董丽芳	（女）	河北大学
郑书华	（女）	河北省石家庄市职业技术教育中心
董慧君	（女）	河北省石家庄市裕华区第二幼儿园
梁春华	（女）	河北省石家庄市第二十四中学
安宝林		河北省平山县小觉镇扶峪小学
王　岚	（女）	河北省石家庄市第十七中学
王学红	（女，蒙古族）	河北省唐山市第一中学
佟桂萍	（女，满族）	河北省唐山市迁安市光彩幼儿园
牛国胜		河北省唐山市滦县第二中学
杨桂艳	（女）	河北省唐山市丰润区韩城镇韩城中心小学
李月芹	（女）	河北省邢台市第五中学
夏瑞群	（女）	河北省巨鹿县育红小学
屈瑞雨	（女）	河北省宣化县第一中学
梁月清	（女）	河北省张家口市桥西区南菜园小学

山西省

邵民琴	（女）	太原外语科技实验中学校
吴梅香	（女）	山西省实验小学

曹月英	（女）	山西省大同市实验小学
李树旺		山西省大同市南郊区峰子涧学校
贯全喜		山西省阳泉市第一中学
杜桂兰	（女）	山西省潞城市实验小学
蒋晋生		山西省晋城市第一中学
王茂兴		山西省朔州市应县第一中学
赵秀香	（女）	山西省原平市综合构建实验小学
李秀清	（女）	山西省静乐县爱乐希望小学
郭建仁		山西省孝义市第四中学
张培植		山西省汾阳市英雄街中学
智美焰	（女）	山西省晋中市太谷县实验小学
李　强		山西省介休市第一中学
李麦燕	（女）	山西省临汾师范附属小学
程顺刚		山西省运城市康杰中学
郭文革		山西省运城中学
王　海		山西大学
魏　武	（女，回族）	长治医学院
魏丽萍	（女）	山西大学附属中学

内蒙古自治区

解美林	（女）	内蒙古呼和浩特市土默特学校
白晓宇	（女，蒙古族）	内蒙古呼和浩特市新城区车站小学
孙金凤	（女）	内蒙古包头市第三十五中学
徐丽颖	（女）	内蒙古包头市教育教学研究中心
王新华		内蒙古乌海市海南区公乌素第三中学
李新孝		内蒙古赤峰市喀喇沁旗四十家子总校
邵吉友		内蒙古赤峰市元宝山区教研中心
徐友英	（女，蒙古族）	内蒙古通辽市第一中学
李梅丹	（女，蒙古族）	内蒙古通辽市蒙古族中学
吕巧荣	（女）	内蒙古鄂尔多斯市达拉特旗第八中学
赵　睿	（女）	内蒙古鄂尔多斯市准格尔旗民族中学
赵凤华	（女）	内蒙古呼伦贝尔市满洲里市第五中学
鄂色英	（女，达斡尔族）	内蒙古呼伦贝尔市莫力达瓦旗民族实验小学
姚俊平		内蒙古乌兰察布市凉城县第一中学
贾春荣	（女，蒙古族）	内蒙古兴安盟科右前旗匆布林中学
孟克斯琴	（蒙古族）	内蒙古锡林郭勒盟蒙古族中学
娜布琴花	（女，蒙古族）	内蒙古阿拉善盟阿左旗蒙古族第二实验小学
索全伶		内蒙古工业大学
巴根那	（蒙古族）	内蒙古民族大学
席永胜		内蒙古第一机械制造有限公司第一中学

辽宁省

苏　洁	（女）	辽宁省沈阳市铁西区春晖学校
李春嵘	（女）	辽宁省沈阳市第一三九中学
于丽岿	（女）	辽宁省沈阳市和平区南宁幼儿园
王谦平		辽宁省大连市第八中学
曹希立		辽宁省大连市计算机职业中等专科学校
姜复越		辽宁省大连市第十五中学
周维玉	（女）	辽宁省鞍山市第四十中学
依秀芝	（女，满族）	辽宁省抚顺清原满族自治县第一中学
林春茂		辽宁省抚顺市第十中学
谢　娟	（女，满族）	辽宁省本溪市第二十五中学
王　丽	（女，满族）	辽宁省凤城市第三中学
吴士平	（女）	辽宁省锦州市实验中学
周丽娜	（女）	辽宁省营口开发区第一高级中学
何玉春	（女，蒙古族）	辽宁省阜新蒙古自治县蒙古族实验中学
于桂云	（女）	辽宁省铁岭调兵山市第一小学
杨　柏		朝阳师范高等专科学校
赵光千		辽宁省葫芦岛市教师进修学院
宋克华		辽宁省葫芦岛市第三高级中学
李兰芬	（女）	辽宁省实验学校
林　皋		大连理工大学
左　良		东北大学
高凯征		辽宁大学
王凤翔		沈阳工业大学
田建军		辽宁省城市建设学校
程显吉		沈阳铁路机械学校
孟丽平	（女）	辽宁省鞍山海城市望台镇大路小学
程绍杰	（女）	辽宁省丹东市实验小学
蒋君芳	（女）	辽宁省盘锦市高级中学
王家娟	（女）	辽宁省辽阳市第一高级中学

吉林省

陈学求		吉林农业大学
张　晶	（女）	吉林省长春市第四十五中学
赵万春	（女）	吉林省长春市榆树市土桥镇十四户中学
孔　瑞	（女）	吉林省长春市第五中学
邢立平		吉林省长春市第四十八中学
孙兴华	（女）	吉林省长春市南关区树勋小学
许淑琴	（女）	吉林省吉林市第二实验小学校
徐　锐	（女）	吉林省吉林市第一实验小学
徐清芳	（女）	吉林省桦甸市一实验小学

马宪华 （女，满族） 吉林省珲春市第一小学分校双新果树小学
车钟哲 （朝鲜族） 吉林省龙井市高级中学
李亚荣 （女） 吉林省四平市第一高级中学
崔君强 吉林省双辽市第一中学
周会梅 （女） 吉林省通化市第九中学
侯　坤 吉林省洮南市第一中学
杨柏金 吉林省松原市第二高级中学
夏丽影 （女） 吉林省长岭县长岭镇中心校
王桂华 （女） 吉林省白山市第二十一中学
修丽芝 （女） 吉林省实验中学
郝　水 东北师范大学
宋天佑 吉林大学
全学锡 （朝鲜族） 延边大学

黑龙江省

马祖光 哈尔滨工业大学
曹喜滨 哈尔滨工业大学
王政平 哈尔滨工程大学
吴　坤 （女） 哈尔滨医科大学
张礼勇 哈尔滨理工大学
罗佳滨 佳木斯大学
崔玉东 黑龙江八一农垦大学
王权国 黑龙江省哈尔滨市教育研究院
张孟懿 哈尔滨师范大学附属中学
于纪慧 （女） 黑龙江省哈尔滨市铁路第一中学
李本慧 （女） 黑龙江省哈尔滨市尚志市尚志中学
闫桂红 （女） 黑龙江省哈尔滨市第一中学
杨　波 （女） 黑龙江省哈尔滨市道外区民乐小学
崔玉秋 （女） 黑龙江省齐齐哈尔市龙沙区龙沙小学
谢翎翎 （女） 黑龙江省齐齐哈尔市第一中学
初长华 黑龙江省克山县第一中学
李　荔 （女） 黑龙江省牡丹江市第十二中学
曹玉春 （女） 黑龙江省佳木斯市第三中学
孙永君 黑龙江省鸡西市虎林市宝东镇宝东小学
侯宇评 （女） 黑龙江省鹤岗市第一中学
王玉兰 （女） 黑龙江省双鸭山市师范附属小学
由　力 （女） 黑龙江省伊春市铁力市第一中学
王　桐 黑龙江省大庆市肇州县丰乐镇中心校
高士宝 黑龙江省黑河市黑河中学
王卫华 （女） 黑龙江省七台河市勃利县高级中学
程远梅 （女） 黑龙江省牡丹江铁路第三中学

邢彩虹	（女）	黑龙江省绥化市第六中学
吕景琴	（女）	黑龙江省海伦市第七中学

上海市

陆　昉		复旦大学
洪嘉振		上海交通大学
陈志杰		华东师范大学
吴明红	（女）	上海大学
岑诛霆		上海市普陀区业余大学
陈大波		上海市晋元高级中学
童莹莹	（女）	上海市青云中学
李　莉	（女）	上海市虹口区第三中心小学
周中梁		上海市杨浦区控江二村小学
夏令筑	（女）	上海市七宝中学
夏月珍	（女）	上海市嘉定区聋哑辅读学校
龚卫玲	（女）	上海市浦东新区南门幼儿园
陆德昌		上海市浦东新区工读学校
杨卫国		上海崇明中学
王思及		上海戏剧学院附属戏曲学校

江苏省

万　玲	（女）	江苏省江都市实验小学
冯小秋	（女）	江苏省扬州中学
赵志昇		江苏省南京市第五中学
沈　峰	（女）	江苏省南京市北京东路小学
徐效泽		江苏省沭阳县华冲中学
谢友明		江苏省泗阳中学
钱志平	（女）	江苏省镇江市丹徒区姚桥中心小学
陈　萍	（女）	江苏省宜兴市丁蜀高级中学
钱留华		江苏省泰兴中学
朱占奎		江苏省靖江高级中学
孙晓东		江苏省南通第一中学
曹瑞彬		江苏省启东中学
张　森		江苏省海门中学
张　俊		江苏省如皋市石庄中学
黄美华	（女）	江苏省南通师范学校第二附属小学
张荣刚		江苏省滨海县天场初级中学
孙　祥		江苏省东台市实验小学
徐仁荣		江苏省盐城市龙冈中学
柏玉基		江苏省盱眙中学
李苏北		徐州工程学院（筹）

时效锋		江苏省郑集高级中学
夏武训		江苏省新沂市第三中学
游玲杰		江苏省连云港广播电视大学
程益广		江苏省赣榆高级中学
曹　文		江苏省常州高级中学
陈卫东		江苏省常熟市王淦昌中学
沈亦红	（女）	江苏省吴江市盛泽实验小学
李建祁		江苏省木渎高级中学
徐国权		江苏省盐城技师学院
陈洪渊		南京大学
王建国		东南大学
刘炯天		中国矿业大学
朱晓进		南京师范大学
汪受传		南京中医药大学
刘秀梵		扬州大学
季苏醒	（女）	江苏省淮阴卫生学校

浙江省

邹亚萍	（女）	浙江省杭州市萧山区高桥幼儿园
孙伟华	（女）	浙江省杭州师范学院附属三墩高级中学
马银兰	（女）	浙江省富阳市永昌镇中心小学
黄孟轲		浙江省宁波市慈溪中学
金晓润	（女）	浙江省宁波市江东区教育研究与装备中心
蒋雨华		浙江省温州市瓯海区中学
唐洪象		浙江省温州市蒲鞋市小学
徐桦君		浙江省海盐县元济高级中学
唐学忠		浙江省德清县第三中学
黄　林		浙江省绍兴市新昌中学
张曙光		浙江省金华市浦江中学
吴蔚萍		浙江省衢州市龙游中学
方松根		浙江省丽水市龙泉第一中学
冯尚申		浙江省台州学院
邢积栋		浙江省台州广播电视大学
钱银星		浙江省舟山普陀区沈家门小学
杨树锋		浙江大学
俞樟华		浙江师范大学
徐振元		浙江工业大学
吴美勤	（女）	浙江省义乌市绣湖小学

安徽省

冯　璐	（女）	安徽省合肥市师范附属学校

岳　琴	（女）	安徽省合肥市蜀山区西园新村小学
贺子华		安徽省淮北市第一中学
张华峰		安徽省亳州市涡阳县第四中学
邓　杰		安徽省亳州市利辛第一中学
辛　民		安徽省宿州市砀山中学
仝太礼		安徽省宿州市泗县第一中学
张红洁	（女）	安徽省蚌埠市第三中学
朱玉宝		安徽省阜阳市颍上县第一中学
戴焕莉	（女）	安徽省淮南市第三中学
林丽萍	（女）	安徽省滁州市明光中学
何登保		安徽省六安市舒城中学
经怀德		安徽省六安市第一中学
郭惠宇		安徽省马鞍山市第二中学
欧帮祝		安徽省巢湖市槐林中学
李丽珠	（女）	安徽省芜湖市信息工程学校
钟时珍	（女）	安徽省宣城市宁国市宁国中学
王屹宇		安徽省铜陵市第三中学
章绍木		安徽省池州市东至县白笏乡初级中学
金顺姬	（女，朝鲜族）	安徽省安庆市第四中学
吴建平		安徽省黄山市歙县霞坑中心学校
邱　红	（女）	安徽省安庆商业学校
胡友秋		中国科技大学
高明伦		合肥工业大学
王先林		安徽大学
陶富源		安徽师范大学
许志才	（回族）	安徽理工大学
柴阜桐		安徽工程科技学院
杨钰侠	（女）	安徽省宿州学院

福建省

佘美娟	（女，畲族）	福建省永泰县蕉坑小学
练仰贤		福建省厦门外国语学校
苏荔虹	（女）	福建省厦门实验小学
方建国		福建省漳浦县后洞小学
蔡梅英	（女）	福建省漳州市龙文区朝阳中学
黄曼丽	（女）	福建省泉州外国语中学
郑梦如		福建省永春县教师进修学校
关榕英	（女）	福建省莆田市涵江区实验幼儿园
黄丽金	（女）	福建省仙游县钟山鸣和小学
杨长泉		福建省沙县南霞中心小学
魏金莲	（女）	福建省三明市第八中学

曹建忠		福建省建瓯市实验小学
王永新		福建省武平县第一中学
陈文明		福建省永定县湖山中心小学
李　晖		福建省宁德第一中学
林慕斌	（女）	福建省宁德师范学校附属小学
高诚辉		福州大学
沈　鸣		福建省福州第一中学
胡荣志		福建化工学校

江西省

孙德震		江西省南昌市第十中学
张　俐	（女）	江西省南昌市启音学校
邹有云		江西省九江市永修县柘林镇黄岭小学太阳山教学点
胡薇芳	（女）	江西省九江市双峰小学
陈　刚		江西省余江县邓埠镇中心小学
贺艳花	（女）	江西省萍乡市莲花县坪里中学
周作仁		江西省新余市第一中学
邹梅英	（女）	江西省乐平市第六小学
张功标		江西省赣县大埠乡夏汶小学
蒋晓东		江西省赣州市南康中学
伍世冯		江西省大余县东门小学
伍绍光		江西省吉安市白鹭洲中学
陈清华		江西省遂川县大汾镇滁州石门岭小学
李灵辉		江西省上高县第二中学
黄小保		江西省南丰县付坊乡中学
饶祥明		江西省抚州市临川第一中学
方剑敏		江西省婺源县古坦乡中学
王龙先		江西省鄱阳中学
张　华		南昌大学
胡竹菁		江西师范大学
卢福财		江西财经大学
赵小敏		江西农业大学

山东省

耿文波		山东省济南第一中学
褚爱华	（女）	山东省济南第二十七中学
袁吉廷		山东省济南市长清区孝里中学
李　跃	（女）	山东省青岛市第十七中学
吴乐琴	（女）	山东省青岛市第二十一中学
林芝苏		山东省青岛市城阳第二中学
耿玉强		山东省淄博第十一中学

苏耜银		山东省淄博市淄川第一中学
孙晓颖	（女）	山东省枣庄市第三中学
马士领		山东省滕州市第二中学
明　玮		山东省东营市利津县第二中学
李雪梅	（女）	山东省烟台经济技术开发区高级中学
陈云珠	（女）	山东省烟台第一中学
孙玉凤	（女）	山东省栖霞市庄园街道范家完全小学
贯友玉		山东省潍坊市第一中学
张学德		山东省昌乐县第三中学
刘爱全		山东省诸城第一中学
李清海		山东省安丘市第一中学
梁长会		山东省嘉祥县第二中学
苗相军		山东省济宁市实验中学
王永亮		山东省济宁市育才中学
郭　良		山东省肥城市泰西中学
姚宗岭		山东省泰安师范学校附属学校
张华杰		山东省威海市第二中学
王迎晓	（女）	山东省日照市五莲县第一中学
毕淑娟	（女）	山东省莱芜市莱城区花园学校
崔永胜		山东省滨州市滨城区逸夫小学
吴新华		山东滨州市惠民县第一中学
王希芹	（女）	山东省德州市第二中学
王志强		山东省武城县第二中学
雷玉芳	（女）	山东省莘县实验小学
闫淑青	（女）	山东省聊城市东昌府区实验小学
周焕军		山东省临沂第四中学
李秀林		山东省费县第一中学
王家余		山东省沂南第一中学
陈治理		山东省临沂市特殊教育中心
胡玉保		山东省菏泽市第二中学
杜　卉	（女）	山东省曹县教师进修学校
侯福昌		山东省郓城第一中学
邹增大		山东大学
安利国		山东师范大学
宋微波		中国海洋大学
高美华	（女）	青岛大学
徐振贵		曲阜师范大学
李之东		山东省胜利油田第二中学
罗振明		山东南山职业技术学院

河南省

吴　玲	（女）	河南省郑州市第二十二中学
蒋彩萍	（女）	河南省郑州市第七中学
于红莲	（女）	河南省郑州市第四十二中学
韩　琳	（女）	河南省郑州市文化路第一小学
王　勇		河南省开封市郊区汪屯中学
魏荣梅	（女）	河南省洛阳北方企业集团有限公司子弟学校
李　玉	（女）	河南省洛阳铜加工集团公司小学
李黑妞	（女）	河南省洛阳市新安县实验小学
李国恩		河南省平顶山市郏县第一高级中学
王生英	（女）	河南省林州市横水镇卸甲坪学校
贯国辉		河南省鹤壁市桃源小学
余丽昌	（女）	河南省新乡市第一中学
张迎春	（女）	河南省焦作市修武县第一中学
张莉英	（女）	河南省濮阳县职业技术学校
袁建良		河南省灵宝市第一高级中学
孙艳玲	（女）	河南省商丘市第四高中
吕登来		河南省永城市实验高中
胡瑞霞	（女）	河南省许昌实验中学
王成献		河南省漯河市临颍县第一高级中学
刘剑锋		河南省周口市郸城县第一高级中学
张小琳	（女）	河南省周口市商水县第一高级中学
王　伟		河南省驻马店市泌阳县第一高级中学
黄科军		河南省驻马店市平舆县第一高级中学
张孜琦		河南省南阳市方城县第五高级中学
尚　帆	（女）	河南省南阳市第三中学校
张建崇		河南省南阳市镇平县第一高级中学
张瑶琪		河南省信阳市光山县第二高级中学
严加生		河南省信阳市第二高级中学
韩国河		郑州大学
郭英剑		郑州大学
贾玉英	（女）	河南大学
扈　涛		河南大学
王川庆		河南农业大学
罗建平		河南师范大学
李友军		河南科技大学
周振民		华北水力水电学院
张　尧		郑州轻工业学院
陈复生		郑州工程学院
席鸿钧		新乡医学院
邢　黎	（女）	河南省广播电视大学

侯建辉	（女）	郑州牧业工程高等专科学校
查洪德		安阳师范学院
渠桂荣	（女）	河南师范大学
曲忠厚		河南省基础教育教学教研室
陈红兵	（女）	河南省濮阳市中原油田第一中学

湖北省

余新明		江汉大学
刘　芳	（女）	湖北省武汉市育才小学
傅孝溪		湖北省武汉市洪山高级中学
张　军	（女）	湖北省武汉市第七十六中学
赵承鑫		湖北省兴山县第一中学
岳志群	（女）	湖北省宜昌市第六中学
吴方和		湖北省黄石市第二中学
李小林		湖北省黄冈市黄州区杨鹰岭中学
叶启礼		湖北省红安县八角中学
吴水荣		湖北省黄梅县独山镇中心学校
孙元武		湖北省襄樊市襄阳区黄龙镇中心学校
韩　锐	（女）	湖北省襄樊市第四中学
龚　涛		湖北省十堰市郧阳中学
魏建光		湖北省孝感市孝南区肖港镇肖港初级中学
刘尚辉	（女）	湖北省孝感市玉泉小学
胡汉芳		湖北省通城县城关初级中学
李学明		湖北省荆州中学
谢政银		湖北省公安县第三中学
范维芳	（女）	湖北省沙洋县曾集镇中心小学
项灿明		湖北省鄂州高中
余国荣		湖北省广水市杨寨镇初级中学
董虎成	（土家族）	湖北省咸丰县第一中学
袁昌顺	（土家族）	湖北省建始县第一中学
杨敬先		湖北省神农架林区第一中学
熊　平		湖北省潜江中学
王庆中		湖北省天门市九真中学
刘勋发		湖北省仙桃市长埫口镇大福中学
汤伯川		湖北省水果湖高级中学
王莲君	（女）	湖北省科技商贸学校
张勇传		华中科技大学
邓秀新		华中农业大学
金振民		中国地质大学
杨云彦		中南财经政法大学
王世敏		湖北大学

湖南省

江小华	（女）	湖南省长沙市天心区长征学校
陈丙全		湖南省长沙市长沙县第一中学
李　芫	（女）	湖南省醴陵市姜湾中心小学
张亦刚		湖南省株洲市第一职业中专学校
罗大红	（女）	湖南省湘潭县易俗河镇百花小学
周利如	（女）	湖南省湘潭市和平小学
林　立		湖南省岳阳市岳阳中学
赵玖富	（瑶族）	湖南省常宁市塔山瑶族乡茅坳小学（教学点）
陈太平		湖南省祁东县第二中学
刘　宇		湖南省衡阳市职业中专学校
高春枝	（女）	湖南省桃源县第九中学
侯宏泉		湖南省石门县第一中学
贺春晖		湖南省邵阳市隆回县第二中学
刘任山		湖南省洞口县第一中学
唐福秋	（女）	湖南省新邵县酿溪镇第二小学
卓云辉	（土家族）	湖南省桑植县西莲学校
张延安		湖南省益阳市箴言中学
刘涤非		湖南省沅江市第一中学
盘振玉	（女，瑶族）	湖南省郴州市苏仙区塘溪乡五马垅小学
姚　毅		湖南省涟源市第一中学
方佑青	（女）	湖南省新化县白溪镇大熊完全小学
龙启群		湖南省新田县第一中学
唐作明		湖南省永州市第一中学
傅嘉长	（苗族）	湖南省麻阳县第一中学
张　林	（土家族）	湖南省溆浦县警予学校
贾　萍	（女，土家族）	湖南省湘西自治州民族实验小学
杜新民		湖南省古丈县第一中学
俞汝勤		湖南大学
刘　筠		湖南师范大学
周朴华		湖南农业大学
杨鹏程		湖南科技大学
孙明保		湖南理工学院
王家勇		湖南工程学院

广东省

黄天骥		中山大学
何镜堂		华南理工大学
彭小川	（女）	暨南大学
温思美		华南农业大学
徐鸿华		广州中医药大学

邓树勋		华南师范大学
邓淑华	（女）	广东工业大学
肖惠云	（女）	广东外语外贸大学
麦结华		汕头大学
黄培春		广东医学院
张德志		广东药学院
杨　晓		星海音乐学院
沈卓娅	（女）	广东轻工职业技术学院
吴开珊		广东省广州市民办培正商学院
陈　琼	（女）	广东广播电视大学
张　裘	（女）	广东省茂名市高州农业学校
郑　贤	（女）	广东省广州市同福中路第一小学
杨　霞	（女）	广东省广州市第十六中学
刘海峰		广东省深圳市深圳实验学校
张建秋	（女）	广东省珠海市第二中学
陈泽娟	（女）	广东省汕头市潮阳第一中学
谢伟成		广东省佛山市南海区石门中学
曾惠蘋	（女）	广东省佛山市顺德区第一中学
梁韶英	（女）	广东省韶关市第五中学
郑雪飞	（女）	广东省湛江市第二中学
张映红	（女）	广东省肇庆市第一中学
钟烙华		广东省江门市新会第一中学
伍锦明		广东省江门市开平东河中学
张云义		广东省惠州市第一中学
赖意青	（女）	广东省梅州市梅县东山中学
刘永强		广东省汕尾市陆河县河田中学
刘维花	（女）	广东省河源市源城区下城小学
李记林		广东省清远市阳山县南阳中学
蔡　陈		广东省中山市石岐员峰小学
王永宜		广东省云浮市罗定中学
黄　为	（女）	广东实验中学
叶银仙	（女）	广东省东莞市实验幼儿园

广西壮族自治区

李祥军	（壮族）	广西南宁市人民路东段小学
谢小燕	（女）	广西南宁市中山路北段小学
方寿红	（壮族）	广西南宁市邕宁县邕宁中学
王远昭	（女，苗族）	广西融水县中学
范海标		广西柳州市柳城县东泉镇成技校
元家美	（女）	广西桂林市象山区教研室
莫运姣	（女）	广西桂林市灌阳县第二中学

全梅山　（女）　广西北海市北海中学
黄月芬　（女，壮族）　广西钦州市钦南区黄屋屯镇八一小学
韦丁玉　（女）　广西防城港市港口区企沙中心小学
林　琳　（女）　广西岑溪市教师进修学校附属实验小学
李云鹏　广西玉林市玉林高中
党雪妮　（女）　广西玉林市教科所教研室
韦珍兰　（女，壮族）　广西贵港市覃塘区蒙公乡古山小学
黄丽妮　（女）　广西桂平市逸夫实验小学
罗小红　（女，土家族）　广西宁明县城中镇第二小学
黄国宝　（壮族）　广西柳州地区民族高级中学
罗呈炳　（瑶族）　广西贺州市富川县富阳镇涝溪完小
韦贵方　（壮族）　广西百色高中
李依娟　（女）　广西西林县八达镇第一小学
周凤珠　（女，壮族）　广西都安县高级中学
方淑华　（女，毛南族）　广西河池市直属机关幼儿园
黎乐群　广西医科大学
蔡昌卓　广西师范大学
欧阳义芳　广西大学
张　华　广西机械高级技工学校

海南省

林　珏　（女）　海南省海口市第一中学
董晓丽　（女）　海南省临高县实验小学
刘海平　海南省儋州市那大中学
汪祥夫　海南省乐东县黄流中学
张诚一　海南师范学院
曾少平　海南第二中学
李致洪　海南省三亚市第一中学

重庆市

黄全安　重庆市万州高级中学
阳劲力　重庆市渝中区第一实验小学校
董晓宇　（女）　重庆市沙坪坝区树人小学校
刘松鹤　（白族）　重庆铁路中学校
余晓钉　重庆市第十八中学校
张治平　重庆市盲人学校
邓丽萍　（女）　重庆市大足县中学校
黄永强　重庆市城口县中学校
史夏妮　（女）　重庆市南川市隆化第一小学校
何廷科　重庆市丰都县第二中学校
沈仕平　重庆忠县中学校

谷小平 （女） 重庆开县驷马初级中学校
冉孟凯 （土家族） 重庆石柱县中学校
张津 （女） 重庆工学院
董景荣 重庆师范大学
邱国声 重庆市工业学校
周迎春 重庆市第八中学校
严湘冬 （女） 重庆市育才中学校

四川省

刘裕文 四川省彭州中学
姚嗣芳 （女） 四川省成都师范学校附属小学
王小惠 （女） 四川省自贡市蜀光中学
黄显忠 四川省泸州市泸县第二中学
甘尚群 （女） 四川省泸州市古蔺县双沙镇山村小学
熊伟 四川省攀枝花市第三高级中学
高云霞 （女） 四川省绵阳中学
龚如君 四川省德阳市第五中学
刘宗武 四川省中江中学校
赖永红 四川省广元市广元中学
董永贵 四川省广元市苍溪县苍溪中学校
吴新春 （女） 四川省遂宁市船山区高升实验小学
周明 四川省遂宁市大英中学
杜仕泽 四川省南充市白塔中学
崔如秀 （女） 四川省南充市和平路小学
屈联强 四川省广安中学
舒世均 四川省岳池县中学
刘惠如 （女） 四川省乐山市第一中学
薛卫东 （女） 四川省乐山市夹江县第一小学校
戴英 （女） 四川省资中县第二中学
张加速 （女） 四川省内江市第六中学
董旭午 四川省资阳中学
王亚西 四川省达州市第一中学
谭晓波 四川省达县中学
刘林 四川省筠连县大乐乡中心校
邵仁圃 四川省眉山中学
黄尚彬 四川省仁寿第一中学校
伍运高 四川省通江县第二中学
黄兴刚 四川省南江中学
李德强 四川省天全县城区第一完全小学
张建芳 （女） 四川省石棉县新民乡海子教学点
何中志 四川省雷波中学

熊昌进		四川省凉山民族中学
黄燕忠		四川省甘孜州康北民族高级中学
降拥单孜	（藏族）	四川省甘孜州道孚县第二完小
彭　涛		四川省阿坝州马尔康县中学
邓　登	（藏族）	四川省阿坝州阿坝县安羌乡中心校
石　碧		四川大学
张同富		四川农业大学
王国民		四川警官高等专科学校

贵州省

徐建一	（女）	贵州省贵阳市第一中学
李金润	（回族）	贵州省贵阳市第五中学
陈　琴	（女）	贵州省遵义市第二中学
宋德勋		贵州省遵义中医学校
李　静	（女）	贵州省六盘水市第三中学
陈胜云		贵州省安顺市普定县化处镇播咱小学
陈星清	（土家族）	贵州省铜仁地区沿河县中界乡蛟坝村小
方义榕	（女，苗族）	贵州省铜仁地区松桃县蓼皋镇一完小
穆朝君		贵州省毕节地区大方县六龙中学
陶发强		贵州省毕节地区金沙县第一中学
明生荣		贵州省毕节学院（筹）
吴再荣	（女，侗族）	贵州省黔东南州镇远县羊坪小学
陆永琍	（女）	贵州省黔东南州凯里市第一中学
罗天祥		贵州省黔南州惠水县摆榜乡甲坝民族小学
邬培祥		贵州省黔南州瓮安中学
徐　荣		贵州省黔西南州兴义市第八中学
赵德刚		贵州大学
喻　田	（女）	遵义医学院

云南省

杨树榆		云南省保山市施甸中学
高学忠		云南省楚雄市东华镇中心校
张玉庚		云南省大理州教育局教科所
李　琼	（女）	云南省瑞丽市第一民族中学
孔德仓		云南省宣威市第二中学
曾宪英	（女）	云南省文山州第一中学
陈　早	（女）	云南省西双版纳州景洪市第一小学
严永文		云南省玉溪第三中学
谢娅玲	（女）	云南省威信县第一中学
温毅梅	（女）	云南省昭通市昭阳区第一中学
杨　红	（女）	云南师范大学实验中学

鄢　敏	（女）	云南省昆明市东川区第三中学
朱　瑾	（女）	云南省个旧市第一中学
李炳泉		云南省建水县第一中学
钱光良	（傣族）	云南省临沧地区中学
张立翔		昆明理工大学
张无敌		云南师范大学
孙丘克	（女）	昆明师范高等专科学校

西藏自治区

欧　珠	（藏族）	西藏大学
泽仁卓玛	（女，藏族）	西藏昌都地区第一小学
李建国		西藏拉萨中学
卡　特	（藏族）	西藏那曲地区第一小学

陕西省

胡景录		陕西省西安市户县第二中学
陈　扬	（女）	西北工业大学附属中学
王西文		陕西省西安市第八十三中学
陈晓鸥	（女）	陕西省西安市莲湖区青年路小学
王建信		陕西省铜川市第一中学
杨格良		陕西省宝鸡市凤翔中学
周罗会		陕西省兴平市桑镇第二中学
陈阿楠	（女）	陕西省三原县北城中学
米花草	（女）	陕西省礼泉县仓房巷小学
叶清海		陕西省澄城县王庄中学
党正民		陕西省合阳县教研室
李玉康		陕西省汉中中学
党桂峰		陕西省柞水县中学
张毛帝		陕西省延安中学
康旭成		陕西省绥德县第一中学
吴　怿		陕西省子洲县第二中学
史芬莉	（女）	陕西省杨陵区杨陵中学
刘池阳		西北大学
何雅玲	（女）	西安交通大学
杨根仓		西北工业大学
吴振森		西安电子科技大学
黄廷林		西安建筑科技大学
康振生		西北农林科技大学
刘锦生		陕西省榆林林业学校

甘肃省

罗腾岳		甘肃省兰州市第六中学
刘冬香	（女）	甘肃省嘉峪关市第一中学
赵玮璋		甘肃省酒泉市酒泉中学
王　斌		甘肃省张掖市第二中学
秦会民		甘肃省金昌市金川集团第一高级中学
李万忠		甘肃省民勤县第一中学
赵得璧		甘肃省靖远县第一中学
谢立亚		甘肃省临洮中学
鲁明耀		甘肃省天水市第七中学
高志智		甘肃省平凉第一中学
刘进平		甘肃省镇原县屯字中学
张宇洁		甘肃省徽县第一中学
孟有廉		甘肃省临夏县土桥中学
贡去乎才旦	（藏族）	甘肃省玛曲县藏族中学
万明钢		西北师范大学
聂　宏	（女）	甘肃省兰州第一中学
朱桂花	（女）	甘肃省兰州市皋兰县三川口学校

青海省

于艳荣	（女）	青海省西宁市城中区北大街小学
索南多杰	（藏族）	青海省海南州藏文中学
李文福	（回族）	青海省乌兰县中学
李冬林	（藏族）	青海省海北州祁连县中学
蔡映霞	（女）	青海省果洛州玛沁县大武镇第一完全民族小学
唐　蓉	（女）	青海大学

宁夏回族自治区

雷俊仙	（女）	宁夏银川唐徕回民中学
王丽华	（女）	宁夏吴忠市高闸镇李桥小学
石　宏		宁夏石嘴山市第三中学
潘淑芹	（女）	宁夏平罗县沙湖小学
王玉炯		宁夏大学
张　炜	（回族）	宁夏人民警察学校

新疆维吾尔自治区

王晓琴	（女）	新疆昌吉回族自治州奇台县第一中学
阿孜古丽·卡热	（女，维吾尔族）	新疆乌鲁木齐市第三中学
布丽燕	（女）	新疆乌鲁木齐市第八中学
阿不都来力·吾甫尔	（维吾尔族）	新疆阿克苏地区温宿县克孜勒镇中心小学
张建龙		新疆医科大学

艾合他木·阿不来孜	（维吾尔族）	新疆哈密地区第一中学
宋秀祝	（女）	新疆博尔塔拉蒙古自治州精河县第一小学
李群华	（女）	新疆巴音郭楞蒙古自治州第二中学
阿依孜木古丽·阿吾拉	（女，维吾尔族）	新疆和田地区民丰县第三中学
阿不都热西提·阿不都哈德尔	（维吾尔族）	新疆喀什地区泽普县维吾尔高中
古丽尼沙·艾力亚斯	（女，维吾尔族）	新疆喀什地区维吾尔高中
苏玉兰	（女）	新疆伊犁哈萨克自治州伊宁县幼儿园
刘　芸	（女）	新疆石河子市第五中学

新疆生产建设兵团

李大全		石河子大学
张利莉	（女）	塔里木大学
徐　波		新疆生产建设兵团第二中学
李　娜	（女）	新疆生产建设兵团农四师第一中学

中国人民解放军

蒲家宁		解放军后勤工程学院
王永仲		解放军军械工程学院
刘世文		解放军63820部队八一中学
罗小芳	（女，黎族）	解放军91458部队八一中学
陆鸿生		解放军国防科学技术大学附属中学
肖　玲	（女）	广州军区政治部幼儿园
牛素芳	（女）	西藏军区拉萨八一学校
王建萍	（女）	武警部队广东省总队幼儿园

附二

2004年全国教育系统先进工作者名单

北京市

张世义		北京市通州区潞河中学
冯惠燕	（女）	北京市第一幼儿园

天津市

石铁珊		天津市和平区岳阳道小学

河北省

刘增良		河北省安新县职教中心
刘洪斌		河北省枣强县教文体局
王连清		河北省廊坊市教育局

张　军　　　　河北省邢台市教育局

山西省

彭楣林　　　　山西省忻州市实验小学

郭永平　　　　山西省平遥中学

内蒙古自治区

张永胜　　　　内蒙古巴彦淖尔市教育局

何学智　（蒙古族）　内蒙古兴安盟教育局

辽宁省

刘忠人　　　　辽宁省铁岭市西丰县教育局

陈俊华　（蒙古族）　辽宁省朝阳市喀左县蒙古族高级中学

韩春润　　　　辽宁省辽阳市第四高中

吉林省

林树芬　（女）　吉林省辽源市教育局

熊　梅　（女）　东北师范大学附属小学

黑龙江省

桑雪琴　（女）　哈尔滨市师范附属小学校

刘树正　　　　黑龙江省农垦总局教育局

许传富　　　　黑龙江省牡丹江市教育局

上海市

李　英　（女）　上海中学

郇宪伟　　　　上海信息技术学校

江苏省

夏锡良　　　　江苏省南菁高级中学

施钟林　　　　江苏省泰州市教育局

李建国　　　　江苏省淮安市教育局

林志明　　　　江苏省常州市武进区奔牛实验小学

浙江省

俞庆森　　　　浙江大学宁波理工学院

安徽省

吴长泉　　　　安徽省滁洲市天长第二中学

福建省

郑　勇		福建省福州第三中学
张艳春	（女）	福建省邵武市第一幼儿园

江西省

卢维美		江西省铜鼓县教育委员会
盛平珍		江西省上饶市教育局

山东省

宋　群		山东省济南市市中区教育局
张秀清	（女）	山东省淄博师范学校
孙中元		山东省枣庄市峄城区教育局
李文广		山东省烟台市教育局
王汉忠		山东农业大学

河南省

张时今		河南省郑州市第一中学
田　河		河南省鹤壁市淇县教育体育局
李玉玺		河南省濮阳市实验小学
孟凡平		河南省信阳市平桥区教育体育局
崔云道		河南省济源市实验中学

湖北省

刘启智		湖北省武汉市第一职业教育中心
李　凯		湖北省襄樊市第五中学
桂希恩		武汉大学

湖南省

刘维朝		湖南省长沙市雅礼中学
陈志高		湖南省华容县教育局
邓党雄		湖南省郴州市教育局
何彬生		湘南医学高等专科学校

广东省

袁　革		广东省供销学校
蔡定基		广东省广州市第六中学
肖传芳		广东省阳春市第二中学
王振中		广东省潮州市湘桥区昌黎路小学

广西壮族自治区

赖　每		广西钦州市教育局

才尚臣		广西柳州市第一中学
黄　冰		桂林电子工业学院

海南省

张曼年	（女）	海南省海口旅游职业学校

重庆市

李　平		西南师范大学附属中学校
姜伯成		重庆市开县教育委员会

四川省

汪仲汉		四川省成都市温江区教育局
刘家强		四川省自贡市富顺县富世镇城西小学
赵　强		四川省绵阳市平武县教育体育局
刘永忠		四川省安岳县教育局
张文根	（女）	四川省宜宾县第一中学校

贵州省

冯　尧		贵州省遵义航天中学
杨作明	（侗族）	贵州省黔东南州三穗县民族高级中学

云南省

杨红兵		云南省迪庆州民族中学
罗忠华		云南省思茅市景东县第一中学

西藏自治区

尼玛次仁	（藏族）	西藏山南地区教育体育局

陕西省

孟栓柱		陕西省西安市灞桥区教育局
苟金锁		陕西省宝鸡市眉县教育局
杜科持		陕西省安康市教育局

甘肃省

贾天杰		甘肃省张掖市教育局
朱秀兰	（女）	兰州大学

青海省

牛扎西	（藏族）	青海省海北州教育局

宁夏回族自治区

任元兴　　宁夏固原市农业学校

新疆维吾尔自治区

王　毅　　新疆农业职业技术学院

吾斯曼·色提　（维吾尔族）　新疆吐鲁番地区鄯善县第一中学

新疆生产建设兵团

袁征帆　　新疆生产建设兵团农二师华山中学

附三

2004年全国优秀教师名单

北京市

王　立　　北京科技大学

索　勋　　中国农业大学

陈后金　　北京交通大学

陈建峰　　北京化工大学

王家臣　　中国矿业大学（北京校区）

邱苏伦　（女）　北京外国语大学

金哲松　（朝鲜族）　中央财经大学

胡更开　　北京理工大学

古　松　（朝鲜族）　北京体育大学

王鸿海　（朝鲜族）　北京电影学院

张　力　（朝鲜族）　北京工商大学

苏　中　（朝鲜族）　北京信息工程学院

顾宝艳　（女）　北京广播电视大学

戴　莛　（女）　北京轻工职业技术学院

吕一中　　北京工业职业技术学院

滕亚杰　（女）　北京市东城区和平里第一小学

陈　东　（女）　北京市第五十中学

安彩凰　（女）　北京市第十四中学

江建敏　（女）　北京市第八十中学

魏淑娟　（女）　北京市朝阳区实验小学

郭燕红　（女）　北京市第十二中学

谭天静　（女）　北京市海淀区中关村中学

李秀娟　（女，满族）　北京市苹果园中学

朱德友　　北京市门头沟区职业技术教育中心学校

熊　倩　（女）　北京市大兴区黄村镇第一中心小学

李甲陵		北京市大兴区黄村第一中学
曹春浩		北京市通州区后南仓中小学
全　斌		北京市顺义区第三中学
彭兴江	（满族）	北京市怀柔区第三小学
季光辉		北京市密云县西田各庄中心校
姬云燕	（女）	北京市平谷区山东庄学区
孟宜安		北京市延庆县第一中学
赵淑雅	（女）	北京市房山区琉璃河中心校
隗金枝	（女）	北京市房山区房山中学
吕雪晶	（女）	北京市第三聋人学校
杨丽欣	（女）	北京市朝阳区安华里第二幼儿园
黄　英	（女）	北京市丰台区方庄第三幼儿园
刘　胤	（女）	北京市延庆县新城幼儿园
冯久东		北京路政局技工学校
杨春鹏		北京市工贸技师学院
付宏生		北京二轻工业学校
王　苹	（女）	北京市陈经纶中学

天津市

赵　滨	（女）	天津市红光中学
田宜灵		天津大学
张英华		天津财经大学
范英昌		天津中医学院
侯建新		天津师范大学
张晓希	（女）	天津外国语学院
李树怡	（女）	天津体育学院
杜连祥	（满族）	天津科技大学
李嘉禄		天津工业大学
赵英洁	（女）	天津二十中学
齐　薇	（女）	天津市河西区上海道小学
张利海		天津市第七中学
崔德俊		天津市红桥体校
赵爱军	（女）	天津市东丽中学
李建华		天津市张家窝中学
段　红	（女）	天津市塘沽区第一中学
牛百凤	（女）	天津市汉沽区第五中学
王桂芹	（女）	天津市武清区杨村第三中学
黄向辉		天津市宝坻区第四中学
张文千		天津市宁河县芦台第一中学
姜　涛		天津市咸水沽第一中学
安　媛	（女）	天津市实验中学

林晓燕	（女）	天津市第一中学
宋国庆		天津市电子信息职业技术学院
祝尔娟	（女）	中共天津市委党校
谢忠钧		天津市政工程局技工学校
黄作良		天津商学院
李　东		天津蓟县擂鼓台中学

河北省

丁志勇		河北省徐水县综合高中
付俊彦	（女）	河北省顺平县蒲上乡第一初中
严　格	（女）	河北省满城县实验中学
车会菊	（女）	河北省蠡县启发职教中心
田花婷	（女）	河北省高阳中学
杨立志		河北省高碑店市第一中学
王　义		河北省阜平中学
李志刚		河北省定州中学
成如芬	（女）	河北省定州县实验中学
刘志荣	（女）	河北省定兴县贤寓镇贤寓中心小学
李素英	（女）	河北省定兴县第二中学
张　琳	（女）	河北省保定市爱民小学
刘欣芳	（女）	河北省保定市安国中学
孟广涛		河北省任丘市第一中学
毛瑞彩	（女）	河北省任丘市第四中学
白凤荣	（女）	河北省南皮县第二中学
刘丙泽		河北省河间市第四中学
高金花	（女）	河北省东光县第二中学
姜　芳	（女）	河北省沧州市第一中学
马红梅	（女）	河北省沧县兴济镇小学
夏文利	（女）	河北省泊头市第四中学
张振宇	（蒙古族）	河北省围场县中小学教研室
王佳境	（女，满族）	河北省隆化县第一中学
李俊英	（女，满族）	河北省丰宁县第一中学
武晓旻	（女）	河北省承德县第一中学
马　磊	（女）	承德旅游职业学院
黄爱芳	（女）	河北省邯郸市魏县第一中学
张书亮		河北省邯郸市涉县第一中学
褚春明		河北省邯郸市邱县实验中学
李俊锋		河北省邯郸市邯郸县第三中学
翟希景		河北省邯郸市广平县平固店镇中心校
岳印山		河北省邯郸市第一中学
左爱卿	（女）	河北省邯郸市第四中学

张京学		河北省邯郸市大名县第一中学
荣新梅	（女）	河北省衡水市桃城区教育局教研室
陈荣淑	（女）	河北省衡水市育才小学
王晓莉	（女）	河北省衡水市饶阳中学
张荣霞	（女）	河北省景县中学
李桂省	（女）	河北阜城中学
王忠臣		河北省文安县第一中学
宁素文	（女）	河北省秦皇岛卢龙县中学
娄晓华	（女）	河北省秦皇岛卢龙县第三实验小学
焦艳秋	（女）	河北省秦皇岛抚宁县第四中学
佟黎明	（女）	河北省秦皇岛昌黎县第三中学
杨惠芳	（女）	石家庄铁道学院
杨　方		华北煤炭医学院
张英泽		河北医科大学第三医院
张国滨		河北理工大学
刘宗茂		河北科技大学
元敬顺	（女）	河北建筑工程学院
袁俊生		河北工业大学
刘　凯	（女）	河北省石家庄市桥东区休门小学
仵　燕	（女）	河北省石家庄市建北小学
刘宗顺		河北省石家庄市第二中学
马瑞霞	（女）	河北省石家庄市第二十三中学
卜连英	（女）	河北省灵寿县寨头学区寨头小学
冯贵全		河北省晋州市和平路小学
张英珍	（女）	河北省赵县石塔实验学校
牛志新	（女）	河北省新乐市第一中学
曹庆泰		河北省辛集市育才中学
马彦梅	（女）	河北省石家庄市井陉矿区职业技术教育中心
马艳云	（女）	河北省井陉县第一中学
李述祥		河北省唐山市遵化马兰峪满族中学
包凤岭		河北省唐山市玉田县第一中学
王学文		河北省唐山市迁西县韩庄中学
王　芝		河北省唐山市迁安市第一中学
商丽荣	（女）	河北省唐山市滦县第一中学
贾振举		河北省唐山市滦南县胡各庄中学
夏宝海		河北省唐山市滦南县第一中学
陈志新		河北省唐山市丰润区车轴山中学
么丹彦	（女）	河北省唐山市第一幼儿园
胡玉林		河北省邢台县教研室
张家铎		河北省邢台市第一中学
韩娜娜	（女）	河北省邢台市第一幼儿园

李育红	（女）	河北省邢台市第二十一中学
马海娥	（女）	河北省沙河市第三小学
尉建军		河北省平乡县第一中学
王建科		河北省宁晋县第二中学
师景峰		河北省南宫中学
赵志扬	（女）	河北省涿鹿县实验中学
高志森		河北省阳原县第一中学
王　斌		河北省蔚县第一中学
郭　琪	（女）	河北省康保县实验小学
王金明		河北省怀来县沙城中学
刘翠桃	（女）	河北省怀安县柴沟堡第二中学

山西省

张治民		华北工学院
魏莉霞	（女）	太原旅游学校
乔金玲	（女）	山西省太原市万柏林区西铭乡初级中学
吴彦春	（女）	山西省太原市迎泽区青年路小学
程惠萍	（女）	太原师范第二附属小学校
郭　文	（女）	山西省太原市育才幼儿园
吴亚波	（女）	山西省太原市杏花岭区五一路小学
牛双娥	（女）	山西省太原铁路职工子弟第一中学校
李天彦		山西省大同煤矿集团有限责任公司第一中学
张　焱	（女）	山西省大同煤矿集团公司教育中心机厂小学
张静蓉	（女）	山西省大同市矿区口泉六校
陆生芳	（女）	山西省大同市城区第十七小学校
高凤茹	（女）	山西省大同市大同第二中学
张　昀	（女）	山西省阳泉市盂县秀水镇第一中学校
韩海昌		山西省阳泉市平定县岔口联校理家庄小学
张锐军		山西省长治市第二中学校
程维明		山西省武乡中学
刘海云	（女）	山西省长治市城区太东小学
张雅丽	（女）	山西省长治市实验中学
赵　红	（女）	山西省晋城市城区第三小学
王晓留		山西省晋城市泽州县第一中学
李保柱		山西省阳城县实验小学
闫志敏	（女）	山西省右玉县第一完全小学校
李　栋		山西省朔州市山阴县第一中学校
李建香	（女）	山西省忻州市定襄中学校
李晓琴	（女）	山西省忻州市宁武县实验小学
焦云山		山西省忻州第十中学
郝丽萍	（女）	山西省忻州市特殊教育学校

王德美		山西省交城县交城中学
裴海昶		山西省兴县中学
李奶英	（女）	山西省吕梁市岚县城关小学
郝忠福		山西省吕梁市交口县中学
赵爱英	（女）	山西省方山县城内第三小学
张怀明		山西省昔阳县中学校
白永丽	（女）	太谷师范附属小学
杨志坚		山西省灵石县夏门镇中心小学
乔淑兰	（女）	山西省晋中市榆次第二中学
曹东明		山西省临汾市第三中学
高洪山		山西省临汾市第一中学校
范玲玲	（女）	山西省临汾市永和县城关小学
张春梅	（女）	山西省临汾市洪洞县城关东街小学
陈　晶	（女）	山西省侯马市五一路小学
郭淑文	（女）	山西省永济市城北街道晓朝学校
蔡淑芳	（女）	山西省运城幼儿师范学校
杜彦萍	（女）	山西省运城市盐湖区实验中学
郭忙凯		山西省临猗县临猗中学
李粉娥	（女）	山西省平陆县西街小学
董　倩	（女）	山西省万荣县城关小学
任胡叶	（女）	山西省运城市夏县城关城内小学
朱桂芳	（女）	太原理工大学
赵立宏		山西省实验中学
谢晓丽	（女）	忻州师范学院附属中学

内蒙古自治区

舒小燕	（女，满族）	内蒙古呼和浩特市第十八中学
高云柱		内蒙古呼和浩特市托克托县民族中学
张美丽	（女）	内蒙古呼和浩特市武川县第一小学
吴海棠	（女，蒙古族）	内蒙古呼和浩特市蒙族幼儿园
高清莲	（女）	内蒙古包头市第一实验小学
谭爱民	（女）	内蒙古包头市青山区光荣道小学
林仁刚	（女）	内蒙古包头市第二中学
苗文权		内蒙古包头市九原区教育局教研室
尚丽珍	（女）	内蒙古包头市萨拉齐第一中学
高　娃	（女，蒙古族）	内蒙古乌海市师范学校附属小学
周　利	（女）	内蒙古乌海市第一中学
刘占军		内蒙古赤峰市第四中学
斯钦昭日格图	（蒙古族）	内蒙古赤峰市巴林右旗大板蒙古族实验小学
刘德臣		内蒙古赤峰市林西县英华学校
岳洪臣		内蒙古赤峰市翁牛特旗乌丹第一中学

赵连民　　内蒙古赤峰市宁城高级中学
张素英　（女）　内蒙古赤峰市敖汉旗下洼镇中心小学
于振萍　（女）　内蒙古赤峰市红山区第十七小学
胡日查巴特尔　（蒙古族）　通辽教育学院
李　凡　（女）　内蒙古通辽铁路中学
徐晓杰　（女，蒙古族）　内蒙古通辽市霍林郭勒市第一中学
连　宝　（蒙古族）　内蒙古通辽市扎鲁特蒙古族第一中学
訾　慧　（女）　内蒙古鄂尔多斯市东胜区第一小学
韩俊琴　（女）　内蒙古鄂尔多斯市伊金霍洛旗实验小学
浩洪江　（女，蒙古族）　内蒙古呼伦贝尔市海拉尔区教研室
正　月　（女，鄂温克族）　内蒙古呼伦贝尔市鄂温克旗北辉小学
刘　春　　内蒙古乌兰察布市集宁市第一中学
刘志武　　内蒙古乌兰察布市集宁区第四中学
张　荣　　内蒙古乌兰察布市集宁县第一中学
李二栓　　内蒙古乌兰察布市察哈尔右翼中旗第二中学
张六和　　内蒙古巴彦淖尔盟中学
戴双喜　　内蒙古巴彦淖尔市五原县第一中学
孙玉福　　内蒙古巴彦淖尔市临河市双河镇总校
岂梦霞　（女）　内蒙古兴安盟科右前旗索伦中学
李建武　　内蒙古兴安盟扎赉特旗音德尔第一中学
刘雅静　（女）　内蒙古兴安盟科右中旗巴彦呼舒镇第三中学
陈国华　（女，蒙古族）　内蒙古锡林郭勒盟西乌珠穆沁旗第二中学
额日登图雅　（女，蒙古族）　内蒙古锡林郭勒盟镶黄旗蒙中
赵德林　（蒙古族）　内蒙古锡林郭勒盟第二中学
多玉秀　（女）　内蒙古阿拉善盟第一中学
成　刚　　内蒙古阿拉善盟额济纳旗八一希望中学
杨　持　　内蒙古大学
余家骥　　内蒙古师范大学
张　清　　内蒙古商贸职业学院
刘　英　（女）　内蒙古电子信息职业技术学院
孟建中　　内蒙古包头钢铁集团第一中学
史永亮　　内蒙古第一机械制造有限公司子弟小学
富景华　（女，满族）　内蒙古师范大学附属中学
张建萍　（女）　内蒙古电力学校

辽宁省

李秀兰　（女）　辽宁省沈阳市第二中学
何晓辉　（女）　辽宁省沈阳市第三十三中学
王红梅　（女）　辽宁省沈阳市沈河区朝阳街第一小学
张丽娇　（女）　辽宁省沈阳市大东区杏坛小学
查志英　（女）　辽宁省沈阳市于洪区陵东乡西窑小学

高艳辉	（女）	辽宁省沈阳市苏家屯区职教中心
杨爱华	（女，锡伯族）	辽宁省沈阳市新兴初级中学
赵翠清	（女）	辽宁省沈阳新民市城区第四小学
郭　敏	（女）	辽宁省沈阳市辽中县第二高级中学
刘春儒	（女）	辽宁省沈阳市法库县卧牛石乡初中
丛亚华	（女）	辽宁省沈阳市康平县第二中学
何　水	（女）	辽宁省大连庄河市第七中学
张庆权	（满族）	辽宁省大连瓦房店市第一初级中学
何　臻	（女）	辽宁省大连市西岗中学
王玫娟	（女）	辽宁省大连普兰店市第二中学
戴　勇		辽宁省大连市旅顺中学
王　芳	（女）	辽宁省大连市沙河口区知远小学
王　岩	（女）	大连海事大学附属学校
李　俐	（女）	辽宁省大连市金州区春华小学
董振荣		辽宁省鞍山市台安县高力镇东曾小学
车桂芬	（女，满族）	辽宁省鞍山市岫岩满族自治县第一中学
金丽红	（女）	辽宁省鞍山市第十三中学
程远杰	（女）	辽宁省鞍山市第十二中学
黄丽华	（女）	辽宁省鞍山市立山区光明小学
李铁峰		辽宁省抚顺市第一中学
王子敬	（满族）	辽宁省抚顺市新宾县榆树乡中学
林　青	（女，满族）	辽宁省抚顺清原满族自治县实验小学
李淑萍	（女）	辽宁省本溪市高级中学
林文波		辽宁省本溪市第一中学
于向丽	（女）	辽宁省东港市椅圈中学
盖　颖	（女）	辽宁省丹东市元宝区第三十一中学
李禄春	（女）	辽宁省丹东市第四中学
梁修琴	（女）	锦州师范高等专科学校
于秩晨		辽宁省锦州市黑山县第一高级中学
翟葆青		辽宁省北宁市沟帮子镇第二小学
李东丹	（女，壮族）	辽宁省锦州凌海市第四小学
涂九贺		辽宁省锦州市义县留龙沟满族乡中心小学
周红光	（女）	辽宁省营口市经济技术学校
龙艳美	（女）	辽宁省营口市盖州市第五初级中学
石素慧	（女）	辽宁省阜新市彰武县高级中学
白海华	（女，满族）	辽宁省阜新市二十七中学
孔玉玲	（女）	辽宁省辽阳市第九中学
董玉梅	（女）	辽宁省辽阳市辽阳县首山镇中心小学
刘　志	（女）	辽宁省铁岭市第一中学
李志轩	（女）	辽宁省铁岭市第三中学
张　莉	（女）	辽宁省铁岭市昌图县第五中学

张敬东	（女）	辽宁省铁岭市高级中学
武国青		辽宁省朝阳市朝阳县南双庙乡南双庙中学
王凤霞	（女）	辽宁省朝阳市北票市第二小学
张国柱		辽宁省朝阳市凌源市第一中学
李　萌	（女）	辽宁省朝阳市双塔区文化路小学
林艳敏	（女）	辽宁省盘锦辽河油田第一高中
陈春海		辽宁省盘锦市大洼县高中
周秀菊	（女）	辽宁省葫芦岛市南票区九龙中学
宋长俊		辽宁省葫芦岛市第一高级中学
张桂云	（女）	辽宁省葫芦岛兴城市温泉小学
张淑芳	（女）	大连海事大学
赵　亮		大连交通大学
杨忠志		辽宁师范大学
刘兆伟		沈阳师范大学
石玉秀	（女）	中国医科大学
傅俊范		沈阳农业大学
马晓瑾	（女，满族）	辽宁省本溪市育智学校
翟红兵		辽宁省锦州铁路运输学校
胡渝宁	（女）	辽宁省辽阳市二十中学
张代富		辽宁省朝阳市建平县沙海镇中学
刘志敏		鞍山师范学院
刘　红	（女）	辽宁省阜新市太平区红树小学
宫丽霞	（女）	辽宁省盘锦市盘山县高中
李秀凤	（女，满族）	辽宁省葫芦岛市绥中县网户乡初级中学

吉林省

胡丹梅	（女）	吉林省长春市十一高级中学
汪　涵		长春教育学院
陈佳辉		吉林省长春市第八中学
黄　丽	（女）	吉林省长春市第一五〇中学
谷立峰		吉林省长春市第二中等专业学校
曲　静	（女）	吉林省长春市第一实验小学
史　明	（女）	吉林省长春市第十七中学
毕　野		吉林省长春市农安县第十中学
闫　石	（女）	吉林省德惠市第六小学
于　群	（女）	吉林省九台市教师进修学校附属小学
王文华	（女）	吉林省长春市第七十八中学
金圣花	（女）	吉林省长春市第五十二中学
赵晓辉	（女）	吉林省吉林市船营区第二十五小学
苗在华	（女）	吉林省吉林市第二十三中学
樊丽娟	（女）	吉林省吉林市教育学院附属中学

朱红艳	（女）	吉林省吉林市第四十九中学
赵洪宇	（女）	吉林省吉林市外国语学校
皮锦华	（女）	北华大学师范分院
张丽丽	（女）	吉林省吉林市昌邑区艺术实验小学
朱成九	（朝鲜族）	吉林省延边州图们市月晴镇中心小学
郑　雁	（女）	吉林省白河林业局第二小学
刘淑英	（女）	吉林省敦化市第一中学
侯晓晶	（女）	吉林省伊通县第一中学
王凤春	（女）	吉林省四平市第二十中学校
蔡立虹	（女）	吉林省四平市实验中学
刘艳丽	（女）	吉林省公主岭市第一中学
薛冰立	（女）	吉林省四平市中央东路小学
孟　波	（女）	吉林省通化市职教中心
刘　广	（满族）	吉林省通化市辉南县第一中学
张秀芝	（女）	吉林省柳河县第十中学
姜登和	（蒙古族）	吉林省镇赉县第二中学
严士强		吉林省通榆县第一中学
刘　勇		吉林省洮南市车力乡中心校
张　梅	（女）	吉林省大安市第三中学校
田　旭	（女）	吉林省辽源市实验中学
董宪萍	（女）	吉林省辽源市第十五中学
梁英华	（女）	吉林省松原市乾安县第六小学
于文波		吉林省扶余县第一中学
王淑娟	（女）	吉林省松原市前郭县第三中学
李春芳	（女）	吉林省松原市逸夫小学
王炳莉	（女）	吉林省临江市外国语学校
丛炳军		吉林省白山市长白县金华乡中学
李　涛	（女）	吉林省白山市职教中心
魏国珍	（女）	吉林省第二实验学校
孙大伟		东北师范大学附属中学
魏存成		吉林大学
迟宝荣	（女）	吉林大学
孙建国		吉林大学
张澍军		东北师范大学
刘万民		吉林师范大学
蔡国伟		东北电力学院
王富春		长春中医学院
何兆凤	（女）	中国一汽集团公司高级技工学校

黑龙江省

陶凤林		黑龙江省绥阳林业局第一中学

李　辉		东北农业大学
何　颖	（女）	黑龙江大学
康广盛	（满族）	黑龙江中医药大学
彭鸿雁	（女）	牡丹江师范学院
姚英学		哈尔滨工业大学
肖向红	（女）	东北林业大学
蒋明虎	（朝鲜族）	大庆石油学院
张　影	（女）	黑龙江省政法管理干部学院
刘兰芬	（女）	中共黑龙江省委党校
刘艳梅	（女）	黑龙江省卫生学校
朱荣欣	（满族）	黑龙江商业高级技工学校
刘利益		哈尔滨师范大学附属中学
赵文祥		黑龙江省哈尔滨市第三中学
王晓红	（女）	黑龙江省哈尔滨市呼兰区第一中学
王玉春		黑龙江省哈尔滨市第六中学
关　林	（女，满族）	黑龙江省哈尔滨市阿城市第一中学
李智勇		黑龙江省哈尔滨市五常县第二中学
高　萍	（女）	黑龙江省哈尔滨市依兰县第二中学
高秀萍	（女）	黑龙江省哈尔滨市第六十九中学
高莲玉	（女，朝鲜族）	黑龙江省哈尔滨市朝鲜族第一中学
温立哲		黑龙江省哈尔滨市双城市兆麟中学
于　华	（女）	黑龙江省哈尔滨市第十四中学
刘子远		黑龙江省哈尔滨市第三中学
李亚莉	（女）	黑龙江省哈尔滨市第九中学
田淑娟	（女）	黑龙江省齐齐哈尔市第三中学
曲凤琴	（女）	黑龙江省齐齐哈尔市铁锋区扎龙乡赵凯小学
王春凤	（女）	黑龙江省讷河市讷河镇第八小学
张凤娆	（女）	黑龙江省龙江县育才学校
邓　波	（女）	黑龙江省齐齐哈尔市实验中学
郭悦莎	（女）	黑龙江省齐齐哈尔市职业教育中心学校
桂淑伊	（女，朝鲜族）	黑龙江省牡丹江市第二中学
赵景梅	（女）	黑龙江省牡丹江市东宁县第二中学
王志君	（女）	黑龙江省牡丹江市第十八中学
苏　杰	（女）	黑龙江省牡丹江市新星小学
蔡福民		黑龙江省佳木斯市第一中学
张柏青	（女）	黑龙江省佳木斯市第二中学
李春子	（女，朝鲜族）	黑龙江省桦南县第六小学
王丛梅	（女）	黑龙江省抚远县第二中学
卢希会		黑龙江省鸡西市密山市第一中学
于成全		黑龙江省鸡西市鸡东县第一中学
胡春秋	（女）	黑龙江省鹤岗市绥滨县第一中学

王玉芬	（女）	黑龙江省鹤岗市萝北县第三中学
冯　影		黑龙江省双鸭山市集贤县永安乡中学
韩喜学		黑龙江省双鸭山市第一中学
王启花	（女）	黑龙江省双鸭山市宝清县第一中学
张　晶	（女）	黑龙江省伊春市伊春区第六中学
张　涛		黑龙江省大庆市教师进修学院
孙　梅	（女）	黑龙江省大庆市实验中学
张凤萍	（女）	黑龙江省大庆市第四中学
包志茹	（女，蒙古族）	黑龙江省大庆市肇源县实验小学
吕世贤	（女）	黑龙江省大兴安岭加格达奇第三中学
韩红伟	（女，蒙古族）	黑龙江省北安市和平小学
马淑华	（女）	黑龙江省五大连池市高级中学
刘丽红	（女）	黑龙江省嫩江县第二中学
李咏梅	（女）	黑龙江省绥化市青冈县第一中学
王洪娟	（女）	黑龙江省绥化市庆安县第四中学
王晓红	（女）	黑龙江省绥化市望奎县第四小学
王学志		黑龙江省肇东市实验小学
戴志斌		黑龙江省绥化市绥棱县第一中学
周喜彬		黑龙江省安达市高级中学
陈维霞	（女）	黑龙江省兰西县第五小学
赵武军		黑龙江省农垦总局哈尔滨农垦中学
田爱利	（女）	黑龙江省农垦总局牡丹江分局高级中学
孙晓东		黑龙江省农垦总局子弟校
徐　兵		黑龙江省农垦总局宝泉岭分局高级中学
张秀珍	（女）	黑龙江省桦南林业局东风小学
程云久		黑龙江省海林林业局职工教育中心

上海市

范立础		同济大学
王亚平	（女）	华东理工大学
冯庆华		上海外国语大学
王善元		东华大学
赵晓雷		上海财经大学
施朝健		上海海事大学
刘宪权		华东政法学院
王一飞		上海第二医科大学
苏智良		上海师范大学
杨俊和		上海应用技术学院
严庆荣		上海市敬业中学
陈佳红	（女）	上海市第六十二中学
李祯忠		上海市徐汇区向阳小学

陆葆谦		上海市徐汇区教师进修学院
邵乃济	（女）	上海儿童世界基金会普陀幼儿园
郁　青	（女）	上海市芷江中路幼儿园
丁　刚		上海市闸北区第一中心小学
蒋自立		上海市虹口高级中学
许　敏		上海市控江中学
张　蕊	（女）	上海市闵行区浦江第三小学
刘海燕	（女）	上海市罗店中学
唐　静	（女）	上海市宝山区培智学校
张东升		上海市洋泾中学
沈建芳	（女）	上海市浦东新区金童幼儿园
徐洪桥		华东师范大学附属东昌中学
胡　辉		上海市金山区张堰中心小学
顾世雄		上海市金山区枫泾中学
赵小玲	（女）	上海市松江区实验小学
王维明		上海市朱家角中学
严林祥		上海周浦高级中学
赵惠红	（女）	上海南汇区听潮中学
王　英	（女）	上海市奉贤区解放路幼儿园
王碧裔		上海船厂技工学校

江苏省

张天真		南京农业大学
岳乃红	（女）	江苏省扬州市维扬实验小学
林道立		扬州教育学院
袁昌华		江苏省邗江中学
黄桂君		江苏省高邮市中学
方　江		江苏省仪征市新城初级中学
江　敏	（女）	江苏省南京市金陵中学
潘文彬		江苏省南京市南湖第一小学
鞠全勇		金陵科技学院（筹）
王秋兰	（女）	江苏省南京市江浦实验小学
张至真		江苏省南京市高淳县高级中学
秦礼春		江苏省南京市江宁东山中心小学
王小冬		江苏省宿迁市宿豫区特殊教育学校
王爱斌		江苏省宿迁中学
赵晓娟	（女）	江苏省淮北中学
徐　剑		江苏省沭阳县正德中学
叶　廷	（女）	江苏省宿迁市宿城区幸福实验学校
金　燕	（女，回族）	江苏省镇江市第三中学
徐梦吟	（女）	江苏省丹阳市育才实验小学

匡　艳	（女）	江苏省扬中市实验小学
王瑞楠		江苏省镇江市第一中学
单立信		江苏省无锡市第一中学
曹红燕	（女）	江苏省无锡市惠山区堰桥镇中心小学
王　斌		江苏省无锡市河埒中心小学
夏　茹	（女）	江苏省无锡市花园弄中心小学
许帮正		江苏省无锡市石塘湾中学
陈久宽		江苏省姜堰中学
张炳嘉		江苏省兴化中学
周天法		江苏省泰州市鲍徐中心小学
卢正安		江苏省泰州第二职业高级中学
俞玉萍	（女）	江苏省海门市东洲中学
徐训荣		江苏省西亭高级中学
陈　建		江苏省如东高级中学
马德凤	（女）	江苏省如皋市实验初中
周正龙		江苏省海安高级中学
沈　炜		江苏省南通市港闸区实验小学
魏佳兵		江苏省响水中学
王中荣		江苏省滨海中学
孙志光		江苏阜宁中学
何拓程		江苏省射阳中学
梁才彦		江苏省建湖县第二中学
丁亚丽	（女）	江苏省东台市第三中学
郭丽梅	（女）	江苏省盐城市解放路实验学校
谢兆贵		江苏省盐城中学
王培松		江苏省金湖县实验小学
魏广生		江苏省淮安市清浦中学
宋玉洁	（女）	江苏省洪泽县中学
何家伟		江苏省淮安市淮州中学
徐　峰		江苏省涟水县教研室
简中兰	（女）	淮阴师范学院附属小学
李志坚		江苏省徐州市第一中学
王纯旭		江苏省丰县中学
房岭刚		江苏省沛县实验小学
张东亚		江苏省睢宁高级中学
张宏大		江苏省邳州市红旗中学
段超建		江苏省徐州市贾汪区耿集中学
关　群	（女）	江苏省徐州市公园巷小学
葛崇信		江苏省睢宁县李集中学
吴晓珊	（女）	江苏省徐州市贾汪区实验小学
王永保		江苏省东海县教师进修学校

刘洪军		江苏省灌云高级中学
封作昌		江苏省灌南县高级中学
赵　玲	（女）	江苏省连云港市东港中学
刘　岩	（女）	江苏省连云港市海宁中学
薛　玲	（女）	江苏省连云港市新海实验中学
陈　红	（女）	连云港师范高等专科学校第三附属小学
徐亚勤	（女）	江苏省常州市同济中学
应志南		江苏省武进高级中学
徐　毅		江苏省金坛市直溪高级中学
蒋　忱	（女）	江苏省常州市博爱小学
洪　榴	（女）	江苏省常熟市实验小学
苗长广		江苏省太仓高级中学
张帼英	（女）	江苏省昆山震川高级中学
吾永珍	（女）	江苏省苏州市相城区湘城中心小学
张　俊		江苏省苏州实验中学
张　援		苏州大学附属中学
陈锦琪		扬州技师学院
高　正		南京航空航天大学
王惠民		河海大学
金征宇		江南大学
沙家豪	（回族）	南京医科大学
周定国		南京林业大学
阚家海		南京邮电学院
王铁军		江苏教育学院
郎建平		苏州大学
顾　强		苏州科技学院
田立新		江苏大学
周　源		南京工业职业技术学院
张　魁		徐州建筑职业技术学院
黄培玲	（女）	徐州财经高等职业技术学校

浙江省

崔国久		浙江省宁波市镇海区龙赛中学
王朝曙		浙江省温州第二中学
马成永		浙江省绍兴市鲁迅小学
许吉安		浙江省绍兴县鲁迅中学
张树林		浙江省浦江县礼张中心小学
杨顺耀		浙江省常山县第一中学
谢卫民		浙江省三门县职业中专
俞小平		浙江省杭州市余杭高级中学
林肃浩		浙江省杭州第二中学

王一群		浙江省杭州市高级技工学校
赵婷婷	（女）	浙江省杭州市青春中学
倪爱勤	（女）	浙江省杭州市交通职业中学
胡建军		浙江省宁波市效实中学
高建勇		浙江省宁波市大榭中学
陆安定		浙江省宁波市北仑明港中学
刘兴旺		浙江省宁波市江北区修人学校
钟远波	（女，畲族）	浙江省平阳县教师进修学校
陈友彦		浙江省温州市盲人学校
谢景秋		浙江省泰顺县第一中学
王丹霞	（女）	浙江省温州华侨职业中等专业学校
张晓萍	（女）	浙江省嘉兴市实验小学
金新宇	（女）	浙江省海宁市高级中学
陆建平	（女）	浙江省湖州市菱湖中学
郑瑞珍	（女）	浙江省湖州市爱山小学
杨连忠		浙江省湖州市安吉县高级中学
徐洋法		浙江省绍兴市第一中学
张海裕		浙江省诸暨市实验小学
唐友芳		浙江省兰溪市第一中学
陈益林		浙江省东阳中学
楼国萍		浙江省金华市武义县第一中学
留渭良		浙江省衢州第三中学
钱明生		浙江省衢州市开化中学
潘新潮		浙江省丽水市实验学校
潘人发		浙江省丽水市松阳县第一中学
徐海之		浙江省龙泉市第一中学
金克勤		浙江省台州市黄岩中学
郭君瑞		浙江省台州市温岭中学
王针桂		浙江省台州市玉城中学
唐　华		浙江省舟山中学
赵群鸣		浙江省嵊泗中学
田正平		浙江大学
林瑞光		浙江大学
赵知劲	（女）	杭州电子科技大学
郑裕国		浙江工业大学
龚正荣		浙江公安高等专科学校
李金昌		浙江工商大学
郑岳青		宁波大学
吴海燕	（女）	中国美术学院
姜培坤		浙江林学院

安徽省

史咏竹		安徽省合肥市肥西县农兴中学
李延江		安徽省合肥市肥东县实验小学
胡冬梅	（女）	安徽省合肥市屯溪路小学
龚德群	（女）	安徽省合肥特殊教育中心
杨青松		安徽省淮北市濉溪县第二中学
聂晓华		安徽省淮北市矿业集团公司中学
杨　珺	（女）	安徽省亳州市涡阳县第一中学
谷永发		安徽省亳州市双沟完全中学
卢　振		安徽省亳州市蒙城县第六中学
刘华彪		安徽省亳州市第二高级职业中学
解士敏		安徽省亳州市利辛县第二完全中学
马　冰		安徽省宿州市灵璧县第一中学
李　虹	（女）	安徽省宿州市埇桥区杨庄乡小杨庄中学
任淑英	（女）	安徽省宿州市萧县龙城镇北关小学
李德敏		安徽省宿州市第一职业高级中学
杨玉慧	（女）	安徽省蚌埠市第二中学
姚跃林		安徽省蚌埠市铁路中学
崔建梅	（女）	安徽省蚌埠市第一实验小学
刘　亮		安徽省蚌埠市怀远县第五中学
段海风		安徽省阜阳市界首市第四小学
罗冬梅	（女）	安徽省阜阳市第三中学
李彩平	（女）	安徽省阜阳市临泉县阜临小学
蔡秀营		安徽省阜阳市阜南县实验中学
武士元		安徽省阜阳市第一中学
梁陆红	（女）	安徽省阜阳市颍州区第十五中学
陈绍铸		安徽省淮南市第一中学
林德福		安徽省淮南市第二中学
陈素霞	（女）	安徽省滁州市凤阳师范学校
周玉武		安徽省滁州市南谯区沙河中学
杨师德		安徽省滁州市定远县炉桥中学
宋文军		安徽省滁州市来安县施官高级职业中学
刘德传		安徽省六安市第二中学
谢贻祥		安徽省六安市裕安区徐集中学
邹兆祥		安徽省六安市金安区毛坦厂镇初级中学
苏　平	（女）	安徽省六安市寿县第一中学
王德荣		安徽省六安市霍邱县河口中学
葛晓燕	（女）	安徽省马鞍山市第二十二中学
李文革		安徽省巢湖市无为县襄安中学
李　庆		安徽省巢湖市和县第二中学
杨时务		安徽省巢湖市庐江砚山中学

邹湘梅	（女）	安徽省巢湖市东风路小学
曹葆华		安徽省芜湖市第二十七中学
熊瑞玉		安徽省芜湖市繁昌县平铺镇新林初级中学
丁绍平		安徽省宣城市郎溪县郎溪中学
周思华	（女）	安徽省宣城市绩溪县绩溪中学
昝洪赋		安徽省宣城市宣州区昝村初级中学
佘丽萍	（女）	安徽省铜陵市铜陵县实验小学
钱文芳	（女）	安徽省池州市贵池区梅龙初级中学
袁跃进		安徽省安庆市潜山县潜山中学
王贵东		安徽省安庆市宿松县宿松中学
汪义凤		安徽省安庆市太湖县太湖中学
张太国		安徽省安庆市桐城市陶冲镇陶冲初级中学
游志成		安徽省安庆市望江县实验学校
胡征善		安徽省黄山市屯溪区屯溪第一中学
樊　林	（女）	安徽经济技术学校
王海川		安徽工业大学
陈晓蓉	（女）	安徽医科大学
王继先		安徽农业大学
冯德连		安徽财经大学
赵先卿		淮北煤炭师范学院
黄裳裳	（女）	阜阳师范学院
陈友存		安庆师范学院
戴　敏	（女）	安徽中医学院
董　群	（女）	皖南医学院
李柏青		蚌埠医学院
方潜生		安徽建筑工业学院
刘　正		安徽技术师范学院
方乐金		黄山学院
李京文	（女）	安徽职业技术学院
刘星期		铜陵学院
王学军		合肥学院
王翠珍	（女）	淮南职业技术学院
田启昌		合肥通用职业技术学院

福建省

李　晖		福建师范大学
胡　宁		福建省福州第四中学
钟帼珍	（女）	福建省平潭县屿头初级中学
高　玉	（女）	福建省福州师范学校附属第一小学
陈　青	（女）	福建省福州市鹤林小学
林　祥		福建省福州市仓山小学

张　燕	（女）	福建师范大学第二附属小学
王　健	（女）	福建省福州建筑职业中专学校
黄有芳	（女）	福建省福州市儿童学园
李月春	（女）	福建省厦门同安区竹坝中学
吕珈臻	（女）	福建省厦门市松柏小学
赖如金		福建省平和县育英小学
吴小英	（女）	福建省南靖县第二实验小学
王木春		福建省东山县第一中学
蔡三成		福建省长泰县第二中学
苏建伟		福建省泉州第一中学
黄超瑜	（女）	福建省泉州第九中学
王志龙		福建省惠安第一中学
曾清泉		福建省晋江市季延初级中学
徐水机		福建省泉州市盲聋哑学校
戴仲达		福建省南安市柳城小学
蔡雅玲	（女）	福建省泉州幼师附属幼儿园
白宏毅		福建省安溪县华侨职业中专学校
梁伟丽	（女）	福建省莆田市第二中学
朱春烟	（女）	福建省莆田市湄洲第一中心小学
陈国星		福建省莆田市秀屿区东庄中心小学
李　勤		福建省三明市特殊教育学校
阮　琳	（女）	福建省永安职业中专学校
刘万能		福建省宁化县淮土学区
陈红兵		福建省三明市列东中学
吴永源		福建省南平第一中学
张光华		福建省邵武第一中学
郑隆姿	（女）	福建省南平市东坑中心小学
黄淙滨		福建省光泽县实验小学
吕祖军		福建省建阳农业工程学校
陈木孙		福建省龙岩市第一中学
蔡建平		福建省龙岩市漳平市第三中学
詹素妹	（女）	福建省龙岩市新罗区白沙中心小学
钱晓金	（女）	福建省龙岩市连城县实验小学
丘　锋		福建省龙岩市长汀县职业中专学校
张徐生		福建省周宁县第一中学
李升坚		福建省古田县实验小学
林文强		福建省霞浦县承天小学
张　青	（女）	福建省福安市实验幼儿园
郑珠仙	（女）	福建农林大学
余文森		福建师范大学
林　旭		福建医科大学

方柏山		华侨大学（泉州）
张　安		福建师范大学附属中学
林　珍	（女）	福建省福州实验小学

江西省

万淑云	（女）	江西省南昌市南京路小学
陈桃荣	（女）	江西省南昌市卫生学校
万淑云	（女）	江西省南昌市南京路小学
罗文华		江西省进贤县白圩乡初级中学
徐小平		江西省南昌县莲塘第一中学
裘　勇		江西省南昌市昌北第一中学
江轶强		江西省九江市湖口县付垅中学
熊　明		江西省九江市武宁县澧溪中学
陈林森		江西省九江市星子中学
饶满林		江西省九江市第一中学
汪世共		江西省九江市第三中学
姜　萍	（女）	江西省贵溪市第三小学
黄静芳	（女）	江西省萍乡市上栗县上栗镇中学
刘小清	（女）	江西省萍乡市芦溪县特殊学校
万荣辉		江西省新余市渝水区良山中学
刘波华		江西省新余市第四中学
石少华		江西省景德镇市陶瓷职业中等专业学校
韩晓光		景德镇高等专科学校
谢阳红		江西省赣州市于都县实验小学
刘晓敏		江西省赣州市第一中学
黄燕华	（女）	江西省赣州市上犹中学
许春林		江西省赣州市会昌县第一中学
刘东升		江西省赣州实验中学
赖　菁	（女）	江西省赣州市第七中学
刘万能		江西省吉安市万安县实验小学
胡金根		江西省吉安市峡江中学
朱光荣		江西省吉安市安福县平都第二小学
周小勇		江西省吉安市新干县荷浦乡初级中学
蒋梅英	（女）	江西省吉安市第一中学
余斌华		江西省宜春市第三中学
熊金辉		江西省宜春市丰城拖船中学
潜　勇		江西省宜春市靖安中学
赵家材		江西省宜春市奉新县冶城职业学校
何雪平		江西省宜春市高安中学
熊烈生		江西省宜春市宜丰中学
刘　雄		江西省宜春市万载中学

胡素珍	（女）	江西省抚州市东乡县第一中学
朱小荣		江西省抚州市第一中学
邓荣卿		江西省抚州市临川第十中学
邱建华		江西省抚州市金溪县第一中学
严国安		江西省抚州市南城县第二中学
吴雪琪	（女）	江西省抚州市广昌县实验小学
项金凤	（女）	江西省上饶市实验小学
方　向		江西省上饶市德兴第一中学
程新忠		江西省上饶市万年中学
李云生		江西省上饶市玉山县第一中学
肖　红		江西省上饶市弋阳县第一中学
黎金传		江西省上饶市上饶县中学
童颜辉		江西省上饶市余干中学
李美兰	（女）	江西省上饶市广丰县下溪镇中学
黄新建		南昌大学
胡　丹	（女）	华东交通大学
黎　明		南昌航空工业学院
龚洪翰		江西医学院
龚千锋		江西中医学院
黄万抚		江西理工大学
徐定华		东华理工学院
李坚利		江西现代职业技术学院

山东省

马德波		山东省济南市长清第一中学
李贤生		山东省济阳县第一中学
李枝新	（女）	山东省章丘市刁镇中心小学
吕凌云	（女）	山东省济南第三职业中等专业学校
郑玉香	（女）	山东省济南第七中学
高彦江		山东省青岛市高科技工业园第二中学
刘道国		山东省平度市第九中学
曲瑛琏	（女）	山东省青岛第三中学
姜玉新	（女）	山东省青岛市第四十七中学
韩梦凤	（女）	山东省青岛经济技术开发区黄岛中心幼儿园
曹　君	（女）	山东省青岛市市北区教研电教室
于少梅	（女）	山东省莱西市实验小学
阎希森		山东省淄博第十八中学
崔　军	（女）	山东省沂源县第一中学
孙林涛		山东省淄博市临淄区第二中学
张学文	（女）	山东省淄博市张店区实验中学
王开广		山东省枣庄市第八中学

黄应湘		山东省枣庄市第四十中学
赵克堂		山东省枣庄市第九中学
孙向锋		山东省枣庄市第二中学
王　村		山东省东营市第一中学
潘少东		山东省广饶县第一中学
常　虹	（女）	山东省烟台第一职业中等专业学校
曲淑红	（女）	山东省烟台市实验中学
吴凤华	（女）	山东省招远市第十六中学
所建萍	（女）	山东省蓬莱市易三实验小学
徐文爽		山东省牟平第一中学
田丽萍	（女）	山东省龙口市实验小学
张金秀	（女）	山东省潍坊第四中学
李　华	（女）	山东省潍坊第七中学
刘炳胜		山东省潍坊第二中学
杨小平	（女）	山东省高密市康成小学
王来先		山东省潍坊市寒亭区第一中学
张召建		山东省临朐第七中学
孙运玺		山东省潍坊市奎文实验中学
刘金玉		山东省寿光现代中学
吕志增		山东省昌邑市文山中学
宋育林		山东省青州实验中学
董雅群	（女）	山东省济宁市霍家街小学
张　慧	（女）	山东省曲阜市第一中学
付仰清		山东省邹城市大束镇匡庄中学
王　芳	（女）	山东省微山县留庄镇第一中学
侯典军		山东省汶上县第一中学
黄德祥		山东省梁山县馆驿镇第二中学
李秀真	（女）	山东省济宁市第一中学
李爱芳	（女）	山东省泰安东岳中学
郭凤芝	（女）	山东省泰安英雄山中学
张百金		山东省新泰市第二中学
程　骞		山东省宁阳第一中学
蔚成银		山东省东平高级中学分校
杨维海		山东省荣成市第六中学
邵名果		山东省文登第一中学
赵　超		山东省乳山市第一中学
刘贤忠		山东省日照实验高级中学
纪丙全		山东省莒县教师进修学校高中部
许玉娟	（女）	山东省日照市实验小学
鹿业振	（女）	山东省莱芜市第十七中学
鲁　冲		山东省邹平县第一中学

李红岩	（女）	山东省博兴县实验中学
李宝娥	（女）	山东省沾化县第一实验小学
商金琳		山东省阳信县第一中学
田国良		山东省乐陵市第一中学
王　平		山东省齐河县第一中学
张国华		山东省平原县第一中学
窦文胜		山东省庆云县一中
李淑英	（女）	山东省宁津县实验中学
张广立		山东省聊城第三中学
侯文明		山东省茌平县实验小学
丁祖涛		山东省阳谷县华阳中学
李华英	（女）	山东省聊城市东昌府区东关民族小学
王　梅	（女）	山东省聊城市东昌府区实验小学
张淑琴	（女）	山东省临沂市第一实验小学
主冠芬	（女）	山东省临沂市罗庄区罗庄街道初级中学
李蕴哲		山东省临沂市河东区益民实验中学
孟　芳	（女）	山东省郯城县第二实验小学
盛建学		山东省苍山县第一中学
陈启胜		山东省平邑县实验中学
王淑茂		山东省沂水县第四中学
朱文彬		山东省蒙阴第一中学
王美娇	（女）	山东省莒南县第四中学
陈德收		山东省临沂市临沭第一中学
曹凤山		山东省东明县实验中学
王战江		山东省曹县第一中学
范青环		山东省成武第一中学
王丙清		山东省鄄城县第一中学
董建友		山东省定陶县第一中学
万继允	（女）	山东省单县师范学校
吕高秋		山东省巨野县第一中学
丛文胜		山东省单县第一中学
张书香		济南大学
许　斌		山东建筑工程学院
邢存章		山东轻工业学院
迟华基	（女）	山东中医药大学
俞纯权		山东经济学院
綦好东		山东财政学院
苏　琪	（女）	山东艺术学院
苗登宇		山东工艺美术学院
金丽颖	（女，满族）	山东体育学院
王在泉		青岛建筑工程学院

张　军		青岛科技大学
袁玉珍	（女）	山东理工大学
刘润华		石油大学（华东）
任万忠		烟台大学
孟鸿志		山东工商学院
王宝维		莱阳农学院
逯怀新		潍坊学院
唐胜建		潍坊医学院
刘善庭		济宁医学院
韩廷武		山东科技大学
刘林祥		泰山医学院
窦建民		聊城大学
魏艳香	（女）	山东省胜利油田第一中学

河南省

孟彩云	（女）	河南大学
景文献		河南省登封市第一高级中学
刘根立		河南省新郑市第一中学
王桂芹	（女）	河南省荥阳市高级中学
景桂芹	（女）	河南省郑州市第二中学
王淑红	（女）	河南省郑州市第四十九中学
陈玉甫		河南省郑州市回民中学
耿凤菊	（女）	河南省郑州市惠济区第一初中
郭军霞	（女）	河南省郑州市中原区教育文化体育局教研室
陈　琬	（女）	河南省开封市第七中学
孙春菊	（女）	河南省开封市第十七中学
逄玉琴	（女）	河南省开封市第十四中学
王　敏	（女）	河南省开封市教育学院
李世鹏		河南省开封市杞县实验中学
左栓柱	（满族）	河南省洛阳市栾川县第二实验小学
王翠霞	（女）	河南省洛阳市地调中学
冀卫娟	（女）	河南省洛阳市新建小学
赵灵喜		河南省洛阳市嵩县第一高级中学
王铁石		河南省洛阳市洛宁县中小学教研室
王建民		河南省偃师市顾县中学
彭青芳		河南省洛阳市伊川县第一高级中学
陈俊杰		河南省平顶山市宝丰县第二高级中学
宋庆北		河南省平顶山市实验中学
宋　燕	（女）	河南省平顶山新华区体育路小学
乔　伟		河南省平顶山外国语学校
樊玉玲	（女）	河南省平煤集团第一小学

张骁伟		河南省平顶山市叶县高中
王玉明		河南省安阳市第二中学
岳红娟	(女)	河南省安阳市第三十二中学
杜丽英	(女)	河南省安阳市第一职业中等专业学校
李淑琴	(女)	河南省安阳市胜利路小学
郑国勇		河南省安阳市滑县第一高级中学
桑玉玲	(女)	河南省安阳市殷都区实验小学
高建业		河南省鹤壁市第二中学
贾共杰		河南省封丘县第一中学
李树峰		河南省新乡市获嘉县第一中学
刘爱英	(女)	河南省新乡市第十二中学
郭树海		河南省新乡市第十一中学
王曼丽	(女)	河南省新乡市幼儿师范学校
王彦方		河南省新乡市延津县职业中等专业学校
焦金安		河南省焦作市第三中学
樊武平		河南省沁阳市第一中学
田培琦		河南省焦作市温县温泉镇第一初中
崔　斌		河南省焦作市武陟县第一中学
赵广亮		河南省濮阳市华龙区高级中学
申翠芳	(女)	河南省濮阳市南乐县实验中学
武丰镯	(女)	河南省濮阳市清丰县第一高级中学
赵　旭		河南省三门峡市灵宝实验高中
马银凤	(女)	河南省三门峡市渑池高中
秦海琴		河南省商丘市民权县第一高级中学
张伟贤		河南省商丘市宁陵县高级中学
贺玉英	(女)	河南省商丘市第六中学
张礼琴	(女)	河南省商丘市睢县职教中心
胡宽民		河南省永城市第一初中
张广印		河南省商丘市柘城县第二高中
赵留战		河南省长葛市第一高级中学
段慧君	(女)	河南省许昌市第十中学
邢泰钢		河南省许昌县第一高级中学
张重修		河南省许昌市鄢陵县第一高级中学
张朝礼		河南省漯河市实验中学
赵新勇		河南省漯河市舞阳县第一高级中学
桑法理		河南省周口市扶沟县城郊高中
李先锋		河南省周口市沈丘县第一初级中学
鲁晓安		河南省周口市西华县第一高级中学
薛　予	(女)	河南省周口市第四中学
汤代华		河南省周口市第一高级中学
高远征		河南省周口市淮阳中学

张景凤	（女）	河南省驻马店市确山县第一高中
朱迎五		河南省驻马店市汝南县教体局教研室
朱淑贤	（女）	河南省驻马店市上蔡县蔡都镇第二小学
张爱莲	（女）	河南省驻马店市遂平县职教中心
赵全明		河南省驻马店市西平县杨庄高级高中
温红光		河南省驻马店市正阳县第一高级中学
张云秀	（女）	河南省邓州市穰东镇实验学校
焦潮先		河南省南阳市南召县第一高级中学
杨海然		河南省南阳市社旗县第一高级中学
吕双敏		河南省南阳市唐河县第一高级中学
林永英	（女）	河南省南阳市桐柏县幼儿园
李林刚		河南省南阳市西峡县第一高级中学
姚银秀		河南省南阳市淅川县第一高级中学
胡海川		河南省南阳市新野县第三高级中学
熊祖银		河南省信阳市固始县第一中学
冯士润		河南省信阳市潢川高级中学
谢应江		河南省信阳市商城高级中学
余青春		河南省信阳市息县第一高级中学
方明利		河南省信阳市新县高级中学
田　昕	（女）	河南省信阳市第三高级中学
郜玉武		河南省济源市第一中学
刘宏民		郑州大学
张钦现		郑州大学
武瑞之	（女）	河南科技大学
刘凤仙	（女）	河南理工大学
李雄诒		中原工学院
梁生旺		河南中医学院
宋新宇		信阳师范学院
黄　亮		安阳师范学院
马剑侠		许昌学院
宋太平		南阳师范学院
刘高岑		洛阳师范学院
王瑞平		商丘师范学院
薛玉莲	（女）	河南财经学院
崔朝栋		河南财经学院
刘　林		郑州航空工业管理学院
赵先林		河南教育学院
冯喜兰	（女）	河南科技学院
杜远东		周口师范学院
谭建伟		开封人民警察学校
王素云	（女）	河南省实验中学

祝跃飞		解放军信息工程大学

湖北省

罗运生		湖北省宜城市流水镇流水初级中学
金汉垂		湖北省通山县杨芳林乡中心学校
陈绪元		湖北省嘉鱼县第一中学
杨兴党	（土家族）	湖北省巴东县第三高级中学
周翠平		湖北省天门市干驿镇界牌小学
董　琼	（女）	湖北省武汉市硚口区崇仁路小学
张春霞	（女）	湖北省武汉市江夏区贺站镇中心小学
王先海		湖北省武汉市第十五中学
高玉兰	（女）	湖北省武汉市第十九中学
陈　红	（女）	湖北省武汉小学
刁　翔	（女）	湖北省武汉市第二十三初级中学
胡良知		湖北省武汉市黄陂区第四中学
程保康		湖北省武汉市蔡甸区汉阳第一中学
郭希连		湖北省武汉钢铁公司第三子弟中学
陈先凤	（女）	湖北省宜都市第一中学
傅　伟		湖北省枝江市第一高级中学
熊秀梅	（女）	湖北省当阳市王店镇双莲中学
曹德宏		湖北省远安县第一高级中学
罗忠秀	（女，土家族）	湖北省长阳土家族自治县资丘镇中心学校
伍爱群	（女）	湖北省宜昌市伍家岗区实验小学
陈秀珍	（女）	湖北省大冶市第三中学
柯美宝		湖北省阳新县第二中学
戴焱林		湖北省麻城市宋埠镇中学
夏忠鹏		湖北省罗田县落梅河初级中学
丁新权		湖北省英山县红山中学
帅前旺		湖北省浠水县团陂镇华桂初级中学
汪金权		湖北省蕲春县第四高级中学
林仁斋		湖北省黄州中学
王立合		湖北省襄樊市第五中学
张先凤	（女）	湖北省襄樊市襄城实验小学
叶本翠	（女）	湖北省谷城县赵湾乡中心学校
童先民		湖北省南漳县第一中学
李剑平		湖北省郧县实验小学
王荣根		湖北省郧西县河夹镇初级中学
喻和平		湖北省竹山县第二中学
吴建林		湖北省丹江口市第一中学
陈根成		湖北省汉川市第一高级中学
金克明		湖北省云梦县曲阳高级中学

朱国平		湖北省孝昌县第二高级中学
陈巧菊	（女）	湖北省应城市实验小学
宋爱明		湖北省赤壁市第一中学
李景鑫		湖北省沙市中学
秦祖顺		湖北省江陵县秦市乡初级中学
朱池平		湖北省监利县朱河中学
罗宗芳		湖北省松滋市万家乡万家中学
罗玉尧		湖北省石首市新厂镇初级中学
郭声发		湖北省洪湖市第二中学
郭庆华	（女）	湖北省沙市新沙路小学
石章西		湖北省钟祥市柴湖镇小学
孙梅芝	（女）	湖北省荆门市海慧中学
熊裕文		湖北省鄂州市葛店镇葛店中学
潘协耀		湖北省鄂州市泽林高级中学
石守浩		湖北省随州市第一中学
吴国昌		湖北省随州市曾都区吴山镇中心学校
赵育亮	（苗族）	湖北省来凤县第一中学
向　琪	（土家族）	湖北省恩施土家族苗族自治州高级中学
毛元科		湖北省神农架林区职业中等专业学校
刘万银		湖北省潜江市园林高级中学
张国华		湖北省江汉石油管理局广华中学
李灵芝	（女）	湖北省天门市多宝镇多宝中学
邵万青		湖北省仙桃市郭河镇第二中学
李贤湘		湖北省仙桃市谢场中学
杨中平		湖北省水果湖第一中学
周　桥	（女）	湖北省武汉铁路桥梁学校
周　静	（女）	湖北省机械工业学校
余　虹	（女）	湖北省武汉铁路卫生学校
龚健雅		武汉大学
王学东		华中师范大学
李卓球		武汉理工大学
谢兴武		中国地质大学
范忠信		中南财经政法大学
张献龙		华中农业大学
李锐锋	（女）	武汉科技大学
蔡光兴		湖北工业大学
王文凯		长江大学
刘大川		武汉工业学院
刘长生		武汉化工学院
田巨平		武汉科技学院
邱幸凡		湖北中医学院

李清政 （土家族） 湖北民族学院
杜汉生 湖北师范学院
李长爱 （女） 湖北经济学院
姚建永 武汉职业技术学院
孔德文 武汉生物工程职业技术学院
李家荣 华中师范大学

湖南省

卢光琇 （女） 中南大学
李桂元 湖南省衡山县第二中学
王松柏 湖南省耒阳市洲陂中学
张家富 湖南省衡阳市珠晖区东阳渡镇金松小学
余治甫 湖南省衡阳市雁峰区湘江乡长塘小学
许光程 湖南省衡阳市湘南实验中学
唐爱湘 （女） 湖南省资兴市第四完全小学
王友财 湖南省桂阳县第三中学
李玉上 湖南省望城县第一中学
汤学文 湖南省浏阳市第一中学
周光明 湖南省宁乡县第一中学
李仕艳 （女） 湖南省长沙市芙蓉区育才学校
李　波 湖南省长沙市岳麓区教师进修学校
孟　毅 湖南省长沙市雨花区砂子塘小学
陈庚发 湖南省茶陵县第一中学
刘亚云 株洲师范高等专科学校
陈平方 （女） 湖南省株洲市第四中学
严　杏 （女） 湖南省湘潭市雨湖区风车坪学校
周建新 湖南省湘乡市东山学校
刘　禄 湖南省岳阳市岳阳楼区五里中学
戴定波 湖南省湘阴县城东实验中学
魏季秋 湖南省岳阳县第一中学
湛飞跃 湖南省汨罗市范家园中学
蒋明权 湖南省岳阳市君山区层山中学
汪昌兴 湖南省平江县咏生乡中小学联校
蔡德文 湖南省衡南县第一中学
张正衡 湖南省衡东县第一中学
刘兆云 湖南省常德市汉寿县酉港镇中心学校
成　程 湖南省常德市第一中学
李晓渊 常德师范学校
侯　军 湖南省常德市临澧县第一中学
褚俪华 （女） 湖南省常德市武陵区北正街小学
罗注洪 湖南省邵阳县第七中学

周固根		湖南省邵东县第一中学
李瑞国	（苗族）	湖南省城步县第一民族中学
贺占宏		湖南省绥宁县第一中学
唐　军		湖南省武冈市第一中学
庾昌学		湖南省武冈市第二中学
吴桂清		湖南省邵阳师范学校
王宏星	（土家族）	湖南省张家界市第一中学
宁爱春		湖南省安化县第一中学
龚德苏		湖南省桃江县第一中学
曾小平		益阳教育学院
彭　明		湖南省南县第一中学
宋　晖		湖南省益阳师范学校
邓家秀	（女）	湖南省郴州市第一中学
雷秋生		湖南省嘉禾县肖家学区
李日光		湖南省郴州市第三中学
何贻新		湖南省娄底市第一中学
黄锡金		湖南省娄底市第三中学
彭志军		湖南省娄底市经济技术开发区春元中学
郭曙清		湖南省冷水江市第一中学
陈清祥		湖南省宁远县第一中学
伍小燕	（女）	湖南省祁阳县第一中学
徐鸿燕		湖南省永州市双牌县第二中学
张建荣	（女）	湖南省东安县第一中学
唐　悟		湖南省道县第一中学
张玉岩		湖南省辰溪县大水田学区大水田片完全小学
龙运德		湖南省洪江市黔阳第一中学
李高亮	（侗族）	湖南省芷江县民族职业中专学校
全邦幸		湖南省沅陵县清浪乡中心小学
向美云	（女，苗族）	湖南省怀化市迎丰路小学
田洪成	（土家族）	湖南省湘西自治州民族中学
石　杰	（苗族）	湖南省泸溪县第一中学
刘晓平		长沙理工大学
伍参荣	（女）	湖南中医学院
朱和平		株洲工学院
魏美才		中南林学院
季水河		湘潭大学
丁德馨		南华大学
冯泳兰	（女）	衡阳师范学院
彭友林		湖南文理学院
宋克慧		怀化学院
华玉明		邵阳学院

宋迎清		湖南城市学院
唐生周		吉首大学
陈卓颐		长沙民政职业技术学院
龚雨玲	（女）	湖南体育职业学院
曾立平		湖南建材高等专科学校
熊子龙		湖南城建职业技术学院
黄　琳	（女）	长沙师范学校
宋小英	（女）	湖南省长沙市第一中学
晏初宏		张家界航空工业职业技术学院

广东省

梁仁初		广东省佛山市三水区实验小学
陈小明		中山大学
童　真		华南理工大学
马润娣	（女）	湛江海洋大学
曾学龙		仲恺农业技术学院
郭润文		广州美术学院
朱征宇		广州体育学院
朱　城		湛江师范学院
杜运通		韩山师范学院
张清华		茂名学院
刘晓明		广州大学
李扬彬		广州医学院
阮双琛		深圳大学
刘国栋		惠州学院
刘治猛		东莞理工学院
杨承忠		佛山科学技术学院
吴忠义		肇庆学院
宋晓明		广东警官学院
范幸枝	（女）	广州航海高等专科学校
姚钟华		广东纺织职业技术学院
陈力捷		广东机电职业技术学院
裘汉琦		广东水利电力职业技术学院
万安中		广东司法警官职业学院
蔡美德		广东科学技术职业学院
潘　杰	（女）	佛山职工医学院
龚善初		广东省揭阳职业技术学院
陈　婕	（女）	广东经济管理学院
梁文宁	（女）	广东教育学院
钟萍云	（女，畲族）	广州市乡镇企业管理干部学院
肖俊洪		广东省汕头广播电视大学

刘伟峰		广东省化学工业学校
郑子非	（女）	广东省陶瓷学校
徐治乐		广东省广州市电子信息学校
谭亲四		广东省韶关市曲仁技工学校
刘立翔		广东省广州市执信中学
鲁宗干		广东省广州市教育局教学研究室
何冠南		广东省广州市广雅中学
李伟超		广东省广州市越秀区少年体校
张铁坚		广东省广州市增城中学
彭佩华	（女）	广东省广州市番禺区市桥先锋小学
李丽丽	（女）	广东省汕头市金山中学
吴秀如	（女）	广东省汕头市聿怀中学
冼丽巧	（女）	广东省佛山市高明区荷城街道第一小学
黄婉玲	（女）	广东省佛山市华英学校
李慧霞	（女）	广东省韶关市曲江县曲江中学
谢　懿		广东省韶关市第一中学
黄金玲	（女）	广东省韶关市翁源县龙仙第一小学
蒋声怀		广东省湛江市徐闻县徐闻中学
黄锦礼		广东省湛江市廉江市第二中学
吴莉华	（女）	广东省湛江市坡头区南三镇中心小学
胡　敏	（女）	广东省湛江市第二十中学
冯扬红	（女）	广东省湛江市第四小学
沈晓群	（女）	广东省湛江市太平中心小学
黄国洪		广东省肇庆市肇庆中学
唐　科		广东省肇庆市德庆县香山中学
陶荟华	（女）	广东省肇庆市怀集县凤岗中学
余顺安		广东省江门市第一中学
邓祺伟		广东省江门鹤山市第二中学
岑运洪		广东省江门恩平市恩城第一小学
朱鹏飞		广东省江门台山市第一中学
劳华坤		广东省茂名市第一中学
梁　云		广东省信宜市信宜中学
梁　俊		广东省茂名市化州官桥中学
邱启浩		广东省惠州市博罗县博罗中学
任　萍	（女）	广东省惠州市第十一小学
李宇光		广东省梅州市梅县东山中学
谢锦新		广东省梅州市曾宪梓中学
王美红	（女）	广东省梅州市兴宁市第一小学
何文烈		广东省梅州市大埔县虎山中学
丘广辉		广东省梅州市梅江区梅州中学
伍德华	（女）	广东省汕尾市海丰县海城镇第四小学

温永妃 （女） 广东省河源市河源中学
赖育桓 广东省河源市紫金县尔崧中学
杨晓园 （女） 广东省河源市第一中学
彭崇生 广东省阳江市第二中学
洪　勇 广东省阳江阳春市春城第四小学
何文忠 广东省清远市清城中学
石林兆 广东省清远市连山壮族瑶族自治县民族中学
彭亚昌 广东省清远英德市英德中学
白色龙 广东省清远市清新县第二小学
李伯飘 广东省清远市佛冈县佛冈中学
赵活擎 （女） 广东省东莞市东莞中学
阮志远 广东省中山市第一中学
詹国强 广东省潮州市饶平县第二中学
江建福 广东省揭阳普宁市第二中学
许自腾 广东省揭阳市惠来慈云实验中学
廖国华 广东省云浮市郁南县西江中学
崔有辉 广东省云浮市新兴县第一中学
吴　青 华南师范大学附属中学
谭昌旺 广东省湛江农垦五一中学

广西壮族自治区

吉秋凤 （女） 广西百色市百色镇逸夫小学
黄仕辉 （壮族） 广西百色市那坡县百合乡初级中学
黄　萍 （女，壮族） 广西南宁市第十四中学
罗丽娜 （女，壮族） 广西南宁市天桃实验学校
杨　� （壮族） 广西南宁市江南路小学
杨昌华 （瑶族） 广西马山市马山中学
石　鹏 （壮族） 广西南宁市第二中学
刘凡兴 （壮族） 广西南宁市石埠镇中心小学
汤　敏 （女） 广西南宁市第一中等职业学校
王萍芝 （女，侗族） 广西柳州市三江县古宜镇中学
石小萍 （女） 广西柳州市驾鹤路小学
吴桥德 广西柳州市融安县大巷乡隘面小学
覃海波 （壮族） 广西柳州市第一职业中等专业学校
肖学锋 广西柳州市柳州高级中学
钱　哨 广西桂林市桂林中学
曹　婕 （女） 广西桂林市全州县全州镇城关完小
李长荣 （女） 广西桂林市平乐县二塘中心小学
徐　进 广西桂林市阳朔中学
林　清 （女） 广西北海市第一职业高级中学
赵功成 广西北海市合浦县乌家镇岭顶小学

颜继伟		广西北海市合浦廉州中学
周　颖	（女）	广西梧州市工厂路小学
欧贵文		广西梧州高级中学
欧红涛		广西梧州市第二职业高中
陈跃红	（女）	广西钦州市第一中学
邓秀忠	（女）	广西钦州市灵山县育智学校
冯　延	（女）	广西钦州市合浦师范学校
邱平华	（女）	广西钦州师范学校附属小学
张素添	（女）	广西贵港市港北区贵城镇第四初级中学
马文佳		广西贵港市平南县中学
麦江培	（女）	广西贵港市县西小学
封清池	（女）	广西玉林市第一中学
陈晓玲	（女）	广西陆川县陆城镇第二小学
朱明强		广西玉林市福绵高中
曾雪丽	（女）	广西北流市北流镇陵城小学
韦茂山	（壮族）	广西来宾市第一中学
冯振梅	（女，瑶族）	广西来宾市金秀县小学
吴炳南	（壮族）	广西来宾市象州县实验小学
黄志敏	（壮族）	广西崇左市龙州县龙州中学
凌丽萍	（女，壮族）	广西崇左市江州区江南第一小学
徐孔强		广西贺州高级中学
钟　春	（女，壮族）	广西防城港市防城区防城镇第二小学
苏　玲	（女）	广西百色市幼儿园
兰美莲	（女）	广西河池市南丹县中学
李笃东		广西河池市凤山县第一小学
谭自乐	（毛南族）	广西河池市环江县高级中学
谭　玲	（女）	广西大学附属小学
梁艳云	（女）	广西师范大学附属外国语学校
刘焕文		广西民族学院
吴伯麟		广西桂林工学院
梅铭惠		广西桂林医学院
谢金鲜	（女）	广西中医学院
余永健		广西艺术学院
危　磊		广西师范学院
张艳玲	（女）	广西师范学院附属实验学校
李荣新		广西梧州师范高等专科学校
莫治雄		广西职业技术学院
罗伟贤	（女）	广西机电工业学校
田　莹	（女）	广西柳州铁路第二中学
罗耀军		广西柳州铁路运输学校

海南省

吴建东		海南华侨中学
黄宏拉		海南省琼中县琼中中学
郑文清		海南省陵水县陵水中学
余志君	（女）	海南省海口市第九小学
黄　娥	（女，黎族）	海南省五指山市南圣军民希望小学
刘春花	（女）	海南省文昌市第二小学
温云波		海南省万宁市万城小学
黄爱容	（女）	海南省定安县定安中学
王祚发		海南省屯昌县乌坡中学
王安森		海南省澄迈县永发学区
陈慕贞	（女）	海南省东方市第四小学
黄照冲	（黎族）	海南省保亭县什玲中心小学
谭爱平		海南省农垦海口中专学校
杨南培		海南省高级技工学校
周永灿		海南大学
孙楚娣	（女）	海南省直属机关幼儿园
姚玉琴	（女）	海南国科园实验学校
颜开德		海南省三亚市第一中学

重庆市

段映雪	（女）	重庆市万州区第二高级中学校
庞友海	（土家族）	重庆市黔江中学校
刘宗奇		重庆市涪陵实验中学校
李卫平		重庆市第六十七中学校（渝中区）
肖猷莉	（女）	重庆市江北区新村实验小学校
何建平		重庆市沙坪坝区教师进修学校
戴国平	（女）	重庆市第十一中学校（南岸区）
王　琳	（女）	重庆市第九十五初级中学校（大渡口）
张正明		重庆市渝北区中学校
邓朝阳		重庆市巴县中学校
李远兰	（女）	重庆市江津实验中学校
陆　明		重庆合川市盐井镇许家完全小学校
邓　忠		重庆市永川中学校
鲁自力		重庆市长寿中学校
王　壮		重庆市綦江中学校
郑弟玖		重庆市潼南县中学校
李兴才		重庆市铜梁中学校
唐再辉	（女）	重庆市荣昌县河包镇经堂村小学
杨秉一		重庆市璧山中学校
符小平		重庆市垫江中学校

夏中全		重庆市武隆县中学校
李　察		重庆市云阳中学校
方宗昌		重庆市奉节中学校
田务银		重庆市巫山县中学校
练科兵		重庆市巫溪县中学校
何德英	（女，土家族）	重庆市秀山土家族苗族自治县第一中学校
冉荣民	（土家族）	重庆市酉阳县第一中学校
吴代忠		重庆市彭水苗族土家族自治县中学校
李芳昱		重庆大学
黄承志		西南师范大学
王进军		西南农业大学
李少林		重庆医科大学
肖　肃	（女）	四川外语学院
杨季冬		涪陵师范学院
丁永忠		重庆教育学院
谢元德	（土家族）	重庆市黔江综合中等专业学校
马　宁		四川外语学院重庆南方翻译学院
刘永红		重庆市人民小学校
程明敏	（女）	重庆市巴蜀小学校

四川省

刘元鞍	（满族）	四川省攀枝花市攀钢（集团）公司第五中学
涂秀容	（女）	四川省资阳市雁江区雁江镇第七小学
周思缔	（女）	四川省成都市幼儿师范学校
胡齐鸣		四川省成都市华西中学
郭久清		四川省成都市温江区第二中学校
范成明		四川省成都市郫县第二中学
黄会蓉	（女）	四川省成都市金堂县淮口中学
冯　蓉	（女）	四川省成都市树德中学
文　宗		四川省成都市第七中学
刘　桦	（女）	四川省成都市礼仪职业中学
谢其芳	（女）	四川省成都市新都区木兰镇中心小学校
茹　敏	（女）	四川省成都市双林小学
徐　勇		四川省绵阳南山中学
龙　凤	（女）	四川省绵阳成绵路小学
曾　莹	（女）	四川省绵阳富乐实验小学
梁玉帮		四川省绵阳江油中学
钟真光		四川省绵阳市三台中学
张旭辉		四川省绵阳安县中学
杨　金		四川省罗江中学校
祝诸勇		四川省广汉市金雁中学

张林辉		四川省德阳市实验小学
赖永英	（女）	四川省内江市市中区第十小学校
刘联文		四川省内江市第三中学
杨建国		四川省威远中学校
吕国明		四川省隆昌县第一中学校
杨安文		四川省安岳中学
李德荣		四川省乐至中学
雷世军		四川省简阳市简城镇第三小学
李泽沤		四川省南溪县第一中学校
谢云霞	（女）	四川省宜宾市中山街小学
何　舰		四川省宜宾市第三中学校
单静文	（女）	四川省长宁县第一实验小学
虞伯平		四川省宜宾县柳嘉职业中学
张　怡	（女）	四川省自贡市第一中学校
林　松		四川省荣县中学校
钟香元		四川省自贡市旅游职业高级中学
杨玉莲	（女）	四川省泸州市实验中学
刘　琍	（女）	四川省泸州市纳溪中学校
王建华		四川省泸州市合江县中学校
曾庆均		四川省泸州市叙永第一中学校
李晓莲	（女）	四川省泸州职业技术学院
余崇英	（女）	四川省乐山市井研县金峰乡中心小学校
钟　群	（女）	四川省乐山市峨边中学
刘琼芳	（女）	四川省乐山市实验小学
杜志英	（女）	四川省乐山市峨眉第二中学校
王志宏		四川省青神中学校
刘　舟	（女）	四川省洪雅中学
周传权		四川省彭山县第一中学校
李学军	（女）	四川省雅安市雅安中学
李　勇		四川省名山县第三中学
乐光群	（女）	四川省雅安市芦山县芦阳小学
万金琼	（女）	四川省攀枝花市仁和区东风小学
杨国兰	（女）	四川省攀枝花市盐边县永兴中学校
蒋兴富		四川省攀枝花市攀煤（集团）公司第一中学
王德奎		四川省南充市李渡中学
王贵安		四川省阆中中学校
陈显胜		四川省蓬安县蓬安中学
蒲七五		四川省南充市南部县升钟镇小学
雷　鸣		四川省营山中学校
陆雅平	（女）	四川省南充高级中学
王守奇		四川南部县双峰乡龙马镇村小

赵建荣		四川省遂宁中学
王　彬		四川省遂宁市射洪中学校
陈俊英	（女）	四川省蓬溪县蓬南中学
陈晚秋		四川省岳池师范校
冯昌宗		四川省邻水中学
郑加国		四川省华蓥中学
胡红梅	（女）	四川省武胜中学校
秦江明		四川省达州市通川区第一小学校
刘廷富		四川省宣汉中学
张国锋		四川省万源市中学校
张德龙		四川省万源市河口中学校
雷越难	（女）	四川省大竹县大竹中学
叶发君		四川省渠县中学
喻　德		四川省巴中市巴州区恩阳中学
刘永耀		四川省通江中学
曾　荣		四川省平昌中学
李进强		四川省巴中龙泉外国语学校
张家仁		四川省广元市元坝区元坝中学校
黄孔德		四川省广元市青川县房石九年制学校
赵永锋		四川省广元市剑阁县剑阁中学校
赵　宏		四川省广元市旺苍县旺苍中学校
阿奎日且	（彝族）	四川省凉山州普格县吉乐乡中心校
杨志芬	（女）	四川省甘孜州盐源县民族小学
兰　勇		四川省西昌市第六中学校
刘文旭		四川省凉山州会东县会东中学
晏　锐	（女）	四川省甘孜县民族中学校
多吉泽仁	（藏族）	四川省甘孜州稻城县城区小学校
陈远平		四川省甘孜州康定中学
何　敏	（女）	四川省阿坝州威州民族师范学校附属小学
陈世贵	（羌族）	四川省阿坝州茂县中学校
胡友林		四川省阿坝州广播电视大学
陈廷湘		四川大学
张怀武		电子科技大学
周仲荣		西南交通大学
谢小燕	（女）	西南财经大学
陈代珣	（女）	西南石油学院
贺振华		成都理工大学
陈翰林		西南科技大学
巴登尼玛		四川师范大学
沈映君	（女）	成都中医药大学
陈秋燕	（女）	西南民族大学

刘建超 （侗族） 成都航空职业技术学院
刘　平 四川省巴中市巴州区恩阳登科学校
陈理光 四川省眉山育英实验学校

贵州省

吴　霞 （女） 贵州省遵义市余庆县大乌江镇后坝小学
王美奎 （土家族） 贵州省遵义市务川自治县丰乐镇牛塘完小
方德顺 贵州省六盘水市实验小学
周德忠 （仡佬族） 贵州省铜仁地区石阡县白沙小学
蒋德华 （女，水族） 贵州省毕区地区织金县城关镇中心校
黄洪忠 （蒙古族） 贵州省黔西南州贞丰县贞丰中学
马文华 （回族） 贵州省黔西南州贞丰县民族中学
赵　瑾 （女） 贵州省贵阳市南明区南明小学
花　卉 （女） 贵州省贵阳市云岩区环西小学
马远平 贵州省贵阳市清镇市第三中学
张跃芬 （女） 贵州省贵阳市开阳县第二中学
陈永琪 贵州省贵阳市息烽县堰坪小学
程琼英 （女，仡佬族） 贵州省遵义市道真自治县城关第二小学
刘尔芬 （女） 贵州省遵义市同济学校
吴祖爱 （女） 贵州省遵义县第一中学
胡朝政 贵州省遵义市仁怀市第一中学
潘永会 （女） 贵州省遵义师范学校
蔡登国 贵州省遵义市湄潭县求是高级中学
彭　书 贵州省六盘水市盘县第二中学
应旺安 贵州省六盘水市第二中学
支　敏 （女） 贵州省安顺师范高等专科学校
安州敏 （女） 贵州省安顺市紫云县第一小学
杨燕鸣 贵州省安顺市第一高级中学
张德权 （土家族） 贵州省铜仁地区印江民族中学
吴静华 （女，苗族） 贵州省铜仁地区江口县第一中学
谢光新 （侗族） 贵州省铜仁地区铜仁职业技术学院
禄　敏 （女，彝族） 贵州省毕节地区威宁县第一小学
黎　梅 （女） 贵州省毕节卫校
李才淑 （女） 贵州省毕节地区赫章县城关第一小学
柏　玉 （女，白族） 贵州省毕节地区黔西县第一中学
曾德明 贵州省毕节地区纳雍县第一中学
唐绍波 （苗族） 贵州省黔东南州民族高级中学
罗义群 （苗族） 贵州省黔东南民族师范专科学校
倪祖红 （女，苗族） 贵州省黔东南州榕江县第二中学
龙家熙 （苗族） 贵州省黔东南州剑河县第二中学
任　静 （水族） 贵州省黔东南州丹寨县民族中学

吴银碧	（女，苗族）	贵州省黔东南州岑巩县新兴第二小学
常红馨	（女）	贵州省黔东南州民族特殊教育学校
金大成		贵州省黔南州都匀市第一中学
邵幸明	（女）	贵州省黔南州惠水民族中学
邓木辉		贵州省黔南州福泉市第一中学
洪其强		贵州省黔南州龙里县龙里中学
刘春芳	（女，布依族）	贵州省黔西南州安龙县第二中学
刘兴莲	（女）	贵州省黔西南州册亨县民族中学
陈森良		贵州财经学院
连　红	（女）	贵州广播电视大学
朱伟华	（女）	贵州师范大学
傅兴华		贵州大学
张明新		贵州省电子信息高级技工学校
石含洲	（侗族）	贵州省经济学校

云南省

和文静	（纳西族）	云南省丽江市古城区大研镇白龙潭小学
李智仙	（女）	云南省临沧地区耿马县福荣乡中心完小
陈桂英	（女）	云南省楚雄州南华县龙川中学
胡玉兰	（女）	云南省楚雄州禄丰县第三中学
凤加明	（彝族）	云南省楚雄州武定县第一中学
杨　玲	（女）	云南省楚雄州双柏县第一中学
高怀映	（回族）	云南省保山市昌宁县第一中学
杨宽荣		云南省保山市龙陵县第一中学
黄林果	（女）	云南省保山市腾冲县马站乡左所完小
杨汉林		云南省大理州南涧县民族中学
马琮花	（女，回族）	云南省大理州永平县老街镇初级中学
杨　伟		云南省德宏州民族第一中学
袁文武		云南省潞西市职业高级中学
王　军		云南省迪庆州维西县拖技中学
阿　旺	（藏族）	云南省迪庆州德钦县第一中学
杨　健	（白族）	云南省怒江州兰坪县第一中学
木占军	（纳西族）	云南省怒江州泸水县第一中学
包崇飞		云南省曲靖市麒麟区第一中学
范美万		云南省曲靖宣威市第六中学
孙文忠		云南省曲靖市师宗县教育局
朱龙照		云南省曲靖市会泽县大海乡中心学校
李耀辉		云南省思茅市第一中学
周永珍	（女，哈尼族）	云南省思茅市普洱县普义乡小学
张保丽	（女）	云南省思茅市景谷县小学校
杨文兴	（彝族）	云南省思茅市江城县国庆乡通鼻山小学

李世俊	（壮族）	云南省文山州马关县第一中学
周匡秀	（女）	云南省文山州富宁县第一中学
马丽萍	（女）	云南省西双版纳州允景洪中学
谢蓉旻	（女）	云南省西双版纳州民族中学
刘晓云	（女）	云南省玉溪第一中学
叶永前		云南省玉溪市江川县第一中学
岳玉科		云南省昭通第一中学
尹学勇		云南省昭通市巧家县第一中学
王进开		云南省昭通市大关县玉碗镇中心校
杨昆华		云南省昆明市第一中学
赵　坚	（回族）	云南省昆明市第十四中学
王永芬	（女）	云南省昆明市外国语学校
恽　岚	（女）	云南省昆明市五华区红旗小学
土　芬	（女）	云南省昆明市贡县第一幼儿园
周继芳	（女）	云南省红河州开远市第一中学
何　伶	（女）	云南省红河州蒙自县第一中学
李志恒	（彝族）	云南省红河州元阳县第一中学
白云仙	（女）	云南省红河州弥勒县第二中学
兰新林	（傣族）	云南省临沧地区农业学校
顾媛芳	（女）	云南省临沧地区永德县第一完全中学
马永志	（回族）	云南省临沧地区云县第一中学
杨叶昆		云南省旅游学校
张　力		云南大学
李俊昌		昆明理工大学
叶加冕		昆明冶金高等专科学校
刘守兰	（女）	云南师范大学
李树清		昆明医学院

西藏自治区

央　珠	（女，藏族）	西藏那曲地区小学
班　久	（藏族）	西藏阿里地区改则县完小
珠旺加布	（藏族）	西藏那曲双湖区南措震完小
格桑曲珍	（女，藏族）	西藏阿里地区日土县完全小学
次　仁	（藏族）	西藏大学
郝景春		西藏民族学院
旺　堆	（藏族）	西藏藏医学院
索朗欧珠	（藏族）	西藏自治区农牧学校
巴　珍	（女，藏族）	西藏拉萨市堆龙德庆县中学
德钦措姆	（女，藏族）	西藏自治区实验幼儿园
靳兵建		西藏林芝地区第一中学
尼玛次仁	（藏族）	西藏自治区江孜县第一中学

陕西省

李彦文	（女）	陕西省汉中市北大街小学
牛玉斌		陕西省白河县第一中学
马　骏		陕西省西安市新城区黄河中学
任院玲	（女）	陕西省西安市莲湖区机场小学
侯　辉	（女，满族）	陕西省西安市航空发动机有限公司子弟二中
孙云芝	（女）	陕西省西安市高新第一中学
张岱沙	（女）	陕西省西安市飞机工业公司第二子弟中学
刘雅峰	（女）	陕西省西安市阎良区第二中学
张琴彩	（女）	陕西省西安市临潼区交口初级中学
陈小海		陕西省西安市蓝田县田家炳中学
张　琼	（女）	陕西省西安市周至县楼关镇东楼小学
赵南疆		陕西省西安市高陵县第一中学
陆裕元		陕西省西安市西安高级中学
刘玉梅	（女）	陕西省铜川市第五中学
李晓燕	（女）	陕西省岐山县高级中学
梁治中		陕西省宝鸡市渭滨区经二路小学
杨亚军		陕西省宝鸡市宝鸡中学
张晓莉	（女）	陕西省宝鸡市陈仓区虢镇第一中学
景双明		陕西省扶风县西关逸夫小学
杨芬娥	（女）	陕西省兴平市西郊高级中学
张　颖		陕西省武功县普集高级中学
廉万朝		陕西省三原县南郊中学
万晓平		陕西省旬邑县中学
苟永来		陕西省永寿县中学
孟开乾		陕西省泾阳县泾干中学
马永清		陕西省乾县第一中学
王宗见		陕西省蒲城县职教中心
边文明		陕西省华县咸林中学
康经山		陕西省富平县立诚中学
魏银川		陕西省富平县曹村中学
刘红阁	（女）	陕西省韩城市新城第一中学
王继英	（女）	陕西省渭南市瑞泉中学
李　铁		陕西省渭南市杜桥中学
石正义		陕西省汉中市宁强县第一中学
蒲应文		陕西省汉中市镇巴县中学
常存侠	（女）	陕西省汉中市洋县南街小学
甘荣春		陕西省南郑县大河坎中学
周茂源		陕西省宁陕县中学
马　贵		陕西省安康市平利县中学
寇晓英	（女）	陕西省商洛市商州城关小学

岳　俊		陕西省洛南县中学
贺永刚		陕西省丹凤中学
殷　鉴		陕西省商洛中学
贺建旗		陕西省延安中学
罗保林		陕西省延安市延长县中学
白雪文		陕西省吴旗县中学
崔海宏	（女）	陕西省志丹县张渠乡中心小学
冷永良		陕西省绥德县教研室
郑　莲	（女）	陕西省米脂县第三中学
常小平		陕西省榆林中学
徐占芳	（女）	陕西省横山县第四中学
侯甬坚		陕西师范大学
李　宁		西安理工大学
任学岭		延安大学
姚　穆		西安工程科技学院
罗榜圣		陕西理工学院
王凯成		陕西省艺术师范学校
杨　兰	（女）	陕西省石油化工学校

甘肃省

杨永环	（女）	甘肃省玉门市柳河乡二道沟小学
沈平奇		甘肃省兰州市兰化第一中学
滕立玲	（女）	甘肃省兰州市第四十六中学
田兰莉	（女）	甘肃省兰州市七里河小学
阮海红	（女）	甘肃省嘉峪关市酒钢第三中学
杨　明		甘肃省张掖市民乐第一中学
万尚荣		甘肃省张掖市高台县第一中学
窦素芸	（女）	甘肃省张掖市肃南县红湾小学
郭萍霞	（女）	甘肃省金昌市第一中学
刘昌盛		甘肃省古浪县第二中学
蔡菊莲	（女）	甘肃省天祝县第一中学
李才吉		甘肃省武威第八中学
王彩学		甘肃省会宁县第二中学
董万宏		甘肃省白银市平川中学
田志刚		甘肃陇西文峰中学
李　昶		甘肃省岷县第二中学
张东升		甘肃省漳县城关镇西街小学
闫宽阳		甘肃省天水市秦城区太京中心小学
张瑞林		甘肃省甘谷第六中学
柏森林		甘肃省武山县洛门中心小学
吴叔玲	（女）	甘肃平凉第七中学

贺根旺		甘肃省庄浪县第一中学
马明义		甘肃省静宁县第一中学
孙振华		甘肃省环县第二中学
张仁海		甘肃省宁县第二中学
王和平		甘肃省陇南市武都区两水中学
谢世平		甘肃省西和县第二中学
苟昌盛		甘肃省陇南市两当县第一中学
马翠花	（女，回族）	甘肃省东乡县高山乡岔巴小学
赵天石		甘肃省临夏回民中学
杨虎成	（藏族）	甘肃省卓尼县柳林小学
李玉基		甘肃政法学院
张存刚		兰州商学院
何万生		甘肃省天水师范学院
白　林		兰州师范高等专科学校
杨首中		西北师范大学附属中学
魏一鸣		甘肃省兰州铁路机械学校
白钱珠		甘肃省庄浪县第一小学
唐维贤		甘肃省兰州市榆中县和平小学

青海省

杨巴加	（藏族）	青海省同仁县扎毛中心学校
万玛仁增	（藏族）	青海省泽库县多禾茂一完小
陈唐公		青海省西宁市城西区五四大街小学
郑　颂		青海省西宁市第五中学
吴延金		青海省湟源县申中乡大石崖小学
王占福	（回族）	青海省平安县古城六道沟教学点
李清花	（女）	青海省互助县松多乡松多小学
韩建新	（撒拉族）	青海省循化县清水乡清水小学
阿华林	（蒙古族）	青海省乐都县高庙镇白崖子小学
多杰措	（女，藏族）	青海省共和县民族完全小学
东知加	（藏族）	青海省天峻县民族完全小学
孔庆菊	（藏族）	青海省门源县第二中学
角　保	（女，藏族）	青海省班玛县藏文中学
海　英	（女，藏族）	青海省囊谦县完全小学
刘建鹿		青海省特殊教育学校
刘志祥		青海省工业学校
秦彩宁	（女）	青海交通职业技术学院

宁夏回族自治区

马立云	（回族）	宁夏银川市永宁县回民中学
李凤华	（女）	宁夏银川市金凤区亲水苑回民小学

王丽琴	（女）	宁夏石嘴山第三小学
李占龙		宁夏平罗县平罗中学
龙渔海		宁夏吴忠市盐池县第一中学
杜望成		宁夏吴忠中学
秦建中		宁夏中卫中学
周　缨	（女）	宁夏中宁县中宁中学
田玉宝		宁夏海原县回民中学
马清举		宁夏固原市隆德县凤岭中学
魏喜娟	（女，回族）	宁夏固原市原州区第五小学
张学东		西北第二民族学院
马新忠	（回族）	宁夏银川第一中学
刘建明		宁夏长庆银川高级中学
李奇志		宁夏吴忠职业技术学院
马英玲	（女，回族）	宁夏银川第二十一小学

新疆维吾尔自治区

何建新		新疆昌吉州回民中学
王永杰		新疆昌吉州第一中学
王　梅	（女）	新疆化工学校
海拉提·那斯肯汗	（哈萨克族）	新疆塔城地区托里县第三小学
赵宝新	（女）	新疆乌鲁木齐市第三小学
王吉德		新疆大学
朱进忠		新疆农业大学
朱凤琴	（女）	新疆阿图什市曙光小学
吴让春		新疆阿克苏地区第二中学
岳茂忠		新疆阿克苏地区阿克苏市第三中学
范道明		新疆阿克苏地区库车县第二中学
马木提·艾买提	（维吾尔族）	新疆阿克苏地区柯坪县玉尔其乡中学
高志刚		新疆财经学院
黄　杰		新疆克拉玛依职业技术学院
邓友强	（女）	新疆塔城地区沙湾县第三小学
袁雅惠	（女）	新疆塔城地区塔城市第五小学
廖泽余		新疆师范大学
生加云	（女）	新疆吐鲁番地区职业教育中心
艾山江·吾守尔	（维吾尔族）	新疆巴州焉耆县第三中学
阿米娜·买买提	（女，维吾尔族）	新疆巴州和静县哈尔莫墩乡中心小学
木合塔尔·买提沙力	（维吾尔族）	新疆和田地区第一中学
李坤行		新疆和田市第五中学
帕塔木·阿不都拉	（女，维吾尔族）	新疆喀什地区莎车县塔尕其乡西喀希日克小学
玉苏普·塔西	（维吾尔族）	新疆喀什地区麦盖提县第一中学
古力巴哈尔·阿不都热扎克	（女，维吾尔族）	新疆喀什地区喀什市第三中学

徐昆娥	（女）	新疆喀什地区第二中学
穆太力普·吾斯曼	（维吾尔族）	新疆喀什财贸学校
邓仲秋		新疆伊犁州昭苏县第三中学
王卫东	（女）	新疆伊犁州伊宁市第三中学
呼瓦西	（哈萨克族）	新疆伊犁州新源县第一中学
茹先古丽·斯马义	（女，维吾尔族）	新疆伊犁州霍城县第五中学
陈银军		新疆阿勒泰地区福海县第二中学
杨素兰	（女）	新疆阿勒泰地区哈巴河县第一小学

新疆生产建设兵团

林　昆		新疆生产建设兵团农一师中学
刘丽华	（女）	新疆生产建设兵团农二师华山中学
路保平	（女）	新疆生产建设兵团农五师88团学校
孙学辉	（女）	新疆生产建设兵团农六师五家渠一中
苏桂兰	（女）	新疆石河子市第二中学
刘筱丹	（女）	新疆生产建设兵团建工师中学
王　智		新疆农垦中专

中国人民解放军

朱健民		国防科学技术大学
李玉权		解放军理工大学
孙致礼		解放军外国语学院
刘正斌		解放军南京政治学院
林春生		解放军海军工程大学
孙秀霞	（女）	解放军空军工程大学
王晓东		解放军第二炮兵指挥学院
郑　汕		解放军昆明陆军学院
杨晓元		武警部队工程学院
张学梅	（女）	解放军总政治部幼儿园
刘建霞	（女）	解放军总后勤部六一幼儿园
刘桂云	（女）	解放军63600部队东风中学
雷明霞	（女）	解放军第二炮兵工程学院幼儿园
肖　楠	（女）	沈阳军区政治部机关幼儿园
杨玉兰	（女）	解放军66267部队幼儿园
杨晓宁	（女）	陕西省军区机关幼儿园
张艳萍	（女）	解放军71887部队机关幼儿园
高爱民	（女）	南京军区上海实验幼儿园
文清华	（女）	贵州省军区机关幼儿园

附四

2004年全国优秀教育工作者名单

北京市

杨建武		北京工业大学
刘　林		北京城市学院
吴　甡		北京市广渠门中学
吴国通		北京市宣武区北京小学
张香永		北京商贸学校

天津市

李绍武		天津理工大学
刘俊心		天津市现代职业技术学院
胡润奎		天津市蓟县职业中等专业学校

河北省

王宝寨		河北省望都县文化教育局
张如镜	（女）	河北省承德市教育局
郭永安		河北省邯郸市复兴区王郎小学
耿福堂		河北省石家庄市桥东区教育局
赫运奇		河北省无极县教育局
李永安		河北省唐山市乐亭县第一中学
马庆良	（回族）	河北省献县第一中学
洪世平	（回族）	河北省秦皇岛市实验中学
李国瑞		河北省农业工程学校
汪秀丽	（女）	河北省张家口市职业技术教育中心

山西省

穆仙如	（女）	山西省朔州市市直机关第二幼儿园
仉志余		华北工学院分院
牛惠芬	（女）	山西省太原市清徐县实验小学
张德平		山西省沁县师范学校
牛钟秀	（女）	山西省高平市第一中学
张俊荣		山西省临汾市第一中学校

内蒙古自治区

吕玉坤		内蒙古鄂尔多斯市教育体育局
王耀强		内蒙古农业大学
乔守玮	（女）	内蒙古呼和浩特市第二中学

吴双龙	（蒙古族）	内蒙古呼伦贝尔市海拉尔第一中学
崔建中		内蒙古包头财经学校

辽宁省

王立宏	（女）	辽宁省丹东市教育局
姚恩全		东北财经大学
苏文捷		辽宁省沈阳市东北育才学校
石太新		辽宁省营口盖州市育智学校
贺万斌		辽宁省大连普兰店市第二中学
尹姝勤	（女）	辽宁省抚顺市抚顺县高级中学
邹国志		辽宁省本溪市第十三中学

吉林省

王树彬		吉林省长春市教育局
牛立坚		吉林省四平市教育局
赵权恩		吉林省永吉县教育局
冯福岐	（女）	吉林省通化市东昌区教育局
崔贞林	（女，朝鲜族）	吉林省延吉市延北小学校
刘一华		吉林石油集团公司高级中学

黑龙江省

卢国勋		黑龙江省佳木斯市教育局
白桂云	（女，满族）	黑龙江省绥化市教育局
王玉华	（女）	黑龙江省哈尔滨市第113中学
尚庆莲	（女）	黑龙江省哈尔滨市南岗区继红小学
李作凤	（女）	黑龙江省齐齐哈尔市华安工业公司第三中学
谭开国		黑龙江省鸡西市第一中学
魏忠楼		黑龙江省伊春市汤旺河区第二中学
符景海		黑龙江省大庆市实验中学

上海市

郭　雄		上海市延安中学
朱吉政		上海市育才中学
程　华		上海市卢湾区第一中心小学

江苏省

曹孟军	（女）	江苏省徐州市教育局
丁伯荣		江苏省无锡市锡山区教育局
巫伟钢		江苏省无锡技师学院
程　钢		江苏省南京市夫子庙小学
倪振民		江苏省苏州中学校

刘萍丽	（女）	江苏省扬州市育才小学
陈康金		江苏省南京市溧水县东庐初级中学
朱金国		江苏省淮安市范集中学
孙铁林		中国石化集团管道储运公司中学
王震声	（女）	江苏省盐城纺织工业学校

浙江省

丁祥麟		浙江省天台县教育局
张先亮		浙江师范大学
管社平		浙江省淳安中学
盛高成		浙江省宁海职业技术学校
胡海帆		浙江省温州中学
吴颖生		浙江省嘉兴市第一中学

安徽省

于维仁		安徽省阜阳市太和县教育委员会
苏小宁	（女）	安徽省合肥市南门小学
杭春光		安徽省宿州市萧县萧城第一中学
朱江东		安徽省六安市霍山县高级职业中学
徐晓和		安徽省安庆市枞阳县横埠中学

福建省

林冬青		福建省德化县教育局
程如平		仰恩大学
王金石		福建省福州延安中学
郭志荣		福建省漳州第一中学分校
林再生		福建省大田第一中学

江西省

魏恩梅		江西省赣州市兴国县教育局
于　果		江西省蓝天职业技术学院
李人宙		江西省南昌市第三中学
李阶华		江西省九江市同文中学（九江市第二中学）
易旭赣		江西省赣州市宁都中学
周国栋		江西省吉安市泰和中学

山东省

杨进春		山东省胶州市教育体育局
邵建刚		山东省东营市广饶县教育局
刘长春		山东省潍坊市教育局
张国义		山东省泰安市泰山区教育局

董国谦		山东省威海市环翠区教育局
王　萍	（女）	山东省滨州市教育局
孙家振		山东省临沂市教育局
曲荣君		烟台师范学院
钟庆光		山东省济宁师范专科学校附属中学
乔贞华		山东省日照市第一中学
朱从檀		山东省莱芜市综合高级中学
张益恩		山东省夏津第一中学

河南省

刘红卫		河南省洛阳市第二十三中学
丁贵锋		河南省虞城县教育局教研室
周文喜		河南省周口市教育局人事科
孙君庚		河南省内乡县教育体育局
王北生		河南大学
娄和彦		河南省开封市第二十七中学
钮春黎		河南省平顶山市第一高级中学
邵大岭		河南省安阳市电子信息学校
杨材升		河南省焦作市第十一中学
金鸿雁	（女）	河南省驻马店第二实验小学
陶有才		河南大学附属中学
滑秀林		河南师范大学附属中学

湖北省

陈立静		湖北省宜昌市夷陵区教育局
黄汉明		湖北省黄冈市教育局
熊　熊		湖北省孝感市教育局
史有德		湖北省荆州市荆州区教育局
何立中		湖北省天门市教育局
骆清铭		华中科技大学
马克雄		三峡大学
万清华		湖北省武汉市新洲区第三中学
苏超时		湖北省襄樊市第四中学
李明凯		湖北省襄樊市第三中学

湖南省

李争鸣		湖南省双峰县永丰镇学区
张剑波		湖南涉外经济职业学院
张　辉		湖南省株洲市第二中学
彭奋强		湖南省湘潭县第一中学
赵绪清		湖南省澧县第一中学

邹国建 湖南省邵阳工业学校
陈　英 湖南省永州市第四中学
汪义成 （苗族） 湖南省万昌中等专业学校
席金强 湖南省吉首市职业中等专业学校

广东省

廖振亮 广东金融学院
莫佳胜 广州民航职业技术学院
庄卫红 （女） 广东省韶关市教工幼儿园
杨玛太 广东省广州市天河职业高级中学
徐佐良 广东省云浮市田家炳中学
梁财生 广东省梅州市学艺中学
王朝兴 广东省湛江市雷州市第一中学
罗坚红 （女） 广东省中山市石岐杨仙逸小学
曾育鹏 广东省汕头市金珠小学
陈星强 广东省肇庆高要市新桥中学

广西壮族自治区

邓　敏 广西南宁市教育局
李利军 广西工学院
蒋晓荣 广西桂林市第十八中学
梁存华 （女） 广西贺州市钟山县职业中等专业学校
唐　孟 （壮族） 广西都安县民族实验中学
涂兰英 （女） 广西柳州铁路第五小学
李仲良 广西第一工业学校

海南省

谢越华 海南琼台师范学校
梁定金 海南省琼海市教育局

重庆市

蒋维佳 （女） 重庆市涪陵区教育委员会
黄锦山 重庆市梁平县教育委员会
方亚平 重庆市黔江新华中学校
周本坚 重庆市兼善中学校
鲁善坤 重庆市第一中学校

四川省

张乃文 四川省成都市教育科学研究所
兰继坤 四川省三台县教育局
甘　奎 四川省自贡市自流井区基础教育中心

张景华		四川省仁寿县教育局
曲木史日	（彝族）	四川省金阳县教育局
樊安富		四川省安岳县努力乡中心小学
黄耀学		四川省宜宾市第八中学校
代大民		四川省遂宁广播电视大学
王正兰	（女）	四川省达州市通川区第七小学

贵州省

陈　炜		贵州省六盘水市六枝特区教育局
蒲邦顺		贵州省贵阳市白云区兴农中学
张著坤	（土家族）	贵州省铜仁地区德江县煎茶中学
周光明		贵州省毕节地区毕节市第六中学
孙丽华	（女，满族）	贵州省黔南州都匀市第二中学

云南省

陈永宏	（白族）	云南省香格里拉第一中学
高德生	（独龙族）	云南省怒江州贡山县独龙江乡中心校
刘道祥		云南省丽江市第一高级中学
彭一谦		云南省鹤庆县第一中学
魏亚玲	（女）	云南省西双版纳州勐海县第一小学

西藏自治区

周秀英	（女）	西藏大学
吴　顿	（藏族）	西藏日喀则地区南木林县教育局
贡觉云丹	（藏族）	西藏山南地区浪卡子县教育体育局

陕西省

李政文		陕西省铜川市教育局新区分局
宋江勇		陕西省武功县教育局
侯族悌		陕西省西安市第一中学
杨家玺	（满族）	陕西省西安中学
汪　洋		陕西省宝鸡市第一中学
雷亚锋		陕西省潼关县城关第一中学
刘鑫全		陕西省榆林市第一中学

甘肃省

肖占福		甘肃省金塔县教育局
高启俐		甘肃省景泰县红水学区
杨成才	（藏族）	甘肃省舟曲县教育局
杨兴海		甘肃省武山县职业技术学校

青海省

雷中华		青海省西宁市第十二中学
杨毛措	（女，藏族）	青海省果洛州达日县民族中学

宁夏回族自治区

李逸云	（女）	宁夏银川市实验小学
受　睦		宁夏固原市泾源县大湾中学

新疆维吾尔自治区

黄　燕	（女）	新疆克孜勒苏柯尔克孜州实验小学
卡玛力加玛力	（维吾尔族）	新疆和田地区洛浦县布亚乡中学
吾斯曼·热合曼	（维吾尔族）	新疆喀什地区巴楚县琼库恰克乡教学区

中国人民解放军

车金莲	（女）	解放军理工大学通信工程学院幼儿园
孙玉兰	（女）	北京军区空军蓝天宇锋幼儿园

附五

2004年全国中小学优秀班主任名单

北京市

曲莉梅	（女）	北京第二实验小学
魏淑娟	（女）	北京市朝阳区实验小学
李秀娟	（女，满族）	北京市苹果园中学
全　斌		北京市顺义区第三中学
隗金枝	（女）	北京市房山区房山中学
黄　英	（女）	北京市丰台区方庄第三幼儿园

天津市

李庆忠		天津市大港第一中学
赵　滨	（女）	天津市红光中学
齐　薇	（女）	天津市河西区上海道小学

河北省

高彦群		河北省蠡县中学
毛素霞	（女）	河北省肃宁县第三中学
姜　成	（满族）	河北省滦平县第一中学
郗会锁		河北省衡水中学
刘艳平	（女，回族）	河北省永清县第三小学

安宝林		河北省平山县小觉镇扶峪小学
李月芹	（女）	河北省邢台市第五中学
卜连英	（女）	河北省灵寿县寨头学区寨头小学
冯贵全		河北省晋州市和平路小学

山西省

李树旺		山西省大同市南郊区峰子涧学校
李秀清	（女）	山西省静乐县爱乐希望小学
李　强		山西省介休市第一中学
郝丽萍	（女）	山西省忻州市特殊教育学校
高洪山		山西省临汾市第一中学校
张春梅	（女）	山西省临汾市洪洞县城关东街小学

内蒙古自治区

孙金凤	（女）	内蒙古包头市第三十五中学
徐友英	（女，蒙古族）	内蒙古通辽市第一中学
吕巧荣	（女）	内蒙古鄂尔多斯市达拉特旗第八中学
姚俊平		内蒙古乌兰察布市凉城县第一中学
娜布琴花	（女，蒙古族）	内蒙古阿拉善盟阿左旗蒙古族第二实验小学

辽宁省

周维玉	（女）	辽宁省鞍山市第四十中学
孟丽平	（女）	辽宁省鞍山海城市望台镇大路小学
程绍杰	（女）	辽宁省丹东市实验小学
王红梅	（女）	辽宁省沈阳市沈河区朝阳街第一小学
高艳辉	（女）	辽宁省沈阳市苏家屯区职教中心
杨爱华	（女，锡伯族）	辽宁省沈阳市新兴初级中学
车桂芬	（女，满族）	辽宁鞍山市岫岩满族自治县第一中学
周红光	（女）	辽宁省营口市经济技术学校

吉林省

邢立平		吉林省长春市第四十八中学
孙兴华	（女）	吉林省长春市南关区树勋小学
马宪华	（女，满族）	吉林省珲春市第一小学分校双新果树小学
车钟哲	（朝鲜族）	吉林省龙井市高级中学
周会梅	（女）	吉林省通化市第九中学
金圣花	（女）	吉林省长春市第五十二中学

黑龙江省

李　荔	（女）	黑龙江省牡丹江市第十二中学
邢彩虹	（女）	黑龙江省绥化市第六中学

陶凤林		黑龙江省绥阳林业局第一中学
关　林	（女，满族）	黑龙江省哈尔滨市阿城市第一中学
高　萍	（女）	黑龙江省哈尔滨市依兰县第二中学
李亚莉	（女）	黑龙江省哈尔滨市第九中学
曲凤琴	（女）	黑龙江省齐齐哈尔市铁锋区扎龙乡赵凯小学
李春子	（女，朝鲜族）	黑龙江省桦南县第六小学

上海市

童莹莹	（女）	上海市青云中学
李　莉	（女）	上海市虹口区第三中心小学
蒋自立		上海市虹口高级中学
唐　静	（女）	上海市宝山区培智学校
赵小玲	（女）	上海市松江区实验小学

江苏省

万　玲	（女）	江苏省江都市实验小学
陈　萍	（女）	江苏省宜兴市丁蜀高级中学
钱留华		江苏省泰兴中学
曹瑞彬		江苏省启东中学
张　森		江苏省海门中学
张荣刚		江苏省滨海县天场初级中学
柏玉基		江苏省盱眙中学
时效锋		江苏省郑集高级中学
岳乃红	（女）	江苏省扬州市维扬实验小学
方　江		江苏省仪征市新城初级中学
王爱斌		江苏省宿迁中学
王瑞楠		江苏省镇江市第一中学

浙江省

马银兰	（女）	浙江省富阳市永昌镇中心小学
吴美勤	（女）	浙江省义乌市绣湖小学
高建勇		浙江省宁波市大榭中学
潘人发		浙江省丽水市松阳县第一中学

安徽省

岳　琴	（女）	安徽省合肥市蜀山区西园新村小学
林丽萍	（女）	安徽省滁州市明光中学
欧帮祝		安徽省巢湖市槐林中学
李　虹	（女）	安徽省宿州市埇桥区杨庄乡小杨庄中学
任淑英	（女）	安徽省宿州市萧县龙城镇北关小学
李彩平	（女）	安徽省阜阳市临泉县阜临小学

王德荣　　安徽省六安市霍邱县河口中学

福建省

佘美娟　（女，畲族）　福建省永泰县蕉坑小学
李　晖　　福建省宁德第一中学
钟帼珍　（女）　福建省平潭县屿头初级中学
林文强　　福建省霞浦县承天小学

江西省

孙德震　　江西省南昌市第十中学
张　俐　（女）　江西省南昌市启音学校
张功标　　江西省赣县大埠乡夏汶小学
黄小保　　江西省南丰县付坊乡中学
熊　明　　江西省九江市武宁县澧溪中学
刘小清　（女）　江西省萍乡市芦溪县特殊学校
胡素珍　（女）　江西省抚州市东乡县第一中学
李美兰　（女）　江西省上饶市广丰县下溪镇中学

山东省

刘爱全　　山东省诸城第一中学
李枝新　（女）　山东省章丘市刁镇中心小学
吕凌云　（女）　山东省济南第三职业中等专业学校
姜玉新　（女）　山东省青岛市第四十七中学
田丽萍　（女）　山东省龙口市实验小学
杨小平　（女）　山东省高密市康成小学
刘金玉　　山东省寿光现代中学
侯典军　　山东省汶上县第一中学
蔚成银　　山东省东平高级中学分校
侯文明　　山东省茌平县实验小学
李华英　（女）　山东省聊城市东昌府区东关民族小学
李蕴哲　　山东省临沂市河东区益民实验中学
孟　芳　（女）　山东省郯城县第二实验小学

河南省

韩　琳　（女）　河南省郑州市文化路第一小学
李　玉　（女）　河南省洛阳铜加工集团公司小学
李黑妞　（女）　河南省洛阳市新安县实验小学
李国恩　　河南省平顶山市郏县第一高级中学
刘剑锋　　河南省周口市郸城县第一高级中学
王　伟　　河南省驻马店市泌阳县第一高级中学
黄科军　　河南省驻马店市平舆县第一高级中学

尚　帆	（女）	河南省南阳市第三中学校
严加生		河南省信阳市第二高级中学
李淑琴	（女）	河南省安阳市胜利路小学
郭树海		河南省新乡市第十一中学
张朝礼		河南省漯河市实验中学

湖北省

刘　芳	（女）	湖北省武汉市育才小学
张　军	（女）	湖北省武汉市第七十六中学
赵承鑫		湖北省兴山县第一中学
吴水荣		湖北省黄梅县独山镇中心学校
陈先凤	（女）	湖北省宜都市第一中学
王荣根		湖北省郧西县河夹镇初级中学
喻和平		湖北省竹山县第二中学
秦祖顺		湖北省江陵县秦市乡初级中学
郭庆华	（女）	湖北省沙市新沙路小学
刘万银		湖北省潜江市园林高级中学

湖南省

刘任山		湖南省洞口县第一中学
张延安		湖南省益阳市箴言中学
盘振玉	（女，瑶族）	湖南省郴州市苏仙区塘溪乡五马垅小学
方佑青	（女）	湖南省新化县白溪镇大熊完全小学
傅嘉长	（苗族）	湖南省麻阳县第一中学
刘　禄		湖南省岳阳市岳阳楼区五里中学
汪昌兴		湖南省平江县咏生乡中小学联校
唐　悟		湖南省道县第一中学
全邦幸		湖南省沅陵县清浪乡中心小学

广东省

陈泽娟	（女）	广东省汕头市潮阳第一中学
郑雪飞	（女）	广东省湛江市第二中学
钟烙华		广东省江门市新会第一中学
伍锦明		广东省江门市开平东河中学
邱启浩		广东省惠州市博罗县博罗中学

广西壮族自治区

王远昭	（女，苗族）	广西融水县中学
莫运姣	（女）	广西桂林市灌阳县第二中学
林　琳	（女）	广西岑溪市教师进修学校附属实验小学
罗丽娜	（女，壮族）	广西南宁市天桃实验学校

徐　进		广西桂林市阳朔中学
曾雪丽	（女）	广西北流市北流镇陵城小学
韦茂山	（壮族）	广西来宾市第一中学

海南省

温云波		海南省万宁市万城小学
黄爱容	（女）	海南省定安县定安中学

重庆市

董晓宇	（女）	重庆市沙坪坝区树人小学校
余晓钉		重庆市第十八中学校
邓丽萍	（女）	重庆市大足县中学校
史夏妮	（女）	重庆市南川市隆化第一小学校
严湘冬	（女）	重庆市育才中学校

四川省

姚嗣芳	（女）	四川省成都师范学校附属小学
王小惠	（女）	四川省自贡市蜀光中学
董永贵		四川省广元市苍溪县苍溪中学校
周　明		四川省遂宁市大英中学
杜仕泽		四川省南充市白塔中学
刘　林		四川省筠连县大乐乡中心校
张建芳	（女）	四川省石棉县新民乡海子教学点
杨玉莲	（女）	四川省泸州市实验中学
王守奇		四川南部县双峰乡龙马镇村小
张国锋		四川省万源市中学校
张德龙		四川省万源市河口中学校

贵州省

徐建一	（女）	贵州省贵阳市第一中学
陈星清	（土家族）	贵州省铜仁地区沿河县中界乡蛟坝村小
郇培祥		贵州省黔南州瓮安中学
吴静华	（女，苗族）	贵州省铜仁地区江口县第一中学
倪祖红	（女，苗族）	贵州省黔东南州榕江县第二中学

云南省

和文静	（纳西族）	云南省丽江市古城区大研镇白龙潭小学
马琼花	（女，回族）	云南省大理州永平县老街镇初级中学
阿　旺	（藏族）	云南省迪庆州德钦县第一中学
周永珍	（女，哈尼族）	云南省思茅市普洱县普义乡小学
张保丽	（女）	云南省思茅市景谷县小学

李世俊	（壮族）	云南省文山州马关县第一中学

西藏自治区

格桑曲珍	（女，藏族）	西藏阿里地区日土县完全小学

陕西省

陈　扬	（女）	西北工业大学附属中学
王西文		陕西省西安市第八十三中学
党桂峰		陕西省柞水县中学
史芬莉	（女）	陕西省杨陵区杨陵中学
张岱沙	（女）	陕西西安市飞机工业公司第二子弟中学
张　琼	（女）	陕西省西安市周至县楼关镇东楼小学
魏银川		陕西省富平县曹村中学
郑　莲	（女）	陕西省米脂县第三中学

甘肃省

刘冬香	（女）	甘肃省嘉峪关市第一中学
赵得璧		甘肃省靖远县第一中学
贡去乎才旦	（藏族）	甘肃省玛曲县藏族中学
聂　宏	（女）	甘肃省兰州第一中学
吴叔玲	（女）	甘肃平凉第七中学
马翠花	（女，回族）	甘肃省东乡县高山乡岔巴小学

青海省

索南多杰	（藏族）	青海省海南州藏文中学
吴延金		青海省湟源县申中乡大石崖小学

宁夏回族自治区

雷俊仙	（女）	宁夏银川唐徕回民中学
王丽琴	（女）	宁夏石嘴山第三小学

新疆维吾尔自治区

王晓琴	（女）	新疆昌吉回族自治州奇台县第一中学
阿不都来力·吾甫尔	（维吾尔族）	新疆阿克苏地区温宿县克孜勒镇中心小学
陈银军		新疆阿勒泰地区福海县第二中学
杨素兰	（女）	新疆阿勒泰地区哈巴河县第一小学

新疆生产建设兵团

孙学辉	（女）	新疆生产建设兵团农六师五家渠第一中学

附六

2004年全国优秀中小学德育课教师名单

北京市

王　苹	（女）	北京市陈经纶中学

天津市

李　东		天津蓟县擂鼓台中学

河北省

梁春华	（女）	河北省石家庄市第二十四中学
牛国胜		河北省唐山市滦县第二中学
夏瑞群	（女）	河北省巨鹿县育红小学
仵　燕	（女）	河北省石家庄市建北小学
郭永安		河北省邯郸市复兴区王郎小学

山西省

郭建仁		山西省孝义市第四中学
王德美		山西省交城县交城中学
郭淑文	（女）	山西省永济市城北街道晓朝学校

内蒙古自治区

鄂色英	（女，达斡尔族）	内蒙古呼伦贝尔市莫力达瓦旗民族实验小学
斯钦昭日格图	（蒙古族）	内蒙古赤峰市巴林右旗大板蒙古族实验小学
张素英	（女）	内蒙古赤峰市敖汉旗下洼镇中心小学
正　月	（女，鄂温克族）	内蒙古呼伦贝尔市鄂温克旗北辉小学
孙玉福		内蒙古巴彦淖尔市临河市双河镇总校

辽宁省

何玉春	（女，蒙古族）	辽宁阜新蒙古自治县蒙古族实验中学

吉林省

徐　锐	（女）	吉林省吉林市第一实验小学

黑龙江省

于纪慧	（女）	黑龙江省哈尔滨市铁路第一中学
孙永君		黑龙江省鸡西市虎林市宝东镇宝东小学
张　涛		黑龙江省大庆市教师进修学院
王学志		黑龙江省肇东市实验小学

上海市		
夏令筑	（女）	上海市七宝中学
陈佳红	（女）	上海市第六十二中学
江苏省		
孙晓东		江苏省南通第一中学
王秋兰	（女）	江苏省南京市江浦实验小学
叶　廷	（女）	江苏省宿迁市宿城区幸福实验学校
徐梦吟	（女）	江苏省丹阳市育才实验小学
房岭刚		江苏省沛县实验小学
陈　红	（女）	江苏连云港师范高等专科学校第三附属小学
浙江省		
张树林		浙江省浦江县礼张中心小学
赵婷婷	（女）	浙江省杭州市青春中学
郑瑞珍	（女）	浙江省湖州市爱山小学
安徽省		
杨　珺	（女）	安徽省亳州市涡阳县第一中学
福建省		
黄丽金	（女）	福建省仙游县钟山鸣和小学
江西省		
伍世冯		江西省大余县东门小学
裘　勇		江西省南昌市昌北第一中学
刘东升		江西省赣州实验中学
蒋梅英	（女）	江西省吉安市第一中学
项金凤	（女）	江西省上饶市实验小学
易旭赣		江西省赣州市宁都中学
山东省		
耿玉强		山东省淄博第十一中学
郭　良		山东省肥城市泰西中学
于少梅	（女）	山东省莱西市实验小学
刘炳胜		山东省潍坊第二中学
王　芳	（女）	山东省微山县留庄镇第一中学
许玉娟	（女）	山东省日照市实验小学
河南省		
贾国辉		河南省鹤壁市桃源小学

王成献		河南省漯河市临颍县第一高级中学
张小琳	（女）	河南省周口市商水县第一高级中学
景文献		河南省登封市第一高级中学
申翠芳	（女）	河南省濮阳市南乐县实验中学
赵留战		河南省长葛市第一高级中学
高远征		河南省周口市淮阳中学

湖北省

谢政银		湖北省公安县第三中学
范维芳	（女）	湖北省沙洋县曾集镇中心小学
柯美宝		湖北省阳新县第二中学
宋爱明		湖北省赤壁市第一中学
罗宗芳		湖北省松滋市万家乡万家中学
郭声发		湖北省洪湖市第二中学

湖南省

唐爱湘	（女）	湖南省资兴市第四完全小学
张正衡		湖南省衡东县第一中学

广东省

刘永强		广东省汕尾市陆河县河田中学
李宇光		广东省梅州市梅县东山中学
李伯飘		广东省清远市佛冈县佛冈中学

广西壮族自治区

谢小燕	（女）	广西南宁市中山路北段小学
韦丁玉	（女）	广西防城港市港口区企沙中心小学
徐孔强		广西贺州高级中学

海南省

林　珏	（女）	海南省海口市第一中学

重庆市

沈仕平		重庆市忠县中学校
冉孟凯	（土家族）	重庆市石柱县中学校

四川省

甘尚群	（女）	四川省泸州市古蔺县双沙镇山村小学
黄尚彬		四川省仁寿第一中学校
何　舰		四川省宜宾市第三中学校
刘　舟	（女）	四川省洪雅中学

雷　鸣		四川省营山中学校
黄孔德		四川省广元市青川县房石九年制学校

贵州省

方义榕	（女，苗族）	贵州省铜仁地区松桃县蓼皋镇一完小
罗天祥		贵州省黔南州惠水县摆榜乡甲坝民族小学
吴　霞	（女）	贵州省遵义市余庆县大乌江镇后坝小学
任　静	（水族）	贵州省黔东南州丹寨县民族中学
邵幸明	（女）	贵州省黔南州惠水民族中学

云南省

罗忠华		云南省思茅市景东第一中学
高德生	（独龙族）	云南省怒江州贡山县独龙江乡中心校
刘道祥		云南省丽江市第一高级中学
刘晓云	（女）	云南省玉溪第一中学

西藏自治区

李建国		西藏拉萨中学
卡　特	（藏族）	西藏那曲地区第一小学
尼玛次仁	（藏族）	西藏自治区江孜县第一中学

陕西省

胡景录		陕西省西安市户县第二中学
陈晓鸥	（女）	陕西省西安市莲湖区青年路小学
景双明		陕西省扶风县西关逸夫小学

甘肃省

赵玮璋		甘肃省酒泉市酒泉中学
张宇洁		甘肃省徽县第一中学
张东升		甘肃省漳县城关镇西街小学
柏森林		甘肃省武山县洛门中心小学
王和平		甘肃省陇南市武都区两水中学

青海省

杨毛措	（女）	青海省果洛州达日县民族中学

宁夏回族自治区

潘淑芹	（女）	宁夏平罗县沙湖小学

新疆维吾尔自治区

宋秀祝	（女）	新疆博尔塔拉蒙古自治州精河县第一小学

新疆生产建设兵团

苏桂兰	（女）	新疆石河子市第二中学

附七

2004年全国中小学德育先进工作者名单

北京市

张思明		北京大学附属中学
滕亚杰	（女）	北京市东城区和平里第一小学
郭燕红	（女）	北京第十二中学
李甲陵		北京市大兴区黄村第一中学

天津市

刘福颖	（女）	天津市东堤头中学
孙凤桐		天津市蓟县下营镇初级中学
石铁珊		天津市和平区岳阳道小学

河北省

胡友永		河北省廊坊市第一中学
谭书超	（满族）	河北省秦皇岛市青龙县第一中学
李育红	（女）	河北省邢台市第二十一中学
郭　琪	（女）	河北省康保县实验小学

山西省

吴梅香	（女）	山西省实验小学
郭忙凯		山西省临猗县临猗中学
董　倩	（女）	山西省万荣县城关小学

内蒙古自治区

赵　睿	（女）	内蒙古鄂尔多斯市准格尔旗民族中学
赵凤华	（女）	内蒙古呼伦贝尔市满洲里市第五中学
孟克斯琴	（蒙古族）	内蒙古锡林郭勒盟蒙古族中学

辽宁省

蒋君芳	（女）	辽宁省盘锦市高级中学
陈俊华	（蒙古族）	辽宁省朝阳市喀左县蒙古族高级中学
李秀兰	（女）	辽宁省沈阳市第二中学
李志轩	（女）	辽宁省铁岭市第三中学

吉林省

史　明　（女）　吉林省长春市第十七中学
刘淑英　（女）　吉林省敦化市第一中学
刘　广　（满族）　吉林省通化市辉南县第一中学

黑龙江省

高莲玉　（女，朝鲜族）　黑龙江省哈尔滨市朝鲜族第一中学
王春凤　（女）　黑龙江省讷河市讷河镇第八小学
包志茹　（女，蒙古族）　黑龙江省大庆市肇源县实验小学
韩红伟　（女，蒙古族）　黑龙江省北安市和平小学

上海市

张　蕊　（女）　上海市闵行区浦江第三小学
刘海燕　（女）　上海市罗店中学

江苏省

王小冬　江苏省宿迁市宿豫区特殊教育学校
周天法　江苏省泰州市鲍徐中心小学
陈　建　江苏省如东高级中学
梁才彦　江苏省建湖县第二中学
王培松　江苏省金湖县实验小学
徐亚勤　（女）　江苏省常州市同济中学

浙江省

张晓萍　（女）　浙江省嘉兴市实验小学
杨连忠　浙江省湖州市安吉县高级中学

安徽省

贺子华　安徽省淮北市第一中学
杨青松　安徽省淮北市濉溪县第二中学
谢贻祥　安徽省六安市裕安区徐集中学
李　庆　安徽省巢湖市和县第二中学

福建省

曹建忠　福建省建瓯市实验小学
林慕斌　（女）　福建省宁德师范学校附属小学
郑　勇　福建省福州第三中学

江西省

邹有云　江西九江市永修县柘林镇黄岭小学太阳山教学点
江轶强　江西省九江市湖口县付垅中学

邱建华		江西省抚州市金溪县第一中学

山东省

袁吉廷		山东省济南市长清区孝里中学
张华杰		山东省威海市第二中学
崔永胜		山东省滨州市滨城区逸夫小学
陈治理		山东省临沂市特殊教育中心
李宝娥	（女）	山东省沾化县第一实验小学
窦文胜		山东省庆云县第一中学

河南省

王　勇		河南省开封市郊区汪屯中学
魏荣梅	（女）	河南省洛阳北方企业集团有限公司子弟学校
王生英	（女）	河南省林州市横水镇卸甲坪学校
余丽昌	（女）	河南省新乡市第一中学
张迎春	（女）	河南省焦作市修武县第一中学
张建崇		河南省南阳市镇平县第一高级中学
刘红卫		河南省洛阳市第二十三中学

湖北省

韩　锐	（女）	湖北省襄樊市第四中学
魏建光		湖北省孝感市孝南区肖港镇肖港初级中学
刘尚辉	（女）	湖北省孝感市玉泉小学
李学明		湖北省荆州中学
陈巧菊	（女）	湖北省应城市实验小学
罗玉尧		湖北省石首市新厂镇初级中学
苏超时		湖北省襄樊市第四中学

湖南省

赵玖富	（瑶族）	湖南常宁市塔山瑶族乡茅坳小学（教学点）
张家富		湖南省衡阳市珠晖区东阳渡镇金松小学
王宏星	（土家族）	湖南省张家界市第一中学
彭　明		湖南省南县第一中学
雷秋生		湖南省嘉禾县肖家学区

广东省

丘广辉		广东梅州市梅江区梅州中学

广西壮族自治区

麦江培	（女）	广西贵港市县西小学
陈晓玲	（女）	广西陆川县陆城镇第二小学

李笃东		广西河池市凤山县第一小学

海南省

谢越华		海南琼台师范学校

重庆市

黄永强		重庆市城口县中学校
谷小平	（女）	重庆市开县驷马初级中学校

四川省

王建华		四川省泸州市合江县中学校
王贵安		四川省阆中中学校

贵州省

陈胜云		贵州省安顺市普定县化处镇播咱小学
王美奎	（土家族）	贵州省遵义市务川自治县丰乐镇牛塘完小

云南省

杨红兵		云南省迪庆州民族中学
谢娅玲	（女）	云南省威信县第一中学
李智仙	（女）	云南省临沧地区耿马县福荣乡中心完小

西藏自治区

泽仁卓玛	（女，藏族）	西藏昌都地区第一小学
央　珠	（女，藏族）	西藏那曲地区小学

陕西省

刘锦生		陕西省榆林林业学校
常存侠	（女）	陕西省汉中市洋县南街小学
岳　俊		陕西省洛南县中学

甘肃省

罗腾岳		甘肃省兰州市第六中学
朱桂花	（女）	甘肃省兰州市皋兰县三川口学校

青海省

杨巴加	（藏族）	青海省同仁县扎毛中心学校

宁夏回族自治区

李逸云	（女）	宁夏银川市实验小学
受　睦		宁夏固原市泾源县大湾中学

新疆维吾尔自治区

邓友强	（女）	新疆塔城地区沙湾县第三小学
古力巴哈尔·阿不都热扎克	（女，维吾尔族）	新疆喀什地区喀什市第三中学

新疆生产建设兵团

刘筱丹	（女）	新疆生产建设兵团建工师中学

教育财务与审计

教育财务

教育部　国家统计局　财政部关于 2003 年全国教育经费执行情况统计公告

（2004 年 12 月 30 日）

一、全国教育经费情况

2003 年，全国教育经费为6 208.27亿元，比上年的5 480.03亿元增长 13.29％。其中，国家财政性教育经费（包括各级财政对教育的拨款、城乡教育费附加、企业办中小学支出以及校办产业减免税等项）为3 850.62亿元，比上年的3 491.40亿元增长 10.29％。

二、落实《教育法》规定的“三个增长”情况

1. 中央和地方各级政府预算内教育拨款（不包括城市教育费附加）为3 453.86亿元，比上年的3 114.24 亿元增长 10.91％；全国教育支出2 937.34亿元，比上年2 644.98亿元增长 11.05％，其中：中央本级教育支出 240.20 亿元，比上年的210.25 亿元增长 14.24％，高于财政经常性收入增长比例。

2. 各级教育生均预算内教育事业费支出增长情况

2003 年全国普通小学、普通初中、普通高中、职业中学、普通高等学校生均预算内教育事业费支出情况是：

（1）全国普通小学生均预算内事业费支出为931.54 元，比上年的 813.13 元增长 14.56％，其中，农村普通小学生均预算内事业费支出为810.07 元，比上年的 708.39 元增长 14.35％。普通小学生均预算内事业费支出增长最快的是天津市(29.05％)。

（2）全国普通初中生均预算内事业费支出为1 052.00元，比上年的 960.51 元增长 9.53％，其中，农村普通初中生均预算内事业费支出为871.79 元，比上年的 795.84 元增长 9.54％。普通初中生均预算内事业费支出增长最快的是上海市(26.52％)。

（3）全国普通高中生均预算内事业费支出为1 606.58元，比上年的1 565.25元增长 2.64％。普通高中生均预算内事业费支出增长最快的是上海市(17.08％)。

（4）全国职业中学生均预算内事业费支出为1 684.79元，比上年的1 664.06元增长 1.25％。职业中学生均预算内事业费支出增长最快的是海南省（31.14%）。

（5）全国普通高等学校生均预算内事业费支出为5 772.58元，比上年的6 177.96元下降 6.56%。普通高等学校生均预算内事业费支出增长最快的是安徽省（15.70%）。

3. 各级教育生均预算内公用经费支出增长情况

2003 年全国普通小学、普通初中、普通高中、职业中学和普通高等学校生均预算内公用经费支出情况是：

（1）全国普通小学生均预算内公用经费支出为83.49 元，比上年的 60.21 元增长 38.66%，其中，农村普通小学生均预算内公用经费支出为 60.91 元，比上年的 42.73 元增长 42.55%。普通小学生均预算内公用经费支出增长最快的是山西省（95.03%）。

（2）全国普通初中生均预算内公用经费支出为127.31 元，比上年的 104.21 元增长 22.17%，其中，农村普通初中生均预算内公用经费支出为85.01 元，比上年的 66.58 元增长 27.68%。普通初中生均预算内公用经费支出增长最快的是贵州省（120.82%）。

（3）全国普通高中生均预算内公用经费支出为264.83 元，比上年的 231.79 元增长 14.25%。普通高中生均预算内公用经费支出增长最快的是江西省（76.95%）。

（4）全国职业中学生均预算内公用经费支出为239.23 元，比上年的 220.36 元增长 8.56%。职业中学生均预算内公用经费支出增长最快的是安徽省（107.58%）。

（5）全国普通高等学校生均预算内公用经费支出为 2 352.36 元，比上年的 2 453.47 元下降 4.12%。普通高等学校生均预算内公用经费支出增长最快的是安徽省（250.46%）。

三、预算内教育经费占财政支出比例情况

按预算内教育经费包含城市教育费附加的口径计算，2003 年全国预算内教育经费占财政支出24 650亿元（2004 年《中国统计年鉴》公布数）比例为 14.68%，比上年 14.76%减少了 0.08 个百分点。从全国情况看，有 17 个省、自治区、直辖市预算内教育经费占财政支出比例比上年有不同程度的下降。

四、国家财政性教育经费占国内生产总值比例情况

据统计，2003 年全国国内生产总值为117 252 亿元，国家财政性教育经费占国内生产总值比例为 3.28%，比上年的 3.32%减少了 0.04 个百分点（根据我国改革后的 GDP 核算和数据发布制度，即 GDP 数按初步核算数、初步核实数和最终核实数分三次发布，国家统计局将 2002 年全国 GDP 数由原先公布的102 398亿元调整到105 172亿元，同年国家财政性教育经费占 GDP 的比例也相应由 2003 年公告的 3.41%调整为 3.32%）。

2003 年全国教育经费执行情况监测结果表明，政府教育投入总量继续增加，但预算内教育经费占财政支出比例和国家财政性教育经费占 GDP 的比例均比上年有所下降，有一些省、自治区、直辖市没有达到《教育法》规定的教育投入增长要求。

2004 年，各级政府坚持把教育作为财政支持的重点，依法安排教育投入。在安排年初预算和分配预算执行过程中的超收部分时，各级财政部门调整财政支出结构，优先保证教育投入，依法做到不仅在年初预算而且在年终决算时，中央本级和地方各级财政预算内教育经费拨款的增长高于财政经常性收入增长。同时，中央和省级政府加大财政转移支付力度，使大多数财政比较困难县增强义务教育经费的保障能力，有力地支持这些县建立和完善农村中小学教职工工资、公用经费和校舍维护的投入保障机制。此外，增加了专项资金，扩大了对农村义务教育阶段贫困家庭学生免费提供教科书的范围。由于采取了这一系列措施，2004 年全国财政性教育经费占 GDP 的比例有望高于 2003 年。

注：1. 公告中所列教育经费数据以教育经费统计口径为准，包括国民教育序列学校所支出的经费，不包括党政工团的教育经费、职工培训费、党政群干训费和军事院校的经费。

2. 公告中所涉及的全国性统计数据，均不包括台湾省、香港特别行政区、澳门特别行政区。

3. 公告中的2003年全国国内生产总值117 252亿元、全国财政收入21 715亿元和财政支出24 650亿元等数据来源于2004年《中国统计年鉴》。

附

2003年全国教育经费执行情况统计表

表一 2003年预算内教育拨款增长与财政经常性收入增长比较

地　区	预算内教育拨款本年比上年增长（%）	财政经常性收入本年比上年增长（%）	增长幅度比较
总　计	**10.91**	**9.84**	**1.07**
中　央	**11.50**	**8.10**	**3.40**
地　方	**11.16**	**11.77**	**－0.61**
北京市	16.23	5.74	10.49
天津市	17.78	12.82	4.96
河北省	8.83	9.69	－0.86
山西省	11.49	18.92	－7.43
内蒙古自治区	10.32	19.76	－9.44
辽宁省	13.59	9.93	3.66
吉林省	4.87	0.65	4.22
黑龙江省	9.58	4.73	4.85
上海市	9.8	9.49	0.31
江苏省	9.86	19.52	－9.66
浙江省	19.12	18.2	0.92
安徽省	7.53	9.35	－1.82
福建省	12.35	9.78	2.57
江西省	7.77	11.08	－3.31
山东省	10.17	9.56	0.61
河南省	10.16	30.09	－19.93
湖北省	6.6	5.58	1.02
湖南省	6.43	18	－11.57
广东省	19.65	9.48	10.17
广西壮族自治区	5.64	11.99	－6.35
海南省	7.91	18.78	－10.87
重庆市	9.98	28.15	－18.17
四川省	5.57	7.59	－2.02
贵州省	5.41	－20.87	26.28
云南省	9.44	10.71	－1.27
西藏自治区	29.66	6.36	23.3
陕西省	7.6	8.03	－0.43
甘肃省	8.45	10.25	－1.8
青海省	4.36	13.98	－9.62
宁夏回族自治区	5.87	13.64	－7.77
新疆维吾尔自治区	7.67	10.34	－2.67

注：预算内教育拨款包括教育支出、科研经费、基建经费和其他经费

表二（1） 2003年预算内教育经费占财政支出比例情况

地区	预算内教育经费（亿元）			预算内教育经费占财政支出比例（%）		
	2002年	2003年	增长比例%	2002年	2003年	增减百分点
总　计	**3 254.94**	**3 619.1**	**11.19**	**14.76**	**14.68**	**－0.08**
中　央	**261.02**	**290.71**	**11.37**	**3.85**	**3.92**	**0.07**
地　方	**2 993.92**	**3 328.39**	**11.17**	**19.59**	**19.32**	**－0.27**
北京市	118.34	138.59	17.11	18.83	18.86	0.03
天津市	47.33	55.75	17.79	17.85	17.86	0.01
河北省	126.79	138.34	9.11	21.99	21.39	－0.6
山西省	69.28	78.26	12.96	20.73	18.83	－1.9
内蒙古自治区	59.25	65.27	10.16	15.05	14.59	－0.46
辽宁省	110.7	126.28	14.07	16.02	16.1	0.08
吉林省	67.29	70.25	4.4	18.56	17.17	－1.39
黑龙江省	85.51	93.56	9.41	16.08	16.56	0.48
上海市	143.84	159.86	11.14	16.68	14.69	－1.99
江苏省	191.24	210.59	10.12	22.23	20.1	－2.13
浙江省	161.31	191.57	18.76	21.51	21.36	－0.15
安徽省	95.86	103.5	7.97	20.98	20.4	－0.58
福建省	102.13	115.09	12.69	25.69	25.45	－0.24
江西省	65.3	70.45	7.89	19.13	18.44	－0.69
山东省	185.33	205.16	10.7	21.53	20.3	－1.23
河南省	149.76	164.74	10	23.8	22.99	－0.81
湖北省	92.11	98.25	6.67	18.01	18.18	0.17
湖南省	99.97	106.93	6.96	18.76	18.64	－0.12
广东省	299.05	357.08	19.4	19.66	21.06	1.4
广西壮族自治区	84.73	90.25	6.51	20.18	20.34	0.16
海南省	16.87	18.41	9.13	18.29	17.47	－0.82
重庆市	54.96	59.91	9.01	17.97	17.54	－0.43
四川省	129.99	137.8	6.01	18.53	18.82	0.29
贵州省	62.49	65.75	5.22	19.73	19.78	0.05
云南省	102.07	111.87	9.6	19.37	19.05	－0.32
西藏自治区	13.41	17.39	29.68	9.73	11.92	2.19
陕西省	67.92	73.34	7.98	16.77	17.54	0.77
甘肃省	50.87	55.3	8.71	18.57	18.43	－0.14
青海省	15.78	16.52	4.69	13.29	13.54	0.25
宁夏回族自治区	15.98	17.02	6.51	13.95	16.09	2.14
新疆维吾尔自治区	65.22	70.93	8.75	18.06	19.25	1.19

注：表中预算内教育经费含城市教育费附加

表二（2） 2003年预算内教育支出增长情况

地　区	预算内教育支出（亿元）		
	2002年	2003年	增长比例（%）
总　计	**2 644.98**	**2 937.34**	**11.05**
中　央	**210.25**	**240.20**	**14.24**
地　方	**2 434.73**	**2 697.14**	**10.78**
北京市	90.25	103.48	14.65
天津市	41.57	47.58	14.46
河北省	113.35	119.40	5.33
山西省	60.61	68.54	13.07
内蒙古自治区	45.02	50.79	12.83
辽宁省	87.52	99.36	13.53
吉林省	49.65	52.41	5.57
黑龙江省	76.74	85.22	11.06
上海市	116.07	129.63	11.69
江苏省	170.93	189.17	10.67
浙江省	132.69	156.07	17.62
安徽省	79.66	86.44	8.52
福建省	82.16	93.56	13.87
江西省	59.37	63.92	7.65
山东省	160.08	174.92	9.27
河南省	123.32	133.22	8.03
湖北省	82.80	89.07	7.58
湖南省	92.60	99.52	7.47
广东省	219.91	256.27	16.54
广西壮族自治区	71.75	78.24	9.03
海南省	14.12	15.86	12.25
重庆市	39.15	41.84	6.86
四川省	102.01	106.61	4.50
贵州省	53.81	60.13	11.74
云南省	86.31	93.15	7.93
西藏自治区	11.76	12.05	2.42
陕西省	61.24	65.77	7.39
甘肃省	44.63	49.77	11.51
青海省	12.01	13.05	8.67
宁夏回族自治区	12.51	13.61	8.83
新疆维吾尔自治区	49.36	52.72	6.80

表三（1） 各级教育生均预算内教育事业费增长情况

单位：元

地区	普通小学			普通初中			普通高中		
	2002年	2003年	增长率（%）	2002年	2003年	增长率（%）	2002年	2003年	增长率（%）
总计	**813.13**	**931.54**	**14.56**	**960.51**	**1 052.00**	**9.53**	**1 565.25**	**1 606.58**	**2.64**
北京市	2 891.43	3 348.24	15.80	3 273.16	3 680.72	12.45	4 421.89	4 845.39	9.58
天津市	1 848.73	2 385.77	29.05	1 983.89	2 328.44	17.37	3 834.71	4 026.17	4.99
河北省	712.48	857.92	20.41	787.39	856.44	8.77	1 281.02	1 317.17	2.82
山西省	721.98	796.77	10.36	877.70	946.86	7.88	1 232.96	1 234.93	0.16
内蒙古自治区	1 083.04	1 281.79	18.35	1 069.67	1 187.35	11.00	1 255.38	1 444.29	15.05
辽宁省	901.10	1 099.23	21.99	1 140.42	1 319.46	15.70	1 586.55	1 594.27	0.49
吉林省	979.84	1 184.34	20.87	1 110.93	1 132.82	1.97	1 433.01	1 242.01	−13.33
黑龙江省	1 496.87	1 587.10	6.03	1 089.86	1 269.85	16.51	1 780.62	1 754.32	−1.48
上海市	4 389.66	5 340.96	21.67	4 257.49	5 386.37	26.52	5 411.19	6 335.55	17.08
江苏省	1 015.39	1 239.67	22.09	1 178.93	1 256.39	6.57	1 867.18	1 938.89	3.84
浙江省	1 455.37	1 780.40	22.33	1 716.19	2 084.86	21.48	2 353.33	2 688.22	14.23
安徽省	611.56	668.54	9.32	659.26	676.26	2.58	1 124.39	1 087.14	−3.31
福建省	986.65	1 127.49	14.27	1 065.94	1 152.00	8.07	1 712.95	1 799.09	5.03
江西省	667.13	743.82	11.50	674.86	726.82	7.70	965.31	957.16	−0.84
山东省	829.22	964.63	16.33	914.46	1 095.19	19.76	1 292.77	1 278.56	−1.10
河南省	468.65	516.47	10.20	601.14	640.46	6.54	885.85	912.52	3.01
湖北省	547.48	647.32	18.24	789.72	816.83	3.43	1 044.58	999.90	−4.28
湖南省	718.87	846.28	17.72	756.58	809.72	7.02	1 018.61	1 004.25	−1.41
广东省	979.03	1 117.70	14.16	1 278.99	1 485.94	16.18	2 525.37	2 803.76	11.02
广西壮族自治区	676.20	774.89	14.59	781.86	825.65	5.60	1 194.11	1 281.65	7.33
海南省	737.58	783.28	6.20	932.01	944.68	1.36	1 638.47	1 589.99	−2.96
重庆市	585.77	608.17	3.82	772.42	797.29	3.22	1 128.35	1 116.84	−1.02
四川省	616.55	661.82	7.34	721.10	726.05	0.69	1 176.83	1 100.44	−6.49
贵州省	532.81	584.17	9.64	580.46	670.93	15.59	1 099.99	1 171.78	6.53
云南省	957.03	1 059.39	10.70	1 088.48	1 153.51	5.97	2 023.18	2 124.13	4.99
西藏自治区	1 852.16	1 952.22	5.40	2 856.00	2 649.62	−7.23	4 499.95	4 172.57	−7.28
陕西省	599.26	697.56	16.40	733.29	748.07	2.02	940.33	976.59	3.86
甘肃省	675.00	742.54	10.01	828.19	829.28	0.13	1 379.16	1 360.00	−1.39
青海省	1 152.79	1 296.64	12.48	1 398.44	1 459.90	4.39	2 105.62	1 960.42	−6.90
宁夏回族自治区	963.86	815.51	−15.39	1 067.14	1 102.05	3.27	1 280.82	1 401.84	9.45
新疆维吾尔自治区	1 150.75	1 258.62	9.37	1 417.88	1 381.82	−2.54	2 026.65	1 972.89	−2.65

表三（1） 各级教育生均预算内教育事业费增长情况（续）

单位：元

地区	职业中学			普通高等学校		
	2002年	2003年	增长率（%）	2002年	2003年	增长率（%）
总　计	**1 664.06**	**1 684.79**	**1.25**	**6 177.96**	**5 772.58**	**−6.56**
北京市	3 867.68	4 092.39	5.81	15 146.05	15 806.43	4.36
天津市	2 495.56	3 029.66	21.40	8 216.75	8 457.20	2.93
河北省	1 311.64	1 291.12	−1.56	3 443.30	2 920.51	−15.18
山西省	1 440.69	1 327.56	−7.85	4 031.52	4 143.16	2.77
内蒙古自治区	1 385.78	1 487.51	7.34	3 336.36	3 253.28	−2.49
辽宁省	2 176.59	2 096.10	−3.70	4 153.75	4 044.05	−2.64
吉林省	2 020.10	1 850.14	−8.41	4 223.75	3 516.65	−16.74
黑龙江省	2 642.22	2 824.45	6.90	4 051.37	4 412.51	8.91
上海市	3 759.40	4 162.95	10.73	8 441.94	8 971.22	6.27
江苏省	2 047.77	1 956.36	−4.46	4 481.34	4 237.67	−5.44
浙江省	2 052.30	2 240.64	9.18	6 651.29	5 824.74	−12.43
安徽省	765.63	747.77	−2.33	3 279.43	3 794.14	15.70
福建省	1 578.13	1 688.57	7.00	5 147.90	4 365.44	−15.20
江西省	1 249.71	1 174.35	−6.03	3 281.37	2 679.07	−18.36
山东省	1 932.66	1 813.48	−6.17	4 473.18	3 857.63	−13.76
河南省	991.96	1 083.36	9.21	3 901.45	3 910.30	0.23
湖北省	1 111.74	1 140.09	2.55	3 195.03	2 827.45	−11.50
湖南省	1 343.36	1 242.77	−7.49	3 007.05	2 727.70	−9.29
广东省	2 832.43	3 048.13	7.62	11 540.31	10 235.16	−11.31
广西壮族自治区	1 516.03	1 651.35	8.93	4 701.34	4 269.11	−9.19
海南省	1 660.25	2 177.31	31.14	5 482.29	4 012.67	−26.81
重庆市	1 310.81	1 241.78	−5.27	4 263.44	3 691.92	−13.41
四川省	1 437.89	1 243.49	−13.52	2 306.02	2 040.77	−11.50
贵州省	1 145.24	1 291.18	12.74	3 201.67	3 230.42	0.90
云南省	1 980.01	1 806.18	−8.78	6 843.33	6 375.39	−6.84
西藏自治区	4 751.27			16 006.62	12 810.96	−19.96
陕西省	1 186.63	1 112.50	−6.25	3 745.58	3 289.19	−12.18
甘肃省	1 656.15	1 817.73	9.76	3 808.12	3 619.62	−4.95
青海省	2 116.76	2 578.20	21.80	4 727.40	4 893.76	3.52
宁夏回族自治区	1 617.12	1 739.75	7.58	5 649.18	4 370.37	−22.64
新疆维吾尔自治区	2 330.45	2 174.85	−6.68	2 681.37	2 396.79	−10.61

表三（2） 各级教育生均预算内公用经费增长情况

单位：元

地　区	普通小学			普通初中			普通高中		
	2002 年	2003 年	增长率（%）	2002 年	2003 年	增长率（%）	2002 年	2003 年	增长率（%）
总　计	**60.21**	**83.49**	**38.66**	**104.21**	**127.31**	**22.17**	**231.79**	**264.83**	**14.25**
北京市	667.95	860.57	28.84	1 064.74	1 210.36	13.68	1 602.94	1 769.36	10.38
天津市	154.31	232.27	50.52	419.09	425.00	1.41	1 007.76	1 051.39	4.33
河北省	42.91	56.17	30.90	63.03	77.59	23.10	155.86	247.61	58.87
山西省	30.61	59.70	95.03	61.81	104.80	69.55	121.12	129.88	7.23
内蒙古自治区	101.24	112.97	11.59	142.12	155.31	9.28	186.06	258.42	38.89
辽宁省	84.47	158.49	87.63	137.90	231.26	67.70	262.19	348.22	32.81
吉林省	84.48	132.79	57.19	153.89	167.11	8.59	285.22	191.33	－32.92
黑龙江省	115.47	159.12	37.80	108.44	146.20	34.82	186.99	243.44	30.19
上海市	927.22	1 229.15	32.56	1 133.87	1 510.72	33.24	1 491.43	1 895.41	27.09
江苏省	43.09	64.61	49.94	87.20	92.58	6.17	178.76	195.96	9.62
浙江省	128.32	191.90	49.55	229.60	286.96	24.98	488.52	593.62	21.51
安徽省	31.60	53.42	69.05	42.06	53.42	27.01	47.26	69.97	48.05
福建省	57.49	76.85	33.68	121.24	142.60	17.62	237.23	265.40	11.87
江西省	28.68	50.21	75.07	41.26	57.85	40.21	35.14	62.18	76.95
山东省	29.44	50.62	71.94	43.63	60.75	39.24	97.05	118.95	22.57
河南省	17.95	20.73	15.49	37.41	41.44	10.77	100.68	107.54	6.81
湖北省	27.67	44.10	59.38	49.00	64.87	32.39	86.78	83.99	－3.22
湖南省	31.63	40.04	26.59	55.12	59.10	7.22	110.92	103.96	－6.27
广东省	137.26	175.82	28.09	209.15	267.38	27.84	515.49	611.09	18.55
广西壮族自治区	26.86	27.97	4.13	77.34	55.74	－27.93	85.86	95.73	11.50
海南省	25.14	34.71	38.07	63.58	61.04	－3.99	128.95	136.47	5.83
重庆市	40.12	59.41	48.08	70.71	94.11	33.09	127.04	149.00	17.29
四川省	38.59	53.24	37.96	48.93	65.92	34.72	121.49	137.66	13.31
贵州省	21.86	35.86	64.04	49.70	109.75	120.82	98.36	130.53	32.71
云南省	71.71	85.61	19.38	126.11	154.58	22.58	351.78	417.68	18.73
西藏自治区	166.10	236.41	42.33	338.72	470.78	38.99	811.12	871.12	7.40
陕西省	33.16	36.49	10.04	59.34	59.62	0.47	90.75	101.93	12.32
甘肃省	50.26	60.91	21.19	86.49	76.35	－11.72	120.28	147.46	22.60
青海省	125.62	149.22	18.79	126.38	190.49	50.73	178.07	187.93	5.54
宁夏回族自治区	121.82	79.92	－34.40	124.67	185.58	48.86	147.63	229.57	55.50
新疆维吾尔自治区	69.04	86.26	24.94	203.12	177.89	－12.42	247.03	314.69	27.39

表三（2） 各级教育生均预算内公用经费增长情况（续）

单位：元

地 区	职业中学			普通高等学校		
	2002 年	2003 年	增长率（%）	2002 年	2003 年	增长率（%）
总 计	**220.36**	**239.23**	**8.56**	**2 453.47**	**2 352.36**	**−4.12**
北京市	1 116.10	1 116.37	0.02	9 871.62	9 946.66	0.76
天津市	429.02	429.93	0.21	3 319.47	3 395.27	2.28
河北省	123.88	156.98	26.72	873.82	731.51	−16.29
山西省	162.33	154.07	−5.09	850.59	792.67	−6.81
内蒙古自治区	164.05	180.46	10.00	349.68	969.65	177.30
辽宁省	351.13	359.20	2.30	1 214.48	1 104.41	−9.06
吉林省	218.37	266.15	21.88	1 974.21	1 312.79	−33.50
黑龙江省	235.41	242.20	2.88	958.90	1 312.49	36.87
上海市	1 113.06	1 098.71	−1.29	3 362.52	3 504.72	4.23
江苏省	163.66	159.50	−2.54	1 796.47	1 610.71	−10.34
浙江省	420.56	518.33	23.25	2 736.07	2 305.66	−15.73
安徽省	34.97	72.59	107.58	213.15	747.00	250.46
福建省	181.70	291.64	60.51	1 898.74	1 312.53	−30.87
江西省	94.95	101.84	7.26	1 078.38	602.13	−44.16
山东省	78.02	108.80	39.45	1 210.13	995.55	−17.73
河南省	90.21	96.26	6.71	1 166.77	1 288.50	10.43
湖北省	78.21	85.48	9.30	1 442.68	1 310.04	−9.19
湖南省	118.43	90.57	−23.52	774.75	924.72	19.36
广东省	735.87	654.79	−11.02	4 687.09	4 324.26	−7.74
广西壮族自治区	129.12	182.93	41.67	1 373.15	1 183.24	−13.83
海南省	110.36	173.16	56.90	1 392.56	759.35	−45.47
重庆市	129.67	180.21	38.98	2 290.85	1 942.22	−15.22
四川省	147.70	138.33	−6.34	1 038.72	878.73	−15.40
贵州省	101.79	210.24	106.54	726.58	822.66	13.22
云南省	258.63	272.88	5.51	2 875.25	2 951.00	2.63
西藏自治区	380.71			3 785.65	3 649.38	−3.60
陕西省	100.74	71.72	−28.81	902.90	327.27	−63.75
甘肃省	176.98	194.34	9.81	886.26	1 116.59	25.99
青海省	351.71	316.54	−10.00	811.22	1 072.11	32.16
宁夏回族自治区	300.65	242.20	−19.44	2 532.95	1 284.35	−49.29
新疆维吾尔自治区	83.72	52.96	−36.74	539.24	286.57	−46.86

〔**在全国义务教育阶段学校推行“一费制”收费办法**〕 为规范中小学收费管理，治理教育乱收费，落实政府对义务教育的投入责任，确保义务教育持续、健康发展，2004年3月，经国务院批准，教育部、国家发展改革委、财政部印发了《关于在全国义务教育阶段学校推行“一费制”收费办法的意见》，决定从2004年秋季开始，在全国义务教育阶段学校推行“一费制”收费办法。《意见》对“一费制”的实施范围、基本原则、收费标准核定、审批程序及相关配套措施等作出了明确规定。(1) 关于“一费制”的实施范围：要求各地在政府举办的普通小学和普通初中（含义务教育阶段的特殊教育学校及特教班）推行“一费制”收费办法。国家扶贫开发工作重点县的农村小学和初中继续按照原规定的收费范围和标准实行“一费制”。(2) 关于制定“一费制”具体实施办法必须遵循的基本原则：第一，“一费制”收费标准的制定权在省级人民政府，要按照因地制宜、实事求是的原则制定，省内不同地区、城市和农村的中小学，以及同一学校的不同年级，可以确定不同的收费标准。第二，确定“一费制”所包含的杂费内容时，要适当考虑信息技术教育、北方地区冬季取暖的基本需要等因素。第三，义务教育阶段学校的经费来源必须坚持政府投入为主、学生缴费为补充的原则。(3) 关于“一费制”收费标准的核定：杂费要按照学生在校学习期间必须开支的公用经费的一定比例确定；课本费根据教育部颁布的教学大纲和省级教育行政部门公布的地方中小学教学用书目录必须配备的学生用书（不得含教辅材料），按照省级价格、新闻出版管理部门核准的价格测算；作业本费根据教学计划及近3年来各年级学生作业本用量情况确定，每本作业本价格不得高于当地市场价格。(4) “一费制”的审批程序：“一费制”标准由省、自治区、直辖市教育行政部门提出意见，价格、财政部门进行审核，三部门共同报省级人民政府批准。制定“一费制”标准时，要按照《价格法》的有关规定召开听证会，充分听取社会有关方面的意见。(5) 相关配套措施：为确保“一费制”的顺利推行，各地必须制定或进一步完善相关配套政策和措施，其中最根本的一条措施是：各省必须制定并落实中小学生均公用经费基本标准和财政预算内生均公用经费的拨款标准，并与“一费制”同时执行。对财力确有困难的县，省、地（市）政府对其公用经费缺口要予以补足。

《意见》印发后，各地教育行政部门按照教育部要求，将在全国义务教育阶段学校推行“一费制”收费办法作为从严治教、规范管理，办好让人民满意的教育的一项重点工作，在省级人民政府的领导下，会同有关部门认真组织实施。截至2004年底，除甘肃省外，其余30个省份经省级人民政府批准正式印发了“一费制”实施办法，并从秋季开学起，在义务教育阶段学校推行了“一费制”收费办法。从实施范围看，在已出台“一费制”实施办法的30个省中，除江西、青海、安徽、陕西、吉林5个省选择部分地区进行试点外，其余25个省均是在全省全面推行。“一费制”收费办法的推行，进一步规范了学校的收费行为，减轻了学生家长的经济负担，同时，也促进了地方政府进一步落实对义务教育的投入责任，得到了广大学生和家长的拥护。

撰稿　孙平生

〔**农村义务教育阶段贫困家庭学生资助工作**〕 经国务院同意，从2001年秋季学期开始，教育部、财政部联合对中西部农村义务教育阶段贫困家庭学生试行免费提供教科书制度。中央财政安排的免费教科书专项资金，2001年为1亿元，2002年为2亿元，2003年增加到4亿元。中西部农村中小学贫困学生受益面由2001年的10%提高到2003年的32%。

2003年9月17日国务院作出决定，到2007年，争取全国农村义务教育阶段贫困家庭学生都能享受到“两免一补”（免书本费、免杂费、补助寄宿生生活费），努力做到不让学生因家庭经济困难而失学。为实现这个目标，2004年8月，财政部、教育部决定从当年秋季学期开始，中央财政再次大幅度增加资金投入，将免费教科书专项资金由原来每学期3亿元增加到8.7亿元（2004年全年安排11.7亿元），使免费教科书的发放范围扩大到中西部22个省份、新疆生产建设兵团农村义务教育阶段贫困家庭的2 400多万学生。同时要求地方政府对贫困学生承担免杂费和补助寄宿生生活费的责任。

撰稿 华成刚

〔**农村中小学危房改造工程进展情况**〕 党中央、国务院高度重视农村中小学危房的改造工作。在2001年和2002年实施“全国农村中小学危房改造工程”基础上，从2003年到2005年，中央又投入60亿元，继续实施“农村中小学危房改造工程”(以下简称工程)。

在国务院办公厅指导下，教育部、国家发展和改革委、财政部成立了由教育部牵头的危改工程部际协调小组。工程实施以来，三部委紧密配合，统一规划、统一部署，统筹安排危改工程与义教工程和西部“两基”攻坚工程，对工程采取了项目管理的办法，积极开展工作。地方各级党委、政府对农村中小学危房改造工作高度重视，建立了以政府投入为主，社会参与、政策减免等多渠道筹措资金的危改投入保障机制。在危房改造工作中努力做到“五结合”：一是将危房改造与布局调整和办学模式改革相结合，优化学校布局；二是将危房改造与“两基”巩固提高相结合，提高办学的整体效益；三是将危房改造与灾后重建相结合，发挥危房改造资金的综合效益；四是将危房改造与校园总体规划相结合，保持学校的可持续发展；五是将危房改造与城镇化建设和实施农村素质教育相结合，贯彻落实科学发展观，努力提高为“三农”服务的能力，适应当地经济社会发展的需要。各地在工程实施中坚持以工程质量为核心，努力做到严格按基本建设程序办事，加强工程监管工作、确保工程质量。其中，中央危改资金补助项目严把项目建设中各个环节的质量，实行了建筑质量终身负责制。严格的制度，规范的程序，保证了工程质量。如2003年发生严重水灾的地区，危改工程项目的校舍建筑均未再出现危房。

2004年，中央投入危房改造专项资金20亿元，地方各级政府共投入危房改造资金54亿元，改造D级危房面积1 855万平方米。从2001年到2004年，中央和地方政府共投入危改资金260亿元，改造D级危房5 650万平方米。

撰稿 宋家乐

〔**国家助学贷款出台新政策**〕

一、进一步调整、完善了国家助学贷款制度

国家助学贷款制度自1999年实施以来取得了较大的成绩，但在推行过程中也出现了一些问题。2004年6月，经国务院批准，国务院办公厅转发了《教育部 财政部 人民银行 银监会关于进一步完善国家助学贷款工作有关意见的通知》对国家助学贷款政策、实施机制、风险防范、组织领导等进行了重大调整。主要内容有：

1. 在政策方面：(1) 改革财政贴息办法。改变在整个贷款合同期间，对学生贷款利息给予50%财政补贴的做法，实行贷款学生在校期间的贷款利息全部由财政补贴，毕业后全部自付的办法；(2) 延长还贷年限。改变自学生毕业之日起即开始偿还贷款本金、4年内还清的做法，实行贷款学生毕业后视就业情况，在1年至2年后开始还贷、6年内还清的做法；(3) 提出了建立国家助学贷款代偿机制。对到国家需要的艰苦地区、艰苦行业工作，服务期达到一定年限的贷款学生，经批准可以奖学金方式代偿其贷款本息。

2. 在实施机制方面：(1) 改变由国家指定四大国有商业银行经办国家助学贷款业务，实行由政府按隶属关系委托全国和省级国家助学贷款管理中心通过招投标方式确定国家助学贷款经办银行。(2) 对普通高校实行借款总额包干办法。普通高校每年的借款总额原则上按全日制普通本专科学生(含高职学生)、研究生以及第二学士学位在校生总数20%的比例、每人每年6 000元的标准计算确定。

3. 在风险防范方面：建立国家助学贷款风险补偿机制。按学校隶属关系，由财政和普通高校按贷款当年发生额的一定比例建立国家助学贷款风险补偿专项资金，给予经办银行适当补偿，具体比例在招投标时确定。国家助学贷款风险补偿专项资金由财政和普通高校各承担50%。

4. 在组织领导方面：（1）加强统筹和协调。成立由教育部、财政部、公安部、人民银行、银监会等部门参加的部际协调小组，及时研究解决国家助学贷款实施过程中出现的问题；各省、自治区、直辖市也成立相应的协调机构，加强对本地区的国家助学贷款工作的统筹和协调。（2）健全管理机构，进一步强化并改进管理。进一步加强全国和省级国家助学贷款管理中心的建设，配备足够的工作人员；各普通高校也要加强对国家助学贷款的管理工作，设立专门的学生资助工作机构，原则上按全日制普通本专科学生、研究生在校生规模 1∶2 500 的比例，在现有编制内调剂配备专职工作人员。

二、按新机制落实国家助学贷款的工作取得了显著的成果

由于党中央、国务院高度重视，教育、财政、银行等相关部门紧密配合、大力推进，加上政策、措施到位，按新政策、新机制落实国家助学贷款的工作效果显著，整体状况较好。截至 2004 年 12 月 31 日，中央部委属高校的国家助学贷款工作进展顺利，所有 115 所高校全部按新机制启动了此项工作。同时，各地落实国家助学贷款的工作也有了较大进展，绝大多数省（自治区、直辖市）已为本地区内全部或部分高校确定了国家助学贷款承办银行。自 2004 年 9 月 1 日至 12 月 31 日，有关金融机构按新机制审批全国高校贷款学生 23.5 万人，审批贷款合同金额 21 亿元，有 20 多万名学生已得到贷款 10 亿多元。连同以前办理的有关贷款，全国自国家助学贷款实施以来，累计已审批贷款学生 115 万，审批贷款合同金额达到 96 亿多元，先后有 108 万学生得到发放贷款 69.8 亿元。

撰稿　徐孝民

审稿　崔邦焱

〔**全国高校贫困家庭学生资助工作**〕　党中央、国务院高度关心、关怀高校家庭贫困大学生的学习和生活问题。胡锦涛总书记、温家宝总理、黄菊、李长春、刘云山、陈至立等同志先后作出了一系列重要指示。2004 年 9 月，温家宝总理亲自主持召开国务院常务会议，研究资助贫困家庭学生问题。随后，下发了《国务院办公厅关于切实解决高校贫困家庭学生困难问题的通知》，对资助贫困家庭学生工作做了全面部署。2004 年 9 月 6 日，国务院专门召开全国高校贫困家庭学生资助工作电视电话会议，黄菊副总理作了重要讲话。教育部认真落实胡锦涛等中央领导同志的批示精神和国务院电视电话会议精神，把资助贫困家庭学生工作作为认真实践“三个代表”重要思想、贯彻和落实科学发展观、建设和谐社会的重要任务，作为认真解决关系人民群众切身利益的实际问题，努力办好让人民群众满意的教育的重大工作落实，进一步加大了资助高校贫困家庭学生的工作力度。2004 年，在全面做好资助贫困家庭学生工作的基础上，重点推动了以下几项工作：

一、积极推行学生贷款制度。学生贷款主要有三种形式：国家助学贷款、高校利用国家财政资金对学生办理的无息贷款以及一般商业性助学贷款。其中，国家助学贷款是资助高校贫困家庭学生的主体之一。2004 年 6 月，教育部、财政部、人民银行、银监会等有关部门在总结经验、广泛调研的基础上对国家助学贷款政策、操作机制、风险防范等进行了重大调整和完善。目前，按新政策、新机制落实国家助学贷款的工作取得了显著的成果。

二、建立了以国家助学奖学金为主体的奖学金制度。目前高校的奖学金既有政府设立的国家奖学金、本专科生奖学金、研究生奖学金，也有学校自行设立的奖学金，还有社会企事业单位或个人设立的各种专项奖学金。经国务院批准，财政部、教育部决定自 2004 年起加大对高校贫困家庭学生国家助学奖学金的资助力度，由原先的每年 2 亿元增加到每年 10 亿元，用于对全国公办普通高校中 5% 的家庭特别困难的全日制本专科生的伙食费进行资助，资助标准为每人每月 150 元，每年按 10 个月发放。此项政策每年将惠及 67 万名贫困家庭学生。

三、积极实施勤工助学制度。高校通过组织贫困家庭学生在校参加适当的劳动，取得一定的补助生活的费用。勤工助学岗位主要有校内的助教、助研、助管岗位，以及参加实验室、校办产业、后勤服务等各项服务性劳动。

四、加大了特殊困难补助的发放力度。特殊困

难补助，是各级政府和高校针对贫困家庭学生遇到一些特殊性、突发性困难而给予的临时性、一次性的无偿资助。2004年初，全国部分地区粮油副食品价格上涨较快，为了解决好贫困家庭学生的生活问题，国务院决定在2004年对普通高校中5%的特别困难学生给予每人每天4元的伙食补助。全国共补助7亿元，其中，中央财政补助1.1亿元。

五、推动高校及时足额提取学费收入的10%用于资助贫困家庭学生。教育部和财政部于1999年发出通知，要求各高校每年必须从本校所收学费中提取10%的经费，用以通过各种方式对困难学生进行资助。在教育部的大力推动下，绝大多数高校都按要求，提取了学费收入的10%用于对贫困家庭学生进行资助。

六、大力提倡"绿色通道"制度。为保证刚考入大学的经济困难学生能够顺利入学，近几年，教育部规定各普通高校都必须建立"绿色通道"制度，即对被录取入学、经济困难的新生，一律先办理入学手续，然后再根据核实后的情况，分别采取措施予以资助。

撰稿　张　丽
审稿　崔邦焱

〔设立专项资金支持职业教育实训基地建设〕 自2002年《国务院关于大力推进职业教育改革与发展的决定》颁布以来，我国职业教育发生了显著变化，改革与发展的进程逐步加快，以就业为导向，培养生产、服务第一线高素质劳动者和实用技术人才已成为各地职业院校的共识。但与社会的需要相比，目前我国职业教育发展还相对滞后，主要表现在：一些地方仍然把职业教育等同于一般的学历教育，在专业设置、培养模式和教学方法等方面，没有充分体现出职业教育紧跟市场经济发展需求、注重学生动手能力培养的特征，很多职业院校由于实训基地条件差，设备陈旧，数量不足，实训教师水平不高等原因，在一定程度上影响了学生技能和动手能力的培养。为此，教育部与财政部决定采用中央财政资金引导的方式，推动各地职业教育实训基地建设，促进职业教育改革不断深入。

根据社会经济发展对人才需求紧迫状况的分析，中央财政将对数控技术、汽车维修技术、计算机应用与软件技术、电工电子技术、建筑技术5个专业领域实训基地建设给予扶持。2004年重点向数控技术实训基地建设倾斜，以加快培养数控技术人才，满足我国制造业快速发展的需要。同时，各地也结合本地区经济建设和社会发展的实际需要，重点解决当地急需专业领域的实训基地建设。

中央财政设立专项资金，对符合条件的各级各类职业院校实训基地进行扶持。中央财政专项资金的投向范围将打破行业和所有制界限，对办学方向正确、能以就业为导向、培养大量社会紧缺的技能型短缺人才、毕业生就业率高和在深化职业教育教学改革、推进学校管理体制和用人机制改革、加强校企合作等方面都有所突破和创新以及在社会培训、下岗职工再就业培训、农村劳动力转移培训等方面做出突出贡献的职业院校，给予奖励性经费支持。2004年，教育部、财政部印发《关于推进职业教育若干工作的意见》，安排了1.18亿元专项经费对上海、浙江、江苏、江西、四川、湖北、辽宁、吉林、黑龙江9个省（市）的50所职业院校实训基地进行了支持。大大改善了这些学校的实训条件，为推动职业教育的改革和发展起了重要作用。

撰稿　孙平生
审稿　陈伟光

〔中、初等学校校办产业情况〕 2004年全国中、初等学校校办产业（勤工俭学）基本情况：

一、校办产业（勤工俭学）基地情况。2004年，全国共有40万所中、初等学校开展了各种形式的勤工俭学活动和兴办了校办产业，安排学生参加劳动4.57亿人次。全国中、初等学校共有各类校办产业（勤工俭学）基地约40万个，比2003年减少4.5万个。其中：农、林、牧、渔基地25.55万个（农村学校17.87万个，用地34万公顷）；工业企业1.6万个；第三产业网点12.14万个。

二、校办产业（勤工俭学）规模及效益。2004年，全国中、初等学校校办产业（勤工俭学）资产总额为436.7亿元，比2003年减少64.4亿元，下降12.85%。其中：固定资产净值151亿元，比2003年减少19亿元，下降11.18%；流动资产243.6亿元，比2003年减少50亿元，下降17.03%；负债212.1亿元，资产负债率为48.6%；所有者权益224.5亿元，实收资本105.6亿元。全国从事勤工俭学和校办产业的各类职工达64.7万人（教职工14万人），其中农村学校25.29万人（教职工8.68万人）。2004年，全国中、初等学校校办产业（勤工俭学）销售收入及营业额673.7亿元，比2003年减少94.9亿元，下降12.35%。其中：农业销售收入36.3亿元；工业销售收入403.92亿元；第三产业营业额165.9亿元；其他勤工俭学收入67.5亿元。校办产业（勤工俭学）利税总额达131.9亿元，其中利润总额105.9亿元（农村学校20.78亿元），比2003年减少11.1亿元，下降9.49%。

三、校办产业（勤工俭学）收益分配情况。2004年，全国勤工俭学和校办产业总收益用于补充教育经费的部分为60.56亿元（包括校办产业向学校提供的劳务和部分物品等），占校办产业（勤工俭学）总收益的57.19%，比2003年减少5.84亿元，下降8.8%。其中：用于改善办学条件（修建教学用房、购置教学设备、补助公用经费等）的资金为33.87亿元，比2003年减少8.91亿元，下降9.14%。此外，用于教职工福利开支及补助困难学生的部分为19.02亿元（农村学校为6.07亿元）。上缴国家税金26.01亿元，比2003年减少7.29亿元。2004年内返还税金为0.86亿元。

撰稿 杨 宇 张 丽

审稿 崔邦焱

教育审计

〔**教育部指导内审工作情况**〕 2004年初，教育部办公厅印发了《2004年教育审计工作要点》，提出教育内审工作要坚持“为防范学校经济风险服务，为提高教育资金使用效益服务，为解决教育改革和发展中出现的突出矛盾服务”；要求各部门、各单位进一步完善内部审计制度，加强审计队伍建设，积极推动教育审计创新；提出要加强对专项资金管理和使用的审计、教育收费的审计、预算执行和财务决算审计、基建工程和修缮工程审计、经济责任审计、国有资产管理和使用情况审计、内控制度审计、专项审计调查八个方面的工作要点。教育部办公厅要求各部门、各单位根据《2004年教育审计工作要点》，结合本部门本单位的实际，制定年度教育审计工作计划。

5月，教育部发布第17号令《教育系统内部审计工作规定》，对1996年原国家教委发布的第24号令《教育系统内部审计工作规定》进行了修订。新规定修订了教育系统内部审计的定义，全面、准确地阐述了内部审计的职责，新增了“组织和领导”一章，明确了教育行政部门和单位主要负责人领导本部门、本单位内部审计工作的主要职责；修订了关于教育内审机构设置的规定，明确要求教育行政部门和教育单位应当按照国家有关规定建立健全内部审计制度，并提出内部审计机构设置应遵循的原则；修订了关于教育内审人员资格条件的规定，明确要求审计人员应当严格遵守内部审计准则和内部审计人员职业道德规范，应当参加岗位资格考试和后续教育；将有关教育内审机构职责、权限的内容进行了调整、归并和删除，把内部审计的监督职能和加强内部控制、参与管理的职责有机地结合起来，并增加了新的内容，使内部审计更好地为教育改革和发展服务。

为加快教育审计信息化建设，促进教育审计的发展，在“中国教育经济信息网”上开设了“教育审计”网页。通过教育审计网页，为广大教育内审人员提供服务，同时宣传教育内审工作，使各方面人员更好地了解、支持和监督内审工作。“教育审计”网页暂设八个栏目，即“首页”、“动态与信息”、“法规与制度”、“交流与研究”、“中国教育审计学会”、“教育审计刊物”、“审计报表”和“综合”。

举办审计处长学习班。8月17日—20日在宁夏银川市举办了教育系统审计处长暑期学习班。各省、自治区、直辖市教育行政部门和教育部直属高校的审计机构负责人共100余人参加了学习。学习班主要学习了教育部颁布的《教育系统内部审计工作规定》和中国内审协会制定的《中国内部审计准则》。学习班结束前还针对学习内容进行了书面考试。

对直属高校、事业单位开展经济责任审计。2004年，根据有关规定，委托会计师事务所，组织完成了对对外经贸大学校长陈准民、合肥工业大学校长陈心昭、上海交通大学校长谢绳武、武汉理工大学校长周祖德、中国矿业大学校长谢和平、中国人民大学校长纪宝成、中南财经政法大学校长吴汉东七位领导干部的任期经济责任审计。

〔**教育战线审计工作情况**〕 2004年，据不完全统计，全国省级及地、市、县级教育部门和部直属高校建立内审机构4 346个，配备内审人员18 650名。各教育内审机构坚持“三个服务”，围绕教育改革和发展的中心任务开展工作，共完成财务收支审计、预算执行与决算审计、工程审计、经济责任审计、企业经济效益审计、专项资金审计等各项审计251 790项，审计资金3 266.44亿元，查出有问题的资金47.79亿元，纠正违纪金额9.10亿元，发现经济案件线索168件，移送司法机关47件，移送纪检部门101件。在上述审计项目中，有基建、修缮工程审计61 770个项目，送审额447.60亿元，审减额43.77亿元，审减率达9.78%，取得了较好的成绩。

贯彻落实《教育系统内部审计工作规定》，完善内部审计制度。2004年，各级教育行政部门认真组织学习、贯彻《教育系统内部审计工作规定》。上海市教委将学习和贯彻新规定作为上海教育审计工作的重中之重，并作为当年培训计划的重要内容，要求各级审计机构学好规定，吃透精神，找准定位，同时制定了内部审计工作规定的实施办法。北京市教委通过学习新规定，促使全市教育系统各级领导进一步重视审计工作，依法开展内部审计的意识明显增强；不少单位和部门主动调整审计机构设置，充实审计人员；一些市属高校还提升了内审机构的行政级别，独立设置机构，在组织上保证审计工作应有的地位。教育部各直属高校也认真学习、贯彻《教育系统内部审计工作规定》，并在此基础上制定或修订本单位的内部审计制度。大连理工大学、南京大学、南开大学等高校修订或起草了本单位的内部审计规定，并对经济责任审计、财务收支审计、基建与修缮工程审计的相关制度作了补充或修订。北京交通大学、四川大学、武汉大学等高校在此基础上制定或修订了一系列的审计实施规程、规范。中山大学、中南财经政法大学等高校还制定了审计人员考核办法等一系列内部管理制度。

积极开展经济责任审计，促进廉政建设和干部管理。各级教育行政部门继续加强经济责任审计，取得成效。浙江省教育厅把经济责任审计作为教育审计的主要任务来抓，在系统内普遍推开对中小学校长和高校中层干部以及校办企业法人代表的经济责任审计。杭州市教育局把经济责任审计工作作为干部监督制度的重要环节，列入干部管理工作的总体部署当中，将审计结果与干部任用相结合，形成长效机制。哈尔滨市教育局在经济责任审计工作中注重自律性，以“七忌”、“七要”来规范经济责任审计。教育部直属高校大部分都建立了经济责任审计联席会议制度，促进了经济责任审计的开展。复旦大学把经济责任审计当作年度重点工作来抓。西北农林科技大学对18名处级领导干部实施离任经济责任审计时，制订了详细的审计工作方案，并将审计工作分为调查评议、查证和总结报告三个阶段，使经济责任审计工作有条不紊的进行。

加强基建、修缮工程审计，节约基本建设投资。基建、修缮工程审计是近年来教育系统重点开展的审计工作之一，动用的力量大、投入的精力多，审计的难度也大。河北省教育厅建立了委托中介机构进行工程审计的办法，即召开教育系统基建审计机构评审会，组织专家对中介机构进行评审，确定入选名单，同时加大对基建项目的管理力度，并规定，凡教育系统的基本建设项目，审计机构都要全过程参与。2004年，部直属高校也积极开展工程审计，节约了大量建设资金。四川大学2004年完成工程项目结算审计1 106项，审计总金额4.83亿元，审减6 911万元；合肥工业大学完成234项，审计金额2.96亿元，审减5 224万元；华中科技大学完成357项，审计金额3.77亿元，审减3 123万元；华东师范大学完成67项，审计金额2.03亿元，审减3 068万元；山东大学完成525项，审计金额3.25亿元，审减2 359万元。

加强对专项资金的审计，提高专项资金的使用效益。2004年，各级教育行政部门、部直属高校加大了对专项资金的审计力度，促使专项资金合法有效的使用。甘肃省教育厅对2004年“两基”验收的天祝、永靖等县的教育专项资金进行了审计，追缴教育附加费155万元；贵州省教育厅对9个“两基”复查县、16个“两基”验收县2001年至2003年的教育经费投入与使用情况进行了审计，审计总金额达24.8亿元，为各县追回欠拨未拨的义务教育经费1.4亿元。内蒙古自治区各盟市将义教工程、危房改造、扶贫助学、“两免一补”等专项资金的使用作为内审工作的重点，发现问题及时进行纠正。浙江大学等部直属高校配合“211工程”部际协调小组办公室的中期检查工作，对学校“十五”、“211工程”建设项目专项资金进行了审计。南京大学对7个国家基础学科人才培养基地的经费使用情况进行了审计，提出了按计划管理、用好专项经费、按规定确定支出范围、加强稽核等意见。北京交通大学开展了校科研基金的审计调查，提出规范科研基金管理、提高科研工作对学校整体财力的贡献率等建议。四川大学对奖贷金使用管理情况进行了审计，提出完善内控制度等建议7条，并召开专题会议进行了整改落实。

积极开展财务收支审计、预算执行情况及决算审计。江苏省教育厅在2003年年审试点的基础上，全面开展了对省属院校财务预算执行情况及决算的年审工作，对全省31所省属高校、16所高职院、9所中专和22个厅直属事业单位及厅机关2003年度财务预算执行情况及决算进行了审计，审计总金额245.76亿元；并首次对7家民办高校采取财务报表审计与财务预算执行情况及决算审计合并进行的方式进行了审计。2004年，大部分部直属高校都开展了2003年度学校预算执行情况与决算审计，促进了学校加强宏观管理和提高教育经费使用效益。四川大学对学校财务处一级预算单位和全校38个二级财务管理单位的2003年度财务收支、预算经费的管理使用情况进行了全面审计。中南财经政法大学在开展财务收支审计的过程中，把工作重点放在帮助各单位搞好日常经济管理、建立健全制度上，使各二级单位的财务管理工作不断规范，逐步建立起良好的经济秩序。

针对热点、重点问题积极展开审计或审计调查。各级教育行政部门、部直属高校针对群众和领导关心的热点、重点问题，积极开展审计调查，有效化解了教育改革和发展中出现的一些矛盾。各教育行政部门重点对教育收费进行了专项审计调查。北京市教委将收费审计作为当年治理乱收费的一项重要措施，在全市教育系统内组织实施了收费审计调查和收费专项审计，通过审计，查出违规收费金额817万元，建立和完善相关制度100多项。黑龙江省教育厅组织各直属高校及地市教育局的内审部门对省属高校及中小学教材款展开了专项审计，同时加大对中小学各项收费的审计力度，发现了收零凑整截留、教材收费不透明等问题，要求立即整改；省直属高校也积极开展收费审计，对违规收费进行了清理。中山大学针对广大师生关注的饭堂经营成本的热点问题进行了审计调查，提出一套在限定目标成本基础上控制毛利率的思路和方法。华南理工大学开展了教育收费检查和经济往来中收受回扣的审计调查，规范了收费行为和票据管理。南开大学根据近年来学校水电费支出不断增加的实际情况，联合后勤、房管等部门开展了旨在推进学校水电管理体制改革、降低水电消耗的审计调查。西安交通大学为规范公务用车管理，降低公务交通成本，配合纪委、监察处对学校汽车维护费进行了专项调查。陕西师范大学对校医院的医疗收费标准进行了核查，重新核定了收费标准，使校医院的收费大幅下降，维护了学校和广大师生的利益。

加强对内审机构的指导，保证教育审计工作有效开展。各地教育行政部门的审计机构明确思路，统一部署，积极为下级部门的审计机构提供业务指导，并进行经常性的检查。河北省教育厅年初召开全省教育审计工作会，交流审计工作情况，明确提出“围绕一个中心（教育改革和发展）、落实两项保障措施（队伍建设和制度建设）、正确处理好三个关系（国家机关、社会审计组织、被审计单位）、突出四项重点工作（重大项目、重大领域、重大资金、重大问题）、树立五个意识（服务、管理、依法审计、审计监督和防范风险）、达到六项要求（高质量、高效益、高效率、领导满意、教职工满意、老百姓满意）”的工作思路。湖南省将2004年确定为全省教育系统内部审计质量年，教育厅审计处专门就此制定了考评标准，组织了培训，指派了互帮互助对象并加强区域合作，在全省教育系统形成了重审计质量、讲审计质量、比审计质量的氛围；全省教育内审机构围绕审计质量年这一主题，开展了一系列培训交流活动，把质量考评标准落实到人，落实到审计实施的关键环节。广东省为充分调动审计人员的工作积极性，在全省教育审计系统开展2001年至2004年度教育审计工作评先活动，评选出18个审计先进集体和14个先进个人。

〔**中国教育审计学会活动**〕 积极开展学术研究活动。中国教育审计学会积极组织审计人员开展学术研讨活动。由北京交通大学审计处文海涛等撰写的论文《论高等学校内部审计质量控制体系的建立》，经学会推荐参加中国内审协会在哈尔滨召开的“全国内部审计质量控制理论研讨暨经验交流会”的论文评选，获二等奖。由北京化工大学审计处张坤等撰写的论文《高校校办企业改制的风险管理和内部审计》，经学会推荐参加在无锡召开的“企业改制中的内部审计作用理论研讨暨经验交流会”的论文评选，获得三等奖。

开展审计人员后续教育。经中国内审协会批准，中国教育审计学会获得了负责组织教育系统内的后续教育并出具相关后续教育证明的授权。2004年，中国教育审计学会积极开展审计人员后续教育，先后组织了4个培训班：7月在成都举办了计算机审计技术和实务培训班，32人参加了培训；8月在太原举办了风险管理与审计风险培训班，167人参加了培训；11月在北京与北京内审协会联合举办了教育系统审计知识培训班，209人参加了培训；12月在广州举办了建设工程与计算机审计培训班，156人参加了培训。同时，还配合中国内审协会完成了教育系统审计人员《内部审计人员岗位资格证书》的申领工作。

撰稿　刘　宜
审稿　田祖荫

热点关注

教育投入，去年学者说了些什么

教育投入是2004年学者普遍关注的热点和难点问题之一，是影响教育发展的关键因素，对教育投资问题的重视反映了教育事业在当前社会的科学发展及其和谐社会建设中的重要地位，也反映了党和国家对教育事业的充分重视以及学者们的问题意识和责任意识。北京师范大学教育政策与法律研究所课题组，对2004年人大复印报刊资料《教育学》（含索引）论文中有关教育投入的论文进行分析，可以提供一个反映教育投入研究成果的基本线索。

问题多多

1. 投入总量不足

几乎所有论及教育投入的文章都提到教育投入总量不足的问题。有论者按照发展中国家的公共教育经费占国民生产总值4%的比例标准，通过计算1985至2002年间每年应支付的经费和实际支付的差距，推算出八年来我国的公共教育经费总短缺额为10 100亿元，其中1996年至2000年间（正是“普及九年义务教育”的冲刺阶段），每年的短缺额都在1 000亿元左右（张玉林，第11期）。

1993年2月颁布的《中国教育改革和发展纲要》第43条规定：“逐步提高国家财政性教育经费支出占国民生产总值的比例，到本世纪末达到4%”，到2000年，不但没有达到4%的承诺，反而低于1986和1990年的水准。自2001年起，政府意识到这一问题，于是《全国教育事业“十五”规划和2015年发展规划》中将目标的实现推迟到2005年（张玉林，第11期）。

以北京市为例，“九五”期间，其地方财政性教育经费占GDP的比例仍然低于4%的目标，生均预算内教育事业费和生均预算内公用经费尚未完全做到逐年增长（盛世明，第3期）。而在广大农村地区，教育投入总量不足的问题则被放大了许多倍（广少奎，第1期；张玉林，第11期；葛新斌，第1期）。

2. 配置比例失衡

许多学者都提到了我国教育投入在三级教育中的分配不公平、不合理的问题（王冲，第2期）。有学者强调教育投入在地域、城乡之间分配的不均衡问题（李成贵，第4期；李元春，第3期；王德文，第2期；李新生，第2期）。有学者认为我国教育投入的性别歧视仍然存在（马衍军，第1期）。由教育投入的配置比例不合理带来的问题也是学者们关注的热点。

农村教育投入少，知识结构不合理的状况极大地影响了农业劳动力的转移；在没有一定水平的中等教育支撑的基础上，近年来高校的不断扩招还造成高等教育低质化趋势。这种不合理的教育结构容易形成“教育陷阱”（王可侠，第2期）。教育投入不适当地向高等教育倾斜，存在着重高等教育轻初等教育的倾向（贾汇亮，第2期）。

实际上，这种投入倾斜意味着教育投资风险，对高等教育的过度投资可能得不到应有的回报，造成教育投资浪费（赵宏斌，第8期）。

3. 利用效率低下

当前我国存在的教育经费克扣和挪用现象，客观上恶化了投入总量不足带来的弊端。本来较少的人均经费，往往被拿来搞“一无”、“两有”、“六配套”的学校基础建设，使学校的正常活动缺乏必要的经费支持。学生员额不足，教育资源的利用率不高（广少奎，第1期）。同时，由于学生流失率、复读率居高不下带来的浪费现象，使得农村本来有限的教育经费更是雪上加霜（张玉林，第2期）。

4. 农村问题比较严重

有人通过调查认为，在农村教育领域，教育投入存在的问题在加重、扩大和恶化当中（葛新斌，第1期；李桂荣，第3期；张玉林，第10期），农村教育的投入问题，带有“农村特色”。

尽管早在上世纪90年代末农村民办教师问题已经得到解决，然而由于农村教育经费短缺，教师队伍不足等原因，民办教师又以代课教师的形式出现，这一部分群体根本无力得到待遇和教育水平的提升。同时农村数千万平方米危险校舍的存在，广大农村和农村学校正处于严重的“贫血”状态，仅靠其自身的挣扎显然无法摆脱债务的泥潭，教育投入短缺导致农村学校依然经常向学生伸手。教育内容贫乏和质量低下，这两个原因迫使贫困的农家子女无法上学，厌倦上学，“普九成果”在农村儿童的辍学率面前显得非常虚弱（张玉林，第11期）。

由于教育投入总量不足，教师的工资拖欠（王德文，第2期；万小妹，第2期），校舍危房、教育债务（张玉林，第11期）、师资水平偏低、教育乱收费等现象屡禁不止（齐宪代，第4期）。教育资源短缺形成的巨大市场与陈旧落后的投入体制，迫使学校自谋生路，走“产业化”道路，出现了种种“寻租”活动，使教育行为扭曲、教育腐败丛生（杨东平，第12期）。

原因在哪

1. 基层政府难以解决经费

公共教育经费占国民生产总值4%标准的政策目标在执行中没有得到落实。80年代中期以后，县乡两级财政承担了大多超过其支付能力的农村教育经费的绝大多数份额，因此拖欠教育经费的主体主要是县级以上的政府。到2002年底，全国有97%的县已实行“以县为主的”新体制，但拖欠悲剧仍然在各地继续上演（张玉林，第11期），根源在于基础教育分级办学、分级管理的体制。

农村基础教育主要由县乡政府来举办和管理，在调动地方办学的积极性方面，发挥了积极作用，然而在实际运作中，又造成了政府权力为城市教育提供体制保障，而对农村教育顾及较少的局面，使城乡教育的体制保障出现了巨大差异。长期以来，农村基础教育的经费，主要不是来自政府的财政支出，而是依靠收取学杂费和教育附加费来维持（王本陆，第11期）。

2. 城市取向的资源配置

城乡二元经济制度的种种设置与安排，教育资源配置存在突出的“城市取向”，表现出不平等，并且二元结构已内化成城乡人口不同的教育意识和教育观念，这又反作用于城乡教育差别的存在（张乐天，第8期）。教育资源的配置在过去的运行中更大程度上依赖于政府的决策，形成了教育资源的“政治市场”：学校“讨价还价、主动争取”而获得办学资金，政府按学校所属的性质与地位进行资源分配。建立在城市学校基础之上的办学标准，自然出现了教育资源配置的基本特征：先城市后农村，先重点再普通，先市民子弟后农村子弟，以城市和市民为中心，以农村和农民为外围的教育资源配置路线（刘剑虹等，第3期）。以“经济建设”为其价值取向，体现“效益优先、兼顾公平”，将教育资源投向重点学校，自然就要牺牲一些教育与公平（李江源，第12期）。

3. 限制政府外的资金

教育投入的问题，很大一部分原因是由于投入来源单一、机制僵化所致。我国是发展中国家，是穷国办大教育，庞大的教育需求与有限的政府财力的矛盾，已经困扰着教育的发展。尽管国家对教育的投入逐年增长，仍然满足不了大幅度增长的教育人口的实际需要，期望国家短期内从根本上解决教育经费短缺问题并不现实，只有发动社会力量，充分调动企业、个人和社会团体办学的积极性，广开财路、多方筹资，才能增加全社会对教育的投入，变政府包揽办学为社会各界共同参与，这是符合中国国情的现实选择（汪明，第2期）。政府理应是教育投入的主要提供者，然而这并不意味着政府之外的存量资金不能通过合理的渠道进入到教育市场中来。

解决之道

1. 拓宽教育投入渠道

有学者通过调查，了解到温州市教育行政管理部门允许学生家长在缴纳学费之外向民办学校捐资，捐资款全部用于学校基本建设，其固定资产属于公有；允许投资办学者在学校具有偿还能力时取回本金，并获取不高于当时银行贷款的利息，以确保民办学校有可靠的经费来源（刘剑虹，第3期）。也有不少学者将目光投向民办教育、个人捐赠等筹资形式（钟锦文，第4期；朱小梅，第5期；华同旭，第2期）。

有学者认为，个人教育投资的客观条件已经具备，在积极教育消费心理与预期收益的驱动下，为了满足日益扩大的个人教育投资需求，必须积极探索合理、有效的投资途径（黄冬梅，第3期）。在新的教育振兴行动计划中，教育部提出应拓宽经费筹措渠道，建立社会投资、出资和捐资教育的有效激励机制（周济，第3期）。

2. 承认教育市场的筹资功能

教育领域不可避免地要受到市场经济发展的影响，教育市场已然是一种客观存在。如何运用市场机制对教育投入进行调节，优化资源配置，成为许多学者关注的焦点。有学者分析了“九五”期间的财政数据，其中财政预算内教育拨款占教育总投入的比例一直保持在54%左右，但非财政性教育经费占教育总投入的比例却由1995年的24.8%上升到2000年的33.4%。教育经费市场配额的扩大，充分证明了教育市场的筹资功能（李桂荣，第3期）。有学者认为，我国教育经费在数量不断增长的同时，也实现了结构的重大变化，非财政性的教育经费投入从90年代的15%提高到目前的35%左右，其中来自学杂费收入的比重在全国各级教育支出中已超过16%，这标志着我国已改变了靠国家、政府财力单一支撑的教育发展模式（贾文胜，第3期）。还有学者认为应该鼓励竞争，实现以教育质量为核心标准的教育市场调节（周运浓，第5期）。

在肯定市场调节机制优越性的同时，也有学者认为，市场调节不能解决教育公平问题。人们的受教育程度虽然和其天赋、努力程度等因素密切相关，但这些并不是全部的决定性因素，完全依靠市场调节教育，即使最具私人投资性质的职业教育投资也会产生投资不足与教育机会不均等的问题（陈兰枝，第1期）。市场对教育投资是有一个认可程度的，教育投资的投入应与产出相协调，市场上出现了大量的高学历失业者以及高学历做低职位工作者，就是一种严重的教育投资的浪费现象（马娴，第5期）。

3. 发行教育债券

在对教育投入形式的探讨中，几位学者不约而同地将注意的焦点集中在"教育债券"这种形式上。有学者认为，发行教育债券可以弥补巨额教育投入缺口，有利于矫正我国过去支出中重"物的基本建设"，轻"人文的基本建设"的现象，可以将城市资金引向农村，还可向海外发行，吸引国际游资。在债券形式上，则以长期型和超长期型为宜（王健斌，第1期）。有学者认为，教育券作为经费发放环节的革新，虽然只是一个经费转移渠道的改变，但是它包含着薪新因素，可以大大促进教育质量与效益的提高（周运浓，第5期）。也有学者认为，就目前的制度状况及人们对教育券的知识储备而言，贸然全面推行教育券必然难以成功。因此，我们必须认真考虑从现有的多元办学体制向全面的教育券计划转变的过渡措施（康永久，吴开华，第4期）。

4. 完善政策与法律机制

面对教育投入存在的问题，借助于政策和法律来规范和保证教育投入很有必要。有学者认为，义务教育法体系的日臻完善，为出台并实施提高义务教育财政重心的措施提供了有力的法律保障（常万新，第5期）。有学者提议建立完备的教育投资法律规范，引导和促进个人教育投资、民间资本进入教育市场（黄冬梅，第3期；钟锦文，第4期）。有学者期望通过教育捐赠法的出台，建立完善教育捐赠事业的发展机制（朱小梅，第5期）。还有学者借助历史分析的形式，发现中国宪法对教育经费的界定经历了一个从无到有、从模糊到具体的漫长过程。宪法对于政府保障教育经费的责任范围逐渐加大，政府的教育财政责任越来越具体明确，并对现行宪法中是否可以在教育专章中加入保障教育经费条款提出了自己的思考（商丽浩，第10期）。

5. 以伦理原则分配经费

面对农村教育投入存在的困境，有学者从伦理学的角度更深入地展开分析，认为正义原则应该成为我国分配公共教育资源的首要原则。正义原则的一般要求是平等分配、一视同仁。其特殊考虑是差别原则，它强调优待弱者和公平竞争。废除城乡教育双轨制，给予农村教育真正的国民教育待遇，这是用正义原则具体指导我国公共教育制度建设和改革的时代性要求，也是考验我国公共教育体系是否正义的基本标尺。为了真正废除城乡教育双轨制，必须认真反思我国教育制度的伦理基础，摒弃等级观念，让平等正义思想深入人心；必须改革国民教育体制，促进城乡教育平等，特殊优待农村教育（王本陆，第11期）。中国农村的教育问题并非全部来源于政府经费的不足，但是如果政府兑现了承诺，而且又有一个基本上较为均衡的分配——不是向集中了各种"精英"子女的城市"重点"和"实验"学校，以及位于金字塔尖的高等学校过度倾斜——那么农村教育中那些明显触及"人道"的底线的最为基本的问题，都会在相当程度上得到解决。解决这些问题，需要一种在面对中国农村和农村中国人时最为缺乏的东西：政府的责任，抑或"行政伦理"（张玉林，第11期）。

原载2005年4月23日《中国教育报》 北京师大教育政策与法律研究所课题组撰稿

国际及与港、澳、台教育合作交流

留学工作

〔出国留学工作〕 自1978年至2004年底，我国各类出国留学人员总数81.49万人，出国留学去向国108个，留学回国人员总数19.79万人；2004年度，我国各类出国留学人员总数11.47万人（其中：国家公派占3.1%，单位公派占6%，自费留学占90.9%），留学回国人员总数2.51万人；在外61.7万留学人员中（美洲占32.1%，欧洲占27.9%，亚洲占25.2%，大洋洲占14.2%，非洲占0.5%），有42.7万人仍在学习、合作研究、学术访问。

为纪念邓小平同志作出扩大派遣留学人员的重要指示25周年，经中央批准，教育部与中宣部、人事部、科技部联合主办中国留学人员回国创业成就展。教育部展区展览总面积400多平米，有65个单位参展，遴选90多套实物、300多幅照片，集中展示25年来出国留学工作所取得的成就，荣获组委会颁发的最佳组织奖和最佳设计奖。

按照“扩大规模、提高层次、保证质量、增强实效”的工作方针，制定了2004年度国家公费出国留学计划，完成了评审派出工作；落实高等学校高层次创造性人才计划和制定高校创新团队、新世纪优秀人才、青年骨干教师出国培养计划；加大支持西部地区人才培养力度，完成了西部地区人才培养特别项目的选派工作。

为进一步体现国家对自费留学生的关怀，鼓励和帮助优秀自费留学人员顺利完成学业，增强他们回国工作或以多种形式为国服务的意识，“国家优秀自费留学生奖学金”项目在2003年设立并成功试点的基础上，2004年奖学金的实施范围从5个国家扩大到28个国家，提高了资助规模和效益。

继续加大吸引优秀留学人员回国服务的工作力度。完成了第二十五、第二十六批《留学回国人员科研启动基金》的评审和资助工作（资助1 425人）；完成了第七批《教育部“春晖计划”资助海外留学人才学术休假回国工作项目》的评审和资助工作；完成了2004年两批《春晖计划科研合作项目》的评审和资助工作，共资助项目261项。组织了有留学日本、加拿大、澳大利亚、美国、英国、瑞典、比利时等国家的专家学者参加的10个团组（300余人），赴新疆、内蒙古、陕西、甘肃、四川、云南、贵州、辽宁、吉林、黑龙江、重庆等省（自治区、直辖市）开展服务工作，内容包括：进行信息服务，举行学术报告、专题讲座，提供咨询服务，联合培养人才，帮助搭建国际合作桥梁，进行科研项目合作，协助招商引资、创办企业，就一些重大问题建言献策等。

教育部会同有关部门举办了“第七届中国留学人员广州科技交流会”，并推出六项活动：中国留学工作成就展、发布高等学校引进留学人才岗位信息、留学回国人员创业论坛、教育外交官座谈会、教育部“春晖计划”支持西部论坛、中国留学服务中心及各地分中心2004年年会。为提高留学人员创业园在企业孵化、项目融资、成果转化、产品市场等方面的运作水平，帮助创业园提高管理水平，完善服务体系，汲取国外孵化器的先进经验，更好吸引留学人员回国创业，组织了有清华大学留学人员创业园等15家单位参加的“中国留学人员创业园孵化器考察团”赴印度、英国和爱尔兰进行了考察。

撰稿 张 宁 徐培祥 王恪典
审稿 刘宝利

〔**来华留学工作**〕 2004年，我国31个省、自治区、直辖市（不含香港、澳门特别行政区和台湾地区）的420所高等学校和其他教学、科研机构共接受了来自178个国家的110 844名各类来华留学人，是来华留学生数量最多、年度增加数量最多、生源国家数量最多、就读学校数量最多的一年，也是近10年来在华留学生数量年度增幅最大的一年。

按学习期限统计，长期留学生76 486名，短期留学生（留学期限6个月以内）34 358名。

按洲别统计，来自亚洲的留学生人数仍然最多，计85 112名，占全年来华留学生总数的76.8%；欧洲为11 524名，占10.4%；美洲为10 695名，占9.7%；非洲为2 186名，占2%；大洋洲为1 327名，占1.2%。

按国别统计，来自韩国、日本、美国、越南和印度尼西亚的留学生人数仍名列前5位，分别为43 617名、19 059名、8 480名、4 382名和3 750名；来华留学生数量超过500名的国家还有：泰国2 371名，俄罗斯2 288名，德国2 187名，法国1 954名，尼泊尔1 495名，菲律宾1 375名，蒙古1 333名，马来西亚1 241名，加拿大1 205名，澳大利亚1 159名，英国1 046名，新加坡929名，巴基斯坦894名，印度765名，意大利680名，朝鲜626名，老挝509名。

按类别统计，学历生31 616名，占总数28.5%，比2003年增加了28.4%，其中，专科生450名，大学本科生25 351名，硕士研究生3 883名，博士研究生1 932名；非学历生79 228名，占总数71.5%，比2003年增加了49.2%，其中，普通进修生44 097名，高级进修生（已获硕士以上学位者）773名，短期学生34 358名，占总数31%。

按学科类别统计，文科83 266名（含汉语类75 270名、艺术类1 291名），医科10 971名（含西医4 688名、中医6 283名），经济学4 525名，工科3 519名，管理2 838名，法学2 438名，教育992名（含体育类708名），理科555名，历史742名，农科298名，哲学700名。

按地区分布统计，北京37 041名，上海22 197名，天津7 371名，江苏6 051名，辽宁5 122名，广东3 933名，吉林3 286名，山东3 098名，福建2 805名，黑龙江2 785名，浙江2 604名，陕西2 154名，湖北2 179名，广西2 052名，四川1 559名，云南1 404名，河南864名，河北768名，新疆745名，安徽468名，内蒙古413名，江西411名，重庆386名，湖南381名，山西150名，青海145名，甘肃142名，海南101名，贵州96名，西藏92名，宁夏41名。

2004年，根据中国与有关国家的教育交流协议和交流计划，我国向165个国家提供了中国政府奖学金；9月，共有来自154个国家的2 276名新生获中国政府奖学金入我高等学校注册学习；另有202名外国留学生和学者获中国教育部“长城奖学金”（通过联合国教科文组织提供）、“优秀外国留学生奖学金”、“外国汉语教师短期研修奖学金”、“汉语水平考试优胜者奖学金”和“中华文化研究奖学金”等专项奖学金来华学习或从事研究；全年共有6 715名享受中国政府奖学金的国际学生在华学习，占全年来华国际学生总数的6.1%；其中：长期生6 540名，短期生175名；来自亚洲3 347名（占奖学金生总数的49.8%）；欧洲1 580名（占23.5%）；非洲1 317名（占19.6%）；美洲394名（占5.9%）；大洋洲77名（占1.2%）；接受学历教育的3 945名（58.8%）；博士研究生710名；硕士研究生1 547名；大学本科生1 688名；高级进修生有402名；普通进修生2 193名。

2004年，我国高等学校通过各种国际交流渠道接受了来自175个国家的104 129自费留学生，占全年来华留学生总数93.9%，同比增加45.5%；其中：长期生69 946名，同比增加19.9%；短期生34 183名，同比增加158.9%；接受学历教育的

27 671名，同比增长32.4%；博士研究生1 222名，硕士研究生2 336名，大学本科生23 663名，专科生450名。

2004年，为落实《2003—2007年教育振兴行动计划》，根据"扩大规模、提高层次、保证质量、规范管理"的来华留学工作原则，教育部制定了全国来华留学工作五年规划，采取多项措施，以推动来华留学事业发展，特别是为我国世界一流大学的建设做出贡献。

2004年是我国来华留学工作的宣传年。年初，举办了新中国来华留学工作历史上首次新闻发布会，我国43家主要媒体的59名记者参加新闻发布会，人民网现场直播；教育部章新胜副部长发布了2003年来华留学工作统计数据，并简要回顾了新中国成立以来来华留学工作的历史和取得的重要成就，通报了来华留学生教育现状，阐述了来华留学工作的重大意义，展望了来华留学事业的前景。

2004年底，教育部在日本召开了首次中国驻周边国家使领馆来华留学工作研讨会，与驻外使领馆共同开发了周边国家来华留学生生源库。

继2003年《中国教育统计年鉴》收入来华留学生统计数据后，2004年根据实际工作需要，对数据项目适当调整，以方便读者使用。

继2003年教育部首次邀请美国大学海外学习项目负责人代表团来华访问，开拓扩大规模新途径并初见成效后，2004年邀请了美国和马来西亚的大学海外学习项目负责人代表团来华访问。

国家留学基金管理委员会秘书处、教育部留学服务中心、中国教育国际交流协会秘书处分别组织有关学校赴韩国、日本、印度尼西亚、泰国、哈萨克斯坦、吉尔吉斯斯坦、美国、越南、尼泊尔、巴基斯坦、孟加拉国、埃及、南非、新加坡、加拿大举（参）办中国教育展，宣传中国教育，以吸引更多来华留学生。

2004年，中国教育部支持新加坡、泰国政府设立政府奖学金派遣硕士和学士学位来华留学生项目，首批共100名留学生于当年9月入学；支持越南、巴基斯坦政府全额资助109名学生来华攻读博士、硕士和学士学位。为实现提高层次的目标，教育部还设立了我院士培养来华博士生项目，2004年首批来自孟加拉国、印度、泰国、巴基斯坦、日本5个国家的7名留学生享受中国政府奖学金在华中农业大学和中国科学院研究生院的院士指导下攻读博士学位。

2004年9月1日，在全国启用来华留学信息管理系统。该系统是集日常数据管理、电子档案、自动采集评估数据、留华毕业生信息服务和统计等五项主要功能于一体的网络数据库系统，是来华留学规范管理的一项基本建设；北京邮电大学承担了该系统的研发、维护和操作培训工作。

继2003年建立为期五年、以职业化为目标的全国高等学校来华留学生教育管理干部培训制度，并于当年举办首期综合业务培训班后，2004年举办了新中国来华留学工作史上的首期赴法国和德国境外培训班和首次专项业务培训班（来华留学信息管理系统）；举办了第二期综合业务培训班，全年共培训了750人次。

2004年，教育部致力于进一步优化来华留学环境，深化中国政府奖学金管理制度改革，完善外国留学生教学与生活管理、服务制度。根据我驻外使领馆和外国有关机构的要求，教育部决定免除在基础教育阶段以汉语完成学业的来华留学生入学汉语水平考试（HSK）成绩要求。举办了新中国来华留学工作史上第一次留华毕业生新年招待会，以此启动了留华毕业生工作。与中国平安保险股份有限公司合作，完善来华留学生综合医疗保险有关条款。与北京市政府联合举办了第五次首都外国留学生新年联欢晚会。

各级各类教育部门积极创造条件，创造性地开展工作，扩大来华留学生的规模。北京市、上海市和云南省分别设立了地方政府来华留学奖学金，2004年9月，来自周边国家的首批58名云南省政府奖学金留学生，开始在云南省9所接受云南省政府奖学金生试点高等学校学习。实施"985"计划和"211工程"项目的部分高等学校也设立了学校奖学金，以吸引更多的优秀国际学生来校学习，扩大学校的国际影响。

撰稿　陈盈晖　赵灵山
审稿　刘宝利

〔国家留学基金委工作〕

一、出国留学

1. 整体情况。根据2004年选派计划和专家评审意见，2004年共录取各类出国留学人员3 987人，其中面上录取2 375人，项目录取1 612人，涉及48个国家。在资助方式上采取了全额资助、半额资助、资助国际旅费等方式，扩大了选派规模。在录取的高级研究学者、访问学者/进修人员中具有硕士以上学历的占80.04%，具有副高级以上专业技术职称的人员占70.73%。录取人员涉及35个中央有关部委。农业、卫生以及重要的工业系统均有一定数量的人员被录取。11个西部省、自治区、直辖市共录取377人。

2. 主要项目执行情况。中美富布赖特项目选派40人；西部地区人才培养特别项目录取437人；地方合作项目共录取109人；德国DAAD博士生项目择优面试61人；我国入世后金融行业急需人才培养项目录取62人；哈佛大学博士后项目录取9人；高校基础课任课教师出国研修项目派遣项目人员共194人；示范性软件学院项目共选派该项目人员67人；俄罗斯艺术类项目录取39人；荷兰莱顿大学研究生项目派出人数从20名扩大到40名；中德合作有24个项目提供资助；日本文部省奖学金项目扩大了“博士、博士后项目”的选拔范围，初步录取了45名博士生和65名博士后。

2004年，留学基金委按照教育部《关于印发高等学校“高层次创造性人才计划”实施方案和有关实施办法的通知》精神，新设立“长江学者和创新团队发展计划”及“新世纪优秀人才支持计划”入选者出国研修项目和青年骨干教师出国研修项目，每年将择优资助300名创新团队成员（含“长江学者”梯队成员）及“新世纪优秀人才支持计划”入选者赴国外高水平大学和科研机构从事合作研究；另外，还将以三种不同的资助模式，选派高等学校青年骨干教师出国研修。上述项目于2004年12月正式启动。

此外，留学基金委与国外有关院校合作培养博士研究生项目，已经与英国牛津大学、东安哥利亚大学、法国UT—INSA集团（8所高校）、瑞典乌布萨拉大学、荷兰莱顿大学、澳大利亚新南威尔士大学、澳大利亚国立大学、詹姆斯库克大学、加拿大阿尔伯特大学签订了关于合作培养研究生项目的合作协议。

2004年，留学基金委继续加强在外留学人员跟踪管理，做好留学人员的按期回国和回国服务工作。年度内国家公派留学人员派出3 161人，应到期回国2 929人，实际回国报到2 896人，回归率98.87%；1996年—2004年底，国家公派出国留学19 227人，应回国16 521人，实际回国报到15 988人，回归率为96.77%。

二、来华留学

在“深化改革，完善管理，保证质量，积极稳妥发展”的方针指导下，来华留学的规模有了进一步的发展，管理工作进一步完善。

2004年，留学基金委继续负责组织实施中国政府奖学金年度评审工作。2004年共有6 715名享受中国政府奖学金的外国来华留学生在华学习。其中学历生2 662名，占总数的39.64%。2004/2005学年度共招收项目学生393名。此外，在认真完成中国政府奖学金招生任务的基础上，还承担了一些由外国政府自行设立的奖学金资助本国学生来华留学项目。其中越南教育培训部奖学金来华留学项目16名；巴基斯坦高等教育委员会奖学金来华留学项目38名；泰国文官委员会奖学金来华留学项目97名；国家汉办“汉语桥”项目240名。

受教育部委托，留学基金委继续承担全国来华留学生数据统计工作。2003年全年在华的各类外国留学人员共计175个国家的77 715人，与2002年相比，国家数不变，人数减少了9.45%，分布在全国31个省、自治区、直辖市的353所高等院校和其他教学机构（以上数据均不含台湾地区、香港特别行政区和澳门特别行政区）。

2004年，留学基金委在越南、尼泊尔、孟加拉、巴基斯坦、南非和埃及成功举办了大型中国教育展。共有1万名左右的观众参观了在6国举办的教育展，发放了30 000份宣传资料，洽谈合作项目200多个。

三、国际交流

受IIE的邀请，留学基金委出席了在法国召开的“国际学生交流会议”。增进了同联合国教科文组织（UNESCO）、世界经济合作与发展组织（OECD）、法国教育部、加拿大国际教育局（CBIE）、德意志学术交流中心（DAAD）等国际著名组织和有关国家的教育机构的了解和友谊，加深了同国际教育组织和有关国家教育机构的理解和沟通，为留学基金委今后广泛开展国际合作进一步奠定了基础、创造了条件。

2004 年 8 月，由国家留学基金委等三部门共同发起的"2004 亚洲教育论坛"在北京举办。论坛建立两年来，作为国际间非政府的教育论坛，极大促进了我国与世界各国教育领域的交流与合作，尤其是为我国加入世界贸易组织后参与教育服务市场提供了有益的借鉴。

四、国家留学基金委第九次全体委员会议

国家留学基金委第九次全体委员会议于 2004 年 12 月 20 日在京举行。教育部、财政部、外交部、公安部、人事部、中国科学院、中国工程院、国家自然科学基金委等委员单位以及中国教育国际交流协会、留学服务中心、《神州学人》编辑部等单位的代表应邀出席。教育部副部长兼国家留学基金委主任章新胜出席会议并讲话。

会议充分肯定了留学基金委 2004 年取得的成绩。全体委员认为：2004 年，留学基金委深入学习、与时俱进、开拓创新，不断探索留学工作的新机制，出国留学规模不断扩大，层次不断提高，有针对性地重点派出国家急需的七大学科领域人员，留学效益不断增加。同时，来华留学工作也不断发展，规模不断扩大，管理工作进一步完善。顺利实施了"外国政府奖学金合作项目"，扩大了国内高校同国外教育机构的合作与交流，提高了来华留学层次，是新形势下开展国际教育交流与合作的新的尝试。

会议指出：留学基金委今后要继续总结经验、强化服务，为国家派出更多优秀的人才，追求新目标，力求新发展，开创国家留学工作新局面。

〔**进一步加强教育涉外监管**〕 2004 年，教育部针对自费出国留学中介管理等教育涉外领域存在的问题，采取多项工作措施，进一步加大了教育涉外监管工作力度。

继续加强留学预警制度建设，发挥留学预警在出国留学工作中的重大影响和作用。先后发布留学预警 10 期。内容涉及国外院校资质、违规留学中介活动情况、外国留学政策新变化等，涉及日本、德国、加拿大、新加坡、南非、挪威、澳大利亚、爱尔兰 8 个国家的 24 个办学机构。2004 年发布的留学预警更加注重督促国外学校提高办学质量和解决留学人员面临的突出和突发问题，受到社会各界更广泛地关注和肯定。留学预警也引起外国政府的关注，在 2004 年与外国政府关于教育国际合作与交流的磋商中，多次涉及留学预警相关内容。

进一步加强教育部教育涉外监管网建设。丰富网站信息、增强上网内容的及时性和权威性，发挥政府通过网站为社会提供服务的职能。一年来，网站在国内外的影响力进一步扩大，累计访问人数已达 668 万人次。

针对留学中介活动中突出存在的利用留学合同进行欺诈问题，与国家工商行政管理总局联合制定了《自费出国留学中介服务委托合同（示范文本）》，并于 4 月 28 日正式向社会公布。该合同范本对留学中介活动所涉及的核心问题进行了规范，受到社会各界的广泛欢迎。已有 16 家留学中介正式使用该示范合同。

以引导留学人员接受优质教育资源为中心，先后三次对所公布的 21 个国外学校名单进行补充和调整，还基本确定了其他留学热点国家学校名单。公布国外学校名单工作在社会上的影响和对留学工作的指导作用进一步扩大。一些国家还将增加公布学校名单纳入部长级对话和磋商范围之内。

为净化出国留学市场环境，与公安部、外交部、国家工商行政管理总局等七部局在全国范围内开展了为期 3 个月代号为"春雷行动"的活动，共查处非法从事出国留学中介活动的机构（个人）计 254 个。

在教育部的支持下，北京市留学中介行业协会于 2004 年 12 月 17 日正式成立，44 个留学中介机构参加了行会。该行会的建立为留学中介管理工作进行了机制探讨，为留学中介工作的进一步规范创造了更好的条件和环境。

针对中外合作办学、考试、国际教育展等教育涉外活动中存在的一些损害消费者利益的问题，根据《2003—2007年教育振兴行动计划》中关于加强教育涉外监管机制建设的要求进行了工作调研，为加强这些领域的监管工作奠定了基础。

撰稿　陶洪建

审稿　岑建君

对外合作与交流

〔**对外合作与交流**〕 2004年，中国教育国际合作与交流继续保持高层次、宽领域、全方位的发展态势，取得了新进展。

一、积极推进教育高层领导互访

2004年，教育部领导分别率团出访亚洲、非洲、北美洲、拉丁美洲和欧洲，在开展双边教育交流的同时，充分利用多边外交的国际舞台，出席联合国机构和多边区域性国际组织在华和境外举行的教育高层研讨会暨论坛，积极开展与外国教育高层领导交往；先后接待24个到访的外国副部（省）长级以上的教育代表团以及会见来访的美国、新西兰、法国等国家的大学校长等国际教育界著名人士，促进了我国教育对外合作与交流，增进了国际教育界对我国教育事业改革与发展成就的了解。

教育部部长周济出席了在巴西举行的联合国教科文组织全民教育高层会议，会见11国教育部长和联合国教科文组织、世界银行负责人；出席在莫斯科举行的中俄教文卫体合作委员会第五次会议，会见俄联邦教育署署长巴雷欣和莫斯科大学校长萨多夫尼奇院士，就今后一段时期中俄教育交流与合作事宜深入进行讨论，签署了《会谈纪要》，确定了下一年度合作计划；访问南非和肯尼亚，会见两国教育部长，签署了《中国—肯尼亚高教发展合作协议》和《关于合作建设内罗毕孔子学院的协议》；出席中国—南非双边委员会首次教育分委会，签署了《中国—南非教育部2004—2007年教育合作协议》。根据上述协议，2004年在非洲首次建立两所孔子学院；11月访问韩国，为海外第一所孔子学院挂牌。

教育部副部长张保庆访问南非，出席斯坦陵布什大学汉语中心揭牌仪式；向南非电视台赠送汉语教学教材，推动南非大众汉语教学。

教育部副部长袁贵仁应加拿大省教育部长理事会邀请访问加拿大，出席“中加省级教育厅（部）长圆桌会议”和“中加大学校长圆桌会议”以及“21世纪中国高等教育展（加拿大2004）”。

教育部副部长章新胜先后访问智利、阿根廷、美国、俄罗斯、欧盟等，与教育界高层领导人举行会谈，确定了一批多领域合作项目；参加在智利举行的第三次APEC教育部长会议，与与会国代表就《第三次APEC教育部长会议联合声明》达成一致；出席美国州教育委员年会和美国各州教育厅长理事暑期研讨会以及美国亚洲协会宴会，发表三场主旨演讲，宣传我国教育改革与发展成就及其面临的挑战，表达了中国教育扩大开放、加强国际交流与合作的愿望；与欧盟教育文化委员雷丁女士就加强中欧（盟）教育合作与交流进行会谈，就高等教育、学位学历互认、语言促进等方面达成合作意向，同意建立中欧（盟）教育合作对话磋商机制，并就此尽快签署合作文件。

教育部副部长吴启迪应邀率团访问美国、瑞士、德国和捷克，出席耶鲁—中国大学领导高级研讨班开幕式及部分研讨活动，访问耶鲁、哈佛、麻省理工、卡内基·梅隆、匹兹堡、亚利桑那州立、斯坦福等著名学府和NASA等科研机构；出席在瑞士召开的“国际学生年会”，并发表讲话；与德国国际继续教育和发展协会签署了关于中德职教合作的《谅解备忘录》；向捷克查理大学赠送了批量图书。

二、促进双边及多边教育合作与交流全面发展

（一）与外国政府签署双边教育合作与交流协议、备忘录、执行计划等共36项。

（二）为中国——联合国儿基会合作项目争取到60万美元无偿援助，用于广西、宁夏和青海三省（自治区）的贫困地区开展女童教育、远程教育、学前教育以及预防艾滋病等；争取世界银行提供10万美元，用于合作开展关于“农村劳动力转移培训”和“建立终身教育体系”的课题研究。

（三）进一步推动建立和完善中外教育高层的工作磋商机制。中日著名大学校长论坛（中日“据点大学”项目）、中国—东盟大学合作网络、（参与由我外交部牵头的）对美工作协调机制、中澳（大利亚）及中新（西兰）部际内部通报机制、亚欧会议框架下的部际教育磋商机制等，促进了我国与有关国家的教育合作与交流。

（四）积极引进欧洲国家优质教育资源，促进我国高校与欧洲强校在职业教育、师范教育、工程师教育、联合培养博士生、海洋研究、航天航空等领域的合作，落实和筹划了12个重要项目。

（五）积极参与国际大学生体育联合会（FISU）及其执委会的有关工作，就我台湾地区申办世界大学生运动会的程序问题与FISU主席达成了口头谅解，为签署有关文件奠定了基础；成功遏止了台湾当局图谋FISU承认亚洲大学生体育联合会现状、继续主导亚洲大学生体育联合会的目标；就以我为主导改组亚洲大学生体育联合会一事与FISU领导层达成共识，成功竞选了亚洲大学生体育联合会主席和副秘书长两个重要职务；就哈尔滨申办2009年冬季大学生运动会一事多次做FISU执委会各位成员的工作，为申办成功创造了良好的氛围；中国农业大学于2004年9月成功举办首届世界大学生7人制橄榄球锦标赛。

（六）继续开展与跨国公司的教育合作。国务委员陈至立会见到访的微软公司总裁比尔·盖茨先生，并与微软公司共同启动了捐赠农村和西部中小学100个计算机实验室的项目；国务委员陈至立访印后，印度Inforsys公司决定向中国大学捐赠100个培养软件人才的奖学金名额；教育部领导分别会见到访的IBM、微软、思科、英特尔、德州仪器、汤姆森、甲骨文、麦格劳－希尔、ELSEBIER、美国联合技术等公司的总裁、首席执行官、副总裁；与思科公司和明导公司分别签署了支持我国35所软件学院的合作备忘录，两公司将分别向35所软件学院捐赠价值3 100万美元和1.5亿美元的软件。

（七）实施“走出去”战略，指导教育部直属外事单位赴缅甸、马来西亚、新加坡、美国、加拿大、越南、尼泊尔、泰国、法国、日本等国举办中国教育展暨来华留学说明会，取得圆满成功。对宣传中国改革开放20多年来教育改革与发展成就、提高中国教育的国际影响力和竞争力、促进中国教育国际合作与交流、开拓来华留学生源渠道起到了积极作用。

撰稿　戴继强

审稿　曹国兴

〔**对外汉语教学**〕　2004年，《“汉语桥”工程——2003年至2007年工作规划》获得国务院批准。以组织实施“汉语桥”工程为中心，对外汉语教学的各项工作取得新成果。

孔子学院建设取得实质性进展。孔子学院的建设思路和规划的原则框架已形成，并与国外的政府或民间机构开展了合作建设孔子学院的实质性磋商。韩国汉城孔子学院已经挂牌。有关美国马里兰大学孔子学院、瑞典斯德哥尔摩大学孔子学院、乌兹别克孔子学院、肯尼亚汉语中心、南非斯坦凌布什大学汉语中心等协议已经签署。孔子学院将成为推动国外汉语教学发展的新的平台。

2004年9月23日，教育部发布第19号部长令《汉语作为外语教学能力认定办法》，取消了原国家教委1990年颁布的《对外汉语教师资格审定办法》。新办法设置了初级、中级、高级三级能力证书，扩大了参加能力认定的受众面；能力认定办法打破了中外教师的区别，预示着能力证书将成为

世界汉语教师的标准。能力考试的预测工作年内已经启动。

2004年是对外汉语教师资格考试的最后一年，全国共有6 912人在13个考点参加了“对外汉语教师资格考试”，其中，1 672人获得了“对外汉语教师资格证书”，至此全国持证者已达56 361人。

2004年，共派出国家公派教师88人到国外任教。国家公派出国汉语教师教学点比2003年增加近20%，达到142个。其中，教育部批准增加了23个派遣国家公派出国汉语教师的国外教学点，涉及国家有奥地利、澳大利亚、匈牙利、克罗地亚等。2004年还研究确定了出国教师待遇改革方案，计划于2005年初实行。

2004年，“国际汉语教师中国志愿者计划”正式向社会公布，引起国内外的强烈反响。截至2004年10月，通过网上注册和邮寄等方式报名的有5 000余人。“志愿者中心”成立，并制定了《培训大纲》、《培训工作实施办法》等规范性文件。同时，设立了首批培训基地，召开了“志愿者培训工作会议”，由9所大学承担了900名志愿者培训计划。年内，共向印尼、毛里求斯、泰国等16个国家派出汉语教师志愿者195名。

汉语师资培训工作得到进一步拓展。2004年，菲律宾华文学校校长、教导主任高级培训班首次在国内举办。国家汉办与国家留学基金委秘书处联合完成了“外国汉语教师短期研修奖学金”项目的100名教师培训工作。2004年共接受来自美国、韩国、日本等38个国家的868名汉语教师来华培训，并派出12批30名对外汉语教学专家赴美国、英国、法国、泰国、印度尼西亚等10个国家，培训当地汉语教师1 437名。

2004年，根据汉语水平考试的改革、发展计划，研发中心和考务中心完成了组建工作。HSK四个专项（少儿、文秘、旅游和商务）考试取得阶段性成果，主干考试的题库建设加快了步伐。2004年，汉语水平考试规模和影响进一步扩大，水平进一步提高。国内参加HSK考试的外国人达到56 997人，比上年增长了近62%。国内共有考点59个，分布在33个城市。国外共有91个考点、97个考场，分布在35个国家和地区，考点增加7%，考场增加10%。其中新设英国谢菲尔德大学等9个HSK考点，并在意大利罗马等14个考点成功举行了首次考试。国外参加HSK考试的人数达32 425人，比上年增长21%。至2004年参加HSK考试的外国人已累计达到132 406人。2004年国外共有226名HSK优胜者获得奖学金来华学习。

对外汉语教材工作加大了对外宣传推广的力度，成立了由国家汉办、中国国际图书贸易总公司和北京语言大学出版社等6家出版社组成的“对外汉语教材出版发行联盟”。2004年国家汉办对世界范围的汉语教材使用和需求情况进行调查，参加了智利APEC教育部长会议展览、美国全美外语教学年会展、德国柏林国际语言文化展；支持有关单位参加德国法兰克福书展、荷兰汉语教材展览；组织了《奥运汉语100句》新闻发布会和在俄罗斯的对俄汉语教材首发式。汉语电视节目继在北美等地播出后，又扩大至非洲（南非）主要电视台播出。

2004年，教育部共向76个国家赠送中文图书和音像制品194 631册（盒）。

美国的汉语教学工作通过中美网络语言教学项目和中文列入美国大学预修课程（AP）项目，取得突破性进展。2004年，国家汉办与美国大学理事会签署了关于AP中文项目的合作协议，双方合作进入了实质性操作阶段。AP中文项目按照计划将于2006年开课，2007年举行第一次考试。中美网络“乘风汉语”课程已经完成主体部分及60%以上课件的研发，已经在美国学校试用。另一基于现代教育技术的大型汉语教学课件——长城汉语课件，开发完成了主题目标基础级全部6级60个单元180课教学内容的脚本编写和基础级4级40个单元的多媒体课件制作，制定了相应的课程教学规范；组建了独立的模拟实验室，并对来自10多个国家的200多名学生进行了教学实验。

第三届“汉语桥”世界大学生中文比赛从初赛到决赛历时5个月，在51个国家举行了初赛。来自39个国家、51个地区的75名选手到北京参加了复赛和决赛，共有15名外国大学生胜出，并获得“汉语语言使者”称号或享受来华学习、研修或文化旅行等奖学金。

"汉语桥"基金持续发挥推广汉语的积极效益。2004年利用基金共资助46个国家的145项汉语推广活动，同时通过"汉语桥"奖学金，全年共接受各类来华留学生216人。

按照"汉语桥"工程目标，年内共派出7个团组分赴美国等9个国家进行访问，同时接待20多个国家各类来华团组300人次。通过这些交流活动广泛宣传了对外汉语教学事业，有力推动了汉语教学在世界各地的发展。

撰稿　宋燕利
审稿　江　波

〔**聘请外籍教师**〕　2004年，全国各级各类学校共聘请各类长、短期外籍教师34 202人次，其中，教育部直属高校聘请的长、短期外籍教师为14 898人次，各省、自治区、直辖市各级各类学校聘请的外籍教师为19 304人次。用于聘请外籍教师的总经费为56 536万元人民币，其中：教育部直属高校从中央财政得到的拨款为15 000万元人民币，自筹经费11 391万元人民币；其他各级各类学校从地方财政得到的拨款为4 206万元人民币，各校自筹经费25 939万元人民币。

为提高教育部所属高等院校聘请外籍教师的效益，教育部继续加强了对国家重点项目、重点学科的支持，通过组织专家对各校申报的项目进行评审，共确定了370个重点项目进行资助。

全年共有22所教育部直属高校的64个引智项目接受了国家外国专家局370万元人民币的资助。

全国60所高校的151项"面向21世纪振兴行动计划"子项目"聘请世界知名学者项目"全部完成，取得优秀成果。教育部组织专家对这些项目进行了评估。

2004年10月10日—11日，中国高等教育学会引进国外智力工作分会年会暨大学国际化趋势国际学术研讨会在贵阳召开。来自国内83所高校的112名代表及来自6个国家和地区高校的19名代表参加了会议。

撰稿　刘建丰
审稿　江　波

〔**中外合作办学**〕　根据《中华人民共和国中外合作办学条例》，教育部于2004年6月2日发布第20号令，颁布《中华人民共和国中外合作办学条例实施办法》，对中外合作办学机构的设立、活动及管理以及中外合作办学项目的审批与管理作出了具体的规定，并于7月召开了贯彻落实《中外合作办学条例》及其实施办法工作会议。

为进一步细化操作层面的制度安排，教育部在广泛征求意见的基础上，相继出台了一系列规范性文件。包括《关于做好中外合作办学机构和项目复核工作的通知》、《关于启用〈中外合作办学机构申请表〉和〈中外合作办学项目申请表〉等事项的通知》、《关于设立和举办实施本科以上高等学历教育的中外合作办学机构和项目申请受理工作有关规定的通知》、《关于启用〈中外合作办学许可证〉和〈中外合作办学项目批准书〉等的通知》、《关于发布〈中外合作办学项目备案和项目批准书编号办法（试行）〉的通知》，教育部、劳动和社会保障部还联合印发了《中外合作办学许可证编号办法（试行）》。这些文件的出台，旨在进一步加强中外合作办学的宏观管理，规范中外合作办学机构和项目的审批程序，推动现有中外合作办学机构和项目健康发展。

2004年，各地教育行政部门抓紧进行中外合作办学机构和项目的复核工作，并已按照新的程序要求受理中外合作办学机构和项目的申请。复核通过和新批准的中外合作办学机构和项目将获得审批机关颁发的中外合作办学许可证和中外合作办学项目批准书，相关信息通过教育部网站予以公布。

撰稿　聂瑞麟
审稿　岑建君

与香港、澳门特别行政区和台湾地区的合作交流

〔**与香港的合作交流**〕 2004年，开展面向香港地区青少年学生的国情教育活动，全年累计为香港中学生举办了7期国情教育课程班，共有近1 000多名学生参加。邀请、接待了香港教育界社团、教师、管理人员和学生领袖等58个团组，3 300余人次到内地访问交流。委托山东省教育厅于2004年12月24日—30日承办“华夏园丁大联欢2004——山东之旅”活动，来自港澳台地区、内地和海外华侨教师代表350人参加。委托北京语言大学承办“我的祖国2004——京港澳学生夏令营”活动，350名香港、澳门和内地的大中学生参加；组织500名港澳地区和海外及内地的大学生参加“海外杰出青年汇中华”大型联谊活动。

委托华东师范大学，北京师范大学，南京师范大学，华南师范大学，华中师范大学为香港的中小学校长、幼儿园园长和骨干教师举办了6期培训班，参加培训的人数为155人；鼓励和支持内地的高校对香港的公务员进行培训，全年共举办4期培训班，参加培训的人数为138人。

经教育部批准，内地高校与香港高校合作办学项目3项，内地高校到香港办学项目2项。

加强与香港地区教育行政部门和高校的沟通和联系，香港教育统筹局局长李国璋和常任秘书长罗范椒芬先后访问了教育部。新任香港大学校长徐立之教授，香港中文大学校长刘遵义教授，香港公开大学校长梁智仁教授亦访问了教育部。此外，香港大学、香港中文大学、香港理工大学、香港城市大学、香港教育学院的校长应邀出席了第二届中外大学校长论坛。

2004年7月，教育部与香港特区政府教育统筹局在北京签署了《内地与香港关于相互承认高等教育学位证书的备忘录》，解决了两地高等教育学位互认的问题。

香港的8所大学2004年在内地的10个省市招收自费本科生850人。

〔**与澳门的合作交流**〕 2004年，为澳门大中学生举办了1期国情教育课程班，60名学生参加；为澳门的中小学校长举办了2期培训班，参加培训的人数为50人；为澳门的中小学语文教师举办了2期培训班，参加培训的人数为120人。共邀请并接待23个澳门教育团组，800余人次到内地访问，其中接待了澳门社会文化司司长崔世安率澳门8所大学的校长来内地访问。

批准与澳门合作办学项目1项。澳门的6所高校在内地的14个省市招收自费生1 139人，其中，研究生337人，本科生684人，预科生118人。

〔**与台湾的合作交流**〕 2004年，委托有关高校规划、组织了40余个两岸大学生交流活动和两岸学者参加的学术研讨会等重点对台交流项目，应邀来大陆参加交流活动的台湾大学生、教师、教育行政管理人员约2 000人次。教育部、国务院台办、全国台联共同委托吉林大学举办第三届台湾学生“北国风情冬令营”活动，150名台湾学生和50名大陆学生参加。协助中央电视台举办了由海峡两岸和港澳地区大学生参加的“第三届海峡两岸知识大赛”活动，22个代表队参赛。

祖国大陆的20余所大学与台湾的大学签署了校际交流与合作协议。经教育部和国务院台办共同批准，上海市设立了台商子弟学校。

教育系统应邀赴台交流人员约2 300人次，包括教师、专家学者、管理人员、大学生等，交流的内容涉及参观考察、学术研讨、合作研究、讲学、交流营等。

〔**招收港澳台地区和华侨学生**〕 2004年，内地（祖国大陆）高校招收港澳台地区和华侨学生6 918人，其中，研究生1 217人，本科生4 765人，预科生936人；按地区分布如下：香港2 743人，澳门2 274人，台湾955人，海外华侨946人。北京大学、清华大学首次在香港招收36名免试生。

内地（祖国大陆）高校联合招收港澳台学生考试大纲的修订工作和考试科目的调整工作已完成。

〔**爱国人士教育基金项目工作**〕 2004年，香港邵逸夫基金会向内地提供第17批赠款2亿港币，用以重点支持西部及中部贫困地区教育事业发展，捐款与各地方政府配套资金共兴建了大、中、小学校舍371座，上述中小学项目已按计划完成，大学项目也将陆续完工。

霍英东教育基金会在京举行第十八届理事会暨顾问委员会联席会议。会上讨论并通过了2005年高等院校青年教师基金及青年教师奖学科设定和名额分配方案及优选资助课题。

李嘉诚基金会与教育部合作设立的《西部教育、医疗计划》39个项目（约26 600万）取得阶段性成果。其中西部人才计划（1 000万）、西部基建项目（6 708万）均已完成。为配合西部农村中小学现代远程教育项目10 000个示范点的建成，对一期已培训的5 000名教师、250名计算机及卫星接收设备的技术维护人员进行再培训工作，使设备仪器提高了使用效率。同时，由基金会资助的其他医疗、科研等项目进展顺利。

李嘉诚先生与教育部合作的“长江学者奖励计划”继续顺利实施，取得积极效果，获得各界好评。

曾宪梓教育基金会资助秉承“科教兴国、培育英才”宗旨，在2004年迎来了首批优秀贫困大学生毕业，基金会表彰了其中在各方面取得突出成绩的32名优秀毕业生，授予他们“曾宪梓教育基金会首届优秀大学毕业生”荣誉称号。在过去四年中得到曾宪梓教育基金会资助的2 279名贫困生中，有37%的学生考上研究生，有36%的学生走上工作岗位，其中有2%的学生到西部地区工作，另有2%的学生出国学习。同时，曾宪梓教育基金会继续出资630万元，资助35所高校的1 750名新一届优秀的贫困大学生，并于12月在北京人民大会堂举行优秀大学生奖学金颁奖大会。

王宽诚教育基金会、周凯旋基金会、华夏基金会等继续支持内地教育事业的发展。上述基金会的捐赠主要用于资助高等院校举办或派人出席国际会议、资助优秀女大学生、奖励青少年创新科技发明，支持内地职业技术教育的发展和高中课程改革研究等项目。此外，邵方逸华职教贫困学生助学金、太古奖学金等项目继续实施。同时，与香港新鸿基公司合作，新设立“考古”奖学金，资助4名学生赴德国攻读考古学博士学位。

据不完全统计，2004年度，教育部接受的来自香港的教育基金会和爱国人士的教育捐款共计约21 641万元人民币。各项教育捐款极大促进了内地，特别是西部及中部贫困地区教育事业的发展。

撰稿　张　栋　宋　波
余　彬
审稿　丁雨秋

中国教科文组织活动

〔**举办联合国教科文组织第28届世界遗产委员会会议**〕 2004年6月28日—7月7日，联合国教科文组织第28届世界遗产委员会会议在江苏省苏州市召开。胡锦涛总书记向会议发来贺信，从战略高度阐述了我国与国际社会一道保护世界遗产，实现人类可持续发展和维护世界文化多样性的主张。国务委员陈至立出席会议并讲话，进一步表明了中国政府促进世界遗产保护事业的方针政策。

经国务院批准，以文化部部长孙家正为团长、由外交部、文化部（文物局）、建设部、教育部（教科文全委会）和苏州市等部门参加的政府代表团出席了会议。

本次会议是历次会议中与会代表最多、会期最长、会议议题最多的一次会议。会议批准将中国申报的“高句丽王城、王陵及贵族墓葬”列入世界遗产名录，“明清皇宫——沈阳故宫”和“明清皇家陵寝——辽宁清盛京三陵”被列为世界文化遗产扩展项目。至此，中国的世界遗产总数已达30处。此外，会议还通过了在中国建立世界遗产研究与培训中心的决定。

〔**出席联合国教科文组织第四次全民教育高层论坛**〕 2004年11月8日—10日，经国务院批准，应联合国教科文组织总干事和巴西教育部长的邀请，教育部部长周济率团出席了在巴西巴西利亚召开的联合国教科文组织第四次全民教育高层论坛。与会期间，周济部长应邀主持了题为“加强教师队伍建设，提高教育质量”的第二次全体工作会议并作了主题发言。周济部长还分别会见了巴西、印度、巴基斯坦、埃及、尼日利亚、也门、古巴、肯尼亚等国的教育部长，瑞典、加拿大的国际发展援助部长和联合国教科文组织、世界银行等国际组织的负责人。

会议确定2005年11月28日—30日在中国召开第五次全民教育高层论坛。这是中国承办联合国教科文组织的一次高层次的国际教育会议，是加强中国政府与世界各国在全民教育领域进行对话和合作的一次良好机会。会议的主题为“扫盲和农村教育”（英文：Literacy with Special Focus on Education for Rural People）。

〔**出席联合国教科文组织科技伦理委员会会议**〕 2004年5月，中国科学院院长路甬祥出席了教科文组织科技伦理委员会特别会议，并担任专家委员会成员。4月，副院长、教科文全委会副主任陈竺出席2004年欧莱雅—联合国教科文组织世界杰出女科学家成就奖新闻发布仪式，接见了该奖项得主、中国科学院院士、中国香港科技大学神经生物学叶玉如教授。

〔**举办第一届世界地质公园大会**〕 2004年6月27日—29日，国土资源部与教科文组织合作在北京召开“第一届世界地质公园大会”，会议宣布在中国成立世界地质公园网络办公室，孙文盛部长出席揭牌仪式。会议期间为首批进入世界地质公园网络的30个公园授匾牌。

〔**出席联合国教科文组织国际教育局第47届国际教育大会**〕 2004年9月7日—17日，教育部副部长陈小娅率代表团赴日内瓦出席了联合国教科文组织国际教育局第47届国际教育大会。大会的主题是“面向所有青年的优质教育：挑战、趋势与优先”。135个国家派政府代表团参加了大会。陈小娅在发言时阐述了中国政府在面向所有青年人提高教育质量方面的方针和立场，介绍了中国在提高教育质量特别是加强农村教育方面的做法和经验。

〔**举办首届世界工程师大会**〕 2004年11月2日—6日，由世界工程组织联合会和教科文组织共同发起，中国科学技术协会与上海市政府、中国工程院联合在上海召开“首届世界工程师大会”。大会围绕“工程师塑造可持续发展的未来”这一主题，着重讨论了工程技术界在促进人类和平与发展中的整体作用，迎接新世纪的挑战。来自70多个国家和地区的工程技术专家、学者近3 000人出席会议。

〔**出席联合国教科文组织执行局第169和170届会议**〕 联合国教科文组织执行局第169届和170届会议分别于2004年4月14日—28日和9月28日—10月14日在巴黎举行。与会代表团结合教科文组织拟订的2006—2007年计划与预算草案，围绕扫盲、农村教育、消除贫困、高等教育、E—9计划、网络语言教学、艾滋病预防、水和环境、科学和生物伦理、维护世界文化多样性和保护物质和非物质文化遗产、利用信息传播技术促进教育、科学和文化发展等重点积极参与会议审议。

执行局下设公约与建议委员会继续对所谓涉我人权个案进行审议。

〔**教育、科学、文化和传播领域的活动**〕2004年4月19日—22日，根据教育部和法国科学院签署的2004—2005年“做中学”合作项目协议，中法科学教育高层论坛在杭州召开。法国、墨西哥、阿根廷等国研究人员和教师、韦钰院士和教育部有关司局负责人共30多位代表参加了会议。会议就中法“做中学”项目最新进展情况、欠发达地区如何推进“做中学”项目、儿童情绪评估探讨、脑科学研究最新动态、科学家如何参与教学等内容进行了研讨。

10月17日—19日，与联合国教科文组织、联合国粮食与农业组织、国际农村教育研究与培训中心（INRULED）联合举办的“把数字鸿沟转化为数字机遇研讨会”在国际农村教育研究与培训中心（保定）召开。23个国家、8个国际机构和2个非政府组织的代表共104名出席会议。教科文组织信息和传播助理总干事KHAN先生与会。

会议分别就对世界各个农业人口地区存在的不断扩张数字鸿沟所带来的威胁与机遇进行特别研究；分享来自于一些关于教育和革新在跨越数字鸿沟中所扮演的角色的试验性项目的经验、教训和正在实施的策略；对于一些政府制定的政策和科技政策进行个案研究；就如何建立国家、地区和国际间的协作和伙伴关系等主题进行了讨论。

12月13日—15日，与联合国教科文组织、联合国儿童基金会联合在北京召开了第二届全民教育国家论坛。参加论坛的有来自我国18个省市的政府机构、院校和研究机构以及联合国系统驻华办事处、国际组织的代表共80多人。此次会议的目的是：总结我国在落实达喀尔全民教育论坛的6项目标过程中取得的成绩；通报一年以来国际社会在全民教育方面所召开的重要会议和发布的重要文件；布置在西部12个省制定全民教育计划的有关工作；就试点项目进行总结和制定2005年计划。教育部副部长陈小娅出席了论坛开幕式并讲话。

9月20日—21日，与浙江大学、全球大学创新联盟亚太地区中心秘书处、联合国教科文组织亚太地区教育局在杭州联合举办了“知识社会背景下的研究型大学：挑战、机遇与对策国际研讨会——全球大学革新联盟亚太地区中心系列研讨会之一”。本次会议的主题是“高等教育质量保证与文凭互认”。来自澳大利亚、中国、印度尼西亚、马来西亚和泰国著名大学的校长及代表，联合国教科文组织和联合国大学代表、中国教育部、国务院学位办官员及北京、上海等地高校代表共50余人参加了此次会议。会议主要围绕各国高等教育质量保证与学分文凭相互承认政策、高校内部质量保证机制、高校内部质量评估的方法、高校合作办学与学分文凭互认、院系层面的反应等问题进行研讨。教育部吴启迪副部长出席了会议开幕式并讲话。

2月，国土资源部组团出席教科文组织地球科学计划第32届会议。会议批准我国申报的8个国家地质公园列入世界地质公园。

9月20日—24日，国际水文计划中国国家委员会组团出席联合国教科文组织国际水文计划第16届政府间理事会，刘恒当选副主席。

联合国教科文组织在北京交通大学设立“高等教育和工业教席”。该教席的主要目的是：促进高等工程教育与工业界在研究、培训、信息交流等相关领域的联系与合作，为国内外大学、研究机构的著名学者、教授提供一个与工业界合作与交流的平台。教席负责人为北京交通大学工业工程专业查建中教授。

11月15日—20日，中国社会科学院承办了“国际社科理事会第25届大会”和“国际哲学与人文科学理事会第27届大会”以及两会的联合大会，并共同举办了“文化与互联网”国际研讨会。在教科文组织资助下，中国社会科学院继续开展“东亚城市青年农民工扶助项目”，并分别在大连、迪庆和上海召开了该项目国家研讨会。

应澳门特别行政区政府社会文化司司长崔世安的邀请，与文化部、外交部、国家文物局等委员单位组成代表团赴澳门对“历史建筑群”进行了考察。经国务院审定的“澳门历史建筑群”世界文化遗产申报项目为我国2005年提名项目。

8月，全国人大批准我国加入《保护世界非物质遗产公约》，使我国成为最早加入公约的前7个国家之一。

根据教科文组织世界遗产委员会第28届会议通过的关于在我国建立“世界遗产研究培训中心”的决议，组织召开了一系列部门间会议，进行了广泛的专家咨询，完成了初步立项报告，并于12月向在巴黎召开的世界遗产委员会特别会议作了报告。

2月，经科技部批准，“联合国教科文组织全民信息中国国家联络点”（设在中国科技信息研究所）正式成立，并与教科文组织新德里办事处联合主办了“第二届亚太地区信息网络（APIN）会议”。教科文组织信息与传播助理总干事以及来自亚太地区的17个国家的代表出席了会议。

在教科文组织“世界记忆工程”项目下，国家档案局完成了《清代金榜》的申报工作；派员出席第二届亚太地区文献遗产保护和利用培训班和世界记忆工程亚太地区委员会执行局第三次会议。

〔**教科文组织奖项**〕 联合国教科文组织决定将2004年国际扫盲奖世宗国王奖（KING SEJONG LITERACY PRICE）授予“青海省扫除文盲工作领导小组办公室”，以奖励该办公室在扫盲工作中所做出的突出贡献。教育部部长周济在全国教育年度工作会议上向获奖单位颁奖。

〔**教科文俱乐部活动**〕 2004年7月27日—8月2日，东亚儿童艺术节在韩国水源市举行。北京教科文俱乐部协会组织30名中小学生会同来自香港特别行政区的8名中小学生在艺术节上进行了民族特色文艺表演。此次活动是东亚地区教科文俱乐部之间一次比较大型的交流活动。中国教科文俱乐部协会联合会主席陶西平，北京俱乐部协会主席兰宏生出席了会议。

撰稿 窦春祥
审稿 田小刚

热点关注

出国留学教育决策的战略性调整与政策取向

根据国家对出国留学教育政策的战略调整，在今后一个时期我国整体留学工作的深化改革和不断创新方面，应当特别注意研究和处理好以下几方面的问题：

一、关于政策和体制的研究与创新

创新政策、完善体制，研究并制定《出国留学工作纲要》，将留学活动进一步导入法制建设的轨道。原国家教委《关于出国留学人员工作的若干暂行规定》是1986年12月13日由国务院批准并转发的。该规定是我国第一个、也是迄今为止唯一一部全面描述出国留学整体工作的法规性文件。17年来，留学活动的快速发展使留学工作的情况发生了重大变化。为了在理论上不断有新发展，实践上不断有新创造，政策上不断有新突破；为使留学教育理论和教育政策更好指导不断发展着的留学教育实践，从而使我国的留学教育活动始终与时代的发展同步伐，应当抓紧研究并制定出一部能够全面表述和论证“支持留学、鼓励回国、来去自由”的总政策为主体内容的《出国留学工作纲要》。作为此项工作的前期准备，则应先期设立并完成“国家公派留学选派工作改革”、“全国留学回国人员普查和人才库”、“留学人员统计系统”、“在外留学人才库”、“整合出国留学信息网络系统”以及“全国性出国留学意向调查”等涉及留学教育和留学人才方面的重大课题或重大项目。

二、关于公派留学工作的战略性调整

公派出国留学是国家高层次人才发展战略的重要组成部分。扩大留学教育的对外开放、深化公派留学工作的改革创新，在公派留学的派出结构、派出层次、派出质量和派出规模上实行战略性调整，即要以实施国家人才战略为契机，以选派优秀的青年教师和研究生为主，以世界上一流的教育机构为留学接收单位，以培养世界一流人才为目标，并争取在派出数量上有实质性突破。要在争取国家财政支持的同时，不断拓宽筹集资金的思路和渠道，增强“国家留学基金”吸纳社会资金的能力；加大国家资助出国留学人员的力度，进一步提高国家公派出国留学人员的层次。

三、关于对自费留学的支持与服务

自费留学是充分利用国外教育资源，加速人才培养的重要渠道。应密切关注自费留学的工作，作为持续做好吸引留学人才的前期准备。在每年十几万的自费留学群体中，一些比较明显的群体性趋势给留学活动带来的影响，对国家对留学教育的管理提出了新的要求。继国家先后开辟自费留学中介服务市场、放宽护照申领手续、取消自费留学培养费和建立留学监管与预警机制等重大举措之后，作为“支持留学、服务留学”的具体体现，有关部门仍应积极研究并持续采取一切可能的政策性措施。应根据未来若干年的人才需求计划，做出自费留学的指导性规划，供自费留学生参考。引导他们分布到不同国家和留学专业，吸收不同国家的先进技术。同时要更多关注、跟踪并研究在外自费出国留学的人员的生活和学习状况，注重向他们提供各种形式的服务并进行感情投资。

四、关于留学回国工作政策的落实

应当进一步优化环境、搞好服务、狠抓落实。要抓住当前有利时机，把吸引优秀人才回国工作和创业放到重要的战略位置。目前我国在吸引留学人才方面还存在一些问题，吸引人才、留住人才和使用人才的能力都还十分有限。面对全球性的人才争夺战，我们应不断深化人事分配制度改革，尽量消除体制因素对人的影响和制约，要进一步建立适合人才特别是优秀人才培养和发展体制以及公平竞争的机制，努力创造宽松的人才环境，为海外人才资源的有效开发提供制度保证。要从根本上解决“政策落实难”的问题。这是目前留学人员最关注的问题，因而是吸引在外优秀留学人才工作的重要内容，是使优秀留学人员的报国之心得以实现，并有所贡献、有所作为、有所收益的根本保证。以务实的精神和扎实的作风，提高各项优惠政策的可操作性，加大工作力度，切实落实和不断完善业已出台的各项规定。

五、关于对留学回国人员的客观评价和正确使用

留学经历是评估人才的重要指标体系。尽管留学回国人员大都具有一定的国际知识背景和丰富的人生阅历，但由于西方国家的民主观念、平等意识、自治理念和多元文化的影响以及不同留学国家的文化差异，不仅形成了留学当事人各自独特的社会观念和行为准则，同时也会造成与国内各阶层相互沟通的某种困难和障碍，甚至会酿成潜在的对立情绪。而良好的人际网络关系对于回国后取得成功与否是至关重要的。因此，久居国外的留学回国人员首先应当做好重新适应国内环境的各种准备。

随着我国经济和社会的发展，人才竞争日趋激烈。这些竞争不仅体现在留学回国人员之间，还在于其与国内本土人才的竞争。相对于一些只有海外文凭但缺少实际经验的留学人员来说，国内人才的低成本而高质量的优势正在不断显现出来。当留学回国人员一种新的自我形象被设定出来以后，如何重新界定、调整与国内各方面的关系是全社会都十分关注的问题。留学文凭并不是特别的通行证，它仅代表在国外接受教育的程度，并不说明当事人的实际能力。因此，留学人员应当摆正自己的位置，客观评价自己。我国当代留学活动的实践表明，留学回国人员只有正确认识国情，培养自己的灵活性和应变性，适当调整自己的思维和行为方式，将自己在国外的所学与中国国情相结合，才能使自己的聪明才智得以发挥，留学成果更好应用，才能实现自己回国创业的理想。

原载《清华大学教育研究》2004 年 3 期，作者杨晓京、苗丹国

整体谋划教育开放政策，时不我待

● 从维护国家教育主权和促进经济社会乃至教育可持续发展的战略需要出发，制定教育开放的国家策略

● 我国正面临各教育出口国的强大攻势

● 教育作为一种服务贸易，可以按照商业的模式运作并带来可观的利润

● 社会中介组织对参差不齐的外国教育资源流入和经营活动进行行业规范

● 促进自费出国留学中介的行业自律，组建行业协会，使用规范合同

● 从教育服务贸易的大国转为教育服务贸易的强国

世界各国，尤其是经济合作与发展组织国家，从20世纪90年代起就把教育服务作为一项出口产业，制定了一系列推进战略。这些国家的教育机构在政府的支持下，积极开拓海外市场，通过招收留学生创造了学费、生活费等直接的经济效益，和人才、文化交流等间接的社会效益。自上世纪90年代以来，国际教育服务贸易越来越多地受经济利益驱动，以英联邦国家为代表，大力推行教育出口战略。2001年，我国加入世界贸易组织，以最大的在学人口规模和旺盛的教育需求，成为世界上最大的教育服务贸易进口国。

针对这种形势，面对全球特别是亚太地区在教育服务贸易领域的激烈竞争，我们需要从维护国家教育主权和促进经济社会乃至教育可持续发展的战略需要出发，从容应对，科学谋划，采取积极措施，制定教育开放的国家策略，提升教育服务质量，发挥相对优势，在不长的历史时期缩小以至扭转教育出口和教育进口的逆差，加快从教育服务贸易的大国变为教育服务贸易的强国。

一、当前我国公民对于出国留学存在较大的盲目性，国外教育资源流入所带来的一些负面影响，在资源相对缺乏的境况下教育资源的部分流失，是当前我国教育开放面对的新课题

在教育信息化、学习终身化、经济全球化的背景下，国际教育服务贸易会在相当长时间内保持上升的趋势。现在澳大利亚、新西兰、新加坡等国对海外教育服务贸易市场的争夺已显露无遗。预计到2025年，全球留学生总数将上升到700多万人。届时，教育服务贸易到达全盛时期，各国的竞争将会更加激烈，尤其是在环太平洋地区集中了除欧盟以外最大的教育出口国和进口国。我国作为最大的教育进口国，处于环太平洋这一战略地带，并且承诺了进一步开放教育市场，势必会面临各教育出口国的强大攻势。我国教育开放面对的新课题，主要体现在：

1. 公民对于出国留学存在较大的盲目性

家长对于子女出国留学的成本和预期效果不够理智。子女出国学习从高中阶段到大学毕业，大约需要5到6年时间，总共要投入60万至80万元人民币。一些家长期待子女毕业后在国外就业，能取得丰厚回报。仅就澳大利亚、新西兰的情况看，这些国家产业结构比较单一，就业机会有限，非英语背景的外国人在澳、新谋职有相当的困难，特别是亚裔学生就业困难更大。这种长期巨额投资未必带来相应的回报。大多学生家长对此并不十分清楚。

2. 国外教育资源流入所带来的一些负面影响

主要表现在我国的教育机构对国外资金、人才、技术、组织、观念的依附性。这种依附性将从根本上削弱我国教育自身的竞争力和创新精神。这在世界教育开放史上有例可循。如墨西哥高校的880多个科研机构中，200多个机构都不同程度地接受西方跨国公司的资助，一些国家重点科研项目都依赖海外资助，影响了该国长期的战略发展。

3. 在资源相对缺乏的境况下教育资源的部分流失

我国自费出国留学带动了大量的资本外向流动。以人均每年2万美元计算，2000年至2002年自费出国留学所带来的民间资本外流分别为6.4亿美元、15.2亿美元和23.4亿美元。其中高级人才的流失表

现为获得外国政府或学校奖学金的留学生人数，而民间教育资本的流失表现为自己或家庭支付学费和生活费的留学生人数。

从国家战略的高度来看，这些危机的应对，关系着我国人力资源的储备，科学技术的发展，国际竞争力的提高，这些要素进而决定了我国在新一轮综合国力竞争中所处的位置和所扮演的角色。从环太平洋地区来看，美国在二战后就推行一贯的教育出口政策，招揽各国的年轻精英；其余各国也不遗余力地发展教育服务贸易，澳大利亚的目标是成为“海外学生的首选留学目的地”，新加坡的自我定位是“环太平洋的教育之都”。与之相比，我国在教育服务贸易方面起步晚了十余年，相关政策法规亟待健全，双边和多边合作需要更多工作层面的磋商，教育资源的流动需要政府的合理监控和积极引导。对此，我国教育开放需要采取新的应对策略。

二、国际教育服务贸易的发展动向使我国教育领域受到更多的冲击，面临更加严峻的挑战

1. 在国际上，教育作为一种服务贸易，可以按照商业的模式运作并带来可观的利润

世界贸易组织于 1994 年底完成了乌拉圭回合谈判，通过了《服务贸易总协定》。这份具有国际法地位的文件正式将教育纳入“服务贸易”的范畴，明确规定“除了由各国政府彻底资助的教学活动外，凡收取学费、带有商业性质的教学活动均属于教育贸易服务范畴”。这标志着早在上世纪 90 年代中期，世界各国政府就达成共识，把教育作为一种服务贸易，可以按照商业的模式运作并带来可观的利润。经过十几年的发展，国际教育服务贸易的格局已经基本形成并初具规模。美、英、澳等国利用先发优势，占领了绝大部分的国际教育市场份额，并且积累了市场推广、质量监管等方面的经验。

2. 接收留学生的国家获得的主要收益：货币资本，人力资本和社会文化资本

目前对国际教育贸易总额的统计主要是依据境外消费，即留学生规模。2000 年，世界各国接受高等教育的外国留学生约为 162 万人，国际教育贸易总额已经达到了 500 亿美元。接收留学生的国家获得的主要收益包括：(1) 货币资本，主要指留学生所支付的学费和食宿、旅游、交通、医疗等生活消费。2002 年，澳大利亚获得的留学生学费约为 19.2 亿美元，留学生日常消费约为 18 亿美元，其中仅维多利亚州就增加了15 000个就业机会。(2) 人力资本，主要指高等教育阶段的留学生或者技术移民，虽然对其创造的经济和社会价值难以直接计算，但是，不难发现，接收这些学生和移民的国家节省了相应的教育和培训成本，获得了廉价的劳动力。(3) 社会文化资本，不同的国家以留学生为载体所传递的价值、文化、传统等难以衡量的知识和观念。

3. 按三项收益进行分类，美国、英联邦国家和新加坡推动教育出口的目的不同

根据这三项收益进行分类，(1) 以美国为代表的国际教育出口大国，重视留学生所带来的人力资本和社会文化资本。这是二战以来国际教育贸易的传统推动力量，即发达国家通过资助发展中国家的技术和文化精英到本国留学，对其施加政治影响和文化渗透。这一时期的国际教育贸易大多是政府行为，表现在获得政府奖学金的留学生人数。(2) 20 世纪 90 年代以后兴起的国际教育出口大国，尤其以英国、澳大利亚、新西兰为代表的英联邦国家，这些政府推动教育出口的主要目的，既是为了获得直接的经济利益，也是为了吸收高素质劳动力。其中学费部分的收入可以缓解公共教育系统的财政危机，减少政府的财政负担；生活消费可以刺激当地的旅游、房产等经济活动，增加就业机会。主要表现为这些国家招收自费留学生的规模。(3) 跟前面两类国家相比，新加坡属于一个“人财两得”的特例。该国一方面利用政府奖学金项目从我国招揽优秀的初中毕业生，接受 2 到 3 年的新加坡高中教育，再升入欧美的一流大学，以这种短期加工的方式生产了一批“新加坡制造”并具有国际竞争力的人才。另一方面，在自费留学领域（主要是初等教育和中等教育阶段），新加坡政府通过推行母亲陪读、短期游学、收取教育赞助费等政策，获得了直接的经济利益。

4. 美国、澳大利亚等教育出口大国所获得的市场份额和经济收益

从发展趋势来看，美国等老牌教育出口大国的市场份额基本持平，澳大利亚等新兴的教育出口大国所获得的市场份额和经济收益突飞猛进。有关统计数字表明，美国的教育服务出口总额从 1989 年的 45.75 亿美元上升到 2000 年的 102.8 亿美元，但同期占该国服务贸易出口总额的比例却从 4.4%下降到 3.5%；

澳大利亚从1970年的600万美元上升到2000年的21.55亿美元，占该国服务贸易出口总额的比例从0.6%上升到11.8%，成为该国仅次于运输和旅游的第三大服务贸易领域。2002年澳大利亚通过教育服务贸易出口获利近37亿美元，境内和境外的留学生人数达到41万，并且预计到2025年会上升到100万。由此可见，该国还会继续大力推动教育服务贸易的出口。

三、自2001年加入世界贸易组织以来，我国政府的教育部门制定和研究相关的法规条文，推进双边和多边的教育合作与交流，构建了教育资源流动的制度环境。尽管取得了很大成绩，面对日渐汹涌的国际教育服务贸易浪潮，发达国家纷纷进行战略调整，发展中国家面临诸多不平等竞争，我们还需要进一步加强研究，整体谋划，采取积极的应对策略。

1. 进一步调整完善国际合作与交流的内容与形式，进行有利于教育资源合理高效流动的宏观调控

政府教育部门研究制定相关的法规条文，积极推进对等交流与合作。同时，要构建教育资源流动的制度环境。面对教育开放的潜在危机，我国政府需要对流出的教育资源加强指导和调控，引导社会开展合理的境外消费。

2. 对流入的教育资源加强监管

从具体实践而言，我国亟待加强的是中外合作办学的质量评估。一方面建立与外国或国际学校评估或认证机构的合作关系，另一方面鼓励国内的专业教育评估机构参与进来，减轻政府的工作压力，发挥专家的优势，对学校进行定期的、专业的评估。发挥社会中介组织的作用，对参差不齐的外国教育资源流入和经营活动进行行业规范。

3. 引导自费出国留学的消费者做出理性投资

自费出国留学主要是个人行为，相对而言开放度较大。但是鉴于部分消费者（学生及家长）的盲目性，自费出国留学的总体工作方针可以在原有的“支持留学，鼓励回国，来去自由”的基础上，建议政府采取“积极引导，不断规范，加强监管，造就人才”的政策导向，扩大公民的教育选择，提高国家人力资源开发能力。

在规范行业服务行为上，一方面通过加强教育涉外监管网的建设，完善信息披露制度，及时发布留学预警；另一方面促进自费出国留学中介的行业自律，组建行业协会，使用规范合同，实现服务转型。

4. 从国家战略的高度谋划教育开放

立足国家人口发展战略需要，逐步改变我国教育开放在世界教育服务贸易格局中“世界最大的国际教育服务进口国”的地位，积极扭转教育逆差，从教育服务贸易的大国转为教育服务贸易的强国，构筑教育开放安全防护体系，促进我国经济社会以及教育的可持续发展。

一方面要组织专家结合人力资源、国际竞争力、科学发展观等课题的研究成果，对我国教育开放的全局和发展走向进行全盘规划，并制定相关的政策法规、具体的行动计划和可操作的工作手册等。另一方面可以由国家主管部门牵头，定期组织不同行业部门工作层面的联席会议，加强教育开放方面的协调统筹。

总之，我国要正确把握教育服务贸易的开放度，坚持国家法律在规范教育服务贸易活动中应有的地位。同时要紧密关注国际教育服务贸易的新动向，从国家长远发展战略的角度考虑，制定教育开放的发展战略规划，积极应对国际挑战。（作者简介：管西亮，国家教育发展研究中心；郭娇，北京大学教育学院）

原载2005年1月8日《中国教育报》 管西亮　郭娇　文

留学：理性时代正在到来

毕业时你会选择回国吗？在刚刚结束的一份涉及3 000余人的“海归”搜索调查中，面对这一提问，90%的海外学人表示了回国的意愿。在今天，更多的学子在选择出国时就确立了非常明确的目标：寻求高

品质的教育，提升个人综合素质，学成后服务祖国。国家教育部门加强监管，人们理性选择出国，各地为留学人员回国创业营造良好氛围……所有这一切，构成了2004年留学市场一道亮丽的风景。

出国留学：理性抉择

新闻回放　11月底，因“百万年薪受聘民办高校”而为公众所熟知的哈佛博士陈琳，拿着博士文凭复印件和护照，来到中国留学服务中心进行学历学位认证。而当年陈琳到新加坡求职时，也曾将其博士学位证书进行认证。这从一个侧面反映出，如今人们选择留学，更加看重留学国的教育质量与所获文凭的含金量。

越来越多的人加入到了留学大军的行列，在留学大军不断扩容的同时，洋文凭的真伪及含金量也开始受到留学生及社会各界人士的关注。众多准备出国的人士开始认真思考自己的留学目标：出国留学究竟为了什么，今天留学如何与明天就业顺利对接。

2004年，许多中国学生留学热点国家收紧政策，提高语言要求。4月起，澳大利亚要求申请赴澳读高中的中国学生提供雅思成绩，中国学生赴澳读中学免考英语的历史正式结束。而今年2月，荷兰就已出台规定，到荷兰读预科、本科或研究生的中国留学生必须出具雅思成绩才能得到签证。

日本也从今年起严格了对申请就读日本大学和语言学校的学生、进修生的资格审查，重点是中国的留学申请者，对中国学生的经济能力、语言程度、求学动机等严格把关，要求申请者日语水平要达到日本语能力考试二级以上，或日本留学考试中日本语学科达到200点以上。

与此同时，是一些国家相继调整留学政策，争取更多的中国优秀学生。苏格兰正式启动了最新奖学金项目，为到苏格兰攻读一年硕士课程的学生提供全额奖学金。该项目将为全球国际学生提供20个全额奖学金名额，其中中国学生占据了9个名额。

新西兰政府通过一项超过2 400万美元的预算案，其内容包括建立200项国际学生奖学金和200项留学奖。从明年开始，新西兰将设立针对研究生和本科生的奖学金项目，到2007年，此类奖学金项目将达到200项，其中很大一部分将颁发给中国学生。

如今，在各类留学教育展上，见材料就拿、什么问题都问、对留学目标非常盲目的学生和家长已经很少了。大多学子有备而来，所提问题也非常“专业”：就业前景如何，教育质量怎样，学校能提供哪些奖学金，等等。

许多学生和家长意识到，出国留学不能只奔着“洋文凭”的“洋”字而去，更要看“文凭”含金几何，要根据自己的职业发展目标，学习国外的先进知识和技术，培养国际化视野和新理念。形势的变化，使得更多的学子理性看待留学、理性选择留学。

归国创业：激情飞扬

新闻回放　早春2月，首届“中国留学人员回国创业成就展”在北京举行。全国各省、自治区、直辖市等40多个单位向人们展示了留学人员回国创业的累累硕果。这些高新技术荟萃、基础应用成果并重的成果，令所有参观者为之振奋。中国经济的快速发展，为留学人员回国创业、为国服务提供了更加广阔的空间。

为鼓励和支持留学人员为国服务，让留学归国人员安心工作、专心研究，2004年，各地相继出台了许多鼓励留学生归国创业的优惠政策，进一步完善了“支持留学，鼓励回国，来去自由”的留学工作方针。

北京开通了留学人员创业的“绿色通道”，为带着先进技术回国的创业人员无偿提供企业启动资金；定期举办项目交流会，让项目和资金达到最好的结合；对于一些信誉好的企业，还优惠其免去年检。

上海市政府今年出台规定，一般外商投资项目初始投资额不低于25万美元，而留学生初始投资额则降低至1万美元。

今年8月，吉林省出台优惠政策广纳海外人才。这些优惠政策包括：公开招聘海内外人才参与吉林省重大项目建设；鼓励海外留学归国人员到吉林省国家机关、企事业单位任职或兼职；海外人才可以技术入股、投资等形式，创办独资、合资或合办各类经济实体及研究开发机构，对创办企业的留学人员给予注册资金、贷款、税收等优惠政策。

广州自1998年起至今已连续6年每年举行一届“留交会”，影响日渐深远，规模不断扩大，不仅为广州的发展提供了高水平的人力资源，也为全国其他地区引入“海归”人才提供了很好的平台。

2004年，各地聘用的“政府雇员”中也出现了更多“海归”的身影，并在政府公务员中引发了某种“鲶鱼效应”，对优化干部队伍结构起到了更直接、更深刻的推动作用。越来越多的地方政府意识到，不但要让优秀的留学人员成为经济领域的顶尖人才，还应将“海归”纳入党外干部选拔和培养的范畴，让他们有机会进入政府部门，成为“帅才”。

在祖国建设的各个领域中，特别是在高科技行业，海外学人和“海归”们正发挥着越来越重要的作用，“海归”在国内创办的企业已有5 000多家，产值达300多亿元。“海归”已经成为备受关注的群体。中国科学院院士中的81%，中国工程院院士中的54%，国家“863”计划首席科学家中的72%，均为留学归国人员。

留学监督：多管齐下

新闻回放　据中消协统计，近年来的留学投诉主要集中于合同陷阱。自费留学中产生的经济纠纷或上当受骗事件中，一半以上与所签合同有关。今年4月，教育部与国家工商行政管理总局联合发布了“自费出国留学中介服务委托合同示范文本”。“示范文本”的出台与已有的留学预警等有关举措的实施，对于留学市场的规范管理起到了重要作用。

“近来，发现一些机构在互联网上发布虚假广告信息，从事非法留学中介活动，教育部提醒办理出国留学人员，不要轻信这些虚假留学广告信息……”这是在教育部涉外监管信息网上发布的2004年第1号“留学预警”的部分内容。

今年以来教育部已发布了9号留学预警，如，“第1号留学预警：警惕互联网上非法留学中介活动”、“第3号留学预警：教育部紧急提醒赴日留学不要申请新东京语学院等四所日本语学校”、“第8号、9号留学预警：紧急提醒赴新加坡、澳大利亚自费留学人员注意事项”等，内容涉及澳大利亚、加拿大、新加坡、日本、南非、德国等国的留学注意事项。国家对留学工作监管力度的加大，一方面使人们对留学有了更加清醒的认识，另一方面也为规范留学市场起到了更加积极的作用。

同时，由于这些留学预警的信息大多由我国驻外使领馆的权威教育部门提供，不仅准确、真实，而且快速、及时，使人们不出国门就能动态地了解国际留学市场的最新变化成为可能。

今年4月，“自费出国留学中介服务委托合同示范文本”的出台与使用，对于保护当事人的合法权益更起到了不可低估的作用。“示范文本”提醒当事人先搞清楚并核实有关情况后，再慎重考虑和决定，不要盲目地签约。

根据每人的留学情况和要求有所不同，“示范文本”各项条款均没有注明、规定、限定相关内容的具体时间、交费数额等，留学当事人可以根据自己的情况和意愿，决定是否愿意接受对方的各项条件，然后再考虑签署能够依法保护自己权益的留学合同。

“示范文本”发布后，教育部、国家工商行政管理总局还采取不同方式，详细了解各地自费出国留学中介机构使用“示范文本”的情况，对仍继续使用不规范留学合同、损害留学当事人利益以及违法违规的自费留学中介机构，依法进行处罚。

合作办学：规范透明

新闻回放　今年7月1日，《中外合作办学条例实施办法》正式实施。作为《中外合作办学条例》配套法规文件，该实施办法的正式颁布对于保护中外合作办学的受教育者和教育举办者双方的合法权益进行了明确规定，也使中外合作办学这一学生不出国门的留学活动更加有法可依。

对于受教育者来说，不出国门就接受国外优质教育无疑是一件好事，但在中外合作办学教育发展的过程中也出现了一些不和谐的音符：学生付出了金钱、时间和精力，却可能受骗上当，或是被骗取了过高的学费，或是没有获得期冀的优质教育……保护中外合作办学中受教育者的合法权益成为当务之急，《中外合作办学条例实施办法》应运而生。

为了招收更多学生以收取更多学费，不少中外合作办学机构都在招生宣传中夸大自己的教学质量和所颁发学位的价值，这种不负责任的广告无疑会误导学生，使学生遭受不必要的损失。对此，《中外合作办学条例实施办法》进一步明确，招生夸大其词要负法律责任。

针对发布虚假招生广告的合作办学机构，实施办法规定，中外合作办学机构应当按照招生简章或招生广告的承诺，开设相应课程，开展教育教学活动，保证教育教学质量。中外合作办学机构和项目的招生简章和招生广告的样本应当及时报审批机关备案。发布虚假招生简章或招生广告，将视其情节轻重，处以警告或者3万元以下的罚款。

大多数中外合作办学项目的收费虽然比国内一般的专业要高，但与出国接受教育相比却低廉不少。很多学生认为，花比留学少得多的费用就能接受到国外先进的教育，同时可以获得国外文凭，是非常划算的事。因此，不少学生想以相对低廉的费用，通过中外合作办学渠道，不出国门接受海外优质教育。然而却有个别机构利用这一点，打着“海外优质教育”的旗号，乱收费或肆意提高学费，直接损害了受教育者的合法权益。

实施办法对此作出了详细规定：中外合作办学项目收费项目和标准的确定，按照国家有关规定执行，并在招生简章或者招生广告中载明。中外合作办学项目的办学结余，应当继续用于项目的教育教学活动和改善办学条件。实施学历教育的中外合作办学机构和项目，应当按学年或者学期收费，不得跨学年或者学期预收。

为保证合作办学机构的教育质量，实施办法进一步对合作办学机构的教学活动作出规定：国家鼓励中外合作办学机构引进国内急需、在国际上具有先进性的课程和教材。国务院教育行政部门或者省、自治区、直辖市人民政府教育行政部门及劳动行政部门等其他有关行政部门应当加强对中外合作办学机构的日常监督，对中外合作办学机构的办学水平和教育质量进行评估。

选择不出国门的留学，不再是雾里看花了。

原载2004年12月29日《中国教育报》，姜乃强 刘宁 文

国际教育，引领你走向全球

目前，在全球有国际留学生210余万人。英国和澳大利亚的教育专家预测，到2020年出国留学的国际学生将上升到580余万人……

走出国门，带着希望、带着憧憬、带着对美好明天的向往，去留学；跨越万水千山，收获知识、收获文化、收获明天……

国际教育的开展，使得教育和培训领域正面临着前所未有的机遇与挑战。12月8日，在爱丁堡国际会议中心，美妙的音乐、动感的画面引领代表进入了如上的境界，由英国文化协会主办的首届英国国际教育大会在这里隆重举行。

会议吸引了来自英国、美国、中国、澳大利亚等55个国家的700余位代表。他们中有政府官员、校长、教师，也有来自教研机构的专家学者及教育推广人士。在为期三天的会议期间，在“走向全球”的主题下，围绕国际教育交流与合作、国际学生及其留学走势、英语学习与国际交流，他们发表最新研究成果，并进行了热烈的讨论。

教育战略扩大国际市场份额

会议开幕式上，英国教育与技能部秘书查尔斯·克拉克关于“英国最新国际教育战略”的大会发言受到广泛关注。他的发言基于刚刚公布两周的“英国国际教育战略”。这项战略的核心是“将世界纳入一流教育体系”。

“教育是改变人的最有力的武器”。查尔斯·克拉克谈到，英国将通过引领国际教育开展促进国际社会进步。为此，英国将采取三项措施：培养儿童、年轻人、成年人在全球化社会中生活和工作的能力；加强教育国际合作，与教育伙伴分享经验与资源并使双方受益；加强国内的教育与培训，加强各大学对海外教育投入与内部教育投资的研究。

国际教育在快速发展，其重要性已被各教育机构和国际社会所认同。大学需要招到优秀的国际学生来提升自己的声誉，研究生的招收对于各个国家的研究和创新发挥了重要作用。各国的教育互相关联，在交流中不断碰撞出新的火花，这同样也推动了提供教育

和培训的大学教育质量的提高。

在公立教育机构发挥重要作用的同时，私立机构在国际教育中的作用日益显著。在很多国家，特别是发展中国家，非政府机构开办的中等教育后的教育学院的学生人数超过了政府开办的学院的学生人数。企业大学发展很快，各种形式的公对公、公对私的合作伙伴关系也在不断建立以满足市场需求。而此次会议的参会代表中，有相当数量的私立机构代表及关注教育的个人参加，也许能很好地说明这一点。

各国政府越来越多地参与制定国际教育战略，包括英国、法国、瑞典、荷兰、加拿大、南非、中国、马来西亚、澳大利亚、日本、德国和美国。会上，中国教育部国际合作与交流司欧洲处处长姜锋博士的大会发言同样受到代表关注。近两年中国每年有超过10万名学生出国留学，目前在欧洲的中国留学生总数为15万人，其中在英国有近8万人，德国近4万人，法国近3万人，西班牙千余人，意大利600余人。

中国政府将出国留学视为国家人才战略的一个重要方面予以积极鼓励，鼓励学生到国外优秀的大学里获取知识，了解文化，以培养具有全球视野的人才并在国际竞争中取胜。与此同时，中国重视吸引国际学生来中国留学。目前中国有海外留学生近9万人，并以每年5 000人的速度增长。在中国，排列国际学生来源地第一位的是亚洲，其中来自日本和韩国的学生最多；欧洲排第二位；第三是美洲；非洲居第四。中国不仅仅是教育“进口国”，同时也正在成为教育“输出国”。

国际教育带给一个国家的经济利益显而易见，此外它还与各国的移民和劳动力市场、国家需求研究、国家内部教育、国家贸易和国家的其他发展密切相关。可以说，国际教育的开展，涉及的是教育、文化、政治、经济四大方面的利益。这也许就是世界各国大力吸引国际学生、努力扩大自己在国际教育市场中的份额的原因之一。

留学走势人数倍增更重质量

在关于国际学生流动和市场营销的大会交流中，谢菲尔德哈勒姆大学市场营销学教授科林·格利根、英国教育与技能部教育推广主任尼尔·凯姆及澳大利亚国际教育协会的专家，分别对国际学生的流动趋势、国际学生的学习需求等进行了预测分析。

据预测，到2020年，国际留学生规模将从2003年的210万人上升到580万人，其中到讲英语国家留学的学生人数将从目前的100万人增加到260万人。调查表明，国际学生的流向不仅受地理、历史、语言因素的影响，还与一个国家的声望、入学难易程度、学费高低、就业难易及学历认可程度等因素有关。

在英国，50%的国际学生在学习研究生课程，40%的学生来自欧盟成员国，过去三年来自中国和欧盟新成员国的学生增长最快。在美国，读研究生的国际学生中最大的群体是印度学生。有很多中东和印度的学生到乌克兰和俄罗斯留学。很多国家都在设法吸引留学生。新加坡政府建设了面向国际学生的新大学校园。马来西亚已经成功地从东南亚和印度招到10万人以上的国际学生。

国际学生希望通过留学教育提升个人能力推动职业发展。学生选择留学，体验外国生活方式是一个重要因素，但最看重的还是教育的质量，文凭是否被国际承认，对于投入的时间、金钱和努力来讲是否划算等等。会上，由英国国际教育协会公布的在10年之内绝无仅有的调查报告《拓展我们的视野：国际学生对在英国受教育经历的评价》，充分说明了这一点。

调查执行者之一该协会的多米尼克·斯高特先生介绍，此项调查基于在互联网上散发的5 000份调查问卷，中国学生占了受访者当中相当的比重。着手调查时他们曾“忐忑不安”：10年没有做过这样的调查了，结论无论是正面的还是负面的都必须将其公之于众。但其结果令他和同事们“松了一口气”：接受调查者对英国教育的满意度达到87%，而这种满意首先基于对英国教育质量的认可。

该协会董事会主席坦言：国际学生不仅为英国带来学费收入，而且使一些因报考人数太少而难以为继的学科存在下去。他们在校园的研究梯队中占有相当的比重，而这些研究对于英国的学术传承和创新至关重要。他们是英国高技能人才的储备库。他们对英国经济的贡献更为广泛：不仅为教育部门带来收益，也因其生活消费为所在社区带来收入。更为重要的是，他们对于英国的熟悉使得他们有可能影响他们同胞对英国的态度。

注重教育质量，开展国际教育。在英国让教育“走出去”的浪漫口号背后，有着硬梆梆的数字。教育培训的产品和服务每年为英国带来超过100亿英镑的收入，其中超过40亿英镑来自在英国留学的国际学生，13亿英镑来自英语教学。赴英留学的学生在1978年仅为9.64万人，到2001年已增至22.5万人，其国际学生生源地已从欧洲国家向亚洲国家扩展，中国、韩国、印度成为其目前最主要的生源国。

培训合作打破国界寻求发展

会上，来自德国、英国、澳大利亚等国的教育专家还就国际间开展教育和培训合作的模式进行了交流探讨，包括网上大学运作的经验教训等等。代表们认为，这种教育模式的开展，为那些贫穷国家避免人才流失提供了可能。

专家们指出，跨国教育应是一种非传统的学校教育，跨国教育的方式可以多种多样，包括远程和在线学习、颁发证书、提供某些课程等等。专家预测，国际上对跨国教育的需求将比国际留学生寻求到国外大学学习的需求增长更快，在未来其竞争也将更加激烈。

代表们认为，将有更多的公立和私立机构参与这种教育，而已经提供这种教育的机构也将不断寻求新的合作伙伴和合作方式。这种新的教育方式和经济模式所带来的机会，最终将为学生们带来很大的利益。而在大学校园中进行的为学生提供课程的学习方式的开展，为这种模式打破校园界限进行全球运作创造了机会。

对于跨国教育，政策制定者们认为应比较谨慎。需要关注的是海外学院的真实性，在互联网广告看到的可以提供资格认证的有效性，以及这种证书和通过在校园学习拿到的证书的可比性。对此，所有真正提供跨国教育的机构都应该意识到这些担心的存在，并作出合适的、令人信服的回答。

此外，职业资格认证有很多途径，例如财会、市场营销、计算机和金融服务，职业包括工程和医药，都可以通过远程和在线教育进行。专家们预测，在未来通过远程和在线的语言教学会有很大增长，特别是英语。在这些与职业有关的课程的提供和发展上，赢利和非赢利组织都将广泛参与。

代表们指出，企业发展的关键在于提高员工的技能。员工的技能发展关系到一个国家的生产力，雇主们要关注本行业生产过程所需要的技能，而且每一个人都需要在终身学习中不断发展新技能和新的工作方法，为进入劳务市场武装自己。对于不同跨国教育模式的有效性，公立和私立机构的角色，技术手段对跨国教育的影响，影响学生选择跨国教育的因素等等，应建立全球统一的质量保证体系。

英语学习有助参与全球活动

在全球，有3.75亿人以英语作为母语，另有7.5亿人使用英语为第二语言。而据会上一项最新研究成果披露，在2015年将有20亿人学习英语，大约30亿人讲这种语言。如果到那时，也许无论从事何种职业，能说一口流利的英语都将是一种优势。

会上，英国英语有限公司的大卫·格拉杜等语言专家就英语作为一种国际性语言进行的调查报告了最新数据和分析。中国中央教科所外语教育与研究中心张连仲主任，就目前中国英语教学及教师培训情况作了专题发言。

代表们谈到，英语可以帮助人们进入全球社会，开展国际交流，促进个人发展；英语可以加强国家运行和在国际上进行商业活动的能力，促进其对于国际经济和政治活动的参与。在一个国家界限逐渐模糊的世界，英语不好将是参与全球经济活动的障碍。

同时，英语还为人们提供接受国际知识和教育的机会。它使领导者得到知识、领导力和沟通技巧，在国际问题上确定他们的目标。英语还有助于国际贸易和投资，因为它提供了一个运作环境，在这个环境里，国际法和商业操作的标准更容易被认同。英语帮助人们获得知识和技能，从而提高在国际社会中参与的有效性。

代表们指出，英语本身是个很重要的教育话题，同时它也在促进国际教育的发展。因此，对全球英语需求模式的变化，包括政府教育政策的影响，特别是针对年轻的语言学习者的政策，英语教育和其他教育和培训的关系，包括发展的市场和提供模式的变化，信息技术在英语教学中的采用，英语教育质量的保证、英语语言考试的变化等应予以足够的关注。

原载2004年12月29日《中国教育报》 姜乃强 文

语言文字工作

〔**2004年度语言文字工作会议**〕 2004年3月23日，2004年度语言文字工作会议在上海召开。教育部副部长、国家语委主任袁贵仁，教育部语言文字应用管理司、语言文字信息管理司和语言文字应用研究所、语文出版社的负责同志，北京、天津、上海、福建、广西、四川、新疆教育厅（教委）主管语言文字工作的副厅长、合肥市政府有关领导以及各省、自治区、直辖市语委办负责人出席了会议。袁贵仁作了题为《求真务实，开拓创新，为全面建设小康社会搭建高水平的语言文字平台》的讲话，提出要加深对语言文字工作特点和规律的认识，抓住关键点，掌握主动权，不断开创新局面。他强调语言文字工作应抓住以下几个关键点：(1) 树立正确的工作理念和科学的发展观。要进一步加深对语言文字工作性质、地位、作用的认识，求真务实，依法行政，积极、稳妥地推进工作，处理好工作思路的持续与创新的关系。(2) 注重制度、长效机制和总体工作格局建设。(3) 建设一支精干得力的工作队伍。

会议为通过城市语言文字工作评估的北京、石家庄、哈尔滨、南京、合肥、长沙、乌鲁木齐7个城市颁发了达标认定牌，并为从事语言文字工作30周年的上海市教委语言文字工作处处长孙晓先颁发了纪念牌。合肥市政府、新疆自治区民语委、广州市教育局以及甘肃省语委办、山西省语委办负责同志分别就开展城市语言文字工作评估、学校语言文字工作、推广普通话宣传周的组织开展、语言文字立法等问题作了大会发言。会议进行了分组讨论、交流和总结，各地语委办的同志们从今后一个阶段如何做好语言文字工作的角度提出了许多好的意见和建议。

撰稿 魏 丹

〔**国家语委咨询委员会第四次会议**〕 国家语委咨询委员会第四次会议于2004年2月18日在北京召开。会议由咨询委员会主任、全国人大常委会副委员长许嘉璐和咨询委员会副主任、原国家语委党组书记朱新均主持，教育部副部长、国家语委主任袁贵仁及教育部语言文字应用管理司、语言文字信息管理司、语言文字应用研究所和语文出版社的负责同志出席了会议。

咨询委员在听取教育部语言文字应用管理司和语言文字信息管理司关于2003年工作总结和2004年工作要点的通报后，充分肯定了语言文字工作取得的新进展，一致赞成2004年要紧紧围绕贯彻《国家通用语言文字法》，抓住重点、突破难点、引导热点，创新工作思路，并就开展语言文字示范校创建活动，实施西部少数民族教师国家通用语言文字培训工程，《规范汉字表》研制和语言文字规范标准评测认证工作等问题提出了意见和建议。

许嘉璐在会上强调指出，在经济全球化加速发展的趋势下，民族文化的保存和弘扬极端重要，特别是像中国这样一个处于社会转型期的发展中国家，一定要重视语言文字在社会生活和民族发展中的特殊重要性，语言文字工作者要深刻认识所从事工作对于国家、民族的重要意义。要重视学校在文化传承中的主渠道作用，特别要抓好高等学校在语言文字规范化工作中的示范作用；要切实做好西部少数民族教师国家通用语言文字培训工作，从语言文字工作角度为西部、为民族地区的繁荣发展和国家的长治久安做出积极的贡献；要善于宣传，与有关部门密切合作，争取相关部门和领导对此项工作的支持；要研究语言文字工作如何进社区的问题；要在充分进行理论研究的基础上，抓紧研制《规范汉字表》，并做好长期工作的思想准备，广泛动员各部门和学术界的力量，分步实施，保证语言文字规范标准的权威性。他认为，国家语委咨询委员会请专家就语言文字工作提出意见和建议，这是政府联系社会、学术界帮助政府履行职能的一种有效的办法，要继续坚持下去。

袁贵仁在讲话中强调，首先要树立正确的工作理念，把语言文字工作放在全面建设小康社会、构建现代国民教育体系、构建终身教育体系等大局中去思考；要发扬求真务实的精神，尊重语言文字自身的科学规律，尊重专家意见，加强调查研究，做实事、重实效，全心全意地为人民服务；要本着积极、慎重、稳妥的原则开展工作。关于2004年和今后工作，袁贵仁指出，要以宣传贯彻《国家通用语言文字法》为中心，加强语言文字工作制度建设和长效机制建设，坚持不懈、常抓常新；要抓两头，带中间，在开展城市评估及党政机关、新闻媒体、公共服务行业等重点领域工作的同时，要注意做好广大农村和少数民族地区的工作；要关注和引导社会热点问题，采取各种形式加强宣传和引导。

撰稿　周道娟

〔宣传贯彻《国家通用语言文字法》〕（1）对山西省宣传贯彻《国家通用语言文字法》情况进行调研。10月18日—19日，全国人大教科文卫委员会、教育部、国家语委联合组成调研组，赴山西进行了调研。调研组听取了山西省政府、省直有关部门、山西大学等单位的情况汇报；实地考察了太原市妇幼保健院等单位的用语用字情况；与山西大学的师生、山西电视台的工作人员进行了座谈。调研组认为，近几年来，山西省的语言文字工作取得了长足的进展，特别是在《国家通用语言文字法》颁布后，在地方立法、普通话水平测试、宣传引导、社会用语用字管理等方面有较大进展，初步形成了行政推动、社会协同、公众参与的推广普通话、推行规范汉字工作格局，语言文字工作面貌有明显变化，语言文字规范化、标准化水平有一定提高，用语用字环境不断改善。（2）全国人大教科文卫委员会教育室、教育部语言文字应用管理司于2004年6月16日—18日在昆明联合召开部分省、自治区、直辖市地方语言文字立法工作座谈会。北京、山西、重庆等15个省、自治区、直辖市50多人出席了会议。全国人大教科文卫委员会副主任委员邢世忠在会上作了重要讲话。他指出，地方语言文字立法的任务是：结合当地实际情况，对《国家通用语言文字法》进一步细化，使之更具有可操作性，更有利于依法对语言文字的社会应用进行监督和管理。他强调从2004年7月1日起《行政许可法》开始正式实施，地方语言文字立法工作显得更为必要，更加迫切。截至2004年底，北京、山西、黑龙江、重庆、四川、西藏、新疆、山东8个省（自治区、直辖市）依据《国家通用语言文字法》已颁布了地方性法规、规章；湖北、吉林、广西3个省（自治区）已经列入人大常委会立法计划或进入立法程序；天津、辽宁、福建、云南、上海等地的语言文字立法工作也在积极进行之中，以《国家通用语言文字法》为主体的国家语言文字法规体系的框架正在初步形成。会上，北京市人大教科文卫委员会、山西省人大教科文卫委员会和重庆市语委办分别介绍了该市（省）语言文字地方立法的做法和经验。湖南、吉林、云南等地有关负责同志介绍了本地语言文字立法工作进展情况，提出了立法过程中需要研究的问题。

撰稿　魏丹

〔第七届全国推广普通话宣传周活动〕　第七届全国推广普通话宣传周活动于2004年9月12日—18日在全国范围内展开。5月，教育部、中宣部、人事部、文化部、国家广电总局、国家语委、解放军总政治部、共青团中央联合发出《关于开展第七届全国推广普通话宣传周活动的通知》。8月，全国推普周领导小组办公室向各地发放了以《依法推广普通话》、《普通话，说得好》为主题的宣传画

60余万张及3条推普电视公益广告，并组织专家对从各地征集的推普宣传画、歌曲和推普周标志200余件进行了评选。9月6日，领导小组办公室举行新闻发布会，向与会记者介绍了本届推普周的筹备情况并回答了记者的提问。

第七届推普周以长沙、合肥、茂名、呼和浩特为重点活动城市，全国人大常委会副委员长许嘉璐分别向4个城市发去贺信，教育部（国家语委）、人事部、文化部、国家广电总局、解放军总政治部、共青团中央等全国推普周领导小组成员单位的相关部门负责人出席了重点城市系列活动。9月12日，第七届推普周开幕式在长沙市隆重举行，教育部副部长、国家语委主任袁贵仁出席并发表了讲话，长沙市媒体、学校、公务员、驻军和窗口服务行业的代表进行了语言文字素质展示，还组织了“讲普通话，用规范字”招贴画展、推普主题万人签名、网络宣传咨询等形式多样的活动。12日，合肥市举行了第七届推普周重点城市活动开幕式，原国家语委党组书记、国家语委咨询委员会副主任朱新均发表了讲话，合肥市第二批语言文字工作评估启动仪式同时进行。茂名市在当地媒体开辟《国家通用语言文字法》宣传专栏，组织“茂名人与普通话”征文比赛，还通过电信部门向当地手机用户发送推普宣传短信。18日，第七届推普周闭幕式在呼和浩特市举行，市领导向全市人民发出推普倡议书，还举办了语言文字成果展、公务员普通话测试启动仪式、推普大型文艺晚会等系列活动。

全国各地、各行业系统也围绕“普通话——情感的纽带，沟通的桥梁”这一主题，根据自身特点开展了富有特色、针对性强的宣传，使推普周活动与语言文字日常工作有机结合，进一步扩大了推普周的宣传声势。新闻媒体对第七届推普周活动给予了较充分的关注。90余家语文报刊联合举办了“语文报杯”全国语文规范化知识大赛，语言文字报刊社组织了全国语文教师语言文字基本功大赛。

撰稿　高　阳

〔**普通话水平测试管理工作会议**〕　教育部语言文字应用管理司于2004年6月12日在太原召开全国普通话水平测试管理工作会议，各省、自治区、直辖市和新疆生产建设兵团的语言文字工作处和普通话培训测试中心负责人出席会议，部分省、自治区、直辖市教育厅（教委）的语言文字工作主管领导和人事部、国家广电总局、铁道部等单位负责人应邀出席。教育部副部长、国家语委主任袁贵仁在会议上作了题为《再接再厉，团结奋进，开创普通话水平测试工作新局面》的讲话。他在讲话中就今后普通话水平测试工作中要坚持正确处理的七个关系（开展普通话水平测试与全面抓好推广普通话工作的关系，测试机构与语言文字工作部门的关系，测试进展与测试质量的关系，测试与培训的关系，推动测试和加强达标后管理的关系，贯彻国家要求和从实际出发推进工作的关系，测试收益和维护测试工作可持续发展的关系）作了阐述，强调这既是在10年测试工作中积累的基本经验，也是今后应遵循的基本原则。

普通话水平测试工作开展10年来，覆盖全国的测试工作网络已经建立起来，向1 200多万名教师、播音员、节目主持人、国家公务员和公共服务行业员工颁发了普通话等级证书，在港澳地区也得到广泛认可，接受测试的港澳各界人士已过2万人次。会议要求要大力宣传、深入贯彻《国家通用语言文字法》，全面落实《普通话水平测试管理规定》等文件精神，大力加强普通话水平测试的基础建设，加强测试质量监测，继续拓展普通话水平测试工作领域和加强普通话水平测试科研，以推动普通话水平测试工作沿着制度化、规范化、科学化轨道健康发展。会议表彰了60个先进测试工作站和293名优秀测试员，并举办了普通话水平测试10年成就展览，编印了《普通话水平测试10年》画册。

2004年10月16日，教育部语言文字应用管理司、语言文字信息管理司和语言文字应用研究所在北京联合召开纪念普通话水平测试开展10周年暨语言文字应用研究所成立20周年座谈会，教育部副部长、国家语委主任袁贵仁在会上作了题为《再接再厉，精益求精，开创普通话水平测试和语言文字应用研究的新局面》的讲话。

撰稿　袁钟瑞

〔举办少数民族汉语教师普通话培训班〕 2004年7月14日—8月18日，新疆自治区教育厅受教育部语言文字应用管理司委托，举办了第三期少数民族汉语课教师普通话培训班，来自阿克苏、喀什、和田和克孜勒苏等地、州的81名中小学少数民族汉语课教师参加了培训。培训班注重提高学员的普通话口语能力，分快慢班，实行分级教学，进行字、词、句、篇章和会话训练。培训前学员们的汉语水平考试（HSK）等级为5级和5级以下，经过学习，在一定程度上提高了普通话水平，并进一步认识到普通话在汉语教学中的重要性。

2004年7月29日—8月7日，西藏自治区教育厅受教育部语言文字应用管理司委托，在西藏大学举办了首期少数民族汉语课骨干教师普通话培训班，来自拉萨、山南、日喀则、昌都、那曲、阿里6个地市中小学的51名从事汉语文教学的少数民族骨干教师参加了培训。学习结束前，51名学员参加了普通话水平测试，其中，获得一级乙等的7人，二级甲等22人，二级乙等14人，三级甲等8人。

2004年7月25日—8月8日，云南省教育厅受教育部语言文字应用管理司委托，在临沧地区举办了临沧地区贫困山区中小学少数民族双语教师普通话培训班。参加培训的97名小学教师来自临沧地区8个县近70多个山乡，分别属于佤、彝、傣、拉祜、傈僳、布朗、白、回等民族。经过培训，学员们的普通话水平有较大幅度的提高，其中达到二级甲等的17人，二级乙等59人，三级甲等17人，三级乙等4人，普通话达标率为78.3%。

撰稿 魏 丹

〔召开中国语言文字使用情况调查总结表彰会〕 经1997年第134次国务院总理办公会议批准，由国家语言文字工作委员会组织实施的“中国语言文字使用情况调查”项目，于2004年12月26日在人民大会堂召开总结表彰会，会上公布了“中国语言文字使用情况调查”的主要结果。全国人大常委会副委员长许嘉璐，教育部副部长、国家语委主任袁贵仁等出席会议并讲话，中国语言文字使用情况调查领导小组常务副组长、原国家语委党组书记朱新均对调查工作作了总结报告。湖南省语委和内蒙古大学有关人员分别作为先进集体、先进个人代表在会上发言。出席大会的还有教育部、国家语委和国家民委、民政部、财政部、农业部、文化部、国家广电总局、国家统计局、中国社会科学院等有关部门的领导以及受表彰的85个先进集体、119位先进个人的代表。

中国语言文字使用情况调查项目于1998年秋启动，1999－2000年各地语委相继展开调查，至2001年地方调查基本结束。在“五普”人口普查数据的基础上，中国语言文字使用情况调查办公室对数据进行汇总处理。

调查结果显示，全国能用普通话进行交际的人口比例为53.06%，能用汉语方言进行交际的人口比例为86.38%，能用少数民族语言进行交际的人口比例为5.46%（由于历史原因，我国满、回等少数民族多数人口已经通用汉语）。能用普通话进行交际的人口比例在城乡之间存在一定差距。城镇的普通话人口比例为66.03%，高出乡村21个百分点。这一结果体现了我国50多年推广普通话的巨大成就。

调查发现，在15～69周岁人群中，年龄越低，能用普通话交际的比例越高；受教育程度越高，能用普通话交际的比例也越高。60～69岁年龄段人群能用普通话交际的比例为30.97%，而15～29岁年龄段的比例高达70.12%。“没上过学”人群能用普通话交际的比例为10.36%，而“大专及以上”人群达到86.77%。这一结果也预示着：随着人口更代和教育的逐步全民化和终身化，未来我国的普通话普及程度还将提高。

调查指出，“普通话与方言并存分用”“在公务场合使用普通话”是我国目前语言使用的主要格局。

自上世纪50年代以来我国对部分汉字进行简化，现在国家推行、使用经简化、整理的规范汉字。从这次调查的结果看，95.25%的人平时书写时使用规范字，说明规范字已经深入人心。大致认识繁体字、书写使用规范字可以概括目前汉字的使用状况。

汉语拼音作为国家通用语言文字的拼写和注音工具，也是在20世纪50年代开始推行的。从这次调查结果看，全国会汉语拼音的人口比例达到了68.32%。

“中国语言文字使用情况调查”范围涉及除港澳台外的全国31个省、自治区和直辖市以及新疆生产建设兵团，调查样本量达16万多户，47万多人；在95%置信度下，比例数据的估计绝对误差低于0.35%。如此大规模的语言调查在我国还是第一次，调查结果将为国家语言文字工作部门和其他相关部门作出有关决策提供参考。

撰稿　谢俊英

〔**城市语言文字工作评估**〕　2004年，教育部、国家语委组织了对上海市、天津市语言文字工作的评估认定，沈阳、昆明、福州、武汉也通过了上级语言文字工作部门的评估认定。截至2004年底，全国已有13个一类城市（直辖市、省会、自治区首府、计划单列市）通过评估认定，实现了“普通话初步普及、汉字社会应用基本规范”的新世纪初叶语言文字工作目标。

〔**“规范外文使用，维护祖国语言健康发展”宣传座谈会**〕　为落实李长春、刘云山同志关于自觉维护中文规范、正确使用外文的批示，2004年5月25日，中宣部新闻局与教育部语言文字应用管理司联合召开了“规范外文使用，维护祖国语言健康发展”宣传座谈会，中国社会科学院、中国艺术研究院、北京大学等单位的专家学者，以及新华社、人民日报、中央电视台等媒体的代表近40人出席了会议。中宣部新闻局、教育部语言文字应用管理司及有关单位的负责人出席了会议，新闻出版署法规司、广电总局总编室派员参加会议。

近年来，不加注释地在中文中夹杂使用外文词汇原形和外文缩略形式的现象在大众传媒、出版物中日益增多，在社会上引起广泛关注。与会人员一致认为语言文字是文化的载体和民族的标志，是构建民族精神的基本元素和维系民族团结的重要精神纽带，外文使用过多、过滥，破坏了中文的严整、和谐，对祖国语言的丰富和健康发展、对优秀民族文化的传承和发展带来了不利的影响。会议呼吁进一步加大宣传贯彻《国家通用语言文字法》的力度，对上述现象加强调查研究，区分不同情况加以积极引导和规范——党政机关的公文、中小学教科书和大众传媒应当尽量避免在中文中夹杂使用外文，必须使用时要用中文作必要的注释；专业书刊也应慎用外文；新闻媒体和出版单位在维护祖国语言健康发展方面要承担宣传和示范的社会职责，国家相关主管部门对此应作出明确规定。

撰稿　于　虹

〔**《规范汉字表》研制工作**〕　2004年4月14日—15日，《规范汉字表》研制领导小组办公室在京组织召开了《规范汉字表》研制专家研讨会。来自北京高校和科研院所的13位语言文字专家参加了会议。与会专家对字表初稿和研制报告涉及的问题进行了细致深入的讨论，一致认为：课题组的工作总体上是有成效的，本着实事求是的精神针对问题提出了解决方案，其中有些解决方案是很智慧的。由于汉字本身的复杂性，字表初稿还存在一些缺陷，需要进行修改。专家们针对字表涉及的一些重大问题提出了修改建议。9月14日，《规范汉字表》研制领导小组办公室在京组织召开《规范汉字表》研制工作汇报会。国家语委的老领导、老专家出席。与会同志对研制《规范汉字表》的意义及当前工作总体上给予肯定；对部分汉字的调整问题，建议能不动就不要动，能少动就少动，确需改动和调整的字一定要慎之又慎；对字表的征求意见问题，建议分类征求意见，且征求的面要宽。

10月22日，《规范汉字表》研制领导小组办公室在京召开了《规范汉字表》研制专家工作组成立会，专家工作组成员和课题组成员出席了会议。教育部语言文字信息管理司司长李宇明介绍了《规范汉字表》研制工作的整体计划。专家工作组组长王宁指出，专家工作组的作用就是贡献学术智慧和学术威望，解决字表的难点和组装问题，对前期科研工作，该肯定的要肯定，需改善的要改善。专家工作组和课题组成员对下一步的工作计划和分工交换了意见。此后，专家工作组组织召开了两次有课题组成员参加的工作会议，分别就字表的分级、异体字的处理等重大问题进行了讨论研究，对字表初稿进行了相应的修改和完善。

〔**全国语言文字标准化工作**〕 为了加强语言文字标准化工作，建立语言文字标准化的长效工作机制，教育部语言文字信息管理司于2003年开始进行全国语言文字标准化技术委员会（简称“语标委”）及各分技术委员会（简称“分会”）的筹建工作。至2004年5月，6个分会已全部成立。

为了推动全国语标委各分会顺利开展工作，教育部语言文字信息管理司于2004年7月27日—29日在青岛市召开了全国语言文字标准化工作会议。全国语标委6个分会和部分标准研制项目的负责人共70多人参加。会议由山东省和青岛市语委办承办。李宇明司长作了《关于语言文字信息管理工作思路与近期目标》的报告，阐述了语言文字信息管理工作思路的形成过程和具体内容。会议邀请标准化领域3位知名专家作学术讲座。会后，6个分会在标准化业务学习和培训的基础上，各自拟定了工作章程和工作规划，并开始组织相关标准的制定和征求意见工作。目前，各分会正在逐步进入语言文字标准化工作状态。

〔**民族语文规范标准建设和信息化工作**〕 一、民族语言文字规范标准建设与信息化课题启动。为落实国务院领导同志关于民族语文信息化工作的批示精神，推动民族语言文字规范化、信息化，根据国务院赋予教育部的职能和民族地区的实际情况，教育部语言文字信息管理司在充分论证的基础上，制定了《民族语言文字规范标准建设与信息化课题指南》，面向全国进行招标。民族语言文字规范标准建设与信息化课题主要包括以下几方面的内容：

1. 少数民族文字的字符集及其平台建设。为了信息传输的准确性和完整性，要加强少数民族文字的字符集建设，搭建高水平的信息化文字平台。字符集建设要重视现实应用，由今而古，由基本字符集到完备的大字符集，并积极申报国际标准，使少数民族文字不仅实现日常交流的信息化，而且实现国际化和达到文化层面上的信息化。

2. 民族语言文字规范标准建设。民族语言文字规范标准制定是实现民族语文信息化的基础性工作。要在扎实研究的基础上加强民族语言文字规范标准建设，组织制定对信息化有基础意义的少数民族语言文字规范标准，促进少数民族语言文字的信息化、标准化。民族语言文字规范标准建设包括少数民族人名地名转写规范化、术语规范化、基础性规范等内容。当前优先进行蒙、藏、维、哈、柯、朝、彝、傣等主要文种的规范标准制定工作。

3. 民族语言文字资源库建设。民族语言文字资源库建设目前处于起步阶段，要借鉴汉语基础资源库的建设经验，通过开展相关的基础研究，研发多文种的多种资源库，包括文本资源和语音资源。

有关省、自治区民委、民语委和有关高校、科研院所对此次招标工作非常重视，对本省区、本单位的项目申报工作精心组织，周密安排，及时申报。目前，所有申报项目已经过专家论证，语言文字信息管理司2005年将对课题分批立项。

二、召开全国语言文字标准化技术委员会少数民族语言文字分技术委员会成立暨全国术语标准化技术委员会少数民族分技术委员会换届会议。

全国语言文字标准化技术委员会少数民族语言文字分技术委员会成立暨全国术语标准化技术委员会少数民族分技术委员会换届会议于2004年11月18日—19日在北京召开。全国语言文字标准化技术委员会少数民族语言文字分技术委员会挂靠在中央民族学院，主任委员戴庆厦。第二届全国术语标准化技术委员会少数民族分技术委员会挂靠在教育部语言文字信息管理司，主任委员李宇明。

会议讨论了两个分技术委员会的工作章程、工作规划，对《民族语言文字规范标准建设与信息化课题指南》（征求意见稿）也提出了不少建设性的意见。大家在以下几个方面达成了共识：（1）民族语言文字规范标准建设要走国家标准化和国际标准化的道路；（2）政府应重点抓好民族语言文字资源库（语料库）建设；（3）要建立和跨越少数民族语言文字信息化的“统一平台”；（4）应建立权威的民族语言文字术语标准化协作机构；（5）要注意处理好标准的制定、标准的应用推广与标准的宣传、监管等方面的关系。

〔**语言文字应用“十五”科研项目**〕 2004年4月，语言文字应用“十五”科研项目中期汇报交流会在北京召开。37个重大、重点项目及规范标准类项目的课题负责人共计40余人参加了会议。与会代表就项目进展情况进行了汇报交流，并就项目执行和管理中的问题及解决办法、相关项目的协调合作等进行了讨论。会议强调：(1) 增强服务观念。语言文字工作包括科研工作要为社会大众服务，教育部语言文字信息管理司（国家语委科研办）要为各课题组的研究工作服务。(2) 语言文字应用研究手段和信息服务手段要现代化。语言文字应用研究要有现代化的思路、现代化的运作机制，并借助现代化的工具。(3) 加强协调。要建立关联课题之间的联系机制，保证相关课题的协作研究。(4) 加强管理。课题的管理应严格按照国家语委科研办已经下发的有关规定进行。

在项目承担单位的努力下，大部分课题的研究进展顺利，部分课题已完成并结项。研究工作取得一批阶段性成果，据不完全统计，截止到6月份，在各种学术刊物上已经发表论文147篇、调查报告14篇，出版专著1部，研制软件工具5个；一些规范标准项目已经研制完成并通过专家鉴定。在项目研究过程中，一些课题组探索现代化的研究方法和手段，积累了一些好的经验。

会后，教育部语言文字信息管理司（国家语委科研办）下发了《语言文字应用“十五”科研项目结项鉴定方法》，根据社会需求和工作需要，对“汉字应用水平测试研究”、“智能语音技术在普通话学习中的应用”等进行了补充立项，并协调有关司局，促成“中华大字符集”项目的立项。

〔**“国家语言资源监测与研究中心”成立**〕 由教育部语言文字信息管理司与北京语言大学合作共建的国家语言资源监测与研究中心（平面媒体）于2004年6月正式成立，教育部副部长、国家语委主任袁贵仁出席揭牌仪式并讲话。

中心成立的目的在于建立并逐步形成一种对社会语言生活进行实时监测和规范引导的长效机制。除平面媒体语言资源监测与研究中心外，还将陆续建立有声媒体、网络媒体、教育教材、海外华人社区4个监测与研究中心。每个中心都将建设一个动态流通语料库和相应的监测管理系统，利用现代化信息处理手段，对现代汉语进行动态定量分析和统计，对大众传媒、图书杂志和互联网上出现的外语词、流行语、新词语以及现代汉语中其他新变异、新现象进行监测、分析与研究，成果以“语言生活绿皮书”等形式定期或不定期向社会发布。此类研究成果，可以作为国家语言文字方针、政策制定和调整的参考，同时，中心的组建也可以为群众正确使用祖国语言文字提供咨询服务，从而更积极有效地促进和引导社会语言生活健康发展。

〔**语言文字工作系统政务信息化工作**〕 为落实全国语言文字信息化工作会议精神，进一步拓展和深化语言文字工作系统的政务信息化建设，教育部语言文字信息管理司分别于2004年8月和11月，在兰州和厦门分片召开了语言文字工作系统网站建设与管理汇报交流会。全国各省、自治区、直辖市和一些城市的语委办负责同志和网站工作人员共计150余人参加了会议。邀请了全国知名的网络专家作了网络技术和网站建设方面的讲座。会议期间还促成了上海和西藏在语言文字网站建设方面实施对口支援。与会代表一致认为，这两次会议特色鲜明、富有成效：(1) 发现了新典型，交流了新鲜的经验；(2) 对语言文字政务信息化的认识有了新的提高；(3) 尝试了在网站建设和语言文字工作中引入对口支援的新做法和新思路；(4) 专家的讲座开拓了视野，使大家学习到很多新知识，业务水平得到提高。

目前中国语言文字网和省级语言文字网站基本建成，使我国的语言文字工作进入到虚拟空间。下一步的工作重心是：第一，在进一步巩固省级语言文字网站建设成果的基础上，大力推动省会城市和一些大城市的网站建设，鼓励地级城市建网，形成较为完善的语言文字工作的网络系统；第二，要用“电子政府”的标准来建好、用好语言文字网站，探索通过网络开展语言文字工作，为建成“网上语委”而努力。

2004年底，教育部语言文字信息管理司总结语言文字工作系统政务信息化的成绩和经验，积极参加了中国教育和科研计算机网CERNET建设10周年成就展览，扩大了影响。

〔**中国语言文字国际标准化工作**〕 2004年，教育部语言文字信息管理司组织以专家研制起草国际标准提案、派遣专家出席相关国际标准化组织等形式，继续组织开展国际标准ISO 10646“信息技术·通用多八位编码字符集”研制工作，取得了新的进展。主要表现在：（1）CJK国际汉字基本子集2.1版（主用于小型通讯设备，共有9 810个汉字，内有中国大陆提出的5 825个汉字），在8月于加拿大召开的WG2第45次会议上被通过，收录于ISO/IEC 10646：2003第1补篇。（2）古汉字编码工作被WG2第45次会议批准，在2004年11月底于韩国召开的IRG第23次会议上正式启动。IRG同意成立专家工作组（组长由中国北京师范大学李国英教授担任），要求各成员体在2005年1月底之前按照已形成的编码原则和要求提交甲骨文、金文、小篆三种古汉字的样例。（3）中国语言用国际音标扩充提案在WG2第45次会议上被通过，我国提出的24个国际音标扩充符号被收录于新创建的“修正符音调字母”块内。（4）中国西双版纳傣文编码修改提案被WG2第45次会议通过，至2005年2月中国提交有关字型后，该文字的编码工作已完成。（5）中国维吾尔、哈萨克、柯尔克孜文编码提案和八斯巴文编码修改提案，得到WG2第45次会议的重视，WG2允许中国进一步研究可行性方案。

〔**第二届两岸四地中文数字化合作论坛（CDF）**〕 此次论坛于2004年2月23日—25日在香港举行，由香港特别行政区政府资讯科技署及中文界面资讯委员会联合主办。来自两岸四地的30多位语言文字、计算机信息处理和国际标准研制专家、学者出席。香港特别行政区政府资讯科技署署长黄志光在开幕式上致词，论坛召集人、教育部语言文字信息管理司副司长王铁琨讲话并主持论坛工作会。

会议主要交流了两岸四地中文数字化进展情况及存在的问题，并探讨了中文字频及词频统计、字关联和词关联、古汉字编码以及少数民族文字信息化等方面的议题。与会代表通过交流，加强了协调与沟通，并达成合作意向，形成了如下决议：（1）委托香港资讯科技署研究建立CDF网站，把CDF办成活跃的动态交流园地，促进中文数字化的合作与发展。（2）共同支持国际标准ISO/IEC 10646/IRG按预定计划合理制定汉字国际基本子集。（3）共同开发基于汉字国际基本子集的字词典。（4）2005年春在台湾举行CDF第三次会议，由中文数字化推广基金会（CMEX）担任东道主。

〔**第二代居民身份证姓名住址生僻字专家研讨会**〕 为了解决第二代居民身份证姓名住址生僻字无法实现计算机输入、存储、传输、交换和显示等问题，公安部治安管理局决定对这些姓名住址生僻字经规范审定后予以编码，并建立相应字库。应公安部治安管理局的要求，教育部语言文字信息管理司与该局于2004年5月11日—12日联合组织召开了专家研讨会，对全国户籍部门收集的生僻字进行审核。来自有关高校和科研院所的12位文字学与信息处理方面的专家出席。由于公安部提供的生僻字材料只有字形信息，没有其他属性信息，这次研讨会上只有少部分生僻字得到专家初步确认。专家建议，地名用字请民政部协助复核；此次审查未经确定的字，需要经汇总、整理、甄别后再审核；此次提交的姓名用字应仅限于现有姓名使用。另外，专家们还建议在第二代身份证发放中对已有编码的姓名住址用字严格遵守《国家通用语言文字法》《居民身份证法》和现行汉字规范。对此，公安部治安管理局有关人员表示，许多姓名住址用字是第一代居民身份证中使用过的，改字更名会带来一系列麻烦和问题，操作上有难度。

撰稿　陈　敏　王翠叶

审稿　杨　光　王铁琨

教材建设与教学仪器研究

人民教育出版社

〔综述〕 2004年，人民教育出版社按计划完成了义务教育课程标准实验教科书和普通高中课程标准实验教科书的编写（修订）、送审、出版和培训工作；积极致力于基础教育课程教材的研究，大力推进精品图书项目建设，全年图书生产品种3462种，其中中小学教材2524种；印制教材、图书共计10 011万册。

为认真贯彻落实《中共中央 国务院关于进一步加强和改进未成年人思想道德建设的若干意见》精神，人民教育出版社配合出版了学习文件和宣传材料。按照中宣部、新闻出版总署的要求，在全社范围内开展了“三项学习教育”活动，先后举办各类人员学习研讨班9期，参与集中学习培训的人员超过500人次；多次召开座谈会，提出问题，进行研究；还编辑印发了《人民教育出版社规章制度汇编》，为实现科学管理和规范管理奠定了坚实基础。

为落实全国农村教育工作会议精神，人民教育出版社承担的农村中小学现代远程教育DVD教学光盘项目，已经完成了小学语文、数学、英语、音乐、美术、品德与生活、科学7个学科1 200多个课时276片光盘的编辑制作工作，并参加了二期工程试点省（自治区、直辖市）的项目投标工作。这些教学光盘，受到广大农村学校的普遍欢迎。

为提高人教版教材质量，人民教育出版社进一步加大科研力度。承担的“十五”国家重点课题“新基础教育课程教材开发的研究与实验”进展顺利，2004年11月通过了全国教育科学规划领导小组的中期评审，专家对该项目所取得的的成果给予了充分的肯定；其他四项教育部重点课题分别召开了研讨会，取得初步成果。人民教育出版社课程教材研究基金资助项目“人教版义务教育课程标准实验教材研究课题”进展顺利。同时，启动了高中阶段研究课题的组织工作。

积极开展国际版权贸易，与多家国外出版公司建立合作关系，国内版权合作也有进一步的发展。2004年共引进图书35种，与美国汤姆森公司合作编写的课程标准英语教科书《新目标》成功运作，该教科书创造了良好的社会效益和经济效益。电子音像出版物的版权管理进一步规范，版权收益明显增加。

在经济效益稳步提高的基础上，人民教育出版社积极参与公益事业，为河北平山、湖北红安、四川广安、云南蒗县、广西百色及西部20个省、自治区、直辖市捐款及捐赠出版物共值800余万元，向西藏教育部门捐赠了一些教学和办公设备。

〔**普通高中新课标教材的立项和编写**〕 根据教育部基础教育课程改革的整体部署，2003年3月，教育部颁布了《普通高中课程方案（实验）》及语文、英语、日语、俄语、数学、历史、地理、物理、化学、生物、技术、艺术、音乐、美术、体育与健康共15个学科课程标准（实验稿），由此，高中新课程标准实验教材的立项、编写工作正式启动。2003年6月，人民教育出版社报送了14个学科16套教材的立项材料（其中，数学为两套，技术分为通用技术和信息技术两套），经教育部基础教育教材审定办公室审核，有语文、英语、日语、俄语、数学（两套）、历史、地理、物理、化学、生物、美术、体育与健康计12个学科13套教材核准立项，这13套教材开始进入编写阶段。

普通高中新课程标准，在内容和形式上都有很大的突破和创新。这就要求教材的编写上也要有新的思路。人民教育出版社在投入力量编写高中新教材时，从教材编写的工作目的、基本理念和创新方向、教材的总体设计、队伍的组织、工作时间安排等方面制定了周密的方案，并特别强调了几点：一是要加强科研，要在科研的基础上编写新高中教材；二是在设计思路上，要形成以教科书为主体的系列化立体化教材；三是在编写队伍的组成上，要广纳贤才，组成老中青结合、社内外结合的工作班子，共同完成编写任务。在编写过程中，人民教育出版社充分发挥学科齐全的优势，召开多次研讨会，组织各学科编写人员在一起研讨教材的编写思路，相互启发，相互借鉴其他学科的好做法。同时，按照教材的编写计划经常对教材的编写进度进行检查，保证教材的编写能按时完成。

2004年2月18日，按照教育部全国中小学教材审定委员会办公室的要求，人民教育出版社送审了语文、数学、英语、历史、地理、物理、化学、生物、美术、体育与健康10科11套的实验教科书计65种，教师教学用书11种。经审查后，通过了10科11套53种教材，各学科的必修教材基本上都通过了审查。2004年暑期，高中课程标准实验教材已在广东、山东、海南、宁夏4个先行进入实验的省、自治区与广大师生见面。2004年下半年，人民教育出版社又组织进行新高中各学科选修教材的编写，并于2004年11月30日和2005年1月12日，分别将要求送审的其他新高中教材120种送教育部审查。2004年年底，物理和化学学科共5种选修课教材先期通过了审查。

〔**加强新课程标准实验教材的售后服务工作**〕2004年，按照义务教育新课程标准编写的实验教材已进入第四年的实验。随着实验工作的深入和实验区的逐年扩大，教材服务工作也更加繁重。做好教材培训工作，是人民教育出版社多年来一贯坚持的售后服务项目。2004年，人民教育出版社对人教版教材的使用地区，共组织了2 500多场面对面的教师培训，累计派出包括外请专家和本社编辑人员在内的2 300多人次，培训教师近48万人，除到省会城市外，还克服暑热、交通等困难，深入到地市县去培训，足迹遍布30个省、自治区、直辖市。与2003年相比，2004年的培训工作场次更多、人数也大幅度增加、覆盖面进一步扩大。

根据实验区的需要，人民教育出版社像往年一样，抓紧时间赶制了大批“培训资料包”，除复制了6 000套前两年行之有效的义务教育阶段一、七和二、八年级的培训资料外，又新制作了7 000套三、九年级以及新高中课程标准实验教科书的培训资料。义教培训资料包每个县免费赠送两套，高中培训资料包则发放到所有实验学校，从而基本满足了实验区教育行政部门、教研部门有关人员希望反复学习培训材料的要求，为实验区的广大教师，尤其是边远地区的教师提供了必要的文字及声像资料。

秋季开学后，人民教育出版社组织了大规模的实验区回访。由社领导带队，各个学科编辑人员和总编室、课程教材研究所办公室、培训办公室、教材中心参加，组成回访团，深入到实验区学校听课、调研、座谈。一个多月的时间，共回访了14个省、150多个地市，听课500多节，组织了300多场座谈会，与教师和教研员们进行了沟通，了解了教材的使用情况，听取广大师生对人教版教材的意见和建议，取得非常好的效果。

〔**2004年度部分获奖品种目录**〕 2004年，人民教育出版社又有多种出版物获得国家级、部委级和学会级奖励。其中主要有：

图书

《课程与教学哲学》	第十四届中国图书奖
《李岚清教育访谈录》	第六届全国高校出版社优秀畅销书奖一等奖
《高效率教学》	第六届全国高校出版社优秀畅销书奖一等奖
《高举光辉旗帜 誓做时代新人》	第六届全国高校出版社优秀畅销书奖二等奖
《普通心理学》	第六届全国高校出版社优秀畅销书奖二等奖
《我教小学数学》	第六届全国高校出版社优秀畅销书奖二等奖
《教师心理健康研究》	第六届全国高校出版社优秀畅销书奖二等奖
《中华传统美德格言》	100套"全国青少年喜爱的优秀图书"
《中国的创造精神——中国的100个世界第一》	2003年度引进版社科优秀图书奖

电子音像制品

《PEP小学英语》第一、二册（DVD）	第三届国家音像制品奖
《鲁迅笔下人物》（DVD）	第三届国家音像制品奖
《全日制普通高级中学生物》（试验修订本）全一册（VCD）	第三届国家音像制品提名奖
《中华传统美德格言》（CD-ROM）	第三届国家电子出版物奖
多媒体教学学习软件《义务教育课程标准实验教科书　音乐》一年级上、下（CD-ROM）	第三届国家电子出版物提名奖

撰稿　王志刚　李　慧
宗晓雁　邢克斌
审稿　魏国栋　吕　达

高等教育出版社

〔**概况**〕　为了给读者提供更优质的服务，高等教育出版社在2004年开展了"以客户为中心"的服务体系建设，开展了"从以产品为中心向以客户为中心转变"的宣传、动员、学习和研讨等活动，开展了为学校师生提供信息等服务的院校业务代表试点工作，制定和执行了出版业务流程工作规范和以"客户为中心"行动准则。同时推出的服务质量追踪与衡量体系、流程考核与激励方案，保证了"以客户为中心"的各项措施落到实处。全社从选题组稿、编辑加工、装帧设计、校对排版、宣传推广、销售送货到售后服务和教学服务，为客户服务的能力和水平得到全方位提升。

2004年，高等教育出版社继续实施图书出版精品战略，积极承担国家"十五"规划教材的出版任务，调整出书结构。以《大学体验英语》、同济大学《高等数学》为代表的一批按整体教学解决方案设计的教材，为师生提供了包括网络课程、各类教学资源、个性化网络服务等在内的全方位教学服务，在高校的试点使用中得到了好评。

为提供高水平、高质量和高品位的高等学校对外交流与学术出版平台，高等教育出版社开展了《中国高等学校学术文摘》英文学术期刊的建设工作，《数学》、《电气与电子工程》、《历史》三个分册已出版了样刊。

2004 年，高等教育出版社出版的图书和电子音像产品共获得各类国家和省部级奖励 42 项，其中：国家图书奖 1 项、国家音像制品奖 5 项、国家电子出版物奖 2 项。在 2004 年第三届国家音像制品奖和第三届国家电子出版物奖评比中，高等教育出版社获奖总数在所有出版社中均居第一位。

〔**深化体制机制改革**〕 根据高等教育出版社的集团化战略构想，按照编辑出版业务与经营性业务两分开的原则，高等教育出版社将北京蓝色畅想图书发行有限公司、北京畅想教育影视制作有限公司、北京学林网软件技术有限公司等五家从事经营性业务的公司组建成北京畅想传媒投资集团有限公司，初步形成了“一体两翼”（一体为整体的教育资源集团，一翼为教育出版业务，另一翼为经营性和相关多元化业务）的战略框架。

2004 年初，高等教育出版社在 2001 年组织机构与薪酬体系调整及全员岗位聘任工作的基础上，进行了新一轮的调整改革工作。以机构调整为先导，高等教育出版社所有部门的工作岗位进行了重新设置，各岗位的工作职责得到明确。除社领导班子成员外，全部员工均双向选择、竞争上岗，聘任中层管理人员 72 人，其中：中层正职管理岗位 31 人，中层副职管理岗位 41 人。

〔**强化经营管理**〕 2004 年，高等教育出版社按照以精品教学内容为核心、提供课程整体解决方案和全程教学服务的“一条主线”的运营模式，全面加强了经营管理工作。

在管理制度上，为使高等教育出版社的工作在新的形势下更加科学、规范、合理，高等教育出版社重新修订了包括人事、财务、出版制作、运营等方面的多项管理制度。高等教育出版社的全面预算管理工作在原有基础上进一步得到改进和加强。生产办公会议已形成制度，强化了对生产运营过程的领导、组织、计划、协调、控制，加强了对产品质量、工作质量、服务质量以及各种计划的管理和监督。

ERP 系统第二期建设工作顺利完成，进一步加强和完善了现代化的管理与技术平台，为全社经营管理工作提供了有力的支持。高等教育出版社进入 2004 年国家信息化企业 500 强。

2004 年，高等教育出版社通过加大经营管理的工作力度，不断深化改革，克服了外部环境带来的巨大困难，在激烈的市场竞争中取得了可喜的成绩。全年完成图书出版总品种6 237种，其中新书2 020种；总印数 1.3 亿册、销售收入 11 亿元；利润总额 2.1 亿元，同比增长 36%；净资产 12.9 亿元，同比增长 19.4%。各项指标均达到历史最好水平。

〔**创建学习型组织，形成积极向上的企业文化**〕 在新闻出版总署倡导实施的“三项学习教育活动”中，社领导班子高度重视，统一部署，并且与高等教育出版社“一条主线”的业务模式和“以客户为中心”的战略理念紧密结合，在全体职工中分阶段落实。通过近一年时间的学习，广大职工对“三个代表”重要思想、马克思主义出版观、职业精神和职业道德有了更为深刻的认识。同时，全社党员开展了保持共产党员先进性教育活动，结合高等教育出版社实际，重点解决五个问题，从而达到提高党员素质、加强基层组织、服务人民群众和促进各项工作的目标。

2004 年，社务会成员建立了集体学习制度，就有关党和国家的方针政策、法律法规以及经济管理理论与实务、传媒业务等进行专门的学习讨论，共开展学习活动 10 场。建立了新员工的双导师培养制度，从社内聘任编辑出版专家指导新员工的编辑出版业务，从大学等单位聘请专业导师指导教学研究和专业研究。建成了高等教育出版社网上学习系统，形成了开放式和交互式的学习，有力地促进了职工的学习积极性和主动性。

为实现可持续发展和提高企业核心竞争力，高等教育出版社开展了人才培养工程。按照整体规划，分步实施，重点突破，分类指导的原则，重点提高员工的整体素质和形成人才资源能力。完善了新聘人员的选拔录用程序和评价工具，制定了员工岗位绩效考核方案和人员培训规划。

高等教育出版社在 2004 年 5 月建社 50 周年之

际，举行了庄重、祥和、节俭的社庆活动，并向中西部 14 个省、自治区的贫困大学生捐赠了价值 1 000万人民币的教材和图书，还和国家新闻出版总署共同在江西省瑞金市捐建一所希望小学，以实际行动回报社会。印度洋海啸之后，高等教育出版社职工个人向受灾国捐款 8.4 万元。

撰稿　黄亚丽
审稿　刘志鹏

教学仪器研究

〔**教学仪器标准化**〕　全国教学仪器标准化技术委员会工作会暨标准审定会于 12 月 12 日—18 日在海南省海口市召开，会议审定了《学生计算器》、《多媒体设备集中控制系统》和《计算机校园网一般要求》三项教育行业标准。会议认为：标准化工作是教育技术装备的基础性工作，对促进教育手段现代化，推动教学仪器行业技术进步，提高教育经费的使用效益，引导教育技术装备方向有着重要意义。课程改革对教育技术装备工作提出了新要求，标准化工作也要适应课改的要求，及时跟上。要用科学的发展观指导教学仪器标准化工作，更好地为教学服务。

全国教学仪器标准化技术委员会化学仪器分技术委员会审定通过了《二氧化碳晶体结构模型》、《二氧化硅晶体结构模型》两个行业标准。

教育部颁布了《教学用液晶投影机》、《实验室设备·电源》、《直视分光镜》等 15 个教育行业标准。

〔**教学仪器研究**〕　由教学仪器研究所研制的“生物浸制标本无害化保存技术”通过了成果鉴定。该生物保存液选用一种醛系物，经改性后，使其分子量变大，稳定性提高，同时减小其刺激性气味。经稀释后的保存液无色，无刺激性气味，性能稳定，对人体健康无不良影响。可以替代福尔马林对浸制标本的保存，且价格较低，经济适用。该保存液的研制成功，解决了多年来困扰我国浸制标本制作技术中的一个难题，对于改善学校环境、保护师生健康具有重要意义。

教学仪器研究所的重点研究课题“数字化教学实验系统”（测量、控制模块）取得了阶段性成果，并通过了鉴定。该系统集成了软件技术、单片机技术、传感器技术，具有在线和离线测量、控制功能。其离线功能为学生进行野外考察、环境监测、将所学的知识应用于生产生活实际提供了便利；控制功能为中小学综合实践活动课程中开设的劳动与技术教育、信息技术教育课提供了重要条件。数字化教学实验系统作为一种工具，具有开放性，为学生进行研究性学习、探究性实验提供了良好的平台，为教师因材施教和制作校本教材提供了手段，是信息技术与实验教学整合的有效形式之一，符合新技术与新课程的发展方向。

〔**与联合国儿童基金会合作项目**〕　为执行中国政府与联合国儿童基金会 2001—2005 年周期基础教育合作方案，改善西部贫困地区教学点的办学条件，教学仪器研究所与联合国儿基会合作，为“爱生校”和“学校发展”项目的 517 个教学点配备了教具包，拍摄了“教具包走进山区小学”的专题片和培训教具包的录像片 7 盘共计 675 分钟；合作项目的实施受到了联合国儿童基金会教育官员的好评。

撰稿　顾　敏
审稿　刘诗海

教育科研、学术活动

中央教育科学研究所

〔与“两会”代表、委员座谈教育热点问题〕2004年3月10日，中央教育科学研究所、《教育研究》杂志社邀请参加全国人大十届二次会议和全国政协十届二次会议的部分代表和委员到所与科研人员代表座谈。代表和委员同中央教育科学研究所的专家学者们围绕目前我国教育改革与发展中的热点问题展开讨论，从科学发展观的角度提出了相应的对策和政策建议。

〔《对策与建议》出版〕 2004年3月5日，《对策与建议——2003—2004年度教育热点、难点问题分析》由教育科学出版社出版。

《对策与建议》精选中央教育科学研究所科研人员的44篇论文和研究报告，分为理论探索、政策建议、学术交流和国际比较四个专题。

〔第四届全国教育科学研究所（院）长工作联席会议〕 2004年10月31日—11月1日，由中央教育科学研究所主办、湖南省教育科学研究院承办的第四届全国教育科学研究所（院）长工作联席会议在湖南省长沙市召开。教育部副部长陈小娅出席开幕式并讲话。

来自全国各省、直辖市、自治区，部分计划单列市、省会城市教育科学研究所（院），部分高校教育科学学院，以及湖南省各地、市、州教育科研机构的负责同志及专家，共150人参加了会议。会议期间，与会代表围绕“坚持科学发展观，落实新一轮教育振兴行动计划，遵从教育科研的学术规范，积极推进我国教育科学研究事业的改革与发展”的主题，进行了广泛深入的研讨与交流。

〔建立博士后科研工作站〕 经人事部批准，中央教育科学研究所正式建立博士后科研工作站，并于2004年12月7日举行了首届博士后研究人员进站典礼。这是继2003年经国家人事部批准首次招收国内外访问学者、经国务院学位委员会评审并批准与北京大学联合培养教育学原理博士学位点之后，中央教育科学研究所在培养高层次人才工作方面的新突破。首届进站博士后研究人员共9人，他们的研究涉及道德情感教育、课程与教学论、教育史、教育与人力资源、教育政策、差异教学等领域。

撰稿　陈如平

审稿　田慧生

国家教育发展研究中心

〔高等教育发展与财政政策国际研讨会〕2004年7月11日—14日，中国教育部与经济合作与发展组织（OECD）在北京共同召开了“高等教育发展与财政政策国际研讨会”。研讨会由教育部教育发展研究中心承办。出席研讨会的中方代表有教育部、财政部、国家发展改革委员会的政府部门官员，省级教育行政部门的负责人，不同类型大学的校长，教育政策研究机构的学者，共40余人；国外代表有来自英国、法国、瑞士、美国、挪威、奥地利、墨西哥等OECD国家的高级教育行政官员和教育政策研究学者，共15人。中国教育部副部长章新胜、吴启迪和OECD副总干事Berglind Asgeirsdottir、英格兰高等教育拨款委员会主席Howard Newby在研讨会开幕式上分别致辞和演讲。国家教育发展研究中心主任张力和OECD非成员国合作项目主管Ian Whitman作了大会主题发言。

章新胜指出，在世界范围内高等教育发展的背景下，中国政府近年来实施科教兴国战略，高等教育实现了跨越式发展。但发展中还存在区域不平衡等突出问题，需要立足于中国国情，同时学习借鉴外国经验。吴启迪大会演讲的主题是完善中国高等教育质量保障与经费投入体制。Howard Newby提出从全球范围看，各国政府有着某些共同的发展高等教育的政策目标：一方面要持续地发展高等教育，另一方面要找到更多的资源。如英国政府决定，在使18～30岁人口的高等教育毛入学率从2004年的44%增加到2010年的50%的同时，学生要承担教育成本的比例越来越大。

会议还分组对就业市场与高等教育发展、多样化发展要求的高等教育质量评价、政府高等教育财政政策的优化选择、大学经费来源多元化趋势等四个主题进行了专题研讨，取得以下成果与共识：

1. 关于就业市场与高等教育发展。近年来中国高校毕业生就业率有逐步下降的趋势，但毕业生就业绝对量是显著增加的；非公有制企业已逐渐成为高校毕业生就业的重要渠道之一；行业特点明显的专业成为大学生的重要选择，高职生就业逐渐走强。面对当前就业形势，中国政府希望通过3～5年的努力，建立起适应新形势需要的、具有中国特色的高校毕业生就业工作管理体制和运行机制。高等学校则要充分认识就业市场的导向功能，树立“以就业为导向”的办学新理念，促进高等教育改革、发展和制度创新。

2. 关于多样化发展要求的高等教育质量评价。要树立科学的质量观和发展观，加强分类指导，鼓励学校找准定位，办出特色；建立定期采集和公布全国普通高等学校教学基本状态数据制度，加大高等学校教学工作的透明度；规范和改进学科专业教学质量评估，逐步建立与人才资格认证和职业准入制度挂钩的专业评估制度；建立社会评估中介机构资质认证制度，积极发挥社会中介机构在高等教育质量评估中的作用；从严治教，把外部评估与内部评估结合起来。

3. 关于政府高等教育财政政策的优化选择。政府应首先建立公共财政保障机制；其次，应改革管理体制和办学体制，促进高等教育投资主体的多元化；第三，建立高等教育成本合理分担机制，完善学生资助政策；第四，高等教育在引入信贷资金的同时，要建立债务预警机制。

4. 关于大学经费来源多元化趋势。在当今世界，高等教育经费来源多元化已成为一种趋势。高等教育机构必须加强自身在市场中的竞争能力，努力去满足各方面的要求，才能获得更多的经费渠道。来自高校的代表认为高校主体地位不落实是制约高校实现办学经费来源多样化的关键问题。而在中国高等教育经费结构中，社会捐赠所占比例始终很小，进一步完善社会对教育捐赠的法规与社会机制，是需要我们努力的方向。

撰稿 刘承波

审稿 范文曜 马陆亭

〔联合国教科文组织国际教育大会第47届会议〕 联合国教科文组织于2004年9月8日—11日在日内瓦举办了主题为《面向所有青年的优质教育：面临的挑战、趋势和优先事项》的第47届国际教育大会。来自包括中国在内的137个成员国的教育代表团出席了会议。中国教育部副部长陈小娅在会上作了《中国基础教育的改革》的报告。会议期间代表们讨论了会议的主文件《面向所有青年的优质教育：面临的挑战、趋势和优先事项》（以下简称主文件）并分成四个专题小组集中讨论了教育质量与性别平等、教育质量与社会包容、教育质量与生活所需要的能力、教育质量与教师的关键作用等教育政策问题，最后全体代表一致通过了《联合国教科文组织国际教育大会第47届会议公报和关于提高所有青年教育质量优先行动事项的建议》(简称“公报与建议”)。

撰稿 周满生

〔APEC第三次教育部长会议〕 2004年4月27日—30日，在智利首都圣地亚哥召开了APEC第三次教育部长会议并取得圆满成功，会议情况简介如下。

一、会议基本情况

本次会议的主题是“应对未来的挑战——培养21世纪所需要的技能”，目的是加强亚太地区教育领域的联系与合作，为各经济体成员提供更多公平、良好的机会，促进每个成员发挥最大潜能，为实现亚太地区经济更大程度地整合和开放做出贡献。会议确定了英语及其他外语的教学、加强数学和科学领域的改革、在教学领域运用信息技术和教育管理及系统教育改革作为本次大会的主要议题。

来自APEC 21个成员中的19个经济体（俄罗斯和越南没有出席）的教育部长（或副部长）纷纷就外语教学、数学和科学、信息技术和教育管理四个议题着重介绍了本国的经验、具体做法并对如何进一步加强APEC各成员间的合作提出了若干建议，原则通过了“第三次APEC教育部长会议——应对未来挑战的技能”的主报告和“APEC第三次教育部长会议联合声明（草案)”。

中国教育部副部长章新胜率政府代表团出席了会议。他在大会发言中介绍了中国教育发展战略和中美网络语言教学合作项目的进展，引起各国与会者的关注。

二、APEC大会的几点结论和教育发展趋势

（一）结论

1. 在教育管理及体制改革方面，会议主报告强调为了有效实现改革目的，要提高管理的透明度和责任制。教育结构应更加弹性化，以促进政府各部门之间的合作并保证机会与公平，相应的，学校应该有更多的选择权和鼓励社区与家长参与的主动权，最终形成推动改革的合力。

2. 数学与科学是学生应该掌握的核心知识之一。

3. 在外语教学方面，各经济体一致认同的观点是：语言教学的改革不应仅仅局限于课堂教学，而是要考虑文化认同、学习起始年龄、学习环境等更多的因素。

4. 对于ICT在教育中的应用，各经济体普遍认同的观点是：如果运用得当，ICT能够为学习者提供更多的独立与合作工作的机会，从而提高学习的效果；在ICT应用于教育的过程中，教师起着主导作用。ICT在教育中的应用绝不单纯是技术问题，而是植根于一国的文化价值、教育方法等。

（二）发展趋势

1. 教育改革要促进公平

对于大多数经济体而言，应无视种族、性别、地区、家庭背景等的差异，为所有的公民提供高质量的教育，这不仅出于社会公平的需要，还出于未来经济增长的需要。其中为女性提供平等的教育机会成为各国突出关注的焦点。

2. 改革需要所有利益相关人的参与
3. 改善资源不足状况
4. 强调教师的专业发展
5. 争取社区与家长的支持
6. 加强透明度和评估
7. 促进 APEC 成员间的合作与交流

撰稿　周满生　卢海弘
审稿　周满生

高等学校社会科学发展研究中心

〔**教育部邓小平理论和“三个代表”重要思想研究中心工作**〕　2004 年，教育部邓小平理论和“三个代表”重要思想研究中心（以下简称“理论中心”）开展了以下主要工作：

组织纪念邓小平同志诞辰 100 周年活动。为贯彻落实中央关于邓小平同志诞辰 100 周年纪念活动的指示精神，同时为教育系统参加“全国邓小平生平和思想研讨会”选送论文，“理论中心”于 8 月下旬在扬州大学召开“全国高校邓小平生平与思想研讨会”。来自 21 个省（自治区、直辖市）40 余所高校的入选论文作者及各有关方面的专家学者 80 多人与会。会议论文集的编辑工作已经结束。

组织马克思主义理论研究和建设工程部分课题研究工作。“理论中心”承担“‘三个代表’重要思想的科学内涵和精神实质”课题的研究任务。6 月上旬，召开了课题组成立暨第一次工作会议，明确了课题研究的基本要求，讨论确定了研究计划，落实了 15 个子课题的分工。课题组部分成员参加了中宣部和工程协调小组组织的报告会、参观考察等活动。各子课题的研究工作已从调查研究入手全面展开。11 月，“理论中心”向工程协调小组提交了 12 份调研材料。

按照工程协调小组的布置，“理论中心”组织多个子课题组，为撰写政治经济学、科学社会主义、政治学、法学、文艺学、历史学等学科的教材制定了 7 份提纲。

承担教育部编写《“三个代表”重要思想教育理论学习纲要》任务。编写工作由教育部党组直接领导，“理论中心”承担具体编写任务。该项工作于 3 月份启动，12 月，《纲要》由高等教育出版社出版。“理论中心”还组织编写了《〈“三个代表”重要思想教育理论学习纲要〉辅导》一书。

组织编写出版“邓小平理论和‘三个代表’重要思想研究”丛书。该项工作于 2002 年初启动。丛书到 2004 年 8 月由中国人民大学出版社出齐，共 13 本，涵盖三个“代表”、四个“如何认识”、依法治国和以德治国，以及邓小平理论的哲学基础、人的全面发展、党的最高纲领和最低纲领的关系、深化对劳动和劳动价值论的认识等多方面内容。

组织撰写了 4 篇由“理论中心”署名的文章在中央主要报刊上发表：《深刻理解科学发展观》（《经济日报》3 月 1 日）、《弘扬和培育伟大的民族精神》（《人民日报》6 月 24 日）、《培育“四有”新人：一个具有战略意义的命题》（《求是》2004 年 17 期）和《坚持马克思主义指导地位，正确对待西方思想理论》（《求是》2004 年 23 期）。

〔**哲学社会科学各学科学术研究活动**〕　开展哲学社会科学各学科的多项课题研究，并结合课题研究工作跟踪学术理论动态，编报系列简报，供部领导和中央有关部门决策参考。

西方经济学与我国经济体制改革研究。6 月下旬，西方经济学与我国经济体制改革研究课题组召开“我国经济体制改革的指导思想”学术研讨会，围绕我国经济体制改革的指导思想、新自由主义经济学对我国改革开放的影响、如何坚持和发展马克思主义经济理论、国有企业的改革和发展等问题开展讨论。9—10月，课题组召开多次研讨会，研讨国有企业改革过程中一些亟待解决的问题。9月，课题组专题研讨了新自由主义产权理论和推进国有企业改革健康发展的问题。

哲学研究。7月，哲学课题组召开研讨会，学习、研讨“科学发展观”的内涵和实质。

法学研究。10—11月，“中国特色社会主义法律体系研究”课题组召开研讨会，讨论国有资产保护的立法等问题。

党的领导与民主监督研究。国家社科基金项目“党的领导与民主监督”课题的研究工作基本完成，其成果《党的领导与民主监督》的初稿已经完成。

学校艺术教育研究。全国教育科学“十五”规划项目“民族文化传承与学校艺术教育研究”课题组已陆续发表一些阶段性成果。课题组还在北京的几所高校以专题讲座等形式开展了艺术教育实践活动。全国教育科学“十五”规划项目“信息科学技术在学校艺术教育中的应用”以及中国教育学会“十五”课题“中小学地方课程建设与研究”也开展了多项研究活动。

为宣传宪法及2004年全国十届人大二次会议通过的宪法修正案，帮助中小学生学习、了解宪法，社科中心编写了《宪法知识中学生读本》和《宪法知识小学生读本》，于5月由人民出版社出版。

为深入学习、宣传《关于加强党的执政能力建设的决定》，社科中心组织有关专家讨论了党执政的思想基础、经济基础、阶级基础、群众基础等问题。

为深入学习、宣传中央《关于进一步繁荣发展哲学社会科学的意见》，社科中心组织研讨会，讨论坚持和巩固马克思主义在意识形态领域的指导地位、西方教条主义产生的原因及其后果等问题。

〔**《高校理论战线》办刊情况**〕《高校理论战线》立足高校，面向全国，紧密联系当代现实和建设中国特色社会主义实践，反映高校理论研究和教学的最新成果，致力于哲学社会科学的繁荣和发展，为高校理论教学和科研服务。2004年，《高校理论战线》杂志共编辑出版12期，发表200余篇文章，计150万字。

撰稿　樊建新　王炳权

审稿　田心铭

中国教育学会

〔**开展群众性教育学术活动**〕　举办第17次学术年会。2004年8月，中国教育学会在东北师范大学召开了以农村教育改革与发展为主题的年会。会议指出，发展农村教育是解决“三农”问题的关键和基础，当务之急是：继续巩固和完善以县为主的管理体制和确立各级政府分担的投资体制；建立和完善教育经费保障机制；用立法保证教育经费的投入；发挥“两个积极性”，适当引入市场机制。与会同志认为，必须改变农村初中“只为少数人升高中服务”的办学目标，大力促进农村教育综合改革和三教统筹，增强农村教育为“三农”服务的能力。

举办“教师教育论坛”。5月22日，中国教育学会与中国高等教育学会、教育部师范教育司在北京联合举办“教师教育论坛”。教育行政领导、专家学者、知名高等学校和中小学的校长、骨干教师290余人与会，提交论文150余篇。顾明远会长作了主题报告。会议认为：我国教师教育的整体性转型，包括教育目标、内容、途径、体系、制度等诸多方面，而制度的变革与创新则是关键所在。它主要体现在：(1) 建立教师资格制度。(2) 建立起以师范院校为骨干的开放体系，在非师范学校开展教师教育的资格认证制度，以及创建相应的师范学校学生奖学金制度，建立教师学历教育制度。开展学术型与专业型的学历认证。提倡教师的学位资格与实践经历并重。(3) 建立教师继续教育制度，不断更新知识。(4) 建立起网络教育的相关制度。(5) 通过在职研修，积极开展讲学、学术休假、学术团队等学术活动，建立起"能力本位"的骨干教师教育培养制度。(6) 建立大学——中小学共同体、教师发展学校、建设学习型学校等校本教师培训。(7) 积极发挥学术团体在教师教育中的作用，组织自我教育、搭建沟通传播平台、开通信息交流的通道、发挥评价认证的中介职能。

举办邓小平诞辰100周年纪念暨邓小平教育思想研讨会。7月15日，中国教育学会与北京市教育学会联合举办邓小平诞辰100周年纪念暨邓小平教育思想研讨会。教育部副部长赵沁平以及王明达、张健、朱新均等领导、专家和一线的教育工作者出席了会议。大家回顾了邓小平理论形成的历史背景、重大意义，对中国特色社会主义建设以及对我国教育改革与发展的指导作用和深远影响。与会专家一致认为，纪念小平同志，就要继承他的思想，与时俱进，开拓创新，把我国的教育事业推向前进。

举办首届中国中学校长大会。8月4日—6日，中国教育学会与北京师范大学在京联合举办"首届中国中学校长大会"，来自全国各地的600多位知名中学校长参加了大会。全国人大常委会副委员长许嘉璐，全国政协副主席王选，诺贝尔奖获得者杨振宁，教育部副部长陈小娅，中国科学院院士王梓坤等出席了大会。大会以"现代化与学校发展"为主题，围绕现代学校发展的文化走势与价值取向、中学现代课程体系的推进、中学信息化与数字化构建、教师专业化发展、现代学校制度创新、学校德育的加强与改进等专题进行深入交流与研讨。

举办"全国未成年人思想道德建设研讨会"。10月18日，中国教育学会与宋庆龄基金会在青岛联合举办全国未成年人思想道德建设研讨会。会议围绕"深化教育改革，推进德育创新"主题，开展了交流与研讨。会议听取了专家的学术报告、青岛市教育局的德育工作经验介绍，参观了若干典型学校和现代化企业海尔集团。

举办第二届中国特殊教育与康复论坛。12月3日，中国教育学会与中央教科所、中国残疾人康复协会联合举办第二届中国特殊教育和康复论坛。全国人大常委会副委员长许嘉璐，教育部副部长陈小娅、民政部副部长李立等领导出席了论坛。

〔**教改实验区工作稳步、健康发展**〕召开"新基础教育"课题研究工作会议。5月16日，中国教育学会在上海市闵行教改实验区召开"新基础教育"课题研究工作会议。课题评审专家组认为：该课题研究在学校转型性变革和创建新型学校的内涵、条件动力、基本策略和路径、现代学校教育价值观、学生生命发展观，以及开放、互动生成的教学观，班级的建设、教师专业化发展思路以及校长的管理策略等方面都提出了创新性的有价值的见解；课题的研究以生命—实践教育哲学为理论指导，坚持长期实践变革来实现新型学校的创建，探索开拓了具有中国特色的教育实验研究的一种新模式，是一项具有前瞻性、开拓性的科研成果。

举办实验区工作汇报现场会。9月4日—5日，中国教育学会在长春市宽城区召开实验区工作汇报现场会。与会同志听取了宽城区教育局的汇报和专家报告，进行了现场参观，实验区之间交流了经验。大家认为，宽城区的教改实验工作以科学的发展观为指导，以"实施教育的均衡发展"为主题，把区域教育现代化作为实验的目标和主线，针对自身的主要问题，通过科学研究和实验，注意教育内部各个部门的协调发展，带动整个区域教育的发展。

建立新的教改实验区。2004年中国教育学会先后成立了以"农村教育现代化的实验与研究"为主题的山西省阳城县教改实验区；以"区域性基础教育优质均衡发展行动研究"为主要研究内容的沈阳市皇姑区教育改革实验区；以"构建城乡一体化格局，加快学习型城市建设步伐"为主题的北京市昌平区教改实验区。2004年，学会建立了20所实验学校，由学会中育教育发展中心进行具体指导。

〔“十五”科研课题研究及科研培训工作〕 组织“十五”课题的结题总结工作。“十五”期间，中国教育学会共审批重点课题52项，规划课题193项。从2004年开始课题进入结题和总结阶段。学会领导参加了部分重点课题的结题工作，一般课题则委托分支机构和省市学会负责结题。

举办教育科研培训暨研修班。10月23日—25日，中国教育学会在北京举办了“教育科研培训暨研修班”。来自学会系统的350余人参加了研修。

〔关注和支持西部教育〕 赴新疆义务支教。8月中旬，由有关专业委员会选派的专家、特级教师组成的支教团，赴新疆伊犁州阿勒泰地区开展义务支教活动。此次活动得到了商务印书馆、安徽省教育厅中专（师范）处、人民教育出版社、北京师范大学出版社、外语教学与研究出版社、《中华小记者》杂志社以及新疆教育电视台等单位的大力支持。

举办“东西部学校合作大会暨中学校长工作交流峰会”。中国教育学会和呼和浩特市人民政府于9月23日联合举办了东西部学校合作暨中学校长工作交流峰会。来自全国23个省、自治区、直辖市的140多位知名中学校长参加了大会。会上东部50所知名中学与呼和浩特市部分中学签订了合作协议书，形成了50对东西部合作学校，对促进东西部基础教育资源互补，推动西部地区基础教育的发展产生了积极影响。

〔加强自身建设，促进学会发展〕 2004年，中国教育学会出台了分支机构、会员、教育改革实验区和教育科研课题等四个管理办法（试行）。12月28日，召开了中国教育学会成立25周年纪念会。会议表彰了学会系统先进单位80个，先进工作者100名。此外，学会还举办了1999—2004年度优秀科研成果评选活动，评出一等奖7个，二等奖102个，三等奖173个。

2004年，中国教育学会发展山东省高级中学协会、温州民办教育协会、内蒙古自治区现代教育研究会为单位会员；发展了一批个人会员。完成了部分分支机构的注销、审查登记。新成立了高中教育、初中教育、小学教育、家庭教育4个专业委员会。

〔分支机构和省市学会工作情况〕 2004年，教育经济学分会召开了年会。物理教学专业委员会召开了全国初中物理教研工作研讨会。儿童教育心理学分会召开了学习障碍国际研讨会。高中教育专业委员会参与主办了以“与国际教育互联、共享国际优质教育资源”为主题的北京首届高中教育国际交流暨展览会。音乐教育专业委员会在西安举办了有1 200余人参加的新课程研讨和教师培训班，该专业委员会于7月加入了国际音乐教育学会。

黑龙江、江苏、福建、广西、贵州、青海、武汉等省市召开了邓小平诞辰100周年纪念会暨学术研讨会。学会中学语文教学专业委员会和广西、贵州等省市学会配合中国教育学会的学术年会，召开了农村教育研讨会。很多省市开展了教育论坛、优秀论文评选、调研等活动。有些省市结合新课程改革，举办了教师培训和送教下乡活动。

在民政部召开的全国先进民间组织表彰大会上，宁波市教育学会、贵州铜仁地区教育学会荣获“全国先进民间组织称号”。

撰稿　连秀云
审稿　郭永福

中国高等教育学会

〔**综述**〕 中国高等教育学会现有95个团体会员单位，业务工作涉及教学、科研、师资、思想政治教育、学生工作、后勤管理、校园安全保障等方面。2004年学会注重创新工作方法和管理模式，强调服务意识、大局意识，加大对团体会员单位的业务指导与支持力度。2004年中国高等教育学会系统的各学会、分会、专业委员会围绕高等教育改革发展中的重大理论问题与现实问题，积极为地方社会经济服务，为深化教学改革、提高教学质量服务，开展高等教育理论研究和应用研究；召开了形式多样、学术水平较高、影响宽泛、针对性强、应用价值高、有创新、有特色的学术研讨会80余次。如秘书专业委员会举办了“秘书案例教学研讨会”，组织本领域的专家学者介绍国外先进的教育教学方法，交流、推广国内有特色、有创新的教学改革经验，为构建秘书教学创新体系做出了积极的探索。国际政治学在我国是一个新兴的学科和专业，为开展教学研究与交流，推进学科建设和专业发展，国际政治研究专业委员会组织本专业的专家学者，围绕推进理论建设，创建中国学派举行了一系列的学术研讨会、教学改革经验交流观摩活动。各学会、专业委员会在学科建设、师资队伍、人才培养等方面做了许多有益的工作。四川省高教学会召开“四川省高校精品课程研讨会”，海南省高教学会组织全省首届高职高专大学生英语口语大赛，江西省高教学会参加了省教育厅组织的全省高校省级中青年学科带头人和骨干教师的选拔工作及省级优秀教学成果奖的评审、教学名师奖的评选等活动。宁夏高教学会把“高等教育为全面建设小康社会服务”作为2004年学会学术工作的主题。学习科学研究会召开了“学习科学论坛”，编辑出版的《学会学习》、《学习风格》，发行几十万册，在高校及大学生中产生了广泛的影响。更多的学会、专业委员会，发挥人才荟萃的优势，深入到教育教学第一线，直接服务于教育教学改革，承担了大量的调研、评估、课程改革方案设计、教学观摩等具体工作，为本地区、本行业的教育教学改革与发展做出了贡献。

2004年，中国地质大学（武汉）、清华大学等高校先后成立高等教育学会，在发挥重点大学重视与加强教育科学研究，提升我国高等教育研究的总体水平，加强院校研究与管理，促进高等教育健康可持续发展方面又有了新的进展。

中国高等教育改革与发展网在试运行10个月后，于教师节当日正式开通。

〔**科学发展观与中国高等教育论坛**〕 6月19日—20日，中国高等教育学会和山东省教育厅联合在青岛大学召开“科学发展观与中国高等教育”论坛。参加论坛的有高校的校长、书记，高等教育研究机构的专家、学者，地方教育行政部门的领导，老教育工作者30余人。在学会的组织推动下，各分会、研究会围绕贯彻落实科学发展观开展了一系列的学术研究活动：宁夏高等教育学会把“高等教育为全面建设小康社会服务”作为2004年学会的重点工作；山东省高等教育学会围绕科学发展观这一主题，就省内高等教育的规模与质量问题、高等教育理论与实践，高等教育的发展与学科建设等问题展开了深入的探讨；天津市高等教育学会利用研讨会、交流会和专家报告会等多种形式，自觉推动科学发展观的贯彻落实。

〔**加强高等教育研究机构建设工作研讨会**〕 10月10日，学会组织召开了“加强高等教育研究机构建设工作研讨会”。来自省市教育科学研究院（所）、高校教科院（高教所、室）、学会及有关分支机构的代表近200人出席了会议。周远清会长为大会作了《重视与加强教育科学研究，推进教育创新》的主题报告。北京大学、清华大学、华中科技大学、北京市教科院、三峡大学、中国传媒大学等单位介绍了本单位以研究促发展，以研究服务于发展的先进经验。代表们围绕贯彻落实文件精神及高教研究机构建设中的重点、难点问题进行了热烈的讨论。

〔**高等教育学优秀博士学位论文评选**〕 学会于4月24日开展了高等教育学优秀博士学位论文的评选活动。经博士学位授予单位的初评和推荐、专家评审会评定、社会公示、学会审定等程序，评出优秀高等教育学博士论文9篇。在“2004年高等教育国际论坛”上，学会对获奖的优秀博士论文进行了表彰，向论文获奖者及其导师颁发了证书及奖金。此次评选、表彰活动在高等教育学领域尚属首次。

〔**2004年高等教育国际论坛**〕 11月11日—12日，由中国高等教育学会、广东省教育厅、中山大学联合举办的“2004年高等教育国际论坛”在珠海召开。参加此次论坛的有中外著名大学的校长、教育理论家、一线教育工作者以及高等教育学博士生220余人。论坛收到代表提交的论文100余篇。教育部副部长吴启迪出席论坛开幕式并讲话。周远清会长作了主题报告，潘懋远、卢铁城、程天权、张伟江、张德祥、王义遒，法国巴黎高师校长Gabriel Ruget教授，瑞典卡罗琳斯卡医学院副校长Hans Forssberg教授等30余位中外大学校长、专家在论坛上作了学术演讲。此次论坛的主题是“特色·个性·人才强国战略”。论坛继续举办了博士生分论坛。

在主论坛和三个专题分论坛上，代表们围绕各种类型的高等学校如何科学定位，办出特色，协调发展；如何培养学生的个性，如何挖掘、引导、发扬个性，使个性成为创造性；高等教育在实施人才强国战略中如何做出更大的贡献等问题进行了深入的探讨。

〔**学术研讨活动**〕 5月23日—24日，中国高等教育学会与中国教育学会、教育部师范司联合在北京召开了“教师教育论坛”。参加论坛的代表有教育行政部门的领导、教育研究机构的专家学者、150多所著名高等学校和知名中小学的校长、骨干教师，共约290余人，提交论文150余篇。50余名代表在教师教育体制和机制创新分论坛、教师培养培训模式创新分论坛、教师教育课程教学改革分论坛上发言。

中国高等教育学会与北京市教育委员会于6月26日在北京联合召开了“邓小平与中国高等教育——纪念邓小平同志诞辰100周年”理论研讨会。教育部副部长赵沁平出席会议并讲话，中国高等教育学会会长周远清及知名老教育工作者、高等院校的校长书记、教育科学研究机构的专家学者等80余人参加了研讨会。

7月17日—19日，中国高等教育学会与东北林业大学联合在哈尔滨召开“21世纪中国高等教育质量控制”学术研讨会。

11月6日—8日，中国高等教育学会与浙江省高等教育学会、浙江树人大学联合举办“中外民办高等教育发展论坛”。

〔**科研工作**〕 2004年，《20世纪的中国高等教育》子课题——《学位制度与研究生教育卷》正式出版发行。启动了全国教育科学规划“十五”重点课题《高水平高等学校综合水平评估研究》。承担了教育部高教司《中国高等职业院校管理》课题的研究任务。

〔**《中国高教研究》办刊情况**〕 2004年，为纪念邓小平诞辰100周年，组织刊发了教育部老领导何东昌、副部长赵沁平、会长周远清及一些老专家、老教育工作者的纪念文章。为配合高等教育国际论坛的召开，围绕“个性·特色·人才强国战略”这一主题，集中刊发了10余篇由著名专家、学者、高校领导撰写的高质量学术论文。配合中央8号和16号文件的发表，加大了思想政治教育研究成果的宣传推广力度。刊发了一些具有普遍指导意义的调研报告、教学经验总结和反映全国高等教育改革发展的成果和动态信息。继续组织进行了全国范围内有关高等教育科研论文成果的汇编统计工作，统计范围增至14家全国中文核心期刊，共收录有效论文3 533篇，675个单位的论文被统计排名，10余家媒体先后转载了统计结果。

〔**全国高教仪器设备展示会**〕　5月和10月，学会分别成功举办了春、秋两季全国高教仪器设备展示会。两届展示会共计有1 400余家教学仪器设备厂商和2 000多所高校的4 600多位组团驻会代表和20 000多位非驻会代表出席了展示会。目前，全国高教仪器设备展示会已成为我国会展经济中的一个知名品牌，成为沟通教学仪器设备厂商和高等学校的桥梁，在高等教育改革与发展中发挥着越来越重要的作用。

〔**培训工作**〕　与教育部高教司、社政司、人事司、科技司等部门合作，为高校广大干部教师举办各种类型的培训班18个，培训干部教师4 000人次。如“中国高等教育改革与发展学术报告”、“扩招形势下的研究生培养工作研讨会”、“高职两年制学制改革研讨会”、“全国高职高专骨干教学管理人员培训班”、“全国高校收入分配理论研讨会”、“学习贯彻中央16号文件理论研讨会”等。

撰稿　王小梅
审稿　张晋峰

教育新闻宣传

〔综述〕 2004年教育新闻宣传工作以“三个代表”重要思想为指导，按照教育部党组坚持正确舆论导向，进一步加强宣传思想工作的要求，认真组织实施《2004年教育新闻宣传工作实施方案》，在各新闻单位的支持和配合下，各项教育新闻宣传工作有了新进展，为教育改革与发展营造了良好的舆论氛围。

2004年教育部重点开展了十个方面的宣传工作：一是“两会”前集中开展教育改革与发展成就的宣传；二是对职业教育进行了战役性宣传；三是积极做好《2003—2007年教育振兴行动计划》的宣传；四是积极做好国家西部地区“两基”攻坚计划的宣传；五是大力宣传教育系统认真学习贯彻《中共中央 国务院关于进一步加强和改进未成年人思想道德建设的若干意见》情况；六是积极做好第二届中外大学校长论坛的宣传；七是做好纪念庆祝第20个教师节宣传工作；八是做好国家助学贷款新政策的宣传；九是做好教育系统学习贯彻《中共中央 国务院关于进一步加强和改进大学生思想政治教育的意见》的宣传；十是深入宣传优秀教师典型事迹。

一年来，教育部共召开新闻发布会32场，教育部领导共出席新闻活动22次，发表文章36篇。全年还召开记者通气会11次，记者见面会25次，记者招待会1次，记者茶话会1次，为中央暨首都新闻单位记者举办讲座2次，组织11路中央新闻单位采访团，安排记者采访活动309次，协助各司局发新闻通稿227篇，协助各司局组织新闻宣传活动79次。中央暨首都60余家新闻媒体共刊播新闻3 723篇次，新华网、人民网、中国网、新浪网、搜狐网同时或单独现场直播教育部发布会42次，各大网站多次转载。此外，教育部新闻办全年还编发各类新闻宣传工作报150多期。

一、建立健全新闻发布制度

2004年，教育部共召开了32次新闻发布会，内容涉及基础教育、高等教育、职业教育、师范教育、学生思想政治工作、教育国际合作与交流、语言文字应用等多方面工作。同时，网络媒体对新闻发布会进行全程网上现场直播，取得了很好的宣传效果。

2004年教育新闻发布的主要形式有：一是围绕重点工作举行系列新闻发布会，如在“两会”前就教育改革与发展成就宣传举行了9场“年终盘点——系列成就宣传新闻发布会”，就职业教育举行了4场新闻发布会。二是由司局新闻发言人或司局负责人进行新闻发布，2004年大部分教育部新闻发布会都是由司局新闻发言人或司局负责同志直接发布的。三是由教育部新闻发言人直接发布。四是以提供新闻通稿、新闻背景材料、宣传口径等多种形式进行新闻发布。

为进一步提高教育新闻发布工作，提高教育部新闻发布的质量和水平，根据教育部党组要求，2004年教育部举办了首届司局级新闻发言人培训班，25位司局级负责同志参加了培训。

二、组织中央新闻单位采访团

2004年，教育部共组织了11路中央新闻单位采访团，分别对职业教育改革与发展、优秀教师典型事迹、国家西部地区“两基”攻坚计划实施情况等进行了全面深入的宣传报道。

通过中央新闻单位采访团在各地的深入采访，记者们掌握了大量的一手材料，了解了许多生动具体的真实素材，采写了一批生动感人、具有吸引力的优秀报道。

三、改进会议报道，组织、策划新的宣传形式

一是在第二届中外大学校长论坛期间，改以往“一对一”的个别采访为“一对多”的记者见面会，在主论坛外形成了若干小论坛，中外大学校长们与各媒体记者进行了充分交流。论坛期间共组织记者见面会21场，安排20多位中外大学校长接受记者集体采访。二是协调安排记者参加各类工作会议。为了让联系教育新闻宣传的记者更多地了解掌握教育政策，让多家新闻单位记者参加一些没有或有较少报道任务的会议，让他们及时了解，深入研究有关教育政策，以保证教育新闻宣传既不走调，又深入灵活，有一定的说服力。

四、以警示手段，把握宣传工作主动权

一年来，教育部就个别媒体炒作高考、考试作弊、贫困生上不起学、教育乱收费等及时进行了警示，牢牢把握教育新闻宣传的主动权。如针对个别媒体违背中宣部、教育部有关精神和要求，对2004年高考进行炒作的情况及时提出警示，同时致函有关部门，恳请采取有效措施坚决制止类似炒作行为。

在警示的同时，做好教育新闻宣传协调组和网上评论指导小组工作，健全教育新闻宣传统筹协调机制。2004年，教育部成立了教育新闻宣传工作协调组，其职责是密切关注媒体动向，及时搜集有关言论和观点，由各成员单位组织有关专家、学者撰写文章，以正确引导舆论。2004年，协调组成员共撰写文章百余篇，在各类媒体上发表70多篇次。为统筹协调教育系统网上评论引导工作，教育部成立了网上评论工作指导小组，在全国100所重点高校设立了200名网上评论员，进一步加强网上舆论引导。

五、重视和加强文艺在新闻宣传中的作用

为增强新闻宣传的效果，2004年，我们围绕教育部党组中心工作，积极探索以文艺形式做好教育宣传工作，取得了较好的效果。在第20个教师节宣传中，与中央电视台联合制作了教师节大型专题特别节目《奠基中国》。重庆开县抢险救灾、保护学生优秀教师群体先进事迹报道后，组织中国教育电视台拍摄专题片《为了生命的付出》，并作为教师节推荐作品向全国推荐，有力地宣传了人民教师无私奉献精神。在第20个教师节前，通过多种渠道征集教师题材文艺作品近百件，分两批次向全国各地学校推荐了27部文艺作品。

附

2004年教育部新闻发布会情况统计表

场次	时间	主办司局	发布人	发布内容
1	2月10日	高教司	吴启迪　张尧学 葛道凯　阎步克　袁驷	我国高等教育教学质量和人才培养质量情况
2	2月13日	社政司	徐维凡 陈矛　邓传淮	重庆开县“12.23”特大事故抢险中教育系统贡献突出；当代大学生先进典型事迹暨全国三好学生和优秀班集体名单发布
3	2月16日	国际司	曹国兴　岑建军 张宁　单耀忠　徐永吉 陶洪建	2003年出国留学工作情况介绍并公布各类出国留学人员和留学回国人员统计结果

续表

场次	时间	主办司局	发布人	发布内容
4	2月18日	基础司	朱慕菊 沈白榆 曹志祥 刘坚	基础教育课程改革及其进展情况
5	2月20日	高教司	吴启迪 张尧学 葛道凯 傅泽田 于云秀	“一村一名大学生计划”有关情况
6	2月23日	职成司 高教司	吴启迪 黄尧 葛道凯	“职业院校制造业和服务业技能型紧缺人才培养培训工程”启动
7	3月2日	社政司	靳诺 张保生 魏晓波	“高校哲学社会科学繁荣计划”实施进展情况
8	3月2日	教科文	田小刚 沈忆玲 刘疆	我国与联合国教科文组织开展教育交流与合作的有关情况
9	3月18日	国际司	章新胜 张秀琴	介绍来华留学工作有关情况
10	3月25日	政法司 规划司	周济 章新胜 史敏 孙霄兵 季平	通报《民办教育促进法实施条例》有关情况
11	4月15日	国家汉办	章新胜 刘泽彭 王庆存 严美华 孙晓红	国际汉语教师中国志愿者计划实施情况
12	4月27日	高教司	葛道凯 俞仲文 温景文 孙怀玉 吴为民	高等职业教育现状与改革走向及四所高职院校办学经验
13	4月28日	国际司	曹国兴 陶洪建	《自费出国留学中介服务委托合同（示范文本）》的有关情况
14	4月28日	规划司	牟阳春 季平 林志华 戴井刚 金平一 楼旭庆 秦昌威	2003年中国教育事业发展统计公报
15	5月12日	学生司	刘大为 陈曦 王辉	通报2004年高校毕业生就业工作有关情况
16	5月20日	考试中心	赵亮宏 梁育民	通报《国家教育考试违规处理办法》有关情况
17	5月25日	规划司	牟阳春 季平 楼旭庆 游森	公布具有高等学历教育招生资格高等学校名单
18	5月25日	新闻办	王旭明	通报四起国家教育考试违法舞弊案件，部署近期教育新闻宣传有关工作
19	6月10日	基础司	周 济 朱慕菊	介绍《教育部关于学习贯彻〈中共中央 国务院关于进一步加强和改进未成年人思想道德建设的若干意见〉的实施意见》有关情况
20	6月14日	财务司 高教司 职成司	吴启迪 陈伟光 葛道凯 刘占山	介绍我国职业教育实训基地建设工作的有关情况
21	6月17日	人事司 科教司 高教司	李卫红 吕玉刚 雷朝滋 田勇泉	介绍教育部启动高等学校“高层次创造性人才计划”有关情况
22	6月22日	教科文	章新胜 田小刚	介绍第28届世界遗产大会有关情况
23	7月19日	学生司	林蕙青 杨加林	介绍教育部、公安部严厉打击网上学历造假有关情况

续表

场次	时间	主办司局	发布人	发布内容
24	8月2日	国家教育行政学院	章新胜 俞家庆	介绍第二届中外大学校长论坛有关情况
25	8月24日	国家汉办	章新胜 蒋效愚 严美华 魏国栋	介绍国家对外汉语教学领导小组办公室和北京奥组委出版、推广《奥运汉语100句》有关情况
26	8月27日	社政司	靳 诺 袁振国	介绍《高等学校哲学社会科学研究学术规范》制定与实施的有关情况
27	9月6日	语用司	杨 光	介绍第七届推普周的有关情况
28	9月3日	高教社	张增顺	介绍《李岚清音乐笔谈》出版发行的有关情况
29	9月28日	学生司	林蕙青 陈 蔚 刘丹华 廖 恳	发布2004年全国普通高校毕业生就业工作有关情况
30	10月26日	高教司	周 济 吴启迪 杨周复 周冬成 刘凤泰 季 平 葛道凯	发布教育部高等教育教学评估中心成立及高校教学评估有关情况
31	12月10日	高教司	吴启迪 管培俊 葛道凯 刘大为 袁德宁 江小明	介绍普通高等学校高职高专教育指导性目录有关情况
32	12月28日	中国教育电视台	康宁 元元 丁叮	介绍中国教育电视台《少儿新闻》栏目开播情况

撰稿 赵建武
审稿 王旭明

中国教育报

〔综述〕 2004年是我国教育事业改革和发展取得重要进展的一年。《中国教育报》紧密围绕党和国家的教育方针政策，特别是教育部的各项工作部署，为教育改革和发展大局服务、为教育教学服务、为广大教育工作者和师生服务，立足教育、面向社会，在教育新闻宣传工作中发挥了重要的作用。

2004年，《中国教育报》为完成好重大和重点宣传报道任务付出了巨大努力，同时也为适应新闻宣传新形势新要求以及报业市场的激烈竞争，在想方设法提高报道质量和舆论引导水平方面付出了巨大努力。

2004年，《中国教育报》始终强调要把“三贴近”作为改进报道工作和提高报道质量的指导思想。贴近实际，就是要贴近教育工作大局，贴近教育部的中心工作和重点工作，贴近教育工作中的重点、难点、热点；贴近群众，就是要进一步分析和明确读者定位，尤其要明确主要读者群和核心读者群的需求；贴近生活，就是要贴近教育新闻源，深入教育教学一线。

做好教育改革中的重要方针政策、重要典型的报道，以体现教育改革的主旋律，增强报纸的导向性和权威性，是《中国教育报》改进和提高报道质量的着力点，也是传统优势。但仍按过去的报道思路和方式抓新闻，已远不能适应报道发展趋势和读者需求的变化，因而，我们试图在报道内容、角度、方法上有较大的转变和突破，由以往报道多从领导、部门、工作角度出发，转变为把领导的要求和群众的意愿结合起来，并着重考虑一般读者的关注度和新闻对受众的吸引力。在新闻报道选题上，从过去记者往往按上级要求对有关会议、文件进行配合、呼应性报道，逐步转向在高质量完成“规定动作”的同时，更多地发挥记者的主动性，主动跑选题、跑线索，多做自选动作和自选题。

2004年教育工作中的大事多，教育部全年性和阶段性重点工作多，《中国教育报》作为全国性的教育专业媒体，注重加强重点选题的策划，整合报道力量，在这些重大和重点教育宣传报道工作中发挥了不可替代的作用。

〔营造未成年人和青年大学生健康成长的良好舆论氛围〕《中共中央 国务院关于进一步加强和改进未成年人思想道德建设的若干意见》的颁布，是2004年教育界乃至全社会高度关注的大事，也是《中国教育报》贯穿全年的重点报道任务。编辑部精心策划，以强势重点报道了来自中央、教育部和各地教育部门的相关新闻，努力营造有利于未成年人健康成长和素质教育的良好舆论氛围，仅新闻版就刊发了各种题材的头条30余篇，并配发了多篇社论和评论员文章；在一、二版开辟了“德育百例”专栏，介绍基层学校和教师开展德育工作的新做法、新经验，并配以专家短评，由于专栏文章短小、生动，贴近基层实际，受到广大教师的欢迎，并得到部领导的好评。此外，教育报还在专刊上开辟了“身边的德育故事”栏目，并组织了“素质教育大讨论”以及“如何让学生快乐学习”的讨论。《中共中央 国务院关于进一步加强和改进大学生思想政治教育的意见》颁布后，各级教育部门和各高校认真学习贯彻落实中央决策，把加强和改进大学生思想政治教育放在更加突出的位置，采取措施，提高德育的针对性，增强实效性。从11月起，《中国教育报》在新闻版推出了“加强和改进大学生思想工作系列报道”，旨在反映新举措，探讨新思路，介绍新经验，推动大学生思想政治教育工作抢抓机遇，乘势而上。《为大学生提供最好的精神食粮——记教育部组织的哲学社会科学重点教材编写工作》、《课堂内外都连着心灵世界——上海高校加强和改进大学生思想教育纪实》、《身边榜样激励我们成长——中央财经大学学生在自我教育活动中的感悟和启迪》、《让学生在参与中自我提升——中国科大创新大学生思想政治教育纪实》、《理想心中激荡 信念导航青春——华中科技大学加强大学生理想信念教育纪实》等10余篇报道刊出后反响强烈。此外，《中国教育报》与教育部社会科学研究与思想政治工作司、全国高校思想政治教育研究会在专刊上联合推出“受大学生欢迎的思政工作实例”专栏，也受到广泛关注。

〔关注农村教育〕 为了贯彻教育部提出的“把农村教育放在教育工作中的重中之重的战略地位”，2004年《中国教育报》对西部“两基”攻坚、以县为主的农村义务教育管理体制改革、一费制、加强寄宿制学校建设、远程教育等进行了深入大量的报道。

对国家西部地区“两基”攻坚计划的宣传，《中国教育报》配合教育部的工作步骤进行了几个阶段的战役性报道，通过会议新闻、评论员文章等形式，对国务院和教育部分别召开的西部地区“两基”攻坚会议以及计划责任书签署仪式进行充分的报道，并组织刊发了特稿《教育，为西部大开发提速》和介绍“两基”攻坚计划从计划到落实背景的文章《为了西部的孩子，为了西部的发展》。在新闻版上组织了“聚焦两基攻坚”系列报道，在专刊上则以三个整版的篇幅连续组织了对“两基”攻坚计划的解读：“进得来”、“留得住”、“学得好”。刊发了云南地区“两基”攻坚的长篇报道《贫困地区的呼唤》。

〔宣传高校人才强校工程〕 继2003年中央提出人才强国战略，教育部2004年推出在高校实施人才强校工程。在教育部“高等学校高层次创造性人才计划”的带动下，高等学校开始大力实施“人才强校”战略，努力推进高校人才队伍建设。为反映高校人才工作的最新进展，展示高校人才工作的经验做法，教育部人事司和《中国教育报》2004年9月开始联合推出“人才强校巡礼”特别报道，先后在新闻版刊登了《清华面向海外延揽高端人才》、《教师：人才兴校的第一资源——华中科技大学实施“人才兴校战略”纪实》、《走过艰难 魅力燕园人才兴》、《“举校体制”网聚高端人才——北京科技大学人才工作纪实》等5篇报道，其中头版头条三篇。这一系列报道推进了高校人才队伍建设向纵深发展。

〔**宣传新一轮教育振兴行动计划**〕 在1998—2002年实施《面向21世纪教育振兴行动计划》取得显著成绩的基础上，教育部于2004年3月又推出了《2003—2007年教育振兴行动计划》，这是教育系统落实科教兴国和人才强国战略，加快教育改革与发展的基本蓝图。《中国教育报》在《行动计划》全文见报当日，配发了题为《实施新蓝图 实现新跨越——认真贯彻落实“2003—2007年教育振兴行动计划”》的社论，此后则连续发表多篇评论员文章，在新闻版推出学习宣传全面实施新一轮《行动计划》的教育厅厅长访谈系列报道，并以7个整版的篇幅推出了《2003—2007年教育振兴行动计划》特别报道，分别以《农村教育：依然是重中之重》、《接力：新世纪素质教育工程》、《创新：职成教育新的发展观》、《质量：高等教育发展的生命线》、《改革：力促毕业生全面就业》、《教育信息化迎来新的发展春天》、《建设一支高素质的教师和管理队伍》为题，以不同的形式多侧面解读《行动计划》，收到良好的宣传效果。

〔**树立教师良好形象，弘扬教师精神**〕 以庆祝第20个教师节为契机，以“宣传教师形象，弘扬教师精神”为主旨，《中国教育报》2004年加大了对典型人物的宣传力度，从8月份至年终共在新闻版刊发优秀教师典型报道30篇，集中报道了马祖光、霍懋征等一批优秀教师的事迹，从不同侧面报道了优秀的德育工作者、艰苦地区敬业奉献的典型以及教学改革突出的教师典型。其中，在一版头条位置重点报道了10位事迹特别突出的教师典型。

《中国教育报》制定了庆祝第20个教师节宣传报道方案，提出“贴近教师、关心教师、服务教师，充分展现新时期人民教师的精神面貌和风采，大力弘扬师德师风”的报道思路，采取长效报道与集中报道结合、常规报道与重点报道结合、新闻版与教师节特刊及有关版面互动报道结合的方式，按照教育部的要求做好教师节宣传报道。《中国教育报》除配合教育部做好庆祝教师节活动和师德论坛等宣传报道外，从9月1日开始固定版面，连续10天，分别以历史上的名师、经典回忆、精彩回放、走近教师、师德师风、如何做新时代的人民教师等专题推出了“庆祝第20个教师节特刊”，大视角、全方位、多形式集中做好庆祝教师节报道，到9月10日则形成宣传高潮。此外，《中国教育报》还与教育部人事司、师范司联合举办了“光荣的人民教师”大型征文活动，受到广大教师的欢迎和积极响应，共收到来稿2 400多篇，先后在基础教育专刊上选登了30余篇，并组织专家评选出了100篇获奖作品。

〔**三周刊探索专业化服务**〕 2004年，《中国教育报》的三个周刊在专业化服务方面进行了不懈的探索。招生考试就业周刊在招生考试就业留学诸方面，对中央和教育部新的方针政策和工作部署进行重点报道的同时，认真研究读者需求和这些领域的新变化，如高考命题权下放、考研热、考级考证热、教师培训热、就业形势严峻、留学热点转移等，主动调整报道内容重点，进一步增强了权威性和服务性，受到广大读者的欢迎，其文章被其他媒体转载率达90%以上。

读书周刊在办刊中精益求精，提出“选题不深不新不奇不放弃；题目不奇不精不吸引人不放弃；版面追求不亮不放弃”，把最高层次的东西献给读者。读书周刊成功地建设了与读者互动的办刊格局，逐步形成了自己的办刊风格。组织策划的关于教育现象学的对话、给文言文什么待遇，以及语文该承担什么、重读陶行知等系列文章均在读者中产生了较大反响；其言论栏目“报眼态度”，以其话题新颖，论述深刻，有的放矢，受到读者的关注和好评。

2004年创办的现代校长周刊，在广泛调研的基础上确立了“为以校长为核心的学校管理层服务”的办刊思路，他们组织策划的有关校长职业化、专业化，校长自主权、校长权利等讨论，“校园文化建设”笔谈等系列文章在中小学校长中产生了共鸣。

撰稿　刘　微

审稿　刘仁镜

《人民教育》杂志

〔注重选题策划，增强刊物的影响力〕 围绕教育部有关基础教育的中心工作，及时刊发权威性、指导性的文章。如刊登中宣部、教育部颁布的《中小学开展弘扬和培育民族精神教育实施纲要》和教育部关于学习贯彻《中共中央 国务院关于进一步加强和改进未成年人思想道德建设的若干意见》的实施意见，结合教育部的中心工作摘要发表周济部长在年度教育工作会议上的讲话《今后五年教育改革与发展的基本蓝图》和《2003—2007年教育振兴行动计划》，结合基础教育课程改革编发《教育部颁布国家课改实验区2004年中考和中招改革的指导意见》及《新课程如何面对新挑战——访教育部副部长王湛》的专访文章，指导整个基础教育战线的工作。

在不断“提高刊物的思想含量”，新闻报道要有“新思想、新角度、新故事、新语言”的办刊理念指导下，编辑人员及时捕捉我国教育理论研究战线的前沿信息，准确地把握教育教学改革的新动向、新经验，集中策划选题，采取全方位、多角度、重拳出击的方式推出专题报道，引领教育理论和教育改革的方向。例如：精心策划刊发了“现代学校制度”、“学校文化”、“农村教育”、“多元智能理论”、“生命教育”等具有较强冲击力的专题，在读者中引起较大反响。其中“生命教育”专题，集中《走向“关怀生命”的学校教育》、《让教育走进学生的生命世界》、《让师生都成为幸福生活的人》、《“生命教育”先要“关怀”权利》四篇文章，从不同角度论述了“学校教育对于人的生命成长具有重要而内在的价值”，向广大教育工作者敲响关注“生命教育”的警钟。

〔强化德育宣传〕 中共中央颁布8号文件后，加强和改进未成年人的思想道德建设成为全党全国关心的大事。管理板块及时在“德育广角”栏目中开设“青少年学生思想道德建设”、“师德建设”等子栏目，发表了《道德教育：向“人”的回归》、《班主任是德育的重要实施者》、《守住心灵的宁静建设精神乐园》、《德育追求什么样的实效》等一系列有针对性的文章，从理论到实践既详尽阐述了新时期加强和改进未成年人的思想道德建设的重要意义，又提出了不少具体的可操作的方法，为广大读者所认同。7月合刊发表的《全国高中学生党建工作的调查》，给十多年来全国高中学生党建工作的发展状况勾勒了一个基本轮廓，是首篇关于高中学生党建工作的全国性的系统的调查报告。8月，编辑部又推出了精心策划的《中小学班主任专业化》专刊，集中报道了广西柳州市班主任队伍专业化建设的经验及做法。这本近13万字的专刊，首次公开提出了班主任专业化的命题，并从理论的高度阐释了班主任队伍建设的重要性以及达到专业化的一系列标准、路径、操作方法和手段，起到了对中小学班主任队伍建设工作的引领作用。

〔关注前沿动态〕 密切关注近一两年来，基础教育改革的前沿动态，追踪尚在探索中的新思路、新做法，展示观念更新、制度创新等一系列改革开拓的新鲜事物，当好基础教育改革的播种者。2004年《人民教育》的“本刊特别报道”栏目推出了《走进教师发展学校》、《教育随笔：改变教师的行走方式》、《从培训走向学习——民族贫困地区中小学教师综合素质培训纪实》、《享受成长的幸福——福建省南安市实验中学教师成长之路》等重头文章，从不同侧面报道了教师继续教育、师资培训以及提高教师综合素质，实现专业化成长的新做法、新经验。同时眼光面向广大农村，聚焦农村教育，刊发了《办在农民心坎上的教育》、《实施农村义务教育管理新体制的成效与问题》、《农村中小学布局调整的得失》、《农村教育“两基”达标后如何提高》等文章，提出农村巩固“两基”成果，实施管理新体制的重点、难点及应对措施。

〔**推出典型报道，推广新鲜经验**〕 及时捕捉基础教育领域中具有改革创新意识的典型经验和先进人物，深入挖掘典型经验的思想内涵及时代特色，相继推出《爱满长河——浙江省杭州市长河高中德育工作掠影》、《生命因教育而快乐——卜昭和的创办优质教育资源之路》、《汇文之歌——北京汇文中学新时期德育工作纪实》、《解读蔡林森和他的洋思团队》、《唤醒教育的诗情——追踪吴正宪的课堂》、《静悄悄的革命》等长篇通讯，从教育改革、师德建设、学校管理、德育工作以及课程教学改革多个角度大力宣扬优秀典型和先进人物，推广他们创造的先进的可操作的经验。

〔**关注新课程，引领课改实践**〕 在全国大面积铺开的新一轮基础教育课程改革，是教育部的工作重点，也是刊物宣传报道工作的重头戏。针对各地在新课程改革中存在的一些问题，“走进新课程”栏目编发了大量有代表性的教学案例，并通过执教教师的教学反思及课程专家的评述，全面系统地论述了新课程的理念、课程改革的关键问题以及教师如何转变观念、如何做研究等专题。例如：根据一线教师的需求，注重在与教师读者的互动中策划选题，从大量的教师来稿和日常的采访积累中，提炼出有针对性的话题，从思想上、理论上深入讨论，折射出话题背后的理念。《新课程背景下如何评价一堂课》、《行进在拐点上的语文教育》、《数学日记，书写理科教学的人文情怀》、《品德教育与儿童文化》、《寻求教学平等对话的真义》、《做一个有反思力的教师》等10组话题真实生动、可读性强，刊出后立即引起广大教师的关注和积极参与。为帮助一线教师提高专业素质，“教师如何做研究”栏目专门邀请课改专家撰写《从实践者转变为研究者：教师角色的变化》、《行动研究：教师教育科研的定位》、《从计划到反思：研究的基本程序》等系列文章，给教师的专业成长提供理论的支撑。

同时，为配合新课改，及时准确地传达教育部的有关精神，紧密追踪课改的有关政策动向，第一时间编发新课程改革中考各科走向的一组文章，引导基层学校的教学及评价的改革。5月份又以《普通高中课程改革的整体走向——访教育部有关方面负责人》打头，连续推出《高中学校如何形成新课程方案》、《高中学校如何指导和帮助学生选课》、《高中课改，考验实践智慧——高中数学新课程推进研讨会综述》、《专家建议：以研究推动高中数学新课程》等5篇文章，对各地普通高中如何进行课改起到指导作用。

〔**深入普法，维护教师权益**〕 增强广大教育工作者的法律意识，树立依法治教、以法治校的观念，为教师提供法律咨询，是刊物宣传的一项重要任务。2004年“教师与法”栏目继续编发了《老师，你的权力有多大》、《教师和学校间的人事争议应如何解决》、《把公办学校举办民办学校纳入法制轨道》、《如何有效防止“涉校诉讼”》等案例分析与解读法律条文的文章，并且推出了“教师维权专题”，以《教师的民主管理权不容侵犯》、《教师应如何维护自己的获取报酬待遇权》、《对行政机关不依法行政侵犯教师受聘权的分析》、《教师的进修培训权及其实现》等系列文章，帮助教师澄清维权的程序、途径和具体方法，服务于广大教师。

〔**聚焦名师，为教师成长引路**〕 “写名人、名人写”，是刊物多年来提升质量，扩大影响力的采编方针。2004年，“生活”板块的“名师人生”与“名人访谈”两个栏目，不断刊发特级教师撰写的个人专业成长感悟和全国知名人物的专访，如：唐江澎老师的《学习，生命存在的方式》、潘小明老师的《我的课堂人生》以及《博览群书 学会做人——访金庸先生》、《做人要善良 读书要用心——访余秋雨先生》、《教育以人为本——访费孝通先生》等文章，为读者树立起一个个有血有肉、平易朴实的人生学习榜样。这两个栏目深受广大教师的喜爱。

〔**加强言论，增强思想含量**〕 言论代表媒体的观点，旗帜鲜明地表明媒体的声音。加强刊物的言论，编辑要人人动手写言论，是近年来编辑部领导对提高刊物的质量、增加刊物的思想含量提出的要求。编辑人员在精心编辑稿件，认真提炼主题写按语的基础上，撰写了《回到文本，回到语文的地面》、《改写教师的教育哲学》、《教育：引领学生向何处去》、《让更多的人对经典怀有温情》、《当代中国有没有教育家——教育家向我们走来》等编辑随笔，将刊物倡导的新理念、新视角直接展示给读者，有效地体现了刊物的思想含量和文化品位。

本年度的最后两期杂志中，四大板块都推出了年终综述，如《2004：教育理论新进展与新动向》、《德育，一场期待中的变革》、《有法可依——2004年教育法制关键词》、《2004：新课程不该遗忘的话题》等，分别对各自领域的状况作了全面的回顾和较为精辟的分析。

撰稿 胡久红

审稿 傅国亮 喻 让

《中国高等教育》杂志

〔**综述**〕 2004年，在实践“理论与实践紧密结合，宏观与微观融会贯通，高层与基层上下互动”的办刊新思路中，《中国高等教育》的特色进一步彰显。主要是加强了刊物的权威性和指导性，及时准确地宣传党和国家及教育部有关高教方针政策及工作新思路新举措，注重反映来自高校第一线教育工作者的声音，从多层面反映高教改革发展的理论与实践成果。

〔**探讨高教重点和热点问题**〕 在重点选题策划上下大力气，全年几乎每期都有一组“前沿话题”。这些话题普遍具有前瞻性，有相当的高度、深度和多侧面性；有的话题，不但主题集中，而且切入点好，理论与实践结合紧密，对相关问题的探讨具有明显的引领性。比如，根据教育部主要领导关于高教改革“一个重点”、“三个突破”的新思路，重点策划了三组“前沿话题”，分别是：高校基层学术组织的结构性改革、研究生培养体制和机制改革、高校如何以服务求支持以贡献求发展。

开办于2003年9月、贯穿于2004年全年的专题讨论“笔谈党委领导下的校长负责制”，得到读者的广泛关注和教育部领导的充分肯定。该专栏共发表文章35篇，并被有关部门汇编成书，在相关会议上作为重要学习参考材料。

此外，还组织了实施“人才强校”战略、大学理念和大学精神、高校分配制度改革、创新高校学生管理、繁荣发展哲学社会科学、加强学术规范及落实科学发展观、依法治教治校等带有普遍意义话题的探讨。

撰稿 李石纯

审稿 陈 浩

《神州学人》杂志及网站

〔**综述**〕 2004年，《神州学人》杂志和网站以“三个代表”重要思想为指导，以全国人才工作会议精神为指针，以《2003—2007年教育振兴行动计划》和教育部“高层次创造性人才计划”为主线，按照教育部党组的工作部署，按照宣传工作“三贴近”的要求，全面、及时、准确、权威地传达了部党组的工作部署和文件精神，积极为国家出国留学工作的改革和发展创造了良好的舆论氛围和政策引导环境。

〔**围绕教育部中心工作宣传报道**〕 (1) 全面、及时地传达教育部驻外使领馆教育参赞工作会议、教育部驻外人事工作欧洲片会和北美片会三个重要会议的精神，同时完成欧洲片会的画册编辑工作。其中，驻外教育参赞工作会议的报道，除了在网站上开辟专题外，还在月刊上进行重点报道，刊出了《新一轮，驻外教育处（组）忙什么?》、《教育参赞谈留学工作》等文章。(2) 准确、详尽地推出教育部“高层次创造性人才计划”报道。在网站上进行了规模报道，同时在杂志上开辟专题，进行详细介绍。(3) 成功组织策划中国留学人员回国创业成就展报道。根据杂志和网站的不同特点，确定了“网站先行、月刊殿后”的原则。在展览开始前，在网站上推出了一大批背景报道。展览结束后，又在月刊上推出了专题《风雨兼程 铸就彩虹——中国留学人员回国创业成就展巡礼》，其中多篇文章被其他媒体转载。

〔**关注热点**〕 2004年，《神州学人》杂志及网站敏锐地抓住留学工作和留学事件中的热点、难点、焦点问题，释疑解惑，为留学人员及其亲人提供精神支持。2003年12月24日，俄罗斯友谊大学发生火灾，造成我留学人员12人罹难45人受伤的惨剧。事件发生后，立即与我驻俄使馆教育处取得联系，双向互动，及时报道有关信息，介绍事件最新进展，还在2004年第1期杂志上开辟专题，刊出了《为了中国留学生的安危》、《严冬里的春天》等文章。为了进一步提醒广大在外留学人员提高警惕，注意安全，杂志还在2004年11期开辟专题《留学海外，请注意安全!》，刊出了《外交部、教育部：全力保障海外留学人员安全》以及各驻外教育处（组）的来稿，受到了广大教育外交官和留学人员的好评。

〔**网站建设**〕 根据把网站打造成为“全国网上留学媒体第一家”的构想，深挖独家新闻，做到留学内容人有我有、人无我有、人有我特。目前网站已成为国内最大的留学新闻原创网站。开通网上直播功能。教育部部长周济2004年新年贺辞的DV上网播放，标志着“神州学人”网站多媒体正式启用。2004年，网站的点击量继续攀高，影响力继续扩大，已由以前在全球10万名之外提升到5万名左右。

撰稿　焦江方
审稿　杨长春

中国教师报

〔**综述**〕《中国教师报》2003年1月1日创办以来，始终秉承“零距离贴近教师”的办报理念和“全心全意为教师服务”的办报宗旨，坚持走专业化、职业化办报的路子，以不断提升报纸的影响力为工作重点，明确提出了《中国教师报》分三步走的发展战略：第一步，打造亲和力报纸；第二步，打造实力派报纸；第三步，打造魅力型报纸。

按照上述思路，《中国教师报》自创办以来，关注教师的生存状态尤其是精神生存状态，直击教育的热点、焦点，以其敏锐的新闻洞察力，传递国内、国际最新教育资讯，搭建教师对话交流平台，发表一线教师教育教学的独到见解，努力帮助教师不断提升自己的职业素养与职业道德，得到了全国教师特别是中小学教师和校长的广泛关注与喜爱，受到教育部领导和国家新闻出版总署报刊司的好评，中宣部新闻局《新闻阅评》曾6次通报表扬。

〔**关注教师生存状态，维护教师合法权益**〕 作为全国教师自己的报纸，《中国教师报》关注所有教师尤其是农村教师的生存状况，其中，对山西晋源、应县两地代课教师的报道和对陕西李小峰老师的报道引起教师们的强烈共鸣。同时，《中国教师报》继续加大维护中小学教师权益的报道力度。江西省新余市和江苏省沛县两地的教师权益曾受到严重侵害，经《中国教师报》报道后，他们的问题得到了圆满解决。

〔**庆祝第20个教师节特刊**〕 2004年，《中国教师报》以32版的篇幅推出教师节特刊，其6大亮点引人瞩目。(1) 社论《中国教育的脊梁》以一个新的比喻，从独特视角，阐述人民教师的光荣感、使命感和责任感，引导教师做人民满意的教师，引起教育界和新闻界的关注。(2) 两个整版的“我把青春献给她”新老照片，刊出若干教师在第一个教师节和第20个教师节时的对比照片，反映其为人民的教育事业奋斗终身的风采。(3) 推出“影响中国教师命运的8件大事”。(4) 开设“名师忆名课”专栏。(5) 征集“教师誓言”。(6) 开设“延安尊师传统”专栏。

〔**关注热点**〕《沈阳七中现象的远虑与近忧》一文，在基层学校尤其是在“名校”和相关媒体中引起很大反响。

《中国教师报》以6个整版的篇幅对中宣部、教育部联合举办的全国优秀教师师德报告团的活动作了大量报道，在读者中产生强烈反响。

〔**以活动提升报纸的影响力**〕 2004年，开展了系列活动，以提升报纸的影响力。(1) 在厦门举行了首届全国中小学教师“中华民族精神万岁”演讲比赛。(2) 在南昌举办了第二届中国名校长高峰会议。(3) 在海口举行了高职高专对等招生研讨会。(4) 在杭州举行了首届全国新生代教师论坛。(5) 在北京举行了首届中国教育家大会暨《中国教师报》出版100期庆典。此外，暑假期间，《中国教师报》举行了两次来《中国教师报》作客活动，各地关注中国教师状况、关注《中国教师报》发展的热心教师，齐聚《中国教师报》编辑部，共同商讨《中国教师报》如何真正体现“零距离贴近教师”的办报理念。

撰稿　梁友君

审稿　刘堂江

中国教育电视台

〔**综述**〕 2004年，中国教育电视台以邓小平理论和“三个代表”重要思想为指导，深入学习和贯彻党的十六大和十六届四中全会精神，按照教育部党组的指示和国家广电总局的要求，积极落实文化体制改革的精神，紧紧抓住国家广电总局提出的“数字发展年”和“产业发展年”这一难得的发展机遇，积极推进各项改革工作；同时，通过落实中宣部、教育部党组布置的各项重大宣传任务、策划一系列富有影响与社会效益的大型宣传活动，扩大了中国教育电视台在业内的知名度和社会影响力，一频道2004年平均收视率较2003年提高了30%，三套节目收视率提高了120%。

2004年，中国教育电视台初步完成了节目建设方面的三大任务：一是推出新台标并进行频道全面改版；二是依据教育系统宣传特点和现有受众群体在长假中对节目收看需求的特殊性，改变了长期以来节目编播采取的静态非集中的方式；三是在确保宏观控制力的前提下，积极进行了节目运行机制的创新探索，借助社会力量分阶段、梯次性、平稳有序地对栏目进行制播分离的尝试。通过节目的全面改版和不断调整工作，较好地体现了教育电视台全新的办台目标和理念，基本形成社会认同、具有特色、面貌全新的节目框架，节目的整体质量和影响力有较大的提高，各栏目的收视率稳中有升。

按照教育部的宣传方案，中国教育电视台重点抓好“两会”、教育部《2003—2007年教育振兴行动计划》、农村教育、职业教育、人才强校、学习型社会、收费制度改革、治理教育乱收费、资助家庭经济困难学生、高校就业、“五四运动”85周年、邓小平同志诞辰100周年、第20个教师节、建国55周年等重大宣传任务；按照中宣部、教育部的统一部署，加强了对教育热点难点问题的引导，努力按照“三贴近”的原则，使教育宣传报道贴近校园、贴近师生、贴近家庭，为办人民满意的教育发挥了更加强有力的舆论引导作用，为营造全社会关心支持教育的良好氛围做出了积极的努力。

在教育部党组的领导下，中国教育电视台承担了农村党员干部现代远程教育试点工作和全国农村中小学现代远程教育项目工作。2004年元旦，农村党员干部现代远程教育卫星IP数字专用频道在中国教育电视台试开播。试播工作顺利安全，得到了中央有关部门和各地试点单位的肯定。

〔**一套节目改版**〕 中国教育电视台第一套节目于2004年1月1日实施了较大规模的改版，推出了部分新的栏目和节目，改造了原有的部分栏目和节目，推出了一批新的主持人，推出了新的台标和频道包装系统，启动了更加科学的、符合广大观众收视习惯的编播体系。实施改版后的第二天，中国教育电视台便收到了大量的观众反馈意见，观众普遍认为，频道改版给人耳目一新的感觉。改版后的频道具有较强的视觉冲击和震撼力。新的台标和台宣传片，以橙色为主色调，色彩亮丽，对比度大，图形变化丰富，视觉冲击力和音乐感染力强，给人以时尚、现代、轻松的感觉。改版后的各栏目宗旨、定位清楚，风格独特，在节目包装、编播、节目制作和主持人等方面均有很大程度的提高。

〔**农村党员干部现代远程教育卫星数字专用频道试开播**〕 2004年1月1日，全国农村党员干部现代远程教育试点工作领导协调小组办公室在逸夫会议中心举行了农村党员干部现代远程教育卫星数字专用频道试开播仪式。上午10时许，教育部部长周济、中共中央组织部副部长李景田同志启动了农村党员干部现代远程教育卫星数字专用频道试开播开通按钮。

〔**中国教育卫星宽带传输网上行站换站**〕 按照中央领导对安全播出工作的批示，中国教育卫星宽带传输网上行站换至广电总局所拥有的地面站。在各相关单位的大力支持下，2004 年 4 月 23 日 22 时 27 分，按计划进行了成功换站。换站后，中国教育电视台数字节目上行能力大大增强。

〔**开展思想道德建设宣传**〕 为做好贯彻落实《中共中央 国务院关于进一步加强和改进未成年人思想道德建设的若干意见》的宣传报道。自 4 月 2 日起，在《中国教育新闻》栏目开辟了“关注成长”专栏，播出了教育部、新闻出版总署、团中央等部委领导同志的访谈，报道了教育部及有关部门出台的举措和北京、重庆、江苏等省市各级领导深入第一线调查研究、制定措施落实《若干意见》的情况，重点宣传了北京、黑龙江等地的典型经验，并深入学校、学生、社会之中，制作“道德礼仪天天讲”系列调查节目。为落实中央关于加强大学生思想道德建设的指示，中国教育电视台策划了《青春万岁》系列晚会、“大学生传销系列报道”等；在新开办的栏目“校园奥运”中直播“大超联赛”，有力地推动了高校体育文化建设。

〔**第 28 届世界遗产大会的宣传报道**〕 联合国教科文组织世界遗产委员会第 28 届会议于 2004 年 6 月 28 日—7 月 7 日在江苏省苏州市举行。中国教育电视台积极参与和认真组织了宣传报道，投入骨干力量，整合栏目资源，总体规划播出。从 3 月份到 6 月份，中国教育电视台大型演播室栏目《EPD 在行动》，以青少年参加世界遗产保护为主要内容，每月制作 1 期时长 50 分钟的相关节目，共组织了四期。《中国教育新闻》还开辟了“走进世界遗产”专栏。节目均在中国世界遗产地中制作，重点反映中国青少年在世界遗产保护方面的积极参与和自觉意识，传播世界遗产的丰富性、多样性和宝贵价值，提升了青少年和全民的遗产保护意识。

〔**中外大学校长论坛的宣传报道**〕 第二届中外大学校长论坛于 2004 年 8 月 4 日—10 日在北京举行，中国教育电视台精心策划、组织，多侧面、多角度对论坛进行了深入的宣传报道。《中国教育新闻》推出了“中外大学校长论坛特别报道”，每天还提炼出“中外大学校长论坛校长提问集锦”，播发了《教育部长提问大学校长》、《牛津经验：一流大学 一流学术战略》、《吴启迪：换个角度看论坛》等多篇角度新颖的报道。《今晚一刻》推出了“第二届中外大学校长论坛特别节目”，《理查德：著名大学是如何产生并保持的》、《许智宏：创建一流大学的发展战略与实践》等节目展示了这些世界顶尖级校长们的治校智慧，显示了他们的人格魅力。《关注》栏目推出了“来自第二届中外大学校长论坛的报道”，对校长们特别感兴趣的话题进行深入的采访。《大学校长怎么当》、《高校办学 钱从何来》、《校长：需要冒险精神》等节目问题抓的准，采访到位，受到观众和部分大学校长的肯定。

〔**与中央电视台联合推出《西部教育》栏目**〕 为宣传西部教育开发政策和取得的成就，中国教育电视台代表教育部与中央电视台联袂制作了《西部教育》栏目。该栏目为一档大型谈话节目，每期节目 50 分钟，于 2004 年 9 月在中央电视台第十二套节目中播出，2004 年 10 月在中国教育电视台第一套节目开播。《西部教育》栏目的制作播出创造了中国教育电视台历史上的多个第一次：第一次在中央电视台为教育部进行宣传打开一个窗口；第一次代表中国教育电视台在中央电视台开办栏目；第一次申请到国家专项资金制作电视节目。

〔**《“两基”攻坚西部行——现状篇》系列报道**〕 为配合《国家西部地区“两基”攻坚计划》的实施，中国教育电视台从 2004 年 3 月份开始，派出记者赴西部 12 个省、自治区、直辖市，在各地的积极配合下，对当地“两基”攻坚现状进行采访，制作播出了 27 集系列报道《“两基”攻坚西部行——现状篇》。节目播出之后，各地给予了充分肯定，有些地方还专门组织收看。在由中国教育电视协会组织的全国评奖中，《“两基”攻坚西部行——现状篇》系列报道获得了新闻报道一等奖。

〔**《李岚清的音乐情怀》专题节目**〕 由中国教

育电视台采访制作的《关注》特别节目《李岚清的音乐情怀》（上、下）于9月25日、26日和“十一”期间在中国教育电视台一套节目中播出。播出后反响强烈，受到各界好评。

〔**“青春中国”五一主题节目周**〕 2004年“五一”长假，恰逢“五四”运动85周年，中国教育电视台为此策划推出了一周主题特别编排节目，把近20个栏目全部统一在“青春中国，飞扬时代”的主题下。栏目根据各自的不同定位和特点，分别从青年与劳动、青年与学习、青年与时尚、青年与理想、青年与社会、青年与爱情、青年与青春等不同角度制作特别节目，节目的形式既有具有特色的大型活动，也有统一主题的特别节目制作，既有传统节目的助兴，也有独特构思的编排。其中由中宣部、教育部、共青团中央、北京市委联合主办，中国教育电视台承办的纪念五四运动大型音诗画晚会《青春万岁》，是五一长假节目中的重头戏。晚会播出后，在社会上引起强烈反响，充满历史感的晚会宣传画也成为很多人竞相索求的收藏品。

〔**《家长俱乐部》播出**〕 8月15日《家长俱乐部》栏目在中国教育电视台正式开播。这是目前国内电视媒体中最早推出的针对家庭教育的栏目，一经推出便受到了家长和教育工作者的欢迎。《家长俱乐部》大胆尝试，摆脱了专家在台上讲、观众在台下听的传统谈话节目模式，淡化专家和嘉宾的灌输，强调现场家长的话语权和讨论权，使节目具体、生动、鲜活、有趣，贴近家庭，引人入胜。栏目运用巧妙多样的辅助手段，形成了一个开放的交流平台，不断激发演播室内家长的谈话欲望和场外家长观众的参与欲望，达到贴近性、互动性和开放性的“俱乐部效应”。

〔**举办“青春万岁——庆祝新中国成立55周年暨迎接复旦大学百年校庆文艺晚会”**〕 2004年9月24日晚，“青春万岁——庆祝新中国成立55周年暨迎接复旦大学百年校庆文艺晚会”在复旦大学成功举办。此次活动由中宣部宣教局、教育部社会科学研究与思想政治工作司支持，上海市委宣传部、上海市教委协办，中国教育电视台、复旦大学、上海东方卫视、北京联合频道国际文化有限公司共同承办，复旦大学的师生共计8 000多人参加。整场演出共2个小时，节目始终以青春万岁、祖国万岁为主题，紧紧将庆祝祖国55周年华诞和复旦大学百年校庆的喜庆气氛紧密结合，将展示大学的发展历程与展示共和国的命运紧密结合，将大学生的无限激情与对青春的感怀紧密结合，整场晚会气势恢宏，凝重热烈，全场欢呼声、掌声、歌声此起彼伏。

〔**“金色十月”特别节目**〕 中国教育电视台国庆特别节目编播采取了统一包装、全天贯通、七日连贯的编播方式，经过认真策划与论证，形成了祝福中国、纪录中国、丰碑中国、激情中国、艺术中国、论坛中国、希望中国的总体编播框架。“金色十月”特别编播歌颂中国共产党的丰功伟绩，展现建国55年来，特别是改革开放以来我国各项事业取得的伟大成就，尤其是教育事业取得的骄人成绩。以弘扬主旋律为主，全面展现教育战线广大师生员工昂扬向上的精神风貌，用丰富多彩的节目内容，寓教于乐的节目形式，对广大青少年进行爱国主义和革命传统教育，凸显中国教育电视台节目的教育特色。

〔**《校园奥运》栏目直播高校“大超联赛”**〕 高校“大超联赛”是我国举办的第一次最高水平的非职业篮球联赛。大超联赛是一项全新的大学生篮球联赛，承担着向由国家教育部组队参加的“世界大学生运动会”直接输送队员、为各专业队输送精英的重要任务。这一重要赛事在中国教育电视台新开办的栏目“校园奥运”中直播。“校园奥运”是一档融合多元素以多个角度反映校园体育文化的新型体育综合栏目，宗旨是为广大青少年和在校师生搭建一个贴近奥运、关注奥运的平台，提高目标受众对体育运动的兴趣，为全面提高国民素质，尤其是身体素质发挥舆论引导作用。

〔**福利彩票双色球摇奖现场直播**〕 在民政部中国福利彩票发行管理中心（以下简称中国福彩）的

重视和支持下，4月1日20时30分，由中国福彩与中国教育电视台合办的福利彩票双色球摇奖现场直播节目首播成功。为了充分体现中国教育电视台“学习改变命运，教育成就未来”的办台理念，全面贯彻落实教育部《2003—2007年教育振兴行动计划》和国务院办公厅转发的《国家西部地区“两基”攻坚计划（2004—2007年）》文件精神，在中国福彩领导的鼎力支持下，从5月1日起在福彩双色球摇奖直播节目中增加捐资助学的内容，从每一期的“双色球”福利彩票中提取5 000元专项资金，资助西部地区的五名贫困的小学生或初中生，预计全年可资助500多名。

撰稿　鲁文忠

审稿　康　宁

热点关注

引导网上舆论　为构建和谐社会服务

随着互联网在我国的发展，网上舆论影响不断增大，如何正确应对并主动地引导好网上舆论，成为新时期党的宣传思想工作面对的一个重要课题。

党的十六届四中全会提出构建社会主义和谐社会的任务，强调形成全体人民各尽其能、各得其所而又和谐相处的社会，是巩固党执政的社会基础的必然要求。宣传舆论是社会的稳定器，良好舆论环境是社会主义和谐社会的一个重要组成部分；网上舆论作为整个宣传舆论越来越重要的组成部分，在构建社会主义和谐社会中担负着重要的责任。

一、加强网上舆论正面引导的重要性

互联网作为大众传媒，与报刊、电台、电视台等传统媒体有很大的不同。这决定着在加强管理的同时，必须把积极、主动引导网上舆论作为一个重要手段，才能达到维护正确舆论导向、形成良好舆论环境的目的。

截止到2004年底，我国上网用户达9 400万，仅次于美国，位居世界第二，境内WWW站点近67万。互联网成为新时期影响我国社会舆论环境和人们思想、价值观念的重要因素。

互联网是开放的。网上信息传播不受国界的限制，理论上讲，网上信息传播速度与电子运动速度等同。因此，网上信息可即时传播到全球任何一个上网终端。一方面，互联网为我们提供了科技新知识、市场变化的新信息，有利于我们对外开放；另一方面，网上多元思想也必然会对我国意识形态、主流舆论产生冲击，对巩固马克思主义在意识形态领域内的指导地位提出挑战；互联网的运用进一步丰富了人民群众的文化娱乐生活，同时一些腐朽、丑恶的文化现象也会随网络乘虚而入。近年来，淫秽色情网站、迷信网站、算命网站、赌博网站等在境内外大量兴起，国外低俗、腐朽文化通过互联网侵蚀我国青少年身心健康就是明证。对网上的信息各个国家由于历史文化背景不同、社会制度不同，不可能有统一标准，在一个国家是非法的信息，属于禁止传播的行为，在另一个国家很可能被视为当然的、合法的。因此，在互联网上管理的办法不可能解决一切问题，耐心细致的说服教育和积极主动的引导，是一项必不可少的工作方法。

互联网是互动的。与传统媒体不同，互联网的信息是双向交流的，网站主办者可以主动发布信息，网民也可在网上发表自己的言论，尤其是许多网站开设了网上论坛、聊天室、留言板和新闻跟贴等，大大扩展了这一互动功能。网民不仅可以贴发文字信息，也可以贴发图片、音频、视频，这些信息同样可以达到传播效果。与传统媒体的传播行为相比，网民对热点问题的讨论对人们思想和行为的影响更为深刻，作用

更大。一旦出现重大突发性事件，网上的讨论会迅速转化为一种广泛的社会舆论动员力量，把握不好就会对实际工作、对社会稳定带来直接的冲击。因此，正确引导网上热点问题，引导好网民的讨论，及时澄清事实，解疑释惑，是化解社会矛盾，解决网民思想问题，从而也是维护网上正确舆论导向的一个重要方面。

互联网是虚拟的。网民在网上发言，往往采取的是匿名形式，参与讨论的网民相互并不知道对方的身份、性别、年龄、职业、所在地点等。心理学研究表明，在相互熟悉的环境中，人们会不自觉地受到社会习俗、道德准则的约束，行为和表现会有尺度；一旦进入陌生的环境，社会习俗、道德准则对人的约束力便会大为减弱，人的潜在的不良习惯、盲目冲动极易表现和膨胀。这就是长期以来网上各种非理性、偏激、谩骂式的言论难以得到根治的深层次的原因。这种现象如果发生在网下，对周围人群、对社会的消极影响相对有限。但互联网是大众传媒，这种现象的存在对社会的危害就比较严重。更令人担忧的是，相当多的青少年、青年学生长时间在网上沉溺，网上这种非理性、过激的思维和行为定式很容易转化到现实社会中来。所以，在网上加强教育和主动引导十分重要。

更为值得警惕的是，互联网作为跨国界、开放的传播平台，也成为境外敌对势力和别有用心的人用来进行思想渗透和歪曲攻击的工具。除直接传播违反我国法律的有害信息外，还利用我国国内热点问题、重大突发事件传播不实之辞和谣言，煽风点火，混淆是非，制造思想混乱。这些也需要我们通过在网上积极开展舆论斗争，批驳谣言，澄清事实，增强人们的分辨能力，从而争取舆论主动。

实行对外开放，是我国坚定不移的基本方针。对外开放，不仅需要有物流、资金流、人流，而且也需要有信息流。互联网是我们认识世界、及时获取世界经济文化科技新知识的重要渠道，是世界各国正确认识中国、扩大中国影响的重要途径。更为重要的是，通过互联网的发展和运用，将会大大增强全民高新技术和信息技术的意识和能力，这对提高我们国家和民族的竞争能力十分重要。正因为如此，我们才更应当维护互联网正常的传播秩序，维护好网上正确的舆论导向，培育文明健康的网风，做到充分发展、趋利避害。加强网上舆论的主动引导，成为现时期的一项光荣而艰巨的任务。

二、正确引导网上舆论是当前一项紧迫的任务

互联网在我国正式对公众开放已逾10年，中央的方针是明确的，即“积极发展，加强管理，趋利避害，为我所用”，在规范互联网的发展和运用方面，各方面都做了大量工作，效果是好的。

尽管存在这样那样的问题，必须看到，网上舆论总的局面是好的，网上新闻传播秩序得到明显规范，新华网、人民网等国家主流新闻媒体网站影响迅速增长，受到网民的喜爱，成为网上新闻信息的主要来源。网民们支持和称赞党中央提出的“立党为公，执政为民”的执政理念；拥护以人为本的科学发展观；“权为民所用，情为民所系，利为民所谋”在网上深入人心；“聚精会神搞建设，一心一意谋发展”成为网民的共识；网民们拥护党、拥护社会主义，为国家建设献计献策，爱国主义始终是网上响亮的主旋律。互联网也越来越成为教育动员群众、传播党和国家方针政策的重要渠道，成为国外认识中国发展进步情况的重要渠道。

同时，也要看到，消极、负面的言论在网上仍然存在，片面的、错误的言论和观点仍有传播市场，遏制有害信息的传播是一项长期的任务。从目前情况看，网上舆论引导的重点应主要放在以下几个方面：

1. 对网上渲染炒作负面消息的引导。一些网站在对案件、暴露社会阴暗面事件的报道中，采取相关新闻汇集、专题、新闻跟贴、论坛讨论、网站相互贴发等形式，很容易形成过度渲染、炒作，影响人们对事件和社会的正确认识，严重的会损害党和政府的形象。

2. 对网上非理性、过激言论的引导。特别是在一些网站的新闻跟贴、评论中，过激、非理性的言论比较集中，如不正确引导，很容易相互传染，迅速膨胀，形成恶性循环，造成不良的网上舆论氛围，也影响互联网在人们心目中的形象。

3. 对不实传言和一面之辞的及时澄清。网民对周边一些事、一些做法的不满容易发泄到网上，有些受认识的局限性和情绪的影响，对事实的描述过于夸张，观点偏颇，如得不到及时澄清，很快会形成“滚雪球”式的传播，造成舆论上的被动。

4. 对错误言论和观点的及时反应。目前，错误言论和观点在网上仍时有传播，有些是群众的模糊认识，也有一些是别有用心之人利用热点问题有意歪曲历史，诋毁党和政府的方针政策，传播有害信息，煽动不满情绪。对此，一方面要加强管理；另一方面也要及时应对。因为在发现这些信息时，错误言论已形成了一定范围的传播和影响，我们不能不加以澄清和驳斥。

5. 开展教育和说服工作，引导网民分辨是非。对网上暴力、淫秽色情、迷信、赌博、谣传等有害信息，主要是通过管理加以解决，但同时也要开展教育和说理工作。要说服人们在网上自觉抵制这些有害信息，不让其有传播的市场。

网上舆论存在的问题，除与互联网本身的技术特点有关外，也有其现实的社会原因。目前，我国改革开放处于攻坚阶段，社会处于转型期，利益调整会伴随着矛盾而产生。在互联网出现前，这些矛盾的传播范围有限，互联网的出现为这些矛盾的表现和传播提供了渠道。另一方面，我们一些单位和少数干部官僚主义、形式主义作风严重，不关心群众疾苦，甚至损害群众的利益，不正之风和腐败现象在一定范围内存在甚至比较严重，群众对此有意见、有不满、有怨言，有些反映到网上来也并非不正常，在一定意义上讲也是一种舆论监督。但由于互联网传播速度快、覆盖面广，过激言论、怨气过于集中，不及时疏导，也会成为社会矛盾加剧的催化剂。

应当看到的是，网上不少言论、观点还缺乏普遍代表性。在上网的网民中，只浏览信息不发言的占绝大多数，从一些网站的抽样看，不发言的网民与发言网民大约为10∶1；而在发言的网民中，偶而发言的又远远高于经常发言的网民数量，其比例也大致与前者相同。因此，不做深入调查，很容易将少数网民的观点看作是群众的普遍想法。在某些事例中，少数人通过网上有意操纵、策划，更加重了这种错觉，从而误导人们。从这一角度看，对网上热点问题，如不及时正面引导，也极易造成舆论的失衡。

社会舆论的和谐，是构建社会主义和谐社会的重要内容；没有舆论的和谐，难以达到真正意义的社会和谐。对网上舆论存在的问题，我们不可掉以轻心，要通过大力加强正面引导，克服片面观点，使事实得到澄清，矛盾得到化解，从而实现舆论的和谐。

三、讲究方式，确保网上舆论引导工作落到实处

网上舆论的引导，是在新的历史时期、新的社会条件下，党的宣传思想工作为党的中心工作服务的重要体现。要服从和服务于党和国家的工作大局，要以邓小平理论和“三个代表”重要思想为指导做好这项工作。从事网上舆论引导工作的同志，要不断提高马克思主义理论素养，认真学习领会党和国家的路线方针政策，这样才能做到心中装有大局，善于分辨是非，有较强的敏锐性和应对网上复杂局面的能力，把握好网上舆论引导的主动权。

具体来讲，网上舆论引导要注意以下几个方面：

1. 牢牢把握好正确的政治方向。概括讲，网上舆论引导的具体要求是，对正确的东西要提倡、弘扬，对模糊的认识要解释澄清，对片面的观点要做耐心细致的教育劝导工作，对错误的言论要理直气壮、旗帜鲜明地驳斥。网上宣传是整个党的宣传思想工作的一部分，因此，网上传播行为在政治原则上与整个宣传工作的要求是一致的，互联网不能成为搞乱人们思想、否定党的领导、攻击社会主义制度的特区，要通过引导，使互联网成为宣传科学理论，传播先进文化，塑造美好心灵，弘扬社会正气，倡导科学精神的平台。

2. 要密切跟踪网上舆情，提高舆情的发现能力。这是网上舆论引导工作的基础。与传统新闻媒体不同的是，网上舆情的变化是全天候的，信息是海量的，形态是多样的，热点是随时转换的，开展网上舆论引导要善于发现舆情的源头，及时地应对，才能争取主动。因此，对网上的观察应是连续的、不间断的、持续的、深入的，否则，很难做到有效性。从事这项工作的同志要有必要的工作条件和设备条件做保障。

3. 引导工作要符合网上舆情的传播特点和规律。网民在网上访问站点和阅读选择信息有很大的自由度，途径也很多，因此，网上宣传和舆论引导“强迫式”、“灌输式”的方法难以奏效。这项工作尤其要按照“三贴近”要求办事，切忌空话、套话、大话，要针对网民关心的问题开门见山、单刀直入、一针见血，要做到有感而发、实话实说、短小精悍，要善于举例说明问题，多用网民熟悉的思维方式、语言和表达方法，做到生动活泼，形式多样。

4. 要善于调动网民参与引导工作的积极性。在网上，有不少热情的网民自觉参加党的宣传工作，用

自己的亲身体验宣传党的路线方针政策，宣传马克思主义、邓小平理论和“三个代表”重要思想，不少文章具体生动、语言活泼，有很强的说服力，这是我们引导工作的丰富源泉，应当很好地利用。因此，要将统一战线的工作方法运用到网上宣传和引导工作中来，充分调动网民参与引导工作的积极性，网民中好的文章可以组织人员不断的转发、转贴，扩大正面舆论的强势。这样做往往能达到事半功倍之效。

5. 要培养和建立一支网上舆论引导工作的专业队伍。网上舆论引导是比较特殊的工作，业务知识和技巧要求高。网上发表言论容易，但传播观点却不简单。特别是在网上论坛、新闻跟贴中，如果不掌握一定的技巧，文章很快便会淹没在信息的汪洋大海中。要通过连续跟贴、反复点击、多重注册、多方贴发，才能使自己的文章得到有效传播，获得较高的阅读数。因此，从事网上舆论引导工作的人员一定要有高度的工作热情、强烈的责任感、很高的竞争意识，才能真正胜任工作。

原载2005年第5期《中国高教研究》　李伍峰　文

北京市教育

概　况

〔基本情况〕

2004年北京市各级各类学校校数、教职工、专任教师情况

	学校数（所）	教职工数（人）	专任教师数（人）
一、高等教育			
（一）研究生培养机构（不计校数）	(163)		
1. 普通高校	(48)		
2. 科研机构	(115)		
（二）普通高等学校	77	108 284	43 476
1. 本科院校	56	98 838	38 999
2. 专科院校	21	7 792	3 521
其中：职业技术学院	20	7 478	3 344
3. 其他机构（点）（不计校数）	(7)	1 654	956
其中：独立学院	(2)	165	88
（三）成人高等学校	33	7 455	3 261
（四）民办的其他高等教育机构	68	8 754	3 442
二、中等教育	908	96 643	62 103
（一）高中阶段教育	486	96 643	29 661
1. 高中	338	76 347	18 672
普通高中	338	76 347	18 672
成人高中			
2. 中等职业教育	148	20 296	10 989
普通中专	56	7 940	3 785
成人中专	15	1 068	461
职业高中	77	10 981	6 523
技工学校			
其他机构（教学点）（不计校数）	(10)	307	220
（二）初中阶段教育	422		32 442

续表

	学校数（所）	教职工数（人）	专任教师数（人）
1. 普通初中	422		32 442
2. 职业初中			
3. 成人初中			
三、初等教育	1 504	62 191	48 767
（一）普通小学	1 504	62 191	48 767
（二）成人小学			
其中：扫盲班			
四、工读学校	6	337	165
五、特殊教育	23	975	720
六、学前教育	1 422	28 326	14 208

注：1. 普通高中的教职工数中包含普通初中的教职工数。
2. 技工学校数据为2003年数据。
3. "（ ）"内数据均不计校数。

2004年北京市各级各类学历教育学生情况

	毕业生数（人）	招生数（人）	在校生数（人）
一、高等教育			
（一）研究生	28 755	54 344	139 413
博　士	6 084	12 456	39 208
硕　士	22 671	41 888	100 205
（二）普通本专科	100 130	144 294	499 524
本　科	71 585	101 650	385 342
专　科	28 545	42 644	114 182
（三）成人本专科	124 247	125 766	264 412
本　科	45 628	55 708	115 431
专　科	78 619	70 058	148 981
（四）其他各类高等学历教育			
1. 在职人员攻读博士、硕士学位		10 903	32 927
2. 网络本专科生	296 335	679 400	1 823 015
本　科	142 646	309 332	829 329
专　科	153 689	370 068	993 686
3. 学历文凭考试	17 733	33 698	88 960
4. 自学考试			
5. 其他	173		1 794
二、中等教育	298 070	257 040	869 333
（一）高中阶段教育	131 653	156 550	482 822
1. 高中	66 556	93 519	274 803
普通高中	66 556	93 519	274 803
成人高中			
2. 中等职业教育	65 097	63 031	208 019
普通中专	34 339	33 475	113 689

续表

	毕业生数（人）	招生数（人）	在校生数（人）
成人中专	5 666	3 952	13 506
职业高中	25 092	25 604	80 824
技工学校			
（二）初中阶段教育	166 417	100 490	386 511
1. 普通初中	166 417	100 490	386 511
2. 职业初中			
3. 成人初中			
三、初等教育	100 139	73 577	516 042
（一）普通小学	100 139	73 577	516 042
（二）成人小学			
其中：扫盲班			
四、工读学校	420	207	851
五、特殊教育	1 276	796	6 412
六、学前教育	71 677	86 672	205 532

注：特殊教育学生数中包括普通中小学随班就读的学生。下同。

2004年北京市各级各类非学历教育学生情况

	毕（结）业生数（人）	注册生数（人）
一、高等教育	353 454	405 313
（一）研究生课程进修班	19 037	28 225
（二）自考助学班	36 159	173 520
（三）普通预科生		580
（四）进修及培训	298 258	202 988
其中：资格证书培训	41 115	23 249
岗位证书培训	42 460	15 671
二、中等职业教育	2 239 184	2 030 352
其中：资格证书培训	221 967	92 886
岗位证书培训	327 176	80 688
（一）中等职业学校	86 911	50 311
其中：资格证书培训	42 530	23 112
岗位证书培训	17 036	6 497
（二）职业技术培训机构	2 152 273	1 980 041
其中：资格证书培训	179 437	69 774
岗位证书培训	310 140	74 191

2004 年北京市各级民办教育基本情况

	学校数（所）	毕业生数（人）	招生数（人）	在校生数（人）	教职工数（人）	专任教师数（人）
一、高等教育						
（一）普通高校		4 336	16 202	32 773	5 260	2 441
1. 普通高校	11	4 336	14 514	31 085	5 095	2 353
本科学生			1 369	2 368		
专科学生		4 336	13 145	28 717		
2. 独立学院	(2)		1 688	1 688	165	88
（二）成人高校						
（三）民办的其他高等教育机构	68	119 513		277 978	8 754	3 442
二、中等教育机构						
（一）高中阶段教育	92	4 754	10 227	25 726	4 563	2 683
其中：普通高中	78	3 782	8 964	21 626	3 452	2 104
中等职业学校	14	972	1 263	4 100	1 111	579
（二）初中阶段教育	15	5 685	4 320	14 690		
其中：普通初中	15	5 685	4 320	14 690		
职业初中						
（三）职业技术培训机构	1 586	1 101 392		1 555 923	38 580	15 547
三、普通小学	12	802	981	5 472	1 151	705
四、幼儿园	302	8 003	11 526	29 636	5 882	2 917

注：“（　）”内数据不计校数。

〔**全市教育大会**〕 2004 年 4 月 27 日，北京市召开教育大会。大会明确提出首都教育改革与发展总的指导思想和 2010 年在全国率先基本实现教育现代化的总目标，并确立了首都教育发展战略，必须坚持“内涵发展、人才强教、资源统筹、开放创新”的方针。会后，全市教育系统开展深入学习、宣传活动，起草制定相关配套文件和政策。启动“十一五”教育发展规划编制的前期准备工作，指导区县和高校按照全市教育大会的要求，结合区域和单位实际，科学定位，完善规划，加快发展。

〔**教育督导**〕 2004 年，主要完成了四项重点工作：检查平谷等 7 个区县政府和北京汽车控股有限责任公司等 3 个企业集团的教育执法工作；督导评价海淀等 6 个区政府、教委全面实施素质教育工作；督导检查远郊区县落实农村义务教育管理体制情况、来京务工就业农民子女接受义务教育工作、基础教育课程改革实施情况；专题调研中等职业教育教学质量发展性评价研究等 3 项工作。

研究制定了《北京市教育督导工作 2005—2010 年工作规划（讨论提纲）》和《关于建立健全教育督导结果公报制度和通报制度的意见（讨论稿）》以及《北京市职业教育与成人教育督导评估工作指导意见（征求意见稿）》。提出了《高质量实施九年义务教育工作标准》的建议。

〔**依法治教**〕 2004年，北京市贯彻实施《行政许可法》，完成准备及配套制度建设，全面推进依法行政。全面清理行政许可事项，进一步规范有关规章制度和管理，全面开展全员培训与考试，依据《行政许可法》向社会公布教育许可事项，制定行政许可工作各项管理制度。建立“市教委综合行政服务中心”，开展“一站式”服务。

加大执法检查的力度。市教育执法检查组对平谷等7个区县政府和3个企业（集团）依法保证教育投入、办学困难初中校改造、加快农村基础教育发展等情况进行了检查。开展依法治校示范校的创建及评估活动，组织开展百所市级依法治校示范校评选活动。认真做好教育行政救济、教育诉讼代理。

治理教育乱收费。以义务教育阶段全面推行“一费制”为契机，妥善解决来京务工就业农民子女接受义务教育问题，严格规范高等学校收费行为；对公办普通高中招收“择校生”、“共建生”，订购教辅材料等收费进行规范管理；进一步加大投入、积极推进教育资源均衡发展。

〔**德育工作**〕 2004年10月22日，北京市召开中小学德育工作会议，启动“关于加强未成年人思想道德教育工作行动计划”，力求通过“做文明青少年，为奥运添光彩”行动、实施学校课程的全员德育和全过程德育、推进学校文化建设、创建学校社区新型协作体制、推进学校德育信息化建设、建设高素质的德育工作者队伍、开发和利用首都德育资源、完善德育创新与保障体系8个方面的工作，构建与首都教育相适应的学校德育工作新格局。为全市中心校以上的中小学及中等职业学校配齐法制副校长。

〔**学生管理**〕 2004年6月8日，北京市建立了以副市长为召集人，教育、人事、劳动、公安等政府部门参加的联席会制度，共同研究协调解决高校毕业生就业工作中的重要问题。建立网络化就业管理平台和服务平台，确保参加网上“双选”毕业生信息的真实性及用人单位需求信息的有效性。2004年，北京地区毕业生总数达到123 971人，比上年增长19.74%，研究生就业率达到95.39%，本科生就业率达到91.73%，高职（含专科）生就业率达到91.88%。

规范学历证书电子注册制度，确保数据准确性。北京市教委把一届学生做两次证书注册。一次集中注册，一次补注册。2004年，北京市共完成各级毕业生的学历证书注册工作321 010人。

做好家庭经济困难学生的资助工作。2004年，重点完成了国家助学贷款新的运行机制的落实；为两所困难生较多的学校与企业建立了困难生资助关系；市财政资助专款每年600万元。

〔**对外交流与合作**〕 2004年，北京市积极开发国际教育合作项目。组织了AFS、YFU和AUSA等国际组织的高中学生交流的项目，近30所学校的80多名学生通过考试，分别到12个国家学习一年。召开全市各级各类相关教育机构中外合作办学工作会议，学习贯彻落实中外合作办学条例和条例实施办法，布置中外合作办学机构和合作项目复核工作。4月，组织了外国驻华使馆教育外交官和国际组织代表招待会，初步建立了与外国驻华教育外交官的友好磋商机制。举办“北京国际教育博览会”，签署8项中外合作交流项目，另有20对达成合作意向。香港—北京教育展于7月3日在香港举行，有22所北京高等院校和21所中学参展。10月，香港20所学校与北京20所优质学校校长签署了建立友好姊妹学校关系意向书。

〔**教师管理**〕 2004年3月，北京市启动了面向社会教师资格认定工作。春季和秋季两次共受理申请认定教师资格33 300人，认定教师资格32 700人。

5月至12月，在全市范围开展以“弘扬高尚师德，展示教师风采”为主题的师德建设系列宣传教育活动。

继续实施“特级教师行动计划”，开展送教下乡活动，多种形式发挥骨干教师的带动和辐射作用。继续实施对教育系统高层次人才资助计划，并加大高水平学科带头人、教学骨干和紧缺人才的引进。进一步做好对高等学校引进骨干拔尖人才的经费资助工作，共资助17所学校46人，经费达990万元。以骨干教师队伍建设为重点，切实抓好中小学骨干教师、义务教育新课程改革教师的培训工作。健全完善中等职业学校教师继续教育的管理工作，加大对“双师素质”职业教育师资队伍培养。评选市级学科带头人156名和骨干教师1 845名。

〔**民办教育**〕 2004年，北京市拨专款800万元，对各级各类民办教育机构进行评选表彰。以“开创新局面，服务新北京”为主题举办首届民办教育周。制定了《北京市民办教育促进条例》草案；结合北京民办高校安全稳定工作特点，制定《关于加强和改进北京民办高校学生思想政治教育的意见（试行）》和《关于加强和改进北京民办高校安全稳定工作的意见（试行）》。规范行业秩序、完善行业管理、优化发展环境，健全民办教育自主办学运行机制。成立北京市民办教育协会。举办首期民办高校举办者和办学负责人培训班。

〔**安全工作**〕 以维护首都安定团结和师生健康与安全为各项工作的基本出发点，进一步落实安全稳定工作责任制和工作措施，建立应急工作机制，加大科技创安工作力度，妥善处置各类突发事件，全力确保各种重大活动、敏感时期教育系统的安全稳定。全年召开安全稳定工作专题会议20多次。

认真落实《国务院办公厅关于切实加强中小学幼儿园及少年儿童安全管理工作和开展专项整治行动的意见》，并将专项整治范围扩大到高等学校、中等专业学校。

〔**语言文字工作**〕 2004年，北京市对八个城区开展了语言文字综合评估，重点抽查了16个党政机关职能部门。组织培训活动2期，区县、市属委办局及街道乡镇语委干部共180余人次参加了培训。组织策划在北京广播电台开展法规知识竞赛活动，举办普通话沙龙节目。组织全市法规咨询宣传活动，印发宣传手册及宣传画3万份。

经过申报、审核，在全市健全了20个普通话测试工作站，基本形成了覆盖全市的普通话测试工作网络。完善北京市测试中心的管理，每月组织一次面向社会普通话测试，全年共组织了10场培训和测试，测试人次达到16 000余人。建立测试员继续教育制度，有250余名测试员参加了新大纲培训。

基础教育

〔**综述**〕 2004年，北京市基础教育着力在巩固普及水平、促进均衡发展、提高教育质量三项工作上取得新的进展。

加强农村基础教育，促进城乡均衡发展。在撤并规模小、效益低的乡以下初中、完小和村小、改善办学条件困难学校方面，增加市、区县专项经费投入。缩小信息化建设差距，全市校园网建设任务基本完成，教师配机城区1.6人一台，农村2.5人一台；学生配机城市9人一台，农村13.8人一台；缩小城乡间教师学历差距，农村小学教师中具有大专以上学历和初中教师中具有大学本科学历的教师所占比例分别比上年提高9个和12个百分点，分别与全市平均水平相差4个和11个百分点；提高农村教师教研和教科研的能力和水平，培训农村骨干教师3 000人次，组织10个区县的课改联合视导，农村教师获奖论文的比例提高到2004年的53%，百节优秀课例中，农村占到35%；市级学科带头人和骨干教师的数量比例，农村与城区只差一个百分点。

深化课程改革，提高教育教学质量。召开了全市中小学教学工作会议，明确今后5年深化教学改革的指导思想和目标，提出在教育教学改革中要处理好十个关系，强调提高质量，深化课程改革，促进教师专业发展，减轻学生课业负担工作思路。

〔**学校建设**〕 2004年，基本完成颁布《北京市中小学办学条件标准》的工作，加快推进初中校建设工程。调整了137所规模小、办学效益不高的中小学，其中小学112所，初中25所。完成铁路系统在京26所学校、幼儿园的接收工作。

〔**学前教育**〕 2004年，召开全市园长大会，起草了《北京市幼儿教育发展与改革指导意见》；印发了《关于规范幼儿园办学行为加强兴趣班管理的通知》和《关于做好民办幼儿园年度考核工作的通知》以及《关于在幼儿园中开展残障幼儿随班就读试点工作的通知》。至年底，全市0～3岁早期教育基地扩大到110个，提前完成“十五”规划目标，基地分布18个区县，覆盖200余个社区、30 000余名儿童及家庭，开办半日、计时及双休日亲子班430余个。开通了北京市教委网上亲子园。加强北京窗口幼儿园建设，修订了《北京示范幼儿园的标准》，并对18个区县申报的23所市级示范园组织评估。举办园长高级研修班，保育员培训班。启动特级教师行动计划，7名特级教师分赴18个区县的22所幼儿园进行工作指导。至年底，有150所幼儿园完成了体制改革，90多名幼儿教师入选市级骨干教师学科带头人。

〔**义务教育**〕 2004年，北京市加大对困难区县和农村地区的投入力度。截至2004年年底，市、区县投入专项经费2.5亿元，其中市级专项1.2亿元，区县配比1.3亿元。共完成基建面积10万平方米、修缮面积38万平方米，为学校添置教学设备7.5万件（套），添置寄宿生活设施设备1万件（套），添置图书资料32万册。为郊区200所中小学设立医务室并配备相应设备。

从市本级教育经费调整1.5亿元支持农村中小学信息化建设和教师培训，建设延庆等9个区县教育骨干光纤网、590所校园网，为农村完小配备电子备课室224个、计算机1.7万台、多媒体300套。

继续落实“两免一补”政策。2004年，市区两级投入1.2亿元，免除农村地区60万学生的杂费；投入1 420万元，对远郊区县26 702名家庭贫困学生免收课本费，对特殊教育学校的375名住宿生免收住宿费36万元，同时下发伙食补助36万元。各区县也采取多种措施切实保障家庭经济困难学生的就学。

进一步加大对来京务工就业农民子女接受义务教育工作的力度。市教委专项投入6 800万元，免除所有打工农民子女的借读费，支持流动人口聚集地区举办流动学校。2004年，全市流动儿童少年在公立中小学接受义务教育人数增加到21.4万人。

〔**教学改革**〕 2004年8月16日，召开北京市中小学教学工作会议，建立并实施义务教育教学质量年报制度，完成《北京市2003年义务教育教学质量监控报告》。新学年81%的小学和60%的初中起始年级和进入课改实验的年级全部使用《北京市实施〈教育部义务教育课程设置实验方案〉的课程计划》。21万小学生和14万初中生全部进入课程改革实验。接受培训的教师达到4万多人。年内，首次向社会报告了义务教育教学质量现状；提出了新课程课堂教学评价方案，开始在中小学试行；推荐了百节体现新课程理念的课例，并组织5种教学方式的专题研讨，落实因材施教和教书育人。

职业教育与成人教育

〔综述〕 2004年，北京市职业与成人教育全面贯彻教育大会精神，抓住机遇，推动事业发展。明确职业教育和成人教育要实现三大转变：即成人教育工作重点由主要强调数量向建立人力资源开发机制，创新培训模式，全面推进学习型组织建设上转变；职业教育的工作重点由调整数量、整合资源向加强专业建设和课程建设，与国际接轨，与企业结合，培养高质量人才上转变；农村教育工作重点由一般性的实用技术培训向全面提高农村劳动者素质，培养一大批掌握现代农业技术和科学管理知识的新型农民，建设学习型乡村上转变。

〔学校调整与专业建设〕 2004年，北京市加快职业教育的结构调整。建设10所国内一流的中等职业学校。通过资产置换方式，集中力量建设亦庄经济技术开发区现代化职业教育园区。2004年完成11万平方米建设，8 000多名师生即将进入园区。北京市中等职业教育学校数量已调整到180所以下。66所骨干示范学校建设进一步加强，其中8所达到全国一流水平，现代化标志性学校多数正基本建成。

新增和改造一批特色专业，加强60个骨干重点专业建设。2004年，北京市重点投资建设了汽车运用与维修、光机电技术应用、数控技术应用等10个社会发展急需的现代化标志专业和护理、园林花卉等50个骨干特色专业，重点建设汽车运用与维修、电子与信息技术等20个左右实训实习基地。本着“校际合作、行业参与、资源共享、优势互补”的原则，在数控技术应用、电子与信息技术、机电技术应用等10个专业领域成立了专业委员会，聘请行业、企业人士、国外知名职教专家指导北京职业教育专业建设。

〔教学管理〕 2004年，组建了10个全市性职业教育专业委员会，促进校企结合和产教结合。积极推动课程体系改革，初步形成具有中国特色、首都特点的四种课程模式：即以“多元选择课程模式”、“职业能力核心课程模式”、“主轴并行课程模式”、“资格导向开放式课程模式”。加强紧缺人才培养，建设了10个主要为北京市第二产业和第三产业培养高技能人才的紧缺人才培训基地；加强职业学校的就业指导，加强学校与企业的沟通。全市2004年中等职业学校的毕业生总数为7.9万人，就业率达到97%以上。拓展职业教育功能，面向全市在职从业人员和广大市民开放中等职业教育资源。大力推进学分制等弹性学习制度的改革，建立了学分银行制度和学习成果认证制度。鼓励职业学校对来京务工经商人员、郊区农民和其他从业人员进行职业教育与培训，认可他们已有的学习经历和学习成果，鼓励他们采取工学交替、学分积累等方式进行学习，不断提高首都劳动者素质。组织全市职业学校“新世纪首届职业技能大赛”，117所学校、69 349名学生参赛，18 090名选手分别获得中级工、高级工、技师和高级技师的资格证书。

〔职业培训〕 2004年，北京市各行业职工和市民接受教育和培训的总数达到715万人次，比上年增加了5%；实现了从业人员50%以上接受教育和职业培训，其中行业企业职工的岗位培训和继续教育达263万人次，社区教育达336万人次，郊区农民培训达116万人次。

〔成人教育〕 2004年，北京市启动技能型紧缺人才培养培训工程，计划五年内在数控技术和计算机技术等相关专业领域共培养5万名高质量毕业生，提供短期技能提高培训10万人次，以缓解北京劳动力市场技能型人才的紧缺状况。发挥农科教相结合的优势，依托城乡职业学校、成人学校和乡镇成人文化技术学校，积极开展农民实用技术、农村劳动力转移、农村科技致富带头人、绿色证书、跨世纪青年农民、乡镇企业职工和管理人员等培训。2004 年对企业职工、农民、外来务工经商人员培训 621 万人次，大大提高了京郊农民的科学文化素质和就业、创业能力。

〔**学习型城市建设**〕 2004 年，北京市大力发展城乡社区教育，在城区积极开展学习型社区、学习型家庭、学习型企业等学习型组织的创建工作；在郊区开展学习型新村、学习型乡镇创建工作，积极推进学习型区县的建设。全市共评选出海淀区中关村街道等 31 个发展社区教育、创建学习型社区先进单位；全聚德集团、同仁堂集团等 31 家发展企业教育、创建学习型企业先进单位；西城、海淀、崇文和朝阳区被评为创建学习型城区先进区县。

高等教育

〔**综述**〕 2004 年，北京市普通高考升学率为 75.42%，录取64 160人，连续五年保持在 70%以上。北京高等教育以提高质量为龙头，以适应首都经济社会发展需要和人民群众对高等教育的需求为根本出发点，以教学改革和机制、制度创新为着力点，以培养学生的创新精神、实践能力为突破口，以敬业精神、服务意识、转变作风为基础，深化改革，积极创新，加强管理，努力开创首都高等教育人才培养工作的新局面。

〔**教学、教材和专业建设**〕 2004 年，启动高等学校精品课程建设工作，建设北京市精品课程 124 门，推荐国家精品课程 61 门，建设了“北京市精品课程资源网”，全部精品课程（含 2003 年 98 门）上网向社会公布；开展了精品教材评审工作，共接受申报教材 915 种，评审、确认 475 种教材为北京市精品教材，构建起学校、省市、国家三级教材体系；引进优秀国外原版教材，初步制定了评审指标体系；推动市属市管高校专业结构调整，优先发展信息、生命科学、新材料、新医药等高新技术类和现代制造业、现代服务业以及加入 WTO 急需的金融、法律、贸易等类专业。批准设置本科专业 30 个、高职专业 67 个、成人专业 42 个；组织教学成果奖评审，推动学校教学改革，受理申请 1 014项，评审出北京市一等奖 242 项，二等奖 259 项；推荐国家一等奖 25 项，国家二等奖 217 项；在 2 所示范性软件职业学院和 4 个紧缺人才培养专业以及新设高职学院中开展了两年制改革试点，加强学校与现代制造业、IT 产业的紧密联系。

〔**资源共享**〕 2004 年，建立并开通北京高校教材信息系统网站，46 所高校、近 20 家出版社提交了10 989种教材数据，实现了优质教材的共建、共知、共享；总结学院路教学共同体经验，推动中关村地区 12 所高校成立教学共同体；开展选拔高等职业教育（专科层次）优秀应届毕业生进入本科阶段学习试点工作的全面调研，连续 4 年、累计投入2 000万元建设了北京高校网络图书馆，市属市管 34 所高校实现了图书信息资源的网上共享。

〔**科技竞赛活动**〕 2004 年，北京市首次主办了高校机械创新设计大赛，14 所高校参加，产生一等奖 9 项，二等奖 9 项，三等奖 18 项；承办了北京大学生数学建模与计算机应用竞赛，获全国一等奖24队，二等奖66队，北京赛区获得优秀组织工作奖；举办了暑期全国高职高专院校数学建模指导教师培训班，全国高职校110余名数学建模教师参加了培训；承办了全国大学生嵌入式专题邀请赛北方赛区的竞赛工作，50所高校的324名学生参加了竞赛，北方赛区取得了优异成绩；举办了2004年度北京高校大学生电子设计竞赛，39所高校的1 038名学生参加，产生一等奖51队，二等奖93队，3等奖126队。

〔**教学质量评估**〕 2004年，组织4所市属市管高校接受教育部本科教学水平评估，启动2所高职高专院校水平评估。开展校外学习中心的评估，推动高校专业实验室评估工作。加强教学管理和质量监控，组织专家制订教学质量调研方案，强化国家教育考试环境综合整治，加强高等学校考风考纪工作，建立长效质量监控机制。

〔**实验室建设与科研管理**〕 2004年，对1 400项科研项目进行了全面检查；结合北京发展的需要，规划了10大科研支持领域，明确方向；发布科研项目检查与验收办法，开展对重点项目以及开放课题的专项检查。实行全过程的科研管理，把科研经费用准、用实、用好。

开展科研基地建设。一是在中国农业大学、北京林业大学、北京工业大学、首都师范大学建立了4个教育部与北京市共建重点实验室；二是与北京市哲学社会科学规划办联合，在17所高校建立了17个哲学社会科学研究基地；三是与市科委联合，在华北电力大学、石油化工学院、北京印刷学院增设了4个北京市重点实验室，进一步完善了北京市重点实验室的布局。

科技成果转化与产业化方面，首先从企业找项目，再由项目找高校，与科委联手，教委支持高校，科委支持企业，使高校与北京的实际需要进行有效“对接”。2004年，确立涉及光机电、信息、新医药、环境保护等领域的7个重大科技攻关项目。推荐186项成果参加北京市第八届哲学社会科学优秀成果奖评审，获奖成果达到165项，占全市获奖总数的83.3%。

〔**学位与研究生教育**〕 2004年，加强对研究生质量与管理的监控，开展了对北京市学位委员会审批的第七、第八批150个硕士点的评估工作。

〔**助学贷款**〕 2004年，全面落实国务院办公厅转发的《关于进一步完善国家助学贷款工作若干意见的通知》精神，与市财政局等部门联合下发《北京市进一步完善市属市管高等学校国家助学贷款工作的通知》，完善国家助学贷款政策和措施。与市商业银行签订《国家助学贷款业务合作协议书》，风险补偿金比例为7%，协议有效期5年，民办高校学生与公办高校学生同等待遇，第一批国家助学贷款年底发放到2 000多名学生手中。

〔**大学生公寓和高教园区建设**〕 至年底，60万平方米（市属市管院校19.8万平方米、中央院校40万平方米）大学生公寓竣工并交付使用，2亿元大学生公寓的补助款已全部落实到位，解决了近7万人的住宿问题。

撰稿 王东江 乔书平 徐宝力 吴晓川 任 彧

审稿 马胜杰

天津市教育

概 况

〔基本情况〕

2004 年天津市各级各类学校校数、教职工、专任教师情况

	学校数（所）	教职工数（人）	专任教师数（人）
一、高等教育			
（一）研究生培养机构（不计校数）	(17)		
1. 普通高校	(17)		
2. 科研机构			
（二）普通高等学校	40	36 400	18 973
1. 本科院校	18	26 753	13 053
2. 专科院校	22	8 727	5 336
其中：职业技术学院	21	8 200	4 994
3. 其他机构（点）（不计校数）	(5)	920	584
其中：独立学院	(5)	920	584
（三）成人高等学校	20	5 722	3 019
（四）民办的其他高等教育机构			
二、中等教育	811	69 493	49 777
（一）高中阶段教育	394	69 489	21 482
1. 高中	235	55 286	13 124
普通高中	230	55 223	13 105
成人高中	5	63	19
2. 中等职业教育	159	14 203	8 358
普通中专	45	6 201	3 377
成人中专	25	1 001	563
职业高中	89	6 482	4 045
技工学校			
其他机构（教学点）（不计校数）	(38)	519	373
（二）初中阶段教育	417	4	28 295

续表

	学校数（所）	教职工数（人）	专任教师数（人）
1. 普通初中	414		28 292
2. 职业初中			
3. 成人初中	3	4	3
三、初等教育	1 099	50 989	42 122
（一）普通小学	1 099	50 989	42 122
（二）成人小学			
其中：扫盲班			
四、工读学校	3	107	27
五、特殊教育	22	686	457
六、学前教育	1 636	15 378	9 730

注：1. 普通高中的教职工数中包含普通初中的教职工数。
2. 技工学校数据为 2003 年数据。
3. "（ ）"内数据均不计校数。

2004 年天津市各级各类学历教育学生情况

	毕业生数（人）	招生数（人）	在校生数（人）
一、高等教育			
（一）研究生	4 995	9 259	24 543
博 士	982	1 717	4 940
硕 士	4 013	7 542	19 603
（二）普通本专科	51 666	91 254	285 655
本 科	29 208	46 263	166 423
专 科	22 458	44 991	119 232
（三）成人本专科	37 286	41 168	78 486
本 科	10 531	13 278	25 591
专 科	26 755	27 890	52 895
（四）其他各类高等学历教育			
1. 在职人员攻读博士、硕士学位		1 571	6 032
2. 网络本专科生	818	3 512	11 337
本 科	646	3 360	10 814
专 科	172	152	523
3. 学历文凭考试			
4. 自学考试			
5. 其他			
二、中等教育	244 053	232 535	735 626
（一）高中阶段教育	104 940	120 075	334 758
1. 高中	53 021	72 335	199 529
普通高中	52 635	72 335	198 537
成人高中	386		992
2. 中等职业教育	51 919	47 740	135 229
普通中专	26 249	24 637	69 542

续表

	毕业生数（人）	招生数（人）	在校生数（人）
成人中专	4 324	1 857	5 367
职业高中	21 346	21 246	60 320
技工学校			
（二）初中阶段教育	139 113	112 460	400 868
1. 普通初中	139 073	112 460	400 568
2. 职业初中			
3. 成人初中	40		300
三、初等教育	114 771	81 603	554 844
（一）普通小学	114 771	81 603	554 844
（二）成人小学			
其中：扫盲班			
四、工读学校	82	62	62
五、特殊教育	439	239	2 643
六、学前教育	75 952	64 990	198 558

注：特殊教育学生数中包括普通中小学随班就读的学生。下同。

2004年天津市各级各类非学历教育学生情况

	毕（结）业生数（人）	注册生数（人）
一、高等教育	52 018	24 321
（一）研究生课程进修班	1 358	1 640
（二）自考助学班	4 368	16 348
（三）普通预科生		325
（四）进修及培训	46 292	6 008
其中：资格证书培训	12 998	2 506
岗位证书培训	15 099	2 247
二、中等职业教育	786 291	438 510
其中：资格证书培训	106 400	45 726
岗位证书培训	109 878	48 529
（一）中等职业学校	87 479	46 499
其中：资格证书培训	17 596	6 930
岗位证书培训	15 173	5 617
（二）职业技术培训机构	698 812	392 011
其中：资格证书培训	88 804	38 796
岗位证书培训	94 705	42 912

2004 年天津市各级民办教育基本情况

	学校数（所）	毕业生数（人）	招生数（人）	在校生数（人）	教职工数（人）	专任教师数（人）
一、高等教育						
（一）普通高校		559	4 557	6 252	1 052	690
1. 普通高校	1	559	629	2 000	132	106
本科学生						
专科学生		559	629	2 000		
2. 独立学院	(5)		3 928	4 252	920	584
（二）成人高校						
（三）民办的其他高等教育机构						
二、中等教育机构						
（一）高中阶段教育	30	4 487	5 939	16 077	2 500	1 412
其中：普通高中	27	4 178	4 989	13 632	2 367	1 319
中等职业学校	3	309	950	2 445	133	93
（二）初中阶段教育	14	4 946	5 043	15 766		
其中：普通初中	14	4 946	5 043	15 766		
职业初中						
（三）职业技术培训机构	137	115 171		94 904	2 359	1 115
三、普通小学	8	634	593	4 132	611	251
四、幼儿园	272	4 859	8 132	24 533	1 844	1 053

注：“（　）”内数据不计校数。

〔**年度教育工作方针**〕　2004 年，天津市教委主要工作思路是，深入学习贯彻党的十六大、十六届三中全会和天津市委八届五次全会精神，以 2005 年率先基本实现教育现代化为目标，坚持加快发展的工作基调，深化教育改革，推进体制创新；继续实施素质教育，促进人的全面发展；坚持不懈地抓好布局结构调整、教育信息化、对外开放和师资队伍建设，确保各类教育全面、协调和可持续发展，努力办好让人民群众满意的教育。

撰稿　丁新珊

〔**学校布局调整与基本建设**〕　2004 年，天津市民族中学等 5 所示范性高中校建成并投入使用，建筑规模为 17.8 万平方米；新开工第 42 中学等 6 所示范校建设工程；启动第 31 中学等 7 所各区县第二所示范校建设工程，工程规划总建筑面积 54 万平方米，计划总投资 12 亿元。村级小学建设任务累计下达 351 所，已完成 273 所，占计划的 77.8%。市实验小学等 4 所模范小学建设工程陆续开工。启动 4 所示范性中等职业学校建设工程，新征土地 5.4 万平方米，总投资 5 291 万元。通过“合并、联合、划转、撤并”等形式，确定 103 所中等职业学校为 2004 年有招生资格学校。新组建天津石油职业技术学院、天津冶金职业技术学院、天津河北职业学院 3 所高职学院。天津财经学院、天津理工学院分别更名为天津财经大学、天津理工大学。南开大学、天津医科大学、天津科技大学、天津体育学院、天津外国语学院以新的机制和模式成立了5所独立学院。

2004年，南开大学、天津大学联合研究大厦建设工程年底已完成桩基施工，启动了天津师范大学、天津理工大学、天津工业大学新校区建设一期工程，完成天津职业大学、天津科技大学等高校的新校区建设工程和天津工程师范学院教学主楼及学生生活服务中心等一批建设工程项目，天津美术学院美术馆、天津体育学院综合楼和图书馆建设工程已开工，完成了31所学校和大学医院的130处供残疾人使用的无障碍设施改造任务。2004年，还完成8个区县、91所农村中小学危房改造任务，共计5.16万平方米。

〔**教师队伍建设**〕 2004年，市教委落实全市基础教育工作会议确定的"十五"期间教师队伍建设要求，创新教师教育模式，实施新一轮教师继续教育和校长培训，通过百名特级教师市级研修和千名骨干教师市级培训，带动万名区县级与校级骨干及中小幼教师的全员培训。2004年，全市幼儿园教师中，具有专科及以上学历的教师比例为73.26%；小学教师中，具有专科及以上学历的教师比例为71.69%，分别超额完成"3674"任务（"3674"即天津市基础教育工作会提出，到2005年实现幼儿园教师专科以上学历达到30%，小学教师专科及以上学历达到60%，初中教师本科学历达到70%，高中教师具有研究生水平的达到40%的学历提升目标）。初中教师中，具有本科及以上学历的教师比例为63.26%；高中教师中具有研究生水平的教师比例为30%，比实施"3674"任务前分别提高34个和18个百分点。普教系统中，中小学市级骨干教师达400名，区县级骨干教师2 000名，校级骨干教师20 000名。

2004年，全市普通高校教师中具有博士学位的人数达到2 271人，具有硕士学位的4 610人，分别是2000年的2.84和1.55倍；本科院校具有硕士及以上学位的教师占专任教师总数的51.8%。在高校工作的两院院士达到20人，有突出贡献的中青年专家50人，享受国家特殊津贴的1 374人，"长江学者奖励计划"获得者27人，国家杰出青年科学基金获得者17人，"百千万人才工程"国家级人选28人，教育部跨世纪优秀人才基金获得者39人，教育部高校青年教师奖获得者19人，教育部优秀青年教师资助计划资助82人。全市高校重点建设的学科设置特聘教授岗位48个，市教委投入3 700万元，引进、培养天津市高校"十五"综合投资规划重点建设学科人才，经专家评议，第一批学科（学术）带头人资助人选为49人；经专业组评审和专家委员会审定，市教委系统李嘉禄等40人被评为天津市授衔专家（已公示）；84名教师获得出国研修资格。

撰稿 朱铁良

〔**未成年人思想道德建设**〕 天津市和平区整体构建"以学校为龙头，以家庭为基础，以社区为平台"的学校、家庭、社会"三位一体"未成年人思想道德教育体系，全面推进区域教育现代化进程，创造未成年人思想道德建设特色品牌。5月21日，中共中央政治局常委李长春到天津考察和平区岳阳道小学和小白楼崇仁里社区，指出"学校、家庭、社会是进行未成年人思想道德建设的三个重要环节。和平区的实践证明，只有建立和巩固以学校为龙头，学校、社区、家庭'三结合'的教育网络，动员和组织全社会的力量积极参与，才能把未成年人思想道德建设真正落到实处，抓出成效。和平区工作基础很扎实，我们要把它作为推动这项工作的第一个典型，向全国推开。"5月25日—28日，中央文明办未成年人思想道德教育调研组在和平区进行了为期3天的专项调研。6月4日—6日，新华社、人民日报等中央新闻媒体专访和平区，集中报道该区近年来加强和改进未成年人思想道德建设工作所取得的成果。6月17日，市委召开"天津市加强和改进未成年人思想道德建设经验交流会"，推广和平区加强和改进未成年人思想道德建设的经验。市委副书记刘胜玉出席会议并讲话，要求全市各区县、各单位认真学习、借鉴和平区的工作经验。6月22日—23日，中央文明办在天津市召开

“全国未成年人思想道德建设经验交流会”，推广天津市和平区加强和改进未成年人思想道德建设的工作经验。中宣部部长刘云山出席会议并讲话。年内，全国共有20余个省、自治区和直辖市的78批学访团到和平区学习。11月5日，和平区参加中央教育科学研究所召开的申报全国区域教育发展特色示范区会议，提交《全国区域教育发展“暨学校、家庭、社会三位一体，实施未成年人思想道德教育”特色示范区》的评估申报表和特色论证资料，被命名为全国区域教育发展特色示范区评估项目实验区。

撰稿 赵 堃

〔**语言文字工作**〕 12月8日—10日，由全国人大常委、教科文卫委员会副主任委员邢世忠为组长，教育部副部长、国家语言文字委员会主任袁贵仁为副组长的语言文字工作评估组，通过听取汇报、座谈、查阅资料、实地考察、测查、随机抽查等方法，对天津市20个单位和学校的语言文字工作进行了综合评估。评估组考察后认为：天津市语言文字工作力度大、措施实、见效快，形势喜人，特色鲜明，实现了跨越式发展，一些方面的工作走在了全国前列。天津市现阶段语言文字的社会应用符合《中华人民共和国国家通用语言文字法》的规定，达到“普通话初步普及”、“汉字的社会应用基本规范”的新世纪初叶语言文字工作的目标要求。营造了与现代化大都市整体形象基本适合、有利于经济和社会全面协调发展的语言文字环境，取得了显著成绩，创造了宝贵经验，为进一步全面贯彻《国家通用语言文字法》，推进语言文字规范化和提高市民整体语文素质打下了良好基础。

撰稿 王家柱

〔**教育对口支援**〕 4月23日—28日，天津市副市长张俊芳率市政府代表团赴甘肃慰问第二批支甘教师。在甘肃期间，分别向礼县、临洮、甘谷三县各捐助1个计算机网络教室，每个价值20万元；资助清水、西和、彰县600名义务教育阶段家庭贫困学生继续完成学业；还向一部分学校捐助电视机、计算机等电教设备。5月，由市政府投资300万元的“津陇教育信息化培训中心”在甘肃省广播电视大学天水分校建成，该中心有网络中心、资源开发中心、学术报告厅、多功能演播室、电子阅览室、多媒体网络教室各1个和多媒体教室6个，并能依托天津远程教育平台、甘肃教育信息化平台的资源优势，覆盖陇东南地区，具备同时接纳300名中小学教师培训、研究开发与学习的能力。11月3日，天津市教委副主任王泓率领13个区县教育局有关领导赴甘肃召开新一轮教育援甘工作启动仪式，并与甘肃省教育厅签订《2004—2007年度教育对口支援工作协议书》。11月10日，第三批支甘教师全部赴甘开展教育对口支援工作。10月10日—12月20日，重庆万州区龙宝移民开发区所属的11名中小学校长和骨干教师到天津学习教育教学管理等知识。

撰稿 刘 婷

〔**调整民办学校审批管理权限**〕 根据《民办教育促进法》、《行政许可法》以及《民办教育促进法实施条例》有关规定，2004年，市教委调整了民办学校的审批和管理工作，6月9日，印发《关于调整市属非学历民办教育机构审批管理工作的意见》和《关于调整民办高中阶段教育机构审批管理工作的意见》。文件规定，从2004年6月起，除中外合作办学、民办高等学历教育学校和其他高等教育机构仍按照国家有关规定审批和管理外，中等及中等以下民办学历教育学校、学前教育和包括高自考社会助学机构在内的各级各类培训机构均由区县教育局进行审批和管理。原由市教委审批和管理的教育机构按照属地管理原则，移交给区、县教育局管理，由所在区、县教育局换发办学许可证并向市教委办理备案手续。文件还针对民办学校履行审批、核准、备案、注销等涉及行政许可的有关事项提出明确要求。

撰稿 成宝生

基础教育

〔**综述**〕 2004年，全市3～6岁儿童入园率90.4%，比上年提高2.2个百分点，农村学前三年教育基本普及。义务教育和特殊教育入学率继续保持100%和95%以上；高中阶段教育入学率94.7%，比上年提高1.6个百分点。普职比为5.2∶4.8。初中义务教育完成率达到99.06%，比上年提高0.58个百分点。进城务工就业农民子女在校生达7.14万人，比上年增加2.16万人，占全市义务教育阶段在校生总数的7.75%。建成并投入使用的示范性高中校达39所，接受优质教育的高中生比例达到70%。全面启动示范幼儿园评审认定工作，确定8所幼儿园为天津市示范幼儿园。村级小学建设累计完成273所，撤并1 076所村级小学。启动13所示范校建设工程和5所模范小学建设工程，市区规范化学校建设任务提前一年完成。2004年，中小学新增计算机19 560台，装备信息技术教室456间。截至年底，全市中小学累计购入计算机81 619台，装备信息技术教室1 729间，总投资3.35亿元，完成工程装备计划104.6%。基础教育资源体系建设取得新进展，建设并开通100个资源网站；开展教育信息技术应用年系列活动，加强信息技术与学科教学整合，推进网络环境下教与学问题的研究，促进学生学习方式和教师教学方式转变。继续推进课程改革，全市1 099所小学5个年级的483 195名小学生进入课改实验，初中课程改革试验范围扩大；推进初、高中双语教学试验研究；确定大港区、和平区、河西区为全国以校为本教学研究制度的示范基地，校本教研制度建设初见成效。继续落实“地方负责、分级管理、以区县为主”的基础教育管理体制，并加大对农村基础教育的支持力度。

撰稿　丁新珊

〔**基础教育资源体系建设**〕 2004年，启动了基础教育资源体系建设工作，成立天津市基础教育资源体系建设工作组（办公室设在市教研室），命名116所天津市基础教育资源体系建设成员校，建立15个学科的资源编委会。年内完成了天津市三级基础教育资源体系的第一阶段建设任务，18个区县124个单位安装了统一平台并联网调试成功。首批资源已导入了三级资源库，向各二级节点提供了高中、初中、小学资源120G，其中提供高中、初中资源98G，小学资源22G；各成员校参加了元数据规范编目工具使用培训，使自主开发的资源逐步充实到资源库中。同时各学科编委会确定了资源体系建设的基础平台和应用平台，为资源共建共享构建良好的技术环境，初步形成天津市基础教育资源体系，达到向上与国家资源的互联互通，横向与各省市资源的共建共享，向下整合本市各区县、学校的资源的目标。“天津基础教育”网站（域名http://www.tjbe.com.cn）。已开通。

撰稿　左　卫

〔**全面推行“一费制”收费办法**〕 2004年，拟定了《天津市义务教育阶段学校推行“一费制”实施方案》。8月中旬，召开全市义务教育阶段学校推行“一费制”收费办法听证会。经市政府批准，市教委、市财政局、市物价局印发《关于在政府举办义务教育阶段学校实行“一费制”收费办法的通知》。10月，市财政局、市教委又印发了《关于进一步完善我市农村义务教育经费保障机制的通知》。2004年秋季新学年开始，由政府举办的义务教育阶段学校全面实行“一费制”收费办法，即杂费、课本和作业本费用三项合一，按学期一次性统一向学生收取。对家庭经济困难学生仍按 2001 年市政府 38 号令的有关规定实行减免杂费，进城务工农民子女接受义务教育与本地学生一视同仁。“一费制”的实施，在增加公用经费投入，规范代收代办行为，加强学校收费管理，坚持教育收费公示制等方面的效果初步显现。据初步测算，全年可减轻义务教育阶段学生家长经济负担 1 180万元。

撰稿　李建成　王玉娥

〔**对义务教育阶段残疾学生实行免费教育**〕市教委、市财政局联合印发文件，从 2004 年秋季开学起，对全市特殊教育学校（特教班）义务教育阶段残疾学生实行免费教育。免费范围为义务教育阶段在校学生。免费项目包括杂费、教科书费、住宿费。所免费用由市、区（县）财政予以补贴。至此，全市视力、听力、智力残疾学生义务教育学段全面实行免费教育。

撰稿　高国祥　孙志华

〔**检查验收中小学规范化学校建设**〕 9 月 16 日—10 月 15 日，天津市教育督导办组织 45 名市、区督学和有关专业人员，分 3 个评审验收组，对市内六区第二批规范化学校建设工作进行逐校评审验收。市内六区共有 106 所学校（中学 49 所、小学 57 所）申报参加评审验收，验收结果 103 所学校合格，3 所学校基本合格，合格率 100%。至此，天津市市内六区提前一年完成中小学规范化学校建设工作，为“双高”普九奠定了良好基础。

〔**启动农村地区义务教育“教学装备建设工程”**〕 2004 年，市教委启动农村地区义务教育“教学装备建设工程”，计划用 3 年时间全面提升农村教学装备整体水平，为全市率先基本实现基础教育现代化做出贡献。12 个涉农区县都成立了领导小组，制定了 3 年规划和 2004 年实施计划，开展各项准备工作。8 月 4 日—19 日，市督导室组织检查验收 12 个区县的 396 所学校实施“教学装备建设工程”的准备工作。396 所学校（其中小学 211 所、初中 185 所）全部达到合格标准。

撰稿　张文生

〔**中小学幼儿园安全管理专项整治**〕按照国务院的统一部署，2004 年第四季度，中小学幼儿园安全管理专项整治行动在全市范围内开展。内容包括：彻底整治中小学、幼儿园周边治安环境，全面排查中小学、幼儿园内部安全隐患，全面清理整顿不合格办学机构和教职工队伍，严肃查处一批侵害中小学生、少年儿童人身、财产安全的典型案件。为此，市政府成立了以副市长张俊芳为组长的专项治理领导小组，市教委、公安局、卫生局、工商局、司法局等 11 个相关部门也组成专门机构。经过 3 个月的专项整治，校园周边新增交通设施 400 余组，清除违章建筑 130 余处，清理各种非法娱乐场所等近 400 家，整改安全隐患1 985处，辞退不合格人员 31 人，取缔不具备办学条件的机构 32 所，打击和处理各种违法人员 91 人，使全市中小学、幼儿园校园及周边秩序明显改善，大量安全隐患得到及时整改。

撰稿　徐万连

职业教育与成人教育

〔综述〕 2004年，全市进一步优化中等职业教育资源，探索跨地区、跨行业、跨部门重组，通过合并、联合、划转、撤并，使取得招生资格的中等职业学校从上年的115所下降到103所。天津市国际商务学校等7所学校被评为国家级重点中等职业学校。经教育部等部门审定，批准天津市16所中等职业学校成为国家级制造业和现代服务业技能型紧缺人才培养基地。天津市政工程学校、宁河县中等专业学校通过市级重点中等学校评估。经专家评审，市教委确定天津市电子计算机职业中等专业学校计算机及应用等20个专业为市级重点专业。年内，中等职业学校逐步建立弹性学习制度，有13所中等职业学校试行学分制。国家重点中等职业学校加强与中西部合作办学，招生规模突破7 000人。

2004年，市教委制定《天津广播电视大学系统成人高等教育教学评估指标体系》，对广播电视大学工作站进行评估；规范远程教育管理，对在津的13个远程教育校外学习中心（点）进行年检评估，有11个教学中心合格，2个被撤销。2004年首次抽查成人本科生毕业设计（论文）和毕业答辩。部分成人高校开始试行学分制教学改革。高教自学考试全年新开考36个专业，开考专业总数达到203个，其中本科112个；高教自考毕业生达到16 460人；承办各类社会考试12项、27次，培训考试规模达2.3万人次。南开区成为第二批国家级社区教育实验区，至此，天津市国家级社区教育实验区已占城区总数的50%。

撰稿　丁新珊

〔**举办职业技能教育与培训国际研讨会**〕 10月18日—20日，由教育部国际合作与交流司、天津市教委、市人事局联合主办的2004年职业技能教育与培训国际研讨会在天津举行。市委教卫工委书记陈超英，教育部国际交流与合作司和市教委有关负责人出席会议。北京、江苏及天津市代表150余人与会。研讨会主题是：发展职业技能教育与培训，培养高素质技能型人才。会议邀请美国、加拿大、澳大利亚和德国、日本、乌克兰等9个国家的30余名国际知名职业教育专家作主题报告。研讨会集论坛、研讨、洽谈于一体，增进了与国际职业技能教育和培训组织的交流与合作。会议收到论文110多篇。

撰稿　殷　宏

〔**国家级技能型紧缺人才培养基地建设**〕 2004年，天津中德职业技术学院等11所高等职业技术学院、天津经济贸易学校等16所中等职业学校被教育部确定为国家级制造业、现代服务业、建筑行业技能型紧缺人才示范性培养培训基地。计划用3年左右的时间，选定数控技术应用、计算机应用及软件技术、汽车运用与维修、护理、建筑技术5个专业领域，定向培养一大批服务生产一线的应用性人才。同时从全市遴选30余家企事业单位作为校企合作伙伴，依托职业院校进行新职工培养和在职职工培训；为学校提供专业师资和实训设备，优先录用合作院校的毕业生。列入国家级技能型紧缺人才示范性培养培训基地的职业院校，依据培养目标对文化课程的设置和课时安排进行必要的调整，强调职业技能训练，同时推行学分制等更加灵活的学籍管理、教学组织和教学管理制度，实行学历证书、培训证书和职业资格证书相结合，并通过建立学分转换等机制，使学历教育中的专业能力要求与国家职业标准以及相关行业和企业的用人要求实现有机结合，学生在取得学历证书的同时，获得相应的培训证书和职业资格证书，为学生就业提供条件。

撰稿　叶　庆　刘景连

〔**启动农村劳动力“351”培训工程**〕　9月26日，市委、市政府印发《市委办公厅关于转发天津市农村劳动力“351”培训工程实施意见的通知》，要求从2004年9月—2007年7月，用3年时间，通过实施红色证书、绿色证书、蓝色证书、村级干部培训、农村经纪人培训5项工程，培训100万农村劳动力。其中50万农民获得专项培训证书，使农村各类从业人员的综合素质在整体上有明显提高，就业能力、职业技能与全市农村经济社会发展的需要相适应。副市长孙海麟任市农村劳动力“351”培训工程领导小组组长，市教委主任何致瑜等4人为副组长。全市12个涉农区县都成立了相应机构，农村成人教育区县、乡镇（街）、村（厂）三级办学网络资源，成为实施农村劳动力“351”培训工程的骨干资源。五大证书工程分别由市农委等相关委局负责组织实施。市教委负责红色证书工程，市高等教育自学考试办公室牵头，会同有关院校具体实施。红色证书工程旨在培养农村高层次应用型人才，使学习者通过学习，取得国民教育的本科、专科、中专学历证书。其学习形式以高等教育自学考试为主，市电大“一村一个大学生”计划也纳入其中，同时鼓励电视大学等各类高等、中等学历教育资源积极参与。年内，市教委向市高等教育自学考试办公室提供100万元资金，支持“351”培训工程。

撰稿　彭春元

〔**四级老年人教育网络初步形成**〕　4月20日，市委副书记、市长戴相龙到市老年人大学视察，强调老年教育意义重大，要建设崭新水平、全国一流的老年教育基地。2004年，市老年人大学校舍扩建工程完工启用。扩建后的学校占地面积7 266.7平方米，建筑面积1万平方米，有设施齐备的礼堂、报告厅、计算机房、练功房及钢琴、书法、美容、摄影、烹饪等40个专用教室和实习室，在校生近6 000人。5月24日，北辰区示范性老年大学成立并挂牌，至此，全市18个区县都办起了示范性老年大学。市内六区示范性老年大学在校学员均逾千人，对街道、社区发挥示范、辐射作用。据统计，全市有市级老年大学1所，市部委办、区县局、普通高校、大型企业办老年大学36所，街道、乡镇办老年大学66所，其中千人以上规模的老年学校有7所，还有1 644个社区学校、教学班和理论学习小组，以及2 498个基层老年文化体育教育组织，参加老年教育活动的人数达到26万人，占全市老年人口的19.9%，一个覆盖全市的市，区（县），街（乡镇），居（村）委会四级老年教育网络初步形成。

撰稿　阎春林　赵秀荣

高等教育

〔**综述**〕　2004年，天津财经大学、天津工业大学本科教学工作被教育部评为优秀，天津外国语学院、天津中医学院通过教育部本科教学水平评估。开展天津市级教学成果奖和精品课程评选，市级评审委员会对全市普通高校、成人高校、高职院校申报的300余项成果进行评审，49项成果被评为一等奖，70 项被评为二等奖；45 门课程为市级本科精品课，11 门课程通过国家级评审。南开大学、天津大学、天津医科大学、天津工业大学、天津科技大学 5 所学校被教育部批准为大学英语教学改革试点学校，7 个项目被列为大学英语教学改革扩展项目。在高校“十五”综合投资重点建设的49 个学科中，遴选出 13 个作为“重中之重”学科进行建设。经专家论证，确定 9 个研究机构为天津市普通高校人文社会科学重点研究基地；37 个实验室为天津市重点实验室。完成第二期 16 个市级重点学科验收。截至年底，天津市高校数字化图书馆建成由 10 个中文数据库和 7 个外文数据库组成的公共电子资源中心，启动 14 个特色数据库建设项目。2004 年，天津市高校积极对外开拓市场，加强地域间科技合作与交流，签订技术合同1 356项，成交技术合同总金额36 184.55万元。其中，技术开发合同 970 项，合同成交金额为29 366.20万元。

高等职业教育稳步发展，高职招生43 806人，比上年增加3 521人，增长 8.7%。全市每万人口在校大学生达 400 人，新增劳动者平均受教育年限达到 14 年。完成全市独立设置的高职院校专业调整工作，在三年制专业中，撤销 12 个专业，调整改造 6 个专业，所有专业均进行教学内容的调整和课程内容的整合；开展高职高专精品课程建设，天津职业大学的眼镜材料与工艺学、中德职业技术学院的可编程控制、数控机床维修，被评为国家级精品课程。启动了天津市独立高职院校评估工作。

撰稿　丁新珊

〔**学位管理与研究生教育**〕 2004 年，全市学位与研究生教育规模继续扩大，授予学位人数增加，授予博士学位 928 人，硕士学位5 833人（含专业学位1 353人）；学士学位28 416人，其中授予成人高等教育学士学位3 601人。新增会计学硕士专业学位教育试点单位 2 个，新增授予境外学位中外合作办学项目 5 项。有 3 篇论文入选全国优秀博士学位论文，15 篇论文被评为市级优秀博士学位论文。市教委对拟申报全国第十批学位授权的学科开展立项审核，同意 16 所高校的学位授权申请并给予立项。对第九批学位授权新增的 17 个博士点、80 个硕士点研究生培养方案进行检查。首次开展了成人高等教育学士学位授予质量评估。

撰稿　聂大群

〔**“985 工程”二期建设立项工作启动**〕 2004 年 11 月，教育部、财政部分别批复同意南开大学、天津大学关于“985 工程”二期建设项目的可行性研究报告立项。南开大学“985 工程”二期立项项目是：建设数学研究、绿色化学化工（与天津大学共建）、现代光学技术与光子学、分子微生物学与技术 4 个科技创新平台；建设跨国公司研究、中国市场经济、循环经济、区域经济、世界现代化进程研究、中国企业管理与制度创新和中国思想与社会研究 7 个哲学社会科学创新基地。天津大学“985 工程”二期立项项目有：建成绿色化学化工（与南开大学共建）、精密测试技术、内燃动力工程、先进材料加工、港口与海洋工程、绿色建筑设计理论与工程、电气工程安全与控制、化工过程工程化 8 个科技创新平台和现代企业管理技术 1 个哲学社会科学创新基地。

撰稿　史国荣　吴全克

〔**成立 3 所高等职业学院**〕 根据《天津市教育事业第十个五年计划》和天津市高等学校布局结构调整的要求，经市政府批准、教育部备案，天津市 3 所独立设置的高等职业学校成立。即：由天津市职工冶金学院、天津市工业学校和天津市冶金干部中专学校合并组建的天津冶金职业技术学院；由华北石油学校为基础组建的天津石油技术职业学院；由天津市河北区职工大学、天津市渤海职业中等专业学校合并组建的天津河北职业学院。至此，全市先后自行审批、并经教育部备案的高等职业学校达到 22 所，在校生规模近 7 万人。

撰稿　廉　军

〔**重点学科建设**〕　全市高校第二期重点学科共有19个，其中16个学科已完成4年建设周期。2004年7月，市教委、市财政局组成4个专家组，分学科自查和专家实地考察两个阶段，对第二期16个市级重点学科进行验收。在学科自查基础上，专家组深入学校，逐学科进行实地考察，一致认为，16个学科全面完成《天津市高校重点学科建设工作任务书》的各项建设目标，部分学科高质量、超额完成建设任务，取得多项标志性成果。建设周期内，有5个学科设立“长江学者奖励计划特聘教授”岗位，4位“长江学者”上岗，新增1名工程院院士；产生6个国家重点学科。科研项目的级别和数量有较大提高：在研项目707项，其中国家级项目137项，与建设之初相比分别增加268项和56项；共获国家奖10项，其中国家科技进步二等奖6项、国家教学成果一等奖1项；获省部级奖164项，比建设周期前4年增加60项；共发表论文9 544篇，其中被EI、SCI、ISTP收录的论文522篇，出版学术专著218部，分别比建设周期前4年增加6 031篇、274篇和88部。

撰稿　聂大群

〔**普通高考首次自主命题**〕　2004年2月，教育部批准新增天津等9个省市实施高考分省命题。3月，市教委、市教育考试院确定“平稳过渡、有序衔接、实现由国家命题到天津市命题安全着陆”的总体工作思路，并向社会承诺：命题指导思想不变、考试大纲不变、考试科目不变、考试时间不变、试卷结构和长度不变、录取时间不变、录取政策不变。在具体命题工作中，抓好三个方面，即“加强教育、严格制度、强化管理”；突出三个重点，即“身份保密、情况保密、资料保密”。市教育考试院细化命题流程，并针对各环节制定完善的工作制度、技术标准和实施要求，完成了语文、数学（文、理）、英语、文科综合、理科综合9个学科6门科目A、B两套试卷的命题工作。考后评卷和社会评价表明，高考天津试卷总体难易得当，重点突出，强调能力立意，体现人文关怀，彰显地方特色，没有出现科学性、政治性和技术性问题。

撰稿　肖　燃　余永玲

〔**大学生思想政治教育**〕　2004年，市委教育卫生工作委员会（简称教卫工委）、市教委按照“德育创新三化”（学科化建设、主体化实践、网络化运用）的思路，探索德育工作的新途径、新方法：(1) 坚持“学科化建设”，建立“21世纪‘两课’学术带头人”培养、选拔机制，投资建设高校“两课”教师师资培训中心和5个科研基地。截至年底，全市高校共建立“两课”理论教学实践基地200余个，市级和校级专项科研经费达100万元，全市“两课”教师申报课题400余个，发表论文100余篇，其中核心刊物约占50%。市领导为大学生作形势政策报告制度初步形成。(2) 市委教卫工委、市教委落实“主体化实践”，把学生德育规范作为重要课题研究和实践，研究制定《天津市普通高校德育规程》，并予以实施。各高校加强党团、班级和学生社团组织建设，营造良好的育人氛围。截至年底，全市普通高校学生党员比例为7.24%，入党申请人比例为58.24%，比2001年分别提高1.43和11.42个百分点。天津市大学生“三个代表”重要思想学习研究会已成为大学生自主开展活动的主要组织形式，学生会员由建会初期的3.5万人增加到10余万人。在大学生中开展诚信教育活动，同时，加强遵守法律法规、校规校纪和社会公德的教育，培养学生的法律意识和规则意识等良好的道德品质。全市高校将心理健康教育渗透课堂内外，在大学生思想道德修养课中，安排6～8课时的心理健康教育内容，开设必修、选修课程；在课外，各校都开展学生喜闻乐见的心理健康教育辅导咨询活动，做到班有学生“健心社”成员，系有心理辅导教师，学校设心理健康教育指导中心，形成心理健康教育网。各高校在解决大学生的实际问题，多种形式资助贫困生的同时，重视解决学生的“精神贫困”，坚持资助与教育并举，助学与育人并重的原则，让思想政治教育取信于学生。(3) 推动“网络化运用”，投入专项资金300万元，加大思想政治教育进网络的力度，支持全市普通高校思想政治教育网站（简称思政网）建设。年内，市教委对22所高校思政网进行评估，有4个思政网被评为示范网站，7个思政网被评为特色网站，其余为合格网站。思政网站已成为学生理想信念教育的第二课堂。

撰稿　丁新珊

〔**多种形式资助贫困生**〕　全市建立了以国家助学贷款为主渠道，以勤工助学为基本方式，以奖助学金为激励办法，以补助减免为辅助手段的资助体系。2004年，向经济困难学生提供勤工助学岗位1万余个，投入勤工助学经费近1 600万元；为8 000多人次学生发放特困补助款近400万元；减免学费1 256.35万元；增加市级奖助学金50余万元，使更多的经济贫困但品学兼优的学生受到资助。按照国家助学贷款新政策要求，进行贷款招标，中国农业银行天津分行中标，有关新贷款工作正在推动中。截至10月底，全市累计签订助学贷款合同金额2.4亿元，与上年同比增长62.5%，同时市教委、各高等学校均增加经费投入，加大奖学金奖励力度，对市级三好学生和优秀学生干部的奖励比例由原来在校生的0.05%，扩大到在校生的1%。市教委采取措施，广开渠道，积极吸纳社会各界捐资助学，增加市奖学金的奖励经费，在理工科优秀学生奖学金基础上增设理工科奖助学金，与市红十字会联合设立博爱助学金等，帮助家庭经济困难学生完成学业。

撰稿　刘怡蔓

〔**大学生参加体育赛事成绩优异**〕　2004年，天津大学生体育代表团共有202名运动员参加第七届全国大学生运动会田径、游泳、武术、篮球、足球、排球、乒乓球、健美操、定向越野等9个大项154个小项的比赛，有38人次打破30项全国大运会纪录。共获奖牌89枚，其中金牌33枚、银牌24枚、铜牌32枚，获团体总分1 476.5分，名列大运会金牌、奖牌总数和团体总分3个第三名，并荣获“体育道德风尚奖”。在第七届全国大运会科学报告会上，天津市报送体育论文100篇，共有4篇获一等奖、12篇获二等奖，论文团体总分居全国第四，并获最佳组织奖；在教育部为高校体育作出突出贡献“校长杯”评选中，天津工业大学、天津师范大学、天津医科大学、天津财经大学4所学校榜上有名。在雅典举行的第28届奥运会上，天津市以孙甜甜、谭雪、黄珊汕为代表的南开大学、科技大学等8所大学的20余名大学生运动员取得金牌1枚，银牌1枚，铜牌1枚；天津市11名残疾学生运动员在雅典举行的第22届残疾人奥林匹克运动会上，取得4金、9银、2铜的好成绩；南开大学、天津外国语学院国际象棋队参加在马来西亚举行的世界大学生国际象棋挑战赛，分别获得团体冠军和亚军；天津大学学生高畅在美国印第安纳波利斯举行的世界短池游泳锦标赛100米仰泳项目中获得银牌，为我国和天津市争得了荣誉。

撰稿　朱铁良　戈金亭

〔**数学家陈省身逝世**〕　国际著名数学家、教育家，美籍华人，中国科学院外籍院士、南开数学研究所名誉所长陈省身先生因病于2004年12月3日19时14分在天津逝世，享年93岁。

陈省身1911年10月28日生于浙江嘉兴，1930年毕业于南开大学数学系，1934年获清华大学硕士学位，1936年在德国汉堡大学获博士学位。他曾任教于西南联合大学、美国普林斯顿大学、芝加哥大学和加州大学伯克利分校，是原中央研究院数学所、美国国家数学研究所、南开数学研究所的创始所长。陈省身对整体微分几何的卓越贡献，影响了整个数学的发展，被称为“20世纪最伟大的几何学家”，被国际数学界尊为“微分几何之父”。他是有史以来唯一获得世界数学界最高荣誉“沃尔夫奖”的华人。2004年11月2日，国际小行星中心将一颗永久编号为1998CS2号的小行星命名为“陈省身星”，以表彰他对全人类的贡献。

陈省身先生始终对祖国心怀赤诚，提出“中国应该成为21世纪数学大国”。他积极推进中外学术交流与合作，促成国际数学家大会在我国召开，殚精竭虑支持和指导南开数学研究所和南开大学国际数学研究中心的建设与发展。他赤子心诚、热爱祖国的高尚情操，严谨求实、追求真理的科学精神，淡泊名利、无私奉献的坦荡襟怀，提携后进、奖掖青年的优秀人格，孜孜以求、不倦探索的人生境界，为世人树立了崇高的典范。

撰稿　边　际

审稿　林炎生

河北省教育

概　　况

〔基本情况〕

2004年河北省各级各类学校校数、教职工、专任教师情况

	学校数（所）	教职工数（人）	专任教师数（人）
一、高等教育			
（一）研究生培养机构（不计校数）	(18)		
1. 普通高校	(16)		
2. 科研机构	(2)		
（二）普通高等学校	87	72 853	39 235
1. 本科院校	30	45 533	23 714
2. 专科院校	57	23 055	12 920
其中：职业技术学院	48	18 066	10 225
3. 其他机构（点）（不计校数）	(16)	4 265	2 601
其中：独立学院	(14)	3 333	2 139
（三）成人高等学校	14	5 215	2 715
（四）民办的其他高等教育机构	47	3 689	1 990
二、中等教育	5 764	403 687	328 547
（一）高中阶段教育	1 500	401 096	104 005
1. 高中	876	345 284	67 975
普通高中	814	344 686	67 536
成人高中	62	598	439
2. 中等职业教育	624	55 812	36 030
普通中专	143	15 424	8 367
成人中专	198	8 312	5 264
职业高中	283	24 221	18 087
技工学校			
其他机构（教学点）（不计校数）	(56)	7 855	4 312
（二）初中阶段教育	4 264	2 591	224 542
1. 普通初中	4 103		222 542
2. 职业初中	30	1 950	1 695
3. 成人初中	131	641	305
三、初等教育	24 639	351 175	326 039
（一）普通小学	22 953	348 392	324 832
（二）成人小学	1 686	2 783	1 207

续表

	学校数（所）	教职工数（人）	专任教师数（人）
其中：扫盲班	705	797	529
四、工读学校			
五、特殊教育	109	2 337	1 768
六、学前教育	3 368	34 664	23 021

注：1. 普通高中的教职工数中包含普通初中的教职工数。

2. 技工学校数据为 2003 年数据。

3. "（ ）"内数据均不计校数。

2004 年河北省各级各类学历教育学生情况

	毕业生数（人）	招生数（人）	在校生数（人）
一、高等教育			
（一）研究生	2 786	6 491	14 932
博士	211	527	1 480
硕士	2 575	5 964	13 452
（二）普通本专科	143 148	238 226	697 440
本科	50 471	84 419	314 975
专科	92 677	153 807	382 465
（三）成人本专科	89 774	89 836	217 027
本科	18 673	23 934	53 180
专科	71 101	65 902	163 847
（四）其他各类高等学历教育			
1. 在职人员攻读博士、硕士学位		2 032	4 673
2. 网络本专科生			
本科			
专科			
3. 学历文凭考试	6 202	1 898	7 980
4. 自学考试			
5. 其他			
二、中等教育	1 969 170	1 971 351	6 024 897
（一）高中阶段教育	510 233	703 479	1 933 162
1. 高中	326 398	464 146	1 302 435
普通高中	318 714	464 146	1 293 887
成人高中	7 684		8 548
2. 中等职业教育	183 835	239 333	630 727
普通中专	80 508	104 790	275 874
成人中专	17 628	13 646	44 748
职业高中	85 699	120 897	310 105
技工学校			
（二）初中阶段教育	1 458 937	1 267 872	4 091 735
1. 普通初中	1 411 923	1 259 918	4 035 302
2. 职业初中	10 692	7 954	26 945
3. 成人初中	36 322		29 488
三、初等教育	1 398 000	714 975	5 575 524
（一）普通小学	1 280 862	714 975	5 470 049
（二）成人小学	117 138		105 475
其中：扫盲班	5 738		9 745
四、工读学校			
五、特殊教育	917	1 665	10 939
六、学前教育	443 351	751 413	1 085 313

注：特殊教育学生数中包括普通中小学随班就读的学生。下同。

2004 年河北省各级各类非学历教育学生情况

	毕（结）业生数（人）	注册生数（人）
一、高等教育	86 474	43 150
（一）研究生课程进修班	422	420
（二）自考助学班	5 135	28 811
（三）普通预科生		470
（四）进修及培训	80 917	13 449
其中：资格证书培训	19 807	3 808
岗位证书培训	12 988	1 108
二、中等职业教育	3 596 767	2 310 566
其中：资格证书培训	419 601	397 476
岗位证书培训	413 856	261 340
（一）中等职业学校	389 367	240 707
其中：资格证书培训	100 817	75 679
岗位证书培训	89 927	40 943
（二）职业技术培训机构	3 207 400	2 069 859
其中：资格证书培训	318 784	321 797
岗位证书培训	323 929	220 397

2004 年河北省各级民办教育基本情况

	学校数（所）	毕业生数（人）	招生数（人）	在校生数（人）	教职工数（人）	专任教师数（人）
一、高等教育						
（一）普通高校		5 062	35 819	90 653	6 049	3 638
1. 普通高校	12	722	6 394	11 511	2 716	1 499
本科学生						
专科学生		722	6 394	11 511		
2. 独立学院	(14)	4 340	29 425	79 142	3 333	2 139
（二）成人高校						
（三）民办的其他高等教育机构	47	11 591		22 588	3 689	1 990
二、中等教育机构						
（一）高中阶段教育	265	32 162	66 989	158 832	31 781	21 792
其中：普通高中	172	22 016	48 157	113 789	26 787	19 272
中等职业学校	93	10 146	18 832	45 043	4 994	2 520
（二）初中阶段教育	324	78 410	114 260	306 133	50	42
其中：普通初中	322	78 145	114 200	305 669		
职业初中	2	265	60	464	50	42
（三）职业技术培训机构	395	115 306		102 678	3 557	2 299
三、普通小学	407	39 939	16 530	180 760	12 045	8 470
四、幼儿园	988	28 408	57 896	105 162	9 521	5 845

注：“（ ）”内数据不计校数。

〔**学校党建、德育和稳定工作**〕　开展高校领导班子思想状况调研工作，举办2004年高校领导干部暑期读书班，认真抓好高校领导班子建设。会同省委组织部，对全省高校发展党员工作进行检查调研，制定了《关于加强和改进高等学校发展党员工作的意见》。在高校处级以上领导班子、领导干部中深入开展"民主集中制"学习教育活动，对高校领导班子贯彻执行民主集中制的情况进行了督导检查。制定了《河北省高校党校工作条例》，以提高党校工作的规范化水平。对全省高校大学生思想状况和高校"两课"教学情况进行调研，召开河北省大学生思想教育工作会议，研究制定了《河北省加强大学生思想政治教育的实施意见》、《加强中小学生思想道德建设的实施意见》。推广了任丘市礼仪教育的经验。召开了河北省德育工作会议，组织开展了弘扬培育民族精神火炬传递活动。认真做好学校安全工作，牢固树立"安全第一"的思想，认真排查安全隐患，突出抓好以食品卫生、防火、交通安全、学校综合治安为重点内容的安全教育和安全管理。通过实行领导分工负责、制定具体工作预案等一系列有效措施，确保了高校的稳定。

〔**资助贫困生工作**〕　河北省教育厅制定了《河北省资助农村义务教育阶段贫困生暂行管理办法》。开发了河北省资助农村义务教育阶段贫困生管理信息系统。安排专项资金8 102万元用于对全省义务教育阶段贫困生实行"两免一补"，资助贫困学生115.8万人。从2004年4月1日起对省属全日制普通高校中部分经济特别困难的本专科学生进行伙食补助。补助人数按照在校生数的5%进行，标准为每人每天3元，补助时间暂定为一年。所需经费按照学校隶属关系，由同级财政拨专款安排，专款专用。学校可视情况适当增加补助，所需经费从学校经费中列支。市属高校参照执行，所需经费由各市安排。

〔**农民工子女入学**〕　2004年9月，省政府制定了《关于共同做好维护进城务工人员合法权益工作的意见》。《意见》要求，全日制公办中小学应依据进城务工人员持有的有效证件，积极接收进城务工人员子女入学，并在入学条件、收费标准等方面与当地学生享受同等待遇；对家庭经济特别困难的进城务工人员子女，可适当减免学杂费。《意见》还鼓励和扶持社会力量兴办民工子弟学校，将其纳入当地教育发展规划和体系统一管理并在有关方面给予支持和指导。

〔**扶贫助校**〕　省教育厅协同省委组织部等七部门制定了《关于实施对口支援贫困地区学校工程的意见》。对口支援贫困学校工程实施期为2004年至2007年，要对口支援52个国家和省扶贫重点县的中小学校。在资金、设备和人才智力等方面给予支持和帮助，使受援中小学校办学条件明显改善，干部教师的综合素质和管理能力明显增加，缩小和发达地区的差距。

2004年，邯郸市在全市开展资助农村义务教育阶段贫困生暨"百村助学"活动。从全市100个贫困村中确定了100名贫困中小学生为救助对象。9月30日，在魏县举行了资助农村义务教育阶段贫困生暨"百村助学"活动启动仪式，百名贫困学生分别得到了2 000元到3 000元的资助。此次活动旨在关注弱势群体的受教育权利，努力实现"不让一个学生因贫困而辍学"的目标。

〔**制定预防和处理学生伤害事故实施细则**〕河北省新乐市教育局制定了《预防和处理学生伤害事故的实施细则》（以下简称《细则》）。《细则》从学生伤害事故的预防和处理两个大方面出发，按照有关法规详细地规定了学生、学校和教育部门的责任及义务，从数十个方面制定措施，预防学生伤害事故发生时的应急措施，对事故的报告、调解和赔偿也有详细规定。《细则》规定学校须设立门卫制度，并要求由学校统一无偿为学生提供校园责任险，对学校无责任的事故，由保险公司对发生事故的学生提供保险支持，同时要求在乡镇、居委会等学区设立学生伤害事故赔偿准备金，以便对受意外伤害的学生进行救助。

〔**教育对外交流与合作**〕　2004年，来冀留学生总数达到1 022人。长短期外国文教专家聘请人数达到 422 人，外教聘请资格单位新增 28 个，总数达到 199 个。出国留学渠道进一步拓宽，在继续做好与国家留学基金委、新加坡教育部和南洋理工大学、新西兰怀卡托大学等合作项目的同时，拓展了意大利、新加坡等合作项目，开展了向日本派遣博士研究生项目。加大中外合作办学的监管力度，对全省 25 个中外合作办学项目进行了检查，新开展合作办学项目 4 个，全省中外合作办学项目达到 29 家。开展短期培训项目，举办了把农村人口数字鸿沟转化为数字机遇国际研讨会；河北省第二届国际教育博览会暨国际教育发展论坛，国外 122 所学校参展，100 余名代表参加论坛，3 万余人参观展览，共达成 98 项合作协议和意向。

基础教育

〔**综述**〕 2004 年，全省组织开展“普九”复查工作。对复查的 60 个县（市、区）进行了“普九”过程性督导和专项督导，对基础比较薄弱、问题比较突出的 13 个县（市、区）进行了重点督导，加大了对各市、县（市、区）落实“以县为主”管理体制的督导检查力度，对 11 个设区市和 32 个县（市、区）落实“以县为主”管理体制情况和“一费制”收费办法情况进行专项督导检查。秋季开学后，全省所有县（市、区）全部实施新课程。推进中小学评价与考试制度改革。对本年中考科目进行改革，文科综合全部实行开卷考试，强化外语听力训练，注重学生综合素质的提高。开展了小学、初中办学水平等级评估，评估认定了 59 所省级示范小学。加快普通高中发展步伐。全省新建、扩建的普通高中达 30 多所。评估认定了省级示范性高中 23 所，使省级示范性高中总数达到 160 所，扩大了优质高中教育资源。大力普及学科教育。20 个县基本普及了学前三年教育，幼儿班数达到 40 601 个，在园幼儿达到 108.5 万人。积极发展特殊教育。新建特教学校 12 所，新增 20 个普及特殊教育县，普及率不断提高。在第十四个“全国助残日”期间，省教育厅会同有关部门组织了人人奉献一份爱，救助残疾儿童少年活动。倡导各级机关、事业单位、群众团体和大中小学生，捐款资助特殊教育学校建设和残疾儿童少年入学。社会各界捐助资金 750 万元。全省建成了从校、县（市、区）、市到省的义务教育阶段学生学籍电子管理网络，输入学生姓名或学号，即可调阅学生的详细情况，强化了学籍管理，建立了有效的义务教育阶段在校生情况管理体系。实施了对口支援贫困地区学校工程。

〔**中小学德育工作**〕 2004 年 8 月，在任丘市召开河北省中小学德育工作现场会，明确了德育工作的重点：围绕弘扬和培育民族精神、文明行为习惯的养成教育、诚信教育、心理健康教育和法制教育五项内容，突出抓好五项工作。这五项工作包括：深入开展教育思想大讨论，各级教育部门和学校结合学校德育工作面临的新形势，着力解决好教育中存在的突出问题，确立以人为本、德育为首、注重实效的教育理念；开展“弘扬和培育民族精神宣传教育月”活动，使学生在丰富多彩的活动中体验、感悟、认同并发扬民族精神；认真组织实施中小学生《守则》和《规范》；切实加强教师职业道德建设，加大班主任的培训力度；加强青少年校外活动场所建设和管理，切实发挥最大效益。

〔**农村中小学危房改造和布局结构调整**〕 根据河北省农村中小学的实际，制定了《农村中小学危房改造和布局调整工程的实施意见》。4 月在沧州召开了全省中小学危房改造和布局调整现场会，对危房改造和布局调整工作进行了全面部署，对沧州市中小学危房改造情况进行了现场参观。落实了在中小学危房改造工程中由中央和省提供的配套资金1.48亿元。改造中小学危房108万平方米，通过了国家的中期检查验收。调整农村中小学布局结构，撤并中小学2 405所。制定了河北省《2004—2007年农村寄宿制学校工程建设总体规划》。确定农村中小学寄宿制学校建设工程项目县75个（贫困县51个、非贫困县24个），重点解决经济基础薄弱的山区、半山区以及坝上高原地区学校布点分散、教师配置不合理、办学效益低下等问题。

〔**改革办学体制**〕 省教育厅召开了河北省公办民助中小学校长座谈会，整顿了改制学校办学秩序，对公办民助中小学办学许可证进行了年检，规范了改制学校的办学行为。新审批公办民助小学1所、初中9所、普通高中12所。截至2004年10月，共批准公办民助学校235所，其中小学12所，初中118所，九年一贯制学校9所，高中94所，十二年一贯制学校2所。

〔**治理教育乱收费**〕 2004年5月9日，全省治理教育乱收费工作电视电话会议召开。会议指出，实行“一费制”收费办法的根本目的是增加政府对教育的投入，同时规范教育收费行为。按照国家要求，“一费制”包括了杂费、课本费、住宿费、冬季取暖费和作业本费，还包括信息技术教育费。把这些费用都改为一次性收费，这样可以切实减轻学生家长的负担。2004年，是河北省义务教育阶段全面推行“一费制”的第一年，省教育厅要求，各地要从秋季新学年开始，以推行“一费制”为重点，切实规范学校收费行为。推行“一费制”要坚持义务教育阶段学校的经费来源以财政拨款为主、其他多种渠道筹措经费为辅的原则，缴费只是作为学校公用经费的补充。为确保“一费制”顺利实施，学生人均公用经费基本标准和财政预算内人均公用经费的拨款标准必须与“一费制”收费标准同时执行。各市、县必须按照省财政厅、省教育厅规定，足额落实中小学生人均公用经费标准定额和财政预算内人均公用经费的拨款标准，保证学校基本运转的需要。对财力确有困难的县，因为实行“一费制”形成的公用经费缺口，由市和省通过转移支付方式对其公用经费缺口予以补足。为解决收费中存在的问题，秦皇岛市在学校中试行了“一卡通”模式，收到了很好效果。2004年，全省共查处乱收费案件277件，查出违规金额1 466.66万元，清退违规收费金额857.49万元，罚没违规收费金额307.66万元，共查处责任人89人。

〔**启动农村中小学现代远程教育试点工程**〕 2004年，河北省被列入中西部13个实施农村中小学现代远程教育试点省，计划连续5年，由中央政府和地方政府共同组织实施农村中小学现代远程教育工程。对农村中小学按照三种模式实施：一是教学光盘播放点，配备电视机、DVD播放机和教学光盘；二是卫星教学收视点，配备卫星接收系统、计算机、电视机、DVD播放机和1～6年级教学光盘；三是计算机教室，配备卫星接收系统、网络计算机、多媒体教室、教学光盘播放设备及教学光盘。为做好这项工作，省教育厅成立了试点工程领导小组及办公室，在充分调研论证的基础上，制定了工程建设方案，确定张家口、承德、保定三市为试点市，共涉及55个县（市、区）5 083所中小学及教学点。本年度共安排资金1.6亿元，其中国家资金5 000万元，省级配套资金3 000万元，市、县配套资金8 000万元。

〔**课程改革**〕 在全面总结的基础上推广了唐山市丰润区县域范围内建立课程改革专业引领体系，建立双层研训体制，“一个课例，多次讨论，学习、交流、展示三个平台”的校本研训模式，以校为本研训一体化，推进课程改革的经验。2004年，全省172个县（市、区）全部实施新课程，义务教育阶段起始年级学生全部进入新课程。编制了《河北省2004年义务教育课程标准实验教学用书目录》。强化了教材选用的管理监督机制，规范教材选用行为，体现了课改教材多样化的要求。加快全省中小学地方课程教材建设步伐。对3种22册地方课程教材进行了审查，有3种16册教材已出版使用。

为积极探索课改实验区教师教育的新模式，秦皇岛市海港区成立“课改讲师团”，深入基层学校开展研训活动，有效地实现了教研中心由“教研室”到中小学校的转移。围绕41个研训专题，采取互动的方式，增强主讲者与基层学校教师面对面、深层次的交流，有针对性地解决了教师在课改实践中遇到的实际问题，提升了教师的理论水平。

〔**教育、教学管理**〕 由省教育厅印发的《关于进一步加快普通高中教育的意见》，对全省普通高中现状、发展趋势、发展条件进行了深入调查研究，加强了统筹指导。2004年全省新建、大规模扩建的普通高中30多所。评估认定省级示范性高中23所，使省级示范性高中数量达到161所，扩大了优质高中资源，规范了招生秩序，整顿了省理科试验班、信息技术试验班招生。开展教材调研工作。中小学各学科研究人员，结合学科教学活动，深入教学实际，先后到邢台、石家庄、唐山、秦皇岛等市的80多所学校进行了调查研究和教学视导，听课400多节，召开不同形式的座谈会100多次。

2004年10月，石家庄外语学校在初一、初二两个年级开设了选修课。学校采用授课教师公开课程，学生自愿申报，年级宏观调配的形式，每班最多不过50人，设“日语口语对话”、“演讲与口才”、“奥林匹克起跑线”、“趣味数学”、“放眼太空”等80个可供选修的课题。

为缓解学生因考试失利、成绩下降、同学关系不和等一系列因素造成的情绪、心理上的压力，石家庄市第二中学将一种新的放松方式引入校园——心理放松室。这种新的放松方式可以避免学生以搞破坏的形式来宣泄，受到学生的欢迎。

〔**推进中小学评价与考试制度改革**〕 省教育厅制定了2004年中考工作意见，明确了改革措施：(1) 升学考试的文科综合（含政治、历史）科目全部实行开卷考试；(2) 外语强化听力训练和实际应用，听力测试分值提高到40分。制定了《河北省基础教育课程改革试验区初中毕业与普通高中招生制度改革意见》。按照教育部中小学评价与考试制度改革的要求，河北省鹿泉市作为首批课改试验区，初中升高中实行新的考试办法。确定了一些新的改革措施：改变了将分数简单相加作为唯一录取标准的模式，考虑了学生的整体发展；破除了用一次考试成绩评价学生的模式，把终结性评价与形成性评价相结合；设置了初中毕业生综合素质评价内容，包括基础性发展素质评价、专门性发展素质考查、综合实践与创新活动评价三部分；增设了初中毕业创新实践成果评价，并作为普通高中招生的必要条件，列入初中毕业生升学附加分项目；制定了初中毕业与高中招生制度改革的配套措施，建立公示制度、诚信制度、监督制度和监控评估制度等。

〔**视力健康干预工程**〕 2004年9月23日，石家庄市中小学视力健康干预工程正式启动，并于10—11月为全市中小学生进行了视力检查，建立了中小学生眼视光档案，组织省内知名眼科专家、视光学专家对中小学生视力状况长期监测，跟踪每个学生的视力变化，对其进行有效分析、正确指导，以便遏制目前中小学生视力不断恶化的严峻形势。

职业教育与成人教育

〔**综述**〕 2004年，河北省中等职业教育招生30.3万人，比上年增长20%。其中中等职业学校招生 26.1 万人，技工学校招生 4.2 万人，是改革开放以来招生最多的一年。有 67 所职业学校被教育部命名为国家级重点职业学校。建立了 6 个省级职教师资培训基地，为提高省内职业教育师资水平奠定了基础。作为教育部农村职成教专业教师培训基地试点，举办了农村职成教师资培训班，总结了农村职成教师资培训的经验。组织职业学校教师参加了中德职教师资项目。

〔**农村劳动力转移培训工程**〕　全省实施技能型紧缺人才培训工程和农村富余劳动力转移培训工程，启动“1612职成教兴农计划”，使农村富余劳动力能够更好地转移就业。即从 2004 年起，每年重点建设 100 所乡镇成人学校，实用技术培训 600 万人次，培训拟转移的农村富余劳动力及进城务工农民工 120 万人，对 2 万名科技致富带头人（示范户）进行培训，对科技示范户建档立卡，跟踪服务。扩大省级社区教育试点范围，把社区教育进一步向农村延伸，争取把乡镇成人学校办成社区教育文化中心。实施“阳光工程”，推广石家庄东方家政学校做法，使农村富余劳动力转移就业，帮助农村贫困家庭学生摆脱贫困，认定 440 所中等职业学校为省首批劳动力转移培训基地。开展七种培养模式对农村劳动力转移培养。如：联合办学模式、农村劳动力转移培养模式、农村新增劳动力培养模式、国际劳务合作模式、扶贫培训模式、网络技术和现代远程教育模式等。

〔**实施“技能型紧缺人才培养工程”**〕　2004 年，省政府研究制定了《技能型紧缺人才培养培训工程实施意见》。确定现代农业、化工、数控技术应用、计算机应用与软件技术、汽车运用与维修、护理作为优先发展和重点培养的六个领域。确定 15 所高等职业院校和 60 所中等职业学校作为培养培训基地。2004 年—2007 年，每年招生 2 万多人，短期培训 4 万人次，以缓解省内上述专业领域技术人才短缺的状况。组织了数控加工技术、汽车运用与维修、计算机应用与软件技术和护理等四个专业领域的教师培训；结合技能型紧缺人才培养培训所涉及的专业，推荐遴选了国家示范实训基地项目备选学校 13 所。

〔**示范校建设**〕　为切实做好第二批国家级重点中等职业学校调整认定工作，对石家庄市第三职业中专学校、沧州市职业技术教育中心、卢龙县职业技术教育中心、栾城县职业技术教育中心、唐山市丰润区综合职业技术教育中心、衡水科技学校、河间市职业技术教育中心、望都县职业技术教育中心等 8 所学校提出了有针对性的整改意见。2004 年，完成了 20 所省级职业示范校和 30 个省级示范专业建设序列的评估。为加大师资队伍建设力度，鼓励企业技术人员到学校做兼职教师。利用职教师资培训基地，对首批 1 200 名教师进行培训。

〔**办学体制和教育教学改革**〕　省教育厅召开了中德唐山农村职业教育合作项目经验交流会议，总结和推广了三项经验成果：一是形成了以实践为导向的教学模式，符合职业教育规律的课程样本；二是培养了一批适应先进教学模式的教师和管理人员；三是提高毕业生综合能力，在教学过程中，学校和企业共同制定教学计划，确定教学内容，从而使学校的办学更加符合企业的需要。

〔**高职高专人才培养工作**〕　2004 年，全省完成了 17 所高职高专院校的数控技术、汽车维修技术、计算机应用软件技术、电子电工与自动化技术、建筑技术等专业领域申报国家级高职高专教育示范实训基地工作。启动河北省紧缺人才培养培训基地建设。建立以就业为导向，校企结合，订单培养，产学结合的高技能人才培养的新机制。推行高职高专教育双证书制度，与省劳动保障厅联合，选择 11 所学校的主干专业开展学历证书和职业技能证书“双证书”试点工作。组织开展了第三批 39 个省级高职高专专业教学改革试点专业评审遴选工作。截至年底，共有省级试点专业 110 个。

〔**中等职业学校建设**〕　根据国家有关通知精

神，省教育厅决定，今后一个时期，中等职业学校不再升格为高等职业院校或并入高等学校，专科层次的职业院校不再升格为本科院校。并要求各地要进一步加大结构调整力度，扩大中等职业教育的招生规模，坚持中等职业教育与普通高中教育的比例保持基本相当。各学校要坚持以就业为导向，实施农村劳动力的转移培训，确保做到“转移一人、致富一家、转移一片、致富一方”。增加对职业教育经费投入，城市教育附加费的20%用于职业教育，逐步建立政府、受教育者、用人单位和社会共同分担、多种所有制并存和多渠道增加职业教育经费的新机制。

〔**合作办学**〕　为满足经济发达地区对中职人才的需求，保定师范专科学校涿州分校与北京市东城职业技术学校正式签署联合办学协议。7月，在冀浙中等职业学校合作办学洽谈会上，河北省、浙江省的部分中等职业学校签订了合作协议。通过合作办学方式，既能充分发挥河北省良好的办学条件，为河北省毕业生提供广阔的就业渠道，又能满足京、浙两地对生源的需求。

〔**就业工作**〕　针对近几年职业教育毕业生就业难的现状，河北省安国职教中心大胆调整专业，确立以医药为龙头的特色专业，兼设财经、旅游、计算机三个专业的教学格局。由于专业特色鲜明，市场对路，该校学生一入学就有单位抢先签署就业协议。为了进一步适应企业需求，提高学生就业率，安国职教中心还专门成立了就业指导处，根据用人单位的需求及时调整“订单学生”专业课程，有计划地组织学生进入企业进行实习，以最大限度缩短学生到工作单位后的磨合期。

高等教育

〔**综述**〕　2004年，省教育厅召开了10所骨干大学书记校长座谈会，对10所骨干大学的办学定位、办学方向、办学模式和目标任务等进行了深入座谈研究。经教育部批准，河北理工学院由专门学院改建为多科型大学；邯郸师范专科学校、衡水师范专科学校、石家庄师范专科学校分别升格为邯郸学院、衡水学院、石家庄学院；沧州卫生学校升格为高等专科学校。经省政府批准，制定了《高等教育学科专业结构调整的意见》。根据河北省经济结构战略性调整的需要，以发展高新技术类学科专业和应用型学科专业为重点，大力发展与河北省十大主导产业、现代农业、现代经济管理和服务业紧密结合的应用性学科专业，使学科专业设置同经济发展结合地更加紧密。完成了对75个省级重点学科的评估，并对其中经评估确定的12个优秀学科进行了奖励，淘汰了4个相对较弱的学科。完成了对省级重点学科的新增遴选，使省级重点学科达到85个，重点发展学科达到10个。2004年，新增本科专业95个、专科专业313个，使全省本科、专科专业点分别达到759个和2 398个。创新教育试点工作取得了显著成效。全省27所高校的5 100名学生参加了创新教育试点培训，3 000多名学生考试合格，获得创新能力证书，346名教师获得创新教师合格证书。高校87项新世纪高等教育教学改革工程项目研究基本完成。加强精品课程建设，评选出省级精品课程103门，其中5门被教育部评为国家精品课程。加强高校教学质量评估和课程体系建设。河北经贸大学通过了教育部组织的本科教学水平评估，完成了对河北政法职业学院和石家庄邮电职业技术学院的人才培养水平评估。做好普通高校专科接本科教育选拔工作，1.8万名应届专科毕业生考入本科院校继续学习。完成对32所高校毕业生就业指导与服务工作评估检查。召开了第四次全省高校后勤社会化改革工作会议，对全省高校后勤社会化改革工作进行了全面部署。对石家庄高校新校区建设规划进行了研究。

〔**贫困生救助**〕　河北大学在校生中贫困大学生有6 000多人，占学生总人数的20%。学校在为贫困大学生发放各类救助金和开展勤工助学活动的同时，成立了贫困生的自助组织——大学生自强社。自强社的成员主要是享受各种奖学金和企业助学金的学生组成，主要工作是服务贫困生，解决贫困生的学习、生活和思想上的问题，帮助贫困大学生树立自强、自立、自尊、自信意识，培养和提高贫困大学生的综合素质。

〔**大学生社会实践活动**〕　2004 年 7 月，河北农业大学"一村一名大学生"工程的 203 名学生开始了暑期社会实践活动。共组成了 12 支回乡社会实践小分队，分赴怀来县、馆陶县、邱县、磁县、沙河市等 12 个县（市），结合教学科研生产基地，与专家教授一起，在果树、蔬菜、畜牧和植保等方面全方位开展技术培训和实地调查。这是"一村一名大学生"入学以来第一次社会实践活动，旨在通过广泛深入的调查研究，使学生们重新认识农村，以实际行动为农村经济发展服务。

8 月，由河北医科大学中医学院团委组织的河北医科大学"送医下乡"社会服务团，前往贫困老区赞皇县孤山村送医下乡。学院共派出 6 名专家和 11 名优秀学生，共接待患者2 841人次。

〔**多导师制**〕　从 2004 年 1 月开始，河北大学实行研究生教育"双导师制"或"多导师制"，为研究生教育探索出一条新路。"双导师制"或"多导师制"是分别从交叉学科选聘导师或从政府部门、科研院所及大型企业选聘具有丰富实践经验和较高理论水平的高层次人才充实到导师队伍中。通过两名导师或多名导师共同指导研究生。使研究生教育更紧密地与社会实际需要相适应，既为研究生选题拓宽了思路，也为地方科研注入了新的活力，还打破了校内学科之间的壁垒，在研究生培养上实现了学科融合，优质资源共享。同时，也使学生的知识结构更加丰富合理，更能适应现代社会的需求。

〔**高校后勤社会化改革**〕　2004 年 5 月 21 日，河北省召开了第四次高校后勤社会化改革工作会。会上，副省长龙庄伟指出，建设学生宿舍要贯彻"坚固、实用、安全、方便"的原则，不能盲目追求高标准、提高造价、增加学生负担。关于高校食堂问题，龙庄伟要求，经营管理学生食堂须兼顾经济效益和社会效益，而且要首先考虑社会效益。教育行政部门和学校应履行好管理与督监职责，督导后勤经营服务主体，严格按照有关规定收取学生各项费用，稳定价格，提高服务质量，对各种乱涨价行为要及时严肃查处。

〔**高校"双重工程"建设**〕　2004 年，省教育厅组织召开了全省"双重工程"建设工作会议，全面总结了近年来高校"双重工程"建设的经验和不足，明确提出了今后一个时期重点大学和重点学科建设工作的总体要求和主要任务。制定印发了《河北省高等学校重点学科建设管理办法》、《河北省高等学校重点学科建设评估指标体系》和《河北省高等学校重点学科建设专项经费分配办法》等文件。根据重点学科"扶优扶强"和"滚动发展"的原则，组织完成了对 75 个省级重点学科评估工作，完成省级重点学科的新增遴选工作，使重点学科滚动发展到 85 个，重点发展学科达到 10 个。

〔**学位与研究生教育**〕　2004 年，制定了河北省学位与研究生教育发展规划、实施研究生教育创新工程的意见。全省国家计划研究生招生6 687人，其中省属高校招生5 414人（博士研究生 407 人、硕士研究生5 007人），比上年增长 36%。制定了《河北省普通高等学校增列学士学位授予单位及新增学士学位授权专业审核办法》（试行），规范了普通高校学士学位授予工作。制定了《河北省成人高等教育本科毕业生申请授予学士学位外国语水平统一考试实施细则》（试行）。组织有关专家对唐山师范学院和廊坊师范学院申请增列为学士学位授予单位及其授权专业进行了全面审核评估。向教育部推荐了 5 篇优秀博士论文，其中 2 篇论文获全国优秀博士论文，1 篇获优秀博士论文提名。经国务院学位办审核，石家庄铁道学院增列为授予同等学力人员硕士学位授权单位。河北大学接受国家MPA教学评估，河北科技大学、石家庄铁道学院、河北工程学院申报增列为工程硕士培养单位。

〔**高校科技创新**〕 2004年，全省高校共承担各级各类科研课题4 326项，其中国家级课题185项，得到资助经费3 095万元；省部级课题1 510项，获得资助经费7 502.4万元。加快推进重点实验室建设，在高校培育一批拥有自主知识产权和科研成果的技术研究平台及应用基础研发基地。加快推进产学研相结合，全省高校通过与企业合作开发、技术入股、共建技术中心等合作方式，签订技术转让合同251项，合同金额4 128.9万元。

2004年12月，河北农业大学主持完成的“日韩梨引种评价及优质调控栽培技术”项目通过了省科技厅组织的专家鉴定，认为该成果在同类研究中居国际先进水平，在品种光和特性及主要矿物质营养元素相关分析研究方面达国际领先水平。该项目在系统研究的基础上，提出了半干旱地区日韩梨调控栽培技术，这对改进我国梨品种结构和栽培模式、提高果品质量具有重要的理论和实践意义。

〔**人才培养质量评估和保障体系**〕 全面启动高职高专人才培养水平评估工作，12月，对石家庄邮电职业技术学院、河北政法职业学院进行了评估。按照教育部要求，完成了全省高等医学专科专业评估工作，已向教育部申请参加国家评估。组织专家对368个普通高校设立的函授站和校外教学点进行了专项检查评估。对办学比较规范、各项办学条件基本达到要求的219个函授站点允许其继续办学；对办学条件或办学过程中存在一定问题和困难的76个站点允许其2004年试招生，限期整改；对办学条件相对较差，教学管理中问题较多的16个站点，暂停其2004年招生资格，限期整改；对办学条件差、管理混乱的57个站点，取消其办学资格。组织完成了对全省80个现代远程教育校外学习中心专项检查评估工作，64个合格，5个不符合办学要求，并暂停其2004年招生资格，限期整改，取消11个不具备办学条件的中心。

撰稿 刘立新 冯荣光 刘良业

审稿 靳宝拴

山西省教育

概　况

〔基本情况〕

2004 年山西省各级各类学校校数、教职工、专任教师情况

	学校数（所）	教职工数（人）	专任教师数（人）
一、高等教育			
（一）研究生培养机构（不计校数）	(12)		
1. 普通高校	(8)		
2. 科研机构	(4)		
（二）普通高等学校	56	43 852	24 768
1. 本科院校	16	27 977	15 590
2. 专科院校	40	13 935	7 797
其中：职业技术学院	35	11 370	6 437
3. 其他机构（点）（不计校数）	(8)	1 940	1 381
其中：独立学院	(8)	1 940	1 381
（三）成人高等学校	16	4 425	2 347
（四）民办的其他高等教育机构	40	2 264	1 045
二、中等教育	3 994	215 119	172 205
（一）高中阶段教育	1 003	212 692	53 873
1. 高中	574	186 821	37 044
普通高中	560	186 674	36 985
成人高中	14	147	59
2. 中等职业教育	429	25 871	16 829
普通中专	73	9 417	5 247
成人中专	152	4 718	2 891
职业高中	204	11 380	8 441
技工学校			
其他机构（教学点）（不计校数）	(51)	356	250
（二）初中阶段教育	2 991	2 427	118 332
1. 普通初中	2 758		116 405
2. 职业初中	72	2 034	1 701
3. 成人初中	161	393	226
三、初等教育	33 565	212 255	193 401
（一）普通小学	28 254	206 361	191 152
（二）成人小学	5 311	5 894	2 249

续表

	学校数（所）	教职工数（人）	专任教师数（人）
其中：扫盲班	1 295	1 308	344
四、工读学校	2	95	67
五、特殊教育	35	951	771
六、学前教育	4 857	30 460	20 340

注：1. 普通高中的教职工数中包含普通初中的教职工数。
2. 技工学校数据为 2003 年数据。
3. “（ ）”内数据均不计校数。

2004 年山西省各级各类学历教育学生情况

	毕业生数（人）	招生数（人）	在校生数（人）
一、高等教育			
（一）研究生	1 541	4 146	9 228
博　士	102	315	930
硕　士	1 439	3 831	8 298
（二）普通本专科	51 118	107 500	345 318
本　科	28 567	49 362	172 171
专　科	22 551	58 138	173 147
（三）成人本专科	53 467	61 274	118 313
本　科	9 448	14 554	25 229
专　科	44 019	46 720	93 084
（四）其他各类高等学历教育			
1. 在职人员攻读博士、硕士学位		918	1 913
2. 网络本专科生			
本　科			
专　科			
3. 学历文凭考试	1 077	707	2 359
4. 自学考试			
5. 其他			
二、中等教育	892 992	970 854	2 962 417
（一）高中阶段教育	263 285	347 412	978 358
1. 高中	165 602	228 292	649 972
普通高中	163 273	228 292	647 261
成人高中	2 329		2 711
2. 中等职业教育	97 683	119 120	328 386
普通中专	57 715	67 186	188 796
成人中专	10 408	6 438	19 202
职业高中	29 560	45 496	120 388
技工学校			
（二）初中阶段教育	629 707	623 442	1 984 059
1. 普通初中	592 882	614 985	1 927 068
2. 职业初中	9 969	8 457	27 211
3. 成人初中	26 856		29 780
三、初等教育	793 571	601 024	3 752 384
（一）普通小学	624 291	601 024	3 592 007
（二）成人小学	169 280		160 377
其中：扫盲班	17 570		19 080
四、工读学校	11	8	48
五、特殊教育	420	717	4 658
六、学前教育	339 161	370 603	641 386

注：特殊教育学生数中包括普通中小学随班就读的学生。下同。

2004年山西省各级各类非学历教育学生情况

	毕（结）业生数（人）	注册生数（人）
一、高等教育	16 579	14 337
（一）研究生课程进修班	1 248	1 117
（二）自考助学班	3 840	8 630
（三）普通预科生		36
（四）进修及培训	11 491	4 554
其中：资格证书培训	1 184	362
岗位证书培训	3 409	1 241
二、中等职业教育	2 298 459	2 029 886
其中：资格证书培训	122 173	45 147
岗位证书培训	88 026	74 055
（一）中等职业学校	690 515	629 308
其中：资格证书培训	94 757	26 724
岗位证书培训	34 018	12 245
（二）职业技术培训机构	1 607 944	1 400 578
其中：资格证书培训	27 416	18 423
岗位证书培训	54 008	61 810

2004年山西省各级民办教育基本情况

	学校数（所）	毕业生数（人）	招生数（人）	在校生数（人）	教职工数（人）	专任教师数（人）
一、高等教育						
（一）普通高校		204	11 871	17 380	2 552	1 658
1. 普通高校	4	204	1 367	2 214	612	277
本科学生						
专科学生		204	1 367	2 214		
2. 独立学院	(8)		10 504	15 166	1 940	1 381
（二）成人高校						
（三）民办的其他高等教育机构	40	9 856		13 154	2 264	1 045
二、中等教育机构						
（一）高中阶段教育	206	21 424	40 580	104 733	23 611	16 303
其中：普通高中	180	19 536	37 549	97 995	22 817	15 899
中等职业学校	26	1 888	3 031	6 738	794	404
（二）初中阶段教育	274	33 356	63 430	169 730	93	62
其中：普通初中	272	33 302	63 114	169 250		
职业初中	2	54	316	480	93	62
（三）职业技术培训机构	829	112 001		217 682	6 963	4 544
三、普通小学	233	14 956	21 959	116 594	10 299	7 204
四、幼儿园	766	35 395	55 468	96 683	7 703	4 676

注：“（ ）”内数据不计校数。

〔**教育经费收入与支出**〕 2004年教育经费总收入152.64亿元，较上年增长18.98%。其中，预算内教育经费拨款88.4亿元，各级政府征收用于教育的税费收入达5.46亿元（其中：城市教育附加费5.39亿元），企业办学教育经费5.4亿元，校办产业、勤工俭学和社会服务收入用于教育的经费0.59亿元，社会团体和公民个人办学经费6.98亿元，社会捐资办学经费2.68亿元，事业收入41.26亿元（其中：学杂费收入31.87亿元），其他收入1.87亿元。全省地方教育经费总支出137.87亿元，较上年增长17.58%，其中，教育部门教育经费总支出130.25亿元，其他部门教育经费总支出7.62亿元。

2004年用于改善办学条件的资金共投入7.81亿元，其中：改造危房149.4万平方米，改造金额6.73亿元；购置课桌凳41.8万套，购置金额3 564.8万元；购置图书455.6万册，购置金额7 199.8万元。

〔**体育、卫生、国防和艺术教育**〕 2004年初召开了各高校、市教育局体卫艺工作会议，布置和安排了2004年体育教学、体育竞赛、体育科研及贯彻执行《学生体质健康标准》的具体工作，5月，在太原师范学院召开了山西省大中学生田径运动会，全省1 100余名大、中学生进行了22个田径项目的竞赛。8月，选拔170余名大学生运动员组成山西代表团，参加了全国第七届大学生运动会，夺得1块金牌、3块铜牌，男子足球第5名，女子排球第7名。组织参加了全国第七届大学生运动会的体育科学论文评选工作。

卫生与健康教育。3月—4月，分别对300名学校炊管人员进行了培训。8月，分别对11个市、42个县的62所学校的食堂进行了检查，专项整治了学校食堂卫生，强化了管理制度、设施配备，使学校食堂工作有了较大改善。

艺术教育。7月初，举办了全省中小学舞蹈教师培训班。7月—9月，举办了“山西省第四届中小学音乐、美术课评比活动”。推荐8节课参加全国决赛。其中两节课荣获全国比赛二等奖。10月，省教育厅与省文联联合举办了山西省首届“雅阁瑞普家居杯”器乐大赛，2 000余名大中小学师生参加了比赛。12月，组织参加了全国第三届普通高校艺术教育专业技能大赛。年底，召开了全省高校艺术教育专业教学工作研讨会，明确了当前各专业存在的问题和今后改进的方向。

国防教育与军训工作。6月初，召开了“山西省高级中学学生军训工作会议”，会上，省政府和省军区转发了省教育厅、省军区司令部、政治部《关于加强高级中学学生军训工作意见》，下发了全省高级中学学生军训统一教案。5月和10月分两批组织了20所高校的30名军事理论课骨干教师参加了教育部组织的“普通高校军事理论课骨干教师培训班”。8月—10月在全省开展了以征文和知识竞赛为主要内容的“爱中华、奔小康、强国防”国防教育系列活动。配合省军区已完成了2004年的新兵征兵工作。

〔**学校安全工作**〕 2004年3月19日，省政府召开全省教育系统安全工作电视电话会议，总结通报了2003年全省教育系统安全稳定工作情况，安排部署了2004年全省各级各类学校安全稳定工作。6月，省教育厅与各高校签订了《山西省高等学校安全工作责任目标书》。省教育厅、公安厅联合召开了全省学校及周边治安秩序集中整治行动电视电话会议，会后，立即开展了全面的安全大检查。重点对学校的消防设施，运送学生的交通工具和学校及其周边有无危险爆炸物品、是否存在漏管失控等问题进行了检查。同时，对校园及周边场所存在的“黄、赌、毒”等社会丑恶现象采取得力措施进行了铲除。教育部、公安部召开的全国中小学和幼儿园安全工作电视电话会议结束后，立即召开了全省中小学和幼儿园安全工作电视电话会议，对开展全省中小学幼儿园及少年儿童安全管理专项整治行动作出了具体部署，成立了山西省中小学、幼儿园及少年儿童安全管理专项整治行动领导小组，出台了《关于开展中小学、幼儿园及少年儿童安全管理专项整治行动的实施意见》，对全省开展专项整治行动进行了具体的部署和安排。8月19日，联合召开了全省创建“平安校园”电视电话会议。11月，省教育厅与公安厅根据《关于做好

2004年度全省高校“安全保卫工作优胜杯竞赛考核验收工作的通知”》要求，组织有关人员分赴各高校对高校安全工作责任书的完成情况等进行了考核验收。

〔**教育交流与合作**〕 2004年，全省共受理国家公费出国留学申报人员材料38份，批准19人。对省筹资金选派出国留学工作进行了受理，教育系统审核45名，最后获准27名。对全省教育系统2004年省筹资金资助留学回国人员92个科研项目进行了受理，获准68项，计298万元人民币，占全省资助总金额的59.96%。

2004年，国家外国专家局批准山西大学商务学院等14个单位为聘请外教资格单位，使全省具有聘请外专外教资格的学校达到105所，共有外专外教257名，分别来自美国、英国、日本等21个国家；来华留学生106名，分别来自日本、美国等9个国家。全年共审核、批准教育系统202人次短期出国合作研究、参加国际学术会议、短期出国考察及赴港、澳、台进行学习或学术交流。邀请外国专家、港澳台人士来华交流73次共130余人。在外出国留学人员短期回国讲学或进行合作研究40余人次。3月，与加拿大BC省就加强双方教育交流与合作，签订了教育合作备忘录；完成了教育部国际司、国家留学基金委、美国IBM公司对康乐幼儿园等六个幼儿园的考察。

6月8日—15日，由山西省教育厅和美国纽约市立大学举办的第十次中美教育交流会在美国纽约市举行。来自山西15所高校及教育、劳动行政部门的校长、专家教授27人，美国纽约市立大学系统所属学校领导和相关教授、专家、学者30人出席会议并进行了学术交流活动。活动主要有7个专题：(1)大学科技园区；(2)人力资源开发与终身教育；(3)人文科学的社会责任；(4)技术教学；(5)计算机与信息技术；(6)英语教学；(7)师范教育和教师质量。

〔**教师队伍管理**〕 省教育厅会同省编办、省财政厅研究确定并下达了各市中小学教职工编制数额。制定印发了《2003年—2007年山西省普通中小学教师队伍建设的意见》《关于加强农村中小学教师队伍建设的意见》《山西省深化中小学人事制度改革的实施意见》《2003年—2007年山西省高等学校特聘教授岗位聘任办法》。组织实施了全省各级各类学校教师专业技术职务评聘工作，共有5 000余人参加了普通高校、成人高校、中专学校和中小学各类专业技术人员职务评审，通过4 800余人，占参评人数的96%。开展了全省面向社会认定教师工作，组织了申请认定各级各类教师资格的非师范教育类专业人员的教育学、心理学全省统考，共有2万余人参加了考试和教育教学能力测试。受理了11万人的认定申请，有10万人通过认定取得了教师资格，其中直接认定高校教师资格3 749人。组织开展了第20个教师节系列庆祝活动。评选表彰了全国、全省模范（优秀）教师、先进（优秀）教育工作者679人。举办了“中国师德论坛山西分论坛”。组织23名长期在贫困县农村第一线的优秀教师，观摩了太原市中小学名校骨干教师的课堂教学，座谈讨论了课程改革的经验和体会，考察了山西省的优秀文化遗产。

〔**教育法制建设**〕 2004年3月，按《中华人民共和国行政许可法》要求，经过认真清理，将省教育厅三项清理结果上报省法制办行政许可清理办公室，确定了13个行政审批公开项目进入“窗口”。召开了全省“四五”普法工作情况分析研究会，对做好“四五”普法最后两年的工作进行了研究和部署。6月，按照省依法治省领导小组安排，组织厅机关及厅直属单位的近350名公职人员和行政管理人员参加了法律知识考试。7月中旬，举办了全省大中小学教师法律知识竞赛。开展了教育法制基地的建设，在全省各级各类大中小学中开展了“依法治校示范校”系列创建活动。

〔**语言文字工作**〕 2004年3月，山西省语言文字培训测试中心正式成立。6月23日，召开了新一届省语委全体委员会议，对省语委的工作职责和建立健全市、县两级语委及其办事机构等重大事项提出了明确要求。到9月底，全省11个市和近80个县（市、区）成立了语言文字工作委员会。

在第七届全国推普宣传周活动中，印发了《关于举办全省小学师生普通话学习竞赛活动的通知》，使推普工作逐步延伸到广大农村地区。7月，在太原召开了全国普通话水平测试管理工作会议。8月24日，在太原市小店区大营盘小学组织召开全省创建语言文字规范化示范校观摩研讨会，交流了创建工作的经验和体会。10月，全国人大、教育部、国家语委联合调研组一行七人，对山西省宣传贯彻《国家通用语言文字法》情况进行了调研，并对山西省近几年语言文字工作取得的成绩予以充分肯定，认为有不少特点和经验值得总结和推广。

〔**民办教育**〕 深入宣传贯彻《中华人民共和国民办教育促进法》和《民办教育促进法实施条例》。举办了全省民办教育管理部门和民办学校负责人参加的《中华人民共和国民办教育促进法》和《实施条例》培训班。初拟了《山西省实施〈中华人民共和国民办教育促进法〉办法》（讨论稿）。省教育厅、省劳动和社会保障厅联合下发了《民办培训学校设置暂行规定（试行）》，规范了民办培训学校条件。完成了74所民办高校及省属民办培训机构的年检工作，并在《山西日报》进行了公告。对省属民办学校换发新的办学许可证工作进行了安排部署。

基础教育

〔**幼儿教育**〕 2004年，全省幼儿园4 857所，比上年减少280所，在园幼儿（包括学前班）64.14万人，比上年减少3.89万人。其中：社会力量举办的幼儿园766所，在园幼儿数为9.67万人，分别占全省幼儿园总数和在园幼儿的15.77%和14.19%，均比上年有所增加。幼儿园园长和教师共23 140人，比上年增加391人。幼儿园校舍建筑总面积220.96万平方米，比上年增加11.04万平方米。6月，召开全省幼儿教育工作会议，出台了《山西省幼儿教育督导评估标准和督导检查办法（试行）》、《关于加强对各类幼儿园管理工作的指导意见》、《关于进一步加强农村幼儿教育工作的意见》、《山西省幼儿园课程指南（试行）》、《关于进一步加强幼儿教育培训工作的意见》等一系列加强和改革幼儿教育工作的文件，推动全省幼儿教育工作取得新发展。

〔**义务教育**〕 继续开展教育对口支援工作，40所学校向未“普九”县计捐助现金72.94万元，捐赠电脑204台、桌凳3 025套、图书40 361册，培训教师499名，资助贫困生320名，捐助各类物资总价值348.23万元。2004年，方山、右玉、大宁、永和四县顺利通过省政府组织的“普九”验收，使全省“普九”县区总数达到114个，“普九”人口覆盖率达到95.95%，实现了“普九”工作的新进展。

2004年初，省政府把改造中小学危房140万平方米作为政府为人民群众办的十件实事之一，向社会做了公开承诺。截至11月底，全省改造中小学危房159万平方米，超额完成了改造140万平方米的任务。

组织实施“义务教育水平提升工程”，启动义务教育标准化建设验收工作。2月，省政府办公厅转发了《义务教育水平提升工程实施意见》，根据实施意见的要求，省教育厅制定了《关于实施义务教育标准化建设的意见》和具体的“评估验收标准”，组成了“评估验收专家组”，对各市经过初评后申报的9个县（市、区），按照标准进行了严格、规范的评估验收，初步确认了第一批达到“义务教育标准化建设”的县（市、区）有8个，分别是太谷县、孝义市、临猗县、曲沃县、侯马市、阳泉市郊区、怀仁县、太原市迎泽区。

2004年，全省小学学龄儿童入学98.55%，比上年下降了0.28个百分点（其中女儿童入学率98.55%，比上年下降了0.31个百分点）；小学毕业生升学率为99.86%，比上年提高了0.23个百分点。全省小学校舍建筑面积1 685.66万平方米，比上年增加40.99万平方米，生均校舍建筑面积4.69平方米，比上年增加0.17平方米；危房面积63.93万平方米，比上年减少了2.28万平方米，危房面积占校舍总面积的3.79%，危房率比上年下降了0.24个百分点。

初中阶段学龄人口入学率98.89%，比上年提高了1.45个百分点；初中毕业生升学率59.44%，比上年下降了14.93个百分点（下降的主要原因为2004年初中毕业生比2003年增加了14.14万人）。普通初中校舍建筑面积961.57万平方米，比上年增加48.78万平方米，危房面积36.11万平方米，危房率3.76%，比上年下降了0.46个百分点。

〔**基础教育课程改革**〕　4月，召开了全省课程改革工作会议。5月，对今年拟进入课程改革实验的46个县（市、区）教育行政部门负责人、教研人员、所有的初中校长以及每个学科的骨干教师共2 000余人进行了省级培训。6—8月，各市和有关县（市、区）组织所有教师参加了新课程全员培训，9月，新学年开学，全省所有县（市、区）按照规划全部进入课程改革实验。11月，教育部组织10位专家对山西省课程改革工作进行检查评估，给予了高度评价。

〔**高中教育**〕　全面实施“山西省示范高中建设工程”。1月，省政府办公厅转发了《关于进一步加快普通高中改革与发展的意见》。省教育厅制定下发了《山西省普通高中示范学校建设工程实施意见》和《山西省普通高中示范学校评估验收指标体系》，制定了省级示范高中验收评估程序。9月和12月，省教育厅组织省普通高中示范学校建设工作专家组，分两次对全省10个市推荐的28所高中学校创建省级普通高中示范学校工作进行了试评估验收。通过审查，最后确定了11所试评估学校。

2004年，高中阶段教育（包括普通高中、职业高中、普通中等技术学校、技工学校、成人高中、成人中等专业学校）共有学校1 109所，比上年减少8所；招生38.33万人，增长6.51%；在校生105.28万人，增长10.86%；毕业生27.78万人，增长2.48%；高中阶段毛入学率55.91%，比上年提高了2.84个百分点。

全省普通高中学校数（含初高中合设）560所，比上年增加29所。招生22.83万人，增长5.01%；在校生64.73万人，增长12.83%；毕业生16.33万人，增长17.94%。其中，社会力量举办的普通高中学校数有180所，在校生9.8万人，分别占普通高中总校数和在校生数的32.14%和15.14%，均比上年有所增加。

〔**教育督导**〕　3月，省政府教育督导室会同组织部门，组织省督学和市督导部门，对全省119个县（市、区）县级党政一把手基础教育工作进行了考核。2月，省政府教育督导室制定下发了《关于建立对县级人民政府教育工作评估制度的实施办法》。10月，组织各市、县督导部门对进城打工农民工子女就学情况进行了督导检查；11月，组织省督学和部分职教专家深入到33个县，对全省职业教育和农村中小学危房改造工作情况进行了督导检查。

〔**普及实验教学**〕　根据《关于建立“实施教学普及县”复查制度的通知》文件精神，教育厅抽调有关专业人员对2004年申报复查和验收的“普实”县依据“山西省中小学（含职教、中幼师）实验教学普及标准”和复查评分标准，严格对照“山西省中小学实验教学普及评分表”进行了检查和验收，共有17个县达到或基本达到了普及实验教学复查验收标准。检查表明，各县在“普实”合格的基础上，普及实验教学水平有了进一步提高，普及实验教学成果得到了进一步巩固。

〔**中小学教师继续教育**〕 组织全省中小学教师观看电视系列片《师德启示录》，组织有关学者、教师编写了《新课程与教师综合文化素养》教材，作为2004年的继续教育公共必修课。按照教育部的培训要求，全省的信息技术培训（54学时）已通过23万余人，高级培训（54学时）也在大部分城市开展。对2000年评选的省级中小学学科带头人和骨干教师进行考评，并对考评后淘汰空出的指标进行了补选和培训，为山西省教师教育和新课程培训培养骨干教师。出台了《关于规范中小学教师继续教育工作的意见》，使各级教育行政部门和教师培训机构、中小学校继续教育有章可循，减少教师的培训负担，切实提高培训的质量。

〔**中小学德育教育**〕 3月，省教育厅召开了全省中小学德育工作会议，贯彻落实全国中小学德育工作会议精神，研究部署以弘扬和培育民族精神教育为重点的中小学思想道德建设工作。4月，出台了《山西省教育厅关于加强和改进中小学未成年人思想道德建设的实施办法》，制定了20条具体工作措施，对全省未成年人思想道德建设进行全面部署。5月，组织对全省38所申报省级德育示范学校和1所复查学校进行了验收。制定出台《关于贯彻〈教育部办公厅关于进一步加强中小学诚信教育的通知〉的指导意见》，推进全省各地开展诚信教育活动。8月，组织全省第二届中小学班主任素质展示活动。9月，全省集中开展弘扬和培育民族精神教育月活动，制定下发了《山西省中小学生开展弘扬和培育民族精神教育实施方案》，发动全省各地学习贯彻李长春同志对山西太行精神、晋商精神进行概括总结的宣传教育活动，会同有关部门共同开展禁止未成年人进入网吧特别行动。10月，召开了全省德育教育工作会议，就全省校外活动场所建设进行了专项研究和具体安排。进一步规范中小学德育管理工作，出台了《关于中小学德育工作的检查指导意见》。

〔**义务教育阶段"一费制"**〕 9月14日，山西省人民政府办公厅印发《关于在全省义务教育阶段学校推行"一费制"收费办法的方案的通知》，决定从2004年秋季新学年开始，在全省义务教育阶段学校全部实行"一费制"收费标准。实施范围为：全省公办的普通小学、普通初中、职业初中、特殊教育学校和普通中小学举办的特殊教育班以及随班就读学生的收费以及国有企业办的中小学。"一费制"收费标准由省教育厅、省物价局、省财政厅按不同地域学校，不同年级的实际情况，分别制定秋、春两季"一费制"最高限额收费标准。"一费制"之外，对于自行跨学区到其他学校借读的学生，可收取一定的借读费。

省财政、教育部门根据中小学公用经费实际支出情况，确定中小学每生每年最低生均公用经费基本标准为：农村小学182元，初中258元；县城（含县级市）小学338元，初中409元；地级市城区小学422元，初中533元。开展信息技术教育学校的标准可在此基础上适当提高。国有企业办的中小学校的公用经费标准参照上述标准执行。

职业教育与成人教育

〔**重点学校建设**〕 进一步加强骨干示范性中等职业学校建设。经教育部批准，认定7所学校为国家级重点职业学校，使全省国家级重点中等职业学校达到40所。评估认定26所学校为省部级重点职业学校，使全省省部级重点中等职业学校达到91所。

〔**高等职业教育**〕 8月，召开了全省高职高专教学工作会议，制定下发了山西省关于推进高职人才培养的六条意见。提出在今后3～5年内，在全省高职高专院校努力建设和形成60个省级教学改革示范专业，20门省级精品课程，10个省级开放性实践培训基地和20个省级优秀校外实训基地，50项具有广泛辐射作用的高职高专教改研究成果，培养20名教学名师。坚持就业导向，加强产学结合，积极实施"订单式培养"、"零距离教学"，重视学生实践能力、创业能力的培养。

11月，成立了山西省高职高专院校人才培养工作水平评估委员会，配合教育厅圆满完成了对山西工程职业技术学院的试评估工作。

〔**"科教兴乡、兴县工程"**〕 2月，省政府办公厅转发了省教育厅《关于在全省实施科教兴乡兴县工程的意见》。3月，省教育厅制定下发了《山西省科教兴县评估指标体系》（试行）和《山西省科教兴乡评估指标体系》，确定了近两年启动"科教兴县"工程的26个县（市、区）。建立了省农科教结合工作联席会议制度，分管副省长担任联席会议组长。工程实施一年来，全省有194个乡镇基本达到《山西省科教兴乡评估指标体系》（试行）标准。

大力推广吕梁市柳林县前元庄村校一体的办学经验，确定了太原市阳曲县北留学校、运城市平陆县西候小学等8所学校为省级农村教育综合改革示范点，带动各地初步建成一批村校一体的前元庄式学校，有力地促进了农村教育与生产劳动、社会实践相结合，促进了当地农村经济的发展。

〔**成人高等教育**〕 2004年，成立了山西省成人高校教学指导委员会，对成人高校教育教学工作进行指导。继续推进成人高等教育评估工作。完成了对37所普通高校函授站的评估复查工作，撤销了华北工学院分院运城函授站等6个函授站。11月，召开了全省成人高等教育工作会议，总结交流了"九五"以来全省成人高等教育取得的成绩和经验，研究了解决目前成人高等教育事业发展中存在的问题。会议下发了《关于加快全省成人高等教育改革和发展的意见》、《山西省教育厅关于制（修）订成人高等教育本专科教学计划的原则意见》、《关于近一步加强和规范高等学校成人高等学历教育与非学历教育管理的意见》、《关于进一步加强成人高等教育英语和"两课"教学工作的通知》等四个文件。

〔**劳动力转移培训**〕 广泛开展农村劳动力转移培训和技能型紧缺人才培养，建设了25个技能型紧缺人才培养培训基地，确定了54个劳动力转移培训基地，完成农村实用技术培训377万人次，农村富余劳动力转移培训98万人次。

〔**社区教育和计算机应用能力培训考核工作**〕 省教育厅和省民政厅联合下发了《关于推进全省社区教育实验工作的意见》。确定了太原市晋源区和小店区等9个省级社区教育实验区。太原市杏花岭区申报了国家级社区教育示范区。

进一步规范计算机应用能力培训考核工作，改进了考核工作的形式、内容和运行机制，取消了流动考核，实行一年3次统一考核，全省共有10.88万人参加了考核，有8.1万人取得了合格证书。

高 等 教 育

〔**"高等教育强校工程"**〕 2004年初，省政府办公厅下发了《山西省高等教育强校工程实施意见》，省教育厅研究制订了《山西省高等学校特聘教授岗位聘任办法》、《山西省高等学校中青年拔尖创新人才和优秀创新团队遴选办法》、《山西省高等学校青年学术带头人遴选办法》和《山西省高等学校青年骨干教师培养办法》、《关于实施精品课程建设工作的意见》、《关于做好普通高等学校本科专业教学工作评估和建设品牌专业的通知》等一系列配套实施办法，高等教育强校工程全面启动。召开了全省普通高校教学工作座谈会和高职高专教学工作会议，进一步建立和完善了教学质量评估和监控体系，山西大学、太原理工大学被教育部评为本科教学工作水平评估优秀，开展了高职高专人才培养水平试评估工作。山西大学殷杰博士的毕业论文《哲学对话的新平台——科学语用学的元理论研究》获全国百篇优秀博士论文奖。高校重点建设工作取得新进展，全省高校新增 13 个省重点学科、15 个省重点建设学科、7 个省重点扶持学科、2 个省级重点实验室、8 个省级工程研究中心和 6 个省人文社科重点基地，遴选出一批优秀创新团队、中青年拔尖创新人才、青年学科带头人和教学名师。全省高校共承担国家 863 项目 3 项，973 项目 1 项，国家社科基金 5 项，自然科学基金项目 73 项，获国家科技进步发明奖 1 项，一批高校科技成果直接应用于企业生产，有力地促进了产学研结合，推动高校科技成果的转化。

〔**高校结构调整**〕　经教育部批准，晋东南师范专科学校和晋中师范高等专科学校升格为本科，分别组建了长治学院和晋中学院；华北工学院和太原重型机械学院分别更名为中北大学和太原科技大学。新成立山西管理职业学院、山西同文外语职业学院（民办）等 11 所高等职业技术学院，使全省普通高校校数由 45 所增加到 56 所，全省高等教育资源特别是本科教育资源紧缺的矛盾得到有效缓解，高校布局更加合理。

〔**研究生教育**〕　2004 年，研究生教育继续稳步发展。全省共有培养研究生单位 12 个，其中：普通高校 8 个，科研机构 4 个。全省共计招生 4 146人（其中博士生 315 人、硕士生3 831人），比上年增加1 167人，增长 39.17%；在学研究生 9 228人（其中博士生 930 人、硕士生8 298人），比上年增加2 559人，增长 38.37%；毕业生1 541人（其中博士生 102 人、硕士生1 439人），比上年增加 356 人，增长 33.07%。

〔**毕业生就业工作**〕　2004 年，全省共有普通高校毕业生108 629人，其中毕业研究生1 616人，本科生28 441人，专科生27 104人，另接收省外毕业生就业报到3 000多人。在毕业生总量大幅增加、社会岗位需求增长有限的情况下，通过完善毕业生就业政策和措施，搭建网络信息服务平台，做好高校毕业生就业工作，成效明显。全省研究生、本科生和专科生就业率分别达到 81.7%、74.8% 和53%。

继续加强了毕业生就业信息网建设，全省 16 所本科院校和 80%的专科学校都建立了就业信息网，并与省就业信息网联通。据统计，2004 年山西毕业生就业信息网页面日平均点击量 2.5 万多人次，全年访问量突破 620 多万人次。用人单位上网注册2 100多家，提供就业职位 3 万多个。毕业生上网注册33 000多人，涉及 592 所院校。

〔**资助高校贫困家庭学生**〕　（1）开通“绿色通道”，确保家庭困难新生顺利入学。2004 年全省共有2 834名学生通过“绿色通道”顺利入学。入学后再根据核实后的情况，分别采取“奖、贷、助、补、减”等不同的措施，确保每一位新生不因家庭经济困难而无法入学。（2）落实国家奖学金政策，为家庭经济困难、品学兼优的本专科学生提供无偿资助。2002—2004 年全省高校对1 686名学生发放了奖学金，发放金额 749.4 万元。除国家设立的奖学金外，还有学校设立的奖学金以及经有关部门批准由社会各界设立的奖学金。高等学校每年从学杂费总额中提取 20%作为奖学金。各高校用于奖学金方面的支出达 1.4 亿元，近二分之一的学生得到各类奖学金资助。（3）大力推进助学贷款工作。成立了学生助学贷款管理中心，制定出台了《山西省国家助学贷款工作实施办法》，通过招标确定了中国银行山西分行为助贷银行，全省高校助贷工作按新的机制开始运行，首批 9 所高校近 2 万人受到资助，总额达8 000余万元。（4）建立勤工助学制度。各学校都设立了勤工助学指导中心，形成了以校内“服务、助研、助管、助工”活动，社会公益活动和校外创新实践基地为主要板块的勤工助学格局，并从所收学杂费中划出5%的比例，设立勤工助学基金，专门用于在校内组织的勤工助学活动中支付给学生的报酬。全省高校已设固定岗位2 000多个，临时岗位100多个，发放资金400余万元。各学校建立了校内外勤工助学实践基地，为经济困难学生提供勤工助学机会600多次，参加学生达1 500多人。此外，学校对经济特别困难学生，特别是其中的孤、残、少数民族学生及烈士、优抚家庭、双下岗职工的子女等减免学费，共有1 461名学生减免学费365万元。(5) 加大投入，确保困难学生完成学业。为帮助高等学校部分经济困难学生顺利完成学业，确保高等学校的稳定，2004年8月，省本级财政下达专项资金1 500万元，对高等学校经济困难的本专科学生给予伙食补助，每人每月60元，资助困难学生的比例达到10%。另外，每年安排专项资金100万元，用于特困生补助，每年资助特困生2 000人左右。(6) 广泛发动社会捐助，多方筹资，确保高校经济困难学生不因贫失学。高校招生录取结束后，全省社会各界共捐助2 192万元，资助4 536名大学生进入校园。

撰稿　刘月琴　侯文一
张湘滔
审稿　李东福

内蒙古自治区教育

概　　况

〔基本情况〕

2004 年内蒙古自治区各级各类学校校数、教职工、专任教师情况

	学校数（所）	教职工数（人）	专任教师数（人）
一、高等教育			
（一）研究生培养机构（不计校数）	(8)		
1. 普通高校	(7)		
2. 科研机构	(1)		
（二）普通高等学校	31	26 331	14 793
1. 本科院校	10	17 562	9 406
2. 专科院校	21	8 769	5 387
其中：职业技术学院	18	7 290	4 549
3. 其他机构（点）（不计校数）			
其中：独立学院	0	0	0
（三）成人高等学校	6	1 557	814
（四）民办的其他高等教育机构	30		
二、中等教育	2 138	147 193	110 211
（一）高中阶段教育	605	139 412	36 591
1. 高中	373	121 296	24 613
普通高中	372	121 274	24 593
成人高中	1	22	20
2. 中等职业教育	232	18 116	11 978
普通中专	52	6 408	3 775
成人中专	70	3 265	2 108
职业高中	110	7 704	5 624
技工学校			
其他机构（教学点）（不计校数）	(50)	739	471
（二）初中阶段教育	1 533	7 781	73 620
1. 普通初中	1 348		67 595
2. 职业初中	163	7 687	5 953
3. 成人初中	22	94	72
三、初等教育	10 168	149 087	127 571
（一）普通小学	6 874	142 319	124 319
（二）成人小学	3 294	6 768	3 252

续表

	学校数（所）	教职工数（人）	专任教师数（人）
其中：扫盲班	2 911	6 256	2 784
四、工读学校	1	11	9
五、特殊教育	29	827	636
六、学前教育	1 169	16 972	10 449

注：1. 普通高中的教职工数中包含普通初中的教职工数。

2. 技工学校数据为 2003 年数据。

3. “（ ）”内数据均不计校数。

2004 年内蒙古自治区各级各类学历教育学生情况

	毕业生数（人）	招生数（人）	在校生数（人）
一、高等教育			
（一）研究生	861	2 403	5 345
博　士	43	153	365
硕　士	818	2 250	4 980
（二）普通本专科	31 075	70 091	198 709
本　科	13 439	31 940	104 294
专　科	17 636	38 151	94 415
（三）成人本专科	32 954	35 113	67 603
本　科	10 868	15 396	28 388
专　科	22 086	19 717	39 215
（四）其他各类高等学历教育			
1. 在职人员攻读博士、硕士学位		886	2 152
2. 网络本专科生			
本　科			
专　科			
3. 学历文凭考试	1 539	28	1 570
4. 自学考试			
5. 其他	2 348		1 395
二、中等教育	516 988	596 717	1 828 480
（一）高中阶段教育	171 298	246 713	647 676
1. 高中	117 977	179 126	473 720
普通高中	117 525	179 126	473 568
成人高中	452		152
2. 中等职业教育	53 321	67 587	173 956
普通中专	26 449	32 253	89 603
成人中专	7 095	5 611	9 450
职业高中	19 777	29 723	74 903
技工学校			
（二）初中阶段教育	345 690	350 004	1 180 804
1. 普通初中	320 375	326 358	1 092 223
2. 职业初中	24 014	23 646	83 680
3. 成人初中	1 301		4 901
三、初等教育	419 155	269 785	1 734 443
（一）普通小学	350 342	269 785	1 658 154
（二）成人小学	68 813		76 289
其中：扫盲班	49 978		53 117
四、工读学校	12	17	38
五、特殊教育	275	437	3 148
六、学前教育	193 281	216 767	296 382

注：特殊教育学生数中包括普通中小学随班就读的学生。下同。

2004 年内蒙古自治区各级各类非学历教育学生情况

	毕（结）业生数（人）	注册生数（人）
一、高等教育	27 463	10 127
（一）研究生课程进修班		63
（二）自考助学班	190	1 005
（三）普通预科生		857
（四）进修及培训	27 273	8 202
其中：资格证书培训	14 170	3 409
岗位证书培训	6 460	3 730
二、中等职业教育	645 994	626 648
其中：资格证书培训	79 563	32 484
岗位证书培训	67 844	27 407
（一）中等职业学校	89 596	21 307
其中：资格证书培训	34 860	5 638
岗位证书培训	20 954	5 453
（二）职业技术培训机构	556 398	605 341
其中：资格证书培训	44 703	26 846
岗位证书培训	46 890	21 954

2004 年内蒙古自治区各级民办教育基本情况

	学校数（所）	毕业生数（人）	招生数（人）	在校生数（人）	教职工数（人）	专任教师数（人）
一、高等教育						
（一）普通高等教育		466	216	869	70	27
1. 普通高校	1	466	216	869	70	27
本科学生						
专科学生		466	216	869		
2. 独立学院						
（二）成人高校						
（三）民办的其他高等教育机构	30	3 948		4 837		
二、中等教育机构						
（一）高中阶段教育	69	6 453	11 020	27 577	6 141	3 876
其中：普通高中	64	6 239	10 816	26 966	6 053	3 831
中等职业学校	5	214	204	611	88	45
（二）初中阶段教育	100	8 940	13 680	39 723		
其中：普通初中	98	8 835	13 440	38 803		
职业初中	2	105	204	920		
（三）职业技术培训机构	28	1 344		1 793	86	73
三、普通小学	104	10 145	7 724	52 628	3 412	2 608
四、幼儿园	530	19 351	33 354	49 398	4 285	2 471

注：“（ ）”内数据不计校数。

〔**年度工作方针**〕 2004年，全区教育工作以邓小平理论和“三个代表”重要思想为指导，按照《教育部2004年度工作要点》和自治区《政府工作报告》的总体要求，以抓好“两基”攻坚、改革发展农村牧区教育和建设研究型大学为重点，进一步落实农村牧区教育在教育工作中“重中之重”的地位，进一步增强高等学校的科技创新能力，深化各类教育改革，调整布局结构，不断增强教育为经济建设和社会发展服务的主动性和适应性，为实施“科教兴区”战略提供强有力的人才保障和智力支持。

〔**党风廉政建设**〕 2004年初，召开全区教育系统纪检监察工作会议，部署了教育系统党风廉政建设和纠正行业不正之风工作。强化党风廉政建设和纠风工作责任制，自治区教育厅主要领导多次强调廉洁自律工作，提出廉洁自律要求。中央和自治区召开贯彻落实党风廉政建设责任制工作电视电话会议后，自治区教育厅党组召集呼和浩特地区高校党委书记、纪委书记、厅属二级单位和各处室负责人，传达中央会议精神，并对逐级认真学习贯彻中央会议精神、加强党风廉政建设责任制工作提出了明确要求。重申了贯彻《关于进一步加强党风廉政建设责任制工作的意见》和自治区教育厅党组《关于党风廉政建设责任制考核和责任追究暂行办法》的重要性，进一步明确了领导班子成员党风廉政建设所承担的责任。召开机关干部大会，传达学习了自治区纪委《关于严明纪律坚决制止四股歪风的通知》精神和中央及自治区党委电视电话会议精神，实行了新任领导班子成员集体廉政谈话制度。

〔**行风建设和治理教育乱收费**〕 2004年，自治区教育厅召开了两次部门联席会议，制定了《2004年全区治理教育乱收费工作实施意见》。以治理教育乱收费为主要内容，制定了《关于加强教育系统纠风工作的意见》和《内蒙古自治区教育厅2004年民主评议政风行风工作实施意见》，对全区教育系统深入开展治理教育乱收费，纠正行业不正之风工作起到了积极的推动作用。继续开展收费检查工作。在各级教育部门自查的基础上，按照全国治理教育乱收费部际联席会议《关于开展全国治理教育乱收费专项检查的通知》，自治区教育厅、纠风办、发展改革委、财政厅等部门组成联合调查组，对全区部分地区学校收费、收费公示、经费投入保障等情况进行了抽查，严肃查处了一批违规乱收费案件，有效遏制了教育乱收费现象。进一步加强财务审计工作，对内蒙古大学等8所高校及直属单位2003年度财务预算执行及收费管理使用情况依法进行了审计，并就发现的问题提出了整改意见。加大了对自治区各类招生、考试、录取工作的监督和对违纪考生的查处力度，与自治区纠风办共同调查处理了普通高考考生违规更改民族成分事件。2004年，共处理普通高考违纪考生152人，成人高考违纪考生566人，自学考试违纪考生6 478人，维护了考生的合法权益，确保了公正、公平、公开、择优录取原则的落实。

〔**教育法制建设**〕 以依法行政、依法治教为重点强化执法监督，认真贯彻实施《行政许可法》，制订了工作方案，举办了专题讲座，完成了自治区教育厅行政审批项目和规范性文件的清理工作。保留行政许可事项12项，对现行的158件规范性文件进行了清理，对14个规范性文件提出了修改和废止意见。开展了创建“依法治校示范校”活动。对全区20万中小学教师进行了继续教育法制专题培训和考试。组织完成了自治区实施《民办教育促进法》和《国家语言文字法》办法的立法调研和草案起草工作。

〔**师资队伍建设**〕 按照教育部的要求，制定了《内蒙古自治区开展新一轮中小学教师培训工作的实施意见》。开展了新课程教师培训者自治区级培训，90个旗县（市、区）的4 000多名中小学教师、教研员参加了培训。启动了二期“义教工程”师资培训项目，培训小学英语、计算机和其他新课程各学科教师1 700多人。成立了自治区中小学继续教育中心，加强了对中小学继续教育的指导。制定了《内蒙古自治区关于进一步加强和改进中小学师德建设的意见》，提出了加强和改进师德建设的具体措施和教师行为禁止性规定。成立了自治区师德论坛领导小组，举办了以“光荣的人民教师”为主题的全国师德论坛内蒙古分论坛。与美国英语学会联合举办了第 15 期 130 人参加的中小学英语教师培训班。开展了联合国儿基会近 600 人参加的教师培训活动。继续实施并扩展了“英特尔未来教育”项目，共完成了7 000人的培训任务。草拟了《自治区中小学校长考核办法》，与已出台的选任办法和培训意见一并成为中小学校长管理工作的配套政策。进一步加强了对中小学校长的培训工作，2004 年，培训中小学校长 786 人。

〔**人事制度改革**〕 盟市、旗县中小学人事制度改革进展顺利。2004 年，全区有 8 个盟市、50 个旗县出台了中小学人事制度改革方案。高等学校已全部推行了人事制度改革。基本完成了全区各级各类学校教师资格认定工作。举办了庆祝教师节表彰大会，评选表彰了全国和自治区模范教师、优秀教师、教育系统先进工作者 242 人。

〔**教育对口支援工作**〕 2004 年，自治区教育厅和北京市教委共同组织召开了京蒙高校对口支援协作座谈会，两市区又有 7 所高职院校建立了对口支援协作关系。经会商，北京市教委调整了原18 个县区的对口支援关系，重新确立了北京市 18 个区县对口支援自治区“两基”攻坚旗县的协作关系，拟定了《两市区“两基”攻坚对口支援实施方案》。

〔**民办教育**〕 2004 年，自治区教育厅召开了民办教育工作座谈会，提出了相关鼓励支持政策。向自治区人大提交了《关于制定内蒙古自治区实施〈中华人民共和国民办教育促进法〉办法的立项报告》和《实施办法（草案）》，重新修订了《民办学校设置标准与审批办法》和《民办学校管理办法》，加强了对民办学校的规范化管理。结合贯彻自治区加快发展第三产业的优惠政策，制定了《关于大力发展民办教育的意见》。继续支持 5 所学历文凭试点院校与普通高校联合开展学历教育，积极支持有条件的非学历高等教育机构申报建立高等职业学校。

〔**电子政务建设**〕 自治区教育厅把电子政务建设列入重要议事日程，予以高度重视。年内，相继建设了内蒙古语言文字网、高职高专教育网和教育学会网。争取教育部的支持，筹措资金，通过政府采购的方式，建设了与盟市链接的视频会议系统和机关局域网。举办了电子政务和“文档一体化”管理培训班，进一步完善了同上级部门的网上链接，实行了部分文件的网上传输。

〔**普通话培训测试工作**〕 会同自治区有关部门制定了《关于在全区开展国家公务员普通话培训测试的通知》，正式启动了全区公务员普通话培训测试工作。印发了《关于在全区开展语言文字规范化示范校创建活动的意见》，正式启动语言文字示范校创建活动。

〔**信访、提案建议办理、督查督办工作**〕 自治区教育厅成立了集中处理信访突出问题及群体性事件专项治理领导小组，继续坚持领导信访接待日制度，全年处理群众来信 522 件，接待来访群众 79 批、208 人次，基本上做到了事事有回音，件件有着落，并妥善接待和处理了几起重大信访案件。办理人大、政协提案建议 99 件，督查督办件 132 件，办结率为 100%。

基础教育

〔**“两基”攻坚和巩固提高工作**〕 贯彻全国农村教育和“两基”攻坚工作会议精神，筹备召开了全区农村牧区教育暨“两基”攻坚工作会议，制定下发了《内蒙古自治区“两基”攻坚总体规划》等八个配套文件，全面部署了农村牧区教育和“两基”攻坚工作。自治区政府与有关盟市、旗县政府签订了“两基”攻坚、二期“危改工程”责任书，并与国家三部委签订了责任书，进一步强化了各级政府的领导责任。为了推动“两基”攻坚，自治区教育厅领导班子成员分工联系未达标旗县，对计划提前达标的旗县在资金和项目上予以倾斜，对拟达标旗县进行了前期和中期督促检查。经过上下努力，特别是达标旗县的艰苦奋斗，全区又有新巴尔虎左旗、突泉县、喀喇沁旗、正镶白旗、察右中旗等5个旗县通过了自治区“两基”达标验收。2004年，全区“两基”达标旗县（市区）已达到84个，“普九”人口覆盖率达到78.42%。制定了全区“两基”巩固提高督导复查工作规划，完成了对土左旗等8个旗县的督导复查。

〔**各项重大工程建设**〕 2004年，争取到国家“两基”攻坚资金5.2亿元，危改资金3.2亿元，远程教育网络示范工程3 700万元。自治区“两基”攻坚配套资金1.4亿元，危改配套资金9 000万元。在自治区基础教育史上，这是国家投资最多的时期。在国家资金未到位的情况下，多方自筹，全区寄宿制学校建设工程已开工项目学校达131所，占计划项目的107%，危改工程计划改扩建校舍80万平方米的任务也全部开工。2004年，完成了2 570所农村牧区中小学“校校通”建设项目，累计完成了8 030所农村牧区中小学现代远程教育网络工程的建设任务，占全区中小学总数的73%。结合各项工程的实施，继续推进中小学布局结构调整，调减中小学校点1 617所，明显提高了办学效益。进一步加大了实施“扶困助学工程”的力度，出台了在城镇中小学实行“一费制”的政策，在全区75个农村牧区旗县义务教育阶段家庭经济困难学生及接受特殊教育的学生中实施了“两免一补”政策，使130.7万贫困学生受到资助，占这类学生总数的80%，资助金额达1亿多元。这项政策的出台走在了全国的前列，得到国家2 100万元专项经费的奖励。从2004年起，自治区决定每年划出1亿元转移支付资金，逐步解决拖欠教师工资问题。

〔**进城务工就业农民子女义务教育**〕 2004年，自治区教育厅下发了《关于认真解决好进城务工就业农牧民子女接受义务教育的通知》。要求各城市学校克服困难，努力解决进城务工就业农牧民子女接受义务教育问题。要求各地教育行政部门要本着就近入学的原则，安排进城务工就业农牧民子女入学，收费标准与当地学生一样，学校不得收取借读费、赞助费等费用。组织开展了全区进城务工就业农牧民子女接受义务教育情况专项督导检查，进一步推动了进城务工农民子女接受义务教育工作的开展。

〔**高中教育、幼儿教育和特殊教育**〕 各地认真落实全区普通高中教育工作现场经验交流会精神，采取有效措施，加快普通高中的发展步伐。2004年，自治区级示范性普通高中由去年的16所增加到21所，全区普通高中在校生达到42.01万人，比上年增加了5.6万人，招生人数为16.58万人，比上年增加1.66万人，已经超过“十五”计划15万人的指标。幼儿教育与特殊教育进一步加强。制定了自治区2004—2007年幼儿教育发展规划。为500名家庭贫困的视障儿童提供了17.5万元助学金，开展了视障儿童教师的培训工作。

〔**课程改革和中小学思想道德建设**〕 2004年，自治区教育厅组织召开了全区基础教育课程改革实验经验交流会，总结交流了实验区课改工作经验，全区课改实验旗县由55个扩展到91个。召开了中考评价制度改革研讨会，提出了课改实验区初中毕业考试与普通高中招生制度改革的指导意见，为全面推进自治区初中毕业考试与普通高中招生制度改革奠定了基础。中央8号文件下发后，及时制定了《关于进一步加强和改进中小学思想道德建设工作的决定》，会同有关部门召开了中小学思想道德建设工作座谈会，举办了加强和改进未成年人思想道德建设专题培训班，在中小学普遍开展了诚信教育和树立民族魂教育活动。全年，完成全国青少年学生校外活动场所建设项目24个，为每个场所各配备了60万元设备，中小学生校外教育基地建设进一步加强。扎扎实实推进“33211工程”的实施，各级各类学校的体育、卫生、艺术和国防教育工作取得较大进展。在全区开展了中小学、幼儿园安全管理的专项整治行动，开展了学校安全专项检查暨年度基础教育工作综合评估，促进了各项安全管理制度和责任制的落实。

职业教育与成人教育

〔**综述**〕 2004年，自治区召开了全区职业教育工作会议，制定了《内蒙古自治区关于加快职业教育改革与发展的意见》，提出了全区职业教育改革发展的目标、任务和政策措施，全面部署了今后一个时期全区职业教育工作。继续落实自治区政府批转的《关于全区中等专业学校管理体制改革和布局结构调整的意见》，指导盟市进行中等职业学校布局结构调整工作，中等职业学校比上年减少26所，基本完成了“十五”规划的目标。2004年，各类中等职业学校招生7.96万人，比上年增长8.87个百分点。

〔**重点学校和专业建设**〕 组织了新一轮国家级重点中职学校的评定申报和自治区重点学校的评估认定工作。2004年，国家级重点学校达到23所，自治区重点学校达到38所。结合国家实施的“制造业和现代服务业技能型紧缺人才培训计划”，加强职业学校重点专业建设，首批确定了环境保护、生态建设、乳品工程、电力工程等20个重点专业并进行集中投入和建设。指导中等职业学校与高等学校、行业部门和企业开展联合办学，组织有关学校赴南方考察，签订就业协议，打开了职业学校毕业生到发达地区就业的渠道。举办了呼和浩特地区职业教育成果展示暨校企合作“订单培养”洽谈会，扩大了“订单培养”的规模。

〔**成人教育和职业培训**〕 经过布局调整，独立设置的成人高校由“九五”末的12所调整为目前的6所，成人高等教育在校生由5.2万人增加到6.8万人。开展了多种形式的岗位培训，年培训各类人员80万人次，农牧民文化和实用技术培训年均200多万人次，约有6万人获得职业资格证书。目前，全区有各类民办学校953所，在校人数达到19.3万人，其他教育机构96所，在学人数0.93万人。已经建成一批办学条件较好、在社会上有一定影响的民办学校。

高 等 教 育

〔**高等教育发展**〕 通过合并和资源重组，2004年，全区新组建了4所高等职业学校，至此，高等学校达到31所，在校生达到20万人，比上年增加近4万人，招生录取率首次突破70%，高等教育毛入学率达到16.2%。适应高教事业发展的需要，努力拓展高校办学空间，加大改善办学条件的力度。2004年，自治区高校新增土地533公顷，开工校舍建设面积达40多万平方米，是近几年高等院校基建规模最大的一年。

〔**教育教学改革**〕　在稳步扩大高校办学规模的同时，注重深化高等教育内部结构改革，不断提高办学质量和效益。全区高校新增本科专业52个(其中有21个待教育部审批)，增设了85个应用性较强的高职专业。进一步加大对高职高专教育教学及人才培养工作的指导力度，组织召开了全区高职高专院校人才培养工作座谈会，开通了自治区高职高专教育网站，成立了自治区高职高专教育研究会。内蒙古大学动物学等2个学科被评为国家级重点学科。内蒙古农业大学、内蒙古师范大学、内蒙古工业大学列入全国英语教学改革试点范围。内蒙古大学、内蒙古师范大学、内蒙古工业大学3所学校4个教学改革项目完成并通过教育部验收。指导和支持内蒙古大学、内蒙古师范大学接受了教育部本科教学水平评估，获得了教育部专家组的一致好评。

〔**高校党建和思想政治工作**〕　2004年，以自治区党委名义召开了两次全区高校党建工作会议，组织开展了高校领导班子思想政治建设及大学思想政治状况两次大型调研，出台了《加强和改进在大学生中发展党员工作的意见》、《关于学习贯彻落实〈中共中央 国务院关于进一步加强和改进大学生思想政治教育的意见〉的通知》、《关于加强全区高校马克思主义理论课和思想品德课教材建设和管理工作的意见》等文件，组织修订了《当代世界经济与政治》等“两课”教材。成立了大学生心理健康教育专业委员会，加强了大学生心理健康教育。重新修订了高校领导班子实绩考核目标和指标体系。落实维护高校稳定工作责任制，采取有力措施，积极化解潜在的不稳定因素，全区高校连续15年保持了稳定。

〔**国家助学贷款工作**〕　为推进国家助学贷款工作，与中国人民银行呼和浩特中心支行联合组织了区外考察，制定了《内蒙古自治区生源地财政贴息助学贷款管理办法》。自治区政府批转了自治区教育厅等四部门制定的贯彻国务院51号文件的实施意见，调整充实了领导小组，组建了管理机构，按新机制进一步推动了高校国家助学贷款工作的开展。

〔**招生、就业工作**〕　根据国家和自治区招生政策的调整，普通高校招生、成人高校招生及时调整了考务管理办法，成人高校招生在全国率先进行了网上报名试点。各类招生考试加大了评卷管理力度，自学考试部分公共课首次实现了招生考试机构直接组织管理的集中阅卷。2004年，全区共有186 743人报考普通高校，计划招生114 538人，实际录取136 479人。有81 645人报考成人高校，实际录取63 190人。进一步加强了对毕业生就业工作的指导，调整、完善就业政策，毕业生就业政策框架初步形成。在毕业生人数大幅度增加的情况下，高校毕业生初次就业率达到67.26%，较上年提高了13个百分点。

〔**高校科研和对外交流与合作**〕　2004年，教育部与自治区共建内蒙古农业大学乳品生物工程与技术重点实验室通过建设论证，教育部人文研究基地内蒙古大学蒙古学研究中心通过了教育部专家组的评估。年内，又有10个高校实验室被认定为自治区重点实验室。同时，获得国家自然科学基金等各类科研项目490项，经费7 200万元，比上年增加了700多万元。积极向国家发展改革委争取，将自治区高校日元贷款项目列入了2005年正式贷款项目。对外交流与协作进一步加强。实施《西部地区人才培养特别项目协议书》，自治区有50人被国家留学基金委批准公派出国留学。旨在加强高校与发达国家科技协作与交流、引进国外科技人才联合开展科技公关的“春晖计划”有了新的进展，有13项科研项目获得国家资助。

民族教育

〔**学校建设**〕 认真贯彻落实“优先重点”发展民族教育的方针，加大投入，努力改善民族学校办学条件。2004 年，有 53 所民族中小学列入“寄宿制学校建设工程”项目，安排薄弱民族初中改造专款 200 万元，为 6 个盟市 10 多所民族中学购置了教学仪器设备。完成了“国门学校建设工程”12 所项目学校的建设任务，4 所民族高中进入自治区级示范学校行列。

〔**民族师资培养和教材建设**〕 2004 年，共培训小学数学、蒙古语文、汉语、初中英语教师 2 000多人。制定了《全日制义务教育阶段蒙古语文课程标准（实验稿）》，组织审查了 147 种中小学蒙古文教材和教辅用书，完成了蒙古语教育教学资源库开发建设的前期论证工作。

〔**招生工作**〕 圆满完成了区内高校民族预科生、八省区对等招生、国家部属院校和内地高校民族预科、民族班招生计划。2004 年，全区蒙古语授课学生高考升学率达 73.59%（其中本科升学率 44.07%），较 2003 年提高了 10 个百分点。

撰稿 张 波

审稿 郭明伦 秦政奇

辽宁省教育

概　况

〔基本情况〕

2004年辽宁省各级各类学校校数、教职工、专任教师情况

	学校数（所）	教职工数（人）	专任教师数（人）
一、高等教育			
（一）研究生培养机构（不计校数）	(47)		
1. 普通高校	(33)		
2. 科研机构	(14)		
（二）普通高等学校	71	79 093	40 697
1. 本科院校	39	62 100	30 958
2. 专科院校	32	14 829	8 403
其中：职业技术学院	24	10 345	5 902
3. 其他机构（点）（不计校数）	(30)	2 164	1 336
其中：独立学院	(22)	2 164	1 336
（三）成人高等学校	28	6 568	3 559
（四）民办的其他高等教育机构	182	4 106	1 843
二、中等教育	2 770	216 402	167 242
（一）高中阶段教育	905	216 341	58 175
1. 高中	480	180 305	35 666
普通高中	464	180 225	35 586
成人高中	16	80	80
2. 中等职业教育	425	36 036	22 509
普通中专	127	15 062	8 472
成人中专	1	555	364
职业高中	297	20 213	13 532
技工学校			
其他机构（教学点）（不计校数）	(84)	206	141
（二）初中阶段教育	1 865	61	109 067
1. 普通初中	1 853		109 022
2. 职业初中	12	61	45
3. 成人初中			
三、初等教育	10 301	194 984	167 212
（一）普通小学	10 281	194 973	167 203
（二）成人小学	20	11	9

续表

	学校数（所）	教职工数（人）	专任教师数（人）
其中：扫盲班			
四、工读学校	10	371	219
五、特殊教育	75	2 563	1 927
六、学前教育	6 981	45 983	26 937

注：1. 普通高中的教职工数中包含普通初中的教职工数。
2. 技工学校数据为 2003 年数据。
3. “（ ）”内数据均不计校数。

2004 年辽宁省各级各类学历教育学生情况

	毕业生数（人）	招生数（人）	在校生数（人）
一、高等教育			
（一）研究生	7 051	16 938	42 714
博　士	998	2 420	8 293
硕　士	6 053	14 518	34 421
（二）普通本专科	115 889	184 307	538 465
本　科	69 004	110 962	388 589
专　科	46 885	73 345	194 876
（三）成人本专科	71 112	84 783	154 584
本　科	28 911	39 986	71 521
专　科	42 201	44 797	83 063
（四）其他各类高等学历教育			
1. 在职人员攻读博士、硕士学位		5 824	13 308
2. 网络本专科生	1 301	5 790	24 529
本　科	1 301	4 621	22 057
专　科		1 169	2 472
3. 学历文凭考试	3 183	5 151	12 606
4. 自学考试			
5. 其他	3 622		8 241
二、中等教育	862 334	912 462	2 779 565
（一）高中阶段教育	278 708	404 137	1 102 564
1. 高中	174 071	258 609	690 325
普通高中	169 848	258 609	685 199
成人高中	4 223		5 126
2. 中等职业教育	104 637	145 528	412 239
普通中专	39 344	78 223	208 597
成人中专	15 052	2 136	7 738
职业高中	50 241	65 169	195 904
技工学校			
（二）初中阶段教育	583 626	508 325	1 677 001
1. 普通初中	583 036	507 462	1 675 350
2. 职业初中	590	863	1 651
3. 成人初中			
三、初等教育	516 545	416 143	2 799 595
（一）普通小学	511 757	416 143	2 794 330
（二）成人小学	4 778		5 265
其中：扫盲班			
四、工读学校	581	561	1 566
五、特殊教育	878	738	8 539
六、学前教育	324 423	358 325	673 088

注：特殊教育学生数中包括普通中小学随班就读的学生。下同。

2004年辽宁省各级各类非学历教育学生情况

	毕（结）业生数（人）	注册生数（人）
一、高等教育	75 114	92 585
（一）研究生课程进修班	6 042	6 839
（二）自考助学班	16 794	66 946
（三）普通预科生		285
（四）进修及培训	52 278	18 515
其中：资格证书培训	18 804	3 326
岗位证书培训	18 520	10 399
二、中等职业教育	1 329 843	1 369 059
其中：资格证书培训	79 535	55 007
岗位证书培训	97 329	88 921
（一）中等职业学校	126 505	90 195
其中：资格证书培训	29 662	18 811
岗位证书培训	56 243	50 231
（二）职业技术培训机构	1 203 338	1 278 864
其中：资格证书培训	49 873	36 196
岗位证书培训	41 086	38 690

2004年辽宁省各级民办教育基本情况

	学校数（所）	毕业生数（人）	招生数（人）	在校生数（人）	教职工数（人）	专任教师数（人）
一、高等教育						
（一）普通高等教育		6 019	22 956	75 982	4 253	2 640
1. 普通高校	6	2 423	6 081	23 733	2 089	1 304
本科学生				5 444		
专科学生		2 423	6 081	18 289		
2. 独立学院	(22)	3 596	16 875	52 249	2 164	1 336
（二）成人高校						
（三）民办的其他高等教育机构	182	28 420		88 768	4 106	1 843
二、中等教育机构						
（一）高中阶段教育	200	20 116	35 332	88 801	9 381	6 380
其中：普通高中	104	13 905	24 544	60 212	5 025	4 006
中等职业学校	96	6 211	10 788	28 589	4 356	2 374
（二）初中阶段教育	35	8 726	12 452	36 662	13	8
其中：普通初中	34	8 687	12 444	36 578		
职业初中	1	39	8	84	13	8
（三）职业技术培训机构	3 209	681 138		808 569	32 725	17 870
三、普通小学	34	3 271	2 875	16 628	1 148	1 018
四、幼儿园	3 849	65 183	106 482	236 810	21 642	12 139

注：“（　）”内数据不计校数。

〔**推进素质教育**〕　全面推进素质教育，打造辽宁五大特色。目前，全省基础教育外语教学、科技教育、信息技术教育、研究性学习和体育与艺术教育等5大特色正在形成。继续扩大“双语”教学实验规模，增加了100所实验学校。实现了城市中小学70%的科技教育开课率；实现了经济发达地区小学100%的信息技术教育的开课率。学校体育艺术教育工作成绩斐然。辽宁省代表队分别获得了全国高中学生篮球联赛冠军、全国中学生健美操比赛“三人操”冠军、亚洲中学生运动会排球比赛亚军和全国中学生排球锦标赛冠军、首届全国大学生五人制足球联赛总冠军。组织了有11所高校、237人参加的全国第七届大学生运动会辽宁代表团，取得金牌总数第五名，团体总分第七名的成绩。同时，大连海事大学获得“校长杯”荣誉称号。在全国第一届中小学生艺术展演活动中，辽宁省共有8个节目和40件书法、绘画、摄影作品分获一、二、三等奖。

〔**教育扶贫助困**〕 关注弱势群体，加大扶贫助学工作力度。努力提高了三类残疾儿童、少年的入学率，继续开展标准化特教学校创建工作。制定有效措施，保障进城务工就业农民子女接受义务教育的权利。继续做好对贫困家庭学生免费实施义务教育和对高中贫困学生的援助工作。2004年，全省投入免费义务教育补助资金9 236万元，其中省政府投入3 500万元，市、县级政府投入5 736万元，使全省41.8万名学生享受到免费义务教育。全省投入1 000万元，资助6 000名贫困学生进入“宏志班”学习，接受优质高中阶段教育。加大高校扶困助学工作力度。2004年，全省发放各种形式的奖学金达7 345万元，获得奖学金的学生达10.1万人，占全省高校在校生总数的17.3%；发放国家助学贷款3.6亿元，获得贷款学生达4.9万人，占在校生总数的8.4%；支付勤工助学资金2 469万元，2.6万人参与勤工俭学活动，占在校生总数的4.5%。同时，全省为1.7万名贫困学生发放了783万元特困补助，为3.4万名贫困学生发放了2 646万元爱心助学补助，为1 662名特困学生减免了971万元学费，并有6 872名特困学生通过新生入学“绿色通道”顺利入学。

〔**教育国际交流与合作**〕 教育国际交流与合作蓬勃发展。全省35所大学领导参加的“辽宁高校领导赴英国牛津大学高级培训团”在牛津大学进行了三周的集中培训，培训团还对英国其他知名大学进行了考察和访问，并与部分院校签署了合作协议。培训期间还成功举办了“中国（辽宁）——英国大学校长高峰论坛暨教育展”，充分展示了辽宁教育的国际化程度，在英国引起了很大的反响。继续推进辽宁五院校与英国鲁顿大学、澳大利亚伍伦贡大学的“2＋2”合作项目。先后与外方合作伙伴就合作中出现的相关问题进行了深入的探讨，并与英国鲁顿大学确定了新的“3＋2”合作办学形式。

〔**教育行风建设**〕 坚持依法治教。积极完成省教育厅机关和有关事业单位行政审批项目清理工作。推进依法治校。开展省级依法治校示范校创建活动，评出中小学示范校110所、高校7所，并推荐大连理工大学等6所学校为国家级依法治校示范校。治理教育乱收费工作初见成效。2004年，全省共组织县以上检查组273个，其中省检查组15个，全省共受理咨询投诉1 215件次，重点查办案件245起，清退乱收费623万元，处分违纪人员187名。辽宁省教育系统纠风治乱工作曾两次在全国专项工作会议上介绍过经验。在全省义务教育阶段学校全面推行“一费制”。经省政府批准，辽宁省义务教育阶段中小学“一费制”收费办法正式实施。“一费制”不但使义务教育收费行为得到了规范，也使得义务教育的经费投入得到提高。

〔**语言文字工作**〕 深入贯彻落实《国家通用语言文字法》，语言文字工作逐步加强。2004年，省语委召开了第五次全体委员会议，明确了全省语言文字工作任务和目标，研究讨论了《辽宁省实施〈国家通用语言文字法〉办法》（草案），推动全省语言文字工作向纵深发展。积极组织开展一类城市语言文字工作评估和第七届推广普通话宣传周活动。

〔**民办教育**〕 （1）深入学习贯彻《民办教育促进法》、《中外合作办学条例》，努力促进全省民办教育的健康发展。一是组织认真学习《民办教育促进法》及其实施条例，进一步推动和促进管理部门依法行政、学校依法办学、维护自身权益。向省政府提交了《关于贯彻落实〈民办教育促进法实施条例〉促进辽宁民办教育发展的措施建议》。二是在充分调研的基础上，起草了辽宁省民办教育地方法规草案，推动辽宁省民办教育地方法规的建设工作。三是积极做好全省民办学校办学许可证启用及全省中外合作办学机构、项目复核前的政策研究工作。(2) 认真贯彻落实《行政许可法》等法律法规的规定，明确职责，依法行政。一是结合贯彻落实《行政许可法》、《民办教育促进法》，将民办教育纳入教育行政管理范围。完成行政审批 26 项（含行政许可 23 项）的清理工作。二是做好行政审批工作。批准设立学校（部）2 所、筹建学校 2 所。(3) 加强民办教育研究，提升民办教育的管理和服务水平。一是制定辽宁省民办教育发展规划，做好辽宁省民办教育基础数据、信息的抢救和整理工作。二是引导、扶持省民办教育协会切实履行行业自律、依法维权和中介服务职能，发挥其在为政府决策提供咨询和为解决民办学校发展中的困难和问题服务的作用。三是建立了东北民办教育网，为民办学校搭建了信息交流、沟通的平台。

基础教育

〔**加强未成年人思想道德建设**〕 贯彻《中共辽宁省委辽宁省人民政府贯彻〈中共中央 国务院关于进一步加强和改进未成年人思想道德建设的若干意见〉的实施意见》，进一步加强和改进未成年人思想道德建设。配合省文明办开展了七项课题的调研工作，召开了全省中小学德育工作会议，制订并实施了《辽宁省中小学、幼儿园思想道德建设工作方案》，积极落实省委贯彻中央《意见》的十件实事，制订并实施《进城务工农民子女就学扶助专项工作方案》和《辽宁省中小学生命教育专项工作方案》。

〔**实施“两类新三片”“普九”规划**〕 结合全省各县（市、区）经济社会发展的实际情况，研究制定了普及九年义务教育“两类新三片”规划。一类是巩固提高“普九”成果县（市）区，另一类是高质量、高水平发展九年义务教育的县（市）区。目前，全省 107 个县（市、区、开发区）中，有 20 个被划分为巩固普九成果地区，为第一片；46 个被划分为提高普九成果地区，为第二片；41 个被划分为高水平、高质量普及义务教育的地区，为第三片。“两类新三片”规划的总体目标是：到 2007 年，全省 80%的县（市、区）要达到或超过“普九”“提高水平”标准，即到 2007 年三片地区都要完成各自的规划任务；到 2010 年，全省 50%的县（市、区）要达到“普九”“双高水平”标准；到 2020 年，全省基本实现义务教育均衡发展，义务教育的各项指标达到“全面建设小康社会”的具体指标要求，接近世界发达国家同期平均水平。2004 年 10 月下旬至 11 月中旬，省教育厅、省政府教育督导团和省教育行政学院在北票市、辽阳县和大连市中山区分三片召开了推进实施“两类新三片”规划暨评估验收现场培训会，对实施新一轮普及九年义务教育的基本任务、目标和要求进行了部署，在对申报县区进行评估验收的同时，对各市、县（市、区）政府、教育行政和教育督导部门的领导干部进行了推进实施规划和评估验收工作的培训。

〔**农村中小学布局调整和危房改造**〕 积极推进农村中小学布局调整和危房改造工作。为进一步优化教育结构和教育资源配置，根据布局调整规划，2004 年，省政府投入2 000万元，全省共撤并布局不合理学校 900 所。进一步加强农村九年一贯制学校建设，投入资金 3.16 亿元，其中省安排补助资金 0.96 亿元，各市自筹资金 2.2 亿元，全省建设农村九年一贯制（寄宿制）学校 103 所，其中省补助资金建设项目 50 所。在国家专项资金的引导下，全省共投入危房改造资金 5.37 亿元，其中中央补助 0.43 亿元，省政府投入 0.5 亿元，各市县级政府自筹 4.44 亿元，共改造危房 84.28 万平方米，其中 D 级危房 60.38 万平方米。

〔**中小学校长和教师队伍建设**〕 努力建设高素质的中小学教师队伍。实施“一所村小一名大学生计划”，已有1 140名农村小学教师获得专科学历。实施农村贫困地区本科师资对接培养计划，三年来为农村贫困地区对接培养1 500名具有本科学历的教师。实施万名乡镇初中骨干教师本科学历提高计划。建立和完善了教师培训经费由政府投入为主的保障机制，全年开展中小学教师培训 30 万人次。

〔**加强中小学安全教育与管理**〕 进一步加强中小学安全教育与管理工作。制发了《关于贯彻落实〈全国中小学幼儿园及少年儿童安全管理专项整治行动实施方案〉的实施办法》，开展全省中小学幼儿园及少年儿童安全管理专项整治行动，组织了三次大规模的学校食品卫生安全大检查。建立健全了中小学安全工作领导机构和责任追究制度，进一步加强中小学生的安全教育，增强了广大中小学生的安全防范意识，提高自我保护能力。

〔**中小学远程教育**〕 大力发展中小学远程教育。明确了辽宁省农村现代远程教育工程建设的基本思路，确定农村现代远程教育试点及技术方案。开设“同步课堂”、“空中课堂”、“空中家教”、“空中培训”，通过 IP 电视技术进行远程教学的试播工作取得了较好的收视效果。

〔**学前教育和民族教育**〕 学前教育工作和民族教育工作稳步推进。召开农村学前教育工作会议，落实《国务院转发教育部等部门关于幼儿教育改革与发展的指导意见》，理顺农村学前教育管理体制，促进农村乡（镇）中心幼儿园建设与发展。积极协调有关部门，完成了以省政府名义召开全省民族教育工作会议的各项筹备工作。

〔**普通高中教育**〕 普通高中教育进一步健康发展。2004 年，召开了全省普通高中建设与发展座谈会，切实研究进一步推动全省普通高中健康发展。出台了《2006 年高考科目设置方案》，开展了普通高中进入新课程管理者培训，为普通高中进入新课程做好准备工作。2004 年，全省有普通高中 464 所，初中毕业生升入普通高中的比率为 44.4%，在校生规模达到 68.5 万人。平均每一万人口中普通高中在校生数为 165 人，比 2001 年增加 56 人。

职业教育与成人教育

〔**深化高等职业教育改革**〕 深化高等职业教育改革，推进高等职业教育健康发展。加快高等职业教学改革试点专业建设。2004 年，启动了第三批省级教学改革试点专业 45 个。全省共建成国家级试点专业 23 个，省级试点专业 116 个。积极探索高等职业教育办学和人才培养模式改革，开展紧缺技能人才培养培训工程。2004 年，辽宁省有 18 所职业技术学院的 21 个项目参与了教育部“国家技能型紧缺人才培养培训工程”。深化高等职业教育教学改革。积极推进东北大学等 9 所本科院校试办软件学院，引导高校与软件企业密切合作，并按软件产业要求，培养更多复合型人才。支持试办示范性软件职业技术学院，培养老工业基地振兴急需的软件产业技术型人才。加速培养既精通外语，又熟悉国际规则并掌握相关专业知识的应用型、国际型商务人才。在省内各本科院校中以联招联考形式，招收国际商学院“2＋2”模式的学生，提高大学生国际竞争能力。全面启动高等职业教育“双证书”制度，开展职业院校实施职业资格认证免试试点工作，使6所高等职业院校10个专业的近1 000名毕业学生通过“直通车”形式获得相应的职业资格证书。

〔**中等职业教育结构布局调整**〕　适应辽宁老工业基地振兴对各级各类人才的需要，根据辽宁建设两大基地、发展三大产业的发展目标，对中等职业学校布局结构进行战略性调整。经过资源整合，全省中等职业教育校均在校生规模由384人增加到712人。有效地解决了布局分散、规模小、重复投入、办学条件差、教育教学质量不高、办学效益低下等实际问题，同时又不同程度地减轻了财政投资压力，整合了职业教育资源，提升了职业教育的整体形象。

〔**标准化职教中心建设**〕　按照《关于加快推进县（市、区）职教中心建设工作的意见》精神，进一步明确职教中心建设工作的思路和发展目标，督促有关市、县采取切实措施，加大工作力度，加快标准化职教中心建设工作。2004年又有新民市职业教育中心、辽中县职业教育中心、沈阳市新城子区职业教育中心、鞍山市千山区职业教育中心、凌海市职业教育中心、营口市鲅鱼圈区职业教育中心、彰武县职业教育中心、西丰县职业教育中心8所职教中心被确定为标准化职教中心，全省标准化职教中心学校已达33所。

〔**中等职业学校招生工作**〕　进一步深化中等职业学校招生制度改革，加强对全省中等职业教育招生工作的指导，不断完善招生政策，规范招生工作。2004年，全省中等职业学校招生总数突破18.1万人，在校生数增加到47.83万人，比2003年增加5.82万人，增长率为13.84％。

〔**示范性中等职业学校和示范专业建设**〕　积极创建骨干示范性中等职业学校。2004年，组织专家对全省42所申报第二批国家级重点、省级示范的中等职业学校进行了复评。经专家评审，又有16所学校申报国家级重点中等职业学校，38所学校进入省级示范中等职业学校行列。

加强中等职业学校骨干示范专业建设。2004年，省教育厅提出全省中等职业学校要以专业建设为龙头，突出职业教育特色，加快培养技能型紧缺人才，为老工业基地振兴提供人力资源支持。组织专家开展了省级示范专业评估工作。全省有110多所中等职业学校180多个专业（点）申报参评。评选出省级示范专业（点）110个。同时充分利用示范专业建设专项经费的杠杆作用，加大对骨干专业建设的支持力度，使全省专业布局进一步对接产业结构调整，为老工业基地振兴服务。

〔**农村劳动力转移培训和“9＋1”职业培训**〕广泛开展农村劳动力转移培训工作。2004年，全省进行农村劳动力转移培训17.3万人，全省农村劳动力转移达13.7万人。采取多种形式，全面开展面向2004年农村初中毕业生的“9＋1”职业培训，对未升入上级学校的初中毕业生进行为期一年的职业培训，培训毕业生10万人。

〔**中等职业学校校长和教师培训**〕　大力开展中等职业学校校长和教师培训工作，提高中等职业学校师资队伍和管理队伍水平。一是在全省范围内开展了新一轮中等职业学校教师培训工作。省级培训以校长、中青年骨干教师为主。举办了职教中心校长培训班，全省54个职教中心的主任参加了培训；完成了四期国家规划教材的骨干教师培训；依托国家和省级职教师资培训基地，进行专业教师培训，提高专业教学能力，培训数量达800余人次。二是结合中等职业学校“双师型”教师队伍建设的新要求，根据职业高中（中专、技工学校）的培养目标和专业特点，将职业高中、职业中专、技工学校教师纳入中等职业学校教师系列，2004年首次评聘教授级高级讲师职务任职资格。

高等教育

〔**加强大学生思想政治教育**〕 切实加强和改进大学生思想政治教育。努力提高高校思想政治理论课教育教学质量，推进思想政治理论课教育教学改革。坚持思想政治工作创新，开展了“主题教育示范网站”、“大学生文明公寓”、“大学生示范社团”评选活动。制发了《辽宁省教育厅关于加强全省普通高等学校心理健康教育的实施意见》，从组织领导、机构设置、课程开设、队伍建设、经费支持、监督检查等方面，对加强大学生心理健康教育作出全面系统的部署。省委高校工委会同省委宣传部、锦州市委在辽宁工学院建设了辽宁“三个代表”网站，成为全省“三个代表”重要思想的研究基地，得到了中宣部和省委领导同志的好评。做好高校安全稳定形势分析，掌握师生思想动态，维护高校稳定。

〔**教育教学工作**〕 （1）坚持教学工作的中心地位，切实提高高校教学质量。加强专业建设，调整和优化专业结构，强化品牌意识，使高校的人才培养更加适应人才市场需求。加强教学质量的宏观监控。建立和完善具有地方特色的高校教学质量评估监控体系。以评估为手段，引导学校加强教学管理，不断提高教学质量和办学水平。开展精品课程建设，建立省级精品课程共享体系，使优质教学资源发挥最大效益。2004 年共评出省级精品课程 100 门，有 14 门被评为“国家精品课程”，数量比上年增加了 75%。（2）积极开展大学英语教学改革。在省内部分学校开始启动大学英语改革工程。建立适应新世纪人才培养要求的大学英语教学体系，建立以培养学生自主学习能力为中心的立体化、多样化、个性化的教学模式。（3）加强紧缺本科人才和艺术类本科人才基地建设。提出了基地建设的目标和思路，确定了建设要求和所承担的任务。《紧缺本科人才培养基地》共申报 73 个，《艺术类本科人才培养基地》申报 51 个。（4）落实《教育为振兴辽宁老工业基地服务行动计划》，启动“紧缺人才培养培训工程”项目。全省共确定重点学科领域研究生培养基地 33 个，“经营管理人才培养、培训基地”4 个，“专业学位培养、培训基地”39 个，有力推动了以“产学研”结合为基础的专业学位人才培养改革，巩固了校企合作关系。

〔**科技工作**〕 构建高校科技创新体系，为老工业基地振兴服务。成功建立了由大学科技园、重点实验室、工程技术研究中心、中小企业服务中心和人文社科重点研究基地组成的高校科技创新平台体系。增加国家级大学科技园 1 个，增补 C 类重点实验室 14 个，评定工程技术研究中心 19 个、中小企业服务中心 24 个、人文社科重点研究基地 20 个。确立 699 项科研立项，其中，振兴服务计划 14 项，重大基础研究计划 82 项，攻关计划 281 项，青年基金计划 130 项，示范市服务计划 8 项，人文社科研究计划 184 项。此外，省教育厅重点支持了社会科学重大决策类项目 10 项，资助经费 100 万元。

〔**改善高校办学条件**〕 坚持改革创新，通过资产置换和后勤社会化等方式，努力改善高校办学条件。2004 年，全省高校基本建设投资 37.5 亿元，建设校舍 271 万平方米。“十五”以来，全省高校累计投资 126.5 亿元（其中资产置换和社会资金 78.4 亿元），新建校舍 743 万平方米，净增加 668 万平方米。

〔**招生和毕业生就业工作**〕 积极做好高校招生考试工作。2004 年，全省高校招生 20.6 万人

（包括普通本专科和研究生），在校生达62.4万人，比2000年增加30.2万人，4年间接近翻一番。在时间紧、任务重的情况下，圆满完成了首次高考自主命题工作。2004年，辽宁省高校毕业生达12.35万人（包括普通本专科和研究生），比2003年增加1.9万人。不断加强高校毕业生就业指导与服务。建立辽宁省高校毕业生就业信息网，打造毕业生就业的信息平台。狠抓毕业生就业市场建设，一年来共举办300余场就业洽谈会。开展就业评估，强化对就业率的考评及使用。落实省政府出台的促进高校毕业生就业的一系列政策，千方百计促进毕业生就业，全省高校毕业生总体年度就业率达91.96%，就业11.35万人，比2003年同期增加2.45万人。在教育部年度工作会议上，辽宁省介绍了高校毕业生就业指导与服务工作的经验。

〔**重点学科建设**〕 一是落实省重点学科建设专项资金，2003年省重点学科建设专项资金已经拨付有关高等学校。除“211工程”建设学校已有重点建设专项外，全省共有24所高等学校的63个国家和省重点学科得到了资助，总金额3 000万元。二是积极运作国家开发银行重点学科贷款项目，对总额31 650万元的贷款额度提出了安排意见。三是部署了重点学科建设规划的制订工作。要求有关高等学校加大宏观思考和战略研究的力度，按照跨越式发展的要求，做好重点学科的建设规划。

〔**党建工作**〕 加强新时期高校党建工作。在全省高校开展以公道正派为主题的“树组工干部形象”学习教育活动，启动“树当代党员大学生形象，展当代党员大学生风采”活动。召开了全省高校党建工作会议暨高校领导班子思想政治建设座谈会，切实研究加强和改进高校党建和领导班子思想政治建设工作。利用现代科技手段，开通辽宁省高校党建工作网站，使党建工作更加科学化、信息化、快捷化、方便化、公众化，更好地为全省高校党建工作提供政策支持和宏观指导，为学校的改革发展保驾护航。

〔**师资队伍建设**〕 加强师资队伍建设，努力提高教师素质和水平。2004年，省教育厅提出了加强中青年骨干教师培养，促进专业教师梯队建设的方案，逐步实施高等学校专业教师师资培训滚动计划。一是起草了实施高等职业教育“双师型”教师及校长培训项目计划、培训方案和项目实施办法。二是为适应经济全球化和我国加入WTO，尽快培养懂专业、精通外语的专业教师。提出本科教育要创造条件使用外语进行公共课和专业课教学。三是积极推进高等学校“315”人才培养工程，部署和指导各高校开展“315”人才培养工程中期自评工作。

撰稿 褚 辉

审稿 李树森

大连市教育

〔基本情况〕

2004 年大连市各级各类学校校数、教职工、专任教师情况

	学校数（所）	教职工数（人）	专任教师数（人）
一、高等教育			
（一）研究生培养机构（不计校数）			2 714
1．普通高校			2 594
2．科研机构			120
（二）普通高等学校	18	21 441	10 950
1．本科院校	11	16 641	8 108
2．专科院校	7	3 378	1 920
其中：职业技术学院	5	2 529	1 484
3．分校、大专班（点）（不计校数）		1 422	922
（三）成人高等学校	6	1 295	713
（四）民办的其他高等教育机构			
1．学历文凭考试机构	19	911	479
2．非学历文凭考试机构			
二、中等教育	404	30 799	24 290
（一）高中阶段教育	197	13 772	9 971
1．高中	81	7 364	5 742
普通高中	81	7 364	5 742
成人高中			
2．中等职业教育	116	6 408	4 229
普通中等专业学校	18	1 643	971
成人中等专业学校		71	42
职业高中	52	2 847	1 942
技工学校	46	1 847	1 274
其他机构（教学点）（不计校数）			
（二）初中阶段教育	207	17 027	14 319
1．普通初中	207	17 027	14 319
2．职业初中			
3．成人初中			
三、初等教育	1 048	22 194	18 713
（一）普通小学	1 048	22 194	18 713
（二）成人小学			
其中：扫盲班			
四、工读学校	1	35	10
五、特殊教育	10	382	278
六、学前教育	1 614	9 298	5 575

注：成人高等学校校数、教职工数及专任教师数，未含普通高校成人教育学院数。

2004年大连市各级各类学历教育学生情况

	毕业生数（人）	招生数（人）	在校生数（人）
一、高等教育	59 454	89 380	241 372
（一）研究生	2 999	6 958	17 883
（二）普通本专科	27 891	49 865	157 470
（三）成人本专科	22 554	21 899	43 169
（四）其他各类高等学历教育	6 010	10 658	22 850
1. 在职人员攻读博士、硕士学位	1 287	2 920	6 221
2. 网络本专科生		1 597	3 653
3. 学历文凭考试	4 723	6 141	1 2976
二、中等教育	54 779	165 642	268 248
（一）高中阶段教育	50 227	77 493	205 097
1. 高中	25 846	42 757	110 663
普通高中	25 846	42 757	110 663
成人高中			
2. 中等职业教育	24 381	34 736	94 434
普通中专	6 829	8 387	24 554
成人中专	973	1 081	4 039
职业高中	9 221	11 711	35 479
技工学校	7 358	12 432	27 772
其他机构（教学点）（不计校数）		1 125	2 590
（二）初中阶段教育	4 552	88 149	63 151
1. 普通初中	4 552	88 149	63 151
2. 职业初中			
3. 成人初中			
三、初等教育	62 692	54 684	376 499
（一）普通小学	62 692	54 684	376 499
（二）成人小学			
其中：扫盲班			
四、工读学校	87	30	45
五、特殊教育	145	109	1 439
六、学前教育	45 629	44 860	115 419

2004年大连市各级各类非学历教育学生情况

	毕（结）业生数（人）	招生数（人）	在校生数（人）
一、高等教育			
（一）研究生课程进修班	2 730		3 447
（二）自考助学班			
（三）普通预科生			285
（四）证书教育			
（五）岗位培训			
（六）进修及培训	5 696		6 037
二、中等教育			
（一）中等职业学校			
（二）职业技术培训机构	252 604		277 503

2004 年大连市各级民办教育基本情况

	学校数（所）	毕业生数（人）	招生数（人）	在校生数（人）	教职工数（人）	专任教师数（人）
一、高等教育	23	7 512	17 098	42 071	4 033	2 372
（一）普通高校	4	2 789	10 957	29 095	3 122	1 953
（二）成人高校						
（三）民办的其他高等教育机构	19	4 723	6 141	12 976	911	419
二、中等教育机构	41	5 371	10 702	24 674		1 093
（一）高中阶段教育	35	3 970	8 955	19 979		870
其中：普通高中	21	3 309	7 199	16 653		604
中等职业学校	14	661	1 756	3 326	450	266
（二）初中阶段教育	6	1 401	1 747	4 695		223
其中：普通初中	6	1 401	1 747	4 695		223
职业初中						
三、普通小学	3	382	330	2 930		155
四、幼儿园	337	7 000	9 003	24 513	2 514	1 390

注：1. 民办普通高校学生数、教职工数含公办普通高校的民办二级学院（不计校数）的学生数、教职工数。
2. 民办普通高中、初中、小学教职工总数1288人。

2004 年，大连市各级各类教育呈现出良好发展态势。3～5 岁幼儿入园率达 80.7％；6～11 岁学龄人口小学入学率达 99.4％，其中 6 岁儿童入学率达 96.4％，比上年提高 1.5 个百分点；12～14 岁学龄人口初中入学率为 99.0％，其中农村为 97.7％；全市初中应届毕业生升学率达 80.0％，比上年提高 6 个百分点；实现了市委、市政府提出的年度高中阶段教育普及率目标，全市适龄人口普通高中入学率达 49.0％。全市高等教育毛入学率达 40％（本地升入各地高等学校的在校生数与 18～22 岁人口数之比）。年内，县（市、区）职业教育中心和乡镇职业学校为38 597人进行了农村劳动力转移培训，为 25.8 万人次进行了农村实用技术培训。全市职业技术、文化培训机构结业 45.3 万人，在学 50.6 万人。

全市教育经费收入 35.7 亿元，比上年增长 12％。其中国家财政性教育经费收入 25.8 亿元，比上年增长 10％，占全市生产总值1 961.8亿元的 1.82％，比上年提高 0.38 个百分点。全市教育经费支出总数为 34.7 亿元，其中国家财政性教育经费支出 25.8 亿元，（其中地方财政预算内教育经费支出为 25.8 亿元，比上年增加 2.7 亿元，增长 11.7％）。预算内教育经费支出占全市财政支出总数的 15.1％。预算内教育经费支出的增幅，比全市财政支出增幅高 3.8 个百分点。预算内教育事业费支出用于人员部分 11.02 亿元，占 68.3％；用于公用部分 5.11 亿元，占 31.7％。

各类教育的资源进一步扩增。市财政继续投入 9 000万元，支持在连高校的建设与发展。年内，在连高校新增校舍建筑面积925 036平方米。完成普通高中和中等职业学校校舍建设工程 24 项，建筑面积 29.7 万平方米，总投资达 3.6 亿元。

农村教育发生了历史性变化。初步落实了“各级政府负责、分级管理、以县为主”的农村义务教育管理新体制，实现了农村教师工资的统一、按时、足额发放。市、县（市、区）两级政府投入资金 2.59 亿元，安排 256 项工程，新建、改建、扩建农村中小学校舍建筑面积 45.3 万平方米，解决了长期制约和困扰农村教育发展的危旧校舍问题。农村普通高中建设取得突破性进展。市政府投入 9 000万元，帮助瓦房店市、普兰店市和庄河市各建设一所标准化寄宿高中，建筑面积共73 477平方米，当年共招收新生2 600人；市政府还投资2 600万元，支持瓦房店市、普兰店市、庄河市 9 所高中的改扩建。

民办教育得到快速发展。年内吸纳社会资产、资金 3.6 亿元，新建民办教育机构 120 所，其中学历教育机构 7 所。全市民办普通高（完）中增至

21所，在校生比上年增长24.6%；民办职业中专（职业高中）增至14所，在校生比上年增长34.5%。义务教育阶段的“公办民助”学校也基本进入按民办机制运转的轨道。在连民办高等职业院校及公办普通高校的民办二级学院增至12所，本专科在校生比上年增长41.2%。外籍人员子女就学环境进一步改善。向外国人开放的中小学达43所，比上年增加17所，在学就读的外籍人员子女总数达907人。

扶困助学体系进一步完善。市、县两级共安排专项资金600多万元，对全市18 400名贫困家庭学生实施免费义务教育（免杂费、课本费和学校服务性收费）。市政府设立扶助农村贫困学生就读城区中等职业学校的专项资金，每生每年补助1 000元，2004年1 000余名农村学生受益。市内3所寄宿制重点高中开办“宏志班”，免费招收庄河、瓦房店、普兰店市100余名贫困家庭学生就读。还向900名新考入大学的贫困家庭学生发放“寒窗基金”170万元。外来农民工适龄子女6.3万人全部安排到公办中小学就读，免收借读费，同本地子女一样接受义务教育。

撰稿　*汤启贤*

〔**基础教育**〕2004年，各区市县贯彻执行《大连市人民政府关于推进0～6岁托幼一体化学前教育工作的实施意见》，开展0～3岁婴幼儿早期教育的试点工作。在总结试点经验基础上，初步形成《大连市幼儿园“做中学”科学教育课程指引》。有63所幼儿园扩大“多元智能创意”课程实验，并取得初步成果。

市政府制定《大连市促进义务教育区域均衡发展实施意见》，推动义务教育整体水平的提高。中小学达到办学设施标准化要求的有413所，占全市中小学31.1%。年内撤销百人以下的农村小学135所，农村小学校数减至752所，提前一年实现了“十五”期间布局调整规划的目标，进一步提高农村小学办学质量。各区市县都开通了远程教育教室；高中、初中、小学学生与计算机之比分别提高到14.9∶1、16.9∶1、22∶1；中小学多媒体计算机教室增至627个。建立校园网、接入ADSL宽带的中小学分别增至282所和507所，初步形成宽带高速的教育专网。历史遗留的市内城区26所中小学“马路操场”问题基本解决。高水平、高质量普及义务教育的工作稳步推进。经省教育厅验收认定，中山区在全省第一个达到“双高普九”基本合格水平。专任教师学历达标率，初中为98.3%，其中本科及以上学历达标率为46.3%；小学为99.3%，其中专科及以上学历达标率为56.5%。年内市内四区共交流教师1 125人，占专任教师总数的12.5%。其他区市县也相继进行了这项工作的试点。

基础教育课程改革实验取得新突破。年初，市教育局基础教育课程教材发展中心组织有关区完成了小学的英语、科学和初中的历史、化学等学科教学案例网络资源建设工作，组织各区市县教研人员、骨干教师对12个学科新课程实验教材及其使用情况进行了全面追踪评价和总结工作。市教育局印发《新课程实施意见》，并对综合实践活动课程设计、校本课程开发的理论与经验开展重点研讨，促进了基础教育课程改革健康发展。各普通高中重视校本管理，开展校本培训、校本教研和校本课程开发。

学生思想道德建设切实加强。为贯彻落实《中共中央 国务院关于进一步加强和改进未成年人思想道德建设的意见》，市委、市政府提出具体实施要求，并制定了各部门的职责分工。市教育局组织开展新一轮教育思想大讨论，引导教师、干部树立“教书育人，育人为本”、“德智体美，德育为首”的观念；组织各学校开展“弘扬和培育民族精神月”活动，重点加强对中小学生的学生守则教育、日常行为规范教育和心理健康教育。

初中毕业升学考试进行新改革。主要是：依据课程标准降低考试科目试题难度，考试难度系数控制在0.7～0.8之间，低、中、高档难度题目比为7∶2∶1；将政治、历史结业考试成绩纳入升学考试中；增加信息技术应用等综合素质评价；取消学科竞赛成绩加分的政策。

创建示范性普通高中工作取得较大进展。年内，大连市第二十四中学等6所学校通过了省示范性普通高中评估专家组的检查、评估和验收。

应届高中毕业生进入一批、二批、三批本科院校录取控制分数线的考生，分别占全市考生总数的20.0％、49.6％、69％。被各类普通高等学校录取的应届高中毕业生24 561人，录取率为91.5％，其中本科院校录取率为61.6％。被北京大学、清华大学录取106人。

撰稿　李浩田　汤启贤

〔**职业教育与成人教育**〕2004年，中等职业教育紧紧围绕振兴东北老工业基地和建设“大大连”的目标，坚持以优化教育资源、提高教育质量、改革人才培养模式和运行机制为重点，主动为经济和社会发展服务，加快了战略性调整的步伐。

加快中等职业教育布局结构的调整。顺利完成大连铁路卫生学校、大连市环保化工学校移交市教育局管理的工作。撤并了大连职工大学附属职业高中等19所规模小、办学效益低的中等职业学校；增设了5所民办职业高中。通过布局调整，在校生超过1 000人的中等职业学校增至29所（其中超过2 000人的学校10所），教育资源利用率和办学整体效益明显提高。

适应人才市场需求及时调整专业结构与布局。加强了计算机、生物工程、机电一体化、电子技术、模具、数控机床、金融商务、航运等专业的建设，重点支持大连市支柱产业急需专业的发展。有9所学校被教育部确定为承担技能型紧缺人才培训任务的基地，17所学校的24个专业被省教育厅确定为省级示范专业。

教育教学改革继续深入。各中等职业学校积极推行“订单教育”培养模式，开拓人才市场，建立学校与用人单位长期协作关系。学分制改革试点学校由4所增加到13所。开发区中等职业技术专业学校、大连市计算机中等职业技术专业学校等学校开创的跨省区联合办学、连锁办学的做法进一步扩大，并积极拓展境外就业市场。为加强学生专业技能训练、提高学生就业竞争力，加强了职业教育实训基地的建设。有6所高、中等职业技术院校建成数控技术、电子电工、模具设计与制造、现代服务业和海运业等实训基地8个。5月，各中等职业学校举行学生专业技能展示暨招生咨询大会，向全社会展示了各学校的教育教学成果。年内，在辽宁省职业教育7个项目专业技能比赛中，大连市选手夺得5个项目的第一名，并获团体总分第一。

城乡职业教育统筹协调发展。2004年，全市城区中等职业学校发挥教育资源优势，面向农村招收新生19 000人，比上年增长60％。为鼓励农村学生接受中等职业教育，市政府决定设立专项资金，扶助全市农村最低生活保障户和家庭确有特殊困难的、2004年初中毕业生考入城区中等职业学校的学生，以及2005年起就读城区中等职业学校符合上述条件的一、二年级学生，每学年为每生资助1 000元，当年有近千名农村贫困学生受益。市有关部门还出台户口政策，规定接受职业学历教育的农村学生，毕业后在城镇企事业单位就业的，落户时可以转为城镇户口。与此同时，各县（市、区）加强对集学历教育与农民职业技术培训为一体的职业教育中心的建设，近3年共培训农村劳动力200多万人次，有10万人次获得“绿色证书”。

进一步完善职业资格证书制度。各中等职业学校按照国家职业资格标准，做好专业设置、教学安排与职业资格认证的对接工作，为学生取得相关的职业资格证书创造条件。全年参加职业技能等级鉴定的有1.3万人，应届毕业生持“双证”比率已达85％。大连电子学校成为首批实施职业资格认证免试试点单位，开始逐步实施职业资格认证免试试点工作；开发区职业中专成为首批设立职业技能鉴定站的职业技术学校。经教育部考试中心、劳动和社会保障部、中国轻工业联合会分别批准，大连市轻工业学校成立了全国计算机等级考试考点、劳动和社会保障部计算机信息技术考试站、中国轻工业设计师职业资格培训考试分站，面向中等职业学校学生和社会各界人士开展职业资格的考试培训业务。

2004年，又有11所学校进入国家级重点中等职业学校或省级示范中等职业学校行列。有1 811名中等职业学校毕业生升入高等职业技术院校本专科就读。全市中等职业学校毕业生平均就业率达95％。

2004年，大连职工大学以大连财贸职工学院为总校重新组建，同时整合3所普通中专为大连商业学校，大连职工大学与大连商业学校合署办学，形成以电子信息为主体、商业服务为特色的多层次、多渠道、多规格的办学格局。

2004年，全市成人高校在校生数比上年减少35.3%。有96 743人参加了高等教育自学考试，4 226人获得本专科毕业证书。大连广播电视大学招收自学视听生，在学人数达13 293人。

大连市农业广播电视学校是全市唯一的成人中专学校。2004年，学校根据劳动力市场需求，合理调整专业设置，增加机电技术应用、数控技术应用、焊接等专业，在校生比上年增长2.8%。学校以县（市区）分校为主，不断开辟毕业生就业渠道，当年毕业生就业率达80%以上。2004年4月，大连市农业广播电视学校在全国农业广播电视学校农村劳动力转移技能培训暨中专招生工作会议上，作了“大力发展农广校中等专业教育，努力为农村经济发展和农民致富服务”的经验介绍，受到中央农广校领导和与会代表的好评。

成人职业技术培训有了新发展。2004年，全市建立农村劳动力转移培训基地40个，其中教育部门办22个。为保证贫困乡镇农民参加培训，市政府在国家给予的“阳光工程”每人100元配套资金的基础上，增加劳动力转移培训补助每人100元，调动了农民参加培训的积极性。各县（市、区）根据当地实际，采取与用人单位合作的“订单培训”和与市内职业中专联合办学的形式，保证了培训质量。年内，县（市、区）职业教育中心和乡镇职业学校农村劳动力转移培训38 597人，培训后转移就业34 255人。

乡镇职业学校继续开展农村实用技术培训，引进新品种、新技术、新项目53项，培训25.8万人次；“绿色证书”培训14 596人。年内，市级财政拨付引导性资金100万元，县级财政投入经费375万元，学校自筹经费567万元，较好地解决了职教中心和一些乡镇职校的校舍、设备、实验基地不足等问题。经评审，市级重点乡镇职校增加6所、市级示范实验基地增加5处。

为适应振兴东北老工业基地和把大连建成“一个中心、四个基地”的需要，各行业、各职工培训学校普遍根据本行业、本单位实际，对一线职工开展在岗、转岗、技术练兵培训和下岗再就业人员的培训，以提高员工的职业技能和综合素质。为推动职工教育的发展，市教育局在大连供电公司培训中心召开全市职工培训工作现场研讨会，观摩该培训中心的仿真培训系统，推广该培训中心以人为本的培训理念和培训模式。

社区教育体系建设有了新进展。2004年，全市有社区学院1所，社区学校217所，培训64.4万人。各区教育行政部门采取输送教师、提供场地、开放中小学校等措施，支持社区开展多种形式的教育活动。作为全国社区教育实验区的甘井子区，投资300万元，按国家级社区教育示范区的标准，改建社区教育学院职业技能培训中心，加快街道基层分院和基层社区学校建设，完善了全区社区教育网络。该区15个街道全部配备有计算机和打印机，实现了区域内社区教育信息资源共享。经辽宁省专家组评估，该区被推荐为全国社区教育示范区。

撰稿　武玉顺　李　赤

〔**高等教育**〕2004年，大连市普通高等教育规模继续扩大。研究生教育招生数、在学人数分别比上年增长17.3%、22.8%。普通高校本专科招生数、在校生数分别比上年增长20.4%、15.7%。

高等学校教育资源进一步扩增。大连理工大学“985”二期工程启动，占地面积78万平方米、建筑面积13万平方米的新校区已经启用。大连交通大学占地7.9万平方米、建筑面积8.1万平方米的旅顺新校区（一期）落成。大连医科大学、大连外国语学院旅顺新校区建设进展顺利。辽宁警官高等专科学校易地重建的新校园正式奠基，规划一期征地53万平方米、建筑面积22万平方米。年内，在连高校校舍总建筑面积达552.93万平方米，比上年增长28.9%。

多层次办学又有新的拓展。6月3日，大连理工大学成立了以培养新型军事人才和加强高校学生国防教育为宗旨的国防教育学院。该学院将负责制定国防生的培养计划，负责国防生的思想教育、教学组织协调、党建工作、半军事化管理以及全校学生的国防教育，协调学校有关部门与部队进行军事科研项目的合作与研究，开展依托培养工作的研究等。经教育部同意，大连铁道学院更名为大连交通大学，10月，该校在旅顺的新校区一期工程落成，软件学院师生4 000多人迁入，IT科技园在新校区内正式开园。10月10日，东北大学研究生院大连分院在大连东软信息学院成立，东软信息学院构建的大专—本科—研究生的多层次学历教育、职后培训和在线教育的体系趋于完善。为适应区域经济发展对国际型、复合型和应用型软件人才的需求，大连外国语学院成立软件高等职业技术学院，设三年制的计算机软件（日语、英语）专科专业，并于9月迎来第一批新生。

市属普通高校发展迅速。大连大学实施“人才强校战略”，使师资结构发生了根本性的变化。在878位专任教师中，有“双聘”院士和长江学者各1名，博士生导师6名；具有博士研究生、硕士研究生学历的，分别为145人、402人；具有正高、副高专业技术职称的教师分别为141人、554人。学校实现了跨越式发展，2004年，全校有21个学院、38个本科专业、5个硕士点，并首次招收45名硕士研究生，全日制在校生达13 181人，国际文化交流学院有外国留学生100余人。大连职业技术学院把为大连市经济和社会发展培养高技能人才作为办学目标，大力开发数控机床加工技术、模具设计与制造、楼宇控制等新专业，并对课程进行整合，专业教材更新率达40%以上。在市政府的支持下，该校建成了全国同类院校中一流的实训基地。该校办学规模不断扩大，教育质量稳步提高，毕业生就业率达98%。

教育教学改革继续深化。各高校普遍施行学分制，全市2004级大学生都可以根据经济能力和学习潜质自主安排学业，攻读一个或者多个学位，自主选择课程、教师和学习时间。为了与国家英语四、六级考试改革配套推进，大连理工大学、大连海事大学、大连医科大学、大连轻工业学院、大连民族学院6所院校率先启动英语教学改革。根据经济和社会发展的需要，大连理工大学、辽宁师范大学、东北财经大学、大连医科大学、大连外国语学院、大连交通大学、大连水产学院、大连轻工业学院、大连大学等院校新增本科专业及专业方向44个。大连理工大学成为大连市第一所实现自主招生的高校，自主招生额为招生总数的5%。

民办高等教育在全市高等教育中的比重显著上升。有民办职业技术学院4所、公办普通高校的民办二级学院8所，当年招收本专科生10 957人，占全市普通高校招生总数的22%。民办高校教职工3 122人，校舍建筑面积127.49万平方米。但民办高等教育的发展尚不平衡，个别学校办学条件较差，经费不足，管理水平不高。

撰稿　武玉顺

审稿　刘文健

吉林省教育

概　况

〔基本情况〕

2004年吉林省各级各类学校校数、教职工、专任教师情况

	学校数（所）	教职工数（人）	专任教师数（人）
一、高等教育			
（一）研究生培养机构（不计校数）	(17)		
1. 普通高校	(13)		
2. 科研机构	(4)		
（二）普通高等学校	42	49 859	25 011
1. 本科院校	24	40 216	19 757
2. 专科院校	18	6 428	3 467
其中：职业技术学院	10	3 490	1 799
3. 其他机构（点）（不计校数）	(12)	3 215	1 787
其中：独立学院	(11)	2 657	1 577
（三）成人高等学校	21	5 088	2 803
（四）民办的其他高等教育机构	26	1 192	658
二、中等教育	1 963	150 854	110 386
（一）高中阶段教育	563	148 846	38 061
1. 高中	296	123 022	22 302
普通高中	296	123 022	22 302
成人高中			
2. 中等职业教育	267	25 824	15 759
普通中专	56	7 197	4 052
成人中专	96	6 732	4 341
职业高中	115	7 695	4 924
技工学校			
其他机构（教学点）（不计校数）	(123)	4 200	2 442
（二）初中阶段教育	1 400	2 008	72 325
1. 普通初中	1 367		70 754
2. 职业初中	33	1 900	1 503
3. 成人初中	0	108	68
三、初等教育	7 972	166 395	141 247
（一）普通小学	7 781	165 872	140 904
（二）成人小学	191	523	343

续表

	学校数（所）	教职工数（人）	专任教师数（人）
其中：扫盲班	168	503	343
四、工读学校	4	118	84
五、特殊教育	48	1 744	1 203
六、学前教育	2 691	18 585	11 264

注：1. 普通高中的教职工数中包含普通初中的教职工数。
2. 技工学校数据为2003年数据。
3. “（ ）”内数据均不计校数。

2004年吉林省各级各类学历教育学生情况

	毕业生数（人）	招生数（人）	在校生数（人）
一、高等教育			
（一）研究生	5 888	11 983	29 586
博　士	1 128	2 097	5 626
硕　士	4 760	9 886	23 960
（二）普通本专科	65 011	111 162	362 191
本　科	46 039	77 879	268 447
专　科	18 972	33 283	93 744
（三）成人本专科	53 970	71 659	121 539
本　科	20 689	31 745	56 268
专　科	33 281	39 914	65 271
（四）其他各类高等学历教育			
1. 在职人员攻读博士、硕士学位		2 683	5 228
2. 网络本专科生	623	3 858	8 609
本　科	623	3 487	8 238
专　科		371	371
3. 学历文凭考试	727	203	770
4. 自学考试			
5. 其他	244		1 063
二、中等教育	544 265	585 824	1 824 178
（一）高中阶段教育	147 922	231 315	615 807
1. 高中	101 227	169 907	451 637
普通高中	101 107	169 907	451 637
成人高中	120		
2. 中等职业教育	46 695	61 408	164 170
普通中专	18 187	27 898	84 047
成人中专	9 603	5 260	13 795
职业高中	18 905	28 250	66 328
技工学校			
（二）初中阶段教育	396 343	354 509	1 208 371
1. 普通初中	368 638	346 009	1 148 001
2. 职业初中	11 565	8 500	41 310
3. 成人初中	16 140		19 060
三、初等教育	448 422	248 558	1 826 425
（一）普通小学	355 449	248 558	1 741 380
（二）成人小学	92 973		85 045
其中：扫盲班	79 316		80 895
四、工读学校	30	176	391
五、特殊教育	613	914	5 555
六、学前教育	156 573	214 053	289 838

注：特殊教育学生数中包括普通中小学随班就读的学生。下同。

2004年吉林省各级各类非学历教育学生情况

	毕（结）业生数（人）	注册生数（人）
一、高等教育	45 517	22 553
（一）研究生课程进修班	4 508	3 453
（二）自考助学班	6 911	14 758
（三）普通预科生		212
（四）进修及培训	34 098	4 130
其中：资格证书培训	6 916	638
岗位证书培训	4 991	145
二、中等职业教育	760 308	778 797
其中：资格证书培训	138 499	1 406 628
岗位证书培训	19 103	16 910
（一）中等职业学校	45 669	17 440
其中：资格证书培训	7 768	7 471
岗位证书培训	10 181	2 896
（二）职业技术培训机构	714 639	761 357
其中：资格证书培训	130 731	133 157
岗位证书培训	8 922	14 014

2004年吉林省各级民办教育基本情况

	学校数（所）	毕业生数（人）	招生数（人）	在校生数（人）	教职工数（人）	专任教师数（人）
一、高等教育						
（一）普通高校		4 429	16 134	41 272	3 666	2074
1. 普通高校	3	970	2 004	5 947	1 009	497
本科学生			1 460	3 035		
专科学生		970	544	2 912		
2. 独立学院	(11)	3 549	14 130	35 325	2 657	1 577
（二）成人高校						
（三）民办的其他高等教育机构	26	5 301		8 188	1 192	658
二、中等教育机构						
（一）高中阶段教育	41	6 649	14 364	31 732	3 746	2 152
其中：普通高中	33	6 209	12 501	27 169	3 542	2 069
中等职业学校	8	440	1 863	4 563	204	83
（二）初中阶段教育	33	7 902	11 657	32 670		
其中：普通初中	33	7 902	11 657	32 670		
职业初中						
（三）职业技术培训机构	189	14 131		21 884	1 412	927
三、普通小学	25	2 415	1 979	13 899	874	629
四、幼儿园	1 972	46 059	71 427	107 983	7 584	4 309

注："（ ）"内数据不计校数。

〔**教育经费投入与支出**〕2004年，全省教育经费总投入为126.1亿元。其中，国家财政性教育经费拨款为85.97亿元，社会团体和公民个人办学经费1.58亿元，社会捐资办学经费收入3.88亿元，学校组织的事业性收费收入 32.2 亿元，其他收入为 2.46 亿元。

2004 年教育经费总支出为 117.26 亿元，其中教育事业性对个人部分支出为 69.36 亿元，公用部分支出为 41.90 亿元，基本建设支出为 5.99 亿元。

〔**师资队伍建设**〕为贯彻落实中央国务院关于振兴东北地区等老工业基地战略，进一步加强东北地区人才队伍建设的实施意见和省委振兴老工业基地人才队伍建设工作会议精神，省教育厅成立了领导小组，召开党组会议专题研究落实，并制定工作计划，把工作任务逐项进行分解，研究具体落实措施，排出工作进度表，确保各项任务如期完成。

共表彰奖励全省优秀教师和教育工作者 414 名，推荐全国模范教师、全国教育系统先进工作者 23 名，评选“郝水农村优秀教师奖”获奖教师 50 名，评选全省中小学中青年学科带头人 395 名、评选特级教师 149 名。召开吉林省暨长春市教师节表彰大会，省长到会并作重要讲话。组织全省农村优秀教师先进事迹巡回报告活动，选派马宪华同志作为全国农村优秀教师代表在全国庆祝教师节大会上发言。并推荐陈学求同志为全国师德典型。

积极推进农村教师的培养培训工作。选拔 17 名应届硕士毕业生与 8 个国贫县签约到农村高中任教，实现了省内农村高中硕士研究生师资培养零的突破。根据《吉林省 2003－2007 年县级教师进修学校建设标准》和《吉林省关于加强中小学教师校本培训的指导意见》，完成 800 名骨干教师和 154 名中青年省级学科带头人的第一轮省级培训任务。下发《关于推荐 2004 年度省级基础教育课程改革实验区骨干培训者的通知》，完成新进入实验区起始年级近18 000名任课教师的培训任务。积极启动“教师教育网络联盟计划”。下发《吉林省实施全国教师教育网络联盟计划指导意见》，向国家申请 24 门中小学教师继续教育网络课程免费资源，协调网通公司取得 560G 的单独服务器，委托开元公司制作的吉林省教师教育网页已开通。开发制作 18 节优秀课教师新课程教学案例。下发《关于吉林省教师教育专家库的通知》，遴选一批省内外知名的教师教育学者、教育行政部门领导和一线教师组成教师教育专家库。加强普通话水平测试工作的规范化管理。相继出台《吉林省普通话水平测试实施细则》和《普通话水平测试考务工作管理办法》、《普通话水平测试复听审核、监测制度》、《普通话水平测试等级证书验印规程》、《普通话水平测试视导工作制度》，完成34 357人的测试任务。有两个先进测试站和 8 名优秀测试员受到了国家的表彰。

〔**学校体育、卫生与艺术教育**〕认真贯彻《学校卫生工作条例》，牢固树立学校教育健康第一的指导思想，在全省学校开展“创建百所健康促进学校”活动，已对 100 所达标学校正式挂牌。认真开展学校饮食卫生安全大检查。对问题、事故隐患限期整改，有效遏制了食物中毒事件的发生。组织高校食品、卫生安全工作培训班和学校预防艾滋病骨干培训班 6 期。认真贯彻落实新课程、新大纲，加大学校音体美教学改革力度，召开农村学校艺术教育现场会，举办学校体育送课下乡观摩会，开展中小学音乐、美术教学改革优秀课和先进个人评选活动，积极参加全国第一届大学生艺术展演活动。加强高校军事课程建设，对普通高校军事课程建设进行评估，开展 2004 年学生军训成果电视展播活动，30 余所高校参加比赛，并取得优异成绩。

〔**交流与合作**〕2004 年共接待来访教育团组 23 个，近 3 000人次。派出 405 个团组近 800 人次。洽谈新的教育交流与合作项目 4 个。争取日方无偿资助人民币 45 万元，建希望小学 2 所。接收国外捐赠图书34 100册。同时接受教学仪器设备、学生用品、奖学金等约合人民币 130 万元。

出国留学工作和吸引海外人才工作取得新的进展。2004 年全省共有 183 人申报国家留学基金出国留学项目，被国家留学基金委录取 107 人。双边互换留学生项目 4 个，其中派往独联体国家的学生人数为 47 人，新加坡为 35 人，有近 200 人获得国家或外国政府奖学金赴国外深造。争取到教育部设立的振兴吉林老工业基地急需人才海外培养合作项目，国家资助重点科研合作出国留学专项经费 50％，地方配套项目经费 50％。

积极引进国外智力，强化外国专家管理。全省具有聘请外国文教专家资格单位81个，2004年新增6个；聘请外国文教专家621人，其中长期388人，短期233人，有1人获省政府长白山友谊奖，16人获优秀外国文教专家称号。

来华留学生工作取得突破性进展。2004年全省接受外国留学生和外国学生的学校已发展到58所，比2003年增加9所，就读学生总数达3 341人，其中语言生756人，学历生2 585人。接受教育部国际司的任务，进行高等学校外国留学生教育管理评估试点工作。2004年对外汉语教师资格考试，报名人数达到230人。

加强对中外合作办学项目的管理。全省原有中外合作办学项目40个，2004年新增5个，在校生近3 000人。2004年，对中外合作办学机构进行全面复核，经确认合格的，颁发教育部统一编号的中外合作办学许可证和中外合作办学项目批准书。

自费出国留学中介机构工作有序开展。成功举办2004东北（吉林）出国留学咨询展示会。截至2004年11月末，全省自费出国留学约5 000人左右。

〔**法制建设与教育督导**〕加强教育立法工作。起草《吉林省民办教育促进法条例》、《吉林省义务教育投入条例》和《吉林省职业教育若干规定》。加大清理行政许可项目工作力度，取消了9项。进一步建立健全实施行政许可的各项制度，组织法律法规知识培训。大力推进依法治校工作，积极开展“依法治校”和“示范校”创建活动，共评选出20所省级“示范校”。认真贯彻《学生伤害事故处理办法》，依法妥善处理学生伤害事故纠纷。召开全省教育法制工作会议，下发全面推进依法行政实施意见。

教育督导工作。研究制订对县（市、区）人民政府教育工作督导评估实施办法，推动县域教育的持续、健康发展。开展随机（专项）督导检查，推动教育难点问题的解决。共抽查9个市（州）的18所农村初中。开展示范性普通高中评估验收，18所学校已评估8所。进行农村普通初中办学模式改革示范学校评估验收，确定九台市九中等19所学校为省农村普通初中办学模式改革示范学校。对2001年、2003年纳入省重点普通高中管理序列、有整改任务的19所学校进行复查。进一步完善对中小学校、教师和学生的评价机制。进行省示范性中等职业学校评估验收。对17所申报省示范性中等职业学校进行评估验收。

〔**治理中小学乱收费**〕建立健全教育收费的管理制度。全面实行收费公示制度。坚持实行收费报批制度、按规收费承诺制度、收费通知单收费卡制度、收费自查自收制度，严格遵守“收支两条线”制度。2004年共检查1 417所学校，清退违规收费123.54万元，给予党政纪处分19人，通报批评23人，免去校长职务3人。吉林省治理中小学乱收费工作受到教育部和省纪委的表彰，2004年在全省54个部门政风、行风测评排名中，教育系统分别被列为第6位和第7位。

〔**各类考试工作**〕切实加强考试管理，制定并实施了《关于加强国家教育考试管理工作的若干意见》，严格考试管理，严肃考风考纪。特别是高考期间，省教育厅组成9个督察组，分别由厅领导带队深入各市（州）考区、考点巡视，全程检查各地高考组织情况，及时有效地处理了考试过程中出现的问题，确保高考工作的顺利进行。全年组织的几次重大考试，领导重视，组织得力，安排周密，均进展顺利。

基础教育

〔**召开全省农村教育工作会议**〕2004年3月，省政府召开了全省农村教育工作会议。会上省长、分管副省长作了重要讲话和报告，省政府出台了《关于贯彻〈国务院关于进一步加强农村教育工作的决定〉的实施意见》以及13个相关配套文件，总结交流了典型经验，全面部署了加强全省农村教育工作的各项目标和任务。会后，按照责任分工抓工作落实，一是会同省财政厅正式出台《关于进一步加强农村地区"两基"巩固提高工作的实施意见》；二是加大进城务工农民子女接受义务教育的政策导向和督查落实的工作力度，全省9个市(州)共有进城务工农民子女62 289人，已入学就读61 700人，入学率为99%；三是进一步落实"对口支援"工程的各项任务，援建金额达1904.04万元。

〔**全面启动农村中小学现代远程教育工程**〕召开全省农村中小学现代远程教育工程启动会议，全面部署工程的实施工作。根据规划，长春、延边各县全部启动农村中小学现代远程教育工程，其他地区共有13个县作为试点同时启动。2004年工程总投入达到6 800多万元，其中，国家投入1 725万元，试点县配套3 121.22万元，省政府投入1 000万元，配套1 005万元。有力地推动了全省农村中小学现代教育技术的整体提高与发展。

〔**基础教育课程改革**〕2004年秋季开学，全省义务教育阶段起始年级已经全部进入新课改。为推进课改深入发展，先后出台《规范中小学办学行为，切实减轻中小学生过重负担的实施意见》、《吉林省中小学评价与考试制度改革的指导意见》、《关于在中小学学科教学中加强思想品德教育的指导意见》等重要文件，全面启动中小学生综合素质评价改革及中考改革。在总结农村课改经验的基础上，不断整合课程资源，强化为"三农"服务，为县城经济发展服务。组织专家修订和编写《绿色证书》教育暨初级职业资格培训的教学大纲及教学计划80门(次)。全省幼儿教育课程改革由点到面逐步推开，按照《幼儿园教育指导纲要》编写的具有全新理念的教材已经开始试用。组织了大规模的普通高中课改调研活动，为全省普通高中课改的适时启动打下良好基础。

〔**发展高中教育**〕按照省政府关于大力发展高中教育的部署，近几年，全省高中教育连续取得突破性进展。2004年全省普通高中招生人数突破15万人大关。继续进行全省第二批"示范高中"的检查评估工作和普通高中的相关复查、验收工作。充分调动了地方、学校建设和发展高中教育的积极性，为实现"十五"高中教育发展的目标奠定基础。

〔**幼儿教育与特殊教育**〕出台《吉林省〈幼儿园教育指导纲要〉实施意见》，完成全省第三次幼儿园注册登记工作，接受了国家督导团幼教专项督导评估，继续组织全省示范幼儿园的检查评估工作，共有21所幼儿园接受评估，完成百所示范幼儿园的评估验收工作。召开全省特殊教育工作会议，表彰奖励全省特教战线的先进典型，组织实施特殊教育实验学校的建设项目，共有18所特殊教育学校接受首次评估。在全国会议上介绍了随班就读经验。有效开展扶残助学专项活动和"中国残联专项彩票公益金助学项目"及相关工作，1 000多名残疾儿童得到资助。

〔**适应农村税费改革，确保农村教育经费到位**〕2004年，吉林省率先实行免征农业税试点。制定了取消农业税后如何确保农村义务教育投入的措施，并力争在国家转移支付资金中划定额度，争取设立农村中小学公用经费、校舍修缮等专项经费，确保农村义务教育投入不减少，且逐年有所增长。据统计，2004年农村税费改革转移支付兑现率高于2003年，总额达3.2亿元。

〔**改善农村中小学办学条件**〕2004年在农村学校相继实施了中小学危房改造、布局调整、信息教育、寄宿制学校建设等六项工程。全年农村中小学改造危房33.4万平方米，投入资金2.2亿元；中小学布局调整合并学校736所，投入资金1.9亿元；建成158所农村寄宿制中小学，投入资金1.12亿元；改造294所农村中小学食堂和饮用水设施，投入资金5 300万元。

〔**"一费制"试点工作**〕2004年，辽源市、通化县等五个市、县义务教育阶段试行"一费制"收费。从年初开始，在全省范围内，对各项收费做了认真调查和测算。拟定试点方案，10余次征求各级教育、财政、物价以及校长、教师、学生家长的意见，并听取省人大、省政协的意见，省政府、省教育厅党组先后召开专题会议，印发《吉林省义务教育阶段"一费制"收费试点方案》。

〔**中小学思想道德建设**〕省委、省政府召开了全省加强和改进未成年人思想道德建设工作会议。省教育厅党组印发贯彻省委、省政府《实施意见》的落实措施，并成立了中小学德育工作领导小组。召开全省教育系统加强和改进未成年思想道德建设工作会议暨中小学学科教学加强思想品德教育现场会，下发6个文件，组织8项专项检查，做到了出实招、办实事、解难题、见实效。

〔**民族教育**〕落实国家和全省民族教育工作会议精神，以双语教学改革为重点，积极推进民族教育的教学改革，做好东北三省朝鲜族教育协作工作。加强师资队伍建设，认真开展教师培训工作。1 800名教师接受培训，安排12名民族、边境地区中小学校校级后备干部挂职培训。举办东北三省蒙古族教育教学研讨会议。加大对民族教育扶持力度，组织开展援建工作，47名西藏日喀则地区管理干部在吉林农业大学和吉林建工学院开班学习。

职业教育与成人教育

〔**骨干示范学校建设工程**〕按照全省职业教育工作会议确定的"打造一批龙头学校、做强一批特色学校、每县一所骨干（示范）学校"的方针，实施百所骨干学校建设工程。2004年3月，教育部办公厅公布的新调整认定的首批国家级重点中等职业学校名单上，吉林省21所学校全部通过，"百强校"建设工程有了良好开端。继续抓骨干示范校建设，第二批国家级重点校和省级示范校评估认定工作已启动，各市（州）根据省里的统一部署，一批学校正在上条件、上水平，以评促建。根据适应振兴吉林老工业基地建设、加快五大产业基地建设的要求，围绕劳动力市场的需要，进一步推进职业教育的科类、专业结构的调整，部署实施了中等职业学校省级骨干专业建设工程，评估确定了首批省级骨干示范专业点。

〔**探索新的运行机制和办学模式**〕积极推进职业教育的城乡互动，资源共享，连锁"经营"，集团化发展。城市职业学校与农村职业学校以协议办学、分段培养、"订单"招生等多种形式联合招生，合作办学，以动态的培养方式弥补静态的学校布局的局限性，城乡互动势头良好。职业学校与企业合作办学实行“订单”教育，职业教育更贴近市场需求，激发了办学活力。全省国家级、省部级重点中职学校及部分县级骨干学校都实行了“订单”教育，占全省中等职业学校的40%以上。

〔**技能型紧缺人才培养培训工程**〕根据教育部等六部委关于实施制造业、现代服务业技能型紧缺人才培养培训工程的部署，结合省振兴老工业基地的需要，在数控技术、计算机应用、汽车维修领域技能型紧缺人才培养培训基地中，已有12所高、中等职业学校入选。同时还在电子技术、建筑技术、现代服务、医疗护理、制药、石化、绿色食品工程等领域确定20余所学校作为技能型紧缺人才培养培训基地。选择34所学校，计划按三个层次建设公共性、示范性、基础性职业教育实训基地，配合技能型紧缺人才培养培训工程的实施。

〔**谋划农村职业教育发展**〕加快县级骨干示范学校（职教中心）建设，经过调研，起草了县（市、区）职业教育中心建设意见，根据各县、市、区人口规模、初中毕业生数量、高中阶段教育普及率规划等参数，参照教育部颁布的中等职业学校设置标准，制定了县级骨干示范学校（职教中心）的分类分区规划标准。积极探索新形势下农村“三教统筹”、“农科教结合”的路子。与农业、劳动等部门密切配合，参与制定规划，落实措施，开始实施农村劳动力转移培训的“阳光工程”。县级职业教育中心大多已经成为实施“阳光工程”的主要阵地。

〔**自学考试**〕承担学历性自学考试和社会性证书考试共计11项考试任务。2004年共组织不同规模11项23次考试。开考专业163个，其中新开考专业10个。全年报考总人数为508 889人，总科次数为1 207 055科，新生总人数为48 609人。考试课程总数为1 443门。全年毕业生总人数为43 075人。非学历报考总人数为117 107人，获得证书人数43 139人。11项23次考试均未发生任何泄题、失密、工作人员违规、严重失误等现象。

高等教育

〔**高校为振兴吉林老工业基地服务**〕先后举办高校为振兴汽车、石油化工、绿色生态型农产品加工、中药现代化与生物制药、光电子信息产业服务五个专家论坛和吉林省高等学校经济与社会发展研讨会、振兴吉林老工业基地技能型人才发展战略研讨会，起草了《高等学校为振兴吉林老工业基地服务行动计划（2003—2007年）》。《行动计划》包括4个部分：（1）紧紧围绕老工业基地振兴，加快高等学校学科专业结构调整，实施紧缺人才培养工程；（2）紧紧围绕老工业基地振兴，实施科技创新、科技开发、成果转化服务振兴工程；（3）建立互动机制，促进高等学校在为老工业基地服务中发展和振兴；（4）深化改革，推进体制和机制创新，为振兴老工业基地服务提供宽松环境和政策保障。召开高校为振兴吉林老工业基地服务工作会议，省委书记王云坤、副省长李锦斌分别在会上作了重要讲话，吉林大学等7所学校进行了大会经验交流，表彰了14个为振兴吉林老工业基地服务工作先进单位，组织了15项高校与企业科技合作项目签约。举办高校为振兴吉林老工业基地服务科技成果展洽会，27所高校349个科技项目和科技成果参展，已转化的项目和成果达175项。省教育厅与上海市教委签署了“吉林—上海教育合作交流协议书”，在广东—吉林振兴吉林老工业基地产业项目推介宣传周活动期间，组织高校选出高新科技项目60项寻求科技对接，有12个项目协议签约，协议金额

2.7亿元。组织了吉港粤部分高校、企业教育与经济技术合作洽谈，在6个方面达成15项合作意向。

〔**高职高专教育改革与发展**〕一是大力推进“双证书”制度的实施，全省19所高职高专院校已建立职业技能鉴定所。其中有2所为全国确定的首批5所高等院校职业技能鉴定试点校。二是组织开展第二批高职高专专业教学改革试点工作，组织专家对有关院校专业教学改革试点工作进行指导。三是根据《教育部、财政部关于推进职业教育若干意见》要求，组织省内职业院校实训基地申报工作，确定吉林省职业院校申报中央财政支持实训基地名单，制定了《吉林省高职高专院校实训基地建设规划》。四是根据《教育部办公厅关于全面开展高职高专院校人才培养工作水平评估的通知》要求，制定了《吉林省高职高专院校人才培养工作水平评估的安排意见》。五是召开振兴吉林老工业基地技能型人才发展战略研讨会，对高职高专如何培养适应振兴吉林老工业基地需要的技能型人才提出了明确的要求。

〔**提高高校办学水平和教学质量**〕加快省重点高校建设，组织专家遴选考察长春理工大学等6所省属高校，报经省政府同意，长春理工大学、长春税务学院、东北电力学院、长春中医学院、北华大学、吉林师范大学成为第二批省重点高校。省重点高校已发展到9所。进一步推进教学改革和实验、实训基地建设。一是加强高校课程建设。组织专家进行省精品课程和省优秀课程遴选，有21门课程被评为省级精品课，其中9门课程经教育部遴选确定为国家级精品课（部属校6门，省属校3门），实现了省属校国家级精品课零的突破。二是推进大学外语教学改革，在吉林大学等7所高校进行了大学英语教学改革试点。三是推进实验实训基地建设，遴选17个省示范性基础课实验教学中心，2个省示范性工程训练中心，促进优质实验、实训基地的共用共享。四是强化高校学生创新精神和实践能力培养，继续组织高校参加全国大学生数学建模、电子设计、外语和挑战杯科技作品制作竞赛，参赛项目、队数、人数和获奖数都有增加。高校包揽了电子商务大赛的所有省级奖项，并获得了全国大赛的银奖；数控技能大赛有两人获省一等奖，占省一等奖总数的三分之一。五是促进高校教学手段的改革。组织高校教育技术成果评奖，有力地促进了教育技术在全省高校教学中的推广和应用，提高了课堂教学的质量和效益。进一步推进高等教育教学评估。会同长春工业大学做好教学工作水平评估的有关工作。对11所高校图书馆进行了专项评估。认真开展独立学院专项检查，精心组织教学成果申报和评审工作。召开省高等教育省级教学成果奖励工作部署大会，共评选出省级特等奖7项，一等奖53项，二等奖60项，三等奖125项。

〔**高校毕业生就业工作**〕根据吉林老工业基地振兴特别是五大产业基地建设人才需求情况开展专项市场调查，提交了高校专业设置、人才需求等方面的调查报告。建设并开通了吉林省大学生就业网站，为高校毕业生就业提供便捷、高效的服务。截至2004年底，全省研究生、本科生、高职高专毕业生的就业率分别达到98.5%、92.8%和75%，毕业生就业人数为65 700人。全面开展毕业生就业评估工作。组织实施高等教育“专升本”工作，为高职高专优秀毕业生继续深造创造条件。

〔**高校党建和思想政治工作**〕加强高校领导班子建设。按照“政治家、教育家”要求，选准配好高校领导干部。配合省委组织部认真做好公选高校领导干部的选拔考察工作。切实加强高校领导班子思想政治建设，召开专题座谈会14次，形成了《吉林省高校领导班子思想政治建设情况调查报告》。与省委组织部共同开展了对省属27所高校领导班子和186名校级领导干部进行全面考察。重新调整了省管领导班子后备干部队伍，按照120%比例推荐确定300名省管领导班子后备干部。加强对干部教育的培训。全年共选派73名各级各类干部接受培训，19名高校领导干部赴美培训。认真加强高校基层党组织建设，召开第十一次全省高校党建工作会议，出台《关于加强民办高校党建工作的意见》，下发《关于加强和改进在高校大学生中发展党员工作的意见》。进一步加强高校领导班子的党风廉政建设，把党风廉政建设作为高校领导班子建设的重要任务来抓，经常开展各种形式的警示教育和廉洁自律教育。同时，狠抓高校反腐败工作，并取得了明显成效。

加强和改进高校思想政治工作。召开全省高校宣传思想工作会议，有效开展系列形势政策教育活动，组织开展向优秀人民教师和科技工作者陈学求同志学习活动。组织开展高校“两课”精品课推选和“两课”“精彩一课”教学观摩评比选拔活动。突出抓好高校思想政治教育调研，积极采取措施，认真加强网络建设。

〔**高校安全保卫和政治稳定工作**〕加强高校安全保卫和政治稳定工作。开展学校安全工作大检查，及时整治安全隐患，落实防范措施。财政拨款1 500万元，学校配套1 500万元，分三年解决高校火险隐患。切实加强校园110建设工作，在吉林大学召开现场会，全省高校大都建立了校园110报警服务系统。认真开展校园及周边治安环境整治工作。对专科、高职和民办高校的安全保卫工作进行检查评估。切实加强高校“法轮功”人员的转化工作，2004年转化率达34%。进一步完善了学校预防和处置突发事件预案，持续保持了高校的稳定。

撰稿　陈凤君

审稿　王青逯

黑龙江省教育

概　况

〔基本情况〕

2004年黑龙江省各级各类学校校数、教职工、专任教师情况

	学校数（所）	教职工数（人）	专任教师数（人）
一、高等教育			
（一）研究生培养机构（不计校数）	(23)		
1. 普通高校	(15)		
2. 科研机构	(8)		
（二）普通高等学校	59	64 831	32 119
1. 本科院校	25	48 605	23 328
2. 专科院校	34	13 829	7 372
其中：职业技术学院	31	12 465	6 584
3. 其他机构（点）（不计校数）	(11)	2 397	1 419
其中：独立学院	(9)	2 073	1 209
（三）成人高等学校	34	9 045	4 914
（四）民办的其他高等教育机构	45	2 088	1 177
二、中等教育	3 126	209 849	164 931
（一）高中阶段教育	839	208 705	47 442
1. 高中	504	185 475	32 834
普通高中	479	185 184	32 648
成人高中	25	291	186
2. 中等职业教育	335	23 230	14 608
普通中专	44	6 055	3 039
成人中专	136	6 429	4 319
职业高中	155	10 129	6 981
技工学校			
其他机构（教学点）（不计校数）	(62)	617	269
（二）初中阶段教育	2 287	1 144	117 489
1. 普通初中	2 218		116 824
2. 职业初中	11	345	317
3. 成人初中	58	799	348
三、初等教育	12 718	206 564	177 201
（一）普通小学	10 791	201 911	175 274
（二）成人小学	1 927	4 653	1 927

续表

	学校数（所）	教职工数（人）	专任教师数（人）
其中：扫盲班	443	920	574
四、工读学校	1	28	24
五、特殊教育	73	2 484	1 910
六、学前教育	3 179	24 145	13956

注：1. 普通高中的教职工数中包含普通初中的教职工数。
2. 技工学校数据为 2003 年数据。
3. “（ ）”内数据均不计校数。

2004 年黑龙江省各级各类学历教育学生情况

	毕业生数（人）	招生数（人）	在校生数（人）
一、高等教育			
（一）研究生	5 345	12 023	30 268
博　士	709	1 942	6 455
硕　士	4 636	10 081	23 813
（二）普通本专科	84 694	149 781	465 703
本　科	51 139	83 335	300 777
专　科	33 825	66 446	164 926
（三）成人本专科	61 932	76 706	136 358
本　科	20 756	32 351	57 795
专　科	41 176	44 355	78 563
（四）其他各类高等学历教育			
1. 在职人员攻读博士、硕士学位		2 134	7 220
2. 网络本专科生	7 816	8 765	13 969
本　科	1 863	3 936	9 088
专　科	5 953	4 829	4 881
3. 学历文凭考试	1 855	3 446	3 971
4. 自学考试			
5. 其他	669		1 718
二、中等教育	791 654	736 404	2 658 016
（一）高中阶段教育	217 848	277 097	776 013
1. 高中	147 858	203 315	553 475
普通高中	139 441	203 315	546 793
成人高中	8 417		6 682
2. 中等职业教育	69 990	73 782	222 538
普通中专	34 596	33 267	107 997
成人中专	14 059	11 182	31 785
职业高中	21 335	29 333	82 756
技工学校			
（二）初中阶段教育	573 806	459 307	1 882 003
1. 普通初中	549 422	458 048	1 863 607
2. 职业初中	6 497	1 259	11 969
3. 成人初中	17 887		6 427
三、初等教育	523 780	383 832	2 358 641
（一）普通小学	462 923	383 832	2 315 394
（二）成人小学	60857		43 247
其中：扫盲班	7 475		12 631
四、工读学校	12	20	48
五、特殊教育	566	760	6 475
六、学前教育	344 382	304 094	422 998

注：特殊教育学生数中包括普通中小学随班就读的学生。下同。

2004 年黑龙江省各级各类非学历教育学生情况

	毕（结）业生数（人）	注册生数（人）
一、高等教育	51 808	47 039
（一）研究生课程进修班	826	1 044
（二）自考助学班	6 252	16 804
（三）普通预科生		5 146
（四）进修及培训	44 730	24 045
其中：资格证书培训	15 886	2 434
岗位证书培训	10 424	5 652
二、中等职业教育	1 667 569	1 385 924
其中：资格证书培训	82 703	72 279
岗位证书培训	160 876	205 266
（一）中等职业学校	113 517	54 616
其中：资格证书培训	28 096	15 649
岗位证书培训	41 227	19 178
（二）职业技术培训机构	1 554 052	1 331 308
其中：资格证书培训	54 607	56 630
岗位证书培训	119 649	186 088

2004 年黑龙江省各级民办教育基本情况

	学校数（所）	毕业生数（人）	招生数（人）	在校生数（人）	教职工数（人）	专任教师数（人）
一、高等教育						
（一）普通高校		1 793	14 993	26 908	3 786	2 303
1. 普通高校	5	1 658	6 776	12 740	1 713	1 094
本科学生			1 603	2 689		
专科学生		1 658	5 173	10 051		
2. 独立学院	(9)	135	8 217	14 168	2 073	1 209
（二）成人高校						
（三）民办的其他高等教育机构	45	13 313		31 741	2 088	1 177
二、中等教育机构						
（一）高中阶段教育	101	11 275	22 246	56 072	8 471	6 413
其中：普通高中	95	10 674	21 446	53 931	8 331	6 324
中等职业学校	6	601	800	2 141	140	89
（二）初中阶段教育	96	17 274	20 176	81 557		
其中：普通初中	96	17 274	20 176	81 557		
职业初中						
（三）职业技术培训机构	798	144 546		110 151	2 616	2 067
三、普通小学	59	3 530	4 761	22 217	1 670	1 226
四、幼儿园	2 578	60 164	93 917	154 116	12 087	6 901

注：“（ ）”内数据不计校数。

〔**农村教育暨农村教育工作会议**〕2004 年 9 月 3 日，省政府印发《关于进一步加强农村教育工作的意见》，提出了全省农村教育改革和发展的目标任务：(1) 实施“两基”攻坚、“普九”巩固提高和“双高（高水平、高质量）普九”工程。到2007年，未“普九”的县（市），要实现“普九”目标，高中阶段毛入学率达到50%左右，接受幼儿园一年教育率达到70%，青壮年文盲率控制在1%左右。已实现“两基”的经济发展中等水平县(市)，要基本消除薄弱学校，使适龄儿童少年全部入学，小学、初中在校生年巩固率分别达到99%、97%以上，力争高中阶段毛入学率达到55%以上，接受幼儿园两年教育率达到60%以上，青壮年文盲率控制在1%。已实现“两基”的经济发达县(市)，力争实现“双高普九”目标，高中阶段毛入学率达到65%以上，基本普及幼儿园三年教育，青壮年文盲率控制在1%以内，杜绝“复盲”现象的发生。(2)实施农村中小学现代远程教育工程。到2007年，全省建成多形式、多层次的现代远程教育网络，农村初中和乡（镇）中心小学以及农村小学教学点，基本实现“校校通”工程。(3)实施援助农村教育工程。全面开展城市学校对口支援农村薄弱学校活动，重点扶持边远贫困地区和少数民族地区的农村中小学校。全面推进“村村大学生计划”，力争到2007年，全省实现村村有大学生的目标。(4)实施农村教师素质提高工程。深化师范院校改革，加快培养一批农村教育改革需要的高素质教师。推进农村中小学人事制度改革，实行教师资格和聘任制度。深入开展适应新课程改革需要的继续教育工作，努力构建农村教师终身教育体系。(5)实施兴农富民服务工程。大力开展农村实用技术和农村富余劳动力培训，力争到2007年，全省建立一批实用技术和职业技能培训基地，转移农村富余劳动力300万人，培训农村劳动力1 200万人次，为农村发展和农民致富服务。

同时，《意见》还向各级政府提出了落实“以县为主”的农村义务教育管理体制，加大投入，建立健全经费保障机制；推进农村中小学人事制度改革，努力提高教师整体素质；坚持为“三农”服务的方向，深化农村教育改革；建立健全资助家庭经济困难学生就学制度，保障农村适龄儿童接受义务教育的权利；加强农村教育信息化建设，促进教育资源共享与质量提高；切实加强领导，广泛动员全社会关心支持农村教育等要求。

2004年9月6日—7日，全省农村教育工作会议召开。省长张左己在讲话中强调，各级党委、政府必须切实加强对农村教育工作的领导，强化责任，完善机制，抓好各项农村教育工作的落实。要全面落实农村教育工作的领导责任制，努力形成齐抓共管的发展合力，切实加强农村教育督导评估与监控工作，积极改善和优化农村教育发展环境，认真解决好农村教育的重要和难点问题，努力把全省农村教育工作推向新阶段。

〔**建立对县级政府教育工作督导评估制度**〕2004年4月21日，省政府办公厅转发省教育厅制订的《关于对县级人民政府教育工作进行督导评估的工作方案》。《方案》的主要内容是：(1)领导职责；(2)教育改革与发展；(3)经费投入与管理；(4)办学条件；(5)教师队伍建设；(6)教育管理。督导评估的范围是全省各县、不设区的市、市辖区和企业办学单位，对象是县级人民政府及其有关职能部门。

督导评估结果分为优秀、合格、不合格三个档次。凡被评为优秀的县（市、区），省政府给予表彰奖励。被评为不合格的县（市、区），要限期整改，整改后经复查仍然不合格的，取消“两基”达标称号，并责成其重新申报“两基”验收。参加“双高”普九验收的县（市、区），经评估达到“双高”普九标准的，省政府授予“双高”普九县（市、区）称号并予以表彰奖励。

〔**加快发展民族教育**〕2004年7月26日，省政府颁发《关于深化改革 加快发展民族教育工作的意见》。《意见》提出了发展民族教育的目标任务：“十五”期间，民族地区要实现“两基”目标，小学辍学率控制在1%以内，初中辍学率控制在3%以内，青壮年文盲率控制在1%以内，使15至24周岁脱盲人员普遍接受继续教育和培训。建设一批省、市级少数民族示范性普通高中学校。加快筹建省民族职业学院，办好省属高校少数民族预科教育，使全省各级各类民族教育结构更趋合理。全面启动少数民族基础教育课程改革，大力推进素质教育。到2010年，进一步巩固提高少数民族“两基”成果，基本实现少数民族义务教育均衡发展，大部分县（市、区）达到“双高普九”标准。90%以上的民族中小学实现“校校通”。高中阶段毛入学率达到65%以上，少数民族适龄人口接受高等教育的毛入学率达到23%左右，基本形成包括民族幼儿教育、基础教育、职业教育和高等教育在内的比较完整、具有特色的民族教育体系。为确保目标任务的实现，《意见》还同时提出了加快发展民族教育的具体措施。

〔**面向社会人员认定教师资格**〕2004年，省教育厅正式启动并完成了首次面向社会人员认定教师资格工作。全省认定教师资格人员60 869人，其中认定高校教师资格6 722人，认定中学、职业学校教师和实习指导教师资格1 165人，认定中小学教师资格52 179人，认定幼儿园教师资格803人。

基础教育

〔**综述**〕2004年，全省基础教育以实施教育为老工业基地振兴服务为主线，以巩固“两基”、扩大高中优质资源为重点，加强了基础教育分类推进。坚持把农村教育作为“重中之重”，在全省实施了“一费制”收费管理办法，实施助学行动和义务教育阶段农村学生“两免一补”，并取得良好效果。幼儿教育的普及率不断提高。

制定了《黑龙江省“两基”攻坚规划》和《黑龙江省农村寄宿制学校建设工程实施方案》。按照教育部、国家发改委、财政部《关于编报2004年“西部地区农村寄宿制学校建设工程”中央专项资金项目计划建议方案的通知》要求，确定2004年建设项目24个，资金投入4 500万元。各项建设项目已经按计划组织实施。

省政府教育督导室组成“两基”评估验收组，于2004年10月对杜尔伯特蒙古族自治县和绥滨县“两基”工作进行了全面评估验收，并经国家审核合格，列入全国第十一批实现“两基”的名单中。到2004年底，全省累计已有97%的人口地区实现了“两基”，只有富裕县、拜泉县、林甸县尚未完成。省政府教育督导室发出《通知》，就如期完成全省“两基”攻坚任务，促进“两基”巩固提高工作健康持续发展等相关问题提出了要求。

解决进城务工就业农民子女入学问题。2004年10月9日，省政府印发《黑龙江省人民政府办公厅转发省教育厅等部门关于切实做好进城务工就业农民子女义务教育工作意见的通知》，11月，又开展了“进城务工就业农民子女接受义务教育情况”的专项督导，有效解决了进城务工就业农民子女入学问题，提高了义务教育的水平。

〔**完善义务教育投入保障机制**〕2004年，黑龙江省进一步完善和实施了中小学教师工资县级财政统发制度，确保了国标工资及时发放，没有形成新的拖欠。确定了城乡中小学公用经费基本标准、财政拨款标准、收取杂费标准和保障办法。农村中小学公用经费基本标准为中学每生354元（含杂费）/年、小学每生305元（含杂费）/年。中小学公用经费以财政拨款为主，扣除学校收取的杂费外，财政部门要足额予以保障。21个贫困县农村学生免收杂费，所需公用经费由县级以上政府全额予以保障，达到100%；非贫困县农村，初中收取杂费90元/年/生，小学60元/年/生，政府财政公用经费拨款标准为初中264元/年/生，小学245元/年/生，政府财政拨款比例分别占初中和小学公用经费的74.6%和80.3%。强化县级财政和教育部门对农村教育经费和资产的管理。农村中小学经费实行部门预算管理。为了保证公用经费能够落实，省监察厅、纠风办等5部门联合制定印发了《黑龙江省中小学公用经费监督管理和责任追究办法》。

〔**幼儿教育**〕2004年7月7日—8日，省教育厅在佳木斯市召开了黑龙江省幼儿教育工作现场推进会，会议现场参观了佳木斯市实验幼儿园，表彰了在幼儿教育工作中涌现出的先进集体和先进个人。全省幼儿教育已初步形成了以公办幼儿园和示范幼儿园为骨干、社会力量办园为主体、公办和民办相结合的幼儿教育发展新格局，基本满足了人民群众子女接受学前教育的要求。全省55%以上的适龄儿童接受了学前三年教育。

2004年，省政府印发了《关于全省幼儿教育改革与发展的实施意见》，提出了今后四年黑龙江省幼儿教育改革与发展的总目标：学前三年儿童受教育率达到65%，学前一年儿童受教育率达到80%。大中城市普及学前三年及幼儿教育。全面提高0～6岁儿童家长及看护人员的科学育儿能力。

〔**课程改革实验工作**〕2004年7月16日—18日，在牡丹江市召开了全省义务教育课程改革实验工作推进会议。会议期间，听取了28个单位（教育局、进修学校及中小学）的经验介绍，与会人员参观了宁安市、立新小学等5个现场，表彰了先进单位和个人。2004年，省教育学院对69个地市级课改实验区的学科骨干进行了省级培训。全省课改实验区增加到164个，使用新教材的中小学生60余万人，占全省小学和初中在校生总数的13%。

〔**发展高中教育**〕2004年8月2日—4日，在嫩江县召开了黑龙江省县域高中教育工作现场推进会议。副省长程幼东到会讲话。会议期间，与会代表听取了嫩江县政府的经验介绍，参观了海江中学、职教中心等7个现场。2004年，黑龙江省普通高中教育有较快发展，优质高中资源不断扩大，普通高中容纳能力不断增强，办学规模和办学效益不断提升，高中瓶颈问题有所缓解。2004年，普通高中调整为479所，校均规模由1 010人增加到1 140人。招生20.3万人，比2003年增长1.6万人，普通高中在校生达到54.6万人，比2003年增长7.1万人。高中阶段毛入学率由2003年的37.9%达到42%以上。在原有42所省级示范性高中的基础上，对第三批申报的25所省级示范性高中进行了评估，有力推动了各地普通高中的建设。

〔**落实助学行动计划**〕2004年，黑龙江省将落实助学行动计划作为重中之重，扎实推进。进一步完善了机构建设，积极开辟筹资渠道，构建助学金、奖学金制度建设。建立了黑龙江省贫困学生档案管理系统，为80万义务教育阶段的贫困学生建立了电子档案。各地市县也相继成立了助学机构，配备了具体工作人员；大部分市（地）、县已建立了助学金专户。截至目前，省政府助学金已达到3 818.5万元，省财政投入2 600万元；各地市政府助学金已达10 063万元，全省社会各方面捐助资金达到了5 931万元，合计各级政府助学金总数为13 881.5万元。已经有41.4万中小学贫困学生得到了不同程度的救助。

继续推进“两免一补”。从2003年开始，黑龙江省已将助学工作纳入省委十项利民行动计划。2004年，省教育厅进一步完善机构，加强宣传，扎实推进，以实施“两免一补”为核心，努力构建稳定长效助学机制，取得了良好成效。2004年，已下拨免费教科书款2 700万元，为全省72.6万名农村贫困学生和特殊教育学校学生提供了教科书款补贴；下拨省政府助学金2 875万元，为全省50多万名农村贫困学生和特殊教育学校学生减免了杂费；下拨1 406万元，对全省12.4万名家庭经济困难的农村寄宿制学生和特殊教育学校学生给予了生活补助。

〔**“双高”普九和“两基”巩固提高工作**〕2004年3月，省政府教育督导室发出《关于全省“双高”普九和“两基”巩固提高县（市、区）分类划分的通知》。《通知》指出：按照积极进取、实事求是、分区规划、分类指导的原则，从实际出发，黑龙江省可分为“双高”普九和“两基”巩固提高两类地区。《通知》要求：（1）成立领导机构，建立领导责任制。成立由县级政府主要领导为组长，有关职能部门参加的县（市、区）教育工作领导小组，领导、协调县（市、区）教育工作。建立教育目标责任制，并把完成情况列入县级政府主要领导和有关职能部门领导政绩考核的重要内容。(2) 切实保障教育经费投入。切实做到教育财政拨款的增长高于财政经常性收入的增长，在校生人数平均教育费用逐步增长，教师工资和学生人均公用经费逐步增长。安排使用上级转移支付资金时要优先保证教育经费支出，确保上级拨付的专项教育资金按时足额拨付到位，严禁截留、挤占和挪用各种教育经费。(3) 协调发展教育事业。切实做好“两基”巩固提高和“双高”普九工作，加快普及高中阶段教育和学前三年教育，努力做到县域内义务教育、幼儿教育、普通高中教育、职业教育和成人教育协调发展，公办教育与民办教育共同发展，形成基础教育、职业教育和成人教育“三教统筹”以及经济、科技和教育相结合的教育改革与发展格局。(4) 加强教师队伍建设，调整优化教职工队伍结构。全面实施教师资格制度和聘任制度，严格聘任程序和准入制度。加强对教师政治思想、师德、履行岗位职责情况的考核。(5) 积极改善办学条件，逐步实现教育设备的现代化。(6) 加强教育管理，逐步实现教育管理的科学化。(7) 认真搞好县（市、区）自评和市（地）督评工作，推进“双高”普九目标的实现和“两基”巩固提高工作再上新阶段。《通知》确定12个市（地）的一些县（区）及相关企业参加“双高”普九督导评估和“两基”巩固提高督导评估。

〔**加强未成年人思想教育**〕2004年，省教育厅贯彻中央《关于加强和改进未成年人思想道德建设的若干意见》和全省加强和改进未成年人思想道德建设工作会议精神，把青少年德育工作作为教育工作的头等大事来抓。按照中小学生身心发展状况和德育工作规律，确定了“三贴近”（贴近生活、贴近实际、贴近未成年人）的德育原则，以培养青少年基本道德观念、良好生活习惯和社会责任感为宗旨，以实践基本道德规范为着力点，强化了学校德育主渠道的作用，加强了德育课程与教学改革；依据各地不同特点，设立了8个不同内容的德育试点单位，开展德育研究；以体验教育为重点，在全省中小学开展了“五讲五做”（讲礼貌，做言行文明的青少年；讲友善，做关爱他人的青少年；讲诚信，做表里如一的青少年；讲卫生，做身心健康的青少年；讲自立，做自强上进的青少年）、“六个一”（即各中小学每个学年组织学生祭扫一次烈士墓，参观一次爱国主义教育基地，进行一次文艺演出，组织一次运动会，看一场好电影，参加一次公益性活动）、“三远离”（远离网吧、远离乱花钱、远离不良嗜好）等主题教育活动，利用清明节、端午节、“五四”、“六一”等传统节日和法定节假日，开展革命传统教育和中华美德教育。进一步加强了青少年校外活动场所建设和管理，教育系统所有的青少年活动场所在双休日、节假日、寒暑假都全天向未成年人开放，凡是教育系统内部开展面向未成年人的大型活动一律实行免费，中小学校的各种专用教室、体育场馆、图书馆（室）节假日向本校学生开放。9月，在全省开展了以“伟大的民族精神是中华民族生生不息的力量源泉”为主题的“民族精神教育月”活动。11月，结合国家专项检查，对全省青少年活动场所建设和经费使用情况进行了全面检查。

〔**体育、卫生、艺术教育**〕2004年，省教育厅认真贯彻《义务教育课程标准》和“每天锻炼一小时，健康工作五十年，幸福生活一辈子”的倡议，在中小学进一步完善以“大课间活动”为主要内容的课外文体工程，通过各种小型多样的单项比赛，带动和影响学生参加体育活动的兴趣。认真做好中小学豆奶计划的收尾工作，有计划地实施学生奶和营养餐工作。按照《黑龙江省中小学校卫生工作评估细则》，与省卫生厅共同对全省中、小学食堂卫生进行抽查，对不合格的食堂提出黄牌警告。制定了中小学校艺术教育工作评估标准。

〔**中小学人事制度改革**〕2004年，省政府办公厅印发了《黑龙江省中小学人员分流工作意见》，规定，“中小学教师男满55周岁、女满50周岁〔乡（镇）、农村小学教师男满53周岁、女满48周岁〕，工勤人员男满52周岁、女满47周岁，或连续工龄满28年以上人员，本人自愿，经组织批准后可提前办理退休手续，也可提前离岗休养”。富锦、双城、讷河、兰西4县（市）进行了中小学人事制度改革工作试点，在中小学校长和教师聘任、分流安置富余人员、建立竞争激励机制、完善考核办法等方面取得了成功经验。7月，各地、市（县）相继成立了中小学人事制度改革工作领导小组。到2004年底，全省90%的县（市）已把编制核定到校。已有18个市县完成了中小学人事制度改革，占全省中小学校的22.5%。

通过人事制度改革，基本实现了县级教育行政部门归口管理中小学校长，理顺了中小学教师的管理体制。截至2004年底，全省有79%的县（市）中小学校长的管理权限归口到教育行政部门；有95%的县（市）理顺了教师管理体制；有79%的县（市）撤销了乡镇教育办。在人事制度改革中也发现一些问题：由于农村小学还存在着分散办学的问题，特别是一些边远、边境、少数民族地区的微型学校编制紧缺，如果按1∶16的标准配备教师，将严重影响教学工作；一些地区分流人员较多，受经济发展环境因素影响，安置困难；一些学校无教师资格证的顶岗人员占一定比例，各地市小学、初中、高中不具备教师资格证书的比例大体在1%、3%、9%左右，个别地区在10%以上，这部分人员如果全部分流，新教师补充有困难，教学将受到影响。

〔**中小学危房改造**〕2004年初，省财政厅、教育厅、发展改革委、建设厅、审计厅、监察厅6部门联合制定印发《黑龙江省农村中小学危房改造工程实施方案》，在核实危房的基础上，确定了三年改造规划和年度计划，明确了改造目标。4月底，省教育厅联合省财政、计划等部门在鸡西市召开了全省危改工程现场会，有效推进了工作。5月，采取提前借资的办法，及时下达了2004年中央和省专款资金1.33亿元。6月和8月，财政部专员办和国家危改工程领导小组先后对黑龙江省危改工程进行了检查；同时，省危改办还要求各市县危改办对每个项目进行了检查。到2004年底，国家和省已经累计投入专项资金5.48亿元，改造D级危房学校1 184所，危房面积116万平方米。

职业教育与成人教育

〔**综述**〕2004年，黑龙江省职业教育与成人教育坚持巩固、深化、提高、发展的方针，以服务为宗旨，以就业为导向，以创新为动力，使全省职业教育与成人教育进一步优化发展。

2004年，省人大教科文卫委员会组织了对《中华人民共和国职业教育法》、《黑龙江省职业教育条例》（以下简称“一法一条例”）执行情况的检查。检查坚持依法治教的原则，突出了为黑龙江省老工业基地振兴服务，对实施“一法一条例”取得的成绩、存在的问题提出了意见和建议。为进一步加大执法力度，省教育厅2004年6月开始对哈尔滨、齐齐哈尔、大庆、牡丹江、鸡西、鹤岗、佳木斯和双鸭山8个市（地）进行了职业教育的“一法一条例”执法检查工作。

2004年，经教育部批准，黑龙江省有齐齐哈尔铁路工程学校、黑龙江省商务学校、齐齐哈尔市职业教育中心学校、五常市职业技术教育中心学校、哈尔滨市第一职业高级中学等26所中等职业学校为新调整认定的首批国家级重点中等职业学校。

〔**举办全省职业院校职业技能大赛**〕为强化学

生专业技能与素质训练，提高学生的就业能力，省教育厅、省劳动和社会保障厅在2004年暑期联合主办了全省职业院校职业技能大赛。共有200多所高职、高专、中专、职高、技工学校的8 000多名选手参加，2 000多名选手进入决赛。竞赛内容分专业技能、专业知识、综合素质三个方面。赛项有数控技术，计算机应用技术、美容美发、烹饪、酒店服务与管理、护理、焊接、会计、汽车应用与维修、旅游、家用电子电器检测与维修11个专业，30多个工种。经专家评审，共评出一等奖150多名，二等奖300多名，三等奖700多名；最佳指导教师137名、优秀指导教师261名。

〔**颁布《黑龙江省民办中等职业学校设置标准》**〕根据《中华人民共和国民办教育促进法》及其实施条例、《教育部关于印发〈中等职业学校设置标准（试行）〉的通知》的相关规定，省教育厅于2004年12月14日，颁布了《黑龙江省民办中等职业学校设置标准（试行）》。《标准》共13条，主要规定了举办民办中等职业教育机构的组织应具有的法人资格，设置民办中等职业学校必须具备的管理条件，领导班子及校长条件，在校生要求，师资队伍数量，办学应有的基础设施的标准以及办学经费的来源和数量。

〔**农村劳动力转移培训**〕2004年6月，省教育厅转发《教育部关于农村劳动力转移培训计划》的通知，要求各地各部门、各学校结合本地实际，切实加强领导，尽快制定符合本地、本部门实际的实施方案和政策措施。根据全省农村经济发展和小城镇建设需要，加强建筑、家政、餐饮、营销、保安、服装、物业、食品等内容培训，促进农村劳动力进城谋业、创业和劳务输出。同时，强化养殖业培训，促进种植业富余劳动力向畜牧业转移。经过多方努力，全省完成农村劳动力转移培训45万人次。

为进一步做好全省农村劳动力转移培训工作，发挥职业院校和成人学校优势，省教育厅于2004年9月确认首批共57个全省农村劳动力转移教育培训基地。

〔**农科教结合示范基地建设**〕2004年，重点建设了30个农科教结合示范基地。（1）由各地市政府统筹规划，选择具备条件的县、乡（镇）政府，依托职教中心和综合中学，启动服务载体建设工程。利用农业技术、科研推广部门和县、乡（镇）职成教育学校的资源优势和网络体系，一方面搞好县农业技术推广部门、农业科研所和县中职学校的联合与协作。另一方面，在乡（镇）政府现有教育资源基础上，办好集普、职、成教育为一体的乡（镇）综合中学。在隶属关系、经费渠道不变的情况下，与乡（镇）农业综合服务站实行站校联合办公，实现资源共享，形成协同运作的服务载体。（2）建立示范基地。依托县办中职学校、综合中学的示范基地，建立县、乡（镇）“农科教结合示范基地”，并将其纳入当地政府农业科技推广与示范基地规划。充分发挥其农业科技成果和农民致富项目试验、示范和推广作用。（3）建立信息网络服务站。乡（镇）综合中学依托省农业信息网，建立并形成以乡（镇）成职学校为信息集散主体，示范基地为信息传播纽带，广大农民为信息接收实体，市场为信息反馈渠道的信息运输运行网络，使其更好地为农民培训、技术推广、信息发布、劳动力转移指导、政策法规咨询发挥积极作用。2004年，通过“农科教结合”、“三教统筹”机制培训农民183万人（次）。

〔**职工岗位培训**〕2004年，黑龙江省以实施在岗职工和下岗职工再就业培训计划为重点，启动了10类30个骨干专业和14个基地建设项目，加大了职教专项经费的贴息力度，安排1 000万元的贴息，学校贷款可达2亿元，职业培训工作有了新进展。

大力开展企业职业教育与培训工作。2004年，有60多所中等职业学校与省内外企业在数控、机电一体化等45个专业签订了6 000人的人才培养计划，开展“订单式”培训。全省完成在岗、下岗职工培训151万人（次）。

〔**社区教育**〕2001年11月和2003年12月，教育部先后确定哈尔滨市南岗区、佳木斯市前进区为全国社区教育实验区。之后，全省各地广泛开展了面向社区居民的各类教育培训活动，多形式、多层次地满足了社区居民不断增长的多样化学习需求，创建了一大批富有朝气与活力的学习型组织，促进了全民学习活动的开展。2004 年，全省社区教育机构培训在岗职工和再就业职工近 4 万人次。

2004 年，在各市（行署）教育行政部门推荐的基础上，经省教育厅审核，确定齐齐哈尔市龙沙区等 18 个区（市）为首批省级社区教育实验区。教育厅还将继续扩大社区教育实验区范围，并向县镇等农村地区拓展。

高等教育

〔**综述**〕2004 年，黑龙江省高等教育以实施教育为老工业基地振兴服务计划为主线，以质量提高和学科建设为重点，加速高校科技进入经济主战场，提高了为经济发展、科技进步的服务意识、服务能力和水平，高等教育实现了跨越式发展。59 所普通高校中，超万人规模的大学 16 所。普通高校专任教师比上年增加3 594人，其中正高级职务教师3 525人，副高级职务教师10 459人；有博士学位的教师2 377人，有硕士学位的教师7 421人。2004 年，全省高校教学仪器设备资产值36.66亿元；藏书3 652.93万册。共完成基建投资 26 亿元，在建校舍面积 284 万平方米，其中交付使用面积 53 万平方米，校舍面积增加到1 668.78万平方米，改善了学校的办学条件。

学位与研究生教育持续快速发展。新增的 123 个硕士点中，直接为经济建设和社会发展服务的应用性学科点占 84%。有博士和硕士生导师2 367人。经省学位委员会第十二次会议批准，哈尔滨学院、黑龙江工程学院成为学士学位授予单位。

以哈尔滨工业大学为龙头的高水平大学建设取得成果。全省高校有国家级重点实验室 1 个，部委属重点实验室 30 个，省重点实验室 9 个，省高校重点实验室 30 个。建成校企共建研发中心 6 个。国家百所人文社科重点研究基地 1 个，省人文社科重点研究基地 6 个，高校内设重点人文社科研究基地 27 个。有国家级大学科技园 2 个，科技园区 8 个。

整合、扩大助学金，帮助家庭经济困难学生完成学业。继续推进“绿色通道”政策，推动了国家助学贷款工作的落实，近万名贫困大学生无一名因贫困而辍学。以哈尔滨体育学院为试点建立了创业助学基地（超市），经营状况良好。

〔**高校布局结构调整**〕2004 年，在原大庆高等专科学校、绥化师范专科学校、齐齐哈尔大学黑河分校的基础上分别建立了大庆师范学院、绥化学院、黑河学院 3 所本科学校，使全省普通本科院校由上年的 22 所增加到 25 所。黑龙江水利专科学校、克山师范专科学校分别实质性并入黑龙江大学、齐齐哈尔大学。至此，基本完成了黑龙江省近几年普通本科院校布局结构调整的主要任务。继续发展高等职业教育。在原双鸭山矿务局职工工学院等 3 所学校的基础上成立了黑龙江煤炭职业技术学院，在原黑龙江省旅游学校和黑龙江省二轻职工大学的基础上成立了黑龙江旅游职业技术学院，在原黑龙江省森林工业管理干部学院的基础上建立了黑龙江生态工程职业学院，在原佳木斯三江美术学院的基础上建立了黑龙江三江美术职业学院。

〔**加强政治思想及道德教育**〕各高校贯彻《中共中央 国务院关于进一步加强和改进大学生思想政治教育的意见》，加强大学生思想政治工作，把学习贯彻“三个代表”重要思想引向深入，在全省高校全面启动了大学生基础道德教育活动。各高校广泛动员，全员参与，形成了“讲文明、树形象”的强势氛围，大学生的文明意识增强，基础文明状况改观。

为加强高校思想政治理论课教师队伍建设，省教育厅举办了思想政治理论课骨干教师培训班和青年教师思想政治理论课教学大奖赛，收效明显。深入推动大学生心理健康教育工作，省教育厅对全省58所高校的大学生心理健康教育工作进行了检查、督导。21所高校设立了专门的心理咨询室，29人获得心理咨询师资格，39人获得心理咨询员资格。已有90%的高校建立了心理咨询机构，并配备专、兼职教师，有80%的高校开设了大学生心理健康教育课程，有70%的高校为大学生建立了心理健康档案。利用假期组织大学生开展“三下乡”社会实践活动，东北农业大学等几所院校的“三下乡”活动得到团中央的肯定。

2004年，全省高校大学生党员比例为8.03%。入党积极分子队伍不断壮大，全省高校申请入党的学生占学生总数的52.39%，被列为入党积极分子的占申请入党人数的60.22%。大学生党员先锋模范作用突出，被评为三好学生、优秀学生干部的占86%，获一等奖学金的学生党员占88.99%。

〔**毕业生就业工作**〕省教育厅加强就业工作有关政策的落实与创新，出台了取消出省限制、不收出省费、取消师范类专科以下毕业生出系统费等促进就业的政策。开通了黑龙江大中专毕业生就业信息网，实现了国家、省、高校信息资源网上共享。加强就业指导工作，多数高校已开设就业指导课程，为毕业生创造更为宽松的就业环境。2004年，黑龙江省共有高等学校毕业生84 964人，普通高校毕业生一次就业率76.84%（研究生95.65%、本科生86.98%、专科生58.52%）。

〔**教师队伍建设**〕2004年，结合高校师资队伍的实际，省教育厅制订了《黑龙江省高等学校青年骨干教师培养培训计划》。加大对青年教师的培养力度，推动高校教师队伍整体素质的提高，面向全省高校教师举办了现代教育技术培训班、英语课程培训班。严格执行高校新任教师岗前培训制度，完成了近3 000名青年教师岗前培训任务，并取得了较好的培训效果。在高职高专院校推行教师“双师”制。

利用教育部“春晖计划”和“中国海外学人黑龙江创业洽谈会”两个平台，签约引进90余名海外学人到黑龙江省高等学校工作，其中86人具有博士学位。

〔**教学质量管理和教改工作**〕2004年，哈尔滨理工大学、黑龙江中医药大学顺利通过了教育部教学水平评估，并获得了优秀等级。东北农业大学扎实推进以评促建工作，通过教育部教学水平评估，取得良好成效。

省教育厅制定了全省高职高专、成人高校评估工作计划。鸡西大学的评估已经于12月进行。省教育厅组织了普通高校和高职高专教学管理队伍的培训，并组织专家到一些高职高专学校进行具体指导。对普通高校在全省17个市、县建立的120个函授教育辅导站进行了评估，停办撤销函授站31个，并向社会公告了合格函授站名单。形成了《黑龙江省普通高校函授站设立管理办法》、《黑龙江省普通高校函授站评估指标体系》。达到了“以评促建、以评促改、以评促管、评建结合、重在建设”的目的。

黑龙江省高等学校新世纪教改工程第四期立项工作初步完成。共有48所高校申报657项，初步入选467项。250项教改成果获得2004年省级教学成果奖。

2004年，“专升本”工作进一步改革创新，不仅打通了本专科相衔接的通道，在兼顾学科门类基础的同时，还适当拓宽了学生专业选择的面向，学员可根据兴趣和就业意愿选择专业。2004年，全省本科院校共招收“专升本”学员5 843人。

〔**学科、专业与课程建设**〕2004年，省属高校有国家级重点学科8个，省级重点学科112个。省属22所本科院校共申办本科专业94个，其中直接为振兴老工业基地服务的专业38个，占40.4%；相关专业15个，占16.0%，两项合计占到新申办专业的56.4%。精品课程建设取得进展。2004年，共评出省级精品课程50门，国家级精品课程10门，全省国家级精品课程达到14门，名列全国第12位。

在新增专业重点向老工业基地振兴需要倾斜的同时，引导一批相关、相近专业学生转入当前老工业基地振兴急需和就业需求旺盛的专业。据不完全统计，2003年、2004年调转专业的人数共达3 000多人，其中调转与老工业基地振兴急需的相关专业近1 500人。仅大庆石油学院近两年就从相关专业调转到石油工程类专业学生299人。省教育厅协调各有关部门共同支持“村村大学生”计划的实施与落实，组织编写了一套10本“村村大学生”专用教材。

〔**科研工作管理**〕省教育厅组织召开2004年全省高校科技工作会议，以实施教育为老工业基地振兴服务计划为重点，全面部署高校科技工作。与省科技厅、经委共同组织召开了全省加快高校、科研院所科技人员进入经济建设主战场动员大会，制定了《黑龙江省教育厅科技成果转化项目管理办法》，汇编了《黑龙江省高校可转化科技成果365项》。与省经委共同成立了省校企合作委员会及六个专门委员会，加强校企之间的沟通与合作。积极鼓励和支持高校开展科学研究工作。以加快全省小康社会建设和老工业基地振兴为重点，确定省教育厅科学技术研究项目和人文社科研究项目。2004年，科学研究项目389项，其中，为老工业基地振兴服务重大项目12项；人文社科研究项目396项，其中，围绕老工业基地振兴和理论、学术创新的重大项目52项。2004年，共评出省高校科技优秀成果奖95项。人文社科优秀成果奖169项。组织各高校参加省政府科技奖评选，41项获奖，其中一等奖2项、二等奖10项、三等奖29项。加强政策引导，制定了《黑龙江省关于加强省高职、高专院校科研工作的意见》和《关于加强高等学校知识产权的意见》。积极组织高校申报国家和教育部重点科技、人文社会科学研究项目。

〔**为老工业基地振兴服务**〕由全省有关高校参与的教育为老工业基地振兴服务的计划全面实施或启动。

“村村大学生”计划进展顺利。各有关高校积极调整人才培养结构，按照“村村大学生”计划，首批已经录取新生2 150人。2004年，“村村大学生计划（选派）”任务基本完成，1 123名志愿者已经被派送到村里任职。

为实施紧缺本科层次人才培养计划，省教育厅启动26个专业技术人才培训中心的建设工作，完成了在大庆石油学院、哈尔滨理工大学、黑龙江科技学院、黑龙江大学、哈尔滨商业大学5所学校的试点，分批启动了机械加工、计算机应用技术、外语、药业技术、煤炭生产技术安全人才培养培训工作。

启动高级经营管理人才培养培训计划。2004年，在哈尔滨工业大学和哈尔滨商业大学分别举办了全省招商引资与项目管理培训班。共培训631人，其中：130名市（地）、省直有关厅局领导在哈尔滨工业大学参加了培训；501名县（区）级领导在哈尔滨商业大学参加了培训。

积极推进实施高层次创新人才培养。省教育厅围绕老工业基地振兴的六大产业群，拟建立20个“产学研联合培养研究生示范基地”培养高层次创新人才，将企业和学校有机结合起来，形成优势互补、互惠互利、资源合理配置的研究生培养新体系。2004年，拟完成10个基地的设立，已完成挂牌和签订协议的有9个。

重点实验室建设计划于2003年底开始实施，对已建设的30个省高校重点实验室进行了验收和实施部分的整合；初步建立了黑龙江省高校重点实验室统计年报制度；已完成在部委属高校建立省高校重点实验室建设工作，确定挂牌重点实验室13个，实施建设的21个。

实施校企共建工程技术研究中心与研发中心计划。首批已有12所省属高校、申报了29个校企共建研发中心。经考察评估，确定6个研发中心给予重点支持。

实施振兴老工业基地重大项目支持计划。2004年，首批15所高校共计37项重大科技项目启动，其中有6个优秀项目得到重点支持。

实施高新技术成果转化计划。省教育厅根据要求对高校的科技成果进行疏理和挑选，选择科技含量高、成熟性好，具有很好发展前景和较大经济效益的应用技术，予以资助，进行产业化。已有12所高校择优推荐15项科技成果转化项目，经专家实地考察，2004年确定4个优秀项目给予优先支持。

大学科技园和高校科技产业发展计划已于2003年底开始实施，在2004年初制订了计划实施方案。省教育厅与省科技厅于10月联合召开黑龙江省高校大学科技园工作会议，起草了大学科技园发展规划、加强大学科技园发展的意见及省级大学科技园的认定办法等。

资源型城市（地区）转型科技服务计划于2004年4月开始实施。5月19日举行了高校为资源型城市转型服务计划启动仪式，在启动仪式上，邀请7个（市）地的主管科技工作的领导介绍本市（地）老工业基地振兴、科技发展和经济转型情况，以及对高校的科技和人才需要，省教育厅与7个市（地）政府共同签署了科技合作框架协议书。省教育厅于6月印发“关于征集企业项目需求与技术难题的函”，组织高校教师针对企业的需求进行对接和服务。

实施高级研发人员培养培训计划。针对项目建设，打造企业研发人才创新培训平台，有关高校已开展了相关的培训工作，2004年累计培训500余人。

〔**教育国际交流**〕2004年3月，省内17所高等学校参加了第18届韩国国际教育展，并在汉城和釜山举办了留学说明会。这是黑龙江省首次组织规模庞大的参展团参加国际教育展。

应俄罗斯联邦教育科技部和哈巴罗夫斯克边区政府邀请，经省政府批准，10月4日—9日，黑龙江省大学校长代表团访问了俄罗斯哈巴罗夫斯克市，并举办了“黑龙江教育文化周”活动。通过参加大学校长论坛、举行汉语教材赠书仪式、举办黑龙江高等教育展览、大学生艺术演出等活动，奠定了黑龙江省与哈巴罗夫斯克边区教育全面合作的基础，巩固了高校间的合作关系，提升了合作层次。

经教育部批准，黑龙江大学与俄罗斯远东大学联合培养研究生项目、哈尔滨师范大学和哈尔滨商业大学与澳大利亚维多利亚大学联合培养硕士研究生项目已经开始实施；省教育厅与加拿大阿尔伯塔省教育部签署了教师互访交流协议；日本高知工科大学继续为黑龙江省属高校教师提供攻读博士奖学金名额，招生录取工作正在进行。

积极拓宽外联渠道，发展同国外教育机构的联系。争取和利用外资项目取得良好成效。依据《日元贷款人才培养项目》协议，黑龙江大学等9所省属高校申请到49.72亿日元贷款，用于改善办学条件，提高教学科研水平，为老工业基地振兴培养更多高层次人才。

2004年，全省在校来华留学生达到3 350人。省内高校开展中外科研及产业合作项目36个，引进教材1 189套。

撰稿　单雪丽　赵清福　赵　滨　崔多立
审稿　张　信

上海市教育

概　　况

〔基本情况〕

2004 年上海市各级各类学校校数、教职工、专任教师情况

	学校数（所）	教职工数（人）	专任教师数（人）
一、高等教育			
（一）研究生培养机构（不计校数）	(52)		
1. 普通高校	(20)		
2. 科研机构	(32)		
（二）普通高等学校	58	68 279	28 737
1. 本科院校	30	61 026	24 856
2. 专科院校	28	7 102	3 828
其中：职业技术学院	23	5 527	3 144
3. 分校、大专班（点）（不计校数）	(3)	151	53
其中：独立学院	(2)	151	53
（三）成人高等学校	22	3 590	1 766
（四）民办的其他高等教育机构	212	3 202	832
二、中等教育	1 053	95 120	61 554
（一）高中阶段教育	551	94 906	27 364
1. 高中	383	76 816	18 093
普通高中	344	76 222	17 832
成人高中	39	594	261
2. 中等职业教育	168	18 090	9 271
普通中专	82	11 162	5 273
成人中专	45	1 393	642
职业高中	41	5 232	3 182
技工学校			
其他机构（教学点）（不计校数）	(12)	303	174
（二）初中阶段教育	502	214	34 190
1. 普通初中	492		34 067
2. 职业初中	1	65	28
3. 成人初中	9	149	95
三、初等教育	658	51 369	38 111
（一）普通小学	658	51 369	38 111
（二）成人小学			

续表

	学校数（所）	教职工数（人）	专任教师数（人）
其中：扫盲班			
四、工读学校	13	632	370
五、特殊教育	29	1 597	978
六、学前教育	1 034	25 962	15 715

注：1. 普通高中的教职工数中包含普通初中的教职工数。
2. 技工学校数据为 2003 年数据。
3. “（ ）”内数据均不计校数。

2004 年上海市各级各类学历教育学生情况

	毕业生数（人）	招生数（人）	在校生数（人）
一、高等教育			
（一）研究生	13 469	25 334	69 437
博　士	2 737	5 477	17 564
硕　士	10 732	19 857	51 873
（二）普通本专科	88 645	128 682	415 701
本　科	46 436	67 964	245 164
专　科	42 209	60 718	170 537
（三）成人本专科	49 093	72 183	146 983
本　科	17 171	32 722	63 662
专　科	31 922	39 461	83 321
（四）其他各类高等学历教育			
1. 在职人员攻读博士、硕士学位		6 455	18 279
2. 网络本专科生	3 522	18 604	45 761
本　科	3 510	14 091	39 311
专　科	12	4 513	6 450
3. 学历文凭考试	7 358	5 105	16 458
4. 自学考试			
5. 其他	5 561		
二、中等教育	364 966	281 317	1 106 707
（一）高中阶段教育	186 177	167 299	577 110
1. 高中	124 284	106 474	359 754
普通高中	91 017	106 474	313 811
成人高中	33 267		45 943
2. 中等职业教育	61 893	60 825	217 356
普通中专	30 810	38 672	140 450
成人中专	7 980	3 835	13 270
职业高中	23 103	18 318	63 636
技工学校			
（二）初中阶段教育	178 789	114 018	529 597
1. 普通初中	168 209	113 869	522 475
2. 职业初中	412	149	703
3. 成人初中	10 168		6 419
三、初等教育	110 830	106 510	542 898
（一）普通小学	110 830	106 510	542 898
（二）成人小学			
其中：扫盲班			
四、工读学校	1 137	908	2 838
五、特殊教育	2 404	1 193	10 951
六、学前教育	90 623	94 213	267 903

注：特殊教育学生数中包括普通中小学随班就读的学生。下同。

2004 年上海市各级各类非学历教育学生情况

	毕（结）业生数（人）	注册生数（人）
一、高等教育	664 222	744 458
（一）研究生课程进修班	5 448	9 134
（二）自考助学班	10 133	37 428
（三）普通预科生		244
（四）进修及培训	648 641	697 652
其中：资格证书培训	62 263	50 570
岗位证书培训	146 096	174 885
二、中等职业教育	1 329 455	949 103
其中：资格证书培训	184 289	154 330
岗位证书培训	347 652	273 700
（一）中等职业学校	169 457	92 548
其中：资格证书培训	35 349	23 956
岗位证书培训	79 759	44 765
（二）职业技术培训机构	1 159 998	856 555
其中：资格证书培训	148 940	130 374
岗位证书培训	267 893	228 935

2004 年上海市各级民办教育基本情况

	学校数（所）	毕业生数（人）	招生数（人）	在校生数（人）	教职工数（人）	专任教师数（人）
一、高等教育						
（一）普通高等教育		7 840	24 547	53 892	3 633	2 065
1. 普通高校	15	7 840	23 498	52 843	3 482	2 012
本科学生			1 614	3 813		
专科学生		7 840	21 884	49 030		
2. 独立学院	(2)		1 049	1 049	151	53
（二）成人高校	1	245	240	464	144	71
（三）民办的其他高等教育机构	212	289 882		246 749	3 202	832
二、中等教育机构						
（一）高中阶段教育	96	12 839	13 898	41 311	4 248	2 793
其中：普通高中	88	10 908	12 280	36 251	3 833	2 552
中等职业学校	8	1 931	1 618	5 060	415	241
（二）初中阶段教育	39	11 425	12 783	52 289		
其中：普通初中	39	11 425	12 783	52 289		
职业初中						
（三）职业技术培训机构	342	465 760		399 060	6 336	2 201
三、普通小学	17	3 138	5 063	22 380	1 288	1 079
四、幼儿园	225	8 004	12 219	32 415	4 566	2 317

注：“（ ）”内数据不计校数。

〔**教育投入与支出**〕 2004 年，全市教育部门财政预算内教育经费拨款 137.02 亿元。其中：市级财政拨款 25.49 亿元；区县财政拨款 111.53 亿元，增长 18.82%。

2004 年，全市教育部门教育经费总支出224.78 亿元。当年全市教育事业费支出 193.58 亿元，完成当年财政拨款的 141.28%。城市教育费附加支出 21.86 亿元，农村教育费附加支出 1.34 亿元，社会事业建设费支出 2.08 亿元。

2004 年，全市小学生生均支出 7 426.24 元（其中生均公用经费 1 973.80 元），比上年增加 1 276.7 元，增长 20.76%；初中生生均支出 8 285.87元（其中生均公用经费2 635.36元），比上年增加1 589.99元，增长 23.75%；高中生生均支出12 025.4元（其中生均公用经费4 706.91元），比上年增加1 116.3元，增长 10.23%；职校生生均支出8 326.99元（其中生均公用经费3 145.17元），比上年增加1 478.21元，增长 21.58%；地方高校生均支出16 752.12元（其中生均公用经费7 709.41 元），比上年增加 402.57 元，增长 2.46%。

2004 年，市教委部门预算批复数 24.81 亿元。委属 19 所高校及中专、中学等平均增长 14%左右。从城市附加宏观调控部分安排 1 亿元用于支持农村学校购置教育设备，安排 1.6 亿元对崇明、南汇、金山、奉贤、普陀、杨浦等经济困难区县进行补助，安排7 000万元用于民工子女入学补助，安排1 458万元用于人口导入区公建配套学校开办费补助，资助区县完成新建住宅小区配套建设中学 10 所、小学 7 所、幼儿园 39 所，安排5 158万元用于内地西藏班、新疆班、回民中学专项补助和支援云南、西藏经费，安排9 500万元用于中等职业技术实训基地重点项目建设。

2004 年，市教委通过教育专用税费安排高校专项建设，帮助高校解决一些急迫问题，逐步改善高校的办学条件。

〔**教育工作会议**〕 7 月 12 日—13 日，上海市教育工作会议召开。会议提出上海教育发展战略目标：到 2010 年上海率先基本实现教育现代化。会议下发《中共上海市委上海市人民政府关于全面实施教育综合改革，率先基本实现上海教育现代化的若干问题》、《上海市全面推进素质教育、减轻中小学生过重课业负担的若干意见》等文件。10 月，市科教党委、市教委制定下发《关于落实上海市教育工作会议精神的实施计划》（《十大行动计划》），从基础教育均衡化、减轻学生过重课业负担、民办教育促进行动、职业教育发展行动、产学研推进、高校教学改革深化、人才高地构建、政府职能规范、道德素质培养和终身教育体系构建十个方面提出落实教育工作会议精神的行动措施，明确今后几年上海教育改革和发展的工作方案。

〔**德育工作**〕 制定《中共中央 国务院关于进一步加强和改进未成年人思想道德建设的若干意见》的实施意见及《上海市学生民族精神教育指导纲要》，继续进行《上海市青少年发展规划》课题调研。重点开展以“弘扬民族精神，培育爱国情怀”为主题，以革命传统教育、传统美德、诚信教育和民族精神教育为内容的系列活动。以迎接上海解放 55 周年、纪念邓小平诞辰 100 周年活动，以及全国“公民道德日”和“民族精神教育月”为主题开展形式多样的宣传教育活动。

制定《上海中小学德育工作评估指标》，探索思想道德教育新机制。开展中等职业学校的职业道德建设调研和道德教育论坛，抓住思想道德教育的薄弱环节，全方位推进学校道德教育。以道德实践、环境保护、法制教育和素质训练为主题，认真组织和安排学生假期实践活动。继续开展“小公民”道德“四进”（进学校、进家庭、进社区、进公共场所）的教育活动，总结和推广先进经验。筹备召开上海市中小学德育工作会议。表彰学科育人的先进集体、先进个人，弘扬教师师德标兵，树立班主任先进典型，展示青少年道德教育成果。

〔**教育法制建设**〕 开展《上海市实施〈民办教育促进法〉办法》、《上海市学前教育条例》、《上海市教育督导条例》和《上海市实施〈中华人民共和国语言文字法〉办法》等法规规章的立法调研工作。完成上海市实施科教兴市战略立法框架课题教育分课题研究，开展《上海市终身教育条例》立法专项的课题研究，制定贯彻实施《中外合作办学条例》及其《实施细则》的有关办法。开展上海市依法治校示范校的创建活动。

贯彻实施《行政许可法》，按照国务院《全面推进依法行政实施纲要》、《上海市人民政府工作规则》、《上海市规范性文件制定和备案规定》和《上海市政府信息公开规定》的精神和要求，认真开展各项工作。抓紧完成涉及行政许可的规范性文件的清理工作，继续搞好教育行政许可网上办理和“一门式”服务，实施行政许可项目的“告知承诺”制度和加强事后监管。成立公众服务处，强化政府信息公开和对社会、公众的服务功能，制定《上海市教育委员会关于加强政府信息公开工作的意见》，完成《政府信息公开指南》和《政府信息目录》的编制工作。

〔**特殊教育、民族教育与对口支援**〕 制订特殊教育学校学生免费接受九年义务教育方案，在全市开展上海市示范性特殊教育学校建设工作。在市教委、市人事局、市财政局和市劳动和社会保障局的共同努力下，提高全市特教教师的津贴标准。

2004年，市教委和区县教育部门为云南对口地区援建希望学校2所，改建学校3所，捐赠教育经费84.8万元，捐赠教学设备203台，捐赠图书资料6 330册，资助贫困中小学生1 525名，接受干部教师来沪培训141人，派出155名教师赴云南讲学，为上述各支援项目投入资金总计1 303.97万元。接受云南省“义教工程”项目县中小学校长160人来沪挂职培训。8月，19个区县第四批100名支教教师分别赴云南省对口县19所中学任教。确定19个区县与西藏日喀则地区5个县建立教育对口帮扶关系，为对口县“普九”工作提供帮助支持，暑期中通过白玉兰远程教育网对日喀则地区200名中小学校长实施远程教育培训，向日喀则地区教育局捐赠专项资金650万元，用于改善该地区学校教学设施的装备等。重点指导协调首届内地新疆高中班的毕业报考工作，总结经验，加强对西藏、新疆班的管理，提高教学质量。做好内地新疆班扩招工作，落实承担扩招任务的中学相关设施建设方案。为支援新疆阿克苏、重庆万州五桥移民开发区和湖北宜昌夷陵地区的教育发展，向这3个地区学校分别赠送100万元的图书。中等职业技术学校继续招收外省市学生。

上海市和云南省两地对口高校开展多种形式校际合作交流。2004年，上海高校接受云南对口高校教师132人、干部86人来沪培训，接受党政干部14人来沪挂职锻炼，派遣专家、教师77人赴云南省对口高校讲学，通过校际合作办学为当地培养学生291人，投入教学科研项目合作资金289万元。继续为阿克苏职业技术学院培养紧缺教师，上海大学、东华大学、上海第二医科大学、上海师范大学、上海金融学院等5所高校承担为该学院培养计算机、纺织机械、基础护理、中小学教育和保险等专业教师培训任务，阿克苏职业技术学院共派出5名专业教师到上述5所高校接受为期一个学期的专业进修。

〔**体育、卫生、艺术、科普、安全教育**〕 2004年，上海成功承办第七届全国大学生运动会，本届大运会共有33个代表团报名参加，运动员、领队、教练和工作人员计5 338人，是历届大运会中项目最多、规模最大的一届，受到社会广泛关注。上海代表团获得49枚金牌、30枚银牌、21枚铜牌，荣登金牌和奖牌总数的榜首，并以1 462.5分荣获团体总分第二名。在全国高校“校长杯”评选中，上海交通大学、同济大学、华东师范大学3所高校体育成绩显著，榜上有名。全市以369分荣获体育科学论文报告会团体总分第一名，全市高校有5篇论文获一等奖，25篇获二等奖，42篇获三等奖。经各兄弟省市代表团一致提名和大会评委会评选，上海代表团获得体育道德风尚奖。

2004年，召开上海创建健康校园工作会议，完成健康校园中期评估工作，学校食堂改建达标率为95.6%，启动食堂从业人员食品卫生安全与营养学知识培训。开展预防艾滋病和学生健康教育师资培训工作。

组织参加全国中小学生艺术展演活动，开展上海市艺术教育特色学校评选，举办第五届上海市学生电影节和2004年上海学生戏剧节。

制定并落实《上海市学校科普教育“十五”后三年滚动发展计划》。举办百万青少年争创“明日科技之星”活动，评选出了25所知识产权示范学校和试点学校。

根据教育部要求，制订专项行动方案，开展全市中小学、幼儿园安全管理专项整治工作。开展学校周边交通安全专项整治工作。

完成在校大学生冬季征兵工作，257 名大学生光荣应征入伍，是上年征兵数的 4 倍。

〔**校长与教师队伍建设**〕 8 月，为规范中小学校长依法办学，提高学校办学水平，依据《中华人民共和国教育法》和《中华人民共和国教师法》有关精神，制订《上海市中小学校长守则》（试行）。为规范中小学教师职业要求，培育适应上海现代化教育的中小学教师队伍，制订《上海市中小学教师守则》（试行）。年内，市教委举办区县教育局长研修班，历时 4 个月。7 月—8 月，对全市中小学校长、幼儿园园长、学校中层干部等进行培训。在上海市教师教育网开通 600 小时的网上校长论坛，18 位专家引领全市中小学校长围绕 6 个专题开展网上讨论。年内，全市开展评优活动，评选出全国模范教师 17 人，全国优秀教师 36 人，上海市优秀教育工作者 198 人，上海市育才奖 290 人，上海市园丁奖 982 人，并在教师节期间召开大会予以表彰。

2004 年，全市中学教师高级专业技术职务任职资格评审权全部下放给区县，并调整普教系统教师职务结构比例和教师职务岗位的设置，其中小学、幼儿园，高级职务比例由原来的 1.5%提高到 10%～15%，初中教师的高级职务比例提高为 15%～20%。中学高级教师职务任职资格评审权下放后，有利于引导教师向师资力量薄弱的学校流动。

〔**招生与就业制度改革**〕 制订和完善中等学校招生和高校招生改革方案。2004 年，普通高等教育招收新生 13.06 万人，比上年增加 1.03 万人，增幅 8.6%；其中：本科招生 6.99 万人，比上年增加 0.82 万人，增幅 13.3%；高职（专科）招生 5.86 万人，比上年增加 0.21 万人，增幅 3.6%。本、专科比例为 1∶0.87，较上年相比，本科招生比例有所提高，上年为 1∶0.95。本科阶段上海生源招生人数比上年增加 0.82 万人，增幅 13.3%；其中部属高校增加 0.04 万人，增幅 1.5%，市属本科院校增加 0.78 万人，增幅 21.6%。3 所升格为本科学院的上海立信会计学院、上海金融学院、上海第二工业大学以及 2 所新建立的独立设置二级学院共 5 所本科学院开始招收本科新生。

做好高校毕业生就业管理工作，加强与各方面的协调配合，着力构建全社会共同参与的高校毕业生就业和创业支持体系。2004 年上海高校毕业生总人数达 10 万人，比上年增长 23%，其中研究生增加 48%，本科生增加 13%，专科生增加 12%，高职生增加 41%。截至 10 月，高校毕业生总体就业率达 93.4%，其中研究生就业率为 97.15%，本科生为 94.92%，专科生为 89.47%，高职生为 90.64%，均比上年同期有所上升。

〔**“长三角”地区教育合作**〕 2004 年，上海与江苏、浙江两省签署“长三角”地区职业教育与成人教育合作协议，建立定期召开“长三角”地区两省一市职成教处长联席会议机制。

〔**教育国际交流**〕 教育开放、教育合作进一步加快。合作办学稳健、规范、有序发展，至 8 月，共有 232 个中外合作办学机构和项目获得上海市合作办学许可证。合作办学的重心和热点正呈现由低层次向高层次发展，由非学历教育向学历教育转化趋势，合作的外国教育机构层次明显提高。高等学历教育的中外合作办学比例首次超过非学历教育项目，总数达 53%。全市留学生数量继续增长，2004 年留学生人数比上年增加 62%，达到 2.2 万人，占全国总数的四分之一。年内，承办多项高层次国际学术交流会议。5 月，市教育委员会和市教育学会、市高等教育学会、市教育国际交流协会联合举办第一届上海教育论坛，国内外教育专家、学者共 150 人参加论坛，17 名主题发言专家，有 9 人来自境外。论坛以“现代化发展：城市与教育”为主题，从不同层面、不同角度就现代化、城市以及教育三者之间关系进行广泛讨论。

至 11 月，共有 26 个国家、地区和组织的 84 批次 490 人次来访，其中，国家教育部副部级以上团组 10 批。7 月，作为“中法文化年”内容之一，市教委组团 171 人参加由市政府主办的“巴黎上海周”活动，其中教师、干部56人（含4名法籍教师），学生115人（含1名法国留学生），年龄最小的是一位7岁的抽象剪纸小学生。组织上海市中学生“迎世博—上海与国际友好城市”征文活动，共收到各区县教育局及个人寄送来的稿件420余份，经过评选委员会专家评审，共评出了5名优秀奖、30名鼓励奖。

〔**教育审计**〕 2004年，修订下发《上海市教育系统内部审计工作规定实施办法》。开展培训，全市内审干部467人领取了首批内部审计资格证书。深化经济责任审计，对多个下属单位实施18项教育系统领导干部经济责任审计。对第十八届世界中学生足球锦标赛和第七届大学生运动会进行专项审计。

〔**语言文字工作**〕 3月，教育部、国家语委评估组对上海语言文字工作进行了综合评估，认定上海现阶段语言文字的社会应用符合《国家通用语言文字法》的规定，并向上海颁发了“普通话初步普及、汉字的社会应用基本规范达标城市”的铜牌，同时以迎接此次评估为契机，制定2010年以前全市语言文字工作的目标、措施和步骤，督促各区县成立语言文字监测站，2004年已有17个区县成立监测站。9月12日—18日，市语委联合市委宣传部、市人事局、市文广影视局、团市委、市文明办以及市世博局等单位在全市开展第七届全国推广普通话宣传周活动。贯彻落实市政府《关于加强本市公共场所英文译名使用管理的若干意见》，加强公共场所英文译名使用监督管理，成立中文名称英译专家委员会。

基础教育

〔**幼儿教育**〕 2004年，上海市启动0～3岁婴幼儿启蒙教育工程，在总结推广“0～3岁婴幼儿早期关心与发展”国家哲学社会科学重点课题研究成果的基础上，为全市0～3岁儿童和家长提供早期保育和教育服务。上海市教委、市卫生局、市民政局、市编委、市计生委、市妇联联合颁发了《关于推进0～3岁散居儿童早期教养工作的意见》。0～3岁婴幼儿启蒙教育工程的工作重点是：构建区县政府领导下，依托街道、乡镇、卫生部门、妇联、人口计生委等方面多方参与、各司其职的早期教养指导管理网络；探索符合区域特点，品种多样自主选择的科学育儿指导形式；研究适合儿童身心发展特点、教养结合、亲子互动的指导内容；建立以社区为依托，以学前教育机构为中心，向家庭辐射的教育服务运行机制，推进对0～3岁儿童的家长和看护人员的早期教养指导。2004年，全市有半数的区县的科学育儿指导率达到70%以上。

上海市教委会同上海市教育技术装备部共同编制完成了《上海市幼儿园装备规范》。针对学前教育机构办学类型多元化、课程方案多样化的发展实际，《上海市幼儿园装备规范》对幼儿园设施设备、玩教具的配置选购在安全、教育和科学性等方面进行了全面规范。

11月27日，上海市召开“多元视角下的教育创新”学前教育年会。年会共设20多个会场90多个场次，300多位园长、教师上台交流，2 700多名学前教育工作者积极参与。会议内容有对多种教育理论的研究实践，多元教育价值下教育行为改变的研究，教研、科研、管理、学术人员对学前教育多角度的改革探索等，展示了全市学前教育改革的成果。

〔**义务教育阶段“一费制”收费办法出台**〕 上

海出台义务教育阶段学校实施“一费制”收费办法。从秋季新学年开始，全市公办初中、小学（含义务阶段的特殊教育）一次性统一向学生收取的费用被限定在杂费、课本和作业本费两项。上海市按照总量控制、政府核定、事先公示、一次收取、规范使用的管理原则实施“一费制”收费办法。同时对家庭经济困难的学生，根据相关规定酌情减免“一费制”中的杂费，并资助其课本和作业本费。在公办学校就读的进城务工就业农民子女收费与本市学生相同。义务教育阶段的公立转制学校、民办学校书簿费、代办费的收取，参照“一费制”办法中的有关规定执行。

〔**减轻中小学生过重课业负担**〕　上海市采取了一系列措施，切实减轻中小学生过重课业负担（以下简称“减负”）。(1) 明确区县政府主要领导和校长是区县和学校“减负”的第一责任人，加强对“减负”的管理和督查，不得把升学率作为对学校办学水平进行评价和奖惩的标准。(2) 市教育部门严格按照课程标准编写与审定教科书，全面修订教材，坚决删减繁、难、偏、旧的教学内容。学校严格按照教学计划和课程要求开展教学活动，合理安排作业量。(3) 提高教学效率和质量，“减负”列入教师考核范围，并作为晋升、奖惩、受聘任教的依据。(4) 义务教育阶段公办学校实行免试就近入学，并予以公示，并将学校在义务教育阶段“减负”的有关规定列入《上海市未成年人保护条例》。(5) 改革招生考试和评价制度。逐步扩大初中优秀毕业生推荐入学的比例。高校招生探索“综合评价、多元选择、自主招生”模式。改革招生考试内容，突出学能考试，严格按照课程标准命题，不得出偏题、怪题和难题。(6) 全社会共同关心和重视“减负”工作。公共文化设施和教育基地向学生开放，社区组织形式多样的教育活动，丰富学生课余生活。新闻媒体加强舆论引导和监督，出版单位不得出售或转让书号、刊号、版号等出版教辅材料。教育督导部门把“减负”纳入督导评估范围，并将督查和整改结果向社会公布。

〔**推进义务教育均衡发展**〕　上海市推进义务教育均衡发展，目标为：实现区域内学校之间办学条件的基本均衡；区域之间义务教育事业发展的基本均衡；小学、初中、高中学段之间发展的基本均衡。措施是：(1) 义务教育纳入区县国民经济和社会发展规划。结合“十一五”规划制订，规划好新一轮教育结构和设点布局，实施2004年颁发的上海市普通中小学校建设标准，落实公建配套教学设施建设。(2) 全市小学、初中生均公用经费定额标准分别调整为320元和400元，义务教育办学经费全额纳入预算。建立市财政对财政相对困难区县实行义务教育最低生均经费保障的转移支付机制，区县新增教育经费主要用于农村。特殊教育学校学生实行免费义务教育。(3) 加强教师队伍建设。加大对校长和教师培训力度，实施“名校长名师培养工程”。落实《上海市实施〈教师法〉办法》中关于边远农村学校教师职务工资向上浮动一个档次的规定，实行农村义务教育学校教师津贴补贴制度。(4) 逐步建立教师以及校长交流轮换制度，使辖区内师资水平大致均衡。(5) 加大市区与郊区挂钩结对力度，市区选派优秀教师到郊区支教、讲学，远郊区选派校长、骨干教师到市区中小学挂职锻炼和跟岗培训等。(6) 实施“加强初中建设工程”，促进初中学校内涵发展，提高初中教育整体办学水平和教育质量。

〔**进城务工就业农民子女学校实行清理、登记**〕　上海市政府办公厅转发了市教委等7个部门制定的《本市关于切实做好进城务工就业农民子女义务教育工作意见》，进一步明确了“以流入地政府管理为主、以全日制公办中小学就读为主”的原则。同时，上海市教委在对现有进城务工就业农民子女学校现状进行多次调查的基础上，颁发了《关于进一步加强本市以接收进城务工就业农民子女为主学校管理工作的意见》，对进城务工农民子女学校的清理、登记和管理工作提出了具体要求，并多次召开区县教育局分管局长会议，统一思想。据统计，全市现有民工子女学校357所，比上年减少55所；民工子女学校在校学生21.09万人，比上年增加7 277人。2004年在全日制学校借读的非上海市户籍学生有15.35万人，其中大部分为进城务工就业农民子女，比上年增加3.05万人。许多区县利用村校、成人教育学校等校舍举办进城务工农民子女学校，并为进城务工农民子女学校配备了电脑、图书、课桌椅及改造食堂、厕所等。

〔**小学起始年级实行二期课改新课程新教材**〕在总结一期课改成功经验的基础上，经过近5年的试验和试点，2004年上海市二期课改进入全面推广阶段，5月份召开了上海市中小学（幼儿园）全面推进二期课改工作会议。秋季，全市小学起始年级全面实行二期课改的新课程和新教材，市级示范性幼儿园和一级幼儿园也实施新课程。市教委在年内完成《上海市普通中小学课程方案》和各学科《课程标准》以及《上海市学前教育课程指南》的修订工作；着力做好培训工作，严格按照“先培训，后上岗”的原则，利用暑假分别对全市区县教育行政部门、各级教研员、校长和教师进行了培训。

〔**试行《上海市中小学学生成长记录册》**〕从2004学年起，《上海市中小学学生成长记录册（综合素质评价手册）》取代《学生成绩手册》和《学生评价手册》，在全市中小学推行。这标志着对学生评价的内容和方式将更注重学生的全面成长，从单一的学业评价转为对素质的综合评价，从单一的班主任评语转向学生自评与他评相结合，建立起学生综合素质评价体系。

〔**试行应届优秀初中毕业生免试推荐入学**〕2004年，上海市中等学校高中阶段招生工作实施“优秀初中毕业生”（以下简称“优秀生”）推荐免试进入市和区县重点高中和中职校国家级示范专业就读制度。其主要做法：一是由市教委将“优秀生”招生计划，按生均比例切块下达到各区县；各区县教育行政部门根据区内各初中学校的毕业生人数和办学评估情况下达“优秀生”推荐名额至各个初中学校。二是各初中学校根据学生在校综合素质评价，经师生民主评议、领导集体审核、征询学生本人意愿、校内张榜公示优秀生名单等程序后，推荐产生“优秀生”，并由校长签署推荐意见，报区县教育行政部门审定和上网公布。三是经学校推荐的“优秀生”可根据公布的“优秀生”招生计划（招生学校和招生人数），自主填报志愿。四是招生学校依据学生综合素质评价情况和初中校长推荐意见，由学校招生领导小组集体讨论，免试择优录取。招生学校录取的“优秀生”名单，须经校长签字后上网公示并向社会公布，接受社会监督。

〔**教学设施改善与寄宿制高中建设**〕2004年，市政府把“改善355所郊区初中、小学教学设施，均衡城乡义务教育水平”列为市政府实事。经市、区县和学校共同努力，全市实际改善10个郊区423所学校教学设施，超额完成68所，总投资1.8亿元。

2002年，上海市委市府决定，由市财政增拨3亿元，支持市郊财政经费比较困难的南汇、金山、奉贤和崇明4个区县新建4所现代化寄宿制高中。经过市区县两级政府和相关职能部门的共同努力，南汇、金山、奉贤和崇明新建的4所现代化寄宿制高中建成并投入使用。

〔**28所创建上海市实验性示范性高中学校进行公示**〕11月26日始，上海市教委在上海教育网站对28所上海市创建实验性示范性高中学校进行公示。上海市从1999年4月启动上海市实验性示范性高中建设，至2004年底，全市已有49所学校通过了创建实验性示范性高中规划的评审和规划实施的中期检查，已完成39所学校创建实验性示范性高中建设规划的总结性评审，其中28所上海市创建实验性示范性高中学校进行公示，接受市民评议。为进一步推进实验性示范性高中建设，市教委在年内制订和颁布《上海市实验性示范性高中管理办法》，明确了实验性示范性高中的任务。

职业教育与成人教育

〔**百所中等职业学校重点建设工程基本完成**〕 上海市教委和上海市劳动保障局从2001年3月起组织实施“百所中等职业学校重点建设工程”。在全面建成10所现代化标志性中等职业学校之后，首批75所学校已通过验收评估，2004年基本完成百所中等职业学校重点建设工程。4月召开了上海市百所中等职业学校重点建设总结大会，历时三年的百校重点建设工程基本竣工。据市教育评估院对已完成评估验收的75所学校的2001年和2003年的对比反映，占地面积由372公顷增加到411公顷，新增占地面积近39公顷，校均占地5公顷；建筑面积由230多万平方米，增加到275万平方米，净增45万平方米，校均3万平方米；百校重点建设工程共投入经费14.2亿元，其中市投入1.6亿元、主管单位投入7.4亿元、学校自筹5.2亿元，分别占11%、52%、37%。

〔**中等职业学校完成百个重点专业建设**〕 2004年，经市教育评估院组织专家评估、市教委认定，又有19个专业被认定为中等职业学校重点专业。《上海市人民政府关于大力推进本市职业教育改革与发展的决定》提出的在“十五”期间建设“60个示范性中等职业教育专业，形成职业教育品牌，带动全市职业教育的现代化建设”的任务已完成。上海市中等职业学校百个重点专业的建设工作历时6年，共有8个专业被教育部批准为全国中等职业教育首批示范专业，92个专业被认定为上海市中等职业学校重点专业。

〔**中等职业学校公共实训中心建设**〕 2004年，上海市教委制定并印发《关于上海市中等职业学校公共实训中心建设的实施办法》，决定从2004年起到2007年，全面实现中等职业学校文化、专业基础课实验室达标，在此基础上共建设50个公共实训中心，并明确上海市职业教育公共实训中心由所在职业学校建设和管理，承担所在学校学生的实训，面向社会开展职业资格鉴定，实行职业教育与职业培训并举，服务于在职人员培训，职教师资培训、就业、再就业培训、农村劳动力转移。构成基本覆盖城乡、布局结构合理、装备水平先进的社会化开放性的技能培训、职业资格鉴定基地的格局。

〔**扩大外省市招生数**〕 全市共有33所中等职业学校（指普通中专、职业高中）对外省市招生，主要招收江苏、浙江、江西、陕西、云南等省市在内的27个省市的考生，共录取2 940人，实际报到人数2 750人，计划完成率为95%，比上年增招890人。上海市为兄弟省市尤其是中西部地区培养合格的各类专业人才，结合就业市场、企业对中职人才的需求以及学生的实际情况，积极开展两地合作办学、联合招生、委托培养。在办学形式上，上海市与陕西、云南、江西、浙江、江苏省采用“1＋2”或“1＋3”等分段学习的模式，即新生在当地中职学校学习1年，主要完成文化和部分专业基础课后，再到上海市中等职业学校继续接受专业教育和技能训练2至3年。合作办学人数占总数47%。

〔**加强双师型教师队伍建设**〕 上海市根据专业大类建设了10多个专业职教师资培训基地，包括：计算机技术、医疗卫生、建筑、机电技术、数控技术、旅游、汽车运用维修、交通运输、财经、商业等大类。2004年这些基地共开办班次80～100个，培训教师总量达3 000名左右。在上海130多所中职学校中共有专任教师8 555人。专业教师中“双师型”教师比例已达42%。

〔**郊区成人教育**〕 2004年，上海制定《上海市郊农村劳动力转移培训计划》，以农业增效、农民增收为中心，组织乡镇成人学校积极参与各部门提出的“燎原计划”、“绿色证书培训”、“跨世纪青年农民科技培训工程”、“农村妇女双学双比”、“家家富工程”等实事项目，有30万人次参加了各类实用技术培训。已有80%的成人学校可利用卫星远程教育网络系统开展教育培训活动，丰富了培训内容，提高了培训层次和效益。

〔**老年教育**〕 落实“兴办10所，改善80所”老年学校等市政府实事项目。市教委与市民政局拟定实事项目的标准、实施办法，并会同区县完成实事项目103个。2004年具有独立校舍的老年学校校舍面积从22 790平方米增加到41 401平方米，增长81.7%；共用校舍的面积从26 182平方米增加到50 993平方米，增长94.8%；老年学校专用教室（计算机房、钢琴房、画室等）从207间增加到534间，增长158%；班级数从1 232个增加到2 041个，增长65.7%；学员数从49 478人增加到104 652人，增长111%；103个项目共投入经费10 440万元。市政治文明办公室和市教委的调查表明，全市社区学校、老年学校已覆盖全部街道。由市远程教育集团承担“空中老年大学”课程的开发、摄制等任务。落实区县老年教育经费，明确区县人民政府应根据本地区老年人口对老年教育发展需求，逐年增加老年教育经费。自2004年起，将老年教育事业情况纳入上海教育统计序列。成立老年教育工作领导小组办公室。为促进老年教育事业的发展，市老龄委、市教委承办了国际第三年龄大学协会第22次年会，有22个国家和地区的300位代表出席会议。

高等教育

〔**高校布局结构调整**〕 2004年，继续实施高校“2+2+X”布局结构调整，至10月，在沪部委属和市属高校校园占地面积由调整前的1 107公顷，调整扩大至2 513公顷；校舍面积由调整前的742万平方米，调整扩大至1 308万平方米。上海大学等4所学校已经规划并基本完成建设任务，复旦大学等8所学校已经完成规划正在建设过程中，华东理工大学等4所学校已经完成规划。全市大学的布局规划基本完成。经市政府批准，上海立信会计学院、上海金融学院、上海政法学院、上海商学院、上海电机学院等本科学院先后成立，上海高校专业学科布局已与“四个中心”建设和2010年世界博览会召开等进一步协调。

高校学科结构趋向与社会经济发展进一步协调。在市政府指导下，按照规模、质量、结构和效益协调发展的原则和与城市现代化目标相匹配和协调的要求，分类规划，分层指导，科学布局，协调发展。实施以世界一流学科为主要内容的“珠峰计划”，以建设新兴交叉学科、特色学科和品牌学科为基本内容的“奔腾计划”，重点建设一批通信、药学、计算机软件、IC芯片设计等与上海经济、社会发展密切相关的新兴的交叉学科。完成对“重中之重”学科的建设评估工作，完成新一轮高校重点学科规划纲要。高校布局结构调整和高校学科框架的重塑使上海市的研究型和教学型高校结构比例趋向平衡，各大门类学科梯次趋向协调科学。

〔**教育教学改革**〕 2004年，制定《上海市教委关于实施高校教学质量保证体系建设工程的若干意见》，指导和推进高校建立教学质量保障体系。推进高校教材建设，继续开展和实行高校优秀教材评选、精品课程建设、大学英语教学改革、专业评估检查等，实施教育部“教学质量工程”。5月，市教委组织2003年度优秀教材评选，共评选出上海高校优秀教材199本，产生出一大批具有改革特色的新教材。在33所高校开展1 600余门校级精品课程建设基础上，评出市级精品课程106门。经上海市教学成果奖评审委员会评审，共评出市级教学成果奖403项，其中特等奖3项，一等奖120项，二等奖129项，三等奖151项。择优向教育部推荐国家教学成果奖123项，其中国家级特等奖3项，国家级一等奖12项，国家级二等奖108项。

〔**助学贷款**〕 2004年10月，上海市学生贷款管理中心与中国银行、农业银行、建设银行和工商银行四大国有商业银行上海市分行举行2005—2007年度上海高校国家助学贷款签约仪式，20所民办高校和18所行业举办的高职院校的学生与公办高校大学生同样享受国家助学贷款，在全国率先实现助学贷款的全覆盖。现代化的助学贷款管理体系初步形成。至11月，全市全日制普通高校在校生总数为454 814人（含研究生）。家庭人均月收入400元以下学生（贫困生）73 367人，其中家庭人均月收入280元以下学生（特困生）35 445人，分别占在校生总数的16.13%和7.79%。各高校设立帮困奖学金总额为3 235.5万元，受益学生20 664人，其中国家奖学金1 072.2万元，受益学生2 410人。推进国家助学贷款新制度，从秋季开始全市63所地方高校（包括38所民办、行业办高职院校和2所地处上海的部队院校）全部确定了国家助学贷款经办银行，并落实贷款贴息和风险保证金资金。9月15日，市教委学生贷款管理中心与国家助学贷款经办银行顺利签约，至11月已有76%的学校与经办银行签定银校合作协议。全年共有31 794名贫困生申请到国家助学贷款，总计发放26 409.79万元，其中，部委高校14 299人，贷款金额10 894.58万元；市属高校14 892人，贷款金额13 665万元；民办及行业办高职院校2 603人，贷款金额1 849.24万元。各高校积极开拓校内外勤工助学岗位，全年校内勤工助学补贴总计达6 068.92万元，85 102名学生获益。全市高校总计减免学杂费2 178.56万元，受益学生7 455人。全市高校全年共发放临时困难补助1 010.87万元，29 569名学生受益。高校接受社会帮困资助资金1 933.47万元，14 640名学生受助。

〔**高校产学研结合**〕 2004年，上海教育继续坚持走产学研相结合的道路，促进产学研联盟的形成，加快科技成果的转化，推进科教结合，校企合作。11月在上海工业博览会上，复旦大学、上海交通大学等16所高校联合开设生物与医药、电子与信息、环保与新能源、先进制造与新材料四大专业展区，参展项目316项，290多项（占91.8%）为首次参展项目，基本反映了上海高校的学科水平和科技创新及其产业化的新成效。以技术服务、产品交易、股权转让等形式达成交易金额总计为16 286.3万元，是上年交易成交额的2.2倍；不少高校还加强招商，与长三角一些地区厂商签订合作协议。高校科技专利成果喜人，1—10月，高校专利申请量达1 770项，是上年申请量的97%。市教委推荐申报上海市发明创造专利奖参评项目共21项，有10项专利获奖，其中一等奖3项，占全市获奖总数的60%，二等奖3项，占获奖总数的30%，三等奖2项，占获奖总数的12.5%；获得实用新型专利奖2项，占全市获奖总数的6.7%。

〔**研究生教育**〕 改革研究生招生和培养制度，制订完善上海市研究生综合教育改革方案，健全研究生培养弹性学制、中期考核制和淘汰制，探索多样化的研究生培养模式。开展上海研究生联合培养基地的创建和试点工作。9月，上海交通大学与宝钢联合培养研究生项目启动。10月，7所高校与上海电气集团股份有限公司召开研究生联合培养研讨会。12月，上海交大与上海电气建立全面战略合作伙伴关系以及6所高校与上海电气联合培养研究生两个协议分别签订。运用多种手段对研究生培养质量进行监控，创新评议方法，坚持开展研究生学位论文“双盲”评议工作，开展研究生优秀成果（学位论文）评选工作，全市共有42篇博士学位论文获全国优秀博士学位论文或提名奖。

〔**知识创新体系建设工程**〕 围绕上海城市创新

体系建设目标，市教委完成知识创新体系规划纲要，提出“高校知识创新体系建设工程”，即“一二五发展计划”。“一”，即指知识创新体系建设；“二”，是发展科技创新和繁荣哲学社会科学；“五”，包括新一轮重点学科建设计划，E－研究院建设计划，产学研合作和高校科技成果转化促进计划，上海市高校哲学社会科学繁荣计划，科技领军人物和创新团队发展计划。

撰稿　徐钦福　宣念蜀　杨友庆
审稿　张伟江

江苏省教育

概　　况

〔基本情况〕

2004 年江苏省各级各类学校校数、教职工、专任教师情况

	学校数（所）	教职工数（人）	专任教师数（人）
一、高等教育			
（一）研究生培养机构（不计校数）	(42)		
1. 普通高校	(28)		
2. 科研机构	(14)		
（二）普通高等学校	112	110 775	59 037
1. 本科院校	41	81 839	39 954
2. 专科院校	71	26 431	17 454
其中：职业技术学院	65	24 511	16 169
3. 分校、大专班（点）（不计校数）	(12)	2 505	1 629
其中：独立学院	(9)	861	534
（三）成人高等学校	27	11 079	6 816
（四）民办的其他高等教育机构	15	690	265
二、中等教育	3 995	384 009	309 651
（一）高中阶段教育	1 589	383 656	119 908
1. 高中	1 043	332 192	84 025
普通高中	844	330 488	82 855
成人高中	199	1 704	1 170
2. 中等职业教育	546	51 464	35 883
普通中专	150	19 096	12 394
成人中专	140	7 408	4 043
职业高中	256	21 890	17 209
技工学校			
其他机构（教学点）（不计校数）	(281)	3 070	2 237
（二）初中阶段教育	2 406	353	189 743
1. 普通初中	2 311		189 493
2. 职业初中			
3. 成人初中	95	353	250
三、初等教育	7 522	293 814	265 768
（一）普通小学	6 723	292 204	264 937
（二）成人小学	799	1 610	831

续表

	学校数（所）	教职工数（人）	专任教师数（人）
其中：扫盲班	411	508	427
四、工读学校	4	115	87
五、特殊教育	109	3 379	2 521
六、学前教育	6 566	67 545	47 980

注：1. 普通高中的教职工数中包含普通初中的教职工数。
2. 技工学校数据为2003年数据。
3. “（ ）”内数据均不计校数。

2004年江苏省各级各类学历教育学生情况

	毕业生数（人）	招生数（人）	在校生数（人）
一、高等教育			
（一）研究生	11 732	26 772	67 850
博　士	1 626	4 590	14 802
硕　士	10 106	22 182	53 048
（二）普通本专科	197 423	313 649	994 808
本　科	98 683	164 417	576 544
专　科	98 740	149 232	418 264
（三）成人本专科	109 435	131 691	246 929
本　科	37 040	53 953	97 179
专　科	72 395	77 738	149 750
（四）其他各类高等学历教育			
1. 在职人员攻读博士、硕士学位		7 160	19 298
2. 网络本专科生		1 255	10 794
本　科		1 218	10 589
专　科		37	205
3. 学历文凭考试	2 819	2 245	7 355
4. 自学考试			
5. 其他	504		2 756
二、中等教育	1 661 899	2 052 023	5 984 637
（一）高中阶段教育	526 774	862 339	2 303 040
1. 高中	365 665	494 692	1 393 888
普通高中	353 177	494 692	1 373 465
成人高中	12 488		20 423
2. 中等职业教育	161 109	367 647	909 152
普通中专	90 394	219 362	573 136
成人中专	13 064	16 200	48 968
职业高中	57 651	132 085	287 048
技工学校			
（二）初中阶段教育	1 135 125	1 189 684	3 681 597
1. 普通初中	1 132 426	1 189 684	3 677 793
2. 职业初中			
3. 成人初中	2 699		3 804
三、初等教育	1 229 509	682 082	5 314 665
（一）普通小学	1 204 413	682 082	5 282 096
（二）成人小学	25 096		32 569
其中：扫盲班	9 670		13 951
四、工读学校	225	182	320
五、特殊教育	4 197	3 398	31 573
六、学前教育	567 004	609 592	1 309 570

注：特殊教育学生数中包括普通中小学随班就读的学生。下同。

2004年江苏省各级各类非学历教育学生情况

	毕（结）业生数（人）	注册生数（人）
一、高等教育	131 327	76 459
（一）研究生课程进修班	6 304	7 204
（二）自考助学班	3 604	22 610
（三）普通预科生		278
（四）进修及培训	121 419	46 367
其中：资格证书培训	32 470	15 667
岗位证书培训	21 851	6 817
二、中等职业教育	8 149 428	13 132 499
其中：资格证书培训	411 999	275 062
岗位证书培训	868 594	562 717
（一）中等职业学校	749 879	292 643
其中：资格证书培训	160 141	103 934
岗位证书培训	159 805	84 830
（二）职业技术培训机构	7 399 549	12 839 856
其中：资格证书培训	251 858	171 128
岗位证书培训	708 789	477 887

2004年江苏省各级民办教育基本情况

	学校数（所）	毕业生数（人）	招生数（人）	在校生数（人）	教职工数（人）	专任教师数（人）
一、高等教育						
（一）普通高等教育		15 377	28 990	53 800	4 841	3 018
1. 普通高校	17	15 377	20 888	44 168	3 980	2 484
本科学生			1 175	2 180		
专科学生		15 377	19 713	41 988		
2. 独立学院	(9)		8 102	9 632	861	534
（二）成人高校						
（三）民办的其他高等教育机构	15	5 323		7 367	690	265
二、中等教育机构						
（一）高中阶段教育	186	26 548	81 340	166 539	32 709	24 146
其中：普通高中	153	24 430	62 249	135 795	31 148	23 214
中等职业学校	33	2 118	19 091	30 744	1 561	932
（二）初中阶段教育	219	65 650	123 001	312 842		
其中：普通初中	219	65 650	123 001	312 842		
职业初中						
（三）职业技术培训机构	3 392	1 440 921		1 271 812	28 659	14 552
三、普通小学	97	16 733	17 900	128 272	7 073	5 470
四、幼儿园	2 585	149 687	175 205	353 919	21 156	14 201

注："（　）"内数据不计校数。

〔**庆祝第20个教师节**〕　2004年9月10日，省委、省政府隆重举行教师节庆祝大会，庆祝第20个教师节。江苏省40名教师和教育工作者被人事部、教育部授予"全国模范教师""全国教育系统先进工作者”荣誉称号；100名教师和教育工作者被教育部授予“全国优秀教师”“全国优秀教育工作者”荣誉称号；12名教师被教育部授予“全国中小学优秀班主任”荣誉称号；6名教师被教育部授予“全国中小学优秀德育课教师”荣誉称号；6名德育工作者被教育部授予“全国中小学德育先进工作者”荣誉称号。省教育厅授予301名教师和教育工作者“江苏省优秀教育工作者”荣誉称号。省领导到学校、教师家庭走访慰问一线教师，与优秀教师代表座谈，激励广大教师为人师表、爱岗敬业、教书育人。5 000多名师生同台同场演出大型文艺节目《老师您好》，展示了广大教师的精神风貌和时代风采。教师节期间，举办了以“光荣的人民教师”为主题的师德教育系列活动。

〔**学习贯彻《行政许可法》**〕 组织全厅干部学习贯彻《行政许可法》，认真开展有关法规、规章和规范性文件及有关行政许可项目的清理工作。共清理出行政审批项目56项，其中8项继续保留，15项行政许可不再保留，有33项属非许可项目。此外，有2项行政许可由原来的事业单位实施转为厅机关实施，另有2项行政许可收费因无法定依据而取消。在全省地方性法规和规章中，涉及5项行政许可，现均予保留。

〔**庆祝新中国建国55周年国防教育系列活动**〕 2004年9月29日，省教育厅、省军区司令部和省全民国防教育委员会办公室联合组织开展了以举办庆祝新中国建国55周年江苏省大学生军训成果汇报表演为主要内容的国防教育系列活动。在五台山体育场，近3 000名学生表演了16个阅兵方阵和4个表演科目，18 000多名学生观摩汇报大会。此外，还先后举办了学生军事技能比赛、电视国防知识邀请赛、国防知识书面比赛、国防知识征文比赛等活动，展示了当代大学生崭新的精神面貌，取得了良好的综合效果。

〔**中外合作办学**〕 继续积极鼓励和支持幼儿园、高中和高校与境外有关机构实施合作办学，引进国外优质教育资源和先进办学经验。2004年新增中外合作办学机构和项目32家。根据教育部的布置，对已批准的中外合作办学机构、项目进行了初步的复核工作，摸清了全省中外合作办学的现状及问题。积极促成美国康奈尔大学、加拿大多伦多大学、滑铁卢大学和英属哥伦比亚大学等4所知名大学与南京师范大学、南京工业大学、南京林业大学、扬州大学开展合作。研究制定了《江苏省关于加快发展中外合作办学的意见》。

〔**教育审计工作**〕 2004年，各级教育审计部门完成审计项目共计15 691项，审计总金额518亿元。通过审计，查出违规金额9 803.72万元，发现经济案件线索15件，核减基建工程款5.97亿元，促进增收节支2亿元。其中：省教育厅审计处共审计项目214个，包括财务收支审计7个，预算执行情况及决算审计78个，基建维修工程项目竣工审计100个，基建工程项目开工前审计22个，经济责任审计项目6个，审计总金额280亿元，核减基建投资金额7 868.2万元。

〔**实施扶贫助学工程**〕 2004年，江苏省全面启动国家助学贷款新机制，全年发放助学贷款1.38亿元，实际贷款人数2.6万人。积极组织开展各类助学活动，共募集资金8 000余万元，资助在校学生21.3万名；省安排义务教育助学金1 100万元，为5万名贫困中小学生免费提供课本，全省1.3万名残疾儿童全部免费接受义务教育；安排2 000万元专项经费，资助1万名农村家庭经济困难的初中毕业生接受中等职业教育。省政府奖学金从2003年的1 000万元增加到4 000万元，资助2万名贫困大学生。

〔**教师队伍建设**〕 继续开展中小学骨干教师省级培训、基础教育新课程师资省级培训和中小学校长省级培训，培训人数分别达2 993人、6 000人和500人。加强与美国、英国、加拿大等国有关培训机构的协作，积极利用外国优质教育资源培训骨干教师，共选派934名教师赴国外进行了培训，引进国外智力资源培训2 000名中小学英语教师。各类高校申报教师职务任职资格人员2 237人，评审通过1 707人，其中正高级 323 人，副高级1 349人，中级 35 人。积极开展教师资格认定工作，全省共认定各类教师资格56 439人，其中高校教师资格8 220人，中小学教师资格 48 219 人。

〔**学校体育、卫生与艺术教育工作**〕 2004 年 8 月 26 日—9 月 6 日，由 16 所高校近 300 余人组成的江苏省大学生体育代表团参加了在上海举行的第七届全国大学生运动会，荣获团体总分第四（1 029分），科学论文报告会总分第二和“体育道德风尚奖”，东南大学、中国矿业大学分列“高校校长杯”第四、第九名，取得了在省外参赛的最好成绩。初步建成江苏省学生体质健康监测网络，学校卫生环境和卫生条件大幅度改善。全省学校发生食物中毒事件数量和人数较 2003 年有明显减少，学校处理传染病发生、流行的应急能力得到明显加强。在全省中小学范围内开展创建“江苏省艺术教育特色学校”活动，首批认定 41 所“江苏省艺术教育特色学校”。

〔**语言文字工作**〕 积极宣传贯彻《国家通用语言文字法》，城市语言文字工作和语言文字信息化工作等方面都取得了新的进展，普通话培训测试工作进一步规范，质量进一步提高。全省共有普通话培训测试站 93 个，其中高校 73 个、省辖市 13 个、行业系统 7 个。现有国家级普通话水平测试员 228 人，省级普通话水平测试员2 803人。全省累计有993 600人参加了普通话水平测试，并获得相应的等级证书。参加普通话水平测试的有172 687万人，其中教师29 428人，学生96 474人，公务员39 899人，播音员节目主持人 256 人，社会其他人员6 630人。

〔**学校党建工作**〕 深入学习贯彻党的十六大和十六届四中全会精神、省委十届八次全会精神和第十二次全国、全省高校党建工作会议精神，做好各高校及厅直管高等职业技术学校领导班子建设工作和教育系统干部教育培训工作。以党建考核为抓手，推进了高校基层党组织建设的科学化、规范化。拟定了《江苏省中小学校党建工作基本标准》，规范中小学校党建工作。强化对社会力量所办学校党组织的设置及其开展工作的指导和监督，使民办学校党建工作逐步走上规范化、制度化的轨道。

基础教育

〔**综述**〕 2004 年，全省小学适龄儿童入学率和在校生年巩固率均接近 100%；初中入学率和巩固率分别达 98.8%和 97.9%；残疾儿童接受义务教育普及率达 94%，学前教育普及率达 78%。高中阶段教育持续发展，初中毕业生升入高中阶段的比例达 84.8%，比上年提高 1.6 个百分点。全省高中占有土地面积5 518.11万平方米，比上年增加329.67 万平方米；校舍建筑面积2 302.29万平方米，比上年增加 243.21 万平方米。中小学教师学历达到国家规定合格学历的比例，小学、初中、高中教师分别达到 98.8%、94.3%和 83.9%，比上年分别提高 0.4 个、1.2 个、3.4 个百分点。其中高中教师中研究生毕业人数为 398 人，占 0.48%。

〔**幼儿教育**〕 省政府转发了《江苏省幼儿教育改革与发展的若干意见》，进一步明确了到 2007 年全省幼儿教育事业发展的总目标。贯彻落实教育部颁发的《幼儿园教育指导纲要（试行）》，举办了“贯彻新纲要，实施新课程”第三次省级骨干教师培训会和教师暑期培训班，确立了 24 个综合活动试点实验区，举办了江苏省第二届幼儿园优秀教育活动展评。颁发了《江苏省学前教育机构登记注册办法》，在全省实行学前教育机构登记注册制度，同时配套印发了《江苏省幼儿园设置的基本条件》、《江苏省托儿所设置的基本条件》，对学前教育机构的举办条件作了明确规定。切实加强幼儿园（托儿所）的安全工作，对各级各类幼儿园（托儿所）进行认真排查，及时消除隐患。

〔**特殊教育**〕 2004 年 12 月，承办了全国随班就读支持保障体系实验工作经验交流会，对今后一个阶段开展随班就读工作作了明确的部署，会议代表实地考察了海安县开展建立残疾儿童少年随班就读工作支持保障体系的工作情况，对江苏省实验县的实验工作给予了充分肯定。委托南京特殊教育职业技术学院，共培训教师 220 人。10 月、11 月分别举行了全省特教学校教学研究活动，全省 200 名教师代表参加了教研活动，代表们观摩课堂教学，听取了南京特师有关特教专家的学术讲座，进行了特殊教育论文评比，交流了各自的教育教学经验和体会，对推动全省特殊教育教学的改革与发展起到了积极的作用。

〔**全面完成中小学布局调整任务**〕 进一步加大中小学校布局调整力度，提前一年实现“十五”规划目标。全省小学从 2000 年的19 110所调整到目前的6 548所，撤并率达 65.7%，校均施教服务人口达 1.1 万人；初中从 2000 年的2 816所调整到目前的2 063所，撤并率达 26.7%，校均施教服务人口达 3.6 万人，办学效率明显提高。为巩固提高布局调整成果，各地建立服务保障机制，有效解决学生上学路远问题。

〔**全面完成农村中小学“三新一亮”工程**〕 2003 年和 2004 年，在消除农村中小学危房的情况下，为解决农村中小学教室存在的破课桌、破板凳、破讲台、光线暗等“三破一暗”状况，全省实施了农村中小学以“新课桌、新板凳、新讲台、电灯亮”为主要内容的“三新一亮”工程。到 2004 年底，全省累计新增单人课桌凳 290.7 万套，维修单人课桌凳 293.1 万套、维修和新增讲台 4.4 万张，通电并安装照明设备教室 13.2 万个。全省农村中小学“三新一亮”工程全面完成，农村学校教室里破旧不堪的现象一去不返，受到学生、家长及社会的普遍赞誉。

〔**推进农村初中教育均衡发展**〕 2004 年 5 月，省教育厅召开了农村初中工作会议，明确了新时期“高水平、高质量”发展初中教育的战略目标，从加强合格学校建设、加强内涵建设、推进初中课程改革、加强学校校本建设和加强未成年人思想道德建设方面提出了任务和要求。12 月，在宝应县召开全省控制义务教育阶段学生辍学工作会议，提出到 2005 年，全省小学阶段的巩固率、小学升初中升学率均要达到 100%，初中阶段的年辍学率以县为单位，控制在 0.8%，同时全省 106 个县、市、区中有 50 个成为无流生县市区或者成为无流生单位。加强初中毕业生升学考试改革，实行学业考试与综合素质评定相结合，对深入实施素质教育起到良好导向作用。

〔**加强义务教育阶段学籍管理**〕 为进一步严格义务教育阶段学籍管理，提高学籍管理效率，省教育厅研制开发了义务教育阶段学校学籍管理软件，并免费下发到所有小学和初中。暑假中培训了全省各市、县（市、区）教育行政部门负责学籍管理的人员。为适应全省中小学学籍管理网络化的需要，修订并下发了《江苏省义务教育阶段学籍管理规定》。

〔**星级高中评估**〕 从 2003 年年底到 2004 年上半年，启动了普通高中星级转评工作，对原国家级示范高中和省重点高中分别评估转为四星级和三星级学校，先后共有 96 所原国家级示范高中转为四星级高中，198 所原重点中学转为三星级高中。与此同时，启动了新申报星级评估的工作，通过上半年和下半年两次材料、现场评估，高中星级评估专家评审委员会审核，一批高中被确认为四星级高中和三星级高中。截至 2004 年年底，全省共有四星级高中 124 所，三星级高中 213 所。

〔**高中课程改革准备工作**〕 经教育部批准，全省普通高中将从 2005 年秋季入学的高一年级新生开始，全面实施新一轮高中课程改革工作。为充分做好课程改革的准备，决定以课题研究为先导，制订了《江苏省普通高中课程改革推进方案》，成立21个课题研究小组，确定7个管理方面的研究专题和14个学科方面的研究专题。建立高中课程领导小组和领导小组办公室，成立了高中课程改革专家指导小组。到2004年底，21个研究课题基本结题，并在课程研究的基础上形成了21份指导性文件。12月27日—29日，在南京举办首轮高中课程培训班，各市教育行政部门负责人和原重点高中校长共300多人参加了培训。培训班邀请了教育部、有关高校的领导和专家为参训人员解读了普通高中新课程方案。

〔**普通高中招生改革**〕 制定了高中招生改革意见。高中招生以初中毕业生的学业考试成绩和综合素质评定为依据，尊重学生志愿，逐步扩大高中学校的自主权。继续推行公办热点高中招生指标分配到初中的办法，根据初中毕业生数、办学水平等情况，按比例定向分配到各初中学校录取指标。有条件的地区，可以将高中招生名额全部分配到初中学校。高中还可以择优录取一部分在科技发明、艺术体育等方面有特殊才能的初中毕业生。进一步规范部分高中面向全省招生工作，先后确定了部分向苏北地区招生的学校，重申面向全省招生的学校一律在各市中考后进行招生，不得单独提前招生。招生学校按中考成绩录取，可以进行适当面试，但不再进行笔试。任何部门和学校不准限制考生填报外地高中，不准扣押录取学生的中考成绩和档案材料。

〔**中小学公用经费和控辍工作督查**〕 省政府教育督导团组织省督学和有关人员先后对扬州、徐州、南通、连云港、南京等市开展了中小学公用经费以及义务教育阶段控辍工作专项督查。督查活动强有力地推动了有关市、县（市、区）政府进一步完善“以县为主”的农村义务教育管理体制，切实履行政府责任，通过制定政策、出台文件，增加预算内中小学公用经费拨款，落实义务教育阶段控辍措施等等，部分县（市、区）挪用中学杂费等违规行为得到纠正，有关县（市、区）财政预算内对中小学公用经费的拨款有所增加，初中辍学率上升的势头得到遏制。

职业教育与成人教育

〔**综述**〕 2004年，江苏职业教育与社会教育事业规模再创新高。2004年全省共有中等职业学校675所，招收初中毕业生46万人，比上年增加7.8万人，增长20%，占高中阶段教育的比例达到48.3%，比上年提高2.8个百分点。124所中等职业学校全部通过教育部国家级重点中等职业学校审核认定，省重点职业学校招生总量达到招生总规模的60%，呈现事业规模向优质教育资源集聚的态势；示范专业建设继续推进，实训基地建设正式启动。以常州大学城和苏州国际教育园区为代表的职业院校呈集群式发展；一批高职院校牵头，以中等职业学校为主体，企业广泛参与，组成跨地区的专业集团。继前两年无锡商业职业技术学院、江苏农林职业技术学院成立专业集团后，南京旅游学校牵头的江苏旅游职教集团，江苏经贸职业技术学院牵头的江苏现代服务业职教集团也在积极酝酿筹备中。江苏联合职业技术学院正式挂牌、运行，18所高等职业技术学校在联合职业技术学院的组织、管理下集合式发展。圆满完成农村劳动力转移培训任务，中等职业学校就业指导与服务成效显著，全省职业学校应届毕业生就业率保持在95%左右。

〔**全国职业教育工作会议**〕 2004年6月17日—19日，经国务院批准，教育部、财政部、劳动和社会保障部等七部委在江苏召开了“十五”以来的第二次全国职业教育工作会议。国务委员陈至立、教育部部长周济等出席会议，各省、自治区、直辖市分管教育的省（市）长、中央各部委有关部长、企业行业和协会的负责同志以及各省、自治区、直辖市教育厅厅长、财政厅厅长、劳动厅厅长300多人云集江苏。与会代表考察了沿沪宁一线的职业教育学校和基地。会后，江苏省相继出台了几项政策：一是实施技能型紧缺人才培养和实训基地建设工程。从2004年起，财政每年投入2亿元，重点建设一批规模大、水平高、示范性、共享型的中职、高职实训基地。二是实施职业教育扶贫助学工程。省财政安排2 000万元专项经费，资助1万名农村家庭经济困难的初中毕业生接受中等职业教育和职业培训。三是贯彻落实教育部等七部门《关于加强职业教育工作的若干意见》，提出实施“两项工程”（技能型紧缺人才培养培训工程、农村劳动力转移培训工程）、“三个计划”（创建学习型江苏行动计划、职业教育课程改革行动计划和创业教育行动计划）及深化体制改革、拓展经费渠道等新的工作思路。

〔**开展农村劳动力转移培训**〕 2004年全省教育系统开展农村劳动力转移培训110万人次，培训后输出31万人，其中培训后输出回乡初高中毕业生22万人。省教育厅成立了农村劳动力转移培训工作领导小组，召开全省农村劳动力转移培训工作现场会，制订印发了《2004—2007年全省农村劳动力转移培训规划》，分年度分解到各市。在全省范围内推广“两后双百”工程（即对回乡初高中毕业生100％进行培训，培训后符合就业条件的100％推荐就业）。制定了《关于进一步加强农村劳动力转移培训工作的意见》。分批对全省特别是苏北苏中8个省辖市开展农村劳动力转移培训工作进行调研和督查，以切实提高工作成效。

〔**推进示范专业建设**〕 重点建设了第二批100个中职示范专业（点）和10个五年制高职示范专业（点），共评审认定91个中职示范专业、9个五年制高职示范专业，参评的103个中等职业教育专业平均教学设备总值达315万元，总计达3亿多元；每个专业年均新增92万元教学设备，总计新增近1亿元。至此，全省已建成200个中等职业教育示范专业和24个五年制高职示范专业。

〔**加快师资培养培训**〕 选送了192名专业教师到国外进修培训；选送300名文化课和专业课教师参加省级骨干教师培训；组织2 932名教师参加了省级“四新”（新知识、新技术、新工艺、新方法）培训；举办200名教师参加的数控技术应用专业新教材使用培训；突出“双师型”教师培养，组织各市选派了1 800名专业教师到大中型企业的生产管理一线岗位进行锻炼。

〔**组织第二届长三角社区教育论坛**〕 2004年10月27日—28日，江苏省牵头举办了第二届长三角社区教育发展论坛，围绕“科学发展、以人为本”主题，对长三角地区社区教育的发展战略及热点问题进行了探讨。来自教育部和上海、浙江、江苏三省教育行政部门的有关领导与长三角社区教育实验区代表、全国社区教育专家共250多人出席了论坛。长三角社区教育发展论坛的举行，是长三角地区加强教育合作与交流、建设社区教育高地的重要开端。

高等教育

〔**综述**〕 全省现有普通高等学校112所，招收普通本专科生31.4万人，比上年增长22.4％；

招收全日制博士、硕士研究生 2.7 万人，比上年增长 23%。在校学生 106.3 万人，比上年增长 16.5%，其中全日制在校研究生 6.8 万人，比上年增长 25.9%；高等教育毛入学率达 29%。全省成人高校招生 10.8 万人，与上年持平；五年制高等职业教育招生 8.4 万人，比上年增加 2 万多人。高等教育自学考试报考总人数达 125 万人，比上年增长 14.2%，其中非学历证书考试发展迅速，达 37 万人，比上年增长 55.2%。

〔**高等学校布局结构调整**〕 经省政府研究并报教育部批准，南京气象学院更名为南京信息工程大学，华东船舶工业学院更名为江苏科技大学，南通医学院、南通工学院、南通师范学院合并组建南通大学，常熟高等专科学校升格为本科学校并更名为常熟理工学院。金陵科技学院和徐州工程学院的正式建校工作已经通过教育部专家组的考察，将于 2005 年上半年正式挂牌。共受理申报设置 13 所高等职业学校，省政府批准同意金山职业技术学院、无锡城市职业技术学院、健雄职业技术学院、盐城纺织职业技术学院、淮安财贸职业技术学院、无锡工艺职业技术学院、扬州工业职业技术学院、扬州江海学院等 8 所学校正式建校。深化高校办学体制改革，6 所高校申请在江苏省举办独立学院并获批准。这些独立学院分别是：南京大学金陵学院、南京航空航天大学金城学院、南京理工大学紫金学院、南京理工大学泰州科技学院、南京师范大学泰州学院、中国传媒大学南广学院，使全省独立学院达到 9 所。积极引导五年制职业教育发展，19 所学校（含 1 所筹建校）被批准为高等职业技术学校，并作为江苏联合职业技术学院的分院。将民办高等教育事业发展纳入全省高等教育发展规划，积极推动民办高等教育的发展。目前，全省有 17 所独立设置的民办高校，民办高校在校学生 4.4 万人，占地面积共 502.3 万平方米，校舍面积共 136.3 万平方米，教学仪器设备总值17 235.95万元。初步形成了民办高等教育和公办高等教育同步发展的格局。

〔**组织实施“青蓝工程”**〕 根据《江苏省普通高等学校教师队伍建设“十五”计划》，组织开展高校“青蓝工程”培养对象选拔工作，加快高校学科带头人和骨干教师队伍建设。与以往相比，2004 年度“青蓝工程”的有关政策作了以下调整：“青蓝工程”培养对象的选拔工作由每年一次调整为每两年一次，优秀青年骨干教师的培养周期由 4 年调整为 3 年；加大优秀青年骨干教师培养力度，由原定的每次选拔 100 名调整为 500 名；加大对高职高专师资队伍建设的扶持力度，取消中青年学术带头人、优秀青年骨干教师的生活津贴。全省共评出中青年学术带头人培养人选 99 名，优秀青年骨干教师培养人选 492 名，优秀学科梯队 39 个。

〔**高校基本建设**〕 2004 年全省高校完成基本建设投资 66 亿元，竣工校舍建筑面积 340 万平方米，其中省属高校完成投资 40 亿元，竣工校舍建筑面积 235 万平方米。按照省委、省政府的部署，积极配合省有关部门对省属高校固定资产投资项目、建设用地登记情况进行清理整顿，做好教育系统清理拖欠农民工工资的工作。

〔**高校毕业生就业工作**〕 全省共有高校毕业生 224 302人（师范类毕业生 28 786 人，非师范类毕业生195 516人），比 2003 年净增 6.1 万人，增幅达 37%。高校毕业生总就业率达 93.9%，比 2003 年同期提高 5.29%。其中：毕业研究生14 177人，就业率为 97.98%；本科毕业生102 980人，就业率为 96.82%；专科毕业生107 145人，就业率为 90.55%。3 月召开了全省毕业生就业工作会议，对贯彻落实中央和省委、省政府的部署与改革措施，做好 2004 年毕业生就业工作提出了明确要求，推动各项政策措施落实到位。

〔**高等教育教学改革**〕 认真做好高校专业设置与调整工作，全省在 26 所普通高校共增设本科专业 86 个，在 1 所高校增设第二学士学位专业点 4 个。完成了对地方高校和独立学院 2005 年增设 184 个本科专业的整理汇总工作，开展了对独立学院设置本科专业的清理工作，备案成人教育新增专业 312 个。进一步完善远程开放教育校外学习中心点的审批和年审工作，新审批37个点。启动了新一轮高校优秀课程和优秀课程群评选工作，评选出省级优秀课程200门（其中一等奖58门，二等奖142门）、优秀课程群32个；指导高校做好国家精品课程的申报工作，全省高校共有29门课程被评为2004年度国家精品课程，占300门国家精品课程的9.7%，居全国各省市第二。组织492项省级教改研究课题的实施和结题鉴定工作。教育部组织对扬州大学、江苏大学、南京医科大学和徐州师范大学等4所高校进行了本科教学工作水平评估，并予以高度评价。制定了《江苏省高职高专院校人才培养工作水平评估实施方案》，对南京工业职业技术学院、常州信息职业技术学院进行了试点评估工作。进一步加强高校的教学实验基本建设，推进高校基础课教学实验中心区域开放共享和管理机制创新。加强对大学生研究能力的培养，鼓励学生尽早参与科学研究和社会、生产实践。以就业为导向，指导高职院校加强毕业生职业资格培训。全面提高学生创新能力和综合能力，在全国大学生数学建模竞赛中，全省共有58校、623队参加，有75队在全国获奖，获奖数连续7年居全国第一；在全国大学生力学竞赛中，全省高校共有2 072名学生参赛，占参赛总人数的28%，在获奖学生中，江苏省高校占51.5%，居全国第一，团体奖占40%，并取得了组织工作奖；17校67队参加全省首届大学生机器人大赛，取得了圆满成功。

〔**推进教育资源建设与共享**〕 2004年，省教育厅先后在仙林、常州大学城启动了区域教学联合体的试点工作，探索实行教师互聘、学分互认、跨校选课、资源共享，实施跨校合作的人才培养模式。9月在南京仙林大学城举行了区域教学联合体启动仪式，驻仙林的9所高校签署了共建协议，公布了年度项目合作计划，开通了联合体网站，发放了电子借书证，实质性地开展了优质教育资源的合作与共享。大力推进高职教育实训基地建设。制定了《江苏省职业教育实训基地建设规划》，初步研究提出了省级数控、计算机技术、汽车维修技术、建筑技术、电子电工实训中心建设方案。遴选和推荐常州大学城、无锡职业技术学院、南京工业职业技术学院和苏州职业大学参加国家级高职数控专业实训基地建设，推荐常州大学城参加国家级高职汽车应用与维修专业实训基地建设。

〔**研究生培养创新工程**〕 实施江苏省高等学校研究生创新计划，遴选了80项研究生创新研究项目，比上年增加30项。开展江苏省优秀博士、硕士学位论文评选，评选表彰100篇优秀硕士论文、53篇优秀博士学位论文，建立江苏省优秀博士学位论文评选制度。开办了首届江苏省博士研究生学术论坛。论坛以“登高望远，百川汇海，求是求新”为主题，为研究生尤其是博士研究生提供学术交流的重要平台，同时作为全国博士研究生学术论坛的重要延伸和补充，是拓宽研究生学术视野、启迪研究生创新智慧的一个新的尝试。选择了学术水平和研究生培养质量较高、在国内具有较高的学术地位和影响的地理信息科学等学科领域开设了5个专题论坛，共有省内外100多家单位、1 000多名博士研究生（含部分硕士研究生）参与，论坛收到交流论文416篇，145名博士研究生作了大会报告，112篇论文被评为优秀论文。先后有13位院士及若干位知名专家学者为论坛作了学术报告。部署江苏省博士、硕士学位论文抽检评议，共抽取研究生论文480篇，约占授学位论文总数的5%，抽检结果为“优秀”的27篇，占总数的6%，“良好”的258篇，占总数的54%，“合格”的173篇，占总数的36%，“不合格”的22篇，占总数的4%。

〔**高校学生学籍学历管理**〕 切实抓好学籍管理，明确转学的条件和程序，简化手续，方便学生。认真做好“专转本”选拔工作，共录取“专转本”学生10 192人。学历证书电子注册工作不断取得新成绩。共完成高等教育毕业证书电子注册344 422册，其中：普通高等教育本、专科毕业证书189 100册，成人高等教育学历证书114 790册，专业证书后大专教育学历证书14 500册，省、市电大开放教育专科学历证书26 032册。完成省电大2003年转业军人12 000名、市电大2004年开放教育1 815名新生资格审查和学籍注册工作。审核发放成人高等教育双专科毕业证明书832册。

〔**高校哲学社会科学研究**〕　全省高校现有社科活动人员18 223人，其中具有高级职称者6 337人。全年承担课题5 199项，其中，按研究类型分，基础研究项目2 150项，应用研究项目3 049项；按项目来源分，国家社科规划项目242项，教育部人文社科项目248项，高校古籍整理项目27项，中央其他部门社科专门项目207项，省市自治区社科项目1 925项，国际合作项目3项，与港澳台合作研究项目25项，企业单位委托研究项目596项，学校社科项目1 820项，外资研究项目19项，其他项目87项。全年共获得科研经费14 495.9万元。出版各类著作1 376部，发表论文17 112篇，通过鉴定的成果141项，获得省部级以上奖励的成果184项。重大课题研究有新进展。2004年全省高校共获得省部级以上项目2 649项，经费3 481.93万元。省教育厅首次对高校哲学科学研究的重大、重点课题实行招投标制度，共有6个课题中标，另有2个招标课题予以委托研究。省部级重点研究基地建设取得突破性进展。南京大学有6个研究中心通过教育部、财政部的专家评审，被确定为“985工程”哲学社会科学创新基地；2个教育部人文社会科学重点研究基地——中华民国史研究中心、长江三角洲经济社会发展研究中心顺利通过了教育部的考核评估，南京大学的马克思主义社会理论研究中心和苏州大学的中国农村城镇化研究中心通过教育部人文社会科学重点研究基地专家组的考察和验收，被新增为教育部人文社会科学重点研究基地。

〔**高校科技创新与基地建设**〕　全省高校科技人员37 264人，通过各种渠道共获得科技经费36.61亿元（其中R&D经费23.21亿元），比上年实际增加8.5亿元，增长30.24％。全年全省高校共实现技术转让1 541项，比上年增加97.3％，技术转让合同金额2.4亿元。全年全省高校共申请专利1 983项（其中发明专利1 052项，实用新型330项，外观设计601项），比上年翻了一番多。高校出版科技著作229部，大专院校教科书506部，发表学术论文36 408篇；共有165个国家级项目通过验收，鉴定科技成果669项（其中国际水平267项，国内首创151项，国内先进226项），有256项科技成果获得部省级以上科技成果奖，其中国家级科技成果奖19项（国家自然科学奖5项，国家发明奖1项，国家科技进步奖13项），省部级奖217项。遴选南京医科大学生殖医学等10个实验室作为国家重点实验室培育建设点。启动重点建设实验室计划，新组建10个省重点建设实验室。新增教育部重点实验室4个。不断加大对大学科技园建设的组织程度和指导力度。

〔**高校科技服务**〕　组织“高校校长苏北科技行”活动，南京大学、东南大学等27所高校参加。活动紧紧围绕省委、省政府实施区域共同发展的战略部署，强力推进教育、科技与经济的结合及全省高校与苏北各市的全面合作。组织东南大学等14所高校参加沿东陇海线产业带建设工业科技成果展示会活动，精选225项成果进行实地展示，达成合作意向项目有203项。组织高校参加第三届中国苏州电子信息博览会，共参展项目81项，达成合作意向项目41项。进一步落实“高校校长沿江科技行”的任务，17所高校与沿江七市正式签订合同的项目达1 047项，合同金额达3.25亿元。组织江苏省代表团参加2004第三届亚太经合组织(APEC)青年科学节（AYSF）活动。

撰稿　苏教楚　吴仁林
审稿　王斌泰

浙江省教育

概　况

〔基本情况〕

2004 年浙江省各级各类学校校数、教职工、专任教师情况

	学校数（所）	教职工数（人）	专任教师数（人）
一、高等教育			
（一）研究生培养机构（不计校数）	(19)		
1. 普通高校	(15)		
2. 科研机构	(4)		
（二）普通高等学校	67	60 833	35 766
1. 本科院校	26	36 428	18 977
2. 专科院校	41	15 583	10 324
其中：职业技术学院	36	13 647	9 190
3. 分校、大专班（点）（不计校数）	(28)	8 822	6 465
其中：独立学院	(19)	6 569	5 067
（三）成人高等学校	16	5 999	3 700
（四）民办的其他高等教育机构	34	2 031	989
二、中等教育	3 651	236 289	196 885
（一）高中阶段教育	1 520	235 592	86 777
1. 高中	983	194 539	55 369
普通高中	610	191 700	53 303
成人高中	373	2 839	2 066
2. 中等职业教育	537	41 053	31 408
普通中专	55	5 665	3 698
成人中专	87	2 630	1 594
职业高中	395	28 161	22 402
技工学校			
其他机构（教学点）（不计校数）	(304)	4 597	3 714
（二）初中阶段教育	2 131	697	110 108
1. 普通初中	1 999		109 587
2. 职业初中	0	11	7
3. 成人初中	132	686	514
三、初等教育	7 072	176 553	160 328
（一）普通小学	6 747	176 132	160 075
（二）成人小学	325	421	253

续表

	学校数（所）	教职工数（人）	专任教师数（人）
其中：扫盲班	181	201	124
四、工读学校	2	53	38
五、特殊教育	62	1 475	1 194
六、学前教育	11 366	91 772	58 732

注：1. 普通高中的教职工数中包含普通初中的教职工数。
2. 技工学校数据为 2003 年数据。
3. “（ ）”内数据均不计校数。

2004 年浙江省各级各类学历教育学生情况

	毕业生数（人）	招生数（人）	在校生数（人）
一、高等教育			
（一）研究生	4 858	8 029	22 062
博 士	895	1 648	5 808
硕 士	3 963	6 381	16 254
（二）普通本专科	103 123	182 847	572 759
本 科	40 089	90 653	302 658
专 科	63 034	92 194	270 101
（三）成人本专科	95 764	87 233	177 800
本 科	36 536	33 722	67 085
专 科	59 228	53 511	110 715
（四）其他各类高等学历教育			
1. 在职人员攻读博士、硕士学位		2 124	5 285
2. 网络本专科生	4 435	6 277	16 682
本 科	4 435	6 277	16 682
专 科			
3. 学历文凭考试	5 085	11 851	25 652
4. 自学考试			
5. 其他	3 521		6 156
二、中等教育	1 083 471	1 112 194	3 460 331
（一）高中阶段教育	416 260	564 925	1 640 218
1. 高中	243 634	299 904	911 659
普通高中	215 649	299 904	860 613
成人高中	27 985		51 046
2. 中等职业教育	172 626	265 021	728 559
普通中专	32 198	43 283	128 069
成人中专	18 298	20 098	53 165
职业高中	122 130	201 640	547 325
技工学校			
（二）初中阶段教育	667 211	547 269	1 820 113
1. 普通初中	649 181	547 269	1 800 749
2. 职业初中	203		67
3. 成人初中	17 827		19 297
三、初等教育	560 734	514 151	3 468 872
（一）普通小学	532 422	514 151	3 443 066
（二）成人小学	28 312		25 806
其中：扫盲班	7 433		4 681
四、工读学校	64	34	127
五、特殊教育	2 124	1 663	14 195
六、学前教育	486 193	514 580	1 278 472

注：特殊教育学生数中包括普通中小学随班就读的学生。下同。

2004年浙江省各级各类非学历教育学生情况

	毕（结）业生数（人）	注册生数（人）
一、高等教育	169 617	115 311
（一）研究生课程进修班	6 227	6 882
（二）自考助学班	2 912	10 468
（三）普通预科生		42
（四）进修及培训	160 478	97 919
其中：资格证书培训	24 811	8 596
岗位证书培训	58 427	29 970
二、中等职业教育	5 120 737	4 698 499
其中：资格证书培训	510 843	483 435
岗位证书培训	671 511	717 287
（一）中等职业学校	313 384	244 632
其中：资格证书培训	93 120	60 923
岗位证书培训	76 986	45 149
（二）职业技术培训机构	4 807 353	4 473 867
其中：资格证书培训	417 723	422 512
岗位证书培训	594 525	672 138

2004年浙江省各级民办教育基本情况

	学校数（所）	毕业生数（人）	招生数（人）	在校生数（人）	教职工数（人）	专任教师数（人）
一、高等教育						
（一）普通高等教育		14 698	46 239	139 068	9 672	7 161
1. 普通高校	8	5 706	13 508	36 853	3 103	2 094
本科学生		539	1 978	5 740		
专科学生		5 167	11 530	31 113		
2. 独立学院	（19）	8 992	32 731	102 215	6 569	5 067
（二）成人高校						
（三）民办的其他高等教育机构	34	11 360		39 501	2 031	989
二、中等教育机构						
（一）高中阶段教育	349	60 689	115 887	301 126	29 796	21 564
其中：普通高中	194	34 152	70 189	183 737	23 085	16 957
中等职业学校	155	26 537	45 698	117 389	6 711	4 607
（二）初中阶段教育	131	34 615	48 888	138 426	5	3
其中：普通初中	131	34 470	48 888	138 396		
职业初中		145		30	5	3
（三）职业技术培训机构	913	452 557		455 837	7 367	3 873
三、普通小学	167	15 321	32 677	168 629	9 805	7 070
四、幼儿园	9 272	297 758	325 512	827 539	63 398	39 077

注：“（ ）”内数据不计校数。

〔农村教育工作会议〕 2004年9月6日，省政府召开全省农村教育工作会议。浙江省委副书记、省长吕祖善出席并讲话，副省长盛昌黎作主题报告。会议提出了全省农村教育近期发展的目标：

高标准高质量普及九年义务教育，全面普及高中阶段教育、学前三年教育和特殊教育，让所有孩子“念上书、念好书”；重视发展儿童早期教育，大力发展职业教育和成人教育，努力创建学习型社会；逐步满足人民群众日益增长的接受优质教育的需求，到2007年，高中阶段优质教育资源达到70%以上，70%的县（市、区）达到教育强县标准。

〔**教育法制建设**〕　2004年5月1日，作为省政府一类规章的《浙江省中小学校学生人身安全事故预防与处理办法》正式实施。依法对中小学幼儿园安全工作开展检查和专项整治行动。7月1日，《中华人民共和国行政许可法》开始实施。对照此规定，省教育厅对本部门现有的行政许可项目、行政许可规定（包括涉及行政许可规定的各类文件、会议纪要、抄告单等）、行政许可实施机构、行政许可收费等进行了一次全面清理，并加快配套制度建设，建立统一受理行政许可申请、审查、决定送达、告知意见、听证、实施特别程序工作、监督检查记录查阅、申诉检举、责任追究等制度。出台了《浙江省教育行政部门实施行政许可法工作规则（试行）》，并制定相关示范性文本。

〔**扶困助学**〕　继续对享受最低生活保障待遇家庭子女、列入农村五保供养范围的未成年人、由社会福利机构监护的未成年人、革命烈士子女等学生实行小学到高中的免费教育，全年资助家庭经济困难中小学生30万人，资助金额1.5亿元，基本做到应保尽保。完善“奖、贷、助、补、减”为主体的高校家庭经济困难学生资助体系，全年共安排国家和省级奖学金1 500万元，奖励学生4 700余人；省财政安排国家助学贷款贴息660万元，实际发放贷款人数1.85万人，发放贷款1.11亿元；在高等学校学费中提取20%用于奖学金、勤工助学和困难补助，当年达2.7亿元，全省没有发生因为家庭经济困难而上不了大学的情况。

〔**教师队伍建设**〕　2004年3月，省政府办公厅转发了由省教育厅、省编办、省财政厅制发的《关于浙江省贯彻国家中小学教职工编制标准实施意见的通知》，加快了中小学人事制度改革步伐。一是为鼓励各地开展小班化教育，规定经县级以上人民政府批准实施小班化教育的地区和学校，增编幅度由当地政府根据实际情况自行决定。对于偏远山区、海岛等班额不足的学校，参照小班化的标准进行核编，并确保每班至少1名教师。二是明确了农村成人学校教职工编制，规定农村成人中、初等教育学校的教职工编制，原则上按乡镇总人口每万人配备不超过2名的标准核定。三是结合全省中小学实际，从9个方面考虑了增编因素，并规定了增编幅度原则上不超过10%。四是在具体执行中做到两个因地制宜：在编制标准的适用上因地制宜，17个经济强县（市）参照“城市”标准进行编制核定，省辖市近郊区的执行标准由各市自定；在核编程序上因地制宜。县级教育行政部门根据省中小学教职工编制标准，提出本地区中小学教职工编制定编方案，报县级机构编制委员会批准，同时抄送省、市机构编制、教育、财政部门备案，具体可由各地政府结合当地实际决定。

基础教育

〔**综述**〕　2004年，浙江省以农村教育为工作重点，全面统筹城乡教育发展。启动“浙江省万校标准化建设工程”，加快推进薄弱学校改造、危房改造和新一轮中小学布局结构调整，不断提高教育现代化水平。制定了《浙江省学前儿童入园管理办法》，审核通过47所省级示范性幼儿园，全省省级示范性幼儿园达到188所。批准108所省示范小学，82所省示范初中，12所省九年一贯制示范学校，全省示范小学达303所，示范初中达254所。加大高中教育发展的步伐，加强省级重点高中建设，鼓励将高中资源相对向城区集中，鼓励利用优质名牌高中的办学优势改造薄弱高中，省级示范高中达503所，占高中学校总数的46.4%。全省学前三年幼儿毛入园率达85%，三类残疾儿童少年和流动儿童少年入学率都超过97%，初中毕业生升高中段学校比例达87.76%，基本普及从学前三年到高中段的15年教育。

全面实施基础教育课程改革，全省所有县（市、区）的小学和初中起始年级提前一年实施新课程；积极开发地方课程，审定地方课程33项，立项地方课程5项。全省11个市、88个县（市、区）59.7万名学生参加中考实验操作考查，成绩合格率达98.2%。研发与新教材配套的教学仪器和学具300多套，配备仪器设备和学具2 500多万元，中小学装备计算机约10万台，配备新课程电子音像教材3 500余万元。继续实施“5522”名师名校长计划，412名名校长培养人选和450名名教师已培训结业；重新确认了1 344名省“中小学名师名校长培养计划”培养人选。全省幼儿园、小学、初中、普通高中教师学历合格率分别达到94.3%、98.7%、97.7%和92.6%，小学专科及以上、初中本科及以上学历的教师比例分别达到59.8%和50.9%。

〔**未成年人思想道德教育**〕 全面贯彻《中共中央 国务院关于进一步加强和改进未成年人思想道德建设的若干意见》，在湖州、长兴等地开展了全省中学德育导师制试点工作，建立全员参与的德育制度。2004年8月18日，全省教育系统未成年人思想道德建设专题学习讨论会在杭州举行，会上下发了《浙江省教育厅关于加强和改进未成年人思想道德建设的意见》，提出：一要深入学习、统一认识，把德育贯穿学校工作全过程；二要强化青少年学生思想道德教育的有效机制；三要提高青少年学生思想道德教育的针对性；四要运用多种方法，增强青少年学生思想道德教育的有效性；五要充分发挥全体教师在青少年学生思想道德教育中的主力军作用。9月5日，浙江省暨杭州市“中小学弘扬和培育民族精神月”启动仪式在杭州市青少年活动中心广场举行。10月22日在杭州举办200余名骨干教师参加的中小学青春期性健康教育模式研讨会。11月21日在杭州召开全省心理健康教育工作会议。

〔**流动儿童少年教育**〕 2004年11月16日，浙江省政府办公厅发出《关于进一步做好流动儿童少年义务教育工作的意见》，规定：流动儿童少年流入地县级政府（以下简称流入地政府）负责本行政区域内流动儿童少年的义务教育工作。教育行政部门要将流动儿童少年义务教育工作纳入当地普及九年制义务教育工作范畴，指导和督促中小学认真做好接收就学和教育、教学工作；公安部门要及时向教育行政部门提供流动儿童少年的有关户籍证明、身份证明等情况；发展改革部门要将流动儿童少年义务教育纳入社会事业发展计划；建设、规划部门要将流动儿童少年就学学校建设列入基础设施建设规划；财政部门要把流动儿童少年义务教育纳入教育经费预算予以保证；机构编制部门要根据接收流动儿童少年的数量，合理核定接收学校的教职工编制；劳动保障部门要依法查处使用童工行为；价格主管部门要与教育行政部门等制订有关收费标准并检查学校收费情况。乡（镇）政府、街道办事处负责动员、组织、督促本地流动儿童少年父母或其他监护人送流动儿童少年接受义务教育。2004年，浙江省流动儿童少年接近58万人，其中已入学的超过56万人，入学率达97%。

〔**基本普及15年教育**〕 2004年9月8日，浙江省委书记、省人大常委会主任习近平宣布，2004年浙江省已基本普及从学前三年到高中段的15年教育，成为全国第一个基本普及15年教育的省份。2001年浙江省政府召开的全省基础教育工作会议上，确立了到2005年基本普及15年教育的目标。浙江省进一步完善了“以县为主”的基础教育管理体制，不断加大对基础教育的投入。继续开展教育强县创建活动，推进教育现代化进程。开展新一轮中小学布局调整，进一步改造薄弱学校。引导社会力量参与办学，大力发展高中段教育和幼儿教育。加强示范性学校建设，扩大优质教育资源。在1997年通过全国“两基”总验收后，2004年浙江教育再上新台阶。

〔**课程改革**〕 2004年11月8日，由浙江省基础教育课程改革工作领导小组主办、浙江省教育厅教研室、浙江省电化教育馆和杭州市西湖区教育局联合承办的浙江省基础教育课程改革巡礼在杭州举行。课改巡礼为期一个月，以“展示、交流、推进”为主题，分课堂教学展示、展板展览以及教育论坛三个版块进行。主会场设在杭州市西湖小学文新校区和杭州第十五中学西溪校区，同时在11个市分别设立了分会场。共有14家参展单位的362块展板，47 600多本赠阅资料，选送238节优质课，开设了课程改革与教育进步、课程多样化与教育个性化、新课程实施与学校管理创新、校本教研与教师专业成长、多元评价与学生自主发展等5个教育论坛。

〔**学籍管理**〕 2004年7月8日，浙江省教育厅发出了《关于试行全日制普通中小学学生学籍管理办法和学前儿童入园管理办法的通知》，对中小学学籍管理办法进行了修订，取消开除、勒令退学等惩戒条款，并于9月1日正式施行。新的学籍管理办法规定：除“符合义务教育法规定‘免于入学，暂缓入学’者；已超过义务教育年龄，且已受完九年义务教育（因病因事准予休学的时间除外），学生法定监护人申请离校者”这两类学生可以退学外，未受完九年义务教育的学生一律不办理退学手续，即使是被采取刑事强制措施的未成年学生，学校也不得取消其学籍；被人民法院宣告免刑、缓刑、假释、判处非监禁刑罚的学生，学校应继续让其留校学习，并采取有效的帮教措施，协助司法机关做好教育、挽救工作；解除刑事强制措施、收容教养、劳动教养的未成年学生，学校应允许其及时复学。

〔**教育信息化**〕 2004年3月，召开了全省农村中小学现代远程教育工程动员会。同年，在淳安县、建德县开展农村教育信息化试点工作，在农村小学建设放像点188个。编辑制作《我们一起学》、《走进新课程》、《名师风采》三个教学软件，涉及义务教育阶段主要学科（包括新教材），共计72课时。编制了65种与文字教材相配套的电子音像教材并在中小学校普遍应用，全年电子音像教材资源投资总额达3 500万元。2004年底，全省中小学拥有计算机45.02万台，生机比（学生数与计算机数量之比）达到13.5∶1。高中、绝大多数初中和一半以上乡镇中心小学开设了信息技术课程。90%以上的县（市、区）建立了教育城域网（教育网站），有校园网的学校超过3 000所。以浙江教育网和各地教育城域网（教育网站）为中心的教育网络覆盖了全省2/3的城镇中小学校及部分农村学校。

〔**教育强县**〕 2004年4月29日，浙江省委、省政府印发了《关于授予临安市等18个县（市、区）浙江省教育强县称号的决定》，命名表彰了第三批18个教育强县，它们是：临安市、宁波市江北区、宁海县、瑞安市、湖州市吴兴区、南浔区、安吉县、嘉兴市秀城区、秀洲区、嘉善县、绍兴市越城区、嵊州市、新昌县、金华市婺城区、台州市路桥区、临海市、龙游县、舟山市定海区。至此，全省教育强县达到53个。

职业教育与成人教育

〔**综述**〕 2004全省中等职业学校招生28.94万人，高中阶段普职招生数已经连续四年达到

1∶1,中职学校毕业生就业率超过95%，农民培训超过365万人次，农村劳动力培训率超过30%，基本实现了职业教育、成人教育与普通教育、经济社会的协调发展。进一步推进以人为本的中职学校学分制和分层次教学，开展以就业为导向的校企合作教学改革。建立6个省级专业教研基地，结合实际开发校本教材，使中等职业教育进一步贴近当地经济社会发展。中等职业学校毕业生一次就业率达到95%，重点职业学校的工科类、服务类专业毕业生供不应求。新增了22个机电、信息、建筑、商贸、旅游、服装等与先进制造业和现代服务业紧密相关的省级示范专业。

〔**重点职业学校建设**〕 通过布局结构调整和中等职业学校的合格评估，优化职业教育资源。2004年新增国家级重点职业学校7所，省级重点15所，使全省省级以上重点职业学校达到172所，约有50%的中职学生在重点学校就读。与2000年相比，中职学校数减少了182所，在校生增加27万余人；校均规模净增916人。

〔**专业建设**〕 2004年新增省级示范专业点22个，全省中职学校示范专业达122个，有力地带动了职业学校实训条件的改善。全省职业学校实验实训仪器设备值达14.87亿元，与2000年相比翻了一番。启动了中职学校先进制造业技能型人才培养培训示范基地项目，明确提出以国家级重点职校示范专业为基础，重点建设好20个左右省级先进制造业技能型人才培养培训示范基地，五年内为全省培养培训10万名中高级技术工人。2004年确定了机电、微电子、纺织、化工、船舶修造等方面的首批8个省级示范基地。

〔**农民培训工程**〕 浙江省农村成人教育以农民培训为重点，实施“百万农民培训工程”、以培训乡镇企业职工为主体的“百万职工双证制教育培训工程”、“阳光工程”和“千万农村劳动力素质培训工程”等四大培训工程。2004年共完成农民技术培训365万人，其中农村劳动力转移培训40万人，推荐就业人数达30.9万人，全省有238所职业学校和811所乡镇成人学校被各级政府指定为农村劳动力转移培训基地。完成农村基层干部教育、法制教育、人口教育、闲暇教育等社会化培训312万人次。全省共有示范性乡镇成人学校138所，一级成人学校258所，二级成人学校405所，三级成人学校325所，等级成人学校占成人学校总数的86.6%。

〔**社区教育**〕 全省有国家级社区教育实验区5个，省级社区教育实验区21个，国家和省级社区教育实验区覆盖了全省28%的地区。杭州、宁波两市已基本普及社区教育，并逐步向其他城市推进。全省有杭州、宁波两市和14个区（县、市）提出了创建学习型城市的目标，并下达文件组织实施。

高等教育

〔**综述**〕 到2004年底，全省六大高教园区已完成3/4的工程量，建成杭州滨江园区、宁波园区、温州园区，基本建成下沙高教园区西区和浙江大学紫金港校区，完成下沙东区和小和山园区一期工程。全年完成投资34.7亿元，竣工建筑面积105万平方米，有16个高校建筑项目荣获“钱江杯”；高教园区累计竣工校舍面积725万平方米，完成投资额162.5亿元，有36所高校、26万名在校生入驻高教园区。全省地方属高校及科研机构共招收研究生2 608人，在学研究生5 251人，分别比上年增长 58.9%和 55.5%。全省地方属高校招收普通本专科学生 18.95 万人，比上年增长 13.3%；高考录取率达 76.6%，在高中毕业生大幅度增加的情况下录取率与上年持平；全省普通高校在校生达 57.27 万人，增长 18.2%；每 10 万人口中普通高校在校生数达1 213人。设立学历与非学历教育自学考试项目 31 个，累计接纳自考生 145 万人次，比上年增长 11.5%。高等教育毛入学率达 30%，比上年提高 5 个百分点。2004 年全省高校科研经费超过 20 亿元，新增教育部普通高校人文社科重点研究基地 2 个，省重点实验室 3 个。

以教学评估为抓手，加强对高等教学质量的监控。对 2 所本科院校和 5 所高职院校的教学工作进行评估，至此完成了全省所有普通高校的首轮教学工作评估。支持中国美术学院、浙江理工大学、温州医学院、浙江海洋学院 4 所高校接受了教育部教学工作水平评估。加大专业宏观调控力度，审定并公布了 789 个本科专业、1 125个高职高专专业，对 10 种就业形势不好、招生条件较差或报到率低的专业进行严格控制；鼓励发展直接为区域经济建设服务的应用型专业，全省 63 所高校新增 220 个本科、高职高专专业。启动紧缺人才培养培训工程，在 15 所高职院校开展紧缺人才培训工作，新建 3 所软件职业技术学院并顺利实现招生。继续改革人才培养模式，10 所本科高校选拔了1 500名优秀高职高专毕业生进入本科学习，262 名学生通过考试选拔、转校入学等方式参加“2＋2”培养模式改革试点。下沙、滨江、宁波、温州 4 大高教园区推出 100 门有特色的共享性课程，1.1 万人次参加选修学习，多数学生通过课程学习取得学分。

〔高等学校升格与更名〕 2004 年 5 月，经全国高等学校设置评议委员会评议，教育部同意杭州商学院、杭州电子工业学院、浙江工程学院正式更名为浙江工商大学、杭州电子科技大学、浙江理工大学，温州师范学院与原温州大学合并筹建新温州大学；浙江广播电视高等专科学校、宁波高等专科学校、丽水师范专科学校正式升格更名为浙江传媒学院、宁波工程学院、丽水学院；浙江卫生学校升格为浙江医学高等专科学校。

〔规范独立学院管理〕 根据教育部《关于规范并加强普通高校以新的机制和模式试办独立学院管理的若干意见》和《关于对各地批准试办的独立学院进行检查清理和重新报批工作的通知》精神，浙江省对 21 所独立学院进行了检查清理，并将其中 19 所独立学院有关材料及时上报教育部要求重新确认。2004 年 11 月，教育部正式下文，对浙江工业大学之江学院等 17 所独立学院重新确认。加之先前已获确认的浙江大学城市学院、浙江大学宁波理工学院，全省共有 19 所独立学院获得教育部的重新确认。到 2004 年，全省独立学院在校生已有 10.68 万人，占本科在校生总数的 35%。

〔高考自主命题〕 按照教育部部署，2004 年开始高等学校招生统一考试由浙江省自主命题。为确保命题质量，文、理综合卷委托教育部考试中心命制，语文、数学（文、理）和英语三科由省自行命题。为此，专门成立领导小组，制定《2004 年浙江省普通高考命题工作实施办法》和《2004 年浙江省普通高考命题保密工作规定》；根据命题管理的性质及其流程的特点，探索形成了一套行之有效的入闱命题“三、二、一”管理模式。对高考命题保密环节、各岗位保密守则作了具体规定，并拟定了命题教育保密协议样本。从 2004 年高考结果看，三科浙江卷体现了新课程的特点，难度适中，区分适当，对引导中学实施素质教育和高校选拔人才具有积极的作用。

撰稿　陈　峰

审稿　侯靖方

宁波市教育

〔基本情况〕

2004年宁波市各级各类学校校数、教职工、专任教师情况

	学校数（所）	教职工数（人）	专任教师数（人）
一、高等教育	15	8 904	6 062
（一）研究生培养机构（不计校数）	1	2 929	1 736
1. 普通高校	1	2 929	1 736
2. 科研机构			
（二）普通高等学校	13	8 284	5 633
1. 本科院校	5	5 068	3 397
2. 专科院校	8	3 216	2 236
其中：职业技术学院	7	2 449	1 832
3. 分校、大专班（点）（不计校数）			
（三）成人高等学校	2	620	429
（四）民办的其他高等教育机构			
1. 学历文凭考试机构			
2. 非学历文凭考试机构			
二、中等教育	469	30 163	24 250
（一）高中阶段教育	162	29 712	11 006
1. 高中	83	23 935	6 461
普通高中	83	23 935	6 461
成人高中			
2. 中等职业教育	79	5 777	4 545
普通中等专业学校	10	1 144	870
成人中等专业学校	17	410	254
职业高中	41	3 450	2 796
技工学校	11	773	625
其他机构（教学点）（不计校数）			
（二）初中阶段教育	307	451	13 244
1. 普通初中	225		12 870
2. 职业初中			
3. 成人初中	82	451	374
三、初等教育	745	22 426	19 306
（一）普通小学	719	22 422	19 302
（二）成人小学	26	4	4
其中：扫盲班	22	2	2

续表

	学校数（所）	教职工数（人）	专任教师数（人）
四、工读学校			
五、特殊教育	6	200	140
六、学前教育	1 398	14 931	8 599

注：1. 普通高中的教职工数包含普通初中数据。
2. 技工学校无分省数据。

2004 年宁波市各级各类学历教育学生情况

	毕业生数（人）	招生数（人）	在校生数（人）
一、高等教育	29 089	47 705	124 647
（一）研究生	30	218	410
（二）普通本专科	16 740	33 799	96 015
（三）成人本专科	11 806	11 934	23 974
（四）其他各类高等学历教育			
1. 在职人员攻读博士、硕士学位			
2. 网络本专科生			35 857
3. 学历文凭考试	513	1 754	4 248
二、中等教育	132 586	162 476	458 405
（一）高中阶段教育	48 381	71 057	203 210
1. 高中	22 093	33 528	95 708
普通高中	22 093	33 528	95 708
成人高中			
2. 中等职业教育	26 288	37 529	107 502
普通中专	6 183	4 290	17 788
成人中专	2 280	2 032	5 248
职业高中	15 724	26 965	74 129
技工学校	2 101	4 242	10 337
（二）初中阶段教育	84 205	91 419	255 195
1. 普通初中	73 397	75 155	255 195
2. 职业初中			
3. 成人初中	10 808	16 264	
三、初等教育	73 127	74 375	476 051
（一）普通小学	72 607	73 966	476 051
（二）成人小学	520	409	
其中：扫盲班	98	130	
四、工读学校			
五、特殊教育	82	69	663
六、学前教育	62 690	56 661	170 253

注：其他各类高等教育学生数未包含成人高校的学生数。

2004 年宁波市各级各类非学历教育学生情况

	毕(结)业生数(人)	招生数（人）	在校生数（人）
一、高等教育	1 411	5 438	5 891
（一）研究生课程进修班			
（二）自考助学班		91	91
（三）普通预科生		19	64
（四）证书教育			
（五）岗位培训	372	3 264	3 636
（六）进修及培训	1 039	2 064	2 100
二、中等教育			
（一）中等职业学校	75 987	65 513	
（二）职业技术培训机构	666 056	627 574	

2004 年宁波市各级民办教育基本情况

	学校数（所）	毕业生数（人）	招生数（人）	在校生数（人）	教职工数（人）	专任教师数（人）
一、高等教育	3	3 933	8 700	22 806	1 690	1 205
（一）普通高校	3	3 933	8 700	22 806	1 690	1 205
（二）成人高校						
（三）民办的其他高等教育机构						
二、中等教育机构						
（一）高中阶段教育						
其中：普通高中	23	2 556	6 944	17 425	3 619	2 529
中等职业学校	14	1 884	3 396	9 003	521	364
（二）初中阶段教育						
其中：普通初中	21	5 378	8 488	23 164		
职业初中						
三、普通小学	67	5 607	12 910	69 495	3 332	2 428
四、幼儿园	1 211	44 625	40 875	124 072	10 725	6 139

注：民办普通高中的教职工数和专任教师数包含民办普通初中数据。

〔综述〕 2004 年，宁波市共有各级普通学校 2 496所，在校生 115.6 万人，教职工 7.4 万人。九年义务教育人口覆盖率为 100%，入学率、巩固率分别为 100%和 99.87%，盲、聋、弱智儿童入学率 96.28%。幼儿学前三年毛入园率 116.9%，比上年提高 8.6 个百分点。初中毕业生升入高中段比例比上年提高 1.5 个百分点，上升到 91.79%，城区稳定在 98%以上，在基本普及 15 年教育的道路上取得了新进展。高考文理科上线率分别为 89.7%与 95.42%，高出全省平均水平 9.33%和 3.14%，共有22 774名考生被普通高校录取，另有 5 286名中职三校生被高职院校录取。高等教育毛入学率达 36%，比上年提高 4 个百分点。

积极落实各项扶持政策，推动民办教育健康发展。认真贯彻《民办教育促进法》及其实施条例，对全市民办学校进行了年检，市本级共有 93 家通过年检，1 家暂时保留，对 8 家予以注销的学校在教育网上进行公布；对 12 家公办学校举办的民办教育机构由指定的会计师事务所进行了资产审计。对全市的名校办民校、国有转制学校提出了改革的建议方案，推进民办教育机构的规范化建设。加强对流动人口子女学校的检查，发动社会团体关爱外来民工子女。目前，外来进城民工子女在宁波就读义务教育的人数已达 13 万，除公办学校接纳外，

83所外来民工子女学校接纳了其中的5.9万人。2004年，全市共有民办学校1 550所，其中幼儿园1 088所，普通中小学85所，中等职业学校28所，培训机构351个。民办教育机构总资产达39亿元，校舍总面积293万平方米。民办学校在校生占全市各类学校的比例分别为小学9.8%，初中8.4%，普通高中19.9%，中职19.3%。

深化人事制度改革，强化继续教育，师资队伍整体素质得到进一步提高。进一步推进“名师工程”建设，建立以市教坛新秀、学科骨干、名师、省特级教师、正教授中学高级教师为主要内容的五个梯次系列化的培训、评选制度，评定首批市学科骨干202名。为更好发挥特级教师的带动效应，成立了市特级教师协会。制定了《宁波市高等学校“甬江学者”计划特聘教授岗位实施办法》。2004年，在甬高校共引进、培养教授28名，副教授336名，博士57名，硕士230名。教师继续教育制度不断完善，建立了教师“培训超市”，实行“菜单式培训”，提高了暑期教师全员培训的效益。建立了宁波市教师教育网，探索教师网络培训新模式。组织24名非英语专业学科骨干教师赴美国培训。为提高教师的学历学位，与浙江师范大学合作在宁波教育学院开办了语文、数学、英语、物理、化学等学科硕士专业学位班教学点，探索在职培训提高的新模式。在市教研室共推出9个教研员岗位面向社会招聘，使“能进能出、优胜劣汰、竞争上岗”的用人机制逐步完善。开展了面向社会人员教师资格证书的认定工作，全市共有3 838人申报教师资格。2004年，全市小学和初中教师的高学历分别达到69.06%和63.86%，职业学校教师学历合格率达到85.19%。

进一步开展教育帮扶和对口支援工作。继续在全市14个经济欠发达乡（镇）和6个片（区）实施“两免一补助”教育扶持政策，对特困生、低收入生活困难家庭学生继续实施减免优惠政策；从2004学年起，在全市范围内对特殊教育学校中就读的残疾学生实行全免费教育。落实了教育部下达的中西部地区中职学校合作办学招生计划，加快了“教育移民”进程。选派了23名教师赴西藏、贵州支教，暑假期间还组织12位特级教师、名教师赴贵州进行了为期半月的讲学活动。落实42万元资金，支援三穗县医院和民族高级中学学生宿舍楼等建设，完成了教育部下达的新疆班招生计划，在宁波中学就读的新疆班首届80名高中毕业生在2004年的高考中100%升入高校，其中91%的学生被全国重点大学录取。市教育局被评为全国东西扶贫协作先进集体。

撰稿　徐祥贤

〔**基础教育**〕　2004年，大力推进基础教育的内涵发展与提高。学校布局有了进一步调整。全市实施了新一轮基础教育课程改革，并大力推进教育信息化，提高教育教学水平与学校管理水平。为加快优质教育资源的拓展，努力建设一批省级示范学校，2004年，全市省级示范幼儿园36所，省级示范小学、初中、九年一贯制学校97所，省一级、二级、三级重点普通高中分别为14、18和9所。

进一步强化学生德育工作。召开市第十二次中小学德育工作会议，成立中小学德育研究会，制发相关实施意见，出台《关于加强班主任工作的几点意见》，并提高了全市班主任的津贴标准。编印《校长书记国旗下讲话精选》、《成功教育案例》；评选首届中小学优秀德育成果奖、优秀德育工作者、第二届中小学生身边的榜样；启动“行为规范示范学校”评估和导师制试点工作，在城区把学生思想品德与行为习惯纳入初中学生毕业与升学考试，在全市推广县（市、区）、乡镇（街道）、学校三级道德教育的试点工作经验，加强学生的心理健康教育和心理辅导员队伍建设。

2004年，义务教育阶段和高中段接受优质教育资源的学生分别占学生总数的65%和70%左右。实行初中毕业和高中段招生“两考分离”政策，实施定向推荐和考试相结合的普通高中招生制度。高中教育质量有了明显的提高，2004年高考文科本科上线率48.83%，理科本科上线率为63.58%，分别高出全省平均水平9.95和8.03个百分点，高考报名录取率达到85.6%，高出全省平均水平9个百分点。

撰稿　徐祥贤　裘发明

〔**职业教育与成人教育**〕 通过与企业联合及为农服务，增强了中等职业教育与成人教育的办学活力。城区职业学校与企业合作办学率在90%以上，中等职业学校与500多家企业签订了“订单”培训计划。实行专业教师到企业挂职培训制度，在企业建立了专业师资培训基地，还选送8名专业教师到德国接受为期6周的专业培训。全市41所独立设置的中等职业学校中省级以上重点职校达到25所，其中国家级重点职校12所。在全市继续大力推进职工、农民“双证制”教育，全年参加“双证制”教育达8 000人。继鄞州、海曙区被教育部列为全国社区教育实验区以后，慈溪市、江东、江北和镇海区、象山县又被省教育厅列为首批省级社区教育实验区。

全面启动“牵手百家企业”活动。年内，以“走进企业，了解需求，服务经济，促进发展”为主题，市、县两级教育行政部门和省级以上重点职业学校共同走访200多家企业，达成协议的“订单”培养班级有120多个，学生毕业后可以直接选择企业就业。

市教育局成立了农村劳动力转移培训领导小组。全市教育系统有152所职成校被列为当地政府定点培训机构，开展农村劳动力转移培训8.3万人，农民工岗位培训30.52万人，农业实用技术培训26.73万人，回乡初高中毕业生职业培训3.7万人。2004年，全市农村劳动力参加教育培训总人数为137.6万人，占农村劳动力总人数的47.82%，其中参加长训的30.07万人，占农村劳动力总人数的7.74%；社区教育培训达113万人次，创建了13 999个学习型组织；成人中等教育招生人数为13 310人，专修学院（大专层次）招生人数为1 709人。

以“三农”服务为宗旨，农民教育培训工作成绩显著。顺利完成260名优秀农民免费赴高校进修工作，有109名农民获得中高级农技等级证书。全市农村职业学校和成人学校开展被征地人员培训达8.13万人，占到农村劳动力转移培训总人数的84%。充分发挥10个市级“百万农民培训工程”示范培训基地的作用，抓了209个“燎原计划”项目的实施，“燎原计划”户数达30 026户，辐射年产值达22.81亿元。

撰稿 徐祥贤 杨 飞 卢伟芝

〔**高等教育**〕 高等教育事业快速发展，在规模增长的基础上，注重内涵的稳步提升。2004年，在甬高校达到15所，全日制普通高校在校生人数达到9.6万人，比去年净增1.6万人，增长了20%，其中研究生447人，本科生4.02万人，高职高专学生5.57万人，本专科比例为42∶58。成人高校在校生2.4万人，远程教育注册学生7.5万人。高等教育毛入学率达36%，全市高校硕士点已有27个，全国有27所高校在甬开设了35个远程教育校外学习中心。高校布局进行了适当调整。

努力提升高等教育的办学层次。进一步加大了“申博、升本、升格”工作的力度，宁波大学通过开展学科建设和师资队伍建设工程，提高学校的教学、科研水平，为再次申报博士点作准备；宁波高等专科学校经教育部批准升格并更名为宁波工程学院，年内第一次本科招生达到570人；宁波大学卫生职业技术学院经省政府批准升格并更名为宁波天一职业技术学院。经省政府批准，浙江轻纺职业技术学院与宁波服装职业技术学院合并组建浙江纺织服装职业技术学院。宁波市还加大了对外开放与内引的力度。为推进高等教育国际化进程，引进国外优质高等教育资源，经教育部批准，由浙江万里学院与英国诺丁汉大学合作创办的宁波诺丁汉大学上半年正式筹建并开工建设，年内已招收254名本科生。4月21日，中国科学院、浙江省政府、宁波市政府在杭州签订了共建中科院宁波材料技术与工程研究所的协议和备忘录，中科院材料研究所正式落户宁波。

办学条件得到较大改善。通过政府投、学校筹和社会助等多种形式，加大对高校建设的投入。同时，为构筑区域人才高地，大力引进、培养高层次高素质人才，加强师资队伍建设。2004年，在甬高校专任教师达5 871人，其中院士6人，教授332人，副教授1 756人，博士226人，硕士1 392人，生师比为16∶1。全市高校固定资产总值51.3亿元，生均53 378元，建筑面积258.9万平方米，生均27平方米，教学仪器设备总值6.67亿元，生均6 950元，图书资料550万册，生均57册（不含电子图书），均达到了教育部的有关要求。

高教园区资源共享理念进一步凸现。2004年，高教园区内的中心绿化带、图书馆和体育馆等公共配套设施都已基本建成，高教园区累计投入资金已达46.5亿元，建筑面积130余万平方米。大学园区图书馆荣获2004年度中国建筑工程“鲁班奖”。园区公共设施皆面向社会开放，实现了园区与社会的资源共享；2004年下半年第三期校际选修课由浙江大学宁波理工学院牵头，各校开设课程由最初的2门增加至4门，共20门选修课，报名人数达3 868人，通过率达73.6%。

撰稿　徐祥贤　杨晓波

审稿　李立明

安徽省教育

概　　况

〔基本情况〕

2004年安徽省各级各类学校校数、教职工、专任教师情况

	学校数（所）	教职工数（人）	专任教师数（人）
一、高等教育			
（一）研究生培养机构（不计校数）	(19)		
1. 普通高校	(14)		
2. 科研机构	(5)		
（二）普通高等学校	81	50 116	29 538
1. 本科院校	26	32 375	18 286
2. 专科院校	55	16 466	10 283
其中：职业技术学院	48	14 184	8 738
3. 其他机构（点）（不计校数）	(15)	1 275	969
其中：独立学院	(10)	1 116	874
（三）成人高等学校	11	3 959	2 335
（四）民办的其他高等教育机构	9	877	457
二、中等教育	4 656	258 137	215 611
（一）高中阶段教育	1 271	251 297	65 079
1. 高中	761	222 272	45 677
普通高中	758	222 229	45 646
成人高中	3	43	31
2. 中等职业教育	510	29 025	19 402
普通中专	90	9 806	5 875
成人中专	107	3 210	1 648
职业高中	313	13 796	10 446
技工学校			
其他机构（教学点）（不计校数）	(176)	2 213	1 433
（二）初中阶段教育	3 385	6 840	150 532

续表

	学校数（所）	教职工数（人）	专任教师数（人）
1. 普通初中	3 210		144 396
2. 职业初中	174	6 836	6 132
3. 成人初中	1	4	4
三、初等教育	22 167	278 333	263 375
（一）普通小学	21 295	275 401	262 528
（二）成人小学	872	2 932	847
其中：扫盲班	826	2 922	847
四、工读学校	3	89	47
五、特殊教育	65	1 256	963
六、学前教育	2 496	21 241	15 005

注：1. 普通高中的教职工数中包含普通初中的教职工数。
2. 技工学校数据为 2003 年数据。
3. "（ ）"内数据均不计校数。

2004 年安徽省各级各类学历教育学生情况

	毕业生数（人）	招生数（人）	在校生数（人）
一、高等教育			
（一）研究生	3 273	7 290	17 474
博　士	547	1 034	2 787
硕　士	2 726	6 256	14 687
（二）普通本专科	88 440	178 979	501 290
本　科	39 636	72 792	248 140
专　科	48 804	106 187	253 150
（三）成人本专科	54 117	53 164	112 415
本　科	13 286	16 963	28 700
专　科	40 831	36 201	83 715
（四）其他各类高等学历教育			
1. 在职人员攻读博士、硕士学位		1 777	5 331
2. 网络本专科生		488	488
本　科		488	488
专　科			
3. 学历文凭考试			
4. 自学考试			
5. 其他	3 415		
二、中等教育	1 491 009	1 872 771	5 280 313
（一）高中阶段教育	359 436	629 597	1 571 050
1. 高中	248 823	402 700	1 051 359
普通高中	248 451	402 700	1 050 188
成人高中	372		1 171
2. 中等职业教育	110 613	226 897	519 691
普通中专	34 126	60 723	148 465

续表

	毕业生数（人）	招生数（人）	在校生数（人）
成人中专	12 869	15 886	33 570
职业高中	63 618	150 288	337 656
技工学校			
（二）初中阶段教育	1 131 573	1 243 174	3 709 263
1. 普通初中	1 080 085	1 191 877	3 540 957
2. 职业初中	51 430	51 297	158 097
3. 成人初中	58		10 209
三、初等教育	1 316 454	919 509	6 303 854
（一）普通小学	1 243 178	919 509	6 237 115
（二）成人小学	73 276		66 739
其中：扫盲班	67 711		59 718
四、工读学校	28	12	16
五、特殊教育	2 225	2 851	19 159
六、学前教育	442 238	531 467	724 196

注：特殊教育学生数中包括普通中小学随班就读的学生。下同。

2004 年安徽省各级各类非学历教育学生情况

	毕（结）业生数（人）	注册生数（人）
一、高等教育	82 355	13 290
（一）研究生课程进修班	2 908	852
（二）自考助学班	3 613	2 751
（三）普通预科生		77
（四）进修及培训	75 834	9 610
其中：资格证书培训	26 587	3 402
岗位证书培训	22 592	4 701
二、中等职业教育	1 605 757	979 199
其中：资格证书培训	51 096	26 302
岗位证书培训	260 240	65 346
（一）中等职业学校	155 554	66 630
其中：资格证书培训	35 600	12 299
岗位证书培训	67 718	19 509
（二）职业技术培训机构	1 450 203	912 569
其中：资格证书培训	15 496	14 003
岗位证书培训	192 522	45 837

2004 年安徽省各级民办教育基本情况

	学校数（所）	毕业生数（人）	招生数（人）	在校生数（人）	教职工数（人）	专任教师数（人）
一、高等教育						
（一）普通高等教育		2 540	15 535	29 737	3 526	2 340
1. 普通高校	8	2 540	11 325	25 527	2 410	1 466
本科学生						
专科学生		2 540	11 325	25 527		
2. 独立学院	(10)		4 210	4 210	1 116	874
（二）成人高校						
（三）民办的其他高等教育机构	9	4 724		6 156	877	457
二、中等教育机构						
（一）高中阶段教育	189	22 670	57 350	129 465	17 681	11 418
其中：普通高中	120	12 792	34 209	77 821	14 838	9 721
中等职业学校	69	9 878	23 141	51 644	2 843	1 697
（二）初中阶段教育	250	48 903	94 713	244 639	454	364
其中：普通初中	242	46 460	90 704	233 954		
职业初中	8	2 443	4 009	10 685	454	364
（三）职业技术培训机构	45	39 657		33 205	976	557
三、普通小学	305	26 609	22 646	160 846	5 339	3 701
四、幼儿园	1 292	53 712	80 524	141 642	9 005	5 720

注：“（　）”内数据不计校数。

〔**年度教育工作方针**〕 2004 年，全省教育系统以邓小平理论和“三个代表”重要思想为指导，以树立和落实科学发展观为核心，全面贯彻党的十六大和十六届三中、四中全会精神，坚持教育为人民服务的宗旨，坚持“巩固、深化、提高、发展”的发展方针，推进教育创新，优化教育结构，改革培养模式，提高教育质量；着力解决阻碍教育发展的体制性障碍，探索建立适应不断完善的社会主义市场经济体制的教育体制。

基本思路是：树立一个宗旨（教育为人民服务，为人民办教育，办人民满意的教育），坚持一个方针（“巩固、深化、提高、发展”，进一步巩固成果，深化改革，提高质量，促进发展），突出一个重点（加大对农村教育的投入和倾斜，改善农村办学条件，改革农村培养模式，提高农村教育质量，增强教育为“三农”服务的能力，缩小城乡教育差距），以落实“以县为主”的农村义务教育管理体制为突破口，进一步完善各级各类教育的管理体制和投入保障机制；以贯彻落实《民办教育促进法》为契机，大力发展民办教育，努力形成公办学校和民办学校共同发展的格局；以人事制度改革为切入点，深化学校内部管理体制改革，推进现代学校制度建设；以满足人民群众、经济建设和社会发展的需求为目标，努力构建现代国民教育体系、终身教育体系和学习型社会，解决好人民群众关心的教育难点、热点问题，促进全省教育快速、健康、协调发展。

〔**教育投入与支出**〕 2004年全省教育经费收入共221.67亿元，比上年增加38.18亿元，增长20.81%；其中财政预算内拨款131.03亿元，占59.11%；各级政府征收用于教育的税费5.4亿元，占2.43%；校办产业、勤工俭学、社会服务收入中用于教育的经费0.74亿元，占0.33%；企业、社会团体、公民个人办学经费6.82亿元，占3.1%；社会捐集资2.26亿元，占1.02%；事业收入69.02亿元，占31.14%。2004年全省全口径教育经费支出总额226.45亿元，比上年增加35.5亿元，增长18.59%。按隶属关系分，中央部委所属在皖院校教育经费支出24.28亿元，占10.7%；安徽地方各级各类学校经费支出202.17亿元，占89.3%。按部门划分，教育部门教育经费支出194.54亿元，占85.91%；其他部门、企业及社会团体、个人办学教育经费支出31.91亿元，占14.09%。

2004年全省地方教育部门教育经费收入186.09亿元，比上年增加30.16亿元，增长19.34%。地方教育部门支出185.22亿元，比上年增加28.28亿元，增长18.02%。2004年度全省国家财政性教育经费支出126.99亿元，占当年国民生产总值的2.64%，较上年下降了0.03个百分点。

2004年度各级各类学校生均预算内教育经费及生均预算内公用经费情况：普通高中为1 234.72元和93.72元，分别增长13.58%和33.94%；普通初中为796.33元和52元，分别增长17.76%和－2.66%；小学为841.63元和52.43元，分别增长25.89%和－1.85%；职业中学为921.04元和64.53元，分别增长23.2%和－11.1%；中等师范学校为2 272.43元和177.82元，分别增长3.08%和30.81%。

2004年省属高校基建完成总投资26.5亿元(其中省统筹0.3亿元，省、市财政专项安排0.98亿元，中央专项补助0.14亿元，学校自筹21.8亿元，其他3.28亿元)。当年施工面积278.9万平方米，竣工125.2万平方米。全省普通中学、职业中学、小学校舍总面积比上年分别增加226.8万平方米、－44.2万平方米和39.2万平方米（职业中学减少的主要原因是安徽省将职业教育发展重点放在高等和中等职业教育，2004年将部分职业初中改为普通初中，被改制学校校舍面积统计人普通中学中)。全省城镇中小学教职工住房建设完成投资2.56亿元，完成建筑面积31.5万平方米，建成住房3 202套。

撰稿　朱乃韬

审稿　陈贤忠

〔**学校人事制度改革**〕 中小学教师编制管理得到加强，完成全省中小学教师编制总额的核定工作，同时积极引导市、县在教师转任流动、疏通出口、业务考试考核以及城镇教师定期到农村任教等方面进行积极探索；协助有关部门做好省属高校增编工作，使高校教师编制增加10%。教师资格制度全面实施，依法严把中小学教师“入口关”，严格选聘缺编中小学教师，保证进入教师队伍的人员质量。教师职称制度改革扎实推进，继续扩大高校“以聘代评”的试点范围，安徽师范大学等校“以聘代评”职称改革试点工作稳步进行。

〔**体育、卫生、艺术教育和国防教育**〕 加强调查研究，提高学校体育卫生艺术教育和国防教育工作的科学性、针对性和前瞻性。2004年，开展了全省农村地区体育卫生艺术教育工作等多项调研。根据教育部等有关部门关于实施《学生体质健康标准（试行方案)》的文件精神，制订了安徽省实施学生体质健康标准的“实施方案”，进行了全面部署，积极推进全省各级各类学校贯彻实施《学生体质健康标准（试行方案)》。加大督导检查工作力度，进一步促进《学校体育工作条例》、《学校卫生工作条例》、《学校艺术教育工作规程》等法律法规的贯彻落实。加强师资培训，提高学校体育、健康教育、艺术教育、国防教育师资队伍水平。成功举办全省第十届大学生运动会田径比赛，55所高校的874名大学生运动员参加了比赛，取得了较好的成绩，充分展示了安徽省学生良好的精神面貌和运动技术水平。在此基础上，组队参加了全国第七届大学生运动会，安徽省代表团获得了体育道德风尚奖，武术项目获得一枚银牌，总体成绩和上一届相比有了较大提高。举办了安徽省大学生篮球联赛暨中国大学生篮球联赛安徽选拔赛、安徽省大学生足球联赛暨中国大学生足球联赛安徽选拔赛等比赛。同时，加强健康教育和宣传，保障学生身心健康发展。积极推进学生军训和国防教育工作，加大对全省学生军训工作的指导和督查力度。

〔**语言文字工作**〕 成功举办第七届推普周。2004年9月12日—18日，是第七届全国推广普通话宣传周，7月9日，安徽省教育厅、省委宣传部等八部门联合下发了《关于开展第七届全省推广普通话宣传周活动的通知》，对全省推普周活动作了全面部署。推普周期间，全省各地围绕“普通话，情感的纽带，沟通的桥梁”这一主题，开展了一系列活动，引起社会广泛关注。对铜陵、芜湖、安庆、池州、阜阳、淮南、宣城、蚌埠等市进行了工作调研，有力推动了二类城市语言文字评估工作。各地创建语言文字规范化示范校工作进展顺利。进一步加大对全省普通话水平测试工作的管理力度。制定《全省测试工作管理暂行办法》，严格执行普通话水平测试审批工作，规范测试组织行为和测试程序。

撰稿 郐平川

审稿 陈贤忠

基础教育

〔**综述**〕 2004年，全省小学、初中适龄人口入学率为99.54%和97.39%，分别比上年提高0.35和0.95个百分点，小学、初中毕业生升学率分别为100%和55.64%，初中毕业生升学率比上年提高5.81个百分点；小学、初中辍学率分别为0.69%和2.47%，青壮年文盲率继续控制在5%以内，均在国家规定的标准之内。高中阶段教育强势发展。普通高中校数为758所，比上年增加17所，招生38.62万人，比上年增加4.14万人，增长12%。中等职业教育招生24.57万人（含技工学校），比上年增加27.1%。

〔**中小学危房改造**〕 2004年，一期危改工程任务全面完成。据统计，一期危改工程全省共投入资金22.4亿元，其中：中央补助1.9亿元，省财政投入6.9亿元，市、县（区）专项资金4.6亿元，其他资金9亿元；改造危房612万平方米，其中改造D级危房458万平方米；建设校舍633万平方米，圆满完成工程实施之初规划改造全省现存438万平方米D级危房的目标任务。7月省政府召开“两基”工作电视电话会议，对一期危改工程取得的成绩、积累的经验和存在问题进行了全面总结。9月全国危房改造检查组对安徽省危改工程以县为主“五统一”的管理办法、“实证式”督查方法及项目资金专户管理封闭运行等做法给予了充分肯定。在认真总结一期危改工作的基础上，启动了二期危改工程，制定了《农村中小学危房改造工程（二期）实施方案》，明确二期危改工程继续坚持以县为主“五统一”的实施原则，坚持实行项目管理。二期危改工程2004年投入专项资金2.9亿元，改造D级危房70万平方米。

〔**“以县为主”农村义务教育管理体制**〕 在认真总结13个县重点指导工作的基础上，确立了第二批22个重点指导县（市、区），使重点指导县（市、区）扩大到35个，每个市都有1至2个重点指导县（市、区），同时帮助、指导新增加县制定实施方案，督促检查实施工作。召开重点指导工作会议，介绍重点指导工作开展情况，交流重点指导工作经验，带动其他县（市、区）不断完善农村义务教育管理体制，发挥重点指导县（市、区）典型示范作用。在充分调研的基础上，进一步拓展、深化重点指导内容，规范、细化重点指导工作，使县乡镇政府教育工作管理职责更加明确；中心学校设立及运转、县级教育经费结算分中心设立及运转等更加完善和有效；县人才市场教育分中心设立有所突破；积极探索对教育实行监督的途径和办法。这项工作得到了教育部、省政府的肯定和支持。2004 年 4 月，周济部长到安徽省专题考察这项工作，给予了充分肯定。《中国教育报》、中国教育电视台等媒体进行了宣传报道。《人民日报》情况汇编作了反映，国务委员陈至立批示："安徽省的做法好"。

〔**中小学信息技术教育**〕 开展第三期多媒体网络电脑教室项目建设工作，为1 250所中小学建设多媒体网络电脑教室1 317个（其中，20 座 214 个、30 座 514 个、64 座 589 个），配备计算机 60 030台，总投资 2.44 亿元。加上前两期的建设，三期项目共建设多媒体网络电脑教室2 457 个，配备计算机127 484台，投资总金额 5.58 亿元。在金寨县农村中小学现代远程教育工程试点的基础上，2004 年，试点县扩大到 9 个市的 15 个县并实施到位，共建成教学光盘播放点1 237 个，卫星教学收视点2 913个，计算机教室 501 个。编写和出版了《农村中小学现代远程教育工程教师培训教程》。农村中小学现代远程教育工程的实施，对于优质教育资源向农村地区的辐射，缩小城乡教育差距，促进全省教育均衡发展将发挥重要作用。

〔**农村寄宿制学校建设**〕 2004 年，安徽省启动了农村寄宿制学校建设工程。4 月，下发了《安徽省农村寄宿制学校建设工程实施方案》，明确了寄宿制学校工程的目标任务、实施原则和管理办法。7 月，制订了《安徽省 2004 年农村寄宿制学校建设工程中央专项资金项目投资建设计划》，对全省 2004 至 2007 年农村寄宿制学校建设工程进行了规划：4 年共规划建设寄宿制学校 417 所，投入资金23 421.9万元（其中中央专项资金23 000万元），总投资中，用于土建22 448.2万元，建设面积 43.6 万平方米；用于购置学生生活设施、仪器设备、图书、课桌凳等 973.7 万元。8 月底，国家下达了安徽省 2004 年农村寄宿制学校建设工程专项资金额度4 000万元。

〔**"两基"督导评估**〕 认真总结第二轮对首批县年检复查的经验，将完善农村义务教育管理体制的检查评估与"两基"巩固提高的复查考核有机结合起来，使义务教育经费、教师工资发放、中小学危房改造、学校收费及公用经费安排、师资队伍建设、义务教育普及程度、学校管理水平和教育教学质量、扫盲及成人教育等指标要求更趋合理。规范"两基"巩固提高工作年检复查办法和程序，注意加强对"两基"巩固提高工作过程的督导检查和年检复查前的指导。抽取五河等 12 县（市、区）进行复查，反馈复查结果，提出整改意见。并对"两基"巩固提高和完善农村义务教育管理体制工作进行分析总结，报告省政府和国家教育督导团。加强对利辛、阜南、岳西三个县"两基"验收的监督、指导，12 月上旬，对三个县的"两基"工作进行了省级验收。

〔**治理中小学乱收费**〕 省教育厅把治理教育乱收费作为教育系统纠风专项治理的工作重点，明确重点工作。全国治理教育乱收费工作电视电话会议和国家七部委《关于 2004 年治理教育乱收费工作的实施意见》下发后，厅局际联席会议下发了《2004 年全省治理教育乱收费工作实施意见》。秋季开学之前，省教育厅又于 8 月 27 日召开了近年来全省教育系统参面最广、规模最大的一次治理教育乱收费电视电话会议，分析形势，明确任务，组织开展秋季攻坚战，进而将全省治理教育乱收费工作进一步引向深入。省教育厅进一步严明政策规定，规范收费行为，不断加强中小学收费的管理，认真制定推行"一费制"的实施方案，进一步完善公办普通高中招收择校生限分数、限人数、限钱数的“三限”政策，2004 年公办普通高中择校生招生比例从上年的 40%降到 35%。同时，加强监督检查，加大查处力度。据不完全统计，全省教育系统共组织县级以上检查组1 123个，查处乱收费案件 283 起，涉及乱收费违规资金1 123.27万元，其中已清退1 101.59 万元，予以党纪政纪处分 114 人。

撰稿 邹平川

审稿 陈贤忠

职业教育与成人教育

〔**综述**〕 2004 年，全省职业教育改革全面推进，继续保持快速发展的良好态势。全省中等职业学校招生 22.69 万人，增长 27.83%，其中职业高中 15 万人，普通中专 6 万人，成人中专 1.6 万人，分别比 2003 年增长 26.3%、26.8%和 49.7%，中职招生工作再次取得可喜的成绩，受到教育部的充分肯定。高等职业发展迅猛，经教育部批准，新设置 8 所职业技术学院，全省高职院校达到 49 所，2004 年高职（专科）招生 10.6 万人，占省属高校招生数的 62%，招生数超过教育部提出的高职招生与本科大体相当的要求。不同类型不同层次的教育体系加速融合，高等院校对口招收职业高中和普通中专毕业生 1.3 万人，初中后五年制高职招收 2.1 万人，高职和高专毕业生专升本计划7 176人，比上年增长 73.75%。按照省委、省政府的工作部署，全面落实全国、全省职教工作会议精神，加快推进“三重”建设，积极实施农村劳动力转移培训，加强师资队伍建设和教育教学改革，进一步推动了职业教育的改革与发展。

〔**全省职业教育工作会议**〕 2004 年 10 月 19 日—20 日，省委、省政府召开了全省职业教育工作会议。省委书记王太华、省长王金山出席会议并讲话，副省长田唯谦传达了全国职业教育工作会议精神，省委副书记张平作了总结讲话。会议传达贯彻全国职业教育工作会议精神，总结交流全省职业教育工作经验，分析研究职业教育面临的新形势和新任务，会后印发了《中共安徽省委、安徽省人民政府关于进一步振兴职业教育的若干意见》。会议对开创全省职业教育改革发展新局面具有重要的推动作用。

〔**职教工作调研**〕 2004 年是全省职业教育工作调研年，省教育厅会同有关单位，先后组织开展了一系列职教工作督查调研，形成了《关于加快我省职业教育发展的若干建议》、《关于加快建立与经济发展水平相适应的职业教育体系的研究报告》、《关于加快民办职业教育发展的调研报告》等调研报告。通过调研，对全省职业教育改革与发展现状、存在的问题有了更深入、更全面的认识，为召开全省职教工作会议和进一步推动职教工作打下了坚实基础。

〔**职业教育招生改革**〕 积极推进招生计划改革，努力扩大招生规模。进一步扩大对口招生试点工作，在全省 18 所高校试点注册制招生工作，在 6 所高校试点注册制预科班招生工作。继续试点按大科类招生，并在部分高校开展技能型紧缺人才二年制高职的试点培养。建立统分结合、以市为主的中考和中职招生工作体制，把普通中专连同普通高中、职业高中、成人中专的招生任务一同分解到市，开展学制一年制至一年半制高中起点中专班、注册入学班、综合课程班招生和城乡学校联合招生等工作，同时规范招生秩序，防止无序竞争。

〔**职业学校“三重”建设**〕　新评出省重点建设的示范学校5所，重点建设示范专业24个，重点建设示范实习实训基地10个。全省累计安排重点建设的示范学校23所、示范专业（点）92个、示范基地31个。指导各地积极创建国家级重点中等职业学校，合肥铁路工程学校等34所中等职业学校被教育部确认为首批国家级重点中等职业学校。加强骨干示范性学校建设，合肥市职教中心等10所中职学校已初步建设成为具有现代化水平的骨干示范学校。

〔**农村劳动力转移培训**〕　省教育厅制定了《安徽省教育厅实施教育部〈农村劳动力转移培训计划〉工作方案》，以骨干职业学校和农村劳动力转移培训基地为依托，积极组织开展农村劳动力转移培训工作。加大扶持力度，建设一批农村劳动力转移培训示范基地，成为实施“阳光工程”的主要力量。据不完全统计，全省已培训并组织农村毕业生进城就业或发达地区就业超过15 000人次。

〔**职教师资队伍建设和教育教学改革**〕　先后组织全省职业高中计算机技术专业教师培训班、职业高中新教材培训班、全省中等职业学校数控技术和汽车运用与维修等专业的专业课教师和实习指导教师培训班，900多名教师参加了培训。开展学制改革，推进高职教育学制由三年向二年过渡，批准12所学校在汽车维修与应用等领域开设36个二年制专业。加强实习实训基地建设，建设了数控技术类等五大专业领域的实习实训基地。

〔**中等师范教育**〕　继续狠抓全省中专招生工作，2004年普通中专招生达到6万人（其中初中后五年制高职2.1万人，中专3.9万人），比2003年增长26.8%。指导中专学校积极加强与行业企业的联系，实行“定单式”招生，为学生就业提供保障。全面推进教育教学改革，制定五年制师范教育教学方案，进行五年制高职的教学指导和检查。积极推进中小学教师继续教育，提高教师队伍素质。对17个学科的近1 500名中小学教师、300多名中专教师和300名幼儿园教师进行了省级培训。完成英特尔未来教育教师培训项目试点工作，组织培训了11名骨干教师、80名主讲教师、1 500名学科教师。

〔**成人高等教育**〕　2004年全省成人高等教育招生53 164万人，与上年基本持平，其中本科16 963人，高职（专科）36 201万人。成人高等教育毕业生54 117人，其中本科13 286人。在校生达到112 415人，其中本科生28 700人。开展了成人高等教育非师范类专升本教学质量检查。加强成人高等函授教育和远程教育的管理。加强成人高等教育学籍管理，举办了成人高等教育学籍学历管理系统培训班。指导学校做好毕业生学历证书审核发放工作，全年发放成人学士学位证书8 651份。

〔**自学及其他考试**〕　2004年举办社会自学考试4次，报考人数近34万人，报考科次72万。高等教育自学考试毕业生近21 000人。举办电大注册视听生考试2次，报考人数达4万人。另外，组织远程教育考试3次。大力发展本科教育，有自考专业74个，其中本科专业42个。继续为公安等部门举办本、专科行业委托考试；为全省中小学教师继续教育开设了10个师范本科专业。努力开拓非学历教育考试，2004年，先后举办剑桥少儿英语考试、公共英语等级考试、全国计算机等级考试各2次，其中全国计算机等级考试报考人数近10万人。加强考试管理，将原22个县设考区逐步收回，全部集中到省辖市政府所在地。

〔**成人中专教育**〕　深入改革成人中等教育管理体制，印发了《关于改革和加强成人中等教育管理的通知》，按照属地管理原则，把各类成人中等专业学校的设置审批和管理权限下放到各市教育行政部门，要求成人中专学校的管理参照职业学校的管理办法，必须参加合格评估。认真总结芜湖、合肥等市开展社区教育的经验，抓好社区教育试点，积极探索，进一步推进社区教育工作。

撰稿　崔裕超
审稿　陈贤忠

高等教育

〔**综述**〕 2004年，省属普通高等教育本、专科实际招生17.1万人，比上年增长27.3%，超额完成了省政府年初确定的普通高等教育本、专科招生规模比上年增长10%的目标。研究生实际招生3 093人，比上年增长46.2%。成人高等教育招生5万人，与上年基本持平。高等教育毛入学率达到15.5%，比上年提高1.5个百分点，提前实现了大众化的目标。高校基本建设步伐加快，累计完成投资18亿元，竣工建筑面积120万平方米。合肥大学城和芜湖、蚌埠高校园区建设达到预期进度，入驻学生达9.2万人。经教育部批准，新设置8所职业技术学院；安徽财贸学院更名为安徽财经大学，滁州师范专科学校升格为滁州学院，宿州师范专科学校升格为宿州学院，蚌埠高等专科学校、蚌埠教育学院和蚌埠职工大学合并筹建蚌埠学院，马鞍山师范学校升格为马鞍山师范专科学校。民办高等教育有了新发展，经教育部正式审批确认，10所高校试办了独立学院；安徽新华职业学院升格为本科层次的安徽新华学院已经全国高校设置评议委员会评审通过。

〔**学位与研究生教育**〕 在对皖西学院、淮南师范学院、合肥学院三所高等学校进行考察评审的基础上，安徽省教育厅批准上述三所高校为学士学位授予单位；批准中国科技大学等13所高校30个本科专业为新增学士学位授予专业；组织申报与推荐安徽大学等3所高校申报会计、工商管理硕士专业学位教育；推荐4人为全国会计硕士专业学位教育委员会委员人选。组织省有关高校参加全国优秀博士论文评选；组织对省11所高校（不含科大）2004年1 598名硕士毕业生论文进行随机抽查。开展第二批省级重点学科和省级重点扶持学科中期检查。强化学位考试管理。对2004年各办班单位申请举办研究生课程进修班的材料进行了认真审核，批准登记备案15所高校95个专业举办研究生课程进修班，规定由省学位办统一印制研究生课程进修班结业证书。

〔**教学改革与管理工作**〕 以实施“质量工程”为核心，以教学创新为动力，实行分类指导，突出重点。推进基于互联网的国家、省、校三级基础课程实验教学示范中心的建设；进一步加强安徽高校文献信息资源保障体系建设。积极推进高校人才培养模式改革创新；以专业教学改革为龙头，重点建设一批教改示范专业和人才培养基地；进一步完善教学研究和教学成果奖励制度。积极推进教学管理创新，建立教学互动机制。加强学籍学历管理，对《安徽省普通高等学校学生转专业与转学暂行办法》和《安徽省普通高等学校学生违纪处分条例》进行了修订，制定了《安徽省全日制高等学校应征入伍大学生学籍管理办法》。

〔**毕业生就业**〕 2004年全省高校共有毕业生9万人，比2003年增加2.1万人。其中研究生2 561人，本科生（含第二学士学位）39 068人，专科（高职）生44 996人。到8月底，研究生初次就业率97%，高于上年同期5个百分点；本科生初次就业率为87.09%，高于上年同期2个百分点；专科高职的初次就业率达到了72.04%，高于上年同期25.5个百分点。全省初次就业率平均为79.02%，比上年同期高出14个百分点。

〔**贫困学生资助**〕 起草了《省政府办公厅转发国务院办公厅关于切实解决高校贫困家庭学生困难

问题的通知》，进一步完善高校贫困家庭学生多元帮困体系办法。组织开展“安徽省兴皖育才高教奖学金”和“孙大光、张刚奖助学金”评选活动，共有139名学生获奖。实施“西部开发助学工程”，开展“西部开发助学工程”受助大学生暑期爱国主义教育活动。为社会捐资助学做好牵线搭桥工作，将安徽省企业联合会首届企业书画展义拍所得4万元人民币直接捐赠给安徽农业大学20名品学兼优的贫困学生。

〔**教师队伍建设**〕 落实省首批特聘和讲席教授岗位人选的聘约管理工作，组织了10所设有特聘和讲席教授岗位的高校参加第六届全国高交会人才与智力交流会。布置了第二批高校拔尖人才、中青年学科带头人培养对象和骨干教师的遴选工作。组织了对前三批116位高校省学术技术带头人后备人选的考核工作，选派了14名考核优秀者赴英国短期培训，对首批立项资助项目进行了中期检查和结题验收；开展了第四批高校省学术技术带头人后备人选的选拔推荐工作。布置了2004年高校青年教师科研资助项目立项资助工作，组织对2000年以来已经立项的项目进行了检查；选派了100名高校骨干教师到国内重点高校做访问学者。开展了高校人才引进和稳定的调研，指导高校做好选调人才工作。

〔**高校思想政治工作**〕 组织高校开展了邓小平诞辰100周年纪念活动，举办了邓小平生平和思想研讨会。选派辅导员进驻学生公寓，把党团组织、校园文化、治安保卫工作引进公寓，建立学生公寓自我管理组织。积极推进“三个代表”重要思想进课堂、进教材、进头脑，完成了第二轮省编“两课”教材的修订工作，开展了大学生心理健康教育及咨询情况调研。进一步加强校园文化建设和精神文明创建活动。加强对省教育厅14个人文社科重点研究基地的管理，开展了全省高校“校报工作优秀单位”创建活动和学报工作先进集体、先进个人评选活动。

〔**高校党建工作和领导班子建设**〕 组织开展高校领导班子思想政治建设调研，做好省属高校校级领导干部年度考核，抓好高校领导班子民主生活会。认真做好高校领导班子调整配备，共提拔和调整校级干部24人。积极抓好在大学生中发展党员工作。注重做好高校干训和选派年轻干部到村任职工作，全省有36所高校选派了36名年轻干部到贫困村任党支部书记。不断加强组工干部队伍建设，有两名高校组工干部被作为全省表彰的候选人进行了公示。

〔**科研工作**〕 进一步加强了对全省高校科研工作的指导，大力推进制度创新、技术创新和管理创新。重组优化科技资源，提高高校科技竞争力，评选出高等学校省级重点实验室19个，重点实验室培育基地1个。完成了全省教育科研网省主干网建设，全省16个市级节点设备安装到位，全省教育科研网主干网络全线贯通，物理互联、信息共享的基础网络平台初步构建成功。高校科技产业发展迅速，安徽工业大学生物滤料项目得到国家发展改革委1 000万元的资助，大学科技园和其他高校的产业园区建设进展顺利。

撰稿　梁发明

〔**中国科学院 教育部 安徽省继续重点共建中国科技大学**〕 2004年10月13日，中国科学院、教育部、安徽省继续重点共建中国科技大学签字仪式在北京举行。全国人大常委会副委员长、中国科学院院长路甬祥，教育部党组书记、部长周济，安徽省委副书记、省长王金山分别代表中国科学院、教育部和安徽省政府签署了协议。中国科学院副院长白春礼主持签字仪式，教育部党组成员、部长助理郑树山出席了签字仪式。

中国科学院、教育部和安徽省自1999年7月签署重点共建中国科技大学的协议以来，中国科技大学的教育质量、学术水平和整体办学实力有了显著提高，在学科建设、人才培养、科学研究、队伍建设、校园基础设施建设与环境改造等方面成效显著。尤其是中国科技大学坚持“有所为，有所不为”，凝炼学科方向，集中人力财力，在重点领域有所突破，取得了一批在国内外有影响的标志性创新成果。中国科学院、教育部和安徽省决定继续重点共建中国科技大学，旨在进一步深化中国科技大学管理体制和运行机制的改革与创新，加快建设一支高水平教师队伍、管理队伍和技术支撑队伍，并以学科建设规划为指导，紧密结合国家创新体系建设，通过科技创新平台的建设，促进中国科技大学一些学科达到或接近国际一流学科水平，使之成为攀登世界科技高峰、解决重大理论和实践问题、带动相应学科领域发展的重要基地，并努力建设成为世界知名的高水平大学。

撰稿　边　际

审稿　陈贤忠

福建省教育

概　况

〔基本情况〕

2004年福建省各级各类学校校数、教职工、专任教师情况

	学校数（所）	教职工数（人）	专任教师数（人）
一、高等教育			
（一）研究生培养机构（不计校数）	(11)		
1. 普通高校	(9)		
2. 科研机构	(2)		
（二）普通高等学校	53	36 666	20 417
1. 本科院校	17	24 759	13 136
2. 专科院校	36	8 970	5 484
其中：职业技术学院	31	7 343	4 391
3. 其他机构（点）（不计校数）	(14)	2 937	1 797
其中：独立学院	(7)	1 501	958
（三）成人高等学校	14	3 659	2 025
（四）民办的其他高等教育机构	11	987	563
二、中等教育	2 444	188 594	156 928
（一）高中阶段教育	1 015	188 474	57 428
1. 高中	626	164 036	40 162
普通高中	614	163 985	40 132
成人高中	12	51	30
2. 中等职业教育	389	24 438	17 266
普通中专	389	23 834	16 883
成人中专			
职业高中			
技工学校			
其他机构（教学点）（不计校数）	(36)	604	383
（二）初中阶段教育	1 429	120	99 500

续表

	学校数（所）	教职工数（人）	专任教师数（人）
1. 普通初中	1 408		99 417
2. 职业初中	1	28	22
3. 成人初中	20	92	61
三、初等教育	13 226	182 998	171 228
（一）普通小学	11 614	182 185	170 962
（二）成人小学	1 612	813	266
其中：扫盲班	719	309	91
四、工读学校			
五、特殊教育	66	1 513	1 259
六、学前教育	7 200	41 870	28 846

注：1. 普通高中的教职工数中包含普通初中的教职工数。
2. 技工学校数据为2003年数据。
3. “（ ）”内数据均不计校数。

2004年福建省各级各类学历教育学生情况

	毕业生数（人）	招生数（人）	在校生数（人）
一、高等教育			
（一）研究生	2 820	7 275	18 273
博　士	291	862	2 349
硕　士	2 529	6 413	15 924
（二）普通本专科	52 818	119 908	325 727
本　科	21 914	54 807	167 055
专　科	30 904	65 101	158 672
（三）成人本专科	27 606	37 289	69 563
本　科	9 239	16 965	29 403
专　科	18 367	20 324	40 160
（四）其他各类高等学历教育			
1. 在职人员攻读博士、硕士学位		2 460	4 013
2. 网络本专科生	7 049	8 924	34 390
本　科	5 898	7 897	31 006
专　科	1 151	1 027	3 384
3. 学历文凭考试	1 329	6 156	16 993
4. 自学考试			
5. 其他	1 910		4 594
二、中等教育	862 436	1 025 783	2 925 919
（一）高中阶段教育	269 811	410 372	1 060 988
1. 高中	159 549	255 749	660 166
普通高中	159 242	255 749	659 758
成人高中	307		408
2. 中等职业教育	110 262	154 623	400 822
普通中专	104 612	149 048	382 869

续表

	毕业生数（人）	招生数（人）	在校生数（人）
成人中专	5 650	5 575	17 953
职业高中			
技工学校			
（二）初中阶段教育	592 625	615 411	1 864 931
1. 普通初中	591 043	615 293	1 861 259
2. 职业初中	115	118	314
3. 成人初中	1 467		3 358
三、初等教育	672 882	364 882	2 897 432
（一）普通小学	625 809	364 882	2 869 442
（二）成人小学	47 073		27 990
其中：扫盲班	14 478		12 104
四、工读学校			
五、特殊教育	6 827	5 090	37 600
六、学前教育	332 131	400 939	748 156

注：特殊教育学生数中包括普通中小学随班就读的学生。下同。

2004 年福建省各级各类非学历教育学生情况

	毕（结）业生数（人）	注册生数（人）
一、高等教育	92 541	39 902
（一）研究生课程进修班	1 927	2 755
（二）自考助学班	5 947	13 247
（三）普通预科生		779
（四）进修及培训	84 667	23 121
其中：资格证书培训	13 945	4 927
岗位证书培训	35 163	2 397
二、中等职业教育	2 426 626	2 279 868
其中：资格证书培训	238 408	194 444
岗位证书培训	256 364	202 246
（一）中等职业学校	278 394	255 547
其中：资格证书培训	105 160	101 849
岗位证书培训	33 593	8 188
（二）职业技术培训机构	2 148 232	2 024 321
其中：资格证书培训	133 248	92 595
岗位证书培训	222 771	194 058

2004年福建省各级民办教育基本情况

	学校数（所）	毕业生数（人）	招生数（人）	在校生数（人）	教职工数（人）	专任教师数（人）
一、高等教育						
（一）普通高等教育		2 660	22 007	47 386	4 833	2 885
1. 普通高校	15	2 599	13 716	31 722	3 332	1 927
本科学生		1 248	5 194	13 624		
专科学生		1 351	8 522	18 098		
2. 独立学院	(7)	61	8 291	15 664	1 501	958
（二）成人高校						
（三）民办的其他高等教育机构	11	759		11 738	987	563
二、中等教育机构						
（一）高中阶段教育	147	12 811	35 254	76 213	11 750	8 064
其中：普通高中	91	5 903	21 853	44 148	9 300	6 586
中等职业学校	56	6 908	13 401	32 065	2 450	1 478
（二）初中阶段教育	72	12 256	38 728	87 117		
其中：普通初中	72	12 256	38 728	87 117		
职业初中						
（三）职业技术培训机构	282	93 323		91 329	2 883	1 430
三、普通小学	118	6 577	10 347	59 985	3 574	2 599
四、幼儿园	2 989	90 310	128 969	244 731	18 469	11 441

注：“（ ）”内数据不计校数。

〔**全省教育工作会议**〕 2004年12月21日—22日，省委、省政府在福州召开全省教育工作会议。会议颁布了《福建省人民政府关于贯彻国务院批转教育部2003—2007年教育振兴行动计划的实施意见》、《福建省人民政府关于进一步加强农村教育工作的决定》、《福建省人民政府办公厅转发省教育厅等部门关于重点建设高等学校的若干意见》、《福建省教育厅等十一厅局关于进一步加强职业教育工作的若干意见》以及涉及农村教育、职业教育和重点建设高校工作的20个配套文件。省委书记卢展工出席会议并讲话。

〔**教育投入和扶困助学**〕 认真落实中央和省已出台的增加教育投入政策，会同有关部门制定了农村中小学生均公用经费定额标准和农村中小学预算外资金财政专户管理办法；与有关部门制定了义务教育阶段学校“一费制”收费办法，秋季新学年开学起全省小学、初中全面推行“一费制”。切实抓好中小学教职工工资县级国库统一发放工作，县级政府对中小学教师工资发放的统筹功能得到加强，拖欠中小学教职工工资现象得到有效遏制；对已分离办学企业中小学退休教师情况进行摸底调查，下达企业分离办学经费6 728.08万元，落实已分离办学企业中小学退休教师待遇。建立义务教育阶段家庭经济困难学生“两免一补”助学制度，决定从低保家庭学生和残疾学生中先行试点，逐步推开。积极组织实施省内城市对口支援经济欠发达地区学校工程；抓好闽宁教育对口支援、教育援藏、援疆和支援三峡库区工作，派出第六批76名骨干教师赴宁夏支教，定向招收对口支援地区本专科生147名，联办招收宁夏中职学生465名，招收西藏初高中学生95名。省教育厅被国务院授予全国东西扶贫协作工作先进集体称号。

〔**民办教育**〕 全省各级各类民办教育机构达3 499个，比上年增长47.57%，其中正式设立的民办高校15所，独立学院10所，筹建的民办高职院校17所，民办高中阶段学校147所，民办初中72所，民办小学118所，民办幼儿园2 865所。各类民办学校在校生总数60万人，占在校生总数的6.64%，比上年增长68.3%。各级各类民办教育机构的产权固定资产、仪器设备资产总值达55.8亿元，比上年增长119.72%；校舍产权建筑面积达546万平方米，比上年增长102.22%；图书达622万册，比上年增长168.1%。教师节前夕，省委、省政府分别向仰恩大学、福建华南女子职业学院、华侨大学福建音乐学院3所民办学校出资人颁发了80万元、50万元和30万元的奖金，以表彰其支持福建省民办教育事业发展所作出的突出贡献。

〔**教师队伍建设**〕 2004年，全省中小学教师队伍学历和学位层次进一步提高。对8 000多名中小学教师实施“英特尔未来教育”培训。通过全省信息技术统一考试的中小学教师达5.04万人。参加本、专科学历进修的中小学教师比上年增加5.8万人，达18.29万人。全省初中、小学专任教师学历达标率分别达到96.86%和98.54%。小学教师具有专科学历、初中教师具有本科学历的比例分别达39%和23.45%，分别比上年提高9.3、7.7个百分点。普通高中教师具有本科学历的比例达73%，比上年提高5.5个百分点。高校教师队伍建设取得新进展，以高校学科建设需求为导向，坚持培养和引进并举，面向海内外广泛吸纳中青年学术骨干和高层次人才，高校专任教师达2.29万人，比上年增加0.41万人。选派198名教师到国外作访问学者或出国留学，选派316名教师到国内重点大学访学进修，全省高校用于教师培训和人才引进的经费投入达9 600多万元。本科院校具有博士、硕士学位的教师占46%，比上年提高2个百分点。师德建设进一步加强，举办了首届师德论坛，开展了形式多样的师德教育活动。隆重举行庆祝第20个教师节活动，表彰了601名全省优秀教师、优秀教育工作者。

12月21日，省委、省政府举行表彰仪式，奖励改革开放以来做出突出贡献的33位人民教师。除授予“福建省杰出人民教师”称号外，还奖给每人一部东南菱帅豪华型轿车。受表彰的33位教师中高校教师6名，其他各类教师27名。这是建国以来省委、省政府对人民教师的最高奖励。

〔**教育合作与交流**〕 全年接收外国来华留学生人数首次突破2 000人，比上年增长30%。首批汉语志愿者被国家汉办列入“汉语桥”工程，并组织第二批83名汉语志愿者赴菲律宾任教。全年聘请长、短期外国文教专家与教师达346人。举办了福建省国际友好城市大会教育论坛和教育图片展。中外合作办学工作迈出新步伐，全省中外合作办学机构或项目达26个。厦门大学与韩国、法国、美国、澳大利亚、以色列等国的6所大学共建“国际七校联盟”的多边国际大学合作组织，福州大学与英国赫特福德大学开展了学位课程合作，并与德国莱法州合作成立了“中德研究院”。与台港澳教育合作交流活跃，举办了第三届海峡两岸大学生辩论赛，实施了多项闽台学者和青少年交流项目。全年共招收港澳台学生525名。港澳13所高校在福建省招收本科生163名。

〔**国家助学贷款**〕 根据福建省的情况，提出福建省国家助学贷款可采取银行、学校双方协商的方式，使大部分高校顺利与原有合作银行签订了国家助学贷款合作协议，保证了全省国家助学贷款稳步发展。全省发放国家助学贷款1.93亿元，获贷学生达3.71万人。

〔**学校党建和思想政治工作**〕　召开了第十四次全省高校党建工作会议，进一步加强高校领导班子建设，做好部分高校领导班子的考核组建工作。全省高校青年教师党员比例达 46.8%，学生党员比例达 6.4%，申请入党的学生比例占非党学生总数的 53.2%。开展第二轮高校党支部工作“立项活动”，评选表彰了 65 项优秀成果。以大力弘扬和培育民族精神为主题，召开了全省中小学德育工作会议，开展了第一个“弘扬和培育民族精神月”活动。认真学习贯彻中央文件精神，进一步加强大学生思想政治教育。组织全省教育系统认真学习贯彻卢展工书记在上海光明中学、福州大学学生和留学澳大利亚福大学生来信上的批示精神，发动青少年学生广泛开展“爱祖国、爱福建”教育活动，引导青少年学生为建设祖国、建设家乡、建设海峡西岸经济区奉献聪明才智。以创建“平安校园”活动为抓手，加强了安全工作各项制度建设，完善了预防和处置校园突发事件的工作预案，组织了校园及周边地区治安秩序专项整治行动，及时消除影响安全和稳定的各种隐患，保持了教育系统尤其是高校的安定稳定。

〔**治理教育乱收费**〕　切实抓好治理教育乱收费工作，制定下发了《福建省义务教育阶段学校实行“一费制”收费办法的意见》、《福建省普通高中招收“择校生”工作暂行规定》和《关于义务教育阶段招收借读生工作管理的通知》，进一步严格规范了教育收费行为。加大对教育收费工作的检查和查处力度，全省共查出中小学违规收费金额2 454.5万元，已清退 656.76 万元，其余上缴财政专户；调查处理乱收费案件 117 件，通报批评 51 人，给予党纪政纪处分 46 人，撤销校长职务 6 人。

撰稿　肖　铮　林　菁

基础教育

〔**综述**〕　2004 年，全省小学11 614所，比上年减少 792 所；招生 36.49 万人，减少 3.74 万人；在校生 286.94 万人，减少 25.03 万人；每万人口小学在校生 822.66 人，居全国第 18 位；适龄儿童小学入学率 99.72%；小学毕业生 62.58 万人，减少 4.39 万人。全省普通中学2 022所，比上年增加 16 所。初中招生 61.53 万人，减少 4.11 万人；在校生 186.13 万人，减少 3.55 万人，每万人口初中在校生 533.62 人；毕业生 59.1 万人，减少 0.28 万人。高中招生 25.57 万人，增加 3.73 万人；在校生 65.98 万人，增加 8.46 万人；每万人口高中在校生 189.15 人；毕业生 15.92 万人，增加 1.98 万人。全省特殊教育学校 66 所，比上年减少 11 所；在校生 3.76 万人，减少 0.33 万人。全省幼儿园7 200所，比上年增加 136 所；在园幼儿 74.82 万人，增加 5.23 万人；3 至未满 7 周岁幼儿入园率 82.79%，每万人口在园幼儿 214.49 人。

〔**义务教育**〕　认真落实全国农村教育工作会议和省中小学管理建设工作会议精神，明确把农村义务教育作为教育工作的重中之重，以推进“两基”巩固提高和“双高普九”（高水平、高质量普及九年义务教育）工作为载体，促进城乡教育均衡发展，努力提高义务教育普及水准，重点抓了三方面工作：一是根据分类推进“两基”巩固提高工作规划，加强分类指导，对同安、诏安等 7 个县（区）“两基”巩固提高工作进行了跟踪督查，完成了仓山、马尾等 9 个县（市、区）“双高普九”的评估验收。二是加大农村初中控辍工作力度，使初中在校生年保留率达 98.16%。与此同时，积极采取措施，认真组织适龄儿童少年入学，全省适龄儿童入学率达99.72%、初中阶段教育毛入学率达92.82%、青壮年非文盲率达98%，三项指标均提前实现了“十五”计划的目标。三是加强农村中小学教学常规的管理和监控工作，组织开展了全省性的中小学教学常规检查，部署各地做好中小学教学常规自查工作，确保各学科教学课时的落实。落实创建初中、小学示范校工作任务，通过典型引路，辐射农村，促进中小学办学水平的整体提高。2004年全省创建省示范初中34所，省示范小学7所。

〔**高中教育**〕 2004年，全省普通高中达614所，完成招生25.57万人，比上年增加3.73万人，增长17.1%；在校生达65.98万人，比上年增加8.46万人，增长14.7%。在扩大招生规模，推进事业发展过程中，把培育和拓展优质高中阶段教育资源作为普通高中发展的重点，加强优质高中建设，努力提高达标普通高中的办学水平。至年底，全省已建成三级以上达标高中232所，比上年增加26所，其中示范性高中12所、一级达标高中42所、二级达标高中81所、三级达标高中97所；优质高中在校生占高中在校生的56.6%，比上年提高7个百分点；初中毕业生升入高中阶段学校的升学率达74.79%，比上年提高9.3个百分点；高中阶段教育毛入学率达57.01%，比上年提高近6个百分点。

〔**幼儿教育**〕 以贯彻《福建省幼儿教育改革与发展指导意见》为契机，组织了专项督导检查。在城市，进一步深化34所省级幼教课改试点园工作，组织开展省级课改试点园研讨观摩活动，总结、推广幼教课改试点经验。在农村，通过制定《福建省农村幼儿教育课程改革试点方案》，确定9个农村试点县，召开全省农村幼教课改试点县工作会议，部署和启动了农村幼教课程改革试点工作，对400多名乡镇幼教辅导员和中心园园长进行了培训。加强省优质幼儿园管理，开展区市自查和对照新标准的整改工作，促进省级示范性幼儿园教育质量和管理水平的提高，完成了5所申报“省优质幼儿园”的验收评估任务。

〔**特殊教育**〕 继续做好建校办班工作，改善特教学校办学条件，重点巩固学额，全省盲、聋哑、弱智三类残疾儿童入学率均达90%以上。开展对永安市等5个全国建立随班就读支持保障体系实验县（市、区）的检查、调研、指导工作，掌握各实验县（市、区）经费到位、实验方案制定和实施的情况，推进实验工作，省实验工作阶段性经验总结在全国随班就读工作现场会上作了交流。选送25名校长参加全国特教校长培训。评选并公布全省首届特殊教育学校学生优秀工艺美术作品，选送全国参赛有42幅作品获奖。省教育厅与省残联、省体育局等单位联合举办了全省首届中小学残疾学生运动会，选拔了一批优秀体育苗子，为备战2007年全国残运会和2008年北京残奥会培养了优秀后备人才。

〔**少数民族教育**〕 进一步加大对民族教育的政策和经费扶持，少数民族地区的义务教育阶段事业发展基本达到全省平均水平，高中阶段事业发展得到加强。省教育厅与民族宗教厅联合开展民族中小学建设调研，制定并下达民族教育专项经费和少数民族学生助学金使用分配方案。加强对西藏高中插班生接收学校的管理和指导；落实三明列东中学西藏初中班扩容的前期准备工作和经费到位情况，指导学校做好毕业生考试升学和学生返藏工作。2004年，列东中学西藏部毕业班中考成绩名列全国第四。

〔**信息技术教育**〕 根据全国农村教育工作会议精神，制定颁发了《福建省农村中小学现代远程教育工程规划》，推动全省农村中小学现代远程教育工程的实施。同时，积极推进中小学教育信息资源库建设，继续加强信息技术实验校、实验区的建设，加大中小学教师信息技术的培训力度，开展信息技术与学科教学整合的实验，促进教与学方式的变革，推进素质教育向纵深发展。各地进一步加大信息技术的资金投入，加快中小学信息化基础设施建设。截至2004年底，全省普通高中人机比从上年的10.8∶1降到7.5∶1；初中信息技术开课率达97.3%，比上年提高2.7个百分点，人机比从上年的25∶1降到16.5∶1；小学信息技术开课率达45.9%，比上年提高10.5%，人机比从上年的27.6∶1降到21.7∶1。

〔**课程改革**〕 从2004年秋季起，全省义务教育阶段起始年级全面实施新课程，提前一年实现了规划目标。全省基础教育课程改革向纵深推进，主要抓了四方面工作：一是重点抓好23个省级课改实验区，宏观指导全省课改工作。二是全面开展课改培训。省级共组织义务教育新课程培训41期，培训教师7 000多人；开设课改讲座247场次；召开全省性的学科教学观摩研讨会121场；组织省级教研员下校指导785人次，听课、评课3 104节。三是开展项目研究，改革考试与评价制度。组织40多位课程专家、教育管理人员和一线校长、教师共同开展"福建省中小学评价与考试制度改革"课题研究，颁发了《福建省基础教育课改实验区2005年初中毕业考试与高中招生制度改革指导意见》，厦门国家实验区已在2004年中考中试行，取得预期效果。颁发《福建省中小学学生发展评价指导意见（试行）》和《福建省初中毕业生综合素质评定指导意见（试行）》，为推进新课程实施提供了有力保障。四是做好普通高中新课程实验准备工作。组织40名省、市教育行政部门负责人、示范高中、一级达标高中校长和28名学科骨干教师参加教育部举办的普通高中新课程国家级研修活动。启动了普通高中新课程管理者和师资培训。

〔**农民工子女义务教育**〕 认真解决进城务工就业农民子女义务教育问题，坚持以流入地政府为主，以公办中小学为主，把进城务工就业农民子女接受义务教育纳入全省"两基"巩固提高和推进"双高普九"工作的重要内容，加强督导，搞好服务，规范管理，狠抓落实。2004年，全省各地在义务教育阶段共接收进城务工就业农民子女近53万人到校就读，其中初中11.6万人，小学41.4万人。

〔**农村中小学危房改造**〕 危改二期工程全面实行地方政府负责制，省、市、县（市、区）政府逐级签订农村中小学危改工程目标管理责任书，各市、县政府将中小学校舍维护、改造和建设项目纳入本地区社会事业发展和基础设施建设规划，危改建设工作制度和运行机制进一步完善。全年投入农村危改资金3.52亿元，开工危改项目553个，竣工项目301个，改造中小学D级危房面积51.5万平方米，完成年度任务的103%，实现了省委、省政府2004年为民办实事的目标。同时，进一步加强中小学校舍安全管理，各地普遍建立了校舍安全预警体系，制定了防险救灾应急预案，逐步做到科学、规范、有序地管理校舍安全。

撰稿　张学强

职业教育与成人教育

〔**综述**〕 2004年，全省中等职业学校389所，比上年增加34所；在校生数40.08万人，增加2.32万人；毕业生11.03万人，减少959人；教职工2.44万人，其中专任教师1.73万人。职业技术培训学校注册学生人数达202.43万人，增加22.27万人。全省有三分之一的中等职业学校建立了职业技能鉴定站，近5万名学生取得职业技能等级证书；中等职业学校毕业生就业率达93%。

〔**推进中职事业发展**〕 积极引导中职学校与企业、用人单位合作，组建职教集团，开展"订单培养"，举办"助学就业班"，扩大面向农村的招生；

开展办学条件好的中职学校与宁夏中职学校合作办学，面向西部招收中职学生465人。同时，进一步规范中职学校招生工作，千方百计扩大中等职业教育办学规模。

〔**重点专业建设**〕 开展中等职业学校第二批省级重点专业评审、认定工作，评出汽车运用与维修等15个省级重点专业。至此，全省中等职业学校已有35个省级重点专业。加强职业教育实验室、实训基地建设，制定《关于加强福建省职业教育实训基地建设的意见》，向教育部、财政部申请中央专项资金支持福建省数控技术、汽车运用与维修技术、计算机应用与软件技术、电工电子与自动化技术、建筑技术五个专业的14个示范性实训基地建设；全省中职学校多渠道投入近6 000多万元，更新教学仪器设备，改善实践性教学条件。加快专业带头人的培养，根据教育部“中德职教师资进修项目计划”，组织全省重点中等职业学校国际商务、汽车运用与维修、旅游管理与服务、数控技术运用、机电技术应用专业的25位专业带头人赴德国进修；组织全省中职学校89名教师参加2004年在职攻读硕士学位。推荐国家级、省级重点校的12位校长参加由教育部举办的骨干校长高级研修班。

〔**职业教育服务“三农”**〕 立足福建省实际，在充分调研的基础上，制定了《关于推进职业教育与成人教育服务“三农”工作规划》。省教育厅与农业、劳动等有关部门配合，选择30所中职学校作为全省“农村劳动力转移培训阳光工程”的基地。制定《关于进一步开展省级示范性乡（镇）成人文化技术学校评估认定工作的通知》和评估暂行标准。广泛开展各类职业培训，全省中等职业学校开展职业技能培训25.3万人次。

撰稿 戴 颖

高等教育

〔**综述**〕 2004年，全省共有普通高等学校53所，其中：本科院校17所，专科院校36所（其中：高等职业技术学院32所，高等专科学校4所）。在校研究生1.83万人，增加5 007人，增长37.74％；本专科在校生32.57万人，增加6.83万人，本科在校生占本专科在校生比例为51.29％；普通高校专任教师2.09万人，增加4 317人，其中博士、硕士增加1 312人，副教授以上教师占专任教师数的37.24％。

高校后勤社会化改革力度加大，全省高校学生公寓建筑面积达292.69万平方米，比上年增长44.17％；学生食堂建筑面积达49.68万平方米，比上年增长27.01％。制定福建省职业院校技能型紧缺人才培养培训计划，以加快软件业、制造业和物流业职业教育为突破口，并逐步拓展至电子业、通讯业、建筑业、旅游业、护理业、制药业等职业教育专业领域。加快高职教育人才培养模式改革，修订软件高职11个专业人才培养方案，制定现代制造业、现代物流业、电子通讯业、建筑业人才培养方案，开设一批新专业；在福建农林大学、福建工程学院、莆田学院建立软件高职人才培养基地，在福建商业高等专科学校建立现代服务业人才培养基地。遴选确定了数控技术、汽车维修技术、计算机应用与软件技术、电工电子技术、建筑技术5个专业领域的实训基地建设项目。

〔**三所本科高校正式组建**〕 教育部正式批准三明高等专科学校升格为三明学院，龙岩师范高等专科学校升格为龙岩学院，鹭江职业大学升格为厦门理工学院。改建后的3所高校系本科层次的普通高校,并将逐步过渡到以实施本科教育为主和由省领导与管理,实行省、市共建,以市为主的管理体制。三明学院、厦门理工学院全日制在校生规模暂定为6 000人,龙岩学院全日制在校生规模暂定为7 000人。

〔**重点建设高校**〕 重点建设高校和重点学科建设全面启动。组织厦门大学、福州大学、华侨大学、福建师范大学、福建农林大学、福建医科大学、福建中医学院、集美大学等8所重点建设高校制定了重点建设规划，组织国内外知名专家对重点建设规划、重点建设项目以及投资方案进行了实地考察论证。完成了省级重点学科的申报和评审工作，推进重点建设高校以学科建设为核心，以创新平台建设为重点，通过管理体制与运行机制的改革创新，加强人才队伍建设和公共服务体系建设。

〔**高校新校区建设**〕 福州地区大学新校区二期工程建设完成投资5.7亿元，建成校舍及生活设施18.6万平方米，确保31.5万名学生入住，新校区在校学生人数达到2.5万人。厦门大学漳州新校区二期工程基本完成，漳州师院、泉州师院、龙岩学院、南平师专等一批高校新校区建设取得明显进展，集美文教区建设全面启动。

〔**高校教学**〕 实施"福建省高等学校教学质量和教学改革工程"，进一步加强对高等学校教学工作的宏观指导和调控，全面提高人才培养的质量。组织新一轮的高等学校专业结构调整，新增专业215个，其中理工类专业105个。组织评定高等学校省级精品课程立项项目89门、省级精品课程49门、推荐国家级精品课程27门。启动高等学校基础课教学实验室建设改造二期工程，评审确定27所高校212个改造项目，制定高等学校实验室建设规范，编制2004—2006年中央与地方共建高校专项资金—基础课实验室项目规划。组织开展高等教育教学成果奖评审，评出成果奖100项，其中特等奖5项。组织完成高等学校毕业设计（论文）工作及质量专项检查。完成全国大学生数学建模福建赛区竞赛组织工作，4个队获全国一等奖，6个队获全国二等奖；组织开展福建省大学生电子设计竞赛，共有福州大学等7所高校169个队参加。厦门大学、华侨大学、福州大学、福建师范大学被列为教育部大学英语教学改革试点学校。

〔**学位与研究生教育**〕 启动研究生教育创新计划，进一步加快学位和研究生教育的改革和发展。评选52门省优质硕士学位课程进行立项建设。组织完成博士、硕士学位论文抽查评审工作，开展优秀博士学位论文评选。有重点地培育和发展硕士专业学位教育，组织福州大学申报会计、法律硕士专业学位，福建师范大学申报公共管理硕士专业学位；实施高校教师在职攻读硕士学位计划，共有7所高校104个专业招收2 740名。组织完成泉州师范学院增列学士学位授予单位及福州大学、华侨大学、福建师范大学、福建农林大学、福建医科大学、福建中医学院、集美大学、仰恩大学和漳州师范学院的30个新增本科学士学位授予专业评审工作。完成了同等学力人员申请硕士学位和在职人员攻读硕士学位全国统考福建考区工作。做好学位证书审核与发放工作；配合省委组织部进行了有关学历、学位审核工作。

〔**高校科技**〕 全年高校新增国家级科研项目达60项，比上年增长了13%。新建省产学研开发基地1个。获国家科技进步二等奖2项、教育部提名国家科学技术进步奖3项；获省科学技术奖64项，占全省33%。高校科研经费2.5亿元，比上年增长25%。省委省政府在2004年表彰的"福建省杰出科技人员"23名获得者中，高校占了11名。高校科技创新能力明显增强，厦门大学近海海洋环境科学国家重点实验室获准建设，福州大学、福建农林大学2个省部共建教育部重点实验室进展顺利。厦门大学郑兰荪院士领导的科研组完成的论文《活泼C50的捕捉》，戴民汉教授与美国佐治亚大学蔡卫君博士共同完成的评论性论文相继在美国《科学》杂志上发表，扩大了福建省高校科研工作在国际上的影响。

〔**教育教学评估**〕 配合教育部开展对福州大学、福建师范大学、福建农林大学国家文理科人才培养和科学研究基地的评估工作，完成对泉州师范学院本科教学工作水平的评估。制定了2004—2007年高职高专人才培养工作水平评估计划，组织完成了对福建公安高等专科学校、宁德师范高等专科学校、闽西职业技术学院、漳州职业技术学院人才培养工作水平评估工作。开展了对新建的3所本科院校、13所高职高专院校、5个人才培养基地的教学工作和办学条件的检查评估。组织完成了全省研究生、普通本、专科生、成人高等教育、高等教育自学考试及高等教育学历文凭考试等5类毕业生和2所试点高校网络教育9.4万名毕业生的毕业资格审核和学历证书电子注册。加强对现代远程教育试点高校校外学习中心（点）的检查评估。制订规范函授教育辅导站管理规定，开展省外高校在福建设立的校外函授辅导站检查评估，进一步规范办学秩序。

撰稿 许志勇

审稿 朱之文

厦门市教育

〔**基本情况**〕

2004年厦门市各级各类学校校数、教职工、专任教师情况

	学校数（所）	教职工数（人）	专任教师数（人）
一、高等教育	22	9 576	4 616
（一）研究生培养机构			
1. 普通高校			
2. 科研机构			
（二）普通高等学校	9	8 414	3 901
1. 本科院校	5	7 592	3 519
2. 专科院校	4	609	314
其中：职业技术学院	4	609	314
3. 分校、大专班（点）（不计校数）	2	213	68
（三）成人高等学校	3	307	207
（四）民办的其他高等教育机构	10	855	508
1. 学历文凭考试机构	10	855	508
2. 非学历文凭考试机构			
二、中等教育	111	10 996	8 649
（一）高中阶段教育	75	10 996	3 798
1. 高中	36	8 867	2 439
普通高中	34	8 863	2 439
成人高中	2	4	
2. 中等职业教育	39	2 129	1 359
中等职业学校	36	1 893	1 196
技工学校	3	236	163
其他机构（教学点）（不计校数）	9		
（二）初中阶段教育	36		4 851

续表

	学校数（所）	教职工数（人）	专任教师数（人）
1. 普通初中	36		4 851
2. 职业初中			
3. 成人初中			
三、初等教育	401	8 953	8 119
（一）普通小学	375	8 952	8 118
（二）成人小学	26	1	1
其中：扫盲班	1		
四、工读学校			
五、特殊教育	4	108	88
六、学前教育	469	3 638	2 332

备注：普通高中教职工数中包含普通初中的教职工数。

2004 年厦门市各级各类学历教育学生情况

	毕业生数（人）	招生数（人）	在校生数（人）
一、高等教育	16 520	38 321	96 088
（一）研究生	1 521	3 836	10 318
（二）普通本专科	8 132	18 790	50 772
（三）成人本专科	5 526	8 199	14 962
（四）其他各类高等学历教育	1 341	7 496	20 036
1. 在职人员攻读博士、硕士学位			
2. 网络本专科生	171	1 878	6 216
3. 学历文凭考试	1 170	5 618	13 820
二、中等教育	43 253	54 247	152 247
（一）高中阶段教育	19 674	27 095	70 024
1. 高中	9 557	14 082	36 322
普通高中	9 515	14 082	36 280
成人高中	42		42
2. 中等职业教育	10 117	13 013	33 702
中等职业学校（机构）	9 455	11 423	30 368
技工学校	662	1 590	3 334
（二）初中阶段教育	23 579	27 152	82 223
1. 普通初中	23 579	27 152	82 223
2. 职业初中			
3. 成人初中			
三、初等教育	27 635	22 973	147 033
（一）普通小学	27 305	22 973	146 618
（二）成人小学	330		415
其中：扫盲班			
四、工读学校			
五、特殊教育	67	78	404
六、学前教育	17 104	20 958	44 406

说明：成人中学、成人小学未统计招生数。

2004 年厦门市各级各类非学历教育学生情况

	毕（结）业学生数（人）	招生数（人）	在校学生数（人）
一、高等教育	25 693	2 007	20 413
（一）研究生课程进修班	1 109		1 045
（二）自考助学班	2 733	2 007	4 747
（三）普通预科生			
（四）证书教育			
（五）岗位培训			
（六）进修及培训	21 851		14 621
二、中等职业教育	104 659	13 013	130 562
（一）中等职业学校	10 117	13 013	33 702
（二）职业技术培训机构	94 542		96 860

2004 年厦门市各级民办教育基本情况

	学校数（所）	毕业生数（人）	招生数（人）	在校学生数（人）	教职工数（人）	专任教师数（人）
一、高等教育	13	314	2 125	3 999	400	200
（一）普通高校	3	314	2 125	3 999	400	200
（二）成人高校						
（三）民办的其他高等教育机构	10					
二、中等教育机构	16	1 665	4 663	11 371	1 196	714
（一）高中阶段教育	10	1 289	3 362	8 183	1 196	714
其中：普通高中	2	166	647	1 902	733	464
中等职业学校	8	1 123	2 715	6 281	463	250
（二）初中阶段教育	6	376	1 301	3 188		
其中：普通初中	6	376	1 301	3 188		
职业初中						
三、普通小学	32	2 206	4 890	27 675	1 494	1 133
四、幼儿园	176	5 609	8 585	18 707	2 105	1 191

备注：1. 民办初中的教职工数包含在民办高中的教职工数中。

2. 职业技术培训机构未统计招生数。

〔**教育经费增长**〕 2004年全市教育经费（含中央、省属院校经费）为36.83亿元，比2003年的31.71亿元增长16.15%。其中，国家财政性教育经费（包括各级财政对教育的拨款、城乡教育费附加、以及校办产业用于教育的经费等项）为26.19亿元，比2003年的22.80亿元增长14.87%。

厦门市教育经费（不含中央、省属院校经费12.26亿元）24.57亿元，比2003年的21.51亿元增长14.23%。其中：国家财政性教育经费19.05亿元，比2003年的16.65亿元增长14.41%；社会团体和公民办学经费2.27亿元，比2003年的1.83亿元增长24.04%。

厦门市基础教育（中、小、幼）经费15.46亿元，比2003年的14亿元增长10.43%。

市本级教育经费9.79亿元，比2003年的12.76亿元下降23.28%。其中预算内教育事业费3.58亿元（包括市其他部门办的学校经费0.38亿元、教育局直属学校经费3.2亿元），比2003年的6.00亿元下降40.33%。市本级教育经费下降原因主要是从2004年起，24所市属学校下放给湖里区、集美区、思明区管理等。如果剔除，预算内教育事业费按同口径增长11.96%。

〔**农村教育**〕 以项目带动为前提的农村学校布局调整资源整合工作取得较大进展，完成28个项目，岛外4个区初中校和小学中心校建设得到加强，办学条件正在改善。为解决进城农民工子女就学问题，城市住宅小区学校配套建设进一步加快，规划中的15个项目中有7个项目已经建成。

〔**基础教育**〕 2004年，全市幼儿入园率为99.12%。秋季小学招生22 973人，入学率99.12%，升学率99.44%。初中招生27 152人，入学率98.10%，辍学率0.01%，毕业率97.33%。高中招生22 756人，入学率94.77%。全市三类残儿入学率为90.01%，在校生总数达995人。少数民族学生小学、初中阶段的入学率为99.90%，高中达96%。

示范校园建设有新突破，大同中学、槟榔中学、莲花中学、厦门九中、厦门十一中、湖里中学、同安柑岭中学通过省级初中示范校验收；厦门二中、湖滨中学、松柏中学、厦门十中通过二级达标中学市级复评；科技中学、舫山中学以高分通过省一级达标验收；厦门六中高分通过省级高中示范校市级评估；槟榔小学、延奎小学通过省示范校验收；员当幼儿园通过省优质园验收。

推进农村中小学布局调整工作。翔安区小学由105所整合成88所，同安区小学由114所整合成102所，思明区小学由43所整合成40所，集美区中学由7所整合成6所、小学由39所整合成38所，海沧区小学由26所整合成24所。优化、整合、盘活教育资源取得了实质性进展。

滚动推进课程改革实验。中学启动高中课改实验教师培训，全市有2 800多名教育行政人员、学校领导、高中全体教师参加通识培训；小学组织对首批课改综合实验基地校的实验工作进行评估；幼儿园的课改重点向农村辐射，出台了《厦门市农村幼教课改实验方案》，全面启动农村课改实验工作。同时，积极推进教育重点实验课题“做中学”项目的实验研究。

组织举办了为期一个月的课改三周年总结展示活动。摄制三年课改专题片——《春华秋实》，编撰由国务委员陈至立作序的课改系列丛书——《金梭》，举办中小幼校长园长论坛，中小学教师论坛，举行数十节中小幼教学观摩研讨课，组织农村课改教学观摩研讨，表彰市课改先进集体和个人等。

学校管理进一步科学化、规范化。加强管理制度建设的同时，要求全市各级学校、幼儿园都重新修订、汇编管理制度，并通过常规视导、检查来督促推进这项工作。其次是加强过程管理。期初到校、园检查教育教学及常规工作落实情况；期中有针对性地对一些学校进行专项调研，帮助学校一起改革内部管理。同时结合定级、示范校、园的创建工作下到各校、园进行指导。再次是以课题研究促进科学管理，逐步推出符合新课程理念要求的管理制度。

狠抓质量监控体系。继续加强质量的过程跟踪与监控，建立并逐步完善校、园教学开放日、开放周制度，继续做好全市初中新生入学水平测验工作，加强高初中各学科中期质量统测、分析、反馈等。中小学、幼儿园教育教学稳步提高，中考、高中会考、高考成绩优异。2004 年的高考取得历史性突破的好成绩，厦门市高三应届毕业生专科以上录取率达 91.74%，其中，本科录取率 43.71%，专科录取率 48.03%；理科平均分比全省高出 18.68 分，文科平均分比全省高出 15.49 分。各项指标均名列全省前茅。

以规范初中教学行为为重点，切实减轻学生过重课业负担。遵照教育部、省教育厅的文件精神，印发了《厦门市教育局关于进一步规范初中教学行为的若干规定》并组织学习宣传，与各区、市属校签订“规范初中阶段教学行为工作承诺书”，定期检查或突击抽查各校对《规定》的执行情况，并对违规的学校坚决予以通报批评，进一步规范了初中教学行为，使违反《规定》的现象得到了有效的控制，切实减轻了学生过重的课业负担。

〔**为未成年人办 10 件实事**〕 为开创厦门市加强和改进未成年人思想道德建设工作新局面，市委、市政府决定在全市加强和改进未成年人思想道德建设方面办好 10 件实事：（1）集中整治网吧和校园周边文化市场；（2）进一步加强未成年人心理健康教育，包括给完全中学增加 2 个心理健康教育教师的专项编制，给初中和小学各增加 1 个专项编制，同时建立社区心理咨询中心或谈心室，开设心理健康热线等；（3）完善学校德育工作队伍评估办法和激励机制，建立“德育工作优秀教师”和“十佳德育工作优秀教师”表彰机制，再次提高班主任月津贴等；（4）切实解决进城务工就业农民子女义务教育问题；（5）改善工读学校办学条件，由市财政拨款迁建工读学校；（6）加强社区未成年人道德教育；（7）爱国主义教育基地向未成年人免费开放，全市 13 个德育基地对中小学生集体参观一律免费，图书馆、文化馆、科技馆同时免费或优惠向学生开放；（8）积极筹办厦门少儿电视频道；（9）建设完善青少年活动场所；（10）增加专门工作力量，包括在市文明办增设“未成年人思想道德建设处”，增加 3 个人员编制；在教育局增设“德育处”，增加 4 个人员编制。

〔**优质高中扩建扩招**〕 进一步拓展优质教育资源，优质高中扩大招生。4 所一级达标学校新校区建设顺利，其中外国语学校海沧校区已完工投入使用，厦门一中新校区 3 幢教学楼已进入内装修，二期工程进展顺利，六中、双十新校区也分别动工，施工进展迅速。年前双十中学 15 幢楼 9 万多平方米全部封顶。科技中学、舫山中学一级校通过省级评估。全市 6 所一级达标校和部分二级达标校共扩招了1 900多人，并首次向外地市招生了 108 人。

〔**人事分配制度改革**〕 在全面实行教师全员聘用制基础上，2004 年在人事分配制度方面又相继进行配套改革。一是建立人事代理新制度，制定了《厦门市教育系统实施人事代理制度的试行意见》，规定从 2003 年 10 月 1 日后，新进人员的人事关系和人事档案分别挂放市、区教育人才服务中心，实行人事代理。此项制度的实施，将教师的人事关系从学校剥离出来，教师由原来的“学校人”变为“社会人”，有利于聘用制的推行和学校的合同管理。二是改革分配制度。制定了《深化学校内部分配制度改革指导意见》，提出在实行工资总额包干的基础上，扩大学校分配自主权，搞活分配的办法。学校可将实际工资与档案工资分离，以岗定薪，拉开档次，以岗位绩效工资为主，所占比例可达工资总额的 70%，此项改革意在推进重能力、重业绩、重贡献机制的形成。2004 年，还根据市政府的文件要求，推行事业单位人员社保改革。为切实维护教师权益，市教育局采取“老人老办法”的方式进行，使绝大多数教师享受到优惠政策。此外在职称评审上也做了相应改革，改变以往论文一票否决的做法，加强教学能力的考评和说课的要求。

〔**职业教育**〕 2004 年厦门市职业类学校录取9 186人，其中 5 年制高职 844 人，中等职校8 342人，完成预定招生任务。另外中等职校还从社会招收免试生1 695人，从未升学农村初中毕业生招收 75 人免半费（由财政补贴 50%学费）参加职业培训。为构建与海峡西岸经济区重要中心城市相适应的现代职业教育体系，适应厦门市海湾型城市建设对高素质劳动者和高技能人才的需要，厦门市政府出台《关于大力推进职业教育改革与发展的意见》和《厦门职业教育发展规划》两个重要文件，确定了到2010年职业教育发展的目标任务和重大建设项目及相关改革措施。市政府并且明确城市教育费附加安排用于职业教育的比例不低于20%，职业教育经费得到进一步增加。厦门市瞄准制造业和现代服务业技能型紧缺人才，确定8个骨干专业加强建设，还组织100名专业教师分别到厦华、林德、厦工、悦华酒店、港务集团等企业实训，开启了专业教师到企业挂职轮训制。

〔**高等教育**〕 推进文教区建设，高等教育发展加快。厦门理工学院经教育部批准，正式建校；三所成人高校完成实质性合并，厦门国家会计学院建成。落户集美文教区的理工学院4栋教学楼8栋实验楼已建成，其他工程正在加紧施工。华侨大学厦门校区工程进展顺利。厦门软件职业技术学院、厦门职业教育中心学校等项目规划和用地已确定，厦门大学新校区前期工作正在进行中。民办高等教育进一步发展，已有3所民办高校被省政府批准正式建校，有7所通过市教育局组织的专家评议，申报正式建校；还有6所民办高校提出筹建申请。一批公办、民办高校签约落户翔安文教区。

2004年，厦门市进一步加强对民办高校工作的指导。5月组织全市民办高校董事长、院校长及各区教育局分管民办学校领导学习《民办教育促进法》及《民办教育促进法实施条例》等有关法律法规，结合厦门市民办高校的实际情况，研究对策，提出思路，制定办法，有力地促进了民办高校依法办学、规范管理。2004年下半年，中共中央、国务院下发《关于进一步加强和改进大学生思想政治教育工作的若干意见》后，厦门市又结合全市实际，选择华厦职业学院和南洋专修学院两所民办高校开展深入调研，形成了民办高校大学生思想政治工作现状与对策的调研报告，为做好全市大学生思想政治教育工作提供有力依据。

撰稿　赵家明
审稿　赖　菡

江西省教育

概　　况

〔基本情况〕

2004年江西省各级各类学校校数、教职工、专任教师情况

	学校数（所）	教职工数（人）	专任教师数（人）
一、高等教育			
（一）研究生培养机构（不计校数）	(11)		
1. 普通高校	(11)		
2. 科研机构			
（二）普通高等学校	66	51 520	30 419
1. 本科院校	18	27 186	15 076
2. 专科院校	48	18 756	11 446
其中：职业技术学院	42	16 670	9 988
3. 其他机构（点）（不计校数）	(16)	5 578	3 897
其中：独立学院	(13)	3 399	2 599
（三）成人高等学校	11	4 216	1 615
（四）民办的其他高等教育机构	35	1 451	694
二、中等教育	3 308	202 624	174 631
（一）高中阶段教育	1 035	202 436	57 960
1. 高中	648	180 581	43 659
普通高中	642	180 557	43 653
成人高中	6	24	6
2. 中等职业教育	387	21 855	14 301
普通中专	65	6 798	4 091
成人中专	87	2 675	1 399
职业高中	235	11 755	8 426
技工学校			
其他机构（教学点）（不计校数）	(69)	627	385
（二）初中阶段教育	2 273	188	116 671

续表

	学校数（所）	教职工数（人）	专任教师数（人）
1. 普通初中	2 186		116 548
2. 职业初中	2	102	93
3. 成人初中	85	86	30
三、初等教育	18 039	206 210	195 409
（一）普通小学	15 257	202 340	194 377
（二）成人小学	2 782	3 870	1 032
其中：扫盲班	1 672	2 385	562
四、工读学校	1	5	0
五、特殊教育	54	631	513
六、学前教育	4 370	28 406	18 228

注：1. 普通高中的教职工数中包含普通初中的教职工数。
2. 技工学校数据为2003年数据。
3. "（ ）"内数据均不计校数。

2004年江西省各级各类学历教育学生情况

	毕业生数（人）	招生数（人）	在校生数（人）
一、高等教育			
（一）研究生	1 349	3 185	7 483
博 士	43	129	331
硕 士	1 306	3 056	7 152
（二）普通本专科	65 386	187 999	489 854
本 科	31 699	64 921	220 115
专 科	33 687	123 078	269 739
（三）成人本专科	47 046	47 466	103 332
本 科	15 355	18 142	36 797
专 科	31 691	29 324	66 535
（四）其他各类高等学历教育			
1. 在职人员攻读博士、硕士学位		831	1 953
2. 网络本专科生			
本 科			
专 科			
3. 学历文凭考试	15 637	2 441	18 415
4. 自学考试			
5. 其他			
二、中等教育	1 037 023	1 136 670	3 381 603
（一）高中阶段教育	297 955	459 461	1 198 040
1. 高中	200 175	294 093	800 342
普通高中	198 869	294 093	800 049
成人高中	1 306		293
2. 中等职业教育	97 780	165 368	397 698
普通中专	42 949	76 481	189 303

续表

	毕业生数（人）	招生数（人）	在校生数（人）
成人中专	3 792	4 250	21 156
职业高中	51 039	84 637	187 239
技工学校			
（二）初中阶段教育	739 068	677 209	2 183 563
1. 普通初中	722 574	676 603	2 178 942
2. 职业初中	1 583	606	1 911
3. 成人初中	14 911		2 710
三、初等教育	832 227	681 228	3 956 508
（一）普通小学	676 849	681 228	3 862 115
（二）成人小学	155 378		94 393
其中：扫盲班	79 018		43 756
四、工读学校			
五、特殊教育	1 545	3 066	19 451
六、学前教育	231 953	507 222	658 093

注：特殊教育学生数中包括普通中小学随班就读的学生。下同。

2004 年江西省各级各类非学历教育学生情况

	毕（结）业生数（人）	注册生数（人）
一、高等教育	47 953	29 174
（一）研究生课程进修班	577	831
（二）自考助学班	6 434	6 566
（三）普通预科生		321
（四）进修及培训	40 942	21 456
其中：资格证书培训	7 970	3 530
岗位证书培训	6 653	3 352
二、中等职业教育	868 204	629 922
其中：资格证书培训	33 497	23 485
岗位证书培训	75 465	100 158
（一）中等职业学校	75 828	71 999
其中：资格证书培训	25 870	15 496
岗位证书培训	24 519	32 354
（二）职业技术培训机构	792 376	557 923
其中：资格证书培训	7 627	7 989
岗位证书培训	50 946	67 804

2004年江西省各级民办教育基本情况

	学校数（所）	毕业生数（人）	招生数（人）	在校生数（人）	教职工数（人）	专任教师数（人）
一、高等教育						
（一）普通高等教育		2 657	47 243	96 917	10 323	6 473
1. 普通高校	10	1 540	30 192	52 596	6 924	3 874
本科学生						
专科学生		1 540	30 192	52 596		
2. 独立学院	(13)	1 117	17 051	44 321	3 399	2 599
（二）成人高校						
（三）民办的其他高等教育机构	35	4 703		7 560	1 451	694
二、中等教育机构						
（一）高中阶段教育	356	50 254	103 388	221 966	23 266	15 869
其中：普通高中	238	18 478	57 109	124 877	17 257	12 194
中等职业学校	118	31 776	46 279	97 089	6 009	3 675
（二）初中阶段教育	128	27 477	38 974	116 256	29	24
其中：普通初中	128	27 346	38 823	115 794		
职业初中		131	151	462	29	24
（三）职业技术培训机构	16	512		1 831	103	85
三、普通小学	108	7 257	9 442	50 645	3 229	2 452
四、幼儿园	3 804	75 133	196 931	280 252	19 978	12 504

注："（ ）"内数据不计校数。

〔**年度教育工作方针**〕 2004年，江西省教育系统以邓小平理论和"三个代表"重要思想为指导，树立和落实科学发展观，紧紧围绕江西崛起和全面建设小康社会的奋斗目标，着眼服从服务于江西现代化建设大局，坚持人才兴教的方针，坚持"巩固、深化、提高、发展"的方针，继续认真做好更新观念、创新体制、转换机制、优化环境、聚集人才五篇文章，全力抓好农村教育，积极推进职业教育，切实加强高教重点建设，各级各类教育快速持续协调健康发展。

农村教育发展基础得到夯实。省政府召开了全省农村教育工作会议，出台了《江西省人民政府贯彻国务院关于进一步加强农村教育工作决定的实施意见》，全省出现了重视、关心和支持农村教育的喜人态势。"以县为主"的农村义务教育管理体制进一步巩固和完善，为农村教育长远发展建立了稳定的制度保证；规范的农村义务教育经费投入机制正在完善，各地普遍增加了义务教育投入，"保工资、保运转、保安全"的措施得到了落实。

"两基"攻坚取得新突破。都昌、金溪、横峰、寻乌四县通过了省级验收，使江西省实现"两基"的县（市、区）达97.98%，"两基"人口覆盖率达到94.76%。全省小学适龄儿童入学率达到99.04%，初中阶段适龄人口入学率达到93.72%，小学毕业生升初中阶段的比例达到100%。

职业教育连续三年呈上升态势。2004年全省职业学校招生20.22万人，增幅达到20.5%，职业学校与普通高中的招生比由2003年的38∶62上升为41∶59；在校学生达到48.27万人，增长23.59%。民办职业教育迅速崛起，已成为全省职业教育发展新的增长点。

高等教育提前实现“十五”计划目标。与2000年相比，已实现普通高等院校数、招生数和在校学生数三个翻番：学校由32所增至67所，招生由5.79万人增至18.8万人，在校生由14.64万人增至49.73万人。加上成人高等教育，整个高等教育在校生达到59.32万人，毛入学率达到19%，超额完成了“十五”计划规定的各种形式接受高等教育人数48万人、毛入学率15%的目标。

〔**教育经费投入**〕 2004年，全省教育总投入达到150亿元，比2003年增长11%以上，其中预算内教育事业经费支出73.7亿元，比2003年增长15.3%；预算内教育事业经费支出占当年预算财政支出的21.85%，比2003年提高了3.41个百分点。中央对江西省给予了强力支持，专项补助的教育经费达到了6.6亿元，连续4年超过5亿元。各级政府普遍加大了农村教育投入，一是安排农村教师工资性转移支付14亿元，切实保证了教师工资发放；二是认真落实农村中小学校公用经费，全省农村中小学公用经费共安排1.88亿元，比2003年增长53%，其中省财政对实施“一费制”的农村中小学公用经费，共安排3 500万元，比2003年增长50%；三是建立和健全了农村中小学校舍维护、改造和建设保障机制，省财政安排了4 000万元，各市、县配套安排了1.8亿元，加上乡镇政府的积极筹资，共计4.93亿元，共改造农村中小学一类危房130万平方米；四是省政府安排了1 000万元用于实施农村中小学现代远程教育工程。

〔**人才兴教战略**〕 2004年，江西省坚持人才兴教，大力开展了“人才开发工程”、“人才集聚工程”和“领军人才工程”建设。全省高校已柔性引进两院院士43人，拥有博士生导师133人、硕士生导师1 723人，具有博士学位的专任教师达到934人，具有硕士研究生以上学位的专任教师已占专任教师总数的23.77%，比上年提高了6.8个百分点。拥有江西省青年科学家53人、省级教学名师236人、省级中青年学科带头人368人和省级中青年骨干教师619人。中小学校教师队伍的素质明显提高，新增特级教师90人，并拥有市级中青年学科带头人600多人和骨干教师1 500多人，高中、职业高中、初中和小学教师的学历合格率分别达到64.32%、47.85%、91.36%和97.16%，与2003年相比，分别提高了4.51、1.57、1.63和0.84个百分点。涌现出24名全国教育系统模范教师和先进工作者，63名全国优秀教师和教育工作者，其中永修县乡村教师邹有云被评为全国教育系统模范教师并入选由全国5名教师组成的优秀教师师德报告团。

〔**治理教育乱收费**〕 2004年成立了由省教育厅、省政府纠风办、省监察厅、发改委、财政厅、审计厅、新闻出版局组成的治理教育乱收费厅（局）际联席会议，设立了联席会议办公室。大多数市、县也相应建立了领导机构和工作机构，形成了治理教育乱收费的工作合力。在国家和省扶贫开发工作重点县、乡农村初中和小学实行“一费制”的基础上，又在11个县（市、区）进行了“一费制”收费试点，出台了新的义务教育阶段“一费制”收费标准，进一步规范了义务教育学校收费行为。对高中“择校生”的招收比例进行了规范，对高校开展了收费政策落实情况的专项检查。据统计，全省各级教育行政部门共组织474个检查组，检查各级学校11 965所，查处乱收费案件257起，共有113人受到通报批评，88人受到党纪政纪处分，其中9人被撤销校长职务，查处违规收费金额1 174万元，清退1 097万元。查处的案件数、违规收费金额数和处理的人员数分别比上年下降47.87%、48.73%和38.59%。教育收费行为得到进一步规范，人民群众的满意度进一步提高，受到了国家治理教育乱收费工作专项督查组的充分肯定。

〔**民办教育**〕 2004年，全省各级各类民办学校在校生共836 596人，比上年增长10.33%。民办高等职业院校由8所增加到10所。新增民办“省重点建设中学”21所，占全年新增“省重点建设中学”的84%，使全省民办“省重点建设中学”增加到26所。加大了依法办学工作力度，重新修订了《江西省民办高等教育机构设置规定》、《江西省民办普通高中设置规定》、《江西省民办学校财务管理规定》、《江西省民办学校学籍管理规定》、《江西省民办高校教学管理规定》以及民办学校广告备案和办学许可证办理程序及办法；下发了《江西省民办高等教育机构招生工作规定（试行）》。配合省人大常委会在全省开展为期三个半月的《民办教育促进法》专项执法检查。各设区市也加大了扶持民办教育发展的力度，上饶市、九江市、吉安市政府出台关于鼓励支持发展民办教育的若干规定。江西民办教育在全国的影响进一步扩大。中央政治局常委曾庆红、吴官正以及中央政治局委员、上海市委书记陈良宇先后到江西省民办高校视察。

〔**毕业生就业指导工作**〕 2004年全省毕业生就业工作坚持以社会需求为导向，积极推动毕业生就业体制的改革，确立了“市场导向、政府调控、学校推荐、学生和用人单位双向选择”的就业模式，形成了比较完整的全省毕业生就业政策、制度体系。省政府成立了以赵智勇副省长为组长的江西省普通院校毕业生就业工作领导协调小组。省教育厅与省地税局、省工商局联合出台了《江西省普通院校毕业生自主创业的优惠政策实施办法》。把毕业生就业率与考核高校领导班子政绩、评估办学质量、调整专业结构、制定招生计划紧密联系，使大学毕业生的就业率比上年有明显提高。全省博士毕业生就业率达到100%，硕士毕业生就业率达到95.69%，本科毕业生就业率达到90.71%，专科毕业生就业率达到78.65%，高职毕业生就业率达到75.48%，总计达到84.27%。

〔**国际合作与交流**〕 2004年，江西省教育的国际合作与交流“十百千”工程获得实质性进展，新增中外合作办学项目5个，使中外合作办学项目达到23个（其中硕士以上项目达到6个）。加大了中青年骨干教师利用各种方式出国培训力度，国家公派41人，短期培训200多人。来华留学增长较快，共有521名外国留学生来江西省高校学习。获得外籍教师聘请资格的学校达到109所，已聘请外籍教师311人，其中长期外籍教师253人，短期外籍教师58人。2004年，全省教育交流共派出260批，550多人次赴美国、德国、法国、加拿大、英国、巴西、韩国、澳大利亚等三十多个国家和香港、台湾地区访问和学术交流，并取得丰硕成果。

基础教育

〔**综述**〕 2004年，全省基础教育工作将以德育人放在工作中的首位，加大“两基”攻坚力度，重点加强农村教育，加快发展高中教育，切实抓好特殊教育和幼儿教育两个薄弱环节，认真组织实施促进基础教育、农村教育发展的七项工程，全省基础教育事业保持了持续健康发展的良好态势。全省小学适龄儿童入学率达99.04%，小学毕业生升普通初中的比例达99.96%；初中阶段适龄人口入学率达93.72%，初中阶段毛入学率达111.69%，初中辍学率降至3.02%；青壮年非文盲率保持在95%以上。

2004年，全省进一步加强了常规管理，规范了中小学办学行为。在全省首次实行“六一”国际儿童节“无作业日”制度，继续在全省普通中学评选省级“三好”学生、优秀学生干部和省级优秀学生。加强了对中小学学科竞赛的管理，鹰潭一中学生彭闽昱获得第45届国际数学奥林匹克竞赛金奖。加快了青少年校外活动场所的建设，全省已有47个县（市、区）建成或正在兴建青少年校外活动中心，总资金达7 400万元。加强了中小学安全管理，开展了“安全教育日”、“安全生产月”活动，在全省开展了中小学、幼儿园安全管理工作专项整治行动，并组织八个检查组进行了专项督查。省教育厅还组成9个工作组对18个县（市、区）的中小学、幼儿园安全工作进行了明查暗访式的督查。进一步规范了高中招生行为，严禁公办普通高中占用正常教育资源举办复读班和招收高三毕业生插班复读，严禁中小学在节假日违规集体补课，并派出13个督查组进行督查，使违规补课之风得到一定遏制。

〔**义务教育**〕 全省义务教育学制已由原来的“五三”制全部过渡到“六三”制。在国家扶贫开发工作重点县和省定贫困乡实行“一费制”的基础上，11个设区市各选了一个县（区）进行义务教育阶段学校新的“一费制”收费试点。高度重视扶助贫困家庭学生入学工作和进城务工就业农民子女接受义务教育问题，省政府办公厅分别转发了省教育厅等部门《关于开展经常性助学活动的意见》和《关于进一步做好进城务工就业农民子女义务教育工作的意见》。

〔**特殊教育和民族教育**〕 将发展特殊教育纳入义务教育重要内容，省政府继续设立专项经费，并积极争取中央特殊教育专项经费的支持，推动各地建校、办班、设点，改善办学条件。开展了对全省特殊教育的专项督导检查，对国家随班就读工作支持保障体系实验县上高、新建、于都、泰和等4个县进行了检查调研，扩大了随班就读的数量，提高了随班就读的质量。2004年，全省特殊教育学校增加到54所，在校生人数达19 451人，较上年增长30.95%。

加强了民族教育工作，承办了全国中小学民族团结教育工作会议，会同省民族宗教局下发了《关于转发教育部办公厅、国家民委办公厅关于在中小学进一步大力推进民族团结教育工作的通知》，加强了中小学民族团结教育工作。全省民族乡、村的小学适龄儿童入学率达到98%以上，巩固率和小学毕业生升入初中的比率均在97%以上；初中适龄人口入学率达到93%，巩固率超过85%。努力办好内地西藏初中班，将南昌十七中西藏班生均拨款标准提高到8 000元，积极协调安排西藏高中学生在内地重点高中插班读书的各项工作。基本完成少数民族乡村学校危房改造任务。在全省第二轮对口支援少数民族乡村的工作中，将教育工作作为帮扶的重要内容。

〔**幼儿教育**〕 省政府重视发展学前教育，省政府办公厅转发了省教育厅等十部门《关于我省幼儿教育改革与发展若干问题的意见》，明确了今后一段时期全省幼儿教育发展的目标和政策措施。省教育厅首次召开了全省幼儿教育工作会议，表彰了15个幼儿教育工作先进县（区）、32所先进幼儿园、102名幼教工作先进个人。继续在全省开展了省级示范幼儿园的评估和复评工作，使省级示范幼儿园总数达到72所。2004年全省幼儿园在园幼儿总数（包括学前班人数）已由上年的63.31万人增加到65.81万人，幼儿教育呈现出良好的发展态势。

〔**高中教育**〕 2004年，省教育厅再次召开全省高中教育工作座谈会，就高中教育如何更快更好地发展提出了明确要求。继续推进省重点建设中学的改革与发展，在已有63所省重点建设中学的基础上，对33所普通高中（其中公办12所，民办21所）进行了考察，待省教育厅批准，即可列入省重点建设中学名单，至此，全省重点建设中学将有96所，全省普通高中招生达29.4万人，比上年增长5.6%，在校生达80万人，比上年增长10.1%。普通高中与中等职业教育的比例日趋合理，2004年的招生比达到59∶41。全省高中阶段毛入学率提高到56.4%。

〔**德育工作**〕 省委、省政府高度重视未成年人思想道德建设，印发了《中共江西省委、省政府关于贯彻〈中共中央 国务院关于进一步加强和改进未成年人思想道德建设的若干意见〉的实施意见》。省教育厅把学校德育工作放在一切工作中的首位，出台了贯彻中央和省委关于加强德育工作的实施意见，省委教育工委、省教育厅会同省委宣传部举行了全省第一个“中小学弘扬和培育民族精神月”活动启动仪式，南昌八一中学等5所中小学校学生向全省中小学生发出了“继承光荣革命传统，弘扬伟大民族精神”的倡议书，省委副书记傅克诚出席启动仪式并讲话。省教育厅会同有关部门向全省中小学生推荐了第十二批全国中小学优秀影片，转发了教育部颁发的《中小学生守则》和新修订的《小学生日常行为规范》、《中学生日常行为规范》。

〔**基础教育七大工程**〕　一是结对帮扶工程。组织省内102所大中专院校对口支援贫困县、乡的363所农村中小学校。通过支援方和受援方的共同努力，截至2004年年底，大中专院校帮扶资金累计达967万元，其中帮助受援学校建立卫星远程教育接收点200多个，仅此一项就需提供帮扶资金400多万元。此外，还捐赠计算机574台，捐赠图书6.9万余册，资助贫困学生3 445人，培训教师2 057人次，开展农民实用技术培训3 793人次。同时，不断将结对帮扶工程引向深入，指导江西师范大学实施了“师范生中学支教实习工程”，安排了84名学生到上饶、赣州等地的中学支教实习。新余市、德兴市开展了城区学校对口支援农村薄弱学校的试点。

二是农村中小学远程教育建设工程。2004年省级财政继续安排专项资金1 000万元，为525所农村初中或小学安装了卫星地面接收设备，500多名教师接受了为期1个月的集中免费培训。连同上年安装的卫星地面接收设备，共有1 052所农村初中和小学受益。为保证工程的顺利实施，省教育厅成立了由漆权厅长任组长的远程教育建设工程领导小组。2004年，全省中小学生机比由上年的42∶1上升到36∶1；中小学信息技术教育课程开课率进一步提高，普通高中、初中、小学信息技术课程开课率分别达86.4%、79.1%、18.1%。组建了“江西基础教育网”，为基础教育信息交流搭建了平台。

三是基础教育课程改革工程。全省99个县（市、区）的小学和部分初中起始年级从2004年秋季起全部实施新课程，省教育厅分别召开课程改革工作会议和电视电话会议，对基础教育课程改革作出动员和部署。全省小学从三年级开始开设英语课的学校共有4 809所，占小学总数的31.5%，比上年提高了8.5个百分点。加强了地方教材管理，下发了《江西省中小学地方课程教材审定管理办法》。将心理健康教育、环境教育等纳入了地方课时计划。进一步规范了中小学教学用书和教辅资料的管理，减轻了学生的课业和经济负担。

四是优质高中建设工程。省政府出台了16条优惠政策，调整了“择校费”收费标准。经省政府授权，省教育厅与国家开发银行江西省分行举行了“江西省优质高中建设工程”借款合同签订仪式，落实了首批10亿元信贷建设资金。宜春中学、新余一中、高安中学等一批学校新校区建设基本完成，全省普通高中招生中，省重点中学和省重点建设中学的招生数占58%，优质高中教育资源进一步扩大。

五是农村中小学危房改造工程。2004年全省各级财政投入危房改造资金6.61亿元，与上年相比，增加2.23亿元，增幅达51%，共改造中小学危房面积169万平方米。

六是中小学教师继续教育工程。2004年全省培训中小学校长和教育管理干部1万余人次，培训中小学骨干教师近万人次，培训计算机教师近5万人次，参加基础教育新课程培训的教师约4.5万人次。

七是农科教结合和三教统筹工程。通过整合教育、农业、科技等部门的力量，充分利用农村基础教育、职业教育、成人教育的资源优势，在部分学校对初三年级学生进行农业科技和其他实用技术培训，试行“绿色证书”教育，开展了初中分流工作，促进了农村教育的发展。

职业教育与成人教育

〔**招生制度改革**〕 一是改革招生录取办法，实行提前招生、推荐入学、注册入学、自主招生、集中录取、多次录取、春秋两季招生和延长录取时间等制度和办法。二是努力规范中等职业教育招生市场。要求中职学校以“诚”招生，以“新”招生，以“勤”招生，以“信”招生。三是发行“职业教育助学券”。为了帮助省内农村家庭困难的初中毕业生接受职业教育，尽快实现就业，省教育厅研究决定，面向全省农村中学发行职业教育助学券。2004 年扶助10 000名初中毕业生到办学条件好、教育质量高、毕业生就业率高的 20 所普通中专学校就读，学生持券到任一所助学券试点学校报名后，可减免学杂费 600 元。

〔**重点学校和实训基地建设**〕 2004 年，全省有 18 所学校经教育部批准，确定为国家级重点中等职业学校，有 20 所学校被评为省级重点中等职业学校，有 12 所学校被批准为省级示范职业高中。2004 年报经教育部批准，确定江西省交通职业技术学院、南昌市第三职业中专等 19 所职业院校为汽车运用与维修、护理、数控技术应用、计算机应用与软件技术、建筑等 5 个专业领域技能型紧缺人才培养重点建设基地。多方争取资金，大力加强职业学校实验实训基地建设。有 5 所职业院校得到中央财政的专项支持。2003 年至 2004 年，江西省争取中央财政和国债资金共5 430万元，重点支持 26 所职业学校的实验实训基地建设，改善了职业学校的办学条件。

〔**职业指导和就业服务工作**〕 促进中职学校与“长珠闽”地区企业的联系，开展校企合作，实行“订单式”教育。全省已有 127 所学校与 337 家企业或单位建立合作关系，实行“订单式”培养。全省中等职业学校毕业生就业率上升到 96.41％。

〔**农村劳动力转移培训阳光工程**〕 江西省教育厅与省农业厅联合下发了《关于全省职业学校参加农村劳动力转移培训阳光工程的若干意见》。全省教育部门主管的各类职业学校及培训机构共2 147所参与开展农村劳动力转移培训，共培训 75.4 万人，其中，组织开展基本权益保护、法律知识、城市生活常识、寻找就业岗位等引导性培训 42.1 万人，提高农民工岗位工作能力的技能性培训 33.3 万人。据不完全统计，年内受训的 75.4 万农民中有 42.2 万就业，就业率为 56％。

〔**职业学校技能竞赛**〕 省教育厅决定把每年五月作为“全省职业学校技能竞赛节”活动的时间。2004 年 5 月 9 日，省教育厅举办了首届职业学校技能竞赛活动，全省职业学校近千名学生参加了电子、计算机、美术、英语听说、护理等五个专业的竞赛。把职业学校招生宣传、毕业生就业与技能竞赛活动结合起来，扩大了职业教育的社会影响。

〔**社区教育实验**〕 2004 年省教育厅与省文明办、省民政厅联合印发了《关于开展社区教育实验工作的意见》，按照先城市、后农村，先实验、后推广的方式，逐步在全省开展社区教育。南昌市东湖区、西湖区、九江市浔阳区成为江西省第一批省级社区教育实验区。

高等教育

〔**管理体制改革与布局结构调整**〕 2004年12月15日，《江西省人民政府、教育部共建南昌大学协议》在南昌大学正式签订，标志着江西省拥有第一所国家重点支持的综合性大学。2004年，继续做好高校布局结构调整工作。南昌水利水电高等专科学校升格为南昌工程学院；南方冶金学院更名为江西理工大学；新组建了江西中医药高等专科学校、南昌师范高等专科学校，进一步改善了全省高校布局结构。

〔**改善办学条件**〕 高等教育办学条件继续改善。南昌高校新区完成了二期工程建设，投资64亿元，建成教学生活设施382万平方米，新接纳师生12万人。全省普通高校平均生师比为15.15：1、生均教学科研仪器设备值为5 117元、生均图书为65册、生均教学及行政用房为16.53平方米。全省普通高校生均办学条件主要指标均超过了国家规定标准。

〔**教学改革**〕 牢固确立教学工作在高等学校的中心地位，把提高教学质量作为江西省高等教育工作的"重中之重"。继续抓好全省高校教学成果评选奖励、教学改革研究立项、教师授课质量评价等三项常规制度建设。省教育厅组织专家评审了第九批省级教学成果的评选、奖励工作，共评选出100项省级教学成果奖，还推荐了35项成果参加国家级教学成果奖的评选。继续加强省级优质课程建设。南昌大学的"现代汉语"课程通过了教育部组织的专家评审，成为江西省第一个"国家级精品课程"。

高校紧紧围绕社会需求设置专业，并根据就业需求变化不断调整专业结构。全省高校新增设了123个本科专业、424个专科专业。对2005年新增本科专业进行评审，有104个专业上报教育部备案，这些专业绝大部分都是工科、管理类以及新兴学科、交叉学科的专业。全省普通高校工学类本科专业的布点数占本科专业布点总数的29.9%，管理类本科专业的布点数占16.1%，全省高校学科专业结构更趋合理。评选建设本科品牌专业和专科示范专业。2004年，评选产生了103个本科品牌专业、101个专科示范专业。引进竞争机制，促使高校面向市场进行专业建设。

学生课外科技活动取得新进展。江西师范大学外国语学院2002级英语教育专业学生艾黎莎战胜近百名选手，在"CCTV杯"英语演讲比赛中获得第一名。这是江西省第二次获此殊荣。省教育厅与团省委、清华科技园（江西）共同组织大学生创业计划竞赛，在"清华科技园杯"的基础上，选送一批作品参加全国"挑战杯"总决赛。南昌高专代表队取得了金奖，填补了江西高校参加"挑战杯"奖项的空白。

〔**师资队伍建设**〕 2004年，高等学校专任教师的规模扩大。全省高校有专任教师30 745人，其中，教授2 274人、副教授8 233人，分别占专任教师总数的7.4%、26.8%。教师队伍的学历层次提高。专任教师中具有博士学位的864人，硕士学位的6 555人，硕士学位以上教师占专任教师总数的24%。学术梯队建设加大。培养、发展学科带头人和骨干教师队伍，选拔培养全省高校中青年学科带头人500名和骨干教师1 000名，评选出两批125名江西省高校名师（其中国家级名师1人）。拥有博士生导师133人、硕士生导师1 723人。通过专家评审，全省高校新增了144名中青年学科带头人和351名中青年骨干教师。组织开展第二届全省高校教学名师评选工作，表彰了本科院校省级教学名师51名、高职高专教学名师41名。专任教师的在职培训力度加大。对1 500名教师进行了岗前培训，举办同等学力申请硕士学位教师进修班、硕士生主要课程进修班、助教进修班等，培训教师200余名，此外还派出教师赴国外进行双语教学培训。高校人事制度改革继续推进，一些高校正在实施职员制改革，有的还进行了教师职称自主评聘的改革。

〔**高校科技**〕 2004年全省高校共承担科技项目2 505项，比上年增长6.9%，科技经费3.26亿元，比上年增长86.3%。其中：国家“973”计划8项107万元、“863”计划13项330万元、国家科技攻关计划12项1 237万元、国家自然科学基金项目122项969万元，省部级项目775项5 765万元，产学研项目674项12 505万元。省教育厅科技立项230项，经费260万元，经费投入比上年增长52.9%。科研平台和基地建设取得重大进展。南昌大学科技园通过了科技部和教育部联合组织的专家评审，列为国家大学科技园。新增省级重点实验室5个和工程研究中心3个。南昌大学承担的国家“863”项目“汽车尾气净化催化剂”的研究成果转化后年产值2 000余万元。全省高校获得省科技厅1/3的科技成果奖和90%的自然科学奖，其中江西师范大学的《光束匀滑化和整形新方法以及相关问题的研究》获江西省自然科学一等奖。

撰稿 张爱萍 杜 侦 傅小军
熊庆任 黄周村 汤泾洪
邹文弢 熊志远 曾宪瑛
审稿 漆 权 李小南 刘润保

山东省教育

概　　况

〔基本情况〕

2004 年山东省各级各类学校校数、教职工、专任教师情况

	学校数（所）	教职工数（人）	专任教师数（人）
一、高等教育			
（一）研究生培养机构（不计校数）	(31)		
1. 普通高校	(26)		
2. 科研机构	(5)		
（二）普通高等学校	97	93 653	53 847
1. 本科院校	37	62 885	35 389
2. 专科院校	60	28 836	17 417
其中：职业技术学院	52	25 750	15 519
3. 其他机构（点）（不计校数）	(33)	1 932	1 041
其中：独立学院	(4)	897	459
（三）成人高等学校	24	11 056	6 247
（四）民办的其他高等教育机构	112	6 068	3 358
二、中等教育	5 574	555 367	432 529
（一）高中阶段教育	1 699	555 046	155 451
1. 高中	901	474 518	102 957
普通高中	862	473 687	102 278
成人高中	39	831	679
2. 中等职业教育	798	80 528	52 494
普通中专	145	21 621	12 771
成人中专	223	12 312	7 716
职业高中	430	44 017	30 239
技工学校			
其他机构（教学点）（不计校数）	(118)	2 578	1 768
（二）初中阶段教育	3 875	321	277 078
1. 普通初中	3 707		276 822
2. 职业初中	3	139	114
3. 成人初中	165	182	142
三、初等教育	17 731	412 175	379 809
（一）普通小学	16 943	410 264	378 793
（二）成人小学	788	1 911	1 016

续表

	学校数（所）	教职工数（人）	专任教师数（人）
其中：扫盲班	543	1 246	557
四、工读学校			
五、特殊教育	139	5 153	3 622
六、学前教育	16 453	84 112	60 015

注：1. 普通高中的教职工数中包含普通初中的教职工数。

2. 技工学校数据为 2003 年数据。

3. “（ ）”内数据均不计校数。

2004 年山东省各级各类学历教育学生情况

	毕业生数（人）	招生数（人）	在校生数（人）
一、高等教育			
（一）研究生	4 907	11 224	27 837
博　士	613	1 492	4 164
硕　士	4 294	9 732	23 673
（二）普通本专科	166 959	327 452	946 124
本　科	69 531	118 623	472 204
专　科	97 428	208 829	473 920
（三）成人本专科	107 645	132 313	268 112
本　科	42 784	52 260	101 653
专　科	64 861	80 053	166 459
（四）其他各类高等学历教育			
1. 在职人员攻读博士、硕士学位		2 505	4 884
2. 网络本专科生	12 117	1 499	13 225
本　科	9 542	1 230	10 673
专　科	2 575	269	2 552
3. 学历文凭考试	14 827	11 527	34 595
4. 自学考试			
5. 其他			
二、中等教育	2 435 409	2 314 990	7 357 661
（一）高中阶段教育	771 281	1 071 880	2 960 137
1. 高中	491 691	680 506	1 912 037
普通高中	476 833	680 506	1 891 006
成人高中	14 858		21 031
2. 中等职业教育	279 590	391 374	1 048 100
普通中专	95 937	120 106	366 030
成人中专	47 171	53 157	122 010
职业高中	136 482	218 111	560 060
技工学校			
（二）初中阶段教育	1 664 128	1 243 110	4 397 524
1. 普通初中	1 661 201	1 242 717	4 392 406
2. 职业初中	968	393	1 703
3. 成人初中	1 959		3 415
三、初等教育	1 275 403	1 101 680	6 314 303
（一）普通小学	1 246 899	1 101 680	6 278 002
（二）成人小学	28 504		36 301
其中：扫盲班	15 793		14 609
四、工读学校			
五、特殊教育	1 881	2 113	16 173
六、学前教育	663 802	828 940	1 461 622

注：特殊教育学生数中包括普通中小学随班就读的学生。下同。

2004 年山东省各级各类非学历教育学生情况

	毕（结）业生数（人）	注册生数（人）
一、高等教育	160 113	71 246
（一）研究生课程进修班	4 684	3 712
（二）自考助学班	7 257	15 268
（三）普通预科生		100
（四）进修及培训	148 172	52 166
其中：资格证书培训	37 629	18 921
岗位证书培训	19 852	7 258
二、中等职业教育	4 126 324	3 251 786
其中：资格证书培训	256 207	150 985
岗位证书培训	496 222	267 745
（一）中等职业学校	251 446	98 888
其中：资格证书培训	81 994	39 617
岗位证书培训	52 615	7 176
（二）职业技术培训机构	3 874 878	3 152 898
其中：资格证书培训	174 213	111 368
岗位证书培训	443 607	260 569

2004 年山东省各级民办教育基本情况

	学校数（所）	毕业生数（人）	招生数（人）	在校生数（人）	教职工数（人）	专任教师数（人）
一、高等教育						
（一）普通高等教育		9 695	52 948	121 520	11 717	7 266
1. 普通高校	20	9 563	46 894	112 900	10 820	6 807
本科学生		207		21 283		
专科学生		9 356	46 894	91 617		
2. 独立学院	(4)	132	6 054	8 620	897	459
（二）成人高校						
（三）民办的其他高等教育机构	112	46 824		57 117	6 068	3 358
二、中等教育机构						
（一）高中阶段教育	340	53 619	138 731	316 191	42 006	29 040
其中：普通高中	230	33 464	87 363	216 772	33 593	23 821
中等职业学校	110	20 155	51 368	99 419	8 413	5 219
（二）初中阶段教育	307	61 785	82 146	247 363		
其中：普通初中	307	61 673	82 132	247 283		
职业初中		112	14	80		
（三）职业技术培训机构	2 056	260 343		212 264	10 286	4 976
三、普通小学	218	18 968	24 702	142 319	12 309	8 938
四、幼儿园	3 259	97 921	162 725	274 527	19 207	12 951

注：“（　）”内数据不计校数。

〔**建设人才强省，优先发展教育**〕 2004年3月，山东省委、省政府下发了《关于实施人才强省战略进一步加强人才工作的意见》。其中，对教育工作提出了“加大教育培训力度，建立多层次人才培养机制”的新要求。主要内容有：(1) 加大对高等教育的投入力度，扩大高等教育规模，提高高等教育的质量和水平，力争到2010年高等教育在学人数达到160万人，其中普通高等学校在校生达到100万人以上，在校硕士研究生10万人，博士研究生1万人。建成2至3所在国际上有一定影响的大学，10所在国内有较大影响的大学。鼓励企业与省内外高等院校联合办学，大力推进中外合作办学，采取有效措施扶持民办教育的发展。(2) 加快职业技术学院、高级技工学校建设，重点培养能够立足市场需要的技工和高级技工，逐步形成以职业教育为基础、以高级技工教育为依托、社会各方面共同参与的高级技能人才培养教育体系。大力开发和培养各类农村实用人才。充分发挥农村党员干部现代远程教育网络和各种农业技术推广培训机构、科普组织的作用，实行农科教相结合，促进农村实用人才快速成长。(3) 充分利用国际国内两种教育资源，建立完善长期培养与短期培训相结合、国内培养与国（境）外培训相结合、政府组织与用人单位自办相结合的多层次、开放型终身教育综合培养体系。研究制定《山东省专业技术人员继续教育条例》，完善政府、单位、个人三方分担的继续教育投入机制，建立带薪学习制度和经费保障制度。大力发展成人教育、社区教育、现代远程教育，建立覆盖全省的教育培训信息网，继续开展创建“学习型组织”、“学习型城市”、“学习型社区”活动，鼓励岗位成才。

〔**采用“教育券”形式扶贫助学**〕 2004年3月，省教育厅、省财政厅确定滨州市沾化县为山东省以“教育券”形式实施困难学生免费义务教育试点县，要求该县制定具体的发放办法和实施细则，确保2004年秋季开学前“教育券”的发放。省教育厅、省财政厅制定的试点方案中确定了享受免费教育的对象、免费项目和标准、发放办法及资金来源等。其中免费项目包括九年义务教育阶段的杂费、课本费、住宿费，其他项目是否免费，由各地自行确定。免费标准，由县根据上述项目的实际费用确定。“教育券”由县级量财印制，券面上载明政府资助贫困学生的具体金额（免费标准）和使用时限。“教育券”由县级教育行政部门发给贫困学生，每学期发放一次。学生将“教育券”交给学校充抵有关费用，学校凭“教育券”与财政或教育部门结算，取得拨款。资金来源为滨州市、沾化县两级财政负责筹集，省财政安排专项资金进行补助。至2004年底，沾化县共有1 698名贫困生通过“教育券”形式得到了救助。

〔**大力宣传弘扬先进模范人物**〕 省教育厅党组发出通知，要求各市教育局、各大企业教育处、各高等学校大力宣传弘扬教育系统先进模范人物事迹，激励全省教育系统广大教职工奋发进取，在全社会营造尊师重教的良好氛围。2004年4月，省教育厅组织了由中国教育报、大众日报、现代教育导报、山东教育电视台的记者组成的新闻采访团一行8人奔赴日照市，深入采访了前日照实验高中校长、党支部书记王玉华的先进事迹。

〔**督导评估**〕 2004年，省教育督导评估团分3个分团，对全省17市2003年度教育工作进行了综合督导评估，成效十分明显。一是各市、县（市、区）政府对教育工作更加重视，加大了政府拨款和多渠道筹措教育经费的力度，城市教育费附加和四项教育费征收总额提高幅度创历史新高。二是促进了农村义务教育管理体制的完善。2003年以前没有下发文件落实“以县为主”教育管理体制的市和县（市、区），绝大多数都在2004年下发了文件，对各级办学职责予以明确，并重视了各项职责的落实。调整县、乡财政体制，将教职工工资列入县本级财政预算的县（市、区）由2002年的8个增加到17个。在县域内统一教职工工资标准的县（市、区）也由2002年的50个增加到57个。三是初步形成了推动市、县（市、区）政府进一步落实教育职责的有效机制。对市级政府教育工作综合督导评估的成功开展，进一步完善了山东省对政府教育工作的督导评估制度，评估对象由以往主要对县、乡两级政府拓展为对市、县、乡三级政府，形成了一级抓一级、环环相扣的管理链条和体系。四是跟踪督导整改促进教育持续健康发展。省政府办公厅《转发省教育厅关于2003年度教育工作综合督导评估情况的报告》和对各市的督导评估反馈意见发至各市后，有15个市的市委书记、市长作了重要批示，就如何根据省综合督导评估中对本市提出的意见和建议做好整改工作，提出了明确具体要求。

〔**教育科研和教学研究**〕　2004年，召开了山东省第三届教育科研工作会议，梳理了“十五”期间全省教育改革与发展的基本思路，并对新形势下全省教育科研工作如何为教育改革与发展提供更大的基础性支持提出了新的要求。“山东省高等教育速度、规模、布局研究”通过了全国教育科学规划办组织的鉴定，“山东省各市经济社会发展与教育发展的聚类分析”等一批重大课题取得重要进展。认真做好省教育科学“十五”规划课题立项和管理工作，并对立项课题进行了中期检查。以科研基地为纽带，完善省、市、县、学校和基层单位四级职成教科研网络，建立和完善了职成教专职科研人员、管理人员、教学人员相结合的科研队伍。加强教学研究与管理，召开了全省校本教研工作会议和全省职业教育教学工作会议，推广了一批教学工作典型经验，进一步推动了新课程改革的实施，提高了教育教学质量，落实了素质教育的各项要求。

〔**治理教育乱收费**〕　2004年，出台了《关于在全省义务教育阶段学校试行“一费制”收费办法的意见》，调整了普通高中“择校生”最高收费控制标准，进一步规范了中小学的收费行为，切实减轻了中小学生家长的经济负担。继续狠抓了治理教育乱收费工作，先后多次召开治理教育乱收费工作会议，开展了专项检查，充分利用治理教育乱收费联席会议制度，出台了一系列制度规定，有效遏制了学校乱收费现象。全年共查缴盗版教材教辅读物16万余册，向学生退还各种乱收费总金额573.46万元，查处截留、挪用、挤占、平调教育经费涉及金额721.8万元，查处各级政府及有关部门摊派、搭车收费涉及金额233万元，给予党政纪处分和组织处理115人。

〔**对外教育交流与合作**〕　2004年，完成组织出国（境）考察访问、培训团组16个，合计176人，为学习借鉴国（境）外先进的办学模式和经验，提高领导者的管理水平和决策能力，促进中外教育界合作与交流发挥了积极作用。审核具有聘用外国文教专家、外籍教师资格院校80所，使全省有聘外国文教专家、外籍教师资格的院校达到399所，聘请外专、外教1 218人。审批接受外国留学生院校10所，使全省有接受外国留学生资格的院校达到40所，审批具有接受外国学生资格中小学校122所，全省累计有接受外国学生资格的中小学校达到132所，外国孩子入学难的问题得到缓解，进一步改善了山东省沿海城市外资投资环境。另外，为规范中外合作办学收费行为，加强教育对外交流与合作，促进教育事业的发展，省物价局、省财政厅和省教育厅联合下发了《关于中外合作办学收费管理有关问题的通知》。

〔**民办教育及管理**〕　推广了枣庄、临沂两市鼓励、扶持发展初中等民办教育的经验。加强管理，规范办学，对民办学校的收费、集资情况进行了全面的清理清查。召开了民办教育诚信办学会议，加强了对各类教育机构招生宣传的管理，对招生广告实施了更严格的审核备案制度，推广了青岛市教育局加强民办教育管理工作的经验。规范了对民办教育和中外合资办学收费的管理。组织有关专家对《山东省民办高校管理规程》和《山东省民办中小学管理若干规定》进行了起草和修订。

为全面贯彻实施《中华人民共和国民办教育促进法》，经研究，成立了山东省民办教育发展指导委员会。该委员会的主要任务是：开展民办教育调研，及时提出民办教育的政策、管理及有关方面的建议；根据国家有关法律法规和山东省民办教育工作要求，开展对民办学校评估、检查与指导，以促进民办教育的改革和发展。委员会在省教育厅职成处设秘书处，负责日常联络工作。

〔**大力弘扬尊师重教良好社会风尚**〕 2004年9月8日，山东省委、省政府隆重召开庆祝第二十个教师节大会，省委书记张高丽作了重要讲话，省委副书记、省长韩寓群主持会议，表彰了省优秀教师和优秀教育工作者707名，山东省人民教师6名，山东省优秀教育世家5户，表彰了十佳师德标兵和师德建设十佳单位。通过各种形式的宣传，极大地增强了广大教职工的事业心和责任感，进一步激发了他们爱岗敬业、无私奉献的精神，在全社会掀起了向先进模范人物学习、尊师重教的良好社会风尚。

〔**教师资格认定工作**〕 为保证教师资格认定工作的质量，加强了考试组织工作，强化了考风考纪，加大了考试巡视检查力度，考风考纪建设效果明显。组织进行了首次民办高校教师资格认定工作。2004年，全省共有31 646人通过认定取得了中专或中小学教师资格，其中，面向社会认定了11 902人，对师范类毕业生认定了12 882人；108所公办高校的6 100名、29所民办高校的668名教师取得了高校教师资格。

〔**学校人事制度改革**〕 认真总结省内8所试点高校人事制度改革的经验，为省属本科高校全面推行人事制度改革做好准备。省教育厅对进行第二轮评聘试点工作的7所高校的专业技术人员结构比例、岗位设置等进行了进一步的审核和修订，并多次深入学校指导具体聘任工作，第二轮评聘工作已顺利结束。组织进行了高校人事管理系统计算机管理软件开发，提高了数据更新的准确性和用时性。

山东省把教师管理、校长管理和中小学核编工作纳入2004年教育综合督导中，作为一项重要内容进行督导评估，有力地促进了中小学人事制度改革。对全省中小学人事制度改革和教师队伍建设情况作了全面调查，中小学核编定岗工作已经完成。教师聘任制、校长聘任制等用人机制改革正在积极推行，校长、教师干事创业的积极性得到提高；新的考核评价制度和分配激励机制正在不断探索，学校内部活力有所增强。2004年全省在推进校长职级制方面迈出了突破性的一步，潍坊市已经在全国率先实行校长职级制。同时，认真贯彻落实《教育部关于贯彻〈国务院办公厅转发中央编办、教育部、财政部关于制定中小学教职工编制标准的意见的通知〉的实施意见》和《山东省人民政府办公厅转发省编委办公室等三部门关于调整中小学教职工编制标准的意见的通知》精神，严格按照《全省中小学教职工核编方案》，全面核定山东省中小学教职工编制。各市中小学教职工核编工作已经基本完成，同时建立了中小学编制年度报告制度。

〔**专业技术职务评审**〕 根据教育部的要求，为提高职称评审的质量，结合高校的实际情况，在高校职称评审工作中，要求各学校严格在核定的结构比例内进行申报。严格申报和评审程序，严把标准条件，认真组织了对破格申报人员的测试工作，严肃查处弄虚作假行为，提高了评审质量，维护了教师职务评审工作的严肃性，促进了教师队伍建设。2004年，省教育厅组织评审的各级各类专业职务，申报人员共10 660人，通过8 730人。

〔**“华夏园丁大联欢——2004山东之旅”活动**〕 为加强教育交流，2004年12月，举行了为期一周的“华夏园丁大联欢——2004山东之旅”活动。来自内地和港、澳、台地区及新加坡的300余名华夏教师代表及教育界人士齐聚泉城济南，共同探讨各地基础教育的改革实践，弘扬中华民族传统文化，同叙华夏亲情。活动由“华夏园丁大联欢”组委会主办，山东省教育厅承办，香港教育工作者联会、澳门中华教育会、台湾海峡两岸教育交流促进协会、济南市教育局、青岛市教育局、曲阜师范大学（孔子文化学院）、曲阜市人民政府、澳门天主教学校联会协办。

基础教育

〔**综述**〕 2004年，全省小学16 943所，比上年减少1 360所，招生110.17万人，比上年增加2.31万人，在校生627.8万人，比上年减少14.98万人。生师比由2003年的16.91下降到16.57，校均学生数由2003年的351人提高到370人。普通初中3 707所，比上年减少54所，招生124.27万人，比上年减少4.86万人，在校生439.24万人，比上年减少46.03万人。生师比由2003年的17.14下降到2004年的15.87，校均学生数由2003年的1 290.27人下降到1 184.90人。普通高中862所，比上年增加17所，招生68.05万人，比上年增加4.24万人，在校生189.1万人，比上年增加20.03万人。2004年全省小学学龄儿童入学率为99.93%，比上年提高了0.1个百分点。小学毕业生升学率99.70%（含升入职业初中学生）。初中毕业生升入普通高中升学率为40.96%，比上年提高了5.79个百分点。经过几年努力，全省以县为主的义务教育管理体制改革取得明显成效，全省139个县（市、区）均已做到教师工资由县级财政统一发放，其中59个县（市、区）做到了全县教师统一工资标准。确定东营、威海、滨州市为山东省农村中小学现代远程教育试点市，至2004年底，试点建设工作基本完成。

〔**规范化学校创建工作**〕 至2004年，山东省中小学规范化学校创建工作，已评估验收了11批省级规范化学校共计936所。其中，2004年新增185所。各市还开展了市级和县级规范化学校的评选活动。至2004年底，全省有县级规范化学校12 573所，占全省中小学总数的54.8%；市级规范化学校4 784所，占全省中小学总数的20.9%；省级规范化学校936所，占全省中小学总数的4.1%。省级规范化普通高中294所，占全省普通高中总数的35%。中小学规范化创建活动，促进了教育观念的更新，提高了学校管理水平，加快了素质教育实施步伐，同时调动了各级政府的办学积极性，增加了教育投入，办学条件得到极大改善，为实施新课改作了充分的准备。

〔**信息技术教育**〕 2004年，全省中小学信息技术教育有较快发展。7个信息技术教育实验区通过国家验收，并涌现了一批科研成果。全省高中、初中、小学、特殊教育学校信息技术教育开课率分别为100%、88%、40%、45%，与网络连通的学校比率分别是95%、55%、20%、45%。全省中小学有教学微机64万台，平均26人占有一台教学微机；微机教室8 800个，其中高中1 788个，初中3 600个，小学3 300个，特教51个。校园网近3 000个，16个市、90个县（市、区）建立了区域网，淄博、东营、潍坊等市已实现“校校通”。一个以省、地区节点、市、县四级教育信息中心宽带互联为主干，为各级教育部门和各级各类学校就近接入教育网提供条件，具有教育自主产权的山东教育信息广域网已初具规模，为在有序接入、规范管理、资源共享基础上加快全省教育信息化进程奠定了基础。

〔**中小学危房改造**〕 山东省自2001年开始实施中小学危房改造工程。四年来，认真落实校舍查勘鉴定制度，努力构筑校舍安全预警体系，严格执行各项工程管理制度，全面落实危改工程管理监督责任，不断强化工程质量监督，积极探索农村税费改革后合理稳定的危改经费分担机制，千方百计增加危改投入，有效保障了全省农村中小学危房改造工程的顺利实施，顺利通过教育部、国家发改委、财政部的监察。2004年筹集资金5.1亿元，消除危房78万平方米。实施危改工程以来，全省累计筹资27.7亿元，消除农村中小学危房597万平方米。

〔**中小学安全工作**〕　在2004年4月20日召开的山东省中小学安全工作会议上，省教育厅要求坚决克服侥幸心理和麻痹情绪，落实各项制度措施，确保中小学校安全。针对当前中小学安全工作仍然存在一些困难和问题，诸如校舍倒塌、车祸、溺水等事故时有发生的状况，与会人员一起观看了省教育厅等部门于2004年2月对11个市28所基层中小学安全进行检查的录像带，诸多安全隐患的镜头给大家敲响了警钟。会议进一步明确了学校安全工作的重点。此次会议之后，各市组织了一次全面、深入的学校安全大检查，检查细化到每所学校、每个项目。

〔**课程改革和教材管理**〕　全省140个县（市、区）已全部开始实施义务教育新课程。注重加强教材管理，初步建立了教材公开选用的多样化机制；支持省内机构参与国家课程建设，山东省编写的9种教材已通过国家审查。公开征集了新课程教辅资料并组织立项核准，共有168项通过核准，139种教辅通过审议。高中课程改革已经启动。召开了全省高中课程改革工作会议，制定了课程改革工作方案；成立了六个课程研究中心和一个评价课题组，通过了15个课题立项；建立了公正择优的教材选用机制，选择确定了12个科目的39种教材在全省使用；成立了高考招生制度改革课题组，开展了高校招生方案的研究工作。在10月教育部组织的专家评估中，山东省高中课改得到了充分肯定。另外，为了提高教科书的使用效益，保证农村家庭经济困难的学生接受义务教育，山东省在为贫困生免费提供教科书的基础上，确定了青州、临沭、东明三县作为首批教科书循环使用试点县市，每个县市确定两所有代表性的农村学校参加试点，通过免费发放、免费借用、低价购买等形式，循环使用包括省政府提供的免费教科书和由学校低价收购的上一级学生的教科书，切实减轻农村学生家长的经济负担。

〔**开展“弘扬和培育民族精神月”活动**〕　为认真贯彻落实《中共中央 国务院关于进一步加强和改进未成年人思想道德建设的若干意见》等文件精神，进一步推动全省青少年学生思想道德建设，提高青少年学生思想道德素质，根据教育部的要求，省教育厅9月份在全省青少年学生中开展了“弘扬和培育民族精神月”活动。活动内容主要包括民族精神教育活动、创业实践体验活动和争当文明学生活动。

〔**学前教育专项督导检查**〕　2004年11月3日—7日，国家教育督导团对山东省学前教育工作进行了专项督导检查，对山东省的学前教育工作给予了充分肯定。督导团先后抽查了淄博、聊城两市及所属4个县（市、区），分别听取了有关学前教育工作的汇报；与各级卫生、物价、财政、编办、劳动保障、民政、公安、妇联等有关部门负责人进行了座谈；召开了学前教育专家、行政管理干部、幼儿园园长、教师等人员参加的座谈会。督导团认为，山东省保证学前教育事业的健康发展措施切实可行。一是完善考核机制，把学前教育工作作为考核基层政府教育工作的重要内容。二是利用中小学布局调整多余的校舍，调整幼儿园布局，实现资源的合理配置。三是积极探索贫困农村筹资办园的新路子。聊城冠县借用当地中小学危房改造时筹措资金形成的“民建公租”的经验很有探索价值。四是制度健全，管理规范，学前教育的政策法规比较健全。五是幼儿园安全保卫工作得到了加强。督导团也对山东省学前教育的幼儿教师队伍建设、学前教育的投入和多头收费等问题提出了指导性意见。

〔**成立基础教育评估中心**〕　为适应全省基础教育改革和发展的需要，全面提高教育质量，推动全省基础教育评估工作科学化、规范化、制度化、社会化，省教育厅于12月批准成立山东省基础教育评估中心。评估中心挂靠山东省教学研究室，作为基础教育评估中介机构，面向社会独立开展工作。评估中心的业务主要有：（1）基础教育评估。包括学校资质、教育教学工作、教研工作、毕业生质量、基础教育教研项目论证、基础教育教研成果、师资状况及与基础教育有关的其他单项评估。(2) 基础教育理论研究。(3) 与国内外的基础教育评估机构进行交流与合作。(4) 开展其他与基础教育评估有关的业务。评估中心聘请基础教育管理专家、各专业、学科知名学者、教师等方面专业人才担任评估专家。在组织推荐的基础上，经严格遴选，建立评估专家信息库。制定评估专家工作章程，建立健全评估工作制度，明确权利、义务和职责，确保评估的公平与公正。

〔**中小学教师继续教育**〕 山东省为配合义务教育阶段课程改革以及高中新课程在全省的全面实施，对教师进行了新课程培训。以校本培训为主要形式，建立教师岗位成长机制，帮助中小学教师提升教育理念、教育能力，促进教师专业化发展。突出重点，加强骨干教师培训，以教育教学新理念和教育信息技术为主要内容的中小学骨干教师培训取得了阶段性成果。启动齐鲁名师建设工程，培养山东中小学名师队伍，共评选出齐鲁名师建设工程人选62名。

〔**中小学校长培训**〕 加强干训督导，把校长培训工作抓紧抓实，有效地推动了全省中小学校长培训工作。省教育厅采取有效措施，不断提高教育干训管理的现代化水平，建立了山东省中小学校长培训数据库，并根据中小学校长的增减变动情况，对数据定期更新。加强干训管理干部队伍建设，聘请全国知名专家和有关领导，就中小学校长培训工作进行了专题讲座，对提高干训管理干部管理水平起到了积极作用。

〔**民族教育**〕 山东省政府设立民族教育专项经费300万元，用于民族学校建设。完成了西藏高中生就读的布点工作和济南西藏中学、青岛高科园二中新疆班的招生工作。2004年，在济南设立的西藏中学，有在校生630人，主要来自西藏日喀则地区；在青岛高科园二中设立的新疆高中班，有在校生500人，来自全疆各个地区；在8所省级规范化学校中安排了西藏学生插班学习，共有在校生52人。

职业教育与成人教育

〔**综述**〕 2004年，全省中等职业学校798所，其中中等技术学校120所，中等师范学校25所，成人中等专业学校223所，职业高中学校430所，另有其他机构（教学点）118所。2004年全省中等职业教育招生47.56万人，比上年增加2.44万人，初中毕业生升入高中段的比例达到67%。全省中等职业学校在校学生104.81万人，其中在校普通中专学生36.6万人，成人中专学生12.20万人，职业高中学生56万人。另外，全省有职业技术培训机构23 684个，在校生315.29万人。青岛、烟台、威海、济南、东营、淄博等市已基本普及高中段教育，到2010年基本普及高中段教育的任务可望在大部分市县提前完成。69所普通高校、高职、民办院校高职对口招生4.85万人，比上年增加近1万人。11所普通高校对口招收高职本科生3 250人，50所中等职业学校招收“三、二连读”高职学生40 604人。全省职业院校、机构举办各种短期职业技术培训100多万人次。

〔**职业教育管理**〕 2004年，省教育厅根据《山东省人民政府办公厅关于加强职业教育统筹管理的通知》精神，又下发通知，进一步明确市级统筹管理职业教育职责。通知要求各市要认真履行管理职责，统筹管理市属和县（市、区）属的中等职业教育、中等成人教育和高等职业教育、高等成人教育以及辖区内民办高等教育，确保职业教育经费的稳定来源和各类教育的健康发展。严格落实就业准入制度，进一步建立健全职业教育服务支撑体系。今后省对职业教育主要是制定有关政策，进行宏观指导和检查督导。为强化市级统筹管理职业教育的力度，省教育厅决定将有关的职业教育审核、审批事项下放市级管理。

〔**职业教育东西部、城乡联合办学**〕 2004年，山东省继续推进全省职业教育东西部、城乡联合招生合作办学，强调坚持以就业和社会需求为导向的原则，结合中等职业学校和学生的实际情况，实行按需招生，订单式培养；注重建立有利于西部、农村学生通过接受职业教育，实现转移就业，满足东部地区和城市对高素质劳动者的需求，有利于满足西部地区对技能型人才的需求，推动西部地区农村经济发展，形成东部和西部、城市和农村共同发展的新机制。首先重点抓好省里确定的30个强县对30个欠发达县的对口招生培养工作。为做好这一工作，省教育厅、财政厅、劳动和社会保障厅联合行文，对开展联合招生办学的扶持措施提出了明确要求：一是联合办学如果涉及到招生计划安排，各地教育、劳动保障部门要积极支持；二是招生学校对家庭经济困难学生适当降低收费标准，对特困生应减免或全免学费，对一次性缴费有困难的学生允许缓缴或分期付款；三是安排适当的专项补助经费。有条件的地方要拨出专项经费，补贴学校因联合招生出现的学费差额；四是实行灵活的教学与学籍管理。联合招生合作办学招收的学生学制为二年制或三年制，招生学校可根据就业市场需求的变化，采取工读结合等形式，实行弹性学习制度，在保证质量的前提下，允许调整教学内容和时间。

〔**人才培养水平评估工作**〕 为了加强对高职院校与成人高校人才培养工作的宏观管理与指导，确保全省高职院校与成人高校人才培养工作水平评估工作的科学、规范与公平公正，评估委员会、省教育厅决定，11月26日—12月30日对56所学校进行评估。评估的主要内容包括办学指导思想、师资队伍建设、教学条件与利用、教学管理、教学效果及特色或创新项目等。评估方式采取学校内部自评和省评估委员会专家组进校实地考察评估相结合。评估结论分为优秀、良好、合格、不合格四种。近两年毕业生就业率达不到本省高职高专院校就业率排列前三分之一者不能评为优秀；近两年毕业生就业率达不到本省高职高专院校就业率平均水平者不能评为良好。

〔**职教师资队伍建设**〕 如期完成平度“双元制”培训任务，共举办10期培训班，培训1 000多名骨干教师、职教管理干部、“双元制”试点县分管县长。充分发挥平度等五个国家级重点职教师资培训基地的作用，培养培训职教师资，加强了“双师型”教师队伍培养。开展了中职教师专升本、在职读研及选送专业课教师出国进修工作。

高 等 教 育

〔**综述**〕 2004年，全省31个研究生培养单位共招收研究生11 224人，比上年增加1 460人，增长15％。其中招收博士生1 492人，招收硕士生9 732人。全省在校研究生27 837人，比上年增加

5 927人，增长27%。其中在校博士生4 164人，在校硕士生23 673人。

2004年，全省普通高等教育共招生327 452人，比上年增加53 558人，增长19.6%。其中本科招生118 623人，专科招生208 829人。2004年，全省普通高等教育在校生946 124人，比上年增加184 707人，增长24.3%。其中本科在校生472 204人，专科在校生473 920人。

全省有博士学位授予单位13个，硕士学位授予单位33个，博士学位授权点226个，硕士学位授权点863个，分别比2002年增加3个、3个、90个、291个。2004年，全省高校共新设和调整本专科专业538个，调整的重点是加强机械、材料、能源动力、电气技术、计算机科学等工科类专业的建设，以进一步适应山东省半岛制造业基地建设和全省支柱产业、高新技术产业、服务业对人才的实际需要。

〔**专业建设与调整**〕 2004年，全省高校共增设和调整本专科专业538个，其中本科182个，专科356个。在专业设置过程中，着力发展了与半岛制造业基地建设相关的学科专业。新增机械类专业33个，材料类专业12个，生物技术类9个，能源动力类4个，电气技术类17个，电子信息类14个，通信技术类7个，计算机科学技术类53个，化工制药类13个，汽车、船舶与交通运输类21个，纺织类12个。现全省高校共设有本专科专业点2 794个，其中本科1 263个，专科1 531个。新增专业中，优先发展了机械设计制造及其自动化、软件工程、网络工程等专业。

〔**招生计划**〕 2004年，山东省在申报招生计划阶段，对各高校提出要求：招生计划要同就业情况挂钩，对就业压力大的专业，从严控制招生数量。省教育厅要求，在安排招生来源计划时，要加强对人才需求的分析、预测，加大招生专业结构、层次结构、区域结构的调整力度，扩大经济建设和社会发展急需专业的招生数量；要与近几年生源情况、毕业生就业情况、招生计划执行情况等紧密挂钩。此外，省教育厅对高职院校、民办高校、独立学院、学历教育中外合作办学机构等的招生计划都作出了具体要求。

〔**学位与研究生教育管理**〕 经审核，省学位委员会同意将山东大学等28个学士学位授予单位申报的98个本科专业增列为学士学位授予权专业，相关学校可以于2004年开始给达到学位要求的毕业生颁发学士学位证书。增列的98个学士学位授予权专业，涉及学士学位12个学科门类中的10个学科门类。其中文学17个点，法学10个点，历史学1个点，经济学1个点，教育学2个点，管理学13个点，理学26个点，工学26个点，农学1个点，医学1个点。

2004年，召开了山东省首届学位与研究生教育工作会议，明确提出了今后5至10年山东省学位与研究生教育工作的指导思想、建设目标和工作任务。进一步加强和规范了研究生课程进修班的监管和指导工作，采取专家考察、同行评议、行政复核、媒体公示的办法，审核批准了研究生课程进修班共113个。经国务院学位办批准，新增6个开展同等学历人员申请硕士学位工作单位。在2004年度全国专业学位研究生教育新增授权资格审核工作中，山东省13所高校申请了19个专业学位点，已有7所高校基本通过了2个教育硕士、4个工程硕士、1个工商经济管理硕士新增授权单位条件审核。

〔**“泰山学者”建设工程**〕 自2004年3月开始，经过组织申报、评审、遴选，山东省“泰山学者”首批设岗工作已经完成。首批设岗40个，全部为博士学位授权学科点，涉及山东大学等11所高等院校。其中人文社会科学7个门类设岗10个，占设岗总数的25%。理工农医四个门类设岗30个，理学占25%，工学占32.5%，农学占7.5%，医学占10%。首批“泰山学者”建设工程特聘教授岗位，为山东省高等院校招聘、吸引和培养、使用人才提供了一个更高层次的学科平台。

〔**高校教师培训工作**〕 2004年省教育厅组织编写了山东省高校教师岗前培训新教材，已于下半年在培训工作中试用。年内共有124所高校的9 159名教师报名参加岗前培训。省高师培训中心进一步建立健全了规章制度，各培训点认真遴选教师，组织各授课教师认真备课，培训工作顺利开展。

〔**高校科研**〕 2004年，山东省共安排文、理科科研计划项目327项，下拨科研经费620万元，承担各级各类科研项目近6 000项，获得研发经费达8亿元。开展了2004年山东省高校优秀科研成果评审，共评出优秀科研成果484项。年内，高校教师及科研人员在国家正式期刊发表论文2万多篇，出版专著1 000多部，获得省部级以上科技奖励500余项，人文社科奖励144项。

积极开展“产学研”结合工作，高校科技成果转化加快。省教育厅组织参加了首届中国高校科技博览会；会同省经贸委组织了全省第三届民营企业产学研洽谈会；会同省科技厅进行了省科技奖励自然科学奖网上评审试点工作；会同省科技厅在全省高校中认定了7个山东重点实验室项目；会同省财政厅在全省12所高校中申报确定了省部共建基础实验室项目17个。积极支持和帮助高等学校组建和创办工程技术、研究开发中心等科技推广、研究开发机构，有效地扩大了高等教育面向社会、经济建设主战场，发挥学科、人才、技术优势的作用。

〔**高校党建工作**〕 2004年3月，全省高校第七期处级领导干部培训班举行开学典礼。4月，省委高校工委召开全省高校大学生思想教育工作座谈会。7月，省委高校工委、省教育厅组织举办了全省高校党委书记、校长暑期研讨班，教育部副部长吴启迪出席研讨班并发表了意见。8月，省委高校工委在山东师范大学召开全省高校学习胡锦涛总书记在邓小平同志诞辰100周年纪念大会上的重要讲话座谈会。11月，全省高校党的建设工作会议在济南市召开，就进一步加强高校领导班子思想政治建设作出全面部署。

〔**生源地国家助学贷款**〕 为了进一步拓展国家助学贷款的形式，多渠道开展国家助学贷款业务，有效控制国家助学贷款信贷风险，经省政府批准，在全省各商业银行和城乡信用社开办山东省生源地国家助学贷款业务。生源地国家助学贷款是由山东生源地各商业银行和城乡信用社开办，并由政府贴息，帮助考入山东省全日制普通高校中经济确实困难的大学生（含专科生、本科生和研究生，下同）支付在校期间学费、住宿费及基本生活费的助学贷款。贷款最高数额每生每学年不超过6 000元，贷款方式可采取信用贷款和担保贷款两种方式，还贷期限由业务经办金融机构与借款人协商确定，但最长期限不超过借款人子女或被监护人大学毕业后六年。贷款的利率按中国人民银行规定的同期贷款利率执行，不得上浮。贷款利息全部由财政补贴，毕业后全部由贷款学生负担。省财政承担省级财政拨款高校的学生贷款贴息，市财政承担市级财政拨款高校的学生贷款贴息。

〔**高校实验室建设**〕 根据教育部有关加强高等学校实验室工作的意见、新世纪教改工程及省教育厅印发的高校基础课实验教学示范中心的建设标准，依托高校优势学科，以设施、设备、管理等条件较好的一类实验室为基础，在学校申报的基础上，评出43个基础课实验中心，进行了重点建设。

〔**固定资产管理**〕 年内，省教育厅会同省财政厅制定了《山东省高等学校固定资产工作检查验收标准》，对首批23所高校进行了检查验收。各高校通过运用现代信息技术管理固定资产，基本理顺了“统一领导、归口管理、分级负责、责任到人”的固定资产管理体制，建立起科学的组织体系和责任体系。进一步建立并完善了固定资产管理制度，明确资产的购置、使用、维护、保管、清查、处置、账务管理等各个环节的管理运行程序和监督机制。进一步优化了资源配置，全面提升了固定资产现代化管理水平，提高了投资效益，得到省内外专家的高度评价。

〔**研究生招考**〕 2004年山东省硕士研究生招生报名85 066人，比去年增长21%，达到历史最高水平。其中，统考生77 809人，推免生1 552人，单考生344人，MBA联考887人，法硕联考4 474人。年龄在25岁以下的考生仍是考研的主力军，人数为65 792人；35岁以上考生仅608人。从考生来源看，受高考扩招后毕业生毕业的影响，应届大学本科毕业生报名出现持续增长，报名人数比去年增加8 694人，达到44 456人，增幅为24%，占报考总人数的52%。从学历层次上看，大学本科毕业生报考75 829人，比去年增加23%；同等学力报考9 216人，比去年增加10.5%。从报考去向看，报考山东省招生单位的有37 534人，比去年增加9 987人，增幅36%；报考外省招生单位的有47 504人，比去年增加4 934人，增幅11.6%。2004年全国报考山东招生单位的考生共有45 053人。其中外省考生7 519人，比去年增加1 881人，增幅为33%。

撰稿　刘　鸣　孟　华
审稿　陈光华　张士俊

青岛市教育

〔基本情况〕

2004年青岛市各级各类学校校数、教职工、专任教师情况

	学校数（所）	教职工数（人）	专任教师数（人）
一、高等教育	19	21 447	12 566
（一）普通高等学校	17	20 235	11 868
1. 本科院校	8	15 076	8 389
2. 专科院校	9	5 159	3 479
其中：职业技术学院	9	5 159	3 479
（二）成人高等学校	2	1 212	698
二、中等教育	417	47 447	37 042
（一）高中阶段教育	154	20 553	15 298
1. 高中	68	10 667	8 628
普通高中	68	10 667	8 628
2. 中等职业教育	86	9 886	6 670
普通中等专业学校	7	954	581
成人中等专业学校	24	934	646
职业高中	52	7 998	5 443
（二）初中阶段教育	263	26 894	21 744
普通初中	263	26 894	21 744
三、初等教育	1 037	34 450	31 573
普通小学	1 037	34 450	31 573
五、特殊教育	13	557	403
六、学前教育	2 115	11 754	8 603

2004 年青岛市各级各类学历教育学生情况

	毕业生数（人）	招生数（人）	在校生数（人）
一、高等教育	34 877	80 622	210 143
（一）研究生	1 281	3 955	8 562
（二）普通本专科	21 645	62 886	175 633
本科	11 445	26 544	100 063
专科	10 200	36 342	75 570
（三）成人本专科	11 951	13 781	25 948
本科	5 268	5 576	8 556
专科	6 683	8 205	17 392
二、中等教育	142 412	188 272	580 676
（一）高中阶段教育	64 148	104 664	282 963
1. 高中	30 983	47 805	138 404
普通高中	30 983	47 805	138 404
2. 中等职业教育	33 165	56 859	144 559
普通中专	4 145	4 167	12 159
成人中专	4 947	4 390	12 066
职业高中	22 330	46 970	116 157
其他机构（教学点）（不计校数）	1 743	1 332	4 177
（二）初中阶段教育	116 074	79 247	297 713
普通初中	116 074	79 247	297 713
三、初等教育	78 264	83 608	476 897
普通小学	78 264	83 608	476 897
五、特殊教育	208	197	1 395
六、学前教育	59 930	48 399	141 208

2004 年青岛市各级民办教育基本情况

	学校数（所）	毕业生数（人）	招生数（人）	在校生数（人）	教职工数（人）	专任教师数（人）
一、高等教育	71	21 000	72 100	58 000	4 600	4 019
（一）普通高校	6	2 081	9 500	17 400	1 208	926
（二）民办的其他高等教育机构	65	18 919	62 600	40 600	3 392	3 093
二、中等教育机构（学历教育）	73	6 743	17 765	39 293	3 182	2 192
三、普通小学	11	890	1 220	6 109	560	430

〔综述〕 2004 年，青岛市落实 2003 年全国和山东省农村教育工作会议精神，以“重点转移、面向农村、城乡联手、均衡发展”为方针，促进城乡教育协调发展，将生均预算内公用经费拨款标准和高中阶段毛入学率等指标纳入 2004 年对各区（市）目标管理绩效考核体系，确保中小学校舍维修特别是危房改造资金。中共青岛市委、青岛市政府将“义务教育经费增长和管理体制”“高中阶段毛入学

率”两项教育工作首次纳入对各区（市）政府目标管理绩效考核中。市教育局建立了城乡学校结对帮扶制度，加大对农村教育的扶持力度。已有 162 所市区中小学、幼儿园与农村 170 所乡镇中小学、幼儿园建立了结对帮扶关系。建立了农村中小学困难家庭学生入学救助制度和专项基金，确保不使一名学生因家庭经济困难而失学。全市教育系统深入开展“爱心结对帮扶活动”，各学校设立爱心基金会 47 个，建立基金 59.9 万元，近万名党员干部和教师与5 500多名家庭贫困学生结成帮扶关系。11 月，市政府教育督导室实地抽查了农村 5 市 7～9 年级学生辍学情况，年均辍学率分别为 0.13%、0.45%和 0.82%，学生因家庭贫困而辍学的现象基本得到解决。市内四区中小学自春季起，相继免收外来务工人员子女借读费，共接收外来务工就业人员子女 1.6 万人，免收借读费1 100万元。

青岛市取消了对师范类毕业生就业的行业限制和区域限制，制订优惠政策鼓励毕业生到农村学校任教。对有农村任教经历的教师，在晋升职称时优先考虑。年内举办了农村初中骨干教师教育科研培训班，共有 500 余名教师参加。在教师中开展了“真情塑造未来”“师爱助你成长”“爱心结队帮扶”“双学三创”“敬业爱生，为人师表”等系列师德教育活动，在全市教育系统推出了“安文山教研组”等 9 个教育服务名牌，评选并表彰了 150 名优秀班主任，组织了师德报告团到全市各学校巡回报告，鼓励教师敬业爱生。

市教育局全力建设服务型机关，将行政许可事项由 15 项调整为 7 项；全面实行网上咨询和审批，简化了审批程序；出台了初中毕业和高中招生考试改革方案，首次按法定程序举行了听证会；招生考试工作连续数年实现零上访、零投诉。通过教育热线电话，共接听市民咨询、投诉 2.1 万多件，直接答复 1.86 万件。

教育科研的先导作用日益增强。2004 年，颁布了《青岛市教育局教育科学研究课题管理规定》，建立了青岛市教育科研网站；起草了《青岛市城市中小学幼儿园教育设施需求分析报告》、《青岛市城市中小学幼儿园教育设施指标体系报告》、《全国及部分城市教育事业“十一五”规划编制工作前期情况报告》，编写了《青岛市教育事业“十一五”规划思路框架》，上报了《青岛市教育事业“十五”计划执行评估报告》和《青岛市城市总体规划纲要（2004—2020）教育部分》，为教育宏观决策服务。同时，围绕教育改革和发展中的重点、难点问题进行国际国内比较研究，撰写了部分教育咨文，为教育决策提供参考和信息服务。编辑出版了《教育科研访谈面对面》，为教师教育科研提供了引领和范例。青岛市“十五”教育科研课题滚动增至 344 项，其中国家级课题 2 项，省级课题 69 项。在山东省优秀教育科研成果评选中，青岛市有 24 项成果分别获一、二、三等奖，占全省的十分之一。

2004 年全市报考普通高等学校本专科人数、报考硕士研究生人数和成人高校的报考人数均创历史最高，分别达42 246人、7 177人、32 165人，增幅分别为 11.72%、18.69%、1.42%。普通高考录取总人数 3.2 万人，录取率达 80.71%，首次突破 3 万人，是历史上录取人数最多的一年。普通中专报考人数为13 214人，较上年减少 1.62%。参加高等教育自学考试 80 096 人次，比上年减少 17.57%。

〔**基础教育**〕　市教育局总结市南区、四方区开展的教育部——联合国儿基会“早期儿童养育与发展（ECCD）”项目研究经验，向其他各区、市推广。托幼一体化工程从城市推广到农村，在农村举办了“参与式婴幼儿早期教育培训”。在市内四区每区建立和充实了 3～5 处社区玩具图书站，为周边 0～6 岁婴幼儿和家长提供借阅及家庭教育指导服务。特殊教育向学前阶段延伸，开办了特殊儿童幼儿园，建立了弱智儿童资源中心。

继续推进义务教育标准化建设工程，高标准、高质量实施义务教育。至年底，全市 90%以上的中小学达到义务教育“标准化建设工程”标准，中小学均衡化、现代化水平又有新提高；全市省、市级规范化中小学总数分别增至 87 所、222 所。市教育局根据国家基础教育课程改革的有关规定，确定了市区初中的实验教材，并对 87 个版本的实验教材出具了评议报告，供各区（市）参考。11 月，召开了青岛市特殊教育研究会成立大会暨第一届年会。

2004 年，青岛市高中阶段入学率达到 92%，成为全国少数普及高中阶段教育的城市之一。年内，分别有5所、4所普通高中达到省、市级规范化学校标准，全市省、市级规范化高中学校分别达到30所、50所，占普通高中总数的55.5%和92.6%，其中有11处普通高中正在创建国家级实验性示范性高中。

根据教育部的规划，在高中一年级开始实施新课程改革实验。市教育局成立了青岛市普通高中课程改革专家指导组和普通高中课程改革学科指导小组，确定了30余所高中课改实施课题研究学校。继续推进义务教育阶段课程改革实验，公布了《青岛市国家级课程改革实验区初中毕业与高中招生考试改革方案》（试行），在初中毕业生学业水平考试、综合素质测评和高中招生多样性、自主性、选择性三个方面取得了突破；以新课改理念为指导，制定了《青岛市初中学生综合素质发展性评价指导意见（试行）》，修订了《青岛市中学生综合素质发展评价手册》，确立了学校、学生在评价过程中的主体地位；建立了与课程改革相适应的考试评价制度。市政府教育督导室建立了普通中学课程改革和普通高中教学质量专项督导评估制度。市教育局还建立了以校为本的教学研究制度，开发建设地方课程和学校课程。

2004年，全国未成年人思想道德建设工作研讨会在青岛举行。市教育局将贯彻教育部《中小学开展弘扬和培育民族精神教育实施纲要》精神、落实《中小学生守则》和《中学生日常行为规范》要求与传承中华美德、争做文明学生结合起来，通过开展以“学奥运健儿，扬民族精神”“弘扬五四传统，学习振超精神”“诚实守信，做文明学生”等活动，大力弘扬培育民族精神，培养学生良好的道德品质。在全市中小学开展了创建“健康校园”活动，在中小学生中开展预防艾滋病教育，学生的卫生知识知晓率和卫生行为形成率逐步提高。实施教育部“2+1”项目（每个学生在九年义务教育阶段掌握2项体育技能和一项艺术特长）试点工作，青岛市承办了全国中小学生课外文体活动工程“2+1”项目实验工作会并介绍了经验。

青岛市和各区（市）加大信息技术教育投资，全市中小学计算机配备已达9.14万台，学生人机比14.9：1，教师人机比达2.55：1；建成多媒体教室1 222个；其中农村中小学计算机总数已达36 797台。全市建成校园网366个，接入互联网的学校达1 166个，重点加强了农村中小学校园网建设及网络应用。农村小学信息技术开课率已达100%。市教育局建立了800多G的教育信息资源库，供全市中小学免费使用，内容涵盖了基础教育12个年级的课件、论文、素材、三维动画、题库等。

〔**职业教育与成人教育**〕　2004年全市各类中等职业学校共招生73 587人，占高中段招生总数的51%；在校生占高中段在校生总数的52.6%，保持了职普教育协调发展。全年全市中等职业学校毕业生升入高等职业技术学院4 801人，占总数的19.2%。市内职业学校毕业生一次就业率达90%以上，农村职业学校达85%以上。有6所中职校的4个专业被认定为国家级技能型紧缺人才培养培训基地。

继续实施创建职业教育名牌学校、名牌专业的“双名牌”工程。至2004年底，全市国家级、省级、市级重点职业学校分别达到17所、10所和8所，国家级示范专业3个，省级教学改革试点专业24个，市级骨干专业72个。三级重点职业学校、骨干专业在校生占全市在校生总数的比例分别达70%、50%以上。加大了专业结构调整力度，在2004年中职招生中，一、二、三产业的专业结构比例调整为1：4.5：4.5，依据青岛市经济发展规划，加大了汽车制造与维修、数控技术、计算机网络与维修等专业的招生计划，专业设置和经济发展需求更趋一致。

市教育局对学分制试点情况和技能型紧缺人才专业教学计划进行了专题调研，出台了《青岛市中等职业学校会考制度改革实施意见》、《青岛市工科专业教学计划实施意见》及配套说明。继续加强专业骨干教师培训，全市参加培训的教师近千人。继续开展各项教师业务技能比赛和教学基本功达标比赛，促进教师提高业务能力。

市教育局以转移农村劳动力作为农村成人教育重点，制定了《青岛市利用职业教育资源开展农村劳动力转移培训计划》，确定全市职业学校通过学历教育，每年培训3万名农村新增劳动力，使其中

80%以上转移到非农产业，并确定每年对2万人次进城务工人员进行短期培训。2004年完成农村劳动力转移培训3.5万人次。11月底召开了推进农村劳动力转移工作表彰会，授予17个镇成人教育中心“转移培训农村劳动力基地”称号，并给予资金奖励。市财政安排专项资金100万元，对平度、莱西两市库区移民村的农民进行转移培训。

市内四区全部建成了社区教育指导中心，全市国家级、省级社区教育试验区分别达到2个、5个。市教育局制定了《青岛市社区教育示范区评估标准》，指导四方、市南区争创全国社区教育示范区。召开了全市社区教育工作座谈会，总结推广了四方、市南等区的先进经验，提出了重心下移的工作方针，着力推进街道办事处层面的社区教育实验。按照整合社区内各类教育资源为社区教育服务的要求，与四方区政府一起举办了青岛烹饪职业学校面向社区开展烹饪技术培训现场观摩会。

〔**民办教育**〕　全市共有各级各类民办学校681所，其中：学历教育学校103所（含普通中小学84所，国际学校3所，成人中专10所，高等学校6所），非学历教育学校578所；共有教职工约1.8万人，在校生16万人，全年招生培训32万人次；共有财产18.4亿元（含固定资产约8.2亿元）；有5所院校投资已过亿元，3所院校的在校生超过万人；各类民办高校71所，其中学历文凭考试试点院校13所，以自考助学或与高校联合办学为主要内容的非学历院校57所，民办高校总占地533公顷，建筑面积约103万平方米。另有改制学校25处。

国际学校和中外合作办学发展迅速。全市中外合作办学学校以及有中外合作办学项目的学校已达35所，专门招收外籍人员子女的国际学校3所，在校的外籍人员子女400余人。1所日本人国际学校和2所韩国人国际学校已上报教育部审批，英国国际学校正在筹备中。

2004年，市政府教育督导室在2所民办普通中学进行了办学水平督导评估试点，促使民办学校加强内部管理，完善规章制度，提高教育教学质量和管理水平。民办普通中小学遵照国家新课程改革精神，实施课程改革，狠抓素质教育和教学常规，教育教学水平均有较大提高，2004学年度全市有5所民办初中学校的平均分、优秀率和及格率进入全市中考前十名，青岛新世纪学校成为第一所获“青岛市教育改革十面红旗”称号的民办学校。

〔**高等教育**〕　驻青岛高校共有博士后流动站9个，博士点68个，硕士点241个，与2003年相比，博士后流动站增加4个，博士点增加28个，硕士点增加58个；共有国家级重点学科5个，省部级重点学科36个，省部级以上研究中心、重点实验室38个。各高校图书馆共有藏书1 300多万册。

2004年，青岛地区新增加中国石油大学青岛校区和青岛理工大学琴岛学院两所高校，北京电影学院青岛教学基地正式奠基，山东科技大学和莱阳农学院青岛校区规模持续扩大，还有部分高校的引进也在洽谈中。

高等职业教育发展迅速。除军事院校外，所有学历高校都举办了高等职业教育，全市普通高职高专在校生达到75 570人，比2003年增加约2万人。其中独立设置的普通高职院校共9所，在校生达5万人，培养了大批高级“蓝领”人才。民办高等教育已成为青岛市高等教育体系中的重要组成部分。至2004年底，全市共有具有颁发学历资格的民办高校5所，独立二级学院1所。5所学历民办高校共有高职在校生3万人，占全市独立设置的普通高职院校在校生总数的60%，比2003年增加1.3万人，增幅为76%。

各高校普遍加强高层次人才的培养和引进。至2004年底，各高校共有两院院士14名，外聘院士22名，博士生导师292人，博士后137名，博士1 169人，硕士3 300人。与2003年相比，新增院士4名，外聘院士9名，博士生导师105人，博士540人，硕士1 522人。同时，各高校不断完善教师职务评聘、奖励、竞争机制，保证教师队伍的质量和活力。年内，具有高级职称的教师占专任教师总数达到41%。

各高校加强教育教学质量监控体系建设，不断深化教育教学改革，加强学生综合素质和创新能力的培养，教育质量稳步提高，就业率持续居高，为青岛市培养了大批经济和社会发展急需的人才。各高校全年共承担国家级科研课题 220 项，省部级科研课题 228 项，市级科研课题 227 项；科技成果经过鉴定达到国际领先水平 15 项，国际先进水平 61 项，国内领先的 49 项，国内先进的 30 项；获国家级科技进步奖 4 项，省部级科技进步奖 58 项。全年实现科技成果转让 135 项。

至 2004 年底，各高校已与 75 个国家建立了合作关系，共有 176 名外籍教师在青岛高校任教，有 1 507名外籍专家、学者来青岛高校进行学术交流，有1 927名外籍留学生在青岛高校留学。同时，青岛高校外派 527 人出国访问、讲学。

撰稿　孙新兴

审稿　翟广顺

河南省教育

概　　况

〔基本情况〕

2004 年河南省各级各类学校校数、教职工、专任教师情况

	学校数 （所）	教职工数 （人）	专任教师数 （人）
一、高等教育			
（一）研究生培养机构（不计校数）	(22)		
1. 普通高校	(14)		
2. 科研机构	(8)		
（二）普通高等学校	82	71 988	41 821
1. 本科院校	28	43 412	25 399
2. 专科院校	54	26 607	14 983
其中：职业技术学院	37	15 792	9 757
3. 其他机构（点）（不计校数）	(15)	1 969	1 439
其中：独立学院	(8)	894	762
（三）成人高等学校	23	8 224	5 022
（四）民办的其他高等教育机构	67	3 050	1 521
二、中等教育	7 277	490 623	410 151
（一）高中阶段教育	1 695	488 909	119 729
1. 高中	914	424 295	76 120
普通高中	909	424 093	75 961
成人高中	5	202	159
2. 中等职业教育	781	64 614	43 609
普通中专	123	18 739	10 849
成人中专	223	13 665	8 693
职业高中	435	29 096	22 178
技工学校			
其他机构（教学点）（不计校数）	(128)	3 114	1 889
（二）初中阶段教育	5 582	1 714	290 422
1. 普通初中	5 320		289 537
2. 职业初中	7	271	257
3. 成人初中	255	1 443	628
三、初等教育	51 193	517 247	486 228
（一）普通小学	34 164	504 468	478 499
（二）成人小学	17 029	12 779	7 729

续表

	学校数（所）	教职工数（人）	专任教师数（人）
其中：扫盲班	10 701	7 756	4 369
四、工读学校	3	62	48
五、特殊教育	123	3 166	2 506
六、学前教育	3 467	48 889	30 909

注：1. 普通高中的教职工数中包含普通初中的教职工数。

2. 技工学校数据为2003年数据。

3. “（ ）”内数据均不计校数。

2004年河南省各级各类学历教育学生情况

	毕业生数（人）	招生数（人）	在校生数（人）
一、高等教育			
（一）研究生	2 036	5 408	11 853
博　士	86	207	494
硕　士	1 950	5 201	11 359
（二）普通本专科	134 293	257 356	702 846
本　科	48 152	92 989	320 601
专　科	861 41	164 367	382 245
（三）成人本专科	86 771	107 714	197 417
本　科	14 703	31 244	50 968
专　科	72 068	76 470	146 449
（四）其他各类高等学历教育			
1. 在职人员攻读博士、硕士学位		1 909	3 777
2. 网络本专科生	306	1 860	4 542
本　科	306	817	3 422
专　科		1 043	1 120
3. 学历文凭考试	4 835	3 233	15 087
4. 自学考试			
5. 其他	6 342		8 239
二、中等教育	2 930 239	2 956 011	8 706 359
（一）高中阶段教育	692 215	992 855	2 669 147
1. 高中	426 507	613 250	1 689 629
普通高中	424 773	613 250	1 687 496
成人高中	1 734		2 133
2. 中等职业教育	265 708	379 605	979 518
普通中专	105 462	163 468	416 575
成人中专	43 623	44 002	110 460
职业高中	116 623	172 135	452 483
技工学校			
（二）初中阶段教育	2 238 024	1 963 156	6 037 212
1. 普通初中	1 982 146	1 961 250	5 906 674
2. 职业初中	3 058	1 906	6 830
3. 成人初中	252 820		123 708
三、初等教育	2 729 854	1 624 945	10 814 448
（一）普通小学	2 035 444	1 624 945	10 140 634
（二）成人小学	694 410		673 814
其中：扫盲班	136 736		207 733
四、工读学校	34	44	231
五、特殊教育	1 786	2 746	19 146
六、学前教育	818 283	1 162 617	1 490 207

注：特殊教育学生数中包括普通中小学随班就读的学生。下同。

2004年河南省各级各类非学历教育学生情况

	毕（结）业生数（人）	注册生数（人）
一、高等教育	211 095	78 768
（一）研究生课程进修班	2 939	4 471
（二）自考助学班	10 513	53 319
（三）普通预科生		2 698
（四）进修及培训	197 643	18 280
其中：资格证书培训	16 287	5 507
岗位证书培训	22 132	1 454
二、中等职业教育	5 402 521	4 528 134
其中：资格证书培训	557 573	476 631
岗位证书培训	636 679	413 546
（一）中等职业学校	584 812	319 930
其中：资格证书培训	138 020	88 024
岗位证书培训	110 165	49 344
（二）职业技术培训机构	4 817 709	4 208 204
其中：资格证书培训	419 553	388 607
岗位证书培训	526 514	364 202

2004年河南省各级民办教育基本情况

	学校数（所）	毕业生数（人）	招生数（人）	在校生数（人）	教职工数（人）	专任教师数（人）
一、高等教育						
（一）普通高等教育		2 758	24 334	41 562	4 147	2 825
1. 普通高校	9	2 758	17 004	31 880	3 253	2 063
本科学生		855	2 759	8 699		
专科学生		1 903	14 245	23 181		
2. 独立学院	(8)		7 330	9 682	894	762
（二）成人高校						
（三）民办的其他高等教育机构	67	21 036		63 779	3 050	1 521
二、中等教育机构						
（一）高中阶段教育	211	32 349	89 140	188 721	26 809	19 418
其中：普通高中	170	20 936	61 504	129 273	23 583	17 311
中等职业学校	41	11 413	27 636	59 448	3 226	2 107
（二）初中阶段教育	398	70 140	93 131	258 405		
其中：普通初中	398	69 980	93 036	258 098		
职业初中		160	95	307		
（三）职业技术培训机构	328	59 525		51 242	1 722	1 460
三、普通小学	585	39 406	37 003	249 818	14 108	10 402
四、幼儿园	2 122	75 345	167 968	267 104	19 778	12 285

注："（ ）"内数据不计校数。

〔**年度教育工作方针**〕 2004年，河南省教育工作的指导思想是：以邓小平理论和"三个代表"重要思想为指导，全面贯彻党的十六大和十六届三中全会精神，大力实施科教兴豫和人才强省战略，围绕全面建设小康社会目标的要求，突出重点，加快发展，深化改革，提高质量，加强管理，巩固成果，创造性地抓好落实，促进各级各类教育持续快速健康协调发展。2004年，河南省的教育工作主要抓好六个方面的工作：(1)以"三保"为重点，全面推进农村教育巩固提高工作。狠抓"三保"政策的落实，继续做好"两基"巩固提高工作，积极推进农村中小学人事制度改革，积极实施农村中小学现代远程教育工程。(2)坚持就业拉动，推动职业教育健康发展。进一步完善职业教育管理体制，深化教学改革，突出职教特色，坚持以就业为导向培养大批现代化建设急需的实用人才，积极做好农村劳动力转移培训。(3)以"三重"建设为重点，全面贯彻落实全省高等教育工作会议精神。加强"三重"建设；把质量摆在更加突出的地位，实施高等学校教学质量工程，把就业工作摆在重要位置，完善家庭经济困难学生资助体系，进一步规范独立升格的高等学校的办学行为，积极实施人才强校战略。(4)以贯彻落实《民办教育促进法》为重点，大力发展民办教育。认真贯彻落实《民办教育促进法》和实施条例，积极探索民办教育的多种实现形式，促进独立学院健康发展。(5)以治理教育乱收费为重点，加强教育系统党风廉政建设。(6)切实加强高校党建和思想政治工作，确保教育系统稳定。

〔**教育投入与支出**〕 各级党委、政府认真落实科学发展观，把教育摆在公共财政体系的突出位置，不断加大教育投入，地方政府教育拨款、生均教育事业费和生均公用经费支出逐年增长。2004年，河南省教育经费总投入为297.8亿元，比上年增加45亿元，增长17.8%，全省预算内教育经费拨款达到182.08亿元，比2003年增长15.51%。2004年全省财政支出为877.9亿元，预算内教育经费支出191.33亿元，占财政支出的比例为21.79%。

省教育厅依法落实省级教育财政拨款"三个增长"政策，保持教育经费持续稳定增长。教育厅部门预算财政拨款19.4亿元，比去年增加1.51亿元，增长9%。在年度预算执行过程中，争取中央财政和省级财力超收部分用于教育项目，追加共计7.2亿元，实际执行数为26.6亿元，较上年的19.7亿元增加6.9亿元，增长35%，依法落实了预算内教育经费拨款高于财政经常性收入增长的规定；省直供普通高校预算内生均教育经费拨款4 900元，比上年的4 860元增加40元，增长0.8%；省直供普通高校预算内生均公用经费拨款1 770元，比上年的1 750元增加20元，增长1.1%。

〔**教师队伍建设**〕 全面推进中小学教师核编定岗聘用工作。2004年，全省158个县（市、区）全部完成了中小学教师核编定岗工作，聘用教职工80.6万人，妥善安置5.75万名落聘教职工。

全省37所省属普通高校新增编制6 572个，比2003年编制数增加15.5%，专任教师编制数增加32.1%，专任教师占教职工编制数的比例由原来的48.4%提高到55.3%，有效缓解了高校扩招后专任教师不足问题。

2004年，省教育厅在全省中小学教职工中开展了师德集中教育活动，大力加强师德教育。8月召开了师德集中教育动员大会，9月举办了全国师德论坛河南分论坛，全省师范院校的领导、教师和教育行政部门的负责同志、中小学优秀教师共300多人参加了论坛。师德教育活动在全省范围内普遍展开。

围绕庆祝第20个教师节开展了一系列活动，组织开展了全省优秀教师代表巡回报告活动，表彰了1140名对教育事业改革发展做出突出贡献的优秀教师和优秀教育工作者。深入开展向吴玲同志学习的宣传教育活动，尊师重教社会氛围更加浓厚。

教师培养培训工作取得显著成效。2004年中小学教师学历达标率分别为普通高中80.73%、初中93.52%、小学98.97%，分别比上年提高2.33、1.72和0.46个百分点，初中教师具有本科毕业及以上学历、小学教师中具有专科毕业及以上学历的分别为22.34%和42.37%，比上年分别提高3.44和6.67个百分点。为全面提高教师素质，开展了以师德教育和新课程、信息技术为重点的新一轮中小学教师继续教育，启动实施“农村教师素质提高工程”。精心组织新课程教师培训，圆满完成了5 000余名培训者培训和25万名中小学教师的岗前集中培训任务，还组织岗位培训20万人，信息技术培训15万人。突出农村教师培训重点，抓好骨干教师培训和岗位培训。制订了“农村教师素质提高工程”实施方案，计划今后5年内省和省辖市两级为乡及乡以下农村学校培训5万名留得住的骨干教师，其中省教育厅培训1万名。深化培训模式改革，大力推动校本研修和教师远程教育。制订了全面开展新一轮中小学教师继续教育工作的具体实施意见，加强教师教育资源建设、教师继续教育网络建设。

实施人才强校工程。坚持引进与培养并举，2004年全省共安排高层次人才引进与培养经费2 000万元，资助特聘教授27名，遴选培养创新人才31名，对200名左右青年骨干教师进行重点培养。启动国家留学基金委与地方合作项目，从2004年起，连续5年每年拨出800万元专项经费，选派100名高校教师赴境外研修。通过实施人才强校工程，全省高校引进博士570名，在高校工作的两院院士达到31名，到岗特聘教授27人。另外，还启动了省教育厅“555”人才工程，在全省各级各类学校教师中评选出2 000多名“学术、技术带头人”。

〔**廉政建设**〕　根据省纪委四次全会、省政府廉政工作会议和全国教育纪检监察会议精神，认真落实党风廉政建设责任制，抓好领导干部廉洁自律各项工作。认真组织学习宣传《中国共产党纪律处分条例》和《中国共产党党内监督条例(试行)》。组织开好各级领导班子和领导干部民主生活会。印发了《关于进一步做好领导干部廉洁自律工作的意见》，对教育系统领导干部廉洁自律工作进行全面部署。

深入开展治理教育乱收费工作。2004年8月，下发了《关于在全省义务教育阶段学校推行“一费制”收费办法的通知》，秋季开学起在全省义务教育阶段学校全面实施了“一费制”收费办法。进一步完善公办普通高中招收择校生“三限”政策。安排中招工作时，强调继续严格执行择校生“三限”政策。严格执行国家招生政策，严肃招生纪律。严格规范高等学校收费行为，建立健全对高校收费资金收支情况的监督检查制度，对高校收费进行了有升有降的调整。全面实行收费公示制度。同时，进一步规范了预科生、独立学院、网络学院、计算机软件学院和中外合作办学机构的收费行为。2004年，全省共查出违规收费金额5 531.4万元，清退违规收费金额4 279.6万元，调查处理乱收费案件1 015件，给予党政纪处分792人。

加强对违纪案件的查处。一年来，全省各级教育纪检监察部门共受理群众来信来访1 087人次，接到举报电话2 023个，立案查处1 161起，涉案人员1 109人，其中有702人受到党政纪处分和组织处理。

〔**民办教育**〕　认真贯彻《民办教育促进法》和实施条例，为民办教育发展壮大提供政策保障。多渠道、多形式吸引社会资源和资金，民办教育快速发展。2004年，全省各级各类民办教育机构3 511所，在校生109.1万人。其中独立设置的民办普通高等学校10所，独立学院8所，民办普通本、专科学校招生3.31万人，占总计划的12.88%，民办普通本、专科在校生总数达到6.34万人，占普通本、专科在校生总数的9.03%。民办普通高中170所，招生6.15万人，在校生12.93万人，占普通高中在校生人数的7.66%；民办中等职业学校41所，在校生5.94万人；民办普通初中398所，在校生25.81万人。民办小学703所，在校生24.98万人；民办幼儿园2 122所，在园幼儿26.71万人，占总在园人数的17.92%。政府办学为主、多元化投入、多种所有制办学的新格局正在逐步形成。

〔**体育、卫生与艺术教育**〕　参加第七届全国大学生运动会。河南省大学生体育代表团参加了田径、游泳、篮球、排球、足球、乒乓球、健美操和武术等8个项目的比赛，共获得2枚金牌、6枚银牌、5枚铜牌，并创一项全国大运会记录，以团体总分264分的成绩，跻身于全国“十强”行列。推进《学生体质健康标准》的实施，深化初中毕业生升学体育考试改革。

进一步加强学校饮食卫生安全管理，会同有关部门开展学校及学校周边饮食卫生安全专项整治工作。继续推进农村初中食堂改造工程，落实以奖代补奖金1 000万元，对2003年度“达标”的40个县（市、区）第一批分别先下达50%奖金。

认真开展学校预防传染病等工作。在全面加强防控各类传染病在学校流行的同时，重点抓了艾滋病预防工作。对艾滋病疫情高发村进行教育帮扶。积极贯彻落实省委、省政府关于对艾滋病疫情高发村开展帮扶工作的要求，本着“多办实事、快办好事”的原则，结合教育部门实际，扎实开展了一系列工作，按照农村一流标准、一流学校的要求，投入事业专项资金1 795万元，建设和改造好全省38个艾滋病疫情高发村中小学。

〔**教育合作与交流**〕 2004年，全省中小学校共接受国外和港澳台投资或捐赠近亿元人民币，高校新增中外合作办学机构（项目）17个，全省中外合作办学项目达到60多个，合作办学在校生规模达到2.5万人。

〔**信息化建设**〕 组织实施河南省教育科研网主干网三期工程建设，继续保持河南省教育信息化工作在全国的领先地位。2004年在郑州、安阳、漯河、鹤壁及商丘、南阳、信阳部分县（市、区）开展农村中小学现代远程教育试点工作。工程资金总投入2.16亿元，其中，中央财政投入7 214万元，省配套1.44亿元。

〔**资助经济困难学生**〕 河南省把经济困难学生资助经费摆在优先位置安排，并不断加大投入力度。2004年，启动省政府奖学金专项经费1 000万元，资助品学兼优的经济困难学生。争取省财政2 200万元，对省属高校困难学生给予伙食补助。各高校落实特困生最低生活保障线制度投入经费4 000万元。2004年，政府资助额度8 000万元，受益学生4.8万人，占省属高校学生10%以上，是资助力度最大的一年。另外，全省高校1.1万人通过“绿色通道”入学，减、免、缓学费3 000余万元。积极协调有关部门和金融机构，推进国家助学贷款工作，教育厅与国家开发银行河南分行签订了合作协议，全面启动国家助学贷款工作。认真落实“两免一补”政策，利用中央和省专项资金7 300万元，资助119个县（区）200万农村义务教育阶段家庭经济困难学生，占全省义务教育阶段学生数的16.5%。

〔**依法治教**〕《行政许可法》颁布实施后，省教育厅举办了全省县(市、区)教育局长培训班，对全省各省辖市、各县(市、区)教育局长进行了全面系统的教育行政培训。各级教育行政部门认真贯彻《行政许可法》，切实转变作风，努力创建服务型、学习型机关，建设一支作风优良、服务能力强、综合素质高的干部队伍。认真清理行政审批事项，教育厅机关51项行政审批事项两次进行清理，保留14项（含合并4项），下放3项，取消7项，另有20项改为正常工作。在去年的全省民主评议行风中，社会对教育部门的满意率提高了16.3个百分点。

强化教育督导，健全教育督导机构，成立了省政府教育督导团，加强督导队伍建设，聘任了46名专、兼职督学，强化监督机制，确保教育法律法规和方针政策的贯彻落实。

基础教育

〔**综述**〕 2004年，全省158个县（市、区）全部实现“两基”目标任务，小学学龄儿童入学率达到99.81%，初中97.34%，青壮年文盲率控制在1%以下。农村中小学布局调整取得新进展，小学比上年减少2 215所，初中比上年减少159所。普通高中规模继续扩大，招生61.3万人，在校生达到168.75万人。

农村教育重中之重地位得到进一步落实。“以县为主”的管理体制进一步强化。全省编制内教师工资全部上划县级管理，农村教师工资都能按国家现行标准按时足额发放，全省农村教师人均增资1 200元，多年来困扰各级政府的农村教师工资拖欠问题得到较好解决。以政府投入为主的教育投入体制基本确立，公共财政支撑农村义务教育发展的机制正在形成，新增教育事业经费主要用于农村的政策得到了很好落实。2004年，中央和省新增专项教育经费7.2亿元，其中用于农村教育5.2亿元。农村中小学危房改造工程、农村中小学现代远程教育工程、寄宿制学校建设工程以及近年来启动实施的农村初中食堂改造工程等惠及农村、农民的教育工程的实施，极大地改善了农村办学条件，农村中小学校面貌发生了很大变化。

〔**中小学德育工作**〕　《中共中央 国务院关于进一步加强和改进未成年人思想道德建设的若干意见》下发后，省教育厅及时制发了教育系统的贯彻实施意见，提出了中小学德育工作的指导思想、总体思路和目标任务，切实加强和改进中小学思想道德建设。组织全省教育思想大讨论活动，召开未成年人思想道德建设论坛，进行广泛的宣传发动。以中小学弘扬和培育民族精神教育、文明行为习惯养成教育和诚信教育为重点，按照贴近实际、贴近学生生活、贴近学生群体的原则，充分发挥中小学校在未成年人思想道德建设中的主渠道、主阵地、主课堂作用，在全省范围组织开展了第一个中小学弘扬和培育民族精神月活动。进一步加强青少年学生校外活动场所建设和管理，召开了全省青少年活动场所建设项目现场会，积极推广确山县的项目建设经验，与项目建设县签订了项目建设责任书。制定下发《河南省青少年学生校外活动场所建设项目检查验收标准》和《河南省青少年学生校外活动场所项目建设管理意见》。审核确定2005年度15个国家级、6个省级项目。

〔**农村中小学危房改造**〕　全省上下高度重视农村中小学危房改造工作，强化责任，周密部署，对工程进行多次部署、督促、检查和落实。省、市两级成立危改办公室，完善台帐制度，建立“四统一分”的工作机制，加强统筹协调。强化责任，与各省辖市签定责任书，对危改工作中出现的问题实行责任追究。省教育厅实行“厅级干部联系县”制度，检查指导联系县“三保”工作。省政府决定自2004年起，每年从农村税费改革转移支付补助中拿出4%，专项用于农村中小学危房改造，建立了危房改造的长效机制。2004年，全省共改造农村中小学D级危房216万平方米，占三年规划改造480万平方米D级危房的45%。2004年，启动实施了农村寄宿制学校建设工程，安排71个项目学校，总投资4 052.1万元。

〔**中小学课程改革**〕　中小学素质教育全面推进，新课程实验范围又扩大了44个县（市、区），至2004年全省共有126个县（市、区）参加实验，占全省县（市、区）总数的80%，涉及学生500多万人，课改起始年级学生数达到了同年级的59%，为新课程方案的全面实施奠定了较好的基础。

〔**幼儿教育**〕　2004年全省幼儿园3 467所，比上年增加808所；其中农村乡镇中心幼儿园1 409所，增加475所。省政府办公厅转发了省教育厅等部门关于幼儿教育改革与发展实施意见，明确了幼儿教育改革发展的一系列重大方针政策。省教育厅制发了《关于进一步加强幼儿园管理的若干意见》，明确幼儿教育管理体制，对幼儿教育机构的设立、改制、评估、年检、安全等作出了规定。

〔**特殊教育和农民工子女教育**〕　2004年，启动特殊教育随班就读支持保障体系实验。确定5个国家级实验县和14个省级实验县，通过实验，初步建立了一支专业化的随班就读教师队伍，基本形成了开展随班就读工作的管理和教研网络，为残疾儿童少年的教育和康复建设了一批资源教室，残疾儿童少年尤其是智障儿童接受义务教育的普及程度有了较大幅度的提高，在全国性会议上作了经验交流。

2004年5月，省政府办公厅转发了省教育厅等部门《关于进一步做好进城务工就业农民子女义务教育工作的实施意见》，明确了做好进城务工就业农民子女接受义务教育工作的有关政策。各地将解决进城务工就业农民子女义务教育工作纳入本地义务教育工作规划，充分发挥全日制公办中小学的主渠道作用，对进城务工就业农民子女接受义务教育进行合理安排。据统计，全省义务教育阶段进城务工农民子女21.6万人，已入学21.45万人，入学率99.3%。其中，入公办中小学19.3万人，占入学总数的90.1%。2004年秋应入学的进城务工就业农民子女78 700人（小学51 659人，初中27 041人）全部入学，减轻农民工负担8 000多万元。

职业教育与成人教育

〔**城乡职业学校联合招生合作办学**〕 鉴于农村职业学校基础薄弱，招生困难，而城市职业学校区位、资源优势明显，6月召开了全省城市与农村职业学校联合招生合作办学洽谈会，共有130所城乡职业学校参加会议，其中25所省属职业学校与59所农村职业学校签定了联合招生合作办学协议或意向书，双方2004年秋联合招生1.6万余人。城乡联合招生合作办学主要采取"1+2"、"2+1"、设分校等几种形式，学生由城市职业学校颁发毕业证书并负责推荐就业。同时在师资、设备以及教育教学诸环节实行交流、协作和资源共享、优势互补。

〔**教育教学改革**〕 坚持以就业为导向，不断深化职业教育教学改革，在全省职业学校全面试行学分制，全面推行订单培养、订单培训。首次开展了职业教育教学成果奖评选活动，并在10月"职业技能竞赛月"活动中开展了18项技能竞赛活动，有效促进了教育教学质量的提高。大力开展制造业和现代服务业技能型紧缺人才培养培训工作，将数控技术应用、计算机应用与软件技术、汽车运用与维修、护理等10个专业确定为技能型紧缺专业，认定了54所职业学校为技能型紧缺人才培养培训基地，2004年全省技能型紧缺专业共招生7.44万人。同时，加强了重点专业建设，全省中等职业学校重点专业达到15个，重点专业点达到118个。

〔**招生改革**〕 2004年，全省中等职业学校学历教育招生44万人。在招生工作中，实行了目标责任制。将招生和培训任务分解下达到各省辖市、各省属中等职业学校，实行目标管理，层层抓落实。建立了招生奖励机制，2004年单列职教专款80万元，用于奖励招生和培训任务完成好的单位和个人。各职业学校采取了提前招生、春秋两季招生、注册入学、多次录取等灵活的招生办法，有效扩大了招生规模。加大了招生宣传力度。编印了《河南省中等职业学校名录》，发放给每个初中毕业生，对中等职业学校的招生资格进行公示。

〔**毕业生就业**〕 2004年，中等职业学校毕业生就业率达到95%以上。实行全省中等职业学校毕业生就业率公示制度，出版发行了《全省职业学校毕业生优秀事迹选编》一书，并组织了优秀中职毕业生巡回报告团在郑州、南阳等地进行了巡回演讲，同时还举办了高水平的职业指导培训班，为中等职业学校培训了200多名职业指导“明白人”，有效发挥了就业对职业学校招生和发展的拉动作用。

〔**“双百工程”和组建职教集团**〕 为加强骨干职业学校和示范性乡（镇）成人学校建设，河南省从2004年开始每年拿出600万元，启动实施了“双百工程”，即用3年时间集中力量重点建设100所县级骨干职业教育中心和100所示范性乡（镇）成人学校。2004年，已重点装备了32所县级骨干职业教育中心和31所示范性乡（镇）成人学校。

组建职教集团。2004年10月，组建了农业、财经、信息技术、建筑、旅游、卫生、公路交通、机电、工艺美术等9个职业教育集团，以专业为基础，加强城乡、校企、学校之间的全方位合作，实现资源共享、优势互补，塑造河南职业教育的品牌，迈出了做大做强职业教育的第一步。

〔**农村劳动力转移培训和再就业培训**〕 省教育厅成立了农村劳动力转移培训工作领导小组，印发了《河南省教育厅农村劳动力专业培训工作方案》，单列50万元专款用于培训工作，组织编写并通过各地教育部门向农民免费发放了5万册、价值30多万元的《进城务工指南》。《进城务工指南》是一本引导性培训教材，副省长贾连朝作序。组织各类职业学校和成人学校对外出务工农民、农村劳动力进行职业培训和城镇下岗、失业人员的再就业培训，2004年，全省教育系统预计进行农村劳动力转移培训110万人次，进行下岗失业人员再就业培训40多万人次，各种形式的职业技术培训达到500多万人次，为国家和河南省培养了一大批中、初级实用技术人才和高素质劳动者。

高 等 教 育

〔**综述**〕 2004年，全省普通高校招生25.7万人，较上年增加6.71万人，增长35.3%，录取率67%，在校生达到70.66万人，较上年增加14.94万人，增长26.1%，研究生招生5 450人，较上年增长43%，成人高等教育实际录取15.1万人，较上年增加4万人，增长36%。高等教育毛入学率达到16%。

经教育部批准组建了河南理工大学、河南工业大学，安阳大学、南阳理工学院、驻马店师范专科学校、中原职业技术学院、平顶山师范专科学校等学校顺利升格为本科高校，新设置了商丘医学专科学校等3所医学高等专科学校。经省政府批准，设置了河南农业职业技术学院等10所高等职业学校。

〔**全省高等教育工作会议**〕 2004年2月27—28日，河南省委、省政府召开了建国以来河南历史上第一次全省高等教育工作会议。会议期间，省委书记李克强、省长李成玉分别作了报告，教育部部长周济出席会议并讲话。会议出台了《关于加快我省高等教育改革与发展的意见》和7个配套文件，明确了高等教育改革发展的指导思想、目标任务和政策措施。到2010年，高等教育毛入学率达到21%，接近全国平均发展水平。到2020年，高等教育毛入学率达到32%以上，达到全国平均发展水平；坚持规模与质量并重，突出抓好三大重点，即建设高水平大学和重点学科，切实提高教育质量；实施“人才强校”工程、“高等学校教学质量与教学改革工程”、“高校毕业生就业工程”，大力调整学科专业结构、大力提高科技创新，努力使河南高等教育更加充满生机与活力，建立具有河南特色，更具活力、更加开放的现代高等教育体系，实现高等教育发展的新跨越。

〔**高校党建**〕 河南省坚持“选、育、管”有机结合，加强高校领导班子思想政治建设的做法，在第十三次全国高校党建会上进行了经验交流。注重高校基层党组织和干部队伍建设，加强干部教育培训工作，指导帮助民办高校建立健全党组织。积极做好在高校学生中发展党员工作。2004 年，全省高校学生党员比例由 2003 年的 4.8%上升到 8%。召开了第十三次全省高校党的建设工作会议，对高校党建工作和领导班子思想政治建设作了全面部署。

〔**郑州大学实现省部共建**〕 2004 年 2 月 27 日，省政府与教育部正式签订了共建“郑州大学”协议，省委书记李克强出席签字仪式，省长李成玉、教育部部长周济分别在共建协议书上签字。省部共建协议的签署，结束了河南省没有重点建设高校的历史，标志着河南省重点高校建设工作取得了新进展；与北京大学合作办学顺利启动，并在学科建设、师资队伍建设、郑大管理干部培训三方面签订了合作协议。郑州大学“211 工程”二期建设各项年度任务圆满完成。

〔**重点学科、实验室和人文社科重点研究基地建设**〕 2004 年，重点学科和重点实验室建设稳步推进。组织有关专家进行第六批省级重点学科评审工作。确定郑州大学材料学等 136 个学科点为河南省高等学校 2004—2006 年省级重点学科。其中省教育厅重点资助建设的学科 31 个；省教育厅资助建设的学科 64 个；学校自筹资金建设的学科 41 个。各有关学科实验室完成了近1 000万元仪器设备购置。继续深化马克思主义理论研究与建设工程，加强人文社科重点研究基地建设和管理，促进高校哲学社会科学的繁荣发展，全省高校现有省属人文社科重点研究基地 13 个。郑州大学“公民教育研究中心”被教育部确立为第三批省部共建人文社会科学重点研究基地。按照“211 工程”标准进行建设的河南大学也呈现出良好的发展态势，河南大学“黄河文明与可持续发展研究中心”被确立为教育部第五批人文社会科学重点研究基地。

〔**高校质量工程**〕 建立教学质量评估机制，对全省高校分批进行评估。配合教育部专家组，完成了对河南理工大学本科教学工作水平评估工作。2004 年 6 月，召开了全省高职高专院校评估培训及动员会。完成对漯河职业技术学院和平顶山工业职业技术学院的办学水平评估工作。

专业建设稳步推进。优先发展电子信息类、自动控制、生物工程、食品加工等高新技术类，适应河南省加快工业化、城镇化、推进农业现代化的要求和中原城市群经济隆起带发展的需要，特别是根据河南省产业结构调整的需要增设工科等与经济建设紧密结合的应用性专业。2004 年度全省共有 23 所本科高校增设 107 个本科专业，57 所学校增设 193 个专科专业。开展按科类招生试点工作。确定河南大学和河南工业大学作为 2004 年按科类招生试点学校，并在此基础上及时总结并研究存在的问题。制订了《河南省高等学校名牌专业建设、管理和验收实施办法（试行）》（征求意见稿）和《河南省高等学校新专业评估方案》。积极推进以人才培养模式改革和实行学分制、弹性学制为主要内容的教学管理改革，加快高校精品课程建设，优化专业设置和学科专业结构，增强学生的创新精神和实践能力。

〔**高校科研**〕 高校产学研结合能力不断增强。2004 年，全省高校与科研机构、企业签订合作项目 219 项，合同金额5 500万元。2004 年 11 月，河南省国家大学科技园顺利通过科技部、教育部评估验收。3 年来，郑州大学等多所高校先后入园建设。经筛选入园的 62 家项目中高新技术企业 25 家，占在孵企业总数的 32.3%。已累计引进 14 个国家级项目入园建设，其中国家“863”项目 4 个，国家级重大攻关项目 9 个。转化科技成果 162 项，销售收入 5.9 亿元，成为高新技术的孵化器。

〔**毕业生就业**〕 高度重视并切实做好高校毕

业生就业工作。认真贯彻落实国家和省委、省政府关于高校毕业生就业工作的各项政策措施，多渠道促进毕业生就业。2004 年，河南省共有高校毕业生 13.6 万人，就业率达到 88.75%。

〔**高校扩容建设工程**〕 适应国家宏观调控政策的变化，指导高校合理规划，多渠道筹措资金，下达投资计划 17 亿元，加快郑州大学、河南大学等省重点项目建设步伐。2004 年，全省普通高校占地面积达6 205公顷，比上年净增1 081公顷，校舍建筑面积达 2 308.5 万平方米，比上年净增 363.6 万平方米。

撰稿 韩 冰 张小茜
审稿 蒋笃运 崔炳建
刁玉华

湖北省教育

概　况

〔基本情况〕

2004 年湖北省各级各类学校校数、教职工、专任教师情况

	学校数（所）	教职工数（人）	专任教师数（人）
一、高等教育			
（一）研究生培养机构（不计校数）	(42)		
1. 普通高校	(20)		
2. 科研机构	(22)		
（二）普通高等学校	85	105 249	55 683
1. 本科院校	32	70 833	34 606
2. 专科院校	53	25 046	15 081
其中：职业技术学院	49	23 302	13 806
3. 其他机构（点）（不计校数）	(35)	9 370	5 996
其中：独立学院	(29)	8 637	5 422
（三）成人高等学校	17	6 095	3 575
（四）民办的其他高等教育机构	8	386	91
二、中等教育	3 785	305 746	253 091
（一）高中阶段教育	1 040	303 233	82 012
1. 高中	639	270 142	60 552
普通高中	631	269 895	60 334
成人高中	8	247	218
2. 中等职业教育	401	33 091	21 460
普通中专	186	17 295	10 609
成人中专	69	4 671	2 715
职业高中	146	9 354	7 039
技工学校			
其他机构（教学点）（不计校数）	(62)	1 771	1 097
（二）初中阶段教育	2 745	2 513	171 079
1. 普通初中	2 651		169 315
2. 职业初中	37	1 748	1 539
3. 成人初中	57	765	225
三、初等教育	15 429	242 009	223 770
（一）普通小学	14 085	239 549	221 763
（二）成人小学	1 344	2 460	2 007

续表

	学校数（所）	教职工数（人）	专任教师数（人）
其中：扫盲班	390	571	341
四、工读学校	3	73	46
五、特殊教育	77	1 660	1 267
六、学前教育	2 256	31 335	19 202

注：1. 普通高中的教职工数中包含普通初中的教职工数。
2. 技工学校数据为 2003 年数据。
3. “（ ）”内数据均不计校数。

2004 年湖北省各级各类学历教育学生情况

	毕业生数（人）	招生数（人）	在校生数（人）
一、高等教育			
（一）研究生	11 945	26 101	66 369
博　士	1 766	4 602	13 410
硕　士	10 179	21 499	52 959
（二）普通本专科	143 246	295 701	892 018
本　科	88 282	139 155	497 101
专　科	54 964	156 546	394 917
（三）成人本专科	103 544	129 615	241 143
本　科	41 061	47 878	97 122
专　科	62 483	81 737	144 021
（四）其他各类高等学历教育			
1. 在职人员攻读博士、硕士学位		7 011	14 287
2. 网络本专科生	7 066	28 423	74 166
本　科	3 522	18 092	45 912
专　科	3 544	10 331	28 254
3. 学历文凭考试			
4. 自学考试			
5. 其他			
二、中等教育	1 445 821	1 723 430	5 025 985
（一）高中阶段教育	429 026	626 555	1 657 315
1. 高中	324 339	429 734	1 198 856
普通高中	322 890	429 734	1 197 354
成人高中	1 449		1 502
2. 中等职业教育	104 687	196 821	458 459
普通中专	63 512	115 517	272 217
成人中专	9 621	14 272	29 258
职业高中	31 554	67 032	156 984
技工学校			
（二）初中阶段教育	1 016 795	1 096 875	3 368 670
1. 普通初中	993 151	1 085 882	3 319 842
2. 职业初中	10 219	10 993	34 003
3. 成人初中	13 425		14 825
三、初等教育	1 171 876	599 698	4 816 718
（一）普通小学	1 099 308	599 698	4 749 500
（二）成人小学	72 568		67 218
其中：扫盲班	37 796		35 807
四、工读学校	452	342	436
五、特殊教育	730	966	7 808
六、学前教育	258 163	406 781	587 973

注：特殊教育学生数中包括普通中小学随班就读的学生。下同。

2004年湖北省各级各类非学历教育学生情况

	毕（结）业生数（人）	注册生数（人）
一、高等教育	69 101	53 152
（一）研究生课程进修班	1 773	3 349
（二）自考助学班	9 865	29 759
（三）普通预科生		815
（四）进修及培训	57 463	19 229
其中：资格证书培训	23 020	5 136
岗位证书培训	17 236	10 856
二、中等职业教育	662 211	413 474
其中：资格证书培训	33 989	23 436
岗位证书培训	191 971	69 423
（一）中等职业学校	190 952	195 484
其中：资格证书培训	26 230	14 871
岗位证书培训	80 990	60 336
（二）职业技术培训机构	471 259	217 990
其中：资格证书培训	7 759	8 565
岗位证书培训	110 981	9 087

2004年湖北省各级民办教育基本情况

	学校数（所）	毕业生数（人）	招生数（人）	在校生数（人）	教职工数（人）	专任教师数（人）
一、高等教育						
（一）普通高等教育		8 423	78 450	166 094	12 518	8 124
1. 普通高校	10	5 227	18 694	45 246	3 881	2 702
本科学生			1 487	2 776		
专科学生		5 227	17 207	42 470		
2. 独立学院	（29）	3 196	59 756	120 848	8 637	5 422
（二）成人高校						
（三）民办的其他高等教育机构	8	3 310		3 862	386	91
二、中等教育机构						
（一）高中阶段教育	134	14 819	35 108	76 407	11 027	7 218
其中：普通高中	101	11 527	25 968	60 115	9 610	6 415
中等职业学校	33	3 292	9 140	16 292	1 417	803
（二）初中阶段教育	124	10 079	19 799	52 217	91	69
其中：普通初中	121	9 919	19 563	51 587		
职业初中	3	160	236	630	91	69
（三）职业技术培训机构	24	4 050		2 858	175	131
三、普通小学	149	13 030	9 034	68 353	4 379	3 223
四、幼儿园	1 254	46 184	83 152	134 977	11 526	6 637

注：“（ ）”内数据不计校数。

〔综述〕　2004年，全省各级各类学校2.27万所，在校学生1 178万人，教职工69.4万人，教育人口占全省总人口的21%。

学前教育和特殊教育长足发展。2004年，全省共有幼儿园2 256所，在园幼儿58.8万人，幼儿园园长和教师3.13万人。有特殊教育学校77所，在校生人数7 808人。盲、聋、弱智残疾儿童少年入学率达到80%以上。

义务教育取得了较大成就，"两基"成果进一步巩固提高。2004年，全省小学14 085所，在校学生475万人。小学适龄儿童入学率99.69%，小学年辍学率0.55%，小学毕业生升学率99.78%。初中2 688所，在校学生335.38万人。初中学龄人口入学率97.93%，初中年辍学率1.15%，初中毕业生升学率66.81%。全省小学教师22.18万人，学历合格率为97.81%，比上年提高0.6个百分点。初中教师17.08万人，学历合格率为91.49%，比上年提高1.66个百分点。小学生师比为21.42∶1，普通初中生师比19.61∶1，分别比上年下降1.16和0.38个百分点。

高中阶段教育继续稳步发展。2004年，普通高中631所，在校生达到119.74万人，比上年增长1.6%。初中毕业生升入普通高中的升学率达43.27%。

各类中等职业学校401所，在校学生45.85万人，比上年增长25.85%。中等职业教育呈现出学校多类别、管理多层次、办学主体多元化、经费投入多渠道的新特点，基本建成结构较为完整、专业门类较齐全的职业、成人教育体系。

各种形式的成人短期培训也有很大的发展。2004年，全省积极开展下岗失业人员再就业培训，完成培训20多万人次；推动全省乡镇成人教育学校建设，评估认定了一批"湖北省乡镇成人文化技术教育示范学校"和"湖北省教育兴农示范基地"。2004年全省有职业技术培训学校2 253所，其中职工技术培训学校59所，农村成人文化技术培训学校2 138所，注册学生数21.8万人。开展各类农村实用技术培训300多万人次，其中农村劳动力转移培训30多万人次。

高等教育大众化向纵深推进。(1) 高等教育办学规模不断扩大。2004年，全省有普通高校85所（不含军事院校），其中，本科院校32所，高职高专53所；培养研究生的普通高等学校20所。2004年，全省高校研究生招生2.6万人，比上年增长17.62%；研究生在校生6.64万人，比上年增长26.91%，其中博士生1.34万人，硕士5.3万人。普通本专科招生29.58万人，比上年增长18.21%；本专科在校学生89.2万人，比上年增长23.63%。2004年，普通高校在鄂录取人数25.6万人，比上年增长20%；普通高考录取率68.8%，比上年提高了4个百分点。成人高等学校17所，承担成人高等教育任务的普通高校62所，成人高等教育在校生24.11万人，比上年增长8.29%。高等教育毛入学率23.9%，高等教育大众化向纵深推进。(2) 高校学科实力进一步增强。2004年，全省有博士授予权单位24个，其中，普通高等学校10所、军事院校5所、科研院所9个；有硕士授予权单位49个，其中，普通高等学校20所、军事院校5所、党校1所，科研院所23个。有博士学位授权的一级学科64个，博士学位点456个、硕士学位点1 010个。全省高校有国家级重点学科57个（含军事院校4个），部委重点学科（含军事院校）47个，省级重点学科241个。(3) 高校科研水平明显提高。2004年，全省高校拥有各类科技人员5.37万人，其中，两院院士48人，高级职称1.96万人，高级职称的比例达到36.6%。各类科研机构268个，各类实验室2 200余个，其中，国家重点实验室9个，省部级重点实验室40个，国家和省部级工程研究中心30多个，国家技术转移中心1个，国家大学科技园1个。省属高校教育部重点实验室和国家重点实验室培育基地实现了零的突破。(4) 高校教师队伍素质不断提高。2004年，全省高等学校有教职工11.13万人，其中普通高等学校10.52万人。有专任教师5.92万人，其中普通高等学校5.57万人。普通高校专任教师中，有正高级职称的6 012人、副高级职称的18 083人，高级职称占专任教师总数的43.1%；研究生毕业的有21 588人，占专任教师总数的37.7%。按实际在校学生数计算，全省普通高校生师比为15.11∶1，比上年下降1.04%。(5) 高校建设步伐进一步加快，学校办学条件得到进一步改善。2004年，全省普通高校占地面积达7 607公顷，校舍建筑面积达3 060万平方米，教学仪器设备总值达63.4亿元，学校藏书6 278.1万册。

〔**经济困难学生资助**〕 湖北省政府不断调整财政支出结构，增加投入；建立资助贫困生工作联席会议制度，加强统筹协调；在省教育厅设立学生资助管理中心，加强组织管理，按照省政府的要求，部分市（州）和高校都建立了相应的学生资助机构。全年资助贫困生的任务超额完成，湖北省落实新机制大学生助学贷款政策，受到教育部的通报表彰并奖励湖北省3 600万元，用于2005年的大学生资助工作。

落实“两免一补”政策，不断完善农村中小学贫困家庭学生的资助体系。省教育厅与省财政部门协商，通过调整省级教育经费支出结构，调剂资金，为部分贫困学生免除了杂费，各县（市、区）及学校都力所能及地对寄宿制学生给予了一定的生活补助。2004年，在中央免费教科书专项资金的大力支持下，全省各地共落实“两免一补”资金18 255万元，资助了91.2万名贫困家庭学生。

落实国家助学贷款新机制，不断完善“奖、贷、助、补、减”的贫困大学生资助体系。省政府制定了《湖北省国家助学贷款实施细则（暂行）》和《湖北省生源地助学贷款实施办法（暂行）》，积极推进新机制国家助学贷款的实施，将风险补偿金和新增加的贴息资金全额列入年度财政预算。通过招投标，中国农业银行湖北省分行以10%的风险补偿比例中标，承担省属41所高校的国家助学贷款业务，向4.5万名贫困家庭学生提供2.7亿元额度的国家助学贷款。督促高校拿出学费收入的10%用于资助贫困生。2004年粮食价格上涨后，按照国家规定，中央部委高校按学生总人数的5%，对贫困学生每人每天补助4元，省属高校参照中央部委高校做法，对贫困生每人每天补助2元。当年，湖北省高校通过采取“绿色通道”和“奖、贷、助、补、减”等资助措施，已资助贫困大学生13.5万人，投入资助经费32 255万元。

广泛开展社会助学活动，省青少年基金会启动“曙光基金”和“明德奖学金”、省总工会实施第六个助学帮扶计划、省残疾人联合会开展扶残助学“春雨行动”和“中西部地区盲童入学”项目等。2004年秋季开学前，按照省长办公会要求，省教育厅还会同有关部门组织了一次大型的资助家庭贫困学生专项募捐活动，并在教师节举行了一场大型资助贫困生募捐晚会，收到捐款2 670万元。

〔**启动“农村教师资助行动计划”**〕 湖北省教育厅印发《湖北省“农村教师资助行动计划”实施方案》，决定从2004年起实施湖北省“农村教师资助行动计划”，每年选派一批普通高等学校应届本科毕业生到农村乡镇学校任教。每批到农村任教的毕业生服务期为3年。在服务期内享受一系列的优惠政策。毕业生在服务期内，省教育厅对其进行跟踪管理，及时总结经验，推广典型。对成绩突出、表现优秀的给予表彰。毕业生在农村乡镇学校任教期间，由县（市）教育行政部门统一管理，所任教的学校负责日常管理。县（市）教育行政部门每学年对毕业生考核一次，并将考核情况报省教育厅。毕业生服务期满后，总的原则是自主择业，同时积极鼓励和大力引导他们继续留在农村乡镇学校任教。

2004年，306名优秀大学毕业生由省统一安排到29个扶贫开发重点县（市）乡镇学校任教，此举得到教育部、人事部充分肯定。

〔**民办教育**〕 在党和政府“积极鼓励，大力支持，正确引导，加强管理”的方针指导下，湖北省民办学校初步改变了政府包揽办学的单一体制和模式，形成了“政府办学为主、社会各界参与、多种形式并存”的教育发展格局。全省各级教育行政部门审批的民办学校及民办教育机构1 700多所，专职教师2.5万人，在校学生51万多人。民办中学222所，在校生11.17万人；民办小学149所，在校生6.84万人。民办中等职业学校33所，在校生1.63万人。民办职业中学3所，在校生630人。民办幼儿园1 254所，在园幼儿13.5万人，占幼儿园在园幼儿的22%。民办高等教育机构139所，其中，独立设置高等职业学校10所（2004年新设置1所），普通高校以民办机制举办的独立学院达到29所，非学历民办高等教育机构96个；2004年民办高校学历教育招生7.84万人，在校生16.6万人（其中，独立设置民办高等职业学校本专科在校生3.95万人，独立学院在校生12.08万人），分别占当年普通高校本专科招生数的26%、18.6%。

〔**教育国际合作与交流**〕 一是对外交流取得新突破。2004年，省教育厅领导分别陪同教育部及省领导出访美国、伊朗、奥地利等国，填补了与伊朗、奥地利等国在教育领域无直接交流渠道的空白，进一步加强了与美国伊利诺伊、俄亥俄、夏威夷等州在教育领域的交流与合作。由省教育厅举办的“留学湖北教育展”在日本东京、韩国汉城成功举行，这是湖北高校首次赴国外举行教育展，也是中国地方省市教育部门首次在日本举行教育展。二是引智工作成效显著。近几年全省教育系统聘请的外籍专家和外籍教师人数均超过1 200人，其中科技专家的比例也在逐年上升。聘请外教的单位由上世纪90年代初的少数几家重点高校发展到2004年的278所大专院校、中等专业学校和中小学校。三是来华留学工作有长足发展。2004年湖北省招收留学生人数首次超过2 000人。四是国家公派出国留学工作居全国前列。2004年，全省共有373人提出了国家公派出国留学申请，其中166人被录取。五是中外合作办学势头良好。湖北省的中外合作办学发展很快，办学机构数量增加，办学层次显著提高，全省已有38个合作办学项目，其中合作培养硕士项目4个，专科项目4个，高中学历教育项目4个。六是自费留学中介市场得到良好发展。全省新增6家机构获得教育部批准从事自费留学中介服务资格，使湖北省合法留学中介机构达到12家。

基础教育

〔**综述**〕 2004年，湖北省基础教育工作以贯彻落实全国农村教育工作会议精神为中心，以巩固“两基”成果为重点，对农村义务教育的投入连续大幅度增长，“以县为主”的农村义务教育管理体制不断完善，全省中小学全面试行的“一费制”收费办法，有效遏制了教育乱收费行为；解决80万贫困中小学生的入学问题并采取有效措施解决农村外出务工就业农民子女入学及农村“留守孩子”的教育问题；积极推行“贫九工程”、“危改工程”和“西部寄宿制学校建设工程”，改造农村中小学D级危房126万平方米，为中小学师生提供安全保障；在全国率先启动“农村教师资助行动计划”，探索出了一条支教与资助贫困生相结合的有效途径；贯彻落实《中共中央 国务院关于进一步加强和改进未成年人思想道德建设的若干意见》，进一步加强和改进未成年人思想道德建设；全省义务教育学段的起始年级全部使用课程标准实验教材；狠抓中小学卫生安全，确保师生健康；大力开展课外文体活动，中小学学生体质明显增强。

全省“普九”成果进一步巩固，普通高中教育得到稳步发展。2004年，全省小学适龄儿童入学率达到99.69%，小学毕业生升学率达到99.78%，初中学龄人口入学率达到97.93%；小学、初中年辍学率分别控制在0.55%和1.15%；普通高中招生43万人，在校生达到119.74万人，比上年增加12.44万人。

〔**全省农村教育工作会议**〕 2004年6月11

日—12日，湖北省以省政府名义召开全省农村教育工作会议，这是新中国成立以来湖北省第一次召开全省农村教育工作会议。会议的主要任务是：以党的十六大和十六届三中全会精神为指导，认真贯彻落实《国务院关于进一步加强农村教育工作的决定》，交流各地农村教育工作的经验和做法，讨论和研究进一步加强湖北省农村教育工作的政策和措施，推进全省农村小康建设和城乡协调发展。会议由省委书记俞正声主持，省长罗清泉作主题报告，有关单位在大会上进行了经验交流。会议出台了《省人民政府贯彻〈国务院关于进一步加强农村教育工作的决定〉的实施意见》。省政府制定了农村义务教育保投入、保工资、保安全、保运转和努力化解“普九”债务的政策措施，建立“五项机制”、“四个专户”的农村义务教育投入保障机制。“五项机制”即教师工资发放机制、农村中小学公用经费保障机制、农村中小学危房改造投入机制、中小学收费监管机制、化解“普九”债务机制。“四个专户”即教师工资专户、中小学危房改造资金专户、中小学公用经费管理专户和资助贫困生专户。

〔**全省中小学全面试行“一费制”**〕 在2003年试行“一费制”的基础上，通过对省内外进行深入调研，研究制定了湖北省“一费制”标准，同时提出了公用经费的补助办法。从2004年9月1日起，湖北省中小学全面试行“一费制”收费办法，中小学生家长实行“明白缴费”。湖北省“一费制”收费办法有如下具体规定：(1)“一费制”的试行范围。政府举办的普通小学（含村小）和普通初中（含义务教育阶段特殊教育学校及特教班）；事业单位、国有企业举办的非民办机制普通小学和初中。进城务工农民子女接受义务教育的收费，按政府指定的区域和学校与当地学生一视同仁。(2)“一费制”收费内容。“一费制”收费内容包括杂费（含信息技术教育费）、课本费（指国家课程教材费和地方课程教材费）和作业本费（指学生抄本、课堂作业本和寒暑假作业本费）。(3)“一费制”的收费标准。城乡初中每学期为290～340元，城乡小学1～2年级每学期为145～180元，3～6年级为170～200元。

〔**义务教育年经费投入首次突破100亿元**〕 2004年，湖北省各级政府对义务教育的经费投入在连续大幅度增长的基础上首次突破100亿元，比上年增长15.17%以上，其中，中央和省级财政对农村义务教育新增教育投入达到10亿元。湖北省农村义务教育投入快速增长的原因在于：一是政策性投入更加刚性化，“五项机制”和“四个专户”为农村义务教育投入提供了保障措施；二是中央和省对县级教育转移支付投入逐年增加；三是政策范围内多渠道筹集的教育经费稳步增长。

〔**巩固提高“普九”成果**〕 (1)加强对农村义务教育难点、热点问题的调研和指导。重点围绕农村初中“渡峰”等问题进行调研，提出对策措施。通过调研所形成的《湖北省农村初中“渡峰”问题研究报告》，分析了全省农村初中的现状，对湖北农村初中“渡峰”形势及办学条件作了预测，并提出了一系列对策。(2)完善学生入学办法，全面实行入学通知制度。从2004年秋季起，全省各级各类中小学全部实行学生入学通知制度。(3)积极扶持盲童教育。全省开办盲童班的学校由2个发展到9个，在校学生发展到200多人。召开全省视障教育研讨会，通过经验交流、教学观摩和论文评比，提升了视障教育的办学水平和教育质量。(4)加强检查督办，狠抓落实。通过召开全省中小学春、秋两季开学工作电视电话会议，对全省春秋两季中小学开学工作进行部署和督导检查，将学生入学情况作为重点检查的内容之一。(5)开展“普九”复查。省人民政府教育督导室组织以省督学为骨干的近100人次先后对浠水县、黄州区、丹江口市等23个县（市、区）的“普九”巩固提高工作进行复查。

〔**农村中小学危房改造**〕 按照国家的统一部署，认真实施“贫九工程”、“危改工程”和“西部寄宿制学校建设工程”。主要作法是：(1)省委、省政府领导多次下乡调研，进行督办指导；省政府多次召开专题会议，进行研究协调，11月还专门召开各市（州）长座谈会，督办危改任务落实情况；省财政在9 500万元中央专项资金未到位的情况下，通过本级财政先调度资金下达到各项目县，对确保危房改造工作进度起了重要作用。(2) 研究制订了实施“危改”工程的总体规划和分年度实施计划。出台了《湖北农村中小学危房改造工程实施方案》等规范性文件。(3) 各级教育部门严格项目管理。省危改办坚持在危房面积核实、项目开工指导、项目竣工验收时“三到位”，2004 年，先后两次共组织 350 人次专家对 64 个危改项目县的工程实施情况进行了督办、检查。

2004 年，中央和省级财政共筹措资金 2.18 亿元，全省消除 D 级危房面积 150.8 万平方米，完成 D 级危房改造面积 126.3 万平方米，超额完成省政府下达的 89 万平方米危房改造任务。农村中小学面貌明显改善，师生安全进一步得到保障。

〔进城务工就业农民子女义务教育工作〕 (1) 坚持以流入地政府管理为主，加强领导，营造全社会关心支持进城务工就业农民子女义务教育工作的良好氛围。一是强化政府行为，完善政策，加强对进城务工就业农民子女义务教育工作的领导。湖北省《贯彻落实国务院关于加强农村教育工作决定的实施意见》等一系列文件对做好进城务工就业农民子女义务教育工作作了相关的规定并提出了一系列措施。二是加强对进城务工就业农民子女义务教育工作的研究和指导，出台了《关于加强农村外出务工农民子女教育和管理的若干意见》。三是加强对进城务工就业农民子女义务教育工作进行检查和督导。四是建立联动工作机制。教育部门会同相关部门齐抓共管，形成了“以流入地政府管理为主、以全日制公办学校为主，多种形式接收进城务工农民子女入学”的联动工作机制。五是创造良好的舆论氛围。通过新闻媒体及时向社会公示进城务工就业农民子女就学的有关事项，开通“农民工子女入学专题热线”，印制宣传品等方式营造良好的舆论氛围。(2) 坚持以全日制公办中小学为主，加强管理，确保进城务工就业农民子女“进得来、留得住、学得好”。一是实行无条件接收政策。公办中小学和经审批的简易学校无条件地接收进城农民子女入学。二是实行通知入学制度。三是依法劝学。对进城务工农民不按规定送子女接受义务教育的，由暂住地所在的街道办事处或乡（镇）人民政府对其进行批评教育，并采取措施责令其送子女入学。四是加强教育教学管理。相关学校针对进城务工农民子女的实际情况，积极尝试、摸索分层教学和因材施教等方法，努力提高教学质量。五是建立进城务工就业农民子女教育家校联系制度，规定班主任定期到农民工学生家庭走访。六是规范学籍管理。做到“转出有接收反馈、转入有注册登记”，做到“在册即在校、在校即在册”。(3) 坚持同一收费标准，加大投入，建立进城务工就业农民子女接受义务教育的经费筹措机制。(4) 充分发挥社会力量办学在解决进城务工就业农民子女入学方面的积极作用。允许有关集体和个人在进城务工农民人口比较集中的地区依照《民办教育促进法》，经审核批准后，举办专门招收进城务工就业农民适龄子女就读的学校并将其纳入当地教育发展总体规划，进行规范管理。

〔实施农村基础教育课改工程〕 从 2004 年起，在全省 25 个省级课改实验区范围内，实施农村基础教育课改工程。(1) 开展调查研究。省教育厅组织了 7 个调研组，对全省 25 个省级基础教育课程改革实验区进行调查研究。结果发现，农村学校课程改革困难较大，主要表现在：农村学校教师年龄趋于老化，教师素质不适应课程改革的新要求；农村学校信息闭塞，实施新课程遇到的困惑和疑难无法化解；农村学校公用经费严重不足，教师难以参加培训；许多学校教师数量少，实行包班制，相互交流困难；地方教材和校本课程教材存在城市化倾向，给教学增加了难度等等。(2) 建立新的课程体系。从 2004 年秋季开始，全省九年义务教育阶段的农村学校从综合实践活动中每周分离出 2 课时，从地方课程及学校课程中每周安排 1 课时，用于选开技术类课程，使该类课程上课表、进课堂、见实效。将农村初中生获得“绿色证书”作为毕业的基本条件。(3) 推行联片教研制。针对农村学校布点分散、规模小、教研能力弱的特点，推行以中心学校为核心的联片教研制，开展讲师团到农村学校巡讲和送教下乡活动，引导教师解读课程标准和新教材，讨论教学方法，研究突破重点难点的办法。（4）将教师培训工作重点向农村教师倾斜，建立低费高效的农村教师培训机制，各地教师培训经费用于农村教师的比例不少于70%，并拨出专项经费用于贫困地区及少数民族地区开发地方课程。

〔**加强和改进未成年人思想道德建设**〕《中共中央 国务院关于进一步加强和改进未成年人思想道德建设的若干意见》颁布后，由省文明委牵头以省委、省政府名义召开加强和改进未成年人思想道德建设工作会议，制定了《关于进一步加强和改进未成年人思想道德建设的实施意见》，省委办公厅、省政府办公厅印发了《关于进一步加强和改进未成年人思想道德建设责任分工方案》。主要作法是：(1) 加强学习，提高认识，积极开展教育思想大讨论活动。在全省组织开展以"育人为本，德育为首"为主题教育思想大讨论和征文活动。(2) 围绕难点，突出重点，深入开展调查研究活动。通过座谈会、实地考察、问卷调查和专题调研等多种形式，围绕中小学德育工作的薄弱环节和突出问题，开展了一系列调研活动。(3) 强化课堂，注重实践，不断改进中小学德育工作。通过加强德育课程教材建设，发挥德育课程的作用，减轻学生过重的课业负担，开展社会实践活动来突出德育工作的实效性。(4) 改革评价，突出德育，建立对学校和学生的激励机制。全省已建立了中小学综合办学水平分级分等评估制度，加大了德育工作在省级示范学校评估中的权重，进一步强化了德育在学校的首要位置，增强了时代性和导向性，保证了学校的办学方向。(5) 树立典型，强化师德，提高教师队伍整体素质。建立了省、市、县三级德育工作队伍培训网络、湖北名师评选制度、优秀教师表彰奖励制度、师德师风报告团宣讲制度、班主任培训制度等。(6) 学习《守则》，落实《规范》，开展中小学生行为习惯规范养成教育。2004年，省教育厅多方筹措资金，向全省中小学免费赠送了行为规范教育、安全教育挂图、宣传画和诚信教育读本，共10多万套。

〔**实施农村中小学现代远程教育工程**〕 农村中小学现代远程教育工程是经国务院决定，由教育部、国家发展改革委、财政部组织实施的一项发展农村基础教育的重点工程，计划到2007年共投入85亿元，为农村教学点配备光盘播放系统、为农村小学配备教学卫星收视系统、为农村初中配备计算机教室。湖北省政府十分重视这项工作。10月8日，省长罗清泉主持召开办公会议决定，在4年时间内，落实省级配套资金1.1亿元，用于实施农村中小学现代远程教育工程，29个国家级和省级贫困县（市），省配套资金全部由省财政解决，非贫困县（市）按省、县3∶7配套。(1) 成立以分管教育副省长任组长、省政府副秘书长、省教育厅厅长任副组长，省教育厅、省发展改革委、省财政厅、省信息产业厅负责人为成员的湖北省农村中小学现代远程教育工作领导小组。经领导小组批准，2004年为襄樊市、孝感市、恩施州、天门市、鄂州市5个市（州），共6 105所中小学装备现代远程教育设施，其中城镇学校718所，农村初中468所，农村小学3 469所，农村教学点1 450所，总投资1.07亿元。(2) 制订《湖北省农村中小学现代远程教育工程实施方案》等文件，对工程实施作了部署。(3) 组织开展教师和技术人员培训。对120名骨干教师、工程项目学校6 000余名教师和技术人员进行了培训。(4) 成立了湖北教育网台，网台把中央电教馆的资源、百年树人的资源和本省自制的资源整合起来，向广大农村地区播送。

〔**建立中小学教职工工资发放核查制度**〕 经湖北省政府同意，省教育厅、财政厅、监察厅和省政府教育督导室决定，在全省建立中小学教职工工资发放核查制度，并聘任相应的核查员，具体负责所在市、州、林区中小学教职工工资发放核查工作。核查员被赋予10项权责，如掌握并核实本地各类学校的学生数和中小学教职工编制数；了解并核实县级财政教职工工资的预算和决算情况（预算标准、人员基数、资金来源）；督促县级财政建立中小学教职工工资帐户，并核查专户运作情况；参加各县（市）研究中小学教职工工资发放工作的重要会议；核实本地各县（市）中小学教职工工资拖欠情况等。各市（州）也可相应在所辖县（市）聘任市、州级的核查员，建立市、州中小学教职工工资发放核查制度。

〔**创建全国中小学生课外文体活动工程示范区**〕 2004年5月，配合教育部对湖北省襄樊市实施课外文体活动工程的情况进行了检查评估。检查组对襄樊市结合农村学校特点，面向全体学生，开展快乐文体活动给予了充分的肯定，并于2004年7月命名襄樊市为全国课外文体活动工程示范区。同时，为推动“中小学生课外文体活动工程”的深入开展，推广先进经验，表彰先进典型，促进课外文体活动的制度化和规范化，经省教育厅、省体育局、团省委、省少工委组织有关专家对2003年申报“湖北省中小学生课外文体活动工程示范区”的单位进行评审，命名了武汉市江岸区、潜江市、荆州市沙市区等3个市（区）为“湖北省中小学生课外文体活动工程示范区”。按照教育部的总体部署，湖北省还在襄樊市开展了“中小学生体育、艺术2+1项目”的试点工作，目前，试点工作已取得初步成效。

职业教育与成人教育

〔**综述**〕 2004年，湖北省职业教育与成人教育认真贯彻落实全国职业教育工作会议、全省农村教育工作会议精神，积极推进职业教育与成人教育质量、规模、结构、效益的协调发展，呈现良好的发展态势。

2004年，全省有中等职业学校401所，职业初中37所，成人中学65所，成人小学1 344所，职业技术培训学校2 253所。全国职业教育工作会议召开后，湖北省结合省委书记俞正声、省长罗清泉对职业教育的多次批示，深入学习贯彻落实全国职业教育工作会议精神，及时召开了全省职业院校就业工作会、全省教育系统农村劳动力转移培训工作经验交流表彰会、全省农村职业教育为区域经济服务工作会等专题会议。建立了由省教育厅牵头，省发展改革委员会、省财政厅、省人事厅、省劳动与社会保障厅、省农业厅、省扶贫办参加的湖北省职业教育工作厅际联席会议制度，加强对职业教育的指导、协调。在调研考察的基础上，省教育厅会同省发改委、省财政厅、省人事厅、省劳动与社会保障厅、省农业厅、省扶贫办等部门制定了《关于进一步加强职业教育工作的若干意见》。同时结合全国职业教育工作会议精神，进一步修改完善了《湖北省实施〈中华人民共和国职业教育法〉办法》（草案）。

〔**高等职业教育**〕 湖北省坚持采取多种形式发展高等职业教育，在推进高等教育大众化和实现湖北由高教大省向高教强省转变的进程中起到了积极作用。

高等职业教育形成规模。2004年，全省独立设置的高等职业学校达49所（其中，社会力量举办的高等职业学校10所），占全省普通高校总数的58%。2004年，高等职业学校招生8.87万人，在校生21.88万人，分别占普通高校本专科招生数、在校生人数的30%、24.5%。此外，7所普通本科院校举办职业技术学院，招生0.92万人，在校生3.7万人；13所成人高校举办高职班，招生0.8万人，在校生1.3万人。高等职业教育招生9.6万人，在校生21.4万人。

发展途径不断拓宽。继续采取多种形式发展高等职业教育，以独立设置高等职业学校为主体，普通本科学校举办二级职业技术学院、成人高校举办高职班、普通中专与高职院校合作举办“3+2”分段制高等职业教育和高等职业学校举办“五年一贯制”高职班等多种途径共同发展的高等职业教育办学格局更加稳定。

布局结构趋于合理。在区域布局上，全省每个市、州设置一所高等职业学校（其中，武汉市设有3所高等职业学校），初步形成了与行政区划基本相适应的高等职业教育布局结构。从行业布点上，工业、农业、服务业、税务、林业、电力、交通、铁路、轻工、水利、城建、信息、司法、艺术、民政等部门和行业都已设置了高等职业学校，主要面向行业培养人才。从企业来看，武汉钢铁（集团）公司、长江航运集团、长江水利委员会、一冶集团都举办了高等职业学校。全省49所高等职业学校中，社区型高职17所，行业型高职17所，民办高职10所，大型企业举办的高职5所。

办学机制自主灵活。湖北省高等职业教育经过多年的探索，走出了一条自我发展、自我完善的发展道路，其招生和就业呈现出“买方市场”的特征。学校坚持面向社会，面向市场，以就业为导向，按新机制运作，实行“订单式”办学模式，在市场竞争中抢占了先机，在教育为经济建设服务中发挥着重要作用。

民办高职蓬勃发展。2004年，全省民办独立设置的高等职业学校已发展到10所，专业涵盖经济贸易、外语外事、信息技术、信息传播、生物工程等方面，部分专业填补了湖北省高职专业的空白。

〔**中等职业教育**〕 2004年，全省中职毕业生就业率达到92.8%，就业率和就业质量较2003年都有大幅提高。印发了《省教育厅关于切实抓好中等职业学校招生工作的通知》，增加了中职毕业生接受本科、高职教育的人数，进一步扩大“3＋2”分段制高等职业教育规模。通过做好就业与升学服务，拓宽出口，2004年全省中职招生人数突破25.7万人（含技校生6万人），较上年增长30%左右，全省高中阶段教育结构进一步趋于合理，普职比由7.3：2.7转变为6.9：3.1（不含技校生）。

积极推动重点学校建设，大力发展优质职业教育资源。继续推进“双特色”学校的建设，部分“双特色”学校获得社会高度认可。10月，省教育厅开展了第二批国家级重点中等职业学校的重新调整认定申报工作，有6所申报学校经教育部验收复评合格，使全省国家级重点中等职业学校达到64所。12月初，对新申报的省级重点学校和重点专业进行复评，并公布认定了9所省级重点中等职业学校和省级45个重点专业。配合省发改委实施国家推进职业教育专项建设计划，第一批5所中等职业学校获得国家扶持建设。

不断深化教育教学改革，增强学校办学活力。配合国家制造业和现代服务业紧缺型人才培养培训工程的实施，积极做好数控、汽车、护理、计算机、建筑等行业紧缺型人才培养培训工作，24所中等职业学校成为国家制造业和现代服务业紧缺型人才培养培训项目学校。在中等职业学校大力推行学分制、弹性学制。全省已经有120所职业学校试行学分制、弹性学制。

〔**农村职业教育培训**〕 以农村劳动力转移培训为重点，大力开展职业培训工作。与农业部门密切合作，2004年5月，印发了《农村劳动力转移培训实施方案》，启动了农村劳动力转移培训工作。各级各类职成学校以服务为宗旨、以就业为导向，围绕转移抓职教，抓好职教促转移，采用多种模式开展农村劳动力转移培训，取得明显成效。10月23日—24日，在武汉市新洲区召开了全省教育系统农村劳动力转移培训经验交流表彰会，表彰了武汉市新洲区等14个先进县（市）。12月1日，在赤壁市召开了全省农村职业教育服务县域经济工作会议，会议围绕农村职业教育为县域经济服务，使湖北省农村职业教育走在全国前列进行了研讨。全年共完成农村劳动力转移培训52.3万人，其中转移就业32.7万人，配合各地阳光工程办公室完成转移培训9.7万人，完成进城务工人员培训近20万人。同时，还完成了15万下岗工人再就业的培训任务；完成了农民实用技术培训300万人次的任务，建成省级乡镇示范成校22所，教育兴农示范基地13个。

〔**举办计算机、数控技能大赛**〕 10月

28日—29日，省教育厅在湖北工业大学举办了第二届湖北省中等职业学校计算机技能大赛。全省共有16个代表队参加本次大赛，156名选手参加了FLASH动画制作团体赛和文字录入与图文混排、网页设计与制作、图形图象处理等个人单项赛共四个项目的竞赛，充分展示了湖北省计算机教学的水平和实力，为参加全国中等职业学校计算机大赛打下了较好的基础。大赛有10人获得一等奖，20人获得二等奖，27人获得三等奖。13位教师获得优秀指导教师奖。根据国家六部委《关于举办第一届全国数控技能大赛的通知》精神，省劳动厅、省教育厅六部门于8月1日—6日在武汉职业技术学院和武汉华中数控股份有限公司两地联合举办了湖北省首届“华中数控杯”数控技能大赛。大赛分职工、技工学校、高职高专、中等职业学校4个组，共计265人报名参赛，其中：高职、中职有111人参加两个项目的竞赛，共40人获奖。在10月北京举行的第一届全国数控技能大赛中，全国30个省市共有422名选手入围参加比赛，湖北省18人。其中，高职、中职学生8人，技校1人。有4名学生获优秀奖并参加人民大会堂的颁奖。

〔**“十五”职教科研成果**〕 湖北省十分重视“十五”职教科研规划的落实，指导、督促完成了8个“十五”立项科研课题的阶段性研究任务，并及时组织有关专家进行认真评审，同意“高等职业教育的经济功能及运行机制研究”、“山区职业教育的发展对策研究”、“21世纪初湖北劳动力素质结构变化与职业教育对策研究”、“全国重点职教师资培训基地教学改革研究与实践”、“中外职教人才培养模式比较”等5个课题结题。

〔**“双特色”学校**〕 湖北省为了拓宽中职学校的发展道路，促进职教和普高的相互融合，从2001年开始，批准设立了武汉一职教中心等12所英语和信息“双特色”学校。与其他中职学校不同的是，“双特色”学生可参加单独考试，升入本科高校学习。2004年，全省有528名“双特色”学校毕业生参加对口升入高校招生考试。

高等教育

〔**综述**〕 2004年，湖北省普通高校达到85所（其中本科32所，高职高专53所），全日制在校生达到96万人，成人高等教育在校生24万人。全省高等教育毛入学率达到23.9%，比2003年提高2个百分点，高考录取率达到68.8%，比2003年提高4个百分点。湖北省抓住高校办学体制改革的机遇，共试办独立学院33所（其中教育部已批准29所），引导30多亿元社会资金用于高校建设，一种“政府办学为主、社会各界参与、多种形式并存”的高等教育新格局已见端倪。

〔**实施“湖北省高等学校人才培养质量与创新工程”**〕 为全面提升省属高等学校办学质量与办学水平，在调查研究的基础上，针对省属本科院校办学实际，省教育厅提出了“高等学校人才培养质量与创新工程”计划，从专业建设、实验室建设、课程建设等方面入手进行专项建设。2004年，精品课程建设项目、本科品牌专业建设项目、高等教育人才培养模式和教学内容、课程体系改革与实践研究项目已实施，大学英语教学改革项目正在进行，对提高湖北省高等学校的办学质量和综合竞争力起到了促进作用。本年又投入2 000万启动第二批省属高校教学实验示范中心建设。经专家组考察、审定，确定在6所高校建立6个基础课教学实验示范中心。

〔**开展精品课程建设工作**〕 （1）继续实施“湖北省高等学校人才培养质量与创新工程”的本科品牌专业建设。在2003年已批准12所高校的18个专业作为品牌专业进行建设的基础上，2004年经过省属高校的推荐评审，继续建设15个品牌专业，每个专业投入20万元。（2）按照教育部2004年国家精品课程建设工作的要求，认真做好国家级和省级精品课程的遴选工作。组织高校在省级优质课程中开展精品课程建设，向教育部推荐33门课程申报国家精品课程，其中20门课程被确定为国家精品课程。同时，组织对107门申报省级精品课程进行网上评选。

〔**独立学院迅速发展**〕 2004年，独立学院招生6.28万人，在校生达到12.66万人，其中本科6.46万人，专科6.2万人，占全省普通高校在校生总数的14%，相当于上世纪90年代初全省省属高校在校普通本专科生规模的总和。近年来，独立学院通过社会力量投入、学费收入和银行贷款等多种渠道，筹措非财政性资金30多亿元用于学校建设。全省独立学院校园占地面积达813公顷，校舍建筑面积378.1万平方米，教学仪器设备总值5.15亿元，图书486.4万册。独立学院已成为湖北省普通高等教育的重要组成部分和高等教育发展新的增长点。

〔**加强高校图书馆工作**〕 2004年召开了两次高校图书馆馆长座谈会，听取了馆长们对湖北省高校图书馆工作的意见与建议；对依据教育部所发的图书馆工作条例、高校基本办学条件等文件要求制定图书馆工作评估细则（征求意见稿），全省高校文献保障体系建设方案两个重要问题听取了馆长们的意见。

根据教育部有关会议精神，对湖北省高校文献保障体系的建设方案作了进一步的论证和修改，现在的方案与原来方案相比，一是经费投入减少60%（由5 000万元减到2 000万元）；二是服务由面向本科院校扩展到全省高校（含独立学院）；三是运行机制上，以政府为主导，充分发挥学校的积极性和主动性。

〔**继续推进学科创新工程**〕 2004年，省教育厅围绕学科创新问题，对在鄂21所高校的110个学科进行了为期两个多月的专题调研，基本摸清了湖北省高校学科建设特别是学科创新的现状。

湖北省高校实施“学科创新工程”，主要在几个方面下功夫：（1）打造特色学科，精心凝炼学科方向。一是以科研项目为纽带，通过科研成果来凝炼方向，形成优势；二是以教学为依托，紧跟学科前沿，把人才培养与学科方向紧密结合，推进教学与科研互动，在教学中深化、提升、总结和检验科研工作，又在科研中积累教学资料、深化教学内容改革，提高教学质量与水平；三是紧密结合经济建设和社会发展需要，紧密跟踪学科发展前沿，精心扶植学科生长点，形成特色方向，服务于行业，又在行业中发展；四是以高新技术整合、提升、改造传统学科专业，形成新的学科方向。（2）内培外引，倾心汇聚学科队伍。强化团队精神，在一个学科内部，形成相互关联、各有侧重的稳定的学术群体，在科学研究和其他学术活动中形成强有力的、善于攻坚的学科创新团队，争取较大的学术成果和学术影响。（3）抢抓机遇，努力构筑学科基地。（4）科学管理，积极创造良好的学科生长与发展环境。（5）突出人本观念，积极营造良好的学术氛围。一是突出以人为本，树立全新的人才观；二是进一步明确广大教师是学科建设和学科创新的主体；三是及时跟踪、掌握国内外学术动态，注重相互间的交流与合作。

〔**全省高校学科建设工作会议**〕 2004年12月22日，省教育厅在武汉召开了全省高校学科建设工作会议。

会议认为，实施“学科创新工程”后，湖北省各高校采取了强有力的建设措施，工作上各具特色，取得了明显成绩。（1）高校大力实施“学科创新工程”，有效地促进了学科实力的增强和学科水平的提高。一是树立了大学科建设的理念；二是树立了学科建设“以人为本”的理念；三是牢固树立了学科建设与经济社会发展互动的理念。(2) 不断完善博士、硕士学位点立项建设制度，促进了全省高校学科建设与研究生教育全面、协调地发展。(3) 不断加大重点学科建设力度，建设了一批高水平的学科和学科基地。(4) 积极推进产学研有机结合，不断增强学科建设为经济社会发展服务的能力。

〔**首次开展研究生培养条件评估**〕　2004 年年初，省教育厅印发了《湖北省研究生培养条件评估实施方案》。文件下发后，各学校高度重视研究生培养条件的评估工作，对照评估指标体系认真进行准备，一边自评，一边加强建设，保证了学校自评阶段的顺利开展。在学校自评的基础上，下半年，组织专家到 14 所高等学校进行了核查性评估。评估采用定性评估和定量评估相结合的方式，专家们通过听、看、查、访、谈等多种形式，对高校的研究生培养条件进行实地核查，并在学生中开展了随机问卷调查，收回调查问卷 828 份，与教师座谈 210 多人次，与学生座谈 300 多人次。同时，专家们针对每所学校存在的主要问题提出整改建议，并及时向学校反馈了意见，指导和帮助各学校有针对性加强研究生培养条件建设，达到了以评促建、以评促改的目的。

〔**加强学位管理**〕　(1) 学士学位的管理是三级学位质量的基础，也是当前管理工作比较薄弱的环节。为了加强学士学位管理，省教育厅做了三方面工作。一是不断完善学士学位管理的规章制度。在要求学校根据学位条例制定或修改学士学位授予工作的实施细则的同时，在广泛征求意见的基础上起草了《湖北省双学位管理办法》和《湖北省普通高校独立学院学士学位授予工作管理办法》等规范性文件。二是启动了省级优秀学士学位论文评选活动。经过学校推荐，专家网上评选，共评选出省级优秀学士学位论文2 000余篇，其中一等奖 380 余篇。同时，建立了学位论文网和优秀学士学位论文数据库。三是进一步规范成人学士学位外语考试的管理。加强同兄弟省份的合作，在双方协商的情况下，为这些学生申请学位提供了便利。(2) 完善学位证书的网络化管理。2004 年，省教育厅对网络化管理工作进行了进一步完善。一是规范各种学位证书的编号方法，对各类型的学位证书编号规定了明确的办法。二是实现了学位与学籍系统的相关信息的对比核实。

〔**高校招生考试工作**〕　(1) 实现了全国统一命题向语文、数学、外语科目自主命题的平稳过渡。2004 年教育部确定湖北省为高考语文、外语、数学科目自主命题的省市之一，湖北省教育考试院在接受任务后，迅速制订工作方案，开展调查研究，收集各种资料，组建专家队伍，遴选命题教师，确定入围方式，严谨认真地组织命题，建立各项规章制度和运转规则，用规则保质量，用制度保安全，努力使命题工作管理规范化、科学化、制度化。实现了平稳过渡，试题质量受到好评，试题安全得到保障。高考试题在难度、区分度、大纲把握、试题结构等方面比较成功，达到了预期目的。(2) 实施高校招生“阳光工程”。2004 年湖北省高校招生录取工作坚持稳定和完善政策，坚持不退档、不换录、不补录的“三不”政策，全部实行异地远程网上录取，1 200多所高校都不派人到招生录取现场。全方位开展招生宣传，提高招生录取工作透明度。继续坚持公开信息、咨询接待、生源不足院校公开征集志愿制度化；编印了政策百问、考生须知、咨询接待工作指南、填报志愿专题讲座光碟等宣传资料，发放给市（县）招办、高中和考生；通过报纸、杂志、电台、电视台和网络等渠道，及时公布高校招生录取工作政策规定、招生计划、招生简章、投档资格线、工作安排、录取进程、考生电子档案运行的 7 种状态、生源不足院校信息和征集志愿办法信息等。(3) 在原有的第二至四批院校实行“知分”填报志愿的基础上，2004 年第一批本科院校招生也实行了“知分”填报志愿。(4) 录取率不断提高。本年全省共有考生 37.2 万人，在鄂招生院校1 279所，全省共录取考生 25.6 万人，其中本科 13 万人，高职专科 12.6 万人，录取率达 68.8%。

〔**感动中国的桂希恩、徐本禹**〕 武汉大学中南医院感染科教授、博士生导师、国家艾滋病防治专家指导组成员、武汉大学医学院艾滋病防治研究中心主任桂希恩，一生致力于地方病和传染病的临床、科研和教学工作。他曾数十次下到艾滋病高发区进行调查研究，为500多名艾滋病高危人群做检测。制作了大量的宣传画、宣传册、多媒体资料宣传艾滋病防治知识，引起了各级政府和社会对防治艾滋病的高度重视。他廉洁行医，视病人如亲人；他与艾滋病人同吃同住，每一位到武汉的艾滋病人都得到过他的帮助，他的心总是牵挂着许许多多艾滋病人。他带领大学生们奔赴艾滋病多发区开展“红丝带”行动，为艾滋病人送医送药，用他的人格魅力感化了每一个学生。2004 年 6 月，来湖北考察的国务院总理温家宝专程到中南医院看望了桂希恩，对他献身祖国艾滋病防治事业表示感激和敬意。

华中农业大学 1999 级经济学专业本科大学生徐本禹，在校期间为别人献过血，捐过骨髓，帮助与自己一样困难的同学和陌生人。2003 年—2004 年，在学校的支持下，他毅然决定保留研究生入学资格两年，到贵州省大方县猫场镇狗吊岩村为民小学和大水乡大石村小学支教，在没有电，不通公路、不通电话、不通邮路，饭是一成不变的玉米和酸菜汤的大山深处，用一个刚刚毕业大学生稚嫩的肩膀，扛住了倾颓的教室，在极端艰苦的环境里从事教学工作，在他的努力下，孩子们听懂普通话了，敢与外人交流了，在校学生也增加了。他的事迹感动了社会，2004 年共有 36 名大学生志愿者到大水乡进行支教和社会调查，有 188 名学生得到社会资助。

撰稿 邓　荣 邓　辉
邱月琴 李连华
审稿 郑年春

湖南省教育

概　况

〔基本情况〕

2004年湖南省各级各类学校校数、教职工、专任教师情况

	学校数（所）	教职工数（人）	专任教师数（人）
一、高等教育			
（一）研究生培养机构（不计校数）	(17)		
1. 普通高校	(12)		
2. 科研机构	(5)		
（二）普通高等学校	81	72 227	38 345
1. 本科院校	24	45 136	22 521
2. 专科院校	57	24 565	14 146
其中：职业技术学院	47	20 255	11 742
3. 其他机构（点）（不计校数）	(19)	2 526	1 678
其中：独立学院	(15)	1 888	1 371
（三）成人高等学校	22	4 854	2 706
（四）民办的其他高等教育机构	65	3 359	1 704
二、中等教育	5 455	346 035	288 150
（一）高中阶段教育	1 434	345 529	89 252
1. 高中	786	303 991	62 620
普通高中	773	303 636	62 361
成人高中	13	355	259
2. 中等职业教育	648	41 538	26 632
普通中专	72	9 354	5 362
成人中专	132	5 780	3 625
职业高中	444	24 982	16 817
技工学校			
其他机构（教学点）（不计校数）	(79)	1 422	828
（二）初中阶段教育	4 021	506	198 898
1. 普通初中	3 848		198 536
2. 职业初中	7	148	138
3. 成人初中	166	358	224
三、初等教育	19 929	263 941	248 644
（一）普通小学	19 615	263 448	248 345
（二）成人小学	314	493	299

续表

	学校数（所）	教职工数（人）	专任教师数（人）
其中：扫盲班	95	139	132
四、工读学校	1	50	36
五、特殊教育	54	1 250	958
六、学前教育	2 555	26 395	13 780

注：1. 普通高中的教职工数中包含普通初中的教职工数。
2. 技工学校数据为 2003 年数据。
3. “（ ）”内数据均不计校数。

2004 年湖南省各级各类学历教育学生情况

	毕业生数（人）	招生数（人）	在校生数（人）
一、高等教育			
（一）研究生	4 148	10 656	26 083
博　士	511	1 605	4 742
硕　士	3 637	9 051	21 341
（二）普通本专科	111 021	206 793	639 001
本　科	51 822	91 830	322 713
专　科	59 199	114 963	316 288
（三）成人本专科	116 810	96 255	179 231
本　科	20 052	20 447	44 110
专　科	96 758	75 808	135 121
（四）其他各类高等学历教育			
1. 在职人员攻读博士、硕士学位		2 643	6 971
2. 网络本专科生	30 675	7 275	85 436
本　科	19 817	7 275	73 975
专　科	10 858		11 461
3. 学历文凭考试	9 196	6 635	18 910
4. 自学考试			
5. 其他	2 780		1 678
二、中等教育	1 647 652	1 798 046	5 395 204
（一）高中阶段教育	445 910	764 952	1 846 465
1. 高中	294 952	464 404	1 197 304
普通高中	289 817	464 404	1 190 533
成人高中	5 135		6 771
2. 中等职业教育	150 958	300 548	649 161
普通中专	56 332	95 839	245 814
成人中专	16 303	26 586	59 568
职业高中	78 323	178 123	343 779
技工学校			
（二）初中阶段教育	1 201 742	1 033 094	3 548 739
1. 普通初中	1 184 031	1 032 476	3 528 584
2. 职业初中	800	618	2 327
3. 成人初中	16 911		17 828
三、初等教育	1 056 666	714 098	4 345 000
（一）普通小学	1 038 675	714 098	4 325 557
（二）成人小学	17 991		19 443
其中：扫盲班	4 238		4 046
四、工读学校	0	200	200
五、特殊教育	3 136	3 450	16 725
六、学前教育	332 054	551 222	651 089

注：特殊教育学生数中包括普通中小学随班就读的学生。下同。

2004年湖南省各级各类非学历教育学生情况

	毕（结）业生数（人）	注册生数（人）
一、高等教育	100 987	56 503
（一）研究生课程进修班	1 510	1 358
（二）自考助学班	18 812	41 082
（三）普通预科生		1 014
（四）进修及培训	80 665	13 049
其中：资格证书培训	33 728	2 824
岗位证书培训	12 798	2 188
二、中等职业教育	343 245	269 276
其中：资格证书培训	57 902	39 122
岗位证书培训	59 775	26 383
（一）中等职业学校	129 370	82 820
其中：资格证书培训	51 046	31 074
岗位证书培训	34 503	13 092
（二）职业技术培训机构	213 875	186 456
其中：资格证书培训	6 856	8 048
岗位证书培训	25 272	13 291

2004年湖南省各级民办教育基本情况

	学校数（所）	毕业生数（人）	招生数（人）	在校生数（人）	教职工数（人）	专任教师数（人）
一、高等教育						
（一）普通高等教育		4 641	20 580	58 979	5 136	3 078
1. 普通高校	6	4 641	9 623	26 843	3 248	1 707
本科学生						
专科学生		4 641	9 623	26 843		
2. 独立学院	(15)		10 957	32 136	1 888	1 371
（二）成人高校						
（三）民办的其他高等教育机构	65	41 917		28 669	3 359	1 704
二、中等教育机构						
（一）高中阶段教育	360	51 527	130 833	265 507	28 514	19 732
其中：普通高中	138	17 806	45 741	104 593	18 259	13 530
中等职业学校	222	33 721	85 092	160 914	10 255	6 202
（二）初中阶段教育	195	46 732	72 344	210 164	6	6
其中：普通初中	195	46 705	72 324	210 075		
职业初中		27	20	89	6	6
（三）职业技术培训机构	104	54 063		50 520	1 924	1 161
三、普通小学	199	12 554	12 315	71 423	4 729	3 307
四、幼儿园	2 019	57 485	140 409	187 346	16 187	8 409

注：“（ ）”内数据不计校数。

〔**全省农村教育工作会议**〕 2004年2月，省委、省政府在长沙召开了全省农村教育工作会议。会议提出全省农村教育工作的目标和任务是：力争到2010年，全省实现全面普及九年义务教育和全面提高义务教育质量；大力发展高中阶段教育，到2007年，全省初中毕业生升入高中阶段比例达到75%以上，到2010年，全省基本普及高中阶段教育；在基本普及学前一年教育的基础上，积极发展学前三年教育；加快发展特教事业，力争到2007年，三类残疾儿童少年义务教育入学率达到65%。巩固完善“以县为主”的农村义务教育管理体制，明确各级政府保障义务教育投入的责任，切实做到“保工资、保入学、保安全、保运转”，每年新增的教育经费，应主要用于农村义务教育。建立完善教师工资、学校公用经费、贫困生入学和中小学危房改造保障机制。

会议制定了《关于进一步加强农村教育工作的决定》，要求各级政府坚持教育为“三农”服务的方向，大力发展职业教育，大力加强对农村劳动力的职业技能培训。依法落实和完善教育行政部门主管本地教师工作，学校自主进行教师管理的体制，认真做好教师核编定岗分流工作，加强农村教师和校长培训，提高农村教师队伍素质。进一步健全农村教育工作领导责任制，切实加强农村教育督导评估，不断改善和优化农村教育发展环境。

撰稿　黄　瑶　崔书芳

〔**教育法制建设**〕　2004年9月，省十届人大常委会第十一次会议对《湖南省中小学校学生人身伤害事故预防与处理条例》（草案）进行了一审，并召开立法听证会、专家论证会和部门协调会，对草案进行了修改。省教育厅组织了对《行政许可法》的学习和贯彻实施，清理和规范了由省教育厅负责的行政审批（行政许可）事项，对确需保留的非行政许可项目进行了区分，在全省范围内启动了“创建依法治校示范校活动”。

撰稿　王俊良　高　洁

〔**教师队伍建设**〕　2004年，全省对2010年中等及其以下各类教师的需求情况进行了测算，将各市州、各高等学校和有关部门的规划进行了整理和汇编，初步构成了科学合理完整的教师队伍建设规划体系。暑期全省中小学教职工编制已全部核定到校，80%的县市区基本完成了核编定岗、教职工聘任和人员分流工作。

全面实施“高等学校教师队伍建设工程”，确认了2004年青年骨干教师培养对象149人和“芙蓉学者计划”第二批特聘教授12人。以师德、新理念、新课程和新技术为重点内容，全面开展了新一轮中小学教师继续教育。大力加强信息技术教育培训。启动了全省中小学校长培训工作。

以“光荣的人民教师”为主题，开展了庆祝第20个教师节活动。省教育厅、省人事厅联合表彰了299名全省优秀教师和教育工作者，省政府表彰奖励了10名“徐特立教育奖”和8名“教育功臣”。全省有37人获得人事部、教育部联合表彰的全国模范教师和教育系统先进教育工作者荣誉称号，有92人获得教育部表彰的全国优秀教师和优秀教育工作者荣誉称号；有16人分别获得全国中小学优秀班主任、优秀中小学德育课教师、中小学德育先进工作者等荣誉称号。其中，郴州市教师盘振玉被评为全国十佳师德标兵、全国模范教师。教育部和湖南省委、省政府先后发文号召向盘振玉学习。

撰稿　薛剑刚　雷桂平

〔**民办教育**〕　2004年，全省积极贯彻落实《民办教育促进法》及其实施条例，采取有力措施促进民办教育发展。省政府召开了专题会议，决定每年设立100万元的专项资金，市、县级政府每年可以分别设立50万元、20万元的专项资金，用于资助、表彰有突出贡献的民办教育集体和个人。9月，省民办教育协会、省教育基金会、湖南日报社、湖南电视台联合举办全省扶持民办教育“双十佳”表彰大会，授予省国土资源厅等10家单位湖南省扶持民办教育“十佳”单位称号，授予陈君文等10名同志湖南省扶持民办教育“十佳”个人称号。湖南涉外经济职业学院和湘南医学高等专科学校升为本科高校已经获得国家高校设置评议委员会评议通过。同时，新设立了4所民办高职学院。

撰稿　王吉平

〔**教育信息化建设**〕 全省教育行政办公系统建设取得显著进展，有113个单位完成教育行政办公系统安装任务。长沙、益阳、常德等3市政府申报国家教育管理信息化标准示范区，获得了教育部批准。同时，湖南教育网建设被列入全省政务信息化建设重点项目和2004—2007年全省教育信息化重大建设工程，确定以“湖南教育网(www.hnedu.cn)”作为湖南教育网站的门户品牌，新版湖南教育网于11月开通后，访问量快速上升，到2004年底，全球排名由原先的百万位上升到3万位左右。

撰稿 杨晓北 宋海波 赵学辉 汤龄球

〔**民族教育和教育援藏工作**〕 2004年，省教育厅开展民族教育工作专项调研，拟定了《湖南省湘西地区开发——教育专项规划》。确定长沙、株洲、湘潭、益阳、常德、岳阳、衡阳等7市的98所学校为全省民族地区中小学校长挂职培训的定点学校。秋季，共招收西藏班高中新生164人，五年制小教大专班新生174人，全省西藏班在校学生达到1 178人，创历史新高。筹措少数民族县“少数民族义务教育助学金”907万元。

撰稿 樊国斌

〔**语言文字工作**〕 2004年9月，第七届全国推广普通话宣传周开幕式在长沙市举行。全国人大常委会副委员长许嘉璐发来贺信，教育部副部长、国家语委主任袁贵仁，湖南省副省长、省语委主任许云昭出席开幕式并讲话。推普周期间，长沙还举办了万人街头宣传、公务员普通话大赛等系列宣传活动。同时，开展了省教育厅、省委高校工委机关公务员普通话培训和测试，近100人参加了培训，75人参加了测试，其中73人达到三级甲等以上水平。

撰稿 彭干瑜

〔**体育、卫生与艺术工作**〕 省教育厅与省卫生厅研究制定了《湖南省中小学校食物中毒事故责任追究暂行办法》，对学校食物中毒事故的调查、处理以及教育、卫生行政部门和学校应当履行的职责等作了明确规定。

4月，受教育部委派，湖南省郴州市中学生组队代表中国参加了在比利时举行的2004年世界中学生定向越野锦标赛，何靖同学取得了男子中距离赛第15名的好成绩，创造了我国参加历届世界中学生定向越野赛的最好成绩。8月，湖南省组队参加全国第七届大学生运动会，共获得4枚金牌、2枚银牌、3枚铜牌，并荣获体育道德风尚奖。

举办了全省中学生田径运动会、大学生男（女）子足球、排球、篮球赛等大型体育赛事，及全省中学生“军谊杯”国防知识竞赛和全省中学生“海韵琴行”杯独唱、独奏、独舞比赛等。

撰稿 何伟健 周军 刘大维 文麦秋

〔**教育对外合作与交流**〕 2004年，湖南省开辟了新的对外合作与交流的渠道，发展了新的合作项目，与墨西哥教育部、美国阿肯色州政府等10多个国外教育机构建立了交流关系。完成了国家公费出国留学人员选派工作，全省被录取的公费出国留学人员159名，录取人数和录取比例连续3年在全国名列前茅。清理整顿了自费出国留学中介服务机构，对7家合法机构的营运情况进行了核查，撤销了6家违规设立的分支机构，取缔了3家非法留学中介机构。组织了第7届“芙蓉奖”评奖和颁奖活动，共给41名外籍教师颁发了“芙蓉奖”。

撰稿 舒凡卿

〔**治理教育乱收费**〕 2004年，全省召开4次会议，制定下发了《教育行政管理部门及工作人员禁令》，加强了对各级教育行政部门及工作人员在涉及收费行为上的监督。认真开展中小学收费检查，春季开学后的检查以市县为单位，检查城区、农村中小学分别达90%、75%以上；秋季开学后重点对“一费制”的实施、公办高中择校生的“三限”、涉学部门的依法依规行政和规范财政投入行为进行了专项检查。8—10月，在全省高校开展了招生收费检查，清退多收的经费计1 769万元。6月，通报了10个2003年下半年以来各地各校查处的乱收费典型案例。

撰稿　符润中

基础教育

〔**普通高中教育**〕　2004年，省政府办公厅颁发《湖南省关于加快普通高中改革与发展的意见》，明确了普通高中教育改革与发展的指导思想和目标，对办学体制改革、教育投入体制、师资队伍建设、教育教学改革等问题进行了明确的规定。启动了省级示范性高中建设，从9月1日起原省重点高中更名为省示范性高中，新认定省示范性高中15所，从而使全省示范性高中达到121所。积极促进普通高中教育协调发展，要求每一所示范性高中应对口扶助一所薄弱高中，探索建立示范性高中发展和薄弱高中改造的良性互动机制。

撰稿　张晓春

〔**学前教育**〕　全省重新启动了省示范性幼儿园建设，对申报的20所幼儿园进行了检查验收并下发了整改意见，认定其中的12所幼儿园为省示范性幼儿园，从而使全省示范性幼儿园总数达到28所。总结和推广了溆浦县、湘阴县等地发展农村乡镇中心幼儿园的成功经验。

〔**基础教育课程改革**〕　2004年，全省新设20个县市区为义务教育新课改实验区，至此全省所有县市区100%进入义务教育课改。省教育厅指导长沙市及开福区制定2004年初中毕业考试评价制度改革方案，为2005年省级课改实验区考试评价制度改革积累了经验。改革和完善了教材管理制度，建立了教育教学软件审查制度。

撰稿　张毅龙

〔**中小学办学行为**〕　2004年，湖南省为规范中小学办学行为，推出了新的举措，取消了城区中小学走读生的早读制度，并下发了《关于坚决制止、严肃查处个别中小学校在假期举行新生考试的紧急通知》，刹住了以编“重点班”、“快慢班”为目的的选拔考试。制定下发了《关于进一步规范中小学办学行为的若干规定》，加强了中小学日常管理，切实减轻了中小学过重课业负担。

撰稿　张晓春

〔**“一费制”收费办法**〕　从2004年秋季开学起，全省义务教育阶段学校全面试行“一费制”收费办法。花垣县等20个国家扶贫开发工作重点县农村义务教育继续按2003年的规定实行“一费制”。国家扶贫开发工作重点县农村以外的其他地区，“一费制”标准按课改地区和非课改地区、农村和城镇（县城关镇以上）分年级分别核定。进一步落实教育收费公示制度，全面推行“学生缴费明白卡”。为配合“一费制”的实施，确保农村中小学正常运转，省教育厅、省财政厅联合下文修改了农村中小学公用经费标准，明确农村小学公用经费标准不低于150元、农村初中不低于195元；预算内生均公用经费由县市区、乡级财政按农村小学每年不低于10元，农村初中每年不低于15元予以安排，并做到随财力增长逐步增加。

撰稿　颜胜利　陈书国

〔**贫困学生资助**〕　2004年，成立了湖南省中小学救助受援捐赠中心和湖南省经常性助学活动联席会议，制定下发了《湖南省家庭经济困难学生助学办法》、《湖南省义务教育阶段家庭经济困难学生助学工作实施意见》等文件，建立了“湖南助学网”和“贫困学生档案信息库”。进一步加大了经费投入力度。中央下拨免费教科书经费4 700万元；“国家贫困地区义务教育工程”项目中安排助学金475万元；省政府将“湖南省贫困学生助学金”增加到1 000万元；在“一费制”实施方案中，将杂费中帮困保学资金由每生每期2元提高到4元，使义务教育阶段学生帮困保学金每年达到5 600万元。

撰稿　张毅龙　张晓春　颜胜利　邱　德

〔**教育督导工作**〕　省政府下发了《关于建立对县级人民政府教育工作进行督导评估制度的通知》，决定从2004年起，建立县级政府教育工作督导评估制度，原来的“普九”年检评估制度和县域素质教育督导评估制度相应停止执行。督导评估结果列入县级政府及其主要领导政绩考核的重要内容，作为有关项目立项、专项拨款、表彰奖励和责任追究等方面的重要依据。省委组织部和省教育厅联合下发了《关于实行县级党政主要领导干部教育工作实绩督导考核制度的通知》，决定从2004年起，实行县级党政主要领导教育实绩督导考核制度。督导考核的对象是党委和政府的主要领导干部。考核结果作为县级党政主要领导干部实绩和任用的重要依据。颁布了《湖南省省督学聘任暂行办法》，新聘任了51名第五届省督学、6名第五届省督学顾问和2名省督学名誉顾问。

撰稿　石灯明

〔**改善教育教学条件**〕　一是实施“三项工程”，加快改善农村中小学办学条件。第二期“国家贫困地区义务教育工程”共投入资金2.6亿元，改扩建校舍48.6万平方米，添置了一批仪器设备和图书资料；第二期中小学危房改造工程落实危改资金5.4亿元，改造危房195.8万平方米；寄宿制学校建设工程安排专款1.75亿元，启动建设项目200个，建设面积29.28万平方米。二是继续推动中小学布局调整。根据规划，全年调减小学5 058所、普通初中76所，新增九年一贯制学校51所、普通高中8所。三是实施“农村中小学现代远程教育工程”。全年共投入资金1.5亿元，建成中小学现代远程教育站点5 056个，占全省农村中小学的18%，全面完成了试点地区站点建设任务。

撰稿　颜胜利　张毅龙　张晓春

职业教育与成人教育

〔**改革职业教育办学机制**〕　2004年，省教育厅制订下发了《关于深化职业教育管理制度改革，进一步扩大职业院校办学自主权的意见》，针对当前职业院校管理中较为突出的问题，从10个方面进行了政策调整，扩大了职业院校办学自主权，促使职业院校成为面向市场、面向社会自主办学的主体。同时，在推进职业学校进行校企合作、产学研结合、订单式培养、引进企业课程等方面进行了有益的探索。

〔**高等职业教育**〕 长沙民政职业技术学院的《民政工作原理》、湖南铁道职业技术学院的《电工基础》、湖南冶金职业技术学院的《数控加工技术》、永州职业技术学院的《护理基本技术》等4门课程被教育部评为国家精品课程。高职院校人才培养工作再上新台阶，湖南铁道职业技术学院、长沙航空职业技术学院、长沙民政职业技术学院、湖南环境生物职业技术学院的人才培养工作水平被评定为优秀等级，湖南信息职业技术学院为良好等级。高等函授教育辅导站首次使用了电子信息化管理。

〔**中等职业教育**〕 2004年，中等职业学校招生30.05万人（不含技工学校），达到历史最高水平，比上年增加2.34万人，增长8.45%，招生人数占高中阶段学校招生人数的比例为39.28%；在校生64.92万人，比上年增长13.07%。28所中等职业学校顺利通过国家级重点中等职业学校评估，至此，全省国家级重点中等职业学校达到76所。

〔**职业技术培训**〕 省劳动和社会保障厅、省教育厅、省人事厅共同印发了《关于进一步推动职业院校实施职业资格证书制度的通知》，对职业院校实施职业资格证书制度进行了全面部署。职业院校加强了技能型紧缺人才培养工作，全省9所职业学院、11所中职学校被定为全国技能型紧缺人才培养培训基地；300多所职业院校分别开办了数控技术类、汽车运用与维修类、计算机应用与软件技术类、电子电工技术类以及建筑技术类等专业。启动了“湖南省职业院校免费培训农民工百校行动”和“农村劳动力转移培训阳光工程”，共有200多所职业院校参与了活动，主要形式为送教下乡、送教上工地以及组织农民工到校培训等。全省职业院校培训劳动力14.5万人次，乡镇农校培训110.5万人次，培训后实现就业人数分别为10.3万和51.8万人。

撰稿 汪忠明 蒋维加

高等教育

〔**教育教学改革**〕 2004年，全省高等学校教育教学改革全面推进。为进一步调动广大教师参与教改教研的积极性，在省级教改课题立项方面增设了自筹经费课题，课题立项的比例和总量较之往年有较大增加，并适当向边远地区的高校倾斜。对原有立项课题实行了滚动管理，实行优胜劣汰。全省普通高校共申报高等教育省级教学成果奖343项，共评选出一等奖42项、二等奖53项、三等奖99项。课程建设得到加强，全省有15门课程被评为全国高校精品课程。

努力加强教学基本条件建设，积极推进资源共享。认真实施中南大学、湖南大学、湖南师范大学三校资源共享框架协议，努力推进与包括国防科技大学在内的4所“211工程”学校实行研究生教育资源校际共享。启动了全省普通高校数字化图书馆建设工程。

完善教学质量监控体系，切实保障教学质量。检查评估了已由省教育厅授牌的省级重点专业中由专科升为本科的专业13个，省级重点建设专业中由专科升为本科的专业7个。评估了

2000 年新增的本科专业 67 个、2001 年新增的专科专业 33 个。

加强高校各种办学类型的规范管理。对全省普通高校成教函授站进行了年检登记，共审核函授站 469 个，撤销 21 个，限期整改 8 个。组织专家对 35 个校外学习中心进行了首次评估，撤销 8 个，限期整改 3 个，保留 24 个。对 15 所独立学院的教学情况进行了专题调查，并对独立学院的专业设置情况进行了集中清理，完成了专业备案工作。

撰稿　彭小奇　唐利斌　左　清

〔**大学生思想政治教育**〕 2004 年，全省大力加强大学生思想政治教育工作，认真抓好了中央有关会议及文件的贯彻落实，多次进行专题研究，并拨出专项经费，确定了 20 个调研专题，发动全省高校广泛开展调研。进一步加强思想政治教育进网络工作。依托中南大学建设了全国首家省级高校德育门户网站——湖南省高校德育信息港。省委书记、省人大常委会主任杨正午致贺，省委副书记、省长周伯华点击开通。省委高校工委以湖南省大学生信息港为载体，举行了以“成人民满意之才”为主题的网上征文比赛。组织了湖南省大学生学习实践“三个代表”重要思想优秀事迹巡回报告团，深入到中南大学等 13 所高校共作了 16 场报告，学生听众达 5 万人。

撰稿　贺星辉　王艳元　钟大蔚

〔**高校布局结构调整**〕 经教育部批准，长沙大学升格为长沙学院、娄底师范高等专科学校升格为湖南人文科技学院、湖南省中医药学校升格为湖南中医药高等专科学校、邵阳市卫生学校升格为邵阳医学高等专科学校；教育部还批准以株洲工学院为基础筹建湖南工业大学。省政府批准设置了湖南儿童工程职业学院、湘西民族职业技术学院、衡阳财经工业职业技术学院、益阳职业技术学院、湖南同德职业学院等 5 所高等职业学院。经省政府同意，湖南省广播电视学校并入湖南大众传媒职业技术学院，湖南省财会学校由株洲工学院整体接收，湘潭卫生学校并入湘潭职业技术学院，衡阳市卫生学校并入湖南环境生物职业技术学院。

撰稿　谢桂平

〔**毕业生就业**〕 2004 年，全省普通高校共有毕业生 122 823 人（其中研究生 4 530 人，本科生 53 801 人，专科生 64 492 人），截至 8 月 31 日，已就业 98 162 人（其中研究生 4 416 人，本科生 46 641 人，专科生 47 105 人），就业率为 80.82%，比上年提高 10 个百分点，高出全国平均水平近 8 个百分点。

撰稿　金　彪

〔**研究生教育与学位工作**〕 2004 年 5 月，省学位委员会审核批准了湖南工程学院、邵阳学院、怀化学院等 3 所学校新增为学士学位授权单位。7—11 月，开展了全省研究生学位论文评优和抽样检查工作，评选出了 30 篇湖南省优秀博士论文、150 篇优秀硕士论文，对全省 2003/2004 学年度毕业的 602 名博士生和 5 898 名硕士生的学位论文进行了抽样检查。10—12 月，省学位委员会对高等学校第五至七批（1993—1998 年批准的）硕士学位授权点开展了合格评估工作，湖南师范大学等高校的 46 个硕士点均评估合格。

撰稿　余伟良

〔**资助高校贫困生**〕 按照教育部的规定，省教育厅在年初预算中落实学费收入的 10%用于资助贫困学生。省政府设立了“湖南省政府奖学金”，从 2004 年起，每年安排专项经费 1 500 万元，对 6 000名家庭经济困难的优秀大学生进行奖励。12 月 7 日，召开全省国家助学贷款工作会议，全面部署国家助学贷款工作。通过招投标，确定中国工商银行湖南省分行为经办银行，有 14 所高校与工商银行签订了协议，4 所高校实际发放了贷款，3 所高校已办好学生贷款审批手续。省财政安排了贴息和风险补偿金专项。全年落实国家助学贷款 5 050 万元。

撰稿　颜胜利　邱　德
刘旭日

〔**重点学科建设**〕　2004 年，全省高校省级重点学科建设投入超过 1.1 亿元，其中省教育厅投入 2 300 万元，学校配套投入超过 6 000 万元，各重点学科自筹经费超过 3 000 万元。

组织开展了重点学科年度检查。全省 33 个国家重点学科、94 个省级重点学科、7 个省级预备重点学科顺利完成了各学科《建设计划任务书》指标，建设成效明显。组织制定“十一五重点学科建设规划”。

撰稿　潘　军

〔**高校科技和社科工作**〕　2004 年，全省高校共有科技活动人员 25 275 人，其中具有高级职称的有 8 700 人，占 34%，比上年增加了 412 人。

湖南师范大学“蛋白质化学与发育生物学”省部共建国家重点实验室完成立项建设任务，顺利通过了科技部专家验收。分别由中南大学、湖南大学、湘潭大学组建的 3 个教育部工程研究中心顺利通过教育部专家组验收，正式纳入教育部工程研究中心管理序列。目前，全省高校已建有国家重点实验室 8 个、教育部重点实验室 9 个。

全省高校科技经费收入总额达到 12.04 亿元，共承担各类科研课题 6 489 项，比上年增长 18%；其中“973”项目 53 项、“863”项目 105 项、国家科技攻关项目 66 项、国家自然科学基金 544 项。出版科技专著 282 部、发表学术论文 1.81 万篇。中南大学“新一代 C/C 航空制动材料”获得了国家技术发明一等奖，打破了国家技术发明一等奖连续 6 年空缺的局面。

全年共承担社会科学课题 3 625 项，其中国家社科规划课题 153 项、教育部社科规划课题 96 项；获得社科研究与发展经费 8 929 万元，比 2003 年增长 9%。获得省部级以上奖励 160 项，出版专著 380 部，发表论文 13 654 篇，编著教材 361 部。

撰稿　潘　军
审稿　张放平

广东省教育

概　况

〔基本情况〕

2004年广东省各级各类学校校数、教职工、专任教师情况

	学校数（所）	教职工数（人）	专任教师数（人）
一、高等教育			
（一）研究生培养机构（不计校数）	(29)		
1. 普通高校	(21)		
2. 科研机构	(8)		
（二）普通高等学校	94	79 820	46 951
1. 本科院校	34	55 453	30 739
2. 专科院校	60	22 098	14 625
其中：职业技术学院	55	19 185	12 962
3、其他机构（点）（不计校数）	(11)	2 269	1 587
其中：独立学院	(8)	2 269	1 587
（三）成人高等学校	30	12 281	7 033
（四）民办的其他高等教育机构	61	4 183	2 266
二、中等教育	5 016	390 036	323 030
（一）高中阶段教育	1 744	389 818	109 313
1. 高中	1 060	340 333	75 519
普通高中	998	339 997	75 330
成人高中	62	336	189
2. 中等职业教育	684	49 485	33 794
普通中专	283	26 380	17 214
成人中专	152	7 074	4 597
职业高中	249	14 201	10 742
技工学校			
其他机构（教学点）（不计校数）	(115)	1 830	1 241
（二）初中阶段教育	3 272	218	213 717
1. 普通初中	3 243		213 640
2. 职业初中			
3. 成人初中	29	218	77
三、初等教育	22 111	455 908	396 516
（一）普通小学	21 944	455 679	396 487
（二）成人小学	167	229	29

续表

	学校数（所）	教职工数（人）	专任教师数（人）
其中：扫盲班	129	132	0
四、工读学校	2	73	46
五、特殊教育	67	1 739	1 327
六、学前教育	10 213	149 289	85 805

注：1. 普通高中的教职工数中包含普通初中的教职工数。
2. 技工学校数据为2003年数据。
3. “（ ）”内数据均不计校数。

2004年广东省各级各类学历教育学生情况

	毕业生数（人）	招生数（人）	在校生数（人）
一、高等教育			
（一）研究生	6 893	14 822	37 022
博士	1 165	2 679	7 533
硕士	5 728	12 143	29 489
（二）普通本专科	125 229	264 537	726 866
本科	48 917	119 877	350 668
专科	76 312	144 660	376 198
（三）成人本专科	87 088	137 215	258 364
本科	18 105	46 895	74 773
专科	68 983	90 320	183 591
（四）其他各类高等学历教育			
1. 在职人员攻读博士、硕士学位		3 745	9 382
2. 网络本专科生	4 155	14 392	34 679
本科	3 964	11 145	29 368
专科	191	3 247	5 311
3. 学历文凭考试	4 227	9 653	18 925
4. 自学考试			
5. 其他			
二、中等教育	1 838 193	2 340 938	6 480 737
（一）高中阶段教育	520 257	754 520	1 981 805
1. 高中	330 528	508 059	1 326 377
普通高中	318 190	508 059	1 313 116
成人高中	12 338		13 261
2. 中等职业教育	189 729	246 461	655 428
普通中专	104 102	136 895	363 734
成人中专	32 074	36 641	101 692
职业高中	53 553	72 925	190 002
技工学校			
（二）初中阶段教育	1 317 936	1 586 418	4 498 932
1. 普通初中	1 314 006	1 586 418	4 495 533
2. 职业初中			
3. 成人初中	3 930		3 399
三、初等教育	1 632 961	1 684 682	10 500 369
（一）普通小学	1 628 669	1 684 682	10 496 221
（二）成人小学	4 292		4 148
其中：扫盲班	2 233		1 630
四、工读学校	164	116	210
五、特殊教育	3 346	3 178	26 352
六、学前教育	1 143 651	1 267 855	2 131 994

注：特殊教育学生数中包括普通中小学随班就读的学生。下同。

2004年广东省各级各类非学历教育学生情况

	毕（结）业生数（人）	注册生数（人）
一、高等教育	185 541	123 849
（一）研究生课程进修班	3 555	6 252
（二）自考助学班	9 048	33 744
（三）普通预科生		1 207
（四）进修及培训	172 938	82 646
其中：资格证书培训	46 694	28 739
岗位证书培训	41 177	21 066
二、中等职业教育	1 915 637	1 765 732
其中：资格证书培训	202 432	169 878
岗位证书培训	272 698	214 669
（一）中等职业学校	438 050	217 481
其中：资格证书培训	109 864	72 527
岗位证书培训	95 468	47 329
（二）职业技术培训机构	1 477 587	1 548 251
其中：资格证书培训	92 568	97 351
岗位证书培训	177 230	167 340

2004年广东省各级民办教育基本情况

	学校数（所）	毕业生数（人）	招生数（人）	在校生数（人）	教职工数（人）	专任教师数（人）
一、高等教育						
（一）普通高等教育		8 000	38 690	76 700	8 682	5 276
1. 普通高校	20	6 943	24 919	55 618	6 413	3 689
本科学生						
专科学生		6 943	24 919	55 618		
2. 独立学院	(8)	1 057	13 771	21 082	2 269	1 587
（二）成人高校	1	579	330	756	96	60
（三）民办的其他高等教育机构	61	32 041		51 491	4 183	2 266
二、中等教育机构						
（一）高中阶段教育	191	22 663	51 529	115 617	28 089	19 247
其中：普通高中	88	9 962	24 910	55 181	23 237	16 370
中等职业学校	103	12 701	26 619	60 436	4 852	2 877
（二）初中阶段教育	393	43 052	98 930	243 658		
其中：普通初中	393	43 052	98 930	243 658		
职业初中						
（三）职业技术培训机构	1 170	585 268		654 565	12 376	7 217
三、普通小学	745	83 931	180 157	887 659	52 395	36 669
四、幼儿园	6 311	313 440	364 193	840 132	89 184	51 259

注："（ ）"内数据不计校数。

〔**年度工作指导思想**〕 广东省2004年教育工作的指导思想是：以邓小平理论和"三个代表"重要思想为指导，认真贯彻党的十六大和十六届三中全会精神以及省委九届四次全会精神，树立科学发展观，进一步解放思想，实事求是，与时俱进。围绕建设教育强省和文化大省的奋斗目标，继续认真组织实施省委省政府提出的有关教育的重点工程，深化办学体制和管理体制改革，高质量高水平普及九年义务教育，大力发展高中阶段教育，大力推进高等教育跨越式发展，全面提高教育质量、办学效益和科技创新能力，为广东经济社会发展做出新的贡献。

〔**《广东教育现代化建设纲要》**〕 2004年8月9日，广东省委、省政府印发了《广东省教育现代化建设纲要（2004—2020年）》，确立了广东教育现代化建设的总体目标就是要建立结构优化、协调发展、具有广东特色、充满生机与活力的现代国民教育体系和终身教育体系，形成满足人民群众多样化学习需求的学习型社会。届时，要实现义务教育均衡化、高中教育普及化、高等教育大众化、社区环境学习化、教育合作国际化。具体实施步骤是：2010年，珠江三角洲地区和大中城市率先基本实现教育现代化；2015年，全省基本实现教育现代化；2020年，全省实现教育现代化，教育整体水平和综合实力居全国前列，达到中等发达国家水平。实施的重点：一是把农村义务教育放在重中之重的地位。完善以县为主的农村义务教育管理体制，教育经费投入重点向农村和欠发达地区倾斜，促进城乡和区域之间义务教育均衡协调发展。二是加快提升高等教育大众化水平。扩大高等教育办学规模；建设若干所国内一流的高水平大学和综合实力、竞争力强的省属重点高校，建设一批重点学科、名牌专业，努力提高高等教育质量和综合水平。三是加快高中阶段教育发展步伐。大力发展普通高中，积极发展中等职业教育，加强职业教育与经济社会的结合，促进多元化办学。四是构建终身教育体系。加快建设学习型社会，改革传统的学校教育，实行更加开放灵活的办学模式，促进学校教育与终身教育相互结合。五是大力推进教育信息化，加强教育资源开发和利用，提高教育教学效率和管理水平。

为保证广东教育现代化建设目标的实现和战略重点的实施，主要采取如下措施：一是大力推进教育改革与创新。不断深化办学体制和管理体制的改革。不断创新人才培养模式。深化招生考试和学业评价制度改革。完善毕业生就业服务体系。逐步构建全省教育教学质量保障体系。二是促进教育均衡协调发展。包括三方面，即促进教育与经济社会协调发展、教育区域协调发展和教育内部协调发展。三是建立公共财政体制下的教育投入体制。确保教育经费的“三个增长”。从2004年起，连续5年每年提高省本级财政支出中教育经费所占比例1～2个百分点。四是着力建设一支适应教育现代化建设需要的高素质教师队伍。到2010年，形成学前和小学教师以专科为主、普通中学和中等职业学校教师以本科为主且硕士占一定比例、高校新任职专任教师具备硕士或硕士以上学位的新三级制专任教师学历和学位结构体系。五是建立党政一把手抓教育的体制。

〔**教育投入与支出**〕 2004年全省教育经费收入680.50亿元，其中财政预算内拨款380.06亿元，占55.85%；各级政府征收用于教育的税费25.72亿元，占3.78%；校办企业、勤工俭学、社会服务收入中用于教育的经费3.83亿元，占0.6%；企业、社会团体、公民个人办学经费54.69亿元，占8.03%；社会捐集资8.45亿元，占1.24%；事业收入186.90亿元，占27.46%。

2004年全省全口径教育经费支出总额706.08亿元，比2003年增加97.39亿元，增长15.99%。按隶属关系分，中央部委所属在粤院校教育经费支出37.75亿元，占5.35%；广东地方各级各类学院经费支出668.33亿元，占94.65%。

2004年广东省教育专项资金总额为24.53亿元，从资金来源看，1%专项资金安排4.78亿元，财政专项安排19.75亿元；从资金支出看，用于高等教育10.41亿元，占42.4%；用于基础教育12.73亿元，占51.9%；用于职业与成人教育0.92亿元，占3.7%；用于其他支出0.47亿元，占2%。

加快推进高校基建贴息贷款项目的建设步伐。顺利实施生均综合定额拨款制度。2004年，全省3所部属院校、20所省属高校、5所省市共建高校开始实行学生综合定额预算管理办法。经省政府批准，从2004年入学的新生起取消省属高校政策性补贴，可以减少高校支出5 000多万元。

〔**语言文字工作**〕 通过各种形式加大宣传力度，贯彻实施《国家通用语言文字法》。开展第七届全国推普宣传周活动的宣传工作。举办了普通话水平测试《新大纲》师资培训班。又有21万人参加了普通话水平测试，全省测试员队伍达到1 500人。协助国家普通话测试中心在珠海市举办全国第二届测试论文研讨会。组织开展了广东省语文生活现状课题研究。2004年广东省语委办被教育部和国家语委评为“中国语言文字使用情况调查先进集体”。

〔**实施扶贫助学工程**〕 2004年省财政安排了专项资金3.85亿元，对103万名困难学生免收书杂费。

加大对高校困难学生的资助力度。截至2004年8月，全省开办国家助学贷款高校达到59所（其中民办高校3所），实际发放国家助学贷款合同的学生2.63万人，合同金额3.76亿元，实际发放金额2.84亿元，省财政贴息金额555.42万元。

〔**教育收费管理**〕 经省政府同意，进一步调整完善了中小学“一费制”政策。即从2005年起，城镇中小学收费标准允许上下浮动20%，并将东莞、中山、珠海、江门、惠州、汕头的收费管理权下放给市政府，进一步调动经济富裕地区办学自主性和积极性。制定了公办高中引进社会资金新增教育资源扩招生收费管理办法。规范高校和中等职业学校的收费行为。2004年，省、市、县三级共组织1 002个检查组对56所高等院校、2 883所中学和8 678所小学进行了检查。检查情况表明，治理教育乱收费工作取得了新成效，教育乱收费的案件数和乱收费金额均比往年下降。

基础教育

〔**综述**〕 认真贯彻全国农村教育工作会议精神及省政府《关于贯彻国务院进一步加强农村教育工作决定的意见》。进一步落实“以县为主”的管理体制，开展县级党政主要领导干部基础教育工作实绩考核督导制度。由省委组织部和省教育厅牵头，分三批对全省122个县（市、区）党政主要领导基础教育实绩进行全面考核督导。全省教师工资全部实现了由县财政统一发放，学校收费实行“收支两条线”管理。基本解决了税费改革后省转移支付教育经费归位使用问题。继续推进老区、山区学校的危房改造工作，省财政再拨出3.55亿元专款改造第三批老区小学1 184所。

〔**高中教育**〕 2004年广东省普通高中招生人数达51万，比2003年增加7万人，增长比例达16%。从2004年秋季开学起，全省普通高中在校生数达到131万人。普通高中优质学位不断扩大，2004年省、市一级学校招生人数达34万人，占招生总人数的65%以上。

〔**信息技术教育**〕 省高中、初中和镇以上小学基本开设了信息技术课，基本完成“一机两语”教育装备工作。21个市基本完成了市一级的网络中心的建设。全省中小学计算机生机比为22∶1；珠江三角洲地区6市的生机比为12∶1。全省建设语言教学系统6 187套，校园网1 946个。

〔**课程改革**〕 广东省被教育部确定为首批全国高中新课程改革实验省区。全省小学、初中、高中起始年级从2004年9月1日起全面进入新课程改革实验。有3 000多名教育教学管理人员和2.4万名各学科教师接受了国家级和省级培训。7个科目的普通高中新课程实验教材通过教育部审查在全国发行。

〔**教育强镇、强县、强市建设**〕 通过督导验收共评出省级教育强镇34个，深圳市成为全省首个省级教育强市。至2004年底，全省有1个市被授予省级教育强市称号，15个区被授予省级教育强区称号，有78个镇被授予教育强镇称号。据不完全统计，1市15区（市）44个镇创建省级教育强区（市）、强镇近3年教育总投入超过250亿元。2004年经督导评估，省一级学校达174所。

〔**德育工作**〕 积极推进中小学德育课程改革，新教材已全面投入试验。全省乡镇中心小学以上的学校95%已聘请了法制副校长。各地已建成中小学德育基地33处，可同时容纳22 000多名学生参加各种专题社会实践活动。建设青少年宫37个。

〔**教师继续教育**〕 组织3.3万多人参加省级普通高中新课程教育管理者和学科教师培训。选派1 240人参加教育部组织的普通高中新课程研修和培训。组织4 800多人参加英语和信息技术等学科骨干教师培训，273名中小学校长参加了省级校长培训。

职业教育与成人教育

〔**中等职业教育**〕 2004年广东省各类中等职业学校招生36.05万人，比2003年增加2.74万人，增长8.23%。

骨干示范性中等职业学校建设取得新的进展。2004年新增国家级重点中等职业学校33所、省级重点中等职业学校18所，使省级以上重点中等职业学校达到179所；新认定中等职业教育实训中心4个，使全省中等职业教育实训中心达到84个；颁布了《广东省现代化示范性中等职业学校标准（试行）》；启动了20所现代化示范性中等职业学校试点工作。

紧缺人才专业建设有新的突破。教育部认定广东省全国示范性专业（点）8个，广东省新认定省级重点建设专业（点）65个，全省有国家级、省级重点建设专业（点）131个；教育部等六部委认定广东省承担制造业和现代服务业技能型紧缺人才培养培训工程任务学校32所。

“双师型”师资队伍建设进一步加强。利用广东技术师范学院等5个中等职业教育师资培训基地，对全省1 495名中等职业学校专业课骨干教师专业技能考证进行培训，999人考取职业资格证书，其中490人考取了高级职业资格证书。

〔**成人高等教育教学质量管理**〕 研究制定了《广东省普通高等学校成人高等教育办学水平评估方案（试行）》、《广东省成人高等教育（独立设置成人高校）办学水平评估方案（试行）》、《广东省成人高等教育（高校函授教育辅导站）办学水平评估方案（试行）》等，依次对成人高等学历教育函授辅导站、独立设置的成人高校和普通高校成人高等教育进行评估，促进成人高等教育形成依法自主发展、自我约束的良性循环机制。

〔**社区教育**〕 全省有国家级社区教育试验区2个、省级试验区20个。中等职业学校全年开展农村劳动力转移培训达到43.8万人次。积极推进社区教育，开展农村劳动力转移培训和进城务工人员的培训，以中等职业学校和乡镇成人文化技术学校为依托，构建培训网络，创新培训模式，探索培训工作新路子。

高 等 教 育

〔综述〕 2004年全省普通高校从2003年的77所增加到94所。普通高校本专科招生26.45万人，在校生72.69万人，分别比2003年增长17.15%和23.66%；研究生招生1.48万人，在校生3.7万人，分别比2003年增长27.57%和32.7%；成人高等教育本专科招生数13.72万人，在校生25.84万人；高校网络远程教育在校生近10万人。高等教育毛入学率提高到20%，提前一年达到“十五”规划的目标要求。

广州大学城首期工程建设已初具规模。9月1日广州大学城顺利开学，首批入驻学生3.8万人，教师4 000多人。

〔高校招生考试工作〕 2004年全省本专科招生计划为29.96万人，实际录取32.44万人，完成全年本专科招生计划的108.3%。其中录取本科生12.05万人（含体育艺术类9 416人），录取专科生（A线、B线）17.08万人（含体育艺术类10 425人）。全省的“3+1”高职类共录取考生33 048人，完成原计划的124.4%。录取硕士研究生11 696人，比2003年增加25%；录取博士研究生2 387人，比2003年增加14.8%。

2004年广东省语文、数学、英语和英语（2）由广东省组织命题，这是广东省首次承担统一高考分省命题工作。广东省自主开发启用了网上报考、网上巡考、网上高考指挥、英语（2）口语考试人机对话、网上评卷、网上录取等系统。

〔重点高校建设〕 2004—2005年，省财政每年投入2.4亿元，积极推进中山大学、华南理工大学、暨南大学、华南师范大学“十五”和“211工程”建设工作。原省部共建或省自建的华南农业大学、广州中医药大学、汕头大学的“十五”、“211工程”建设项目已通过专家论证。

〔优化高等教育层次结构〕 2004年全省本科院校增加到34所，普通本科招生数11.99万，比2003年实际招生数9.04万增加近3万人，增长32.69%，是历年来增幅最大的一年。本科和专科的比例从2003年的40∶60调整到2004年的45∶55，本科招生比例提高了5个百分点。

〔民办高等教育〕 2004年新设立了8所独立设置的民办普通高校。全省有独立设置的民办普通高校20所，民办二级学院6所。本科独立学院9所，在校生7.7万人。进一步加强对民办非学历教育的管理和指导，配合教育部取消高等教育学历文凭考试政策，指导专修学院平稳过渡，继续发展。

〔教师队伍建设〕 广东省采取多种渠道解决高校教师数量不足问题，教师总量有了明显的增加。2004年全省普通高校教师总数达到46 847人（含聘任教师），比2003年增加6 655人，增加了16.6%。2004年共引进高层次人才和选留优秀毕业生4 215人。

继续实施高层次创新人才培养工程。2004年新上岗的省级特聘教授8人，使全省的国家和省级特聘教授人数达到了28人。确定了第三批高校重点培养教师659人，其中国家级对象9人、省级94人、校级556人。使全省正在重点培养的高校教师达1 443人，其中国家级对象19人、省级187人，校级1 237人。

〔科技工作〕 高校科技成果及转化工作取得了

新的进展。广东高校获2004年度科学技术奖拟奖项目29项，占全省获奖总数的28.8%。组织高校参加首届泛珠三角区域经贸合作洽谈会和第六届中国（深圳）国际高新技术成果交易会，签约金额9.4亿元。中山大学达安基因股份有限公司成功上市，实现了广东省高校上市公司零的突破。在2004年全国优秀博士大学生论文评审中，4所高校5篇论文获奖。

〔**毕业生就业**〕 2004年广东省高校毕业生总数为12.53万人，并首次在《南方日报》公布全省高校毕业生“初次就业率”。截至9月1日，毕业生初次就业率为86.4%，比2003年同期高22个百分点。2004年最终就业率为95.23%，其中，本科生就业率为97.34%，专科就业率为93.89%。

〔**教学管理**〕 研究制订了《以就业为导向创新广东省高职高专教育人才培养模式的意见》和《关于广东省大学英语教学改革试点工作的意见》、《广东省成人高等教育教学改革工作意见》等教学工作指导性文件。加强新办院校的管理和指导，研究制订了《2004年广东省新办院校教学工作检查方案和评价指标体系》，在55所新办院校、校外二级学院和试办的独立学院教学工作准备情况自查基础上，对12所高职高专院校、6所本科院校二级学院（校区）进行实地检查，加强教学评估工作。

〔**专业建设**〕 2004年，经教育部批准新增本科专业195个，备案高职高专教育专科专业323个。其中，为适应培养制造业和现代服务业技能型紧缺型人才的需要，新增高职高专教育数控技术专业点30个、计算机应用技术专业点52个、汽车维修专业点6个、电工电子专业点22个、建筑工程专业点23个、护理专业点4个；为加强物流人才培养，新增物流、物业、连锁经营、市场营销等现代服务业专业点26个。

进一步做好高校专业设置与调整工作，接受全省高校申报或备案2005年本科专业351个，其中备案专业119个，报批专业67个。继续开展名牌专业建设与评选工作，对23所高校申报的79个申报项目进行认真评审，经对其中的59个进行实地考评后，确定了第三批广东省高校名牌专业42个。

〔**思想政治工作**〕 积极贯彻落实《中共中央国务院关于进一步加强和改进大学生思想政治教育的意见》精神。建立了省领导到高校作形势政策报告制度。邓小平理论和“三个代表”“三进”工作取得新进展，高校思想政治理论课教学建设明显加强，正式开通了广东省高校思想政治理论课在线网站（即“两课”在线网站）。召开邓小平诞辰100周年暨“三个代表”重要思想学术研讨会。举办“弘扬和培育民族精神，加强理想信念教育”主题系列活动。在全省教育系统深入开展了以“弘扬培育民族精神，加强诚实守信教育”为主题的系列教育活动。

〔**高等职业教育**〕 实施高职高专教育制造业和现代服务业技能型紧缺人才培养培训工程，组织16所高职高专院校参加国家制造业和现代服务业领域数控技术、计算机应用技术、汽车维修和护理等四个专业的试点。开展省级示范性软件学院建设，加强计算机技术与软件人才的培养，经专家评选确定了20所高校进行示范性软件学院建设试点。

撰稿　石勰平

审稿　李学明

深圳市教育

〔基本情况〕

2004年深圳市各级各类学校校数、教职工、专任教师情况

	学校数（所）	教职工数（人）	专任教师数（人）
一、高等教育	10	4 991	2 822
（一）研究生培养机构（不计校数）	4	384	216
1. 普通高校	4	384	216
2. 科研机构			
（二）普通高等学校	3	3 648	2 181
1. 本科院校	1	1 877	1 035
2. 专科院校	2	1 719	1 119
其中：职业技术学院	2	1 719	1 119
3. 分校、大专班（点）（不计校数）		52	27
（三）成人高等学校	1	570	250
（四）民办的其他高等教育机构	2	389	175
1. 学历文凭考试机构	2	389	175
2. 非学历文凭考试机构			
二、中等教育	235	17 745	11 148
（一）高中阶段教育	69	17 745	2 946
1. 高中	52	15 599	1 501
普通高中	50	15 401	1 412
成人高中	2	198	89
2. 中等职业教育	17	2 146	1 445
普通中等专业学校			
成人中等专业学校			
职业高中			
技工学校	1	388	230
其他机构（教学点）（不计校数）			
（二）初中阶段教育	166	0	8 202
1. 普通初中	166		8 202
2. 职业初中			
3. 成人初中			
三、初等教育	378	25 460	19 660
（一）普通小学	378	25 460	19 660
（二）成人小学			
其中：扫盲班			
四、工读学校	1	33	18
五、特殊教育	1	196	102
六、学前教育	699	19 345	10 670

注：1. 普通高中的教职工数包含普通初中数据。

2. 技工学校无分省数据。

2004年深圳市各级各类学历教育学生情况

	毕业生数（人）	招生数（人）	在校生数（人）
一、高等教育	9 365	20 250	51 869
（一）研究生	340	2 517	4 937
（二）普通本专科	5 942	11 938	36 314
（三）成人本专科	3 083	5 795	10 618
（四）其他各类高等学历教育			
1. 在职人员攻读博士、硕士学位			
2. 网络本专科生			
3. 学历文凭考试			
二、中等教育	54 620	88 726	235 612
（一）高中阶段教育	18 472	31 066	80 781
1. 高中	12 205	22 748	58 143
普通高中	11 913	21 699	56 393
成人高中	292	1 049	1 750
2. 中等职业教育	6 267	8 318	22 638
普通中专			
成人中专			
职业高中			
技工学校	587	888	3 805
（二）初中阶段教育	36 148	57 660	154 831
1. 普通初中	36 148	57 660	154 831
2. 职业初中			
3. 成人初中			
三、初等教育	62 032	96 554	526 419
（一）普通小学	62 032	96 554	526 419
（二）成人小学			
其中：扫盲班			
四、工读学校	80	36	90
五、特殊教育	44	42	565
六、学前教育	49 575	54 735	135 019

注：其他各类高等教育学生数未包含成人高校的学生数。

2004年深圳市各级民办教育基本情况

	学校数（所）	毕业生数（人）	招生数（人）	在校生数（人）	教职工数（人）	专任教师数（人）
一、高等教育	2	460	1 188	3 357	389	175
（一）普通高校	2	460	1 188	3 357	389	175
（二）成人高校						
（三）民办的其他高等教育机构						
二、中等教育机构	126	8 692	23 049	55 348	5 193	3 431
（一）高中阶段教育	16	1 370	4 068	9 429	5 193	3 431
其中：普通高中	16	1 370	4 068	9 429	5 193	3 431
中等职业学校						
（二）初中阶段教育	110	7 322	18 981	45 919	0	0
其中：普通初中	110	7 322	18 981	45 919		
职业初中						
三、普通小学	125	21 734	47 002	226 677	13 265	9 437
四、幼儿园	553	36 490	41 779	101 904	15 013	8 302

注：民办普通高中的教职工数和专任教师数包含民办普通初中数据。

〔**综述**〕 2004年，深圳市教育系统以办人民满意的教育为宗旨，以创建广东省教育强市为契机，突出发展主题，加快改革创新，教育事业有了新的发展与提高。全市有各级各类学校1 324所，比上年增加65所，增长5.16%。其中，普通中学增加20所，小学增加2所，幼儿园增加43所。2004年各类学校实际招生260 343人，增长0.97%；毕业生175 716人，增长13.55%。在校学生949 574人，增加101 986人，增长12.03%。教职工67 770人，增加6 396人，增长10.42%。其中，专任教师44 420人，增加3 882人，增长9.58%。

〔**全面完成由农村教育向城市教育的转变**〕 改革宝安、龙岗教育管理体制，全面实现教育城市化。根据深圳市委、市政府决定和《市教育局关于加快推进宝安龙岗两区教育城市化的暂行意见》，宝安、龙岗两区进行教育管理体制的重大改革，由原来的“分级办学、以区镇管理为主”的体制，转变为“一级管理，以区为主；多方投入，以政府为主；多元办学，以公办为主”。两区将原有96所村小全部移交区政府管理，改变了长期以来特区内外在教育管理体制上的“二元体制”，这标志着深圳市全面完成由农村教育向城市教育的转变。

〔**未成年人思想道德建设和大学生思想政治教育**〕 为贯彻落实中共中央、国务院两个德育工作文件精神，深圳市、区教育局充分发挥学校在加强未成年人思想道德建设中的主课堂、主阵地、主渠道的作用，2004年，在学校组织开展了一系列大型的主题教育活动。如年初的“铸造美好心灵，关爱美丽家园”的主题活动，暑假的“五个一”活动(即每个学生签一份《学生暑假安全文明承诺书》，为父母尽一份孝心，看一部有教育意义的电影、电视剧或一本书，为社区安全文明建设提一条建议，做一件关心帮助他人的实事)，9月的“弘扬和培育民族精神月”活动，12月的中小学法制知识竞赛等等。另外，成立了全国首家中学生文联。落实和完善一校一警制度，充分发挥法制副校长、法制辅导员的作用，建设文明安全校园。各高校贴近大学生实际，改进政治理论课教学，使邓小平理论和“三个代表”重要思想进教材、进课堂、进学生头脑，大学生政治思想工作进公寓、进社团、进网络。学生要求入党的多了，健康活泼、积极向上、团结友爱、文明礼貌成为全市青少年学生精神世界的主流。

〔**基础教育扩大优质学位**〕 基础教育按照标准化、均衡化、优质化的发展思路，整体水平进一步提高。继续扩大教育规模以满足学位需求，同时基本解决非户籍常住人口子女就读问题。据2004年10月统计，全市普通中小学和幼儿园在校学生86.8万，其中非户籍生54.7万，占63%。龙岗区葵涌、南澳两个街道办事处通过省教育强镇的督导验收，从而实现镇镇为强镇、区区为强区的教育强市。2004年有48所学校（园）通过省一级学校评估，21所学校（园）通过市一级评估，按照省颁标准，全市公办学校优质学位的比例上升到90%以上。

〔**师德师风建设年**〕 2004年初，深圳市教育局党委印发《关于开展“师德师风建设年”活动的决定》，制订《“师德师风建设年”工作实施方案》，出版《厚德载物　育人于行——深圳市师德师风先进事迹选辑》和《深圳市教师师德座右铭选辑》，设立暑期师德师风建设学习周活动。组织召开了全市师德标兵先进事迹报告会，请5位师德标兵代表作报告，市委副书记李意珍和深圳市副市长闫小培到会讲话，要求“每一个教师真正成为一本教科书”，广大教师“注重锤炼品德，勇于开拓创新，加强自身学习”，给广大校长教师以很大鼓舞。抓紧修订《深圳市教师职业道德规范》，推行教育承诺制度，建立师德师风建设的长效机制。通过师德师风建设年活动，广大教师的道德水准、品行操守、外表气质等各方面修养得到加强。

〔**《深圳市学校安全管理条例》**〕 经广东省十届人大常委会第16次会议批准、深圳市人大常委会发布公告，《深圳市学校安全管理条例》自2005年4月1日起施行。《条例》共7章、59条，设立“学校环境安全管理”、“学校设施安全管理”、“学校活动安全管理”、“应急救助与调查处理”、“法律责任”等章节。《条例》在创新中呈现鲜明特色：一是确立“以人为本，安全第一，预防为主”的立法理念，把安全事故的防范作为根本立足点，做到防范与处理有机统一。二是全社会齐抓共管，共同构建学校安全管理的长效机制，使学校安全管理成为各级政府及其各职能部门乃至全社会的自觉行为。三是打破所有制障碍，建立了学生人身伤害事故救济制度。公办、民办学校购买校方责任险，都由政府财政承担保险费。四是针对性和操作性很强。条款设定非常具体，教育、公安、文化、卫生、环保、工商、城管等有关职能部门和单位的管理责任划分清晰，安全管理要求明确，便于贯彻落实。

〔**加快推进深圳教育现代化**〕 2004年7月，市委、市政府召开全市科技教育人才工作会议，出台了《关于加快推进教育现代化的决定》，提出2010年基本实现教育现代化，教育发展的主要指标达到中等发达国家当时的平均水平。具体包括国民教育体系和终身教育体系比较发达、教育公平程度较高、教育国际化水平较高、教育持续发展能力较强等4大类18项指标。

〔**广东省首个教育强市**〕 2004年初，深圳市委三届八次全会决议和2004年市委、市政府工作要点提出，力争2004年成为全省教育强市。2月，深圳市政府分管领导带队向省政府汇报，取得了省教育强市验收试点。深圳市委、市政府成立了以市长李鸿忠为组长的创建工作领导小组。全市教育系统全力以赴，努力做好迎评的各项准备工作。8月25日—28日，广东省教育强市试点验收组对深圳创建教育强市进行验收，认为深圳教育发展水平高，综合实力强，在省内居领先地位，创建教育强市的各项指标均达到省颁要求，创造了全省“五个第一”：全省第一个教育强镇、第一个教育强区、第一个镇镇为强镇的教育强区、第一个区区为教育强区的教育强市、全省第一个教育强市。9月8日，省政府授予深圳市“广东省教育强市”的称号，并授牌。

〔**职业教育与成人教育稳步发展**〕 2004年，职业教育与成人教育以“专业化、社会化、市场化”为发展思路，深化改革，增强实力。全面落实《深圳市中等职业教育深化改革方案》，加快推进112工程，创办优质中等职业教育，龙岗职业技术学校通过国家级重点评估，宝安职业技术学校通过省级重点评估。有4所学校被教育部确定为“职业院校制造业和现代服务业技能型紧缺人才培养培训工程”项目学校，有3个专业被评为省中等职业学校重点建设专业点，龙岗职业技术学校实训大楼被省教育厅确定为“广东省职业教育实训中心”。中职学校与企业合作共建校外实训基地53个。2004年全市中职毕业生升学和就业率为95%。以启用新的《民办学校办学许可证》为契机，清理整顿成人教育培训市场，依法规范办学行为。南山、宝安、罗湖和福田等4区社区学院建设取得较大进展，面向300万外来务工青年，为他们提供继续学习和岗位培训机会。

〔**高等教育**〕 2004年，全市有深圳大学、深圳职业技术学院、深圳信息技术学院、清华大学深圳研究生院、北京大学深圳研究生院、哈工大深圳研究生院、南开大学深圳金融工程学院、广东新安职业技术学院、广东建华学院和暨南大学中旅学院等10所普通高等学校。全日制在校生4.04万人，比2003年增加8 300多人，增长25.9%。户籍适龄人口全日制高等教育毛入学率41.7%，提前完成高等教育发展“十五”规划。高校办学水平和科研能力进一步提高，大学城独立组团参展第六届高新技术成果交易会，参展项目签约额2.29亿元。深港高等教育合作工作已经启动。根据国家新规定，面向深圳主导产业和新兴产业，深圳的高校学科专业作了进一步调整。

撰稿　赖群阳

审稿　黄励军

广西壮族自治区教育

概　况

〔基本情况〕

2004 年广西壮族自治区各级各类学校校数、教职工、专任教师情况

	学校数（所）	教职工数（人）	专任教师数（人）
一、高等教育			
（一）研究生培养机构（不计校数）	(9)		
1. 普通高校	(9)		
2. 科研机构			
（二）普通高等学校	49	29 732	17 583
1. 本科院校	15	16 959	9 765
2. 专科院校	34	10 562	6 369
其中：职业技术学院	22	5 969	3 508
3. 其他机构（点）（不计校数）	(10)	2 211	1 449
其中：独立学院	(8)	1 040	831
（三）成人高等学校	7	2 972	1 706
（四）民办的其他高等教育机构	4	149	96
二、中等教育	3 473	220 384	167 290
（一）高中阶段教育	940	219 306	50 581
1. 高中	531	189 776	32 817
普通高中	526	189 618	32 727
成人高中	5	158	90
2. 中等职业教育	409	29 530	17 764
普通中专	103	13 552	7 883
成人中专	116	5 341	2 906
职业高中	190	9 733	6 486
技工学校			
其他机构（教学点）（不计校数）	(30)	904	489
（二）初中阶段教育	2 533	1 078	116 709
1. 普通初中	2 411		115 918
2. 职业初中	17	402	294
3. 成人初中	105	676	497
三、初等教育	17 149	233 793	202 148
（一）普通小学	15 759	230 087	200 546
（二）成人小学	1 390	3 706	1 602

续表

	学校数（所）	教职工数（人）	专任教师数（人）
其中：扫盲班	814	2 413	831
四、工读学校	3	42	27
五、特殊教育	50	776	549
六、学前教育	3 122	26 998	15 688

注：1. 普通高中的教职工数中包含普通初中的教职工数。
2. 技工学校数据为2003年数据。
3. "（　）"内数据均不计校数。

2004年广西壮族自治区各级各类学历教育学生情况

	毕业生数（人）	招生数（人）	在校生数（人）
一、高等教育			
（一）研究生	1 481	3 589	7 827
博　士	20	89	227
硕　士	1 461	3 500	7 600
（二）普通本专科	50 261	103 612	281 044
本　科	18 259	37 371	122 339
专　科	32 002	66 241	158 705
（三）成人本专科	59 169	77 160	152 511
本　科	10 721	16 096	29 448
专　科	48 448	61 064	123 063
（四）其他各类高等学历教育			
1. 在职人员攻读博士、硕士学位		98	528
2. 网络本专科生			
本　科			
专　科			
3. 学历文凭考试	17	70	155
4. 自学考试			
5. 其他	62		
二、中等教育	1 011 307	1 226 434	3 424 615
（一）高中阶段教育	254 346	371 868	996 345
1. 高中	165 479	244 968	652 108
普通高中	165 146	244 968	651 494
成人高中	333		614
2. 中等职业教育	88 867	126 900	344 237
普通中专	47 389	59 745	178 615
成人中专	14 851	10 797	36 338
职业高中	26 627	56 358	129 284
技工学校			
（二）初中阶段教育	756 961	854 566	2 428 270
1. 普通初中	747 468	853 305	2 410 467
2. 职业初中	2 905	1 261	5 248
3. 成人初中	6 588		12 555
三、初等教育	1 024 212	757 330	4 870 437
（一）普通小学	893 095	757 330	4 705 591
（二）成人小学	131 117		164 846
其中：扫盲班	69 127		87 388
四、工读学校	25	35	45
五、特殊教育	1 391	2 276	15 653
六、学前教育	523 438	719 224	887 791

注：特殊教育学生数中包括普通中小学随班就读的学生。下同。

2004 年广西壮族自治区各级各类非学历教育学生情况

	毕（结）业生数（人）	注册生数（人）
一、高等教育	40 640	39 652
（一）研究生课程进修班		
（二）自考助学班	1 413	10 808
（三）普通预科生		468
（四）进修及培训	39 227	28 376
其中：资格证书培训	8 736	8 686
岗位证书培训	15 198	7 655
二、中等职业教育	2 517 421	1 672 109
其中：资格证书培训	191 250	144 944
岗位证书培训	133 123	87 864
（一）中等职业学校	157 203	111 394
其中：资格证书培训	48 796	36 684
岗位证书培训	48 157	20 792
（二）职业技术培训机构	2 360 218	1 560 715
其中：资格证书培训	142 454	108 260
岗位证书培训	84 966	67 072

2004 年广西壮族自治区各级民办教育基本情况

	学校数（所）	毕业生数（人）	招生数（人）	在校生数（人）	教职工数（人）	专任教师数（人）
一、高等教育						
（一）普通高等教育		650	5 318	7 983	1 645	1 147
1. 普通高校	6	650	2 237	4 736	605	316
本科学生						
专科学生		650	2 237	4 736		
2. 独立学院	(8)		3 081	3 247	1 040	831
（二）成人高校						
（三）民办的其他高等教育机构	4	157		456	149	96
二、中等教育机构						
（一）高中阶段教育	177	21 701	46 251	102 001	15 067	10 203
其中：普通高中	104	12 882	25 674	59 877	11 817	8 289
中等职业学校	73	8 819	20 577	42 124	3 250	1 914
（二）初中阶段教育	224	32 653	46 969	130 019	51	29
其中：普通初中	223	32 552	46 869	129 662		
职业初中	1	101	100	357	51	29
（三）职业技术培训机构	264	44 836		114 283	2 536	1 493
三、普通小学	367	23 022	23 343	140 684	6 340	4 971
四、幼儿园	2 350	73 970	124 348	190 230	14 613	8 232

注：“（ ）”内数据不计校数。

〔**教育经费**〕 2004 年，广西全区教育经费总收入 160.58 亿元，比上年增加 16.96 亿元，增长 11.68％ 。国家财政性教育经费 106.06 亿元，比上年增加 10.13 亿元，增长 10.56％。其中，预算内教育经费 98.78 亿元，比上年增加 11.65 亿元，增长 13.37％。

2004 年，广西教育经费总支出为 152.62 亿元，比上年增加 17.77 亿元，增长了 13.18％。其中，事业性经费支出 142.48 亿元，比上年增加 17.40 亿元，增长了 13.91％；基本建设支出

10.14 亿元，比上年增加 0.37 亿元，增长 3.75%。

〔**教育系统基本建设工作**〕 2004 年，广西地方所属各级学校基本建设计划总投资 30.17 亿元，比 2003 年增加 4.31 亿元，增长 16.65%。其中，中央专项安排投资 2.83 亿元，占计划总投资的 9.38%；地方预算内投资 5.14 亿元，占计划总投资的 17.04%；其他及自筹基建投资 20.20 亿元，占整个教育基建投资计划的 73.58%。

2004 年，全区各级学校共完成投资 20.45 亿元，完成整个教育基建投资计划的 67.8%。2004 年全年共建设各类教学用房 317.74 万平方米，实际竣工面积 218.9 万平方米。

〔**教育国际交流与合作**〕 2004 年，组织 20 所区内高校赴越南举办广西教育展。参展期间，中越部分院校签订了院校合作协议。广西教育展成功地宣传了广西，发展了与东南亚国家的教育国际合作与交流。2004 年，区教育系统聘请长期外国专家、教师 172 人，邀请短期来访专家 116 人，全区院校招收外国留学生1 140人，组织短期出国考察访问团组 167 批、514 人次，派出自治区财政资助留学生 20 人。

〔**体育、卫生与艺术教育**〕 2004 年，举办了第五届广西大学生运动会暨科学论文报告会，选送参加第七届全国大学生运动会科学论文报告会论文 37 篇，获论文一等奖 1 篇、三等奖 7 篇。组队参加了第七届全国大学生运动会。

开展全区高等学校预防艾滋病健康教育调查，出台《关于加强全区学校预防艾滋病健康教育工作的意见》。加强食品卫生管理，自治区人民政府出台了《关于加强全区学校卫生防疫与食品卫生安全工作的意见》。广泛开展群众性卫生救护培训工作，推动学校在学生中普及开展卫生救护培训，提高学生的自救互救能力，与自治区红十字会举办了四期中国红十字会救护师资培训班。

广西中小学生艺术展演代表团进京参加全国第一届中小学生艺术展演活动第二阶段比赛，共获得包括艺术表演类节目、艺术作品、艺术教育科学论文一、二、三等奖和全国优秀组织奖、优秀指导教师奖在内的 86 个奖项。

〔**学校安全工作**〕 2004 年，在全区各级各类学校开展了专项整治行动，重点严厉打击各种针对师生违法犯罪活动，清理整顿校园及周边非法经营的网吧和娱乐场所，整治校园及周边的交通秩序，开展校园安全大检查。3 月，在全区中小学、幼儿园、中等职业学校开展全区第一个“安全教育活动月”，重点组织安全知识宣传教育和开展安全技能演练活动。

〔**教育对口支援**〕 2004 年，广西区直、驻桂中直单位共派出 250 人进驻贫困地区农村学校支教，共援助农村受援学校资金 5 000万元。广东省 120 名支教教师上半年继续进驻广西 100 所普通中小学和 20 所中等职业学校开展支教工作，第二期广东省对口支援广西贫困地区学校工程（2002—2004 年）圆满结束，广东省共投入援助资金7 385万元，受援学校的办学条件得到进一步改善。2004 年，广东省属高校单列计划面向广西招收了 500 名学生。

基 础 教 育

〔**义务教育**〕 2004 年 4 月，自治区政府出台《广西壮族自治区“两基”攻坚实施规划（2004—2007 年）》，明确“两基”攻坚的目标、任务、保障措施。“两基”攻坚的目标是：到 2007 年，41

个攻坚县要达到国家“普九”验收标准，全区实现基本“普九”。成立了自治区“两基”攻坚工作领导小组。

2004年，全区用于“普九”攻坚的经费共14.92亿元，其中中央补助的专项资金8.03亿元，自治区本级安排的专项资金3亿元，世界银行/英国政府赠款2.59亿元，各市、县经费1.3亿元。资金分配都明确落实到县，其中土建项目经费直接落实到项目学校，确保项目资金专款专用。

2004年，有3个县通过自治区“普九”评估验收，全区通过自治区“普九”验收的县（市、区）累计达到84个，人口覆盖率达到84.3%，比上年增长1.57个百分点。

〔**幼儿学前教育**〕 2004年，自治区教育厅启动了新一轮自治区示范幼儿园评估验收工作，有14所幼儿园申报验收，其中13所幼儿园通过评估验收，全区自治区示范幼儿园增至36所，全区优质学前教育资源得到进一步扩大。

〔**普通高中教育**〕 2004年，全区普通高中比上年增加14所；在校生比上年增加66 409人，增长11.35%；全区普通高中招生录取248 045人，比上年增加14.3%。继续组织开展示范性普通高中第三批验收评估工作，有22所普通高中通过验收评估，自治区示范性普通高中达到64所。

规范普通高中办学，印发《关于加强公办普通高中办学管理的有关问题的通知》，规定公办普通高中不准在校内招收补习班、插班生；不准在校内举办新的分校或初中部；不准突破“三限”政策。

〔**基础教育课程改革实验**〕 2004年，广西新增加40个课改实验区，全区参加实验的县（市、区）达到89个，参加课改实验的小学一年级学生达到641 754人，占同年级学生的83.4%；初中一年级学生657 020人，占同年级学生的74.9%。南宁、柳州、桂林、玉林、贵港、钦州、梧州、贺州、北海等9个市所辖县（市、区）全部进入课改实验。

〔**德育工作**〕 2004年8月，召开全区德育工作会议，14个地级市分管德育工作的教育局领导及有关部门的负责人共150人参加了会议。会议学习并贯彻中央、自治区未成年人思想道德建设工作会议精神。9月，在全区开展弘扬与培育民族精神教育月活动，活动人数达800多万人。2004年，共立项建设国家和自治区青少年校外活动场所项目11个，总投入2 273万元。

〔**现代远程教育项目**〕 2004年广西实施的农村中小学现代远程教育的项目共有4个：(1) 国家“农村中小学现代远程教育项目”，年内在南宁、柳州、桂林、北海四市的43个县（市、区）建设教学光盘播放点4 150个、卫星教学收视点2 809个和计算机教室324间。(2) 国家“现代远程教育工程试点示范”项目，年内在62个县（市、区）实施，其中按模式一（教学光盘播放点）建设的小学1 727所，初中14所，共1 741所；按模式二（卫星教学收视点）建设的小学52所，初中85所，共137所。(3) “国家贫困地区义务教育工程（信息技术设备）”项目（第二期）在41个“两基”攻坚县装备项目学校887间，配备的设备属于卫星教学收视点。(4) 第二期广西“乡镇现代教育资源中心工程”项目在岑溪市等27个县（市、区）中实施，建设333所乡镇中心小学。

〔**教师和校长培训**〕 2004年，对新增课改实验区的教师开展了新课程通识培训、学科标准和新教材培训，并对历年课改实验区的教师开展了新教材培训，累计培训教师45 000名。2004年，全区共组织开展3 535名中小学校长任职资格培训和在职提高培训。组织实施中国－联合国儿童基金会“爱生学校（CFS)”师资培训项目，年内广西共培训项目学校小学教师210名，其中骨干教师55名。组织实施中国－联合国儿童基金会“校长培训与学校发展规划（SDP)”项目，本年度共培训项目县试点学校校长96人。组织实施英特尔未来教育教师培训项目，培训14个市的主讲教师500名和7 000名中小学学科教师。组织实施“中美暑假英语教师培训”项目，培训中小学英语骨干教师50名。

〔**农村寄宿制学校建设和中小学危房改造**〕2004年，完成农村寄宿制学校建设规划，确定在41个“两基”攻坚县共建设面积为110多万平方米的校舍，进一步扩大41个“两基”攻坚县义务教育的规模，中央下达全区农村寄宿制学校建设工程2004年经费2.10亿元。第二期中小学危房改造工程在14个市53个县（市、区）实施，共建设项目学校461所，新建改扩建校舍面积24.5万平方米。2004年，中央、自治区、市投入第二期中小学危房改造工程1.30亿元，总投入1.31亿元，其中中央专款1.11亿元，市县配套0.19亿元，学校自筹57万元。全区各级各类学校办学条件继续得到改善。2004年全区危房改造共投入资金2.13亿元，改造危房面积62.4万平方米。

〔**“两免一补”工作**〕2004年，中央共下达广西免费提供教科书专项经费6 500万元，全区享受免费提供教科书的学生人数共有129.4万人，其中小学86万人，初中42万人，特殊教育1.4万人。同时自治区加大中小学贫困学生“两免一补”专项资金的投入，免除杂费合计1 443万元。制定了《对农村义务教育阶段家庭经济困难学生免费提供教科书的试行办法》，明确了免费提供教科书管理工作实行以自治区管理为主，各级政府分级管理、教育和财政部门分工负责的体制。

〔**第二期“国家贫困地区义务教育”工程**〕2004年投入9 450万元（自治区级配套资金3 150万元及中央专款6 300万元），其中土建工程完成投资5 016.9万元，建设土建项目学校90所，新建改扩建校舍面积10万平方米；采购教学仪器设备930.1万元，装备中小学校490所；采购图书766 914册，投入690.2万元；采购课桌椅30 504套，投入221.4万元；采购信息技术教育设备887套，投入1 330.5万元；培训教师及校长43 074人次。

〔**世行贷款项目**〕世行贷款/英国政府赠款“西部地区基础教育发展”项目正式启动，项目覆盖18个贫困县，总成本25 928.3万元人民币，其中世行贷款2 100万美元（折合人民币17 325万元），国内配套资金8 603.1万元，占总成本的33.2%。2004年，完成投资2 950万元人民币，占投资计划的84%，已有65所项目学校竣工验收，占计划项目学校数的74%。

职业教育与成人教育

〔**综述**〕2004年，全区中等职业学校有409所，其中民办73所；普通中等专业学校82所，中等师范学校21所，成人中专116所，职业高中190所，其他机构（教学点）30所；在职教职工总人数29 530人，其中专任教师17 764人。中等师范学校停止招生。各类职业学校扩大短期培训规模，开展各种形式的短期培训达377 661人次。年内，大力推进以就业为导向，实行学校与用人单位、企业“订单办学”机制，规定在农村中职学校停止综合高中试点招生，把招生任务和责任落实到各级教育行政部门和学校，实行中职招生情况旬报制度等。同时通过新闻媒体向社会公布具有面向全区招生资格的学校名单和专业目录，其中有91所中职学校新增设或调整了191个专业，努力贴近市场的需要。在4所重点中职学校升高职、中等师范学校停止招生的情况下，普通中专、成人中专、职业中专（高中）共招生16.98万人，增招3 049人，增幅1.8%。城市重点中等职业学校招生出现多年不见的爆满局面，农村职校招生呈现回升的态势。

〔**中等职业教育联合招生合作办学**〕 2004年，首次推进中职教育东西部、城乡联合招生合作办学模式。4月，自治区吴恒副主席率团考察福建、浙江5市，洽谈引进东部职业院校与广西职校合作办学，与东部劳务中介机构相互建立劳动力市场用工信息网络等事宜；邀请浙江省14所重点职校校长到广西，与来宾、崇左、河池、北海等市的17所职校校长洽谈，签订联合招生合作办学协议。广西7个市22所职校与东部省市22所职校，区内33所城市职校与53所农村职校开展了联合招生合作办学。东部省市中高职学校与广西职业学校联合招生合作办学类招生3 918人，区内城市与农村职校联合招生合作办学类招生7 230人。

〔**农村劳动力转移培训工作**〕 2004年，自治区教育厅成立了农村劳动力转移培训工作领导小组，4月在阳朔县召开了有300多所中职学校参加的农村劳动力转移培训项目启动会。自治区决定从2004—2007年每年投入专项经费700万元，建设5～10个培养培训新生劳动力和农民工达1万人的万人培训基地，2004年安排给博白县职校、钟山县职校、鹿寨县职校、崇左市职校、桂林市旅游中专5个基地各100万元进行建设。广西教育系统105所县级职业学校、796所农村成人文化技术学校、9所城市中职学校开展农村劳动力转移培训，全年共培训94.68万人，其中新生劳动力34.47万人，富余劳动力60.2万人，培训后实现转移就业61.35万人。教育系统培训人数占全区总培训人数108万人的87%。

〔**重点学校和示范性专业建设**〕 2004年，教育部批复确认16所广西中职学校为第二批国家级重点职业学校，全区国家级重点职业学校累计达到29所。自治区确认9所学校为自治区级重点职业学校，自治区级重点职业学校累计达到31所，全区合格职业学校达到294所。2004年，有56所学校的42个专业106个专业点被评为自治区级示范专业。

高等教育

〔**高校布局结构调整工作**〕 2004年，建设高水平大学工作取得新突破，广西大学“211工程”二期建设项目可行性研究报告获得了国家发展和改革委员会正式批复，广西大学“211工程”二期建设项目正式列入国家“十五”期间重点工程建设项目进行建设。广西大学列为教育部和广西壮族自治区人民政府共建的“省部共建高校”。完成广西民族学院更名为广西民族大学和桂林电子工业学院更名为桂林电子科技大学的申报工作，自治区人民政府已报请教育部审批。抓好申办本科院校的各项工作，广西财政高等专科学校和广西商业高等专科学校合并提升为广西财经学院得到教育部的正式审批，年内开始招生。计划设置梧州学院、百色学院、贺州学院、钦州学院和桂林旅游学院的所有申报工作已经完成，并已由自治区人民政府报请教育部审批。完成北京航空航天大学北海学院的设立申报工作，教育部同意正式筹建。广西卫生干部管理学院与广西药科学校、自治区妇幼卫校合并改制为广西医药专科学校也已完成有关评审工作，并上报自治区人民政府。2004年经自治区人民政府审批、教育部同意备案的有广西经贸职业学院（由广西区直机关干部业余大学和广西供销学校合并改制）、广西工贸职业技术学院、广西电力职业技术学院、广西东方外语职业学院和广西演艺职业学院等5所高职。经教育部正式审批，设置了广西师范大学漓江学院、桂林电子工业学院信息科技学院、桂林工学院博文管理学院、广西工学院鹿山学院、广西师范学院师园学院、广西民族学院相思湖学院、广西大学行健文理学院和广西中医学院赛恩斯新医药学院等 8 所本科独立学院，其中广西大学行健文理学院等 3 所独立学院 2004 年开始招生。组织专家对区内外高校在广西各地设立的 460 多个函授教育教学站（点）进行全面检查和评估，在此基础上批准了 440 多个函授站（点）备案，27 个站（点）不予备案。

〔**教学水平评估工作**〕 教育部公布 2003 年全国普通高校本科教学工作水平评估结论，广西中医学院的评估结论为优秀，广西民族学院的评估结论为良好，桂林航天高等专科学校在全国高职高专人才培养工作水平评估试评工作中获良好等级。2004 年 11 月，桂林工学院顺利通过教育部组织的本科教学工作水平评估。2004 年，正式启动 5 年一轮的高职高专人才培养工作水平评估工作，制定了广西高职高专院校 2004—2008 年高职高专人才培养工作水平评估计划，对广西建设职业技术学院进行了评估。全面启动普通本科新专业评估，根据新修订的普通本科专业评估方案，对全区所有 2000 年招生的普通本科新专业进行了评估。实施高职高专院校基础实验室评估计划，下发了《关于做好全区高职高专学校基础课教学实验（实训）室合格评估工作的通知》，决定从 2004 年下半年到 2007 年，对全区高职高专学校基础教学实验（实训）室进行合格评估验收。

〔**教学改革工作**〕 2004 年，广西以提高教学质量为中心，抓重点，创精品，进一步更新教育思想观念，深化教学内容和课程体系改革。一是积极推进以学分制为核心的教学管理制度改革工程，召开了全区高等学校学分制教学管理研讨会，会后发出了《关于在全区高等学校积极推行学分制的意见》。二是对全区高校申报的 100 多门课程进行了评议，推荐国家精品课程 18 门，建设第二批自治区精品课程 26 门，第二批自治区重点课程 30 门。南宁职业技术学院的“居室空间设计”被评为国家级精品课程，实现了广西获国家级精品课程零的突破。三是开展自治区级教学成果奖励工作。经评审，确定自治区级教学成果奖 142 项。四是开展新世纪教改工程 2004 年立项工作。五是修订并印发了《广西高等学校普通本科专业评估方案（2004 年修订版）》、《广西高等学校高职高专专业评估方案（试行）的通知》和《关于开展高等学校学科专业发展规划工作的通知》。六是组织开展每年一度的专业设置工作。开展学科专业排行榜认定体系的研讨工作，对全区高校汉语言文学、计算机科学与技术和化学 3 个普通本科专业进行排行榜的试点。七是积极推进高职高专教学改革。在全区高职高专学校开展职业资格鉴定工作的和高职院校教学改革试点专业的调查。举办 2004 年暑期全区高职高专院校领导培训班。八是进一步构建和完善各级各类高等教育相互衔接，相互沟通的“立交桥”，规范“优秀专科生选拔制”的专升本、高职升本工作，共选拔2 046名优秀高职高专学生升入普通本科学习，共选拔5 672名成高专科优秀学生升入成高本科学习。九是积极推进大学英语教学改革。出台了《关于加强全区高职高专英语课程教学改革的意见》和《关于加强成人高等教育英语课程教学改革意见》，并确定广西大学等 12 所本科院校开展全区普通本科院校大学英语教学改革试点工作。公布了 2003 年组织的全区普通本科大学英语教学工作评估结果，其中桂林电子工业学院、广西医科大学、桂林工学院、广西中医学院、广西师范大学和广西师范学院等 6 所高校被评为优秀等级。进一步加强大学英语四、六级考试管理，下发了《关于进一步加强全区大学英语四、六级考试考务管理工作的通知》。

〔**学位与研究生教育工作**〕 2004 年，全区高校研究生在校生为7 827人，比上年增加2 052人，增幅为 35.54%，其中博士研究生 227 人，比上年增加 68 人，增幅为 42.77%；硕士研究生7 600人，比上年增加1 985人，增幅为 35.35%，研究生教育规模继续扩大。年内，启动 2004 年学位授权点学科建设，自治区财政投入1 000万元专项经费，受资助学校按 2∶1 的比例落实配套经费，共资助广西大学、广西医科大学、广西师范大学、广西中医学院、广西民族学院、广西师范学院、桂林工学院、桂林电子工业学院、广西工学院、桂林医学院、右江民族医学院10个博士点建设学科和40个硕士点学科建设，建设周期2年。制定了《2005年—2010年广西学位点建设和研究生教育发展规划》，确定2005年—2010年，自治区财政每年投入1 500万元以上，有关高校按照学校配套与财政专项2∶1的比例落实配套经费和专项经费，用于资助40个博士学位授权点学科和70个硕士学位授权点学科的建设。继续加强学位与研究生教育质量的监控，开展全区硕士研究生学位论文抽样检查工作，所有被抽查的154篇论文送区外同行专家进行评审，评审结果26篇优秀、116篇良好、12篇合格，并在此基础上评选出2004年度全区优秀硕士学位论文26篇。开展2004年度全区优秀研究生评选工作，共选出优秀研究生100名。

〔**高校毕业生就业工作**〕 2004年，广西区内高校共有毕业生54 850人，其中毕业研究生1 497人，本科毕业生18 886人，专科毕业生34 467人。截至9月1日，全区高校毕业生就业率为81.71%，比上年同期高出近8个百分点，实现了国务院制定的毕业生就业率达到或高于上年同期水平的工作目标。全区有7所本科学校和15所专科学校初次就业率就超过90%。

〔**思想政治教育**〕 2004年，全区继续加强高校学生思想政治工作，组织召开了普通高校学生思想政治工作座谈会，部署高校学生思想政治和高校安全稳定工作。在高校开展了大学生思想教育调研工作，形成《2004年广西高校学生思想政治状况调查报告》。4月，自治区党委和政府召开了全区高校思想政治工作座谈会，学习并贯彻中央领导同志关于加强和改进大学生思想教育工作的重要批示精神，交流经验，研究部署加强和改进高校学生思想政治工作。学习贯彻中央16号文件精神暨学生党建工作会议。加强思想政治教育进网络工程的建设，组织评审专家对第一批立项建设的思想政治教育主题网站进行了检查验收和对第二批申报立项建设的思想政治教育主题网站进行了中期检查。

2004年，继续推进“两课”教学的改革和创新，抓好“两课”课程教材建设，组织编写人员对“两课”系列教材进行系统、全面的修订。组织人员对全区高校“两课”教育教学情况进行了巡视和指导，重点巡视和调研高职高专院校的“两课”教育教学工作。举办了2004年全区高校“两课”教师暑期备课讲习班。开展“两课”教育教学成果奖评选，共评出一等奖1项，二等奖4项，三等奖6项，推动了两课教学的改革与发展。

〔**资助高校贫困家庭学生和高校国家助学贷款**〕 2004年继续在全区普通高校开展“自治区人民政府奖学金”和“广州助学金”以及“广西风采助学金”的评选和资助工作，奖励和资助了4 750名贫困家庭学生，奖励和资助金额达695万元。2004年，广西确定开展国家助学贷款的高校共计33所。截至11月30日，全区申请国家助学贷款学生人数为22 018人，申请贷款金额10 621.46万元；经办银行审批贷款人数569人，审批贷款合同金额405.91万元；实际发放贷款人数1 903人，实际发放贷款金额901.76万元。

撰稿 黄雄彪 李美清
赵益真
审稿 余益中

海南省教育

概　　况

〔基本情况〕

2004年海南省各级各类学校校数、教职工、专任教师情况

	学校数（所）	教职工数（人）	专任教师数（人）
一、高等教育			
（一）研究生培养机构（不计校数）	(3)		
1. 普通高校	(3)		
2. 科研机构			
（二）普通高等学校	14	6 311	3 733
1. 本科院校	4	3 774	2 161
2. 专科院校	10	2 537	1 572
其中：职业技术学院	8	1 906	1 192
3. 其他机构（点）（不计校数）			
其中：独立学院			
（三）成人高等学校	1	108	66
（四）民办的其他高等教育机构	1	34	19
二、中等教育	642	37 293	29 020
（一）高中阶段教育	189	37 269	8 192
1. 高中	108	32 951	5 616
普通高中	104	32 936	5 608
成人高中	4	15	8
2. 中等职业教育	81	4 318	2 576
普通中专	27	2 349	1 271
成人中专	10	284	162
职业高中	44	1 177	817
技工学校			
其他机构（教学点）（不计校数）	(11)	508	326
（二）初中阶段教育	453	24	20 828

续表

	学校数（所）	教职工数（人）	专任教师数（人）
1. 普通初中	450		20 828
2. 职业初中			
3. 成人初中	3	24	0
三、初等教育	3 781	56 061	50 242
（一）普通小学	3 192	55 433	50 108
（二）成人小学	589	628	134
其中：扫盲班	145	208	48
四、工读学校			
五、特殊教育	4	108	73
六、学前教育	708	8 015	4 466

注：1. 普通高中的教职工数中包含普通初中的教职工数。
2. 技工学校数据为 2003 年数据。
3. “（　）”内数据均不计校数。

2004 年海南省各级各类学历教育学生情况

	毕业生数（人）	招生数（人）	在校生数（人）
一、高等教育			
（一）研究生	90	415	766
博　士	7	22	62
硕　士	83	393	704
（二）普通本专科	7 854	19 704	57 883
本　科	3 355	7 904	27 091
专　科	4 499	11 800	30 792
（三）成人本专科	9 501	12 943	20 556
本　科	1 771	3 515	6 270
专　科	7 730	9 428	14 286
（四）其他各类高等学历教育			
1. 在职人员攻读博士、硕士学位			
2. 网络本专科生			
本　科			
专　科			
3. 学历文凭考试			
4. 自学考试			
5. 其他			
二、中等教育	163 137	219 375	593 121
（一）高中阶段教育	39 169	60 767	153 957
1. 高中	26 802	39 634	102 766
普通高中	26 749	39 634	102 632
成人高中	53		134
2. 中等职业教育	12 367	21 133	51 191
普通中专	9 761	16 432	42 152

续表

	毕业生数（人）	招生数（人）	在校生数（人）
成人中专	511	522	1 119
职业高中	2 095	4 179	7 920
技工学校			
（二）初中阶段教育	123 968	158 608	439 164
1. 普通初中	123 719	158 608	439 092
2. 职业初中			
3. 成人初中	249		72
三、初等教育	172 732	161 941	1 007 554
（一）普通小学	167 544	161 941	1 001 835
（二）成人小学	5 188		5 719
其中：扫盲班	1 538		2 367
四、工读学校			
五、特殊教育	92	206	1 738
六、学前教育	55 872	77 985	116 820

注：特殊教育学生数中包括普通中小学随班就读的学生。下同。

2004 年海南省各级各类非学历教育学生情况

	毕（结）业生数（人）	注册生数（人）
一、高等教育	1 196	1 971
（一）研究生课程进修班		
（二）自考助学班		1 626
（三）普通预科生		110
（四）进修及培训	1 196	235
其中：资格证书培训	53	
岗位证书培训		
二、中等职业教育	232 361	207 147
其中：资格证书培训	5 071	1 449
岗位证书培训	2 958	439
（一）中等职业学校	14 515	2 021
其中：资格证书培训	4 766	1 331
岗位证书培训	2 958	439
（二）职业技术培训机构	217 846	205 126
其中：资格证书培训	305	118
岗位证书培训		

2004 年海南省各级民办教育基本情况

	学校数（所）	毕业生数（人）	招生数（人）	在校生数（人）	教职工数（人）	专任教师数（人）
一、高等教育						
（一）普通高等教育		173	340	640	152	119
1. 普通高校	2	173	340	640	152	119
本科学生						
专科学生		173	340	640		
2. 独立学院						
（二）成人高校						
（三）民办的其他高等教育机构	1	57		305	34	19
二、中等教育机构						
（一）高中阶段教育	26	1 753	3 775	7 926	3 403	2 128
其中：普通高中	14	1 178	2 393	5 285	3 142	1 998
中等职业学校	12	575	1 382	2 641	261	130
（二）初中阶段教育	71	6 627	8 962	24 555		
其中：普通初中	71	6 627	8 962	24 555		
职业初中						
（三）职业技术培训机构	73	21 253		59 481	1 083	431
三、普通小学	93	8 819	9 805	60 657	4 552	3 041
四、幼儿园	550	17 548	28 068	53 500	5 314	2 812

注："（　）"内数据不计校数。

〔**全省农村教育工作会议**〕　为贯彻落实全国农村教育工作会议精神和国务院《关于进一步加强农村教育工作的决定》，2004 年 6 月，省委、省政府召开了建省以来第一次全省农村教育工作会议，省委书记汪啸风在会上作了题为《领导干部要做重教的模范》的讲话，会议出台了《中共海南省委海南省人民政府关于优先发展教育的决定》和《海南省农村教育十年（2004—2013 年）发展规划》，会议决定：2005 年至 2007 年，每年安排3 500万元用于中小学校危房改造，3 000万元用于学校基础设施建设，各级各类扶贫资金3 500万元用于民族贫困地区教育发展。

〔**教育投入与支出**〕　2004 年，全省教育经费总投入为 38.8 亿元，比上年增长 18.17%，全省国家财政性教育经费投入为 24.89 亿元，比上年增长 19.13%；预算内教育经费总投入为 20.63 亿元，比上年增长 18.57%；单纯投入教育部门的预算内教育经费为 20.2 亿元，比上年增长 18.92%。其中预算内教育事业费拨款为 18.34 亿元，比上年增长了 18.94%；基建拨款为 1.33 亿元，比上年增长了 12.8%。

2004 年全省教育经费总支出为 39.57 亿元，比上年增长 20.7%；全省国家财政性教育经费的支出为 26.87 亿元，比上年增长 25.25%；全省预算内教育经费支出为20.39亿元，比上年增长23.38%；全省教育部门预算内教育经费支出为19.9亿元，比上年增长23.7%；其中预算内教育事业费拨款支出为18.09亿元，比上年增长24.12%；从其支出方向看，高校支出2.06亿元，中师中专支出0.82亿元，中学支出5.44亿元（农村初中支出1.98亿元），职中支出0.3亿元，小学支出8.63亿元（农村小学支出6.42亿元），教育行政管理部门及其事业单位支出0.85亿元。预算内基建拨款支出为1.33亿元，比上年增长了12.79%。从其使用方向看，高校投入0.15亿元，中师中专投入100万元，中学投入0.62亿元（其中农村初中0.16亿元），小学投入0.4亿元（其中农村小学0.27亿元），职业中学、教育行政管理部门及其事业单位投入0.14亿元。

〔**“两基”工作**〕 继续把“两基”巩固提高工作作为教育的“重中之重”。会同省发展与改革厅、省财政厅研究制定了《海南省“两基”巩固提高工作实施规划（2004—2007年）》。加大对农村地区尤其是民族贫困地区的扶持力度；督促地方政府进一步加大投入，改善办学条件；加快薄弱学校改造，促进义务教育学校均衡发展；继续落实“普九”、“三定三包”责任制；进一步做好“控辍”工作；加大扶助贫困学生力度。会同有关部门联合开展用工情况检查，严厉查处违法使用童工行为。建立健全“两基”档案资料。

〔**教育法制建设**〕 2004年全省大力加强教育制度建设，依据《行政许可法》规定和省政府的要求，对教育法规、规章以及现有的教育行政审批事项，全面作出清理意见。推动青少年法制教育工作，组织开展法制教育现场会、法制教育观摩课。加强教师的法制教育，对教师法制教育的教材、教育形式、“四五”普法考核等作了具体安排，继续抓好中小学兼职法制副校长的培训，推进学校法制教育工作，举办了2期法制副校长上岗培训班，培训人员300多名。积极推动依法治校工作；做好教育法律法规的执法和宣传工作，逐步做到法制教育计划、教材、课程、师资“四落实”。

〔**教育督导**〕 2004年对全省8个县（市、区）和省农垦南片8个农场“两基”巩固提高工作进行了复查，评选出3个市县政府（企业）、2个农场和6个乡镇政府为“两基”巩固提高工作先进单位。不断推进中小学办学水平督导评估工作，开展了新一轮学校督导评估工作，并于9月召开了全省中小学校办学水平督导评估工作经验交流现场会。积极建立对县级政府教育工作进行督导评估的机制。推动开展教育强县（市）、强乡镇创建活动，进一步抓好全省国家级义务教育监测试点单位的督导监测工作并完善督导和监测手段。加强教育督导机构建设和队伍培训。加强基础教育课程改革的督导检查工作，并对课改实验区的工作进行调研和评估，逐步做到督导部门介入课改工作当中。

〔**学校安全稳定工作**〕 召开了省内各高校分管领导和有关部门的维护稳定工作会议，印发了《关于加强高校开学初及全国“两会”期间校园安全稳定的通知》，下发了《中共海南省教育工委关于加强学校管理禁止学生参与非法传销的紧急通知》，会同公安部门严厉打击非法传销活动。为了贯彻落实《中共中央 国务院关于进一步加强和改进未成年人思想道德建设的若干意见》精神，下发了《关于开展集中整治校园及周边治安秩序专项行动的通知》，大力整治校园周边环境，深入开展校内上网场所清理整顿工作。按照教育部等7部委的统一部署，会同公安等部门在全省开展大中小学校、幼儿园安全管理专项整治工作，共查处各类涉校治安案件118起，破获涉校刑事案件22起，打掉贩吸毒团伙1个，盗窃团伙2个。依照有关规定清理解聘不合格人员15人，依法取缔不具备办园条件、未办理有关办园手续的幼儿园6家。

〔**民族教育**〕 对有关市县发动少数民族学生入学、控制义务教育阶段学生辍学，巩固提高少数民族义务教育阶段普及程度等方面进行检查。检查督促少数民族市县规范管理使用免费教科书经费，确保专项经费的专款专用。加强对寄宿制民族班的办学管理，督促和指导各民族地区按要求规模举办小学、初中寄宿制民族班。进一步加大对民族学生的生活补贴。推行对民族、贫困地区教育师资的“订单”培养。切实落实民族贫困地区教师工作和生活待遇的优惠政策。举办第二期民族团结教育师资培训班，扩大民族团结教育试点市县，加快了全省民族教育改革和发展步伐。

〔**教育国际交流与合作**〕 2004 年组织了 5 批共 69 人的教育考察团分赴澳大利亚、新西兰、英国、德国和芬兰等国家和地区进行考察。继续与国家留学基金管理委员会合作资助出国留学人员项目，选派 5 名优秀中青年英语教师赴新加坡进修教学法；选拔 8 名优秀应届初中毕业生赴新加坡华侨中学和南洋女子中学留学。做好 70 余名外籍教师的聘请和管理工作，聘请著名美籍华人陈香梅女士为海南大学名誉校长。利用外籍教师资源，开设英语教师培训班，全省共有 11 个市县少数民族地区 80 名中学英语教师参加了培训。积极开展教育国际以及港、澳、台地区交流与合作工作。5 月与加拿大驻广州领事馆、省外事侨务办公室合作举办了第一届“枫叶杯”海南省大学生英语演讲比赛；审核批准了海南大学与台湾成功大学建立校际关系等。

〔**教育信息化建设**〕 一是继续实施《海南省教育信息化发展规划》，加快全省教育系统网络建设步伐。先后在陵水、保亭、乐东、临高、白沙、万宁等市县安装网络设备，使接入终端增加到 335 个；铺设 2M ADSL 独享专线，实现全省 18 个市县教育局、全省大中专院校及教育厅直属单位与省教育厅网络中心互联（部分高校直接从教科网省主节点接入），初步建成一个独特的海南教育网络系统；对海南省教育厅网站进行全面改版，增加多种栏目。全省中小学新增加计算机 2 050 多部、计算机网络教室 190 多间、校园网络 38 个，能上网学校增加到2 000多所；新装 185 套接收系统设备，联接中国教育卫星宽带传输网，开通接收教育动态、课堂实况、教师备课、学生园地等资源设备，加快了全省中小学校“校校通”工程的实施，提高了教育信息化水平。二是教材数字化、光盘化、系统程度和水平进一步提高。全省资源信息量已超过 250G。三是继续做好现代教育技术实验学校“十五”重点课题研究指导，积极推广课题科研经验成果。共收集省内外新课改优质课 108 节，小学自然科学素材 96 个，整合汇编《海南省中小学远程教育教学资源包》，并摄制《海南省中青年教师师德演讲比赛》、《海南学生着装展示》等教育电视专题片。四是加强教师现代化教育技术培训。组织各级各类学校的教师参加多媒体软件编制、网络技术、电教科研、设备维护等方面的专业班培训。

〔**校务公开**〕 继续推广校务公开工作，切实加强学校民主管理。对 16 个市县和 15 所大中专学校推行校务公开情况进行检查，并分别召开了市县和高校、中专学校推介校务公开现场经验交流会，认真总结和推广本省各市县、各级各类学校的做法、经验。

〔**语言文字工作**〕 组织开展了第七届全国推普周宣传活动。全省共表彰先进普通话测试站 3 个，优秀测试员 20 名，并有 2 个集体和 4 人受到国家语委表彰。认真做好普通话培训测试工作，全省各测试站共举办普通话测试培训班 10 多期，参加普通话水平测试的人数共9 250人。

〔**民办教育**〕 认真学习贯彻《民办教育促进法》及实施条例，加快民办教育的发展。研究制定更优惠的扶持政策，探索有效的办学模式，积极鼓励和支持民办教育快速发展。规范民办学校管理，严格办学审批，加强财务监管和财务审计，正确引导民办学校招生广告宣传。成立民办学校校长理事会，促进民办学校的合作与交流。制定了《关于加强基础教育办学管理的实施办法》，按照国务院有关“四独立”的规定，对改制学校进行规范管理。召开 2004 年民办基础教育工作研讨会，表彰了海南省民办先进中小学校、幼儿园。修订了海南省民办中小学校年检指标，协调完成海南中学初中部的改制工作。鼓励民办高中发展，审查批准创办“三亚鲁迅中学”和批准筹办“海南中学东坡学校”。

〔**资助贫困学生**〕 建立和完善各项制度，使资助工作制度化、规范化。结合全省实际，制定了《关于资助普通高等学校经济困难学生的暂行办法》、《海南省国家助学贷款实施办法》、《海南省中小学贫困学生助学金实施管理办法》、《关于做好为少数民族市县义务教育阶段特困生免费提供教科书工作的通知》、《关于办好寄宿制民族班有关事项的通知》、《海南省优秀贫困大学生奖学金管理办法》及《中海油教育扶贫资金管理办法》等有关管理办法。增加民族贫困地区中小学贫困学生省级财政专项补助资金，省财政安排 100 万元资助高校困难大学生，全年全省共资助免费提供教科书学生351 000人，资助资金2 184万元；补助民族寄宿班学生5 400人，资助资金 312 万元。

〔**体育、卫生、艺术与国防教育**〕 召开全省学校体育卫生艺术国防教育工作会议。印发了《海南省教育厅关于进一步加强学校非典防治工作和食品卫生安全工作的通知》和《关于加强学校卫生防疫做好禽流感防疫工作的紧急通知》等有关文件。结合第 16 个艾滋病日，开展艾滋病预防和“6·26”国际禁毒日“手拉手”宣传活动，完成教育系统禁毒电视宣传片的录制工作。制订海南省高等学校和高级中学学生军训发展规划，抓好全省大中专、中师、中学学生的军训工作。推广《学生体质健康标准》，健全学生体质健康监测网络，提高体育课和课外活动的质量。成功举办了全省第十一届中学生足球赛、篮球赛和第五届大学生排球赛、足球赛以及第二届乡镇初级中学足球赛。组织海南省大学生运动队参加全国大学生田径锦标赛，获得团体总分第六名及体育道德风尚奖。继续提高艺术教育课程开课率及教学质量，全面发展学生素质，促进校园文化和精神文明建设。举办了海南省大中专中师学生美术书法作品比赛、第五届中小学美术书法作品比赛，以及首届中小学生小歌手、舞蹈比赛。组织了海南省中小学音乐、美术录像课评比等活动。选送的两个舞蹈《玉魂》、《边关沉月》参加在北京市举行的“全国首届中小学生艺术展演”决赛均获一等奖。

基础教育

〔**综述**〕 基础教育战线深入学习贯彻党的十六大精神，认真落实《国务院关于基础教育改革与发展的决定》和省的实施意见以及全国、全省农村教育工作会议精神，以“两基”巩固提高工作和推进基础教育课程改革为重点，深化改革，大力推进教育创新，切实加强管理，不断提高教育质量，使基础教育各项事业取得快速健康发展。据统计，2004 年全省幼儿园 708 所，比上年增加 46 所，在园幼儿116 820人，比上年增加3 453人；小学在校学生1 001 835人，比上年减少7 025人，小学入学率为 99.32%，比上年上升 0.05 个百分点；普通初中招生158 608人，比上年增加1 958人，在校生439 092人，比上年增加20 152人，增长 4.81%，入学率为 97.93%；普通高中招生39 634人，比上年增加7 014人，在校生102 632人，比上年增加13 686人，在校生规模增长 15.38%。

〔**德育工作**〕 组织全省基础教育系统认真学习贯彻《中共中央 国务院关于进一步加强和改进未成年人思想道德建设的若干意见》和《海南省进一步加强和改进未成年人思想建设工作方案》精神，出台了《海南省教育厅关于进一步加强和改进未成年人思想道德建设的实施意见》、《海南省第一个弘扬和培育民族精神月活动方案》等文件。举办了全省教育系统加强和改进未成年人思想道德建设工作研修班。印发了新的《中小学生守则》、《中学生日常行为规范（修订）》和《小学生日常行为规范（修订）》。加强了法制副校长、团队干部、德育课教师、校外辅导员、班主任队伍的建设，逐步优化学校的德育工作队伍。组织开展“中小学弘扬和培育民族精神月”活动，参加各项活动的中小学生达310万人次。

〔**课程改革**〕一是全面实施义务教育阶段新课程改革。下发了《海南省教育厅关于全面推进全省义务教育课程改革工作的意见》，又有13个市县和单位的小学、初中起始年级启动课程改革，九年义务教育课程改革在全省全面推开。二是启动全省高中新课程实验工作。完成了全省高中课程改革系统配套文件的制订，下发了《海南省普通高中课程改革实施方案》、《海南省普通高中新课程计划》等10个系列配套指导性文件，编发了《海南省普通高中新课程实验工作指导手册》。三是抓好课改培训工作。组织全省教育系统的管理者、骨干校长、各学科教研员、骨干教师参加教育部组织的国家级普通高中新课程研修班学习。组织全省基础教育管理者通识培训及高中学科所有新课程任课教师的全员学科培训等。四是做好课改科研工作。切实抓好全省课程改革重点、难点的课题研究和全省“十五”规划课题的实施管理。

〔**普通高中教育**〕　召开全省普通高中教育工作会议，部署进一步深化高中教育改革工作。继续推进普通高中学校的布局调整，积极推动重点高中学校初、高中分离办学，支持和鼓励社会力量举办高中，扩大普通高中办学规模。实行普通高中学籍电子化管理。做好普通高中新课程实验师资培训工作。进一步促进全省重点中学校长的协作和交流。

〔**幼儿与特殊教育**〕　积极推进《幼儿园教育指导纲要（试行）》行动计划的实施，广泛宣传和督促落实政府举办幼儿教育的主要责任，积极推动和指导每个乡镇至少办好一所示范性中心幼儿园。对幼儿教育改革与发展基本情况进行调研，进一步推动省国家级实验区和实验园的实验工作。举办海南省第二届幼师基本功全能大奖赛，并召开海南省学前教育研究会年会和幼教专干座谈会，做好IBM“小小探索者”第四批捐赠项目确认工作。召开了全省扶残助学工作会议。开展第十四次助残日活动。部署实施“中国残联专项彩票公益金助学项目”工作。举办特殊教育师资培训班，组织特殊教育学校学生参加全国首届特殊教育学校学生美术作品大赛。

〔**师资队伍建设**〕　深化中小学人事制度改革，优化教师队伍管理机制。召开全省师资培训工作会议，研究制订《关于深化我省中小学人事制度改革的实施办法》、《关于认真做好中小学教职工定编、定岗、竞争上岗工作的意见》、《中小学校长任职资格与管理的暂行办法》等教育人事制度改革文件。制定了《海南省中小学教师新课程培训考试标准》和实施方案，出台了《海南省中小学教师继续教育登记试行办法》。举办十期基础教育新课程培训者培训班，培训小学新课程培训者约3 000人。组织开展海南省中学校长高级研修班项目工作，选拔了41名中学校长送往华东师大教育部中学校长培训中心参加高级研修班。为200名海南省民族贫困地区中小学教师免费举行新课程和现代信息技术培训班。完成了对614名中小学教师的跟踪培训任务，并举办了480人的非师范类毕业生教师资格教育培训班。制定了海南省中小学教师学科带头人选拔和培训方案，从省级以上骨干教师中选出200名学科带头人，采取师带徒（每人带5名市县级骨干教师）的导师式培训，全面建立起省、县、乡镇（学校）三级培训网。2004年全省小学专任教师50 108人，学历达标率为98.61%，比上年上升0.27个百分点；初中专任教师20 828人，学历达标率为95.6%，比上年上升1.28个百分点；普通高中专任教师5 608人，学历达标率为80.49%，比上年上升了3.81个百分点。

2004年认定了应届师范类毕业生的中小学教师资格3 341人，对申报各类教师资格人员1 080人进行了审查、考核和认定工作，组建13个评审委员会对全省3 114名教师进行了职称材料审查，其中2 776人获准通过后获得了中、高级教师专业技术资格，核准、办理了2 754人的资格证书。

〔**勤工俭学**〕 2004年全省各级各类学校勤工助学、校办产业实现生产总值1.8亿元以上，同比增长2.3%；创纯利润7 350万元，同比增长0.5%；补充教育经费5 250万元，同比增长0.9%；全省学校勤工助学生产劳动实践基地全年接纳学生参加劳动实践206万人次，救助贫困学生1万人次以上。

〔**治理乱收费**〕 制定了《海南省2004年治理教育乱收费工作实施方案》和《海南省义务教育阶段学校“一费制”收费标准》，全面推进义务教育阶段公办学校“一费制”收费办法，切实抓好教育收费工作，对各市县教育经费财政拨款情况、学校收费收入和使用情况、财政管理情况进行了专项督查，逐步规范各级各类学校收费行为。

〔**危房改造**〕 重新制定了《海南省中小学危房改造工程土建项目管理暂行办法》，继续抓好第二期中小学危房改造工程，切实把好资金使用和工程质量关，确保按计划完成全省中小学危房改造任务。努力改善中小学教师特别是乡镇农村教师住房条件，认真做好第十七批邵逸夫赠款项目启动工作。全年共落实危改等专项建设资金10 400万元，其中：中央义务教育工程2 000万元、中央危改工程2 500万元、中央中小学布局调整建设资金1 900万元，省财政危改资金4 000万元。2004年把中小学危房改造与布局结构调整结合起来，全省共完成中小学危房改造22万平方米。

〔**寄宿制学校建设**〕 根据中央的安排，2004—2007年海南省共获中央“两基”攻坚用于农村寄宿制学校建设工程专项资金6 000万元，此资金安排在11个贫困市县的规划项目学校55所。编制了全省2004—2007年农村寄宿制学校建设工程规划并已获国家三部委批准，其中土建5 882.4万元、设施设备117.6万元。土建规划建设面积86 883平方米。2004年中央下达项目资金2 000万元，其中：国债资金1 000万元，财政资金1 000万元。

职业教育与成人教育

〔**中等职业教育**〕 出台了《关于海南省加强城市职业学校对口支持农村职业学校联合招生合作办学工作的意见》。2004年全省有10所省属中专学校与市县18所职业学校联合招生1 447人，7所中职学校与9所外省中职学校联合招生795人，比上年增加700多人。加大职业教育工作宣传的力度，印发了《关于做好2004年职教宣传工作的意见》，海南省2004年中职招生23 426人，比上年增加2 977人，增长14.5%。继续深化中等职业学校教育改革，抓好中等职业学校学分制和弹性学制的试点工作。制定中等职业学校特困生扶助方案。加强中等职业学校校长和教师的培训工作，选送5名省级重点学校校长参加高级研修班学习。

〔**中等职业学校布局调整**〕 开展中等职业技术学校管理体制改革和布局调整，优化中等职业教育资源配置，提高中等职业学校办学效益。2004年，指导各市县实施中等职业教育布局结构调整与资源整合。制定了《关于海南省直属中等职业学校布局结构调整的实施意见》，将11所中职校调整合并为6所，全省中等职业学校81所，比上年减少9所。

〔**科技扶贫**〕 继续抓好“小康班”、“9+1”农业职业培训班和农村劳动力转移培训“扶贫班”招生培训工作。委托7所中职学校招收“小康班”学员400名，“9+1”农业职业培训应届初中毕业生2 700人、青年农民255人，全年对农民进行技术培训35万人次。组织“职教讲师团”下乡巡回辅导农业技术培训1 300人。从12个扶贫开发重点市县中选拔600名学员，举办全省首期农村劳动力转移培训扶贫班，委托10所中职学校负责办班和推荐就业。

〔**成人高校招生**〕 2004年，全省成人高等学校1所。有44所外省高校在海南省设立函授站开展成人学历高等教育，成人高等教育招生12 943人，各类成人高等教育在校生20 151人，比上年减少26.7%。

〔**自学考试和社会考试**〕 2004年共有3.8万多人报名参加高等教育自学考试。组织全国公共英语等级考试4次，共1 000多人次参加；全国计算机等级考试2次，近7 000人参加；剑桥少儿英语考试2次，共1 000多人参加。同时拓展社会考试业务，受有关部门委托组织招聘录取考试18次，共有1 600多人参加。

高等教育

〔**综述**〕 全省高等教育在保持规模适度扩张的同时，将工作重心转移到优化结构、规范办学、保证质量上来。启动了省重点大学建设。进一步深化高等教育办学体制改革。鼓励社会力量参与办学。采取多种融资方式，加快高校基本设施建设，改善高校办学条件，切实规范高校办学行为。注重提高人才培养质量。进一步深化高校培养模式、课程体系、教学内容和教学方法改革，积极推进人才培养模式改革和体制创新，切实加强教学管理，完善各项教学质量监控措施，确保教育教学质量不断提高。加强高校学科、专业建设，高校科学研究水平和社会服务能力得到提高。高等教育发展势头良好，2004年全省高校达到14所，专任教师3 733人，比上年增加1 034人，增长38.31%。学校产权建筑面积194.6万平方米，比上年增加34.7万平方米，增长21.7%；独立使用非学校产权建筑面积14.9万平方米。图书448.24万册，比上年增加119.18万册，增长36.21%。教学科研仪器设备资产35 888万元，比上年增加9 064.3万元，增长33.79%。

〔**党建与思想政治工作**〕 认真组织学习贯彻“三个代表”重要思想、党的十六大和十六届三中全会精神。举办高校、厅直属学校领导干部“三个代表”重要思想培训班。组织专家学者、教育行政领导干部、广大教师和学生的座谈会、研讨会和经验交流会。学习《中国共产党党内监督条例（试行）》、《中国共产党纪律处分条例》和《行政许可法》，并举办学习两个《条例》培训班与知识竞赛活动。组织召开了海南省第六次高校党建工作会议。出台了《海南省高校2004—2007年发展大学生党员工作规划》和《海南省普通高等学校党委工作评估方案》，进一步加强和改进学校思想政治工作。实施高校“两课”建设计划，加强“两课”学科带头人和骨干教师培训，开展“两课”教学评比和教学效果调研。积极抓好高校思想政治教育网络建设和评估工作。加强学校党的建设，配合省委组织部做好高校党委换届工作。启动实施优秀基础党组织的创建活动。

〔**高校布局调整**〕 加大高等教育管理体制改革和布局调整力度，2004年全省新增琼台师范高等专科学校、海南经贸职业技术学院2所高校，使海南省高等学校增到14所。经教育部同意，海南师范学院筹建海南师范大学；经省政府同意，海南大学三亚学院、石油大学海口学院、海航三亚旅游学院正加紧筹建中。

〔**调整高校学科设置**〕 2004 年，全省高校新增设本科专业 16 个、专科专业 50 个，涵盖了除哲学、军事外的十大学科门类。组织了对新办本科专业的评估，共评估了 7 个新办本科专业，并授予学士学位授权。继续抓好各高校现有重点学科建设，进一步增加重点学科专业点，逐步形成布局合理、各具特色与优势的重点学科体系。组织省级精品课程评选活动，共评出省级精品课程 13 门，推荐参加国家级精品课程评选 4 门，其中有 1 门被评为国家级精品课程。

〔**科研工作**〕 加强高校科研工作，建立优秀中青年教师科研奖励基金。适应省优势产业发展战略需要，加快科研基地建设，重点推进高校科研成果的转化，提高高校科研对经济发展的贡献力度。加强高新技术产业化基地和大学科技园区建设，推动在华南热带农业大学建起生命科学科教及产业化基地，在海南大学建成信息产业区。组织专家对 7 所高校 52 个结题项目进行验收工作。2004 年共有 16 个项目成果获得省政府科技进步奖，其中一等奖 1 个，二等奖 2 个，三等奖 11 个。获得地方高校重点项目 6 个，资助科研经费 8 万元。

〔**研究生教育**〕 加强研究生教育工作，切实提高海南省高等教育科研水平和重点学科建设。2004 年全省新增硕士学位点 6 个，海南大学、华南热带农业大学还分别新增了法律、MBA、植物学专业学位 3 个。全省研究生招生 415 人，比上年增长了 80.3%，在校研究生达 766 人。组织了同等学历攻读硕士学位考试和在职人员攻读硕士学位联考。积极发动普通高校青年教师报名参加在职攻读硕士学位联考，成效显著，报考教师人数较 2003 年成倍增加。

〔**国家助学贷款**〕 2004 年按原国家助学贷款政策规定，海南省确定开展国家助学贷款业务的 8 所高校均与有关国有商业银行签定了贷款协议，并开展了贷款业务。全省累计申请贷款学生9 961人，申请金额 1.3 亿元，经办银行累计审批贷款人数5 674人，审批贷款合同金额5 962万元，实际发放贷款金额4 160万元。会同省财政厅、人民银行、银监局联合制定了《海南省国家助学贷款实施细则》，并将国家助学贷款风险补偿金和贴息资金纳入省教育厅部门预算。

〔**图书馆建设**〕 高校图书馆建设工作成绩显著。加强高校图书馆数字化建设和海南特色文献数据建设，全省高校图书馆数字化建设项目共有 2 个获得省科技进步奖，其中二等奖 1 项，三等奖 1 项，海南特色文献数据库建设取得阶段性成果，通过了专家组的阶段性验收。制定了《海南省普通高等学校图书馆办馆水平评估方案》，进一步规范高校图书馆的管理，举办了 34 个专题培训班，加强对高校图书馆工作人员的培训，不断提高其素质。

〔**普通高校招生**〕 2004 年全省共有35 167名考生报名参加普通高等学校招生全国统一考试。其中文史类考生12 286人，艺术类考生 446 人，理工类考生21 093人，体育类考生 483 人、报考对口招生考试的考生 859 人。全省报名人数比上年增加了5 999人，全国 746 所普通高校在海南省录取新生30 526人（含 12 名保送生和 22 名体育单招生）。按科类分：文史类录取10 752人，理工类录取18 506人，艺术类录取 313 人，体育类录取 178 人，对口招生类录取 777 人；按批次分：本科提前录取 382 人，本科第一批录取4 358人，本科第二批录取8 729人，本科第三批录取1 468人，专科提前录取 98 人，专科高职批录取15 491人。本科录取率为 42%，本专科录取率达 87%，是建省以来录取人数最多、录取率最高的一年。

撰稿 曾维陆

审稿 黄国泰

重庆市教育

概况

〔基本情况〕

2004年重庆市各级各类学校校数、教职工、专任教师情况

	学校数（所）	教职工数（人）	专任教师数（人）
一、高等教育			
（一）研究生培养机构（不计校数）	(14)		
1. 普通高校	(12)		
2. 科研机构	(2)		
（二）普通高等学校	35	33 407	18 214
1. 本科院校	17	26 355	14 010
2. 专科院校	18	4 987	3 083
其中：职业技术学院	17	4 636	2 910
3. 其他机构（点）（不计校数）	(6)	2 065	1 121
其中：独立学院	(6)	2 065	1 121
（三）成人高等学校	11	3 272	2 018
（四）民办的其他高等教育机构	10	1 525	747
二、中等教育	1 894	131 686	105 131
（一）高中阶段教育	613	131 456	37 029
1. 高中	306	111 454	24 110
普通高中	291	111 385	24 067
成人高中	15	69	43
2. 中等职业教育	307	20 002	12 919
普通中专	38	4 635	2 624
成人中专	91	4 349	2 523
职业高中	178	9 621	6 845
技工学校			
其他机构（教学点）（不计校数）	(62)	1 397	927
（二）初中阶段教育	1 281	230	68 102

续表

	学校数（所）	教职工数（人）	专任教师数（人）
1. 普通初中	1 220		67 984
2. 职业初中	1	40	28
3. 成人初中	60	190	90
三、初等教育	11 830	130 662	115 098
（一）普通小学	10 409	127 262	114 007
（二）成人小学	1 421	3 400	1 091
其中：扫盲班	791	2 640	661
四、工读学校	5	81	52
五、特殊教育	43	693	541
六、学前教育	3 408	19 801	12 351

注：1. 普通高中的教职工数中包含普通初中的教职工数。
2. 技工学校数据为 2003 年数据。
3. “（ ）”内数据均不计校数。

2004 年重庆市各级各类学历教育学生情况

	毕业生数（人）	招生数（人）	在校生数（人）
一、高等教育			
（一）研究生	3 426	8 202	19 367
博　士	388	874	2 727
硕　士	3 038	7 328	16 640
（二）普通本专科	50 599	99 851	284 546
本　科	27 692	53 729	178 622
专　科	22 907	46 122	105 924
（三）成人本专科	38 342	54 178	95 870
本　科	10 994	18 460	37 488
专　科	27 348	35 718	58 382
（四）其他各类高等学历教育			
1. 在职人员攻读博士、硕士学位		2 012	4 177
2. 网络本专科生	8 614	11 619	46 548
本　科	6 563	8 152	37 826
专　科	2 051	3 467	8 722
3. 学历文凭考试	26		176
4. 自学考试			
5. 其他			
二、中等教育	556 256	716 783	2 033 786
（一）高中阶段教育	178 663	289 104	775 107
1. 高中	102 942	162 613	453 276
普通高中	102 356	162 613	452 705
成人高中	586		571
2. 中等职业教育	75 721	126 491	321 831
普通中专	24 610	33 616	99 541

续表

	毕业生数（人）	招生数（人）	在校生数（人）
成人中专	12 130	24 873	64 505
职业高中	38 981	68 002	157 785
技工学校			
（二）初中阶段教育	377 593	427 679	1 258 679
1. 普通初中	374 205	427 650	1 254 784
2. 职业初中	51	29	267
3. 成人初中	3 337		3 628
三、初等教育	495 659	410 479	2 777 090
（一）普通小学	446 095	410 479	2 718 999
（二）成人小学	49 564		58 091
其中：扫盲班	12 623		16 587
四、工读学校	55	42	97
五、特殊教育	2 326	2 044	15 973
六、学前教育	295 635	377 174	544 759

注：特殊教育学生数中包括普通中小学随班就读的学生。下同。

2004 年重庆市各级各类非学历教育学生情况

	毕（结）业生数（人）	注册生数（人）
一、高等教育	42 823	32 553
（一）研究生课程进修班	420	490
（二）自考助学班	12 187	23 980
（三）普通预科生		588
（四）进修及培训	30 216	7 495
其中：资格证书培训	8 239	2 297
岗位证书培训	9 674	3 189
二、中等职业教育	2 959 628	2 412 921
其中：资格证书培训	439 995	486 448
岗位证书培训	227 894	221 888
（一）中等职业学校	84 905	44 506
其中：资格证书培训	24 744	13 355
岗位证书培训	27 094	9 424
（二）职业技术培训机构	2 874 723	2 368 415
其中：资格证书培训	415 251	473 093
岗位证书培训	200 800	212 464

2004 年重庆市各级民办教育基本情况

	学校数（所）	毕业生数（人）	招生数（人）	在校生数（人）	教职工数（人）	专任教师数（人）
一、高等教育						
（一）普通高等教育		1 593	14 586	27 990	3 413	2 114
1. 普通高校	5	237	3 436	5 926	1 348	993
本科学生						
专科学生		237	3 436	5 926		
2. 独立学院	(6)	1 356	11 150	22 064	2 065	1 121
（二）成人高校						
（三）民办的其他高等教育机构	10	1 119		4 032	1 525	747
二、中等教育机构						
（一）高中阶段教育	101	14 400	26 793	65 698	6 260	4 140
其中：普通高中	22	2 299	3 215	9 371	3 391	2 297
中等职业学校	79	12 101	23 578	56 327	2 869	1 843
（二）初中阶段教育	137	11 463	16 042	43 081	21	9
其中：普通初中	137	11 437	16 035	43 047		
职业初中		26	7	34	21	9
（三）职业技术培训机构	92	21 131		21 877	354	239
三、普通小学	346	12 501	12 207	74 994	2 649	1 974
四、幼儿园	2 010	60 529	99 178	160 725	11 100	6 397

注：“（ ）”内数据不计校数。

〔**全市教育工作会议**〕 2004 年 8 月 31 日，市委、市政府召开了直辖市成立以来的第二次全市教育工作会议，会议认真分析了重庆市教育面临的形势和任务，全面部署了当前和今后一个时期全市的教育工作，确立了在本世纪前 20 年把重庆建设成为长江上游教育中心和西部教育高地的奋斗目标及实施步骤，作出了《关于加快教育改革与发展的决定》，出台了一系列政策措施。

〔**教育管理体制**〕 进一步明确并落实了各级政府对各级各类教育的管理权限和职责。全市进一步完善了“分级管理，以区县为主”的基础教育管理体制，34 个区县（自治县、市）党委建立了教育工委。逐步建立和完善了在市统一领导下，区县（自治县、市）政府、行业、企业主办，社会参与的职业教育管理新体制。高等教育“中央和市政府两级管理，以市政府管理为主”的体制得到进一步落实。

〔**教育投入**〕 全市建立和完善了以财政投入为主、多渠道筹措教育经费的教育投融资新体制。市、区县（自治县、市）财政依法确保了教育经费的“三个增长”。2004 年市本级教育经费部门预算总收入控制为 23.28 亿元，比 2003 年增加 3.68 亿元，同比增长18.78%。截至2004年底，由市本级列报的财政补助收入为12.01亿元（不含基建经费和区县列报），比2003年增加2亿元，增长19.99%。教育经费投融资渠道进一步拓宽。从2004年起，主城区城市建设配套费按每平方米20元的标准用于中小学危房改造和基础教育学校基础设施建设，其中25%用于农村义务教育。企事业单位提取职工工资总额1.5%的经费，用于职工教育与培训。

〔**教育优惠政策**〕　2004年，市委、市政府决定，教育用地、教育资源转让所得，全额返还学校，用于学校建设。凡非营利性教育设施建设用地依法实行行政划拨。对中小学危房改造、农村寄宿制学校建设等学校建设工程中的城市建设配套费等行政性收费实行免征或减半征收；对地形勘测费等既带有行政性、又具有公司行为的中介服务收费，按不高于收费标准的50%进行征收。市政府通过多种形式补助大学城建设资金15亿元，对进入大学城的高校、就地扩建或异地扩建的高校实行优惠政策：高校基础设施建设的建安营业税及附加按现行财政体制由市、区两级全额返还；根据原有政策未减免的土地出让金和城市配套费按照收支两条线的办法全额返还用于高校基础设施建设；新增建设用地费和耕地开垦费优惠收取；因搬迁而置换老校区所产生的交易契税、土地出让金，按收支两条线办法全额返还学校用于新校区建设；校区置换产生的利益，全部留给学校。

〔**民办教育**〕　认真贯彻国家"积极鼓励，大力支持，正确引导，加强管理"的方针，积极支持优质教育资源与名牌企业实行"强强联合"举办民办学校。融侨集团投资建设的南开（融侨）中学、人民（融侨）小学、融侨南坪实验幼儿园等民办学校建成并招生。按市政府"确保稳定、平稳过渡"和最大限度保护广大家长和群众切身利益的原则，对收取学生教育储备金的华桦实验学校等6所民办学校，采取了终止办学、资产重组、全部清偿等方式进行处置。重庆邮电学院移通学院（民办独立学院）于2004年4月获得教育部批准，重庆正大软件职业技术学院和重庆信息技术职业学院分别被教育部和重庆市教委、市发展改革委批准为国家级和重庆市级示范建设软件学院。根据教育部的总体安排，妥善处理了7所民办高等教育学校的学历文凭试点工作。2004年，全市各级各类民办教育学校达到2 919所，占全市总校数16.7%。民办教育在校学生达39.8万人，占6.9%。

〔**教育合作与交流**〕　大力推动来华留学生工作，制定了《关于加快重庆市来华留学生发展的意见》，组织部分高校到南非、埃及等国家和地区参加我国境外教育展，成功获准设立汉语水平考试考点；2004年重庆市来华留学生在校698人，引进长短期外国文教专家690人，皆为历史新高。规范了团组管理，制定了《重庆市教育委员会组团和团组管理办法》。与加拿大驻重庆领事馆合作举办了中加教育贸易研讨会、"枫叶杯"英语和法语比赛，与美国密歇根州立大学合作举办了中美基础教育论坛；召开了重庆市职业教育国际合作与交流、基础教育国际合作与交流等研讨会，成立了重庆市教育国际交流协会基础教育专委会。2004年，重庆市获得国家留学公派资格47人，比上年增加14人。西部特别人才项目继续实施，有60人通过该项目出国深造。"春晖计划"实施成效显著，49个项目取得阶段性成果。召开了全市中外合作办学工作会议，批复了3个高等教育合作项目和1个高中项目。

〔**语言文字工作**〕　2004年6月1日，正式实施《重庆市实施〈中华人民共和国国家通用语言文字法〉办法》。广泛开展了贯彻执行《实施办法》的宣传活动，组织了重庆市第七届全国推广普通话宣传周活动。积极推进城市语言文字工作达标工作，渝北区、沙坪坝区、渝中区、巴南区、大渡口区、江北区通过市级评估达到国家合格标准，推进了市级重点部门系统的语言文字工作达标。继续做好普通话培训测试工作，举办了《普通话水平测试大纲》培训班5期。

〔**素质教育**〕　基础教育课程改革实验在全市

36个区县（自治县、市）100万学生中全面启动，各中小学切实加强了对学生的思想品德教育、心理健康教育、法制教育、环保教育、毒品预防教育、健康教育等。实施了“中小学德育系统工程”。中等职业学校积极推行学分制和弹性学制改革，实施了“以行业需求为导向的教学体系、以能力培养为中心的课程体系及评价体系、以学生为中心的教学模式”，加强了实践环节和技能培训。高等院校通过大力开展“高等教育质量年”活动、“新世纪高等教育教改工程”、高校教学工作水平评估试点、大学外语教学改革等一系列工作，高校人才培养模式、课程体系、教学内容、教学手段、教学管理、质量监控等方面的改革得到不断深化，教学成果丰硕。

〔**干部队伍建设**〕 严格遵循《党政领导干部选拔任用工作条例》，市委组织部对8所高校领导班子进行了调整充实，选拔了40多名优秀干部到高校领导干部岗位。建立健全了干部培训网络体系，举办高校处级干部等各种培训班，共培训干部1 132人。其中，利用“日元贷款”项目选送高校领导干部、中青年后备干部和市教委机关处长共32人，到日本立命馆大学进行为期70天的研修培训。从区县（自治县、市）教委、在渝高校和委直属单位选派了14名优秀中青年干部到市教委机关挂职锻炼。确定了112名第二批中小学骨干校长市级研修班培训学员，评选命名了首批重庆市中小学骨干校长30名。对委属5所中学领导班子进行了调整充实。

〔**师德师风建设**〕 大力开展“爱岗敬业、教书育人、为人师表”和“我是光荣的人民教师”系列主题教育活动，向全市教师发出了《牢记光荣使命，争当育人楷模》的倡议书，编印了展现重庆市教师风采的大型画册《巴渝星光灿烂》。全市教师师德水平不断提高，涌现出了“开县优秀教师群体”、西南农业大学“家蚕基因组研究群体”和张治平、唐再辉、黄希庭等一大批师德高尚、爱岗敬业、严谨治学、甘于奉献、奋发图强的先进典型。中共教育部党组作出了《关于向重庆市开县抢险救灾、保护学生优秀教师群体学习的决定》。市委教育工委、市教委发出了《学习贯彻中共教育部党组关于向重庆市开县抢险救灾保护学生优秀教师群体学习的决定的意见》和《关于在全市教育系统开展以“向开县抢险救灾保护学生优秀教师群体学习”为主要内容的师德师风集中教育活动的实施意见》。2004年教师节期间，重庆市评选表彰中小学特级教师100名、市优秀教师80名、市优秀教育工作者20名。同时，推荐全国模范教师18名、教育系统先进工作者2人、全国优秀教师39名、全国优秀教育工作者5人。

〔**师资培训工作**〕 大力实施“高校骨干教师队伍建设221工程”，加强了高校首批499名优秀中青年骨干教师资助计划实施情况的过程管理，制定了《重庆市高等学校特聘教授岗位制度实施办法》和《重庆市高校优秀人才支持计划》，评选命名了首批重庆市高校优秀中青年骨干教师100名。组织1 500名高校新教师进行了为期18天的岗前培训，推荐市属高校教师8人参加了重庆市2004年度优秀中青年人才国内培训。培训中小学幼儿园市级骨干教师670人、区县级骨干教师2 650人，确认中小学市级骨干教师797名。全年完成中小学教师计算机全员培训40 300人，已累计完成全市196 300人的计算机初级等级考试。完成教师教育通讯员培训60人、联合国儿基会“爱生学校”培训30人、高中新教师培训786人、“新课程与校本培训管理者培训”589人、《新课程与教师心理素质》等四门公共课培训者培训260人等任务，举行了全市中小学教师的公共课考试。与英特尔公司合作的“未来教育项目”共培训23个项目县4 000名学科教师；与英国驻重庆领事馆合作开展了小学英语教师培训。选拔了20名外语教师到英国参加为期3个月的培训。启动了“贫困地区义务教育师资培训工程”。受市政府委托，组织专家组对9所区县级教师培训机构进行了评估验收。

〔**人事制度改革**〕 全市40个区县（自治县、市）、1.5万多所中小学通过人事制度改革，共分流中小学教职工20 276人，对25万名中小学教职工实行了教师聘任制和全员聘用合同制。委直属事业单位除西南农业大学和重庆市工业高等专科学校因合并事宜未进行人事制度改革外，其余38个单位已完成人事制度改革工作。

〔**教师队伍管理**〕 全面推进教师资格制度，全年完成4 000多名高校应届师范毕业生的教师资格认定工作，完成4 800多名社会人员和在职教师申请教师资格或第二种教师资格的认定工作。进一步完善了教育系统专业技术职务申报、评审工作，完成了2004年度中学高级教师申报中学研究员级教师教学实绩考评和3 563名教师专业技术职务评审工作；加强了中小学人员调配工作的宏观管理，印发了《关于进一步规范中小学人员调配工作试行意见的通知》，全年共办理了600多人的教师调配。

〔**行风建设**〕 2004年全市教育系统共受理群众举报投诉1 657件次（较上年的2 522件次下降了34%），共查出违规收费725.3万元（较上年的1 331.6万元下降了46%），清退408.2万元，查处乱收费案件175件（较上年的334件下降48%）；37人受到党纪政纪处分，27名校长被追究领导责任，其中10名校长受到党纪政纪处分，8名校长被撤职或免职。

〔**教育法治建设**〕 积极开展了《重庆市学生申诉办法》立法调研起草工作，组织了普法教育活动；进一步加强了青少年学生法制教育工作，法制副校长制度不断完善，全市中小学聘请法制副校长或法制辅导员6 000余名。深入开展教育法制学术研讨，举办了重庆市依法治校理论研讨会。加大教育执法检查力度，开展了民办学校办学许可证换证检查；深入推进依法治校工作，开展了“依法治校示范校”创建活动。

〔**教育经费管理**〕 从2004年秋季起，在全市义务教育阶段学校全面实施“一费制”收费办法，国家扶贫开发工作重点区县农村初中和小学继续执行原“一费制”收费标准。对公办普通高中招收择校生实行了“三限”（限人数、限分数、限钱数）规定。规范了义务教育阶段学校服务性收费、高校辅修或攻读第二专业课程等办学行为，严格禁止搭车收费和各种形式的摊派。进一步健全了教育经费管理制度、公告制度、统计制度和审计监督制度，完成了教育经费统计、财务决算、部门预算等各项工作，积极开展教育经费检查和教育系统内部审计工作。下发了《关于加强学校收费资金管理严禁截留和挪用学校收费收入的通知》和《关于农村税费改革市对区县教育转移支付资金管理有关规定的通知》，规范收支两条线管理。认真做好了中央中小学危改补助专款、二期义教工程土建经费、中央寄宿制学校财政专项补助等各类专项资金的管理。加强了“重庆市高等教育日元贷款项目”管理。认真做好了全市“普九”欠债清理偿还工作。加强了校办产业管理，改革勤工俭学方式，指导部分区县成立了教育服务中心。完成了第18批邵逸夫赠款项目共计975万元。

〔**教育援助工作**〕 全市资助城镇居民特困家庭子女入学共201 961人次，其中小学生为131 064人次、初中生为70 897人次，资助金额共2 602.5万元，市级安排助学金830.1万元，资助农村义务教育阶段学校贫困学生完成学业。认真做好了2 163万元免费教科书发放工作。建立了进城农民工子女就学保障机制，主城9区共确定56所小学、36所初中负责接收农民工子女就读，农民工子女在这些学校就读与城镇居民子女一视同仁。以“奖、贷、助、勤、补、减、免”为主要内容的贫困大学生助学体系和绿色通道制度不断完善，2003—2004学年，重庆市共筹集资金1.2亿元用于资助高校贫困生。选派了107名青年骨干教师到重庆市贫困地区及西藏昌都地区从事支教工作，接收了10名昌都地区校级管理干部到重庆市进行为期一年的业务培训；从2004年开始，每年为昌都地区定向培养50名师范类学生。截至2004年9月，市教委扶贫集团累计共为巫溪提供和安排各种经费近4 600万元，实施扶贫项目10项，救助失学儿童100余名。

〔**安全稳定工作**〕 市教委成立了安全稳定工作领导小组并设立专门工作机构，进一步健全和完善了月度安全稳定形势分析排查等制度；各区县（自治县、市）教育行政部门和各学校也建立了相应的机构，建立了24小时信息联系网络；对校园及周边环境等进行了专项整治并取得明显成效，对全市19个区县（市）中小学、幼儿园及少年儿童安全管理专项整治工作进行了督查验收。

〔**教育行政管理**〕 积极推进政务公开，对2003年清理保留的20项行政审批项目进行了再次清理，取消了8项，将保留的12项行政审批项目的审批依据、审批条件、审批程序、受理处室、审批时限和审批责任进行了规范和公布。以建设服务型政府为目标，对市教委机关处室职能进行了较大调整，对《机关工作规则》进行了修改完善，编辑出版了《重庆教育办事指南》，完善了首接首问责任制等制度，进一步规范了机关办事程序。开展了“教育应对新型工业化策略研究”等多项调研工作，参与了加强党的执政能力建设、城乡二元结构、科教兴渝情况等方面的调研。重视事业发展规划，启动了全市教育“十一五”发展规划的编制工作。大学中专毕业生就业指导工作进一步规范，组建成立了重庆市大学中专毕业生就业指导服务中心，改版并开通了毕业生就业管理的政府服务性网站——重庆高校毕业生就业信息网。教育督导与评估工作得到加强，开展了督学培训，对调整和完善农村义务教育管理体制、中小学实施素质教育的情况和教育热点难点问题进行了督导。主动接受人大、政协的监督指导，全年办理市人大代表建议104件、市政协委员提案145件，总数为249件，位居市级部门第一。政务信息工作突出，全年向教育部办公厅报送重要信息455条。加大了新闻宣传力度，成立了新闻中心，建立了新闻发言人制度，进一步规范了新闻宣传工作。机关电子政务全面实施，全市教育系统电子政务虚拟专网和网络视频会议系统已全部启动。

〔**体育、卫生、艺术与国防教育**〕 牢固树立健康第一的指导思想，体育课程建设和体育教学改革不断深入，出现了多种体育教育模式并存的大好局面，完善了初中毕业升学体育考试工作。2004年9月在上海举行的第七届全国大学生运动会上，重庆代表团取得了3枚金牌、2枚银牌、3枚铜牌，在全国33个代表团中奖牌总数的位次由上届的30位上升到15位，团体总分由上届的23位上升到19位。

学校卫生工作。进一步理顺了学校卫生工作管理机制，加大了学校卫生工作的督促检查和执法工作力度，完善了各项管理制度。

2004年学校艺术教育工作在抓特色，出亮点方面取得了很好的成绩。市教委与市文化局、沙坪坝区区委、区政府联合成功举办了“中国·重庆第三届学生艺术节”。

认真贯彻落实全国学生军训工作会议精神，进一步理顺了学校国防教育的工作关系，明确学校国防教育的工作目标、指导思想，强化国防教育在整个教育工作中的地位和作用。

〔**民族教育**〕 抓住全面贯彻落实《重庆市人民政府贯彻国务院关于深化改革加快发展民族教育的决定的实施意见》的契机，开展专题调研，积极协调有关部门召开专题会议，研究和完善市重点中学中西藏学生的管理办法。并组织直属中学筹资50万元，支持民族地区学校和重庆西藏中学建设，稳步推进中小学民族团结教育。

〔**教育信息化**〕 完成西部大学校园计算机网络工程。2004年完成15所本科高校校园计算机网系统集成工程与网络试运行；完成重庆教育网城域网的项目招标、光纤工程、设备安装及系统集成，已试运行半年多，情况良好。大力实施农村中小学现代远程教育工程。建成农村中小学现代远程教育光盘播放点2 135个，卫星地面收视点1 413个，计算机网络教室147间。继续推进中小学“校校通”工程的实施，建成区县教育城域网3个，年内有40所中小学建立了学校校园网，全市能上网的中小学已达到1 700所。建成市级信息技术教育实验区2个，市级信息技术教育示范校35所。初步实现了70%的初中和35%的小学开设信息技术必修课，中小学计算机配置人机比达到20：1的年度工作目标。开展了对区县中小学信息技术教育的专项指导评估。

〔**校办产业**〕　全市勤工俭学基地有5 110个(其中农林牧渔基地1 740个，工业、建筑业企业353个，第三产业企业2 965个)，比2003年减少12个。全市中、初等学校校办产业资产总额为106 451万元，从事校办产业的各类职工人数为20 552人，其中教职工4 661人。校办产业全年共接纳学生参加劳动达605万人次。

2004年全市中、初等学校校办产业完成总产值198 324万元，比2003年增加472万元，增长0.24％；利润26 098万元，比上年增加330万元，增长1.28％；补助教育经费18 138万元，较上年增加2 452万元，增长15.63％。

基础教育

〔**综述**〕　2004年，全市有幼儿园8 041所(含幼儿点数4 633个)，比上年减少277所，在园幼儿54.5万人；有小学10 409所，比上年减少557所，减幅5.1％，在校生271.9万人，减少6万人，万人口平均小学生869人；有普通中学1 511所，在校生170.8万人，其中，初中1 271所，普通高中291所。全市普通高中在校学生为45.3万人，比上年40.8万人增加4.5万人，万人口平均普通高中学生145人，增加14人。全市小学入学率为99.9％，年辍学率为0.85％，毕业率为99.9％；初中毕业生升入高中段教育的比率达到80.7％，比上年提高4个百分点。

2004年全年消除中小学危房52万平方米，其中D级42万平方米，B、C级10万平方米；新建校舍竣工面积53万平方米，完成投资26 591万元。农村寄宿制学校建设工程顺利推进，2004年计划总投资12 787.7万元，截至2004年10月，已建或待建面积13.76万平方米，完成投资445万元。“二期义教”工程实施良好，2001—2004年，全市实际执行项目资金总额为19 248.4万元，规划土建项目学校445所已全部实施，新建校舍面积34.6万平方米。

〔**“两基”工作**〕　2004年，市政府成立了以常务副市长黄奇帆为组长，市级有关部门负责人为成员的“两基”攻坚领导小组，在市教委设立了“两基”攻坚办公室。各“两基”攻坚县都层层建立了“两基”攻坚的领导机构和工作机构，形成了纵向到底、横向到边的“两基”领导管理网络和工作体系。市教委召开了全市“两基”攻坚工作会议和“两基”巩固提高工作会议，市教委、市发展改革委、市财政局制定的《重庆市“两基”攻坚实施规划》和《重庆市农村寄宿制学校建设规划》经批准后正在组织实施。加强了“两基”攻坚调研和督导，对酉阳、巫溪等5个县开展了“两基”攻坚工作调研，对黔江、綦江等11个区县开展了“两基”巩固提高工作过程督导，对具备复查条件的10个区县(自治县)进行了市级复查。全市实现“两基”的区县(自治县、市)37个，实现“两基”人口覆盖率达95.3％。

〔**幼儿教育和特殊教育**〕　验收审批了九龙坡区实验幼儿园等5所市级示范幼儿园，对渝中区巴蜀幼儿园等第三批示范幼儿园进行了复查。命名并表彰重庆市幼儿教育先进集体197个和先进个人300名。培训了170名幼教干部、教研员和一级园园长，组织了58个幼儿园的116名园长和教师参加了示范幼儿园园长教师专业素质展示活动。市教委批准重庆师范大学建立特殊教育学院，并争取到近150万元的发展资金；争取重庆协信集团向重庆聋哑学校捐赠100万元，中国残联出资50万元支持重庆办一所特殊教育高中。

〔**普通高中教育**〕 2004年，全市普通高中发展到291所（其中市级重点普通高中59所），招生达16.3万人，比上年增加0.5万人，增幅3.2%；在校生人数达到45.3万人，比上年增加4.5万人，增幅11%。万人口平均普通高中学生145人，比上年增加14人。初中毕业生升入高中阶段教育的比率达到80.7%，其中升入普高的比例达到43.6%，比上年提高4.1个百分点，比1997年的21.2%提高了22.4个百分点。大力推进优质高中建设工程和市级示范高中建设工程，全市年内高标准新建普通高中6所，改扩建高中8所，年内有20余所市级重点中学申报第二批市级示范高中。

职业教育与成人教育

〔**综述**〕 2004年，全市有中等职业学校376所，在校学生37.3万人。其中，职业高中178所，15.8万人；普通中专38所，10万人；成人中专91所，6.5万人；技工学校69所，5.7万人。

2004年，全市有成人学校9 691所，在校学生259.1万人。其中，成人高校11所，在校学生9.6万人；成人中等专业学校91所，在校学生6.5万人；成人中学75所，在校学生0.41万人；成人技术学校8 095所，在校学生236.84万人；成人初等学校1 421所，在校生5.81万人。

〔**推进职教改革**〕 一是建立了市政府领导下的职业教育联席会议制度。二是在市政府统筹下加强了行业协调委员会工作，下发了推进行业协调委员会工作的文件，编写了行业联系指南，编印了行业联系文集，初步建立了行业、企业与职业教育紧密结合，相互促进的工作机制。三是建立了新的职业资格证书体系。市教委、市劳动和社会保障局联合印发了《关于中澳职教项目学校开展职业资格证书认定的通知》。项目学校与行业、企业开发的能力标准已得到市劳动保障、教育行政部门认可。项目学校按照新开发的能力标准及新教材组织教学后，由学校自主进行职业资格鉴定，颁发劳动保障部门的职业资格证书。四是印发了《关于在职业院校中开展课程设计与教学材料开发工作的意见》，召开了项目学校课程设计工作研讨会和对项目学校进行了课程认证。五是创新职教师资队伍。提出了中职教师任职资格标准，制定了职教师资队伍建设的试行办法，召开了职教师资能力标准建设研讨会，配合师范处开展了职教师资队伍建设的专题调研，研究制定了行业、企业优秀人才到职业学校任教的机制和政策，建立了职业学校专业课教师到行业、企业“定期回炉”制度等。

〔**扩大中职招生规模**〕 2004年，全市中职学校招生15.3万人，比上年增加0.3万人，增幅为2%，占高中阶段招生数48.42%。中职学校在校生为37.3万人，占高中阶段教育在校生总数的45.2%。

〔**职教基地建设**〕 2004年，市委、市政府决定在永川建设重庆职业教育基地，基地规划方案已初步通过专家论证。市教委已从中澳项目伙伴学校、技能型紧缺人才培养基地建设、国债资金等方面给予职教基地有力支持，该基地2004年获得职教国债、职教专项资金460万元。

〔**中澳职教重庆项目**〕 调整充实了中澳职教项

目办公室中方专家组成员和行业协调委员会成员，召开了第二次项目协调大会，组织部分宣教小组成员、骨干教师和校长、管理人员赴澳考察学习。组织专家对5个行业协调委员会的工作开展了督导评估。2004年5月，召开了项目成果研讨会。9月，确定了25所项目伙伴学校。10月下旬，召开了项目成果推广工作会议。开展对伙伴学校人员的能力建设培训，制定伙伴学校开展项目活动总体规划。建立项目信息报送制度和项目宣传通联制度。

〔**成人高等教育**〕　继续规范成人高校的办学行为，加强成人教育的考纪考风建设，确保成人高等教育的教育教学质量；启动了重庆市成人高等教育的信息化建设，利用现代信息技术和先进的教学手段来改造传统的函授和广播电视教育。全市有独立设置成人高校11所，教职工0.33万人，其中专任教师0.2万人。独立成人高校和普通本专科院校共计招生5.4万人（其中本科1.8万人、专科3.6万人），在校生9.6万人（不含2004年秋季招生数）。

〔**成人技术培训**〕　2004年，市和区县通过招标确定劳动力转移培训基地413个，全市投入劳动力转移培训资金5 199万元，其中市财政投入3 699万元、国家阳光工程资金支持1 500万元。全市各职业院校积极开展了多种形式的转移培训。同时，开展农村实用技术培训。针对下岗失业人员开展再就业培训。全年由教育系统承担的农村劳动力转移培训120 604人。培训农村进城务工人员16 297人。区县、镇乡、村三级成人教育网络进一步完善，城乡职工教育开展良好。

高等教育

〔**综述**〕　2004年，全市有学历教育的各类高等学校48所，其中普通高等学校35所（含17所本科院校、1所普通专科学校、17所高职院校）、军事院校3所、独立设置的成人高等学校11所。2004年共招生17.6万人，其中研究生0.8万人、普通本专科10万人、成人本专科5.4万人（2004年春季入学）、网络本专科1.2万人、在职人员攻读学位0.2万人。高等教育在校生规模达45.1万人，其中研究生1.9万人、普通本专科28.5万人、成人本专科9.6万人（不含2004年秋季招生数）、网络本专科4.7万人、在职人员攻读学位0.4万人；高等教育毛入学率为20%。

〔**高校“三重”建设**〕　大力推进了高校“三重”建设，新批准立项建设的省部级重点实验室17个，其中教育部重点实验室2个，市级重点实验室15个；新增市级精品课程31门，其中4门课程已通过国家级精品课程的评选；新增市级重点学科5个，对135个市级重点学科建设情况进行中期评估检查。推进了高等学校学科专业调整和专业建设，已报教育部备案或批准的新增本科专业34个（其中首次设立的专业有7个）、高职高专专业80个。

〔**学位与研究生教育**〕　有10所高校的17个学科获得了学士学位授权。完成了重庆市新世纪高等学校教学改革工程第一批项目验收工作和第二批项目的立项准备工作；开展高等学校教学工作水平评估，重庆三峡学院接受了教育部本科教学工作水平评估，对重庆电力高等专科学校、重庆工业职业技术学院、重庆电子职业技术学院进行了试点评估。继续推动全市高校图书馆信息化建设和基础课实验室建设，启动了全市高校专业实验室的评估工作。

〔高校布局结构调整〕 经教育部批准，组建了重庆科技学院，新组建了重庆水利电力职业学院和重庆城市职业学院并获教育部备案；重庆工商大学筹建工作取得显著成绩，已通过教育部专家组的考察评估；西南师范大学和西南农业大学合并组建西南大学，重庆交通学院和重庆邮电学院更名为“大学”已上报教育部并取得实质性进展；万州卫生学校和万县中医药学校合并组建重庆三峡医药高等专科学校，重庆市药剂学校、重庆市卫生学校、重庆市第二卫生学校合并组建重庆医药卫生职业学院的申报文件已上报教育部；组织专家组对重庆五一职业技术学院和重庆商务职业学院进行了评审。在重庆工学院建立了重庆汽车学院。经过调整，重庆市高等教育结构趋于合理、类别逐步完善，大规模的高校布局结构调整工作将告一段落。

〔高校科技工作〕 在渝高校认真贯彻国家科技工作方针，实施“科教兴国”和“科教兴渝”战略，积极组织科学研究、科技开发、科技成果转化与推广、科技服务等工作，在推动科技进步，为经济建设和社会发展服务方面取得显著成绩。2004年上级部门批准组建的研究机构119个，承担各级各类科研课题4 595项，其中属于973计划、863计划、国家科技攻关、国家自然科学基金等重大科技计划课题404项，各种渠道获取的科研总经费6.32亿元。出版科技著作42部，大专教材124部，发表学术论文9 910篇，其中在国际刊物发表770篇。获省、部级以上科技奖68项，技术转让166项，合同金额5 624万元。申请国家专利246项，获专利授权98项。出席国际学术会议（含在国内召开）884人次，提交论文791篇。

西南农业大学和中国科学院北京基因组研究所共同完成“中国家蚕基因组框架图”研究成果在世界顶级学术刊物《Science》（306卷5703期）上正式发表，实现了重庆市在该刊物上发表论文“零”的突破。

重庆大学国家大学科技园运行形势良好，主要指标再创历史新高，2004年入园企业209家，实现营业收入11.2亿元，同比增长51%；实现增加值3亿元，同比增长60%；实现税收收入5 500万元，同比增长219%。重庆市北碚大学科技园10月23日顺利通过科技部、教育部组织的验收。该园区于2002年5月由科技部、教育部批准立项建设国家大学科技园，由西南师范大学、西南农业大学和北碚区政府联合共建。依托2所大学的人才科技优势，重点服务三峡库区和重庆市高新技术产业，突出生态环保技术、农业生物技术等特色孵化领域，经过各方面的积极努力，已建成1个综合孵化器、3个专业孵化器，在孵企业92家，毕业企业9家，试验示范基地26个。

人文社会科学研究取得新的进展，西南民族教育与心理研究中心（西南师范大学）和长江上游经济研究中心（重庆工商大学）入选教育部普通高校人文社会科学重点研究基地，实现了重庆市国家级人文社会科学重点研究基地零的突破；对首批16个重庆市人文社会科学重点研究基地实施年度检查。开始启动第二批重庆市人文社会科学重点研究基地申报工作。

〔高校后勤改革〕 继续抓好普通高校学生公寓和食堂等后勤服务设施的建设和改造，积极建设学生教育超市，推进学生公寓标准化和食堂标准化建设。大力推进高校后勤内部管理体制和运行机制改革，提高了服务质量。加强和改进对学生公寓和学生食堂的管理与监督，且把对学生的思想政治教育、公寓社区的文化建设与公寓的物业管理有机结合起来，收到明显效果。

〔重庆市大学城建设〕 大学城概念性规划通过专家评审，控制性详细规划已经市政府批准，资源共享方案已确定并按该方案优化了校园规划。先后确定了重庆大学、重庆师范大学、重庆医科大学、四川美术学院、重庆科技学院、重庆职业技术学院、重庆电子科技职业学院、重庆警官职业学院、重庆社会工作职业学院、重庆巴渝职业技术学院、重庆医药卫生职业学院（筹）11所高校进入大学城，除重庆警官职业学院、重庆社会工作职业学院未签用地协议外，其余9所高校已完成校园概念性规划设计工作。已完成征地503万平方米。重庆大学、四川美术学院、重庆师范大学的校区已先后开工建设，四川美术学院留学生公寓已经建成。

〔**党建与思想政治工作**〕 一年来，认真组织全市教育系统广大干部职工和青年学生深入学习宣传“三个代表”重要思想和党的十六届四中全会精神，召开了传达贯彻第13次全国高校党的建设工作会议精神会议暨高校领导班子思想政治建设座谈会，举办了高校领导干部暑期读书班；实施了高校政治理论课建设工程和新时期高校大学生教育管理创新工程，召开了全市加强和改进大学生思想政治教育工作会议；继续推动大学生思想政治教育创新工程，推出了重庆大学的大学生“三下乡”与“三个代表”理论研究会、西南师范大学的学生生活园区思想政治教育工作体系建设、重庆医科大学的诚信教育新模式、重庆师范大学的党员承诺制等新的亮点。积极推动高校“两课”实践教育，组织编写了《邓小平理论和“三个代表”重要思想概论》教材。以抓好高校党委换届工作为突破口，有力地加强了基层党组织建设。以开展树组工干部形象活动为载体，切实加强了对组织人事干部的教育管理。以开展保持共产党员先进性教育准备工作为契机，开展了党员队伍状况调研。以提高民主生活会质量为抓手，高度重视和精心安排高校和委直属单位一年一度的领导班子和领导干部民主生活会。以深入落实党风廉政建设责任制为关键，在党风教育深入人心、执法监督触及表里、预防治理深入实际上狠下功夫，建立了区县教育纪检监察工作片区联系制度、工作情况交流和报告制度，各级领导干部责任意识和廉洁自律意识显著增强，党员干部从政行为不断规范。

撰稿 程翔宇 王 勇 张代忠 姚友明
秦 斌 杨兴文 金 玲 张 荣
王延风 严欣平 肖 钢 马 骁
蔡 渝 傅明华 万 力 李源田
任桂容 黄荣淑 游古国 姚忠国
陈 渝 肖建国 何勇平 王恕涛
审稿 欧可平

四川省教育

概　况

〔基本情况〕

2004年四川省各级各类学校校数、教职工、专任教师情况

	学校数（所）	教职工数（人）	专任教师数（人）
一、高等教育			
（一）研究生培养机构（不计校数）	(31)		
1. 普通高校	(18)		
2. 科研机构	(13)		
（二）普通高等学校	68	71 619	39 306
1. 本科院校	28	53 117	28 885
2. 专科院校	40	16 185	9 098
其中：职业技术学院	32	12 492	6 880
3. 其他机构（点）（不计校数）	(8)	2 317	1 323
其中：独立学院	(7)	2 317	1 323
（三）成人高等学校	31	8 508	4 918
（四）民办的其他高等教育机构	35	1 460	688
二、中等教育	5 801	344 447	280 930
（一）高中阶段教育	1 496	343 711	93 410
1. 高中	836	302 547	66 573
普通高中	797	302 361	66 453
成人高中	39	186	120
2. 中等职业教育	660	41 164	26 837
普通中专	122	13 681	7 815
成人中专	244	8 552	5 229
职业高中	294	18 798	13 720
技工学校			
其他机构（教学点）（不计校数）	(85)	133	73
（二）初中阶段教育	4 305	736	187 520

续表

	学校数（所）	教职工数（人）	专任教师数（人）
1. 普通初中	4 168		186 905
2. 职业初中	14	421	353
3. 成人初中	123	315	262
三、初等教育	23 747	343 731	308 860
（一）普通小学	21 935	341 358	307 940
（二）成人小学	1 812	2 373	920
其中：扫盲班	985	1 454	463
四、工读学校	4	71	51
五、特殊教育	73	1 343	1 068
六、学前教育	7 602	54 547	33 997

注：1. 普通高中的教职工数中包含普通初中的教职工数。
2. 技工学校数据为 2003 年数据。
3. “（ ）”内数据均不计校数。

2004 年四川省各级各类学历教育学生情况

	毕业生数（人）	招生数（人）	在校生数（人）
一、高等教育			
（一）研究生	6 684	16 344	41 749
博　士	838	2 310	7 919
硕　士	5 846	14 034	33 830
（二）普通本专科	100 998	215 179	637 340
本　科	63 677	97 284	386 301
专　科	37 321	117 895	251 039
（三）成人本专科	131 432	119 863	196 463
本　科	24 182	31 728	54 375
专　科	107 250	88 135	142 088
（四）其他各类高等学历教育			
1. 在职人员攻读博士、硕士学位		2 386	7 176
2. 网络本专科生	8 284	24 660	74 749
本　科	6 668	15 757	55 878
专　科	1 616	8 903	18 871
3. 学历文凭考试	922	637	1 838
4. 自学考试			
5. 其他	9 510		14 178
二、中等教育	1 562 255	1 947 843	5 526 335
（一）高中阶段教育	428 881	739 952	1 897 903
1. 高中	281 229	490 364	1 298 031
普通高中	279 445	490 364	1 295 105
成人高中	1 784		2 926
2. 中等职业教育	147 652	249 588	599 872
普通中专	52 528	79 882	222 927

续表

	毕业生数（人）	招生数（人）	在校生数（人）
成人中专	34 299	41 658	94 243
职业高中	60 825	128 048	282 702
技工学校			
（二）初中阶段教育	1 133 374	1 207 891	3 628 432
1. 普通初中	1 106 335	1 205 767	3 614 111
2. 职业初中	2 215	2 124	6 645
3. 成人初中	24 824		7 676
三、初等教育	1 345 598	1 169 163	7 467 042
（一）普通小学	1 221 872	1 169 163	7 365 754
（二）成人小学	123 726		101 288
其中：扫盲班	52 693		37 875
四、工读学校	48	107	231
五、特殊教育	2 131	2 726	17 354
六、学前教育	911 748	1 017 580	1 527 298

注：特殊教育学生数中包括普通中小学随班就读的学生。下同。

2004年四川省各级各类非学历教育学生情况

	毕（结）业生数（人）	注册生数（人）
一、高等教育	106 975	51 230
（一）研究生课程进修班	4 467	3 317
（二）自考助学班	12 013	24 450
（三）普通预科生		3 183
（四）进修及培训	90 495	20 280
其中：资格证书培训	33 540	9 353
岗位证书培训	29 945	2 408
二、中等职业教育	4 456 724	3 204 292
其中：资格证书培训	178 888	88 397
岗位证书培训	395 936	125 456
（一）中等职业学校	322 599	149 048
其中：资格证书培训	88 967	30 514
岗位证书培训	123 767	40 690
（二）职业技术培训机构	4 134 125	3 055 244
其中：资格证书培训	89 921	57 883
岗位证书培训	272 169	84 766

2004 年四川省各级民办教育基本情况

	学校数（所）	毕业生数（人）	招生数（人）	在校生数（人）	教职工数（人）	专任教师数（人）
一、高等教育						
（一）普通高等教育		2 202	19 929	40 226	3 495	1 964
1. 普通高校	6	324	6 115	10 450	1 178	641
本科学生						
专科学生		324	6 115	10 450		
2. 独立学院	(7)	1 878	13 814	29 776	2 317	1 323
（二）成人高校						
（三）民办的其他高等教育机构	35	10 181		18 183	1 460	688
二、中等教育机构						
（一）高中阶段教育	190	25 272	63 039	129 643	16 239	10 794
其中：普通高中	68	5 556	18 767	41 926	11 035	7 635
中等职业学校	122	19 716	44 272	87 717	5 204	3 159
（二）初中阶段教育	153	17 633	31 165	88 539		
其中：普通初中	153	17 603	31 165	88 539		
职业初中		30				
（三）职业技术培训机构	1 115	127 235		174 909	5 092	3 857
三、普通小学	755	25 290	34 283	220 892	8 630	6 863
四、幼儿园	6 115	231 113	325 966	525 528	32 473	19 359

注："（ ）"内数据不计校数。

〔**年度工作方针**〕 2004 年四川教育工作的总体要求是：以邓小平理论和"三个代表"重要思想为指导，认真贯彻落实党的十六届三中全会和省委八届三次全会精神，大力实施科教兴川和人才强省战略，坚持"巩固、深化、提高、发展"的方针和"走创新之路，建教育强省"的总体思路，更加注重以人为本，更加注重统筹兼顾，更加注重改革创新，进一步推动教育事业持续健康协调快速发展，切实为推进"三个转变"，实现四川发展新跨越服务。

〔**教育投入与支出**〕 2004 年全省教育经费投入总额为 309.13 亿元，比上年增长 16.11 %。其中：在川的中央属学校经费 39.96 亿元，增长 6.33 %，地方属学校经费 269.17 亿元，增长 17.71 %；全省教育财政预算内拨款 168.49 亿元，比上年增长 14.24 %；多渠道投入的经费总额为 140.64 亿元，比上年增长 18.43%。

全省预算内生均教育事业费支出情况

类别 \ 项目	生均教育事业费（元）	生均公用经费（元）
普通高校	1 946.31	870.04
中等师范学校	2 163.80	254.82
普通中学	889.72	87.40
职业中学	1 219.95	164.29
小学	749.18	79.70

〔**实施《2003—2007年教育振兴行动计划》**〕根据教育部《2003—2007年教育振兴行动计划》，以科学发展观为指导，结合实际，省教育厅拟定了《四川省〈2003—2007年教育振兴行动计划〉实施意见》。《实施意见》明确提出三个工作重点：一是以农村教育为重点，全面推进基础教育改革发展；二是以民办职业教育为重点，大力推进民办教育和职业教育的改革和发展；三是以高水平大学和重点学科建设为重点，不断提升高校办学水平。同时，制定了新世纪素质教育工程、职业教育与培训创新工程、高等学校教学质量与教学改革工程、高层次创造性人才培养工程、高校毕业生就业工程、教师队伍素质提升工程、教育信息化建设工程"七大工程"和加强制度创新、全面推进依法治教，改革和完善投资体制、努力增加教育投入，加强师资队伍建设和教育行政干部队伍管理，加强教育国际合作与交流，加强学校党的建设和思想政治工作五项保障措施，进一步明确了四川省教育改革发展的目标和任务。

〔**资助贫困生工作**〕 国务院办公厅《关于进一步完善国家助学贷款工作若干意见的通知》下发后，省教育厅迅速研究了贯彻意见并全面推行。2004年底，省属地方高校国家助学贷款工作全面进行，省助学贷款管理中心已与省农行签署《省属高校助学贷款业务合作协议书》，明确2004—2005年度省农行向46所省属高校提供4.8亿元国家助学贷款，资助8万贫困大学生完成学业。按照"奖、贷、助、补、减"的要求，高校全面开展国家奖学金和"四川省贫困大学生奖学金"评选推荐工作。省教育基金会组织"广州助学基金"增值收益196万元和其他专项善款资助贫困大学生1 200多人。完善新生入学"绿色通道"，增设校内勤工助学岗位，保证高校贫困家庭学生完成学业。

在资助中小学贫困生方面。要求各级财政调整支出结构，把资助专款纳入财政预算，设立政府助学金。根据省政府规定，中小学生的学杂费减免总额不能低于学校收费总额的15%，减免人数比例要高于减免金额的比例。中小学校普遍建立"绿色通道"制度，贫困学生先入学，后办手续，绝大部分给予减免。认真做好义务教育阶段贫困家庭学生提供免费教科书工作，全年投入资金4 800万元，资助农村贫困中小学生120万人。省教育基金会同时组织社会善款76万元资助贫困中小学生2 000多人，落实"捐助四川贫困女童项目"资金210万元，资助女童1 583人。

〔**治理教育乱收费**〕 2004年秋季全省中小学实行了"一费制"收费政策。据不完全统计，"一费制"的实施共减轻学生经济负担12 938.4万元。配合"一费制"实施，进一步加强中小学教辅材料管理，实行"限目录、限册数、限金额"的三限政策。召开全省治理教育乱收费工作电视电话会议，开展春季全省教育收费大检查，对成都、绵阳等16个市的32个县的91所中小学收费情况进行了重点检查。共查处乱收费1974.7万元。强化高校收费管理，严格执行收费项目和收费标准，严禁高校收取"点招费"、"赞助费"等，全省教育乱收费的投诉大幅下降，省教育厅投诉电话较上年减少49.8%。

〔**教师队伍建设**〕 师德建设取得明显成效。高校以加强学术道德建设为重点，中小学以加强教师职业道德和行为规范为重点，开展师德论坛、师德征文、全国优秀教师师德报告团来川报告等活动。组织庆祝教师节20周年、"中小学教师读书节"等系列活动。评选表彰全国模范优秀教师、教育工作者160人、省优秀教师、优秀教育工作者498人、省尊师重教先进集体、先进个人149人、省中小学优秀班主任100名。

加强教师培训。全省小学教师学历达标率达到97.91%，初中教师达到91.98%，高中教师达到72.85%。分别比上年提高0.28、2.34和5.61个百分点。课程改革培训省级骨干6 258人。送教下乡到16个市（州），培训1.5万教师。教育信息技术培训与等级检验工作覆盖18个市（州），参训、测试教师5.5万人。5个中外合作师资培训项目继续开展，28个项目县的部分培训工作先期展开，全年培训总量达2.3万人。

教育人事制度改革进一步深化。制发了《四川省关于深化中小学校人事制度改革的实施意见》，181个县（市、区）已全部按照新的编制标准分解到学校，全省县城以上的中小学校、农村中小学校近40%的学校实行聘用（任）制。制定了《四川省中小学校长聘任管理办法（试行）》，进一步完善中小学校长聘任机制。完成在职教师首次认定教师资格工作，全省共认定在职教师资格252 863人。

调研高校培养聚集人才工作和教师队伍情况，加快人才资源向人才资本转变，确定了49个“四川省特聘教授”岗位，推荐了291名省学术和技术带头人人选、226名后备人选、85名优秀专家人选。

〔**学校安全工作**〕 省教育厅与各市州教育行政部门和高校签订了安全工作责任书，把学校安全工作纳入对市州教育局的考核目标。11个市州建立了学校安全工作专门机构，配备了专职人员，全省教育系统安全工作培训49 311人次。召开了全省学校安全工作电视电话会议和各市州安全工作座谈会。开展了安全大检查和全省中小学、幼儿园及少年儿童安全管理工作专项整治，坚持执行对D级危房和一些重大危险源监控制度，发现问题限期整改。制发了《四川省教育厅关于学校突发重（特）大公共事件应急反应预案（试行）》，加强安全工作制度建设，全省学校的安全事故比上年明显减少。

〔**教育法治工作**〕 以贯彻实施《行政许可法》为契机，积极进行行政审批制度改革，清理上报32项教育行政许可项目以及18项国家设定、22项国务院部门设定、2项省设定的审批项目，并培训行政执法人员。开展依法治校示范校创建活动，推荐上报11所全国法治校示范校。

〔**教育督导**〕 7月，四川省编制机构委员会正式批复成立四川省人民政府教育督导团及其办公室，代表省人民政府履行对全省中等及以下教育进行监督、检查、评估、指导的职责，从此使全省的教育督导工作步入制度化、规范化轨道。省政府教育督导团及其办公室成立后，召开了全省市（州）督导室主任会议，明确了全省教育督导工作的指导思想和工作重点。对马边、炉霍、乡城、马尔康、九寨沟、会东6县的两基攻坚工作进行了督导评估验收，对内地9县市的两基巩固提高工作进行督查，开展了农民工子女入学、幼教发展及幼儿园安全、职业教育、教师继续教育等专项督查，举办了市、县两级督学培训班，培训200多人。

〔**教育技术装备**〕 农村中小学现代远程教育试点工作全面启动，3 188个农村教学点配备了光盘播放设备，4 732所农村小学建立了教育卫星接收点，794所农村初中建立了计算机教室，总投资达2.03亿元。中小学信息基础设施建设新增装备微机学校219所，计算机2.1万台，校园网87个，网络教室447间。

〔**语言文字工作**〕 深入贯彻《国家通用语言文字法》和《四川省〈国家通用语言文字法〉实施办法》，完善“四川省语言文字网”，组织开展了全省推广普通话宣传周活动，完成了与教师资格认定、普通高校毕业生、行业人员上岗挂钩的普通话水平测试，全年测试13.9万人。

〔**对外交流与合作**〕 400多个国际交流合作项目顺利开展，全年派遣出国（境）学习培训和考察访问人员5 000余人次，接收国（境）外留学生1 500余人；聘请外国专家教师的学校或教育机构150家，共聘请长、短期外国专家、教师700余人；合作办学、合作科研项目增多，10个项目获得教育部“春晖计划”项目启动经费。

基础教育

〔**综述**〕 以农村义务教育为重点，积极推进基础教育发展。“以县为主”的农村义务教育管理体制调整工作在全省181个县（市、区）完成，“三个确保”机制进一步完善。农村中小学教职工工资的发放与管理全部上收到县，实行单独核算，优先保证，长期存在的拖欠教师工资问题基本解决，杜绝了新的拖欠。同时，依据省制定的财政预算内生均公用经费最低拨款标准，有的地方财政已将核定的公用经费纳入财政预算，并制定了达到规定的实施计划。危房改造工程全年投入危改资金10亿元，改造危房179万平方米。初中毛入学率达到104.42%。

2004年，全省共投入经费5.2亿元（其中国家2.2亿，省筹集3亿），实施中小学改扩建项目333个。召开了民族地区寄宿制教育工作会议，对寄宿制学校布局结构进行了科学合理的调整，加强了寄宿制学校的管理，新招收寄宿制学生1.2万人，寄宿制在校生总数达到24.1万人；对口支援工作积极开展，1 300名内地教师到民族地区受援学校任职任教。全年共培训民族地区中小学骨干教师、学科带头人3 022人。

〔**“两基”攻坚工作**〕 根据国家西部两基攻坚计划要求，成立了省两基攻坚领导小组及办公室，制定了《四川省“两基”攻坚实施规划（2004—2007年）》，按照规划：（1）2005年，民族地区基本普及初等教育和基本扫除青壮年文盲，普及九年义务教育人口覆盖率达到67%以上，初中毛入学率达到70%以上，扫除9万文盲，青壮年文盲率下降到5%。使全省“普九”人口覆盖率达到97%以上，初中毛入学率达到91%以上，青壮年文盲率下降到4%。2007年，民族地区整体上实现“两基”目标，“两基”人口覆盖率达到90%以上，初中毛入学率达到90%以上。全省“普九”人口覆盖率达到99.3%以上，初中毛入学率达到93.5%以上，青壮年文盲率下降到2%。（2）2007年，民族地区各州（市）实现各自的“两基”目标，巩固提高现有的“两基”成果，完成攻坚任务。有条件的州（市）通过国家的“两基”评估验收。（3）尚未实现“两基”的37个县，到2007年，乡城等32个县实现“两基”目标，通过国家“两基”评估验收；石渠、理塘、色达、美姑、布拖5个特别困难的县奠定两基达标基础，2010年前按期实现“两基”目标。

2004年，如期完成乡城、炉霍、马尔康、九寨沟、会东、马边6县“普九”，理塘县“普初”，白玉、道孚2县“扫盲”的目标任务。全省累计有150个县（市、区）实现“普九”，177个县（市、区）实现“扫盲”，“两基”人口覆盖率达到96.24%。

〔**高中教育**〕 根据“高中教育事业发展重点要从规模、数量的扩大转到质量、效益提高上来”的指导思想，各地对现有高中进行改（扩）建，充实和完善办学条件。全省新建高（完）中5所，建成国家级示范性普通高中7所，省级示范性普通高中14所。秋季，普通高中招生49万人，比上年增加3万人，占初中毕业生总数的47%；普通高中在校生人数达到129.5万人，比上年增加16.4万人，增长14.5%。

〔**幼儿教育与特殊教育**〕 贯彻实施《幼儿园教育指导纲要》，下发了《四川省人民政府办公厅关于贯彻幼儿教育改革与发展指导意见的通知》，明确新时期幼儿教育改革与发展的目标、任务和措施。召开了全省幼儿教育经验交流会，启动新一轮示范幼儿园建设。

以建立随班就读支持保障体系实验县为工作重点，对13个实验县进行了调研检查，开展师资人员培训，启动了第二批实验县申报工作。

〔**素质教育**〕 以基础教育课程改革实验为龙头的素质教育继续推进。已建立146个省级课改实验区，除民族地区35个县（区），全省所有县区都进入课改实验，人口覆盖率和起始年级数超过90%。首批18个市、州的37个实验区已制订了2005年中考改革方案。青少年科技教育、国防教育、青春期教育、体育、艺术教育、预防艾滋病教育、口腔健康教育继续开展。全省中小学建成劳动实践基地2.2万个。

〔**中小学德育工作**〕 贯彻实施《关于进一步加强和改进未成年人思想道德建设的若干意见》，在中小学开展弘扬和培育民族精神教育，加强中小学诚信教育，开展了一系列形式多样、内容丰富多彩的活动。深入贯彻落实《公民道德建设实施纲要》，以省第三个公民道德“宣传教育月”为契机，广泛开展了公民道德建设系列教育活动。

职业教育与成人教育

〔**综述**〕 认真落实国务院《关于大力推进职业教育改革与发展的决定》和全省职业教育工作会议精神，坚持大力发展的方针，狠抓农村劳动力转移培训和民办职业教育两个重点，全省职业教育呈现出良好的发展势头。中等职业学校校均规模由557人增至858人。全省共有中等职业学校763所，在校生67.98万人，中职招生28.96万人，比上年增长15%。独立设置职业技术学院32所，独立设置成人高校30所，全省普通专科、高职在校生25.1万人，成人高等教育在校生19.65万人；各类成人文化技术学校（教学点）15 545所（个），其他职业培训机构（含就业训练中心）1 006所。

〔**职教体制改革**〕 按照省委、省政府关于职业教育管理体制改革的要求，各地政府进一步强化了对区域内职业教育发展规划、资源、办学、政策的统筹和依法管理。在促进各级政府认真落实省政府规定的职教经费投入政策的同时，努力建立多渠道、多元化的职教投入新机制。积极鼓励和引导公办职业学校改制试点，以股份制形式吸引民间投资，采取公有民营、民办公助、联合办学等途径引入民营机制，乐山、资阳、绵阳等市进行了部分公办学校“国有民办”、“股份制”的改制试点。创新办学模式，打破部门、行业和所有制界限，采取合并、划转、重组、共建等形式，组建职教中心或做大做强重点学校和优势专业，加强城乡、校企、学校间的全方位合作。

〔**中等职业学校建设**〕 通过调整、合并、重组等多种方式，积极推进区域职教资源整合，优化学校和专业的布局结构，并以此为基础加强骨干示范性职业学校和重点专业建设。年底，全省已建成国家级重点中职学校57所，省级重点中职学校89所，国家级示范专业7个，省级重点（特色）专业26个。部分县（区）正着力建设综合性、多功能的县级职业教育中心。

〔**人才培养模式和办学模式改革**〕 全省开展“订单式”培养的中等职业学校已达75.9%，“订单培养”的学生占58.66%。有的地方开始形成以重点学校为龙头的集团化发展模式、城乡联动模式、校企（事）结合模式、学校＋基地＋农户模式、学校＋工厂＋公司模式、“订单式”模式以及各种方式为农服务模式等多种职业学校办学模式。

〔农村劳动力转移培训〕 2004年2月，全国农村劳动力转移培训经验交流会议在四川省召开后，各地整合职业与成人教育和农业、劳动、科技等部门的技术培训、技术推广资源，健全培训网络，完善服务体系，面向市场，强化就业，努力实现有计划有组织培训和有建制有规模输出农村劳动力。全年各类职业学校和职业培训机构开展各种形式的职业培训973.6万人次，比上年净增393.6万人次，其中开展农民工培训513.5万人次，比上年净增303.5万人次。全省共转移和输出农村劳动力1 490万人，实现劳务收入576亿元。

〔民办职业教育〕 贯彻全省民办教育工作会议精神，省政府召开了川南、川东、川西、川北和少数民族地区民办职业教育工作会。在建校用地、税收、招生、师生待遇等方面出台了促进民办职业教育发展的政策措施，全省民办职业教育快速发展。民办中等职业教育由17所发展到2004年的122所，在校生规模增长至11.92万人，比2003年增长98%；占中职在校生的比例由年初的9.62%提高到17.5%，泸州市民办中等职业学校在校生已占职业教育总数31.25%，巴中市民办中等职业学校占全市中职学校的58%，在校生占中职学生总数的46%，实现了中等职业学校规模的增量部分主要体现在民办职业教育发展上。涌现出了四川联合经济学校、合江少岷职业学校等规模大、机制活、见效快的民办职业学校，初步形成公办和民办职业教育共同发展局面。

高等教育

〔招生工作〕 2004年全省高考人数34.29万人，比上年增加8.38万人，增幅为32.4%。强化考试过程管理，严格执行招生政策，完成了普通高校招生工作任务，全省共录取新生24.07万人，录取率达70.2%，比上年增加4.9万人。教育部督查组来川检查后，评价四川录取工作做到了“严格、规范、有序、公正、透明”。成人高校招生报考13.51万人，录取本、专科新生11.58万人，录取率为85.66%。自学考试本专科专业达到119个，学历教育自考人数达到55万人，非学历教育自考达10.5万人次，同比增长42%。高等教育毛入学率达到20.65%以上。招收研究生1.6万余人，比上年增长21%。

〔结构调整〕 成都电子高等专科学校、成都纺织高等专科学校、四川烹饪专科学校、四川警官高等学校、达县师范高等专科学校5所学校的合并、升格已报教育部待批。完成了2003年申报的高职学院和独立学院的评审、报批工作。经教育部确认的四川师范大学文理学院、四川师范大学成都学院、成都理工大学工程技术学院、成都理工大学影视学院、电子科技大学成都学院、四川外语学院成都学院、成都信息工程学院银杏酒店管理学院7所独立学院，省政府批准的四川警官职业学院、广安职业学院、四川司法警官职业学院、四川信息职业学院、四川商务职业学院5所高等职业学院，2004年开始招生。

〔高校党建工作〕 积极贯彻落实《关于进一步加强和改进高校学生中发展党员工作的意见》和全省高校第12次党建工作会议精神，积极探索党的工作进社团、进网络、进学生公寓、进课题组的新途径。在高校学生、青年教师和高知群体中积极发展党员，努力实现高年级党支部建在班上的目标。推进“党员先锋工程”，拍摄了电视专题片《四川省高校“党员先锋工程”纪实》。开展高校领导班子思想政治建设调研和高校领导班子“四好”活动，继续加强高校后备干部队伍建设和高校干部培训，全年培训高校中层干部400多人。

〔**大学生思想政治工作**〕　以纪念小平同志诞辰100周年为主题，对师生进行邓小平理论和“三个代表”重要思想教育，在高校开展了大学生学习实践“三个代表”重要思想征文活动、纪念人民代表大会制度50周年和“永远的小平”读书活动知识竞赛。加强高校师生的形势政策教育，四川省委书记张学忠为成都地区42所高校师生代表3 000余人作形势报告，赢得高校师生普遍好评。加强“两课”建设，充分发挥“两课”教学主渠道作用。研究制定了四川省贯彻中共中央、国务院《关于进一步加强和改进大学生思想政治教育意见》的实施意见，进一步加强和改进大学生思想政治教育。

〔**教学工作**〕　以学分制改革为龙头，全面推动高校教学改革。制定了《关于进一步推进我省普通高校学分制改革试点的若干意见》，在部分普通高校进行了以“学分制”为主要内容的培养模式改革试点，2004年秋季，全省26所本科院校、16所高职高专开展学分制改革和学分制收费改革试点。西南财大、中国民航飞行学院、四川交通职业技术学院、四川建筑职业技术学院4所院校接受了教育部“本科教学水平评估”专家组评估。进一步调整专业结构，新增本科专业80个，高职高专专业122个，评选125门省级精品课程，15门国家级精品课程。积极推进大学外语考试改革，在全国率先推进二级英语等级考试计算机化改革。积极开展大学生数学建模和电子竞赛活动，数学建模竞赛取得全国最好成绩。完成第五届四川省高等教育教学成果奖评审工作，评选出省级一等奖100项、二等奖119项、三等奖144项，并从中推选申报国家级教学成果奖75项。

〔**学位与研究生教育**〕　新增内江师范学院、乐山师范学院为学士学位授予单位，新增四川大学等20所高校的58个本科专业为学士学位授予专业。四川农业大学、成都理工大学、西南石油学院、成都中医药大学开始试办省级研究生院。制定了加强博士生培养工作的意见。

〔**科技工作**〕　组织高校申报四川省各类科技项目1 000多项，获得科技经费超过11亿元，社会科学研究经费达到8 000万元。全省高校科技成果转化实现社会经济效益超过40亿元。制定了《四川省教育厅人文社会科学重点研究基地管理办法》，推动人文社科重点研究基地正常运行和健康发展。组织了第五届四川省教育厅人文社科成果奖励评选，共授予第五届四川省教育厅人文社科成果奖93项。

〔**毕业生就业工作**〕　建立完善了党委领导下的“全员动员、任务分解、责任落实、奖惩挂钩”的毕业生就业工作运行机制。积极探索“订单式”、“模块式”、“双证书”教育，采取“走出去、请进来”等多种形式，组织开展了灵活、多样、多次的毕业生就业“双选”活动，启动全省高校毕业生就业信息网络系统，召开了全省高校毕业生就业工作会，实行了高校毕业生就业签约率半月通报制度。全省普通高校毕业生11.1万人，比上年增加近3万人，增长35%，高校毕业生就业率85.1%，比上年同期提高4个百分点，高于全国平均水平。

〔**后勤社会化改革**〕　2004年新建和改造学生公寓64.5万平方米，学生食堂13.3万平方米，创建标准化食堂8个，超额完成“688”目标任务。针对2004年粮油价格持续上涨的特殊情况，积极协调，制定政策措施，指导高校后勤切实加强管理，深挖潜能，降低成本，使高校学生食堂餐饮价格基本稳定，质量得到保证。高校产业全年实现销售收入17亿元，利税2.9亿元。

撰稿　罗大宪　张澜涛　陈　玲
审稿　涂文涛

贵州省教育

概　　况

〔基本情况〕

2004 年贵州省各级各类学校校数、教职工、专任教师情况

	学校数（所）	教职工数（人）	专任教师数（人）
一、高等教育			
（一）研究生培养机构（不计校数）	(7)		
1. 普通高校	(6)		
2. 科研机构	(1)		
（二）普通高等学校	34	22 597	13 792
1. 本科院校	10	13 536	7 865
2. 专科院校	24	7 840	4 891
其中：职业技术学院	16	4 567	2 709
3. 其他机构（点）（不计校数）	(8)	1 221	1 036
其中：独立学院	(8)	1 221	1 036
（三）成人高等学校	7	1 981	1 139
（四）民办的其他高等教育机构	3	36	4
二、中等教育	2 987	146 105	125 288
（一）高中阶段教育	673	143 799	30 100
1. 高中	452	131 660	22 488
普通高中	452	131 660	22 488
成人高中			
2. 中等职业教育	221	12 139	7 612
普通中专	89	7 058	4 418
成人中专	21	1 464	765
职业高中	111	3 270	2 175
技工学校			
其他机构（教学点）（不计校数）	(39)	347	254
（二）初中阶段教育	2 314	2 306	95 188
1. 普通初中	2 183		93 128
2. 职业初中	78	2 194	2 000
3. 成人初中	53	112	60
三、初等教育	21 857	224 461	183 274
（一）普通小学	14 257	192 532	180 793
（二）成人小学	7 600	31 929	2 481

续表

	学校数（所）	教职工数（人）	专任教师数（人）
其中：扫盲班	7 379	30 616	2 428
四、工读学校	3	41	31
五、特殊教育	38	695	548
六、学前教育	1 484	15 610	9 514

注：1. 普通高中的教职工数中包含普通初中的教职工数。
2. 技工学校数据为 2003 年数据。
3. “（ ）”内数据均不计校数。

2004 年贵州省各级各类学历教育学生情况

	毕业生数（人）	招生数（人）	在校生数（人）
一、高等教育			
（一）研究生	640	2 165	4 457
博　士	25	63	152
硕　士	615	2 102	4 305
（二）普通本专科	31 059	60 578	179 852
本　科	14 230	28 113	106 483
专　科	16 829	32 465	73 369
（三）成人本专科	39 618	76 929	104 089
本　科	8 470	12 995	19 557
专　科	31 148	63 934	84 532
（四）其他各类高等学历教育			
1. 在职人员攻读博士、硕士学位		810	1 216
2. 网络本专科生			
本　科			
专　科			
3. 学历文凭考试			
4. 自学考试			
5. 其他	405		22
二、中等教育	826 822	970 800	2 789 790
（一）高中阶段教育	143 191	235 300	602 799
1. 高中	94 939	173 638	444 031
普通高中	94 939	173 638	444 031
成人高中			
2. 中等职业教育	48 252	61 662	158 768
普通中专	37 295	42 287	116 529
成人中专	3 800	5 233	14 095
职业高中	7 157	14 142	28 144
技工学校			
（二）初中阶段教育	683 631	735 500	2 186 991
1. 普通初中	573 295	721 590	2 049 364
2. 职业初中	11 986	13 910	37 787
3. 成人初中	98 350		99 840
三、初等教育	1 102 822	836 431	5 226 037
（一）普通小学	766 334	836 431	4 794 083
（二）成人小学	336 488		431 954
其中：扫盲班	309 779		399 498
四、工读学校	49	8	31
五、特殊教育	952	1 735	13 397
六、学前教育	363 897	565 322	657 060

注：特殊教育学生数中包括普通中小学随班就读的学生。下同。

2004 年贵州省各级各类非学历教育学生情况

	毕（结）业生数（人）	注册生数（人）
一、高等教育	46 860	51 803
（一）研究生课程进修班	117	654
（二）自考助学班	1 099	3 826
（三）普通预科生		1 158
（四）进修及培训	45 644	46 165
其中：资格证书培训	8 943	9 245
岗位证书培训	3 379	3 577
二、中等职业教育	2 579 677	3 094 745
其中：资格证书培训	92 396	137 527
岗位证书培训	26 525	40 291
（一）中等职业学校	344 440	631 968
其中：资格证书培训	65 827	111 853
岗位证书培训	21 394	26 953
（二）职业技术培训机构	2 235 237	2 462 777
其中：资格证书培训	26 569	25 674
岗位证书培训	5 131	13 338

2004 年贵州省各级民办教育基本情况

	学校数（所）	毕业生数（人）	招生数（人）	在校生数（人）	教职工数（人）	专任教师数（人）
一、高等教育						
（一）普通高等教育		24	5 605	17 898	1 341	1 118
1. 普通高校	1	24	420	606	120	82
本科学生						
专科学生		24	420	606		
2. 独立学院	(8)		5 185	17 292	1 221	1 036
（二）成人高校						
（三）民办的其他高等教育机构	3	357		933	36	4
二、中等教育机构						
（一）高中阶段教育	134	5 270	17 799	38 190	8 212	5 520
其中：普通高中	108	4 225	15 213	32 328	7 657	5 224
中等职业学校	26	1 045	2 586	5 862	555	296
（二）初中阶段教育	244	16 716	27 913	79 179	21	18
其中：普通初中	240	16 552	27 792	78 875		
职业初中	4	164	121	304	21	18
（三）职业技术培训机构	97	11 504		24 649	704	326
三、普通小学	419	17 899	32 368	150 625	6 687	5 412
四、幼儿园	836	37 171	79 054	106 719	6 900	3 536

注：“（　）”内数据不计校数。

〔**教育经费支出情况**〕 2004 年，全省教育经费总支出为 108.32 亿元，比上年增长 21.14%（其中：国家财政性教育经费支出 81.87 亿元，比上年增长 21.41%，占国内生产总值 5.14%）。其中：（1）财政预算内教育经费支出 73 亿元，比上年增长 21.27%（其中教育事业费拨款 68.06 亿元，比上年增长19.98%）；（2）政府征收用于教育的税费支出5.25亿元，比上年增长23.60%（其中城市教育费附加支出为4.31亿元，比上年增长39.70%；地方教育附加支出为0.94亿元，比上年下降3.39%）；（3）企业办学经费支出为3.42亿元，比上年增长19.84%；（4）校办产业、勤工俭学和社会服务收入用于教育的经费支出1 824万元，比上年增长48.21%；（5）社会团体和公民个人办学经费2.77亿元，比上年增长84.46%；（6）社会捐、集资办学经费支出为4 929万元，比上年下降了7.04%；（7）学、杂费支出为15.26亿元，比上年增长8.5%；（8）其他支出为7.92亿元，比上年增长34.69%。

全省教育部门预算内教育事业费支出为68.07亿元，比上年增长21.83%。在教育部门预算内教育事业费支出中，人员经费支出56.35亿元，比上年增长20.06%，占事业费支出的82.78%；公用经费支出为11.72亿元，比上年增长31.15%，占事业费支出的17.22%。

教育部门各类学校人员经费与公用经费占教育事业费支出比例是：普通高校人员经费占78.84%，公用经费占21.16%；中等师范学校分别占90.07%和9.93%；普通中学分别占84.03%和15.97%（其中：农村初中分别占77.99%和22.01%）；普通小学分别占92.10%和7.9%（其中：农村小学分别占91.62%和8.38%）。

全省各类学校生均预算教育事业费与公用经费分别是：普通高校生均教育事业费3 288.05元，生均公用经费725.52元；中等师范学校生均教育事业费2 433.86元，生均公用经费241.8元；职业中学生均教育事业费1 305.91元，生均公用经费122.31元；普通高中生均教育事业费1 311.29元，生均公用经费141.36元；初中生均教育事业费778.42元，生均公用经费138.23元；小学生均教育事业费706.37元，生均公用经费55.80元。

撰稿 陈 净

〔**教育事业投资完成情况**〕 2004年，全省教育事业基本建设年度计划共安排183 191.9万元，比上年增加37 368.3万元，增长25.63%。2004年底，实际完成投资194 482万元，占计划投资的106.63%，比上年增加42 286.1万元，增长27.78%。其中，国家预算内投资（包括国家各种专项投资补助地方非经营性基建基金等）安排72 904.1万元，完成67 164.1万元，占92.13%；自筹资金投资（包括中央各部门安排、地方各级机动财力自筹资金、教育费附加和部门、单位、自筹及个人集资等）安排105 262.2万元，完成122 292.3万元，占116.18%；利用外资（包括世行贷款等）安排823万元，完成823万元，占100%；其他投资（含引进社会资金等）安排4202.6万元，完成4202.6万元，占100%。上述投资中，高等教育共安排投资18 571万元，年度实际完成32 086万元，为安排投资数的172.77%；普通中专共安排297.2万元，年度实际完成497.2万元，为安排投资数的167.29%；基础教育共安排164 323.7万元，年度实际完成161 898.8万元，为安排投资数的98.52%。

2004年，新增固定资金共计171 280.7万元。其中，高等教育31 598万元，普通中专247.2万元，基础教育139 435.5万元。

2004年，全省教育事业在建房屋建筑面积365.18万平方米，比上年增加79.1万平方米，增长27.65%。竣工房屋建筑面积295.41万平方米，比上年增加44.79万平方米，增长17.87%。

全省2004年实施"中小学危房改造工程"项目学校403所，已全部完成改造任务。改造面积352 460平方米，完成投资额16 289.16万元。

撰稿 胡 勇 赵天雄

〔**教师工作**〕 2004年，贵州省面向社会首次认定教师资格，共受理申请人数为11 275人。其中，申请高级中学教师资格的857人，申请中等职业学校教师资格的49人，申请中等职业学校实习指导教师资格的6人，申请初级中学教师资格的2 913人，申请小学教师资格的6 215人，申请幼儿园教师资格的1 235人。经各级教师资格认定机构认定，共有9 854人（7 284名师范毕业生和2 570名非师范类毕业的社会人员）获得了相应的教师资格认定，并颁发了《教师资格证书》。

2004年教师节前夕，全省有18名教师和教育工作者被人事部、教育部授予“全国模范教师”称号；2人被人事部、教育部授予“全国教育系统先进工作者”称号；50人被教育部授予“全国优秀教师”称号；5人被教育部授予“全国优秀教育工作者”称号；5人被教育部授予“全国中小学优秀班主任”称号；5人被教育部授予“全国优秀中小学德育课教师”称号；2人被教育部授予“全国中小学德育先进工作者”称号。

撰稿 杨 敏 肖筑庆

〔**学校体育、卫生、艺术与国防教育**〕 全国第七届大学生运动会于2004年8月26日—9月6日在上海举行。贵州省派出了由23名运动员、11名教练员和领队组成的大学生代表团，参加了田径、武术、定向越野、健美操项目的比赛，获得了定向越野团体总分第七名、三级跳远第七名的成绩。同时，省教育厅还推荐12篇高校体育科研论文报送大运会组委会，经专家评审，其中3篇获优秀论文奖。

2004年11月15日—20日，省卫生厅组成4个检查组，对全省9个市（州、地）的60所大专院校、中小学、幼儿园的102个食堂的食品卫生安全工作进行了检查。要求有关市（地、州）主管部门和学校对检查中发现的问题及时整改，达到了以查促改、以查促建的目的，收到了较好效果。为了进一步推动全省学校预防艾滋病健康教育工作，加强师资队伍建设，提高教学质量，省教育厅于2004年9月在贵阳医学院公共卫生学院建立了“贵州省预防艾滋病健康教育师资培训基地”。

2004年，遵义市红花岗区、都匀市被命名贵州省中小学生课外活动工程示范区。贵阳市云岩区通过教育部评估被授予“全国中小学生课外文体活动工程示范区”。2004年3月—11月，全省各级各类学校开展了学生合唱活动。2004年6月，省教育厅从全省美术教师的近千件美术作品中筛选出200多件作品，在省博物馆举办了首届中小学美术教师美术作品展览。

由教育部、总参谋部、总政治部联合组成的学生军训检查组于2004年4月底对贵州省学生军训工作进行了为期三天的检查。检查组检查了贵州大学、贵州财经学院、安顺师范专科学校、安顺一中、安顺二中的学生军训工作，并听取了省军区、省教育厅的工作汇报。检查组认为，贵州省在财政十分困难的情况下拨款100万元用于高校军事学科建设，学生军训工作有规划、有措施，抓得有声有色，对贵州省的做法予以充分肯定。

撰稿 许国虎 黄开斌

基础教育

〔**综述**〕 2004年，全省普通高中比上年增加32所，在校生比上年增加60 979人，招生比上年增加17 123人，专任教师比上年增加3 075人。普通初中1 720所，比上年增加98所；九年一贯制学校463所，比上年增加17所；普通初中在校生比上年增加79 409人，招生比上年减少7 369人，专任教师比上年增加5 229人；初中阶段毛入学率达到98.69%，普通初中在校生辍学率为3.17%。小学比上年减少247所，在校生比上年增加25 343人，招生比上年增加9 167人，专任教师比上年增加1 426人；小学适龄儿童入学率达97.76%，比上年下降0.43个百分点；小学在校生辍学率为

0.85%。在园幼儿比上年增加36 971人，教师比上年增加763人。

2004年，对9所普通高中和2所幼儿园开展了省级示范学校评估。中小学德育工作以贯彻《中共中央国务院关于加强和改进未成年人思想道德建设若干意见》为重点，得到了切实加强。启动31个省级基础教育课程改革实验区。11个青少年学生校外活动场所全部开工建设。全省义务教育阶段农村中小学生有256.6万人次享受了免费教科书。

撰稿　段志茹　邹联克　杨增智

〔**“两基”工作**〕 2004年，全省“两基”攻坚工作取得重要进展：平塘等15个县“两基”工作通过了省政府的评估验收，并经教育部审核后予以公布。至此，全省已有74个县（市、区、特区）实现“两基”达标，占全省总县数的83%。全省共有74个县实现了普及九年义务教育目标，“普九”地区人口覆盖率达到82.38%。全省扫除青壮年文盲30.9万人，青壮年非文盲率达到95.87%。

凯里等9个县（市、区）在2000年通过省政府组织的“两基”评估验收后，认真按照3年巩固提高规划，不断加大工作力度，“两基”水平有了新的提高。2004年，经省政府教育督导室组织复查，凯里市、赤水市、绥阳县、钟山区、铜仁市、修文县、贵阳市小河开发区、息烽县8个县（市、区）为“两基”复查合格单位，平坝县为“两基”复查基本合格单位。在“两基”复查的同时，还对凯里等9个县（市、区）普及中小学实验教学工作进行了评估验收，凯里等9个县（市、区）均为“普实”合格单位。

撰稿　邓生井　龙运国

〔**“义务教育工程”实施情况**〕 2004年是贵州省实施第二期“国家贫困地区义务教育工程”（以下简称“工程”）的第四年。按照规划，余下的171所“工程”项目初级中学建设应在2004年—2005年两年完成，但为使“工程”建设更好地为全省“两基”攻坚战略服务，将原计划2005年建设的项目学校提前到2004年一并建设。全省共计投入“工程”资金3.92亿元，其中中央专款1.7亿元、省级财政配套资金0.98亿元，地县自配资金1.24亿元；建成“工程”初级中学171所，新建校舍43.69万平方米，其中教学用房39.81万平方米，食堂及学生宿舍3.88万平方米；购置教学仪器设备171套/标准，图书109.6万册，课桌凳10.2套/人；培训师资0.57万人。

〔**启动农村寄宿制学校建设工程**〕 为推动西部地区“两基”攻坚工作，国务院决定2004年—2007年间，在西部地区实施“农村寄宿制学校建设工程”（以下简称“工程”）。中央分配给贵州省“工程”专项资金9亿元。2004年，省教育厅结合实际制定了实施规划，全省未实现“两基”的30个县和虽已实现“两基”但需巩固其成果的53个县列入了“工程”项目县。83个项目县到2007年“工程”实施结束时，将建成“工程”项目初级中学1044所，新建学生宿舍144.3万平方米、学生食堂35.15万平方米、教学及辅助用房11.76万平方米，购置学生用床42.41万张/人、课桌凳6.75万套/人，解决36.68万名农村初中寄宿学生基本的学习和生活条件。为推动“工程”顺利实施，省教育厅于12月召开全省“工程”启动会，具体部署“工程”实施事项。2004年中央投入贵州省“工程”专项资金2.9亿元，建设“工程”项目初中315所，新建校舍61.35万平方米。

撰稿　刘祖辉

〔**对贫困学生实施“两免一补”**〕 2004年秋季，中央对贵州省86个县，重点是50个国家级扶贫开发工作重点县的义务教育阶段154.24万名贫困学生，提供了免费教科书，经费达7 000万元。贵州省新华书店为9.2万名贫困学生提供了免费教科书，共计金额392万元。中央及省共计为163.44万名中小学生提供了免费教科书，总计金额为7 392万元。

杂费减免标准为小学25元/生·学期，初中生30元/生·学期，寄宿生补助标准为100元/生·学期。

其中：免除22.9万名小学生杂费568.4万元；免除7.9万名初中学生杂费235.7万元，共计免除了约30.8万名中小学生杂费约804万元。共补助了2.5万名贫困初中寄宿生生活补助费，共计250万元。

撰稿　任筑平

〔**基础教育课程改革**〕　根据省教育厅2002年制定的全省基础教育课程改革实验推进规划，2004年秋季新增开阳县等31个县（市、区、特区）进入课程改革实验，使全省课程改革实验区总数达63个。省教育厅于3月召开了全省2004年基础教育课程改革实验区启动会议，对全省课程改革实验实施两年多来取得的经验和成绩进行总结，对下一步工作进行部署安排，并重点针对难点问题进行研讨交流。同时，对少数因“两基”验收任务较重申请推迟进入课改实验的县做好动员工作。

开展基础教育新课程师资培训。按照教育部“先培训、后上岗，不培训、不上岗”要求，2004年，先后组织20多期基础教育新课程实验教材、部分农村中小学教师、部分普九“攻坚”县理化生实验教师等省级集中培训，共培训中小学教师2 000多人。采取“送教上门”方式，聘请专家分赴已进入课程改革实验的县（市、区），举办培训130多期，覆盖中小学21门学科课程，培训教师逾万人。

撰稿　欧阳嘉　程　蓓

〔**教师队伍建设**〕　2004年，全省有小学专任教师180 793人，生师比为26.52∶1（其中农村教师128 756人，生师比为28.34∶1）。有普通初中专任教师93 128人，生师比为22.01∶1（其中农村教师41 595人，生师比为23.35∶1）。有普通高中专任教师22 488人，生师比为19.75∶1（其中农村教师1 599人，生师比为18.57∶1）。2004年，全省小学、普通初中、普通高中专任教师学历合格率分别为93.40%、91.80%和78.54%。其中，农村小学、农村普通初中、农村普通高中专任教师学历合格率分别为91.62%、88.36%和67.42%。全省小学专任教师专科学历以上、初中专任教师本科学历以上、高中专任教师研究生学历或硕士学位人数分别占教师总数的30.38%、17.03%和0.74%，其中，农村小学专任教师专科以上、农村初中专任教师本科以上、农村高中专任教师研究生学历或硕士学位人数分别占教师总数的24.12%、8.84%和0.81%。

为进一步提高在职中小学教师学历，根据教育部、国务院西部开发办《2004—2008年西部地区教育事业的发展规划》，省教育厅制发《2005—2010年实施中小学在职教师学历提升的指导意见》，提出全省中小学教师学历提升的目标、任务以及保障措施。同时，根据教育部要求，实施“农村中学教育硕士师资培养计划”，从贵州大学推荐保送29名优秀本科毕业生到贵州师范大学就读“农村高中教师教育硕士”，为农村中学定向培养高学历师资。

2004年，省教育厅印发《贵州省中小学骨干教师管理和使用意见》，将骨干教师的管理纳入规范化制度化轨道。同时重点加强省级骨干教师队伍建设，依托贵州师范大学、贵州教育学院、省继续教育学校和贵阳师范学校4个省级中小学教师培训基地，对全省第二批17个学科543名省级中小学骨干教师培训对象进行了为期20余天的集中培训。

撰稿　程　蓓

〔**加强未成年人思想道德建设**〕　2004年，省教育厅采取多种措施加强未成年人思想道德建设工作。制定了《贵州省教育厅贯彻〈中共中央国务院关于进一步加强和改进未成年人思想道德建设的若干意见〉的实施方案》；在教育系统开展教育思想大讨论；组织全省师德论坛；举办全省教育系统加强和改进未成年人思想道德建设研修班；开展中小学弘扬和培育民族精神月教育系列活动；检查各地宣传执行《中小学生守则》、《中小学生日常行为规范》的情况等，使加强未成年人思想道德建设工作扎实进行。

从2004年起，中宣部、教育部将每年9月定为中小学“弘扬和培育民族精神月”。全省教育系统开展了丰富多彩的弘扬和培育民族精神教育系列活动。围绕弘扬民族精神教育全省开展的活动主要有：举办中小学生“弘扬民族精神，做合格接班人”征文活动和演讲比赛；开展“人人知诚信，人人讲诚信”读书活动；在《贵州教育报》、《贵州教育》杂志上分期介绍贵州著名历史人物；与《法制生活报》联合开办“校园法制”栏目；组织“关爱心灵”小品进校园巡回演出；启动“远离黑网吧，建设校园网络新天地”工作等，有力推动了全省加强和改进未成年人思想道德建设工作。

撰稿　邹联克　吴作然

职业教育与成人教育

〔**综述**〕　2004年，全省高等职业技术学院15所，8所普通高校举办高等职业教育，高、中等职业院校联合举办“3＋2”立交桥办学模式已基本形成。全省有中等职业学校221所，其中国家级重点中等职业学校31所，省级重点中等职业学校34所。高等职业教育招生1.7万人；在校生数3.75万人，占普通高校在校生数的20.8％。全省有职业技术培训学校1.12万所，省级示范乡（镇）成人文化技术学校189所。完成农民实用技术培训307.9万人次，普通初中接受“绿色证书”培训4.94万人。

全省建立了5个中等职业教育师资培训基地，同时利用省外培训基地培训文化课、专业课师资及院校管理干部。2004年，职业高中专任教师学历合格率为52.51％，中等专业学校专任教师学历合格率为80.28％。

“十五”期间，中央、省、地、县各级政府投入职业教育专项资金逾1.3亿元。其中中央国债6 890万元，地方投入2 622万元，省级财政职业教育专项资金3 050万元，极大地改善了职业教育办学条件。截至2004年，全省中等职业技术学校校舍建筑面积达375万平方米，教学仪器设备总值1.82亿元，生产实习设备总值1.03亿元。高等职业技术学院校舍建筑面积106万平方米，教学仪器设备总值9 000万元。

撰稿　何秀黔

〔**提高办学质量**〕　截至2004年，中等职业学校建立了32个省级示范专业；高等职业技术学院建立了21个省级示范专业，2个国家级精品专业，6个国家级示范专业，1门国家级精品课程。选定了18所中、高等职业院校为技能型紧缺人才培训基地。2所高等职业技术学院分别通过了教育部和贵州省组织的高职高专人才培养工作水平评估。职业教育教学改革不断深化。“产教结合”“校企结合”“订单式培养”等办学模式不断扩展，“学分制”、“弹性学制”试验不断深入，“3＋1”、“初二后分流”等职业教育培训方式全面铺开，“学校＋农户”、“学校＋项目”的尝试取得良好成效。中、高等职业院校逐步推行“双证书”制度，实施“高职院校毕业生职业资格培训工程”向纵深推进，涌现出了一批办学质量高、社会效益好的中、高等职业院校。2004年，中等职业学校毕业生就业率达88.83％，其中省属中等职业学校就业率达92.34％，高职院校毕业生就业率达92.12％。

撰稿　胡　晓　杨　静

〔**高等职业院校评估**〕　为促进全省高等职业教育办学水平的提高，2004年，省教育厅对六盘水职业技术学院、铜仁职业技术学院、遵义职业技术学院开展了教学工作检查；对贵州警官职业学院、贵州航天职业技术学院、贵州交通职业技术学院进行了基础课实验室评估。对贵州航天职业技术学院、贵州电子信息职业技术学院、贵州机械工业学校3所院校经过评估、论证，推荐为中央财政支付的数控实训基地。

撰稿　孙永红

〔**实施紧缺人才培养工程**〕　2004年4月，省教育厅召开实施紧缺人才培养工程培训会，15所技能型紧缺人才培养基地负责人，教学、招生、就业有关部门中层干部和技能型紧缺专业负责人、骨干教师等100余人参加，并于6月邀请北航海尔公司、高等教育出版社、省中等医学教育研究会、科学出版社等单位专家在贵州交通职业技术学院举办了护理、数控应用、计算机应用与软件技术三个紧缺人才专业师资培训班，参训教师300人。还选派60名骨干教师参加了国家举办的技能型紧缺人才专业培训。

撰稿　杨　静

〔**自学考试和社会考试**〕　2004年，贵州省高等教育自学考试共设置专业53个（本科29个，专科24个），完成了235门课程732套试卷的命题、审核、录入工作。2004年1月、4月、7月、10月分别组织了4次考试，报考人数为149 929人，共计报考337 959科次，全年共毕业考生9 526人（本科1 795人，专科7 731人）。

2004年，共有23 287人报名参加全国计算机等级考试，比上年增长32%；共有188人报名参加全国少儿计算机应用技术证书考试，合格率100%；共有356人报名参加全国英语等级考试，合格人数226人。经重新论证，全省批准建立全国计算机等级考试考点23个。

撰稿　李　莉

〔**农村劳动力转移培训**〕　2004年，全省职成战线认真贯彻教育部《农村劳动力转移培训计划》和省政府办公厅《关于进一步做好农民工培训工作的通知》，积极开展农村劳动力转移培训。全省职成学校获批准的培训基地有109个。按照要求，培训基地认真做到了“五抓”，即抓认识、抓目标、抓规划、抓改革、抓措施。据统计，全年已完成技能培训5.96万人。

撰稿　高　山

高等教育

〔**综述**〕　2004年，高等教育继续发展。普通高校在校学生比上年增加30 408人，专任教师比上年增加2 017人。全省高校博士单位2个，博士点5个；硕士单位7个，硕士点155个。

经省政府和教育部批准，在原贵州大学、原贵州工业大学的基础上，于2004年8月合并组建了新的贵州大学，进一步整合了实力。12月23日，省政府与教育部正式签署共建贵州大学协议，决定共同建设贵州大学。标志着贵州高等教育发展步入崭新阶段，并为贵州大学进入“211工程”建设行列和提升贵州高等教育层次奠定了基础。经教育部批准，贵阳师范高等专科学校与贵阳金筑大学合并组建贵阳学院。

进一步加强教学工作。启动贵州省精品课程建设，促进高校课程建设和教师队伍建设，加强课程内容、教学方法改革和理论教学与实践教学的结合，推进优质教育资源实现共享；对部分高校的成人高等教育教学工作进行评估检查，进一步推动学校建立和完善教学管理体系，加强教学基本建设和教学管理，提高教学水平，强化质量意识；深化教学内容和课程体系改革，继续实施“面向21世纪教学内容和课程体系改革计划”；推进大学英语教学改革工作，举办大学英语教学改革培训班。

进一步推进实验室、图书馆建设工作。召开了全省高校实验室、仪器设备工作会，启动高等学校专业实验室评估工作，制订了《贵州省普通高等学校图书馆自动化建设评估方案》。

撰稿　万　山

〔**学位工作与研究生教育**〕 2004年9月23日—24日，召开了全省学位与研究生教育工作会议，对学位与研究生教育工作进行全面总结和经验交流，并部署下一步的工作；建立研究生教育质量监控体系，制订了《贵州省硕士学位授权点及研究生教育评估指标体系》，进一步规范研究生教育工作，提高研究生教育质量和水平；对拟新增学士学位授予单位和学士学位授权点进行了评估。

2004年5月10日—12日，省学位委员会根据国务院学位委员会、教育部有关文件精神，组织专家根据学士学位评估指标体系和评审办法，通过实地考察讨论、综合分析、无计名投票等方式，对黔南民族师范学院申请新增学士学位授予单位和新增学士授权的6个专业进行了评审。专家组完成评审工作后，形成了评审意见，并向贵州省学位委员会提出书面评审报告。省学位委员会根据评审意见，进行综合分析，以适当的方式向社会公布评审结果，并报国务院学位办备案。

撰稿　王晓红

〔**精品课程建设**〕 根据《贵州省高等学校精品课程建设工作实施办法》，按照“一流教师队伍、一流教学内容、一流教学方法、一流教材和一流教学管理”的要求，2004年省教育厅继续遴选15门课程作为省级精品课程。精品课程建设对提高学校教学质量和进行教学改革，充分利用精品课程的优质资源，扩大优质教学资源的领域和共享范围，把高校信息化建设的成果应用到教学上来，以优质教学资源的推广应用促进教学信息化建设不断提高教学质量等方面起到了积极的推动作用。各校在经费投入、人员保证、管理机制等方面不断创新，保证精品课程的可持续发展，做到向精品要质量，向精品要发展，以精品推动整个学校学科专业、课程建设的改革与发展。

撰稿　赵　祥

〔**高校“两课”建设评估**〕 为切实加强和推进全省普通高校“两课”建设，进一步提高“两课”教育教学质量，省教育厅于2001年10月制定印发了《贵州省普通高校“两课”建设评估方案（试行）》，要求各高校以评估方案为标准，加强“两课”建设。经过为期三年的建设工作，2003年11月至2004年5月组织专家分批对本科高校进行“两课”建设评估。贵州民族学院、贵阳医学院、贵州师范大学、贵州大学4所学校评为“贵州省普通本科高校‘两课’建设优秀单位”；贵州财经学院、遵义医学院、原贵州工业大学、黔南民族师范学院、贵阳中医学院、遵义师范学院评为“贵州省普通本科高校‘两课’建设合格单位”。

〔**科研工作**〕 进一步规范科研管理，推进产学研合作。省教育厅制订了《贵州省高等学校科研工作评价指标体系》，加强高校科研管理的科学化、制度化、规范化，促进高校科研工作健康快速发展。组织举办“贵州省首届高校科研论坛”，采取高校科技成果现场推介和科技论文宣讲的形式，搭建高校科研对外交流和宣传的平台，积极促进高校科技成果的转化。继续支持高校具有产业化前景的项目，协调省科教办及省直有关部门继续予以联合扶持，其中贵阳医学院生物技术成果将在贵州茅台酒厂实施转化，该厂将出资3 700万元支持该成果的转化。

〔**高校人文社科研究基地建设**〕 2004年3月—4月，“贵州省高等学校人文社会科学研究基地评审专家组”，对贵州大学等4所高校的6个研究基地进行了实地考察、评估、论证。经省教育厅批准，将贵州大学的“中华传统文化与贵州地域文化研究中心”和“人口、社会、法制研究中心”、贵州师范大学的“文学·教育与文化传播研究基地”、贵州民族学院的“贵州世居民族研究中心”及贵州财经学院的“欠发达地区经济发展研究中心”5个科研机构确定为贵州省高等学校人文社会科学研究基地，已投入建设。

撰稿　王　涵

〔**国家助学贷款工作**〕 2004年，完成了省属高校按新机制招投标确定国家助学贷款经办银行工作，风险补偿金比例为3%。全省共有7 000多名贫困新生通过绿色通道进入高校学习。首次开展了生源地国家助学贷款工作，2 156名考取省内外大学的贫困新生获得资助。全年获得贷款的学生人数首次突破2万人，获得贷款学生占在校生比例为12.3%。贵州省在财政部、教育部有关会议上作了先进典型经验交流，并获财政部、教育部奖励资金1 000万元。全省全年申请国家助学贷款贫困学生人数达22 338人，申请金额达8 621.43万元；已审批贷款人数21 692人，审批金额7 761.28万元；实际发放贷款20 560人，发放金额达6 904.8万元。

自全省开展国家助学贷款工作以来，累计共有58 811人次获得国家助学贷款资助，获贷金额达17 403.9万元。四年累计共支付省直高校国家助学贷款财政贴息资金711万元。

撰稿　吴　婷

〔**招生与毕业生就业工作**〕 2004年在贵州省招生的普通高校共计779所（其中省外742所，省内37所），共录取学生99 232人，其中本科42 884人，专科56 348人，录取率为70.68%。录取少数民族学生42 881人。2004年全省硕士研究生招生报名人数为6 641人。省内招生单位录取硕士研究生2 136人，较2003年增加719人，增长50.74%。贵州大学、贵阳医学院录取博士生26人。

2004年，省政府印发《关于做好2004年普通高等学校毕业生就业工作的意见》，对毕业生就业工作提出以下意见：（1）提高认识、加强领导。（2）努力为高校毕业生提供就业岗位。（3）鼓励高校毕业生到基层和艰苦地区工作。（4）加大对高校毕业生就业的政策支持力度。（5）努力做好高校毕业生就业指导和服务工作。（6）建立健全高校毕业生就业率公布制度和毕业生工作督查。（7）切实做好高校毕业生就业的宣传教育工作。为2004年普通高校毕业生就业提供了强有力的政策保障。

2004年，全省普通高校毕业生就业人数达26 294人，本、专科生就业率为83%，研究生就业率为95%。

撰稿　白　冰　柴　真　王明伍

〔**高校管理干部培训**〕 按照中央和省委关于大规模培训干部的精神，以处级干部为重点对象，以深入学习贯彻十六届四中全会精神，加强能力建设为重点内容，加大高校管理干部培训力度。2004年选派12名高校领导干部到国家教育行政学院学习，选派71名高校干部到省委党校、省直机关党校等地学习，10月—11月初，委托国家教育行政学院举办贵州高校干部研修班，培训30名校级领导和校级后备干部。

举办贵州省高级教育行政管理境外培训。2004年5月，由省教育厅及省内高校24名校级领导组成的“赴英高级教育行政管理培训项目”培训团，赴英国进行了为期3周的教育行政管理培训。系统地了解英国高校的课程设置、科研、教学管理、师资管理等方面的情况，并拜会了英国的教育基金委员会、教学质量认证机构、英国文化委员会、英国科学与技术办公室等部门。

撰稿　糜　丹　龙立新

民族教育

〔**综述**〕 2004年，全省各级各类民族学校共计275所。其中，独立设置的民族本科院校2所、民族专科院校3所、民族高等职业技术院校3所、民族中等专业学校2所、民族中等师范学校4所、民族职业高中18所、民族职业初中5所、民族普通中学88所、民族小学137所、民族幼儿园13所。全省各级各类学校少数民族在校生共322.16万人，占全省学生总数的38.16%；全省少数民族教职工13.99万人，占全省教职工总数的36.87%；少数民族专任教师12.80万人，占全省专任教师总数的38.67%。全省已初步形成了从幼儿教育到高等教育较完整的民族教育体系。

〔**民族寄宿制学校建设**〕 按照教育部和李嘉诚基金会合作的"西部教育医疗计划"，在贵州省11个民族自治县各建1所民族寄宿制学校，每个项目由教育部、李嘉诚基金会和贵州省政府各投资50万元，共150万元进行建设。在11个建设项目中，有5所学校为新建学校，6所学校为改扩建学校。该项目2001年立项，2002年底完工。2004年，根据教育部要求，贵州省组织专家对项目学校进行了评估验收。

撰稿 黄 燕

〔**教育对口支援**〕 继续做好深圳、青岛、大连、宁波和贵州省内大中城市对边远民族地区对口支教工作，按照中央办公厅和国务院办公厅的要求，多次与4市协商，落实了"县对县"的对口支援意见，制定出《贵州省教育对口支援"两基"攻坚县方案》。从省直高校、贵阳市部分中小学选派59名支教教师，支援10个未"普九"的两基攻坚县。

撰稿 任筑平
审稿 孔令中

云南省教育

概　况

〔基本情况〕

2004年云南省各级各类学校校数、教职工、专任教师情况

	学校数（所）	教职工数（人）	专任教师数（人）
一、高等教育			
（一）研究生培养机构（不计校数）	(17)		
1. 普通高校	(11)		
2. 科研机构	(6)		
（二）普通高等学校	43	27 530	15 162
1. 本科院校	16	18 295	9 822
2. 专科院校	27	7 761	4 691
其中：职业技术学院	20	4 527	2 705
3. 其他机构（点）（不计校数）	(8)	1 474	649
其中：独立学院	(5)	1 207	459
（三）成人高等学校	5	2 538	1 383
（四）民办的其他高等教育机构			
二、中等教育	2 693	171 408	140 532
（一）高中阶段教育	829	170 808	40 366
1. 高中	429	147 274	25 076
普通高中	429	147 274	25 076
成人高中			
2. 中等职业教育	400	23 534	15 290
普通中专	99	10 386	6 145
成人中专	137	3 845	2 335
职业高中	164	9 086	6 695
技工学校			
其他机构（教学点）（不计校数）	(82)	217	115
（二）初中阶段教育	1 864	600	100 166
1. 普通初中	1 851		99 642
2. 职业初中	13	600	524
3. 成人初中			
三、初等教育	20 062	233 540	219 342
（一）普通小学	19 752	232 561	218 969
（二）成人小学	310	979	373

续表

	学校数（所）	教职工数（人）	专任教师数（人）
其中：扫盲班	0	554	150
四、工读学校	1	43	32
五、特殊教育	25	635	472
六、学前教育	2 103	26 410	16 963

注：1. 普通高中的教职工数中包含普通初中的教职工数；
2. 技工学校数据为2003年数据。
3. “（ ）”内数据均不计校数。

2004年云南省各级各类学历教育学生情况

	毕业生数（人）	招生数（人）	在校生数（人）
一、高等教育			
（一）研究生	1 684	4 517	10 170
博　士	116	362	916
硕　士	1 568	4 155	9 254
（二）普通本专科	34 836	75 017	216 308
本　科	17 564	36 878	126 036
专　科	17 272	38 139	90 272
（三）成人本专科	39 745	66 475	123 229
本　科	9 412	15 200	31 844
专　科	30 333	51 275	91 385
（四）其他各类高等学历教育			
1. 在职人员攻读博士、硕士学位		1 597	3 404
2. 网络本专科生			
本　科			
专　科			
3. 学历文凭考试	32		
4. 自学考试			
5. 其他			5 313
二、中等教育	774 749	905 796	2 644 064
（一）高中阶段教育	190 583	264 891	691 243
1. 高中	99 365	167 299	419 758
普通高中	99 365	167 299	419 758
成人高中			
2. 中等职业教育	91 218	97 592	271 485
普通中专	48 676	51 627	147 618
成人中专	11 949	5 397	16 054
职业高中	30 593	40 568	107 813
技工学校			
（二）初中阶段教育	584 166	640 905	1 952 821
1. 普通初中	579 396	633 977	1 930 879
2. 职业初中	4 770	6 928	21 782
3. 成人初中			160
三、初等教育	963 685	732 476	4 613 084
（一）普通小学	721 324	732 476	4 406 482
（二）成人小学	242 361		206 602
其中：扫盲班	192 741		146 738
四、工读学校	69	38	105
五、特殊教育	2 013	2 917	18 374
六、学前教育	440 306	593 354	753 691

注：特殊教育学生数中包括普通中小学随班就读的学生。下同。

2004年云南省各级各类非学历教育学生情况

	毕（结）业生数（人）	注册生数（人）
一、高等教育	34 412	12 490
（一）研究生课程进修班	1 898	2 041
（二）自考助学班	530	321
（三）普通预科生		2 545
（四）进修及培训	31 984	7 583
其中：资格证书培训	6 769	1 813
岗位证书培训	3 614	1 098
二、中等职业教育	5 332 662	2 905 207
其中：资格证书培训	277 194	144 005
岗位证书培训	222 600	72 860
（一）中等职业学校	384 907	139 599
其中：资格证书培训	107 230	41 629
岗位证书培训	106 230	20 716
（二）职业技术培训机构	4 947 755	2 765 608
其中：资格证书培训	169 964	102 376
岗位证书培训	116 370	52 144

2004年云南省各级民办教育基本情况

	学校数（所）	毕业生数（人）	招生数（人）	在校生数（人）	教职工数（人）	专任教师数（人）
一、高等教育						
（一）普通高等教育		1 402	8 968	24 464	2 191	1 064
1. 普通高校	5	1 135	3 176	8 027	984	605
本科学生		417		2 125		
专科学生		718	3 176	5 902		
2. 独立学院	(5)	267	5 792	16 437	1 207	459
（二）成人高校						
（三）民办的其他高等教育机构						
二、中等教育机构						
（一）高中阶段教育	66	6 447	14 068	34 610	5 171	3 295
其中：普通高中	40	1 845	5 740	13 038	3 679	2 441
中等职业学校	26	4 602	8 328	21 572	1 492	854
（二）初中阶段教育	68	5 111	7 918	22 332		
其中：普通初中	68	5 111	7 918	22 332		
职业初中						
（三）职业技术培训机构	45	3 692		2 536		
三、普通小学	67	2 437	9 577	41 305	2 782	2 085
四、幼儿园	1 208	42 460	90 614	137 470	10 297	5 857

注：“（ ）”内数据不计校数。

〔**教育经费收入与支出**〕 2004年全省教育经费总收入175.08亿元，比2003年增加29.73亿元，增长20.45%。其中：预算内教育经费投入131.6亿元，比2003年增加23.32亿元，增长21.53%；各级政府征收用于教育的税费4.78亿元，比2003年增加0.18亿元，增长3.9%；事业收入26.67亿元，比2003年增加3.92亿元，增长17.23%；社会团体和公民个人办学经费4.27亿元，比2003年增加0.68亿元，增长18.9%；社会捐集资办学经费1.42亿元，比上年增加0.14亿元，增长10.9%。

全省教育部门教育经费总收入162.51亿元，比2003年增加29.55亿元，增长22.22%，其中：教育事业拨款108.33亿元，比2003年增长4.41%。

全省教育经费总支出173.98亿元，比2003年增加29.11亿元，年增长20.09%，其中：预算内教育经费支出116.17亿元，比2003年增加13.71亿元，增长13.38%；

教育部门教育经费总支出161.36亿元，比2003年增加29.21亿元，增长22.1%，其中：预算内教育经费支出112.75亿元，比2003年增加14.61亿元，增长14.89%。

2004年普通高校生均教育事业费5 279.76元，比上年下降0.04%；普通高中生均教育事业费2 150.16元，比上年增长1.23%；初级中学生均教育事业费1 307.3元，比上年增长13.33%；小学生均教育事业费1 196.92元，比上年增长12.98%。

2004年普通高校生均公用经费2 189.71元，比上年下降4.2%；普通高中生均公用经费352.77元，比上年下降15.54%；初级中学生均公用经费154.47元，比上年下降0.07%；小学生均公用经费126.22元，比上年增长47.45%。

2004年全省支出教职工工资（含基本工资、补助工资、其他工资）87.64亿元，比2003年的72.98亿元增加14.66亿元，增长20.09%，没有发生拖欠教职工工资的情况，但相当部分的工资是由地方各级政府用其他专款、贷款等垫发。

2004年，全省国内生产总值2 959.49亿元，国家财政性教育经费支出138.65亿元。国家财政性教育经费支出占国内生产总值的比例为4.69%，与上年持平。

2004年，全省财政支出661.8亿元，财政预算内教育经费支出131.29亿元。预算内教育经费支出（含城市附加）占财政支出的比例为20.54%，比2003年19.05%提高1.49个百分点。

在国家财政的支持下，实施了国家贫困地区义务教育工程、农村寄宿制学校建设工程和农村现代远程教育工程。2004年中央和省级财政补助各州、市各项教育专款11.8亿元，其中：中央专款7.32亿元，省级专款4.48亿元，大大改善了中小学的办学条件。

撰稿 陈跃琼

〔**教育改革试点工作**〕 省委、省政府成立了以省委副书记丹增为组长的省教育改革与发展领导小组，先后确定了文山、红河为教育综合改革试点，曲靖、昆明为高中教育改革试点，玉溪为职业教育改革试点，云南财贸学院为高等教育改革试点。

〔**农村教育**〕 深化农村教育改革，稳步推进“两基”攻坚。成立了由徐荣凯省长任组长的“两基”攻坚领导小组，4月，召开全省“两基”攻坚电视电话会议。修订并实施云南省“普九”、“扫盲”评估验收标准及办法。2004年全省有4个县通过“普九”验收，“普九”县总数达到105个，全省“普九”人口覆盖率81.3%；6个县扫除青壮年文盲，扫除青壮年文盲19万人，扫除青壮年文盲的县达121个，青壮年文盲率下降到6%左右。

乡镇教育管理体制的调整基本完成。依法实施教师资格制度，全面推行教师聘任制。严格校长任职条件，推行校长聘任制。建立城镇中小学教师到乡村服务制度，继续开展高校新录用教师到“三区一线”支教工作。核定了全省农村中小学公用经费标准，并根据各地经济社会发展状况，分5级贯彻执行。出台相应措施，确保进城务工农民子女接受教育的基本权利。

〔**学生心理健康教育**〕 针对云南大学发生的“2.23马加爵故意杀人案”，云南省委高校工委加强和改进了高校思想工作队伍的建设和政治理论课建设，在高校和部分中学开展学生心理健康教育。制定《学习贯彻〈中共中央国务院关于进一步加强和改进未成年人思想道德建设的若干意见〉的实施意见》，把未成年人思想道德建设工作纳入中小学德育专项检查，组织修订和实施《云南省中小学德育分年级实施意见》。继续加强青少年校外活动场所的建设和管理。

〔**民办教育**〕 认真贯彻落实《民办教育促进法》及《实施条例》，对社会力量举办的各级各类学校，简化审批程序，提高办事效率，2004 年新组建了 3 所民办高职学院，新建了 23 所民办中等职业学校、154 所职业技能培训学校。各类民办学校2 828所，在校生 44.7 万人，民办教育已成为全省教育事业的重要组成部分。

〔**教育信息化建设**〕 建设农村初中计算机教室 364 个，卫星教学收视点3 824个，教学光盘播放点4 537个；建设贫困地区义务教育工程信息技术教育项目站点1 633个；建设乡镇综合信息中心 26 个。到年底，共建设计算机教室 570 多个，远程教育卫星接收点9 000多个，光盘播放点14 737个。全省中小学有计算机 75 984 台，比上年增长 15.9%，生机比从 2003 年的 101∶1 改善到88∶1，147 所中小学校建成了校园网，确定了 133 所中小学为现代教育实验学校。信息技术教育开课率，普通高中 84.6%，普通初中 29.1%。

完成了首批 16 所中等职业学校远程教育站点的建设。15 所本科院校校园网及城域网建设工程竣工。

〔**依法治教**〕 (1) 共取消行政审批 17 项，下放 6 项，改变管理方式 7 项。依法实施 9 项行政许可。(2) 全省共推荐 29 所学校参加实施依法治校示范校创建活动，从中遴选出 7 所学校为教育部依法治校示范校。(3) 完成《云南省国家通用语言文字条例（草案）》的调研起草论证工作，2004 年 11 月 25 日经省人大常委会第十三次会议通过，于 2005 年 1 月 1 日施行。启动《云南省校园安全条例》、《云南省民办教育促进条例》的调研起草工作。(4) 省教育厅共办理人大代表建议和政协提案 208 件，是近年来最多的一年。

〔**民族教育**〕 做好“三免费”工作，省级投入 7 262.99万元，扩大对 129 个边境乡镇中小学生、人口在 10 万人以下的少数民族和藏族地区中小学生的“三免费”教育补助范围，受益中小学生 40.9 万人，比上年增加 9.22 万人。继续对国家下达的免费教科书实行招标采购，124 万人次得到免费教科书，总计 189.5 万人次享受到经费补助或免费教科书。省级投入5 940万元（比上年增加 720 万元）用于半寄宿制学校学生生活补助，享受生活补助的学生较上年新增 6 万人，总数达 49.5 万人。115 万名家庭经济困难学生得到政府长期救助。结合新课程改革，审定了 11 个民族 14 个语种的 46 本教材。

〔**治理教育乱收费工作**〕 2004 年，认真抓了八个方面的工作：一是突出重点，加强分类指导，深入开展治理教育乱收费工作；二是加强宣传教育，强化依法治教和依法收费的观念；三是实施规范、准确的教育收费公示制度，自觉接受群众监督；四是在全省义务教育阶段公办中小学校实施“一费制”收费办法，并于秋季开学时执行；五是严格执行高中择校生“三限制”政策；六是严格规范高等学校收费行为；七是严禁通过学校向学生搭车收费；八是加大对教育乱收费的处罚力度，已查处乱收费案件 233 件，给予党纪政纪处分和组织处理 29 人，清退违规资金 468.19 万元，乱收费行为较去年大幅减少。

撰稿　李建福

〔**教师专业技术职务评审**〕 全省高级职称共评审通过中专高级讲师 331 人，中学高级教师2 788 人，高校教授 129 人，副教授 339 人。中级职称共评审通过 414 人，其中，中专 97 人，中小学、幼儿园 145 人，高职高专学校 83 人，图书资料系列 35 人，社科研究系列 14 人，卫生系列 10 人，政工系列 21 人，工程系列 9 人。共选拔“国务院特殊津贴”5 人，“省政府特殊津贴”11 人，“省突出贡献专家”17 人。办理高校上报高级专家延长退休手续 27 人。授予 198 名同志特级教师荣誉称号，在职特级教师为 508 人。

撰稿　赵菱菱

基础教育

〔**普及九年义务教育**〕 2004年通过省政府"普及九年义务教育"评估验收的有4个县：金平苗族瑶族傣族自治县（同步完成"扫盲"验收）、绿春县、孟连傣族拉祜族佤族自治县、云县。通过省政府"扫除青壮年文盲"验收的有：盐津县、巧家县、金平苗族瑶族傣族自治县、澜沧拉祜族自治县、泸水县、福贡县。

共上报5个"普九"县（其中墨江县在2002学年没有通过教育部审核）、6个"扫盲"县到教育部审核，都被列入向全国公布表彰的名单。至此，全省普及九年义务教育的县（市、区）达到105个，人口覆盖率81.3%；扫除青壮年文盲的县（市、区）121个，人口覆盖率91%。

撰稿 李晓南

〔**农村寄宿制学校建设工程**〕 云南省有35个县参加农村寄宿制学校建设工程，总投入10亿元，其中中央投入9亿元，省级投入1亿元。总投入资金中9.9亿元根据"两基"攻坚规划分4年予以安排，1 000万元待工程完成后用于奖励工程实施好的州（市）和县。省政府成立了项目领导小组。7月，省教育厅、省发展改革委、省财政厅联合部署制定项目规划，并报经国家三部委批准，确定了35个项目县的567所项目学校（小学183所，初级中学334所，九年一贯制学校19所，其他类学校31所）。其中新建学校96所，改扩建学校471所。

2004年，国家安排云南省寄宿制学校建设专项资金3亿元，其中：国债资金1.5亿元，财政资金1.5亿元。财政资金共安排了14个县163个项目学校。国债资金安排投资"农村寄宿制学校建设工程"64项，涉及昭通、红河、临沧、思茅4个州市的8个县。

撰稿 刘建中 陈跃琼

〔**中小学布局结构调整**〕 2004年，全省普通中学2 280所，比上年增加5所，其中普通高中429所，比上年增加8所；普通初中1 851所，比上年减少3所，普通中学校均规模为1 031人。职业初中13所，比上年减少1所，校均规模为1 675人（含职业高中学校举办的职业初中班）；普通小学19 752所，比上年减少544所，其中，完全小学14 787所，比上年增加30所，教学点17 982个，比上年减少1 172个，小学校均规模为233人。布局结构调整取得了明显成效。

撰稿 谢 冰 李光洪

〔**中小学危房改造**〕 根据教育部、国家发展改革委、财政部的要求，制定上报2004年危改项目计划，省教育厅与州、市教育部门签订了2004年中小学危房改造和筹资责任书。省级下达危改资金1.4亿元，"义教工程"项目资金9 600万元（用于危改2 666万元），争取了中央危改资金1.2亿元，邵逸夫先生赠款省级配套530万元，以及布局调整、边境学校、寄宿制学校建设经费用于危改资金1.04亿元，启动了2004年的危改项目。2004年全省共排除中小学危房87.75万平方米。

撰稿 陈跃琼

〔**"一费制"收费**〕 2004年，云南省下发了《关于我省义务教育阶段学校推行"一费制"收费办法的通知》，并于秋季新学期开始在全省由政府举办的普通小学和普通初中（含义务教育阶段的特殊教育学校及特教班，以及国有企事业单位举办的义务教育阶段学校）全面实施。

撰稿　张毅永

〔**中小学教学用书采购招投标制**〕 成立了“云南省中小学教学用书招投标工作领导小组”，组织了全省首次中小学教学用书的出版、发行招投标工作，引入省邮政局参与竞标，此举为全国首创。

〔**普通高中教育**〕 2003—2004 年，全省共新建普通高中 23 所，改扩建 222 所。全省有普通高中学校 429 所，在校学生 41.98 万人，比 2003 年增长 15.52%，离“十五”计划到 2005 年的高中在校生数的目标仅差5 200人。优质教育资源迅速增加，全省一级高完中学校数 69 所，在校生约占高中生总数的 40%。

2004 年普通高中招收学生 16.73 万人，比上年增长 20.91%，在校学生 41.98 万人，有望超额完成“十五”计划目标；办学体制改革迈出重大步伐，多渠道筹资办学，多元办学格局初步形成；扩张优质资源，一级学校增加 11 所，在校学生上升到占普通高中在校生总数的 40%。

〔**基础教育课程改革**〕 2004 年全省又有 53 个县（市、区）开展基础教育课程改革。至此，全省已有 107 个县（市、区）参加基础教育课程改革，占全省县（市、区）总数的 82.9%；参加基础教育课程改革的一年级和七年级学生有 117.8 万人，其中，参加课改的小学一年级学生数约为 62.2 万人，约占同年级学生人数的 85.1%；参加课改的七年级学生数约为 55.6 万人，约占同年级学生数的 82.1%。

撰稿　卢　明　杨春城

〔**中小学人事制度改革**〕 下发了《关于贯彻人事部、教育部〈关于深化中小学人事制度改革的实施意见〉的意见》。《意见》以实行聘用（聘任）制为重点，建立人员能进能出、职务能上能下、薪随岗定、优绩优酬、优秀人才脱颖而出的用人机制。改革主要任务是：加强编制和人员管理，优化中小学教职工队伍结构；改进和完善校长选拔任用、考核和监督，进一步完善校长负责制，落实校长职责和权利；实行教职工聘用（聘任）制，完善教师职务聘任办法，健全考核制度；完善教职工工资保障机制，强化分配激励机制；促进人才合理流动。

撰稿　吴昌银

职业教育与成人教育

〔**中职学校招生政策改革**〕 2004 年 3 月，云南省制定了《关于改进中等职业学校招生工作的几点意见》，核心内容是：取消下达中职招生计划，由学校根据能力自行确定招生数量；改过去单一考试入学为考试入学、凭证入学和学校自主招生三种形式，并不设入学年龄限制。由于中等职业学校全面拥有了招生自主权，2004 年，中等职业学校招生比 2003 年增加 1.4 万人，增长 16.73%，初中毕业生升学率达到 44.47%，中等职业学校招生的下滑趋势开始扭转。省财经学校 2004 年招生1 301人，其中考试入学 657 人，凭证入学 624 人，自主招生 20 人。

撰稿　杨　伟

〔**普通中专招生工作**〕 2004年云南省普通中专计划招生92 579人，实际录取67 558人，完成计划的75.74%。报到入学考生为28 060人（不完全统计），报到入学率为46.24%，入学人数超过2003年。其中高等职业技术教育五年制大专班计划招生16 470人，录取16 796人，报到入学考生为6 487人（不完全统计），报到入学率39.39%（注：统计数据不含职高、职中数据，不含凭证入学考生数）。

〔**农村成人教育**〕 为不断完善县、乡、村三级农村成人教育培训网络，继续开展为广大农民脱贫致富服务的“百万农民培训金钥匙工程”，到年底，全省共建设农村成人文化技术培训机构11 476个，教学点37 305个。全年全省共组织494.3万（人次）农民参加各类农村适用技术培训，年计划完成率为110%。近5万脱盲和小学辍学的农民通过成人小学学习达到小学结业程度。积极组织“绿色证书工程培训”、“跨世纪农村青年农民科技培训”、“农村富余劳动力转移培训”、“农村致富函授大学”、“农村青年高等教育自学考试”等活动。在大面积开办乡村成人文化技术学校的基础上，着力完善乡级成人文化技术学校的办学条件，继续创建省级示范性乡镇成人文化技术学校。开办了全省农村成人教育校长教师培训班。

撰稿　徐惠珠

〔**成人教育招生工作**〕 （1）成人学校。2004年省内外成人高校、成人中专学校在云南省计划招生99 486人，比2003年增加2万多人，增长26.8%。报考人数为107 634人。（2）自学考试。云南省2004年上半年第42次自学考试开考11个本科、29个专科、2个中专专业，共42个专业209门课程（不计重复）；有98 937人报考233 948科次；上半年审核、办理自考毕业证3844个。下半年第43次自学考试，开考21个本科专业、34个专科专业、2个中专专业，共57个专业248门课程；有92 187人报考210 402科次；下半年审核办理自考毕业证6 000多个。（3）社会考试。2004年各项社会考试报考人数剧增。在2004年的成人招生考试工作中实行了成人招生取消第二学历免试入学和成人高考调整医学类考生报名资格两项新举措。

〔**成人研究生考试和学位授予工作**〕 （1）非英语专业硕士研究生学位英语课程考试两次，参加考试人数分别为3 339人和1 901人，平均合格率为51%；（2）云南省成人本科申请学士学位英语水平考试两次，参加考试人数分别为2 256人和5 011人，合格率为35%左右；（3）云南省同等学力人员申请硕士学位全国统一考试，云南考区一共有1 676人报名。其中参加学科综合水平考试应考人数为874人；参加外国语水平考试应考人数1 303人。合格率分别为32%和17%。（4）云南省在职攻读硕士学位全国联考，一共3 338人报名考试，报考类别为法律硕士、教育硕士、工程硕士、工商管理硕士、农业推广、公共管理硕士、公共卫生硕士、会计硕士、高校教师、“中职”教师、军事硕士、兽医硕士等十二种。

在云南省14所开展成人高等教育本科生培养工作的高校中，有12家高校都开展了成人本科毕业生学士学位授予工作。2004年共有应届成人本科毕业生9 412人，其中，提出学位申请人数有1 361人，占毕业生数14%；最后获学位授予数1 248人，占申请人数的92%；往届毕业生申请数77人，最后学位授予数70人，占申请人数91%。

撰稿　杨丽宏

高等教育

〔综述〕 2004年，全省高等学校49所（本科16所，高职高专28所，成人高校5所），较上年新增10所高职学院；高校持续扩大招生，高等教育毛入学率11.15%，比去年提高了0.15个百分点。各类高等教育在校生403 386人，其中，博士研究生916人，硕士研究生9 254人，普通本科126 036人，普通专科90 272人，成人本科31 844人，成人专科91 385人，军事院校、电大注册视听生、高等教育自学考试等53 679人。

撰稿 张晓明 谢 冰 李光洪

〔招生工作〕 2004年，全国报考云南省博士研究生人数为659人，国家下达计划数为340人（含研究所），实际录取362人。2004年，全国报考云南省硕士研究生的人数为11 591人，国家下达计划数为4 158人，实际录取4 517人。

普通本专科报名人数为146 076人，招生计划84 520人，计划数与考生报名数之比约为1∶1.73。共录取考生89 437人，完成计划的105.8%。其中，农村考生数超过城镇。

2004年的招生考试工作采取了以下几项新举措：(1) 高考试行公布分数后填报志愿；(2) 首次要求考生签订《诚信考试承诺书》；(3) 录取取消纸质档案；(4) 硕士研究生考试试行网上报名；(5) 加快考务管理手段现代化进程。

〔国家助学贷款〕 2004年，云南省国家助学贷款管理中心改变以往经办银行由政府指定，贷款额度计划由中国人民银行下达的做法，通过市场化运作，为省内38所高校确定了国家助学贷款经办银行—中国农业银行云南省分行。2004—2005学年新增助学贷款金额预计为1.5亿元，创历年之最，受到国家教育部的肯定，云南省成为全国8个在年内按新机制全面启动国家助学贷款的省份之一。

撰稿 张晓明

〔研究生学历电子注册〕 2004年，共有9所高校、2所科研院所参加研究生电子注册，共登记注册硕士研究生1 500人，博士研究生43人。

撰稿 白玉兵

〔毕业生就业工程〕 2004年，全省有高校毕业生47 151人，比上年增加6 921人，增长17.2%，其中，研究生1 684人，比上年增加515人，增长44.05%；本科生17 564人，增加3 775人，增长17.5%；专科生17 272人，增加2 702人，增长15.49%。在毕业生总量大幅增长的情况下，省委、省政府多次召开会议研究部署毕业生就业工作。全省实施“14321”就业工程，即：进一步明确一个指导思想，深化四项改革，抓好三项教育，完善两个体系，确保完成一个目标。逐步建立运转协调、政策完善、制度健全、管理规范、服务高效的毕业生就业长效机制。全省普通高校毕业生年终就业率84.29%，比2003年提高2.5个百分点。

〔资助高校贫困生工作〕 一是按市场运作模式，启动了新一轮国家助学贷款；二是检查和完善学费的10%用于专项助困；三是争取到省政府奖学金翻一番；四是总结推广高校帮困、助学、育人的典型经验，推进助困工作。加上多方社会资助，目前掌握的高校助困金额可从根本上解决贫困生学习、生活的困难和高校学生欠费的负担。

〔**省级重点学科建设**〕“十五”期间云南省遴选并批准了26个学科为省级重点建设学科，增列了5个省级重点建设学科的备选学科。10月，云南省学位委员会组织专家组，对在昆10所高校的23个“十五”重点建设学科进行了中期检查评估；对15个申报学科进行了挂牌评估；对10个已挂牌的学科进行了抽查评估。检查组专家认为：申请挂牌的学科均完成了各项建设任务，同意挂牌。云南省自2001年首批挂牌48个省级重点学科以来，已挂牌的省级重点学科达到了63个。

〔**高校科技创新**〕获得国家“973”项目立项2项，国家“863”项目立项1项，国家自然科学基金项目立项42项，国家社科基金项目立项8项，国家软科学项目立项3项，国家科技攻关项目立项3项，国际合作项目立项7项，省部级项目立项185项，其他项目立项229项，共获得项目经费1.52亿元。国家自然科学一等奖在空缺3年后被云南大学侯先光教授等夺得，侯先光教授同时获何梁何利科学奖，昆明理工大学戴永年院士的研究成果“真空冶金”获国家科技发明二等奖，云南大学何大明教授的《西南纵向岭沟区生态系统变化及西南跨境生态安全》被列为国家重点基础研究发展计划；云南农业大学朱有勇教授的生物多样性控制稻瘟病研究的理论和技术获得联合国粮农组织2004年国际稻米年科学研究奖。新增部院级重点实验室2个，完成认定工作1个，新建5个创新人才培养基地。截至2004年，云南省高校有博士学位授予单位8个，硕士学位授予单位17个；有博士学位一级学科授权点5个，二级学科博士学位授权点58个，硕士学位授权点317个，博士后流动站9个，1个教育部人文社会科学重点研究基地，4个教育部基础学科人才培养基地，2个国家工程研究中心，4个部级重点实验室，1个国家新药研发中心，3个国家级重点学科；11个省级重点实验室，5个省级“产、学、研”联合研究基地及9个省级高新技术创新人才培养基地。

〔**省院省校教育合作**〕2004年，省院省校教育合作考取合作方院校博士生30人，硕士生4人；选派到合作方进修（访问）的骨干教师达67名；聘请了20名中国科学院、工程院院士及国内知名教授为云南省高校的客座（兼职）教授；召开了国际学术会议3个；评审立项支助开展了10项人文社会科学研究项目的研究工作；合作共建、咨询省级重点学科3个。2004年共评审验收结题人文社会科学研究项目7项，验收结题共建省级重点学科7个。学科共建成果显著，7个验收学科中，有一个学科获得博士学位一级学科授权点，涵盖了12个二级学科博士学位授权点；有三个学科获得了博士学位授权点。

撰稿　赵　纯

〔**为周边国家留学生设立奖学金**〕为扩大对周边国家的影响，并培养澜沧江—湄公河次区域合作所需要的人才，云南省政府决定：自2004年起正式设立“云南省政府周边国家留学生奖学金”，每年180万元人民币，提供给对我友好、成绩优秀、愿意来滇学习的周边国家留学生。第一批58人已到云南省9所高校学习。

撰稿　章少宏
审稿　郝立新

西藏自治区教育

概　况

〔基本情况〕

2004 年西藏自治区各级各类学校校数、教职工、专任教师情况

	学校数（所）	教职工数（人）	专任教师数（人）
一、高等教育			
（一）研究生培养机构（不计校数）	(3)		
1. 普通高校	(3)		
2. 科研机构			
（二）普通高等学校	4	1 913	1 081
1. 本科院校	3	1 472	830
2. 专科院校	1	79	52
其中：职业技术学院	0	0	0
3. 其他机构（点）（不计校数）	(3)	362	199
其中：独立学院	0	0	0
（三）成人高等学校			
（四）民办的其他高等教育机构			
二、中等教育	122	9 404	8 146
（一）高中阶段教育	32	9 402	2 468
1. 高中	22	8 247	1 694
普通高中	22	8 247	1 694
成人高中			
2. 中等职业教育	10	1 155	774
普通中专	9	967	662
成人中专	1	59	37
职业高中			
技工学校			
其他机构（教学点）（不计校数）	(5)	129	75
（二）初中阶段教育	90	2	5 678
1. 普通初中	88		5 677
2. 职业初中	2	2	1
3. 成人初中			
三、初等教育	886	14 378	13 610
（一）普通小学	886	14 378	13 610
（二）成人小学			

续表

	学校数 （所）	教职工数 （人）	专任教师数 （人）
其中：扫盲班			
四、工读学校			
五、特殊教育	2	22	18
六、学前教育	41	616	345

注：1. 普通高中的教职工数中包含普通初中的教职工数。
2. 技工学校数据为 2003 年数据。
3. “（ ）”内数据均不计校数。

2004 年西藏自治区各级各类学历教育学生情况

	毕业生数 （人）	招生数 （人）	在校生数 （人）
一、高等教育			
（一）研究生	22	80	117
博　士			
硕　士	22	80	117
（二）普通本专科	2 108	6 003	14 731
本　科	964	3 909	9 395
专　科	1 144	2 094	5 336
（三）成人本专科			
本　科			
专　科			
（四）其他各类高等学历教育			
1. 在职人员攻读博士、硕士学位		20	34
2. 网络本专科生	247	840	1 445
本　科	72	455	647
专　科	175	385	798
3. 学历文凭考试			
4. 自学考试			
5. 其他			
二、中等教育	33 870	57 022	144 544
（一）高中阶段教育	9 300	15 242	35 289
1. 高中	6 756	11 019	26 740
普通高中	6 756	11 019	26 740
成人高中			
2. 中等职业教育	2 544	4 223	8 549
普通中专	2 518	4 133	8 286
成人中专	26	90	263
职业高中			
技工学校			
（二）初中阶段教育	24 570	41 780	109 255
1. 普通初中	24 270	41 696	109 148
2. 职业初中	300	84	107
3. 成人初中			
三、初等教育	211 832	59 126	628 638
（一）普通小学	45 182	59 126	326 952
（二）成人小学	166 650		301 686
其中：扫盲班	166 650		301 686
四、工读学校			
五、特殊教育	10	38	254
六、学前教育	3 090	3 488	8 204

注：特殊教育学生数中包括普通中小学随班就读的学生。下同。

2004 年西藏自治区各级各类非学历教育学生情况

	毕（结）业生数（人）	注册生数（人）
一、高等教育	818	1 281
（一）研究生课程进修班		
（二）自考助学班		
（三）普通预科生		398
（四）进修及培训	818	883
其中：资格证书培训		
岗位证书培训	286	286
二、中等职业教育	2 887	3 330
其中：资格证书培训	947	238
岗位证书培训	1 289	1 165
（一）中等职业学校	2 887	3 330
其中：资格证书培训	947	238
岗位证书培训	1 289	1 165
（二）职业技术培训机构		
其中：资格证书培训		
岗位证书培训		

2004 年西藏自治区各级民办教育基本情况

	学校数（所）	毕业生数（人）	招生数（人）	在校生数（人）	教职工数（人）	专任教师数（人）
一、高等教育						
（一）普通高等教育						
1. 普通高校						
本科学生						
专科学生						
2. 独立学院						
（二）成人高校						
（三）民办的其他高等教育机构						
二、中等教育机构						
（一）高中阶段教育	3	316	121	716	192	155
其中：普通高中	3	316	121	716	192	155
中等职业学校						
（二）初中阶段教育	6	570	450	1 505		
其中：普通初中	5	570	450	1 482		
职业初中	1			23		
（三）职业技术培训机构						
三、普通小学	8	732	728	3 539	270	151
四、幼儿园	17	1 034	1 115	2 892	230	107

注：“（　）”内数据不计校数。

〔综述〕　2004 年，西藏自治区教育工作以邓小平理论和“三个代表”重要思想为指导，坚持“巩固、深化、提高、发展”的方针，全面贯彻党的十六届三中全会、四中全会、自治区党委六届六次全委（扩大）会议精神和全国农村教育工作会议、全区农牧区教育工作会议、全区边境教育工作会议精神，坚持以人为本，全面、协调和可持续发展的科学发展观，与时俱进，积极推进教育改革与创新，教育事业取得了新的进展。“两基”攻坚取得了重大突破，义务教育普及程度得到了进一步提高；高等教育办学规模快速增长，办学水平明显提升；职业技术教育和成人教育、继续教育大力发展，教育质量和办学条件明显改善；教师队伍建设得到加强，师资队伍整体水平显著提高；坚持德育为首，学校德育和思想政治工作成效显著。

〔**“两基”攻坚取得阶段性成果**〕　2004年全区认真贯彻落实《国家西部地区“两基”攻坚计划(2004—2007年)》和《教育部、国家发展和改革委员会、财政部关于布置编制“两基”攻坚实施规划的通知》精神，在广泛调查研究的基础上，从西藏实际出发，按照统筹规划，分类指导，突出重点，集中解决关系西藏义务教育发展全局的重大问题，推进西藏教育跨越式发展的原则，完成了《西藏自治区“两基”攻坚实施规划（2004—2007年)》和《西藏自治区农村寄宿制学校建设工程实施规划》的编制、上报工作，并获得教育部、财政部、国家发展改革委的批准。

根据全国农村教育工作会议精神，适时召开全区农牧区教育工作会议，各地市进一步统一思想，调整工作重心，坚决把推进农牧区义务教育和实施“两基”攻坚作为整个教育工作的重中之重，集中主要精力和财力，确保“两基”年度目标任务的完成。2004年，如期完成了当雄、墨竹工卡、洛隆、贡嘎等14个县“普九”任务，县域总人口43.12万人。全区“普九”县达到31个，“普九”县人口123.82万人，人口覆盖率达到46.2%。拉萨市率先在全区实现“两基”目标。

如期完成了定日、昂仁、那曲、索县、尼玛、双湖、申扎、墨脱8个县区的“普六”任务，县域总人口26.88万人，全区已有63个县（市、区）完成了“普六”任务，“普六”县覆盖人口234.97万人，“普六”人口覆盖率达到89.8%。

如期完成了芒康、贡觉、南木林、定结、聂拉木、普兰、札达、噶尔、谢通门9个县的扫盲任务。全区已有49个县完成了基本扫除青壮年文盲任务，脱盲人口覆盖率达到70.8%，全区青壮年文盲下降到22%以下。

〔**思想政治工作**〕　全区各级各类学校坚持社会主义办学方向，在教育教学活动中坚持德育为首，中小学德育工作得到进一步加强。认真贯彻落实《中共中央国务院关于进一步加强和改进未成年人思想道德建设的若干意见》和《中共西藏自治区党委、西藏自治区人民政府关于贯彻〈中共中央国务院关于进一步加强和改进未成年人思想道德建设的若干意见〉的意见》，召开了全区德育工作会议，制定并下发了《西藏自治区教工委、教育厅学习贯彻〈中共中央国务院关于进一步加强和改进未成年人思想道德建设的若干意见〉的意见》，大力推进全区未成年人思想道德建设。制定了《关于深入开展反分裂斗争警示教育的意见》，广泛开展爱国主义教育、民族团结教育和反分裂斗争教育。开展理论研讨，举办学习班。改进德育方法，探索德育和学生思想政治教育新途径，注重德育和思想政治教育实效性。积极在中小学生和教育系统干部职工中开展马克思主义祖国观、民族观、宗教观、文化观和唯物论、无神论学习教育活动。

认真贯彻落实第十二次全国高校党建工作会议精神和《中共中央国务院关于进一步加强和改进大学生思想政治教育的意见》，切实加强高校思想政治工作和高校领导班子建设。组织开展高校思想状况与高校领导班子建设情况专题调研。在深入调研的基础上，起草了《西藏自治区党委、政府关于贯彻〈中共中央国务院关于进一步加强和改进大学生思想政治教育的意见〉的意见》。高度重视“三个代表”重要思想“三进”工作，完成了《“三个代表”重要思想概论》、《马克思主义祖国观、民族观、宗教观、文化观教育》和高中阶段“四观”乡土教材编写、审定与出版工作。积极推进高校领导班子建设和大学生思想政治教育工作。全区高校“低年级有党员，高年级有党支部”的党建工作发展目标基本实现。

〔**内地办学工作**〕　内地办学工作进展顺利，教育合作交流不断扩大。2004年，内地西藏班初中招生1 700人，在校生6 700多人；高中招生1 500人，在校生4 300多人；中师招生 200 人，在校生 800 多人；中专在校生 100 多人；大学招生1 138人，在校生2 600多人。

进一步改革内地西藏班（校）高中招生工作。经教育部同意，从西藏区内生源中招收 20 余名学生到内地重点高中插班学习，150 余名学生到内地西藏班普通高中学习，继续在拉萨中学高中各年级安排 80 名学生作为内地西藏班（校）计划内生源。2004 年开始，从区边境县招收 40 名内地西藏班（校）学生并单独办班。

为加强内地西藏班（校）的德育和思想政治工作，2004 年教育部民族教育司和西藏自治区教育工作委员会在成都举办了首届内地西藏班（校）思想政治和德育工作培训会议，参加培训的有内地西藏班（校）办班省（市）教育主管部门相关负责人、分管学校德育工作的教师等 110 余人。通过培训，使大家对西藏历史文化、风俗习惯等方面的认识有了进一步的提高，更加明确了内地办学的重要意义，增强了工作责任心和使命感。对区内派到内地西藏班（校）的藏语文教师进行了思想政治和德育培训，共 42 名藏语文教师参加培训。系统讲解了马克思主义“四观”、“两论”，参观考察了西藏博物馆，并进行了讨论。通过培训，藏语文教师更加明确了自己肩负的重任。

内地西藏班（校）安全工作得到了进一步加强。根据教育部、西藏自治区教育厅和办班省市教育厅（局）关于做好学校安全工作的要求，在“五一”、“十一”长假之前，教育厅下发了做好内地西藏班（校）安全工作的通知，要求各西藏班（校）进一步加强学校安全工作和卫生防疫工作。

〔**教师队伍建设**〕 2004 年召开了全区师资工作会议，制定并下发了《2004—2007 年全区中小学教师分年度补充计划和增补部分小学教师培养计划》。核定了 2003—2004 学年全区中小学教职工编制。建立了西藏自治区中小学编制报告制度。下达了 2004 年各地（市）教师引进指标，指导监督各地（市）根据教师需求情况高质量地完成了引进计划。从代课教师中招收 420 人到高校师范专业学习。启动腹心地区学校支援农牧区基层学校行动计划，拉萨和山南分别选派了 30 名和 20 名中小学教师到阿里和那曲援教。完成了2 800名中小学新教师的分配工作，87％的新教师充实到阿里、昌都、那曲等偏远、高寒、边境地区工作。

继续实施中学骨干教师“十百千”工程，启动了名校长、名教师和骨干教师的评选和培养工作。积极组织、选派教师和教育行政干部到区内外高校培训、进修，先后选派四批地（市）县教育局长、中小学校长参加了国家教育行政学院、华东师范大学等单位组织的培训。在西藏大学继续教育学院组织了全区小学校长提高性培训班，37 名小学校长参加了培训。组织了两批边境（边远）县 97 名优秀教师到区内外学习参观。

围绕庆祝第 20 个教师节，隆重举办了教师节系列庆祝活动。表彰全国及全区优秀教师、先进教育工作者、模范班主任、师德标兵 379 人，其中 20 人受到了国家表彰，139 人受到了自治区表彰，220 人受到了自治区教工委、教育厅的表彰。

〔**教育投入与支出**〕 2004 年下达预算内全区教育事业费 11.14 亿元。安排教育基建项目 305 个，投入经费 8.29 亿元。积极推进农牧区中小学建设，制定了 2005 年小学规范化建设计划和“普九”县初中基本建设计划，统筹使用国家贫困地区义务教育工程、中小学危房改造工程和地方预算内教育专项资金，努力改善办学条件。在项目安排与资金使用上坚持向“普六”、“普九”县、边境县和农牧区基层学校倾斜，办学条件得到较大改善。安排涉及 44 个县的小学规范化建设项目 235 个，新建小学校舍面积 15 万平方米，解决了近 2 万名小学生的教学用房及生活用房问题。在中央资金没有到位的情况下，政府安排贴息贷款 4.13 亿元，对 53 所初中进行改扩建，新建初中校舍 34.4 万平方米，解决了近 3 万名初中学生的教学及生活用房问题，为“两基”攻坚顺利实施提供了条件保障。

加大教学仪器设备配备工作。2004 年投入资金2 568万元，通过政府采购，完成了 21 所初中、2 所高中理化生实验室成套设备、17 套中学实验仪器、15.4 万册图书、4.5 万套课桌凳、2 万套上下铺学生床和2 500套餐桌凳的配套工作。

进一步调整完善“三包”政策。2004年共下达“三包”经费1.5亿元，全区20.4万名农牧民子女住校生生活条件得到改善。

进一步加强了教育经费的管理监督，建立健全各项规章制度和监督制度，使财务管理和财务监督机制逐步走上正轨。

〔**学校安全工作**〕 切实加强学校卫生、安全、防疫工作，全力维护学校和社会的稳定。召开了学校安全工作电视电话会议，向各地（市）各级各类学校下发了《教育厅关于加强学校卫生防疫做好禽流感防疫工作的紧急通知》、《关于做好学校传染病防治工作的紧急通知》和《关于在学生体育竞赛、艺术活动中加强卫生防疫和安全工作的通知》，并制定预案。配合卫生部门多次深入学校、幼儿园检查、督促落实情况。各级教育行政部门对突发疫情和安全事故，基本做到信息畅通，处理及时，保护了学生，维护了学校稳定。

根据教育部和国家有关部门的统一部署，完成了《中国遏制与防治艾滋病行动计划（2001—2005）》表格填写和上报工作，并举办了全区教育系统防治艾滋病教师培训班。

根据《西藏自治区中小学及幼儿园少年儿童安全管理专项整治行动实施方案》的要求，教育厅与相关部门一起对学校及校园周边道路安全和交通秩序、各类娱乐场所和图书报刊亭、音像软件销售网点、饮食摊点和校园周围建筑工地、城市基本设施等存在的安全隐患进行集中整治，取得了良好效果。

基础教育

〔**综述**〕 2004年经全区各级党委、政府，各族干部群众和教育工作者的不懈努力，基础教育取得了长足发展。为确保基础教育顺利进行，自治区先后制定了《关于建立对县级人民政府教育工作进行督导评估制度的意见》、《西藏自治区义务教育阶段学籍管理办法》、《关于进一步加强我区中小学“控辍保学”工作的意见》和《西藏自治区“两基”攻坚项目土建管理办法》等规章制度，并修订完善了“普六”、“普九”、扫盲评估验收标准。建立了“双线控辍保学工作目标责任制”。一条线是县乡政府、村民委员会、学生家长或监护人逐级签订控辍保学工作目标责任书，另一条线是地县教育行政部门、学校、教师逐级签订控辍保学工作目标责任书，将控辍保学工作任务分解到具体单位和个人，并建立相应的检查和奖惩制度。县长、乡镇长和村民委员会主任是本辖区内的控辍保学工作第一责任人，教育局长、学校校长是教育系统内部控辍保学的第一责任人。在全区全面实施《义务教育入学通知书》、《控辍保学合同书》、《限期复学通知书》和《控辍保学处罚决定书》的控辍保学“四书”制度及控辍保学月报告制度。通过这些措施的实施，有效地控制学生辍学，提高了学生入学率和在校生的巩固率。

全面贯彻落实全区农牧区教育工作会议精神，统筹规划、分类指导，适时召开了全区牧区教育工作现场会，推动牧区教育加快发展。认真组织实施国家贫困地区义务教育工程和农村中小学危房改造工程，整合各种教育资源，调动各方面积极性，加大对农村寄宿制学校建设工程的投入力度。进一步调整普通高中布局，办学规模进一步扩大。学前教育得到进一步重视和发展。截至2004年底，全区小学在校生327 067人，比2003年增加5 007人，小学适龄儿童入学率达到94.7%，比2003年提高了2.9%；初中在校生109 148人，比2003年增加

16 088人，初中毛入学率达到 70.7%，比 2003 年增加 9.6%；高中在校生26 740人，比 2003 年增加4 664人，高中阶段入学率达到 27.5%，比 2003 年提高 5.2 个百分点。

2004 年，全区小学专任教师学历合格率达到93.7%，普通初中专任教师学历合格率达到 94.7%，普通高中专任教师学历合格率达到 78.2%。

采取切实措施推动基础教育新课程改革。根据新课改的要求和全区具体实际，组织人员到内地部分省考察学习，制定并下发了《西藏自治区基础教育课程改革实施方案》等相关政策措施，确定了九年义务教育新课程标准教材版本，加强了新课改师资培训和教育行政管理干部培训工作，参加培训人员达到 850 人，切实做到“不培训，不上岗；先培训，后上岗”。

重视加强教材建设。编写完成了藏语文小学课本第九册、教学参考书第七册等中小学教材，对中小学德育以及传统学科的 21 种教材进行了严格审查。各门课程标准的翻译工作已基本完成，“新课标”教材翻译工作已全面启动。对 300 多种教材进行了质量检查。

〔**现代远程教育**〕 按照“科学规划，分步实施，协调发展”的原则组织实施农牧区中小学现代远程教育工程，组成 4 个调研组深入到七地（市）40 多个县，对教育部李嘉诚基金会西部地区中小学校现代远程教育项目中的 600 个点，进行调研和指导。制定了项目管理办法和评估方案。组织实施了教育部、发展改革委、财政部三部委农村中小学现代远程教育试点示范项目建设，协调、组织远程教育工程试点项目设备的验收、分发以及招标等工作。2004 年共投入资金2 015.4万元，为1 763个教学点配备了教学光盘播放系统，为 303 所乡镇小学配备了卫星接收系统，为 38 所中学配备了计算机网络教室，同时还完成了 100 所乡镇小学教育电视班班通的建设工作。举办了 6 期项目学校教师培训班，培训教师 300 多人。

〔**教育督导**〕 2004 年是全区“两基”攻坚的重要阶段。为加强“普六”、“普九”和扫盲工作的督导验收工作，确保如期实现“两基”攻坚目标任务，制定并实施了义务教育评估验收指标体系等一系列教育督导评估制度，对各地市教育督导工作人员进行了培训。自治区组织 8 个工作组，先后深入到全区七地（市）的 40 个县 311 个乡镇，对 45 所中学、340 所乡镇完小、5 个职教中心和 148 个教学点及部分幼儿园进行督导评估。对 2003 年前已经“普六”、“普九”的县进行了复查。对 2004 年必须完成的“两基”攻坚县，进行了过程督导和评估验收。对已具备验收条件的县，适时组织“两基”验收工作组进行了认真的核查验收，并上报自治区政府和国家“两基”攻坚办予以核准。

职业教育与成人教育

〔**综述**〕 2004 年贯彻全国职业教育会议精神，召开了全区职业教育工作现场会，明确了自治区职业技术教育工作思路。积极促进中等职业学校的建设与规划，落实了投资额为4 800万元的中等职业学校改扩建项目基建计划。全年 9 所中等职业技术学校和 4 所县中学共招收学生5 542人。探索建立高等职业教育新体系，初步形成高等职业技术学院建设方案。基本形成了多种形式、多个入口、多种选择的人才培养模式。

加强了对农牧区职业技术教育的指导培训，完成了区政府1 000万元的职业教育培训专项经费的配套安排工作。实施了农牧民实用技术培训、“燎原科普之冬”科普培训、农民工职业技能培训，培训人数达65 302人次。

重视加强职业技术教育的国际合作，完成了中德职业教育培训项目中期评估工作，并顺利通过德国项目评估团的验收。已落实128万元的项目投资。启动了中德职教师资进修项目，派出6名专业教师赴德国进修。

〔**成人教育**〕 2004年自治区成人招生计划为4 532人。有5 015人报名参加考试，其中少数民族考生3 786人，汉族考生1 229人。经过考试，共录取考生3 103人。其中，少数民族考生2 266人，占录取总人数的73%；女生共录取1 552人，占录取总人数的50%。

高等教育

〔**综述**〕 调整优化高等教育，努力提升高等学校办学实力和水平。按照“巩固、深化、提高、发展”的总体要求，继续完善高校布局结构调整工作，启动高等学校教学质量和教学改革工程，进一步深化教学改革，强化教学管理，提高教学质量。加强了课程体系、教学内容和教学方法的改革，加大高校学科专业结构调整力度，新增本专科专业近30个。积极作好西藏藏医学院2005年全国高校本科教学水平评估的准备工作。

配合国家实施少数民族高层次人才培养计划，深化研究生教育改革。2004年教育部直属8所重点大学在全区招收硕士研究生120人，区内高校招收硕士研究生83人，研究生培养工作得到不断加强。积极落实全国教育援藏工作会议精神，积极主动地做好教育部确定的24所重点大学对口支援工作，顺利完成了各高校第三批与第四批援藏教师的衔接工作。

召开了全区高等教育工作会议和高校后勤改革工作会议。形成了《关于加快高等教育改革与发展的意见》，进一步明确了自治区高等教育发展的目标任务和政策措施。高校后勤改革工作稳步推进，后勤服务基础设施明显改善，在组织领导、建章立制、规范运作等方面得到巩固和加强。

认真做好家庭贫困学生资助工作。2004年安排了200万元扶困助学资金，资助了750名贫困学生，区内高校为750名贫困学生减免了学杂费。制定了《西藏自治区关于高等学校贫困生扶困助学贷款管理办法》。

2004年9月20日，西藏自治区政府、教育部共建西藏大学协议签字仪式在北京举行。西藏大学列入区、部共建高校，这是西藏高等教育改革发展的重要机遇，将有利于西藏大学与教育部直属高校的相互学习和信息交流；有利于加快西藏大学改革和发展步伐；有利于快速提升西藏大学整体办学水平，为自治区实现跨越式发展和全区建设小康社会的历史进程发挥积极的促进作用。西藏大学新校区总体规划已经确定，建设项目业已开工，改扩建工作进展顺利。

〔**招生工作**〕 2004年高校招生工作进展顺利。内地院校在藏招生计划总量比2003年增加近500名。区内高校招生规模由2003年的4 620名增加到9 000名，其中本科计划由2 800名增加到4 200名。2004年全区参加普通高考考生12 407人，首次突破万人大关。全区三所高校共录取新生8 477人，录取率为68.3%。录取硕士研究生83人。全区15 524人参加全国计算机等级考试，1 386人获得等级证书。同等学历申请硕士学位、在职攻读专业硕士学位全国联考以及国家英语等级考试、大学英语四、六级等级考试工作顺利完成。

撰稿　韩晓悟

审稿　宋和平

陕西省教育

概　　况

〔基本情况〕

2004年陕西省各级各类学校校数、教职工、专任教师情况

	学校数（所）	教职工数（人）	专任教师数（人）
一、高等教育			
（一）研究生培养机构（不计校数）	(49)		
1. 普通高校	(22)		
2. 科研机构	(27)		
（二）普通高等学校	62	74 607	37 145
1. 本科院校	30	52 175	26 598
2. 专科院校	32	20 597	9 410
其中：职业技术学院	27	18 012	8 041
3. 其他机构（点）（不计校数）	(17)	1 835	1 137
其中：独立学院	(8)	1 835	1 137
（三）成人高等学校	24	7 021	3 621
（四）民办的其他高等教育机构	35	2 818	1 310
二、中等教育	3 359	219 650	175 301
（一）高中阶段教育	1 077	218 526	60 846
1. 高中	629	185 586	40 811
普通高中	624	185 508	40 745
成人高中	5	78	66
2. 中等职业教育	448	32 940	20 035
普通中专	88	12 713	6 688
成人中专	70	3 722	2 116
职业高中	290	15 850	10 761
技工学校			
其他机构（教学点）（不计校数）	(53)	655	470
（二）初中阶段教育	2 282	1 124	114 455

续表

	学校数（所）	教职工数（人）	专任教师数（人）
1. 普通初中	2 095		113 497
2. 职业初中	8	247	233
3. 成人初中	179	877	725
三、初等教育	30 700	213 910	192 345
（一）普通小学	22 988	204 007	188 062
（二）成人小学	7 712	9 903	4 283
其中：扫盲班	7 176	8 993	3 948
四、工读学校	1	42	27
五、特殊教育	29	658	489
六、学前教育	2 346	23 269	14 299

注：1. 普通高中的教职工数中包含普通初中的教职工数。
2. 技工学校数据为 2003 年数据。
3. “（ ）”内数据均不计校数。

2004 年陕西省各级各类学历教育学生情况

	毕业生数（人）	招生数（人）	在校生数（人）
一、高等教育			
（一）研究生	9 096	19 049	49 464
博　士	1 189	2 772	9 999
硕　士	7 907	16 277	39 465
（二）普通本专科	110 975	195 721	583 926
本　科	67 142	98 752	331 009
专　科	43 833	96 969	252 917
（三）成人本专科	71 617	79 483	146 738
本　科	20 412	27 947	51 500
专　科	51 205	51 536	95 238
（四）其他各类高等学历教育			
1. 在职人员攻读博士、硕士学位		3 785	13 206
2. 网络本专科生		10 065	28 757
本　科		8 371	22 899
专　科		1 694	5 858
3. 学历文凭考试	10 968	24 410	58 626
4. 自学考试			
5. 其他	1 403		1 163
二、中等教育	1 122 072	1 210 818	3 502 653
（一）高中阶段教育	331 715	477 604	1 247 375
1. 高中	220 864	305 475	834 274
普通高中	219 980	305 475	833 275
成人高中	884		999
2. 中等职业教育	110 851	172 129	413 101
普通中专	35 214	42 597	127 584

续表

	毕业生数（人）	招生数（人）	在校生数（人）
成人中专	10 977	9 255	23 790
职业高中	64 660	120 277	261 727
技工学校			
（二）初中阶段教育	790 357	733 214	2 255 278
1. 普通初中	682 679	731 862	2 192 280
2. 职业初中	1 110	1 352	4 280
3. 成人初中	106 568		58 718
三、初等教育	1 003 600	481 638	3 972 368
（一）普通小学	765 673	481 638	3 709 746
（二）成人小学	237 927		262 622
其中：扫盲班	193 139		218 290
四、工读学校	9	2	84
五、特殊教育	985	992	7 344
六、学前教育	281 500	349 691	476 499

注：特殊教育学生数中包括普通中小学随班就读的学生。下同。

2004 年陕西省各级各类非学历教育学生情况

	毕（结）业生数（人）	注册生数（人）
一、高等教育	104 302	114 575
（一）研究生课程进修班	2 683	2 317
（二）自考助学班	15 744	65 619
（三）普通预科生		548
（四）进修及培训	85 875	46 091
其中：资格证书培训	30 680	15 696
岗位证书培训	30 879	15 558
二、中等职业教育	3 212 577	1 889 241
其中：资格证书培训	107 304	72 618
岗位证书培训	381 243	232 210
（一）中等职业学校	1 171 985	126 753
其中：资格证书培训	44 480	31 860
岗位证书培训	54 688	19 342
（二）职业技术培训机构	2 040 592	1 762 488
其中：资格证书培训	62 824	40 758
岗位证书培训	326 555	212 868

2004年陕西省各级民办教育基本情况

	学校数（所）	毕业生数（人）	招生数（人）	在校生数（人）	教职工数（人）	专任教师数（人）
一、高等教育						
（一）普通高等教育		9 102	36 101	73 229	13 891	5 875
1. 普通高校	15	9 102	30 956	68 084	12 056	4 738
本科学生			1 838	2 290		
专科学生		9 102	29 118	65 794		
2. 独立学院	(8)		5 145	5 145	1 835	1 137
（二）成人高校						
（三）民办的其他高等教育机构	35	17 124		50 472	2 818	1 310
二、中等教育机构						
（一）高中阶段教育	197	25 584	51 241	118 187	15 807	10 170
其中：普通高中	110	11 949	26 142	63 549	12 014	8 262
中等职业学校	87	13 635	25 099	54 638	3 793	1 908
（二）初中阶段教育	135	24 333	34 027	95 056		
其中：普通初中	135	24 333	34 027	95 056		
职业初中						
（三）职业技术培训机构	742	220 062		130 241	8 289	4 998
三、普通小学	311	17 771	13 846	114 073	7 434	4 979
四、幼儿园	1 311	44 450	85 442	126 700	9 956	5 948

注："（　）"内数据不计校数。

〔**年度工作方针**〕　2004年全省教育工作的指导思想和总的要求是：以邓小平理论和"三个代表"重要思想统领教育各方面工作，落实省委、省政府提出的教育重点工作目标任务，坚持"巩固、深化、提高、发展"的方针，巩固成果，深化改革，提高质量，持续发展，大力推进以农村教育为重点的基础教育的改革和发展，加大职成教育为县域经济发展服务的力度，积极发展高等教育，进一步促进高等教育与科技、经济的密切结合，加快构建比较完善的适应陕西经济发展与社会进步的现代国民教育体系和终身教育体系，努力办好让人民满意的教育。2004年全省教育的重点工作有6项：(1) 全面改进和加强学校党的建设，为教育改革发展提供思想和政治保证；(2) 切实落实农村教育重中之重的地位，大力推进基础教育的改革和发展；(3) 进一步深化职业教育与成人教育改革，积极为发展县域经济和建设学习型社会服务；(4) 加强高水平大学建设，促进高等教育规模、结构、质量、效益协调发展；(5) 深化改革，扩大开放，推进教育事业全面协调可持续发展；(6) 积极推动依法治教，不断提高依法行政和教育工作管理水平。

〔**资金管理**〕　2004年陕西全面落实全省农村教育工作会议各项教育经费投入政策：一是进行各

级各类教育专款的专项财务大检查，确保各项基础教育专款及时足额到位。二是完善基础教育专款的管理办法，建立教育专款规范、顺畅的运行机制。三是继续落实中央、省级农村税费改革转移支付资金的50%以上要用于教育，其中40%主要用于弥补公用经费不足和中小学危房改造。四是监督县级政府增加对义务教育的投入，将农村义务教育经费全额预算，改变一些县中小学公用经费“零预算”的现象。五是确保农村中小学教职工工资按时足额发放，继续实行和进一步完善教师工资月报制度。六是确保农村中小学公用经费，制定下发了《关于切实做好农村中小学公用经费落实工作的通知》，全面落实《陕西省农村中小学公用经费实施定额》。七是进一步扩大免费发放教科书的范围，修订、下发了《陕西省对农村义务教育阶段家庭经济困难学生免费提供教科书工作试行办法》，对全省国贫、省贫县的家庭经济困难的农村义务教育阶段中小学生和特殊教育学校学生免费发放了经济实用性教科书。八是争取省级财政每年安排2 000万元专项资金，并要求市县政府采取相应措施，合力解决对贫困地区学生实行“两免一补”的问题。九是面对“中小学危房改造工程”17.76亿元的资金缺口，有关部门共同研究提出解决方案，向省政府提出《关于我省中小学危房改造工程省级配套资金有关问题的请示》，积极建立农村中小学基本建设和危房改造经费投入保障的长效机制。十是建立教育经费统计监测体系，以统计公告的形式，统计监测标志教育经费财政投入水平重要指标。

〔**社会力量办学**〕 2004年，陕西民办教育持续、稳定发展。各级各类民办学校达到3 960所，在校生96.4万人，其中民办高等学校51所，在校生22.1万人。西安翻译职业学院、外事职业学院、欧亚职业学院、西京职业学院4所民办高职院校升格为本科院校通过了教育部专家组的初审。《陕西省民办教育促进条例》已经省人大通过，民办教育的法制建设、管理制度建设进一步完善。为了更好地贯彻《民办教育促进法》，召开了全省民办教育工作座谈会，举办了《民办教育促进法实施条例》学习班。举办“陕西民办高校发展论坛”，加快民办高校的改革创新。对全省民办学前教育、初等教育、中等教育进行了深入调研，摸清其发展现状，并形成《陕西民办初等、中等教育调研报告》。

基础教育

〔**“两基”攻坚**〕 全省榆林、延安、汉中、商洛、安康5市的21个县“两基”攻坚，取得显著成绩。截至年底，列入建设计划的135所项目学校，已有121所项目学校开工建设，开工面积20.91万平方米，占计划的80.3%，其中有101所项目学校已经竣工，竣工面积18.81万平方米。省、市、县三级都成立“两基”攻坚工作领导小组。省政府决定投入5 000万元用于“两基”攻坚，实施农村寄宿制学校建设工程；同时要求榆林、延安两市和汉中、安康、商洛三市分别按中央专项资金的15%和10%设立专项资金，做好配套设施建设。开展了专项调查研究，制订了切实可行的“两基”攻坚和寄宿制学校建设工程规划。深入部分攻坚县开展重点调研，确保规划编制工作有的放矢。省与市，市与县，层层签订了“农村寄宿制学校建设工程”项目责任书；市、县还纷纷结合实际，出台相关优惠政策。2004年，延川、柞水、汉阴、延长、宜川等5个县的“两基”工作通过省级评估验收。至此，陕西“两基”达标县已累计达到97个，人口覆盖率达到93.5%。

〔**思想道德建设**〕（1）根据《中共中央国务院关于进一步加强和改进未成年人思想道德建设的若干意见》和省委省政府《实施意见》、教育部《实施意见》，各地各校制定了具体方案。（2）围绕“弘扬延安精神，加强中小学生思想道德建设”这一主题，在全省中小学开展了“讲传统、讲诚信、讲守则，开展道德实践和创新实践”的“三讲两实践”系列教育活动。（3）召开全省中小学德育工作会，就进一步贯彻落实《意见》精神，做好当前和今后一个时期全省中小学生思想道德建设工作进行了全面安排部署。对全省63个德育工作先进单位、200名先进德育工作者进行了表彰。会前出台了《省委教育工委、省教育厅关于进一步加强和改进中小学生思想道德建设的实施意见》，成立了陕西省教育学会德育研究会。（4）以弘扬和培育延安精神为主题，开展了“民族精神月”活动。（5）对校外场所建设进行了检查验收，并完成了2004年度青少年校外场所建设的申报工作，全省已建成青少年校外活动场所21个，在建有18个。

〔**普通高中教育**〕 修订了《陕西省重点普通中学评估（复查）标准》，下发了《陕西省重点普通高中评估管理办法（试行）》，进一步规范了普通高中的管理。组织力量深入高中学校加强创建重点高中工作的过程指导。2004年共创建验收重点中学20所，全省省级重点中学达到98所。复查重点中学20所。

〔**课程改革**〕（1）启动了38个县区义务教育阶段的课改实验县工作，全省进入课改的县区达到99个，小学、初中起始年级进入新课程和学生数达到同年级学生数的90%以上。（2）完成了新实验区的通识培训和各学科新课标的培训工作。（3）对课改中的一些突出问题，组织骨干力量进行专题研究，制定加强课改管理工作的系列政策措施，加强督导检查。（4）做好地方课程规划和5种地方教材编写工作，已有6套国家级义务教育实验教材通过部审，并列入教育部实验教材目录；高中艺术教材通过部审，已在西北工业大学附属中学等10多所学校投入试用。（5）启动了高中课改准备工作。

〔**减轻中小学生课业负担**〕 一是对学生教辅材料目录进行了认真清理，取消了《推荐目录》，将部分质量有保证、经过省中小学教材审定委员会审定通过的教辅材料，在《陕西日报》上予以公告，并明确规定仅供广大学生及家长自愿选购，不允许学校统一为学生征订；二是切实加强对征订发行工作的监管，较好地遏制了一些基层书店搭售教辅材料的违规行为；三是加强教辅用书检查，6月中旬和9月中下旬，在全省各地自查的基础上，教育厅组成6个检查组，抽查了全省11个市（区）的46个县300多所中小学校的学生教辅使用情况，对检查中发现的重大问题，及时提出批评，要求认真纠正。

〔**流动儿童少年就学工作**〕 陕西流动人口总计约300万人，83%来自农村。为了确保这些家庭的适龄儿童、少年能够接受义务教育，省政府办公厅和教育厅先后下发了《关于进一步做好进城务工就业农民子女义务教育工作的意见》、《关于进一步做好贫困家庭和流动人口子女教育工作的通知》，敦促各地切实落实各项政策措施。各市成立了由教育、劳动、公安、计划、财政等相关部门组成的流动儿童少年就学工作领导小组，制定了政策措施。到年底，全省已解决19.8万名流动人口子女接受义务教育的问题，其中小学14.1万人，初中5.7万人，占流动人口子女总数的96%以上。

〔**教育督导**〕 一是对太白、户县、岐山等10个县（区）政府教育工作进行了督导评估试点工作。二是为“两基”达标县延川、柞水、汉阴、延长、宜川等县划拨教育经费1 864.63万元。三是对丹凤、太白、户县等7个县（区）的“两基”工作进行了评估复查。四是对西乡县北后街小学等10所中小学创建省级实施素质教育优秀学校进行了评估认定。

〔**中小学现代远程教育**〕（1）2004年7月，陕西省召开了农村中小学现代远程教育试点工作现场会，省教育厅、发改委、财政厅与各项目市政府签订了《目标责任书》。（2）试点示范项目争取国家资金4 272万元，覆盖全省68个县的5 899所中小学。已全面完成设备的安装调试及骨干人员的培训工作，接受并通过了教育部、财政部、发改委的验收，得到较高评价。试点工作项目争取到国家投入9 299.3万元，省、市、县配套4 649.7万，覆盖29个县。该项目的设备安装已基本完成，进行了省级验收，并申报国家验收。(3) 为提高项目的综合效益，在蒲城等5县区开展了农村中小学现代远程教育应用模式课题研究。(4) 加强学校信息技术课的教学及学生的信息技术技能训练。在全国第二届中小学生信息技术创新与实践活动决赛上，陕西代表队获一等奖10个，团体总分第3名。

〔**幼儿教育**〕 (1) 继续加强幼儿园建设，积极指导开展教学改革工作。(2) 成功承办了全国幼儿园管理21世纪园长高级论坛，来自全国各省市的130多名代表就新形势下园长角色和幼儿园管理进行了深入讨论。(3) 召开全省农村幼儿教育工作现场会，推广了三原县推动农村全面普及学前三年教育，淳化县加强国际合作，利用项目管理，在农村因地制宜地开展家庭式教育等经验。(4) 进一步与国际计划组织合作，开展幼儿园信息化建设和信息技术教育实验项目的实施工作。(5) 神木县幼儿园、中国飞行试验研究院幼儿园、勉县城关幼儿园、大荔县幼儿园等13所幼儿园通过省级示范幼儿园验收。省级示范幼儿园达到99所。

〔**特殊教育**〕 一是继续抓好特教学校建设、特教师资培训；二是和北京视障教育研究中心合作，争取到美国商务部和波音公司的特殊教育资助款10万美元支持，在咸阳市6个县启动了视障儿童少年随班就读项目，2004年秋季，已有107名视障儿童少年进入普通中小学学习；三是教育部启动了随班就读工作支持保障体系实验县（区）项目，拨付专款45万元，在府谷县、平利县、西安市莲湖区组织开展了实验工作，通过建立国家、省、市（县）三级管理网络和研究网络，三个县区的随班就读工作在原有基础上有了不同程度的发展，义务教育阶段三类残疾儿童少年入学率都达到90%以上。

职业教育与成人教育

〔**“一网两工程”实施工作**〕 继续实施“一网两工程”：(1) 新启动21个县，进一步扩大职业教育为县域经济服务试点范围。(2) 制订出台了《陕西省教育厅关于职成教育促进县域经济发展工作实施意见》，并经省政府办公厅批转各地贯彻执行。(3) 印发了《陕西省职业教育促进县域经济发展和劳动力转移培训工作评估指标体系》。(4) 组织开展了“三学”（学文化、学科学、学技能）专题培训活动，全省教育系统共培训学员25.4万人。(5) 搭建服务平台，建立“陕西省职业教育就业服务中心”、“陕西省职业教育法律咨询服务中心”和“陕西省职业教育就业信息网”，该信息网站免费向各职业学校和培训机构发布信息。(6) 组织编写了《农民进城务工实用手册》，并免费发送各县、校，供培训学习用。(7) 强化督导检查。省委教育工委、教育厅领导先后多次深入安康、渭南、咸阳、宝鸡、延安检查指导职业教育促进县域经济发展工作。据不完全统计，全省全年职教战线共引进致富项目104个，完成实用技术培训103.5万人次，劳动力转移培训95.6万人次，培训致富带头人5 011人、农村经纪人585人。

〔**技能人才培养培训**〕 积极推进教育部等六部门实施的“制造业和现代服务业技能型紧缺人才培

养培训计划”，确定了以国家确定的数控技术应用等4大专业领域为重点，在机电技术应用等14大专业领域实施“陕西省技能型紧缺人才培养培训计划”，出台了《陕西省教育厅关于职业院校实施制造业和现代服务业技能型紧缺人才培养培训计划的意见》，制订了《陕西省职业院校实施制造业和现代服务业技能型紧缺人才培养培训计划实施方案》。共举办4期紧缺人才师资培训班，举办3次纺织、电子、航空技能大赛，启动了国家级和省级制造业和现代服务业技能型紧缺人才培养培训计划示范基地建设项目，成立了陕西省职业院校制造业和现代服务业技能型紧缺人才培养培训工程教学指导委员会。全省全年共有34所高、中等职业学校被教育部确定为实施“制造业和现代服务业技能型紧缺人才培养培训计划”的基地。

〔**中等职业教育招生**〕 省教育厅把大力推进农村职业教育与成人教育的发展作为工作重点，坚持实行中等职业学校春秋两季招生和农村职业学校常年招生的办法，确保招生规模有较大增长。4月，在陕西省与东部8省（市）中等职业学校联合招生合作办学洽谈会上，146所学校（陕西79所，东部67所）签订了联合招生合作办学协议，招生5012人，是2003年招生数的2.78倍。2004年，全省各类中等职业学校招生22.91万人，比2003年增长13%。

〔**就业工作**〕 近三年来，陕西职业学校的毕业生就业率一直稳定在85%以上，农村职业学校的平均就业率达到95%以上。(1) 市、县劳动、人事、教育等部门与学校高度重视，全省驻外办事处积极提供市场需求信息，为学员牵线搭桥。(2) 成立了陕西职业教育毕业生就业服务指导中心，建立了相关的网站，并在北京、江苏、天津等东部发达地区建立了相对稳定的就业工作站，积极为毕业生就业提供服务。(3) 各地、各学校建立毕业生就业服务机构，加强对毕业生的就业指导。(4) 学校按照“苦练内功、灵活办学、调整专业、注重能力”的思路，努力搞好教育教学工作，同时，积极组织人员赴东部地区实地考察，与一些用人单位建起了良好的合作关系。

〔**骨干体系建设**〕 2004年建成省级骨干专业25个，撤并了31个专业，新增设了26个紧缺专业，5个专业被认定为国家级示范专业；全省新建成县级职教中心5个，使陕西县级职教中心总数已达75个。经省政府批准，有9所学校被确定为省级重点中等职业学校，对15所创建国家级重点的中等职业学校进行了评估，并上报教育部；新认定20个省级重点专业，80个省级示范乡镇农民文化技术学校，37个省级职教兴农示范校；有3所学校被认定为国家级骨干示范学校。到2004年，全省共建成国家级重点中等职业学校32所，省级重点中等职业学校26所；建成各类实验实习基地50个，生产示范基地30个。

高等教育

〔**高校思想政治工作**〕 (1) 深入学习“三个代表”重要思想，继续推进理论武装的工作；(2) 以贯彻落实中央16号文件为主线，大力加强大学生思想政治教育，并通过对陕西高校思想政治工作的调研，理清了高校思想政治工作新思路；(3) 在高校开展“道德建设年”活动，教育活动有延安精神进校园、进课堂、进学生头脑，民族精神教育月，延安精神教育征文，“三讲两实践”等，在全国产生了广泛影响；(4) 省委、省政府制定下发了《关于贯彻落实中央〈意见〉的实施意见》；(5) 专题召开全省高校大学生思想政治教育工作会议，以大力加强思想政治工作队伍建设为突破口，重点抓好辅导员队伍建设；(6) 在全省 52 所高校建立了思想政治教育校园网，44 所高校建立了心理健康教育咨询机构，使高校精神文明程度得到新的提升。

〔**独立学院建设**〕 2004 年 6 月，教育部批准陕西省成立西安交通大学城市学院、西北大学现代学院等 8 所独立学院。8 所独立学院的成立，为陕西新增高等教育资源 10 亿元以上。同时，独立学院利用新批准成立的机会，置换原来较小的校区，收回资金投入新校区建设，有效整合了现有教育资源，解决了部分学校多校区办学、管理成本增加的问题。

〔**优化高教资源配置**〕 2004 年，陕西新审批设立了 14 所高等职业技术学院。经省政府同意，陕西还就安康、商洛 2 所师范专科院校升为本科院校，西安工程学院等 4 所本科院校更名为大学，4 所民办高职院校升格为本科院校向教育部进行了申报。

〔**高等学校招生**〕 在确定 2004 年招生规模时，陕西继续坚持高等教育规模发展与基本办学条件、经费投入、毕业生就业状况等各项改革相结合，与经济社会发展相适应的原则，以确保规模、结构、质量、效益协调发展。2004 年全国普通高校本专科按 8%的增长率安排计划，陕西普通高校计划招收本、专科学生 22.7 万人，比上年增长 26%（其中，本科生 10 万人，比上年增长 8.9%；地方高校 19 万人，比上年增长 31%；地方高校本科生 7.3 万人，比上年增长 21%，比全国平均增长水平高 12%）。2004 年国家研究生计划按比上年增长 20%以内控制，陕西研究生计划招生 1.9 万人，比上年增长 19%，增幅与全国基本持平（其中地方院校 0.58 万人，比上年增长 29%，增幅高于全国平均水平 10%）。成人高校计划招生 10 万人，其中地方院校招生 7.6 万人，与上年持平。据陕西省考试中心统计数字，实际完成情况是：博士研究生录取3 158人，比上年增加2 938人；硕士研究生录取17 838人，比上年增加3 313人；普通高校录取165 067人（不含单独招生14 999人），本科录取82 015人，专科（高职）录取83 052人。成人高校录取新生44 380人。

〔**高校基本建设**〕 高校新校区建设进展顺利，全省共申报建设项目 60 余个，项目建设面积 299 万平方米，其中竣工面积 141.5 万平方米，建成教学设施 87.5 万多平方米，学生公寓 57.9 万多平方米，餐饮食堂 8.1 万多平方米，完成基本建设投资 41 亿元左右。在建设项目总数中民办院校完成建设竣工面积 12.2 万多平方米，建成教学设施 5.8 万多平方米，学生公寓 3.9 万多平方米，餐饮食堂 0.8 万平方米。陕西中医学院、宝鸡文理学院、西安工程科技学院、西安培华学院等高校都建成了新校区并投入使用。

〔**教学管理体制改革与学制改革**〕 在调查研究的基础上，选择在西安理工大学、陕西工业职业技术学院推行完全学分制试点。选择了 14 所高职院校的 34 个专业进行 2 年制改革试点，并组织试点院校召开了 2 年制改革工作研讨会，讨论了学制改革中的深层次问题，明确了解决方案。采用“3＋2”模式，平稳完成师范教育三级向二级过渡。为推进中等师范学校这一过渡，4 次召开中师校长会议，就中师改制、转段考试及招生等问题进行认真研讨和安排，较好地解决了中师挂靠和招生问题。首届5 251名中师学生顺利参加五年制大专的转段考试，保证了师范学校的平稳过渡。

〔**推动校企“两个结合”**〕 为促进教育、科技与经济建设紧密结合，提高教育、科技对经济增长的贡献，实现建设西部经济强省的战略目标，陕西积极推动高等学校与科研院（所）的结合，高等学校、科研院（所）与企业、开发区的结合（简称“两个结合”）。2004 年，高校与科研院（所）共签订合作协议 60 余项，与科研院（所）合作承担科学研究项目120余项，合作经费近亿元。高校与企业的合作范围进一步扩大，合作经费达到3亿多元。省教育厅投入近300万元科研专项经费，用作高校与企业结合的科技项目前期研究资助经费。10多所高校与近百家企业在共建科技创新平台、科技项目攻关、科技人才培养方面进行了广泛合作。提升了企业产品的科技含量和竞争力，实现了人力资源互补。

〔**高校科技工作**〕 2004年，陕西继续保持高校科技工作良好发展态势。主动争取纵、横科技项目和经费投入。新增国家“973”、“863”、“自然科学基金”及省级科技项目等2500余项，企事业学位委托科技开发项目1800余项，签订各类技术开发合同1900余项。据统计，高校承担的各类科研项目，为陕西省引进科技投入资金18亿元左右，其中科技成果转化和合作开发项目经费比上年增加了3亿多元，高校科技工作已成为陕西经济发展和科技强省的助推器。在积极争取科研项目的同时，高校申请发明专利235项（已授权153项），获得实用新型专利授权108项，出版各类科技著作563部，发表各类学术论文10 739篇，其中被三大“检索”(SCI、EI、ISTP)收录242篇。

〔**助学贷款**〕 2004年，为保证高校贫困家庭学生顺利完成学业，陕西构建了以国家助学贷款为主体的贫困生助学体系。2004年是国家助学贷款新机制运行的启动年，42所省属普通高校开展国家助学贷款，6万多名学生申请贷款，贷款金额约3.4亿元人民币。同时，陕西实施“西部开发助学工程”，顺利完成了2004年“西部助学工程”120名贫困大学生招生入学问题；为督促高校切实贯彻落实“奖、贷、助、补、减”和绿色通道等资助政策，筹措专项资金1 000万元开展扶困助学工作，安排国家奖学金500万元，并落实了2004年省属高校助学贷款的政府贴息和风险抵押金；重新修订了高等学校学生人民助学金和物价补贴制度，完善了资助经济困难学生基金管理办法。

〔**研究生培养和高层次学科带头人的选拔**〕 进一步加强研究生创新意识、创新能力以及综合素质的培养，做好优秀博士学位论文的遴选和推荐，是2004年陕西高教的一项重点工作。全省累计出版各类科技著作563部，发表各类学术论文10 739篇，被三大检索收录242篇；近几年有32篇博士学位论文被评为全国优秀博士学位论文，位居全国第四位；组织编写出版了国内第一套“21世纪研究生英语系列教程”，共10本，教程编写水平和质量受到专家和研究生的高度评价。同时组织了“研究生精品大课堂”和“三名”（名导师、名教材、名课程）项目，计划用五年时间评出研究生教育名导师100名，名教材100部，名课程100门。

认真进行了两院院士的遴选、申报工作，2004年1月5日，高校有5位专家当选中国工程院院士，至此陕西工程院院士占到全国工程院院士当选总数的8.6%。同时，对高校27位两院院士的生活、工作条件等情况进行了调研，对新当选院士的奖励政策进行了落实，专家们倍感欣慰。“三五人才”的培养考核工作也取得明显成效。陕西省高校现有“三五人才”325人，其中第一层次37人，第二层次288人。“三五人才”第一层次人选中已经产生了三名院士。

〔**毕业生就业**〕 2004年，陕西高校毕业生人数又有大幅度增加，按照省教育厅学生处2003年11月份统计，共有毕业生124 910人，比上年增加39 112人，增幅达45.59%。其中研究生9 512人，比上年增加1 782人，增幅达23.05%；本科生68 092人，比上年增加16 235人，增幅达31.31%；高职高专生47 306人，比上年增加21 095人，增幅达80.48%。毕业生人数的大幅度增加给毕业生就业相应地增加较大压力，为此，陕西为提高就业率采取了许多措施：(1) 4月21日就召开了高校毕业生就业工作电视电话会议，陈德铭副省长讲话，对毕业生就业工作提出了明确要求；(2) 年初就提出了“关于做好2004年陕西普通高校毕业生就业工作的意见”，保证了就业工作政策到位；(3) 对毕业生进行全方位的就业教育和指导，转变毕业生就业观念，鼓励毕业生下基层和服务陕南、陕北等偏远贫困地区；(4) 进行了就业工作评估，促进了就业工作管理水平的提高；（5）向社会公布各校毕业生就业率，从而引起各高校的高度重视；（6）继续完善我省毕业生就业信息网，利用网络开展网上招聘和信息交流；（7）先后组织毕业生就业供需洽谈会19次。截至9月1日，陕西高校毕业生整体就业率为83.40％，比上年同期提高0.42个百分点，其中研究生就业率为96.36％，本科生就业率为90.36％，高职高专生就业率为70.77％。总共约有10％左右的毕业生选择到非国有制单位就业，60.59％毕业生积极响应国家号召，主动选择到基层、到西部、到艰苦地方去建功立业。

〔**优质教育资源建设**〕（1）新评出100门省级精品课程，向教育部推荐了31门参加国家级评审，其中高等数学、热传学等22门被评为国家级精品课程。（2）认真安排部署了2005年度优秀教学成果奖的评审工作，完成省级教学成果奖的评审和国家级教学成果奖的推荐。（3）组织专家对已设立的高职高专试点专业的建设情况进行了中期检查，评选出22个高职高专优秀教改试点专业。同时，在原无试点专业的学校新增了少量试点专业，以促进相关学校的教学改革和建设。（4）为了更好地发挥精品课程的作用，陕西在部分学校部分专业继续实行跨校选课和跨校辅修专业，并组织相关学校进行了利用网络实施优质教育资源共享的工作研讨。（5）新评出计算机科学与技术、微电子学等30门省级名牌专业。评审中对陕南陕北和省属院校进行了必要的倾斜，评审结果的分布也更趋合理，陕南地区高校实现了精品课程零的突破。

撰稿　魏天纬

审稿　张雄强

甘肃省教育

概　况

〔基本情况〕

2004年甘肃省各级各类学校校数、教职工、专任教师情况

	学校数（所）	教职工数（人）	专任教师数（人）
一、高等教育			
（一）研究生培养机构（不计校数）	(17)		
1. 普通高校	(9)		
2. 科研机构	(8)		
（二）普通高等学校	31	24 544	13 727
1. 本科院校	13	17 220	9 028
2. 专科院校	18	5 839	3 693
其中：职业技术学院	11	3 284	1 992
3. 其他机构（点）（不计校数）	(6)	1 485	1 006
其中：独立学院	(5)	1 362	915
（三）成人高等学校	12	1 675	1 099
（四）民办的其他高等教育机构	32	542	289
二、中等教育	2 398	124 680	105 207
（一）高中阶段教育	772	124 477	37 536
1. 高中	474	105 364	25 472
普通高中	470	105 341	25 458
成人高中	4	23	14
2. 中等职业教育	298	19 113	12 064
普通中专	118	11 988	7 204
成人中专	55	2 172	1 126
职业高中	125	4 300	3 354
技工学校			
其他机构（教学点）（不计校数）	(27)	653	380
（二）初中阶段教育	1 626	203	67 671

续表

	学校数（所）	教职工数（人）	专任教师数（人）
1. 普通初中	1 584		67 566
2. 职业初中	3	71	68
3. 成人初中	39	132	37
三、初等教育	23 520	168 159	137 209
（一）普通小学	15 347	133 383	128 725
（二）成人小学	8 173	34 776	8 484
其中：扫盲班	6 872	31 595	7 766
四、工读学校			
五、特殊教育	14	410	296
六、学前教育	2 377	15 046	9 933

注：1. 普通高中的教职工数中包含普通初中的教职工数。
2. 技工学校数据为2003年数据。
3. “（ ）”内数据均不计校数。

2004年甘肃省各级各类学历教育学生情况

	毕业生数（人）	招生数（人）	在校生数（人）
一、高等教育			
（一）研究生	1 965	5 073	11 495
博士	290	683	1 986
硕士	1 675	4 390	9 509
（二）普通本专科	39 390	64 231	200 282
本科	17 412	33 512	118 955
专科	21 978	30 719	81 327
（三）成人本专科	31 296	41 309	71 775
本科	8 605	13 822	21 771
专科	22 691	27 487	50 004
（四）其他各类高等学历教育			
1. 在职人员攻读博士、硕士学位		1 246	3 405
2. 网络本专科生	352	1 819	12 787
本科	352	1 810	12 256
专科		9	531
3. 学历文凭考试	992	711	2 131
4. 自学考试			
5. 其他	838		3 627
二、中等教育	557 398	721 931	2 021 562
（一）高中阶段教育	158 376	250 838	674 791
1. 高中	109 088	186 561	499 669
普通高中	109 055	186 561	499 609
成人高中	33		60
2. 中等职业教育	49 288	64 277	175 122
普通中专	32 831	44 000	127 809

续表

	毕业生数（人）	招生数（人）	在校生数（人）
成人中专	5 515	2 533	7 865
职业高中	10 942	17 744	39 448
技工学校			
（二）初中阶段教育	399 022	471 093	1 346 771
1. 普通初中	397 336	471 039	1 344 797
2. 职业初中	1 176	54	1 204
3. 成人初中	510		770
三、初等教育	1 006 445	508 787	3 749 874
（一）普通小学	488 842	508 787	3 155 535
（二）成人小学	517 603		594 339
其中：扫盲班	423 498		496 937
四、工读学校			
五、特殊教育	612	979	7 732
六、学前教育	190 376	242 534	350 749

注：特殊教育学生数中包括普通中小学随班就读的学生。下同。

2004年甘肃省各级各类非学历教育学生情况

	毕（结）业生数（人）	注册生数（人）
一、高等教育	77 780	27 027
（一）研究生课程进修班	2 494	1 579
（二）自考助学班	7 150	11 369
（三）普通预科生		1 426
（四）进修及培训	68 136	12 653
其中：资格证书培训	10 537	1 639
岗位证书培训	13 296	907
二、中等职业教育	1 565 206	1 338 838
其中：资格证书培训	153 860	145 786
岗位证书培训	134 031	62 573
（一）中等职业学校	155 577	86 369
其中：资格证书培训	31 498	20 513
岗位证书培训	39 446	13 701
（二）职业技术培训机构	1 409 629	1 252 469
其中：资格证书培训	122 362	125 273
岗位证书培训	94 585	48 872

2004 年甘肃省各级民办教育基本情况

	学校数（所）	毕业生数（人）	招生数（人）	在校生数（人）	教职工数（人）	专任教师数（人）
一、高等教育						
（一）普通高等教育		1 572	6 574	16 271	1 595	1 076
1. 普通高校	1	160	908	2 532	233	161
本科学生				354		
专科学生		160	908	2 178		
2. 独立学院	（5）	1 412	5 666	13 739	1 362	915
（二）成人高校						
（三）民办的其他高等教育机构	32	15 531		7 635	542	289
二、中等教育机构						
（一）高中阶段教育	63	3 806	10 328	24 993	2 411	1 648
其中：普通高中	57	3 325	9 267	22 830	1 970	1 373
中等职业学校	6	481	1 061	2 163	441	275
（二）初中阶段教育	9	1 698	2 352	6 928		
其中：普通初中	9	1 698	2 352	6 928		
职业初中						
（三）职业技术培训机构	1 132	104 144		123 593	3 719	2 854
三、普通小学	23	711	866	5 958	569	379
四、幼儿园	681	188 49	35 522	57 415	3 799	2 239

注：“（ ）”内数据不计校数。

〔**教育投入与支出**〕 2004 年，全省地方教育经费总支出达到 92.08 亿元，地方财政性教育经费达到 65.64 亿元；分别比上年增长 14.13%，13.68%。省属普通高等学校的财政预算经费达到 6.68 亿元。地方财政性教育经费占国内生产总值的比例达 4.26%，达到了《中国教育改革与发展纲要》提出的目标，较好地支撑了全省各级各类教育的发展。

〔**教育项目建设**〕 2004 年，“西部地区农村寄宿制学校建设工程”正式启动实施，国家 2004 年至 2007 年安排甘肃省工程专项 8 亿元；2004 年国家安排甘肃省工程专项 2.5 亿元，部分项目已经启动。列入国家一期中小学危房改造工程的 306 所项目学校，301 所已竣工交付使用；二期“义教工程”2001 年至 2004 年的各项工程任务超额完成，项目实施期间，共改扩建学校 381 所，完成土建面积 51 万平方米，培训校长、教师 17 988人，配备课桌椅 13.9 万单人套，配备信息技术教育设备2 403套，资助贫困学生77 353人。中欧甘肃基础教育项目为全省 35 个项目县建立了 688 个教师学习资源中心，为中小学配备课外读物 712 套，培训教育管理人员、中小学校长、教师 1.74 万名。中英甘肃基础教育项目建设任务基本完成，共建设校舍2 356.77平方米，配置课桌凳6 530套、配发中小学图书21.5万册、仪器设备1 582套，配发各类体育器材2.23万件，培训教师3 000多人。教育部安排甘肃省第十八批邵逸夫赠款1 380万元，大部分项目学校已建成交付使用。王永庆先生援款1 200万元建设的30所小学已完成主体建设和各项配套设施建设。筹措经费1.2亿元，设立并实施已“普九”贫困县农村初中学校建设项目。普通高中建设项目全面展开，17所项目学校已完成了计划建设任务。深圳—甘肃助学基金今年共产生利息400万元，已资助中小学贫困生1万多人，大学生1 200人。世界银行贷款、英国政府赠款西部地区基础教育发展等项目也顺利推进。

〔**农村教育**〕 为了贯彻落实全国农村教育工作会议精神，省政府组织召开了全省农村教育工作会议，制定出台了《甘肃人民政府贯彻〈国务院关于进一步加强农村教育工作的决定〉的实施意见》，从“两基”攻坚、农村教育综合改革、现代远程教育、农村中小学人事制度改革、义务教育管理体制和经费保障机制等方面提出了全省农村教育发展的总体目标和深化改革、促进农村教育发展的一系列政策措施。各地认真落实全省农村教育工作会议精神，研究制定了符合本地区实际的贯彻意见，积极探索农村教育发展的新思路、新措施，农村教育进一步加强。

〔**依法治教**〕 启动了《甘肃省实施〈民办教育促进法〉办法》、《甘肃省实施〈国家通用语言文字法〉办法》的调研、起草工作，完成了《甘肃省实施〈职业教育法〉办法》的上报工作。加大法制宣传教育力度，对新颁布的《行政许可法》和《民办教育促进法实施条例》进行了深入学习和研讨，并对教育行政部门和相关学校的负责人进行了专门培训，干部职工法制意识增强。大力推进依法治校工作，积极开展依法治校示范校创建活动。深化行政审批制度改革，对教育法规文件和行政审批项目进行了全面清理，先后分4批共取消教育行政审批项目43项，行政行为得以有效规范。

〔**治理教育乱收费**〕 继续加大教育乱收费整治工作力度。2004年，共查处义务教育阶段学校乱收费问题65个，涉及金额45.72万元；查处违反公办高中择校生“三限”政策问题5个，涉及金额7.86万元；查处高等学校乱收费问题3个，涉及金额77.48万元；查处截留、挪用、挤占、平调教育经费问题4个，涉及金额5.4万元；制止强行征订教辅材料和降低教材价格，减轻学生经济负担374.44万元；向学生退还各种乱收费总金额115.81万元；35人受到了党纪政纪处分和组织处理。通过强有力的整治，教育乱收费现象得以遏制，收费行为进一步规范。认真查处招生考试中的典型案件，并进行了严肃处理。共查出普通高校招生考试、成人考试和自学考试违纪考生1404人，根据情节轻重给予了不同程度的处理。

〔**教育审计**〕 不断加强教育系统预算内外收支、高校预算执行、直属单位财务收支、学校资产合并、基建工程、干部离任等方面的监督管理和审计工作。2004年共完成审计项目14项，审计总金额6.26亿元，查出违纪违规资金495万元。制定下发了《省级教育事业单位国有资产管理实施办法》，对全省教育系统国有资产管理工作提出了规范性要求。

〔**民族教育**〕 2004年初，省政府召开了全省民族教育工作会议，印发了《关于加快发展民族教育的意见》，设立了民族教育专项经费，民族教育上升到一个新的水平。天祝县、永靖县实现“两基”后，全省民族地区实现“两基”的县累计达到6个，人口覆盖率达到22.16%。天祝藏族自治县“两基”目标的实现，是甘肃省藏族聚居区域整县实现“两基”零的突破，标志着甘肃省藏区基础教育由“普初”迈向了“普九”的新阶段。继续加大少数民族人才培养力度，内蒙古、新疆自治区和青海省为甘肃省培养了用少数民族语文授课的本科生和高中理科教师20名。落实了天津师范大学为甘肃省18个干旱贫困县和少数民族县定向培养本科生 36 名的招生任务。完成了中央民族大学附属中学、西北师范大学附属中学和省属七所重点中学高中民族班的招生工作，共招生 200 名。

〔**教育信息化建设**〕 以教育信息化建设为载体，促进优质教育资源共享。截至 2004 年底，全省中小学校共有计算机 13.43 万台，高中、初中和小学的生机比分别为 11.35∶1、39.7∶1 和 55.93∶1；共有信息技术课专任教师3 439名。全省 734 所中小学建成了校园网，其中农村中小学 531 所。天水、庆阳、武威和甘南 4 个市州级教育城域网动工始建；张掖市临泽县率先建成了全省第一个地面网络全面覆盖所有农村中小学的县级教育城域网。全省3 000多个卫星接收小站的加密改造工作基本完成，为进一步实施现代远程教育奠定了基础。正式启动实施了国家农村中小学现代远程教育工程试点项目，2004 年全省项目总投入 1.04 亿元，共为农村中小学配备教学光盘播放点 482 个，卫星教学收视点2 625个，计算机教室 405 个。6 月，教育部在甘肃省天水召开了全国农村中小学现代远程教育工程试点工作现场会。

〔**体育、卫生与国防教育**〕 在第七届大学生运动会上，甘肃省选手获 3 金、4 银、4 铜，取得了总分位居全国第十四位的历史最好成绩。在 2004 年世界中学生越野锦标赛中，由兰州六中组成的中国中学生男子代表队荣获男子团体总分第三名。在全国中学生越野锦标赛中，甘肃省代表队荣获男子团体冠军，女子团体第四名的好成绩。学校食堂和饮水设施改造项目在全省 14 个市、州的 122 所农村中小学开始实施。及时妥善处理了多起学校突发公共卫生事件，保证了师生的身体健康和正常的教学秩序。首次进行了全省部分高校、中学和中专学校学生军训成果检阅，推动了国防教育的深入开展。

〔**教育督导评估**〕 加大督导评估力度，促进事业健康发展。省政府下发了《关于对县级人民政府教育工作进行督导评估的通知》，教育厅制定了评估指标，并结合“两基”验收，对全省 14 个县区政府的教育工作进行了督导评估。深入开展“两基”督查指导和年检复查工作，坚持“不走大路走小路、不走油路走土路、不走熟路走生路”，帮助最边远和最需要指导的地方解决实际问题和困难，推动了“两基”任务的如期完成和“两基”质量水平的巩固提高。

〔**教育交流与合作**〕 继续组织实施“西部人才培养特别项目”和“国家双边协议项目”，共确定公派出国留学生 145 名，是历史上公派出国人数最多的一次。利用“春晖计划”项目引进国外优秀留学人员 30 多人，与省高等学校、科研院所签署合作项目 140 多项，其中 46 个项目获教育部支持经费 153 万元。2004 年，美中友好志愿者等 4 个项目和机构共向全省派遣志愿者 42 名，节约聘请经费约 135 万元。全省新增聘请外国文教专家单位 9 个，累计达到 76 个。全年共派出出国团组 9 个，派出人员 87 人，出国团组较好地完成了考察任务。

〔**语言文字工作**〕 以第七届“推普周”为契机，对《国家通用语言文字法》进行了深入学习和广泛宣传。以兰州市为中心，全面展开城市语言文字评估工作。在做好师范生和教师普通话水平测试工作的基础上，积极拓展普通话水平测试工作新领域，启动了党政机关公务员和窗口行业从业人员普通话水平测试工作。2004 年接受普通话水平测试的各类人员达62 515人，累计达到279 080人。加快语言文字信息化建设步伐，努力办好语言文字网站，8 月，全国语言文字网站建设与管理汇报交流会在甘肃省召开。

基础教育

〔**综述**〕 截至2004年底，全省共有幼儿园2 377所，在园（班）幼儿35.07万人；小学15 347所，在校生315.56万人；普通初中1 584所，在校生134.5万人。小学适龄儿童少年入学率达到98.27%，比上年提高了0.28个百分点；小学生年辍学率为2.66%，比上年降低了0.14个百分点；小学毕业生升入普通初中的升学率达到96.36%，比上年提高了2.26个百分点；普通初中学生年辍学率为2.42%，比上年降低了0.78个百分点。

〔**未成年人思想道德建设**〕 认真学习贯彻中共中央、国务院和省委、省政府关于加强和改进未成年人思想道德建设的文件精神，制定下发了《关于贯彻落实省委省政府〈关于组织实施“甘肃省未成年人健康成长行动计划”的意见〉的实施意见》、《关于在全省中小学开展弘扬和培育民族精神月宣传教育活动的通知》、《关于进一步加强中小学诚信教育的通知》、《关于在全省中小学校开展“远离不良文化、告别不良读物”活动的紧急通知》等一系列加强和改进未成年人思想道德建设的文件，举办了全省“加强和改进未成年人思想道德建设工作”教育局长培训班，在全省教育系统深入开展以加强和改进青少年学生思想道德建设工作为重点的教育思想大讨论。各地、各学校积极开展了弘扬和培育民族精神教育、行为规范养成教育、诚信教育、远离不良文化、告别不良读物等活动，取得了良好效果。

〔**“两基”工作**〕 省政府召开了全省“两基”攻坚工作会议，印发了《甘肃省“两基”攻坚实施计划（2004—2007）》。省教育厅继续按“宣传、组织、扶持、考核”的八字方针积极推进“两基”攻坚，对未实现“两基”的地区实行分片包干，责任到人；机关各处室、各高等学校、厅直各单位“三位一体”面向基层，对在2007年前实现“两基”的18个攻坚县进行结对帮扶，“两基”攻坚工作力度明显加大。天祝、永靖、清水3县按计划如期完成了“两基”任务，全省实现“两基”的县达到64个，人口覆盖率达到79.29%。与此同时，各地采取强力措施，保入学，控辍学，“两基”成果不断得到巩固提高。

〔**高中教育**〕 根据人民群众对高中教育需求比较强烈的实际，明确提出了不断扩大高中阶段教育规模和壮大优质教育资源，在县城和经济比较发达的乡镇优先发展高中教育的发展思路。各地认真贯彻全省高中建设现场会和《关于加快高中教育改革与发展的意见》，积极落实这一发展思路，大力改善办学条件，提高教育教学质量。10月份，经过专家组评估验收，会宁县一中、白银市一中、泾川县一中、兰州西北中学等12所学校被确定为第三批省级示范性普通高中。截至2004年底，全省共有普通高中470所，比上年增加17所，在校生49.96万人，比上年增加7.26万人，增长率达17%。省级示范性普通高中累计达到36所，占普通高中的7.66%。

〔**幼儿教育和特殊教育**〕 认真贯彻落实《甘肃省幼儿教育改革与发展意见》，大力发展幼儿教育事业。按计划对各地申报的省一类幼儿园进行了评估验收，确定兰炼幼儿园、天祝县幼儿园、平凉明珠幼儿园、华亭县东大街幼儿园、金塔县解放路幼儿园共5所幼儿园为“甘肃省一类幼儿园”。根据教育部《关于开展建立随班就读工作支持保障体系实验县（区）工作的通知》精神，积极开展残疾儿童少年随班就读支持保障体系实验工作，确定平凉市崆峒区、静宁县和高台县为实验县（区）。7月，教育部组织调研组到崆峒区、静宁县进行了实地检查，对实验工作给予了充分肯定。9月，教育部在兰州举办了全国部分省市随班就读工作支持保障体系实验县（区）有关人员培训班，高台县教育局在培训会上作了经验介绍。

〔**安全工作**〕 省政府制定下发了《甘肃省人民政府办公厅关于切实加强中小学幼儿园及少年儿童安全工作和开展专项整治行动的意见》，成立了以省长助理郝远为组长，省教育厅、公安厅、文化厅、新闻出版局、建设厅、卫生厅、工商局、团省委、妇联等部门领导为成员的“甘肃省中小学和幼儿园安全管理工作领导小组”。领导小组成员单位联合转发了《全国中小学幼儿园及少年儿童安全管理专项整治行动实施方案》，省教育厅召开了全省中小学、幼儿园安全工作及开展专项整治行动网络视频会议，全面安排部署专项整治工作。各地按照省的统一安排部署，成立了专项整治领导小组，制订工作方案；建立健全中小学和幼儿园安全责任制，确定中小学校长和幼儿园院长为校园安全第一负责人；进一步完善中小学和幼儿园的内部管理规章制度，强化措施，切实加强学校和幼儿园安全工作的日常管理和监督检查。11月，省中小学和幼儿园安全管理工作领导小组组织督查组赴天水、陇南、兰州、定西、酒泉、张掖、金昌、武威、甘南、临夏10个市州，对各地中小学和幼儿园安全管理工作进行了专项督查。

〔**教师队伍建设**〕 积极推进师范教育结构性调整，全省12所中等师范学校和高等师范院校联合进行专科层次小学教师培养，4所中等师范学校实行“三二分段制”大专招生。严格执行《甘肃省初等教育专业设置评估标准》，专业设置进一步科学化、合理化。创造性地开展教师继续教育培训工作，2004年共举办中小学教师培训班30多期，3万多名教师参加了新教师岗位培训、教师职务培训、新课程标准培训、骨干教师培训、信息技术教育培训和学历提高培训；共举办省级骨干教师培训班11期，近1300名省级骨干教师完成了培训任务；对第三批省级新课程实验区的350名中小学骨干教师，进行了省级培训者培训。通过教育培训，全省中小学教师队伍整体素质有了较大提高，小学、初中、高中教师的合格率分别达到95.99%、90.25%、61.46%，分别比上年提高了0.93、2.67、3.97个百分点。在第20个教师节期间，评选表彰模范教师、教育系统先进工作者、优秀教师、优秀教育工作者262名，组织“我是光荣的人民教师”先进事迹报告团，深入全省各地巡回讲学、报告先进事迹。通过树立典型、宣传先进等活动，将师德建设进一步引向深入。

〔**管理体制改革**〕 截至2004年底，全省中小学教师工资管理全部上收到县；人事管理上收到县的县数达到84个，占县（市、区）总数的96.6%，基础教育“以县为主”的管理体制得到了进一步巩固完善。认真贯彻落实国务院关于企业中小学移交地方管理的有关规定，中石油、中石化、兰州铁路局等系统的40多所中小学顺利移交地方政府管理。

〔**基础教育课程改革**〕 基础教育课程改革覆盖面不断扩大，课程改革实验区累计达到70个，占县（市、区）总数的80.46%。全省参加新课程实验推广的小学达到12 295所，占小学总数的78%；初中达到1 527所，占初中总数的96%。使用新课程的小学生占小学起始年级学生总数的67%，初中生占初中起始年级学生总数的85%。8.6万名教师参加了新课程实验。随着课改工作的深入，广大教师、教研员、教育管理人员边学习、边实践，边总结、边提高，教育教学理念和行为发生了深刻变化，教师逐步由以往的课程计划执行者转变为课程构建者、由教学管理者转变为学生发展的指导者和合作者、由学生成绩判定者转变为学生成长的促进者；社会各界对课改实验工作的认识走向统一，学生家长对新的教学理念和教学模式有了比较广泛的了解，更加关心支持课程改革，成为推动课程改革的重要力量；教育战线涌现出了一大批勇于探索、敢于创新、善于钻研的优秀校长、教师和教研人员，他们以极大的热情学习课改理论、研讨课改教学、反思课改行为，素质有了明显的提高，课堂教学发生了明显的变化，师生互动、学生自主参与、互助合作、积极探究的良好氛围正在形成；课改工作的深入实施，有力地推动了素质教育向纵深发展，教育质量不断提高。

职业教育与成人教育

〔**综述**〕　2004 年，全省共有普通中专 118 所，成人中专 55 所，职业中学 128 所。职教招生保持了增长的良好势头。普通中专招生 4.4 万人，比上年增加5 785人，在校生 12.78 万人。成人中专招生2 533人，在校生7 865人。职业高中招生 1.77 万人，比上年增加3 184人，在校生 3.94 万人。共有成人中等专业学校 55 所，在校生7 865人。成人高等学校 12 所，在校生71 775人。

〔**全省职业教育工作会议**〕　在对全省各市县职业教育改革与发展现状进行深入调研的基础上，省教育厅于 10 月组织召开了全省职业教育工作会议，并与省发展改革委等六部门联合制定出台了《关于进一步加强职业教育工作的实施意见》，对职业教育下一步的改革与发展提出了明确要求，即：坚持科学发展观，大力推进职业教育快速持续健康发展；坚持以服务为宗旨，以就业为导向，积极创新职业教育办学思想、办学模式和办学机制，增强职业教育主动服务经济社会发展的能力；切实加快技能型人才培养，为新型工业化提供人力资源支持；大力加强农村职业教育，为解决“三农”问题提供服务；深化办学体制改革，促进多元办学格局的形成；完善就业准入制度和职业资格制度，积极推进职业院校学生职业资格认证工作；加快职业教育实训基地建设，切实提高学生职业技能；深化职业院校人事制度改革，加强“双师型”教师队伍建设；多渠道增加投入，为职业教育的改革与发展提供坚实的条件保障。

〔**重点学校和骨干专业建设**〕　修订《甘肃省省级重点中等职业学校评估指标体系》，以督导评估为手段，促进学校主管部门增加投入，推动学校加强教育教学研究和管理。2004 年，全省 28 所中等职业学校被正式确定为国家级重点学校。继续推进和加强骨干专业建设，制定下发了《甘肃省中等职业学校骨干专业建设方案》、《甘肃省中等职业学校骨干专业评估标准》和重点骨干专业《教学计划》，进一步规范了专业建设和专业课教学。

〔**教育教学改革**〕　积极开展城市对农村、东部对西部的联合招生和合作办学，静宁县职教中心等近 70 所学校与外省学校和企业签订了“1＋2”、“2＋1”、“1.5＋1.5”、“1＋1＋1”等形式的联合招生与合作办学协议，招生总人数近5 000人，有力地促进了职业学校的招生与就业工作，成为职业教育发展的新亮点。针对职业教育技能特色不突出的现状，省教育厅分年度筹措资金1 600万元，用于职教实训基地建设。静宁职业中专、省机械工业学校、兰州农业学校、兰州城建学校等一批重点中等职业学校被确定为数控技术、电工电子、汽车运用与维修、计算机软件技术、建筑专业技能型紧缺人才首批国家级培养培训基地。在重点中等职业学校试行了学分制改革试点，学历教育与短期培训并重、全日制与部分时间制相结合、职前教育与职后教育相结合、远程教育与课堂面授相结合的多形式、多层次办学模式已被广泛采用，面向社会、面向市场，灵活多样开放的办学格局正在形成。加强实践教学，4 月在兰州职业技术学院和兰州师专分别举办了全省职业学校学生英语、文字录入与图文排版、图形图像处理、网页设计与制作及电工、车工、钳工、家电维修技能大赛；与劳动和社会保障厅等部门共同举办了第一届全国数控技术技能大赛甘肃赛区的竞赛活动。

〔**职教师资培训**〕 依托西北师范大学职教学院国家职教师资培训基地和省级职教师资培训基地，暑期举办了中等职业学校师资培训班，培训教师130人，培训内容涉及“现代教育技术”、“家电维修”、“图形图像及动画设计”等。与德国赛德尔基金会合作先后在金塔县职教中心、庆阳市陇东职业中专、培黎石油学校、天水市职业技术学校举办了电器焊接、机械制图、汽车电气、宾馆服务、汽车喷漆等6期师资培训班，全省160多名教师接受了培训。

〔**农村劳动力转移培训**〕 继续组织实施“绿色证书培训工程”和“青年农民科技培训工程”，全省各类农村职业技术培训机构开展农村实用技术培训120多万人次。积极实施省农牧厅等六部门开展的《农村劳动力转移培训阳光工程》和教育部《2003—2007年教育振兴行动计划》中提出的“农村劳动力转移培训计划”，努力扩大职业院校面向农村的招生和培训规模。2004年有35所职业中学和普通中专承担了“阳光工程”培训任务，培训36 000多人次。配合省委组织部依托西北师范大学、甘肃农业大学、兰州理工大学和兰州医学院等院校为少数民族州、县代培干部150人，已有148人结业走上工作岗位。

高等教育

〔**综述**〕 2004年，全省高等教育坚持“巩固、深化、提高、发展”的八字方针，认真贯彻落实教育部《关于进一步加强高等学校教学工作的若干意见》和“质量工程”要求，各项工作进展顺利。截至2004年底，全省共有普通高校31所，其中部委所属学校2所。普通高校招收本专科学生64 231人，比上年增加4 162人，增长率达6.93%，在校生200 282人。招收研究生5 073人，比上年增加1 439人，增长率达39.6%，在校生11 495人。普通高校共有教职工24 544人，其中专任教师13 727人。

〔**高校党建和大学生思想政治工作**〕 省委组织部、宣传部、省高校工委联合组织召开了第十二次全省高校党建工作会议，提出经过3至4年努力，实现普通本科院校“一年级有党员、二年级有党小组、三年级有党支部”，高职高专和民办高校“一年级有一批入党积极分子、二年级有党员、三年级有党支部或党小组”的党员发展目标。贯彻落实《中共中央关于进一步加强和改进大学生思想政治教育的意见》，省高校工委制定了实施办法，各高校不断创新思想政治工作，探索更加有效的教育模式，继续深化“两课”教学改革，积极推进“三个代表”重要思想的“三进”工作，努力实现高校思想政治工作的“三贴近”，效果明显。

〔**专业学科建设**〕 2004年，新设置专科（高职）专业57个。这次新设置专业体现了“加快、加强、升级、拓宽、创建”的原则，工科专业占32.6%、艺术类专业占8.5%、生命科学类专业占14%。其中，信息安全、农业科学与工程等8个专业填补了甘肃省高校专业设置的空白。新增兰州交通大学“计算机应用技术”、西北师范大学“英语语言文学”和甘肃农业大学“农业经济管理”等3

个学科为省级重点学科。西北师范大学申报的西北少数民族教育研究中心增列为国家人文社会科学重点研究基地。

〔**质量评估**〕　在2003年进行的教育部本科教学工作水平评估中，西北师范大学被评为优秀，省教育厅对此进行了表彰奖励。2004年，组织专家组，对天水师范学院等6所院校首届本科毕业生的教育质量进行了全面的考核验收，毕业生教育质量合格。根据教育部要求，及时启动高职高专院校人才培养工作水平评估，制定了评估方案和评估计划，张掖医学高等专科学校、平凉医学高等专科学校已完成自评工作。

〔**教育教学改革**〕　按照教育部关于启动高等学校教学质量与教学改革工程的要求，大力开展精品课程建设，共评选出省级精品课程40门，推荐国家级精品课程13门。认真贯彻新的《大学英语课程教学要求（试行）》，积极进行大学英语教学改革，建立起有效的教学评估和激励机制，努力推进基于计算机的个性化英语教学模式，不断提高大学生的英语综合应用能力。教育部在兰州大学、西北师范大学、天水师范学院进行的大学英语教学改革试点工作富有成效。

〔**学校结构调整**〕　经教育部批准，兰州医学院正式并入兰州大学，两校的学科融合与资源重组工作进展顺利。为了进一步整合教育资源，优化高校布局结构，提高办学质量和办学水平，改建设置了甘肃农业职业技术学院、甘肃畜牧工程职业技术学院、兰州资源环境职业技术学院；教育部核查确认西北师范大学知行学院、兰州交通大学博文学院、兰州商学院陇桥学院、兰州商学院长青学院、兰州理工大学技术工程学院为独立学院，多元化办学的格局逐步形成。

〔**高校后勤社会化改革**〕　2004年，全省普通高校新建学生公寓27万平方米，学生食堂1.36万平方米；全省学生公寓面积和食堂面积累计分别达到182.4万平方米和23万平方米，有力地支撑了高等教育的发展。进一步加强高等学校食堂卫生安全管理工作，制定了《甘肃省高等学校食堂管理办法》。大力推广高校后勤改革成功经验，在部分有条件的中等职业学校和普通高中积极进行后勤社会化改革试点工作，效果良好。

〔**学生工作**〕　组建成立了甘肃省国家助学贷款管理中心，明确了职能；制定了《甘肃省贯彻落实〈国务院办公厅转发教育部财政部人民银行银监会关于进一步完善国家助学贷款工作若干意见〉的意见》，国家助学贷款工作按新政策、新机制开始健康运行。贫困生资助工作力度加大，在开展国家奖学金评定的同时，为16所省属高校下达了19.8万元特困生资助经费。高等教育学籍和学历管理工作进一步规范，2004年共完成普通高等学校和成人高等学校本专科学历证书电子注册73 362人。

撰稿　焦鹏宁　钱　旭　张兴江
审稿　白继忠

青海省教育

概　　况

〔基本情况〕

2004年青海省各级各类学校校数、教职工、专任教师情况

	学校数（所）	教职工数（人）	专任教师数（人）
一、高等教育			
（一）研究生培养机构（不计校数）	(5)		
1. 普通高校	(3)		
2. 科研机构	(2)		
（二）普通高等学校	11	5 820	3 079
1. 本科院校	3	4 163	2 119
2. 专科院校	8	1 075	614
其中：职业技术学院	6	1 075	614
3. 其他机构（点）（不计校数）	(2)	582	346
其中：独立学院	(1)	134	102
（三）成人高等学校	2	1 246	779
（四）民办的其他高等教育机构			
二、中等教育	562	24 191	21 054
（一）高中阶段教育	195	24 147	7 520
1. 高中	144	21 857	5 910
普通高中	143	21 853	5 906
成人高中	1	4	4
2. 中等职业教育	51	2 290	1 610
普通中专	28	1 435	985
成人中专	8	390	244
职业高中	15	465	381
技工学校			
其他机构（教学点）（不计校数）	0		
（二）初中阶段教育	367	44	13 534

续表

	学校数（所）	教职工数（人）	专任教师数（人）
1. 普通初中	364		13 496
2. 职业初中	3	41	35
3. 成人初中	0	3	3
三、初等教育	4 471	30 582	28 057
（一）普通小学	2 995	28 926	27 832
（二）成人小学	1 476	1 656	225
其中：扫盲班	1 476	1 656	225
四、工读学校			
五、特殊教育	9	155	128
六、学前教育	240	3 518	1 955

注：1. 普通高中的教职工数中包含普通初中的教职工数。
2. 技工学校数据为 2003 年数据。
3. “（ ）”内数据均不计校数。

2004 年青海省各级各类学历教育学生情况

	毕业生数（人）	招生数（人）	在校生数（人）
一、高等教育			
（一）研究生	84	320	618
博　士	6	24	53
硕　士	78	296	565
（二）普通本专科	5 802	9 452	29 483
本　科	3 046	4 786	18 446
专　科	2 756	4 666	11 037
（三）成人本专科	5 052	7 671	17 484
本　科	812	2 469	4 534
专　科	4 240	5 202	12 950
（四）其他各类高等学历教育			
1. 在职人员攻读博士、硕士学位		116	213
2. 网络本专科生			
本　科			
专　科			
3. 学历文凭考试			
4. 自学考试			
5. 其他	431		
二、中等教育	89 955	120 242	336 275
（一）高中阶段教育	26 504	41 951	111 055
1. 高中	20 700	34 778	92 318
普通高中	20 660	34 778	92 122
成人高中	40		196
2. 中等职业教育	5 804	7 173	18 737
普通中专	3 847	3 325	9 359

续表

	毕业生数（人）	招生数（人）	在校生数（人）
成人中专	947	1 576	4 428
职业高中	1 010	2 272	4 950
技工学校			
（二）初中阶段教育	63 451	78 291	225 220
1. 普通初中	63 067	77 052	223 162
2. 职业初中	363	1 239	1 993
3. 成人初中	21		65
三、初等教育	116 892	99 052	557 269
（一）普通小学	80 728	99 052	512 586
（二）成人小学	36 164		44 683
其中：扫盲班	36 164		44 683
四、工读学校			
五、特殊教育	185	338	2 383
六、学前教育	50 862	65 530	77 512

注：特殊教育学生数中包括普通中小学随班就读的学生。下同。

2004年青海省各级各类非学历教育学生情况

	毕（结）业生数（人）	注册生数（人）
一、高等教育	9 863	3 875
（一）研究生课程进修班		46
（二）自考助学班	284	2 335
（三）普通预科生		749
（四）进修及培训	9 579	745
其中：资格证书培训	2 583	745
岗位证书培训	991	
二、中等职业教育	428 095	325 578
其中：资格证书培训	4 882	755
岗位证书培训	8 970	3 338
（一）中等职业学校	22 971	9 155
其中：资格证书培训	4 703	755
岗位证书培训	5 288	1 261
（二）职业技术培训机构	405 124	316 423
其中：资格证书培训	179	
岗位证书培训	3 682	2 077

2004 年青海省各级民办教育基本情况

	学校数（所）	毕业生数（人）	招生数（人）	在校生数（人）	教职工数（人）	专任教师数（人）
一、高等教育						
（一）普通高等教育			115	115	134	102
1. 普通高校						
本科学生						
专科学生						
2. 独立学院	(1)		115	115	134	102
（二）成人高校						
（三）民办的其他高等教育机构						
二、中等教育机构						
（一）高中阶段教育	8	124	256	646	308	211
其中：普通高中	7	104	201	535	295	201
中等职业学校	1	20	55	111	13	10
（二）初中阶段教育	9	286	522	1 303		
其中：普通初中	9	286	522	1 303		
职业初中						
（三）职业技术培训机构						
三、普通小学	7	794	1 731	6 869	355	258
四、幼儿园	141	3 605	13 639	16 332	1 464	813

注：“（　）”内数据不计校数。

〔**综述**〕 2004 年主要做了以下工作：一是省委、省政府印发了《关于进一步加快教育事业发展的意见》。二是制定了全省《“两基”攻坚（2004—2007）实施规划》、《中小学危房改造规划》和《中小学寄宿制学校建设工程方案》等“两基”攻坚配套文件。与省发展改革、财政等部门组织了三次大规模的调研，派出 8 个工作组 100 多人次，实地考察了项目地区的大部分学校和教学点，采集、分析和测算数万个数据，规划到了每一所学校。三是完善改革方面的配套政策，与省劳动保障厅联合印发了《关于实施劳动就业准入制度的意见》，推进职业教育发展；积极配合省编办、省人事厅提出了《全省中小学教师编制工作意见》、《全省中小学机构编制管理办法》。四是调整规范教育经费收支政策，会同省发展改革、财政等部门出台了《城市教育附加征收使用管理办法》、《地方教育附加征收管理暂行办法》、《农村牧区中小学公用经费标准定额》，报省政府批转了《关于在公办普通高中严格执行招收“择校生”“三限”政策的意见》和《在全省农牧区义务教育阶段学校推行“一费制”收费办法的实施方案》。

组织实施农村中小学寄宿制学校建设工程、中小学危房改造工程、现代远程教育试点工程、国家支持中西部职业教育发展项目、高中扩招项目以及第十七批邵逸夫教育赠款项目。总额28.12亿日元的高校日元贷款项目也已正式立项实施。全年累计安排各类项目资金1.95亿元，改扩建中小学校294所，建设校舍23.38万平方米，配备图书52.4万册。

〔**教育经费**〕 2004年，全省教育经费总支出为22.41亿元。其中教育事业费支出20.71亿元，基建支出1.37亿元。教育事业费支出中，人员经费15.24亿元，占73.58%。各类教育事业费分别为：高校3.4亿元，占16.4%；中专0.64亿元；占3.09%；普通中学6.34亿元，占30.6%；职业中学0.5亿元，占2.4%；小学8亿元，占38.62%；特殊教育学校0.05亿元，占0.2%；全年城市教育费附加收入5000万元。

〔**未成年人思想道德建设和大学生思想政治工作**〕 认真贯彻党中央国务院关于加强和改进未成年人思想道德建设以及大学生思想政治工作的两个意见精神，结合全省实际制定了具体实施方案。一是加强组织领导，省教育厅由一名分管领导亲自抓，各地教育行政部门和中小学校建立了“一把手”总负责的工作机制。二是以道德教育、法纪教育、心理教育、思想教育和政治教育为主要内容，整体构建德育内容体系，突出重点，分层推进，形成系列。三是调动全社会力量为未成年人办好事，全省为未成年人兴建了6个县级青少年校外活动基地。四是协同公安和综治部门对校园及周边进行了专项治理。

进一步加强高校党建和思想政治工作的主要措施是：(1) 高校党委定期分析大学生思想状况和思想政治教育工作情况，制定思想政治教育总体工作计划，对大学生思想政治教育作出全面安排部署。(2) 充分发挥基层各级党团组织、工会和学生社团的作用和优势，调动各方面的积极性，形成合力。高度重视发展学生党员工作，做到“低年级有党员，高年级有党支部”。会同省委组织部、宣传部印发了《关于进一步加强高校党建工作的意见》。(3) 加强和改进高校“两课”教学工作，组织实施了“两课”课程设置新方案，加强了学科建设、教材建设和师资队伍建设。(4) 把大学生思想政治教育贯穿于学校管理、教学和后勤服务的各个环节，充分发挥三支队伍对学生思想政治教育的重要作用。(5) 制定符合学校实际的大学生思想政治教育工作考核标准和评估体系，加大经费投入，完善各项保障措施。(6) 大力开展校园文化建设，充分发挥校园文化的育人功能。加强校园网络建设和管理，主动占领网络思想政治教育阵地。

〔**全省地方教育事业发展目标责任制**〕 根据《青海省地方教育事业发展目标责任制考评办法(试行)》和省政府办公厅《关于做好2002～2003年度地方教育事业发展＜目标责任书＞考核总评工作的通知》要求，省教育厅、发改委、财政厅、人事厅等部门组成5个考评组，由有关厅（委）一名副厅级领导带队，于4月12日至29日分赴西宁市、海东地区及玉树、果洛、海北、海西州，对各地实施第五轮地方教育事业发展《目标责任书》进行了考核总评。考核结果表明，第五轮地方教育事业发展《目标责任书》的实施极大地推动了全省教育事业的发展，调动了地方政府发展教育事业积极性、主动性和创造性，教育投入逐年增加，教育资源得到扩充，办学条件明显改善，有力推动了当地经济和社会发展。

西宁市城西区、湟中县、乐都县、互助县、格尔木市、门源县、同仁县、久治县、共和县、称多县被评为实施《目标责任书》先进县。

〔**治理教育乱收费**〕 认真贯彻落实教育部等国家七部委《关于2004年治理教育乱收费工作的实施意见》和全国治理教育乱收费电视电话会议精神，提出了《关于做好2004年全省治理教育乱收费工作的安排意见》，出台了公办高中招收择校生的“三限”政策和义务教育阶段实行“一费制”的办法，建立健全了全省治理教育乱收费信息快报、月报等制度，各地学校收费都能按要求进行公示。对西宁市在秋季招收高中择校生工作中出现的偏差进行了及时纠正，年内重点检查了452所学校的收费情况，清退违规收费20.8万元。

〔**教师培训和师德建设**〕　围绕推进基础教育新课程改革，以新课程、新知识、新技能为重点，加强了对教师的继续教育，通过派出进修和远程教育、在职学习，培训教师5 000多人次，400多人派往国内外知名高校深造。举办了全省师德论坛和优秀教师先进事迹巡回报告活动，在全省8个州地市巡回宣讲14天、21场，有2万多名教师听了报告，社会反响良好。经省文明委公开民意问卷测评，师德建设工作群众满意率名列第一。调整了教师职务评聘条件和办法，实行师德一票否决制。青海大学校长李建保等30多名优秀校长、教师受到中组部和教育部、人事部表彰。

〔**学校人事分配制度改革**〕　认真落实全省人才工作会议精神，继续深化学校人事分配制度改革，重点是拉开分配档次，鼓励拔尖，完善人才引进机制。西宁市、共和县等地的部分中小学试行了校长年薪制，青海师范大学实行了硕导年薪制，青海大学制定政策高薪引进人才。调整了全省学校假期，缩短寒假、延长暑假。

〔**体育、卫生与艺术教育**〕　制定了《青海省学生体质健康标准实施意见》，重新修订了《〈学生卫生工作条例〉实施意见》。组织开展了基础教育课程改革试验区学生健康教育现状调查、学生体质健康标准实施培训和中小学艺术课教学录像比赛等一系列全省性的学校体育、卫生和艺术教育活动，积极组队参加第七届大学生运动会等全国性的学生体育赛事。

〔**教育政务信息化建设**〕　2004年4月1日，省教育厅教育电子政务试运行，8月1日正式运行，基本实现了厅系统办公的无纸化、网络化，有力改善了办公条件，使全厅的电子政务建设走在了全省前列。同时积极协调指导，制定了全省教育系统电子政务发展实施方案，省教育信息中心与省内7所高校签订了教育电子政务建设协议。

基础教育

〔**全省“两基”攻坚动员会**〕　2004年8月6日，省政府召开了全省“两基”动员会暨第五轮地方教育发展目标责任书考核总结表彰会。会议全面安排部署了青海省的“两基”攻坚工作，进一步明确了目标任务，即：到2005年，力争海晏、祁连、同仁、尖扎、循化、化隆、共和、贵南、都兰9县实现“两基”，全省“两基”人口覆盖率达到86.8%以上，青壮年非文盲率达到93%；到2006年，力争天峻、兴海2县实现“两基”，全省“两基”人口覆盖率达到88.3%，青壮年非文盲率达到94%；到2007年，玉树、称多、玛沁、久治、玛多、刚察、河南7个县实现“两基”，全省人口覆盖率达到93.5%，青壮年非文盲率达到95%以上；到2010年全面实现“两基”目标，人口覆盖率达到95%以上。会上，省政府与各州（地、市）政府签订了第六轮地方教育事业发展目标责任书，与未“普九”县的州（地）政府签订了《“两基”攻坚责任书》。

〔**扫盲教育**〕　重点开展冬春农闲扫盲，组织了多种形式的扫盲教育，并把学文化与学技术结合起来，提高扫盲的实用性和吸引力，取得显著成效，年内累计扫盲3万人。9月，经教育部推荐，代表国家参加了联合国教科文组织举办的国际扫盲奖评选，在28个参评国家中获得了最高成就奖——世宗国王奖。

〔**实施“两基”攻坚联点制度**〕 为加快攻坚步伐，落实部门责任，实行了省“两基”攻坚领导小组成员联点包县制度，2004年首批联点9个县，省委、省政府领导和有关部门负责同志带头深入各自联点县指导工作，协调解决突出困难。各州(地)、县党政领导也落实了联乡联村责任。省教育厅把“两基”攻坚作为首要任务来抓，通过加强督导检查和处室定点帮扶，帮助各地积极有序开展工作。

〔**“两基”复查和督导评估**〕 按照《青海省实现“两基”县（市、区）复查办法》，对西宁市城西区、城中区和海东地区平安县的“两基”工作进行了复查，完成了对全省已实现“两基”的19个县的复查任务。同时，根据国务院办公厅《关于建立县级人民政府教育工作进行督导评估制度的意见》，制定了《青海省县级人民政府教育工作督导评估制度实施方案》，年内对大通、民和、格尔木、同德、称多5个县（市）政府的教育工作进行了督导评估。

〔**中小学信息化建设**〕 以组织实施现代远程教育工程项目为重点，全面推进中小学信息化建设。(1) 精心组织和认真实施国家现代远程教育工程试点示范项目和农村中小学现代远程教育工程试点项目，加快信息化基础设施建设，全省中小学建成923个教学光盘播放点、1 920个卫星教学收视点，购置计算机2.57万台，全省有2 700多所中小学开展了信息技术教育，占77%。(2) 加强中小学教师信息技术教育培训和信息资源建设，全年培训教师校长2 576人，新修订了《青海省中小学电教教材推荐目录》，初步完成了省级教育资源库建设。(3) 加快信息技术与教育教学的有机整合。在西宁市湟中县召开了全省信息技术应用经验交流会，组织了全省信息技术与课程整合讲师团，同时确定了149个省级课题，以推动信息技术应用研究，革新传统的教育教学模式。

〔**基础教育课程改革**〕 到2004年，全省进入课改的县（区、市）达35个，试验范围进一步扩大。(1) 加强课改师资培训，全年举办中小学各科教材培训班27个，培训教师2 390人；同时对省级课改试验区课改工作进行了阶段性评估，加强了对各地特别是果洛州等偏远地区课改工作的指导。(2) 积极探索与新课程相适应的教研方式，按照科研兴校、以研促教、以教研推动课改的工作思路，加快建立“以校为本”的教研制度，根据《青海省基础教育课程改革课题研究指南》，组织全省各地教师开展了课题申报活动，其中19项省级课题已正式立项实施。(3) 与课改相适应，积极探索考试评价制度改革，召开了全省中考改革工作研讨会，提出了全省中考改革的指导性意见。

〔**资助贫困学生**〕 认真落实国家有关政策，义务教育阶段实施了以“两免一补”为主要内容的资助措施。其中，国家免费提供教科书专项资金从2001年的每学期210万元增加到1 700万元，资助贫困生48.3万人次，占义务教育阶段在校生的67%，其中青南地区达到92%；年内省级财政下达青南贫困学生助学金1 000万元，国家下达专项资金500万元，主要为环湖和东部贫困生提供资助，省民委安排少数民族贫困生补助金200万元，共资助贫困生近12万人，为3.25万寄宿制贫困生提供了生活补助。为进一步加大资助力度，省教育厅会同省财政厅制定了新的资助管理办法，由省政府批转各地执行。

职业教育与成人教育

〔示范性职业院校和重点专业建设〕 利用省级专项和国债资金，启动实施了“现代制造业、服务业技能性紧缺人才培养工程”，数控技术运用、汽车运用与维修、计算机运用与维修、护理等四个专业在六所职业院校建立了国家级培养培训基地。重点建设了一所高职、两所重点中职等三所全国示范性职业院校。由于职业教育积极面向市场调整和加强了专业建设，职业教育的办学特色和办学优势不断显现，吸引力明显增强，青海工业学校、互助县职校等一些学校的毕业生供不应求。

〔农民工培训“阳光工程”〕 各地职业学校积极争取农村劳动力转移培训任务，添置有关设备、教材和培训专业教师，全省累计开展农民工转移培训5万人，其中职业学校培训3.6万人，占70%以上，成为全省农村劳动力培训的主力军。此外，各地职业学校发挥一校多能作用，使50多万名农牧民和职工接受了各类形式的文化技术培训。

〔职业教育联合办学〕 为扩大招生和开拓职业教育发展的新路子，全省继续大力推进中等职业学校省内省外两个层次的联合办学。省教育厅组织省内中等职业学校赴天津、北京两地考察，与北京市教委、天津市教委协商达成了合作办学的意向。2004年北京、天津、辽宁等地重点职校在青海招生扩大到1 000多人，学生在省内省外分段学习，毕业后全部安排到东部地区就业。省内加强了优质职校与薄弱职校、城乡职校间的联合办学、优势互补，如省工业学校与平安县职校、水电四局职工中专与互助县职校的联合办学都取得了显著成效。

〔双师型教师队伍建设〕 认真落实《青海省中等职业教育“十五”时期师资队伍建设意见》，建成了两个省级职教师资培训基地，依托国家、省、地（州、市）三级教师培训资源，加快了双师型教师队伍建设步伐。“十五”以来，全省90%的职业学校校长、20%左右的专业教师接受了省级或国家级培训，教师业务能力和学校管理水平有了明显提高。

高等教育

〔成立中共青海省委教育工委〕 为加强对全省教育工作的统筹管理和协调，经省委批准，撤销原中共青海省委高校工委，成立中共青海省委教育工委，与省教育厅合署办公，省教育厅厅长兼任工委书记。进一步理顺了党务管理和行政管理、思想政治工作和教育管理的关系，为切实加强学校德育和思想政治工作等提供了组织保证。

〔全省高等教育工作会议〕 省委、省政府于9月27日召开了全省高等教育工作会议，形成了

《全省高等教育工作会议纪要》，指导今后高等教育的改革发展。今后一段时间，全省高等教育改革发展总的指导思想是：坚持以邓小平理论和“三个代表”重要思想为指导，树立和落实科学发展观，坚持社会主义办学方向，遵循高等教育发展规律，按照规模适度、夯实基础、提高质量、办出特色的原则，继续深化高等教育改革，不断高速优化结构，加强师资队伍建设，改善基础设施条件，推进高等教育的跨越式发展，为完成“两大历史任务”、全面建设小康社会提供强有力的人才支撑和智力支持。总的目标任务是：统筹本科教育、研究生教育和高职教育协调发展，统筹普通高等教育和成人继续教育协调发展，统筹重点建设院校和其他高校整体发展，使我省的高等教育体制更加完善，资源配置更加合理，基础设施条件显著改善，师资结构不断优化，科研能力不断提高，教育质量和办学效益显著提高，为社会服务的功能得到充分增强。到2010年，基本建成普通高等教育、成人高等教育、职业高等教育、网络教育、自学考试教育等协调发展的具有青海特色的现代高等教育体系，不断满足广大人民群众对高等教育的需求。

〔**组建新的青海大学**〕 根据省政府常务会意见，经过充分调研、反复论证，并征求有关厅局委和国内知名专家的意见，拟定了青海大学、青海医学院两校合并方案报省政府和教育部批准。2004年11月底，省委、省政府召开青海大学与青海医学院整合大会，宣布两校正式合并，组建新的青海大学。12月初，省政府与教育部签订协议，对青海大学实行省部共建，标志着教育部将进一步加大力度支持青海省高等教育发展。

〔**重点实验室和重点专业建设**〕 在调整优化布局结构的同时，加强高校学科专业建设，提高办学质量和水平，继2003年基本建成20个省级重点学科、实验室后，2004年又启动建设了14个重点学科和试验室、30门精品课程和10门高职示范课程，并根据社会需要调整了专业设置。同时，开展了第五届“高校教学成果奖”评审工作，推荐国家级教学成果奖8项，评出省级教学成果奖20项。举办了全省年度高校青年教师教学竞赛，奖励了27名获奖教师。

〔**学生就业和招生工作**〕 在毕业生数量比去年增长29.6%的严峻形势下，不断拓宽渠道，搭建平台，搞好服务，2004年省属高校毕业生一次性就业率达到58%，同比提高12个百分点。认真组织实施4项国家统一考试和一项省级考试，严肃考风、考纪，加强考场监控管理，扩大远程录取范围，积极利用电视、网络、报纸等为广大考生做好信息服务，增加透明度，接受社会和群众监督。2004年，省内外的639所高校在青海计划招生23 487人，比上年增加2 561人。此外，对来青招生的20所社会力量办学单位进行了资格审核，查处了个别非法招生机构，维护了广大考生的权益。

〔**资助贫困大学生**〕 在高校全面实施了“绿色通道”制度，落实了“奖、贷、助、补、减”以贷为主的资助措施，基本保证了贫困学生入学，并使大部分贫困学生得到不同程度的资助，其中有1 892名贫困生申请到国家助学贷款，总金额600万元，省财政支付贴息42万元，资助面达到5.82%。配合国家新的助学贷款政策出台，印发了《关于落实解决高校贫困家庭学生困难问题有关措施的通知》和《关于进一步推进国家助学贷款工作的意见》，协调商业银行签订了按新机制实施助学贷款的协议 。

民族教育

〔加强寄宿制中小学规范化管理〕 近年来，青海省民族地区学校的基础设施条件得到大力改善，但办学水平偏低、教育教学质量不高等问题较为突出。对此，从加强管理入手，配合国家农村寄宿制学校建设工程的实施，在认真总结经验和广泛征求基层意见的基础上，制定实施了全省寄宿制中小学管理规程、装备标准、建设标准等规定性文件，为牧区中小学规范管理、提高办学质量提供了制度保障。

〔双语教学〕 为加强和规范双语教学，着力提高汉语教学质量，制定下发了双语教学的指导性文件，制作了汉字教学音像教材，对汉语会话教材进行了重新修订和录音，突出实效性。面向高中生开展了少数民族汉语水平等级考试，并着手研究教师考试方案，促进师生过好汉语关。

〔教育对口支援〕 继续推进教育对口支援与合作交流，青海省的27个“两基”攻坚县与辽宁省的13个市结成了帮扶对子，双方就扩大合作签订了新的协议。同时积极开展省内外合作办学，浙江、天津、辽宁、北京，青海师大附中、民院预科(省民族高级中学) 等省内外重点中学面向牧区招生650人，累计达到1 500人，使民族地区的学生享受到了较高质量的基础教育。配合实施生态移民工程，制定了三江源生态移民区异地办班方案，在省内外教育相对发达地区为移民子女办班，2004年首批招生180人。

撰稿 李 广
审稿 张银生

宁夏回族自治区教育

概况

〔基本情况〕

2004年宁夏回族自治区各级各类学校校数、教职工、专任教师情况

	学校数（所）	教职工数（人）	专任教师数（人）
一、高等教育			
（一）研究生培养机构（不计校数）	(3)		
1. 普通高校	(3)		
2. 科研机构			
（二）普通高等学校	13	6 684	3 699
1. 本科院校	3	4 262	2 181
2. 专科院校	10	2 412	1 518
其中：职业技术学院	9	1 960	1 193
3. 其他机构（点）（不计校数）	(1)	10	0
其中：独立学院	(1)	10	0
（三）成人高等学校	1		
（四）民办的其他高等教育机构			
二、中等教育	459	28 512	23 741
（一）高中阶段教育	138	28 375	8 272
1. 高中	104	25 627	6 538
普通高中	104	25 627	6 538
成人高中			
2. 中等职业教育	34	2 748	1 734
普通中专	12	1 436	762
成人中专	5	331	195
职业高中	17	899	698
技工学校			
其他机构（教学点）（不计校数）	(25)	82	79
（二）初中阶段教育	321	137	15 469
1. 普通初中	321		15 337
2. 职业初中	0	137	132
3. 成人初中			
三、初等教育	2 781	35 331	33 903
（一）普通小学	2 630	35 076	33 903
（二）成人小学	151	255	0

续表

	学校数（所）	教职工数（人）	专任教师数（人）
其中：扫盲班	151	255	0
四、工读学校			
五、特殊教育	6	147	119
六、学前教育	212	4 397	2 838

注：1. 普通高中的教职工数中包含普通初中的教职工数。
2. 技工学校数据为 2003 年数据。
3. “（ ）”内数据均不计校数。

2004 年宁夏回族自治区各级各类学历教育学生情况

	毕业生数（人）	招生数（人）	在校生数（人）
一、高等教育			
（一）研究生	121	513	974
博　士		5	5
硕　士	121	508	969
（二）普通本专科	7 505	13 701	41 448
本　科	4 763	7 506	27 142
专　科	2 742	6 195	14 306
（三）成人本专科	14 254	12 925	25 047
本　科	2 473	2 356	4 067
专　科	11 781	10 569	20 980
（四）其他各类高等学历教育			
1. 在职人员攻读博士、硕士学位		82	82
2. 网络本专科生			
本　科			
专　科			
3. 学历文凭考试			
4. 自学考试			
5. 其他			
二、中等教育	134 075	157 480	439 780
（一）高中阶段教育	47 359	63 535	166 984
1. 高中	32 475	41 618	118 009
普通高中	32 475	41 618	1 18 009
成人高中			
2. 中等职业教育	14 884	21 917	48 975
普通中专	8 569	11 688	28 182
成人中专	3 565	4 778	6 981
职业高中	2 750	5 451	13 812
技工学校			
（二）初中阶段教育	86 716	93 945	272 796
1. 普通初中	86 114	92 568	269 277
2. 职业初中	602	1 377	3 519
3. 成人初中			
三、初等教育	99 230	123 379	681 775
（一）普通小学	94 419	123 379	677 738
（二）成人小学	4 811		4 037
其中：扫盲班	4 811		4 037
四、工读学校			
五、特殊教育	63	150	1 560
六、学前教育	55 082	83 359	108 625

注：特殊教育学生数中包括普通中小学随班就读的学生。下同。

2004年宁夏回族自治区各级各类非学历教育学生情况

	毕（结）业生数（人）	注册生数（人）
一、高等教育	21 246	9 867
（一）研究生课程进修班	44	26
（二）自考助学班		
（三）普通预科生		1 185
（四）进修及培训	21 202	8 656
其中：资格证书培训	13 816	6 152
岗位证书培训	5 954	1 730
二、中等职业教育	149 686	142 803
其中：资格证书培训	96 714	88 578
岗位证书培训	9 321	4 515
（一）中等职业学校	109 968	101 015
其中：资格证书培训	87 100	79 514
岗位证书培训	8 871	3 943
（二）职业技术培训机构	39 718	41 788
其中：资格证书培训	9 614	9 064
岗位证书培训	450	572

2004年宁夏回族自治区各级民办教育基本情况

	学校数（所）	毕业生数（人）	招生数（人）	在校生数（人）	教职工数（人）	专任教师数（人）
一、高等教育						
（一）普通高等教育		86	2 416	3 747	441	256
1. 普通高校	2	86	1 522	1 943	431	256
本科学生						
专科学生		86	1 522	1 943		
2. 独立学院	(1)		894	1 804	10	
（二）成人高校						
（三）民办的其他高等教育机构						
二、中等教育机构						
（一）高中阶段教育	13	376	1 984	3 987	509	331
其中：普通高中	12	362	1 223	2 593	503	326
中等职业学校	1	14	761	1 394	6	5
（二）初中阶段教育	8	1 165	1 565	4 361		
其中：普通初中	8	1 165	1 565	4 361		
职业初中						
（三）职业技术培训机构	18	478		572	7	5
三、普通小学	9	332	570	3 259	267	191
四、幼儿园	94	5 172	8 342	15 174	1 490	858

注："（ ）"内数据不计校数。

〔**义务教育工程**〕　将国家义务教育工程二期教育信息化项目，统一纳入全区农村现代远程教育工程总体规划之中。2004年，在自治区固原市原州区实施了清华大学“学习型农村——富裕乡村项目”，台湾英业达公司实施了“千乡万才”计划，科技部“缩小西部地区数字鸿沟”项目和IBM“小小探索者”捐赠项目，海原一中与河南省实验中学结为兄弟信息技术教育合作项目等一批援助项目。第二期“国家贫困地区义务教育工程”项目学校土建工程已进入收尾阶段。2004年完成了项目学校的仪器设备、图书及课桌凳的政府统一采购工作。项目学校教学仪器设备全部到位，制作课桌凳8.26万单人套，采购图书56.9万册，培训校长教师3 027人次。截至2004年底，共新建、改扩建学校353所（其中：小学308所，初中45所），建设面积23.4万平方米，投入资金1.67亿元。

〔**远程教育项目**〕　建设了国家农村现代远程教育工程试点示范项目，共完成550个（1 100套）教学光盘播放点、100个卫星教学收视点，20间计算机教室建设。抓好原州区、中卫市试点工作，安排了131个光盘播放点、535个卫星教学收视点、70个农村初中计算机教室。2004年底，原州区的建设已完成，中卫市的建设已全面展开。

〔**校园网建设**〕　2004年，自治区已建成校园网167个，多媒体计算机教室1 100多个，数字化多功能教室（厅）200个，计算机生机比达到了24∶1，全区中小学信息技术教育的普及率达到39.8%，全区一半以上的中小学校开展了信息技术教育，54%以上的中小学教师接受了信息技术培训。初中每百人拥有计算机达到4.65台，居全国第九位，高中每百人拥有计算机达到11.29台，居全国第十一位。初步形成了覆盖城乡的信息技术教育网络，并在教育教学及农村党员干部教育和农民实用技术培训中发挥着越来越大的作用。

〔**3133工程**〕　2004年为贯彻落实《自治区党委人民政府关于加快新时期教育改革与发展的决定》精神，实施“3133工程”：确保到2007年，建成300所自治区示范性小学，100所自治区示范性初中，30所自治区重点高中和示范性高中，30所骨干职业学校，基本形成全区优质中小学覆盖和骨干体系。此项举措将促进和带动全区基础教育整体水平的提高，实现基础教育的全面均衡协调发展。

〔**未成年人思想道德建设**〕　2004年，下发了《关于加强和改进中小学校学生思想道德建设的实施意见》、《关于在全区中小学校开展中华传统美德教育的实施意见》、《关于组织好第一个中小学弘扬和培育民族精神月活动的紧急通知》、《关于开展创建安全文明校园活动的通知》等10多个文件。组织动员各级教育行政部门、各级各类学校形成了上下联动的学校德育工作机制。

自治区教育厅会同有关部门协同开展了以治理网吧为重点的校园周边环境综合治理工作，努力实现学校教育、家庭教育和社会教育“三位一体”、齐抓共管的有机结合，营造有利于未成年人健康成长的良好环境。自治区教育厅组织力量修订、完善了各级各类学校的德育大纲、德育教材和德育工作规程。在学科教学的各个环节渗透思想道德教育的内容，把爱国主义教育、社会主义教育、中华传统美德教育、民主法制教育和科学精神教育有机统一于各门课程的教学之中。

加快爱国主义教育基地和青少年课外活动中心建设，截至2004年底，已建成2个国家级、17个自治区级及一批地市级爱国主义教育基地并免费向学生开放，建成使用了19个青少年校外活动中心，努力在全社会营造关心重视少年儿童健康成长的良好社会环境。

〔**治理教育乱收费**〕　在国家扶贫开发工作重点县的农村中小学校实行了“一费制”，在大中城市公办高中严格执行招收择校生“限人数、限分数、限钱数”的“三限”政策。对全区义务教育阶段实行“一费制”的有关政策，进行了广泛深入的调研和论证，召开了听证会，广泛听取了各方面的意见。

〔**教师培训**〕 2004年，自治区人民政府发布了《中小学教师继续教育规定》的主席令，完善了自治区教师教育的法规建设。重点开展了“135”中小学骨干教师培训计划，即到2007年，在全区培训1 000名自治区级、3 000名市级、5 000名县级中小学骨干教师。开展基础教育新课程教师培训，2004年共培训教师5.4万余名。广泛开展了信息技术教育应用培训，培训教师33 470人次，培训合格率达到75%以上。

2004年，自治区共有54 332名中小学教师参加岗位培训和统一考核。其中，有12批513名教育管理干部、校长、教研员、骨干教师参加了教育局长、重点中小学校长研修班、普通高中新课程国家级培训；3 000余名骨干培训者参加了自治区级义务教育和普通高中新课程实验师资培训。中小学教师培训合格率达95%以上，校长培训率达90%以上。自治区教育厅制定了《宁夏回族自治区中小学继续教育工程（2003—2007）实施方案》、《自治区教育厅关于开展校本培训工作的实施意见》、《宁夏回族自治区普通高中新课程师资培训工作的实施意见》。2004年自治区教育厅表彰中小学教育继续教育先进集体56个，先进个人59名。

2004年，共有33 470名教师参加了信息技术培训，培训合格率达75%，有79%的教师实现持相应信息技术等级证书上岗的要求；另有8 000名中小学教师参加了自治区与英特尔公司开展的“英特尔未来教育项目”培训，教师的信息采集、梳理、应用以及课件制作能力等信息素养明显提高。

〔**教育交流与合作**〕 2004年7月，自治区教育厅师资处开展了与美国佛蒙特大学联合举办的中学英语教师暑假培训活动，全区160名中学教师参加了培训并取得明显成效；开展宁夏——联合国儿基会——校长培训与学校发展规划、师资培训、跨部门女童教育项目的校长和师资培训活动。有124名校长、教师参加项目自治区级培训。160名校长、教师参加了县级项目培训。

〔**支援和帮扶工作**〕 2004年，自治区内外共有153个支教单位、1 828名支教队员，参加了对南部山区九县区87个乡镇、93个行政村的216所中小学、9所教师培训中心的支教工作，其中福建支教教师70名，研究生青年志愿者26名，自治区党政机关、企事业单位182名，川区选派支教教师532名，启动实施了自治区党政机关和企事业单位帮扶南部山区“普九”攻坚工作。各支教单位捐款捐物改善办学条件、资助贫困生等折合人民币497万余元，有效地改善了受援学校的办学条件。

〔**语言文字和普通话测试**〕 2004年开展教育系统普通话测试工作，测试19 291人次。其中教师13 538人，大学生4 897人，社会人员856人，举办自治区普通话水平测试员普通话新大纲培训班，培训并颁发自治区普通话测试员聘书83名。开展形式多样的全国第六届推普宣传周活动，开展全区第七届普通话大赛活动。

〔**学校体育、卫生与艺术教育**〕 2004年，自治区教育厅组织承办了全国第七届大学生运动会排球赛（北方赛区）的比赛，并组成田径队和排球队参加在上海举办的第七届全国大学生运动会，实现了宁夏大学学生代表队竞赛成绩零的突破。开展了全区中小学幼儿园、中专学校第二套广播体操的比赛。举办了全区第二届重点中学生运动会，全区大学生CUBA篮球联赛，全区大学生飞利浦足球联赛和全区大中专院校冬季越野赛等8项体育赛事，充分发挥宁夏学校体协在组织开展学校体育教学和体育竞赛活动中的桥梁和纽带作用。促进全区学校体育工作蓬勃开展。组织推荐全国体育优质课的评比推荐工作。自治区有四名教师的示范课被评选入围12月在广东省进行的全国中小学体育教学观摩展示，分别获得1个一等奖，3个二等奖的好成绩，自治区获得优秀组织奖。

2004年，重点开展了预防传染疾病的传播和预防食物中毒工作，在大中专院校和中学开展了预防艾滋病的教育宣传工作。教育厅体卫艺处举办了第三期学校食堂炊管人员培训班，利用联合国儿基会的项目，举办了学校预防艾滋病培训班，举办了高露洁口腔卫生培训班。制定了《宁夏回族自治区学校卫生管理规定》，提出了加快学校食堂建设的意见和建议。

2004年，银川高级中学代表宁夏参加全国首届中小学生文艺展演，获得全国演出二等奖。积极鼓励音乐、美术学科的教师在课改实验中大胆探索，组织艺术教师才艺大赛，组织音乐、美术教师参加全国优质课评比活动。组织了全区师生书画展和大型文艺汇演。

〔**民办教育**〕　2004年，自治区教育厅积极与陕西民办高等职业院校取得联系，先后5次与陕西民办高等职业院校的领导和专家座谈。6月22日与西安交大旭邦公司就举办独立学院签订办学协议。贯彻《民办教育促进法》的实施，自治区教育厅正在着手制定自治区民办教育促进法实施意见。

教育厅组织了2004年民办教育机构年检工作，根据年检结果，注销了6所不合格办学机构，新审批了5所。自治区教育厅与有关部门配合，开展了对区外民办院校来宁招生的组织、宣传、管理。规范了招生市场，打击了非法招生。

由中国矿业大学举办，银川东方旭邦科教信息技术有限公司出资合作在宁夏举办中国矿业大学银川学院，双方合作协议已经签署，2004年底前已正式向教育部提出申请。

基础教育

〔**课程改革**〕　2004年是义务教育阶段课程改革进入大面积推广阶段，自治区级课改实验区达到18个，占县（市、区）的82%。2004年启动了永宁、原州、彭阳、隆德、海原5个新进入的自治区级课程改革实验区工作。在原州区召开了新实验区工作会和教材选用、展示会，组织了义务教育阶段新实验区实验教材的选用工作。对第一批课改实验区兴庆区、金凤区、西夏区、大武口区、利通区、泾源县课程改革实验工作进行评估。探索课程评价制度，对使用《学生成长记录袋》和《学生综合社会实践包》情况进行调研。拟定了基础教育课程改革实验区初中毕业考试与高中招生制度改革方案，制发《宁夏回族自治区中小学信息技术教育实验班标准》和《宁夏回族自治区小学外语教学实验班标准》，进一步规范了中小学教学改革实验工作。

作为全国率先进行高中课改的四个实验省（区）之一，2004年，自治区启动了高中课程改革实验工作。召开了全区普通高中课程改革实验启动暨培训会，对主管教育的政府领导、教育局长、教研室主任、高中校长进行了培训。自治区人民政府批转了《宁夏回族自治区普通高中课程改革实验工作方案》，明确了实施新课程的指导思想、目标任务、方法步骤、配套措施等。成立了教材选用专家委员会，在教育部的指导下，召开了教材展示会，组织了高中教材的选用工作。同出版社共同组织了高中课程改革新教材实验教师的培训工作。加强了对高中新课程设置和选课指导，制定了《宁夏回族自治区普通高中新课程实验学校工作实施意见》。从2004年新学年开始，取消了“尖子班”和“重点班”，为新课程实验创造良好环境。积极培育高中课程示范典型，在全自治区确定了16所学校为自治区高中新课程实验样本学校。组织了对山东、海南、广东课程改革实验的学习考察工作。

〔**“两基”工作**〕　把宁南山区“两基”攻坚作为“重中之重”，制定了《宁夏回族自治区“两基”攻坚实施方案（2004－2007）》，按照全面规划、分步实施，全面推进、分类指导的原则，根据山区各县实际分别确定了具体的规划。抓住国家实施西部“两基”攻坚计划的机遇，加强了宁南山区“两基”

攻坚的指导。2004 年 9 月盐池县通过了自治区“普九”验收，率先在宁南山区实现了“两基”目标，实现了山区普及义务教育零的突破。

根据《教育部办公厅 国家民委办公厅关于申报人口在 10 万以下的少数民族“两基”教育试点方案的通知》精神，实施了海原县树台乡东乡族两基教育试点实验方案。

截至 2004 年底，自治区以县为单位“两基”人口覆盖率达到 59.6%，覆盖人口 345.6 万人，以乡为单位“两基”人口覆盖率超过了 70%，全区小学适龄儿童入学率为 98.5%，初中阶段入学率为 90%。

〔**农民工子女义务教育工作**〕 2004 年，自治区人民政府批转了《宁夏回族自治区贯彻国务院关于进一步做好进城务工就业农民子女义务教育工作的实施意见》,就进城务工农民子女免借读费问题做出了明确规定,并开展了对进城务工就业农民子女义务教育专项督导自查工作，建立和完善进城务工就业农民子女义务教育的工作制度和保障机制，使进城务工就业农民子女接受义务教育的权利得到了保障。

〔**高中阶段教育**〕 为适应教育发展和社会需求，坚持内部挖潜和加快建设并举的原则，重点扩大优质高中的招生规模。2004 年，全自治区开工建设的优质高中 7 所，其中六盘山高中、银川六中和吴忠市中学已建成或投入使用。2004 年，全自治区普通高中共招生 4 万人，普通高中阶段在校生达到了 11.8 万人。加强了普通高中招生工作，对国家级课改实验区灵武市初中毕业考试和高中招生工作进行了指导。

完善了“三限”政策，教育厅协调有关部门和自治区人民政府转发了《关于对普通高中择校生实行三限政策有关问题的意见》，同时对普通高中落实“三限”政策进行了督查。

〔**学前教育**〕 2004 年，自治区教育厅组织专家对全区各地申报的自治区级示范性幼儿园进行了评估，认定了银川市第三幼儿园等 7 所自治区级示范性幼儿园。组织专家对首批确定的 10 所自治区示范性幼儿园进行了复查。指导 4 市开展了幼儿园复查和评估工作。教育厅基教处组织了《幼儿园课程指导用书》的编写、出版及幼儿园教师课程指导用书的培训工作。进一步加强了对幼儿园课程建设和管理，建立了规范、有序的课程管理机制。

〔**特殊教育**〕 2004 年，开展建立随班就读保障体系实验工作，自治区教育厅配合教育部专家对特殊教育项目县随班就读工作进行指导。加大对特殊教育的支持力度，自治区教育厅与自治区残联开展了中国残疾人联合会专项彩票公益金助学项目工作，对 600 名贫困残疾学生进行了捐助。

职业教育与成人教育

〔**办学水平评估**〕 2004 年根据关于启动“3133”优质学校建设工程的安排，围绕建设好 30 所骨干职业学校的目标，自治区教育厅在对全区中等职业学校进行办学水平评估的基础上，确定了宁夏机电工程学校等 10 所国家级重点中等职业学校；宁夏水利学校等 8 所自治区级重点中等职业学校；宁夏人民警察学校等 15 所合格中等职业学校。确定了宁夏经贸职业技术学院等 4 所高等和 7 所中等职业学校为首批重点建设示范性职业院校；确定宁夏经贸职业技术学院等 7 所职业学院的 11 个专业和宁夏第一工业学校等 21 所中等职业学校的 24 个专业为示范性专业。

〔**招生工作**〕 2004年，教育厅下发了《高职学院和中等职业学校招生工作的通知》，教育厅职成处同志深入到全区各个市、县，宣传职业教育的招生政策。此外还组织全区所有高、中等职业院校在《宁夏日报》进行了四个专版的招生宣传。

2004年，全区中等职业学校共招收新生22 017人，比2003年增招4 599人，增幅达20.84%，高于全国平均增长速度。

〔**师资培训**〕 截至2004年底，送到区外职业技术学院培训的专业教师16名，并在2004年暑期，对全区19名中等职业学校校长进行系统培训。

〔**毕业生资格审核和就业指导工作**〕 2004年，经过毕业生资格审核已取得毕业生资格的中职学生13 000人左右。自治区教育厅要求各职业学校就业指导办公室坚持对毕业生进行就业指导，2004年全区已签订就业合同的毕业生达90%以上，一些职业学校和骨干专业毕业生签约率达100%。

〔**职业培训**〕 2004年，教育厅按照十六大精神和全国再就业工作会议要求，把新增劳动力的培养作为职业教育工作的重点。教育厅配合自治区劳动保障厅，设法增加职业学校技能鉴定站点。与此同时，加快为南部山区农村贫困家庭学生举办职业教育班的进程，制定了《关于为宁南山区举办职业培训班的实施方案》，每年财政划拨200万元，用于该班办学经费。

〔**农村职业教育**〕 2004年初，教育厅在加强对职业学校工作指导中，要求每所重点职业学校对口帮扶一所农村职业学校。截至2004年底，宁夏机电工程学校、银川市光华职业中专学校分别与同心县职业中学、吴忠市利通区第二中学建立了协作关系。2004年6月13日，教育厅职成处参与了自治区劳务输出工作领导小组组织的对全区农村劳务输出的督查工作。

高等教育

〔**共建宁夏大学**〕 以自治区管理为主，教育部重点支持的自治区、教育部共建宁夏大学，旨在加快宁夏大学改革、建设和发展的步伐，提升宁夏大学的办学实力，推动宁夏大学早日进入“211工程”二期建设高校。2004年10月，自治区与教育部共建宁夏大学的意见已经下发执行，共建协议的签字仪式在12月举行。

〔**学位与研究生教育评估**〕 随着研究生招生规模的不断扩大，研究生培养的质量受到越来越多的关注，2004年9月，自治区教育厅开展了学位与研究生教育评估。在各学位授予单位自评的基础上，自治区学位办组织区内外专家进行集中评估，15名专家组成理工科、文科和医科三个专家组，从培养条件、培养工作和培养质量三个方面对已有毕业生的19个学位点进行了全面评估，草业科学等9个硕士学位授予点被评为优秀，麻醉学等10个硕士学位授予点被评为良好。

〔**硕士论文评选**〕 2004年6月，自治区教育厅下发了《自治区学位办关于开展优秀硕士学位论文评选工作的通知》，对评选工作进行部署，9月对由各学校初选推荐的30篇论文进行了外地专家通信评议，12月召开专家组评议会议，最终确定获奖论文15篇。

〔**《宁夏高等学校科研项目管理办法》**〕　2004年3月，自治区教育厅制定了《宁夏高等学校科学技术研究项目管理办法》。《办法》从内容和程序两个方面，对科研项目的立项、管理、结题与验收等各个环节做了详细规定。该办法的出台，使今后自治区科学研究项目的管理有据可依、有章可循，为科研管理工作制度化、规范化奠定基础。

〔**科研项目评审立项**〕　2004年，自治区高校科研经费首次由30万增加到100万。在2004年的评审中，自治区教育厅首次采取文科和理工科分组进行评审的方式，同时将立项项目按重点研究项目和一般研究项目进行分类资助。经自治区高等学校科学研究项目（成果）评审（定）委员会评选、自治区教育厅和财政厅批准，有81个项目立项，资助项目中，重点资助项目8项，占整个立项项目的9.8%，资助经费占总经费的16%；应用研究类59项，占立项项目的72.8%，基础研究类21项，占立项项目的27.8%，应用研究的比例远高于往年。

2004年共组织、推荐教育部地方院校重点科研项目8个，“高层次创造性人才计划”创新团队项目1个，新世纪优秀人才支持计划项目4人，教育部科技基础条件平台项目2个。

〔**高等学校哲学人文社会科学重点建设基地**〕　2004年，自治区教育厅在高校中选择一批具有地方特色的、有发展前景的学科专业作为区级重点建设基地进行培育，待条件成熟后申报国家重点建设基地。2004年首批确定宁夏大学回族研究中心为重点建设基地。

〔**对外合作与交流**〕　2004年，按照自治区教育厅和国家留学基金委签署的“西部地区人才培养特别项目”协议，自治区教育厅制定了自治区“西部地区人才培养特别项目”实施方案，并采取加大宣传力度，组织英语培训班等措施鼓励积极申报。来自高校、科研院所和国有企业的47名申报者，经过专家评审、口语面试，最终有28名被录取，加上此前已经被国家留学基金委录取的9人，自治区2004年的公派出国留学人员达到37人，是往年的近3倍。

2004年，自治区有外国文教专家聘请资格的单位已经达到23家，涵盖了从幼儿园到研究生教育的各个阶段，在宁夏工作的外国文教专家已达50多人。

2004年，出国参加国际学术会议、学术考察和短期培训的高校教师共60多人次，设立合作研究项目7项，接待来校友好访问和考察的国外学者、专家40多人次，与多个国外学校和国际组织建立了友好合作关系，高等教育国际化意识不断增强。

〔**党建工作**〕　2004年，全区进一步加强高校党建工作，积极推进邓小平理论和“三个代表”重要思想“三进”（进教材、进课堂、进学生头脑）工作。把在大学生中发展党员做为一项政治任务狠抓落实，并不断完善党在高校的基层组织建设。各高校都制定了发展党员的中长期规划和年度计划，基本做到了大学生“一年级有党员，二年级有党小组，三年级有党支部”。扩大了党的工作覆盖面，提高了党在广大知识分子中的影响力、凝聚力。

民族教育

〔**百所回民中小学标准化建设工程**〕　2004年，全区继续推动“百所回民中小学标准化建设工程”的实施，启动了第三批工程项目学校建设，按照办学条件一流、管理一流、教育质量一流的要求，狠抓了项目学校的校长和师资的培训。截至2004年底已分别在17个县市区正在建设或建成了50所回民中小学，总投资近亿元。“工程”学校成为当地最好的学校，受到回族群众的广泛赞誉。

在初中阶段大力发展寄宿制学校，回族初中学生的入学率有了大幅度提高。

〔**招生工作**〕　2004年，进一步扩大了重点中学民族班的招生规模，银川一中民族班由2个扩招到4个。六盘山高中在2003年招收600人的基础上，2004年增加到1 000人，在校生达到1 600人。贯彻党的民族教育政策，普通高校招生在2003年增长的基础上2004年又有新的增长，高校少数民族预科部今年招生779人。通过采取一系列措施，2004年，自治区各级各类学校少数民族学生占学生总数的比例达到34.84%，其中小学达到40.92%、初中达到29.42 % 、高中达到23.27%。

撰稿　陈少娟

审稿　田继忠

新疆维吾尔自治区教育

概　况

〔基本情况〕

2004 年新疆维吾尔自治区各级各类学校校数、教职工、专任教师情况

	学校数（所）	教职工数（人）	专任教师数（人）
一、高等教育			
（一）研究生培养机构（不计校数）	(11)		
1. 普通高校	(8)		
2. 科研机构	(3)		
（二）普通高等学校	28	23 265	12 239
1. 本科院校	11	16 761	8 326
2. 专科院校	17	5 918	3 389
其中：职业技术学院	12	4238	2448
3. 其他机构（点）（不计校数）	(5)	586	524
其中：独立学院	(5)	586	524
（三）成人高等学校	15	5578	3064
（四）民办的其他高等教育机构			
二、中等教育	2 182	128 841	104 138
（一）高中阶段教育	681	128 237	32 051
1. 高中	498	113 047	22 809
普通高中	498	113 047	22 809
成人高中			
2. 中等职业教育	183	15 190	9 242
普通中专	78	9 116	5 494
成人中专	26	1 859	1 137
职业高中	79	2 733	1843
技工学校			
其他机构（教学点）（不计校数）	(22)	1 482	768
（二）初中阶段教育	1 501	604	72 087
1. 普通初中	1 467		71572
2. 职业初中	5	517	468
3. 成人初中	29	87	47
三、初等教育	5 808	152 834	135 355
（一）普通小学	5 451	150 308	134 915
（二）成人小学	357	2 526	440

续表

	学校数（所）	教职工数（人）	专任教师数（人）
其中：扫盲班	261	2 072	397
四、工读学校			
五、特殊教育	8	356	257
六、学前教育	977	17 767	9 612

注：1. 普通高中的教职工数中包含普通初中的教职工数。
2. 技工学校数据为 2003 年数据。
3. "（ ）"内数据均不计校数。

2004 年新疆维吾尔自治区各级各类学历教育学生情况

	毕业生数（人）	招生数（人）	在校生数（人）
一、高等教育			
（一）研究生	832	2 336	5 120
博　士	30	128	283
硕　士	802	2 208	4 837
（二）普通本专科	30 181	49 855	163 127
本　科	13 573	25 569	102 636
专　科	16 608	24 286	60 491
（三）成人本专科	46 465	44 201	84 583
本　科	11 668	16 703	30 245
专　科	34 797	27 498	54 338
（四）其他各类高等学历教育			
1. 在职人员攻读博士、硕士学位		448	1 094
2. 网络本专科生			
本　科			
专　科			
3. 学历文凭考试			
4. 自学考试			
5. 其他			
二、中等教育	465 933	594 701	1 663 304
（一）高中阶段教育	115 777	177 556	455 538
1. 高中	84 418	138 315	359 147
普通高中	84 418	138 315	359 147
成人高中			
2. 中等职业教育	31 359	39 241	96 391
普通中专	24 758	27 990	71 324
成人中专	2 663	2 721	7 146
职业高中	3 938	8 530	17 921
技工学校			
（二）初中阶段教育	350 156	417 145	1 207 766
1. 普通初中	336 165	398 090	1 158 801
2. 职业初中	11 537	19 055	43 581
3. 成人初中	2 454		5 384
三、初等教育	501 476	347 364	2 360 036
（一）普通小学	417 588	347 364	2 218 109
（二）成人小学	83 888		141 927
其中：扫盲班	47 873		95 857
四、工读学校			
五、特殊教育	382	390	2 549
六、学前教育	110 526	165 421	262 624

注：特殊教育学生数中包括普通中小学随班就读的学生。下同。

2004年新疆维吾尔自治区各级各类非学历教育学生情况

	毕（结）业生数（人）	注册生数（人）
一、高等教育	73 817	19 533
（一）研究生课程进修班	452	637
（二）自考助学班	416	1 849
（三）普通预科生		2 110
（四）进修及培训	72 949	14 937
其中：资格证书培训	18 557	3 598
岗位证书培训	6 790	1 523
二、中等职业教育	861 964	920 012
其中：资格证书培训	73 410	49 306
岗位证书培训	45 248	94 901
（一）中等职业学校	64 903	27 932
其中：资格证书培训	21 180	3 840
岗位证书培训	24 070	15 858
（二）职业技术培训机构	797 061	892 080
其中：资格证书培训	52 230	45 466
岗位证书培训	21 178	79 043

2004年新疆维吾尔自治区各级民办教育基本情况

	学校数（所）	毕业生数（人）	招生数（人）	在校生数（人）	教职工数（人）	专任教师数（人）
一、高等教育						
（一）普通高等教育			2 363	5 988	848	704
1. 普通高校	2		397	397	262	180
本科学生						
专科学生			397	397		
2. 独立学院	（5）		1 966	5 591	586	524
（二）成人高校						
（三）民办的其他高等教育机构						
二、中等教育机构						
（一）高中阶段教育	45	2 412	4 791	11 554	3 618	2 127
其中：普通高中	44	2 282	4 791	11 384	3 607	2 123
中等职业学校	1	130		170	11	4
（二）初中阶段教育	32	3 271	5 409	14 621		
其中：普通初中	32	3 271	5 409	14 621		
职业初中						
（三）职业技术培训机构	3	252		287	7	3
三、普通小学	52	4 717	6 583	37 699	2 731	2 107
四、幼儿园	465	20 926	33 563	59 483	5 386	2 951

注：“（ ）”内数据不计校数。

〔**加强和改进未成年人思想道德建设**〕 2004年4月26日，自治区政府召开未成年人思想道德建设工作会议。会议要求，各级党委、政府应加强各类博物馆、纪念馆、展览馆、烈士陵园等的建设和管理，并创造条件对全社会开放。对学生集体参观、个人参观实行免票。进一步加强青少年宫、儿童活动中心等未成年人专门活动场所和图书馆、文化馆（站）、体育场（馆）、科技馆、影剧院等的建设和管理，并把未成年人活动场所建设纳入当地国民经济和社会事业发展总体规划。加强对网吧的整治和管理，打击非法经营网吧等违法行为。

〔**"两基"攻坚规划工作会议**〕 2004年4月2日，自治区召开了"两基"攻坚规划工作会议。截至2003年底，全区仍有25个县没有实现"两基"，涉及521万人口。这些县大部分地处贫困地区、山区、牧区，地方财政自给率低，教育基础比较薄弱，完成"两基"攻坚任务十分艰巨。

为实现"两基"目标，中央支持自治区6.8亿元，主要用于新建、改扩建一批以农村初中为主的寄宿制学校，保证"两基"攻坚中扩大义务教育规模的需要。

〔**教育基建投入**〕 2004年教育基建投入3 415万元。其中自治区预算内安排3 040万元，教育厅直属项目1 306万元，高校危房改造项目贴息资金1 314万元，中小学项目420万元。2004年中央补助现代远程教育工程专项资金125万元，中央补助喀什师范学院专项建设资金250万元，地方高中专项400万元，地方师范教育专项300万元，地方特殊困难专项160万元。自治区计委下达自筹基本建设投资计划三批，总建筑面积277 212平方米，总投资43 051万元，其中下达2004年投资计划16 532万元。

〔**电化教育**〕 2004年，新疆自治区实施了"农村中小学现代远程教育工程试点工作项目"。工程投资5 367.9万元，其中中央补助3 578.6万元，自治区配套1 789.3万元。建成教学光盘播放点2 785个，计算机教室306间。83个县（市）的中小学生可通过教学光盘播放点、卫星教学收视点、计算机教室这三种模式实现优质教育教学资源共享。完成了"教育部和李嘉诚基金会西部中小学现代远程教育扶贫示范工程"一、二期项目县级再培训工作，有16个县、市的"一线骨干教师"和项目学校校长1 432人参加了培训。加强基地教育资源库建设。完成了民族小学、幼儿各种教材的翻译、制作。

落实中—加合作项目（CIDA）。3月，选派3名专业技术人员赴加拿大参加"以学生为中心教学"的培训。配合完成了CIDA项目县级中学（鄯善县、阿勒泰市）教师"以学生为中心教学"教法和远程教育资源应用的五期培训，培训教师800人。完成了CIDA项目"以学生为中心教学"多媒体12个模块的制作，为新疆教师应用远程教育资源提供了素材。

〔**教育交流与合作**〕 2004年全区公派出国留学152人，分赴德国、新西兰、澳大利亚、日本、法国、英国学习深造。为吸引留学人员来疆工作，聘请留美学者高炜博士等来疆任教。全区教育系统新聘请外籍教师149人，接收短期外国文教专家来访67人，聘请港澳台地区专家1人。接收留学生495人。

2004年，全区审定了新疆大学与吉尔吉斯大学、伊犁师范学院与哈萨克斯坦国际语言大学、新疆医科大学与美国哈佛大学国际医学中心等9个中外合作办学机构，外方投资总额达3 000万元。与日方合作开展"日元贷款人才培养项目"，总投资5 339.5万美元，用于新建普通高校教学楼。同时接受了香港溢达杨元龙教育基金、澳门特区政府捐款。

〔**干部培训与教师队伍建设**〕 开展了对中小学书记校长、教育局局长的集中培训，培训近3 000人。选派了31名优秀中小学校长在乌鲁木齐挂职培训、66名高校系处级干部赴内地高校挂职培训。制定下发了《新疆维吾尔自治区第三个五年管理周期（2004—2008年）中小学教师继续教育实施办法》。启动了中小学教师赴内地高等院校培训项目。

制定了《少数民族中小学“双语”教师培训实施方案》。10 月，首批少数民族“双语”教师 945 人前往 12 所培训院校进行为期一年的“双语”培训。

完成了义务教育工程师资培训和基础教育新课程教师培训。落实了内地 50 所高校支教工作。选拔教师分赴北京大学、北京语言大学、西安交通大学等高校进行专业培训。

基础教育

〔**综述**〕 2004 年全区高中比上年减少 2 所，初中比上年增加 35 所。高中在校生比上年增加 13.9%，初中在校生比上年增加 2.2%。初中学龄儿童入学率 86.32%，小学学龄儿童入学率 98.79%。普通中学校舍建筑面积 983.6 万平方米，比上年增加 7%。小学校舍建筑面积 833.9 万平方米，比上年减少 0.7%。特殊教育在校生数比上年增加 36.8%，专任教师比上年增加 8.4%。幼儿园比上年增加 68 所。

2004 年，自治区财政拨付国家义务教育助学金3 000万元，用于对已实行“免费提供教科书和免收杂费”的 56 个县以外的其他各县中小学贫困学生的教科书、各县（市）农村寄宿制学校贫困学生生活费和特教学生的生活费补助。

确定石河子市第一中学、第二中学为自治区示范高中。

〔**中小学校点布局规划**〕 2004 年，自治区人民政府办公厅出台了《关于自治区中小学校点布局规划指导意见》，《意见》要求，全区中小学教学网点的服务半径为 3～5 公里，山区和牧区由各地自行确定。布局调整后，平原地区的初中每校一般应达到 12 个班、每班 50 人，校均规模在 600 人以上；山区、牧区初中一般应达到 9 个班、每班 50 人，校均 360～450 人。平原、山区和牧区的小学校均班数要求与初级中学相同，平均每班可低于初级中学 5～10 人。

〔**“两基”攻坚**〕 2004 年，自治区认真贯彻落实西部地区“两基”工作会议精神，成立了“两基”攻坚领导小组，召开了自治区“两基”攻坚规划工作会议，制订了《2004－2007 年自治区“两基”攻坚计划》、《农村寄宿制学校建设工程实施规划》，并分别与教育部和攻坚地（县）签订了“两基”攻坚责任书，还出台了建设资金、工程质量、项目管理等方面的规章制度，以及对“工程”实行优惠政策的配套文件，规范了“两基”攻坚的实施工作。下发了《自治区人民政府对县级人民政府教育工作进行督导评估的实施意见》，教育督导工作得以加强。精河县、裕民县、且末县按攻坚《规划》实现了“两基”。组织开展了对和田市“两基”工作的复查，并在“两基”攻坚的重点、难点地区、县（市）举办了6 期“两基”验收办法的维、汉语培训班。继续做好扫盲巩固提高工作，批转下发了自治区 13 个部门《关于扫盲工作的实施意见》，积极开展对新生文盲和脱盲人员的继续教育和实用技术培训，全力巩固扫盲工作成果。

〔**开办区内初中班**〕 自治区党委决定从 2004 年起，在乌鲁木齐、克拉玛依、石河子、奎屯、昌吉、库尔勒、哈密、阿克苏 8 个经济和教育条件较好的城市开办新疆区内初中班，对口招收农牧区乡（镇）、村小学或贫困、边境县城市小学的应届毕业生，学制 3 年。招生采取办班城市对口相应地、州及新疆生产建设兵团农业师的办法。采取全日制、寄宿制教学，使用汉语言授课。

职业教育与成人教育

〔综述〕 2004年，自治区中等职业学校比上年减少1所，在校学生数比上年增加1.5%，专任教师数比上年增加11%。初级职业中学比上年减少3所，在校生数比上年增加45%，专任教师比上年增加34.4%。成人高等学校比上年减少1所，在校生数比上年减少3.6%，专任教师比上年增加2.3%，校舍建筑面积114.2万平方米，比上年增加3.9%。成人中学比上年增加14所，在校生数比上年减少26.2%。成人技术培训学校比上年增加65所，在校生数比上年增加23.2%，专任教师比上年减少36.3%。成人初等学校比上年增加11所，在校生数比上年增加118.8%，专任教师比上年减少12.8%。成人高考报名61 516人，录取新生44 201人。

〔召开自治区职成教工作会议〕 2004年度自治区职业教育和成人教育工作会议于3月18日至20日在乌鲁木齐召开。会议提出，全区将在农村职业学校和普通初级中学举办首批500个“职业教育分流实验班”。从2004年秋季开始，全疆农村中学将有2.5万名初二、高二的学生有针对性地自主选择专业进入实验班，接受为期一年或半年的职业教育和农村实用技术的培训，确保毕业后“升学有基础，务农有技术”。

为解决全区职业技术教育发展不平衡的现状，会议提出，2004年实施南北疆职业教育合作工程，并确定了44所学校为首批结对学校。“结对子”的职业学校互派教师，教学实习设备共享。中职学校可与内地东部地区学校合作办学，进行联合招生、分段培养，用3年时间，在全区中等职业学校建成25个品牌专业，完成20个中职学校骨干示范性专业（点）的建设工作。

自治区要求，进一步扩大中等职业教育招生规模，每个县要重点办好一所中等职业技术学校或职业教育中心。

〔农村学生实施“职教分流”〕 自治区从2004年起有计划、有步骤地在农村职业学校和普通初级中学举办“职业教育分流实验班”，强化职业技术教育，使回乡初、高中毕业生普遍受到职业教育和实用技术培训。农业技术、进城务工、经营、管理等将纳入教育内容。

采取初中二年级进入初中三年级时进行“2+1”分流和高中“职业教育分流班”。对“职业教育分流班”实施《毕业证书》、《职业资格证书》和《绿色证书》等制度。

〔自学考试〕 2004年，全区高等教育自学考试用汉、维、哈、蒙四种文字进行，有16万多人参加了104个专业的考试，毕业10 542人。报考全国计算机等级考试、全国英语等级考试、剑桥少儿英语考试人数继续扩大。

自治区自考工作试行主考院校多元化制度，与上海财经大学、上海外国语学院、上海大学、北京交大、中国政法大学等国内知名院校签署了合作开考协议，将新疆开考的部分专业挂靠到对方院校，由他们担任主考学校，负责教学辅导、试卷评阅以及毕业证书的发放，使新疆考生不出新疆就可以获得国内名校验印的自考文凭。

〔社区教育〕 2004年3月，自治区召开了首次社区教育实验工作会议，明确了今后的工作目标和任务。以乌鲁木齐、克拉玛依、石河子、昌吉、哈密、巴音郭楞、阿克苏和伊犁 8 个地、州、市为重点，启动了 10 个区的实验工作。各实验区政府采取有力措施加大投入，落实经费。如克拉玛依市克拉玛依区每年拨出 40 多万元用于社会教育培训。开设了少儿兴趣、技能操作、专业素质培训、残疾人计算机维修技术、家政服务员持证上岗等培训班 1 500余期，培训 12 万人次以上。

〔职业院校“直通车”试点〕 为了进一步加强中等职业教育与高等职业教育之间的沟通和衔接，自治区决定在 2003 年试点的基础上，2004 年进一步扩大职业院校“直通车”的试点范围。新疆农业职业技术学院等 12 所高等职业院校进入“直通车”试点。

自治区规定，国家级重点和自治区级重点的中等职业学校的毕业生，其所学专业与升入高等职业技术学院的专业相同、且符合一定条件的学生可直接报名进入高等职业院校学习。这些学生须同时持有“四证”，即相关专业的中级以上职业资格证书、计算机应用能力中级等级证书、中等职业学校毕业证书，以及民族语言类学生的国家汉语水平四级（含四级）以上证书。

高 等 教 育

〔综述〕 2004 年，自治区认真实施高等教育教学改革与质量建设工程，下发了《自治区高等学校精品课程建设实施办法》。制定《2003－2007 年自治区高校科研计划纲要》和《自治区高校科研计划管理办法》。召开了第三届自治区高等教育教学成果评审会。开展了教学督导工作，加强了质量监控。改革人才培养模式，推动研究生“三助”（助教、助研、助管）工作。批准 2 所高职院校试办软件学院，深化高职高专专业教学改革，组建了自治区高职高专校长联席会。印发了《自治区高职高专院校人才培养工作水平评估指标体系》及《自治区成人高等教育函授工作站评估指标体系》，对全疆近 200 个函授站的教学工作进行了评估。完成了 1 581名专科生“直升本”选拔工作。组织高校申报省部共建实验室项目，有 3 所高校获得财政部年度资助 200 万元。组织高校申报 2004 年科研计划项目，受理学校申报项目 191 项，确定立项的科研项目计 146 项，教育部批准 7 个国家级科研项目立项。编制上报了 20 个高校高专实训基地建设规划，争取到了全国高校数字化图书馆建设项目。

组织开展了自治区重点学科建设年度检查，完成了 2005 年新疆本科专业备案、完成了 4 所独立学院开办专业的审核清理工作和高职高专新专业目录的对照整顿。新疆大学“211 工程”一期建设项目通过国家合格验收，已实施二期建设计划。

2004 年，全区研究生培养单位比上年增加 2 所，在校生增加 41%。普通高等学校比上年增加 2 所，在校生比上年增加 10.4%，专任教师增加 8.9%。校舍面积 598.5 万平方米，比上年增加 6.9%。全区新增 85 个高等职业专业。为进一步改善高校办学条件，自治区党委决定，在现有基础上，再增加 3 亿元用于高等教育发展。

〔学位工作〕 新增高等学校教师在职攻读硕士学位培养单位 3 所。对 49 个硕士点进行了中期评估。颁发各类学位证书13 390本。组织高校开展了 MBA 专业学位授予资格的申报工作。完成了在职人员以研究生同等学力申请硕士学位外语和综合水平全国统一考试等工作。

〔**普通高校招生**〕　2004年，自治区普通高校招生政策有如下调整：

二批次设10个志愿。本科三批次设6个志愿。高职（专科）设一个批次，10个志愿。所有志愿均选报3个专业（院校专业可调剂）。

为提高高职（专科）学生生源质量、数量及报到率，实行考生一次分别填报本、专科志愿，不再组织考生单独填报专科志愿。

凡参加汉语言统考并报汉语言招生计划或民考汉招生计划院校及专业的维吾尔、哈萨克、蒙古等11个民族的考生（简称“民考汉”），在录取时分别按不同情况予以照顾。2004年普通高等学校招生数为50 868人，比上年增加18.1%。其中自治区属院校招生数为42 764人，比上年增加17.2%。

〔**资助高校贫困生**〕　自治区财政安排特困生助学金2 500万元，资助贫困生25 000人。自1988年自治区财政拨专款设立高校助学金专项，至今共拨经费1.6亿元。1995年起自治区财政每年还拨款1 500万元设立高校特困生补助专项资金，解决高校特困学生的伙食费补助。10年来共拨经费1.5亿元，每年可资助特困学生2.5万人。此外，自治区高校每年从学费收入中拿出资金1 500余万元，通过设立奖学金项目资助贫困学生，每年资助人数4万余人次；每年拿出专项资金1 000余万元，设立勤工助学岗位资助贫困学生；每年拿出特别困难补助资金150余万元解决困难学生过冬衣服等特殊困难。各高校享受助学贷款学生人数为3 287人，贷款金额为1 876万元，财政已贴息40万元。中央财政还设立了高校“国家奖学金”，每年拨付213万元，每年有480名学生享受国家奖学金。中央财政每年安排专项资金1 600万元，用于解决在内地高校学习的贫困生生活费补助问题。在中央财政和自治区的支持下，每年用于资助区内和区外高校贫困生的经费达6 000余万元。

〔**高校对口帮扶农村发展经济**〕　2004年，自治区政府要求各高校要面向农村，为农村经济社会发展做出贡献。每所本科院校至少应建立2—3个定点联系县，高职高专学校至少建立1—2个定点联系县。各学校要根据自己的专业特点，面向农村开展对口帮扶。各高校要积极参与组建科研生产联合体和农业产业化龙头企业，促进科技成果的转化；积极开发和推广农牧业实用技术和科研成果，支持乡镇企业的技术改造和产品更新换代；要在教育、医疗、卫生及其他社会事业发展方面实施技术和人才支援。各高校还要积极帮助农村职业学校和中小学培养教师。

〔**高校毕业生就业优惠政策**〕　2004年10月11日，自治区发出《关于进一步做好2004年普通高等学校毕业就业工作的意见》，鼓励高校毕业生到基层就业、自主创业和灵活就业。

《意见》规定，对高校毕业生从事个体经营的，除国家限制的行业外，可享受一年内免缴登记类和管理类的各项事业收费、两年内减半征收营业税和所得税的优惠政策。

《意见》要求各级政府设立的中小企业担保基金要为高校毕业生自主创业、兴办企业申请小额贷款提供担保。有条件的地方可单独设立高校毕业生自主创业小额贷款担保基金。列入全国中小企业信用担保体系试点范围的担保机构，应优先为高校毕业生创业提供小额贷款担保，为毕业生提供创业培训与项目开发、小额创业贷款、税费减免、跟踪服务等“一条龙”服务。

〔**新疆自治区与教育部共建新疆大学**〕　2004年3月11日，自治区人民政府与国家教育部在新疆驻京办事处签署了共建新疆大学协议。自治区党委副书记、自治区主席司马义·铁力瓦尔地与教育部部长周济在协议书上签了字。按照协议，教育部将指导和帮助新疆大学制定战略发展规划和学科建设规划，加强对新疆大学在教学、科研、学科建设、师资队伍建设等方面的指导，在相互的人才培养基地、重点学科、重点实验室、学位点等有关布点和建设中把新疆大学纳入整体规划统筹考虑，吸收新疆大学参加教育部召开的直属高校的重要会议，推动新疆大学与教育部直属高校的相互学习和信息交流。自治区将在政策、经费以及人才培养、学位点建设、自治区重点学科、重点实验室、拓展办学空间、校园周边环境治理等方面加大对新疆大学的支持力度。

撰稿　王建德
审稿　宋振亚

新疆生产建设兵团教育

〔基本情况〕

2004 年各级各类学校校数、教职工、专任教师情况

	学校数（所）	教职工数（人）	专任教师数（人）
一、高等教育	6	4 434	2 468
（一）研究生培养机构（不计校数）			
1. 普通高校			
2. 科研机构			
（二）普通高等学校	3	3 346	1 794
1. 本科院校	2	3 200	1 706
2. 专科院校	1	146	88
其中：职业技术学院			
（三）成人高等学校	3	1 088	674
（四）民办的其他高等教育机构			
1. 学历文凭考试机构			
2. 非学历文凭考试机构			
二、中等教育	217	18 561	13 874
（一）高中阶段教育	115	18 561	4 511
1. 高中	81	16 897	3 541
普通高中	81	16 897	3 541
成人高中			
2. 中等职业教育	34	1 664	970
普通中专	13	1 044	613
成人中专	7	327	189
职业高中	14	293	168
技工学校			
其他机构（教学点）（不计校数）			
（二）初中阶段教育	102		9 363
1. 普通初中	102		9 363
2. 职业初中			
3. 成人初中			
三、初等教育	338	17 514	14 977
（一）普通小学	338	17 514	14 977
（二）成人小学			
其中：扫盲班			
四、工读学校			
五、特殊教育			
六、学前教育			

2004 年各级各类学历教育学生情况

	毕业生数（人）	招生数（人）	在校生数（人）
一、高等教育	8 836	15 542	43 111
（一）研究生	77	390	694
（二）普通本专科	3 583	8 194	28 005
（三）成人本专科	5 176	6 958	14 412
（四）其他各类高等学历教育			
1. 在职人员攻读博士、硕士学位			
2. 网络本专科生			
3. 学历文凭考试			
二、中等教育	56 218	78 922	219 308
（一）高中阶段教育	16 098	27 298	71 551
1. 高中	11 820	20 893	55 210
普通高中	11 820	20 893	55 210
成人高中			
2. 中等职业教育	4 278	6 405	16 341
普通中专	2 634	5 062	12 611
成人中专	908	199	804
职业高中	736	1 144	2 926
技工学校			
（二）初中阶段教育	40 120	51 624	147 757
1. 普通初中	40 120	51 624	147 757
2. 职业初中			
3. 成人初中			
三、初等教育	50 432	42 648	282 872
（一）普通小学	50 432	42 648	282 872
（二）成人小学			
其中：扫盲班			
四、工读学校			
五、特殊教育			
六、学前教育			

2004 年，兵团教育工作坚持以邓小平理论和“三个代表”重要思想为指导，认真贯彻党的十六大和十六届四中全会精神，树立和落实科学的教育发展观，促进了兵团各级各类教育全面、协调、可持续发展。加强了对教育的宏观思考和战略研究，要求各级各类学校要准确定位，制定好“三个规划”，即“学校发展战略规划、学科建设和队伍建设规划、校园建设规划”。

2004 年，兵团普通高校定向生招生计划 387 人，实际录取 365 人。“实践生”计划招生 102 人，实际录取 70 人。5 年制初中起点医学教育计划招生 96 人，实际录取 96 人。普通（初中）中专计划招生3 350人，实际录取3 021人；职业中专计划招生2 310人，实际录取1 768人。成人中专计划招生 1290 人，实际注册录取 752 人。

在招生工作中，一是针对以往中等职业教育生源滑坡的现象，召开兵团中等职业学校招生工作会议，总结 2003 年招生工作的成绩和经验，就中等职业学校招生工作面临的形势和任务进行讨论。印发《2004 年兵团中等职业学校招生工作规定》，公布 2004 年中等职业学校招生计划和专业目录，就中等职业学校的招生宣传工作进行安排。二是按照教育部和自治区招办的有关政策规定，坚持严格程序、规范管理、接受监督的原则，进一步加强对“定向生”招生工作的管理。三是建立健全招生考试组织领导机构，为考试顺利进行提供了组织保障。四是进一步加强全国教育考试试卷保密室建设。五是注重考生诚信教育，加强考务培训工作。

〔**基础教育**〕 为贯彻落实《国家西部地区

“两基”攻坚计划》（2000－2007）和《新疆生产建设兵团关于进一步加强团场教育工作的决定》，制订了《兵团“两基”攻坚实施规划（2004－2005年）》，主要目标是：到2005年，团场人口“两基”覆盖率达到100％，青壮年文盲下降到2％以下，大力提高女童和残疾儿童少年的义务教育普及水平。兵团整体上通过国家“两基”评估验收。为落实《规划》，兵团成立了以主管教育的副司令员为组长，兵团副秘书长、兵团教育局局长为副组长，有关部门负责人为成员的“两基”攻坚领导小组。实行各级行政领导负责制。加强对“两基”攻坚团场实施“两基”情况的监督检查。2004年启动了团场寄宿制学校建设工程，中央投入专项资金3亿元，用于截至到2002年底尚未完成普九的38个团场和部分已完成“两基”但基础仍然薄弱的团场寄宿制学校工程建设，新建改扩建学校96所，规划建筑面积近32万平方米。其中2004年中央投入专项资金1.5亿元，用于38个团场61所项目学校寄宿制工程建设，新建改扩建项目15.6万平方米。“工程”项目资金已全部到位，前期工作已基本完成。到2005年8月底，将全面完成项目的建设工作。

国家教育督导团检查组于2004年9月12日至19日对兵团“两基”攻坚工作进行了督导检查。检查组分赴兵团农三师和农四师，抽查了5个“两基”攻坚团场和7个“两基”巩固提高团场，实地察看了20所学校。认为兵团“两基”攻坚工作扎实，普及程度、师资水平各项指标达到国家规定标准；同时，也指出了兵团“两基”攻坚工作存在的问题并提出了工作建议。2004年，经教育部审查认定，18个团场实现基本普及九年义务教育和基本扫除青壮年文盲的目标。至此，兵团已有166个团场实现“两基”目标，“两基”团场人口覆盖率达97.2％。

“两免一补”工作启动。财政部、教育部从2004年秋季开始，对兵团团场九年义务教育阶段的家庭经济困难学生免费提供教科书，支持专项资金800万元。为做好向贫困学生免费提供教科书发放工作，兵团发出《关于进一步做好“两免一补”工作的通知》，明确了兵团、师、团三级的责任，制定了《兵团关于对团场义务教育阶段家庭经济困难学生免费提供教科书工作实施意见》、《兵团免费提供教科书专项资金管理暂行办法》、《兵团免费提供教科书出版发行管理暂行办法》等一系列法规性文件，从贫困学生的界定、评议、公示及免费教科书的品种、出版、发行都作了严格规定。截至2004年年底，对团场15万名贫困小学生和7.75万名初中生免费提供了教科书。同时，兵团各级财务安排363万元对团场贫困学生给予减免杂费，涉及小学生6万名，初中生2万名。对团场家庭困难的寄宿生计2 000名初中生、4 000名小学生安排了181万元生活补助，从而确保兵团团场九年义务教育阶段的学生不因家庭经济困难而失学。

根据教育部、国家发展改革委、财政部《关于在全国义务教育阶段学校推行“一费制”收费办法的意见》和自治区政府办公厅《转发自治区计委、财政厅、教育厅、纠风办〈关于在义务教育阶段学校推行“一费制”收费办法实施意见〉的通知》规定，从2004年秋季新学年开始，在全区义务教育阶段学校全面实行“一费制”。自治区发展计划委、财政厅、教育厅发出《关于我区义务教育阶段“一费制”及乌鲁木齐地区“一费制”收费标准有关问题的通知》，兵团义务教育阶段学校按自治区规定执行，学校收费按当地物价部门制定的标准执行。

2004年秋季，兵团九年义务教育阶段起始年级的学生全部进入新课程，提前一年完成了基础教育课程改革实验的推广工作。为构建符合素质教育要求，具有兵团特色的中小学新课程体系，制订了《兵团中小学地方课程建设规划（2005—2010年）》，明确了兵团中小学地方课程建设的主要内容及课程设置，将兵团地方教育资源有机地融入、渗透到了中小学教育。2004年，兵团中小学已开设“可爱的兵团”、“中小学心理健康教育”、“绿色证书教育”等地方课程。

2004年初，兵团教育局印发了《新疆生产建设兵团重点普通高级中学评估管理办法（试行）》，制定了《兵团重点普通高级中学评估（复查）标准》，使兵团重点普通高中评估与管理进一步规范化。《办法》明确规定，兵团重点普通高中不搞终身制，实行动态管理，所有重点高中原则上五年必须接受一次综合性复查评估，结果要向被评估学校及其主管部门、师或团进行通报，且以适当方式予以公布，并针对学校存在的问题下达整改通知书，实行整改跟踪督导制。《办法》实施后，2004 年 5 月、12 月，兵团教育局组织专家组分别对农十三师红星中学和农七师高级中学申报兵团重点普通高中进行了全面督导评估。经审查批准，红星中学、农七师高级中学被命名为“兵团重点普通高级中学”。截至 2004 年底，兵团已有重点高中 11 所，在校生规模达26 000余人。

为贯彻《中共中央国务院关于进一步加强和改进未成年人思想道德建设的若干意见》（以下简称《意见》），主要做了如下几项工作：一抓学习与调研。所有兵团中小学校均组织了对《意见》的深入系统的学习教育活动，并针对当前青少年学生思想道德教育中存在的问题开展调查研究，摸清情况，提出了切实可行的措施。二抓体制和机制，有效解决德育工作重要但不重视的问题，建立了责任制和长效机制。三抓德育课程建设和教学改革，组织了对思想品德课程教师的培训，开设了以弘扬兵团精神为主题的地方课程，将思想道德教育渗透到各学科的各个环节，提高针对性和实效性。四抓专题教育，在全兵团中小学组织开展了“中小学弘扬和培育民族精神月”活动，开展了中小学《守则》和《行为规范》教育、中小学生“诚信”教育、“我爱兵团”读书征文活动。

2004 年 10 月中旬至 12 月中旬，组织开展了兵团中小学幼儿园及少年儿童安全管理专项整治行动。一是彻底整治了中小学、幼儿园周边环境。整治周边道路安全设施和交通秩序，清理整顿了周边违章建筑，查处取缔了违法经营互联网上网服务营业场所，电子游戏经营场所等。二是全面排查了中小学、幼儿园内部安全隐患。兵团、师、团三级及直属单位对 281 所中学、338 所小学、185 所幼儿园的各类建筑和水、电、气、暖等基础设施、生活服务场地、公共活动场所等进行了全面排查。共查出隐患 525 处，整改隐患 429 处。三是全面清理整顿了不合格办学机构和教职工队伍。四是严肃查处一批侵害中小学生、少年儿童人身财产安全的案件。

兵团教育局、财务局制定了《兵团第二个五年管理周期（2004－2008 年）中小学教师继续教育实施办法》，决定从 2004 年开始，争取用 5 年时间，完成新一轮 3 万名中小学教师的全员培训。首先，进一步加强中小学教师继续教育基地建设，确定农一师等 17 个单位作为兵团第二轮中小学教师继续教育基地。其次，严格中小学校长选拔条件，积极推行校长聘任制和实行校长持证上岗制度，加大校长岗位培训和提高培训的力度，不断提高学校管理水平。2004 年累计培训中小学校长 256 名，参加国家级校长提高培训 25 人。第三，加强对中小学教师继续教育、新课程培训和少数民族教师的汉语培训。2004 年，兵、师、团分别制定了教师培训规划，建立起经常性的教师培训制度。结合国家实施“农村教师素质提高工程”和“教师教育网络联盟计划”，充分利用卫星电视、计算机、网络等现代远程教育手段，2004 年累计培训中小学教师4 141人，其中少数民族中小学教师 421 人。第四，切实保障中小学校长教师培训的经费投入。2004 年，兵团教育局、财务局安排校长、教师培训专项经费 468 万元。

2004 年 3 月 9 日，兵团教育局、计委、财务局向教育部、国家发展和改革委、财政部上报了《兵团团场中小学现代远程教育工程试点工作方案》。2004 年 6 月 9 日，三部委办公厅印发《关于农村中小学现代远程教育工程试点工作方案的审批意见》，原则同意了兵团的试点工作方案，配备给兵团中小学校教学光盘播放系统 41 套，卫星教学收视系统 148 套，计算机教室 143 套。总资金2 394.1万元，其中中央专项1 596.1万元，兵团配套 798 万元。该“工程”涉及兵团的 9 个师 113 个团场的 332 所中小学校，工程从 2004 年 5 月 20 日开始启动，于 2004 年 11 月 15 日实施完毕。

第二期“国家贫困地区义务教育工程”在 50 个团场全面展开，共投入专项资金27 000万元，新建、改扩建学校 178 所，完成校舍建设 18 万平方米，完成仪器设备采购总值1 200万元，图书采购总值 600 万元，信息技术采购总值2 200万元，配备课桌凳2 782套，培训校长与教师3 134人，对 2.2 万名中小学生发放助学金1 200万元。

〔**职业教育与成人教育**〕　2004 年 3 月 15 日，教育部办公厅公布了新调整认定的首批1 076所国家级重点中等职业学校名单，兵团有新疆农垦中专学校、石河子卫生学校、石河子大学护士学校3所中等职业学校名列其中。新疆农垦中专学校是兵团教育局直属学校，全国德育教育先进单位，2002年被教育部、财政部确定为国家重点建设示范性中等职业学校，开设有信息技术、加工制造、交通运输、土木水利工程、财经、社会公共事务等9个学科21个专业。石河子卫生学校2002年被教育部、卫生部确定为全国护理专业教育示范点，2003年列为全国卫生职业教学模式研究课题组成员学校，面向21世纪全国卫生职业学校系列教改教材编辑委员会学校。开设有护理、助产护理、社区护理、检验、药剂等专业。石河子大学护士学校是一所有50年建校历史的培养护理专业人才的学校。学校依托石河子大学医学院雄厚的师资力量和先进的教学设备办学，开设护理、口腔技士、助产士等专业。在保持中等护理教育特色及优势的同时，开办了高职大专医学类教育，石河子大学高等职业技术学院已在该校挂牌。

2004年，教育部、劳动和社会保障部、国防科工委、信息产业部、交通部和卫生部6部门联合实施职业院校制造业和现代服务业技能型紧缺人才培养培训工程。兵团5所中等职业学校被确定为国家技能型紧缺人才培养培训基地：兵团工业贸易学校为国家计算机应用与软件技术专业技能型人才培养培训基地；新疆农垦中专学校、农二师职业中专学校为国家汽车运用与维修专业技能型人才培养培训基地；石河子大学护士学校、石河子卫生学校为国家护理专业技能型人才培养培训基地。在教育部、建设部实施职业院校建设行业技能型紧缺人才培养培训工程中，兵团所属的石河子市职业中专学校、兵团工贸学校、新疆农垦中专学校和新疆五家渠职业中专学校被确定承担建设行业技能型紧缺人才培养培训任务。

为构建灵活开放、特色鲜明、结构合理的职业教育体系，加快发展职业教育，兵团教育局抓紧职业教育布局结构调整，优化教育资源配置。各师按兵团教育局的统一部署，根据当地经济建设和社会发展对职业教育的需求，结合实际，提出了本师中等职业学校布局结构调整方案。经兵团教育局研究批准，首批调整成立了4所师中等职业技术学校：农二师华山职业技术学校、农七师奎屯职业技术学校、农九师职业技术学校、农十师北屯职业技术学校。经过调整，兵团中等职业学校数由42所减至37所。

经兵团第九次司令员办公会议研究决定，兵团建立了职业教育工作局际联席会议制度。联席会议由兵团教育局、发改委、财务局、人事局、劳动保障局和农业局6个部门组成。兵团教育局为牵头单位。联席会议统筹协调兵团职业教育工作，及时研究解决职业教育工作中的有关问题。按照加强业务指导、协调各方力量、交流情况经验、研究发展措施、督促政策落实的要求，由各成员单位负责督促、检查、指导本部门职责范围内的有关职业教育工作政策措施的落实。2004年8月2日，召开了第一次兵团职业教育工作局际联席会议。会议明确了联席会议的职能、工作规则和要求，讨论确定了各成员单位的职责。兵团教育局负责职业教育工作的统筹规划、综合协调、宏观管理，并对职业教育工作进行督促检查；兵团发改委把职业教育发展纳入国民经济和社会发展规划，作为“十一五”教育改革与发展的重要内容，制订职业教育发展规划；兵团财务局加大对职业教育的投入力度，制定出兵团职业院校学生生均经费标准，认真落实有关职业教育发展的有关优惠政策；兵团人事局积极指导和支持各类职业教育院校制定学校人事制度改革方案，主动做好相关的政策衔接工作和聘用制推行工作；兵团劳动和社会保障局认真组织做好实施职业培训工作，加强技能培训和鉴定、考核工作，进一步完善就业准入制度和职业资格证书制度。加强劳动保障就业准入的监察力度；兵团农业局配合教育局推进团场职工职业技术教育工作，积极推进“农科教结合”工作。

为进一步整合和优化兵团现有教育资源，适应经济社会快速发展对高素质人才的需要，根据《高等职业技术学校设置评估标准（暂行）》的要求，经自治区政府研究，同意成立新疆石河子职业技术学院。新疆石河子职业技术学院由石河子职工大学、石河子商业职工中等专业学校、石河子市职业中等专业学校等合并组建而成。学院隶属兵团农八师，属公办性质的高等职业技术学院。学院以高等职业技术教育为主，并可举办中等职业教育和各类职业培训。

〔**高等教育**〕　2004年5月27日，教育部批准塔里木农垦大学更名为塔里木大学。同月，教育部和兵团出台了《教育部 新疆生产建设兵团关于共建石河子大学的意见》，同意石河子大学为教育部和兵团共建高校，为促进石河子大学各项事业的改革和发展，提高教育质量和科研水平，使之成为新疆高素质人才培养、高水平科学研究以及推进高新技术发展和成果转化的重要基地提供了保障。

召开兵团普通高校加强本科教学工作会议，传达了全国普通高校加强本科教学工作会议精神，就兵团高校如何结合实际加强本科教学工作进行了探讨，在加强实践教学、双语教学、教材建设、教学管理等方面提出了可行性的措施和意见。2004年6月，教育部对石河子大学本科教学水平工作进行了评估，这是教育部对兵团高校开展的首次评估，石河子大学顺利通过了评估。

2004年，经兵团高等学校专业设置评审委员会认定，批准兵团高校新增5个专业。其中石河子大学新增审计学、化学工程与工艺专业；塔里木大学新增动植物检疫、应用化学、工商管理专业。新增专业将于2005年正式开始招生。

进一步加强高校重点实验室建设，在石河子大学正式挂牌成立了教育部与兵团共建的“新疆地方病与民族高发病实验室”和科技部与兵团共建的“绿洲生态实验室”。积极争取教育专项经费，加大对高校的教育投入，确保兵团高校办学条件的改善和科研项目的开发，提高高校的科技创新和服务能力。2004年兵团高校共有4个项目获得“教育部科学技术研究重点项目”经费资助，总经费为8万元。同时争取兵团高校重点学科经费40万元，高校英语教学改革经费10万元，农业部生态环境保护项目资金5万元。

继续实施“对口支援西部地区高等学校计划”，进一步推动兵团高校与内地高校的教育对口支援工作。经教育部批准，天津大学成为继北京大学之后第二个与石河子大学建立对口支援关系的内地高校。

兵团高校认真贯彻落实教育部、国家发展改革委、财政部、国家税务总局、国家粮食局《关于支持高等学校进一步做好学生食堂工作的若干意见》精神，认真做好在校特困生伙食补助工作，将中央拨款191万元全部用于高校在校特困生的伙食补助；同时，认真做好普通高校贫困家庭学生资助工作，帮助贫困生顺利完成学业。各高校相继成立了助学贷款管理中心，配备专人负责贫困学生助学贷款。当年共有9456人经审核具备贷款资格，其中第一批280人已与银行签订了贷款协议。

撰稿　尹若强
审稿　高继宏

香港特别行政区教育情况简介

2004年，香港经济保持了较快的增长势头。特区政府继续坚持大力投资于教育的政策，教育事业得到稳步发展。特区行政长官董建华在施政报告中指出："香港的中小学教育改革，经过教育界不断努力，成果开始显现：教育制度变得更灵活与多元化，学生更愉快和有效地学习，教师队伍的素质及专业精神都有所提高。"

据香港教育统筹局最新公布的统计数据显示，2003至2004财政年度，教育方面核准的政府经常开支和总开支分别达467亿港元和577亿港元。就读为期一年或以上长期课程的全日制及兼读制的学生人数超过150万，其中包括136 096名幼稚园学生、468 792名小学生、470 487名中学生和138 865名大专及以上学生；香港的幼稚园有728所、小学有785所，中学有501所；根据《专上学院条例》注册的专上学院有2所；提供专上课程的私立学校有12所；大学教育资助委员会资助的院校有8所；此外，还有香港演艺学院和香港公开大学。

为掌握各方面对教育改革措施的意见，香港教育统筹局在2003年9月至2004年3月进行了多项调查。调查显示，香港社会普遍认同教改带来健康新气象，支持教改的理念及措施，但是也集中反映了国民教育不足的问题。鉴此，香港教统局加强了推行国民教育工作：通过不同科目来培养学生的国民身份认同，开发各种类型的学与教资源，丰富德育及公民教育网的内容，举办国民教育巡回展览，于9月开始在全港学校实施新修订的小学常识科的课程内，加设"国民身份认同与中华文化"学习范畴。

2004年10月，教育统筹局发表《改革高中及高等教育学制——对未来的投资》咨询文件，主要内容有：大学学制由现时3年改为4年，中学由现时7年改为6年——初中3年、高中3年（简称"三三四"）；改革中学毕业考试和大学的招生机制，取消现时的中学5年后的会考和中学7年毕业后的高级考试，只在中学毕业后设一个"中学文凭考试"；大学根据学生的"中学文凭考试"成绩并参考学生中学学习历程档案、在校表现及面试等录取，适当地增加经非联招途径录取的学生的比例等。作为配合，高中课程也要进行改革，新课程包括：4门必修课即中国语文、英国语文、数学、通识教育，占总课时数45%～55%；2门选修课（包括职业导向教育课程共20门选修课，职业导向课程可为不能上大学的中学毕业生提供就业选择），占总课时数20%～30%；其他学习经历（包括德育及公民活动、社会服务、就业见习等）占总课时数15%～35%。大学加强语文和通识教育，部分院校可让学生在大学二年级再选择主修科目。

随着出生人口骤减，香港的幼稚园和中小学因生源不足面临关闭的现象越来越多。中小学校之间的招生竞争日趋激烈。结合教育改革，各界对实行小班教学进行了积极研究。大学教育资助委员会就各大学2005—2008学年的拨款定案，大部分院校资源皆面对不同程度的削减。其中以香港教育学院削减幅度最大，将于2007—2008年度削去三分之一经费。巨大的削幅引起教育界及大专院校的关注。此外，2004年7月，立法会通过《校本条例》并将于2005年生效，但是教育界对条例的有关争议并未停息。

撰稿　宋　波

审稿　丁雨秋

澳门特别行政区教育情况简介

2004年是澳门回归祖国的第五年，澳门特区政府采取了多项促进教育发展和改革的举措，使澳门教育事业迈上了一个新台阶，取得了阶段性成果，并为今后的发展奠定了坚实的基础。

据澳门特区政府高等教育辅助办公室和教育暨青年局公布的统计资料显示，2004年澳门共有高等教育机构12所，其中公立高等教育机构4所，私立高等教育机构8所。教职工2 189人，其中教学人员1 229人（本地教师655人，外聘教师574人），非教学人员944人，研究人员16人。在校生30 257人（本地生13 129人，外地生17 128人），按学制划分：全日制学生6 786人，夜间制学生5 080人，兼读制学生18 409人。按学历学位划分：攻读博士学位课程的有225人，攻读硕士学位课程的有1 349人，攻读学位后课程的有2 798人，攻读学士学位课程的有8 090人，攻读高等专科学位课程的有3 008人，攻读文凭课程的有2 644人。2004年的毕业生为8 183人。中、小、幼及特殊教育学校共94所，其中公立学校15所，私立学校79所。教师数4 331人，在校学生总数98 255人。2004年澳门的高中毕业生人数为5 523人，升读大学的人数为4 008人，升学率为72.6%。

2004年，澳门特区政府在高等教育和非高等教育领域采取了多项促进教育改革和发展的举措。特区政府行政长官何厚铧先生在施政报告中指出，高等教育是培育人才的重要基石，优质的高等教育对提升全民的综合生活素质甚为重要。为此，在高等教育领域将完善法规制度，《高等教育制度》法律修改的草案已告完成，还将草拟《高等教育评审制度》，《高等教育辅助基金》，《学位制及学分制》，《高等教育办公室组织法》等法规；采取措施确保优质教学；调整高教课程；促进对外合作；推动科研合作；推广升学辅导；优化机构条件；设立高教基金等。在非高等教育领域，澳门特区政府秉承“以优质教育创造优质生活”和“与年轻人共同创建持续成长所需要的环境”的愿景，在未来几年的教育和青少年事务中，分别以“持续进步，发展有道”和“社会支援为基，青少年需要为本”作为指导思想，藉着各种合理和可行的措施，与教育机构、教育人员和社会团体合作，因应学生和青少年的需要，共同为其成长创造更优质的环境，从而提高市民的科学和人文素质以及社会的文明水平，把澳门建设成为一个生活素质全面提高的、充满活力的文化城市。为此，将完善澳门教育制度，拓展青年服务系统；促进基础教育发展，开发多元教学模式；完善教育工作条件，创建健康成长环境；规划基础教育课程，促进创意思维发展；促进教育专业成长，提升青年工作水平；拓展学生辅助服务，建设健康校园环境；丰富终身学习资源，促进终身教育发展；拓展青年社会参与，提供优质青年服务。

历经8个月的咨询、研究和准备，2004年6月，澳门特区政府教育暨青年局草拟的《澳门特别行政区教育制度法律草案咨询意见稿》与澳门广大市民见面，将在广泛征求澳门市民意见的基础上，完成对《澳门特别行政区政府教育制度》法律的修订工作。

撰稿　张　栋

审稿　丁雨秋

台湾地区教育情况简介

2004年台湾地区的各级各类学校共有8 184所，平均每千平方公里有226.1所学校。教师274 242人，学生5 371 778人，师生比为1∶19.59。

一、台湾地区的教育分五个阶段（部分），即幼儿教育；国民教育；高级中等教育；高等教育；社会教育。

（一）幼儿教育

幼儿园3 252所，教师20 894人，学生237 155人。

（二）国民教育

1. 小学2 646所，教师102 882人，学生1 883 533人。

2. 初级中学723所，教师48 285人，学生856 927人。

（三）高级中等教育

1. 高级中学312所，教师33 643人，学生409 067人。

2. 高级职业学校161所，教师15 504人，学生326 159人。

（四）高等教育

1. 大专院校159所，教师48 649人（其中教授8 122人，副教授12 113人，助理教授8 771人，讲师15 044人，助教2 473人，其他2 126人），学生1 285 867人（其中日间部957 077人，夜间部328 152人，暑期部638人）。

2. 大学及独立学院145所，教师47 247人（其中教授8 098人，副教授12 025人，助理教授8 641人，讲师14 062人，助教2 460人，其他1 959人），学生1 054 929人（其中博士生24 409人，硕士135 992人，大学生894 528人）。

3. 高等专科学校14所，教师1 402人（其中教授24人，副教授86人，助理教授130人，讲师982人，助教13人，其他167人），学生230 938人（其中日间部155 622人，夜间部75 316人）。

（五）社会教育

1. 空中大学、补习及进修学校907所（其中补习小学326所，补习中学273所，高级进修学校230所，专科进修学校42所，空中大学及进修学院36所）。学生266 951人（其中补习小学17 071人，补习中学12 858人，高级进修学校130 751人，专科进修学校57 604人，空中大学及进修学院48 667人）。

2. 2773所小学、初中、高级职业学校、高中附设了特殊教育班、主要招收体障、启智，资赋优异，才艺优异等类别的学生。2003年在校学生94 742人（其中小学43 504人，初中34 011人，高级职业学校3 559人，高中13 650人）。

3. 特殊教育学校24所，教师1 693人，学生6 119人。

二、各级学校毕业生的升学率

小学毕业生的升学率为99.42%，初中毕业生的升学率为96.03%，高中毕业生的升学率为80.05%，高级职业学校毕业生的升学率为67.17%。

三、各级学校教师的学历

小学教师具有师范大学或师范专科学校以上学历的占99.48%（2003年）；初中教师具有大专以上学位的占99.72%；高中教师具有学士以上学位的占95.45%；高级职业学校教师具有学士以上学位的占93.52%；专科学校教师具有硕士学位的占73.11%，具有博士学位的占13.20%；大学或独立学院教师具有硕士学位的占35.22%，具有博士学位的占52.33%。

四、教育经费

2002 年台湾地区的教育总经费为6 398.77亿元新台币（4 新台币约折合 1 人民币），占国民生产毛额的 6.40%，其中教育行政部门的投入为4 380.74亿元新台币。教育总经费在各级各类学校所占的比例为：幼儿园 2.98%，小学 31.22%，初中 15.25%，高中 9.72%，高级职业学校 5.26%，专科学校 1.25%，大学及独立学院 33.72%，其他 0.60%。

五、学费

2004 年台湾地区公立大学的学费为58 714元新台币，私立大学为100 881元新台币。

六、论文

2004 年台湾地区的大学发表 SCI 论文12 313篇，国际排名第 18；SSCI 论文 674 篇，国际排名第 20。

七、留学生情况

2003 年台湾地区在美国的留学生为10 324人，在英国的留学生为6 662人。在台湾地区的外国留学生为7 844人，侨生11 393人（其中小学 311 人，初中 418 人，高中 368 人，高级职业学校 219 人，专科学校 431 人，大学或独立学院8 342人，侨大先修班1 182人，各级补习学校 122 人）。

八、高等教育的改革

近年来台湾地区教育行政部门对高等教育提出了一系列改革措施，如从管制到开放，人力培育管制的松绑，运作管制的松绑，财务自主，人事自主，学术自主；从精英教育到大众教育，鼓励私人兴学，畅通技职教育升学进路，终身学习回流教育；从分流到合流，技职教育与一般教育的分流与合流，师资培育从一元到多元等。

九、未来高等教育的发展

台湾教育行政部门负责人最近表示，未来台湾地区的高等教育将在如下几个方面进行改革：

1. 高等教育运作体制的调整

公立大学法人化；公教分离；高等教育审议机制的建立；大学评鉴及专责机构的建立。

2. 高等教育资源的整合

大学整并；大学分类发展；引进民间资源。

3. 高等教育品质的提升

要求各校制定改善教学品质提升之配套措施，定期实施教师教学评鉴，结果列为教师续聘与否之参据；鼓励各校制定教师教学服务奖励措施，激励教师认真教学；全面推动大专学生英语能力检测，提升学生英语能力；逐步研发学生基本能力标准，订定毕业生应有之条件与门栏，提高毕业生水准。

4. 高等教育与产业之配合

弹性人力培育机制的建立；推动产学合作；毕业生就业率之提升。

5. 加速高等教育国际化

发展国际一流大学与顶尖研究中心；扩大招收外国学生；鼓励精英留学；全面提升大学生外语能力；营造国际化大学校园。

撰稿　张　栋

审稿　丁雨秋

文件选编

中共中央 国务院关于进一步加强和改进未成年人思想道德建设的若干意见

（2004年2月26日）

为深入贯彻落实党的十六大精神，适应新形势、新任务的要求，全面提高未成年人的思想道德素质，现就进一步加强和改进未成年人思想道德建设，提出如下意见。

一、加强和改进未成年人思想道德建设是一项重大而紧迫的战略任务

（一）未成年人是祖国未来的建设者，是中国特色社会主义事业的接班人。目前，我国18岁以下的未成年人约有3.67亿。他们的思想道德状况如何，直接关系到中华民族的整体素质，关系到国家前途和民族命运。高度重视对下一代的教育培养，努力提高未成年人思想道德素质，是我们党的优良传统，是党和国家事业后继有人的重要保证。十三届四中全会以来，以江泽民同志为核心的第三代中央领导集体，坚持“两手抓、两手都要硬”的战略方针，采取一系列重大举措，在全面推进社会主义精神文明建设中，切实加强未成年人思想道德建设。十六大以来，以胡锦涛同志为总书记的党中央，从全面建设小康社会的战略高度，对新世纪新阶段进一步加强和改进未成年人思想道德建设提出了明确要求，作出了新的重要部署。各地区各部门认真贯彻中央要求，坚持以邓小平理论和“三个代表”重要思想指导未成年人思想道德建设，深入进行爱国主义、集体主义、社会主义和中华民族精神教育，大力加强公民道德教育，切实改进学校德育工作，广泛开展精神文明创建活动和形式多样的社会实践、道德实践活动，积极营造有利于未成年人健康成长的良好舆论氛围和社会环境，广大未成年人的综合素质不断提高。热爱祖国、积极向上、团结友爱、文明礼貌是当代中国未成年人精神世界的主流。

（二）面对国际国内形势的深刻变化，未成年人思想道德建设既面临新的机遇，也面临严峻挑战。我国对外开放的进一步扩大，为广大未成年人了解世界、增长知识、开阔视野提供了更加有利的条件。与此同时，国际敌对势力与我争夺接班人的斗争也日趋尖锐和复杂，他们利用各种途径加紧对我未成年人进行思想文化渗透，某些腐朽没落的生活方式对未成年人的影响不能低估。我国社会主义市场经济的深入发展，社会经济成分、组织形式、就业方式、利益关系和分配方式的日益多样化，为未成年人的全面发展创造了更加广阔的空间，与社会进步相适应的新思想新观念正在丰富着未成年人的精神世界。与此同时，一些领域道德失范，诚信缺失、假冒伪劣、欺骗欺诈活动有所蔓延；一些地方封建迷信、邪教和黄赌毒等社会丑恶现象沉渣泛起，成为社会公害；一些成年人价值观发生扭曲，拜金主义、享乐主义、极端个人主义滋长，以权谋私等消极腐败现象屡禁不止等等，也给未成年人的成长带来不可忽视的负面影响。互联网等新兴媒体的快速发展，给未成年人学习和娱乐开辟了新的渠道。与此同时，腐朽落后文化和有害信息也通过网络传播，腐蚀未成年人的心灵。在各种消极因素影响下，少数未成年人精神空虚、行为失范，有的甚至走上违法犯罪的歧途。这些新情况新问题的出现，使未成年人思想道德建设面临一系列新课题。

（三）面对新的形势和任务，未成年人思想道德建设工作还存在许多不适应的地方和亟待加强的薄弱环节。一些地方和部门的领导对这项工作认识不足，重视不够，没有真正担负起领导责任；全社会关心和支持未成年人思想道德建设的风气尚未全面形成，还存在种种不利于未成年人健康成长的社会环境和消极因素；学校教育中重智育轻德育、重课堂教学轻社会实践的现象依然存在，推进素质教育的任务艰巨，教师职业道德建设有待进一步加强；随着人员流动性加大，一些家庭放松了对子女的教育，一些家长在教育子女尤其是独生子女的观念和方法上存在误区，给未成年人教育带来新的问题；未成年人思想道德建设在体制机制、思想观念、内容形式、方法手段、队伍建设、经费投入、政策措施等方面还有许多与时代要求不相适应的地方。这些问题应当引起足够重视，并采取有效措施加以解决。

（四）实现中华民族的伟大复兴，需要一代又一代人的不懈努力。从未成年人抓起，培养和造就千千万万具有高尚思想品质和良好道德修养的合格建设者和接班人，既是一项长远的战略任务，又是一项紧迫的现实任务。我们要从确保党的事业后继有人和社会主义事业兴旺发达的战略高度，从全面建设小康社会和实现中华民族伟大复兴的全局高度，从树立和落实科学发展观，坚持以人为本，执政为民的高度，充分认识加强和改进未成年人思想道德建设的重要性和紧迫性，适应新形势新任务的要求，积极应对挑战，加强薄弱环节，在巩固已有成果的基础上，采取扎实措施，努力开创未成年人思想道德建设工作的新局面。

二、加强和改进未成年人思想道德建设的指导思想、基本原则和主要任务

（五）当前和今后一个时期，加强和改进未成年人思想道德建设的指导思想是：坚持以马克思列宁主义、毛泽东思想、邓小平理论和“三个代表”重要思想为指导，深入贯彻十六大精神，全面落实《爱国主义教育实施纲要》、《公民道德建设实施纲要》，紧密结合全面建设小康社会的实际，针对未成年人身心成长的特点，积极探索新世纪新阶段未成年人思想道德建设的规律，坚持以人为本，教育和引导未成年人树立中国特色社会主义的理想信念和正确的世界观、人生观、价值观，养成高尚的思想品质和良好的道德情操，努力培育有理想、有道德、有文化、有纪律的，德、智、体、美全面发展的中国特色社会主义事业建设者和接班人。

（六）加强和改进未成年人思想道德建设要遵循以下原则：(1) 坚持与培育“四有”新人的目标相一致、与社会主义市场经济相适应、与社会主义法律规范相协调、与中华民族传统美德相承接的原则。既要体现优良传统，又要反映时代特点，始终保持生机与活力。(2) 坚持贴近实际、贴近生活、贴近未成年人的原则。既要遵循思想道德建设的普遍规律，又要适应未成年人身心成长的特点和接受能力，从他们的思想实际和生活实际出发，深入浅出，寓教于乐，循序渐进。多用鲜活通俗的语言，多用生动典型的事例，多用喜闻乐见的形式，多用疏导的方法、参与的方法、讨论的方法，进一步增强工作的针对性和实效性，增强吸引力和感染力。(3) 坚持知与行相统一的原则。既要重视课堂教育，更要注重实践教育、体验教育、养成教育，注重自觉实践、自主参与，引导未成年人在学习道德知识的同时，自觉遵循道德规范。(4) 坚持教育与管理相结合的原则。不断完善思想道德教育与社会管理、自律与他律相互补充和促进的运行机制，综合运用教育、法律、行政、舆论等手段，更有效地引导未成年人的思想，规范他们的行为。

（七）未成年人思想道德建设的主要任务是：(1) 从增强爱国情感做起，弘扬和培育以爱国主义为核心的伟大民族精神。深入进行中华民族优良传统教育和中国革命传统教育、中国历史特别是近现代史教育，引导广大未成年人认识中华民族的历史和传统，了解近代以来中华民族的深重灾难和中国人民进行的英勇斗争，从小树立民族自尊心、自信心和自豪感。(2) 从确立远大志向做起，树立和培育正确的理想信念。进行中国革命、建设和改革开放的历史教育与国情教育，引导广大未成年人正确认识社会发展规律，正确认识国家的前途和命运，把个人的成长进步同中国特色社会主义伟大事业、同祖国的繁荣富强紧密联系在一起，为担负起建设祖国、振兴中华的光荣使命做好准备。(3) 从规范行为习惯做起，培养良好道德品质和文明行为。大力普及“爱国守法、明礼诚信、团结友善、勤俭自强、敬业奉献”的基本道德规范，积极倡导集体主义精神和社会主义人道主义精神，引导广大未成年人牢固树立心中有祖国、心中有集体、心中有他人的意识，懂得为人做事的基本道理，具备文明生活的基本素养，学会处理人与人、人与社会、人与自然等基本关系。(4) 从提高基本素质做起，促进未成年人的全面发展。努力培育未成年人的劳动意识、创造意识、效率意识、环境意识和进取精神、科学精神以及民主法制观念，增强他们的动手能力、自主能力和自我保护能力，引导未成年人保持蓬勃朝气、旺盛活力和昂扬向上的精神状态，激励他们勤奋学习、大胆实践、勇于创造，使他们的思想道德素质、科学文化素质和健康素质得到全面提高。

三、扎实推进中小学思想道德教育

（八）学校是对未成年人进行思想道德教育的主渠道，必须按照党的教育方针，把德育工作摆在素质教育的首要位置，贯穿于教育教学的各个环节。要把弘扬和培育民族精神作为思想道德建设极为重要的任务，纳入中小学教育的全过程。

加快中小学思想品德、思想政治课的改进和建设，充分利用和整合各种德育资源，深入研究中小学生思想品德形成的规律和特点，把爱国主义教育、革命传统教育、中华传统美德教育和民主法制教育有机统一于教材之中，并保证占有适当分量，努力构建适应21世纪发展需要的中小学德育课程体系。积极改进中小学思想品德、思想政治课教学方法和形式，采用未成年人喜闻乐见、生动活泼的方式进行教学，把传授知识同陶冶情操、养成良好的行为习惯结合起来。要积极探索实践教学和学生参加社会实践、社区服务的有效机制，建立科学的学生思想道德行为综合考评制度。要因地制宜，积极开展各种富有趣味性的课外文化体育活动、怡情益智的课外兴趣小组活动和力所能及的公益性劳动，培养劳动观念和创新意识，丰富课外生活。要加强心理健康教育，培养学生良好的心理品质。要把思想品德教育与法制教育紧密结合起来，使二者有机统一，相辅相成。要在中小学生中广泛开展“珍惜生命、远离毒品”教育和崇尚科学文明、反对迷信邪教教育，坚决防止毒品、邪教进校园。要加强工读学校建设，对有不良行为的未成年人进行矫治和帮助。

要采取坚决措施，改革课程设置、教材和教学方法，切实减轻中小学生的课业负担，为加强学生思想道德建设，增强创新精神和实践能力，培育德、智、体、美全面发展的社会主义事业接班人创造良好条件。

（九）要依据不同年龄段学生的特点，抓紧修订和完善中小学生《守则》和日常行为规范。对小学生重点是规范其基本言行，培养良好习惯。对中学生重点是加强爱祖国、爱人民、爱劳动、爱科学、爱社会主义教育，引导他们树立正确的理想信念和世界观、人生观、价值观。制定和推行行为规范，要以促进学生全面发展为出发点和落脚点，反映时代和社会进步的要求，体现对学生的尊重与信任，引导学生自觉遵纪守法。

（十）切实加强教师职业道德建设。学校全体教职员工要树立育人为本的思想，认真贯彻《中华人民共和国教育法》、《中华人民共和国教师法》和《中小学教师职业道德规范》，热爱学生，言传身教，为人师表，教书育人，以高尚的情操引导学生德、智、体、美全面发展。教育行政部门和学校要制定和完善有关规章制度，调动全体教师的工作积极性与责任感，充分发挥广大教师在全面推进素质教育进程中的主力军作用。要完善学校的班主任制度，高度重视班主任工作，选派思想素质好、业务水平高、奉献精神强的优秀教师担任班主任。学校各项管理工作、服务工作也要明确育人职责，做到管理育人、服务育人。

四、充分发挥共青团和少先队在未成年人思想道德建设中的重要作用

（十一）加强中学团组织建设，把中学共青团工作纳入学校素质教育的总体布局，推荐优秀青年教师做团的工作。要办好中学生业余团校，配合学校党组织办好高中生业余党校，在确保质量、坚持标准的前提下，做好在高中生中择优培养发展党员的工作。加强对中学学生会工作的指导，更好地发挥他们的作用。

（十二）把少先队工作纳入教育发展规划，把对少先队工作的指导、检查、考核纳入教育行政部门的督导、评估范畴。各级共青团组织和教育行政部门的有关负责同志要参与同级少先队工作委员会工作。中小学校党组织和行政部门要积极支持少先队开展活动，并选派优秀青年教师担任少先队辅导员，把少先队辅导员培训纳入师资培训体系。要建立和完善校外辅导员制度，选聘热心少先队工作、有责任心、有能力、有经验的人士担任校外志愿辅导员。少先队小干部要实行民主选举，定期轮流任职。共青团组织和教育、民政等部门要密切协作，积极推进社区少工委建设，扩大少先队工作的覆盖面。

五、重视和发展家庭教育

（十三）家庭教育在未成年人思想道德建设中具有特殊重要的作用。要把家庭教育与社会教育、学校教育紧密结合起来。各级妇联组织、教育行政部门和中小学校要切实担负起指导和推进家庭教育的责任。要与社区密切合作，办好家长学校、家庭教育指导中心，并积极运用新闻媒体和互联网，面向社会广泛开展家庭教育宣传，普及家庭教育知识，推广家庭教育的成功经验，帮助和引导家长树立正确的家庭教育观念，掌握科学的家庭教育方法，提高科学教育子女的能力。充分发挥各类家庭教育学术团体的作用，针对家庭教育中存在的突出问题，积极开展科学研究，为指导家庭教育工作提供理论支持和决策依据。

（十四）党政机关、企事业单位和社区、村镇等城乡基层单位，要关心职工、居民的家庭教育问题，教育引导职工、居民重视对子女特别是学龄前儿童的思想启蒙和道德品质培养，支持子女参与道德实践活动。注意加强对成年人的思想道德教育，引导家长以良好的思想道德修养为子女作表率。要把家庭教育的情况作为评选文明职工、文明家庭的重要内容。特别要关心单亲家庭、困难家庭、流动人口家庭的未成年子女教育，为他们提供指导和帮助。

要高度重视流动人口家庭子女的义务教育问题。进城务工就业农民流入地政府要建立和完善保障进城务工就业农民子女接受义务教育的工作制度和机制。流出地政府要积极配合做好各项服务工作。民政部门及其所属的儿童福利机构和流浪儿童救助保护机构，要按照《中华人民共和国未成年人保护法》等有关法律法规的要求，做好孤残儿童合法权益的保护工作和流浪儿童的救助保护工作。

六、广泛深入开展未成年人道德实践活动

（十五）思想道德建设是教育与实践相结合的过程。要按照实践育人的要求，以体验教育为基本途径，区分不同层次未成年人的特点，精心设计和组织开展内容鲜活、形式新颖、吸引力强的道德实践活动。各种道德实践活动都要突出思想内涵，强化道德要求，并与丰富多彩的兴趣活动和文体活动结合起来，注意寓教于乐，满足兴趣爱好，使未成年人在自觉参与中思想感情得到熏陶，精神生活得到充实，道德境界得到升华。

面向中小学生开展的活动，要经教育行政部门或学校党团队组织统一协调和部署，把学生安全和社会效益放在首位。要采取多种手段，支持中西部地区和农村开展未成年人道德实践活动。

（十六）各种法定节日，传统节日，革命领袖、民族英雄、杰出名人等历史人物的诞辰和逝世纪念日，建党纪念日、红军长征、辛亥革命等重大历史事件纪念日，“九一八”、“南京大屠杀”等国耻纪念日，以及未成年人的入学、入队、入团、成人宣誓等有特殊意义的重要日子，都蕴藏着宝贵的思想道德教育资源。要抓住时机，整合资源，集中开展思想道德主题宣传教育活动。要组织丰富多彩的主题班会、队会、团会，举行各种庆祝、纪念活动和必要的仪式，引导未成年人弘扬民族精神，增进爱国情感，提高道德素养。每年的“公民道德宣传日”，在面向社会公众开展道德教育的同时，要注意组织好面向未成年人的宣传教育活动。要丰富未成年人节假日参观、旅游活动的思想道德内涵，精心组织夏令营、冬令营、革命圣地游、红色旅游、绿色旅游以及各种参观、瞻仰和考察等活动，把深刻的教育内容融入到生动有趣的课外活动之中，用祖国大好风光、民族悠久历史、优良革命传统和现代化建设成就教育未成年人。

要运用各种方式向广大未成年人宣传介绍古今中外的杰出人物、道德楷模和先进典型，激励他们崇尚先进、学习先进。通过评选三好学生、优秀团员和少先队员、先进集体等活动，为未成年人树立可亲、可信、可敬、可学的榜样，让他们从榜样的感人事迹和优秀品质中受到鼓舞、汲取力量。

七、加强以爱国主义教育基地为重点的未成年人活动场所建设、使用和管理

（十七）充分发挥爱国主义教育基地对未成年人的教育作用。各类博物馆、纪念馆、展览馆、烈士陵园等爱国主义教育基地，要创造条件对全社会开放，对中小学生集体参观一律实行免票，对学生个人参观可实行半票。要采取聘请专业人才、招募志愿者等方式建立专兼职结合的辅导员队伍，为未成年人开展参观活动服务。

（十八）要加强青少年宫、儿童活动中心等未成年人专门活动场所建设和管理。已有的未成年人专门活动场所，要坚持把社会效益放在首位，坚持面向未成年人、服务未成年人的宗旨，积极开展教育、科技、文化、艺术、体育等未成年人喜闻乐见的活动，把思想道德建设内容融于其中，充分发挥对未成年人的教育引导功能。要深化内部改革，增强自身发展活力，不断提高社会服务水平。同时，各级政府要把未成年人活动场所建设纳入当地国民经济和社会事业发展总体规划。大城市要逐步建立布局合理、规模适当、功能配套的市、区、社区未成年人活动场所。中小城市要因地制宜重点建好市级未成年人活动场所。有条件的城市要辟建少年儿童主题公园。经过3至5年的努力，要做到每个县都有一所综合性、多功能的未成年人活动场所。各地在城市建设、旧城改造、住宅新区建设中，要配套建设可向未成年人开放的基层活动场所，特别是社区活动场所。有关部门要对已建的未成年人活动场所进行认真清理整顿，名不副实的要限期改正，被挤占、挪用、租借的要限期退还。图书馆、文化馆（站）、体育场（馆）、科技馆、影剧院等场所，也要发挥教育阵地的作用，积极主动地为未成年人开展活动创造条件。

（十九）属于公益性文化事业的未成年人校外活动场所建设和运行所需资金，地方各级人民政府要予以保证，中央可酌情对全国重点爱国主义教育基地以及中西部地区和贫困地区的未成年人活动设施建设，予以一定补助。要在国家彩票公益金中安排一定数额资金，用于未成年人活动场所建设。国家有关部门和地方各级人民政府要制定优惠政策，吸纳社会资金，鼓励、支持社会力量兴办未成年人活动场所。

八、积极营造有利于未成年人思想道德建设的社会氛围

（二十）各类大众传媒都要增强社会责任感，把推动未成年人思想道德教育作为义不容辞的职责，为加强和改进未成年人思想道德建设创造良好舆论氛围。要发挥各自优势，积极制作、刊播有利于未成年人身心健康的公益广告，增加数量，提高质量，扩大影响。各级电台、电视台都要开设和办好少儿专栏或专题节目。中央电视台要进一步办好少儿频道，各地要切实抓好中央电视台少儿频道的落地、覆盖工作。省（区、市）和副省级城市电视台要创造条件逐步开设少儿频道。少儿节目要符合少年儿童的欣赏情趣，适应不同年龄层次少年儿童的欣赏需求，做到知识性、娱乐性、趣味性、教育性相统一。各类报刊要热心关注未成年人思想道德建设，加强宣传报道。面向未成年人的报纸、刊物和其他少儿读物，要把向未成年人提供更好的精神食粮作为自己的神圣职责，努力成为未成年人开阔眼界、提高素质的良师益友和陶冶情操、愉悦身心的精神园地。

加强少年儿童影视片的创作生产，积极扶持国产动画片的创作、拍摄、制作和播出，逐步形成具有民族特色、适合未成年人特点、展示中华民族优良传统的动画片系列。积极探索与社会主义市场经济发展相适应的少年儿童电影发行、放映工作新路子，形成少年儿童电影的发行放映院线。

（二十一）各类互联网站都要充分认识所肩负的社会责任，积极传播先进文化，倡导文明健康的网络风气。重点新闻网站和主要教育网站要发挥主力军作用，开设未成年人思想道德教育的网页、专栏，组织开展各种形式的网上思想道德教育活动。在有条件的校园和社区内，要有组织地建设一批非营业性的互联网上网服务场所，为未成年人提供健康有益的绿色网上空间。信息产业等有关部门要制定相关政策，积极推进这项工作。学校要加强对校园网站的管理，规范上网内容，充分发挥其思想道德教育的功能。要遵循网络特点和网上信息传播规律，充分考虑未成年人的兴趣爱好，加强网上正面宣传，唱响主旋律，打好主动仗，为广大未成年人创造良好的网络文化氛围。

（二十二）要充分考虑未成年人成长进步的需求，精心策划选题，创作、编辑、出版并积极推荐一批知识性、趣味性、科学性强的图书、报刊、音像制品和电子出版物等未成年人读物和视听产品。有关部门要继续做好面向未成年人的优秀影片、歌曲和图书的展演、展播、推介工作，使他们在学习娱乐中受到先进思想文化的熏陶。要积极鼓励、引导、扶持软件开发企业，开发和推广弘扬民族精神、反映时代特点、有益于未成年人健康成长的游戏软件产品。要积极推进全国文化信息资源共享工程建设，让健康的文化信息资源通过网络进入校园、社区、乡村、家庭，丰富广大未成年人的精神文化生活。

（二十三）要积极推动少儿文化艺术繁荣健康发展。加强少儿文艺创作、表演队伍建设，注重培养少儿文艺骨干力量。鼓励作家、艺术家肩负起培养和教育下一代的历史责任，多创作思想内容健康、富有艺术感染力的少儿作品。加大政府对少儿艺术演出的政策扶持力度，增强少儿艺术表演团体发展活力。文化、教育、共青团、妇联、文联、作协等有关职能部门和人民团体要认真履行各自的职责，党委宣传部门要加强指导协调，大力繁荣和发展少儿文化艺术。

九、净化未成年人的成长环境

（二十四）坚持不懈地开展“扫黄”“打非”斗争，加强文化市场监管，坚决查处传播淫秽、色情、凶杀、暴力、封建迷信和伪科学的出版物。严格审查面向未成年人的游戏软件内容，查处含有诱发未成年人违法犯罪行为和恐怖、残忍等有害内容的游戏软件产品。制定相关法规，加强对玩具、饰品制作销售的监管，坚决查处宣扬色情和暴力的玩具、饰品。严格未成年人精神文化产品的进口标准，严把进口关，既要有选择地把世界各国的优秀文化产品介绍进来，又要防止境外有害文化的侵入。

（二十五）加强对互联网上网服务营业场所和电子游戏经营场所的管理。严格执行《互联网上网服务营业场所管理条例》，要按照取缔非法、控制总量、加强监管、完善自律、创新体制的要求，切实加强对网吧的整治和管理。认真落实未成年人不得进入营业性网吧的规定，落实在网吧终端设备上安装封堵色情等不健康内容的过滤软件，有效打击违法行为。推广绿色上网软件，为家长监管未成年人在家庭中的上网行为提供有效技术手段。各有关部门要依法治理利用电子邮件、手机短信等远程通信工具和群发通信传播有害信息、危害未成年人身心健康的违法行为。

加强对营业性歌舞娱乐场所、电子游艺厅、录像厅等社会文化场所的管理。认真落实《互联网上网服务营业场所管理条例》和国务院办公厅转发文化部等部门《关于开展电子游戏经营场所专项治理意见的通知》、《关于开展网吧等互联网上网服务营业场所专项整治意见的通知》规定，进一步优化校园周边环境，中小学校园周边200米内不得有互联网上网服务营业场所和电子游戏经营场所，不得在可能干扰学校教学秩序的地方设立经营性娱乐场所。

十、切实加强对未成年人思想道德建设工作的领导

（二十六）各级党委和政府要把加强和改进未成年人思想道德建设作为一项事关全局的战略任务，纳入经济社会发展总体规划，列入重要议事日程，切实加强和改善领导。要形成党委统一领导、党政群齐抓共管、文明委组织协调、有关部门各负其责、全社会积极参与的领导体制和工作机制。地方各级党委主要负责同志要负起政治责任，经常分析未成年人思想道德状况，及时了解未成年人思想道德建设工作情况，认真研究解决重大问题。各级政府要把未成年人思想道德建设摆在重要位置，狠抓措施的落实；要给予必要的财力支持，并随着财政收入的增长逐步加大支持力度。

（二十七）中央精神文明建设指导委员会负责指导全国未成年人思想道德建设工作，督促检查各地区各部门贯彻落实中央关于加强和改进未成年人思想道德建设工作部署的情况，组织协调各有关部门和社会各方面共同做好未成年人思想道德建设工作。各地文明委要在同级党委领导下，担负起相应责任。要采取切实措施，充实和加强各级文明委的办事机构，搞好思想建设、组织建设和作风建设，使其更好地履行职能，发挥作用。各级宣传、教育、文化、体育、科技、广播影视、新闻出版、信息产业、民政、公安、海关、财政、税务等部门，共青团和工会、妇联等群团组织，在加强和改进未成年人思想道德建设中担负着重要责任，要结合业务工作，发挥各自优势，明确职责，密切配合，形成合力。要加强对未成年人成长规律的科学研究，为做好未成年人思想道德建设工作提供科学依据。要充分发挥民主党派、工商联和无党派人士在未成年人思想道德建设中的作用。

（二十八）要建立健全学校、家庭、社会相结合的未成年人思想道德教育体系，使学校教育、家庭教育和社会教育相互配合，相互促进。城市社区、农村乡镇和村民委员会，以及其他一切基层组织要切实担负起加强未成年人思想道德建设的社会责任，整合利用各种教育资源和活动场所，开展富有吸引力的思想教育和文体活动，真正把教育引导未成年人的工作落实到基层。要把为未成年人健康成长创造良好社会环境作为创建文明城市、文明社区、文明村镇、文明单位的重要内容。各级党委、政府和社会各界都要认真贯彻《中华人民共和国未成年人保护法》，切实维护未成年人的合法权益。要着力建设好中小学及幼儿园教师队伍，各类文化市场管理队伍，青少年宫、博物

馆、爱国主义教育基地等各类文化教育设施辅导员队伍，老干部、老战士、老专家、老教师、老模范等“五老”队伍，形成一支专兼结合、素质较高、人数众多、覆盖面广的未成年人思想道德建设工作队伍。要重视关心下一代工作委员会的工作，支持他们为加强和改进未成年人思想道德建设贡献力量。

加强和改进未成年人思想道德建设，是全党全社会的共同任务。各有关部门和社会各有关方面，都要大力弘扬求真务实精神，大兴求真务实之风，根据各自担负的职责和任务，采取有效措施，狠抓贯彻落实，勇于开拓创新，注重工作实效，切实把加强和改进未成年人思想道德建设的各项工作落到实处。

中共中央　国务院关于进一步加强和改进大学生思想政治教育的意见（节选）

（2004年8月6日）

《意见》分九个部分：一、加强和改进大学生思想政治教育是一项重大而紧迫的战略任务；二、加强和改进大学生思想政治教育的指导思想和基本原则；三、加强和改进大学生思想政治教育的主要任务；四、充分发挥课堂教学在大学生思想政治教育中的主导作用；五、努力拓展新形势下大学生思想政治教育的有效途径；六、充分发挥党团组织在大学生思想政治教育中的重要作用；七、大力加强大学生思想政治教育工作队伍建设；八、努力营造大学生思想政治教育工作的良好社会环境；九、切实加强对大学生思想政治教育工作的领导。

《意见》指出，大学生是十分宝贵的人才资源，是民族的希望，是祖国的未来。加强和改进大学生思想政治教育，提高他们的思想政治素质，把他们培养成中国特色社会主义事业的建设者和接班人，对于全面实施科教兴国和人才强国战略，确保我国在激烈的国际竞争中始终立于不败之地，确保实现全面建设小康社会、加快推进社会主义现代化的宏伟目标，确保中国特色社会主义事业兴旺发达、后继有人，具有重大而深远的战略意义。

《意见》指出，当代大学生思想政治状况的主流积极、健康、向上。他们热爱党，热爱祖国，热爱社会主义，坚决拥护党的路线方针政策，高度认同邓小平理论和“三个代表”重要思想，充分信赖以胡锦涛同志为总书记的党中央，对坚持走中国特色社会主义道路、实现全面建设小康社会的宏伟目标充满信心。同时强调，国际国内形势的深刻变化，使大学生思想政治教育既面临有利条件，也面临严峻挑战。面对新形势、新情况，大学生思想政治教育工作还不够适应，存在不少薄弱环节。加强和改进大学生思想政治教育是一项极为紧迫的重要任务。

《意见》指出，加强和改进大学生思想政治教育的指导思想是：坚持以马克思列宁主义、毛泽东思想、邓小平理论和“三个代表”重要思想为指导，深入贯彻党的十六大精神，全面落实党的教育方针，紧密结合全面建设小康社会的实际，以理想信念教育为核心，以爱国主义教育为重点，以思想道德建设为基础，以大学生全面发展为目标，解放思想、实事求是、与时俱进，坚持以人为本，贴近实际、贴近生活、贴近学生，努力提高思想政治教育的针对性、实效性和吸引力、感染力，培养德智体美全面发展的社会主义合格建设者和可靠接班人。加强和改进大学生思想政治教育的基本原则是：坚持教书与育人相结合；坚持教育与自我教育相结合；坚持政治理论教育与社会实践相结合；坚持解决思想问题与解决实际问题相结合；坚持教育与管理相结合；坚持继承优良传统与改进创新相结合。

《意见》指出，加强和改进大学生思想政治教育的主要任务，一是以理想信念教育为核心，深入进行树立正确的世界观、人生观和价值观教育。要坚持不懈地用马克思列宁主义、毛泽东思想、邓小平理论和“三个代表”重要思想武装大学生，深入开展党的基本理论、基本路线、基本纲领和基本经验教育，开展中国革命、建设和改革开放的历史教育，开展基本国情和形势政策教育，开展科学发展观教育，使大学生正确认识社会发展规律，认识国家的前途命运，认识自己的社会责任，确立在中国共产党领导下走中国特色社会主义道路、实现中华民族伟大复兴的共同理想和坚定信念。同时，要积极引导大学生不断追求更高的目标，使他们中的先进分子树立共产主义的远大理想，确立马克思主义的坚定信念。二是以爱国主义教育为重点，深入进行弘扬和培育民族精神教育。要把民族精神教育与以改革创新为核心的时代精神教育结合起来，引导大学生在中国特色社会主义事业的伟大实践中，在时代和社会的发展进步中汲取营养，培养爱国情怀、改革精神和创新能力，始终保持艰苦奋斗的作风和昂扬向上的精神状态。三是以基本道德规范为基础，深入进行公民道德教育。要引导大学生自觉遵守爱国守法、明礼诚信、团结友善、勤俭自强、敬业奉献的基本道德规范。四是以大学生全面发展为目标，深入进行素质教育，促进大学生思想道德素质、科学文化素质和健康素质协调发展，引导大学生勤于学习、善于创造、甘于奉献，成为有理想、有道德、有文化、有纪律的社会主义新人。

《意见》指出，高等学校思想政治理论课是大学生思想政治教育的主渠道。要按照充分体现当代马克思主义最新成果的要求，全面加强思想政治理论课的学科建设、课程建设、教材建设和教师队伍建设，进一步推动邓小平理论和“三个代表”重要思想进教材、进课堂、进大学生头脑工作。要联系改革开放和社会主义现代化建设的实际，联系大学生的思想实际，把传授知识与思想教育结合起来，把系统教学与专题教育结合起来，把理论武装与实践育人结合起来，切实改革教学内容，改进教学方法，改善教学手段。高等学校哲学社会科学课程负有思想政治教育的重要职责。要坚持和巩固马克思主义在意识形态领域的指导地位，在哲学社会科学教学中充分体现马克思主义中国化的最新成果，用科学理论武装大学生，用优秀文化培育大学生。高等学校各门课程都具有育人功能，所有教师都负有育人职责。广大教师要以高度负责的态度，率先垂范、言传身教，以良好的思想、道德、品质和人格给大学生以潜移默化的影响。要把思想政治教育融入到大学生专业学习的各个环节，渗透到教学、科研和社会服务各个方面。要深入发掘各类课程的思想政治教育资源，在传授专业知识过程中加强思想政治教育，使学生在学习科学文化知识过程中，自觉加强思想道德修养，提高政治觉悟。

《意见》指出，要积极探索和建立社会实践与专业学习相结合、与服务社会相结合、与勤工助学相结合、与择业就业相结合、与创新创业相结合的管理体制。认真组织大学生参加军政训练、社会调查、生产劳动、志愿服务、公益活动、科技发明和勤工助学等实践活动，使大学生在社会实践活动中受教育、长才干、作贡献，增强社会责任感。要建设体现社会主义特点、时代特征和学校特色的校园文化，形成优良的校风、教风和学风。大力加强大学生文化素质教育，开展丰富多彩、积极向上的学术、科技、体育、艺术和娱乐活动，把德育与智育、体育、美育有机结合起来，寓教育于文化活动之中。坚决抵制各种有害文化和腐朽生活方式对大学生的侵蚀和影响。全面加强校园网的建设，使网络成为弘扬主旋律、开展思想政治教育的重要手段。要开展深入细致的思想政治工作和心理健康教育。高等学校要从严治教，加强管理，改善办学条件，提高教育教学质量，为大学生成长成才创造条件。要加强对经济困难大学生的资助工作，以政府投入为主，多方筹措资金，不断完善资助政策和措施，形成以国家助学贷款为主体，包括助学奖学金、勤工助学基金、特殊困难补助和学费减免在内的助学体系，帮助经济困难大学生完成学业。要帮助大学生树立正确的就业观念，进一步建立健全大学生就业指导机构和就业信息服务系统，提供高效优质的就业创业服务。

《意见》指出，要发挥党的政治优势和组织优势，高度重视学生党员发展工作，坚持标准，保证质量，把优秀大学生吸纳到党的队伍中来。对大学生党员要加强党员先进性教育，使他们严格要求自己，提高党性修养，充分发挥在大学生思想政治教育中的骨干带头作用和先锋模范作用。要坚持把党支部建在班上，努力实现本科学生班级“低年级有党员、高年级有党支部”的目标。创新学生党支部活动方式，增强凝聚力和战斗力，使其成为开展思想政治教育的坚强堡垒。高度重视研究生党组织建设，切实加强研究生思想政治教育。要发挥共青团和学生组织作用，推进大学生思想政治教育。高等学校团组织要把加强大学生思想政治教育工作摆在突出位置，充分发挥在教育、团结和联系大学生方面的优势，竭诚为大学生的成长成才服务。要切实加强团的组织建设，选拔优秀青年党员教师做团的工作，保证高校共青团组织机构设置和人员配备。学生会、研究生会要自觉接受党的领导，在共青团指导下，开展生动有效的思想政治教育活动，把广大学生紧密团结在党的周围，更好地发挥桥梁和纽带作用。要着力加强班级集体建设，组织开展丰富多彩的主题班会等活动，发挥团结学生、组织学生、教育学生的职能。要加强对大学生社团的领导和管理，高度重视大学生生活社区、学生公寓、网络虚拟群体等新型大学生组织的思想政治教育工作，发挥大学生自身的积极性和主动性，增强教育效果。

《意见》指出，思想政治教育工作队伍是加强和改进大学生思想政治教育的组织保证。大学生思想政治教育工作队伍主体是学校党政干部和共青团干部，思想政治理论课和哲学社会科学课教师，辅导员和班主任。要采取切实措施，培养一批坚持以马克思主义为指导，理论功底扎实，勇于开拓创新，善于联系实际，老中青相结合的哲学社会科学学科带头人和教学骨干队伍，使他们在大学生思想政治教育中发挥更大的作用。所有从事大学生思想政治教育的人员，都要坚持正确的政治方向，加强思想道德修养，增强社会责任感，成为大学生健康成长的指导者和引路人。

要完善大学生思想政治教育工作队伍的选拔、培养和管理机制。要加强思想政治教育学科建设，培养思想政治教育工作专门人才。实施大学生思想政治教育队伍人才培养工程，建立思想政治教育人才培养基地。要建立完善大学生思想政治教育专职队伍的激励和保障机制。完善思想政治教育队伍的专业职务系列，从思想政治教育专职队伍的实际出发，解决好他们的教师职务聘任问题，鼓励支持他们安心本职工作，成为思想政治教育方面的专家。要采取有力措施，着力建设一支高水平的辅导员、班主任队伍，学校要从政治上、工作上、生活上关心他们，在政策和待遇方面给予适当倾斜。

《意见》指出，全社会都要关心大学生的健康成长，支持大学生思想政治教育工作。宣传、理论、新闻、文艺、出版等方面要坚持弘扬主旋律，为大学生思想政治教育营造良好的社会舆论氛围，为大学生提供丰富的精神食粮。要坚持团结稳定鼓劲、正面宣传为主，反映高等学校思想政治教育工作的先进典型和优秀大学生的先进事迹。各类网站要牢牢把握正确导向，主动承担社会责任，积极开发教育资源，开展形式多样的网络思想政治教育活动。要大力发展文化事业和文化产业，为学生提供更多更好的文化产品和文化服务。充分发挥爱国主义教育基地对大学生的教育作用，各类博物馆、纪念馆、展览馆、烈士陵园等爱国主义教育基地，对大学生集体参观一律实行免票。各级政府和企事业单位要鼓励和支持面向大学生的公益性文化活动。要依法加强对学校周边的文化、娱乐、商业经营活动的管理，坚决取缔干扰学校正常教学、生活秩序的经营性娱乐活动场所，严厉打击各种刑事犯罪活动，及时处理侵害学生合法权益、身心健康的事件和影响学校、社会稳定的事端。要动员社会各方力量，完善资助困难大学生的机制，帮助大学生解决实际困难。党政机关、社会团体、企事业单位以及街道、社区、村镇等要主动配合做好大学生思想政治教育工作。学校要探索建立与大学生家庭联系沟通的机制，相互配合对学生进行思想政治教育。

《意见》最后强调，各级党委和政府要从战略和全局的高度，充分认识加强和改进大学生思想政治教育的重大意义，把“培养什么人”、“如何培养人”这一重大课题始终摆在重要位置，切实加强领导。要建立健全党委统一领导、党政群齐抓共管、有关部门各负其责、全社会大力支持的领导体制和工作机制，形成全党全社会共同关心支持大学生思想政治教育的强大合力。重视和加强民办高等学校党的建设和大学生的思想政治教育。要建立健全与法律法规相协调、与高等教育全面发展相衔接、与大学生成长成才需要相适应的思想政治教育和管理的制度体系。要加大大学生思想政治教育工作的经费投入，不断改善条件，优化手段。要把大学生思想政治教育工作作为对高等学校办学质量和水平评估考核的重要指标，纳入高等学校党的建设和教育教学评估体系。

原载2004年10月15日《中国教育报》

国务院办公厅关于转发教育部等部门《国家西部地区“两基”攻坚计划（2004—2007年）》的通知

（2004年2月16日）

教育部、发展改革委、财政部和国务院西部开发办《国家西部地区“两基”攻坚计划（2004—2007年）》已经国务院同意，现转发给你们，请认真贯彻执行。

国家西部地区“两基”攻坚计划（2004—2007年）

教育部　发展改革委　财政部　国务院西部开发办

（2004年2月6日）

为贯彻《国务院关于进一步加强农村教育工作的决定》（国发〔2003〕19号），进一步推进西部大开发，实现西部地区基本普及九年义务教育、基本扫除青壮年文盲（以下简称“两基”）目标，特制订《国家西部地区“两基”攻坚计划（2004—2007年）》。

一、西部地区“两基”攻坚的形势和挑战

实施西部地区“两基”攻坚计划是贯彻党的十六大和十六届三中全会精神，着眼于最广大人民群众的根本利益，从根本上解决西部地区农业、农村和农民问题的重大战略举措，是国家西部大开发战略的重要组成部分，对维护民族团结、边疆稳定和实现国家的长治久安具有重要意义。实施西部地区“两基”攻坚计划，将有力地推动西部地区教育的发展，普遍提高劳动者素质，促进区域之间、城乡之间和经济社会协调发展，为全面建设小康社会和实现西部大开发战略目标奠定坚实的基础。

西部地区“两基”攻坚关系到我国全面普及九年义务教育、全面扫除青壮年文盲目标的实现。2000年，在全国范围内实现了“两基”目标；到2002年底，“两基”人口覆盖率达到91%。近年来，经过西部地区各级政府的不懈努力，西部教育发展迅速，成效显著，但教育发展的总体水平仍然偏低，发展很不平衡。西部地区人均受教育年限仅有6.7年，比全国平均水平低1.3年；“两基”人口覆盖率仅77%，低于全国14个百分点；15岁以上文盲、半文盲人口占总人口的比重为9.02%，高于全国2.3个百分点。截至2002年，西部地区仍有372个县（市、区）以及新疆生产建设兵团的38个团场，共410个县级行政单位尚未实现“两基”，涉及345万平方公里国土和8300多万人口。西部地区“两基”攻坚已经成为提高整个中华民族素质的当务之急，是必须做好的一项重要工作。

实现西部地区“两基”攻坚目标，是一项十分艰巨、复杂的任务，面临着严峻的挑战。

西部地区经济社会发展落后，地方财政困难，教育投入严重不足，教育基础薄弱，义务教育远远落后于全国平均水平。到2002年，西部地区未实现“两基”的372个县（市、区）中有国家扶贫开发工作重点县215个，占58%；农村中小学的办学条件普遍简陋，必备的学生寄宿条件严重不足，现有教师不适应及合格

师资短缺的矛盾日益凸现；在少数地区还保留着较为原始的生产和生活方式，教育得不到应有的重视。

人民群众贫困面大、贫困程度深，适龄少年儿童就学面临困难，普及义务教育任务艰巨。全国尚未脱贫的3 000万人中，绝大部分生活在西部，农村人均纯收入约为全国平均水平的70%左右。一些地区刚刚解决温饱，相当一部分地区尚未完全脱贫，加之西部农村家庭大多有两个或更多的子女，人民群众难以承担基本的教育支出。据2002年统计，西部地区小学适龄儿童入学率、小学五年保留率、小学毕业生升学率等指标，大都低于全国平均水平。即使是已通过“两基”验收的县，其普及程度也是低水平、不稳定的，一些地方初中辍学率高达10%以上。

西部大部分地区为少数民族聚居地，少数民族教育成为“两基”攻坚的难点。截至2002年，西部372个未实现“两基”的县（市、区）中少数民族聚居县占83%。西部农村地区一些习俗和宗教观念在一定程度上影响了学生家长送子女上学的积极性；双语教学的环境对教师的数量和质量提出了更高的要求。加快少数民族义务教育的普及已经成为各民族共同发展的紧迫要求。

西部地区特殊的地理环境和办学形式使教育成本居高不下，低水平的教育投入难以保证基本的办学条件和教育质量。西部地区地广人稀，有一师一校点约9万个，占全国校点的80%以上；人口分布极不均衡，在一些高山、高原、高寒及牧区、半农牧区和荒漠地区，80%左右的初中生、50%左右的小学生需要寄宿；特殊的办学形式使得学校布局分散、校舍建设成本普遍较高，原本短缺的教育经费难以满足基本的教育需求，适龄少年儿童“进不来、留不住”成为“两基”攻坚的难点。此外，全国127个边境县中，有106个在西部，这些边境地区的学校建设代表着国家的形象。

各地区、各有关部门要充分认识西部地区“两基”攻坚在发展教育、振兴西部和全面建设小康社会中的极端重要性和紧迫性，以最大的决心和最有力的措施推进西部地区“两基”攻坚计划，坚持发扬“领导苦抓、部门苦帮、群众苦干”的扶贫攻坚精神，夺取西部“两基”攻坚战的胜利。

二、西部地区“两基”攻坚的目标和任务

（一）主要目标。

1. 到2007年，西部地区整体上实现“两基”目标，“两基”人口覆盖率达到85%以上，初中毛入学率达到90%以上，扫除600万文盲，青壮年文盲率下降到5%以下。

2. 到2007年，西部各省（自治区、直辖市）及新疆生产建设兵团要分别实现各自的“两基”目标，切实巩固提高现有的“两基”成果，完成攻坚任务，有条件的省（自治区、直辖市）通过国家的“两基”评估验收。

3. 截至2002年尚未实现“两基”的372个县（市、区）以及新疆生产建设兵团的38个团场，到2007年，除特别困难的达到“普六”验收标准外，其余的要达到国家“两基”验收标准。

（二）主要任务。

1. 新建、改扩建一批以农村初中为主的寄宿制学校，保障“两基”攻坚县扩大义务教育规模的需要，安排好西部地区新增130万初中生和20万小学生的学习和生活条件；加大对西部地区现有学校的改造力度，使确需寄宿的山区、牧区、高原和边远地区学生能进入具备基本办学条件的寄宿制学校学习。

2. 西部各省（自治区、直辖市）要制订本地区的“两基”规划。结合中央已经安排的专项资金，调整省级财政支出结构，增加对“两基”攻坚的投入，基本消除现有中小学危房，保证办学条件基本达到规定标准，保障学校正常运转所需的公用经费，切实降低辍学率，提高教育质量。

3. 建立较完善的义务教育阶段家庭贫困学生资助制度，切实保障农村家庭经济困难的学生接受义务教育的权利。中央和地方通过“两免一补”（免杂费、免书本费、补助寄宿生活费）等方式加大资助力度，到2007年，力争使中西部农村家庭经济困难学生普遍得到资助。

4. 西部地区各级人民政府要切实保障“两基”攻坚县的教职工（包括按国家编制标准新增教师）的工资发放，建立中央财政用于教师工资转移支付的监管机制。做好对西部地区农村教师的培养、培训工作，加大少数民族地区双语教师队伍的建设，到2007年，小学教师和初中教师学历合格率分别达到95%和90%以上。

5. 稳步推进农村中小学现代远程教育，到2007年，使西部地区农村初中基本具备计算机教室，小学

基本具备卫星教学收视设备和教学光盘播放设备及成套教学光盘，小学教学点具备教学光盘播放设备和成套教学光盘。

三、西部地区“两基”攻坚的主要措施

（一）加快农村寄宿制学校建设。

1. 在继续实施“国家贫困地区义务教育工程（二期）”和“中小学危房改造工程”的基础上，中央和省级人民政府共同实施“农村寄宿制学校建设工程”。中央重点补助“两基”攻坚县农村寄宿制学校建设，帮助新建和改扩建一批寄宿制初中和小学。

2. 西部各省（自治区、直辖市）人民政府要统筹使用好中央下达的各项资金，在合理布局、科学规划的前提下，加快当地农村现有初中学校的改扩建步伐，改善基本的办学条件，满足更多确需寄宿的农村学生的要求，切实巩固义务教育的普及成果。对确有困难的地区，中央适当予以补助。

3. 农村寄宿制学校的设置要同农村中小学布局结构调整和城镇化建设结合起来。在实施“农村寄宿制学校建设工程”中，要统筹考虑学校基础设施建设、教师队伍建设、教育信息化、开展勤工助学、扶持家庭经济困难学生和学校运转经费的保障。

4. 整合各种教育项目，有效配置教育资源。“农村寄宿制学校建设工程”要与“国家贫困地区义务教育工程（二期）”和“中小学危房改造工程”综合考虑、统筹规划、合理安排，兼顾西部农村地区的“两基”攻坚和巩固提高工作，最大限度地保证资金的使用效益。

5. 中西部地区要根据义务教育合理布局的需要，进一步改善现有农村中小学校办学条件，保障基本的教学和生活需要。中央将视各地工作情况给予适当的奖励支持。

（二）扶持西部农村地区家庭经济困难学生就学。

1. 中央财政将逐年扩大向义务教育阶段家庭经济困难学生免费提供教科书的范围，逐步使西部农村地区家庭经济困难的中小学生享受免费教科书。地方各级财政设立专项资金帮助学校减免困难学生杂费，并为必须寄宿的家庭经济困难学生提供必要的生活补助。西部地区各级人民政府要制定政策，因地制宜地为学校开展勤工俭学活动提供条件，帮助改善学生生活。

2. 国家继续对西藏自治区的农牧区义务教育阶段的学生实行“三包”（包吃、包住、包学习费用）的政策；继续对新疆维吾尔自治区56个边境县和特殊困难县义务教育阶段学生免费提供教科书。

3. 落实对捐资助学单位和个人的税收优惠政策，纳税人通过非营利社会团体和国家机关向农村义务教育提供的捐赠，在应纳税所得额中全额扣除。

（三）实施农村中小学现代远程教育。

1. 在2003年试点工作的基础上，争取用5年左右的时间，逐步实施“农村中小学现代远程教育工程”，在农村小学教学点基本配备教学光盘播放系统，在农村小学基本建设卫星教学收视点，在农村初中建设计算机教室，不断推进义务教育的均衡发展，缓解农村地区教育资源短缺和师资不足的矛盾。

2. 中央资金将主要支持西部农村地区中小学校现代远程教育工程建设。各地在规划布局时要做到科学、合理，并注意与新实施的西部地区农村寄宿制学校建设工程相结合。

3. 地方各级人民政府负责工程的组织实施，制定相应的配套政策，积极探索建立教育信息化设施的日常运行和维护机制，保证必要的运行经费。大力开发适应西部地区经济社会文化特点的远程教育资源，支持开发适应少数民族特点和双语教学的远程教育资源。

（四）大力加强西部农村地区教师队伍建设。

1. 西部各省（自治区、直辖市）要根据西部农村地区地域广阔、人口居住分散、学校规模小等实际情况，科学、合理地核定中小学教师编制。要按照“两基”攻坚要求，制定教师队伍建设规划，调整、配备、补充合格教师。严格教师资格准入制度，严把进人关。

2. 各地区、各有关部门要制定优惠政策，鼓励大中专毕业生到西部“两基”攻坚县任教，认真落实城镇中小学教师到乡村服务期制度，继续组织好“教育对口支援”和“西部大学生志愿者计划”，满足西部地区普及义务教育对合格师资的需求。

3. 要注意为新建、改扩建寄宿制学校配备和补充合格教师，选派符合任职条件的校长，切实加强教师队伍建设。加大对农村中小学教师的培训，在“教师网络教育联盟”中设立专门针对西部农村中小学教师的远程培训项目。

4. 开展少数民族地区“双语”教师特别是汉语

教师的培养培训工作，提高教师“双语”教学能力。

（五）深化教学改革，提高教育质量。

1. 积极推进农村中小学课程和教学改革，因地制宜地实施素质教育。地方各级人民政府要逐步加强对贫困地区初中实验室、图书室的建设，保证实验课的开课率，开展劳动技术教育。要结合当地的实际开展体育和艺术教育，民族地区要与本民族的传统文化结合起来。

2. 要根据西部多民族聚居、边境线长的特点，开展生动活泼的爱国主义教育、民族团结教育和国防教育。积极动员各民族爱国人士支持本民族教育的发展。坚持宗教与教育相分离的原则，切实防范境内外非法宗教势力的渗透。

3. 充分发挥农村学校的综合功能，加强新形势下的基础教育、职业教育和成人教育的统筹，在实现国家规定的基础教育基本要求时，在农村初中适当增加职业教育内容。努力把农村学校建设成为农村党员培训的基地，农民文化、科技和教育活动的基地。

（六）加大教育对口支援力度。

1. 继续实施“东部地区学校对口支援西部贫困地区学校工程”和“西部大中城市学校对口支援本省贫困地区学校工程”，每年选派一定数量的优秀教育工作者赴西部“两基”攻坚县任教、挂职，并帮助培训西部“两基”攻坚县中小学校长、教师。

2. 建立东部地区经济发达县（市、区）、本地大中城市对口支援“两基”攻坚县的制度，有重点地选择若干项目进行援助，从资金、物资、人员等方面支持“两基”攻坚工作。

3. 进一步完善中央国家机关和省级党政机关与西部贫困地区的对口帮扶制度，着力帮助解决好西部贫困地区义务教育阶段家庭经济困难学生就学问题。

（七）明确地方各级人民政府在“两基”攻坚中的责任。

1. 完善农村义务教育管理体制。西部各省级人民政府及新疆生产建设兵团负有“两基”攻坚的主要责任，县级政府负有对本地教育发展规划、经费安排使用、校长和教师人事方面进行统筹管理的责任。

2. 地方各级人民政府新增教育经费主要用于农村。中央财政将加大支持力度，并视各地贯彻落实《国务院关于进一步加强农村教育工作的决定》（国发〔2003〕19号）和实施本计划的情况，实行“奖补结合”的方式，在经费分配上给予支持。省级人民政府要均衡本行政区域内各县财力，逐县核定并加大对财政困难县的转移支付。在推进农村税费改革过程中，要保证西部地区农村义务教育经费不低于改革前的水平并力争有所提高。

3. 西部地区各级人民政府要努力做到本级财政预算内教育经费支出的“三个增长”；确保中央和上一级政府用于教育的转移支付不被挪用和截留；确保教师工资及时足额发放，完善教师工资发放的省长（主席、市长）负责制；确保校舍安全，加大农村初中、小学危房的改造力度；确保“两基”攻坚县中小学的公用经费，补足实行“一费制”后农村学校的公用经费缺口；确保“两基”攻坚各项工程配套资金的到位和工程建设的质量。

4. 县级人民政府每年要向同级人民代表大会报告有关教育经费预算的执行情况并接受监督。乡（镇）人民政府要大力支持“两基”攻坚，以多种形式支持当地义务教育的发展。

四、西部地区“两基”攻坚的组织领导和监督检查

（一）在国务院的统一领导下，国家西部地区“两基”攻坚领导小组负责本计划的组织实施。

1. 教育部要切实把西部地区“两基”攻坚摆在教育工作重要位置，会同发展改革委、财政部等有关部门做好西部地区“两基”攻坚的规划工作，加强组织和领导，加强教师队伍建设，努力提高教育质量和办学效益。

2. 发展改革委要把西部地区“两基”攻坚纳入国民经济和社会发展规划，安排必要的建设资金用于攻坚工作，按建设程序加强项目管理。

3. 财政部要充分发挥公共财政的保障职能，安排好专项资金用于攻坚工作，按照要求加强监督管理，提高资金使用效益。

4. 国务院西部开发办在研究西部开发年度建设任务时，要充分考虑“两基”攻坚的需要，将“两基”攻坚作为西部大开发的一项重要任务，摆在与基础设施建设和生态环境建设同等重要的位置。

（二）实行地方政府领导责任制。

1. 西部各省（自治区、直辖市）要把“两基”攻坚列入重要日程，确保保障经费和各项政策措施落实到位，制订具体的组织实施计划。省长（主席、市

长）亲自抓，负总责。各有关部门要明确责任，精心组织实施。

2. 西部地区“两基”攻坚县实行政府一把手负责制，在完成攻坚任务之前，不准使用政府资金购买小汽车、兴建宾馆和新盖办公楼。

3. 严格实行“两基”攻坚工程项目招标制、项目管理制和工程监理制。工程规划和建设情况要适时公开，接受新闻媒体和群众的监督。

（三）加强对西部地区“两基”攻坚的监督检查。

1. 国家每年组织专项督察和检查，对履行“两基”目标责任、实施西部地区“两基”攻坚各项工程、专项资金的管理使用等情况作出评估。对未能切实履行有关责任的地方，要限期纠正，必要时将暂停中央专项经费的拨付。

2. 建立责任追究制度，加强对西部地区“两基”攻坚各项工程建设的监督检查。对于挪用、侵占专项经费，提供虚假材料骗取专项经费以及由于规划失误和工程质量问题造成损失的，要及时予以查处。

3. 国家教育督导部门要将西部地区“两基”攻坚计划的实施和“两基”攻坚县的督导验收作为今后一段时期督导工作的重点，进一步加大工作力度。省级教育督导部门要按照国家的评估验收办法，组织对攻坚县的评估验收。评估验收要坚持标准，严格程序，严禁弄虚作假。

国务院办公厅转发教育部　财政部　人民银行　银监会关于进一步完善国家助学贷款工作若干意见的通知

（2004年6月12日）

教育部、财政部、人民银行、银监会《关于进一步完善国家助学贷款工作若干意见》已经国务院同意，现转发给你们，请认真贯彻执行。

关于进一步完善国家助学贷款工作若干意见

教育部　财政部　人民银行　银监会

（2004年6月8日）

国家助学贷款是党中央、国务院在社会主义市场经济条件下，利用金融手段完善我国普通高校资助政策体系，加大对普通高校经济困难学生资助力度所采取的一项重大措施。这项工作取得了明显成效，受到广大经济困难学生和社会有关方面的普遍欢迎。但由于多种原因，国家助学贷款工作还没有达到预定目标，存在一些突出问题，需要切实加以改进和完善。

推进并加强国家助学贷款工作，应坚持“方便贷款、防范风险”的原则，进一步理顺国家、高校、学生、银行之间的经济关系，健全国家助学贷款管理体制，改革贷款审批和发放办法，强化普通高校和银行的管理职责，完善还贷约束机制和风险防范机制，确保国家助学贷款工作持续、健康发展，基本满足普通高校经济困难学生的需要，最大限度地降低国家助学贷款风险。现就进一步完善国家助学贷款工作提出如下意见：

一、进一步完善国家助学贷款政策

（一）改革财政贴息方式。改变目前在整个贷款合同期间，对学生贷款利息给予50%财政补贴的做法，实行借款学生在校期间的贷款利息全部由财政补贴，毕业后全部自付的办法，借款学生毕业后开始计付利息。

（二）延长还贷年限。改变目前自学生毕业之日起即开始偿还贷款本金、4年内还清的做法，实行借款学生毕业后视就业情况，在1至2年后开始还贷、6年内还清的做法。借款学生办理毕业或终止学业手续时，应当与经办银行确认还款计划，还款期限由借贷双方协商确定。若借款学生继续攻读学位，借款学生要及时向经办银行提供继续攻读学位的书面证明，财政部门继续按在校学生实施贴息。借款学生毕业或终止学业后1年内，可以向银行提出一次调整还款计划的申请，经办银行应予受理并根据实际情况和有关规定进行合理调整。贷款还本付息可以采取多种方式，可以一次或分次提前还贷。提前还贷的，经办银行要按贷款实际期限计算利息，不得加收除应付利息之外的其他任何费用。

（三）对毕业后自愿到国家需要的艰苦地区、艰苦行业工作，服务期达到一定年限的借款学生，经批准可以奖学金方式代偿其贷款本息。具体办法将结合学生就业政策另行制定。

二、进一步改革国家助学贷款实施机制

（一）改革经办银行确定办法。改变目前由国家指定商业银行办理国家助学贷款业务的做法，实行由政府按隶属关系委托全国和省级国家助学贷款管理中心通过招投标方式确定国家助学贷款经办银行。参与竞标的银行必须是经银监会批准、有条件经办国家助学贷款业务的银行。经办银行一经确定，由国家助学贷款管理中心与银行签订具有法律效力的贷款合作协议。中标银行要按照协议约定提供贷款服务并及时足额地发放国家助学贷款；要简化贷款程序，制定统一的贷款合同文本，规范办理贷款的周期；及时向普通高校提供学生还款情况。国家助学贷款管理中心要按协议约定及时足额支付贴息和风险补偿资金，配合银行做好催收还款工作，努力降低金融风险。

（二）对普通高校实行借款总额包干办法。普通高校每年的借款总额原则上按全日制普通本专科学生（含高职学生）、研究生以及第二学士学位在校生总数20%的比例、每人每年6000元的标准计算确定。每所普通高校的具体借款额度按隶属关系，由全国和省级国家助学贷款管理中心根据各校的贫困生实际情况和借款学生还款违约等情况分别确定下达。

（三）明确普通高校、银行和学生在国家助学贷款实施工作中的责任。普通高校在国家助学贷款管理中心下达的借款额度内，负责组织本校经济困难学生的贷款申请，并向经办银行提出本校借款学生名单和学生申请贷款的有关材料，对申请借款学生的资格及申请材料的完整性、真实性进行审查，监督学生按贷款合同规定的用途使用贷款。经办银行在审批贷款时，要按照中标协议的约定满足普通高校借款人数和额度需求，并在中标协议规定的工作日内，批准贷款并与学生签订贷款合同，向学生发放贷款。

借款学生要如实填写公民身份号码，保证申请材料的真实和完整；严格按规定用途使用贷款资金；认真履行与银行签订的还款协议，直接向银行还款，承担偿还贷款的全部责任。

三、建立和完善贷款偿还的风险防范与补偿机制

（一）建立学生还款约束机制。国家金融管理等有关部门、经办银行、国家助学贷款管理中心及各高等学校，要各负其责，共同建立还款约束机制。国家金融管理部门要加快全国个人资信征询系统建设，健全银行风险防范机制。

经办银行要建立有效的还贷监测系统，并做好相关工作。要对借款学生积极开展还贷宣传工作，讲解还贷的程序和方式；要及时为贷款学生办理还贷确认手续；加强日常还贷催收工作并做好催收记录；对没有按照协议约定的期限、数额归还国家助学贷款的学生，经办银行应对违约贷款金额计收罚息，并将其违约行为载入金融机构征信系统，金融机构不再为其办理新的贷款和其他授信业务；按期将连续拖欠贷款超过一年且不与经办银行主动联系的借款学生姓名及公民身份号码、毕业学校、违约行为等按隶属关系提供给国家助学贷款管理中心。

国家助学贷款管理中心要以已建立的国家助学贷款学生个人信息查询系统为依托，进一步完善对借款学生的信息管理，对借款学生的基本信息、贷款和还款情况等及时进行记录，加强对借款学生的贷后跟踪管理，接受经办银行对借款学生有关信息的查询；并将经办银行提供的违约借款学生名单在新闻媒体及全国高等学校毕业生学历查询系统网站公布。

各普通高校要建立本校借款学生的信息查询管理系统，强化对学生的贷后管理，按隶属关系及时向国家助学贷款管理中心和经办银行提供借款学生信息。

公安部门要积极做好为普通高校学生换发第二代居民身份证的工作，配合银行做好对违约学生的身份核查工作。

（二）建立国家助学贷款风险补偿机制。考虑到国家助学贷款特点和我国的具体国情，为鼓励银行积极开展国家助学贷款业务，按照“风险分担”原则，建立国家助学贷款风险补偿机制。按隶属关系，由财政和普通高校按贷款当年发生额的一定比例建立国家助学贷款风险补偿专项资金，给予经办银行适当补偿，具体比例在招投标时确定。国家助学贷款风险补偿专项资金由财政和普通高校各承担50%；每所普通高校承担的部分与该校毕业学生的还款情况挂钩。风险补偿专项资金由各级国家助学贷款管理中心负责管理。财政部门每年将应承担的资金及时足额安排预算；各普通高校承担的资金，按照普通高校隶属关系和财政部门有关规定，在每年向普通高校返还按“收支两条线”管理的学费收入时，由财政部门直接拨给教育主管部门。各级国家助学贷款管理中心在确认经办银行年度贷款实际发放额后，将风险补偿资金统一支付给经办银行。具体实施办法，由财政部、教育部、人民银行、银监会另行制订。

四、切实加强对国家助学贷款工作的领导、管理与监督

（一）加强统筹和协调。成立由教育部、财政部、公安部、人民银行、银监会等部门参加的部际协调小组，及时研究解决国家助学贷款实施过程中出现的问题。各省、自治区、直辖市也应成立相应的协调机构，加强对本地区的国家助学贷款工作的统筹与协调。各级教育、财政、金融等部门要进一步统一思想，提高认识，严格执行有关政策，认真履行职责，积极主动地开展工作。

（二）严肃国家助学贷款政策。今后，凡超出本意见所确定的原则调整国家助学贷款政策，均由教育部、财政部、人民银行、银监会等有关部门研究提出意见，报经国务院批准后下发执行。其他任何部门均不得擅自出台或修改相关政策。

（三）健全国家助学贷款管理机构，进一步强化并改进管理。教育部要进一步加强全国国家助学贷款管理中心的建设，配备足够的工作人员，检查、督促其充分履行职能。全国国家助学贷款管理中心要监督指导各省级国家助学贷款管理中心的工作，具体组织部署中央部门所属普通高校国家助学贷款的实施工作；负责通过招标方式确定中央部门所属普通高校国家助学贷款经办银行，与经办银行签订贷款合作协议，严格按协议约定做好各项管理工作；统一管理中央财政安排的国家助学贷款贴息资金和按本意见建立的中央部门所属普通高校的国家助学贷款风险补偿专项资金；建立完善国家助学贷款信息管理系统和统计监测体系；定期在新闻媒体上对银行提供的违约借款者进行公布。各省、自治区、直辖市人民政府要切实负起推进所属普通高校国家助学贷款工作的责任，要加强省级国家助学贷款管理中心的建设，调剂配备相应工作人员，保证必需的工作经费。省级国家助学贷款管理中心负责本地区国家助学贷款工作的具体组织、实施与日常管理工作。具体职能由各地参照全国国家助学贷款管理中心职能确定。

各普通高校要加强对国家助学贷款的管理工作。必须设立专门的工作机构，由学校的一位校级领导直接负责，原则上按全日制普通本专科学生、研究生在校生规模1：2 500的比例，在现有编制内调剂配备专职工作人员。各普通高校要制定国家助学贷款管理职责细则，按隶属关系报送国家助学贷款管理中心备案。要培养学生诚信意识，建立学生信用档案，制订切实可行的措施，督促借款学生及时归还借款本息，努力降低国家助学贷款风险。借款学生毕业时，学校有关部门应在组织学生与经办银行办理还款确认手续后，方可为借款学生办理毕业手续，并将其贷款情况载入学生个人档案；积极主动地配合经办银行催收贷款，负责在1年内向经办银行提供借款学生第一次就业的有效联系地址；学生没有就业的，提供其家庭的有效联系地址。

五、其他有关规定

（一）各省、自治区、直辖市人民政府在认真做好所属普通高校国家助学贷款工作的同时，积极推进生源地助学贷款业务。具体办法由各地自行研究制定。

（二）本意见所指的借款学生是指全日制普通高等学校中经济困难的本专科学生（含高职学生）、研究生、第二学士学位学生。

（三）本意见于2004年秋季开学后在全国普通高等学校全面实施。各省、自治区、直辖市人民政府可结合本地实际情况，制定具体实施细则。

（四）此前已签订贷款合同学生的贷款发放、贴息、还款等办法继续按原规定执行。

（五）此前下发的国家助学贷款的有关政策和规定继续执行。与本意见不一致的，以本意见为准。

教育部　国家发展改革委　财政部关于印发《西部地区农村寄宿制学校建设工程实施方案》的通知

（2004年2月19日）

《西部地区农村寄宿制学校建设工程实施方案》已经国家西部地区“两基”攻坚领导小组同意，现印发给你们，请认真贯彻执行。

教育部　国家发展和改革委员会　财政部　西部地区农村寄制学校建设工程实施方案

实施西部地区“农村寄宿制学校建设工程”（以下简称“工程”）是贯彻《国务院关于进一步加强农村教育工作的决定》、落实《国家西部地区“两基”攻坚计划》的重要举措。为保证“工程”顺利实施，特制定如下方案。

一、“工程”的目标和任务

1. 为保证到2007年西部地区实现基本普及九年义务教育和基本扫除青壮年文盲目标，保障“两基”攻坚县扩大义务教育规模的需要，解决制约西部农村地区普及义务教育的“瓶颈”问题，中央和省级人民政府共同实施“工程”，为实现西部地区“两基”攻坚总体目标提供基本的办学条件。

2. 从2004年起，用4年左右的时间，新建、改扩建一批以农村初中为主的寄宿制学校，解决好西部未“普九”地区新增130万初中学生和20万小学生最基本的学习、生活条件；同时，在合理布局、科学规划的前提下，加快对现有条件较差的寄宿制学校和不具备寄宿条件而有必要实行寄宿制的学校进行改扩建的步伐，使确需寄宿的学生能进入具备基本条件的寄宿制学校学习。

二、“工程”覆盖范围和资金安排

3. “工程”实施范围以2002年底西部地区尚未实现“两基”的372个县和新疆生产建设兵团的38个团场为主，包括纳入国家西部开发计划的部分中部省份的少数民族自治州和中部地区到目前尚未实现“两基”的县，兼顾中西部虽已实现“两基”但基础仍然薄弱的部分地区。

4. 为实施“工程”，中央共投入100亿元，由国家发展改革委、财政部各承担50亿元，从2004年到2007年分四年予以安排。

5. 中央专项资金用于以下两个方面：

（1）项目学校主要建筑的建设、改造，优先保证教学用房、学生生活服务用房和教学辅助用房。

（2）配备课桌椅、学生用床和适量的图书、仪器。

6. 省及省以下各级人民政府要加大对家庭经济困难学生的生活补助和减免杂费力度，确保教师工资及时足额发放，确保新建校舍安全，确保农村中小学公用经费，保证学校正常运转，同时相应解决好项目学校新建（改扩建）用地、厕所、运动场所、围墙、勤工俭学场地等配套设施的建设。

三、“工程”的规划和要求

7. “工程”必须坚持科学规划，合理布局。结合当地经济社会发展实际，充分考虑城镇化建设、移民建镇、人口增长和密度、学龄人口变化的影响等因素，使新建、改扩建中小学布局既能适应当前普及义务教育的需要，又能适应当地基础教育未来发展的需要。“工程”项目安排要充分利用现有资源，尽可能少布新点；异地新建和大面积改扩建的学校，一般应在人口相对集中的城镇或乡镇，做到交通便利，辐射力强；一个乡镇应集中建设好1所初中和1所中心小学，人口相对较少的乡镇应联合邻近乡镇集中办好1所初中；要建一所成一所。实施“工程”的项目学校，必须是符合当地经济社会发展总体规划、小城镇建设规划、教育资源合理配置的学校。

8. “工程”必须坚持统一政策，统一要求。统一政策是指“工程”资金不分来源，都按统一的规划、统一的建设目标、统一的质量标准进行建设；统一要求是指“工程”组织管理机构要严格按照项目管理的要求统一组织实施。

9. “工程”必须坚持统筹安排，提高资金使用效益。要与“国家贫困地区义务教育工程”、“中小学危房改造工程”和世界银行贷款“西部地区基础教育发展项目”等相互衔接，坚持实事求是，统筹安排，避免重复投资和浪费。确需在已有上述项目的学校组织安排实施本“工程”的，要从严把握建设内容，且必须提供其具体规划和已有资金使用情况，重点解决寄宿学生生活用房的建设和改造。

四、中央专项资金的分配原则

10. 中央专项资金分配原则是：综合考虑当地经济发展水平、农村中小学学生规模、义务教育普及现状；重点解决西部地区新增150万中小学生的入学问题，同时解决现有寄宿制学校的改善问题；先配备办学基本设施，其次配备辅助设施；对地方政府财力有限但非常重视教育、成绩突出的实行“以奖代补”；对少数民族地区倾斜。

11. 中央专项资金采取因素法进行分配。主要因素包括：

（1）项目省因素：①总人口数　②人口密度

（2）项目县因素：①新增学生数（寄宿制学生数）　②现有中小学校舍面积　③生均校舍面积　④人均财政支出　⑤农民人均纯收入　⑥2002年农村中小学在校生数

（3）鼓励因素：①预算内教育经费支出占财政总支出的比例　②“两基”增量（2001至2003年“两基”人口覆盖率增长情况）

（4）调整因素：①校舍造价（根据不同地区的地理环境、交通条件、建设材料成本等确定）　②国家贫困地区义务教育工程、中小学危房改造工程等项目安排资金　③少数民族地区　④其他。

五、地方各级人民政府对“工程”所负有的主要责任

12. 地方各级人民政府承担着基本普及九年义务教育、基本扫除青壮年文盲的主要责任。组织实施“工程”，是中央考虑西部地区的特殊困难对西部地区“两基”攻坚的重点支持和帮助。西部地区地方各级人民政府要按照农村义务教育“在国务院领导下，由地方政府负责、分级管理、以县为主”的管理体制所赋予的职责要求，认真做好发展农村义务教育和实施“工程”的各项工作。

13. 省（自治区、直辖市）级人民政府要结合本省（自治区、直辖市）事业发展规划，在统筹配置省（自治区、直辖市）内教育资源的前提下，根据《国家西部地区“两基”攻坚计划》的总体要求和本实施方案的有关原则，制定本省（自治区、直辖市）“工程”实施的统一规划，确定项目县专项资金额度，组织、指导、审定各市（地）“工程”规划，按有关规定减免“工程”项目建设规费，按时、足额拨付“工程”资金，检查、督促工程进度和工程质量，全面报告本省（自治区、直辖市）“工程”实施情况。

14. 市（地）级人民政府要结合本市（地）实际，指导、审核各县（市）上报的“工程”规划方案和项目文本，制定本地区“工程”规划方案；监督“工程”专项资金拨付；检查、督促工程进度和工程质量；向上级报告“工程”实施情况。

15.“两基”攻坚县人民政府负责对项目学校实施“工程”进行全过程的组织与管理，内容包括：制定、论证本地中小学布局调整规划方案；在统筹“国家贫困地区义务教育工程”项目、“中小学危房改造工程”项目、世界银行贷款“西部地区基础教育发展”项目基础上，制定本“工程”规划方案；按基本建设管理程序，组织项目学校前期论证、勘察设计、招（议）标、土建施工、质量监督检查、竣工验收等；按审批确定的规划方案管理专项资金，保证专款专用，及时拨付；检查督促工程进度；对工程质量负主要责任；向上级报告“工程”进展情况。

六、建立健全农村寄宿制中小学正常运转保障机制

16. 项目省（自治区、直辖市）、市、县政府要积极采取有效措施，建立责任明确、分级负担的寄宿制学校经费投入保障机制，在完成“工程”项目建设任务的同时，加大对寄宿制学校的经费投入，确保寄宿制学校的正常运转。

17. 项目县人民政府要严格编制管理，选拔任用事业心强、政治和业务素质过硬的寄宿制学校校长，采取聘用新的大专院校毕业生、引导优秀教师到农村中小学任教、鼓励志愿者到边远贫困地区从事教育工作和对口支援等多种方式，为寄宿制学校配备合格教师，杜绝不具备教师资格的人员进入教师队伍。寄宿制学校的教师要具有强烈的责任心。要精简、清退超编人员，不得以新建和新改造寄宿制学校为借口增加非教学人员。

18. 各有关部门要加强对寄宿制学校安全工作的检查、管理和指导。寄宿制学校要牢固树立学生安全第一的观念，切实承担起加强学校安全的责任，建立健全学校安全管理制度，保证学生的生命安全、饮食卫生和正常学习生活秩序。

19. 新建、改扩建的寄宿制学校，要重视项目学校建设的综合功能。不仅要搞好校舍建设，还要重视图书、教学仪器和远程教育设备的配备，使项目学校的校舍、设备设施、图书、教师队伍和管理队伍相互配套，充分发挥“工程”投入的综合效益。要积极推进课程改革和教学改革，因地制宜地实施素质教育，努力提高教育质量。要加强基础教育、职业教育、成人教育的统筹，努力把学校建设成为农村党员培训基地，农民文化、科技教育活动的基地。

20. 项目省(自治区、直辖市)、市、县各级人民政府要按照中央有关要求,建立健全资助家庭经济困难学生的各项保障机制,在做好“工程”建设工作的同时,为学生勤工俭学创造条件,切实解决好学生生活问题,使困难学生能够进入学校学习并顺利完成学业。

21. 项目省（自治区、直辖市）、市、县要加强寄宿制学校收费管理，严格贯彻国家关于农村中小学义务教育阶段收费的各项政策和规定，继续推行“一费制”。农村寄宿制学校不能因为学校住宿条件的改善，而借机提高收费标准，增加学生家长负担。

七、“工程”质量管理

22. “工程”建设要本着“牢固、实用、够用、方便学生学习和生活”的原则，新建和改扩建后的校舍最低使用寿命必须在50年以上，要坚决杜绝新建和改扩建学校出现重大安全事故和工程质量问题。

——新建项目学校选择校址要考虑安全、安静、便利、卫生等因素，避开不良地质等自然灾害地段，有利于防灾和安全疏散。

——土建工程必须严格执行基本建设程序，坚持先勘察、后设计、再施工。各地县级“工程”管理机构要按照国家有关法律法规，实行公开招标、邀请招标或公开议标等方式，确定具有国家认定的相应资质的勘察、设计、施工、监理承担单位。提倡省级统一设计可供选择的中小学校舍建设标准图纸，免费提供给项目学校使用，设计方案均要高度重视并充分考虑内部安全疏散的需要。

——实行项目法人责任制、招投标制、工程监理制和合同管理制。具备条件的地区要按照国家有关规定选择具有相应资质的监理机构，对项目实施全过程监理。尚不具备条件的地区，由项目学校选派一名熟悉业务、责任心强的负责人，经过统一培训后出任施工现场监理员。

——建设项目竣工后,由县级“工程”管理机构组织有关部门和单位进行验收,验收合格后方可交付使用。

——施工单位对工程质量终身负责。土建项目竣工验收后，由施工单位出具工程项目保修单。

八、“工程”的组织实施

23. “工程”实施的重大问题由国家西部地区“两基”攻坚领导小组统一研究、解决。领导小组办公室设在教育部，由教育部、国家发改委、财政部等

部门的同志组成。

各相关省（自治区、直辖市）要在本省（自治区、直辖市）“两基”攻坚领导小组的领导下，在省级教育行政部门设立办事机构。办事机构由教育、发展改革（计划）和财政部门的同志组成，具体负责本“工程”的组织实施，机构负责人要由教育行政部门的主要领导担任。项目市、县都要加强领导，配备精干人员，建立相应制度，确保“工程”实施。

24.“工程”在国务院的领导下，由三部委和地方人民政府共同组织实施。

（1）“工程”实施前，各相关省（自治区、直辖市）教育行政、发展改革（计划）、财政等部门，按照国务院批准的《国家西部地区“两基”攻坚计划》制定本地区2004—2007年“两基”攻坚总体规划（其中含“工程”建设的总体规划）报三部委。各地上报规划中必须包括年度目标任务、工程建设进度、统筹各项资金的情况、贫困学生的资助措施、学校正常运转的保障措施等。

（2）教育部、国家发展改革委、财政部拟定“工程”总体实施方案报国务院审定，并在国务院审定后批复各地规划。西部地区省、自治区、直辖市根据审核批准的规划，结合本地实际，明确目标任务，突出重点，制订本地区实施“工程”的分年度建设计划。

（3）国家发展改革委、财政部根据规划，按照不同的渠道和中央专项资金管理要求，分年度审批下达实施计划和项目预算。

25.“工程”资金纳入财政国库管理，分账核算，集中支付，封闭运行。

——“工程”各级管理机构要严格执行规划，并按工程进度及时足额拨付资金，严禁克扣、挪用“工程”专款。

——“工程”专项资金集中在县级管理，不得将专项资金下拨到乡镇及项目学校。

——“工程”专项资金的使用，要严格按照“工程”专项资金管理办法进行。土建项目应按照基本建设程序进行管理，实行工程预决算制度，严格控制工程建设成本，提高投资效益。非土建项目应按照相应的办法，由省级“工程”项目管理机构组织统一采购。

——各级政府要加大对“工程”专项资金使用的监督检查力度，每年都要将“工程”资金的使用和管理列入重点审计内容；“工程”完工后，要组织专项审计，每个“工程”项目在验收前都要提交专项审计报告。

——建立“工程”专项资金管理责任追究制度。“工程”资金要专款专用，不能顶替原有投入，更不得用于偿还过去拖欠的工程款和其他债务。对挤占、挪用、截留“工程”专项资金或减少本地政府投入、变相挪用“工程”资金，以及疏于管理造成国有资产流失的，要按照有关规定，追究相关负责人的责任，同时视情节轻重，缓拨、减拨、停拨直至追回“工程”资金。

26.教育部、国家发展改革委、财政部与项目省（自治区、直辖市）人民政府签订《国家西部地区农村寄宿制学校建设工程项目责任书》，并在“工程”实施过程中和结束时，对照责任书要求对各省（自治区、直辖市）“工程”实施情况进行检查、验收，奖优罚劣。项目省（自治区、直辖市）、市、县要加强项目管理，自上而下层层签定责任书，任务到校，责任到人。

27.国家、省（自治区、直辖市）、市、县对“工程”实施建立层层监督机制，一级抓一级，一直落实到“工程”的每个具体项目。

国家西部地区“两基”攻坚领导小组办公室将根据国务院要求和工作进展情况，对各地“工程”实施进行专项检查，一经发现在“工程”实施中有弄虚作假、套取中央专项资金的行为以及其他违规违纪行为，将严厉惩处。

项目省（自治区、直辖市）每年都要对“工程”实施组织工作检查，并按照“相对固定、分片包干”的办法，从2004年至2007年，对每个攻坚县指定一定数量的工作人员或专家，自始至终对该县的“工程”工作进行指导和监督。要充分利用财政部驻各地财政专员监察办事处和发展改革（计划）部门“项目稽察办”的力量，加大省（自治区、直辖市）一级的监督检查力度。

各攻坚县要确定专人负责监督检查工作，在将“工程”项目管理责任落实到人的同时，将监督责任也落实到人。

28.各地要定期或不定期地向社会公布“工程”工作进展情况，通过在报刊上公开刊登、在当地乡（镇）务公开和村务公开的公示栏中公布“工程”项目学校名单以及设立举报电话等方式，接受人民群众和新闻媒体对“工程”建设的监督。

实施国家西部地区“农村寄宿制学校建设工程”意义深远，目标明确，责任重大，各地各部门必须高度重视，精心部署，科学规划，狠抓落实，确保“工程”建设任务如期完成。

教育部 国家发展改革委 财政部关于在全国义务教育阶段学校推行“一费制”收费办法的意见

（2004年3月17日）

从2001年开始，在贫困地区农村义务教育阶段学校实行的“一费制”收费办法，对规范学校收费行为，治理学校乱收费，减轻农民负担起到了重要的作用，得到了贫困地区学生和家长的普遍拥护。为进一步规范中小学收费管理，治理教育乱收费，切实减轻学生家长的经济负担，落实政府对义务教育的投入责任，确保义务教育持续、健康发展，经国务院同意，从2004年秋季新学年开始，在全国义务教育阶段学校推行“一费制”收费办法。为做好推行“一费制”的工作，现提出如下意见：

一、“一费制”的实施范围

“一费制”是指在严格核定杂费、课本和作业本费标准的基础上，一次性统一向学生收取费用。从2004年秋季新学年开学，在全国政府举办的普通小学和普通初中（含义务教育阶段的特殊教育学校及特教班）推行“一费制”收费办法。国家扶贫开发工作重点县的农村小学和初中继续按照原规定的收费范围和标准实行“一费制”。

二、制定“一费制”的基本原则

1.“一费制”标准由省级人民政府制定。各地在制定“一费制”收费标准时要因地制宜、实事求是，应充分考虑地区间、城乡间经济发展水平、群众承受能力等差异。省内不同地区、城市和农村的中小学，以及同一学校的不同年级，可以确定不同的收费标准。对进城务工就业农民子女接受义务教育的收费与当地学生一视同仁。

2. 确定“一费制”所包含的杂费内容时，要适当考虑信息技术教育、北方地区冬季取暖的基本需要等因素。为实施素质教育按照教学计划开展的教育、教学活动的费用一律在公用经费中支出。

3. 义务教育阶段学校的经费来源必须坚持政府投入为主、学生缴费为补充的原则，切实减轻学生家长的经济负担。地方各级人民政府必须加大对义务教育阶段学校公用经费的投入力度，缴费只是作为学校公用经费的补充。

三、“一费制”标准的核定

各地在制定“一费制”标准时，应分别核定杂费、课本和作业本费的标准，并予以公布。

1. 杂费按照学生在校学习期间必须开支的公用经费的一定比例确定。各地应根据本地区经济社会发展水平、维持学校正常运转的基本支出以及教育发展的需要，制定本地区生均公用经费基本标准。在此基础上，确定杂费收入占公用经费的合理比例，测算出生均杂费的基本标准。

2. 课本费根据教育部颁布的教学大纲和省级教育行政部门公布的地方中小学教学用书目录必须配备的学生用书（不得含教辅材料），按照省级价格、新闻出版管理部门核准的价格测算。作业本费根据教学计划及近三年来各年级学生作业本用量情况确定，每本作业本价格不得高于当地市场价格。

四、“一费制”的审批程序

“一费制”标准由省、自治区、直辖市教育行政部门提出意见，价格、财政部门进行审核，三部门共同报省级人民政府批准。制定“一费制”标准时，要按照《价格法》的有关规定召开听证会，充分听取社会有关方面的意见。

五、其他相关措施

为确保"一费制"的顺利推行，各地必须制定或进一步完善相关配套政策和措施，并与"一费制"同时执行。

1. 制定并落实中小学生均公用经费基本标准和财政预算内生均公用经费的拨款标准。各地必须按照《国务院关于基础教育改革与发展的决定》(国发〔2001〕21号)和《国务院关于进一步加强农村教育工作的决定》(国发〔2003〕19号)的要求，首先制定出当地中小学生均公用经费基本标准；在此基础上，分别制定出财政预算内生均公用经费的拨款标准和"一费制"的杂费标准，并保证满足生均公用经费基本标准的需要。为确保"一费制"顺利实施，生均公用经费基本标准和财政预算内生均公用经费的拨款标准必须与"一费制"同时执行，并要督促所属县(市、区)认真贯彻落实。对财力确有困难的县，省、地(市)政府对其公用经费缺口要予以补足。

2. 进一步规范和降低学生用书价格。各地要按照有关规定，改革现行中小学生用书的出版、印刷、发行机制和办法，打破垄断，建立公正有序的竞争机制，不断降低学生用书的出版、发行成本。各地教育行政部门要根据教学大纲的要求和课程改革的需要，严格掌握为学生配备课本的种类和数量。各地价格和新闻出版管理部门要按照国家有关中小学教材价格的规定，严格核定中小学教材价格。实行"免费提供教科书"试点的农村小学和初中学生的课本费，应从"一费制"收费中相应扣除。

3. 加强学校收费收入的管理，规范学校支出行为，禁止乱收乱支现象发生。"一费制"中的杂费收入只能用于补充学校公用经费不足，不得用于教职工工资、津贴、福利及基建等项开支。杂费及提供住宿条件的学校按规定收取的住宿费收入要按照同级财政部门规定及时上缴财政专户，实行"收支两条线"管理；同时，财政部门应将杂费、住宿费收入纳入部门预算编制范围，严格按照批复的预算和规定的时间及时足额核拨学校经费，确保学校教学和其他办学活动的正常开展。杂费、住宿费收入不得用于平衡政府财政预算，不得从中提取任何性质的调节基金，严禁任何部门、单位或个人以任何理由截留、挪用、平调、挤占。"一费制"中的课本和作业本费属代收费，由学校直接用于购买课本和作业本，不得计入学校收入，不纳入财政专户管理。

4. 坚决落实收费公示制度。各地要严格执行教育收费公示制度，通过规定的形式，将中小学校的"一费制"收费标准、收费资金的使用情况和投诉电话等向社会公示，主动接受学生、家长和社会的监督，增强学校收费的透明度。

5. 进一步完善资助家庭经济困难学生的政策体系。各地要进一步加大资助家庭经济困难学生工作的力度，建立和完善贫困学生助学金制度，对家庭经济困难学生要减免杂费、住宿费和课本费。有条件的地区，逐步实行对所有义务教育阶段学生免收杂费和课本费。实行"免费提供教科书"制度的试点地区，要做好组织遴选接受免费教科书学生的工作和免费教科书的发放工作，确保每一个符合条件的家庭经济困难学生按时领到教科书。

各地要按照本意见的要求，制定具体的实施方案，并报教育部、国家发展改革委、财政部备案。

中宣部　教育部关于印发《中小学开展弘扬和培育民族精神教育实施纲要》的通知

(2004年3月30日)

为落实党的十六大提出的"必须把弘扬和培育民族精神作为文化建设极为重要的任务，纳入国民教育全过程"的要求，根据《中共中央国务院关于进一步加强和改进未成年人思想道德建设的若干意见》精神，中宣部、教育部制定了《中小学开展弘扬和培育民族精神教育实施纲要》（以下简称《实施纲要》），现印发给你们，请遵照执行。

各地要根据《实施纲要》要求，切实加强领导，认真组织制定本地中小学开展弘扬和培育民族精神教育的具体实施办法，并将贯彻落实情况及时报教育部和中宣部。

中小学开展弘扬和培育民族精神教育实施纲要

党的十六大报告指出："在五千多年的发展中，中华民族形成了以爱国主义为核心的团结统一、爱好和平、勤劳勇敢、自强不息的伟大民族精神。""必须把弘扬和培育民族精神作为文化建设极为重要的任务，纳入国民教育全过程，纳入精神文明建设全过程，使全体人民始终保持昂扬向上的精神状态。"为深入贯彻党的十六大精神，落实《中共中央国务院关于进一步加强和改进未成年人思想道德建设的若干意见》，大力开展弘扬和培育民族精神教育，结合中小学实际，特制定《中小学开展弘扬和培育民族精神教育实施纲要》。

一、中小学开展弘扬和培育民族精神教育的重要意义

1. 青少年是祖国的未来，民族的希望，在亿万中小学生中开展弘扬和培育民族精神教育，是深入贯彻落实"三个代表"重要思想和党的十六大精神，加强青少年思想道德建设，全面实施素质教育，促进人的全面发展的需要，是中华民族精神代代相传、发扬光大的必然要求，是加强社会主义精神文明建设的基础性工程。

2. 面对世界范围各种思想文化的相互激荡，西方敌对势力对我实行"西化"、"分化"和争夺下一代的图谋，面对全面建设小康社会的宏伟目标和实现中华民族伟大复兴的历史重任，面对日益开放的环境和发展社会主义市场经济的新要求，在中小学开展弘扬和培育民族精神教育，不断增强广大青少年对民族优秀文化的认同和自信，振奋民族精神，凝聚民族力量，是一项十分紧迫的任务。

二、中小学开展弘扬和培育民族精神教育的指导思想和实施原则

3. 中小学开展弘扬和培育民族精神教育的指导思想是：以马克思列宁主义、毛泽东思想、邓小平理论和"三个代表"重要思想为指导，根据青少年身心发展特点和规律，坚持育人为本，重在实践，教育、引导学生树立中国特色社会主义的共同理想和正确的世界观、人生观、价值观，不断增强民族自尊心、自信心和自豪感，努力培养和造就有理想、有道德、有文化、有纪律的德智体美全面发展的社会主义建设者和接班人。

4. 中小学开展弘扬和培育民族精神教育要遵循以下原则：

△ 以学生为主体，重在实践的原则。要尊重学生，充分调动学生的积极性、主动性和创造性，引导学生自主学习、自我教育、主动发展。坚持教育与生产劳动和社会实践相结合，通过丰富多彩的社会实践活动，使学生在社会实践活动中体验、感悟、认同民族精神；注重知行统一，鼓励和引导学生在社会生活实际中身体力行，弘扬民族精神。

△ 突出重点、体现特色的原则。要以爱国主义教育为核心，以中华传统美德和革命传统教育为重点，大力开展中国革命、社会主义建设和改革开放的历史教育与国情教育。从学生的学习生活实际出发，从学生最关心的问题入手，善于挖掘和利用当地体现民族精神的各种资源，用事实说话，用典型说话，用学生熟悉的语言和喜闻乐见的方式开展教育活动，以情动人、以事感人、以理服人。

△ 学校、家庭、社会相结合的原则。要把开展弘扬和培育民族精神教育作为一项系统工程，充分整合和利用学校、家庭、社会的各种教育资源，协调各方面力量形成合力。要特别重视发挥家庭教育和社区教育对中小学生成长的积极影响，努力营造良好的社会育人环境。

△与时俱进，开拓创新的原则。开展弘扬和培育民族精神教育，既要继承和发扬长期行之有效的好经验和好做法，又要紧跟时代前进的步伐，不断更新观念，在内容、方法、手段和机制等方面积极探索创新，采用新技术，开辟新渠道，占领新阵地。

三、中小学开展弘扬和培育民族精神教育的主要内容

5. 爱国主义是民族精神的核心。中小学开展弘扬和培育民族精神教育必须高扬爱国主义旗帜，倡导一切有利于民族团结、祖国统一、人心凝聚的思想和精神，倡导一切有利于国家富强、社会进步、人民幸福的思想和精神，倡导一切用诚实劳动创造美好生活的思想和精神。引导学生树立以热爱祖国、报效人民为最大光荣，以损害国家和人民利益、民族尊严为最大耻辱的观念。

△爱国主义同社会主义是紧密结合的。了解新中国成立以来，特别是改革开放以来社会主义现代化建设取得的伟大成就和全面建设小康社会的宏伟目标，认识社会主义中国的历史性进步和光明前途。

△中国是统一的多民族国家。了解民族平等、民族团结和各民族共同繁荣是我国处理民族关系的基本原则，捍卫国家主权和领土完整是公民应尽的义务，完成祖国统一大业是中华民族的三大历史任务之一，自觉维护民族团结和国家统一，反对民族分裂，同一切分裂祖国的行为作斗争。

△中国是爱好和平的国家。了解中国独立自主的和平外交政策和外交成就，和平与发展是当今时代的主题，维护世界和平、促进共同发展是各国人民的共同愿望，中国是维护世界和平的一支重要力量，增强爱好和平、反对侵略、反对霸权主义和强权政治的意识。

6. 中华传统美德和革命传统教育是中小学开展弘扬和培育民族精神教育的重点。帮助学生了解中华民族的历史和优良传统，中华民族创造的灿烂文化对人类发展的贡献，影响中国历史发展的重大历史事件和著名历史人物，近代以来中华民族的深重灾难和不畏强暴、英勇抗争的历史，特别是中国共产党领导人民进行英勇斗争，取得胜利的历史。培养学生爱党、爱国、爱社会主义的情感。

△中华民族是一个具有优良传统的民族。了解五千年历史中孕育的优秀传统美德，如公正无私、嫉恶如仇、诚实笃信、不尚空谈、戒奢节俭、防微杜渐、三省吾身、豁达大度、温良恭俭让等修身之道；敬业乐群、公而忘私的奉献精神；天下兴亡、匹夫有则，“苟利国家生死以，岂因祸福避趋之”的爱国情操；“先天下之忧而忧，后天下之乐而乐”的崇高志向；自强不息、艰苦奋斗、勤劳勇敢的昂扬锐气；“富贵不能淫、贫贱不能移、威武不能屈”的浩然正气；厚德载物、达济天下的广阔胸襟；奋不顾身、舍生取义、见义勇为的英雄气概；“以天下为己任”的社会理想；“己所不欲，勿施于人”的社会风尚等。

△中国共产党是民族精神的继承者和创造者。了解中国共产党领导中国人民在建立新中国的奋斗中表现出来的革命和拼命精神，严守纪律和自我牺牲精神，大公无私和先人后己精神，压倒一切敌人、压倒一切困难的精神，坚持革命乐观主义，排除万难去争取胜利的精神，既包括革命战争年代形成的井冈山精神、长征精神、延安精神、红岩精神、西柏坡精神等，又包括社会主义建设和改革开放实践中形成的大庆精神、两弹一星精神、雷锋精神、64字创业精神、抗洪精神、抗非典精神、载人航天精神等。

7. 创新精神是民族精神的重要组成部分。帮助学生理解创新是民族进步的灵魂，是一个国家兴旺发达的不竭动力，弘扬和培育民族精神既要继承优良传统，又要体现时代进步的要求，从时代和社会发展进步中汲取营养，不断丰富和发展民族精神的内涵。引导学生积极探索，开拓进取，勇于创新。

△中华民族是一个富于创造的民族。了解中华民族在长期历史发展中不仅创造了灿烂的物质文明，也形成了自力更生、奋发图强、知难而进等精神，全社会全民族的创造精神和创新能力，是推动全面建设小康社会、实现中华民族伟大复兴的强大力量，努力培养尊重劳动、尊重知识、尊重人才、尊重创造的思想。

△中华民族是一个善于学习的民族。了解学习是创新的基础，立足于中国特色社会主义的伟大实践，努力学习中华民族的优秀历史文化，以开放的精神面向世界，虚心学习世界其他民族长处，努力培养求知上进，不断进取的品质。

四、中小学开展弘扬和培育民族精神教育的实施途径

8. 各学科有机渗透民族精神教育，把弘扬和培育民族精神教育纳入中小学教育全过程，贯穿在学校

教育教学的各个环节、各个方面。中小学德育课程和语文、历史等人文社会科学课程，要充实体现民族精神的丰富内涵。数学、物理、化学、生物、科学等理科课程应结合教学内容，丰富中国科学家的科学成就和民族精神的内容。艺术（音乐、美术）课应包含经典民乐、民歌、民族戏剧欣赏和中国画、书法艺术欣赏的内容。体育课应适量增加中国武术等内容。

9．重视开展主题教育活动。充分利用春节、清明节、中秋节等民族传统节日，“五一”、“五四”、“六一”、“七一”、“八一”、“十一”等重要节日，“七七事变”、“九一八事变”、“一二九运动”等重要事件和重要人物纪念日，开展主题校（班）会、团（队）会，请革命先辈和各行业的英雄模范作报告、讲故事，组织学生观看反映伟大民族精神的影视片等。通过晨会、课堂教学、课外活动等多种途径，组织开展集中体现中华传统美德和革命传统的经典格言、诗词诵读活动；教唱以爱国主义为主旋律的歌曲，定期举行学生歌咏比赛和文艺演出等活动。

10．积极开展社会实践活动。定期组织参观爱国主义教育基地，瞻仰革命圣地和遗址，祭扫烈士墓，缅怀民族英雄、仁人志士、革命先烈，学习他们的高尚品德和感人事迹，进行革命传统教育；参观城市、农村和名胜古迹，了解改革开放的成就和祖国悠久的历史文化；组织开展征文、演讲、讲座、知识竞赛、社会调查等教育活动。充分发挥学生校外活动场所、社会实践基地的育人作用。学生参加各种校外活动、社会实践活动的总时间，初中学生一般每学年不少于20天，普通高中学生一般每学年不少于30天。

11．加强校园文化环境建设。坚持升降国旗制度，每周一以及重要节日、纪念日、大型集体活动必须举行庄严、隆重的升旗仪式，每天坚持升降国旗，每周举行国旗下讲话，全体中小学生都应会唱国歌。学校要结合实际，充分利用校园广播、电视、校园网、橱窗、板报和文化长廊等宣传阵地，大力宣传和弘扬民族精神；校园内张贴悬挂革命领袖和中华民族杰出人物画像，制作体现民族精神的灯箱、语录牌等，积极开展创建安全文明校园活动，营造弘扬和培育民族精神的浓厚校园氛围。

五、中小学开展弘扬和培育民族精神教育的保障措施

12．切实加强开展弘扬和培育民族精神教育工作的领导。各级党委和政府要提高认识，本着求真务实的精神，把弘扬和培育民族精神作为贯彻《中共中央国务院关于进一步加强和改进未成年人思想道德建设的若干意见》的一项重要任务，摆上重要日程，切实加强领导，给予必要的财力、物力和人力支持。各级宣传、教育等部门要根据本《纲要》精神，结合当地实际，制定具体实施办法，深入学校了解情况，研究问题，总结经验，指导工作。教育部门要设立中小学德育工作专项经费。宣传、教育部门要主动与各有关部门和群众团体密切配合，充分发挥工会、共青团、妇联等群众团体的优势，组织开展丰富多彩的教育活动，共同做好中小学弘扬和培育民族精神教育工作。

13．建立“中小学弘扬和培育民族精神月”制度。为把开展弘扬和培育民族精神教育引向深入，在做好经常性宣传教育工作的基础上，决定从2004年开始，每年9月为“中小学弘扬和培育民族精神月”。各地要结合新学年开学，新生入学教育，庆祝教师节，“9.20公民道德宣传日”和迎接国庆等活动，以中华传统美德和革命传统为重点，集中开展宣传教育活动。

14．把弘扬和培育民族精神纳入教育教学计划。弘扬和培育民族精神是中小学全部教育教学活动的共同任务，要把它有机地渗透和融合到各门课程的教学活动之中。每周要安排1小时开展相关教育活动，每学期至少组织1次全校性的主题教育活动。中小学校长要对开展弘扬和培育民族精神教育负总责，学校党组织要发挥政治核心作用，学校工会、共青团、少先队要充分发挥自身作用，所有教职员工都要教书育人、管理育人、服务育人，主动承担弘扬和培育民族精神教育的应尽职责，要特别重视发挥班主任的作用。

15．进一步加强爱国主义教育基地和青少年学生校外活动场所建设和管理。各类博物馆、纪念馆、展览馆、烈士陵园等爱国主义教育基地，要精心组织面向中小学生的专题展览、巡回展览，创造一切条件对中小学生集体参观实行免票，对学生个人参观可实行半票或免票。要采取聘请专业人士、招募志愿者等方式，建立专兼结合的辅导员队伍，为中小学生开展参观活动提供服务。各地教育行政部门在制定学校收费政策时，要充分考虑学生观看影视片、参加社会实践等有关活动的实际需要。爱国主义教育基地和青少年学生校外活动场所要把社会效益放在首位，牢固树立服务意识，加强制度建设，完善内部管理，提高教育效果。

16. 积极营造有利于开展弘扬和培育民族精神教育的社会环境。广播、电视、报纸、刊物、网络等大众媒体，要加强弘扬和培育民族精神的宣传报道，认真办好青少年电视频道，创作、出版一批青少年喜爱的影视片、音像制品和文学艺术作品，充实和丰富教育资源。要加强社会文化市场的监管力度，净化社会文化市场，严厉查处暴力、色情、腐朽的社会文化制品，加强校园周边治安环境治理，加强对网络的监管，打击网络违法行为。中小学校周围200米内不得有经营性网吧、上网服务场所和不利于青少年学生健康成长的社会娱乐场所。

17. 开展弘扬和培育民族精神教育是学生思想道德建设的重要组成部分。对学生在开展弘扬和培育民族精神教育中的情况，要作为对学生进行思想品德评价的重要内容，纳入学生品德评定体系。各地可根据本地区实际情况，对学生提出具体要求，制定具体标准。

18. 加强督导评估，建立表彰奖励机制。要将开展弘扬和培育民族精神教育工作作为考核当地精神文明建设的一项重要内容，作为考核学校工作的重要指标。对工作实绩突出的学校和教育工作者要定期进行表彰奖励。结合全国精神文明建设的评比工作，定期评选中小学德育工作先进单位，大力宣传他们的先进经验和事迹，推动弘扬和培育民族精神教育工作持续健康发展。

教育部　财政部
关于推进职业教育若干工作的意见

（2004年4月30日）

2002年《国务院关于大力推进职业教育改革与发展的决定》颁布以来，我国职业教育发生了显著变化，改革与发展的进程逐步加快，以就业为导向，培养生产、服务第一线高素质劳动者和实用技术人才已成为各地职业院校的共识。

随着经济全球化和我国社会经济的快速发展，特别是以京津为中心的奥运经济带、以上海为中心的长江三角洲经济带、以广州和深圳为中心的珠江三角洲经济带的迅速崛起，以及国家西部大开发、振兴东北地区等老工业基地战略的实施，需要大量掌握先进技术和工艺的技能型人才。农村富裕劳动力向非农业和城镇转移，小城镇建设进程的加快，同样需要加快职业教育发展，造就数以亿计的高素质劳动者。但与社会的需要相比，目前我国职业教育发展还相对滞后，主要表现在：一些地方仍然把职业教育等同于一般的学历教育，在专业设置、培养模式和教学方法等方面，没有充分体现出职业教育紧跟市场经济发展需求、注重学生动手能力培养的特征，很多职业院校由于实训基地条件差，设备陈旧，数量不足，实训教师水平不高等原因，在一定程度上影响了学生技能和动手能力的培养，这也是目前一些职业院校毕业生不被社会认可的主要原因。为此，教育部与财政部决定采用中央财政资金引导的方式，推动各地职业教育实训基地建设，促进职业教育改革不断深入。为做好这项工作，提出以下几点意见。

一、切实做好职业教育实训基地规划

各地要从实际出发，坚持为区域经济和社会发展服务的思想，做好实训基地布局规划。实训基地建设的类型和布局，要符合本地区相关经济领域对技能型和高技能型人才的需求。应重视发挥现有教育资源的作用，将实训基地建设与前几年中央财政支持的示范性职业院校建设相结合，与近几年教育部和地方教育行政部门支持的实习、实训基地建设相结合，使前期投入发挥更大效益。实训基地建设规模要因地制宜，国家鼓励建设资源共享的规模较大的实训基地，最大限度地发挥实训基地的使用效益。

根据社会经济发展对人才需求紧迫状况的分析，中央财政将对数控技术、汽车维修技术、计算机应用与软件技术、电工电子技术、建筑技术5个专业领域实训基地建设给予扶持。2004年重点向数控技术实训基地建设倾斜，以加快培养数控技术人才，满足我国制造业快速发展的需要。同时，各地也要结合本地区经济建设和社会发展的实际需要，重点解决当地急需专业领域的实训基地建设。

各省级教育行政部门要会同财政部门，在调查研究的基础上，尽快制定本地区职业教育实训基地的整体建设规划，同时制定上述5个专业领域及与地方经济和社会发展紧密相关领域实训基地的分专业领域建设规划，并尽快付诸实施。

二、明确中央专项资金的支持范围

为引导和支持各地职业教育实训基地建设，从2004年开始，中央财政设立专项资金，对符合条件的各级各类职业院校实训基地进行扶持。中央财政专项资金的投向范围将打破行业和所有制界限，对办学方向正确、能以就业为导向、培养大量社会紧缺的技能型短缺人才、毕业生就业率高，在深化职业教育教学改革、推进学校管理体制和用人机制、加强校企合作等方面都有所突破和创新，特别是在社会培训、下岗职工再就业培训、农村劳动力转移培训等方面做出突出贡献的职业院校，给予奖励性经费支持（具体要求见附件）。

中央财政专项资金对各地的职业教育实训基地建设采取不同的支持方式。对东部等经济发达地区，在奖励方式上以贴息为主；对中西部地区以补助为主。中央财政专项资金主要用于实训基地设备更新和购置。

三、提高实训基地建设质量

各地要加强“双师型”师资队伍建设，积极聘请行业、企业和社会中有丰富实践经验的专家或专业技术人员（含离退休人员）作为兼职教师，切实改善职业院校的实训条件，使实训设备质量和数量以及师资水平满足教学要求，逐步形成实训内容与实际生产相结合的实训模式，保证学生获得足够时间的、高质量“真刀真枪”的实际动手训练。实训基地建设要尽量降低成本，设备配置要以实用为原则，具有一定的先进性、开放性和可扩展性，不要片面追求设备的高、精、尖、洋。

四、创新实训基地管理体制和运行机制

职业教育实训基地，可以由学校、企业和社会培训机构建设，也可以由地方政府统筹建设和管理；要注重发挥市场机制的作用，调动社会各方面力量共同参与，在实训基地建设资金的筹集上可以采取多种形式，例如参股、合资、合作等；实训基地要实行灵活多样的用人机制和管理办法，在管理和运行上要相对独立，以使其增强活力和自我生存的能力。实训基地要探索建立资源共享、自主发展的新机制。不仅要完成对学生的实训任务，还应主动面向市场，开展培训和职业技能鉴定，开展技术服务，使其成为集教学、培训、职业技能鉴定和技术服务为一体的多功能教育培训中心。

五、做好实训基地项目的申报工作

2004年中央财政专项资金支持的第一批实训基地，由教育部、财政部根据已掌握的情况从有关省市选择。第二批及以后年度支持项目由符合条件的职业院校和相关单位直接向省级教育、财政部门申报，经省级教育、财政部门审核后，于5月20日前按照规定向教育部、财政部推荐，经两部审核后，批准确定。然后由各项目单位填报中央财政资金申请书，写出可行性报告，经省级教育、财政部门审核后，于6月15日前，上报教育部、财政部审核确定经费支持额度。最后将审定批准的设备采购计划按有关规定进行统一招标采购。财政部和教育部将对已安排项目的执行情况和完成结果进行绩效考评，并作为以后年度安排各省职业教育专项经费的重要参考因素。

六、以实训基地建设带动职业教育改革的深化

职业教育是培养学生就业技能的教育，必须坚持面向市场，实行灵活的办学方针。要以加快实训基地建设为突破口，立足于提高学生技能和动手能力，深化教育改革，职业教育的专业、学制、课时等设置要紧扣市场需求，向市场求生存求发展。促进职业教育发展主要是地方政府的职责，地方各有关部门要加大对职业教育的支持力度，切实转变思想观念，为职业教育发展创造适宜、宽松的外部环境，取消各种不合理的限制政策，突破部门、行业和所有制界限，支持多种形式的职业教育发展，对公办和民办职业教育一视同仁，并支持现有公办职业教育引入民间资本，因地制宜加大改革改制力度，创新管理机制，更好地适应市场竞争的需要，促进

职业教育的持续快速健康发展。各地也要加强对职业教育的统筹和协调。要重视发挥行业办职业教育的优势作用，管理体制改革要有利于校企紧密结合，有利于加强行业、企业与学校的合作与信息交流，不要轻易改变职业学校和行业的隶属关系。

为总结各地前几年实训基地建设取得的成绩和经验，请各地教育行政部门会同财政部门，把前期实训基地建设的情况，特别是运行效果好的实训基地情况，职业教育实训基地整体建设规划和分专业领域建设规划，于2004年5月20日前报送教育部财务司（3份）、财政部教科文司（1份），并将电子文档同时发至 cwszxc@moe. edu. cn。

附件：

职业教育实训基地建设奖励性支持条件

实训基地建设应以最大限度地发挥效益为主，并尽可能实现本地区内资源共享。要广泛吸引国内外企业参与实训基地的建设和运行，面向产业实行与企业的共建和合作；要千方百计地为企业的配套生产服务，最大限度为实训者提供足够的“真刀真枪”的实际动手机会，在提高学生技能的同时增强持续发展能力。

申请经费的单位总体上应具备下列条件：

1. 具备科学合理定位：适应本地区制造业方面人才的市场需求，明确本学校在区域经济中的合理定位，应有切实可行的改革不适应人才培养的方案，应有学校整体改革的思路和长远规划。

2. 具备资源共享条件：应以有条件、有积极性的职业院校为主体，原则上有周边若干所职业院校作为协作单位参加；鼓励高职、中职教育园区联合集中建设。

3. 具备产学结合与校企合作的条件：该专业有校企合作经历，参与合作办学的企业一般不少于3家。

4. 具备可持续发展的条件：能够保证有稳定的经费来源，有条件为企业提供配套的生产服务。

5. 具备较好的办学条件：申报基地建设的职业院校举办该专业的时间一般应超过3年，有一届以上该专业毕业生；该专业在校生应超过200人；原则上该学校应取得相关专业“职业资格鉴定站”资格；毕业生一次性就业率达到80%以上；该专业应具有满足人才培养要求的“双师型”教师队伍。社会相关企业申报应有较好的前期教育和培训基础，每年直接培养培训职业院校学生400人以上，并有较高的职业资格证书获取率。

6. 申请经费的单位除应具备以上共同条件外，还应满足各专业实训基地应具备的基本条件：

（一）数控技术实训基地基本条件

项　目	入 选 条 件
场地面积要求	用于实训基地建设的建筑面积应在2 000平米以上
现有实训条件要求	拥有数控设备10台套以上，有技师或中级职称以上的双师型教师4人以上
对外培训要求	每年为社会培训300人次以上

（二）汽车维修技术实训基地基本条件

项　目	入 选 条 件
场地面积要求	用于实训基地建设的建筑面积应在1 000平米以上
现有实训条件要求	现有汽车类实验实训设备总值在100万元以上，有技师或中级职称以上的双师型教师4人以上
对外培训要求	每年为社会培训300人次以上

（三）计算机应用与软件技术专业实训基地基本条件

项　目	入 选 条 件
场地面积要求	用于实训基地建设的建筑面积应在1 000平米以上
现有实训条件要求	现有教学用计算机200台以上，具有比较好的校园网络条件，校园网覆盖全部教学场所和管理科室、部门，宽带接入因特网，运转正常，有中级职称以上的双师型教师4人以上
对外培训要求	每年为社会培训500人次以上

（四）电工电子与自动化技术实训基地基本条件

项　目	入 选 条 件
场地面积要求	用于实训基地建设的建筑面积应在1 000平米以上
现有实训条件要求	已有电路基础、模拟电路、数字电路、高频电路等实验室齐备的设备各24套以上，有不低于40个工位的电子整机产品装配、调试、维修的专用实训场所3个及以上，持有电工、电子技术类高级工职业资格证书的双师型教师4人以上
对外培训要求	每年为社会培训300人次以上

（五）建筑技术实训基地基本条件

项　目	入 选 条 件
场地面积要求	用于实训基地建设的建筑面积应在3 000平米以上
现有实训条件要求	有专用实训场所3个以上，并有稳定的校外实习实训场所3家以上，现有建筑类实验实训设备总值在100万元以上，有中级职称以上的双师型教师4人以上
对外培训要求	每年为社会培训300人次以上

教育部　中宣部　公安部　监察部　信息产业部　国家保密局　武警总部关于全面加强教育考试环境综合整治工作的通知

（2004年5月17日）

近年来，随着我国教育事业的发展，国家教育统一考试规模不断扩大。在地方各级人民政府的领导和支持下，各有关部门积极配合，各级教育行政部门和招生考试机构精心组织，采取有力措施，基本保证了国家教育统一考试的安全顺利进行，人民群众较为满意。但是，国家教育统一考试环境和考风考纪仍存在一些问题，严重违纪舞弊现象时有发生，极个别地方考场秩序混乱，甚至出现试卷被盗、泄密等恶性案件。为进一步做好国家教育统一考试工作，全面加强教育考试环境综合整治，确保国家教育统一考试的安全，经国务院同意，现就有关问题通知如下：

一、统一思想，提高认识。国家教育统一考试是国家选拔人才的重要方式，涉及千家万户，事关考生和广大人民群众切身利益，确保国家教育统一考试安全，维护国家教育统一考试的权威性、公正性和严肃性具有十分重要的意义。党中央、国务院十分重视教育考试工作。地方各级人民政府和有关部门要从践行“三个代表”重要思想的高度，从加强党风政纪、精神文明建设和社会诚信的高度，切实提高对当前进一步加强国家教育统一考试安全保密和考风考纪工作重要性和紧迫性的认识。

二、加强领导，齐抓共管。教育考试涉及许多部门，要齐抓共管，综合整治。经国务院同意，已经建立了国家教育统一考试工作部际联席会议制度，由教育部、中宣部、最高人民法院、公安部、监察部、信息产业部、国家保密局、武警总部等部门组成，由教育部牵头。联席会议负责统筹协调并解决国家教育统一考试环境综合整治工作中的有关问题，快速有效地处理突发性重大问题，提出政策措施和建议，督促、检查、指导有关政策措施的落实。各地要切实加强对国家教育统一考试的领导和管理。进一步加强和发挥高等学校招生委员会、高等教育自学考试委员会的工作职能，紧密联系和配合，针对考试中可能发生的问题，制订切实有效的防范措施，一旦发生问题，要快速、有效地予以解决。

三、狠抓各个工作环节，确保考试安全。要按照《中华人民共和国保守国家秘密法》的要求，加强对命题和试卷印制、运送、保管以及考试实施、评卷等每一个考试环节的监控与管理，确保不发生考题泄露和考卷丢失、被盗等恶性事件。制订重大突发事件应急预案，健全完善规章制度，落实相关责任。狠抓各项安全保密和防止考试违规措施及硬件条件的落实。2004年高考前，所有试卷定点印制单位、试卷保密室等安全措施必须达标，各地要组织专项检查，逐一验收，不留空白。

四、加强对涉考工作人员的培训和管理。要选派公正、廉洁、认真负责的人员参加考试工作。加强政策、业务、纪律等岗前培训，未经培训合格不得上岗。对考试工作人员因失职、失察造成考场大面积舞弊或评卷混乱等事故的，根据情节给予行政或纪律处分；触犯刑律的，移送司法机关追究刑事责任。

五、加强考场管理，严肃处理考试违规行为。要完善考场规章制度，严格按照考务规章制度组织实施考试，加大考前检查和考试巡查力度。有条件的地方以及考试管理相对薄弱的地区，要尽快建立一批采用现代化技术手段实施实时监控的考场，确保不发生大面积、有组织的集体舞弊事件。当前要重点打击雇人代考或替考、利用现代通讯工具舞弊等严重违规行为。对违规者，如是在校学生，按有关规定严肃处理，直至开除学籍；如是国家工作人员，由考试机构通报其所在单位，有关部门根据情节给予党纪或政纪处分。纪检监察部门要加强对考试工作的监督检查。对于“考场腐败”案件及有关责任人要一查到底，决不姑息。

六、严格执法，加强依法治考。对盗窃、传播、出售试卷以及考前以出售试题为名进行诈骗等违法犯罪行为，公安机关要依法进行查处，严厉打击。对泄密相关责任人，要依法追究责任。要加快教育考试立法步伐，抓紧起草教育考试方面的法规，为依法治考提供法律保证。

七、进一步深化教育改革，做好普通高等学校招生统一考试部分省自行命题工作。高考分省命题有利于全面推进素质教育，有利于地方政府对各级各类教育以及教育与经济社会发展的统筹，有利于降低安全风险。承担高考命题工作的省（自治区、直辖市）要加强领导、精心设计、精心组织、精心实施。加强招生考试机构建设，在政策、人员编制、经费等方面给予支持和保障，确保命题工作安全和试题质量。

八、加强宣传教育，营造良好社会氛围。要加大对端正考风考纪、诚信、守规、守纪、守法意识的宣传力度。教育系统要对学生进行考试纪律专项教育，并把学生考试诚信作为对其思想品德考核的重要方面。要把教师参加考试或执行考试管理的情况，作为对教师品行要求的重要方面。要全面综合治理学校教育环境，把考风作为评价学校办学水平的重要内容。要充分发挥社会舆论监督的作用，对重大违规事件，在抓紧查处后，要在新闻媒体上曝光。各级有关部门要根据本通知要求，明确责任，狠抓落实，制订相应的工作方案和应急预案。从严治考，务求在短期内国家教育统一考试环境综合整治工作取得明显成效，考试环境得到显著改善。

教育部等七部门
关于进一步加强职业教育工作的若干意见

（2004年9月14日）

为贯彻党的十六大和全国人才工作会议精神，进一步落实《国务院关于大力推进职业教育改革与发展的决定》（国发〔2002〕16号，以下简称《决定》），认真实施国务院批转的《2003—2007年教育振兴行动计划》，更好地适应全面建设小康社会对高素质劳动者和高技能人才的迫切需要，经国务院同意，现对进一步加强职业教育工作提出如下意见。

一、认真实践“三个代表”重要思想，坚持科学发展观，大力推进职业教育快速持续健康发展

《决定》发布以来，各级政府和有关部门加强了对职业教育工作的领导和支持，以就业为导向改革与发展职业教育逐步成为社会共识，高等职业教育得到快速发展，中等职业教育出现逐步回升的良好势头，职业教育主动服务经济社会的意识明显增强。但总体上看，职业教育仍然是我国教育的薄弱环节，一些地方和部门在统筹人力资源开发中仍存在着忽视技能人才培养和使用的倾向，在统筹各类教育发展中仍存在着忽视职业教育的倾向，推进职业教育改革与发展的措施还不够有力。一方面生产服务一线技能人才特别是高技能人才严重短缺，广大劳动者的职业技能和创业能力与劳动力市场需求有较大差距；另一方面职业教育发展面临诸多困难，办学条件比较差，办学机制不够灵活，人才培养的数量、结构和质量还不能很好满足经济建设和社会发展的需要。当前和今后一个时期是职业教育发展的重要战略机遇期，我国全面建设小康社会，走新型工业化道路，推进城镇化，解决“三农”问题，提高产业竞争力，促进就业和再就业，都对提高劳动者素质、加快技能人才培养提出了迫切要求。尽快改变职业教育发展相对滞后的局面，切实发挥职业教育在经济社会发展中的基础作用，是一项具有战略意义的紧迫任务。

进一步加强职业教育工作，加快技能人才培养，全面提高劳动者素质，关系着我国劳动就业和社会保障事业的发展，关系着我国现代化建设的进程，关系着我国国际竞争力的提高，是贯彻“三个代表”重要思想的具体体现，符合最广大人民群众的根本利益。各地各部门要牢固树立科学发展观，认真实施科教兴国和人才强国战略，统筹职业教育与经济建设、劳动就业、人力资源开发协调发展，统筹职业教育与其他各类教育协调发展，统筹职业学校教育与职业培训协调发展，结合本地本部门的实际，因地制宜，采取有力措施，推进职业教育在新形势下快速持续健康发展。

从现在起到2007年，在高中阶段教育中，要加大结构调整工作力度，进一步扩大中等职业教育招生规模，使中等职业教育与普通高中教育的比例保持大体相当，在有条件的地方职业教育所占比例应该更高一些；在高等教育中，高等职业教育招生规模应占一半以上。要巩固和加强现有职业教育资源，促进职业院校办出特色，提高质量，中等职业学校不再升格为高等职业院校或并入高等学校，专科层次的职业院校不再升格为本科院校，教育部暂不再受理与上述意见相悖的职业院校升格的审批和备案。

二、坚持以就业为导向，增强职业教育主动服务经济社会发展的能力

要积极推动职业教育和培训从计划培养向市场驱动转变，从政府直接管理向宏观引导转变，从专业学科本位向职业岗位和就业为本位转变。职业院校要坚持以服务为宗旨，以就业为导向，面向社会、面向市场办学，深化办学模式和人才培养模式改革，努力提高职业教育的质量和效益。根据社会需求设置专业、开发培训项目，推进精品专业或特色专业、精品课程和精品教材的建设，不断更新教学内容，增强职业教育的针对性和适应性。高等职业教育基本学制逐步以二年制为主，中等职业教育基本学制以三年制为主。积极推行选修制或学分制，逐步建立弹性学习制度。推动产教结合，加强校企合作，积极开展“订单式”培养。坚持以能力为本位，优化教学与训练环节，强化职业能力培养，高等职业教育专业实训时间应不少于半年，中等职业教育应为半年至一年。

职业院校要全面实施素质教育，加强学生思想道德建设。深入开展中华传统美德和革命传统教育，不断培育青少年学生的爱国情感和民族精神。努力把职业道德培养和职业能力培养紧密结合起来，培养学生爱岗敬业、诚实守信、办事公道、服务群众、奉献社会的精神和严谨求实的作风。注重加强德育实践活动，努力提高德育工作的针对性和实效性。加强创业教育和职业指导工作，引导学生转变就业观念，同时也要为学生提供就业服务，把毕业生就业率作为衡量职业院校办学质量和效益的重要指标。

逐步扩大职业院校在办学、招生、专业设置、学籍管理、课程开发与安排、教师聘任、教材选用等方面的自主权，提高其面向市场依法自主办学的活力。要加强人力资源能力建设，更加重视开展在职人员的岗位培训、下岗失业人员再就业培训、农村劳动力培训和各种形式的社会化培训，努力提高广大从业人员的就业能力和创业能力。要积极开展面向残疾人的职业教育和培训。

强化市（地）政府统筹职业教育的作用，整合和充分利用现有各种职业教育资源，打破部门界限和学校类型界限，优化职业院校布局结构。根据区域经济社会发展和教育发展的实际需要，每个县要重点办好一所中等职业技术学校或职业教育中心，并把县级中等职业技术学校或职业教育中心建设放到与普通高中学校建设同等重要的位置；每个市（地）原则上要重点办好一所高等职业技术院校和若干所中等职业技术学校。要充分发挥骨干职业院校的带动作用，探索以骨干职业院校为龙头、带动其他职业学校和培训机构参加的规模化、集团化、连锁式发展模式。

三、切实加快技能人才培养，为新型工业化提供人力资源支持

各地方和行业部门要结合区域、行业发展和劳动力市场的实际需要，制定和实施技能人才培养培训规划。认真实施教育部等六部门推进的“职业院校制造业与现代服务业技能型紧缺人才培养培训计划”，到2007年在数控技术应用、汽车运用与维修、计算机应用与软件技术和护理等四个专业领域共培养毕业生100万人，共提供短期技能提高培训300万人次。认真实施劳动保障部等部门推进的“国家高技能人才培训工程”和“三年五十万新技师培养计划”。

在技能人才的培养培训中，要充分发挥企业、职业院校和各类培训机构的作用，通过职业院校培养、企业岗位培训、名师带徒、个人岗位提高相结合的方式，加快培养企业急需的技术技能型人才、复合技能型人才以及高新技术产业发展需要的知识技能型人才，推动技能人才队伍的整体建设，使技能人才特别是高技能人才的数量和所占比例有较大增加和提高，努力缓解劳动力市场技能人才紧缺状况。

四、大力加强农村职业教育，为解决“三农”问题提供服务

继续推进农科教结合和“三教统筹”。地方政府要加强统筹，促进农业、科技和教育部门发挥各自优势，把农业技术推广、科技开发和教育培训紧密结合起来，积极为农业和农村经济社会发展服务。要统筹农村基础教育、职业教育和成人教育的发展，发挥县级中等职业技术学校或职业教育中心的龙头作用，有效整合并充分利用农村中小学、乡镇成人文化技术学校、农业广播电视学校和农业推广、培训机构资源，大力开展农民实用技术培训。继续组织实施“绿色证书培训工程”和“青年农民科技培训工程”，造就适应农业结构调整和农业产业化经营需要的新型农民和技术骨干，加快农业科技的进村入户。采取有力措施，加强对少数民族地区、革命老区、边疆地区和特困地区贫困人口的实用技术培训，帮助他们摆脱贫困状况。重视农村基层干部的培养培训工作，依托各类高等院校特别是高等职业院校、广播电视大学以及高等教育自学考试等形式，努力实现村村都有一个大学生的目标。在实施“大学生西部志愿者计划”中，要安排一定比例的名额到西部职业学校任教。

开展农村劳动力转移培训是加快农村劳动力转移、促进农民增收和解决“三农”问题的重要措施。要认真实施国务院办公厅批转的农业部等六部门《2003—2010年全国农民工培训规划》、“农村劳动力转移培训阳光工程”和国务院批转的《2003—2007年教育振兴行动计划》提出的“农村劳动力转移培训计划”，努力做好农村劳动力转移培训工作。进一步扩大职业院校面向农村的招生规模，充分发挥城市对农村、东部对西部的带动和辐射作用，继续加强职业教育对口支援和帮扶工作，做好城市与农村、东部与西部合作办学、联合招生工作，并积极帮助农村和西部地区学生在城市和东部地区就业。有关部门要重点联系一批劳动力输出较多的地区，认真总结并推广典型做法和经验。要加大在岗农民工的培训力度，支持和鼓励行业企业建立多种形式的农民工学校，同时充分利用社区内各种教育资源，开展面向农民工的教育培训。

各级政府要扶持农村职业教育和成人教育、农村劳动力转移培训、城乡合作与东西部联合办学，特别是对在相关工作中成绩显著的职业院校、职业培训机构和成人学校给予奖励。西部和农村开发建设项目应安排配套资金用于相关领域的人力资源开发。使用农民工的单位负有培训本单位所用农民工的责任，所需经费从职工教育培训经费中列支。

五、深化办学体制改革，促进多元办学格局的形成

各级政府要在发展职业教育中继续发挥主导作用，努力办好公办职业院校。行业企业要继续办好职业学校和培训机构，鼓励行业企业与职业学校实行合作办学，建立行业职业教育咨询、协调机制。强化企业自主培训的功能，努力加强职工在岗培训和下岗失业人员培训。

民办职业教育应该成为我国职业教育体系的重要组成部分。要加快发展民办职业教育，积极吸引民营资本为发展职业教育服务，充分发挥民办职业教育贴近市场、机制灵活和运行高效的特点，促进职业教育观念、体制和机制的创新，更好地满足经济社会发展和人民群众对职业教育多层次、多样化的需求。认真实施《民办教育促进法》，对民办职业学校应当按照公益事业用地及建设的有关规定给予优惠，并保护民办职业学校教职工和学生的合法权利，要在学校评估、实训基地建设等方面与公办职业学校一视同仁。

要深化公办职业院校体制改革，积极推进公办职业院校运行机制创新，真正形成面向社会、面向市场自主办学的实体。鼓励公办职业院校大胆引进竞争机制，推动公办职业院校重组和整合，探索与企事业单位、社会团体、民办职业学校及个人合作方式，实行多元投资并举的办学体制。在推进职业院校的重组和整合中，要防止公办职业教育资源的流失。

积极推进职业教育领域的中外合作办学，认真贯彻《中外合作办学条例》，学习和借鉴国际上发展职业教育的有益经验和办学理念，引进国际优质职业教育资源，拓展国际招生和就业市场，扩大职业教育领域的国际交流与合作。

六、完善就业准入制度和职业资格证书制度，积极推进职业院校学生职业资格认证工作

认真执行《劳动法》和《职业教育法》，坚持“先培训、后就业”、“先培训、后上岗”的原则，进一步完善就业准入制度。各级劳动保障等有关部门要加强劳动执法监察，对违法行为进行纠正并给予处罚。进一步完善国家职业资格证书制度，加快开发国家职业标准，并及时进行调整和更新，形成能够反映经济发展和劳动力市场需要的动态国家职业标准体系。建立职业技能鉴定质量监控制度，加强规范化管理。要根据下岗失业人员、进城就业的农民工的实际需要开展鉴定工作，做好相关服务。

要充分发挥职业院校在实施职业资格证书制度中的作用，积极推进职业院校学生职业资格认证工作。按照统筹规划、合理布局、发挥优势的原则，各地要新确定一批具备条件的职业院校建立职业技能鉴定所(站)。劳动保障、人事、教育以及有关部门要在各自职责范围内，对职业院校毕业生取得相关职业资格证书工作加强指导、提供方便。要做好职业资格认证与职业院校专业设置的对接服务，加强专业教育相关课程内容与职业标准的相互沟通与衔接，教学内容能够覆盖国家职业资格标准要求的专业，学生技能鉴定可与学校教学考核结合起来，避免重复考核。国家级重点职业学校以及少数教学质量高、社会声誉好的省级重点中等职业学校和高等职业学校的主体专业，经相关部门认定，其毕业生参加理论和技能操作考核合格并取得职业学校学历证书者，可视同职业技能鉴定合格，取得相应的职业资格证书。有关部门要按照《决定》的要求，抓紧组织对职业学校主体专业的认定工作。要根据中外合资企业、外资企业劳动用工和国际劳务市场的要求，积极引进国内急需、在国际上广泛认可的职业资格证书以及课程体系。

七、加快职业教育实训基地建设，切实提高学生职业技能

加强职业教育实训基地建设是提高职业教育质

量、解决技能人才培养“瓶颈”的关键措施。认真落实教育部、财政部关于加强职业教育实训基地建设的意见，切实改善职业院校的实训条件，力争到2007年，分期分批在重点专业领域建成一批条件较好、专业种类齐全、适应技能人才培养需要的实训基地。实训设备的配置要与企业生产技术水平相适应，以通用、实用为原则，重点解决好数量不足、实习工位短缺等问题，为学生提供足够时间的高质量的实际动手训练机会。要不断提高职业教育装备水平和现代教育技术水平，促进职业教育的现代化建设。

职业教育实训基地建设要统筹规划，合理布局，重视发挥现有职业教育资源的作用，与近年来中央财政支持的示范性职业院校建设相结合，使前期投入发挥更大效益，要努力实现区域内中、高等职业院校和培训机构对实训基地的共享。实训基地要建立自主发展的新机制，不仅完成教学实训任务，还应主动面向市场开展培训和技术服务。实训基地建设中要注意发挥市场机制的作用，调动社会各方面力量共同参与，多渠道筹集建设经费，实行政府、企业、院校和社会培训机构共建共管。

八、深化职业院校人事制度改革，加强“双师型”教师队伍建设

深化职业院校人事制度改革，积极推进教师及其他专业技术人员、管理人员、工勤人员的聘用（任）制度，促进人才合理流动，优化教师队伍。有关部门要按照国务院办公厅转发中央编办、教育部、财政部《关于制定中小学教职工编制标准的意见》（国办发〔2001〕74号），抓紧制定和实施职业学校和成人学校教职工编制标准。人事、劳动保障部门要积极为职业院校招聘人才提供服务，通过实行固定岗位与流动岗位相结合、专职与兼职相结合的设岗和用人办法，指导和支持职业院校，面向社会公开招聘具有丰富实践经验的专业技术人员和高技能人才，担任专业教师和实习指导教师。对于到职业院校担任教师的专业技术人员、高级工和技师可按照相关专业技术职务条例的要求评聘教师职务，实行聘任制度和合同管理，享受合同规定的相关待遇。地方人事、教育、劳动保障等有关部门要按照相关教师职务试行条例的要求，制定符合实际需要的各类职业院校教师职务评聘办法。职业院校中专业实践性较强的专业教师，可按照相应的专业技术职务系列条例的规定，再评聘第二个专业技术资格，也可根据有关规定取得相应的职业资格证书，促进“双师型”教师队伍建设。要深化职业院校教职工分配制度改革，把教职工收入与学校发展、所聘岗位以及个人工作绩效挂钩，调动教职工积极性。

要建立符合职业教育特点的教师继续教育进修和企业实践制度。职业院校专业教师每年脱产接受继续教育的时间应不少于规定的学时数，每两年必须有两个月以上时间到企业或生产服务一线进行实践，并作为教师提职、晋级的必要条件，其他教师和管理人员也应定期到企业或生产服务一线进行实践和调研。要加强职业教育师资培养培训基地建设，扩大专业教师培训和在职攻读硕士和博士学位的规模。各级教育行政部门要会同相关部门制定本地区职业教育师资队伍建设的整体规划和相关配套措施。

九、多渠道增加投入，为职业教育的改革与发展提供坚实的条件保障

认真落实《职业教育法》和《决定》中对增加职业教育经费投入的要求，逐步建立政府、受教育者、用人单位和社会共同分担、多种所有制并存和多渠道增加职业教育经费投入的新机制。各级政府要增加用于发展职业教育的投入，确保公办职业学校教师工资按时足额发放，并鼓励职业院校更新实习设备、改善教学实验设施，特别是加强职业院校共享平台的建设和重点专业的建设。省级政府要制定本地区职业院校学生生均经费标准，并督促职业院校举办者按标准投入经费。金融机构要以信贷方式支持发展职业教育，政府部门根据需要可以为职业院校提供贷款贴息。要进一步落实《决定》中关于按照企业职工工资总额的1.5%～2.5%足额提取教育培训经费的规定，保证经费专项用于职工特别是一线职工的教育和培训。在政府增加职业教育经费投入的同时，受教育者也要承担一定比例的教育费用。职业院校的学费收入要全额用于院校的发展，各有关部门不得用其冲抵正常的拨款，也不得以任何理由进行截留、调拨或划转。要积极探索吸收国（境）外资金和民间资本发展职业教育和培训的途径和机制。

中央财政安排职业教育专项经费，主要通过“以奖代补”等方式引导和支持实训基地建设。国家发展改革委员会根据职业教育发展实际需要，统筹安排资金继续支持职业教育发展，重点支持中西部地区市（地级）、县级中等职业技术学校或职业教育中心的建设。国家和地方安排的扶贫资金都要不断加大对贫困地区农村劳动力培训的投入力度。地方各级财政要增加职业教育专项经费，在安排农村科技开发经费和技术推广经费时要安排一部分农村劳动力培训经费。职业教育的专项经费投入，主要采取奖励、直接补助和资助学生等方式。加强对经费使用的管理，提高资金的使用效益。各级政府要通过奖学金、助学金、贷学金和培训费补贴等多种形式，对家庭经济困难群体及其子女接受职业教育和培训提供帮助，鼓励行业企业、社会团体和公民个人捐资助学。

十、加强领导，营造发展职业教育的良好社会氛围

各级政府要进一步加强对职业教育工作的领导，切实承担起发展职业教育的责任，统筹规划，分类指导，依法推进职业教育的改革与发展。国务院批准建立的职业教育工作部际联席会议制度，统筹协调全国职业教育工作，研究解决职业教育工作中的重大问题。县级以上地方人民政府也要建立相应的职业教育部门联席会议制度，形成有关部门分工协作、齐抓共管的工作机制。各级政府要把职业教育工作列入年度教育工作报告的重要内容，向人大、政协报告职业教育工作，并接受检查和指导。要把发展职业教育列入政府业绩考核重要内容，政府教育督导部门要加强对职业教育工作的督导。要加强对职业院校和培训机构的评估检查。

要引导企业和社会各用人单位建立科学的绩效考评和薪酬制度，逐步提高生产服务一线技能人才特别是高技能人才的经济收入。建立优秀技能人才政府津贴制度，将技能人才与科学和工程技术人才同等对待，提高其社会地位和待遇。要定期开展职业技能竞赛活动，对优胜者给予相应的奖励，认定其相应的职业资格。各级政府应对职业教育工作成绩突出的单位和优秀教师，按有关规定进行奖励表彰。大力宣传优秀技能人才和高素质劳动者在社会主义现代化建设中的重要贡献，大力宣传职业教育的先进典型和先进人物，在全社会弘扬“三百六十行、行行出状元”的风尚，营造有利于职业教育发展和技能人才培养与使用的良好环境。

注：七部委是教育部、国家发展改革委、财政部、人事部、劳动保障部、农业部和国务院扶贫办。

教育部　国务院西部开发办关于印发《2004—2010年西部地区教育事业发展规划》的通知

（2004年9月23日）

现将《2004—2010年西部地区教育事业发展规划》印发给你们，请结合本地实际组织实施。

2004—2010年西部地区教育事业发展规划

一、西部地区教育改革与发展取得显著成绩

在党中央、国务院的高度重视下，经过西部地区人民的艰苦努力和社会各界的大力支持，西部地区教育事业发展取得了显著成绩。特别是西部大开发战略的实施，有力地促进了西部地区教育事业发展，为西部地区经济、社会全面发展提供了有力的人才与智力支持。

（一）各级各类教育取得长足发展，国民受教育

水平得到明显提高

基本普及九年义务教育、基本扫除青壮年文盲（以下简称“两基”）取得明显进展，到2003年，西部地区“两基”人口覆盖率达到81%，比1998年提高了24个百分点。学前教育和特殊教育得到积极发展。民族地区人口的受教育水平有了很大提高。高中阶段教育发展迅速，在校生由1998年的552万人发展到770万人左右，毛入学率达到35.5%左右。职业教育、各种形式的培训和继续教育不断发展，培养了一大批熟练劳动者和实用人才。高等教育规模迅速扩大，其中普通本、专科在校生由1998年的73万人发展到235万人左右，在学研究生由1998年的3.2万人发展到12万人。初步形成了西安、成都、重庆等区域性高等教育中心和若干所在国内有重要影响的高等学校，高层次人才培养能力和高校科技创新与服务能力显著增强。

教育事业的快速发展，使西部地区国民受教育水平显著提高。据第五次人口普查显示：2000年，西部地区15岁以上人口平均受教育水平达到7.22年，从业人员中，二、三产业人员受教育水平分别达到9.57年、10.77年，接近全国平均水平，过去三年又有了进一步提高。

（二）教育改革成效显著，有力地促进了教育发展

随着西部大开发战略的实施，西部地区教育改革的步伐明显加快。农村义务教育管理新体制已基本确立，促进了农村义务教育的巩固和发展。职业教育管理新体制初步建立，对职业教育的发展起到重要推动作用。高等教育管理体制改革基本完成，高等学校后勤社会化改革取得丰硕成果，有力推动和保障了高等教育规模的迅速扩大。办学体制改革不断深化，民办教育得到较快发展。招生、考试、毕业生就业制度改革进一步深化，教学改革不断深入，素质教育得到积极推进。

（三）教师队伍素质不断改善，教育质量逐步提高

到2003年，普通小学、初中、高中的专任教师学历合格率分别由1998年的90.7%、79.8%和58.8%提高到96.1%、90%和68.6%，具有专科以上学历的小学教师和本科以上学历的初中教师比例也稳步上升。职业高中、普通中专专任教师学历合格率由1998年的30.9%和67.2%提高到46.3%和75.3%，普通高校专任教师中具有研究生学历的由1998年的22.3%提高到27.0%。随着教师素质的逐步提高，教学水平明显提升，教育质量逐步提高。

（四）教育投入增长较快，办学条件逐步改善

实施西部大开发战略以来，西部地区教育投入明显增加。中央财政加大了对西部教育的转移支付力度和专项投入，主要面向西部地区实施了“国家贫困地区义务教育工程”、“中小学危房改造工程”、用国债资金支持西部每省重点建设一所大学等一系列重大工程，使西部地区教育经费总收入由1998年的609亿元增加到2002年的1194亿元，其中财政性教育经费收入由465亿元提高到826亿元，从1999年到2002年仅国债向西部教育投入资金就达62亿元。西部地区各级各类学校的办学条件得到逐步改善，教师待遇稳步提高，教育、教学手段不断改进，教育信息化开始起步。

经过多年的努力，西部地区已初步形成各级各类教育相对完整的结构格局，教育的总体水平和质量也得到较大提高，为西部地区教育的振兴打下了较好基础。

二、西部地区教育发展面临的形势

当今时代，科技进步日新月异，知识经济发展和经济全球化进程不断加快，综合国力竞争日趋激烈，一个地区乃至一个国家的发展与振兴，越来越依赖于足够数量的高素质劳动者、技能型人才和创新人才，依赖于教育的发展水平。

当前和今后几年是实施西部大开发战略的重要时期，也是西部地区教育发展与人力资源开发的重大机遇期。党的十六大提出了全面建设小康社会的奋斗目标、明确要求推进西部大开发、促进区域协调发展；十六届三中全会的胜利召开，为进一步解放和发展生产力，促进经济发展和社会全面进步注入了强大动力；全国农村教育工作会议，明确提出将“两基”攻坚作为西部大开发的一项重要任务，摆在与基础设施建设和生态环境保护同等重要的位置；国家经济持续快速发展，对西部教育的支持能力不断增强，支持力度不断加大；经济体制改革不断深化，民主法制建设、政治体制改革迈出新步伐，政府机构改革稳步推进，西部教育改革与发展的体制环境不断改善；西部大批基础设施建设项目纷纷上马，生态环境保护不断

加强，加入世界贸易组织后，西部地区将直接面对激烈的国际市场竞争，产业结构的升级，城镇化进程的加快，大批农村剩余劳动力需要向第二、三产业、城镇和东部地区转移，都对西部教育发展提出了新的迫切要求，也开辟了新的发展空间。随着西部地区经济社会发展，人民群众对接受教育提出了更高的要求。未来5到10年，西部地区高中以下各学龄段人口呈下降趋势，整体上规模发展压力相对减轻。国家以信息化带动工业化的战略部署，使西部教育有望以信息化为载体，奋起直追，缩小差距。

同时，我们也清醒地看到，西部地区教育事业改革与发展还面临着一系列突出的矛盾和困难。受经济发展水平所限，西部地区政府财力薄弱，居民特别是农牧民收入水平低，支付能力弱，教育经费总量不足；加之自然条件差，少数民族众多，"双语"教学任务重，教育成本高，体制有待理顺，机制不够灵活，一些地方思想观念相对落后等多种因素的影响，义务教育尚未普及，青壮年文盲率远高于全国平均水平，高中阶段教育和高等教育规模偏小，职业教育薄弱，城乡、地区之间教育发展极不平衡，国民受教育水平明显偏低，西部教育发展整体水平落后，人力资源开发的滞后与高层次人才的不足已直接影响到西部开发重大工程的实施。西部地区办学条件差、教育手段和信息化程度落后，教师队伍整体素质有待提高，合格教师短缺，代课教师相对较多，教育质量不高，教学内容与方法亟待改进，教育为西部大开发服务能力有待加强。

面对前所未有的历史机遇与挑战，我们必须以高度的历史责任感和紧迫感，抓住机遇，科学决策，坚持不懈，采取切实有效的政策措施，争取用5到10年，使西部地区教育发展跃上新台阶，实现新跨越。

三、西部地区教育发展的指导思想、战略要点、主要任务与目标

（一）指导思想

以邓小平理论和"三个代表"重要思想为指导，全面落实十六大关于全面建设小康社会和实施西部大开发战略的总体部署，贯彻落实党的十六届三中全会、中央人才工作会议精神和全国农村教育工作会议精神，将教育摆在优先发展的战略地位。

按照以人为本的发展观，贯彻统筹城乡发展、区域发展、经济社会发展、统筹人与自然和谐发展、统筹国内发展和对外开放的要求，树立大教育、大培训的思想，坚持"巩固成果、深化改革、提高质量、持续发展"的方针；进一步解放思想，深化改革，开拓创新，积极进取；坚持从实际出发，统筹规划，分类指导；坚持突出重点，集中力量解决关系全局的重大问题；坚持把加大国家对西部教育发展的支持与西部地区自力更生、艰苦奋斗结合起来，充分调动各方面积极性，加快西部地区教育发展，充分发挥教育的基础性、先导性和全局性作用，为西部经济社会的全面发展，为西部大开发战略的顺利实施奠定坚实的人力与智力基础。

（二）战略要点

根据西部大开发的长远规划与现实需要，结合西部地区教育发展的基本情况，今后几年，西部地区教育事业发展在战略上必须坚持以下几点：

——全力攻坚。集中各方面力量，坚决打赢"两基"攻坚战，用五年时间，在西部地区基本普及九年义务教育，基本扫除青壮年文盲。不断巩固、提高"两基"成果和质量。

——重点突破。以就业市场需求为导向，加快发展职业教育，着力提升教师与管理队伍素质，努力在提高劳动力素质和教育质量与管理水平方面取得突破性进展。

——扩大规模。扩大高等教育和高中阶段教育规模，多种途径支持西部地区扩大高等教育和优质高中阶段教育资源，改善办学条件，调整布局结构，使高等教育和高中阶段教育发展跃上新台阶。

——实现跨越。大力发展西部农村中小学现代远程教育，积极推进普及信息技术教育，以信息化带动现代化，努力实现西部农村教育跨越式发展。

（三）主要任务与目标

1. 基本普及九年义务教育，基本扫除青壮年文盲

到2007年，尚未普及初等教育的地区普及小学六年教育，普及初等教育的地区通过"两基"验收，已实现"两基"的地区进一步巩固成果，提高质量，西部地区"两基"人口覆盖率达到85%以上，初中毛入学率达到90%左右，青壮年文盲率降到5%以下。到2010年，"两基"人口覆盖率进一步提高，初中毛入学率达到95%左右，青壮年文盲率进一步下降。

2. 发展学前教育

积极发展学前三年教育，重视儿童早期教育，逐步提高入园（学前班）率，努力使已实现“两基”地区的绝大部分城乡儿童都能接受多种形式的学前教育，城市地区基本满足学龄前儿童入园（学前班）需求。

3. 扩大高中阶段教育规模，大力发展职业教育与培训

大中城市逐步普及高中阶段教育，已普及九年义务教育经济条件较好的农村地区加快发展高中阶段教育，经济欠发达农村地区适度发展高中阶段教育。争取到2010年高中阶段教育在校生达到1 200万人左右，其中中等职业教育占50%以上，毛入学率达到65%左右。

以就业为导向，面向社会、面向市场，积极发展多种形式的职业教育与培训，特别是初中后职业教育（包括短期培训）得到较大发展，使西部地区绝大多数未升学的初中毕业生都有机会接受到不同程度的职业教育与培训，充分利用现有各类教育资源向农民传授实用技术，基本满足农民学习实用技术的需求，使西部地区新增劳动力和转移劳动力的素质有明显提高。

4. 继续扩大高等教育规模，提高高校科技创新与服务能力

调整西部地区高等学校布局与结构，多种途径扩大高等教育资源，扩大高等教育规模特别是高等职业教育规模，形成高层人才流向西部和在西部留住的机制，为西部大开发培养大批留得住、下得去、用得上的人才。争取到2010年西部地区高等学校本专科在校生达到680万人左右，其中普通本专科在校生达到420万人左右。高层次人才培养能力明显扩大，在学研究生人数达到32万人左右，每十万人平均在校大学生人数接近全国平均水平。一批重点学科或专业达到全国乃至世界先进水平，高等学校能够解决一批西部开发面临的重大课题和技术难题，科技创新与服务能力显著增强。

5. 大力推进教育信息化，积极发展现代远程教育

加强西部地区网络建设和管理、服务体制及运行机制建设，大力推进西部地区现代远程教育发展，提高西部教育信息化水平。到2010年，西部地区初中都拥有计算机教室，小学都有卫星教学收视点，小学教学点都配备教学光盘播放设备和成套教学光盘；高等学校都建有校园网，有条件地区的中学和中等职业学校建有校园网或局域网，西部学校拥有的计算机台数和校园网数显著提高。所有中学和有条件的完全小学均能开设信息技术教育课程，多种形式和层次的远程教育广泛开展，优质教育资源能传送到农村特别是边远农村的中小学和成人文化技术学校，为农村、农业和农民服务的能力明显增强。

6. 加强教师与管理队伍建设，提高教育质量与办学效益

加强教师培养与培训，拓宽教师来源渠道，到2010年，小学专任教师学历合格率接近100%，专科以上学历达到40%以上，农村小学专任教师学历合格率达到98%左右；初中专任教师学历合格率达到95%左右，其中本科以上学历达到20%以上，农村初中专任教师学历合格率达到90%以上；高中阶段教育学校的专任教师学历合格率得到大幅提升，普通高等学校专任教师中研究生学历的比例达到30%以上；职业院校教师技能水平明显提高，“双师型”教师数量有较大增加。进一步加强教师继续教育制度，各级教育的教师结构性短缺得到基本解决，教师待遇进一步提高，骨干教师流失现象得到初步遏止，代课教师问题逐步得到解决，教育质量明显提高。教育管理人员素质进一步改善，西部地区教育的管理水平和办学效益得到不断提高。

7. 终身教育体系的构建取得明显进展

各种类型的继续教育、成人教育和社会教育得到不断发展，终身教育的制度化和法治化建设取得明显成效。由学习者个人为主体、用人单位充分支持、政府对弱势人群予以必要资助的终身学习保障机制逐步确立。在农村逐步建立和完善面向广大农民的劳动力转移培训和实用技术培训网络。在城市积极开展社区教育，提高社区居民的教育培训参与率，促进学习型组织、学习型社区和学习型城市建设。人民群众接受教育终身教育的机会明显增加。

8. 办学条件得到明显改善

到2010年，使西部地区学校的生均校舍建筑面积达到国家规定标准，现有D级危房全部消除，危房率得到有效控制。学生宿舍、食堂、厕所等符合国家建设标准，教学、实验仪器设备、图书、文体设施等达到国家相关标准要求。职业学校实训条件得到较大改善。

西部开发关键在人才，人才培养关键在教育。各级政府和教育部门要从全面建设小康社会的高度，从实施西部大开发战略的高度，从实施人才强国战略的高度，充分认识加快发展西部教育的紧迫性与艰巨性，将教育摆在与基础设施建设、生态环境保护同等重要的地位，切实加强领导，加快改革步伐，加大投入力度，做好统筹协调，调动一切积极因素，以更大的决心、更得力的措施、更扎实的工作，推动西部教育健康持续快速发展。

四、加大投入力度，努力形成长期、稳定的教育经费来源渠道

（一）加大中央和省级财政教育投入力度，完善教育投入保障制度

依法不断增加教育投入，建立与公共财政体制相适应的教育投入体制，进一步完善以政府投入为主，多渠道筹措教育经费的教育投入保障制度。在深化县乡财政体制改革的基础上，逐步将农村教育经费投入纳入政府公共财政体制范围，建立和完善确保教职工工资按时足额发放、确保学校公用经费、确保危房改造和学校建设经费投入的长效机制。

加大中央对西部地区教育的财政转移支付力度，继续利用国债资金支持西部教育，同时加大省级政府对贫困地区教育的财政转移支付力度，减少财政转移支付中间环节，确保转移支付经费使用到位。在原有的政策框架和项目投入的基础上，进一步加大中央和地方专项经费投入力度，继续实施好各项重大教育工程项目。

（二）拓展教育经费来源渠道，千方百计增加西部教育投入

制定和完善税收和土地优惠政策，积极鼓励和引导社会力量投资和出资办学，推动民办教育的发展。制定和完善与市场经济体制相适应的企业及公民个人向教育捐赠的税收抵扣政策，完善教育收费政策和成本分担机制。继续利用彩票收益支持西部教育。适当运用财政、金融、信贷手段发展教育事业。鼓励和支持学校开展勤工俭学、发展校办产业。鼓励高等学校和职业学校树立以服务求生存，以贡献求发展的意识，积极为社会提供技术服务和通过科技创新和知识贡献，获得广泛社会支持，多渠道增加教育经费。

（三）加大对家庭经济困难学生的资助力度

在高等学校继续实施以“奖学金、助学贷款、勤工助学、特殊困难补助、学费减免”为主体的资助家庭经济困难学生的政策，出台优惠政策，鼓励和引导毕业生到西部地区基层工作特别是到县、乡工作。不断加大资金投入力度，对义务教育阶段的困难学生，实施以地方政府为主、中央财政适当支持的资助政策。以地方政府为主，通过多种形式，逐步加大对普通高中和中等职业学校家庭经济困难学生的资助力度。鼓励社会团体和公民个人对困难学生进行资助。

（四）加强经费管理，提高使用效益

按照国家有关法规建立科学、规范的教育经费管理制度，加强对教育经费的审计与监督，杜绝挪用、挤占教育经费的现象。牢固树立艰苦奋斗、勤俭办事业的思想，加强规划，防止结构性浪费，提高教育经费使用效益。建立健全中小学收费责任制和责任追究制。坚决制止农村中小学乱收费，认真落实中小学收费公示制度和学校收费巡查制度，要做好中小学助学金的发放工作。

五、着力实施五项重大工程（计划）

（一）国家西部地区“两基”攻坚计划

加大资金投入力度，在继续实施“国家贫困地区义务教育工程”和“中小学危房改造工程”的基础上，中央和省级政府共同实施“农村寄宿制学校建设工程”、“农村中小学现代远程教育工程”等。中央重点补助“两基”攻坚县加快农村寄宿制学校建设，帮助新建和改扩建一批寄宿制初中和小学。

西部各省（区、市）政府要统筹使用好中央下达的各项资金，在合理布局、科学规划的前提下，加快当地农村现有初中学校的改扩建步伐，改善基本的办学条件，满足更多确需寄宿的农村学生的要求，切实巩固义务教育的普及成果，对确有困难的地区，中央适当予以补助。同时加强少数民族地区薄弱学校建设，推进多民族学生合校。加强边境地区义务教育学校建设。

中央和省一级政府加大财政转移支付力度，区分不同的情况，采取对家庭经济困难学生免费提供教科书、免杂费和对寄宿制学生给予生活费补助等措施，切实解决失学、辍学问题。

（二）西部教育信息化工程

积极推进西部教育信息化基础设施建设。加大对西部地区教育信息化基础设施的投入力度；加快中国教育和科研计算机网（CERNET）升级和中国教育卫

星宽带传输网（CEBsat）的扩容，加强管理、服务体系及运行机制建设，形成教育信息化的“天罗地网”。

加快构建农村中小学现代远程教育体系，实现农村教育的跨越式发展。推进普通中小学和中等职业学校的信息化建设，继续加强高等学校信息化环境建设，促进优质网络教育资源的整合与共享，使学校在当地信息化进程中发挥“龙头”和载体作用。

加强符合西部教育信息化需要的教育信息化的标准建设和教育、教学资源开发。支持西部高校开展现代远程教育。促进中东部优秀网络教育资源向西部的传输，向西部地区提供优质教育资源。努力探索现代信息技术基础上的教育方式，促进教育全方位的深刻变革。

加强对信息技术教育师资和教育信息化管理人员的培训。建立健全教育信息化运行保障机制。

（三）西部地区职业教育振兴工程

中央和省一级财政设专项资金重点支持有条件的县办好一所职业教育中心（学校），成为当地职业教育与培训的骨干力量。建立职业教育助学制度，以贴息贷款等多种形式，资助家庭经济困难学生接受职业教育。采取政府适当补贴、学校适当减免学费、学生适当交费并加强与企业等用人单位合作的方式，扩大东部和大中城市中等职业学校面向西部农村地区的招生规模。

坚持学历教育和培训并举，统筹利用东西部各类职业教育资源，以“学校＋企业”、“学校＋实训基地”、“农村＋城市”、“东部＋西部”等多种形式，大力开展农村劳动力转移培训。支持充分利用各类教育资源和现代远程教育手段，加强对企业职工、农民的实用技术的培训及农村基层管理干部的培养。

支持西部地区通过改建、扩建和新建等形式，发展一批特色高等职业技术学院。鼓励有条件的市（地）因地制宜举办综合性、社区性的职业技术学院，鼓励有条件的大型企业单独举办或与高等学校联合举办职业技术学院。支持适应走新型工业化道路要求和西部地区支柱产业发展需要的职业教育专业建设。

（四）西部高校创新与发展工程

支持西部地区高校改善办学条件，扩大高等教育规模。推进西部地区高等学校创新体系建设。实施好“十五”“211工程”，并继续支持西部每省（自治区、直辖市）重点办好一所较高水平的大学和培育一批知名学科，发挥龙头与辐射作用。支持西部高校加强面向西部大开发需要的人才培养基地、科研基地和科技成果转化基地建设。加快科技创新基础设施和科研条件建设，构筑科技创新和创造性人才培养的开放式研究平台。实施西部高校学术带头人和创新团队计划，加强西部高校科技创新队伍建设。加强机制创新，完善激励政策，努力营造能广纳海内外人才为西部所用和有利于拔尖人才脱颖而出的环境。

（五）西部教师队伍素质提升工程

加强教师培养工作，为西部地区特别是农村地区培养留得住、下得去、用得上的合格教师。继续实施“大学生志愿服务西部计划”，鼓励志愿者到西部地区任教。设立教师岗位专项资金，吸引高等院校毕业生和其他优秀人才到西部边远地区、贫困地区，从事一定时期的教师工作。试行师范院校高年级学生到农村地区学校实习任教制度。国家和地方财政设立“奖教金”，对在艰苦、贫困地区乡村长期任教且表现突出的教师给予奖励。

制定优惠政策，吸引高层次人才，加强西部高校与东部及国外高校的合作与交流力度，努力提高高等学校教师队伍水平。

大力加强教师与管理人员的培训工作，重视少数民族“双语”教师的培养与培训，不断提高各级各类学校教师和管理人员的教学与管理水平。

六、深化教育改革，加强制度创新；调整结构，优化教育资源

（一）巩固与完善教育管理新体制

落实《国务院关于基础教育改革与发展的决定》，进一步巩固完善“以县为主”的农村义务教育管理体制，建立县级教育行政部门对农村义务教育的管理机制和模式。强化市（地）级人民政府的统筹责任，逐步完善职业教育管理新体制。巩固与完善中央和省两级管理、以省级政府管理为主的高等教育管理体制。充分发挥中心城市在高等教育发展和管理中的作用，继续推进中央、省与地（市）三级办学。深化高校后勤社会化改革，推进高校依法自主办学，加快招生、收费与毕业生就业制度改革。

（二）深化教育教学改革，调整人才培养模式，推进素质教育的实施

全面贯彻党的十六大确定的教育方针，把学生思想政治教育和德育工作放在教育工作的首位，加强爱国主义教育，弘扬和培育民族精神，加强国家统一、民族团结和国防教育，促进民族团结和边疆稳定。深

化基础教育课程改革，全面实施素质教育。推进双语教学，提高少数民族教育水平。

以就业和创业为导向，转变各类职业院校和培训机构的办学与教学模式，开放办学。实行灵活的“学分制”和“订单式”教育，推行学历证书与职业资格证书并重的“双证书”制度，积极为未能升学的青年提供各种就业培训。

积极推进农村教育综合改革，加强“三教统筹”和“农科教结合”，加强农村初中“绿色证书”教育。充分利用农村中小学资源，特别是农村的村小，通过日校办夜校等多种形式，积极面向广大农民群众普遍开展实用技术和文化培训，大力扫除青壮年文盲。同时充分利用各类教育资源，积极开展农村基层管理人员的能力培训，提升农村基层管理人员的素质和管理能力。

认真实施“高等学校教学质量与教学改革工程”，全面提高高等教育质量。高等职业教育要把培养在西部“留得住、下得去、用得上”的高技能人才作为根本任务，以特色求生存，以服务谋发展。高等农林、师范、医学和高等职业院校，要进一步加大为“三农”服务力度，采取项目合作、技术转让、知识咨询等各种方式，在人才培养、技术服务和农村文明建设上，发挥高等教育为农服务的作用。

（三）加大办学体制改革力度，扩大教育资源

认真贯彻《民办教育促进法》，努力营造有利于民办教育快速、健康发展的良好环境，依法加强政策引导和规范管理，保障合法权益。在城镇地区，积极扶持民办幼儿教育的发展。深化公办高中阶段教育学校的体制改革，鼓励发展民办高中阶段教育和高等教育。加快在西部地区形成公办学校和民办学校优势互补、公平竞争、共同发展的格局。

（四）进一步深化人事制度改革，提高教师和管理队伍素质

进一步加快编制核定工作，规范编制管理，完善编制定期调整制度。县级教育行政部门要根据核定的教职工编制，统筹分配县内中小学校教职工编制，依法履行对中小学教师和校长的管理职能。依法实施教师资格制度，强化教师职业准入机制，坚持从具备教师资格的人员中择优录用教师，并逐步提高中小学、职业学校新聘任教师的学历层次。改革学校人事制度，转换用人机制，完善教师考核制度。推行教师聘任制，建立、健全教师交流制度和到农村任教服务期限制度，促进教师合理流动。鼓励城镇教师到农村从事1—3年的教学工作，城镇中小学教师晋升高级教师职务，应有1年以上的在乡任教经历。采取积极稳妥的措施，坚决清退代课教师。

推行普通中小学和职业学校校长聘任制，积极建立公开选拔、平等竞争、择优聘任的中小学校长选拔任用机制。完善中小学校长负责制，健全中小学校长考核、培训、奖励、监督等相关制度体系。

改进和推行高校教师聘任制，改善新任教师的学位、学科和学缘结构，切实加强西部地区高校人才队伍建设。深化学校内部分配制度改革，促进教师社会保障制度改革，形成有利于提高师德和业务水平的激励和保障机制。

（五）加强制度创新，促进依法治教

实现教育的事业权、财政权和人事权的有机统一，大力提高管理效益。坚持督政与督学相结合，加强教育督导工作，建立对县级政府教育工作的督导评估制度，逐步健全与教育决策、执行相协调的督导与评估体系，形成鼓励各地积极进取的激励机制。严格监督检查和过程管理，形成廉洁高效的教育工程管理和运行机制。建立支援和指导西部教育发展的稳定工作机制。切实加强教育行政执法责任制度建设，积极推动政府部门和高等学校为重点的依法行政、依法治校试点工作。积极探索构建规范的现代学校制度，规范学校章程，完善学校领导、管理、治学体制，建立学校依法自主管理和自我发展、自我约束的机制。

（六）调整结构，优化资源配置，促进各级各类教育持续、健康、协调发展

切实巩固普及九年义务教育的成果，按照小学就近入学，初中相对集中的原则，合理调整中小学布局结构。加强基础教育尤其是义务教育阶段的办学条件标准化和办学规范化建设，均衡配置教育资源，提高基础教育的整体水平。以特殊教育学校为骨干，以随班就读和普通学校附设特教班为主体，进一步推进残疾少年儿童义务教育的普及。继续加强以贫困地区和少数民族地区为重点的扫除青壮年文盲工作。

在条件较好的农村地区，利用小学学龄人口下降的有利时机，鼓励多样化地举办学前教育，进一步提高学前教育普及率。有条件的地区要积极构建早期社区教育网络，使学龄前儿童家长和看护人都受到儿童早期教育、卫生保健和营养等多方面的指导。

加强高中阶段学校建设，扩大高中阶段教育资源。支持西部地区建设一批办学规模较大、办学条件较好、教育质量较高的普通高中和中等职业学校，探索发展综合性高中和多种类型的非正规高中阶段教育。促进普通教育与职业教育的协调发展。

不断扩大高等教育资源，积极发展本科教育和发展地方经济建设需要的高等职业教育，适度发展研究生教育。积极促进普通高等教育、成人高等教育、现代远程教育、自学考试等各类高等教育协调发展。面向西部大开发需要，形成各具特色的人才培养、科技贡献和社会服务方式。加快现代国民教育体系和终身教育体系建设。

七、加大对西部地区教育的支持力度

（一）继续加大对西部地区教育的政策倾斜力度

继续在高等学校设置、招生方面给予西部地区特别是少数民族地区政策倾斜，不断扩大西部地区高等教育资源，增加西部学生进入高等学校学习机会。继续在学位授予点审批和重点学科、实验室建设、实训基地建设、高层次人才培养与引进等方面对西部地区倾斜，增强西部地区高层次人才培养能力和高校科技创新能力。继续在实施全国性的重大教育工程时，重点向西部地区倾斜，加快改善西部地区学校的办学条件和信息化水平。继续采取倾斜政策，加大对西部地区教师和管理人员的培训力度。继续利用彩票公益金，大力支持西部地区青少年学生活动场所建设。继续办好内地西藏班、内地新疆高中班和高校少数民族班、民族预科班。大力实施少数民族高层次骨干人才计划，继续支持西部少数民族地区高层次创新人才的培养。

（二）调动一切积极因素，支持西部地区教育

1. 加强教育对口支援，提高援助实效

继续实施好“东部地区学校对口支援西部贫困地区学校工程”和“西部大中城市学校对口支援本省（自治区、直辖市）贫困地区学校工程”及“对口支援西部地区高等学校计划”。启动“县对县”教育对口支援和职业学校对口支援工作。在对口支援工作中，要充分发挥支援地区所派教师的传、帮、带作用。到贫困地区支教人员的工资，由支援地区的财政负担。受援学校教师到支援学校学习培训的费用原则上由支援地区财政负担。对口支援应突出重点，提倡抓住某一项具体工作，从设计到完成，硬件、软件充分衔接后，以“交钥匙”的方式开展对口支援，尽可能减少受援方配套资金。

2. 建立激励机制，吸引广泛支持

积极鼓励东、中部地区的社会力量到西部办学和东、中部的高等学校与企业到西部合作举办民办机制的独立学院。鼓励东、中部地区和海外人士、组织以各种形式支持西部教育，鼓励社会各界向西部地区教育的捐赠。制定西部边远贫困地区津贴、补贴政策，积极引导和鼓励教师及其他具备教师资格的人员到西部地区任教。

3. 扩大开放，加强国际交流与合作

扩大教育开放，继续实施西部人才培养项目，加大吸引海外优秀人才回国工作的力度，鼓励海外留学人员以各种形式为西部教育发展服务。继续争取联合国儿童基金会、联合国教科文组织、世界银行等国际组织对西部教育的支持。积极推动教育国际合作与交流，扩大中外合作办学规模，利用国际优质教育资源，提升西部教育的国际竞争力。

教育系统内部审计工作规定

（2004年4月13日　教育部令第17号发布）

第一章　总　　则

第一条　为了建立健全教育系统内部审计制度，规范教育系统内部审计工作，根据《中华人民共和国教育法》、《中华人民共和国审计法》和《审计署关于内部审计工作的规定》等法律、法规，制定本规定。

第二条 教育系统按照依法治教、从严管理的原则，应建立内部审计制度，促进教育行政部门和单位遵守国家财经法规，规范内部管理，加强廉政建设，维护自身合法权益，防范风险，提高教育资金使用效益。

第三条 教育系统内部审计是教育系统内部审计机构、审计人员对财务收支、经济活动的真实、合法和效益进行独立监督、评价的行为。

第四条 教育行政部门和单位应当依照国家法律、法规和本规定，实行内部审计制度，设置独立的内部审计机构，配备审计人员，开展内部审计工作。

第五条 本规定所称教育行政部门，是指县级及县级以上的各级教育行政部门；单位，是指高等学校及其他教育事业、企业单位。

第二章 组织和领导

第六条 教育部内部审计机构负责指导和检查全国教育系统内部审计工作，并对所属单位实施内部审计。

地方各级教育行政部门内部审计机构负责指导和检查本地区教育系统内部审计工作，并对本部门所属单位实施内部审计。

单位内部审计机构对本单位及所属单位（含占控股地位或者主导地位的单位）实施内部审计。

第七条 内部审计机构在本部门、本单位主要负责人的领导下，依据国家法律、法规和政策，以及上级部门和本部门、本单位的规章制度，独立开展内部审计工作，对本部门、本单位主要负责人负责并报告工作，同时接受国家审计机关和上级主管部门内部审计机构的业务指导和检查。

第八条 教育行政部门和单位主要负责人领导本部门、本单位内部审计工作的主要职责：

（一）建立健全内部审计机构，完善内部审计规章制度；

（二）定期研究、部署和检查审计工作，听取内部审计机构的工作汇报，及时审批年度审计工作计划、审计报告，督促审计意见和审计决定的执行；

（三）支持内部审计机构和审计人员依法履行职责，并提供经费保证和工作条件；

（四）对成绩显著的内部审计机构和审计人员进行表彰和奖励；

（五）加强审计队伍建设，切实解决审计人员在培训、专业职务评聘和待遇等方面存在的实际困难和问题。

第九条 教育行政部门内部审计机构指导内部审计工作的主要职责：

（一）依据国家法律、法规和上级主管部门及本部门的有关规定，制定内部审计规章制度；

（二）督促本部门所属单位和下级教育行政部门建立健全内部审计机构，配备审计人员；

（三）及时做出工作部署，指导和督促本地区教育系统内部审计机构和审计人员依法开展工作；

（四）组织审计人员参加岗位资格培训和后续教育，开展内部审计理论研讨；

（五）总结、推广先进经验，提出表彰先进集体和先进个人的建议；

（六）维护内部审计机构和审计人员的合法权益。

第三章 内部审计机构和审计人员

第十条 教育系统内部审计机构应按照职责分明、科学管理和审计独立性的原则设置；暂时不具备设置条件的，应当配备专门人员负责内部审计工作。

第十一条 教育行政部门和单位，应当保证审计工作所必需的专职人员编制，配备具有内部审计岗位资格的审计人员。

教育行政部门和单位，可以根据工作需要，聘请特约审计人员和兼职审计人员。

第十二条 内部审计机构的变动和审计机构负责人的任免或调动，应事先征求上一级主管部门内审机构的意见。

第十三条 内部审计机构在审计过程中应当严格执行内部审计制度，保证审计业务质量，提高工作效率。

第十四条 审计人员办理审计事项，应当严格遵守内部审计准则和内部审计人员职业道德规范。

审计人员办理审计事项，与被审计单位或审计事项有直接利害关系的，应当回避。

第十五条 审计人员依法履行职责，受法律保护，任何单位和个人不得设置障碍和打击报复。

第十六条 审计人员应当按照国家的有关规定，参加岗位资格培训和后续教育。

第四章　内部审计机构职责和权限

第十七条　内部审计机构和审计人员主要对下列事项进行审计：

（一）财务收支及有关经济活动；

（二）预算执行和决算；

（三）预算内、预算外资金的管理和使用；

（四）专项教育资金的筹措、拨付、管理和使用；

（五）固定资产的管理和使用；

（六）建设、修缮工程项目；

（七）对外投资项目；

（八）内部控制制度的健全、有效及风险管理；

（九）经济管理和效益情况；

（十）有关领导人员的任期经济责任；

（十一）本部门、本单位主要负责人和上级主管部门交办的其他事项。

第十八条　教育系统内部审计机构对本部门、本单位和所属单位财务收支及有关经济活动中的重大事项组织或进行专项审计调查，并向本部门、本单位领导或上级主管部门报告审计调查结果。各单位内部审计机构配合财务部门加强财务管理，对本单位资金收支的真实性、完整性、合法性，以及账务处理的正确性进行严格监督，定期进行审计调查。

第十九条　内部审计机构根据工作需要，经所在部门、单位负责人批准，可委托社会中介机构对有关事项进行审计。

第二十条　内部审计机构在履行审计职责时，具有下列主要权限：

（一）要求有关单位按时报送财务收支计划、预算执行情况、决算、会计报表和其他有关文件、资料等；

（二）对审计涉及的有关事项，向有关单位和个人进行调查并取得有关文件、资料和证明材料；

（三）审查会计凭证、账簿等，检查资金和财产，检查有关电子数据和资料，勘察现场实物；

（四）参与制定有关的规章制度，起草内部审计规章制度；

（五）参加本部门、本单位的有关会议，召开与审计事项有关的会议；

（六）对正在进行的严重违法违纪、严重损失浪费的行为，做出临时的制止决定；

（七）对可能转移、隐匿、篡改、毁弃的会计凭证、会计账簿、会计报表以及与经济活动有关的资料，经本部门、本单位主要负责人批准，有权采取暂时封存的措施；

（八）提出改进管理、提高经济效益的建议；对模范遵守和维护财经法纪成绩显著的单位和人员提出给予表彰的建议；对违法违规和造成损失浪费的行为提出纠正、处理的意见；对严重违法违规和造成严重损失浪费的有关单位和人员提出移交纪检、监察或司法部门处理的建议。

第二十一条　教育系统内部审计可以利用国家审计机关、上级内部审计机构和社会中介机构的审计结果；内部审计的审计结果经本部门、本单位主要负责人批准同意后，可提供给有关部门。

第五章　内部审计工作程序

第二十二条　内部审计机构应当根据本部门、本单位的中心任务和上级内部审计机构的部署，制定年度审计工作计划，报经本部门、本单位主要负责人批准后组织实施。

第二十三条　内部审计机构实施审计，应组成审计组，编制审计方案，并在实施审计前向被审计单位送达审计通知书。

第二十四条　审计人员对审计事项实施审计，取得有关证明材料，编制审计工作底稿。

第二十五条　审计组对审计事项实施审计后，编制审计报告，并征求被审计单位意见。被审计单位应当自接到审计报告之日起十个工作日内，将书面意见送交审计组，逾期即视为无异议。

第二十六条　内部审计机构负责人对审计报告进行审核后，报本部门、本单位主要负责人审批。

第二十七条　内部审计机构应对重要审计事项进行后续审计，检查被审计单位对审计发现的问题所采取的纠正措施及其效果。

第二十八条　内部审计机构在审计事项结束后，应当按照有关规定建立和管理审计档案。

第六章　法律责任

第二十九条　违反本规定，有下列行为之一的单位和个人，内部审计机构根据情节轻重，可以提出警告、通报批评、经济处理或移送纪检监察机关处理等建议，报本部门、本单位主要负责人，本部门、本单位主要负责人应及时予以处理：

（一）拒绝或拖延提供与审计事项有关的文件、会计资料和证明材料的；

（二）转移、隐匿、篡改、毁弃有关文件和会计资料的；

（三）转移、隐匿违法所得财产的；

（四）弄虚作假，隐瞒事实真相的；

（五）阻挠审计人员行使职权，抗拒、破坏监督检查的；

（六）拒不执行审计决定的；

（七）报复陷害审计人员或检举人员的。

以上行为构成犯罪的，应当移交司法机关处理。

第三十条 违反本规定，有下列行为之一的内部审计机构和审计人员，由其所在部门、单位根据有关规定给予批评教育或行政处分：

（一）利用职权，谋取私利的；

（二）弄虚作假，徇私舞弊的；

（三）玩忽职守，给国家和单位造成重大损失的；

（四）泄露国家秘密和被审计单位秘密的。

以上行为构成犯罪的，应当移交司法机关处理。

第七章 附 则

第三十一条 各级教育行政部门和单位可以根据本规定，结合实际情况，制定具体实施办法，并报上级主管部门备案。民办高等学校可以根据实际情况参照本规定执行。

第三十二条 本规定自2004年6月1日起施行，1996年4月5日国家教育委员会发布的第二十四号令《教育系统内部审计工作规定》同时废止。

国家教育考试违规处理办法

（2004年5月19日 教育部令第18号发布）

第一章 总 则

第一条 为规范对国家教育考试违规行为的认定与处理，维护国家教育考试的公平、公正，保障参加国家教育考试的人员（以下简称考生）、从事和参与国家教育考试工作的人员（以下简称考试工作人员）的合法权益，根据《中华人民共和国教育法》及相关法律、行政法规，制定本办法。

第二条 本办法所称国家教育考试是指普通和成人高等学校招生考试、全国硕士研究生招生考试、高等教育自学考试等，由国务院教育行政部门确定实施，由经批准的教育考试机构承办，在全国范围内统一举行的教育考试。

第三条 对参加国家教育考试的考生以及考试工作人员、其他相关人员，违反考试管理规定和考场纪律，影响考试公平、公正行为的认定与处理，适用本办法。

对国家教育考试违规行为的认定与处理应当公开公平、合法适当。

第四条 国务院教育行政部门及地方各级人民政府教育行政部门负责全国或者本地区国家教育考试组织工作的管理与监督。

承办国家教育考试的各级教育考试机构负责有关考试的具体实施，依据本办法，负责对考试违规行为的认定与处理。

第二章 违规行为的认定与处理

第五条 考生不遵守考场纪律，不服从考试工作人员的安排与要求，有下列行为之一的，应当认定为考试违纪：

（一）携带规定以外的物品进入考场或者未放在指定位置的；

（二）未在规定的座位参加考试的；

（三）考试开始信号发出前答题或者考试结束信

号发出后继续答题的；

（四）在考试过程中旁窥、交头接耳、互打暗号或者手势的；

（五）在考场或者教育考试机构禁止的范围内，喧哗、吸烟或者实施其他影响考场秩序的行为的；

（六）未经考试工作人员同意在考试过程中擅自离开考场的；

（七）将试卷、答卷（含答题卡、答题纸等，下同）、草稿纸等考试用纸带出考场的；

（八）用规定以外的笔或者纸答题或者在试卷规定以外的地方书写姓名、考号或者以其他方式在答卷上标记信息的；

（九）其他违反考场规则但尚未构成作弊的行为。

第六条　考生违背考试公平、公正原则，以不正当手段获得或者试图获得试题答案、考试成绩，有下列行为之一的，应当认定为考试作弊：

（一）携带与考试内容相关的文字材料或者存储有与考试内容相关资料的电子设备参加考试的；

（二）抄袭或者协助他人抄袭试题答案或者与考试内容相关的资料的；

（三）抢夺、窃取他人试卷、答卷或者强迫他人为自己抄袭提供方便的；

（四）在考试过程中使用通讯设备的；

（五）由他人冒名代替参加考试的；

（六）故意销毁试卷、答卷或者考试材料的；

（七）在答卷上填写与本人身份不符的姓名、考号等信息的；

（八）传、接物品或者交换试卷、答卷、草稿纸的；

（九）其他作弊行为。

第七条　教育考试机构、考试工作人员在考试过程中或者在考试结束后发现下列行为之一的，应当认定相关的考生实施了考试作弊行为：

（一）通过伪造证件、证明、档案及其他材料获得考试资格和考试成绩的；

（二）评卷过程中被发现同一科目同一考场有两份以上（含两份）答卷答案雷同的；

（三）考场纪律混乱、考试秩序失控，出现大面积考试作弊现象的；

（四）考试工作人员协助实施作弊行为，事后查实的；

（五）其他应认定为作弊的行为。

第八条　考生及其他人员应当自觉维护考试工作场所的秩序，服从考试工作人员的管理，不得有下列扰乱考场及考试工作场所秩序的行为：

（一）故意扰乱考点、考场、评卷场所等考试工作场所秩序；

（二）拒绝、妨碍考试工作人员履行管理职责；

（三）威胁、侮辱、诽谤、诬陷考试工作人员或其他考生；

（四）其他扰乱考试管理秩序的行为。

第九条　考生有第五条所列考试违纪行为之一的，取消该科目的考试成绩。

考生有第六条、第七条所列考试作弊行为之一的，其当次报名参加考试的各科成绩无效；参加高等教育自学考试考生，视情节轻重，可同时给予停考一至三年，或者延迟毕业时间一至三年的处理，停考期间考试成绩无效。

第十条　考生有第八条所列行为之一的，应当终止其继续参加本科目考试，其当次报名参加考试的各科成绩无效；考生及其他人员的行为违反《治安管理处罚条例》的，由公安机关进行处理；构成犯罪的，由司法机关依法追究刑事责任。

第十一条　考生以作弊行为获得的考试成绩并由此取得相应的学位证书、学历证书及其他学业证书、资格资质证书或者入学资格的，由证书颁发机关宣布证书无效，责令收回证书或者予以没收；已经被录取或者入学的，由录取学校取消录取资格或者其学籍。

第十二条　代替他人或由他人代替参加国家教育考试，是在校生的，由所在学校按有关规定严肃处理，直至开除学籍；其他人员，由教育考试机构建议其所在单位给予行政处分，直至开除或解聘，教育考试机构按照作弊行为记录并向有关单位公开其个人基本信息。

第十三条　考试工作人员应当认真履行工作职责，在考试管理、组织及评卷等工作过程中，有下列行为之一的，应当停止其参加当年及下一年度的国家教育考试工作，并由教育考试机构或者建议其所在单位视情节轻重分别给予相应的行政处分：

（一）应回避考试工作却隐瞒不报的；

（二）擅自变更考试时间、地点或者考试安排的；

（三）提示或暗示考生答题的；

（四）擅自将试题、答卷或者有关内容带出考场或者传递给他人的；

（五）在评卷、统分中严重失职，造成明显的错评、漏评或者积分误差的；

（六）在评卷中擅自更改评分细则或者不按评分细则进行评卷的；

（七）因未认真履行职责，造成所负责考场出现雷同卷的；

（八）擅自泄露评卷、统分等应予保密的情况的；

（九）其他违反监考、评卷等管理规定的行为。

第十四条 考试工作人员有下列作弊行为之一的，应当停止其参加国家教育考试工作，由教育考试机构或者其所在单位视情节轻重分别给予相应的行政处分，并调离考试工作岗位；情节严重，构成犯罪的，由司法机关依法追究刑事责任：

（一）为不具备参加国家教育考试条件的人员提供假证明、证件、档案，使其取得考试资格或者考试工作人员资格的；

（二）因玩忽职守，致使考生未能如期参加考试的或者使考试工作遭受重大损失的；

（三）利用监考或者从事考试工作之便，为考生作弊提供条件的；

（四）伪造、变造考生档案（含电子档案）的；

（五）在场外组织答卷、为考生提供答案的；

（六）指使、纵容或者伙同他人作弊的；

（七）偷换、涂改考生答卷、考试成绩或者考场原始记录材料的；

（八）擅自更改或者编造、虚报考试数据、信息的；

（九）利用考试工作便利，索贿、受贿、以权徇私的；

（十）诬陷、打击报复考生的。

第十五条 因教育考试机构管理混乱、考试工作人员玩忽职守，造成考点或者考场纪律混乱，作弊现象严重；或者同一考点同一时间的考试有五分之一（含五分之一）以上考场存在雷同卷的，由教育行政部门取消该考点当年及下一年度承办国家教育考试的资格；高等教育自学考试考区内一个或者一个以上专业考试纪律混乱，作弊现象严重，由高等教育自学考试管理机构给予该考区警告或者停考该考区相应专业一至三年的处理。

对出现大规模作弊情况的考场、考点的相关责任人、负责人及所属考区的负责人，有关部门应当分别给予相应的行政处分；情节严重，构成犯罪的，由司法机关依法追究刑事责任。

第十六条 违反保密规定，造成国家教育考试的试题、答案及评分参考（包括副题及其答案及评分参考，下同）丢失、泄密，或者使考生答卷在保密期限内发生重大事故的，由有关部门视情节轻重，分别给予责任人和有关负责人行政处分；构成犯罪的，由司法机关依法追究刑事责任。

盗窃、损毁、传播在保密期限内的国家教育考试试题、答案及评分参考、考生答卷、考试成绩的，由有关部门依法追究有关人员的责任；构成犯罪的，由司法机关依法追究刑事责任。

第十七条 在职人员及其他人员有下列行为之一的，由教育考试机构建议其所在单位给予行政处分或者由有关部门处理；构成犯罪的，由司法机关依法追究刑事责任：

（一）指使、纵容、授意考试工作人员放松考试纪律，致使考场秩序混乱、作弊严重的；

（二）代替他人或者由他人代替参加国家教育考试的；

（三）参与或者组织他人进行考试作弊的；

（四）利用职权，包庇、掩盖作弊行为或者胁迫他人作弊的；

（五）以打击、报复、诬陷、威胁等手段侵犯考试工作人员、考生人身权利的；

（六）向考试工作人员行贿的；

（七）故意损坏考试设施的；

（八）扰乱、妨害考场、评卷点及有关考试工作场所秩序后果严重的。

第三章 违规行为认定与处理程序

第十八条 考试工作人员在考试过程中发现考生实施本办法第五条、第六条所列考试违纪、作弊行为的，应当及时予以纠正并如实记录；对考生用于作弊的材料、工具等，应予暂扣。

考生违规记录作为认定考生违规事实的依据，应当由两名以上（含两名）监考员或者考场巡视员、督考员签字确认。

考试工作人员应当向违纪考生告知违规记录的内

容，对暂扣的考生物品应填写收据。

第十九条 教育考试机构发现本办法第七条、第八条所列行为的，应当由两名以上（含两名）工作人员进行事实调查，收集、保存相应的证据材料，并在调查事实和证据的基础上，对所涉及考生的违规行为进行认定。

第二十条 考点汇总考生违规记录，汇总情况经考点主考签字认定后，报送上级教育考试机构依据本办法的规定进行处理。

第二十一条 考生在普通和成人高等学校招生考试、高等教育自学考试中，出现第五条所列考试违纪行为的，由省级教育考试机构或者地（市）级教育考试机构做出处理决定，由地（市）级教育考试机构做出的处理决定应报省级教育考试机构备案；出现第六条、第七条所列考试作弊行为的，由地（市）级教育考试机构签署意见，报省级教育考试机构处理，省级教育考试机构也可以要求地（市）级教育考试机构报送材料及证据，直接进行处理；出现本办法第八条所列扰乱考试秩序行为的，由地（市）级教育考试机构签署意见，报省级教育考试机构按照前款规定处理，对考生及其他人员违反治安管理法律法规的行为，由当地公安部门处理；评卷过程中发现考生有本办法第七条所列考试作弊行为的，由省级教育考试机构做出处理决定，并通知地（市）级教育考试机构。

参加其他国家教育考试考生违规行为的处理由承办有关国家教育考试的考试机构参照前款规定具体确定。

第二十二条 教育行政部门和其他有关部门在考点、考场出现大面积作弊情况或者需要对教育考试机构实施监督的情况下，应当直接介入调查和处理。

发生第十四、十五、十六条所列案件，情节严重的，由省级教育行政部门会同有关部门共同处理，并及时报告国务院教育行政部门；必要时，国务院教育行政部门参与或者直接进行处理。

第二十三条 考试工作人员在考场、考点及评卷过程中有违反本办法的行为的，考点主考、评卷点负责人应当暂停其工作，并报相应的教育考试机构处理。

第二十四条 在其他与考试相关的场所违反有关规定的考生，由地（市）级教育考试机构或者省级教育考试机构做出处理决定；地（市）级教育考试机构做出的处理决定应报省级教育考试机构备案。

在其他与考试相关的场所违反有关规定的考试工作人员，由所在单位根据地（市）级教育考试机构或者省级教育考试机构提出的处理意见，进行处理，处理结果应当向提出处理的教育考试机构通报。

第二十五条 教育考试机构在对考试违规的个人或者单位做出处理决定前，应当复核违规事实和相关证据，告知被处理人或者单位做出处理决定的理由和依据；被处理人或者单位对所认定的违规事实认定存在异议的，应当给予其陈述和申辩的机会。

被处理人受到停考处理的，可以要求举行听证。

第二十六条 教育考试机构做出处理决定应制作考试违规处理决定书，载明被处理人的姓名或者单位名称、处理事实根据和法律依据、处理决定的内容、救济途径以及做出处理决定的机构名称和做出处理决定的时间。

考试违规处理决定书应当及时送达被处理人。

第二十七条 考生或者考试工作人员对教育考试机构做出的违规处理决定不服的，可以在收到处理决定之日起十五日内，向其上一级教育考试机构提出复核申请；对省级教育考试机构或者承办国家教育考试的机构做出的处理决定不服的，也可以向省级教育行政部门或者授权承担国家教育考试的主管部门提出复核申请。

第二十八条 受理复核申请的教育考试机构、教育行政部门应对处理决定所认定的违规事实和适用的依据等进行审查，并在受理后三十日内，按照下列规定作出复核决定：

（一）处理决定认定事实清楚、证据确凿，适用依据正确，程序合法，内容适当的，决定维持；

（二）处理决定有下列情况之一的，决定撤销或者变更：

1. 违规事实认定不清、证据不足的；
2. 适用依据错误的；
3. 违反本办法规定的处理程序的。

做出决定的教育考试机构对因错误的处理决定给考生造成的损失，应当予以补救。

第二十九条 申请人对复核决定或者处理决定不服的，可以依据《行政复议法》和《行政诉讼法》的有关规定，申请行政复议或者行政诉讼。

第三十条 教育考试机构应当建立考生诚信档

案，记录、保留在国家教育考试中作弊考生的相关信息。

教育考试机构应当接受社会有关方面对考生诚信档案的查询，并及时向招生机构提供相关信息。

第三十一条 省级教育考试机构应当及时汇总本地区违反规定的考生及考试工作人员的处理情况，并向国家教育考试机构报告。

第四章 附 则

第三十二条 本办法所称考场是指实施考试的封闭空间；所称考点是指设置若干考场独立进行考务活动的特定场所；所称考区是指由省级教育考试机构设置，由若干考点组成，进行国家教育考试实施工作的特定地区。

第三十三条 非全日制攻读硕士学位全国考试、中国人民解放军高等教育自学考试及其他各级各类教育考试的违规处理可以参照本办法执行。

第三十四条 本办法自发布之日起施行。此前教育部颁布的各有关国家教育考试的违规处理规定同时废止。

中华人民共和国中外合作办学条例实施办法

（2004年6月2日 教育部令第20号发布）

第一章 总 则

第一条 为实施《中华人民共和国中外合作办学条例》（以下简称《中外合作办学条例》），制定本办法。

第二条 中外合作办学机构设立、活动及管理中的具体规范，以及依据《中外合作办学条例》举办实施学历教育和自学考试助学、文化补习、学前教育等的中外合作办学项目的审批与管理，适用本办法。

本办法所称中外合作办学项目是指中国教育机构与外国教育机构以不设立教育机构的方式，在学科、专业、课程等方面，合作开展的以中国公民为主要招生对象的教育教学活动。

根据《中外合作办学条例》的规定，举办实施职业技能培训的中外合作办学项目的具体审批和管理办法，由国务院劳动行政部门另行制定。

第三条 国家鼓励中国教育机构与学术水平和教育教学质量得到普遍认可的外国教育机构合作办学；鼓励在国内新兴和急需的学科专业领域开展合作办学。

国家鼓励在中国西部地区、边远贫困地区开展中外合作办学。

第四条 中外合作办学机构根据《中华人民共和国民办教育促进法实施条例》的规定，享受国家给予民办学校的扶持与奖励措施。

教育行政部门对发展中外合作办学做出突出贡献的社会组织或者个人给予奖励和表彰。

第二章 中外合作办学机构的设立

第五条 中外合作办学者应当在平等协商的基础上签订合作协议。

合作协议应当包括拟设立的中外合作办学机构的名称、住所，中外合作办学者的名称、住所、法定代表人，办学宗旨和培养目标，合作内容和期限，各方投入数额、方式及资金缴纳期限，权利、义务，争议解决办法等内容。

合作协议应当有中文文本；有外文文本的，应当与中文文本的内容一致。

第六条 申请设立中外合作办学机构的中外合作办学者应当具有相应的办学资格和较高的办学质量。

已举办中外合作办学机构的中外合作办学者申请设立新的中外合作办学机构的，其已设立的中外合作办学机构应当通过原审批机关组织或者其委托的社会中介组织进行的评估。

第七条　中外合作办学机构不得设立分支机构，不得举办其他中外合作办学机构。

第八条　经评估，确系引进外国优质教育资源的，中外合作办学者一方可以与其他社会组织或者个人签订协议，引入办学资金。该社会组织或者个人可以作为与其签订协议的中外合作办学者一方的代表，参加拟设立的中外合作办学机构的理事会、董事会或者联合管理委员会，但不得担任理事长、董事长或者主任，不得参与中外合作办学机构的教育教学活动。

第九条　中外合作办学者投入的办学资金，应当与拟设立的中外合作办学机构的层次和规模相适应，并经依法验资。

中外合作办学者应当按照合作协议如期、足额投入办学资金。中外合作办学机构存续期间，中外合作办学者不得抽逃办学资金，不得挪用办学经费。

第十条　中外合作办学者作为办学投入的知识产权，其作价由中外合作办学者双方按照公平合理的原则协商确定或者聘请双方同意的社会中介组织依法进行评估，并依法办理有关手续。

中国教育机构以国有资产作为办学投入举办中外合作办学机构的，应当根据国家有关规定，聘请具有评估资格的社会中介组织依法进行评估，根据评估结果合理确定国有资产的数额，并依法履行国有资产的管理义务。

第十一条　中外合作办学者以知识产权作为办学投入的，应当提交该知识产权的有关资料，包括知识产权证书复印件、有效状况、实用价值、作价的计算根据、双方签订的作价协议等有关文件。

第十二条　根据与外国政府部门签订的协议或者应中国教育机构的请求，国务院教育行政部门和省、自治区、直辖市人民政府可以邀请外国教育机构与中国教育机构合作办学。

被邀请的外国教育机构应当是国际上或者所在国著名的高等教育机构或者职业教育机构。

第十三条　申请设立实施本科以上高等学历教育的中外合作办学机构，由拟设立机构所在地的省、自治区、直辖市人民政府提出意见后，报国务院教育行政部门审批。

申请举办颁发外国教育机构的学历、学位证书的中外合作办学机构的审批权限，参照《中外合作办学条例》第十二条和前款的规定执行。

第十四条　申请筹备设立或者直接申请正式设立中外合作办学机构，应当由中国教育机构提交《中外合作办学条例》规定的文件。其中，申办报告或者正式设立申请书应当按照国务院教育行政部门根据《中外合作办学条例》第十四条第（一）项和第十七条第（一）项，制定的《中外合作办学机构申请表》所规定的内容和格式填写。

第十五条　有下列情形之一的，审批机关不予批准筹备设立中外合作办学机构，并应当书面说明理由：

（一）违背社会公共利益、历史文化传统和教育的公益性质，不符合国家或者地方教育事业发展需要的；

（二）中外合作办学者有一方不符合条件的；

（三）合作协议不符合法定要求，经指出仍不改正的；

（四）申请文件有虚假内容的；

（五）法律、行政法规规定的其他不予批准情形的。

第十六条　中外合作办学机构的章程应当规定以下事项：

（一）中外合作办学机构的名称、住所；

（二）办学宗旨、规模、层次、类别等；

（三）资产数额、来源、性质以及财务制度；

（四）中外合作办学者是否要求取得合理回报；

（五）理事会、董事会或者联合管理委员会的产生方法、人员构成、权限、任期、议事规则等；

（六）法定代表人的产生和罢免程序；

（七）民主管理和监督的形式；

（八）机构终止事由、程序和清算办法；

（九）章程修改程序；

（十）其他需要由章程规定的事项。

第十七条　中外合作办学机构只能使用一个名称，其外文译名应当与中文名称相符。

中外合作办学机构的名称应当反映中外合作办学机构的性质、层次和类型，不得冠以“中国”、“中华”、“全国”等字样，不得违反中国法律、行政法规，不得损害社会公共利益。

不具有法人资格的中外合作办学机构的名称前应当冠以中国高等学校的名称。

第十八条　完成筹备，申请正式设立或者直接申请正式设立中外合作办学机构，除提交《中外合作办学条例》第十七条规定的相关材料外，还应当依据《中外合作办学条例》有关条款的规定，提交以下材料：

（一）首届理事会、董事会或者联合管理委员会组成人员名单及相关证明文件；

（二）聘任的外籍教师和外籍管理人员的相关资格证明文件。

第十九条 申请设立实施学历教育的中外合作办学机构，应当于每年3月或者9月提出申请，审批机关应当组织专家评议。

专家评议的时间不计算在审批期限内，但审批机关应当将专家评议所需时间书面告知申请人。

第二十条 完成筹备，申请正式设立中外合作办学机构，有下列情形之一的，审批机关应当不予批准，并书面说明理由：

（一）不具备相应办学条件、未达到相应设置标准的；

（二）理事会、董事会或者联合管理委员会的人员及其构成不符合法定要求，校长或者主要行政负责人、教师、财会人员不具备法定资格，经告知仍不改正的；

（三）章程不符合《中外合作办学条例》和本办法规定要求，经告知仍不修改的；

（四）在筹备设立期内有违反法律、法规行为的。

申请直接设立中外合作办学机构的，除前款规定的第（一）、（二）、（三）项外，有本办法第十五条规定情形之一的，审批机关不予批准。

第三章 中外合作办学机构的组织与活动

第二十一条 中外合作办学机构的理事会、董事会或者联合管理委员会的成员应当遵守中国法律、法规，热爱教育事业，品行良好，具有完全民事行为能力。

国家机关工作人员不得担任中外合作办学机构的理事会、董事会或者联合管理委员会的成员。

第二十二条 中外合作办学机构应当聘任专职的校长或者主要行政负责人。

中外合作办学机构的校长或者主要行政负责人依法独立行使教育教学和行政管理职权。

第二十三条 中外合作办学机构内部的组织机构设置方案由校长或者主要行政负责人提出，报理事会、董事会或者联合管理委员会批准。

第二十四条 中外合作办学机构应当建立教师培训制度，为受聘教师接受相应的业务培训提供条件。

第二十五条 中外合作办学机构应当按照招生简章或者招生广告的承诺，开设相应课程，开展教育教学活动，保证教育教学质量。

中外合作办学机构应当提供符合标准的校舍和教育教学设施、设备。

第二十六条 中外合作办学机构可以依法自主确定招生范围、标准和方式；但实施中国学历教育的，应当遵守国家有关规定。

第二十七条 实施高等学历教育的中外合作办学机构符合中国学位授予条件的，可以依照国家有关规定申请相应的学位授予资格。

第二十八条 中外合作办学机构依法自主管理和使用中外合作办学机构的资产，但不得改变按照公益事业获得的土地及校舍的用途。

中外合作办学机构不得从事营利性经营活动。

第二十九条 在每个会计年度结束时，中外合作办学者不要求取得合理回报的中外合作办学机构应当从年度净资产增加额中，中外合作办学者要求取得合理回报的中外合作办学机构应当从年度净收益中，按不低于年度净资产增加额或者净收益的25%的比例提取发展基金，用于中外合作办学机构的建设、维护和教学设备的添置、更新等。

第三十条 中外合作办学机构资产中的国有资产的监督、管理，按照国家有关规定执行。

中外合作办学机构接受的捐赠财产的使用和管理，依照《中华人民共和国公益事业捐赠法》的有关规定执行。

第三十一条 中外合作办学者要求取得合理回报的，应当按照《中华人民共和国民办教育促进法实施条例》的规定执行。

第三十二条 中外合作办学机构有下列情形之一的，中外合作办学者不得取得回报：

（一）发布虚假招生简章或者招生广告，骗取钱财的；

（二）擅自增加收费项目或者提高收费标准，情节严重的；

（三）非法颁发或者伪造学历、学位证书及其他学业证书的；

（四）骗取办学许可证或者伪造、变造、买卖、出租、出借办学许可证的；

（五）未依照《中华人民共和国会计法》和国家统一的会计制度进行会计核算、编制财务会计报告，财务、资产管理混乱的；

（六）违反国家税收征管法律、行政法规的规定，受到税务机关处罚的；

（七）校舍或者其他教育教学设施、设备存在重大安全隐患，未及时采取措施，致使发生重大伤亡事故的；

（八）教育教学质量低下，产生恶劣社会影响的。

中外合作办学者抽逃办学资金或者挪用办学经费的，不得取得回报。

第四章 中外合作办学项目的审批与活动

第三十三条 中外合作办学项目的办学层次和类别，应当与中国教育机构和外国教育机构的办学层次和类别相符合，并一般应当在中国教育机构中已有或者相近专业、课程举办。合作举办新的专业或者课程的，中国教育机构应当基本具备举办该专业或者课程的师资、设备、设施等条件。

第三十四条 中国教育机构可以采取与相应层次和类别的外国教育机构共同制定教育教学计划，颁发中国学历、学位证书或者外国学历、学位证书，在中国境外实施部分教育教学活动的方式，举办中外合作办学项目。

第三十五条 举办中外合作办学项目，中国教育机构和外国教育机构应当参照本办法第五条的规定签订合作协议。

第三十六条 申请举办实施本科以上高等学历教育的中外合作办学项目，由拟举办项目所在地的省、自治区、直辖市人民政府教育行政部门提出意见后，报国务院教育行政部门批准；申请举办实施高等专科教育、非学历高等教育和高级中等教育、自学考试助学、文化补习、学前教育的中外合作办学项目，报拟举办项目所在地的省、自治区、直辖市人民政府教育行政部门批准，并报国务院教育行政部门备案。

申请举办颁发外国教育机构的学历、学位证书以及引进外国教育机构的名称、标志或者教育服务商标的中外合作办学项目的审批，参照前款的规定执行。

第三十七条 申请举办中外合作办学项目，应当由中国教育机构提交下列文件：

（一）《中外合作办学项目申请表》；

（二）合作协议；

（三）中外合作办学者法人资格证明；

（四）验资证明（有资产、资金投入的）；

（五）捐赠资产协议及相关证明（有捐赠的）；

外国教育机构已在中国境内合作举办中外合作办学机构或者中外合作办学项目的，还应当提交原审批机关或者其委托的社会中介组织的评估报告。

第三十八条 申请设立实施学历教育的中外合作办学项目，应当于每年3月或者9月提出申请，审批机关应当组织专家评议。

专家评议的时间不计算在审批期限内，但审批机关应当将专家评议所需时间书面告知申请人。

第三十九条 申请设立中外合作办学项目的，审批机关应当按照《中华人民共和国行政许可法》规定的时限作出是否批准的决定。批准的，颁发统一格式、统一编号的中外合作办学项目批准书；不批准的，应当书面说明理由。

中外合作办学项目批准书由国务院教育行政部门制定式样并统一编号；编号办法由国务院教育行政部门参照中外合作办学许可证的编号办法确定。

第四十条 中外合作办学项目是中国教育机构教育教学活动的组成部分，应当接受中国教育机构的管理。实施中国学历教育的中外合作办学项目，中国教育机构应当对外国教育机构提供的课程和教育质量进行评估。

第四十一条 中外合作办学项目可以依法自主确定招生范围、标准和方式；但实施中国学历教育的，应当遵守国家有关规定。

第四十二条 举办中外合作办学项目的中国教育机构应当依法对中外合作办学项目的财务进行管理，并在学校财务账户内设立中外合作办学项目专项，统一办理收支业务。

第四十三条 中外合作办学项目收费项目和标准的确定，按照国家有关规定执行，并在招生简章或者招生广告中载明。

中外合作办学项目的办学结余，应当继续用于项目的教育教学活动和改善办学条件。

第五章 管理与监督

第四十四条 中外合作办学机构和举办中外合作办学项目的中国教育机构应当根据国家有关规定，通过合法渠道引进教材。引进的教材应当具有先进性，内容不得与中国宪法和有关法律、法规相抵触。

中外合作办学机构和举办中外合作办学项目的中国教育机构应当对开设课程和引进教材的内容进行审核，并将课程和教材清单及说明及时报审批机关备案。

第四十五条 中外合作办学机构和举办中外合作办学项目的中国教育机构应当依法建立学籍管理制度，并报审批机关备案。

第四十六条 中外合作办学机构和项目教师和管理人员的聘任，应当遵循双方地位平等的原则，由中外合作办学机构和举办中外合作办学项目的中国教育机构与教师和管理人员签订聘任合同，明确规定双方的权利、义务和责任。

第四十七条 中外合作办学机构和项目的招生简章和招生广告的样本应当及时报审批机关备案。

第四十八条 举办颁发外国教育机构的学历、学位证书的中外合作办学机构和项目，中方合作办学者应当是实施相应层次和类别学历教育的中国教育机构。

中外合作办学机构和项目颁发外国教育机构的学历、学位证书的，其课程设置、教学内容应当不低于该外国教育机构在其所属国的标准和要求。

第四十九条 中外合作办学项目颁发的外国教育机构的学历、学位证书，应当与该外国教育机构在其所属国颁发的学历、学位证书相同，并在该国获得承认。

第五十条 实施学历教育的中外合作办学机构和项目应当通过网络、报刊等渠道，将该机构或者项目的办学层次和类别、专业设置、课程内容、招生规模、收费项目和标准等情况，每年向社会公布。

中外合作办学机构应当于每年4月1日前公布经社会审计机构对其年度财务会计报告的审计结果。

第五十一条 实施学历教育的中外合作办学机构和项目，应当按学年或者学期收费，不得跨学年或者学期预收。

第五十二条 中外合作办学机构和举办中外合作办学项目的中国教育机构应当于每年3月底前向审批机关提交办学报告，内容应当包括中外合作办学机构和项目的招收学生、课程设置、师资配备、教学质量、财务状况等基本情况。

第五十三条 审批机关应当组织或者委托社会中介组织本着公开、公正、公平的原则，对实施学历教育的中外合作办学项目进行办学质量评估，并将评估结果向社会公布。

第五十四条 中外合作办学项目审批机关及其工作人员，利用职务上的便利收取他人财物或者获取其他利益，滥用职权、玩忽职守，对不符合本办法规定条件者颁发中外合作办学项目批准书，或者发现违法行为不予以查处，造成严重后果，构成犯罪的，依法追究刑事责任；尚不构成犯罪的，依法给予行政处分。

第五十五条 违反本办法的规定，超越职权审批中外合作办学项目的，其批准文件无效，由上级机关责令改正；对负有责任的主管人员和其他直接责任人员，依法给予行政处分。

第五十六条 违反本办法的规定，未经批准擅自举办中外合作办学项目的，由教育行政部门责令限期改正，并责令退还向学生收取的费用；对负有责任的主管人员和其他直接责任人员，依法给予行政处分。

第五十七条 中外合作办学项目有下列情形之一的，由审批机关责令限期改正，并视情节轻重，处以警告或者3万元以下的罚款；对负有责任的主管人员和其他直接责任人员，依法给予行政处分。

（一）发布虚假招生简章或者招生广告，骗取钱财的；

（二）擅自增加收费项目或者提高收费标准的；

（三）管理混乱，教育教学质量低下的；

（四）未按照国家有关规定进行财务管理的；

（五）对办学结余进行分配的。

第五十八条 中外合作办学机构和项目违反《中华人民共和国教育法》的规定，颁发学历、学位证书或者其他学业证书的，依照《中华人民共和国教育法》的有关规定进行处罚。

第六章 附 则

第五十九条 在工商行政管理部门登记注册的经营性的中国培训机构与外国经营性的教育培训公司合

作举办教育培训的活动，不适用本办法。

第六十条 中国教育机构没有实质性引进外国教育资源，仅以互认学分的方式与外国教育机构开展学生交流的活动，不适用本办法。

第六十一条 香港特别行政区、澳门特别行政区和台湾地区的教育机构与内地教育机构举办合作办学项目的，参照本办法的规定执行，国家另有规定的除外。

第六十二条 《中外合作办学条例》实施前已经批准的中外合作办学项目，应当参照《中外合作办学条例》第六十三条规定的时限和程序，补办中外合作办学项目批准书。逾期未达到《中外合作办学条例》和本办法规定条件的，审批机关不予换发项目批准书。

第六十三条 本办法自2004年7月1日起施行。原中华人民共和国国家教育委员会1995年1月26日发布的《中外合作办学暂行规定》同时废止。

汉语作为外语教学能力认定办法

（2004年8月23日　教育部令第19号发布）

第一条 为了提高汉语作为外语教学的水平，做好汉语作为外语教学能力认定工作，加强汉语作为外语教学师资队伍的建设，促进对外汉语教学事业的发展，依据《教育法》和《教师法》制定本办法。

第二条 本办法适用于对从事汉语作为外语教学工作的中国公民和外国公民所具备的相应专业知识水平和技能的认定。对经认定达到相应标准的，颁发《汉语作为外语教学能力证书》（以下简称《能力证书》）。

第三条 汉语作为外语教学能力认定工作由汉语作为外语教学能力认定工作委员会（以下简称“认定委员会”）根据本办法进行组织。认定委员会成员由教育部任命。认定委员会的职责是制订能力认定的考试标准，规范能力证书课程，组织考试和认定工作，颁发《能力证书》。

第四条 《能力证书》申请者应热爱汉语教学工作、热心介绍中国文化、遵守法律法规、具有良好的职业素养，须具有大专（含）以上学历和必要的普通话水平。其中的中国公民应具有相当于大学英语四级以上或全国外语水平考试（WSK）合格水平。

第五条 《能力证书》分为初级、中级、高级三类。

取得初级证书者应当具备汉语作为外语教学的基本知识，能够对母语为非汉语学习者进行基础性的汉语教学工作。

取得中级证书者应当具备汉语作为外语教学的较完备的知识，能够对母语为非汉语学习者进行较为系统的汉语教学工作。

取得高级证书者应当具备汉语作为外语教学的完备的知识，能够对母语为非汉语学习者进行系统性、专业性的汉语教学和相关的科学研究。

第六条 申请《能力证书》须通过下列考试：

初级证书的考试科目为：现代汉语基本知识、中国文化基础常识、普通话水平

中级证书的考试科目为：现代汉语、汉语作为外语教学理论、中国文化基本知识

高级证书的考试科目为：现代汉语及古代汉语、语言学及汉语作为外语教学理论、中国文化。

第七条 申请中级、高级证书者普通话水平需达到中国国家语言文字工作委员会规定的二级甲等以上。

第八条 对外汉语专业毕业的本科生可免试申请《能力证书（中级）》；

对外汉语专业方向毕业的研究生可免试申请《能力证书（高级）》。

中国语言文学专业毕业的本科生和研究生，可免

试汉语类科目。

第九条 汉语作为外语教学能力认定工作每年定期进行。申请证书者须先通过能力考试，凭考试合格成绩申请证书。申报考试和申请证书的具体时间及承办机构由认定委员会决定。

第十条 《能力证书》申请者须向申请受理机构提交以下材料：

（一）《汉语作为外语教学能力证书申请表》（一式两份）；

（二）身份证明原件及复印件；

（三）学历证书原件及复印件；

（四）考试成绩证明原件及复印件（符合免考试科目者须提交所要求的证书原件及复印件）；

（五）普通话水平测试等级证书原件及复印件；

（六）外语水平证明原件及复印件。

第十一条 《能力证书》由认定委员会监制。

第十二条 申请证书过程中弄虚作假的，经认定委员会核实，不予认定；已经获得《汉语作为外语教学能力证书》者，由认定委员会予以注销。

第十三条 为了提高汉语作为外语教师的专业能力，认定委员会规定《能力证书》的标准化课程和大纲。

第十四条 本办法自2004年10月1日起施行，1990年6月23日发布的《对外汉语教师资格审定办法》（中华人民共和国国家教育委员会令第12号）同时废止，《对外汉语教师资格证书》同时失效，须更换《能力证书（高级）》。

Measures for Certifying Teachers' Ability to Teach Chinese as a Foreign Language

Article 1: In order to enhance the level of teaching Chinese as a foreign language, provide better service to certify teachers' ability to teach Chinese as a foreign language, produce more and better teachers of Chinese as a foreign language, and promote the development of the field of teaching Chinese as a foreign language, the present measures are drawn up in conformity with the Education Law and the Teachers Law.

Article 2: These measures are intended to be used for certifying that Chinese and foreign citizens who are engaged in the work of teaching Chinese as a foreign language possess appropriate skills and level of professional knowledge. Individuals who have satisfied the criteria for certification will be issued the Certificate of Ability to Teach Chinese as a Foreign Language (hereinafter referred to as the Certificate of Ability).

Article 3: The work of certifying teachers' ability to teach Chinese as a foreign language is organized by the Committee for Certifying Teachers' Ability to Teach Chinese as a Foreign Language (hereinafter referred to as the Certification Committee) on the basis of these measures. The members of the Certification Committee are appointed by the Ministry of Education. The responsibilities of the Certification Committee are to formulate testing standards for certifying the teachers' teaching ability, standardize course requirements for receiving the Certificate of Ability, organize the testing and certification work, and issue Certificates of Ability.

Article 4: Applicants for the Certificate of Ability should love teaching Chinese as a foreign language, enthusiastically introduce Chinese culture to their students, observe the law and regulations, and have a high level of professional attainment. They must have a university-level education with at least an associate's degree and be able to speak Putonghua (Mandarin) well. Chinese citizens who meet these requirements must also have the equivalent of a college English test Band 4 certificate or have passed the WSK (national foreign language) examination.

Article 5: There are three grades of Certificate of Ability: elementary, intermediate and advanced.

Those who obtain the elementary Certificate of Ability should have basic knowledge concerning teaching Chinese as a foreign language and be able to do basic teaching of Chinese to students whose mother tongue is not Chinese.

Those who obtain the intermediate Certificate of Ability should have relatively complete knowledge concerning teaching Chinese as a foreign language and be able to teach Chinese relatively systematically to students who are not native-Chinese speakers.

Those who obtain the advanced Certificate of Ability should have a complete knowledge concerning teaching Chinese as a foreign language and be able to teach Chinese to students whose mother tongue is not Chinese systematically and professionally and be able to do relevant scientific research.

Article 6：Applicants for the Certificate of Ability must pass the following examinations：

the test for the elementary Certificate of Ability covers the subjects：basic knowledge of modern Chinese，common knowledge of Chinese culture，and Putonghua（Mandarin）；

the test for the intermediate Certificate of Ability covers the subjects：modern Chinese，theory of teaching Chinese as a foreign language and basic knowledge of Chinese culture；

and the test for the advanced Certificate of Ability covers the subjects：modern and ancient Chinese，linguistics，theory of teaching Chinese as a foreign language and Chinese culture.

Article 7：Applicants for intermediate and advanced Certificates of Ability must speak Putonghua（Mandarin）at least at the Grade 2 Level A proficiency prescribed by the State Language Commission.

Article 8：College graduates who majored in teaching Chinese as a foreign language may apply for an intermediate Certificate of Ability without taking the test.

Graduate students who specialized in teaching Chinese as a foreign language may apply for an advanced Certificate of Ability without taking the test.

Applicants who majored in the Chinese language as undergraduate or graduate students are exempted from taking Chinese examinations.

Article 9：The work of certifying applicants' ability to teach Chinese as a foreign language will be carried out regularly every year. Applicants for a Certificate of Ability must first pass the relevant examinations and then apply for a Certificate of Ability on the basis of satisfactory examination results. The Certification Committee determines the times for registering for examinations and applying for Certificates of Ability and identifies the organizations which will take charge of these issues.

Article 10：Applicants for a Certificate of Ability must submit the following materials to the organization handling their application：

1）Application for a Certificate of Ability to Teach Chinese as a Foreign Language（two copies）；

2）Identification card-original and one copy；

3）University diploma-original and one copy；

4）Certificate of examination results-original and one copy（applicants who are exempted from taking an examination must submit certification supporting their exemption—original and one copy）；

5）Certificate of results of test of Putonghua（Mandarin）proficiency-original and one copy；

6）Certificate of foreign language proficiency-original and one copy.

Article 11：Design and print of Certificates of Ability is supervised by the Certification Committee.

Article 12：If an application includes any falsification or fraud，it will be denied upon verification of that fact by the Certification Committee；if a Certificate of Ability had already been issued when the falsification or fraud is discovered，the Certification Committee will annul it.

Article 13：In order to increase the professional ability of teachers of teaching Chinese as a foreign language，the Certification Committee will prepare a standardized course and syllabus for the Certificate of Ability.

Article 14：These measures go into effect on October 1，2004. At that time，the Measures for Examining and Approving the Qualifications of Teachers of Chinese as a Foreign Language promulgated in Order No. 12 of the State Education Commission of the People's Republic of China on June 23，1990，will be nullified. At the same time，the Certificate of Qualification to Teach Chinese as a Foreign Language will become void；it must be exchanged for an advanced Certificate of Ability.

教育部关于印发《农村劳动力转移培训计划》的通知

（2004年3月24日）

现将我部《农村劳动力转移培训计划》印发给你们，请结合本地实际情况，认真贯彻执行。各地制定的实施方案和政策措施请于4月底前报送我部职成教司。

农村劳动力转移培训计划

为贯彻党的十六大和十六届三中全会精神，落实全国职业教育工作会议和全国农村教育工作会议的要求，按照国务院办公厅转发农业部、劳动保障部、教育部等部门《2003—2010年全国农民工培训规划》（以下简称《规划》）和教育部《2003—2007年教育振兴行动计划》（以下简称《行动计划》），切实加强农村劳动力转移培训工作，我部特制订本计划。

一、指导思想

以党的十六大精神和“三个代表”重要思想为指导，坚持以服务为宗旨，以就业为导向，以改革创新为动力，充分利用职业教育与成人教育资源，全力推进农村劳动力转移培训工作，努力提高农村转移劳动力的就业能力和创业能力，加快农村劳动力有序、稳定地向非农产业和城镇转移，促进农民增收，促进城镇化和新型工业化的发展，为全面建设小康社会服务。

二、目标任务

《规划》已明确了今后一个时期农村劳动力转移培训工作的目标任务：“2003—2005年，对拟向非农产业和城镇转移的1 000万农村劳动力开展转移就业前的引导性培训，对其中的500万人开展职业技能培训；对已进入非农产业就业的5 000万农民工进行岗位培训。2006—2010年，对拟向非农产业和城镇转移的5 000万农村劳动力开展转移就业前的引导性培训，对其中的3 000万人开展职业技能培训。同时，对已进入非农产业就业的2亿多农民工开展岗位培训。”各级教育行政部门和职成学校要增强为“三农”服务的责任感和紧迫感，在农村劳动力转移培训工作中承担主要任务。要根据《规划》和《行动计划》提出的目标任务和当地政府确定的农村劳动力转移规划，结合实际，制定具体的实施方案，明确中等职业学校面向农村招生规模、农村劳动力转移前培训和已进城务工人员培训的目标任务。

三、政策措施

1. 加强领导、精心组织实施。各级教育行政部门要在当地政府统筹领导下，与农业、劳动保障、科技、建设、财政等部门密切合作，按照职责分工，广泛动员组织各类职成学校和培训机构开展农村劳动力转移培训，不断扩大培训规模，努力提高培训率和就业率。教育部成立农村劳动力转移培训工作领导小组，各地也要成立相应的领导小组，加强本计划的组织实施工作。

2. 深化改革、创新机制。各级教育行政部门和职成学校要进一步解放思想，转变观念，要坚持以就业为导向，深化办学模式、办学机制、办学体制的改革和创新。要改革专业设置、课程结构、教学内容、教学方式及管理模式，强化产学结合，组织开发“模块式”课程。努力改革办学模式，努力扩大“订单”培养培训的范围，不断增强教育培训的针对性。要改革教学和学籍管理制度，实行更加灵活的学习制度。在城乡合作办学和东西部合作办学中，实行“1＋2”、“2＋1”、“1＋1＋1”等模式，让西部地区和农村中职学生在当地学习一至二年，完成文化和部分专业基础课后，再到东部地区、城市的中职学校和对口企业，接受专业教育和技能训练，毕业后主要面向东部地区和城市就业。大力推进学分制改革，探索和建立“学分银行”制度，形成学分互认机制，为学习者跨地域、转专业、分阶段参加学习或培训创造条件。教育部将利用国家和省级职教师资基地对从事农村劳动力转移培训工作的管理人员和骨干教师开展培训，组织力量开发和推荐一批通用性较强的农村劳动力转移培训教材和多媒体课件。

要推进职成教的体制创新。鼓励公办、民办学校共同参与，共同发展，鼓励、扶持和指导民办职成教广泛开展农村劳动力转移培训。进一步把职成教作为民办教育发展的优先领域，加大公办职成学校的改革步伐，鼓励公办职成学校引进民办机制。

3. 扩大城乡各类职业学校面向农村招生规模。各级教育行政部门要在政府领导下，统筹城乡、东西部职成教育资源，会同有关部门，认真落实《教育部、财政部、劳动保障部关于开展东部对西部、城市对农村中等职业学校联合招生合作办学工作的意见》（教职成〔2003〕6号）的要求，制定跨省、跨地区招生规划，落实联合招生合作办学的资助经费，扶持家庭经济困难学生学习，为农村生源毕业生在非农产业和城镇就业提供服务。

4. 推行职业资格证书和学历证书并重的制度。各地教育行政部门和职成学校要加强与劳动、农业等部门的联系，组织拟转移的农村劳动力参加转移就业培训，使他们掌握一至二项在非农产业和城镇就业的技能，并取得相应的职业资格证书或培训证书，做到先培训后转移就业。

5. 加强职业指导和就业服务。各级教育行政部门和职成学校要加强与劳动部门、企业和职业中介机构的合作，采取与企业联合办学、合作培养，或通过劳动力市场、供需见面会等形式，为农村劳动力转移提供就业信息服务、组织服务和跟踪服务。教育部在中国职业教育与成人教育网站上增设有关农村劳动力转移需求和转移培训的信息，各省（自治区、直辖市）也要利用网络资源，为农村劳动力转移培训和就业提供服务。

6. 动员社会各类教育培训资源，开展进城务工人员的教育培训。各级教育行政部门和职成学校要主动加强与用工单位的联系，共同推动进城务工人员的培训工作。职成学校要通过举办日校、夜校、周末学校等形式，对进城务工人员广泛开展技能培训、证书培训和学历教育。要充分利用社区教育资源，面向社区内进城务工人员，开展城市文明生活和农民工维权知识培训。要支持和帮助行业、企业根据岗位的需求有计划地开展农民工转移后培训。

7. 多渠道筹措农村劳动力转移培训经费。实行政府、用人单位和农民工个人共同分担的经费筹措机制。地方教育行政部门要组织有条件的职成学校积极申报成为培训基地，勇于承担培训任务，努力争取中央和地方政府安排的农村劳动力转移培训专项经费；加强与扶贫部门协调，在中央和地方扶贫资金中，安排一定数量的经费，用于贫困家庭学员的转移培训；与劳动等有关部门配合，督促用人单位在职工教育经费中列支所录用农民工的培训经费。要采取培训券等方式，真正发挥培训资金的使用效益，确保参训农民直接受益。按照有关部门核定的收费标准，由农民工个人支付一定的培训费用，有条件的学校和培训机构对家庭经济贫困的学员适当减免费用。教育部将安排农村劳动力转移培训专项经费，采取与地方共建、贴息加奖励等形式，支持一批转移培训成绩突出的学校。各地教育行政部门也要制定扶持措施，安排专项经费，支持农村劳动力转移培训工作。

8. 建立督导和表彰奖励机制。各省（自治区、直辖市）要加强督导评估，把农村劳动力转移培训情况列入考核教育行政部门和职成学校工作的重要内容。教育部将对各地农村劳动力转移培训计划实施情况组织督导检查。各级教育行政部门要定期表彰奖励农村劳动力转移培训工作成效显著的学校、培训机构及先进个人。各地要通过新闻媒体，广泛宣传报道农村劳动力转移培训工作中的好经验和好做法，形成广泛开展农村劳动力转移培训工作的良好氛围。

教育部关于发布《中小学生守则》、《小学生日常行为规范（修订）》和《中学生日常行为规范（修订）》的通知

（2004年3月25日）

《小学生守则》、《中学生守则》和《小学生日常行为规范》、《中学生日常行为规范》分别自1981年、1991年、1994年发布以来，对中小学生良好行为习惯的养成，以及学校形成良好的校风、学风、教风等都起到了重要作用。随着社会发展变化，中小学生思想道德建设面临许多新的情况和新的问题，根据《中共中央国务院关于进一步加强和改进未成年人思想道德建设的若干意见》、《公民道德建设实施纲要》的要求，我部对上述守则和规范进行了修订，将《小学生守则》和《中学生守则》合并为《中小学生守则》（以下简称《守则》），对《小学生日常行为规范》、《中学生日常行为规范》的内容进行了必要的调整和补充，形成新的《小学生日常行为规范（修订）》、《中学生日常行为规范（修订）》（以下简称《规范》）。现予以发布，请遵照执行。

一、充分认识实施《守则》和《规范》的重要性

《守则》和《规范》集中体现了对中小学生思想品德和日常行为的基本要求，对学生树立正确的理想信念，养成良好行为习惯，促进身心健康发展起着重要作用。《守则》和《规范》的发布，是教育系统加强青少年学生思想道德建设的一项重要措施，各级教育行政部门和中小学校要给予高度重视，认真组织干部、教师及中小学生学习《守则》和《规范》，从本地本校实际出发，健全制度，制定切实可行的实施计划，做到教育的经常化、制度化。

二、全面理解《守则》和《规范》的内容

合并后的《守则》仍为十条，修订后的两个《规范》仍各为二十条和四十条。根据中小学生身心发展特点和规律，《守则》从大处着眼，对学生思想品德形成和行为习惯养成提出了基本要求，《规范》从小处着眼，从行为习惯养成入手，提出具体的、操作性较强的要求。《规范》是对《守则》的细化，两者应结合使用。《守则》和《规范》除对部分内容进行修改和调整外，根据社会发展对人才培养提出的新要求，分别增加了符合时代特征的内容。如诚实守信、加强实践、合作意识、创新意识、网络文明、安全自护、远离毒品等。广大干部、教师应根据学生的学习、生活实际及思想状况变化，帮助学生增强国家观念、道德观念、法制观念，懂得什么是正确的，什么是错误的，提高分辨是非、区分善恶的能力和道德选择与行为评价的能力。要组织开展多种形式的校内、外教育活动，帮助学生理解、记忆，增强守法、守规、守纪的意识。

三、总结经验，改进工作

各级教育行政部门和中小学校要认真总结以往贯彻《守则》和《规范》的经验和问题。坚持过去好的做法，改进工作中的不足，切实增强对学生思想品德教育和日常行为规范教育的针对性和实效性。实施过程中，要充分发挥学校、家庭和社区的作用，特别要通过家长会、家长学校、社区教育委员会等多种途径，宣传《守则》和《规范》，协调社会各方面力量协助学校抓好对学生的教育。

四、对于在学习、执行过程中遇到的情况和问题，请及时向我部基础教育司反映。

五、修订后的《守则》及《规范》自2004年9月1日起执行。

中小学生守则

1. 热爱祖国，热爱人民，热爱中国共产党。

2. 遵守法律法规，增强法律意识。遵守校规校纪，遵守社会公德。

3. 热爱科学，努力学习，勤思好问，乐于探究，积极参加社会实践和有益的活动。

4. 珍爱生命，注意安全，锻炼身体，讲究卫生。

5. 自尊自爱，自信自强，生活习惯文明健康。

6. 积极参加劳动，勤俭朴素，自己能做的事自己做。

7. 孝敬父母，尊敬师长，礼貌待人。

8. 热爱集体，团结同学，互相帮助，关心他人。

9. 诚实守信，言行一致，知错就改，有责任心。

10. 热爱大自然，爱护生活环境。

小学生日常行为规范（修订）

1. 尊敬国旗、国徽，会唱国歌，升降国旗、奏唱国歌时肃立、脱帽、行注目礼，少先队员行队礼。

2. 尊敬父母，关心父母身体健康，主动为家庭做力所能及的事。听从父母和长辈的教导，外出或回到家要主动打招呼。

3. 尊敬老师，见面行礼，主动问好，接受老师的教导，与老师交流。

4. 尊老爱幼，平等待人。同学之间友好相处，互相关心，互相帮助。不欺负弱小，不讥笑、戏弄他人。尊重残疾人。尊重他人的民族习惯。

5. 待人有礼貌，说话文明，讲普通话，会用礼貌用语。不骂人，不打架。到他人房间先敲门，经允许再进入，不随意翻动别人的物品，不打扰别人的工作、学习和休息。

6. 诚实守信，不说谎话，知错就改，不随意拿别人的东西，借东西及时归还，答应别人的事努力做到，做不到时表示歉意。考试不作弊。

7. 虚心学习别人的长处和优点，不嫉妒别人。遇到挫折和失败不灰心，不气馁，遇到困难努力克服。

8. 爱惜粮食和学习、生活用品。节约水电，不比吃穿，不乱花钱。

9. 衣着整洁，经常洗澡，勤剪指甲，勤洗头，早晚刷牙，饭前便后要洗手。自己能做的事自己做，衣物用品摆放整齐，学会收拾房间、洗衣服、洗餐具等家务劳动。

10. 按时上学，不迟到，不早退，不逃学，有病有事要请假，放学后按时回家。参加活动守时，不能参加事先请假。

11. 课前准备好学习用品，上课专心听讲，积极思考，大胆提问，回答问题声音清楚，不随意打断他人发言。课间活动有秩序。

12. 课前预习，课后认真复习，按时完成作业，书写工整，卷面整洁。

13. 坚持锻炼身体，认真做广播体操和眼保健操，坐、立、行、读书、写字姿势正确。积极参加有益的文体活动。

14. 认真做值日，保持教室、校园整洁。保护环境，爱护花草树木、庄稼和有益动物，不随地吐痰，不乱扔果皮纸屑等废弃物。

15. 爱护公物，不在课桌椅、建筑物和文物古迹上涂抹刻画。损坏公物要赔偿。拾到东西归还失主或交公。

16. 积极参加集体活动，认真完成集体交给的任务，少先队员服从队的决议，不做有损集体荣誉的事，集体成员之间相互尊重，学会合作。积极参加学校组织的各种劳动和社会实践活动，多观察，勤动手。

17. 遵守交通法规，过马路走人行横道，不乱穿马路，不在公路、铁路、码头玩耍和追逐打闹。

18. 遵守公共秩序，在公共场所不拥挤，不喧哗，礼让他人。乘公共车、船等主动购票，主动给老幼病残孕让座。不做法律禁止的事。

19. 珍爱生命，注意安全，防火、防溺水、防触电、防盗、防中毒，不做有危险的游戏。

20. 阅读、观看健康有益的图书、报刊、音像和网上信息，收听、收看内容健康的广播电视节目。不吸烟、不喝酒、不赌博，远离毒品，不参加封建迷信活动，不进入网吧等未成年人不宜入内的场所。敢于斗争，遇到坏人坏事主动报告。

中学生日常行为规范（修订）

一、自尊自爱，注重仪表

1. 维护国家荣誉，尊敬国旗、国徽，会唱国歌，升降国旗、奏唱国歌时要肃立、脱帽、行注目礼，少先队员行队礼。

2. 穿戴整洁、朴素大方，不烫发，不染发，不化妆，不佩戴首饰，男生不留长发，女生不穿高跟鞋。

3. 讲究卫生，养成良好的卫生习惯。不随地吐痰，不乱扔废弃物。

4. 举止文明，不说脏话，不骂人，不打架，不赌博。不涉足未成年人不宜的活动和场所。

5. 情趣健康，不看色情、凶杀、暴力、封建迷信的书刊、音像制品，不听不唱不健康歌曲，不参加迷信活动。

6. 爱惜名誉，拾金不昧，抵制不良诱惑，不做有损人格的事。

7. 注意安全，防火灾、防溺水、防触电、防盗、防中毒等。

二、诚实守信，礼貌待人

8. 平等待人，与人为善。尊重他人的人格、宗教信仰、民族风俗习惯。谦恭礼让，尊老爱幼，帮助残疾人。

9. 尊重教职工，见面行礼或主动问好，回答师长问话要起立，给老师提意见态度要诚恳。

10. 同学之间互相尊重、团结互助、理解宽容、真诚相待、正常交往，不以大欺小，不欺侮同学，不戏弄他人，发生矛盾多做自我批评。

11. 使用礼貌用语，讲话注意场合，态度友善，要讲普通话。接受或递送物品时要起立并用双手。

12. 未经允许不进入他人房间、不动用他人物品、不看他人信件和日记。

13. 不随意打断他人的讲话，不打扰他人学习工作和休息，妨碍他人要道歉。

14. 诚实守信，言行一致，答应他人的事要做到，做不到时表示歉意，借他人钱物要及时归还。不说谎，不骗人，不弄虚作假，知错就改。

15. 上、下课时起立向老师致敬，下课时，请老师先行。

三、遵规守纪，勤奋学习

16. 按时到校，不迟到，不早退，不旷课。

17. 上课专心听讲，勤于思考，积极参加讨论，勇于发表见解。

18. 认真预习、复习，主动学习，按时完成作业，考试不作弊。

19. 积极参加生产劳动和社会实践，积极参加学校组织的其他活动，遵守活动的要求和规定。

20. 认真值日，保持教室、校园整洁优美。不在教室和校园内追逐打闹喧哗，维护学校良好秩序。

21. 爱护校舍和公物，不在黑板、墙壁、课桌、布告栏等处乱涂改刻画。借用公物要按时归还，损坏东西要赔偿。

22. 遵守宿舍和食堂的制度，爱惜粮食，节约水电，服从管理。

23. 正确对待困难和挫折，不自卑，不嫉妒，不偏激，保持心理健康。

四、勤劳俭朴，孝敬父母

24. 生活节俭，不互相攀比，不乱花钱。

25. 学会料理个人生活，自己的衣物用品收放整齐。

26. 生活有规律，按时作息，珍惜时间，合理安排课余生活，坚持锻炼身体。

27. 经常与父母交流生活、学习、思想等情况，尊重父母意见和教导。

28. 外出和到家时，向父母打招呼，未经家长同意，不得在外住宿或留宿他人。

29. 体贴帮助父母长辈，主动承担力所能及的家务劳动，关心照顾兄弟姐妹。

30. 对家长有意见要有礼貌地提出，讲道理，不任性，不耍脾气，不顶撞。

31. 待客热情，起立迎送。不影响邻里正常生活，邻里有困难时主动关心帮助。

五、严于律己，遵守公德

32. 遵守国家法律，不做法律禁止的事。

33. 遵守交通法规，不闯红灯，不违章骑车，过马路走人行横道，不跨越隔离栏。

34. 遵守公共秩序，乘公共交通工具主动购票，给老、幼、病、残、孕及师长让座，不争抢座位。

35. 爱护公用设施、文物古迹，爱护庄稼、花草、树木，爱护有益动物和生态环境。

36. 遵守网络道德和安全规定，不浏览、不制作、不传播不良信息，慎交网友，不进入营业性网吧。

37. 珍爱生命，不吸烟，不喝酒，不滥用药物，拒绝毒品。不参加各种名目的非法组织，不参加非法活动。

38. 公共场所不喧哗，瞻仰烈士陵园等相关场所保持肃穆。

39. 观看演出和比赛，不起哄滋扰，做文明观众。

40. 见义勇为，敢于斗争，对违反社会公德的行为要进行劝阻，发现违法犯罪行为及时报告。

教育部关于学习贯彻《中共中央 国务院关于进一步加强和改进未成年人思想道德建设的若干意见》的实施意见

（2004 年 6 月 1 日）

为推动全国教育系统深入学习贯彻《中共中央国务院关于进一步加强和改进未成年人思想道德建设的若干意见》（以下简称《意见》），全面贯彻党的教育方针，采取切实有效的措施，充分发挥学校在未成年人思想道德建设中的主渠道、主阵地、主课堂作用，当前要重点做好以下工作。

一、深入开展学习讨论，切实把思想统一到中央关于加强和改进未成年人思想道德建设的要求上来

组织全国性的教育思想大讨论，把学习不断引向深入。各级教育行政部门和学校要组织全体干部教师学习胡锦涛总书记在“全国加强和改进未成年人思想道德建设工作会议”上的重要讲话精神，认真领会《意见》的精神实质，针对当前存在的突出问题，深入开展教育思想大讨论。这次大讨论要紧紧围绕着胡锦涛总书记提出的如何坚持把马克思主义作为根本指针，始终保持未成年人思想道德建设工作的正确方向；如何坚持把培养有理想、有道德、有文化、有纪律的公民作为根本目标，不断培育社会主义事业的合格建设者和可靠接班人；如何坚持把树立正确的世界观、人生观、价值观作为根本任务，不断促进未成年人形成正确的思想道德观念；如何坚持把教育与社会实践相结合作为根本途径，不断提高未成年人思想道德建设的成效；如何坚持把全党重视、全社会共同参与作为重要举措，不断增强推进未成年人思想道德建设的合力的要求来全面展开。通过学习和讨论，在全国教育系统进一步统一思想，提高认识，牢固树立起教书育人、育人为本，德智体美、德育为首的观念。要广泛动员新闻媒体和社会各方面积极参与这场大讨论，教育系统的报刊、电视及教育科研机构都要通过开展专题研究、开辟专栏或专题节目等形式，有效组织和引导讨论，广泛宣传科学的教育观、人才观、政绩观，发挥正确舆论导向作用。通过广泛的教育思想大讨论，要让中央关于未成年人思想道德建设的精神家喻户晓，人人皆知，深入人心。

普遍开展以加强青少年学生思想道德建设为主要内容的干部培训。各级教育行政部门都要将《意见》的学习作为各级干部和中小学校长、教师学习培训的重要内容。教育部将在国家教育行政学院专门举办省级教育行政领导干部学习研讨班和地（市）、县级教育局长培训班。省级教育行政部门要利用培训机构或师范大学，对地（市）、县教育局长和中学校长进行培训。地（市）或县级教育行政部门也要普遍开展相应的学习培训。各级教育行政部门和教师培训机构要调整培训计划，采用多种形式，开展以加强青少年学生思想道德建设为主要内容的培训，尽快将所有中小学校长、德育课教师轮训一遍。

围绕薄弱环节和突出问题，深入开展调查研究。全国教育系统要大兴调查研究之风，准确把握当前青少年学生思想品德出现的新情况，科学判断青少年学生在社会发展进程中思想观念的新变化，深入探索加强青少年学生思想道德建设的新规律。要针对学校德育工作中存在的薄弱环节，在如何提高德育工作针对性和实效性、促进义务教育均衡化发展，有效减轻学生过重课业负担、加快中小学课程改革、积极改进评价与考试制度等一系列深层次问题上，组织力量加强研究，广泛听取各方面意见，尽快提出切实有效的解决措施。同时，要针对当前社会反映强烈的单亲家庭子女、贫困家庭子女、农村“留守子女”的教育问题，网吧对青少年学生的不良影响问题，校园侵害案件和未成年人犯罪呈上升趋势的问题等，进行专题研究，采取有效措施加以解决。

二、突出重点，精心组织，把德育融汇在学校教学环节和学生实际生活之中

积极开展各种主题教育活动，大力弘扬和培育民族精神。各级教育行政部门要认真落实中宣部和教育部印发的《中小学开展弘扬和培育民族精神教育实施纲要》，把弘扬和培育民族精神教育作为新形势下学校德育工作的重要任务，积极开展多种形式的思想道德教育活动，深入开展中华传统美德和革命传统教育，不断培育青少年学生的爱国情感和民族精神。

中小学校要把升旗仪式作为开展经常性爱国主义教育的重要形式，认真落实升降国旗制度。中小学校要组织好瞻仰革命圣地、参观爱国主义教育基地的活动，有条件的学校每年至少要组织学生开展1～2次参观工厂、农村、社区的活动，组织好学生军训、参与社区服务以及夏令营、冬令营活动。初中学生每年参加社会实践活动时间不少于20天，高中学生每年不少于30天。让青少年学生在各种实践活动中，陶冶情操、锻炼意志，培育民族自尊心、自信心和自豪感。

认真组织“弘扬和培育民族精神月”活动。各地要精心设计活动方案，每年确定一个主题。在活动月期间，各地中小学校要至少开展一次“从小好好学习、长大报效祖国”的主题班会、队会，参观一次爱国主义展览，观看一部爱国主义影片，聆听革命老人讲一次革命传统故事，并通过主题演讲、知识竞赛、歌咏比赛或文艺演出等形式，组织丰富多彩的宣传教育活动。中等职业学校要以“弘扬民族精神，树立职业理想”为主题，开展“文明风采”竞赛活动。

加强少先队、共青团工作，教育和引导青少年学生树立崇高的理想信念。各级教育行政部门和学校要重视少先队和共青团的工作，将团队工作纳入学校德育工作总体规划和督导评估体系，选派优秀青年教师担任少先队辅导员。学校少先队、共青团组织要发挥优势，利用学生入队、入团及成人仪式等开展丰富多彩的教育活动，培养少先队员、共青团员对党、国家和社会主义的情感，树立正确的理想信念，在学习、生活中发挥表率作用。认真办好中学生业余团校和高中业余党校，积极开展党、团基本知识教育，在高中学生中做好培养入党积极分子和发展党员工作。鼓励学生热爱劳动，关心集体，定期轮流担任班、团、队干部，给更多学生以锻炼的机会，引导学生共同进步。进一步完善中小学三好学生、优秀少先队员、优秀团员、先进集体等各种形式的表彰奖励制度，通过学生身边的榜样，鼓励学生全面发展。

坚持不懈地开展文明习惯养成教育，不断提高中小学生道德素养。地方各级教育行政部门要从实际出发制定有效措施，指导学校把坚持执行新颁发的《中小学生守则》、《小学生日常行为规范》和《中学生日常行为规范》作为经常性工作。小学重点进行讲文明、讲礼貌、爱劳动、爱集体的教育，养成学生良好的生活习惯；中学重点进行遵守校规校纪、法律法规教育，培养学生自觉遵守法律法规、社会公德和社会秩序的意识和习惯。在中小学普遍开展诚信教育，培养中小学生诚实待人、守时守信的优良品质。职业学校重点进行爱岗敬业、诚实守信、精益求精、服务社会的职业道德教育。今年秋季开学后，各地中小学校要结合新生入学、学生返校，集中对学生进行遵守中小学生守则和日常行为规范的教育。

主动开展网上思想道德教育活动，引导学生文明上网。中小学校要向中小学生开放校内网络设施，并在网上大量提供和不断更新健康向上的内容，为中小学生利用网络接受教育、收集信息、自主学习创设良好的条件。也要鼓励开发和认真遴选一批内容健康、寓教于乐的网络游戏和学习软件，满足中小学校学生文化娱乐的要求。学校的网络环境要坚决屏蔽那些不利于学生健康成长的网络信息，教育学生远离营业性“网吧”和自觉抵制不良信息。协助有关部门开展“网吧”专项整治工作，为学生健康成长创造良好的社会环境。充分利用远程信息技术教育手段，通过卫星电视和网络向边远农村中小学播放爱国主义教育、理想信念教育和反映祖国建设伟大成就的电影、电视片，引导学生逐步树立正确的世界观、人生观、价值观。

三、加快中小学德育课的改进和建设，增强思想道德课程教育的针对性、实效性

组织编写高质量的中小学德育课教材。根据《意见》的精神，及时修订小学《品德与生活》、《品德与社会》课程标准和教材；认真组织初中《思想品德》新课程标准和教材的实验；集中力量指导编写一套高质量的高中思想政治课教材，并在全国范围内推广使用。把爱国主义、集体主义、社会主义教育和革命传统教育、中华传统美德教育、民主法制教育有机地统一到教材之中，使教材内容贴近学生思想实际、贴近学生生活实际、贴近学生群体。

改进中小学德育课教学的方式和途径。各地教育行政部门和中小学校要多采用参与式、启发式、讨论式和研究性学习等生动活泼的教学方式，把传授知识同陶冶情操、养成良好的行为习惯结合起来，寓教于乐，深入浅出，务求实效。积极开展内容鲜活、形式新颖的实践教学活动，注重知行统一，活动前有要求、有准备，活动中能感受、能体验，活动后要总结、要提高。职业学校要结合实训实习，加强职业道德教育。

加强时事政策和法制教育。要结合国内外的重大事件，适时举办时事政策和形势报告会，使学生及时了解国内外大事，引导学生正确理解党和国家的方针政策。各地要根据不同年龄阶段青少年的特点，有针对性地开展法制教育，不断增强学生的法制意识。进一步完善中小学法制副校长和辅导员的聘任制度，积极推进依法治校示范校创建工作。进一步加强中小学生的心理健康教育和青春期教育，有条件的中小学校要开设学生心理辅导咨询室，建立中小学心理健康专兼职骨干教师队伍，加强对心理健康教育骨干教师的培训，积极化解学生各种心理问题。广泛开展“珍惜生命、远离毒品”教育和安全教育，增强学生的自我保护意识和本领。加强预防青少年违法犯罪的教育工作，启动“大中城市工读学校建设工程”，促进各地办好工读教育。

四、加快课程、教材、评价与考试制度改革，切实减轻中小学生课业负担，全面实施素质教育

召开全国基础教育课程改革电视电话会议，全面部署并加快推进基础教育课程改革。抓住基础教育课程改革这一关键环节，充分发挥新一轮课程改革在巩固基础、加强创新、整合课程门类，降低教材难度，鼓励学生生动活泼、主动地发展，全面推进素质教育等方面的重要作用，为青少年健康成长创造更为有利的条件，切实把《意见》提出的要求落到实处。

进一步修订义务教育课程方案和课程标准，全面推进新课程的实施。根据《意见》要求，义务教育课程标准的修订，要进一步突出强调爱国主义、集体主义、社会主义教育，中华民族的优秀传统和革命传统教育以及民主法制教育；进一步加强社会实践环节，开好综合实践活动课程，培养学生创新精神和实践能力；进一步精选基础知识和基本技能，切实改变繁、难、偏、旧和过于注重书本知识的现状，使教学内容更加贴近学生生活与社会实际。

成立国家和省两级基础教育教学指导委员会，加强对新课程实施的指导。全面开展对教师的新课程培训。建立学生学业质量监测体系。2005 年在全国范围内实施义务教育新课程。

加强教材建设，严格教材审查。中小学教材要充分体现国家的统一要求，严格执行国家的教材审查制度。各教材出版单位要立即对所出版的中小学教材进行一次全面检查，坚决杜绝教材出现错误，确保教材的思想性和科学性。特别是正在使用的中小学语文等学科的教材要增加优秀革命传统教育的有关内容，以保证那些内涵丰富、脍炙人口的革命传统文章、故事进入课堂。要在语文、历史、地理等教材建设中，按照不同学科的特点，有意识地渗透德育内容，使学生广泛了解祖国的历史和文化，感受改革开放的伟大成就。

进一步规范教材选用行为，任何单位和个人都不得干扰教材的正常选用。对选用过程中出现的违规、违法行为要按照有关规定严肃处理。中小学校开设的国家课程，严禁使用未经全国中小学教材审查委员会审查通过的教材，更不得直接使用境外教材。

省级教育行政部门要对本省范围内中小学使用的教辅材料进行全面清理和整顿，对存在思想性、科学性问题的教辅材料要严肃查处，积极配合有关部门打击滥编乱印中小学教辅材料的行为。对强迫或变相要求学生统一征订和购买教辅材料的，要追究相关责任人的责任。

深化评价与考试制度改革，建立正确的政策导向。纠正一些地方存在的以升学率作为唯一标准评价学校办学水平的做法，制定和完善符合实施素质教育要求的中小学校评价标准和实施办法。要形成学校、教育行政部门、学生、家长和社区共同参与的学校评价机制，对学校的办学指导思想、德育工作、课程实施与管理、师德建设、学生团队活动、学生全面成长的情况作全面评价。对学校的评价结果应作为对学校评优和表彰奖励的基本依据。启动学校教育质量评估试点工作。认真总结17个国家课程改革实验区中考改革的经验；继续对全国中考试卷进行评估，不断提高命题工作水平，努力纠正学业考试中出偏题、怪题的现象；组织各省相关人员参加专题研修和培训，为在全国范围内推进中考改革作好准备。

严格执行新形势下“减负”工作的五项要求。要坚持正确的政绩观和科学的评价观，不准把升学率作为衡量学校办学水平的唯一指标；坚持义务教育阶段公办学校一律实行免试就近入学，不准小学、初中招生举行选拔考试；坚持认真执行国家课程计划，不准随意增减课程门类、难度和课时；坚持开展丰富多彩的课外活动，不准占用学生休息时间组织集体补课；坚持全面评价学生的发展，不准按考试成绩排队。各地要按照上述五项要求，采取切实有效的措施，坚决制止各种加重学生课业负担的行为。要加大“五项要求”的宣传，争取社会各方面的理解和支持，建立起有效的监督机制，共同推动“减负”工作。一旦发现有继续违反上述规定者，要严加查处。

重点对大中城市学生过重负担情况进行专项督察。各级教育行政部门和督导部门要在近期重点对辖区内大中城市中小学生学习时间过长、家庭作业过多、休息时间不足、书包越背越重等情况进行重点检查。每学期要对所属各个学校执行国家课程计划和学生课业负担情况检查1～2次，对违反规定的要立即整改，并将检查结果在媒体上公布，对社会反映强烈、屡禁不止的地区和学校，要追究有关领导的责任。

从源头着手，做好“减负”工作。各级教育行政部门要把切实减轻中小学生过重课业负担，作为贯彻落实《意见》的重要前提和基础，全面把握“减负”工作的精神实质，在发扬中华民族勤奋好学、刻苦读书的优良传统的同时，减少不必要的重复训练。要倡导主动参与、探究发现、交流合作的学习方式，进一步促进教学方式与学习方式的变革，不断提高教师质量和教育教学水平，大力推进信息技术在教学过程中的普遍应用，进一步激发学生学习的主动性、积极性，增强学生的学习兴趣，努力提高教学效果和学习效率。采取合理调整学校布局、有效配置公共教育资源、加强校长教师校际交流等措施，努力改造薄弱学校，缩小学校之间的差距，不断扩大优质教育资源，积极促进区域内义务教育学校均衡发展，从源头上淡化择校和竞争。

五、加强教师职业道德建设，提高教师教书育人水平

把教师职业道德建设放到教师队伍建设的突出位置。制定《加强教师职业道德建设的若干意见》。进一步修订、完善教师职业道德规范，明确新时期广大教师教书育人的要求，认真履行岗位职责，努力做到

“学为人师、行为世范”。举办以“光荣的人民教师”为主题的师德论坛，组织师德报告团，广泛开展师德宣传，深入进行师德教育，进一步提高广大教师的职业道德水平。加强教师职业道德的考核，严格教师队伍的管理，对违背教师职业道德要求、有损教师职业形象的行为，应予批评教育乃至行政处分；对品行不良、侮辱学生、造成恶劣影响者，要坚决清除出教师队伍。

加强班主任队伍建设。制定《班主任工作条例》，完善班主任制度，充分发挥班主任在学校德育工作中的骨干作用，使班主任成为令人羡慕的岗位，鼓励优秀教师长期从事班主任工作。召开全国中小学班主任工作经验交流会，进一步总结新形势下班主任工作规律，推广先进典型和先进经验。在教育硕士学历教育中增设中小学德育研究方向，注意招收符合条件的中小学班主任学习深造。地方各级教育行政部门和学校要把班主任队伍建设作为一项重要工作，加大对班主任的培训力度，不断提高班主任的工作水平。把班主任工作经历和业绩作为评聘职称的重要条件，采取切实有效的措施，提高班主任的待遇。

大力表彰优秀班主任和德育先进工作者。在隆重庆祝第20个教师节、表彰优秀教师之际，表彰一批教书育人取得优异成绩的德育先进工作者和优秀班主任，广泛宣传他们的先进事迹。今后每三年教育部将表彰200名全国优秀班主任、100名全国优秀中小学德育课教师、100名全国德育先进工作者和100个全国德育先进集体，在教师队伍中营造浓厚的教书育人、德育为首的氛围。

六、加强组织领导，进一步完善德育工作机制

切实加强对学校德育工作的领导。成立全国学生思想道德建设工作领导小组，统筹、协调和指导大中小学生思想道德建设工作。各级教育行政部门在制定和安排年度工作时，要把加强学校德育工作摆在突出位置。集中学校、专家及社会各方面力量，加强对学生思想道德建设的理论和实践研究。依据《意见》精神，修订中小学德育工作规程、小学德育纲要和中学德育大纲，制定职业学校德育大纲。会同有关部门定期召开全国学校德育工作会议，进行工作部署和检查，总结经验、宣传典型，推动青少年学生思想道德建设。

建立健全学校德育工作的责任制。教育行政部门主要负责人对本地区青少年学生思想道德建设工作负总责，坚决纠正“说起来重要、做起来次要”的现象。各级教育行政部门和中小学校都要结合本地、本校实际，制定贯彻落实《意见》的实施方案，明确责任，落实到人，精心组织实施。进一步明确校长在学校德育工作中的领导责任。校长要主持制定切实可行的德育实施方案，通过课内外、校内外各种途径，发挥学校主渠道作用，真正落实育人为本、德育为首、注重实效的要求。学校的党组织要充分发挥政治核心作用，把师德建设和青少年学生思想道德建设作为重要职责，党员教师要在德育工作中发挥先锋模范作用。

切实落实学校德育工作的有关保障措施。各级教育行政部门要设立学校德育专项经费，建立健全中小学德育工作机构。建立健全校外辅导员制度和家长委员会制度，充分发挥学校在学校教育、家庭教育、社区教育“三结合”教育网络中的重要作用，积极动员全社会参与学校德育工作。认真做好青少年学生校外活动场所的建设和管理，充分发挥青少年校外活动场所的作用。定期对贯彻落实《意见》精神情况进行专项督查，探索建立学校德育工作的综合考评制度，把重视和做好德育工作并抓出成效作为校长任用、教师晋级、先进评定以及学校整体办学水平评价的重要依据。对工作推动不力、走过场、问题较多的地方，要限期整改，并予以通报批评。

学习、贯彻、落实《意见》精神是教育系统当前的一项重点工作。各级教育行政部门和广大中小学校要在以胡锦涛同志为总书记的党中央的领导下，抢抓机遇，乘势而上，切实改进和加强青少年学生思想道德建设工作，努力培养有理想、有道德、有文化、有纪律的中国特色社会主义事业的建设者和接班人。

教育部关于印发《高等学校“高层次创造性人才计划”实施方案》和有关实施办法的通知

（2004年6月10日）

根据全国人才工作会议精神和《2003—2007年教育振兴行动计划》的部署，为推进高等学校大力实施人才强校战略，培养和汇聚一批具有国际领先水平的学科带头人、一大批具有创新能力和发展潜力的青年学术带头人和学术骨干，形成一批优秀创新团队，带动高等学校教师队伍整体素质的提升，教育部决定进一步加大力度，实施高等学校“高层次创造性人才计划”。现将《高等学校“高层次创造性人才计划”实施方案》及《“长江学者和创新团队发展计划”长江学者聘任办法》、《“长江学者和创新团队发展计划”创新团队支持办法》、《“新世纪优秀人才支持计划”实施办法》、《“青年骨干教师培养计划”实施办法》印发给你们，请结合本地区、本部门、本校实际，认真组织实施。

实施“高层次创造性人才计划”是贯彻落实全国人才工作会议精神，推进高等学校落实科教兴国战略和人才强国战略的一项重大举措，是执行《2003—2007年教育振兴行动计划》中推进高水平大学和重点学科建设的重要内容，也是促进高等学校实现人才强校的战略抓手。各地区教育行政部门、有关部门和高等学校应高度重视，统筹规划，精心组织，以高效率、高质量、富有创造性的工作保证计划的顺利实施。

各地区教育行政部门和有关部门应通过匹配经费、制定政策、提供服务等各种措施，为所属高等学校实施“高层次创造性人才计划”创造条件，提供支持。鼓励有条件的地方和部门制定并实施针对本地区或本部门高等学校的相关人才计划，与“高层次创造性人才计划”密切配合，进一步形成多层次、多渠道支持和培养高等学校优秀人才的新格局，更有力地推进高等学校高层次人才和骨干教师队伍建设。

高等学校党政领导班子要牢固树立人才资源是第一资源的指导思想，始终把人才队伍建设作为关系高等学校改革和发展的关键问题，坚持党管人才原则，提高认识，加强领导，采取有效措施，狠抓落实。要结合学校的发展规划、办学目标、学科基础和人才队伍的现状，认真研究制定本校的人才队伍建设规划，切实加强组织协调，加大投入力度，整合工作资源，完善工作机制，保证人才质量，统筹做好“高层次创造性人才计划”及本校有关人才计划的各项实施工作，努力开创学校人才工作的新局面。

关于2004年度“高层次创造性人才计划”中各项人才计划的执行工作，我部有关司局将另行发文，作出具体工作安排。请各地、有关部门和高等学校注意将实施中的典型经验和工作中遇到的突出问题及时报告我部。

高等学校“高层次创造性人才计划”实施方案

根据全国人才工作会议精神和《2003—2007年教育振兴行动计划》，为培养造就一支高素质、高水平的高等学校教师队伍，大力推进高等学校实施人才强校战略，教育部决定进一步加大力度，实施高等学校“高层次创造性人才计划”。

一、总体目标

构建定位明确、层次清晰、衔接紧密、促进优秀人才可持续发展的培养和支持体系；培养和汇聚一批具有国际领先水平的学科带头人、一大批具有创新能力和发展潜力的青年学术带头人和学术骨干，带动高等学校教师队伍整体素质的提升；积极探索以重点学科、创新平台、重点科研基地为依托，以学科带头人为核心，围绕重大项目凝聚学术队伍的人才组织模式，形成一批优秀创新团队，促进学科交叉融合和集成发展；支持优秀人才在关键领域取得重大标志性成果，提高高等学校的人才培养质量、创新能力和核心竞争力，为全面建设小康社会提供强大的人才支持和重要的知识贡献。

二、基本原则

1. 牢固树立千秋大业、教育为本，教育大业、人才为本的观念，坚持把人才资源作为振兴教育的第一资源，大力实施人才强校战略。促进高层次人才队伍为高等教育的改革发展和创建高水平大学服务，为国家经济建设和社会发展服务。

2. 扩大视野，拓宽渠道，挖掘潜力，发挥优势。充分发挥教育自身所具有的培养资源优势，充分发挥高等学校所具有的人才汇聚的整体优势，充分发挥留学工作所具有的海外人才资源优势。抢抓机遇，乘势而上，培养人才、吸引人才、用好人才。

3. 凝炼学科方向、汇聚学科队伍、构筑学科基地，使人才队伍建设与创新平台和重点科研基地建设、国家重大科研项目和重点学科、新兴交叉学科建设紧密结合，实现设岗、选人与做事的有机统一，促进人才培养、科学研究和社会服务协调发展。

4. 坚持德才兼备原则，以提高创新能力和弘扬科学精神为核心，以高层次人才队伍建设为战略抓手，大力推进创新团队建设，注重青年人才培养，促进人才可持续发展，加快人才队伍建设步伐。

5. 以超常规的热情、超常规的努力、超常规的举措，努力营造人才队伍建设的良好制度和政策环境，全面实施高等学校“高层次创造性人才计划”。加大人才资源整合力度，创新人才工作机制，努力打造知名人才计划品牌。

三、计划体系

“高层次创造性人才计划”主要包括三个层次的人才培养与支持体系。

第一层次：着眼于吸引、遴选和造就一批具有国际领先水平的学科带头人，形成一批优秀创新团队，重点实施“长江学者和创新团队发展计划”。

第二层次：着眼于培养、支持一大批学术基础扎实、具有突出的创新能力和发展潜力的优秀学术带头人，重点实施“新世纪优秀人才支持计划”。

第三层次：着眼于培养数以万计的青年骨干教师，带动教师队伍整体素质的提升，主要由高等学校组织实施“青年骨干教师培养计划”。

（一）“长江学者和创新团队发展计划”

紧紧围绕国家重点科研领域、重点学科发展方向、重点科技创新平台或科研基地设置长江学者特聘教授岗位，由高等学校面向海内外公开招聘在国际学术界有一定影响，具有创新性构想和战略性思维，能带领本学科跟踪国际科学前沿并赶超国际先进水平的学科带头人，开展原创性、重大理论与实践问题研究和关键领域攻关，力争取得重大标志性成果。同时，聘请国外知名学者担任长江学者讲座教授，短期回国进行合作研究。

每年聘任特聘教授和讲座教授各100名，聘期三年。教育部在聘期内给予特聘教授每年10万元的奖金，讲座教授每月1.5万元奖金。长江学者特聘教授每年必须在受聘高等学校工作9个月以上。高等学校必须为聘任的特聘教授配套必要的科研经费，其中，自然科学特聘教授科研配套经费不低于200万元，人文社会科学特聘教授科研配套经费不低于50万元。

以“985工程”科技创新平台、重点科研基地为依托，对以两院院士、长江学者特聘教授等拔尖创新人才为核心、从事国家重点发展领域或国际重大科学与技术前沿研究的优秀创新团队给予重点资助，充分发挥优秀人才的团队效应，提升高等学校的创新能力和竞争实力，推动高水平大学和重点学科建设。

每年遴选支持60个创新团队，资助期限为三年，每个创新团队资助经费合计300万元。实施“985工程”重点建设项目高等学校的入选团队，其支持经费由所在高等学校“985工程”建设经费中统一安排；其他高等学校的入选团队，其支持经费由教育部和所在高等学校按1：1比例共同资助。在资助期内，遴选部分创新团队成员赴国外高水平大学进行合作研究。

（二）“新世纪优秀人才支持计划”

对具有较高学术水平、突出的创新能力和发展潜力的优秀青年学术带头人给予资助，支持其开展创新性研究工作，承担国家重大科研任务，为培养他们成为优秀学科带头人搭建台阶、创造条件。

每年遴选支持1 000名左右自然科学和人文社会科学领域的优秀青年学术带头人，资助期限为三年。资助经费总额为自然科学类每人50万元，人文社会科学类每人20万元。实施“985工程”重点建设项目高等学校的入选者，其支持经费由所在学校“985工程”建设经费中统一安排；其他高等学校入选者的支持经费由教育部和所在学校按1∶1比例共同资助。在资助期内，选派部分入选者赴国外高水平大学进行合作研究。

（三）“青年骨干教师培养计划”

高等学校要在全面提高教师整体素质的基础上，制定青年骨干教师专门培养计划，鼓励和支持青年骨干教师在职提升学位层次、及早参与科研工作、进入国内外高水平大学和重点科研基地研修学习、开展经常性的学术交流活动，鼓励符合条件的青年教师承担学生思想政治等工作，不断提高学术水平、创新能力和组织协调能力。

为推动高等学校实施“青年骨干教师培养计划”，教育部将实施“高等学校青年骨干教师在职学位提升项目”、“高等学校全国优秀博士学位论文作者资助项目”、“留学回国人员科研启动基金项目”、“高等学校青年骨干教师出国研修项目”、“高等学校青年骨干教师国内访问学者项目”、“高等学校青年骨干教师高级研修班”等，每年重点培养10 000名左右青年骨干教师。

四、政策措施

1. 统筹规划，整合资源。统筹协调学科建设、人才培养、科技创新、队伍建设和国际交流合作等各方面工作，充分发挥人才、基地、项目、资金和政策的综合效益。“高层次创造性人才计划”要与“985工程”、“211工程”、“高等学校科技创新计划”、“高等学校哲学社会科学繁荣计划”、“研究生教育创新计划”等密切配合，整体实施，大力推进高水平大学和重点学科建设。

2. 调整投入使用方向，加大人才投入力度。教育部设立人才工作专项资金，用于支持有关人才计划的实施。高等学校要提高学校发展性投入中用于人才队伍建设的比例，设立人才工作专项经费，确保各项人才计划配套经费的落实。在重大建设和科研项目经费中，要划出一定份额用于人才开发，“985工程”建设经费要把对人才工作的投入作为重要组成部分，“211工程”建设经费也要有一定的比例用于人才队伍建设。

3. 创新人才组织模式。积极改革教学科研组织形式，打破人才组织上的体制性障碍，充分发挥多学科优势，以“985工程”科技创新平台和哲学社会科学创新基地、重点科研基地或重大科研项目为载体，以学科带头人为核心，构建和扶持一批结构合理、优势互补、团结协作、具有凝聚力和战斗力的创新团队和学术梯队。对涉及学科较多的团队，要建立相对独立的交叉学科研究基地，并配置固定与流动相结合的科研人员编制。

4. 改革人才遴选评价机制。进一步强化高等学校在人才遴选中的主体作用，严把人才遴选质量，注重思想政治素质、学风和科学精神、学术水平和科技创新能力、团结协作精神等方面素质。高等学校在人才工作中要坚持公开遴选、平等竞争、择优支持、合同管理的原则，充分发挥同行专家在人才学术评价中的作用。改革人才评价标准，实施人才分类管理，对基础学科、应用学科、人文社会学科等不同类型的学科应有不同的评价指标，建立以业绩为核心，由品德、知识、能力等要素构成的人才评价体系。

5. 完善人才激励与约束机制。稳定、吸引和激励人才，要从注重单纯提高个人待遇向引导鼓励人才想干事业、干成事业和干大事业方面转变。规范岗位津贴制度，收入分配政策要重实绩、重贡献，对从事基础研究、战略高技术研究、重要公益研究等方面的人才给予扶持。积极探索生产要素按贡献参与分配的实现形式。对拔尖创新人才可以试行年薪制。坚持精神奖励与物质奖励相结合，对做出突出贡献的优秀人才要给予大力表彰和奖励。要进一步强化监督指导，加强评估检查，规范合同管理，对未按聘任合同履行职责的学校或个人，要坚决按照合同和有关规定取消资格或停止资助。

6. 创新留学工作机制，扩大高等学校教师出国留学规模。紧密配合高等学校人才队伍建设，多方筹措留学资金，加大学术带头人和学术骨干的选派力度，选择一大批有较大发展潜力的优秀青年教师赴国外高水平大学从事博士后研究或攻读博士学位。建立国外高水平大学、优势学科和著名教授资源库，增强选派的针对性。对入选“长江学者和创新团队发展计划”中创新团队和入选“新世纪优秀人才支持计划”的部分人员，以及高等学校全国优秀博士学位论文作者，国家留学基金给予重点资助，直接作为“高级研究学者”或“访问学者”赴国外高水平大学和科研机构进行合作研究。

高等学校要进一步加强与国外高水平大学和科研机构的“强强合作”、“强项合作”，积极争取国外的支持和资助，通过联合培养博士生、合作研究、参加国际学术交流等方式，打通开放式培养人才的绿色通道，力争做到青年学术骨干都有在国外高水平大学或科研机构研修的经历。

7. 大力吸引优秀留学人才回国工作或为国服务。继续实施“春晖计划”，设立回国工作项目和为国服务项目，为留学回国人才提供科研启动经费，并通过项目资助形式支持和鼓励在外优秀留学人才以多种形式为国服务。创新引进机制，大力做好出国招聘留学人才工作，积极探索团队引进、核心人才带动引进、创业引进、智力引进等灵活多样的形式。建立优秀留学人才库，通过多种途径加强高等学校与优秀留学人才的联系，制定并实施留学人才回归计划，重点引进高新技术和基础研究等方面紧缺的高层次人才。

五、组织领导

为保证“高层次创造性人才计划”实施工作有效地进行，教育部成立人才工作协调小组，部长担任组长，相关副部长担任副组长，成员由下列司局负责同志担任：办公厅、政策研究与法制建设司、发展规划司、直属高校工作办公室、人事司、财务司、高等教育司、师范教育司、社会科学研究与思想政治工作司、科学技术司、国际合作交流司、学位管理与研究生教育司、国家留学基金委员会秘书处。协调小组的主要任务是结合高等学校的实际，研究制定高层次人才队伍建设发展战略和规划、促进人才队伍建设的有关政策、重大人才计划项目的实施方案，做好宏观指导和统筹协调工作。协调小组办公室设在人事司（对外称教育部人才发展办公室）。各项人才计划由有关司局分别牵头组织实施。

高等学校党政领导班子要坚持党管人才原则，把高层次人才队伍建设放在事关学校发展全局的战略位置，纳入领导班子工作目标责任制，作为“一把手工程”来抓，成立由主要领导任组长的人才工作领导小组，定期研究人才队伍建设中的重大问题，加强统筹协调，整合工作力量，完善工作机制，形成有关部门各司其职、协调高效的人才工作新格局。

“长江学者和创新团队发展计划”长江学者聘任办法

第一章 总　　则

第一条　为加强高等学校高层次人才队伍建设，吸引、遴选和造就一批具有国际领先水平的学科带头人，形成一批优秀创新团队，大力实施人才强校战略，教育部决定实施“长江学者和创新团队发展计划”，支持高等学校聘任长江学者。

第二条　长江学者包括特聘教授和讲座教授，聘任范围包括自然科学和人文社会科学。

第三条　长江学者实行岗位聘任制。坚持按需设岗、公开招聘、专家评审、择优聘任、合同管理，实现设岗、选人和做事的有机统一。

第四条　每年招聘特聘教授100名、讲座教授100名，聘期为三年。长江学者在聘期内享受长江学者奖金。

第五条　教育部人事司负责长江学者聘任的日常工作。

第二章　岗位设置

第六条　特聘教授岗位设置必须与国家科学研究

规划相结合，与“985工程”科技创新平台和哲学社会科学创新基地建设相结合，与高等学校重点学科和新兴交叉学科建设相结合。

特聘教授岗位应明确重点突破的研究方向或研究任务。讲座教授原则上在设置特聘教授岗位的学科领域聘任。

第七条 教育部每年下达一次特聘教授、讲座教授申报限额。有关高校根据学校发展战略目标、创新平台、重点科研基地和学科建设规划，按照申报限额数具体确定招聘岗位并组织招聘工作。

第八条 特聘教授的职责

1. 讲授本学科核心课程，指导博士生、硕士生；

2. 正确把握本学科的发展方向，提出具有战略性、前瞻性、创造性的研究构想，带领本学科在其前沿领域赶超或保持国际先进水平；

3. 面向国家重大战略需求和国际科学与技术前沿，积极争取并主持国家重大科研项目研究；在本学科领域开展原创性、重大理论与实践问题研究和关键领域攻关，力争取得重大标志性成果；

4. 领导本学科学术梯队建设，根据学科特点和学科发展需要，组建并带领一支创新团队进行教学科研工作。

第九条 讲座教授的职责

1. 开设本学科前沿领域的课程或讲座，指导或协助指导博士生、硕士生；

2. 对本学科的发展方向和研究重点提供重要咨询建议，促进本学科跟踪国际学术前沿；

3. 面向国家重大战略需求和国际科学与技术前沿，积极组建或参与组建一支具有国际先进水平的创新团队。

第三章 招聘条件

第十条 特聘教授招聘条件

1. 热爱中华人民共和国，科学道德高尚，学风严谨，为人正派；

2. 一般具有博士学位，在教学科研第一线工作，自然科学类原则上45周岁以下，人文社会科学类原则上50周岁以下，特别突出和紧缺的人才，可适当放宽年龄要求；

3. 国外应聘者一般应担任高水平大学助理教授及以上职位或其他相应职位，国内应聘者应担任教授或相应职位；

4. 胜任核心课程讲授任务；

5. 学术造诣高深，在科学研究方面取得国内外同行公认的重要成就；

6. 具有发展潜力，对本学科建设具有创新性构想和战略性思维，具有带领本学科在其前沿领域赶超或保持国际先进水平的能力；

7. 具有较强的团结协作、拼搏奉献精神和相应的组织、管理、领导能力，善于培养青年人才，注重学术梯队建设，能带领一支创新团队协同攻关；

8. 保证聘期内每年在受聘高等学校工作9个月以上。

第十一条 讲座教授招聘条件

1. 热心为中国服务，科学道德高尚，学风严谨；

2. 在国外教学科研第一线工作，一般应担任高水平大学副教授及以上职位或其他相应职位；

3. 学术造诣高深，在国际上本学科领域具有重大影响，取得国际公认的重大成就；

4. 保证每年能在国内受聘高校一般工作3个月以上，因特殊原因，最少不得低于2个月。

第四章 聘任程序

第十二条 高等学校根据设置的具体岗位，面向海内外公开招聘。

第十三条 高等学校应针对每个招聘岗位成立由知名专家组成的同行专家评审委员会，严格按照规定条件进行评审。同行专家评审委员会一般由7位以上在本学科领域学术造诣高深的知名专家组成，其中本校以外的专家不少于一半。属于自然科学类的，聘请的评审专家中院士不少于一半。有条件的高等学校应聘请海外著名同行专家参与评审。

第十四条 高等学校根据同行专家的评审意见和教育部下达的申报限额择优确定推荐人选，并按有关要求，与推荐人选协商确定支持配套措施。

第十五条 高等学校于每年4月15日之前向教育部正式报送设岗方案、推荐人选的有关材料及拟提供的支持配套措施。

第十六条 教育部委托部科学技术委员会和部人文社会科学咨询委员会分别对高等学校报送的自然科学类、人文社科类设岗方案和推荐人选进行评审，并提交由著名专家组成的长江学者聘任顾问组进行审核。

第十七条 教育部对评审通过的拟聘人选进行公示，公示期一般为两周。公示期结束后无异议的，高等学校可与之签订特聘教授、讲座教授聘任合同及工作任务书，并报教育部备案。

第十八条 教育部每年召开一次“长江学者”授聘仪式，统一公布招聘结果并授予“长江学者”特聘教授、讲座教授证书。

第五章 支持方式

第十九条 特聘教授奖金为每人每年人民币10万元，同时享受学校按照国家有关规定提供的工资、保险、福利待遇。讲座教授奖金为每人每月人民币1.5万元，按实际工作月支付。

第二十条 高等学校必须为聘任的特聘教授、讲座教授配套必要的科研经费，并提供良好的工作和生活条件。其中，自然科学特聘教授科研配套经费不低于200万元，人文社会科学特聘教授科研配套经费不低于50万元。

第二十一条 特聘教授、讲座教授在聘期内研发高新技术、转化科技成果、发展高新技术产业取得成就者，按照《国务院办公厅转发科技部等部门关于促进科技成果转化的若干规定的通知》（国办发〔1999〕29号）获得有关产权收益。

第二十二条 教育部和高等学校支持特聘教授、讲座教授申请国家重大科研项目，并通过项目牵引组建创新团队。对其中优秀创新团队，教育部将给予重点资助。

第六章 考核管理

第二十三条 高等学校与特聘教授、讲座教授通过签订聘任合同和工作任务书的办法明确聘任双方的责、权、利关系。特聘教授、讲座教授在岗工作期间的科研成果按照国家有关知识产权法律、法规的规定执行。

第二十四条 特聘教授、讲座教授实行聘期目标管理。高等学校在聘期结束后应根据聘任合同和工作任务书对特聘教授、讲座教授进行评估，并报教育部备案。在聘期内，教育部组织有关专家对特聘教授、讲座教授履职情况进行检查。

第二十五条 教育部根据当年特聘教授、讲座教授受聘情况，于每年12月份向高等学校统一拨付特聘教授、讲座教授当年奖金。高等学校于每年11月底前将本校聘任的讲座教授实际在岗工作时间和履职情况向教育部进行书面报告。

第二十六条 对于在聘期内到岗工作时间不足的特聘教授，一经查实，教育部将撤消其长江学者称号，停发并追回已发放的特聘教授奖金。聘任学校应解除与其签订的聘任合同。

第二十七条 特聘教授、讲座教授如有违反学术道德规范，或触犯刑律，或在申报中有弄虚作假等行为的，教育部将撤消其长江学者称号，停发并追回已发放的特聘教授奖金。聘任学校应解除与其签订的聘任合同。

第二十八条 特聘教授在聘期内一般不得担任高等学校实质性领导职务（包括校级领导及学校有关职能部门负责人）或调离受聘岗位。对因特殊原因担任领导职务或调离受聘岗位的特聘教授，教育部将停发其特聘教授奖金。

第二十九条 聘期结束时，高等学校与特聘教授、讲座教授可自行选择是否续聘，续聘期间的奖金由学校承担。

第三十条 对在任职期间做出重大成就的特聘教授，推荐参评“长江学者成就奖”。

第三十一条 对于聘期结束取得突出成绩的特聘教授、讲座教授，可授予“荣誉长江学者”称号。

第七章 附 则

第三十二条 本办法自发布之日起实行，《高等学校特聘教授岗位制度实施办法》、《“长江学者奖励计划”讲座教授实施办法》同时废止。

第三十三条 本办法由教育部负责解释。

“长江学者和创新团队发展计划”创新团队支持办法

为进一步发挥高等学校创新平台的投资效益，凝聚并稳定支持一批优秀的创新群体，形成优秀人才的团队效应和当量效应，提升高等学校科技队伍的创新能力和竞争实力，推动高水平大学和重点学科建设，特制定本办法，有计划地在高等学校支持一批优秀创新团队。

一、基本条件

1. 创新团队的研究方向属于国家和教育部中长期科学和技术发展规划的重点领域或国际重大科技前沿热点问题。主要从事以探索未知世界、认识自然现象、揭示客观规律为目的的开创性、探索性研究；对经济增长、社会进步和国家安全有重要战略意义的基础性、前瞻性研究；自然科学与社会科学交叉的前沿研究；有明确的技术路线、能产生重大经济或社会效益的关键技术创新和集成创新。

2. 创新团队一般应以国家实验室或近五年内经过国家评估且结果为优良的国家重点实验室（国防科技重点实验室）、教育部重点实验室以及业绩优秀的国家或教育部工程化基地和国家重点学科为依托，承担国家重大科技任务，具备良好的工作氛围和环境条件，团队带头人及成员有充分的时间和精力从事本计划资助的研究工作。

3. 创新团队带头人应具有高深的学术造诣和创新性学术思想，品德高尚，治学严谨，具有较好的组织协调能力和合作精神，在研究群体中有较强的凝聚作用，一般应为在本校科研教学第一线全职工作的两院院士、长江学者、国家杰出青年科学基金获得者、“百人计划”入选者、国家重大项目主持人或首席科学家等中青年专家。

4. 创新团队的学术水平在高等学校同行中应具有明显优势，研究工作已取得突出成绩，或具有明显的创新潜力。

5. 创新团队应是在长期合作基础上形成的研究集体（10人以上），具有相对集中的研究方向和共同研究的科技问题，以及合理的专业结构和年龄结构。

二、资助范围、申报与评审

1. 创新团队的资助范围限于全国普通高等学校，包括军队院校，每年资助60个左右创新团队。

2. 创新团队由教育部根据高等学校“985工程”科技创新平台建设布局和国家、教育部重点实验室评估的结果和工程化基地的发展情况下达申报名额，所在高等学校根据教育部的要求和上述基本条件进行遴选推荐，填写《长江学者和创新团队发展计划创新团队申请书》连同高等学校推荐函一并报送教育部科技司。

3. 教育部委托部科学技术委员会对申报的创新团队分领域进行同行评议，每一领域评议专家不少于15人（其中高等学校以外的专家不少于三分之一），进行差额遴选，获专家三分之二以上赞同票者为通过，逐步实行国际同行评议制度。

4. 由相关领域业务专家和管理专家5～7名组成考核小组，根据创新团队的条件和统一评估标准对专家评议通过的创新团队进行实地考核，提出资助意见，形成建议资助方案。

5. 教育部对建议资助方案进行审批，并进行公示。公示期一个月，如无异议，正式公布获资助的创新团队名单。

三、支持措施与管理

1. 教育部创新团队资助期限为三年。资助经费合计300万元，主要用于资助期内的科研工作，属自主研究经费，一次核定，分年度下拨。实施“985工程”重点建设项目高等学校入选团队的资助经费由所在高等学校“985工程”建设经费列支。其他高等学校入选团队的资助经费由教育部和所在高等学校按1∶1比例共同资助。获资助创新团队所在高等学校应严格执行国家和教育部财务管理的有关规定，对资助经费单独建帐，专款专用，由获资助创新团队统一支配，其他任何单位、个人不得克扣或挪用。

2. 教育部每年择优选派当年支持的创新团队的100名左右成员赴国外高水平大学进行合作研究。

3. 获资助创新团队在接到批准资助通知后一个

月内，由创新团队带头人填写《高等学校创新团队研究计划》，经所在高校学术委员会审查后报教育部备案。

4. 获资助创新团队应按年度由创新团队带头人填写《高等学校创新团队年度进展报告》，于本年12月31日前，经所在高校学术委员会审查后报送教育部科技司。

5. 在资助期内，所在高等学校要了解、掌握获资助的创新团队的工作状态，协助解决研究中遇到的问题，营造良好的学术环境。

6. 资助期限结束后3个月内，由教育部委托部科学技术委员会专家组成考核小组，采取适当方式重点对资助团队的标志性成果进行评估。对创新成果显著，发展潜力大，创新氛围好的创新团队可建议继续给予新一轮的支持。

7. 创新团队应加强国内外的学术交流与合作，资助期内至少应组织一次有一定规模的国际学术研讨会。创新团队成员发表、出版与本资助有关的论文、著作、学术报告，以及申报成果奖励等，均应标注"长江学者和创新团队发展计划资助"（英文为：Supported by Program for Changjiang Scholars and Innovative Research Team in University，英文缩写为"PCSIRT"）字样。

8. 创新团队带头人因特殊原因不能继续履行职责时，所在高等学校应及时向教育部提交调整的书面报告，经审查后教育部决定是否继续实施。

9. 高等学校应根据创新平台建设需要和承担国家重大任务情况，按照本办法规定的基本要求，制定并实施本校的创新团队支持计划。

10. 本项目遴选资助的优秀创新团队，教育部推荐其竞争国家自然科学基金委员会资助的优秀创新研究群体。

11. 高等学校获得国家自然科学基金委员会创新研究群体科学基金资助的研究群体，纳入教育部相关人才计划支持范畴，支持其成员出国访问、吸引国内外优秀学者开展合作研究。在国家自然科学基金委员会资助结束后，对业绩显著的创新群体，教育部可视情况给予后续支持。

四、附则

1. 本办法自发布之日起施行。

2. 本办法由教育部负责解释。

"新世纪优秀人才支持计划"实施办法

第一章 总 则

第一条 为进一步加强高等学校青年学术带头人队伍建设，加速培养造就一大批拔尖创新人才，大力增强高等学校原始性创新能力，持续提升高等学校的学术水平和人才培养质量，特设立"新世纪优秀人才支持计划"。

第二条 "新世纪优秀人才支持计划"是教育部设立的专项人才支持计划，支持高等学校优秀青年学术带头人开展教学改革，围绕国家重大科技和工程问题、哲学社会科学问题和国际科学与技术前沿进行创新研究。

第三条 "新世纪优秀人才支持计划"每年评审一次。评审工作坚持尊重劳动、尊重知识、尊重人才、尊重创造的方针，遵循依靠专家、发扬民主、择优支持、公正合理的原则。

第四条 教育部科技司负责"新世纪优秀人才支持计划"实施的日常工作。

第二章 支持范围、规模和条件

第五条 "新世纪优秀人才支持计划"支持范围限于全国普通高等学校，包括军队院校。

第六条 "新世纪优秀人才支持计划"的资助规模为每年1 000人左右。

第七条 本计划支持的对象应具备以下条件：

1. 热爱社会主义祖国，坚持四项基本原则，道德高尚，治学严谨，具有强烈的事业心和团队精神；

2. 在教学改革、科学研究和高新技术工程化、产业化方面取得同行公认的创新性成果；

3. 具有较大的发展潜力，拟开展的研究工作有创新性构想，并有充分的时间和精力从事本计划支持的研究工作；

4. 在国内高等学校教学和科研第一线工作，并受聘副教授级以上的专业技术职务；

5. 一般应具有博士学位；

6. 在申报当年1月1日，自然科学领域申请者年龄一般不超过40周岁，哲学社会科学领域申请者年龄一般不超过45周岁。

第三章 申报与评审

第八条 “新世纪优秀人才支持计划”实行限额申报，教育部根据有关高等学校的情况核定申报名额。教育部直属高等学校以学校为单位，其他部门所属高等学校以主管部门的职能司局为单位，地方所属高等学校以省（直辖市、自治区）教育行政部门为单位，统一申报，不受理个人申报。

第九条 有关高等学校根据核定的申报名额、本办法规定的申报条件和本校实际情况进行遴选、推荐并提交申请书。校学术委员会应对申请人的学术水平、科研能力进行评审，提出审核、推荐意见，向上级主管部门申报，有关主管部门审核并签署意见后，汇总报教育部。

第十条 教育部组织有关领域专家对申请材料进行评审，并提出建议支持方案。

第十一条 教育部对建议支持方案进行审批，并进行公示。公示期一个月，如无异议，正式公布支持名单。

第四章 支持措施

第十二条 “新世纪优秀人才支持计划”资助期限为3年。资助强度，自然科学类为50万元；哲学社会科学类为20万元。资助经费主要用于资助期内的研究工作，一次核定，分年度拨款。实施“985工程”重点建设项目高等学校入选者的支持经费由所在高等学校“985工程”建设经费资助；其他高等学校入选者的支持经费由教育部和所在单位按1∶1比例共同资助。

第十三条 教育部在国家公派出国留学“高级研究学者”选派计划中，每年择优资助200名左右“新世纪优秀人才支持计划”入选者赴国外高水平大学从事合作研究。

第五章 实施管理

第十四条 获资助者在资助期间每年须填写《新世纪优秀人才支持计划年度进展报告》，并附相关材料，经所在高等学校通过主管部门于12月31日前向教育部科技司报送当年计划的执行情况。

第十五条 在“新世纪优秀人才支持计划”资助期结束的下一年度3月31日前，获资助者要填写《新世纪优秀人才支持计划总结报告》，并附相关材料，经所在高等学校和主管部门审核后报送教育部科技司。

第十六条 获资助者所在高校应严格执行有关财务管理规定，对资助经费单独建帐，由获资助者支配，专款专用，任何单位、个人不得克扣或挪用。资助期限结束后3个月内，由有关高等学校单独编制《新世纪优秀人才支持计划经费决算汇总表》，通过学校主管部门报送教育部科技司。

第十七条 凡在“新世纪优秀人才支持计划”资助下取得的成果，发表论著以及成果鉴定时，必须标注“新世纪优秀人才支持计划资助”（英文为：Supported by Program for New Century Excellent Talents in University，英文缩写为“NCET”）。

第十八条 对未能正常履行工作职责或调离高等学校教学、科研岗位的获资助者，或对违反职业道德、弄虚作假或触犯法律的获资助者，所在高等学校应及时通过主管部门向教育部提交书面报告，由教育部决定中止或撤销资助。

第十九条 有关高等学校应加强对获资助者的跟踪管理，严格考核，大力支持其教学和科研工作。

第六章 附　　则

第二十条 本办法自公布之日起施行。

第二十一条 本办法由教育部负责解释。

“青年骨干教师培养计划”实施办法

一、总体目标

本计划旨在吸引、稳定和培养数以万计的有志于高等教育事业的优秀青年骨干教师，带动教师队伍整体素质的提升。高等学校要在提高教师队伍全面政治素质和业务素质的基础上，制定青年骨干教师专门培养计划，鼓励和支持青年骨干教师在职提升学位层次、及早参与科研工作、进入国内外高水平大学和重点科研基地研修学习、开展经常性学术交流活动，不断提高学术水平、创新能力和组织协调能力。

二、实施原则

1. 学校主体原则。高等学校青年骨干教师的培养工作主要由高等学校负责。

2. 项目引导原则。教育部将通过项目引导各地和高等学校加大青年骨干教师的培养力度，提高培养工作的针对性和实效性。

3. 全面提高素质原则。注重对青年骨干教师的业务能力、政治素质和组织能力进行全面培养。优先遴选、推荐业务突出同时又承担学生思想政治工作的优秀青年骨干教师参加教育部负责组织实施的骨干教师培训项目。

4. 向中西部高等学校倾斜原则。同等条件下优先选派中西部欠发达地区高等学校青年骨干教师参加各种培养计划项目。鼓励东部发达地区高等学校和重点高等学校为中西部地区高等学校培训青年骨干教师。

三、加强政策引导，切实使高等学校将青年骨干教师的培养作为学校的重要工作抓好抓实

1. 不定期向社会公布各高等学校教师特别是青年教师的结构状况，引导高等学校将青年骨干教师的培养培训作为学校教师队伍建设的经常性工作，促进高等学校结合学校的实际，制定青年骨干教师培养计划，列出专项经费支持青年骨干教师培养，使各校每年参加学习培训的人数不少于本校青年教师总数的10%。

2. 将高等学校培养青年骨干教师的成绩和效果作为高等学校水平评估的一项重要指标，促使高等学校进一步重视青年骨干教师的培养，制定相应政策，鼓励和支持青年骨干教师进行在职学位提升，进入国内外高水平大学和重点科研基地研修学习，及早参与主干课程教学和科研工作。

3. 追踪青年骨干教师的工作情况，对青年骨干教师培养工作成绩突出的高等学校进行表彰，并作为今后资助高等学校培养教师工作的重要依据之一。

4. 高等学校要采取相应政策措施，努力提高教师整体学位层次，在招聘新任教师时主要招聘具有博士、硕士学位的人员。

5. 要加大高等学校博士后流动站建设力度，努力扩大高等学校博士后研究人员规模，积极吸引出站人员充实高等学校青年骨干教师队伍。鼓励并积极安排优秀青年骨干教师承担学生思想政治工作，增强青年骨干教师的全面锻炼，提高全面素质。

四、采取多种措施，推动高等学校青年骨干教师队伍建设

1. 实施“高等学校青年骨干教师在职学位提升项目”。教育部每年从列入国家有关重点建设工程的高等学校中选择若干具有博士学位授予权的高等学校作为开展高等学校青年骨干教师在职攻读学位工作的培养单位，并根据学校重点建设投入情况和学科优势，提出该校承担培养任务的学科、专业和年度招生计划。5年内为高等学校培养上万名具有硕士学位和博士学位的青年骨干教师，提升高等学校教师队伍的学位水平。

2. 继续实施“高等学校全国优秀博士学位论文作者资助项目”。设立“高等学校全国优秀博士学位论文作者专项资金”，鼓励、支持全国优秀博士学位论文作者在高等学校不断做出创造性成果。每年支持80名左右在高等学校工作的全国优秀博士学位论文作者。专项资金对每个资助项目的年资助金额一般为5至15万元，资助期为五年，由教育部和高等学校按1∶1比例配套支持。具体资助金额按申请项目的性质、申请资助金额预算和专项资金资助能力确定。

3. 继续实施“留学回国人员科研启动基金项

目”。设立“留学回国人员科研启动基金”，通过提供科研启动经费等方式，支持更多的优秀留学人员回国到高等学校从事科研教学工作。每年资助1 000人左右，资助金额平均为4万元/人。资助对象为在国外留学三年以上并在外获得博士学位、或在国内获博士学位后在外留学一年以上的优秀留学回国人员。

4. 实施“高等学校青年骨干教师出国研修项目”。鼓励并积极推进高等学校与国外著名大学的强强合作和强项合作，加大力度选派高等学校青年骨干教师到国外高水平大学进修学习。教育部通过“访问学者”、“研究生”、“博士后研究”等项目以及各类国际合作项目，每年资助5 000名高等学校骨干教师到国外高水平大学进行访问学者研究、博士后研究或攻读博士学位，追踪学科发展前沿，提高学术水平和教育教学能力。其中，1 000人由国家留学基金全额资助；1 000人由国家留学基金和学校按1∶1配套资助；3 000人以国家留学基金的名义派出并提供旅费，学校提供其他费用或争取对方免费。

5. 实施“高等学校青年骨干教师国内访问学者项目”。设立“高等学校教师国内访问学者资金”。在学校申报基础上，遴选国内重点高等学校的重点科研基地、优势学科、专业接收国内其他高等学校的青年骨干教师做访问学者。通过个人申请、单位推荐、教育部宏观调控的方式，每年选拔1 000名高等学校青年骨干教师赴国内重点高等学校参与科研工作，跟踪学术前沿。

6. 实施“高等学校青年骨干教师高级研修班”。以东北、华北、西北、华中、华南、华东、西南各区依托国家重点学科、重点实验室、工程研究中心和人才培养基地举办“学科前沿和专业知识高级研讨班”。每年培训教师2 000人。

以名师巡讲和精品课程推广使用为主，充分发挥教学指导委员会和行业学会的作用，开展现代教育理论、现代教学内容、方法和手段等方面的教师培训（讲习）班；围绕“两课”教学内容和方法，开展举办“两课”教育教学骨干教师培训班。每年培训2 000人。

五、附则

1. 本办法自发布之日起施行。

2.“青年骨干教师培养计划”的日常实施工作由教育部高等教育司牵头负责。

3. 本办法由教育部负责解释。

教育部关于进一步加强幼儿园安全工作的紧急通知

（2004年8月16日）

近日，北京、河南两地的幼儿园接连发生幼儿意外伤亡事故。8月4日，北京大学第一医院幼儿园传达室临时工持刀将15名在园幼儿和3名教师砍伤，其中，1名幼儿经抢救无效死亡，2名幼儿和1名教师重伤。8月10日，河南省济源市克井镇后沟河村村民非法开办的幼儿班发生房屋倒塌事故，目前有2名幼儿死亡，28名幼儿住院观察治疗。

上述意外事故的发生，给受害人家庭带来了巨大的精神创伤和无法弥补的损失，也引起了全社会的高度关注。学龄前儿童缺乏自我保护能力，为了防止类似事故再度发生，确保幼儿的健康成长和生命安全，现紧急通知如下：

一、各省级教育行政部门要高度重视幼儿园的安全工作，针对当前发生的重大安全问题，要严格要求各级幼教管理人员、幼儿园举办者和幼儿园教职工认真学习并详细了解国家关于幼儿园管理的法规和文件，首先做到知法守法，严格按规章办事。

二、近期，各省（自治区、直辖市、兵团）要逐级组织一次对幼儿园安全工作的大检查，要在当地党委、政府的统一领导下，教育行政部门和卫生、公安、消防等有关部门密切配合，采取自查、互查、联合普查、抽查等方式，对各级各类幼儿园的周边环境、房屋、室内外活动场地、设备设施（特殊仪器设备由质量监督部门检查）、食堂和饮食卫生、玩教具、消防设施、接送幼儿车辆、幼儿园教职工（包括临时工作人员）的任职资格和身心健康状况等方面进行认真排查，发现不安全因素，就地采取措施，及时消除隐患，严禁走过场，弄虚作假。对凡经过这次检查后仍出现问题的单位和负责人要追究责任，从严处理。

三、各省（自治区、直辖市、兵团）应根据有关法规，要求各级各类幼儿园，特别是民办幼儿园建立健全安全防护等各种规章制度，强化常规管理。各级教育行政部门要加强对幼儿园、学前班的管理，并建立幼儿园、学前班安全工作的行政人员责任制，要具体落实到岗位和人员。

四、要加强对幼儿园教职工的职业道德教育，建立健全各类人员的岗位职责，实行岗位责任制，严格工作纪律。幼儿园教职工的聘用应符合有关法规对其任职资格的规定，并按要求定期对教职工（包括临时工作人员）进行健康检查和岗位培训，对不适合岗位要求的人员应及时调离工作岗位。

五、幼儿园应建立严格的卫生保健制度，严格执行定期健康检查、卫生消毒、预防接种、传染病管理、饮食卫生管理、食品采购索证制度及卫生保健登记统计制度。依照国家的有关规定，配备保健室和食堂的设备设施，落实各项卫生防病与食品卫生管理措施。

六、加强对接送幼儿校车的管理。用于接送幼儿的校车应定期到公安车管部门进行安全检查，驾驶人员应有车管部门颁发的驾驶执照，在教育部门备案后，才能准许用于接送幼儿。

七、各级教育督导部门要把幼儿园安全工作作为教育督导工作的一项重要内容纳入年度督导计划，特别要对上述强调的关键环节加强督导检查。

八、通过检查合格的幼儿园应通过媒体向社会公布，接受家长和社会监督。检查结果应及时报上一级教育行政部门。各省级教育行政部门于9月30日前将本地幼儿园安全工作检查结果情况报送教育部基础教育司。国家教育督导团将于今年开展幼教专项督导并把幼儿园、学前班的安全工作作为重要督导内容之一。

教育部关于进一步做好资助贫困家庭学生工作的通知

（2004年9月9日）

为进一步贯彻落实国务院召开的全国高校贫困家庭学生资助工作电视电话会议和《国务院办公厅关于切实解决高校贫困家庭学生困难问题的通知》（国办发〔2004〕68号）的要求，认真做好资助高校贫困家庭学生工作，加快推进并确保中央部门所属高校在新学期开学后，按新机制顺利实施国家助学贷款工作，经商财政部同意，现将有关事项通知如下：

一、进一步统一思想，提高认识

解决好高校贫困家庭学生的学习和生活问题，事关广大学生和家长的切身利益，事关党和政府的形象，是我国社会主义制度优越性的具体体现，是实践“三个代表”重要思想的必然要求，也是巩固高等教育改革成果，实现教育公平、公正，促进我国高等教育持续、健康发展，维护高校和社会稳定大局的一项重大工作。

高等学校要把解决好贫困家庭学生的困难问题摆在更加突出的位置，实行高校主要领导工作责任制。各高校必须充分认识这项工作的重要性和紧迫性，把思想认识进一步统一到党中央、国务院的要求上来，坚持“以人为本”的办学思想，切实加强领导，要带着感情，进一步健全工作机制，把解决贫困家庭学生困难问题作为一项全局性工作，作为学生工作的一个重点，作为高校党委书记、校长责无旁贷的一项重要职责认真抓好。

二、真抓实干，把各项资助工作落到实处

我国目前已经建立起以国家助学贷款为主体，包括助学奖学金、勤工助学、特殊困难补助、学费减免、绿色通道和提取10%学费收入用于帮助困难学生等措施在内的资助政策体系。今后工作重点是狠抓落实。当前，各高校必须切实做好以下各项工作：

（一）全力推进国家助学贷款按新机制运行。各高校必须按全日制普通高校本专科学生、研究生在校生规模1∶2 500的比例，在现有编制内迅速调剂配备专职工作人员，设置相对独立的学生资助办公室，归口管理全校的学生资助工作以及国家助学贷款的具体操作和管理工作。该办公室要由一位学校的主要领导负责。各高校一定要主动配合承办银行做好各项工作，认真履行自己的责任和义务。

（二）各高校要不折不扣地落实教育部、财政部的规定，每年必须从本校所收学费中足额提取10%的经费，专款专用，通过各种方式对贫困家庭学生进行资助。教育部将与财政部联合对中央部门所属高校的执行情况进行检查，对未按规定执行的高校，将给予严肃处理。

（三）调整经费支出结构，更多地关注学生，要调出更多的经费用于资助贫困家庭学生工作。本着“公平、公正、公开”的原则，切实做好国家对优秀贫困学生助学奖学金的评审和发放工作；认真开展勤工助学等各项工作，重点做好经济特别困难学生的勤工助学工作，并适当提高其资助报酬。同时，通过提倡社会捐助、师生互助、学生互助等方式，扩大对贫困家庭学生的资助渠道和力度。

（四）进一步加强内部管理，规范收费行为。除按规定向学生收取学费、住宿费和必需的教材等费用外，严禁强行向学生代收任何费用。进一步加强办学成本核算，严格控制办学成本支出，最大限度地减轻学生的经济负担。积极利用印制招生简章、寄发录取通知书等环节，采取多种方式，进一步加大对国家资助政策的宣传力度。

（五）把资助工作与做好学生思想政治工作有机地结合起来。对学生要进一步加强艰苦奋斗精神和勤奋学习、自立自强、团结互助、诚实守信品德的教育，努力把广大学生培养成为德、智、体、美全面发展的社会主义建设者和接班人。

三、密切银校合作关系，确保国家助学贷款持续发展

中国银行股份有限公司已中标成为中央部门所属高校国家助学贷款的承办银行。为鼓励承办银行大力开办国家助学贷款业务，确保国家助学贷款持续、健康发展，今后各高校应在国家有关政策、法规和规定的范围内，与承办银行开展全面合作。

（一）中央部门所属各高校从2004年10月1日起，至2005年3月31日前，逐步在承办银行开立各类资金结算账户（不包括财政国库集中收付账户和国家有关政策规定单位在指定银行开设的资金账户），包括预算外收入汇缴专用账户、基本建设资金专用账户、工会会费及党费账户、外汇账户、外汇人民币账户及其他主要结算账户等。

（二）从2004年10月1日起，至2005年12月31日前，逐步在承办银行开立基本结算账户（因承办银行无法提供必要系统支持而导致账户无法转移的情况除外）。

对于不属于上述范围的主要银行存款等账户，也应逐步转由承办银行办理。

（三）各高校在后勤支出、科研支出、教学支出、学生公寓建设、校区基础设施、新校区建设等方面产生的各类贷款等业务需求，应优先由承办银行办理。具体条件由高校与承办银行协商确定。

（四）根据业务发展需要，承办银行需在高校设立ATM、自助银行或营业网点时，高校要为承办银行使用和租用场地等提供便利条件。

（五）从2004年10月1日起，应逐步将校园卡业务转由承办银行办理。同时，承办银行应对高校教职工消费信贷、个人理财及涉外金融服务等个人金融业务，按照优质客户的标准提供优惠服务。

各高校要努力争取于今年11月底前与承办银行的具体经办机构，就国家助学贷款的全面落实和以上事宜签订具体的银校合作协议。合作协议期限暂定为两年（到2006年8月31日止）。如果高校不能落实本通知的要求，使学生的国家助学贷款工作受到影响，将严肃追究学校主要领导的责任。

教育部关于印发《教育信访工作规定》的通知

（2004年10月26日）

为进一步加强和规范教育信访工作，我部制定了《教育信访工作规定》，现印发给你们，请遵照执行。

教育信访工作规定

第一章　总　　则

第一条　教育信访工作是教育工作的重要组成部分。为了正确处理人民群众来信来访，保障师生员工的民主合法权益，规范信访行为，维护信访工作秩序和教育系统的稳定，根据国家有关法律、法规和《信访条例》，结合教育系统的具体情况，制定本规定。

第二条　本规定所称教育信访，是指教师、学生、公民和其他组织采取书信、走访或电话等方式，向各级教育部门（包括各级教育行政部门和各高等学校，下同）反映情况、提出意见、建议和要求，按照规定和职权范围需要由教育部门处理的事项。

第三条　教育信访工作是了解教育方针、政策、法规的贯彻执行情况，听取广大师生员工和人民群众批评、建议的窗口；是改进工作作风、促进勤政廉政的重要渠道；是维护教育系统稳定、促进教育改革与发展的一项重要工作。各级教育部门的党政主要领导是本单位信访工作的第一责任人，对信访工作负总责。要部署信访工作，亲自批阅群众来信，接待群众来访，定期研究解决信访工作中存在的问题，检查指导信访工作。

第四条　教育信访工作应坚持以“三个代表”重要思想为指导，以为人民服务为宗旨，坚持为教育事业的改革、发展和社会稳定服务，为领导机关服务。处理信访问题要坚持深入调查、实事求是、解决实际问题与思想教育引导相结合的工作方式，努力将信访问题解决在基层。

第五条　教师、学生、公民和其他组织进行信访活动时，应当遵守宪法、法律和国家有关规定，依法、有序反映问题。不得损害国家、集体和其他公民的合法权益，不得有干扰影响公共秩序及侵害影响他人的行为。

第二章　信　访　人

第六条　信访人，是指采取书信、电话或走访等方式向各级教育部门反映情况，提出意见、建议和要求的教师、学生、公民和其他组织。

第七条　信访人采取走访形式向教育部门提出意见、建议和要求的，应当到教育部门设立或指定的接待场所提出，并按照分级受理的原则，逐级进行。

第八条　多人反映共同意愿和要求的，一般应当采取书信等方式提出；需要采取走访形式的，应当推选代表提出，代表人数不得超过5人。

第九条　信访人应当遵纪守法，不得扰乱教育部门的工作秩序，不得围堵、冲击办公场所和拦截公务车辆，不得损害接待场所公私财物，不得纠缠、侮辱、殴打、威胁接待人员，不得占据接待场所和携带危险品、爆炸品、限制器械进入接待场所。

信访人应当如实反映情况，不得捏造、歪曲事实，不得诬告、陷害他人。信访人反映问题完毕后，应按要求尽快离开接待场所。

第十条　信访人应在法律允许的范围内进行正当

的教育信访活动。来访人员的食宿、往返路费等项费用自理。

第三章 信访工作机构

第十一条 各级教育信访部门和信访工作人员代表本级教育部门和领导受理信访问题。

第十二条 教育信访工作在教育部党组的领导下，坚持按照“分级负责、归口办理”的原则受理信访问题。教育部由一名部领导分管信访工作，办公厅主管信访工作，并设立信访办公室，具体负责指导教育系统的信访工作，组织受理到部机关的群众信访问题。

第十三条 教育部所属各业务司局和直属事业单位，应有一名领导主管信访工作，并配备专兼职工作人员负责受理本部门的信访问题。

第十四条 各省、自治区、直辖市教育厅（教委），计划单列市教育局，新疆生产建设兵团教委，部直属高校，应明确一名领导同志分管信访工作，设置信访工作机构，配备专兼职信访工作人员，负责本系统、本单位的信访工作，处理信访问题。

第十五条 地（市）及其以下的教育行政部门，应明确承担信访工作任务的机构或部门，配备专兼职信访工作人员，处理群众来信来访。

第十六条 教育部门应当有专门的来访接待场所，要逐步改善教育信访部门的办公条件，配备必要的办公设施，以适应开展信访工作的需要。

信访接待场所应当具备卫生和适合办公与接待的工作环境，要有安全保护设施。

第四章 教育信访部门的职责与范围

第十七条 教育信访部门受理本系统、本部门涉及教育方面的人民群众来信来访。

第十八条 教育部信访工作的职责是：

对全国教育系统信访工作具有宏观指导职能。其职责是：

（一）贯彻执行党中央、国务院信访工作方针政策，协助教育部领导检查、督促、指导省级教育行政部门和部直属高校的信访工作；

（二）承办上级机关和领导交办的信访事项，协调处理部门之间涉及教育工作方面的信访问题以及应由教育部直接受理的信访事项；

（三）负责向下级教育部门交办、转办信访事项，并督促、协调、检查信访事项的落实情况和工作情况；

（四）处理有关教育方面的来京上访、集体上访和突发事件；

（五）及时综合分析信访工作中带有倾向性、苗头性、政策性的问题，对重大信访事项进行调查研究，并提出建议和处理意见，向领导和有关部门反映；

（六）定期汇总并通报各省、自治区、直辖市教育行政部门和部属高校的信访工作情况，及时向领导反映重要信访信息；

（七）适时组织教育信访工作人员开展业务培训和经验交流，不断提高信访干部的业务能力、政策水平。

第十九条 省级教育行政部门信访工作的职责是：

（一）贯彻执行党中央、国务院和教育部以及省（自治区、直辖市）党委、人民政府关于信访工作的方针政策；

（二）负责对本系统信访工作的指导，帮助所属单位、部门加强信访工作，组织开展信访工作经验交流，表彰先进；

（三）负责受理上级机关、领导交办的信访事项和师生员工及群众反映涉及教育方面的信访问题；

（四）对下属单位处理不服的信访问题进行复查，帮助重新处理，对久拖不决的信访问题提出限期结案的意见；

（五）负责督促、检查本系统所辖部门和单位的信访工作及信访事项的承办处理情况；

（六）及时处理突发事件和集体上访，采取措施，及时劝阻、疏导、交办本系统赴省进京的上访人员并动员回地方解决问题；

（七）定期研究分析本系统教育信访热点、难点问题，及时上报重要信访信息等情况。

第二十条 教育部直属高校和事业单位参照省级教育行政部门信访工作职责执行。

第五章 教育信访工作人员

第二十一条 各级教育部门应选派政治坚定、作风正派、有一定组织能力和群众工作经验，政策水平较高，业务能力较强，身体健康的干部从事信访工作。

第二十二条　信访工作人员要努力学习马列主义、毛泽东思想、邓小平理论和“三个代表”重要思想，学习党的路线、方针、政策和法律、法规，刻苦钻研业务，总结经验，不断提高思想水平和业务素质，全心全意为人民服务。

第二十三条　信访工作人员必须做到：

（一）正确贯彻执行党的路线、方针、政策和国家的法律、法规。

（二）实事求是，坚持原则，廉洁自律，秉公办事，尽职尽责。

（三）做好文明接待，做到接待热心，听取陈述耐心，答复问题明确，处理问题及时、认真。

第二十四条　各级教育部门的领导应积极为信访工作人员提供各种学习、培训机会和条件，安排他们参加必要的会议，阅读有关文件，及时解决他们工作、生活中遇到的困难和问题。

教育信访工作人员享受当地人民政府规定的信访工作人员同等数额的岗位健康津贴。

第二十五条　各级教育部门对在信访工作中做出优异成绩的单位或个人，应当给予表彰和奖励。

第二十六条　对信访工作人员不履行职责，不负责任，玩忽职守，给工作造成损失的；丢失、隐匿或者擅自销毁信访人材料的；泄露国家机密和工作机密，将控告、检举材料转给或者透露给被控告人、被检举人的；徇私舞弊，索贿受贿及其他违法乱纪的，视情节轻重，由其主管机关给予批评教育或者政纪处分；构成犯罪的，依法追究刑事责任。

第六章　处理信访问题的原则

第二十七条　各级教育信访部门要按照“分级负责、归口办理，谁主管、谁负责”和“逐级上访分级受理”的原则办理信访事项；属本部门职责范围的，直接受理；非本部门职责范围的，向有关部门转办或交办。

对不按“逐级上访”规定越级上访的信访人，各级教育信访部门及其工作人员要耐心细致地做好宣传和思想疏导工作，并根据信访人反映问题的性质和内容，劝其按规定到有关部门反映问题，同时通知有关部门认真接待处理，防止矛盾激化。

第二十八条　对于信访人的合理要求，能够解决的，要及时给予解决；一时不能解决的，要讲清道理，耐心说服；对于要求不合理的，要做好说服教育和思想疏导工作。

第二十九条　下级教育部门对上级教育部门交办的信访事项，应当自收到之日起3个月内办结并报送处理结果。不能如期办结的，要向上级交办部门说明情况。交办部门对处理结果有异议的，可要求其复查并在一个月内报送复查结果。

第三十条　各级教育部门直接处理的信访事项，应当在一个月内办理完毕，并视情况将处理结果答复信访人；情况复杂的，可适当延长办理时限。

第三十一条　信访人对信访事项的处理意见不服的，可向原承办机关或上一级机关申请复查，受理复查机关应当自收到复查申请之日起一个月内做出复查答复；经复查确认处理正确的信访事项，承办机关和上级机关不再处理，但应当对信访人做好疏导教育工作。

第三十二条　对信访人不按《信访条例》规定到指定场所上访，围堵办公场所、阻塞交通，干扰社会秩序和机关工作秩序的；对在接待机关滞留并进行要挟的；对接待人员侮辱、殴打、威胁的；携带危险品、爆炸品以及各种管制器械到接待机关的；破坏公私财物及其他违法违规行为的，视情况作如下处理：情节轻微的，由接待机关给予批评教育；教育无效的，通知其所在省（自治区、直辖市）有关部门接回；违反治安管理规定的，由公安机关依照《中华人民共和国治安管理处罚条例》予以处罚；构成犯罪的，交司法机关依法追究刑事责任。

第七章　附　　则

第三十三条　各级教育部门可根据本规定，制定本部门、本单位的工作细则。

本规定自下发之日起实行，由教育部办公厅负责解释。

教育部关于印发《高等学校中长期科学和技术发展规划纲要》的通知

(2004年11月15日)

为了进一步贯彻落实科教兴国战略和人才强国战略，推动国家创新体系建设，提高高等学校创新能力，促进高等学校科技创新和高层次创造性人才培养协调、持续、快速发展，为全面建设小康社会提供强大的知识贡献和人才支持，我部制定了《高等学校中长期科学和技术发展规划纲要》，现印发给你们。

请你们结合实际，认真组织实施，并将实施中的情况、问题和意见及时报我部。

高等学校中长期科学和技术发展规划纲要

本世纪头20年，是我国经济社会发展的重要战略机遇期，也是高等学校科技发展的重要机遇期。为抢抓机遇，迅速提升高校科技创新能力，实现跨越式发展，全面推进国家创新体系建设，引领和支撑“创新型”国家和全面小康社会目标的实现，特制定本规划纲要。

一、高等学校科技发展面临的形势与挑战

(一) 科技创新成为引领经济和社会发展的主导力量，创新人才的竞争成为国际竞争的焦点

在近代历史上，科学发现和技术发明的革命性突破，促进了社会生产力的发展和工业文明的兴起，也成为世界竞争格局改变、强国崛起与更替的关键因素。在知识经济不断发展的今天，世界各国围绕知识要素展开的竞争更加激烈，这预示着国家间的力量有可能发生新的变化。一个国家不管现在处于何种地位，如果不重视创新，都有可能面临被淘汰出局的挑战与危机。世界经济论坛的《国际竞争力报告》认为，20世纪90年代以来，发达国家提升竞争力的途径，已经全面转向依靠科技创新。

纵观世界近代发展历史，后发国家一般都是通过技术的跨越实现社会生产力的跨越发展。芬兰曾经是一个以森林资源加工业为主的国家，20世纪70年代开始选择发展通信产业，一举实现了国家的战略转型和经济腾飞，在全球竞争力排名中位居前列。韩国也是如此。科技创新已经成为后发国家寻求突破与跨越的根本途径。

20世纪90年代以来，发达国家把促进科技创新作为国家发展的基本战略，把争夺科技制高点作为国家发展战略的重点，把科技投资作为战略性投资。美国政府把保持其在科技最前沿的领先地位作为最重要的目标。英国政府把创新作为提高生产效率和加快经济增长的核心，启动了英国历史上第一个由政府主持制定的科学技术长远发展规划。日本政府2001年提出，要以科技创新立国为目标，2002年又进一步提出知识产权立国的国家战略。韩国政府于2000年公布了科技发展长远规划，提出到2005年韩国科技地位世界排名达到12位，超过其他所有亚洲国家。强化科技创新能力是世界各国提升竞争力的首要选择。

先进生产力的发展在于科技创新，科技创新在于创新人才。人才资源是先进生产力的核心要素，创新人才培养是国家强盛、屹立于世界先进民族之林的根本大计。综合国力强弱与大学的发展水平密切相关。

世界一流强国都拥有世界一流水平的大学培养人才和提供科学基础。在新的历史时期，大学将处于越来越重要的战略地位，许多国家都把办好一批高水平大学作为一项重要国策。美国一直把办好一批世界领先水平的研究型大学作为保持其强国地位的重要战略。大力发展高等教育，持续不断地培养大批具有创新精神、创新意识和创新能力的人才，造就大批具有国际竞争力的拔尖人才，已成为非常紧迫的战略任务。

（二）当代科学技术发展的主要特征与趋势

1. 学科交叉融合和技术集成，引发新的科学和技术革命。现代科学技术的发展，越来越多地依赖学科的交叉融合和技术集成，重大的创新突破更多地发生在交叉学科领域。学科之间、科学和技术之间、自然科学和人文社会科学之间相互交叉渗透，导致众多新学科领域的诞生。同时，先进仪器和设备的广泛应用，使科学技术在宏观和微观两个尺度上，向着最复杂、最基本的方向发展，正在突破人类传统认识的极限，预示着科学技术进入一个前所未有的创新密集时代。

2. 科学技术加速发展，科技成果商品化速度加快。当代科研成果转化为现实生产力的周期越来越短，技术更新速度日益加快。著名的摩尔定理和吉尔德定理验证了技术创新周期加快的趋势，即"单位面积芯片的存储量每18个月增加一倍"、"主干网的带宽将每6个月增加一倍"。这充分说明，科学与技术泾渭分明的传统界限已日趋模糊，科技竞争的焦点不断前移。原始性创新能力已经成为国家间科技竞争成败的重要标志，成为决定国际产业分工和地位的一个基础条件。

3. 科技全球化深刻改变科学研究的传统组织模式。近年来，科技全球化正在成为经济全球化的重要表现形式，科技创新资源在全球范围内的整合和有效配置，使得传统的科研组织结构和创新方式发生了重大变化。一方面，国际大科学工程研究方式的出现，使得世界范围内的科学家能够在大规模、大尺度或是跨学科的前沿性研究领域开展合作研究；另一方面，跨国公司加速在不同国家建立研发机构，从而成为促进科技全球化的主要力量。

4. 科学技术将更加关注人类自身发展及其与自然协调发展的关系。发展科学技术事业的目的不再仅仅是对改造自然的追求，而将更加考虑人与自然的协调发展和社会可持续发展之间的关系。科技发展以人为本，把满足广大人民不断增长的物质和精神需求作为出发点，努力使所有社会成员都能分享到科技进步的福祉和新的发展机会，在不断取得科技进步的同时，建立一个可持续性发展与公平竞争的社会。

此外，科学技术发展的综合化趋势不断加强，科技创新出现群体突破态势；科学技术发展的一体化趋势更加明显；自然科学与社会科学的结合日益深入；科技发展"寓军于民"的趋势进一步加强；科技创新与高等教育的结合日益紧密。

（三）高等学校科技工作的地位与使命

大学，特别是研究型大学，是科学研究最重要的力量，是基础研究和高技术前沿领域原始性创新，特别是有望摘取诺贝尔奖桂冠的原始性创新成果的重要来源，是培养高素质创新性人才的主要基地。高校科学研究能力是衡量一个国家基础研究和高技术前沿领域原始性创新能力的重要标志，对各国未来能否在日趋激烈的全球科技竞争中占据有利地位具有举足轻重的影响。高校基础科学研究突破和新兴学科交叉成果不断催生出代表未来产业发展方向的高新技术群体，是提高国家竞争力取之不尽、用之不竭的力量源泉。

高等学校是知识创新的主体。高校既是培养人才的摇篮，又是知识创新的源头。在知识创新的过程中产出优秀人才，在培养人才的过程中产出创新成果。高校科学研究与人才培养的互动是现代高等教育的一个重要特征。高校多学科综合交叉，知识生产和传播相结合以及高校自由的学术氛围，决定了高校是最具活力的知识生产的发源地。纵观世界科技、教育发展的历史与现状，高等学校都是知识创新的主体。全世界的大学获得四大诺贝尔科学奖的人次占同期诺贝尔科学奖获奖总人次的3/4左右；高等学校作为第一作者单位在Nature和Science上发表的论文占同期论文总数的2/3左右，如果包括大学作为参与单位的论文则占总数的80%；科学引文索引（SCI）收录论文的情况也非常相似。

高等学校是解决国民经济重大科技问题，实现技术转移、成果转化的生力军。经济全球化使知识，特别是具有经济价值的知识成为国家重要的财富；政府提供研究资助的目的不仅仅是为了追求科学真理，而且是为了新知识带来的直接经济社会效益和提升国家竞争力的重要贡献，从而，在全球范围出现了各国政府高度重视科学研究的国家利益的新格局。将自由探索基础上产生的可能具有重大潜在应用价值的研究课题，以及具有重要应用前景的跨学科研究等纳入体现国家目标的资助计划，以加快原始性创新成果向现实生产力的转化，将更加有效地实现高校科技工作与经济建设的紧密结合。高等学校日益成为经济增长的发动机。美国斯坦福大学、哈佛大学、麻省理工学院和杜克大学等对硅谷、波士顿、北卡三角园区等区域高科技发展提供了有力的知识贡献和人才支持。

高等学校是推动社会发展的重要力量。各国的高等学校不仅培养了大批社会发展需要的创新人才，而且取得了大批高水平的科研成果、提供了多样化的社会服务。随着终身教育体系的形成，高等学校成为人们学习和接受各类教育的重要场所，是学习型社会不可或缺的组成部分。高等学校的开放性及包容性，使其与社会建立了广泛的联系，从国内到国外，在服务社会的同时成为先进文化的重要发源地和国际交流的桥梁。高等学校充分发挥其人才学科环境优势，利用其智力集成、创新思维针对国家、地方、社会重大问题进行研究分析，提出对策，成为实施公共管理、制定内政外交政策的智囊团和思想库。

（四）我国高等学校科技发展存在的主要问题和面临的重大挑战

新中国成立后，特别是改革开放 20 多年来，我国高等学校的科技工作获得了巨大发展，科教结合日趋紧密。目前高等学校从事科技活动人员达 31.5 万人，占全国的 8.2%；建有国家重点实验室 103 个，占全国总数近 2/3；承担国家自然科学基金面上项目 2/3 以上，承担国家“863”、“973”计划项目为 2/5 左右；全国有 80% 以上的大中型企业与大学建立了合作关系。高等学校为国家科技进步做出了重大贡献。发表的科技论文，被《SCI》和《EI》收录的，均占全国的 70%左右。国家自然科学奖、发明奖、科技进步奖，高等学校获奖项数分别占全国的 1/2、2/3、1/4 以上，而且总趋势呈现逐步增长势头。事实充分显示：我国高等学校是基础研究的主力军，高新技术研发的重要方面军，成果转化与产业化的强大生力军，已经成为国家科技创新体系的重要组成部分。

然而，目前我国高等学校科技创新工作还存在着几个突出问题。一是体制障碍，国家科教分割、军民分割的体制性问题还没有从根本上解决，某些方面甚至还有强化趋势，科技与经济脱节的问题也尚未根本改变，科技成果转化为现实生产力的渠道不畅，无论科技体制或是高等教育内部体制，都有待进一步改革完善；二是竞争力较弱，高等学校缺乏战略层面的科技发展规划和组织、引导的调控手段，科技队伍整合、科技资源和成果共享问题没有很好解决，科技创新平台的综合性、交叉性以及国际化程度普遍较低，科研力量分散、低水平重复现象仍较严重；三是人才和条件不足，缺少科学大师和战略科学家以及缺乏必要的资金和设施，难以开展高水平的重大科技前沿研究，不能适应时代发展需要；等等。这些问题不仅影响着高等学校科技潜力的发挥，难以取得重大科技成果，特别是高水平原创性成果；也制约着创新人才尤其是博士生培养质量的提高。

同时高等学校科技发展面临重大挑战，表现为：第一，国民经济和社会发展的重大需求与高等学校创新能力严重不足的挑战；第二，高等教育持续快速发展的需要与高等学校教师队伍素质提高缓慢的挑战；第三，高等学校科技创新体制和机制不适应现代高等教育和科学技术发展的挑战；第四，国家全面建设小康社会宏伟目标的实现迫切需要建设若干所世界一流大学和一批世界知名高水平研究型大学的挑战等。

二、高等学校科技发展的指导方针与目标

高等学校科技发展坚持面向现代化，面向世界，面向未来，坚持科学发展观，以落实科教兴国、人才强国和可持续发展战略为主线，以制定和实施《国家中长期科学和技术发展规划》和实施《2003—2007 年教育振兴行动计划》为契机，从实施重点突进战略、交叉集成战略、科教互动战略和人才强校战略入手，建立适合我国国情的高等学校科技创新体系，成为国家创新体系的重要组成部分。

（一）指导方针

高等学校科技发展的指导方针是加强原创，鼓励交叉，聚集人才，强化组织，科教结合，贡献社会。

加强原创。原创性研究往往孕育着科学技术质的变化和发展，是科技创新能力的重要基础和科技竞争力的源泉，也是一个民族对人类文明进步做出贡献的重要体现。高校应切实加强基础研究和前沿高技术研究，大力支持科学家的自由探索和在国家需求与科学前沿紧密结合的基础研究领域开展创新性研究，积极抢占关系国计民生和国家安全的前沿高技术制高点。

鼓励交叉。充分发挥高等学校多学科综合优势和

特色，建立具有高度灵活性和适应性的交叉学科研究基地，支持交叉学科研究项目和群体，促进学科间相互渗透和交叉，培育新的学科生长点，增强原始创新和集成能力。

聚集人才。深化高校内部人事分配制度改革，大力推动有利于集聚人才的体制和机制的创新，改革人才遴选评价制度，完善人才激励机制，加强创新文化建设。加强科技创新平台建设，为优秀人才施展才华搭建舞台，以事业发展的空间和环境汇聚优秀人才和团队。制定集聚人才的特殊政策，加大对优秀拔尖人才的支持力度，进一步提高集聚杰出科学家和拔尖创新人才的能力。

强化组织。进一步加强高等学校科技管理队伍建设，创新管理机制，完善管理制度。充分发挥高校的人才优势和多学科综合优势，围绕国家中长期科学和技术发展规划确定的战略任务，选择有限目标，组织优势力量，进行重点培育，形成科技创新能力强大的创新团队，更多地承担国家重大、重点任务，取得一批重大科技成果。

科教结合。大力推进高等教育和科技创新紧密结合，形成科学研究与人才培养密切结合的有效机制，把科学研究作为创新人才培养的关键环节，创新人才培养作为增强创新能力的有效途径，充分发挥高等学校巨大的人才优势和创新潜力。以高水平的研究保证高质量的教育，以高质量的教育保证创新能力持续提高。

贡献社会。坚持走产学研合作的道路，建立多种模式的产学研联盟，实现优势互补、资源共享、共同发展，加大为经济社会发展和国家安全服务的力度。加快建设以企业为核心、产学研结合的技术创新体系，通过市场需求导向形成具有竞争力的产品和产业。

（二）发展目标

2010年目标。建立自由探索式研究、战略高技术研究和有组织重大科研相结合的高等学校科技创新体系，建成一批国际知名的研究型大学和高水平研究基地，形成高等学校全方位多层次面向经济社会发展服务的新格局，为国家现代化建设提供强有力的科技支撑和人才支撑。创新体制机制，形成资源优化配置、充满活力的创新体系。

2020年目标。全面提高、协调发展，建成一批世界一流水平的学科、基地和若干所世界一流水平的研究型大学，涌现一批世界一流水平的人才和创新成果，在基础研究和战略高技术的若干领域取得重大突破，成为国家知识创新体系的主体和国家技术创新体系的生力军，形成高等学校全面支撑和服务于国家整体发展与建设的新局面。

三、高等学校科技发展战略和重点任务

构建以研究型大学为骨干，各类高等学校为基础，以重点创新平台为核心阵地的富有活力的科技创新体系，重点实施四大战略，突出四大重点任务。

（一）实施重点突进战略，建设一批高水平研究型大学

实施重点突进战略，选择一批高水平的研究型大学进行重点建设。经过一个时期的努力，形成一批高水平、研究型、国际化的世界知名高水平大学，使其成为科学前沿研究和重大战略领域攻关的基地。

根据竞争择优、分期分批、有重点地逐步建设的发展方针，支持一批高等学校建设高水平研究型大学，集中力量重点支持若干所高等学校创建世界一流大学。使若干所研究型大学的学术实力和影响力快速跻身世界先进大学行列，成为世界知识创新的重要部分，为迅速提升中国科技和教育的国际竞争力，全面建设小康社会做出重要贡献。

以人才队伍建设为根本。通过深化人事分配制度改革，完善科技人才的评价标准和制度，逐步实行杰出人才的全球公开招聘制度等措施，营造培养和凝聚高层次优秀人才的良好环境，汇聚一批学术大师和战略科学家及大批的拔尖人才，为建设高水平研究型大学提供根本保证。

以学科和创新基地建设为突破口。认真抓好发展战略规划，结合各自的学科优势，跟踪国际科学发展的主流学科方向，重视交叉学科和新兴学科，努力形成各自的学科特色，争取在若干学科跻身于世界先进行列。创建一批科技创新基地，为高层次优秀人才施展才华提供良好的学术平台，全面提升高等学校科技创新能力。

以拓展学术内涵和提高学术声誉为目标。注重文化底蕴，培养良好学风，努力形成鲜明的办学特色和明确的办学理念，主动适应教育、科技和社会、经济发展的需要。积极参与国际科技计划和国际学术组织，努力扩大国际合作，广泛利用全球资源。通过对科技创新、经济社会发展、高质量人才培养的贡献，不断提升国际学术声誉。

（二）实施交叉集成战略，加强国家重大科技问题研究，实现新突破

实施学科交叉、综合集成的研发战略，发挥高等学校的学科综合优势，克服资源分散、缺乏有效配置的弱点，促进跨学科集成、多学科合作和新学科开创，推动跨校跨系统的联合、协作。瞄准科技前沿和经济社会发展、国家安全相关的重大科技问题，集中优势力量重点突破。在广泛发动专家预测和研究的基础上，提出以下科技领域和重大科技问题，作为重大科技研究的战略重点：

数理科学领域。核心数学及若干前沿应用，非线性科学与复杂系统，深层次的物质结构和大尺度的物理规律，纳米科学技术，空天环境与安全，空间科技系列卫星群，量子调控与未来信息科学技术基础，凝聚态物质及其新奇量子现象，重大经济社会问题的数学模型和数学与哲学社会科学的交叉。

化学化工科学技术领域。新物质绿色创制科学与现代产业化技术基础，绿色农药与化肥的创制理论、方法与技术，现代药物的合成、精制与靶向可控释放技术，超高纯精细化学试剂制备新原理、新方法与新工艺，超高精度化学计量表征和测量新原理与新技术等。

资源环境科学技术领域。中国大陆地球系统动力学及其成矿作用与环境—生态演化，我国自然环境宏观格局的形成与变化趋势，水资源—水环境—水循环—水安全系统及其人类活动耦合效应，人工生态系统及其优化范式，城市化进程中资源与环境发展战略，海洋—大气耦合系统，海水淡化等。

生命科学技术领域。人类和主要动植物、微生物的基因组学与蛋白质组学，生物多样性及生物遗传资源保护，生物信息学与系统生物学，生物入侵和综合防治，人类重大疫病的生命科学基础及其综合防治，中枢神经系统发育及其损伤修复，社会性疾病防治，创新药物与中医药现代化，生物组织工程的科学基础和应用，医学与人类资源基因库、信息库等。

农业科学技术领域。生态与抗干旱节水农林业，重要农业生物的功能基因组与分子遗传改良，动植物育种及种质资源基因库、信息库，现代农畜产品深加工技术与食品质量安全，农林业生物质能与生物质材料，农田、草原与森林生态系统及受损生态修复等。

信息科学技术领域。下一代互联网技术和网络安全技术，未来移动通信理论、技术与体系结构，高性能新一代计算机体系与低价位网络终端，高可靠、高可用、标准化、可扩展的软件，微纳电子和集成光电子制造技术，现代远程教育服务平台支撑技术，量子通信与量子计算，脑科学与认知科学，复杂多源信息融合与智能信息处理，建立在自主技术体系下的信息系统基础平台，信息媒介和人机交互关系研究等。

材料科学技术领域。面向国家重大需求的超级结构材料，纳米材料与器件，器件小型化、高集成化用的信息功能材料，材料行为计算模拟和优化设计原理与方法，生物医学材料，重要国防和能源工程用材料等。

能源科学技术领域。高效率、低污染、洁净煤技术，新一代先进核反应堆，进行可控热核聚变能源技术的基础性研究，生物质能、太阳能、风能及氢能等可再生能源与新能源，互联大电网高效传输和网络安全技术，重大电力装备的关键技术，以煤气化为基础的多联产技术，节能技术等。

先进制造科学技术领域。数字化设计制造技术、工作母机、生产系统数字化管理技术，重大装备关键技术与成套集成技术，先进电子制造技术与装备，新一代汽车制造技术与装备，先进医疗设备，机器人技术，现代监控技术与装备，绿色制造理论与技术等。

交通运输科学技术领域。大运输机设计与制造技术，交通运输高速化、重载化和环保理论与技术，综合交通系统规划理论与方法，交通运输系统管理理论与技术，智能交通理论与技术等。

土木与水利科学技术领域。重大土木工程建设关键技术与信息土木工程，工程结构的防灾、减灾技术，大型或特大型水利水电工程建设的关键技术，土木、水利工程的新材料、新技术开发与应用，水利工程与生态环境的相互作用与协调发展，城市与城镇化规划和建设，宇宙空间建筑技术，绿色建筑技术，现代建筑设备系统及其技术，长江上游巨型水电站群的联合优化调度理论与方法等。

公共安全科学技术领域。突发性自然灾害的形成过程及区域规律的研究，突发性事故灾难的形成过程及预防对策研究，突发性公共卫生事件传播过程及预防控制技术研究，突发性社会安全事故形成、预防研究和应急机制。

国防科学技术领域（略）。

（三）实施科教互动战略，构建高校科技创新平台体系

科学研究和人才培养是高等学校的重要职能。实施科教互动战略，建设一批具有国际影响力的科技创新基地，实现科研活动与教学活动、科技创新与人才培养的完美结合，成为国家科技创新体系的重要部分，为中国早日进入创新型国家做出重要贡献。

根据国家构建创新体系的要求，建设以原创性科学研究和战略高技术研究为主要目标的创新研发平台，以行业共性技术、产品开发和技术转移为主要目标的技术创新与成果转化基地，以公共服务和科技资源共享为主要目标的公共服务基地，形成知识创新、技术创新与成果转化和公共服务三类平台为主体的高等学校创新平台体系。

创新研发平台。以加强和提升原始性创新能力为重要任务的创新基地体系包括：国家实验室（大学研究院）、国家重点实验室、省部级重点实验室。国家实验室（大学研究院）是包含多个一级学科，汇聚若干学术大师、创新团队和一批拔尖人才，科研设施精良，学术氛围宽松，开放式的大型原始性科技创新基地。在引领中国若干学科跻身世界先进行列、承担国家重大战略科技任务、培养高水平创新人才等方面发挥不可替代的重要作用。

国家重点实验室要在多年建设和发展的基础上，根据国际学科发展的主流方向，完成整合提升。国家重点实验室要在其学科领域和研究方向上，做出科学发现和技术发明的原创性科技成果，加强战略高技术前沿研究和竞争前的技术创新和集成，培养大批高层次创新人才，提升该领域的学术水平和国际影响力，带动高等学校整体科研水平和能力的提高。

省部级重点实验室是高等学校科技创新基地的重要基础，力求在各自的研究领域和学科上形成一定的特色和优势，为提高高等学校整体科研水平和人才培养质量做出重要贡献，同时要积极为区域经济的发展提供科技支撑。

技术创新与成果转化基地。高等学校要根据各自的学科特色和优势，加强产学研合作，将应用研究和高技术产业化与国民经济建设的重大需求紧密结合，通过学科交叉和技术融合，加强集成创新，争取为行业的关键性和共性技术的突破做出重要贡献。技术创新基地体系包括：国家工程研究中心、国家工程技术研究中心和省部级工程（技术）研究中心。建设高等学校技术创新基地，要根据国家经济社会发展和经济结构战略性调整的需求，围绕促进高技术产业发展和高新技术产业化以及保障可持续发展战略的实施，明确各自的主攻领域和目标，发挥高等学校的优势，在国家技术创新中发挥其应有的作用。

高等学校在源源不断产出大量科技成果的同时，大力提高科技成果转化的水平。建立大学技术转移中心、科技服务中心、大学—产业联盟等各类中介服务机构和合作组织，开展多层次、多形式的成果转化、科技服务和培训活动。进一步建设和发展大学科技园，着眼于孵化高素质、高成长性的高新技术企业，培育新的经济增长点。

高等学校坚持以为国家安全做出重大贡献为已任，根据寓军于民、军民结合的方针，充分发挥已有的基础和优势，争取与国防军工部门联合建设国防科技研究基地，开展国防科技应用研究和工程化研究，为提高我国国防科技水平和国家安全做出贡献。

公共服务平台体系。抓住信息化建设的发展机遇，以信息化带动教育、科研工作现代化，并以此为基础搭建教育科研公共服务平台。具体包括：高水平的计算机网络服务平台，以科技成果信息、科技期刊信息、图书馆和博物馆为主体的数字化科研信息资源平台，大型仪器设备共享平台，成果转化综合服务平台。

（四）实施人才强校战略，大力推进教师队伍建设

构建定位明确、层次清晰、衔接紧密、促进优秀人才可持续发展的培养和支持体系；力争培养和汇聚一批具有国际领先水平的学科带头人、一大批具有创新能力和发展潜力的青年学术骨干，带动高等学校教师队伍的整体素质的提升；积极探索以创新平台、重点科研基地、重点学科为依托，以学科带头人为核心，以重大项目牵引、凝聚学术队伍的人才组织模式，形成一批优秀创新团队，促进学科交叉融合和集成发展；积极支持优秀人才为经济社会发展、全面建设小康社会做出重要的知识贡献。

加强战略科学家培养。重点培养和造就一批具有战略眼光、能够把握世界科技发展趋势和国家战略需求，具有卓越领导才能，善于组织大规模科技创新活

动和承担国家重大科技任务，具有崇高道德风尚和人格魅力，能够团结大批科技人才共同奋斗的战略科学家。积极为战略科学家的成长创造条件，在创新基地建设、重大科技项目组织、科技宏观决策、重要国际学术交流等实践中，不断地提高其国际学术地位、战略眼光、学术洞察力、领导和组织管理水平。培养战略科学家要注意开拓选才视野，在国际人才竞争中吸引和凝聚战略科学家。

支持一批具有世界一流水平的创新团队。大力倡导科技人员的团结、协作、奉献精神，营造良好的工作环境与创新文化氛围。积极推动以重点实验室和工程（技术）研究中心等创新基地为依托，以优秀学术带头人为核心，以科技创新群体建设为目标的高等学校科技创新团队计划，面向国内外吸引、汇集一批著名学者和专家，逐渐形成一批具有世界一流水平的创新团队，成为我国攀登科技高峰和解决重大科技问题的国家队。创新团队计划首先要在优先发展的科技前沿领域和围绕经济社会发展的重大科技领域中组织实施。

加速培养造就一大批青年拔尖创新人才。鼓励青年学术带头人勇于攀登科学高峰，大力增强高等学校原始创新能力，提高高等学校的学术水平和人才培养质量。培养、吸引和稳定大批优秀青年骨干教师，不断涌现青年拔尖人才和优秀骨干人才，造就高水平科研队伍，为实现全面小康的奋斗目标提供强大的人才支持。

研究生和博士后是科技创新的生力军。目前，大学培养了全国90%以上的研究生，储备了雄厚的科研力量，有着明显的优势。进一步加强研究生和博士后队伍的建设，改善生活待遇，提高培养质量。同时，也要不断激发他们勇于献身科学的精神。积极鼓励大学生尽早介入科研活动。

积极探索培养人才的新机制。努力挖掘科研机构的创新资源，将实力雄厚的研究机构与研究型大学合作培养高级科技人才，纳入高等教育体系。鼓励企业、高等学校、研究机构共同设立培养青年科技人才的计划，支持企业参与培养大学硕士、博士研究生的教学活动，联合培养高层次创新人才，鼓励高等学校的教师和学生参与企业的科技创新活动。通过建立产学研联合培养人才机制，实现教育和科技资源共享和优化组合，打破高层次创新人才培养中的部门和单位所有制的局限性，提高全国的高层次创新人才培养质量和效益。

在经济和科技发展全球化趋势下，必须将高层次创新人才培养的国际化作为提高高等学校创新能力和国际影响力的重要战略举措。积极支持学术带头人参加国际大科学计划，重点支持学术带头人发起和牵头的重大国际合作研究计划和项目，大力促进我国高等学校与国际高水平大学和研究机构建立实质性合作。积极为学术带头人和青年学术骨干创造条件到国际高水平大学进行学术交流和开展合作研究。鼓励和吸引国际优秀科学家和教授到国内的大学兼职，开展教学和科研活动，联合培养研究生。吸引外国优秀青年，特别是海外优秀华人学生和发展中国家优秀学生来我国学习，吸纳其中高水平的优秀科技人才为我所用。

四、高等学校科技发展的政策措施

（一）大力推进体制创新，营造良好的创新环境

进一步加快高等学校的改革步伐，建立现代大学制度。高等学校要找准自己的位置，优化教育结构和科技工作结构，创新运行机制和完善管理制度，逐步形成同经济社会发展相适应并具有各自优势特色的教育、科技体制。这种新的体制要能保障多学科队伍的凝聚、多学科综合问题的研究，基础研究、应用研究和技术开发与集成的有效连接，有利于解决重大综合性科技问题，有利于将政府部门、产业界和科技教育界的意志与智慧结合起来。同时要针对不同类型高等学校实行分类指导，确立不同的评价标准，营造良好的科技创新环境。

（二）增加科技投入，提高经费效率

积极争取多渠道、多形式对高校科技创新工作的投入，同时呼吁国家加大对高等学校的科技投入，特别是要增加基础研究的投入强度，至2020年，政府对高等学校基础研究的投入比例，达到国际上同类投入的比例水平，国家对高等学校的预算拨款中列科技专项。进一步加强对重点建设的若干所世界一流大学的支持力度。教育部在“教育振兴行动计划”中，设立《科技创新引导资金》，主要支持与实现国家目标密切相关的重点科技创新平台建设，科技前沿探索和战略高技术育苗，高层次创新骨干人才培养。希望中央财政拨专款支持引导资金的建立，并促进地方财政共同支持创新计划的实施。有条件的高校要设立“自

由探索基金”、“专利基金”和“国际合作与交流基金”等。

（三）改善科技创新基础条件，加快实现资源共享

加强科技创新的基础性工作，在大学建设一批大科学工程和野外台站，加强科学数据的收集和采集，在部分优势基础科学或特色学科领域建立全国性的科学数据中心，为基础科学研究提供信息平台。支持在高校建立国家大型仪器中心，推动科学仪器和科学数据的共享。择优支持一些能够与国际期刊接轨的高水平的学术期刊。支持大学图书馆的电子化和网络化。

（四）加强组织和协调，积极承担国家重大科技任务

为更好地发挥高等学校人力资源丰富和学科综合的优势，克服力量比较分散、缺乏围绕重大目标凝聚力量有效地组织科技攻关和前沿领域研究的弱点，要采取有力的政策措施，充分发挥专家系统的作用，大力加强重大项目的培育和组织管理。

（五）坚持产学研合作，加快科技成果转化和产业化工作

高校科技工作坚持面向国民经济建设主战场，通过联合、共建、融合等方式，加强与企业和科研院所的多种形式合作，广泛开展人员交流，合作研发，合办科技创新机构、人员培训机构等，形成产学研结合的有效机制，积极建立与企业、科研机构之间有效的联系渠道，积极参与以企业为核心，高等学校和科研机构共同参与的技术创新体系。

（六）扩大国内外科技交流与合作，充分利用国际科技资源

积极扩大对外开放，加强国际科技交流与合作，利用全球科技资源提升自主创新能力，有效服务于国家战略需求。鼓励高等学校与世界著名大学、科研机构和实力雄厚的企业合作开展科学研究、人才培养，建立科技机构，乃至战略联盟。支持高等学校参与全球或区域性的双边、多边科技合作计划和人员交流，学习世界各国的领先科技，及时分享最新知识、技术创造和研究开发条件。

（七）大力加强地方高校科技创新工作

地方高校是我国高等教育体系的重要组成部分，是我国科技创新队伍中的有生力量、区域创新体系的核心组成部分。国家通过政策引导、计划支持等方式加强地方高校科技创新能力建设，推动地方高校融入区域创新体系之中。地方教育行政部门要统筹指导本地区各类高等学校的改革和发展，多方面争取对高等学校的支持，推动和组织地方高校为区域经济社会发展服务。地方高校应制定计划，出台政策措施，进一步加强科技创新工作，努力实现学校的快速发展。

教育部办公厅关于印发国务院决定取消的教育部第三批行政审批项目目录的通知

（2004年6月9日）

根据《国务院关于取消第三批行政审批项目的决定》（国发〔2004〕16号），教育部共取消行政审批项目15项。现将《国务院决定取消的教育部第三批行政审批项目目录》印发给你们，并就有关工作通知如下：

一、从贯彻党的十六大、十六届三中全会精神和实践“三个代表”重要思想的高度进一步提高对贯彻实施《中华人民共和国行政许可法》、加大行政审批改革的认识，全面落实国务院关于行政审批改革的决定。党的十六大报告提出，“完善政府的经济调节、市场监管、社会管理和公共服务的职能，减少和规范行政审批”。十六届三中全会决议进一步强调，要“深化行政审批制度改革”。最近国务院发布了《全面推进依法行政实施纲要》，再次要求认真贯彻实施行

政许可法，减少行政许可项目，规范行政许可行为，改革行政许可方式；提出了要用十年左右的时间建设法治政府的目标。这次行政审批项目的清理结果，是国务院贯彻实施行政许可法，推进行政审批制度改革的重要举措，有利于教育行政部门积极转变管理职能，不断提高管理和服务水平。部内各司局、各直属单位要提高对贯彻国务院决定的认识，按照全面推进依法行政、建设法治政府的要求，以贯彻实施行政许可法为契机，深化行政审批制度改革，进一步规范行政行为；把改革行政审批制度同转变政府职能、推进制度创新结合起来，逐步建立起适应社会主义市场经济和世贸组织规则要求的教育行政管理体制；要积极落实行政审批改革成果，切实抓好后续各项工作的落实，凡已经取消或改变管理方式的行政审批项目，不得再恢复或变相恢复。

二、全面清理和修订行政审批的设定依据。清理取消行政许可项目设定依据，是贯彻实施行政许可法，做好行政审批制度改革后续工作的重要组成部分。根据行政许可法的规定，国务院部门规章或者规范性文件中关于行政许可的规定都要进行清理。部内各司局、各直属单位要根据行政审批清理结果，对行政审批项目的设定依据抓紧研究并提出修改的意见和方案。其中以教育部规章、教育部文件或教育部各司局文件为设定依据的，按教育部有关规定明令废止或重新发布。涉及规章修订或废止的，各主管司局要会同部法制工作机构提出意见。

三、做好取消审批项目后续监管工作。部内各司局、各直属单位要根据国务院的要求，认真做好行政审批项目取消和调整后有关后续监管和衔接等工作。对取消审批后仍需加强监管的事项要建立后续监管制度，保证相关管理措施落实到位；做好行政审批项目调整后的衔接工作，对于教育部已取消的行政审批项目，省级教育行政部门原则上也要取消，个别因特殊情况确须保留的，要通过制定地方性法规或地方政府规章予以设定。部内各司局、各直属单位应当将行政审批项目取消和调整后有关后续监管的具体办法，于2004年6月底前报部行政审批制度改革领导小组办公室。执行中的重要情况，请及时报部行政审批制度改革领导小组办公室。

国务院决定取消的教育部第三批行政审批项目目录

序号	项目名称	设定依据
1	在京教育机构设立无线电台（站）审核	《中华人民共和国无线电管理条例》（国务院令第128号）
2	自费出国留学中介服务机构跨省开展业务活动审批	《自费出国留学中介服务管理规定》（教育部、公安部、国家工商行政管理局令第5号）
3	具有研究生单独命题考试资格的高等学校确定	《国家教育委员会关于印发招收攻读硕士学位研究生管理规定及其实施细则的通知》（教学〔1996〕24号）
4	具有研究生推荐免试入学资格的高等学校确定	《国家教育委员会关于印发招收攻读硕士学位研究生管理规定及其实施细则的通知》（教学〔1996〕24号）
5	省级对实施高等教育学历文凭考试试点学校的资格审批	《国家教育委员会关于同意吉林、福建、陕西、四川、广东五省进行高等教育学历文凭考试试点的批复》（教成〔1996〕10号）
6	组织中小学生赴境外开展夏（冬）令营等活动审批	《教育部、公安部关于下放中小学生赴境外夏（冬）令营等活动审批权限的通知》（教外综〔1999〕31号）
7	普通高等学校毕业生就业调整改派计划审批	《国家教育委员会关于做好1996年全国普通高等学校毕业生就业工作的意见》（教学〔1995〕19号）

续表

序号	项目名称	设定依据
8	外国公司设立以外国公司或外国人名字命名的奖学金审批	《教育部关于高等学校与外国公司在教育领域开展科技合作若干问题的通知》(教外综〔2000〕51号)
9	学校校舍、教室命名审批	《国家教育委员会关于学校校舍、教室命名的有关规定的通知》(教办〔1997〕18号)
10	教育部直属高等学校聘请外国文教专家单位资格审核	《国家外国专家局、外交部、公安部关于实行〈聘请外国文教专家单位资格认可办法〉的通知》(外专发〔1992〕170号)
11	高等学校聘请外籍和港澳台政要、知名人士、高级公务员为名誉(客座)教授审批	《教育部关于高等学校进一步做好名誉教授聘请工作的若干意见》(教人〔2003〕1号)
12	因公赴港澳就读、任教、合作研究人员资格审核	《教育部、国务院港澳事务办公室关于印发〈关于对因公赴香港、澳门就读、任教、合作研究人员的暂行管理规定〉的通知》(教外港〔2000〕60号)
13	中外合作办学机构颁发外国学历、学位证书的资格审批	《国家教育委员会关于发布〈中外合作办学暂行规定〉的通知》(教外综〔1995〕31号)
14	学校招收外籍学生和港澳台学生资格审批	《高等学校接受外国留学生管理规定》(教育部、外交部、公安部令第9号)、《中小学接受外国学生管理暂行办法》(教育部令第4号)

注：另有1项根据国务院决定属于涉密事项，按规定另行通知。

教育部办公厅关于做好独立学院本科专业清理备案工作的通知

(2004年9月22日)

独立学院是新形势下高等教育办学机制与模式的一项探索和创新。根据《中华人民共和国民办教育促进法》及教育部《关于规范加强普通高校以新的机制和模式试办独立学院管理的若干意见》(教发［2003］8号，以下简称《若干意见》)等文件精神，本着“积极发展、规范管理、改革创新”的原则，在继续推进独立学院试办工作的同时，为切实加强管理，不断规范办学行为，确保独立学院稳定、健康发展，经研究，决定对独立学院已招生的本科专业进行清理、备案工作。现将做好独立学院本科专业清理备案工作的有关事宜，以及今后独立学院专业设置管理工作的意见通知如下：

一、工作范围

1．独立学院是专指根据《若干意见》规定经我部确认批准的、由普通本科高校按新机制新模式举办的本科层次二级学院。

2．备案专业为独立学院在2004年及以前举办的本科专业。未经备案的专业，2005年不得招生。

二、工作程序

1．独立学院将已招生的本科专业，按照《高等学校本科专业设置规定》的有关要求，认真填报《高等学校增设本科专业申请表》，经申请举办独立学院的普通高校(以下简称申请者)同意后，报独立学院所在地的省级教育行政部门。

2．独立学院所在地的省级教育行政部门对独立学院上报的本科专业进行审核后，报我部备案。

三、工作要求

1．独立学院要重视本科专业的清理备案工作，要按照我部有关文件精神和要求，主动争取申请者的帮助、指导，认真做好专业备案工作。

2. 申请者要对独立学院的教学和管理工作负责，加强对独立学院专业设置工作的管理和指导，采取切实措施解决独立学院在本科专业清理备案工作中存在的困难和问题。

3. 对已招生但办学条件尚需完备的专业，应提出专业建设规划，力争在短期内达到本科专业的开办条件。

4. 各省级教育行政部门于2004年10月31日前将属地内所有独立学院本科专业设置情况，参照《高等学校本科专业设置规定》中的本科专业设置备案表的格式式样填写备案表（Excel格式的电子版文件，请发送至Zhangqg@moe. edu. cn），连同批准设置独立学院的文件（复印件）报我部备案。

四、从2004年开始，独立学院增设、调整本科专业一律以独立学院为单位独立申报。独立学院凡新增、调整本科专业，需先报申请者审核，按《高等学校本科专业设置规定》中的有关要求，将申请者的审核意见，连同其他专业申报材料报送独立学院所在地的省级教育行政部门。

申请者应当组织校学术委员会对独立学院新设、调整本科专业的申请进行评议，并提出评审意见。

五、从2005年开始，我部将组织专家分期分批对独立学院的教学工作进行评估，学院的专业设置、办学条件和教学质量是专家考察评估的重点之一。对经过评估教学工作未达合格的学院，将责令其限期整顿。

六、请各省级教育行政部门将本通知发至所在地独立学院及独立学院申请者。

资料汇编

2004年全国十大教育新闻

由中国教育报、中国教育电视台联合主办，浙江宁波华茂集团协办的“2004年全国十大教育新闻”评选，评选出的2004年度全国十大教育新闻是（按时间顺序排列）：

一、中央财政投入百亿启动西部“两基”攻坚。

到2007年我国西部地区将基本普及九年义务教育，基本扫除青壮年文盲。

二、国务院批转教育部《2003—2007年教育振兴行动计划》。

这一计划是教育系统进一步落实科教兴国战略和人才强国战略，加快今后教育改革与发展的基本蓝图。

三、《中共中央国务院关于进一步加强和改进未成年人思想道德建设的若干意见》发表。

《意见》就全党全社会进一步做好未成年人思想道德建设工作提出了明确要求，作出了重要部署。

四、国家助学贷款出台新政策。

对国家助学贷款工作进行了调整和完善，自2004年秋季开学后在全国普通高校全面实施。

五、教育部等七部门召开全国职业教育工作会议。

会议提出要面向市场，以就业为导向，以服务为宗旨，加快培养大批高技能人才和高素质劳动者，逐步建立起与经济社会发展相适应的现代职业教育体系。

六、我国首部《高等学校哲学社会科学研究学术规范》发布。

《规范》对高校哲学社会科学研究的基本规范、学术引文规范、学术成果规范、学术评价规范和学术批评规范都作了明确的规定，对明确学术要求、保证学术质量、维护学术尊严、净化学术环境，具有重要作用。

七、全国义务教育阶段学校实行“一费制”，继续扩大免费教科书发放范围。

截至目前，25个省份已全面实行“一费制”，5个省份正逐步推开。同时，国家从今年秋季新学期开始继续扩大免费教科书发放范围，2 400多万名中西部农村义务教育阶段家庭经济困难学生受益。

八、全社会隆重庆祝第二十个教师节。

党和国家领导人在人民大会堂亲切会见了出席庆祝第二十个教师节暨全国优秀教师表彰大会代表。

九、中共中央、国务院发出《关于进一步加强和改进大学生思想政治教育的意见》。

以党中央、国务院名义下发加强和改进大学生思想政治教育的文件，这在我们党和国家历史上还是第一次。

十、我国开通全球规模最大下一代互联网。

为全国高校和科研单位提供每秒1G至10G比特的高速IPv6接入服务，国内100所高校将成为首批受益者，明年接入高校有望达到200所。

2004 年“中国高校十大科技进展”

这些获奖项目凸显了高校日益增长的科研实力，显示出高校在科教兴国的伟大进程中正在发挥着不可替代的作用，表明向高校科研投资会取得丰厚的回报。其中一些项目已经达到了世界先进水平，或者取得了世界性突破。有的项目已在科研实践或经济建设领域显示出巨大的价值和辉煌的前景。

马里诺—瓦发猜想的证明

1998 年开始“中国高等学校十大科技进展”项目以来，数学科学研究成果入选还是第一次。

完成这一项目的国际科研团队由浙江大学光彪讲座刘克峰教授、清华大学周坚教授、美国哈佛大学刘秋菊博士组成。他们成功证明了超弦理论中的世界著名难题马里诺—瓦发猜想，取得了国际一流的创新研究成果，受到国际学术界高度关注和广泛赞誉。国际数学物理界领袖人物哈佛大学瓦发教授对马里诺—瓦发猜想的彻底解决感到十分惊奇和欣慰，对这项工作给予了极高的评价。国际数学大师丘成桐教授在两次国际数学高层会议的一小时大会报告中都大篇幅介绍了这一重大成果。2003 年年底，刘克峰三人合作完成的论文“关于霍奇积分的马里诺—瓦发猜想的证明”在国际顶尖数学刊物《微分几何杂志》发表。

从爱因斯坦开始，物理学家几十年孜孜追求的梦想是大统一理论。超弦理论是目前最有可能完成这一梦想的理论。马里诺—瓦发猜想的提出是基于超弦理论中的卡拉比—丘成桐和陈省身—西蒙斯理论的对偶，其结论是两个理论中的无穷生成函数完全一样。国际著名数学家、哈佛大学教授马里诺和瓦发于 2001 年提出了这一猜想。特别引人注目的是，刘克峰、周坚、刘秋菊解决的马里诺—瓦发猜想比俄国数学家康切维奇的菲尔兹奖获奖工作“威腾猜想证明”更为复杂，结论更具体。

五光子纠缠和终端未定量子隐形传态的实验实现

五体纠缠的实验实现在世界上是个很大的挑战，其实现必然会带来量子纠错等量子信息处理中必要环节的突破。我国在世界上首次实验实现了五体纠缠态，并在此基础上实现了终端未定的量子隐形传态，为分布式的量子信息处理提供了一个新的可能性。

该成果以论文方式发表在 2004 年 7 月 1 日的英国《自然》杂志。欧洲物理学会的新闻网站（Physics Web）与美国物理学会（Physics News Update）都专文详细报道了这一工作，并均将其选为年度重大物理学进展，称赞这项工作代表了将量子力学原理应用到量子信息处理研究的一个重大突破。国际权威科技媒体《科学美国人》、《科学新闻》以及《科技研究新闻》等也都对该研究成果做了报道。这项研究的成功意味着我国在量子信息研究方面已经成功地超越了欧美国家，处于世界领先地位。

完成本项目的主要人员有潘建伟教授，1970 年生，2001 年入选“中科院引进国外杰出人才”。2002 年被教育部聘为长江学者。他领导的“多光子量子纠缠态的操纵与鉴别”入选“2003 年度中国高校十大科技进展”，和两院院士评选的“2003 年度中国科技十大进展”。杨涛教授、赵志副教授二人主要从事量子物理和量子信息实验研究工作。

光学频率合成与传递技术

华东师范大学光谱学与波谱学教育部重点实验室自 2002 年初开始从事飞秒光梳的精密锁相控制、光学频率合成及光钟基础等研究。近 3 年来已研制成我国第一台飞秒光学频率梳状发生器，实现对飞秒光脉冲时频域的精密控制，在光学频率测量、光学频率合成以及光频与光频、光频与微波频率间的转换等方面开展了一系列基础与技术研究，并将自行研制的飞秒光学频率梳状发生器运往国际标准局（巴黎）进行了首次飞秒光梳国际比对，随后又将该飞秒光梳运到美国，与国际标准局和美国国家标准与技术研究所共同进行国际比对合作研究，在光学频率合成、比对及光钟基础研究中取得突破性成果。2004 年 3 月课题组在国际著名杂志《自然》和《OPTICS LETTERS》上发表学术论文。

国际标准局对此研究成果给予高度评价，认为该项研究“以前所未有的精度实现光频合成与分频”，“此项不寻常的研究成果（人们难以想象在其他任何科学领域可能有如此高的精度）不仅有助于增进我们对许多物理问题的理解，而且还涉及重大技术进步和新的实际应用”。美国国家标准与技术研究所对这一研究成果意义的评价是“这项研究为下一代原子光钟铺平了道路”，“朝着基于光频（而不是微波频率）的新一代原子钟研究迈出的重要一步”。

光钟研究是2002年以来国际计量科学发展的一个新热点，并将成为国际新一代时间频率的基准。光学频率合成是光钟研究中的关键技术之一。

中国澄江化石库中发现棘皮动物始祖

中国地质大学（北京）进化生物学研究所和西北大学早期生命研究所所长舒德干教授等人2004年7月22日在英国《自然》杂志以其最高研究论文规格Article形式发表了《中国澄江化石库发现棘皮动物始祖化石》的论文，代表着该研究领域的重要突破。澄江动物群及寒武纪大爆发是地球发展史中的重大问题，目前研究已取得了重要进展，但是早期后口动物谱系演化探索过程中，始终未能发现其中一个十分重要的门类——棘皮动物门的踪影。这严重阻碍了对整个后口动物演化全貌及其发展规律的认识。本项研究在中国澄江化石库中发现并论证了早期棘皮动物始祖，首次提出了早期后口动物谱系的起源及演化图谱，弥补了生物演化中的空缺。

他们近年三次在该杂志发表的Article形式论文，揭示出了5.3亿年前寒武纪大爆发动物演化树中后口动物半棵树的顶端类群脊椎动物始祖和底端类群古虫动物门；发现了后口动物谱系中一类最为奇特的重要类群——棘皮动物门的始祖类型古囊动物，从而在棘皮动物起源探索这一长期困惑学术界的重要难题上取得了关键性突破。更重要的是，连同他们过去在《自然》和《科学》杂志上报道的关于半索动物、头索动物、尾索动物等重要发现，首次勾勒出了既包括现生主要类群、同时也包括多种重要绝灭类群在内的迄今最完整的后口动物演化谱系图。

新假说提出后口动物全谱系演化中至少出现过六次重要创新事件。作者们在综合了生物学和古生物学最新信息后，提出了与传统的后口动物单谱系演化观念不同的双谱系演化新理念。

同期《自然》杂志还发表了题为《棘皮动物的根》的肯定性专题评述文章。葡萄牙等国的《生物学》已决定将该发现编入教材。显然，这些成果在实证科学层次上丰富和发展了达尔文进化论，将在进化生物学上留下深远的影响。

新型树突状细胞亚群及其免疫机制的研究

机体的免疫系统是一个精密的反应体系，免疫应答的触发、进展和平息受到免疫系统的精确调控。免疫调节是免疫学研究的重要分支，而外周免疫器官是免疫应答最重要的场所，所以免疫器官微环境对免疫应答的调节作用不容忽视。免疫应答的主体是免疫细胞，而树突状细胞作为专职性抗原提呈细胞是免疫应答的中心环节，因此研究免疫微环境对树突状细胞生物学功能的影响具有重要价值。

本项目从免疫微环境的角度研究免疫调节，建立了稳定的以脾脏基质细胞为主体的免疫微环境/树突状细胞相互作用的体外研究模型，通过研究，提出了两个重要理论并得到了国际同行的高度关注和认可：1）传统免疫学认为成熟树突状细胞为终末细胞，通过本项研究，发现成熟树突状细胞非终末细胞。2）成熟树突状细胞在脾脏微环境的影响下可以进一步分化为一种免疫表型独特的新型树突状细胞亚群，通过释放NO可以显著抑制T细胞增殖以发挥免疫调控作用，从而维持机体免疫应答的适度平衡，该结果与以往常规认为成熟树突状细胞激活T细胞增殖的观念不同。此外，在体内也发现了这一特殊的调节性树突状细胞亚群的天然对应物，提示在免疫微环境的影响下成熟树突状细胞向调节性树突状细胞的转化可能是机体一种重要的免疫调节方式。

该研究成果作为封面论文在2004年11月出版的国际免疫学权威杂志《自然—免疫学》上发表。国际著名的免疫学家Ken Shortman在同一期杂志上发表了两页述评，对该成果进行了高度评价，称“这是一项令该领域的绝大多数研究者吃惊和关注的工作”。同时，国际著名的专业综述杂志《自然—免疫述评》也针对该研究配发了题为《树突状细胞：柳暗花明又一村》的述评。

该项目由国家“973”免疫学项目首席科学家曹雪涛教授领衔的课题组包括上海第二军医大学免疫学

研究所和浙江大学免疫学研究所的科研人员历时6年完成。

调控动物胚胎中胚层形成的一种新机理

动物由单细胞胚胎发育为由多种组织、多个器官构成的个体是一个十分复杂的过程，受到多种分子信号的精密调控，如果调控失常，就会导致胚胎的异常发育，产生出生缺陷、甚至早期夭折。Nodal信号是胚胎发育中的一个关键信号之一，它诱导胚胎形成中胚层和内胚层组织，如肌肉、骨、肾脏、心脏、消化道、呼吸道等。清华大学生物科学与技术系的研究人员利用斑马鱼为模式动物，结合分子生物学、细胞生物学、遗传学、发育生物学等技术，经过几年的研究，发现了一种抑制Nodal信号的中胚层诱导活性的新机理。该项成果加深了对胚胎发育调控的认识，对于研究人类出生缺陷的遗传机理有借鉴意义。

该项目的研究工作全部在国内完成，成果以论文的形式于2004年10月1日发表在国际著名学术杂志《科学》上，是我国在发育生物学研究领域中的一项突破。

该项目的主持人孟安明和陈晔光均为教育部长江学者特聘教授、国家杰出青年基金获得者，项目得到了国家自然科学基金和“863”计划等的资助。

试验卫星一号研制与飞行

“试验卫星一号”是我国第一颗新技术演示验证卫星，也是世界上第一颗三线阵CCD立体测绘卫星。其主要任务是对小卫星新技术、立体测绘技术等进行在轨飞行演示，验证立体测绘卫星的技术体制、考核技术指标。它的运行成功，探索了我国以高校为主联合国内优势力量研制小卫星的新模式、新途径。

“试验卫星一号”卫星充分体现了现代小卫星的技术特点，作为新技术演示验证卫星，它的研制任务由高校牵头承担，任务目标以技术创新和新技术演示验证为主，技术指标要求高，可采用的成熟技术少。这个项目突破了传统卫星的设计模式，实现了围绕有效载荷的一体化设计与集成，简化了卫星系统配置、提高了功能密度、降低了成本。这个项目首次实现了基于小卫星的三线阵CCD影像立体测绘技术，突破并成功演示验证了采用磁力矩器和反作用飞轮联合控制，实现了卫星的全方位姿态捕获、基于反作用飞轮的整星快速大角度姿态机动控制以及卫星自主运行管理技术等。

该项目属于开创性的工作，研究成果已经在立体测绘、国家高技术航天航空领域、卫星技术预研等领域得到应用，为我国传输型立体测绘卫星的发展奠定了技术和工程基础。

中国下一代互联网示范工程核心网

中国下一代互联网示范工程CNGI示范网络核心网建设项目是经国务院批准，由国家发改委主持，科技部、教育部、中国科学院、中国工程院、国家自然基金会等多个部门共同参与的重大综合性项目，项目由中国工程院负责协调。由清华大学等25所大学联合承担的CERNET2主干网和CNGI—6IX是该项目的重要组成部分。

CERNET2主干网已于2004年12月25日正式建成开通，以2.5G～10Gbps速率连接分布在20个城市的25个核心节点，并以三条45Mbps速率的链路分别与北美、欧洲、亚太等地的国际下一代互联网实现了互联，为全国100余所著名高校提供IPv6高速接入，为相关学校的大规模科学研究提供了基础环境。

CERNET2是目前世界上规模最大的纯IPv6网络，它的建成为我国开展下一代互联网及其应用研究提供了开放性实验环境，成为我国研究下一代互联网技术、开发重大应用、推动下一代互联网产业发展的关键性基础设施，也标志着我国在下一代互联网的研究和部署方面走在了世界前列。

CERNET2主干网的建设依托设在清华大学的中国教育和科研计算机网CERNET国家网络中心，25个核心节点分别依托在参加本项目建设的25所重点高校。这些学校长期负责CERNET各级节点的建设和运行，汇集了众多国内的计算机和网络方面的专家学者。

耐高温长寿命抗氧化陶瓷基复合材料

本项目研制的连续纤维增韧碳化硅陶瓷基复合材料是一种新型战略性热结构材料。法国和美国上世纪90年代才步入应用研究阶段，材料构件的制造技术与设备对我国严密封锁。

这种材料比铝还轻、比钢还强、比碳化硅陶瓷更耐高温、抗氧化烧蚀，而且克服了陶瓷的脆性，类似金属不会发生突发灾难性破坏。它可以替代金属材料来解决目前航空航天器燃料20—30%浪费的问题，以满足其向高速度、高精度、高搭载和长寿命发展的需求。

西北工业大学张立同院士课题组经过近十年刻苦攻关，突破了材料制造工艺一系列制约实现工程化的国际性难题，获得10项国家发明专利，从而建立了具有自主知识产权的低成本、高性能材料，具有连续性和可靠性的精密成形与在线加工，以及环境相容性为特点的制造工艺、制造设备和应用考核三个平台。该平台成功经受了6年1100多批次的考核，构件成本为国际平均值的2/3以下，设备运行成本和制造周期均为国际平均值的1/3以下。近二十种构件在航空发动机、液体火箭发动机、冲压发动机、固体火箭发动机和飞行器防热结构上均一次试车成功。其中，代替钨渗铜减重90%。

本项目提出的“陶瓷基复合材料新型强韧化理论”，冲破了国际上“纤维性能越高越好”和“复合材料越致密越好”的误区，成为“高性能、低成本制备技术”核心发明的理论支撑。在本领域国际权威刊物《Carbon》上连续刊登相关论文十余篇。发表的122篇学术论文被《SCI》、《EI》和《ISPT》国际三大索引收录114篇次。

本项目整体技术跻身国际先进行列，材料综合性能达到国际领先水平，产生了广泛的国际影响，对我国先进武器装备的跨跃式发展产生深远影响，在军民两用领域具有广泛应用前景。本项目不仅为陶瓷基复合材料高科技产业奠定了坚实基础，而且推动了交通运输、新型能源、化学化工以及机械等行业的技术进步，潜在市场每年可达约10亿元，2003年获国防科学技术进步一等奖，2004年获得国家技术发明一等奖。

高性能炭/炭航空制动材料

飞机刹车副属于飞机A类重要零部件，高性能炭/炭复合材料是代表当今航空制动材料发展方向的一类先进复合材料，受到世界各航空大国的高度关注。这种材料在航天等领域亦有广泛应用前景。我国数百架大型民航飞机和数千架军用飞机都急需高性能炭/炭刹车材料，此前一直全部依靠进口。

1998年国家发展计划委员会组织专家反复考察后，批复了由中南大学依托其所属的粉末冶金国家重点实验室及国家工程研究中心承担“炭/炭复合材料航空刹车副研制”的国家重点工业性试验项目。

这一项目研发了自主知识产权的高性能炭/炭复合材料成套技术及其6大类共30台成套关键工艺设备；创立了实验室材料性能测试和评价方法；建立了我国首个炭/炭刹车材料地面试验装置及规范并制定了我国首个适航标准。已获得9项专利授权，在理论研究、技术工艺、装备和评价体系方面形成了完整的工程化技术体系。

与国外同类技术相比，本发明产品使用寿命提高9%，价格降低21%，生产效率提高100%，力学性能、高制动性能超过国外同类产品水平，已推广应用于波音757飞机和军用飞机，使我国成为世界上第四个能生产大型飞机炭/炭复合材料航空刹车副的国家。这个项目的相关成果还推广应用到航天领域，已获得火箭、导弹零部件工艺定型批准书。

中南大学获得了中国民航总局颁发的第一个大型飞机炭/炭刹车副零部件制造人批准书。航空大国俄罗斯迄今不能生产这种材料，已与该校签订合同为图-204、图-214提供炭刹车副。炭/炭航空刹车副的研制成功，打破了国外对我国军用飞机炭刹车材料的封锁，对我军数千架军用飞机减重和提高战技性能产生了重大影响。

原载2005年1月17日《中国教育报》

2005年具有普通高等学历教育招生资格的高等学校名单

教育部按语：为加强高等教育的宏观管理，确保高等学历教育必要的规格、质量和正常的办学秩序，进一步完善社会监督机制，现将2005年具有高等学历教育招生资格的1 778所普通高等学校名单（截止到2005年4月15日）予以公布。

在公布的普通高等学校名单中，凡办学条件低于限制招生（黄牌）规定要求的学校，在其校名前以“*”号标注（共60所），表示今年虽允许招生，但须严格控制招生规模，增加投入，充实办学条件。

本名单按学校所在地、办学类型、科类等排列，分为四部分，第一部分是普通本科院校（共700所）；第二部分是普通高职院校（共1 078所），包括高等专科学校、职业技术学院（学校）、短期职业大学和民办高等学校；第三部分是经国家批准设立的独立学院（267个）；第四部分是经国家审定的分校办学点（159个）。不含军事院校。除本次公布的高等学校名单外，任何其他机构均不具备举办普通高等学历教育的招生资格。对于违纪招生的单位，其所招学生的学籍、发放的毕业证书国家均不予承认。请今年报考普通高等学校的考生在报名前注意查询本名单，以免失误。

一、普通本科院校(共700所)

北京市（58所）

北京大学
中国人民大学
清华大学
北京交通大学
北京科技大学
北京化工大学
北京邮电大学
中国农业大学
北京林业大学
北京中医药大学
北京师范大学
北京外国语大学
北京语言大学
中国传媒大学
中央财经大学
对外经济贸易大学
中国政法大学
中国石油大学（北京）
中国地质大学（北京）
中国矿业大学（北京校区）
中央民族大学
中国人民公安大学
中国协和医科大学
北京体育大学
北京航空航天大学
北京理工大学
北京工业大学
北方工业大学
北京工商大学
首都医科大学
首都师范大学
北京联合大学
首都经济贸易大学
北京电子科技学院
外交学院
中央音乐学院
中央美术学院
中央戏剧学院
国际关系学院
中华女子学院
中国劳动关系学院
中国青年政治学院
北京服装学院
北京印刷学院
北京建筑工程学院
北京石油化工学院
北京农学院
首都体育学院
北京第二外国语学院
北京物资学院
中国音乐学院
中国戏曲学院
北京电影学院
北京舞蹈学院
北京信息工程学院
北京机械工业学院
北京城市学院
首钢工学院

天津市（18所）

南开大学
天津大学
天津科技大学
天津工业大学
天津理工大学
天津财经大学
天津医科大学
天津师范大学
天津农学院
天津中医学院
中国民用航空学院
天津工程师范学院
天津外国语学院
天津商学院
天津体育学院
天津音乐学院
天津美术学院
天津城市建设学院

河北省（30所）

华北电力大学
河北大学
河北工业大学
河北理工大学
河北科技大学
河北农业大学
河北医科大学
河北师范大学
燕山大学
河北经贸大学
中国人民武装警察部队学院
中央司法警官学院
华北科技学院
河北工程学院
石家庄经济学院
河北建筑工程学院
华北煤炭医学院
河北北方学院
承德医学院
唐山师范学院
廊坊师范学院
衡水学院
石家庄学院
邯郸学院
邢台学院
石家庄铁道学院
河北科技师范学院
唐山学院
河北体育学院
北华航天工业学院

山西省（16所）

山西大学
太原科技大学
中北大学
太原理工大学
山西农业大学
山西医科大学
山西师范大学
山西财经大学
长治医学院
太原师范学院
雁北师范学院
晋中学院
长治学院
运城学院
忻州师范学院
山西中医学院

内蒙古自治区（10所）

内蒙古大学
内蒙古科技大学
内蒙古工业大学
内蒙古农业大学
内蒙古师范大学
内蒙古民族大学
赤峰学院
内蒙古医学院
内蒙古财经学院
呼伦贝尔学院

辽宁省（40所）

大连理工大学
东北大学
大连海事大学
辽宁大学
沈阳大学
大连大学
渤海大学
沈阳工业大学
沈阳理工大学
鞍山科技大学
辽宁工程技术大学
辽宁石油化工大学
沈阳建筑大学
大连交通大学
沈阳农业大学
中国医科大学
大连医科大学
沈阳药科大学
辽宁师范大学
沈阳师范大学
东北财经大学
大连民族学院
中国刑事警察学院
沈阳航空工业学院
辽东学院
沈阳化工学院
大连轻工业学院
辽宁工学院
大连水产学院
锦州医学院
辽宁中医学院
沈阳医学院
鞍山师范学院
大连外国语学院
沈阳体育学院
沈阳音乐学院
鲁迅美术学院
辽宁科技学院
沈阳工程学院
辽宁对外经贸学院

吉林省（24所）

吉林大学
东北师范大学
延边大学
北华大学
长春大学
长春理工大学
长春工业大学
吉林农业大学
吉林师范大学
东北电力学院
吉林建筑工程学院
吉林化工学院
长春中医学院
通化师范学院
吉林工程技术师范学院
长春师范学院
白城师范学院
长春税务学院
吉林体育学院
吉林艺术学院
吉林华桥外国语学院
长春工程学院
吉林农业科技学院
吉林医药学院

黑龙江省（25所）

东北林业大学
哈尔滨工业大学
哈尔滨工程大学
黑龙江大学
哈尔滨理工大学
佳木斯大学
黑龙江八一农垦大学
东北农业大学
哈尔滨医科大学
黑龙江中医药大学
哈尔滨师范大学
哈尔滨商业大学
齐齐哈尔大学
黑龙江科技学院
大庆石油学院
牡丹江医学院
牡丹江师范学院
大庆师范学院
绥化学院
哈尔滨体育学院
哈尔滨学院
齐齐哈尔医学院
黑龙江工程学院
黑龙江东方学院
黑河学院

上海市（30所）

复旦大学
同济大学
上海交通大学
华东理工大学
东华大学

上海大学
华东师范大学
上海外国语大学
上海财经大学
上海理工大学
上海海事大学
上海水产大学
上海第二医科大学
上海中医药大学
上海师范大学
上海工程技术大学
上海第二工业大学
上海电力学院
上海应用技术学院
上海对外贸易学院
华东政法学院
上海体育学院
上海音乐学院
上海戏剧学院
上海立信会计学院
上海电机学院
上海金融学院
上海杉达学院
上海商学院
上海政法学院

江苏省（43所）

南京大学
东南大学
中国矿业大学
河海大学
南京农业大学
中国药科大学
江南大学
南京航空航天大学
南京理工大学
江苏大学
苏州大学
扬州大学
南通大学
江苏科技大学
南京工业大学
南京邮电大学
南京林业大学
南京信息工程大学
南京中医药大学
南京师范大学
徐州师范大学
南京医科大学
南京财经大学
江苏工业学院
盐城工学院
徐州医学院
苏州科技学院
淮阴师范学院
盐城师范学院
江苏警官学院
南京体育学院
南京艺术学院
常熟理工学院
金陵科技学院
淮阴工学院
徐州工程学院
常州工学院
三江学院
南京工程学院
南京审计学院
南京晓庄学院
江苏技术师范学院
淮海工学院

浙江省（26所）

浙江大学
宁波大学
杭州电子科技大学
浙江工业大学
浙江理工大学
浙江工商大学
浙江师范大学
浙江海洋学院
浙江林学院
温州医学院
浙江中医学院
杭州师范学院
湖州师范学院
温州师范学院
绍兴文理学院
台州学院
丽水学院
嘉兴学院
中国美术学院
中国计量学院
浙江万里学院
浙江科技学院
宁波工程学院
浙江财经学院
浙江传媒学院
浙江树人学院

安徽省（27所）

合肥工业大学
中国科学技术大学
安徽工业大学
安徽大学
安徽理工大学
安徽农业大学
安徽医科大学
安徽师范大学
安徽财经大学
安徽工程科技学院
蚌埠医学院
皖南医学院
安徽中医学院
阜阳师范学院
安庆师范学院
淮南师范学院
淮北煤炭师范学院
黄山学院
皖西学院
滁州学院
宿州学院
巢湖学院
铜陵学院
安徽建筑工业学院
安徽科技学院
合肥学院
安徽新华学院

福建省（17所）

厦门大学
华侨大学
福州大学
集美大学
仰恩大学
福建农林大学
福建医科大学
福建师范大学
福建工程学院
福建中医学院
闽江学院
泉州师范学院
漳州师范学院
厦门理工学院
三明学院
龙岩学院
莆田学院

江西省（20所）

南昌大学
华东交通大学
江西理工大学
江西农业大学
江西师范大学
江西财经大学
东华理工学院
南昌航空工业学院
景德镇陶瓷学院
江西中医学院
赣南医学院
上饶师范学院
宜春学院
赣南师范学院
井冈山学院
江西蓝天学院

江西科技师范学院
南昌工程学院
九江学院
南昌理工学院

山东省（40所）

山东大学
中国海洋大学
中国石油大学（华东）
山东科技大学
青岛科技大学
济南大学
青岛大学
烟台大学
聊城大学
青岛理工大学
山东理工大学
山东农业大学
山东中医药大学
山东师范大学
曲阜师范大学
山东建筑工程学院
山东轻工业学院
莱阳农学院
潍坊医学院
泰山医学院
滨州医学院
济宁医学院
德州学院
滨州学院
烟台师范学院
临沂师范学院
泰山学院
菏泽学院
山东经济学院
山东体育学院
山东艺术学院
青岛滨海学院
枣庄学院
山东工艺美术学院
潍坊学院
山东警察学院
山东交通学院
山东工商学院
山东财政学院
烟台南山学院

河南省（28所）

郑州大学
河南大学
河南师范大学
河南理工大学
河南工业大学
河南科技大学
河南农业大学
华北水利水电学院
中原工学院
河南科技学院
河南中医学院
新乡医学院
郑州轻工业学院
信阳师范学院
周口师范学院
安阳师范学院
许昌学院
南阳师范学院
洛阳师范学院
商丘师范学院
河南财经学院
郑州航空工业管理学院
黄淮学院
平顶山学院
安阳工学院
南阳理工学院
平顶山工学院
黄河科技学院

湖北省（33所）

武汉大学
华中科技大学
中国地质大学（武汉）
武汉理工大学
华中农业大学
华中师范大学
中南财经政法大学
中南民族大学
湖北大学
长江大学
江汉大学
三峡大学
武汉科技大学
湖北工业大学
武汉化工学院
武汉科技学院
武汉工业学院
湖北中医学院
湖北师范学院
黄冈师范学院
湖北民族学院
襄樊学院
武汉体育学院
湖北美术学院
湖北汽车工业学院
孝感学院
黄石理工学院
咸宁学院
郧阳医学院
湖北警官学院
武汉音乐学院
湖北经济学院
武汉生物工程学院

湖南省（26所）

湖南大学
中南大学
湘潭大学
吉首大学
南华大学
湖南科技大学
长沙理工大学
湖南农业大学
湖南师范大学
中南林学院
湖南中医学院
湖南理工学院
湘南学院
衡阳师范学院
邵阳学院
怀化学院
湖南文理学院
湖南科技学院
湖南人文科技学院
湖南商学院
长沙医学院
长沙学院
湖南工程学院
湖南城市学院
株洲工学院
湖南涉外经济学院

广东省（36所）

中山大学
华南理工大学
暨南大学
汕头大学
深圳大学
广州大学
五邑大学
华南农业大学
湛江海洋大学
广州中医药大学
华南师范大学
广东工业大学
广东外语外贸大学
南方医科大学
广州医学院
广东医学院
广东药学院
韶关学院
惠州学院
韩山师范学院
湛江师范学院
肇庆学院
嘉应学院

广州体育学院
广州美术学院
星海音乐学院
广东技术师范学院
广东商学院
广东白云学院
广东警官学院
仲恺农业技术学院
广东金融学院
茂名学院
东莞理工学院
佛山科学技术学院
广东培正学院

广西壮族自治区（15所）

广西大学
广西医科大学
广西师范大学
广西工学院
桂林电子工业学院
桂林工学院
右江民族医学院
广西中医学院
桂林医学院
广西师范学院
河池学院
玉林师范学院
广西艺术学院
广西民族学院
广西财经学院

海南省（4所）

华南热带农业大学
海南大学
海南师范学院
海南医学院

重庆市（16所）

重庆大学
西南师范大学
西南农业大学
重庆医科大学
重庆师范大学
重庆工商大学
西南政法大学
重庆邮电学院
重庆交通学院
重庆文理学院
重庆三峡学院
涪陵师范学院
四川外语学院
四川美术学院
重庆科技学院
重庆工学院

四川省（28所）

四川大学
西南交通大学
电子科技大学
西南财经大学
西南民族大学
西华大学
成都理工大学
西南科技大学
四川农业大学
成都中医药大学
四川师范大学
西华师范大学
中国民用航空飞行学院
西昌学院
泸州医学院
川北医学院
四川理工学院
成都信息工程学院
西南石油学院
绵阳师范学院
内江师范学院
宜宾学院
乐山师范学院
成都体育学院
四川音乐学院
成都学院
攀枝花学院
成都医学院

贵州省（11所）

贵州大学
贵州师范大学
贵阳医学院
遵义医学院
贵阳中医学院
遵义师范学院
毕节学院
黔南民族师范学院
贵州财经学院
贵州民族学院
贵阳学院

云南省（16所）

云南大学
昆明理工大学
云南农业大学
云南师范大学
云南民族大学
西南林学院
*昆明医学院
大理学院
云南中医学院
曲靖师范学院
红河学院
云南财贸学院
云南艺术学院
玉溪师范学院
楚雄师范学院
云南警官学院

西藏自治区（3所）

西藏大学
西藏民族学院
西藏藏医学院

陕西省（33所）

西安交通大学
西安电子科技大学
长安大学
西北农林科技大学
陕西师范大学
西北工业大学
西北大学
延安大学
西安理工大学
西安建筑科技大学
西安科技大学
西安石油大学
陕西科技大学
西安工业学院
西安工程科技学院
陕西中医学院
陕西理工学院
宝鸡文理学院
咸阳师范学院
渭南师范学院
西安外国语学院
西北政法学院
西安体育学院
西安音乐学院
西安美术学院
西安文理学院
榆林学院
西安培华学院
西安财经学院
西安邮电学院
西京学院
西安欧亚学院
西安外事学院

甘肃省（12所）

兰州大学
西北民族大学
兰州理工大学
兰州交通大学
甘肃农业大学
西北师范大学

甘肃中医学院
陇东学院
天水师范学院
河西学院
兰州商学院
甘肃政法学院

青海省（3所）

青海大学
青海师范大学
青海民族学院

宁夏回族自治区（4所）

宁夏大学
宁夏医学院
宁夏理工学院
西北第二民族学院

新疆维吾尔自治区（11所）

新疆大学
塔里木大学
新疆农业大学
石河子大学
新疆医科大学
新疆师范大学
喀什师范学院
伊犁师范学院
新疆财经学院
＊新疆艺术学院
昌吉学院

二、普通高职院校（共1078所）

北京市（22所）

北京青年政治学院
北京经贸职业学院
北京京北职业技术学院
北京工业职业技术学院
北京信息职业技术学院
北京电子科技职业学院
北京科技经营管理学院
北京农业职业学院
北京现代职业技术学院
北京培黎职业学院
北京锡华国际经贸职业学院
北京戏曲艺术职业学院
北京政法职业学院
燕京华侨职业学院
北京科技职业学院
北京北大方正软件职业技术学院
北京艺术设计职业学院
北京经济技术职业学院
北京财贸职业学院
北京汇佳职业学院
北京交通职业技术学院
北京吉利大学

天津市（23所）

天津职业大学
民办天狮职业技术学院
＊天津工业职业技术学院
天津医学高等专科学校
天津公安警官职业学院
天津渤海职业技术学院
天津现代职业技术学院
天津工程职业技术学院
天津滨海职业学院
天津机电职业技术学院
天津电子信息职业技术学院
天津轻工职业技术学院
天津开发区职业技术学院
天津青年职业学院
天津对外经济贸易职业学院
天津石油职业技术学院
天津冶金职业技术学院
天津文化艺术职业学院
天津中德职业技术学院
天津河北职业学院
天津工商职业技术学院
天津交通职业学院
天津工艺美术职业学院

河北省（57所）

防灾技术高等专科学校
河北工程技术高等专科学校
保定师范专科学校
承德民族师范高等专科学校
保定金融高等专科学校
承德石油高等专科学校
沧州师范专科学校
沧州医学高等专科学校
邢台医学高等专科学校
河北远东职业技术学院
河北职业技术学院
河北工业职业技术学院
邯郸职业技术学院
石家庄职业技术学院
张家口职业技术学院
承德职业学院
邢台职业技术学院
河北化工医药职业技术学院
河北能源职业技术学院
沧州职业技术学院
石家庄铁路职业技术学院
保定职业技术学院
河北政法职业学院
石家庄法商职业学院
＊唐山职业技术学院
邯郸中原外国语职业学院
秦皇岛职业技术学院
石家庄外经贸职业学院
石家庄信息工程职业学院
衡水职业技术学院
河北司法警官职业学院
河北石油职业技术学院
河北京都高尔夫职业学院
河北通信职业技术学院
河北女子职业技术学院
石家庄东方美术职业学院
保定电力职业技术学院
石家庄外语翻译职业学院
河北机电职业技术学院
唐山科技职业技术学院
渤海石油职业学院
石家庄邮电职业技术学院
河北公安警察职业学院
保定虎振职业技术学院
石家庄科技信息职业学院
＊廊坊职业技术学院
石家庄计算机职业学院
河北省艺术职业学院
唐山工业职业技术学院
河北软件职业技术学院
石家庄影视艺术职业学院
石家庄联合技术职业学院
石家庄工商职业学院
河北建材职业技术学院
河北交通职业技术学院
承德旅游职业学院
秦皇岛外国语职业学院

山西省（43所）

太原大学

大同医学专科学校
太原电力高等专科学校
吕梁高等专科学校
山西财政税务专科学校
山西警官高等专科学校
太原城市职业技术学院
＊山西综合职业技术学院
山西煤炭职业技术学院
山西金融职业技术学院
阳泉职业技术学院
＊山西戏剧职业学院
山西财贸职业技术学院
山西机电职业技术学院
山西水利职业技术学院
山西林业职业技术学院
山西工业职业技术学院
大同职业技术学院
山西工商职业学院
临汾职业技术学院
＊太原旅游职业学院
山西电力职业技术学院
＊潞安职业技术学院
＊山西国际商务职业学院
＊山西警官职业学院
山西建筑职业技术学院
晋城职业技术学院
＊山西体育职业学院
山西信息职业技术学院
山西管理职业学院
山西旅游职业学院
＊长治职业技术学院
＊山西艺术职业学院
山西交通职业技术学院
＊北岳职业技术学院
山西工程职业技术学院
山西兴华职业学院
忻州职业技术学院
山西同文外语职业学院
山西生物应用职业技术学院
山西华澳商贸职业学院
晋中职业技术学院
山西运城农业职业技术学院

内蒙古自治区（22所）

河套大学
内蒙古民族高等专科学校
集宁师范高等专科学校
内蒙古财税职业学院
包头轻工职业技术学院
呼和浩特职业学院
内蒙古建筑职业技术学院
民办内蒙古丰州学院
包头职业技术学院
锡林郭勒职业学院
内蒙古商贸职业学院
内蒙古化工职业学院
＊兴安职业技术学院
＊内蒙古体育职业学院
内蒙古电子信息职业技术学院
＊科尔沁艺术职业学院
＊内蒙古警察职业学院
内蒙古交通职业技术学院
＊乌兰察布职业学院
＊通辽职业学院
内蒙古机电职业技术学院
乌海职业技术学院

辽宁省（31所）

朝阳师范高等专科学校
抚顺师范高等专科学校
锦州师范高等专科学校
铁岭师范高等专科学校
鞍山市高等职业专科学校
辽宁警官高等专科学校
辽宁交通高等专科学校
辽宁税务高等专科学校
阜新高等专科学校
辽宁石化职业技术学院
辽宁金融职业学院
辽宁信息职业技术学院
辽宁经济职业技术学院
辽宁广告职业学院
辽宁机电职业技术学院
大连职业技术学院
抚顺职业技术学院
辽宁农业职业技术学院
盘锦职业技术学院
营口职业技术学院
大连商务职业学院
渤海船舶职业学院
辽阳职业技术学院
大连艺术职业学院
大连东软信息技术职业学院
铁岭农业职业技术学院
辽宁林业职业技术学院
沈阳航空职业技术学院
沈阳职业技术学院
＊锦州商务职业学院
＊辽宁体育运动职业技术学院

吉林省（20所）

四平职业大学
吉林财税高等专科学校
吉林商业高等专科学校
吉林粮食高等专科学校
长春金融高等专科学校
吉林公安高等专科学校
长春医学高等专科学校
吉林交通职业技术学院
白城医学高等专科学校
长春汽车工业高等专科学校
吉林农业工程职业技术学院
吉林电子信息职业技术学院
吉林司法警官职业学院
吉林工业职业技术学院
辽源职业技术学院
长春东方职业学院
吉林对外经贸职业学院
长春职业技术学院
长春信息技术职业学院
松原职业技术学院

黑龙江省（36所）

牡丹江大学
鸡西大学
齐齐哈尔高等师范专科学校
哈尔滨金融高等专科学校
伊春职业学院
大庆职业学院
黑龙江建筑职业技术学院
鹤岗师范高等专科学校
黑龙江畜牧兽医职业学院
黑龙江林业职业技术学院
黑龙江司法警官职业学院
黑龙江农业工程职业学院
黑龙江农垦职业学院
＊齐齐哈尔职业学院
黑龙江农业职业技术学院
哈尔滨华夏计算机职业技术学院
黑龙江艺术职业学院
黑龙江农垦林业职业技术学院
＊黑龙江北开职业技术学院
＊大兴安岭职业学院
黑龙江生物科技职业学院
黑龙江农垦农业职业技术学院
＊黑龙江煤炭职业技术学院
黑龙江商业职业学院
黑龙江生态工程职业学院
黑龙江公安警官职业学院
黑龙江三江美术职业学院
黑龙江工商职业技术学院

哈尔滨职业技术学院
黑龙江信息技术职业学院
哈尔滨铁道职业技术学院
黑龙江农业经济职业学院
黑龙江旅游职业技术学院
哈尔滨电力职业技术学院
七台河职业学院
黑龙江民族职业学院

上海市（29所）

上海海关高等专科学校
上海医疗器械高等专科学校
上海旅游高等专科学校
上海公安高等专科学校
上海出版印刷高等专科学校
上海东海职业技术学院
上海新侨职业技术学院
上海邦德职业技术学院
上海托普信息技术职业学院
上海建峰职业技术学院
上海中侨职业技术学院
上海农林职业技术学院
上海电影艺术职业学院
上海海事职业技术学院
上海建桥职业技术学院
上海科学技术职业学院
上海工商外国语职业学院
上海交通职业技术学院
上海济光职业技术学院
上海行健职业学院
上海电子信息职业技术学院
上海思博职业技术学院
上海城市管理职业技术学院
上海欧华职业技术学院
上海民远职业技术学院
上海工艺美术职业学院
上海东方文化职业学院
上海立达职业技术学院
上海中华职业技术学院

江苏省（68所）

南京森林公安高等专科学校
南通职业大学
苏州职业大学
沙洲职业工学院
扬州市职业大学
泰州职业技术学院
镇江市高等专科学校
连云港师范高等专科学校
泰州师范高等专科学校
南京动力高等专科学校
民办明达职业技术学院
无锡职业技术学院
徐州建筑职业技术学院
南京工业职业技术学院
南通纺织职业技术学院
苏州工艺美术职业技术学院
连云港职业技术学院
江苏畜牧兽医职业技术学院
南通航运职业技术学院
无锡商业职业技术学院
江苏经贸职业技术学院
常州轻工职业技术学院
常州机电职业技术学院
徐州工业职业技术学院
江苏食品职业技术学院
江苏农林职业技术学院
建东职业技术学院
南京特殊教育职业技术学院
宿迁职业技术学院
南通农业职业技术学院
江苏联合职业技术学院
无锡科技职业学院
应天职业技术学院
苏州托普信息职业技术学院
江苏信息职业技术学院
无锡工艺职业技术学院
硅湖职业技术学院
金山职业技术学院
江海职业技术学院
南京铁道职业技术学院
扬州工业职业技术学院
盐城纺织职业技术学院
常州工程职业技术学院
健雄职业技术学院
*南京信息职业技术学院
无锡城市职业技术学院
江苏海事职业技术学院
苏州经贸职业技术学院
苏州工业职业技术学院
江阴职业技术学院
扬州环境资源职业技术学院
江苏财经职业技术学院
苏州农业职业技术学院
常州纺织服装职业技术学院
南京交通职业技术学院
钟山职业技术学院
无锡南洋职业技术学院
淮安信息职业技术学院
正德职业技术学院
*培尔职业技术学院
常州信息职业技术学院
炎黄职业技术学院
苏州工业园区职业技术学院
九州职业技术学院
紫琅职业技术学院
金肯职业技术学院
江南影视艺术职业学院
南京化工职业技术学院

浙江省（41所）

公安海警高等专科学校
温州大学
浙江水利水电专科学校
浙江公安高等专科学校
浙江医学高等专科学校
浙江医药高等专科学校
宁波职业技术学院
温州职业技术学院
浙江交通职业技术学院
金华职业技术学院
宁波城市职业技术学院
宁波大红鹰职业技术学院
宁波天一职业技术学院
浙江长征职业技术学院
浙江东方职业技术学院
浙江工贸职业技术学院
浙江警官职业学院
湖州职业技术学院
杭州万向职业技术学院
浙江建设职业技术学院
浙江机电职业技术学院
浙江经贸职业技术学院
浙江经济职业技术学院
浙江育英职业技术学院
绍兴托普信息职业技术学院
浙江金融职业学院
浙江旅游职业学院
浙江工业职业技术学院
浙江商业职业技术学院
杭州职业技术学院
义乌工商职业技术学院
嘉兴职业技术学院
浙江广厦建设职业技术学院
丽水职业技术学院
衢州职业技术学院
浙江艺术职业学院
浙江工商职业技术学院
台州职业技术学院

绍兴越秀外国语职业学院
浙江纺织服装职业技术学院
嘉兴南洋职业技术学院

安徽省（54所）

淮南联合大学
蚌埠高等专科学校
池州师范专科学校
马鞍山师范高等专科学校
安徽医学高等专科学校
安徽中医药高等专科学校
亳州师范高等专科学校
安徽职业技术学院
民办三联职业技术学院
淮北职业技术学院
芜湖职业技术学院
民办万博科技职业学院
安徽水利水电职业技术学院
铜陵职业技术学院
安徽商贸职业技术学院
淮南职业技术学院
安徽警官职业学院
安徽机电职业技术学院
安徽城市管理职业学院
安徽艺术职业学院
安徽国防科技职业学院
安徽工商职业学院
安徽冶金科技职业学院
安徽电气工程职业技术学院
安庆职业技术学院
*阜阳科技职业学院
民办合肥经济技术职业学院
安徽电子信息职业技术学院
安徽交通职业技术学院
安徽国际商务职业学院
亳州职业技术学院
安徽中澳科技职业学院
安徽财贸职业学院
安徽林业职业技术学院
安徽审计职业学院
宣城职业技术学院
合肥通用职业技术学院
民办安徽外国语职业技术学院
六安职业技术学院
安徽新闻出版职业技术学院
安徽工业经济职业技术学院
安徽工业职业技术学院
安徽广播影视职业技术学院
民办安徽文达信息技术职业学院
宿州职业技术学院
滁州职业技术学院
池州职业技术学院
安徽工贸职业技术学院
民办安徽明星科技职业学院
安徽邮电职业技术学院
巢湖职业技术学院
安徽体育运动职业技术学院
阜阳职业技术学院
安徽公安职业学院

福建省（36所）

黎明职业大学
南平师范高等专科学校
宁德师范高等专科学校
福建商业高等专科学校
福建公安高等专科学校
泉州医学高等专科学校
福州职业技术学院
泉州华光摄影艺术职业学院
泉州中营职业学院
福建交通职业技术学院
漳州职业技术学院
*福建华南女子职业学院
泉州光电信息职业学院
厦门华夏职业学院
泉州纺织服装职业学院
福州英华职业学院
福建对外经济贸易职业技术学院
厦门华天涉外职业技术学院
厦门演艺职业学院
泉州经贸职业技术学院
湄洲湾职业技术学院
泉州信息职业技术学院
福建警官职业学院
福州科技职业技术学院
福建金融职业技术学院
闽西职业技术学院
福州海峡职业技术学院
福州黎明职业技术学院
福州外语外贸职业技术学院
闽北职业技术学院
福建林业职业技术学院
厦门海洋职业技术学院
福建信息职业技术学院
福建水利电力职业技术学院
福建电力职业技术学院
福建农业职业技术学院

江西省（46所）

九江职业大学
景德镇高等专科学校
萍乡高等专科学校
江西公安专科学校
新余高等专科学校
南昌师范高等专科学校
江西中医药高等专科学校
江西司法警官职业学院
鹰潭职业技术学院
九江职业技术学院
江西新亚职业技术学院
江西电力职业技术学院
江西旅游商贸职业学院
江西机电职业技术学院
江西现代职业技术学院
江西环境工程职业学院
江西信息应用职业技术学院
江西工业工程职业技术学院
江西交通职业技术学院
江西艺术职业学院
江西财经职业学院
江西应用技术职业学院
江西陶瓷工艺美术职业技术学院
江西工业职业技术学院
赣西科技职业学院
江西外语外贸职业学院
江西生物科技职业学院
宜春职业技术学院
江西经济管理职业学院
江西应用工程职业学院
*抚州职业技术学院
江西建设职业技术学院
江西农业工程职业学院
江西航空职业技术学院
上饶职业技术学院
江西青年职业学院
江西工程职业学院
江西制造职业技术学院
江西工业贸易职业技术学院
江西轻工职业技术学院
江西渝州科技职业学院
江西服装职业技术学院
江西先锋软件职业技术学院

江西科技职业学院
江西大宇职业技术学院
江西赣江职业技术学院

山东省（59所）

山东医学高等专科学校
菏泽医学专科学校
济宁师范专科学校
民办山东万杰医学高等专科学校
山东水利专科学校
山东电力高等专科学校
淄博师范高等专科学校
山东中医药高等专科学校
山东畜牧兽医职业学院
山东水利职业学院
山东圣翰财贸职业学院
山东商业职业技术学院
日照职业技术学院
威海职业学院
山东军星职业技术学院
聊城职业技术学院
曲阜远东职业技术学院
山东劳动职业技术学院
莱芜职业技术学院
青岛职业技术学院
济宁职业技术学院
山东力明科技职业学院
滨州职业学院
青岛飞洋职业技术学院
青岛酒店管理职业技术学院
山东纺织职业学院
烟台职业学院
潍坊职业学院
东营职业学院
潍坊科技职业学院
淄博科技职业学院
山东服装职业学院
山东大王职业学院
山东英才职业技术学院
德州科技职业学院
山东华宇职业技术学院
山东胜利职业学院
青岛求实职业技术学院
济南职业学院
山东现代职业学院
泰山职业技术学院
山东交通职业学院
山东信息职业技术学院
济南工程职业技术学院
山东外贸职业学院
青岛港湾职业技术学院
山东工业职业学院
山东电子职业技术学院
青岛恒星职业技术学院
青岛黄海职业学院
山东化工职业学院
山东铝业职业学院
淄博职业学院
山东旅游职业学院
山东协和职业技术学院
山东经贸职业学院
山东外事翻译职业学院
山东杏林科技职业学院
济南铁道职业技术学院

河南省（55所）

中州大学
开封大学
洛阳大学
平原大学
焦作大学
铁道警官高等专科学校
信阳农业高等专科学校
河南机电高等专科学校
洛阳工业高等专科学校
河南纺织高等专科学校
河南商业高等专科学校
河南财政税务高等专科学校
河南公安高等专科学校
郑州电力高等专科学校
黄河水利职业技术学院
漯河医学高等专科学校
郑州澍青医学高等专科学校
南阳医学高等专科学校
＊商丘医学高等专科学校
郑州师范高等专科学校
焦作师范高等专科学校
郑州牧业工程高等专科学校
新乡师范高等专科学校
河南职业技术学院
漯河职业技术学院
三门峡职业技术学院
郑州铁路职业技术学院
＊郑州信息科技职业学院
＊商丘科技职业学院
＊郑州职业技术学院
＊永城职业学院
河南交通职业技术学院
河南检察职业学院
河南质量工程职业学院
＊郑州工业安全职业学院
＊嵩山少林武术职业学院
郑州电子信息职业技术学院
郑州交通职业学院
郑州旅游职业学院
河南农业职业学院
河南经贸职业学院
＊信阳职业技术学院
郑州经贸职业学院
济源职业技术学院
河南工业职业技术学院
河南司法警官职业学院
郑州华信职业技术学院
周口职业技术学院
濮阳职业技术学院
鹤壁职业技术学院
许昌职业技术学院
平顶山工业职业技术学院
商丘职业技术学院
郑州科技职业学院
河南工业贸易职业学院

湖北省（52所）

郧阳师范高等专科学校
湖北财经高等专科学校
湖北中医药高等专科学校
沙洋师范高等专科学校
武汉职业技术学院
黄冈职业技术学院
长江职业学院
沙市职业大学
十堰职业技术学院
鄂州职业大学
荆门职业技术学院
武汉商业服务学院
湖北职业技术学院
武汉船舶职业技术学院
武汉时代职业学院
恩施职业技术学院
襄樊职业技术学院
长江工程职业技术学院
武汉铁路职业技术学院
随州职业技术学院
武汉航海职业技术学院
武汉警官职业学院
湖北三峡职业技术学院
武汉工交职业学院
武汉交通职业学院
湖北城市建设职业技术学院
湖北轻工职业技术学院
湖北水利水电职业技术学院
武汉外语外事职业学院
武汉商贸职业学院
武汉光华信息技术职业学院
武汉科技职业学院

武汉信息传播职业技术学院
湖北开放职业学院
武汉电力职业技术学院
湖北黄石机电职业技术学院
江汉艺术职业学院
楚天欧亚职业学院
湖北生态工程职业技术学院
湖北生物科技职业学院
湖北财税职业学院
鄂东职业技术学院
武汉民政职业学院
荆州职业技术学院
武汉工业职业技术学院
武汉软件职业学院
武汉工程职业技术学院
湖北艺术职业学院
咸宁职业技术学院
仙桃职业学院
湖北交通职业技术学院
湖北国土资源职业学院

湖南省（67所）

湖南建材高等专科学校
湖南财经高等专科学校
湖南公安高等专科学校
湖南女子职业大学
湖南税务高等专科学校
湖南冶金职业技术学院
怀化医学高等专科学校
邵阳医学高等专科学校
湖南中医药高等专科学校
湖南省第一师范学校
长沙航空职业技术学院
保险职业学院
长沙民政职业技术学院
湖南工业职业技术学院
株洲师范高等专科学校
湖南信息职业技术学院
湖南环境生物职业技术学院
永州职业技术学院
湖南铁道职业技术学院
湖南大众传媒职业技术学院
湖南司法警官职业学院
湖南网络工程职业学院
长沙商贸旅游职业技术学院
邵阳职业技术学院
湖南对外经济贸易职业学院
湖南儿童工程职业学院
湖南同德职业学院
长沙特殊教育职业学院
湘西民族职业技术学院
湖南民族职业学院
湖南石油化工职业技术学院
湖南化工职业技术学院
怀化职业技术学院
岳阳职业技术学院
常德职业技术学院
长沙南方职业学院
湖南工程职业技术学院
长沙环境保护职业技术学院
湖南艺术职业学院
湖南体育职业学院
湖南机电职业技术学院
娄底职业技术学院
湖南城建职业技术学院
张家界航空工业职业技术学院
湖南生物与机电工程职业技术学院
长沙社会安全职业技术学院
长沙通信职业技术学院
湘潭职业技术学院
湖南商务职业技术学院
郴州职业技术学院
湖南科技职业学院
衡阳财经工业职业技术学院
益阳职业技术学院
湖南交通职业技术学院
湖南软件职业学院
湖南信息科学职业学院
潇湘科技职业学院
湖南理工职业技术学院
湖南九嶷职业技术学院
湖南科技经贸职业学院
株洲职业技术学院
长沙电力职业技术学院
湖南水利水电职业技术学院
湖南现代物流职业技术学院
湖南交通工程职业技术学院
湖南铁路科技职业技术学院
湖南工艺美术职业学院

广东省（65所）

广州航海高等专科学校
肇庆医学高等专科学校
广州民航职业技术学院
深圳信息职业技术学院
广东司法警官职业学院
*广东建华职业学院
广东工贸职业技术学院
顺德职业技术学院
广东轻工职业技术学院
广东交通职业技术学院
广东水利电力职业技术学院
潮汕职业技术学院
深圳职业技术学院
民办南华工商学院
*私立华联学院
番禺职业技术学院
广东化工制药职业技术学院
广东农工商职业技术学院
*广东新安职业技术学院
广东松山职业技术学院
佛山职业技术学院
中山火炬职业技术学院
广东省外语艺术职业学院
珠海城市职业技术学院
惠州经济职业技术学院
肇庆工商职业技术学院
茂名职业技术学院
江门职业技术学院
广州工程技术职业学院
广州体育职业技术学院
广东文艺职业学院
肇庆科技职业技术学院
广东行政职业学院
广东邮电职业技术学院
汕头职业技术学院
广东科学技术职业学院
清远职业技术学院
广东亚视演艺职业学院
揭阳职业技术学院
广东体育职业技术学院
河源职业技术学院
广东财经职业学院
广东纺织职业技术学院
东莞南博职业技术学院
阳江职业技术学院
汕尾职业技术学院
广东岭南职业技术学院
广东女子职业技术学院
广州工商职业技术学院
广东建设职业技术学院
广东机电职业技术学院
广州科技职业技术学院
广州南洋理工职业学院
广州涉外经济职业技术

学院
罗定职业技术学院
广州康大职业技术学院
珠海艺术职业学院
南海东软信息技术职业学院
广州城市职业学院
广州铁路职业技术学院
广州华南商贸职业学院
广东理工职业学院
广州现代信息工程职业技术学院
广州华立科技职业学院
广东工程职业技术学院

广西壮族自治区（35 所）

邕江大学
钦州师范高等专科学校
南宁师范高等专科学校
右江民族师范高等专科学校
广西体育高等专科学校
柳州师范高等专科学校
桂林航天工业高等专科学校
桂林旅游高等专科学校
梧州师范高等专科学校
柳州医学高等专科学校
桂林师范高等专科学校
广西警官高等专科学校
广西机电职业技术学院
南宁职业技术学院
广西职业技术学院
柳州职业技术学院
*北海职业学院
广西水利电力职业技术学院
广西建设职业技术学院
广西经贸职业技术学院
广西演艺职业学院
广西东方外语职业学院
贵港职业学院
广西农业职业技术学院
广西电力职业技术学院
广西工贸职业技术学院
北海艺术设计职业学院
广西交通职业技术学院
广西生态工程职业技术学院
广西工业职业技术学院
广西国际商务职业技术学院
*桂林山水职业学院
北海宏源足球职业学院
河池职业学院
柳州运输职业技术学院

海南省（11 所）

琼州大学
琼台师范高等专科学校
三亚卓达旅游职业学院
海南职业技术学院
海口经济职业技术学院
海南万和信息职业技术学院
海南经贸职业技术学院
海南软件职业技术学院
海南政法职业学院
海南外国语职业学院
三亚航空旅游职业学院

重庆市（18 所）

重庆三峡职业学院
涪陵职业技术学院
重庆电子职业技术学院
重庆电力高等专科学校
重庆工业职业技术学院
重庆机电职业技术学院
重庆职业技术学院
重庆巴渝职业技术学院
重庆海联职业技术学院
重庆信息技术职业学院
重庆警官职业学院
重庆工程职业技术学院
*重庆光彩职业技术学院
重庆社会工作职业学院
重庆水利电力职业技术学院
重庆城市职业学院
重庆电子科技职业学院
重庆正大软件职业技术学院

四川省（40 所）

达县师范高等专科学校
阿坝师范高等专科学校
成都电子机械高等专科学校
四川烹饪高等专科学校
成都纺织高等专科学校
四川警官高等专科学校
康定民族师范高等专科学校
四川国际标榜职业学院
成都农业科技职业学院
宜宾职业技术学院
成都艺术职业学院
四川职业技术学院
眉山职业技术学院
泸州职业技术学院
四川托普信息技术职业学院
民办四川天一学院
成都航空职业技术学院
*内江职业技术学院
雅安职业技术学院
乐山职业技术学院
绵阳职业技术学院
四川电力职业技术学院
四川工商职业技术学院
成都东软信息技术职业学院
成都职业技术学院
*南充职业技术学院
*四川水利职业技术学院
四川化工职业技术学院
四川航天职业技术学院
四川邮电职业技术学院
四川司法警官职业学院
四川工程职业技术学院
四川警安职业学院
四川信息职业技术学院
四川交通职业技术学院
四川商务职业学院
四川建筑职业技术学院
*达州职业技术学院
四川机电职业技术学院
广安职业技术学院

贵州省（23 所）

铜仁师范高等专科学校
黔西南民族师范高等专科学校
安顺师范高等专科学校
黔东南民族师范高等专科学校
六盘水师范高等专科学校
黔南民族医学高等专科学校
贵州商业高等专科学校
贵州交通职业技术学院
贵州警官职业学院
贵州理工职业技术学院
贵州航天职业技术学院
贵州电子信息职业技术学院
贵州鸿源管理工程职业学院
贵州电力职业技术学院
贵州科技工程职业学院
贵州轻工职业技术学院
*黔西南民族职业技术学院
*铜仁职业技术学院

安顺职业技术学院
遵义职业技术学院
黔东南民族职业技术学院
黔南民族职业技术学院
*六盘水职业技术学院

云南省（28所）

昆明大学
昆明师范高等专科学校
昭通师范高等专科学校
思茅师范高等专科学校
保山师范高等专科学校
文山师范高等专科学校
昆明冶金高等专科学校
云南医学高等专科学校
云南司法警官职业学院
玉溪农业职业技术学院
云南农业职业技术学院
云南能源职业技术学院
*西双版纳职业技术学院
昆明艺术职业学院
云南国土资源职业学院
云南交通职业技术学院
昆明工业职业技术学院
云南体育运动职业技术学院
云南经济管理职业学院
云南文化艺术职业学院
昆明扬帆职业技术学院
云南国防工业职业技术学院
云南热带作物职业学院
云南林业职业技术学院
云南机电职业技术学院
云南北美职业学院
云南科技信息职业技术学院
云南爱因森软件职业学院

西藏自治区（1所）

西藏警官高等专科学校

陕西省（39所）

西安航空技术高等专科学校
西安电力高等专科学校
陕西医学高等专科学校
陕西工业职业技术学院
杨凌职业技术学院
商洛师范专科学校
安康师范专科学校
西安翻译职业学院
陕西邮电职业技术学院
陕西航空职业技术学院
西安科技商贸职业学院
陕西警官职业学院
西安海棠职业学院
西安汽车科技职业学院
陕西财经职业技术学院
陕西交通职业技术学院
陕西能源职业技术学院
陕西职业技术学院
西安航空职业技术学院
西安东方亚太职业技术学院
陕西电子信息职业技术学院
陕西铁路工程职业技术学院
陕西国防工业职业技术学院
西安高新科技职业学院
陕西国际商贸职业学院
西安思源职业学院
宝鸡职业技术学院
西安三资职业学院
陕西服装艺术职业学院
商洛职业技术学院
延安职业技术学院
渭南职业技术学院
安康职业技术学院
铜川职业技术学院
汉中职业技术学院
西安职业技术学院
咸阳职业技术学院
陕西经济管理职业技术学院
西安铁路职业技术学院

甘肃省（21所）

甘肃联合大学
兰州师范高等专科学校
合作民族师范高等专科学校
兰州工业高等专科学校
平凉医学高等专科学校
张掖医学高等专科学校
陇南师范高等专科学校
定西师范高等专科学校
兰州石化职业技术学院
兰州外语职业学院
甘肃工业职业技术学院
兰州职业技术学院
甘肃林业职业技术学院
*武威职业学院
甘肃交通职业技术学院
甘肃建筑职业技术学院
酒泉职业技术学院
甘肃警察职业学院
甘肃农业职业技术学院
兰州资源环境职业技术学院
甘肃畜牧工程职业技术学院

青海省（8所）

青海师范高等专科学校
青海民族师范高等专科学校
青海畜牧兽医职业技术学院
青海交通职业技术学院
青海建筑职业技术学院
青海卫生职业技术学院
青海财经职业学院
青海警官职业学院

宁夏回族自治区（9所）

固原师范高等专科学校
吴忠职业技术学院
银川科技职业学院
*宁夏经贸职业技术学院
*宁夏工业职业学院
宁夏职业技术学院
宁夏建设职业技术学院
宁夏司法警官职业学院
宁夏财经职业技术学院

新疆维吾尔自治区（19所）

和田师范专科学校
新疆工业高等专科学校
乌鲁木齐职业大学
新疆维吾尔医学专科学校
新疆兵团警官高等专科学校
新疆警官高等专科学校
新疆农业职业技术学院
新疆机电职业技术学院
新疆轻工职业技术学院
克拉玛依职业技术学院
阿克苏职业技术学院
*巴音郭楞职业技术学院
*伊犁职业技术学院
新疆现代职业技术学院
新疆建设职业技术学院
新疆天山职业技术学院
*昌吉职业技术学院
新疆交通职业技术学院
新疆石河子职业技术学院

三、独立学院（共267所）

北京市（3所）
首都师范大学科德学院
北京工商大学嘉华学院
北京邮电大学世纪学院

天津市（8所）
南开大学滨海学院
天津外国语学院滨海外事学院
天津体育学院运动与文化艺术学院
天津商学院宝德学院
天津医科大学临床医学院
北京科技大学天津学院
天津师范大学津沽学院
天津理工大学中环信息学院

河北省（17所）
河北理工大学轻工学院
河北工程学院科信学院
华北电力大学科技学院
河北科技大学理工学院
河北大学工商学院
河北师范大学汇华学院
河北医科大学临床学院
河北经贸大学经济管理学院
河北工业大学城市学院
燕山大学里仁学院
石家庄铁道学院四方学院
石家庄经济学院华信学院
河北农业大学现代科技学院
华北煤炭医学院冀唐学院
中国地质大学长城学院
北京化工大学北方学院
北京中医药大学东方学院

山西省（8所）
山西大学商务学院
太原理工大学现代科技学院
山西农业大学信息学院
山西师范大学现代文理学院
中北大学信息商务学院
太原科技大学华科学院
山西医科大学晋祠学院
山西财经大学华商学院

辽宁省（23所）
大连理工大学城市学院
沈阳航空工业学院北方科技学院
沈阳大学科技工程学院
大连交通大学信息工程学院
渤海大学文理学院
东北财经大学津桥商学院
大连轻工业学院艺术与信息工程学院
鞍山科技大学信息技术学院
中国医科大学临床医药学院
辽宁石油化工大学顺华学院
辽宁师范大学海华学院
沈阳建筑大学城市建设学院
东北大学大连艺术学院
辽宁中医学院杏林学院
沈阳农业大学科学技术学院
沈阳理工大学应用技术学院
沈阳医学院何氏视觉科学学院
锦州医学院医疗学院
大连医科大学中山学院
沈阳工业大学工程学院
沈阳化工学院科亚学院
东北大学东软信息学院
沈阳师范大学渤海学院

吉林省（11所）
吉林建筑工程学院建筑装饰学院
吉林建筑工程学院城建学院
长春大学光华学院
长春工业大学人文信息学院
吉林艺术学院动画学院
长春理工大学光电信息学院
长春税务学院信息经济学院
吉林农业大学发展学院
东北师范大学人文学院
吉林师范大学博达学院
长春大学旅游学院

黑龙江省（9所）
哈尔滨商业大学德强商务学院
哈尔滨理工大学远东学院
哈尔滨师范大学恒星学院
哈尔滨工业大学华德应用技术学院
东北农业大学成栋学院
黑龙江大学剑桥学院
哈尔滨商业大学广厦学院
大庆石油学院华瑞学院
黑龙江工程学院昆仑旅游学院

上海市（4所）
复旦大学太平洋金融学院
上海外国语大学贤达经济人文学院
上海师范大学天华学院
复旦大学上海视觉艺术学院

江苏省（9所）
江南大学太湖学院
东南大学成贤学院
中国矿业大学徐海学院
南京大学金陵学院
南京理工大学紫金学院
南京航空航天大学金城学院
中国传媒大学南广学院
南京理工大学泰州科技学院
南京师范大学泰州学院

浙江省（20所）
浙江大学城市学院
浙江大学宁波理工学院
浙江工业大学之江学院

浙江师范大学行知学院
宁波大学科学技术学院
杭州电子科技大学信息工程学院
浙江理工大学科技与艺术学院
浙江海洋学院东海科学技术学院
浙江林学院天目学院
温州医学院仁济学院
浙江中医学院滨江学院
杭州师范学院钱江学院
湖州师范学院求真学院
绍兴文理学院元培学院
温州师范学院瓯江学院
浙江工商大学杭州商学院
中国计量学院现代科技学院
浙江财经学院东方学院
嘉兴学院南湖学院
温州师范学院城市学院

安徽省（10所）

安徽大学江淮学院
安徽师范大学皖江学院
安徽农业大学经济技术学院
安徽医科大学临床医学院
安徽工业大学工商学院
安徽财经大学商学院
淮北煤炭师范学院信息学院
安徽建筑工业学院城市建设学院
安徽工程科技学院机电学院
阜阳师范学院信息工程学院

福建省（7所）

厦门大学嘉庚学院
福州大学阳光学院
福建师范大学协和学院
福建农林大学东方学院
福建师范大学闽南科技学院
华侨大学福建音乐学院
集美大学诚毅学院

江西省（13所）

南昌大学科学技术学院
江西农业大学南昌商学院
江西师范大学科学技术学院
华东交通大学理工学院
江西理工大学应用科学学院
东华理工学院长江学院
南昌航空工业学院科技学院
江西中医学院科技学院
江西财经大学现代经济管理学院
赣南师范学院科技学院
景德镇陶瓷学院科技艺术学院
江西科技师范学院理工学院
南昌大学共青学院

山东省（4所）

中国石油大学胜利学院
烟台大学文经学院
青岛理工大学琴岛学院
山东科技大学泰山科技学院

河南省（8所）

河南理工大学万方科技学院
河南大学民生学院
中原工学院信息商务学院
安阳师范学院人文管理学院
河南师范大学新联学院
新乡医学院三全学院
河南科技学院新科学院
信阳师范学院华锐学院

湖北省（29所）

华中科技大学武昌分校
武汉大学东湖分校
华中师范大学汉口分校
华中科技大学文华学院
中南财经政法大学武汉学院
武汉理工大学华夏学院
湖北大学知行学院
三峡大学科技学院
武汉科技大学中南分校
中南民族大学工商学院
武汉科技大学城市学院
湖北工业大学工程技术学院
湖北工业大学商贸学院
武汉工业学院工商学院
武汉化工学院邮电与信息工程学院
武汉科技学院外经贸学院
江汉大学文理学院
湖北汽车工业学院科技学院
湖北经济学院法商学院
武汉体育学院体育科技学院
湖北师范学院文理学院
孝感学院新技术学院
湖北民族学院科技学院
郧阳医学院药护学院
襄樊学院理工学院
中国地质大学江城学院
长江大学文理学院
长江大学工程技术学院
华中师范大学武汉影视工程学院

湖南省（15所）

湖南师范大学树达学院
湖南商学院北津学院
中南林学院涉外学院
湖南农业大学东方科技学院
长沙理工大学城南学院
湖南科技大学潇湘学院
株洲工学院科技学院
湘潭大学兴湘学院
南华大学船山学院
湖南文理学院芙蓉学院
湖南理工学院南湖学院
吉首大学张家界学院
湖南工程学院应用技术学院
湖南中医学院湘杏学院
衡阳师范学院南岳学院

广东省（9所）

北京师范大学珠海分校
电子科技大学中山学院
华南师范大学增城学院
广东工业大学华立学院
广州大学松田学院
北京理工大学珠海学院
吉林大学珠海学院
东莞理工学院城市学院
中山大学新华学院

广西壮族自治区（9所）

广西师范大学漓江学院
桂林电子工业学院信息科技学院
桂林工学院博文管理学院
广西工学院鹿山学院
广西师范学院师园学院
广西民族学院相思湖学院

广西大学行健文理学院
广西中医学院赛恩斯新医药学院
北京航空航天大学北海学院

海南省（1所）
海南大学三亚学院

重庆市（6所）
西南师范大学育才学院
四川外语学院重庆南方翻译学院
重庆师范大学涉外商贸学院
重庆工商大学融智学院
重庆工商大学派斯学院
重庆邮电学院移通学院

四川省（8所）
成都理工大学工程技术学院
成都理工大学广播影视学院
成都信息工程学院银杏酒店管理学院
四川师范大学文理学院
四川师范大学成都学院
四川外语学院成都学院
电子科技大学成都学院
四川大学锦城学院

贵州省（8所）
贵州大学科技学院
贵州大学明德学院
贵州师范大学求是学院
遵义医学院医学与科技学院
贵阳中医学院时珍学院
贵州财经学院商务学院
贵州民族学院人文科技学院
贵阳医学院神奇民族医药学院

云南省（7）
云南大学滇池学院
云南师范大学商学院
云南大学旅游文化学院
昆明医学院海源学院
云南艺术学院文华学院
云南师范大学文理学院
昆明理工大学津桥学院

陕西省（9所）
西安交通大学城市学院
西北大学现代学院
西安建筑科技大学华清学院
西安财经学院行知学院
陕西科技大学镐京学院
西安工业学院北方信息工程学院
延安大学西安创新学院
西安电子科技大学长安学院
西北工业大学明德学院

甘肃省（5所）
西北师范大学知行学院
兰州商学院陇桥学院
兰州交通大学博文学院
兰州商学院长青学院
兰州理工大学技术工程学院

宁夏回族自治区（1所）
宁夏大学新华学院

青海省（1所）
青海大学昆仑学院

新疆维吾尔自治区（5所）
新疆大学科学技术学院
新疆农业大学科学技术学院
新疆财经学院商务学院
新疆医科大学厚博学院
石河子大学科技学院

四、分校办学点

北京市
北京科技大学延庆分校
首都经济贸易大学密云分校
北京工业大学通州分校
中国防卫科技学院（筹）
北京人民警察学院
北京市机械工业管理局职工大学
北京市经济管理干部学院
北京市计划劳动管理干部学院

天津市
天津市工会管理干部学院

河北省
河北省职工医学院
张家口教育学院
石家庄职工大学
秦皇岛教育学院
中国环境管理干部学院
河北管理干部学院
河北青年管理干部学院
河北地质职工大学

山西省
山西煤炭管理干部学院
山西经济管理干部学院
山西青年管理干部学院
广播电影电视管理干部学院
山西职工医学院
山西省政法管理干部学院
山西煤炭职工联合大学
山西兵器工业职工大学
长治市教育学院

辽宁省
辽宁农业管理干部学院
辽宁公安司法管理干部学院

吉林省
吉林省经济管理干部学院
吉林省教育学院

黑龙江省
鹤岗矿务局职工大学
黑龙江省农垦管理干部学院
黑龙江省政法管理干部学院
黑龙江省教育学院
大庆职工医学院
哈尔滨市职工医学院
齐齐哈尔铁路运输职工大学

上海市
上海科技管理干部学院
上海纺织工业职工大学
上海医药职工大学
上海职工医学院

上海工商学院
上海经济管理干部学院
上海工会管理干部学院
上海青年管理干部学院

江苏省

江苏教育学院
南京人口管理干部学院

浙江省

浙江工业大学浙西分校
浙江教育学院
宁波教育学院

安徽省

安徽经济管理干部学院
安徽教育学院
芜湖教育学院
宿州教育学院

福建省

福建教育学院
漳州教育学院
福建经济管理干部学院
福建财会管理干部学院
福建政法管理干部学院

江西省

江西医学院上饶分院
新余钢铁有限责任公司职工大学
南昌钢铁有限责任公司职工大学
江西教育学院
南昌教育学院
赣南教育学院
江西行政管理干部学院
江西经济管理干部学院

山东省

青岛远洋船员学院
山东省贸易职工大学
济南市职工科技大学
新汶矿业集团公司职工大学
兖州矿区职工大学
山东省经济管理干部学院
山东省农业管理干部学院
山东省青年管理干部学院
山东省工会管理干部学院
山东省政法管理干部学院
山东教育学院
济南教育学院
潍坊教育学院
烟台教育学院
聊城教育学院

河南省

河南教育学院
开封教育学院
河南政法管理干部学院
郑州经济管理干部学院
河南职工医学院
河南建筑职工大学
中国一拖集团有限公司拖拉机学院

湖北省

丹江口工程管理局职工大学
湖北省经济管理干部学院
湖北教育学院
十堰教育学院
荆州教育学院
宜昌市教育学院
武汉冶金管理干部学院

湖南省

湖南大学衡阳分校
长沙职工大学
株洲市职工大学
湖南兵器职工大学
湖南机电职工大学
南方动力机械公司职工工学院
长沙教育学院
湖南经济管理干部学院
湖南农村金融职工大学
湘潭教育学院

广东省

广东教育学院
佛山教育学院
广东省农业干部管理学院
广东省财贸管理干部学院
广东省经济管理干部学院
广州铁路运输职工大学
广东省成人科技大学
广东省佛山职工医学院
广州金桥管理干部学院
广州市经济管理干部学院
广州市乡镇企业管理干部学院

广西壮族自治区

广西大学梧州分校
广西经济管理干部学院
广西政法管理干部学院
广西卫生管理干部学院
广西教育学院
南宁地区教育学院

重庆市

重庆电力职工大学
重庆教育学院

四川省

中国工程物理研究院职工工学院
四川卫生管理干部学院
四川教育学院
成都教育学院
四川财贸管理干部学院
四川经济管理干部学院
四川省计划生育管理干部学院

云南省

德宏教育学院
丽江教育学院
临沧教育学院

贵州省

贵州教育学院

陕西省

陕西工运学院
陕西航天职工大学
陕西电子工业职工大学
陕西青年管理干部学院
西安航空职工大学
西安飞机工业公司职工工学院
陕西兵器工业职工大学
西安铁路运输职工大学
西安铁路工程职工大学
西安电力机械制造公司机电学院
陕西省建筑工程总公司职工大学
西安市职工大学
西安外贸职工大学
陕西省经济管理干部学院
陕西教育学院

甘肃省

酒泉钢铁公司职工大学
甘肃机械电子职工大学
白银有色金属公司职工大学
兰州教育学院
兰州航空工业职工大学
兰州铁路工程职工大学

新疆维吾尔自治区

新疆职业大学
新疆教育学院
乌鲁木齐成人教育学院

全国成人高校名单

（截至 2005 年 5 月 24 日）

（共 **484** 所）

所在省市	序号	学校名称	主管部门
北京市			
	1	国家检察官学院	最高人民检察院
	2	中央广播电视大学	教育部
	3	国家法官学院	最高人民法院
	4	中南海业余大学	中共中央办公厅
	5	中央党校继续教育学院	中共中央党校
	6	公安部管理干部学院	公安部
	7	民航管理干部学院	中国民用航空总局
	8	中国科学院管理干部学院	中国科学院
	9	中国记协职工新闻学院	中华全国新闻工作者协会
	10	北京市计划劳动管理干部学院	北京市
	11	首都联合职工大学	北京市
	12	北京市汽车工业总公司职工大学	北京市
	13	北京市总工会职工大学	北京市
	14	北京市农工商联合总公司职工大学	北京市
	15	北京市西城经济科学大学	北京市
	16	北京市丰台区职工大学	北京市
	17	北京广播电视大学	北京市
	18	北京教育学院	北京市
	19	北京人民警察学院	北京市
	20	北京市经济管理干部学院	北京市

续表

所在省市	序号	学校名称	主管部门
	21	北京市东城区职工业余大学	北京市
	22	北京市职工体育运动技术学院	北京市
	23	北京市物资贸易职工学院	北京市
	24	华北电业联合职工大学	北京市
	25	北京市海淀区职工大学	北京市
	26	北京市崇文区职工大学	北京市
	27	北京宣武红旗业余大学	北京市
	28	北京市建设职工大学	北京市
	29	北京市朝阳区职工大学	北京市
	30	北京市机械工业局职工大学	北京市
	31	北京市房地产职工大学	北京市
	32	北京医药集团职工大学	北京市
	33	北京市石景山区业余大学	北京市
天津市			
	1	天津市渤海化工职工学院	天津市
	2	天津市医药职工大学	天津市
	3	天津市房地产局职工大学	天津市
	4	天津市职工科学技术大学	天津市
	5	天津市管理干部学院	天津市
	6	天津市政法管理干部学院	天津市
	7	天津市财贸管理干部学院	天津市
	8	天津汽车工业总公司职工大学	天津市
	9	天津市红桥区职工大学	天津市
	10	天津市工会管理干部学院	天津市

续表

所在省市	序号	学校名称	主管部门
	11	天津市广播电视大学	天津市
	12	天津市职工建材学院	天津市
	13	天津市职工公用事业学院	天津市
	14	天津市南开区职工大学	天津市
	15	天津市河东区职工大学	天津市
	16	天津市河西区职工大学	天津市
	17	天津市和平区新华职工大学	天津市
	18	天津物资管理干部学院	天津市
	19	天津市职工经济技术大学	天津市
	20	天津市建筑工程职工大学	天津市
河北省			
	1	河北省广播电视大学	河北省
	2	石家庄职工大学	河北省
	3	秦皇岛教育学院	河北省
	4	河北管理干部学院	河北省
	5	河北青年管理干部学院	河北省
	6	河北省职工医学院	河北省
	7	张家口教育学院	河北省
	8	河北地质职工大学	河北省
	9	张家口市职工大学	河北省
	10	河北省经贸管理干部学院	河北省
	11	邯郸市职工大学	河北省
	12	石油物探职工大学	河北省
	13	中国环境管理干部学院	河北省
	14	农业部乡镇企业管理干部学院	河北省

续表

所在省市	序号	学校名称	主管部门
山西省			
	1	山西经济管理干部学院	山西省
	2	长治市教育学院	山西省
	3	山西青年管理干部学院	山西省
	4	山西煤炭管理干部学院	山西省
	5	山西省广播电视大学	山西省
	6	山西省吕梁地区教育学院	山西省
	7	山西省职工工艺美术学院	山西省
	8	山西煤炭职工联合大学	山西省
	9	太原钢铁公司职工钢铁学院	山西省
	10	山西机电职工学院	山西省
	11	太原化学工业公司职工大学	山西省
	12	阳泉市教育学院	山西省
	13	山西兵器工业职工大学	山西省
	14	山西政法管理干部学院	山西省
	15	广播电影电视管理干部学院	山西省
	16	山西职工医学院	山西省
内蒙古			
	1	伊克昭盟教育学院	自治区政府
	2	内蒙古自治区广播电视大学	自治区政府
	3	包头市职工大学	自治区政府
	4	内蒙古水利职工大学	自治区政府
辽宁省			
	1	海军职工大学	总装备部

续表

所在省市	序号	学校名称	主管部门
	2	空军第四职工大学	总装备部
	3	大连市广播电视大学	辽宁省
	4	大连市教育学院	辽宁省
	5	辽宁广播电视大学	辽宁省
	6	辽宁财贸职工大学	辽宁省
	7	阜新煤炭职工医学专科学校	辽宁省
	8	辽宁文化艺术职工大学	辽宁省
	9	鞍山钢铁集团公司职工大学	辽宁省
	10	辽宁政法管理干部学院	辽宁省
	11	沈阳机械工业职工大学	辽宁省
	12	沈阳市广播电视大学	辽宁省
	13	朝阳职工工学院	辽宁省
	14	铁岭职工大学	辽宁省
	15	辽宁冶金职工大学	辽宁省
	16	辽宁省直属机关职工大学	辽宁省
	17	沈阳新光动力机械公司职工大学	辽宁省
	18	阜新矿务局职工大学	辽宁省
	19	新乐精密机器公司职工大学	辽宁省
	20	抚顺石油化工公司职工大学	辽宁省
	21	大连工人大学	辽宁省
	22	大连职工大学	辽宁省
	23	抚顺矿务局职工工学院	辽宁省
	24	辽宁轻工职工大学	辽宁省
	25	抚顺职工大学	辽宁省

续表

所在省市	序号	学校名称	主管部门
	26	本溪钢铁公司职工工学院	辽宁省
	27	辽宁兵器工业职工大学	辽宁省
吉林省			
	1	吉林铁路运输职工大学	铁道部
	2	长春教育学院	吉林省
	3	梨树农村成人高等专科学校	吉林省
	4	扶余农村成人高等专科学校	吉林省
	5	吉林省教育学院	吉林省
	6	吉林广播电视大学	吉林省
	7	白城市职工大学	吉林省
	8	吉林省经济管理干部学院	吉林省
	9	长春市建筑职工业余大学	吉林省
	10	吉林职工医科大学	吉林省
	11	延边黎明农民大学	吉林省
	12	长春职工大学	吉林省
	13	长春广播电视大学	吉林省
	14	长春职工医科大学	吉林省
	15	长春市直属机关业余大学	吉林省
	16	吉林省行政管理干部学院	吉林省政府
	17	延边职工大学	吉林省
	18	吉林市职工大学	吉林省
	19	吉林化学工业公司职工大学	吉林省
	20	通化市职工大学	吉林省
	21	通化钢铁公司职工大学	吉林省

续表

所在省市	序号	学校名称	主管部门
黑龙江省			
	1	齐齐哈尔铁路教育学院	铁道部
	2	齐齐哈尔铁路运输职工大学	铁道部
	3	哈尔滨市广播电视大学	黑龙江省
	4	佳木斯市教育学院	黑龙江省
	5	黑龙江省经济管理干部学院	黑龙江省
	6	黑龙江省政法管理干部学院	黑龙江省
	7	黑龙江省教育学院	黑龙江省
	8	齐齐哈尔市教育学院	黑龙江省
	9	黑龙江省绥化地区教育学院	黑龙江省
	10	牡丹江市教育学院	黑龙江省
	11	五常朝鲜族教师进修学院	黑龙江省
	12	黑龙江省广播电视大学	黑龙江省
	13	鸡西煤炭职工医学院	黑龙江省
	14	黑龙江省商业职工大学	黑龙江省
	15	黑龙江省社会科学院职工大学	黑龙江省
	16	黑龙江省农垦管理干部学院	黑龙江省
	17	黑龙江省职工体育运动技术学院	黑龙江省
	18	佳木斯市联合职工大学	黑龙江省
	19	哈尔滨市职工医学院	黑龙江省
	20	黑龙江兵器工业职工大学	黑龙江省
	21	大庆石油化工总厂职工大学	黑龙江省
	22	伊春市职工大学	黑龙江省
	23	黑龙江省电力职工大学	黑龙江省

续表

所在省市	序号	学校名称	主管部门
	24	哈尔滨航空职工大学	黑龙江省
	25	哈尔滨轻型车厂职工大学	黑龙江省
	26	哈尔滨市职工大学	黑龙江省
	27	黑龙江省科技职工大学	黑龙江省
	28	哈尔滨市教师体育学院	黑龙江省
	29	齐齐哈尔市建设职工大学	黑龙江省
	30	齐齐哈尔市职工大学	黑龙江省
	31	牡丹江市联合职工大学	黑龙江省
	32	鹤岗矿务局职工大学	黑龙江省
	33	黑龙江省直属机关职工大学	黑龙江省
	34	大庆职工医学院	黑龙江省
上海市			
	1	海关管理干部学院	海关总署
	2	上海青年管理干部学院	上海市
	3	上海市广播电视大学	上海市
	4	上海市宝山区业余大学	上海市
	5	上海职工医学院	上海市
	6	上海职工体育运动技术学院	上海市
	7	上海工商学院	上海市教委
	8	上海市工会管理干部学院	上海市
	9	上海医药职工大学	上海市
	10	上海纺织工业职工大学	上海市
	11	上海市经济管理干部学院	上海市
	12	上海市卢湾区业余大学	上海市

续表

所在省市	序号	学校名称	主管部门
	13	上海机电工业职工大学	上海市
	14	上海财政税务职工大学	上海市
	15	上海市黄浦区业余大学	上海市
	16	上海市徐汇区业余大学	上海市
	17	上海市长宁区业余大学	上海市
	18	上海市静安区业余大学	上海市
	19	上海市普陀区业余大学	上海市
	20	上海市虹口区业余大学	上海市
	21	上海市杨浦区业余大学	上海市
	22	上海科技管理干部学院	上海市
江苏省			
	1	空军第一职工大学	总装备部
	2	南通市职工大学	江苏省
	3	南通市工人业余大学	江苏省
	4	扬州市职工大学	江苏省
	5	江苏教育学院	江苏省
	6	苏州教育学院	江苏省
	7	江苏省广播电视大学	江苏省
	8	江苏省省级机关管理干部学院	江苏省
	9	苏州市职工业余大学	江苏省
	10	江苏省青年管理干部学院	江苏省
	11	徐州教育学院	江苏省
	12	南京金陵旅馆管理干部学院	江苏省
	13	南京市广播电视大学	江苏省

续表

所在省市	序号	学校名称	主管部门
	14	南京联合职工大学	江苏省
	15	扬州教育学院	江苏省
	16	苏州市建筑工程局职工大学	江苏省
	17	江苏电力职工大学	江苏省
	18	南京电子工业职工大学	江苏省
	19	江苏冶金职工大学	江苏省
	20	江苏职工医科大学	江苏省
	21	江苏对外贸易职工大学	江苏省
	22	南京市机械工业局职工大学	江苏省
	23	南京市职工大学	江苏省
	24	常州市职工大学	江苏省
	25	苏州市职工大学	江苏省
	26	南京人口管理干部学院	江苏省
浙江省			
	1	杭州市工人业余大学	浙江省
	2	宁波教育学院	浙江省
	3	宁波市广播电视大学	浙江省
	4	浙江嘉兴教育学院	浙江省
	5	浙江省职工体育运动技术学院	浙江省
	6	浙江经济管理职工大学	浙江省
	7	浙江省广播电视大学	浙江省
	8	金华教育学院	浙江省
	9	杭州教育学院	浙江省
	10	浙江教育学院	浙江省

续表

所在省市	序号	学校名称	主管部门
	11	杭州市业余科技大学	浙江省
	12	浙江省省级机关职工业余大学	浙江省
	13	东海业余专科学校	浙江省
	14	富春江水电职工大学	浙江省
	15	浙江省电力职工大学	浙江省
	16	温州市工人业余大学	浙江省
安徽省			
	1	安徽经济管理干部学院	安徽省
	2	淮南市职工大学	安徽省
	3	蚌埠市职工大学	安徽省
	4	合肥职工科技大学	安徽省
	5	合肥市职工大学	安徽省
	6	安徽教育学院	安徽省
	7	蚌埠教育学院	安徽省
	8	宿县地区教育学院	安徽省
	9	安徽农业管理干部学院	安徽省
	10	安徽省广播电视大学	安徽省
	11	芜湖教育学院	安徽省
福建省			
	1	三明业余大学	福建省
	2	厦门市广播电视大学	福建省
	3	福建政法管理干部学院	福建省
	4	福建财会管理干部学院	福建省
	5	厦门教育学院	福建省

续表

所在省市	序号	学校名称	主管部门
	6	漳州教育学院	福建省
	7	福建省广播电视大学	福建省
	8	福建经济管理干部学院	福建省
	9	福建教育学院	福建省
	10	福建省漳州业余大学	福建省
	11	厦门工人业余大学	福建省
	12	福建省直属机关业余大学	福建省
	13	福建职工大学	福建省
	14	福州教育学院	福建省
江西省			
	1	江西行政管理干部学院	江西省
	2	江西教育学院	江西省
	3	赣南教育学院	江西省
	4	江西经济管理干部学院	江西省
	5	南昌教育学院	江西省
	6	江西省广播电视大学	江西省
	7	南昌市业余大学	江西省
	8	新余钢铁有限责任公司职工大学	江西省
	9	昌河职工工学院	江西省
	10	南昌市职工科技大学	江西省
	11	南昌钢铁有限责任公司职工大学	江西省
山东省			
	1	山东省青年管理干部学院	山东省
	2	山东省聊城教育学院	山东省

续表

所在省市	序号	学校名称	主管部门
	3	山东省济宁教育学院	山东省
	4	山东省菏泽教育学院	山东省
	5	山东省广播电视大学	山东省
	6	兖州矿区职工大学	山东省
	7	山东财政职工大学	山东省
	8	山东省工会管理干部学院	山东省
	9	青岛市广播电视大学	山东省
	10	山东兵器工业职工大学	山东省
	11	山东省滨州教育学院	山东省
	12	山东省职工体育运动技术学院	山东省
	13	山东电力职工大学	山东省
	14	新汶矿务局职工大学	山东省
	15	青岛远洋船员学院	山东省
	16	潍坊教育学院	山东省
	17	山东省水利职工大学	山东省
	18	山东省贸易职工大学	山东省
	19	山东省经济管理干部学院	山东省
	20	山东省政法管理干部学院	山东省
	21	山东省农业管理干部学院	山东省
	22	山东省教育学院	山东省
	23	烟台教育学院	山东省
	24	济南市职工大学	山东省
河南省			
	1	磨料磨具工业职工大学	河南省

续表

所在省市	序号	学校名称	主管部门
	2	河南教育学院	河南省
	3	开封教育学院	河南省
	4	平顶山教育学院	河南省
	5	新乡教育学院	河南省
	6	河南省广播电视大学	河南省
	7	河南卫生职工学院	河南省
	8	驻马店教育学院	河南省
	9	焦作职工医学院	河南省
	10	洛阳轴承厂职工大学	河南省
	11	郑州经济管理干部学院	河南省
	12	河南政法管理干部学院	河南省
	13	河南省化工职工大学	河南省
	14	河南省安阳钢铁公司职工大学	河南省
	15	河南省建筑职工大学	河南省
	16	洛阳市职工科学技术学院	河南省
	17	第一拖拉机制造厂拖拉机学院	河南省
	18	开封空分设备厂职工大学	河南省
	19	洛阳有色金属职工大学	河南省
	20	长城铝业公司职工工学院	河南省
	21	开封市职工业余大学	河南省
	22	新乡市纺织职工大学	河南省
	23	郑州市职工业余大学	河南省
湖北省			
	1	湖北省直属机关业余大学	湖北省

续表

所在省市	序号	学校名称	主管部门
	2	十堰教育学院	湖北省
	3	武汉冶金管理干部学院	湖北省
	4	湖北省广播电视大学	湖北省
	5	大冶钢厂职工大学	湖北省
	6	宜昌市教育学院	湖北省
	7	荆州教育学院	湖北省
	8	丹江口工程管理局职工大学	湖北省
	9	湖北教育学院	湖北省
	10	武汉市广播电视大学	湖北省
	11	湖北省经济管理干部学院	湖北省
	12	长江葛洲坝工程局职工大学	湖北省
	13	华中电业联合职工大学	湖北省
	14	湖北兵器工业职工大学	湖北省
	15	湖北省纺织职工大学	湖北省
	16	鄂城钢铁厂职工大学	湖北省
	17	湖北武汉公安管理干部学院	湖北省
湖南省			
	1	长沙教育学院	湖南省
	2	湖南有色金属职工大学	湖南省
	3	湖南纺织职工大学	湖南省
	4	湖南农村金融职工大学	湖南省
	5	湖南经济管理干部学院	湖南省
	6	益阳教育学院	湖南省
	7	湘西民族教师进修学院	湖南省

续表

所在省市	序号	学校名称	主管部门
	8	湘潭教育学院	湖南省
	9	湖南省广播电视大学	湖南省
	10	衡阳工业职工大学	湖南省
	11	湖南机电职工大学	湖南省
	12	株洲市职工大学	湖南省
	13	衡阳市职工大学	湖南省
	14	长沙职工大学	湖南省
	15	湖南工业科技职工大学	湖南省
	16	涟源钢铁总厂职工大学	湖南省
	17	南方动力机械公司职工工学院	湖南省
	18	衡阳有色冶金职工大学	湖南省
	19	湖南兵器工业职工大学	湖南省
	20	长沙工业职工大学	湖南省
广东省			
	1	广东新华教育学院	广东省
	2	广东省职工体育运动技术学院	广东省
	3	广东社会科学大学	广东省
	4	广东省农业管理干部学院	广东省
	5	广东青年管理干部学院	广东省
	6	广州市广播电视大学	广东省
	7	广东省公安司法管理干部学院	广东省
	8	深圳市广播电视大学	广东省
	9	广州金桥管理干部学院	广东省
	10	湛江教育学院	广东省

续表

所在省市	序号	学校名称	主管部门
	11	广东教育学院	广东省
	12	江门市职工业余大学	广东省
	13	韶关市职工大学	广东省
	14	汕头市职工业余大学	广东省
	15	汕头市业余大学	广东省
	16	广东省国防工业职工大学	广东省
	17	湛江市业余大学	广东省
	18	广州市公安管理干部学院	广东省
	19	南海成人学院	广东省
	20	广东省成人科技大学	广东省
广　西			
	1	广西壮族自治区经济管理干部学院	自治区政府
	2	广西壮族自治区卫生管理干部学院	自治区政府
	3	南宁地区教育学院	自治区政府
	4	广西政法管理干部学院	自治区政府
	5	广西教育学院	自治区政府
	6	桂林市职工大学	自治区政府
	7	广西壮族自治区广播电视大学	自治区政府
海南省			
	1	海南省广播电视大学	海南省
重庆市			
	1	重庆市广播电视大学	重庆市
	2	重庆交电分公司职工大学	重庆市
	3	重庆商业职工大学	重庆市

续表

所在省市	序号	学校名称	主管部门
	4	重庆青年管理干部学院	重庆市
	5	重庆教育学院	重庆市
	6	重庆化工职工大学	重庆市
	7	重庆城建职工学院	重庆市
	8	重庆冶金成人学院	重庆市
	9	重庆电力职工大学	重庆市
	10	重庆职工会计专科学校	重庆市
四川省			
	1	中国科学院成都分院职工大学	中国科学院
	2	成都市职工大学	四川省
	3	四川教育学院	四川省
	4	成都教育学院	四川省
	5	德阳教育学院	四川省
	6	四川省广播电视大学	四川省
	7	四川财贸管理干部学院	四川省
	8	四川经济管理干部学院	四川省
	9	四川农业管理干部学院	四川省
	10	四川省职工运动技术学院	四川省
	11	四川干部函授学院	四川省
	12	四川卫生管理干部学院	四川省
	13	成都市广播电视大学	四川省
	14	成都水利水电职工大学	四川省
	15	四川省计划生育管理干部学院	四川省
	16	成都电子职工大学	四川省

续表

所在省市	序号	学校名称	主管部门
	17	成都电力职工大学	四川省
	18	中国工程物理研究院职工工学院	四川省
	19	成都发动机公司职工大学	四川省
	20	成都飞机工业公司职工工学院	四川省
	21	四川核工业职工大学	四川省
	22	四川省东方动力职工大学	四川省
	23	南充市职工大学	四川省
	24	国营涪江机器厂职工大学	四川省
	25	红光电子管厂职工大学	四川省
	26	成都冶金职工大学	四川省
	27	第五冶金建设公司职工大学	四川省
	28	成都工业职工大学	四川省
	29	四川省化工职工大学	四川省
	30	广元职工医学院	四川省
	31	四川科技职工大学	四川省
贵州省			
	1	贵州铝厂职工大学	贵州省
	2	贵州教育学院	贵州省
	3	贵州航空工业职工大学	贵州省
	4	黔东南州教育学院	贵州省
	5	贵州广播电视大学	贵州省
	6	贵州机械工业职工大学	贵州省
云南省			
	1	德宏教育学院	云南省

续表

所在省市	序号	学校名称	主管部门
	2	丽江教育学院	云南省
	3	临沧教育学院	云南省
	4	南方电力职工大学	云南省
	5	云南广播电视大学	云南省
陕西省			
	1	宝鸡市职工大学	陕西省
	2	西安外贸职工大学	陕西省
	3	陕西省财贸管理干部学院	陕西省
	4	陕西教育学院	陕西省
	5	陕西省宝鸡教育学院	陕西省
	6	陕西省铜川教育学院	陕西省
	7	西安市广播电视大学	陕西省
	8	陕西工运学院	陕西省
	9	陕西省建筑工程总公司职工大学	陕西省
	10	陕西省广播电视大学	陕西省
	11	西安飞机工业公司职工工学院	陕西省
	12	西安铁路工程职工大学	陕西省
	13	西安石油勘探仪器总厂职工大学	陕西省
	14	西北电业职工大学	陕西省
	15	西安市职工大学	陕西省
	16	西安航空职工大学	陕西省
	17	陕西兵器工业职工大学	陕西省
	18	陕西电子工业职工大学	陕西省
	19	陕西青年管理干部学院	陕西省

续表

所在省市	序号	学校名称	主管部门
	20	西安电力机械制造公司机电学院	陕西省
	21	陕西省纺织工业公司职工大学	陕西省
	22	陕西航天职工大学	陕西省
甘肃省			
	1	甘肃省广播电视大学	甘肃省
	2	兰州铁路工程职工大学	甘肃省
	3	兰州教育学院	甘肃省
	4	甘肃服装职工大学	甘肃省
	5	白银有色金属公司职工大学	甘肃省
	6	酒泉钢铁公司职工大学	甘肃省
	7	甘肃机械电子职工大学	甘肃省
	8	银光化学材料厂职工大学	甘肃省
	9	甘肃核工业职工大学	甘肃省
	10	兰州航空工业职工大学	甘肃省
	11	金川有色金属公司职工大学	甘肃省
青海省			
	1	青海省联合职工大学	青海省
	2	青海省广播电视大学	青海省
宁　夏			
	1	宁夏回族自治区广播电视大学	自治区政府
新　疆			
	1	和田地区教育学院	自治区政府
	2	新疆教育学院	自治区政府
	3	乌鲁木齐成人教育学院	自治区政府

续表

所在省市	序号	学校名称	主管部门
	4	喀什教育学院	自治区政府
	5	伊犁教育学院	自治区政府
	6	新疆维吾尔自治区卫生厅职工业余医科大学	自治区政府
	7	新疆生产建设兵团教育学院	新疆生产建设兵团
	8	阿克苏教育学院	新疆生产建设兵团
	9	新疆维吾尔自治区广播电视大学	自治区政府
	10	新疆兵团职工大学	自治区政府
	11	新疆职工大学	自治区政府
	12	新疆维吾尔自治区建筑职工大学	自治区政府
	13	新疆纺织工业公司职工大学	自治区政府
	14	新疆维吾尔自治区钢铁公司职工大学	自治区政府
	15	新疆生产建设兵团广播电视大学	新疆生产建设兵团

1990年以来高校合并情况

（截至2005年5月26日）

序号	合并后学校名称	办学类型	主管部门	参与合并学校名称	合并时间
1	西安联合大学	普通高校	陕西省	西安师范专科学校 西安大学	1990-1-12
2	蚌埠高等专科学校	普通高校	安徽省	蚌埠食品工业专科学校 蚌埠联合大学	1990-6-6
3	辽阳师范专科学校	普通高校	辽宁省	辽阳师范专科学校 辽阳大学	1990-10-8
4	鞍山师范专科学校	普通高校	辽宁省	鞍山师范专科学校 鞍山市教育学院	1990-10-17
5	丹东师范专科学校	普通高校	辽宁省	丹东师范专科学校 丹东市教育学院	1990-10-17
6	本溪市高等职业专科学校	普通高校	辽宁省	本溪大学 本溪市电大	1990-10-17

续表

序号	合并后学校名称	办学类型	主管部门	参与合并学校名称	合并时间
7	阜新师范专科学校	普通高校	辽宁省	阜新师范专科学校 阜新市教育学院	1990-10-17
8	丹东市轻纺工业专科学校	普通高校	辽宁省	丹东大学 丹东市电大	1990-10-17
9	抚顺市高等职业专科学校	普通高校	辽宁省	抚顺大学 抚顺市电大	1990-10-17
10	营口市高等职业专科学校	普通高校	辽宁省	营口大学 营口市职工大学 营口市电大	1990-10-17
11	辽阳师范专科学校	普通高校	辽宁省	辽阳师范专科学校 辽阳大学 辽阳市教育学院	1990-10-17
12	铁岭师范专科学校	普通高校	辽宁省	铁岭师范专科学校 铁岭市教育学院	1990-10-17
13	朝阳师范专科学校	普通高校	辽宁省	朝阳师范专科学校 朝阳市教育学院	1990-10-17
14	本溪师范专科学校	普通高校	辽宁省	本溪师范专科学校 本溪市教育学院	1990-10-17
15	锦州师范专科学校	普通高校	辽宁省	锦州师范专科学校 锦州市教育学院	1990-10-17
16	抚顺师范专科学校	普通高校	辽宁省	抚顺师范专科学校 抚顺市教育学院	1990-10-17
17	营口师范专科学校	普通高校	辽宁省	营口师范专科学校 营口市教育学院	1990-10-17
18	鞍山市高等职业专科学校	普通高校	辽宁省	鞍山市电大 鞍山大学	1990-10-17
19	西江大学	普通高校	广东省	西江大学 肇庆师范专科学校	1990-12-19
20	佛山大学	普通高校	广东省	佛山大学 佛山师范专科学校	1990-12-19
21	韶关大学	普通高校	广东省	韶关大学 韶关师范专科学校	1990-12-19
22	嘉应大学	普通高校	广东省	嘉应大学 嘉应师范专科学校	1990-12-19
23	上海市轻工业职工大学	成人高校	上海市	上海市轻工业局职工大学 上海市造纸公司职工大学 上海市钟表公司职工大学	1990-12-31
24	上海市仪表电子工业职工大学	成人高校	上海市	上海市仪表电讯工业局职工大学 上海市仪器仪表公司职工大学	1990-12-31

续表

序号	合并后学校名称	办学类型	主管部门	参与合并学校名称	合并时间
25	重庆兵器工业职工大学	成人高校	兵器总公司	长安机器制造厂职工大学 江陵机器厂职工大学 嘉陵机器厂职工大学 建设机床厂职工大学 长江电工厂职工大学 望江机器厂职工大学 西南车辆制造厂职工大学 泸州化工厂职工大学	1990－12－31
26	青海省联合职工大学	成人高校	青海省	西宁钢厂职工大学 青海重型机床厂职工大学 青海地质职工专科学校 青海建筑职工专科学校 青海卫生职工专科学校	1990－12－31
27	武汉交通管理干部学院	成人高校	交通部	武汉交通政治管理干部学院 长江航运职工大学	1990－12－31
28	上海市化学工业职工大学	成人高校	上海市	上海市塑料公司职工大学 上海市橡胶公司职工大学	1990－12－31
29	上海冶金联合职工大学	成人高校	上海市	上海冶金职工大学 上海第一钢铁厂职工大学 上海第三钢铁厂职工大学	1990－12－31
30	南平师范专科学校	普通高校	福建省	南平师范专科学校 南平职业大学	1991－2－25
31	宁德师范专科学校	普通高校	福建省	宁德师范专科学校 闽东职业大学	1991－2－25
32	合肥联合大学	普通高校	安徽省	合肥联合大学 合肥外语专科学校	1991－2－25
33	湖南中医学院	普通高校	湖南省	湖南中医学院 湖南科技大学	1991－2－26
34	武汉市职工大学	成人高校	湖北省	武汉市二轻职工大学 武汉市建筑工业总公司职工大学 武汉市职工大学	1991－3－1
35	甘肃机械电子职工大学	成人高校	甘肃省	兰州石化机器厂职工大学 兰州通用机器厂职工大学 国营长风机器厂职工大学 甘肃长城电器工业公司职工大学	1991－3－14
36	武汉市机械工业职工大学	成人高校	湖北省	武汉市机械工业局职工大学 武汉市锅炉厂职工大学 武汉重型机床厂职工大学 武汉机床厂职工大学 中原机械厂职工大学	1991－3－14
37	成都工业职工大学	成人高校	四川省	成都市二轻局职工大学 成都市医药局职工大学 成都量具刃具厂职工大学	1991－3－14

续表

序号	合并后学校名称	办学类型	主管部门	参与合并学校名称	合并时间
38	武汉职工财经学院	成人高校	湖北省	武汉职工财经学院 武汉肉联厂职工大学	1991-3-14
39	成都电子职工大学	成人高校	四川省	国光电子管总厂职工大学 前锋无线电仪器厂职工大学 南光机器厂职工大学	1991-3-14
40	山西机电职工学院	成人高校	山西省	山西机械职工大学 太原市机械工业局职工大学 太原矿山机器厂职工大学	1991-3-26
41	山西煤炭职工联合大学	成人高校	煤炭部	潞安矿务局职工大学 汾西矿务局职工大学 阳泉矿务局职工大学 西山矿务局职工大学	1991-3-26
42	长沙机械电子职工大学	成人高校	湖南省	长沙市电子职工大学 长沙市冶金机械职工大学	1991-5-28
43	湖南石化职工大学	成人高校	湖南省	湖南省化工职工大学 长沙市化工局职工大学 长岭炼油厂职工大学	1991-5-28
44	湖南煤炭职工大学	成人高校	湖南省	湖南省资兴矿务局职工大学 湖南省涟邵矿务局职工大学	1991-5-28
45	南京市师范专科学校	普通高校	江苏省	南京市师范专科学校 南京教育学院	1991-6-1
46	郑州大学	普通高校	河南省	郑州大学 黄河大学	1991-7-2
47	广州市联合职工大学	成人高校	广东省	广州市机电工业局职工大学 广州市轻工业局职工大学 广州市第二轻工业局职工大学 广州市电子工业总公司职工大学 广州纺织工业职工大学 广州市交通运输职工大学 广州钢铁厂职工大学 广州无线电厂职工大学	1991-9-7
48	云南兵器工业职工大学	成人高校	兵器总公司	云南光学仪器厂职工大学 西南仪器厂职工工业学院	1991-11-20
49	山西兵器工业职工大学	成人高校	兵器总公司	山西机床厂职工工学院 晋西机器厂职工大学 淮海机械厂职工大学 惠丰机械厂职工工学院 新华化工厂职工工学院 兴安化学材料厂职工大学 晋安化工厂职工大学	1991-11-20
50	湖南兵器工业职工大学	成人高校	兵器总公司	江南机器厂职工工学院 沅江兵工联合职工大学 江麓机械厂职工大学	1991-11-20

续表

序号	合并后学校名称	办学类型	主管部门	参与合并学校名称	合并时间
51	辽宁兵器工业职工大学	成人高校	兵器总公司	东北机器制造厂职工大学 五三工厂职工大学 庆阳化工厂职工大学	1991-11-20
52	延边职工大学	成人高校	吉林省	延边职工大学 延吉市职工大学 石岘造纸厂职工大学	1991-11-20
53	镇江市高等专科学校	普通高校	江苏省	镇江市职业大学 镇江教育学院 江苏省广播电视大学镇江分校	1992-3-5
54	重庆城建职工学院	成人高校	重庆市	重庆建筑勘察设计院职工大学 重庆建筑职工大学	1992-3-30
55	吉林省行政管理干部学院	成人高校	吉林省	吉林省政法管理干部学院 吉林省宣传文化管理干部学院	1992-3-30
56	山西师范大学	普通高校	山西省	临汾师范专科学校 山西师范大学	1992-4-25
57	安顺师范专科学校	普通高校	贵州省	安顺教育学院 安顺师范专科学校	1992-5-18
58	郑州大学	普通高校	河南省	河南体专 郑州大学	1992-5-18
59	贵州财经学院	普通高校	贵州省	贵州计划管理干部学院 贵州财经学院	1992-5-18
60	贵州工学院	普通高校	贵州省	贵州建筑专科学校 贵州工学院	1992-5-18
61	铜仁师范专科学校	普通高校	贵州省	铜仁教育学院 铜仁师范专科学校	1992-5-18
62	扬州大学	普通高校	江苏省	扬州工学院 扬州师范学院 江苏农学院 扬州医学院 江苏商业专科学校 江苏水利工程专科学校 国家税务局扬州培训中心	1992-5-19
63	苏州市职业大学	成人高校	江苏省	苏州市职业大学 苏州经济管理干部学院	1992-5-29
64	苏州市职工大学	成人高校	江苏省	苏州市电子工业局职工大学 苏州市商业职工大学 苏州市业余美术专科学校 苏州市化学工业局职工大学 苏州市工艺美术职工大学	1992-5-29
65	无锡市职工大学	成人高校	江苏省	无锡市职工大学 无锡市电子仪表工业局职工大学 无锡市机械工业联合职工大学 无锡市轻工业局职工大学 无锡市化学工业局职工大学 无锡机床厂职工大学	1992-5-29

续表

序号	合并后学校名称	办学类型	主管部门	参与合并学校名称	合并时间
66	常州市职工大学	成人高校	江苏省	常州市纺织工业职工大学 常州市建筑职工大学 常州市建材职工大学	1992－5－29
67	徐州经济管理干部学院	成人高校	江苏省	徐州经济管理干部学院 徐州市职工大学	1992－5－29
68	南通市职工大学	成人高校	江苏省	南通市职工大学 南通工业管理干部学院	1992－5－29
69	武汉水运工程学院	普通高校	交通部	武汉河运专科学校 武汉水运工程学院	1992－6－4
70	北京经贸学院	普通高校	北京市	北京经济学院 北京财贸学院	1992－6－6
71	北京工业大学	普通高校	北京市	北京工业大学 北京计算机学院	1992－6－6
72	淮南矿业学院	普通高校	统配煤矿公司	华北煤炭医学高等专科学校 淮南矿业学院	1993－1－30
73	南昌大学	普通高校	江西省	江西大学 江西工业大学	1993－3－1
74	宝鸡文理学院	普通高校	陕西省	宝鸡师院 宝鸡大学	1993－5－6
75	琼州大学（专科）	普通高校	海南省	通什师范专科学校 通什教育学院	1993－7－29
76	贵州大学	普通高校	贵州省	贵州大学 贵州人民大学	1993－11－3
77	四川联合大学	普通高校	国家教委	四川大学 成都科技大学	1993－11－24
78	天津医科大学	普通高校	天津市	天津医学院 天津第二医学院	1993－12－3
79	云南工业大学	普通高校	云南省	云南工学院 重庆建筑工程学院昆明分院 云南化工专科学校 成都电子科大昆明分部	1993－12－6
80	青岛大学	普通高校	山东省	青岛大学 青岛医学院 山东纺织工学院 青岛师范专科学校	1993－12－7
81	江西新余钢铁总厂职工大学	成人高校	江西省	江西新余钢铁总厂职工大学 江西钢厂职工大学	1994－1－27
82	东北农业大学	普通高校	黑龙江省	东北农学院 黑龙江省农业管理干部学院	1994－2－1
83	湖南商学院	普通高校	湖南省	湖南商业专科学校 湖南省商业管理干部学院	1994－2－5

续表

序号	合并后学校名称	办学类型	主管部门	参与合并学校名称	合并时间
84	四川三峡学院	普通高校	四川省	万县师范专科学校 万县教院 区工交职工中专学校	1994-3-26
85	上海大学	普通高校	上海市	上海大学 上海法律高等专科学校	1994-3-29
86	上海大学	普通高校	上海市	上海工业大学 上海科技大学 上海大学 上海科技高等专科学校	1994-4-25
87	上海师范大学	普通高校	上海市	上海师范大学 上海技术师范学院	1994-4-25
88	北京教育学院	成人高校	北京市	北京教育学院 北京教育行政学院	1994-6-28
89	上海市建设职工大学	成人高校	上海市	上海市业余土木建筑学院 市建筑工程职工大学 市政工程局职工大学	1994-8-22
90	集美大学	普通高校	福建省	集美航海学院（保留建制） 厦门水产学院 福建体育学院 集美财经高等专科学校 集美师范专科学校	1994-10-8
91	南开大学	普通高校	国家教委	天津对外贸易学院 南开大学	1994-11-15
92	河北医科大学	普通高校	河北省	河北医学院 河北中医学院 石家庄医学高等专科学校	1995-2-16
93	河北农业大学	普通高校	河北省	河北农业大学 河北林学院	1995-2-16
94	河北经贸大学	普通高校	河北省	河北财经学院 河北经贸学院 河北商业高等专科学校	1995-2-16
95	上海铁道大学	普通高校	铁道部	上海铁道学院 上海铁道医学院	1995-3-6
96	湖北三峡学院	普通高校	湖北省	宜昌医学专科学校 宜昌师范专科学校 宜昌职业大学	1995-3-6
97	西安外国语学院	普通高校	陕西省	西安外国语学院 陕西省外国语师范专科学校	1995-3-6
98	苏州大学	普通高校	江苏省	苏州蚕桑专科学校 苏州大学	1995-3-6
99	华南理工大学	普通高校	广东省	广东电力专科学校 华南理工大学	1995-3-11

续表

序号	合并后学校名称	办学类型	主管部门	参与合并学校名称	合并时间
100	广东工业大学	普通高校	广东省	广东工学院 广东机械学院 华南建设学院（东院）	1995-3-11
101	佛山科学技术学院	普通高校	广东省	佛山大学 佛山农牧高等专科学校	1995-3-11
102	广东外语外经贸大学	普通高校	广东省	广州外国语学院 广州对外贸易学院 广东财税专科学校（筹）	1995-3-11
103	深圳大学	普通高校	广东省	深圳师范专科学校 深圳大学	1995-3-11
104	首都经济贸易大学	普通高校	北京市	北京经济学院 北京财贸学院	1995-3-24
105	哈尔滨理工大学	普通高校	机械部	哈尔滨科技大学 哈尔滨电工学院 哈尔滨工业高等专科学校	1995-4-5
106	武汉科技大学	普通高校	冶金部	武汉钢铁学院 武汉建筑高等专科学校 武汉冶金医学高等专科学校	1995-4-5
107	华北电力大学	普通高校	电力部	华北电力学院 北京动力经济学院	1995-5-4
108	中国农业大学	普通高校	农业部	北京农业大学 北京农业工程大学	1995-5-24
109	荆州师范高等专科学校	普通高校	湖北省	荆州教育学院 荆州师范高等专科学校	1995-6-12
110	黄冈师范高等专科学校	普通高校	湖北省	黄冈教育学院 黄冈师范高等专科学校	1995-6-12
111	齐齐哈尔大学	普通高校	黑龙江省	齐齐哈尔师范学院 齐齐哈尔轻工学院	1995-6-27
112	佳木斯大学	普通高校	黑龙江省	佳木斯工学院 佳木斯医学院 佳木斯师范专科学校 佳木斯大学	1995-6-27
113	四川核工业职工大学	成人高校	核工业总公司	八一二厂职工工学院 第一研究设计院职工大学	1996-3-4
114	甘肃核工业职工大学	成人高校	核工业总公司	国营五零四厂职工大学 国营四零四厂职工大学	1996-3-4
115	石河子大学	普通高校	农业部	石河子农学院 石河子医学院 新疆生产建设兵团经济专科学校 新疆生产建设兵团师范专科学校	1996-4-4
116	绍兴文理学院	普通高校	浙江省	绍兴师范专科学校 绍兴高等专科学校 绍兴职工大学 浙江电大绍兴分校	1996-4-4

续表

序号	合并后学校名称	办学类型	主管部门	参与合并学校名称	合并时间
117	延边大学	普通高校	吉林省	延边大学 延边医学院 延边农学院 延边师范高等专科学校 吉林艺术学院延边分院	1996-4-16
118	北京化工大学	普通高校	化工部	北京化工大学 北京化工管理干部学院	1996-4-19
119	河北科技大学	普通高校	河北省	河北轻化工学院 河北机电学院 河北纺织职工大学	1996-4-23
120	长沙大学	普通高校	湖南省	长沙职业技术师范专科学校 长沙大学	1996-4-23
121	河北师范大学	普通高校	河北省	河北师范大学 河北师范学院 河北教育学院	1996-4-23
122	盐城工学院	普通高校	江苏省	盐城工业专科学校 盐城职业大学 盐城市纺织职工大学	1996-5-14
123	陕西经贸学院	普通高校	陕西省	西安基础大学 陕西财政专科学校 陕西商业专科学校	1996-5-14
124	武汉水利电力大学	普通高校	电力部	武汉水利电力大学 葛洲坝水电工程学院	1996-5-16
125	江西财经大学	普通高校	财政部	江西财经学院 江西财经管理干部学院	1996-5-16
126	上海理工大学	普通高校	机械部	华东工业大学 上海机械高等专科学校	1996-5-28
127	同济大学	普通高校	国家教委 上海市	上海城建学院 上海建材学院 同济大学	1996-7-18
128	湛江海洋大学	普通高校	广东省	湛江水产学院 湛江农业专科学校	1996-7-18
129	华东理工大学	普通高校	国家教委	华东理工大学 上海石化高等专科学校（撤销）	1996-10-7
130	合肥工业大学	普通高校	机械部	合肥工业大学 安徽工学院	1997-1-22
131	呼伦贝尔学院（专科）	普通高校	内蒙古	海拉尔师范专科学校 呼伦贝尔管理干部学院 教院呼伦贝尔盟教育学院 内蒙古电大呼伦贝尔分校	1997-1-23
132	贵州大学	普通高校	贵州省	贵州大学 贵州农学院 贵州艺术高等专科学校 贵州省农业管理干部学院	1997-2-3

续表

序号	合并后学校名称	办学类型	主管部门	参与合并学校名称	合并时间
133	宁夏大学	普通高校	宁夏回族自治区	宁夏大学 宁夏工学院 银川师范专科学校 教育学院	1997-2-3
134	淮阴师范学院	普通高校	江苏省	淮阴师范专科学校 淮阴教育学院	1997-2-20
135	太原理工大学	普通高校	山西省	太原工业大学 山西矿业学院	1997-3-17
136	广西大学	普通高校	广西壮族自治区	广西大学 广西农学院	1997-3-17
137	苏州大学	普通高校	江苏省	苏州丝绸工学院 苏州大学	1997-4-2
138	宁波大学	普通高校	浙江省	宁波大学 宁波师范学院 浙江水产学院宁波部分	1997-5-5
139	青海师范大学	普通高校	青海省	青海师范大学 青海教育学院	1997-8-13
140	青海大学	普通高校	青海省	青海大学 青海畜牧兽医学院	1997-8-13
141	华东师范大学	普通高校	上海市	上海幼儿师范高等专科学校 华东师范大学	1997-9-3
142	上海师范大学	普通高校	上海市	上海师范高等专科学校 上海师范大学	1997-9-3
143	山西财经大学	普通高校	供销合作总社 山西省	山西财经学院 山西经济管理学院	1997-10-27
144	东北大学	普通高校	冶金部	东北大学 沈阳黄金学院	1997-11-25
145	遵义师范高等专科学校	普通高校	贵州省	遵义师范高等专科学校 遵义教育学院	1997-12-29
146	延安大学	普通高校	陕西省	延安大学 延安医学院	1997-12-31
147	中国人民公安大学	普通高校	公安部	中国人民公安大学 中国人民警官大学	1998-2-24
148	上海商业职业技术学院	普通高校	上海市	上海财贸管理干部学院 上海商业局一局职工大学 上海粮食局职工大学 上海供销职工大学	1998-3-6
149	浙江海洋学院	普通高校	浙江省	浙江水产学院 舟山师范专科学校	1998-3-6

续表

序号	合并后学校名称	办学类型	主管部门	参与合并学校名称	合并时间
150	柳州职业技术学院	普通高校	广西壮族自治区	广西冶金工业职大 柳州市机电职大 柳州市工业职大 柳州市职大 柳州市教育学院	1998-3-6
151	德州高等专科学校	普通高校	山东省	德州师范专科学校 德州教育学院 德州市直机关业余大学	1998-3-9
152	沈阳大学	普通高校	冶金部 辽宁省	沈阳大学 沈阳工业高等专科学校	1998-3-18
153	襄樊学院	普通高校	湖北省	襄阳师范高等专科学校 襄樊职业大学 襄樊教育学院	1998-3-19
154	包头职业技术学院	普通高校	兵器总公司	包头机械工业学校 国营内蒙古第一、第二机械制造厂职工大学	1998-3-20
155	新疆医科大学	普通高校	新疆维吾尔自治区	新疆医学院 新疆中医学院	1998-4-7
156	淄博学院	普通高校	山东省	淄博师范专科学校 淄博市职工大学 淄博教育学院 山东省广播电视大学淄博分校 山东建材工业学院淄博分校	1998-4-9
157	湖北民族学院	普通高校	湖北省	湖北民族学院 恩施医学高等专科学校	1998-5-18
158	中国矿业大学	普通高校	国家煤炭工业局	中国矿业大学 北京煤炭管理干部学院	1998-5-28
159	中南工业大学	普通高校	有色金属工业局	中南工业大学 长沙工业高等专科学校	1998-6-8
160	南宁职业技术学院	普通高校	广西壮族自治区	南宁职业大学 南宁市教育学院 广西电大南宁分校	1998-6-12
161	大同职业技术学院	普通高校	山西省	大同高等专科学校 大同市教育学院	1998-6-18
162	南京气象学院	普通高校	中国气象局	南京气象学院 北京气象学院	1998-7-16
163	云南师范大学	普通高校	云南省	云南师范大学 云南教育学院	1998-7-20
164	青岛建筑工程学院	普通高校	山东省	青岛建筑工程学院 青岛冶金矿山职工大学	1998-7-20
165	北京科技大学	普通高校	教育部	北京科技大学 北京冶金管理干部学院	1998-7-20

续表

序号	合并后学校名称	办学类型	主管部门	参与合并学校名称	合并时间
166	云南财贸学院	普通高校	云南省	云南财贸学院 云南经济管理干部学院	1998-7-20
167	电子科技大学	普通高校	教育部	电子科技大学 成都冶金管理干部学院	1998-8-12
168	浙江大学	普通高校	教育部	浙江大学 杭州大学 浙江农业大学 浙江医科大学	1998-8-26
169	华东师范大学	普通高校	教育部	华东师范大学 上海教育学院 上海第二教育学院	1998-8-26
170	忻州师范高等专科学校	普通高校	山西省	忻州师范专科学校 忻州地区教育学院 忻州职工大学	1998-9-7
171	晋中师范高等专科学校	普通高校	山西省	晋中师范专科学校 晋中地区教育学院	1998-9-7
172	华北矿业高等专科学校	普通高校	煤炭局	华北矿业高等专科学校 有色金属管理干部学院	1998-9-8
173	哈尔滨航空职工大学	成人高校	中国航空工业总公司	哈尔滨飞机制造公司职工工学院 东安发动机制造公司职工工学院	1998-11-27
174	西安航空职工大学	成人高校	中国航空工业总公司	西安航空发动机公司职工工学院 陕西航空工业职工大学 宝成通用电子公司职工工学院 陕西飞机制造公司职工工学院 飞行试验研究院职工工学院 （六三零研究所职工工学院）	1998-11-30
175	沈阳航空职工大学	成人高校	中国航空工业总公司	沈阳飞机制造公司职工工学院 黎明发动机制造公司职工工学院	1998-11-30
176	昆明理工大学	普通高校	云南省	昆明理工大学 云南工业大学	1999-2-13
177	云南大学	普通高校	云南省	云南大学 云南政法高等专科学校	1999-2-13
178	常州工业技术学院	普通高校	江苏省	常州工业技术学院 常州市轻工业职工大学	1999-3-8
179	天津师范大学	普通高校	天津市	天津师范大学 天津师范高等专科学校 天津教育学院	1999-3-12
180	连云港职业技术学院	普通高校	江苏省	连云港职业大学 连云港市职业技术学院 连云港市职业技术教育中心	1999-3-12
181	常德师范学院	普通高校	湖南省	常德师范高等专科学校 常德高等专科学校	1999-3-25

续表

序号	合并后学校名称	办学类型	主管部门	参与合并学校名称	合并时间
182	岳阳师范学院	普通高校	湖南省	岳阳师范高等专科学校 岳阳大学	1999-3-25
183	内蒙古农业大学	普通高校	内蒙古	内蒙古农牧学院 内蒙古林学院	1999-3-25
184	盐城师范学院	普通高校	江苏省	盐城师范专科学校 盐城教育学院	1999-3-25
185	南通师范学院	普通高校	江苏省	南通师范专科学校 南通教育学院	1999-3-25
186	衡阳师范学院	普通高校	湖南省	衡阳师范高等专科学校 衡阳教育学院 （即衡阳市教师进修学院）	1999-3-25
187	太原师范学院	普通高校	山西省	山西大学师范学院 太原师范专科学校 山西省教育学院	1999-3-25
188	湖州师范学院	普通高校	浙江省	湖州师范专科学校 湖州教师进修学院 湖州师范学校	1999-3-25
189	临沂师范学院	普通高校	山东省	临沂师范专科学校 临沂教育学院	1999-3-25
190	山西师范大学	普通高校	山西省	山西师范大学 山西省职业师范专科学校	1999-4-29
191	山西机电职工学院	普通高校	山西省	山西机电职工学院 太原重型机械厂职工大学 大众机械厂职工大学	1999-5-25
192	四川师范大学	普通高校	四川省	成都煤炭管理干部学院 四川师范大学	1999-6-3
193	北京工商大学	普通高校	北京市	北京轻工业学院 北京商学院 机械工业管理干部学院	1999-6-10
194	江西工业职业技术学院	普通高校	江西省	江西省国防工业职工大学 江西省纺织工业职工大学 南昌无线电工业学校	1999-7-26
195	淮北职业技术学院	普通高校	安徽省	淮北矿务局职工大学 淮北教育学院 安徽广播电视大学淮北分校	1999-7-26
196	天津工业职业技术学院	普通高校	天津市	天津市职工纺织学院 天津市电子仪表局职工大学	1999-7-26
197	东华大学	普通高校	教育部	中国纺织大学 上海纺织高等专科学校	1999-8-13
198	山东科技大学	普通高校	山东省	山东矿业学院 山东煤炭教育学院	1999-8-16

续表

序号	合并后学校名称	办学类型	主管部门	参与合并学校名称	合并时间
199	上海交通大学	普通高校	教育部	上海交通大学 上海农学院	1999-8-16
200	长春中医学院	普通高校	吉林省	长春中医学院 吉林省卫生管理干部学院	1999-8-27
201	吉林工学院	普通高校	吉林省	吉林工学院 长春煤炭管理干部学院	1999-8-27
202	长春广播电视大学	成人高校	吉林省	长春市广播电视大学 长春市成人文理学院	1999-8-27
203	北华大学	普通高校	吉林省	吉林师范学院 吉林医学院 吉林林学院 吉林电气化高等专科学校	1999-9-1
204	西北农林科技大学	普通高校	教育部	西北农业大学 西北林学院 中国科学院水利部水土保持研究所 水利部西北水利科学研究所 陕西省农业科学院 陕西省西北植物研究所 陕西省林业科学研究院	1999-9-9
205	清华大学	普通高校	教育部	清华大学 中央工艺美术学院	1999-9-22
206	中国科学技术大学	普通高校	中国科学院	中国科学技术大学 合肥经济技术学院	1999-11-23
207	重庆冶金成人学院	成人高校	重庆市	重庆钢铁公司职工大学 重庆特殊钢厂职工大学 西南铝加工厂职工大学	2000-1-21
208	宜春学院	普通高校	江西省	宜春师范专科学校 宜春农业专科学校 宜春医学专科学校 宜春市职工业余大学	2000-1-25
209	南京经济学院	普通高校	江苏省	南京经济学院 江苏财经高等专科学校 江苏经济管理干部学院	2000-2-15
210	中国政法大学	普通高校	教育部	中央政法管理干部学院 中国政法大学	2000-2-28
211	河海大学	普通高校	教育部	常州水电机械制造职工大学 河海大学	2000-2-28
212	北京信息工程学院	普通高校	北京市	电子工业管理干部学院 北京成人电子工业学院 北京信息工程学院	2000-2-28
213	华中理工大学	普通高校	教育部	武汉科技职工大学 华中理工大学	2000-2-28
214	中央财经大学	普通高校	教育部	中央财政管理干部学院 中央财经大学	2000-2-28

续表

序号	合并后学校名称	办学类型	主管部门	参与合并学校名称	合并时间
215	北京教育学院	成人高校	北京市	北京教育学院 北京市成人教育学院	2000-3-6
216	乐山师范学院	普通高校	四川省	乐山师范高等专科学校 乐山教育学院	2000-3-21
217	洛阳师范学院	普通高校	河南省	洛阳师范高等专科学校 洛阳教育学院	2000-3-21
218	南阳师范学院	普通高校	河南省	南阳师范高等专科学校 南阳教育学院	2000-3-21
219	玉林师范学院	普通高校	广西壮族自治区	玉林师范高等专科学校 玉林市教育学院 玉林市高等职业技术学院（筹）	2000-3-21
220	渭南师范学院	普通高校	陕西省	渭南师范专科学校 渭南教育学院	2000-3-21
221	皖西学院	普通高校	安徽省	六安师范专科学校 皖西联合大学 六安师范学校	2000-3-21
222	廊坊师范学院	普通高校	河北省	廊坊师范专科学校 廊坊教育学院 廊坊师范学校	2000-3-21
223	商丘师范学院	普通高校	河南省	商丘师范高等专科学校 商丘教育学院	2000-3-21
224	忻州师范学院	普通高校	山西省	忻州师范高等专科学校 忻州师范学校	2000-3-21
225	井冈山师范学院	普通高校	江西省	吉安师范专科学校 吉安教育学院	2000-3-21
226	曲靖师范学院	普通高校	云南省	曲靖师范高等专科学校 曲靖教育学院 曲靖师范学校	2000-3-21
227	内江师范学院	普通高校	四川省	内江师范高等专科学校 内江教育学院	2000-3-21
228	包头师范学院	普通高校	内蒙古	包头师范高等专科学校 包头教育学院 包头师范学校	2000-3-21
229	嘉兴学院	普通高校	浙江省	浙江经济高等专科学校 嘉兴高等专科学校	2000-3-22
230	常州工学院	普通高校	江苏省	常州工业技术学院 常州市机械冶金职工大学	2000-3-22
231	肇庆学院	普通高校	广东省	西江大学 肇庆教育学院	2000-3-22
232	哈尔滨学院	普通高校	黑龙江省	哈尔滨师范专科学校 哈尔滨大学 哈尔滨市教育学院 哈尔滨市成人教育学院 哈尔滨师范学校	2000-3-22

续表

序号	合并后学校名称	办学类型	主管部门	参与合并学校名称	合并时间
233	惠州学院	普通高校	广东省	惠阳师范专科学校 惠州教育学院	2000-3-22
234	玉溪师范学院	普通高校	云南省	玉溪师范高等专科学校 玉溪师范学校 玉溪成人教育培训中心	2000-3-22
235	茂名学院	普通高校	广东省	广东石油化工高等专科学校 广东省茂名教育学院 茂名石油工业公司职工大学	2000-3-22
236	韶关学院	普通高校	广东省	韶关大学 韶关教育学院	2000-3-22
237	黑龙江工程学院	普通高校	黑龙江省	黑龙江交通高等专科学校 哈尔滨工程高等专科学校	2000-3-22
238	长春工程学院	普通高校	吉林省	长春建筑高等专科学校 长春工业高等专科学校 长春水利电力高等专科学校	2000-3-22
239	淮阴工学院	普通高校	江苏省	淮阴工业专科学校 江苏省农垦职工大学 淮阴市机械工业职工大学	2000-3-22
240	南京晓庄学院	普通高校	江苏省	南京师范专科学校 南京教育学院 南京市晓庄师范学校	2000-3-22
241	嘉应学院	普通高校	广东省	嘉应大学 嘉应教育学院	2000-3-22
242	潍坊学院	普通高校	山东省	潍坊高等专科学校 昌潍师范专科学校	2000-3-23
243	三峡大学	普通高校	湖北省	湖北三峡学院 武汉水利电力大学宜昌校区	2000-3-23
244	淮南师范学院	普通高校	安徽省	淮南师范专科学校 淮南教育学院 淮南师范学校	2000-3-23
245	南华大学	普通高校	湖南省	中南工学院 衡阳医学院	2000-3-27
246	湖南师范大学	普通高校	湖南省	湖南师范大学 湖南教育学院	2000-3-27
247	贵州工业大学	普通高校	贵州省	贵州工业大学 贵州省经济管理干部学院	2000-3-28
248	黔南民族师范学院	普通高校	贵州省	黔南民族师范高等专科学校 黔南州教育学院 都匀民族师范学校	2000-3-28
249	上海中医药大学	普通高校	上海市	上海中医药大学 上海医学高等专科学校	2000-3-29

续表

序号	合并后学校名称	办学类型	主管部门	参与合并学校名称	合并时间
250	苏州大学	普通高校	江苏省	苏州大学 苏州医学院	2000-3-29
251	北京大学	普通高校	教育部	北京大学 北京医科大学	2000-3-31
252	北京工业大学	普通高校	北京市	北京工业大学 国家建材局管理干部学院	2000-4-5
253	安阳师范学院	普通高校	河南省	安阳师范高等专科学校 安阳教育学院	2000-4-5
254	重庆大学	普通高校	教育部	重庆大学 重庆建筑大学 重庆建筑高等专科学校	2000-4-11
255	长安大学	普通高校	教育部	西北建筑工程学院 西安工程学院 西安公路交通大学	2000-4-11
256	东南大学	普通高校	教育部	东南大学 南京铁道医学院 南京交通高等专科学校	2000-4-11
257	西安交通大学	普通高校	教育部	西安交通大学 西安医科大学 陕西财经学院	2000-4-11
258	中南财经政法大学	普通高校	教育部	中南财经大学 中南政法大学	2000-4-11
259	中南大学	普通高校	教育部	中南工业大学 湖南医科大学 长沙铁道学院	2000-4-11
260	湖南大学	普通高校	教育部	湖南大学 湖南财经学院	2000-4-11
261	同济大学	普通高校	教育部	同济大学 上海铁道大学	2000-4-11
262	北方交通大学	普通高校	教育部	北方交通大学 北京电力高等专科学校	2000-4-11
263	济南大学	普通高校	山东省	山东建筑材料工业学院 济南联合大学	2000-4-20
264	上海应用技术学院	普通高校	上海市	上海轻工业高等专科学校 上海冶金高等专科学校 上海化工高等专科学校	2000-4-20
265	复旦大学	普通高校	教育部	复旦大学 上海医科大学	2000-4-21
266	天津工业大学	普通高校	天津市	天津纺织工学院 天津市经济管理干部学院	2000-4-24

续表

序号	合并后学校名称	办学类型	主管部门	参与合并学校名称	合并时间
267	广州大学	普通高校	广东省	广州师范学院 广州大学 广州师范专科学校 广州教育学院 广州市城建职工大学 广州建筑总公司职工大学 华南建设学院西院 广州市联合职工大学电信学院 纺织学院	2000-4-24
268	上海第二轻工业职工大学	成人高校	上海市	上海轻工业职工大学 上海第二轻工业局职工大学	2000-4-24
269	北京教育学院	成人高校	北京市	北京教育学院 北京实验大学	2000-5-11
270	武汉理工大学	普通高校	教育部	武汉工业大学 武汉汽车工业大学 武汉交通科技大学	2000-5-23
271	华中科技大学	普通高校	教育部	华中理工大学 同济医科大学 武汉城市建设学院	2000-5-23
272	内蒙古民族大学	普通高校	内蒙古	内蒙古民族师范学院 内蒙古蒙医学院 哲里木畜牧学院	2000-5-29
273	哈尔滨工业大学	普通高校	国防科工委	哈尔滨工业大学 哈尔滨建筑大学	2000-5-31
274	吉林大学	普通高校	教育部	吉林大学 吉林工业大学 白求恩医科大学 长春科技大学 长春邮电学院	2000-6-5
275	福建农林大学	普通高校	福建省	福建农业大学 福建林学院	2000-6-5
276	郑州大学	普通高校	河南省	郑州大学 郑州工业大学 河南医科大学	2000-6-12
277	南京工程学院	普通高校	江苏省	南京机械高等专科学校 南京电力高等专科学校	2000-6-12
278	河南大学	普通高校	河南省	河南大学 开封医学高等专科学校 开封师范高等专科学校	2000-6-12
279	三明高等专科学校	普通高校	福建省	三明师范高等专科学校 三明职业大学 三明市教师进修学校 三明师范学校	2000-6-12

续表

序号	合并后学校名称	办学类型	主管部门	参与合并学校名称	合并时间
280	湖南工程学院	普通高校	湖南省	湘潭机电高等专科学校 湖南纺织高等专科学校	2000-6-12
281	对外经济贸易大学	普通高校	教育部	对外经济贸易大学 中国金融学院	2000-6-12
282	首都医科大学	普通高校	北京市	首都医科大学 北京医学高等专科学校 北京职工医学院	2000-6-14
283	山东大学	普通高校	教育部	山东大学 山东医科大学 山东工业大学	2000-7-14
284	武汉大学	普通高校	教育部	武汉大学 武汉水利电力大学 武汉测绘科技大学 湖北医科大学	2000-7-16
285	北京工业大学	普通高校	北京市	北京工业大学 北京水利电力函授学院 华北水利水电学院北京研究生部	2000-7-18
286	北京中医药大学	普通高校	教育部	北京中医药大学 北京针灸骨伤学院	2000-7-26
287	桂林市教育学院	成人高校	广西壮族自治区	桂林市教育学院 桂林地区教育学院	2000-8-1
288	西南科技大学	普通高校	四川省	西南工学院 绵阳经济技术高等专科学校	2000-8-23
289	辽宁中医学院	普通高校	辽宁省	辽宁中医学院 辽宁卫生职工医学院	2000-9-28
290	四川大学	普通高校	教育部	四川大学 华西医科大学	2000-9-28
291	新疆大学	普通高校	新疆	新疆大学 新疆工学院	2000-10-20
292	哈尔滨商业大学	普通高校	黑龙江省	黑龙江商学院 黑龙江财政专科学校	2000-10-24
293	安徽工业大学	普通高校	安徽省	华东冶金学院 安徽商业高等专科学校	2000-10-24
294	新疆财经学院	普通高校	新疆	新疆财经学院 新疆经济管理干部学院 新疆财政学校	2000-10-25
295	沈阳建筑工程学院	普通高校	辽宁省	沈阳建筑工程学院 辽宁建设职工大学	2000-11-2
296	北京市西城经济科技大学	成人高校	北京市	北京市西城经济科技大学 北京市西城区职工大学	2000-11-24
297	阜新高等专科学校	普通高校	辽宁省	阜新高等专科学校 阜新市职工大学	2000-11-24

续表

序号	合并后学校名称	办学类型	主管部门	参与合并学校名称	合并时间
298	佛山职业技术学院	普通高校	广东省	佛山煤田职工地质学院 佛山职工大学 佛山机电学校	2001-1-2
299	贵州人民警察职业技术学院	普通高校	贵州省	贵州公安管理干部学院 贵州政法管理干部学院	2001-1-2
300	江南大学	普通高校	教育部	无锡轻工大学 江南学院 无锡教育学院	2001-1-4
301	南昌大学	普通高校	江西省	南昌大学 江西医学院	2001-1-21
302	湖南师范大学	普通高校	湖南省	湖南师范大学 湖南省政法管理干部学院	2001-1-31
303	西南师范大学	普通高校	教育部	西南师范大学 重庆市轻工业职工大学	2001-2-2
304	苏州科技学院	普通高校	江苏省	苏州城市建设环境保护学院 苏州铁道师范学院	2001-3-19
305	华中师范大学	普通高校	教育部	华中师范大学 湖北省供销合作学校	2001-3-19
306	鞍山钢铁集团公司职工大学	成人高校	辽宁省	鞍钢职工工学院 鞍山冶金管理干部学院	2001-3-24
307	西藏大学	普通高校	西　藏	西藏大学 西藏农牧学院	2001-3-30
308	丹东职业技术学院	普通高校	辽宁省	丹东师范高等专科学校 丹东纺织高等专科学校 大连医科大学丹东分校	2001-4-2
309	营口职业技术学院	普通高校	辽宁省	营口师范高等专科学校 营口高等职业专科学校	2001-4-2
310	西南农业大学	普通高校	重庆市	西南农业大学 四川畜牧兽医学院 中国农业科学院柑橘研究所	2001-4-26
311	贵州教育学院	成人高校	贵州省	贵州教育学院 贵阳职工大学	2001-4-28
312	朝阳师范高等专科学校	普通高校	辽宁省	朝阳师范高等专科学校 朝阳职工大学 朝阳市第一师范学校	2001-4-29
313	重庆工学院	普通高校	重庆市	重庆工学院 重庆经济管理干部学院	2001-4-29
314	咸阳师范学院	普通高校	陕西省	咸阳师范专科学校 咸阳教育学院	2001-5-11
315	涪陵师范学院	普通高校	重庆市	涪陵师范高等专科学校 涪陵教育学院	2001-5-11

续表

序号	合并后学校名称	办学类型	主管部门	参与合并学校名称	合并时间
316	昌吉学院	普通高校	新疆	昌吉师范专科学校 昌吉州教育学院	2001-5-11
317	成都理工大学	普通高校	四川省	成都理工学院 四川商业高等专科学校 成都有色地质职工大学	2001-5-11
318	南京工业大学	普通高校	江苏省	南京工业大学 南京建筑工程学院	2001-5-11
319	渝西学院	普通高校	重庆市	重庆师范高等专科学校 渝州教育学院	2001-5-11
320	楚雄师范学院	普通高校	云南省	楚雄师范高等专科学校 楚雄民族师范学校	2001-5-11
321	宜宾学院	普通高校	四川省	宜宾师范高等专科学校 宜宾教育学院	2001-5-11
322	重庆师范学院	普通高校	重庆市	重庆师范学院 重庆市纺织工业局职工大学 重庆市幼儿师范学校	2001-5-17
323	杭州商学院	普通高校	浙江省	杭州商学院 浙江政法管理干部学院	2001-5-17
324	天津中德职业技术学院	普通高校	天津市	天津职工工业技术学院 天津市职工现代企业管理学院	2001-6-6
325	西安财经学院	普通高校	陕西省	陕西经贸学院 西安统计学院	2001-6-14
326	陕西理工学院	普通高校	陕西省	汉中师范学院 陕西工学院	2001-6-14
327	大理学院	普通高校	云南省	大理医学院 大理师范高等专科学校	2001-6-18
328	西北师范大学	普通高校	甘肃省	西北师范大学 甘肃省经济管理干部学院	2001-6-28
329	兰州商学院	普通高校	甘肃省	兰州商学院 甘肃省职工财经学院	2001-7-3
330	甘肃联合大学	普通高校	甘肃省	甘肃联合大学 甘肃教育学院	2001-7-19
331	内蒙古师范大学	普通高校	内蒙古	内蒙古师范大学 内蒙古教育学院	2001-7-23
332	江苏大学	普通高校	江苏省	江苏理工大学 镇江医学院 镇江师范专科学校	2001-8-1
333	中国药科大学	普通高校	江苏省	中国药科大学 江苏省药科学校	2001-9-12
334	锦州师范高等专科学校	普通高校	辽宁省	锦州师范高等专科学校 锦州职工大学	2001-10-13

续表

序号	合并后学校名称	办学类型	主管部门	参与合并学校名称	合并时间
335	江汉大学	普通高校	湖北省	江汉大学 武汉教育学院 武汉市职工医学院 华东理工大学汉口分校	2001-10-17
336	中山大学	普通高校	教育部	中山大学 中山医科大学	2001-10-22
337	宁夏大学	普通高校	宁 夏	宁夏大学 宁夏农学院	2001-11-1
338	上海第二工业大学	普通高校	上海市	上海第二工业大学 上海东沪职业技术学院	2001-11-19
339	咸宁学院	普通高校	湖北省	咸宁医学院 咸宁师范高等专科学校	2002-3-4
340	湖北经济学院	普通高校	湖北省	湖北商业高等专科学校 武汉金融高等专科学校 湖北省计划管理干部学院	2002-3-4
341	邢台学院	普通高校	河北省	邢台师范高等专科学校	2002-3-4
342	唐山学院	普通高校	河北省	唐山高等专科学校 西南交通大学唐山分校 唐山市职工大学	2002-3-4
343	九江学院	普通高校	江西省	九江财经高等专科学校 九江师范专科学校 九江医学专科学校 九江教育学院	2002-3-4
344	铜陵学院	普通高校	安徽省	铜陵财经专科学校 安徽省冶金工业学校 铜陵师范学校	2002-3-6
345	邵阳学院	普通高校	湖南省	邵阳师范高等专科学校 邵阳高等专科学校	2002-3-6
346	南京审计学院	普通高校	江苏省	南京审计学院 南京金融高等专科学校	2002-3-8
347	淮海工学院	普通高校	江苏省	淮海工学院 连云港化工高等专科学校	2002-3-8
348	长沙电力学院	普通高校	湖南省	长沙电力学院 湖南轻工业高等专科学校	2002-3-14
349	周口师范学院	普通高校	河南省	周口师范高等专科学校 周口教育学院	2002-3-14
350	合肥学院	普通高校	安徽省	合肥联合大学 合肥教育学院 合肥师范学校	2002-3-14
351	沈阳师范大学	普通高校	辽宁省	沈阳师范学院 辽宁教育学院	2002-3-21

续表

序号	合并后学校名称	办学类型	主管部门	参与合并学校名称	合并时间
352	闽江学院	普通高校	福建省	福州师范高等专科学校 闽江职业大学	2002-3-21
353	莆田学院	普通高校	福建省	莆田高等专科学校 福建医大莆田分校（专科） 莆田华侨体育师范学校	
354	泰山学院	普通高校	山东省	泰安师范专科学校 泰安教育学院 泰山乡镇企业职工大学 泰安市广播电视大学（资源） 泰安师范学校	2002-3-21
355	湖南城市学院	普通高校	湖南省	湖南城建高等专科学校 益阳师范高等专科学校	2002-3-21
356	山东理工大学	普通高校	山东省	山东工程学院 淄博学院	2002-3-21
357	河南科技大学	普通高校	河南省	洛阳工学院 洛阳医学高等专科学校 洛阳农业高等专科学校	2002-3-21
358	湖南师范大学	普通高校	湖南省	湖南师范大学 湖南医学高等专科学校	2002-3-21
359	山东交通学院	普通高校	山东省	济南交通高等专科学校 中国重型汽车集团公司职工大学	2002-3-21
360	福建工程学院	普通高校	福建省	福建建筑高等专科学校 福建职业技术学院	2002-3-21
361	哈尔滨医科大学	普通高校	黑龙江省	哈尔滨医科大学 鸡西煤炭医学高等专科学校	2002-5-13
362	本溪冶金高等专科学校	普通高校	辽宁省	本溪冶金高等专科学校 本溪师范高等专科学校 本溪高等职业专科学校	2002-5-15
363	锦州师范学院	普通高校	辽宁省	锦州师范学院 辽宁商业高等专科学校	2002-5-15
364	沈阳工业大学	普通高校	辽宁省	沈阳工业大学 辽阳石油化工高等专科学校	2002-5-15
365	辽宁大学	普通高校	辽宁省	辽宁大学 辽宁外国语师范高等专科学校	2002-5-15
366	湖南大学	普通高校	教育部	湖南大学 湖南计算机高等专科学校	2002-5-23
367	哈尔滨师范大学	普通高校	黑龙江省	哈尔滨师范大学 呼兰师范专科学校 黑龙江农垦师范专科学校	2002-6-5
368	青岛职业技术学院	普通高校	山东省	青岛职业技术学院 青岛教育学院	2002-6-6

续表

序号	合并后学校名称	办学类型	主管部门	参与合并学校名称	合并时间
369	山西工业职业技术学院	普通高校	山西省	山西矿业职业技术学院	2002-6-6
370	漳州职业技术学院	普通高校	福建省	漳州职业大学 漳州农业机械学校	2002-6-6
371	郑州煤炭管理干部学院	成人高校	河南省	郑州煤炭管理干部学院 郑州煤田职工地质学院	2002-6-11
372	吉首大学	普通高校	湖南省	吉首大学 武陵高等专科学校	2002-6-19
373	宁夏职业技术学院	普通高校	宁 夏	宁夏广播电视大学 宁夏重工业职工大学 （宁夏机械技工学校） 宁夏职工科技学院	2002-7-30
374	哈尔滨师范大学	普通高校	黑龙江省	哈尔滨师范大学 黑龙江省物资职工大学 黑龙江省物资学校	2002-8-28
375	北京市财贸管理干部学院	成人高校	北京市	北京市立信会计职工大学 北京财政学校 北京市财贸管理干部学院	2002-9-27
376	重庆医科大学	普通高校	重庆市	重庆医科大学 重庆职工医学院	2002-9-28
377	沈阳音乐学院	普通高校	辽宁省	沈阳音乐学院 辽宁工运学院	2002-10-17
378	电子科技大学	普通高校	教育部	电子科技大学 中山学院	2002-10-31
379	保定师范专科学校	普通高校	河北省	保定师范专科学校 保定地区教育学院	2002-11-26
380	衡水师范专科学校	普通高校	河北省	衡水师范专科学校 衡水地区教育学院	2002-11-26
381	邯郸师范专科学校	普通高校	河北省	邯郸师范专科学校 邯郸市教育学院 邯郸地区教育学院	2002-11-26
382	太原大学	普通高校	山西省	太原大学 太原市教育学院 太原师范学校 太原市园林技校	2002-12-26
383	沈阳职业技术学院	普通高校	辽宁省	沈阳联合职工大学科技学院 商学院 汽车学院 沈阳职工大学 沈阳市机电工业学校	2003-1-17
384	安徽职业技术学院	普通高校	安徽省	安徽纺织职业技术学院 安徽省轻工业学校 安徽材料工程学校 安徽工业经济学校	2003-1-24

续表

序号	合并后学校名称	办学类型	主管部门	参与合并学校名称	合并时间
385	杭州师范学院	普通高校	浙江省	杭州师范学院 杭州医学高等专科学校	2003-2-9
386	辽东学院	普通高校	辽宁省	辽宁财政高等专科学校 丹东职业技术学院	2003-4-16
387	赤峰学院	普通高校	内蒙古	赤峰民族师范高等专科学校 赤峰教育学院 内蒙古广播电视大学赤峰分校	2003-4-16
388	西华大学	普通高校	四川省	四川工业学院 成都师范高等专科学校	2003-4-16
389	湘南学院	普通高校	湖南省	郴州师范高等专科学校 郴州医学高等专科学校 郴州教育学院	2003-4-16
390	西安文理学院	普通高校	陕西省	西安联合大学 西安教育学院	2003-4-16
391	长江大学	普通高校	湖北省	江汉石油学院 湖北农学院 荆州师范学院 湖北省卫生职工医学院	2003-4-16
392	沈阳工程学院	普通高校	辽宁省	沈阳电力高等专科学校 辽宁商务职业学院	2003-4-16
393	长沙理工大学	普通高校	湖南省	长沙交通学院 长沙电力学院	2003-4-16
394	湖南科技大学	普通高校	湖南省	湘潭工学院 湘潭师范学院	2003-4-16
395	河北工程学院	普通高校	河北省	河北建筑科技学院 邯郸医学高等专科学校 邯郸农业高等专科学校	2003-4-16
396	四川理工学院	普通高校	四川省	四川轻化工学院 自贡师范高等专科学校 自贡高等专科学校 自贡教育学院	2003-4-16
397	红河学院	普通高校	云南省	蒙自师范高等专科学校 云南广播电视大学红河分校	2003-4-16
398	内蒙古科技大学	普通高校	内蒙古	包头钢铁学院 包头医学院 包头师范学院	2003-4-16
399	西昌学院	普通高校	四川省	西昌农业高等专科学校 西昌师范高等专科学校 凉山大学 凉山教育学院	2003-5-8
400	湖北中医学院	普通高校	湖北省	湖北中医学院 湖北药检高等专科学校	2003-5-11

续表

序号	合并后学校名称	办学类型	主管部门	参与合并学校名称	合并时间
401	河北北方学院	普通高校	河北省	张家口医学院 张家口师范专科学校 张家口农业高等专科学校	2003-5-19
402	东华理工学院	普通高校	江西省	东华理工学院 抚州师范专科学校	2003-5-23
403	四川建筑职业技术学院	普通高校	四川省	四川建筑职业技术学院 中国重型机械集团公司职工大学	2003-6-2
404	井冈山学院	普通高校	江西省	井冈山师范学院 井冈山医学高等专科学校 井冈山职业技术学院	2003-7-9
405	江西科技师范学院	普通高校	江西省	江西科技师范学院 南昌高等专科学校	2004-2-10
406	闽西职业技术学院	普通高校	福建省	闽西职业大学 龙岩市工业学校	2004-3-2
407	武汉软件职业学院	普通高校	湖北省	汉口职业技术学院 武汉市广播电视大学	2004-4-14
408	河南工业大学	普通高校	河南省	郑州工程学院 郑州工业高等专科学校	2004-5-17
409	南通大学	普通高校	江苏省	南通医学院 南通工学院 南通师范学院	2004-5-17
410	贵阳学院	普通高校	贵州省	贵阳师范高等专科学校 贵阳金筑大学	2004-5-17
411	重庆科技学院	普通高校	重庆市	重庆工业高等专科学校 重庆石油高等专科学校	2004-5-17
412	广西财经学院	普通高校	广西区	广西财政高等专科学校 广西商业高等专科学校	2004-5-19
413	黄淮学院	普通高校	河南省	驻马店师范高等专科学校 民办中原职业技术学院	2004-5-21
414	黄石理工学院	普通高校	湖北省	黄石高等专科学校 黄石教育学院	2004-6-2
415	黑龙江大学	普通高校	黑龙江省	黑龙江大学 黑龙江水利专科学校	2004-8-2
416	吉林大学	普通高校	教育部	吉林大学 军需大学	2004-8-9
417	青海大学	普通高校	青海省	青海大学 青海医学院	2004-8-9
418	贵州大学	普通高校	贵州省	贵州大学 贵州工业大学	2004-8-14
419	兰州大学	普通高校	教育部	兰州大学 兰州医学院	2004-11-9

续表

序号	合并后学校名称	办学类型	主管部门	参与合并学校名称	合并时间
420	安徽师范大学	普通高校	安徽省	安徽师范大学 芜湖师范专科学校	2005-3-1
421	徐州工程学院	普通高校	江苏省	彭城职业大学 徐州经济管理干部学院	2005-3-10
422	金陵科技学院	普通高校	江苏省	金陵职业大学 南京农业专科学校	2005-3-10
423	毕节学院	普通高校	贵州省	毕节师范高等专科学校 毕节教育学院	2005-3-11
424	重庆工商大学	普通高校	重庆市	重庆商学院 渝州大学	2005-3-29

具有教授或者副教授职务评审权的高等学校名单

（截至2004年12月）

一、一百五十所具有教授职务评审权的高等学校（排名不分先后）

北京市 北京大学 清华大学 中国人民大学 北京师范大学 中国农业大学 北京科技大学 中国地质大学（北京） 北京理工大学 北京航空航天大学 中国协和医科大学 北京交通大学 北京邮电大学 中国石油大学（北京） 对外经济贸易大学 北京林业大学 北京中医药大学 北京外国语大学 中央音乐学院 中央美术学院 北京体育大学 北京化工大学 中央戏剧学院 北京工业大学 首都师范大学 中国政法大学 北京语言大学 中央民族大学 中央财经大学 中国传媒大学

天津市 南开大学 天津大学 天津医科大学 天津师范大学 天津财经学院 天津科技大学 天津工业大学 天津中医学院

河北省 燕山大学 华北电力大学

山西省 山西大学 太原理工大学 华北工学院

辽宁省 大连理工大学 东北大学 中国医科大学 沈阳农业大学 东北财经大学 大连海事大学 辽宁大学 沈阳工业大学 大连医科大学 辽宁工程技术大学 辽宁中医学院 辽宁师范大学

吉林省 吉林大学 东北师范大学 长春理工大学

黑龙江省 哈尔滨工业大学 东北农业大学 哈尔滨工程大学 东北林业大学 哈尔滨医科大学

上海市 复旦大学 上海交通大学 同济大学 华东师范大学 东华大学 华东理工大学 上海财经大学 上海第二医科大学 上海外国语大学 上海音乐学院 上海理工大学 上海大学 上海体育学院 上海海事大学

江苏省 南京大学 东南大学 中国矿业大学 河海大学 南京航空航天大学 南京理工大学 南京农业大学 南京师范大学 江苏大学 南京林业大学 苏州大学 南京工业大学 南京中医药大学 南京医科大学 中国药科大学 江南大学

浙江省 浙江大学 中国美术学院 浙江工业大学 浙江工商大学

安徽省 中国科技大学 合肥工业大学

福建省 厦门大学

山东省 山东大学 中国海洋大学 山东农业大学

河南省 郑州大学 河南大学

湖北省 华中科技大学 中国地质大学（武汉） 武汉大学 华中师范大学 武汉理工大学 华中农业大学 中南财经政法大学

湖南省 中南大学 湖南大学 湖南师范大学 湘潭大学 湖南农业大学

广东省 中山大学 华南理工大学 华南农业大学 暨南大学 华南师范大学 广州中医药大学 广东外语外贸大学 广东工业大学

重庆市 重庆大学 重庆医科大学 西南农业大学 西南师范大学 西南政法大学

四川省 四川大学 西南交通大学 电子科技大学 成都理工学院 四川农业大学 西南石油学院 西南财经大学

云南省 云南大学 昆明理工大学

陕西省 西安交通大学 西北工业大学 西安电子科技大学 西北大学 西安理工大学 西北农林科技大学 陕西师范大学 西安建筑科技大学 长安大学

甘肃省 兰州大学 甘肃农业大学 西北师范大学 兰州理工大学

二、一百一十八所具有副教授职务评审权的高等学校（排名不分先后）

北京市 首都医科大学 外交学院

河北省 河北大学 河北工业大学 石家庄经济学院 河北医科大学 河北师范大学 河北农业大学 河北科技大学

山西省 山西农业大学 山西医科大学 山西财经大学 山西师范大学 太原科技大学

内蒙古自治区 内蒙古大学 内蒙古师范大学 内蒙古农业大学 内蒙古医学院 内蒙古工业大学

辽宁省 沈阳药科大学 大连交通大学 沈阳体育学院 沈阳理工大学 沈阳师范大学 大连外国语学院 鞍山科技大学 辽宁石油化工大学 沈阳化工学院 大连轻工业学院 辽宁工学院

吉林省 东北电力学院 长春工业大学 吉林农业大学 延边大学

黑龙江省 黑龙江大学 黑龙江中医药大学 大庆石油学院 哈尔滨师范大学 哈尔滨理工大学

上海市 上海中医药大学 上海师范大学 上海戏剧学院 上海水产大学 华东政法学院

江苏省 南京艺术学院 南京邮电学院

浙江省 杭州电子科技大学 浙江中医学院 温州医学院 浙江理工大学 浙江师范大学 宁波大学 杭州师范学院

安徽省 安徽大学 安徽师范大学 安徽农业大学 安徽医科大学

福建省 福州大学 福建农林大学 福建师范大学 福建医科大学 华侨大学

江西省 南昌大学 江西师范大学 南昌航空工业学院 江西财经大学 江西农业大学 江西中医学院 华东交通大学

山东省 山东师范大学 山东科技大学 青岛大学 曲阜师范大学 山东中医药大学

河南省 河南科技大学 河南农业大学 河南师范大学 河南理工大学

湖北省 中南民族大学 湖北大学 武汉体育学院 武汉科技大学 湖北工业大学 三峡大学 湖北中医学院 长江大学 武汉化工学院

湖南省 中南林学院 湖南中医学院 长沙理工大学 南华大学

广东省 深圳大学

广西自治区 广西大学 广西医科大学 广西师范大学

四川省 成都中医药大学 西南民族大学 成都体育学院

贵州省 贵州工业大学 贵阳医学院 贵州大学

云南省 昆明医学院 云南师范大学 云南农业大学

陕西省 西安工程科技学院 西安外国语学院 西安科技大学 西安石油学院 西北政法学院 西安工业学院 陕西科技大学 西安美术学院

甘肃省 兰州交通大学 兰州医学院 西北民族大学

新疆自治区 新疆医科大学 新疆农业大学 新疆大学

撰稿 张 杨 黄 伟
审稿 谢志敏

2004年度高校获国家技术发明奖项目（可公布项目）

国家技术发明奖一等奖

序号	项目编号	项目名称	主要完成人	学校
1	F-214-1-01	高性能炭/炭航空制动材料的制备技术	黄伯云、熊 翔、易茂中、黄启忠、张红波、邹志强	中南大学

国家技术发明奖二等奖

序号	项目编号	项目名称	主要完成人	学校
2	F-253-2-01	结构照明型三维成像仪器及关键技术研究	苏显渝、曹益平、向立群、张启灿、陈文静、李万松	四川大学
3	F-202-2-01	转基因741杨	郑均宝、田颖川、梁海永、高宝嘉、杨敏生、王进茂	河北农业大学
4	F-212-2-01	新型鞋靴材料与模压工艺设备	张建春、郝新敏、梁高勇、严自力、周国泰、郭玉海	山西大学
5	F-213-2-03	新型离子筛的研制及其应用	王榕树、王林双、那平、赵丽丽、张裕卿、孙 岩	天津大学
6	F-214-2-01	陶瓷胶态成型新工艺	黄 勇、杨金龙、谢志鹏、马利国、马 天、周龙捷	清华大学
7	F-215-2-01	镧钼等热阴极材料及制备技术	周美玲、张久兴、王金淑、聂祚仁、左铁镛、周文元	北京工业大学
8	F-216-2-01	先进制造中空间几何尺寸测量的现场校准方法和装置	叶声华、殷纯永、郁继贵、曲兴华、郭继华、杨学友	天津大学
9	F-217-2-01	回流区分级着火燃烧技术	钱壬章、靳世平、许国良、陈维汉、张晓梅、皮博明	华中科技大学

续表

序号	项目编号	项目名称	主要完成人	学校
10	F-223-2-01	一种电动车辆动力系统关键技术产品及其应用	孙逢春、张承宁、王建群、杜　炬、孙立清、宋　强	北京理工大学
11	F-235-2-01	家蚕“生物反应器”生产生物制品的方法	张耀洲、吴祥甫、金勇丰	浙江大学
12	F-254-2-01	基于索普卡（SOPCA）网络结构的索普卡电脑	张尧学、周悦芝、徐　虹、陈　勐、彭玉坤、王　勇	清华大学

2004年度高校获国家科学技术进步奖项目（可公布项目）

国家科技进步奖一等奖

序号	项目编号	项目名称	主要完成人、主要完成单位	完成单位及名次（未注明则为独立完成单位）
1	J-201-1-01	优质强筋早熟多抗高产广适性小麦新品种郑麦9023	许为钢、胡　琳、田云峰、张明进、赵献林、张进生、宋宏超、黄　惠、王新中、吴和明、何金江、王根松、黑更全、张自亮、崔运城	西北农林科技大学（2）
2	J-210-1-01	罗布泊地区钾盐资源开发利用研究	王弭力、刘成林、王福同、宋松山、焦鹏程、韩蔚田、李　浩、樊卫东、杨智琛、辛恒广、李廷祺、冯金星、陈永志、王新民、李长华	中国地质大学北京（4）
3	J-210-1-02	陆相断陷盆地隐蔽油气藏形成机制与勘探	李丕龙、张善文、潘元林、宋国奇、肖焕钦、李干生、王永诗、庞雄奇、姜在兴、谭明友、吕希学、邱桂强、石砥石、赵铭海、翟庆龙	石油大学（2）
4	J-215-1-01	低碳铁素体/珠光体钢的超细晶强韧化与控制技术	翁宇庆、王国栋、董　瀚、孙祖庆、杨忠民、刘清友、康永林、田志凌、李殿中、张丕军、王全礼、张晓刚、陈邦文、王中丙、宋立秋	北京科技大学（2）、东北大学（3）
5	J-216-1-01	100MN油压双动铝挤压技术与装备研制	谢东钢、张培良、张培栋、苏振佳、何养民、韩炳涛、朱　军、吕亚臣、宁丙辰、王孟君、赵清明、殷玮光、成先飚、张　君、祝伟忠	中南大学（5）、西北工业大学（6）
6	J-223-1-01	新一代空中交通服务平台、关键技术及其应用	张　军、吕小平、朱衍波、张学军、罗喜伶、潘　磊、张　涛、苑　喆、顾　明、胡字滢、薛　瑞、谭锡荆、祝　贺、杜　冰、吴　限	北京航空航天大学（1）

国家科技进步奖二等奖

序号	项目编号	项目名称	主要完成人、主要完成单位	完成单位及名次（未注明则为独立完成单位）
7	J-201-2-02	半干旱地区作物对有限水分高效利用的原理与技术	山　仑、邵明安、邓西平、上官周平、黄占斌、张岁岐、张正斌、李玉山、吴普特、苏　佩	西北农林科技大学（2）
8	J-201-2-04	根结线虫生防真菌资源的研究与应用	张克勤、李天飞、刘杏忠、夏振远、周　薇、祝明亮、莫明和、杨树军、蔡　磊	云南大学
9	J-201-2-12	松嫩—三江平原中低产田治理和区域农业综合发展技术研究与示范	刘兴土、张桂莲、祖　伟、翟瑞常、李取生、许连元、祖元刚、刘　峰、吴　英、王占哲	东北农业大学（3）、黑龙江八一农垦大学（4）、东北林业大学（6）
10	J-201-2-13	玉米杂交种豫玉22的选育与雄性不育利用及产业化	陈伟程、刘宗华、陈绍江、汤继华、胡彦民、黄西林、蔡春泉、张　怀、孙世贤、霍晓妮	河南农业大学
11	J-202-2-01	人工林木材性质及其生物形成与功能性改良的研究	江泽慧、鲍甫成、姜笑梅、吕建雄、傅　峰、秦特夫、叶克林、彭镇华、阮锡根、张守攻	南京林业大学（3）、安徽农业大学（4）、华中农业大学（5）
12	J-202-2-02	杉木林生态系统的功能与过程研究	田大伦、康文星、刘煊章、文仕知、项文化、张合平、赵　坤、闫文德、方　晰、余济云	中南林学院
13	J-202-2-03	喜树碱衍生物高效提取技术研究	祖元刚、付玉杰、史　权、唐中华、赵春建、薛艳华、李庆勇、杨逢建、于景华、高艳华	东北林业大学
14	J-202-2-05	森林资源精准监测广义3S技术研究	冯仲科、余新晓、赵春江、蒋理兴、张晓丽、孟宪宇、马　超、赵保卫、胡　涌、景海涛	北京林业大学
15	J-202-2-07	白桦良种选育技术的研究	杨传平、刘桂丰、詹亚光、郭明辉、刘关君、姜　静、李景云、刘吉春、赵　云、赵博生	东北林业大学（1）
16	J-202-2-08	沿海防护林体系综合配套技术	张敦论、于　雷、高智慧、陈顺伟、潘文利、陈绶柱、许景伟、乔勇进、张金池、孟康敏	南京林业大学（5）
17	J-203-2-02	梅花鹿、马鹿高效养殖增值技术	杨福合、高秀华、李春义、李光玉、邢秀梅、冯仰廉、郜玉钢、李秀峰、王克坚、金顺丹	中国农业大学（3）

续表

序号	项目编号	项目名称	主要完成人、主要完成单位	完成单位及名次（未注明则为独立完成单位）
18	J-203-2-04	团头鲂“浦江1号”选育和推广应用	李思发、蔡完其、沈继诚、姚德兴、赵金良、邹曙明、周碧云、孔优佳	上海水产大学（1）
19	J-210-2-02	煤矿区土地生态环境损害的综合治理技术	胡振琪、郭达志、姜光杰、徐雪林、龚乃勤、张吉瑞、王安民、吴侃、盛业华、单卫东	中国矿业大学北京校区（1）、中国矿业大学（2）
20	J-210-2-04	废弃矿井高强渗流水害综合治理技术与矿井安全生产	付文安、江卫、李景恒、潘立友、张波、顾建亚、蒋政、韩怀臣、冯庆泉、王田	山东科技大学（2）、中国矿业大学（3）
21	J-210-2-05	大、中型油气田成藏定量模式研究	金之钧、王宜林、庞雄奇、曾溅辉、张善文、查明、刘洛夫、方朝亮、吕延防、王志章	石油大学北京（1）、石油大学华东（4）、大庆石油学院（5）
22	J-210-2-08	全国及省市地区高精度高分辨率似大地水准面的技术研究及实施应用工程	陈俊勇、李建成、宁津生、晁定波、张燕平、郭春喜、张骥、罗志才、杨沾吉、章磊	武汉大学（2）
23	J-210-2-09	地理空间信息资源开发与技术产业化	边馥苓、王春峰、胥燕婴、朱国宾、李朋德、涂建光、何锋、江聪世、阳胜秋、张目	武汉大学（1）
24	J-211-2-01	制浆和碱回收过程优化控制系统的研究与应用	杨化庭、刘载文、张远峰、苏维均、朱元春、李凤遂、陈宏亮、郭星臻、刘忠侠、丁熙元	北京工商大学（1）
25	J-211-2-05	新型食品添加剂呈味核苷酸二钠关键生产工艺技术	张嗣良、陈超菊、储炬、庄英萍、吴敏芝、杭海峰、刘咏梅、黄明志、王焕章、陈双喜、广东肇庆星湖生物科技股份有限公司	华东理工大学（1）
26	J-212-2-01	功能化系列共聚酯和纤维的研究开发	顾利霞、施丹琴、孙苏榕、郑琪贞、肖茹、杨卫忠、仲蕾兰、解德诚、张斌、张根敏	东华大学（1）、北京服装学院（3）
27	J-212-2-02	丝胶蛋白质结构调控及提高生丝产、质量新技术	陈文兴、凌荣根、吴鹤龄、陈建勇、胡智文、刘冠峰、邵建中、尤奇、陈时若、陈钟	浙江理工大学
28	J-213-2-01	大型料浆浓缩法磷铵国产化装置	钟本和、应建康、林乐、叶绍华、张允湘、何浩明、蒋远华、朱家骅、龚鸣、孙国超	四川大学（1）

续表

序号	项目编号	项目名称	主要完成人、主要完成单位	完成单位及名次（未注明则为独立完成单位）
29	J-213-2-05	高速双轴拉伸聚丙烯（BOPP）专用料生产技术的基础研究及工业应用	杨玉良、乔金樑、何天白、施培明、张红东、薄淑琴、杨德才、陆秋欢、卢红斌、郭梅芳	复旦大学（2）
30	J-213-2-07	高黏度、易自聚等特殊物系精馏新技术的研究开发与应用	李群生、张泽廷、陈标华、雷志刚、仲崇立、张卫东、王宝华、严国均、贺正龙、李剑秋	北京化工大学（1）
31	J-213-2-11	化工设备预测性维修规划关键技术的研究	涂善东、巩建鸣、凌　祥、张礼敬、周昌玉、王正东、耿鲁阳、陈嘉南、柳雪华、喻红梅	南京工业大学（1）、华东理工大学（2）
32	J-214-2-01	混凝土耐久性关键技术研究及工程应用	姚　燕、胡曙光、田　培、李金玉、刘克忠、刘光华、王武祥、何积铨、丁　威、张利俊	武汉理工大学（3）、北京科技大学（4）、同济大学（6）
33	J-214-2-04	锂离子二次电池正极材料钴酸锂的合成	其　鲁、尹天一、晨　晖、安　平	北京大学（2）
34	J-215-2-01	高性能铁基粉末冶金零件成形系列技术及其应用	李元元、夏　伟、温利平、张　文、肖志瑜、陈维平、邱　诚、吴苑标、邵　明、龙　雁	华南理工大学
35	J-215-2-05	高质量包装用铝箔毛料与铝箔产品的研究及产业化	潘复生、张　静、王文高、丁培道、汤爱涛、林　林、陈　文、蔡　辉、彭速中	重庆大学（1）
36	J-215-2-06	铝电解过程智能控制系统及推广应用	冷正旭、李　劼、赵庆云、李晋宏、刘　钢、陈志南、李金鹏、刘永刚、胡长平、吴智明	中南大学（2）、北方工业大学（3）
37	J-216-2-01	基于新型工程复合材料的高效传动系统关键技术及产业化	王家序、秦大同、陈小安、田　凡、孙冬野、王邦长、吴德沛、陈　战、胡建军、余江波	重庆大学（1）
38	J-216-2-02	切屑控制及刀具失效机理研究、系列产品开发与产业化	李振加、郑敏利、陈玉全、谭光宇、刘献礼、羊建高、孙凤莲、周洪玉、姜　彬、罗建军	哈尔滨理工大学（1）
39	J-216-2-03	大型封闭壳体内压成形技术	王仲仁、苑世剑、刘　钢、滕步刚、苗启斌	哈尔滨工业大学
40	J-216-2-04	特大型施工机械运行安全、诊断与优化研究	王　乘、周建中、常　黎、李振环、曹广晶、杨文兵、肖崇乾、张世保、王毅华、张贤志	华中科技大学（1）
41	J-216-2-05	发动机类零件的快速测量、数字建模及面向制造的设计	熊有伦、尹周平、刘　宇、杜晓明、丁　汉、黄小平、邵京城、王国状、杨文玉、杨平海	华中科技大学（1）
42	J-216-2-06	板带轧机板形控制的理论体系、数学模型、仿真软件及其应用	刘宏民、连家创、彭　艳、郑振忠、江光彪、华云松、郭剑波、岳晓丽、刘玉礼、王宏旭	燕山大学

续表

序号	项目编号	项目名称	主要完成人、主要完成单位	完成单位及名次（未注明则为独立完成单位）
43	J-216-2-07	大批量定制的技术体系及其在国产重要装备设计中的应用研究	谭建荣、祁国宁、张树有、顾新建、韩永生、刘晓冰、毛绍融、钱　江、黄哲人、吴　捷	浙江大学（1）、大连理工大学（3）
44	J-216-2-08	小型农业作业机关键技术及产品开发	张立彬、胥　芳、计时鸣、张　宪、赵章风	浙江工业大学
45	J-216-2-11	国产虚拟仪器的研发与面向机械测试的系列仪器	秦树人、汤宝平、杨昌棋、柏　林、周传德、尹爱军、张成贵、金　涛、季　忠	重庆大学
46	J-216-2-12	机器人焊接空间焊缝质量智能控制技术及其系统研究	吴　林、陈善本、邱　涛、吕伟新、林　涛、杨春利、高洪明、戴　明、张广军、田劲松	哈尔滨工业大学（1）、上海交通大学（2）
47	J-217-2-01	多级离心压缩机气动设计技术与应用	谷传纲、王　彤、杨　波、陈　文、费春印、刘会增、张谋进、戴　冀、张义云、王焕然	上海交通大学（1）
48	J-217-2-02	空气介质电弧的测试、仿真、调控的关键技术及其应用	陈德桂、荣命哲、耿英三、邱祖述、李兴文、瞿建喜、郑建荣、刘朝阳、袁海文、王长明	西安交通大学（1）
49	J-217-2-03	基于场协同理论的传热强化技术及其应用	过增元、程　林、李志信、孙奉仲、孟继安、田茂诚、陈泽敬、张冠敏、胡桅林、杜文静	清华大学（1）、山东大学（2）
50	J-217-2-05	城市电网规划理论、模型、方法的研究与工程应用	余贻鑫、王成山、黄纯华、葛少云、肖　峻、严雪飞、贾宏杰、刘　昱、王　辛	天津大学（1）
51	J-217-2-06	发电厂热力设备重要部件寿命管理技术研究	李耀君、杨　昆、范长信、刘宗德、任　爱、何　青、周左平、王信海、崔雄华、赵彦芬	华北电力大学（2）
52	J-217-2-07	可调煤粉浓淡低 NOx 燃烧及低负荷稳燃技术	周俊虎、曹欣玉、刘建忠、岑可法、池作和、周　昊、蒋　啸、赵　翔、黄镇宇、周志军	浙江大学（1）
53	J-219-2-01	面向全性能与全系统的天线结构机电综合优化与精密控制研究	段宝岩、仇原鹰、陈建军、许德森、赵　克、郑元鹏、苏玉鑫、邵晓东、白玉魁、保　宏	西安电子科技大学（1）
54	J-219-2-02	移动智能网技术	廖建新、陈俊亮、王　晶、王　纯、李　炜、张　磊、朱晓民、张乐剑、王玉龙、唐　洲	北京邮电大学（1）
55	J-220-2-01	智能集成优化控制技术及其在锌电解和炼焦配煤过程中的应用	桂卫华、吴　敏、阳春华、申群太、黄忠民、窦传龙、贺建军、唐朝晖、陈晓方、张权度	中南大学
56	J-220-2-05	网络化服务与工程支持系统集成平台开发及其应用	吴启迪、张　浩、王　骏、严隽薇、朱志浩、陆幸泽、王　坚、方正辉、陆剑峰、关锡友	同济大学

续表

序号	项目编号	项目名称	主要完成人、主要完成单位	完成单位及名次（未注明则为独立完成单位）
57	J-220-2-06	计算机辅助产品创新设计的技术与系统	潘云鹤、陈　纯、门素琴、庄越挺、吴朝晖、孙守迁、许端清、鲁东明、陈　刚、郑扣根	浙江大学（1）
58	J-220-2-07	智能图像信息处理方法及其在工业系统中的应用	王耀南、张文斌、李树涛、黄守道、王　辉、孙　炜、张昌凡、段　峰、余洪山、王绍源	湖南大学（1）、株洲工学院（3）
59	J-221-2-02	钢—混凝土组合结构关键技术的研究及应用	聂建国、余志武、李　勇、蒋丽忠、欧阳政伟、周凌宇、罗小勇、樊健生、陈宜言、郭风琪	中南大学（1）、清华大学（2）
60	J-221-2-03	复杂空间钢结构曲线滑移、非对称整体提升等施工技术的研究与应用	鲍广鑑、张希黔、王　宏、李国荣、张　琨、王　煦、郭彦林、罗　军、陆建新、徐联民	清华大学（3）
61	J-222-2-01	大坝与坝基安全监控理论和方法及其应用研究	吴中如、顾冲时、郑东健、苏怀智、王　建、郭海庆、沈振中、包腾飞、李　季、温志萍	河海大学
62	J-222-2-02	水功能区划与水资源保护理论技术及应用	朱党生、王　超、洪一平、程晓冰、史晓新、袁弘任、王沛芳、刘　平、连　煜、石秋池	河海大学（3）
63	J-222-2-04	干旱区棉花膜下滴灌综合配套技术研究与示范	刘兰育、柴付军、李明思、马富裕、荣航义、苏　军、周建伟、苏　亮、程　鸿、杨国跃	石河子大学（3）
64	J-222-2-06	三峡工程明渠导流及通航研究与运行实践	郑守仁、朱光淬、张超然、徐勤勤、赵世强、夏仲平、杜宗伟、戴会超、杨文俊、宁廷俊	重庆交通学院西南水运工程科学研究所（2）
65	J-222-2-07	浅海导管架式海洋平台浪致过度振动控制技术的研究及工程应用	李华军、周长江、杨永春、董法昌、黄维平、冯永训、王树青、文世鹏、蒋济同、王　津	中国海洋大学
66	J-223-2-02	高速列车气动特性、撞击安全动模型试验系统及应用	田红旗、卢执中、梁习锋、潘迪夫、张　健、许　平、姚　松、高广军、李靖南、聂永红	中南大学
67	J-223-2-03	现代集装箱码头智能化生产关键技术	包起帆、黄有方、施思明、缪　强、李冠声、沈联红、史建民、赖颖彦、王　玲、葛中雄	上海海运学院（2）
68	J-223-2-05	汽车碰撞安全性设计与改进理论、方法及关键技术	钟志华、杨济匡、李光耀、张维刚、曹立波、侯　飞、何　文、彭子荣、雷正保、张正湘	湖南大学（1）、长沙理工大学（4）
69	J-223-2-06	城市交通流诱导系统理论模型、关键技术的研究及应用	杨兆升、辛德胜、王殿海、姜桂艳、卢守峰、于德新、保丽霞、王川久、杨春晓、马道松	吉林大学
70	J-231-2-01	高浓度有机废水生物处理技术研发与示范工程	任南琪、韩洪军、彭永臻、王爱杰、马　放、徐春艳、王淑莹、王烺东、陈漫漫、于　峰	哈尔滨工业大学（1）、北京工业大学（2）

续表

序号	项目编号	项目名称	主要完成人、主要完成单位	完成单位及名次（未注明则为独立完成单位）
71	J-231-2-03	大型源水生物处理工程工艺研究及应用	高廷耀、李怀正、喻文熙、陈洪斌、屈计宁、傅　威、周增炎、夏四清、徐　斌、金　伟	同济大学（1）
72	J-233-2-01	重要脏器血栓栓塞的基础与临床研究	王鸿利、于金德、王学锋、胡翊群、乐　纬、陶　蓉、沈志祥、胡钧培、王振义	上海第二医科大学附属瑞金医院
73	J-233-2-02	体脂、胰岛素抵抗与代谢综合征关系的研究	项坤三、贾伟平、陈　蕾、包玉倩、郑以漫、方启晨、张　蓉、陆惠娟、陆峻茜、李　杰	上海交通大学附属第六人民医院
74	J-233-2-05	慢性肾衰及透析并发症的发病机制与临床防治研究	侯凡凡、陈　瑗、张　训、刘尚喜、周　玫、梁　敏、蒋建平、任　昊、刘志强、单越新	中国人民解放军第一军医大学南方医院
75	J-233-2-06	传染病病原体核酸扩增（PCR）荧光检测试剂盒研发及产业化	何蕴韶、程　钢、周新宇、高劲松、尹爱华、李　虎、李　丹、李　影、聂常富	中山大学达安基因股份有限公司
76	J-233-2-07	心房颤动的基础与临床研究	黄从新、马长生、杨延宗、张　澍、江　洪、马　坚、刘兴鹏、刘少稳、唐其柱、高连君	武汉大学人民医院（1）、首都医科大学附属北京安贞医院（2）、大连医科大学附属第一医院（3）
77	J-233-2-09	病毒性心肌炎与扩张型心肌病的临床与实验研究	杨英珍、陈瑞珍、张寄南、郭　棋、宿燕岗、杨昌生、陈曙霞、荣烨之、廖玉华、刘治全	复旦大学附属中山医院（1）、南京医科大学第一附属医院（2）、上海第二医科大学附属仁济医院（3）、上海第二医科大学附属新华医院（4）、华中科技大学同济医学院附属协和医院（5）、西安交通大学第一医院（6）
78	J-234-2-01	复方丹参方药效物质及作用机理研究	张伯礼、高秀梅、商洪才、孙有富、王义明、李　梢、胡利民、潘桂湘、王　怡、郭利平	天津中医学院（1）、清华大学（3）
79	J-234-2-03	中药质量计算分析技术及其在参麦注射液工业生产中应用	程翼宇、黎豫杭、吴永江、许正宇、瞿海斌、田燕华、范骁辉、马珠凤、陈闽军、张善飞	浙江大学（1）
80	J-234-2-04	针刺项颈部腧穴治疗真性延髓麻痹的临床应用研究	高维滨、唐　强、孟庆刚、李同军、高金立、孙申田、李亚东、盛国滨、孙忠人、李　军	黑龙江中医药大学
81	J-235-2-02	个性化假体 CAD/CAM 技术与计算机辅助临床工程系统	王成焘、戴尅戎、姚振强、朱振安、叶　铭、王　友、陈　笠、陈　铭、陈永强、姚仲伟	上海交通大学（1）、上海第二医科大学附属第九人民医院（2）
82	J-235-2-04	可控球形热场介入式微波治疗肿瘤技术及肝癌治疗疗效	董宝玮、梁　萍、于晓玲、曾宪其、王培江、彭见曙、于德江、苏　莉、程志刚、张　晶	北京工业大学（3）

续表

序号	项目编号	项目名称	主要完成人、主要完成单位	完成单位及名次（未注明则为独立完成单位）
83	J-251-2-01	鞍山贫赤（磁）铁矿选矿新工艺、新药剂与新设备研究及工业应用	陈　平、王义达、吕建华、马厚辉、刘晓明、高林章、赖祥璞、高　岩、赫荣安、余永富	武汉理工大学（5）、鞍山科技大学（6）
84	J-251-2-02	铜铅锌锡矿细粒浮选新技术—粗粒的载体—中介—助凝作用	邱冠周、胡岳华、冯其明、覃文庆、戴晶平、王海东、伍敬峰、张康生、黎　全、卢毅屏	中南大学（1）
85	J-251-2-03	金属矿床开采矿岩致裂与控制技术研究及应用	李夕兵、古德生、赵国彦、徐国元、孙宗颀、刘国富、王龑明、刘德顺、曹　平、陶　波	中南大学（1）、湖南科技大学（4）
86	J-251-2-04	大型岩体工程稳定性和优化的分析方法及应用	冯夏庭、李术才、陈卫忠、朱维申、刘　建、王渭明、孙豁然、戴会超、宫永军、盛　谦	东北大学（2）、山东科技大学（3）
87	J-251-2-06	岩石破裂过程失稳理论及其工程应用	唐春安、朱万成、杨天鸿、于广明、马云东、王述红、徐小荷、潘立友、李元辉、宋　力	东北大学（1）、青岛建筑工程学院（2）、辽宁工程技术大学（3）
88	J-252-2-01	米非司酮用于紧急避孕、黄体期避孕及催经的研究	肖碧莲、吴尚纯、翁梨驹、程利南、贺昌海、赵　珩、雷贞武、曹晓明、梅庆明、倪凤贤	首都医科大学附属北京朝阳医院（2）
89	J-252-2-02	捆绑式胰肠吻合术的临床及实验研究	彭淑牖、蔡秀军、牟一平、吴育连、彭承宏、刘颖斌、曹利平、李江涛、王建伟、许　斌	浙江大学
90	J-252-2-04	乳腺癌的临床和基础研究	邵志敏、沈镇宙、吴　炅、陆劲松、沈坤炜、韩企夏、狄根红、柳光宇、张家新	复旦大学附属肿瘤医院
91	J-252-2-05	原位肝脏移植的系列研究	陈规划、何晓顺、朱晓峰、陆敏强、杨　扬、蔡常洁、王国栋、黄洁夫	中山大学附属第一医院
92	J-252-2-06	脊柱后路经椎弓根内固定的基础和临床研究	杨惠林、郑祖根、邱　勇、唐天驷、王道新、洪天禄、许　立、王东来、钱忠来、陈耀然	苏州大学附属第一医院（1）、苏州大学附属第二医院（2）、南京医科大学第一附属医院（3）、南京大学附属鼓楼医院（4）
93	J-252-2-08	吸入麻醉的研究	刘　进、俞卫锋、张　辑、周建新、曹云飞、张文胜、王振彬、朱　涛、刘明政、陆智杰	四川大学（1）、中国人民解放军第二军医大学东方肝胆外科医院（2）
94	J-252-2-09	宫腔镜的临床应用与基础研究	夏恩兰、段　华、黄晓武、郑　杰、于　丹、张　丹、段惠兰、张　玫	首都医科大学附属复兴医院（1）
95	J-253-2-02	高精度管道漏磁在线检测系统	杨理践、陈　勇、李梦雄、金大庆、周林元、高松巍、闵希华、陈晓明、孙建刚、王晓峰	沈阳工业大学（1）
96	J-253-2-04	高清晰度液晶投影显示技术及系统	刘　旭、李海峰、顾培夫、唐晋发、刘向东、郑臻荣、章岳光、叶　辉	浙江大学
97	J-253-2-05	光纤光栅传感系统工业化生产关键技术研究与应用	姜德生、王立新、戴　珩、何　伟、梁　磊、陈宏波、胡文彬、魏仁选、梅加纯、李小甫	武汉理工大学

续表

序号	项目编号	项目名称	主要完成人、主要完成单位	完成单位及名次（未注明则为独立完成单位）
98	J-254-2-01	藏文计算机键盘和输入编码方法研究	德熙嘉措（赵晨星）、尼玛扎西、扬兵、当周才让（赵维纳）、赵德先、段新文、边巴嘉措、裴正华、桑本太、江嘎	青海师范大学（1）
99	J-254-2-02	基础设施信息网络管理系统生产平台技术	李末、吕卫锋、周刚、周冰、夏寅贲、徐莹、周珊、高欣、康建初、郎昕培	北京航空航天大学
100	J-254-2-04	计算机机群并行数据库系统	李建中、李金宝、高宏、郭龙江、张兆功、宋益波、骆吉洲、张冬冬、王伟平、刘宝良	哈尔滨工业大学（1）、黑龙江大学（2）
101	J-254-2-05	“掌讯通”移动数据终端的软件集成系统	罗笑南、谭伟豪、王建民、薛亦元、陈华鸿、周凡、毛明志、高成英、王若梅	中山大学（1）
102	J-254-2-07	超大容量光盘数据库应用信息系统	裴京、徐端颐、徐海峥、潘龙法、熊剑平、郑薪、过渡、王琳、凡叔军、高昆	清华大学（1）

2004 年度高校获国家自然科学奖项目

国家自然科学奖二等奖

序号	项目编号	项目名称	主要完成人	学校
1	Z-101-2-01	辛道路的指标理论与在非线性哈密顿系统中的应用	龙以明、朱朝锋、刘春根、胡锡俊	南开大学
2	Z-101-2-03	张量函数表示理论与材料本构方程不变性研究	郑泉水、黄克智	清华大学
3	Z-103-2-01	有机、聚合物体系的层状组装与功能	沈家骢、张希	吉林大学
4	Z-103-2-02	有序排列的纳米多孔材料的组装合成和功能化	赵东元、唐颐、余承忠、屠波、高滋	复旦大学
5	Z-103-2-03	光电功能配位化合物及其组装	游效曾、熊仁根、左景林、张勇、余智	南京大学
6	Z-103-2-05	核酸化学及以核酸为靶的药物研究	张礼和、张亮仁、方家椿、周德敏、杨振军	北京大学
7	Z-103-2-06	有机杂环化合物在金属表面的化学及电化学聚合	薛奇、石高全、金士、张峻峰、陆云	南京大学
8	Z-104-2-03	矿物氧同位素分馏系数的理论计算和实验测定	郑永飞、赵子福、周根陶、徐宝龙	中国科技大学
9	Z-105-2-01	植物性细胞、受精及胚胎发生离体操作系统的创建与实验生物学研究	杨弘远、周嫦、孙蒙祥、赵洁	武汉大学

续表

序号	项目编号	项目名称	主要完成人	学校
10	Z-105-2-03	纤毛虫原生动物的分类学、发生与系统学以及生态学研究	宋微波、胡晓钟、陈子桂、徐奎栋、马宏伟	中国海洋大学
11	Z-105-2-04	中国陆地生态系统生产力和碳循环的研究	方精云、李克让、曹明奎、朴世龙、贺金生	北京大学
12	Z-106-2-01	人类造血和内分泌相关细胞/组织基因表达谱和新基因识别研究	陈　竺、宋怀东、陈家伦、张庆华、韩泽广	上海第二医科大学
13	Z-106-2-02	抗心律失常药物作用的离子通道靶点研究	杨宝峰、王惠珍、董德利、焦军东、李宝馨	哈尔滨医科大学
14	Z-107-2-01	新型半导体异质结构和器件物理研究	郑有炓、张　荣、施　毅、沈　波、顾书林	南京大学
15	Z-107-2-04	高速电路系统信号完整性问题基础研究	李征帆、毛军发、郑　戟、曹　毅、金荣洪	上海交通大学
16	Z-108-2-01	新型的氧化物磁制冷工质与隧道型磁电阻材料	都有为、郭载兵、张　宁、钟　伟、冯　端	南京大学
17	Z-108-2-02	若干低维材料的拉曼光谱学研究	张树霖、顾镇南、蔡生民、施祖进	北京大学
18	Z-109-2-01	传热与流动过程数值预测原理及高效算法的研究	陶文铨、何雅玲、宇　波、王良璧、李增耀	西安交通大学

教育部予以资格认定的自费出国留学中介机构名录

（截至2005年4月28日）

1. 北京嘉华世达国际教育交流有限公司
2. 东方国际教育交流中心
3. 中教国际教育交流中心
4. 中国教育服务中心有限公司
5. 北京京城出国留学咨询服务有限公司
6. 北京首都师大出国留学咨询服务中心
7. 北京工商达留学中介服务中心
8. 北京世纪博园留学咨询服务有限责任公司
9. 中国四达国际经济技术合作公司
10. 北京樱知叶文化交流有限公司
11. 北京帆之都教育信息咨询有限公司
12. 北京紫铭文化交流有限公司
13. 中国出国人员服务总公司
14. 北京走向世界留学咨询中心
15. 北京金吉列出国留学咨询服务有限公司
16. 北京九川信息咨询服务有限公司
17. 北京澳际教育咨询有限公司
18. 北京万佳文化交流有限责任公司
19. 上海上教国际交流有限公司
20. 上海商业国际教育交流中心
21. 上海中智国际教育咨询有限公司
22. 上海外服新通国际教育咨询服务有限公司
23. 上海华中国际教育交流有限公司
24. 上海同济留学事务所
25. 上海教科留学服务有限公司
26. 上海东方出国留学服务有限公司
27. 上海中锐国际教育服务有限公司
28. 上海莘远国际教育服务有限公司
29. 上海市因私出入境服务中心有限公司（原名称为上海市因私出入境服务中心）
30. 上海上外国际教育交流信息中心
31. 上海上师出国咨询服务有限公司

32. 上海华侨国际教育服务有限公司
33. 江苏省教育国际交流服务中心
34. 江苏省国际交流中心
35. 苏州市外事服务中心/因私出国服务中心
36. 无锡江大留学服务中心
37. 镇江市华宇教育交流服务中心
38. 浙江新通出国留学服务中心有限公司
39. 浙江宁波骏腾出国留学服务中心
40. 浙江威联科技教育交流中心
41. 威海高技术开发区出国人员教育培训中心/联桥出国留学服务中心
42. 山东省瀚森国际经贸合作有限公司出国留学服务中心
43. 山东省对外贸易集团有限公司/对外经济贸易信息传播公司
44. 山东科技培训中心/海外发展部
45. 山东省山青科技信息咨询公司/青年自费出国留学咨询服务中心
46. 青岛市出国人员服务公司
47. 青岛国际交流中心
48. 山东外服对外交流中心
49. 山东山大学府教育交流有限公司
50. 山东省回国留学人员服务中心
51. 曲阜师范大学国际交流中心
52. 山东省教育国际交流协会出国留学办公室
53. 山东省潍坊市惠友边境贸易有限公司出国留学咨询服务中心（自2005年3月7日起终止自费出国留学中介服务业务，其资格证书已经注销。）
54. 济南华侨机械设备有限公司/华侨出国留学服务中心
55. 福建省出国留学人员服务中心
56. 福建省外服留学咨询中心
57. 福建省对外劳务合作公司/恒星出国留学服务中心
58. 福建省建安技贸公司/建安自费出国留学中介服务中心
59. 中国海峡人才市场/福建省海外人才中心
60. 福建省长宏出国留学服务中心
61. 合肥工业大学留学服务中心
62. 安徽经济管理干部学院/国际合作中心
63. 皖华出国留学培训中心（原名称为安徽省滁州市人才培训中心/皖华出国留学培训中心）
64. 山西教育国际交流服务中心
65. 四川省留学服务中心
66. 四川省出入境人员服务中心
67. 湖北省教育自费留学服务中心
68. 中国留学服务中心云南分中心
69. 郑州市大华教育咨询有限公司
70. 河南省教育国际交流服务有限公司
71. 河南省轻大教育文化交流有限公司
72. 河南财经学院国际文化教育交流中心
73. 河南农大一鸣出国留学服务有限公司
74. 郑州教育对外交流服务中心
75. 河南金城出国留学培训交流有限公司
76. 河南波瑞吉文化发展有限公司
77. 广东省留学人员服务中心
78. 广东教育国际交流服务中心
79. 深圳市留学人员服务中心
80. 广州留学人员服务管理中心
81. 天津朝升留学服务中心
82. 天津外大出国留学服务中心
83. 天津市凯乐维自费出国留学中介服务中心
84. 天津市通宇出国服务有限公司
85. 天津市远望留学咨询有限公司
86. 西南师范大学自费出国留学服务中心
87. 四川外语学院海外留学服务中心
88. 辽宁教育国际交流服务中心/辽宁留学服务中心
89. 辽宁万国利科教育产业发展有限公司
90. 辽宁省国际交流中心
91. 辽宁经贸人才教育培训中心
92. 辽宁天诚文化教育发展有限公司（因违规经营，辽宁省教育厅于2002年3月要求其限期整改。2003年2月受到教育部的全国通报批评。）
93. 沈阳亨泰莱信息咨询服务有限公司
94. 大连外院留学服务中心
95. 大连鑫泉科教咨询有限公司
96. 大连伟世科贸有限公司
97. 大连奔腾经济技术合作有限公司
98. 大连海富国际交流有限公司

99. 本溪国际合作培训园圃
100. 吉林省留学服务中心
101. 长春市因私出入境服务中心
102. 延边大信海外交流有限公司
103. 长春市对外服务中心
104. 吉林省国际人才技术合作有限公司
105. 延边大学出国留学培训中心
106. 吉大海外留学中心
107. 东北师范大学吉林留学服务中心
108. 吉林国际语言文化学院留学服务中心
109. 哈尔滨市滨才（留学）信息咨询有限公司
110. 哈尔滨市弘博留学咨询服务有限公司
111. 哈尔滨达利通投资顾问有限公司
112. 哈尔滨恒星出国留学服务有限公司
113. 哈尔滨工大海外留学咨询有限公司
114. 黑龙江哈商大自费出国留学咨询服务有限公司
115. 黑龙江省教育国际交流中心
116. 哈尔滨市越洋文化交流有限责任公司
117. 哈尔滨康辉信息咨询有限公司
118. 河北省国际教育交流服务中心
119. 秦皇岛燕大国际教育交流中心
120. 保定河大国际教育服务中心
121. 河北国际事务咨询服务中心
122. 长沙市国际教育交流服务中心
123. 湖南省教育留学服务中心
124. 湖南富岳出国留学服务中心
125. 湖南炎辉留学服务中心
126. 湖南中南大出国留学服务中心（有限公司）
127. 陕西智能人才交流有限公司
128. 陕西省教委教育交流中心
129. 陕西省留学服务中心
130. 陕西西外留学服务中心
131. 西安留学人员工作站
132. 山西大任国际教育交流有限公司
133. 山西华达出国留学咨询服务有限公司（原为山西山大出国留学咨询服务有限公司，2003年4月更名。）
134. 四川省狄邦出国事务服务有限公司
135. 四川华光文化教育交流有限公司
136. 成都华樱出国服务有限责任公司
137. 内蒙古教育国际交流服务中心
138. 南宁市新澳咨询有限公司
139. 云南大学国际交流事务所
140. 甘肃省教育国际交流与合作服务中心
141. 海南科教开发（集团）公司
142. 江西省教育出国留学咨询服务中心
143. 贵州省出国留学服务中心
144. 宁夏西辰国际文化教育交流中心
145. 新疆教育国际交流协会留学服务中心
146. 天津市河西出国留学服务中心
147. 北京工大世通留学咨询服务中心
148. 科智国际技术合作公司
149. 中国对外友好合作服务中心
150. 北京国信达信息咨询中心
151. 北京东方人力科贸发展有限公司
152. 北京市科之旅留学咨询服务中心
153. 北京二外教育信息咨询中心
154. 北京利麦文化交流有限公司
155. 北京龙马中外企业家服务公司
156. 北京环球行留学咨询有限公司
157. 北京五洲通留学咨询服务中心
158. 北京翰音咨询有限公司
159. 北京五湖中视咨询有限公司
160. 北京市燕伦信息咨询有限公司
161. 北京高仕登咨询有限责任公司
162. 北京万极咨询有限公司
163. 中全人才服务中心
164. 北京丰禾意象教育咨询有限公司
165. 北京英华国联科贸有限公司
166. 中智出国咨询中心
167. 北京金东方国际教育文化交流中心
168. 北京京华育缘文化艺术咨询有限责任公司
169. 北京华恒教育文化交流中心
170. 北京汇佳万国教育科技有限公司
171. 北京世纪伯乐留学咨询服务有限公司
172. 北京澳加教育咨询有限公司
173. 中国专家科技经济咨询中心
174. 北京威久咨询有限公司
175. 浙江科友留学服务中心
176. 浙江科博留学服务有限公司
177. 宁波宁大留学服务中心

178. 宁波宁高出国服务中心
179. 宁波泓雄出国留学服务中心
180. 温州出国留学服务中心
181. 宁波万里出国留学服务中心
182. 吉林省万洋出国服务有限公司
183. 吉林省外事服务中心
184. 海南省留学服务中心
185. 重庆索通出国企划有限公司
186. 重庆市渝教出国留学服务中心有限公司
187. 浙江浙大出国留学服务中心
188. 福建省厦教出国留学服务有限公司
189. 福州壮安经济开发有限公司
190. 山东国际商会出国留学服务中心
191. 威海自费出国留学服务中心
192. 威海国际经济技术合作股份有限公司
193. 江苏省南师大留学服务中心
194. 江苏南大海外教育服务中心
195. 江苏省国际人才交流中心
196. 江苏省涉外企业服务中心
197. 江苏国际信息咨询有限公司
198. 常州教育国际交流中心
199. 常州国达教育国际交流服务有限公司
200. 南京市外事服务公司
201. 无锡市国际人才交流服务中心
202. 泰州职业技术学院留学服务中心
203. 广西东西方国际交流有限公司
204. 陕西省国际交流中心
205. 甘肃华侨服务有限公司
206. 甘肃博兴出国留学服务有限公司
207. 辽宁人才国际交流服务有限公司
208. 沈阳市国际教育交流服务中心
209. 辽宁中科留学服务有限公司
210. 辽宁省国际文化教育交流协会（因违规经营，辽宁省教育厅于 2002 年 3 月要求其限期整改。）
211. 大连汇文科技文化中心
212. 辽宁公民出国服务公司（因违规经营，辽宁省教育厅于 2002 年 3 月要求其限期整改。）
213. 大连墨林教育服务有限公司
214. 鞍山天翔对外经济技术合作有限公司
215. 哈尔滨报达信息咨询有限公司
216. 哈尔滨美澳出国留学咨询有限公司
217. 哈尔滨宇洋出国留学咨询服务有限公司
218. 牡丹江市富士出国留学服务中心
219. 黑龙江雪梨留学咨询服务有限公司
220. 广东侨谊海外交流中心有限公司
221. 广东同文教育交流中心有限公司（原名为广东同文出国留学咨询服务中心）
222. 深圳市仁和海外投资服务有限公司
223. 珠海英邦留学咨询交流有限公司
224. 内蒙古敏思达文化教育咨询有限责任公司
225. 内蒙古智力引进出国留学服务有限公司
226. 内蒙古教育出国留学服务中心
227. 成都雅思教育管理有限责任公司
228. 成都星华出国服务有限公司
229. 青海省教育国际交流中心
230. 广东启德教育交流服务有限公司
231. 广州广之旅海外咨询服务有限公司
232. 广州华侨服务中心
233. 广东省外事服务中心
234. 湖北省高级专家协会国际交流培训中心
235. 湖北省对外友好服务中心
236. 湖北省人才开发交流中心
237. 湖北中汽国际合作教育与培训中心
238. 开封育达出国留学咨询服务有限公司
239. 河南省志成科技教育咨询服务有限公司
240. 河南腾达咨询服务有限公司
241. 河南百姓外事服务有限责任公司
242. 宁波市国际交流服务中心
243. 天津市菲思柯外企留学服务有限公司（原名为天津市菲斯柯外企留学服务中心。）
244. 吉林美加教育交流中心
245. 温州市涉外交流中心
246. 广州大九州签证留学咨询服务中心
247. 湖南省狄邦出国事务服务有限公司
248. 吉林省教科文发展中心
249. 哈尔滨远方国际教育交流服务有限公司
250. 哈尔滨五湖出国留学咨询有限公司
251. 哈尔滨广岛出国留学服务有限责任公司
252. 哈尔滨博宇国际教育交流服务有限公司
253. 山西尊成科技文化有限公司

254. 山西兆通外事信息服务有限公司
255. 山西省出国留学人员服务中心
256. 吉林北华大学出国留学服务中心
257. 河南中安商务咨询服务有限公司
258. 黑龙江欧美教育交流服务有限公司
259. 南宁诺达教育国际交流服务中心
260. 山西华帆文化交流咨询服务有限公司
261. 山西省对外交流咨询中心合作开发部
262. 成都雅高出国顾问有限公司
263. 天津市津教留学服务中心
264. 天津立达海外留学服务有限公司
265. 呼和浩特北辰留学咨询服务有限公司
266. 内蒙古博士达留学咨询服务有限公司
267. 长沙理工大出国留学服务中心
268. 新疆对外友好交流服务中心
269. 海口市外事交流中心
270. 武汉教育国际交流合作中心
271. 河南省博奥文化交流有限公司
272. 天津市加成信息咨询有限公司
273. 天津市津服出入境咨询服务中心
274. 天津天大天爱网络教育服务有限公司
275. 河南电大出国留学服务有限公司
276. 浙江新东方出国服务有限公司
277. 浙江省对外服务公司
278. 中国山东国际经济技术合作公司
279. 济南加成商务咨询有限公司
280. 青岛胜美国际留学中心
281. 青岛市外国企业服务总公司出入境服务分公司
282. 烟台民生留学咨询服务有限责任公司
283. 山东好媛出国留学服务中心
284. 北京艾迪国际教育发展有限公司
285. 北京环球达洋行信息咨询有限责任公司
286. 中国国旅贸易有限责任公司
287. 连云港好年华出国留学服务有限责任公司
288. 江苏省金世达留学服务有限责任公司
289. 重庆加成出国咨询服务有限公司
290. 重庆亚欧教育文化咨询有限公司
291. 北京美加金联出国咨询服务有限责任公司
292. 武汉澳新文化教育咨询有限责任公司
293. 中国交远国际经济技术合作公司
294. 北京和中联合投资咨询有限公司
295. 北京兆龙出入境中介服务中心
296. 北京欧美同学咨询中心
297. 北京外企服务集团有限责任公司
298. 北京双城时代咨询有限公司
299. 吉林省教育留学服务有限公司
300. 南京世纪教育咨询有限公司
301. 大连国合锦程出国咨询服务有限公司
302. 辽宁省二十一世纪经贸人才培训中心
303. 大连嘉景科技有限公司
304. 辽宁省国际交流实业总公司
305. 沈阳外国企业服务总公司
306. 大连世华教育交流咨询服务中心
307. 北京环宇联合投资咨询有限公司
308. 北京金诺华国际教育发展中心
309. 北京沐佳教育文化发展有限公司（自2005年3月7日起终止自费出国留学中介服务业务，其资格证书已经注销。）
310. 北京科润教育文化发展公司
311. 北京市华钜联合商务咨询有限公司
312. 哈尔滨环宇出国中介有限公司
313. 哈尔滨因私自费出国留学服务有限公司
314. 哈尔滨东方澳新出国服务有限责任公司
315. 黑龙江省出国旅行咨询服务公司
316. 哈尔滨德赢文化教育咨询服务有限公司
317. 江西省友好出国留学服务中心
318. 徐州市中锐出国咨询服务有限公司
319. 浙江树人出国留学服务中心
320. 绍兴市国际教育服务有限公司
321. 杭州加成信息咨询有限公司
322. 浙江中青出国留学服务中心有限公司
323. 长沙远程出国留学服务有限公司
324. 徐州师大出国留学服务有限责任公司
325. 扬州大学国际交流服务中心
326. 北京澳加利华文化教育咨询有限公司
327. 昆明衡泰人才交流信息有限公司
328. 无锡市狄邦出国留学服务有限公司
329. 南京世朝教育交流中心
330. 南京加成信息咨询有限公司
331. 北京美加百利咨询有限公司
332. 哈尔滨加成咨询服务有限公司

333. 内蒙古朝阳国际教育交流有限公司
334. 包头智力留学服务有限公司
335. 内蒙古信怡对外交流有限公司
336. 内蒙古乾旭出国留学服务有限责任公司
337. 内蒙古师范大学国际交流服务中心
338. 广州市番禺金雁海外交流服务中心
339. 厦门市友好交流出国服务有限公司
340. 北京航天人才服务有限公司
341. 北京诺思国际教育咨询有限公司
342. 广东世纪桥教育文化交流有限公司
343. 广州市荔湾区华人咨询服务中心
344. 广东华美雅思教育服务有限公司
345. 深圳市教育国际交流中心有限公司
346. 深圳市对外国际商务交流中心有限公司
347. 深圳市网大教育服务有限公司
348. 深圳市华联兴业国际教育交流咨询有限公司
349. 深圳市加成信息咨询有限公司
350. 珠海中广国际教育交流有限公司
351. 佛山市留学人员服务中心
352. 东莞市越洋出入境咨询有限公司
353. 东莞市景鸿出国留学服务有限公司
354. 长春市出国服务中心
355. 昆明海蕴经济信息咨询有限公司
356. 南通市对外交流服务中心
357. 北京加成通业信息咨询有限公司
358. 湖北华中科大出国留学培训服务中心
359. 武汉剑桥教育服务咨询有限责任公司
360. 湖北武科大自费出国留学服务中心
361. 湖北华中师大自费出国留学服务中心
362. 湖北省对外服务有限公司
363. 北京锡华未来教育实业股份有限公司
364. 浙江浙师大出国留学服务中心
365. 汕头市外事服务中心
366. 江苏省金阳光出国服务中心
367. 成都加成顾问有限公司
368. 成都顺欣国际服务有限公司
369. 四川省外国机构服务处
370. 北京金华正茂国际文化交流有限公司
371. 西安交通大学海外留学服务中心
372. 陕西西北大学海外留学服务中心
373. 陕西海亚文化信息咨询有限公司
374. 陕西海派国际教育有限公司
375. 北京华通信诺国际文化交流中心
376. 河北金石国际人才服务有限公司
377. 保定农大出国留学服务中心
378. 石家庄市培森教育投资咨询服务有限公司
379. 河北加成出入境服务有限公司

注：顺序号即为教育部颁发的《自费出国留学中介服务机构资格认定书》的编号。

爱国主义教育“三个一百”名单

为深入贯彻党的十六大精神，认真落实《中共中央国务院关于进一步加强和改进未成年人思想道德建设的若干意见》，大力弘扬以爱国主义为核心的伟大民族精神，在庆祝中华人民共和国成立55周年之际，中宣部、中央文明办、教育部、文化部、国家广电总局、新闻出版总署、共青团中央向社会推荐“百部爱国主义教育影片、百首爱国主义教育歌曲、百种爱国主义教育图书”。

百部爱国主义教育影片

1.《小兵张嘎》 北京电影制片厂
2.《林则徐》 上海海燕电影制片厂
3.《闪闪的红星》 八一电影制片厂
4.《万水千山》 八一电影制片厂
5.《革命家庭》 北京电影制片厂
6.《狼牙山五壮士》 八一电影制片厂
7.《鸡毛信》 上海电影制片厂
8.《平原游击队》 长春电影制片厂

9.《铁道游击队》 上海电影制片厂
10.《地道战》 八一电影制片厂
11.《地雷战》 八一电影制片厂
12.《红色娘子军》 八一电影制片厂
13.《英雄儿女》 长春电影制片厂
14.《甲午风云》 长春电影制片厂
15.《上甘岭》 八一电影制片厂
16.《南征北战》 八一电影制片厂
17.《烈火中永生》 北京电影制片厂
18.《洪湖赤卫队》 北京电影制片厂
19.《渡江侦察记》 八一电影制片厂
20.《白求恩大夫》 上海电影制片厂、八一电影制片厂
21.《野火春风斗古城》 八一电影制片厂
22.《啊！摇篮》 上海电影制片厂
23.《火烧圆明园》 中国电影合拍公司、香港新昆仑影业公司
24.《开天辟地》 上海电影制片厂
25.《南昌起义》 上海电影制片厂
26.《长征》 广西电影制片厂
27.《西安事变》 西安电影制片厂
28.《开国大典》 长春电影制片厂
29.《毛泽东和他的儿子》 潇湘电影制片厂
30.《雷锋》 八一电影制片厂
31.《周恩来》 广西电影制片厂
32.《孙中山》 珠江电影制片厂
33.《焦裕禄》 峨眉电影制片厂
34.《蒋筑英》 长春电影制片厂
35.《聂耳》 上海电影制片厂
36.《大转折》 八一电影制片厂
37.《大进军》 八一电影制片厂
38.《毛泽东在1925》 潇湘电影制片厂
39.《走近毛泽东》 中共中央文献研究室、中央新闻纪录电影制片厂等
40.《周恩来外交风云》 中央新闻纪录电影制片厂
41.《共和国主席刘少奇》 中央新闻纪录电影制片厂
42.《邓小平》 珠江电影制片厂、电影频道节目中心
43.《我的法兰西岁月》 共青团中央网络影视中心、中共广东省委宣传部、电影频道节目中心、广东电信实业（集团）网星影视文化有限公司
44.《邓小平·1928》 上海电影集团公司
45.《惊涛骇浪》 八一电影制片厂
46.《青年刘伯承》 长春电影制片厂
47.《国歌》 潇湘电影制片厂
48.《国旗》 北京紫禁城影业公司
49.《冼星海》 珠江电影制片公司
50.《鸦片战争》 峨眉电影制片厂、四川《鸦片战争》影视制作有限公司
51.《詹天佑》 上海电影制片厂、电影频道节目中心
52.《我的1919》 西安电影制片厂、电影频道节目中心、北京电影制片厂
53.《横空出世》 中国电影集团公司、北京电影制片厂、电影频道节目中心
54.《铁血大动脉》 八一电影制片厂
55.《嘎达梅林》 中国电影集团公司
56.《英雄郑成功》 潇湘电影制片厂、福建电影制片厂
57.《张思德》 中国电影集团公司、北京紫禁城影业公司、北京新影联影业有限公司
58.《暖春》 山西电影制片厂
59.《冲出亚马逊》 八一电影制片厂
60.《首席执行官》 中国电影集团、山东电影制片厂
61.《法官妈妈》 北京紫禁城影业有限公司
62.《生死抉择》 上海电影制片厂
63.《一个都不能少》 广西电影制片厂
64.《真心》 天山电影制片厂、上海永乐电影电视（集团）公司
65.《红河谷》 上海电影制片厂
66.《孔繁森》 北京电影制片厂、山东电影制片厂
67.《紧急迫降》 上海电影集团公司
68.《冲天飞豹》 青年电影制片厂、电影

频道节目中心
69.《良心》 天山电影制片厂
70.《世纪之梦》 湖北电影制片厂、湖北经济电视台
71.《下辈子还做母子》 南京电影制片厂
72.《离开雷锋的日子》 北京青年电影制片厂、北京紫禁城影业公司
73.《我和乔丹的日子》 中国电影集团公司
74.《危险智能》 中国电影集团公司
75.《女生日记》 中国电影集团公司
76.《宝莲灯》 上海美术电影制片厂
77.《我们手拉手》 深圳电影制片厂
78.《飘扬的红领巾》 潇湘电影制片厂、今古影视策划公司
79.《少女穆然》 湖北天空文化传播有限公司
80.《我是一条鱼》 中国电影集团公司
81.《少年英雄》 共青团中央网络影视中心
82.《纸飞机》 潇湘电影制片厂、南通电视台
83.《六月男孩》 中国儿童电影制片厂
84.《棒球少年》 福建电影制片厂
85.《真情三人行》 上海电影制片厂
86.《TV小子》 珠江电影制片厂
87.《枪手》 八一电影制片厂
88.《背起爸爸上学》 北京紫禁城影业公司
89.《花季雨季》 深圳电影制片厂
90.《灿烂的季节》 长春电影制片厂
91.《我也有爸爸》 上海电影制片厂
92.《风雨上海滩》 广西电影制片厂
93.《凤凰琴》 天津电影制片厂
94.《世纪大典》 （纪录片）中央新闻纪录电影制片厂
95.《国庆纪事》 （纪录片）中央新闻纪录电影制片厂
96.《宇宙与人》 （科教片）北京科学教育电影制片厂、电影频道节目中心
97.《中华文明—英雄时代》（纪录片）中央电视台
98.《中华文明—青铜的光辉》（纪录片）中央电视台
99.《中华文明—礼乐与争霸》（纪录片）中央电视台
100.《中华文明—铁血帝国》（纪录片）中央电视台

百首爱国主义教育歌曲

1. 中华人民共和国国歌 （田汉词 聂耳曲）
2. 团结就是力量 （牧虹词 卢肃曲）
3. 没有共产党就没有新中国 （曹火星词曲）
4. 歌唱祖国 （王莘词曲）
5. 中国少年先锋队队歌 （周郁辉词 寄明曲）
6. 中国共产主义青年团团歌（胡宏伟词 雷雨声曲）

小学部分

7. 送别（合唱） （李叔同词 奥德威［美］曲）
8. 毕业歌（合唱） （田汉词 聂耳曲）
9. 游击队歌（合唱） （贺绿汀词曲）
10. 时光老人的礼物（合唱） （袁鹰词 瞿希贤曲）
11. 我们的田野（合唱） （管桦词 张文纲曲）
12. 娃哈哈 （石夫 记谱、编词）（维吾尔族民歌）
13. 让我们荡起双桨（领唱，合唱） （乔羽词 刘炽曲）
14. 儿童团放哨歌（合唱） （金帆词 瞿希贤曲）
15. 听妈妈讲那过去的事情 （管桦词 瞿希贤曲）
16. 绿色的祖国（领唱，合唱）（管桦词 郑律成曲）
17. 我们走在大路上（合唱） （劫夫词曲）
18. 小松树 （傅庚辰词 傅晶 李伟才曲）
19. 红星歌（合唱）（魏宝贵 邬大为词 傅庚辰曲）
20. 雨花石（合唱） （肖仁 徐家察词 龚耀年曲）
21. 小鸟，小鸟（合唱） （金波词 刘庄曲）
22. 祖国像妈妈一样 （晨枫词 苏文进曲）
23. 嘀哩嘀哩 （望安词 潘振声曲）
24. 铃兰（合唱） （胡小石词 戴于吾曲）
25. 少年，少年，祖国的春天（合唱） （李幼容词 寄明曲）
26. 春雨沙沙（合唱） （曾泉星词 戴于吾曲）
27. 外婆的澎湖湾 （叶佳修词曲）
28. 采蘑菇的小姑娘 （晓光词 谷建芬曲）
29. 歌声与微笑（合唱） （王健词 谷建芬曲）
30. 小背篓 （欧阳常林词 白诚仁曲）

31. 种太阳 （李冰雪词 王赴戍 徐沛东曲）
32. 童心是小鸟 （韩景连词 平安俊曲）
33. 采一束鲜花 （肖纬 丛者甲词 晓丹曲）
34. 妈妈格桑拉（合唱） （张东辉词 敖昌群曲）
35. 祖国最亲，妈妈最好 （石顺义词 晓丹曲）
36. 野菊花 （穆志强词 李嘉评曲）
37. 荷塘边的歌谣 （江柳明词 韦东强曲）
38. 我是山里的小歌手 （姜建新词 华建国曲）
39. 哪吒闹海 （宁岗词 晓丹曲）
40. 牧童哪里去了 （董平词 黄磊曲）
41. 七子之歌（领唱，合唱）（闻一多词 李海鹰曲）
42. 中华小儿郎 （胡玉芝词 韩贵森曲）
43. 苗家小阿妹 （金鸿为词 邓玉华曲）
44. 站在世界领奖台—献给少年金牌获得者 （王燕军词 韩永思 白霞曲）
45. 56个小朋友手拉手 （陈江风词 韩贵森曲）
46. 海那边 （车行词 李昕曲）
47. 美丽的侗乡 （阮居平词 韩贵森曲）
48. 卓玛 （李众词 孟庆云曲）
49. 重返校园的小阿妹（梁伟宼词 刘莎 刘家福曲）
50. 红卓玛 （黄枰 胡晓惠词 天骄曲）
51. 亲亲太阳 （张立国词 宋小兵曲）
52. 三峡的浪花（合唱） （王光池词 曹明辉曲）
53. 祖国（合唱） （晓光词 孟卫东曲）
54. 编花篮（河南民歌）
55. 祖国祖国多美丽 （王玉田词曲）
56. 中国男孩 （朱晓民词 王志刚曲）
57. 红孩子 （黄新华词 郝士达曲）
58. 我爱妈妈的眼睛 （平洋词 施光南曲）
59. 每当我走过老师窗前 （金哲词 董希哲曲 崔彬译配）
60. 装扮蓝色的地球 （陈镒康词 侯小声曲）
61. 手拉手祖国变得更美丽 （程虹词 孙川曲）
62. 我们美丽的祖国（合唱） （张名河词 晓丹曲）

中学部分

63. 长城谣（合唱 杨鸿年编）（潘子农词 刘雪庵曲）
64. 保卫黄河（合唱） （光未然词 冼星海曲）
65. 歌唱二小放牛郎（合唱） （方冰词 李劫夫曲 钟维国编曲）
66. 草原上升起不落的太阳 （美丽其格词曲）
67. 新疆好（合唱）（新疆民歌） （马寒冰词 刘炽编曲）
68. 牧歌（合唱，瞿希贤编）（内蒙民歌） （海默词）
69. 我的祖国（合唱） （乔羽词 刘炽曲）
70. 祖国颂（合唱） （乔羽词 刘炽曲）
71. 唱支山歌给党听 （焦萍词 朱践耳曲）
72. 长征（合唱） （毛泽东词 彦克吕远曲）
73. 绣红旗（合唱）（阎肃词 羊鸣 姜春阳 金砂曲）
74. 北京颂歌 （洪源词 田光 傅晶曲）
75. 山丹丹开花红艳艳（合唱）（陕甘民歌）
76. 祝酒歌 （韩伟词 施光南曲 杨鸿年编合唱）
77. 我爱你，中国（合唱） （瞿琮词 郑秋枫曲）
78. 赶圩归来阿哩哩（合唱 孙宝林编） （古笛词 黄有异曲）
79. 我爱你塞北的雪 （王德词 刘锡津曲）
80. 鼓浪屿之波（合唱 姚思源编） （张藜 红曙词 钟立民曲）
81. 大海啊，故乡（合唱） （王立平词曲）
82. 在希望的田野上（合唱） （晓光词 施光南曲）
83. 祖国，慈祥的母亲（合唱）（张鸿西词 陆在易曲）
84. 飞来的花瓣（合唱） （望安词 瞿希贤曲）
85. 长江之歌（合唱） （胡宏伟填词 王世光曲）
86. 我和我的祖国（合唱） （张藜词 秦咏诚曲 秋里编）
87. 我的中国心（合唱，张以达编） （黄霑词 王福龄曲）
88. 江河万古流 （苏叔阳词 王立平曲）
89. 重整河山待后生 （林汝为词 雷振邦 温中甲 雷蕾曲）
90. 让世界充满爱（合唱） （陈哲 王健 郭峰 孙铭词 郭峰曲）
91. 春天的脚步 （任志萍词 伍嘉冀曲）
92. 今天是你的生日，中国 （韩静霆词 谷建芬曲 钟维国编）
93. 共和国之恋（合唱） （刘屹然词 刘为光曲）
94. 爱的人间 （王健词 谷建芬曲）
95. 同一首歌（合唱） （陈哲 迎节词 孟卫东曲）
96. 爱我中华（合唱） （乔羽词 徐沛东曲）
97. 长大后我就成了你 （宋青松词 王佑贵曲）
98. 春天的故事 （蒋开儒 叶旭全词 王佑贵曲）
99. 跨世纪的新一代 （李幼容词 刘磬声曲）
100. 山路弯弯 （李京利词 黄磊曲）

101. 去远方 （王晓岭词　铁源曲）
102. 大海的故事 （家承　张辛词　李嘉评曲）
103. 太阳少年 （王晨湖词　宋小兵曲）
104. 红旗飘飘（合唱） （乔方词　李杰曲）
105. 我们心相连（合唱） （申溪词　徐沛东曲）
106. 留住阳光 （韩景连词　平安俊曲）
107. 八月桂花遍地开（合唱）（河南民歌）（焕之编曲）
108. 中国，中国，鲜红的太阳永不落（合唱）（贺东久　任红举词　朱南溪曲）
109. 敦煌的故事（合唱） （陈日国词　彭根发曲）
110. 长城长 （阎肃词　孟庆云曲）
111. 我的根啊，在中国（合唱　司徒抗编）
112. 准备好了吗 （张意词　李亮曲）
113. 沂蒙山歌（合唱　张以达编）（山东民歌）
114. 琼花 （孔远　虹霓词　傅庚辰曲）
115. 雪（合唱） （毛泽东词　劫夫曲）
116. 塔里木河 （陈克正词　克里木曲）
117. 美丽的台湾岛（合唱）（台湾民歌） （严金萱编曲）
118. 我们走进十月的阳光 （奚其明词　王晓龙曲）
119. 茉莉花（河北民歌） （王海天编合唱）
120. 走进新时代 （蒋开儒词　印青曲）

百种爱国主义教育图书

传记类

1. 中华三伟人的故事　湖北少年儿童出版社
2. 中国有个毛泽东　江西人民出版社
3. 大地的儿子——周恩来的故事　中国少年儿童出版社
4. 青年邓小平　四川少年儿童出版社
5. 共和国领袖的故事　浙江人民美术出版社
6. 赤子丛书　河北少年儿童出版社
7. 百将传奇　安徽少年儿童出版社
8. 帅星升起的地方　广东教育出版社
9. 共和国群英谱　中国少年儿童出版社
10. 两弹一星功勋科学家丛书　河北少年儿童出版社
11. 飞天英雄——杨利伟　高等教育出版社
12. 科学人生——50位中国科学家的风采　学习出版社
13. 100个杰出人物的童年故事　湖北少年儿童出版社

思想品德类

14. “三个代表”重要思想青少年读本　高等教育出版社
15. 精神之火——中华民族精神与当代青少年使命　湖南少年儿童出版社
16. 民族大家庭　南海出版公司
17. 共和国图典　青岛出版社
18. 五星红旗　河北少年儿童出版社
19. 祖国永远在我心中　百花文艺出版社
20. 中华传统美德格言（少年版）　人民教育出版社
21. 中华五千年美德丛书　新蕾出版社
22. 中华人民共和国国旗、国徽、国歌图集　新华出版社
23. 红旗飘飘画丛　天津人民美术出版社
24. 少先队的光辉历程　百花文艺出版社

25. 今天我是升旗手	江苏少年儿童出版社
26. 在鲜红的党旗下——著名知识人士的自述	党建读物出版社
27. 为了理想——党史文物中的风云岁月	辽宁人民出版社
28. 向着太阳歌唱——青少年美德天地	商务印书馆
29. 革命烈士诗抄	中国青年出版社
30. 爱我中华丛书	江苏少年儿童出版社
31. 中华美德图说	二十一世纪出版社
32. 中华正气	海燕出版社
33. 莫忘国耻	海燕出版社
34. 心灵长城——中华爱国主义传统	安徽教育出版社
35. 青少年道德教育读本	广西民族出版社
36. 做人与做事——我和爸爸妈妈共同的话题	接力出版社
37. 五十六个民族五十六朵花	云南教育出版社
38. 中学生普法教育画册	南海出版公司
39. 诚信故事	中国统计出版社
40. 百年图强	黑龙江教育出版社
41. 爱国主义故事丛书	晨光出版社
42. 一百个中国孩子的梦	二十一世纪出版社

知识类

43. 新世纪版十万个为什么	少年儿童出版社
44. 新版世界五千年	少年儿童出版社
45. 中华成语千句文	二十一世纪出版社
46. 蓝猫淘气三千问	接力出版社
47. 小灵通西部行	少年儿童出版社
48. 上下五千年	少年儿童出版社
49. 中国近代史小丛书	江苏人民出版社
50. 可持续发展知多少	广东人民出版社
51. 香港回归	新华出版社
52. 1997 话香港（中小学版）	浙江人民出版社
53. 美丽的宝岛——台湾	湖北少年儿童出版社
54. 台湾风云	广西教育出版社
55. 百年澳门	作家出版社
56. 祖先的遗产	中国少年儿童出版社

文学类

57. 可爱的中国	人民文学出版社
58. 铁道游击队	人民文学出版社
59. 红岩中国	青年出版社
60. 红日中国	青年出版社
61. 林海雪原	人民文学出版社

62.	青春之歌	北京出版社
63.	谁是最可爱的人	人民文学出版社
64.	平凡的世界	人民文学出版社
65.	钢铁是怎样炼成的	人民文学出版社
66.	绞刑架下的报告	人民文学出版社
67.	卓娅和舒拉的故事	译林出版社
68.	雷锋的故事	解放军文艺出版社
69.	男生贾里新传	少年儿童出版社
70.	三毛流浪记	少年儿童出版社
71.	我亲爱的祖国	作家出版社
72.	轮椅上的梦	人民文学出版社
73.	儿童文学传世名著书系	中国少年儿童出版社
74.	神圣抗战中国	少年儿童出版社
75.	女生日记	作家出版社
76.	冰心儿童文学全集	中国少年儿童出版社
77.	影响孩子一生的101个经典童话	同心出版社
78.	小犀牛校园青春小说系列	明天出版社
79.	两个中国孩子的环球历险记	新世纪出版社
80.	假如我能行走三天	漓江出版社
81.	红帆船校园美文丛书	浙江少年儿童出版社
82.	哪吒传奇	人民邮电出版社
83.	饱尝铁窗风味的娃娃们	江苏文艺出版社
84.	马燕日记——一个感动世界的现代童话	华文出版社
85.	青春万岁	人民文学出版社
86.	爱的教育	译林出版社
87.	假如给我三天光明	华文出版社
88.	小兵张嘎	接力出版社
89.	中国诗歌故事大全	江苏人民出版社
90.	21世纪校园朗诵诗	湖北少年儿童出版社
91.	草房子	江苏少年儿童出版社
92.	芝麻开门	江苏少年儿童出版社

科普类

93.	大科学家讲的小故事	湖南少年儿童出版社
94.	20世纪科学大师与科学大事	接力出版社
95.	站在科学的阳光下——高士其经典科普丛书	北京出版社
96.	走近博物馆丛书	四川少年儿童出版社
97.	家园的故事丛书	广西科技出版社
98.	古代文明探索之旅丛书	浙江文艺出版社
99.	科学是美丽的——科学艺术与人文思维	上海教育出版社
100.	科学探索者丛书	浙江教育出版社

考试资讯

2005年高校自主招生范围扩大到42所

2003年，教育部正式批准22所高校开始招生试点，到2004年自主招生高校已增至28所高校，其间经历了两年影响深远的探索和实践。

2005年是全国普通高校试行自主招生改革的第三年，今年再次增加了北京邮电大学、北京交通大学、北京科技大学、北京林业大学、东北师范大学、南开大学、天津大学、山东大学、湖南大学、中南大学、四川大学、电子科技大学、西安电子科技大学、厦门大学14所高校。因此，今年全国参加自主招生录取的试点院校达到了42所。

“自主招生”意味着高校在招生选拔录取中享有更多的自主权，但同时也对高校招生的自我约束机制提出了更高的要求。今年再次扩大了试点范围，新增加的高校自主招生方案日前已纷纷出台，春节过后，一些高校的文化课考试、面试等也将陆续开始。

四所高校选拔方式引人注目

北京作为较多高校聚集地，自主招生试点高校从今年起已达到9所。今年新增加的4所自主招生高校将如何进行选拔录取？在方式、方法上又有哪些不同？引起了人们的关注。

据了解，在总的选拔程序上，北京邮电大学、北京交通大学、北京科技大学和北京林业大学实行“以文化课考试为主，多元化综合评价相结合”的方式，都将通过初审、文化课考试、面试这三关来选拔学生，但在具体方案上有所差别：交大和林大采取学生自荐和中学推荐这两种方式，而科大和北邮则须由中学推荐；各校降分幅度也不一样，通过科大和北邮自主招生选拔的考生，分数达到该校在当地录取分数线下20分以内（但不低于本科第一批录取控制分数线）即可录取，如果高考总分达到学校录取线，学生将享受10分加分安排专业，安排专业时将结合入选学生的特长和填报的专业志愿予以考虑。林大则要求考生高考成绩达到其所在省（市、区）第一批本科控制分数线；交大录取时分A、B档，给予考生不同的优惠，以吸引“品学兼优、综合素质好、特长突出”的优秀学生踊跃报考。

从新增4所高校的招生方案来看，高中阶段参加全国数学、物理、化学、生物学、信息学等学科竞赛，获得优异成绩的学生受到欢迎。这些高校都提出要选拔具有较强的创新意识和实践能力且成绩突出者，或文学、语言方面具有特殊才能的学生，科大则明确提出要招收具有文学、语言文化方面特殊才能，并在全国“新概念”作文大赛、“光明杯”全国中学作文竞赛、全国中学生创新英语作文大赛和全国中学生英语能力竞赛中获得一、二等奖的学生。

4所高校坚持“严格程序、加强管理、接受监督”，自主选拔录取工作由学校纪检监察部门全程参与和监督。中学及学生本人应本着“诚信”的原则，推荐材料必须属实，如有弄虚作假者，一经查实，将取消被推荐学生的认定资格和该生所在中学两年的推荐资格。

降分招揽“奇才”“偏才”，绿色“橄榄枝”抛向谁

“交大要招‘偏才’、‘怪才’，要给那些真正在某些领域有特殊才能的学生一个机会。”今年首次取得自主招生资格的北京交通大学表明了自己的观点。交大招办负责人说，也许提出“偏才”、“怪才”这两个词语容易引起人们的误解，我们的理解是对某个领域有浓厚兴趣、并且取得一定成果的杰出学生。这些学生要有相当的学习基础，否则，进入大学却毕不了业，那么招生进来就没有任何意义。至于如何评定学生是否达到这个标准，这位负责人认为“面试”是一个重要的环节。

从控制规模、严把招生质量关的原则出发，北京

交通大学2005年自主招生计划仅为全校本科招生计划的2%左右，并纳入学校预留计划中，这与教育部规定的自主选拔录取人数控制在高校招生计划总数5%以内减少了一多半。据悉，学校将成立由职能部门和相关学科专家组成的专家评审组，通过学生自荐或所在中学推荐选拔优秀学生。

北京交通大学自主招生考试科目将于3月初公布，综合成绩分A、B两档：A档的考生，高考分数达到学生所在省的本科第一批录取控制分数线，经所在省级招办批准，由交大审查录取；B档的考生，高考分数达到学生所在生源地调档线下20分以内（但不低于当地第一批本科控制分数线），经所在省级招办批准，由交大审查录取。"偏才"、"怪才"将从A档学生中产生。

权力大了，公平公正谁来监督

说到自主招生，许多人都认为高校的"权力大了"，招生自主权在自己手中。甚至有人疑惑：既然自主招生了，"锁定"的学生为何还要参加高考呢？事实上，这些都是不了解自主招生的目的造成的误解。

今年是厦门大学首次获准进行自主招生选拔录取改革试点，该校招办副主任蔡郑伟说，教育部批准高校开展自主招生试点，其目的是改革现有的招生录取制度，扩大高校自主权。从更深层次的意义来看，希望通过自主招生，探索一种以统一考试录取为主，多元化考试评价和多样化选拔录取相结合的方式。当然，最终希望这种不拘一格的选拔录取方式能够对基础教育产生影响，改变高考分分计较"惟分数论"的现状，更好地促进中学开展素质教育和教育创新，使学生的个性、特长得到充分发挥。

推荐的中学权力有多大？一直是人们关心的问题。从自主招生的条件来看，硬指标的限制，比如学生高中阶段学科成绩获得全国性比赛获得奖项等等，这显然是有根有据的。但是有些条件，比如高中阶段学习成绩年级排名前10%等等，有人担心高校没有确认的渠道，只能依靠中学提供。

事实上，对推荐的中学的权力是有制约的。因为自主招生是有门槛限制的，考生须达到高校提出的各方面的素质要求。从目前试点自主招生的高校来看，考生除了要经过高考这一关，还要经过校方的考核。为了确保公平公正，高校已动员全社会力量监督这项工作。从目前厦门大学、天津大学、南开大学和山东大学等高校公布的招生方案来看，在初审、复试和录取等关键环节中，学生的名单都将在高校招生网上公布，获得自主选拔录取资格的考生名单也将在中学公布。

遵循"公开标准、公开程序、公开结果"的招生原则，自主招生试点高校的不断增加，无疑为优秀学生提供了更多的选择机会。人们期待着，更多有特殊才能的学子脱颖而出，高校"不拘一格降人才"的美好春天就要到来。

原载2005年2月23日《中国教育报》　冯华　文

如何填报高考志愿

考生填报的志愿是高等学校录取考生的重要依据，也是考生选择高等学校的权利。目前，全国各省、自治区、直辖市安排填报志愿时间有考前填报、考后估分填报、考后出分填报三种方式。每一种模式各有利弊，那么如何减少填报高考志愿的风险，避免"高分落榜"？

首先，广大考生和家长必须认真分析自身条件，对自己做出一个比较合理、正确的定位。其次，必须充分了解当年公布的有关招生信息。在充分掌握相关信息的基础上，根据自己的实力科学分析，作出合理、慎重的选择。

考前如何填报

考生考前填报志愿时，最重要的参考依据就是考生本人在高中三年各阶段的学习成绩和高考前期的几次模拟考试成绩以及应考状态，所以必须对自己有一个全面、充分的了解。同时还要了解你所在班级、年级的平均成绩，每年高考所在中学上线人数，本届学生与上届学生相比优劣程度等。在全面掌握这些信息的基础上，可采用“坐标曲线定位法”对自己作出较为客观的评价。纵坐标为考试成绩或人数，横坐标为时间顺序或分数段，将这些信息绘成若干个坐标曲线图，再依据这些坐标曲线图，就可以对自己进行客观定位。

准确定位后，接下来就要理性选择院校和专业。这需要考生和家长充分了解当年公布的有关招生信息，其中包括准备报考院校和专业的概况、师资力量、专业设置、招生政策、招生计划以及该院校和专业近几年的录取分数线、平均分和当年的招生章程等相关信息，并将该院校和专业近几年的录取分数线、平均分同样绘成若干个坐标曲线图，再结合自身情况做出一个比较合理、正确的定位。

考生在确定自己的定位后，可在同批的院校中，根据院校实力、区域分布、考生流向，将同批次院校分成不同的层面；在每一个层面中选择一所院校，再将被选中的院校排列成合理的顺序，使同批次一、二、三院校志愿之间形成一定的录取分差。这样，一旦未能被第一志愿院校录取，还有机会按照志愿顺序被第二或第三志愿录取。一般来讲，北京大学、清华大学、南京大学、复旦大学、上海交大、浙江大学等被国家列入“985工程”重点建设的高校是考生报考比较集中的高校，不应同时填报，只能选择其中的一所进行填报。

在选择专业时，首先应该结合自己的学习特点、爱好、兴趣以及自身的条件和性格等诸多因素；其次，还应做到“热门专业”和“冷门专业”两者兼顾，不要一味地追求所谓的“热门”。事实上，所谓的“热门”和“冷门”是相对的、变化的。近年来基础学科如数学、物理、化学等学科越来越受到考生的青睐，第一志愿填报率逐年增加就是一个很好的例证。

估分如何填报

考生估分填报志愿时，所参考依据除考生本人在高中三年各阶段的学习成绩和模拟考试成绩以及应考状态外，与考前填报志愿相比，多了一个重要的参考因素——高考估分。

正确的估分是填报志愿的重要依据，考生应该在学校统一组织和各学科老师的指导下，对照标准答案逐科逐题仔细回忆考试时的答题内容，切忌马马虎虎，草率行事。

估分时可采取三种方法。“标准估”：按照标准答案要求逐题估算得出一个成绩；“严估”：按照标准答案的要求将一些记忆不准确的答案分数除去后得出一个成绩；“松估”：按照标准答案的要求将一些记忆不准确的答案分数算上后得出一个成绩，这样即可得出高、中、低三个分数。考生可在每次模拟考试时适当加以练习，提高估分的准确率。这是一种纵向比较，此外还要横向比较，这就需要详细了解自己所在班级和年级的估分情况，如能掌握其他中学的估分情况则更好。之后，考生应综合纵向、横向分析比较得到的信息，以“标准估”为基数结合其他两种估分因素绘成若干个坐标曲线图，得出一个比较合理、正确的综合评价。

出分后如何填报

成绩公布后填志愿的特点是：填报志愿前，考生已拿到了高考成绩单，了解了自己的总分和各门学科成绩。采取出分填报志愿的省、区、市一般在考生填报志愿时也会公布各批录取最低控制分数线以及各分数段的考生人数。

出分填报与前两种填报方式比较起来看似简单，可实际上还是有很多不确定的因素，从某种意义上说，风险更大。考生在知道高考成绩后，填报志愿时应注意：一方面，每年的录取情况都在发生变化，仅参照过去一年的录取分数线是不能准确推测今年情况的。另一方面，出分填报志愿不仅自己清楚自己的高考成绩，其他考生同样也清楚他们的成绩，对所有考生来说，都是在信息透明的情况下同时报考，因此在考虑个人理想、爱好等实际的同时，还要将自己的实力和其他人作比较，估计其他考生可能填报的情况，进行综合分析。

出分填报志愿容易出现志愿“扎堆”现象，使个别“热门”高校和专业水涨船高。因此考生在选择高校时眼光不能只盯着少数几所“热门”院校。例如，江苏省的高分考生除了可以考虑报考北京大学、清华大学、南京大学以及上海的名牌大学外，还可以考虑南开大学、天津大学、武汉大学、华中科技大学、吉林大学等北方和中部地区的重点院校。总之，考生如果在志愿中选择的地区更广泛一些，专业面更宽一些，则可有效避免志愿“扎堆”、“撞车”现象的发生，考生被录取的几率自然也会增大不少。

填报志愿是考生的一次重要选择，希望考生在充分听取中学教师和家长意见的基础上，认真思考、全面分析、多方参考、慎重选择，提高风险意识，借鉴成功经验，填写出最适合自己的高考志愿。

原载2005年4月20日《中国教育报》 赵鸣　赵清　文

独立学院招生录取的特点

独立学院，是专指由普通本科高校按照新的机制和模式举办的本科层次的二级学院。截至2005年2月，经教育部批准和确认的独立学院已有250多所。

独立学院实施本科层次学历教育，主要开设国家经济和社会发展急需的专业。招生时，独立学院通常要列入高校年度招生计划，并适当降低录取分数线，在本科三批中进行录取。

独立学院的招生计划，是由所在地省级人民政府在国家下达的普通本科招生计划总数内统筹安排的。独立学院的招生标准，一般不得低于当地本科最低录取控制线，具体招生录取批次、办法及对户籍管理与毕业生就业等相关政策，是由所在地省级人民政府按照国家有关法律和规定制定的。独立学院学生收费标准，是由所在地省级人民政府根据国家有关民办高校招生收费政策制定的。

近年来，随着我国高等教育规模的快速增长，各项相关改革不断深化，一些地方和高校在高等教育办学机制方面进行了大胆探索，由普通高校按照新的机制和模式试办的独立学院发展较快，在保证高等教育规模的增长、扩大高等教育资源等方面起到了积极作用。但是，由于种种原因，一些独立学院在办学过程中出现了不少问题。

教育部要求，独立学院的录取工作必须在省级高校招生办公室的统一安排下进行，严禁省级高招办擅自违规录取考生。对于今年的独立学院招生，教育部下达了"五个不得"的规定：规定独立学院必须严格执行国家下达的年度招生计划，不得擅自超计划招生；不得委托任何中介机构组织生源或进行录取工作；不得向学生收取国家规定的收费项目和标准以外的任何费用；不得违规降低标准录取考生；不得以专科录取、按"专本连读"培养。

原载2005年4月6日《中国教育报》　冯华　文

北京大学2005年招生的七点变化

招生规模有无大的增减变化

2005年北京大学普通本科招生规模保持稳定，各省（自治区、直辖市）的招生名额与2004年大体持平，没有较大的变动。与去年相比，2005年北京大学校本部本科招生规模保持稳定，仍为2650人；医学部计划招生本科650人，专科200人。各省（自治区、直辖市）的招生名额与2004年大体持平，没有较大的变动，其中北京地区计划招生313人，文科113人，理科200人。

校本部和医学部是否分代码招生

北京大学校本部和医学部继续实行分代码招生。为满足部分考生既愿意报考北大校本部又愿意报考北大医学部的愿望，2005年医学部将预留出少量招生名额接收第一志愿报考校本部理科、第二志愿报考医学部的考生，分数级差在20分以内。

是否继续按学科大类和院系招生

是。2005年北京大学校本部将继续实行按学科大类和院系招生，稳步推进"元培计划"，计划招收150人。学生在低年级学习基础课程，高年级时进入学科领域，学习宽口径的专业课程。此外，小语种招生计划也已确定，除英语外的其他语种皆算小语种，按提前批次录取，计划招收30人，其中文科23人，理科7人。

“元培计划”实验班的招生专业名称是“文科实验班”和“理科实验班”。院系和学科大类的招生专业名称以类或专业来代替，如“物理学院”以“物理学类”作为招生专业名称，“光华管理学院”以“工商管理类”作为招生专业名称；“生命科学学院”以“生物科学”为招生专业名称。

今年招生政策有哪些新变化

北大2005年招生主要呈现七点变化：首先，光华管理学院金融学实验班的培养模式推广到全院各专业。光华管理学院按照工商管理类统一招生，新生入学后，统一进行为期一年半时间的英语和数学强化训练。二年级第一学期末开始选择专业，根据学生志愿和学习状况，分别进入金融学、会计学、人力资源管理、市场营销专业学习领域。

第二，中国语言文学系应用语言学专业恢复招生。

应用语言学专业属新兴交叉学科，由北大中国语言文学系和信息科学技术学院合办，旨在培养汉字信息处理领域的人才。经过认真准备，今年拟招收10名理科学生。招生专业名称仍为“中国语言文学类”。

第三，艺术学系广播影视编导专业计划招生30人，2005年将全部招收艺术特长生。

第四，扩大仅录取有专业志愿考生的专业数目。

为招收到具有强烈专业学习愿望的学生，2004年的历史学类、哲学类、地质学类、考古学、俄语等专业实行仅录取有专业志愿的考生，不调剂录取。如在学校分数线上生源不足，可在线下20分以内顺序录取有专业志愿的考生，录满为止。2004年这些专业生源充足，学生专业思想稳定。2005年增加两个专业：中国语言文学类（理科，应用语言学专业）、日语。

第五，根据课程教学安排和野外实习的需要，地质学和地球化学专业合并为“地质学类”一个专业招生。“地球与空间科学”招生专业包括地球物理学、地理信息系统和空间科学与技术三个专业，不再包含地球化学专业。

第六，国防定向生增加了心理学和地理信息系统两个专业招生。北京大学2005年继续招收国防定向生，包括总政治部的国防定向生和中国工程物理研究院的物理学定向生。为了满足部队人才需求，2005年我校决定将原来录取至数学、物理学、电子信息科学与技术三个专业扩展至数学、物理学、电子信息科学与技术、心理学、地理信息系统五个专业。

第七，严格加分调档政策。符合教育部规定的加分项目如果省级招生委员会给予加分，北京大学在提档时均予以承认，分值最高20分，不累计，按实际考分分专业录取。在教育部规定的项目之外的加分项目不予承认。

贫困生会不会辍学或影响学业

北大招办承诺，北大学生不会因为经济上的困难而辍学或影响学业。为保证经济困难学生顺利完成学业，我们建立了“经济困难学生助学体系”，包括助学贷款、勤工助学、减免学费、临时借款、临时困难补助、助学金、奖学金等渠道，其中助学贷款和勤工助学将作为资助经济困难学生的主要渠道。

原载2005年4月6日《中国教育报》

英语四六级考试的新变化

■自2005年6月考试起，改革计分体制和成绩报导方式，采用满分为710分的计分体制，不设及格线；成绩报导方式由考试合格证书改为成绩报告单

■在考试内容和形式上，四、六级考试将加大听力理解部分的题量和比例，增加阅读理解测试，增加非选择性试题的比例

■从2006年1月份开始，在参加大学英语教学改革试点学生中试行改革后的四级考试，从2006年6月份开始以同等方式试行新的六级考试

■初步定于2007年1月全面实施改革后的四级考试，2007年6月全面实施改革后的六级考试

第一次大学英语四级考试从1987年9月开始。

第一次大学英语六级考试从1989年1月开始。

作为改革开放以来高校大学英语课程实行分级教学的一项重要配套措施，大学英语四、六级考试经过17年的发展，得到了社会的普遍认同，产生了良好的社会效益。但是，由于种种原因，英语四、六级考试目前仍存在一定问题，如考试大纲是依据原来的教学大纲制定的，偏重测试学生的语言知识和阅读能力，词汇的限制比较死，不能适应社会对学生实际应用英语的需求。为此，教育部有关部门通过深入调研，于2005年2月25日公布了《全国大学英语四、六级考试改革方案（试行）》。

《改革方案（试行）》的目标是更准确地测量我国在校大学生的英语综合应用能力，尤其是英语听说能力，以体现社会改革开放对我国大学生英语综合应用能力的要求。由于大学英语四、六级考试是一个超大规模的标准化考试，因此考试的改革分步实施，既有近期改革目标，又有中长期规划。

计分体制和考试内容均有变化

近期内，四、六级考试将采取的重要举措之一是改革计分体制和成绩报导方式。自2005年6月考试（试点）起，四、六级考试成绩将采用满分为710分的计分体制，分数范围为290分至710分，不设及格线；成绩报导方式由考试合格证书改为成绩报告单，即考后向每位考生发放成绩报告单，报导内容包括：总分、单项分等。为使学校理解考试分数的含义并根据各校的实际情况合理使用考试测量的结果，四、六级考试委员会将向学校提供四、六级考试分数的解释。

在考试内容和形式上，四、六级考试将加大听力理解部分的题量和比例，增加快速阅读理解测试，增加非选择性试题的比例。试点阶段的四、六级考试由四部分构成：听力理解、阅读理解、综合测试和写作测试。

听力理解部分的比例提高到35%，其中听力对话占15%，听力短文占20%。听力对话部分包括短对话和长对话的听力理解；听力短文部分包括短文听写和选择题型的短文理解；听力题材选用对话、讲座、广播电视节目等更具真实性的材料。

阅读理解部分比例调整为35%，其中仔细阅读部分（careful reading）占25%，快速阅读部分（fast reading）占10%。仔细阅读部分除测试篇章阅读理解外，还包括对篇章语境中的词汇理解的测试；快速阅读部分测试各种快速阅读技能。

综合测试比例为15%，由两部分构成。第一部分为完型填空或改错，占10%；第二部分为短句问答或翻译，占5%。

写作能力测试部分比例为15%，体裁包括议论文、说明文、应用文等。

根据目前的改革进程，近期内大学英语四、六级考试口语考试仍将与笔试分开实施，继续采用已经实施了5年的面试型四、六级口语考试（CET—SET）。同时，考委会将积极研究开发计算机化口语测试，以进一步扩大口语考试规模，推动大学英语口语教学。

在考务管理方面，从2005年6月起，教育部考试中心将启用新的四、六级考试（试点）报名和考务管理系统，严格认定考生报名资格，加强对考场组织和考风考纪的管理，切实做好考试保密工作。

在试点基础上分步稳妥推进

由于四、六级考试是一个每年涉及上千万考生的超大规模标准化考试，因此考试内容和形式的改革须经过一定规模的试点，对新试卷的有效性和可行性作出科学的论证，并了解师生的反馈。为此，教育部决定，自2006年1月份开始，在参加大学英语教学改革试点学生中试行改革后的四级考试，自2006年6月份开始以同等方式试行新的六级考试；初步定于2007年1月全面实施改革后的四级考试，2007年6月全面实施改革后的六级考试。考委会将按照《教学要求》制定新的四、六级考试大纲和样题，并及时向教师和学生公布。

任何一项大规模标准化考试的发展都是一个不断改进和完善的过程。四、六级考试委员会将不断研究开发适合四、六级考试的新题型，研究改革后的四、六级考试对教学的后效；同时，充分利用高科技手段，完善考务管理系统，实现四、六级考试网上阅卷（CET—OnlineMarking），研究计算机化的四、六级考试（CET—CBT），争取在一定考生范围内或在某种能力测试中实现四、六级机考。

原载2005年2月26日《中国教育报》

刘宁　纪秀君　文

全国成人高校招生时间调整

教育部决定从2004年开始，对全国成人高校招生时间进行调整，实行秋季考试，第二年春季入学。

自1986年成人高校招生实行全国统一入学考试开始，考试时间安排在每年5月的第一个星期六和星期日，于普通高校招生考试之前，录取工作基本结束。

调整后的全国成人高校招生统一入学考试时间为每年10月的第三个星期六和星期日，报名时间由各省级高校招生办公室自定，录取的新生于第二年春季按高等学校要求的时间入学。

2004年全国成人高校招生统一入学考试的时间为10月16日和17日。

2005年研究生招生报考的三个特点

■今年全国报考硕士研究生的人数为117.2万人，较去年94.5万人的报考规模有大幅增长，增幅达到24.1%。

■报考人数最多的10个专业分别是：计算机应用技术、工商管理硕士、法律硕士、企业管理、金融学、行政管理、通信与信息系统、外科学、英语语言文学、内科学。

■报考人数最多的10所高校依次是：武汉大学、北京大学、华中科技大学、浙江大学、中山大学、中国人民大学、四川大学、山东大学、复旦大学和吉林大学。

1月22日是2005年硕士研究生入学统一考试开考第一天，全国共有117.2万名考生走进考场，考研人数首次突破百万人，再创历史新高。记者从教育部有关部门了解到，今年研究生入学考试报考呈现以下特点：

应届本科报考者过半

今年全国报考硕士研究生的人数为117.2万人，较去年94.5万人的报考规模有大幅增长，增幅达到24.1%。其中应届本科毕业生报考人数达到60.5万人，比去年增加13万余人，占报名人数的51.6%(2004年占50.2%)，仍是考研的主力军。

针对应届毕业生报考研究生人数大幅增加的现象，清华大学研究生招生办公室主任郭钊分析，这是由于参加今年研究生入学考试的应届本科毕业生是2001年入学的大学生，当时正值本科生扩招高峰。当年入学的学生多了，今年毕业生也就多，愿意考研的学生自然也会相应增加。此外，本科生就业压力大以及越来越多的学生希望继续深造、继续读研也是今年考研人数增加的重要原因。

热门专业高温不降

计算机、工商管理、法律等前几年研究生入学考试报考中的热门专业，今年依然备受考生青睐。教育部有关部门提供的具体报考信息显示，今年报考人数最多的10个专业分别是：计算机应用技术、工商管理硕士、法律硕士、企业管理、金融学、行政管理、通信与信息系统、外科学、英语语言文学、内科学。

与2004年报考情况相比，今年报考人数最多的这10个专业在2004年报考中也都位列前几名，今年只是在排名上略有变化。例如，2004年报名人数排在第二位的计算机应用技术，今年报考人数明显增加，达到42 370人，超过工商管理硕士，成为今年报考人数最多的专业。前几年报考人数一直最多的工商管理硕士，尽管今年排名略有下降，但报考人数仍然比去年有小幅增加，达到38 718人。

专家分析，比较热门的计算机、管理、法律、财经和通信等专业都是应用性比较强的专业。从就业规划上来看，也都有着良好的就业前景。

重点大学仍是报考热点

重点大学、名牌高校仍旧是考生报考的热点。据介绍，今年报考人数最多的10所高校依次是：武汉大学、北京大学、华中科技大学、浙江大学、中山大学、中国人民大学、四川大学、山东大学、复旦大学和吉林大学。其中武汉大学、北京大学、华中科技大学报名人数均超过两万人。

今年排名仍为第一的武汉大学，共有21 368名考生报考。据记者了解，报考各高校人数多少的原因很复杂，不仅与院校的学术水平、声望、毕业生就业率等因素相关，招生规模也是重要原因。例如，今年武汉大学硕士生招生计划高达6 000人，有专家分析这也在一定程度上导致报考者增加。而清华大学由于今年招生人数比去年减少了300多人，报名人数也相应下降了千人左右。

此外按招生单位所在地统计，今年报考人数最多的省市依然是北京市，报名人数为209 681人，其次是上海、江苏、湖北、陕西、辽宁、山东、广东、四川、湖南。

原载2005年1月22日《中国教育报》　王瑜琨　文

2005年研究生招生的四个特点

择优录取宁缺毋滥　统筹兼顾协调发展
全面考核综合评定　突出综合能力和综合素质

2005年全国硕士研究生招生确定最低复试分数基本要求的原则和方法与往年基本相同，保持了政策的连续性，体现出以下主要特点：

一、体现了择优录取、宁缺毋滥的招生原则。进入复试的最低分数线是按照国家招生政策和原则，根据全国硕士研究生招生总规模和考生总体成绩确定的。在此基础上，各招生单位将按照差额复试的要求，确定参加复试考生名单。

二、体现了统筹兼顾、协调发展的原则。根据我国东西部地区经济、教育发展不平衡的现实状况，对报考西部地区和少数民族地区的考生以及少数民族考生采取适度照顾的政策。对矿业、地质等11个艰苦专业继续采取适当照顾政策。

三、体现全面考核、综合评定的原则。确定进入复试最低分数线，对考生不但有总分的要求，而且有单科的成绩要求，以体现对考生知识结构的全面考查。

四、体现突出综合能力和综合素质的原则。教育部规定，各招生单位都要从制度、程序和内容上强化复试工作，复试重点将进一步考查考生的综合素质和能力是否符合研究生培养要求。

2005 年全国硕士研究生入学考试考生进入复试分数基本要求

报考学科门类(专业)	A 类考生*			B 类考生*			C 类考生*			备注
	总分	单科(满分=100 分)	单科(满分>100 分)	总分	单科(满分=100 分)	单科(满分>100 分)	总分	单科(满分=100 分)	单科(满分>100 分)	
哲学[01]	310	47	71	305	45	68	300	41	62	*A 类考生:报考地处一区招生单位的考生。 *B 类考生:①报考地处二区招生单位的考生;或者②目前在二区工作且定向或委托培养回原单位的考生。 *C 类考生:①报考地处三区招生单位的考生;或者②目前在三区工作且定向或委托培养回原单位的考生。 一区系北京、天津、河北、山西、辽宁、吉林、黑龙江、上海、江苏、浙江、安徽、福建、江西、山东、河南、湖北、湖南、广东 18 省(市); 二区系重庆、四川、陕西 3 省(市); 三区系内蒙古、广西、海南、贵州、云南、西藏、甘肃、青海、宁夏、新疆 10 省(区)
经济学[02]	335	53	80	325	51	77	320	47	71	
法学[03](不含法律硕士专业[030180])	340	55	83	335	53	80	330	49	74	
教育学[04](不含体育学[0403])	325	53	80	320	51	77	315	47	71	
文学[05](不含艺术学[0504])	350	55	83	345	53	80	340	49	74	
历史学[06]	315	48	72	310	46	69	305	42	63	
理学[07]	305	47	71	300	45	68	295	41	62	
工学[08](不含照顾专业)	290	44	66	285	42	63	280	38	57	
农学[09]	280	40	60	275	38	57	270	34	51	
医学[10](不含中医学[1005])	315	49	74	310	47	71	305	43	65	
军事学[11]	280	43	65	275	41	62	270	37	56	*照顾专业(一级学科):力学[0801]、冶金工程[0806]、动力工程及工程热物理[0807]、水利工程[0815]、地质资源与地质工程[0818]、矿业工程[0819]、船舶与海洋工程[0824]、航空宇航科学与技术[0825]、兵器科学与技术[0826]、核科学与技术[0827]、农业工程[0828] *享受少数民族政策考生:①报考地处二、三区招生单位,且毕业后原则上在招生单位所在省(区、市)就业的少数民族应届本科毕业生考生;或者②工作单位在国务院公布的民族自治地方,即 5 个自治区、30 个自治州、119 个自治县(旗),并报考为原单位定向或委托培养的少数民族在职人员考生。
管理学[12](不含 MBA 专业[120280])	335	53	80	330	51	77	325	47	71	
体育学[0403]	310	47	71	305	45	68	300	41	62	
艺术学[0504]	315	47	71	310	45	68	305	41	62	
中医学[1005]	300	46	69	295	44	66	290	40	60	
法律硕士[030180]	326	53	80	321	51	77	316	47	71	
工商管理硕士[MBA][120280]	165	50	100	155	45	90	145	40	80	
照顾专业(一级学科)*	280	36	54	275	34	51	270	30	45	
享受少数民族政策的考生*	265	30	45	265	30	45	265	30	45	

原载 2005 年 4 月 1 日《中国教育报》

就业资讯

2005高校毕业生就业形势分析

日前，来自全国各地、各部门、社会各方面的代表500多人在北京人民大会堂举行就业专题研讨会。会上，许多政府官员、专家学者、企业和就业服务机构代表等纷纷就就业的系列话题展开研讨。劳动和社会保障部培训就业司司长于法鸣、劳动和社会保障部劳动科学研究所副所长莫荣、大连戚秀玉职业介绍所所长戚秀玉等作了精彩的发言。与会者回顾了2004年的就业工作，并对2005年的中国就业形势进行了预测和展望。

2004，成绩可以让我们微笑

[数字]

2004年，我国就业人数达到75 200万人，比2003年增加768万人，其中城镇就业人数为26 476万人，比上年底增加837万人。

[特点]

2004年，中国就业人数逾7.5亿，这个数字对全世界来说是个奇迹。

2004年，我国各级政府部门同心协力，制定并实施了具有中国特色的积极的就业政策，在实现经济持续快速健康发展的同时，带动了就业的增长。

2004年，青年尤其是大学生的就业问题突出，在教育部、劳动部、人事部等有关政府部门的努力下，借经济稳定增长的动力、积极的就业政策的作用，圆满完成全年就业目标。

具体讲，2004年的就业市场出现四个特点：一是宏观调控为经济和就业持续增长奠定了基础。这次调控更强调了未雨绸缪，在看到过热苗头的情况下就采取果断措施，因此保证了经济的平稳较快增长，也为增加就业机会奠定了基础。

二是就业市场的结构性矛盾更加突出，表现在农民工、技术工人的“短缺”和青年就业问题突出三个方面。农民工短缺，主要发生在珠三角、闽东南、浙东南等加工制造业聚集地区，重点地区估计缺10%左右；技术工人短缺是全国普遍存在的问题，尤其是高技能人才严重短缺，对技术工人的需求与供给比已经大于对工程技术人员的需求与供给比，高技能人才严重短缺已成为企业发展的“瓶颈”，这种现象在今后一段时间内仍将持续存在；青年就业问题是就业市场面临的新情况，特别是高职高专学生的就业问题。

三是下岗失业人员就业政策得到进一步完善和落实。关注社会弱势群体，落实和完善再就业政策的政策，加大对城市下岗失业人员的就业支持力度，维护他们的基本权益是2004年社会政策中一个最为显著的特点。

四是农民工就业环境得到进一步改善。中央政府发布了一系列文件，出台了一系列旨在维护农民工权益、改善农民工就业环境的政策和措施。

2005，让我们再上一个台阶

[数字]

全国现有下岗失业人员1 300万人（国有、集体企业下岗职工500万人，上年失业人员800万人）。预计2005年，全国城镇新增劳动力1 100万（其中高校毕业生338万，中职毕业生250万，当年未升学的初、高中毕业生210万，复员转业军人50余万，农转非人员250万），而且随着城市化、工业化进程的加快，大量的农村富余劳动力需转移到非农领域就业，向城镇转移的规模将不断增加。

2005年就业和再就业目标为：城镇新增就业人员900万，下岗失业人员再就业500万，城镇登记失业率控制在4.6%；全年组织下岗失业人员参加再就业培训400万，参加创业培训30万，农村劳动力转移培训500万，职业技能鉴定在保证质量的基础上实现规模增长20%，培养15万名新技师。

[主要问题]

2005年就业形势依然严峻，就业面临的主要问题仍然是劳动者充分就业的需求与劳动力总量过大、素质不相适应之间的矛盾，而且将越来越突出，尤其是结构性矛盾更加突出，促进就业的任务依然十分繁重。表现为：

一是劳动力总量供大于求。城镇需要安排就业的人数多达2 400万人，按经济增长速度保持在8%左右，在现有经济结构状况下，能够安排的只有1 000多万人，年度供大于求的缺口在1 400万人左右。同时，农村劳动力转移就业和失地农民的就业问题日益突出。两类矛盾交织在一起，解决起来难度更大。

二是地区间发展不平衡，中西部和老工业基地、困难行业、资源枯竭地区的下岗失业人员再就业难度加大。已经再就业的人员中，约有1/3的人属于灵活就业，稳定性差，随时可能重新失业。

三是就业结构性矛盾突出。下岗失业人员多，就业难；技能劳动者短缺，新的产业和企业招不到合格技工，劳动力素质偏低，技能人才特别是高技能人才严重短缺；农民工短缺随着部分地区需求的增加而将进一步加剧；大学生当年毕业群体突破300万人，加上2004年没有就业的大学生，青年就业的压力非常大。

四是集体企业下岗失业人员的再就业问题。这类人员现有约200万人，再就业矛盾十分突出。

［关键］

2005年除面临农民工、技术工人短缺和大学生等青年群体的就业问题外，还将面临中西部地区解决历史遗留问题，进行并轨的压力；东部地区探索建立促进就业的长效机制，尤其是探索城乡统筹就业，努力改善农民进城就业环境的问题。

针对上述情况，2005年就业工作应把握以下关键环节：

首先，积极挖掘增加就业岗位潜力较大的产业和行业。2005年，我国大学毕业生人数将达到338万，一方面，大量新的劳动力涌入劳动力市场，另一方面，就业岗位的增长却较缓慢，客观上引发了一部分大学生就业难。当前，信息产业、旅游业、美容美发业、室内装修及物业管理等服务行业的发展势头很好，也是就业岗位资源相对丰富的行业和产业，应该进一步研究这些行业促进就业的措施，以增加更多的就业岗位。

其次，评估积极的就业政策，不断完善针对困难地区、行业和群体的就业政策。目前，有许多大学生愿意去西部等省区就业，但户籍、档案等一些因素仍然困扰着他们。虽然教育部等部委及各地政府有关部门多次强调，要进一步拓宽毕业生到基层就业的渠道，但是由于一些地方在人才流动中的种种壁垒，导致许多毕业生不愿也不敢离开城市，这在客观上也造成大学生的就业难。2005年，需要开展针对积极的就业政策效果的评估工作，研究积极的就业政策，针对西部省区及老工业基地、资源枯竭城市和一些困难行业，出台切实有效的优惠政策，解决困难群体的再就业，促进青年和大学生的就业。

第三，进一步改善农民工进城就业环境，积极探索统筹城乡就业的政策措施。2005年，全面清理针对农民跨地区就业和进城务工的限制性政策任务依然十分艰巨，尤其是研究确定新的管理制度框架——统筹城乡就业政策的任务更加迫切。更为重要的是，如何解决农民工户籍问题，如何解决其子女上学问题，如何解决他们稳定就业和居住等问题，需要开始进行试点探索，以保证未来15年小康社会时城镇化目标的实现。

第四，积极推进技能和高技能人才培养，不断提高企业竞争力。目前我国高技能人才数量短缺，不能满足经济发展需要，需求为供给比的5倍左右。因此，要从培养、选拔、评价、使用、激励、交流、保障等方面，加快制定和实施有利于高技能人才成长的政策措施，全面提高劳动者的就业能力、工作能力和创新能力，满足国民经济发展需要。

第五，加强再就业培训和创业培训，提高劳动者就业能力。今年，我国将进一步加大职业培训力度，并逐步建立培训促进就业的机制。目前，劳动部正通过全面引进“创办和改善你的企业”（SIYB）项目培训技术，将创业培训向高等院校学生和农村转移劳动力拓展，增强他们的就业和创业能力。教育部门应通过与其他部门和机构的联合，开展职业见习、岗位实习、合作办学、挂职锻炼、“订单式”培养等多种方式、多种途径，加大对学生的能力及实际技能培养，提高他们的就业能力，拓展就业岗位。

原载2005年4月20日《中国教育报》 刘宁 文

研究生就业的新特点

随着研究生数量的扩大，与国民经济需求之间的结构性矛盾日益显现，研究生就业问题开始引起人们重视。从近期一些高校和研究机构所作的调查来看，研究生就业呈现一些新特点。

身价进入"调整期"

复旦大学日前完成的2005届硕士研究生就业状况调查显示，今年该校研究生的月薪期望值比往年略高，理工科学生的理想月薪均高于4 000元。但在回答跟本科生相比研究生有无明显优势时，尽管半数以上的研究生认为自己有明显优势，但只有4.3%的研究生认为个人能力比本科生强，他们眼中的优势在于社会看重文凭，研究生的学历更高。

上海财经大学学生就业指导中心金申荣老师表示，大部分毕业生拿到的起薪都在2 000—3 000元之间，也有200多名进入四大会计师事务所的毕业生拿到了税前5 000元的起薪。

另据可锐管理咨询有限公司2004年的一项调查，硕士研究生的薪水平均值较本科生高出约1 000元左右。相对于本科生而言，更多的研究生不是看重"每月领多少钱"，而是更加注重单位提供的其他福利待遇。

职业取向发生变化

与本科生最青睐的仍是IT及通讯业相比，研究生就业的基本取向仍然是：首选是机关、事业单位，其次是高校和科研院所，第三是外企或大型国有企业等。但是，研究生在就业时还表现出明显的地区选择性。来自北京某报的消息说，博硕士排队投简历，扎堆抢北京中学教师职位，北京十一学校招40名老师，收到1 300份研究生应聘简历。目前已经确定了8名博士。101中学、北师大实验中学收到的求职简历中，95%以上是硕士毕业生。

由于就业形势吃紧，越来越多的大学毕业生开始将目光瞄向基层。清华大学就业中心主任许庆红介绍，今年清华大学已经有两名应届毕业生签约塔里木油田，3人签约中石油兰州石化公司，而往年清华大学去中石油、中石化的学生一般都是选择留在北京总部，做管理工作。清华大学2004届本科生和研究生到关系国家经济、安全的重点单位就业的毕业生达1 000多人，占毕业生总数的五分之二，其中100多人赴西部就业，较往年有明显提高。北大毕业生去中西部和基层单位工作的人数也逐年增多，去年共有本科生、研究生近70人去西部工作。

人才评价进入新阶段

研究生本来是就业优势群体，可随着人才高消费的降温，如今的就业道路不再一帆风顺，这似乎宣告了一个不唯文凭的时代的到来，同时体现了社会对人才认知和充分使用的回归。社会对人才的评价不仅仅停留在学历层面上，对经验和职业技能的要求正在逐步提高。职业资格证书作为市场就业的"通行证"，已经得到了广大企业和劳动者的认可。同时，在一批行业和企业中，根据职业资格和技术等级确定就业岗位，按照技能水平和实际贡献确定工资待遇，已被较好推行。

就目前职场看，一个人的核心竞争力如何，经验的分量重于学历。而经验恰恰是不少研究生的软肋。研究生要真正增强市场竞争力，还需要在理论联系实际上多下功夫。

原载2005年4月6日《中国教育报》　赵宇　文

哈佛如何开展职业指导

开展好就业指导工作，需要交流经验，取长补短。这种交流包括国内院校之间的互相学习，也包括向国外高校“取经”。作为世界一流大学的哈佛大学，不仅在学术研究、教学质量上受人尊崇，在职业指导方面，也做得非常成功，值得我们学习借鉴。

学院设立职业指导中心

哈佛大学共有12个学院，与国内高校不同的是，各个学院都设立了自己的职业指导中心。而且，从业人员专业化程度高，很多人具有心理学、管理学、经济学等学科的博士学位；职业指导的工作人员与毕业生学生比，数量多，职业指导工作队伍力量强大。肯尼迪政府学院每年大约有500名毕业生，职业指导工作人员就有8名。在哈佛大学，肯尼迪政府学院和神学院的职业指导工作都是比较突出的。这些学院的职业指导中心还彼此形成了一个有机的整体，在网站上相互链接，实现信息和资源共享。

当然，这种机构设置的模式是与美国的大学体制和学院的发展水平相适应的产物。美国高校学院的办学规模、课程设置、学术水平和社会影响，使他们完全有能力自己召开招聘会。肯尼迪政府学院举办招聘会，就能把有关政府部门的单位邀请到学校做专场招聘。

这样的机构设置有两个明显的优点。一是便于结合学科、专业对学生进行职业规划；另外也便于与行业内各部门建立密切的联系，了解特定的职业、行业对从业人员素质和能力的要求，了解某专业的职业发展方向。

职业指导突出针对性

这些学院的职业指导中心最突出的职能是培养学生的各种核心的职业能力和为学生提供社会实践项目的工作机会。

职业指导中心的服务对象面向全体学生（不止是应届毕业生）和已毕业的校友。职业指导中心基本上不承担行政管理职能，信息职能也相对比较弱，基本上为学生提供专业的职业兴趣、职业能力的测试和培训以及求职的各种实践经验的准备项目，并面对不同的学生，进行分层、分级的指导，为不同年级的学生提供不同样式的服务：对一年级的学生，让他们尽量熟悉了解学校的全貌，尤其是各个院系的专业和课程设置，为以后选专业和选课做准备；对于二年级的学生，进行职业兴趣的测试，引导学生更全面地认识自己，以实现兴趣、价值、个性和职业的匹配，这种咨询通常都是一对一的面谈，需要事先预约；对于三年级的学生，为考研究生的同学提供美国各研究生院的咨询服务；对于准备工作的另一部分学生，职业中心根据他们的职业意向，为他们提供兼职工作信息，为以后求职、走上相应的工作岗位，积累经验和经历。尤其值得一提的是，职业指导中心针对即将走上工作岗位的学生，从专业、职业的选择、求职的准备、融入新的社会组织的职场关系的准备等方面，进行全方位的指导，确保学生从心态到行为都顺利完成生命过程中的角色转换。

参与人才培养的全过程

职业中心在学生的专业和课程学习之外，参与到了对学生的培养过程之中。哈佛神学院通过6种途径帮助学生实现自己的职业理想：1. 设立很多为期一年的行业教育项目，让学生通过参加这些项目获得相应的工作经验。这些项目涵盖行业范围广，数量多，有200多个项目，在很多职业领域为学生提供实践机会，如学生从教项目、美国朋友服务委员会项目；2. 利用大学的整个资源优势，培养职业技能和知识。神学院的学生可以在其他高度受欢迎的学院里，直接参与与自己职业目标相关的一些高度个性化的学习项目和咨询；3. 为学生提供学习实际的工作技巧和方法的课程；4. 选择对于他们的领域来说，很特别的课程。哈佛神学院面对社会现实情况，能够及时为学生提供针对当前的社会热点问题的课程，这一做法凸显了美国大学很强的学科设置能力和学术应变能力；5. 在学位之外，还有其他一些学位、证书和经历，一起为学生丰富个人和职业的经历。6. 通过深层的学习，发展学生在很多职业、很多领域广泛适用的技巧和能力。在他们看来，这些重要的能力有：批判性地研究和分析信息的能力；与人合作计划和开发的能力；掌控与不同的人群的关系的能力；令人信服地表达观点的能力；有效倾听和对不同敏感的能力；有效安排时间的能力；领导和激励他人的能力；积极主动和负责任的能力；富有创造性地、与人清晰沟通的能力。

哈佛给我们的启示

社会文明程度越高，人对社会组织的依赖性越强，对于人在群体活动中的能力要求也越高。哈佛大学职业指导的这一做法，引人深思。大学不仅要传授知识，还要培养能力；不仅要充当社会的良心，肩负传统的对社会批判的功能，还要自觉地承担面向社会培养人才的服务功能。这个办学观念也是大学对于自身功能的认识和自觉承担。

综上所述，从哈佛大学学院职业指导中心的指导目标和功能看，职业指导的专业化不仅体现在较成熟的职业指导和职业生涯规划的理论、体系，更重要的是院系职业指导依托专业背景，结合社会发展的需要和学科、专业的发展趋势、未来的职业领域，对于专业发展和可能的职业领域，有一个整体的前瞻性的了解。比如，公共卫生学院结合美国社会和国际交流的发展趋势，为学生提出几个参考性的未来的职业领域：环境健康科学家；营养学家；国际健康专家；生物医学科学家；公共健康从业者。让学生能够前瞻性地把握今后的职业发展方向，使他们在校期间就开始明确地为今后的职业生涯做准备。

职业指导的专业化，是学科和专业发展到一定程度的产物，只有真正地做到了专业化，才能做到“全员化、全程化”。仅从这一点看，我国高校真正实现职业指导专业化，仍然有很长的路要走。在这个过程中，高校的职业指导将实现由管理型、服务型向战略经营型的转化。

原载2005年4月1日《中国教育报》 萧淑贞 文

留学资讯

2004年我国各类出国留学人员总数11万4千人

2004年度各类出国留学人员总数为：114 663人，其中：国家公派3 524人，单位公派6 858人，自费留学104 281人。

2004年度各类留学回国人员总数为：25 116人，其中：国家公派2 761人，单位公派3 965人，自费留学18 390人。

从1978年到2004年底，各类出国留学人员总数达814 884人，留学回国人员总数达197 884人。

以留学身份出国，目前在外的留学人员有61.7万人。其中，有42.7万人正在国外进行学习、合作研究、学术访问等。

2004年度与2003年度的数据比较，出国留学人数略有减少，留学回国人数表现出良好的增长态势。出国留学人数减少了2.2%，其中，自费出国留学人数减少了4.2%，国家公派与单位公派的出国留学人数增长了2%；留学回国人数增长了24.6%，其中，自费留学回国人数增长了27.5%。这是自1978年扩大派遣留学生以来，年度留学回国人数连续两年突破两万人。

以上结果是以我驻109个国家使（领）馆报回的统计数据为基础，根据主要留学去向国的驻华使馆以及公安部出入境管理局提供的出境卡留学统计数，并根据我国重点省（市）的教育和人事部门、国内有关留学服务机构、国家有关部委及直属高校提供的统计数据和国内外有关机构的统计信息报道等统计得出的。

2005 年公派出国留学人员 7 245 名

2005 年国家留学基金管理委员会将以国家留学基金资助方式在全国选派各类国家公派出国留学人员 7 245名。

凡符合《2005 年国家留学基金资助出国留学人员选拔简章》及相应项目要求的中国公民，均可按规定的程序和办法申请国家留学基金资助出国留学。需通过设在各地的申请受理机构申报的项目，申请受理工作将于 2005 年 1 月 5 日开始，截止日期为 2005 年 3 月 10 日；需直接向留学基金委申报的项目，将按照项目具体要求进行。选拔简章及有关出国留学项目的详细情况将在国家留学基金管理委员会网站（www. csc. edu. cn）上公布。

与往年相比，2005 年国家留学基金资助出国留学选派计划有以下几个特点：一是随着高等院校《高层次创造性人才计划》出国研修项目的启动和与国外教育机构合作项目的扩大，国家留学基金资助出国留学选派规模进一步扩大，是改革开放以来国家公派出国留学选派人数最多的一年。二是资助方式多样化，包括：国家留学基金全额资助、中外政府互换奖学金资助、国内外机构合作资助、国家留学基金部分资助等。三是研究生选派规模将进一步扩大，除继续利用现有奖学金项目选派部分研究生外，还将积极与国外知名院校、教育机构合作开展合作培养博士生项目。四是选派层次进一步提高，2005 年将着力做好高级研究学者及博士后、研究生及各专项奖学金项目的选派工作。五是为更紧密地配合国家的经济建设和社会发展，使国家公派留学的选派更具针对性，进一步完善了通信与信息技术、农业高新技术、生命科学与人口健康、材料科学与新材料、能源与环境、工程科学、应用社会科学与 WTO 相关学科等七大重点资助学科、专业领域，同时，将继续鼓励其他学科领域的人员申报国家留学基金。

据 2004 年 12 月 10 日《中国教育报》

2005 年雅思考试解答

目前，雅思考试考务改革已陆续实施，有人说，雅思考试内容也将进行改革，剑桥大学考试委员会正在考虑加大雅思考试难度，雅思将会越来越难考——2005，雅思会不会悄悄改变？

雅思，即 IELTS。它是由英国剑桥大学考试委员会、澳大利亚教育国际开发署及英国文化委员会联合开发的一种英语语言能力考试，内容涵盖听力、阅读、写作和口语四项语言技能。由于雅思测试本身具有较强的科学性和较高的可信度，目前全世界共有 40 多个国家的机构团体接受认可雅思考试成绩，主要集中在大专院校、移民局、跨国公司等。2004 年，我国有 10 万人参加雅思考试，而有关雅思考试的新闻一直不断：2004 年 2 月，雅思官方机构宣布与中国国家教育部考试中心（NEEA）联手推行雅思考务改革；2004 年 8 月底，第一场有网上报名考生参加的雅思考试在济南进行；2004 年 9 月，雅思考试费用从1 250元上调至1 450元，有 15% 左右的涨幅；2004 年 10 月，雅思网上报名与付费方案浮出水面，2005 年在全国范围推广。

雅思这一系列考务方面的改革，不禁使人产生疑问：它的考试内容和形式是否也要发生变化？近日，剑桥大学考试委员会总裁米兰诺维奇博士接受了本报记者的采访。对大家关注的问题，他给出了答案。

雅思考试变不变

【澄清】考务改革不改变内容

“2005 年，以及未来几年内，雅思考试的题型和内容不会变。”米兰诺维奇说，他们在雅思考试方面一直讲究严谨、严密，变题不是一件容易的事，要改变考试内容和标准，需要考试机构花大量的时间进行充分的研究准备工作才能得以实施，这样才能保障其权威性及严密性。他们当初在设计 IELTS 时就包括了听、说、读、写这四项语言测试的能力考查。通过近几年的研究和实践，他们认为这个考试体系比较完善，所以不会对它进行特别大的改动。

他明确表示，截至目前，雅思推出的改革举措主要集中在考务方面，考试的方法和题型都没有改变，试题的难度标准维持同一水平。目前没有任何计划要在将来改变考试的内容，如果以后要变，考试委员会也会提前两年通知公众。

雅思成绩稳定性如何

【解读】不会从 7 分滑到 5 分

目前全球已有 109 个国家设有雅思考试中心，其中在中国 25 个城市都设立了考点。米兰诺维奇说，全球的雅思考试都是一致的，无论考生在哪个国家参加雅思考试，成绩均得到认可，具有同样效力。此外，雅思考试由英国剑桥大学考试委员会统一出题，评分由专家制定统一的评分标准和评分系统，可以准确测试考生的实际英语水平。

米兰诺维奇特别介绍了他们选择雅思考官的过程，据介绍，他们对考官的审核非常严格，要经过一系列严格的入门测试，筛选比例约为 2%—3%，即 100 个人来应聘当雅思考官，最后只确定 2—3 位合格者，然后再对这 2—3 位合格者进行培训，最终合格后才能成为雅思考官。

在采访中，米兰诺维奇说，雅思不属于知识性考试，而是注重考查考生的语言实际运用能力，其实复习准备雅思考试的过程就是一个提高英语水平的过程。因为雅思考试的听、说、读、写四个部分，能够全面锻炼学习者的英语综合应用能力。对国内大部分英语学习者来说，口语和听力是薄弱环节，而通过参加雅思考试，可有效提升这两方面的能力。

米兰诺维奇幽默地说："也许有些英语考试，你可以通过短期技巧培训就能顺利过关，但参加雅思考试，可不是靠短期技巧培训就能得高分的。所以，请考生放心，只要你确实具备英语的实际技能，那么肯定不会出现这次考试得 7 分，下次考试得 5 分的情况。"

雅思有哪些用途

【解答】留学与就业"通行证"

雅思考试从 2001 年开始在中国升温，报名人数持续猛增，越来越多的留学申请者、移民人士、大中专学生和社会人士选择了雅思考试。究竟雅思考试的成绩有哪些用途呢？

米兰诺维奇说，在最初设计雅思考试时，它主要有两方面用途，一是留学，二是移民。雅思成绩是进入全球 40 多个国家高校深造的通行证，特别是澳大利亚已经把雅思作为唯一认可的英语水平测试考试。

目前，雅思考试也被越来越多的美国高校所认可，截至 2004 年，已有杜克大学、普林斯顿大学等 400 多所美国大学认可雅思考试成绩。对那些想留学的学生来说，只要雅思成绩达到大学要求的分数，就无需再参加其他类型的语言考试。

近几年，随着雅思考试认可度的不断增加，它的用途也在不断扩大，已日渐突破其"出国留学/移民考试"的定位，在越来越多的领域和场合中被广泛应用。

在香港，雅思成绩被香港大学基金协会（The University Grants Committee In Hong Kong）和香港民政局广泛使用。在英联邦以外的一些国家的许多职业机构，如银行和航空公司也开始使用雅思考核员工的英语水平，还有本田、耐克等跨国公司也开始采用雅思作为英语水平的标准化测试。雅思成绩已被越来越多的企业所认可，具有雅思成绩的应聘者，往往具有更大的竞争优势。

原载 2005 年 4 月 27 日《中国教育报》 刘宁 文

自费留学是我国学生出国求学的主要方式

"欧洲、北美、澳洲和日本构成中国学生四大留学地，70%'海归'6 个月内找到工作，民企吸纳'海归'就业程度最高，上海为'海归'首选城市"。由全国青联海外学人工作部与《青年参考》报联合主办的“海归搜索行动——海外留学与归国人员现状大调查”，日前发布了如上的结果。此次调查另一个引人注目的结果是，身在海外的留学人员中近九成有回国发展的意愿。

据中国青年报社会调查中心所做的调查报告透露，参与此次网上调查的实名注册人员共有3 097人，其中在读留学生有1 420人，“海归”1 031人。他们之中2/3为男性，平均年龄29岁，分布在全球49个国家和地区。此次发布的《海外留学与归国人员现状大调查调查报告》，分为“公众看留学”、“留学生活”、“留学生的情感世界”、“归国意向”、“评说海归”、“留学政策”、“海归评创业环境”、“海归生存状态”8个部分，多视角地反映了海外留学和归国人员的现状。

在有关“归国意向”的调查中，海外留学人士中的87.7%表达了回国发展的意愿。其中34.5%的人表示毕业即会回国；53.1%的人表示会先在国外工作一段时间，积累一些经验后再回国。在参与调查的所有留学生中，超过一半的人认为留学人士归国是大势所趋。在有回国意愿的留学生中，吸引他们回国的最主要理由是“看好国内经济发展前景”，而表示不会回国的留学生的最大顾虑，则是担心“人情社会”和“关系复杂”。

调查还显示，自费留学已经成为中国青年出国求学的主要方式，占到了79%。而欧洲、北美、澳洲和日本成为中国留学生人数最多的四大板块，其中留学英国和美国的中国学生无论公费还是自费均是最多的，占到参与调查留学生比例的38.3%。而以奖学金方式出国的学生人数，则以美国为最。

在“海归创业环境”的调查中，有两成多“海归”选择了创业，创业领域属于高新技术产业的比例最高，占到32.2%，其次是咨询业和教育文化产业。参与调查的“海归”认为，“国内投资创业环境最需要解决的问题”主要集中在“人情社会”和“法律有待完善”两方面。其中“政府有无必要给予海归优惠的创业政策”，是一道面向所有公众的开放性问题，参与调查的“海归”中的43%和无留学经历人员中的40.9%均认为“有必要”，说明这项政策的社会认同度是很高的。

在分析有关“海归”就业状况的数据中发现，71.3%的“海归”在回国6个月之内找到了工作；一年以后还没有找到工作的占10.2%。“海归”中供职于外资机构的人数最多，达32.7%；排在第二位的是民营企业，其次是高校与科研机构和国企。这反映了我国民营企业吸纳海归人才的开放程度相当高。已经工作的“海归”对工作的“满意度”较高，接近一半的“海归”表示“非常满意”和“比较满意”。“海归”供职的首选城市是上海，北京居第二位。而针对一些留学生从“海归”变为“海待”的原因调查，排在首位的是“薪酬要求高”，其次是“能力不够强”。

原载2004年12月29日《中国教育报》 关曦 文

德国、英国、澳大利亚高校预科开设情况

中国的高中生或同等学历学生毕业后，在前往澳大利亚、英国等国家攻读学士学位之前，一般情况下都要先学习学士学位预备课程（简称预科），之后才有资格申请国外大学本科课程。此外，在德国，虽然来自中国的高中毕业、通过正式高考的部分学生可直接申请德国大学，但一些不能申请直接入学的学生也必须先读预科，并通过规定考试，方能取得“大学入学资格”。

德国：读预科须先过语言关

在德国，来自中国的留学生属于以下两种情况可直接申请德国大学的入学机会：一是高中毕业的中国学生，通过中国国内高考进入重点大学（国家211工程院校）四年制本科，修满1个学期，不更换专业方向可直接入学；二是普通高校四年制本科生，修满三个学期，不更换专业方向可直接入学。此两种情况之外，凡学历未能达到直接入学条件者必须先申请读预科，经过一年的学习，通过“外国留学生大学入学资格鉴定考试”，取得“大学入学资格”方可申请入学。

申请大学预科需具备三条件

据德意志学术交流中心驻京办事处Dittmann女

士介绍，中国学生申请读大学预科概括来讲，需要满足三个条件。第一，具有中国正规大学四年制本科读满一个学期、未满三个学期或三年制大专毕业的学历证明，成绩优良。第二，有良好的德语能力，相当于歌德学院中央中级考试的程度。第三，通过预科入学考试。Dittmann 女士特别强调，未考入中国国内大学的高中毕业生不符合申请预科的要求。

怎样申请大学预科

申请德国大学的预科，必须在统一入学申请表相应处表明意愿，即表示提出了申请。综合大学与应用科学大学分别有各自的预科或几所大学共有一所预科，申请者向所希望就读的综合大学或应用科学大学提出申请即可。

入德国大学预科必须通过一项考试，主要目的是测试申请者能否用德语听懂所学的课程，有时还要加试数学等科目。该项考试第一次未能通过，通常允许在半年或一年后再重考一次。

Dittmann 女士特别提醒中国学生注意，申请前应慎重决定专业方向。因为通过了有关学科方向的“大学入学鉴定考试”只能取得读该学科方向的专业资格，通常不允许改学其他学科方向的专业。

英国：预科项目只针对具体院校开设

由于英国的学制与中国的学制有较大的差别，英国预科项目只针对具体院校开设，因此在中国拿到高中毕业证的学生一般不能直接申请英国的大学，而需要进行预科学习并通过一些规定的课程。为了帮助准备留学英国的中国学生准确了解在英国读预科、申请高校的有关政策，我们先来看看英国的高等教育和义务教育究竟是怎样衔接的。

赴英继续学业三种途径

16 岁以上的英国学生，完成了义务教育，可以合法地离开学校，开始工作。不过大多数学生会以预科学生的身份进入预科学院或者延续教育学院学习中学高级水平考试课程（A-levels）或同等水平课程。海外学生一般在这个阶段或以后去英国接受教育，根据自己的具体情况，通过以下三种途径之一赴英继续学业，进而攻读本科或更高等的学历。

途径一：普通中等教育证书和中学高级水平考试课程

在英国，14～16 岁的学生通常会学习 8～12 门普通中等教育证书（简称 GCSE）课程。考试结果分为 A＋（最高分）至 F 各个等级，得到五个 A＋至 C 结果的学生通常会继续学习两年的中学高级水平考试（A-levels）课程（第一年称为中学准高级水平考试，第二年为中学高级水平考试）。A-levels 课程考试结果分为 A（最高分）到 E 几个等级。如想进一步深造，学生需要申请本科学位，本科院校将根据学生考试的结果进行录取。中国的初三或初中毕业的学生通常首先修读 GCSE 课程，之后攻读 A-levels 课程，国内高一、高二在读的学生可直接攻读 A-levels 课程。

途径二：衔接与预科课程

衔接与预科课程专为海外学生而设，以弥补他们原所在国和英国在教育体制上的差异，帮助学生更好地适应英国的高等教育学习。和 A-levels 课程一样，衔接与预科课程是升读大学学位课程的基础。通常预科课程历时一年，包括一个或多个科目。一些课程是为了入读大学某些专业而设（如贸易、法律或工程），另一些则内容较为广泛（如英语、数学）。

英国许多大学和延续教育学院都开设了预科课程，许多预科课程与一些高等院校的某一特定学位课程相连接，成功完成该项预科课程便可以直接攻读相应的大学学位课程。就中国学生而言，预科课程通常适合高中毕业生修读。

途径三：职业性高级水平考试课程

英国或海外学生都可以选读职业性高级水平考试课程（Vocational A-levels）；在苏格兰为 GSVQ 课程。相对于学术性强的 GCSE、A-levels 和预科课程，职业性高级水平考试课程更侧重于对学生职业技能的培训。想进一步提高个人职业水平的学生可以就读国家职业资格证书（NVQ）课程。这是与特定就业岗位工作相关的实习资格证书，由雇主、工会和专业机构共同设置这些资格证书的标准。每一级证书都以实际操作能力为基础，并不限制获得相应级别所需的时间。英国的寄宿学校、应试辅导学院和延续教育学院多开设此类课程。

英国大学预科与 A-levels 课程的区别

大学预科其实并不是英国大学的正规入学方式。在英国，学生通常会学习为期两年的 A-levels 课程。在这两年的学习过程中，学生通常会学习三到四门课程，并凭自己的成绩可以报读英国的任意一所大学（包括剑桥、牛津、帝国理工等知名院校）。大学预科其实是一种针对海外留学生而开设的为期一年的课程，学习这种课程最大的好处在于它可以节省学生一年的时间（因为学习 A-levels 课程一般需要两年的时间），但大多数大学预科只是针对具体院校开设的，所以并不能获得英国所有大学的认可。

因此，从教育角度考虑，中国的孩子在读完高二以后前往英国留学是最合适的，因为可以直接攻读两年的 A-levels 课程；而高三毕业后才出去一般只能选择一年的大学预科课程。严格来说，大学预科的课程里面包含有英语这门课程，但这不意味着大学预科只学习英文一门课程。大学预科开设的课程主要是根据学生进入大学本科所学的专业而开设的。在大学预科阶段，所有学生都将会学习英语以及数学这两门课程。除此之外，学生还将选修两到三门课，这几门课将根据学生进入大学后所学专业而定。例如，学生进入大学后想修读与工程相关的专业，那么这几门课通常是物理、化学等科目；如果学生进入大学后想修读商业方面的专业，那么这几门课通常是商业研究、经济学等科目。

澳大利亚：中国境内首开通用预科项目

大学预科是中国高中毕业生进入澳大利亚大学，特别是名牌大学的重要途径。然而近年来，中国学生在国外就读语言和预科课程，屡屡发生被劣质学校欺诈的事件。因此，由国内外权威教育机构合作建立优质大学预科项目的呼声日益高涨。为此，日前中国国家留学基金管理委员会（CSC）和澳大利亚教育国际开发署（IDP）签署合作协议，共同成立“中澳教育合作与人才培养办公室”，向广大留学人员提供高质量、安全可靠的赴澳留学渠道。

据介绍，中澳教育合作与人才培养办公室推出的澳大利亚大学预科由澳大利亚新南威尔士大学预科学院提供，为所有澳大利亚大学接受，此外还得到了美国、英国、加拿大等国一些大学的认可。学生完成预科学习后，可以根据个人的志愿和成绩，赴新南威尔士大学或澳大利亚其他大学以及美、英、加等国的部分大学攻读本科学士学位。

新南威尔士大学预科被澳洲各大学视为中国学生入学本科课程的通用预科标准，学制一年，共计两个学期，每个学期 16～20 周，以强化英语和专业课程为主，并按不同专业安排不同的课程。据国家留学基金管理委员会介绍，中澳合作的澳大利亚大学预科将在华举办。学生以较低的学费和生活费可在中国国内完成一年学习。在预科学习的一年中，学生要按照所选专业完成必修课并同时达到澳大利亚大学英语入学水平（雅思 6.0 分），即可直接进入所选专业的大学一年级就读。

据介绍，目前澳大利亚大学预科共设立自然科学、生命科学、商学、设计与媒体、艺术和社会科学等五个专业，每个专业学完必修课程，考试通过后可升入相关大学专业。例如，自然科学专业的必修课程为英文、计算机、数学、化学、物理，顺利完成预科学习的学生可直接进入化学工程、土木工程、计算机和软件、电力工程、环境工程、机械工程、矿业工程、石油工程、通讯、医学、自然科学等专业。艺术和社会科学专业的必修课程有英文、计算机、数学、经济、澳大利亚研究，可直接升入的大学本科专业有：艺术、社会科学、媒体与通讯、国际研究、教育、音乐、法律、语言、人文科学等。

完成高中二年级或高三在读成绩优秀的学生、高中毕业或同等水平的学生，大学一、二年级在读的学生，年龄在 17～24 周岁可进入澳大利亚大学预科学习。

此外，记者了解到，根据澳大利亚移民部出台的新规定，自 2006 年起，赴澳就读中学的中国学生也必须具备雅思成绩。这意味着为回避雅思考试而赴澳就读中学的学生数量将大幅下降。因此，澳大利亚大学预科在中国招生，更是为广大中国学生提供了赴澳攻读学位的良好时机和可靠途径。

原载 2005 年 4 月 27 日《中国教育报》

王瑜琨　李威　文

美国留学签证政策稍稍“松绑”

美国国务院近日宣布，取消针对外国理工科学生、学者“VisaMan-tis”签证的严格规定，将此种签证的有效期延长为4年。“VisaMan-tis”是1998年美国政府为防止敏感科技转移到国外，而对来自俄罗斯、中国大陆和印度等国研究尖端敏感科技的学生和学者制定的特别签证，规定这类学生和学者必须每年接受一次审查，从而导致了其参加国际学术会议、返乡探亲或出国旅行时面临诸多不便。

“我们非常欢迎来自中国的学生。”近日，美国国务院助理国务卿莫拉·哈蒂在北京举行的记者见面会上表示，希望吸引更多的中国游客、留学生和商务人士等前往美国，以促进两国间各个层次的交流。

莫拉·哈蒂此次来华，专程与中国外交部官员就在签证领域展开更多合作等问题进行了讨论，并邀请部分媒体召开记者见面会，详细介绍了近3年来美国学生签证的改进情况。

2001年，自从美国发生“9·11”事件后，美国和其他部门一起执行的签证受理变化受到了各方批评。这些批评说，签证受理变化阻碍了外国学生和交流学者选择前往美国进行深造和研究。有关数据也表明，申请赴美国读研究生的留学申请数量骤减，与之相对应的是申请赴英国、澳大利亚等国留学的申请者数量稳步提升。

对此，莫拉·哈蒂也承认，他们在受理学生签证的过程中有许多耽搁，特别是在2002年的春夏期间，由于签证受理方面有重大变化，而他们并没有增加人手和科技设备，因此，在后来处理大量工作时麻烦重重。而作为竞争者，英国、澳大利亚等国正在更加积极地招收留学生，并进行留学推销。

对于美国来说，中国市场尤为重要。目前，中国一共有6.1万名留学生在美国学习，这个数字仅次于印度。但是，近两年，到美国著名大学留学的中国学生出现了明显下降。有关方面指出，针对中国和俄罗斯等国家设置的一项学生签证特别审查程序——“VisaMan-tis”签证是导致中国留学生减少的一个主要原因。

哈蒂在记者见面会上说，美国很重视中国学生能到美国大学留学。美国国务院正通过提高处理签证效率、延长对申请人安全检查有效期等措施改进全球的签证处理工作，希望可以促使包括中国在内的更多国家的公民前往美国留学等。

2005年2月，美国已经宣布放宽“VisaMan-tis”签证严格审查程序，将审查有效期延长。

“VisaMan-tis”从1998年开始实行。“VisaMan-tis”学生、学者特别签证审查目的在于防范美国敏感科技非法转移到国外，主要针对来自俄罗斯、中国大陆和印度等地的研究尖端敏感科技领域的学生和学者。

由于“VisaMan-tis”的实施，这些敏感科技领域的申请者在申请签证时非常困难，而且有时申请时间会长达半年或一年。即使他们通过了审查，来到美国学习，今后这些学生去国外旅行、参加国际学术会议或回国探亲时也是困难重重。回国学生、学者离美后由于返美签证问题而滞留数月，无法及时返美的情况比较常见。

美国宣布放宽“VisaMan-tis”特别签证严格审查程序，意味着今后学生的审查有效期将延长为4年，临时工作者、访问学者、公司内部工作调动者的审查有效期将延长为2年，且不再需要每年重新审查。只要申请人不改变其项目和雇佣关系，有效期就一直有效。

莫拉·哈蒂女士说：“我们不愿意在未来看到留学生把美国的签证政策认为是赴美留学的障碍。美国国务院已经在系统、人力和物力方面进行了许多投入，力求增加非移民签证受理过程的透明、效率和可预知性。最近几个月里，我们在及时受理学生签证申请方面取得了重大进步。目前，我们收到的签证有97%都在一至两天内得到处理。所有签证申请人中仅有2%需要按照安全建议进行进一步检查。”

记者见面会结束时，她再次表示，非常欢迎中国学生选择美国作为他们接受高等教育的目的地。如果全世界的留学生都不再选择到美国深造，那才是美国真正的安全危机。

可以看出，美国正在学习向中国学生展开“笑脸”，结果如何，让我们拭目以待。

原载2005年3月16日《中国教育报》 刘宁 文

美国高校欢迎中国留学生

留学美国是诸多学子的首选，而关于美国的签证是备受关注的话题。在2005年，留学美国的情况会有变化吗？日前，就美国高等教育体制和美国高校的留学机会、中国留美学生人数和学生签证现状、以及如何正确申请赴美留学等问题，美国驻华使馆新闻与文化事务公使衔参赞裴孝贤先生接受了记者采访。他一再向记者传递着这样的信息：

多样化选择美国高校

美国有2 300多所四年制、授学位的学院和大学，此外还有1 800多所两年制学院，即“社区学院”。把这个数字与其他国家比较一下：英国有228所授学位的大学和学院，德国有368所，法国有545所，日本有709所，韩国和加拿大各有约200所，澳大利亚有42所。

长春藤院校的确很有名，许多中国学生都希望到哈佛、耶鲁等私立大学学习。其他著名的私立大学有斯坦福大学、芝加哥大学、纽约大学和南加州大学。由宗教团体创办的私立大学也为数众多。

但中国学生很少注意美国50个州的州立高校的雄厚实力，而大约80%的美国学生是在那里接受高等教育的。每一个州，按其大小设有各种各样的院校，包括综合性大学、理工类大学、文科院校和社区学院。过去的师范学院和农业学院已变成综合性院校，过去的大多数“分校”也已发展成综合性院校。

另外，希望到美国留学的中国学生，不要首先考虑院校，而应首先从院校设置的科系进行选择。

美国高校欢迎中国学生

目前有六万多名中国学生正在美国学习，每年新入学的中国学生约为两万人。而在另外一些国家留学的中国学生看似很多，但仔细观察一下就会发现，他们很多人上的是语言学校、职业学校或大学本科，而大多数在美国留学的中国学生是在读研究生。

去美国大学学习很合算。我这么说可能会令那些正在支付昂贵学费的学生感到不可思议。美国学费虽然很贵，有些私立大学一年的费用超过3万美元，州立大学的费用在1.5万美元至2.5万美元之间，但学生支付的学费和其他费用只是全部教育费用的一部分。

一般来说，美国50个州的州立大学的学费大概只占总教育费用的1/4。换句话说，学生用大约25美分换取了价值一美元的教育。大学的其他费用靠纳税人支付。在私立大学，学费和杂费往往是开销的1/2。换一个角度来说，美国大学录取的每个学生都得到来自美国社会的奖学金或补贴。

六万余中国学生在美国

在2003—2004学年，美国高等院校的中国学生人数为61 765人，占在美国的外国学生人数的将近11%。在美国大学的外国学生中只有来自印度的学生人数更多。

在美国，82%的中国学生在读研究生。新设立的一些美中“1+2+1”大学本科项目，使一批新的大学本科生前往美国大专院校就读。参加这个项目的大学生先在中国学习一年，然后进入美国一所伙伴学校学习两年，最后在中国完成大学四年级课程，获得学士学位。

美国高等教育正在经历一个创新时期，强调教学大纲和进度的灵活性，远程教育和成人教育蓬勃发展，周末或暑期上课的工商管理硕士班越来越受欢迎。美国教育在各个学科和层次都强调创新能力、分析思考能力、以及向权威和通行模式挑战的能力。

我见过的留美归来的中国学生都认为，他们遇到的最大挑战是适应美国的上课方式，也就是学生在课堂上提问题，回答问题，陈述不同观点。在研究生课堂上，同学之间相互就彼此的论文提出质疑。留学归来的学生一致表示，在美国留学的最大收获就是学到这些创造性的思考及表达能力。

学生减少的美方原因

去年在美国学习的中国学生人数下降，下降幅度约为4.6%。中国学生留美人数首次出现的这次小幅度下降，影响因素可能有几个。

美国大学的费用越来越高，高等教育费用的上涨速度甚至超过了通货膨胀率。如果美国人不承认某些外国学生是因留美费用的上涨而另择他方，那我们就是不坦率了。

9·11事件是影响各类签证申请的一个重要因素。某些理工专业背景的人的签证申请必须送往华盛顿审查。从2002年秋开始一直到2003年，对这类签证的批准有些被延误了较长时间，造成了部分中国学生改变计划在国内继续求学或去他国深造，另有一些人放弃了申请。

目前，经过大量的工作，美国驻华使馆主动与华盛顿方面共同努力，以使每20个这类签证申请中的19个申请在30天内得到处理，平均等待时间约为三个星期。如果有人说，理工专业学生要花几个月才能获得签证，那么这个消息早就过时了。

申请人减少签证率上升

2002财政年度，有2.6万多名学生得到签证，签发率略少于一半，而实际签发率要高一些，因为有些学生是在第二次或第三次申请后获得签证的。

2003财政年度首度出现学生签证申请数量下降的情况，下降幅度为15%。但是，那一年有1.8万多名中国学生获得签证。就提交签证申请的学生来说，签证签发率仅比前一年下降了约4%，实际签发率仍接近一半。

2004财政年度，签证申请数量再次下降，比2002财政年度的高峰时期降低28%，但仍有2.2万多名中国学生获得了签证。原始签发率约为每8名申请人中有5人获得签证，而实际签发率约为2/3。由此可见，截至去年9月，申请人数减少了，但签证批准率不是下降而是上升了。

人数下降的中国因素

让我们从另一角度来看看中国学生人数的减少。近年来，中国每年获得学士学位、硕士学位、博士学位的人数在增加，中国自己的研究生院规模在扩大。在中国获得学位的费用低得多，到美国留学的需求相应减少，这应该是正常的。

众所周知，海外留学代价昂贵。许多学生之所以选择海外留学，部分原因是他们知道回国后外国学位可带来身价优势。如今，投资海外教育的“回报”在变小，自然申请人数也因此减少。

其他国家，包括澳大利亚、新西兰、加拿大、德国、奥地利和日本，也都说中国学生申请人数减少。他们也奇怪这些“消失了的”中国学生到哪里去了，合理的解释是他们进入了中国国内的学校。

目前有许多美国高等院校在中国开设EMBA及其他专业课程，提供的是不必长时间去美国学习的教育。这对学生来说是佳音，但这也意味着申请美国同类专业的中国学生减少。

如何准备签证面谈

在与申请签证的学生面谈时，面谈负责人要了解四方面的情况。这名学生的入学申请材料是否有假？这名学生是否有周全的学习计划？有没有足够的学习经费从而不需在美国工作？还有，我们能否断定这名学生准备返回中国？

诚实的申请。中国所有申请签证的人都面临一个现实，有的申请人他们的真正意图是移民美国。当然，那些诚实的签证申请人在被问到他们的文件的真实性，当他们的学习计划受到怀疑时会感到意外。

周全的学习计划。假如你在签证窗口工作人员身边，你也会对申请人对希望进入的大学知之甚少、对自己的学习计划无可奉告、对一旦学成回国如何打算缺乏考虑而感到气馁。往好处说，这项申请仓促；往坏处想，这项申请用的是假推荐信或假成绩单。当然还有些情况，是申请学生有很好的计划，但在面谈时无法用英语表达出来。

充足的经费。申请学生签证的人必须向面谈的领事官员显示他的家庭有足够的资金支付教育费用。这就需要在面谈时出示许多文件，例如银行存款单和房契，没有这些文件是首次拒签的普遍原因。

与中国的联系。对进行面谈的领事官员来说，另一个重要的问题是签证申请人是否打算移民。美国法律有一个明确的原则，一个打算移民的人必须申请移民签证，其他种类的签证不能签发给有移民倾向的人。

最后，我想说的是，美国高等院校欢迎外国学生，美国希望继续成为中国学生到海外接受高等教育的首选之地，希望获得签证的中国学生日益增多。

原载2005年3月9日《中国教育报》 姜乃强 文

国（境）外学历学位认证的适用范围与申请办法

近年来，出国留学人员和回国留学人员逐渐增多。由于各国教育制度、学位授予办法及学位名称不尽相同，国内众多用人单位对外国教育及学位制度缺乏了解，难以确认外国教育机构颁发证书的真伪和层次，致使一些留学回国人员迟迟不能落实工作单位或者虽已就职，但在工资待遇和职称评定方面遇到问题。同时，伴随着高学历、高学位人才越来越走俏，社会上也出现了不少伪造学位、学历证书的现象。

为满足广大留学人员及其他国外或境外学位获得者在国内升学、就业的需要，维护学历学位制度的严肃性，同时为国内招生和用人单位鉴别国外学位证书及高等教育文凭、证书提供咨询意见，经国务院学位委员会和教育部同意，教育部留学服务中心在全国范围内开展对国外和境外学历、学位证书的认证服务。

国（境）外学历学位证书认证范围

1. 在国外或境外大学或高等教育机构攻读正规课程所获学位证书或高等教育文凭；

2. 经国务院教育行政部门批准的合作办学机构或项目颁发的国（境）外学历学位证书；

3. 经省、自治区、直辖市人民政府教育行政部门批准、并报国务院教育行政部门备案的高等专科教育、非学历高等教育层次的中外合作办学项目颁发的国（境）外高等教育文凭。

目前认证服务受理国家和地区包括：外国和中国香港、澳门特别行政区及台湾地区。

不在学历认证受理之列的证书

1. 外语补习和攻读其他非正规课程（如短期进修）所获得的结业证书；

2. 进修人员和访问学者的研究经历证明；

3. 国（境）外教育机构颁发的预科证明；

4. 未经国内教育主管部门批准的合作办学机构或项目颁发国（境）外学位证书或高等教育文凭；

5. 函授、远程教育及网络教育取得的国（境）外学位证书或高等教育文凭；

6. 非学术性国外或境外荣誉称号或学位证书。

学历学位证书认证申请办法

1. 留学人员国外学历学位认证申请须递交以下材料：

● 一张二寸或小二寸证件照片（黑白或彩色半身免冠）；

● 本人护照（签证记录及出入境记录须全部复印，若护照已上交，请有关单位开具证明）；

● 在国外所获所有学位证书或高等教育文凭正本；

● 在国外学习期间所有成绩单；

● 中国驻外使（领）馆开具的《留学回国人员证明》；

● 硕士以上（含硕士）学位获得者，应提供毕业论文目录及摘要；

● 国外研究学位获得者，如无成绩单，需提供学校开具的相关研究证明；

● 出国前最后学历证书以及其他相关材料。

注：以上所有材料均须交验原件，并自备一套复印件。

在俄语国家取得学位证书者，需提供预科证明。

在日本取得论文博士学位者，另需提供研究证明、学位申请书等相关材料。

在菲律宾取得学位证书者，需提供菲律宾总统府、高等教育委员会、外交部的认证等相关材料。

2. 合作办学学位认证申请须递交以下材料：

● 一张二寸或小二寸证件照片（黑白或彩色半身免冠）；

● 本人身份证；

● 本人护照（在合作办学外方学校有实习经历者提供，签证记录及出入境记录须全部复印，若护照已上交，请有关单位开具证明）；

● 所获合作办学国外（境外）学位证书或高等教育文凭；

● 学习成绩单；

● 由合作办学中方学校开具的合作办学学籍证明；

● 硕士以上（含硕士）学位获得者，如入学前学历为大专，须提供入学前全部工作经历证明；

● 硕士以上（含硕士）学位获得者，应提供毕业论文目录及摘要；

● 入学前最后学历证书以及其他相关材料。

注：以上所有材料均须提供原件，并自备一套复印件。

合作办学中方主办方须按要求到中心备案后，方可受理该项目毕业生的认证申请。

3. 香港、澳门特别行政区学历学位认证申请须递交以下材料：

● 一张二寸或小二寸证件照片（黑白或彩色半身免冠）；

● 本人身份证；

● 本人特区通行证（签注及出入境记录须全部复印，若通行证已上交，请有关单位开具证明）；

● 所获学位证书正本；

● 学习成绩单；

● 中央人民政府驻特区联络办公室开具的在港澳地区学习证明；

● 硕士以上（含硕士）学位获得者，需提供毕业论文目录及摘要；

● 研究学位获得者，如无成绩单，需提供学校开具的相关研究证明；

● 硕士以上（含硕士）学位获得者，如入学前学历为大专，须提供入学前全部工作经历证明；

● 入学前最后学历证明以及其他相关材料。

注：以上所有材料均须交验原件，并自备一套复印件。

在香港学习非本地课程并取得学位者，须提供相关单位出具的在港工作证明。

4. 台湾地区学历学位认证申请须递交以下材料：

● 一张二寸或小二寸证件照片（黑白或彩色半身免冠）；

● 本人身份证；

● 所获学历学位证书或高等教育文凭；

● 学习成绩单；

● 获硕士以上（含硕士）学位者，需提供毕业论文目录及摘要。

注：以上所有材料均须交验原件，并自备一套复印件。

在京申请者，可持以上所列材料直接到教育部留学服务中心提交申请，填写由教育部留学服务中心统一印制的《国外学历学位认证申请表》或《中外合作办学国外学位认证申请表》、《香港、澳门特别行政区学历学位认证申请表》、《台湾地区学历学位认证申请表》。在递交申请材料（包括中文翻译件）齐全后，申请人一般可于十五个工作日（双休日及国家法定节假日除外）之后领取《国外学历学位认证书》、《合作办学国外（境外）学位认证书》、《合作办学国外（境外）高等教育文凭认证书》、《台湾地区学历学位认证书》或《香港、澳门特别行政区学历学位认证书》等认证结果。

因申请者没留下有效联系方式而引起的延误，责任自负。

5. 外埠申请者，可将上述材料的复印件寄到教育部留学服务中心，复印件须经指定的验证点审核，注明该复印件与原件相符，经办人签字并加盖公章。

6. 因申请者提供虚假材料导致不能通过认证的，申请材料及费用不予退还。教育部留学服务中心将通过适当方式将提供虚假材料的申请者上网公示并通知用人单位。

7. 申请者所提供的外文材料，如学位或文凭证书、留学期间成绩单或论文摘要（目录）等须经正规翻译公司进行翻译，申请者本人翻译无效。为保证翻译质量和专业水准，申请者可到北京嘉华世达国际教育交流有限公司办理。

认证收费标准

1. 每件国外或境外学历学位证书认证费为人民币360元，信息咨询费90元，合计450元（注：每笔退款，银行收取5元手续费）。

2. 如申请者同时提出两件或两件以上国外或境外学历学位证书的认证申请，每件费用按收费标准第一条执行。

原载2005年3月16日《中国教育报》　景枫　文

政策解读

“一费制”收费办法解答

2004年年初，经国务院批准，教育部、国家发展改革委、财政部决定在全国义务教育阶段学校推行“一费制”收费办法。就贯彻落实“一费制”工作制定具体的实施方案，社会各界对“一费制”的推行工作十分关注。教育部有关负责同志针对大家关心的一些问题进行了解答。

1. 什么是“一费制”？为什么要在全国义务教育阶段学校推行“一费制”？

答：“一费制”是指在严格核定杂费、课本和作业本费标准的基础上，确定一个收费总额，然后一次性统一向学生收取。

“一费制”已在国家扶贫开发工作重点县试行了三年，得到了群众的积极拥护。经国务院批准，今年将在全国义务教育阶段学校普遍推行。推行“一费制”的主要目的是规范管理、减轻负担、治理乱收费、确保义务教育健康发展。

近几年来，为规范学校收费行为，坚决治理学校乱收费，党中央、国务院已采取了一系列措施，收到了一定的效果。但是，一些地方政府、有关行政部门和学校在国家规定的收费项目和收费标准之外，自立收费项目、擅提收费标准，造成收费项目繁多、标准不一，既违背了国家的收费政策，有损于收费工作的严肃性、规范性，加重了学生家长的负担，社会各方面反映强烈，同时也不便于检查与监督。为了进一步治理义务教育阶段的各种乱收费现象，让学生家长明明白白缴费，让社会各界明明白白地监督，并切切实实地减轻广大人民群众的负担，这次推行的“一费制”，对现行的收费项目和标准进行了全面清理，各地在严格、合理地核定杂费、课本和作业本费标准的基础上，由省级人民政府确定一次性统一向学生收取费用的标准。实行“一费制”后，学校必须执行统一规定的收费标准，不许再乱收其他费用，这样，就进一步规范了学校收费行为，加强了对学校收费的管理，也将切实减轻学生家长的经济负担。同时，实行“一费制”，也有利于落实政府对义务教育的投入责任。举办义务教育是政府的责任，义务教育的投入必须坚持以政府投入为主的原则，学生缴费仅仅是用于补充学校公用经费的不足。这次推行的“一费制”对此提出了明确要求。因此，通过实行“一费制”，也会进一步推动落实各级政府对义务教育的投入责任，加大政府对义务教育的投入力度，保证义务教育的持续、健康发展。

2. 这次推行的“一费制”全国是否制定统一的收费标准？

答：由于我国地域广阔，地区间、城乡间经济发展不平衡，群众的经济承受能力也不相同。因此，这次推行的“一费制”，在全国不实行统一的标准。各地的“一费制”收费标准由省级人民政府按照因地制宜、实事求是的原则确定。这样，新的“一费制”收费标准，全国是不一样的。同时，考虑到每一省、自治区、直辖市内各地区和城乡间经济发展也不平衡、群众的经济承受能力也不相同，因此在同一省、自治区、直辖市的不同地区间、城乡间“一费制”收费标准也可以是不一样的，例如在同一省内可以划分几种类型确定相应的标准。

3. 确定“一费制”中的杂费内容时要考虑哪些因素？杂费、课本费如何核定？

答：义务教育阶段的办学经费主要由各级政府承担，但考虑到我国的国情，目前学生家长或个人还要合理分担极少的一部分作为对政府投入不足的补充。另外，还有一些特殊的费用，家长也应承担一部分。因此，“一费制”中的杂费，就包括了学生家长或个人应分担的极少部分办学公用经费。此外，还包括部分信息技术教育、北方地区冬季取暖的补充性费用。

这次推行的“一费制”中的杂费标准应按照学生在校学习期间必须开支的公用经费的一定比例确定。

公用经费是指学校用于开展教学及其辅助活动的费用。各省首先应该根据本地区经济社会发展水平、维持学校正常运转的基本支出以及教育发展的需要，制定出生均公用经费的基本标准。在此基础上，确定杂费收入占公用经费的合理比例，测算出生均杂费的基本标准。各地确定比例和标准时，一定要坚持实事求是的原则，并充分考虑学生家长的承受能力。

课本费要根据教育部颁布的教学大纲和省级教育行政部门公布的地方中小学教学用书目录必须配备的学生用书（不得含教辅材料），按照省级价格、新闻出版管理部门核准的价格测算。作业本费根据教学计划及近三年来各年级学生作业本用量情况确定，每本作业本价格不得高于当地市场价格。杂费和课本费要分开核定。

4. 制定"一费制"收费标准的程序是什么？省以下政府和学校可不可以制定"一费制"标准？

答：在义务教育阶段推行"一费制"，关系到千家万户，涉及到方方面面。因此，党中央、国务院高度重视此事，确定了相对集中统一管理的原则。全国的基本政策、原则由教育部、国家发展改革委、财政部提出意见，报经国务院批准后执行。每省的"一费制"收费的具体标准由省级教育行政部门提出意见，同级价格、财政部门进行审核，并由三部门联衔报省级人民政府批准后实施。此前，为了确保标准制定过程的公开、公正和透明，还需要经过听证这个非常重要的程序。要按照《价格法》的有关规定召开听证会，充分听取社会各方面的意见。

由此可以看出，除中央和省级人民政府外，其他地方政府、部门和学校都无权制定收费项目和标准，省级人民政府也不能将制定权下放。

5. 全国"一费制"从什么时间开始推行？

答：国务院要求，自2004年秋季新学年开始，在政府举办的义务教育阶段学校（含义务教育阶段的特殊学校及特教班）均要推行"一费制"收费办法。具体的实施方案由各省级人民政府根据本省实际情况制定。

6. 实行"一费制"后，进城务工就业的农民工子女上学缴纳费用与当地的学生是否有区别？学校能否向住宿的学生收取住宿费？

答：实行"一费制"前，国家就明确规定进城务工就业农民工子女接受义务教育的收费必须和当地学生一视同仁。实行"一费制"后，仍应严格执行这一规定。

对住宿学生，学校可以按规定适当收取住宿费。

7. 实行"一费制"后，政府如何进一步确保学校的正常运转需要？

答：义务教育阶段学校的正常运转经费必须坚持政府投入为主、学生缴费为补充的原则。"一费制"中的杂费收入仅仅是学校公用经费的一种补充。两部一委的文件明确规定，为确保学校的正常运转经费需要，这次各地在制定"一费制"标准时，必须同时制定中小学生均公用经费基本标准、财政预算内生均公用经费拨款标准，并按照生均预算内公用经费拨款标准向学校拨付公用经费。这三个标准必须同时执行。对财力确有困难的县，省、地（市）政府对其实行"一费制"后的公用经费缺口要予以补足。

8. 据反映，一些地方存在挤占、挪用、平调学校收费收入的情况。实行"一费制"后，如何保证学校收费全部用于学校？

答：据了解，目前的确有一些地方的基层政府和部门存在挤占、截留、平调、挪用学校收费收入的行为，致使一些学校运转困难和学生用书不能及时到位，影响了正常教学秩序。

为确保"一费制"收费中的杂费收入全部用于补充学校公用经费的不足，这次教育部、国家发展改革委、财政部联合下发的《关于在全国义务教育阶段学校推行"一费制"收费办法的意见》再次重申：杂费、住宿费收入不得用于平衡政府财政预算，不得从中提取任何性质的调节基金，严禁任何部门、单位或个人以任何理由截留、挪用、平调、挤占。"一费制"中的课本和作业本费属代收费，不得计入学校收入，不纳入财政专户管理。对截留、挪用、平调、挤占学校收费资金的行为要进行严肃处理，并要追究有关单位领导和直接责任人的行政责任，对重大案件要在新闻媒体上曝光。

学校的杂费、住宿费收入要按照规定实行"收支两条线"管理。同时，有关部门要将收费收入及时、足额拨付给学校，确保学校教学和其他办学活动的正常进行。杂费收入只能用于补充学校公用经费不足，不得用于发放教职工工资、津贴、福利等，不能用于基建开支。收取的课本、作业本费是由学校用以代学生购买课本和作业本，因此任何单位都不得将该费用挪作他用，必须由学校直接用于购买课本和作业本。

9. 据了解，目前国家对贫困地区家庭经济困难学生进行免费教科书试点。那么享受免费教科书的学生，是否还要缴纳课本费？

答：近些年来，国家为帮助家庭经济困难的学生完成学业采取了一系列措施，其中包括进行免费提供教科书的试点。因此，对享受国家免费提供教科书的学生，不再缴纳课本费，收费时应从“一费制”收费中相应扣除。

10. 实行一费制后，家庭经济困难的学生交不起费用怎么办？

答：各地在推行“一费制”的同时，必须进一步完善资助家庭经济困难学生的政策体系，进一步加大资助的力度，建立和完善贫困学生助学金制度。对家庭经济困难学生要酌情减、免杂费、住宿费和课本费。有条件的地区，亦可逐步实行对所有义务教育阶段学生免收杂费和课本费。实行“免费提供教科书”制度的试点地区，要做好组织遴选接受免费教科书学生的工作和免费教科书的发放工作，确保每一个符合条件的家庭经济困难学生能按时领到教科书。

财政部　教育部有关负责人就免费提供教科书工作有关问题答问

为贯彻《国务院关于进一步加强农村教育工作的决定》，保证农村家庭经济困难学生顺利完成九年义务教育，财政部、教育部决定，从2004年秋季开始，中央财政再次大幅度增加资金投入，使免费提供教科书的发放范围扩大到中西部农村义务教育阶段所有家庭经济困难学生。

问：对农村义务教育阶段家庭经济困难学生免费提供教科书，是一件惠及广大农村困难群众和学生的好事情，受到社会各界的广泛关注，请谈一下为什么要实施这项制度？

答：党中央、国务院历来高度重视农村义务教育工作。近年来，财政部、教育部按照国务院的部署，认真落实农村义务教育“在国务院领导下，由地方政府负责、分级管理、以县为主”管理体制，新增教育经费主要用于农村，会同国务院有关部门，实施了“国家贫困地区义务教育工程”、“农村中小学危房改造工程”、“农村现代远程教育工程”、“西部地区农村寄宿制学校建设工程”等，大大改善了农村中小学办学条件。同时中央财政还安排了农村中小学教职工工资专项转移支付，调整工资转移支付、补助中西部农村教职工工资的发放。这些措施，对保证农村义务教育持续健康发展发挥了重要作用。但是，要加快“普九”步伐，巩固“普九”成果，除要抓好教师队伍的建设、改善办学条件外，还要解决好一个重要问题，那就是要加大资助家庭经济困难学生的力度，使这些学生都能够顺利接受并完成九年义务教育。

改革开放以来，我国农村义务教育取得了辉煌成就，到2003年底，我国农村义务教育阶段在校生已达1.54亿人。由于我国尚处在社会主义初级阶段，地区之间经济发展不平衡，农村还存在为数不少的贫困人口，他们负担子女上学的费用有不同程度的困难。目前，在我国中西部农村地区义务教育阶段约有家庭经济困难学生2 400多万人。

党中央、国务院高度重视农村经济困难学生接受义务教育的保障问题。《国务院关于进一步加强农村教育工作的决定》要求，到2007年，争取全国农村义务教育阶段家庭经济困难学生都能享受到“两免一补”（免书本费、免杂费、补助寄宿生生活费），努力做到不让学生因家庭经济困难而失学。财政部、教育部也一直把做好资助农村义务教育阶段经济困难学生工作作为执政为民、实践“三个代表”重要思想、保证我国农村义务教育持续健康发展的一项重大工作来抓，结合我国实际情况，始终致力于研究制定并不断完善农村中小学经济困难学生的资助政策与措施。自上个世纪80年代以来，中央财政每年都安排义务教育助学金。经国务院同意，从2001年秋季开始，财政部、教育部联合对中西部农村地区义务教育阶段家庭经济困难学生试行免费提供教科书。中央财政安排的免费教科书专项资金，2001 年为 1 亿元，2002 年为 2 亿元，2003 年增加到 4 亿元。中西部农村中小学贫困学生受益面由 2001 年的 10%提高到 2003 年的 32%。免费提供教科书制度实行 3 年来，深受广大农民群众的欢迎。各地反映，实行免费提供教科书制度，是实践“三个代表”重要思想，贯彻党的十六大和十六届三中全会精神，坚持以人为本，着眼于最广大人民群众根本利益的一项重要措施；是从根本上解决农业、农村和农民问题，切实减轻农民负担的有效办法；是保证农村地区家庭经济困难学生接受义务教育，加快农村教育事业发展，提高农村人口素质的重大战略举措。也是中央财政为更好地促进农村义务教育事业发展，在补助环节和支持方式上的一次重大政革，有利于加快公共财政覆盖农村的步伐。为此，财政部、教育部决定从今年秋季开始，中央财政再次大幅度增加资金投入，使免费提供教科书的发放范围扩大到中西部农村义务教育阶段所有家庭经济困难学生。

问：免费提供教科书的对象是哪些学生？

答：免费提供教科书的对象是农村地区因家庭经济困难而无力负担课本费的义务教育阶段学生（含特殊教育学生)。对农村义务教育阶段家庭经济困难学生按照贫困程度进行资助，优先资助孤儿、绝对贫困和低收入家庭子女，以及因突发事件导致经济困难家庭的子女等。享受免费提供教科书的贫困学生由各地教育、财政部门和学校根据贫困户年均收入水平和家庭经济困难程度确定。免费提供教科书的科目，按照国家现行义务教育课程计划（特教学校课程计划）确定。

问：今年秋季新学期，中央财政拟投入多少资金用于免费提供教科书？覆盖了什么范围？

答：从今年秋季开始，中央财政将免费教科书专项资金，从今年春季的 3 亿元增加到 8.7 亿元。中央财政重点补助河北、山西、内蒙古、吉林、黑龙江、安徽、江西、河南、湖北、湖南、广西、海南、重庆、四川、贵州、云南、陕西、甘肃、青海、宁夏、西藏、新疆等 22 个中西部省份及新疆生产建设兵团。

免费教科书中央专项资金每学期增加到 8.7 亿元后（一个学年达 17.4 亿元），免费教科书发放的实际受益面扩大到中西部地区全部农村义务教育阶段贫困学生约计2 400多万人，占中西部农村学生总数的 22%。对这部分学生的资助，不仅有利于缓解当前全国2 900万特困群体以及5 600多万低收入群体存在的现实性贫困问题，而且从长远来看，对于加快农村教育事业发展，提高农村人力资源素质，从根本上防范和减少未来贫困人口的发生，更是具有不可替代的重要作用。

问：中央财政投入大量资金用于免费教科书的发放，财政部、教育部采取了哪些措施来保证这项工作的顺利实施？

答：向农村义务教育阶段家庭经济困难学生免费提供教科书，是关系人民群众切身利益的大事，教育部、财政部非常重视这项工作的各个管理环节。为切实把这件好事办好，今年 3 月，财政部和教育部联合制订下发了《对农村义务教育阶段家庭经济困难学生免费提供教科书工作暂行管理办法》，对资助范围、贫困学生的确定、免费教科书采购发放、资金管理等各个环节都作了明确规定。在贫困学生申请环节，要求有关学校，通过有效途径公开资助信息，包括资助的条件，受资助的名额，资助的申请、审核、批准、监督和申诉程序；要由学校、学生家长和教师代表组成评审小组，对申请免费教科书学生的家庭贫困程度进行审核，拟定受助学生名单，并在校内及学生所在乡镇范围内进行公示，公示期不少于 7 天。在免费教科书的采购环节，要求省级财政、教育部门统一组织政府采购，各省通过招标采购节省下来的资金应全部用于资助贫困学生。在资金管理方面，规定中央财政下达的免费教科书专项资金要统一纳入省级财政国库管理，实行分帐核算，集中支付，封闭运行，确保专款专用。此外，对实行“一费制”收费标准的地区，对享受免费教科书资助的学生，应免收教科书等额价款的费用。今后，财政部、教育部将继续加强对免费发放教科书全过程的管理和监督，真正使这项制度落到实处，把好事办好。

问：免费提供教科书是“两免一补”资助体系的重要组成部分，地方政府落实“两免一补”资助政策应承担什么责任？

答：按照《对农村义务教育阶段家庭经济困难学生免费提供教科书工作暂行管理办法》，享受中央免费教科书专项资金补助的地区，地方政府对贫困学生应承担免杂费和补助寄宿生生活费的责任（即“一免一补”)。地方各级政府特别是省级政府应努力调整财政支出结构，保证地方应承担的“一免一补”所需经费落实到位，逐步落实“一免一补”政策。每年年底省级财政、教育行政部门要向中央报告“两免一补”经费的落实使用情况。

国家西部地区“两基”攻坚知识问答

1. 什么是“两基”？

答：“两基”是基本普及九年义务教育和基本扫除青壮年文盲的简称。

2. 什么是“两基”人口覆盖率？

答：是指一个省（自治区、直辖市）已实现“两基”的县人口数之和占本地区总人口数的比重。用公式表示为：

“两基”人口覆盖率＝已实现“两基”的县人口数之和÷本地区总人口数×100％

3. 截至2002年底，全国“两基”人口覆盖率是多少？西部地区“两基”人口覆盖率是多少？

答：截至2002年底，全国“两基”人口覆盖率为91％；西部地区“两基”人口覆盖率为77％，低于全国平均水平14个百分点。

4. 什么是初中毛入学率？

答：是指初中全部在校学生数占初中学龄人口总数的比重。用公式表示为：

初中毛入学率＝初中全部在校学生数÷初中学龄人口总数×100％

5. 什么是青壮年文盲率？

答：青壮年文盲率是指青壮年文盲人数占青壮年人口总数的比重。用公式表示为：

青壮年文盲率＝1－青壮年非文盲数（受完小学四年教育以上人数＋扫盲合格人数）÷青壮年人口总数×100％

受完小学四年教育以上人数包括上完五年制小学三年级以上或简易小学毕业人数；青壮年是指15～50周岁年龄段的人口。

6. 什么是小学教师学历合格率？

答：是指具有中师和高中及以上学历的专任教师数占专任教师总数的比重。用公式表示为：

小学教师学历合格率＝具有中师和高中及以上学历的专任教师数÷专任教师总数×100％

7. 什么是初中教师学历合格率？

答：是指具有大学专科及以上学历的专任教师数占专任教师总数的比重。用公式表示为：

初中教师学历合格率＝具有大学专科及以上学历的专任教师数÷专任教师总数×100％

8. 什么是国家西部地区“两基”攻坚计划？

答：《国家西部地区“两基”攻坚计划（2004—2007年）》（以下简称《计划》）是国家有关部门经国务院批准制定的旨在解决西部“两基”问题的计划，是我国普及义务教育进程中的一件大事，是党中央、国务院扶持西部地区基本普及九年义务教育、基本扫除青壮年文盲，提高国民素质，缩小东西部差距，促进当地经济发展和社会进步的一项重大举措。

为实施《计划》，中央投入100亿元专项资金，采取集中投入、分步实施的原则，从2004年开始，到2007年，用四年时间帮助西部地区尚未实现“两基”的372个县（市、区）以及新疆生产建设兵团的38个团场达到国家“两基”验收标准。该《计划》在国务院领导下，由教育部、发展改革委、财政部和地方人民政府共同组织实施。

9. 为什么要实施西部地区“两基”攻坚计划？

答：经过多年不懈努力，全国范围内实现了“两基”的历史性工作目标，取得了举世瞩目的成就。但是，我国农村基础教育整体薄弱的状况，尚未得到整体扭转，城乡之间、区域之间教育发展还不平衡，特别是西部地区的一些贫困县，仍然未能实现“两基”目标。西部地区人均受教育年限仅有6.7年，比全国平均水平低1.3年；“两基”人口覆盖率仅77％，低于全国平均水平14个百分点；15岁以上文盲、半文盲人口数占总人口数的比重为9.02％，高于全国平均水平2.3个百分点。截至2002年底，西部地区仍有372个县（市、区）以及新疆生产建设兵团的38个团场，共410个县级行政单位尚未实现“两基”，涉及345万平方公里国土和8 300多万人口。实施西部地区“两基”攻坚计划，就是扶持西部地区尚未实现“两基”的410个县（团场）达到国家“两基”验收标准，进一步推进西部大开发，缩小东西部差距，提高整个中华民族素质的重大举措。

10. 为什么说实现西部地区“两基”攻坚目标，是一项十分艰巨、复杂的任务？

答：目前“两基”攻坚主要集中在西部高原地区、荒漠区、高寒山区、深山区、石山区，条件特别艰苦，历来是“两基”攻坚工作最难啃的硬骨头。实现西部地区“两基”攻坚目标，是一项十分艰巨复杂的任务，面临着严峻挑战。

（1）西部地区经济社会发展落后，地方财政困难，教育投入严重不足，教育基础薄弱，义务教育程度远远落后于全国平均水平。

（2）西部地区人民群众贫困面大、贫困程度深，适龄少年儿童就学面临困难，普及义务教育任务艰巨。全国尚未脱贫的3 000万人中，绝大部分生活在西部，农村人均纯收入约为全国平均水平的70%左右。一些地区刚刚解决温饱，相当一部分地区尚未完全脱贫，人民群众难以承担基本的教育支出。据2002年统计，西部地区小学适龄儿童入学率、小学五年保留率、小学毕业生升学率等指标，大都低于全国平均水平。

（3）西部大部分地区为少数民族聚居地，少数民族教育成为“两基”攻坚的难点。截至2002年底，西部372个尚未实现“两基”的县（市、区）中少数民族聚居县占83%。加快少数民族义务教育的普及已经成为各民族共同发展的紧迫要求。

11. 西部地区“两基”攻坚的重要意义是什么？

答：到2007年，在西部地区基本普及九年义务教育、基本扫除青壮年文盲，是贯彻落实党的十六大精神，着眼于最广大人民群众的根本利益，从根本上改变西部地区教育相对落后面貌而确立的重大战略目标，具有十分重大的意义。

（1）实施西部“两基”攻坚是实践“三个代表”重要思想，坚持执政为民的重要体现。推动西部“两基”攻坚，加快西部地区教育事业的发展，保障西部地区特别是西部农村的孩子接受义务教育的权利，这是西部地区广大人民群众最根本的利益所在。

（2）实施西部“两基”攻坚是树立和落实新的科学发展观的必然要求，是落实“五个统筹”的集中体现，是促进区域之间、城乡之间经济社会全面协调发展的根本途径，是促进人的全面发展、努力满足人民群众日益增长的受教育需求的重要保证。

（3）实施西部“两基”攻坚是西部大开发的奠基性工程和全面建设小康社会的重要内容。实现党的十六大提出的全面建设小康社会的目标，必须进一步实施西部大开发战略，加快西部地区的发展。没有西部地区的小康，就没有全国的小康；没有西部地区的迅速发展，就难以实现全国的现代化。

12. 西部地区“两基”攻坚的主要目标是什么？

答：主要有三个层次的目标：

（1）到2007年，西部地区整体上实现基本普及九年义务教育和基本扫除青壮年文盲目标，“两基”人口覆盖率达到85%以上，初中毛入学率达到90%以上，扫除600万文盲，青壮年文盲率下降到5%以下。

（2）到2007年，西部各省（自治区、直辖市）及新疆生产建设兵团要分别实现各自的“两基”目标，切实巩固提高现有的“两基”成果，完成攻坚任务，有条件的省（自治区、直辖市）通过国家“两基”评估验收。

（3）截至2002年尚未实现“两基”的372个县（市、区）以及新疆生产建设兵团的38个团场，到2007年，除特别困难的达到国家“普六”验收标准外，其余的要达到国家“两基”验收标准。

13. 西部地区“两基”攻坚的主要任务是什么？

答：《国家西部地区“两基”攻坚计划（2004—2007年）》确定了以下五项基本任务：

（1）满足新增学位和必须寄宿学生的学习和生活的基本需要。以国家投入为主，新建、改扩建一批以农村初中为主的寄宿制学校，解决好西部地区新增中小学生学习和生活的基本条件；同时，加大对现有不具备基本办学条件的寄宿制学校的改扩建，适当增加容量，让确需寄宿的学生能够在具备基本办学条件的学校里学习和生活。

（2）攻坚与巩固提高相结合。在中央加大对“两基”攻坚投入的同时，要求以省级政府为主，进一步调整支出结构，加大统筹力度，改善办学条件，提高教学质量，做好巩固提高工作。防止在“两基”攻坚的同时，在一些低水平“普九”的地区引发的新问题。

（3）资助困难学生。逐步建立和完善资助困难学生的制度，加大中央和地方“两免一补”（免杂费、免书本费、补助寄宿生生活费）的力度，逐步扩大受资助的比例，到2007年，力争使中西部农村家庭经济困难学生普遍得到资助。

(4) 加强教师队伍建设。西部地区各级人民政府要切实保障“两基”攻坚县的教职工（包括按国家编制标准新增教师）的工资发放，建立中央财政用于教师工资转移支付的监管机制。做好对西部地区农村教师的培养和培训工作，加大少数民族地区双语教师队伍的建设，到2007年，小学教师和初中教师学历合格率分别达到95%和90%以上。

(5) 稳步推进农村中小学现代远程教育。到2007年，使西部地区农村初中基本具备计算机教室，小学基本具备卫星教学收视设备和教学光盘播放设备及成套教学光盘，小学教学点具备教学光盘播放设备及成套教学光盘。

14. 实现西部地区“两基”攻坚目标的措施主要有哪些？

答：实现西部地区“两基”攻坚目标主要有七项措施：

(1) 实施“农村寄宿制学校建设工程”，解决当前制约西部农村地区普及义务教育的“瓶颈”问题。

(2) 扶持西部农村地区家庭经济困难学生就学。中央财政要逐年扩大免费提供教科书的受益范围。地方各级财政设立专项资金帮助学校减免困难学生杂费，并为必须寄宿的家庭经济贫困学生提供必要的生活补助。

(3) 实施“农村中小学现代远程教育工程”。在2003年试点工作的基础上，争取用5年左右的时间，逐步实施“农村中小学现代远程教育工程”，在农村小学教学点基本配备教学光盘播放系统，在农村小学基本建设卫星教学收视点，在农村初中建设计算机教室，不断推进义务教育的均衡发展，缓解西部农村地区教育教学资源短缺和师资不足的矛盾，提高教育教学质量。

(4) 大力加强西部农村地区教师队伍建设。西部各省（自治区、直辖市）要科学、合理地核定中小学教师编制，加大人事制度改革，严格教师资格准入和聘用制度，严把进人关。要采取多种形式，通过鼓励城镇教师到乡村任教，新进毕业生到山区、村校任教，以及“教育对口支援”、“西部大学生志愿者计划”等多种形式补充合格教师，不断提高师资水平。

(5) 深化教学改革、提高教育质量。西部农村学校要因地制宜地实施素质教育。地方各级人民政府要逐步加强对贫困地区初中实验室、图书室的建设，保证实验课的开课率，开展劳动技术教育。要结合当地的实际开展体育和艺术教育，民族地区要与本民族的传统文化结合起来。

(6) 加大教育对口支援力度。在“两基”攻坚中要继续实施“东部地区学校对口支援西部贫困地区学校工程”和“西部大中城市学校对口支援本省贫困地区学校工程”，每年选派一定数量的优秀教育工作者赴西部“两基”攻坚县任教、挂职，并帮助培训西部“两基”攻坚县中小学校长、教师。

(7) 明确各级政府在“两基”攻坚中的责任。要进一步完善农村义务教育“以县为主”的管理体制。地方各级人民政府新增教育经费主要用于农村。中央财政将加大支持力度，并在经费分配上实行“奖补结合”的方式。省级人民政府要均衡本行政区域内各县财力，逐县核定并加大对财政困难县的转移支付。在推进农村税费改革过程中，要保证西部地区农村义务教育经费不低于改革前的水平并力争有所提高。县级人民政府要切实落实统筹义务教育和教师工资发放的职责，每年要向同级人民代表大会报告有关教育经费预算的执行情况并接受监督。乡（镇）人民政府要大力支持“两基”攻坚，以多种形式支持当地义务教育发展。

15. 西部地区“两基”攻坚组织领导机构体系怎样设置？

答：为了加强对西部地区“两基”攻坚的领导，国务院成立了国家西部地区“两基”攻坚领导小组。国务委员陈至立任组长，教育部、发改委、财政部、西开办等部门的负责同志参加。领导小组下设办公室，办公室设在教育部。西部地区“两基”攻坚工作由领导小组统一组织。西部地区各级人民政府也建立了相应的组织机构，统一领导和组织协调本地区“两基”攻坚工作。

16. 什么是西部地区“农村寄宿制学校建设工程”？

答：为保证到2007年西部地区实现基本普及九年义务教育和基本扫除青壮年文盲目标，保障“两基”攻坚县扩大义务教育规模的需要，解决制约西部农村地区普及义务教育的“瓶颈”问题，中央和省级人民政府共同实施“农村寄宿制学校建设工程”。即从2004年起，用4年左右的时间，新建、改扩建一批以农村初中为主的寄宿制学校；同时，在合理布局、科学规划的前提下，加快对现有条件较差的寄宿制学校和不具备寄宿条件而有必要实行寄宿制的学校进行改扩建的步伐，使确需寄宿的学生能进入具备基本条件的寄宿制学校学习。

17. 如何确定“农村寄宿制学校建设工程”项目学校？

答：“农村寄宿制学校建设工程”项目学校必须是由政府部门举办的、在中小学布局结构调整中要保留的、单独设置的义务教育阶段的农村（含县镇）学校（含职业初级中学和特殊教育学校）。

18. 中央共投入多少专项资金用于实施西部地区“农村寄宿制学校建设工程”？

答：为解决制约西部农村地区普及义务教育的“瓶颈”问题，中央共投入100亿元专项资金，用来实施西部地区“农村寄宿制学校建设工程”。这100亿元，由国家发改委、财政部各承担50亿元，从2004年到2007年，分4年予以安排。

19. 西部地区“农村寄宿制学校建设工程”实施范围有哪些？

答：“农村寄宿制学校建设工程”实施范围以2002年年底西部地区尚未实现“两基”的372个县和新疆生产建设兵团的38个团场为主，包括纳入国家西部开发计划的部分中部省份的少数民族自治州，以及中部地区到目前尚未实现“两基”的县，兼顾中西部已经实现“两基”、但基础仍然薄弱的部分地区。

20. 为什么要实施西部地区“农村寄宿制学校建设工程”？

答：西部地区幅员辽阔，一半省（区）地处祖国边疆，其面积占全国总面积的71.4%，是少数民族集中聚居的地方。西部的6个边境省（区）中，边境线长1.9万公里，占全国边境线长的79.6%。其中有7个省（区）山区、半山区面积超过50%以上；有5个省（区）的牧区和山区面积占70%以上；高原、高寒、高海拔地区也全部集中在西部。特殊的地理环境和办学形式使西部地区教育成本居高不下，低水平的教育投入难以保证基本的办学条件和教育质量。

在“两基”攻坚进程中，西部地区学龄儿童少年“进不来、留不住”是当前制约西部农村地区普及义务教育的“瓶颈”问题。西部地区地广人稀，有一师一校点约9万个，占全国校点的80%以上；在一些高山、高原、高寒及牧区、半农半牧区和荒漠地区，80%左右的初中生、50%左右的小学生需要寄宿。实施西部地区“农村寄宿制学校建设工程”，对西部地区学龄儿童少年安心就学，对“两基”攻坚县扩大义务教育规模是非常必要的。

21. 预计到2007年“农村寄宿制学校建设工程”结束时，将解决西部地区多少农村中小学生上学的问题？

答：从2004年起，用4年左右的时间，新建、改扩建6000余所以农村初中为主的寄宿制学校，预计到2007年“农村寄宿制学校建设工程”结束时，将解决西部未实现“两基”地区新增的130万名初中学生和20万名小学生最基本的学习、生活条件。

22. “农村寄宿制学校建设工程”中央专项资金主要用于项目学校的哪些方面？

答：中央专项资金主要用于以下两个方面：

（1）项目学校主要建筑的建设、改造，优先保证教学用房、学生生活服务用房和教学辅助用房。此部分资金安排额度不低于中央专项资金总额的90%。

（2）在优先保证学生用床及学生基本生活设施配置的前提下，可配备适量的课桌椅、图书及教学仪器设备。

23. 地方各级人民政府要解决好“农村寄宿制学校建设工程”项目学校哪些配套设施的建设？

答：地方各级人民政府要解决好“农村寄宿制学校建设工程”项目学校以下配套设施的建设：

（1）新建、改扩建用地；

（2）厕所、运动场所；

（3）围墙、勤工俭学场地等。

24. “农村寄宿制学校建设工程”中央专项资金的分配原则是什么？

答：中央专项资金的分配原则是：

（1）综合考虑当地经济发展水平、农村中小学校学生规模、义务教育普及现状；

（2）重点解决西部地区新增150万中小学生的入学问题，同时解决现有寄宿制学校的改善问题；

（3）先配备办学基本设施，其次配备辅助设施；

（4）对地方政府财力有限但非常重视教育、成绩突出的实行“以奖代补”；

（5）对少数民族地区倾斜。

25. “农村寄宿制学校建设工程”中央专项资金的使用原则是什么？

答：“农村寄宿制学校建设工程”中央专项资金总的使用原则是帮助西部地区尚未实现“两基”的县（包括纳入国家西部开发计划的部分中部省份的少数民族自治州和中部地区尚未实现“两基”的县）新建、改扩建一批以农村初中为主的寄宿制学校，兼顾中西部虽已实现“两基”但基础仍然薄弱的部分地区；不同地区在资金使用上有不同的重点。

（1）西部各省（自治区、直辖市）和新疆生产建设兵团以及纳入国家西部开发计划的湘西、恩施土家族苗族自治州，要将中央专项资金优先安排给攻坚县用于“农村寄宿制学校建设工程”，确保实现“两基”攻坚目标。

（2）中部有未“普九”县的省份，要将中央专项资金优先安排用于解决“普九”问题，在保证实现“两基”攻坚目标的前提下，也可用于其他地区的巩固提高，主要是改善部分农村初中和小学基本办学条件。用于解决“普九”问题的资金要安排足，不得留有缺口。

（3）部分没有攻坚任务的中部省份，可将中央专项资金安排用于“普九”的巩固提高，但必须重点投向基础教育薄弱、人均财力低于全省平均财力水平的部分县（含老、少、边、穷等），主要用于改善农村初中和部分小学阶段学校的基本办学条件。

26. “农村寄宿制学校建设工程”中央专项资金分配主要考虑哪些因素？

答：中央专项资金采取因素法进行分配。主要因素包括：

（1）项目省因素：①总人口数，②人口密度；

（2）项目县因素：①新增学生数（寄宿学生数），②现有中小学校舍面积，③生均校舍面积，④人均财政支出，⑤农民人均纯收入，⑥2002年农村中小学在校学生数；

（3）鼓励因素：①预算内教育经费支出占财政总支出的比例，②“两基”增量（2001年至2003年“两基”人口覆盖率增长情况）；

（4）调整因素：①校舍造价（根据不同地区的地理环境、交通条件、建设材料成本等确定），②国家贫困地区义务教育工程、中小学危房改造工程等项目安排资金，③少数民族地区，④其他。

27. 实施“农村寄宿制学校建设工程”要充分考虑哪些因素？

答：实施“农村寄宿制学校建设工程”，必须坚持科学规划，合理布局，要充分考虑下列因素：

（1）结合当地经济社会发展实际，充分考虑城镇化建设、移民建镇、人口增长与流动、学龄人口变化的影响等因素，使新建、改扩建中小学布局既能适应当前普及义务教育的需要，又能适应当地基础教育未来发展的需要。

（2）要充分利用现有资源，尽可能少布新点；易地新建和大面积改扩建的学校，一般应在人口相对集中的城镇或乡镇，做到交通方便，辐射力强；一个乡镇应集中建设好一所初中和一所中心小学，人口相对较少的乡镇应联合邻近乡镇集中办好一所初中；要建一所成一所。

（3）实施“农村寄宿制学校建设工程”的项目学校，必须是符合当地经济社会发展总体规划、小城镇建设规划、教育资源合理配置的学校。

28. “农村寄宿制学校建设工程”新建和改扩建后的校舍最低使用寿命必须保证在多少年以上？

答：“农村寄宿制学校建设工程”项目学校建设要坚持“牢固、实用、够用、方便学生学习和生活”的原则，切忌在工程建设中搞花架子，追求豪华和漂亮的外表。要充分考虑安全、安静、便利、卫生等因素，避开河边、库区和滑坡等自然灾害地段，有利于防灾和安全疏散。新建和改扩建后的校舍最低使用寿命必须保证在50年以上，要坚决杜绝新建和改扩建学校在校舍建设中出现重大安全事故和工程质量问题。

29. “农村寄宿制学校建设工程”质量管理有哪些要求？

答：“农村寄宿制学校建设工程”建设要按照项目法人责任制、招（投）标制、工程监理制和合同管理制等建设管理的法律法规严格项目管理，建立质量目标责任制。

（1）具备条件的地方要按照国家有关规定选择具有相应资质的监理机构，对项目实施全过程监理。尚不具备条件的地方，由项目学校选派一名熟悉业务、责任心强的负责人，经过统一培训后出任施工现场监理员。

（2）建设项目竣工后，由县级“工程”管理机构组织有关部门和单位进行验收，验收合格后方可交付使用。

(3) 施工单位对工程质量终身负责。土建项目竣工验收后，由施工单位出具工程项目保修单。

30.“农村寄宿制学校建设工程”中央专项资金管理有哪些基本要求？

答：中央专项资金的使用，要根据工程总体规划和实施步骤，实行项目管理，统筹安排，突出重点，集中投入，专款专用，保证效益。

(1) 中央专项资金要统一纳入财政国库管理，实行分账核算、集中支付、封闭运行；中央专项资金集中在县级管理，不得下拨至乡镇和项目学校；中央专项资金要专款专用，不能挤占挪用或变相挪用。

(2) 各级政府主管部门要加大对中央专项资金使用的检查力度。“工程”完工后，省级教育行政主管部门内审机构要组织对中央专项资金进行专项审计。“工程”完工验收前，必须提交“工程”项目专项审计报告。

(3) 建立中央专项资金管理责任追究制度。对不按照规定设立“工程”资金专户的，挤占、挪用、截留“工程”资金的，疏于管理造成国有资产流失的行为等，要按照有关规定，追究有关负责人的责任；同时视情节轻重，缓拨、减拨、停拨直至追回“工程”资金。

31.“农村寄宿制学校建设工程”土建项目必须严格执行什么程序？

答：“农村寄宿制学校建设工程”土建项目必须严格执行基本建设程序，坚持先勘察、后设计、再施工的原则，严格按照基本建设程序履行报批手续，严禁搞边勘察、边设计、边施工的“三边”工程。

32.“农村寄宿制学校建设工程”中建设单位的质量责任和义务是什么？

答：根据《建设工程质量管理条例》(2001 年 1 月 10 日国务院第 279 号令) 规定，在实施“农村寄宿制学校建设工程”中，建设单位应履行以下质量责任和义务：

(1) 建设单位应当将工程发包给具有相应资质等级的单位。建设单位不得将建设工程支解发包。

(2) 建设单位应当依法对工程建设项目的勘察、设计、施工、监理以及与工程建设有关的重要设备、材料等的采购进行招标。

(3) 建设单位必须向有关的勘察、设计、施工、工程监理等单位提供与建设工程有关的原始资料。原始资料必须真实、准确、齐全。

(4) 建设工程发包单位不得迫使承包方以低于成本的价格竞标，不得任意压缩合理工期。建设单位不得明示或者暗示设计单位或者施工单位违反工程建设强制性标准，降低建设工程质量。

(5) 建设单位应当将施工图设计文件报县级以上人民政府建设行政主管部门或者其他有关部门审查。施工图设计文件未经审查批准的，不得使用。

(6) 建设单位应当委托具有相应资质等级的工程监理单位进行监理，也可以委托具有工程监理相应资质等级并与被监理工程的施工承包单位没有隶属关系或者其他利害关系的该工程的设计单位进行监理。

(7) 建设单位在领取施工许可证或者开工报告前，应当按照国家有关规定办理工程质量监督手续。

(8) 按照合同约定，由建设单位采购建筑材料、建筑构配件和设备的，建设单位应当保证建筑材料、建筑构配件和设备符合设计文件和合同要求。建设单位不得明示或者暗示施工单位使用不合格的建筑材料、建筑构配件和设备。

33.“农村寄宿制学校建设工程”竣工验收应具备哪些条件？

答：根据《建设工程质量管理条例》，建设单位收到建设工程竣工报告后，应当组织设计、施工、工程监理等有关单位进行竣工验收。建设工程经验收合格的，方可交付使用。

建设工程竣工验收应当具备下列条件：

(1) 完成建设工程设计和合同约定的各项内容；

(2) 有完整的技术档案和施工管理资料；

(3) 有工程使用的主要建筑材料、建筑构配件和设备的进场试验报告；

(4) 有勘察、设计、施工、工程监理等单位分别签署的质量合格文件；

(5) 有施工单位签署的工程保修书。

34. 建设单位如何建立健全建设项目档案管理？

答：根据《建设工程质量管理条例》，建设单位应当严格按照国家有关档案管理的规定，及时收集、整理建设项目各环节的文件资料，建立、健全建设项目档案，并在建设工程竣工验收后，及时向有关部门移交建设项目档案。

35. “农村寄宿制学校建设工程”勘察、设计单位应履行哪些质量责任和义务?

答:根据《建设工程质量管理条例》,从事“农村寄宿制学校建设工程”勘察、设计的单位应履行下列质量责任和义务:

(1)从事建设工程勘察、设计的单位应当依法取得相应等级的资质证书,并在其资质等级许可的范围内承揽工程。禁止勘察、设计单位超越其资质等级许可的范围或者以其他勘察、设计单位的名义承揽工程。禁止勘察、设计单位允许其他单位或者个人以本单位的名义承揽工程。勘察、设计单位不得转包或者违法分包所承揽的工程。

(2)勘察、设计单位必须按照工程建设强制性标准进行勘察、设计,并对其勘察、设计的质量负责。注册建筑师、注册结构工程师等注册执业人员应当在设计文件上签字,对设计文件负责。

(3)勘察单位提供的地质、测量、水文等勘察结果必须真实、准确。

(4)设计单位应当根据勘察结果文件进行建设工程设计。设计文件应当符合国家规定的设计深度要求,注明工程合理使用年限。

(5)设计单位在设计文件中选用的建筑材料、建筑构配件和设备,应当注明规格、型号、性能等技术指标,其质量要求必须符合国家规定的标准。

(6)设计单位应当就审查合格的施工图设计文件向施工单位作出详细说明。

(7)设计单位应当参与建设工程质量事故分析,并对因设计造成的质量事故,提出相应的技术处理方案。

36. “农村寄宿制学校建设工程”施工单位应履行哪些质量责任和义务?

答:根据《建设工程质量管理条例》,从事“农村寄宿制学校建设工程”施工的单位应履行如下质量责任和义务:

(1)施工单位应当依法取得相应等级的资质证书,并在其资质等级许可的范围内承揽工程。禁止施工单位超越本单位资质等级许可的业务范围或者以其他施工单位的名义承揽工程。禁止施工单位允许其他单位或者个人以本单位的名义承揽工程。施工单位不得转包或者违法分包工程。

(2)施工单位对建设工程的施工质量负责。施工单位应当建立质量责任制,确定工程项目的项目经理、技术负责人和施工管理负责人。建设工程实行总承包的,总承包单位应当对全部建设工程质量负责;建设工程勘察、设计、施工、设备采购的一项或者多项实行总承包的,总承包单位应当对其承包的建设工程或者采购的设备的质量负责。

(3)总承包单位依法将建设工程分包给其他单位的,分包单位应当按照分包合同的约定对其分包工程的质量向总承包单位负责,总承包单位与分包单位对分包工程的质量承担连带责任。

(4)施工单位必须按照工程设计图纸和施工技术标准施工,不得擅自修改工程设计,不得偷工减料。施工单位在施工过程中发现设计文件和图纸有差错的,应当及时提出意见和建议。

(5)施工单位必须按照工程设计要求、施工技术标准和合同约定,对建筑材料、建筑构配件、设备和商品混凝土进行检验,检验应当有书面记录和专人签字;未经检验或者检验不合格的,不得使用。

(6)施工单位必须建立、健全施工质量的检验制度,严格工序管理,作好隐蔽工程的质量检查和记录。隐蔽工程在隐蔽前,施工单位应当通知建设单位和建设工程质量监督机构。

(7)施工人员对涉及结构安全的试块、试件以及有关材料,应当在建设单位或者工程监理单位监督下现场取样,并送具有相应资质等级的质量检测单位进行检测。

(8)施工单位对施工中出现质量问题的建设工程或者竣工验收不合格的建设工程,应当负责返修。

37. “农村寄宿制学校建设工程”监理单位应履行哪些质量责任和义务?

答:凡具备监理条件的要严格实行监理制。不具备监理条件的,县级“两基”攻坚办应选派熟悉基建业务的人员组成专门的工程监督小组进驻施工现场,对工程进行质量监督。监理单位应履行如下质量责任和义务:

(1)工程监理单位应当依法取得相应等级的资质证书,并在其资质等级许可的范围内承担工程监理业务。禁止工程监理单位超越本单位资质等级许可的范围或者以其他工程监理单位的名义承担工程监理业务。禁止工程监理单位允许其他单位或者个人以本单位的名义承担工程监理业务。工程监理单位不得转让工程监理业务。

(2) 工程监理单位与被监理工程的施工承包单位以及建筑材料、建筑构配件和设备供应单位不得有隶属关系或者其他利害关系，不得承担该项建设工程的监理业务。

(3) 工程监理单位应当依照法律、法规以及有关技术标准、设计文件和建设工程承包合同，代表建设单位对施工质量实施监理，并对施工质量承担监理责任。

(4) 工程监理单位应当选派具备相应资格的监理工程师进驻施工现场。未经监理工程师签字，建筑材料、建筑构配件和设备不得在工程上使用或者安装，施工单位不得进行下一道工序的施工。

(5) 监理工程师应当按照工程监理规范的要求，采取旁站、巡视和平行检验等形式，对建设工程实施监理。

38.“农村寄宿制学校建设工程”质量保修有哪些规定？

答：根据《建设工程质量管理条例》，施工单位对工程质量终身负责。施工单位在向建设单位提交工程竣工验收报告时，应当向建设单位出具质量保修书。质量保修书中应当明确建设工程的保修范围、保修期限和保修责任等。

39.“两基”攻坚实施规划包括哪些内容？

答：编制“两基”攻坚实施规划（含“农村寄宿制学校建设工程”实施规划），是实施“两基”攻坚计划的前提和基础性工作。其主要内容包括：目标任务、主要措施、组织领导和监督检查等。

(1) 目标方面：到2007年以及从2004到2007年的每年中，各省（自治区、直辖市）实现“两基”的人口覆盖率；实现“两基”的县的数量和名单；初中入学率、残疾儿童少年入学率达到水平，小学、初中在校生年辍学率控制水平；扫除青壮年文盲人数，青壮年非文盲率达到水平；小学和初中专任教师学历达标率；教师工资保障程度；家庭经济困难学生享受“两免一补”的受益程度等。

对经省（自治区、直辖市）认定的极个别确有困难，到2007年仍不能实现“两基”的县，要在规划中逐一说明原因。

(2) 措施方面：实施“农村寄宿制学校建设工程”的各项措施；扶持家庭经济困难学生的各项措施；加强教师队伍建设的措施；明确地方各级人民政府责任的措施；如何实施农村中小学现代远程教育，深化改革、提高教育质量，加大和落实教育对口支援等。

(3) 组织领导和监督检查方面：各省（自治区、直辖市）、市（地、州）、攻坚县“两基”攻坚领导小组及其办事机构的成立情况；进一步明确部门职责及工作程序，制定资金管理、工程建设、工程质量、监督检查等相关制度的情况等。

40. 按照“两基”攻坚计划的总体要求，各地方人民政府在制定“两基”攻坚实施规划时应遵循哪些原则？

答：各地方人民政府在制定“两基”攻坚实施规划时要坚持以下四个总体原则：

(1) 注重调查研究，坚持科学论证。各地在制定“两基”攻坚实施规划时，要根据本地区“两基”现有水平和发展目标，综合考虑区域城镇化建设、人口增长与流动等多方面因素，将项目建设与学校布局结构调整紧密结合起来，合理布点，避免现有校舍的流失以及重复建设，努力形成能够在今后较长时期适应西部地区教育发展的学校新格局。

(2) 分省负责，落实到县和项目学校。各地制定的实施规划要以县为基本单位、以项目学校为基础，按照“两基”攻坚的总体要求，统一部署，统一要求，因地制宜，分步实施。要明确确定省（自治区、直辖市）一级的“两基”攻坚目标并将之分解到各攻坚县、各实施年度、各项目学校，逐一落实建设内容、实施措施和资金额度。

(3) 加强统筹协调，整体设计。各地制定的实施规划要与本地区“十五”规划评估工作结合起来，把“两基”攻坚作为“十五”规划目标的重要举措，同时与“十一五”规划前期研究和规划编制有机衔接起来。要注重整合中央和地方有关基础教育各专项投入的资源，提高资金使用效益；既重视校舍建设和硬件配置，又要切实保证教师工资、学校正常运转、教育质量和困难学生就学；既要重视攻坚县的工作，又要关注已“普九”地区的巩固提高。

(4) 抓住关键，突出重点。各地在制定实施规划时，要抓住关键环节，突出重点领域，着重解决制约西部农村地区普及义务教育的“瓶颈”问题。在做好“两基”攻坚总体规划的基础上，深入细致地做好

“农村寄宿制学校建设工程”实施规划。

41.“两基”攻坚目标任务通过哪些指标来体现？

答：各地在制定2004—2007年“两基”攻坚实施规划时，要用以下指标来体现分年度的主要目标任务：

(1) 各省（自治区、直辖市）“两基”人口覆盖率；

(2) 实现“两基”的县的数量和名单；

(3) 初中入学率、残疾少年儿童入学率达到的水平；

(4) 小学、初中在校生年辍学率控制水平；

(5) 扫除青壮年文盲人数，青壮年非文盲率达到水平；

(6) 小学和初中专任教师学历合格达标率；

(7) 教师工资保障程度；

(8) 家庭经济困难学生享受“两免一补”的受益程度。

42. 在制定“两基”攻坚实施规划时，要落实的保障措施包括哪些方面？

答：(1)“农村寄宿制学校建设工程”实施规划与“两基”攻坚总体规划的衔接；

(2) 扶持家庭经济困难学生的各项措施：包括经费来源、资金管理、救助措施等；

(3) 加强农村中小学师资队伍建设的具体措施；

(4) 完善农村义务教育管理体制的措施；

(5) 农村义务教育投入保障措施：如何确保各级财政预算内教育经费支出的“三个增长”、建立“三保”机制等；

(6) 在“两基”攻坚中，如何实施农村中小学远程教育工程、加大对口支援、提高教育质量等。

(7)“两基”攻坚组织领导保障机制：各省（自治区、直辖市）、地（州）、攻坚县“两基”攻坚领导小组及其办事机构的成立情况；

(8) 监督检查机制：明确部门职责及工作程序，制定资金管理、工程建设、工程质量、督导检查等相关制度的情况等。

43.“农村寄宿制学校建设工程”如何处理好与其他相关“工程”的关系？

答：为加快农村义务教育的发展，国家实施了“国家贫困地区义务教育工程”、“全国中小学危房改造工程”、“农村中小学现代远程教育工程”和世界银行贷款“西部地区基础教育发展项目”等，这些“工程”与“农村寄宿制学校建设工程”既有联系又有区别。“农村寄宿制学校建设工程”要处理好与上述“工程”的关系。在搞好农村中小学布局结构调整的基础上，“农村寄宿制学校建设工程”实施规划要与上述“工程”相互衔接，统筹安排，避免重复投资和浪费。确需在已有上述项目的学校组织安排实施“农村寄宿制学校建设工程”的，要从严把握建设内容，且必须提供其具体规划和已有资金使用情况，重点解决寄宿学生生活用房的建设和改造。

44.“两基”攻坚实施规划由各省（自治区、直辖市）哪些部门研究制定？

答：实施西部地区“两基”攻坚，是一项很强的政府行为，在国务院领导下，由教育部、发展改革委、财政部和地方人民政府共同组织实施。对省级政府来说，“两基”攻坚实施规划的制定工作要由各省（自治区、直辖市）教育、发展改革（计划）、财政部门共同研究制定，经省（自治区、直辖市）人民政府审批后，以省（自治区、直辖市）人民政府名义报教育部、国家发展改革委和财政部。

45. 报送“两基”攻坚实施规划有哪些具体要求？

答：报送“两基”攻坚实施规划（其中含“农村寄宿制学校建设工程”实施规划）的具体要求是：

(1) 各省（自治区、直辖市）“两基”攻坚实施规划应于2004年4月25日前报送国家三部委。

(2)“农村寄宿制学校建设工程”实施规划，因需要具体落实到每一个攻坚县和项目学校，要根据覆盖人口数、服务半径、经济水平、地理环境和教育中长期发展的需求及农村城镇化建设规划，周密测算，工作量大，情况复杂，可以略有延迟，但最迟要在2004年6月30日前由省教育、发展改革（计划）、财政部门联衔上报国家三部委。

46.“两基”攻坚计划责任书如何签署？

答：为保证国家西部地区“两基”攻坚计划的顺利实施，并使各项工作落到实处，根据国家西部地区“两基”攻坚领导小组要求，教育部、国家发展改革委、财政部与西部各省（自治区、直辖市）人民政府于2004年7月5日签订了“两基”攻坚责任书。各相关省、自治区、直辖市人民政府也应根据中央要求与各项目县签订责任书。

47. 在“两基”攻坚中，西部各省（自治区、直辖市）人民政府的领导责任是什么？

答：西部各省（自治区、直辖市）人民政府及新疆生产建设兵团负有“两基”攻坚的主要责任，要把“两基”攻坚列入重要日程，确保保障经费和各项政策措施落实到位，制定具体的组织实施规划，省长（主席、市长）亲自抓，负总责。

（1）各省（自治区、直辖市）人民政府要确保中央用于教育的转移支付不被挪用和截留；要均衡本行政区各县财力，逐县核定并加大对财政困难县的转移支付；在推进农村税费改革过程中，要保证农村义务教育经费不低于改革前的水平并力争有所提高；要努力做到本级财政预算内教育经费支出的“三个增长”。

（2）确保教师工资及时发放，完善教师工资发放的省长（主席、市长）负责制。

（3）确保校舍安全，加大农村初中、小学危房的改造力度。

（4）确保“两基”攻坚县中小学的公用经费，补足实行“一费制”后农村中小学校的公用经费缺口。

（5）确保“两基”攻坚各项工程配套资金的到位和工程建设质量。

48. 在“两基”攻坚中，西部地区“两基”攻坚县人民政府的领导责任是什么？

答：西部地区“两基”攻坚目标最终要落实到县，攻坚县人民政府的领导责任是：

（1）负有对县教育发展规划、经费安排使用、校长和教师人事方面进行统筹管理的责任；

（2）在推进农村税费改革过程中，要保证本县农村义务教育经费不低于改革前的水平并力争有所提高；

（3）要努力做到本级财政预算内教育经费支出的“三个增长”；确保上级用于教育的转移支付不被挪用和截留；

（4）确保教师工资及时发放，完善教师工资发放的行政一把手负责制；确保校舍安全，加大农村初中、小学危房的改造力度；确保中小学的公用经费，补足实行“一费制”后农村中小学校的公用经费缺口；

（5）确保“两基”攻坚各项工程配套资金的到位和工程建设的质量。西部地区“两基”攻坚县实行政府一把手负责制，在完成攻坚任务前，不准使用政府资金购买小汽车、兴建宾馆和新盖办公楼。

49. 西部地区各省（自治区、直辖市）人民政府对“农村寄宿制学校建设工程”负有哪些主要责任？

答：西部地区各省（自治区、直辖市）人民政府对“农村寄宿制学校建设工程”负有的主要责任是：

（1）要结合本省（自治区、直辖市）事业发展规划，在统筹配置省（自治区、直辖市）内教育资源的前提下，制定本省（自治区、直辖市）“农村寄宿制学校建设工程”实施的统一规划；

（2）确定项目县专项资金额度，组织、指导、审定各市（地）“农村寄宿制学校建设工程”规划；

（3）按有关规定减免“工程”项目建设规费，按时、足额拨付“工程”资金；

（4）检查、督促工程进度和工程质量，全面报告本省（自治区、直辖市）“工程”实施情况。

50. 西部地区各市（地）级人民政府对“农村寄宿制学校建设工程”负有哪些主要责任？

答：西部地区各市（地）级人民政府对“农村寄宿制学校建设工程”负有的主要责任是：

（1）要结合本市（地）实际，指导、审核各项目县上报的“工程”规划方案和项目文本，制定本地区“工程”规划方案；

（2）监督“工程”专项资金拨付；

（3）检查、督促工程进度和工程质量；

（4）向上级报告“工程”实施情况。

51. 西部地区“两基”攻坚县人民政府对“农村寄宿制学校建设工程”项目学校负有哪些主要责任？

答：“两基”攻坚县人民政府对项目学校实施“工程”全过程负有组织与管理责任。内容包括：

（1）制定论证本地中小学布局调整规划方案；

（2）在统筹“国家贫困地区义务教育工程”项目、“农村中小学危房改造工程”项目、世界银行贷款“西部地区基础教育发展项目”的基础上，制定本“工程”规划方案；

（3）按照基本建设管理程序，组织项目学校前期论证、勘察设计、招（投）标、土建施工、质量监督检查、竣工验收等；

（4）按审批确定的规划方案管理专项资金，保证专款专用；

（5）检查督促工程进度，对工程质量负主要责任；

(6) 向上级报告"工程"进展情况。

52. 西部地区各级人民政府对建立健全农村寄宿制学校正常运转保障机制负有哪些重要责任?

答:"农村寄宿制学校建设工程"全部由中央专项资金投入,不要求地方资金配套。但"工程"完成后,地方各级人民政府必须切实负起保障寄宿制学校正常运转的责任。项目省(自治区、直辖市)、市、县人民政府要积极采取有效措施,建立责任明确、分级负担的寄宿制学校经费投入保障机制,在完成"工程"项目建设任务的同时,加大对寄宿制学校的经费投入,确保寄宿制学校的正常运转。

53. 项目县人民政府对教师队伍建设负有哪些责任?

答:项目县人民政府要严格编制管理,选拔任用事业心强、政治和业务素质过硬的寄宿制学校校长,采取聘用新的大专院校毕业生、引导优秀教师到农村中小学任教、鼓励志愿者到边远贫困地区从事教育工作和对口支援等多种形式,为寄宿制学校配备合格教师,杜绝不具备教师资格的人员进入教师队伍。要精简、清退超编人员,不得以新建和改扩建寄宿制学校为借口增加非教学人员。

54. 国家将如何加强对西部地区"两基"攻坚工作的监督检查?

答:为切实加强对西部地区"两基"攻坚工作的监督检查,确保"两基"攻坚工程成为"阳光工程"、"放心工程"、"精品工程",国务院办公厅将每年组织教育、发展和改革、财政、纪检、监察、督导、审计、建设等部门组成联合检查组,对各省(自治区、直辖市)"两基"攻坚工作进行专项督察和检查,检查结果要予以通报,并与中央专项资金的拨付挂钩。对积极进取、工作扎实、成绩显著的地方,要给予支持和奖励;对消极等待、工作不力、进展迟缓的地方,要缓拨或扣减中央资金;对挪用、挤占专项经费,提供虚假材料骗取专项经费以及由于规划失误和工程质量问题造成损失的,要停止拨付,并严肃追究有关领导和当事人的责任。

55. 项目省(自治区、直辖市)人民政府对"两基"攻坚县要切实履行哪些监督检查责任?

答:项目省(自治区、直辖市)人民政府对"两基"攻坚县要切实履行以下监督检查责任:

(1) 各省(自治区、直辖市)人民政府每年要对项目县"两基"攻坚工程实施组织工作进行检查,重点检查责任落实情况、资金到位与使用情况、工程进度及质量情况。

(2) 按照"相对固定、分片包干"的办法,从2004年至2007年,对每个攻坚县指定一定数量的工作人员或专家,自始至终对项目县的"两基"攻坚工作进行指导和监督。

(3) 要充分利用发展改革(计划)部门"项目稽查办"和财政部驻各地财政专员监察办事处的力量,加大对"两基"攻坚专项资金的使用情况的监督检查力度。

56. 各级教育督导部门对西部地区"两基"攻坚工作负有哪些监督检查责任?

答:国家教育督导部门要将西部地区"两基"攻坚计划的实施和"两基"攻坚县的督导作为今后一段时期督导工作的重点,进一步加大工作力度。省级教育督导部门要按照国家的评估验收办法,组织对攻坚县的评估验收。评估验收要坚持标准,严格程序,严禁弄虚作假。

57. "两基"攻坚县人民政府对项目学校要切实履行哪些监督检查责任?

答:实施"两基"攻坚工作必须落实到县,中央和省(自治区、直辖市)的各项工作要求,最终要靠县一级政府来具体落实和实施。"两基"攻坚县人民政府对项目学校要切实履行以下监督检查责任:

(1) 各攻坚县人民政府要确定专人负责监督检查项目学校的工程进度和工程质量,在将工程项目管理责任落实到人的同时,将监督责任也落实到人。

(2) 加大对"工程"专项资金使用的监督检查力度,每年都要将"工程"专项资金的使用和管理列入重点审计内容;"工程"完工后,要组织专项审计,每个"工程"项目在验收前都要提交专项审计报告。

(3) 建立"工程"专项资金管理责任追究制度。确保"工程"专款专用,不能顶替原有投入,更不能用于偿还过去拖欠的工程款和其他债务。

58. 为使政府监督和社会监督形成合力,如何建立起人民群众和新闻媒体对"两基"攻坚工程项目建设的监督?

答:"两基"攻坚工程项目建设规划、项目学校名单、项目建设规模与内容、建筑施工单位、竣工验收等均向社会公布。通过在报刊上公开刊登、在当地乡（镇）务公开和村务公开的公示栏中公布以及设立举报电话等方式，让全社会都来监督“两基”攻坚工程项目的实施。

59. 西部地区“两基”攻坚评估验收由哪些指标来衡量？其标准如何掌握？

答：“两基”攻坚的督导检查和评估验收主要通过以下指标来衡量：

（1）适龄儿童少年入学率；（2）适龄儿童少年辍学率；（3）教师学历合格率；（4）青壮年非文盲率；（5）教育投入情况；（6）教师队伍建设情况；（7）校舍和教育教学设施等办学条件；（8）17周岁人口中初级中等教育完成率；（9）小学和初中毕业班学生的毕业率；（10）生均校舍建筑面积；（11）教学仪器和图书资料配备情况。

其中：适龄儿童少年入学率、辍学率、教师学历合格率、青壮年非文盲率等，以及教育投入、教师队伍、校舍和教育教学设施等办学条件，是原国家教委颁布的《普及义务教育评估验收暂行办法》和《县级扫除青壮年文盲单位检查评估办法（试行）》中已量化的核心指标，是衡量“两基”是否达标的最基本标准和条件，必须从严掌握，不能降格以求。

一些指标如17周岁人口中初级中等教育完成率、小学和初中毕业班学生的毕业率、生均校舍建筑面积、教学仪器和图书资料配备标准等，可根据西部地区实际情况，由省级教育行政部门制定标准和提出要求，实事求是，因地制宜，区别对待，努力实现。

西部地区教育督导部门还应在“两基”评估验收中增加教师编制落实情况、发展现代远程教育、落实“两免一补”政策等方面的内容。

60. 西部地区“两基”攻坚评估验收工作程序是什么？

答：西部地区各级教育督导部门应按照职责分工和验收程序，认真开展“两基”攻坚评估验收工作。

（1）县级教育督导部门在自查过程中，必须做到乡乡查、校校查，不能有空白和遗漏。

（2）地市级教育督导部门的复核和抽查，必须达到三分之二的乡镇，并坚持随机抽样。

（3）各省（自治区、直辖市、兵团）教育督导部门要根据本地区“两基”攻坚规划和年度计划，合理制定督导检查和评估验收计划，加强“两基”攻坚工作过程性督导，跟踪掌握各攻坚县的工作进展情况，对申报“两基”达标的县进行评估验收。

（4）各级教育督导部门的评估验收反馈意见应重点指出存在问题，限期整改，跟踪督查，并作为第二年督导评估的重点。省（自治区、直辖市）教育督导部门应在每年11月底前将当年申报“两基”达标县的评估验收材料报送国家教育督导团。

（5）国家教育督导团从2004年起，每年组织国家督学对西部地区“两基”攻坚工作进行督导检查，主要检查“两基”攻坚规划实施进展情况、措施落实情况。鉴于西部地区已将大部分县的“普初”和扫盲工作纳入统一的“两基”攻坚规划，从2004年起，国家教育督导团不再对西部省份单独进行基本扫除青壮年文盲的评估验收，不再对2007年前实现“普九”的县单独审核“普初”验收材料；要把上述两项工作纳入统一的“两基”评估验收工作之中。

对2007年前仍不能实现“普九”的县，各地仍按规划进行“普初”验收并向国家教育督导团申报“普初”材料。各省（自治区、直辖市、兵团）教育督导部门应继续遵循先“普初”、再扫盲、然后“普九”的顺序，推动县级“两基”验收工作。

61. 如何保证西部地区“两基”攻坚评估验收工作的真实性？

答：“两基”攻坚评估验收工作必须坚持公平、公正、公开的原则。任何单位和个人不得向县乡政府、教育行政部门和中小学校压指标，不得盲目追求高指标、高速度；凡是报送的“两基”资料，数据要真实、准确，严禁随意更改、虚报瞒报；为验收准备的各种表、卡、册、簿一律使用原始材料，不得重抄、复制；严禁教育行政部门和中小学为他人出具假证明；严禁在检查验收中弄虚作假。

62. 如何做好“两基”达标后巩固提高的复查工作？

答：凡已实现“两基”目标的县，都要接受省或地市级教育督导部门的复查。对验收后不能保持原有水平的，要给予警告，限期整改；对连续两年仍不能保持指标要求的，要撤销其“两基”县称号。

为全面掌握西部地区“两基”攻坚及达标后的巩固提高情况，及时发现问题，推动工作，国家教育督导团将对截至2002年底西部地区未实现“两基”的372个县进行连续四年（2004年至2007年）的全程跟踪，对这些县的义务教育普及程度、教师队伍建设、教育经费、基本办学条件等主要指标，每年进行检测，使评估验收工作由过去一次性的验收变为全过程监测和监督。监测工作主要由县级教育督导部门承担。

原载2004年10月13日—11月13日《中国教育报》

公办高中招收择校生实行“三限”政策解答

2003年7月，教育部办公厅发出了《关于公办高中严格执行招收“择校生”“三限”政策的通知》，对“三限”政策做出了明确的界定，并要求各地充分认识并采取切实措施，坚决落实通知要求。

1. 公办高中招收择校生实行“三限”政策的具体要求是什么？

答：“三限”政策是指政府举办的公办高中在完成本年度招生计划的前提下，可以招收一定数量的择校生，但必须严格限人数、限分数、限钱数。择校生招生比例和最低录取分数线由省级教育行政部门确定，收费标准由省级教育行政部门会同财政、物价部门提出意见报请省级人民政府批准。要将择校生纳入普通高中招生计划，统一向社会公示招生比例、招生人数和收费标准，统一按分数择优录取，统一办理入学手续。

2. “三限”政策自实施以来取得了那些成效？

答：在教育部颁布公办高中招收择校生实行“三限”政策后，各地能够严格按照“三限”政策要求，结合实际，研究制定出台“三限”政策的具体办法，并认真组织实施，有效控制了择校生招生比例过大，录取分数过低的现象，同时根据各地经济实际承受能力制定了最高收费标准，控制了高额收费行为，规范了公办高中招收择校生工作，得到了社会和广大学生家长的赞同。

3. “三限”政策实施以来还存在哪些问题？

答：“三限”政策是规范学校招生收费管理，治理教育乱收费的一项重要举措。在执行中还存在一些问题，主要是：一些学校择校生比例过大，有的学校擅自扩大招生比例，降低录取分数，甚至出现择校生比例与普通招生比例倒挂的现象；有的地方收取的费用超过当地学生家长的经济承受能力，或在限定金额外收取其他费用；个别地方和学校在“三限”生之外，又招收“自费生”。对此，社会反响和群众意见较大，必须引起高度重视，坚决予以纠正。

4. 对于执行“三限”政策过程中出现的问题，有哪些针对性的措施？

答：第一、各地教育行政部门要按照“谁主管谁负责”的原则，加强对此项工作的领导，发现问题，及时解决，切实杜绝不规范收费行为的发生。

第二、要严格限定范围。凡政府举办的公办高中都要严格执行“三限”政策，一律不准招收自费生、借读生；或以自费班、特长班名义招生收费。

第三、统一录取。各地公办高中录取择校生应列入当年教育行政部门下达的招生计划，向社会公布招生比例、招生人数，统一报考、统一按分数录取，统一办理入学手续，统一编班。

第四、控制最低分数。各地教育行政部门应根据报考择校生人数、学校招收人数划定各校择校分数线，按高分到低分依次录取，低于择校分数线的不能录取。

第五、严格收费标准。各地教育行政部门要会同当地物价、财政部门实事求是地制定择校费收费标准，不得突破省定的最高标准；学校在收取规定数额的择校费后，不得再以“赞助费”、“建校费”、“捐资助学费”等名义变相收取其他费用。

第六、公开择校过程。各地教育行政部门应将择校招生计划、录取分数、收费标准和收费办法等，通过媒体向社会公示，接受社会、学生、家长的监督。

5. 如何保障这些措施的有效落实？

答：首先是强化收费监管。收取择校费必须开具财政部门统一监（印）制的收费票据；收费上缴财政专户，实行收支两条线管理。每年招生结束后，择校收费的学校要接受有关部门的监督检查和审计部门的专项审计。

其次是加强监督检查。在各地教育行政部门对此项工作督促、检查和指导的基础上，有关业务主管部门要组织力量进行专项检查，教育督导部门也将此项工作纳入了对公办高中的综合督导评估，最后还要接受全国治理教育乱收费部际联席会议办公室组织的抽查。

三是加大宣传力度。通过各种新闻媒体向社会宣传“三限”政策。通过宣传，使广大学生和家长了解政策，支持并监督学校认真贯彻执行有关规定。

随着各地政府对发展高中阶段教育投入力度的进一步加大，各地教育行政部门将不断扩大公办高中办学规模，改善办学条件，积极扩大优质高中教育资源，促进高中教育的均衡发展。同时将采取有力措施做好贫困家庭学生的资助工作。办好让人民满意的教育。

贫困家庭学生如何办理国家助学贷款

问：国家助学贷款政策调整后，申请国家助学贷款须具备哪些条件？

答：在中国境内就读的全日制普通高等学校中经济困难的本、专科学生（含高职生）、研究生和第二学位学生可以申请国家助学贷款。

具备下列条件的贫困家庭学生，即可申请贷款：

具有中华人民共和国国籍，且持有中华人民共和国居民身份证；

具有完全民事行为能力（未成年人须由其法定监护人出具书面同意书）；

诚实守信，遵纪守法，无违法违纪行为；

学习刻苦，能够正常完成学业；因家庭经济困难，在校期间所能获得的收入不足以支付完成学业所需基本费用（包括学费、住宿费、基本生活费）；

由所在学校审查同意。

问：具备上述申请条件的学生怎样才能顺利办好贷款？请具体介绍一下申请国家助学贷款的操作流程。

答：整个申请操作流程分为六部分，下面以一位符合申请条件的学生为例详细介绍：

第一步：学生提出申请。

学生在规定的时间内向所在学校机构提出申请，领取《国家助学贷款申请审批表》等材料，如实完整填写，并准备好有关证明材料一并交回学校国家助学贷款经办机构（以下简称“学校机构”）。所要提交材料包括：（1）国家助学贷款申请审批表；（2）本人学生证和居民身份证复印件（未成年人须提供法定监护人的有效身份证明和书面同意申请贷款的证明）；（3）本人对家庭经济困难情况的说明；（4）乡、镇、街道民政部门和县级教育行政部门关于其家庭经济困难的证明；（5）银行或学校要求提供的其他证明文件和资料。

第二步：学校机构进行贷款初审。

学校机构在全国学生贷款管理中心下达的年度借款额度及控制比例内，组织学生申请借款，并接受学生的借款申请。

学校机构对学生提交的国家助学贷款申请材料进行资格审查，对其完整性、真实性、合法性负责，初审工作将在收到学生贷款申请后20个工作日内完成。此项工作完成后，学校机构进行为期5天的公示，并对有问题的申请进行纠正。初审工作无误后，学校机构在10个工作日内，在审查合格的贷款申请书上加盖公章予以确认，将审查结果通知学生，并编制《国家助学借款学生审核信息表》（以下简称“《信息表》”）与申请资料一并送交中国银行经办机构（以下简称“经办银行”）。

第三步：经办银行进行贷款审批。

经办银行在收到学校提交的《信息表》和申请材料后，在20个工作日内完成审查。如有差错或遗漏，会要求学校进行更正或补充。经办银行的复审工作在收到学校提交的真实完整的申请材料后15个工作日内完成。在全部审查结束后5个工作日内，经办银行将统一编制审查合格的借款学生名册随同空白借款合同及借据送交学校。

第四步：与学生签订借款合同。

贷款申请被批准后，学校根据经办银行提供的借款学生名册，在10个工作日内完成组织学生填写、签署借款合同及借据的工作，并提交经办银行。

经办银行在收到学校统一提交的借款合同及借据后的15个工作日内完成签署工作，并在5个工作日内将签署完毕的借款合同送达学校机构。学校机构在收到借款合同及借据后，5日内发还给借款学生本人保管。

第五步：贷款的发放。

经办银行在与借款学生签署借款合同及借据后20个工作日内，会将首年学费、住宿费和生活费贷款统一划入学校在经办银行开立的指定账户；第二年及以后学年的学费、住宿费和生活费贷款在每学年开学后20个工作日内划入学校指定账户。经办银行为每名借款学生办理一张借记卡或活期存折，将借款学生名单及借记卡号明细提交学校以便学校按月将生活费划入该账户。

第六步：贷款的偿还。

借款学生在使用助学贷款完成学业后，应重视自身信用，按时归还贷款。每年毕业离校60日前，学校会组织借款学生与经办银行办理还款确认手续，经办银行会派人上门服务，为借款学生讲解还款有关事宜，并解答借款学生的咨询。

借款学生毕业后，应按月偿还贷款本息，但可自主选择毕业后24个月内的任何一个月起开始偿还贷款本金，也可提前偿还贷款本金。

借款学生应在借款合同中授权经办银行于约定还款日自动从其在该行开立的个人账户中扣收应偿还本息，直至全部贷款本息偿清为止。

问：如果借款学生在学校期间发生休学、退学、转学、出国、被开除学籍等中（终）止学业的事件，相关的贷款业务将如何处理？

答：如果借款学生在学校期间发生休学、退学、转学、出国、被开除学籍等中（终）止学业的事件，学校在为借款学生办理相关手续之前会及时通知银行并要求学生到银行办理还清贷款手续。经办银行在得到学校通知后将停止发放尚未发放的贷款，并采取提前收回贷款本息等措施，为学生办理相关手续。

此外，借款学生毕业后继续攻读学位的，可以申请办理贷款展期。借款学生要在毕业前30日向原所在学校提出展期申请，并提供继续攻读学位的相关证明。原所在学校审核通过后，由经办银行为其办理展期手续。

借款学生毕业后1年内，可以向经办银行提出一次调整还款计划的申请，包括调整还款方式，经办银行将予受理并根据实际情况和有关规定进行合理调整。

借款学生毕业后出国留学的，要主动通知原经办银行并一次性还清借款。

经办银行将建立借款学生还贷监测系统，对连续拖欠贷款超过一年且不与经办银行主动联系的借款学生姓名、身份证件号码、毕业学校、违约行为等加以公布。

摘自　2004年10月12日《中国教育报》

高中课程改革问题解答

【原编者按】

根据教育部的部署，今年秋季普通高中新课程将进入实验。为帮助广大教师了解高中新课程，本报自今日起，将陆续刊登一组“关注高中课程改革系列报道”，详细介绍高中新课程方案的整体思路，高中培养目标、课程内容、课程结构等方面的变化，高中课程实施现状调查分析，两院院士对高中课程标准的肯定与评价，高中新课程的实施与管理等，敬请广大读者关注。

迎着世界高中课程改革的滚滚洪流，我国新一轮高中课程改革，以素质教育为鲜明旗帜，拉开了帷幕。此次高中课程改革的重点在哪里？在培养目标、课程结构、课程内容、课程实施与课程管理等方面发生了哪些变化？日前，记者就此采访了教育部有关负责人。

明确普通高中的性质及培养目标

问：进行高中课程改革，必须首先对高中教育的性质、培养目标、课程结构的设计以及课程制度建设等重要问题进行理性思考和充分研究。那么，高中教育的性质、培养目标是如何确立的？

答：首先必须认识到，高中阶段的教育仍然是基础教育，对于提高国民素质承担着重要任务。高中阶段是一个人发展最关键、最活跃的时期，作为人生的重要阶段，对其终身发展具有独特价值。此次普通高中课程改革，根据《基础教育课程改革纲要（试行）》的思想，对我国国情和高中教育的实际进行了深刻分析，参照世界各国课程改革的经验，进一步明确了普通高中教育的定位，即："普通高中教育是在九年义务教育基础上进一步提高国民素质、面向大众的基础教育。普通高中教育为学生的终身发展奠定基础。"

与此同时，普通高中教育全面落实《国务院关于基础教育改革与发展的决定》所确定的基础教育培养目标，并特别强调使学生初步形成正确的世界观、人生观、价值观；热爱社会主义祖国，热爱中国共产党，自觉维护国家尊严和利益，继承中华民族的优秀传统，弘扬民族精神，有为民族振兴和社会进步作贡献的志向与愿望；具有民主与法制意识，遵守国家法律和社会公德，维护社会正义，自觉行使公民的权利，履行公民的义务，对自己的行为负责，具有社会责任感；具有终身学习的愿望和能力，掌握适应时代发展需要的基础知识和基本技能，学会收集、判断和处理信息，具有初步的科学与人文素养、环境意识、创新精神和实践能力；具有强健的体魄、顽强的意志，形成积极健康的生活方式和审美情趣，初步具有独立生活的能力、职业意识、创业精神和人生规划能力；正确认识自己，尊重他人，学会交流与合作，具有团队精神，理解文化的多样性，初步具有面向世界的开放意识。

问：为了实现上述培养目标，普通高中课程改革将在哪几方面实现突破？

答：此次高中课程改革，将在以下五方面实现突破：一、精选终身学习必备的基础内容，增强课程与社会进步、科技发展、学生经验的联系，拓展视野，引导创新与实践；二、适应社会需求的多样化和学生全面而有个性的发展，构建重基础、多样化、有层次、综合性的课程结构；三、创设有利于引导学生主动学习的课程实施环境，提高学生自主学习、合作交流以及分析和解决问题的能力；四、建立发展性评价体系，改进校内评价，实行学生学业成绩与成长记录相结合的综合评价方式，建立教育质量监测机制；五、赋予学校合理而充分的课程自主权，为学校创造性地实施国家课程、因地制宜地开发学校课程，为学生有效选择课程提供保障。

可以说，高中新课程方案，无论从教育观念、培养目标、课程内容到课程管理都体现了全新的思路，洋溢着鲜活的时代气息。这一具有重大意义的改革，必将对培养数以亿计的高素质劳动者、数以千万计的专门人才和一大批拔尖人才产生深远影响。

为学生个性发展、走向自立提供平台

问：当前，由于我国高中教育受到应试教育以及各种复杂因素的影响，很难体现促进学生全面、和谐、均衡的发展。主要表现在具有不同潜质的学生必须用同样的时间、同样的进度学习同样的内容，而且要达到同样的要求，这样的课程难以满足学生多样化发展的需求。那么，此次高中课程改革，将在课程结构的改革上实现哪些新的突破？

答：据有关调查显示，我国现行高中课程结构的主要问题：一是学科课程过多，过于偏重知识传授，忽视学生能力的发展；二是必修课过多，选修课太少，科目设置统一、课程内容统一、要求统一，在一定程度上限制了学生的发展；三是课程设置上并行科目过多，造成了学生负担过重；四是过于强调学科价值，缺少学科之间的整合。

突出课程的选择性、灵活性和多样化，为满足学生发展的多样化需求，为学生具备进入学习化社会所必需的各种能力打基础，为学生进一步接受高等教育打基础，为学生具备面对社会就业所需要的生存能力、实践能力和创造能力打基础，为学生发展个性、走向自立提供一个良好的平台，是此次高中课程改革的重要突破点。

显然，要实现高中课程的选择性和多样化，首先要合理调整必修课和选修课之间的比例关系，为学生提供多样化的选修课程，为学生提供充分的选择机会；其次，在内容和要求上具有层次性。具体做法是：在保证共同基础的前提下设置多样、灵活、有选择的课程；规定了学科门类以及各学科的课时比例关系，并且对课程的修习时间和课时分配作出规定，要求学生在有选择的基础上，完成规定的学习任务或获得最低学分。这种灵活而富有弹性的课程结构，为学生打开了选择的空间，让学生在选择中学会选择，学会负责，学会规划人生。

问：能否具体介绍一下高中课程结构的特点？

答：为了满足不同学生的个性特点和多样化的发展需要，新课程在保证共同基础的前提下，各学科分层次、分类别设计了多样的、可供不同发展潜能的学生选择的课程，以满足学生对课程的不同需求。其次，增强课程与社会进步、科技发展、学生经验的联系；将知识技能的学习与多方面能力的发展结合起来；赋予学校合理而充分的课程自主权，拓宽学生发展渠道，为每一个学生的充分发展创造条件。

高中新课程由必修课和选修课组成，必修旨在保证所有高中生都达到共同要求，选修Ⅰ旨在达到共同要求的基础上，满足学生在不同学习领域、不同科目中加深和拓宽的学习内容，选修Ⅱ是学校根据当地社会、经济、文化以及自身条件开设的校本课程。

普通高中课程由学习领域、科目、模块三个层次构成，每一领域由课程价值相近的若干科目组成，八个学习领域共包括语文、数学、外语（英语、日语、俄语等）、思想政治、历史、地理、物理、化学、生物、艺术（或音乐、美术）、体育与健康、技术（信息技术、通用技术）等科目。其中技术、艺术是新增设的科目，艺术与音乐、美术并行设置，供学校选择。鼓励有条件的学校开设两种或多种外语。

每一科目由若干模块组成，模块之间既相互独立，又反映学科内容的逻辑联系。每一模块都有明确的教育目标，并围绕某一特定内容，整合学生经验和相关内容，构成相对完整的学习单元；每一模块都对教师教学行为和学生学习方式提出要求和建议。

每个科目在必修的基础上还设置了若干个选修模块，供学生根据自己的兴趣和未来发展需要选择。比如地理在必修内容的基础上，还开设了“地球与宇宙”、“海洋地理”、“自然灾害与防治”、“旅游地理”、“城乡规划与生活”、“地理信息技术应用”、“环境保护”等7个模块供学生选择，学生可以在提供的7个模块中选择自己感兴趣的内容。

需要说明的是，同一科目的模块是有层次的，这样可以保证学生的学习不断递进。同一层次的模块又是并列的，以保证学生有比较大的选择空间。不同层次的模块按照螺旋式设计。模块的选择既有利于多方向的选择，也有利于多层次选择。

问：为什么普通高中课程由学习领域、科目、模块三个层次构成？

答：学习领域是比学科、科目高一层次的范畴，是针对人的发展要求而确定的学习范围。普通高中课程由学习领域、科目、模块三个层次构成，这种新的课程组织形式，特别强调学科的关联及多种学科的共同价值。学习领域的设置，有利于反映现代科学综合化的趋势，在一个比较广阔的视野下，研制各科课程标准，指导教师教学，防止陷入学科本位。有利于整体规划课程内容，体现对高中学生全面发展的要求，提高学生的综合素养。由于每一个学习领域都代表着对学生不同素养的要求，所以，学生在每一个学习领域都必须获得一定的学分，这样，既防止学生过早偏科，又避免并学科目过多，确保为每一个学生打好共同基础。当然，学生学习某一个领域的课程时，允许有不同的水平选择，这样可以使一般学生打好基础，优秀学生脱颖而出。

按照模块组织学习内容，其意义在于，把学生经验、社会发展、科技发展整合在一起，将通常需要2至3年才能学完的内容分为若干相对完整的学习单元。模块的设置，有利于解决学校科目设置相对稳定与现代科学迅猛发展的矛盾；有利于学校充分利用场地、设备等资源，提供丰富多样的课程，为学校有特色的发展创造条件；有利于学校灵活安排课程，学生自主选择并及时调整课程，形成有个性的课程修习计划。

这样的课程结构，既可以从宏观上整体规划课程，也有利于科目间的融合，还可以随时调整科目间的结构，使得课程结构不断趋于合理。

问：此次课程改革增加了哪些新的课程门类？

答：在此次高中课程改革中，除在学科课程中引进鲜活的、有时代感的课程内容外，还适当增加了新的课程领域或门类。考虑到高中生的认知水平、职业准备和发展特点，把劳动技术教育和信息技术教育从综合实践活动中剥离出来，作为技术类课程列入基础课程。这样，在高中阶段，加强了信息技术和通用技术教育，还增加了综合实践活动，研究性学习等。

问：为适应时代发展需要，高中课程内容有了哪些变化？

答：此次高中课程改革，在课程内容的选择上遵循了如下原则：

时代性——课程内容的选择体现当代社会进步和科技发展，反映各学科的发展趋势，关注学生的经验，增强课程内容与社会生活的联系。同时，根据时代发展需要及时调整、更新。

基础性——强调掌握必需的经典知识与灵活运用的能力；注重培养学生浓厚的学习兴趣、旺盛的求知欲、积极的探索精神、坚持真理的态度；注重培养搜集和处理信息的能力、获取新知识的能力、分析和解决问题的能力、交流与合作的能力。高中课程内容既进一步提升所有学生的共同基础，同时更为每一位学生的发展奠定不同基础。

选择性——为适应社会对多样化人才的需求，满足不同学生的发展需要，在保证每个学生达到共同基础的前提下，各学科分类别、分层次设计了多样的、可供不同发展潜能学生选择的课程内容，以满足学生对课程的不同需求。

建立与新课程相配套的教学管理制度

问：课程的实施与管理是课程改革的关键环节，如何采取有效措施，保证新课程的顺利实施？

答：按照新的课程计划，每学年52周，其中教学时间40周，社会实践1周，假期（包括寒暑假、节假日和农忙假）11周。为便于学校合理而灵活地安排课程，减少学生并学科目，保证学生集中有效地学习，我们将每学期分为两段安排课程，每段为10周，其中9周授课，1周复习考试。通常每个模块按每周4学时安排，9周共36学时，完成2个模块。这样每周32学时，可以并行开设8个科目，其中包括音乐、艺术、综合实践活动等。并学科目减少，学习内容相对集中，一周有4节课讲同一内容，负担会大大减轻。

高中一年级主要设置必修课程，逐步增设选修课程，学生可跨班级选修；主要以教学班为单位组织教学。高三下学期，学校应保证每个学生有必要的体育、艺术等活动时间，同时鼓励学生按照自己的兴趣和需要继续修习某些课程，获得一定学分，也可以安排总复习。

为了保证选课制的有效实施，新课程将通过学分描述学生的课程修习状况。学生学习一个模块并通过考核，可获得2学分。（其中体育与健康、艺术、音乐、美术每个模块原则上为18学时，相当于1学分），学分由学校认定。技术的8个必修学分中，信息技术和通用技术各4学分。

值得强调的是，为确立综合实践活动在新课程中的地位，《普通高中课程方案（实验）》做了如下规定："研究性学习活动是每个学生的必修课程，三年共计15学分。设置研究性学习活动，旨在引导学生关注社会、经济、科技和生活中的问题，通过自主探究、亲身实践的过程，综合运用已有知识和经验解决问题，学会学习，培养学生的人文精神和科学素养。此外，学生每学年必须参加一周的社会实践，获得2学分。三年中，学生必须参加不少于10个工作日的社区服务，获得2学分。"这样看来，在普通高中新课程中，综合实践活动作为一门必修课程的学分总数为23，在所有必修学分中所占的比例近20%，是所有学习领域中必修学分最高的。

为了保证学生的均衡发展，学生每学年在每个学习领域必须获得一定学分，通常情况下，学生三年内应获得116个必修学分（包括研究性学习活动15学分，社区服务2学分，社会实践6学分），并在选修中至少获得6学分，总学分达到144方可毕业，这意味着学生必须根据自己的兴趣和需要选修28学分。而且，新课程还规定在28个选修学分中必须至少包括6个选修课程Ⅱ的学分，这意味着选修课程与必修课程同等重要，学校在保证开设好所有必修模块的同时，要积极创造条件，制定开设选修课程的规划，逐步开设丰富多彩的、高质量的选修课程。由于受经费、师资、场地、设备和环境等多种因素的影响，现阶段各学校可根据现有条件，在保证开设所有必修模块的前提下，有选择地开设部分与学生将来的发展直接相关的选修模块；学校要制定规划，积极改善师资状况，创造条件，力求在尽可能短的时间内开齐全部选修模块，为最大限度地满足学生的兴趣、实现学生的发展提供空间。

为加强集体主义教育，发展学生的团队精神和合作意识，高中三年以行政班为单位进行学生管理，开展教育活动。

问：学生在丰富多彩的课程面前如何选择？选择之后如何调整？学校如何建立选课指导制度，引导学生形成有个性的课程修习计划？

答：在普通高中阶段倡导学生选课，使学生建立适合自身发展需要的课程修习计划，这在我国教育史上尚属首次。根据这个方案，每个学生在入学的时候，可根据自己的兴趣、爱好、特点以及学校所提供的选课指导手册，选择要学习的课程，确定学习的基本进程，由此形成个人的修习计划，随着学习的深入，学生还可以调整学习计划，以使其尽可能适应自己的需要和特点，这就是“学生自定学习计划”制度。

学生选课离不开教师的指导，为此，《普通高中课程方案（实验）》规定：“学校要积极进行制度创新，建立行之有效的校内选课指导制度，避免学生选课的盲目性。学校应为学生提供课程设置说明和选课指导手册，并在选课前及时提供给学生。班主任及其他教师有指导学生选课的责任，并与学生建立相对固定而长久的联系，为学生形成符合个人特点的、合理的课程修习计划提供指导和帮助。学校要引导家长正确对待和帮助学生选课。”另外，学校要鼓励学生在感兴趣、有潜能的方面，选修更多的模块，使学生实现全面而有个性的发展。

问：丰富多样的可供选择的课程，需要大量的课程资源。学校如何充分挖掘课程资源，建立课程资源共享的机制？

答：为保障高中新课程的实施，学校应当加强课程资源建设，充分挖掘并有效利用校内现有课程资源。学校网络资源、图书馆、实验室、计算机房及各种专用教室以及体育馆要向教师、学生开放。同时，大力加强校际之间以及学校与社区的合作，充分利用职业技术教育的资源，努力实现课程资源的共享。

学校课程的开发要因地制宜，努力为当地经济建设和社会发展服务，注重普通高中教育、职业技术教育与成人教育的融合与渗透。农村地区的高中学校要结合农村建设和发展的实际开发课程资源。

学校课程既可以由学校独立开发或联校开发，也可以联合高校、科研院所等共同开发；要积极利用和开发基于现代信息技术的课程资源，建立广泛而有效的课程资源网络。

另一个值得强调的是，如何去寻找和利用课程资源，什么样的课程资源是好的资源，要有一个判断的标准，不能仅凭经验去找。课程资源不是为概念作注脚，不是为了旁征博引，而是有助于提高学生对课程内容的理解，给学生提供一个活跃的思维空间，通过课程资源的开发落实国家课程标准的要求。

问：伴随着高中新课程体系的诞生，建立并完善评价制度成为高中课程改革的一项重要任务。评价改革将从哪几方面着手进行？

答：高中将探索建立发展性评价制度，实行学生学业成绩与成长记录相结合的评价方式。学校应根据目标多元、方式多样、注重过程的评价原则，综合运用观察、交流、测验、实际操作、作品展示、自评与互评等多种方式，为学生建立综合、动态的成长记录手册，全面反映学生的成长历程。教育行政部门要对高中教育质量进行监测。

高中教育的改革与发展，关系到中华民族素质的提高和高层次人才的培养，关系到广大人民群众的根本利益和长远利益，也关系到教育发展的整体水平。因此，推进高中课程改革，是当前和今后一段时间内教育改革和发展的一项重要任务。各级教育行政部门要高度重视，增强课程改革的责任感、使命感，积极推进高中课程改革向纵深发展。

【新闻背景】

普通高中课程改革是我国基础教育课程改革的重要组成部分，2001 年秋季，在义务教育新课程开始实验时，教育部正式启动了普通高中新课程方案和课程标准的研制工作，1 000 多名来自全国高等院校和科研院所的课程专家、学科专家以及中小学教学一线的优秀教师、教研员参与了此项工作。一年多来，教育部组织召开了 13 次高中新课程方案及标准研制工作会议，专家们为高中课程改革进行了不懈的努力和探索。在广泛深入调查、研究的基础上，形成了高中课程方案（实验）和各学科课程标准（实验）。经过专家的审议和教育部党组的研究审定，2003 年 3 月 31 日，教育部印发了《普通高中课程方案（实验）》和 15 个学科的课程标准（实验）。

今年 9 月，普通高中新课程将在广东、山东、海南、宁夏进行实验。

附表

普通高中课程方案

学习领域	科目	必修学分（共计 116 学分）	选修学分Ⅰ	选修学分Ⅱ
语言与文学	语文	10	根据社会对人才多样化的需求，适应学生不同潜能和发展的需要，在共同必修的基础上，各科课程标准分类别、分层次设置若干选修模块，供学生选择。	学校根据当地社会、经济、科技、文化发展的需要和学生的兴趣，开设若干选修模块，供学生选择。
	外语	10		
数学	数学	10		
人文与社会	思想政治	8		
	历史	6		
	地理	6		
科学	物理	6		
	化学	6		
	生物	6		
技术	技术（含信息技术和通用技术）	8		
艺术	艺术或音乐、美术	6		
体育与健康	体育与健康	11		
综合实践活动	研究性学习活动	15		
	社区服务	2		
	社会实践	6		

原载《中国教育报》2004 年 2 月 19 日　李建平　文

农村中小学现代远程教育工程情况介绍

一、实施农村中小学现代远程教育工程的背景

2003 年 9 月，国务院召开了全国农村教育工作会议，下发了《国务院关于进一步加强农村教育工作的决定》。《决定》明确提出“实施农村中小学现代远程教育工程，促进城乡优质教育资源共享，提高农村教育质量和效益。在2003年继续试点工作的基础上，争取用五年左右时间，使农村初中基本具备计算机教室，农村小学基本具备卫星教学收视点，农村小学教学点具备教学光盘播放设备和成套教学光盘”。

经国务院同意，按照“总体规划、先行试点、重点突破、分步实施”的原则，2003—2004 年，教育部、国家发展和改革委员会、财政部共同实施了现代

远程教育试点示范项目和农村中小学现代远程教育工程试点工作，两个项目取得了良好的效果，在不少方面创造了经验，培养了典型，形成了各级党政重视，全社会关注和支持的加快建设农村中小学现代远程教育工程的良好氛围。近日，国务院已经批准三部委全面实施农村中小学现代远程教育工程的总体方案。目前正在部署2004—2007年的工程实施工作。

二、农村中小学现代远程教育工程采用三种模式

模式一是教学光盘播放点：配备34寸彩色电视机、DVD播放机和成套教学光盘。通过播放教学光盘对学生授课和辅导。配备对象主要是农村学校布局调整确需保留的教学点，平均每点投资概算3 000元。

模式二是卫星教学收视点：配备卫星接收系统、计算机、电视机、DVD播放机和1～6年级所需的教学光盘。通过中国教育卫星宽带传输网，快速大量接收优质教育资源，并同时具有教学光盘播放点的功能。配备对象为乡中心小学和村完小。每点投资概算1.6万元。

模式三是计算机教室：配备卫星接收系统、网络计算机教室、多媒体教室、教学光盘播放设备。其特点是除具备模式二全部功能外，还能够为学生提供网络条件下的学习环境。配备对象为农村初中。平均每点概算15万元。

在按照三种模式完成基本配置的基础上，各地可结合实际确定相应的配置标准。

三、实施农村中小学现代远程教育工程的主要目的和任务

农村教育在全面建设小康社会中具有基础性、先导性、全局性的重要作用。我国教育的重点和难点在农村，特别是在中西部地区的农村中小学。目前县镇以下农村中小学校（含农村小学教学点）有53万所，占中小学校总数的88%，在校生1.62亿，占中小学生总数的81%。这些地区，特别是中西部农村地区，在教学条件、教育资源、教师水平和教学质量等方面与发达地区存在着巨大差距。解决这个问题的最好办法，是实施现代远程教育工程，促进城乡优质教育资源共享，提高农村教育质量和效益，加强教师培训，积极引入外部优质教育资源，提高教学质量，缩小东西部的教育差距，实现基础教育的均衡发展。同时为农民提供经济、市场信息，帮助他们学习科学的种植、养殖和其他技术，进一步促进当地社会经济的发展。

工程规划用5年左右的时间，为全国约11万个农村小学教学点配备教学光盘播放设备和成套教学光盘，向这些教学点的约510万山村小学生提供优质教育教学资源，解决师资和教学质量较低的问题；使全国38.4万所农村小学初步建成卫星教学收视点，基本满足农村8 142万小学生对优质教育教学资源的需求，同时，卫星教学收视点还将成为中央确定开展的全国农村党员干部现代远程教育的主要依托；使全国3.75万所农村初中基本具备计算机教室，使3 109万农村初中在校生能够逐步与3 495万城镇初中生一样，共享优质教育教学资源，接受信息技术教育，为推进全社会信息化奠定良好的基础。

四、现代远程教育工程试点示范项目和农村中小学现代远程教育工程试点工作实施情况

现代远程教育试点示范项目，中央投资3.64亿元，在西部12个省（自治区、直辖市）和新疆生产建设兵团的农村地区的29 229所小学、2 350所初中，已配备57 140套教学光盘播放设备、5 016个卫星教学收视点、410个计算机教室。

农村中小学现代远程教育工程试点工作，国家投入10亿元，地方配套9.1亿元，在西部地区12个省（自治区、直辖市）、中部6省、山东省和新疆生产建设兵团试点工作共建成20 977个教学光盘播放点、48 605个卫星教学接收点、7 094个计算机教室。覆盖西部各省（自治区、直辖市）25%左右的农村中小学，覆盖中部六省21%左右的农村中小学。覆盖西部试点省925万中小学生，学生覆盖率为27%；中部试点省644万中小学生，学生覆盖率为21%。试点地区同时覆盖了中央确定的9个全国农村党员干部现代远程教育试点地（市、州）县。

五、试点工作主要特点

1. 领导重视，机构健全

教育部、国家发展和改革委员会、财政部成立了农村中小学现代远程教育工程部际协调小组，研究制定试点工作规划和实施方案，对试点工作进行统一部署，组织实施，监督检查以及协调试点工作中的重大问题，有效保证了对工程的宏观指导。

按照国家三部委“试点工作以省人民政府为主组织实施”的要求，各省（自治区、直辖市）政府真正把试点工作当作促进农村教育及其经济、社会发展的

大事，列入重要议事日程。试点工作由省级政府负责，根据总体规划、工程实施管理办法和相关标准规范，结合各地实际，制定本地区试点工作规划和方案，负责试点工作组织和工程建设。各省（自治区、直辖市）分别成立了由政府主管领导任组长的农村中小学现代远程教育工程试点工作领导小组，并整合力量组建了试点工作办公室，负责工程的建设规划、方案论证、招标工作、设备的应用与管理、资源建设与教育教学整合研究、检查验收等工作。地（市、州）、县各级政府也相应成立了以政府分管负责人为组长的领导小组和工作机构，具体负责项目的实施。试点工作期间，各级试点工作领导小组派出了大量的检查组、协调组、指导组和专家工作组赴一线工作，有效地保证了试点工作的顺利进行。各项目学校也成立了以校长为组长的工作领导小组。各级责任明确，上下协调通畅。做到了工作组织机构健全、人员到位、职责明确、目标清楚、任务落实，为试点工程顺利实施提供了组织领导和人员保障。

2. 管理制度完善，措施得力

教育部、国家发展和改革委员会、财政部针对工程的各重要环节，制定了一系列实施农村中小学现代远程教育工程试点工作的文件，指导工程实施，规范试点工作。主要包括：《农村中小学现代远程教育工程试点工作方案》、《关于农村中小学现代远程教育工程试点工作方案的审核意见》、《农村中小学现代远程教育工程试点工作终端接收站点技术方案》、《农村中小学现代远程教育工程试点工作设备招投标采购管理办法》、《关于公布农村中小学现代远程教育工程试点工作项目设备招标采购合格供应商名单的通知》、《农村中小学现代远程教育工程试点工作验收管理办法》，以及农村中小学现代远程教育试点工作部际协调小组办公室批复的各试点省（自治区、直辖市）、新疆生产建设兵团试点工作实施方案。

各地根据三部委的要求制定了相应的试点工作实施方案和管理办法。使试点工作的招投标、设备接收安装、运行维护、教师培训、资源建设、教学应用等实施过程有了保证。

3. 工程资金专户管理，配套资金落实

试点工作所需经费采取由地方负责、国家根据不同区域经济社会发展情况予以适当补助的办法。西部地区中央投入总资金量的2/3，地方投入1/3；中部地区中央投入总资金量的1/3，地方投入2/3；山东省的试点工作所需资金主要由地方政府负责筹措，中央对困难地区给予适当补助。在省级设立试点工作资金专户，全部工程资金纳入该专户管理。

试点地区采用多种方式落实配套资金，工作策略和具体措施各有特色，其中省级财政承担了主要配套资金责任。大部分试点地区采用了省、市、县三级配套的办法；如贵州省按5∶2∶3的比例落实了省、市、县配套经费。少部分试点地区按省与地、省与县、或地与县二级配套，如安徽省地方配套资金由省和县两级负担，省级财政承担80%，县级财政承担20%；河南省配套资金由省、市两级政府按1∶1承担；吉林省地方配套资金由地区（市）、县配套落实，省里安排资金扩大了试点范围。重庆市针对是否实行“一费制”、是否属于三峡库区和经济发展差异等情况，按不同比例落实了区县配套资金。还有部分试点地区的配套资金由省级财政承担，如内蒙配套资金全部由自治区级财政来承担。

4. 招标过程规范，效果良好

教育部、国家发改委、财政部印发了《农村中小学现代远程教育工程试点工作设备招投标采购管理办法》文件。为保证招标采购工作的质量，部际协调小组办公室组织完成了设备供应商和集成商的资格预审，遴选国内著名企业参与工程建设。

《农村中小学现代远程教育工程试点工作设备招投标采购管理办法》根据国家的法律法规对招投标的各重要环节做出了明确规定，并强调了三点：一是各省级教育行政部门为招标人，二是只有资格预审合格的集成商及通过合格预审的产品才可以参加招标，三是招标采购全过程由纪检监察部门实施监督检查。试点工作专项资金的使用，接受审计部门的审计。

为指导各省做好工程设备招标采购工作，部际协调小组办公室专门举办了招标工作国家级培训班，结合试点工作的实际，对各试点省负责招标工作的70名同志进行了有关法律法规、工作程序的培训，为各省的招标工作奠定了良好的基础。

各地十分注重对招标工作的组织领导，坚持“公开、公正、公平”的原则，组织精干队伍，建立健全各项制度，科学合理制定标书，严格依法办事，规范操作，并结合各地农村中小学的实际具体制定标书，整个招标工作取得了良好的效果。如：湖南省的招投标工作严肃认真，纪检部门全程参与监督，具体组织方式也有所创新，一是招标代理机构通过招标产生；二是对三部委资格预审没有涉及到的配料、设备施工材料、软件供应商进行省级资格预审；三是所有配套设备和施工材料都通过招标采购。

招标结果显示：省级组织招标既能结合各地实际、落实了地方的工程实施责任和监督责任，又有较好的规模效益。34 英寸彩色电视机价格为 1 600～1 700元，DVD 机价格为 250～300 元；计算机教室平均在 15 万元左右。

5. 培训工作扎实，骨干队伍初步形成

试点工作中先后举办了三期国家级培训班，为试点地区培训了1 000多名骨干教师和管理人员，各试点地区进行了省、市（地、州）、县级和学校的四级培训。

各试点省从试点工作开始就始终把骨干教师的培训工作贯穿于整个工程实施过程之中。制定了本省农村中小学现代远程教育工程试点项目学校骨干教师培训方案，明确骨干教师的培训内容，教学目标和课时安排。根据学员水平参差不齐的特点，以学员为本，采取分班教学等多种方式和手段进行教学。在经过省、市（地、州）、县、校本培训之后，有些骨干教师除承担学校的日常管理工作外，也具备了相当的硬件和软件维护工作。从与受训教师的座谈中反映，参加培训的学员对培训的教学安排和组织管理表示满意，并且基本上都达到了预期的培训要求，在实践中有比较显著的表现。实地评估表明，约有 80%以上的学员能够独立安装卫星设备和调试计算机数据接收系统，能够培训学校的其他教师，能够下载资源并适当用于教育教学等。陕西省教育厅按照国家三部委项目方案的要求，提出了以“配置为基础、培训为重点、科研为先导、应用为核心”的工作原则，编制了《陕西省农村中小学现代远程教育工程项目教师培训工作管理手册》，其中不仅包含在基地接受培训时的要求，还包含校本培训工作要求，如：工作原则、管理制度建设等，在培训技术的同时也对加强管理的方法进行了培训。宁夏创造了“资源教师”（经过上级培训过的教师）“以一带五”的经验，要求每一位经过上级培训的教师要带五位其他教师学会使用技术。贵州进行有针对性的再培训活动，使一线教师带着问题学习，提高了培训的效果，推动了项目的可持续发展。甘肃积极推行参与式培训方法，鼓励农村教师利用网络发表意见，合作学习。湖南把培训和实地观摩相结合，先建试验点，进行观摩学习，总结经验，逐步推广。

各级教育行政部门建立有效的激励机制，将参加培训和应用现代远程教育开展教育教学活动的情况纳入教师的年终考核、职称评定等体系中，极大地调动了广大教师应用现代教育技术进行教育活动的积极性。各校参加培训的老师，都是经过激烈竞争后选拔出来的优秀分子。

6. 加快资源建设，服务教育教学

为推进农村中小学现代远程教育工程真正出效果，教育部、地方各级教育行政部门、学校和企事业单位都在基础教育资源建设方面开展了大量的工作。教育部整合部内有关单位的力量成立了基础教育资源中心，进一步加大对基础教育资源库、同步课堂、卫星数据资源建设的力度和资源征集、引进、评审与整合的工作速度，为教育教学服务。

通过试点工作的实施，按照面向学生、走进课堂、用于教学的要求，配合三种模式的教育教学资源建设已经有了一定的基础。教育部面向社会征集、遴选、审核了34个出版单位选送的1 116个条目、5 272盘片的教学光盘。人民教育出版社已经组织开发制作与其教材配套的覆盖小学 1～6 年级各学科的相关光盘。

中国教育电视台每天 11 个半小时播出“空中课堂”电视节目和教育部网站信息广播节目，内容包括“中小学同步课堂”“教师培训”、“农村实用技术”等，所有建点的中小学校都可以收看到。教育部—李嘉诚西部教育扶贫项目，已经建成总容量达 148GB 的教学资源库，这个资源库与试点工作所征集的资源整合后，作为农村中小学现代远程教育工程的卫星数字专用频道，免费向全国农村中小学开放，很受农村中小学教师的欢迎。贵州省黄平县教育局长高兴地说：资源内容很好，而且仅免费接收资源一项，全县每年可以减少几十万元的支出。

教育部和文化部共同推进的“全国文化信息共享工程”，大量的电子图书、爱国主义教育影片、文艺戏剧节目等，将会以光盘、卫星广播等多种形式免费向广大农村中小学提供。

各地教育行政部门根据国家课程标准，组织开发制作具有本地区特色、适合农村中小学使用的优质教育教学资源。如：四川省在省网络资源中心的基础上，建设“四川省远程教育资源服务中心”，鼓励、支持各试点地区建立具有地方特色的区域性远程教育资源服务中心。指导、规范各类教育教学资源软件的综合应用，建立三种模式与课程改革同步发展的教育资源配套服务长效运行机制。河北加强资源建设和教育教学方法研究，要求省内中小学教材出版单位开发制作与教材配套的教学光盘，促进优质教育教学资源来源的多样化。

7. 狠抓教学应用，效果初步显现

为了加强三种模式在教育教学中的应用，2004年6月在甘肃召开了现代远程教育试点工作现场会。初步总结和交流农村中小学现代远程教育三种模式在教育教学中应用的经验，研究和部署搭建了硬件环境以后，如何充分利用现代远程教育的手段，提高农村中小学的教育质量，促进农村经济和社会的全面发展。会议观摩了天水市以普及教学光盘应用为特点、三种模式普遍走进课堂的教育教学过程，强调要充分发挥三种模式的功能和作用，与平时的教学活动紧密地结合起来，让现代远程教育的设备走进课堂、面向学生、用于教学，让广大农村学生能够与城市的学生一样，同在蓝天下，共享优质教育资源。天水会议在试点工作中产生了深刻而广泛的影响，各地普遍召开现场会进行落实，“以面向学生的教育教学应用为主、以提高教育教学质量为目的”的观点在试点地区形成广泛共识。

各地教育部门积极推进三种模式在农村教育中的应用，制定开展现代远程教育教学活动的方案。整合力量，强化教研，排出课表、安排教学。现代教育技术手段与新型教学方式在各学科教学过程中的应用，逐步实现了教学内容的呈现方式、学生的学习方式、教师的教学方式的变革。陕西西乡县教育局发挥中心校的辐射作用，将教师运用三种模式组织教育教学的交流活动制度化。宁夏建立了农村中小学现代远程教育工程三种模式教学示范点，发挥带头和辐射作用，积极开展农村中小学现代远程教育“三种模式”应用活动。

三种模式应用于课堂教学后，已经产生了良好的效果。正如一些学校的校长所说“大山再也挡不住知识了”，“项目的实施，对城乡教育的均衡发展、基础教育的现代化和提高教学质量都有着积极的影响和意义”，给他们带来了三变：教师教学理念的转变，教学方法的转变，学生学习习惯的转变；三多：主动收集教学信息的老师多了，自觉研究教学的多了，自主学习的学生多了。三提高：提高了课堂教学效率，提高了学生学习兴趣，提高了教学研究水平。

广大学生认为现代远程教育是他们学习的好帮手，教学内容丰富，形象生动、直观，便于理解，愿学、易懂、记得牢。如英语课程，使学生英语的发音更加准确，普通话讲得更加流利。

各级政府充分利用农村远程教育搭建的平台，实施农村党员干部现代远程教育和农民技术培训，收到了良好效果，促进农村社会经济发展的各项应用正在逐步推广。有许多项目学校对区域的党员、干部、致富带头人进行信息技术技能培训，使他们初步具备利用计算机浏览、查找资料等技能，同时普及适合当地经济发展的实用技术，把远程教育发送的种植、养殖技术的视频资料刻录成VCD，免费向村民传播。贵州遵义市、黔东南苗族侗族自治州是中央确定的全国农村党员干部现代远程教育试点工作的试点地区，这两个地区依托农村中小学为100%的乡镇党委、70%以上的农村党支部提供了进行远程教育的场所和条件，实现了资源整合，节约了资金。同时，试点地区农村中小学，为更好地满足农村党员干部和群众学习需求，充分发挥学生的作用，告知家长在指定时间到学校进行收看。学校还建立了资料片库，采取免费借阅方式，由学生帮助家长借到家中自主收看，不仅做到了“家长需要什么学校就播放和提供什么”，而且保证了节目课件的及时归还。为避免学校教育与农村党员干部及群众教育在学习时间上的“冲突”，提高设备的使用效率，试点地区结合学校教育工作特点和农村生产生活实际，普遍采取“5+2”等学习形式。即周一至周五学校师生在教育教学中应用，周六、周日、晚上和节假日为农村党员干部及群众学习培训的时间，并根据农业生产时节特点，合理安排学习内容，采取农忙时少学、农闲时多学，晴天少学、雨天多学等方式，基本解决了学校教育与农村党员干部教育在时间上的“冲突”，达到了“双促进、两不误”的效果。

8. 可持续发展机制正在形成，积累了一定经验

为保证工程后续可持续发展，建立有效的、可操

作的可持续发展支持体系，各地在实践中结合实际，积极探索，在设备维护、教师培训、资源建设、技术与管理队伍建设以及日常运营等方面，创造了许多新经验。

——各地加大力度在财政预算内安排或提高中小学的公用经费；在新实施"一费制"的地区，可以在杂费内通过信息技术收费解决运行经费的问题；如果略有节余，还可以支持教育教学资源和部分设备的补充。

——各地教育厅与中标设备供应商和工程集成商密切合作，签订了三年左右的主要设备维修合同，规定了中标企业在设备维修维护中的责任。

——在县级设立维修小组，与设备供应商和工程集成商合作维护。如余庆县电教馆与设备供应商和工程集成商签订了设备保修期间的代理维修合同，设备供应商每年向县电教馆支付一定数额的维修费用，由县电教馆负责设备维护工作，这样既解决了维修响应慢的问题，又部分解决了费用紧张的矛盾。

——建立机制，稳定队伍。许多地方将参加培训和应用现代远程教育开展教育教学活动的情况纳入教师的年终考核、职称评定等体系中。教育行政部门与参加培训的教师签订了合同，如果被培训人员要离开，将把培训费用退回，供其他老师培训使用。

——通过多种形式积累资源。各地采用多种形式将教师制作的优秀课件集中起来，交流共享。湖南试点地区在资源建设中，除增加投入扩大购买量外，集中力量搞好自我开发和校际共享，并特别是强调应用与共享，而不普遍提倡自制课件。他们在一定范围内依托一所中学或小学，成立现代远程教育教学中心研究组（室），进行三种模式的教学交流活动。

六、试点工作取得的基本经验

工程部际协调小组办公室组织专家对贵州、陕西、宁夏、重庆、湖南、安徽等省（自治区、直辖市）的工程建设情况进行了检查验收。检查验收组对试点工作的成效给予了高度评价，结合各地的情况反馈，总结出如下基本经验：

1. 三种模式基本适应我国农村中小学的实际，工程的实施把优质教育资源送到了农村

教学光盘播放点的应用把优秀课程引入农村小学的课堂，利用光盘教学或辅助教学在农村小学中广泛应用，使教师从知识的传授者逐步转变为学生学习的辅导者、引导者和课堂教学的组织者；卫星教学收视点把课程资源、教学素材、"空中课堂"送到学生的面前；农村初中计算机教室为开设信息技术必修课创造了条件，并把信息技术应用到教学中去。通过试点，农村中小学将三种模式应用于教育教学，促进了教育教学质量的提高，初步形成了一些适合当地学校实际的教学方法。实施农村中小学现代远程教育工程采用的三种建设模式经济实用，符合农村中小学的实际，基本适应我国农村经济和社会的发展水平。

2. 工程采用集中连片的实施方式，有利于加强对工程建设的指导和三种模式应用的推广

通过集中布点，各省可以在全省范围内调集力量，加强对连片布点地区工程建设的指导和监督。集中布点在当地初步形成了信息化的环境，为普及现代远程教育，共享优质教育教学资源创造了有利条件，使农村中小学现代远程教育成为当地基础教育工作的重要组成部分。集中连片地区通过观摩教学、巡回指导、教师培训等多种形式，积极探索运用三种模式进行教育教学的有效方法，对于整体提高当地农村中小学的教育质量发挥了重要作用。由于规模效益的形成，使农村中小学现代远程教育能够与农村教育改革与发展的实际相结合，与各地、各校的办学能力和办学水平相结合，与正在推动的课程改革相结合，与当地农村经济社会发展相结合，促进了农村教育的跨越式发展。同时，集中连片实施降低了工程的物流成本和维修维护成本，也使以县为主的维修维护本地化成为可能，提高了日常运转的保障能力。

3. 工程投入机制基本适应我国农村实际，通过各级政府分担可以落实工程建设资金

工程投入采取了地方负责、国家根据不同区域经济社会发展情况予以补助的办法。随着社会经济的发展，地方财政的投入能力增强。地方投入一定的资金也增加了他们实事求是推进工程的责任感。各地采用多种方式落实地方配套资金，大部分试点地区按省、地、县三级配套，少部分试点地区按省与地、省与县、或地与县二级配套，还有部分试点地区的配套资金由省级财政承担。各级政府高度重视，根据本地区的实际，采取多项措施，制订不同的资金配套方案，设立专门的资金账户，确保了配套资金的落实。试点表明，工程的投入机制基本符合我国农村实际。

4. 三种模式可以在农村党员干部现代远程教育中发挥重要作用，并提高教育为农服务的能力

试点地区农村中小学三种模式建设搭建了现代远程教育平台，在农村党员干部现代远程教育中发挥了重要作用。在贵州、湖南等省的中央确定的全国农村党员干部现代远程教育试点地区，农村中学已经成为当地乡镇党委农村党员干部教育的主要阵地，农村小学已经成为当地村党支部党员干部教育的主要依托场所，实现了资源整合，节约了资金投入。同时，试点工作还有效地推动了“三教统筹”，提高了教育为农村经济与社会发展服务的能力。农村中小学正逐步成为农村文化中心、党员干部教育中心、农业技术推广和培训中心。

5. 试点工作的组织行之有效，可以保证工程的顺利实施

为了保证工程的顺利实施，三部委出台了一套规章制度。印发了《农村中小学现代远程教育工程试点工作设备招投标采购管理办法》、《农村中小学现代远程教育工程试点工作终端接收站点技术方案》、《农村中小学现代远程教育工程试点工作验收管理办法》等文件。为保证招标采购工作的质量，部际协调小组办公室组织了设备供应商和集成商的资格预审，遴选国内著名企业参与工程建设，取得了很好的经济效益。各省（自治区、直辖市）成立了以省级政府分管领导为组长，教育、发展改革、财政等相关部门参加的领导小组，在教育部门设立了领导小组办公室，并建立了一支包含工程管理、培训、技术服务、招标采购、评估验收、项目设备应用和教育教学方法研究等方面的工作队伍和管理专家队伍，为工程的实施提供了可靠保证。

6. 资源建设和教师培训的力度需要进一步加强

试点工作中，部际协调小组办公室面向社会广泛征集优质教育教学资源，内容涉及课程资源、教学素材、专题教育、教师培训等方面的资源。人民教育出版社已经制作完成了与教材配套的、适合农村中小学使用的小班教学类教学光盘180张。中国教育电视台每天安排11个半小时播出“空中课堂”电视节目。三部委加大资源建设的力度，进一步整合资源，免费向农村中小学提供。但从教学应用的角度看，适应教师教学、学生学习和素质教育的资源严重不足。国家需要进一步加大对优质教育教学资源建设的投入，以确保工程效益的发挥。

试点工作中先后举办了三期国家级培训班，为试点地区培训了1 000多名骨干教师和管理人员，各试点地区普遍对工程布点学校选派的教师进行了培训。但试点工作表明：对于农村教师来讲，一次培训还远远不能达到熟练应用的水平，远不能满足教育教学的需要，有一个不断培训、反复培训的过程。各学校现代远程教育的应用水平也还比较低。需要进一步加大教师和管理人员的培训力度，特别要加大对教育教学方法的培训力度。

附

19亿元助推农村远程教育

——有关负责人谈农村中小学现代远程教育工程一年来进展

问：请介绍一下农村中小学远程教育工程试点工作实施一年来的基本情况。

答：一年来，试点工作按照“总体规划、先行试点、重点突破、分步实施”的原则推进，在西部12个省（自治区、直辖市）、中部6个省、山东省和新疆生产建设兵团各选择了2至3个人口适中，有一定工作基础，具备相应条件的地（市）级行政区域，相对集中连片开展。

中央按照计划划拨专项资金10个亿。各地按照三部委批复的试点工作方案，结合各地实际，采取多种方式，落实配套资金。20个省级试点单位配套资金合计9.11亿元，达到了三部委规划的地方配套额度。

通过一年的工程建设，目前共建成20 594个教学光盘播放点、49 598个卫星教学接收点、6 934个计算机教室。覆盖西部各省（自治区、直辖市）25%左

右的农村中小学、中部6省21%左右的农村中小学。覆盖西部试点省925万名中小学生，学生覆盖率为27%；中部试点省644万名中小学生，学生覆盖率为21%。

问：农村中小学远程教育工程试点工作覆盖面广，投入巨大，头绪繁杂，请问在工程招标和项目管理方面做了哪些工作？

答：一年来，我们重视制度的健全和规范。针对工程的各重要环节，三部委出台了《农村中小学现代远程教育工程试点工作方案》、《农村中小学现代远程教育工程试点工作终端接收站点技术方案》等文件，再加上各试点地区的工作实施方案，工程规范化运作制度基本确立，使试点工作的招投标、设备接收安装、运行维护、教师培训、资源建设、教学应用等实施过程有了保证。

为了指导各省做好工程设备招标采购工作，我们对各试点省负责招标工作的70多名同志进行了有关法律法规、工作程序的培训。招标结果显示，省级组织招标既能结合各地实际，落实地方的工程实施责任和监督责任，又有较好的规模效益。

问：作为一项重大教育工程，大家可能更关心当地的孩子是否能够长期受益。请问在确保工程可持续性发挥效益方面做了哪些工作？

答：我们主要在教师培训、资源建设、教学应用上做了大量工作。我们先后举办了三期国家级培训班，为试点地区培训了1 000多名骨干教师和管理人员，各试点地区也进行了省、市（地、州）、县级和学校的四级培训。各级教育行政领导部门建立激励机制，将参加培训和应用现代远程教育开展教育教学活动的情况，纳入教师的年终考核、职称评定体系中。

进一步加大了对基础教育资源库、同步课堂、卫星数据资源建设的力度和资源征集、引进、评审和整合的工作速度。目前，已经审核了34个出版单位选送的1 116个条目、5 272张教学光盘。

今年6月，我们在甘肃省召开了现代远程教育试点工作现场会，“以面向学生的教育教学应用为主、以提高教育教学质量为目的”的观点在试点地区形成广泛共识。

各地教育部门积极制定开展现代远程教育教学活动的方案，整合力量，强化教研，排出课表、安排教学。现代教育技术手段与新型教学方式在各学科教学过程中的应用，已经产生了良好的效果。

问：农村中小学远程教育试点工程推进一年来取得了哪些经验？作为一项5年工程，下一步的工作还有哪些方面需要加强？

答：试点工程一年来获得了许多宝贵的经验。首先，实践证明三种模式基本适应我国农村中小学的实际。工程的实施把优质教育资源送到了农村，促进了教育教学质量的提高，初步形成了一些适合当地学校实际的教学方法。其次，工程采用集中连片的方式，有利于加强对工程建设的指导和三种模式的应用推广。再次，工程投入机制基本适合我国农村实际。工程投入采取了地方负责，国家根据不同区域经济社会发展的情况予以补助的办法。

当然也有一些工作需要进一步加强。例如在资源建设上，教育部和各地虽然做了大量工作，但从教学应用的角度看，适应教师教学、学生学习和素质教育的资源严重不足，今后需要进一步加大对优质教育教学资源建设的投入。另外，培训工作也需要进一步加强，在建立持续稳定发展的运行机制上还需进一步探索。

原载2004年12月16日《中国教育报》

普通高中课程改革的整体走向

——访教育部有关方面负责人

2004年9月，引人注目的普通高中课程改革实验将首先在山东、广东、海南、宁夏四个省（自治区）启动。作为基础教育课程改革的一部分，普通高中课程改革的目标是什么？与现行的高中课程相比，新的课程体系有哪些变化？学校和教师该做哪些准备？相应的考试与评价体系会做怎样的改革？近日，本刊记者专门采访了教育部基础教育司高中处处长曹志祥和教育部基础教育课程教材发展中心课程处处长刘坚。

改革的追求：
让每一个高中生实现全面而有个性的发展

记者：任何一项改革都有自己明确的追求。这次普通高中课程改革的目标是什么呢？

答：本次普通高中课程改革力图改变我国普通高中长期以来“千人一面，万人一书”，以高考为基本追求，以升学率为主要目标的被动局面，努力促进学生全面而有个性地发展。改革的具体目标体现在以下几个方面。

在知识的选择上，注重精选终身学习必备的基础内容。增强与社会进步、科技发展、学生经验的联系，拓展学生的视野，引导他们创新和实践。

在课程结构上，适应社会需求的多样化和学生全面而有个性的发展，构建重基础、多样化、有层次、综合性的课程体系。

在课程实施方面，要创设有利于引导学生主动学习的教学环境，提高学生自主学习、合作交流以及分析和解决问题的能力。

在评价上，建立发展性评价体系，改进校内评价，推行学生学业成绩与成长记录相结合的综合评价方式，探索建立教育质量监测机制。

在课程管理上，赋予学校合理而充分的课程自主权，为学校创造性地实施国家课程、因地制宜地开发学校课程和学生有效地选择课程提供保障。

记者：为什么要提出这些目标？

答：首先，我们必须提到一个重要的背景，那就是普通高中课程改革是以“三个面向”和“三个代表”重要思想为指导，坚持全面贯彻党的教育方针，认真贯彻落实《中共中央国务院关于深化教育改革全面推进素质教育的决定》和《国务院关于基础教育改革与发展的决定》的一个具体体现。因此，新一轮普通高中课程改革着力于体现素质教育的要求，适应时代发展的需要，立足我国实际，借鉴国外课程改革的经验，大力推进教育创新，努力构建充满活力的普通高中新课程体系。

事实上，这里隐含了对普通高中教育的性质和培养目标这两个需要进一步明确的问题。基础教育，特别是义务教育，是以提高公民素质为基础的教育。义务教育阶段，学生有兴趣爱好的问题，但总体上不存在职业定向的问题，属于非定向教育。高等教育（或高中毕业走向社会就业），主要是接受专业（或职业）教育，总体上属于定向教育阶段。那么，处在义务教育和高等教育阶段之间的普通高中教育，可以说是准定向教育。因为它所面对的是16至18岁的青年学生，他们的个性趋于稳定，兴趣爱好逐步成熟。这个阶段的学校课程应为学生创造更多选择的机会，引导学生在选择中学会选择，在选择中学习规划人生，找到自己的潜能所在以及未来的发展方向。这应该是高中课程具有的基本特征。以往我们的高中课程，文理分科后，所有的学生都必须在相同的时间内按照相同的进度学完相同的内容，参加相同的考试，在同一标准下排名，接受选拔。学生不可能形成对自己未来发展的选择和判断的能力，也不可能学会对自己负责。这种定位是表层的，没有抓住高中教育的本质。普通高中教育，承担着进一步提高公民素质、发展学生个性的重要责任，不仅要为提升所有学生的共同素质打好基础，更要为不同的学生发展打下不同的基础。

需要指出的是，学生的发展绝不仅仅是知识的积累、技能的熟练，重要的是在学习、理解、应用知识的过程中提高分析、解决问题的能力，特别是养成积极的情感、科学的态度和正确的价值观。为此，本次高中课程改革特别强调使学生初步形成正确的世界观、人生观、价值观；热爱社会主义祖国，热爱中国共产党，自觉维护国家尊严和利益，继承中华民族的优秀传统，弘扬民族精神，有为民族振兴和社会进步作贡献的志向与愿望；具有民主与法制意识，遵守国家法律和社会公德，维护社会正义，自觉行使公民的权利，履行公民的义务，对自己的行为负责，具有社会责任感；具有终身学习的愿望和能力，掌握适应时代发展需要的基础知识和基本技能，学会收集、判断和处理信息，具有初步的科学与人文素养、环境意识、创新精神和实践能力；具有强健的体魄、顽强的意志，形成积极健康的生活方式和审美情趣，初步具有独立生活的能力、职业意识、创业精神和人生规划能力；正确认识自己，尊重他人，学会交流与合作，具有团队精神，理解文化的多样性，初步具有面向世界的开放意识。

从结构到内容，为学生提供个性课程

记者：和以前的普通高中课程改革不同，这次改革，无论是课程结构还是课程内容，都有很大的变化，请具体谈一谈。

答：新的高中课程结构分为学习领域、科目和模块三个层次。学习领域有8个，分别是语言与文学、数学、人文与社会、科学、技术、艺术、体育与健康及综合实践活动。每一领域由课程价值相近的若干科目组成，如语言与文学领域就包括语文和外语（值得一提的是，新课程提倡外语语种多样化）两个科目，而数学学习领域只包括数学一个科目。从科目来说，与以前没有太大的变化，只增设了技术、艺术两科，而将艺术与音乐、美术并行设置，供学校选择。这次变化较大的是每一科目又由若干必修模块和选修模块组成。模块之间既相互独立，又反映学科内容的逻辑联系。每一模块都有明确的教育目标，围绕特定的内容（主题或重要概念、基本原理），整合学生经验和相关内容，构成相对完整的学习单元。

在课程内容的选择上，遵循时代性、基础性、选择性的原则。时代性，就是高中课程内容要体现当代社会进步和科技发展，反映各学科的发展趋势，关注学生经验以及与社会生活的联系，并根据时代发展需要及时调整、更新；在基础性上，既要进一步提升所有学生的共同基础，同时又要为不同兴趣和能力的学生奠定不同的基础；而选择性则体现在保证每个学生都达到共同基础的前提下，为不同学生的发展提供可以选择的多样化课程内容。

记者：学习领域和模块是这次课程改革中新出现的两个层次，设置这两个层次有什么意义？

答：设置学习领域是为了反映现代科学综合化的趋势，体现学科之间的联系和不同学科的共同价值。一直以来，我们的课程都是严格的分科课程，严格地分段进行，学生可以将每一学科都学得很好，可惜的是缺乏综合的视野和综合的思维方式。举个例子来说，有一个学生的寒假作业是写一篇对美国的认识，他不知道怎样去写，如果我们告诉他，可以看看历史书，那么，他写的就是一篇关于美国历史的文章；如果我们告诉他，可以查查地理资料，那么他最后写出来的就可能是一篇关于美国地理的文章。为什么呢？就是局限在我们的课程体系里了。所以，我们太需要学科综合的视野了。比如我们教化学，并不只是在教化学这个学科，还是在教科学，是在科学领域里来教化学，不仅要培养学生的化学学科的素养，还要培养科学精神、科学态度、科学方法等科学素养。这就是设置学习领域的首要原因。这样，学习领域一方面有利于在研制课程标准的阶段就能够实现学科之间的融通，整体规划课程内容；另一方面，要求学生每一学年在所有学习领域都获得一定的学分，还可以防止过早偏科和陷入学科本位，促进学生全面发展。

模块是学科内更为灵活的内容组成形式。现代科学一方面朝着综合的方向发展，与此相对应，新课程将科目向上延伸，形成学习领域。另一方面，现代科学又越来越分化，发展速度非常惊人。为了及时吸收最新的发展成果，满足学生多样化发展的需要，新课程又将科目向下延伸，形成若干相对独立的模块。每个模块都有它相对应的领域和研究的对象，都有它解决的生活问题和进一步发展的空间。特别是，模块的出现打破了学科体系“铁板一块”的局面，促进学科内容与学生生活经验、科技进展、社会现实的广泛而深刻的联系，即使是在同一学科的学习中，由于选修模块的不同，学生获得的学分可能是一样的，但形成的知识结构却可能并不相同。学生在模块中自主选择，及时调整，从而能够确确实实形成有个性的课程计划。另外，模块的出现，还方便学校充分利用教师、场地、设备等资源，提供丰富多样的课程，为学校有特色地发展创造条件，也方便学校灵活安排场地。

记者：相应的课程设置与管理上又有哪些变化？

答：如前所述，8个学习领域由12至13个科目组成，每个科目又由必修模块和选修模块两部分组成。为了新课程的有效实施，高中将采用学分管理，也就是说，规定每一门课程的必修学分数和选修学分数，保证学生在共同的基础上实现多样化发展。其中，选修学分又分为选修学分Ⅰ和选修学分Ⅱ。第一类选修课是根据社会对人才多样化的需求，适应学生不同潜能和发展的需要，各科课程标准分类别、分层次设置的若干选修模块。第二类选修课则是学校根据当地社会、经济、科技、文化发展的需要和学生的兴趣开设的若干选修模块。

在新的高中课程方案中，学生必须达到144个学分方可毕业。其中，学生每学年在每个学习领域都必须获得一定的学分，且三年中获得必修学分数应为116个（包括研究性学习活动15学分，社区服务2学分，社会实践6学分），在选修Ⅱ中至少要获得6学分。如果学生修满高中所有的课时并都能通过相应课程的考试，就可以获得约180个学分。学生能够自由选择的空间可高达64个学分，比以前任何课程体系的选择自由度都要大。

需要指出的是，高选择性、高自主性是否会导致学生的偏科？这是人们经常追问的一个问题。如何确保学生全面而有个性地发展？课程方案明确要求，学生每学年在每个学习领域都要获得一定的学分。在这一点上，学生不仅没有选择性，教师、学校和地方教育行政部门都没有选择性。从某种意义上来说，检验一所学校是否有端正的办学思想，是否全面贯彻党的教育方针，这一原则的落实是一块重要的“试金石”。无法想像，一个学生长期不涉及体育、艺术，文科学生长期没有理科思考，理科学生长期没有文科滋养，学生能够健康地成长。

学年安排上最明显的变化是，每学期将分两段安排课程，每段10周，其中9周授课，1周复习考试。每个模块通常为36学时，一般按每周4学时安排，可在一个学段内完成。

学生学习一个模块并通过考核，可获得2学分（其中体育与健康、艺术、音乐、美术每个模块原则上为18学时，相当于1学分）。学分由学校认定。

新课程实施：给学校和教师的建议

记者：高中新课程在课程结构上的改革，特别是要给学生提供多样化可选择的课程，这对学校的课程与教学的组织和管理带来了很大的挑战。学校该如何应对？

答：首先，由于课程结构的变化，课程体系从管理层面来说，会比以前复杂得多。学校需要合理、灵活、有序地安排课程。

特别是，学生现在可以跨班级甚至跨年级选课，这样，原来意义上的固定的行政班级的概念就被打破了。如何既发挥教学班满足学生个性化选择需要的作用，又保持行政班对学生集体主义、合作精神的熏陶功能，是需要认真对待的课题。学生在高中三年仍然应以行政班级为单位开展活动，特别是班团活动、早读晨会、课间操、综合实践活动等，宜以行政班为单位组织。

高一年级第一学期，我们建议尽量都安排必修课，一方面学生刚入校，还不熟悉高中课程体系；另外，有一些科目的必修模块之间也有顺序要求。在高三年级可以安排复习，但至少要有必要的体育和艺术课程，同时，也鼓励学生按照自己的兴趣和需要继续修习某些课程，获得一定的学分。基于学校的现实情况，我们不要求高中一开始就开出所有的选修模块，但要在开设好所有的必修模块的基础上，逐步地创造条件开设选修课。

另外，我们建议将学术性课程两节连排。两节连排的好处是学生一天最多上三门学术性科目，一天的作业也只涉及三门，一个学段内相对集中学习6至8门学术性课程；两节课连排，可减少换教室的次数，延长课间时间，方便学生走班；同时，有利于根据高中生的身心特点，组织学生围绕某一课题（或学科核心概念、重要原理等）系统而深入地开展实践活动，自主探索与交流合作。因为随着学生理性程度的提高，学习难度加大，需要学生深刻地思考，高质量地合作学习，这一切都要有时间的保证。两节连排，对教师的备课提出了新的挑战，但也方便教师集中教学。

记者：很多学校担心，要开那么多选修课，教师与教室够不够用？学校有没有能力把那么多选修模块开起来？如果开不起来，新课程的追求就只是一纸空文。对此，学校应该如何处理？

答：这个担心很正常。首批实验的四个省，经济发达程度不同；学校之间也有很大差别。如果仅仅是站在一所学校的角度来看，肯定是资源不充分的。但是我们必须转换思路，建立起资源共享的机制。实施过程中，我们将帮助学校与教研部门、高等院校等建立联系，建立一个互通的渠道。另外，学校要积极挖掘高校的资源、社区的资源、网络的资源，并且区域内学校之间的办学要打通。普通学校开设的选修课未必就比重点中学的差。各所学校可以发挥各自的专业优势，联合办学。比如，A校文科擅长，B校理科擅长，那么联合起来，共享各自的所长，就能解决一所学校资源孤立、匮乏的局面。另外，为了保证教师的可持续发展和新课程的有效实施，学校还需要建立以校为本的教学研究制度。没有一个国家是将所有的高中教师都培训一遍后再开始新课程实践的，也不可能等师资力量都准备好了再来进行改革。只有在课程实施中遇到问题，解决问题，逐步建立新的机制，使新课程实施的过程成为教师成长的过程。

记者：面对多样化的课程体系，各方面还不成熟的高中学生能不能很好地选择适合自己的课程？学校和教师在其中应起什么作用？

答：这就要求学校建立选课指导制度，既避免学生选课的盲目性，又能保证学生的个性学习需要。班主任和其他学科教师都有指导学生选课的责任。要在教师和学生之间建立相对固定的联系，以增进师生间的了解，更好地帮助学生。还要引导家长适当地参与，让他们认识到新课程的实施是符合他们孩子的发展方向的。学校要鼓励学生在感兴趣、有潜能的方面选修更多的模块，使学生实现有个性的发展，而不是都朝着一流的大学奋斗。

记者：学校和教师最关心的考试与评价制度将有哪些变化？

答：普通高中将建立与新课程相适应的发展性评价体系，实行学生学业成绩与成长记录袋相结合的综合评价方式。学校应根据目标多元、方式多样、注重过程的评价原则，综合运用观察、交流、测验、实际操作、作品展示、自评与互评等多种方式，为学生建立综合、动态的成长记录手册，全面反映学生的成长历程。由于学分认定由学校执行，教育行政部门有必要对高中教育质量进行监测。

关于高考改革的问题，教育部基础教育司与高校学生司正在积极进行研究，在四省（区）进入高中新课程实验时，将提出基于新课程方案的高校招生考试制度改革的思路。

原载2004年11期《人民教育》

刘然　余慧娟　赖配根　文

2004 年教育大事记

1 月 3 日 教育部印发《教育部 2004 年工作要点》和周济部长在 2004 年度教育工作会议上的讲话。

1 月 4 日 教育部印发《普通高等学校基本办学条件指标（试行）》。

1 月 4 日—9 日 教育部副部长章新胜率团赴香港出席邵逸夫先生第十七批向内地教育事业赠款仪式。

1 月 5 日 中共中央发出《关于进一步繁荣发展哲学社会科学的意见》。《意见》指出，在全面建设小康社会、开创中国特色社会主义事业新局面、实现中华民族伟大复兴的历史进程中，哲学社会科学具有不可替代的作用。必须进一步提高对哲学社会科学重要性的认识，大力繁荣发展哲学社会科学。

1 月 6 日 国务院新闻办举行 2004 年首次记者招待会，教育部部长周济向记者介绍了中国教育改革与发展的有关情况并回答了记者提问。

1 月 7 日—9 日 教育部直属高校工作咨询委员会第 14 次全体会议在重庆召开。国务委员陈至立出席会议并讲话。教育部部长周济出席会议并陪同陈至立考察了重庆中小学校。

1 月 8 日 教育部发出《关于做好 2004 年普通高等学校招生工作的通知》。

1 月 10 日 教育部部长周济会见西班牙教育文化体育部大臣卡斯蒂约女士一行，双方签署了《中西高等教育合作协议》和《中西关于教育合作谅解备忘录》。

1 月 10 日—11 日 2001—2003 年度教育部优秀教育新闻暨论文颁奖、研讨会在北京举行。本次评选活动评出特别奖 4 篇，一等奖 29 篇。教育部部长周济出席颁奖会并讲话，强调要大力加强教育新闻宣传工作，为推动教育事业持续健康协调快速发展创造良好的舆论环境。

1 月 11 日 教育部部长周济会见日本国会议员、前文部大臣中曾根弘文。

1 月 11 日—12 日 全国中小学德育工作会议在北京召开。

1 月 12 日 根据中央机构编制委员会办公室的批复，教育部设立学位管理与研究生教育司，与国务院学位委员会办公室合署办公，履行教育部学位与研究生教育行政管理职责。

△ 教育部部长周济会见应邀访华的荷兰教育文化和科学大臣范德胡芬女士，双方签署了《中华人民共和国教育部部长与荷兰王国教育文化和科学大臣关于高等教育、职业教育和科学合作的会谈纪要》。

1 月 12 日—14 日 由中国、美国、智利三国教育部共同举办的 APEC 教育创新论坛在北京开幕。来自 21 个 APEC 经济体的官员和专家学者围绕“分享东西方的有效经验”这一主题，就加强数学与科学教育、加强和改进信息技术在教学中的使用、教育改革应兼顾集中型体制和分散型体制等共同关心的问题进行研讨。

1 月 13 日 教育部部长周济会见以新加坡教育部政务部长曾士生为团长的新加坡教育代表团一行。

△ 教育部副部长张保庆在珠海出席了全国人大常委会召开的会议，代表教育部向香港、澳门地区的全国人大代表、全国政协委员汇报了内地基础教育工作情况，同时考察了解了有关高校在珠海举办的独立学院或校区的建设情况。

1 月 14 日 国务院办公厅转发教育部、中央编办、国家发展改革委、财政部、人事部《关于进一步做好教育援藏工作的意见》。

1 月 16 日 中央综治委学校及周边治安综合治理工作领导小组 2004 年第一次全体会议在北京召开。中央综治委学校及周边治安综合治理工作领导小组组长、中央政法委秘书长王胜俊在会上讲话，对学校及周边治安综合治理工作进行了部署。

△ 教育部部长周济礼节性会见日本文部科学大臣河村建夫率领的访华团一行。

1月17日 国务院办公厅转发《教育部关于建立对县级人民政府教育工作进行督导评估制度的意见》。

1月18日 国务委员陈至立看望了著名学者和科学家季羡林、张光斗、启功，向他们致以节日的问候，并向全国广大教育和科技工作者祝贺新春佳节。

1月19日 中国人民银行、教育部、中国银行业监督管理委员会发出《关于加强和改进国家助学贷款工作的通知》。

1月20日 国务委员陈至立代表温家宝总理专程来到北京第二实验小学退休教师霍懋征的家中看望，并向全国的中小学教师恭贺新春。

△ 国务院办公厅发出《关于妥善解决国有企业办中小学退休教师待遇问题的通知》。

2月1日—3日 中共教育部党组在北京召开2004年全国教育纪检监察工作会议，中纪委副书记、监察部部长李至伦，教育部党组书记、部长周济在会上讲话。教育部党组成员、中纪委驻教育部纪检组组长田淑兰作工作报告。

2月2日 教育部印发《关于进一步加强基础教育新课程师资培训工作的指导意见》。

2月5日 为打击自费留学服务市场非法中介活动，加强对自费出国留学中介机构的管理，教育部公布了270家自费出国留学中介机构核心资质情况。

2月6日 教育部发出《关于进一步加强学校安全工作的紧急通知》。

2月8日 全国首届中小学生艺术展演颁奖晚会在人民大会堂举行。全国人大常委会副委员长许嘉璐、国务委员陈至立、全国政协副主席周铁农、教育部部长周济等观看了演出。

2月9日 教育部部长周济会见联合国教科文组织统计所主任丹尼斯·理文斯莉女士。

△ 教育部副部长章新胜出席了温家宝总理为来访的巴布亚新几内亚总理索马雷举行的欢迎仪式和两国总理举行的会谈及两国有关文件的签字仪式，与巴新贸易与工业部长共同签署了两国教育部《关于教育领域合作的谅解备忘录》。

2月10日 中央精神文明建设指导委员会召开第三次全体会议，中央政治局常委、中央文明委主任李长春强调，要加强领导，求真务实，进一步加强和改进未成年人思想道德建设。

△ 全国治理教育乱收费部际联席会议在北京召开第三次全体会议。

△ 教育部公布2004年自主选拔录取改革试点院校名单，试点院校增至28所，并就自主招生选拔录取办法作出了补充规定。

2月12日 教育部召开2004年推进普通高校招生考试改革工作会议。教育部部长周济出席会议并讲话。

△ 教育部、财政部印发《关于进一步加强农村地区"两基"巩固提高工作的意见》。

△ 教育部决定，从2004年开始对全国成人高校招生时间进行调整，调整后的招生统一入学考试时间为每年10月的第三个星期六和星期日，录取的新生于第二年春季入学。

2月12日—14日 全国中等职业教育产教结合经济交流会在江苏省无锡市举行。

2月13日 教育部发出《关于认真做好2004年初中毕业升学体育考试工作的通知》。

2月16日 国务院办公厅转发教育部、国家发展改革委、财政部和国务院西部开发办《国家西部地区"两基"攻坚计划（2004—2007年）》。

2月17日 第七届全国三好学生、优秀学生干部、先进班集体评出。这是教育部、团中央授予高等院校和中等职业学校学生的最高荣誉，此次共评出全国三好学生184名，全国优秀学生干部112名，先进班集体196个。

2月18日 教育部决定从2004年秋季起，在广东、山东、宁夏、海南4省（区）开始普通高中新课程实验。

△ 大学英语教学改革试点工作网络视频会议在北京召开。

△ 国家语委咨询委员会第四次会议在北京召开。咨询委员会主任、全国人大常委会副委员长许嘉璐强调，高校要在语言文字规范化中起示范作用。

△ 教育部部长周济会见加拿大瑞尔森大学工程与应用科学院院长和戴蒙斯大学工学院院长一行。

2月18日—20日 全国教育事业"十一五"规划编制工作暨2004年高等教育招生计划工作会议在江西省南昌市召开。教育部副部长张保庆对教育事业"十一五"规划编制工作进行了全面部署，对2004年高等教育年度招生计划的执行提出了严格要求。

2月19日　全国网吧等互联网上网营业场所专项整治工作电视电话会议在北京召开。国务委员陈至立出席会议并讲话，强调要下大决心，花大力气，深入开展专项整治，尽快实现网吧经营秩序的根本好转，为青少年的健康成长创造良好的社会环境。

△　教育部、国家发展改革委、财政部印发《西部地区农村寄宿制学校建设工程实施方案》。

△　教育部部长周济会见澳门特别行政区政府社会文化司司长崔世安一行。

2月19日—20日　教育部在浙江省宁波市召开教育部中小学安全工作研讨会。会议要求，各地要结合实际，认真做好全国中小学生"安全教育日"教育宣传活动，切实提高中小学生安全防范意识和能力。

2月20日　中共中央、国务院在北京隆重举行国家科学技术奖励大会。温家宝代表党中央、国务院在大会上讲话。中共中央总书记、国家主席胡锦涛向获得2003年度国家最高科学技术奖的中国科学院院士、中国科学院地质与地球物理研究所研究员刘东生，中国工程院院士、中国载人航天工程总设计师王永志颁发了奖励证书和奖金。

△　教育部副部长吴启迪在教育部举行的新闻发布会上宣布，"一村一名大学生计划"试点工作正式启动。

△　中日两国政府在北京举行了青海大学申请的日本对华文化无偿援助政府换文签字仪式。教育部副部长章新胜、日本驻华特命全权大使阿南惟茂分别代表两国政府签字。该项援助限额为4740万日元，将提供给青海大学用于该校的西部科技日语培训中心改善办学条件。

2月23日　2003年度教育部科技委第五届全体会议在北京开幕。全国人大常委会副委员长韩启德，教育部党组书记、部长周济，教育部副部长赵沁平出席会议并讲话。会议强调，要集中力量进一步提高高校科技创新能力，为发展我国高水平的学科和现代化建设作出人才贡献和知识贡献。

2月24日　国家发展改革委、教育部发出《关于建立和完善教育收费决策听证制度的通知》。

2月24日—25日　教育部在成都召开全国农村劳动力转移培训经验交流会。会议强调，教育战线要抓住机遇，勇挑重担，急政府之所急，想农民之所想，做好农村劳动力转移培训工作，千方百计为解决好"三农"问题和走新型工业化道路作贡献。

2月24日—27日　教育部副部长赵沁平赴贵州进行工作调研，其间，出席了2004年全国学校体育卫生艺术教育和国防教育工作会议并讲话。

2月26日　中共中央国务院发出《关于进一步加强和改进未成年人思想道德建设的若干意见》。《意见》指出，加强和改进未成年人思想道德建设，是全党全社会的共同任务。各有关部门和社会各有关方面，都要根据各自担负的职责和任务，采取有效措施，狠抓贯彻落实，切实把加强和改进未成年人思想道德建设的各项工作落到实处。

△　经国务院批准，国家西部地区"两基"攻坚工作会议在北京召开。国务委员陈至立在会上作了题为《积极行动起来 扎扎实实工作 为实现西部地区"两基"攻坚目标而努力奋斗》的讲话。强调要从践行"三个代表"重要思想的高度，明确责任，狠抓落实，确保西部地区基本普及九年义务教育、基本扫除青壮年文盲的攻坚目标如期完成。

△　教育部部长周济会见乌兹别克斯坦共和国高等与中等专业教育部部长古利亚莫夫一行，双方共同签署了《中华人民共和国教育部和乌兹别克斯坦共和国高等与中等专业教育部相互谅解备忘录》。

△　2004年度全国职业教育与成人教育工作会议在成都召开，教育部副部长吴启迪出席会议并讲话。

2月26日—27日　教育部在北京召开了高校哲学社会科学名刊工程首批入选学报建设座谈会。教育部副部长袁贵仁出席会议并讲话。

2月27日　教育部部长周济在河南出席了该省召开的高等教育工作会议并作讲话，代表教育部与河南省政府签订了河南省人民政府与教育部共建郑州大学的协议。

△　财政部、国家税务总局发出通知，明确规定了教育事业享受多重税收优惠。优惠政策从2004年1月1日起施行。

△　教育部印发《2004年高等学校招生全国统一考试考务工作规定》。

2月28日—29日　全国高等职业教育第三次产学研结合经验交流会在江苏省无锡市召开，会议强调，高职主要任务是培养高技能人才，用3至5年时间，兴建一批起示范作用的国家级职业教育实训基地，力争在5年内，培养100万名具备较强职业技能的高技能人才。

2月29日—3月2日 由中宣部、人事部、教育部、科技部联合举办的“中国留学人员回国创业成就展”在北京开幕，共有1 100多项成果参展，其中获得国家或省部级奖的超过200项，一些成果填补了国内空白，达到国际先进水平。

3月1日 教育部、国务院纠风办等七部门在北京联合召开了全国治理教育乱收费工作电视电话会议。国务委员陈至立出席会议并作了题为《再接再厉 真抓实干 深入治理教育乱收费》的讲话，强调建立完善治理乱收费长效机制，一是要在义务教育阶段全面推行“一费制”；二是要进一步完善公办高中招收择校生的“三限”政策；三是要严格规范高校收费行为；四是要加大对搭车收费和各种形式摊派的治理力度；五是要进一步加强对教育收费资金的管理。同时，要加强监督检查，严肃查处违纪案件。

3月2日 教育部印发《普通高中思想政治课程标准（实验）》。

3月3日 国务院批转教育部《2003—2007年教育振兴行动计划》。3月24日，教育部发出《关于学习、宣传和全面实施〈2003—2007年教育振兴行动计划〉的通知》。

3月4日 教育部部长周济会见美国明导公司总裁亨克利一行，并出席了《合作谅解备忘录》签字仪式。

△ 教育部部长周济会见保加利亚教育和科学部部长达米亚诺夫一行。

3月5日 国务院总理温家宝签署中华人民共和国国务院令（第399号），公布《中华人民共和国民办教育促进法实施条例》，自2004年4月1日起施行。

3月5日—14日 教育部副部长章新胜以世界遗产委员会主席身份率团出席并主持了在法国巴黎举行的联合国教科文组织第28届世界遗产大会预备会和世界遗产委员会主席团会议。

3月8日 教育部、国务院纠风办、监察部、国家发展改革委、财政部、审计署、新闻出版总署等七部门印发《关于2004年治理教育乱收费工作的实施意见》。

3月11日 新疆维吾尔自治区人民政府、教育部共建新疆大学协议签字仪式在北京举行。中共中央政治局委员、新疆维吾尔自治区党委书记王乐泉出席了签字仪式。新疆维吾尔自治区人民政府主席司马义·铁力瓦尔地和教育部部长周济分别代表新疆维吾尔自治区和教育部签署了协议。

△ 教育部在石家庄市召开2004年全国中等职业学校招生工作会议。

△ 教育部部长周济出席了教育部第一期司局级新闻发言人培训班开班典礼并讲话。教育部党组成员、部长助理郑树山，教育部党组成员、人事司司长李卫红分别在开班典礼和结业典礼上讲话。

△ 教育部、国家民委印发《内地高等学校支援新疆第五次协作会议纪要》及本科生五年招生规划。

3月13日 浙江省人民政府与北京大学正式签署《浙江省人民政府与北京大学合作协议》。此次合作内容突破了双方开始时单一的一次性科技成果转让的范畴，扩展到经济、科技、社会发展等诸多领域。

3月15日 教育部办公厅公布《新调整认定的首批国家级重点中等职业学校名单》。

3月16日 教育部部长周济、副部长章新胜会见美国耶鲁大学副校长洛瑞墨一行，就在耶鲁大学举办中国大学校长高级研讨班事宜举行了工作会谈。

△ 教育部副部长章新胜会见日本国际交流基金理事长小仓和夫。

3月17日 教育部部长周济会见美国汤姆森学习出版集团及国际业务集团总裁兼首席执行官Dunn Ronald一行。

△ 教育部、国家发展改革委、财政部印发《关于在全国义务教育阶段学校推行“一费制”收费办法的意见》。

3月19日 教育部专项治理与教育收费管理工作座谈会在东北师范大学召开。

3月21日 教育部发出《关于开展高校上网场所清理整顿工作 进一步加强校园网管理的紧急通知》。

3月22日 教育部、共青团中央公布《全国第一届中小学生艺术展演活动组织奖及各项目评选结果》。

3月24日 教育部部长周济出席国务院新闻办公室举行的记者招待会，介绍了《2003—2007年教育振兴行动计划》的有关情况，并回答了记者的提问。

△ 教育部印发《农村劳动力转移培训计划》。

3月25日 教育部、公安部发出《关于加强高校学生管理禁止学生参与非法传销活动的紧急通知》。

△ 教育部发出《关于做好2004年全国普通高等学校毕业生教育工作的通知》。

△ 教育部发布《中小学生守则》、《小学生日常行为规范（修订）》和《中学生日常行为规范（修订）》，于2004年9月1日起施行。

3月26日—27日 教育部在北京召开了加强大学生思想教育工作研讨会。

3月29日 教育部部长周济出席温家宝总理为也门总理巴贾迈勒举行的欢迎仪式和两国总理举行的会谈，与也门高等教育和科学部长共同签署了《中华人民共和国政府与也门共和国政府2004—2006年教育合作协定》。

△ 教育部第二届普通高等学校本科教学工作评估专家委员会成立大会暨第一次工作会议在北京召开。

3月30日 教育部副部长袁贵仁出席了第三届全国民办高校思想政治教育研讨会并讲话。

△ 中宣部、教育部印发《中小学开展弘扬和培育民族精神教育实施纲要》。

△ 教育部发出《关于近期几起中小学校楼梯间拥挤伤亡事故的紧急通报》。

3月30日—4月2日 教育部在郑州召开全国教育财务工作会议。教育部副部长张保庆出席会议并讲话。

3月31日 教育部、公安部发出《关于加强学校消防安全工作的通知》。

△ 教育部发出《关于进一步加强学校春游活动等安全工作的紧急通知》。

4月2日—4日 教育部部长周济赴黑龙江省考察农村教育工作。

4月5日 教育部、国家发展改革委、财政部、建设部印发《关于进一步加强农村中小学危房改造工程管理的意见》。

△ 教育部党组印发《关于建设学习型机关的意见》。

4月6日 教育部召开教育系统西部地区"两基"攻坚视频会议。

4月7日 由农业部、财政部、劳动保障部、教育部、科技部、建设部共同组织实施的"农村劳动力转移培训阳光工程"正式启动。"阳光工程"由政府公共财政支持，以粮食主产区、劳动力主要输出地区、贫困地区和革命老区为重点，以市场需求为导向，以受训农民转移就业为目标，开展农村劳动力转移前的职业技能培训。按照"政府推动、学校主办、部门监管、农民受益"的原则组织实施。目的是提高农村劳动力素质和就业技能，促进农村劳动力向非农产业和城镇转移，实现稳定就业和增加农民收入，推动城乡经济社会协调发展。

△ 教育部、国家语委印发《关于开展语言文字规范化示范校创建活动的意见》。

4月8日 教育部召开网络视频会议，就教育系统进一步学习贯彻落实《中共中央国务院关于进一步加强和改进未成年人思想道德建设的若干意见》作部署。

△ 教育部召开2004年全国高职院校就业工作网络视频会议。

4月8日—11日 教育部部长周济在安徽考察了解税费改革后农村义务教育管理体制改革的进展情况。

4月12日 共青团中央、教育部、财政部、人事部联合召开2004年大学生志愿服务西部计划电视电话会议。4月13日，共青团中央、教育部在京召开新闻发布会，全面启动2004年大学生志愿服务西部计划，六千志愿者将奔赴西部。

4月13日 教育部部长周济签署中华人民共和国教育部令第17号，发布《教育系统内部审计工作规定》，自2004年6月1日起施行。

4月13日—15日 教育部副部长吴启迪赴云南，就进一步推进省部共建云南大学的有关工作同云南省有关同志进行了座谈。

4月15日 教育部在北京举办"国际汉语教师中国志愿者计划"实施办法新闻发布会。经教育部批准，《"国际汉语教师中国志愿者计划"实施办法》于2004年3月26日正式颁布实施。"国际汉语教师中国志愿者计划"是大规模派遣志愿者到世界各国从事汉语教学工作的计划，由对外汉语教学发展中心组织实施。

4月16日 国务委员陈至立在出席中国气象局与部分高校开展合作工作座谈会时指出，要进一步推进科技工作和高等教育的紧密结合，为我国经济建设、国防建设和社会发展提供优质服务。

4月19日 教育部部长周济会见莫桑比克教育部长阿尔尼格·恩格尼亚一行。

4月19日—25日 教育部党组成员、部长助理郑树山率中国教育代表团赴摩洛哥、突尼斯访问。

4月20日 中国科学与人文论坛在北京开幕。国务委员陈至立出席并讲话。

△ 教育部部长周济会见阿联酋高等教育和科研部部长纳哈扬一行。

4月21日 国务院召开2004年全国高校毕业生就业工作电视电话会议，中共中央政治局常委、国务院副总理黄菊在会上强调，要以“三个代表”重要思想为指导，高度重视和切实做好高校毕业生就业工作，鼓励高校毕业生到西部、到基层、到祖国最需要的地方去建功立业。国务委员兼国务院秘书长华建敏出席会议，国务委员陈至立主持会议。

4月27日 国务院决定，任命陈小娅为教育部副部长。

△ 教育部、国家发展改革委、财政部、国家税务总局、国家粮食局印发《关于支持高等学校进一步做好学生食堂工作的若干意见》。

4月27日—28日 全国预防青少年违法犯罪暨学校周边治安综合治理工作会议在上海召开。

4月27日—5月6日 教育部副部长章新胜率团赴智利出席了亚太经合组织第三次教育部长会议，并与智利教育部长签署了《关于教育领域合作的谅解备忘录》。

4月29日 中共中央政治局常委李长春就贯彻落实《中共中央国务院关于进一步加强和改进未成年人思想道德建设的若干意见》到教育部调研。中共中央政治局委员、书记处书记、中宣部部长刘云山，国务委员陈至立一同参加调研。

△ 由中宣部、教育部、团中央、北京市委联合举办的“青春万岁”——纪念“五四”运动85周年大型文艺晚会在北京举行。

4月30日 教育部、财政部印发《关于推进职业教育若干工作的意见》。

5月4日—6日 国务委员陈至立在上海调研时强调，学校思想政治工作要增强针对性、实效性。

5月7日—10日 教育部副部长章新胜赴伦敦，陪同温家宝总理与英国著名大学校长及科学家、我留英尖子人才座谈，并与英国教育技能大臣克拉克举行了会谈，共同签署了两国教育部关于建立定期对话磋商机制的备忘录和关于设立高层次人才联合奖学金、开展合作的联合声明。

5月8日 中央综治委、教育部、公安部印发《关于深入开展安全文明校园创建活动的意见》。

5月9日 共青团中央、农业部、教育部、科技部、劳动保障部、国务院扶贫办、民进中央印发《关于实施全国农村青年转移就业促进计划的意见》。

5月9日—24日 教育部副部长吴启迪应邀率中国高等教育与财政拨款代表团赴瑞士、德国、捷克三国访问。

5月10日 教育部公布2004年限制招生普通高等学校名单。

5月10日—11日 中共中央在北京召开全国加强和改进未成年人思想道德建设工作会议。中共中央总书记胡锦涛在会议上发表重要讲话。他强调，全党全社会要共同做好未成年人思想道德建设工作，大力培育中国特色社会主义事业建设者和接班人。中共中央政治局常委吴邦国、贾庆林、曾庆红等领导同志出席会议。李长春主持会议并讲话，刘云山作会议总结。

5月11日—17日 教育部副部长陈小娅就农村税费改革后保证农村中小学投入问题赴湖北省调研。

5月13日 教育部部长周济会见新西兰教育部部长马拉德一行。

△ 周济部长会见香港特别行政区教育统筹局常任秘书长罗范椒芬一行。

5月14日 教育部副部长章新胜与新加坡驻华大使共同签署了两国教育部《关于成立中国——新加坡基金的谅解备忘录》。

△ 2004年全国普通高校招生监察工作座谈会在浙江宁波召开。

5月14日—16日 教育部部长周济赴内蒙古自治区进行考察调研，考察了部分学校，出席了教育部与内蒙古自治区政府共建内蒙古大学协议签字仪式，主持召开了大学生思想教育、中小学思想道德建设、西部“两基”攻坚座谈会。

5月14日—6月30日 监察部驻教育部监察局、中国教科文卫体工会分别在武汉、济南、西宁、长春召开了华中、华东、西南西北、华北东北四片校务公开工作汇报交流会。11月12日，教育部办公厅、中华全国总工会办公厅印发《全国校务公开工作汇报交流会会议纪要》。

5月17日 国务院在北京召开电视电话会议，贯彻落实党中央、国务院有关指示精神，切实加强国家教育统一考试环境综合整治工作。国务委员陈至立出席会议，她强调，要以对广大考生和人民群众高度负责的精神，营造良好公正公平的国家教育考试环境。

△ 教育部举行全国高校思想教育示范网站“中国大学生在线”开通仪式。国务委员陈至立出席并点击开通网站。

△ 教育部、中宣部、公安部、监察部、信息产业部、国家保密局、武警总部发出《关于全面加强教育考试环境综合整治工作的通知》。

5月18日 国务委员陈至立在全国网吧等互联网上网服务营业场所专项整治工作协调小组全体会议上强调，要统一思想，落实措施，坚决把网吧专项整治工作抓深、抓实、抓出成效，为未成年人健康成长创造良好的社会环境。

5月19日 教育部部长周济签署中华人民共和国教育部令第18号，发布《国家教育考试违规处理办法》，自发布之日起施行。

5月20日 教育部发出《关于做好2004年普通高等学校招生执法监察工作的通知》。

5月20日—23日 中共中央政治局常委李长春到天津的学校、社区和青少年活动场所进行调查研究，就贯彻落实中央精神，加强和改进未成年人思想道德建设，认真听取学生、教师、家长和社区工作者的意见和建议。

5月21日 曾宪梓教育基金会在人民大会堂举行首届优秀毕业生表彰大会，北京大学聂君锋等34名接受曾宪梓教育基金会资助的应届大学毕业生获“优秀大学毕业生”荣誉称号。

5月21日—25日 教育部副部长章新胜率团赴比利时出席国际大学生体育联合会执委会会议，并顺访比利时和欧盟教育组织。

5月22日—6月2日 教育部党组成员、中纪委驻教育部纪检组组长田淑兰率中国教育行政监察考察团赴德国和意大利，对两国教育行政监督、制度建设、高校管理等情况进行了考察。

5月23日 中国高教学会、中国教育学会和教育部师范司联合在北京召开全国教师教育论坛。

5月26日—6月1日 教育部副部长章新胜率团访问俄罗斯，出席了第二届中俄大学生艺术节、中国高校成果展和对俄汉语教材首发式。

5月27日 教育部印发《2003年全国教育事业发展统计公报》。

5月28日—6月1日 教育部在兰州召开全国义务教育阶段学校推行“一费制”工作座谈会。教育部副部长张保庆出席会议并讲话。

5月31日 在“六一”国际儿童节到来之际，中共中央总书记、国家主席胡锦涛来到少年儿童中间，与孩子们一起庆祝节日。他代表党中央，向全国广大少年儿童致以节日的祝贺和亲切的问候，祝全国小朋友们身体健康、学习进步、生活幸福。

6月1日 教育部副部长赵沁平会见德国德累斯顿银行嘉信（DrKW）中国部主管卫波一行，出席了高校科技产业化促进中心与德国德累斯顿银行嘉信（DrKW）战略合作备忘录签字仪式。

△ 教育部印发《关于学习贯彻〈中共中央国务院关于进一步加强和改进未成年人思想道德建设的若干意见〉的实施意见》。

6月2日 教育部部长周济签署中华人民共和国教育部令第20号，发布《中华人民共和国中外合作办学条例实施办法》，自2004年7月1日起施行。

△ 教育部副部长吴启迪会见加拿大阿尔伯塔省省长拉尔夫·克莱恩一行并共同签署了《关于教育国际合作的谅解备忘录》。

△ 教育部、财政部印发《关于继续实施“985工程”建设项目的意见》。

6月3日 教育部发出《关于切实加强高校学生住宿管理的通知》。

6月4日—6日 教育部部长周济赴陕西，就高校领导班子建设和职业教育工作进行调研，并检查了高考准备工作。

6月8日 教育部、财政部联合召开“985工程”二期建设工作会议。

6月9日 教育部办公厅印发《国务院决定取消的教育部第三批行政审批项目目录》。

6月9日—12日 国务委员、国家西部地区“两基”攻坚工作领导小组组长陈至立在贵州考察。

6月10日 教育部部长周济出席教育部第20次新闻发布会，向与会记者介绍了《教育部关于学习贯彻〈中共中央国务院关于进一步加强和改进未成年人思想道德建设的若干意见〉的实施意见》的有关情况，并回答了记者的提问。

△ 教育部印发《高等学校“高层次创造性人才计划”实施方案》和有关实施办法。

6月10日—15日 中共中央政治局常委李长春先后到南京、扬州、常州、无锡、苏州等地，深入高等院校、城市中小学、青少年活动中心和社区，就加强和改进高校学生思想政治工作、推进未成年人思想道德建设、深化文化体制改革等进行调研。

6月11日 教育部在河北邢台召开第三次全国新建本科院校教学工作研讨会。

6月12日 国务院办公厅转发《教育部、财政部、人民银行、银监会关于进一步完善国家助学贷款工作的若干意见》。

6月13日—25日 教育部副部长赵沁平率中国教育代表团应邀访问文莱、新加坡、日本。

6月15日 教育部在甘肃省天水市召开全国农村中小学现代远程教育工程试点工作现场会。

△ 国家教育督导团印发《关于加强西部地区“两基”攻坚督导评估工作的意见》。

△ 教育部办公厅、国家民委办公厅发出《关于在中小学进一步大力推进民族团结教育工作的通知》。

6月16日 教育部召开2004年全国基础教育课程改革工作电视电话会议。会议强调，要深化基础教育课程改革，全面推进素质教育，努力开创基础教育课程改革工作的新局面。

6月17日 教育部办公厅印发《中小学少数民族文字教材编写审定管理暂行办法》。

△ 教育部办公厅发出《关于做好2004年全国普通高等学校招生录取工作的通知》。

6月17日—19日 由教育部、国家发展改革委、财政部、人事部、劳动保障部、农业部、国务院扶贫办联合召开的全国职业教育工作会议在江苏举行。国务委员陈至立出席会议并讲话。教育部部长周济作工作报告和总结讲话。

6月18日 教育部、国家发展改革委、财政部发出《关于中小学危房改造和校舍安全工作有关问题的紧急通知》。

△ 教育部办公厅印发《2003年普通高等学校事业发展与基本办学条件状况监测报告》。

6月21日 教育部社会科学委员会成立大会暨第一次工作会议在北京召开。来自30所高校的99名教授成为首届社科委委员。

6月21日—23日 教育部与国务院纠风办在大连召开了全国治理教育乱收费工作汇报会议。

6月21日—7月1日 教育部部长周济应邀率中国教育代表团访问肯尼亚、南非，会见了肯尼亚教育部长赛托蒂并签署了《关于开展第四期高教发展合作项目的协议》和《关于合作建设内罗毕孔子学院的协议》；与南非教育部长主持召开了中南两国国家双边委员会教育分委会会议，共同签署了两国教育合作协议。

6月23日 中共中央政治局委员、书记处书记、中宣部部长刘云山在中央文明办召开的未成年人思想道德建设经验交流会上强调，构建学校、社区、家庭“三位一体”的教育网络。

6月24日—25日 教育部直属高校大学生心理健康教育工作会议在中南大学召开。会议要求做好在直属高校2004年秋季入学新生中开展心理健康测评工作。教育部副部长袁贵仁出席会议并讲话。

6月28日 教育部、财政部、人民银行、银监会印发《国家助学贷款风险补偿专项资金管理办法》等有关文件。

△ 教育部发出《关于取消高等教育学历文凭考试的通知》。

6月28日—29日 教育部党组成员、中纪委驻教育部纪检组组长田淑兰赴上海调研党风廉政建设工作。

6月28日—7月7日 教育部副部长章新胜在江苏省苏州市主持召开了联合国教科文组织第28届世界遗产委员会会议。

6月30日 中关工委、中组部、教育部等部门联合发出《关于发挥“五老”队伍在加强和改进未成年人思想道德建设中的作用的通知》。

7月1日 教育部办公厅发出《关于进一步完善高等教育学历证书电子注册制度的通知》。

7月2日—4日 教育部与国务院纠风办在乌鲁木齐召开了全国治理教育乱收费工作汇报会议。

7月5日　国务委员陈至立在国家西部地区“两基”攻坚计划责任书签署仪式上强调，要强化职责，狠抓落实，确保如期实现西部地区“两基”攻坚目标。

△　教育部副部长张保庆出席了胡锦涛主席为蒙古国总统巴嘎班迪访华举行的欢迎仪式和两国元首举行的会谈及两国有关文件签字仪式。

7月6日—7日　教育部副部长袁贵仁出席在山西太原召开的全国普通话水平测试管理工作会议并讲话。

7月8日　教育部、国家发展改革委、国家民委、财政部、人事部印发《关于大力培养少数民族高层次骨干人才的意见》。

7月8日—10日　教育部党组在北京举办《2003—2007年教育振兴行动计划》研修班。

7月9日　教育部副部长陈小娅与毛里求斯教育科技部部长奥比加杜共同签署了新一轮教育合作协议。

7月11日　教育部部长周济与香港特区教育统筹局局长李国章签署了《内地与香港关于相互承认高等教育学位证书的备忘录》。

7月12日　教育部部长章新胜会见英格兰高等教育拨款委员会主席 Sir. Horward Newby。双方签署了《中英关于高等教育发展与改革的战略合作谅解备忘录 2004—2007》。

7月13日　教育部、财政部印发《关于进一步完善高等学校经济责任制加强银行贷款管理切实防范财务风险的意见》。

7月13日—15日　教育部党组在北京举办加强和改进未成年人思想道德建设专题研修班。

△　教育部副部长章新胜率中国教育代表团出席了在美国奥兰多市举办的“全美州教育委员会 2004 年教育政策论坛”并作主题发言。

7月13日—16日　教育部党组成员、中纪委驻教育部纪检组组长田淑兰在新疆检查普通高校招生工作。

7月15日　教育部印发《关于贯彻落实全国职业教育工作会议精神 进一步扩大中等职业学校招生规模的意见》。

7月16日　教育部部长周济会见马里教育部部长马马杜·拉明·特拉奥雷一行。

△　全国职业教育部际联席会议第二次全体会议在北京召开。会议审议了七部门联合制定的《关于进一步加强职业教育工作的若干意见》，并研究了职业教育的有关工作。教育部、国家发展改革委等七个部门的负责同志出席了会议。

7月18日—20日　教育部部长周济赴浙江考察农村教育。

7月19日—20日　中澳高等教育论坛在山东威海举行。

7月20日　国务院总理温家宝致信参加“三下乡”的大中专学生，勉励他们把“三下乡”这项光荣而有意义的活动坚持下去。

7月21日　财政部、教育部印发《职业教育实训基地建设专项资金管理暂行办法》。

△　教育部办公厅发出《关于开展教育电子政务试点工程建设的通知》。

7月21日—23日　教育部在北京举办国家中长期科学与技术发展规划战略研究报告会。

7月22日　军队院校移交地方工作部际联席会议在北京召开。

7月24日—31日　教育部副部长张保庆在黑龙江省进行工作调研。

7月26日—27日　教育部部长周济赴吉林省就农村教育工作进行调研。

8月2日　由教育部主办、北京大学承办的第三届中日大学校长论坛在北京开幕。包括北京大学在内的11所中国高校和相关机构代表，日本文部科学省近藤信司审议官、北海道大学等9所日本大学以及相关机构的日方代表参加了论坛。

△　教育部印发《关于在职业学校逐步推行学分制的若干意见》。

8月4日—10日　第二届中外大学校长论坛在北京举行。本届论坛的主题为“大学发展战略规划”和“大学科研与科研成果转化”。来自美国、英国、法国、德国、俄罗斯、日本，以及中国内地和香港特区的100余所知名大学的校长和专家出席了开幕式。国务委员陈至立在开幕式上说，中国政府始终鼓励和支持大学开展全方位、高层次、多形式的国际交流与合作，提倡在教育国际交流与合作中坚持平等互惠，坚持政府与民间并举，坚持双边与多边并行。教育部部长周济作了题为《谋划改革的新突破 实现发展的新跨越》的总结讲话。

8月11日　公安部、教育部、国家工商行政管理总局发出《关于严厉打击严密防范传销活动的紧急通知》。

8月12日　教育部发出《关于做好中外合作办学机构和项目复核工作的通知》。

△　教育部办公厅印发《普通高等学校本科教学工作水平评估方案（试行）》。

8月13日—27日　应美国耶鲁大学校长莱温的邀请，教育部副部长吴启迪率团赴美国出席了耶鲁——中国大学领导高级研讨班开班仪式并考察了美国的高等医学教育情况。

8月15日　全国教育系统信访工作会议在大连召开。会议研究和部署了当前和今后一个时期的信访工作。教育部党组成员、部长助理郑树山出席会议并讲话。

8月16日　教育部发出《关于进一步加强幼儿园安全工作的紧急通知》。

△　教育部印发《教育部社会科学委员会章程》。

△　教育部印发《教育部社会科学委员会〈高等学校哲学社会科学研究学术规范（试行）〉》。

8月17日　教育系统举行座谈会，纪念邓小平同志诞辰100周年。国务委员陈至立出席座谈会并作了题为“深入学习邓小平同志教育思想 努力开创教育工作新局面”的讲话。

8月18日　教育部办公厅发出《关于进一步学习贯彻〈中共中央国务院关于进一步加强和改进未成年人思想道德建设的若干意见〉深入开展教育思想大讨论活动的通知》。

8月21日　首届中国青少年科技创新奖颁奖典礼在北京举行。中共中央政治局委员王兆国、国务委员陈至立为获奖的100名学生颁奖。

8月23日　教育部部长周济签署中华人民共和国教育部令第19号，发布《汉语作为外语教学能力认定办法》，自2004年10月1日起施行。

△　2004亚洲教育北京论坛、北京国际教育博览会、第十五届大学行政管理者国际会议和第一届北京论坛（学术）4项中外教育交流活动同时在人民大会堂开幕。国务委员陈至立会见了中外代表。

8月23日—25日　教育部副部长陈小娅赴内蒙古自治区进行工作调研，考察了呼和浩特市、乌兰察布市的“两基”攻坚工作和农村现代远程教育试点工作的进行情况。

8月24日　教育部部长周济出席了“2004亚洲教育北京论坛”，向来自亚太地区各国的教育部长和教育官员介绍了中国的教育改革与发展情况，并共同交流与探讨了有关亚洲教育合作的问题。

8月25日　财政部和教育部决定从2004年秋季新学期开始，再次大幅度增加中央财政专项资金，将免费教科书专项资金从2004年春季的3亿元增加到8.7亿元，将免费教科书发放范围扩大到中西部农村义务教育阶段全部的家庭经济困难学生，同时推动地方政府逐步落实免杂费和补助寄宿生生活费的责任，加快“两免一补”（免书本费、免杂费和补助寄宿生生活费）资助政策的落实。

△　教育部发出《关于做好2005年招收攻读硕士学位研究生工作的通知》。

8月26日　中共中央、国务院发出《关于进一步加强和改进大学生思想政治教育的意见》。

8月26日—29日　教育部副部长张保庆赴长春出席解放军军需大学移交教育部与吉林大学合并大会并讲话。

8月27日　民政部、教育部发出《关于进一步做好城乡特殊困难未成年人教育救助工作的通知》。

△　教育部发出《关于设立教育部高等教育教学评估中心的通知》。

△　农业部、财政部、劳动保障部、教育部等部门联合印发《农村劳动力转移培训阳光工程项目检查验收办法（试行）》。

8月28日　十届全国人大常委会第十一次会议通过《关于修改〈中华人民共和国学位条例〉的决定》。该决定自公布之日起施行。

8月28日—9月6日　第七届全国大学生运动会在上海举行。3 430名来自全国各地的优秀大学生运动员参加比赛。

8月29日　教育部副部长章新胜、赵沁平，教育部党组成员、部长助理郑树山在上海出席了全国高校体育工作座谈会。

8月30日　教育部党组在北京召开教育部直属高校党风廉政建设视频会议。

8月31日　国务院新闻办公室举行新闻发布会，教育部副部长张保庆、中国人民银行副行长吴晓灵、银监会及财政部负责同志介绍了国家助学贷款工作的有关情况，并回答了记者的提问。

△ **8月31日—9月2日**，张保庆接受中央人民广播电台、中央电视台、人民网的采访，解读国家资助高校经济困难学生政策措施。

9月1日　国务院总理温家宝主持召开国务院常务会议，研究解决高校贫困家庭学生困难问题。会议要求，各级政府及有关部门、有关金融机构和高校，必须密切配合，狠抓落实，使高校贫困家庭学生的经济困难及时得到解决。9月3日，国务院办公厅印发《关于切实解决高校贫困家庭学生困难问题的通知》。

△ 中宣部、教育部、北京市政府联合举行“中小学弘扬和培育民族精神月”启动仪式。国务委员陈至立出席并致词，教育部部长周济讲话。

△ 中宣部、新闻出版总署、教育部、中国科协、中国音像协会联合举行发布会，向全国中小学生和广大未成年人推荐百种优秀音像制品。

9月2日　中俄教文卫体合作委员会中方秘书长、教育部部长周济会见委员会俄方秘书长、俄联邦教育署署长巴雷欣及其率领的俄教育代表团一行。教育部副部长、中俄教育合作分委会中方主席章新胜与巴雷欣共同主持召开了中俄教育合作分委会第四次会议，并签署了会议纪要。

△ 教育部印发《关于表彰全国优秀教师和全国优秀教育工作者的决定》。

△ 教育部印发《关于表彰“全国中小学优秀班主任”“全国优秀中小学德育课教师”“全国中小学德育先进工作者”的决定》。

△ 教育部发出《关于在教育系统深入开展打击淫秽色情网站专项行动的通知》。

9月3日—4日　国务委员陈至立赴内蒙古自治区考察“两基”攻坚工作。

9月5日　中共中央政治局常委、国务院总理温家宝在国务委员陈至立陪同下看望了北京市第二实验小学退休教师霍懋征、北京舞蹈学院教授戴爱莲、清华大学教授姚期智。就发展教育问题与他们促膝谈心，听取他们的意见和建议，并代表党中央、国务院向全国一千多万辛勤耕耘的教师和教育工作者表示节日的祝贺。

9月6日　中共中央政治局常委、国务院副总理黄菊在国务院召开的全国高校贫困家庭学生资助工作电视电话会议上强调，要从践行“三个代表”重要思想和落实科学发展观的高度，加强领导，狠抓落实，把解决高校贫困家庭学生困难这件大事抓紧办好。国务委员陈至立出席并主持会议。

△ 以“沟通、合作与发展”为主题的第二届大学女校长国际论坛在人民大会堂开幕，来自20个国家和地区121所大学的128位女校长应邀参加论坛。全国人大常委会副委员长、全国妇联主席顾秀莲，教育部副部长吴启迪，国家广电总局副局长赵实等出席了开幕式。此次论坛由全国妇联、中央电视台和中国传媒大学联合主办。

△ 教育部办公厅发出《关于师范教育司负责全国中小学教师队伍建设有关工作的通知》。

△ 教育部等五部门印发《2005年全国学生体质健康调研实施方案》。

9月7日　教育部印发《关于加快推进全国教师教育网络联盟计划组织实施新一轮中小学教师全员培训的意见》。

9月8日　国务委员陈至立视察北京师范大学，出席庆祝第20个教师节暨教育创新研讨会并慰问教师。

△ 《李岚清音乐笔谈》首发式暨交响音乐会在北京大学百周年纪念讲堂举行。李岚清出席首发式并给读者代表签名赠书。

△ 教育部党组作出《关于向吴玲、马祖光、陈学求同志学习的决定》。

9月8日—17日　教育部副部长陈小娅率中国教育代表团赴瑞士出席了联合国教科文组织第47届国际教育大会及九个发展中人口大国教育部长工作磋商会。

9月9日　全国师德论坛开幕式在北京举行。

△ 教育部发出《关于进一步做好资助贫困家庭学生工作的通知》。

9月10日　中共中央总书记、国家主席胡锦涛在教师节期间考察北京教育工作，强调要把帮助困难家庭孩子上学作为关心群众切身利益的重要工作来抓。

△ 教育部、人事部、北京市人民政府联合召开庆祝第20个教师节暨全国优秀教师表彰大会。中共中央总书记、国家主席胡锦涛等党和国家领导人在人民大会堂亲切会见与会代表，向受到表彰的模范教师

和先进教育工作者表示热烈的祝贺，向全国广大教师和教育工作者表示节日的问候和深深的敬意，强调全社会都要大力弘扬尊师重教的良好风气。中共中央政治局常委、国务院总理温家宝，国家副主席曾庆红参加了会见。国务委员陈至立在表彰大会上讲话。

△ 教育部发出《关于设立和举办实施本科以上高等学历教育的中外合作办学机构和项目申请受理工作有关规定的通知》。

9月11日—14日 教育部部长周济陪同陈至立国务委员赴俄罗斯访问，出席中俄教文卫体合作委员会第五次会议。期间，周济部长访问了莫斯科大学。

9月12日 第七届全国推广普通话宣传周开幕式在长沙举行。

9月13日 由中纪委、中组部、中宣部、教育部、国防科工委、黑龙江省委联合主办的马祖光先进事迹报告会在人民大会堂举行。中共中央政治局常委、国务院副总理黄菊会见了报告团全体成员。

△ 教育部副部长张保庆与阿尔巴尼亚教育和科学部部长在北京签署了《中华人民共和国教育部与阿尔巴尼亚共和国教育和科学部教育合作协议》。

9月14日 教育部等七部门印发《关于进一步加强职业教育工作的若干意见》。

9月15日 教育部发出《关于学习贯彻全国职业教育工作会议精神和〈教育部等七部门关于进一步加强职业教育工作的若干意见〉的通知》。

9月19日 文化部、国家发展改革委、教育部、科技部、民政部、财政部、国家文物局、解放军总政治部、全国总工会、共青团中央、全国妇联、中国科协印发《关于公益性文化设施向未成年人免费开放的实施意见》。

9月20日 西藏自治区人民政府、教育部共建西藏大学协议签字仪式在北京举行。西藏自治区人民政府主席向巴平措和教育部部长周济分别代表西藏自治区和教育部签署了协议。

△ 联合国教科文组织全球大学创新联盟亚太中心年会在杭州开幕。

9月21日 中国、文莱两国有关文件签字仪式在北京举行。教育部副部长章新胜出席了签字仪式并与文莱首相府常务秘书叶海亚共同签署了《中华人民共和国教育部与文莱苏丹达鲁萨兰国教育部关于高等教育合作的谅解备忘录》。

9月21日—25日 国务委员陈至立在新疆考察教育工作。

9月22日 教育部发出《关于严禁直属高校在经济往来中违规收受回扣的通知》。

△ 教育部办公厅发出《关于做好独立学院本科专业清理备案工作的通知》。

9月22日—27日 教育部副部长章新胜赴奥地利出席国际大学生体育联合会执委会会议，与奥地利联邦教育、科学与艺术部部长盖勒和奥地利研究委员会副主任波恩签署了《关于资助联合奖学金的双边合作备忘录》。

9月23日 教育部、国务院西部开发办印发《2004—2010年西部地区教育事业发展规划》。

△ 教育部办公厅、国家发展改革委办公厅、财政部办公厅印发《农村中小学现代远程教育工程试点工作验收管理办法》。

9月24日 教育部办公厅发出《关于切实做好近期国家教育统一考试安全保密和考风考纪工作的通知》。

9月25日—26日 教育部部长周济赴成都会见了来内地参观考察的香港知名人士邵逸夫先生一行和应邀来访的古巴高等教育部长阿莱格莱特一行；并考察了四川联合经济学院。

9月27日 中央书记处书记、中央纪委副书记何勇到教育部进行工作调研，听取了教育部党组书记、部长周济汇报，强调要抓紧建立健全符合教育系统特点的教育、制度、监督并重的惩治和预防腐败体系。

△ 财政部、教育部印发《“985工程”专项资金管理办法》。

9月28日 国家发展改革委、教育部、劳动保障部印发《关于组织制订推进职业教育发展专项建设计划的指导意见》。

9月28日—29日 教育部副部长章新胜赴巴黎，同联合国教科文组织总干事、文化部门助理总干事和世界遗产中心主任等官员就落实2005年与该组织的重要合作项目问题进行了工作会谈。

9月28日—10月11日 教育部副部长袁贵仁率中国教育代表团应邀对加拿大、埃及进行访问，出席了中加省教育厅（部）长圆桌会议及“21世纪中国高等教育展（加拿大2004）”开幕式并致辞；同埃方签署了“中埃21世纪虚拟学校”项目合作谅解备忘录。

9月30日　教育部党组发出《关于部直属高校党员领导干部廉洁自律的“六不准”规定的通知》。

10月8日　教育部部长周济出席宣传中央16号文件情况通报会，向与会中央主要新闻媒体负责同志和联系教育报道的记者介绍了中央16号文件有关情况，并对做好新闻宣传工作提出明确要求。

10月8日—11日　全国民族地区寄宿制学校管理工作现场研讨会在四川省凉山彝族自治州召开。

10月11日　国务委员陈至立在教育部、公安部联合召开的全国中小学和幼儿园安全工作电视电话会议上强调，要认真贯彻落实胡锦涛总书记、温家宝总理等中央领导同志重要指示精神，迅速行动，在全国集中开展中小学、幼儿园及少年儿童安全管理专项整治行动，为广大中小学生和少年儿童创造一个安全健康的良好环境。

10月11日—21日　教育部副部长张保庆率中国教育代表团应邀赴南非、希腊进行访问。

10月12日　中国科学院、教育部、安徽省继续重点共建中国科学技术大学签字仪式在北京举行。全国人大常委会副委员长、中国科学院院长路甬祥，教育部党组书记、部长周济，安徽省委副书记、省长王金山分别代表中国科学院、教育部和安徽省政府签署了协议。10月26日，中国科学院、教育部、安徽省人民政府印发《关于继续重点共建中国科学技术大学的决定》。

△　共青团中央、教育部、全国少工委印发《关于表彰第五届“全国十佳少先队辅导员”、第四届“全国十佳少先队志愿辅导员”的决定》。

△　共青团中央、教育部、全国少工委、中央电视台印发《关于表彰第九届“全国十佳少先队员”的决定》。

△　教育部发出《关于废止部分规章和其他规范性文件的通知》。

△　教育部批转重新修订的《全国中小学教材审定委员会藏文教材审查委员会章程》。

10月13日　教育部发出《关于启用〈中外合作办学许可证〉和〈中外合作办学项目批准书〉等的通知》。

10月14日—16日　中组部、中宣部、教育部党组联合召开第十三次全国高等学校党的建设工作会议。中共中央政治局常委、书记处书记曾庆红与参加会议的代表座谈，中共中央政治局委员、书记处书记、中央组织部部长贺国强到会讲话。会议强调，要认真学习贯彻十六届四中全会精神，切实加强高校领导班子思想政治建设，努力把高校党建工作提高到一个新水平。国务委员陈至立出席了会议。

10月15日—16日　国务委员陈至立在河南省考察工作。

10月17日　教育部部长周济与应邀来访的奥地利教育、科学与文化部部长伊丽莎白·盖勒女士，分别代表各自政府签署了关于相互承认高等教育等值的协定。

10月18日　北京航空航天大学庞宏冰等人在广西利用招生向考生家长索取“赞助费”事件真相查清，相关责任人受到处理。

△　教育部、财政部印发《关于进一步加强直属高校资金安全管理的若干意见》。

10月20日　由教育部、科技部主办，天津大学国家大学科技园、清华大学国家大学科技园、北京大学国家大学科技园与天津经济技术开发区联合承办的2004年中国大学科技园国际论坛在天津开幕。来自国内外的大学科技园管理者和部分国内大学科技园依托大学的校长100余人参加会议。

10月22日　第五届中国国际教育论坛暨中国国际教育展在北京开幕。此次论坛的主题是“新时期高等教育的国际交流与合作——现状、对策、展望”。来自27个国家和地区的700多位中外代表参加论坛。全国人大常委会副委员长路甬祥出席了开幕式。

10月23日　中法高等教育论坛暨法国高等教育展在北京开幕，本次活动是“法国文化年”的重要组成部分。

△　教育部办公厅发出《关于“大学生志愿服务西部计划”志愿者报考硕士研究生享受优惠政策的通知》。

10月25日　中国教育发展战略研究会理事长、国家教育发展研究中心专家咨询委员会主任、全国教育科学规划领导小组副组长郝克明教授，由于在中国宏观教育领域的突出贡献，荣获哥伦比亚大学教育学院2004年度“教育与人类发展杰出贡献奖”，成为该奖项设立50年来第一位获奖的中国学者。

10月26日 全国人大常委会副委员长路甬祥向十届全国人大常委会第十二次会议报告义务教育法的执法检查情况。我国农村初中教育基础薄弱，巩固提高任务十分艰巨，特别是农村初中学生辍学率反弹问题十分突出，亟待引起有关方面的关注。

△ 教育部印发《教育信访工作规定》。

10月28日 教育部、建设部发出《关于实施职业院校建设行业技能型紧缺人才培养培训工程的通知》。

10月29日 教育部印发《教育部工程研究中心建设与管理暂行办法》。

10月31日—11月3日 教育部副部长陈小娅在湖南调研农村义务教育。

11月2日 教育部党组印发《关于向重庆市开县抢险救灾、保护学生优秀教师群体学习的决定》。

△ 教育部党组印发《关于向霍懋征、邹有云、黄静华、盘振玉、林崇德五位模范教师学习的决定》。

11月3日 教育部召开全国中小学和幼儿园安全工作电视电话会议。国务委员陈至立出席会议并讲话。

△ 宁夏回族自治区人民政府、教育部印发《关于共建宁夏大学的意见》。

11月4日 全国高校哲学社会科学学术规范与学风建设论坛在杭州举办。

11月5日 国务委员陈至立考察北京市教育工作。

△ “中国高等教育数字化图书馆（CADLIS)”项目建设启动暨成果汇报大会在北京大学举行。标志着我国高校图书馆建设进入数字图书馆建设阶段。

11月5日—10日 教育部部长周济率团赴巴西访问并出席了联合国教科文组织召开的第四届全民教育高层会议。

11月7日—8日 国务委员陈至立在陕西省考察了农业科技和农村教育工作。

11月8日 教育部、国家知识产权局印发《关于进一步加强高等学校知识产权工作的若干意见》。

11月11日 2004年高等教育国际论坛在珠海开幕，本届论坛的主题是“特色·个性·人才强国战略”。

11月11日—14日 2004年国家督学会议在四川省召开。

11月12日 教育部印发《关于启动新一轮民族、贫困地区中小学教师综合素质培训项目暨新课程师资培训计划（2004—2008年）的通知》。

11月15日 教育部印发《高等学校中长期科学和技术发展规划纲要》。

11月17日 中宣部、教育部印发《关于进一步加强高等学校学生形势与政策教育的通知》。

11月18日 经教育部批准，兰州医学院正式并入兰州大学。

△ 教育部在北京召开进一步做好独立学院试办工作座谈会。

11月20日 中共中央政治局常委李长春在广东大学生思想政治教育工作座谈会上强调，贯彻落实中共中央国务院关于进一步加强和改进大学生思想政治教育的意见，要在深入学习领会中央精神、统一思想认识上下功夫，在抓住中心、突出重点、务求实效上下功夫，在坚持以人为本、真心诚意为大学生办实事好事上下功夫，把工作做深、做细、做实，努力开创大学生思想政治教育新局面。

11月21日 中国第一所海外“孔子学院”在汉城汉语水平考试韩国办事处举行了挂牌仪式。设立“孔子学院”的主要目的是为了推广汉语教学，向其他国家的汉语学习者提供优秀的学习资料。

11月25日 教育部部长周济会见以泰国教育部部长阿迪塞·坡他拉密为团长的泰国基础教育访华团一行。

11月25日—26日 教育部、公安部在厦门召开全国中小学、幼儿园及少年儿童安全管理专项整治行动座谈会。会议要求，当前和今后一段时期，各地应重点抓好几项工作：一是继续加强对侵害师生安全的违法犯罪活动的打击力度；二是加大治安整治和安全隐患整改工作力度；三是继续抓好校园内部的各项安全防范工作，建立长效工作机制；四是继续强化管理，切实维护校园周边的治安和交通秩序；五是教育、公安等有关部门搞好协作配合，进一步增强工作的整体合力。教育部、公安部等八个部门将对各地开展专项整治情况进行督查。

11月28日 经教育部批准，原南通医学院、南通工学院、南通师范学院合并组建成南通大学揭牌庆典大会在江苏省南通市举行。

12月2日—7日 教育部在北京召开第二次全国普通高等学校本科教学工作会议。教育部部长周济在会上强调，要大力加强教学工作，切实提高教学质量。

12月3日 国际著名数学家、教育家、美籍华人、中国科学院外籍院士、南开数学研究所名誉所长陈省身先生因病在天津逝世，享年93岁。

△ 教育部印发《高等学校科技创新工程重大项目培育资金项目管理办法》。

12月5日 青海省人民政府、教育部共建青海大学签字仪式在北京举行，教育部部长周济、青海省省长杨传堂代表教育部和青海省签署协议。

12月10日 教育部、人事部、劳动保障部在北京联合召开2005年全国普通高校毕业生就业工作网络视频会议。会议总结了2004年高校毕业生就业工作取得的成绩和基本经验，对2005年高校毕业生就业工作进行了全面部署。

12月13日 中共中央政治局委员、国务院副总理回良玉在中国农业大学调研时强调，要大力实施科教兴农和人才强农战略，为促进粮食稳定增产、农民持续增收和农村全面发展，提供强有力的科技支撑和人才保障。

△ 中国联合国教科文组织全国委员会和联合国教科文组织、联合国儿童基金会主办的"第二届国家全民教育论坛"在北京举行。

12月14日 中宣部、教育部、中共北京市委在人民大会堂联合举行全国优秀教师师德报告团首场报告会。报告会前，国务委员陈至立亲切会见了报告团成员。

12月15日 教育部印发《中小学教师教育技术能力标准（试行）》。

12月15日—16日 教育部部长周济在江西进行工作调研，出席了江西省人民政府、教育部共建南昌大学协议签字仪式并考察了南昌航空学院、江西师范大学、江西中医学院、井冈山学院、井冈山中学。

12月17日 霍英东教育基金会第九届高等院校青年教师基金和青年教师奖的颁奖大会在北京举行。

△ 教育部发出《关于进一步加强学校安全工作的通知》。

12月19日—20日 教育部2005年度工作会议在北京举行。会议的主要任务是：总结2004年教育工作，全面落实科学发展观，部署2005年教育工作，进一步推进我国教育事业的改革与发展。教育部党组书记、部长周济出席会议并讲话。教育部党组副书记、副部长张保庆作会议总结。

12月23日 曾宪梓教育基金会2004年度"优秀大学生奖励计划"颁奖大会在北京举行，共有来自内地32所高校的1750名大学生获得资助。

△ 贵州省人民政府、教育部共建贵州大学签字仪式在贵阳市举行，教育部部长周济，贵州省委书记、省人大常委会主任钱运录代表教育部和贵州省签署协议。浙江大学对口支援贵州大学协议同时签署。

12月30日 教育部、国家统计局、财政部印发《关于2003年全国教育经费执行情况统计公告》。

撰稿　荣文珂　喻晓宪

闫　蕾　钟　毅

前进中的中国教育事业

东北师范大学

东北师范大学是教育部直属高等学校，国家“211工程”首批重点建设大学，坐落在吉林省长春市，占地面积150.7万平方米。学校原名东北大学，建校于1946年，是中国共产党在东北地区创建的第一所综合性大学。1950年，根据国家教育事业发展的需要，易名为东北师范大学。

体育馆

学校现有各类在校生2万余人。其中全日制本专科生15890人，博士、硕士研究生5564人，外国留学生460人，函授生6947人。

学校拥有一批国内外著名的专家学者。在全校1321名专任教师中有教授306人，副教授421人。有享誉海内外的中国科学院院士、第三世界科学院院士和历届国务院学位委员会学科评议组成员12人，博士生导师184人，国家级有突出贡献的专家5人，国家级教学名师1人。

学校有门类较为齐全的学科专业体系以及一批在我国学术界有较高地位的优长学科。全校现有18个学院，56个本科专业，101个硕士学位点，40个博士学位点。有8个博士后科研流动站、3个博士学位授权一级学科、4个国家高等学校重点学科，2个国家文科基础学科人才培养和科学研究基地，1个国家理科基础科学研究和教学人才培养基地，6个学科被确定为国家“十五”“211工程”重点学科建设项目。此外，学校还拥有一批国家、部、省级专业实验室和研究中心，以及国家基础教育实验中心等多个全国性培训研究机构。

东北师范大学至今已有15万名毕业生走向四面八方，成为祖国教育事业和社会主义现代化建设事业的各类专门人才。

教学楼

迈进新世纪，东北师范大学正坚持教育创新，突出办学特色，努力践行“尊重的教育”理念，围绕学校第十二次党代会确定的发展建设目标，实施教育教学改革工程，学科建设和队伍建设工程、软环境建设工程，持续抓好党、政班子的执政能力建设，为把学校建设成为国内一流国际知名的研究型综合性师范大学而努力奋斗。

上海外国语大学创建于1949年，前身为上海俄文专科学校，1956年正式改名为上海外国语学院，是教育部直属重点高等院校，1994年实行与上海市人民政府共同管理，1996年，学校通过国家教委“211工程”的部门预审，是一所培养外向型、复合型外语人才的多科性应用学科的外国语大学。2004年学校通过教育部本科教学工作水平评估，评估结论为优秀。

学校设国际经贸、新闻传播、法学、国际教育、英语、日本文化经济、东方语、西方语、国际文化交流、俄语、高级翻译11个院系。另有高等职业技术学院和贤达经济人文学院(民办独立学院)和两个附属中学。有26个本科专业，其中19个专业有硕士学位授予权，10个专业有博士学位授予权，1个博士后科研流动站。有两个国家重点学科(即英语、俄语语言文学)。学校建立了教育部普通高等学校人文社会科学重点研究基地上海外国语大学中东研究所和西欧语种本科人材培养基地。

学校教师近500人，其中正、副教授282人。在校全日制学生6000余人，研究生800余人，外国留学生1000余人。其他各类学生25000余人。学校先后与32个国家和地区的100余所大学签订了校际交流合作协议。学校下设上海外语教育出版社和上海外语音像出版社。教育技术中心拥有卫星地面接收装置、闭路电视系统、同声传译系统、语言实验室等设施。图书馆现有藏书90万册，中外文报刊1965种。校园面积82.9万平方米。出版物有《外国语》、《外语界》、《国际观察》、《阿拉伯世界》等。

上海外国语大学松江校区位于松江大学园区东侧，占地58公顷。校舍总建筑面积达15万平方米。位于校园中心区的图文信息中信大楼是学校的标志性建筑，四周建有14栋教学楼和其他建筑。现有6000余名本科生在松江校区学习生活。

地址：上海虹口区大连西路550号(虹口校区)
地址：上海松江区文翔路1550号(松江校区)
电话：67701026(松江校区)
电话：65311900(大连校区)
网址：www.shisu.edu.cn

合肥工業大學

合肥工业大学是教育部直属高校，是一所以工为主，理、文、经、管、法、教育、哲学相结合的多科性大学。学校坐落在绿色科教城安徽省会合肥市。

学校创建于1945年，1960年被批准为全国重点大学。学校占地面积200公顷，校舍建筑面积110万平方米，设有17个院、部，56个实验室、66个研究所，并设有12个省部重点实验室、工程研究中心和国家甲级建筑设计研究院。

学校现有20个国家级和省级重点学科、5个博士后科研流动站、3个博士学位授权一级学科、23个博士学位授权点、65个硕士学位授权点，还有建筑学硕士、工商管理硕士(MBA)、公共管理硕士(MPA)、工程硕士4种专业学位授予权和62个本科专业。

学校有专任教师1700余人，其中教授200人，博士生导师80余人，副教授564人，外聘担任学校教授的两院院士和国内外著名学者10余人，“长江学者奖励计划”特聘教授3人。全日制在校本科生22000余人，博士、硕士研究生3600多人。近年来，学校本科毕业生一次性就业率一直保持在95%左右。

学校积极开展国际交往和学术交流活动，已和30多个国家和地区的多所著名大学和科研机构建立了校际合作关系。

学校是招收培养高水平运动员的试点院校。10多年来，学校手球队一直在全国高等院校名列前茅。

目前，全校师生员工以全面落实科学发展观，加强内涵建设，凝炼办学特色为核心，努力把合肥工业大学建设成为国内先进、世界知名的高水平大学。

翡翠湖校区大门

南校区一景

厦门大学

2003年3月18日美国戴尔计算机公司首席执行官
迈克尔·戴尔先生(Michael Dell)被聘为厦门大学名誉教授

厦门大学(Xiamen University)是直属国家教育部的综合性大学，位于福建省厦门市。1921年由著名爱国华侨领袖陈嘉庚先生创办，1937年7月由私立改为国立。抗日战争爆发后，内迁闽西山城长汀坚持办学八年，被誉为中国高校“南方之强”。1946年回迁厦门，1952年成为文理综合性大学，1963年被确定为国家重点大学，1995年被列入国家“211工程”重点建设，2000年进入国家“985工程”重点建设高校行列。

学校设有研究生院和18个学院，包括45个系和89个科研机构，成为一所包括人文科学、社会科学、自然科学、工程与技术科学、管理科学、艺术教育科学、医学科学等学科门类相当齐全的综合性大学。学校拥有10个博士、硕士学位授权一级学科，95个专业招收培养博士研究生，158个专业招收培养硕士研究生(其中包括5个专业学位授权点)，71个专业招收本科生；拥有13个国家级重点学科，两个国家重点实验室，5个国家人文社会科学重点研究基地，12个博士后流动站，5个国家基础科学人才培养基地。学校已与国(境)外85所高校建立了校际合作关系，与台湾地区教育、学术机构及民间交流频繁，成为祖国大陆对台教育、科技、文化交流最为活跃的高校之一。

学校现有教职工4600余人，其中两院院士17人(中国科学院院士8人，中国工程院院士1人，双聘院士8人)，在校全日制学生近30000人。

学校拥有良好的办学条件。学校占地530多公顷，校舍建筑面积120万平方米，图书馆藏书310万册，仪器设备总值50000多万元，校园高速信息网络已成为CERNET2的主接点之一。

目前，厦门大学正朝着“世界知名的高水平研究型大学”的奋斗目标前进。

厦门大学漳州校区图书馆

厦门大学群贤楼群

厦门大学嘉庚楼群

厦门大学建南楼群

武汉理工大学

武汉理工大学是教育部直属的全国重点大学，国家“211 工程”重点建设高校。拥有工学、理学、管理学、经济学、文学、法学、哲学和教育学等学科门类，是一所文理相互渗透、特色优势突出、发展空间广阔的多学科性大学。学校位于“九省通衢”的武汉市，交通便利；校园内绿树成荫，环境优美，景色宜人；学生食堂宽敞、整洁；学生宿舍实行公寓化管理；校园网络遍布学校每一个角落，不仅提高了师生工作、学习的效率，也促进了学校管理工作的科学化和现代化。

学校占地面积 367 公顷，其中一个新征地 120 公顷的现代化新校区正在建设中，位于“武汉·中国光谷”占地 53 公顷的武汉理工大学科技园也已初具规模。学校有 4 座现代化图书馆，藏书 300 余万册。学校拥有一支实力雄厚的师资队伍，在职教职工 5700 余人，其中教师 2767 人，高级专业技术职称人员近 2000 人。有院士 4 人（含双聘），长江学者 3 人，国家“百千万人才工程”第一、二层次人选 4 人，享受政府特殊津贴 175 人，教授 400 多人，副教授 1000 多人。学校面向全国招生，普通本专科在校生 39000 余人，博士、硕士研究生 10000 余人。有本科专业 77 个，硕士授权点 87 个，博士授权点 52 个，一级学科博士授权点 6 个，博士后科研流动站 7 个，有国家级重点学科 3 个，省部级重点学科 21 个，国家重点实验室和国家重点工业性实验基地 2 个，省部级重点实验室和工程中心 10 个。

学校科学研究和科技成果产业化成绩显著。近年来承担了大批国家自然科学基金、“973”、“863”、国家科技攻关项目和部省级重点科研项目，共获国家级、省部级科技成果奖 132 项。一批高水平的科研成果得到推广运用，以光纤传感器、高速船舶、电动汽车以及新材料、港口机械、软件开发等为代表的校办高科技产业稳步健康发展。

学校有着广泛的国际交往及国际学术交流，先后与美国、英国、日本、俄罗斯、法国、德国、意大利、加拿大、荷兰、澳大利亚、新加坡、香港等国家和地区的 60 多所大学或科学研究机构建立了学术交流和合作关系。如与澳大利亚蒙纳士大学在材料学科本科教学的合作已经实施，每年可选送部分学生赴该校学习两年。一批国内外知名学者应聘担任了学校的兼职或名誉教授，随着学校国际化战略的实施，学校的科技和人才正步入国际舞台，为学校可持续发展奠定了良好的基础。

武汉理工大学举行新校区奠基典礼

重奖科技功臣

校园一景

科技文化节

華南理工大學

华南理工大学是直属教育部的全国重点大学，坐落在南方名城广州。学校占地面积294公顷，校舍建筑面积129.8万平方米。校园分为两个校区，北校区位于广州市天河区石牌高校区，南校区位于广州市番禺区广州大学城内，南北校区交相辉映，是莘莘学子求学的理想之地。

经过五十多年的建设和发展，华南理工大学成为立足华南，面向全国，以工为主，理工结合，管、经、政、法、文、艺协调发展的综合性大学，是国家“211工程”和“985工程”建设高校，目标是建设成为国内一流、世界知名的高水平大学。

目前，学校共设有30个学院，有6个国家重点学科；有73个本科专业，10个博士、硕士授权一级学科，58个博士点，107个硕士点，其中，有工程硕士点(19个领域)、建筑学硕士、工商管理硕士(MBA、EMBA)、公共管理硕士(MPA)等4个专业学位硕士点；有11个博士后科研流动站。有教职工4013人，其中专任教师1982人，两院院士4人，双聘院士13人，俄罗斯工程院外籍院士1人，国家教学名师1人，长江学者特聘教授5人。研究生导师809人(其中，博士生导师260人)，教授346人，副教授623人。

改革开放以来，学校办学规模不断扩大，现有各类在校生52000多人，其中博士、硕士研究生11500多人，本科生16600多人，还有继续教育学生11500多人，网络教育学生1200多人，留学生142人。学校治学严谨，形成了“团结、勤奋、求实、创新”的优良校风，坚持“重人品、厚基础、强能力、宽适应”的人才培养指导思想和高素质、“三创型”(创新、创造、创业)、国际化专门人才的培养目标。实行产学研一体化的培养模式，着力培养创新型、复合型人才，培养的高级科技和管理人才受到社会的广泛欢迎，学校被社会誉为“工程师的摇篮”、“企业家的摇篮”。

2004年，学校树立和落实科学发展观，全面实施“开放活校、人才强校、文化兴校”三大发展战略，各项工作取得成效：“985工程”二期建设规划顺利立项，全面启动“十五”“211工程”建设项目，学科建设得到加强；推进教育教学创新工程，研究生院通过转正评估；科研经费持续增长，实到经费2.7亿元，获省部级以上科技奖励23项，其中国家科技进步二等奖1项；国家大学科技园园区总产值7.2亿元；南校区一期建设完成并于当年9月顺利开学，为学校做大做强拓展了发展空间。

南校门

南校区教学楼

九号楼

逸夫人文馆

一号教学楼

前进在现代化、信息化进程中的

北京大学成人、继续教育

北京大学举办成人、继续教育有着悠久的历史与传统。早在1918年，著名的民主革命家、教育家蔡元培先生就首开中国普通高等学校举办成人、继续教育的历史先河，在北大开办了“平民夜校”、“校役夜校”和新闻学研究班。中国人民伟大领袖毛泽东等就是新闻学研究班的结业学生。

新中国建立以后，北大继承了这一优良传统，在50年代初期，就为中国人民银行等系统开办了干部专修科、研修班等，为新中国的民主改革培养了一批急需的高级管理干部和科技骨干。

50年代中期，与飞速发展的我国社会主义建设事业和中央“向科学进军”的伟大号召相适应，北京大学于1956年开办了函授教育。到1966年“文革”开始时为止，气象学和图书馆学专业函授共向社会输送了1700多名函授毕（结）业生。同时还以接受进修、培训等方式为国家培养了大批急需的管理干部和科技人才。

北京大学未名湖

北京大学西校门

1978年党的十一届三中全会以后，因“文革”而停滞的成人、继续教育工作得到了恢复。1980年恢复了函授教育，1981年恢复开办了干部专修科，1984年根据教育部的要求，开办了助教进修班，1986年开始接受国内访问学者并举办骨干教师进修班。

80年代中后期，在党和国家教育方针的指引下，北京大学的成人、继续教育进入了规范化、制度化建设阶段。1985年成立了成人教育部，1987年成立了成人教育学院，负责统筹、归口管理全校的成人、继续教育工作。

1992年，改革开放进入了一个新的历史时期。为主动适应社会发展的需要，学校重新明确了成人教育在学校教育事业中的地位和作用，提出了“本科生打基础，研究生上水平，成人教育添活力”，三者协调发展，功能各有侧重，共同构成新型大学教育事业发展的结构模式。“为学校教育改革作先导”的客观要求推动着这一阶段的成人、继续教育，出现了“改革向教学领域深入，层次不断向上提高，管理不断规范和加强，教学手段和方法不断创新，教育质量和水平不断提高，重点开始向高层次大学后继续教育转移”的新局面。1993年，学校开办了成人脱产班，投资建设了圆明园校区，开辟了成人教育的办学基地。同时，更新教学内容和课程体系，开设了一些适应社会发展需求的交叉、应用学科新方向，从而使学校成人、继续教育在学校的教学改革中发挥了先导作用，并在1996年全国函授、夜大学教育评估中获得了“双优秀”的好成绩。

1998年百年校庆后，学校提出了创建世界一流大学的发展目标。围绕着这一中心工作，学校调整了成人、继续教育的管理体制、体系，设立了继续教育部，大力推进了成人、继续教育的改革，使其向高层次、高质量、高水平和信息化、现代化的方向发展。学校大力调整了成人、继续教育的层次、科类、形式结构，积极稳步地发展了现代远程教育，推行了学分制，发展了培养国内访问学者、高级管理人员、高级公务员、科技、管理骨干的高层次继续教育，探索了与国外大学、培训机构合作开展培训的新途径。目前，学校校本部成人、继续教育设有昌平、圆明园两个校区，在全国各省、市、自治区建有函授站28个，现代远程教育中心30个，法学远程教育教学点覆盖了全国各省的高法、高检系统。在校学习的函授、夜大学、成人脱产班、现代远程教育学生共26744人。1990年至2004年，北京大学共向社会输送了成人本、专科毕业生48849人，非学历教育结业生150000万人次之多。

2004年12月3日，召开了全校继续教育工作大会，总结了成人、继续教育的工作经验，明确了成人、继续教育的改革、发展目标，通过了《北京大学继续教育改革发展纲要》，建立了校继续教育部直属管理的成人教育学院、网络教育学院、培训中心三个成人继续教育服务平台，理顺了管理运行机制，推动了高层次大学后继续教育的发展，促进了与一流大学相称的成人、继续教育新体系的建设，努力争取在新的历史时期为我国终身教育体系的完善和学习社会的建成作出更大贡献！

北京大学的成人、继续教育正在党和国家正确方针指引下，朝着现代化、信息化和高层次、高水平、高质量的方向阔步前进……

北大学生在做化学实验

经济学院教授刘伟为
海淀硕士课程进修班学员授课

北京大学进修教师
访问学者迎新年晚会

地址：北京大学继续教育部
邮编：100871
电话：(010)62753729
传真：(010)62751450
网址：http://oce.pku.edu.cn

学校召开“985”工程动员大会

学校建校70年暨合校5周年庆祝大会

现代化的教学实习基地——新天地设施农业

西北农林科技大学1999年9月由地处杨凌隶属国家不同部委和陕西省的7所科教单位合并组建而成，是教育部直属全国重点大学，其前身是1934年创立的国立西北农林专科学校。

经过70年的历史积淀，尤其是合并组建以来的全面建设，学校学科门类更加齐全，专业结构日趋合理，办学规模不断扩大，现已成为我国农林水高层次人才培养、科学研究和成果转化的重要基地。2000年，学校科技园暨留学人员创业园首批进入国家级大学科技园建设序列；2003年，经教育部批准试办研究生院；2004年6月进入国家“985工程”建设行列。

学校占地面积400多公顷，环境幽雅，风景秀丽。学校共设有16个学院(系)，有59个本科专业，涵盖农理工经管法文七大学科门类；有78个硕士点，58个博士点和8个博士后流动站，有4个国家级重点学科，建有14个国家和省部级重点实验室，11个国家和省部级研究(工程)中心，45个教学科研实验示范基地，与国外40多所大学及科研院所建立了合作交流关系。建校以来，已向社会培养输送高级农业科技人才8万多名，先后取得科研成果5000多项，获奖成果1500多项，其中获国家级奖励110多项。现有两院院士3名，双聘院士6名，博士生导师178名，教授、研究员300多名，国家和省部级突出贡献专家68人，各类在校学生2万多人。学校在旱作农业、节水灌溉、小麦育种、黄土高原水土流失综合治理和生物技术等研究领域形成优势，多项科研成果处于国际领先水平，科技成果转化直接经济效益累计超过2000多亿元。

在我国科教体制改革中崛起的西北农林科技大学肩负着党中央、国务院的重托，将坚持走产学研紧密结合的办学道路，不断改革创新，为把学校建设成为国际知名的高水平研究型大学而努力奋斗。

北京工業大學

北京工业大学创建于1960年，是一所以工为主，理工、经管、文法相结合的多科性市属重点大学。1981年成为教育部批准的第一批硕士学位授予单位，1985年成为博士学位授予单位。1996年12月学校通过国家“211工程”预审，正式跨入国家21世纪重点建设的百所大学的行列。

诺贝尔经济学奖获得者詹姆斯·莫里斯在北京工业大学演讲

北京工业大学占地面积76万余平方米，建筑面积56万多平方米。现有15个二级学院；40个本科专业；55个硕士学位授予点和13个工程硕士授权培养领域；6个一级学科博士学位授予点，25个二级学科博士学位授予点；9个博士后科研流动站。设有光学、材料学2个国家级重点学科及8个北京市重点学科、11个北京市重点建设学科，新型功能材料、传热强化与过程节能2个教育部重点实验室、12个北京市高新技术实验室和重点实验室，以及国家级产学研激光加工中心和中德激光技术中心，教育部数字社区工程中心等。

截至2005年5月，学校有教职工3000余人，其中专任教师1200余人。专任教师中有两院院士7人，博士生导师151人，具有正高职称的教师245人，具有副高职称的教师500人；具有博士学位的教师占专任教师的比例为33%。获得1个教育部“长江学者”特聘教授岗位，15个北京市特聘教授岗位；获“国家自然科学杰出青年基金”项目资助2人。2004年到校科研经费超过2.66亿元。

建校40多年来，北京工业大学已为北京经济和社会发展的各个领域培养了5.5万余名毕业生。在“立足北京、融入北京、辐射全国、面向世界”的办学定位思想指导下，北京工业大学已经成为北京市高素质、高层次人才的培养基地和科技创新与研究开发基地。学校现有在校生23706人，其中，研究生3485人(博士生573人、硕士生2912人)，普通本专科生13188人(本科12334人、专科854人)。

展望未来，任重道远。全校师生员工将紧紧抓住“211工程”二期建设和2008年奥运会羽毛球、艺术体操比赛场馆落户北工大的难得机遇，按照全国人才工作会议和首都教育大会要求，把科学发展观落实到教学、科研、管理、服务、学习等学校改革和发展的各个方面，全面推进育人质量的提高，努力将北京工业大学建设成为国内一流的教学研究型大学。

北京工业大学奖学金颁奖典礼

北京工业大学校园总体规划

山西大学

教育部人文社会科学重点研究基地—科学技术哲学研究中心

山西大学地处山西省省会太原市，是一所办学历史悠久、文化底蕴深厚的高等学府。1902年5月8日山西大学堂正式开办，与京师大学堂(北京大学)、北洋大学堂(天津大学)一道开创了中国近代高等教育的新纪元。一百多年的办学历程中，山西大学形成了“中西会通、求真至善、登崇俊良、自强报国”的文化传统和“勤奋严谨、信实创新”的优良校风。

山西大学学科门类齐全，是山西重点建设的综合性大学。学校有哲学、经济学、法学、教育学、文学、历史学、理学、工学、医学、管理学10大学科门类65个本科专业，18个双学位专业，7个省级品牌专业。现有90个硕士点，5个专业硕士学位点，24个二级学科博士点，3个一级学科博士学位点，4个博士后流动站。拥有光学和科技哲学2个国家重点学科，20个省级重点学科和重点建设学科。科技哲学研究中心是教育部人文社会科学重点研究基地，量子光学与光量子器件实验室是国家重点实验室，化学生物学与分子工程实验室是教育部重点实验室。学校还有教育部在高校所设的国家理科基础科学研究和教学人才培养基地、国家大学生文化素质教育基地。

学校现有专任教师1945人，其中中科院院士1人，双聘院士3人，高级职称教师882人。专任教师中，有博士生导师104人，硕士生导师306人，国家级有突出贡献的中青年专家4人，享受政府特殊津贴专家69人，“何梁何利基金奖”获得者1人，长江学者讲座教授1人,国家杰出青年基金获得者1人，教育部“高校青年教师奖”获得者3人，教育部骨干教师8人，教育部跨世纪人才培养计划1人，教育部新世纪优秀人才支持计划2人，全国模范教师1人，“霍英东奖教金”获得者2人。

山西大学办学条件优良，治学环境优雅。学校占地面积133公顷，建筑面积76.8万平方米。图书馆馆藏文献295万册(件)，电子图书17.2万册，教学科研仪器设备总值近2亿元。

学校现有全日制本科生15915名，各类研究生4108名。本科生考研率一直保持在20%左右，学生一次性就业率位于全省前列。在最近两年的全国数学建模大赛、电子设计、英语竞赛中，学生共获得10个全国一等奖。2003年，学校顺利通过教育部本科教学水平评估，并获得优秀。

山西大学科研水平不断提升。近年来，学校争取到国家级科研课题191项，有202项科研成果获得省部级以上科研奖励。

山西大学对外交流进一步拓展，已与国外40所高等院校、科研院所建立了校际交流关系。积极开展留学生教育，并与国外高校联合办学，在校本科生可以赴境外交流、赴国外高校攻读学位，成为山西国际科技、教育和文化交流的桥梁和窗口。

根据2005年中国大学排行资料，山西大学综合办学实力位居第64位。学校将继承百年传统，坚持以质量求生存、以特色求发展、以改革求活力、以开放求效益的办学思路，努力推进高水平高效益办学的协调发展，建成高素质人才培养、高水平科学研究、高技术成果转化、高层次决策咨询的中心，成为国内高水平的研究教学型大学。

文科大楼

图书馆

中北大學

中北大学举行隆重的揭牌庆典仪式，山西省和国防科工委领导为学校揭牌

中北大学位于山西省省会太原市，其前身是1941年八路军总司令部创建的我党我军第一所兵工学校——太行工业学校，历经华北第二工业学校、太原机械学院、华北工学院，2004年更名为中北大学，现已发展成一所国防军工特色鲜明，颇具实力和影响力的多科性大学。

学校占地203公顷，固定资产总值10亿多元。全校教职员工2665人，其中副高以上职称724人，兼职院士4名，“百千万人才工程国家级人选”3人，享受政府特贴专家60多人。全日制在校生30642人，其中本科生24000多人，博士、硕士研究生1000多人。2002年教育部本科教学工作水平评估为优秀，毕业生一次就业率多年保持在95%以上。

学校设有26个院系，7个研究所，1个独立学院，2个国家级重点实验室，多个省部级重点实验室和工程研究中心，2个博士后流动站，2个博士学位授权一级学科，15个博士学位授权二级学科，28个硕士学位授权学科，55个本科专业(9个国管专业)，学科专业覆盖工、理、管、文、经、法、教七大学科门类。

学校先后承担国家级项目18项，跨行业重点项目近30项，企事业单位委托研制项目800多项；获得国家发明奖、国家科技进步奖4项，省部级科技进步奖200多项；年科研经费2004年突破亿元。

新世纪，新征程，中北大学全体师生员工将在“三个代表”重要思想和“十六大精神”的指引下，大力弘扬“太行精神”——坚持坚定正确的政治方向、艰苦奋斗的工作作风、求真务实的科学态度、坚忍不拔的进取意识。与时俱进，团结拼搏，为把学校建成“山西一流、全国知名”的教学研究型大学而团结奋斗！

王越、毛二可等12位两院院士齐聚中北大学参加特邀院士论坛，为学校的发展出谋划策

教学大楼

校园景观

内蒙古工业大学前身是始建于1951年的绥远省高级工业学校，1958年在此基础上成立内蒙古工学院，1993年更名为内蒙古工业大学。学校坐落在内蒙古自治区首府呼和浩特市。经过五十多年的建设和发展，内蒙古工业大学现已成为一所以工为主，工、理、文、管、经、法相结合的多科性工业大学。

学校实行校、院两级管理。现设有17个院、部；46个本科专业，46个高职高专专业。有5个自治区级重点学科，2个自治区级重点实验室，30个硕士学位授权点，8个工程硕士专业学位授权领域，并具有MBA专业学位授予权；具有在职人员以研究生毕业同等学力申请硕士学位授予权和优秀本科生免试推荐攻读硕士学位资格；2003年，学校经国务院学位委员会批准增列为博士学位授予单位，化学工艺、固体力学、材料加工工程、动力机械及工程4个学科获得博士学位授予权。在学校50多年的发展历程中，有近5万名学子从这里走出校园，走向祖国各地，他们以作风朴实、基础扎实、勇于奉献等特点受到社会各界的欢迎。昔日的芬芳桃李，今日已成为祖国的栋梁之材。

学校专任教师中教授、副教授等副高级以上专业技术人员近500人，研究生导师180人。

近年来随着办学规模的扩大，学校加大投入，不断改善办学条件，现有11个实验中心及网络信息中心、计算中心，有58个实验室和29个科研院所，还有多个语音教室、多媒体教室等先进教学设施。1万多平方米的图书馆是内蒙古自治区收藏和借阅科技文献资料的重要中心之一，也是首批开通专项咨询服务的中国学术期刊文献一级检索站。计算机校园网已服务于学校日常的教学、科研和管理。学校拥有设备先进、功能齐全的体育场馆。

学校主动适应区域经济和社会发展的需要，以内蒙古自治区资源开发和利用为重点，以自治区优势产业和重点企业的发展为主线，坚持走产学研相结合的道路，促进科技成果向现实生产力转化，一批科技成果获得较好的经济效益与社会效益。

内蒙古工业大学

图书馆

学校重视开展国内和国际交流。与清华大学、天津大学等十多所院校在师资培养、学术交流、科技合作等方面开展了富有成效的合作。与美国、加拿大、日本、俄罗斯、蒙古、新加坡等国的多所高校建立了长期校际合作关系。

五十多年春秋，几代人艰苦创业，铸就了“民主、团结、勤奋、严谨、求实、进取”的校风，写下了灿烂的育人篇章。瞻望前程，全校师生肩负人民的重托，同心同德、励精图治、与时俱进、开拓创新，必将描绘出更加美好的明天！

新教学楼

黑龙江大学

黑龙江大学与英国利兹大学共建色彩化学系

图书馆

黑龙江大学是一所具有优良历史传统的高等学府。经过60多年的建设与发展，已成为学科门类齐全、师资力量雄厚、教学设施齐备、办学形式多样、教学质量优良的现代化综合性大学。

学校占地面积190万平方米，现有全日制在校学生28000余名。学校设有俄语学院、文学与新闻传播学院等30多个办学实体和教学单位，开设涵盖哲、经、法、教、文、史、理、工、农、管10个学科门类的共71个本科专业和法学、软件工程两个第二学士学位专业。近年来，黑龙江大学坚持科学发展观，千方百计加强教学和生活基础设施建设，努力实现教学手段和管理手段的现代化。学校现有藏书量在黑龙江省居前列、拥有现代化电子阅览室并作为国家学术期刊(光盘版)一级检索站的图书馆，有多次承办国际级大型体育赛事经验的体育馆，还有拥有4500平方米展厅的博物馆。这些设施的完成与投入使用，大大提高了黑龙江大学的现代化进程。

多年来，黑龙江大学在素质教育观和大众化教育多元质量观的指引下，贯彻“适度超前发展”精神，形成了以本科教育为主体的多层次、多形式的教育体系；在教育教学实践中，学校以学院制和学分制为基础和平台，树立“以人为本”的教育理念，全面实施素质教育和创新教育，坚持人才培养的个性化原则、创新原则，为国家和地方的经济建设和社会发展培养多层次、多规格的具有鲜明个性和创新精神及实践能力的复合型高级专门人才。

黑龙江大学是一所开放型大学。学校以外语学科和汉学学科的优势为依托，大力发展国际化开放式办学。目前，学校已与120余所大学及科研机构签署了交流协议，同国外80所大学建立了校际友好关系，并先后与英、法、俄、日、韩等国的高等学府签署了联合培养学生协议并与俄罗斯远东大学建立了联合培养研究生项目。

经过60余年的积淀，黑龙江大学熔铸和成就了“博学慎思、参天尽物”的校训，这表明学校以促进人与自身、人与社会、人与自然的和谐共处为理念，坚持“以人为本”，注重发挥教育的启蒙教化功能，培养学生的自主学习与勇于创新的精神和个性特征，实现学生的全面素质提高与和谐发展。在新世纪里，黑龙江大学将以积极进取和深化改革的姿态，积极应对入世后高等教育所面临的挑战，把黑龙江大学办成高素质人才的培养基地、高新科技成果的孵化基地、新文化精神的培育基地。

佳木斯大学是1995年经原国家教委批准，由佳木斯医学院、佳木斯工学院、佳木斯师范专科学校和原佳木斯大学合并组成，佳木斯大学合并以来坚持“砥砺、创新、求实、发展”的方针，是黑龙江省高校中规模较大、学科齐全、综合实力较强，融研究生教育、普通高等教育、高等职业教育于一体的省属重点建设大学。学校占地面积149万平方米，建筑面积85万平方米，设有五个学区和一个高科技园区，下设20个学院和2个直属系，现有49个系部和32个研究所，81个本专科专业，21个硕士学位授权学科，专业设置涵盖了文学、理学、工学、医学、经济等十大学科门类。学校有国家高职高专教学示范试点专业1个，省级重点专业6个，省级重点学科4个，省级重点课程12门，省级精品课一门，省级重点实验室1个。教职工3085人，专任教师1385人，其中教授164人，副教授410人，全日制在校生25109人，全校固定资产总值7.5亿元，教学仪器设备总值1.3亿元，图书馆藏书195万册。学校编辑出版的《佳木斯大学社会科学学报》、《佳木斯大学自然科学学报》、《黑龙江医药科学》三个学报在国内外公开发行。

佳木斯大学始终坚持以教学为中心，加强师资队伍建设，教师队伍结构日趋合理，教育教学质量逐年提高，毕业生就业率连年在80%以上。学校积极实行开放式办学，与美国、日本、英国等13个国家和地区的24所高校建立了友好校际关系。

1999年—2003年，学校党委连续三次被省委授予先进基层党组织称号，2004年学校获得“全省基层民主法治示范单位”称号，校团委被团中央授予“全国五四红旗团委”光荣称号，2004年学校被推荐为“全国社会治安综合治理先进单位”。

佳木斯大学以优良的教学资源、先进的办学理念和现代化的教育技术手段，励精图治，努力实现由教学型大学向教学研究型大学的跨越，为构建社会主义和谐社会而努力奋斗！

佳木斯大学标志性建筑

教学实验大楼

美术楼

综合楼

黑河学院

联合办学签字仪式

黑河学院是一所普通高等本科院校。学校所在地黑河市地处黑龙江省北部边陲风光秀丽的黑龙江畔，与俄罗斯远东第三大城市阿穆尔州首府布拉戈维申斯克市隔江相望。

学校教学设备齐全，师资力量雄厚，实施本科教育和专科教育并行，师范专业和非师范专业并举的办学模式。有11个院系、4个直属教研室、1个附属中学和成人教育学院、远程教育学院，开设16个本科专业、24个师范和非师范专业；全日制在校生6000余人，成人函授学员1830人，外国留学生86人。现有教师373人，其中教授、副教授142人；长期聘请国内外兼职教授和专家84人；享受国家政府特殊津贴的教育专家2人，享受省政府特殊津贴的教育专家3人，获曾宪梓奖的6人，省级优秀教师10人。

学校占地面积39.5万平方米，建筑面积16.3万平方米。风格独特的综合楼、美术楼、音乐楼、体育馆、实验楼、办公楼、学生宿舍、食堂、运动场等营造出良好的学习生活环境。图书馆设施先进，藏书38万册，电子图书20万册，清华同方期刊3000余种。宽带网、校园网、电子阅览室等现代化教学设备为师生提供了良好的教学、科研条件和获取前沿信息的先进途径。

学校依托俄语教学优势和地缘优势，与俄罗斯10余高校从1989年开始建立了长期稳定的合作关系，广泛开展互聘专家、互派教师、接收长短期留学生与实习生、科研项目合作、学术交流、联办学刊、联办研讨会等教育教学与文化交流活动，突出了特色办学，在高等教育国际交流与合作方面成绩显著。

学校坚持“育人为本，德育为首，”注重学生能力和素质的培养，以综合测评和全面实施素质教育为重点，深化教育教学改革，不断提高教育教学质量和办学效益。

目前，黑河学院正以“团结、勤奋、求实、创新”的八字校风为精神动力，励精图治，开拓进取，为把黑河学院建成一所规模合理，结构优化，特色鲜明的现代化开放式综合性大学而努力奋斗！

第三届中俄大学生艺术节首场演出

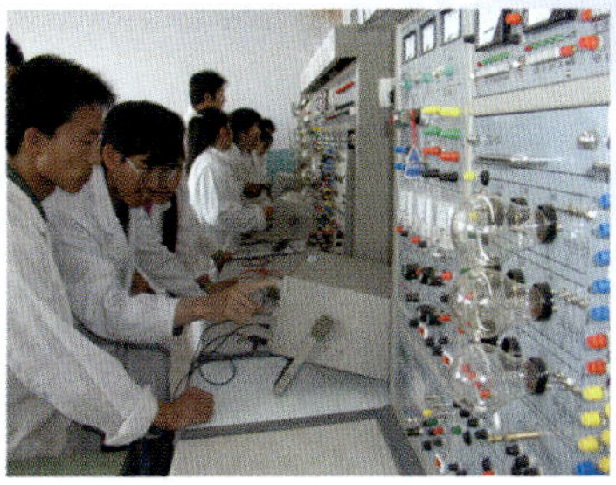
实验室

阅览室

上海金融学院

上海金融学院是一所培养有理想、懂经济、能操作、会管理的应用型经济、金融人才的全日制普通高等学校。前身是具有53年办学历史的上海金融高等专科学校，2003年9月经上海市人民政府批准成立上海金融学院。学院以实施本科教育为主，同时开展专科、成人学历教育及非学历教育的各级各类培训教育。

几十年来，学院致力于培养国家经济金融所需要的各级各类专门人才，毕业学生遍布全国十余个省市，许多已经成为当地或单位的领导、专家和业务骨干，学院因此被誉为“未来金融家的摇篮”。

学院现有教职工380余人，其中专任教师240余人，具有副高以上专业技术职称的有73人，同时聘请上海金融界领导、专家和高校教授、学者担任客座教授。学院下设金融系等11个教学系部，设金融学、会计学等14个本科专业、20余个专科专业。其中“国际金融”专业为中国人民银行和教育部国家级高职高专教育改革试点专业，“金融概论”课程入选2004年国家级精品课程。

学院依托上海国际金融中心和行业的背景，地处浦东新区，有丰富的教育资源，办学环境优越。目前学院占地总面积37公顷，建筑总面积13.5万平方米。

学院坚持走国际化办学之路，重视发展与国(境)外交流合作，先后与美国、法国、英国、德国、日本、澳大利亚、丹麦、越南、香港等国家、地区的高校或机构建立合作交流关系。与丹麦哥本哈根商学院的合作办学项目，经过多年的办学实践，已取得丰硕成果。

学院体育馆

院运动会开幕式

教学楼

南京审计学院

浦口新校区规划鸟瞰图

南京审计学院建于1983年，原隶属于审计署，2000年改制为江苏省地方院校，审计署、中国人民银行合作共建，是以审计学、金融学为龙头、多学科协调发展的普通本科院校，学校分为莫愁、浦口两个校区，占地面积147公顷，全日制在校生逾万人。设有国际审计学院、会计学院、金融学院、商学院、公共管理学院、信息科学学院、法政学院七个学院，20个本科专业。会计学(审计学)、国民经济学、金融学、行政管理学为国家审计署和江苏省重点建设学科，审计学专业为江苏省高等学校品牌专业建设点。学校具有硕士学位研究生联合培养资格，积极探索“本科学历教育＋国际执业资格培训”的人才培养新模式。

中国审计高层论坛在南京审计学院举办

学校有教师600余人，其中教授、副教授200余人，博士和博士生近百人，多人为省部级“突出贡献中青年专家”、享受国务院政府特殊津贴、“江苏省高校名师”、省级优秀学术带头人，30余人获省“333工程”和省新世纪学术带头人培养人选及优秀青年骨干教师称号。

近5年学校承接国家“863”项目、国家自然科学基金、国家社会科学基金、审计署金审工程等多项国家级和上百项省部级科研项目，发表学术论文3000多篇，出版专著、教材100多部，参与了国家审计法规、政策的起草工作，有60多项科研成果获国家、省部级奖。

学校图书馆藏书80多万册，建有大规模的审计信息中心。

在建中的浦口新校区图文信息中心

地址：南京市北圩路77号(莫愁校区) 邮编：210029 南京市浦口区珠江镇雨山西路(浦口校区) 邮编：211815 电话：(025)86585175 网址：www.nau.edu.cn

南京信息工程大學

南京信息工程大学的前身是南京气象学院，占地136公顷，各类校舍总建筑面积42万平方米，是一所以大气科学、信息科学与技术、环境科学与工程为特色，理、工、商为主，兼有其他学科门类的多科性大学。

学校现有各类在校生17000余人，教职员工1000多人，教授、副教授400余人。有16个系、3个部、5个二级学院，12个科研机构和1个国际培训中心。学校以本科教育为主，建立了从博士后、博士研究生、硕士研究生到本科生培养较为完整的教育体系。现有国家级重点学科1个、省部级重点学科5个，设有5个博士点、9个硕士点、42个普通本科专业。有江苏省气象灾害重点实验室(国家重点实验室培育建设点)、南京中美合作遥感实验室、气象台、信息安全实验室等基础和专业实验室42个，图书馆藏书135万册。

建校以来，学校为国家培养各类毕业生2万多人。学校培养的学生理论知识扎实、动手能力强，受到用人单位的普遍欢迎。2004年本科就业率为99.25%，研究生就业率达100%。学校大气科学类专业在我国高等气象教育中具有突出的地位，是我国气象高级人才的主要培养基地。学校毕业生遍及中央、省、地(市)级气象业务部门，成为技术、业务、管理骨干，有的已成为中国科学院、中国工程院院士；不少海外校友已经成为国际知名的首席科学家和学者，在欧美等发达国家和国际机构中担任着重要职务。学校的学历得到包括美国、英国、加拿大、日本、澳大利亚等国在内的国际上的广泛认可。

地址：江苏南京市浦口区盘城新街114号　邮编：210044

网站：www.nuist.edu.cn　E-mail：office@nuist.edu.cn

学校主大门

南京气象学院更名为南京信息工程大学揭牌庆典

淮阴师范学院

第一组教学楼

淮阴师范学院是一所省属普通高等院校，地处历史文化名城淮安。1997年经教育部批准，由原淮阴师范专科学校和淮阴教育学院合并组建而成；2000年经江苏省人民政府批准，原淮阴师范学校和淮安师范学校又同时并入。

学院有40余年的高等教育办学历史。学院占地总面积87公顷，校舍总面积近40万平方米，藏书110余万册，建有较为齐备的教学、生活和管理设施。设有本科专业42个，覆盖文、理、工、管、法、教育、经济、历史八大学科门类。全日制本专科在校生13000余人，另有来自美国、加纳、白俄罗斯等国的留学生数人。现有专任教师745人，其中正、副教授235人，博士、硕士270余人。2002年，学院顺利通过了教育部的本科教学工作水平评估。

学院重视加强学科建设和科学研究，有两个省级重点建设学科，一个省级重点建设实验室，建有近20个研究所，积极承担和参与国家以及省、市各级各类科研课题。定期出版《淮阴师范学院学报》(哲学社会科学版、自然科学版、教育科学版与《周恩来研究》年刊)，《淮阴师范学院学报》(哲学社会科学版)1999年、2002年两次跻身全国社科类学报百强行列。

学院与国内多所高校联合培养硕士研究生，并且与美国新英格兰大学、韩国百济艺术大学、马来西亚塞尔学院等建立了友好校际合作关系，互派访问学者，参与国际学术交流，开展合作办学项目和留学生工作。

近几年来，学院坚持为地方经济建设服务，为基础教育服务，在扩大办学规模的同时，注重内涵建设，不断提高办学水平，培养宽口径、厚基础、强能力、高素质的复合应用型人才，加速形成教学与科研并重、职前培养与职后培训一体的办学格局，力争至2010年建成以教师教育为重点和特色的地方综合性大学。

国际合作蓬勃开展

中国计量学院

校长庄松林(右)院士进行科学研究

中国计量学院坐落在浙江省杭州市下沙高教科技园区，始建于1978年，是我国质量监督检验检疫行业的一所本科院校，拥有硕士学位授予权。

学校面向全国招生，为第一、二、三批录取院校。下设12个二级学院(部)，建有7大学科门类34个本科专业，全日制在校本科生近13000人，在编教职工近1100人。专任教师中有国家级和省级有突出贡献的专家和享受政府特殊津贴专家35人，硕士占71%，副教授以上职称教师占40%。

学校现有国家级重点建设学科4个、省级科技创新基地1个、省级重点学科5个、省级重点实验室1个、省级重点专业4个、省级实验教学示范中心2个、省级文化素质教育基地1个。

校首届党代会

学校积极探索人才培养新模式，推行学分制、弹性学制、主辅修制和双学位制，实行校际联合选课，举办试点班，致力于培养“懂管理的工程技术人才”和“懂工程技术的管理人才”，毕业生初次就业率一直在全省高校中名列前茅，是在浙高校拥有入沪绿卡的5所高校之一。实行开放办学，先后与美、法等国的科研院校建立了学术交流、师生互培关系。

陈彭年一等奖

学校新校区占地79公顷。拥有现代化的教学科研设施和完善的校园网络，教学科研仪器设备总值8843万元，馆藏图书115万册。

当前，全校上下正朝着学校第一次党代会提出的“将学校建设成为国内知名的教学研究型大学”的奋斗目标而不懈努力。

浙江传媒学院

浙江传媒学院坐落在风景秀丽的杭州市，是浙江省人民政府和国家广播电影电视总局共建共管、以省管为主的一所培养广播影视及其他传媒专门人才的高等院校，是目前全国培养广播影视及其他传媒专门人才的主要基地之一。学校的前身是浙江广播电视高等专科学校，筹建于1984年，1986年开始正式招生。2004年5月，教育部同意正式升格为浙江传媒学院。

浙江传媒学院图书馆

浙江传媒学院喷泉广场

目前，学校占地面积达57公顷，建筑面积40.6万平方米，设有新闻传播系、播音主持系、影视制作系、电视艺术系、影视文学系、电子信息系、国际传播系、传播科技系、传播管理系、音乐舞蹈系等10个系和影视动画学院、两个教学部、39个专业(方向)。学校现有教职工近600人，其中专任教师401人，具有正高职称的教职工28人，副高职称110人，研究生学历或硕士以上学位的131人，高级职称教师占专任教师总数35%，有7名教师享受国务院特殊津贴。学院还聘请余秋雨、谢晋等20多位国内外知名学者、专家担任兼职和客座教授。学院配有先进的教学实验设施，有虚拟演播、电编、MIDI制作等43个实验室，教学仪器总价值近6200万元，图书馆馆藏达45万册，有中外报刊2500余种，音像资料达1.6万盒。学校坚持开放办学，与英国考文垂大学、美国密苏里大学等大学建立了全方位合作办学机制。办学20年来，为中央和地方各省、市、自治区的电视台、电台及社会影视制作单位培养了8300余名毕业生，很多人成为中央和省级新闻媒体的业务骨干。

地址：浙江省杭州市下沙高教园区学源街998号
邮编：310018
电话：(0571)86832016　　传真：(0571)86832000
E-mail：xb@zjicm.edu.cn

安徽医学

高等专科学校

安徽医学高等专科学校是2002年经教育部、安徽省人民政府批准成立的一所普通高等专科学校，前身为安徽省合肥卫生学校，创办于1955年。主要开办医学普通专科教育，同时开办五年制高职教育，目前学校设有5系1部18个专业，在校生共计6800余人。

学校占地共16公顷；与皖籍爱国将领张治中之女张素久女士及安徽静安集团合作创办的股份制国际护理学院占地67公顷。并设有附属医院和附属医院的分院。

学校建筑总面积达21.3万平方米(含国际护理学院约12万平方米)，学校建有6个基础类实验中心、七个专业类实训中心共计103个实验室，实验设备总价值达2400万元(不含附院和国际护理学院)；图书馆藏书19.5万册，电子图书20余万册。教学用微机510台，多媒体语音室360座，多媒体教室27个。创办了面向国内外公开出版发行的学术期刊《学报》。新校区建有标准400M塑胶跑道田径运动场，人造草足球场。

学校坚持“为学生铺设成才之路，为家庭培育希望之光，为社会造就白衣天使”的教学宗旨，坚持“走下去、走出去”办学定位，并积极探索“一个学科、一个专业、一个产业”的教学模式，实现教学、科研与产业连动发展，学生毕业与就业零距离。与此同时，通过不断向省外开拓学生实习基地，将实习与就业有机结合起来，学校共建设省内、外教学基地49处，2004年学校就业率达95.5%。

教学大楼

学校与澳大利亚TAFE学院联合开设了医疗保险专业；与美国库克大学联合开设护理专业；与台湾活泉基金会合作开设了口腔医学、口腔修复工艺专业，都有良好的就业市场。和英国奥林匹亚教育服务中心开展了学校应届毕业生赴英国就业合作项目。

学校重视校园文化建设，新校园设计获江苏省“一等奖”、国家“三等奖”；2004年度被合肥市政府授予“花园单位”；2003年校团委被团省委授予“五四”红旗团委；2003年老校区被辖区授予“安全文明校园”；新校区食堂被评为省级“A级食堂”；学校连续七年获“省直文明单位”；2003年获得“省级文明单位”、“全国卫生系统先进单位”光荣称号。

校园一景

精神饱满的莘莘学子

安徽中医学院

学校党政领导共商发展大计

安徽中医学院是一所以中医药学科为特色，兼有理学、工学、管理学、经济学等多学科门类的高等学校，是安徽省中医药高等教育、临床和科研的主阵地。现有教职工2000余人，其中教授、主任医师80人，副教授、副主任医师315人，博士生导师5人、硕士生导师70余人，已形成一支力量雄厚、结构合理、治学严谨的高水平师资队伍。

学校创建于1959年，秉承“南新安、北华佗”的医学传统，历经46年的建设发展，现拥有7个教学院系、22个本科专业(方向)和11个专科专业、两所附属医院和一所国医堂门诊部、四个中医药高科技研究所、一所中西医结合医院、一所成人教育学院，近百所实践教学实习基地。拥有一个国家中医药局重点学科、三个省级重点学科、4个博士生联合培养基地、16个硕士学位授予点。建有一个省级教改示范专业、一个省级基础课教学实验示范中心。图书馆藏书70万册。学校积极开展多种形式的合作办学，与合肥工业大学联合首创制药工程专业，与北京、广州等中医药大学联合培养博士生，与合肥西区4所高校走“优势互补，资源共享”的联合办学之路。1996年起，获准对国外招收留学生；1997年起，获准对港、澳、台地区招生。现已形成以本科教育为主、研究生教育蓬勃发展、成人教育和留学生教育并存的高等教育体系。

学校教学、科研、医疗的实力强劲。“九五”以来，共承担国家、省部、厅局级科研课题300余项，获省级以上科研成果100余项，其中50多项成果获国家发明奖和省部级科技奖。迄今为止，学校已培养造就万余名高级中医药人才，毕业生广及省内外和世界各地，发挥着业务骨干、管理中坚和学科带头人的作用。

学校一直致力于继承和发展中医药事业，重视学科、专业和课程建设，积极探索复合型高等中医药人才的培养模式，重视基础理论和专业技能教育，加强适应能力的培养，促使单一专业教育向全面素质教育转化。在认真落实学年学分制专业教学计划的同时，还大力开展以实践技能培养为中心的第二课堂活动和校园科技文化活动，为莘莘学子提供锤炼意志、增长知识、培养能力、提高素质、驰骋才华的环境。

学校对外交流和友好往来日益频繁，是安徽走向世界、开展对外交流的窗口。学校与美国、加拿大、法国、德国、澳大利亚、日本、韩国、新加坡等数十个国家及我国港台地区医学界广泛开展着学术交流和技术合作活动，对尼日利亚、阿曼、阿联酋、也门等国不断进行援外医疗活动，与美国加州育英大学、加拿大温哥华国际中医学院、加拿大中医研究生院、澳大利亚国际中医学院、日本东洋文化技疗学院、韩国韩瑞大学等建立了友好关系。自2002年起，学校与韩国韩瑞大学每年互派留学生。随着世界性的中医、中药、针灸、推拿学热潮的兴起，外向型人才培养与对外学术交流、科技合作的领域正进一步拓展。

学校现有普通高等教育各层次在校生7500余人，在校研究生300多人，留学生60余人。为适应社会对中医药和医药相关类专业人才的需求，学校不断加大投入，加强实验室、图书馆等教学基础设施建设，着力进行师资队伍的建设和培养，积极挖掘办学潜力，充分整合办学资源，拓展理、工、管理、经济等相关医学类新专业，正在向综合性中医药大学稳步迈进。

地址：安徽省合肥市梅山路103号(校本部)
合肥市史河路45号(西区)
网址：www.ahtcm.edu.cn

山东工商学院

教学大楼

山东工商学院(原中国煤炭经济学院)，始建于1985年12月，是原国家教委批准建立、原煤炭工业部所属的财经类普通高等院校。1997年11月，学院顺利通过原国家教委组织的本科教学合格评价，2003年12月又顺利通过教育部本科教学工作水平评估。1998年9月，管理体制改为中央与山东省共建，以山东省管理为主。2003年2月经教育部批准更为现名。

学院地处山东省烟台市，依山傍海，是省级花园式单位和文明校园，占地93公顷，建筑面积37万多平方米，图书馆藏书88万册，教学科研仪器设备总值4141万元。设有工商管理学院、管理科学与工程学院、公共管理学院、经济学院、法学院、数学与信息科学学院、信息与电子工程学院、会计学院、外国语学院、统计学院、政治与社会发展学院、社会科学部、体育部和中加高等应用技术学院、国际商学院、国际交流学院、中新计算机学院17个院部，管理科学与工程、企业管理2个省级重点学科，31个本科专业，9个实验室。

学院现有教职工874人，其中教师541人。教师中有教授58人，副教授152人；博士100人(含在读博士)，硕士237人。全日制普通本专科在校生13600余人。2001年经山东省教育厅批准，具有招收外国留学生资格。几年来，本科毕业生一次就业率保持在90%以上。经过20年的发展，现已经成为以经济、管理学科为主，兼有法、文、理、工等六大学科门类的多科性财经类高等院校。

建院以来，学院始终把发展作为第一要务，解放思想、与时俱进、团结务实、开拓创新，全面贯彻党和国家的教育方针，坚持社会主义办学方向，以教学为中心，以科研为重点，以改革为动力，遵循“以人为本、质量立校、突出特色、开放创新”的办学理念，大力培养适应社会主义现代化需要的厚基础、宽口径、强能力、高素质、具有创新精神、创业意识的建设人才。目前，学院正在进一步深化以教学改革为核心，以人事制度改革为突破口，以后勤社会化改革为保障的校内管理体制改革，解放思想，与时俱进，深化改革，加快发展，为把山东工商学院建设成山东高水平财经大学而努力奋斗。

济宁职业技术学院

济宁职业技术学院是山东省人民政府批准成立的全日制国办普通高等专科学校，学院地理位置优越，校园楼宇林立，绿树成荫，环境优雅。

学院以服务为宗旨，以就业为导向，以质量求生存，以培养高技能人才为目标，优化专业结构，突出办学特色，取得了显著成绩。学院首批参加并顺利通过了全国高职高专院校人才培养工作水平评估，被山东省教育厅确定为十所骨干示范性职业技术学院之一。学院党委先后被中共山东省委和中共济宁市委授予“先进基层党组织”荣誉称号。学院被山东省劳动和社会保障厅、教育厅等六部门授予“技能人才培养先进单位”荣誉称号，连续多年被评为市级文明单位、师德建设先进单位。

学院占地45公顷，固定资产2.2亿元，其中教学仪器设备值3680余万元，建筑面积28.6万平方米。现有教职工858人，其中专任教师638人，教授、副教授274人，博士4人，硕士135人，双师型教师102人。全日制在校生8812人，成人教育在校生1993人，远程开放教育在校生2581人。

学院设有机电工程系、计算机工程系、汽车工程系、生物与化学工程系、经济管理系、文法系、外语系、基础部等教学单位和3个研究所。开设了理、工、文、法、经济、管理、教育类等25个高职专业和11个电大专业，并按不同的岗位(岗位群)要求设置了50多个专业方向。

学院专业教学改革取得了可喜的成果。机电一体化专业被教育部确定为国家级教学改革试点专业，会计电算化专业被山东省教育厅确定为省级教学改革试点专业；机电一体化专业、汽车检测与维修技术专业被山东省教育厅确定为高职高专示范性专业；2004年学院师生在全省数控专业技能大赛中取得了第二名的好成绩，并代表山东省参加全国大赛。

学院拥有数控加工中心、金属加工中心、液压传动、CAD、PLC、EDA、自动检测与转换、机床电气控制、汽车修理、会计模拟、语言、计算机等实验室120余个，高性能微机2000余台，多功能教室、多媒体网络教室近40个，开通了千兆宽带网，设有两套卫星地面接收装置和闭路电视播放系统、外语电台。

为培养学生的实践能力，学院与大型企业联姻，建立了鲁抗集团、如意集团、山推股份公司、菱花味精集团等70余家校外实训基地，海尔、海信等十几家企业在学院设立了家电维修培训中心。

学院重视与海内外著名高校交流与合作，先后与美国阿姆斯壮大学、英国北安普顿大学、澳大利亚亨特TAFE学院、台湾远东技术学院、清华大学、中国人民大学等海内外高校建立了合作、协作关系。

数控加工中心

金属加工实训

校园文化

毕业生供需见面会

山东外贸职业学院

外教在授课

山东外贸职业学院是由山东省人民政府批准建立的全日制普通高等专科学校，其前身是山东省对外经济贸易学校(始建于 1964 年)和山东省对外经济贸易职工大学(始建于 1984 年)，隶属山东省对外贸易经济合作厅。学院位于风景秀丽的青岛市，由江西路校区和中崂路校区两部分组成。2004 年底在校生 5100 人。

学院以实施综合性专科层次职业技术教育为主，以应届普通高中、职业高中、职业中专毕业生为招生对象，同时兼顾成人专科教育、短期培训及北京外国语大学、浙江大学的专科和专科升本科的网络教育工作。目前面向山东省、河北省、吉林省、江苏省、浙江省、江西省、湖北省招生。在专业设置上，学院充分考虑招生地区特点和经济发展的需要，以及学院的自身优势，开设了国际贸易实务、物流管理、报关与国际货运、法律文秘、会计、会计电算化、市场营销、文秘、涉外旅游、商务英语、旅游英语、商务日语、商务韩语、软件技术、电子商务、信息管理、计算机应用技术 17 个专业。

学院重视并加强对外交流与合作，先后与美国密苏里南州立大学、韩国釜山经商学院、大阪日本 MERIC 外国语学校建立了姊妹学校，互派教师进行学术交流。

学院立足外经贸行业，突出“外”字特色，以培养学生的创新精神和实践能力为重点，培养外语过关、专业过硬、计算机操作熟练、基础知识够用、动手能力强的外经贸行业、涉外部门和其他经济贸易部门一线岗位工作需要的实用型、技能型的中、高级人才。

学院坚持以人为本的办学理念、求真务实的工作作风、严谨创新的治学精神，成为山东省培育对外经济贸易人才的摇篮。

学院一景

烟台南山学院

全国职业教育先进单位

中华人民共和国教育部
中华人民共和国劳动和社会保障部
中华人民共和国国家经济贸易委员会
二〇〇二年七月

"蓝翔杯"第一届全省数控技能大赛
技能人才培养先进单位

山东省劳动和社会保障厅　山东省教育厅
山东省科学技术厅　山东省国防科学技术工业办公室
山东省总工会　山东省机械工业办公室
二〇〇四年八月

烟台市
教书育人先进单位

烟台市教育委员会
烟台市人事局
一九九九年九月

烟台南山学院是经教育部批准、在山东南山职业技术学院的基础上，由南山集团投资8.2亿元兴办的一所全日制普通本科院校。设有机电工程学院、自动化工程学院、信息工程学院、经济贸易学院、工商管理学院、信息管理学院、旅游管理学院、材料科学与工程学院、艺术学院、外国语言文学学院10个二级学院，全日制在校生14000人，开设42个专科专业，6个普通本科专业，10个专本通读专业。其中，机电一体化专业和旅游管理专业为国家级和省级教学改革试点专业。计算机应用技术专业和机电一体化技术专业为山东省示范专业。

烟台南山学院管理规范，学风严谨，教育质量优异，就业率和就业满意率高，获得社会各界的普遍好评，先后被授予"山东省高校教学管理先进集体"、"山东省社会力量办学先进单位"、"烟台市教书育人先进单位"等荣誉称号。2002年，教育部、劳动和社会保障部、原国家经贸委授予学院"全国职业教育先进单位"荣誉称号；2005年2月，学院被山东省教育厅确定为"山东省骨干示范性职业技术学院"。2005年3月，经教育部批准，学院升格为本科院校，实施本科教育，同时举办专科层次的高等职业教育。

过程控制实验室

外教授课

学生与外教交流

电机拖动实验

磨砺技能

学院电话：0535-8669997　8667676　8790063　8667278
邮编：265706　Http://www.nanshan.edu.cn

武漢職業技術學院

武汉职业技术学院是湖北省教育厅直属的普通高等学校，是国家重点建设示范性职业技术学院，被教育部列为“全国重点职教师资培训基地”、“国家紧缺人才培养基地”和“全国示范性数控技术职教培训基地”。

学院位于武汉东湖高新技术开发区内，占地面积76公顷，建筑面积38万平方米，固定资产总值为4.86亿元。学院现有教职工1142人，其中专任教师776人，副教授及以上技术职称者200多人，享受政府津贴专家7人，常年聘用外教15人。全日制在校学生16000多人。

学院充分发挥在电子信息、机械、计算机、建筑、纺织等工科类专业的优势和辐射作用，坚持以工科为主，工、文、经济、管理等多科类协调发展，形成了“多科性、现代化、高素质”的办学特色。设有电子信息工程学院、机械工程学院等7个二级学院，另设有建筑工程等5个系，共46个专业。学院图书馆藏书100.4万册;建有36个多功能实践教学中心、83个实验室，有9800多台套教学仪器设备，其中计算机2800多台，实验实习设备总值为7500万元。

学院秉承“厚德、笃学、求实、拓新”的校训，坚持以就业为导向，构建以“双证并重”、“产学研结合”为基础的教学体系，积极实行“订单式”人才培养模式，大力推进富有专业特色的单元式、工学交替式、项目式、工作室式等教学模式改革，形成了以学生为中心，以能力为本位，融学历教育与职业资格考证为一体、理论教学与实践教学一体化的教育教学运行机制。培养的学生因职业能力强、综合素质高而深受企业欢迎，毕业生就业率每年稳定在95%以上，主打专业的毕业生甚至供不应求。

学院积极开展国际交流与合作，先后与新加坡、日本、比利时、澳大利亚、法国、英国、丹麦、芬兰等10多个国家开展教育合作与交流。

近年来，学院先后荣获全国职业教育先进单位、湖北省职业教育先进单位、湖北省最佳文明单位、湖北省百业状元单位、科技服务湖北先进单位等荣誉。

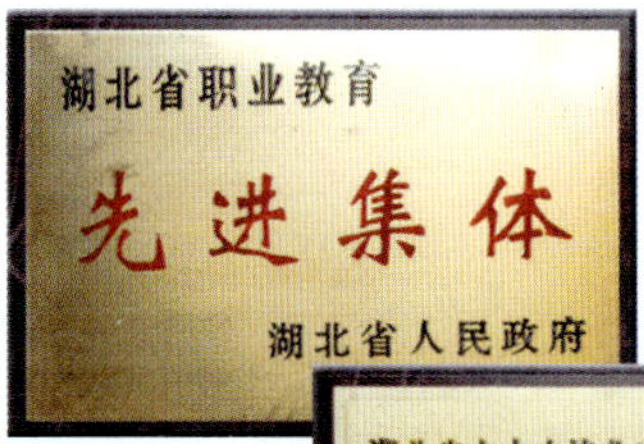

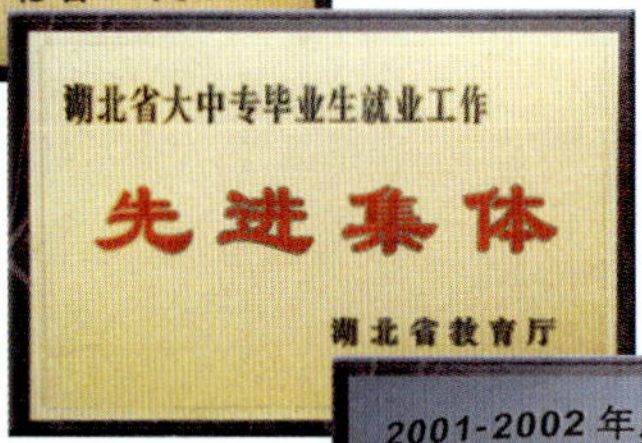

计算机大楼

地址:湖北省武汉市关山一路463号 邮编:430074 招生咨询电话:(027)87801205 87429916 网址:www.wtc.edu.cn

湖南涉外经济学院

湖南涉外经济学院是一所民办普通本科院校。学校创办于1997年，现有全日制在校生14825人，校园占地面积220公顷，校舍建筑面积52.76万平方米，图书馆有纸版藏书102万册，电子版本60万册，教学仪器设备总值达5423万元，学校固定资产总值超过8亿元。

学校设有外语、经济、管理、计算机、电子与通信工程、机械工程、法律、中文、音乐、艺术设计、高尔夫、五年制大专12个系(部)，开设了英语语言文学、计算机科学与技术、工商管理、国际经济与贸易、音乐教育、艺术设计6个本科专业以及34个专科专业，涵盖文学、教育学、经济学、法学、管理学、工学6个学科门类。

学校拥有一支以专任教师为主体、正副教授为龙头的稳定的师资队伍。在1102名教师中，有专任教师683人(含外籍教师18人)，其中教授70人，副教授163人。

学校坚持学历教育与技能教育相结合，根据社会对人才的需求设置专业，根据岗位能力设置课程，推行“外语＋专业＋技能＋创业素质”的人才培养模式，基本形成了以涉外经济、涉外管理类专业为主要特色，计算机、电子、通信等工科专业重点建设，文、法、艺术专业协调发展的格局。

湖南涉外经济学院先后获得“湖南省优秀民办学校”、“长沙市文明标兵单位”、“中国十大万人著名民办高校”、“首届中国民办高校综合实力20强”、“湖南省十大民营诚信单位”、“全国先进民间组织”等称号。

新生入学军训

体育馆

学校图书馆建筑面积2.69万平方米，有电子阅览座位2500个

衡阳师范学院

学院位于湖南省衡阳市，东临湘江，北靠南岳首峰回雁峰。西校区占地面积32公顷。东校区占地112公顷，目前正在按照现代化、园林化大学校园的要求进行建设。学院现有建筑面积33万多平方米，教学科研仪器设备总值近4500万元，图书馆藏书近100万册，固定资产总值3亿多元。

学院现有全日制在校学生12000多人。共有3个二级学院，16个系(部)，11个研究所(中心)。设有思想政治教育、历史学、法学、经济学、汉语言文学、编辑出版学、新闻学、英语、数学与应用数学、物理学、电子信息科学与技术、化学、应用化学、化学生物学、美术学、艺术设计、音乐学、体育教育、计算机科学与技术、地理科学、旅游管理、信息管理与信息系统、信息与计算科学、音乐表演、应用心理学、广告学、地理信息系统、高分子材料与工程29个全日制本科专业，其中师范专业13个、非师范专业16个。所设置的专业涉及文学、理学、历史学、法学、经济学、教育学、管理学七个学科门类，形成了以教师教育为主，文、理学科为重点的多学科相互支撑、协调发展的学科结构，其中地理科学专业是省级重点建设专业。

院代会

学院有教职工1006人，其中专任教师596人，专任教师中有教授38人、副教授195人；博士、硕士学位获得者183人；享受国务院政府特殊津贴专家、湖南省优秀中青年专家、省市学科带头人、省青年骨干教师60余人。有12人获得曾宪梓教育基金奖、霍英东教育基金奖等奖项。另外，聘有外籍教师和客座教授60余人。

职代会

学院坚持教学与科研并举。近三年教师先后主持和参与国家自然科学基金课题、国家社会科学基金课题、国家“十五”教育科学基金课题和省级课题166项；出版专著、主编和参编教材100多部；发表科研、教研论文2100多篇，其中被SCI、EI、ISTP等国际权威杂志检索系统和《新华文摘》等国内权威刊物转载收录文章260多篇。获得省部级以上科技进步奖和社科成果奖、教学成果奖140多项；人居环境研究基地是湖南省首批17个人文社科重点研究基地之一。《衡阳师范学院学报》是湖南省一级期刊和全国社科百强学报。

新校区园林景观方设计评审会

学院始终坚持以德育为首位，以育人为中心，以质量为生命线，突出教师教育特色。在百年办学历史中，培养了各类人才8万多名。近年来，学生参加国家计算机水平考试、电子设计竞赛、数学建模比赛、英语演讲比赛等活动，均取得优秀成绩。在2001年至2004年非英语专业全国四级水平考试中，本科生一次性通过率逐年提高，分别高出全国普通高校的平均通过率7.55、15.9、23和27.1个百分点，并超过全国重点大学平均通过率。学生发表作品、论文2000余篇(件)，获得省级以上奖励300余人次。本科应届毕业生一次性就业率均在90%以上。

“三湘论坛”学术报告会

排演厅

综合教学楼

广东商学院

广东商学院校门

广东商学院创立于1983年，是一所拥有硕士学位、学士学位和法学专业第二学士学位授予权，融经济学、管理学、法学、文学、理学、工学于一体的多科性省属重点建设大学。校园总占地面积近120公顷，校本部坐落于广州市东南部，邻近广州国际会展中心；三水校区位于佛山市三水区云东海旅游经济区，距广州校本部70公里。现有全日制在校研究生、本科生近14000人。专任教师680多名，其中正、副教授310多名，博士和在读博士生教师近130名。

学院现有11个院系，5个硕士授权学科点，31个本科专业。其中法学、市场营销、会计学、信息管理与信息系统、金融学为省级名牌专业。三大骨干学科法学、经济学、管理学均进入中国管理科学研究院《2004年中国大学评价》排行榜全国高校“百强”行列，分列第56位、72位、81位。宪法学与行政法学、企业管理学为省级重点学科，电子商务市场应用技术实验室是广东第一个省级重点文科实验室，法治与经济发展研究所是全省人文社会科学重点研究基地。拥有先进的教学科研仪器设备和全省高校最先进的数字化图书馆，教学楼基本建成多媒体和网络教室。率先在经济、管理类专业开展实验教学，经济与管理重点实验室、ERP实验中心是全省高教系统重点实验室，经济管理类专业实验室居全国高校先进行列，模拟法庭和司法技术实验中心居全省高校先进行列。

学院先后与世界各地20多所高校建立了长期、稳定的交流合作关系。并与英国格林威治大学、美国曼隆学院等五所大学合作，实行五年制本科—硕士培养模式和四年制双学士培养模式，选拔外语等方面符合条件的学生到国外学习和深造。学院全面推行素质教育，着力培养具有健全人格和国际视野、具备较强专业知识与技能的开放型、应用型、创新型人才。毕业生备受社会和用人单位欢迎， 2001、2002、2003和2004年本科毕业生总体就业率分别为99.9%、99.79%、99.78%和99.29%，连年名列全省高校前列。

近两年共承担近20项国家社科基金项目、省部级项目和其他重要科研项目，获得8项省部级以上科研奖励，一批论文被SCI、 EI、ISTP三大索引收录，《广东商学院学报》被评为全国优秀社科类学报。

广东商学院三水校区教学楼

广东商学院实验大楼

南方醫科大學

南方医科大学地处广州市风景秀丽的白云山东麓，占地面积近90万平方米，建筑面积125万平方米，是全国重点医科大学。

五十年校庆

学校现有教学、科研、医疗用房55.7万平方米，共有资产40.2亿元，其中固定资产31.5亿元，教医研设备总值9.1亿元。建成了千兆级校园网络，所有教室和实验室实现了网络化、空调化、电子化。学生公寓达到国家教育部要求，实现了电话、网络、电视的“三通”。

办公楼

学校现有122个教医研科室，设有23个本科专业，涵盖理、工、医、管、法、文、教育、经济8个领域。拥有5个国家级重点学科，10个全军医学专科中心，6个广东省重点医学专科，14个省、部级重点实验室，2个国家药品临床研究基地。有36个博士学位授权专业，55个硕士学位授权专业，3个博士后科研流动站，并设有长江学者特聘教授岗位。

学校现有教师2151名，其中正副教授700多名。广东省医药卫生领域3位院士中的2位在该校。广东省生命科学领域中2位“973”项目首席科学家均在该校。2004年广东省评出的25位名医中，该校占9位。另有国家学位评议组成员4名，国家级有突出贡献的中青年专家4名，军队重大贡献奖、长江学者特聘教授和全国骨干教师9名，享受政府特殊津贴人员100多名，54人次先后获全国优秀科技工作者、全国优秀教师荣誉称号。

中科院院士姚开泰、中国工程院院士钟世镇

“九五”以来，学校先后承担国家“九五”、“十五”和军队重点教学研究课题60余项。先后获得国家优秀教学成果一等奖1项，二等奖2项，军队教学成果一等奖7项。在校学生13125名，其中研究生2278人，本专科生7542人，招生范围覆盖全国。大学英语四、六级统考通过率、“南粤优秀研究生”评选获奖率始终居广东高校前列。今年10月，广东省红十字会组织全省医学生的急救理论和技能竞赛，该校以较大优势胜出，并代表广东省赴港参加粤、京、沪、台、港、澳总决赛。毕业生中涌现出“神舟载人飞船”系统航天医学工程总设计师、总指挥和“973”项目首席科学家为代表的一大批高素质人才。

学校现有南方、珠江两所附属医院，共有床位2800多张，设备精良，技术雄厚，在国内外有较高声望，特别在内窥镜诊疗、心血管介入诊治、器官移植、显微外科等方面，具有明显的特色和优势，均为“三级甲等医院”，南方医院还被评为全国“百佳医院”。1995年3月14日，中央军委签署命令，授予南方医院惠侨楼“模范医疗惠侨科”荣誉称号。

南方医院

珠江医院

“十五”以来，共承担国家和省市基金课题643项，总经费1.38亿元，是广东省获得政府基金课题经费最多的医科院校。获得国家杰出青年基金和国家基金重点项目各3项，位居广东省医科院校首位。“九五”以来，在粤所有各类高校作为第一完成单位共获得国家科技进步二等奖18项(没有一等奖)，该校获9项。“十五”期间，广东省医药卫生评出科技进步一等奖17，该校获9项，占全省一等奖总数的53%。

网址：www.gxu.edu.cn

广西大学是集哲、经、法、文、理、工、农、管等学科于一体，学科门类较齐全的综合性大学，是国家“211工程”项目建设学校，自治区人民政府和教育部共建高校。目前，学校设有20个学院、1个教学部和1个独立二级学院；有6个博士点，80个硕士点，87个本科专业；各类在校生52522人，其中博士、硕士研究生3573人，本专科生19920人，成人教育学历生28813人，留学生216人。

学校占地307公顷，校舍总建筑面积97.67万平方米，图书馆藏书219万册，教学仪器设备总值2.68亿元。有2个国家重点学科，5个“211工程”国家重点建设学科，15个自治区重点学科；有1个国家重点实验室培育基地，3个部级重点开放实验室，15个自治区重点实验室，1个大学科技园。现有在职教职工3584人，其中专任教师1667人，正高职称人员297人，副高职称人员840人，博士生导师40人，硕士生导师738人；有长江学者奖励计划特聘教授1人，进入国家百千万跨世纪人才工程第一、二层次人选6人，国家级有突出贡献的中青年专家5人，国家杰出青年基金获得者1人，教育部骨干教师7人，享受政府特殊津贴专家49人。

2004年，学校共承担科研项目412项，其中“863”、“973”等国家高水平科技攻关和省部级重大项目43项；出版专著、教材62部，发表论文2304篇，其中收入SCI、EI、ISTP的221篇；鉴定成果23项，获国家发明专利授权14项，实用新型专利8项，省部级以上奖57项。

学校积极开展国际交流活动，是教育部最早确定的全国对外开放接受外国留学生的高校之一，与27个国家和地区的75所高校或研究机构建立友好往来关系。

拥有6000个座位的多媒体教学大楼

建筑面积3万平方米的现代化图书馆

重庆科技学院

展望未来

新校区规划图

团结进取的学校领导班子

产学研合作办学

重庆工商大学

厚德博学 求是创新

重庆工商大学是经教育部批准，由原渝州大学和原重庆商学院合并成立的一所以经济学、管理学、文学学科为主，法学、理学、工学等多学科渗透的、具有硕士学位授予权的多科性大学。重庆工商大学现由中央和地方共建，以重庆市政府管理为主。

学校现有三个校区，占地总面积153公顷。主校区设在重庆市南岸区学府大道，座落在长江之滨，南山之麓。另有江北区董家溪和沙坪坝区井口两个分校区。

学校现有17个教学院(系)，14个研究机构，3个硕士授权点和48个本科专业。另设有国际商学院、现代国际设计艺术学院2个中(境)外合作办学学院和派斯学院、融智学院2个独立学院。目前在校全日制研究生、普通本专科学生20000多人。

学校现有教职工1621人，其中专任教师1030人，具有高级职称的教职工419人，具有博士、硕士学位的教师462人，享受国务院特殊津贴的专家22人。学校“长江上游经济研究中心”被教育部确定为全国普通高校人文社会科学重点研究基地。区域经济学、马克思理论与思想政治教育、企业管理是重庆市重点学科。

学校正努力把自身建设成为以经管文为主、法理工渗透的、特色鲜明的高水平多科性大学。

体艺馆

地址：重庆市南岸区学府大道五公里
邮编：400067
电话：(023)62769900
网址：www.ctbu.edu.cn
E-mail：poffice@ctbu.edu.cn

足球场

厚德楼

翠湖

四川農業大学

四川农业大学创办于1906年，初名四川通省农业学堂，1927年并入公立四川大学成为川大农科学院，1935年更名为四川大学农学院，1956年迁雅安独立建校为四川农学院，1985年更名为四川农业大学。

四川农业大学是一所以生物科技为特色，农业科技为优势，理、工、经、管、文、教、医、法多学科协调发展的国家“211工程”重点建设的高校。已形成普通本专科教育、研究生教育、高等职业教育、成人高等教育、现代远程教育和国际合作办学等层次类型完整的教育结构。设有12个学院，1个研究生院，4个研究所，8个研究中心，1个分校(位于都江堰)。现有2个国家重点学科，10个部省重点学科，12个部省重点实验室，2个博士后科研流动站，22个博士学位授权学科专业(包括2个一级学科)，43个硕士学位授权学科专业，58个本科专业。在校全日制普通本专科学生23000余人，研究生1700余人，在职教职工1900余人，其中正、副教授430余人，有中国工程院院士2人，国家杰出高级专家5人，国家有突出贡献的中青年专家7人，国家“百千万人才工程”一二层次人选6人，国务院学位委员会学科评议组和专业学位教育指导委员会委员5人，省学术和技术带头人45人，享受国务院政府特殊津贴专家107人。2003年学校被评为全国留学回国人员先进工作单位。学校与美国、加拿大、德国、荷兰、俄罗斯、泰国、日本等国的高校和研究机构建立有合作关系，是全国首批有条件接受留学生的高校之一。学校占地面积300公顷，藏书约110万册。

中国工程院院士周开达

中国工程院院士荣廷昭

学校已培养各级各类建设人才7万多人，取得一批高水平教学科研成果。获得省级以上教学成果奖52项，其中高等教育国家级教学成果一等奖3项、二等奖6项，省级教学成果一等奖25项，4篇博士论文入选全国优秀博士论文。获部省级以上科技奖励342项，其中学校主持获国家技术发明一等奖2项、二等奖1项，国家自然科学二等奖1项，国家科技进步二等奖7项，省科技进步特等奖3项。70%左右的获奖成果得以推广转化，已创社会经济效益370多亿元。

四川农业大学有光荣的历史，更有美好的未来，将在新世纪再铸新的辉煌。

第二图书馆

逸夫教学楼

地址：四川省雅安市新康路46号
邮编：625014
电话：(0835)2882232
传真：(0835)2883153

泸州医学院

泸州医学院创建于1951年，隶属于四川省人民政府领导，四川省教育厅主管，是国务院学位委员会1977年批准的学士学位授权单位和1993年批准的硕士学位授权单位，2001年开始与兄弟院校联招博士生，2002年底被教育部批准为具有长期招收留学生资格学校，2003年经国务院学位办批准成为临床医学专业硕士学位研究生培养单位，是四川省首批5所“电化教学示范学校”。

学院现有各类全日制在校学生12043人，其中，外国长期留学生93人，硕士研究生363人，普教本科生11587人，另有一定数量的短期留学生、联合招收的博士生、硕士课程进修班学生、少数专科生和成人教育本专科学生。本科(2004年起已停招专科生)面向全国29个省、市、自治区招生。

学院设有12个二级院(系)、全日制普教本科专业20个、专业方向9个，共涵盖医学、文学、理学、管理学、法学、工学、教育学7个学科门类。有7个省级重点学科、2个省级重点实验室、2个四川省人才培养基地、17门省级重点建设课程、2门省级精品课程、1个省级基础课程实验教学示范中心。

学院现有教职工2745人，高级职称人员526人，具有研究生及以上学历的占教师总数的41.26%。中国科学院院士、著名医学遗传学家吴旻教授为学院名誉院长，国际矿产资源科学院院士、乌兹别克共和国自然科学院院士、著名地质学家何知礼教授为院长顾问。

学院现有三个校区，占地面积108公顷，建筑面积48万平方米，仪器设备价值总额1.7亿元人民币，固定资产总额4.8亿元人民币。有综合性三级甲等附属医院、三级乙等附属中医医院、附属口腔医院和省级重点中等卫生学校各1所；有非直管附属医院7所，教学实习医院66所，教学病床20000多张。

1998年以来，学院在全国大学英语四、六级统考中连续几年名列四川省属高校第一名。近年本科招生录取分数线在四川省属院校中名列前茅，毕业生就业率连续多年保持在95%左右。

经过54年的发展，中西医结合教育与科研已成为学院的办学特色。学院有心血管医学研究所等16个省级院级研究机构。1993年以来，学院共获准各级科研课题723项。省级重点实验室心肌电生理学研究室先后承担国家自然科学基金和部省市项目40项，7项成果先后获得省部级以上奖励。学院有电生理实验室、烧伤研究室和血管外科研究室。2004年4月成功开展了四川省首例联体婴儿分离术。

学院现有二级学科硕士学位授权点12个。其中内科学、外科学、中西医结合基础和中西医结合临床共覆盖了基础和临床28个三级学科专业。内科学传染病学专业已从2001年起与重庆医科大学联合招收培养博士研究生。

学院与美国、日本、德国等9个国家建立了科研、医疗、教学工作的合作关系。

航拍泸医

貴州師範大學

现代化的校园

贵州师范大学创立于1941年，原名贵阳师范学院，1985年更名为贵州师范大学，1996年被贵州省人民政府确定为省属重点大学。2002年通过本科教学工作水平评估，获“良好”等级。

学校现有两个校区(宝山校区、白云校区)，设有18个学院、2个系、2个教学部；有18个硕士学位授予点、1个教育硕士专业学位授予点，以及43个本科专业，涉及十个学科门类。有5个省级重点学科，26个实验室(其中1个省级重点实验室)，1个贵州省高校人文社科研究基地。全国外语水平考试(WSK)贵州考试中心和全国出国人员培训外语考试(简称BFT)贵州考试培训中心、贵州省教育厅高校师资培训中心和教师资格认定指导中心等机构及贵州省高考评卷基地等均设在我校。

美丽的校园一角

学校有固定资产3.55亿元，占地60多公顷，校舍面积35万平方米，教学用房9.9万平方米，教学仪器设备总值1.03亿元。校园计算机网络覆盖全校，实现了办公自动化和信息网络化，被教育部确定为电子政务工程试点单位。图书馆现有藏书164万册，中外期刊2086种，有完善的网上电子图书数据库，建有“全国文化信息资源共享工程”基层分中心。

学校现有教职工1731人，专任教师1031人，其中教授146人、副教授280人；博士34人、硕士194人，在职攻读博士学位40人、攻读硕士学位69人，留学回国教师55人。

学校现有各类学生46067人，其中：本专科生25385人、研究生864人、成人教育学生19799人，生源来自全国18个省(自治区、直辖市)，有留学生19人。与30余个国家和地区的近50所大学、科研机构建立了良好的合作关系。

学校强调教学与科研并举，以教学为立校之基，以科研为强校之本，大力培养口径宽、基础厚、素质高、能力强的社会主义合格建设者。通过不懈的努力，贵州师范大学将建成省内一流、部分学科在国内外具有较高知名度、以教师教育为特色的多科性大学。

美术大楼

西北工业大学

桃李园

西北工业大学坐落在古都西安，是一所以发展航空、航天、航海工程教育和科学研究为特色，以工理为主，工、理、管、文、经、法协调发展的研究型、多科性、开放式的科学技术大学，隶属国防科学技术工业委员会。

西北工业大学的前身是1938年成立的国立西北工学院和1952年成立的华东航空学院。1957年，两院合并为西北工业大学。1970年，哈尔滨军事工程学院空军工程系整体迁并入校。

学校自1960年被国务院确定为全国重点大学之后，“七五”、“八五”均被国务院列为重点建设的全国15所大学之一；“九五”首批进入国家“211工程”立项建设；“十五”又进入国家“985工程”重点建设。学校还是全国首批设立研究生院和国家大学科技园的高校之一。

学校现有校区占地80公顷，建筑面积91万平方米。学校设有13个专业学院。此外，还设有6个其它学院。有52个本科专业，90个硕士点，48个博士点和10个博士后流动站，10个国家重点学科，10个博士学位一级学科。5个国家级重点实验室，4个国家专业实验室，10个省部级重点实验室，9个省级工程研究中心。

学校现有教授、副教授1300余人，博士生导师近300人，其中两院院士14人，俄罗斯宇航科学院外籍院士3人，国际高校科学院院士1人，亚太地区材料科学院院士1人，“长江学者”特聘教授9人。

建校以来，学校为国防科技事业和国家经济建设输送了9万多名高级科技人才，其中博士1000多人，硕士7600多人。先后获国家和省部级优秀教学成果奖100余项，获国家和省部级科研成果奖1100余项。2004年张立同院士等荣获国家技术发明一等奖，填补了我国该奖项六年的空缺。科研经费连年递增，居全国高校前列。

校 门

研究型图书馆

爱生楼

公字楼

宝鸡文理学院

团结奋进的领导班子

陕西省十五所院校2004届高校毕业生就业洽谈会在学院召开

新校区西教学楼

宝鸡文理学院是陕西省一所以教师教育为主，文、史、哲、理、工、管、法、教育等多学科的省属普通本科高等学校，学院位于炎帝故里、周秦文化发祥地、陕西省第二大工业城市——宝鸡市，占地67公顷。学院有16个系38个本科专业，其中化学专业为陕西省名牌专业，另有成人教育学院。学院面向全国招生，具有招收外国留学生的资格。现有全日制在校生13300余人，毕业生遍布全国各地，近年来毕业生一次性就业率保持在90%以上。

学院设有中国西部减灾教育中心、周秦文化研究所等10多个学术研究机构，其中周秦伦理文化与现代道德价值研究中心为陕西高校哲学社会科学重点研究建设基地，马克思主义哲学、基础数学、地理学为省级重点学科。图书馆藏书100多万册，中外文期刊2000多种，同时设有电子阅览室。学术期刊《宝鸡文理学院学报》(哲学社会科学版)、(自然科学版)面向国内外公开发行。学院教学、实验设备先进，有40多个多媒体教室和语音教室、100多个教学实践基地、30多个理工实验室和实习工厂，其中灾害监测与机理模拟实验室、植物化学实验室为省级重点实验室。

2002年，学院被陕西省委、省政府命名为“文明校园”。

党委书记:赵怀礼　　院　长:王志刚
地址:陕西省宝鸡市西宝路44号
邮编:721007
电话:(0917)3368966
传真:(0917)3364273
网址:www.bjwlxy.edu.cn.

深圳大学

办公大楼

深圳大学是经国务院批准，由深圳市人民政府主办的综合性大学。1983年成立，春季破土，秋季招生，被邓小平同志称为“深圳速度”。

学校坐落在南山后海湾，占地1.44平方公里。依山起伏，外海内湖，荔枝成林，花木繁荣，是环境优美、建筑和谐的海滨花园式大学校园。

建校之初，清华大学、北京大学、中国人民大学和中山大学等著名高校鼎力支持。首任校长为清华大学教授、两院院士张维。建校以来，海内外广泛关注。科学家王大珩、王淦昌等受聘名誉教授。香港知名人士于元平、胡应湘、邵逸夫、梁国勋等捐资助学。国内知名创业者、本校毕业生深圳腾讯公司马化腾、江苏红豆公司周海江、深圳西部创业中心邓亦群、深圳海岸地产李亦标等设奖劝学。马化腾被美国《时代周刊》评为2004年全球最具影响力商界人士和被CCTV评为2004中国经济年度人物新锐奖，周海江被世界著名财经杂志《福布斯》作为封面人物。

历经22年发展，学校办学规模逐年扩大，办学层次不断提高。1995年通过教育部首批本科教学合格评价。1996年经国务院学位委员会授权为硕士学位授予单位。1997年实行学院制。

学校现有文学院、法学院、经济学院、管理学院、艺术与设计学院、理学院、信息工程学院、建筑与土木工程学院、工程技术学院、生命科学学院、软件学院、高尔夫学院、师范学院、成人教育学院;研究生部、留学生部、社会科学教研部、体育部等教学单位。设有经济学、法学、文学、理学、工学、管理学、教育学、艺术学等学科门类的48个本科专业和38个硕士学位点。

深圳大学有一支较强的师资队伍，其中院士1名，双聘院士6名，博士生导师34名，教授210多名，副教授390多名，具有博士学位的教师330多名，教育部各学科教学指导委员会委员9人。

2004年全日制在校本科生14000多名，硕士研究生800多名，中外联合办学学生400多名，各国留学生900多人次，成人学历教育学生14000名。

深圳市广播电视大学

深圳市广播电视大学创建于1980年，是全国44所省级电大之一。

现代化设施的多功能阶梯教室

学校围绕具有深圳特色现代远程开放大学的目标，构建了辐射全市的现代远程开放教育网络。下有蛇口、南山、沙头角、宝安、龙岗、福田、罗湖7所分校和一批教学点。学校建有双向闭路电视教学与监控系统、校园网、远程教学平台、多媒体在线阅览室和学习室、办公自动化系统、双向视频远程教学系统、远程巡考系统、网上报名注册与缴费系统、远程作业批改与管理系统、电大历年试题查询系统、IP课件制作系统、数字图书馆、现代远程开放教育网上考试系统等40多个现代化项目，为教学提供先进的支持与服务。2004年底有在册生3.5万人，在编和外聘教师812人。25年来，学校先后开办了86个专业，累计培养毕业生2.5万人。2004年2月受中央电大委托承办中央广播电视大学残疾人教育学院，至今已向哈尔滨、郑州、南京等10个省、市400多名残疾人实施现代远程开放高等教育。学校是省、市有关部门指定的计算机等级考试和全国公共英语等级考试培训基地，并大力开展各类继续教育和岗位培训，累计培训20万人。

学校先后被教育部电教办和中央电大评为“全国电大教学现代化先进单位”、“全国电大信得过考点”，多次被评为“深圳市教育系统先进单位”，2003年被广东省信息产业厅定为“广东省信息化示范单位”。2005年学校“现代远程教育教学及管理服务系统的开发研究”科研项目获深圳市科技进步奖。

教 学 大 楼

江南大学太湖学院

江南大学太湖学院，是经教育部批准建立的独立学院。江南大学是教育部直属、国家“211”工程重点建设的百年名校，有着悠久的办学历史、深厚的文化底蕴和一流的办学条件。江南大学太湖学院充分依托其优势，2005年面向江苏、浙江、安徽、河南、湖北、四川、山东、上海、重庆等9个省市招生。

学院设有经管系、文法系、医疗系、机电系、土木工程系、艺术设计系、艺术系等7个系和36个专业及方向。

学院先后荣获“全国民办教育百强院校”、“综合治理先进单位”、“安全工作先进集体”、“先进科技工作者之家”等荣誉称号。2005年3月，学院领导在全国独立学院网络视频大会上，作为全国249所独立学院的唯一学院代表作大会典型发言，受到教育部领导的充分肯定。

先进的办学理念　多元的成才机会

学院秉持“人人都有才，个个可成才”的教育理念，实施“人格＋知识＋能力”的人才培养模式，造就具有国际竞争能力的应用型、复合型、创新型高级专门人才。

学院实施“一本多证”制。四年学习，不仅可使学生获得国家承认学历、电子注册的大学本科毕业证书和江南大学学士学位证书，还可获得各专业的职业资格证书和多种技能证书。我院已与国家审计署合作开设国际会计师ACCA班，培养国际性的高级财务管理人才。

太湖学院学生可优先进入江南大学、复旦大学、上海财经大学，及美国、澳大利亚等国家的大学硕士班就读，获硕士学位。

计算机中心

外教授课

优美的学习环境　浓郁的大学氛围

学院坐落在经济发达的无锡市惠泉山麓，美丽富饶的太湖之滨，具有百年名校浓郁的治学氛围和优美的育人环境。校园依山傍水、幽雅宁静，是莘莘学子理想的学习、生活场所。

学院占地面积近53公顷，建筑面积20万平方米，交通便捷，多路公交车从校门口可直达市中心、无锡火车站、长途汽车站、无锡飞机场。

一流的校园设施　优质的教学质量

学院具有优质齐备的教学、实验、文娱、体育

人人都有才，个个可成才

和生活硬件设施。学院投入巨资兴建了现代化教育教学大楼、实验实训大楼、图书信息大楼，明亮宽敞的公寓式学生宿舍大楼，卫生文明的餐饮大楼，标准化的田径场和大学生多功能活动中心。

学院的任课教师，80%以上由江南大学的优秀教师担任，并拥有一大批复旦大学、南京大学等名校的资深教授和博士生导师，各系主任都由教授、副教授担任。

学院注重培养学生的综合素质和创新能力，学生社团活动和社会实践活动精彩纷呈，在全国大学生英语竞赛和全国省市多项比赛中连年获金奖和银奖。

独特的区位优势　就业的理想沃土

无锡市地处长江三角洲都市圈中心腹地，经济发达、科技先进、文化繁荣、名人辈出。2004年被评为全国最具活力的十大城市之一。这里是读书、成才、就业的理想沃土！

学院的董事单位无锡威孚集团公司（上市公司）、江苏太湖锅炉股份有限公司，无锡市科技协会和昆山台资协会所属的数千家企事业单位，不仅为学生提供了良好的实习、实践和产学研结合的基地，并为毕业生就业创 造了广阔的前景，太湖学子可优先被这些单位录用。

教学大楼

学生公寓

校园美景

地址：江苏省无锡市钱荣路６８号
邮编：214064
电话：(0510)5502763、5522008
传真：(0510)5502663、2700591
网址：www.thxy.org

校领导

图书馆

武汉大学东湖分校是经教育部批准成立，由武汉大学举办、湖北田野集团和武汉弘博集团共同参与的一所独立学院。她坐落在风景优美的武汉市江夏区汤逊湖西南岸。校园建筑秉承百年名校武汉大学的传统建筑风格，集自然之秀，汇人文之灵，融古朴凝重与时尚典雅于一体，湖面碧波荡漾，园内清风拂面，是莘莘学子求知与成才的理想殿堂。

学校占地113公顷，建筑面积达35万平方米。教学和生活设施齐全，拥有教学和实验用的计算机1200余台，多媒体教室和语音室座位3000多个；建有普通物理等多个实验室；拥有2.6万平方米的一流图书馆，藏书40余万册；建设了校园网。

现有在校学生8000余人，设有文学院、新闻学院、经济学院、管理学院、法学院、计算机科学学院、电子信息工程学院、生命科学与环境科学学院、医学院等，开办本科专业30个，涵盖文、法、经、管、理、工、医等多个学科领域。

学校传承武汉大学优良的办学传统，由武汉大学负责教学和管理工作，各学科带头人由武汉大学知名学者担任，教学任务主要由武汉大学相关院系承担；实行学分制，学生可在武汉大学本部选修部分课程，攻读双专业、第二学士学位、WTO学位班等。学校独立开展招生、就业、教学管理、学籍管理、学生教育与管理等工作，独立颁发国家承认的毕业文凭；符合武汉大学学士学位授予条件者，可授予武汉大学学士学位。

学校积极更新办学理念、拓展办学思路、创造办学特色，旨在使每一位学生学有所成、学有所用，成为有价值的实用型人才。人才培养体现“厚基础、宽口径、高技能”的特色，着力提高学生在就业市场上的核心竞争力；注重与国际接轨，与日本、英国等国高校签订了合作办学协议，可互换留学生进行培养。

学校始终坚持以育人为本，把思想道德、科学文化、健康等方面的素质教育全面引入整体的教学计划中。开办了党校，每年举行两期学生入党积极分子培训班。积极建设健康、丰富多彩的校园文化，广泛开展青年志愿者活动、辩论与演讲比赛、模拟法庭、网络文化节、书画摄影展、合唱比赛、文艺晚会、田径运动会等多种校园文化体育活动。

在教育部、湖北省委、省政府、湖北省教育厅及武汉大学的领导和支持下，武汉大学东湖分校人发扬“厚德、笃学、求是、创新”的校训精神，团结拼搏，力争到2010年把学校建成全省同类高校中最好的大学，到2015年建设成为国内同类高校中一流的、有鲜明办学特色和强大发展后劲的综合性大学。

地址：武汉市江夏区纸坊街正汤北路1号(430212)

电话：(027)81931333　传真：(027)81931555　招生咨询：(027)81931050　网址：www.dh.whu.edu.cn

华侨大学 福建音乐学院

与菲律宾中央大学音乐学院缔结姊妹学院

与维也纳音乐学院签订友好合作协议

福建音乐学院创办于1994年3月，是由爱国华侨、国际著名音乐家蔡继琨教授获海外爱国爱乡的华侨华裔如印尼的李尚大、香港的吕振万、菲律宾的黄呈辉、美国的蔡松芳诸先生等资助，并得到政府大力支持，无偿拨地，减免配套费用而兴办的高等音乐院校。

学院创办人——国际著名作曲家、教育家蔡继琨教授，早年毕业于集美高级师范学校，留学日本东京帝国音乐学院，1936年曾以管弦乐曲《浔江渔火》在日本获得国际作曲公募首奖。三十年代曾任福建音乐专科学校首任校长，在海外从事音乐工作四十余年。改革开放后，他毅然归来，先后创办福建社会音乐学院与本院。

2000年经教育部和福建省人民政府批准，学院以相对独立挂靠华侨大学成立华侨大学福建音乐学院(独立学院)，实施本、专科教育，面向境内外招生。毕业生颁发国家承认的华侨大学福建音乐学院文凭，符合条件的授予华侨大学文学学士学位。

学院现有来自福建省及黑龙江、安徽、江西、江苏、浙江、辽宁及香港和台湾等地的学生，生源质量逐年提高。学院开设音乐表演专业(含演唱、键盘乐器演奏、管弦乐器演奏、民族乐器演奏)及音乐教育专业的四年制本科及五年制和三年制专科。建校以来，为国家培养音乐专门人才300余人，1999年被团中央评为全国先进民办学校，2004年受到了福建省人民政府的表彰，2005年福建省绿化委员会授予省级花园式单位。

学院建有演练厅、教学楼、专家楼、图书馆、琴楼、多媒体教室、教师、学生宿舍楼及可容纳400多人的两层演奏厅等。教学设备基本齐全，拥有钢琴120余台、中西乐器百余件、音乐书谱1.6万余册。

学院设有蔡继琨音乐基金和蔡继琨奖助金、柯贤炳奖助金、蔡棠棣奖助金、高蔡雅丽奖助金等多项奖助金，用于奖教、奖学、奖创作、奖比赛、资助在校贫寒学生、资助音乐演出、资助出国深造。学校还与菲律宾中央大学音乐学院缔结姊妹学院;与奥地利维也纳音乐学院建立长期的友好合作关系。

学院设有音乐辅导推广委员会，除应邀外出表演外，经常到邻近大中专院校进行义务音乐辅导，鼓励他们参加省、市、区乃至全国性的比赛，多次获奖。校内除每周放映音乐专题影片、举行庆典音乐会外，每周举行一次学生学习音乐会或教师示范音乐会。

学院实行开门办学，关门教学，自1997年起由蔡继琨教授亲率师生三次到闽西、闽东、闽北等革命老区进行慰问演出，送音乐下乡。另外，学院还举办了校园艺术节，丰富学生们的课余文化生活。

为提高教学水平，学院聘请了多位省内最资深的具有数十年教学经验的老教师、国家一级演员任教。同时，学院还选送与资助多名专业教师到北京、上海、乌克兰、白俄罗斯、奥地利及德国等国内外音乐院校进修，攻读学位，为提高专业的师资质量培养后备力量。

学院校训是“修德养艺，自强不息”，办学方针是爱国第一，品德第二，专业第三。对学生的生活与学习全力关爱与严格督导。

新的世纪，学院继续以培养德艺双馨的音乐人才为发展方向，走出属于自己的独特的教育发展之路。

地址：福建省福州市仓山区首山村260号　邮编：350007
电话：(0591)83562704　传真：(0591)83511863
网址：www.fj-mc.com(网络实名：福建音乐学院)
E-mail：fjyyxy@sina.com　fjfjfj0591@163.com

国际办学

南昌大学科学技术学院是由南昌大学申报举办，于2001年8月1日经江西省发展计划委员会、江西省教育厅批准成立的一所独立学院。学院座落于英雄城南昌高校云集、人才济济的城东，占地面积37公顷，设有南昌大学优势本科专业27个，现有在校生6200余人。2003年，根据教育部《关于规范并加强普通高校以新的机制和模式试办独立学院管理的若干意见》精神，学院理顺关系，规范办学，于当年年底被教育部作为全国首批符合要求的独立学院予以确认。2004年底，在教育部组织的对全国249所独立学院招生情况、财务管理、办学条件和教学工作进行的专项检查中，学院在教学改革、学生管理、学风建设、教学质量监督体系的建立、党建思想政治工作等多方面扎实而有效的工作获得教育部专家组的一致好评和肯定。

南昌大学科学技术学院确立了“科学定位，发挥优势，依法办学、创新发展、多做贡献”的整体办学思路，把本科教育定位于培养“基础好、口径宽、素质高、能力强的高级应用型专门人才”。学院充分依托江西省全国“211工程”重点建设大学——南昌大学优质的教育资源和智力人才优势，以科学发展观统领建设发展大局，坚持新机制、新模式办学，坚持办学的高起点、高质量、高信誉，坚持以人为本、以育人为中心，不断探索独立学院办学的规律性。经过五年来的励精图治，学院的办学规模、办学水平和综合实力不断提升，办学声誉日益提高，办学成效显著，办学特色鲜明。在2003、2004年全国大学生数学建模竞赛中，科技学院代表队取得了全国一等奖1个、二等奖5个，省级一等奖7个、二等奖7个、三等奖9个的骄人战绩；2004年，在全国大学生英语竞赛中，学院获得全国特等奖1个、一等奖1个，省级“十佳”1个，省级一等奖、二等奖等共27个；2005年，学院2名学生被成功推荐为校本部免试研究生，一大批参加统考研究生的学生达到了录取分数线。

目前，南昌大学科学技术学院业已走上了规范化办学的轨道，将不断加快改革发展的步伐，为争创全国一流独立学院而努力奋斗！

南昌大学科学技术学院

教育部专家与校领导、院领导合影

发奖会场

江西财经大学现代经济管理学院

江西财经大学现代经济管理学院是一所以经济、管理类学科为主的独立学院，于2001年1月由江西省政府批准设立，并于2003年12月由教育部予以确认。

学院位于江西省南昌市昌北，占地20多公顷，建筑面积107,250平方米。学院现有教学行政用房41,000平方米，学生宿舍36,000平方米，学生食堂6,500平方米；运动场馆21,350平方米；校园绿化面积达54%。学院教师主体来自江西财经大学，现有教师200余人，其中副高职称以上教师占55%，硕士以上学历的教师占39%。

学院2001年开始招收本科生，现设有会计学、注册会计师、国际经济与贸易、金融学、财务管理、市场营销、电子商务、人力资源、计算机科学与技术、信息管理与信息系统、旅游管理、法学等12个专业，截至2004年9月，在校生达3524人。2005年上述12个专业在天津、吉林、广东、浙江、江西、湖北、江苏、山东、河北、河南、贵州、云南、四川、海南等14个省市招生。

教学综合楼

学院推行学年制，实行双专业、双学位等教学管理制度，学有余力的学生可选修第二专业或第二学位。学院对符合毕业条件的学生颁发《江西财经大学现代经济管理学院毕业证书》，符合江西财经大学学士学位授予条件的毕业生可申请授予江西财经大学学士学位。

学院坚持教学型大学的发展方略，坚持以经济、管理类为主，兼重文、法、工类专业的发展格局，坚持“做大做强”的发展思路，坚持立足江西、面向全国、走向世界的发展方向，把江西财经大学现代经济管理学院建设成一所现代化、信息化、国际化的一流财经类独立学院，为社会培养大批急需的具有“信、敏、廉、毅”素质和创业能力的“现代化”专业人才。

学生宿舍

计算机房

宽敞明亮的阅览室

会计实验室

校园一角

云南大学

云南大学滇池学院于2001年建立，是由云南锡业(集团)有限责任公司与云南鸿宇(集团)有限责任公司共同投资，与云南大学合作举办的一所独立学院，2004年1月18日由教育部予以确认。滇池学院的办学条件、教学质量、管理水平、招生规模均居云南省独立学院之首。2005年1月在教育部组织的专项检查中得到肯定和好评。

滇池学院位于云南省昆明市滇池旅游度假区内，左邻红塔体育训练中心，右依海埂国家体育训练基地，背靠云南民族村，与西山森林公园隔湖相望。学院占地面积26公顷，建筑面积9.83万平方米，多媒体教室、计算机房、语音室、摄影暗室、模拟法庭等教学设施完备，现代化程度高；图书馆藏书25万余册，配有电子阅览室、计算机查询系统等，可与云南大学图书馆共享资源；学院公寓、食堂和体育场地等设施完备，各机构管理严格、服务周到。

滇池学院设有6个系13个专业，全日制在校本科学生4464人；专任教师252人，副高级以上职称的教师占60%以上，年轻教师中具有硕士以上学历的教师超过70%。

滇池学院一直将教学质量视为学院的生命线，一直将搞好教学工作、提高教学质量作为学院工作的中心。学院建立了完善的教学运行体系，按照教育部本科教学质量评估的优秀标准进行教学建设。

为此，学院努力做好一个“转变”——转变教育思想，更新教学观念；实施两个“工程”——强化“分层次教育工程”和完善“综合素质教育工程”；突出三个“加强”——加强实践教学环节、加强英语和加强计算机应用能力的培养；处理好四个“关系”——正确处理规模与质量的关系、正

图书馆

语音室

滇池学院

教学楼

确处理育人与育才的关系、正确处理个性与共性的关系和正确处理改革与创新的关系；实现五个“结合”——投资方的资金保障与办学方的名校资源有机结合、抓好常规教学与因材施教分层次教学相结合、注意对学生实践能力的培养与满足社会市场需要相结合、抓硬件建设与抓软件建设相结合、严以治学与诚以立身相结合。

通过以上具有鲜明特色的办学手段，滇池学院在办学四年来取得了一系列成绩。4年来滇池学院学生有1000多人次获得各级奖励；在各级报刊、电台、电视台及杂志上发表各类文章1200多篇；学生参拍的各类电视专题片获得社会各界广泛关注和好评；学生在各类竞赛中多次获奖；在2004年被中国教育质量测评中心和中国社会调查所教育调查部授予“社会满意学校”称号；被中国民营科技实业家协会和中国教育家协会授予“民办教育百强学校”称号。另外，滇池学院还获得了各种集体奖20多项。

作为一所年轻的独立学院，滇池学院的目标是：把人才培养目标定位为以培养应用型人才为主；学校类型定位为教学型的学院；办学层次定位为本科；学科定位于文、经济、管理、法学、理工等协调发展；服务面向定位于“立足云南、面向全国、辐射东南亚”。

为了达到这个目标，滇池学院将以市场为导向，以育人为根本，以教学为中心，以服务社会为目的，以德立校、依法治校，努力把学院建设成为同类型学院中“西部一流、全国著名”的新型综合性独立学院。

学生食堂

学生宿舍

云南师范大学商学院

运动场

语音室

云南师范大学商学院是经教育部确认的高校独立学院，位于昆明市高新技术开发区，在校生7500余人，开设有计算机科学与技术、电子商务、财务管理、工商管理、市场营销、国际经济与贸易、英语、汉语言文学、法学、音乐学、舞蹈学、学前教育、旅游管理、广告学、美术学15个本科专业。

云南师范大学商学院具有自己的办学特色：

花园式校园：商学院校园环境优美，各种运动设施一应俱全，优良的基础设施为学生提供了良好的学习生活条件，被昆明市人民政府命名为“花园式单位”。

现代化程度高：学院高度重视校园信息化建设，千兆宽带校园网终端到达公寓、教室及公共场所，教学实行全多媒体化(生均多媒体座位1.2座)。

教授治学，专家治校：学院建立了一支老中青结合的500余人的专任教师队伍，其中具有副高以上职称的占48%。并建立了“学术委员会”，学院的定位和发展、教学计划的修订、教学管理的改革、教师和基础素质导师的聘任等都由“学术委员会”评议通过后施行。

分类教学、分层培养：学院以教育质量为中心，充分考虑学生的实际和全面发展需要，实行学年学分制和弹性学制，构建学生享有高度选择权的专业课程，鼓励学生提前修完学分毕业、考研或出国深造。

兰州交通大学博文学院

学院学生上实战课

兰州交通大学博文学院是由兰州交通大学申办，经甘肃省教育厅批准、教育部确认的独立学院。学院招生纳入国家普通高校统招计划，面向全国招生。

学院继承兰州交通大学的优良办学传统，博采众长，吸收省内外著名大学办学经验，弘扬“博衍明德，文倡格物”校风。初步形成以本科为主体，以工科为主，文、理、商、管相结合的新型多科性学院。“为工业强省服务，创一流独立学院”是学院的办学指导思想，面向社会，面向市场，为国民经济培养“技术型、应用型、复合型”的高素质专业人才是学院的服务方向。学院现设有土木工程系、电信工程系、计算机系、机电工程系、信息管理系、工商管理系、艺术设计系、外国语系等八个系32个本专科专业。

学院目前总体规划占地33公顷，一期工程已建成并投入使用的教学、行政及生活用房9万多平方米；配备了功能齐备的现代化基础教学实验室和多媒体综合训练教室；学院建成了各种体育、健身等活动场所。除此之外，还可以共享兰州交通大学的基础教学实验室。

为了拓宽就业渠道，为毕业生搭建就业平台，提高学生就业率，学院与省内外多家单位密切合作，为学院的毕业生提供了更多的就业机会。

兰州交通大学博文学院地处兰州市和平开发区，距兰州市中心10多公里，南有风景秀丽的官滩沟，北有尚待开发的万眼泉，东有闻名遐迩的牡丹园，东西贯穿有西兰公路及天巉高速公路。学校的校园环境优雅，学风浓厚，生活服务和文体设施齐备，是有志学子求学深造的理想天地。

澳門理工學院

院长　李向玉教授

澳门理工学院是一所公立综合高等院校，於1991年成立，经过多年来的努力，已发展成为一所教学设施齐全、专业设置合理的高等学府。全院教职员工有近400人，师资队伍分别由八个不同国籍的教学人员组成，其中拥有博士学位者占教师队伍总数的33.7%。英语教学人员来自英国、美国、澳大利亚、加拿大等地或者是在外国取得学位。为了提高教学质量，虽然近年报读澳门理工学院的人数每年上升，但是学院坚持学位课程学生人数不扩大，现时在校就读学位的学生人数保持在约2700多人的规模。另一方面，每年在理工学院接受专业培训的约有20,000人次。

澳门理工学院由六个学位课程教学单位及一所长者书院、五个职业培训中心及三个研究单位组成。澳门理工学院得到澳门特区政府及社会各界的支持，经过全体师生的共同努力，已经取得一定的成绩。在国际接轨方面，理工学院已与英国伦敦大学(London University)、英国的西敏寺大学(University of Westminster)、澳大利亚的模纳士大学(Monash University)、维多利亚大学(Victoria University)等大学签订了学分互认协议，学院的毕业生或者在读生可以直接转到这些大学升读硕士课程或本科课程。另外，学院亦与享誉国际的伦敦大学玛莉皇后学院(Queen Mary, University of London)合办三项硕士遥距课程，包括互联网电脑科学、电子商贸工程科学及电讯科学，以及与北京语言大学合办现代汉语硕士学位课程。同时已和澳洲模纳士大学签署协议将合办护理硕士课程。

澳门理工学院一向以“扎根澳门，背靠祖国，面向世界，争创一流”为办学理念，以“注重应用科学，致力专业培训，培养实用人才，服务澳门社会”为办学目标。日常工作遵循“教学标准国际化，科研工作正规化，校园建设电子化，行政管理法制化”的方针政策。澳门理工学院将坚定不移地按照这些目标和方针，勇於探索创新，与时并进，努力培养祖国所需的翻译、企业管理、资讯科技、体育、医疗辅助、艺术设计等各类精英，力争把学院建成适应21世纪形势要求的现代化高等学府，为促进澳门经济文化的发展作出更大的贡献。

澳门理工学院新的综合楼及可容纳3,000多观众的体育馆已於2003年11月正式投入使用，使学院的教学设施更趋完善。学院近年致力建设电子化校园，共设有27间电脑室、44台伺服器、1,700多台电脑(电脑对学生的比率约1:3)、在校园内可以无线上网，校园主干的传输量为1Gbps，互联网总频宽达35Mbps。除此，还引进了先进的WebCT网上教学平台，以推动网上教学。学院还设有室外运动场馆，设备先进的大礼堂、会议室、演讲厅、多功能展览厅、语言室及多媒体实验室等。图书馆藏书量不断增加，为学生提供参考书籍、专业期刊、研究报告等各种图书资料超过六万件，且现有12个电子资料库，涵盖3.7万多种专业学术期刊，并且不断扩大。学生也可以通过多媒体资料库、电子资料库及电子剪报系统进行资料搜集。

澳门理工学院得到教育部批准，在内地17个省/市招收学士学位学生。目前，在校的内地学生有三百多人。大部份内地学生在我院的学习成绩优良，在各方面均有长足的进步，更有一部份学生已成功转往外国一流的高等学府继续深造。